第三册

太平御覽

中華書局影印

太平御覽目錄

第三册

太平御覽卷第四百五十八

人事部九十九

鑒戒上

易曰防患曰戒

又曰君子終日乾乾夕惕若厲無咎

又曰見羣龍無首吉

又曰履霜堅冰至

又曰積善之家必有餘慶積不善之家必有餘殃

又曰其亡其亡繫于包桑

又曰當其憂悔吝之時其介不可慢也

又曰言行者君子之樞機樞機之發榮辱之主也可不愼乎

尚書曰兢兢業業一日二日萬機

又曰無稽之言勿聽弗詢之謀勿庸

又曰不矜細行終累大德

又曰功崇惟志業廣惟勤位弗期驕祿弗期侈

又曰先王克謹天戒

又曰作德心逸日休作僞心勞日拙

又曰戒愼無虞罔失法度

又曰懍乎若朽索之馭六馬

又曰德惟一動罔弗吉德二三動罔弗凶

毛詩曰惴惴小心如臨于谷

又曰戰戰兢兢如臨深淵如履薄冰

又曰無念爾祖聿脩厥德

又曰白圭之玷尚可磨斯言之玷不可爲

左傳曰晉入楚軍三日穀范宣子立於戎馬之前曰君幼弱諸臣不佞何以及此天命不於常有德之謂也君其戒之

又曰禍福無門唯人自召

又曰臧孫玄季孫之愛我疾疢也孟孫之惡我藥石也美疢不如惡石孟孫死吾亡無日矣

又曰吳公子札來聘見叔孫穆子曰子其不得死乎好善不能擇人吾聞君子務在擇人吾子爲魯宗卿而任其大政不愼所舉何以堪之禍必及子聘於鄭見子產如舊相識與之縞帶子產獻紵衣焉謂子產曰鄭之執政者侈難將至矣政必及子子爲政愼以禮不然鄭國將敗適晉說叔向曰吾子免之君侈而多良大夫皆富政將在家吾子直必思自免於難

又曰正考父三命益恭故鼎銘云一命而僂再命而傴三命而俯循牆而走亦莫予敢侮

禮曰毋不敬儼若思安定辭

又曰敖不可長欲不可縱志不可滿樂不可極

又曰安安而能遷臨財無苟得臨難無苟免很毋求勝分毋求多

又曰不登高不臨深不苟訾不苟笑孝子不服闇不登危懼辱親也

又曰管仲鏤簋朱紘山節藻梲君子以爲濫矣晏平仲祀其先人豚肩不揜豆澣衣濯冠以朝君子以爲隘矣是故君子之行禮也不可不愼也

又曰莫見乎隱莫顯乎微故君子愼其獨也

孝經曰在上不驕高而不危制節謹度滿而不溢

論語曰君子有三戒少之時戒之在色及其壯也戒之在

闕及其老也戒之在得
又曰如有周公之才之美使驕且吝其餘不足觀也已
又曰三思而後行再思可矣
家語曰孔子之周觀於太廟右階之前有金人焉三緘其口而銘其背曰古之慎言之人也戒之哉無多言多言多敗無多事多事多患安樂必戒無行所悔勿謂何傷其禍將長勿謂何害其禍將大勿謂莫聞神將伺人熒熒不滅炎炎奈何涓涓不壅終爲江河緜緜不絕將成網羅毫末不札將尋斧柯誠能慎之福之根也口是何傷禍之門也彊梁者不得其死好勝者必遇其敵盜憎主人民怨其上君子知天下之不可上也故下之知衆之不可先也故後之溫恭慎德使人慕之執雌持下人莫踰之人皆趨彼我獨守此孔子顧謂弟子曰此言雖鄙而中事情又孔子觀於周廟而有欹器焉孔子問守廟者曰此謂何器對曰蓋謂右坐之器孔子曰吾聞右坐之器滿則覆虛則欹中則正有之乎對曰然孔子使子路取水而試之滿則覆中則正虛則欹孔子喟然而歎曰嗚呼惡有滿而不覆者哉子路曰敢問持滿有道乎孔子曰持滿之道挹而損之子路曰損之有道乎孔子曰高而能下滿而能虛富而能儉貴而能卑智而能愚勇而能怯辯而能訥博而能淺明而能闇是謂損而不極能行此道唯至德者及之易曰不損而益之自損而終益故也

家語曰孔子行遊中路聞哭者聲甚悲孔子驅之前有異人者少進見之吾丘子也擁鐮帶索而哭孔子辟車而下問曰夫子有喪也何哭之悲也吾丘子對曰吾有三失孔子曰願聞三失吾丘子曰吾少好學問周遍天下還後吾親亡一失也事君驕奢諫不遂是二失也厚交友而後絕三失也樹欲靜而風不止子欲養而親不待往而不來者年也不可得再見者親也請從此辭則自刎而死孔子曰弟子記之此足以爲戒矣於是弟子歸養親者十三人
又曰曾子曰狎甚則簡莊甚則不親是故君子之狎足以交情莊足以成禮而已孔子聞斯言也曰二三子志之孰爲參也而不知禮者乎
又曰衛孫文子得罪於獻公居戚公卒未葬文子擊鐘焉延陵季子適晉過聞之曰異哉夫子之在此也猶鷰之巢于幕懼猶未也又何樂焉君又在殯可乎文子於是終身不聽琴瑟孔子聞之曰季子能以義正人文子能克己復義可謂善譏善改矣
國語曰智襄子爲室美士茁夕焉智伯曰室美夫對曰美則美矣抑臣亦有懼也曰何懼對曰臣以秉筆事君記有之曰夫高山峻原不生草木松柏之地其土不肥今土木勝臣懼其不安人也室成三年而智氏亡

漢書張安世曾孫勃嗣每登閣殿常曰桑霍爲我誡豈不厚哉
又曰雋不疑字曼倩渤海人也爲郡文學進退必以禮名聞州郡武帝末郡國盜賊羣起暴勝之爲直指使者繡衣持斧捕盜賊素聞不疑賢至渤海遣吏請與相見躧履迎之坐定不疑據地曰竊伏海瀕聞暴公子舊矣今承顏接辭凡爲吏太剛則折太軟則廢威行施之以恩然後樹功揚名永終天祿勝之納其誡深接以禮
又曰楊惲失爵位居處治產業起室宅其友人安定守孫會宗與書誡之曰大臣廢退當闔門惶恐爲可憐之意不

當通賓客有譽稱也憚內懷不服驕奢不悔坐要斬
望前列曰元帝時京房以言災異數召見又爲吏考課事
奏之因閒上曰幽厲之君何以危所任者何人也上曰主
不明而任巧佞房曰知巧佞而任之邪將以爲賢而任之
耶上曰賢之房曰然則何以知其不賢也曰以其時亂而
君危知之房曰今治乎亂乎上曰亂房曰然則有所任乎
上曰幸其未至於彼也房曰臣恐後世之視今猶今之視
古也元帝嘿然矣
又曰韓延壽善爲政坐法弃市吏民數千人送至渭城老
小扶持車轂爭奉酒炙延壽不忍拒逆爲飲酒石餘使掾
吏分謝吏民百姓莫不流涕延壽三子皆爲郎吏臨死屬
其子勿爲吏以已爲戒子皆以父言去官
東觀漢記曰馮勤遷司徒是時三公多見罪退上欲令以

善自終乃因讌見從容戒之曰朱浮上不忠於君下陵轢
同列終以中傷放逐受誅雖復追加賞賜不足以償不訾
之身忠臣孝子覽照前世以爲鑒戒能盡忠於國事君無
二則爵賞光乎當世名列於不朽可不勉哉
又曰樊宏爲人謙慎常戒其子曰富貴盈溢未有能終者
天道惡滿而好謙前世貴戚明戒也保身全已豈不樂哉
後列曰班超爲都護以任尚代超尚謂超曰君在外國三
十餘年而小人猥承君後宜以誨之超曰塞外吏士本非
孝子順孫皆以罪過徙補邊而蠻夷懷鳥獸之心難養易
敗今君情嚴急水清無大魚察政不得下宜陽爲簡易寬
小過繩大罪而已
又曰馬援出屯襄國詔百官祖道援謂黃門侍郎梁松竇
固曰凡人貴富當使可賤如卿等欲不可復賤居高自持

勉思鄙言松後果貴滿致災固亦幾不免
後列曰馬援兄子嚴敦並喜通輕俠援前在交趾還書誡
之曰吾欲汝曹聞人過失如聞父母之名耳可得聞而口
不可得言也好論議人長短是非正法此吾所大惡也寧
死不願聞子孫有此行
又曰徐穉嘗爲太尉黃瓊所辟不就及瓊卒歸葬穉乃負
糧徒步到江夏赴之設雞酒薄祭哭卒而不告姓名時會
者四方名士郭林宗等數千人聞之疑其穉也乃選能言
生茅容輕騎追之及於塗容爲設飯共言稼穡之事臨決
去謂曰爲我謝郭林宗大厦將顛非一繩所維何爲栖栖不
遑寧處也
魏志曰傅嘏與鍾會從平毋丘儉後會有自矜色嘏戒之
曰子志大量小而勳業難爲也可不慎哉

又曰吏部尚書何晏請管輅問曰連夢青蠅數頭來在鼻
上驅之不肯去有何意故輅曰今君侯位重山岳勢若雷
霆而懷德者鮮畏威者衆殆非小心翼翼多福之人又鼻
者艮此天中之山高而不危所以長守富也今有蠅而集
焉位峻者顛輕豪者亡不可不慎
又曰曹爽飲食衣服擬於乘輿擅取武庫禁兵曹羲深以
爲憂數諫止之又著書三篇陳驕淫盈溢之致禍敗辭旨
甚切不敢斥爽託戒諸子以示爽爽知其爲已發也甚不
悅羲或時以諫喻不納涕泗而起
吳志曰孫權每田獵常乘馬射虎虎嘗突前攀持馬鞍張
昭變色而前曰將軍何用不當爾夫爲人君謂能駕御英
雄驅使羣賢豈謂馳逐於原野校勇於猛獸者乎
江表傳曰孫權征合肥還爲張遼所襲幾至危殆賀齊時

率三千兵在南津迎權權既就大船會諸將飲宴齊下席涕泣而言曰至尊人主當持重今日之事幾致禍敗羣下震怖若無天地願以此爲終身戒權自前拭其淚曰大勲謹以刻心非但書紳也

王隱晉書曰庾袞兄女芳將嫁美服具矣袞刈荊芳爲箕箒焉召諸子集之于堂男女以班而命芳來汝少孤汝逸汝豫不汝疵瑕今汝將適人事舅姑灑掃庭内婦人道也故賜汝以匪器之美欲汝之温恭朝夕雖休勿休也

晉書曰趙王倫篡位嵇紹爲侍中惠帝復祚紹居本職上疏諫曰願陛下無忘金墉大司馬無忘穎上大將無忘黄橋則禍亂之萌無由而兆

隋書曰賀若弼父敦以武烈知名仕周爲金州總管宇文護忌而害之臨刑呼弼謂之曰吾必欲平江南然此心不果汝當成吾志且吾以舌死汝不可不思因引錐刺弼舌出血誡以慎口

唐書曰太宗嘗謂長孫無忌等曰朕聞主賢則臣直人不自知公直面論攻朕得失無忌奏言陛下武功文德跨絶古今發號施令事皆利物孝經云將順其美臣順之不暇實不見陛下有所愆失太宗曰朕冀聞已過公乃妄相諛悦朕今面談公等得失以爲鑒誡言之者無過聞之者可以自改因目無忌曰善避嫌疑應對敏速求之古人亦當無比而總兵攻戰非所長也高士廉涉獵古今心術聰悟臨難既不改節爲官亦無朋黨所少者骨鯁規諫耳唐儉言辭俊利善和解人酒杯流行發言啓齒事朕三十載遂無一言論國家得失楊師道性行純善自無愆過無情實怯懦未甚更事急緩不可得力岑文本性過敦厚文章自其所長而持論恒據經遠自當不負於物劉洎性最堅貞言多利益然其意尚然諾於朋友能自補闕亦何以尚焉馬周見事敏速性甚貞正於論量人物直道而行朕比任使多所稱意褚遂良學問稍長性亦堅正既寫忠誠甚親附於朕譬飛鳥依人自加憐愛

又曰閻立本雖有應務之才而尤善圖畫工於寫眞秦府十八學士圖及貞觀中凌煙閣功臣圖並立本之跡也時人咸稱其妙太宗嘗與侍臣學士泛舟於春苑池中有異鳥隨波容與太宗擊賞數賜詔座者爲詠召立本令寫焉時閣外傳呼云畫師閻立本時以爲主爵郎中奔走流汗俛伏池側手揮丹粉瞻望座賓不勝媿赧退戒其子曰吾少好讀書幸免牆面緣情染翰頗及儕流唯以丹青見知躬厮役之務辱莫大焉汝宜深戒勿習此末伎立本爲性所好欲罷不能也及爲右相與左相姜恪對掌樞密恪既歷任將軍立功塞外立本唯善於圖畫非宰輔之器故時人以千字文爲語曰左相宣威沙漠右相馳譽丹青

唐書曰房玄齡嘗誡諸子以驕奢沈溺必不可以地望陵人集古今聖賢家戒書於屏風令各取一具謂曰若能留意足以保身成名又云袁家累葉忠節是吾所向汝即宜師之

太平御覽卷第四百五十八

太平御覽卷第四百五十九

人事部一百

鑒戒下

鬻子曰昔周公使康叔守商戒之曰無殺不辜無失有罪亦有無罪而見誅亦有有功而不賞愼之

管子曰齊桓公管仲鮑叔牙甯戚飲公曰何不爲寡人壽鮑叔牙奉杯而起曰使公無忘在莒管仲無忘束縛於魯甯戚無忘飯牛車下公避席再拜

晏子曰夫爵益高者意益下官益大者心益小祿益厚者施益博也

又曰君子居必擇隣遊必就士可以避患也

又曰人之將疾必先不甘梁肉之味國之將亡必先惡忠臣之語

列子曰狐丘丈人謂孫叔敖曰人有三怨子知之乎孫叔敖曰何謂也對曰爵高者人妬之官大者主惡之祿厚者怨處之孫叔敖曰吾爵益高吾志益下吾官益大吾心益小吾祿益厚吾施益博以是免三怨可乎

莊子曰夫畏途十殺一人則父子兄弟相戒必盛從卒而後敢出衽席之上飲食之間而不知爲之戒過也

文子曰其文好者身必剥其角美者身見殺甘泉先竭直木必伐

荀子曰魯哀公問政於孔子曰寡人生於深宮之中長於婦人之手未嘗知哀未嘗知憂未嘗知勞未嘗知懼未嘗知危孔子曰君之問也丘小人也何以知之曰無吾子無所聞之孔子曰君入廟門而右登自阼階仰見榱棟俯察机筵其器存其人亡君以此思則哀至焉昧爽而櫛冠未明而聽朝一物失所亂之端也君以此思則憂至焉君平明而聽朝日昃而退諸侯之子孫必有在君之庭者君以此思則勞至焉君出魯之四門以望四郊亡國之墟則必有類焉君以此思則懼至焉且丘聞之君者舟也民者水也水能載舟亦能覆舟君以此思則危至焉

又曰慶封爲亂於齊而將之越其族人曰晉近奚不之慶封曰越遠利以避難族人曰變是心也居晉而安不變是心雖越其可以安乎

又曰桓公徃問管仲曰仲父有病即有不幸政將遷誰豎刁何如曰不可人情莫不愛其身豎刁自宮而爲君治內身之不愛何能愛君公曰衛公子開封何如管仲曰齊衛之間不過十日之行開封事君十年不歸不見父母非人心也父母之不親安能親君公曰易牙何如曰夫易牙爲

君主味君之所未嘗食唯人肉而易牙蒸首子而進之其子不愛焉能愛君公曰孰可管仲曰隰朋可其爲人堅中而廉外少欲而多信堅中足以爲表廉外可與大任少欲則能臨其衆多信則能親隣國此霸王之佐也君其用之管仲死桓公不用隰朋而用豎刁三年桓公南遊堂邑豎刁易牙衛公子開封及大臣爲亂桓公餓而死

荀子曰伯禽將歸於魯周公謂伯禽曰君子力如牛不與牛爭力走如馬不與馬爭走智如士不與士爭智

韓子曰西門豹性急佩韋以自緩董安于心緩佩弦以自急故能以有餘補不足以長續短之謂明至

淮南子曰奔車之上無仲尼覆舟之下無伯夷

韓子曰天下有至貴而非勢位也有至富而非金玉也有至壽而非千歲也原怨反性則貴矣適情知足則富矣明

生死之分則壽矣

韓子曰秦昭王謂左右曰今時韓與魏孰強對曰魏強秦昭王曰其無奈寡人何左右皆然中旗伏瑟而對曰王之料天下過矣當六晉之時智氏最強滅范中行氏又率韓魏之兵以圍趙襄子於晉陽決晉水以灌晉陽之城城不没者三板智伯行水魏宣子御韓康子驂乘智伯曰吾始不知水可以亡國也乃今知之汾水可以灌安邑絳水可以灌平陽魏宣子肘韓康子韓康子履魏宣子之足接於車上而智氏身死國亡爲天下笑今秦雖不過智氏韓魏弱尚賢其在晉陽之下也此方其用肘足之時願王勿易也於是秦王恐

又曰吳鐸以聲自毁膏燭以明自鑠

又曰魏武侯浮西河而下中流謂吳起曰美哉山河之固魏國之寶也對曰在德不在險昔三苗氏左洞庭而右彭蠡德義不修而禹滅之夏桀之居左河濟而右太華伊闕在其南羊腸在其北修政不仁湯放之商紂之國左孟門右太行常山在其北大河經其南修行不德而武王滅之王恃險而不修德舟中之人盡敵國也武侯曰善

說苑曰昔成王封周公周公辭不受乃封周公子伯禽於魯將辭去周公戒之曰去矣子其無以魯國驕士矣我文王之子也武王之弟也今王之叔父也又相天子吾於天下亦不輕矣嘗一沐而三握髮一食而三吐哺猶恐失天下之士吾聞之曰德行廣大而守以恭者榮土地博裕而守以儉者安祿位尊盛而守以卑者貴人衆兵彊而守以畏者勝聰明睿智而守以愚者益博聞多記而守以淺者廣此六守者謙德也夫貴爲天子富有四海不謙者先天下亡其身桀紂是也可不慎乎故易曰天道虧盈而益謙地道變盈而流謙鬼神害盈而福謙人道惡盈而好謙誠之哉子其無以魯國驕士矣

又曰春秋有忽然而足以亡者國君不可以不慎也妬妻不一足以亡公族不親足以亡大臣不任足以亡國爵不用足以亡親佞近讒足以亡舉百事不時足以亡使民不節足以亡刑罰不中足以亡内失衆心足以亡外嫚大國足以亡

說苑曰田子方侍魏文侯坐太子擊趨而入見賓客羣臣皆起田子獨不起文侯有不說之色太子亦然田子方稱曰爲子起與無如禮何不爲子起與無如罪何請爲子誦楚恭王之爲太子也將出之雲夢遇大夫工尹工尹遂趨避家人之門中太子下車從之家人之門中曰子大夫何爲其若是吾聞之尊其父者不兼其子兼其子者不祥莫大焉子大夫何爲其若是工尹曰向吾望見子之面今而後記子之心文侯曰善太子擊前誦恭王之言而習之

又曰孫叔敖爲楚令尹一國吏民皆來賀有一父衣麁衣冠白冠後來弔孫叔敖正衣冠而出見之謂老父曰楚王不知臣不肖使臣受吏民之垢人盡來賀子獨來弔豈有說乎父曰有說身已貴而驕人者民去之位已高而擅權者君惡之祿已厚而不足者患處之孫叔敖再拜曰謹受命願聞餘教父曰位已高而意益下官益大而心益小祿已厚而慎不取君守此三者足以治楚矣

說苑曰魏公子牟東行穰侯送之曰先生將去　之山東矣獨無一言以教冉乎魏公子曰微君言之牟幾忘語君君知夫官不與勢期而勢自至乎勢不與富期而富自至

乎富不與貴期而貴自至乎貴不與驕期而驕自至乎驕不與罪期而罪自至乎罪不與死期而死自至乎穰侯曰善謹受明教

說苑曰高上尊貴無以驕人聰明聖智無以窮人資給疾速無以先人剛毅勇猛無以勝人不知則問不能則學雖知必質然後辯之雖能必讓然後為之故士雖聰明聖智自守以愚功被天下自守以讓勇力距世自守以怯富有四海自守以廉此謂高而不危蒲而不溢者也

說苑曰齊桓公為大臣具酒期以日中管仲後至桓公舉觴以飲之管仲半弃酒桓公曰期而後至飲而弃酒於禮可乎管仲對曰臣聞酒入舌出舌出者言失言失者身弃臣計弃身不如弃酒桓公笑曰仲父起就坐

說苑曰常樅有疾老子往問焉曰先生疾甚矣無遺教可以語諸弟子者乎常樅曰子雖不問吾將語子曰過故鄉而下車子知之乎老子曰過故鄉而下車非謂其不忘故鄉耶常樅曰嘻是已常樅曰過喬木而趨子知之乎老子曰過喬木而趨非謂其敬老耶常樅曰嘻是以張其口而示老子曰吾舌存乎老子曰然吾齒存乎老子曰亡常樅曰子知之乎老子曰夫舌之存也豈非以其柔耶齒之亡也豈非以其剛耶常樅曰嘻是以天下之事已盡矣無以復語子哉

說苑曰桓公曰金剛則折革剛則裂人君剛則國家滅人臣剛則交友絕夫剛不和不和則不可用是故四馬不和取道不長父子不和其世破亡兄弟不和不能久同夫妻不和家室大凶易曰二人同心其利斷金因不剛也

又曰老子曰得其所利必慮其害樂其所樂必顧其敗人為善者天報以福人為不善者天報以禍也故曰禍兮福所倚福兮禍所伏戒之慎之君子不務何以備之夫上知天則不失時下知地則不失財日夜慎之則無害矣

太公金匱曰武王問師尚父曰五帝之戒可復得聞乎師尚父曰舜之居民上兢兢如履薄冰禹之居民上慄慄如恐不滿湯之居民上翼翼乎懼不敢息

呂氏春秋曰出則以車入則以輦務以自逸命之曰招蹷之機肥肉厚酒務以自強命之曰爛腸之食靡曼皓齒鄭衛之音務以自樂命之曰伐性之斧三者富貴之所致者也

新序曰楚恭王有疾召令尹曰常侍苑戚與我處忠我以義吾與其處不見不思也雖然吾有以得也其功不細必爵之申侯伯與我處吾所樂者勸吾為之吾所好者勸吾服之吾與處不見思之雖然吾終無得也其過也不細必亟遣之令尹曰諾明日王薨令尹即拜苑戚為上卿而逐申伯出於國

諸葛亮集先主遺詔勑後主曰勿以惡小而為之勿以善小而不為唯賢唯德能服於人汝父德薄勿效之讀傳必可讀漢書禮記閑暇歷視諸子及六韜商君書益人意知吾終之後汝兄弟父事丞相

鄭玄別傳曰玄病困戒子益恩曰吾家舊貧為父母羣弟所容去廝役之吏遊周秦之都往來幽并兖豫之役獲覲通人大儒得意者咸從捧手有所受焉遂博稽六藝粗覽傳記今我告尔以事將閑居以安性覃思以終業自非國君之命問親族之憂展孝墳墓觀省野物曷嘗扶杖出門乎家事大小汝一承之吾煢煢一夫曾無同生相依其勗求君子之道研鑽勿替恭慎威儀以近有德顯譽成於僚友

德行立於已志若致聲稱亦有榮於所生耳

曹植別傳曰植博學有高才年十餘歲誦詩論及賦十萬言性簡易不事華麗太祖征孫權使植留守鄴戒之曰吾昔爲頓令年二十三思此時所行無悔於今今汝年二十三矣可不勉與

文士傳曰陸景誡盈曰重臣貴戚隆盛之族莫不羅患搆禍鮮以善終大者破家小者滅身唯金張子弟世履忠篤故能保貴持寵祚鍾昆季其餘禍敗可爲痛心

東方朔集曰朔將仙戒其子曰明者處世莫尚於中庸優哉遊哉與道相從首陽爲拙柱下爲工飽食安步以仕代農依隱玩世詭時不逢

劉向集誡子書曰告歆誡之無忽若未有異德蒙恩甚厚將何以報董生有云弔者在門賀者在閭有憂則恐懼敬

事慎事則必有善功而遺福也

蔡邕女誡曰心猶首面也是以甚致飾焉面一旦不脩則塵垢穢之心一朝不思善則邪惡入之咸知飾其面不脩其心夫面之不飾愚者謂之醜心之不脩賢者謂之惡愚者謂之醜猶可賢者謂之惡將何容焉故覽照拭面則思其心之絜也傅脂則思其心之軟也加粉則思其心之鮮也澤髮則思其心之順也用櫛則思其心之理也立髻則思其心之正也攝鬢則思其心之整也

蔡邕廣連珠曰臣聞目瞤耳鳴近夫小戒也狐鳴犬嘷家人小袄也猶忌慎動作封鎮書符以防其禍是故天地示異灾變橫起則人主恒恐懼而脩政

魏文帝誡子曰父母於子日雖肝傷腐爛爲其掩蔽不欲使鄉黨士友聞其罪過然行之不改久久人自知之用此仕官不亦難乎

王脩誡子書曰我實老矣所恃汝等也汝今踰郡縣越山河離兄弟去目下者欲令見舉動之宜又觀高人遠節聞一得三又欲令子善唯不能殺身其餘無惜也

諸葛亮誡外生曰夫志當存高遠慕先賢絕情欲棄凝滯使庶幾之志揭然有所存惻然有所感忍屈伸去細碎廣咨問除嫌吝雖有淹留何損於美趣何患於不濟若志不強毅意不慷慨徒碌碌滯於俗默默束於情永竄伏於凡庸不免於下流矣

又曰夫君子之行靜以脩身儉以養德非澹薄無以明志非寧靜無以致遠夫學欲靜也才須學也非學無以廣才非志無以成學滔慢則不能勵精險躁則不能治性年與時馳意與日去遂成枯落多不接世悲守窮廬將復何及

崔瑗坐右銘曰無道人之短無說己之長施人慎勿念受施慎勿忘世譽不足慕唯仁爲紀綱隱心而後動謗議庸何傷

太平御覽卷第四百五十九

太平御覽卷第四百六十

人事部一百一

游說上

釋名曰說者述也宣述人意也

左傳曰晉人將尋盟齊人不可叔向告于齊曰明王之制使諸侯歲聘以志業間朝以講禮再朝而會以示威再會而盟以顯昭明自古以來未之或失齊人懼

又曰晉郤缺言趙宣子曰衛不睦故取其地今已睦矣可以歸之叛而不討何以示威服而不柔何以示懷非威非懷何以示德趙宣子悅歸衛主威之田

又曰吳人執衛侯子服景伯謂子貢曰子盍閒見太宰乃請束錦以行語及衛故子貢曰衛君之來也必謀於其衆或欲或否是以緩來欲來者子之黨也其不欲來者子之讎也若執衛君是墮黨而崇讎也難以霸乎太宰嚭說乃舍衛侯

又曰晉楚會于虢季武子伐莒取鄆莒人告於國會楚告於晉曰請戮其使趙孟請諸楚曰魯雖有罪其執事不避難疆場之邑一彼一此何常之有去煩宥善莫不競勸固請諸楚楚人許之乃免叔孫

又曰楚五舉奔鄭將遂奔晉聲子將如晉遇之於鄭郊聲子曰吾必復子還如楚令尹子木與之語聲子曰椒舉今在晉矣晉人將與之縣以叔向彼若謀害楚國豈不爲患子木懼言諸王益其祿爵而復之聲子使椒鳴逆之

又曰晉侯秦伯圍鄭佚之狐言於鄭伯曰國危矣若使燭之武見秦君師必退燭之武夜縋而出見秦伯曰秦晉圍鄭鄭既知亡鄭而有益於君敢以煩執事越國以鄙遠君知其難也焉用亡鄭以陪鄰夫晉何厭之有既東封鄭又欲肆其西封不闕音缺下同秦焉取之闕秦以利晉唯君圖之秦伯悅

傳曰吳伐楚入郢申包胥如秦乞師曰吳爲封豕長蛇荐食上國虐始於楚寡君失守社稷越在草莽使下臣告急曰夷德無厭若鄰於君疆場之患也逮吳之定也君其取分焉若以君靈撫之世以事秦立依於庭墻而哭日夜不絕聲勺飲不入口七日秦師乃出

又曰楚子饗魯昭公于新臺好以大屈既而悔之薳啓彊聞之見公公語之拜賀公曰何賀對曰齊與晉越欲此久矣寡君無適與也敢不賀乎公懼乃反之

戰國策曰蘇秦死其弟蘇代欲繼之乃北見燕王噲曰臣東周之鄙人也至燕廷觀王之羣臣下吏大王天下明王

也王曰何如曰臣聞之明王也務聞過不欲聞善臣請謁王之過

又曰濮陽人呂不韋賈於邯鄲見秦質子楚說之乃說秦王后弟陽泉君曰王后無子子楚賢材也棄在趙王后誠請而立之是有子也陽泉君入說王后王后爲請而歸之爲太子也

又曰張儀爲秦連横說韓王曰夫違禍而求福計莫如事秦今王西面事秦以攻楚　秦王必喜

又曰蘇秦說李兌抵掌而談兌送秦以明月之珠和氏之璧

戰國策曰齊宣王因燕喪攻取十城蘇秦爲燕說齊王再拜而賀因仰而弔齊王案戈曰何慶弔相隨之速也對曰人之饑所以不食烏喙者以爲雖愈饑充腹而與死同患

齊乃歸燕城

戰國策曰應侯使人召蔡澤蔡澤入曰夫四時之序功成者去君何不歸相印讓賢者授之必有伯夷之廉長爲應侯而有喬松之壽孰以禍終此哉應侯曰善乃延入坐爲上客

又曰楚免淳齒於柱國遊騰爲楚王曰秦有上羣午者重兵之戰請秦王曰必無與楚戰王曰何也對曰南方火也西方金也金之不勝火亦必矣秦王不聽其戰不勝今午又請秦王必與楚戰南方火西方金也楚正夏中年而免其柱國此所謂内自滅也楚懼復置淳齒

又曰齊欲伐魏魏使人請淳于髡曰齊欲伐魏能解患唯先生也淳于髡曰諾遂入說齊王曰楚齊之仇敵也魏齊之與國也夫伐與國使仇敵制其餘弊名醜而實危爲王不取也齊王曰善乃不伐魏也

又曰趙魏攻華陽韓謁急於秦冠蓋相望秦不救韓相國謂由余曰事急願公雖病爲一宿之行由余見穰侯穰侯曰急乎由余對曰未急也彼韓急則將變矣穰侯請發兵救韓大敗趙魏於華陽之下

又曰昭陽爲楚伐魏覆軍殺將得八城移師而攻齊陳軫爲齊王使見昭陽再拜賀戰勝起而請問楚之法覆軍煞將其官爵何也昭陽曰官爲上柱國爵爲上執珪陳軫曰今小貴矣又移師攻齊而不知止者身且死爵且偃昭陽車而歸之

又曰范睢謂秦王曰大王國之北有甘泉谷口南帶涇渭右隴蜀左關阪戰車千乘奮卒數百萬以秦卒之勇車騎之多以當諸侯譬若放韓盧而逐蹇兔也霸王之業可致今反閉關不敢窺兵於山東者是穰侯爲秦謀不忠大王之計

又曰秦王謂趙使諒毅曰豹平原君數欺弄寡人趙能煞此兩人則可若不能煞請率諸侯受命邯鄲城下諒毅曰趙豹平原君親寡君之母弟也猶大王之有葉陽涇陽君夫以孝悌聞於天下衣服之便於體膳啗之兼於口未嘗不分與焉衣裘無非大王之服今受大王之嚴令以報敝邑之君不敢弗行無乃傷君之心乎

戰國策曰趙且伐燕蘇代爲燕謂趙惠王曰今者來過川蚌方出曝而鷸啄其肉蚌揜鷸喙鷸曰今日不雨明日不雨蚌將爲脯蚌亦謂鷸曰今日不出明日不出必見死鷸兩者不相捨漁者得而併擒之今趙且伐燕燕趙久相持臣恐強秦之爲漁父也故願王熟計之惠王曰善乃止

戰國策曰昭陽爲楚伐魏移兵而攻齊陳軫爲齊王使見昭陽曰今子既貴矣王非置兩令尹也臣竊爲公譬之可乎楚有祠錫其舍人酒一卮舍人相謂曰數人飲之不足一人飲之有餘請畫蛇先成者飲酒一人蛇先成乃左手持卮右手畫蛇曰吾能爲足爲足未成一人蛇成奪其卮曰蛇故無足子安能爲足遂飲其酒畫蛇足者終亡其酒公攻魏殺將得八城又移師亦攻齊齊畏公甚公以是名足矣冠之非可重也戰無不勝而不知止者身且死爵且偃猶爲蛇足也昭陽以爲然解軍而歸

又曰衛客事魏王三年不得見乃見梧立先生許之以百金先生曰諾乃見魏王曰吾聞秦出兵未知所之願王專事秦無他計王曰諾客趨出至郭門而返曰臣恐王事秦之晚也夫人於事已者過急於事人者過緩今王於事已

緩安能急於事人衛客事王五年不得見臣以是知王緩也魏王趨見衛安曰蘇秦為楚合從說韓王曰夫以韓卒之勇被堅甲帶利劍一人當百不足云也夫以韓卒之勁與王之賢乃欲事秦為天下笑無過此者大王事秦秦必求宜陽成皋今茲效之明年又求之予之則無地以給不予則弃前功而受後禍大王之地有盡而秦之求無猒以有盡之地而應無已之求鄙語曰寧為鷄口不為牛後今西面交臂而事秦何異牛後乎

又曰秦王與中期爭論而不勝秦王大怒中期徐行去人為說秦王曰此悍人也中期適遇明君故也遇桀紂必殺之矣王因弗罪

又曰秦令樗里疾以車百乘入周周君迎之甚敬楚王怒讓周以其重秦客也游勝為周君謂楚王曰秦者虎狼之國也有獨吞之意周君懼焉楚王乃說也

又曰司馬錯與張儀爭論於秦惠王前錯欲伐蜀儀曰不如伐韓王問其說對曰親魏善楚下兵三川塞轘轅緱氏之口當屯留之道此王業也

又曰惠施為韓魏交令太子鳴質於齊王欲見朱倉謂王曰何不稱病臣請說嬰子曰魏王之年長矣今有病公不如歸太子以德之不然公子高在楚將內而立之是齊抱空質而行不義也王從之太子得還

又曰范睢謂秦王曰秦韓之地形相錯如繡秦之有韓若木之蠹爲秦害者莫大於韓王

又曰張儀爲秦連橫說韓王曰諸侯不料兵之弱而聽從人之甘言不顧社稷長利而聽謏人之說詿誤人主無過此矣

戰國策曰燕文公時秦惠王以其女為燕太子婦文公卒易王立齊宣王因燕喪攻取十城蘇秦為燕說齊王再拜而賀因仰而弔曰燕雖弱小強齊之壻王利其十城而深與秦爲仇王能聽臣莫如歸燕城卑辭以謝秦是王弃強仇而立厚交也齊王大悅乃歸燕城

又曰齊楚約而欲攻魏魏有唐睢見秦王曰今齊楚之兵已在魏郊矣大王之救不至魏急則割地而約王雖欲救之豈有及哉秦王遽發兵赴魏魏復存唐睢之說也

又曰楚絕齊齊舉兵攻楚陳軫謂楚王曰不如以地東解於齊而西講於秦矣

又曰文信侯欲攻趙而廣河間使張唐相燕張唐辭之必燕子甘羅曰臣請行之甘羅見張卿即曰今文信侯自請卿相燕而卿不肯行臣不知卿所死之處矣卿曰請孺子而

行令庫具車廐具馬府具幣行有日矣

戰國策曰東周欲爲稻西周不下水東周患之蘇子謂東周君曰臣請使西周下水可乎乃往見西周之君曰君之謀過矣今不下水所以富東周也今其人皆種禾君若欲東周之之不若一下水以病其所種下水東周必復種稻種稻而復奪之若是則東周之人可令一仰西周而受命於君矣西周君曰善遂下水蘇子亦得兩　全矣

又曰司馬錯與張儀爭論於秦惠王前錯欲伐蜀儀曰不如伐韓王問其說曰臣聞欲富者務廣其地欲強者務富其人欲王者務崇其德三資者備而王道興矣王曰善起兵伐蜀

又曰司馬錯與張儀爭論於秦惠王前錯欲伐蜀儀曰不如伐韓王問其說對曰親魏善楚下兵三川誅周王之罪

侵楚魏之地周自知不救九鼎寶器必出據九鼎案圖籍挾天子以令天下天下莫敢不聽此王業也

又曰蘇秦發書陳篋爲揣摩曰安有說人主不能出金玉錦繡取相之尊者乎

又曰司馬錯與張儀爭論於秦惠王前錯欲伐蜀儀曰不如伐韓王問其說對曰臣聞爭名於朝爭利於市今三川周室天下之市朝也而不爭焉顧爭於戎狄

又曰秦將急攻韓韓王安使公子韓非西入秦上書說秦王曰脣亡齒寒故曰兵者凶器陛下試聽臣之計則從者困而趙孤天下可蠶食也

又曰以秦卒之勇車騎之多以當諸侯譬若放韓盧而逐蹇兔也

又曰司馬錯與張儀爭論於秦惠王前錯欲伐蜀儀曰不如伐韓王問其說對曰案圖籍挾天子以令天下錯曰不然蜀戎翟之長也以秦攻之譬如使豺狼逐群羊王曰善起伐蜀

又曰蔡澤對應侯曰君之祿位貴盛而身不退竊爲君危之物盛則衰天下之常數也

又曰張登謂趙魏曰齊欲伐河東何以知之齊之畜與中山之爲王甚矣今召山中與之遇而許之王是欲用其兵也豈若令大國先與之王以止其遇哉趙魏許之諸果與中山之王而親之中山東絕齊而從趙魏

又曰蘇秦爲燕說齊王歸燕之十城人有毀蘇秦於燕王左右賣國反臣也將作亂蘇秦恐得罪歸而燕王不復官也蘇秦見燕王曰臣東周之鄙人也無尺寸功而王親拜之於廟朝而禮之於廷今臣爲主却齊之兵而攻得十城

宜以益親今者而王不官臣人必有不信傷臣於王者臣之不信王之福也

史記曰初沛公引兵過陳留酈生上謁沛公拔甲曰延客入酈生入揖謂沛公曰今足下甚若暴衣露冠將兵助楚討不義足下何不自喜也臣願以事見

又曰李斯說秦王曰夫以秦之強大王之賢足以滅諸侯成帝業秦王乃拜斯爲長史聽其計

又曰田常欲爲亂於齊移兵欲伐魯子貢見吳王說曰齊與吳爭強切爲王危之王曰善雖然子待我伐越而聽子子貢曰王必惡越請東見越王令出兵以從吳王大說使子貢之越越王許諾也

又曰田常欲伐魯子貢至齊說田常曰君之伐魯過矣不如伐吳吳王果與齊人戰於艾陵大破齊師故子貢一出存魯亂齊

戰國策曰鄒忌以鼓琴見威王王悅而舍之右室須臾王鼓琴鄒忌推戶入曰善鼓琴夫大絃濁以春者君也小絃廉折以清者相也攫之深而舍之愉者政令也鈞以鳴大小相益因推而不害者四時也故曰琴音調而天下正也

又曰秦圍邯鄲急且降平原君甚患之邯鄲傳舍吏子李同說平原君曰誠能令家之所有盡散以饗士士方其危苦之時易得耳於是平原從之得敢死之士三千李同遂與三千人赴秦軍秦軍爲之却三十里

又曰漢王數困滎陽成皋酈生曰今燕趙已定唯齊未下臣請得奉明詔說齊王使爲漢稱東藩上曰善

又曰范增說項梁曰君江東楚將皆爭附君者以君 代楚將爲能復立楚之後也於是項梁然其言也

又曰范陽人蒯通說范陽令曰竊聞公之將死故弔然賀得通而生

又曰韓非說難曰計利害以難其攻直指是非以飾其身以此相持說之氏也

戰國策曰蘇秦說六國從合秦爲從長并相六國喟然歎曰使我有雒陽負郭田二頃豈能佩六國相印乎於是散千金以賜宗族

又曰張儀說燕昭王曰今王事秦秦王必喜趙不敢妄動燕王曰今大客幸教之請西面而事秦王耳

戰國策曰張儀聞蘇秦死乃說楚王曰夫爲從者無以異於驅羣羊而攻猛獸獸之與羊不格明矣今王不與獸而與羣羊臣竊聞以爲大王之計過

又曰韓非知說之難爲說難書曰所說實爲厚利而顯爲名高者也而說之以名高則陽收其身而實數疏之說以厚利則陰用其言而顯棄其身

又曰漢王使隨何說淮南王隨何曰項王伐齊大王宜悉淮南之衆爲楚軍前鋒今乃提空名以向楚臣竊爲大王不取也淮南王陰許畔楚與漢

又曰李斯詣秦會莊襄王卒乃求爲秦相呂不韋舍人不韋賢之任以爲郎李斯因以得說秦王　秦王乃拜爲長史聽其計

太平御覽卷第四百六十

太平御覽卷第四百六十一

人事部一百二

游說中

史記曰蘇秦說趙王王乃飾車百乘黄金千鎰白璧百雙錦繡千純以游諸侯

又曰蘇秦說齊王曰齊三軍之良五家之兵戰如雷霆解如風雨

又曰蒯通對高祖曰秦失其鹿天下共逐之

又班彪王命論曰游說之士比天下於逐鹿也

又曰漢王使隋何說淮王隋何曰臣請與大王持劒而歸漢王

又曰蒯通爲奇策感通韓信佯以相人說信

又曰子貢之晉謂晉君曰臣聞慮不先定不可以應卒兵不先辨不可以勝敵今吳戰勝必以其兵臨晉晉君大恐也

又曰田常欲爲亂於齊憚高國鮑晏故移兵欲伐魯子貢說田常曰臣聞之憂在内者攻强憂在外者攻弱今君憂在内破魯以廣齊戰勝以驕主求以成大事難矣

又曰范陽人蒯通說范陽令曰今諸侯叛秦矣武信君兵且至而君堅守范陽少年皆争殺君下武信君君急遣臣見武信君可轉禍爲福在今矣

又曰田肯說高祖曰秦形勝之國也得百二焉地勢便利其以下兵於諸侯譬猶居高屋之上建瓴水也

又曰漢王數困滎陽成臯計欲捐成臯以東屯鞏洛以距楚酈生曰臣聞知天之天者王事可成王者以人爲天而人以食爲天夫倉敖天下輸久矣

又曰子貢一出說存魯亂齊破吳强晉而霸越也

又曰漢王數困滎陽成臯計欲捐成臯以東屯鞏洛距楚酈生因曰臣願足下急復進收取滎陽據敖倉之粟塞成臯之險杜太行之道距飛狐之口守白馬之津則天下知所歸矣

又曰韓非知說之難爲說難書曰凡說之難在知所說之心可以吾說當之

又曰韓信既殺龍且項恐使武涉說信曰足下右投則漢王勝左投則項王勝項王今日亡則次取足下也

又曰蒯通說韓信曰酈生一士伏軾掉三寸之舌下齊七十餘城案漢書曰食其憑軾下齊

又曰張儀聞蘇秦死乃說楚王曰今秦與楚接境壤大王誠能聽臣臣請使秦以秦女爲大王箕箒之妾長爲昆弟之國臣以爲計無便於此者楚從其計

又曰李斯說秦王曰自孝公以來周室卑微諸侯相兼關東爲六國秦之乘勝役諸侯蓋六世矣今諸侯服秦譬若郡縣夫以秦之强大王之賢如老嫗竈上掃除足以滅諸侯成帝業今怠而弗急諸侯復强相聚約從雖有黄帝之資弗能并也秦王聽其計

又田李左車說成安君陳餘曰臣聞韓信涉西河虜魏王擒夏悦新喋血閼與今乃輔以張耳議欲以下趙此乘勝而遠鬬其鋒不可當臣聞千里餽粮士有飢色今井陘之道車不得方軌騎不得成列其勢粮食必在其後願足下假臣奇兵三萬人從間道絶其輜重彼前不得鬬退不得還吾奇兵絶其後野無所掠不至十日兩將之頭可致麾下

又曰酈食其說齊王曰知天下所歸乎齊王曰天下何歸曰歸漢何以言之曰漢王與項王戮力西面擊秦約先入咸陽者王之項王負約不與而王之漢中又遷殺義帝漢王聞之起蜀漢之兵責義帝之罪降城即以侯其將得財即以分其士蜀漢之粟方舡而下項羽有背約之名殺義帝之負於人之罪無所忘天下之士歸於漢王可坐而觀今以據敖倉之粟塞成皐之險守白馬之津杜太行之陂距飛狐之口天下後服者先亡王疾下漢王齊國社稷可得而保不下漢王危亡可立而待乃聽酈生

又曰高祖使陸生賜尉他印爲南越王陸生進說佗曰足下中國人親戚昆弟墳墓在真定今反天姓棄冠帶欲以區區之越與天子抗衡禍且及身乃欲以新造未集之越屈強於此漢一偏將將十方衆臨越則殺王降漢如反覆

手耳

漢書曰張耳陳餘北略地燕界趙王爲燕軍所獲燕因留之欲與分地趙有厮養卒乃走燕壁問曰知臣何欲燕將曰若欲得王耳曰君知張耳陳餘何人也燕將曰賢人也曰其志何欲燕將曰欲得其王耳趙卒嘆曰君未知兩人所欲也夫武臣張耳陳餘杖馬箠下趙數十城亦各欲南面王夫臣之與主豈可同日道哉兩人亦欲分趙而王時未可耳今兩人名爲求王實欲燕殺之此兩人分趙而王夫以一趙尚易燕況以兩王右提左挈而責殺王滅燕易矣燕以爲然迺歸趙王養卒爲御而歸

又曰陸賈說尉他他賜賈橐中裝直千金張晏注曰珠玉之寶裝橐裹也

又曰魏豹叛漢王漢王謂酈生曰緩頰往說之

又曰蒯通知天下權在於韓信欲說令背漢曰臣願披心腹隨介肝膽效愚忠恐足下不能用也曰夫功者難成而易敗時者難值而易失時不再來願足下無疑臣之計信猶豫不忍背漢遂謝通通乃陽狂爲巫

又曰漢三年與項羽相距京索間上數使使勞苦丞相鮑生謂蕭何曰數勞苦君者有疑君今爲君計遣君子孫昆弟能勝兵者悉詣軍所上益信君於是何從其計漢王大悅

又曰項羽擊陳留外黄不下數日降羽悉令男子年十五以上詣城東欲坑之外黄令舍人兒年十三往說羽曰彭越強刼外黄外黄恐故降以待大王大王至又皆坑之百姓豈有所歸心哉從此以東梁地十餘城皆恐莫肯下矣羽然其言迺赦外黄當坑者而東至睢陽聞之皆爭下

又曰漢王至雒陽新成三老董公遮說漢王曰臣聞順德者昌逆德者亡兵出無名事故不成故曰明其爲賊敵乃可服項王爲無道放殺其主天下之賊也夫仁不以勇義不以力三軍之衆爲之素服以告諸侯爲此東伐四海之内莫不仰德此三王之舉也漢王曰善非夫子無所聞於是漢王爲義帝發喪哀臨三日發使告諸侯

又曰婁敬齊人也漢五年戍隴西過雒陽帝在焉敬脫輓輅見齊人虞將軍曰臣願見上言便宜虞將軍入言上召見賜食敬說曰陛下都洛陽豈欲周室比隆哉上曰然敬曰陛下取天下與周異周之先積德累善十有餘世武王伐紂成王即位周公之屬傅相焉乃營成周都雒陽以爲天下中諸侯四方納貢職道里均矣有德則易以王無德則易以亡今陛下與項籍戰滎陽大戰七十小戰四十使天下之民

肝腦塗地哭泣之聲不絕傷痍者未起而欲比隆成康之時臣竊以爲不侔矣且夫秦地被山帶河四塞以爲固卒然有急百萬之衆可具矣夫與人鬬不搤其肮（張晏曰肮喉嚨）拊其背未能全勝今陛下入關而都按秦之故此亦搤天下之肮而拊其背也高帝即日西都關中

又曰陳豨反上自將至邯鄲而韓信謀反關中呂后用蕭何計誅信上已聞信誅使拜何相國益封五千戶令卒五百人一都尉爲相國衛諸君皆賀邵平獨弔謂何曰禍自此始矣上暴露於外而君守內非被矢石之難而益君封置衛者以今者淮陰新反於中有疑君心夫置衛君非以寵君也讓封勿受悉以家私財佐軍何從其計上喜悅

又曰齊悼惠王時曹參爲相禮下賢人請蒯通爲客初齊王田榮怨項羽謀舉兵叛之齊處士東郭先生梁石君在劫中強從及田榮敗二人醜之相與入山深隱居客謂通曰先生之於曹相國拾遺舉過顯賢進能齊國莫若先生者先生知梁石君東郭先生世俗所不及何不進於相國乎通曰諾臣之里婦與里諸母相善也里婦夜亡肉姑以爲盜怒而逐之婦晨去過所善諸母語以事而謝之里母曰汝安行我今令而家追汝矣即束緼請火於亡肉家曰昨暮犬夜得肉爭鬬相殺請火治之亡肉家遽追呼其婦故里女非談說之士也束緼乞火非還婦之道也然物有相感事有適可臣請乞火於曹相國曰婦人有夫死三日而嫁者有幽居守寡不出門者足下即求婦何取曰不取嫁者通曰然則求臣亦猶是也彼東郭先生梁石君齊之俊士隱居不嫁未嘗卑節下意以求仕也願足下使人禮之曹相國曰敬受命皆以爲上賓

又曰袁盎逢丞相申屠嘉下車拜謁丞相從車上謝盎還媿其吏迺之丞相舍上謁求見丞相曰且陛下從代來每朝郎官者上書疏未嘗不止輦受其言言不可用置之言可採未嘗不稱善何也欲以致天下賢士日聞所不聞以益聖今君自閉鉗天下之口而日益愚夫以聖主責愚相君受禍不久矣丞相乃再拜曰嘉鄙人迺不知將軍幸教引與之坐爲上客

范曄後漢書曰更始尚書令謝躬留魏郡太守陳康守鄴自率諸將擊青犢賊世祖因躬在外乃使吳漢襲其城漢先令辯士說陳康曰蓋聞之上智不處危以僥倖中智能因危以爲功下愚安於危以自亡之智在人所由不可不察今京師敗亂四方雲擾公所聞也蕭王兵強士附河北歸命公所見也謝躬內背蕭王外失衆心公所知也公今據孤危之城待滅亡之禍義無所立節無所成不若開門內軍轉禍爲福免下愚之敗收中智之功此計之至者也康然之於是開門內漢

又曰袁紹奔冀州董卓購募求紹時侍中周毖城門校尉伍瓊等陰爲紹說卓曰夫廢立大事非常人所及袁紹不識大體恐懼出奔非有它志今急購之勢必爲變袁氏樹恩四世門生故吏遍於天下若收豪傑以聚徒衆英雄因之而起則山東非公之有也不如赦之拜一郡守紹喜於免罪必無患矣卓以爲然乃遣授紹渤海太守

又曰袁紹以書要公孫瓚以襲冀州牧韓馥紹乃使外甥陳留高幹及潁川荀諶等說馥曰公孫瓚乘勝來南而諸郡應之袁車騎意未可量也竊爲將軍危之馥懼曰然則爲之柰何諶曰君自料寬仁容衆爲天下所附孰與袁氏

馥曰不如也臨危叱決智勇邁於人又孰與袁氏馥曰不如也世布恩德天下之蒙其惠又孰與袁氏馥曰不如也諶曰今將軍資三不如之勢久處其上袁氏一時之傑必不爲將軍下也且公孫提征伐之卒其鋒不可當夫冀州天下之重資若兩軍並力兵交城下危亡可立而待也夫袁氏將軍之舊且同盟當今之計莫若舉冀州以讓袁氏厚德將軍公孫瓚不能復與之爭矣是將軍有讓賢之名而身安於太山也願勿有疑馥性怯因然其計

又曰沮授說袁紹曰將軍累葉台輔世濟忠義今朝廷播越宗廟殘毀觀諸州郡雖外託義兵內實相圖未有匡正社稷卹民之意且今州城粗定兵強士附西迎大駕即宮鄴都挾天子令諸侯畜士馬以討不庭誰能禦之

又曰曹操與袁紹相持於官渡紹遣人求助劉表許之而不至亦不助曹操且欲觀天下之變從事中郎南陽韓嵩別駕劉先說表曰今豪桀並爭兩雄相持天下之重在於將軍將軍若欲有起乘弊可也如其不然因將軍所宜從豈可擁甲十萬坐觀成敗求援如不能助見賢而不肯歸此兩怨必集於將軍恐不得復中立矣

又曰曹操軍至新野蒯越韓嵩傅選等說劉琮曰逆順有大體強弱有大勢以人臣拒人主逆道也以新造之楚御中國必危以劉備敵曹公不當也三者皆短欲以抗王師之鋒必亡之道也將軍自料何與劉備琮曰不若也選曰誠以劉備不足禦曹公則雖保全楚不能以自存也誠以劉備足禦曹公則備不爲將軍下也願將軍勿疑琮乃請降

又曰閻忠說皇甫嵩曰將軍指揮足以展風雲叱咤可以興雷電

東觀漢記曰隗囂將王元說囂曰昔更始四方響應天下喁喁謂之太平一旦壞敗今南有子陽北有文伯江湖海岱王公十數而欲牽儒生之說棄千乘之基計之不可者也今天水完富士馬最強北取西河東收三輔案秦舊迹表裏山河元請以一丸泥爲大王東封函谷關此萬世一時也若計不及此且畜養士馬據隘自守曠日持久以待四方之變圖王不成其弊猶足以霸囂然其計

又曰更始大司馬朱鮪守洛陽吳漢諸將圍守數月不下世祖以岑彭嘗爲鮪校尉令彭說鮪曰赤眉已得長安今公誰爲守乎蕭王受命平定燕趙百姓安土歸心賢俊四面雲集今北方清淨大兵來攻洛保一城欲何望乎不如亟降鮪曰大司徒公被害時鮪與其謀又諫更始無遣上北伐自知罪深故不敢降耳彭還詣河陽白上上謂彭復往曉之夫建大事者不忌小怨今降官爵可保況誅罰乎上指水曰河水在此吾不食言彭奉上旨復至城下說鮪因曰彭往者得執鞭侍從蒙薦舉拔擢深受厚恩思以報義不敢負公鮪從城上下索曰當如此來彭趨索欲上鮪見其不疑即曰旦蚤與我會上東門外彭如期往與鮪交馬語鮪輕騎詣彭降彭爲殺羊具食鮪身爲降虜未見吳公諸將不敢食彭即令鮪自縛與俱見吳公將詣行在所河津亭上即時解鮪縛復令彭夜送歸洛陽

又曰更始使侍御史黃黨即封世祖爲蕭王罷兵耿弇諧曰今使者來欲罷兵不可聽也兵一罷不可復會也上曰國家已都長安天下大定何用兵爲弇曰青徐之賊銅馬赤眉之屬數十輩輩數十萬衆皆東至海所嚮無前聖公

不能辯也敗必不久帝起坐曰卿失言我擊卿弇曰大王哀厚弇如父子故披赤心爲大王陳事上曰我戲卿耳何以言之弇曰百姓患苦王莽苛刻日久聞劉氏復興莫不欣喜望風從化而去虎口就慈母倒戟橫矢不足以諭明公首事南破昆陽敗百萬師今復定河北以義征伐表善懲惡躬自克薄以待士民發號嚮應望風而至天下至重公可自取無令他姓得之上曰卿若東得無爲人道之弇曰此重事不敢爲人道也

又曰馮異因間進說曰天下同苦王氏思漢久矣更始諸將縱橫暴虐所至虜掠百姓失望今專命方面施行恩德夫有桀紂之亂乃見湯武之功民人飢渴易爲充飽宜急分遣官屬徇行郡縣理冤結布惠澤上納之

又曰隗囂既立便聘平陵方望爲軍師望至說囂曰足下

欲承天順民輔漢而今起立者乃在南陽王莽尚據長安雖欲以漢爲名其實無所受命將何以見信於衆宜急立高廟稱臣奉祠所謂神道設教求助民神者也且禮有損益質文無常削地開兆茅茨土堦陛下以致其肅敬雖未備物神明其舍諸囂從其言

又曰蜀郡功曹李熊說公孫述曰方今四海波蕩疋夫橫議將軍割據千里地方十城若奮發盛德以投天隙霸王之業成矣宜改名號以鎮百姓述曰吾亦慮之公言起我意於是自立爲蜀王熊復說述曰今山東飢饉人民相食兵所屬滅城邑丘墟蜀地沃野千里土壤膏腴果實所生無穀而飽女工之業覆衣天下名材竹幹不可勝用又有魚鹽銀銅之利浮水轉漕之便北據漢中杜褒斜之塗東守巴郡拒扞關之口地方數千里戰士不下百萬見利出兵而略地無利則堅守而力農東下漢水以窺秦地南順江流以震荆揚所謂用天因地成功之資也君有爲之聲聞於天下而名號未定志士狐疑宜即大位使遠人有所依歸述遂自立爲天子

又曰荆邯東方漸平兵且西向說公孫述曰兵者帝王之大器古今所有不能廢也昔秦失其守豪桀並起漢祖無前人之迹立錐之地於戰陣之中躬自奮擊兵破身困數矣然軍敗復合創愈復戰何則死而功成踰於却就於滅亡臣之愚計以爲宜及天下之望未絕豪傑尚可招誘急以此時發國內精兵令田戎據江南之會倚巫山之固築壘堅守傳檄吳楚長沙已南必隨風而靡令延岑出漢中定三輔天水隴西拱手自服如此海內震搖冀有大利

又曰鄧禹聞上安集河北即杖策北渡追及於鄴上欣其

至禹進說曰更始雖都關西今山東未安赤眉青犢之屬動以萬數三輔假號往往群聚更始既未有所挫而自聽斷諸將皆庸人屈起志在財幣爭用威力朝夕自快非有忠良明智深慮遠圖欲尊主安民者明公雖蕃輔之功猶恐無所於今之計莫如覽延英雄務悅民心立高祖之業救萬民之命以公而慮天下不足定也上大悅因令左右號禹曰鄧將軍常宿止於中與定計議

又曰光武以寇恂爲河內太守行大將軍事恂同門生董崇說恂曰上新即位四方未定而君以此時據大郡此讒人所側目怨禍之府也宜思功遂身退之計恂然其言因病不視事

太平御覽卷第四百六十一

太平御覽卷第四百六十二

人事部一百三

游說下

魏志曰袁紹領冀州牧從事沮授說紹曰將軍屬廢立之際忠義奮發雖黃巾猾亂黑山跋扈舉軍東向則青州可定還討黑山則張燕可滅迎大駕於西京復宗廟於洛邑號令天下以討未服以此爭鋒誰敵之紹喜

王沉魏書曰桓階字伯緒天下亂太祖興義兵袁紹強盛劉表舉州應之階說其守張羨曰夫舉事而不本於義未有不敗者也曹公雖弱扶義而起奉王命以討有罪羨曰善矣

魚豢魏略曰蘇秦四說秦惠王書十上而說不行

蜀志曰曹公追先主與諸葛亮至于夏口亮曰事急矣請求救於孫將軍亮說權曰曹操之衆遠來疲弊聞追豫州騎一日一夜行三百里此所謂強弩之末不能穿魯縞者今將軍誠與豫州協規同力破操軍必矣權大悅即并力拒曹公敗于赤壁

又曰曹公追先主至於夏口諸葛亮曰事急矣請奉命求救於孫將軍時權軍柴桑觀望成敗亮說權曰海内大亂將軍起兵江東劉表豫州牧衆漢南與曹操並爭天下今操芟夷大難畧已平矣遂破荆州威震四海英雄無所用武故豫州牧遁逃至此將軍量力而處之若能以吴越之衆與中國抗衡不如與之絕若不能當何不按兵束甲北面而事之今將軍外託服從之名而内懷猶豫之計事急而不斷禍至無日矣

晉中興書曰蘇峻反溫嶠推陶侃爲盟主侃欲西歸嶠說侃曰天子幽逼社稷危殆四海臣子肝腦塗地嶠等與公致命之秋事若克濟則臣主同休如其不然身雖灰滅足以謝責於先帝今之事勢義無旋踵騎虎之勢可得下乎公若違衆獨反衆心必沮沮衆以敗事義旗將迴指於公矣侃無以對遂留不去

又曰建興初祖逖進說曰晉室之亂非上無道而逃民怨叛也由藩王爭權自相誅滅遂使戎狄乘隙毒流中原今天下既被殘酷遺黎思夲人有奮擊之心但悉無所憑倚大王誠能命將帥使若逖等執殳前驅上爲國家雪恥下爲百姓請命則郡國豪傑必因風嚮起沉溺之民欣於來蘇也掃灑中原清復寰宇此千載之一時願大王圖之中宗於是始欲疆理神州

又曰劉牢之屯洌州桓玄至于湖孰遣牢之族舅何睦說曰

今君戰敗則傾宗戰勝亦覆族欲以是安歸乎孰若翻然改圖唯理是宅則與金石等固名與天壤俱窮哉牢之得說詣玄請降也

范亨燕書曰晉室大亂高祖方經略江東高翔說高祖曰自王公政錯士人失望繦負歸公者動有萬數今王氏敗沒而福宿見尾箕其兆可見也今晉室雖衰人心未變宜遣貢使江東亦有所尊然後仗義聲以掃不庭可以有辭於天下高祖深納焉

宋書曰二凶搆逆王僧達迴惑不知所從有客說之曰爲君計莫若承義師之檄移告傍郡使工言之士明示禍福也

唐書曰李懷光屯軍咸陽反狀始萌李景畧時說懷光請復宮闕迎大駕懷光不從景畧出軍門慟哭曰誰知此軍

一日陷於不義軍士相顧甚義之因退歸私家

又曰柏耆者將軍良器之子素負志略學縱橫家流會王承宗以常山叛朝廷厭兵欲以恩澤撫之耆於蔡州行營以畫干裴度請以朝旨奉使鎮州乃自處士受左拾遺旣見承宗以大義陳說承宗泣下請質二男獻兩郡由是知名

韋昭吳書曰將軍曹仁在公安拒守吕蒙令虞翻說之翻至城門仁不肯相見乃爲書曰將軍獨守縈帶之城而不降死戰則毀宗滅祀爲天下笑孰熟思焉仁得書流涕而降之

太公六韜曰文王齋戒三日乘田車田馬田于渭之陽吕尚以竿以漁曰今臣言至情不諱君其惡之乎緡微餌明小魚食之緡調餌多大魚食之夫魚食於餌乃牽於緡人

食其禄而服於君故以餌取魚魚可殺以禄取人人可竭也

春秋後傳曰梁以張儀爲齊相楚怒約而攻梁雍沮曰請令解攻雍沮謂齊楚之王曰王亦聞張儀之約秦王乎曰王若相儀於梁齊楚惡儀必攻魏魏戰而勝是齊楚之兵折而儀固得梁矣若不勝梁必事秦以持其國必割地以賂王若欲復攻其弊不足以應秦此儀之所以與秦王陰相約也齊楚王曰善乃遽解兵

又曰魏加問春申君聞欲將臨武君有之乎曰有矣加曰臣少之時好射臣願以射譬可乎春申君曰可曰更羸與魏王處廪下更羸謂魏王曰臣能爲王虛發而下鳥有間鴈來更羸虛發而鳥下魏王曰然則射可至此乎更羸曰此孽也王曰何以知之對曰其飛徐而鳴悲者故創痛也鳴悲者久失羣也今臨武君嘗爲秦孽不可爲距秦之將也

又曰皇甫嵩旣破黃巾威震天下故信都令漢陽閻忠說嵩曰難得易失者時也時至不旋踵者機也故聖人常順時而動智者必因機以發今將軍遭難得之時蹈機而不發將何以權大名乎

又曰劉備救徐州刺史陶謙會謙病死伏波將軍陳登說備曰今欲爲使君合衆十萬上可以匡主濟人成五霸之業下可以割地守境書名竹帛若使君不聽登亦未聽使君得發備遂領徐州

孔演漢魏春秋曰興平元年曹公復征陶謙陳宮說張邈曰雄傑並起君以千里之衆當四戰之地撫劍顧眄亦足以爲人豪而反制於人不以鄙乎

魏氏春秋曰鍾會陰懷異圖姜維見而知其心謂可構成擾亂以圖克復乃詭說之曰君自淮南已來筭無遺策晉道克昌皆君爲之今復定蜀威德大震其民高其功而主畏其謀欲以此安歸乎夫韓信不背漢於擾攘而見疑於旣平大夫種不從范蠡於五湖卒伏劒而亡彼豈闇主愚臣哉利害使之然也今君大功旣立大德已著何不法陶朱公汎舟絕迹全功保身登峨嵋之嶺而從赤松遊乎會曰君言遠我不能行且爲全身之道或未盡於此也維曰其他則君智力之所能無煩於老夫矣由是情好欣甚

周載曰薄疑者衛之居士也疑進說衛嗣君以王道嗣君悅延之以相辭曰疑之母以疑爲賢然與疑議家事旣定則又決之所奉蔡嫗故事多不就母子之間猶不免乎蔡嫗之議今人主皆有蔡嫗而於臣非骨肉之親安得不敗

君曰寡人聞命遂相之委以從事
江表傳曰曹公聞周瑜年少有俊才謂可遊說動也密下楊州遣九江蔣幹有儀容以才辯見稱獨步江淮之間莫與爲對乃布衣葛巾自託私行詣瑜瑜出迎之立謂幹曰子翼卿苦遠江湖爲曹氏作說客耶幹曰吾與足下州里中間別隔遥聞芳烈故來叙闊并觀雅頌而云說客無乃逆詐乎瑜曰吾雖不及夔曠聞弦賞音足知曲也因延幹入爲設酒食後三日瑜請幹與周觀營中行視倉庫軍資器仗訖還飲宴示之侍者服飾珍玩之物因謂幹曰丈夫處世一遇知己外守君臣之義内結骨肉之恩言行計從禍福共之假使蘇張更生酈叟復在吾猶撫其背而折其辭豈足下幼生所能移乎幹但笑終無所言幹還稱瑜雅量非言辭所間中州之士亦此多之

王充論衡曰傳稱蘇秦張儀縱横之術於鬼谷先生掘地爲坎曰能下說令我泣出則能分人主之地蘇秦說鬼谷先生泣沾衿張儀下說鬼谷先生泣亦沾衿
劉向說苑曰孫卿曰夫談說之術端盛以處之堅強以持之
莊子曰昔趙文王喜劒劒士日夜相擊於前太子悝患之乃使以千金奉莊子莊子不受請持劒服劒服成乃見王曰臣有三劒有天子劒有諸侯劒有庶人劒天子之劒包以四夷裹以四時一用天下服此天子之劒於是文王不出宫三月劒士皆伏斃之也
列子曰鄧析操兩可之說設無窮之辨
韓子說難篇曰不可不察愛憎之主而後說焉
又說難篇曰九事以密成亦以泄禍未必其身泄也而語及所匿之事如此者身危矣
又說難篇曰龍喉下有逆鱗有嬰之則必煞人人主亦有逆鱗說者能無嬰人主之逆鱗則幾死矣
又說難篇曰大意無所拂悟辭言無所擊排然後極騁智辯焉
又說難篇曰路事陳意則曰怯懦而不盡慮事廣肆則曰草野而倨侮此說之難也
又說難篇曰凡說得親近不疑而得盡其辭也
鬼谷子曰抵巇音戲篇云巇者始有朕可抵而塞可抵而卻聖人知之獨保其用因作說事
又曰量權篇云與智者言依於博與博者言依於辯與辯者言依於要此其說也
又曰午合篇云伊尹五就桀五就湯然後合於湯呂尚三

入殷朝三就文王然後合於文王此天知之至歸之不疑注云伊呂尚各以至知說聖王因澤釣行其術策
又曰摩意篇云摩者揣之也說莫難於悉行事莫難於必成注曰摩不失其情故能建功
又曰量權篇云言有通者從其所長言有塞者避其所短注曰人辭說條通理達即叙述從其長者以昭其德人言壅滯即避其短稱宣其善以顯其行言說之樞機事物之志務者也
又曰反覆篇云其和也若比目魚其司言也若聲與響注曰和荅問也因問而言申叙其解如比目魚相須而行候察言辭往來若影隨形響之應聲
又曰量權篇云介虫之捍必以甲而後動螫虫之動必先螫毒故禽獸知其所長而談者不知用也注云虫以甲自

覆郭而言說者不知其長
又曰揣情篇云說王公君長則審情以說王公避所短從
所長
又曰謀慮篇云乃立三儀曰上中下曰參以立焉變生事
事生謀謀生計計生儀儀生說說生進注曰三儀有上有
下有中會同異曰儀決是非曰說
呂氏春秋曰伍子胥將見吳王而不得客有言之於王子
光者王子光見之而惡其貌不聽其說而辭之客請之王
子光曰其貌吾所甚惡也客以告子胥子胥曰此易改也
願令王子光居於堂上重帷而見其衣子光許之胥說之
半王子光舉帷摶其手而與之坐說畢王子光大悅子胥
以爲有吳國者必王子光也退而耕于野十年子光爲王
任子胥子胥爲法制下賢良選陣士習戰鬬六年然後大

勝楚于栢舉九戰九勝逐北千里昭王出奔
又曰韓氏城新城期十五日而成段橋爲司空有一縣後
二日段橋執其吏而囚之囚者之子走告封人子高曰唯
先生能活臣父封人子高曰諾乃見段橋自扶而上城封
人子高左右望曰美哉城壹大功矣子必有厚賞矣自古
及今功若此其大也而能無有罪戮者未曾有也封人子
高出段橋使人夜解其吏之束縛之者而出之說之行若
此其精也封人子高可謂善說矣
又曰孟嘗君爲從公孫弘謂孟嘗曰不若西觀秦王之意
弘見昭王曰薛之地小大弘曰百里昭王曰寡人之國地
數千里猶未敢以有難也今薛百里之地而欲難寡人乎
公孫弘曰孟嘗君好士大王不好士昭王笑而謝之
又曰善說者若巧士因人之力以自爲力因其來而與來
因其往而與往所因便也
尸子曰公輸般爲蒙天之階階成將以攻宋墨子聞之赴
於楚行十日十夜而至於郢見王曰今有人於此舍其文
軒鄰有弊轝而欲竊之舍其錦繡鄰有短褐而欲竊之舍
其粱肉鄰有糟糠而欲竊之此爲何若人王曰必竊疾矣
墨子曰荆之地方五千里宋方五百里此猶文軒之與弊
轝也荆有雲夢犀兕麋鹿盈溢江漢之魚鼈黿鼉爲天下
饒宋所謂無雉兎鮒魚者也猶粱肉之與糠糟也荆有長
松文柏梓楠豫章宋無長木猶錦繡之與短褐也臣以王
之攻宋也爲與此同類王曰善哉請無攻宋
孔藂曰齊攻趙國稟立趙使孔青擊之克齊軍尸三萬趙
王詔勿歸其尸將以困之子慎聘齊曰以臣愚計貧齊之
術乃宜歸尸使其家遠來迎尸不得事農一費歸而葬之

二費也一年之中喪三萬費欲無困貧弗可得也王曰善
又曰五國約而誅秦未入秦境而留兵於成皐子慎謂市
丘君曰此師楚爲之主今兵不散殆有異意君其備之市
丘君曰先生幸而教之子慎許諾遂見楚王曰王約五國
而伐秦事既不集王胡不卜交乎楚王曰柰何子慎曰王
今出令使五國勿攻市丘五國重王則聽王之令矣不重
王且反王令而攻市丘以此卜爲國交王之輕重必明矣
楚王敬諾而五國散
揚雄解嘲曰婁敬委輅脫輓掉三寸之舌案漢書曰婁敬
說高祖西都
又曰上說人主下談公卿一從一橫論者莫當
班固荅賓戲曰遊說之徒風颺電激
太平御覽卷第四百六十二

太平御覽卷第四百六十三

人事部一百四

辯上

說文曰辯治也（音被免切）

尚書曰君罔以辯言亂舊政

爾雅曰諸諸便便辯也

論語曰便便言惟謹爾（鄭玄曰便便辯貌）

又曰孔子曰惡利口之覆邦家者

又曰禦人以口給

家語曰子夏問子貢何人子曰辯人丘弗及也

又曰宰予魯人也有口才以言語著名

又曰孔子登農山謂二三子各言爾志子貢進曰賜願使齊楚合戰於莽瀁之野兩壘相當旗鼓相望埃塵相接挺刃交兵賜着縞衣白冠陳說其間推論利害二國釋患唯賜能之矣夫子曰辯哉

史記曰子貢利口巧辯孔子常絀其辯田常欲爲亂於齊移兵欲伐魯孔子謂弟子曰夫魯墳墓所處父母之國國危二三子何爲莫出子貢請出孔子許之遂行子貢壹出存魯亂齊破吳強晉霸越

又曰漢遣陸賈說項王請大公項王弗聽漢王復使侯公往說項王乃與漢約中分天下割鴻溝以西者爲漢鴻溝以東者爲楚項王即歸漢王父母妻子軍皆呼萬歲漢王乃封公爲平國君曰此天下辯士所居號爲平國

又曰范雎欲事魏王家貧無自資乃先事魏中大夫須賈爲魏使齊齊襄王聞雎辯有口賜金印及牛酒

又曰上問上林諸尉禽獸十餘左右視不能對虎圈嗇夫從旁代尉對上所問禽獸簿甚悉次觀其口對響應無窮乃拜嗇夫爲上林令

又曰秦蔡澤遊學干諸侯大小甚衆而不遇因從唐舉相曰聞子相李兌百日之內持國柄有之乎曰有之澤曰令若臣者何如唐舉熟視而笑曰先生曷鼻戾肩魋顏蹙齃吾聞聖人不相殆先生乎蔡澤彼唐舉之戲乃曰富貴吾所自有吾不知者壽也願聞之舉曰先生從今已往四十三歲澤笑謝去謂其御者曰吾躍馬食肉富貴四十三年亦足矣乃來入秦使人宣言以感怒應侯范雎曰燕客蔡澤天下俊雄辯智士也彼一見秦王必奪君位應侯使人召澤澤入揖應侯應侯固不快矣及見又倨應侯因讓之曰子嘗宣言欲代吾相秦豈有之乎對曰然應侯曰請聞其說澤曰吁君何見之晚耶夫四時之序功成者去未成

者來君祿位貴盛私家之富皆已極矣不退將危臣之代君不亦宜乎應侯善之乃延入坐爲上客後數日入朝言於王曰客有新從山東來蔡澤其人辯士臣見人衆莫能及之臣不如也王召見與語大悅之拜爲客卿應侯因謝病請歸相印昭王許之以澤爲相終如其志

又曰蘇秦初與張儀俱事鬼谷先生十一年皆通六藝經營百家之言鬼谷先生弟子五百餘人爲之土窟窟深二丈先生曰有能獨下說窟中使我泣出者則能分人主之地矣蘇秦下說窟中鬼谷先生泣下沾衿次張儀下說窟中亦泣先生曰蘇秦詞說與張儀一體也

又曰楚陳軫詞辯之士也初與張儀俱事秦惠王惠王皆重之儀惡軫於王曰陳軫重幣輕信秦使之楚將爲交也今楚不善於秦而善於軫王以儀言召軫問之軫曰然王

聞楚有兩妻者乎王曰不聞軫曰楚有兩妻者人挑其長者長者罵之挑其少者少者復挑之居無何有兩妻者死客謂挑者曰謂汝娶長者乎少者乎挑者曰娶長者客曰長者罵汝少者復挑汝何故娶長者對曰居人之所則欲其挑我爲妻則欲其罵人今楚王明主昭陽賢相使軫爲臣常以國情輸楚楚王將不留臣昭陽將不與臣從事矣臣必之楚足以明臣爲楚與不也軫出張儀入問王曰軫果欲之楚不王曰然軫天下之辯士寡人遂無柰何也惠王終相張儀軫遂奔楚楚用爲上卿後軫爲楚使之秦惠王見之謂曰子去寡人之楚寡人甚思子子思寡人乎軫曰王聞越人莊舄乎王曰不聞軫曰越人莊舄仕楚執珪有頃而病楚王曰舄越之鄙人凡人之思固在其病也思越則越聲不思越則楚聲使人聽之猶尚越聲今臣弃逐之楚能無秦聲哉

漢書曰酈食其有詞辯年六十身長八尺鬢髮皓然請見高祖謁者曰上好嫚罵人不喜儒生有客冠而來者輒解其冠而溺其中食其作色叱之曰我高陽酒徒何儒生之有謁者股慄而見之高祖乃踞床使兩女子洗足食其入長揖不拜曰欲助秦攻諸侯乎將欲率諸侯攻秦乎高祖罵曰豎儒夫天下同苦秦久矣故諸侯相率攻秦汝奚爲助秦耶食其曰必欲聚合義兵誅無道秦不宜踞見長者高祖懔然而起拔足揮洗攝衣延食其坐而謝之食其因言六國縱橫王霸之道高祖大悅問其計食其曰足下起烏合之衆收散亂之兵不滿二旅而欲鼓行入秦所謂探虎口而餧餓狼也夫陳留者當天下之衝四通五達之郊城堅粟多可以少留臣知其令請使命下之如不聽可舉兵攻之臣爲内應不崇朝而拔之矣於是高祖乃遣食其說陳留令高祖引兵隨之遂下陳留

又曰少府五鹿充宗貴幸善梁丘氏易元帝好之欲考其異同令與諸家論易充宗貴辯口諸儒莫能與抗皆稱疾不敢會有薦朱雲者召入攝齋登臺抗首而請音動左右既論難連拄五鹿君故諸儒爲之語曰五鹿嶽嶽朱雲折其角

又曰婁護爲人短小精辯論議常依名節聽之者竦然與谷永俱爲五侯上客長安號曰谷子雲之筆札婁君卿之脣舌言其見信用也

又曰鼂錯潁川人也爲太子家令以其辯得幸太子太子家號曰智囊

又曰田蚡貴幸爲中大夫辯有口學盤盂諸書（應劭曰黄帝史孔甲所作名也孔甲盤盂二十六篇）

又曰東方朔自公卿在坐朔皆傲弄無所屈上以朔口諧給嘗問先生視朕何如主也朔對曰自唐虞之隆成康之際未足喻當世臣朔伏觀陛下功德陳五帝之上在三王之右非若此而已誠得天下賢士公卿在位咸得其人譬若以周邵爲丞相孔丘爲御史大夫太公爲將軍卞莊子爲衛尉皐陶爲大理后稷爲司農伊尹爲少府（應劭曰伊尹善烹割太官屬少府故令作）子貢使外國顏閔爲博士子夏爲太常孟子爲右扶風季路爲執金吾契爲鴻臚龍逢爲宗正伯夷爲京兆管仲爲馮翊魯般爲將作山甫爲光祿申伯爲大僕延陵季子爲水衡百里奚爲典屬國（贖其風俗故令爲之）柳下惠爲大長秋史魚爲司直蘧伯玉爲太傅（如淳曰太傅傅人主使無過伯玉欲寡其過也）孔父爲詹事叔敖爲諸侯相子產爲郡守王子慶忌爲期

門夏育爲鼎官羿爲旄頭宋萬爲式道候上乃大笑也

又曰終軍字子雲濟南人少好學以辯博能屬文聞於郡年十八選爲博士弟子至府太守聞其有異才召見軍甚奇之及至長安上書言事武帝異其文拜軍爲謁者給事中

又曰蒯通知天下權在於韓信令背漢乃先微感信曰僕嘗受相人之術相君之面不過封侯又危而不安相君之背貴而不可言信曰何謂也通曰天下初作難也俊雄豪傑建號壹呼天下之士雲合霧集魚鱗雜襲飈至風起當此之時憂在亡秦而已今劉項分争使人肝腦塗地流離中野不可勝數今時兩主懸命足下足下爲漢則漢勝與楚則楚勝臣願披心腹肝膽効愚忠恐足下能用也方今爲足下計莫若兩利而俱存之三分天下鼎足而立天下孰不聽足下願圖之信曰漢王遇我厚吾豈可見利而背恩乎通曰臣聞勇畧震主者身危功蓋天下者不賞今足下挾不賞之功載震主之威歸楚楚人不信歸漢漢人震恐足下欲將安歸乎故猛虎猶預不如蜂蠆之致螫孟賁狐疑不如童子之必至信不忍背漢遂謝通通說不聽惶恐乃佯狂爲巫天下既定後信以罪廢爲淮陰侯謀反誅臨死歎曰悔不用蒯通之言高帝曰是齊辯士蒯通迺詔齊召蒯通至上欲亨之曰若教韓信反何也曰狗各吠非其主當彼時臣獨知韓信非知陛下也且秦失其鹿天下共逐之高材者得天下洶洶争欲爲陛下所爲顧力不能何憚誅耶上迺赦之

又曰淮南王黥布反朱建諫之不聽漢既誅布聞建諫之高祖賜建號平原君家徙長安爲人辯有口刻廉剛直行不苟合義不取容

又曰辯士曹丘生數招權顧金錢（孟康曰招金錢事權貴而求事也）事貴人趙談竇長君等善季布聞寄書諫長君曰吾聞曹丘非長者勿與通及曹丘歸欲得書謁布竇長君曰季將軍不說足下足下無往固請遂使書人先發書布大怒曹至則揖布曰楚人諺曰得黄金百鎰不如得季布一諾足下何以得此聲梁楚之閒哉且僕與足下俱楚人使僕游揚足下名於天下顧不美乎何足下之距僕深也布乃大悅引入留數日爲上客厚送之布名所以益聞者曹丘揚之也

范曄後漢書曰黄琬字子琰瓊之孫早而辯慧祖父瓊爲魏郡太守建和元年正月日蝕京師不見而瓊以狀聞梁太后太后詔問所蝕多少瓊思其對而未知所況時琬年七歲在旁云何不言日蝕之餘如月之初瓊大驚即以其言應詔

又曰孔融字文舉孔子廿世孫也李膺爲河南尹恃才倨傲誡守門者非吾通家子孫不得輒通融年十二入洛欲以觀其人乃謂守門者曰吾與李君通家子孫耳守門者告膺膺呼召問曰卿與吾有何所故融曰臣先君孔子與公老君同德比義則臣與公累代通家也膺大悦引坐謂曰卿欲食乎融曰須食膺曰教卿爲客之禮主人問食但讓不須融曰不然教君爲主之禮但置於食不須問客膺慙乃歎曰吾將老死不見卿富貴也融曰公殊未死膺曰如何融曰鳥之將死其鳴也哀人之將死其言也善向來公言未有善也故知未死膺甚奇之後與膺談論百家經史應荅如流膺不能下之

又曰劉祐字伯祖中山安國人也祐初察孝廉補尚書侍

侍郎閑悉故事文札強辯每有奏議對應爲儕類所歸

謝承後漢書曰郭宏爲郡上計吏正月朝覲宏進殿下謝祖宗受恩言辭辯麗專對移時天子曰穎川乃有此辨士邪子貢晏嬰何以加之羣公屬目卿士歎伏

又曰郭宏爲郡上計吏朝廷問宏潁川風俗所尚土地所出先賢將相儒林文學之士宏援經以對陳事荅問出言如浮引義如流

東觀漢記曰班超字仲叔扶風平陵人徐令彪之子也爲人大志不脩細節然内孝謹居家常執勤苦不耻勞辱有口辯而涉獵書傳

魏志曰黄初元年郭淮奉使賀文帝踐祚而道路疾瞀留帝正色責之曰昔禹會諸侯於塗山防風後至使行顯戮今溥天同慶而最留遲何也淮對曰臣聞五帝先教道人

以德夏后政衰始用刑辟今臣遭唐虞之代是以自知免於防風之誅也帝悦之擢領雍州刺史

魏典畧曰邯鄲之北有蘇大侯者蘇秦徃說之蘇大侯送以百金家丞問其故蘇大侯曰客辯士也立談之間再奪吾地而復歸之吾地雖小豈直百金耶

又曰韓宣字景然渤海人爲人短小建安中丞相召署軍謀椽冗散在鄴嘗於鄴步行入宫於東掖門内與臨淄侯植相遇時天新雨地有泥潦宣欲避之閡潦不得去乃以扇自鄣住於道邊植嫌既不去又不爲禮乃駐車使其常從問宣何官宣云丞相軍謀椽也植又問曰應得唐突列侯不宣曰春秋之義王人雖微列于諸侯之上未聞宰士而爲下士諸侯之禮植又曰即如所言爲人父吏見其子應有禮不宣又曰於禮臣子一例也植知其難窮乃釋去以爲辯也

梁祚魏國統曰黄權來降文帝從容謂權曰君舍逆効順欲進蹤陳韓邪對曰臣過受劉氏殊遇降吳不可歸蜀無路是以歸命且敗君之將免死爲幸何古人之敢慕也帝善之

吳志曰孫權問諸葛恪曰卿父與叔父孰賢對曰臣父爲優權問其故對曰父知所事叔父不知以是爲優權又大噱命恪行酒至張昭前先有酒色不肯復飲曰此非養老之禮也權曰卿其能令公辭屈乃當飲之耳恪難昭曰師尚父九十秉旄伏鉞猶未告老也今軍旅之事將軍在後酒食之事將軍在先何謂不養老也昭卒無辭遂爲盡爵

又曰孫權遣都尉趙咨使魏帝問曰吳王何等主趙咨對曰聰明仁智雄畧之主也帝問其狀荅曰納魯肅於九品

是其聰也拔吕蒙於行軍是其明也獲于禁而不害是其仁也取荆州兵不血刃是其智也據三州虎視於天下是其雄也屈身於陛下是其畧也

又曰薛綜字仲文沛郡人其先田文封薛因以氏焉避地交州士燮召爲交阯太守及還都蜀使張奉於權前嘲尚書闞澤澤不能荅綜曰有犬爲獨無犬爲蜀横目苟身虫入其腹奉曰不當復别吳耶綜應聲曰無口爲天有口爲吳君臨萬邦天子之都奉無以對焉

韋昭吳書曰吳使郎中令陳化使魏魏文帝因酒酣問化曰吳魏峙立誰將平壹海内者乎化曰易稱帝出乎震化聞先哲知命舊說紫蓋黄旗運於東南帝曰昔文王以西伯天下豈復在東乎化曰周之初基太伯在東是以文王能興於西帝笑奇其辭

又曰沈珩字仲山孫權以珩有智謀能專對乃使至魏魏文帝問曰吳嫌魏東向乎珩曰不嫌也曰何以言之曰恃舊盟言歸于好是以不嫌又問太子當來寧然乎珩曰臣在東朝不坐宴不與若此之議無所聞也文帝善之乃引珩自近談語終日珩隨事響應無所屈服

張勃吳録曰吳興沈友字子正善屬文有口辯每所至衆人皆默因號曰謚衆咸言其筆之妙力之妙舌之妙皆絶於人也

蜀志曰先是雍闓送張裔於孫權諸葛亮遣鄧芝使吳亮令芝言次從權請裔裔自至吳數年流徙伏匿權未知也許之遣裔臨發乃引見問裔曰蜀卓氏寡女亡奔司馬相如貴土風俗何以乃爾裔對曰愚以爲卓氏之女猶賢於買臣之妻權又謂裔君還必用事西朝終必不作田父於

閭里也將何以報我對曰裔負罪而歸將委命有司若蒙僥倖得全首領五十以前父母之年自此以後大王之賜

又曰伊籍字機伯陽人隨先主入益州東使吳孫權聞其才辯欲逆折以辭籍適入拜權曰勞事無道之君籍即對曰一拜一起未足爲勞

又曰吳遣使張溫來聘百官皆往餞焉溫問秦宓曰天有頭乎宓曰詩云乃眷西顧以此推之頭在西方溫曰天有耳乎宓曰詩云鶴鳴于九皋聲聞于天若其無耳何以聽之溫曰天有姓乎宓曰姓劉曰何以知之宓曰天子姓劉故以此知之溫曰日生於東乎宓曰雖生於東而没於西荅問如響溫服宓之文辯九如此類也

太平御覽卷第四百六十三

太平御覽卷第四百六十四

人事部一百五

辯下　訥

辯下

晉書曰王衍妙善玄理唯談莊老爲事每捉玉柄麈尾與手同色義理有所不安隨即改更世號口中雌黄朝野翕然謂之一世龍門矣

又曰謝安常賞袁宏機對辯速安爲楊州刺史宏自吏部郎出爲東陽郡乃祖道於冶亭時賢皆集安欲以卒迫試之臨別執宏手顧左右取一扇而授之曰聊以贈行宏應聲荅曰輒當奉揚仁風慰彼黎庶

又曰華譚或問曰諺云人之相去如九牛毛寧有此理乎譚對曰昔許由讓天子之貴市道小人争半錢之利此相

去何啻九牛毛也聞者稱善

又曰吕珩問袁甫曰卿名能辯豈知壽陽已東何以恒水甫曰壽陽已東皆是吴人夫亡國之音哀以思鼎足彊邦一朝失職憤歎甚積積憂成雨雨久成水故其域恒澇也

又曰祖納謂梅陶及鍾雅曰君汝潁之士利如錐我幽冀之士鈍如槌持鈍槌捶君利錐皆當摧矣陶雅並稱有神錐不可得摧納曰假有神錐必有神槌陶雅無以對

又曰武帝始登祚探策得一王者世數繼此多少帝既不怡羣臣失色莫能有言者侍中裴楷正容儀進曰臣聞天得一以清地得一以寧侯王得一以爲天下貞帝意悦羣臣歎服

又曰李密字令伯犍爲武陽人蜀朝舊臣數使於吴應機當義吴人稱其才辯蜀平以太子洗馬召張華問曰安樂公何如密曰可次齊桓華問其事密曰齊桓得管仲而霸得豎刀而流士安樂公得諸葛亮而抗魏後任黄皓而喪國成敗一也

又曰釋道安後辯有高才自北至荆州與習鑿齒初相見道安曰弥天釋道安鑿齒曰四海習鑿齒

宋紀曰孝武常賜謝莊寶劍莊以與預州刺史魯爽後爽叛孝武因宴集問劒所在荅曰昔以與魯爽別竊爲陛下杜郵之賜上甚悦當時以爲知言

蕭子顯齊書曰張融字思光吴郡人也玄義無師法而神王過人白馬談論鮮能抗拒

又曰周顒字彦倫汝南人音辭雅麗出言不窮商較朱紫發口成句每賓友會同顒虚席晤語聲如流聽者忘倦

蕭方等三十國春秋曰劉裕爲太尉中書監裕既拜朝賢畢至僕射謝混後來衣冠傾縱頗有傲慢之容裕甚不平

乃謂之曰何謂旁若無人混對曰明公將隆伊周之化方使四海解衿謝混何人而敢獨異乎乃以手板披撥其衿領悉皆解散裕大悦

魏收魏書曰李諧字虔和博學才辯天平中以諧兼散騎常侍爲聘梁主衍遣主客郎范胥當接胥曰黄旗紫蓋本出東南君臨萬拜故宜在此諧荅帝王符命豈得與中國比隆紫蓋黄旗終於入洛無乃自害邪

陳書曰簡文在東宫召戚衮講論又嘗置宴集玄儒之士先命道學玄相質難次令中庶子徐摛馳騁大義間以劇談摛辭辯縱横難以荅抗諸人懾氣皆失次序衮時騁義摛與往復衮精采自若對荅如流簡文深加歎賞

隋書曰吴興沈重名爲碩學高祖嘗令辛彦之與重論議

重不能抗於是避席而謝之曰辛所謂金城湯池無可攻之勢高祖大悅

又曰蘇夔字伯尼少聰敏有口辯煬帝甞從容謂宇文述虞世基等曰四夷率服觀禮華夏鴻臚之職須歸令望寧有多才多藝美容儀可以接對賓客者爲之乎咸以夔對是日拜鴻臚少卿

又曰柳䛒爲東宮學士每召入卧内與之宴謔䛒尤俊辯多在侍從有所顧問應荅如響

唐書曰薛收歸國秦府記室房玄齡薦之於太宗即日召見問以經略收辯對縱横皆合旨要授秦王府主簿

又曰文宗嘗於誕節召白居易與僧惟澄道士趙常盈對御講論於麟徳殿居易論難鋒起辭辯泉注上疑宿構深嗟挹之

列子云子夏問於孔子孔子對曰賜辯賢於丘賜也能辯不能訥吾兼有之所以事吾也矣

莊子曰孔子舍於沙丘見主人曰辯士也子路曰夫子何以識之曰其口窮踦其鼻垐大其服博戲其睫流撝其舉足也高其蹴地也深鹿與而牛舍

又曰公孫龍辯者之徒飾人之心易人之意能勝人之口不能服人之心辯者之囿也

又曰古者王天下者智雖絡天地不自慮也辯雖彫萬物不自説也

魯連子曰齊之辯者田巴辯於狙丘議於稷下毀五帝罪三王訾五伯離堅白合同異一日而服千人有徐劫者其弟子曰魯連謂劫曰臣願得當田子使之不敢復談可乎徐劫言之田巴曰劫弟子年十二耳然千里之駒也願得侍議於前田巴曰可魯連曰臣聞堂上之糞不除郊草不芸白刃交前不救流矢何則急者不救則緩者非務楚軍南陽趙氏伐高唐燕人十萬之衆在聊城而不去國亡在旦暮耳先王將柰何田巴曰無柰何魯連曰夫危不能爲安亡不能爲存則無爲貴學士矣今臣將罷南陽之師還高唐之兵却聊城之衆爲所貴談談者其若此也先生之言有似梟鳴出聲而人惡之願先生之勿復談也田巴曰謹聞教明日見徐劫曰先生之駒乃非兎騕褭也豈特千里哉於是杜口易業終身不復談

淮南子曰智絡天地明照日月辯解連環澤潤玉石

抱朴子曰飛清機之英麗言約暢而判滯辯人也

太公六韜曰辯言巧辭善毀譽者曰飛言之士

皇甫謐高士傳曰趙惠文王好劒士夾門而客三千人太

子悝患之募有能止王者與千金左右曰莊子必能太子使人奉周周見王曰臣有三劒唯所用焉天子之劒實諸侯正天下諸侯之劒如雷霆之威震四封之内無不賓服庶人之劒上絶頸領下脫肺肝而此無異於鬬雞而爭一旦之命也今大王有天子之位而好庶人之業臣竊爲大王薄之王不出宮三月劒客皆伏

韓詩外傳曰鳥之美羽勾喙者鳥共畏之人之利口巧辯者人共畏之是以君子避三端文士筆端辯士舌端武士鋒端

又曰子貢曰兩國構難壯士列陳塵埃張天錫不持尺兵斗粮解兩國之難用賜者存不用賜者亡孔子曰辯士哉

語林曰諸葛靚字仲思在吳於朝堂大會孫皓問曰卿字仲思爲欲何思之曰在家思孝事君思忠朋友思信如斯

而已

王子年拾遺錄曰張儀蘇秦二人遞翦髮以相活或傭力寫書行遇聖人之文無以題記則以墨書於掌中及股裏夜還折竹寫之二人假食於路剝樹皮爲囊以盛天下良書每息大樹之下假息而寐有一先生問曰二子何勤苦若是而儀秦共與言論曰子是何人答曰吾死生歸於山谷世論謂余歸谷子也秦儀後遊學復逢歸谷子乃請其學術則教以干世俗之辯乃探胷中韋袟三卷書言輔時之事故儀秦學之以終身也古史考云儀秦受術鬼谷先生辭之聲與鬼相亂故也

桓譚新論曰公孫龍六國時辯士也爲堅白之論假物取譬謂白馬爲非馬非馬者言白所以名色馬所以名形也色非形形非色

世說曰郭象議如懸河瀉水注而不竭

劉向別錄曰鄒奭者頗采鄒衍之術迂大而閎辯文具難勝齊人美之頌曰談天鄒

說苑曰林既衣韋而朝齊景公景公曰君子之服也小人之服也林既作色曰夫服何足以揣士行乎昔荆爲長劒危冠令尹子西出焉齊短衣而管仲隰朋出焉越文身剪髮而范蠡大夫種出焉如君言衣狗裘者當犬號衣羊裘者當羊鳴今君衣狐裘而朝得無爲變乎

文士傳曰劉禎字公幹年八歲能誦論及賦數萬言性辯捷文帝嘗請同好爲主人使甄夫人出拜坐者皆伏而禎獨平視如故武帝使人觀之見禎大怒命收之主者案禎大不恭應死減一等輸作部使磨石武帝嘗輦至尚方觀作者見禎故環坐正色磨石不仰武帝問曰石何如禎因得喻己自理跪對曰石出自荆山玄巖之下外有五色之章內含卞氏之珎磨之不加瑩彫之不增文稟氣堅貞受茲自然顧理枉屈紆繞獨不得申武帝顧左右大笑即日還宮赦禎復署吏

又曰華譚字令思年十四舉秀才入洛會宣武場座有下者嘲南人諸君楚人亡國之餘有何秀異忽應斯舉衆無答譚在下行遥曰當今六合齊軌異人並出吾聞大禹出於東夷文王生於西羌賢聖之所在豈常之有昔武王伐紂遷商頑民於洛邑得無吾子是其苗裔時咸改視辯者無以應也

王瑱之童子傳曰孔林魯國人年十歲詣魯相劉公客有獻鷹者歎曰天之於人生五穀以爲之食有魚鳥以爲之肴衆賓咸曰誠如公旨林曰不然夫萬物所生各稟天氣事不必爲人人徒以智得之故蚊蚋食人蚓虫啾土非

天爲蚊蚋生人爲蚓生土公曰童子辯焉

郭子曰梁國楊氏子年九歲甚聰慧孔君平詣其父父不在乃呼兒出爲設菓有楊梅孔指示兒此君家果兒應聲答曰未聞孔雀是夫子家禽

王弼別傳曰弼年十餘歲好老莊通辯能言者

列女傳曰袁次陽妻者扶風馬季長之女也下車禮畢次陽問曰爲婦之道貞順而已何輜軿僮婢數十黼黻玄黄珠璣之飾耶夫人答曰女有三從之義在家係於父母情愛無已欲其豐麗故不敢逆命今君欲擬鮑子子都之風不受婦家之送此乃清高異行也妾亦欲察君志惡還所有以成君之高不亦可乎次陽又問曰弟先足舉猶以爲鄙高士不爲也賢姊未嫁而新婦先行有何汲汲乎答曰

家姊有宋伯姬之風梁高之行節操槩於青雲貞介皦於白日家君無堯之配舜孔子妻公冶之義世乏此賢故且躊躇安固陋不才遭人則可次陽嘿然悵恨外聽者曰使君努力何爲新婦所困之有

傅玄七禮曰辯論鋒起探虎摩龍○徐幹七喻曰戰國之際秦儀之徒智畧兼人辯利軼軌倜儻挾義觀釁相時圖爵位則佩六紱謀貨財則輸海內一怒而諸侯懼安居而天下熄人主見弄於股掌之上而莫之知惡也

班固荅賓戲曰子雖馳辯如濤波摛藻如春華猶無益於殿最

劉邵趙都賦曰辯論之士則智凌狙兵村過東里分摘滯義剖辯纖理論析堅白辯藏三耳

張衡西京賦曰其都遊說辯論之士街談巷議彈射臧否剖析豪釐擘肌分理

張華縱橫篇曰蘇秦始爲交同學鬼谷先生辯說剖毫釐變詐入無形巧言惑正理人主莫不傾聽

王褒子貢畫讚曰端木英辯才清吐口敷華發音揚馨

訥

說文曰訥言難也

易曰吉人之辭寡

禮記曰趙文子其言內內若不出諸其口

論語曰君子欲訥其言而敏於行

又曰剛毅木訥近仁矣

史記曰周勃爲人木強少文然可屬大事

又曰司馬相如口吃而善著書

漢書曰曹參爲相遵蕭何之約擇郡國長史訥於文辭謹厚長者即召除爲丞相史

又曰李廣訥口少與人言居則畫地以爲陣

東觀漢記曰吳漢爲人質厚少文造次不能以辭語自達鄧禹及諸將多所薦舉

又曰楊雄好著書而口吃不能劇談

范曄後漢書曰吳漢自建武時常居上公之位終始親愛諒猶質簡而強力也子曰剛毅木訥近仁斯豈漢之方乎

又曰劉昆字桓公陳留人建武五年舉孝廉除江陵令時縣連火昆輒向火叩頭多能降雨止風遷弘農太守虎皆負子渡河徵爲光祿勳詔問前在江陵何德而政致是耶對曰偶然耳左右皆笑其質訥帝曰此長者之言顧命書諸策

又曰高彪字義方吳郡無錫人也家本單寒至彪爲諸生遊太學有雅才而訥於言

續漢書曰何休任城樊人朴訥而精研六經世儒無及者

魏畧曰嚴翰善春秋公羊司隸鍾繇不好公羊而好左氏謂左氏爲太官而謂公羊爲賣餅家故嘗數與翰辯爭長繇爲人機捷善持論而翰訥臨時屈無以應

晉書曰郭林宗謂劉儒口訥心辯有珪璋之質

張詮南燕書曰慕容納沉靜深邃外訥內敏

北史牛恒訥於言而敏於行上嘗令其宣勑至陛下不能言退還拜謝云並忘之上曰傳語小辯故非宰臣任也愈稱其質直

隋書范陽祖君彥齊尚書僕射孝徵之子也容貌短小言訥澁有才學大業末官至東平郡書佐

老子曰大辯若訥

曾子曰吾畏事不敢事畏言不爲言行年六十如老吃耳

張騭文士傳曰左思字太冲貌惡不揚口訥不能給談默而心解

又曰成公綏口訥不能談論嘿而内朗人有劇問以筆墨荅之

裴啓語林曰鄧艾口吃常云艾艾宣王曰爲云艾艾終是幾艾荅曰譬如鳳兮鳳兮故作一鳳耳

玄晏春秋曰予朴訥不好戲弄口又不能戲談

崔琰述初賦序云琰性頑口訥年十八不能會問好擊劒尚武事

紀騭表孫皓曰臣禀氣淺薄體不及衆形容短陋訥口弱顔

太平御覽卷第四百六十四

太平御覽卷第四百六十五

人事部一百六

謳　歌　謠

謳

說文曰謳齊歌也

左傳曰宋華元爲植巡功城者謳曰睅其目皤其腹棄甲而復于思于思棄甲復來

又曰宋皇國父爲太宰爲平公築臺妨於農收子罕請俟農功之畢公不許築者謳曰澤門之晳實興我役邑中之黔實慰我心

漢書曰漢王既至南鄭諸將及士卒皆謌謳思東歸（師古曰謳齊歌也）多道亡還者（未至南鄭在道亡也）

歌

釋名曰歌柯也所歌之聲是其質也以聲吟咏有上下如草木之有柯葉也

說文曰歌詠也

詩曰心之憂矣我歌且謠

家語曰孔子相魯齊人歸女樂魯君淫荒孔子遂行師已送曰夫子則非罪也孔子曰欲歌可乎歌曰彼婦人之口可以出走彼婦人之謁可以敗死優哉游哉聊以卒歲

史記曰曹參爲漢相國三年百姓歌之曰蕭何爲法講若畫一曹參代之守而勿失載其清靜人以寧一

又曰衛子夫爲皇后弟青貴震天下天下歌之生男無喜生女無怒獨不見衛子夫霸天下

漢書曰石顯與中僕射牢梁少府五鹿充宗結爲黨諸附倚者得寵位民歌之曰牢耶石耶五鹿耶印何累累綬何若若耶言其兼官據勢也

又曰太始二年趙中大夫白公（白姓公爵也爲孺子之也）復奏穿渠引涇水首起谷口尾入櫟陽注渭中延袤二百里溉田四千五百餘頃因名白渠民甚饒歌之曰田於何所池陽谷口鄭國在前白渠起後舉插爲雲決渠爲雨涇水一石其泥數斗且溉且糞長我禾黍衣食京師億萬之口

又曰馮立字聖通爲西河上郡與兄野王相代政行相似吏人嘉之乃歌曰大馮君小馮君兄弟繼踵相因循聰明聖智惠吏人政如魯衛德化鈞周公康叔猶二君

又曰王氏五侯爭爲奢侈大起第宅百姓歌曰五侯初起曲陽最怒壞決高都連竟外杜土山漸臺象西白武（白虎殿名）

後漢書曰皇甫嵩討平黄巾請冀州一年田租以贍飢民百姓歌曰天下亂兮市爲墟母不保子妻失夫賴得皇甫復汝居

又曰劉陶遷除順陽長以病免吏民思而歌之曰邑然不樂思我劉君何時復來安此下民

又曰郭賀字喬卿爲荆州刺史到官有殊政百姓歌之曰厥德仁明郭喬卿忠正朝廷上下平

謝承後漢書曰岑晊遷魏郡太守民歌之曰我有枳棘岑君伐之我有蟊賊岑君遏之狗吠不驚足下生氂含哺鼓腹焉知凶災我嘉我生獨丁斯時美矣岑君於戲在兹

又曰陳臨字子然爲蒼梧太守人遺腹子報父怨捕得繫獄傷其無子令其妻入獄遂産得男人歌曰蒼梧陳君恩廣大令死罪囚有後代德參古賢天報施

司馬彪續漢書曰賈琮爲交州刺史歲間清平百姓安之爲之歌曰賈父來晚使我先反今見清平吏不敢飯

又曰李燮拜京兆尹詔發西園錢燮上一封事遂止不發吏民愛仰乃歌曰我府君道教舉恩如春威如虎剛不吐弱不茹愛如母訓如父

東觀漢記曰廉范字叔度爲蜀郡太守削火令但嚴使儲水而已百姓歌之曰廉叔度來何暮不禁火人安堵平生無襦今五袴

又曰范丹字史雲爲萊蕪長遭黨錮事推鹿車載妻子捃拾自資有時絶粮丹言貌無改閭里歌之曰甑中生塵范史雲釜中生魚范萊蕪

又曰朱暉爲臨淮太守抑強絶雅歲常豐熟人爲之歌曰強直自遂南陽朱季吏畏其威人懷其惠

又曰張堪爲漁陽太守勸人耕種以致豐富百姓歌曰桑無附枝麥秀兩岐張君爲政樂不可支

吳録曰彭循字子陽毗陵人建國二年海賊丁儀等萬人據吳太守秋君聞循勇謀以守令循與儀相見陳說利害應時散降民歌之曰時歲倉卒賊縱橫大戟強弩不可當賴遇賢令彭子陽

又曰王譚字世容爲成武令民服德化宿惡奔迸父老歌之曰王世容治無雙省徭役盜賊空

晉書束晳傳太康中郡界大旱晳爲邑人請雨三日而雨注衆謂晳誠感爲作歌曰東先生通神明請天三日甘雨零零我黍以育我稷以成何以疇之報束先生

又曰鄧攸爲吳郡守刑政清明百姓歡悅爲中興良守後稱疾去職郡常有送迎錢數百萬攸去郡不受一錢百姓數千人留牽攸船不得進攸乃小停夜中發去吳人歌之曰紞如打五鼓雞鳴天欲曙鄧侯挽不留謝令推不去

又曰徐州刺史呂虔檄王祥爲別駕祥年垂耳順固辭不受爲具車牛祥乃應召虔委以州事于時寇盜充斥祥率勵兵士頻討破之州界清靜政化大行時人歌之曰海沂之康實頼王祥邦國不空別駕之功

又曰諸葛恢字道明荀闓字道明蔡謨字道明皆有名譽號曰中興三明時人歌之曰京師三明各有名蔡氏儒雅荀葛清

王隱晉書曰應詹爲南平郡郡人歌之曰亂離既著殆爲灰朽僥倖之運頼茲應后蔭我塗炭東隆丘阜潤曰江海恩猶父母

崔鴻前秦録曰王猛化洽六州人移風變百姓歌之曰長安大街夾樹楊槐下走朱輪上有鸞棲英彥雲集誨我人黎

又曰苻堅時鳳皇集于東闕歌之曰鳳皇于飛其羽翼翼淵哉聖后饗齡萬億

崔鴻崔氏家傳曰崔瑗爲汲令開溝澮興造稻田長老歌之曰上天降神明錫我慈仁父臨人布德澤恩惠施以序

唐書顔師古叔父遊秦武德初累遷廉州刺史封臨沂縣男時劉黑闥初平人多以強暴寡禮風俗未安遊秦撫恤境內禮讓大行邑人歌之曰廉州顔有道性行同莊老愛人如赤子不殺非時草高祖璽書勞勉之

韓子曰齊桓公飲酒醉遺其冠恥之管仲曰公胡不雪之以政公曰善因發囷倉賜貧窮論囹圄三日而人歌之曰公胡不復遺其冠乎

呂氏春秋曰魏襄王使吳起爲鄴令引漳水灌田民大得利相與歌曰鄴有吳聖令爲公決漳水灌鄴旁終古斥鹵

生稻穄

世說曰郗超王珣並以儁才爲桓溫大司馬所眷珣爲主簿超爲記室參軍超多鬚珣形狀短小時人爲之歌曰髯參軍短主簿能令公喜能令公怒

常璩華陽國志曰吳資字元約爲巴郡太守屢獲豐年人歌之曰習習晨風動澍雨潤乎苗我后恤時務我人以優饒

劉向新序曰季子以劒帶徐君墓樹徐人嘉而歌之曰延陵季子不忘舊故千金之劒以帶丘墓

陳留耆舊傳曰爰珍除六令吏人訟息教誨其子弟歌之曰我有田疇爰父殖置我有子弟爰父教誨

襄陽耆舊傳曰山季倫每臨習池未嘗不大醉而還曰我高陽池也襄陽城中小兒歌之曰山公出何去往至高陽池日夕倒載歸酩酊無所知時時能騎馬到着白接䍦舉鞭向葛彊何如并州兒

又曰襄陽太守胡烈有惠化百姓歌曰美哉明后儁哲惟嶷陶廣乾坤周孔是則文武播暢威振遐域

謡

爾雅曰徒歌曰謡

漢書曰石顯失權數月丞相條奏顯舊惡及其黨牢梁陳順皆免官顯與妻子徙歸故郡憂懣不食道病死諸所交結以顯爲官廢罷少府五鹿充宗左遷玄菟太守御史中丞伊嘉爲鴈門都尉長安謡曰伊徙鴈鹿徙菟去牢與陳石無徒

袁山松後漢書曰桓帝時朝廷日亂李膺風格秀整高自標尚後進之士升其堂者以爲登龍門大學生三萬餘人勝天下士上稱三君次八俊次八顧次八及次八廚猶古之八元八凱也因爲七言謡曰不畏強禦陳仲舉九卿直言有陳蕃天下模楷李元禮天下好交荀伯條天下英秀王叔茂天下冰楞王秀陵天下忠平魏少英天下稽古劉伯祖天下良輔杜周甫天下才英趙仲經

司馬彪續漢書曰張霸爲會稽太守越賊束手歸附童謡曰弃我戟捐我矛盜賊盡吏皆休

又曰蜀童謡曰黃牛白腹五銖當復時公孫述僭號於蜀時人竊言王莽稱黃述欲繼之故稱漢家貨泉當復也

又曰桓帝時汝南太守宗資任用功曹范滂中人以下共嫉之作七言謡曰汝南太守范孟博南陽宗資主畫諾

東觀漢記曰王渙除河內溫令商賈露宿人開門臥人爲作謡曰王稚子代未有平徭役百姓喜

吳志曰周瑜少精意於音樂三爵之後其有闕誤瑜必知之知之必顧時人謡曰曲有誤周郎顧

晉書曰羊祜以伐吳必藉上流之勢又時吳有童謡曰阿童復阿童銜刀浮渡江不畏岸上獸但畏水中龍祜聞之曰此必水軍有功但當思應其名者耳

又曰杜預遣周旨伍巢等伏兵樂鄉城外孫歆遣軍出拒王濬大敗而還旨等發伏兵隨歆軍而入直至帳下虜歆而還故軍中爲之謡曰以計代戰一當萬於是進逼江陵

又曰太始中爲賈充等謡曰賈裴王亂紀綱王裴賈濟天下言亡魏而成晉也

王隱晉書曰裴秀總十餘歲叔父徽有聲名賓客詣徽出則過秀時人謡曰後進領袖有裴秀

又曰杜預開楊口起夏口水道洪洞達巴陵經千餘里內

寫長江之險外通零桂之漕南土美而謠之曰後世無叛
由杜翁孰識智名與勇功
又曰潘岳字安仁清辯能屬文早辟賈充府太子舍人出
爲河陽令以仕次宜爲郎不得意時僕射山濤領選岳內
非之密作謠曰閣道東有大牛王濟鞅裴楷鞦和嶠刺促
不得休
崔鴻後趙錄曰張樓爲臨水長嚴政酷刑殘忍無惠人謠
之曰陽平張樓頭如箱見人切齒劇虎狼
崔鴻前秦錄曰符洪母姜氏因寢產洪驚悸而寤先是隴
右大霖雨百姓苦之謠曰雨若不止洪水必起故名之曰
洪
又曰初符生夢大魚食蒲又長安謠曰東海大魚化爲龍
男便爲王女爲公問在何所洛門東海堅將也時爲龍驤

將軍第在洛門之東是月生以謠夢之故誅侍中魚遵
趙書曰劉曜討陳安於隴城安下小將劉牙趙牢路松多
堅戍不下城內得安死力謠曰隴上健兒曰陳安軀幹雖
小腹中寬愛養將士同心肝騄驄父馬鐵瑕鞍七尺大刀
配齊鏷文八蛇矛左右盤十盪十決無當前百騎俱出如
雲浮追者千萬騎悠悠戰始三交失蛇矛十騎俱盪九騎
留弃我騄驄攀巖悲天降雨迫者休阿呵鳴乎奈子乎鳴
呼阿呵奈子何
又曰汲桑六月盛暑者而重裘累茵使人扇之患不清涼斬
扇者時軍中爲之謠曰士爲將軍何可羞六月重茵被納
裘不識寒暑斷他頭
又曰燕人龐世爲光祿勳奏案豪強奇尅人物咸懼疾之
及卒門無平安時人爲之謠曰龐家之巷車馬鱗鱗泥丸
之曰無平賓平賓不來何所因由性苛尅寡所親
隋書曰韓擒虎先是江東有謠曰黃斑青驄馬發自壽陽
溪來時冬氣末去日春風始皆不知所謂擒虎本名豹平
陳之際又乘青驄馬往反時節與謠相應至時是方悟
列子曰堯微服遊於康衢聞童謠曰立我蒸民莫匪尒極
不識不知順帝之則
抱朴子曰童謠猶助聖人之耳目豈况墳素之宏博哉
益部耆舊傳曰王忳字少林詣京師於客見諸生病甚困
生謂忳曰腰下有金十斤願以相與乞收藏尸骸未問姓
名呼吸因絕忳賣金一斤以給棺絮九斤置生腰下後署
大度亭長到亭日有馬一疋到亭中其日大風有一繡被
隨風以來後忳騎馬突入金彥父見曰真得盜矣忳說馬
狀又取被示之彥父帳然曰被馬俱止卿有何陰德忳具

說葬諸生事彥父曰此吾子也遣迎彥喪金具存民謠之
曰信哉少林世爲遇飛被走馬與鬼語
陳留耆舊傳曰吳祐爲恒農令勸善懲姦貪濁出境甘露
降年穀豐童謠曰君不我憂人何以休不行界署焉知人
處
商氏世傳曰商亮字子華舉孝廉到陽城遇兩虎爭一羊
亮案劒直前斬羊虎乃各以其半去時人爲之謠曰石里
之勇商子華暴虎見之藏爪牙
常璩華陽國志曰閻憲字孟度爲綿竹令以禮讓爲本童
謠曰閻君賦政明且視蠲苛去碎以禮讓
劉恭叔異苑曰晉時長安謠曰秦川中血没踠唯有涼州
倚柱看及惠愍之間關內殲破浮血丹濃張軌擁衆一方
威恩共著

太平御覽卷第四百六十五

太平御覽卷第四百六十六

人事部一百七

嘲戲　罵詈

嘲戲

說文曰嘲相調戲相弄也

又曰戲弄也

毛詩曰善戲謔兮不爲虐兮

又曰伊其相謔贈之以芍藥

又曰謔浪笑傲中心是悼

左傳曰宋萬歸宋宋公靳之曰始吾愛子今子魯囚也吾不愛子矣萬病之遂殺宋公（戲而相媿曰靳）

論語曰子之武城聞絃歌之聲莞尒而笑曰割鷄焉用牛刀子游對曰昔者偃也聞諸夫子曰君子學道則愛人小人學道則易使夫子曰偃之言是也前言戲之耳

漢書曰上以東方朔爲常侍伏日詔賜從官肉朔獨拔劒割肉謂其同官曰伏日當早歸即懷肉去上問朔賜肉不待詔割肉而去何也先生自責朔曰不待詔何無禮也拔劒割肉一何壯也割之不多又何廉也歸遺細君又何仁也上笑曰令生自責反自譽復賜酒一石肉一百斤使遺細君

東觀漢記曰光武令王霸至薊市中募人將以擊王郎市中人皆大笑擧手邪揄之霸慙懅而還

後漢書曰邊韶字孝先陳留浚儀人以文學教授數百人曾晝卧弟子嘲之曰邊孝先腹便便嬾讀書但欲眠韶潛聞之應時對曰邊爲姓孝爲字腹便便五經笥但欲眠思經事寐與周公通夢與孔子同意師而可嘲出何典記嘲者大慙

吳志曰諸葛瑾字子瑜面長似驢吳王使優人牽驢入題其上曰諸葛子瑜瑾子恪請筆益兩字曰之驢人伏其敏權即以驢賜恪

蜀志曰先主與劉璋會涪時張裕爲璋從事侍坐其人饒鬚先主嘲之曰昔吾居涿縣特多毛姓東西南北皆諸毛也裕即荅曰昔有士作上黨潞長遷爲涿郡令者去官還家時人與書欲署潞則失涿欲署涿則失潞乃署曰潞涿君先主無鬚故裕以此及之

晉書曰范甯甞患目痛就中書侍郎張湛求方湛因嘲之曰古方宋陽里子少得其術以授魯東門伯東門伯以授左丘明遂世世相傳及漢杜子春鄭康成魏高堂隆晉左太沖凡此諸賢並有目疾得此方云用損讀書一減思慮

二專內視三簡外觀四旦晚起五夜早眠六九六物熬以神火下以氣簁蘊於胷中七日然後納諸方寸脩之一時近能數其目睫遠視尺捶之餘長服不已洞見牆壁之外非惟明目乃亦延年

又曰謝敷傳初月犯少微一名處士星占者以隱士當之譙國戴逵有美才時人憂之俄而敷死故會稽人士以嘲吳人云吳中高士便是求死不得死

又曰謝万有才名爲會稽王道子驃騎長史甞因侍坐于時月夜明淨道子歎以爲佳万率尒曰意謂不如微雲點綴道子因戲萬曰卿居心不淨乃復彊欲滓穢太清耶

又曰何充性好釋典崇修佛寺供給沙門糜費巨億而不恤親友貧乏無所施遺以此獲譏於世阮裕常戲之曰卿志大宇宙勇邁終古充問其故裕曰我圖數千戶郡尚不

能得卿圖作佛不亦大乎

又曰陸雲與荀隱素未相識嘗會張華坐華曰今日相遇可勿爲常談雲因撫手曰雲間陸士龍隱曰日下荀鳴鶴鳴鶴隱字也雲又曰既開青雲覩白雉何不張尔弓挾尔矢隱曰本謂是雲龍騤騤乃是山鹿野麋獸微弩彊是以發遲華撫手大笑

又曰袁山松欲以女妻謝混王珣曰御莫近禁臠初元帝始鎮建業公私窘罄每得一㹠以爲珍膳項下一臠尤美輒以薦帝羣下未嘗敢食于時呼爲禁臠故珣以爲戲混果尚主

又曰郤詵遷雍州刺史東堂會送武帝問詵卿自以爲何如詵對曰臣舉賢良對策爲天下第一猶桂林一枝崑山之片玉帝笑侍中奏免詵詔曰與戲耳不足罪

又曰張遐字長宗祖鎮蒼梧太守遐年數歲鎮謂其父曰我不如汝有佳兒遐曰阿翁詎宜以子戲父耶

又曰郗超爲桓溫參軍時王珣爲溫主簿亦爲所重府中語曰髯參軍短主簿能令公喜能令公怒超髯珣短故也

又曰潘京爲州所辟因謁見問策探得不孝字刺史戲京曰辟士爲不孝耶京舉荅板曰今爲忠臣不得復爲孝子

沈約宋書曰何承天除著作郎時年已老諸佐郎並名家少年荀伯子嘲之曰呼爲妳母承天曰卿當云鳳凰將九子妳母何言耶

又曰袁淑憙爲誹誕每爲時人所嘲始興王濬嘗送錢三萬餉淑一宿復遣追取謂使人謬誤欲以戲淑

齊書曰陸澄當世稱爲碩學讀易三年不解義欲撰宋書終不就王儉戲之曰陸公書廚也

又曰庾杲之清貧自業食唯有韭菹瀹韭生韭雜菜或戲之曰誰謂庾郎貧食常有二十七種言三九也

又曰謝超宗送湘州刺史王僧虔閣道壞墜水僕射王儉嘗牛驚跣下車超宗撫掌笑戲曰落水三公墮車僕射

梁書曰朱异遍治五經涉獵文史博弈書筭皆其所長年二十詣尚書令沈約約誡之因戲异曰卿年少何乃不廉异逡巡未達約乃曰天下唯有文義棊書卿一時將去可謂不廉也

陳書曰徐陵使魏魏人授館宴賓是日甚熱其主客魏收嘲陵曰今日之熱當因徐常侍來陵即荅曰昔王肅至此爲魏始制禮儀今我來聘使卿復知寒暑收大慙

隋書曰何妥少機警八歲遊國學助教顧良戲之曰汝姓何是荷葉之荷是河水之河妥應聲荅曰先生姓顧是眷顧之顧是新故之故衆咸異之

隋書曰麥鐵杖考功郎竇威嘲之曰麥是何姓鐵杖應聲對曰麥豆不殊那忽相怪威赧然無以應之時人以爲敏惠

又曰鄭譯以爲太祖所親恒令與諸子遊集年十餘歲嘗詣相府司錄李長宗於衆中戲之譯斂容謂長宗曰明公位望不輕瞻仰斯屬輒相玩狎無乃喪德也長宗甚異之

唐書曰蘇世長高祖嘗嘲之曰名長意短口正心邪弃忠貞於鄭國忘信義於吾家世長對曰名長意短實如聖旨口正心邪未敢奉詔昔竇融以河西降漢漢十世封侯臣以山南歸國唯蒙屯監即日擢拜諫議大夫

晏子春秋曰晏子短小使楚楚人爲小門於大門側而延晏子晏子不入曰使狗國者從狗門入今日臣使楚不當

從狗門入王曰齊無人耶對曰齊之臨淄張袂成帷揮汗成雨何爲齊無人使賢者使賢王不肖者使不肖王嬰不肖故使耳

莊子曰惠子始與莊子相見而問乎莊子曰今日自以爲見鳳凰而徒遭鷰雀耳坐者俱笑

孔叢子曰平原君與子高飲強子高酒曰昔有遺諺堯舜千鍾孔子百觚子路嗑嗑尚飲百榼古之聖賢無不能飲也吾子何辭焉子高曰以穿所聞賢聖以道德爲人未聞以飲也平原君曰即如先生言則此言何生子高曰生於嗜酒者蓋其勸勵釆戲之辭非實然也平原欣然曰吾弗戲子無所聞此雅言也

呂氏春秋曰成王與唐叔虞燕居援梧葉以爲珪授虞曰此封汝虞喜以告周公公請曰天子封耶成王曰余一人與虞戲耳周公曰臣聞之天子無戲言天子言則史書之工誦之士稱之於是遂封虞于唐

裴啓語林曰劉道眞遭亂於河側自牽舡見一老嫗採櫓劉謂之曰女子何不調機利杼而採櫓女荅曰丈夫何不跨馬揮鞭而牽舡

又曰祖士言與鍾雅相調鍾語祖曰我汝潁之士利如錐卿燕代之士鈍如槌祖曰以我鈍槌打爾利錐鍾曰自有神錐不可得打祖曰既有神錐亦有神槌鍾遂屈

劉義慶世說曰謝太傅始有東山之志祖公見藥中有遠志公問謝此藥又曰小草何以一物二稱謝未即荅郝參軍荅曰處則爲遠志出則爲小草謝公殊有愧色

又曰鄧艾口吃語艾艾晉文王戲之曰爲云艾艾故是幾艾鄧荅曰鳳兮鳳兮故是一鳳

諸葛恪別傳曰孫權嘗享蜀使費禕逆勅羣臣使至伏勿起禕至權輟食而羣下不起禕嘲之曰鳳凰來翔騏驎吐哺驢騾無知伏食如故恪荅曰爰植梧桐以待鳳凰是何燕雀自稱來翔何不彈射使還故鄉

劉昭幼童傳曰張玄字祖希年八歲齲齒先達知其不常故戲之君口復何爲開狗竇玄荅云正使君輩從中入

罵詈

釋名曰罵迫也以惡言被迫人也

又曰詈歷也以惡言相弥歷 詈音力智反

左傳曰冉竪射陳武子中手失弓而罵

戰國策曰宋康王時有雀生鸇於城之陬使史占之曰小而生巨必霸天下王大喜於是滅滕伐薛取淮北之地逾自信欲霸之亟成故射天笞地斬社稷而焚滅之曰威服天下鬼神罵國老諫者爲無頭之冠以是示勇國人大駭齊聞而伐之

史記曰陳豨將趙利守東垣高祖攻之月餘不下卒衆罵高祖高祖怒城降令出罵者斬不罵者原之

漢書曰項羽拔滎陽城生得周苛羽謂苛爲我將以公爲上將軍苛罵曰若不趍降漢今爲虜矣

又曰陳豨反上自至邯鄲令周昌選趙壯士可令將者白見四人上嫚罵曰豎子能爲將乎四人慙伏地上以爲將

又曰張湯以更定律令爲廷尉汲黯於上前憤發罵曰天下刀筆吏不可以爲公卿果然

又曰王莽自立使安陽侯王舜求傳國璽太后知爲莽求怒罵之曰我漢家老寡婦旦暮且死欲與此璽俱葬終不可得

又曰魏豹叛漢王謂酈生曰緩頰往說之豹曰人生一世間若白駒過隙今漢王嫚侮人罵詈諸侯羣臣如奴耳吾不忍復見

又曰張敖爲趙王高祖從平城過趙王旦暮自上食高祖箕踞罵詈甚慢之趙相貫高等怒說敖曰今王事皇帝甚恭而皇帝無禮請爲王殺之

又曰韓信平齊使人請自立爲假王漢王大怒詈曰吾困於此望若來佐我乃欲自立爲王張良陳平附耳語之漢王寤因復罵曰大丈夫即爲真王耳何以假爲

又曰田蚡取燕王女爲夫人太后詔召列侯宗室皆往賀灌夫行酒次至臨汝侯灌賢方與程不識耳語又不避席夫乃罵曰賢平生毀程不直一錢今長者爲壽乃効女兒曹沾囁耳語耶

又曰黥布反上自征謂布何苦而反布曰欲爲帝耳上怒罵之遂戰破布陣

又曰吕后召趙王周昌令王稱疾不行吕后大罵昌曰尔不知我之怨戚氏乎而不遣趙王也

又曰上擊黥布時流矢所中行道疾甚吕后迎良醫入見問醫疾可治不醫曰可治上嫚罵之曰吾以布衣提三尺劒取天下此非天命乎命乃在天雖扁鵲何益

又曰陸賈時時前說稱詩書高帝罵曰我乃馬上得之安事詩書乎賈曰馬上得之寧可馬上治之乎

范曄後漢書曰王允與吕布謀令騎都尉李肅并勇士千餘人於掖門内以待董卓卓將出馬驚不行肅以戟刺之墜車顧大呼曰吕布何在布曰有詔討賊卓大罵曰庸狗敢如是耶

又曰李傕等共追乘輿大戰恒農東澗射聲校尉沮儁被瘡墮馬李傕謂左右曰尚可活不儁罵之曰汝等凶逆逼迫天子亂臣賊子未有如汝者傕使殺之

續漢書曰董卓爲司空辟蔡邕稱疾不就卓大怒詈曰我力能族人邕不得已及到署祭酒

東觀漢記曰劉寬嘗坐客遣蒼頭市酒迂久大醉而還詈曰畜生寬遣人視奴疑必自殺

魏志曰諸葛恪圍合肥新城中遣士劉整出圍傳消息爲賊所得考問所傳語整罵曰死狗此何言也我當必死爲魏國鬼不苟求活逐汝去

又曰龐德與曹仁討關羽爲羽所得羽謂曰我欲以卿爲將何不早降德罵羽曰豎子何謂降也遂爲羽所殺

又曰劉備爲豫州舉袁渙爲茂才後復爲吕布所拘布欲使渙作書詈辱備渙不可再三強之不許布大怒以兵脅渙曰爲之則生不爲則死渙顔色不變笑而應之曰渙聞唯德可以辱人不聞以罵且他日之事劉將軍猶今日之事將軍也將軍一旦去此復罵將軍可乎布慙而止

吴志曰孫峻誅諸葛恪臨淮臧均表乞收葬曰今恪父子三首懸示積日觀者數萬罵聲成風國之大刑無所不震

又曰孫堅至南陽太守張咨不給軍粮又不見堅堅詐得急疾欲以兵付咨咨心利其兵則將騎五六百入營省堅堅卧與相見無何卒然而起按劒罵咨遂執斬之

王隱晉書曰段疋磾弟文鴦與石勒戰所乘馬乏勒呼曰大兄久望共同天不違願今日相見何復戰請釋伏語鴦罵曰汝爲虐久應死吾兄不能用吾計故令汝得至此吾寧死不忍爲汝所擒遂下馬與戰

山海經曰若山有獸焉名曰山膏其狀如豚赤若丹火善罵（好罵也）

賈誼新書曰紂自謂天王而桀自謂天父已滅之後民以相罵

祢衡別傳曰祢衡着寬布單衣練巾坐曹操大營門下以杖捶地數罵責操及其先祖無所不至營令史入啓言外有狂生祢衡言語悖逆請案科治操聞之嘿然良久乃勑外具上廐馬三疋并騎二人挾將送置荆州黄祖遂令殺之

吴質別傳曰魏文帝詔上將軍及特進以下皆會質所上將軍曹真肥領軍朱鑠瘦質召優使説肥瘦真扣刀瞋目曰言俳敢説吾斬尔遂罵質案劒曰曹子丹吴質吞尔不搖喉何敢恃勢驕耶

揚雄方言曰荆淮海岱雜齊之間罵奴曰臧罵婢曰獲

桓譚新論曰哀帝時有老人范蘭言年三百歳初與人相見則喜而相應和再三則罵而逐入

列女傳曰安定皇甫規妻年盛色美董卓娉以輜軿百乘乃輕服詣卓門跪自陳請卓使侍者悉杖刀圍之妻知不免乃立罵卓曰君羌胡之種毒害天下猶未足耶敢欲行非禮於尔君夫人乎卓乃以其頭懸車軛鞭撲交至遂死車下

太平御覽卷第四百六十六

太平御覽卷第四百六十七

人事部一百八

喜

說文曰喜不言而悅曰喜從壴口壴（音知句切）

易曰上九傾否先否後喜

尚書曰股肱喜哉元首起哉

毛詩曰風雨如晦鷄鳴不已既見君子云胡不喜

又曰我有嘉賓中心喜之

又曰菁菁者莪樂育才也君子能長育人才則天下喜樂之也

禮記曰樂者音之所由生也其本在人心之感於物是故其喜心感者其聲發以散

又曰人喜則斯陶（陶鬱陶也）陶斯詠詠斯搖

又曰何謂人情喜怒哀懼愛惡欲七者弗學而能也

又曰武王承命興師誅商萬國咸喜軍發盟津前歌後舞

又曰文王朝夕至于大寢之門外問於內豎曰今日安否何如內豎曰今日安太子乃有喜色

左傳曰城濮之役晉師三日穀文公猶有憂色左右曰有喜而憂如有憂而喜乎公曰得臣猶在憂未艾也困獸猶鬬況國相乎及楚殺子玉（子玉得臣）公喜而後可知也

又曰子產始知然明問為政焉對曰視民如子見不仁者誅之如鷹鸇之逐鳥雀子產喜以語子太叔曰他日吾見蔑之面（蔑然明名）今吾見其心矣

又曰公賜公衍羔裘使獻龍輔於齊侯齊侯喜與之陽穀

又曰吳將伐齊越子率其衆以朝焉吳人皆喜唯子胥懼曰是豢吳也吳王聞之使賜之屬鏤以死

又曰鄭六卿餞韓宣子於郊宣子曰二三君子請賦起亦以知鄭志子　賦野有蔓草宣子曰孺子善哉吾有望矣子柳賦蘀兮宣子喜曰鄭其庶幾乎

公羊傳曰九月丁卯子同生子同者孰謂謂莊公何言乎子同生喜有正也此言喜有正何久無正子也

又曰齊高子來盟高子者何齊大夫也何以不稱使我無君也然則何以不名喜之也

爾雅曰坎坎僔僔喜也

論語曰父母之年不可不知也一則以喜一則以懼

又曰上失其道民散久矣如得其情則哀矜而勿喜

又曰子曰道不行乘桴浮于海從我者其由也與子路聞之喜

尚書中候曰維王既誅崇侯虎諸侯貢萬民咸喜（鄭玄曰王文王

也貢貢國異物也）

尚書大傳曰惟丙午王還師師乃鼓譟師乃慆前歌後舞（鄭玄曰慆喜也衆大喜前歌後舞也）

春秋元命包曰兩口銜士為喜喜得明心喜者為喜憙天心（宋均曰心為天王布政之宮万物須之乃盛所以為喜也今於口間土移一畫之者於字體安也是為兩口土也喜得明明得所喜也）

春秋繁露曰春之言猶蠢也蠢蠢者喜樂之皃

國語曰伯宗朝以喜歸其妻曰子皃有喜何也曰吾言於朝諸大夫皆謂我似陽子（知有似也陽子陽處父也）對曰陽子華而不實言而無謀是以難及於身子何喜焉

戰國策曰呂他亡西周之東周盡輸西周之情於東周東周大喜

又曰孟嘗君出行至楚楚獻象牀郢之登徒直送之不欲

徃見孟嘗門人公孫戍曰臣郢之登徒直送象牀象牀之直千金傷此若髮標賣妻息不足以償足下能使僕無行先人有寶劒願獻之戍曰諾入見孟嘗曰五國所以皆致相印於君以國事累君者誠悦君之義慕君之廉今君至楚而受象牀所未至國將何以待君孟嘗曰善戍趍而出孟嘗君曰今子舉足高志之楊何也戍曰臣有大喜三重之以寶劒一孟嘗曰何謂也戍曰門下百數莫敢入諫臣入諫一喜諫而聽臣二喜諫而止君之過三喜

史記曰趙使藺相如奉璧西入秦秦王坐章臺見相如相如奉璧奏秦王大喜傳璧以示美人及左右左右皆呼萬歲

又曰孔子由大司寇攝行相事有喜色門人恠之孔子曰非樂其貴然喜下人得吾也

又曰龍且與韓信夾濰水陣信乃夜令人為萬餘囊滿盛沙水壅上流引軍半渡擊龍且佯不勝還走龍且果喜曰固知韓信怯也追信渡水信使人决壅囊水大至擊殺龍且

又曰慶雲喜氣也

又曰呂后謂高祖曰季所居之上常有雲氣故從往常得季高祖心喜

又曰邑中人民嘗俱出獵任安為人分麋鹿雉兎無人皆喜曰無傷也任少卿分則平也

漢書曰朱博為左馮翊長陵大姓尚方禁少時盜人妻見斫創着頰博聞以它事召視其面果瘢博辟左右問方禁是何創禁自知情得叩頭服狀博笑曰大丈夫固時有是博欲洒鄉耻能自効不方禁且喜且懼對曰必死博因親信以為耳目

又曰高祖入關與父老約法三章民大喜也

又曰英布間行與隋何俱歸漢王方踞床洗召布入見布大怒悔來欲自死就舍張御食飯從官如漢王居布又大喜

又曰韓信投漢蕭何等巳數言上不用即亡何聞信亡不及以聞自追之人有言上曰丞相何亡上怒如失左右手居一二日何來謁上且怒且喜

又曰呂須嘗以陳平前為高帝謀執樊噲數讒平於呂后曰為丞相不治事日飲醇酒戲婦人平聞日益甚太后聞之私喜

又曰翟方進隨父至汝南蔡父奇方進形皃有封侯骨方進旣厭為小吏聞蔡父言心喜

又曰匈奴單于言願壻漢氏以自親元帝以後宮良家子王嬙字昭君賜單于單于忻喜

謝承後漢書曰廬江毛義家貧以孝行稱南陽張奉慕其名往候之坐定而府檄適至以義守令義捧檄而入喜動顏色

續漢書曰荀爽嘗謁李膺因為其御旣還喜曰今日乃得御李君侯見慕如此

東觀漢記曰上謂鮑永曰我攻懷三日兵不下關東畏御且將故人往即拜永諫大夫至懷謂太守曰足下所以堅不下者未知孰是也今聖主即位天下以定不降何待即開城降上大喜與永對食

又曰賈復北與五校戰於真定大破之復傷瘡甚上驚復病尋愈追及上上見大喜

又曰梁鴻妻椎髻着布衣操作具而前鴻大喜曰此真梁

鴻之妻也字之曰德曜孟光

又曰上幸長祠高廟十一陵歷覽宮館舊處會郡縣吏勞賜作樂者有縣三老大言陛下入東都臣望顏色容儀類似先帝臣一驩喜百官嚴設如舊時臣二驩喜見吏賞賜識先帝時事臣三驩喜陛下聽用直諫默然受之臣四驩喜陛下至明懲艾酷吏視人如赤子臣五驩喜進賢用能各得其所臣六驩喜天下太平德合於堯臣七驩喜

又曰上以馮異爲孟津將軍屯河上擊走朱鮪追至雒陽城門環城一匝乃還上聞之大喜諸將皆賀

又曰郭伋字細侯河南人在并州素結恩德行部到西河美稷有童兒數百各騎竹馬於道次迎拜伋問曰兒曹何自遠來對曰聞使君到喜故來奉迎

魏志曰潁川戲志才籌畫士也太祖甚器之早卒太祖與

荀彧書曰自志才亡後莫可與計事者汝潁固多奇士誰可以繼之彧薦郭嘉召見論天下事太祖曰使孤成大業者必此人也嘉出亦喜曰眞吾主矣表爲司空軍謀

吳志曰曹公破走魯肅先還權大喜肅將入閤拜權起禮之因謂曰孤持鞍下馬相迎足以顯卿未肅趍進曰未也衆人聞之無不愕然就坐徐舉鞭曰願至尊威德加乎四海揔括九州克成帝業更以安車蒲輪徵肅始當顯耳權拊掌歡笑

王隱晉書曰石珩問衣甫壽春以西何以常旱東何以恒水甫曰東是吳人新附積憂成陰西是中國新平吳珎寶美人皆入志盈心滿長歡故旱

孫嚴宋書曰劉宣字方壽彭城人也素曉天文知晉室當復又夢九土服之覺而喜曰九者桓也桓既吞矣吾當復本土乎

齊書曰謝超宗詣東府門自通其日風寒太祖謂四座曰此客至使人不衣自暖矣超宗既坐飲酒數巡辭氣橫出太祖對之甚歡

崔鴻後秦錄曰秦末妖星見于東井尹緯知秦將滅心喜踴躍向天再拜

唐書陸贄從幸山南道途艱險扈從不及與帝相失一夕不至上號令軍士曰得贄者賞千金翌日贄謁見上喜形於顏色其寵待如此

周書曰人有五氣喜氣內畜雖欲隱之陽喜必見喜色油然以出

又曰師曠見太子晉曰願聞一言王子應之曰吾聞太師將來吾心甚喜既已見子喜而又懼吾年甚少見子而懾

盡忘吾度

韓詩外傳曰曾子曰吾嘗仕爲吏祿不過鍾釜尚猶欣欣而喜者非以爲多也樂其逮親也

張勃吳錄曰長沙桓王在歷陽遣書呼周瑜瑜將兵五百人舡粮器仗星夜馳赴王大喜執瑜手曰卿至諧矣

又曰吳王之女有所怨王者遂自殺王痛之葬於閶門外文石爲槨高墳深池珎玩人馬以徇葬國人哀之湛盧之劒夜飛去楚楚昭王覺劒在其床首昭王召風胡子而問焉對曰越獻劒於吳名曰湛盧人君有過則去適他國闔吳王葬女奢侈以人從死其必是也昭王大喜

胡冲吳曆曰太史慈字子義於神亭戰敗爲孫策所執策素聞其名即解縛諮問進取之術慈曰州郡新破士卒離心若儻分散難復合聚欲出宣恩安集恐不合尊旨策長

跪㕘曰誠本心所望也明日日中望君來還諸將皆疑策曰太史子義青州名士以信義爲先終不欺策明日大會諸將預設酒食立竿視中而慈至策大懽喜常與參論軍事

司馬彪九州春秋曰曹公與袁紹相距遣人招張繡繡欲歸紹賈詡謂繡歸曹公繡曰紹强又曹公與吾有讎不可詡曰此乃所以宜從之也夫有霸王之志者固將釋大怨明德於四海也繡從之歸曹公曹公見之喜執詡手曰使我信重於天下者君也

檀道鸞續晉陽秋曰初苻堅南寇京師大震謝玄入問計禦之方謝安夷然無懼色玄等既破賊有驛書至安方對客圍棊看書既畢攝放牀上了無喜色還棊如故客問之安徐荅云小兒輩遂已破賊客罷還內過戶安心喜甚不覺屐齒之折其矯情鎮物如此也

太公六韜曰因其所喜以順其志

又曰文王拘羑里求天下珍恠而獻之紂食其幣大喜殺牛而賜之

曹操別傳曰拜操典軍都尉還譙沛士卒共叛襲擊之操得脫身亡走竄平河亭長舍稱曹濟南處士卧養足創八九日謂亭長曰曹濟南雖敗存亡未可知公幸能以車牛相送往還四五日吾厚報公亭長乃以車牛送操未至譙數十里騎求操者多操開帷示之皆大喜始寤是操

雷煥別傳曰張華以煥爲豐城令得雙寶劒乃送一劒與華自留一劒華得劒甚喜曰此干將也

邴原別傳曰魏太祖爲司空辟原署東閣祭酒太祖北伐三郡克單于還太祖曰孤返鄴守諸君必將來迎其不來者獨邴祭酒耳言訖未久而原先至門下通謁太祖大喜攬履而起遠出迎原曰賢者誠難則度孤謂君將不能來而遠自屈誠副飢虛之心

零陵先賢傳曰劉巴入益益州牧劉璋見而敬焉喜每有事咨問璋遣法正迎劉備巴諫曰備雄人入必有爲不可內也既入巴復諫曰若使備討張魯是放虎於山林璋不聽巴閉門稱疾備攻成都令軍中曰其有害巴者誅及三族及得巴甚喜

列異記曰華子魚爲諸生寄宿人門外主人婦夜生頃兩吏詣門便辟易却相謂曰公在此躊躇良久一吏曰籍當定奈何住乃前向子魚拜相將入入出並行共語曰當與幾歲一人曰當三歲子魚後故往視之兒果已死子魚喜曰我固當公後果爲太尉

西京雜記曰樊將軍噲問陸賈曰自古人君皆云受命於天云有瑞應豈有是乎賈應之曰有之夫目瞤得酒食火花得錢財鵲噪則行人至蜘蛛集而百事喜也

晉朝雜事曰明帝入幘不正元帝自爲正之明帝大喜

莊子曰凡交近則靡以信遠則必忠之言以言必或傳之失傳兩喜兩怒之言天下之難者也夫兩喜必多溢美之言兩怒必多溢惡之言凡溢之類妄則信之

列子曰鄭人有薪於野者遇駭鹿從而擊之斃恐人之見也遽藏諸隍中覆之以蕉不勝其喜俄而遺其所藏之處遂以爲夢焉

又曰堯微服遊於康衢聞兒童謠曰立我蒸民莫匪爾極不識不知順帝之則堯喜曰疇教爾爲此言童兒曰我聞之大夫問大夫曰古詩也

孟子曰魯欲使樂正子爲政孟子聞之喜而不寐公孫丑

曰奚爲喜曰其爲人也好善

又曰子路人告其過則喜

抱朴子曰人主有道國無粃政則四七從度五星不逆日不蝕朔月不薄望霜不夏繁雷不冬洩嘉瑞並臻災厲寢滅此則天喜也

呂氏春秋曰湯聞伊尹使人請之有侁氏有侁氏不可伊尹亦欲歸湯湯於是請取婦爲婚有侁氏喜以伊尹爲媵送女

顧子曰夫哀樂喜怒愛憎欲懼人之情也當其哀也則欲哭泣擗踴過其樂也則欲懽笑鼓舞

公孫尼子曰君子怒則自說以和喜則收之以正

楚辭曰師望在肆昌何識鼓刀揚聲后乃喜（王逸曰師謂太公也昌文王也后亦文王也）

平四百六十七　九　宋丙巳

曹植禮上表曰臣得去幽屏之域獲覲百官之美此一喜也背茅茨之陋登閶闔之闈此二喜也必以有醜之容瞻見穆穆之顏此三喜也將以擣扤之質稟受崇聖之訓此四喜也

太平御覽卷第四百六十七

人事部一百九

樂　憂上

樂

說文曰樂極也歡也

易曰樂天知命故不憂

毛詩曰王在在鎬凱樂飲酒

禮記曰傲不可長欲不可從志不可滿樂不可極

又曰樂者樂也君子樂得其道小人樂得其欲

又曰子貢觀於蜡孔子曰賜也樂乎對曰一國之人皆若狂賜未知其樂也子曰百日之蜡一日之澤非尒所知也

左傳曰公入而賦大隧之中其樂也融融姜氏出而賦大隧之外其樂也洩洩

論語曰有朋自遠方來不亦樂乎

又曰飯蔬食飲水曲肱而枕之樂亦在其中矣

又曰樂然後笑人不厭其笑

又曰在陋巷人不堪其憂回也不改其樂

又曰不仁者不可以長處樂

戰國策曰魏文侯與虞人期獵是日飲酒樂天雨文侯出左右曰飲酒樂天又雨君將焉之文侯曰吾與虞人期獵雖樂豈可不一會期哉乃往身自罷之魏於是始強

又曰梁王魏嬰會諸侯於蘭臺酒酣請魯君舉觴魯君避席曰昔楚王登彊臺而望崇山左江右湖以臨方皇其樂忘死曰後代必有以高臺陂池亡國者今君前夾林後蘭臺彊臺之樂可無誡乎

東觀漢記曰光武發薊還士衆喜樂師行鼓舞歌詠雷聲

又曰東平王張蒼曰爲善最樂

袁宏後漢紀曰光武甞聽朝至于日側講經至於夜半皇太子從容曰陛下有禹湯之明而失黃老養性之道今天下又安願省思慮養精神優遊以自寬上荅曰吾以爲樂也

王沈魏書曰太祖告歸鄉里築室城外習讀書傳秋冬弋獵以自娛樂

裴子野宋畧曰廢帝於華林園爲列肆親自酤賣又開瀆與左右引舡唱呼以爲歡樂

管子曰桀放虎入市樂人之驚

晏子春秋曰景公飲酒數日去冠破裳自鼓盆問左右曰仁人者亦樂此乎晏子曰人所以貴於禽獸者以有禮也君無禮何以臨下景公請易衣冠也

又曰景公飲酒移於晏子前騶款門曰君至晏子立於門曰國家得微有故乎君何爲非時而夜辱公曰酒醴之味金石之聲願與夫子樂之晏子曰夫鋪薦席陳簠簋者有人臣不敢預焉又移司馬穰苴穰苴介冑操戟立門曰鋪薦席陳簠簋者有人臣不敢預焉又移於梁丘據據左援琴右挈竽行歌而至公曰樂哉今夕吾飲微二子何以治吾國微此一臣何以樂吾身也

文子曰秦楚燕魏之歌異傳而皆樂也

列子曰仲尼閒居子貢入侍而有憂色子貢不敢問出告顏回回援琴而歌孔子聞曰若奚獨樂回曰吾昔聞諸夫子樂天知命故不憂回所以樂也

又曰孔子遊太山見榮啓期行乎郕之野鹿裘帶索鼓琴而歌孔子曰先生所爲樂何也對曰吾樂甚多天生萬物

人爲貴吾既得爲人一樂也男女之別男尊女卑吾既得爲男二樂也人生有不見日月不免襁褓吾行年九十是三樂也貧者人之常死者命之終處常待終當何憂哉孔子曰自寬者也

又曰林類年且百歲底春被裘拾遺穗於故畦並歌並進孔子適衛望之謂子貢曰彼叟可與言子貢逆之壠端面之歎曰先生曾不悔乎乃仰而應曰吾何悔邪吾所以爲樂人皆有之而反以爲憂少不勤行長不競時故能壽若此老無妻子死期將至故能樂若此

莊子曰古之得道者窮亦樂通亦樂所樂非窮通也道德於此則窮通爲寒暑風雨之序矣

又曰與人和者謂之人樂與天和者謂之天樂

又曰莊子與惠子遊濠梁水上莊子曰儵魚出遊從容是

魚樂也惠子曰子非魚安知魚之樂也莊子曰子非我安知我不知魚之樂

又曰孔子謂顏回曰回來家貧居卑不仕乎對曰不願仕回有郭外之田五十畝足以給饘粥郭內之田十畝足以爲絲麻以道自樂回不願仕也

孟子曰君子有三樂父母俱存兄弟無故一樂也仰不愧天俯不怍人二樂也得天下英才而教育之三樂也

又曰樂人之樂人亦樂其樂憂人之憂人亦憂其憂從獸無厭謂之荒樂酒無厭謂之亡

又曰梁惠王立沼上顧鴻鴈麋鹿曰賢者亦樂此乎孟子曰賢者而後樂此不賢者雖有此不樂

荀子曰子路問於孔子曰君子亦有憂乎孔子曰君子其未得也則樂其意既已得之又樂其治是以有終身之樂無一日之憂小人其未得則憂不得之既得之又恐失之是以有終身之憂而無一日之樂

又曰鳳鳥啾啾其翼若竽其聲若簫有皇有鳳樂帝之心

淮南子曰令尹子佩請飲莊王莊王許諾子佩之於京臺莊王不往明日子佩跣揖北面立於殿下曰昔君王許之今不果往意者臣有罪乎莊王曰吾聞子具於京臺京臺者南望獵山以臨方皇左江而右淮其樂忘歸若薄德之人不可以當此樂也恐流不能反

又曰吾所謂樂者人得其得者也夫得其得者不以奢爲樂不以慊爲悲與陰俱閉與陽俱開與子夏心戰而曜道勝而肥聖人不以身徇物不欲人爲之而以自樂也

顧子曰遇其樂也則欲荒淫流湎逮其喜也則欲歡笑鼓舞荒流則傷義鼓舞則跨風

又曰子謂子華曰尒有四樂願知之乎子華曰未之知也子曰二親具存是尒一樂兄弟無故是尒二樂夫和妻柔是尒三樂披褐懷玉是尒四樂子華曰華乃有五遇千載之會而登夫子之堂則華之五樂也

又曰或曰夫人三墳五典八索九丘蓋聖人之陳迹耳子何好焉子曰上紀五帝之盛下述百王之義粲粲如列宿落落如連珠雖復退居窮處簞食瓢飲未始失其樂矣子可得無好乎

賈誼書曰宓子治單父於是齊人攻魯道自單父始父老請曰麥已熟矣今迫齊寇民不及刈穫請令民人自刈刈傳郭者歸可以益食不資寇三請宓子不聽俄而麥畢資乎齊寇季孫聞之怒使人讓宓子宓子曰今年失麥明年可樹令不耕者得穫是樂有寇也且一歲之麥於魯不加

強喪之不加弱令民有自取之心必數年不息季孫聞之慙曰使穴可入乎吾豈忍見宓子哉

揚雄連珠曰臣聞天下三樂焉陰陽和調四時不忒年豐物遂無有夭折災害不生兵戎不作天下之樂也聖明在上禄不遺賢罰不偏罪君子小人各處其位衆人之樂也吏不苟暴役賦不重財力不傷安土樂業民之樂也

劉向說苑曰楚昭王欲之荆臺遊司馬子綦進諫曰荆臺之遊左洞庭之陂右彭蠡之水南望獵山下臨方淮其樂使人遺老而忘死人君遊者盡以亡其國願大王勿往遊焉

又曰齊景公遊海上樂之六月不歸令左右敢言歸者死顏蠋諫曰君樂治海不樂治國彼至有治國者且安得樂此海也

雜周法訓曰或曰君子處陋巷之中奚樂也曰樂得其親樂得其友樂聖人之道也

劉向列女傳曰楚昭越姬者越王勾踐之女也昭王燕遊蔡姬在左越姬驂乘駟以馳逐登附莊之臺以望雲夢之囿乃顧謂二姬曰樂乎吾願與子生死若此蔡姬曰故願生俱樂死同時顧謂史書之

楚辭曰樂莫樂於新相知

劉伶酒德頌曰先生乃捧甖承槽銜杯漱醪無思無慮其樂陶陶

曹子建箜篌引曰樂飲過三爵緩帶傾庶羞主稱千金壽賓奉萬年酬

憂上

說文曰憂愁也

易曰作易者其有憂患乎

又曰當其憂悔吝之時纖介不可慢也

毛詩曰踧踧周道鞫為茂草我心憂傷惄焉如擣假寐永歎惟憂用老

又曰知我者謂我心憂不知我者謂我何求

又曰未見君子我心則憂

左傳曰有喜而憂如有憂而喜乎

又曰吳公子札來聘請觀周樂為之歌邶鄘衛曰美哉淵乎憂而不困

史記曰秦昭王臨朝歎息應侯進曰臣聞主憂臣辱主辱臣死今大王中朝而憂臣敢請其罪昭王曰吾聞楚之鐵劒利則士勇倡優拙則思慮遠矣以遠思慮而御勇士恐楚之圖秦也今武安君死鄭安平叛內無良將外多敵國吾是以憂

又曰懷王使屈原造為憲令草藁未定尚上官大夫見而欲奪之不與因讒之曰王使平為令衆莫不知每一令出平伐其功王怒而疏平平疾讒諂蔽明也邪曲之害公也方正之不容也故憂愁幽思而作離騷

蜀志曰曹公征孫權呼先主自救先主遣使告劉璋曰曹公征吳吳憂危急孫氏與孤本為脣齒

又曰進在青泥與關羽相距今不往救進必克轉侵州界其憂有甚於魯魯自守之賊不足慮

沈約宋書曰武帝起桓玄聞便憂懼無復計或曰劉裕等衆力甚弱豈能有成陛下何慮之玄曰劉裕自足為一世之雄劉毅家無擔石之儲樗蒲一擲百萬何無忌劉牢之之甥酷似其舅共舉大事何謂無成

吳越春秋曰越王欲復怨於吳冬寒則抱氷夏熱則握火憂苦其志懸膽於戶出入嘗之不絕於口

華陽國志曰蜀中傳相告曰井中有人學士靳普言客星入東井益州之分憂刺客入耳

山海經曰牛首山有草名曰鬼目其葉如柔而莖赤其秀如禾服之不憂

又曰霍山有獸如貍而白尾有鬣名曰朏朏可以亡憂

又曰泚湖之水其中多儵音綢魚其狀如鷄而赤毛白尾六足四首其音如鵲食之亡憂

又曰顏淵東之齊孔子有憂色子貢下席問曰小子回東之齊夫子憂色何耶孔子曰善哉汝問昔管子有言丘甚善之曰褚小者不可以懷大綆短者不可以汲深是爲命有所成而形有所適不可損益也吾恐回與齊侯言堯舜

黃帝之道而重以燧人神農之言彼將內求於己而不得則惑也

列子曰孔子謂顏回汝徒知樂天知命之無憂未知樂天知命之有憂之大也吾始知詩書禮樂無救於治亂而未知所以革之方此樂天知命者之所憂也

孟子曰憂以天下

太平御覽卷第四百六十八

太平御覽卷第四百六十九

人事部一百一十

憂下　懼

憂下

韓詩曰黍離伯封作也彼黍離離彼稷之苗離離黍貌也詩人求士不得憂懣不識於物視彼黍離離然憂甚之時反以爲稷之苗乃自知憂之甚也

韓詩外傳曰魯監門之女嬰相從績之中夜而泣涕其偶曰子何爲泣嬰曰吾聞衛世子不肖是以泣也偶曰衛世子不肖諸侯之憂也子獨泣爲何嬰曰禍相及也今衛世子甚不肖好兵吾男弟三人能無憂之

毛詩節小弁曰踧踧周道鞫爲茂草（踧踧平易兒也）我心憂傷惄焉如擣假寐永歎惟憂用老（惄思也擣心疾也）

毛詩栢舟北門曰北門刺仕不得志也言衛之忠臣不得其志爾出自北門憂心殷殷（興也北門背明嚮陰自從興者喻己仕於闇君猶行而出北門心爲殷殷然也）

左傳僖上曰秦伯獲晉侯以歸秦穆夫人與太子罃弘與女簡璧舍之靈臺存之以棘（在京兆鄠縣周之故臺也）大夫請入公曰晉人慼憂以重我天地以要我不圖晉憂重其怒也

左傳宣曰荀林父請死晉侯欲許士貞子諫曰不可城濮之役晉師三日穀文公猶有憂色左右曰有喜而憂如有憂而喜乎公曰得臣猶在憂未歇也困獸猶鬬況國相乎

左傳襄六年曰吳公子札來聘請觀周樂爲之歌邶鄘衛曰美哉淵乎憂而不困爲之歌王曰美哉思而不懼其周之東乎

左傳昭元年晉盟楚公子圍設服離衛叔孫穆子曰楚公子美矣哉楚伯州犁曰此行也辭而假之寡君鄭行人揮曰假不反矣伯州犁曰子姑憂子晳之欲背誕也子羽曰當璧猶在假而不反子其無憂乎（當璧謂棄疾事在昭十三年棄疾有當璧之命）

史記曰應侯任鄭安平使將擊趙安平爲趙所困急以兵二萬人降趙應侯席藁請罪秦法任人而所任不善各以其罪之應侯當收三族王稽爲河東太守與諸侯通坐誅應侯日以不懌昭王臨朝歎息應侯進曰臣聞主辱臣死今大王中朝而憂臣敢請其罪昭王曰吾聞楚之鐵劒利則士勇倡優拙則思慮遠夫以遠思慮而御勇士恐楚之圖秦也今武安君死鄭安平叛內無良將而外多敵國吾是以憂

會稽典畧曰越王近侵於強吳遠愧於諸侯乃務責諸臣而欲與之盟吾欲伐吳柰何而有功群臣未對王曰夫主憂

臣辱主辱臣死何大夫而見而難使者計倪官卑年少其居在後舉手而起曰殆哉非大夫易見難使是大夫不能也王曰何謂也倪曰夫官位財幣王之所輕使死者士之所重也王愛所輕責士所重也王豈難哉

辛氏三秦記曰大秦國隔海心無憂患遇善風二十日得過心憂數年不得渡諺曰心無憂患不經三旬心若憂患遠離三春士人質直男女皆長一丈端正國主風雨不和則讓賢而治

燕書曰慕容恪之威聲震於外敵初列祖崩晉人喜曰中原可圖矣桓溫曰慕容恪尚存所憂方重耳

列子曰杞國有人憂天地崩墜身無所寄廢寢與食

列子曰仲尼閒居子貢入侍而有憂色子貢不敢問出告顔回顔回援琴而歌孔子聞曰若奚敢獨樂回曰吾昔聞

之夫子曰樂天知命故不憂回所以樂也

孟子曰樂人之樂人亦樂其樂憂人之憂人亦憂其憂從下忘反謂之流從上忘反謂之連從獸無厭謂之荒樂酒無厭謂之忘先王無流連之樂荒忘之行也

王孫子曰趙簡子獵於晉陽撫轡而歎董安于曰今遊獵樂也而主君歎敢問何也簡子曰汝不知也吾厩養食穀之馬以千數令官奉多力之士日數百欲以獵戰也憂鄰國養賢以獵吾也孔子聞之曰簡子知所歎矣

孫卿子曰子路問於孔子曰君子亦有憂乎孔子曰君子其未得也則樂其意既得已又樂其治是以有終身之樂無一日之憂小人未得也則憂不得既得之又恐失之是以有終身之憂而無一日之樂也

淮南子曰楚王亡其猨而林木爲之殘（楚莊王猨也捷捷跳依木而顛故殘林宋以）宋王亡其珠池魚爲之殫故澤火而林木憂（憂見及也）

淮南子曰夫捧爵酒不知於邑（言其輕也）挈石之樽則白汗交流（言其重也）又況贏天下之憂而任海內之事者乎

又曰數匝之壽憂天下之亂猶憂河水少泣而益之也（匝猶至也或作年卒盡也言壘盡之年不足以憂天下之亂使水之多也）龜三千歲蜉蝣過三日以蜉蝣而爲龜憂養生之具人必笑之故不憂天下之亂而樂其身之治者可與言道矣

說苑曰智伯欲襲衛故遺之乘馬先之以璧衛君大說酌酒諸大夫皆喜南文子獨有憂色曰無方之禮無功之賞禍之先也

又曰魯有賢女次室之子年適二十明曉經書常侍立而吟滂泣如雨有識謂之曰汝欲嫁耶何悲之甚對曰魯君年老太子尚小憂其姦臣起矣

郭子曰王東海初過（王承字安期東海內史）登琅山歎曰我由來不愁今日直欲愁太傅云當爾時形神俱往

又曰初熒惑入太微尋廢海西簡文既登祚復入太微帝惡之時郗超爲中書郎在直引超入曰天命脩短故非所計當無復近日事不超曰大司馬方將外固封疆內鎮社稷必無若斯之慮臣爲陛下保之簡文因頌庾仲初詩曰士痛朝危臣哀主辱臣聲甚悽愴郗受假還東帝曰致意尊公（超父愔字方回）家國之事遂至於此由身不能以道匡衛思患豫防愧歎之深言何能譬因泣下

語林曰陸士衡爲河北都督已被閒構內懷憂懣聞衆軍警角鼓吹謂其司馬孫拯曰我聞此不如華亭鶴鳴

俗說曰王孝伯起事王東亭殊憂懼時住在募士橋下持藥酒置左側諸其所念小人俞翼令在門前若見人騎儐從來汝便可取酒藥與我俄有行人乘過馬翼便進酒王語翼汝更看定非官人王語翼汝幾誤殺我

楚辭曰心不怡之且久（怡樂）憂與憂其相接（接續）惟郢路之遼遠兮江與夏之不可涉

又曰望孟夏之短夜何晦明其若歲惟郢路之遠兮魂一夕而九逝

又曰屈原放逐憂心愁悴防徨山澤仰天歎息楚有先王之廟及公卿祠堂見圖畫天地山川神靈琦瑋及古賢聖怪物行事因書其壁呵而問之以洩情懣舒寫愁思

又曰漁父者屈原所作也屈原放逐江湘之間憂愁歎吟曰漁父避世隱身釣魚欣然樂時遇屈原川澤之域怪而問之遂相應答楚人思念屈原叙其辭以相傳焉

揚雄連珠曰臣聞天下有三樂有三憂焉陰陽和調四時

不忒年穀豐遂無有夭折災害不生兵戎不作天下之樂也聖明在上祿不遺賢罰不偏罪君子小人各處其位衆臣之樂也吏不苟暴役賦不重財力不傷安土樂業民之樂也亂則反焉故有三憂

山海經讚曰焉得鬼草是樹是藝服之不憂樂天傲世如彼浪舟任波流滯

懼

東觀漢記曰王莽前隊大夫誅謀反者李次元聞事發覺被馬欲出馬驚在轅中惶遽著鞍上馬出門顧見車方自覺乃止

又曰龐萌還攻蓋延延與戰破之詔書勞延曰龐萌一夜反叛相去不遠營壁不堅殆令人齒相擊而將軍聞之夜告臨淮楚國有不可動之節吾甚美之夜聞急少能若是

蜀志曰初孫權以妹妻先主妹才捷剛猛有諸兄風侍婢百餘人皆親執刀侍立先主每入心常凜凜

國語曰驪姬告優施曰君既許我殺太子立奚齊吾懼里克奈何優施曰爲我具特羊從之飲酒中飲優施起舞謂里克妻曰主盍啗我(大夫稱主妻亦如之盍啗我者內也)我教茲暇豫事君(言我教里克暇安樂事君)乃歌曰暇豫之僖僖不若鳥烏(僖僖疎遠之歟言其智曾不如鳥烏)人皆集於苑己獨集於枯(蔚喻茂盛枯喻衰落)里克笑曰何謂蔚何謂枯對曰其母爲夫人其子爲君可不謂蔚乎其母既死其子又謗可不謂枯乎(言申生無母又被謗可不謂之枯乎)

吳志曰劉備詣京口見孫權求都荊州權借之共拒曹公(漢晉春秋曰呂範勸孫權曰將軍雖神武命世然操食有威力初併荊州恩信未著宜以借備使撫安之多操之敵而爲樹黨計之上也權從之也)曹公聞以土地借備方作書落筆於地

石勒別傳曰勒治門閣至峻時有醉胡乘馬徑入府門勒問門吏馮翥門閣有限走向馬入門爲是何人而不彈白時號胡曰國人翥見問懼設對忘諱稱向有醉胡乘馬馳來向即呵制不可與語胡人難與言非小吏所制勒歎曰故正自難與言恕翥不問鞭犯門者沒所乘

新序曰白公之難楚人有莊善者辭其母將往死之其母曰弃其親而死其君可謂義乎莊善曰吾聞事君者內其祿而外其身今所以養母臣之祿也身安得無死遂辭而行比至公門三廢車中其僕曰子懼矣曰懼則何不反乎莊善曰懼者吾私也死君公義也吾聞君子不以私害公遂至公門刎頸而死

幽明録曰吳末中書郎失其姓名夜讀書家有重門忽聞外西門皆開恐有急詔户復開一人有八尺許烏衣帽持杖坐牀下與之熟相視吐舌至膝於是大怖裂書爲火至

曉雞鳴便去門户閉如故其人平安

太平御覽卷第四百六十九

太平御覽卷第四百七十

人事部一百一十一

貴盛

釋名曰貴歸也物所歸仰也汝潁言貴聲如歸往之歸也

易曰貴而無位

孝經曰高而不危所以長守貴也

史記曰李斯長男由爲三川守諸男皆尚秦公主女悉嫁秦諸公子李由告歸咸陽李斯置酒於家百官長令皆斯前爲壽門庭車騎以千數李斯喟然而歎曰嗟乎吾聞之荀卿曰物禁太盛斯乃上蔡布衣閭巷之黔首上不知其駑困遂擢至此當今人臣之位無居臣上者可謂富貴極矣物極則衰吾未知所稅駕者也

又曰衛子夫立爲皇后弟衛青封爲長平侯三弟皆封爲侯貴震天下天下歌之曰生男無喜生女無怒獨不見衛子夫

又曰蘇秦師於鬼谷先生後得周書陰符讀之以揣摩因說六國以拒秦爲從約并六國各佩其印行過洛陽車騎輜重諸侯各使送之甚衆擬於王者周王聞恐懼除道使人郊勞於是散千金以賜宗族

漢書曰帝舅王譚爲平阿侯商爲成都侯立爲江陽侯逢爲高平侯根爲曲陽侯五人同日封謂之五侯榮貴絶代

又曰金日磾勒功上將傳國後嗣七葉内侍何其盛也功臣之家唯有金氏親近貴寵比於外戚

又曰楊僕宜陽人也稍遷至主爵都尉南越反拜樓船將軍有功封梁侯因歸家懷銀黄東三組以誇鄉里

又曰楊惲曰吾家方全盛乘朱輪者十人

又曰項羽屠咸陽殺子嬰收貨賂婦女而東秦民失望於是韓生說羽曰關中阻山河四塞地肥饒可都以伯羽曰富貴不歸故鄉如衣錦夜行

又曰萬石君石奮長子建次甲次乙次慶皆以馴行孝謹官至二千石於是景帝曰石君及四子皆二千石號奮爲萬石君

又曰主父偃曰臣結髮遊學四十餘年身不得遂親不以爲子昆弟不收賓客弃我我厄日久矣丈夫生不五鼎食死則五鼎烹耳吾日暮途遠故倒行逆施之偃爲齊相至齊遍召昆弟賓客散五百金與之曰始貧時昆弟不我内今吾相齊諸君迎我或千里吾與諸君絶矣無復入偃之門

又曰張安世以父子封侯在任太盛乃辭不受禄詔都内別藏張氏無名錢以五百萬數文穎曰都内主藏官也張晏曰安世以還官官不薄

又曰田蚡召客飲坐其兄蓋侯北嚮自坐東向以爲漢相尊不可以兄故私撓由此滋驕治。諸第由園極膏腴市買郡國市物相屬於道前堂羅鼓鍾立曲旃如淳曰旌旗之名也通帛曰旃也後房婦女以百數諸珎物狗馬玩好不可稱數

又曰孝元王皇后成帝母也家凡十侯五大司馬外戚莫比

又曰史丹男九人皆以丹任爲侍中自宣元成哀外戚興者許史三王丁傅之家皆重侯累將窮富極貴

又曰劉向上封事曰今王氏一姓乘朱輪華轂者二十三人青紫貂蟬充盈幄内大將軍秉事用權五侯驕奢並作威福

又曰天子見欒大說乃拜爲五利將軍居月餘得四印天

士將軍地士將軍大通將軍印賜列侯甲第僮千人乘輿車馬帷帳又以衛長公主妻之賫金十萬斤數月佩六印貴震天下

范曄後漢書曰楊震傳曰自震至彪四葉太尉德業相繼與袁氏俱爲東京名族

司馬彪續漢書曰袁安字邵公桓帝初遷太尉有子逢成隗字周陽靈帝時爲司空隗字陽亦至司徒太傅封都鄉侯四葉五公

謝承後漢書曰梁不疑爲潁陰侯胤子爲城父侯冀一門前後七封三皇后六貴人二大將軍夫人女侯邑稱君七人尚公主三人其餘卿將尹校五十七人梁氏在位二十餘年窮極滿盛威行內外百寮側目莫敢違命

東觀漢記曰馮異潁川人建武中征賊還過陽翟詔異上冢別下潁川太守都尉及三百里內長吏皆會使中大夫致牛酒宗族會郡縣給費

又曰中元年以竇固爲中郎將監羽林左騎破西羌還是時竇氏公侯二千石並在朝廷門內尚三公主賞賜恩寵榮於當世親戚功臣無與爲等也

又曰鄧訓五子及女弟爲貴人立爲皇后騭三遷虎賁中郎將車騎將軍儀同三司同三封始自騭也鄧氏自中興後累世寵貴凡侯者二十九人公二人大將軍以下十三人中二千石十四人州牧郡守四十八人其餘侍中大夫郎謁者不可勝數東京莫與爲比

又曰耿氏自中興以後訖建安之末大將軍九人卿十三人尚公主三人列侯十九人郎將護羌校尉及刺史二千石數十百人遂與漢興衰

又曰章帝崩竇太后臨政竇憲爲大將軍食邑二萬户弟景執金吾懷將作大匠光祿勳

又曰馬防車騎將軍城門校尉加置掾令史位在九卿上絕席詔封防兄弟三人各三千户防爲潁陽侯身帶三綬防子鉅爲黄門侍郎肅宗親御章臺下殿陳鼎俎自臨冠之兄弟奴婢各千人已上

又曰竇融嗣子穆尚內黄公主而融弟顯親侯竇友嗣子固尚涅陽公主穆長子勳尚東海恭王女竇氏一公二侯三公主四千石自祖至孫官府廐弟相望奴婢千數於親戚功臣莫與爲比

吳志曰士燮兄弟並爲列郡雄長一州偏在萬里威尊無上出入鳴鍾鼓備威儀笳簫鼓吹車騎滿道胡人夾轂焚香者。常有數十妻妾乘輜軿子弟從兵騎當時貴重震服百蠻

又曰孫權拜諸葛恪撫越將軍領丹陽太守授棨戟武騎三百拜畢令恪備威儀作鼓吹導引歸家時年三十二

何法盛晉中興書曰諸葛氏之先出自葛國漢司隸校尉諸葛豐以忠強立名子孫代居二千石三國之興蜀有丞相亮吳有大將軍瑾魏有司空誕名並蓋海內爲天下盛族

又曰何比千字長卿武帝時爲丹陽都尉有陰德嘗獨坐天大雨有一老母詣比千而衣不濡比千怪而敬焉臨去懷中出金冊九百九十枚以授比千曰尒子孫當佩印綬如此冊數

陳書曰征南將軍歐陽頠時頠弟盛爲交州刺史次弟邃爲衡州刺史合門顯貴威振南土又多致銅鼓生口獻珎

異前後委積頗有助於軍國焉

隋書曰觀德王雄傳或奏高熲朋黨者上次詰日之於朝雄對曰臣忝衛宮闈朝夕左右若有朋附豈容不知至尊欽明眷哲萬機親覽頗用心平允奉法而行此乃愛憎之理惟陛下察之高祖深然其言雄時貴寵冠絕一時與高熲虞慶則蘇威稱爲四貴

又曰楊素貴寵日隆其弟約從父文思弟紀及族父异並尚書列卿諸子無汗馬之勞位至柱國刺史家僮千數後庭妓妾曳綺羅者以千數第宅華侈制擬宮禁有鮑亨者善屬文謝冑者工草隸並江南士人因高智慧沒爲家奴親戚故吏布列清顯素之貴盛近古未聞

唐書曰竇威拜內史令威奏議雍容多引古爲證高祖甚親重之或引入卧內帝爲前席又嘗謂曰昔周朝有八柱國之貴吾與公家咸登此職今我爲天子公爲內史令本同末異乃不平矣威謝曰臣家昔在漢朝內爲外戚至於後魏三處外家陛下龍興復出皇后臣又階緣戚里位忝鳳池自惟叨濫曉夕兢懼高祖笑曰比見關中人與崔盧爲婚猶自矜伐公代爲帝戚不以貴乎

又曰竇氏自武德至今再爲外戚一品三人三品已上三十餘人尚主者八人女爲王妃六人唐世貴盛莫與爲比

又曰姜皎長安中累遷尚衣奉御時玄宗在藩見而悅之皎察玄宗有非常之度尤委心焉尋出爲潤州長史玄宗即位召拜殿中少監召入卧內命之捨敬曲侍宴私以后妃連榻以擊毬鬬雞常呼之爲姜七而不名也兼賜以宮女名馬及諸珎物不可勝數玄宗又嘗與皎在殿庭翫一嘉樹皎稱其美玄宗令從植於其家

又曰崔神慶子琳等皆至大官郡群從數十趨奏省闥每歲時家宴組珮輝映以一榻置笏疊於其上開元天寶間中外族屬無緦麻之喪其福履昌盛如此東都私第門琳與弟太子詹事珪光祿卿瑤俱列棨戟時號三戟崔家

又曰楊汝士有時名遂歷清貴其後諸子皆至卿牧爲皇族所居靜恭里知温兄弟並列門戟咸通中昆仲子孫在朝行方鎮者十餘人

劉義慶世說曰孫皓問丞相陸凱曰卿一宗在朝有幾人荅曰二相五侯將軍十餘人皓曰盛哉陸曰臣聞君賢臣忠國之盛父慈子孝家之盛也當今政荒人弊臣何敢家言盛也

荆州記曰自峴山南至宜城百餘里舊說其間雕墻峻宇閭閻填列漢靈帝末其中有卿士及刺史二千石數十人朱軒駢耀華蓋接陰荆州刺史行部見之雅歎其盛勒縣刻石銘之

雜鬼神志曰昔周時尹氏貴盛數代不別食口數千常遭飢荒羅鼎鑊作糜啜糜之聲聞數十里中臨食失三十人入鑊中塈取鑊底糜鑊深大故人不見也

荀氏家傳曰惟我之先生于有晉人物盈朝袞衣暐曄六世九公不亦偉乎磊落瓌奇光昭合同已獨步於古今掛萬姓而駭之矣中興丞相王公歎曰自八龍以後榮寵莫二爲天下之盛也

蘇子曰夫帶方寸之印拖丈八之組戴貂鶡之尾建千丈之城遊五里之衢走卒警蹕叫呼而行此諸侯之所謂榮華時俗之所謂富貴也

左思詠史詩曰金章籍舊業七葉珥漢貂

御覽第四百七十

按本卷有錯簡四處玆據日本學訓堂倣宋聚珍版暨鮑崇城本訂正並於銜接處加○爲識其原式如左

今第二葉後三行田比滋驕治下原接今第四葉前十三行常有數十

今第三葉前七行靈帝時爲司空隗字下原接今第五葉前二行詰日之於朝

今第四葉前十三行胡人夾轂焚香者下原接今第二葉後三行諸第田圃極膏腴

今第五葉前二行或奏高潁朋黨者上次下原接今第三葉前七行陽亦至司徒太傅

但今第二葉後三行治諸第句聚珍版作治宅甲諸弟鮑刻

作治諸弟上文田比滋驕二本均作由此滋驕今第三葉前七行隗字陽句二本陽上均有次字又前六行還太尉下均有弟湯字仲和累還司徒湯十字又前七行第一字隗下有成左中郎逢五字今第五葉前二行上次詰日之於朝句詰日二字二本均乙轉附識於此

太平御覽卷第四百七十一

人事部一百一十二

富上

周易曰富有之謂大業（兼濟萬物故曰富有）

尚書曰五福二曰富

毛詩曰瞻烏爰止于誰之屋（富人之屋烏所集）

禮記曰儒有不保金玉而忠信以爲寶不祈土地立義以爲土地不祈多積多文以爲富也

又曰富潤屋德潤身

又曰問國君之富數地以對山澤所出問大夫之富曰有宰食力祭器衣服不假問士之富以車對問庶人之富數畜以對

周禮曰太宰掌建邦之六典以佐王平邦國六曰事典以富邦國

左傳曰秦后子有寵於桓（后子秦桓公子也景公之母弟公子鍼）如二君於景其母曰不去懼選（選數也君子有富常去君將數其罪而加也）

又曰齊慶氏亡分其邑與晏子晏子不受人問曰富者人之所欲也何爲不受對曰我非惡富恐失富也

又曰初衛公叔文子朝而請享靈公退見史鰌而告之史鰌曰子必禍矣子富君貪罪其及子乎文子曰君既許我矣其若之何史鰌曰無害也子臣可以免（子雖富禮恭不失臣禮）富而能臣必免於難戍也驕（戍子之才公叔戍也）其亡乎

又曰鄭駟秦富而侈嬖大夫也而常陳卿之車服於其庭鄭人惡而殺之

論語曰孔子曰富而可求也雖執鞭之士吾亦爲之如不可求從吾所好

又曰季氏富於周公而求也爲之聚斂而附益之子曰非吾徒也小子鳴鼓而攻之可也（求冉有名也季氏富矣而求聚民財以增之）

又曰富與貴是人之所欲不以其道得之不處也

又曰不義而富且貴於我如浮雲

又曰富而無驕易

又曰富而好禮

史記曰孔氏用鐵冶爲業秦伐魏遷孔氏南陽大鼓鑄規陂池連車騎遊諸侯因賈之利有遊閒公子賜與名然其贏得過當愈於纖嗇家致富數千金故南陽行賈盡法孔氏之雍容

又曰計然曰貴出如糞土賤取如珠玉財幣欲其行如流水脩之十年國富

又曰蘇秦說齊王曰臨淄富而實其人無不鬭雞走狗六博蹹鞠者

又曰范蠡之陶乃營生積居與時逐十九年之中三致千金

又曰君子富好行其德小人富以適其力

又曰白圭曰吾營生猶伊尹呂尚之謀

又曰穰侯魏冄之富富於王家出關輜車千乘有餘

又曰白圭樂觀時變歲孰取穀與之絲漆繭出取帛絮與之食趍時若猛獸鷙鳥之發

又曰卓氏用鐵冶富又曰程鄭富埒卓氏

又曰吳楚七國兵起時長安中列侯封軍從軍旅齎貸子錢子家以爲侯邑國在關東成敗未決莫肯與唯無鹽氏捐千金貸息什之三月吳楚平一歲中則無鹽氏息十倍用此富埒關中

又曰關中富商大賈盡諸田田嗇韋家栗氏安陵杜氏亦巨萬此其章章尤異者也皆非有爵邑奉禄弄法犯姦而富也盡推理去就與時俯仰獲其贏利以來致財用也

又曰呂不韋往來販賤賣貴家累千金

又曰齊俗賤奴虜而刀閒獨貴人之桀黠奴人所患也惟刀閒收使之逐漁鹽商賈之利或連騎交守相然愈益任終得其力起富數千萬

又曰范蠡浮海出齊變名姓自謂鴟夷子及耕於海畔苦身務力父子治生無幾何致錢數千萬齊人聞賢以爲相范蠡歎曰居致千金官則至卿相此布衣極又受尊名不祥乃歸相印盡散財以分于知交鄉黨懷其重寶閒行以去止于陶以爲此天下之中交易有無之路通爲生可致富矣於是自謂陶朱公復約身又耕畜勞居候時轉物逐什一之利居無何則致貲累巨萬天下稱陶朱公也

又曰子貢既學於仲尼退而仕於衛廢著鬻財曹魯之門（徐廣曰子貢傳云廢居著猶居也讀音如貯）七十子徒賜最爲饒原憲不饜糟糠匿於窮巷子貢結駟車騎束帛之幣以聘諸侯所至國君無不界迎與抗禮者夫使孔子名布揚於天下者子貢先後之也

又曰猗頓用鹽起而邯鄲郭縱以鑄冶成業與王者埒富烏氏倮（韋昭曰烏氏縣名屬安定倮名也）畜牧及衆賣求繒物閒遺戎王戎王倍與之畜至用谷量牛馬秦始皇令倮比封君寡婦清其先得丹穴而擅其利數世家足不貲清寡婦也能守其業用財自衛不見犯秦皇帝以爲貞婦而客之爲築女懷情臺夫倮鄙人收長清窮鄉寡婦禮抗萬乘君顯天下豈非以富耶

又曰夫用貧求富農不如工工不如商刺繡文不如倚市門此言末業貧者之資也富者人之情性所不學而俱顯也今有無秩禄之俸爵邑之人而與之比者命曰素封

又曰蜀卓氏之先趙人用鐵冶富秦破趙遷卓氏見虜略獨夫妻推輦行諸遷虜少有餘財爭于吏求近下處葭萌唯卓氏曰此地狹薄吾聞岷山之下沃野下有蹲鴟至死不飢民工於市亦乃求遠遷致之臨邛大喜即鐵山鼓鑄運籌策漢蜀之民富至僮千人田池射獵之樂擬於人君程鄭山東遷虜也亦冶鑄賈椎結之民富埒卓氏俱居臨邛也

漢書曰寗成既被刑乃詐刻傳出關歸家曰仕不至二千石賈不至千萬安可比人乎乃廣貸陂曲千餘頃假貧人役使數千家致產數千萬爲任俠

又曰張耳大梁人少時魏公子毋忌爲客嘗亡命遊外黃富人女甚美庸奴其夫亡邸父客（如淳曰父時賓客也）謂曰求賢夫從張耳女聽爲請決嫁之女家厚奉給耳以故致千里客官爲外黃令陳餘亦大梁人好儒術遊趙苦陘富人公乘氏以妻之餘年少父事耳相與爲刎頸交

又曰梁孝王未死財以巨萬計不可勝數及死藏府餘黃金尚四十萬斤他財物稱是也

又曰張安世尊爲公侯食邑萬户然身衣弋綈夫人自紡績家僮七百人皆有手伎作事内治產業累積纖微是以能植其貨富於大將軍光也

又曰卓氏女文君亡奔司馬相如相如與歸成都家徒四壁立相如與俱之臨邛盡賣車騎置酒舍乃令文君當壚相如身自著犢鼻褌與傭保雜作滌器於市中卓王孫恥之

爲杜門不出昆弟諸公謂王孫曰有一男兩女所乏者非財今文君既失身於司馬長卿長卿故倦游雖貧其人才足依也且又令客柰何相辱如此王孫不得已分與文君僮百人錢百萬及其嫁時衣被財物文君乃與相如歸成都買田宅爲富人居

又曰鮑宣上書哀帝曰柰何獨私養外親與幸臣董賢多賞賜以萬數奴從賓客漿酒藿肉蒼頭廬兒皆用致富非天意也

又曰上使善相人相鄧通曰當貧餓死上曰然富通者在我何謂貧於是賜通蜀嚴道銅山得自鑄錢鄧氏錢布天下其富如此（佞幸傳中亦出）

又曰原涉父哀帝時南陽太守時天下殷富大郡二千石死官賦斂送喪皆千萬以上妻子通共受之以定產業時又少行三年喪者及涉父死讓還南陽賻送行喪冢廬三年由是顯名京師（遊俠傳中亦出）

又曰故秦陽以田農而甲一州（以田地過限從而富貴爲一州第一）翁伯以脂而傾縣濁氏以賣脯而連騎張里以馬醫而擊鍾

又曰宣曲任氏之先爲督道倉吏秦之敗豪桀皆爭金玉任氏獨窖倉粟楚漢相距滎陽人不得耕種米石至萬四豪桀金玉盡歸任氏以此起富

又曰安邑千樹棗燕秦千樹栗此其人皆與千户侯等

又曰劉德寬厚好施家產過百萬則以賑昆弟賓客

又曰史丹盡得父財身又食大國邑數見褒賞賜累千金僮奴以百數後房妻數十人內奢淫好飲食極滋味聲色之樂

又曰富者土木被文錦犬馬餘肉粟

又曰中大夫張臣上書言王商宗族權勢合貲巨萬計私奴以千數

又曰郡國富人兼利顓業以貨賂自行取重於鄉里者不可勝數

又曰師史轉轂百數賈郡國無所不至能致千萬

又曰京師富人杜楊樊嘉茂陵摯綱爲天下高貲

又曰所忠言貴家子弟富人或鬬雞走狗馬弋獵博戲亂齊人

又曰成都羅裒貲至鉅萬

又曰郭況遷大鴻臚上數幸其宅賞金帛甚盛京師號況家爲金穴言其富貴也

又曰樊重字君雲世善農稼好貨殖性溫厚有法度三世共財子孫朝夕禮敬常若公家其營理產業物無所棄課役童隸各得其宜故能上下戮力財利歲倍至及廣開田土三百餘頃其所起廬舍皆有重堂高閣陂渠灌注池魚畜牧有求必給貲至巨萬而賑贍宗族恩加鄉閭

又曰宣帝時陰子方者至孝有仁恩當臘日晨炊而竈神形見子方再拜受福家有黃羊因以祠之自是以後暴至巨富有田七百餘頃輿馬僕隸比於封君子方常言我子孫必將強大至識三世而遂繁昌故後常以臘日祠竈而以黃羊

又曰王丹字仲因京兆人哀平時仕州郡家累千金隱居養志好施周給每歲農時輒載酒肴於田間候勤勞者而勞之其墮懶者恥不致丹皆兼功自厲邑長相師以致富殷其輕黠游蕩廢業爲患者輒曉其父兄使黜責之沒則賻給親自將護其有遭喪憂者輒待丹爲辦也

又曰馬防以病乞骸骨詔賜故中山王田廬以特進就第防弟貴盛奴婢各千人已上資貨巨億皆買京師膏腴美業又大起第複觀連閣臨道弥貨曰街路多聚聲樂曲度比諸郊廟賓客輩至京兆杜篤之徒數百人常為食客居門下剌史守令多出其家

謝承後漢書曰戴遵字子高富於貲産輕財好義賓客常三四百人時人名之關東大豪戴子高

魏典畧曰公沙穆字文乂北海膠東人也體履清直兼學多文隱居東萊山中桓帝時有富人王仲者謂穆曰今多以貨仕吾奉子以百萬唯子所用穆答曰斯意厚矣夫富貴在天得之有命以賄求爵姦莫大焉郡舉孝廉除郎中以高第為光禄主事

吳書曰劉表亡曹公向荆州表子琮降以節迎曹公諸將皆疑其詐曹公以問婁子伯子伯曰天下擾攘各貪王命以自重今以節來是必至誠曹公大喜遂進近寵秩子伯家累千金公曰婁子伯富樂於孤但勢不如孤耳從破馬超等子伯功為多曹公常歎曰子伯之計孤不及也

蜀志曰董和字幼宰南郡人益州牧劉璋以為牛鞞江原長成都令蜀土富貴時俗奢侈貨殖之家侯服王食婚姻葬送傾家竭産和躬率之以儉惡之䟽防過踰僭為之軌制所在皆移風變善

又曰麋竺字仲祖業貨殖僮客萬人貲産巨億

王隱晉書曰石崇雖有人財而性麄強貪而好利富擬王者有司簿閲崇田宅財物及水碓有三十餘區倉頭八百人他珍寳奇異不可稱數

又曰何曾道豪累世人有小紙為書者曾𠡠記室勿報也

蒸餅上不坼作十字不食食日膳萬錢猶曰無下筯處

又曰刁逵字伯道弟暢字仲遠次弘字叔仁各歷職州刺史兄弟子姪並不治名行競脩貨殖有田萬頃奴婢數千人義旗初建弘將謀起兵宋王遣劉毅誅之刁氏既富奴客從横上山固澤為京口之蠹宋既誅暢散其穀帛金錢牛羊令民稱力取之弥日不盡時天下飢儉編户莱色及刁氏之破百姓充足

徐廣晉記曰石季倫甚富侈衣服妓樂夲於許史有妓人曰緑珠美孫秀欲之使人求焉崇盡出其婢妾數十人皆藴蘭麝而被羅縠

晉諸公讃和嶠字長輿道之子也少知名以雅重稱常慕其舅夏侯玄之為人厚自封植嶷然不群拜黄門郎遷中書令轉尚書愍懷太子初立以嶠為少保加散騎常侍家産豊富擬王公而性至儉恡

宋書曰沈攸之少貧及貴在荆州富擬王侯夜中諸厢廊然燭達曉旦珠玉者數百人皆一時絶妙

孫巖宋書曰徐堪之産業豊富室宇園池貴遊莫及門生千餘皆三呉富人子每出入行游塗巷盈滿

唐書郝處俊侍中平恩公許圉師即處俊之舅早同州里俱宦達於時又其鄉人田氏彭氏以殖貨見稱有彭志筠顯慶中上表請以家財絹布二萬段助軍詔授其絹萬疋特授奉議郎仍布告天下故江淮間語曰貴如許郝富若田彭

太平御覽卷第四百七十一

太平御覽卷第四百七十二

人事部一百一十三

富下

家語曰魯哀公問政於孔子孔子對曰政之急莫大乎使人富且壽也公曰爲之柰何孔子曰省力役薄賦斂則民富矣公曰寡人欲行夫子之言恐吾國貧矣孔子曰詩云愷悌君子民之父母未有子富而父母貧者

又曰南宮敬叔富得罪於定公而奔衛朞年衛侯請復之載其寶以朝夫子聞之曰富而不好禮殃也敬叔以之喪矣而又弗改吾懼其將有患也敬叔聞之驟如孔氏而後備禮散焉

又曰以富貴而下人何人不與以富貴而敬人何人不親

國語曰鬬且曰（鬬且楚大夫）昔鬬子文三舍令尹無一日之積卹民故也成王每出子文之祿必逃王止而復人謂子文曰人生求富而子逃之何也對曰夫從政者以庇民也民多曠（曠空）者而我取富是不勤民以自封也（封厚）死無日矣我逃死非逃富也

太公六韜曰文王問守土柰何對曰人君必從事於富弗富不足爲人弗與無以合親疏其親則害失其衆則敗也

太史公素王妙論曰諸稱富者非貴其身得志也乃貴恩覆子孫而澤及鄉里也

又曰黃帝設五法布之天下用之無窮蓋世有能知者莫不尊榮如范子可謂曉之矣子貢呂不韋之徒頗預焉自是以後無其人曠絕一百有餘年管子設輕重九府行伊尹之術則桓公以霸九合諸侯一匡天下范蠡爲越相三江五湖之間民富國強卒以擒吳功成而弗居變名易姓之陶自謂朱公行十術之計二十一年之間三致千萬再散與貧

桓寬鹽鐵論曰古者盂樽杯飲蓋無爵觴今富者銀釦黃耳罍樽玉鍾

又曰人太富則不可以祿使也

又曰古者庶賤騎繩校草鞮皮薦而已今富者黃金銀鑣罽繡掩汗

又曰燕之涿薊趙之邯鄲魏之溫軹韓之滎陽齊之臨淄楚之宛陳鄭之陽翟富冠海內皆爲天下名都也

魏文帝典論曰雒陽郭珍居財巨億每暑夏召客侍婢數十盛裝飾被羅縠使之進酒

劉義慶記曰王武子移第北芒下于時人多地貴濟好馬射買地作埒編錢布地竟埒時人號曰金埒

又幽明録曰餘杭人沈縱家素貧與父同入山得一玉豚從此所向如意田蠶並收家富

又曰海陵人黃尋先居家單貧常因大風雨散錢飛至其家錢來觸籬援誤落在餘處皆拾而得之尋巨富錢至數千萬

異苑曰晉陵曲阿湯覡財數千萬三吳人多取其直爲商賈治生輒得倍直或行長江卒暴風及劫盜者若投錢多獲免濟覡死後先所埋金皆移去隣人嘗晨起見門外忽有百許萬錢封題是湯覡姓字然後知財物聚散必由天運也

又曰張永家地有泉出小龍在焉從此遂爲富室踰年因雨騰躍而去於是生貲日不暇給俗説云與龍共居不知龍神効矣

說苑曰楚王問莊辛曰君子之富奈何對曰君子之富假貸人不買也飲食人不使不役也親戚愛之罪人善之不尚者事之皆欲其壽樂不傷於患此君子之富也

論衡曰楊子雲作法言蜀富賈人齎錢十萬願載書子雲不能曰夫富無仁義猶圈中之羊安得妄載

三輔決録曰平陵士孫奮字景卿少爲郡五官掾起宅得錢貲至一億七千萬富聞京師而性儉恡客舍雇錢甚少主人曰君士大夫惜錢如此欲作孫景卿耶不知實是景卿從子端梁冀掾奮送縑五疋食以千魚冀問奮何以相送端以實對冀素聞奮富且恡乃以一鐮安車遺奮從貸錢五千萬奮知冀貪暴畏之以三千萬與冀冀大怒乃告郡詐認奮母爲守官藏婢云盜白珠十斛紫金千萬收考奮兄弟死獄中財貲盡没

越絶書曰富中大塘者句踐治以爲義肥饒謂之富中

王子年拾遺記曰郭況累金數億庭中起高閣層衢石於其上以稱量珠王也謂爲瓊厨金穴

張淵廣州記曰豪富子女以金銀爲大釵執以叩銅鼓與主人名爲銅鼓釵

西京雜記曰茂陵富人袁廣漢藏鏹萬億八九百人於芒山下築園東西四里南北五里百步激流注其内構石爲山高十餘丈連延數里養白鸚鵡紫鴛鴦犛牛青兕奇禽怪獸委積其間也

劉道真錢塘記曰防海塘去邑一里郡議曹華信家富立此塘以防海水始開募有能致土一石即與錢一外旬日之間來者雲集塘未成而譎不復取皆弃置而去塘以之成於是改爲錢塘

羅浮山記曰牛潭深洞無極北岸有石周員三丈討魚人見金牛自水而出盤于此石義興周靈甫嘗見此牛寢伏石上旁有金鏁如索繩焉周甫素毅勇往掩此牛掣斷其鏁得二丈許遂以財雄

于寶搜神記曰魏郡張巨本富忽衰死散賣宅與程應舉家疾病賣與何文文先獨持大刀暮入北堂梁上至一更見人丈餘高冠赤幘呼曰細腰細腰應諾何以有人氣答無便去文往向呼處因問向赤衣冠誰答是金也在屋西壁下問君誰答云我杵也今在竈下文掘得金三百斤燒去杵由此大富宅清寧

又曰元康中歷縣瑶懷家忽聞地中有犬聲視之得犬子雌雄各一長老云此名犀犬得之者富

又曰有周犨嘖者貧而好道夫婦夜耕困卧夢天公過而哀之勑外有以給與司禄案云此人相貧限不過此唯有張車子應賜錢千萬車子未生請以借之公曰善曙覺言之於是夫妻戮力晝夜以治生所爲輒得貲至千萬先時有嫗者常往犨嘖傭賃野合有身月滿孕使遣出駐車屋下産得兒主人往視哀其孤寒作糜粥以食之問當名汝兒作何嫗曰在車下生夢天告之名爲車子犨嘖乃悟曰吾昔夢從天換錢外白以張車子錢貸我必是子也財當歸之矣自是居日衰減車子長富於周家

又曰京兆長安有張氏者獨處室有鳩自外入于室止于對床張氏惡之披懷而祝曰爲我禍耶飛上承塵爲我福耶來入我懷鳩飛入懷以手探之則不知鳩之所在而得一金帶鉤焉遂寶之自是後子孫昌盛貲財萬倍故關西稱張氏鈎

又曰河閒管𥹳僑居臨水北岸田作商賈往往如意甞載𥹳舫米下都糶垂行忽於宅中見一物形似鼉而長大行還輙大得利如此一家遂巨富二十年恒有萬斛米

續搜神記曰廬陵巴丘人夕晃者世以田作爲業年市田數十頃家漸富晉太元初秋收已過獲刈都畢明旦至田禾悉復滿蓊然如先即使更獲於是遂巨富

列女傳曰陶荅子妻者陶大夫荅子之妻也荅子治陶三年名譽不興家富三倍其妻數荅子怒曰非汝所知居五年從車百乘歸休宗人牽牛酒而賀之其妻抱兒而泣姑怒其不祥也婦曰夫子能薄而官大是謂榮害無功而家昌是謂積殃昔楚令尹之治國家貧而國富君敬之民戴之故福祿結於子孫名垂於後世今夫子貪富務大不顧後害妾聞南山有玄豹霧雨七日不下食何也飽其志飢其腹將欲以澤其毛衣而成其文章也故藏而遠害家不擇食以肥身坐而須死今夫子治陶家日益富而國日益貧君不敬人不戴也夫子之逢禍必矣請去願與少子俱脫於是遂弃之出其年荅子之家果以盜誅毋老而免婦乃與少子歸養終始天年

錄異傳曰昔廬陵邑子區明者從容賈道經彭澤湖每輙以舡中所有多少投湖中云以爲禮積數年後過見湖中有大道道上多風塵有數吏乘車馬來候云是青洪君使要明知是神然不敢不往甚怖問吏恐不得還吏曰無可怖責洪君以君前後有禮故要君必重送君君皆勿收獨求如願亦去果以繒帛送明辭之乃求如願神大怪明知之意甚惜不得已呼如願使隨去如願者青洪婢也常使之取物明將如願歸所欲輙得之數年大成富人意漸驕盈不復愛如願歲朝鷄一鳴呼如願如願不起明大怒欲捶之如願乃走明逐之於糞上糞上有昨日故歲掃除聚薪如願乃於此得去明不知謂逃在積薪糞中乃以杖捶使出久無出者乃知不能因曰汝但使我富不復捶汝今世人歲朝鷄鳴時轉往捶糞云使人富也

韓詩外傳曰陳之富人有虞師氏者校車百乘觴於韞兵之止

風俗通曰河南平陰龐儉本魏郡鄴人遭倉卒之世失其父時儉三歲弟纔𦆙抱耳流傳客居廬里中鑿井得錢千餘萬遂溫富儉作府吏躬親家事行求老倉頭謹信屬任者年六十餘直二萬錢使主牛馬耕種有賓婚大會母在堂上酒酣陳樂歌笑奴在竈下助厨竊言堂上母我婦也客罷婢語次說老奴無狀爲妄語所說不可道也窮詰具白母謂婢試問其形狀奴曰家居鄴時在富樂里宛西婦艾氏女字阿橫大兒字阿嶷小兒曰越子時爲縣吏爲人所署賣阿橫右足下有黑子右腋下赤誌如半梳母曰是汝公也因下堂相對啼泣兒婦前爲汝公拜即洗浴身見衣被遂爲夫婦如初時人爲之語曰廬里諸龐鑿井得銅買奴得公子孫著之言我先人初居廬里者兄弟二人家買奴得公尒

世說曰司徒王戎既貴且富區宅僮役膏腴水碓之屬洛下莫有比契疏鞅掌夜與夫人燭下散籌筭計

又曰武帝嘗降王武子家武子供饌並不用盤悉用琉璃器婢子百餘人皆綾羅袴褶以手擎飲食蒸㹠肥美於常味武帝怪問何由得尒云以人乳飲之武帝色甚不平所下飲食未畢便去

又曰王君夫以粭糒澳釜石季倫以蠟炊君夫作絲布步障四十里崇作錦步障五十里石以椒爲泥泥屋王以赤石脂泥壁

新序曰魯孟獻子聘於晉韓宣子觴之飲三徙鍾石之懸不移而具獻子曰富哉宣子曰子之家孰與我富獻子曰吾家甚貧我有二士曰顔回茲無靈此二士者使吾邦家安平百姓和協客出宣子曰彼君子也以畜賢爲富我鄙人也以鍾石金玉爲富孔子曰孟獻子之富也可著於春秋也

歸藏曰上有高臺下有雝池以此事君其貴若化若以賈市其富如河漢

列子曰虞氏者梁之富人也家既充盛錢金無量財貨無此登高樓臨大路設樂陳酒擊博樓上

管子曰九爲國之道必富人人富則易理者也七十九代之君法制不一號令不同然而俱有天下何也必國富而粟衆也

又曰天下有義則富無則貧

文子曰帝王富其民霸王富其地危國富其吏治國若不足亂國若有餘存國囷倉實亡國囷倉虚

孟子曰陽虎云爲富不仁爲仁不富

荀卿子曰循禮者王爲政者強節民者安聚斂者亡故王者富民霸者富士

又曰仁義禮善之於人譬之若貨財米粟之於家也多有之者富少有者貧至無有者窮

韓子曰輿人成輿則願人富貴也非輿人仁不富不貴則輿不售也

又曰人有福則富貴至富貴則衣食美衣食美則驕心生驕心生則行僻邪而動棄理行僻邪則身夭死動棄理則無成功

尸子曰家有千金之玉而不知猶謂之貧也良功治之則富弇二國身有至貴而不知猶謂之賤也聖人告之則貴最天下

孔藂子曰子思曰吾不取於人謂之富不屈於人謂之貴也

又曰猗頓魯之窮士也耕則常飢桑則常寒聞陶朱公富往問術焉朱公告之曰子欲速富當畜五牸於是乃商西河大畜牛羊于猗氏之南十年之間其孳息不可計貲擬王公馳名天下以興富於猗氏故曰猗頓也

淮南子曰天下有至富而非金玉也至壽而非千歲也適情知足則富矣明死生之分則壽矣

又曰富貴而之不道適足以爲患出車入輦務以自供命之曰蹷身之機肥肉厚酒務以相強命之曰爛腸之食靡曼皓齒鄭衛之音命之曰伐性之斧斤三患者富貴之所致

又曰隨侯之珠和氏之璧得之而富失之而貧也

劉邵趙都賦曰爰及富人郭侯之倫貲衍陶衛侈溢無垠金碧其輿朱丹其輪會遇燕好其從如雲

太平御覽卷第四百七十二

太平御覽卷第四百七十三

人事部一百七十三

遊俠

漢書曰意氣高作威於世謂之遊俠

又曰背公死黨之義成守節奉上之義廢

又曰朱家魯人魯皆儒教而朱家用俠聞諸所嘗施唯恐見之賑人不贍先從貧賤專趨人之急自關而東莫不延頸願交焉

又曰楚田仲以俠聞父事朱家田仲死而有雒陽劇孟以任俠顯吳楚反時條侯爲太尉乘傳東至河南得劇孟喜曰吳楚舉大事而不求孟吾知其無能爲也天下騷動宰相得之若一敵國而劇孟行大類朱家孟母死自遠方送喪車蓋千乘

又曰郭解河內軹人字伯翁善相者許負外孫也解父以任俠孝文時誅死解爲人短小精悍不飲酒少時陰賊感槩不快意身所殺甚衆以軀借友報仇藏亡命作姦剽刼不休及鑄錢掘冢不可勝數年長更折節爲儉以德報怨厚施薄望然其自喜爲俠益甚解姊子負解之勢與人飲使之嚼徐廣曰盡酒也音子妙反非其任強灌之人怒拔刀刺殺解使人徼之賊窘自歸且以實告解解曰公殺人當吾兒不直遂去諸公聞之皆多解之義益隱焉

戰國策曰韓傀相韓嚴遂重於君二人相害也嚴遂正議直指舉韓傀之過韓叱之於朝嚴遂拔劒趨之於是懼士去求人可以報韓傀者至齊人言聶政勇敢士也避仇隱於屠肆之間嚴遂陰交於政以意厚之政母死既喪除政曰嗟乎政乃市井之人鼓刀以屠而嚴仲子乃諸侯之卿相也不遠千里枉車騎而交臣舉百金爲親壽我雖不受然是深知政也至濮陽見嚴仲子曰前日所以不許子徒以親也親今不幸死仲子所欲報者爲誰仲子具告之政獨行拔劒至韓韓適有東孟之會韓王及相皆在焉持兵戟而衛者甚衆政直入上階刺韓傀傀走而抱哀侯聶政刺之兼中哀侯左右大亂

又曰大史公曰吾嘗過薛其俗閭里多暴桀子弟與鄒魯殊問其政曰孟嘗君招致天下任俠姦人薛中蓋六萬家矣

又曰鄭衛俗與趙相類濮上之邑徙衛野王縣也王好氣任俠衛之風也

又曰甯成抵罪得脫乃詐刻傳出關歸家稱曰仕不至二千石賈不至千萬安可比人乎乃貰貸買陂田千餘頃役使數千家數年產至千金爲任俠其役民重於郡守

又曰列國時魏有信陵趙有平原齊有孟嘗楚有春申皆藉王公之勢悉爲遊俠雞鳴狗盜無不賓禮而趙相虞卿弃國捐君以周窮交魏齊之厄信陵無忌竊符矯命戮將專師以赴平原之急皆以取重諸侯顯名天下搤腕而遊談者以四豪爲稱首

又曰季布爲人任俠有名項籍滅高祖購求布千金敢舍匿罪三族布匿濮陽周氏周氏曰漢求將軍急且至能聽臣敢進計布許之迺髡鉗布衣褐置廣柳車中而共其家僮數十人之魯朱家所賣之朱家心知其季布也買置田舍乃之雒陽見汝陰侯滕公說曰季布何罪臣各爲其主項氏臣豈可盡誅耶今上始得天下而以私怨求一人何示不廣且以季布之賢漢求之急如此不北走胡則南走越耳夫

忌壯士資敵國此伍子胥所以鞭平王之墓也君何不從容爲上言之滕公心知朱家大俠意布匿其所迺許諾侍閒果言如朱家指上乃赦布

又曰布弟季心氣蓋關中遇人恭謹爲任俠方數千里士爭爲死

又曰孝文時鄭當時以任俠自喜孝景時爲太子舍人每五日洗沐常置驛馬長安郊請謝賓客夜以繼日常恐不遍當時好黄老其知友皆天下有名之士

又曰袁盎爲楚相免家居與閭里鬬雞走狗雒陽劇孟嘗過盎盎善待之安陵富人有謂盎曰吾聞劇孟博徒將軍何自通之盎曰孟雖博徒然母死客送喪車千餘乘亦有過人者

又曰灌夫爲人剛直使酒不好面諛貴戚權勢在己之右欲必凌之在己之左尤益禮待稠人廣衆薦寵下士亦以此多之不好文學喜任俠重然諾所與交通無非豪傑大猾也

又曰公孫賀子聲以皇后姊子驕奢不奉法征和中擅用北軍錢千九百萬發覺下獄是時捕陽陵朱安世不能得求之賀請逐捕安世以贖聲罪上許之安世者京師大俠也聞賀欲以贖子笑曰丞相禍及宗矣從獄中上書告聲與陽石公主私通及使巫祭祠上幸甘泉當馳道埋偶人祝詛有惡言下有司案驗賀窮所犯遂父子死獄中

又曰眭弘字孟魯國番人少時遊俠鬬雞走狗長乃變節從嬴公（嬴公姓字）受春秋以明經爲議郎至符節令

又曰朱博字子元杜陵人家貧少時給事縣爲亭長稍遷功曹任俠好交從士大夫不避風雨

又曰萬章字子夏長安熾盛街閭各有豪俠章在城西柳市號曰城西萬子夏爲京兆尹門下督從至殿中諸侯貴人爭欲揖章莫與京兆言者

又曰婁護字君卿是時王氏方盛賓客滿門兄弟爭其客各有所厚唯護盡入其門咸得其懽心結士大夫無不傾心交長者尤見親禮爲人短小精辯論議常依名節聽之者皆竦會母死送葬致車千兩

又曰陳遵字孟公杜陵人身長八尺餘容皃甚偉性善書與人尺牘主皆藏去以爲榮時列侯有子與遵同姓字者每至人門曰陳孟公坐中莫不震動既至而非因號曰陳驚坐

又曰原涉爲谷口令時年二十餘谷口聞其名不言而治人嘗置酒請涉入里門客有道涉所知母病避疾在里宅者涉即往候叩門哭因問以喪事家無所有涉乃削牘爲疏具記衣被飯含之物分付市賈日昳皆會其周急待人如此後人有毀涉者乃新人之雄喪家子即時刺殺

又曰邛成太后外家王氏貴而侍中王林卿通輕俠傾京師後坐法免賓客愈盛

又曰漢興禁網踈闊外戚大臣魏其武安之屬競逐於京師遊俠劇孟郭解之徒馳鶩於閭閻

荀悅漢記曰立氣勢作威福結私交以力強於時者謂之遊俠

又曰俗有三遊德之賊也一曰遊俠二曰遊説三曰遊行亂之所由生也傷道害德敗法惑時先王之所慎也

東觀漢記曰郅惲之友董子張父及叔爲郷里盛氏一時所殘害子張病困將終惲往候張張視惲歔欷惲曰吾知

子不悲夭命長短而痛二父讎不復也惲即將客遮仇人取其頭以示張張慐氣因絶惲見令以狀首令應之遅趨出詣獄令跣追之不及即自入獄謝惲拔刃自嚮以要惲曰子不從我出敢不以死明心乎惲遂出

魏志曰典韋陳留人也皃魁梧膂力過人好豪俠襄邑劉氏與睢陽李禮爲讎韋報之禮故富春長備怨甚謹韋乘車載雞酒偽候者開門懷匕首入殺禮并妻徐出取車上刀戟步去禮居近市一市盡駭莫敢近者

又曰楊阿若後名豐字伯陽少遊俠常以報仇解怨爲事故時人爲之號曰東市相斫楊阿若西市相斫楊阿若

魚豢典略曰徐福字元直好任俠擊劒　未嘗爲人報讎爲吏所得問其姓字閉口不言

吴志曰甘寧字興覇少有氣力好遊俠招合輕薄少年爲

之渠帥群聚相挾持弓弩負毦帶鈴聲即知是寧

裴子野宋畧曰寧朔將軍何邁素豪俠好聚歛士出入遊從者塞路

孫盛晉陽秋曰祖逖字士稚好俠每之田舍輒稱兄命散穀帛以贈貧者

唐書丘和河南洛陽人也父壽魏鎮東將軍和少便弓馬重氣任俠及長始折節與物無忤無貴賤皆愛之

列子曰虞氏者梁之富人也家既充盛錢金無量財貨無訾登高樓臨大路設樂陳酒擊博樓上俠客相隨而行樓上博者大笑鳶飛適墜其腐鼠而中之俠客曰虞氏富樂之日久矣常有輕易人之志乃辱我以腐鼠率徒屬而滅其家

韓子曰儒以文亂法而俠以武犯禁

裴啓語林曰李陽大俠士庶無不傾心爲幽州刺史當之職盛暑一日詣數百家別賓客常填門

張衡西京賦曰都邑游俠張趙之倫輕死重氣結黨連群寔蕃有徒其從如雲

劉邵趙都賦曰遊俠之徒晞風擬類貴交尚信輕命重氣義激毫毛節成感槩

張華博陵王宮俠曲曰俠客樂幽險築室窮山陰獵野獸盡施網川無禽

又曰雄兒任氣俠聲蓋少年場借友行報怨殺人都市旁要間叉素戟手持白頭鑲

古詩曰失意杯酒間白刃起相讎

曹子建詩曰借問誰家子幽并遊俠兒

太平御覽卷第四百七十三

太平御覽卷第四百七十四

人事部一百一十五

禮賢

易曰賁于丘園束帛戔戔

又曰康侯用錫馬蕃庶晝日三接

尚書曰所寶惟賢則邇人安

又曰釋箕子囚封比干墓式商容閭

毛詩曰鹿鳴燕群臣嘉賓也既飲食之又實幣帛筐篚以將厚意我有嘉賓鼓瑟吹笙吹笙鼓簧承筐是將

又曰南山有臺樂得賢也得賢則能爲邦家立太平之基

周禮曰三年則大比考其德行道藝而興賢者以禮賓之

禮記曰賢者狎而敬之

又曰天子二代之後尊賢也尊賢不過二代

又曰孔子曰吾食於少施氏而飽少施氏食我以禮

左傳曰晉伐魯范文子謂欒武子曰季孫於魯相二君矣妾不衣帛馬不食粟可不謂忠乎信讒慝而弃忠良若諸侯何

家語曰孔子之郯遇程子於途傾蓋與語盡日而別

國語曰勾踐滅吳反至五湖范蠡辭於王曰君王勉之臣不復入於越國矣遂乘輕舟以浮五湖莫知所終極王命工以良金寫蠡之狀而朝禮之又令大夫朝之環會稽三百里爲蠡地

史記曰周公戒伯禽曰我一沐三握髮一飯三起以待士猶恐失天下之賢人

又曰子貢所至國君無不分庭與之抗禮

又曰鄒奭者齊諸鄒亦頗采鄒衍之術以紀文於是齊王嘉之自淳于髡以下皆命曰列大夫爲開第康莊之衢

又曰魏有隱士曰侯嬴爲大梁夷門門者公子聞之於是置酒大會賓客坐定公子從車騎虛左自往迎侯生侯生攝弊衣冠直上上坐公子執轡愈恭

又曰成王使由余於秦繆公示以宮室積聚由余曰使鬼爲之則勞神矣使人爲之亦苦人矣繆公於是與由余曲席而坐傳器而食

又曰百里奚曰臣友蹇叔賢而時莫知繆公使人厚幣迎蹇叔以爲上大夫

又曰伊尹名阿衡或云處士湯使聘迎之五反然後肯往

又曰騶子如燕昭王擁篲先驅請列弟子之坐而受業

又曰越石父賢在於縲紲之中晏子出遇之途解左驂贖之載歸弗謝入門久之越石父請絕晏子懼然攝衣冠謝

又曰楚威王聞莊周賢使使厚幣迎之許以爲相

又曰趙良説商君曰夫五羖大夫荆之鄙人也聞穆公好賢願見披褐食牛朞年穆公知之擧之牛口之下而加百姓之上秦國莫敢毁也

又曰四皓隱商洛山惠帝爲太子爲書卑辭安車迎以爲客乃出

漢書曰曹參之相齊七十城天下初定悼惠王富於春秋參盡召長老諸先生問所以治諸儒以百數參未知所定聞膠西有蓋公善治黄老言使人厚幣請之既見蓋公蓋公爲言治道貴清静而民自定推此類言之參於是避正堂舍公焉

又初楚元王交禮待申公等穆生不嗜酒元王每置酒常

爲穆生設醴及王戊即位常醴忘設焉穆生退曰可以逝矣

又曰雋不疑字曼倩渤海人治春秋爲郡文學進退必以禮名聞州郡武帝末郡國賊盜群起暴勝之爲直指使者衣繡持斧逐捕盜賊東至渤海素聞不疑賢遣吏請與相見不疑冠進賢冠帶櫑具劒佩環玦褒衣博帶盛服至門門下使解劒不疑叱曰劒者君子武備所以衛身不可解請退勝之望見不疑容皃衣冠甚偉躧履起迎

又曰高祖詔曰賢士大夫有肯從我游者吾能尊顯之布告天下有意稱明德者必身勸爲之駕遣詣相國府

又曰武帝初即位王臧迺上書請立明堂以朝諸侯不能就其事乃言師申公於是上使使束帛加璧安車以蒲裹輪駕駟馬迎申公弟子二人乘軺傳從至見上問治亂之事申公時已八十餘對曰爲治者不至多言顧力行何如耳以爲太中大夫舍魯邸議明堂事

又曰御史大夫朱博奏王莽爲庶人莽就國南陽太守以莽貴重選門下掾孔休守新都相休謁莽莽盡禮自納休亦聞其名與相答後莽疾休候之莽緣恩意進其玉具寶劒欲以爲好休不肯受莽曰誠見君面有瘢美玉可以滅瘢欲獻其瑑耳解其瑑休復辭莽曰君嫌其價耶遂推碎之自裹以進休休乃受莽徵去欲見休休稱疾不見莽

又曰大將軍既益尊然汲黯與亢禮或說黯曰天子欲羣臣下大將軍尊貴誠重君不可不拜黯曰夫以大將軍有揖客反不重耶大將軍聞愈賢黯

又曰梁孝王大營宫室爲複道自宫連屬於平臺招延四方豪傑自山東遊士莫不至

又曰光武側席以求幽人

又曰沛公至高陽見酈食其沛公方踞使兩女子洗足食其入即長揖不拜曰足下必欲聚徒合兵誅無道秦不宜踞見長者於是沛公輟洗起衣延食其上坐

又曰趙壹字元叔舉郡上計到京師司徒袁逢受計吏皆拜伏庭中莫敢仰視壹獨長揖而已逢令讓之曰計吏而揖三公何也對曰酈食其長揖漢王今揖三公何遽訝哉逢即斂衽下堂執其手延置上坐

又曰井太春名丹少通五經善談難故京師爲之語曰五經紛綸井太春守静不交勢利建武中帝子沛獻王輔等五人皆好賓客請丹不能致信陽侯陰就光烈皇后弟也以外戚別使人要劫之丹不得已既至就故爲設麥飯葱菜之食丹推去曰以君侯能供養故來何爲如此就便設饌就欲起左右進輦丹曰昔桀駕人輦者是耶坐上失色就去輦談終日乃去

謝承後漢書曰帝東巡過任城乃幸鄭均舍勑賜尚書禄以終其壽故人號爲白衣尚書

又曰包咸字子良永平五年遷大鴻臚每進見錫以机杖入屏不趍贊事不名經傳有疑輒遣小黄門就舍即門顯宗以咸有師傅恩而素清苦常時賞賜珎玩束帛俸禄增於諸卿

又曰徐穉字孺子豫章人家貧常自耕稼恭儉義讓所居服其德屢辟公府不起時陳蕃爲太守以禮請署功曹穉不免之既謁而退蕃在郡不接賓客唯穉來特設一榻去則懸之後舉有道拜太原太守皆不就

袁山松後漢書曰周璆字孟玉爲樂城令逍遥無事縣中

大治去官徵聘不至陳蕃爲太守琴來置榻去懸之

續漢書曰皇甫規安定人有以貨買鴈門太守還家書刺謁規規卧不迎既入而問曰卿前在郡食鴈美乎有頃白王符在門規素聞符名乃遽起衣不及帶屣履出迎援符手而還與同坐極忻時人爲之語曰徒見二千石不如一縫腋言書生道義之爲貴

東觀漢記曰顯宗以張酺授皇太子經爲東郡太守元和二年東巡狩幸東郡引酺及門生并郡縣掾吏並會庭中帝先備弟子之儀使酺講尚書一篇然後脩君臣之禮賞賜殊特

又曰和帝永元三年詔曰高祖功臣蕭曹爲首有傳世不絶之義曹相國容城侯無嗣朕甚閔焉望長陵東門見二臣之墓生既有節終不遠身可遣使者以中牢祠大鴻臚悉求近宜爲嗣者

又曰永平中江革爲五官中郎將朝會帝詔使虎賁迎扶腋革每進拜上輙自禮之小有疾輙太官送食寵遇甚厚京師貴戚衛尉順陽侯馬廖侍中竇憲等各奉書致禮遺革終不發書無所當受上以此重之

又曰東平憲王蒼上書表薦名士左馮翊桓虞等虛已禮下與參政事

又曰上還幸祭遵營時遵病上爲重茵席覆以御蓋

又曰東平憲王蒼開東閣延英雄

袁宏後漢記曰崔駰詣竇憲始及門憲倒屣迎之曰吾受詔交公公何得薄哉

魏志曰文帝引故漢太尉楊彪待以客禮詔曰乃祖以來世著名節年過七十行不踰矩可謂老成人矣所宜寵異以彰舊德其賜公延年杖

又曰太祖北征烏丸未至先遣使辟田疇又命田豫喻指疇戒其門下趍治裝門人謂曰昔袁公慕君禮命五至君義不屈今曹公使一來而君若恐弗及者何也疇咲而應之曰此非君所識遂隨使者到軍署司空户曹掾引見諮談明日出令曰田子泰非吾所宜吏者即舉茂才隨軍

又曰管寧遇天下亂往遼東投公孫度度虛館以待之

又曰鉅鹿張臶字子明養志不仕廣平太守盧毓到官三日綱紀白承前致板謁致敬毓曰張先生所謂上不事天子下不友諸侯豈此板謁所可光飾哉但主簿奉書致羊酒之禮

又曰太祖北征柳城過涿郡令曰此中郎將盧植名著海內學爲儒宗乃國之楨幹也孤到此州嘉其餘風春秋之義賢者之後有異於人亟遣丞掾修飾墳墓并致薄酹以

彰厥德

又曰王粲從長安左中郎將蔡邕見而奇之時邕才學顯著貴重朝廷常車騎填巷賓客盈座聞粲在門倒屣迎之粲至年既幼弱容狀短小一坐盡驚邕曰此王公孫有異才吾不如也吾家書籍文章盡當與

吳志曰孫策得張昭甚悅謂曰吾方有事於四方待子不得輕矣乃上爲校尉待以師友之禮

又曰顧邵年二十起家爲豫章太守下車禮先賢徐孺子之墓優待其後

又曰呂蒙疾發孫權迎置內殿欲數見又恐其勞動常穿壁瞻之

又曰太守王明以虞翻爲功曹孫策征會稽復命爲功曹

待以交友之禮

蜀志曰先主得諸葛亮情好日密關羽張飛不悦先主解之曰孤之有孔明猶魚之有水也

又曰諸葛亮表曰先帝不以臣卑鄙猥自枉屈三顧臣於草廬之中諮臣以當世之務

蕭子雲晉書曰明帝以太常桓榮爲五更躬式其閭親行養老之禮

崔鴻北凉録曰且渠蒙遜令曰秘書郎中燉煌劉彦明學冠當時道先區内可授玄虚先生拜以三老之禮起陸沉觀於東苑以處之

崔鴻前凉録曰宋纖字令文不應州郡辟命唯與隂顒齊好友善太守楊宣畫其象於閤出入視之

崔鴻前秦録曰苻堅要結英豪王景略呂婆樓强汪梁平等皆有王佐之才堅並傾身禮之以爲股肱羽翼

管子曰桓公在位管仲隰朋侍立有閒二鴻飛而過桓公歎曰仲父今彼鴻鵠有時而南有時而北有時而往有時而來寡人之有仲父猶飛鴻之有羽翼

孔叢子曰子魚居衛與張耳陳餘相善會陳勝吴廣自立爲王耳餘並爲之將遂言之陳王大悦遣使者齎千金加束帛以車三乘迎之子魚遂往陳王郊迎而執其手議時務

孟子曰舜見帝帝館甥於貳室迭爲賓主是天子而友匹夫用下敬上謂之貴貴用上敬下謂之尊賢其義一也

韓子曰文王伐崇與大夫謀襪係解視左

又曰齊桓公時有處士小臣稷桓公三往見之不得見公曰吾聞布衣之士不輕爵禄無以異萬乘之主不好仁義亦無以下布衣之士於是五往乃得見

董子曰禹見耕者五耦而式過十室之邑而下見山仰之見谷俯之避有道德之人避俗之士也

淮南子曰淮南王安養士數千人其中高才八人

又曰一目之羅不可以得鳥無餌之釣不可以得魚遇士無禮不可以得賢

呂氏春秋曰魏文侯見段干木立倦而不敢息及見翟黄踞於堂而與之言翟黄不悦文侯曰段干木官之則不肯禄之則不受今汝欲官則相至欲禄則上卿既受吾爵又責吾禮無乃難乎

韓詩外傳曰周公攝天子位七年布衣之士執贄所師見者十人所友見者十二人窮巷白屋所先見者四十九人時進善者百人教士者千人官朝者萬人當此之時誠使

周公驕而且吝則天下賢士至者寡矣

又曰楚襄王遣使者持金千斤白璧百雙聘莊子欲以爲相莊子曰獨不見未入廟之牲乎衣以文繡食以芻菽出則清道而行止則居帳之内此豈不貴乎及其不免於死宰執旌居前或持在後當此之時雖欲爲孤犢從雞鳧遊豈可得乎僕聞之左手據天下之國右手刎其喉愚者不爲也

環濟吴記曰皇太子登字子高上爲選置師傅妙簡俊秀於是諸葛恪張休顧譚陳表等以選入侍誦講詩書其待接僚屬以布衣之禮與恪休譚等或同輿而載或共床而寢

劉縚先聖本紀曰伊尹耕於有莘之野王馳往見之彭氏子諫曰伊尹賤人可徒致之君無辱車乘王曰夫一草之

本可已天子病者天子難欣喜食之子誠不欲樂人病也遂黜彭氏之子

皇甫士安高士傳曰老萊子楚人耕於蒙山之陽藋葭為牆蓬為屋枝木為床蓍艾為席或言楚王楚王遂至老萊子之門曰寡人愚陋獨守宗廟先生幸臨之老萊子曰僕山野之人不足以守政

又曰亥唐者晉人也晉平公時朝多賢臣祁奚趙武師曠叔向皆為卿大夫名顯諸侯唐獨守道不官隱於窮巷平公聞其賢致禮與相見而請事焉平公待於門唐曰入公乃入唐曰坐公乃坐唐曰食公乃食唐之食公也雖蔬食菜羹公不敢不飽

又曰朝福也者涿郡人以行義脩絜著名昭帝時大將軍霍光秉政表顯義士詔郡國條奏行狀天下得福等五人福治義最高以德行徵至京兆病不進

會稽典略曰范蠡字少伯越之上將軍也本楚宛三户人被髮佯狂倜儻負俗文種為宛令遣吏奉謁吏還白范蠡本國狂人生有此病種笑曰吾聞士有賢聖之資必有佯狂之譏內有獨見之明外有不知之毁此固非二三子知之所知也駕車而往蠡知種之必來謂兄嫂曰今日有客願假衣冠有頃種至抵掌而談旁人觀者聳聽

說苑曰鄒子說梁王曰伊尹有莘氏之媵臣湯立以為三公管仲城陰之狗盜齊桓以為仲父百里奚乞食於路穆公委之以致甯戚叩轅行歌桓公任之以國太公望出夫朝歌之屠年七十而相周九十而封齊故詩云綿綿之葛在于曠野良工得之以為絺紘良工不得枯死於地

又曰齊桓公設庭燎為士之欲造者朞年而士不至東野鄙人有以九九之術見者桓公曰九九足以見乎對曰臣非以九九為足以見也臣聞主君設庭燎以待士朞年而士不至夫士之所以不至者君天下賢君也四方之士皆自論不及君故不至也夫九九薄能耳而君猶禮之況賢於九九者乎桓公曰善乃因禮之朞月四方之士相攜而至矣

又曰齊桓公使管仲治國管仲對曰賤不能臨貴公以為上卿而國不治桓公曰何故管仲對曰貧不能御富桓公賜之齊市租一年而國不治桓公曰何故曰疏不能制近桓公立以為仲父齊國大安而遂霸天下孔子曰管仲之賢而不得此三權者亦不能使其君南面而伯

又曰燕昭王問於郭隗曰寡人地狹民寡齊人削取八城匈奴驅樓煩之下以孤之不肖得承宗廟恐危社稷存之有道乎郭隗對曰帝者之臣其名臣其實師也王者之臣其名臣其實友也霸者之臣其名臣其實僕也亡國之臣其名臣其實虜也今王將東面目指氣使以求臣則廝役之才至矣北面等禮不乘之以勢求臣則朋友之才至矣西面逡巡以求臣則師傅之才至矣誠欲興道隗請為天下之士開路於是燕王置郭隗為上客

又曰宋司城子罕之貴子韋也入與共養出與同衣司城子罕亡子韋不從復召子韋而貴之左右曰君善子韋也亡不後來貴之君獨不愧於君之忠臣乎子罕曰吾唯不用子韋故至於亡今吾之得復尚是子韋之遺德餘教也

又曰楊因北見趙簡子曰臣居鄉三逐事君五去聞君好士故走來見簡子聞之絕食而歎左右進諫曰居鄉三逐是不容衆也事君五去是不忠上也簡子曰子不知也夫

美女醜婦之仇盛德君子亂世所疏也正直之行邪枉所憎也遂出見之因授以為相而國大治

又曰朝無人猶鴻鵠之無羽翼也

劉向新序曰魏文侯過段干木之閭而軾其僕曰君何為軾曰段干木蓋賢者安敢不軾且吾聞段干木未肯以己易寡人之貴也段干木光乎德寡人光於地干木富於義寡人富乎財地不如德財不如義寡人當事之

世説曰陳仲舉為豫章太守至便問徐孺子所在欲先省之主簿曰群情欲府君先入廨陳曰武王軾商容之閭席不暇暖吾之禮賢有何不可

又曰何晏為吏部尚書有位望時談客盈坐王弼未弱冠往見之聞弼來乃到屣迎之

邴原別傳曰原字根矩上北伐單于還住昌國原至門下

通謁上甚喜攬履而起遠出迎原曰誠副飢虛之心

虞孝敬高士傳曰宋少文博學善屬文清心簡務宋高祖領荊州辟為主簿少文不應高祖乃徵衛率亦從之遊延登第樹聽其高談歎曰不知禮乃覺心明

張璠漢記曰荀爽兄弟八人時人謂之八龍舊居亳里縣令苑康曰昔高陽氏有才子八人署其里曰高陽里

葛洪西京雜記曰公孫弘自以布衣為宰相乃開東閤營客館以招天下之士

阮籍奏記曰昔子夏處西河之上而文侯擁篲鄒子居黍谷之陰而昭王陪乘夫布衣窮居韋帶之士王公大人所以屈體而下之者為道存也

葛洪西京雜記曰公孫弘營客館以招天下之士其名曰欽賢之館以待大賢次曰翹材之館以待英材次接士之館以待國士

又曰文帝為太子立思賢苑以招賓客

虞預會稽典錄曰陳囂山陰人宗正劉向黃門侍郎楊雄薦囂德義可厲薄俗孝成皇帝特以公車徵囂時已年七十每朝請常待以師傅之禮

又曰光武嘗出南郊嚴遵曳長裾持麈扇住立不動天子下車揖而別

曹植公讌詩曰公子敬愛客終宴不知疲清夜游西園飛蓋相追隨

太平御覽卷第四百七十四

太平御覽卷第四百七十五

人事部一百一十六

待士

毛詩曰鹿鳴燕群臣嘉賓也既飲食之又實幣帛筐篚以將其厚意然後忠臣嘉賓得盡其心矣

家語曰孔子喟然歎曰向使銅鞮伯華無死天下其定矣子路曰由願聞其人子曰其幼也敏而好學其壯也有勇而不屈其老也有道而能下人有此三者以定天下何難乎子路曰幼而好學壯而有勇則其可也若夫有道誰下哉子曰由汝不知也吾聞以衆攻寡無不克也以貴下賤無不得也昔者周公居冢宰之尊制天下之政猶下白屋之士（白屋草舍）日見百七十人斯豈以無道也欲得士之用也惡有有道而無天下君子者乎

戰國策曰嘗燕得罪齊王謂其左右曰子孰能與我赴諸侯乎左右莫對嘗燕漣然流涕曰悲夫士何爲其易得而難用也田需對曰士三食不得厭而君鵝鶩有餘食下宫蹈羅紈曳綺縠而士不得以爲緣且財者君之所輕死者士之所重君不肯以所輕與士而責士以所重事君非士易得而難用也

又曰孟嘗君舍人有與君夫人相愛者或以聞孟嘗君曰覩皃相說者人之情也勿言君朞年乃召愛夫人者而謂曰之子與文遊久矣大官未可得小官公不欲衛君與文布衣之交請具車馬皮幣願公以此從衛君遊衛君欲約兵攻齊是以謂衛君曰孟嘗君不知臣不肖以臣欺君今君約天下之兵攻齊是足下欺孟嘗君也願君勿以齊爲心如不聽臣臣血湔足下衿衛君乃止

又曰中山之君所傾蓋輿車而朝窮閭隘巷之士者七十家

史記曰西伯敬老慈少禮下賢者日中不暇食以待士伯夷叔齊太顛閎夭（宜生之徒皆歸之）

又曰齊宣王喜文學遊說之士（如鄒衍淳于髡之徒）七十六人皆賜第上大夫是以齊稷下學士復盛

又曰帝召田横乃與其客二人乘傳詣雒陽未至尸鄉廐置横謝使者遂自刎令客奉其頭從使者奉之高帝拜二客爲都尉以王禮葬横二客穿其冢旁孔自刎下從之海中五百人聞横死皆自殺於是乃知田横兄弟能待士也

又曰孟嘗君在薛招致諸侯賓客及亡人有罪者皆歸孟嘗君孟嘗君舍業厚遇之以故傾天下之士食客數千人無貴賤一與之等孟嘗君待客夜食有人蔽火光客怒以飯不等輟辭去孟嘗起自取其飯比之客慚自剄

又曰信陵君爲人仁而下士士無賢不肖皆謙而禮交之不敢以其富貴驕士士以此方數千里爭歸之

又曰鄒陽上書梁王曰蘇秦相燕燕人惡之於王按劒而怒食以駃騠白圭顯於中山人惡之魏文侯投以夜光之璧何則兩主二臣剖心折肝相信豈移於浮辭哉

又曰周公曰我一沐三握髮一飯三起以待士猶恐失天下之賢人也

漢書曰司馬遷云愚以爲李陵素與士大夫絶甘分少能得士死力雖古名將不能過也

又曰班伯爲定襄太守至請問耆老父母故人有舊恩者迎延滿堂日爲供具執子孫禮

又曰朱博好樂士大夫爲郡守九卿賓客滿門欲仕宦者舉薦之欲報仇怨者解劒以帶之其趨待士如是博以此

自立然終用敗

又曰鄭當時爲太子舍人每五日洗沐常置驛馬長安諸郊請謁賓客夜以繼日（已具遊俠部）

又曰鄭當時遷大司農戒門下客至無貴賤無留門者執賓主之禮以其貴下人

東觀漢記曰竇固爲奉車都尉與駙馬都尉耿秉等北征匈奴遂滅西城開通三十六國在邊數年羌胡親愛之炙肉未熟人人長跪前割血流指間進之於固固輒爲噉不穢賤也是以親之如父

謝承後漢書曰皇甫嵩爲三公以身起於汗馬常折節下士也

魏書曰劉平結交刺備備不知而待客甚厚客以狀語之而去是時人民飢饉屯聚抄略備外禦寇難內豐財施士之下者必與同席而坐同簋而食無所簡擇衆多歸焉

蜀志曰曹公還許先主爲左將軍禮之逾重出同輿坐同席　又曰董允嘗與尚書令費禕中典軍胡濟等期遊宴嚴駕已辦而郎中董恢詣允修敬恢年少官微見允停出逡巡求去允不許曰本所以出者欲與同好遊談也今君已自屈方展闊舍此之談就彼之宴非所謂也乃命解驂禕等罷駕不行其守正下士九此類也

吳志曰顧邵當之豫章發在近路會張景病時送者百數邵辭賓客曰張仲節有疾若不能來別恨不見之暫還與訣諸君小相待其留心下士唯善所在皆此類也

王隱晉書曰王渾字玄仲平吳後據兩州吳人新附皆有畏懼之心渾撫循羈旅勞謙接納坐無空席門不停賓於是江東諸士莫不敬愛

宋書羊欣嘗詣領軍將軍謝混混拂席改服然後見之時混族子靈運在坐退告族兄瞻曰將軍見羊欣遂易衣改席欣由此益知名

王智深宋紀曰謝景仁嘗請高祖高祖乃命召景仁弟述時爲豫州主簿不從高祖遂輟箸不食須述至乃飡其見重如此

後魏書曰陸馛爲相州刺史假長廣公爲政清平抑強扶弱州中有德宿老名望素重者以禮待之詢之政事責以方畧如此者十人号曰十善又簡取縣強明百餘人以爲假子誘接慇懃賜以衣服令各歸爲耳目於外於是發姦擿伏事無驗百姓以爲神明

又曰賈思伯性謙和傾身禮士雖在街途停車下馬接誘恂恂曾無倦色客有謂思伯曰公今貴重寧能不驕伯曰衰至便驕何常之有當時以爲雅言

唐書李勉禮賢下士終始盡心以名士季巡張參爲判官卒於幕三歲之內每遇宴飲必設虛位於筵次陳膳執爵辭色悽惻論者美之

又曰裴度以平賊報國爲已任自德宗朝宰相歸私第百官不敢及門度以方討不庭宰臣宜日接多士冀有所得因奏請私家通賓客上方屬意遂許之四方布衣盡得以策畫干丞相至今宰臣私接士因度之請也

又曰楊炎樂賢下士以汲引爲已任天下士子趨嚮風從

皇甫謐逸士傳曰公儀潛魯人也少而厲行樂道不事諸侯與子思友魯穆公聞其賢因子思而致命欲以爲相謂子思曰公儀子必輔寡人寡人將三分魯國而與之

晉諸公讚曰張華博識多聞無物不知盧浮高朗經傳有

美於華起家爲太子舍人病疽截手遂廢朝廷重之就以
爲國子博士
高閭燕志曰李陵君長谷之東先主與高雲遊讌往來每
憇其家陵與其妻王氏每夜自齎酒饌而至
晏子春秋曰晏子之晉至中牟覩弊冠衣裘負芻息於途
側晏子問曰何者對曰我越石父也不免飢凍爲人臣僕
晏子解左驂贖之載以俱歸
崔鴻國春秋後秦録曰太尉文成公姚顯字于章興之弟
也清秀明發文武兼才爲令録十餘年無撓政機務之暇
賓客如雲謙虛傳受待士以布衣之禮或昏夜靜處與賢
士談論政事
王孫子新書曰楚莊王攻宋廚有臭肉罇有敗酒將軍子
重諫曰今君廚有臭肉而不可食罇有酒敗而不可飲三

軍之士皆飢色欲以勝敵不亦難乎
説苑曰趙簡子遊於西河而樂之歎曰安得賢士而與處
焉舟人古桑對曰鴻鵠高飛遠翔其所恃六翮也背上有
毛腹下有毳無尺寸之數去之滿把飛不能爲之高不知門
下左右客千人者亦有六翮之用乎將盡毛毳新序同而稱晉平公
又云三千餘人矣
又曰周公曰見白屋之士所下者凡七十一而天下之士
皆至晏子所與同衣食者百人而天下之士亦至
又曰周威王問於甯子曰取士有道乎對曰有窮者達之
亡者存之癈者起之士則四方而至矣故士存則國存士
亡則國亡子胥怒而亡之包胥怒而存之胡可不貴乎
俗説曰謝萬詣簡文萬來無衣幘可前簡文曰但前不須
衣幘即呼使入萬着白綸巾鶴氅裘履板而前既見共談

移日大器之
漢雜事曰于定國謙遜下士士雖貧徒步往過皆與均禮
又曰公孫弘爲丞相起客館開閤延賢人與參謀議身自
食脫粟飯一器盡以俸祿與故人賓客
又曰倪寬爲人卑體下士務在得人心擇用仁孝推誠與
下不求名譽
英雄記曰袁紹有姿皃威容愛士養名既累世台司賓客
所歸加以傾心折節莫不爭赴其庭士無貴賤與之抗禮
環濟吳記曰孟仁少以敏達知名從南陽李肅學其母賢
而有智爲作大被或問其故母曰小兒無德以致客學者
多貧故爲大被庶可得氣類相接也
黃石公記曰黃梁昔將用兵人有饋一簞醪者使投之於
河令將士迎而飲之夫一簞醪不能味一河水三軍思爲

之死非滋味及之也
劉向新序曰燕相得罪於君將出亡召門下諸大夫曰能
從我出乎三問莫對燕相曰士之不足養也有進者曰飢
年惡歲士糟糠不足而君之犬馬有餘穀隆冬冽寒士短
褐不完而君之臺觀帷㡘錦繡自君財者君之所輕死者
士之所重也君不能施君之所輕而求得士之所重難焉
鬻子曰吾不恐四海之士留於道路也吾恐其留門庭是
以四海之士皆至
莊子曰子張見魯哀公不禮士也託僕夫而去曰臣聞君好士
故不遠千里以見君之禮士也有似葉公子高之好龍室
彫文盡寫以龍於是天龍而下之窺頭於牖拖尾於堂葉
公見之弃而還走失其魂魄五色無主是葉公非不好龍
也好夫似龍而非龍也今君非不好士也好夫似士而非

士者也（同新序）

呂氏春秋曰張儀將西遊於秦過東周客有語之於昭文君者曰張儀壯士也將西遊於秦願君之禮貌之昭文君見謂之曰寡人國雖小請與客共之張儀還北面再拜

淮南子曰楚時子發好求伎道之士（士有術者無不養）楚有善爲偷者往見曰臣楚市偷也願以伎該一卒（該備也卒一人）後無幾何齊興兵伐楚於是市偷進請曰臣有薄伎願爲君行之子發曰諾不問其辭而遣之偷則夜出解齊將軍之帷而獻之子發因使人歸之曰卒有出採薪者得將軍之帷謹歸之於執事明夕復往取其枕子發又使歸之明夕復因取簪又使歸之於是齊師大駭將軍與軍吏謀之曰今夕不去楚軍恐取吾首即還師而去故伎無細薄在人君用之

又曰淮南王安養士數千人其中高才八人蘇非李南左吳陳田伍被雷被毛被晉昌号爲八公

燕丹子曰荆軻之燕太子自御虛左荆軻援綏不讓後日與軻之東宮臨池而觀軻拾瓦投鼃太子令人奉槃金軻用抵鼃盡而復進軻曰非爲太子愛金也臂痛耳後共乘千里馬軻曰聞千里馬肝美太子即殺馬進肝暨樊將軍得罪於秦秦求之急乃來歸太子太子爲置酒陽華之臺酒中太子出美人能琴者軻曰好手琴者即進之軻曰但愛其手太子即斷其手盛以玉盤奉之太子常與軻等案而食同床而寢

呂氏春秋曰勾踐苦會稽之耻欲深得民心以致必死於吳有甘肥不足分弗敢食有酒流之江與民同之

韓子曰吳起出遇故人而止之食故人曰諾故人至暮不來吳起至暮不食而待之

孫子曰楚莊王攻宋有酒投之水有食饋之賢行軍中之有飢色者加賜之

太平御覽卷第四百七十五

太平御覽卷第四百七十六

人事部一百一十七

施恩上

周易曰見龍在田德施普也雲行雨施天下治也

周禮曰小司徒以歲時巡國野而賙萬人之囏阨以王命施惠

左傳曰冬晉薦饑使乞糴于秦秦伯謂子桑曰與諸乎對曰重施而不報其民必攜攜而討焉無衆必敗謂百里曰與諸乎對曰天災流行國家代有救災恤鄰道也行道有福是以輸粟于晉自雍及絳相繼命之曰汎舟之役

傳曰晉侯逆秦師使韓簡視師復曰師少於我鬬士倍我公曰何故對曰出因其資入用其寵飢食其粟三施無報是以來也

傳曰宋公子鮑禮於國人宋飢竭其粟而貸之年七十以上無不饋詒也時加羞珍異無日不數於六卿之門國之賢人無不事也親自桓以下無不恤也公子鮑美而豔襄夫人欲通之（鮑嫡祖母）而不可乃助之施

傳曰鄭子皮即位於是鄭飢而未及麥民病子皮以子展之命餼國人粟戶一鍾是以得鄭國之民故罕氏常掌國政以爲上卿

傳曰楚子伐蕭申公巫臣曰師人多寒王巡三軍拊而勉之三軍之士皆如挾纊

傳曰晉公子重耳及曹僖負羈之妻曰吾觀晉公子從者皆足以相公子必反其國若反其國必得志於諸侯而誅無禮曹其首也子盍早自貳焉乃饋盤飧置璧焉公子受飧反璧

傳曰子西曰昔闔廬有國天有災厲親巡孤寡而供其乏困在軍熟食者分而後敢食

語曰子華使於齊冉子爲其母請粟子曰與之釜請益曰與之庾冉子與之粟五秉子曰赤之適齊也乘肥馬衣輕裘吾聞之君子周急不繼富

史記曰范蠡之陶修産積居十九年中三致千金再散分與貧交友兄弟此謂富好行其德者也

又曰田常以大斗出貸以小斗收齊人歌之曰嫗乎採芑歸乎田成子

又曰蘇秦爲從約長并相六國北報趙王乃行過雒陽周顯王使人郊勞於是蘇秦散千金以賜宗族貧友

漢書曰韓信釣於城下諸母漂（以水擊絮爲漂）有一母見信飢飯信竟漂數十日信謂漂母曰吾必重報母母怒曰大夫不能自

食吾哀王孫而進食（蘇林曰如諸公子也）豈望報乎

前列曰吳楚反竇嬰爲大將軍賜金千斤嬰言袁盎欒布諸名賢士在家進之所賜金陳廊廡下軍吏過輒令財取爲用（蘇林曰自令裁取爲用）金無入家者

又曰李廣歷七郡太守前後四十年得賞賜輒分其麾下飲食與士卒共之家無餘財終不言生産事

前列曰婁護字君卿爲諫議大夫使郡國護貸多持幣帛至齊上書求上先人冢因會宗族故人各以親疏與束帛一日散百金之費使還奏事稱旨擢天水太守

前列曰韋玄成字少翁以父任爲郎少好學脩父業尤謙遜下士出遇相識步行輒下從者與載送之以爲常其接人貧賤者益加由是名譽日廣以明經擢爲諫議大夫遷大河都尉

前列曰張臨安世曾孫亦謙儉每登閣殿常歎曰桑霍爲我戒豈不厚且死分施宗族故舊薄葬不起墳

又曰蘇武爲右曹典屬國所得賞賜盡以施與昆弟故人

又曰朱邑爲人惇篤於故舊以愛和爲行居處儉節賜以供九族鄉黨家無餘財

後漢書曰趙典兄子温字子恭初爲京兆郡丞歎曰丈夫當雄飛安能雌伏遂弃官去遭歲大飢散家粮以賑窮餓所活萬餘人

後列曰劉翊字子相潁川人家世豐產常能周施而有不其惠嘗行於汝南界中有陳國張季禮遠赴師喪遇寒冰車毀頓滯道路翊見而下車與之不告姓名自策馬去季禮意其子相也後故到潁陰還所假乘翊閉門辭行不與相見後黃巾賊起郡縣飢荒翊救給之絕資粮者數百人

又逢知故困餒於路不忍委去因殺所駕牛以救之衆人止之翊曰視沒不救非志也遂俱餓

後列曰折像字伯式廣漢雒人父國有資財二億家僮八伯人像幼有仁心不殺昆虫不折萌牙能通京氏易好黃老言及國卒感多藏厚亡之義乃散金帛資產周施親踈自知亡日召賓客飲食辭訣忽然而終

又曰廖扶逆知歲荒乃聚穀數千斛悉用周給宗族姻親又斂葬遭疫死亡不能自收者常居先人冢側未曾入城市人因號爲北郭

袁宏後漢書曰种暠字景伯父爲定陶令有財三千萬父卒暠皆以賑鄉里貧賤者其進趣名利者皆不與交通

東觀漢記曰鄧弘收恤故舊無所失父所厚同郡郎中王臨年老貧乏弘常居業給足乞與衣裘輿馬施之終竟

後列曰馬援少年處處田牧至有牛馬羊數千頭穀萬斛既而歎曰凡殖貨財產貴其能施賑也否則守錢虜耳乃盡散以班昆弟故舊

又曰崔駰學於太學而粮盡鄧衛尉欲餽焉而未果季彥九歲以其父命往見衛尉曰施不必豐期於救乏崔生臣父之執也不幸而貧公許賑之有日矣嘉賜未至或欲豐之然後乃致之乎昝曰家物少須租入曰是猶古人欲決江海以救牛蹄之類也鄧公曰諾

又曰鄧琳字叔孫西羌反破郡縣上乃拜琳謁者屯田三輔琳臨發之日散千金之產分與兄弟甥舅親族各有差品

又曰朱暉建初四年南陽大飢米石千錢初同縣張堪有名德每與相見常接以友道暉以堪宿望成名未敢安也堪至把暉臂曰欲妻子託朱生暉舉手未敢荅後堪仕至蜀郡漁陽太守物故暉自爲臨淮太守後遂絕不復相聞南陽飢時聞堪妻子貧窮暉乃自往候視困厄分所有以賑之

又曰王丹字仲回京兆人王莽時連徵不至家累千金隱居養志好施周急冦記部具

後列曰寇恂經明行脩名重朝廷所得秩俸盡施朋友故人及所從吏士常曰吾因士大夫以致此其獨享之乎時人稱其長者後爲宰相

又曰竇固久歷大位甚見尊貴而性謙儉愛人好施士以此稱之

又曰梁商飢年穀貴民餒輒遣蒼頭去幘着巾車載米鹽菜錢於四城門與貧乏不語主人知其陰德伏恩絕不望

報匿名隱譽皆此類也

司馬彪續漢書曰郭伋字細侯并州牧徵爲太中大夫賜宅一區及帷帳錢穀伋輒散與宗親九族無遺餘

又曰張純字奮少好學節儉行義常分損租奉贍䘏宗親雖至傾匱而施與不怠

又曰伏湛字惠公更始元年拜爲平原太守遭倉卒兵起莫不驚擾而湛獨安然教授謂妻子曰一穀不外國君徽膳今人皆飢柰何獨飽且食麄糲盡分奉祿以賑活鄉里來客者百餘家

司馬彪續漢書曰獻帝初百姓飢荒張儉資計差温傾竭財產與邑里共之賴其差温故存者以百數

又曰肅宗崩廉范奔赴敬陵時廬江郡掾嚴麟奉章俱會於路麟乘小車塗深馬死不能自進范見而愍然命從騎

下馬與之不告而去麟事畢不知馬所歸乃緣路訪之或謂麟曰故蜀郡太守廉叔度好周人窮今奔國䘮獨當是麟亦素聞范名以爲然即牽馬造門謝而歸之世伏其義

魏志曰楊俊字秀才以兵亂方起而河內處四達之衢必爲戰場乃扶老弱去詣京密問同行者百餘家俊賑濟貧乏通共有無宗族如故爲人所略作奴僕者凡六家俊皆傾財贖之

魚豢魏略曰趙熹字伯陽爲平原太守百官大會光武問熹在郡何如咸稱熹政有跡時親家諸夫人皆會會龍諸大夫言熹篤義多恩從長安還收護妻等衣食生活使得蒙今日之富貴非獨能臨人也

吳志曰魯肅字子敬大散財貨摽賣田地以賑窮人結士爲務甚得鄉邑忻心周瑜爲居巢長將數百人故過候肅并求資粮肅家有兩囷米各三千斛肅乃指一囷與瑜瑜益其奇也遂相親結定僑札之分

又曰朱據字子範吳郡人有姿皃膂力絕人又能論難黃武初徵拜五官中郎權遷建業據尚公主拜左將軍封雲陽侯謙虛接士輕財好施

吳志曰駱公緒時年八歲與親客歸會稽事嫡母甚謹時飢荒多有困乏公緒爲之飲食衰少其姊仁愛有行寡歸無子見甚哀之數問其故公緒曰丈夫糟糠不足我亦何必獨飽姊曰誠如是何不告我而自苦若此乃自以私粟與公緒又以告母亦覺之遂使分施由是顯名

晉書郗鑒時所在饑荒州中之士素有感其恩義者相與資贍鑒復分所得以恤宗族鄉曲孤老賴而全濟者甚多

又曰紀瞻少與陸機兄弟親善及機被誅瞻䘏其家周至

及嫁女資送同於所生

王隱晉書曰潘勗字元茂值年荒部曲之家健兒渠帥皆素服重名共相率送迎道路所在爲儲以供行資勗隨主人多少口率均分無有尊卑優劣若所賦已盡偶有不足則推己之分以周未遍父老有頌之曰且貴且富有南山之壽吾仍得與潘元茂又曰恩不可忘無如我潘郎

晉中興書曰應詹以孝稱年拾餘歲祖父母亡家富於財而詹年稚弱乃請宗中單貧者與共爲居弱冠知名太宰何邵見而稱之曰質文之士也

晉紀曰祖逖梗槩有大志年十五不知書輕財好施每至諸田舍輙稱兄意散帛以是嘉焉

太平御覽卷第四百七十六

太平御覽卷第四百七十七

人事部一百一十八

施惠下

宋書曰范叔孫少而仁厚周窮濟急鄉曲貴其義行無有呼其名者

又曰劉凝之傳衡陽王義季荆州年飢義季慮凝之餧餉錢十萬凝之大喜將錢至市門觀其飢色者悉分與之俄頃立盡

又曰張進之少有志歷郡五官主簿永寧安固二縣領校尉家世富足經荒蕪年散其財救贍鄉里遂以貧罄全濟者甚多

又曰嚴世期會稽山陰人也好施慕善出自天然同里張邁三人妻子各産子時歲飢儉慮不相存欲弃而不舉世期聞之馳往拯救分食解衣以贍其乏三子並得成長

又曰蕭惠開爲益州牧太始四年還至京師初惠開府録事參軍劉希微負蜀人債將百萬爲債主所制未得俱還惠開甚恥之輒之厩中凡有馬六十疋悉以與希微償債其意趣不常皆如此

齊書曰劉善明平原人懐珎族弟但徐州刺史鎮北將軍父懐民宋世爲齊北海二郡太守元嘉末青州飢荒人相食善明家有積粟躬食饘粥開倉以救鄉里多獲全濟百姓呼其家田爲續命田

崔鴻前涼録曰張中字長恩燉煌人散家財巨萬施之鄉閭時人爲之謡曰推財不疑張長恩

又曰後燕録曰趙秋字子武汲郡朝歌人少而輕財好施隣人李玄度毋死家貧無以葬秋謂其兄曰起死生救不足人之本也家有二牛以一與之玄度得以葬亡年秋夜行見一老母遺金一餅曰子能葬我是以相報子五十巳後當富貴不可言勿忘玄度也

後魏書曰祖巖字洪山於固安縣世有積粟至數萬石自延昌已來北州頻經災儉巖兄弟傾家贍遺嘗見州郡徵租甚急巖遂以家粟萬斛代輸聞者莫不嗟歎

又曰張普惠不營財業好有進舉躬於故舊冀州人侯堅固少時與其遊學早終其子長瑜普惠每於四時請禄無不減贍其衣食

隋書鄭衍授瀛州刺史遇秋霖大水其屬縣多漂沒民皆上高樹依大塚衍親備舡栰并齎粮拯救之民多獲濟衍先開倉賑卹後始聞奏上大善之

唐書曰孟簡性俊拔尚義早歲交友先殁者視其孤每厚於周卹議者以爲有前輩風

又曰李藩少恬淡修檢雅容儀好學父卒家富於財親族弔者有挈去不禁愈務散施不數年而貧年四十餘未仕讀書楊州困於自給妻子怨尤之晏如也

又曰盧鈞爲嶺南節度使自貞元巳來衣冠得罪流放嶺表者因物故子孫貧悴雖遇赦不能自還凡在封境者鈞減俸錢爲營槥櫝其家疾病死喪則爲之毉藥殯斂孤兒稚女爲之婚嫁凡數百家李皐貶溫州長史無幾攝行州事歲儉州有官粟數十萬斛欲行賑救掾吏叩頭乞候上旨皐曰夫人一日不再食當死安暇禀命若殺我一身活數千命利莫大焉於是開倉盡散之以擅貸之罪飛章自劾天子聞而嘉之荅以優詔

崔氏家傳座右銘曰無論人之短無道巳之長施人慎勿

念受施慎勿忘隱心而後動謗議庸何傷虛譽不足慕古
誠不可抗
家語曰子游問於孔子曰夫子亟言子產之惠也可得聞乎孔子曰夫子產者猶衆人之母也能食之不能教以其乘車濟冬涉者盡愛而無教也
又曰孔子曰好學則智恤孤則惠恭則近禮勤則有繼
尚書大傳曰老而無妻謂之鰥老而無夫謂之寡幼而無父謂之孤老而無子謂之獨行而無資謂之乏居而無食謂之困此皆天民之至悲哀而無告者故聖人在上君子在位能者任職必先施此無使失職
戰國策曰襄王立田單相之過淄有老人涉淄而寒出不能行坐涉中田單見其寒也解裘而衣之王乃賜田單牛酒召單而揖於庭勞之乃布令求百姓之飢寒者收穀之乃使人聽於閭里聞大夫相與語曰單之愛人乃王之教也
江表傳曰全琮罷東安郡還錢唐脩祭墳墓麾幢節蓋曜於舊里請會邑人平生知舊宗族六親施散惠與千有餘萬本土以爲榮
司馬徽字德操人有臨蠶求簇者徽便與之自弃其蠶或有難之者曰凡人有損已以贍人謂彼事急已事緩耳今彼此正等何爲急之　以與人邪徽曰人不當求耳人已求拒之將慙何有以財貨令人慙者也
董卓別傳曰太常張奐將師北征表卓爲軍司馬從軍行卓手斬購募羌酋拜五官中郎賜縑九十疋卓歎曰爲者則已有者則士悉以縑分與兵吏
葛洪神仙傳曰焦先日日入山伐薪以布施從西村頭一

家起周而復始
秦書曰尚書令苻雅爲人樂施乞人塡門嘗曰天下物何常吾今日富後日貧耳忽一日不施則意不泰時人爲之語曰不爲權異富寧作苻雅貧
賈誼新書曰楚昭王當房而立愀然有寒色是日也出府之裘以衣寒者出倉之粟以賑飢者二年吳襲郢當房賜者請還戰死闔閭曰昔吾徒當房之德也
三輔決録曰摯茂字子華以茂才爲郡去治財致大富悉散以分宗人先從貧始以壽終
虞預會稽典録曰駱俊字遠孝靈皇帝擢拜陳相汝南葛陂盜賊並起與接境四面受敵俊整厲吏人爲之保鄣出倉見穀以贍貧乏
劉邵人物志曰中材之人財隨損益是故籍富貴則貨財充於內施惠周於外見贍者求可稱而譽之見援者闡小美而大之雖無異材猶行成而名立也
英雄記曰王匡字公節泰山人輕財好施以任俠聞辟大將軍何進府使匡於徐州發強弩五百詣京師會進敗匡還鄉里
劉義慶世說曰顧榮在洛嘗應人請覺行炙人有欲炙之色因輟已施焉後遭亂渡江每經危急常有一小人左右問其故乃受炙人也
顏延之庭誥曰善施者豈唯發自人心乃出天財
裴啓語林曰大將軍王敦尚武帝女此主特所重愛遣送十倍諸主主既亡人就王乞始猶分物與之後乞者多遂指庫屋間數以施
孔叢子曰衛公子友饋馬四乘於子思爲賓主之饗焉子

思曰伋寄命以來度身以服衛之衣量腹以食衛之粟且又朝夕受酒脯及祭膰之賜衣食已優意氣已足以無行志未敢當車馬既禮雖有爵賜人不踰父兄今重違公子之盛指則有陷禮之愆焉若何公子曰友已言於君矣

又曰季桓子以粟千鍾餼夫子夫子受之而不辭既而以班門人之無者子貢進曰季孫以夫子貧故致粟夫子受之而以施人無乃非季孫之意乎子曰受人財不以成富與季孫之惠於一人豈若惠數百之人哉

列子曰衛端木叔者子貢之世父也藉其先貲家累萬金奉養之餘先散之宗族次散之邑里乃散一國行年六十氣幹衰棄其家事都散其庫藏珎寶車服妾媵一年之中盡焉及其病也無藥石之儲及其死也無理葬之資一國之人受其施者相與賦而藏之及其子孫之財焉金屈釐聞之曰端木叔狂人也辱其祖矣段干生聞之曰端木叔達人也德過其祖矣

莊子曰青青之麥生於陵陂生不布施死何含珠為

孟子曰子產聽鄭國之政以其乘輿濟人於溱洧

孟子曰惠而不知為政歲十一月徒杠成十二月輿梁成民未病涉

韓子曰吳起為魏將而攻中山軍人有病疽者吳起跪而自吮其膿傷者母立而泣人曰將軍於若子如是何為泣對曰昔吳子吮其父傷而殺之涇水之上今又將安知不殺是乎

呂氏春秋曰秦繆公乘馬車敗右服失公自往求馬見野人方將食之於岐山之陽繆公笑曰食馬肉而不飲酒余恐其傷生也遍飲而去居一年為韓原之戰晉人以環繆公之車矣嘗食馬肉者三百餘人疾鬬車下遂大尅晉反獲晉公以歸

呂覽曰魯國之法魯人為人臣妾於諸侯有能贖之者取其金於府子貢贖魯人於諸侯來辭不受其金孔子曰賜失之矣自今以往魯人不贖人也

淮南子曰為魚德者非挈而入淵也為猨賜者非負於緣木也縱其所之利之而已矣

太平御覽卷第四百七十七

太平御覽卷第四百七十八

人事部一百一十九

贈遺

毛詩曰雞鳴刺不說德也知子之來之雜佩以贈之知子之順之雜佩以問之

又曰唯士與女伊其相謔贈之以芍藥

又曰渭陽康公念母也康公之母晉獻公之女文公遭驪姬之難未返而秦姬卒穆公納文公康公時爲太子贈送文公於渭之陽念母之不見也我見舅氏如母存焉我送舅氏曰至渭陽（渭水名秦時都雍至渭陽者蓋東行送舅氏於咸陽之地）何以贈之路車乘黄我送舅氏悠悠我思何以贈之瓊瑰玉佩

禮記曰孔子之衛遇舊館人之喪入而哭之哀出使子貢脫驂而賻之子貢曰無乃已重乎夫子曰余鄉者入而哭之遇於一哀而出涕余惡夫涕之無從也小子行之

左傳曰鄢陵之戰郤至三遇楚子之卒必下免胄而趨風楚子使工尹襄問之以弓曰方事之殷有韎韋之跗注君子也適見不穀而趨無乃傷乎郤至見客免胄承命

又曰越圍吳趙孟使楚隆使於吳王曰黄池之役君之先臣志父得承齊盟曰好惡同之今君在難無恤不敢憚勞非晉國之所能及也使陪臣敢展布之王拜稽首曰寡人不佞不能事越以爲大夫憂拜命之厚與之一簞珠

又曰吳公子札聘於鄭見子產如舊相識與之縞帶（縞帶大帶也）子產獻紵衣焉（紵衣衣）謂子產曰鄭之執政侈難將至矣政必及子子爲政愼之以禮不然鄭國將敗

又曰叔鮒欲求貨於衛淫芻蕘者（淫放也使欲衛患之而致貨焉）衛人使屠伯饋叔向羹與一篋錦（屠伯衛大夫）曰諸侯事晉未敢攜貳況衛在君之宇下（屋中之下謂近）而敢有異志芻蕘者異於他日敢請之（請止之意）叔向受羹反錦（受羹示不逆其意且非貨賂也）

論語鄉黨曰康子饋藥拜而受之曰丘未達不敢嘗（饋遺也拜受敬也曰丘未達言不服之意藥從中制外故當慎也）

又微子曰齊人饋女樂季桓子受之三日不朝孔子行

漢書曰文帝賜趙佗書上褚五十衣中褚三十衣遺王（上褚下褚謂之多少厚薄袷複之名）

范曄後漢書曰李恂徵拜謁者領西域副校尉西域殷富多珍寶諸國侍子及督使賈胡數遺恂奴婢宛馬金銀香罽之屬一無所受

東觀漢記曰陳遵爲大司農護軍嘗使匈奴過辭於王丹臨決丹謂遵曰俱遭時反覆唯我二人爲天地所遺今子當之絶域無以相贈贈子以不拜送揖而別遵甚悅

後列曰王丹字仲回資性清白少脩節義時京師大豪陳遵朋友喪親遵爲護喪事賻縑數百疋丹懷縑一疋至喪主前出縑授之謂曰如丹是縑出自機杼遵有慚色

閔仲叔太原人好黄老清志潔行不仕王莽之世恬靜養神弗役於物與周黨相友黨過叔舍共含菽飲水無菜茹黨嘗遺其生麻叔歎曰我欲省煩耳受而不食

後列曰光祿勳杜林與馬援鄉里親厚援南方還時林馬適死援遣子將馬一疋遺林曰朋友有車馬之饋可以備之君數月林還之

後漢書曰或問第五倫曰公有私乎對曰昔人有與吾千里馬者雖不受每三公有所選舉心不能忘而亦終不用也吾兄子嘗病一夜十往退而安寢吾子有病雖不省視而竟夕不眠若是者豈謂無私乎

又曰張奐少立志節常與士友言曰大丈夫處世當為國家立功邊境及為將帥果有勳名董卓慕之使其兄遺縑百疋奐惡卓為人絶而不受

吳志曰太史慈字子義曹公聞其名遺慈書以篋封之發省無所道而但貯當歸

蜀志曰宗預東聘吳孫權捉預手涕泣而別曰君每銜命結二國之好今君年長孤亦衰老恐不復相見遺預大珠一斛

宋書曰王弘之徵為通直散騎常侍不就從兄敬弘常解貂裘與之即着以採藥

又曰王弘之隱居性好釣日夕載魚入徃上虞郭經親故門各以一兩頭置門内而去

又曰陶潛傳顔延之為始安郡經過日日造潛每往必酣飲致醉臨去留二萬錢與潛潛悉送酒家稍就取酒飲

宋書曰郭原平高陽許謠之居在永興罷建安郡丞還家以綿一斤遺原平不受送而復反者前後數十瑶之乃自往曰今歲過寒而建安綿好以此奉尊上耳原平乃拜而受之

齊書庾易徵辟不就以文義自樂安西長史袁彖欽其風通書致遺易以連理机竹翹書格報之

又曰張融字思光吳郡吳人也祖禕晉琅邪王國郎中令父暢宋會稽太守融年弱冠道士同郡陸脩靜以白鷺羽尾扇遺融曰此既異物以奉異人

又曰何點隱居不仕豫章王命駕造門點從後門逃去竟陵王子良聞之曰豫章王尚不屈非吾所議遺點嵇叔夜酒杯徐景山酒鎗以通意

范亨燕書曰高祖少有大度雄畧傑出晉安北將軍張華鎮薊捴御諸部高祖童冠往見華甚異之謂高祖曰君必為命時之器匡時濟難者也脱所着幘簪以遺高祖結殷勤而别

崔鴻後燕録曰王猛伐洛陽將發謂慕容垂曰吾將遂清東夏或為東山之别見物思人卿將何以為信垂以佩刀遺之

崔鴻前秦録曰慕容冲進逼長安苻堅遣使送錦袍一遺冲使者稱有詔古人兵交使在其間卿遠來草創得無勞乎今送一袍以明本懷朕於卿恩分如何而於一朝忽為此變

後魏書曰西域嚈噠波斯諸國各因公使並遺任城王澄駿馬一疋請付太僕以充國閑詔曰王廉貞之行有過楚相可敕付廐以成君子大哉之美

陳書賀德基少遊學於京邑積年不歸衣資罄乏又恥衣服故弊盛冬止衣裌襦袴嘗於白馬寺前逢一婦人容服甚盛呼德基入寺門脱白綸巾以贈之仍謂德基曰君方為重器不久貧寒故以此相遺耳德基問嫗姓名不荅而去

唐書陸贄以博學宏詞登科授華州鄭縣尉罷秩東歸省母路由壽州刺史張鎰有時名贄往謁之鎰初不甚知留三日再見與語遂大稱賞請結忘年之契及辭遺贄錢百萬曰願備太夫人一日之膳贄不納唯受新茶一串而已曰敢不承君厚意

又曰陸贄丁母憂東歸洛陽寓居嵩山豐樂寺藩鎮賻贈乃别陳餉遺一無所取與韋皐布衣時相善唯西川致遺

奏而受之

家語曰子路將行辭於孔子子曰贈汝以車乎贈汝以言乎對曰請以言孔子曰不彊不達不勞無功不忠無親不信無復不恭失禮慎此五者而已矣子路曰由請終身奉之

戰國策曰蘇秦說李兌抵掌而談李兌送蘇秦以明月之珠和氏之璧黑貂之裘黄金百鎰蘇秦得以爲用西入於秦

又曰張儀爲秦破從連横說楚王遣車百乘獻駭鷄之犀夜光之璧於秦王

梁祚魏國統曰初太祖過故人吕伯奢也遂行日暮道逢二人容貌威武太祖避之路二人笑曰觀君有奔懼之色何也太祖始覺其異乃悉告之臨别太祖解佩刀與之曰以此表吾丹心願二賢慎勿言

劉向說苑曰田子方使人遺子思狐白之裘恐其不受因謂之曰吾與人也如弃之子思辭曰伋聞妄與不如遺弃於溝壑伋雖貧不忍以身爲溝壑也

說苑曰孔子之楚有漁者獻魚孔子不受獻漁者曰天暑市遠賣之不售思慮欲弃之不若獻之君子孔子再拜受謂弟子曰掃除將祭之弟子曰夫人將弃之今夫子將祭之何也孔子曰吾聞之務施而不腐餘財者聖人也今受聖人之賜可無祭乎

劉向列仙傳曰安期先生者時人皆言千歲公秦始皇請與語三日三夜賜金璧數千萬出於阜鄉亭皆置去留書以赤玉舄一量爲報曰後千歲求我於蓬萊山下

費禕别傳曰孫權以手中嘗所執寳刀贈禕荅曰臣不才何以堪明令然刀所以討不庭禁暴亂者也但願大王勉建功業同奬漢室臣雖闇弱不負采顧

蜀王本紀曰蜀王獵於褒谷見秦王秦王以金一笥遺蜀王蜀王報以禮物盡化爲土秦王大怒臣下拜賀曰土者地也

葛洪西京雜記曰朱買臣爲會稽太守懷章綬至金亭而國人未知也所知錢勃見其暴露乃勞之曰得無罷乎遺以紈扇買臣至郡引爲上客

雜記曰公孫弘爲國士所推上爲賢良國人鄒長贈以生芻一束素絲一襚撲王一枚

孟儀周載曰悼公時晉智伯爲政强暴好侵伐欲誅衛乃遺衛君野馬四白璧一以結好

韓子曰仲尼爲政於魯齊景公患之黎鉏謂景公遺哀公女樂景公曰善乃以女樂二八遺哀公哀公果怠於政仲尼諫不聽去而之齊

又曰晉獻公欲伐虞虢乃遺之屈産之乘垂棘之璧女樂二八以榮其心而亂其政

孔叢子曰子思居貧其友有饋之粟者受二車焉或獻罇酒束脩子思弗爲當或曰子取人粟而辭吾酒是辭少取多也子思曰伋不幸而貧於財至乃困乏將絶先人祀夫所以受粟爲周乏也酒脯則飲讌方乏於食而乃飲讌非義也吾豈以爲介哉

又曰孔子使宰予於楚楚昭王以安車象飾因宰予遺孔子焉宰予曰夫子無以此爲也臣竊見其行不離道動不違仁貴義尚德清素好儉仕而有禄不以爲費不合則去退無慊心妻不服綵妾不衣帛車器不彫馬不食粟道行則樂其治不行則樂其身臣知夫子之不用此車也

古詩曰客從遠方來贈我一端綺文作雙鴛鴦裁爲合歡被

謝惠連詩曰客從遠方來贈我鶴文綾裁爲親身服著以便寢興

古詩曰客從遠方來贈我一端綺相去萬餘里故人心尚尒

張衡四愁詩曰美人贈我金錯刀何以報之英瓊瑤

又云美人贈我翠琅玕何以報之雙玉盤

又云美人贈我錦繡段何以報之青玉案

又云美人贈我貂襜褕何以報之明月珠

傅云四愁詩曰美人贈我明月珠何以報之比目魚

又云美人贈我蘇合香何以要之翠鴛鴦

張載擬四愁詩曰美人遺我綠綺琴何以贈之雙南金

琴操曰許由無有杯器手掬水人見由無器以瓢瓢遺之由操飲飲訖掛以樹枝風吹樹動有歷歷聲由以爲煩擾取損之

楚辭曰折疏麻兮瑤華（疏麻神麻瑤玉華也）將以遺兮離居（離居隱者也）

皇甫規與劉司空牋曰明公至德佐國憂世雖贈兩梁冠及鮐魚一雙服厚尊貺榮施其弘

班固集曰竇憲餉身所服物虎頭繡盤囊一雙又遺身所服襪三具錯鏤鐵一

魏武帝與楊彪書曰今贈足下青氈床褥三具

慕容晃與顧和書曰今致繡鞋一緉

張敞集敞答朱登書曰登爲東海相遺敞餦餭敞答曰蘧伯玉受孔子之賜必以及其鄉人敞謹分斯貺于三老尊行者曷敢獨享之

太平御覽卷第四百七十八

太平御覽卷第四百七十九

人事部一百二十

報恩

毛詩曰投我以木瓜報之以瓊琚匪報也永以爲好也

又曰無言不讎無德不報

左傳曰靈公將殺趙盾伏甲而饗之初宣子田於首山舍翳桑見靈輒餓問其病曰不食三日矣食之既而爲公介倒戟以御公徒而免之問何故曰翳桑之餓人也

又曰晉大夫魏武子有寵妾無子武子疾命其子顆曰我死必嫁之及其疾困曰以殉武子卒顆嫁之曰疾困則亂吾從其治也其後及秦戰於輔氏大敗秦師獲杜回方戰見一老父結草以抗杜回（之杜回秦力士）杜回躓而顛故獲之夜夢一老人謂已曰予汝嫁妾之父也尔用先人治命故以是報

戰國策曰中山君饗都大夫司馬子期在焉羊羹不徧子期怒而走於楚說楚以伐中山中山君亡走有二人挈戈隨其後者君顧二子奚爲對曰臣父嘗餓且死君下壺飡餔臣父且死言曰中山有事汝必死之故來死爲君也中山君慨然曰吾以一杯羹亡國以一壺飡得二人

史記曰王稽載范睢入秦爲相睢乃入言之王曰非王稽之忠莫能内臣於函谷關非大王之賢聖莫能貴臣今臣官至於相爵在列侯王稽之官尚止於謁者非所以内臣之意也王召稽拜以爲河東太守

又曰袁盎自爲吳相時有從吏嘗盜盎侍兒（文穎云婢）盎知之不泄遇之如初人有告從吏言君知尔與侍者通乃亡歸盎自追還遂以侍者賜之及袁盎使吳見守從吏適爲守盎校尉司馬乃悉以其齎裝置二石醇醪會天寒士卒飢渴飲酒醉西南陬卒皆卧司馬夜引袁盎起曰君可以去矣吳王期旦日斬君盎不信曰公何爲者司馬曰臣故爲從吏盜君侍兒者盎乃驚謝之而去

又曰蘇秦既貴乃遍報諸所嘗見德者其從者有一人獨未得報乃前自言蘇秦曰我非忘子子之至燕再三欲去我易水上方是時我困故望子深是以後子子今亦得矣

又曰項王使召韓信信謝曰臣事項王官不過郎中位不過執戟言不聽畫不用故去而歸漢漢王授我上將軍印與我數萬衆解衣衣我推食食我言聽計用故吾得以至於此夫人深親信我我背之不祥雖死不易

漢書曰高祖爲亭長送徒咸陽諸吏皆送錢三百蕭何獨以五百上定天下益何封二千户以荅其二

又曰欒布彭越嘗與遊窮困賣傭爲酒家保彭越贖布爲梁大夫使于齊未反漢召彭越責以反夷三族梟首雒陽下詔有收視者輙捕之布還奏事彭頭下祠而哭之

又曰高祖奪韓信齊轉爲楚王都下邳信至國召所從食漂母賜千金及其下鄉亭長錢百曰公小人爲德不竟（史記云爲惠不終也）

又曰張蒼陽武人有罪當斬（解衣）伏鑕身長大肥白如瓠時王陵見而恠其美士乃言沛公赦勿斬以爲常山相蒼德王陵及貴父事陵陵死蒼爲丞相洗沐常先朝陵夫人上食然後敢歸

前列曰蓋寬饒左遷爲衛司馬未出殿門斷其單衣令短離地冠大冠帶長劒躬按行士卒廬室視飲食居處有疾病者身自臨問加致醫藥遇之甚有恩及歲交代上臨饗

罷衛卒數十人皆叩頭自請復留更一年以報寬饒厚德宣帝嘉之拜寬饒爲太中大夫

又曰朱買臣爲會稽太守悉召見故人與飲食諸嘗有恩者皆報復焉

又曰宣帝在長安獄中邴吉保護養視上知吉有舊恩而終不言時賢之詔曰御史大夫與朕有舊恩厥德茂焉詩不云乎無德不報其封吉爲博陽侯食邑千三百户

又曰陳平既貴寵封侯乃詔高祖曰臣不因魏無知無以得見陛下請分報

又曰張賀幸於衛太子太子敗賀下蠶室後爲掖庭令而宣帝收養掖庭賀拊循恩甚密及宣帝即位而賀已死上追思德賀一子早死子孺小男彭祖指欲封之先賜爵關内侯

東觀漢記曰建武二十六年上延集内戚讌會諸夫人各前言爲趙喜所濟活帝甚嘉之後徵喜入爲太僕引見謂曰卿非但爲英雄所保也婦人亦懷卿之恩厚加賞賜

袁宏後漢書曰鄭弘字巨君少事博士焦貺貺門徒數百人當舉明經其妻勸貺曰鄭生有卿相才應此舉者也從父楚王英之謀反逾誣天下知名者貺以楚徵疾病道死妻子閉詔獄考掠連年諸生故人皆易姓名以避其禍弘獨髡首負鑕爲貺訟罪明帝感悟乃免貺家屬

魏志曰太祖平幽州召孫禮爲司空軍謀掾初荒亂時禮與母相失同郡馬台求得禮母禮推家財盡以與台

又曰楊沛字孔渠爲新鄭長課民益蓄桑椹豍豆積漫得千餘斛後爲鄴令賜其生口十人絹百疋

又曰曹真字子丹沛郡人本姓秦養曹氏或云其父伯南宿與太祖善興平末袁術部黨與太祖相攻劫太祖出爲寇所追走入秦氏伯南開門受寇問所在荅云我是寇遂害之由此太祖思其功遂變其姓

又曰郭援捕得賈逵逵不肯拜謂援曰王府君臨郡積年不知足下曷爲者也援曰捉斬之諸將覆護乃囚之閉著土窖中以車輪蓋上使人圍守方且殺之逵從窖中謂守者此間無健兒也而當使義士死時祝公道與逵非故而適聞其言憐其守正乃夜盜引出折械遣去不語其姓名援破後逵知前出已者是祝公道河南人後坐它事當伏法逵救不能解爲之改服

吳録曰孫權既斬黄祖作二函欲以盛祖及都督蘇飛首甘寧之在祖軍也獨飛厚之寧爲請叩頭流血主曰爲君置之若走如何對曰飛受更生之恩豈圖去若有萬一寧頭當代入函也乃舍之

蜀志曰法正爲蜀郡太守楊武將軍外統都督内爲謀主一飡之德睚眦之怨無不報復或謂諸葛亮曰法蜀郡太縱横將軍宜啓主公抑其威福亮荅曰主公之在公安也北畏曹操之强東憚孫權之逼近則懼孫夫人生變於肘腋之下當斯之時進退狼跋法孝直爲之傅翼令翻翥不可復制如何禁法使不得行其意耶

晉書顧榮與同寮宴飲見執炙者皃狀不凡有欲炙之色榮割炙啗之坐者問其故榮曰豈有終日執之而不知其味及倫敗榮被執將誅而執炙者爲督救免之

于寶晉紀曰王濬在巴郡兵民苦役生男多不舉濬乃嚴其殺子之防而厚卹之所育者數千人於此能稱兵矣父母戒之曰王府君生尓必勉之無愛死

宋書王鎮惡嘗寄食澠池人李方家善遇之謂方曰若遭遇英雄主要取萬户侯當厚相報方荅曰君丞相孫人才如此何患不富貴

陳書曰陰鏗釋褐梁湘東王法曹叅軍天寒鏗嘗預賓友宴飲見行觴者因廻酒炙以授之衆坐皆笑鏗曰吾儕終日酣飲而執爵者不知其味非人情也及侯景之亂鏗嘗爲賊所擒或救之獲免鏗問其故乃前所行觴者

唐書曰李晟嘗有恩者厚報之初譚元澄爲嵐州刺史有恩於晟後坐貶於岳州比晟貴上䟽理之詔贈元澄寧州刺史元澄三子晟撫待勤至皆爲成就官學人皆義之

吴越春秋曰吴師入郢引軍擊鄭定公前既殺楚太子建而困子胥故怨鄭兵將入境定公大懼乃令於鄭邦中曰有能還吴軍者吾與之分邦而治漁者子聞而進之曰

臣能還之不用兵戈升粮得一橈行歌道中即還矣定公大悦乃與一橈子胥軍將至漁者子當路叩橈行歌辭曰蘆中人蘆中人子胥聞之大驚曰何等人者即請與語曰吾是漁者子吾國君怖懼令於國中有能還吴軍吾與之分國而治臣念先人與君相遭於途今從君乞鄭之罪也子胥曰吾蒙子先人之恩自致於此上天蒼蒼豈敢忘子之功乎於是乃釋鄭不伐

又曰伍子胥伐楚還溧陽瀨水之上長嘆曰吾嘗飢於此乞食而殺一婦人將欲報之金不知其家遂投金瀨水之中而去有頃一嫗行哭而來問曰嫗何哭之悲也嫗曰吾有女守吾年三十不嫁往年擊漂於此遇人窮餒之而恐泄事自投於瀨水中而死今聞伍君來不得其家自傷空而無爲報者故行哭之悲也人曰子胥欲報嫗以百金不知嫗所在投金水中而去嫗乃取金以歸也

劉向説苑曰吴赤布使於智氏假道於衛甯文子具紵絺三百製送之將歸吴智伯命造舟爲梁赤布曰吾聞天子濟於水造舟爲梁諸侯方舟大夫維舟臣之職也且敬大其必有故使人視之則用兵在後赤布曰衛假吾道而厚贈我我見難不告是與爲謀也稱疾而留使人告衛衛人警戒智伯乃止

又曰楚莊王賜群臣酒日暮燈燭滅有引妾衣者妾得其冠纓持之趍火來上視絶纓者王曰賜人酒使醉失禮柰何欲顯婦人節而辱士乎乃令曰夜飲不絶纓者不歡群臣百餘人皆絶纓乃大醉盡忻居二十年晉與楚戰有一臣常在前五合五獲甲首却敵卒勝恠而問之對曰臣當死往醉失禮王隱不誅也終不敢以陰蔽之德而不顯報常願肝膽塗地用頸血湔敵人矣臣乃絶纓者也遂乎晉軍

楚得以強

又曰陽虎得罪於衛北見簡子曰自今以來不復樹人矣簡子曰唯賢者爲能報恩不肖者不能夫春樹桃李者夏得休息秋得食焉樹蒺藜者夏不得休息秋得其刺焉今所樹者蒺藜也

異苑曰景平中東陽大水永康人蔡嘉夫避住南壟夜有大鼠形如浮水而來徑伏嘉夫床角奴愍而不犯每食輙以餘飰與之水勢退嘉夫得反居鼠以前脚捧青紙裹三斤許珠着奴前啾啾狀如欲語從此去來不絶也

又曰始興楊山縣人行田忽遇一象以鼻卷之遥入深山見一象脚有巨刺此人牽挽得出病者即起相與蹋陸狀若懽喜前象復載就一汙濕地以鼻掘出數枝長牙送還

本處彼境苗稷常爲象所困其象俗呼大客因語云我田稼在此恒爲大客所犯若念我者勿見侵便覺躑躅如相訓解於是一家業絶無其患

三秦記曰白鹿原人釣魚於原綸絶而去夢於漢武求去其鈎明日戲於池見大白魚銜索帝曰豈非昨所夢耶而去之間三日帝復遊池濱得明珠一雙武帝曰豈非昔魚之報

桓冲之述異記曰陳留周氏婢名興進入山取樵夢見一女語之曰近在汝頭前目中有刺煩爲拔之當有厚報婢見一朽棺頭穿壞髑髏墮地草生目中便爲拔草内着棺中以甓塞穿即於髑髏處得一雙金指環

吳均續齊諧記曰弘農楊寶見一黄雀爲鴟梟所摶取之以歸置巾箱中養之百餘日毛羽成朝去暮還後寶夕讀書未卧有黄衣童子向寶再拜曰我王母使臣昔使蓬萊不愼爲鴟梟所摶蒙君仁愛救拯今當受使南海不得奉侍以白環四枚與寶令君子孫潔白且位登三事當如此環矣

東陽元凝齊諧記曰富陽董昭之嘗乘舡過錢塘江中央見有一蟻着一短蘆甚迫遽昭之曰此畏死也便以繩繫此蘆着舡頭蟻緣繩出中夜夢一人烏衣從百許人來謝云僕不愼墮江慙君濟活僕是蟻中王君若急難之日當見告後昭遇事繫獄蟻穴獄昭遂得脱

盛弘之荆州記曰隨侯曾得大蛇不殺而遣之蛇後銜明月珠以報隨侯一名隨侯珠

孔靈符會稽記曰射的山南有白鶴山此鶴爲仙人取箭漢太尉鄭弘嘗採薪得一遺箭頃有人覓弘還之問何所欲弘曰常患若耶溪載薪爲難願旦南風夕北風後果然

劉義慶幽明録曰項縣人姚牛年十餘歲父爲鄉人所殺牛手刃之於衆中吏捕得官長深矜孝節爲推遷其事會赦得免令後出獵逐鹿入草中有古深穽數處馬將趣之忽見一公舉杖擊馬馬驚避不得及鹿令怒引弓將射之公曰此中有穽恐君墮耳令曰汝爲何人翁跪曰姚牛父也感君活牛故來謝恩遂滅不見

又曰符堅時有射師經嵩山望見松上有一雙白鳥似鵠而大至樹下又見一蛇長五丈許上樹取鳥鳥欲飛蛇張口翕之鳥不去繽紛一飡頃射師彀弩射三矢蛇落鳥得去樹百餘步山邊整理毛羽須臾雲雷發射師懾不得旋踵見向鳥徘徊其上毛落紛紛似如相援如此數陣雲息雷滅射師得免鳥亦高飛

三輔決録曰高陵龐智伯名勃爲郡小吏東平衡農字剽爲書生窮乏客鍛於勃家勃知其賢禮待顧眷常去送十里過舅家復貸錢贈之農受曰爲馮翊乃相報別七八年果爲馮翊勃爲門下書佐忘之矣農召問乃辟舉孝廉爲尚書郎左右丞魏郡太守河内太守

又曰趙岐避難於四方江海岱霍無所不到自匿姓名布衣巾絮賣餅北海市安丘孫嵩年二十餘遊市見趙歸微察知非常人駐車呼與共載曰我北海孫賓碩終不相負岐聞嵩即以實告遂與俱歸嵩先入白母曰今日出得死友在外岐即匿嵩家積年乃出後説劉表時北海孫嵩流離在劉表末座不爲表所識岐遥識之　表説嵩表甚重之同共表嵩爲青州刺史

于寶搜神記曰噲參寓居河内虔恭父母忽有單鶴趣之

猕撫視箭創甚重於是以膏藥摩之月餘漸愈放而飛去數十日間夜鶴雌雄二頭各銜一珠吐之而去

搜神記曰羊公雍伯本以儈賣爲業性篤孝父母終葬南山遂家焉山高無水公汲水作義漿於坂頭行者皆飲之三年有一人就飲以一外石子與之使至高平好地有石處種之得五雙白璧名玉田玉田起於此也

續搜神記曰晉咸康中豫州刺史毛寶戍邾城有一軍人於武昌市見人賣一白龜子長四五寸色白可愛其人買取持歸着瓮中養之日漸大近及尺許其人憐之持至江邊放於水中視其遊去後邾城遭石虎敗毛豫州既赴江莫不沉溺所養龜人于時被鎧持刀亦同自投入水中覺如墮一石上水裁至腰須臾浮去中流視之乃是先養白龜甲已長六七尺既送至東岸出頭視之徐游而去中江猶

顧者數四焉

陳壽益部耆舊傳曰王忳嘗詣京師於空舍中有一書生病困愍而視之書生謂忳曰我當到洛陽而病署下有金十斤願以相贈死後乞藏骸骨未及問姓名而絕忳即鬻金營葬餘金悉置棺下後數年縣署大度亭長初到日有馬馳入亭而止其日大風飄一繡被復墮忳前

張氏家傳曰禧字彥祥除劾載令嘗有鸛負矢集禧庭以甘草湯洗之傅藥留養十餘日瘡愈飛去月餘銜赤玉珠二枚置禧廳事

晏子春秋曰北郭騷見晏子曰竊說先生之義願乞以養母晏子使人分粟府金以遺之辭金受粟有間晏子見疑景公乃出奔北郭子曰養及親者身更其難遂告公庭曰晏子天下之賢也去齊齊國必侵不若先死乃自殺公自追及郊而反晏子曰士以身明人若哉

呂氏春秋曰秦繆公敗失右服馬公自往求見野人方食之於岐山之陽繆公笑曰食駿肉不飲酒余恐傷汝也遍飲而去居一年爲韓原之戰晉人已環繆公之車晉梁由靡已扣繆公驂食馬肉三百餘人疾鬬車下遂大克晉反獲晉惠公以歸

又曰趙簡子有兩白騾甚愛之陽城胥渠處（陽城姓胥渠名處猶病也）廣門之官夜欵門而謁曰主君之臣胥渠有疾醫教曰得白騾之肝則止不得則死請入通董安于御於側簡子曰殺白騾取其肝以予陽城胥渠無幾何趙興兵而攻翟廣之門官七百人皆先登而獲甲首

太平御覽卷第四百七十九

太平御覽卷第四百八十

人事部一百二十一

盟誓

說文曰誓約束也

尚書甘誓曰大戰于甘乃召六卿王曰嗟六事之人予誓告汝有扈氏威侮五行怠棄三正天用勦絶其命今予惟龔行天之罰左弗攻于左汝弗龔命左軍左之主射攻治之其職也右弗攻于右汝弗龔命御非其馬之正汝弗龔命三者有失皆不奉我命也用命賞于祖弗用命戮于社天子親又載社主謂之社土不用命則戮于社也予則孥戮汝

又泰誓言王乃徇師而誓曰嗚呼西土有衆咸聽朕言予有亂臣十人同心同德雖有周親不如仁人

周禮司盟曰掌盟載之法載盟辭也九邦有疑會同則掌其盟約之載及其禮儀北面詔明神旣盟則貳之貳之者寫副當之授六官之也盟萬民之犯命者詛其不信者亦如之

左傳曰陳五父如鄭涖盟歃如忘洩伯曰五父必不免不賴盟矣

又曰莊公許孟任以爲夫人割臂以盟

又曰子犯以璧授公子曰臣負羈紲從君巡於天下臣之罪多矣請由此亡公子曰所不與舅氏同心者有如白水子犯重耳舅氏言與舅氏同心之盟如此白水也投其璧於河

又曰王子虎盟諸侯于王庭要言曰皆奬王室無相害也有渝此盟明神殛之俾墜其師無克祚國

又曰甯武子與衛人盟于宛濮曰天禍衛國君臣不協以及此憂今天誘其衷使皆降心以相從也不有居者誰守社稷不有行者誰扞牧圉有渝此盟以相及者明神先君是糾是殛國人聞此盟也而後不貳

又曰楚師將去宋申犀稽首於王之馬前曰無畏知死而不敢廢王命王棄言焉王不能荅申叔僕曰築室反耕者宋必命從人宋之懼使華元夜入楚師登子反之牀而起之曰寡君使元以病告曰獘邑易子而食析骸以爨雖然城下之盟有以國斃不能從也去我三十里唯命是聽子反懼與之盟而告王退三十里宋及楚平華元爲質盟曰我無爾詐爾無我虞楚不詐宋宋不備楚也

又曰晉士燮會楚公子罷許偃盟于宋西門之外曰凡晉楚無相加戎好惡同之同恤災危備救凶患交贄往來道路無壅謀其不協而討不庭也

又曰秋七月盟于亳范宣子曰不愼必失諸侯乃盟載曰

凡我同盟無蘊年蘊積年穀而不分定無壅利無姦保藏罪人也無留慝救災患恤禍亂同好惡奬王室也

又曰鄭大夫盟于伯有氏裨諶曰是盟也其與幾何言其不能久也裨諶鄭大夫也詩曰君子屢盟亂是用長

又曰小邾射以句繹來奔曰使季路要我吾無盟矣以子路信誠故得與相要誓而不須盟也子路即季路使子路子路辭季康子使冉有謂之曰千乘之國不信其盟而信子之言子何辱焉

公羊傳曰莊公會齊侯盟于柯曹子進曰君之意何如莊公曰寡人之生則不若死曹子曰然則君請當其君臣請當其臣莊公曰諾於是會桓公莊公外壇曹子手劒而從之管子進曰君何求曹子曰城壞壓境齊數侵取魯邑以偪近魯君不圖歟願請汶陽之田管仲顧曰君其許諾桓公曰諾巳盟曹子摽劒而去之要盟可犯而桓公不欺曹氏可讎而桓

公不怨桓公之信著乎天下自柯之盟始也
穀梁傳僖公曰葵丘之盟陳牲而不殺讀書加於牲上曰毋權水毋訖糴毋以妾爲妻使婦人與國事
又成公曰溴梁之會諸侯失政諸侯會而曰大夫盟政在大夫也諸侯在而不曰諸侯之大夫大夫不臣也
三禮圖曰方盟木方四尺設六色東青西白南赤北黑上玄下黄設六玉上圭下璧南方璋西方琥北方璜東方圭方盟者上下四方之神明天之司盟
史記曰吳起東出衛郭門與其母別齧指而盟起不爲卿相不復入衛也
又曰秦之圍邯鄲趙使平原君求救於楚門下有毛遂者前自贊於平原君曰遂願備員而行平原君曰夫賢士之處世也若錐處囊中其末立見今先生處勝之門下三年於此矣左右未有所稱遂曰臣乃今日請處囊中尔使早處囊必穎脫而出非特其末見而已平原君與楚合從言其利害日出而言日中不決遂按劒而前曰從之利害兩言而決耳今日出而言日中不決何也楚王叱曰胡不下遂按劒而前曰今十步之中王不得恃楚國之衆王之命懸於遂今楚地五千里持戟百萬此霸王資白起小豎子耳率數百萬之衆一戰而舉鄢郢再戰而燒夷陵三戰而辱王之先人此百世之怨也楚王曰謹奉社稷以從遂奉銅盤北面跪進之定於殿上遂招堂下十九人曰公等碌碌因人成事者也
漢書曰王陵爲右丞相惠帝崩高后欲立諸呂爲王問陵陵曰高皇帝刑白馬而盟曰非劉氏而王者天下共擊之今王諸呂非約也

東觀漢記曰隗囂字季孟天水人也以王莽篡盜逆復漢之祚乃立高祖太宗之廟稱臣執事史奉璧而告祝畢有司穿坎於庭割牲而盟
魏志曰臧洪字子原廣陵射陽人也張邈起兵請洪與計事又致之於劉兗州公山孔豫州公緒乃設壇場方共盟誓諸州郡相讓乃共推洪洪乃升壇操盤血而盟
晉中興書曰苻洪第三子健陰圖關中陽使其徒種麥示無西意有微知其計不肯耕種者健殺之後十餘日師衆西行到孟津作浮橋渡河使弟雄步騎五千人入潼關兄子青軹關入河東誓曰若事不捷汝死河北我死河南爲鬼無相見也
王羲之爲會稽內史慨然稱疾去郡於父母墓前自誓曰維永和十一年二月九日小子羲之敢昭告尊靈羲之不天夙遭閔凶不遂過庭之訓母兄鞠育得漸庶幾遂因人之力蒙國寵榮進無忠孝之節退違聖賢量力之義將憂及宗祀豈在微身是用寤寐永嘆若墜淵谷羲之既去官與東土人士盡山水之遊弋釣爲娛與道士許玄度共脩服食採求藥石不遠千里朝廷以其誓苦亦不徵
又曰祖逖說中宗以掃平中原於是以逖爲前鋒都督奮威將軍豫州刺史給布三千疋逖乃逕北渡江中流誓曰祖逖不清中原而復濟者如此江
蕭子顯齊書曰王敬則爲暨陽令縣有一部刼逃紫山中爲民患敬則遣人致意刼師悉可出首當先申論治下廟神甚酷烈百姓畏之敬則引神爲誓必不相負刼師既出敬則於廟中設酒會於坐收縛之曰吾先啓神若負誓

還神十牛今不得　違誓即殺十牛併斬諸賊百姓悅之

漢書春秋曰梁皇后崩桓帝獨呼小黃門唐衡至廾戶如廁問左右梁冀不相得者皆誰衡對曰單超左悺前詣河南尹不疑禮敬小簡不疑收其兄弟送雒陽獄於是帝與入室定謀齧超臂出血以爲盟乃誅梁冀

高士傳曰胡昭初晉宣帝爲布衣時與昭有舊昭同郡周士等謀害帝昭聞而步險邀士於澠池之間止士士不肯昭泣以示誠士感義乃止昭斫棗樹共士盟而別昭雖有陰德於帝口終不言時人莫知

華陽國志曰昭王時有一虎傷害千餘人昭王乃募有能殺虎者賞時巴夷廩仲作白竹之弩乃射殺虎昭王刻石盟要曰秦犯夷輸黃龍一雙夷犯秦輸清酒一鍾夷人安之

晏子春秋曰崔杼殺莊公盟於國者戟鉤其頸劒承其心晏子不與盟而出上車其僕將馳晏子撫其手曰麋生於山命懸於廚命有所懸矣成節而去

黃庭經曰黃庭爲不死之道受者齋九日或七日或三日然後授之者爲師受者奉焉結盟立誓期以勿泄古者盟用玄雲之錦九十尺金簡鳳文之羅四十尺

竹林七賢論曰劉伶常病酒渴求酒於其妻妻捐酒毀器泣而諫曰君酒過非攝生之道也必宜斷之伶曰善吾不能自禁唯酒當禮鬼神自誓以斷之耳便可具酒肉妻敬聞命供酒肉於前請伶祝誓伶跪而祝曰天生劉伶以酒爲名一飲一斛五斗解酲婦人之言愼不可聽仍引酒御肉隗然而已復醉矣

孫卿子曰盟詛不及五帝誓誥不及三王交質不及五伯（穀梁二傳交質不及二伯）

淮南子曰胡人彈骨（胡人之盟約置酒人頭骨中飲以相咀也）越人剚臂中國唼盟所由名異其於信一也

質

左傳曰鄭武公莊公爲平王卿士（賈逵曰卿士有事者六卿也）王貳于虢鄭伯怨王王曰無之故周鄭交質王子狐爲質於鄭鄭公子忽爲質於周（王子狐周平王之子子忽鄭莊公太子忽也）王崩周人將畀虢公政夏鄭祭仲帥師取溫之麥（溫周地也蘇氏邑也）秋又取成周之禾周鄭交惡君子曰信不由中質無益也

又曰楚子圍鄭旬有七日鄭人卜行成不吉卜臨于大宮且巷出車吉（賈逵曰臨哭也巷出車陳於街巷示雖困不降欲戰也）國人大臨守陴者皆哭（陴城上埤也）楚子退師鄭人脩城進復圍之三月克之入自皇門至於逵路（皇門鄭城門也）鄭伯肉袒牽羊以逆曰孤不天（不爲天所佑也）不能事君使君懷怒以及敝邑孤之罪也敢不唯命是聽其俘諸江南以實海濱亦唯命其翦以賜諸侯使臣妾之亦唯命若不泯其社稷使改事君君之惠也孤之願也非所敢望也敢布腹心左右曰不可得國無赦王曰其君能下人必能信用其人矣庸可冀乎退三十里而許之平潘尫入盟子良出質（潘尫楚大夫師叔守子良鄭公子也）

穀梁曰晉大夫敗齊師于牽郤克曰與我紀侯之甗（甗齊襄滅紀所得邑）且以蕭同叔子爲質

史記曰越王勾踐欲使范蠡治國政對曰兵甲之事種不如蠡鎮撫國家親百姓蠡不如種於是舉政屬種而使蠡與大夫柘稽行成爲質於吳也

又曰蔡昭侯十年朝楚昭王持美裘二獻其一於昭王而自衣其一楚相子常欲之弗與子常讒蔡侯留之於楚三

年蔡侯知之獻其裘子常受之乃言歸蔡侯蔡侯歸而之晉請與晉伐楚夏晉滅沈楚怒攻蔡昭侯使其子爲質於吳謀共伐楚後與吳王闔閭遂破楚入郢

又曰張儀說楚王曰大王誠能聽臣臣請使秦太子入質於楚秦女爲大王箕箒之妾效萬里之都以爲湯沐之邑

戰國策曰濮陽人呂不韋賈於邯鄲見秦質子異人謂其父曰耕田之利幾倍曰十倍珠玉之嬴幾倍曰百倍立主定國之嬴幾倍曰無數曰今力田疾作不得煖衣餘食今建國立君澤可以遺後願往事之太子異人質於趙處於聊城故往說之

又曰楚相王太子之時爲質王崩太子辭歸齊王曰與我東地五百里則子得歸太子入致命曰敬獻地五百里齊王歸楚太子太子歸即位爲王齊使車五十乘來取東地

於楚王朝群臣曰寡人之得來及主墳墓復群臣歸社稷以東地五百里許齊今求地爲之柰何上柱國子良曰王不可不與也王身出玉聲許強萬乘之齊而弗與則不復信不可以約結諸侯

又曰楚王死太子在齊質蘇秦謂薛公曰君不如留楚太子以市其下東國薛公曰君不如不我留太子郢中立王君因謂其新王曰與我下東國吾爲王殺太子不然則吾將與三國共立之然則下東國必可得矣

又曰趙太后新用事秦急攻之趙氏求救於齊齊曰必以長安君爲質兵乃出太后不肯大臣強諫太后謂左右言有復令長安君爲質老婦必唾其面左師觸龍言曰今媼尊長安君之位而封之以膏腴之地與之重器不令有功於國若山陵崩長安君何以自託於趙老臣以媼爲長安君計短也太后曰諾於是爲長安君約車百乘質於齊齊兵乃出也

東觀漢記曰隗囂負隴坻之固納王元之說雖遣子春卿入質猶持兩端世祖於是稍黜其禮正君臣之義

晉中興書曰諸葛誕叛遣子靚入質於吳吳亡入洛自以父誕爲太祖所斬誓不見太祖叔母琅耶武王妃靚之姊也帝後因靚在姊間往就見焉靚逃于廁帝又逼之靚流涕曰臣不能漆身吞炭復覩聖顏

燕丹子曰太子丹質於秦秦王遇之無禮不得意欲歸秦王不聽謬言曰令烏白頭馬生角乃可丹仰天而歎烏即白頭馬爲生角秦王不得已而造機發之橋欲陷丹丹過之橋爲不發也

太平御覽卷第四百八十

太平御覽卷第四百八十一

人事部一百二十二

仇讎上

周禮地官調人曰：調人掌司萬民之難而諧和之。(難謂相與爲仇讎也)凡和難，父之讎避諸海外，兄弟之讎避諸千里之外，從父兄弟之讎不同國。君之讎視父，師長之讎視兄弟，交友之讎視從父兄弟。

禮記曰：子夏問於孔子曰：居父母之仇，如之何？夫子曰：寢苫枕干，不仕，弗與共天下也。遇諸市朝，不反兵而鬭。曰：請問居昆弟之仇，如之何？曰：仕，弗與共國，銜君命而使，雖遇之不鬭。曰：請問居從父昆弟之仇，如之何？曰：不爲魁，主人能，則執兵而陪其後。

又曰：祁奚請老，晉侯問嗣焉，稱解狐，其讎也。將立之而卒。(事具薦舉部)

又曰：齊高發帥師伐莒，(莒不事齊故也)莒子奔紀鄣。(紀鄣，莒邑)使孫書(孫書，陳無宇子子占也)伐之。初，莒有婦人，莒子殺其夫，已爲嫠婦。及老，託於紀鄣，紡焉以度而去之。(因紡纑連所以度城而藏之)及師至，則投諸外。(投繩城外，隨之而出)或獻諸子占，子占使師夜縋而登。(縋繩登城也)登者六十人，縋絶，師鼓譟，城上之人亦譟，莒共公懼，啓西門而出，齊入紀。(傳言紀不在天)

又曰：吳伐越，越子勾踐禦之，陳于檇李。靈姑浮以戈擊闔廬，闔廬傷將指，取其一屨。(其大足指見斬，遂失屨，姑浮取之也)還，卒於陘，去檇李七里。夫差使人立於庭，苟出入，必謂己曰：夫差！而忘越王之殺汝父乎？則對曰：唯，不敢忘。三年乃報越也。

又曰：五年春，晉圍栢人，士吉射奔齊。初，范氏之臣王生惡張柳朔，言諸昭子，使爲栢人。(令柳朔爲栢人宰也。昭子，范吉射也)昭子曰：夫非而讎乎？對曰：私讎不及公，好不廢過，惡不去善，義之經也，臣敢違之？及范氏出，(栢人奔齊)張柳朔謂其子：爾從主，勉之！我將止死，王生授我矣。(授我以死節也)

公羊傳曰：齊哀公亨乎周，紀侯譖之。襄公將復讎乎紀。遠祖九世矣，九世猶可以復讎乎？雖百代可也。家亦可乎？曰：不可。國何以可？國君一體也。先君之恥猶今君之恥也。

戰國策曰：晉畢陽之孫豫讓始事范中行氏，不說，去而就知伯，知伯寵之。及三晉分知氏，趙襄子最怨知伯，而將其頭以爲飲器。豫讓遁逃山中，曰：嗟乎！士爲知己者死，女爲悅己者容。吾其報知氏之讎矣。乃變姓名，爲刑人，入宮塗廁，欲以刺襄子。襄子如廁，心動，執問塗者，豫讓，刃其扞，曰：欲爲知伯報讎。左右欲殺之，襄子曰：彼義士也，吾謹避之耳。知伯已死無後，而其臣報讎，此天下之賢人也。卒釋之。豫讓又

漆身爲癘，滅鬚去眉，自刑以變其容，爲乞人而往乞，其妻不識，曰：狀貌不似吾夫，其音何類吾夫之甚也。又呑炭爲啞，變其音。有謂之曰：子之道甚難而無功，謂子有志則然矣，謂子智則否。以子之才而善事襄子，襄子必近子，子之得近而行所欲，此甚易而功必成。讓乃笑而應之曰：是爲先知報後知，爲故君賊新君，大亂君臣之義者無此矣。凡吾所謂此者，以明君臣之義，非從易也。且夫委質而事人而求弑之，是懷二心以事君也。吾所爲難，亦將以愧天下後世人臣懷二心者。頃之，襄子當出，讓伏所當過橋下。襄子至橋而馬驚，襄子曰：此必豫讓也。使人問之，果讓。於是襄子數讓曰：子不嘗事范中行氏乎？知伯滅范中行氏，而子不爲報讎，反委質事知伯。知伯已死，子獨何爲報之深也？讓曰：臣事范中行氏，中行氏以衆人遇我，我故衆人報之。知

伯以國士遇我我故國士報之襄子乃喟然泣曰嗟乎豫子豫子爲知伯名既成矣寡人舍子亦以足矣子自爲計使兵環之讓曰臣聞明主不掩人之義忠臣以死爲名君前以寬舍臣天下莫不稱君之賢今日之事臣故伏誅然願請君之衣而擊之則死不恨非所望也敢布腹心於是襄子義之乃使使者持衣與讓讓拔劍三躍擊之曰可以報知伯矣遂伏劍而死死之日趙國之士聞者皆爲涕泣

史記曰秦昭王聞魏齊在平原君所欲爲范雎必報其仇乃佯爲好書遺平原君曰願與君爲布衣之交十日飲也

又曰項梁殺人與項籍避仇吳中吳中賢大夫皆出項梁下

又曰留侯張良者其先韓人也秦滅韓良家僮三百人弟死不葬悉以家財求客刺秦王爲韓報仇以大父五代相韓故乃變姓名之東海得力士以鐵椎椎秦始皇中其副車

又曰河東李文故嘗與張湯有隙已而爲御史中丞湯有所愛史魯謁居知文與湯弗平使人上飛變告文姦事事下湯湯治論殺文

袁山松後漢書曰蘇謙字仲讓爲郡督郵李暠爲美陽令貪暴謙案得其贓謙遷金城太守治有異跡延熙九年至京師暠時爲司隸收謙誣陷之死獄中謙子不韋字公先變名姓以家財求劍客邀暠不得暠之大司農乃於司農府旁買舍夜爲地突入暠室中暠適出不值破其臥具暠大怖棘屋上以板棧地而卧一宿數徙不韋乃至魏郡掘暠父冢斬級以祭父墓（首級）

又曰樂府左延年秦女休行曰始出上西門遥望秦氏家秦氏有好女自名曰女休女休年十五爲宗行報讎左執白陽刀右據宛景矛讎家東南僵女休西上山上山四五里關吏不得休女休前置辭生爲燕王婦今爲詔獄囚刀矛未及下攏僮擊鼓赦書下

東觀漢記曰海曲有呂母者子爲縣吏犯小罪宰論殺之呂母怨宰密聚客規以報仇母家素豐貲產數百萬乃益釀醇酒買刀劍衣服少年來沽者皆賒與之視其乏者輒假衣裘不問多少少年欲相與償之呂母泣曰縣宰枉殺吾子欲爲報怨耳諸君寧肯哀之乎少年許諾相聚得數十百人因與呂母入海自稱將軍遂破海曲執縣宰殺之以祭其子冢也

又曰趙喜字伯陽南宛人也少有節操從兄爲人所殺無子喜十五常思欲報之乃挾兵結客後遂往復仇而仇家皆疾病無相拒者喜以因疾報殺非仁者心且釋之而去顧謂仇曰尔曹若健遠相避也後病愈悉自縛詣喜不與相見後竟殺之

又曰周黨字伯况太原人至長安遊學初鄉佐嘗衆中辱黨父黨懷之後讀春秋聞復讎之義便輟講而還與鄉佐剋日交刃黨爲其所傷困頓鄉佐服義輿歸養之數月方蘇既悟而去整身修志州里稱其高也

又曰申屠蟠同郡緱氏女玉爲父報讎殺夫氏之黨吏執玉以告外黄令梁配欲論殺玉蟠時年十五爲書生進諫曰玉之節義足以感無耻之孫激忍辱之子不遭明時當表旌廬墓况在清聽而不加哀矜配善其言乃爲讞得减死論鄉人稱美之

又曰酒泉龐淯母者趙氏之女字娥父爲同縣人所殺而娥兄弟三人俱疾物故讎乃喜而自賀以爲莫已報也娥

陰懷感憤乃潜備刀兵常推車以候讎家十餘年不能得後遇於都亭刺殺之因詣縣自首曰父仇已報請就刑戮福富長尹嘉義之解印綬欲與俱亡娥不肯去曰怨塞身死妾之明分結罪治獄君之常理何敢苟生以枉公法後遇赦得免州郡表其閭太常張奐嘉歎以束帛禮之

又曰彭寵故舊渤海趙寬妻子家屬依託寵居寬仇家趙伯有好奴以賕寵寵貪之爲盡殺寬家屬寵之勃德不仁貪狼如此

又曰郅惲友人董子張病將終惲候之子張視惲歔欷不能言惲曰吾知子不悲天命痛讎不復也惲即起將客遮仇人取其頭以示子張子張見而氣絶惲即詣縣以狀自首

漢書曰原涉與新豐富人祁大伯友大伯同母弟王游公素嫉涉時爲縣門下掾說尹公曰君以守令辱原涉如是一旦眞令至君復單車歸爲府史涉刺客如雲殺人皆不知主民可爲寒心今爲君計莫若條奏其舊惡君必得眞令如此涉亦不敢怨矣尹公如其計王莽果以尹公爲眞令涉繇此怨王游公遂殺游公及子斷兩頭去

謝承後漢書曰橋玄遷齊國相郡有孝子爲父報讎繫臨淄獄玄愍其至孝欲上讞減罪縣令路芝酷烈苛暴因殺之懼玄收録佩印綬欲走玄自以爲深負孝子捕得芝束縛藉械以還笞殺以謝孝子冤魂

范曄後漢書曰劉鯉更始子也得幸於劉輔鯉怨劉盆子害其父因輔結客殺盆子兄故式侯恭輔坐繫詔獄三日乃得釋

魏志曰楊阿若後名豐字伯陽少遊俠常以報仇解怨爲事至建安中太守徐揖誅郡中强族黄氏時黄昂得脱在外乃募衆得千餘以攻揖揖城守豐時在外以昂爲不義乃捐妻子入南羌中合衆得千餘騎昂獨走出羌捕得之豐遂殺之

又曰韓暨字公至同縣豪右陳茂譖暨父兄幾致大辟暨陽不以爲言庸賃積資陰結死士遂追尋擒茂以首祭父墓由是顯名

又曰典韋形貌魁梧膂力過人好節俠襄邑劉氏與睢陽李禮爲讎韋爲報之禮故富春長備衛甚謹韋乘車載雞酒僞爲候者門開懷匕首入殺禮并殺其妻徐出取車

呉志曰孫翊之妻徐氏甚美賊嬀覽殺翊悉取其嬪妾而復欲逼徐氏恐違之見害時月垂竟乃使人謂覽乞至晦日設祭除服覽許之徐氏遂潜使親信者語翊舊所委任

將孫高傅嬰二人具白逼巳之狀欲徼立計以求助焉高嬰等聞之涕泣言舊蒙翊恩許之乃密結翊平時所侍養二十餘人以徐氏之言語之仍皆盟誓合謀至晦日徐氏遂設祭除服薰衣沐浴內施帷帳以候覽焉大小怪其如此無不悽愴覽密遣偵之無復疑慮徐氏乃命高嬰輩羅住戶外使人報覽言已除凶畢矣覽遂盛飾而入徐氏出拜戶外覽纔下拜徐氏即呼二郡可起高嬰等齊出即時殺覽徐氏却服縗絰使持覽首以祭墓舉軍震駭以爲神

韋昭呉書曰凌統怨甘寧殺其父操寧常避統不與相見孫權亦命統不得讎之甞於呂蒙舍酒酣統乃以刀舞寧起曰寧能雙戟舞蒙曰寧雖能未若蒙之功也因操刀楯以身分之

王隱晉書曰趙誘爲杜曾所害誘子胤斬曾食其肝肺

又曰桓温父被害之時温年十五枕戈泣血志欲報仇經年方知乃提刀直進手刃仇人由是名重當時

又曰龔壯字子偉值惠懷末天下大亂李特爲寇壯父叔並爲特所害壯欲報仇會李壽鎮漢中壽時與李期有嫌壯因說壽討期壽從之遂帥衆還討期特孫也故壯假以復讎壽既捷因欲官壯誓不仕

又曰沈充敗于吳興吳興人吳儒充之將也充士失道誤入儒家誘内充重壁因笑謂充曰三千户侯也充曰封侯不足貪也爾大義全我我宗族必厚報若必殺我汝族滅矣儒遂殺之充子勁字世堅即潛報仇族滅吳氏

沈約宋書曰沈林子以仇讎未復從高祖克京城進平都邑時年十八身長七尺五寸仇沈預慮林子爲害常被甲持戈至是林子與兄田子還東報讎五月夏節直入預男

女無長幼悉屠之以預首祭父祖墓

孫嚴宋書曰宋越父爲蠻所殺其讎嘗出郡越白日於市口剌殺之太守夏侯穆嘉之擢爲隊主

後魏書曰淳于誕字靈遠年十二隨父向楊州父於路爲盜所害誕雖童稚而哀感奮發傾資結客旬朔之内遂得復讎由是州里歎異之

又曰孫益德其母爲人所害益德童幼爲母復仇還家哭於殯以待縣官高祖文明太后以其幼而孝決又不逃罪特免之

梁書曰張景仁廣平人也父天監初爲同縣違法所殺景仁時年八歲及長志在復讎普通七年遇法公田渚手斬其首以祭父墓事竟詣郡自縛乞依刑法太守蔡天起上言乃下教褒美之原其罪下屬長蠲其一户租調以旌孝

行

唐書曰絳州孝女衛氏字無忌夏縣人也初其父爲鄉人衛長則所殺無忌時年六歲母又嫁更無弟兄及長常思復讎無忌從伯嘗設宴爲樂長則時亦預坐無忌以甎擊殺之既而詣吏稱父讎既報請就刑戮巡察大使黄門侍郎褚遂良以聞太宗嘉其孝烈特令免罪給傳乘徙於雍州并給田宅仍令州縣以禮嫁之

太平御覽卷第四百八十一

太平御覽卷第四百八十二

人事部一百二十三

仇讎下

太公六韜云武王伐紂乘舟濟河兵車出壞舡於河中太公曰太子爲父報仇今死無生所過津梁皆悉燒之

列子曰魏黑卵以暱嫌殺丘邴章其子來丹謀復讎丹氣甚猛形甚露計粒而食之順風而趨雖怒不能稱兵恥假力於人誓手劍以屠黑卵黑卵悍志絶衆力抗百夫筋骨皮肉非人類也延頸承刃披胷受矢鋩鍔摧屈而體無痕負其力視來丹猶雛鷇也來丹之友申他曰子怨黑卵至矣黑卵之易子過矣將奚謀焉丹垂涕曰願爲我謀申他曰吾聞衛孔周其祖得殷帝之寶劍童子服之却三軍之衆奚不請焉（已下具劍部）

淮南子曰魯人有爲其父報讎於齊者刳其腹而見其心坐而拭冠起而更衣徐出門上車而步顏色不變其御欲驅撫而止之曰爲父報讎以出死非爲生也今事已成矣有何去之追者曰此有節行之士不可殺也解圍而去之

琴操曰犢里牧恭爲父報怨而亡林岳之下有馬夜降圍其室而鳴於是覺而聞走馬聲以爲吏追之乃奔而亡明視天馬迹也乃曰吾以義殺人而天馬來降以驚動吾處不安以告吾耶乃感懼入沂澤之中作走馬引後果讎家候之不得也

又曰聶政父爲韓王治劍過期不成王殺之時政未生及壯問母知之乃入山遇仙人學鼓琴漆身吞炭七年琴成入韓逢妻從買櫛對而笑妻泣曰君似政齒政曰天下人齒盡相似耳乃入山援石擊落其齒以刀內琴中刺韓王

國語曰吳敗越於會稽勾踐說國人曰寡人不知其力之不足也與大國報仇以暴露百姓之骨於中原此則寡人之罪也親爲夫差洗馬而歸乃致其衆而誓之寡人聞古之賢君不患其衆之不足也而患其志行不之少恥今夫差衣水犀之甲者億有三千人（水犀如牛其甲有朱鑿以爲甲士）不患其志行之少恥而患其衆之不足也

韓詩外傳曰魏文侯問解狐曰寡人將定西河之守誰可用對曰荆伯柳賢人殆可文侯曰是非子之讎也對曰君問可非問讎也於是將以伯柳爲西河守伯柳見解狐而謝之解狐曰言子者公也怨子者私也

虞溥江表傳曰孫策殺許貢貢客爲貢報讎射策中頰

陸胤廣州先賢傳曰尹牙字猛德太守南陽寵下車牙以德進幹任喉舌寵雖當國厚禄而懷愧戚見於顏色牙常

用怍焉曰伏見明府四節悲歎有悽瘁之思何也寵謂牙曰父爲豪周張所害重仇不報並與戴天非孝子雖官尊禄重而塵恥未刋是以長愧而無恥也聞好馬牙與校園交通遂充騶馬之職乃先醉張近侍以夜解縱諸馬令之亂駭知張必將驚起伏側階下張果出問其故牙因手刃張首而還

孝子傳曰魏湯少失其母獨與父居色養蒸蒸盡於孝道父有所服刀戟市南少年欲得之湯曰此老父所愛不敢相許於是少年毆撾湯父湯叩頭拜謝之不止行路書生牽止之僅而得免後父壽終湯乃殺少年斷其頭以謝父墓焉

師覺授孝子傳曰仲子崔者仲由之子也初子路仕衛赴蒯聵之亂衛人狐黶時守門殺子路子崔既長告孔子欲

報父讎夫子曰行矣子崔即行鷰知之於城西決戰其日鷰持蒲弓木戟與子崔戰而死

皇甫謐列女後傳曰衛義姬者其夫有先人之讎讎家來報壻避之仇家得義姬問壻所在乃積薪燎之遂不言而燒死

又曰郃陽友娣者郃陽邑任延壽之妻也字季兒有三子季兒兄弟季宗與延壽爭葬父之事延壽與其友陰殺季宗季兒曰殺夫不義事兄之讎亦不義何面目以生而戴天履地乎遂以繩自縊死馮翊王讓聞之大其義令縣復其三子而表其墓也

又曰京師節女者長安大昌里人之妻也其夫有仇仇家欲報夫而無道聞其妻孝義乃刼其妻父使要其女爲中間父呼其女而告之計念不聽則殺父不孝聽之則殺夫

不義不孝不義雖生不可以行於代欲以身當之且曰諾夜在樓上新沐頭東首卧則是矣妾請開戶而夜半仇家果至斷頭持去明視之乃其妻之頭也仇家痛以爲義遂釋不殺其父

越絶書曰伍子胥入吴居三年闔閭將爲之報讎子胥曰不可臣聞諸侯不爲匹夫興師於是止其後荆將伐蔡子胥言之闔閭即使子胥救蔡而伐荆十五戰十五勝荆平王已死子胥挃笞平王之墓而數之曰昔者吾先人無罪而子殺之今以此報子也

趙曄吴越春秋曰越王念吴欲復怨非一旦也冬寒則抱氷夏熱則握火愁心苦思懸膽於户出入嘗之不絶於口乃中夜抱柱而哭哭訖復承之以嘯於是群臣聞之咸曰夫復讎謀敵非君王之憂自臣下之急務也二十一年興師滅吴

檀道鸞續晉陽春秋曰王談年十許歲父爲隣人竇度所殺談陰有復讎之志年十八密買市利插刃陽若以耕耘者度常乘舡出入經一橋下談伺度行還於橋上以插斬之應手而死既而歸罪有司太守孔嚴義其孝勇列上宥之

搜神記曰丁蘭河内野王人年十五喪母乃刻木作母事之供養如生隣人有所借木母顔和則與不和不與後隣人忿蘭盜斫木母應刀血出蘭乃殯殮報讎漢宣帝嘉之拜中大夫

幽明録曰項縣民姚牛年十餘父爲鄉人所殺牛常賣衣物市刀戟圖欲報讎後在縣署前手刃之於衆中吏捕得官長深矜孝節爲推遷其事會赦得免後令出獵逐鹿入

草草有古深穽數處馬將趍之忽見一公舉杖擊馬馬驚避不得及鹿令怒引弓將射之曰此中有穽恐君墮耳令曰汝爲何人公爲跪曰民姚牛父也感君活牛故來謝恩因滅不見令身感其事在官數年多惠於民

會稽典録曰魏朗字少英上虞人少爲縣吏兄爲鄉人所殺朗白日操刀報讎於縣中遂亡命到陳國從博士郄仲信學春秋圖緯又詣太學受五經京師長者李膺之徒爭從之

解系傳曰張華裴頠之被誅也趙王倫孫秀以宿讎收系兄弟將殺之梁王彤救之倫等怒曰我見水中蟹尚欲殺之況此人兄弟輕我也遂并戮其妻子

崔鴻前燕録曰吐谷渾子吐延年少有大志身長七尺八寸雄姿魁桀羌虜憚之號曰項羽性俶儻不群慷慨謂群

下曰大丈夫生不在中國當高皇光武之代與韓彭吳鄧並驅中原定天下决雌雄使名垂竹帛而潛竄窮山隣閉殊俗不聞聖教於上宗不得策名於天府生與麋鹿同群死作氈裘之鬼雖偷觀日月獨不愧於心乎負其智勇猜忍不恤下爲帛城羌酋姜聰所刺殺長子業年十歲常縛草人號曰姜聰哭而射之大號而泣不中瞋目大呼要中乃止其母謂之曰姜聰諸將已屠膾之矣汝何如此業泣曰誠知射草人無益於先公所以申罔極之心耳

陳留志曰韓卓父嘗爲吏所辱卓執兵伏道欲　候殺之而長子暴病將死卓乃歎曰道家有信報讎不欲過今長子病豈爲是乎於是乃投刃援杖復恥而止

常璩華陽國志曰陳綱字仲卿少與同郡張宗受學南陽以母喪歸宗爲安衆至元所殺綱終喪往復之自拘有司

會赦免

應劭風俗通曰汝南陳公思爲五官掾王子祐爲兵曹行會食下亭子祐曾以縣官事考殺公思叔父斌斌無子公思欲爲報仇不能得卒見子祐不勝憤懣便格殺之還府歸死時大守太傅胡廣以爲公思追念叔父仁勇憤發手刃仇敵自歸司敗便原遣之

梁祚魏國統曰崔周平者漢太尉烈之孫也兄曰元平爲議郎以忠直稱董卓之亂烈爲卓所害元平常思有報復之心會病卒

魏文帝雜詔曰喪亂以來兵革從横天下之人多相殺害昔賈復寇恂私相忿憾至懷手劒之忿光武召而和之卒共同輿而載

崔鴻後燕録曰秦滅燕慕容桓阻兵遼東爲秦所殺子鳳泣血不言年十一告其母曰昔張良養士以擊秦王復君之仇也先王之事豈可一日忘之

虞預會稽典録曰朱朗字恭明父爲道士淫祀不法遊在諸縣爲烏傷長陳頵所殺朗陰圖報怨而未有便會頵以病亡朗乃刺殺頵子事發亡命奔魏魏聞其孝勇擢以爲將

又曰董黯字孝治家貧採薪供養母甚肥悅鄰人家富有子不孝母甚瘦不孝子疾黯母肥嘗苦之黯不報及母終負土成墳竟殺不孝子置冢前以祭詣獄自繫會赦免

廣德神異録曰賈氏女不知何許人年十五父爲宗人所害其弟強仁年幼賈氏撫育之及強仁長乃共殺讎者自列其罪高祖嘉之

又曰王君操父大業中爲鄉人李君則毆死貞觀初君則以運代遷革不懼憲網又以君操孤微謂無復讎之志遂

仕州府操密袖白刃剌殺之剖其心肝咀食立盡詣州自陳剌史以其擅殺問之曰殺人當死律有明文何方自理以求生路君操對曰亡父被殺二十餘載聞諸典禮父讎不可同天早願圖之久而未遂常懼滅亡不展冤情今大耻既雪甘從刑憲太宗特原之

又曰張琇蒲州解縣人父審素爲萬州都督在邊累載有糺其軍中贓罪敕監察御史楊汪馳傳就軍按之汪在路爲審素黨與所刼對汪殺告事者脅汪令審素無罪俄曰州人翻殺審素之黨汪始得還至益州奏稱審素謀反因深按審素構成其罪斬之籍没其家琇與兄瑝以年幼坐徙嶺外尋各逃歸累年隱匿汪後累遷殿中侍御史改名萬頃是年瑝琇候萬頃於東都城挺刃殺之瑝雖年長其

發意及手刃皆琇爲之既殺萬頃繫表於斧刃自言報讎
之狀便逃奔就江外殺萬頃同謀構父罪者行至汜水爲
捕者所獲時都城士女皆矜琇等幼稚義烈能復父讎多
言其合矜恕者中書令張九齡又欲活之裴耀卿李林甫
固言國法不可縱讎上以爲然因謂九齡等曰復讎雖禮
法所許殺人亦格律具存孝子之情義不顧命國家設法
焉得容斯殺人成復讎之志赦之虧格律之條然道路諠
議故須告示乃下勑曰張琇等兄弟同殺推問疑承律有
正條須合至死近聞士庶頗有諠詞矜其爲父報讎或言
本罪寃濫但國家設法事存經久蓋以濟人期於止殺各
申爲子之志誰非徇孝之夫展轉相讎殺傷何限咎陶作
士法在必行曾參殺人亦不可恕不能加以刑戮肆諸市
朝宜付河南府決殺瑝琇既死士庶咸傷憫之爲作哀誄

牓於衢路中市人斂錢於死所造義井并葬瑝琇於北邙
又恐萬頃家人發之并作疑冢數所其爲時人所傷如此
唐新語曰杜并父審言善五言尤攻書翰恃才謇傲深爲
時輩所嫉自洛陽丞貶吉州司户又與群寮不叶司馬周
季重與司户郭若訥共構之審言繫獄將因事殺之并年
十三伺季重等酣醼蜜刃刺季仲而死并亦見害季重臨
死歎曰吾不料審言有此孝子邪若訥誤我至此審言由
是免官歸東都自爲祭文以祭并士友咸哀并孝烈蘇頲
爲墓誌劉允濟爲祭文則天召見審言甚嘉歎之
又曰衢州人余長安父與叔共二人爲同郡衣金所殺長
安八歲自誓十七乃復讎大理斷死刺史元錫奏言臣見
余氏一家横遭死者實二平人蒙顯戮者乃一孝子引公
羊傳父不受誅子復讎之義請下百僚集議時裴垍當國
李鄘爲有司事竟不行老儒薛伯皐與錫書曰大司寇是俗
吏執人柄老小生余氏子宜其死矣

太平御覽卷第四百八十二

太平御覽卷第四百八十三

人事部一百二十四

怒　怨

怒

說文曰怒恚也

易曰君子懲忿窒慾

尚書曰今商王受弗敬上天降災下民皇天震怒命我文考肅將天威

毛詩曰君子如怒亂庶遄沮

又曰王赫斯怒爰整其旅

又曰薄言往愬逢彼之怒

又曰如震如怒闞如虓虎

禮記曰父母怒不悅而撻之流血不敢疾怨起敬起孝

左傳曰公孫閼與潁考叔爭車潁考叔挾輈以走（輈車轅也）子都拔棘以逐之（子都公孫閼也）及大逵弗及子都怒

又曰齊侯遊于姑棼遂田于貝丘（姑棼貝丘皆齊地也）見大豕從者曰公子彭生也怒曰彭生敢見射之豕人立而啼公懼墜于車傷足喪屨

又曰齊侯蔡姬乘舟于囿蕩公公懼變色禁之不可公怒歸之未之絕也蔡人嫁之齊侯以諸侯之師侵蔡蔡潰

又曰先軫朝問秦囚公曰夫人請之吾舍之矣先軫怒曰武夫力而拘諸原婦人暫而免諸國墮軍實而長寇讎亡無日矣不顧而唾公使陽處父追之及諸河則在舟中矣

又曰楚子使申舟聘于齊曰無假道於宋及宋華元曰過我而不假道鄙我也鄙我亡也殺其使者必伐我伐我必亡亡一也乃殺之楚子聞之投袂而起屨及於窒皇劍及於寢門之外車及於蒲胥之市秋九月楚子圍宋

又曰衆怒不可犯

又曰衛獻公戒孫文子甯惠子食皆服而朝日旰不召而射鴻於囿二子從之不釋皮冠而與之言二子怒而逐獻公

又曰邾莊公與夷射姑飲酒私出閽乞肉焉奪之杖以敲之公在門臺臨庭閽以缾水沃庭邾子望見之怒閽曰夷射姑旋焉（旋小便也）命執之弗得滋怒自投于牀

論語曰哀公問弟子孰為好學孔子對曰有顏回者好學不遷怒不貳過不幸短命死矣今也則亡

國語曰晉郤獻子如齊齊頃公使婦人觀而笑之獻子怒歸請伐齊范武子退自朝曰郤子之怒甚矣不逞於齊必發諸晉國（逞解）不得政何以逞怒余將致政焉以成其怒也

史記曰孟嘗君客于趙平原君趙人聞孟嘗賢出觀皆笑曰始以薛公為魁梧也今視之乃眇小丈夫耳孟嘗聞之怒客與俱者下斫擊數百人遂滅一縣以去

又曰韓信使人言漢王曰齊反覆之國南邊吳楚不為假王鎮之其勢不定漢王大怒罵曰吾困於此旦暮望若佐我張良陳平躡漢王足因附耳曰漢方不利寧能禁信乎不如因而立之漢王復罵曰大丈夫定諸侯即為真王何以假為

又曰趙使藺相如賫璧西入秦秦王坐章臺見相如相如奉璧秦王大喜傳璧以示美人及左右左右皆呼萬歲相如視秦王無意償趙城乃前曰璧有瑕請指示王王授璧相如因持璧却立倚柱怒髮衝冠謂秦王曰趙王齋戒五

曰使臣奉璧拜送於庭何者嚴大國之威以脩好也今臣
至大王見臣列觀禮節甚倨得璧傳之以示美人以戲弄
臣臣觀大王無償城意故臣復取璧大王必擊臣臣頭今
與璧俱碎於柱矣持璧睨柱秦王恐其破乃辭謝固請

又曰鄒陽上書於梁王曰蘇秦相燕燕人惡之於王王按
劍而怒食以駃騠（漢書音義曰駃騠馬也生七日而超其母）

漢書曰項羽令壯士出挑戰漢有善騎射曰樓煩（應劭曰樓煩胡也今有樓煩縣）楚戰三合樓煩輒射殺之羽大怒自被甲持戟挑
戰樓煩欲射羽羽瞋目叱之樓煩目不能視手不能發走
還壁中不敢復出

又曰沛公從百餘騎見項羽於鴻門沛公起如廁招樊噲
出獨騎噲與靳強滕公紀成（晉灼曰紀通父）步從間道赴軍使良
留謝羽羽問沛公安在良曰聞將軍有意督過之脫身去

至軍矣故使臣獻璧羽受又獻玉斗於范增范增怒撞其
斗起曰吾屬今爲沛公虜矣

又曰黥布反上自征望布軍置陣如項籍軍上惡之與布
相見謂布何苦而反曰欲爲帝耳怒罵之遂戰破布軍

又曰文帝曰吾獨不得廉頗李牧爲將豈憂匈奴哉馮唐
曰陛下雖得廉頗李牧不能用也上怒起入禁中

又曰上獵上林中車駕未行先使韓嫣乘副車從數百騎
馳視獸江都王望見以爲天子辟從者伏謁道旁嫣驅而
不見既過江都王怒爲皇太后泣請得歸國入宿衛比韓
嫣太后比銜嫣嫣侍出入永巷不禁以姦聞皇太后怒使
使賜嫣死上爲謝終不得嫣遂死

東觀漢記曰更始韓夫人尤嗜酒每侍飲見常侍奏事輙
怒曰帝方對我用此時事來耶起手抵破書案

又曰龐萌爲平狄將軍與蓋延共擊董憲昭詔書獨下延
而不及萌萌以爲延譖己自疑遂反上聞之大怒乃自將
兵討萌與諸將書曰吾常以龐萌爲社稷臣將軍得無笑
其言乎

又曰鄧晨南陽人與上起兵新野吏乃燒晨先祖祠堂汙
池室宅焚其冢墓宗族皆怒曰家自富足何故隨婦家入
湯鑊中晨終無恨色

又曰有詔會議靈臺所上謂桓譚曰天下事吾欲讖決之
何如譚默然良久曰臣不讀讖上問其故譚復極言讖之
非經上大怒曰桓譚非聖無法將下斬之譚叩頭流血良
久得解出爲六安郡丞

又曰戴憑爲侍中數進見門得失上謂憑曰侍中當輔國
政勿有隱情憑曰太尉西曹掾蔣遵清亮忠孝學通古今

陛下納膚受之譖遂禁錮世以是爲嚴上怒曰子復欲黨
乎憑出自繫廷尉詔出引見憑謝曰臣無謇諤之節而有
狂瞽之言上即勑尚書解遵禁錮

又曰韓歆字翁君南陽人以從征伐有功封扶陽侯好直
言爲司徒嘗因朝會帝讀隗囂公孫述相與書歆曰亡國
之君皆有才桀紂亦有才上大怒以爲激發免歸田里上
猶不釋復詔就責歆及子嬰皆自殺

又曰竇憲恃宮掖聲勢遂以賤直奪沁園公主不敢許後
肅宗駕出過園指以問憲憲陰喝不得對發覺帝大怒召
憲切責曰今貴主尚見枉奪何況小臣乎

又曰杜根和熹鄧后臨朝根以安帝年長宜親政事乃上
書直諫太后大怒收根囊盛撲殺之執法者私語行事人
使不加力既而載出城外根詐死三日目中生蛆因逃竄

及鄧氏誅根方歸徵拜侍御史

魏志曰太祖討張魯還時有將軍許攸擁部曲不附太祖大怒先欲討之羣臣多諫可招懷攸共討强敵太祖橫刀於膝作色不聽杜襲欲諫太祖逆謂之曰吾計已定卿勿復言襲曰若殿下計是耶臣方助殿下成之若殿下計非耶雖成宜敗之殿下逆令臣勿言何待下之不闡乎方今豺狼當路而狐狸是先人將謂殿下避强攻弱進不爲勇退不爲仁臣聞千石之弩不爲鼷鼠發機萬鈞之鍾不以莛撞起音今區區之攸何足以勞神武哉太祖曰善遂厚撫攸攸即歸服

又曰夏侯惇從征呂布爲流矢所中傷左目時夏侯淵與惇俱爲將軍軍中號惇爲盲夏侯惇惡之每照鏡恚怒輒撲鏡着地

又曰諸葛亮既屢遣使交書於司馬宣王又致巾幗婦人之飾以怒宣王將出戰辛毗仗節勒軍吏以下乃止

吳志曰呂蒙字子明少依姊夫鄧當當爲孫策將數討山越蒙年十五六隨當擊賊顧見呵不能禁歸告其母恚怒欲罰之蒙曰貧賤難居設有功富貴可致且不探虎穴安得虎子母哀而舍之

又曰孫權爲吳王忻宴之末自起酒虞翻伏地佯醉不持權去翻起坐權大怒手劒欲擊之侍坐者莫不惶遽惟大農劉基起抱權諫曰大王以三爵後殺善士翻雖有罪天下孰知之權曰曹孟德殺孔文舉孤於虞翻何有哉

蜀志曰姜維爲鄧艾所摧還陰平尋被後主勑命乃投甲詣會於涪軍將士咸怒拔刀斫石

晉書曰王導妻曹氏妬導憚之乃密營別館以處衆妾曹氏知而將往爲導恐遲之以所執麈尾柄驅牛而進司徒蔡謨聞之戲導曰朝廷欲加公九錫導弗之覺但謙退而已謨曰不聞餘物唯有短轅犢車長柄麈尾導大怒謂人曰吾往與群賢共遊洛邑日何曾聞有蔡克兒

又曰郗超黨於桓氏以父愔忠於王室不令知之將亡出一箱書付門生曰本欲焚之恐公年尊必以傷愍爲弊我亡後可呈此箱不爾便燒之愔後果哀悼成疾門生依旨呈之則悉與温往反密計愔於是大怒曰小子死恨晚矣

又曰周訪爲荆州王敦以訪名將勳業隆重有疑色其從事中郎郭舒說敦曰荆州雖遇寇難荒弊實爲用武之國若以假人將有尾大之患公宜自領以爲梁州足矣敦從之訪大怒敦手書譬釋并遺玉環玉椀以申厚意訪投椀於地曰吾豈賈豎可以寶悅乎

又曰陶侃嘗出遊見人持一把未熟稻問用此何爲人云行道所見聊取之耳侃大怒曰汝既不佃而戲賊人稻執而鞭之

齊書曰袁彖性剛嘗以微言忤世祖又與王晏不協世祖在便殿用金柄刀子治爪晏在側曰外聞有金刀之言恐不宜用此物世祖愕然窮問所以晏曰袁彖爲臣說之上銜怒良久彖到郡坐逆用祿錢免官

崔鴻後趙錄曰冉閔爲慕容恪所擒慕容儁立問閔曰汝奴僕下才何自妄稱天子閔曰爾曹人面獸心欲篡逆我一時英雄何爲不作帝王耶儁怒鞭之三百

後魏書曰李彪之入京也孤微寡援而自立不群以李沖好士傾心宗附沖亦重其器學禮而納焉每言之高祖公私共相援益及彪爲中尉兼尚書爲高祖知待便謂非復

籍冲而更相輕背唯公歛袂而已冲時震怒數責彪前愆瞋目大呼投折几案罵辱肆口冲素溫柔而一旦暴急遂發病荒悖言語亂錯猶扼腕叫罵稱李彪小人然醫藥所不能療或謂肝藏傷裂旬有餘日而卒

列子曰宋有蘭子能以伎干宋元君雙杖屬其脛弄七劒而躡之元君立賜金帛又有蘭子能鷰戲聞之復以干元君元君大怒曰昔有異伎適值寡人有忻心故賜金帛彼必聞此復望吾賜拘而戮之

莊子曰孔子往見盜跖下車而前謁者通之盜跖聞之怒怒目如明星髮上指冠孔子趍而進避席反走再拜盜跖大怒而展其足按劒嗔目其聲如吼虎

韓子曰孟孫獵得麑使秦巴持之其母隨而呼秦巴不忍而與其母孟孫適至求麑不得大怒逐之居三月復召使

爲子傅

燕丹子曰田光荅太子曰竊觀太子客無可用者夏扶血勇之人怒而面赤宋意脉勇之人怒而色青武陽骨勇之人怒而色白荆軻神勇之人怒而色不變

吳越春秋曰吳王伐齊請公孫聖告之聖諫願大王勿伐齊王大怒曰吾天之所生神之所助使力士石番擊以鐵槌身絶爲五

吳越春秋曰子胥諫吳王王怒賜以鐲鏤之劒盛以鴟夷之器投之于江

説苑曰秦王以五十里封鄢陵君鄢陵君辭不受使唐且謝秦王秦王怒曰嘗見天子之怒乎一怒伏尸百萬流血千里唐且曰大王嘗聞布衣韋帶之士怒乎伏尸二人流血五步即按其匕首起視秦王曰今將是矣王變色長跪曰先生就坐寡人諭矣

列士傳曰秦召魏公子無忌無忌不行使朱亥奉璧一雙秦王大怒將朱亥著虎圈中亥瞋目視虎眥裂血出濺虎虎不敢動

怨

尚書曰商王受自絶于天結怨于民崇信姦回放黜師保

又曰怨豈在明不見是圖

毛詩曰亂世之音怨以怒其政乖

又曰角弓父兄刺幽王也不親九族而好讒佞骨肉相怨故作是詩

又曰民之無良相怨一方

左傳曰宋華元將與楚戰殺羊食士其御羊斟不與及戰曰疇昔之羊子爲政今日之事我爲政與入鄭師故敗君

子謂羊斟非人也以其私怨敗國殄民

又曰晉侯賞從亡者介之推不言祿祿亦弗及其母曰盍亦求之以死誰懟對曰尤而効之罪又甚焉且出怨言不食其食

又曰季郈之雞鬭（季平子郈昭伯）季氏介其雞郈氏爲之金距平子怒益室於郈且讓之故郈昭伯怨平子

又曰晉郤至獻楚捷于周與單襄公語驟稱其伐單子語諸大夫曰溫季其亡乎位於七人之下而求掩其上怨之所聚亂之本也多怨而階亂何以在位

又曰吳公子札來聘請觀於周樂爲歌周南召南曰美哉始基之矣猶未也然勤而不怨矣爲之歌小雅曰美哉思而不貳怨而不言其周德之衰乎

又曰子產曰我聞忠怨以損怨不聞作威以防怨

又曰君子之言信而有徵故怨遠於其身小人之言僭而無徵故怨咎及之

論語曰放於利而行多怨

又曰貧而無怨難富而無驕易

國語曰夫事君者險而不懟怨而不怒

戰國策曰趙襄子怨智伯漆其頭爲飲器

漢書曰汲黯列九卿而公孫洪張湯爲小吏及弘湯稍與黯同位而尊用過之黯心褊不能無怨望見上言曰陛下用群臣如積薪耳後來者居上

東觀漢記曰長水校尉耿恭坐將兵不憂軍事肆心縱欲飛鷹走狗遊戲道上虜至不敢出得詔書怨懟徵下獄

續漢祭祀志曰建武二十年二月群臣上言即位三十年宜封禪太山詔書曰即位三十年百姓怨氣滿腹吾誰欺欺天乎

晉書曰趙王倫諂事賈后裴頠甚惡之倫數求官頠與張華復固執不許由是深爲倫所怨

王韶之晉紀曰桓玄問衆曰朕其敗乎曹靖之對曰神怒民怨臣實憂懼玄曰民怨有之神何爲怒對曰移晉宗廟所以怒也

管子曰凡禍亂之所生各在於非理故曰開禍在除怨

晏子春秋曰景公籍重而獄多拘者滿圄怨者滿朝

文子曰人有三怨爵高者人妒之官大者王惡之祿厚者怨處之夫爵益高者意益下官益大者心益小祿益厚者意益薄

淮南子曰和氏之璧夏氏之璜揖讓而進之則怙暮夜以投人則爲怨時與不時也

楚辭曰怨靈脩之浩蕩兮終不察夫民心衆女妬余之蛾眉兮謠諑謂余善淫謠毀也諑譖也

琴操曰王昭君者齊國襄王之女也昭君年十七時顔色皎潔聞於國中襄王見昭君端正閑麗於孝元帝既不幸納備後宫積五六年王昭君心有怨曠不飾其形容元帝每歷後宫疎略不過其處後單于遣使者朝賀元帝陳設倡樂乃令後宫粧出昭君怨恚日久不得侍列乃更脩飾盛服形容光輝帝令後宫欲至單于者起於是昭君喟然越席而前曰妾幸得備在後宫麁醜卑陋不合陛下之心誠願得元帝見昭君便驚悔不得復止遂以與之王昭君雖去漢至單于心思不樂乃作怨曠思惟歌曰秋木萋萋其葉萎黄我獨伊何改往變常翩翩之燕遠集西羌高山峨峨河水泱泱父母妻子道里悠長嗚呼哀哉憂心惻傷

太平御覽卷第四百八十三

太平御覽卷第四百八十四

人事部一百二十五

貧上

說文曰貧財分少也

尚書六極四曰貧

毛詩曰出自北門憂心殷殷終窶且貧莫知我艱（窶者無禮也貧者困於財）

又曰自我徂爾三歲食貧

又曰大東小東杼柚其空

禮記曰君子雖貧不粥祭器雖寒不衣祭服

又曰子路曰傷哉貧也生無以養死無以為禮子曰啜菽飲水盡其歡斯之為孝斂手足形還葬而無槨稱其財斯之謂禮（還猶疾謂不及其日月也）

又曰君子辭貴不辭賤辭富不辭貧

又曰儒有一畝之宮環堵之室蓽門圭窬蓬戶甕牖易衣而出并日而食不隕穫於貧賤不充詘於富貴

左傳曰室如懸罄

論語曰貧而無諂

又曰貧與賤是人之所惡也不以其道得之不去也

又曰衣敝縕袍與衣狐貉者立而不耻者其由也與（縕枲也）

又曰賢哉回也一簞食一瓢飲在陋巷人不堪其憂回也不改其樂

又曰邦有道貧且賤焉耻也

又曰君子憂道不憂貧

家語曰端木賜駟馬連騎以從原憲居蓬蒿之中并日而食子貢曰甚矣子之病矣

國語曰叔向見韓宣子宣子憂貧叔向賀之宣子曰吾有卿名而無其實無以從二三子（家貧則不及人也）吾是以憂子賀我何故對曰昔欒武子無一卒之田（武子晉正卿欒書也大夫卒無者不及上大夫）其官不備其宗器（器祭器也）宣其德行慎其憲則諸侯親之戎翟懷之今吾子有欒武子之貧吾亦為能其德也是以賀若憂德之不脩而患貨之不足將弔不暇何賀之有也

史記曰叔孫敖知優孟之賢病且死謂其子曰我死汝必貧困其子無立錐之地

又曰甯戚衛人也欲仕齊家貧無以自資乃傭為人推車至齊國桓公出戚望見車駕乃於車下飯牛扣牛角而歌桓公聞之撫手曰異哉此人乃非常人也命管仲迎之以為上卿

又曰馮驩齊人貧乏不能自存使人屬齊相孟嘗君願寄食門下孟嘗君曰客何能也對曰無能孟嘗君笑而受之左右皆知君賤之食以草具居有頃驩倚柱彈其劍鋏而歌曰長鋏歸來乎食無魚左右以告孟嘗君食之乃比門下諸客居有頃復歌曰長鋏歸來乎出無車左右以告孟嘗君為之駕比門下客後有頃復歌曰長鋏歸來乎無以為家左右皆惡之以其貪不知足也孟嘗君問驩曰公有親乎對曰有母孟嘗君令人給其食用無使乏驩乃不復歌後孟嘗君出記事問門下諸客有能習計會能為吾收債於薛乎驩獨署曰臣能孟嘗君怪曰此誰乎左右曰歌夫長鋏歸來者也孟嘗君笑曰客果有能吾負之未之見也請而見之謝曰文倦於事憒於憂父闕罪於先生先生不羞乃有意欲為收債乎驩對曰願之於是約車治裝載券契將行驩問曰收債畢市何物而返也孟嘗君曰視吾

家之寡有者驩遂驅而之薛使吏召諸民當償債者悉來合券券既合驩乃矯君命以所債賜諸民因燒其券民皆呼萬歲驩遂長驅而還見孟嘗君君怪其疾也衣冠而見之曰債畢乎對曰畢何市而返對曰臣竊計宮中珍寶盈室車馬實於外廄美人充下陳君家所寡有者義耳竊爲君市義孟嘗君曰市義若何對曰今君有區區之薛不附愛子其民因而賈利之臣竊矯君命盡以賜之而燒其券民時稱萬歲此臣爲君市義也孟嘗君不悦曰先生休矣於是朞年人或毀孟嘗君於湣王曰孟嘗君將亂及王出畋忽有刼王者意甚疑之孟嘗君將出奔其舍人魏子初爲君收邑三返而不敢入君問之對曰有賢者竊爲君數與之以故無入至是魏子所與賢者聞孟嘗君出上書言其不亂請以身盟遂自刎於宮門湣王大驚乃復召孟嘗

君孟嘗君謝病歸老於薛未至百里民扶老携幼迎於道傍孟嘗君顧謂驩曰先生所爲文市義者乃今見之矣驩對曰狡兎有三窟僅得免於死矣今君止有一窟未得高枕而卧也請爲君復鑿二窟孟嘗君與車五十乘金百斤西遊於梁說魏王曰齊放其大臣孟嘗諸侯先迎之者國富兵強於是魏昭王以其故相爲上將軍而虚相位遣謁者賫黃金千斤車乘往聘孟嘗君固辭不往魏使三返湣王聞之君臣恐懼遣太傅賫黃金千斤文馬二駟以謝孟嘗君使返國驩又請曰願得先生祭器立宗廟於薛廟既成還報曰三窟以就君可高會而樂矣孟嘗君乃還爲齊相

又曰顔無繇字路顔淵父也回死顔路貧請孔子車以葬（孔安國曰賣車以作槨也）孔子曰才不才亦各言其子鯉也死有棺而無槨吾不徒行以爲之槨以吾從大夫之後不可徒行也

又曰魏悖少時欲求見齊相曹參家貧無以自通乃常獨早夜掃齊相舍人門外舍人怪之以爲物而伺之獨得勃勃曰願見相君無因故爲子掃欲以求見於是舍人見之曹參因以爲舍人

又曰東郭先生拜爲都尉先生久待詔公車貧困飢寒衣弊履不完行雪中履有上無下足盡踐地道人笑之

又曰甘茂亡秦奔齊逢蘇代爲齊使於秦茂曰臣得罪於秦懼而逃無所容跡臣聞富人女會績貧人女曰我無以置燭而子之火光有餘子可分我餘光無損子明今臣困願以餘光振之

漢書曰司馬相如字長卿成都人家貧嘗於臨卭市與人沽酒傭爲酒掃身着犢鼻布裩於市中然少好讀書學擊

劒小名犬子慕藺相如之爲人更名曰相如後遊梁數年歸素與臨卭令王吉善臨卭多富人有卓王孫程鄭相謂曰今有貴客爲具召之并召令令既至請長卿長卿謝不能臨臨卭令不敢嘗食乃自起迎相如相如不得已而強往一坐盡歡酒酣令前奏琴曰竊聞長卿好之願以自娯相如爲鼓一弄卓王孫有女文君新寡好音竊窺之相如乃挑之文君夜奔相如相如與馳歸成都家徒四壁立卓王孫大怒女不才我不忍殺一錢不分文君久之與相如俱至臨卭買酒舍乃令文君當壚相如與傭保雜作於市卓王孫恥之昆弟諸公謂王孫曰一女所不足者非財也今文君失身於相如相如雖貧其人才足依也柰何相辱如此王孫不得已分與僮僕百人錢百萬文君與相如乃歸成都武帝立蜀人楊德意爲狗監侍上讀子虚賦而善

之曰朕獨不得與此人同時意曰此臣之邑人司馬相如為此賦上驚乃召問相如相如曰然此乃諸侯之事未足可觀乃作上林賦賦成奏之帝大悅以相如為郎後拜中郎將建節使至蜀蜀太守郊迎縣令負弩先驅於是鄉閭故人及卓王孫諸公因門下獻牛酒以交歡王孫於是喟然歎曰老人所恨得使女事相如乃晚耳

又曰晁錯奏曰古者稅民不過什一秦則不然用商鞅之法改帝王之制除井田民得賣買富者連阡陌貧者亡立錐之地故貧民常衣馬牛之衣而食犬彘之食

又曰陳平陽武戶牖鄉人少時家貧有田三十畝與兄伯居常耕田縱平使遊學平為人長大美色人或謂平貧何食而肥若是其嫂疾平之不親家事曰食糠粃耳有叔如此不如無平好讀詩書家貧居窮巷以席為戶然門外多

長者車轍

又曰酈食其陳留高陽人好讀書家貧落魄無衣食業為里監門吏然縣中賢豪不敢役皆謂之狂生

又曰韓信淮陰人家貧無行不得推擇為吏不能治生為商賈從常人寄食其母死無以葬乃行營高燥地令傍可置萬家者

又曰倪寬千乘人治尚書歐陽生貧無貲用帶經而鋤休息輒誦讀

又曰嚴助侍讌從容上問所欲對曰家貧為友壻富人所辱願為會稽太守於是拜之

又曰王章字仲卿太山鉅平人為諸生學長安獨與妻居章疾病無被臥牛衣中與妻決涕泣其妻呵怒曰仲卿京師尊貴在朝廷人誰踰仲卿者今疾病困厄不自激卬迺反涕泣何鄙也

又曰朱買臣字翁子吳人也家貧好書不治產業常刈薪樵以自責給食擔束薪行且誦書其妻亦負載相隨數止買臣無歌謳道中買臣愈益疾歌妻羞之求去買臣笑曰我年五十當富貴今四十餘矣汝苦日久待我富貴報汝功妻恚曰如公等終餓死溝中耳何能富貴買臣不能留即聽去

又曰蔡義河內溫人以明經給事大將軍幕府家貧常步行資禮不逮衆門下好事者相合為義買犢車令乘之

又曰主父偃齊國臨淄人學長短縱橫術晚迺學易春秋百家言遊齊諸子間諸儒生相與排擯不容齊家貧假貸無所得北遊燕趙中皆莫能厚遇

又曰陳湯字子公山陽瑕丘人少好學書博達善屬文家

貧丐貸無節不為州里所稱

又曰貢禹上書曰臣禹年老貧窮家訾不滿萬錢妻子糠豆不贍短褐不完有田百三十畝

又曰楊雄以病免復召為大夫家素貧耆酒人希至其門下有好事者載肴從遊學

又曰張竦居貧無賓客時有好事者從之質疑問事論道經書而已

又曰匡衡字稚圭東海承人父世農夫至衡好學家貧傭作以供資用尤精力過人

范曄後漢書曰孫期字仲式濟陰人也少為諸生家貧事母至孝牧豕於大澤中以奉養遠人從其學者皆執經壟畔以追之里落化其讓

又曰申屠蟠字子龍陳留外黃人也家貧傭為漆工郭林

宗見而奇之
又曰李充字大遜陳留人家貧兄弟六人同衣遞食妻竊謂充曰今貧若此難以久居妾有私財願思分異充偽許之曰當醖酒會內外共議旣而致酒宴客充前跪白母此婦無狀教充離間母兄令遣在小便叱去之
謝承後漢書曰王充字仲任上虞人少孤鄉里稱孝到京師受業太學博覽而不守章句家貧無書常遊洛陽市肆閱所賣書目一見輒能誦憶遂博通衆流
又曰張楷字公超治嚴氏春秋古文尚書門徒常造門焉車馬塡門貴戚之家皆起舍巷以候過客之利楷疾其如此輒徙避家貧無爲業常乘驢車至縣賣藥足給食輒還鄉里
東觀漢記曰符融妻亡貧無殯斂鄉人欲爲具棺服融不肯受曰古之亡者弃之中野唯妻子可以行志但土埋藏而已
又曰桓榮字春卿沛郡龍亢人也少學長安治歐陽尚書事博士朱普貧窶無資常客傭以自給精力不倦十五年不闚家
又曰閔仲叔居安邑老病家貧不能買肉日買一片猪肝屠者或不肯爲斷安邑令候之問諸子何飯食對曰但食猪肝屠或不肯與之令出勑市吏後買輒得仲叔怪問其子道狀乃歎曰閔仲叔豈以口腹累安邑耶遂去之沛
又曰周紆爲渤海太守赦令詔書到門不出夜遣吏到屬縣盡決罪行刑坐徵詣廷尉繫獄數日免歸家貧無以自贍躬身築墼以給食章帝知憐之復以爲郎
華嶠後漢書曰范式爲荆州刺史友人南陽孔嵩家貧親老乃變名姓傭爲新野阿里街卒式行部到新野而縣選嵩爲導騎迎式式見而識之呼嵩把臂曰子非孔仲山耶對之歎息語及平生曰昔與俱曳長裾遊集帝學吾蒙國恩致位牧伯而子懷道隱身處於卒伍不亦惜乎嵩曰昔侯嬴長守於賤業晨門肆志於抱關子居九夷不患其陋貧者士之宜豈爲鄙哉式勑縣代嵩嵩以爲先傭未竟不肯去
續漢書曰范丹桓帝時以丹爲萊蕪長不到官後辟太尉府自以狷急不能從俗常佩韋於朝徒行斃服賣卜於市遭黨人禁錮遂推鹿車載妻子捃拾自資或依宿樹蔭如此十餘年乃結草室而居焉閭里歌曰甑中生塵范史雲釜裏生魚范萊蕪
又曰吳祐年二十喪父居無擔石而不受贍遺常牧豕於長垣澤中行吟經書遇父故人謂之曰卿二千石子而自業賤事縱子無耻奈先君何祐辭謝而已守志如初也
又曰王苑字仲安貧賤茅屋蓬戶藜藿
謝承後漢書曰施延字君子沛人家貧母老常躬勤力供養種瓜自給位至太尉
又曰永平五年班超兄固被召詣校書超與母隨至洛陽家貧常爲傭書以供養久傭苦輟業投筆歎曰大丈夫無它志略猶當効傅介子張騫立功異域以取封侯安能久事筆硯乎
魏略曰常林少單貧雖貧自非手力不取之於人性好學漢末爲諸生帶經耕鋤其妻自擔餉饋之林雖在田野其相敬如賓
又曰黃初中儒雅竝進而楊沛本以事服能見遂以議郎

冗散里巷沛前後宰歷城守不以私計意故身退之後家無餘積治疾於家荒田二頃起蝸牛廬居止其中也

典畧曰程堅字謀甫南陽舞陰人仁孝清潔居貧無資磨鏡自給不受人施諸嫗共濵更相呼食有或不食也相謂曰非程謀甫何爲不食人食耶

又曰劉陶字子奇川人世祖十八年徙六郡大族陶曾祖自齊來世以儒學安貧樂道故仕不過孝廉

又曰裴潛每之官不將妻子妻子貧乏織荊芘以自供群弟之田廬常步行家人小大或并日而食

晉中興書曰王猛北海人居魏土少貧賤鬻畚爲業嘗至洛陽貨畚有一人於市貴買畚而無直曰可隨我去取直猛隨行不覺遠忽至深山語猛且住樹下當先啓道君來須臾猛進見一公踞胡牀頭鬢悉白從十許人一人引猛

去大司馬公可進猛因拜公公曰王公何緣拜即十倍酬畚直遣人送猛出顧視乃嵩山

又曰劉寔字子真平原高唐人少貧共粳飯繩索作衣賣手繩口誦

又曰淳于智字叔平濟北人上黨鮑瑗家少喪疾貧苦謂曰淳于叔平神人也何不試就卜瑗乃令智作卦卦成曰君謂宅東北有大桑樹君徑至市入門數十步當有一人將新馬鞭者就請還買以懸此桑樹三年當暴得財也瑗承其言詣市果得馬鞭懸之正三年後浚井得錢千萬銅鐵雜器復可二十餘萬於是家業用展病者亦愈

太平御覽卷第四百八十四

太平御覽卷第四百八十五

人事部一百二十六

貧下

魏志曰崔林字德清河東武城人也幼時宗族莫知從兄琰異之太祖定冀州召除鄔長貧無車馬單步之官太祖征壺關擢爲冀州主簿

又曰華歆素清貧祿以賑親戚故家無擔石之儲

又曰鄧艾字士載義陽人以口吃不得作幹佐爲稻田守草吏同郡吏憐其貧資給甚厚艾初不稍謝每見高山大澤輙窺度指畫軍營處所時人多笑焉

吳志曰吕範字子衡汝南人有容觀姿皃邑人劉氏家富女美範求之母嫌欲勿與劉氏曰吕子衡寧當久貧者遂與之婚

又曰潘璋字文珪東郡人性嗜酒其家甚貧性好賖貸輙言豪富必相還孫權甚奇之魏將夏侯尚南郡作浮橋渡百里洲璋於上流伐葦作簟欲順風放火簟成尚使引退璋遂爲平北將軍

晉書阮咸字仲容陳留人時俗七月七日曬衣裳或宗族於庭羅列衣服咸貧無物乃脫犢鼻布褌以竹竿頭掛之人問故荅曰不能免俗

宋書曰武帝劉裕少時其家大貧與人傭賃及登帝位耕具猶存并衲布襖並令收掌以示子孫令爲規戒

又曰江湛家貧約不營財利餉饋盈門一無所受無兼衣餘食甞爲上所召值澣衣稱疾經日衣成然後赴牛餓馭人求草湛良久曰可與飲

又曰陶潛嗜酒而家貧不能恒得親舊知其如此或置酒招之造飲輙盡期在必醉既辭而退曽不吝情去留環堵蕭然不蔽風日短褐穿結簞瓢屢空晏如也

又曰顔延之屏居里巷不預人間者七載中書令王球名公子延之居常罄貧球輙分財贍之

齊書曰王延之清貧居宇穿漏褚淵往候之見其如此具啓明帝帝即勑材官爲起三間齋屋

又曰虞玩之太祖鎮東府朝野致敬玩之猶躡屐造席太祖取屐視之曰卿此屐已幾載玩之曰著此屐已二十年貧竟不辦易太祖善之

又曰庾杲字景行新野人初爲駕部郎清貧自業食檢唯有韭葅生菜任彦昇甞戲曰誰謂庾郎貧食鮭常有二十七種菜王儉用爲長史安陸侯蕭緬與儉書曰盛府元僚實難其選庾景行泛淥水依芙蓉何其麗也時人以儉府

爲蓮花池故緬書言之官至御史中丞

梁書曰阮孝緒家貧無以爨僮妾竊鄰人樵以爨火孝緒知之乃不食更令撤屋而炊所居室唯有一林竹樹環繞

後魏書曰胡叟居家蓬室草户唯以酒自適常謂人曰我此生活似勝焦光不治產業飢貧不以爲耻養子字螟蛉以自給養每至貴勝之門恒乗一牸牛布囊容三四升飲噉醉飽便盛餘肉餅以付螟蛉見車馬榮華視之蔑如世

隋書曰張仁詡州縣以其貧素將加賑恤輙辭不受每閑居從容長歎曰老冉冉而將至恐脩名之不立以如意擊几皆有處所人方之閔子騫原憲

又曰虞世基陳滅歸國爲通直郎直内省無產業每傭書養親怏怏不平甞爲五言以見意情理悽切世以爲工作者莫不吟詠

又曰房彥謙居官所得俸祿皆以周恤親友家無餘財車服器用務存素儉自少及長一言一行未甞涉私雖致屢空怡然自得甞從容獨笑顧謂其子玄齡曰人皆因祿富我獨以官貧所遺子孫在於清白

又曰許康佐擢進士第以家貧母老求爲知院官人或輕怪笑而不荅及母亡服除不就侯府之辟君子知其不擇祿養親之志也故名益重

又曰李建字杓直家素清貧無舊業與兄造遜於荆南躬耕致養嗜學力文

六韜曰武王問太公曰貧富豈有命乎太公曰爲之不密密而不富者盗在其室武王曰何謂盗也公曰計之不熟一盗也收種不時二盗也取婦無能三盗也養女太多四盗也棄事就酒五盗也衣服過度六盗也封藏不謹七盗

也井竈不利八盗也舉息就禮九盗也無事燃燈十盗也取之安得富哉武王曰善 說苑同

列女傳曰黔婁妻者魯黔婁先生之妻也先生死曾子與門人徃弔之見先生尸在牖下覆以布被手足不盡斂覆頭則足見覆足則頭見曾子曰衺其被則斂矣妻曰衺之有餘不如正之不足且先生以衺故至於此

又曰齊女徐吾者在海上貧婦人與隣婦人李吾之屬合燭相從績徐吾最貧而燭數不屬李吾謂曰徐吾燭數不屬請無與夜徐吾曰是何言歟今一室之中益一人燭不爲益明去一人燭不爲益闇何愛東壁餘光貧妾不蒙見愛之恩長爲妾不亦可乎莫之能應遂復與夜

高士傳曰老萊子楚人耕蒙山之陽以雚葭爲牆蓬蒿爲室枝木爲床蓍艾爲席

東方朔别傳曰朔書與公孫弘借書曰朔當從甘泉願借外廐之後乘木槿夕死而朝生者士亦不必長貧也

李郃别傳曰公居貧而不好治産有稻田三十畝弟宅一區至京學問常以賃書自給爲人沉深弘雅有大度

郭林宗别傳曰林宗家貧初欲遊學無資就姊夫貸五千錢乃遠至成皐從師受業併日而食衣不蔽形常以蓋幅自鄣出入入則户前出則掩後

邴原别傳曰原字根矩年十一喪父家貧早孤隣有書舍原過其傍而泣師問曰童子何悲原曰孤者易傷貧者易感夫書者必有其父兄一則願其不孤二則羨其得學心中惻然而爲涕零也師亦哀原之言而爲泣曰欲書可書耳

桓階别傳曰階貧儉文帝甞幸其第見諸子無褌文帝摶

手笑曰長者子無褌乃抱與同乘是日拜二子爲郎使黄門賫衣三十襲賜曰卿兒能趍可以褌矣

文士傳曰劉梁字曼山一名岑漢宗室子孫少有清才以文學見貴梁貧恒賣書以供衣食

汝南先賢行狀曰胡定字元安潁川人至行絶人在喪雉兎遊其庭雪覆其室縣令遣户曹掾排雪問定定已絶穀妻子皆卧在床令遣以乾糗就遺之定乃受半

三輔決録曰第五頡字子陵倫小子以清正爲郡功曹至州從事公府辟舉高第侍御史南頓令甘稱病免洛陽無主人鄉里無田宅寄止靈臺中或十日不炊

又曰孫晨字元公家貧不仕居杜城中織箕爲業明詩書爲郡功曹冬月無被有一束藁暮卧中旦燒之

華陽國志曰朱良字雲卿什仿人少受學於蜀郡張寧食

豆屑飲水以諷誦同業憐其貧給米肉不受家貧恒以步行爲郡功曹

世說曰李弘度常歎不被遇殷揚州知其家貧問君能屈志百里不李荅曰北門之歎久已上聞窮猿奔林豈暇擇木遂作鄮縣

俗說曰謝僕射太常詣吳領軍坐久吳留客作食日已中方使婢賣狗供客比得食無氣力可語

又曰劉真長少時居丹徒家至貧織芒屩以養母

說苑曰子思居於衛縕袍無裏二旬九食

西京雜記曰司馬相如初與卓文君至成都文君貧愁懣以所服鷫鸘裘就市人楊昌貰酒遂相與謀還於成都賣酒相如親着犢鼻褌滌器以恥王孫

墨子曰天下有義則富無義則貧

列子曰管仲之相齊君淫亦淫君奢亦奢志合言從道行國霸其後田氏相齊君盈則已降君斂則已施民皆歸之因有齊國若實名貧僞名富也

又曰齊有貧者乞於城市患其亟也衆莫之與遂適田氏之廄從馬醫作役而假食郭中人戲之曰從馬醫而食不以辱乎乞兒曰天下之辱莫過於乞乞猶不辱豈辱馬醫哉

又曰齊之國氏大富宋之向氏大貧自宋之齊請術國氏告之曰吾善爲盜始吾爲盜也一年而給二年而足三年大穰自此往施及州閭向氏大喜喻其爲盜之言而不喻其爲盜之道遂踰垣鑿室手目所及亡不探也未及時以贓罪沒其先君之財向氏以國氏之謬己也往而怨之國氏曰嘻若失爲盜之道天有時地有利吾盜天地之利雲雨之潤吾陸盜禽獸水盜黿鼉亡非盜也夫金玉珍寶穀帛財貨人之所聚豈天之所與若盜之而獲罪孰怨哉

又曰凡爲名者必廉廉斯貧爲名者必讓讓斯賤

莊子曰原憲處魯居環堵之室蓬戶不完桑木爲樞而甕牖上漏下濕匡坐而弦歌子貢乘大馬中紺而表素軒車不容巷往見原憲原憲杖藜而應門子貢曰先生何病也原憲應之曰憲聞無財之謂貧學道不能行之謂病今憲貧也非病也子貢逡巡而退有愧色

又曰孔子謂顏淵曰家貧居卑胡不仕乎對曰不願仕回有郭外之田五十畝足以給饘粥郭內之田五十畝足以爲絲麻鼓琴足以自娛所學於夫子者足以自樂也回不願仕孔子愀然變色曰善哉

又曰莊周家貧故往貸粟於監河侯曰我將得邑貸子三

百金可乎莊周忿作色曰周昨來有中道而呼者顧視車轍有鮒魚焉問之曰子何爲者耶對曰我東海之波臣也君豈有斗升之水而活我哉周曰諾我將南遊吳越之王激西江之水而迎子可乎鮒魚忿然作色曰吾得斗升之水然活耳君乃言此曾不如早索我於枯魚之肆

又曰曾子居衛捉衿而肘見納屨而踵決

又曰河上有家貧恃緯蕭而食者其子沒淵得千金珠謂其子取石來鍛之夫千金之珠必在九重之淵而驪龍之頷下汝得之必遭其睡若龍寤子尚奚珠之有哉

呂氏春秋曰世皆以珠玉爲寶寶愈多而民愈貧失其所寶也

荀卿子曰仁義禮善於人譬若貨財粟米之於家也多有之者富少有之者貧至無有者窮也

又曰子夏貧衣若懸絲人曰子何不仕曰諸侯驕我者吾不爲臣丈夫之驕我者吾不復見也

抱朴子曰洪稟體尫羸兼之多疾貧無車馬不堪徒行荆棘叢於庭宇蒿莠塞乎階霤披榛出門排草入室

淮南子曰貧人夏則披褐帶索唅菽飲水以支暑熱冬則羊裘鮮札短褐不掩形而煬竈口焉爲裘如鎧甲之札言其破壞也煬炙也向竈口之自温煬讀高尚之尚也故其爲編户齊民無以異然貧富之相去也猶人君之與僕虜不足以喻之喻猶方也

又曰人有盜而富者未必富盜有廉而貧者未必廉也

符子曰楚之交子魯之周子齊之狂子三子和與居乎太山之陽處乎環堵之室蓽門不扇蓋茨不翳而弦不輟

鶡冠子曰家富疏族聚居貧兄弟離

漢揚雄逐貧賦曰揚子遁居離俗獨處左鄰崇山右接曠

野鄰垣乞兒終貧且窶禮薄義弊相與羣聚惆悵失志呼貧與語汝在六極投弃荒遐好爲庸卒刑戮如是匪惟幼稚嬉戲土沙居非近鄰接屋連家恩輕毛羽義薄輕羅進不由人退不受呵久爲滯客其意謂何人皆文繡余褐不完人皆稻粱我獨藜飧貧無寶玩何以接歡宗室之宴爲樂不槃徒行負賃出處易衣身服百役手足胼胝或耘或耔霑體露肌朋友道絶進官凌遲厥咎安在職汝爲之舍爾遠竄崑崙之顛爾復我隨翰飛戾天舍爾登山巖穴隱藏爾復我隨陟彼高岡舍爾入海汎彼柏舟爾復我隨載沉載浮我行爾動我靜爾休豈無他人從我何求今汝去矣勿復久留貧曰唯唯主人見逐多言益蚩心有所懷願得盡辭昔我乃祖宣其明德克佐帝堯誓爲典則土階茅茨匪彫匪飾爰及季世縱其昬忒饕餮群貪富苟得鄙我先人乃傲乃驕瑤臺瓊室華屋崇高流酒爲池積肉爲崤是用鵠逝不踐其朝三省吾身謂予無諐處君之家福禄如山忘我大德思我小怨堪寒能暑少而習焉寒暑不忒等壽神仙桀跖不顧貪類不干人皆重蔽子獨露居人皆怵惕子獨無虞言辭既磬色厲目張攝齊而興降階下堂誓將去女適彼首陽孤竹之子與我連行余乃避席辭謝不直請不貳過聞義則服長與爾居終無厭極貧遂不去與我遊息

太平御覽卷第四百八十五

太平御覽卷第四百八十六

人事部一百二十七

窮 凍 餓

窮

説文曰窮極也

韓詩外傳曰田子方出見老馬於道曰何馬也御曰公家畜罷而不爲用故放之田子方曰少盡其力老弃其身仁者不爲也束帛贖之窮士聞之知所歸心矣

論語曰君子固窮小人窮斯濫矣

家語曰楚昭王聘孔子孔子往拜禮焉路出乎陳蔡大夫相與謀曰孔子賢聖其所剌譏皆中諸侯之病若用於楚則陳蔡危矣遂使徒兵距孔子孔子不得行絶糧七日無所通藜羹不充從者皆病

史記曰范睢説秦昭王曰伍子胥槖載而出昭關夜行而晝伏至於陵水無以餬其口膝行匍匐拜稽首肉袒鼓腹吹箎乞於吴市卒興吴國闔廬爲伯使臣得進謀如子胥加之以幽囚終身不復見是臣之説行也

又曰管仲曰吾嘗爲鮑叔謀事而更窮困鮑叔不以我爲愚知時有利不利也

漢書蘇武傳曰單于弟於靬王弋射海上武能結網繳檠弓弩於靬王愛之給其衣食三歲餘王病賜武馬畜服匿穹廬（穹廬旃廬也）王死後人衆徙去其冬丁零盗武牛羊武復大窮

漢獻帝春秋曰王朗降孫策策令使者詰朗曰問逆賊王朗朗受國恩當何報德朗對曰身輕罪重死有餘辜申脰就羈蹴足入絆叱咤聽聲東西唯命

魏氏春秋曰初宣王使何晏治曹爽等獄宣王曰凡有八族晏疏丁鄧等七姓宣王曰未也晏窮急乃曰豈謂晏乎宣王曰是也乃收晏

魏末傳曰曹爽兄弟歸家敕洛陽縣發民八百人使尉部圍爽第四角作高樓令人在上望視爽兄弟舉動爽計窮愁悶持彈到後園中樓上人便唱故大將軍東行爽還廳事上

蜀志曰先主伐吴先主敗引退道隔黄權不得還降魏魏文帝謂權曰君捨逆歸順欲追蹤陳韓耶權對曰臣過受劉氏厚遇降吴不可還蜀無路是以歸命敗軍之將免死爲幸何古人之可慕文帝善之

蜀志曰許靖爲許邵排擯不得齒叙以馬磨自給

王隱晉書曰上攻張方决千金堨水碓不作發王公家奴婢手舂給兵男子自十三以上皆從役於是公私窮踧米石萬錢

晉中興書曰桓玄聞義軍起斬其二將志慮窮塞日與臧道士推筭數厭勝之術

皇甫士安高士傳曰陳仲字子終齊人適楚居於陵自謂於陵子仲窮不苟求非義之食不食

吴越春秋曰越伐吴吴王率其賢良投於胥山越兵大至圍吴三重大夫文種相拜范蠡左手提鼓右手操枹而鼓之於是吴王書其弓矢而射種蠡之軍其辭曰臣聞狡兎已死良犬烹敵國已滅謀臣亡今吴已病也子大夫何不虞之

墨子曰孔子窮陳蔡之間藜羹不糝子路烹豚孔丘不問肉所從來而食之也

荀卿子曰鳥窮則啄獸窮則攫人窮則詐

又曰孔子適楚遊陳蔡之間七日不食子路曰由聞善者天報之福不善者天報之禍今夫子積德義奚居之隱孔子曰由芳蘭生於深林非以無人而不芳君子之學非爲同也居不隱者思不生身不佚者志不廣

莊子曰泉涸魚相與處於陸相呴以濕相濡以沫不若相忘乎江湖

又曰孔子窮於陳蔡之間七日不火良藜羹不糝顏回擇菜子貢相與言曰夫子載逐於魯削迹於衛伐樹於宋窮於陳蔡君子之無耻也若此乎顏回無以應入告孔子孔子推琴喟然而歎曰由與賜細人也召而語之今丘也抱仁義之道以遭世之患其何窮之爲也

尸子曰湯復於湯丘文王幽於羑里武王羈於王門越王棲於會稽秦繆公敗於殽塞齊桓公遇賊晉文公出走故三王資於辱而五伯得於困也

韓子曰魯人身善織屨妻善織縞而徙於越或謂之曰子必窮矣履爲人履之也而越人乘舟縞爲人冠之也而越人被髮欲無窮可得乎

燕丹子曰樊將軍以窮歸我而丹責之心不忍也

淮南子曰今夫窮鄙之社也叩盆拊瓴相和而歌自以爲樂矣（窮鄙之社巷之小社也）窮嘗試爲之擊建鼓撞巨鍾乃始知其瓴之足羞矣

新序曰甯戚欲干齊桓公窮困無以自進於是爲商歌宿於郭門之外擊牛角而歌桓公聞之曰異哉之歌非常人也

雜道書曰地肺之山其下生草名曰救窮如竹冬夏不枯

取而食之可絕穀不食令人長生服之三十日行及走馬

趙壹窮鳥賦曰有一窮鳥戢翼原野畢網加上機穽在下前見蒼隼後逼驅者繳彈張右羿弓彀左飛丸激矢交集於我思飛不得欲鳴不可舉頭畏觸搖足恐墮內獨怖急乍冰乍火

琴操曰孔子使顏淵執轡到匡郭外孔子既似陽虎以爲今復來至乃相率圍孔子數日不解弟子皆有飢色於是孔子仰天而嘆曰君子固亦窮乎子路聞孔子之言悲感勃然大怒張目奮劍聲如鍾鼓顧謂二三子曰使吾有此厄也

司馬彪與山巨源書曰根拔失據託命此別告求矜愍許見賑恤窮人易感悲喜兼懷承命之後情過挾纊

孔舒元在窮記曰遣信與義陽太守孫仲開相聞告其困乏得絹二疋壞車一乘賣得絹三疋以糴得米一石椽三斛食口三十五人百日之中以此自活人皆鶴節無復血色

凍

左傳襄三年曰楚師伐鄭涉於魚齒之下（魚齒山之下有水故言涉也）甚雨楚師多凍役徒幾盡

漢書曰韓王信降匈奴上自將擊之連戰乘勝北至樓煩會寒大雨士卒飢凍

又曰王莽天鳳四年八月莽親之南郊鑄作威斗威斗者以五石銅爲之（五色石銅合治爲威斗也）若北斗長二尺五寸欲以厭勝衆兵既成令司命負之莽出則在前入則御旁鑄斗日大寒百官人馬有凍死者

三輔決録曰鮑恢父爲縣吏有罪令欲殺之恢年十三常

伏門外凍地晝夜號泣令感而赦之

晉元嘉起居注曰徐州刺史王仲德上言下邳僮令郝道益十一月冒寒出郡獲洪冰雪主簿王黑等三人脚悉凍斷

晏子春秋曰景公出遊於寒塗覩死瘠者嘿然不問晏子曰昔吾先君桓公出遊覩飢者與食病者與財今君遊寒塗飢寒凍餒死瘠相望而君不問失君道矣公於是歛死瘠發粟賑貧三月不出遊

吕氏春秋曰戎夷違齊如魯天大寒而後門與弟子宿於郭外寒愈甚謂弟子曰子與我衣我活我與子衣子活我國士也爲天下惜死子不肖人不足愛也子與我衣弟子曰夫不肖人惡能與國士衣哉戎夷解衣與弟子夜半而死弟子遂活

琴操曰曾子幼少慈仁質孝耕於太山之下遭天霖雨雪寒旬月不得歸乃作憂思之歌

餓

禮記檀弓曰齊大饑黔敖爲食於路以待餓者而食之有餓者蒙袂戢屨貿貿然來黔敖左奉食右執飲曰嗟來食揚其目而視之曰予唯不食嗟來之食以致於斯也嗟來食雖閔而呼之非敬辭也從而謝焉終不食而死

左傳宣上曰晉侯飲趙盾酒伏甲將攻之初宣子田於首山舍於翳桑田獵也翳桑桑之多陰翳者也見靈輒餓問其病靈輒晉人曰不食三日矣食之舍其半問之曰宦三年矣未知母之存否今近焉請以遺之使盡之而爲之簞食與肉寘諸橐以與之既而輒爲公介靈輒爲公甲士倒戟以御公徒而免之問其何故曰翳桑之餓人也問其名居不告而退

論語季氏曰齊景公有馬千駟死之日民無德而稱焉伯夷叔齊餓于首陽之下民到于今稱之

史記曰趙主父遊沙丘公子章作亂李兌起兵敗之章徃走主父兌因圍主父宮令宮人後出者夷主父不得出探雀鷇而食之三月遂餓死沙丘營

又曰上使善相人相鄧通曰當貧餓死文帝曰能富通者在我何謂貧於是賜鄧通蜀嚴道銅山得自鑄錢景帝立有告鄧通盜出徼外鑄錢下吏驗問頗有遂案盡没入一簪不得著身遂餓死

又曰條侯周亞夫爲河内守時許負相之曰後三歲而侯八歲爲將相持國柄貴矣於人臣無兩其後九歲而君餓死負指其口有從理入口曰此餓死法也三歲其兄絳侯有罪文帝擇絳侯子賢者皆推亞夫乃封亞夫爲條侯卒餓死

又曰趙王友以諸吕女爲后弗愛太后怒召趙王置邸弗與食趙王餓遂幽死

戰國策曰楚伐中山中山君亡走有二人挈戈隨其後曰臣父嘗餓且死君下壺飧餔臣父臣父曰中山有事女必死之故來死君也

漢書曰朱買臣獨行歌道中負薪墓間故妻與夫家俱上塚見買臣飢寒呼飯食之

又曰蘇武字子卿杜陵人使匈奴匈奴必欲降之乃幽置大窖中絕不與飲食天雨雪武齧雪與旃毛并咽之數日不死匈奴以爲神乃徙武北海上無人之處使牧羝羊粟食不至掘野鼠草實而食之

又曰元帝即位天下大水關東郡十一尤甚二年齊地飢

穀石三十餘萬民多飢死琅琊郡人相食
又曰王莽末赤眉遂燒長安宮室市里害更始民飢餓相
食死者數十萬長安爲虛城中無行人宗廟園林皆發掘
唯霸陵完
東觀漢記曰王莽末南方枯旱民多飢餓群盜入野澤掘
鳬茈食之
又曰建武九年正月隗囂餓出城飡糗腹脹死
又曰朱勃上書理馬援曰八年車駕討隗囂唯獨狄道爲
國堅守然民飢饉啖弩炙履寄命漏刻
又曰上問第五倫曰聞卿爲吏搠妻父不過從兄飯寧有
之也倫對曰臣三娶妻皆無父臣生遭饑饉米石萬錢
不敢妄過人飯
又曰王郎起上自薊東南馳晨夜草舍至饒陽無蔞亭時

天寒冽衆皆飢疲馮異上豆粥明旦上謂諸將曰昨得公
孫豆粥飢寒俱解
又曰鄧禹與赤眉戰赤眉佯敗棄輜重走皆載土以豆覆
其上兵士飢爭取之赤眉引還擊之軍潰亂時百姓餓人
相食黄金一斤易豆五升道路斷隔委輸不至軍士悉以
菓實爲粮
又曰耿恭在疏勒城救兵不至數月食盡窮困乃煮鎧弩
食其筋革
謝承後漢書曰天下亂人相食趙孝弟禮爲餓賊所得孝
聞之即自縛詣賊曰禮久餓羸瘦不如孝肥飽賊大驚並
放之
袁山松後漢書曰赤眉入長安掖庭中有數百千人自更
始敗閉殿門不出掘庭中蘆菔根捕池中魚食之死因埋

宮中有故祠甘泉樂人尚共擊鼓歌儛衣服鮮明見盆子
叩頭言飢盆子使中黄門禀之粟數斗後盆子去皆餓死
范曄後漢書曰鄧禹威稍損又乏食歸附者離散而赤眉
復還入長安禹與戰敗走至高陵軍士飢餓皆食棗菜
漢獻帝傳曰車駕至洛陽是時宮室燒盡百官披荆棘依
丘牆間州郡各擁強兵而委輸不至羣僚飢乏尚書郎以
下自出採穭或餓死牆壁間
吳志曰袁術在壽春穀石百餘萬載金錢之市求糴市無
米而棄錢去百姓飢寒以桑椹蝗蟲爲乾飯
王隱晉書曰永嘉五年洛中大飢五月摯虞餓死
又曰劉琨與丞相牋曰不得進軍者實困無食殘民鳥散
擁騷徒跣木弓一張荆矢十發編草盛粮不盈二日夏即
桑椹冬則營豆視此哀歎使人氣索恐吳孫韓白猶或難

之況以琨怯弱凡才而當率此以殄強寇
晉中興書曰王尼字季孫洛陽覆没避亂江夏王澄時爲
荆州剌史見之欣喜厚供給之尼早喪婦止有一息不用
居宅唯畜露車牛一乘每行輒使兒御暮則宿車上無有
定處澄卒荆州飢荒尼殺牛壞車煑之遂父子餓死
晏子春秋曰越石父凍餓爲人臣僕三年矣晏子解左驂
贖之
文子曰神農之法丈夫丁壯不耕天下有受其餓者
孟子曰陳仲居於陵三日不食耳目無聞見井上有李螬
食實者過半矣匍匐往將食之三咽而後耳目有聞見
韓子曰秦大饑應侯謂王曰吾苑之草蔬橡菓棗栗足以
活民請發之王曰今發吾苑以活民是使有功與無功爭
取也人生而亂不如死而治

賈誼新書曰虢君驕恣晉伐之出走逃於山中遂餓死爲禽獸食之

風俗通曰俗説大餓不在一車飯謂正得一車飯不復活也

符子曰惠子家窮餓數日不舉火乃見梁王王曰夏麥方孰請以劉子可乎惠子曰施方來遇羣川之水長有一人溺流而下呼施救之施應曰吾不善游方將爲子告急於東越之王簡其善游者以救子可乎溺人曰我得一瓢之力則活矣子方告急於東越之王簡其善游者以救我是不如求我於重淵之下魚龍之腹矣

世說曰郗公遭永嘉喪亂窮餓鄉人共食之公常携兄子外甥二小兒往食鄉人曰各自窮餒以君之賢共欲存君耳恐不能兼食公於是獨往食訖輒含飯着頰還吐與二兒後並得存

幽明録曰樂安縣故市經荒亂人民餓死枯骸填地每至天陰將雨輒聞吟嘯呻歎聲聒於耳

古艷歌曰行不隨道經歷山陂馬啖栢葉人啖栢脂不可當飽聊可過飢

傅玄詩曰炎旱歷三時天運失其道河中飛塵起野田無生草一飡重丘山哀之以終老君無半粒儲形影不相保

太平御覽卷第四百八十六

太平御覽卷第四百八十七

人事部一百二十八

哭

禮記曰孔子哭子路於中庭有人弔者而夫子拜之既哭進使者而問故使者曰醢之矣遂命覆醢

又曰伯高死於衛赴於孔子孔子曰吾惡乎哭諸兄弟吾哭諸廟父之友吾哭諸廟門之外師吾哭諸寢朋友吾哭諸寢門之外所知吾哭諸野於野則已䟽於寢則已重夫由賜也見我吾哭諸賜氏遂命子貢爲之主曰爲爾哭也來者拜之

又曰子夏喪其子而喪其明曾子弔之曰吾聞之也朋友喪明則哭之

又曰哭有二道有愛而哭之有畏而哭之

又曰孔子惡野哭者（謂其變衆）

又曰穆伯之喪敬姜晝哭文伯之喪晝夜哭孔子曰知禮矣（喪夫不夜哭嫌思情性也）文伯之喪敬姜據其牀而不哭曰昔者吾有斯子也吾將以爲賢人也吾未嘗以就公室今及其死也朋友諸臣未有出涕者而內人皆行哭失聲　斯子也必多曠於禮矣夫

又曰孔子過泰山側有婦人哭於墓者而哀夫子式而聽之使子貢問之曰子之哭一似重有憂者曰然昔吾舅死於虎吾夫又死焉今吾子又死焉夫子曰何爲不去曰無苛政夫子曰小子識之苛政猛於虎

又曰陽門之介夫死司城子罕入而哭之哀晉人之覘宋者反報於晉侯曰陽門之介夫死子罕哭之哀而民說殆未可伐也孔子聞之曰善哉覘國者乎

又曰朋友之墓有宿草而不哭焉（宿草陳根也謂朞年）

又曰曾申問於曾子曰哭父母有常聲乎曾子曰中路嬰兒失其母焉何常聲之有（言其若小兒亡母啼號安得常聲乎）

又曰斬衰之哭若往而不反齊縗之哭若往而反大功之哭三曲而偯小功緦麻哀容可也

左傳曰衛叔武將沐聞君至喜捉髮走出前驅射而殺之公知其無罪也枕其股而哭之

又曰孟明西乞白乙使出師于東門之外蹇叔哭之曰孟子吾見師之出而不見其入

又曰秦伯素服郊次嚮師而哭曰孤違蹇叔以辱二三子孤之罪也

又曰子產歸未至聞子皮卒哭且曰吾已無爲爲善矣唯夫子知我

又曰昭二十一年七月日蝕大夫叔輒莅事而哭昭子曰叔輒將死矣非所哭也八月叔輒卒

又曰申包胥如秦乞師秦伯使辭焉曰寡人聞命矣子姑就館將圖而告對曰寡君對越在草莽未獲所伏下臣何敢即安立依於庭牆而哭日夜不絕聲勺飲不入口七日秦師乃出

論語曰顔淵死子哭之慟從者曰子慟矣曰有慟乎非夫人之爲慟而誰爲

家語曰公父文伯卒其妻妾皆行哭失聲敬姜戒之曰吾聞好外者士死之好內者女死之今吾子早夭吾惡其以好內聞也

史記曰高祖夜經澤中前有大蛇當道拔劍斬蛇後人來至蛇所有一老嫗夜哭人問何哭嫗曰人殺吾子吾子白

帝子也化爲蛇當道今者赤帝子斬之故哭人以嫗爲不誠欲以苦之因忽不見

又曰鄭相子產卒鄭人皆哭泣悲之如亡親戚孔子與子產如兄弟及聞死爲泣曰古之遺愛也

漢書曰何並字子廉爲潁川太守代陵陽嚴詡官屬祖道詡據地哭曰吾哀潁川士我以柔弱徵必選剛猛代代到將有僵仆者故相弔耳並至果大殺戮

又曰王莽末兵起莽憂不知所出崔發言周禮及春秋左氏國有大灾則哭以厭之故易稱先號咷而後笑宜呼嗟告天莽自知敗乃率群臣南郊陳符命本末仰天撫心大哭諸生小民會旦夕哭爲設飧粥甚悲哀及能誦策文者除以爲郎至五千餘人

謝承後漢書曰許慶字子伯家貧爲郡督郵乘牛車鄉里

號曰軺車督郵慶嘗與友人談論漢無統嗣幸臣專勢世俗衰薄賢者放退慨然據地悲哭時稱許子伯哭世

華嶠後漢書曰趙一造河南尹羊陟不得見一以公卿中非陟無足與託名日往其門尋陟自強通陟卧未起一徑上堂臨之曰竊伏西州抱高風舊矣乃今方遇而便忽然柰何命也因舉聲哭堂下大驚陟延與語大奇之明往詣一紫車草屛露宿其傍左右皆驚愕

東觀漢記曰逢萌素明陰陽知莽將敗攜家屬於遼東乃首戴盆盎哭於市言曰新乎新乎遂潛藏

漢名臣奏曰漢得陰山匈奴長老過之未嘗不哭

魏志曰太祖擊黃巾濟北相鮑信鬭死購求信喪不得乃刻木如信形狀祭而哭焉

又曰初蘇則及臨淄侯植聞魏氏代漢皆發憤悲哭文帝聞植如此而不聞則也嘗從容曰吾應天受禪而聞有哭者則謂爲見問鬚髯悉張欲正論以對侍中傅巽掐則掐苦洽曰不謂卿也乃止

吳志曰孫策薨以事授權權哭未及息策長史張昭謂權曰孝廉此寧哭時耶乃改易權服扶令上馬

晉書曰顧榮素好琴及卒家人常置琴於靈座吳郡張翰哭之慟既而上牀鼓琴數曲撫琴而歎曰顧彥先復能賞此不因又慟哭不弔喪主而去

又曰顧愷之桓溫引爲大司馬參軍甚見親昵溫薨後愷之拜溫墓賦詩云山崩溟海竭魚鳥將何依或問之曰卿重桓公乃爾哭狀其可見乎荅曰聲如振雷破山淚如傾河注海

又曰阮籍居喪毀骨立幾致滅性裴楷往弔之籍散髮箕踞

醉而直視楷弔哭畢便去或問楷凡弔者主哭客乃爲禮籍既不哭君何爲哭楷曰阮方外之士故不崇禮典我俗中之士故以軌儀自居

又曰秦秀性忌讒疾之如讎素輕鄙賈充及伐吳之役聞其爲大都督謂所親曰充文案小才乃居伐國大任吾將哭以送師或止秀曰昔蹇叔知秦軍必敗故哭送其子耳今吳君無道國有自亡之形群卒踐境將不戰而潰子之哭也既爲不知乃有不救之罪於是乃止

又曰魏舒子混字延廣清慧有才行爲太子舍人年二十七先舒卒朝野咸爲舒悲舒每哀慟退而歎曰吾不及莊生遠矣豈以無益自損乎遂不復哭

又曰王敦起郭璞爲記室參軍是時潁川陳述爲大將軍掾有美名爲敦所重未幾而沒璞哭之哀甚呼曰嗣祖嗣

祖焉知非福未幾而新作難

又曰阮籍時率意獨駕不由徑路車迹所窮輙慟哭而返

又曰衛玠卒謝琨哭之慟曰棟梁折不覺哀也

王隱晉書曰愍懷太子爲賈后所害詔立臧爲太孫趙王行太傅趙王與太孫俱之東宮車服侍從皆愍懷之舊也列銅駞街宫人哭侍從者皆哽咽路人泣焉

又曰阮籍隣家處女有才色女未嫁而死籍不識其父兄徑往哭之盡哀而去

晉安帝紀曰廣州刺史吳隱之字處默少有孝行遭母憂哀毁過禮太常韓康伯隣居康伯之母楊州刺史殷浩之姝聰明婦人也隱之每哭康母輙輟車流涕悲不自勝既而語康伯曰汝後若居銓衡當用如此輩人及康伯爲吏部尚書追隱之

晉中興書曰征北大將軍褚裒遣督護王堪迎流民軍次代陂爲石遵所破死傷過半裒還京聞哭聲甚衆問何哭之多左右曰代陂之役也裒恥恨發疾而薨

沈約宋書曰劉愼字德願爲秦郡太守德願爲性麤率世祖所狎侮上寵姬殷氏葬畢至墓謂德願曰卿哭貴妃若悲者當加厚賞德願應聲便號慟撫膺擗踊涕泗交横上甚悅以爲豫州刺史上又令醫術人羊志哭殷氏志亦嗚咽他日有問志者卿那得此副急淚志時新喪愛姬荅曰我爾日哭亡妾耳

崔鴻前燕録曰高商渤海人也剛毅嚴重好學有事幹爲范陽太守聞兄開戰没悲哭歐血病不能起扶杖乃行慕容儁召見商泣謂左右曰自古友于之篤未有如商者也拜昌黎太守商泣曰臣兄亡於此郡臣故不忍爲之儁愍而授遼西

陳書曰張昭有至性及父卒兄弟並不衣綿帛不食鹽醋日唯食一升麥屑粥而已每一感慟必致歐血隣里聞其哭聲皆爲之涕泣

隋書曰周羅睺進授大將軍其年冬帝幸雒陽陳主卒羅睺請一臨哭帝許之縗絰送至墓所葬還釋服而後入朝帝甚嘉尚世論稱其有禮

唐書曰有鄭人唐衢者應進士乂而不第能爲歌詩意多感發見人文章有所傷歎者讀訖必哭涕泗不能已每與人言論既相别發聲一號音詞哀切聞之者莫不悽然泣下甞客遊太原屬戎帥軍宴衢得預會酒酣言事抗音而哭一席不樂爲之罷會故世稱唐衢善哭爲名流稱重若此終不登一命而卒

又曰李光弼兼范陽長史河北節度使拔趙郡自禄山反常山爲戰場死人蔽野光弼酹其屍而哭之

又曰韋昭度知政事與李磎並命時宰相崔昭緯專政惡李磎之爲人降制之日令知制誥劉崇魯哭麻以沮之

晏子春秋曰景公游臨淄聞晏子卒公乘而驅之自以爲遲下車而趍知不若車之速又乘比至國四下而趍行哭至伏尸號曰今天降禍齊國不加寡人加於夫子社稷危矣百姓誰告

文子曰九夷八狄之哭異聲而皆哀

列子曰李梁之死楊朱望其門而不哭（蓋生之達以至於亡故無所哀）隨梧之死楊朱撫其尸而哭（生不幸而死故可哀也）

又曰將陰夢火將病夢食飲酒者憂歌儛者哭

又曰韓娥東之齊過逆旅逆旅人辱之韓娥因曼聲哭（曼聲長引）

一里老幼悲愁垂涕相對

孟子曰華周杞梁之妻善哭其夫而變國俗

韓子曰子產晨出聞婦人哭撫其御手而聽之有閒使執而問焉則手殺其夫者異日御問夫子何以知之曰凡人之於其所親愛也始病而憂臨死而懼已死而哀今夫已死不哀而懼是以知其姧也

淮南子曰故哭之發於口涕之出於鼻此皆憤於中而形於外也

又曰楊子見衢而哭之為其可以南可以北

韓詩外傳曰孔子行聞哭聲甚悲孔子曰驅之前有賢者至則臯魚也被褐擁鎌哭於道傍孔子避車而與之言曰子非有喪何哭悲也臯魚曰吾失之三少而好學周流諸侯以後吾親失之一也高吾志簡吾事不事庸君失之二

也少擇交遊寡於親友老而無託失之三也樹欲靜而風不止子欲養而親不待往而不可追者年也去而不可得見者親也吾請從此辭矣立槁而死

又曰孔子出遊少原之野有婦人中澤而哭其音甚哀孔子使弟子問焉婦人曰嚮者刈蓍薪亡吾蓍簪吾是以哀弟子曰刈蓍薪而亡簪有何悲焉婦人曰非悲傷亡簪也哀其亡故

賈誼新書曰鄒穆公死鄒之百姓若失慈父行哭三月四境之隣於鄒者士民嚮方道而哭沽家不售其酒屠者罷刑而歸遨童不謳歌舂者不相杵

博物志曰文王以周公為灌壇令朞年風不鳴條文王夢見一婦人甚美當道哭曰我東太山女嫁為西海婦而灌壇令當路有道德吾不敢以風雨過

列女傳曰齊人杞梁襲莒戰而死其妻乃就夫尸於城下哭之七日而城崩妻遂投淄水而死

車頻秦書曰符登率萬人直到姚萇營下同聲哭哀號動地萇忌惡之與其衆議亦哭相應

說苑曰孔子晨立堂前聞哭者聲音甚悲孔子援琴鼓之其音同也孔子出顏回曰今者有哭其音甚悲非獨哭死哭生離也孔子曰何以知之回曰以九山之鳥知之孔子使人問之曰今者父死家貧賣子以葬

又曰季康子謂子游曰仁人者愛人乎曰然人亦愛之乎曰然康子曰子產死鄭人丈夫捨玦珮婦人捨珠珥夫婦巷哭之三月不聞竽瑟

又曰鮑叔死管仲哭之泣下如雨從者曰非君臣 父子也管仲曰生我者父母知我者鮑子士為知己者死而況為之哀乎

劉向說苑曰晉文公入國至於河令棄籩豆茵席顏色黎黑手足胼胝者在後舅犯聞之中夜而哭文公曰吾亡也十有九年矣今將還國夫人不喜哭何對曰籩豆茵席所資者也而棄之顏色黎黑手足胼胝所以執勞苦者也而皆後之不勝其哀故哭也文公曰禍福利害有不與舅氏共之者有如河水

魏文典論曰上洛都尉王琰獲高幹以封侯其妻哭於內為琰富貴更取妾故也

語林曰王武子葬夕孫子荊哭之甚悲賓客莫不為垂涕哭畢向靈座曰卿常好驢鳴今為君作驢鳴既作聲似真賓客大笑孫聞笑顧謂曰諸君不死令王武子死乎賓客莫不皆怒須更之閒或悲或笑或怒古詩曰嗚呼哭泣如吹胡笳

太平御覽卷第四百八十七

太平御覽卷第四百八十八

人事部一百二十九

泣　悲　啼　涕

泣

說文曰：泣無聲出涕也

易曰乘馬班如泣血漣如

詩曰瞻望弗及佇立以泣

又曰不見復關泣涕漣漣

禮記曰高子羔執親之喪泣血三年未嘗見齒君子以爲難

又曰弁人有其母死而孺子泣者孔子曰哀則哀矣而難爲繼也

左傳曰楚令尹子元欲蠱文夫人爲館於其宮側而振萬

焉夫人聞之泣曰先君以是舞也習戎備也今令尹不尋諸仇讎而置館於未亡人之側不亦異乎

又曰叔孫婼聘于宋宋公與之宴飲酒樂宋公使昭子右坐右相泣樂祁佐退而告人曰今茲君與叔孫其皆死乎吾聞之哀樂而樂哀皆喪心也何以能久

又曰宋公子地有白馬四公嬖向魋魋欲之公取而朱其尾鬣以與之地怒使其徒奪之魋懼將走公閉門而泣之目盡腫

國語曰叔向見司馬侯之子撫之而泣曰自其父死也吾蔑與比而事君也昔者其父始之我終之我始之夫子終之

史記曰荊軻與高漸離飲於燕市酒酣漸離擊筑軻和而歌之於市中相樂已而相泣傍若無人

又曰戚姬愛幸生趙王如意嘗從高祖於關東日夜啼泣欲立如意爲太子

又曰竇皇后兄長君弟曰竇廣國字少君年五歲時家貧爲人所略賣之長安聞皇后新立廣國上書自陳后言之文帝召見具言其故於是后持之而涕泣交橫下侍御左右皆伏地泣助皇后悲哀

又曰漢高帝欲自擊陳豨蒯成侯周緤泣曰始滅秦定天下未嘗自行是爲無人可使者乎

漢書曰上朝東宮趙談參乘袁盎伏車前曰聞天子所共六尺輿皆天下豪英今漢雖乏人陛下獨柰何與刀鋸之餘載於是上遣下談泣下車

又曰李陵與蘇武別置酒起舞歌曰萬里兮度沙漠爲君將兮奮匈奴路窮絕兮矢刃摧士衆滅兮名已頹老母已

死雖欲報恩將安歸陵泣下數行因與武決

又曰高祖破黥布軍還過沛置酒沛宮酒酣上慷慨傷懷泣下數行

東觀漢記曰更始害齊武王光武飲食語笑如平常獨居輒不御酒肉枕席有涕泣處

又曰來歙與蓋延攻公孫述將王元破之蜀人大懼使刺歙歙未死馳告蓋延延見歙伏悲不能仰視歙叱曰故呼卿欲屬以軍事而返効兒女子泣涕乎延收淚強起受所誡歙自書表投筆抽刃而死

又曰章帝東巡狩祠泰山還幸東平王宮涕泣沾襟

楚漢春秋曰惠帝崩呂太后欲爲高墳使從未央宮坐而見之諸將諫不許東陽侯垂泣曰陛下日夜見惠帝塚悲哀流涕無已是傷生也臣竊哀之於是太后乃止

吳志曰孟宗爲驃騎朱據軍吏將母在營旣不得志又夜雨屋漏因起涕泣以謝母母曰但當自勉之何足泣也

晉書曰羊祜卒南州人罷市哭聲相接吳守邊將士亦爲之泣

隋書曰李穆從太祖擊齊師於邙山太祖臨陣墮馬穆突圍而進以馬策擊太祖而詈之授以從騎潰圍俱出賊見其輕侮謂太祖非貴人遂緩之以故免旣而與穆相對泣顧謂左右曰成我事者其此人乎

又曰李崇守永隆英果有籌筭膽力過人初以父賢勳封迴樂縣侯時年尚小拜爵之日親族相賀崇獨泣賢怪而問之對曰無勳於國而幼少封侯當報主恩不得終於孝養是以悲耳賢由此大奇之

孔叢子曰費子陽謂子思曰吾念周室將滅涕泣不可禁也子思曰然今以一人之身憂世之不治而涕泣不禁是憂河水之濁而以泣清之也其爲無益莫大焉

又曰子高曰泣有二焉大姦之人以泣自信婦人懦夫以泣著愛

尸子曰曾子每讀喪禮泣沾襟

呂氏春秋曰吳起治西河之外王錯譖於魏武侯使人召之吳起至於岸門岸門邑名止車而望西河泣數行而下其僕謂吳起曰竊觀公之意釋天下若釋躧今去西河而泣何也吳起曰今君聽讒人之言而不知我西河之爲秦不久矣魏國從此削乎起果去入楚有閒西河入秦

說苑曰聖人於天下也譬猶一堂之上今滿堂飲酒有一人向隅而泣則一堂之人皆不樂矣

又曰禹出見辠人問而泣之左右問其故禹曰堯舜之民皆以堯舜之心爲心今吾爲君百姓皆以其心爲心是以痛之

又曰蔡威公閉門而哭三日泣盡繼以血其隣窺牆問曰何故哭悲荅曰吾國且亡吾聞病之將死不可爲良醫國之將亡不可爲計謀吾數諫吾君不用是知將亡

續晉陽秋曰司馬文王問劉禪曰頗思蜀不禪曰此間樂不思蜀也郤正見禪曰若王後問宜泣有以荅會王復問禪曰先人墳墓遠在隴蜀乃心西望無日不思因閉眼王曰何乃似郤正語耶禪驚視曰如尊命

汝南先賢傳曰蔡順母畏雷後卒每有雷震順輒環塚泣曰順在此

王充論衡曰昔周人有仕不遇年老白首涕泣於塗者人或問何爲泣乎對曰吾仕數不遇自傷年老失時是以泣

又曰蘇秦張儀學從横之術於鬼谷先生先生曰能說我泣出則能分人主之地矣秦說鬼谷先生泣沾襟

劉向新序曰周舍事趙簡子居無幾舍死簡子與諸大夫飲酒酣泣曰百羊之皮不如一狐之腋衆人之唯唯不如周舍之諤諤自舍死未嘗聞吾非也吾國幾亡乎是以垂泣也

文士傳曰張叔序字彦真遇黨錮去官道逢其友人相與語天下云嫉害忠良豈但道之不行恐將不免二人相向而泣有老人過嗟曰二大夫何泣之悲哉龍不隱鱗鳳不藏羽羅網高懸憂在機後泣將何及二人欲與之語不顧而去

梁江淹泣賦曰秋日之光流于以傷露離披而殺草風清冷而繞堂憊尺折而寸斷蒐一逝而九傷歎潺湲兮沫袖

泣嗚咽今涕裳尋夫景君齊山荆公燕市孟嘗聞琴馬遷廢史少卿悼躬夷甫傷子皆泣緒如絲詎能仰視

後漢張奐與張公超書曰下筆愴悢泣先言流

悲

毛詩曰春日遲遲采蘩祁祁女心傷悲

家語曰閔子三年之喪畢見孔子孔子與之琴撫弦切切而悲

史記曰項王軍垓下兵少食盡漢四面皆楚歌項王乃大驚曰漢巳盡得楚矣乃悲歌慷慨

范曄後漢書曰明帝嘗謁原陵夜夢先帝太后如平生忻對旣寤悲不能寐明旦遂率百官上陵帝徒步前伏御牀視太后鏡奩中物感慟悲泣左右皆泣莫能仰視也

吳錄曰張武父業爲郡門下掾還家遇賊鬬死武時幼不

識父每至節日輙持父遺劒到亡處設祭悲動路人

吳志曰顧雍爲相十九年年七十六卒初疾微時權令醫趙泉視之拜其少子濟爲騎都尉雍聞悲曰泉善别死生吾必不起故上欲及吾自見濟拜也

晉書曰羊祜樂山水每因風景必造峴山置酒言詠終日不倦嘗慨然歎息顧謂從事中郎鄒湛等曰自有宇宙便有此山由來賢達勝士登此遠望如我與卿者多矣皆湮滅無聞使人悲傷如歲後有知魂魄猶應登此也湛曰公德冠四海道嗣前哲令望必與此山俱傳至若湛輩乃當如此公言耳

莊子曰宋桓侯築蘇宮使蔡謳爲士唱也觀者數百倍去之無有悲色君乃賞蔡

呂氏春秋曰周有申喜亡其母聞乞人歌於門下而悲之動於顔色謂門者内乞人歌者自見而問焉與之語是其母也

淮南子曰木葉落而長年悲

列女傳曰魯七室邑之四者一邑七宫也過時未適人當穆公之時君老太子幼女倚柱而嘯傍人聞之心莫不爲之慘慘者隣人婦謂曰何嘯之悲欲嫁乎吾爲子求偶七室女曰豈爲嫁之故不樂而悲哉吾憂魯君老而太子少也

秦州記曰隴西郡東一百六十里得隴山山東人西役外此而顧瞻者莫不悲思

楚辭曰悲者秋之爲氣兮草木摇落而變衰

漢李陵與蘇武書曰胡地玄冰邊土慘烈但聞悲風蕭條之聲胡笳互動牧馬悲鳴吟嘯成羣邊聲四起晨坐聽之不覺淚下嗟吁子卿陵獨何心能不悲哉

梁庾信哀江南賦序曰不無危苦之辭唯以悲哀爲主

啼

爾雅曰猩猩小而好啼郭璞云似小兒啼

左傳曰齊襄公田于貝丘見豕從者曰公子彭生也公怒曰彭生敢見射之豕人立而啼

漢書曰王莽避火宣室前殿火輙隨之宫人婦女啼呼曰當柰何

東觀漢記曰劉盆子字十五被髮徒跣卒見衆拜恐怖啼泣

又曰樂恢字伯奇父親爲縣吏有罪令欲殺之恢年十一常伏寺東門外凍地晝夜啼泣令乃出親

魏略曰張遼爲孫權所圍遼潰圍出復入權衆破走由是威震江東兒啼不肯止者其父母以遼恐之

晉書曰桓溫字元子宣城太守彝之子也生未朞而太原溫嶠見之曰此兒有奇骨可試使啼及聞其聲曰眞英物也

蔡琰別傳曰琰在胡中十二年有二男捨之而歸作詩云家既迎兮當歸寧兒呼毋兮啼失聲我掩耳兮不忍聽

風俗通曰桓帝元嘉中婦人作啼粧者薄拭目下作啼處起梁冀家天下皆效之天戒若曰冀婦女將收啼也

語林曰董昭爲魏武帝重臣後失勢文明世入爲衛尉昭乃厚加意於侏儒正朝大會侏儒作董衛尉啼面言昔太祖時事舉坐大笑明帝悵然不怡月中爲司徒

又曰胡廣本姓黃五月生父毋置諸甕中投之于江胡翁見甕流下聞有小兒啼聲往取因以爲子遂登三司

涕

說文曰涕鼻液也

易曰齎咨涕洟無咎

毛詩曰眷言顧之潸焉出涕

又曰之子于歸遠送于野瞻望弗及泣涕如雨

禮記曰孔子合葬於防封之崇四尺雨甚至孔子問門人曰爾來何遲曰防墓崩孔子泫然流涕曰古者不修墓

又曰孔子之衛遇舊館人之喪入而哭之哀出使子貢說驂而賻之子貢曰無乃已重乎夫子曰予嚮者哭之遇一哀而出涕予惡夫涕之無從也小子行之

又曰將軍文子既除喪而後越人來弔主人深衣練冠待于廟垂涕洟

公羊傳曰西狩獲麟非中國獸孔子曰孰爲來哉反袂拭面涕沾袍也

國語曰公父文伯卒其毋戒其妾曰無洵涕無聲涕出爲洵涕

漢書曰李將軍恂恂如鄙人口不能出辭及死之日天下知與弗知皆爲流涕彼其忠誠信於士大夫也

又曰揚雄怪屈原不容於世作離騷自投江而死悲其文讀之未嘗不流涕

吳志曰凌統病卒時年二十九權聞之拊牀而起哀不能自止數日減膳言及流涕使張承爲作銘誄

晉書曰桓溫自江陵北伐經金城見少爲瑯琊時所種柳皆已十圍慨然曰樹猶如此人何以堪攀枝執條泫然流涕

春秋後語曰荆軻將行太子及賓客知其事者二十餘人皆白衣冠以送之至易水之上既祖取道高漸離擊筑荆軻和歌爲濮上聲士皆流涕

說苑曰雍門周以琴見孟嘗君孟嘗君曰先生鼓琴亦能令文悲乎周曰夫千秋萬世之後高臺既已壞曲池既已毁墳墓既已下嬰兒豎子樵採者躑躅其足而歌其上夫以孟嘗君尊貴乃若是乎於是孟嘗君泫然涕流曰令文立若破國亡邑之人

太平御覽卷第四百八十八

太平御覽卷第四百八十九

人事部一百三十

別離

毛詩曰出宿于濟飲餞于禰

又曰申伯言邁王餞于郿

又曰挑兮撻兮在城闕兮一日不見如三月兮

又曰燕燕于飛差池其羽之子于歸遠送于野瞻望弗及泣涕如雨

又曰送子涉淇至于頓丘

又曰我送舅氏曰至渭陽

又曰出宿于沛飲餞于祢

又曰顯父餞之清酒百壺

又曰有女仳離慨其歎矣

禮記曰嫁女之家三夜不息燭思相離也

左傳昭四年鄭六卿餞宣子於郊宣子曰二三子請賦詩起亦以知鄭志子齹賦野有蔓草子產賦羔裘子太叔賦褰裳子游賦風雨子旗賦有女同車子柳賦蘀兮宣子喜曰二三子以命貺起賦不出鄭志二三君子皆數世之主也

家語曰孔子去周而老子送之曰吾聞富貴送人以金仁者送人以言吾雖不能富貴而竊仁者之號請送子以言凡當世之聰明深察而近於死者好譏人者也博辨宏大而危其身者好發人之惡者也孔子曰敬奉教

又曰孔子在衛晨興顏淵侍有哭者甚哀回曰此哭非獨哀死又悲生離也孔子曰何以知之對曰回聞恒山之鳥生四子焉羽翼既成將分離悲鳴以相送哀有類於此矣

史記曰魯人或惡吳起曰起之爲人猜忍人也其少時家累千金將仕不遂遂破其家鄉黨笑之起殺其謗己者三十餘人而東出衛郭門與其母訣齧臂而盟曰起不爲卿相不復入衛

又曰貳師將軍李廣利將兵擊匈奴丞相劉屈氂爲祖道送渭橋與廣利別

又曰疏廣疏受父子並爲皇太子師傅朝廷以爲榮在位歲久廣謂受曰吾聞知足不辱知止不殆功遂身退天之道也今仕官至二千石宦成名立如此不去懼有後悔即日父子俱稱病乞骸骨上以其年篤老皆許之加賜黃金二十斤皇太子賜以五十斤公卿大夫故人邑子爲設祖道供帳東都門外蘇林注曰長安東郭門也送者車數百兩辭訣而去及道路觀者皆曰賢哉二大夫或歎息爲之下泣

又曰肅宗遣諸王歸國帝特留東平王蒼賜以秘書列仙圖道術秘方至八月飲酎畢有司復奏遣蒼乃許之手詔賜蒼曰骨肉天性誠不以遠近親疏然數見顏色情重昔時中心戀戀惻然不能言於是車駕祖送流涕而訣復賜乘輿服御珍寶輿馬錢布以億萬計

又曰赤眉兵盛乃拜鄧禹前將軍持節西征自選可與俱者於是凡將六將軍吏二萬人禹辭訣上自從輕騎數百送至野鄧禹不能定赤眉乃遣馮異代禹討之車駕送至河南賜以乘輿七尺劍敕異曰諸將非不能健鬭然好虜掠卿本能御吏念自修飭無爲郡縣所苦異頓首受命

又曰東平王蒼朝京師月餘還國帝臨送歸宮悽然懷思乃詔遣使詣國辭別之後獨坐不樂因就車歸伏軾而吟誦及採菽以增歎息

又曰第五倫年少諸家惟令詣郡尹鮮于襃見而異之署爲吏後襃坐事徵臨去握倫臂訣曰恨相知之晚

又曰申徒蟠爲太尉黄瓊所辟不就及瓊卒歸葬江東四方名豪會帳下六七千人談論莫有及蟠者唯南郡一生與相酬對既别執蟠手曰君非聘則徵如是相見於上京矣蟠勃然作色曰始吾以子爲可與言何乃相教榮貴之徒耶因振手而去

魏志曰夏侯惇薨以曹休爲鎭南將軍假節都督諸軍事車駕臨送下輿執手而别

吳志曰魯肅代周瑜過呂蒙酒酣蒙問肅曰君受重任與關羽爲隣將何計略以備不虞肅應曰臨時施宜蒙因爲畫五策肅於是越席就之拊其背曰呂子明吾不知卿才略所及至於此也遂拜蒙母結友而别

又曰劉繇士於豫章孫策命太史慈往撫安之左右皆曰慈必北去不還策曰子義舍我尚復與誰餞送昌門把腕别曰何時能還荅曰不過六十日果如期而反

晉中興書曰王澄嘗之荆州送者傾邑所别處樹上有鵲巢澄便脫衣着犢鼻上樹探鵲鷇而弄之傍若無人

晉中興書曰衛玠兄璪時爲散騎侍郎内侍懷帝玠以天下將亂移家南行母曰我不能捨仲寶而去也玠啓喻深至爲門户大計母涕泣從之臨别玠謂璪曰在三之義人之所重今可謂致身命之日兄其勉之乃扶將老母轉至豫章而洛城失守璪没焉

沈約宋書曰王弘字方平家貧而性好山水求爲烏傷令尋以病歸桓謙以爲衛軍參軍時殷仲文還姑孰祖送傾朝謙要弘之同行荅曰凡祖離送别必在有情下官與殷風馬不接無緣陪從謙貴其言

又曰張敷音儀詳緩與人别執手曰念相聞

後魏書曰南安王楨復封南安王後爲鎭北大將軍相州刺史帝餞楨華林都亭詔左右賦詩不能者並可騁射當使武士彎弓文人下筆帝送楨下階流涕而别

續齊諧記曰京兆田眞三人分財堂前有紫荆花葉茂美共議破爲三分明截之爾夕樹即枯死眞見之驚謂弟曰花本同株當分析枯悴况人兄弟孔懷而少離異是不如樹也兄弟相感更合

吳録曰朱桓還屯濡須權祖之桓奉觴曰臣當遠去願一捋陛下鬚無所復恨權憑几前席桓進捋鬚曰臣今日眞可謂捋虎鬚者權大笑

吳越春秋曰越王勾踐伐吳將與大夫范蠡入臣於吳群臣皆送淅江大夫文種前爲祝其辭曰皇天祐助先沉後揚禍爲德根憂爲福堂

許邁别傳曰邁好養生遣妻歸家東遊採藥於桐廬山欲斷穀以山近人不得專一移入臨安自以無復反期乃改名遠遊書與婦别

管輅别傳曰諸葛樂與輅别戒以二言卿性樂酒雖溫克然不可保寧當節卿相有水鏡之才所見者妙福如膏火不可不慎持節散才遊於雲漢之間不受富貴也輅言酒不可極才不可盡吾欲持酒以禮持才以愚何患之有耶

穆天子傳曰天子觴西王母瑶池之上王母謡曰白雲在天山川間之

荆府圖曰襄陽縣南陸道六里有林館是餞行送歸之所

水經曰壽春縣故城東爲長瀨津之側有射堂北亭迎送

之所

江表傳曰孫權乘飛雲大舡與張昭秦松魯肅十餘人共送周瑜大宴會叙別昭等皆出權獨與劉備留語因言次嘆瑜曰公瑾文武籌略萬人之英顧其器量廣大恐不久爲人臣耳

李陵別傳曰陵與蘇武書曰男兒生不成名死必葬蠻夷中耳誰復能屈伸稽顙還向北闕使刀筆吏弄其文墨邪願足下勿復望陵嗟乎子卿知復何言相去萬里人絕路殊生爲離別之人死爲異域之鬼

文士傳曰張翰到京師時齊王冏擅權翰謂同郡人顧榮曰天下紛紛未已夫有四海之名者求退難吾本山林間人無望於時去矣子善以明防前以智慮後榮捉其手愴然嘆曰吾亦思汲採南山蕨飲三江水耳翰遂稱疾徑歸

府以翰輒去除吏名

世說曰杜預屯荊州頓七里橋朝士悉祖之

又曰阮籍嫂嘗歸家籍相見與別人或譏之曰禮豈爲我輩設耶

裴淵廣州記曰尉佗築臺以朔望外拜號爲朝臺即岡傍江搆起華館以送陸賈因稱朝亭

語林曰庾公北征朝士出送之軍容甚盛儀止可觀陳說經略攻取之宜衆皆謂必能平中原將別忽逞才自衒馬遂墮地士以是知其必敗

又曰有人詣謝公別謝公流涕人了不悲既去左右曰向客殊自密雲謝公曰非徒密雲乃自旱雷

呂氏春秋曰吳起行魏武侯自送之西河而與起辭武侯曰先生將何以治西河對曰以忠以信以仁以義武侯曰四者足矣

郭子曰周叔治爲晉陵（謨字叔治光祿大夫西平貞侯顗弟）周侯仲智送之（周侯名顗字伯仁仲智名嵩次弟也）叔治將泣涕不止仲智恚之曰因人及婦人別惟知啼便捨去周侯獨留與飲酒言語臨別流涕撫其背曰阿拏自愛

孔藂子曰子高游趙平原君客有鄒文季節者與相友善及將還魯諸故人訣既畢文節送行三宿臨別文節流涕交頤子高徒握手而已分背就路其徒問先生與彼二子善彼有戀戀之心而先生厲聲高揖無乃非親之謂乎高曰始吾謂此二子丈夫耳乃今知其婦人人生其有四方之志豈鹿豕哉而常羣聚乎其徒曰若此二子泣非耶吾荅曰斯二子良人也有不忍之心其於斷必不足矣

又曰竇皇后弟廣國曰姊去我西時與我訣於傳舍中沐

我而去

又曰成帝遣定陶王之國王辭去上與相對涕泣而訣

琴操曰商陵牧子娶妻五年無子父兄將欲與改娶妻聞中夜驚起倚户悲嘯牧子聞援琴鼓之痛恩愛求離歎別鶴以舒情故曰別鶴操

古詩曰行行重行行與君生別離相去萬餘里各在天一涯道路阻且長會面安可期胡馬嘶北風越鳥巢南枝相去日已遠衣帶日已緩棄捐勿復道努力加餐飯

李陵贈蘇武詩曰携手上河梁遊子暮何之徘徊歧路間悢悢不能辭行人難久留客言長相思安知非日月弦望自有時努力崇明德皓首以爲期又曰仰視浮雲馳奄忽互相踰風波一失路各在天一涯

又曰昔爲鴛與鴦今爲參與商

又曰二凫俱北飛一凫獨南翔子當留斯土我獨歸故鄉

蘇武贈李陵詩云黃鵠一遠別千里影徘徊

古詩曰客從遠方來遺我一書劄上有長相思下言久離別置書懷袖中三歲字不滅

江淹別賦曰黯然消魂者唯別而已矣

楚辭序曰離別也騷愁也經徑也言已放逐離別中心愁思猶陳道徑以諷諫君

又曰草木搖落而變衰憭栗兮若在遠行登山臨水送將歸

又曰悲莫悲兮生別離

太平御覽卷第四百八十九

太平御覽卷第四百九十

人事部一百三十一

僭　驕慢　忿情　迷忘　癡

僭

禮記雜記曰孔子曰管仲鏤簋而朱紘旅樹而反坫山節而藻梲賢大夫也而難爲上也

又郊特牲曰庭燎之有百也由齊桓公始也僭天子也大夫之奏肆夏也由趙文子始也諸侯之宮懸擊玉磬朱干設錫冕而舞大武乘大輅諸侯之僭禮也言此皆天子之禮也臺門旅樹反坫繡黼丹朱中衣大夫之僭禮也言此皆諸侯之禮也

論語曰孔子謂季氏八佾舞於庭是可忍也孰不可忍也

漢書曰燕剌王旦招來郡國姦人賦斂銅鐵甲兵數閲其車騎材官卒建旌旗鼓車旄頭先驅郎中侍從著貂羽黄

金附蟬皆號侍中

又曰韓延壽在東郡試騎士治飾兵車畫龍虎朱爵延壽衣黄紈方領晉灼曰以黄色紈作直領駕四馬傅總建幢棨植羽葆持幢旁歡歌者先居射堂望見延壽車嗷咷楚歌又取官銅物候月蝕鑄作刀劍鉤鐔放尚方治飾車甲三百萬已上於是望之劾奏延壽上僭不道棄市

又曰初成都侯商嘗病欲避暑從上借明光宮又穿長安城引内渭水注第中大陂以行船立羽蓋上聞之大怒廼責問司隸校尉京兆尹知成都侯商擅穿帝城曲陽侯根驕奢僭上赤墀青鎖司隸京兆尹皆爲以縱不舉奏正法二人頓首省户下

梁冀別傳曰梁冀奢僭四方調發歲時貢獻皆先輸上第於冀乘輿乃其次焉又廣開園囿採土築山十里九坂以象二崤深林絶澗有若自然奇禽怪獸飛走其間妻共冀乘輦張羽蓋飾以金銀遊第内

董卓別傳曰卓遂僭擬車服乘金華青蓋車畫兩輪時號竿摩車言其服飾近天子也

驕慢

左傳成下曰晉范文子反自鄢陵使其祝宗祈死祈請曰君驕侈而克敵是天益其疾也難將作矣愛我者唯祝我使速死無及於難范氏之福也

漢書曰淮南王長早失母常附呂后孝惠孝文帝初即位自以爲最親驕蹇數不奉法上寬赦之三年入朝甚横上入苑獵與同輦常謂上爲大兄文帝賜玉帛以賜吏卒勞苦者長不欲受慢曰無勞苦者

又曰上官安還車騎將軍日以驕淫受賜殿中出對賓客

言與我壻飲大樂見其服飾使人歸欲自燒物子病死仰而罵天

王隱晉書曰楊駿漸驕傲石鑒語之曰卿侍女更豪耶與天家婚未有不滅門者駿曰卿女復不在天家耶鑒曰我女與卿女作娌耳何能憎損

後魏書曰宜都王穆壽與崔浩等輔政人皆敬浩壽獨淩之又自恃任位以爲人莫已及謂其子師曰但令吾兒及我亦足勝人不須苦之遇諸父兄弟有如僕隸夫妻並坐共食而令諸父餕餘其自矜無禮如此爲時人所鄙笑

蕭子顯齊書曰司徒褚淵送湘州刺史王僧虔閤道壞墜水僕射王儉牛驚跣下車謝超宗拊掌笑戲曰落水三公墜車僕射

賈誼新書曰虢君驕恣伐之不守出走逃於山遂餓死爲

貪獸食

語林曰晉王武子與武帝圍碁孫皓看王問孫歸命何以好剝人面皮皓曰見無禮於君者即剝其面皮乃舉碁局武子伸脚在局下

怠惰

禮記玉藻曰垂緌五寸惰遊之士也

左傳僖上曰天王使召武公內史過賜晉侯命受玉惰過歸告王曰晉侯其無後乎王賜之命而惰於受瑞先自棄也已其何繼之有

又成下曰晉侯使郤錡來乞師將事不敬孟獻子曰郤氏其亡乎禮身之幹也敬身之基也郤子無基且先君之嗣卿也受命以求師將社稷是衛而惰棄君命也不亡何為

蜀志曰楊戲性簡惰省略未嘗以言加人遇情接物書符

指事希有盈紙

孟子曰世俗所謂不孝者五惰其四支不顧父母之養一不孝也

蔡邕勸學曰贍彼頑薄執性不固心遊目蕩意與手互

嵇康與山濤書曰吾每讀尚子平臺孝威傳慨然慕之想其為人如少孤露母兄見驕性復疏懶筋駑肉緩頭面常一月十五日不洗非大悶癢不能沐也每當小便而忍起令胞中略轉乃起耳又縱逸來久情志傲散簡與禮相背懶與慢相成而為儕類見寬不攻其過又讀老莊重增其放故使榮進之心日頹任實之情轉篤又人倫有禮朝廷有法自惟有不堪者七也

迷忘

說文曰迷惑也忘不識也

易坤卦曰先迷後得君子有攸往

又復卦曰迷復之凶反君道也

國語曰仲尼謂桓子曰丘聞之木石之怪夔魍魎（魍魎山精好學迷惑人也）

史記曰漢敗楚於垓下項王乃上馬麾下壯士騎從八百餘人夜潰圍南出馳平明漢軍乃覺之令將灌嬰以五千騎追項王度淮騎能屬者百餘人耳項王至陰陵迷失道問一田父田父紿曰左乃陷大澤中以故漢追及之

漢書曰元帝為太子體不安忽忽善忘不樂詔使王褒等皆之太子宮娛侍太子朝夕誦讀奇文及所自造作疾復平歸太子喜褒所為甘泉及洞簫頌令後宮貴人左右皆誦之

又曰李廣隨大將軍擊匈奴語其麾下曰廣結髮與匈奴

大小七十餘戰今幸從大將人迷失道豈非天哉遂自刎

魏志曰夏侯霸聞曹爽被誅而征西將軍夏侯玄又徵以為禍必將轉相及心既內恐又霸先與雍州刺史郭淮不和而淮代玄為征西霸尤不安故遂奔蜀趍陰平而失道入窮谷中糧盡殺馬步行足破臥岩石下使人求道未知所之蜀聞之乃使人迎霸

晉中興徵祥說曰海西公即位忘設豹尾夫豹尾儀服之主大人所以豹變也而海西公非可宜忘之天若曰海西凡庸不可以主社稷故忘其豹尾示不能終也

山海經曰招搖之山有木焉其狀如穀而黑理（穀楮也皮中作紙也）其華四照名曰迷穀佩之不迷

又曰歷小之山其山多櫑是木也方莖圓葉黃華而毛其實如楝（亦木名子如指頭白而粘可浣衣音楝也）服之不忘

搜神記曰蜀中西南高山之上有物與猴相類長七尺能作人行善走名猳一名馬化或曰玃伺行道人有後者輙盜取以去人不得知此物能别男女氣臭故取女而男不知也取去而共爲家室其無子者終身不得還十年之後形皆類之意亦迷惑不復思歸産子者輙抱送還其家産子皆如人有不養者毋輙死也

廣州記曰盧山有山桃大如檳榔形亦似之色黑而味甘酢人時登山採拾正得於上飽噉不得持下輙迷不得返

述異記曰南康南野有東望山民三人上山頂有湖清深又有果林周四里許衆果畢植閒無雜木行列整齊如人功也甘子正熟三人共食致飽訖懷三枚欲以示外人廻旋迷不能得路即聞空中語云速放雙甘乃聽汝去投所懷甘於地轉盻即見歸途

新序曰晉文公出田逐獸入大澤迷不知所出有漁者文公謂曰我若君也出我且厚賜於是遂出漁者曰臣願有獻文公曰子之所欲教寡人者何等也漁者曰鴻鵠保河海之中厭而從之小澤必有丸䂵之憂黿魚保於淵厭而出之淺渚則必有羅網之憂今君逐獸至此何行之大遠也文公曰善哉

鬻子曰文王問曰人有大忘乎對曰大忘知其身之惡而不改也以賊其身乃喪其軀有行如此之謂大忘

列子曰禹治水土也迷而失塗謬之一國當國之中有山山名壺領有口名滋穴有水涌出名曰神瀵（山頂之泉曰瀵）臭過蘭椒味過醪醴其人性婉而從物不競不爭柔心而弱骨不驕不妄長幼儕居不君不民男女雜遊不媒不娉緣水而居不耕不稼土氣溫適不織不衣百年而死不夭不病

又曰宋陽里華子中年病忘朝取而夕忘夕與而朝忘在塗則忘行在室則忘坐

又曰秦人逢有氏子少而惠及壯而有迷罔之疾聞歌以爲哭視白以爲黑饗香以爲臭嘗甘以爲苦行非以爲是楊氏告其父曰魯之君子多術藝汝奚不訪爲其父之魯遇老聃因告其子之證老聃曰汝庸知汝子之迷乎今天下之人皆惑莫有覺者且一身之迷不足傾一家一家之迷不足傾一鄉一鄉之迷不足傾一國一國之迷不足傾天下天下盡迷孰正之哉嚮使天下之人其心盡如汝子汝則反迷矣哀樂聲色臭味是非孰能正之且吾之此言未必非迷況魯之君子迷之鄉者

莊子曰顔淵曰回益矣仲尼曰何謂也回曰回忘仁義矣曰可矣猶未也他日復見曰回坐忘矣仲尼蹴然曰何謂坐忘曰墮支體黜聰明離形去智同於大道此謂坐忘

又曰黃帝將見大隗于具茨之山（具茨山在滎陽縣今名大隗山）方明爲御昌寓驂乘張若謵朋前馬（前馬言二人先道馬）昆閽滑稽後車（言二人從後車也）至於襄城之野七聖皆迷無所問塗適遇牧馬小童而問塗焉

尸子曰魯哀公問孔子曰魯有大忘徙而忘其妻有諸孔子曰此忘之小者也昔商紂有臣曰王子須務爲諂使其君樂須臾之樂而忘終身之憂（家語同）

韓子曰管仲隰朋從桓公伐孤竹春往而冬返迷失惑道管仲曰老馬之智可用也乃放老馬遂得道

楚辭曰入漵浦予邅迴兮迷不知其所如

劉謐之迷賦曰寵郎居山中稀行出朝市數來到豫章因使造人士東西二城門赫弈正相似向風徑東征直去不

轉耳

癡

周書曰太公望忽然曰不癡不狂其名不彰不狂不癡大事不成

左傳成下曰晉周子有兄而無惠不能辨菽麥（杜預注曰蓋世所謂白癡也）

魏志曰許褚字仲康長八尺餘大十圍勇力絶人褚後事太祖以褚力如虎而癡號曰癡虎

又曰明悼毛皇后父嘉本典虞車工卒暴富貴帝令朝臣會其家飲宴其容止舉動甚蚩騃語輒自謂侯身時人以爲笑

後魏書曰太祖謂尚書崔玄伯曰蠕蠕（蠕而蠢）之民昔來號爲頑嚚每來抄掠駕牸牛奔遁驅犍牛隨之牸牛不能前異部人教其以犍牛易之者蠕蠕曰其母尚不能行而況其子終於不易遂爲敵所虜

北史曰齊皇甫亮所居宅洿下標牓賣之將買者或問其故亮每荅云爲宅中水淹不泄雨即流入牀下由是宅終不售其淳實如此

隋書曰楊玄感司徒素之子也體貌雄偉美鬚髯少時晚成人多謂之癡其父每謂所親曰此兒不癡也及長好讀書便騎射以父軍功位至柱國

唐書曰竇威家世勳貴諸昆弟並尚武藝而威耽翫文史介然自守諸兄哂之謂爲書癡

又曰雜端御史最爲雄劇食坐之南設一横榻謂之南床殿中監察不得坐注云亦謂之癡床言處其上者皆驕慠自得使人如癡故謂之癡床也

又曰李益與李賀齊名然少有癡病而多猜忌防閑妻妾過爲苛酷而有散灰扃户之譚時謂妬癡

風俗通曰夜羅俗説市買者當清旦而行日中交易所有夕時便罷今乃夜羅明其癡騃不足也

郭子曰王長史求東陽（王濛字仲祖）撫軍不肯用（晉太宗簡文帝先爲撫軍大將軍）王後疾篤臨終撫軍哀嘆曰吾將負仲祖於此乃命用之長史人言會稽王癡（會稽王簡文先封也）

又曰王汝南少無婚自求郝普女（郝氏襄城人父臣字仲時一名普洛陽太守）司空以爲癡（司空昶也）會無往婚對其音樂便許之

世説曰任育長年少甚有令名自過江便失志下飲問人云此爲茶爲茗覺有恠色乃自申明云問飲爲熱爲冷嘗行從棺邸下度流涕而悲王丞相聞之曰此是有情痴

語林曰王藍田少有癡稱丞相以地辟之既見無他問問來時東米幾價藍田不荅直張目眄王公云王掾不痴何以云癡

應璩新詩曰漢末桓帝時郎有馬子侯自謂識音律請客鳴笙竽爲作陌上桑反言鳳將雛左右僞稱善亦復自搖頭（馬子侯爲人頗癡自謂曉音律黄門樂人更往嘲子侯不知名陌上桑反言鳳將雛輒搖頭欣喜多賜左右錢帛無復慙也）

虞翻書曰此中小兒年四歳矣似欲聰哲雖蝦不生鯉子此子似人欲爲求婦不知所向君爲訪之物怪老癡譽此兒也

太平御覽卷第四百九十

太平御覽卷第四百九十一

人事部一百三十二

慙愧

尚書仲虺之誥曰：成湯放桀于南巢，惟有慙德。

又曰：五子之歌曰：萬姓仇予，予將疇依？鬱陶乎予心，顏厚有忸怩。（鬱陶言哀思也。顏厚色愧。忸怩心慙也。慙愧於仁人賢士也。）

左傳曰：吳公子札請觀周樂，見舞韶濩者，（殷湯樂也。）曰：聖人之引也，而猶有慙色，聖人之難也。

家語曰：孔子適衛，顏刻僕。衛靈公夫人南子同車出，而令宦者雍渠驂乘，使孔子次車，遊過市。孔子恥之。顏刻曰：夫子何恥？子曰：詩云，觀尔新婚，以慰我心。乃嘆曰：吾未見好德如好色者也。

漢書曰：項羽至烏江，亭長檥船待羽。（應劭曰：檥，止也。孟康曰：檥音蟻，附船著岸。如淳曰：南方謂整船向岸曰檥。）謂羽曰：江東雖小，地方千里，衆數十萬，亦足王也。願大王急渡。今臣有船，漢軍至，亡以渡。羽歎曰：迺天亡我，何渡為！且籍與江東子弟八千人渡而西，今亡一人還。縱江東父兄憐而王我，我何面目見之哉！縱彼不言，籍獨不愧於心乎？

又曰：文帝嘗病癰，鄧通為上嗽吮之。上不樂，從容問曰：天下誰最愛我者乎？通曰：莫若太子。太子入問疾，上使太子齰癰，而難之。已而聞通嘗為上齰之，太子慙，由是心恨通。

又曰：直不疑，南陽人也，為郎，事文帝。其同舍有告歸，誤持其同舍郎金去。已而同舍郎覺亡金，意不疑。不疑曰有之，買金償。後告歸者至而歸金，亡金郎大慙。

又曰：朱買臣，字翁子，會稽人。家貧，好讀書，不治產業，常刈薪樵，負戴相隨。婦數止買臣無歌嘔道中，買臣逾益疾歌，妻羞之，求去。

又曰：建始三年秋，京師民無故相驚，言大水至。百姓奔走相蹂躪，（蹂，踐也。躪，轢也。）老弱號呼，長安中大亂。天子親御前殿，召公卿議。大將軍鳳以為太后與上及後宮可御舟船，令吏民上長安城以避水。群臣皆從鳳議。左將軍王商獨曰：自古無道之國，水猶不冒城郭。今政治平，世無兵革，上下相安，何因當有大水一日暴至？此必訛言也，不宜令上城重驚百姓。上乃止。有頃，長安中稍定，問之，果訛言。上於是美壯商之固守，數稱其議，而鳳大慙，自恨失言。

東觀漢記曰：王郎起，上在薊，郎移購上。令王霸至市中募人，將以擊郎。市人皆大笑，舉手邪揄之。霸慙而去。

又曰：汝南薛苞，字孟嘗，喪母，以至孝聞。父娶後妻而憎苞，分出。日夜號泣，不能去，至被毆杖，不得已，廬於舍外，旦入而洒掃。父怒，又逐之，乃廬於里門，晨昏不廢。積歲餘，父母慙而還之。

又曰：王丹，字仲回，京兆人也。時河南太守同郡陳遵，關西之大俠也。其友人喪親，遵為護喪事，賻助甚厚。丹乃懷縑一疋，陳之於主人前，曰：如丹此縑，出自機杼。遵聞而有慙色。

又曰：樊重外孫何氏兄弟爭財，重恥之，以田二頃解其忿訟。縣中稱美，推為三老。年八十餘，臨終，其素所假貸人間數百萬，遺令焚削文契。債家聞者皆慙，爭往償之。諸子從勑，竟不肯受。

又曰：魏霸，字延年，仕為光祿大夫。霸妻死，長兄伯為霸取妻，送至官舍。霸笑曰：年老兒子備具矣，何空養他家老為？即自入辭其妻，奉案前，因跪曰：夫人視老夫復何中，而遂

失計義不敢屈節拜而出妻慙求去

又曰卓茂爲丞相史嘗出道中人有認茂馬者茂問亡馬幾時乎曰月餘矣茂自知畜馬數年解馬與之挽車而去後日馬主自得其馬慙愧詣府叩頭謝歸焉

又曰淳于恭字孟孫北海人以謙儉雅讓爲節家有山田橡樹有盜取之恭助爲收拾載之歸乃知其所盜載橡還之恭不受人有盜刈恭禾者恭見之念其愧自伏草中盜去乃起

謝承後漢書曰梁冀奏誅李固固臨命與胡廣趙戒書曰梁氏迷謬公等曲從以吉爲凶成事爲敗漢家衰微從此始矣公等受主厚祿顛覆大事後之良史豈有所私固身已矣於義得矣夫復何言廣戒得書悲慙皆長歎

袁山松後漢書曰皇甫嵩字義真安定朝那人善用兵飲食舍止必先將士然後乃安兵曹有受賂者嵩曰公素廉清必貪用之乃出錢賜之吏羞慙而自殺由是衆皆樂爲致死

魏志曰曹仁討關羽於樊于禁助仁秋大霖雨漢水溢禁等七軍沒禁遂降吴文帝踐祚權遣禁還引見禁鬚皓白形容憔悴欲遣使吴先令謁高陵帝豫於陵圖畫禁降服之狀禁見慙恚發病薨

又曰陳矯爲尚書令明帝即位車駕常卒至尚書省門矯跪問曰陛下欲何之帝曰欲案行文書耳矯曰此自臣職分非陛下所宜臨也若臣不稱其職則請就黜退陛下宜還帝慙迴車而返

晉書曰朱冲字巨容南安人也少有志行閑靜寡欲好學而貧常以耕藝爲事隣人失犢乃認冲犢以歸後得犢於林下大慙以犢還冲

又曰王羲之傳時劉惔之爲丹陽尹許詢嘗就惔之宿牀帷新麗飲食豐甘詢曰若此保全殊勝東山劉曰卿若知吉凶由人吾安得保此羲之在坐曰令巢許遇稷契當必無此言二人並有愧色

又曰嵇紹嘗詣齊王冏咨事遇冏燕會召董艾葛旟等共論時政艾言於冏曰嵇侍中善於絲竹公可令操之左右進琴紹推不受冏曰今日爲懽卿何希此耶紹對曰公匡復社稷當軌物作則垂之於後紹雖鄙忝備常伯腰紱冠冕鳴玉殿省豈有操執絲竹以爲伶人之事若釋公服從私宴所不敢辭也冏大慙

又曰庾亮傳初亮所乘馬有的顱殷浩以爲不利於主勸亮賣之亮曰曷有己之不安而移之於人浩慙而退

又曰王羲之傳素與王述不協先是王羲之常謂賓友曰懷祖正當作尚書耳投老可得僕射更求會稽便自邈然及述蒙顯授羲之耻爲其下遣使詣朝廷求分會稽爲越州行人失辭大爲時賢所笑既而內懷愧歎謂其諸子曰吾不減懷祖而位遇懸邈當由汝等不及坦之

晉中興書曰王恭嘗宴于司馬道子室尚書謝石爲吳歌恭曰居端右之重集宰相之座而放妖俗之音乎並有慙色

又曰熒惑守南斗經旬王導謂陶回曰南斗揚州分而熒惑守之吾當遜位以厭此譴回答曰公以明德作相輔弼聖主宜親忠貞遠邪佞而與桓景造膝熒惑何由退舍導深愧之

宋書曰王惠陳郡謝瞻才辯有風氣嘗與兄弟群從造惠談論鋒起文史間發惠時相酬應言清理遠瞻等慙而退

又曰謝誨爲荆州都督甚有自矜之色將之鎮詣從叔光禄大夫瞻別問誨年荅曰三十五瞻笑曰昔荀中郎年二十七爲北府都督卿比之巳爲老矣誨有慙色

又曰何尚之在家常着鹿皮帽及拜開府天子臨軒百僚陪位沈慶之於殿廷戲之曰今何不着鹿皮冠慶之累辭爵命朝廷敦勸甚切尚之謂曰主上虛懷側席詎宜固辭慶之曰沈公不効何公去而復還也尚之有愧色

又曰顧凱之爲尚書吏部郎嘗於太祖坐論江左人言顧榮袁淑謂凱之曰卿南人性怯懦豈作賊凱之正色曰卿反以忠義笑人淑有慙色

唐書婁師德初狄仁傑未爲宰相時師德嘗薦之及爲宰相不知師德薦巳數排師德令充外使則天嘗出師德書表示之仁傑大慙謂人曰吾爲婁公所含如此方知不逮婁公遠矣

晏子春秋曰景公置酒太山之陽酒酣公四面望喟然嘆泣數行曰寡人將去此堂堂國死耶左右泣者三人曰吾細人也猶將難死而况公乎晏子搏髀仰天而大笑曰樂哉今日之飲也公怒曰子何笑也對曰怯君一諛臣三是以大笑公慙而更辭

吴越春秋曰季札去徐而歸行於道逢男子五月被裘採薪於道傍有委金一器季札見之忽不入意顧爲薪者曰來取此金薪者曰君擧止何髙視何下也五月被裘採薪寧是拾金者乎札慚於斯言下車禮之曰何子衣之鄙而言之雅也子姓爲何薪者曰君皮相之士何足以告姓字

乎季札有慚色

又曰吴師入郢闔閭既妻昭王夫人又及於伯嬴伯嬴秦康公之女平王之夫人昭王之母也伯嬴操刃曰妾聞天子天下之表也公侯一國之儀也天子失制則天下亂諸侯失節則國危今夫婦之道固人倫之始王教之端也今吴去儀表之行從亂亡之欲犯誅絶之事何以行訓民乎妾聞生以辱者不如死以榮者使吴王弃儀表則無以生存一擧而兩儀辱妾以死守之不敢命也且九欲近妾者爲樂也近妾而死何樂之有先殺妾又何益於君王於是吴王慙耻遂退還舍

博物志曰宋國有田夫謂其妻曰負日之暄人莫知者以獻吾君將有重賞里之富室告之曰昔人有美戎菽甘枲莖芹子者對鄉豪稱之鄉豪取而嘗之蜇於口慘於腹衆哂而怨之其人大慙而止

列女傳曰河南羊子妻不知何氏女羊子嘗行路得遺金一餅還以與妻妻曰妾聞志士不飲盜泉之水廉者不受嗟來之食况拾遺求利以汙其行乎羊子大慙

鄭玄傳曰玄在袁紹坐汝南應劭因自贊曰故太山太守應仲遠北面稱弟子何如玄笑曰仲尼之門考以四科回賜之徒不稱官閥劭有慙色

江表傳曰孫權既即尊位請會百官歸功周瑜張昭擧笏欲褒讃功德未及言權曰如公計今巳乞食矣昭大慙伏地流汗

會稽典録曰邵貞字德方餘姚人與同縣虞俊鄰居貞先不知俊十餘年俊至吴與張温朱據等會清談于雲温等敬服於是吴中盛爲俊談貞聞而愧曰吾與仲明遊居此

屋曾不能甄其英秀播其風烈而令他邦稱我之傑

又曰鄭弘守陽美郡鄉民有弟用兄錢者爲嫂所責未還之嫂詣弘弘爲叔還錢兄聞之慙愧自繫於獄遂遣其婦賫錢還弘弘不受也

又曰沈勳身自耕耘以供衣食人有盜獲其禾勳見而避之明日更收拾送致其盜者愧懼賫還不受

又曰陳囂與民紀伯爲鄰伯夜竊囂地自益囂見之伺伯去後容拔其藩一丈以益伯伯覺之慙懼既還所侵又却一丈

桓子新論曰昔宣帝時公卿大夫朝會庭中丞相語次言聞梟生子子長食其母乃能飛寧然耶有德賢者應曰但聞烏子反哺耳丞相太尉自悔其言之非也群士皆少丞相而多彼賢人之言有益於德化是故君子掩惡揚善焉獸尚爲之諱而況於人乎

風俗通曰陳國有張伯偕弟仲偕炊於竈下至井上謂伯偕我今日粧寧好不曰我伯偕婦大慙愧其夕時伯偕到更衣婦復逐牽其背曰今旦大誤謂伯偕爲卿荅曰故伯偕

語林曰明帝函封與王公開詔未去勿使治城公知既視表荅曰伏讀明詔似不在臣臣開臣閉無有見者明帝甚愧數月不欲見王公

孔藂子曰陳勝既立爲王其妻之父兄往焉勝以衆賓待之長揖不拜無加禮其妻之父怒曰怙亂僭號而傲長者不能久矣不辭而去陳王跪送不顧王心慚焉

吴王春秋曰管仲病桓公問惡乎屬國管仲曰使隰朋可盡逐易牙竪刁等管仲死盡逐之而食不甘官不治朝不肅三年公皆召而返之公病常之巫從中出曰公將以某日薨易牙竪刁相與作亂塞宮門築高墻不通人有婦人踰垣入而至公所公曰我欲食婦人曰吾無所得曰何對曰帝之巫相與作亂塞宮門築高墻不通人故無所得公慨然出涕曰嗟乎聖人所見豈不遠哉死者有知我將何面目見仲父乎蒙衣袂而絶乎壽宮

太平御覽卷第四百九十一

太平御覽卷第四百九十二

人事部一百三十三

貪　嗇

貪

釋名曰貪探也探取他人分也

說文曰貪欲物也

毛詩曰碩鼠國人刺其君重歛蚕食於民不修其政貪而畏人若大鼠也

又曰伐檀刺貪也在位貪鄙無功而受祿君子不得進仕

又曰大風有隧貪人敗類

禮曰用人之仁去其貪

左傳曰楚莊王欲納夏姬巫臣曰不可君召諸侯以討罪今納夏姬貪其色也貪色爲淫淫爲大罰

又曰穆叔見孟孝伯語之曰趙孟將死矣其語偷大夫多貪求欲無厭齊楚不足與也

又曰楚子在申召蔡靈侯靈侯往蔡大夫曰貪而無信唯蔡是憾今幣重而言甘誘我也

又曰楚文王謂申侯曰貪利而無厭予取予求不汝疵瑕

又曰昔有仍氏生女甚美樂正后夔取之生伯封實有豕心貪惏無厭忿纇無期謂之封豕

論語曰季氏富於周公求也爲之聚歛而附益之子曰非吾徒也小子鳴鼓而攻之可也

周書曰清明之日田鼠化爲鴽不化國貪殘

又曰今尔執政小子惟以貪諛事王不勤德以備難

史記曰宋義令於軍中曰很如羊貪如狼強不可使者皆斬之

又曰范增說項羽曰沛公居山東貪於財貨好美姬今入關無所取志大不在小也

又曰魏文侯問吳起何如人李克曰吳起貪而好色然用兵司馬穰苴弗能過也

東觀漢記曰馬援平交趾上言太守蘇定張眼視錢䁥[illegible]切目討賊怯於戰功宜加切勑後定果下獄

續漢書曰侯參爲益州刺史有豐富者輙誣以大逆皆誅滅之没入財物太尉袁奏參檻車徵於道自殺京兆尹袁逢於旅舍閱參輜重三萬餘斤兩皆金銀珍玩不可勝數

又曰陽仁字文義關中人後辟司徒桓虞府掾有宋章者貪而不法仁終不與交言同席時人畏其節

魏略曰丁斐字文侯初隨太祖太祖以斐鄉里特饒愛之斐性好貨數犯法輙得原肴爲典軍校尉太祖征吳斐隨行以家牛羸私易官牛太祖謂左右曰我非不知斐如人家有盗狗而善捕鼠盗狗雖有小損而鼠不切我囊貯遂復斐官

晉書曰琅邪内史孫無終貪横忍虐敗妾有忤意者輙彈其面

晉中興書曰謝萬安石之弟也爲尚書令堯博士議謚曰萬無他才望直以宰相弟遂居清顯妄自夸擬曾無勲德案謚法因事有功曰襄貪以敗官曰墨宜謚曰襄墨公朝議直曰襄公

又曰廣州北界有一水名曰貪水父老云飲此水者皆使廉士變貪

吳書曰薛綜上疏曰交州刺史米符多以鄉人虞褎劉彦之徒分作長史侵虐百姓強賦於民黄魚一頭收稻一秤

百姓怨叛山賊並起

燕書曰章該字宣恒爲左長史太祖會群寮以該性貪故賜布百餘疋負而歸重不能勝乃至僵頓以媿辱之

後魏書曰元脩義爲吏部尚書唯事貨賄官之大小皆有定價中散大夫高居呼爲京師白刼

又曰元誕爲齊州刺史在州貪暴大爲民患馬牛無不逼奪有沙門爲誕採藥還誕曰師從外來有何得對曰唯聞王貪願王早代誕曰齊州七萬家吾每家未得三外錢何得言貪

隋書曰張威在青州頗治產業遣家奴於民間鬻蘆菔根其奴緣此侵擾百姓上深加譴責坐廢於家後從上祠太山至洛陽上謂威曰自朕之有天下每委公以重鎮可謂推赤心矣何乃不脩名行唯利是視豈直孤負朕心亦且累卿名德因問威曰公所執笏今安在威頓首曰臣負罪虧憲無顔復執謹藏於家上曰可持來威明日奉笏以見上曰雖不遵法度功効實多朕不忘之今還公笏於是復拜洛州刺史

又曰宇文述貪鄙知人有珎異之物必求取之富商大賈及隴右諸胡子弟述皆恩接呼之爲兒由是爭餽金寶

晏子春秋曰景公與晏子登路寢而望國公愀然而歎曰使後嗣代代有此豈不可哉晏子曰服牛死夫婦共哭非骨肉之親也爲其利之大也今公之酒醴酸酢不勝飲也菽粟鬱積不勝食也又厚籍斂於百姓而不以分餧人也欲代之延不亦難乎

莊子曰專知擅事侵人自用謂之貪

孔叢子曰衛人有釣於河得鰥魚其大盈車子思問之鰥難得子如何得之對曰吾下釣垂魴之餌過而不視之更以豚之半體則呑之子思喟然曰鰥雖難得貪以死餌士雖懷道貪以死祿

孫卿子曰勇而不見憚者貪也信而不見敬者好專行也此小人之所務而君子之所不爲

淮南子曰琬琰之玉在汙泥之中雖廉者不釋也弊箄甑瓾在旃茵之上雖貪者不搏也（瓾甑帶也）美之所在雖汙辱世不能賤惡之所在雖高隆世不能貴

譙子法訓曰貪者難爲惠苛煩者難爲恭君子以禮而已矣

郭子曰王夷甫雅尚玄遠又疾其婦貪濁口未甞言錢婦欲試之夜令婢以錢繞床不得行夷甫晨起見錢閡之令婢舉阿堵物婦郭太寧女才拙性剛聚斂無猒夷甫患之

又曰王含爲廬江（含字處弘征東將軍敦之兄）貪濁狼藉王敦欲護其兄故於衆中稱家兄在郡廬江人咸稱之時何充爲主簿在坐正色曰充廬江人所聞異於此敦默然傍人爲之反側充晏然神意自若

魯國先賢志東門奐歷冥郡濟陰太守所在貪濁謡曰東門奐取吴半吴不足濟陰續

華陽國志曰李盛爲太守貪財重賦國人詈之曰盧鵲何諠諠有吏來在門披衣出門應府縣欲得錢語窮乞請期吏怒反見尤

南州異物志曰俚人不愛骨肉而貪寶貨見賈人財物牛犢便以子易之

襄陽耆舊記曰羅尚貪而不斷付任失所故遂至大敗蜀人不堪其徵求數萬人共連名詣太傅東海王言之曰尚

之所愛非邪則佞尚之所憎非忠則直冨擬魯衛家成市鄙貪如虎狼無復巳極

又曰黄穆字伯開博學養門徒爲山陽太守有德政致甘露白兎神雀白鳩之瑞弟奐字仲開爲武陵太守貪穢無行武陵人謌曰天有冬夏人有兩黄言不同也

桓譚新論曰鄙人有得脡（音挺生肉醬也）醬而美之及歠惡與人共食即小唾其中而共者因涕其醬遂棄而俱不得食焉彼王公利欲取天下時乃樂與人分之及巳得而重愛不肯予是皆唾脡之類

竹林七賢論曰萬令袁毅爲政貪濁饋遺朝廷以營虛譽嘗遺山濤絲百斤濤不欲異衆受之命懸之梁後毅事露案驗衆官吏至濤於梁上得絲巳數年塵埃封印如初

會稽典録曰周規字公圖太守虞鳳命爲功曹鳳中常侍衡之從兄恃中官專行貪暴規諫曰明府以負薪之才受剖符之任所謂力弱載重不惟顛蹶方今聖治在上不容紕政明府以教人之職行桀紂之暴鳳怒縛規椎於閤内鳳後果以檻車徵

虐

釋名曰虐㸲也九疾或寒或熱先寒後熱兩疾似㸲虐也

說文曰虐殘也

尚書曰無若丹朱傲虐是作

又曰今商王受弗恭上天降災下民沈湎冒色敢行暴虐

毛詩北風刺虐也衛國並爲威虐百姓不親莫不相携持而去焉

左傳曰隱公問於衆仲曰衛州吁其濟乎對曰臣聞以德和民不聞以亂夫州吁弒其君而虐用其民不務令德而欲以亂成必不免矣

又曰莒犂比公生去疾及展輿既立展輿又廢之犂比公虐國人患之十一月展輿因國人以攻莒子殺之乃自立

又曰楚公子圍殺大司馬薳掩而取其室申無宇曰王子必不免善人國之主也王子相楚國將善是封植而虐之是禍國也

又曰莒子展輿虐而好劒苟鑄劒必試諸人

又曰楚使椒舉如晉求諸侯晉侯欲勿許司馬侯曰不可楚王方侈天其或者欲盈其心以厚其毒而降之罰未可知也其使能終亦未可知也若歸於德吾猶將事之況諸侯乎若適淫虐楚將弃之吾又誰與爭

論語曰慢令致期謂之虐

戰國策曰宋康王爲無頭之冠以示勇剖傴者之背鍥朝涉之脛國人大駭齊聞而伐之

史記曰白起一日坑趙降卒四十二萬

又曰呂后斷戚夫人手足居廁中命曰人彘召惠帝觀之孝惠問乃知大呼哭因病歲餘不能起使人謂太后曰此非人所爲臣爲太后子終不能治天下以此日飲爲淫樂不聽政

又曰懷王諸老將皆曰項羽爲人慓悍禍虐嘗攻襄城襄城無噍類（如淳曰噍音作焦失反）所過無不殘滅

漢書曰江都建遊章臺宫人乘小舡以足蹈覆舡四人溺三人死後遊雷陂大風建使郎二人乘小舡入陂舡覆兩郎溺舡乍見乍没建臨觀大笑宫人有過輒令倮擊鼓居樹上久者三十日乃衣或髠鉗以鉛杵舂不中程輒縱狼齧殺之專爲淫虐

又曰周由武帝即位吏治尚脩謹然由居二千石中最爲暴虐驕恣所愛者撓法活之所憎者曲法滅之

又曰翟義起兵王莽發義父方進及先祖塚燒其棺椁夷滅三族及種嗣至皆同坑以棘五毒并葬之

又曰翟義黨王孫慶至莽使太醫尚方與巧屠共刳剥之量度五臟以竹筳導脉知所終始云可治病

魏略曰髙陽劉類歷位宰守苛虐尤甚爲弘農太守吏二百餘人不與休假專使爲不急事過無輕重輒椊其頭亂杖撾之牽出復入也

吴志曰孫皓愛妾或使人至市賊奪百姓財物司市中郎將陳聲素皓幸臣也恃皓寵遇繩之以法妾以愬之皓大怒假它事燒鋸斷聲頭投身於四望山

又曰初孫皓每宴會群臣無不咸令沉醉置黄門郎十人侍立爲伺過之吏客罷奏其闕失大者即加刑小者緝爲罪激水入宫宫人不合意者輒殺流之或剥人之面或鑿人之眼

江表傳曰孫皓用巫史之言謂建業宫不利乃西巡武昌乃有遷都之意恐群臣不從乃大會將吏問王蕃射不主皮爲力不同科其義云何蕃思惟未荅即於殿上斬蕃出登來山使親近將蕃首作虎跳狼争咋齧之頭皆碎壞欲以示威使衆不敢犯

王隱晉書曰苟晞字道將鎮兖州牧暴虐殺人流血號曰屠伯人皆怖悚流入他州其弟純領青州刑殺尤甚於晞百姓号小苟酷於大苟也

又曰劉淵殘虐所在城邑無不傾敗流離死散殆無子遺

漢晉春秋曰初甄后之誅由郭后之寵及殯令被髮覆面以糠塞口遂立郭后使養明帝帝知之心常懷忿數泣問甄后死狀郭后曰先帝自殺何以請問我且汝爲人子可追讎死父爲前母枉殺後兒耶明帝怒遂逼殺之勑殯者如甄后故事

晉中興書曰苻健凶淫暴虐露刃張弓椎鉗鋸鑿殺人之具備左右

又曰石虎有所平克不復料其善惡或盡坑斬使無子遺

宋書曰竟陵王誕據廣陵及城陷士庶皆裸身鞭面然後加刑聚所殺人首於石頭南岸謂之髑髏山

又曰宋越御衆嚴酷好行刑誅睚眦之間動用軍法時王玄謨御下亦少恩將士爲之語曰寧作五年徒不逐王玄謨玄謨尚可宋越殺我

又曰奚顯度者東海郯人也官至貟外散騎郎世祖常使主領人而苛虐無道動加捶撲暑雨雪寒不聽暫休人不堪命或有自經死者人役聞配顯度如就刑戮

又曰文帝元嘉起居注曰汝陽太守王道摽下縣作木人二枚高八尺竪著郡門有犯事者使拳擊木人令倒倒者免罪力弱者手拳傷剥

齊書曰江謐字合和濟陽考城人也爲長沙內史行湘州事政治苛刻僧道人與謐情款隨謐部犯小事餓繫獄裂二衣食之

後魏書曰汝南王悅孝昌中除司州牧爲大剉碓置於州門盗者斬其手姦偷畏之懾息

隋書魚贇性暴虐令部下炙肉少不中意以籤貫其目有温酒不適者斷其舌

又曰崔㢸度性嚴酷時有屈突蓋爲武侯驃騎亦嚴刻長

妄爲之語曰寧飲三升酢不見崔佰度寧茹三升艾不逢屈突蓋

唐書曰索元禮爲遊擊將軍尋以酷毒轉甚則天收人望而殺之天下之人謂之來索言酷毒之極

又曰韓滉在浙右也政令明察末年傷於嚴急巡內有犯令誅及隣伍死者數百人又俾推覆官分察情涉疑似必寘極法雖令行禁止而冤濫相尋議者以滉幼立貞廉晚途苛慘身未達則飾情以進得其志則本質遂彰

又曰竇軌每臨戎對寇經旬月身不解甲其部衆無貴賤少長不恭命即立斬鞭吏士流血滿庭初入蜀將其甥以爲心腹常夜出呼之不以時至怒而斬之誡家僮不得出嘗遣奴就官厨取漿而悔之謂奴曰我誠使汝借汝頭以明法耳遣收奴斬之奴稱冤監刑者猶豫未決軌怒俱斬之

梁冀別傳曰冀爲河南尹居職恣暴多爲非法遼東太守侯猛初拜不謁冀託以它事乃誣斬之郎中汝南袁著年十九見冀凶縱不勝其憤乃詣闕上書冀聞而密遣掩捕得笞殺之

董卓別傳曰卓知所爲不得遠近意欲以力服之遣兵到陽城時適二月社民皆各在其社下祈祀悉就斷頭駕其家車牛載其婦女財物以斷頭繫車轅云大獲賊

文子曰令採萬民之力反爲殘賊是爲虎翼何爲不除

孫卿子曰不教而責成功虐也

韓子曰梁車爲鄴令其婦往見之暮而門閉因踰郭而入車刖其足趙成侯以爲不慈奪之璽而免令

會稽典録曰吳王使王孫雄謂范蠡曰子先人有言曰無助天爲虐助天虐者不祥今吾稻蟹無遺種子將助天爲虐不忘其不祥乎

吳越春秋曰子胥諫吳王怒子胥伏劒而死王乃取子胥尸盛以鴟夷投之于江斷其頭置百尺之上謂曰日月炙汝肉熛風飄汝眼炎火燒汝骨盡成灰土何有所見

涼州記曰郭麐（切嫩民）略地之際王孫八人年幼悉隨乳母先在東苑麐遂盡投王孫於鋒刃之上或枝分節解飲血盟衆觀者無不掩目寒心而麐意氣儼然

趙書曰汲桑清河貝丘人六月盛暑而桑重裘累茵使十餘人扇之患不清涼斬扇者時軍中爲之謡曰士爲將軍何可羞六月重茵被狐裘不識寒暑斷人頭

鄧析書曰栗陸氏殺東里子宿沙君戮箕文桀誅龍逢紂刳比干此四者常彎弓露刃以見朝臣鉗鍾鋸鑿所可爲害之具備置左右即位未幾后公卿已下至于僕隷殺五百餘人

崔鴻前秦録曰左光禄大夫強平諫苻生曰元正盛旦日有蝕之正陽神昏風灾水旱於時未息此皆由陛下不免強於政治乖和氣所致也生怒以爲妖言鑿其頂而殺之

崔鴻夏録曰赫連勃勃徵隱士京兆韋恩恩至而恭懼進禍勃勃怒曰吾以國士徵汝汝柰何以非類處吾汝昔不拜姚興何獨拜我我今未死汝猶不以我爲帝王吾死之後汝輩弄筆當置我何處遂殺之

又曰赫連勃勃凶殘好殺常居城上置弓劒於側有所嫌忿手自戮之群臣忤視者毀目笑者决脣諫者截其舌而斬之

太平御覽卷第四百九十二

太平御覽卷第四百九十三

人事部一百三十四

奢

說文曰奢張也反儉曰奢從大者言誇大於人也

毛詩曹蜉蝣刺奢也昭公國小而迫好奢而任小人將無所依焉蜉蝣之羽衣裳楚楚蜉蝣之翼采采衣服

左傳曰丹桓公之楹刻其桷皆非禮也御孫諫曰臣聞之儉德之恭也侈惡之大也先君有恭德而君納諸大惡無乃不可乎

又曰襄公五年齊慶封來聘其車美叔孫曰豹聞之服美不稱必以惡終美車何爲

又曰吳師在陳楚大夫皆懼子西曰今聞夫差次有臺榭陂池焉宿有妃嬙嬪御焉一日之行所欲必成玩好必從珎異是聚觀樂是務視民如讎而用之日新夫差先自敗也已安能敗我

禮記曰管仲鏤簋而朱紘旅樹而反坫山節而藻梲賢大夫而難爲上也得天子之禮

論語曰孔子謂季氏八佾舞於庭是可忍也孰不可忍也

又曰子曰相維辟公天子穆穆奚取於三家之堂子曰人而不仁如禮何人而不仁如樂何

又曰邦君樹塞門管氏亦樹塞門邦君爲兩君之好有反坫管氏亦有反坫管氏而知禮孰不知禮

又曰臧文仲山節藻梲何如其智也魯大夫臧孫辰

又曰孔子曰奢則不遜儉則固與其不遜也寧固

史記曰趙平原君使春申君趙使欲誇楚爲瑇瑁簪刀劍悉以珠飾之春申君客三千餘人上客皆躡珠履以見趙使大慙

又曰尹吉甫仕至上卿其家大富食口數百人時歲大飢曾鼎鑊作粥啜之聲聞數里食訖失三十人覔之乃在鑊中斷取燋粥而已

漢書曰鮑宣上書柰何獨私養外親與幸臣董賢賢使奴從賓客漿酒藿肉視酒如漿視肉如藿蒼頭廬兒皆用致富非天意也漢名奴蒼頭非純黑以別良人諸給殿中省所居蒼頭侍從也

又曰陳咸爲治倣嚴延年其廉不如所居調發屬縣所出食物以自奉養奢侈玉食

又曰陳遵爲公府掾公府掾中率皆羸車小馬不上鮮明而遵獨極輿馬衣服之好門外車騎交錯又日出醉歸曹事數廢西曹白請斥遵大司徒馬宮大儒優士謂西曹此人大度士柰何以小文責之

又曰王鳳爲大將軍郡國守相刺史皆出其門又以太僕王音爲御史大夫羣第爭爲奢侈賂遺珎寶四面而至後庭姬妾各千人僮奴以千百數

又曰張禹爲人謹厚內殖貨財家以田爲業及富貴多買田至四百頃涇渭溉灌極膏腴上價他財稱是禹性習知音聲內奢淫身居大第後堂作理絲竹管絃

又曰自王吉至崇世名清廉然材器名稱稍不能及父而祿位弥隆皆好車馬衣服其自奉養極鮮明而金銀錦繡之物及遷徙去處所載不過囊衣不畜餘財家居亦布衣疏食天下服其廉而恠其奢故傳能作黃金

又曰哀帝幸舍人董賢寵之累遷爲太尉前後所賜不可勝計哀帝崩群臣白太后收賢斬之時年二十二其家奢侈過於國耳於是乃收董氏財物估價九四十二億萬貫

皆帝所賜之物

後漢書曰梁冀爲大司馬行大將軍事害太尉李固及内外忠臣皆冀爲之於是權震中外四方調發歲計先輸於冀然後入國吏人輸金懷璧求官請罪者道路相望冀又遣客出塞外國大壯棟宇加以丹漆圖以雲氣仙靈臺榭交通相望駭雞犀夜光璧充實帑藏鳴駝龍馬秣於内廐冀將妻孫氏乘輦青蓋車張羽葆飾以金玉琥珀每遊觀池亭及弟内多從倡優鳴鍾鼓吹竽酣樂竟路日夜相繼及桓帝誅冀收其貲産以實國庫詔減天下一歲租税之半

又曰桓帝時誅梁冀封單超徐璜具瑗左悺唐衡五人超薨後四侯轉橫天下爲之語曰左迴天具獨坐徐卧虎唐兩墯皆競起第宅樓觀壯麗窮極技巧金銀罽毦施於犬馬取良民美女以爲妃妾皆珍飾華侈擬則宫人其僕從皆乘車而從列騎

東觀漢記曰馬融才高博洽爲通儒教養諸生常有千數涿郡盧植北海鄭玄皆其徒也善鼓瑟好吹笛達生任性不拘儒者之節居宇器服多存侈飾常坐高堂施絳紗帳前授生徒後列女樂弟子以次相傳鮮有入其室者

吴志曰甘寧好遊俠水行則連軒侍從被文錦繡常以繒帛維舟去或割弃之以示奢侈也

又曰將軍賀齊性奢好軍事所乘船彫刻丹鏤青蓋絳襜蒙衝鬬艦望之若山

蜀志曰先主定益州以劉琰爲涪陵太守後主立封都鄉侯服御飲食侈靡侍婢數十人皆爲聲樂又悉教讀誦魯靈光殿賦

又曰糜竺字子真東海人世殖貨財僮僕萬人貲産巨億徐州牧陶謙辟爲别駕謙卒竺奉謙命迎先主牧之及吕布襲破先主虜其妻子竺於是進妹爲夫人乃以二千人金帛貨幣以助軍實先主賴竺之資復振軍威先主後定益州即帝位拜竺爲安漢將軍弟芳爲南郡太守携貳迎孫權敗關羽於是竺乃請罪先主以兄弟罪不相及待之如初

晉書曰何曾字潁孝陽夏人其家大富魏明帝時爲文學武帝踐祚累遷爲太傅性甚奢豪每赴宴不食太官所設帝命取其食蒸餅上不拆作十字不食日食萬錢猶云無下筯之處人以小紙書者勑記室勿報

又曰石崇字季倫累遷荆州刺史崇好俠無賴遣吏刼遠使商客致家大富有别館在河陽之金谷財産盈積室宇

宏麗後房百數皆曳綺紈絲竹之妙皆盡一時之選與貴戚惠帝舅王愷奢靡相尚愷以粭澳釜崇以蠟代薪愷作紫絲步障四十里崇作錦步障五十里愷以赤石脂塗屋崇以椒塗之武帝助愷珊瑚樹一株高二尺愷以示崇崇以鐵如意擊破愷不悦崇曰無恨令取六七株還之惠帝知富無以誇之時外國進火浣布天下更無帝爲衫來幸崇家崇奴僕五十人皆衣火浣布衫祗承帝大慙崇廁屋内置侍婢衣以紈素並以香囊錦袋崇大會賓客侍中劉寔往廁見廁内燦爛便出謂崇曰幾悮入公室矣崇曰廁也寔更往見侍婢所逼便迴後趙王倫誅崇兄弟妻子無少長悉皆遇害初崇家稻米屬地化爲螺人以爲族滅之應也

又曰和嶠字長輿汝南西平人中郎將庾凱見嶠歎曰森

森若千丈松雖磥砢多節目施之大廈有棟梁之用武帝重之爲黄門侍郎嶠家產豐富擬於王者杜預封帝以爲和嶠有錢癖

又曰王濟性豪侈麗服玉食時洛京地甚貴濟買地爲馬埒編錢滿之時人謂金埒

又曰任愷初何邵以公子奢侈每食必盡四方珍饌愷乃踰之一食萬錢猶云無可下筯處

又曰石崇財產豐積室宇宏麗後房百數皆曳紈繡珥金翠絲竹盡當時之選庖厨窮水陸之珍

又曰何劭驕奢簡貴亦有父風衣裘服翫新故巨積食必盡四方珍異一日之供以錢二萬爲限時論以爲太官御膳無以加之

又曰羊稚舒冬月釀令人抱甕須臾復易人酒速成而味好

又曰愷失政遂縱酒極滋味初何邵一身一日任之供必錢二萬爲限及愷有踰於邵

宋書曰徐湛之善於尺牘音辭流暢貴戚豪家產業甚厚室宇園池貴遊莫及伎樂之妙冠絕一時門生千餘人皆三吳富人之子姿質端妍衣服鮮麗每出入行遊塗巷盈滿泥雨日悉以後車載之太祖嫌其侈縱每以爲言

又曰謝靈運性奢豪車服鮮麗衣裳器物多改舊制世共宗之咸稱謝康樂也

又曰劉穆之性奢豪食必方丈旦輒爲十人饌穆之既好賓客未嘗獨餐每至食時客止十人以還者帳下依常下食以爲常白高祖曰穆之家本貧賤贍生有闕自叨忝以來雖每存約損而朝夕所須微爲過豐自此以外一毫不以負公

又曰阮佃夫通貨賄凡事非賂不行宅舍園池諸王邸第莫及女伎數十藝色冠絕當時金玉錦繡之飾宫掖不逮也每製一衣造一物京邑莫不法效焉於宅内開瀆東出十許里塘岸整潔泛輕舟奏女樂

齊書曰劉悛既藉舊恩尤能悦附人主承迎權貴賓客閨房供費奢廣罷廣司二州悉傾資獻家無留儲在蜀作金浴盆餘金物稱是

又曰劉攜彭城人其祖彥之父仲度俱仕明帝時爲户部郎中太子洗馬其家豪富資財宅宇山池妓妾姿藝皆窮上品有愛妓陳玉明珠明帝求不與逼奪之攜有怨詞帝令有司誣奏將殺之入獄數宿鬚毛皆白免死爲司徒長史明帝射雉郊野渴倦攜得青早瓜進帝帝對割甚嘉之入齊三遷爲御史中丞五爲兵部尚書

後魏書曰夏侯道遷譙國人封濮陽侯除兖州大中正不拜好奢侈宴飲京師珍羞罔不畢備嘗於京城西水次大起園池植列花果延招儁彥日往遊適妓妾十餘人當自娛與國秩俸歲入三千疋專供酒饌不營家產每誦孔融詩曰座上客恒滿罇中酒不空餘非吾之事也識者多之道遷不娉正室

又曰鄴州刺史韓務獻七寶牀象牙席詔曰昔晉武帝焚雉頭裘朕常嘉之今務所獻亦此之流也奇麗之物有乖素風可付其家

隋書曰裴矩爲給事郎煬帝至東都矩以蠻夷朝貢者多諷帝令都下大戲徵四方奇異陳於端門街衣錦珥金翠店肆悉設帷帳盛酒食遣蠻夷見者嘆其中國以爲神仙

唐書曰元載於城中開南北二甲第室宇宏麗冠絶當時又於近郊起亭榭所至之處帷帳什器皆如宿設儲不改供城南膏腴別墅連疆接畛凡數十所婢僕曳羅綺亦百餘人恣爲不法侈僭無度

又曰裴冕爲宰相性本侈靡好尚車服及營珍饌名馬在櫪直數百金者常十數每會賓友滋味品數坐客有昧於名者自創巾子其狀新奇市肆因而効之呼爲僕射樣

漢武帝故事曰又起建章宮爲千門萬户其東鳳闕高二十丈其北太液池池中漸臺高二十丈池中又爲三山以象蓬萊方丈瀛州削金石爲魚龍禽獸之屬其南有玉臺玉堂基與中央前殿等去地十二門階陛皆用玉璧又作神明臺井幹樓高五十餘丈皆懸閣葦道相屬焉其後又爲酒池肉林聚天下四方奇異鳥獸於其中鳥獸能言能

歌舞或奇形異態不可稱載傍別造華殿四夷珍寶充之琉璃珠玉火浣布切玉刀不可稱數巨象大雀師子駿馬充塞苑廄自古已來所未見者必備

三輔故事曰秦時奢汰有天下以來不復是過渭水貫都以像天河横橋南渡以像牽牛中外殿觀百四十五後宮列女萬有餘人

鹽鐵論曰今民文杯畫案婢妾衣羅紈履絲所以亂治漢末一筆之押雕以黄金飾以和璧綴以隋珠發以翡翠此筆非文犀之楨必象齒之管豐狐之柱秋兔之翰用之者必被珠繡之衣踐雕玉之履矣

晉朝雜記曰洛下少林木炭正如粟狀羊琇驕豪乃擣小炭爲屑以物和之作獸形後何石之徒共集乃以温酒火勢既猛獸皆開口向人赫赫然諸豪相矜皆服而效之

管子曰昔者桀之時女樂三萬人晨譟於端門樂聞於三衢無不服文繡衣裳者

晏子春秋曰寸之管無當天下不能足之粟今齊國丈夫耕女子織夜以接日不足以奉上而君側雕文刻鏤之觀此無當之管也

又曰古者聖人製衣服冬輕而暖夏輕而清今金玉之履重不可節是過任也

列子曰衛端木叔者子貢之世也藉其先貲家累萬金意所欲者無不爲奉養之餘先散之宗族次散之邑里及一國行年六十氣幹將衰棄其家事散其庫藏珍寶車服妾媵一年之中盡焉及其病也無藥石儲及其死也無瘞埋之資一國之受其施者相與賦而藏之禽屈釐聞之曰端木叔狂人也辱其祖矣段干木聞之曰端木叔達人也過其祖矣

韓子曰禹作祭器黑漆其外朱畫其内觴酌有采樽俎有飾此弥侈矣而國之不服者三十二殷作大輅建九旒輅食器彫琢觴酌刻鏤此弥侈矣而國之不服者五十三

淮南子曰夏屋綿聯彫琢刻鏤其剞劂然猶未能贍人主之欲也

太平御覽卷第四百九十三

太平御覽卷第四百九十四

人事部一百三十五

詭詐

說文曰詭責也又撗射物爲詭詐欺也

詩曰無縱詭隨以謹無良

禮曰用人之智去其詐

論語曰古之愚也直今之愚也詐

戰國策曰楚懷王拘張儀將殺之靳尚爲請王之幸夫人鄭袖曰子亦自知且賤於王乎鄭袖曰何尚曰張儀者秦王之忠信有功臣也今楚拘之秦王欲出之秦王有愛女美又簡擇宮中佳麗習音者以從之資以金玉寶器以上庸六縣爲湯沐邑欲因張儀内之楚王必愛之而志子子踈必矣鄭袖遽說王出張子

又曰張丑爲質於燕燕王欲殺之走且出境境吏得之丑曰燕王所爲將殺我者人有言我有寶珠也今我已亡矣而燕王不我信今子致我我且言子之奪我珠而吞之燕王必且殺子刳子之腹君不可說吏恐而赦之

史記曰趙武靈王立吳娃子何爲惠文王自號爲主父令何主治國而自胡服將士大夫西北略胡地而欲從雲中九原直南襲秦於是詐自爲使者入秦秦昭王不知而恠其狀甚偉非人臣之量使人逐之而主父馳已脫門矣秦人大驚主父所以入秦者欲自略地因覩秦王爲人也

又曰張儀說楚王曰大王誠能聽臣閉關絶約於齊臣請獻商於之地六百里使秦女得爲大王箕箒之國楚王大悅而許之遂閉關絶約於齊使一將軍隨儀儀至秦陽失綏墮車不朝三日楚王聞曰以寡人絶齊未甚邪乃使勇士至宋借宋之符北罵齊王齊王大怒折節下秦秦齊之交合儀乃朝謂楚使曰臣有奉邑六里願獻大王左右使者曰臣受命於王以商於之地六百里不聞六里還報楚王大怒

又曰新垣平使人持玉杯上書闕下去有寶玉氣來者已視之果有獻玉杯者刻曰人主延壽平又言臣候日再中於是始更以十七年爲元年令天下大酺平言曰臣望汾陰有金寶氣意周鼎其出乎其見不迎則不至於是上使治廟汾陰南臨河欲祠出周鼎人有上書告新垣平所言皆詐也

漢書曰陳勝吳廣起兵乃丹書帛曰大楚興陳勝王置人所罾魚腹中卒買魚烹食得而恠之又令廣隱祠作狐鳴曰陳勝王吳廣相

又曰韓信與家臣謀欲發兵攻呂后其舍人得罪信囚欲殺之舍人弟上書告信欲反狀於呂后后乃與蕭何謀詐令人從上所來言陳豨已死羣臣皆賀相國紿信曰雖病強入呂后使武士縛信斬之長樂鍾室信方斬曰吾不用蒯通之計反爲女子所詐豈非天哉

又曰孝惠張皇后宣平侯敖女也呂太后欲爲重親以公主女配帝欲其生子萬方無子迺使佯爲有身取後宮美人子名之殺其母立所名子爲太子

又曰人不患其不知患其爲詐也

又曰宣帝始元五年有男子乘黄犢車衣黄襜褕著黄帽詣北闕自稱衛太子京兆尹雋不疑收縛之廷尉驗治卒得姧詐

又曰傅介子與士卒俱賫金幣揚言以賜外國爲名至樓

蘭王意不信介子佯引去至其西界使譯謂曰漢使者持黃金錦繡行賜諸國王不來受我去之西國矣即出金幣以示譯譯報王王貪漢物來見使者介子與坐飲陳物示之飲酒皆醉介子謂王曰天子使私報王王起隨介子入帳中屏語壯士二人從後刺之刃交胷立死

又曰李廣以衛尉爲將軍出鴈門擊匈奴匈奴兵多破廣軍單于素聞廣賢令曰得李廣必生致之胡騎得廣佯死得脫匈奴騎數百追之廣行取弓射殺追騎

又曰梓潼人哀章學問長安素無行見王莽居攝即作銅匱爲兩檢書言王莽爲行天子即日昏時衣黃衣持匱至高廟莽至廟拜受金匱

又曰匈奴寇邊甚王莽乃大募天下有奇伎術可以攻匈奴者將待以不次之位言便宜者以萬數或言能渡水不用舟楫或云不持斗糧服食藥物三軍不飢或言能飛一日千里可窺匈奴輒試之取大鳥翮爲兩翼頭與身皆着毛通引環紐飛百步墮莽知其不可用苟欲獲其名皆拜爲將軍賜以車馬

范曄後漢書曰王郎起北州擾惑吳漢素聞世祖長者獨欲歸心乃說太守彭寵出止外亭念所以譎衆未知所出望見道中有一人似儒生者漢使人召入爲具食問以所聞生因言劉公所過爲郡縣所歸邯鄲舉尊號者實非劉氏漢大喜即詐爲世祖書移檄漢陽使生齎以詣寵令具以所聞說之漢復隨後入寵甚然之於是遣漢將兵擊王郎

又曰王莽時尚書缺詔將大夫六百石以上試對政事天文道術以高第者補之翟酺自恃能高而忌太史令孫懿恐其先用乃往候懿既坐言無所及唯涕泣流連懿怪而問之酺曰圖書有漢賊孫登以才智爲中官所害觀君表相似當應之酺受恩接愴君之禍耳懿憂懼移病不試由是酺對第一拜尚書

又曰靈帝時宦官得志並起第擬則宮室帝嘗登永安候臺宦官恐其望見居處乃使中大夫尚坦諫曰天子不當登高登高則百姓虛散自是不敢升高

東觀漢記曰和熹鄧后臨朝權在外戚杜根以安帝年長宜親政事乃與同時郎上書直諫太后大怒收執根等令盛以縑囊於殿上撲殺之執法者以根知名語行事人使不加力既而載出城外根得蘇太后使人檢視遂詐死三日目中生蛆因得逃竄也

又曰隗囂敗公孫述懼欲安其衆成都郭外有秦時舊倉改名白帝倉自王莽以來常空述詐使人言白帝倉出穀如山陵百姓空市里往觀之述乃大會群臣問曰白帝倉出穀乎皆對言無述曰訛言不可信道隗王破者復如此矣

又曰臧宮將兵至中盧屯駱越是時公孫述將田戎任滿與征南大將軍岑彭相拒於荆門彭等戰數不利越人謀叛從蜀宮兵少力不能制會屬縣送委輸車數百宮夜使鋸斷城門限令車周轉出入至旦越人候伺者聞車聲不絕而門限斷相告以漢兵大至其帥乃奉牛酒以勞軍

魏志曰司馬宣王稱病因李勝出爲荆州刺史曹爽等令勝辭宣王自陳無它功效橫蒙時恩當爲本州宣王令兩婢侍邊持衣衣落復上指口言渴主飲婢進粥宣王持杯飲粥皆流出沾胷勝愍然爲之涕泣曰今主上尚幼天下

賴明公然衆情謂公舊風病發何意尊體乃爾宣王徐更言年老沉疾死在旦夕君當屈爲并州并州近胡好善爲之恐不復相見如何勝曰當還忝本州非并州宣王仍復陽爲惛謬曰君方到并州努力自愛錯亂其辞狀如荒語勝復曰當忝本州非并州也宣王乃若微悟者謂勝曰懿年老意荒不解君言今當與君別自顧氣力轉微後必不更會同欲自力設薄主人生死共別令師昭兄弟結君爲友因流涕哽咽勝亦長歎

吳志曰孫峻謀置酒誅諸葛恪恪將見駐車宫門峻已伏兵於帷中恐恪不時入事洩自出見恪曰使君若尊體不安自可須後當具白主上欲以嘗知恪意荅曰當力人散騎常侍張約朱恩密書與恪曰今日張設非常疑有佗故恪省書而去未出門逢太常滕胤恪曰卒腹痛不任入胤

不知峻計謂恪曰君自行旋未見今上置酒請君已至門直當力進恪踟蹰而還劒履上殿謝亮還坐設酒峻因曰使君疾未善平當有常服藥酒自可取之恪意乃安別飲所賫酒數行亮還入內峻起如厠着短服出曰詔收諸葛恪恪驚起拔劒未殊而峻刃交下

晉書曰謝玄等既破苻堅有驛書至謝安安方對客圍碁看書既竟便攝放牀上了無喜色碁如故客問之徐答云小兒輩遂已破賊既罷還內過戶限心喜甚不覺屐齒之折其矯情鎮物如此

又曰桓玄以歷代咸有肥遁之士而已世獨無乃徵皇甫謐六世孫希之爲著作并給其資用皆令讓而不受号曰高士時人名爲充隱

又曰紀瞻爲會稽內史時有詐作大將軍府符收諸吏瞻令令已受拘瞻覺其詐便破檻出之訊問使者果伏詐妄

又曰崔洪口不言貨財手不執珠玉汝南王亮嘗讌公卿以琉璃鍾行酒酒及洪洪不執亮問其故對曰慮有執玉不趍之義故尔然實乖其常性故爲詭也

晉中興書曰晉元帝叔父東安王繇爲成都王頴所害懼禍及謀出奔其夜月明禁衛甚嚴不能得去有頃天暴風雨晦冥邀者散帝乘間得脱至河陽爲津吏所止從者宗典後至以馬鞭拂之謂曰舍長官禁貴人而汝被駐耶因大笑由是被釋

又曰溫嶠知王敦不可復諫乃潜謀滅之先夙夜綜其府事而附其欲錢鳳敦所信也嶠謂人曰錢世儀精神滿腹嶠素有知人之稱鳳聞而悦之深結好於嶠會丹陽尹缺嶠說敦曰京尹輦轂喉舌宜得文武兼之公宜自選其才

敦然之問嶠誰可作者嶠曰愚謂錢鳳可用然裁之在公敦思惟良久曰無復勝君嶠即苦辭敦不從表補丹陽尹猶懼錢鳳爲之姧因敦置酒與嶠別嶠曰違離宇下情戀不已顧自起行酒以展岐路之心行酒至鳳未飲嶠因僞醉以手板擊鳳幘爲之墜作色曰錢鳳何人溫太真行酒而敢不飲鳳不悦敦以爲醉兩釋之明日鳳曰嶠與朝廷甚密必未可信或懷反噬宜更思之敦曰太真昨醉小加聲色豈得以此相讒貳由是鳳謀不行而得還都

又曰王允之年在總角敦深知之謂爲似已入則共寢嘗夜飲辭曰醉先眠敦將錢鳳討逆允之悉聞慮敦或疑於眠處大吐敦果照視見眠吐中不復疑之

唐書曰李義府擢拜中書侍郎同中書門下三品監修國史賜爵廣平縣男義府貌狀溫恭與人語必嬉怡微笑而

褊忌陰賊既勢權要欲人附已微忤意者輒加傾陷故時人言義府笑中有刀又以其柔而害物亦謂之李猫

尹文子曰虎求百獸食之得狐狐曰子無食我也天帝令我長百獸今子食我是逆天帝命也子以我言不信吾爲子先行子隨我後觀百獸之見我不走乎虎以爲然故遂與行獸見之皆走虎不知獸之畏已而走以爲畏狐也

韓子曰司城子罕謂宋君曰慶賞賜予者民之所好也君自行之誅罰殺戮者民之所惡也臣請當之於是戮細民而誅大臣君曰與子罕議之居朞年民知死生命制於子罕故一國歸焉子罕親劫奪宋之政

淮南子曰夫狐之搏雉也卑體弭毛以待其來也雉見而信之故可得而禽也使狐瞋目見其必殺之勢雉亦知懼驚遠飛以避其怒矣夫人僞詐以相欺非直禽獸詐也

吳越春秋曰要離爲王殺慶忌曰請以罪出走殺臣之妻子焚之吳市飛揚其灰購臣千金與百里之邑詐往慶忌必信臣也王曰諾要離以罪出走王殺其妻子焚之吳市飛揚其灰購之千金與百里之邑

呂氏春秋曰趙簡子病召太子告曰我則死已葬上夏屋之山以望簡子死已葬襄子上夏屋以望代曰先君必以此教之也反歸慮所以取代乃先善之代君好色請以其弟妻之襄子謂代君而請觴之先令舞者置兵羽中數百人又先具大金斗代君至酒酣舉斗而擊之腦塗地舞者操兵以鬭盡殺其從者

陸賈新語曰秦二世之時趙高駕鹿而從行王曰丞相何爲駕鹿高曰馬也王曰丞相誤耶以鹿爲馬也高曰乃馬也陛下以臣之言爲不然願問群臣於是乃問群臣群臣半言馬半言鹿當此之時秦王不敢信其目而從邪臣之言鹿與馬之異形乃衆人之所知也然不能別其是非況於闇昧之事乎

王符潛夫論曰昔紂好色九侯聞之乃獻厥女紂則大喜以爲天下之麗莫若此也以問妲己妲己懼進御而奪已愛也乃爲俯而泣曰君王年既老耶明既衰耶何貌惡之若此而覆謂之好也紂於是渝而以爲惡妲己恐天下之愈進美女因曰九侯之無道也乃欲以此惑君王也而弗誅何以華後紂則大怒遂脯淑女而葅九侯

論衡曰儒書稱武王伐紂太公陰謀食小兒以丹令身絶赤長大教言商亡商民見身赤以爲天神及言商亡皆謂商滅

世說曰鍾會密白鄧艾有反狀會善効人書於劒閣要艾

章表白事皆易其言令辭指倨傲多自矜伐

葛仙公別傳曰時有一老人頗能治病從中國來其人言年已數百歲後他坐仙公欲知此公定年俄一人從天下舉坐瞻目良久集地着朱衣進賢冠即問此公曰天遣我來問君定年幾何故欺詐民人速以實對公大怖下地長跪言曰無狀實九十三仙公因撫手大笑忽然失朱衣人所在

太平御覽卷第四百九十四

太平御覽卷第四百九十五

人事部一百三十六

諺上

說文曰諺傳言也俗言曰諺

禮記大學曰故諺有之人莫知其子之惡莫知其苗之碩此謂身不脩不可以齊其家

左傳隱公曰滕侯薛侯來朝爭長公使羽父請於薛侯曰周諺有之山有木工則度之賓有禮主則擇之周之宗盟異姓爲後寡人若朝于薛不敢與諸任齒

又曰虞叔有玉虞公求旃弗獻既而悔之曰周諺有之疋夫無罪懷璧其罪吾焉用此其以賈禍也乃獻之

又曰楚子爲陳夏氏亂故伐陳殺夏徵舒滅陳爲縣申叔時使於齊復命不賀王使讓之對曰人有言曰牽牛以蹊人之田而奪之牛牽牛以蹊者信有罪矣而奪之牛罰已重矣

又曰公孫歸父會楚子于宋宋人使樂嬰齊告急于晉晉侯欲救之伯宗曰不可古人有言曰雖鞭之長不及馬腹天方授楚未可與爭雖晉之強能違天乎諺曰高下在心（高下猶屈申也）川澤納汙山藪藏疾瑾瑜匿瑕國君含垢（含垢忍恥也）天之道也

又曰韓厥曰古人有言曰殺老牛莫之敢尸而況君乎

又曰梗陽人有獄魏戊不能斷以獄上其大宗賂以女樂魏子將受之閻沒女寬退朝待於庭饋入召之比置三歎魏子曰吾聞諸諺曰唯食忘憂吾子置食之間三歎何也同辭而對曰食舉願以小人之腹而爲君子之心屬饜而已

又曰晉侯假道於虞以伐虢宮之奇諫曰虢虞之表也虢亡虞必從之諺所謂輔車相依脣亡齒寒者其虞虢之謂乎

論語曰孔子曰周任有言曰陳力就列不能者止

家語孔子曰里語云相馬以車相士以君弗可廢也

國語曰晉重耳過鄭鄭文公無禮叔詹曰若不禮則殺之諺曰黍稷無成不能爲榮黍不能蕃蕪稷不能蕃殖所生不疑維德之基公不聽

又曰景王將鑄無射之大林（無射鐘名也其律中林鐘也）鍾成伶人告和景王謂泠州鳩曰鍾果和矣對曰未可知也諺曰衆心成城衆口鑠金

戰國策曰昔者萊莒好謀陳蔡好詐莒恃越而滅蔡信晉而亡語曰騏驥之衰也駑馬先之孟賁之倦也女子勝之

又曰莊辛謂楚王曰鄙諺云見兔而顧犬未爲晚也亡羊而補牢未爲遲也

史記曰鄙諺曰寧爲雞口無爲牛後

又曰李將軍悛悛如鄙人口不能道辭及死知與不知皆爲盡哀彼其忠實心誠信於士大夫也諺曰桃李不言下自成蹊此言雖小可以諭大

又曰諺曰千金之子不死於市非空言也

又曰樗里子滑稽多智號曰智囊秦人諺云力則任鄙智則樗里

又曰司馬相如諫武帝故鄙諺曰家累千金者坐不垂堂此言雖小可以喻大

漢書曰季布爲任俠有名楚人諺曰得黃金百斤不如季布一諾

又曰韋賢少子玄成復以明經歷位至丞相故鄉魯諺曰

遺子黃金滿籯不如一經
又曰于定國決疑平法罪疑從輕加審慎之心朝廷稱之
曰張釋之爲廷尉天下無寃人于定國爲廷尉人自以不
寃
又曰王莽簒立後復上符命者莽盡誅之時楊雄校書天
祿閣使者欲收雄雄恐乃從閣自投幾死京師爲之語曰
惟寂惟寞自投于閣爰清爰靜無作符命
又曰范增往說項梁曰夫秦滅六國楚最無罪自懷王入
秦不反楚人憐之至今故南公稱楚雖三户亡秦必楚
又曰樓護字君卿與谷永俱爲五侯上客長安號之曰谷
子雲筆扎樓君卿脣舌
又曰成帝時王吉子駿爲京兆尹試以政事先是京兆有
趙廣漢張敞王尊王章至駿皆有能名故京師稱曰前有

趙張後有三王
又曰匡衡好學諸儒爲之語曰無說詩匡鼎來匡說詩解
人頤
又曰少府五鹿充宗貴幸爲梁丘易元帝好之欲考其異
同令與諸易家論充宗辯口諸儒莫能抗有薦朱雲者召
入攝齋登堂抗首而請音動左右故諸儒爲之語曰五鹿
嶽嶽朱雲折其角
又曰文帝從灞陵欲馳下峻阪袁盎攬轡上曰將軍怯耶
盎曰臣聞千金子不垂堂百金子不倚衡服虔曰備身不倚衡也如淳曰衡樓殿邊欄楯
又曰杜欽字子夏少好經書家富而目偏盲故不好爲吏
茂陵杜業與欽同姓字俱以才能稱於京師故衣冠謂欽
爲盲杜子夏以相別欽惡以疾見詆爲小冠高廣材二寸

由是京師更謂欽爲小冠杜子夏而業爲大冠杜子夏
又曰劉輔諫成帝立趙后曰里語云腐木不以爲柱卑人
不可以爲主
又曰蕭育少與陳咸朱博爲友著聞當世往者有王陽貢
公故長安語云蕭朱結綬王貢彈冠言其相薦達也育與
博後有隙不能終世以友爲難
又曰成帝爲太子及即位以張禹論語爲師以上難數對
巳問經爲論語章句獻之諸儒爲之語曰不欲爲論念張
文由是學者多從張氏餘家浸微
又曰諸葛豐元帝擢爲司隷校尉刺舉無所避京師語曰
間何闊逢諸葛
又曰王吉少時居長安其東家有棗樹臨吉庭中吉婦取
以啖之吉知而去婦東家聞而欲伐樹隣里止之因請吉還

婦爲之語曰東家有樹王陽婦去東家棗完去婦復還
東觀漢記曰陳忠上疏稱語曰迎新千里送故不出門
又曰更始在長安中爲之語曰竈下養中郎將爛羊胃騎
都尉爛羊頭關内侯
又曰楊震少學受歐陽尚書於太常桓郁經明博覽無不
窮究諸儒爲之語曰關西孔子楊伯起
又曰明德馬后時上欲封諸舅外間白太后曰吾自念親
屬皆無柱石之功俗語曰時無赭澆黃土
又曰黃香字文彊京師号曰天下無雙江夏黃童
又曰戴馮爲侍中京師語曰說不窮戴侍中
續漢書曰皇甫規歸安定鄉人有以貨買鴈門太守者亦
還家書刺謁規規卧不迎有頃曰王符在門規驚遽而起
屣履出迎時人爲之語曰徒見二千石不如一縫掖

又曰荀爽字慈明幼而好學耽思經書慶弔不行徵命不應潁川爲之語曰荀氏八龍慈明無雙

又曰陳蕃字仲舉諫桓帝曰鄙諺言盜不過五女門以貧家也今後宮之女豈不貧國乎

又曰楊政字子行少好學京師語曰說經鏗鏗楊子行

范曄後漢書曰井丹字大春通五經善談論京師語曰五經紛綸井大春

又曰李固遺黄瓊書曰自生人以來平代少而亂俗多必待堯舜之君此爲治終無時矣常聞語曰嶢嶢者易缺皦皦者易汙陽春之曲和者必寡

謝承後漢書曰宋弘宴見上令主坐屏風後上謂弘曰諺言貴易交富易妻人情乎弘曰臣聞貧賤之知不可忘糟糠之妻不下堂上顧謂主曰事不諧矣

又曰許慎字叔重性淳篤少博學經籍馬融常推敬之時人爲之語曰五經無雙許叔重

又曰馬后儀行節儉事從簡約馬廖慮以美業難終上疏長樂宮以勸成德政長安語曰城中好高髻四方且一尺城中好廣眉四方畫半額城中好大袖四方全疋帛斯言如戲有切事實

又曰胡廣字伯始一爲司空再作司徒三在太尉京師諺曰萬事不理詣胡伯始

袁山松後漢書曰桓帝時京師稱曰李元禮巖巖如玉山陳仲舉軒軒如千里驥

又曰桓帝時南陽語曰朱公叔肅肅如松柏下風

又曰公沙穆有六子時人號曰公沙六龍天下無雙

蜀志曰馬良字季常襄陽宜城人兄弟五人並有才名鄉里爲之諺曰馬氏五常白眉最良良眉中有白毛故以稱之

晉書曰歐陽建字堅石世爲冀方碩族雅有理思才藻美贍擅名北州人爲之語曰渤海赫赫歐陽堅石

又曰王珉字季琰少有才藝善行書名出其兄時人爲之語曰法護非不佳僧珎難爲兄僧珎珉小字也

又曰石苞字仲容渤海南皮人也雅曠有智局容儀偉麗不脩小節故時人爲之語曰石仲容姣無雙

又曰衛玠瑯邪王澄有高名少所推服每聞玠言輒歎息絶倒故時人爲之語曰衛玠談道平子絶倒

又曰阮瞻見司徒王戎戎問曰聖人貴名教老莊明自然其旨同異瞻曰將無同戎咨嗟良久　即命辟之時人謂之三語掾

又曰劉惔字真長沛國相人也祖宏字終嘏光禄勳宏兄粹字純嘏侍中弟潢字沖嘏吏部尚書並有名中朝時人語曰洛中雅雅有三嘏

又曰劉輿字慶孫俊朗有才局與琨並尚書郎弈之甥名著當時京師爲之語曰洛中弈弈慶孫越石

又曰裴秀少好學有風操時人語曰後進領袖有裴秀

又曰荀闓字道明亦有名稱京都爲之語曰洛中英英荀道明

又曰羊祜傳曰王衍嘗詣祜陳事辭甚俊辯祜不然之衍拂衣而起祜顧謂賓客曰王夷甫方以盛名處大位然敗俗傷化必此人也步闡之役祜以軍法將斬王戎故戎衍並憾之每言論多毁祜時人爲之語曰二王當國羊公無德

又曰趙王倫傳云張林等諸黨皆登卿將並列大封其餘
同謀者咸超階越次不可勝紀至於奴卒厮役亦加以爵
位每朝會貂蟬盈坐時爲之諺曰貂不足狗尾續
又曰王坦之字文度弱冠與郄超俱有重名時人爲之語
曰盛德絶倫郄嘉賓江東獨步王文度嘉賓超小字也
魏書曰夏侯淵爲將赴急疾常出敵不意故軍中語曰典
軍校尉夏侯淵三日五百六十千
魏略曰韓曁韓宣爲大鴻臚稱職語曰大鴻臚小鴻臚前
後履行相曷如
又曰賈洪字叔業好學有材特精於春秋左傳與馮翊敬
危材學最高故衆人爲之語曰州中曄曄賈叔業辯論洶
洶敬文通
又曰成都王穎伐長沙王乂募免奴爲軍自稱四部司馬

市郭人素謠語奴爲尚故里語曰三部司馬階下兵四部
司馬尚長明欲知太平須石鼈鳴
又曰太祖使盧洪趙達撫軍王刺舉軍中語曰不畏曹公
但畏盧洪曹公尚可趙達殺我
晉中興書曰褚裒字季野桓彞目之季野皮裏陽秋
又曰薛兼紀瞻閔鴻顧榮賀循同志友善號曰五儁
又曰中宗渡江王導群從同心翼戴時人語曰王與馬共
天下
又曰杜預在内七年損益不可勝數朝野稱之號曰杜武
庫言無所不有
宋書曰顔竣字士遜爲吏部尚書賓客喧訴常懽笑答之
時人爲之語曰顔竣瞋而與人官謝莊笑而不與人官
又曰高祖壯士丁旿有氣力時人語曰勿跋扈付丁旿

又曰王玄謨御下少恩將士爲之語曰寧作年徒不逐玄
謨
齊書曰長沙威王晃代兄映爲寧朔將軍淮南宣成二郡
太守初沈攸之事起晃便弓馬多從武容熯赫都街時人
爲之語曰煥煥蕭四繖
崔鴻前秦録曰梁讜字伯言博學有儁才與弟熙俱以文
藻清麗見重一時時人爲之語曰關東堂堂二申兩房未
若二梁環文綺章
崔鴻前涼録曰辛攀字懷遠隴西狄道人父奭尚書郎兄
鑒曠弟寶迟皆以才識知名秦雄爲之語曰五龍一門金
友王昆
後魏書曰濟南王元彧與從兄安豐王中山王齊名時人
爲之語曰三王楚楚盡琳瑯未若濟南備圓方

又曰靈太后幸左藏賜諸臣儀同陳留公李崇章武王融
並以所負多顛仆於地崇乃傷腰融至損腳時人爲人語
曰陳留章武傷腰折股貪人敗類穢我明主矣
又曰初廣平人李波爲逋逃之藪公私咸患百姓爲之語
曰李波小妹字雍容褰裙逐馬如卷蓬左射右射必疊雙
婦女尚如此男子那可逢刺史李安世設方略誘波諸子
姪三十餘人斬于鄴市
又曰祖瑩與陳郡袁翻齊名秀出時人爲之語曰京師楚
楚袁與祖洛中翩翩祖與袁
又曰李謐字永和初師事小學博士孔璠數年之後璠還
就謐請業同門生爲之語曰青青成藍藍謝青師何常在
明經
陳書張種少恬靜居處雅正不妄交遊傍無造請時人爲

之語曰宋稱數演梁則卷充清欵學尚種有其風

隋書崔儦與頓丘李若俱見稱重時人爲之語曰京師灼灼崔儦李若齊士歸鄉里仕郡爲功曹

又曰何妥少聰明時蘭陵蕭眘亦儁才住青陽巷妥住白楊頭時人爲之語曰世有兩儁白楊何妥青陽蕭眘其見美如此

太平御覽卷第四百九十五

太平御覽卷第四百九十六

人事部一百三十七

諺下

諺下　闘爭

漢晉春秋曰諸葛亮卒楊儀整軍而出宣王不逼百姓諺曰死諸葛走生仲達

梁祚魏國統曰王昶字文舒戒兄子去諺曰救寒無若重裘止謗莫若自脩斯言信矣

張勃吳録曰陸稠字伯羸爲廣陵太守姦吏歛手廣陵諺曰解結理煩我國陸君

韓詩外傳曰夫知惡往古之所以危亡而不知積其所以安存則無以異乎却行而求逮於前人也鄙語曰不知爲吏視已成事或曰前車覆後車戒

江表傳曰諸葛亮表都護李嚴嚴少爲郡職吏用性深尅苟利其身鄉里爲嚴諺曰難可狎李鱗甲

又曰典韋容貌魁傑名冠三軍其所持手戟長幾一尋軍中爲之語曰帳下壯士有典軍手提雙戟八十斤

又曰郭典字君業爲鉅鹿太守與中郎將董卓攻黃巾賊張寶於曲陽典作圍塹卓不肯典獨於西當賊之衝晝夜進攻寶由是城守不敢出時人爲語曰郭君圍塹董將不許幾令狐狸化爲豺虎賴我郭君不畏強禦轉機之間敵爲窮虜猗猗惠君保完疆土

又曰柳琮字伯騫所拔進皆爲時所稱致位牧守鄉里爲諺曰得黃金一笥不如爲柳伯騫所識

皇甫謐達士傳曰繆斐字文雅代脩儒學繼踵六博士以經行脩明學士稱之故時人謂之語曰素車白馬繆文雅

王祥別傳曰晉受禪時廊廟之士莫不懽容而祥色不加怡時人爲之語曰王公恨恨有送故之情也

張方賢楚國先賢傳曰諺曰黃尚爲司隷姦慝自彊左雄爲尚書令天下慎選舉

荀氏家傳曰荀邃夫人有至行時歲荒每來糴者夫人恒叩其斛糴者歸量輙過其本時人號曰掾斛夫人

陳留風俗傳曰許晏守偉君授魯詩於琅邪王攸學白許氏章句列在儒林故諺曰殿上成群許偉君

曹操別傳曰呂布梟勇且有駿馬時人爲之語曰人中有呂布馬中有赤兔

文士傳曰江應元時人諺曰嶷然希言江應元

又曰留侯七世孫張讚字子卿初居吳縣相人里時人諺曰相里張多賢良積善應子孫昌

習鑿齒襄陽記曰黃承彥謂諸葛亮曰身有醜女才堪相配即載送之鄉里語曰孔明擇婦正得外醜也

和苞漢趙記曰陳安奮刀左右俱發隴上語曰隴上壯士有陳安丈八蛇矛左右槃

西京雜記曰韓嫣好彈以金爲丸一日所失者十餘長安爲之語曰若飢寒逐彈丸京師兒童每聞嫣出彈輙隨之望丸所落便拾取焉

英雄記曰袁紹父成字文開貴盛自梁冀以下皆與交言無不從京師諺曰事不諧詣文開

三輔決録曰馮豹字仲文後毋遇之甚酷豹事之愈謹時人爲之語曰道德彬彬馮仲文

又曰五門　子孫凡民之伍門今在河南西四十里澗穀洛三水之交傳聞馬氏兄弟五人共居此地作五門客舍因

以爲名主養猪賣豚故民爲之語曰苑中三公館下二卿五門嚾嚾但聞豚聲

又曰賈彪兄弟三人並有高名彪最優故天下稱曰賈氏三虎偉節最怒

又曰游殷字幼齊爲胡軫所害月餘軫得病但言伏伏游幼齊將鬼來於是遂死關中諺曰生有知人之明死有貴神之靈

臨海異物志曰安家夷皆好噉猴頭羹諺言人寧負人千石之粟不願負人猴頭羹臛

又曰鯯魚肥炙食甚美諺曰寧去累世田宅不去鯯魚額

風俗通曰趙王好大眉人間半額楚王好廣領國人没項齊王好細腰後宮有餓死者

又曰延嘉中常侍單超左琯徐璜具瑗唐衡在帝左右縱

其姦逸時人爲之語曰左迴天徐轉日具獨坐唐應聲言信用甚於轉圜也

又曰里語曰縣官漫漫怨死者半

六韜曰天下攘攘皆爲利往天下熙熙皆爲利來

列子曰周諺曰田父可坐殺晨出夜入自以性之恒啜菽茹藿自以味之極一朝處以軟毛綈薦以粱肉蘭味心痟體煩內熱生病矣

又曰揚朱曰古語有之生相怜死相捐此語至矣

又曰趙子文曰國諺有言察見淵魚者不祥智料隱逸者殃且君欲無盜莫若舉賢而任之

孟子曰齊人有言雖有智慧不如乘勢雖有鎡基不如待時齊人之諺語也乘勢居富貴之時勢也鎡錤田器耒耜之屬也

孔叢子曰平原君與子高飲強子高酒曰昔有遺諺堯舜千鍾孔子百觚子路嗑嗑尚飲百榼古之賢聖無不能飲也吾子何辭焉

韓子曰鄙諺曰長袖善舞多錢善賈此言多資之易爲工

又曰古有諺曰爲政猶沐也雖有棄髮之廢而有長髮之利也

慎子曰諺云不聰不明不能爲王不瞽不聾不能爲公

蔣子萬機論曰學者如牛毛成者如麟角

又曰猛虎不處卑勢勁鷹不立垂枝

抱朴子曰桓靈曰舉秀才不知書察孝廉父别居寒素清白濁如泥高第良將怯如蠅

又曰古人欲達勤誦經今世圖官勉治生

商君書曰公孫鞅謂秦孝公曰臣聞之疑行無名疑事無功君亟定變法之慮殆猶天下之議語曰愚者暗於成事

智者見於未萌

邯鄲氏笑林曰桓帝時有人辟公府掾者倩人作奏記文人不能爲作因語曰梁國葛龔先善爲記文自可寫用不煩更作遂從人言寫記文不去龔名姓府公大驚不荅而罷歸故時人語曰作奏雖工宜去葛龔

賈誼新書鄙諺曰欲投鼠而忌器此善喻也鼠近於器尚憚而弗投恐傷器也況貴大之臣近於主帝乎

桓子新論曰關東鄙語曰人聞長安樂則出門而西向笑知肉味美則對屠門而大嚼又諺曰侏儒見一節而長短可知孔子言舉一隅足以三隅反觀吾小時二賦亦足以揆其能否

崔寔政論曰每詔書所欲禁絕雖重懇惻罵詈極筆由復廢捨終無悛意故里語曰州郡記如霹靂得詔書但掛壁

又曰一歲再赦奴兒噫嗜況不軌之民孰不肆意

應劭漢官儀曰里語云仕官不止車生耳

蔡邕獨斷曰古幘無巾王莽頭禿乃始施巾故語曰莽頭禿幘如屋

王朗貧窶語曰諺曰會班雖巧不能爲乞丐者頗

魏武選令曰諺曰失晨之雞思補更鳴昔季闌在白馬有受金取婢之罪棄而弗問後以爲濟北相以其能故

曹植令曰諺云相門有相將門有將夫相者文德昭將者武功烈

鬬爭

左傳隱公曰鄭伯將伐許授兵於太宮公孫閼與潁考叔爭車潁考叔挾輈以走（輈車轅也）子都拔戟以逐之

又襄五年曰秦伯之弟鍼如晉脩成叔向命召行人子員

（欲使答秦）行人子朱曰朱也當御（御進也當次行）言三云叔向不應子朱怒曰班爵同（同爲大夫）何以黜朱於朝無劒從之叔向曰秦晉不和久矣今日之事幸而集晉國賴之不集三軍暴骨子員道二國之言無私子常易之姦以事君者吾所能御也拂衣從之人救之平公曰晉其庶乎（庶幾於治）吾臣之所爭者大師曠曰公室懼卑臣不心競而力爭不務德而爭善私欲已侈能無卑乎

又襄五年曰楚伐鄭至于城麇鄭皇頡戍之出與楚師戰敗穿封戌囚皇頡公子圍與之爭之正於伯州犁（正曲直也）伯州犁曰請問於囚乃立囚伯州犁曰所爭君子也其何不知上其手曰夫子爲王子圍寡君之貴介弟也下其手曰此子爲穿封戌方城外之縣尹也誰獲子（上下手以道囚意）囚曰頡遇王子弱焉（弱敗也言爲王子所得）戌怒抽戈逐王子圍

史記曰藺相如功大拜爲上卿位在廉頗右頗曰我爲趙將有攻城野戰之功相如徒以口舌爲勞位居我上吾不忍爲之下必辱之相如聞之不肯與會每朝常稱病不欲與頗爭列於是舍人請辭去相如曰強秦不敢加兵於趙者徒以吾兩人在也今兩虎共鬬勢不俱生所以先國家之急而後私讎也

又曰彭越字仲常漁鉅野中爲羣盜　陳勝項梁起少年或謂越曰豪傑相立叛秦仲可　效之越曰兩龍方鬬且待之

又曰婁敬說上曰夫與人鬬不搤其亢（張晏曰亢喉嚨）拊其背未能全其勝也今陛下入關而都案秦之故此亦搤天下亢而拊其背也

又曰孔子去陳過蒲會公叔氏以蒲叛蒲人止孔子弟子

公良孺者有勇力謂曰昔從夫子遇難於匡今遇難於此命也吾寧鬬而死鬬甚疾蒲人懼謂曰無適衛吾出子也

漢書曰項羽謂漢王曰天下匈匈以吾兩人願與王挑戰決雌雄漢王笑曰吾寧鬬智不能鬬力也

又曰大將軍霍光秉政諸霍在平陽奴客持刀兵入市吏不能禁及尹翁歸爲市吏莫敢犯者

又曰邴吉常出逢群鬬者死傷横道吉過之不問掾史獨怪之吉曰民鬬相殺傷長安令京兆尹職所當禁也宰相不親小事

又曰原涉遣奴至市買肉奴乘涉氣與屠者爭言斫傷屠者

又漢書張耳贊曰張耳陳餘世所稱賢始居約時相然信死豈顧問哉及據國爭權卒相滅亡勢利之交古人羞之

續漢書曰孝靈皇帝於後宮人爲列肆販賣使相偷盜爭鬬上臨視之以爲樂

東觀漢記曰執金吾賈復在汝南部將殺人潁川捕得寇恂乃戮之於市復以爲耻過潁川謂左右曰吾今見恂必手劒之恂知其謀不欲與相見恂曰昔藺相如屈於廉頗者爲國也乃勑屬縣盛供具一人皆兼二人之饌恂乃出迎於道稱疾還賈復勒兵欲追之而吏士皆醉遂過去恂以狀聞上乃徵恂恂至引見時復先在座欲起相避上曰天下未定兩虎安得私鬬

又曰周黨字伯况太原人鄉佐發黨徭道於人中辱之黨學春秋長安聞復讎之義輟講下辭歸到與鄉佐相聞期鬬日鄉佐多從兵往使鄉佐先拔刀然後與相擊鄉佐服其義勇

袁崧後漢書曰劉盆子居長樂宮赤眉諸將日會論功名自言欲爲其王欲得其官爭言讙呼拔劒相擊

英雄記曰呂布字奉先劉備屯小沛袁術遣將紀靈步士三萬攻備備求救於布布率騎千餘馳赴之遣人招備并請靈等饗因謂靈曰布性不喜合鬬但喜解鬬耳

蜀志曰劉封與孟達分爭不和封奪達鼓吹達遂降魏

山海經曰刑天與帝爭神帝斷其首葬之常羊之山

神異經曰東北荒中有獸焉其狀如羊一角毛青四足似熊性忠而直見人鬬則觸不直聞人論咋不正名曰獬豸一名任法今御史用法冠俗曰獬豸冠也

續搜神記曰晉太原中北地人陳良與沛郡民李焉共爲賈後大得利焉殺良取物死十許日良忽蘇活得歸家說死時見周旋人劉舒舒久已亡謂良曰去年春社日祠祀家中鬬爭吾實忿之作一兕於庭前良故往報舒家其怪亦絶

皇甫士安逸士傳曰高鳳鄰里有爭財鬬者兵刃相加鳳脫衣巾爲叩頭曰仁義遜讓不可廢也爭財者投兵謝之而罷東觀漢記又載

又曰管寧所居屯落會有汲者或男女雜錯或爭井鬬鬩寧患之乃買器分置井傍汲以待之各自相責不復鬬也

會稽典錄曰夏香字曼卿門側有大井上有瓦盆里中兒童各競飲牛爭水共鬬香豫爲汲多置盆器由是無爭

費禕別傳曰魏延與楊儀並坐爭論延或舉刃擬儀儀涕泣橫集禕常入坐其間諫喻分別

石勒別傳曰勒微時居與邑人李陽相近陽性剛愎每輕勒與爭漚麻池共相打楪互有勝負

吳越春秋曰伍子胥始吳時遇專諸於途專諸方與人鬬將就之適其怒有萬人之氣其妻一呼即還子胥怪而問其狀專諸曰夫屈一人之下必伸萬人之上

列子曰昔共工與顓頊爭爲帝怒觸不周之山折天柱絶地維

胡非子曰胡非子脩墨子教有屈將子侍勇聞墨者非鬬帶劒危冠往見胡非子刼而問之曰將聞先生非鬬而好勇有説則可無説則死胡非子爲言五勇屈將子悅服

尸子曰魯人有孝者三爲母北魯人稱之彼其鬬則害親不鬬則辱羸矣不若兩降之

韓子曰鄭人有相與爭年者一人曰吾與堯同年一人曰吾與黄帝兄同年訟此不决以後息爲勝

呂氏春秋曰楚之邊邑名曰卑梁其處女爭桑於境上戲

而傷卑梁之女卑梁人以讓吴人吴人應不恭怒而殺之
吴人往報之盡屠其家於是吴楚大爭
淮南子曰佐祭者得嘗救鬭者得傷
又曰三人同舍二人相與爭爭者各自以為直不能相聽
一人雖愚必從而决之非以智也以不爭也
説苑曰秦始皇大后不謹幸郎嫪毒封為長信侯專國事
與侍中左右貴臣俱博飲酒醉爭言而鬭瞋目大呼
桓子新論曰余前為典樂大夫有鳥鳴於庭樹上而府中
門下皆為憂懼後余與典樂謝侯爭鬭俱坐免去
風俗通曰臨淮有一人持一疋縑到市賣之道遇雨披戴
後人求共庇蔭授與一頭雨霽當別因共爭各云我縑詣
府自言丞相薛宣呼騎吏中斷縑各與半後人濫受因前
撮之縑主稱怨宣然後如責之具服

又曰俗説二人共澡手令人鬭爭良無冥器當共澡者其
祝曰人相愛狗相齧言狗鬭時濯之以水便自解也
又曰坐不移鐏俗説移鐏令人鬭爭
典論曰汝南許劭與族兄靖俱避地江東保吴郡爭論於
太守許貢座至於手足相及
郭璞易洞林曰殷濰喬令吾作卦得大壯之夬語之云慎
勿與許姓者共事田作也必鬭相傷殷還直成遂與許姓
共田田熟有所爭此人舉杖欲撞之喬退思中閒之戒辭
謝僅乃得休
夢書曰鵜鶘為鬭夢見鵜鶘憂閑鬭也
嵇康太師箴曰若會酒坐見人爭語其形勢似欲轉盛便
當捨去此鬭之兆也

太平御覽卷第四百九十六

太平御覽卷第四百九十七

人事部一百三十八

酣醉

説文曰酣樂酒也

又曰酒卒曰醉各卒其度量不至於亂也一曰潰也

易未濟曰有孚于飲酒無咎濡其首有孚失是飲酒有思信而無保言尤濡其首有孚失是沉酒無節至濡首雖有飲酒之信失是不醉之節明飲酒不節濡首不可不戒也象曰飲酒濡首亦不知節也

毛詩曰既醉告太平也既醉以酒既飽以德

又曰幽王荒廢褻近小人飲酒無度沉湎淫泆是曰既醉不知其尤醉而既出並受其福醉而不出是謂伐德

左傳曰重耳及齊齊桓公妻之公子安之妻曰行也公子不可姜與子犯醉而遣之醒以戈逐子犯

史記曰范雎事魏中大夫須賈使齊雎從齊襄王聞雎辯乃使人賜雎牛酒須賈以爲雎持軍事告齊故得此饋還以告魏相魏齊大怒使舍人笞雎折脅拉齒雎佯死既卷簀置厠中賓客飲酒醉更溺雎雎從簀中謂守者曰既出我我厚謝公守者乃請棄簀中死人齊醉曰可矣

又曰齊威王置酒後宮召淳于髡賜酒問曰先生能飲幾許而醉髡曰飲一斗亦醉飲一石亦醉王曰先生飲一斗而醉洒能飲一石哉髡曰賜酒大王之前執法在傍御史在後髡恐懼俯伏而飲一斗徑醉若州閭之會男女雜坐前有墮珥後有遺簪髡竊樂此飲可八斗堂上燭滅主人留髡而送客羅襦衿解微聞香澤當此之時髡心最歡能飲一石

又曰曹參爲漢相國無所變更一遵蕭何日飲淳酒卿大夫以下皆欲言來者參輒飲酒醉而後去終莫得開説

又曰景帝召程姬姬有所避而飾侍者唐兒使夜進上醉不知以爲程姬而幸之遂有娠及生子命曰發爲長沙王

漢書曰漢高祖爲泗上亭長亭中吏無所不狎侮好酒及色常從王媪武負貰飲酒醉卧武負王媪見其上常有怪此兩家常折劵棄債

又曰高祖被酒夜經澤中令一人前前者還報曰前有大蛇當徑高祖醉曰壯士何畏乃前拔劒斬蛇分爲兩道開行數里醉因卧

又曰萬石君徙居陵里内史慶醉歸入外門不下車萬石君聞之不食慶恐肉袒請罪不許舉宗及兄建肉袒萬石君讓曰内史貴人入閭里中長老皆走匿而内史坐車中如故乃謝罷慶慶及諸子入里門趨至家

又曰衛青伐匈奴右賢王當青等以爲漢兵不能至飲醉漢兵夜至圍右賢王驚而夜逃

又曰李廣當斬贖爲庶人與故潁陰侯屏居藍田南山射獵嘗夜從一騎出從人田間飲還至亭霸陵尉醉呵止廣廣騎曰故李將軍尉曰今將軍尚不得夜行何故也宿廣亭下

又曰陳遵爲京兆尹嗜酒每大飲賓客滿堂輒閉門取車轄投井中雖有急終不得去有部刺史奏事過遵值其方飲刺史候遵宿醉時突入見遵母乃叩頭白當對尚書有期會乃令從後閤出去遵雖常醉然事亦不廢

又曰邴吉始於官屬掾史務掩過揚善吉馭吏嗜酒數逋蕩嘗從吉出醉嘔丞相車下茵西曹主吏白欲斥之吉以醉飽之失去士使此人將復何所容西曹忍之此不過汙

丞相車茵耳遂不去也
東觀漢記曰更始納趙萌女爲夫人有寵遂委政於萌日夜與婦人飲讌後庭群臣欲逐言事輒醉不能見乃令侍中坐帳内與語諸將識非更始聲出皆怨
謝承後漢書曰劉寬爲太尉嘗朝見寬被酒沉醉伏地睡詔問太尉醉耶寬仰對曰臣不敢醉但任重責大憂心如醉
魏志曰徐邈字景山魏國初建爲尚書郎時科禁酒而邈私飲沉醉校事趙達問以曹事邈曰中聖人達白太祖甚怒度遼將軍鮮于輔平曰醉客謂清酒爲聖人濁酒爲賢者邈性脩慎偶醉言耳後文帝踐祚問邈曰頗復中聖人不對曰宿瘤以醜見知微臣以醉見識帝大笑顧左右曰名不虛也

又曰曹仁爲關羽所圍太祖以曹植行征虜將軍欲令救仁植醉不能受命於是罷之
蜀志曰蔣琬字公琰除廣都長先主嘗因游觀奄至廣都衆事不理時又沉醉先主大怒將加罪戮諸葛亮請曰蔣琬社稷之器非百里之才也願主公重加察之乃不加罪
吳志曰孫權爲吳王遊宴之後起自行酒虞翻伏地陽醉不持權去翻起坐權於是大怒欲手擊之大司農劉基起抱權諫曰大王以三爵後殺善士雖翻有罪天下孰知之權曰曹孟德尚殺孔文舉孤於虞翻何有哉基曰孟德輕害名士天下非之今大王躬行仁德欲與堯舜比隆由是得免權因勑左右自今酒後言殺皆悉不得殺也
又曰孫皓大會群臣王蕃沉醉頓伏皓疑而不悅蕃舉出以頃之請還酒亦小解蕃性有威嚴行止自若皓大怒呵左右於殿下斬之
魏典略曰董卓雖親愛呂布然時醉酒則罵之以刀劍擊之不中布恐終被害乃先畜死士以戟刺卓卓曰布何在布曰有詔遂殺之
又曰時苗字德冑出爲壽春令楊州治在其縣時蔣濟爲治中苗以初至往欲謁濟濟素嗜酒適會其醉不能見恚恨還刻木爲人署曰酒徒蔣濟竪之於牆下旦夕射之
又曰丁冲爲司隸校尉後數歲過諸將飲酒美不能止醉爛腸死也
晉書曰羊曇者太山人知名士也少爲謝安所愛重安薨後輟樂弥年行不由西路州嘗因石頭大醉扶路唱樂不覺至州門也左右白曰此西州門曇悲感不已以馬策扣扉誦曹子詩曰生存華屋處零落歸山丘因慟哭而去

又曰王恭傳會稽王道子置酒於東府尚書令謝石因醉爲委巷之歌恭正色曰居端右之重集藩王之第而肆淫聲欲令群下何所取則石深銜之
又曰王蘊素嗜酒末年尤甚及在會稽略少醒日然猶以和簡爲百姓所悅
又曰顧榮傳齊王冏召爲大司馬主簿冏擅權驕恣榮懼及禍終日昏酣不綜府事以情告友人長樂馮熊熊謂冏長史葛旟曰以顧榮爲主簿所以甄拔才望委以事機不復計南北親疎欲平海内之心也今府大事殷非酒客之政旟曰榮江南望士且居職日淺不宜輕代易之熊曰可轉爲中書侍郎榮不失清顯而府更收實于旟然之白冏以爲中書侍郎在職不復飲酒人或問之曰何前醉而後醒耶榮懼乃復更飲

晉中興書曰畢卓字茂世爲吏部郎比舍郎釀熟卓因醉夜至其甕閒取酒飲之掌酒者縛卓郎往視之釋縛宴於甕側取醉而去

又曰周顗代戴淵爲護軍尚書紀瞻置酒請顗及王導等二十人顗荒醉失儀復爲有司所奏

檀道鸞晉書曰桓玄詣會稽王道子道子已醉對玄張目矚四座云桓溫作賊玄見此醉勢難測伏地流汗

宋書曰荆州刺史王忱范太外弟也忱嗜酒醉輒累旬及醒則儼然端肅太謂忱曰酒雖會性亦所以傷生也

又曰孔顗使酒仗氣每醉輒弥日不醒僚類之間多所凌忽尤不能曲意權倖莫不畏而疾之

又曰陶潛嘗九月九日無酒出宅邊菊叢中坐久之值王弘送酒至便酌大醉而歸

崔鴻後趙録曰石勒制法甚嚴兼諱胡尤峻有醉胡乘馬突入止車門勒大怒謂宮門小執法馮翥曰夫人君爲令將使下之無犯吾尚望威行天下况於宮闕之間向馳馬入門爲是何人而不彈白繳之耶翥惶懼忘諱對曰向醉胡乘馬馳入甚呵衛之而不可與語所謂亞鄉難與言小人所不能制勒笑曰胡正自難與言恕而不罪

崔鴻前秦録曰建武十四年堅宴群臣於釣臺以祕書監朱彤爲酒正堅曰今日之飲當以落池爲限

史典論曰荆州牧劉表跨有南土子弟驕貴並好酒爲三爵大曰伯雅次曰仲雅小曰季雅伯受七外仲受六外季受五外又設大鍼於坐端客有醉酒寢地輒以劖(音讒)剌驗其醒醉是醜於趙敬侯以筩酒灌人也大駕都許使光禄大夫劉松北鎮袁紹軍與紹子弟宴飲松常以盛夏三伏之際晝夜酣飲二方化之故南荆有三雅之爵河朔有避暑之飲

又曰中常侍張讓子奉爲太醫令與人飲酒輒掣引衣裳發露形體以爲戲樂將罷又亂其履舄使小大差踦(音紀)無不傾倒僵仆踒跌手足因隨而笑之(踒於卧反)

襄陽耆舊記曰襄陽城南有池山季倫每臨此池未曾不大醉而還恒曰此我高陽池也襄陽城中兒歌之曰山公出何許往至高陽池日夕倒載歸酩酊無所知時時能騎馬到著白接離舉鞭問葛強何如并州兒

韓詩外傳曰趙簡子與諸大夫飲於洪波之臺酒酣簡子涕諸大夫皆出走曰臣有罪而不自知也簡子曰大夫無罪昔友周舍有言曰千羊之皮不若一狐之腋衆人之唯唯不若直士之諤諤

費禕別傳曰孫權每別置好酒以酌禕視其已醉然後問以國事并論世務辭難累至禕輒辭以醉退而撰次所問事條荅無所遺失

呂氏春秋曰秦繆公之時西戎強大繆公遺女樂戎王大喜以其故數飲食日夜不休左右有言秦寇之至因按弓而射之秦寇果至戎王醉而卧於樽下卒生縛而擒之

博物志曰人中酒醉不解浴之以湯自漬則愈湯亦作酒氣味

又曰昔有人名玄石從中山酒家酤酒酒家與之千日酒不語其節度至家而醉家以爲死而葬之酒家計滿千日乃憶之往索玄石玄石家云亡來三年服已闋矣乃至家掘而問之玄石起於棺中

説苑曰楚莊王賜群臣酒日暮燭滅有引美人衣者美人

授絶其冠纓告王王曰賜人酒使醉失禮柰何欲顯婦人之節而辱士乎乃命左右　曰與寡人飲不絶冠纓者不歡群臣皆絶其冠纓乃止

世説曰周伯仁有德量深達危亂過江積年恒大飲酒嘗經三日醒時人謂三日僕射

又曰張華既貴有少時知識來候之華屏官事與共飲九醖酒爲酣暢其夜醉眠張華嘗飲此酒醉眠輒使左右轉側至覺左右依常爲張公轉側其友無轉側者至明起友人猶不寤張公曰此必死矣使就視之酒果穿腹流牀下滂沱

又曰山公曰嵇叔夜之爲人也巖然若孤松之獨立及其醉也嵬峩若玉山之將頽

又曰杜預爲荆州刺史鎮襄陽時有讌集大醉閉齋獨眠

或見一大虵垂頭牀邊吐

語林曰周伯仁過江恒醉止有姊喪三日醒姑喪三日醒也

又曰周伯仁在中朝能飲一斛酒過江雖日醉然未嘗飲一斛以無其對也後有舊對忽從北來相得欣然乃出二斛酒共飲之既醉伯仁得眠眠覺問共飲者何在曰西廂問得轉不荅不得轉伯仁曰異事使視之脅腐而死

十洲記曰瀛州者玉膏如酒味名曰玉酒飲數升輒醉令人長生

俗記曰宋禕死後葬在金城南山對琅琊郡門袁崧爲琅琊太守每醉輒乘輿上宋禕冢作行路難歌

列子曰子産相鄭有兄曰公孫朝好酒朝之室聚酒千鍾積麴成封糟糠之氣逆於人鼻方其荒醉不知世道之安危

魯連子曰楚王成章華臺酌諸侯酒魯君先至悦之故醉與之大曲之弓不琢之璧已而悔之魯君懼乃歸之

莊子曰醉者之墜車也希死形體與人同其悟物與人異則其神者全也

尸子曰赤縣洲者實爲昆侖之墟其東則滷水島山左右蓬萊玉紅之草生焉食其一實醉卧三百歲而寤

韓子曰楚共王與晉厲公戰於鄢陵楚師敗績共王傷目司馬子反渴而求飲穀陽樹操觴而進子反王欲復戰召子反議子反醉乃辭以疾王入其幕酒臭旋師而斬

韓子曰紹緇昧醉而忘其裘梁君曰醉足以亡裘乎荅曰紂以酒亡天下而況裘亡乎

又曰紂爲長夜而失日問於左右盡弗知曰使人問箕子

請其從曰爲天下王而一國皆失日天下其危矣一國皆不知而我獨知之我其危矣辭以醉而不知也

又曰齊桓公飲酒醉遺其冠耻之三日不朝管仲曰此非有國者之耻也公胡不雪之以政公曰善因發囷倉賜貧窮論囹圄出薄罪處三日而民歌之曰公乎不復遺其冠乎

淮南子曰夫醉者俛入城門以爲七尺之閨超江淮以爲尋常之溝酒濁其神也

陶淵明詩序曰余偶有名酒無日不飲顧影獨盡忽焉復醉

諸葛亮集曰亮戒子曰夫酒之設合禮致情適體歸性禮終而退此和之至也主意未殫賓有餘倦可以至醉無致迷亂

太平御覽卷第四百九十七

太平御覽卷第四百九十八

人事部一百三十九

簡傲　耶歈

簡傲

詩曰兕觥其觩旨酒思柔彼交匪傲萬福來求

禮曰傲不可長欲不可縱樂不可極

春秋曰衛侯饗苦成叔甯惠子相苦成叔傲甯子曰苦成家其亡乎古之爲享食也以觀威儀省禍福也

論語曰居簡而行簡無乃太簡乎

韓詩外傳曰田子方之魏魏太子從車百乘迎之於郊太子再拜謁子方不下車太子不悅曰敢問何如則以驕人矣子方曰吾聞以天下驕人而亡者有矣以一國驕人而亡者有矣由此觀之則貧賤可驕人矣士志不得則授履之秦楚耳安往而不得貧賤乎於是太子再拜而後退子方遂不下車

孔叢子曰子思居衛曾子謂子思曰昔吾從夫子巡於諸侯未嘗失其人臣之禮而猶聖道不行今吾觀子有傲世之心無乃不容乎子思曰時移勢異各有宜也當吾先君周制雖毀君臣固位上下相持欲行其道不勞以求之則不能入也今天下諸侯方欲力爭競招英雄以自輔翼此得士則昌失士則亡之秋也不自高人將下吾不自貴人將賤吾舜禹揖讓湯武用師非故相詭乃時也耳

華嶠後漢書曰趙壹字元淑恃才倨傲爲鄉里所擯

東觀漢記曰博士范外奏曰伏見太原周黨解履外華轂陛下見帝庭偃蹇傲慢逡巡進退臣願與並論靈臺之下

魏略曰丁謐少不肯交遊但博觀書傳爲人沉毅頗有才略太和中常於鄴借人空屋其中而諸王亦欲借之不知謐已得直開門入謐望見王交脚卧不起而呼其奴客曰此等人促呵使去王怒其無禮還具上聞之明帝收繫鄴獄以其功臣子原之

蜀志簡雍字憲和涿郡人與先主有舊性簡傲跌蕩在先主座席猶箕倨傾倚威儀不肅自從適諸葛亮已下則獨擅一榻傾枕卧語無所爲屈

蜀志曰彭羕字永年廣漢人身長八尺容貌甚偉姿性驕傲多所輕忽唯敬同郡秦子勑

王隱晉書曰魏末阮籍有才而嗜酒荒放露頭散髮裸袒箕踞作二千石不治官事日與餘下共飲酒歌呼時人或以籍生在魏之交欲佯狂避時不知籍本性自然也

干寶晉記曰呂安友嵇康相思則命駕千里從之或遇其行康兄喜位至方伯拭席而待弗之顧也獨宿車中康母設酒求康兒共戲則去

鄧粲晉記曰劉伶常著袒服而乘鹿車客有詰伶值其裸袒責伶伶笑曰吾以天爲屋以屋爲褌諸君不當入中又何怨乎其自任若此

又曰胡毋輔之過河南門下將飲酒河南卒王子博倨坐其傍輔之叱使取火子博曰我卒也唯不乏吾事安能爲人使輔之與語歎曰吾弗及也因言河南尹以爲功曹

習鑿齒漢晉陽春秋曰陳蹇兄丕有名於世與夏侯玄親交玄拜其母蹇時爲中領軍聞玄會於其家悅而歸既入户玄曰相與未至於此蹇當户立良久曰如君言乃趨而出意氣自若玄大以此知之

後魏書曰李粟鴈門人也性簡慢務寵不率禮度每在太

祖前舒放倨傲不自祗肅笑咥任情太祖積其宿過天興三年遂誅之於是威嚴始厲制勒群下盡卑謙之禮自栗始也

後魏書曰元順字子和起家爲給事中時尚書令高肇帝舅權重天下人士望塵拜伏順曽懷剌詣肇門門者以其年少荅云在座大有賔客不肯爲通順叱之曰任城王兒可是賤也及見直往登牀捧手抗禮王公先達莫不怪懼而順辭吐傲然若無所覩謂衆曰此兒豪氣尚尒况其父耶登聞之大怒杖之數十

晉中興書曰蔡謨讓司徒李宗臨軒遣侍中𤩽黄門郎丁纂徵謨謨陳疾篤使主簿謝攸對自平旦至日中使者十餘反而謨不至孝宗時年八歲甚怪之極問左右曰所召何人何以至今不來軒臨何當竟會稽王曰蔡公傲違上

平四百九十八　三　張元

命無人臣之禮若人主卑屈於上大義不行於下亦不知復所以爲治於是奏送謨廷尉以正刑書謨懼率子弟素服詣闕稽顙到廷尉待罪皇太后詔可依舊制免爲庶人

沈約宋書曰會稽太守孟顗事佛精懇而爲謝靈運所輕甞謂顗曰得道應湏慧業丈人生天當在靈運前成佛必在靈運後顗深恨此言

禰衡傳曰衡字正平建安初自荆州北遊許都恃才傲逸臧否過差見不如已者不肯與言語人皆以是憎之

文士傳曰阮籍從容曰平生曽遊東平縣樂其土風願得爲東平太守文帝大悦即從之籍便騎驢徑到郡至皆壞壁障内外相望教令清當十餘日便騎驢歸

淮南子曰賔有見人於季子者賔出季子曰子之賔獨有三過望我而笑是慢也談語而不稱師是叛也交淺而言深是亂也賔曰望君而笑是公也談語不稱師是通也交淺而言深是忠也故賔之賔客一體也或以爲小人或以爲君子視之異也

物理論曰今有吕子義清賢仕爲率更令有人就之宿非其度數之内子義然燭危坐通曉目不轉睛膝不移處

會稽典録曰嚴光一名遵帝引入論故舊累日因共卧光以足加帝腹上明日太史奏客星犯帝坐甚急帝曰朕故人嚴子陵共卧耳

語林曰羅含在宣武坐人介與他人相識含正容曰所識已多不煩復尒

世說曰王子猷作桓温車騎參軍桓謂王曰卿在府久當相斷理王初不荅直高視手板拄頰云西山朝來致有爽氣

平四百九十八　四　元

應璩與崔元書曰豈有亂首抗巾以入都城衣不在體而以適人乎昔戴叔鸞箕坐見邊文祖此皆衰世之慢行也

晉書曰何綏性既輕物翰札簡傲城陽王尼見綏書䟽謂人曰伯蔚居亂而矜豪乃尒豈其免乎

晉書曰謝弈與桓温善温辟爲安西司馬猶推布衣好在溫坐岸幘嘯詠無異常日温指曰我方外司馬

又曰王獻之甞經吴郡聞顧辟彊有名園先不相識乘平肩轝逕入時辟彊方集賔友而獻之遊歷既畢傍若無人辟彊勃然數之曰傲主人非禮也以貴驕士非道也失是二者不足齒之傖耳便驅出門

又曰王導子恬性傲誕不拘禮法謝萬甞造恬既坐少頃恬便入内萬以爲必厚待已殊有喜色恬久之乃沐頭髮而出據胡床於庭中曬髮神氣傲邁竟無賔主之意萬悵

然而還

又曰王徽之字子猷性卓犖不羈大司馬桓溫參軍蓬首散帶不綜府事又爲車騎桓冲騎兵參軍冲問卿署何曹對曰似是馬曹又問管幾馬曰不知由馬何知數又問馬比死多少曰未知生焉知死嘗從冲行值暴雨徽之因下馬排入車中謂曰公豈得獨擅一車

又曰劉伶常着袒服乘車客有詣伶值其裸袒責伶伶曰吾以天爲屋以屋爲褌諸君不當入中

又曰謝萬既受任北征矜豪傲物常以嘯詠自高未嘗撫衆兄安深憂之自隊主將帥已下安無不慰勉謂萬曰汝爲元帥諸將宜數接對以悅其心豈有傲誕若斯而能濟事也萬乃召集諸將都無所說直以如意指四座云諸將皆勁卒諸將益恨之

又曰周顗王導甚重之嘗枕顗膝而指其腹曰卿此中何所有也荅曰此中空洞無物然足容卿輩數百人導亦不以爲忤又於導坐傲然嘯詠導云卿欲希嵇阮耶顗曰何敢近捨明公遠希嵇阮

又曰王澄爲荆州刺史澄將之鎮送者傾朝澄見樹上鵲巢便脫衣上樹探鷇而弄之神氣蕭然傍若無人劉琨謂澄曰卿形雖散朗而內實動俠以此處世難得其死澄默然不荅

宋書曰張敷遷中書舍人與狄當周赳並管要務以敷同省名家欲詣之赳曰彼若不相容便不如不往詎可輕往耶當曰吾等並已員外郎何憂不得共坐敷先設二牀去壁三四尺二客就席酬接甚懽既而呼左右曰移我遠客赳等失色而去

又曰陶潛有造之者設酒潛若先醉便語客曰我醉欲眠卿可去

宋書曰張敷永興初遷祕書郎嘗在省直中書令傅亮聞其好學過候之敷臥不即起亮怪而去

齊書曰張欣泰領羽林監欣泰通涉雅俗交結多是名素下直輒遊園池着鹿皮冠納衣錫杖挾素琴有以啓世祖曰將家兒何敢作此舉止

齊書丘靈鞠好飲酒臧否人物在沈淵座見王儉詩淵曰王令文章大進靈鞠曰何如我未進此言達儉靈鞠宋世文名甚盛入齊頗減蓬髮弛縱無形儀不治家業王儉謂人曰丘公仕官不進才亦退矣

梁書曰何點雖不入城府而遨遊人世不簪不帶或駕柴車躡草屩恣心所適致醉而歸士大夫多慕從之時人號爲通隱

隋書曰崔儦每以讀書爲務負恃才地忽略世人大署其户曰不讀五千卷書者無得入此室數年之間遂博覽群言多所通涉

唐書曰鄭仁表泊之子也文章尤稱俊拔然恃才傲物人士薄之自謂門地人物文章具美嘗曰天瑞有五色雲人瑞有鄭仁表劉鄴少時投文於泊仁表兄弟嗤鄙之咸通末鄴爲宰相仁表竟貶死南荒

又曰崔元翰入朝爲太常博士禮部員外郎竇參輔政用爲知制誥詔令溫雅合於典謨然性太剛褊簡傲不能取容於時每發言論略無阿徇忤執政旨故掌誥二年而官不遷

又曰李白嘗醉令高力士脫靴由是斥去乃浪迹江湖終

日飲沉時侍御史崔宗之謫官金陵與白詩酒唱和甞月夜乘舟自採石達金陵着白衣宮錦袍於舟中顧瞻嘯傲傍若無人初賀知章見白賞之曰此天上謫仙人也

耶歈

說文曰人相笑相耶歈也

東觀漢記曰光武令王霸至薊市中募人將以擊王郎市人皆大笑舉手耶歈之霸慚懅而返

續晉陽秋曰襄陽羅友家貧嗜酒伺人祠祀往乞餘在桓温府屢以貧乞祿温以其誕肆許而不用同府人有得郡者温爲坐別友亦被命至尤晚温問之荅曰友欽道嗜味昨奉教乃守旦出門於中路遇一鬼大見耶歈曰見汝送人作郡不見人送汝作郡友始怖終慙不覺淹緩温笑用之爲郡也

太平御覽卷第四百九十八

太平御覽卷第四百九十九

人事部一百四十

眞愚　如愚　愚怯　智怯　盜竊

眞愚

毛詩鴻鴈曰惟彼愚人謂我宣驕

韓詩外傳曰惟盤石千里不爲有地愚人不爲有民

論語曰上智與下愚不移

又曰柴也愚參也魯

又曰孔子謂仲由曰汝聞六言六蔽矣乎對曰未也居吾語汝好仁不好學其蔽也愚

家語曰孔子曰勇而好同必勝智而好謀必成愚者反是是以非其人告之弗聽非其地樹之弗生得其人如聚沙而雨之（言立入也）非其人如會聾而鼓之處重擅寵專事如賢愚者之情也

東觀漢記曰上破賊入漁陽諸將上尊號上不許議曹掾張祉言俗以爲燕人愚方定大事反與愚人相守非計也上大笑

漢晉陽秋曰司馬文王問劉禪曰頗思蜀不禪曰此間樂不思蜀也郤正聞之求見禪曰若王後問宜泣而後答曾王復問禪曰先人墳墓遠在隴蜀乃心西望無日不思因閉其眼王曰何以似郤正語耶禪驚視曰如尊命左右皆大笑

王隱晉書曰識書有蝦蟇當貴惠帝在宮時出問左右此鳴是官蝦蟇爲私乎賈胤對曰在官地中爲官蝦蟇在私地中爲私蝦蟇於是世間遂傳此語

後魏書曰宋弁弟族鴻貴爲定州北平府參軍送戍兵於荆州坐取兵絹四百疋兵欲告之乃斬兵十人又疎凡不達律令見律有梟首之罪乃生斷其手以水澆之然後斬決尋坐伏法時人哀兵之苦笑鴻貴之愚

續晉陽秋曰顧愷之夜於月下長詠自云得先賢風製謝瞻遥稱讃之愷之得此彌自力忘倦瞻將眠語搥脚人令代焉愷之不覺其異遂幾旦而後止

沈約宋書曰劉義綦封營道縣侯凡鄙無識知每爲始興王濬兄弟所戲濬常謂義綦曰陸士衡詩曰營道無烈心其何意苦阿父如此義綦曰下官初不識士衡何忽見苦

廣陵列士傳曰吳武字季濟篤學好古師事陳仲考子外性頑愚考曰父子情重不忍戮之卿爲吾教也

趙書曰石肇前石之昆弟也前石既貴肇在軍中不能自達人送詣前石前石哀之拜建威將軍以肇無才力每高選參佐輔之爲娉廣川劉典兄女肇甚懼之拜長樂太守治官每入門動稱阿劉教可亦不可爾時人以爲嗤謡

鬻子曰愚者不自謂愚而愚見於言愚者雖自謂智人皆謂之愚也

列子曰宋人有於道得人遺契者歸而藏之密數其齒告鄰人曰吾富可待矣

又曰杞國有人憂天崩地墜身無所寄廢寢與食又有憂彼所憂往曉之曰天積氣耳其人曰天果積氣日月星宿不當墮耶對曰日月星宿亦積氣中之有光耀者只使墮亦不能中傷其人曰奈地壞何對曰地積塊耳充塞四虚何憂其壞其人大喜

苻朗子曰宋之愚人得燕石於梧臺之東歸而藏之以爲

大寶周客觀之掩口而笑曰此燕石也其與瓦甓不差主人大怒曰商賈之言醫匠之口藏之愈固守之彌謹

莊子曰人有畏影惡迹而去之走者舉足愈數而迹愈多走疾而影不離自以爲尚遲疾走不休絶力而死

韓子曰燕李季好遠出其妻有士李季至士在内中妻患之乃令士裸而解髮直出門吾屬陽不見也於是士從其計疾走出門季曰是何人也家室皆曰無有季曰吾見鬼也季婦曰爲之柰何然取五牲之矢浴之季曰諾乃浴矢

又曰鄭有人身買履者先自度其足而買之及至市得履乃曰吾忘度乃歸取之頃返市罷遂不得履人曰何不試以足曰寧信度數無自信也

又曰宋人有耕者田中有株兎走抵株折頸而死因釋耕而守株爲宋國笑今欲以先王之政治當世民皆守株之

心也

呂氏春秋曰范氏之亡也百姓有得鍾者欲負之則鍾大不可負以椎毁之恐人聞而奪已也遽掩其耳惡人聞也

又曰楚人有涉江者其劒自舟中墜於水遽刻其舟曰是吾劒之所從墜處舟止從其所刻入水求之

淮南子曰楚人有東家母死其子哭而不悲西家子見之歸謂其母曰社何愛速死吾必悲哭社（淮南間謂母爲社）

又曰故聖人同死生愚人亦同死生聖人同死生通於分理也愚人之同死生不知利害之所在也

符子曰鄭人有逃暑於孤林之下者日流影移而徙衽以從陰及至暮反席於樹下及月流影移復徙衽以從陰而患露之濡於身其陰逾去而其身逾濕是巧於用晝而拙於用夕矣不處矅而辭陰反林息露此亦愚之至也

笑林曰漢司徒崔烈辟上黨鮑堅爲掾將謁見自慮不過問先到者儀適有荅曰隨典儀口唱既謁讃曰可拜堅亦曰可拜讃者曰就位堅亦曰就位因復着履上坐將離席不知履所在讃者曰履着脚堅亦曰履着脚也

又曰平原陶丘氏取渤海墨台氏女女色甚美才甚令復相敬已生一男而歸母丁氏年老進見女壻女壻既歸而遣婦婦臨去請罪夫曰曩見夫人年德已衰非昔日比亦恐新婦老後必復如此是以遣實無他故

崔駰與竇憲牋曰文淺而言深者愚也在賤而望貴者惑也

如愚

論語爲政曰吾與回言終日不違如愚退而省其私亦足以發回也不愚

又公冶長曰甯武子邦有道則智邦無道則愚其智可及其愚不可及也

華陽國志曰王長文字德儁天姿聰警察孝廉不就遂陽愚嘗着絳衣帽牽猪過市中乞人與語僞不聞常騎牛周遊

說苑曰齊桓公獵逐鹿入谷中見一老公問是爲何谷對曰爲愚公之谷以臣名之臣故畜牸牛生子大賣之而買馬少年曰牛不能生馬遂持駒去家隣以臣爲愚故名愚公之谷

愚怯

釋名曰怯脅也見敵恐脅也

崔駰易林曰任將力薄鷙鳥思怯如蝟見鵲不敢拒格

韓詩外傳曰崔杼殺莊公陳不占東觀漁者聞君有難將

往死之飡則失哺上車失軾僕曰敵在數百里外今食則失哺上車失軾雖往其有益乎陳不占曰死君義也無勇私也遂驅車比至門聞鍾鼓之音鬭戰之聲遂駭而死君子聞之曰陳不占可謂志士矣無勇而能行義天下鮮矣

東觀漢記曰杜篤仕郡文學掾以目疾二十餘年不窺京師篤外高祖破羌將軍辛武賢以武略稱篤常歎曰杜氏文明善政而篤不任為吏辛氏秉義經武而篤又怯於事外内五世至篤衰矣

沈約宋書曰周朗兄嶠為吴興太守賊劭弑立隨王誕舉義於會稽劭加嶠冠軍將軍誕檄又至嶠素恇怯迴惑不知所從為府司馬丘珍孫所殺

又曰劉彦節少以宗室清謹見知齊高帝輔政彦節知運祚將遷密懷異圖及沈攸之舉兵齊高帝入屯朝堂袁粲

鎮石頭潛與彦節及諸大將黄回等謀夜會石頭詰旦乃發彦節素怯騷擾不自安再晡後便自丹楊郡車載婦女盡室奔石頭臨去婦蕭氏強勸令食彦節歡羹寫胷中手振不自禁事敗被殺

趙書曰石勒屯葛陂值天雨不息勒長史刁膺勸勒降晉勒啾然而嘯張賓勸勒還北勒欣然曰賓計是也膺宜斬明其性怯可退為將軍

孫卿子曰夏首之南有人曰涓濁梁其為人愚善畏明月而宵行俯見其影以為伏鬼仰見其髮以為伏魅背踣而走比至其家失氣而死慎子曰有勇不以怒反與怯均也

吕氏春秋曰夫民無常怯有義則實實則勇無氣則虚虚則怯怯勇虚實其所由甚微不可不知

淮南子曰怯者夜見立表以為鬼見寢石以為兕懼掩其氣也掩事也

抱朴子曰拙人得工輸之斤斧不能以成雲梯怯者得馮婦之刀戟不能以格兕虎也

智怯

韓詩外傳曰楚白公之難有杜之善者辭其母將死君其母曰死君可乎杜之善曰聞事君者内其禄而外其身今所養母者君之禄也請往死之比至朝三廢車中其僕曰子懼何不返也杜之善曰懼吾私也死君公也吾聞君子不以私害公遂往死也

家語曰或問孔子曰顔淵何人曰仁人也丘弗如也子貢何人曰辯人也丘弗如也子路何人曰勇人也丘弗如也客曰三子者皆賢於夫子而服役何也孔子曰丘能仁且忍辯且訥勇且怯以三子之能易丘之道弗如也

史記曰管仲曰吾嘗三戰三走鮑叔不以我為怯知我有老母也

又曰淮陰屠中少年有侮韓信者曰若雖長大好帶劒中情怯耳衆辱之曰能死刺我不能出我跨下信視之俛出跨下匍匐一市人皆笑信怯也

尸子曰聖人畜仁而不主仁畜智而不主智畜勇而不主勇昔齊桓公脅於魯君而獻地勾踐脅於會稽而身官之趙襄子脅於智伯而以顔為愧其卒桓公臣魯君勾踐滅吴襄子以智伯為戮此謂勇而能怯者也

盜竊

易繫辭曰慢藏誨盜冶容誨淫

又曰負且乘致寇至盜之招也

禮記月令曰季秋行冬令則國多盜賊

左傳僖中曰介之推曰竊人之財猶謂之盜况貪天之功以爲己力乎

又昭五年曰鄭子産有疾謂子太叔曰我死子必爲政唯有德者能以寬服民其次莫如猛太叔爲政不忍猛而寬鄭國多盜取人於萑蒲之澤太叔悔之曰吾早從夫子之言不及於此興徒兵以攻萑蒲之盜盡殺之盜少止

論語顔淵曰季康子患盜問於孔子孔子對曰苟子之不欲雖賞之不竊

家語曰子貢爲信陽宰將行辭於孔子孔子曰勤之慎之奉天之時無奪無伐無暴無盜子貢曰賜也少事君子豈以盜爲累哉孔子曰爾未之詳夫以賢代不賢是之謂奪以不肖代賢是之謂伐緩令急誅是之謂暴取善自與是之謂盜非竊財之謂也

史記曰秦昭王囚孟嘗君謀欲殺之孟嘗使人抵昭王幸姬求解姬曰妾願得君狐白裘此孟嘗有一狐白裘直千金天下無雙入獻昭王無他裘孟嘗患之徧問客莫能對最下座爲狗盜者曰臣能得乃夜爲狗以入秦宮藏中取所獻狐白裘至以獻秦幸姬幸姬爲言昭王釋孟嘗君

又曰有盜高廟座前玉環捕得文帝怒下廷尉治之張釋之案律盜宗廟服御物者奏當弃市耳

漢書曰彭越字仲昌邑人常漁鉅野澤中爲盜

又曰龔遂字少卿山陽人恭帝時渤海左郡歲飢盜賊並起二千石不能擒制上選能治者御史舉遂可用上以爲渤海太守問曰渤海廢亂君欲何以息盜賊對曰海濱遐遠不沾聖化其民困於飢寒而吏不恤故使弄陛下之兵於潢池中耳今欲使臣勝之耶將安之也臣聞理亂民如理亂繩唯緩之而後可

吳志曰孫堅與父之錢塘會海賊胡玉等取賈人財物岸上分之堅追斬一級

晉書曰蔡喬有勇氣嘗二盜入室喬不知拊床一呼二盜俱殞

又曰王獻之夜卧齋中而有偷入其室盜物獻之徐曰偷兒青氊我家舊物可特置之羣偷驚走

崔鴻十六國春秋後趙錄曰徐龕勇果薄行舊爲劫盜者無不歸之公行掠刦迎如風雲

北齊書曰宋世良字元友爲清河太守郡東有南曲隄成公一姓阻而居之羣盜多萃於此人爲之語曰寧使東吳會稽不歷成公曲隄世良施八條以制盜盜奔他境人又謠曰曲隄之險賊何益但有宋公自屛跡

呂氏春秋曰秦繆公乘馬車敗右服失而野人取之繆公自往求馬見野人方將食之於岐山之陽繆公笑曰食駿馬之肉不飲酒余恐其傷汝也遍飲而去處一年韓原之戰晉人已環繆公之車矣嘗食馬肉三百餘人畢力爲繆公疾鬬大尅晉軍反獲惠公以歸

莊子曰將爲胠篋探囊發匱之盜爲守備則必攝緘縢固扃鐍此世俗所謂智也巨盜至則負揭篋擔囊而趍唯恐緘縢扃鐍之不固然向所謂智者不乃爲大盜積者乎

又曰絶聖棄智大盜乃止擿玉毀珠小盜不起也

列子曰晉國苦盜有郄雍者能視盜之皃察其眉睫之間而得其情晉侯使視千里無遺一焉晉侯大喜告趙文子曰吾得一人而一國盜爲之盡矣文子曰君司察而得盜盜不盡矣且郄雍必不得其死俄群盜謀曰吾所以窮者

郗雍也遂戕之晉侯聞大駭召文子曰果如子言然取盜何方文子曰君欲無盜舉賢而任之遂取隨會爲政而君盜奔秦焉

又曰牛缺者上地之大儒之邯鄲遇盜於耦沙之中盡取其衣車牛步而去視之欣然無憂恡之色盜追而問其故曰君子不以所養害其所以養食盜曰嘻賢失矣往彼見趙君以我爲事必困乃相與追而殺之

又曰東方有人曰爰旌目將有所適而餓於道狐父之盜曰丘見而下壺飡以餔之爰旌目三餔而後能視曰子何爲者也曰我狐父之人丘也爰旌目曰譆女非盜耶胡爲而食我吾義不食子之食也兩手據地而歐之不出喀喀然而死

淮南子曰楚將子發好求伎道之士有善爲偷者往見曰聞君求伎道之士臣楚市偷也願以伎該一卒子發見而禮之無幾何齊興師伐楚子發將師以當之兵三却於是市偷請曰臣有薄伎願君行之子發曰諾偷則夜出解齊將軍之綢帷而獻之子發使歸之明夕復往取其枕又使歸之明夕復往取其簪又使歸之於是齊師大駭將軍與軍吏謀曰今夕不去楚軍恐取吾首即還

秦子曰孔文舉爲北海相有母病差者思食新麥家無乃盜隣熟麥而進之文舉聞之特賞盜而不罪

抱朴子曰夷吾奪田不可以薄蕭何竊妻不可以廢也

郭子曰王安期爲東海太守小吏盜池中魚綱紀推之王曰與衆共之魚何足悋

皇甫士安高士傳曰孔嵩字仲山辟公府之京師道宿下亭盜共竊其馬尋問知是嵩也乃相責讓曰孔仲山善士豈宜侵盜乎於是遂以馬還之

先賢行狀曰王烈字彥考通識達道時國中有盜牛者先主得之盜曰邂逅迷惑從今已後將改過子既已赦宥幸勿使王烈知之

海內先賢傳曰姜肱字伯淮嘗與弟季江遇盜將奪其衣人問不言盜聞叩頭謝罪還肱衣肱不受

陳寔別傳曰有盜夜入其室止於梁上寔陰見之乃起呼命子孫正色訓之曰夫人不可不勉不善之人未必本惡習與性成遂至於此如梁上君子是矣盜大驚自投于地稽顙歸罪寔徐譬之曰視君狀皃不是惡人宜深克己反善當由困貧令遺絹二疋自是一縣無復盜竊

劉欣期交州記曰趙嫗者乳長數尺不嫁入山聚羣盜遂比郡常着金蹋踶戰退輒張帷幕與少男通數十侍側刺史陸胤平之

太平御覽卷第四百九十九

太平御覽卷第五百

人事部一百四十一

傭保　奴婢

傭保

史記曰荆軻死高漸離乃變名姓爲人傭保作於宋子徐廣曰宋子縣名也今屬鉅鹿久之作苦聞其家堂上客擊筑彷徨不能去每出言曰彼有善不善從者以告其主曰彼傭乃知音召使擊筑一座稱善

又曰欒布始與彭越爲家人時窮困賣傭於齊爲人酒保

後漢書曰公沙穆來遊太學無資粮乃變服客傭爲吴祐賃舂祐與語大驚遂共定交於杵臼之間

又曰杜根字伯堅永初元年舉孝廉爲郎中時和熹鄧后臨朝權在外戚根以帝年長宜親政事乃與同時郎上書直諫太后大怒收執根等令盛以縑囊於殿上撲殺之執法者以根知名私語行事人使不加力既而載出城外根得蘇因得迯竄爲宜城山中酒家保保使也言爲人傭力保任而使也積十五年酒家知其賢厚敬待之

神仙傳曰仙人李八伯者欲授唐公房仙術乃爲作傭客身作惡瘡膿潰臭惡使公房夫人舐之瘡愈乃授以丹經一卷

奴婢

說文曰奴婢皆古之罪人也

方言曰荆淮海岱雜齊之間俗不純爲雜罵奴曰臧罵婢曰獲齊之北鄙燕之北郊凡民男而壻婢謂之臧女而婦奴謂之獲亡奴謂之臧亡婢謂之獲皆異方罵奴婢之醜稱也

周禮天官上酒人職曰女酒三十人奚三百人女酒女奴曉酒者古者從男女沒入縣官曰奴其少才智者以爲奚今之侍史官婢是也

又秋官上司厲職曰其奴男子入於罪隸女子入于舂稾鄭司農云謂坐爲盜賊而爲奴者輸於罪隸舂人稾人之官也由是觀之今之奴婢古之爲罪人也凡有爵者與七十者與未齓者皆不爲奴有爵謂命士以上也齓毁也男年八歲女七歲而毁齒

左傳襄四年曰斐豹隸也著於丹書隸罪隸斐豹有罪沒官爲奴丹書罪約也

論語微子曰殷有三仁焉微子去之箕子爲之奴比干諫而死

史記曰季布者楚人也項籍使將兵數窘漢王及項羽滅季布匿濮陽周氏周氏曰漢求將軍急且至臣家能聽臣臣敢進計季布許之乃髡鉗季布賣之朱家朱家心知是季布乃買而置之因誡其子曰田事聽此奴必與同食

又曰欒布爲人所略賣爲奴於燕燕將臧荼舉以爲都尉

又曰衛青爲侯家人少時歸其父使牧羊先母之子皆畜奴之不以爲兄弟有鉗徒相青官至封侯青笑曰人奴之生得無笞罵即足矣安得封侯

又曰漢武帝時東置滄海郡人徙之費府庫並歷募民能入奴婢得以終身爲郎增秩

又曰霍光愛幸監奴馮子都常與計事

又曰薛宣奏張於驕縱奴者並乘勢爲暴至求吏妻不得殺其夫

又曰原涉遣奴至市買肉奴秉涉氣與屠爭言斫傷屠者亡是時茂陵令尹翁歸新視事知涉名豪欲以厲俗遣兩使脅守涉至日中奴不出吏欲殺涉涉肉袒自縛箭貫耳詣廷尉門謝罪

又曰張安世家僮七百人皆有手技

又曰齊俗賤奴虜而刀間獨愛貴之桀黠奴人之所患唯刀間收取使之終得其力

又曰王鳳羣弟爭爲驕侈奴僮以千數

又曰孝宣皇帝詔曰夫褒有德賞元功古今通議也大司馬大將軍霍光宿衛忠正宣德明恩守節秉義以安宗廟賞賜前後奴婢百七十人

又曰王丹盡得父財家累千金奴僮數百

又曰傅太后使謁者買諸官婢賤取之復取執金吾官婢八人

東觀漢記曰彭寵奴子密等三人共謀劫寵寵時齋獨在便坐室中晝夜卧子密等三奴縛寵著床板告外吏大王解齋吏皆便休又用寵聲呼其妻入室見寵寵曰趍爲諸將軍辦裝兩奴將妻入取寵物一奴守寵寵謂奴曰若小兒我素所愛今解我縛當以女珠妻若小奴見子密聽其語遂不得解子密收金玉衣物使寵妻縫兩縑囊夜解寵手令作記告城門將軍云今遣子密等詣蘭卿子右所其開出勿稽留書成即斷寵及妻頭置縑囊中西入上告

又曰劉寬嘗有客遣蒼頭市酒迂久大醉而還罵曰畜生遣人視奴疑必自殺寬嘗朝會莊嚴已訖妻使婢奉羹翻汙朝衣婢遽收之寬徐曰羹爛汝手

又曰司隷校尉梁松奏特進馬防兄廖廖子孫三家奴婢千人

又曰鄧弘字叔紀奴醉擊長壽亭長亭長將詣第白之弘即見亭長賞錢五千與曰奴復與宮中衛士忿爭衛士毆箠奴引問復賞五千

又曰朱暉爲郡督郵太守阮況當嫁女欲買暉婢不與及況卒暉送金三斤人問其故暉曰前不與婢者恐以財貨汙府君耳今重送者以明已心也

又曰祝良爲洛陽令常侍樊豐妻殺侍婢置井中良收其妻殺之

又曰韓卓臘日奴竊食祭其母卓義其心即日免之

魏志曰晉室踐祚下詔曰故司空王基著德立勲不營産業其以官奴二人賜其家

又曰陳泰護匈奴中郎京邑貴人多寄寶貨因泰市奴婢泰皆挂之於壁不發其封及徵爲尚書悉以還之

蜀志曰劉琰侈靡侍婢能爲聲樂又教誦靈光殿賦

又曰初孫權以妹妻先主妹才捷剛猛有諸兄風侍婢百餘人執刀立先主每入心常懍懍

晉書曰石崇有蒼頭八百餘又崇有婢緑珠美而艷善吹笛孫秀使人求之崇時在金谷別館方登凉臺臨清流婦人侍側使者以告崇盡出婢妾數十人以示之皆緼蘭麝被羅縠曰在所擇使者曰君侯服御麗矣然本受命止索緑珠不識孰是崇勃然曰緑珠吾所愛不可得也秀遂誅崇

又曰郭璞愛主人婢無由而得乃取小豆三斗繞主人宅散之主人晨起見赤衣人數千圍其家就視則滅甚惡之請璞爲卦璞曰君家不宜畜此婢可於東南二十里賣之愼勿爭價則此祓可除也主人從之璞陰令人賤買此婢復爲符投井中數千赤衣人皆反縛一一自投于井主人大悅璞携婢去

又曰祖納少孤貧自炊爨以養母平北將軍王敦聞之遣

其二婢辟爲從事中郎有戲之曰奴價倍婢納曰百里奚何必輕於五羖皮

又曰劉惔性簡貴與王羲之雅相友善郗愔有傖奴善知文章羲之愛之每稱奴于惔惔問何如方回耶羲之曰小人耳何比郗公惔曰若不如方回故常奴耳

又曰桓温自以雄姿風氣是宣帝劉琨之儔有以比王敦者意甚不平及是征還於北方得一巧作老婢訪之乃琨妓女也一見温便潸然而泣温問其故荅曰公甚似劉司空温大悦出外整理衣冠又呼婢問之婢云脣甚似恨薄眼甚似恨小鬚甚似恨赤形甚似恨短聲甚似恨雌温於是褫冠解帶昏然而睡不怡者數日

又曰幸靈周旋江州閒謂其士人曰天地之於人物一也咸欲不失其性柰何制服人以爲奴婢乎諸君若欲享多福以保姓命可悉免遣之

又曰于寶父先有所寵侍婢母甚妬忌及父亡母乃生推婢於墓中寶兄弟年小不審之也後十餘年母喪開墓而婢伏棺如生載還經日乃蘇言其父常取飲食與之恩情如生家中吉凶輒語之考校悉驗地中亦不覺爲惡既而嫁又生子

又曰桓伊傳晉孝武帝召伊飲帝命伊吹笛伊即吹爲一弄乃放笛云臣於筝分乃不及笛然自足以韻合歌管請以筝歌并請一吹笛人帝善其調達乃勑御妓奏笛伊又云御府人於臣自不合臣有一奴善相便串帝弥賞其放率乃許召之奴既吹笛伊便撫筝而歌

晉中興書曰祖約爲丞相從事中郎於府内爲婢所傷司直劉隗奏約患生婢僕身被刑傷約甚慙恥遂解職還家

齊書曰虞悰治家富殖奴婢無游手雖在南土而會稽海味無不畢致焉

又曰陸澄弟鮮揚州主簿顧測以兩奴就鮮質錢鮮死子晫誣爲買券澄爲中丞測與書相往反後又牋與太守蕭緬云澄欲成子弟之非未近義方之訓此趍販所不爲況搢紳領袖儒宗勝達乎

崔鴻十六國春秋前秦録曰慕容冲進逼長安堅登城觀之歎曰此虜何從出也其強若斯大言責冲曰尒輩群奴正可牧牛羊何爲送死冲曰奴則奴矣既猒奴苦復欲取尒見代

唐書曰哥舒翰有家奴曰左車年十五六亦有膂力翰善使槍追賊及之以槍搭其肩而喝之賊驚顧翰從而刺其喉皆剔高三丈而墮無不死者左車輒下馬斬首率以爲常

又曰德宗初即位詔曰邕府歲貢奴婢使其離父母之鄉絶骨肉之戀非仁也罷之

又曰羅讓累遷至福建觀察使兼御史中丞甚著仁惠有以女奴遺讓者讓訪其所自曰本某寺家人兄姊九人皆爲官所鬻其留者唯老母耳讓慘然焚其丹書以歸其母

又曰李玄道累遷給事中封姑臧縣男時王君廓爲幽州都督朝廷以其武將不習時事拜玄道幽州長史以維持府事廓在郡屢爲非法玄道數正議裁之嘗又遺玄道一婢玄道問婢所由云本良家子爲君廓所掠玄道因放遣之

管子曰齊桓公使管仲求甯戚應之曰浩浩乎管仲不能知婢子問之仲曰非婢子所知也婢子曰詩有之浩浩之

水游游之魚未有室家我將安居寡子其欲室乎仲以言告桓公

風俗通曰南陽龐儉少失其父後居閭里鑿井得錢千餘萬行求老蒼頭使主牛馬耕種直錢二萬有賓婚大會奴在竈下竊言堂上母我婦也婢即白其母母使驗問曰是我公也因下堂抱其頭啼泣遂爲夫婦儉及子歷二千石刺史七八人時人爲之語曰廬里龐公鑿井得銅買奴得公

又曰將作大匠陳國公孫志節有蒼頭地餘年十七情性聰惠儀狀端正工書跡志節爲户曹史令地餘歸取資用因持車馬亡去到丹陽自去姓王名斌字文高遂留爲諸曹史志節拜揚州刺史郡選曹史衣冠子弟皆出斌下乃用之斌乞屏左右叩頭涕泣曰斌即明使君地餘也斌後爲蒼梧太守

三輔決録曰平陵孟他盡以家財賂張讓監奴奴慙問所欲他曰欲得卿曹拜將賓客求見讓者車常數百乘累日不得通他後至諸奴迎拜徑將他車獨入衆謂他與讓善爭以物賂他他得以賂讓

魏武遺令吾婢皆勤苦使着銅雀臺善待之

石虎鄴中記曰石勒字世龍上黨郭季子奴也勒未生之前襄國有識曰古在左月在右讓言退或入口襄國字也遂治襄國

新序曰昌邑王治側鑄冠十枚以冠賜之師及儒者後以冠冠奴龔遂免冠歸之曰王賜儒者冠下至臣今以餘冠冠奴是大王奴虜畜臣也

郭子曰賈公閭女悦韓壽問婢識不一婢云是其故主女内懷存想婢後往壽家説如此壽乃令婢通己意女大喜遂與通

世説曰鄭玄家奴婢皆讀書玄嘗使一婢不稱旨將撻之方自陳説玄怒使人曳著泥中須臾復一婢來問曰胡爲乎泥中荅曰薄言往訴逢彼之怒

語林曰裴秀年十八有令望母是婢而嫡母妬猶令秀母親役後大集客秀母下食衆賓見並起拜之荅曰微賤豈宜如此當爲小兒故耳於是大母乃不敢復使之

又曰石崇厠有十餘婢侍列莫不畢備又與新衣出客多羞不能如厠王敦大將軍往脱故衣着新衣意慠然群婢謂曰此客必能作賊

又曰宗岱爲青州刺史禁淫祀著無鬼論甚精莫能屈後有書生詣岱岱與談論書生乃振衣而去曰絶我輩血食二十餘年君有青牛髯奴所以未得相困耳奴已叛牛已死今日得相制矣言絶而失明日而岱亡

搜神記曰諸葛恪已被殺其妻在室問婢曰汝何故血臭婢蹷然起躍至于棟攘臂切齒而言曰諸葛恪公乃爲孫峻所殺

又曰晉杜世嘏家葬而婢誤不得出十餘年開墓而婢尚生云其始如眠有頃漸覺自謂一再宿初婢之埋年十五六及開冢更生猶十五六也嫁之有子

續搜神記曰勾章張然滯役在都有少婦遂與奴通然養一狗甚快後還奴欲謀殺然張弓拔刀當户然大喚曰烏龍狗遂咋奴頭然因取刀殺奴以婦付官

梁冀别傳曰梁冀愛監奴秦宮官至太倉令得出入妻所每見輙屏御者託以言事因通焉内外兼寵刺史二千石

皆謁拜之扶風人士孫奮居富冀從貸錢五千萬奮以三千萬與之冀大怒乃告郡縣認奮母爲守臧婢云盗白珠十斛紫磨金千斤以叛遂收考奮兄弟死於獄中悉没貲財

顧譚別傳曰譚爲太常録尚書事從交州家無私積奴婢不滿十人

杜蘭香傳曰晉太康中蘭香降張碩爲詩贈碩云縱轡代摩奴須臾就尹喜摩奴是香御車奴曾忤其旨是以自御碩説如此

異録傳曰廬陵歐明商行經彭澤湖每以物投湖中爲禮後見湖中有吏着單衣乘馬云青洪君使要明過至一府舍吏曰青洪感君以禮必有重送者皆勿取但求如願明從之青洪君不得已呼如願送明去如願者神婢也所願

輙得數年大富

列女傳曰周室大夫仕於周妻婬於隣人恐主父還覺之爲毒藥使媵婢進之婢恐進之則殺主父言之則殺主母因僵仆覆酒主父怒而笞之妻恐婢言之因他過欲殺婢婢就杖將死而不言主父之弟聞之具以告主人殺其妻將納婢以爲妻婢辭欲自殺主父乃厚幣嫁之

列女後傳曰會稽翟素者翟氏之女受娉未及配適遭賊欲犯之臨以刃曰不從者今即死矣素曰我可得而殺不可得而辱素婢名青青乞代素賊遂殺素復欲犯青青曰向欲代素者恐彼恥獲害耳今素已死我豈有欲哉賊復殺之

漢王褒僮約曰蜀郡王褒以事止寡婦楊惠舍有一奴名便倩行酤酒便曰大夫買便時但要守家不約爲他家男子酤酒也褒大怒曰寧欲賣耶奴復曰欲使便皆當上券不上券便不能爲也褒乃爲券曰奴百役不得有二言晨起早掃飲食洗滌居當穿臼縛帚裁盂鑿斗出入不得騎馬載車踑坐大呶下床振頭垂鉤刈芻織履作麤黏雀張烏結網捕魚繳鴈彈鳧登山射鹿入水捕龜後園縱魚鴈鶩百餘驅逐鴟烏持梢牧猪種薑養羊長育豚駒糞除堂廡飲馬食牛鼓四起坐夜半益芻舍中有客提壺行酤汲水作餔滌杯整案奴但當飯豆飲水不得嗜酒欲飲美酒唯得染脣口不得傾盂覆斗不得晨出夜入交關伴偶多取蒲茅益作繩索雨墮無所爲當編蔣織植種桃李梨柿柘桑三丈一樹八尺爲行菓類相從縱横相當果熟收斂不得吮嘗犬吠當起驚告隣里槍門拄户上樓擊柝持楯曳矛還落三周勤心疾作不得遨遊奴老力索種莞織席

事訖欲休當舂一石夜半無事浣衣當白若有私錢主給賓客奴不得有姧私事當聞白奴不聽教當笞一百讀券文訖辭窮咋索仡仡叩頭兩手自搏目淚下落鼻涕長尺審如王大夫言不如早歸黄土陌丘蚓鑽額早知當尒爲王大夫酤酒真不敢作惡

太平御覽卷第五百

太平御覽卷第五百一

逸民部一

敘逸民一

易曰：上九，不事王侯，高尚其事。（最處事上而不累於位，不事王侯，高尚其事也。）象曰：不事王侯，志可則也。（蠱卦）

又曰：六五，賁于丘園，束帛戔戔。（施飾丘園，盛莫大焉，故賁于束帛，丘園乃落；賁于丘園，帛乃戔戔。）

又曰：天下有山，遯，君子以遠小人，不惡而嚴。九四，好遯，君子吉，小人否。（馬融曰：好遯君子吉，言雖身在外，乃心在王室，此之謂也。小人則不然，身在外，心亦從也。）九五，嘉遯，貞吉。象曰：嘉遯貞吉，以正志也。

詩曰：考盤，刺莊公也。不能修先公之業，使賢者退而窮處也。考盤在澗，碩人之寬。獨寐寤言，永矢弗諼。（考，成；槃，樂也。箋云：有窮處成槃在此澗者。）

又曰：白駒，大夫刺宣王也。（刺其不能留賢也。）皎皎白駒，食我場苗，縶之維之，以永今朝。（宣王之末，不能用賢，賢者乘白駒而去者，乘白駒而來食我場中苗，我絆之繫之也。）

禮曰：季春之月，聘名士，禮賢者。

又曰：儒有上不臣天子，下不事諸侯，慎靜而尚寬，強毅以與人，博學以知服，近文章，砥礪廉隅，雖分國如錙銖，不臣不仕，其規爲有如此者。

論語曰：子曰：賢者避世，其次避地，其次避色，其次避言。子曰：作者七人矣。（七人謂長沮、桀溺、丈人、石門、荷蕢、儀封人、楚狂接輿。）

又曰：子路曰：不仕無義。長幼之節，不可廢也；君臣之義，如之何其廢之？欲潔其身，而亂大倫。君子之仕也，行其義也。道之不行，已知之矣。逸民：伯夷、叔齊、虞仲、夷逸、朱張、柳下惠、少連。子曰：不降其志，不辱其身，伯夷、叔齊與！謂柳下惠、少連：降志辱身矣，言中倫，行中慮，其斯而已矣。謂虞仲、夷逸：隱居放言，身中清，廢中權。我則異於是，無可無不可。

漢書曰：薛方字子容。王莽以安車迎方，因使者辭謝曰：堯舜在上，下有巢、許；今明王方崇唐虞之德，亦猶小臣欲使箕山之節也。使者以聞，莽說方言，不強致也。

後漢書曰：或問汝南范滂曰：郭林宗何如人？滂曰：隱不違親，貞不絶俗；天子不得臣，諸侯不得友，吾不知其他。

又曰：隗囂素聞杜林志節，深相敬待，以爲治書。後因疾告去，囂復欲留，強起，遂稱疾篤。囂意雖相望，且欲復容之，乃出命曰：杜伯山（伯山，林之字也。）天子所不能臣，諸侯所不能友，蓋伯夷、叔齊不食周粟。今且從師友之位。林雖拘於囂，終不屈節。

又曰：趙岐初名嘉，年四十有重疾，臥蓐七年，慮奄然，乃遺令敕兄子曰：大丈夫遁無箕山之操，仕無伊尹之勳，天不我與，復何言哉！可立一圓石於吾墓側，前刻之曰：漢有逸人，姓趙名嘉，有志無時，命也奈何！

又曰：樊曄字子䖍，有俊才，好黃老，不肯爲吏。

又逢萌字子慶，北海都昌人也。家貧，給事縣爲亭長。時尉行過亭，萌候迎拜謁，既而擲楯歎曰：大丈夫安能爲人役哉！遂去之長安學，通春秋。時王莽殺其子宇，萌謂友人曰：三綱絶矣，不去，禍將及人。即解冠，挂東都城門，歸，將家屬浮海，客於遼東。萌素明陰陽，知莽將敗，有頃，乃首戴瓦盆，哭於市曰：新乎新乎！因遂潛藏。及光武即位，乃之琅邪勞山，養志修道，人皆化其德。北海太守素聞其高，遣吏奉謁致禮，萌不荅。後詔書徵萌，託以老耄，迷路東西，詔使者云：朝廷所以徵我者，以其有益於政，尚不知方面所在，安能

濟時乎即便駕歸連徵不起以壽終

又曰井丹字大春扶風郿人也少受業太學通五經善談論故京師爲之語曰五經紛紛井大春性清高未嘗修刺候人建武末沛王輔等五王居北宮皆好賓客更遣請丹不能致信陽侯陰就光烈皇后弟也以外戚貴盛乃詭說五王求錢千萬約能致丹而別使人要劫之丹不得已既至就故爲設麥飯葱菜之食丹推去之曰以君侯能供甘旨故來相過何其薄乎更置盛饌乃食及就左右進輦丹笑曰吾聞紂駕人車豈此耶坐中皆失色就不得已而令去輦自是隱閉不關人事以壽終

又曰高鳳字文通南陽葉人也少爲書生家以農畝爲業而專精誦讀晝夜不息妻常之田曝麥於庭令鳳護雞時天暴雨而鳳持竿誦經不覺潦水流麥妻還怪問鳳方悟

之其後遂爲名儒鄉里有爭財者持其兵而鬪鳳往解之不已乃脫巾叩頭固請曰仁義遜讓柰何弃之於是爭者懷感投兵謝罪鳳年老執志不倦名聲著聞太守連召請恐不得免自言本巫家不應爲吏又詐與寡嫂訟田遂不仕

又曰臺佟字孝威魏郡鄴人也隱於武安山鑿穴爲居採藥自業建初中州辟不就刺史行部乃使從事致謁佟病往謝刺史曰孝威居身如是甚苦如何佟曰佟幸得保終性命存神養和如明使君奉宣詔書夕惕庶事反不苦耶遂去隱逸終不見

又曰韓康字伯林京兆霸陵人常採藥名山賣於長安市口不二價三十餘年時有女子從康買藥康守價不移女子怒曰公是韓伯林耶乃不二價乎康歎曰我本欲避名今女子皆知有我遂遁入霸陵山中博士公車連徵不至桓帝乃備玄纁之禮以安車聘之使者奉詔造康不得已乃許諾辭安車自乘柴車冒晨先使者發至亭亭長以韓徵君當過方發人牛修道橋及見康柴車幅巾以爲田叟也使奪其牛康即釋駕與之有頃使者至奪牛翁乃徵君也使者欲奏殺亭長康曰此自老子與之亭長何罪康因中道逃遁以壽終

又曰矯慎字仲彥扶風茂陵人也少好黃老隱遁山谷因穴爲室仰慕松喬導引之術汝南吳蒼甚重之遺書以觀其志慎不荅年七十餘竟不肯娶後忽歸家自言死日及期果卒

又曰馬瑶矯慎同郡人也隱於汧山以兎罝爲事所居俗化百姓說之号馬牧先生

又曰陳留老父不知何許人也桓帝代黨錮事起守外黃令陳留張升去官歸鄉里道逢友人共班荊而言升曰吾聞趙殺鳴犢仲尼臨河而返覆巢竭淵龍鳳逝而不至今宦豎日亂陷害忠良賢人君子其去朝乎夫德之不建人之無援將性命之不免柰何因相抱而泣老父趍而過之植杖太息而言曰吁二丈夫何泣之悲也龍不隱鱗鳳不藏羽網羅高懸去將安所雖泣何及乎二人欲與之語不顧而去莫知所終

又曰龐公者南郡襄陽人也居峴山之南未嘗入城府夫妻相敬如賓荊州劉表數延請不能屈乃就候之謂曰夫保全一身孰若保全天下乎公笑曰鴻鵠巢於高林之上暮而得所栖黿鼉穴於深淵之下夕而得所宿夫趍舍行止亦人之巢穴也且各得其栖宿而已天下非所保也因釋

耕於壠上而妻子耘於前表指而問曰先生苦居畎畝而不肯官禄後代何以遺子孫乎公曰代人皆遺之以危今獨遺之以安雖所遺不同未爲無所遺也表歎息而去後携其妻子而登鹿門山因采藥不返

又曰向長字子平(高士傳向字作尚)河内朝歌人也隱居不仕性尚中和好通易老貧無資食好事者更饋焉受之取足而反其餘王莽大司空王邑辟連年乃至欲薦於莽固辭乃止遂求退讀易至於損益卦喟然歎曰吾已知富不如貧貴不如賤未知死何如生耳建武中男女嫁娶既畢敕斷家事勿相關當如我死也於是遂肆意與同好北海禽慶俱遊五嶽名山不知所在

又曰王覇字孺仲太原人少有清節及王莽篡位棄冠帶絶交官建武中徵到尚書拜稱名不稱臣有司問其故覇曰天子有所不臣諸侯有所不友司徒侯覇讓位於覇閻陽毁之遂止以病歸隱居守志連徵不至

又曰閔叔仲代稱節士雖周黨之潔清自以弗及也黨見其含菽飲水遺之以生蒜受而不食建武中應司徒侯覇之辟既而投劾而去復徵博士不至客居安邑老病家貧不能得肉日買猪肝一斤屠者或不肯與安邑令聞敕市吏常給焉仲叔恠而問之知乃歎曰閔叔仲豈以口腹累安邑乎遂去客沛以壽卒

又曰野王二老不知何許人也初世祖貳於更始會關中擾亂遣鄧禹西征送之於道既反因於野王獵路見二老即禽世祖問曰禽何向舉手西指言此中多虎臣每即禽虎亦即臣大王勿往也世祖曰苟有其備虎亦何患二老曰何大王之謬耶昔湯即桀於鳴條而大城於亳武王即紂於牧野而大城於郟鄏彼二王者備非不深也是以即人者人亦即之雖有其備庸可忽乎世祖悟其旨謂左右曰此隱者也將用之辭去莫知所在

又曰嚴光字子陵會稽餘姚人少有高名與世祖同遊學及世祖即位光乃變姓名隱身不見帝思其賢乃令以物色訪之齊國上言有一男子披羊裘釣澤中乃備安車玄纁聘之三反而後至車駕即幸其館至光卧所撫光腹曰咄咄子陵何不出相助爲治耶光曰昔唐虞著德巢父洗耳士故有志何至相逼後引光入共偃卧光以足加帝腹上明日太史奏客星犯御座帝笑曰朕故人嚴子陵耳除諫議不屈耕富春山後名其釣處爲嚴陵瀨

范曄後漢書逸民傳序曰易稱遯之時義大矣哉是以堯稱則天不屈潁陽之高武盡美矣終全孤竹之潔自兹以降風流彌繁長往之軌未殊而感致之數匪一或隱居以求其志或迴避以全其道或静已以鎮其躁或去危以圖其安或垢俗以動其槩或疵物以激其清然觀其甘心畎畝之中憔悴江海之上豈必親魚鳥樂林草哉亦云性所至而已

京房易飛候曰以知賢人隱視四方常有火雲五色具而不雨其下賢人隱

莊子曰古之所謂隱士者非伏其身而弗見也非閉其言而不出也非藏其智而不發也時命大謬也

又曰刻意尚行離世異俗此山谷之士誹世之人也就藪澤處閑曠釣漁閑處無爲而已矣此江海之士避世之人閑暇者之所好也

皇甫士安高士傳序曰孔子稱舉逸民天下之人歸心焉

是以鴻崖先生創高於上皇之世許由善卷不降於唐虞之朝自三代秦漢逹乎魏興受命中賢之主未嘗不聘岩穴之隱追遯世之民是以易著束帛之義禮有玄纁之制詩人發白駒之歌春秋顯子臧之節故明堂月令以季春之月聘名士禮賢者然則高讓之士王政所先

太平御覽卷第五百一

太平御覽卷第五百二

逸民部二

逸民二

後漢書曰王符字節信安定臨涇人好學有志隱居著書度遼將軍皇甫規官歸安定鄉人有貨買鴈門太守者還家謁規規卧不迎既入而問卿在郡食鴈美乎有頃王符在門規素聞符名乃驚遽而起衣不及帶屣履出迎援符手而還與同坐極歡時人爲之語曰徒見二千石不如一逢掖言書生道義之爲貴也

又曰向栩字甫興河内朝歌人常讀老子狀如學道常坐竈北板床上積久板乃有膝踝足指之處時賓客就之輒伏不起時人莫能測後徵拜侍中偨然正色百官憚之

又曰梁鴻字伯鸞扶風平陵人同縣孟氏有女狀肥醜甚

黑力舉石臼擇對不嫁至年三十父母問其故女曰欲得賢如梁鴻者鴻聞娉之入門七日而鴻不荅妻乃跪床下請曰竊聞夫子高義簡斥數婦妾亦偃蹇數夫今而見擇敢不請罪鴻曰吾欲裘褐之人可以俱隱今乃衣綺縞傅粉墨豈鴻所願哉妻曰以觀夫子之志耳妾自有隱居之服乃爲椎髻布衣操作具而前鴻大喜曰此眞梁鴻妻也字曰德曜孟光因共入霸陵山後至吴爲人賃舂每歸妻爲具食舉按齊眉

又曰戴良字叔鸞汝南愼陽人母卒兄伯鸞居廬啜粥非禮不行良獨食肉飲酒哀至乃哭二人俱有毁容或問良曰子之居喪禮乎對曰然禮所以制情佚也情苟不佚何禮之所論哉豈若乎食旨不甘故毁容之實若味不存故口食之可也

又曰法眞字高卿扶風郿人博通内外圖典爲關西大儒弟子自遠方至者數百人性恬靜寡欲不交人間事太守見之曰欲以功曹相屈光贊本朝如何眞曰以明府見待有禮故敢自同賓來若欲吏之眞將在北山之北南山之南者矣太守矍然不敢復言

又曰漢賓老父不知何許人也桓帝幸竟陵過雲夢臨沔水百姓莫不觀者老父獨耕不輟尚書郎張温異之使問曰人皆觀老父獨不觀何也父曰我野人耳不達斯語請問天下亂而立天子耶治而立天子耶立天子以父天下耶役天下以奉天子耶昔聖王宰世茅茨采椽而萬民以寧今子之君勞民自縱逸遊無忌吾爲子羞之又何忍與人觀之乎温大慙問其姓名不告而去

謝沈後漢書曰龍丘萇吴郡人篤志好學王莽篡位隱居太

山以耕稼爲業公車徵不應更始時任延年十九爲郡東部尉折節下士鍾離意爲主簿白請長爲門下祭酒延教曰龍丘先生清過夷齊志慕原憲都尉洒埽其門猶懼辱之何召之有

又曰鄭敬字次卿汝南人閑居不修人倫都尉逼爲功曹聽事前樹時有清汁以爲甘露敬曰明府政未能致甘露此木汁耳辭病去隱處精學同郡鄧敬公爲督郵過存敬敬方釣魚於大澤因折芰爲坐以荷薦肉瓠瓢盈酒言談彌日蓬廬蓽門琴書自娛世祖公車徵不行

又曰楊后字仲桓廣漢人潜身藪澤耦耕誦經司徒楊震表薦其高操公車特徵不就益州刺史焦參行部致謁后惡其苛暴時耕於大澤即委鉏疾逝參恚之收其妻子録繫欲以致后遂不知后所在乃出其妻子

又曰張奉字公先弟表字公儀河内人兄弟少有高節並精舍教授惡衣麤食太傅袁隗以女妻奉送女者釐奴婢百人皆被羅縠輜輧光路婦入門數年奉住精舍有如路人其妻待奉入朝乃徑前跪曰家公年老不以妾頑陋使侍君巾櫛自知不副雅操君如欲執梁鴻之高節妾欲懷孟光之徽志奉無以荅妻悉徹玩飾被服奴婢着縵帛執紡績具奉然後納之諸公連徵不就謂之張氏兩賢

又曰符融字偉明少爲都官郎恥之委去私事少府李膺膺常貴融融幅巾褐衣振袖清談膺捧手高聽歎息不暇郭林宗始入京師詣融融一見與定至交海内服融高識公府連徵不就

魏志曰張臶在句切字子明少遊太學後還常山并州牧高幹辟不至表安樂令不就後還居任縣廣平太守盧毓到官二日綱紀白承前致版謁臶毓教曰張先生所謂上不事天子下不友諸侯豈此版所可光飾哉但遣主簿奉書致羊酒之禮

王隱晉書曰魏末有孫登字公和汲郡人無家屬時人於汲郡北山上土窟中得之夏則編草爲裳冬則被髮覆面對人無言好讀易鼓琴初宜陽山中作炭人忽見有人不語精神不似常人帝使阮籍往視與語亦不應籍因大嘯野人乃笑曰爾復作向聲籍又爲嘯籍將求出野人不聽而去登崖嘯如簫韶笙簧之音聲震山谷而還問炭人曰故是向人耳尋知求不知所止推問久之乃知姓名孫登別傳

又叢

又曰庾袞字叔褒潁川人與弟子治藩必跪而授條麥執穫者雖畢而多棍者袞退待閒乃方自捃不曲行旁擷跪而把之每飢率其邑人入于山林拾橡爲郡功曹舉清白異行皆不就値亂携妻子入林慮民歸之葆於大頭山而田其下有終焉之心咳發柱杖將起杖跌墜岸而死

又曰董京字威輦不知何許人太始初値魏禪晉遂被髮佯狂常宿白社中時乞於市得殘碎繒絮結以自覆全帛佳綿則不肯受著作孫楚就社中與語遂載與歸終不肯坐後數年去莫知其所其寢處得一石子及詩曰未世流奔以文代質逝將抱此玄虚歸我寂寞之室

又曰夏統字仲御會稽人常學戲舡其母疾市藥于洛陽賈充聞而訪之問曰御居海濱作何戲習仲御曰能戲舡耳充因命爲仲御即登舟鼓枻爲鯆音浦䱒音浮之歌學鯆䱒之狀俄然雲霧杳冥白魚跳入其舡充甚異之因就與語仲御不對充整服謝之仲御引棹而去拂之見也充乃歎曰可謂木人石心哉初仲御在鄉也人或說之使仕仲御勃然作色謂之曰我安能隨俗低眉下意乎聞君之言不覺寒毛競豎白汗四匝顔如渥丹心如火炙舌不住齒口不能張兩耳閉塞變肸俱瞋也遂竟不仕

又曰董養字仲道惠帝時遷楊后于金墉有侍婢十餘人賈后奪之然後絶膳八日而崩仲道喟然嘆曰天人既滅大亂將至傾危宗廟在其日矣顧謂謝鯤阮千里等曰時既如斯難可保也不如深居岩洞耳乃自荷檐妻子推鹿車入于蜀山莫知所止

又曰郭文字文舉河内人隱居不仕常居臨安及吳興餘杭依山結廬臨清澗植穀種麻以供衣食常着葛巾披鹿皮其山多虎豹文獨無藩籬格障然虎豹並不至大興中

楊州刺史王導聞其名乃自迎與相見尋而逃去莫知所在

又曰郭瑀字元瑜燉煌人也避世不仕涼州牧張天錫遣使者孟公明備禮徵瑀瑀乃指翔鴻以示之曰此鳥也飛青雲之外翔深谷之中自東自西安可籠也遂逃入山公明乃拘其門人瑀嘆曰吾入山逃祿避罪豈謂隱其行義翻乃害平人乎乃出就徵及至姑臧值天錫母卒括髮入弔三踊而出還入其山天錫弗能強之後莫知所在

又曰霍原字休明燕國廣陽人也少有志力叔父坐法當死原入獄訟之楚毒備加終免叔父年十八觀太學行禮因留貴遊子弟聞而重之元康末原以賢良徵累下州郡以禮遣皆不到也

又曰郭琦韜字公偉太原晉陽人也少方直有雅重博學

武帝欲以琦為著作郎問琦族人尚書郎郭彰彰素疾琦答云不識帝曰若如卿言即堪郎矣遂決意用之及趙王倫篡位又欲用琦琦曰我已為武帝吏不容復為今世吏終身處於家

又曰魯褒字元道南陽人也好學多聞以貧素自立元康之後綱紀大壞褒傷時之貪鄙乃隱姓名而著錢神論以刺之褒不仕莫知所終

又曰任旭字次龍臨海章安人也幼孤兒童時勤於學及長立操清修不涂流俗鄉曲推而愛之永康初惠帝博求清節俊異之士太守仇馥薦旭清貞潔素學識通博詔下以禮發遣旭以朝廷多故志尚隱遁辭疾不行元帝初鎮江東聞其名辟為祭酒並不就咸和二年卒

魏氏春秋曰阮籍少時常遊蘇門山山有隱者莫知其姓有竹實數斛臼杵而已籍從之與談太古無為之道五帝三王之義蕭然曾不經聽乃對之長嘯其音響亮蘇門生逌尒而笑籍既降蘇門生亦嘯若鸞鳳之音焉

太平御覽卷第五百二

太平御覽卷第五百三

逸民部三

逸民三

王隱晉書曰龔壯字子偉巴西人也潔己自守與鄉人譙秀齊名父叔爲李特所害壯積年不除喪力弱不能復讎及李壽戍漢中與李期有嫌期特孫也壯欲假壽以報乃說壽曰節下若能并有西土稱藩於晉人必樂從且捨小就大以危易安莫大之策也壽然之遂率衆討期果克之壽猶襲僞号欲官之壯誓不仕賂遺一無所受壯書說壽以歸順允天心應人望永爲國藩福流子孫壽不納壯謂曰百行之本莫先忠孝既假壽殺期私仇已雪又欲使其歸朝以明臣節壽既不從壯遂稱耳聾又云手不制物終身不復至成都下帷研考經典覃思文章至李勢時卒

又曰韓績字興齊廣陵人也先避世居于吳之嘉興父建仕吳至大鴻臚績少好文學以潛退爲操布衣蔬食不交當世由是東土並宗敬焉司徒王導聞其名辟以爲掾不就咸康末會稽內史孔愉上疏薦之詔以安車束帛徵之稱老病卒于家

又曰譙秀字元彥巴西人也少而靜默不交於世知天下將亂預絕人事雖內外宗親不相見郡察孝廉州舉秀才皆不就及李雄據巴蜀慕秀名具束帛安車徵皆不應常冠皮弁弊衣躬耕山藪後避難宕渠鄉里宗族依憑之者以百數秀年出八十衆代之負擔秀曰各有老弱當先營護吾氣力猶足自堪豈以垂朽之年累諸君也年九十餘卒

又曰辛謐字叔重隴西狄道人也少有志尚博學善屬文恬靜不接交遊召拜太子舍人諸王文學累徵不起永嘉末沒于劉聰拜太中大夫固辭不受又歷石季龍之世並不應辟命雖處喪亂之中頹然高邁視榮利蔑如也及冉閔僭亂復備禮徵爲太常謐遺閔書因不食而卒

又曰索襲字偉祖燉煌人也虛靜好學不應州郡之命舉孝廉賢良方正皆以病辭遊思於陰陽之術著天文地理十餘篇多所啓發不與當世交通或獨語獨笑長歎涕泣或請問不言敦煌太守陰澹奇而造焉經日忘返而歎曰索先生碩德名儒真可以諮大義澹欲行鄉射之禮請爲三老會病卒時年七十九

又曰楊軻天水人也少好易長而不娶學業精微養徒數百常食麤飯飲水衣短褐人不堪其憂而軻悠然自得疎賓異客音旨未嘗交也雖受業門徒非入室弟子莫得親

言欲所論授入室弟子令相與宣授劉曜僭號徵拜太常軻固辭不赴曜亦敬而不逼遂隱於隴山及曜爲石勒所擒秦人東徙軻留長安石季龍嗣位備玄纁束帛安車徵之軻以疾辭迫之乃發既見季龍不拜與語不言有司以軻倨傲請從大不敬論季龍弗從下詔任軻所尚常卧土床覆以布被倮寢其中下無茵褥潁川荀輔好奇之士也造而談經軻瞑目不答輔發軻被露其形大笑之軻神體頹然無驚怒之狀于時咸以爲焦先之徒未有能量其深淺也後上疏陳思鄉求還季龍送以安車蒲輪自歸秦州仍教授不絕

又曰公孫鳳字子鸞上谷人也隱于昌黎之九城山冬衣單布寢土床彈琴吟咏陶然自得人咸異之莫能測也慕容暐以安車徵至鄴及見暐不言不拜衣食舉止如在九城賓客造請

鮮得與言數年病卒

又曰公孫永字子陽襄平人也少而好學恬虛隱於平郭南山不娶妻妾非所墾植不衣不食吟咏巖間忻然自得年逾九十操尚不虧與公孫鳳俱被慕容暐徵至鄴王公已下造之不與言雖經隆寒盛暑端然自若一歲餘詐狂暐送之平郭後苻堅又將備禮徵之難其年耆路遠乃遣使致問未至卒堅深悼之

又曰張忠字巨和中山人也永嘉之亂隱於太山恬靜寡欲清虛服氣飡芝餌石修導養之法冬無縕袍夏則帶索端拱尸居無琴書之適不修經典勸教但以至道虛無爲宗其居依崇巖幽谷鑿地爲窟居去忠六十餘步五日一朝其教以形不以言弟子授業觀形而退立道壇于窟上每旦朝拜之食用瓦器鑿石爲谷左右居人饋之衣食一無所受年在期頤而視聽無爽苻堅遣使徵之乃至長安堅賜以衣冠辭曰年朽髮落不堪衣冠請以野服入謁從之後堅以安車送之行達華山歎曰我東岳士歿於西岳命也柰何行五十里及關而死堅謚安道先生

又曰石垣字洪孫自云北海劇人居無定處不娶妻妾不營產業食不求美衣必麤弊或有遺其衣服受而施人人有喪葬輒杖策弔之路無遠近時有寒暑必在其中或同日共時咸皆見之姚萇之亂莫知所終

又曰郭荷字承休洛陽人也六世祖整漢安順之世公府八辟公車五徵皆不就自整及荷世以經學術明究群籍特善史書不應州郡之命張祚遣使者以束帛安車徵爲博士祭酒後上疏乞還祚以安車蒲輪送還張掖東山年八十卒謚曰玄德先生

又曰祁嘉字孔賓酒泉人也少清貧好學年二十餘夜忽窗中有聲呼曰祁孔賓隱去來脩飾人間甚苦不可諧所得未毛銖所喪如山崖旦而逃去至燉煌依學官誦書貧無衣食爲儒生都養以自給遂博通經傳精究大義而教授門生百餘人張重華徵爲儒林祭酒常謂爲先生而不名之以壽終

又曰瞿硎先生者不得姓名亦不知何許人也泰和末常居宣城郡界山中有瞿硎因以名焉大司馬桓溫常往造之既至見先生被鹿裘坐于石室神無忤色溫及僚佐數十人皆莫測之乃命伏滔爲之銘贊竟卒於山中

又曰宋纖字令文燉煌人也少有遠操沉靜不與世交隱於酒泉南山酒泉太守馬岌高尚之士也具威儀鳴鐃鼓造纖纖高樓重閣拒而不見岌歎曰名可聞而身不可見德可仰而形不可覩吾乃今而後知先生人中之龍也題詩於石壁曰丹崖百丈青壁萬尋奇木蓊鬱蔚若鄧林其人如玉維國之琛室邇人遐實勞我心纖注論語及爲詩頌數萬言年八十篤學不倦張祚後遣使者備禮徵爲太子友逼喻甚切纖喟然歎曰德非干木何敢稽停明命遂至姑臧祚遣其太子太和以執友禮造纖稱疾不見贈遺一皆不受後卒謚曰玄虛先生

又曰鄧粲長沙人也少以高潔著名與南陽劉驎之南郡劉尚公同志友善並不應州郡辟命荆州刺史桓公卑辭厚禮請粲爲別駕粲嘉其好賢乃起應召驎之尚公謂粲曰卿道學深眾所推懷忽然改節誠失所望粲答曰足下可謂有志於隱而未知隱夫隱之爲道朝亦可隱市亦可隱隱初在我不在於物公等無以難之

又曰氾騰字無忌燉煌人舉孝廉除郎中天下兵亂去官還家太守張閟造之閉門不見禮遺一無所受歎曰吾聞亂世貴而能貧乃可以免散家財五十萬以施宗族柴門灌園琴書自適刺史張軌徵之爲府司騰曰門一杜其可開乎固辭病卒

又曰王長文字德叡廣漢人少以才學知名放蕩不羈州郡辟爲別駕乃微服竊出舉州莫知所之後於成都市中蹲踞而坐齧胡餅食之刺史知其不出乃禮遣之於是閉門自守不交人事著通玄經四卷文言卦象可用以爲卜筮

晉中興書曰虞喜字仲寧好學博古中宗初鎮江左上䟽薦喜公車徵不至司空賀循每一詣喜輒經信宿云不能測也康帝以爲散騎常侍又不起永和初將脩太廟應有

遷毀尚書郎徐禪詣喜諮焉喜所著數十萬言

又曰高陽許詢字玄度丹陽許玄字遠游並洽高不仕詢有才藻能清言玄山居服食志求仙道遊會稽臨海山誓不歸家乃與婦書令改適後入剡深山莫知所止或以爲昇仙

又曰翟陽字長淵尋陽人耕而後食凡有饋贈一無所受庾亮薦湯以國子博士徵不起湯子莊字祖休遵湯之操雅好弋釣及長不復獵人或問莊曰同是害生之道而先生止去其一何也莊曰獵自我釣自物故先節其甚者且貪餌吞釣豈我哉時人以爲知言晚節亦不復釣端坐蓽門啜菽飲水徵辟皆不就莊子矯矯子法賜並徵不至世有隱行

又曰郭翻字長翔不交世事家于臨川唯以漁獵爲娛常以車獵道逢病人以車送之徒步而返庾亮薦公車徵不就乘小舡歸武昌庾翼躬往造之以翻船狹小欲引入大船翻曰使君不以名鄙賤而辱臨之此固野人之舟也遂不肯翼便俯屈入其船中終日而去

又曰孫略字文度吳人少佃於野人有刈其稻者略避之既而刈一擔自送與之鄉人感愧終日屢空怡然自足辟命皆不就妻虞預女也少稟伯喜風共安儉約

又曰何琦(音奇)字萬倫養志衡門不交人事豐約與隣鄉共之頻徵不起桓溫登琦縣界山喟然歎曰此山南有人焉何其真正是也

又曰陶淡字處靜侃之孫雅好仙道年十五六便服食於山中立小草屋設小床獨坐故舊入山候者輒移渡澗莫

得近本州舉秀才淡聞遂逃羅縣山中終身不返莫知所終

又曰范宣少尚隱遁博綜衆書徵辟並不應雖閑居屢空常研講爲業誦詠之聲有若齊魯

太平御覽卷第五百三

太平御覽卷第五百四

逸民部四

逸民四

晉中興書曰孟陋字少孤少而貞潔清操絶倫口不言世事時或漁弋雖家人亦不知所之太宗輔政以爲參軍不起桓温躬往造焉或謂温宜引在府温歎曰會稽王不能屈非敢擬議也陋聞之曰億兆之人無官者十居其九豈皆高士哉我病疾不堪恭相王之命非敢爲高也

又曰劉驎之字子驥一字道民好遊于山澤志在存道常採藥至名山深入忘返見有一澗水南有二石囷一囷閉一囷開或説囷中皆仙方秘藥驎之欲更尋索終不能知桓冲請爲長史固辭居于陽岐人士往來無不投止驎之自供給人人豐足凡人致贈一無所受

又曰龔玄之字道玄潜處陋巷未常出入公門人有致餉一無所受武陵太守孫放薦玄之詔以爲散騎常侍郡縣逼苦辭不行前後四徵一皆不降

又曰戴逵字安道少博學能鼓琴總角時以雞子汁溲瓦屑作鄭玄碑又爲碑文文既綺藻器亦妙絶武陵王晞聞其善琴使人召之逵於使者前打破琴曰戴安道不能爲王門伶人累徵散騎常侍郡縣逼逵乃逃去吳國内史王珣有别館在虎丘山乃潜住珣山中謝玄王珣並表逵烈宗備禮徵不至

沈約宋書曰陶潜字淵明或云淵明字元亮曾祖侃晉大司馬潜少有高趣常著五柳先生傳以自况曰先生不知何許人不詳姓字宅邊有五柳樹因以爲號焉閑静少言不慕榮利好讀書不求甚解性嗜酒而家貧不能恒得親舊知其如此或置酒招之造飲輒盡期在必醉常著文自娱頗示己志忘懷得失以此自終其自序如此時人謂之實録

又曰孔淳之字彦深魯郡魯人茅室蓬户庭草無徑唯牀上有數帙書元嘉初徵爲散騎常侍乃逃于上虞縣界家人莫知所之

又曰周續之字道祖鴈門廣武人也終身不娶妻布衣蔬食常以嵇康高士傳得山林之美因爲之注高祖北討世子居守迎續之館于安樂寺延入講禮月餘復還山

又曰朱百年會稽山陰人以伐樵採箬爲業每以樵箬置道頭輒爲行人所取明旦已復如此人稍怪之積久方知是朱隱士所賣須吏行者隨其所堪多少留錢取樵而去

又曰王素字休業琅邪人也少有志行乃往東陽隱居不仕屢被徵辟聲譽甚高山中有蚿虫聲清長而形醜素乃爲蚿賦以自况

又曰戴顒字仲若譙郡銍人也父逵兄勃並隱遁有高名顒年六十遭父憂幾於毁滅因此長抱羸患又不仕復修其業父善琴書顒並傳之凡諸音律皆能揮手會稽剡縣多名山故世居剡下顒及兄勃並受琴於父父没所傳之聲不忍復奏各造新弄桐廬縣又多名山兄弟復共遊之因留居止以桐廬僻遠難以養疾乃出居吳下吳下士人共爲築室乃述莊周大旨著逍遥論太祖元嘉初徵散騎常侍並不就太祖每欲見之常謂黄門侍郎張敷曰吾東巡之日當讌戴公山也以其好音長給正聲伎一部卒年六十四後景陽山成上歎曰恨不使戴顒觀

又曰宗炳字少文南陽人高祖領荊州辟爲主簿不起問

其故荅曰栖丘飲谷三十餘年豈可於王門折腰爲趍走吏乎高祖善其對妙善琴書精於言理每遊山水往輒忘歸征西長史王弘每從之遊未常不彌日也乃下入廬山就釋惠遠考尋文義兄臧爲南平太守逼與俱還乃於江陵三湖立宅閑居無事高祖召爲太尉參軍不就二兄早卒孤累甚多家貧無以相贍頗營稼穡高祖數致餼賚宋受禪徵爲太子舍人元嘉初又數徵庶子並不應衡陽王在荆州親至炳室與之歡讌命爲諮議不起好山水愛遠遊西陟荆巫南登衡岳因而結宇衡山欲懷尚平之志有疾還江陵歎曰老疾俱至名山恐難遊遍唯當澄懷觀道卧以遊理皆圖之於室謂人曰撫琴操欲令衆山皆響古有金石弄唯炳傳焉太祖遣樂師就炳受之元嘉二十年炳卒

又曰王弘之字方平琅邪臨沂人家貧而性好山水桓玄輔晉桓謙以爲衛軍參軍時殷仲文還姑孰祖送傾朝謙要弘之同行荅曰凡祖離送別必在有情下官與殷風馬不接無緣扈從謙貴其言隨兄敬弘之安成郡弘之解職同行家在會稽上虞敬弘常解貂裘與之即着以採藥性好釣上虞江有一處名三石頭弘之常垂綸於此經過者不識之或問漁師得魚賣否弘之曰亦自不得得亦不賣日夕載魚入至上虞郭經親故門各以一兩頭置門內而去始寧沈州有佳山水弘之又依巖築室謝靈運顔延之並相欽重

又曰劉凝之字志安小名長年慕老萊嚴子陵爲人推家財與弟及兄子立屋於野外非其力不食州里重其仁德禮辟並不受妻梁州刺史郭銓女也遣送豐麗凝之悉散之親族妻亦能弃榮華共安儉苦徵爲秘書郎不就荆州年飢衡陽王慮凝之餒弊餉錢十萬凝之大喜將錢至市門觀有飢色者悉分與之性好山水一旦携妻子泛江湖隱居衡山之陽登高山絶人迹爲小屋居之採藥服食妻子皆從其志

又曰龔祈字道孟武陵漢壽人也父黎民及祈並不應徵辟祈風姿端雅容止可觀中書郎范述見而歎曰此荆楚仙人也時或賦詩不言及世事

又曰翟法賜尋陽柴桑人祖湯湯子莊莊子矯並高尚不仕逃避徵辟矯生法賜少守家業立屋於廬山頂居後便不復還家不食五穀以獸皮結草爲辟著作郎不就後家人至石室尋求因復遠徙違避徵聘遁迹幽深後卒於巖石之間

又曰沈道虔吳興武康人少仁愛好老易縣北山石下爲精廬與諸孤兄子共釜庾之資困不改節受琴於戴逵辟府九十二命皆不就太祖聞之遣使存問賜錢累世事佛推父祖舊宅爲寺至四月八日每請像請像之日輒舉家感動焉道虔年老菜食恒無經日之資而琴書爲樂孜孜不倦

又曰雷次宗字仲倫南昌人也少入廬山事沙門釋惠遠篤志好學尤明三禮毛詩隱退不交世務以散騎侍郎徵並不就元嘉十五年徵至京師開館於雞籠山聚徒教授置生百餘人車駕數幸次宗學館資給甚厚又除給事中不就還廬山公卿巳下並設祖道後徵詣京邑爲築室於鍾山西巖下謂之招隱館使爲皇太子諸王講喪服經次宗不入公門乃使自華林東門入延賢堂就業後卒於鍾

山

又曰闞康之字伯愉河東楊人世居京口寓居南昌少而篤學筭妙盡其能元嘉中太祖聞康之有學義詔徵之不起棄人事守志閑居弟雙之病卒迎喪因得虛勞病寢頓二十餘年時有間日輒臥論文義昇平初卒

後魏書曰馮亮字靈通南陽人博覽諸書篤好佛理世宗嘗召以爲羽林監領中書舍人將令侍講十地諸經固辭不拜又使衣幘入見亮求以幅巾就朝遂不就強遣還山數年與僧徒禮誦爲業有終焉之志既雅愛山水兼有巧思結架巖林甚得棲遊之適頗以此聞世宗給其功力令與沙門統僧暹河南尹甄琛等周視嵩山形勝之處遂造閑居寺亮卒詔賻帛二百疋以供凶事遺誡兄子綜殮以衣帢左手持板右手執孝經置屍盤石上積十餘日乃焚於山以灰燼處起佛塔初亮以冬月亡時連驟雪窮山荒澗鳥獸飢窘僵屍山野無所防護時有壽春道人惠需每旦往看其屍拂去塵霰禽虫之迹交横左右而初無侵毀衣服如本唯風吹帢落耳惠需又以大栗十枚開亮手置把中經宿乃爲虫鳥盜食皮殼在地亦不傷肌體焚燎之日有素霧蓊鬱迴繞其旁自地屬天彌朝不絕中山道俗營助者百餘人莫不異焉

又曰李謐字永和趙郡人少而好學博通諸經周覽百氏初師事小學博士孔璠數年之後璠還就謐業同門生爲之語曰青成藍藍謝青師何常在明經謐飲酒好音律愛樂山水高尚之情長而彌固一遇其賞悠爾忘歸乃作神士賦

又曰眭夸一名昶趙郡高邑人年二十遭父喪鬚鬢致白

每悲哭聞者爲之流涕高尚不仕寄情丘壑少與崔浩爲莫逆之交及浩爲司徒奏徵夸爲其中郎辭疾不起州郡逼遣不得已及入都與浩相見經留數日惟飲酒叙平生不及世利浩每欲論屈之意不能發言見敬憚如此浩後遂投詔書於夸懷夸曰桃簡卿已爲司徒何足以此勞國士桃簡浩小名浩慮夸即還夸時乘一騾更無兼騎浩乃以騾内之廐中冀相維縶夸遂託鄉人輸租者謬爲御車乃得出關浩知而歎恨曰眭夸獨行之士本不應以小職辱之又使其人杖策復路吾當何辭以謝也及浩誅後夸爲之素服受鄉人弔唁乃歎曰崔公既死誰能更容眭夸年七十五卒及葬之日赴會者如市

續晉陽秋曰謝惠隱居會稽初月犯少微一名處士星時戴逵名重於敷時人憂之俄而敷死故會稽士人嘲曰吳中高士求死不得死

太平御覽卷第五百四

逸民部五

逸民五

蕭子顯齊書曰褚伯玉字元璩吳郡錢塘人也年十八父爲婚婦入前門伯玉從後門出遂往剡居瀑布山時人比之王仲都在山三十餘年隔絕人物王僧達爲吳郡苦禮致之伯玉不得已停郡信宿才交數言而退寧朔將軍丘彌孫與僧達書曰聞褚先生出居貴館此子滅影雲棲不事王侯抗高木食有年載矣自非折節好士何以致之望其還策之日暫紆清塵亦願助爲譬說荅曰褚先生從白雲遊舊矣此子索然唯朋松石介於孤峯絕嶺者積數十載近故要其來此冀慰日夜比談討芝桂借訪荔蘿若已窺煙液臨滄洲矣知君欲見之當爲申譬太祖即位手詔吳會二郡以禮迎遣又辭疾上不欲違其志勑於剡白石山立太平館居之

又曰明僧紹字承烈平原鬲人也隱長廣郡嶗山詔徵爲正員郎稱疾不就其後上與崔思祖書曰不食周粟而食周薇古猶發議在今寧得息談耶僧紹弟慶符爲青州刺史罷任僧紹隨歸住江乘攝山太祖謂慶符曰卿兄高尚其事亦堯之外臣與朕雖不相接有時通夢乃贈紹竹根如意

南史曰郭希林武昌人也曾祖翻晉世高尚不仕希林少守家業徵召一無所就卒子蒙亦隱居不仕

又曰辛普明字文達少就關康之受業至性過人居貧與兄共處一帳兄亡仍帳施靈蚊甚多通夕不得寢而終不道侵螫僑居會稽會稽士子高其行當葬兄皆送金爲贈後至者不復肯受人問其故荅曰本以兄墓不周故不逆親友之意今實已足豈可利亡者餘贈耶

又曰杜京產字景齊吳郡錢塘人也父道鞠州從事善彈棊京產少恬靜閑意榮宦頗涉文義專修黃老會稽孔覬清剛有峻節一見而爲交郡命主簿州辟從事皆稱疾去與同郡顧懽同契始寧東山開舍受學齊建元中武陵王曄爲會稽齊高帝遣儒士劉瓛入東爲曄講瓛故往與之遊曰杜生當今之臺尚也永明十年孔珪陸澄沈約表薦京產徵爲奉朝請不至於會稽聚徒教授建武初徵員外散騎常侍郎京產曰莊生持釣豈爲白璧所迴辭疾不就

又曰孔道徽會稽山陰人守志業不仕與杜京產友善道徽父祐至行通神隱於四明山谷中有數百斛錢視之如瓦石太守王僧虔與張緒書曰孔祐敬康曾孫也行動幽祇德標松桂引爲主簿遂不可屈此古之遺德也道徽少厲高行能世其家風隱居南山終身不窺都邑豫章王嶷爲揚州辟西曹書佐不至鄉宗慕之

又曰臧榮緒東莞莒人也少孤躬自灌園以供祭祀母喪後洒掃堂宇置筵席朔望輒拜薦焉甘珍未常先食純好學括東西晉爲一紀録志傳一百一十卷隱居京口教授齊高帝爲揚州刺史徵榮緒爲主簿不到建元中司徒褚彥回啓高帝稱述其美以祕閣榮緒謂人曰昔宮尚奉丹書武王致齋降位李釋教誡並有禮敬之儀因甄明至道乃著拜五經序論常以宣尼庚子日生其日陳五經拜之自號被褐先生又以飲酒亂德言常爲誡永明六年卒初榮緒與關康之俱隱在京口時號爲二隱

又曰吳苞字天蓋濮陽鄄城人也儒學善三禮及老莊宋

泰始中過江聚徒教學冠黃葛巾蔬食二十餘年與劉瓛俱於褚彥回宅講授齊隆昌元年徵爲太學博士不就始安王遥光及江祐徐孝嗣共爲立館於鍾山下教授朝士多到門焉當時稱儒者自劉瓛已後聚徒講授唯苞一人而已以壽終

又曰樓惠明字智遠立性貞固有道術居金華山舊多毒害自惠明居之無復辛螫之苦藏名匿跡人莫之知宋明帝召不至齊高帝徵又不至文惠太子在宫苦延方至仍又辭歸俄自金華輕棹西下及就路迴之豐安旬日間俄賊起唯豐安獨全時人以爲有先覺齊武帝勑爲立館

又曰漁父者不知姓名亦不知何許人也太康孫緬爲尋陽太守落日逍遥渚際見一輕舟凌波隱顯俄而漁父至神韻蕭灑垂綸長嘯緬甚異之乃問有魚賣乎漁父笑而荅曰其釣非釣寧賣魚者耶緬益怪焉遂褰裳涉水謂曰竊觀先生有道者也終朝鼓枻良足勞止吾聞黃金白

璧重利也駟馬高蓋榮勞也方今王道文明守在海外隱鱗之士靡然向風子胡不贊緝熙之美何晦其用若是也漁父曰僕山海狂人不達世務未辨貴賤無論榮貴乃歌曰竹竿籊籊河水悠悠相忘爲樂貪餌吞鉤非夷非惠聊以忘憂於是悠然鼓棹而去

又曰顧歡字景怡吳興塩官人也家世寒賤父祖並爲農歡獨好學年六七歲知推六甲家貧父使田中驅雀歡作黃雀賦而歸雀食稻過半父怒欲撻之見賦乃止鄉中有學舍歡貧無以受業於舍壁後倚聽無遺忘者夕則燃松節讀書或燃糠自照及長篤志不倦聞吳興東遷邵玄之傳五經文句假爲書師從之受業同郡顧凱之臨縣見而異之遣諸子與遊從豫章雷次宗諮玄儒諸義母亡水漿不入口廬于墓側遂隱不仕於剡天台山開館聚徒受業諸生常近百人歡早孤讀詩至哀哀父母生我劬勞輙執書慟哭由是受學者廢蓼莪篇不復講焉

又曰蔡會字休明陳留人清玩不與俗人交李撝謂江斆曰古人稱安貧清白曰夷涅而不緇曰白至如蔡休明者可不謂之夷白乎

又曰徐伯珍字文楚東陽太末人也少孤貧無紙常以竹葉箭若甘蕉及地上學書山水暴出漂溺宅舍村隣皆奔走伯珍累床而坐講書不輟叔父璠之與顏延之友善還袪蒙山立精舍講授伯珍往從學積十年究尋經史遊學者多依之太守琅邪王曇生吳郡張淹並加禮辟伯珍應召便退如此者凡十二焉如釋氏老莊兼明道術歲常旱伯珍筮之如期而雨舉動有禮過曲水之下趍而避早

喪妻晚不復重娶自比曾參宅南九里有山伯珎移居之階户之間木生皆連理門前梓樹一年便合抱白雀一雙栖其户牖論者以爲隱德之感也

又曰沈驎士字雲禎吳興武康人也父虔之爲樂安令驎士幼而俊敏年七歲聽叔父岳言玄賓散言無所遺失岳撫其肩曰若斯文不絶其爾乎及長博通經史有高尚之志親亡居喪盡禮服闋忌日輙涕泣彌旬居貧織簾誦書口手不息鄉里號爲織簾先生甞行路隣人認其所着屐驎士曰是鄉屐耶即跣而返隣人得屐送前者還之驎士笑而受之宋文帝令何尚之抄撰五經訪舉學士縣以驎士應選不得已至都尚之深相接及去尚之謂子偃曰山藪

固多奇士沈麟士黃叔度之流也汝師之麟士常苦無書因遊都下歷觀四部畢乃歎曰古人亦何人哉少時稱疾歸鄉不與人物通或勸之仕荅曰魚懸獸檻天下一契聖人玄悟所以每履吉先吾誠未能景行坐忘何能不希企日損乃作玄散賦以絕世隱居吳差山講經從學之士數百人各營屋宇依止其側時爲之語曰吳差山中有賢士開門教授居成市

又曰諸葛璩字幼玟琅邪人也世居京口璩幼事徵士關康之博涉經史復師徵士臧榮緒榮緒著晉書稱璩有發擿之功方之壺壺齊建武初江祀薦璩於明帝言璩安貧守道閱禮射詩如其簡退可揚清激濁辟爲議曹從事帝許之璩辭不赴陳郡謝朓爲東海太守下教揚其風槩餉穀百斛梁天監中舉秀才不就璩性勤於誨誘後生就學

者日至居宅狹陋無以容之太守張友爲起講舍璩處身清正妻子不見喜愠之色旦夕孜孜講誦不輟時人益以此宗之

又曰劉慧斐字宣文彭城人也少博學能屬文起家梁安成王法曹行參軍常還都途經尋陽遊於匡山遇處士張秀相得甚歡遂有終焉之志因不仕居東林寺又於山北構園一所号曰離垢園時人因謂離垢先生遠近欽慕之簡文遺以机杖論者云自遠法師殁後將二百年始有張劉之盛矣

又曰范元琰字伯珪居父憂時童孺哀慕盡禮親黨異之及長好學博通經史兼精佛義祖母癰癰常自含吮與人言常恐傷物居家不出城市雖獨居如對賓客見者莫不改容憚之家貧唯以園蔬爲業常出行見人盜其菘元琰遽退走母問其故具以實荅問盜者爲誰荅曰向所退畏其愧耻今啓其名願不泄也於是母子祕之或有涉溝盜其筍者元琰因伐木爲橋以度之自是盜大慙一鄉無復草竊齊建武初爲曹武平西參軍不至于時始安王遙光爲楊州謂徐孝嗣曰曹武參軍豈是禮賢之職欲以西曹書佐聘之會遙光敗不果時人以爲恨

梁書曰阮孝緒字士宗尉氏人父彥之誡曰宜思自勗以庶爾躬荅曰願追赤松子於瀛海遂許由於穹谷耳自是屏居一室非晨昏定省未常出戶外兄王晏貴顯緒度必顛覆聞笳聲至門孝緒乃穿籬逃迸及晏誅竟獲免時中丞任昉欲往見之不肯乃歎曰其室雖邇其人何遠自是歆風者莫不斂衽望塵而息也

又曰陶弘景字通明丹陽人生十歲讀葛洪神仙傳曰仰青雲覩白日不覺爲遠矣高祖作相引爲侍讀永明初脫朝服掛神武門上表辭祿詔乃許之居句容曲山自号華陽隱居武帝即位有吉凶征討大事皆使咨問時人号爲山中宰相預知梁祚覆沒乃製詩曰夷甫任散誕平叔坐論空豈悟昭陽殿遂作單于宮及侯景傾陷基位果在昭陽殿皆如其言大同初卒年八十五顏色不變屋中有異香氣累日盈溢謚貞白先生有肘後方枕中術及本草

又曰沈顗吳興人也性有至介常慕黃叔度徐孺子之爲人每獨處一室罕見其面從叔教貴顯當朝每還吳賓客迎送填咽顗送迎不出域數乃歎曰吾乃今知貴不如賤也

又曰何點字士哲盧江人也點雖不出入城府而遨遊于外不簪不帶駕柴車躡草屩恣心所適致醉而歸士大夫

多慕從之時人謂之通隱

後周書曰韋夐字敬遠孝寬之兄也志尚夷簡淡於榮利太祖經略王業旁求賢備禮辟之終不能起彌加敬重世宗即位禮遇逾厚勑有司日給河東酒一㪷号曰逍遥公年七十而卒

陳書曰馬樞字要理扶風人初爲梁邵陵王綸學士綸舉兵援臺城留書二萬卷寄樞肆意尋覽將遁乃喟然歎曰吾常聞貴爵位者以巢由爲桎梏愛山林者以伊吕爲管庫今乃稽諸史典篤論其義亦各從其所好乃隱於茆山曰精洞

太平御覽卷第五百五

太平御覽卷第五百六

逸民部六

逸民六

隋書隱逸傳曰李士謙字子約趙郡平棘人也髫齓喪父事母以孝聞母曾嘔吐疑爲中毒因跪而嘗之伯父瑒深所嗟尚每稱曰此兒吾家之顔子也後丁母憂居喪骨立服闋舍宅爲伽藍脱身而出詣學請業研精不倦遂博覽群籍兼善天文術數隋有天下畢志不仕自以少孤未嘗飲酒食肉口無殺害之言至於親賓來萃輒陳樽俎對之危坐終日不倦李氏宗黨豪盛每至春秋二社必高會極歡無不沉醉諠亂嘗集士謙所盛饌盈前而先爲設黍謂群從曰孔子稱黍爲五穀之長荀卿亦云食先黍稷古人所尚容可違乎少長肅然不敢弛惰退而相謂曰既見君子方覺吾徒之不德也士謙聞而自責曰何乃爲人所踈頓至於此家富於財躬處節儉每以賑施爲務開皇八年終於家

又曰崔廓字士玄博陵安平人也少孤貧而母賤由是不爲邦族所齒初爲里佐屢逢屈辱於是感激逃入山中遂博覽書籍多所通涉山東學者皆宗之既還鄉里不應辟命與趙郡李士謙爲忘言之友每相往來時稱李崔及士謙死廓哭之慟爲之作傳輸之祕書府士謙妻盧氏寡居每有家事輒令人諮廓取定廓嘗著論言刑名之理其義甚精大業中終于家時年八十

又曰徐則東海郯人也幼沉靜寡嗜欲受業於周弘正善三玄精論議懷栖隱之操杖策入縉雲山後學數百人苦請教授則謝而遣之不娶妻常服巾褐陳太建時應召來憇至真觀期月父辭入天台山因絶粒養性所資唯松水而已雖隆冬沍寒不服綿絮初入縉雲山太極真人徐君降之曰汝年出十八當爲王者師然後得道也晉王諱鎮揚州知其名手書詔之遂詣揚州其後夕中命侍者取香火如平常朝禮之儀至五更而卒支體柔弱如生

又曰張文詡河東人也父琚開皇中爲洹水令以清正聞有書千卷教訓子姪皆以明經自達文詡博覽文史特精三禮高祖引致天下名儒碩學之士文詡時遊於太學學內翕然咸共宗仰其門生多詣文詡請質疑滯文詡輒博引證據辯說無窮唯其所擇右僕射蘇威聞其名而召之與語大悅勸令從官文詡意不在仕固辭仁壽末學廢文詡策杖而歸灌園爲州郡頻舉皆不應命事母以孝聞每以德化鄉黨頗移風俗嘗有人夜中竊刈其麥者見而避之盜因感悟棄麥而謝文詡慰論之自誓不言固令持去經數年盜者向鄉人論之始爲遠近所悉州縣以其貧素將加賑恤輒辭不受每閑居之際從容長歎曰老冉冉而將至恐脩名之不立以如意擊几皆有處所時人方之閔子騫原憲終於家時年四十鄉人爲立碑頌號曰張先生

唐書隱逸傳曰王績字無功絳州龍門人也少學李播呂才爲莫逆之交隋大業中應孝悌廉潔舉授揚州六合縣丞非其所好弃官還鄉里績河渚中先有田十數頃鄰渚有隱士仲長子先服食養性績重其真素願與相近乃結廬河渚以琴酒自樂嘗遊北山因爲北山賦以見志績又嘗躬耕於東皋故時人號東皋子或經過酒肆動經數日往往題壁作詩多爲好事者諷詠貞觀十八年卒臨終自剋

死曰遺命薄葬兼預自爲墓誌

又曰田遊岩京兆三原人也初補太學生後罷歸遊於太白山每遇林泉會意輒留連不能去其母及妻子並有方外之志與遊岩同遊山水二十餘年後入箕山就許由廟東築室而居自稱許由東隣調露中高宗幸嵩山遣中書侍郎薛元超就問其母遊岩山衣田冠出拜帝令左右扶止之謂曰先生養道山中比得佳否遊岩曰臣泉石膏肓煙霞痼疾既逢聖代幸得逍遥帝曰朕今得卿何異漢獲四皓乎因將遊岩就行宫授崇文學士令與太子少傅劉仁軌談論帝後將營奉天宫于嵩山遊岩舊宅先在宫側特令不毁仍親書題額懸其門曰隱士田遊岩宅

又曰史德義蘇州崑山人也咸亨初隱居武丘山以琴書自適或騎牛帶瓢出入郊郭東市號爲逸人高宗聞其名徵赴洛陽尋稱疾東歸公卿已下皆赴詩餞别德義亦以詩留贈其文甚美天授初江南道宣勞使周興表薦則天徵赴都詔曰蘇州隱士史德義志尚虚玄素履貞確譲冲彰於里閈孝友表於閨庭固辭衛辟長往嚴陵之瀨多謝簪裾高蹈愚公之谷朕承天革命建極開階寤寐星雲物色林壑順禎期而捐薛帶應休運以解荷裳輿自海隅來遊魏闕行藏之理所得去就之節無違風操可知啓沃攸佇特宜優獎委以諫曹授諫議大夫後放歸丘壑

又曰王友貞懷州河内人也弱冠時母疾篤醫言唯啖人肉乃差友貞獨念無可求理乃割股肉以飴親母疾尋差則天聞之令就其家驗問特加旌表友貞素好學讀九經皆百遍訓誨子弟如嚴君焉口不言人過尤好釋典屏絶羶味出言未曾負諾時論以爲真君子中宗在春宫召爲司議郎不就神龍初又拜太子中舍人仍令所司以禮徵赴及至固以疾辭玄宗在東宫又表請禮徵之以年老竟辭疾不赴年九十餘開元四年卒特下制贈銀青光禄大夫

又曰盧鴻一字浩然本范陽人也徙家洛陽少有學業頗善籀篆楷隸隱於山開元初遣備禮再徵不至五年下詔徵之至東都謁見不拜宰相問其故奏言臣聞老君言禮者忠信之薄不足可依山臣鴻一敢以忠信奉見上别召昇内殿賜之酒食詔曰盧鴻一應辟而至訪之政道有會淳風爰舉逸人用勸天下特宜授諫議大夫放之還山

又曰王希夷徐州滕人也孤貧好道父母終爲人牧羊取傭以供葬葬畢隱於嵩山師道士黄頤向四十年盡能傳其閉氣道養之術頤卒更居兗州徂徠山中與道士劉玄博爲棲遁之友好易及老子嘗餌松栢葉及雜花散景龍中年七十餘氣益壯刺史盧齊卿就謁致禮因訪以字人之術希夷曰孔子稱己所不欲勿施於人可以終身行之矣及玄宗東巡勑州縣以禮徵召至駕前年已九十六上令中書令説訪以道義官扶入宫中與説甚悦詔授朝散大夫守國子博士聽致仕還山

又曰衛大經者篤學善易口無二言則天降詔徵之辭疾不赴與魏州人夏侯乾童有舊聞乾童母卒徒步往弔之鄉人止之曰當夏溽暑豈可涉千里致書可也大經曰尺書安能盡意遂行至魏州會乾童出行大經造門設席行弔禮不訃其家人而還開元初畢勾爲刺史謂解令孔慎言曰衛生德厚宜有旌異古人式千木之閭禮賢故也慎言造門就謁時大經已年老辭疾不見嘗預筮死日先鑿

墓自爲誌文如筮而終

又曰李元凱者博學善天文律曆性恭慎口未嘗言人之鄉人宋璟年少時師事之及作相使人遺元凱束帛將薦舉之皆拒而不荅景龍中元行冲爲洺州刺史邀元凱至州問以經義因遺之衣服元凱辭曰微軀不宜服新麗但恐不能勝其義以速咎也行冲乃以泥塗汙而與之不獲已而受乃還乃以已之所蚕素絲五兩以酬行冲曰義不受無妄之財年八十餘終

又曰徐仁紀者聖曆中徵拜左拾遺三上書論得失不納謂人曰三諫不聽可去矣遂移病歸鄉里神龍初宣慰使舉仁紀之行可以激俗又徵拜左補闕三上書又不省乃詣執政求出授靈昌令妻子不之官廨舍唯衣履及書疏而已餘無所蓄

又曰孫處玄者長安中徵爲左拾遺頗善屬文常恨天下無書以廣所聞神龍初桓彥範等用事處玄遺彥範書論時事得失彥範竟不用其言乃去官還鄉里以病卒

又曰白履忠陳留浚儀人也博涉文史嘗隱居于古大梁城時號爲梁丘子景雲中徵拜校書郎尋棄官而歸開元十年刑部尚書王志愔表薦履忠隱居讀書貞苦守操有古人之風堪代褚無量馬懷素入閤侍讀乃徵赴京師及至辭以老病不任職事詔授朝散大夫停留數月而歸履忠鄉人左庶子吳兢謂履忠曰吾子家室屢空竟不霑斗米疋帛雖得五品何益於實也履忠欣然尋以壽終

又曰崔覲梁州城固人也爲儒不樂仕進以耕稼爲業老而無子乃以田宅家財分給奴婢令各爲生業覲夫妻遂隱於城固南山家事一不問約奴婢遞過其舍至則供給酒食而已夫婦林泉相對以嘯詠自娛山南節度使鄭餘慶高其行辟爲節度參謀累邀方至府第爲吏無方略苦不達人事餘慶以長者優容之太和八年左補闕王直方薦覲有高行詔以起居郎徵之覲辭疾不起卒於山

皇甫士安高士傳曰王倪者堯時賢人也師被衣齧缺又學於王倪問道焉齧缺曰子不知利害則至人固不知利乎王倪曰至人神矣大澤焚而不能熱河漢沍而不能寒疾雷破山暴風振海而不能驚若然者乘雲雨騎日月而遊天地之外死生無變於已而況利害之間乎

又曰善卷者古之賢人也堯聞其得道之士乃北面師之而問道焉及舜受終之後又以天下讓卷卷曰昔唐氏之有天下不教而民從之不賞而民勸之天下均平百姓安靜民不知怨不知喜今子盛爲衣裳之服以觀民目調五

音之聲以亂民耳作皇韶之樂以愚民心耳目益榮天下之亂從此始矣吾雖爲之其何益乎予立宇宙之中冬衣皮毛夏衣絺葛春耕種形足以勞秋收斂身足以休日出而作日入而息逍遥於天地之間而心意自得何以天下爲哉遂不受去入深山莫知所終矣

又曰齧缺堯時人許由師事齧缺堯又師由問曰齧缺可以配天乎既而齧缺遇由由曰子將何之曰將逃堯曰何謂也曰夫堯知賢人之利天下而不知其賊天下遂逃不見

又曰巢父堯時隱人年老以樹爲巢而寢其上故時人號曰巢父堯之讓許由也由以告巢父巢父曰汝何不隱汝形藏汝光若非吾友也擊其膺而下之由悵然不自得乃過清泠之水洗其耳拭其目曰向者聞言負吾友遂去終

身不相見

又曰許由字武仲隱乎沛澤之中堯聞乃致天下而讓焉由乃退而耕於中嶽潁水之陽箕山之下史記又載

又曰壤父者堯時人年五十而擊壤於道中觀者曰大哉帝之德也壤父曰吾日出而作日入而息鑿井而飲耕田而食帝何德於我哉

又曰蒲衣者舜時賢人也年八歲而舜師之遂讓以天下蒲衣不受而去莫知所終

又曰老萊子者楚公室亂逃世耕於蒙山之陽蓬蒿爲室枝杖於牀飲水食菽墾山播種人或言於楚王王於是駕至萊子之門萊子方織畚王曰守國之政孤願煩先生老萊子曰諾王去其妻樵還曰子許之乎老萊子曰然妻曰妾聞之可食以酒肉者可隨而鞭棰夫可擬以官祿者可隨而鈇鉞妾不能爲人所制者妻投其畚而去老萊子亦隨其妻至於河南以萊子爲老子人莫知其所終也

又曰顏回字子淵貧而樂道退居陋巷曲肱而寢孔子曰尔家貧居卑何不仕回曰回有郭外田六十畝足以供饘粥有郭內圃六十畝足以供絲麻鼓宮商之音足以自樂習所聞於夫子足以自娛回何仕焉

又曰弦高者鄭人也鄭穆公時高見鄭爲秦晉所逼乃隱不仕爲商人及晉文公之返國也與秦穆公伐鄭圍其都鄭人私與秦盟而晉師退秦又使大夫杞子等三人戍鄭居三年晉文公卒襄公初立秦穆公方強使百里西乞白乙率師襲鄭過周及滑鄭人不知時高將市於周遇之謂其友蹇他曰師行數千里又數經諸侯之地其勢必襲鄭凡襲國者以無備也示以知其情必不敢進矣於是乃矯鄭

伯之命以十二牛犒秦師且使人告鄭爲備杞子亡奔齊孟明等返至殽晉人要擊大破秦師鄭於是賴高而存鄭穆公以存國之賞賞高高辭曰詐而得賞則鄭國之信廢矣爲國而無信是敗俗也賞一人而敗國俗智者不爲也遂以其屬徙東夷終身不返

太平御覽卷第五百六

太平御覽卷第五百七

逸民部七

逸民七

皇甫士安高士傳曰荷蕢者衛人也避亂不仕自匿姓名孔子擊磬於衛乃荷蕢而過孔氏之門曰有心哉擊磬乎既而曰硜硜乎莫巳知斯巳而巳矣深則厲淺則揭孔子聞之曰果哉蔑之難矣

姓曰石門守者魯人也亦避世不仕自隱又名爲魯守石門主晨夜開闔之子路從孔子入石門而宿問子路曰奚自子路曰自孔氏遂譏孔子曰是知其不可而爲之者與時人賢焉

又曰東郭順子者魏人也脩道守真田子方師事之而爲魏文侯師友侍坐於文侯數稱谿工文侯曰谿工子師耶

子方曰非也無擇之里人也稱道數當無擇稱之文侯曰然則子無師耶子方曰有文侯曰子師誰子方曰東郭順子也文侯曰然則夫子何故未嘗稱之子方曰其爲人也直情而容物物無道則正容以悟之使人意也消無擇何也以稱之子方出文侯曰遠哉全德之君子始吾以聖智之言仁義之行爲至矣吾聞子方之師形解而不敢動口鉗而不知言語所學真土梗耳夫魏真爲居累矣

又曰壺丘子林者鄭人也道德甚優列禦寇師事之

又曰列禦寇者鄭人也隱居不仕鄭穆公時子陽爲相專任刑列禦寇乃絶迹窮巷面有飢色或告子陽曰列禦寇盖有道之士也居君之國而窮君無乃不好士乎子陽聞而悟使官載粟數十乘以與之禦寇出見使再拜而辭之入見其妻妻撫心而怒曰聞爲有道之妻子皆得樂今子之妻子有飢色君遺先生食先生不受豈非命也哉禦寇笑曰君非自知而遺我也以人之言而遺我至於其罪我也又必且以人之言此吾所以不受也居一年鄭人殺子陽其黨皆死禦寇安然獨全終身不仕著書八篇言道家之意号曰列子

又曰段干木者晉人也少貧且賤心志不遂乃治清節遊西河師事卜子夏與田子方李克翟璜吳起等居於魏皆爲將唯干木守道不仕魏文侯就造其門段干木踰墻而避之文侯尊以客禮出過其廬而軾其僕問曰干木布衣也君軾其廬不以甚乎文侯曰段干木不趨勢利隱處乎窮巷聲馳千里敢不軾乎文侯以名過齊桓公者盖能尊段干木敬卜子夏友田子方故也

又曰公儀潜魯人與子思爲友穆公因子思而致命欲以

爲相子思曰公儀子適所以不至也君若飢渴待賢納用其謀雖蔬食飲水伋亦願在下風如以高官厚禄爲釣餌而無信用之心公儀子智若魚者可也不尔則不踰君之庭且臣不佞又不能爲君操竿下釣以傷守節之士潜竟終身不屈

又曰王斗齊人也修道不仕與顔歜並時曾造齊宣王門欲見宣王宣王使謁者延斗入斗曰趍見王爲好勢趍見斗爲好士於王何如謁者還報王曰先生徐之寡人請從王趍而迎之於門曰寡人奉先君之宗廟守社稷願聞先生直言正諫斗曰王之憂國愛民不若王之愛尺之縠王曰何謂斗曰王使爲冠不使左右便辟而使工者何也爲能之也今王治齊國非左右便辟則無使也臣故曰不如愛尺之縠也王乃謝曰寡人有罪於國家矣於是舉士五

人任之以官齊國大治王斗之力也

又曰黔婁先生者齊人也修身清節不求進諸侯魯恭公聞其賢遣使致禮賜粟三十鍾欲以爲相辭不受齊王又禮之以黄金百斤聘以爲卿又不就著書四篇言道家之務号曰黔婁子終身不屈以壽終

又曰原憲居環堵之室甕牖桑樞上漏下濕緼衣無表手足胼胝三日不舉火十年不製衣坐而彈琴子貢相衛結駟連騎排藜藿入窮閭巷不容軒來見憲憲韋冠杖藜而出應門正冠則纓絶斂衽則肘見納屨則踵決子貢曰嘻先生何病也憲笑曰憲聞之無財謂之貧學道而不能行者謂之病若憲貧也非病也若夫仁義之慝車馬之飾憲不忍爲子貢逡巡面有慙色終身恥其言之過也

又曰曾參字子羽魯哀公致邑焉參辭不受曰吾聞受人者常畏人與人者常驕人縱君不我驕我豈無畏乎

又曰陳仲子齊人其兄載爲齊卿食禄萬鍾仲子以爲不義將妻子適楚居于於陵自謂於陵子仲窮不苟求不義之食遭歲飢乏糧三日乃匍匐而食井上李實之蟲者三咽而食視身自織屨妻擘纑以易衣食楚王聞其賢欲以爲相遣持金百鎰至於陵聘仲子仲子入謂妻曰楚王欲以我爲相今日爲相明日結駟連騎食方丈於前意可乎妻曰夫子左琴右書樂在其中矣結駟連騎所安不過一肉而懷楚國之憂竟可乎於是謝使者遂相與逃而爲人灌園

又曰披裘公者吴人延陵季子出遊見道中有遺金顧而覩公曰取彼金公投鐮瞋目拂手而言曰何子處之高而視之卑五月披裘而負薪豈取金者哉季子大驚既謝而

問姓名公曰子皮相之士何足語姓名哉

又曰江上丈人者楚人也楚平王以費無忌之讒殺伍奢奢子負士將奔吴至江上欲渡無舟而楚人購負甚急自恐不脱見丈人得渡因解所佩劍以與丈人曰此千金之劍也願獻之丈人不受曰楚國之法得伍胥者爵執珪金千鎰吾尚不取何用劍爲不受而别莫知其誰負至吴爲相求丈人不能得每食輒祭之曰名可得聞而不可得見其唯江上丈人乎

又曰漁父者楚人也見楚亂乃匿名隱釣於江濱楚頃襄王時屈原爲三閭大夫名顯於諸侯爲上官靳尚所譖王怒遷之江濱被髪行吟於澤畔漁父見而問之曰子非三閭大夫歟何故至斯原曰舉世混濁而我獨清衆人皆醉而我獨醒是以見放漁父曰夫聖人不疑滯於萬物故能與世推移舉世混濁何不隨其流揚其波汨其泥衆人皆醉何不餔其糟歠其釃何故懷瑾握瑜自令放焉乃歌曰滄浪之水清可以濯吾纓滄浪之水濁可以濯吾足遂去深自閉匿人莫知焉

又曰河上丈人者不知何國人也明老子之術自匿姓名居河之湄著老子章句故世號曰河上丈人當戰國之末諸侯交爭馳說之士咸以權勢相傾唯丈人隱身修道老而不虧專業於安期先生爲道家之宗焉

又曰樂臣公者宋人也其先宋公族其後别從趙其族樂毅顯名於諸侯而臣公獨好黄老恬静不仕及趙爲秦昭王滅臣公東之齊以老子顯名齊人尊之號稱賢師趙人田叔等皆師事之

又曰蓋公者齊之膠西人也明老子師事樂臣公楚漢之

起齊人爭往于世主唯蓋公獨道居不仕及漢定天下曹叅爲齊相延問諸儒數百人何以治齊人人各殊叅不知所從蓋公善黄老乃使人厚幣聘之公爲言治道貴清淨則民定遂推此爲類爲叅言之叅悦乃避正堂舍之師事焉齊果大治及叅入相漢導蓋公之道故天下歌之蓋公雖爲叅師然未嘗仕以終壽

又曰四皓者皆河内軹人也或在汲一曰東園公二曰甪里先生三曰綺里季四曰夏黄公皆修道潔已非義不動秦始皇時見秦政虐乃退入藍田山而作歌曰莫莫高山深谷逶迤曄曄紫芝可以療飢唐虞世遠吾將何歸駟馬高蓋其憂甚大富貴之畏人不如貧賤之肆志乃共入商洛隱地肺山以待天下定及秦敗漢高聞之徵之不至深自匿終南山不能屈也

又曰黄石公者下邳人也遭秦亂自隱姓名時人莫能知者初張良易姓爲張自匿下邳步游沂水圯上與黄石公相遇衣褐衣而老墜履圯下顧謂良曰孺子取履良素不知下愕然欲毆之爲其老也強忍下取履因跪進焉公笑以足受而去良殊驚公行里許還謂良曰孺子可教也後五日平明與我期此良愈怪之復跪曰諾五日平旦良往公怒曰與老人期何後也後五日早會良雞鳴往公又先在怒曰何後復五日早會良夜半往有頃公亦至喜曰當如是乃出一篇書與良曰讀是則爲王者師後十二年孺子見濟北穀城山下黄石即我遂去不見良旦視其書乃是太公兵法良異之因講習以說他人莫能用後與沛公遇於陳留沛公用其言輒有功後十三年從高祖過濟北穀城山下得黄石公良乃寶祠之及良死與石并葬焉

又曰魯二徵士者皆魯人也高祖定天下即皇帝位博士叔孫通白徵魯諸儒三十餘人欲定漢儀禮二士獨不肯罵通曰天下初定死傷者未起而欲起禮樂禮樂所由起百年之德而後可舉吾不忍爲公所爲也公所爲不合古吾不行也公往矣無汙我通不敢致而去

又曰安期先生者琅耶人受學河上丈人賣藥海邊老而不仕時人謂之千歲公秦始皇東遊請與語三夜賜金璧直數千萬出置阜鄉亭而去赤玉舄爲報留書與始皇曰後數十年求我於蓬萊山下及秦敗安期先生與其友蒯通同往見項羽羽欲封之卒不肯受見列仙傳

又曰東郭先生者與其友梁右君俱修道隱居不仕曹叅爲齊相尊禮士范陽人蒯通爲叅客入見叅曰婦人有夫死三日嫁者有幽居守寡不出門者足下即欲求婦何取

叅曰取不嫁者通曰然則求臣亦由是也彼東郭先生梁石君齊之儁士也今隱未嘗卑節下意以求仕願足下禮之叅遂致禮聘二人亦終不仕齊人美焉

又曰田何字子齊人也自孔子受易世傳至何及秦焚學以易爲卜筮之書獨不焚故何傳之不絶漢興何以齊諸田徙杜故号曰杜田生以易受弟子東武王仲洛陽周王孫丁寛齊服生梁項生等皆顯當世惠帝時何年老家貧守道不仕帝親幸其廬以受業終爲易者宗

又曰王生者漢文景時人也善爲黄老退居不仕與南陽張釋之交當時釋之爲公車令太子與梁王共入朝不下司馬門釋之劾奏太子不敬文帝善之遷至廷尉及文帝崩太子代立爲帝是謂景帝釋之懼稱病欲去用王生計乃見上謝之景帝不過也王生平常與釋之及公卿會庭

中立王䜷解顏謂釋之前跪而繫之旣退或讓生曰獨奈何辱張廷尉使跪繫韈乎生曰吾年老老且賤矣自度終無益張廷尉廷尉方爲天下名臣吾豈敢恥廷尉使繫韈乎欲重之諸公聞之皆賢王生而重張廷尉

太平御覽卷第五百七

太平御覽卷第五百八

逸民部八

逸民八

皇甫士安高士傳曰摯峻字伯陵京兆長安人少治清節與太史令司馬遷交好峻獨退身修德隱於岍山遷旣親貴乃以書勸峻進曰遷聞君子所貴乎道者三太上立德其次立言其次立功伏惟伯陵材能絶人高尚其志以善厲身氷清玉潔不以細行累其名固已貴矣然未盡太上之所由也願先生少致意焉峻報書曰峻聞古之君子料能而行度德而處故悔悋去於身利不可以虛受名不可以苟得漢興已來帝王之道於斯始顯能者見利不肖者自屏亦其時也周易大君有命小人勿用徒欲偃仰從容以送餘齒耳峻之守節不移如此遷居太史官爲李陵游說下腐刑果以悔悋被辱峻遂高尚不仕卒於岍岍人立祠號曰岍君

又曰韓福者涿人也以行義脩潔著名昭帝時將軍霍光秉政表顯義士郡國條奏行狀天子得福等五人行義宜高以德行徵至京兆病不得進元鳳元年詔策曰朕愍勞福以官職之事賜帛五十疋遣歸其務修孝悌以教鄉里福歸終身不仕卒于家

又曰安丘望之京兆長陵人也少治老子經恬靜不求進官號曰安丘丈人成帝聞欲見之望之辭不肯見上以其道德深重常宗師焉望之不以見敬爲高愈自損退爲巫醫於民間著老子章句故老氏有安丘之學扶風耿況王伋等皆師事之從受老子終身不仕道家宗焉

又曰丘訢字季春扶風人也少有大材傲世不能與俗人爲群郡召始見曰明府欲臣訢耶友訢耶師訢耶明府所以尊寵人者極於功曹所以榮禄人者已於孝廉一極一已皆訢所不用也府君異之遂不敢屈（三輔決録曰丘訢傲俗自謂無伍）

又曰荀靖字叔慈父淑有名績靖兄弟八人号曰八龍靖至孝閨門悌睦隱身脩道弟爽字慈明亦有材學汝南許章稱二人皆玉也慈明外朗叔慈内潤太尉辟不就及終穎陽令丘禎号靖曰玄行先生穎川太守王懷亦謚曰昭定先生

又曰任棠字季卿以春秋教授隱身不仕龐參爲漢陽太守就家候棠以薤一本水一盆置戶屏前自抱孫兒伏戶下叅曰棠是欲諭太守也水欲太守清也拔一本薤欲太守擊強宗也抱孫兒當户者欲太守開門恤孤也終叅去不言詔徵不至及卒鄉人圖畫其形至今稱任徵君也

又曰張仲蔚平陵人與同郡魏景卿俱修道德隱身不仕明天官博物善屬詩賦所處蓬蒿没人閉門養性不治榮名時人莫識唯劉龔知之

又曰高恢字伯逺少治老子經恬虛不營世務與梁鴻善隱於華陰山

又曰姜肱字伯淮彭城廣戚人也家世名族肱兄弟三人皆孝行著肱年冣長與二弟仲海季江同被卧甚相親友及長各娶兄弟相愛不能相離習學五經兼明星緯弟子自遠方至者三千餘人聲重於時凡一舉孝廉十辟公府九舉有道至孝賢良公車三徵皆不就仲季亦不應徵辟建寧三年靈帝詔徵爲犍爲太守肱得詔乃告其友曰吾以爲虛獲實遂藉聲價盛明之世尚不委質況今政在私門哉乃隱遯命乘舡浮海使者追之不及再以玄纁聘不就

即拜太中大夫又逃不受詔名振天下年七十卒于家

又曰徐稺字孺子豫章南昌人也少以經行高於南州桓帝時汝南陳蕃爲豫章太守因推薦稺於朝廷由是三舉孝廉賢良皆不就連辟公府不詣未嘗荅命公薨輒身自赴弔太守黄瓊亦嘗辟稺至瓊薨歸葬江夏稺既聞即負笈徒步豫章三十餘里夏瓊墓前致酹而哭之後公車三徵不就以壽終

又曰夏馥字子治陳留圉人也少爲諸生質直不苟動必依道同縣高儉及蔡氏凡二家豪富郡人畏事之唯馥閉門不與高蔡通桓帝即位災異數發詔百司舉直言之士各一人太尉趙戒舉馥不詣遂隱身久之靈帝即位中常侍曹節等專朝禁錮善士謂之黨人馥雖不交官然聲名爲節等所憚遂以汝南范滂山陽張儉等數百人並爲節

所誣悉在黨中詔下郡縣各捕以爲黨魁馥於是頓足而歎曰孽自己作空汙良善一人逃死禍及百家何以生爲乃剪鬚變服易形改姓入林慮山中爲冶工客作形貌毀悴積傭三年而無知者後詔悉放儉等皆出馥獨歎曰以爲人所棄不宜復齒鄉里矣留賃作不歸家人求不知所處其後人有識其聲者以告同郡上黨太守濮陽潛潛使人以車迎馥馥自匿不肯見潛車三返乃得馥

又曰申屠蟠字子龍陳留外黄人也少有名節同縣大女緱玉爲父報仇外黄令梁配欲論殺玉蟠時年十五爲書生進諫曰玉之節義足以感無恥之孫激忍辱之子不遭明時尚當追旌廬表況在清聽而不加哀矜配善其言乃爲讞減死論人稱之及父母卒蟠思慕不飲酒食肉十餘年遂隱居學治京氏易嚴氏春秋小戴禮三業先通因博貫五經兼明圖緯學無常師始與濟陰王子居在太學子居病困以身託蟠蟠即步負其喪至濟陰遇司隸從事於河鞏之間從事義之爲符傳護送蟠不肯投傳於地而去事畢還家前後凡一察蒲車特徵皆不就年七十四以壽終

又曰郭泰字林宗太原人也少事父母以孝聞身長八尺餘家貧郡縣欲以爲吏歎曰大丈夫何能執鞭斗筲哉乃辭母與同郡宗仲至京師從屈伯彦學春秋傳洽無不通又審於人物由是名著於陳梁之間步行遇雨巾一角墊衆人慕之皆折巾角士爭往從之載策盈車凡泰知之於無名之中六十餘人皆先言後驗以母喪歸徐稺來弔以生芻一束頓泰廬前而去泰曰南州高士徐孺子也詩曰生芻一束其人如玉吾不堪此喻後辟司徒府有道徵皆不就

又曰袁閎字夏甫汝南人也築室於庭中閉門不見客旦於室中向母拜雖子往不得見也子亦向户拜而去首不着巾身無單衣足着木履母死不列服位公車再徵不詣范滂美而稱之曰隱不違親貞不絶俗可謂至賢也

又曰牛牢字君直世祖爲布衣時與牢遊處講説共言讖劉秀當爲天子世祖曰安知非我萬一各言爾志牢獨默然世祖問之牢曰丈夫立義不與帝友衆大笑及世祖即位徵牢稱疾不至詔曰朕幼交牛君直清高士也恒有疾州郡之官者常先到家致意焉刺史郡守是以每輒奉詔就家存問牢恒被髮稱疾不荅詔命

又曰成公者成帝時自隱姓名嘗誦經不交世利時人號曰成公成帝時出遊問之成公不屈節上曰朕能富貴人

能殺人子何逆朕哉成公曰陛下能貴人臣能不受陛下之官陛下能富人臣能不受陛下之祿陛下能殺人臣能不犯陛下之法上不能折使郎二人就受政事十二篇

又曰彭城老父者楚之隱人也見漢室衰乃自隱修道不治名利至年九十餘王莽時徵故光祿大夫龔勝欲爲太子師友祭酒恥事二姓莽迫之勝遂不食而死莽使者及郡守已下會斂者數百人先生痛勝以名致禍乃獨入哭勝甚悲既而曰嗟乎薰以香自燒膏以明自煎龔先生夭天年非吾徒也哭畢而起出衆莫知其誰

又曰宋勝之字卽子南陽安衆人也少孤年十五失父母家于穀城隙中孝慕甚篤隙中化之少長有禮勝之每行見老人擔負輒以身代之獵得禽獸嘗分肉與有親者貧依姊居數歲乃至長安受易通明以信義見稱從兄衰爲東平內史遣吏召之勝之曰衆人所樂者非勝之願也乃去遊太原從郇越牧羊以琴書自娛丞相孔光聞而就太原辟之不至元始三年病卒于太原

又曰東海隱者漢故司直王良友人建武中良以淸節徵用歷位至一年復徵還見友不肯見而讓之曰不有忠信奇謀而取大位自知無德曷爲致此而復遽去何往來屑屑不憚煩也遂距良終不納論者高之

又曰韓順字子良天水成紀人也以經行淸白辟州宰不就王莽末隱於南山地黃四年漢兵起於南陽順同縣隗囂等起兵自稱上將軍西州大震唯順脩道山居執操不迴囂以道術深遠使人賫璧帛車辭厚禮聘順欲以爲師順因使謝囂曰禮有來學義無往教卽欲相師但入深山來囂聞矍然不敢強屈其後囂等諸姓皆滅唯順山栖安然以貧窶自終焉

又曰摯恂字季直伯陵之十二世孫也明禮易遂治五經博通百家之言又善屬文詞論淸美渭濱弟子扶風馬融沛國桓驎等自遠方至十餘人旣通古今而性溫敏不恥下問故學者宗之常慕其先人之高遂隱於南山之陰初馬融始從恂受業恂愛其才因以女妻之融後果爲大儒文冠當世以是服恂之知人永和中和帝博求名儒公卿薦恂行侔曾閔學擬仲舒文參長卿才同賈誼實瑚璉器也宜在宗廟爲國眞輔由是公車徵不詣大將軍竇憲舉賢良不就淸名顯於世以壽終三輔稱焉

又曰姜岐字子平漢陽上郡人也少失父獨與母兄居治書易春秋恬居守道名重西州延熹中沛國橋玄爲漢陽太守召岐欲以爲功曹岐稱疾不就玄怒勑督郵尹益收岐若實不起者欲嫁其母而後殺岐益爭之玄怒益撾之益得杖且諫曰岐少修學孝義栖遲衡盧鄉里歸仁名宣州里實無罪杖益敢以死守之玄心乃止岐於是高名逾廣及母死喪禮畢盡讓平水田與兄岑遂隱以畜蜂豕爲事教授者滿於天下營業者三百餘人辟州從事不詣民從而居之者數千家後舉賢良公府辟以爲茂才爲蒲坂令皆不就以壽終於家

太平御覽卷第五百八

太平御覽卷第五百九

逸民部九

逸民九

皇甫士安高士傳曰嚴遵字君平蜀人常賣卜成都市日得百錢以自給卜訖則閉肆下簾以著書爲事楊雄少從之遊數稱其德李強爲益州牧喜曰吾得君平爲從事足矣雄曰君可備禮與相見其人不可屈也王鳳請交不許歎曰益我貨者損我神生我名者殺我身故不仕時人服之

又曰鄭朴字子真修道靜默世服其清高大將軍王鳳以禮聘之遂不屈楊雄法言盛稱其德曰谷口鄭子真耕於巖石之下名振京師馮翊人刋石祠之至今不絶

又曰李弘字仲元蜀人居城都之圭里里中化之班白不負擔男女不錯行弘嘗爲縣令鄉人共送之元無心就行因共酣飲月餘不去刺史使人喻之仲元曰本不之官惟楊雄重之曰不夷不惠居於可否之間

又曰鄭玄字康成北海高密人也學孝經論語兼通京氏公羊春秋三正曆九章筭術周官禮記左氏春秋大將軍何進辟玄州郡迫脅不得已而詣進設机杖之禮以待玄玄以幅巾見進一宿而迯去公府前後十餘辟並不就

又曰任安字定祖少好學隱山不營名利時人號安曰任孔子連辟不就建安中讀史記魯連傳歎曰性以潔白爲治情以得志爲樂性治情得體道而不憂彼棄我取與時而無爭遂終身不仕號曰任徵君

又曰管寧字幼安靈帝末以中國方亂乃與其友邴原涉海依遼東太守公孫度度虛館禮之其後中國少安人多南歸唯寧不還黄初中華歆薦寧寧知公孫淵必亂乃因徵辭還以爲太中大夫固辭不就寧凡徵命十至輿服四賜常坐一木榻上積五十年未嘗箕踞榻上當膝皆穿常着布裙貉裘唯祠先人乃着舊布單衣加首絮巾遼東郡圖其形於府殿號爲賢者

又曰胡昭字孔明棄妻子不應袁紹之命武帝亦辟昭昭自陳本志帝曰人各有志出處不同勉卒高尚義不相屈昭乃隱陸渾山中

又曰焦先字孝然世莫知其所出或言生漢末及魏受禪常結草爲廬於河之湄獨止其中冬夏袒不着衣卧不設席文無草蓐以身親土其體垢汙皆如泥滓不行人間或數日一食行不由邪徑目不與女子迕視口未嘗言雖有驚急不與人語後野火燒其廬先因露寢遭冬雪大至先袒卧不移人以爲死就視如故後百餘歲卒

嵇康高士傳曰子州支父者堯舜各以天下讓支父支父曰我適有勞憂之病方治之未暇在天下也

又曰石户之農不知何許人與舜爲友舜以天下讓之石户夫負妻戴携子以入海終身不反

又曰伯成子高不知何許人也唐虞時爲諸侯至禹復去而耕禹往趍而問曰昔堯治天下吾子立爲諸侯堯授舜舜授予吾子去而耕敢問其故何耶子高曰昔堯治天下至公無私不賞而民勸不罰而民畏今子賞而不勸罰而不畏德自此衰刑自此作夫子盍行無留吾事俋俋然遂復耕而不顧

又曰下隨務光者不知何許人湯將伐桀因下隨而謀曰非吾事也湯遂伐桀以天下讓隨隨曰后之伐桀謀於我

必以我爲賊也而又讓我必以我爲貪也吾不忍聞乃自投桐水又讓務光光曰廢上非義殺民非仁無道之世不踐其土況於尊我哉乃抱石而沉廬水

又曰小臣稷者齊人抗厲希古桓公三往而不得見公曰吾聞士不輕爵祿無以易萬乘之主萬乘之主不好仁義無以下布衣之士於是五往乃得見焉

又曰亥唐晉人也高恪寡素晉國憚之雖蔬食菜羹平公每爲之飫飽公與亥唐坐有間亥唐出叔向入平公伸一足曰吾向時與亥子坐腓痛足痺不敢伸叔向悖然作色不悅公曰子欲貴乎吾爵子子欲富乎吾祿子夫亥先生乃無欲也吾非正坐無以養之子何不悅哉

又曰涓子齊人餌木接食甚精至三百年後釣於河澤得鯉魚中符後隱於宕石山能致風雨告伯陽九仙法淮南

王少得其文不能解其旨

又曰商容不知何許人也有疾老子曰先生無遺教以告弟子乎容曰將語子過故鄉而下車知之乎老子曰非謂不忘故耶容曰過喬木而趍知之乎老子曰非謂其敬老耶容張口曰吾舌存乎曰存曰吾齒存乎曰亡知之乎老子曰非謂其剛亡而弱存乎容曰嘻天下事盡矣

又曰關令尹喜周大夫也善内學星辰服食老子西遊喜先見氣物色遮之果得老子老子爲著書因與老子俱之流沙西服巨勝實莫知所終

又曰康市子者聖人之無欲者也見人爭財而訟推千金之璧於其旁而訟者息

又曰狂接輿楚人也耕而食楚王聞其賢使使者持金百鎰聘之曰願先生治江南接輿笑而不應使者去妻從市來曰門外車馬迹何深也接輿具告之妻曰許之乎接輿曰富貴人之所欲子何惡之妻曰吾聞至人樂道不以貧易操不爲富改行受人爵祿何以待之接輿曰吾不許也妻曰誠然不如去之夫負釜甑妻戴紝器變姓名莫知所之嘗見仲尼歌而過之曰鳳兮鳳兮何德之衰往者不可諫來者猶可追後更名陸通好養性在蜀峨嵋山上世世見之（皇甫士安高士傳曰陸通字接輿楚昭王政亂乃陽狂不仕故曰接輿也）

又曰榮啓期者不知何許人也被裘帶索鼓琴而歌孔子曰先生何樂也對曰天生萬物唯人爲貴吾得爲人是一樂也以男爲貴吾得爲男二樂也人生有不免於襁褓吾行年九十五矣是三樂也貧者士之常死者民之終居常以待終何不樂也

又曰長沮桀溺者不知何許人也耦而耕孔子過之使子路

問津焉長沮曰夫執輿者爲誰子路曰是孔子是魯孔丘歟曰是也曰是知津矣問於桀溺桀溺曰子爲誰曰仲由孔丘之徒歟對曰然曰與其從避人之士豈若從避世之士哉耰而不輟子路以告孔子孔子憮然曰鳥獸不可與同群吾非斯人之徒歟

又曰荷篠丈人不知何許人也子路從而後問曰子見夫子乎丈人曰四體不勤五穀不分孰爲夫子植其杖而耘子路行以告子曰隱者也使子路反見之至則行矣

又曰顔闔者魯人也魯君聞其賢以幣聘焉闔方服布衣自飲牛使者問曰此顔闔家耶曰然使者致幣闔曰恐聽誤而遺使者羞使者至復來求之闔乃鑿坏而遁

又曰市南宜僚楚人也姓熊白公爲亂使石乞告之不從承之以劍而逆弄丸不輟魯侯問曰吾學先王之道勤而

行之然不免於憂患何也僚曰君今能刳形洒心而遊無人之野則無憂矣

又曰太公任者陳人孔子圍陳七日不火食太公往弔之曰子幾死乎夫直木先伐甘井先竭子其飾智以驚愚修身以明汙昭昭如揭日月而行故汝不免於患也孰能削迹捐勢不爲功名者哉無責於人人亦無責焉孔子曰善辭其交遊巡於大澤入獸不亂群而況人也

又曰漢陰丈人者楚人也子貢適楚見丈人爲圃入井抱甕而灌用力甚多子貢曰有機於此後重前輕名曰桔槔用力寡而見功多丈人作色曰聞之吾師有機事者必有機心機心存於胷則純白不備子貢憮然慙不對有間丈人曰子奚爲曰孔丘之徒也丈人曰子非博學以疑聖智獨絃歌以買聲名於天下者乎方且亡汝神氣墮汝形體何暇治天下乎子往矣勿妨吾事

又曰延陵季子名札吴王之子最少而賢使上國還會闔閭使專諸刺殺王僚致國於札札不受去之延陵終身不入吴國初適魯聽樂論衆國之風及過徐徐君欲其劒札心許之及還徐君已死即解劒帶樹而去

又曰范蠡者徐人也相越滅吴去之齊號鴟夷子治產數千萬去止陶爲朱公復累巨萬一日蠡事周師太公服桂飲水去越入海百餘年乃見於陶一旦棄資財賣藥於蘭陵世世見之

又曰屠羊說者楚人也隱於屠肆昭王失國說往從王王反國欲將賞說說曰大王失國說失屠羊大王反國說亦屠羊臣之爵禄已復矣又何賞之有王使司馬子綦延之以三珪之位說曰願長反屠羊之肆耳遂不受

又曰閭丘先生齊人也宣王獵於社山社山父老十三人相與勞王王賜父老不租父老皆謝先生獨不拜王曰少也復賜無徭役先生復獨不拜王曰父老幸勞之故荅以二賜先生獨不拜何也閭丘曰聞王之來望得壽得富得貴於大王也王曰死生有命非寡人也倉廩備災無以富先生大官無闕無以貴先生閭丘曰非所敢望願選良吏平法度臣得壽矣賑乏以時臣得富矣令少敬長臣得貴矣

太平御覽卷第五百九

太平御覽卷第五百十

逸民部十

逸民十

嵇康高士傳曰周豐魯人也潛居自貴哀公執贄請見之豐辭使人問曰有虞氏未施信於民而民信夏后氏未施敬於民而民敬何施而得斯於民也對曰墟墓之間未施哀於民而民哀宗廟社稷之中未施敬於民而民敬殷人作誓而民始叛周人作會而民始疑苟無禮義忠信誠慤之心以涖之雖固秉結之民其兩不解乎

又曰顏歜者齊人也宣王見之王曰歜前歜曰王前王不悅歜曰夫歜前為慕勢王前為趨士王作色曰貴乎歜曰昔秦攻齊令曰敢近柳下惠壟樵者罪死不赦有能得齊王頭者封萬戶由是觀之生王之頭不如死士之壟齊王

曰願先生與寡人遊食太牢乘安車歜曰願得蔬食以當肉安步以當輿無事以當貴清淨以自娛遂辭而去

又曰魯連者齊人好奇偉俶儻嘗遊趙秦圍邯鄲連却秦軍平原君欲封連連不受平原君又置酒以千金為壽連笑曰所貴於天下之有者為人排患釋難而無取也即有取是商販之事不忍為也遂隱居海上莫知所在

又曰河上公不知何許人也謂之丈人隱德無言無德而稱焉安丘先生等從之修其黃老業

又曰鄭仲虞不知何許人也漢章帝自往終不肯起曰願陛下何惜不為太上君令臣得為偃息之民天子以尚書祿終其身世號之白衣尚書

又曰司馬季主者楚人也卜於長安漢文帝時宋忠賈誼為太中大夫誼曰吾聞聖人不居朝廷必在巫醫試觀卜數中見季主閑坐弟子侍而論陰陽之紀二人曰觀先生之狀聽先生之辭世未嘗見也尊官高位賢者所處何業之卑何行之汙季主笑曰觀大夫類有道術何言之陋夫相引以勢相導以利所謂賢者乃可為羞耳夫內無飢寒之累外無劫奪之憂處上而有敬居下而無害君子道也卜之為業所謂上德也鳳凰不與燕雀為群公等喁喁何知長者二人忽忽不覺自失後遂不知季主所在史記又載

又曰班嗣樓煩人也世在京師家有賜書內足於財好老莊之道不屑榮官桓君山從借莊子報曰若莊子者絕聖棄智修性保身清虛淡泊歸之自然釣漁於一壑則萬物不干其志栖遲於一丘則天下不易其樂今吾子伏孔氏之軌跡馳顏閔之極摯既繫縈於世教矣何用大道為自炫燿也昔有學步邯鄲者失其故步匍匐而歸恐似此類

故不進也其行已持論如此遂終于家

又曰蔣詡字元卿杜陵人為兗州刺史王莽為宰衡詡奏事到灞上稱病不進歸杜陵荊棘塞門舍中三徑終身不出時人諺曰楚國二龔不如杜陵蔣翁

又曰王眞字叔平杜陵人李邵公上郡人眞世二千石王莽辟不至嘗為杜陵門下掾終身不窺長安城但閉門讀書未嘗問政不過農田之事邵公王莽時避地河西遣武中賓融欲薦之固辭乃止家累百金優遊自樂

又曰薛方齊人養德不仕王莽安居迎方因謝曰堯舜在上下有巢許今明王方欲隆唐虞之德亦由小臣欲守箕山之志莽悅其言遂終于家

又曰龔勝楚人王莽時遣使徵聘義不事二姓遂不食而死有老父來吊甚哀既而曰嗟乎薰以香自燒膏以明自

消龔先生竟夭天年非吾徒也趍而出終莫知其誰也

張顯逸民傳曰曹子臧者曹宣公之子也宣公卒負芻殺太子留而自立是爲曹成公其後晉執成公將見子臧於周而立之子臧辭曰前志有之聖達節次守節下失節爲君非吾節也遂亡命奔宋晉侯請子臧反國而歸成公子臧以國致成公爲君（見左傳）

又曰周黨字伯況整身清約非法不行建武中徵爲義郎以病去詔曰昔夷齊不食周粟太原周黨不食朕禄後終隱居娱志不營於世

虞般佑高士傳曰皇甫士安少執沖素以耕稼爲業專心好學每改服以行兼日而食得風痺或多勸修名士安答曰居畎畝之中亦可以樂堯舜之道何必崇勢利而後名乎詔以爲太子中庶子著作郎並不應也

又曰朱沖字巨容南安人少有德行閑靜寡欲好學而貧隣牛犯種擔蒭送牛牛主人大慚乃不復暴晉咸寧二年詔曰處士朱沖履行高潔經學修明徵爲博士及太子中庶子沖每聞徵書至輒逃入深山以免居近夷俗羌戎奉事若君也

又曰劉兆字延世公府五辟三徵皆不就安貧樂道潛志述作數十年不出門凡是述十餘萬言

又曰伍朝字世明好學該博顯命屢加不就鎮南將軍劉弘上請補零陵太守主者以非選竟不聽尚書郎胡濟言朝守靜衡門志道日新誠江南之良才丘園之逸老也且白衣爲郡前漢有舊貢于家食近代所崇事可行也朝竟不就後卒於家（王隱晉書亦同也）

又曰郭文舉河內軹縣人年十三有懷隱志每行山林旬日忘歸父母喪終辭家不娶入陸渾嵩山少室乃隱華陰之崖以觀石室之石函洛下將沒步擔入吳興餘杭大辟山窮谷無人之地倚木於樹苫覆其上亦無壁鄣時多虎暴而文獨宿積十餘年恒著鹿皮裘葛巾司徒王公迎置果園中衆人問文曰飢而思食壯而思室自然之性先生安獨無情乎文曰情由意生意息則無情又問先生獨處窮山若疾病遭命終則爲烏鳥所食顧不酷乎文曰藏埋者亦爲螻蟻所食復何異哉又曰狼虎害人先生獨不畏乎文曰人無害獸之心獸亦不害人耳居園七年逃歸餘杭

袁淑真隱傳曰蘇門先生嘗行見採薪於阜者先生嘆曰汝將以是終乎哀哉薪者曰以是終者我也不以是終者我也且聖人無懷何其爲哀聖人以道德爲心不以富貴爲志因歌二章莫知所終

又曰鬼谷先生不知何許人也隱居鬼谷山因以爲稱蘇秦張儀師之遂立功名先生遺書勉之曰二君豈不見河邊之樹乎僕御折其枝風浪盪其根此木豈與天地有仇怨所居然也子見嵩岱之松柏乎上枝干於青雲下根通於三泉千秋萬歲不逢斧斤之患此木豈與天地有骨肉所居然也

又曰鄭長者隱德無名著書一篇言道家事韓非稱之世傳是長者之辭因以爲名

又曰南公者楚人埋名藏用世莫能識居國南鄙因以爲號著書言陰陽事

又曰野老六國時人遊秦楚間年老隱居掌勸爲務著書言農家事因以爲號

又曰鶡冠子或曰楚人隱居幽山衣弊履穿以鶡爲冠莫測其名因服成號著書言道家事馬煖常師事之煖後顯於趙鶡冠子懼其薦己也乃與煖絶

又曰楚人有獻魚于楚王曰今日漁獲食之不盡賣之不售弃之又可惜是故來獻左右曰鄙哉辭也楚王曰漁者仁人將以誨我也乃恤鰥寡而存孤獨出倉粟發幣帛去後宮楚國大治

又曰河上丈人家貧編蕭自給其子没泉得千金之珠丈人曰取石來鍛之夫千金之珠必在九重之泉驪龍頷下子能得其珠者遇其睡也使龍而寤子其齏粉矣

又曰孫叔敖遇狐丘先生曰僕聞人有三利必有三患子知之乎夫爵高者人妬之官大者主惡之禄厚者怨處之叔敖曰不然吾爵高而志益下官大而志益小禄厚而施益溥丈人曰善哉言乎堯舜其猶病諸又見列子

又曰客有候孔子者顔淵問曰客何人也孔子曰宥兮泛兮吾不測也夫良玉徑尺雖有十仞之土不能掩其光明珠度寸雖有函丈之石不能戢其曜苟蘊美自厚容止可知矣

說苑曰衞有丈夫負缶入井灌韭終日一區鄧析下車教之爲機後重前輕命曰橋終日灌韭百區不倦衞丈夫曰吾師言有機智之心我非不知不欲爲也○雜記事曰徐稚忽榮禄陳蕃歆其高行以禮招請署爲功曹及師友祭酒又特爲設東面之坐重席佩巾几以候之稚辭疾不到王僧虔吳地記曰處士陸著字文伯漢桓靈之間州府交辟並不就唯事棲遁臨卒誡諸子弟云吾少未嘗官勿苟仕濁世子弟遵訓遂二代不仕並有盛名

又曰桐廬縣東有大溪九里注廬溪口南通新安東出富陽青山緑波連霄亘壑昔徵士散騎常侍戴勃遊此自言山水之致極也勃字長雲譙國銍人父散騎常侍逵字安道弟子常侍國子祭酒顒並高蹈俗外三葉肥遁爲海内所稱梁典曰戴顒字仲若與逵並隱遁有高名顒以父不仕復脩其業辭皆不就

梁蕭繹孝德傳曰驎斐字文雅東海蘭陵人世亂將家避地海濱不以避世爲悶不以窮居爲傷浣衣濯冠以俟絶氣

道學傳曰樂鉅公者宋人獨好黄老恬静不慕榮貴號曰安丘丈人

又曰孔愨會稽山陰人逸操不群唯有一奴自隨奴善吹笙愨爲洛生詠與之相對而已

世說曰郗超每聞欲高尚隱退者輙爲辦百萬資并爲造立居室在剡爲戴公起宅甚精戴始往居與所親書曰近至剡如入官舍

又曰支道林因人就深公買印山深公曰未聞巢由買山而隱

陸機招隱詩曰明發心不怡投袂聊躑躅躑躅欲安之幽人在浚谷朝採南澗藻夕宿西山足輕條象雲構密葉成翠幄

左思招隱詩曰杖策招隱士荒塗横古今巖穴無結構丘中有鳴琴

陸雲逸民賦曰古之逸民輕天下輕萬物而欲專一丘之忻擅一壑之美天地不易其樂萬物不干其志然後可以妙有生之極因無疆之休乃爲賦曰相荒土以爲居度山阿而考室層幽驂薈穹谷重深巖木振穎葛藟垂陰潛魚

潄沚嚶鳥來吟顧蔬圃於滋薄即蘭堂於芳林靡飛飆以赴節揮天籟以興音抱迴流之别沼食秋華於高岑濛三泉以濯流浚金谷以投簪遵渚龍見在林鳳戢遁綿野而宅心望巖穴而凱入

太平御覽卷第五百一十

太平御覽卷第五百一十一

宗親部一

祖父母

釋曰祖祚也祚先也

禮記曲禮曰逮事父母則諱王父母不逮事父母則不諱王父母

毛詩商頌曰無念爾祖聿脩厥德

漢書曰路温舒字長君從祖父受曆數天文也

後漢書曰虞詡陳國人祖父爲郡縣獄吏務在寬恕常稱曰東海于公高其里門定國卒至丞相吾治獄六十年雖不及于公子孫何得不爲九卿故字詡曰昇卿後還僕射尚書令

晉書曰何曾侍武帝宴退告其子道曰國家應天受命創業垂統吾每侍宴未嘗聞經國遠圖唯說平生常事非貽厥孫謀之兆也後嗣其殆乎此吾子孫之憂汝等猶可没指孫曰此輩必遇亂亡及遵之子綏死兄嵩哭之曰吾祖其殆聖乎

又曰李密字令伯父早亡母改醮祖母劉撫養密奉事以孝謹聞有暇則講學亡疲師事譙周門人方之游夏太始初徵爲太子洗馬密以祖母老上表云臣無祖母無以至於今日祖母無以終餘年母孫二人更相爲命臣密今年四十四祖母年九十六是臣盡節於陛下之日長而恭事於劉之日短劉終後復爲太子洗馬

又曰王廙字季明強正有志歷侍中嘗與會稽王道子飲道子醉呼廙爲小子廙曰亡祖長史與簡文帝爲布衣之交亡姑亡姊伉儷二宮何小子之有

又曰符生字長生健第三子幼而無賴祖洪甚惡之生而無一目爲童兒洪戲之曰吾聞瞎兒一淚信乎生怒引佩刀自刺出血曰此亦一淚洪大驚鞭之生曰性耐刀槊不堪杖箠洪曰吾將以爾爲奴生曰可不如石勒也洪懼跣而掩其口

陳留志曰范喬字伯山年二歲祖父馨臨終執其手曰恨不見汝成人因以所用硯與之至五歲祖母以告喬喬便執硯流涕

江虨別傳曰虨年十一始摴蒱祖母責爲說往事有博弈破業廢身於是弃五木終身不以爲戲

父母

爾雅曰父爲考母爲妣

毛詩陟岵曰孝子行役思念父母也陟彼岵兮瞻望父兮陟彼屺兮瞻望母兮

又蓼莪曰蓼蓼者莪匪莪伊蒿哀哀父母生我劬勞蓼蓼者莪匪莪伊蔚哀哀父母生我勞瘁無父何怙無母何恃出則銜恤入則靡至父兮生我母兮鞠我撫我畜我長我育我顧我復我出入腹我欲報之德昊天罔極

禮記曲禮曰生曰父曰母死曰妣曰考

左傳隱公曰鄭莊公母弟共叔段以母之寵請邑居之京段遂以京叛公伐京段出奔遂寘母姜氏於城潁而誓之曰不及黃泉無相見也既而悔之潁考叔曰若闕地及泉隧而相見其誰曰不然公從之遂爲母子如初

又莊公曰宋南宮長萬作亂奔陳以乘車輦其母一日而至

又成上曰：晉敗秦師于殽，齊請平，晉人曰必以蕭同叔子爲質。對曰：蕭同叔子非他，寡君之母也，若以疋敵，則亦晉君之母也。吾子布大命於諸侯，而曰必質其母以爲信，其若王命何？且是以不孝令也。

又襄三曰：晉叔向之母妬叔虎之母美而不使視寢，其子皆諫其母。母曰：深山大澤，實生龍蛇，彼美，余懼其生龍蛇以禍汝。汝獘族也，余何愛焉。使往視寢，生叔虎，美而有勇，欒盈嬖之，故羊舌氏之族及於難。

公羊傳曰：惠公者何？隱之考也。仲子者何？桓之母也。

史記曰：趙括，奢之子。趙孝成王欲以括爲將，母曰不可使也。王曰：母何以知之？對曰：妾事其父時，其父爲將，王之所賞賜盡分散與軍吏士大夫，受命之日不問家事。令括一朝爲將，軍吏不敢仰視，王之所賜悉藏於家，而視利便田

宅。父子異心，願王勿遣。王曰：母致之，吾已決矣。母曰：王必遣，忽有不稱，妾乞不坐。王許之。後果敗，爲白起所坑。

漢書曰：王陵，沛人，以兵屬漢王。項羽得陵母，置於軍中以招陵。後漢使至，陵母謂使者曰：爲老妾語陵，漢王長者，必有天下，善事之，無以老妾在故懷持二心。遂伏劍而死。羽怒烹之。

又曰：陸賈使南越，趙他賜陸生槖中裝直千金，他送亦千金。呂后時病免歸家，有五男，乃出所使得越槖中裝賣千金，分與其子各二百金，令爲生産。賈常乗安車駟馬，從歌舞鼓吹琴瑟侍者十人，有寶劍直百金。謂其子曰：與汝約，過汝給吾人馬酒食，極歡十日而更。所死家得寶劍及車騎從者。

又曰：金日磾字翁叔，休屠王太子也。父以降漢見殺，與母閼氏弟俱没入宫。後拜光祿大夫，旣親近，未嘗有過，武帝甚信愛之。日磾母教誨兩子甚有法度，上嘉之。及死，詔圖形于甘泉宫，曰休屠王閼氏也。日磾每見畫，常拜泣不止。

又曰：霍去病父仲孺，河東人，以縣吏給事平陽侯家，與侯侍者衛少兒私通，生去病。仲孺吏畢歸家，娶婦生子，不相聞。久之，去病爲驃騎將軍，擊匈奴，道出河東，至平陽傳舍，遣迎仲孺，趍入拜謁。將軍迎拜，因跪曰：去病不早知爲大人之遺體也。仲孺扶服叩頭曰：老臣得託命將軍，此天力也。去病大買田宅奴婢而去。

又曰：嚴延年字次卿，東海下邳人，爲河南太守。冬日行屬縣，刑戮囚徒，流血數里，河南号屠伯。母見責之曰：汝宣化千里，不聞仁愛，而殺人立威名，豈爲人父母哉！天道神明，人不可獨殺。我不意老見壯子被刑戮也。行矣，去東歸掃

墓地耳。歲餘果敗。延年兄弟五人皆有吏才，並至大官，東海號爲萬石嚴嫗。

又曰：雋不疑爲京兆尹，每行縣録囚徒還，其母輒問有所平反，活幾人？即不疑多有平反，母喜而爲之食；或無所出，母怒而不食。故不疑爲吏嚴而不殘。

後漢書曰：竇武字游平，扶風人。初武母産武，并産一蛇，送之林中。後母卒葬，有一大蛇自榛草出，至擊柩，流血若哀泣之容。時人以爲竇氏之祥。

又曰：楊彪爲太尉，子修爲曹操所殺。操見彪，問曰：君何瘦之甚也？彪曰：媿無日磾先見之明，猶懷老牛舐犢之愛。操爲改容。

又曰：范滂字孟博，汝南征羌人也。建寧二年大誅黨人，滂母就與之訣。滂白母曰：仲博孝敬，足以供養（仲博，滂弟也），滂從

龍舒君歸之黃泉存亡各得其所惟大人割不可忍之恩勿增感戚母曰汝今得與李杜齊名死何恨滂跪受教再拜而辭顧謂其子曰吾欲使汝爲惡則惡不可爲使汝爲善則我不爲惡行路聞之莫不流涕

又曰黃憲字叔度汝南人世貧賤父爲牛醫表閎母謂閎曰汝從牛醫兒來耶對曰閎不見叔度自以爲及旣覩其人則瞻之在前忽然在後固難測矣

又曰盧江蔡宗字孟承競廉嚴正其子未嘗見面子爲二千石求謁宗宗下帷不許子伏於庭其母穿壁使其子窺之乃識儀皃

又曰崔發仕王莽位至大司空母師氏通百家之言莽以殊禮之号義成夫人金印紫綬乘文軒丹轂

又曰張甫字孟侯汝南人爲太尉雖在公位父常居田里

每有遷職輒一詣京師公卿罷朝俱詣甫府奉酒上壽時人榮之

吳志曰蔣欽母踈帳縹被妻妾布裙孫權歎其在位能守約儉勑御府爲母作被乃幃帳

晉書曰劉惔字眞長沛人少清遠有竒才與母任氏寓居京口家貧織芒屩以爲養雖蓽門圭竇晏如也

又曰伏滔字玄度平昌人甚有才學知名拜著作郎孝武會西堂滔預坐還下車先呼子系曰百人高會天子先問伏滔在座不此固未易得爲人作父如此如何

又曰氾毓字稚春濟北盧人奕世儒素敦睦九族時人号之兒無常父衣無常主

又曰荀羡字令則清和有準纔年七歲遇蘇峻難隨父在石頭峻甚愛之惜置羡於膝上羡乃陰白其母白得一利刀子足以殺賊母掩其口

又曰虞譚母孫氏訓子以節義朝廷嘉之拜武昌太守丞相巳下皆拜之年九十五譚立養堂於家

又曰郄詵濟陰人對策高第拜議郎母憂去職母在日苦病車及亡不欲車載家貧無以市馬乃於住堂北壁外假葬朝夕拜哭養雞種蒜竭其方術喪過三年得馬八疋輿棺至塚負土成墳

又曰韓康伯潁川長社人母殷氏高明有行家恒貧伯年數歲大寒母爲作布襦令伯捉熨斗而謂之曰且着布襦尋復作褌伯曰不須母問故曰火在斗中柄熱今上着襦下亦當暖矣

又曰羊耽妻辛氏隴西人侍中毗之女有才鑒鍾會爲鎮西請其子琇爲參軍母曰吾爲國憂今日難至吾家行矣

戒之軍旅之間可以濟者惟仁恕乎古之君子入則致孝于親出則盡忠於國在職思其所司在義思其所立無貽父母憂患而已後會至蜀果反琇竟以道全身

又曰桑虞字子深魏郡黎陽人五代義居閨門雍睦青州刺史符朗甚重之嘗詣虞家昇堂拜母時以爲榮

又曰周顗母李氏名洛秀汝南人中興時顗等並列顯位嘗冬至置酒洛秀舉酒賜三子曰吾本渡江託足無所不謂爾等並居貴位在吾目前吾身後何憂嵩起曰恐不如尊旨伯仁志大而才短名重而識闇好因人之弊此非自全之道嵩性抗直亦不容於世唯阿奴碌碌在阿母前耳後果如其言阿奴即謨小字也

又曰劉琨爲幷州刺史母謂之曰汝能弘濟經略駈駕豪傑專欲除於勝巳以自安當何以濟禍必及我也後父母

並爲劉聰所害

又曰朱序字次倫義陽人鎮襄陽符堅令符丕圍序序母韓氏自登城履行謂西北角必先破受數遂領百餘婢及城中女同丁築三十餘丈後賊果從西北角攻衆潰城破遂固新築丕用引退得免城破襄陽人謂此城爲夫人城

宋書曰張興世字文德竟陵人以平江陵功轉右將軍父仲字子由興世致位給事中欲往襄陽又愛戀鄉里不肯去嘗謂興世曰雖田舍翁樂聞鼓角汝可送一部與吾行田時吹之興世素儉謹畏去白父曰此乃天子鼓角非田舍翁所吹乃止興世欲拜墓仲子曰汝衛從甚多恐先人驚怖與世減撤而行

又曰朱脩之義陽人加建武將軍留戍滑臺爲索虜所攻母悲憂一旦乳汁驚出因號慟告家人曰我老非有乳汁之時今忽如此我兒必歿矣後數日凶問至脩之果其日陷歿

梁書曰王僧孺幼貧其母鬻紗布以自業常攜孺於市道途中逢中丞鹵簿驅迫落溝中及孺拜中丞日引孺清道悲不自勝

劉璠梁典曰張充字延符吳人父緒特進有重名充少不拘細行肆意畋放時緒請假還吳始入西郭值充正獵左手臂鷹右手牽犬遥望見父乃脫鞲放鷹紲犬向舟而拜緒曰一身兩役無亦勞乎充跪對曰充聞三十而立今二十九歲矣請至來歲終身折節緒曰若過而能改乃顏子矣及明年乃一朝易操尋師就學博覽今古鬱爲名士

蕭方等三十國春秋曰蘇峻作逆領軍卞壼以王師敗績

遂單騎赴難二子眕盱隨之俱歿母裴氏撫屍而哭之父爲忠臣子爲孝子夫何恨乎徵士翟陽聞之歎曰父死于前子歿于後忠孝之道萃于一門可謂賢矣

又曰吳司徒孟宗少從南陽李肅學母爲作厚褥大被或問其旨小兒無德可容而學者多貧故爲廣被可得氣類相接也

列女傳曰鄒氏孟軻之母見孟子少而學歸母方織問之曰子之廢學若吾斷織孟子懼因更勤不息遂爲大儒

世說曰華歆遇子弟甚整雖閒室之内嚴然若朝典也

又曰陳元方遭父憂哭泣哀慟容體骨立其母愍之竊以錦被蒙之郭林宗弔而見之謂曰卿海内之俊四方是則如何當喪以錦被爲孔子曰衣夫錦 食夫稻 於汝安乎吾不取也因奮衣而去自後賓客絶數百日

繼母

儀禮子夏傳曰繼母如母何以如母繼母之配父與因母同故孝子不敢殊也

東觀漢記曰應慎字仲華爲東平相事後母至孝精誠感應梓樹生廳前屋上徙置府庭繁茂長大

後漢書曰鮑永字君長上黨人事後母至孝妻于母前叱狗永遂去之

晉書曰凉武昭王李玄盛后尹氏初適扶風馬元元卒爲玄繼室以再醮之故三年不言撫前妻子如已所生

又曰王祥字休徵瑯琊人至孝繼母朱氏不慈由是失愛於父令掃除牛下祥愈恭謹父母有疾衣不解帶母令守丹柰實每風雨則抱而泣母常思黄雀炙忽有黄雀數十飛入幕遂以供母

三十國春秋曰王延九歲喪母孝行有聞後母卜氏御之無道延恭事彌謹卜常取蒲穰敗麻與之貯衣延知而不言卜冬月杖之流血令求生魚延叩氷慟哭而得與之卜乃心悟撫之如所生也

又曰晉安帝時郭逸妻以大竹杖打逸前妻之子子死妻因棄市如常刑

家語曰曾參武城人志存孝道後母遇之無恩其妻蒸藜不熟出之人曰此非七出也荅曰藜蒸小物不用吾命況大事遂遣之終身不娶其子請焉告之曰高宗以後婦出孝已尹吉甫以後妻放伯奇容知其得免非乎

琴操曰尹吉甫周卿也子伯奇母早亡吉甫更娶後妻妻乃譖之於吉甫曰伯奇見妾美欲有邪心吉甫曰伯奇慈仁豈有此也妻曰置妾空房中君登樓察之妻乃取毒蜂綴衣領令伯奇掇之於是吉甫大怒放伯奇於野宣王出遊吉甫從之伯奇作歌以感之宣王聞之曰此放子之辭也吉甫乃求伯奇而感悟遂射殺其妻

搜神記曰衡農字剽卿東平人少孤事繼母至孝常宿于他舍值雷雨頻夢虎嚙其足農呼妻相與出於庭叩頭屋忽然而壞壓死者几百餘人唯農夫妻獲免

太平御覽卷第五百十一

太平御覽卷第五百一十二

宗親部二

伯叔

釋名曰伯把也把持家政也父弟爲仲仲中也位在中也仲父之弟曰叔父叔少也叔父之弟曰季季癸也甲乙之次癸在下也。說文曰伯長也

爾雅曰父之晜弟先生爲世父後生爲叔父

禮記檀弓曰滕伯文爲孟虎齊衰其叔父也爲孟皮齊衰其叔父也伯文殷時滕君也爵爲伯名文

家語曰孔子兄子有孔蔑者與宓子賤偕仕孔子往過孔蔑而問焉曰自汝之仕何得何亡對曰未有所得而亡者三王事若龔龔宜爲襲前後相積襲也學焉得習言不得習學者是學不得明也俸祿少饘粥不及親戚是骨肉益疏也公事多急不得

弔死問疾是朋友道闕也其所亡者三即此謂矣孔子不悅往過子賤問如孔蔑對曰自來仕者無亡而得者三始誦之今得而行之是學益明也俸祿所供被及親戚是骨肉益親也雖也有公事而兼以弔死問疾是朋友信篤也孔子喟然謂子賤曰君子哉若人魯無君子者斯焉取斯也

漢書曰初高祖微時嘗避事時與賓客過其丘嫂食應劭曰丘氏女也孟康曰西方謂亡女婿爲丘婿丘空也兄亡空有嫂也晉灼曰丘大也大嫂爲家嫂也嫂厭叔與客來陽爲羹盡櫟釜客以故去已而視釜中有羹由是怨嫂及立齊代王而伯子獨不得侯太上皇以爲言高祖曰某非敢忘封之也爲其母不長者封其子信爲頡羹侯

又曰疏廣字仲翁東海蘭陵人也宣帝時爲太子太傅兄子受字公子爲少傅太子每朝因進見太傅在前少傅在後叔姪並爲師傅朝廷以爲榮

又曰王莽字巨君孝元皇后之弟子父及兄弟皆以元成世封侯輔政凡九侯五大司馬唯莽父曼早死不侯五侯子爭侈靡莽獨孤貧折節爲儉受禮經勤身博學事母及寡嫂養孤兄子行甚整又外交英俊內事諸父世父鳳病莽侍疾亂鬚垢面鳳且死以託太后及帝拜黃門侍郎

東觀漢記曰鄭均好義篤實事寡嫂收兒恩禮甚至

又曰魏譚有一孤兄子年一二歲常自養視遭饑饉分外合以相生活譚時有一女生裁數月念無穀食終不能兩全棄其女養活兄子州郡高其義

又曰桓榮卒子郁當襲爵讓於兄子顯宗不許不得已受封而悉以租入與之

又曰淳于恭養兄崇孤兒教誨學問時不如意輒乎責數

以捶自擊其脛欲以感之兒慙負不敢復有過袁子又載

又曰郅惲友董子張叔父及爲鄉里民所害子張病惲往候之氣絕良久復視惲歔欷惲曰知子不悲天命痛讎不復也惲即起將客取仇人頭以示子張見之悲喜因絕

後漢書曰劉平字公子楚郡彭城人也更始時天下亂平弟仲爲賊所殺其後賊復忽然而至平扶持其母奔走逃難仲遺腹女始一歲平抱仲女而棄其子母欲還取之平不聽曰力不能兩活仲不可以絕類遂去不顧

謝承後漢書曰魏霸字喬卿濟陰人爲鉅鹿太守與兄子同苦樂不得自異

又曰許荊兄子世嘗報讎殺人怨家會衆操兵至荊家欲殺世荊始從府休歸與相遇因出門解劒長跪曰前無狀相犯咎皆在荊不能相教誨兄早歿一子爲嗣如令死者

傷其滅絶令願殺身代世塞咎雖死以往猶謂更生怨家扶起荆曰許掾郡中稱爲賢吾何敢相侵因遂委去

華嶠後漢書曰薛苞弟子求出苞不敢止乃中分其財奴婢引其老者曰與我共事久若不能使也田廬取其荒頓曰吾少時所治意所戀也器物取其朽敗曰我服食久身口所安也

袁山松後漢書曰范丹爲萊蕪長去官於市賣卜妻紡績以自給丹弟子愷見丹藩不完載柴將客藩之時丹適行還怒勑子拔柴載以還之

後漢書曰馬援字文淵扶風茂陵人也援兄子嚴敦並喜譏議而通輕俠客援前在交阯還書誡之曰吾欲聞汝曹聞人過失如聞父母之名耳可得聞而口不可得言也好論議人長短妄是非正法此吾所大惡寧死不願聞子孫

有此行也汝曹知吾惡之甚矣所以復言者施襟結褵申父母之戒欲使汝曹不忘之耳龍伯高敦厚周愼口無擇言謙約節儉廉公有威吾愛之重之願汝曹效之杜季良豪俠好義憂人之憂樂人之樂清濁無所失父喪致客數郡畢至吾愛之重之不願汝曹效之效伯高不得猶爲謹勑士所謂刻鵠不成尚類鶩也效季良不得陷爲天下輕薄子所謂畫虎不成反類狗也訖今季良尚未可知郡將下車輒切齒州縣以爲言吾常寒心是以不願子孫效也

又曰范遷字子廬沛國人也爲司徒及在公公輔有宅數畝田不過一頃復推與兄子其妻謂曰君有四子而無立錐之地可餘奉禄以爲後世遷曰吾備位大臣而蓄財求利何以示後在位四年薨家無儋石焉

又曰張堪字君遊南陽宛人也堪早孤讓先父餘財數百萬與兄子

又曰第五倫字伯魚京兆長陵人或問倫曰公有私乎對曰吾兄子嘗疾一夜十往退而安寢吾子有疾雖不省視竟夕不眠若是者豈可謂無私乎

又曰張禹字伯達父歆爲淮陽相終於汲令禹性篤節儉父卒汲吏人賻送前後百萬悉無所受又以田宅推與伯父自身寄止

又曰中常侍趙忠言於省内曰袁本初坐作聲價好養死士不知此兒終欲作何叔父太傅隗聞而呼紹以忠言責之紹終不改

又曰戴封遭伯父喪去官

又曰沮授爲曹操所執授曰叔父母弟懸命袁氏若蒙公靈速死爲福操歎曰孤早相得天下不足慮也遂赦而厚

遇焉

又曰劉矩字叔方少有高節以叔父遼未得仕進遂絶州郡之命

又曰伏恭字叔齊司徒湛之兄子湛弟黯位至光禄勲無子以恭爲後

魏志曰荀攸字公達祖父曇攸少孤及曇卒故吏張推求守曇墓攸年十三疑之謂叔父衢曰此吏有非常之色殆將姦亂衢悟乃推問果殺人亡命因是異之

又曰盧毓字子家涿郡人也父植有名於世毓十歲而孤遇本州亂二兄死難當袁紹公孫瓚交兵幽冀飢荒養寡嫂孤兄子以學行見稱

又曰王昶字文舒太原人其爲兄子及子作名字皆一依謙實以見其意故兄子默字處靜沉字處道其子渾字玄

沖深字道沖，遂書戒之曰：夫爲人子之道，莫大於寶身全行，以顯父母。

又曰：毛玠居顯位，常布衣蔬食，撫育兄孤子甚篤。

又曰：張範子陵及弟子戩爲山賊所得，範直詣賊，請二子，賊以陵還範。範謝曰：諸君相還兒厚矣。夫人情雖愛其子，然吾憐戩之小，請以陵易之。賊義其志，悉以還範。

又曰：王基字伯輿，東萊曲城人也。少孤，與叔父翁居，撫養甚篤，亦以孝稱。

又曰：高慎字孝甫，敦厚少華，有沉深之量，撫育孤兄子五人，恩義甚篤。琅琊相何英嘉其履行，以女妻焉。

蜀志曰：諸葛亮初未有子，求兄子喬爲嗣，瑾啓孫權遣喬來西。亮以喬爲嫡子，故易其字焉。拜爲駙馬都尉。

王隱晉書曰：庾袞孤兄女曰芳，將嫁，美服具矣，袞刈荆苕爲箕帚，召諸子集之于堂，男女以班，而命芳曰：汝少孤，今汝適人，將事舅姑，灑掃庭内，婦人之道也，故賜汝以此匪器之美，欲汝之温恭朝夕，雖休勿休也。

又曰：魏舒容皃質朴，少号遲鈍，人莫之知，唯叔父衡知其奇，每有賓客造己，常勸使過舒，言吾兄子非常人也。

臧榮緒晉書曰：阮籍隨叔父至東兗州，刺史王昶聞籍奇偉，請與相見，乃歎息以不能測也。

又曰：王湛字處冲，司徒渾之弟也。兄子濟輕之，嘗詣湛，見牀頭有周易，問曰：叔父何用此爲？湛曰：體中不佳時，脫復看耳。濟請言之，湛因剖析玄微，妙有奇趣，皆所未聞也。濟才氣抗邁，於湛略無子姪之敬，既聞其言，不覺慄然，心形俱肅，遂留連彌日累夜，自視缺然，乃歎曰：家有名士三十年，而不知，濟之罪也。濟有從馬，絶難乘，濟問湛曰：叔頗好騎不？湛曰：亦好之。因騎此馬，姿形既妙，迴策如素，善騎者無以過之。又濟所乘馬，湛愛之，湛曰：此馬雖快，然力薄不堪苦行，近見督郵馬當勝，但芻秣不至耳。濟試養之，而與己馬等。湛又曰：此馬雖快，任方知之，平路無以別也。於是當蟻封内試之，濟馬果躓，而郵馬如常。濟益歎異，還白其父曰：濟始得一叔，乃濟以上人也。武帝亦以湛爲癡，每見濟，輒調之曰：卿家癡叔死未？濟常無以答。及是，帝又問如初，濟曰：臣叔殊不癡，因稱其美。帝曰：誰比？濟曰：山濤以下，魏舒以上。湛聞曰：欲處我季孟之間乎？

又曰：殷浩字深源，陳郡長平人也。叔父融俱好老易，融與浩口談論，詞屈，著篇則融勝，浩由是爲風流談論者所宗。

又曰：鄧攸逃奔石勒，負其妻子而去，擔其兒及其弟子綏，度不能兩全，遂棄其己子，卒以無嗣。綏服攸喪三年。

又曰：謝安字安石，於東山營墅，樓館林竹甚盛，每攜中外子姪往來遊集，餚饌亦屢費百金，世頗以此譏焉，安殊不以屑意。

又曰：徐苗字叔冑，高密淳于人也。其兄弟皆早亡，撫養孤遺，慈鬩州里，田宅奴婢盡推與之。

又曰：謝玄字幼度，以勳封康樂縣公，陳以先封東興侯，賜兄子玩，詔聽之，更封玩豫寧伯。

又曰：羅憲兄子尚字敬之，少孤，依叔父憲。

又曰：劉曜逼長安，涼州刺史張寔叔父西海太守肅請爲先鋒擊曜，曰：狐死首丘，心不忘本。鍾儀在晉，楚弁南音。肅受晉寵，剖符列位，羯逆滔天，朝廷傾覆，寔安方裔，難至不奮，何以爲人臣？寔曰：門户受重恩，自當闔宗効死，但叔父春秋已高，氣力衰竭，軍旅之事，非耆耄所堪，乃止。既而聞

京師陷沒肅悲憤而卒

又曰慕容超字祖明德之兄北海王納之子也符堅破鄴以納爲廣武太守數歲去官家于張掖德之南征留金刀而去及垂起兵山東符昌收德諸子皆誅之納母公孫氏以耄獲免納妻段氏方娠未決囚之于郡獄掾呼延評德故吏也嘗有死罪德免之至是將公孫及段氏逃于羌中而生超焉年十歲而公孫卒臨終授超以金刀曰若天下太平汝得東歸可以此刀還汝叔也

何法盛晉中興書曰何充字次道道年在童齓伯父邃謂之曰我爲小兒時亡伯車騎謂我汝後當與伯父爭名汝今器宇深弘亦當出我右

又曰時氐賊強侵冠無已朝議求文武良將可以鎮遏北方者衛將軍謝安曰唯有兄子玄可堪此任中書郎郗超

聞而歎曰安違衆舉親明也玄必不負舉才也於是徵還拜建武將軍兗州刺史領廣陵相監江北諸軍事

又曰陸納字祖言爲吳興太守衛將軍謝安嘗欲詣納納兄子俶怪納無供辦復不敢問乃密作數十人供安至納設茶果而已俶下精飲食客罷納大怒杖俶四十去旣不能光益父叔乃復穢我素業

三十國春秋曰羊祜都督荊州鎮襄陽時祜有平吳之志方樹基址懼王濬爲巴郡太守將委以巴峽之任祜兄子曁謂祜曰觀濬爲人志大者侈不可專任祜曰有大才必可用也識者謂祜可謂能舉善矣知人則哲叔子之謂乎

又曰安帝時以劉鎮之爲散騎常侍光祿大夫不受鎮之毅季父也義熙初謂毅母曰汝輩才力勢運足以得志當身爭耳我不就汝求位求財又不受汝罪累每見毅導道從吏卒到門輒罵詬之毅甚敬畏每未至宅數百步止輿白衣數人而進儀衛悉不自隨及至毅敗天下服其先見而劉裕甚敬遇之

又曰燕金紫光祿大夫高平公平歆初歆伯父左光祿大夫熙拊歆首而告之曰汝儀容偉茂志節果當有佐命之功顯吾門者必汝也

孫嚴宋書曰許昭先義興人也諸父肇坐事繫獄七年不判子姪三十餘人昭先家最貧薄卓獨營訴無日在家餉饋肇莫非珍新家産旣盡賣宅以充之肇諸子倦怠唯昭先無有懈息如是七歲尚書沈演之嘉其操行肇事由此得釋

沈休文宋書曰宗慤字元幹徵士柄兄子也年少時炳問慤所志荅曰願乘長風破萬里浪炳曰汝若不富貴必破

我門戶

又曰何承天叔肦爲益陽令隨肦之官隆安四年南蠻校尉桓偉命爲參軍時殷仲堪桓玄等牙舉兵以向朝廷承天懼禍難未已解職還益陽

又曰劉凝之字志安小名長年南郡人也推家財與弟及兄子立屋於野外非其力不食

典略曰鄭均字仲虞任城人也好黄老兄亡後養嫂兄子恩禮甚篤及居併門盡推財産與之由是名稱

風俗通云周矼字孟玉爲右將軍掾弟子使客殺人被罪矼詣府與太守盛亮相見了不論弟子之命遂俱盡於獄弟婦不哭其子但哭孟玉孟玉由此爲高

曹瞞傳曰太祖一名吉利字阿瞞少飛鷹走狗遊蕩無度其叔父數言之於嵩操患之後逢叔父於路乃陽敗面喁口

叔父怪問其故太祖曰卒中惡風叔父以告嵩驚愕呼操操曰貌如故嵩曰叔父言汝中風爲已差乎操曰初不中風但失愛於叔父故見罔耳嵩乃疑焉後叔父有所告嵩終不復信操於是益得肆意

陳留耆舊傳曰高眘字孝甫敦厚少文華有沉深之量撫育孤兄子五人恩義甚篤琅邪相何英嘉其履行以女妻焉

又曰爰彌字伯仁年十歲叔父蘭部濟陰從事與御卒俱獵縣送酒肉彌不肯嘗問其故荅曰聞之於諸侯夫臨其事不食其食蘭然其言還而不受貞潔之質由是以彰也

海内先賢傳曰故南郡太守南陽程堅體履仁孝秉志清潔少讓財兄子仕郡縣居貧無資奉祿自給

襄陽記曰龐統字士元德公從子也少未有識者唯德公

重之年十八使往見司馬德操與談既而歎曰德公誠知人此實盛德也

張方賢楚國先賢傳曰陰嵩字文王南陽新野人衛尉興從祖兄也少喪父母與叔父居恭謙婉順温良節儉王莽末義兵初起乃與叔父避世蒼梧後徵拜謁者以叔父憂棄官

張瑩漢南記曰北海靖王興性敦篤仁厚長有明略兄弟少爲光武所撫育恩愛如子

劉彥明燉煌實錄曰氾固字孔完大將軍掾純之孫也推家財百萬與寡弟婦二百萬與孤兄子於是三府競辟皆不就

張騭文士傳曰桓驎字元鳳伯父焉知名官至太尉精察好學年十三四在焉坐有宿年客焉告之曰吾此弟子頗有異才今已涉獵書傳殊能作詩賦君試爲口賦試與之客乃爲詩曰甘羅十二楊烏九齡昔有二子今則桓生參差等蹤異世齊名驎即荅曰邈矣甘羅超等絶倫卓彼楊烏命世稱賢嗟予蠢弱殊才偉年仰慙二子俯愧過言

傅子曰傅燮字南容奉寡嫂甚謹食孤姪如赤子

世說曰郗鑒遭永嘉喪亂窮餒鄉人共飴之公常攜兄子外甥周翼二小兒往食鄉人曰各自窮餒以君之賢共欲存君耳恐不能兼飴公於是獨往食輒含飯着兩頰還吐與二兒後鑒亡翼時爲鄮莫候縣解職歸席苫於公靈心喪三年

又曰謝太傅寒雪日内集與兒女講論文義俄而雪驟公欣然曰白雪紛紛何所似兄子胡兒曰撒鹽空中差可擬兄女曰未若柳絮因風起公大笑樂即公大兄無奕之女左

將軍王凝之之婦也

太平御覽卷第五百一十二

太平御覽卷第五百一十二

宗親部二

伯叔母　從伯叔　族父　姑

伯叔母

爾雅曰父之兄妻爲世母父之弟妻爲叔母

禮記曾子問曰婚禮吉既納幣有吉日女之父母死則如之何孔子曰壻使人弔如壻之父母死則女之家亦使人弔父喪稱母（父母不在）則稱伯父之世母

又雜記曰孔子曰伯母叔母疏衰踊不絕地姑姊妹之大功踊絕於地如知此者由文矣哉

家語曰孔子之舊人曰原壤其叔母死夫子將助之以木子路曰由也昔聞諸夫子毋友不如已者過則勿憚改姑已如何（姑且已止）孔子曰凡人有喪匍匐救之況舊故非友同志（乃爲友歟友非舊友）吾其往及之爲槨原壤登木曰久矣予之不託於音也遂歌曰貍首之班然執女手之卷然夫子爲之隱陽不聞以過之子路曰夫子屈節而極於此失其與矣豈未可已乎孔子曰吾聞之親者未失其爲親也故者未失其故也（禮記亦載稱原壤之母也）

蜀志曰許靖字文休汝南平輿人也靖與曹公書曰世路戚夷禍亂遂爾驚怖偷生自竄蠻貊成閡十年吉凶禮廢從涉南海循岸渚五千餘里復遇疾疫伯母殞命并及群從自諸妻子一時略盡復相扶持前到此郡追討爲兵害及病亡者十遺一二生民之艱辛苦之甚

晉書曰羅含字君章桂陽人也含幼孤爲叔母朱氏所養少有志尚晝臥夢一鳥文彩異常飛入口中因驚起說之朱氏曰鳥有文彩汝後必有才章自後藻思日新

又曰餘杭婦人經年荒賣其子以活夫之兄子吳興太守孔褒薦之

又曰皇甫謐字士安幼名靜安定朝那人漢太尉嵩之曾孫也出後叔父徙居新安年二十不好學遊蕩無度嘗得瓜果輒進叔母任氏（任氏叔孝）經云三牲之養猶爲不孝汝今年餘二十目不存教心不入道無以慰我因歎曰昔孟母三徙以成仁曾父烹豕以存教豈我居不卜鄰教有所闕何爾魯鈍之甚也修身篤學自汝得之於我何有因對之流涕謐乃感激就鄉人席坦受書勤力不怠躬自稼穡帶經而農遂博綜典籍百家之言自號玄晏先生

又曰羊耽妻辛氏字憲英隴西人鍾會爲鎮西將軍憲英謂從子祜曰鍾士季何故西出祜曰將爲滅蜀也憲英曰會所在縱恣持久處下之道吾畏其他志也會果反祜嘗送錦被憲英嫌其華反而覆之

又曰杜有道妻嚴氏字憲京兆人貞淑有識量生子植植從兄預爲秦州刺史被巫徵還憲與預書戒之曰諺曰忍辱至三公卿今可謂辱矣能忍之三公是卿座預後果爲儀同三司

三十國春秋曰羊祜年十五而孤事伯母蔡氏以孝聞蔡氏每歎曰羊叔子可謂能養也其諸葛孔明之亞乎

宋書曰謝瞻字宣遠陳郡陽下人衛將軍晦弟三兄幼孤叔母劉氏撫育有恩同於至親

從伯叔

爾雅曰父之從父昆弟爲從祖父

吳志曰朱異字季文爲陽武將軍孫權與論攻戰問對稱意權謂異從父驃騎將軍據曰本知季文膾鳩外定見之復過所聞

臧榮緒晉書曰王沉字處道少孤爲從叔司空昶所養沉事昶如父

虞預晉書曰王渾從子浚字彭祖司空王沉賤孽也少時不爲親黨所知渾謂弟深等曰卿等莫輕彭祖此兒平世不減方州牧伯亂世可爲都督三公懷愍之世果爲幽冀都督位至鼎輔如渾所說

晉書曰王彪之字叔虎從伯導曰選曹欲以汝爲尚書郎汝幸可作諸王佐耶彪曰多少旣不足計自當任之於時至於超遷是所不願

又曰王羲之字逸少司徒導之從子也深爲伯敦導所器

重

又曰魏舒字陽元任城人也身長八尺二寸姿望秀偉飲酒石餘而遲鈍質朴不爲鄉親所重從叔父吏部衛有名當世亦不之知使守水碓每歎曰舒堪數百戶長願畢矣舒亦不介意後遷至司徒劇陽子

又曰檀憑之字慶子高平人少有志力閨門邕肅爲世所稱孫從兄子歆兄弟五人皆稚弱憑之撫養若已所生

又曰荀崧從弟馗早亡二息序歆金年各數歲崧迎與其共居恩同其子太尉臨淮公荀顗　廢絕朝廷以崧屬近欲以崧子襲封崧哀序孤微乃讓封與序論者稱爲

宋書曰謝景仁陳郡陽夏人也衛將軍晦從叔父也祖據太傅安弟父允宣城內史景仁博聞強識玄每與之言不倦也

又曰王誕字茂世琅琊臨沂人也少有才藻晉孝武崩從叔尚書令珣爲哀策文久而未就謂誕曰猶少序節物一句因出本示誕誕攬筆便益之接其冬秋代變後云霜繁廣除風迴高殿珣嗟歎清拔因而用之拜秘書郎

宋齊語録曰梁特進沈約撰史王希聃嘗問約曰從叔太常何故無傳約戲之曰賢從叔者何可載答曰從叔唯忠與孝君當不以忠孝爲美約有慚色

博物志曰蔡邕有書近萬卷末年載數車與王粲粲亡後粲子預魏諷反被誅邕所與粲書悉入粲從子業業字長緒

崔鴻前涼録曰氾續字弘基續幼有名稱族叔上洛太守毗樹其首曰汝吾宗千里駒也歷仕三朝士友服其清亮舉秀才爲郎中遷中都謁者

族父

爾雅曰釋親曰父之從祖昆弟爲族父

後漢書曰侯霸字君房河南密人族父淵以宦官有才辯任職元帝世佐石顯等領中書號曰太常侍

蜀志曰費禕字文偉江夏鄳人也鄳音少孤依族父伯仁姑益州牧劉璋母也

晉書曰顧和字君孝侍中衆族子也曾祖容吳荊州刺史祖相臨海太守和二歲喪父總角便有志操族叔榮雅重之曰此吾家騏驥興吾宗者必此子也時宗人球亦有令問爲州別駕榮謂之曰卿速步君孝超卿矣

陳留志曰阮武字文業魏末爲清河太守族子籍方弱冠未知名武見而偉之以爲勝已明於知人皆此類也

姑

釋名父之姊妹曰姑姑故也言於已爲父故之人也

廣雅曰姑謂之威威故也

說文曰威姑也

爾雅曰父之姊妹爲姑王父之姊妹爲王姑曾祖王父之姊妹爲曾祖王姑高祖王父之姊妹爲高祖王姑父之從父姊妹爲從祖姑父之從祖姊妹爲族祖姑

毛詩曰泉水衛女思歸也問我諸姑遂及伯姊父之姊妹稱姑先生曰姊箋云寧則又問姑及姊親其類也先姑後姊尊姑也

禮記曲禮曰姑姊妹女子子已嫁而返兄弟不與同席而坐不與同器而食

又檀弓曰姑姊妹之薄也蓋有受我而厚之者也

左傳僖上曰初晉獻公筮嫁伯姬於秦遇歸妹之睽史蘇占之曰不吉歸妹睽孤寇張之弧姪其從姑六年其逋逃歸其國而棄其家明年其死於高梁之虛震爲木離爲火火從木生離爲震妹於火爲姑謂我姪者吾謂之姑謂子圉質於秦也

漢書曰成帝班婕好虎之姑也

後漢書曰桓曄字文林姑爲楊賜夫人父鸞卒姑赴哀將至止於傳舍整飾從者而後入曄心非之及姑勞問終無所言號哭而已賜遣吏祠因縣發取祠具曄拒不受後每至京師未嘗舍楊氏

晉書曰阮孚母祖姑家胡婢也父咸通之生孚咸遺姑書曰不意今日遂生胡兒姑荅曰靈光殿賦云胡人遥集於上楹便可以遥集爲字咸從之

列女傳曰魯義姑者魯野人之婦也齊攻魯至郊遥見一人攜一兒抱一兒及軍至乃棄抱者而抱攜者將欲射之遂止而問曰所抱者誰之子對曰兄之子所棄者誰之子曰子也妾見大軍至不能兩全遂棄所生之子軍曰子之於母甚痛於心何棄所生而抱兄子對曰子之於母私愛也姪之於姑公義也夫背公而向私者妾不爲也於是齊軍遂止曰魯郊有婦人猶持節行況於朝廷乎遂迴軍不伐魯君聞之賜束帛號曰義姑

又曰梁宣節姑者梁之婦人也其室失火兄子與己子三人在內入取兄子輒得其子及火盛不復得入婦人將赴火其友曰本取兄子卒誤得己子至於中心亦已足矣何至赴火婦曰梁國豈可以戶告人曉也被不義之名何面見弟兄吾欲復投吾子又失母子之情誓不生遂赴火而死君子曰可謂節姑也

先賢行狀曰蔡伯喈母袁曜卿之姑也

又曰鍾元皓妻李膺之姑也生子覲與膺齊名

太平御覽卷第五百十三

太平御覽卷第五百一十四

宗親部四

兄弟上

釋名曰兄荒也荒大也故青徐人謂兄曰荒睇第也相次第而生也

說文曰兄長也

周易曰家人卦曰父父子子兄兄弟弟夫夫婦婦而家道正正家而天下定矣

尚書五子之歌曰太康尸位以逸豫滅厥德黎民咸貳乃盤遊無度畋于有洛之表十旬不反有窮后羿因民弗忍距于河厥弟五人御其母以從徯于洛之汭五子咸怨述大禹之戒以作歌

又君陳王若曰君陳惟爾令德孝恭惟孝友于兄弟克施

有政

又康誥曰王若曰孟侯朕其弟小子封（孔安國曰封康叔名小子明當受教訓）惟乃丕顯考文王克明德慎罰弗敢侮鰥寡庸庸祗祗威威顯民

爾雅曰男子先生為兄後生為弟

又曰張仲孝友善父母為孝善兄弟為友

毛詩棠棣曰棠棣燕兄弟也閔管蔡之失道故作棠棣焉棠棣之華鄂不韡韡凡今之人莫如兄弟死喪之威兄弟孔懷原隰裒矣兄弟求矣鶺鴒在原兄弟急難每有良朋況也永歎兄弟鬩于牆外禦其侮每有良朋烝也無戎喪亂既平既安且寧雖有兄弟不如友生儐爾籩豆飲酒之飫兄弟既具和樂且孺

又何人斯曰伯氏吹壎仲氏吹篪（土曰壎竹曰篪云伯仲喻兄弟也）

又頍弁曰爾酒既旨爾肴既嘉（戔云旨嘉皆美也沒盡已美矣沒盡已美矣何已不能同與族人燕也言其知具其禮而弗為之也）豈伊異人兄弟匪他

又氓曰兄弟不知咥其笑矣靜言思之躬自悼矣

又葛藟曰綿綿葛藟在河之漘終遠兄弟謂他人昆謂他人昆亦莫我聞

又曰杕杜刺時也君不能親其宗族骨肉離散獨居而無兄弟將為沃所并爾有杕之杜其葉湑湑獨行踽踽豈無他人不如我同父嗟行之人胡不比焉人無兄弟胡不佽焉有杕之杜其葉菁菁獨行睘睘豈無他人不如我同姓嗟行之人胡不比焉人無兄弟胡不佽焉

又六月曰四牡廢則君臣缺矣皇皇者華廢則忠信缺矣棠棣廢則兄弟缺矣

又陟岵曰陟彼岡兮瞻望兄兮兄曰嗟予弟行役夙夜必

偕上慎旃哉猶來無死

又泉水曰嗟我兄弟邦人諸友莫肯念亂誰無父母

又曰黃鳥刺宣王也（刺其以陰禮教親而不至聯兄弟之不固者也）黃鳥黃鳥無集于桑無啄我粱此邦之人不可與明言旋言歸復我諸兄

又斯干曰兄及弟矣式相好矣無相猶矣似續妣祖

又行葦曰戚戚兄弟莫遠具爾或肆之筵或授之几

又角弓曰角弓父兄刺幽王也不親九族而信讒佞骨肉相怨故作是詩也騂騂角弓翩其反矣兄弟婚姻無胥遠矣此令兄弟綽綽有裕不令兄弟交相為瘉

又將仲子曰將仲子刺莊公也不勝其母以害其弟弟叔失道而公不制祭仲諫而公弗聽小不忍而致大亂焉將仲子兮無踰我牆無折我樹桑豈敢愛之畏我諸兄仲可

懷也諸兄之言亦可畏也

又揚之水曰揚之水不流束楚終鮮兄弟維予與汝無信人之言人實廷女揚之水不流束薪終鮮兄弟維予二人無信人之言人莫不信

又皇矣曰維此王季因心則友則友其兄則篤其慶載錫之光

又蓼蕭曰蓼彼蕭斯零露泥泥既見君子孔燕豈弟宜兄宜弟令德壽考為兄亦宜為弟亦宜

禮記王制曰兄之齒鴈行朋友不相踰

又檀弓曰子柳之母死子碩請具子柳曰何以哉子碩曰請粥庶弟之母子柳曰如之何其粥人之母以葬其母也不可既葬子碩欲以賻布之餘具祭器子柳曰不可吾聞之也君子不家於喪請班諸兄弟之貧者

周禮春官曰大宗伯之職以脤膰之禮親兄弟之國脤膰祭社稷宗廟之肉也賜以同姓之國同福祿也兄弟有共先王者也魯定公十四年天王使石尚來歸脤也

儀禮醮辭曰旨酒既清嘉薦亶時亶誠也古文亶為癉始加元服兄弟具來孝友時格永乃保之

左傳桓公曰宋穆公疾召大司馬孔父而屬殤公焉曰先君舍與夷而立寡人寡人不敢忘若以大夫之靈得保首領以沒先君若問與夷其將何辭以對請子奉之以主社稷寡人雖死亦無悔焉對曰羣臣願奉馮也公曰不可先君以寡人為賢使主社稷若棄德不讓是廢先君之舉也豈曰能賢光昭先君之令德可不務乎吾子其無廢先君之功使公子馮出居于鄭杜預曰公子馮穆公子也穆公卒殤公即位

又襄公曰宋向戌來聘且尋盟見孟獻子尤其室曰子有令聞而美其室非所望也對曰我在晉吾兄為之毀之重勞且不敢間杜預曰傳言獻子友于兄且不隱其實也

又曰文上曰穆伯如莒蒞盟且為襄仲逆及鄢登城見之美鄢城莒邑自為娶之仲請攻之文公將許之叔仲惠伯諫惠伯叔子孫也曰臣聞之兵作於內為亂於外為寇寇猶及人亂自及也今臣作亂而君不禁以啓寇讎若之何公止之惠伯成之平仁子也使仲舍之公孫敖反之還莒女也復為兄弟如初

又文下曰齊人歸公孫敖之喪為孟氏且國故也葬視共仲聲己不視帷堂而哭襄仲欲勿哭惠伯曰喪親之終也惠伯叔彭生也雖不能始善終可也史佚有言曰兄弟致美救乏賀善弔災祭敬喪哀情雖不同毋絕其愛親之道也子無失道何怨於人襄仲說帥兄弟以哭之

又昭元曰秦后子有寵於桓如二君於景后子秦桓公子景公母弟鍼也其權寵如兩君也其母曰弗去懼選鍼適晉其車千乘曰秦伯之弟鍼出奔晉罪秦伯也后子享晉侯造舟于河十里舍車自雍及絳歸取酬幣終事八反司馬侯問曰子之車盡於此而已乎對曰此之謂多矣若能少此吾何以得見焉

又隱公曰鄭莊公弟共叔段居京謂之京城太叔祭仲諫曰都城過百雉國之害也無使滋蔓蔓難圖也蔓草猶不可除況君之寵弟乎

又襄二曰吳諸樊既除喪將立季札杜預曰札諸樊弟也辭曰曹宣公之卒也諸侯與曹人不義曹君將立子臧子臧去之遂弗為也以成曹君君子曰能守節君義嗣也諸樊適子故曰義嗣誰敢干君有國非吾節也札雖不才願附於子臧以無失節固立之棄其室而耕乃舍之傳言季札之讓且明吳兄弟相傳

又曰兄弟天倫兄先弟後天之倫次

論語曰周有八士伯達伯适仲突仲忽叔夜叔夏季隨季騧（包氏曰周時四乳生八子皆爲顯士故記之也）

又曰子路問曰何如斯可謂之士矣子曰切切偲偲怡怡如也可謂士矣朋友切切偲偲兄弟怡怡（馬融曰切切偲偲切責之皃也怡怡和順之皃也）

又爲政曰或謂孔子曰子奚不爲政子曰書云孝乎惟孝友于兄弟施於有政是亦爲政奚其爲爲政

又顏淵曰司馬牛憂曰人皆有兄弟（鄭玄曰牛兄桓魋行惡死亡無日我爲無兄弟）我獨亡子夏曰商聞之矣死生有命富貴在天君子敬而無失與人恭而有禮四海之內皆兄弟也君子何患乎無兄弟也（包氏曰君子疏惡而友賢九州之人皆可以禮親之）

史記曰伯夷叔齊孤竹君之二子也父欲立叔齊及卒叔齊讓伯夷伯夷曰父命也遂逃去叔齊亦不肯立而追之國人立其中子於是伯夷叔齊聞西伯昌養老往歸焉

又曰信陵君無忌謂魏王曰秦與戎翟同俗有虎狼之心不顧親戚兄弟禽獸耳故太后母也而以憂死穰侯舅也功莫大焉而竟逐之兩弟無罪而再奪之國此於親戚若此而況於仇讎之國乎

又曰漢五年漢王與項羽相距京索之間數使使勞苦丞相蕭何鮑生謂丞相曰王暴衣露蓋數使勞苦君者有疑君心焉爲君計遣君子孫昆弟能勝兵者悉詣君所上必益信君於是何從其計漢王大說

又曰卜式者河南人也以田畜爲事親死式有少弟弟壯式脫身出分獨取畜羊百餘田宅財物盡與弟式入山牧十餘歲羊致千餘買田宅而其弟盡破其生式輒復分與弟者數矣

又曰周公旦武王弟也及武王即位旦常輔翼武王用事居多

又曰朱公居於陶中男殺人囚於楚朱公告其少子往視之乃裝黃金千鎰置褐器中載以一牛車且遣其少子朱公長男請欲行不聽長男曰家有長子曰家督今弟有罪大人不遣乃遣少弟是吾不肖欲自殺其母爲言公從之長男竟持其弟喪歸至其母及邑人盡哀之唯朱公獨笑曰吾固知必殺其弟也彼非不愛其弟也顧有所不能忍者也是少與我俱見苦爲生難故重棄財至如少弟者生而見我富乘堅驅良逐狡兔豈知財所從來故輕棄之前日吾所以爲欲遣少子固爲其能棄財而長者不能故卒以殺其弟事之理也無足悲者吾日固已望其喪之來也

又曰蒙恬弟毅仕至上卿出則參乘入則御前蒙恬任外事而毅常爲內謀名爲忠信故雖諸將相莫敢與之爭焉

又曰漢王滅項籍立爲皇帝田橫懼誅與其徒屬五百餘人入海居島中高帝聞之以爲田橫兄弟本定齊齊人賢者多附焉乃使赦田橫罪而召之田橫與其客二人乘傳詣雒陽謂其客曰橫始與漢王俱南面稱孤今漢王爲天子而橫乃爲亡虜北面事之其恥固已甚矣且吾烹人之兄與弟併肩而事主縱彼畏天子詔不敢動我我獨不愧於心乎遂自剄令客奉其頭從使者馳奏之高帝曰嗟乎有以也匹夫起布衣兄弟三人更王豈不賢哉爲之流涕

又曰季布弟季心氣蓋關中遇人恭謹爲任俠方數千里士皆爭爲之死當是時季布以諾心以勇著聞

又曰衛青爲侯家人少時歸其父父使牧羊先母之子皆

奴畜之不以爲兄弟數青常至甘泉居室有一鉗徒相青曰貴人也官至封侯青笑曰人奴之生得無笞罵即幸矣何得封侯

漢書曰陳平陽武户牖人也少時家貧好讀書有田三十畝與兄伯居伯常耕田縱平游學

又田何武字君公蜀郡郫人武兄弟五人皆爲郡吏郡縣敬憚之

又曰田蚡封武安侯爲丞相召客飲坐其兄蓋侯北鄉自坐東鄉以爲漢相尊不可以兄故私撓由此滋驕

又曰丞相韋賢封扶陽侯長子方山早終次子弘少子玄成初弘爲太常丞職奉宗廟典諸陵邑煩劇多罪過父賢以弘當爲嗣故勑令自免弘懷謙不去官及賢病篤弘竟坐宗廟事繫獄罪未決室家問賢當爲後者賢恚恨不肯言

於是賢門生博士義倩等與宗室計議共矯賢令以玄成爲後賢薨玄成在官聞喪又言當爲嗣玄成深知其非賢雅意即陽爲病狂妄笑語士大夫多疑其欲讓爵辟兄者丞相御史劾奏之不得已受侯爵

又曰左馮翊韓延壽行縣至高陵有昆仲相訟田延壽恥不能明教化因入傳舍閉閤思過於是訟者自髡肉袒謝罪

又曰嚴延年兄弟五人有吏才至大官東海號其母曰萬石嚴嫗

又曰金日磾兩子賞建俱爲侍中與昭帝略同年共卧起賞爲奉車建駙馬都尉及賞賜佩兩綬上謂霍將軍曰金氏兄弟兩人不可使俱兩綬耶霍光對曰賞自嗣父爲侯耳上笑曰侯不在我與將軍乎光曰先帝之約有功迺得封侯

又曰張延壽已歷位九卿既嗣侯國在陳留別邑在魏郡租入歲千餘萬延壽自以身無功德何以能久堪先人大國數上書讓減户邑又因弟陽都侯彭祖口陳至誠天子以爲有讓迺從封平原并一國户口如故而租稅减半

又曰王商自子威涿郡蠡吾人商少爲太子中庶子以肅敬敦厚稱父薨商嗣爲侯推財以分異母諸弟身無所受居喪哀戚於是大臣薦商行可以厲群臣義足以厚風俗宜備近臣繇是擢爲諸曹侍郎中郎將

范曄後漢書曰光武郭后諱聖通眞定稾人也爲郡著姓父昌讓田宅財產數萬與母弟國人義之

又曰馬援字文淵扶風茂陵人也援三兄況余員並有才能援年十二而孤少有大志諸兄奇之嘗受齊詩意不能守章句迺辭況欲就邊郡田牧況曰汝大才當晚成良工不示人以朴直從所好會況卒援行服朞歲不離墓所

太平御覽卷第五百一十四

宗親部五

兄弟中

後漢書曰徐防卒子衡當嗣讓封於其弟崇數歲不得已乃出就爵

又曰封觀者有志節當舉孝廉以兄名位未顯恥先受之遂稱風疾喑不能言火起徐出避之忍而不告後數年兄得舉觀乃稍損而仕州郡

又曰鍾皓字季明潁川長社人皓少以篤行稱公府連辟爲二兄未仕遷隱密山以詩律教授門徒千餘人

又曰袁譚欲更攻弟尚問王脩曰計安出曰兄弟者左右手也譬人將鬬而斷其右手曰我必勝若如是者可乎夫棄兄弟而不親天下其誰親之

又曰許荆字少長會稽人也祖父武太守第五倫舉爲孝廉武以二弟晏普未顯欲令成名乃謂之曰禮有分異之義家有別居之道於是共割財產以爲三分武自取肥細廣宅弟所得並悉劣少鄉人皆稱弟克讓而鄙武貪婪晏等以此並得選舉武乃會宗親泣曰吾爲兄不肖盜聲竊位二弟年長未預榮祿所以求得分財自取大譏今理產所增三倍於前悉以推二弟一無所留於是郡中翕然

又曰童恢弟翊字漢文名高於恢舉府先辟之翊陽喑不肯仕及恢被命乃就孝廉

又曰繆彤字預公少孤兄弟四人皆同財業及各娶妻諸弟遂求分異又數有計爭之言彤乃掩户自撾曰繆彤汝修身謹行學聖人之法將以齊整風俗奈何不能正其家乎弟及諸婦聞之悉叩頭謝罪遂爲敦睦之行

又曰李充字大遜家貧兄弟六人同衣遞食妻竊謂充曰今貧居如此難以久安願思分異充僞酬之曰當醞酒具會請呼鄉里内外充於坐中前跪白母曰此婦無狀而教充離間母兄罪合遣斥便呵叱其婦遂令出門婦銜涕而去

又曰王莽以崔篆爲建新大尹篆不得已乃歎曰吾生無妄之世值澆坳五弔羿之君上有老母下有兄弟安得獨絜己而危所生哉

又曰班固以父彪所續前史未詳乃潛精研思欲就其業既而有人上書顯宗告固私改作國史者有詔下郡收固繫京兆獄盡取其家書固弟超恐固爲郡所覆考不能自明乃馳詣闕上書得召見具言固所著述意而郡亦上其書顯宗甚奇之召詣校書郎除蘭臺令史

又曰顯宗問班固卿弟安在固對爲官寫書受直以養老母帝乃除超爲蘭臺令史

東觀漢記曰丁鴻父綝從征伐鴻獨與弟盛居憐盛幼少而共寒苦及綝卒鴻當襲封上書讓國於盛書不報既葬乃挂衰絰於家廬而去留書與盛曰鴻貧經書不顧恩義弱而隨師生不供養死不飯唅皇天祖禰並不祐助身被大病不任茅土前上疾狀願辭爵章不報迫於當封謹自放棄

又曰趙孝字長平建武初穀食尚少孝得穀炊將熟令弟禮夫妻出比還孝夫妻共蔬食禮夫妻歸輒獨飯之積久禮心怪之疑後掩伺見之亦不肯食遂共蔬食兄弟怡怡鄉里歸德

又曰劉愷字伯豫以當襲父爵讓與其弟憲遁逃避封久

之章和中有司奏請絕國上美其義特優加之

又曰孔奮篤於骨肉弟奇在洛陽為諸生分祿供給其器用四時送衣下至脂燭每有所食甘美輒分減以遺奇

又曰鄧彪字伯智南陽人也父邯世祖中興從征伐以功封鄳侯彪少修孝行厲志清高與同郡宗武伯翟敬伯陳綏伯張弟伯同志好齊名稱南陽五伯彪以嫡長為世子邯薨彪當嗣爵讓國與異母弟鳳明帝高其節詔書聽許鳳襲爵彪仕州郡

又曰朱勃字叔陽年十二能誦詩書常候馬援兄況勃衣方領能行步辭言閑雅援裁知書見之自失況知其意酌酒慰援曰朱勃小器速成智盡此耳卒當從汝稟學勿畏也勃未二十右扶風請試守渭城宰及援為將軍封侯而勃位不過縣令援後雖貴常待以舊恩而卑侮之勃愈自

親及援遇讒唯勃能終焉

又曰梁商字伯夏安定烏氏人常曰多藏厚亡為子孫累每租奉到及兩宮賞賜便置中門外未嘗入藏悉分與昆弟中外

又曰吳漢嘗出征妻子在後買田業漢還讓之曰軍師在外吏士不足何多買田宅乎遂以分與昆弟外家

又曰劉敞曾祖節侯買以長沙定王子封於陵道之春陵侯敞父仁嗣侯以春陵地勢下濕有山林毒氣上書求減邑內徙元帝初元四年徙南陽之白水鄉猶以春陵為國名仁卒敞謙儉好義推父時金寶財產與昆弟荊州刺史上其義行拜廬江都尉

又曰郭況為城門校尉況皇后弟貴重賓客輻湊而況恭儉謙遜遵奉法度不敢驕奢

又曰鄭均字仲虞任城人也治尚書好黃老澹泊無欲清靜自守不慕游宦兄仲為縣游徼頗受禮遺均數諫止不聽即脫身出嵗餘得數萬錢歸以與兄曰錢盡可復得為坐吏贓終身捐棄兄感其語遂為廉絜稱清白吏

又曰魯恭字仲康扶風人父為武陵太守卒官時恭年十二弟丕年七歲晝夜號踊不絕聲郡中賻贈無所受及歸服喪禮過成人恭憐丕小欲先就其名託疾不仕郡數以禮請謝不肯應母強之恭不得已而行因留新豐教授平舉秀才恭乃始為郡吏

又曰鄧悝字叔昭安帝即位拜悝城門校尉自延平之初以國新遭大憂故悝兄弟率常在中供養兩宮比上疏自陳愚闇巢朽幸得遭值明盛兄弟充列顯位並侍帷幄豫聞政事無拾遺一言之助以補萬分而久在禁省日月益

長罪責日深唯陛下哀憐

又曰魏霸字喬卿（爲鉅鹿太守妻子不到官）舍常念兄嫂在家勤苦已獨尊樂故常服麤糲不食魚肉之味婦親蠶桑服機杼子躬耕農與兄弟子同苦樂不得有異鄉里慕其行化

又曰馬防兄弟二人皆各六千户

又曰張純封武始侯有子根奮及純病勑家丞翕曰無功於國猥蒙大恩爵不當及于後嗣純薨大行移書問嗣上奮奮中元二年詔書封奮奮上書曰不病哀臣小稱疾令翕立後臣時在河南冢廬臣見純前告翕語自以兄弟不當蒙襲爵之恩願下有司詔不聽奮既嗣爵謙儉節約閨門和平

續漢書曰張堪字君游南陽宛人為郡族姓堪早孤讓先父餘財數百萬與兄弟

又曰姜肱字伯淮兄弟三人皆以孝行著肱年長與二弟仲海季江同被卧甚相親友及長各娶妻兄弟相戀不能相離以繼嗣當立乃更往就室學皆通五經兼明星緯

謝承後漢書曰郭賀字恵公潁川陽翟人也父鎮廷尉以功封定潁侯薨賀當襲爵上書讓與弟時詔書不聽遂竄逃匿三年孝順皇帝下大鴻臚切責州郡求賀强使就封國

魏志曰袁述與紹有隙又與劉表不平而北連公孫瓚紹與瓚不和而南連劉表其兄弟携貳舍近交遠如此

魏略曰夏侯楙尚太祖女清河公主楙在西征時多畜伎妾公主由此與楙不和其後群弟不遵禮度楙數切責弟懼見治乃共搆楙令公主奏之有詔收楙意欲殺之以聞長水校尉京兆段默默以爲誹謗之言不與實相應此清河公主與楙不睦出於諸搆豈不待實耳且伏波與先帝有定天下功宜加三思帝意解曰吾亦以爲然乃發詔問本爲公主作表者果其群弟子臧子佐欲搆䟽楙使不見信

又曰大傅司馬宣王父病曹爽攝政李豐依違時有謗書曰曹爽之勢熱如湯太傅父子冷如漿李豐兄弟如游光

吳志曰諸葛瑾字子瑜琅邪陽郡人也爲孫權長史建安二十年權遣瑾使蜀與其弟亮但公會相見退無私面

又曰虞翻字仲翔會稽餘姚人也翻少好學有高氣年十二客有候其兄者不過翻翻追書與曰僕聞琥珀不取腐芥磁石不受曲針不亦宜乎客得書奇之由是見稱

蜀志曰糜竺弟芳爲南郡太守與關羽共事而私好携貳叛迎孫權羽用覆敗芳面縛請罪先主慰喻以兄弟罪不相及崇寵如初

晉書曰衛瓘有六男無爵悉讓二弟遠近稱之

又曰劉寔字子真平原高唐人也弟知字子房貞潔有兄風爲潁川太守平原管輅嘗謂人曰吾與劉潁川兄弟語使人神思清發昏不假寐自此之外殆白日欲寢矣

又曰何准字幼道穆章皇后父也高尚寡欲弱冠知名州府交辟並不就兄充爲驃騎勸其令仕准曰第五之名何減驃騎准兄弟中第五故有此言

又曰周顗字伯仁性寬裕而友愛過人弟嵩嘗飲酒瞋目謂顗曰君才不及弟何橫得重名以所燃蠟燭投之顗神色無忤徐曰阿奴火攻固出下策耳

又曰戴逯字安丘處士逵之弟逵勵操東山而逯以武勇顯謝安嘗謂逯曰卿兄弟志業何殊逯曰下官不堪其憂家兄不改其樂也

又曰王獻之嘗與兄徽之操之俱詣謝安二兄多言俗事獻之寒溫而已既出客問安王氏兄弟優劣安曰小者佳客問其故安曰吉人之辭寡察其言故知之嘗與徽之共在一室忽然火發徽之遽走不遑取履獻之神色恬然徐呼左右扶出

又曰散騎常侍祖納初與弟約不睦中宗甚任約疎納納乃言於中宗曰約爲人外有國士之形內懷陵上之性抑而使之可也若假其權必爲亂階中宗弗納納遂以兄弟相謗免官及後約爲逆論者始知納忠誠

又曰顔含少有操行兄幾停喪在殯忽夢云復活一門咸夢經時不已含時尚少乃慨然判曰今靈異至此豈可孤抑開棺之痛孰與不開乃共發棺果有生驗然氣息甚微存亡不別含於是絕棄人事蓬首屏氣以就哈養于時人

士皆歎其至行，並饋餉之，舍謝而不受。經于三年，竟不起疾。

太平御覽卷第五百一十五

太平御覽卷第五百一十六

宗親部六

兄弟下

晉書曰王覽字玄通母朱氏遇前妻子祥無道覽年數歲見祥被楚撻輒涕泣抱持至于成童每諫其母母少止凶虐祥漸有譽時朱氏密使鴆祥覽知之徑起取酒祥疑其有毒爭而不與朱氏遽奪反之自後朱氏賜祥饌覽輒先嘗

又曰庾冰字季堅兄亮以名德流訓冰以雅素垂風諸弟相率莫不好禮爲世論所重亮常以爲庾氏之寶

又曰荀組字大章于時天下已亂組兄弟貴盛懼不容於世雖居大官並諷議而已

又曰謝安弟萬爲西中郎將總藩任之重安雖處衡門其名猶出萬之右自然有公輔之望

又曰華恒字道弘少失父事母至孝年十三值年飢穀貴恒蔬食而毋甘肥不絕又撫育孤弟友愛甚至稱爲慈兄由是少有聲譽

又曰魏徐州刺史任城呂虔有佩刀工相之以爲必三公可服此刀虔謂別駕王祥曰苟非其人刀或爲害卿有公輔之量故以相與祥始辭之固強乃受及祥死之日以刀授弟覽曰吾兒凡汝後必興足稱此刀故以相與覽則導之祖

王隱晉書曰祖逖字士稚范陽人與弟約將母詣洛交結人流逖舅程玄良良弟衛衛弟並臺郎　有勢於洛更共扶讚兩甥故逖並階清塗逖初爲司州主簿舉秀才爲大司馬齊王掾有將帥之風

宋書曰謝弘微少孤事兄如父兄弟友睦之行世莫能及口不言人長短兄曜好臧否人物每言論常以他語亂之

又曰蔡廓奉兄軌如父家事小大皆諮而後行公祿賞賜一皆入軌有所資須悉就典者請焉從高祖在彭城妻郗氏求夏服廓荅曰知須夏服計給事自應相供無容別寄軌時爲給事中

又曰謝景仁愛其弟甝胡甘切而憎弟述嘗設饌請高祖命甝預坐而高祖召述述知景仁夙意又慮非高祖命之請急不從高祖馳遣呼述須至乃歡及景仁有疾述盡心視湯藥飲食必嘗而後進不解帶不盥櫛者累旬景仁深懷慙愧也

又曰張暢弟收爲猘犬所傷醫言食蝦蟆鱠即愈收甚難之暢含笑先嘗收因咲得差

又曰庾登之字元龍潁川鄢陵人也少以強濟自立爲吳

郡太守坐事免官弟炳之爲臨川內史登之隨弟之郡優遊自適

又曰江夷字茂遠濟陽考城人也夷少自操厲爲吳郡太守以兄疾去官後遷右僕射

又曰陶潛與弟子書以言其志并爲訓戒曰汝輩稚小家貧無役柴水之勞何時可免念之在心若何可言然雖不同生當思四海皆兄弟之義鮑叔敬仲分財無猜歸生伍舉班荊道舊遂能以敗爲成因喪立功他人尚爾況共父之人哉潁川韓元長漢末名士身處卿　佐八十而終兄弟同居至于没齒濟北氾稚春晉時操行人也七世同財家無怨色詩曰高山仰止景行行止汝其慎哉

又曰孔覬字思遠不尚矯飾服用麤敗終不改易時吳郡顧覬之亦尚儉素衣裘器服皆擇其陋者宋世清約稱此

二人顗弟道存從弟微頗營業二弟請假東還輜重十餘舫皆是綃紙席之屬顗見之命上置岸側命左右取火燒之盡乃去道存代顗爲江夏內史時都邑米貴道存慮顗甚多遣吏載伍百斛米餉之顗呼吏載米還彼吏曰都下米貴乞於此貨之不聽吏乃載米而去

又曰蔡廓罷豫章郡還起二宅先成東宅與弟軌

又曰徐湛之年數歲時與弟淳之共車行牛奔車壞左右人馳來赴之湛之先令取弟衆咸歎其幼而有識

又曰謝弘微寬重有雅量不以喜愠改色有蔡湛之者及見太傅兄弟謂人曰弘微貌中郎而性似文靖

齊書曰衡陽元王道度太祖長兄也與太祖俱受學雷次宗宣帝問二兒學業次宗荅曰其兄外朗其弟內潤皆良璞也

又曰劉璡兄瓛夜隔壁呼璡共語璡不荅方下牀著衣立然後應瓛問其久璡曰向束帶未竟其操如此

又曰張岱少與兄太子中舍人寅新安太守鏡征北將軍永弟廣州刺史辯俱知名謂之張氏五龍

隋書曰盧昌衡小字龍子風神澹雅容止可法博涉經史工草行書從弟思道小字釋奴宗中俱稱英妙故幽州爲之語曰盧家千里釋奴龍子

唐書曰溫大雅歷遷黃門侍郎弟彥博爲中書侍郎對居近侍議者榮之高祖從容謂曰我起義晉陽爲卿一門耳大雅將改葬其祖父筮者曰葬於此地害兄而福弟大雅曰若得家弟永康我將含笑入地葬訖歲餘而卒

又曰張嘉貞爲并州長史爲政嚴肅甚爲人吏所畏開元初因奏事至京師上聞其善政數賞慰嘉貞因奏曰臣少孤兄弟相依以至今日臣弟嘉祐今授鄯州別駕與臣各在一方同心離居塊絕萬里乞移就臣側近臣兄弟盡力報國死無所恨上嘉其友愛特改嘉祐爲忻州刺史

又曰韋述弟逌學業亦亞於述尤精三禮與述對爲學士適同爲禮官時人榮之

又曰張道源族孫楚金少有志行事親以孝聞初與兄越石同預鄉貢進士州司將罷越石而薦楚金楚金辭曰以順則越石長以才則楚金不如固請俱退時李勣爲都督歎曰貢士本求才行相推如此何嫌雙舉也乃俱薦擢第

又曰李遜幼孤寓居江陵與其弟建皆安貧苦易衣併食講習不倦遜兄造知二弟賢日爲營丐成其志業建先遜一年卒兄弟同致休顯士君子多之

又曰楊汝士爲劒南東川節度使時宗人嗣復鎮西川兄弟對居節制時人榮之

又曰薛膺友悌弟齊爲李絳山東西道從事絳遇害齊中飛矢墜於城下膺時爲左補闕聞難不及請馳馬以赴齊殁膺與兄弟褒庠廣喪過禮朝之卿大夫暨搢紳者往弔繼路聞其哀號弔者悲不能自持膺去左補闕庠去河南縣尉直弘文館與褒皆屏居外野布巾終喪蹈名教者推之

續晉陽秋曰王珉有儁才與兄珣並有名而聲出珣右時人爲之語曰法護非不佳阿彌難爲兄

韋昭吴書曰劉繇長子基遭家多難嬰丁困苦潛處味道不以爲慼與群弟居常夜卧早起妻妾稀見其面諸弟敬憚事之猶父不妄交遊門無雜賓

三十國春秋曰裴楷嘗新爲別宅宅甚美麗楷兄欲之楷便讓之爲性有大度皆斯類也

世說曰諸葛瑾弟亮及從弟誕並有盛名各在一國于時以爲蜀得其龍吴得其虎魏得其狗誕在魏與夏侯玄齊名瑾仕吴吴朝服其弘雅

又曰謝奕作剡令有一老翁犯法謝以醇酒罰之乃至醉而猶未已太傅時年七八歲着青布袴在兄膝邊坐諫曰阿兄老翁可念何故取作此謝於是改容曰阿奴欲放去耶即遣之

會稽典録曰謝淵字休德山陰人其先鉅鹿太守夷吾之後也世漸微替仕進不繼至淵兄弟一時俱與兄滄字休度少以質行自立幹局見稱官至海昌都尉淵起於蓑耒兄弟脩德貧無慼容歷位建威將軍

又曰鍾牧字子幹牧兄駰計吏少與同郡謝贊吴郡顧譚齊名牧童齓時號爲遲訥甞謂人曰牧必勝我不可輕也時人皆以爲不然

三輔决録曰張宇穆之第二子也以父功當封自言兩目失明天子信之乃封弟恭其小弟好戲無度放散家財宇悉以所得千萬與之天子聞而嘉之又知其讓封徵拜議郎

說苑曰宋襄公茲父爲桓公太子桓公有後妻子曰公子目夷公愛之茲父爲公愛之也欲立之請於公曰請使目夷立臣爲之相以佐之公曰何故也對曰臣自知不足以處目夷之上公不許強以許公許之將立公子目夷目夷辭曰兄立而弟在下是其義也今弟立而兄在下不義而使目夷爲之目夷將逃之衛茲父從之三年桓公有疾使人召茲父曰若不來是使我以憂死也茲父乃反公復立之以爲太子然後目夷　召茲父歸

楚國先賢傳曰陰興字君陵南陽新野人也拜衛尉興辭封與長子慶爲鮦陽侯次子傅爲㶏強侯傅弟員丹皆爲郎慶少修儒術推所居第宅奴婢財物悉分與員丹但佩印綬而已當世稱之上以慶閨門孝悌行義敦篤顯朝廷以勵親戚擢爲羽林右監

劉向列女傳曰廣漢汝婦者汝敦之妻也居世殷富兄弟早孤而娌貧佐敦以所受田宅奴婢三百餘萬悉讓與兄栽留園地數十畝起舍耕作土中得金一器敦以示妻妻曰本言讓先祖所有也此獨非其有耶敦曰固吾意也乃俱擔金與兄嫂嫂初謂叔窮乏來欲假貸有不悅之色見金而喜兄乃惻然感悟弃妻還金

海內先賢傳曰范丹字史雲讓財千萬與三弟

風俗通曰陳留太守泰山吴文章少與兄伯武相失二十年後相會下邳市中爭訐共鬬伯武毆之文章欲報心悽愴手不能舉觀者笑之更相借問乃親兄也相持啼泣觀者復曰兄得拔弟不得報兄向者所笑乃其義也

典論曰劉表疾病其子琦還省疾琦性慈孝其弟琮忌琦見表父子相感更有託後之意謂曰將軍命君撫臨江夏爲國東藩其任至重今釋衆而歸必見譴怒傷歡以增其疾非孝敬也遂遏于戶外使不得見琦流涕而去

江微陳留志曰李銓字玄機平丘人也少聰惠有志行銓兄全前母子後母甚不愛也而衣食皆使下銓銓始年五歲覺已衣勝兄即脫不着須兄得與已同然後服之其母遂不得有偏及長銓內匡其母外奉其兄故閨門雍睦爲邦族所稱

晉諸公讚曰高柔長子儁大將軍掾次誕歷三州刺史放

率不倫決烈過人次光字宣茂少習家業明練法治晉武帝世爲廷尉兄誕與光異操謂光小節常輕侮之光事誕愈謹

又曰和嶠爲少保散騎常侍性至儉㑹嶠同母弟郁素無名稱嶠輕侮之以此爲損一

太平御覽卷第五百一十六

太平御覽卷第五百一十七

宗親部七

姊妹　舅姑　嫂叔

娣姒

姊妹

爾雅曰女子先生爲姊後生爲妹

毛詩曰泉水曰問我諸姑遂及伯姊

禮記檀弓曰孔子與門人立拱而尚右二三子亦尚右孔子曰二三子之嗜學也我則有姊之喪故也二三子皆尚左

左傳成上曰潞子嬰兒之夫人晉景公之姊也酆舒爲政而殺之又傷潞子之目晉侯欲伐之諸大夫皆曰不可酆舒有三儁才不如待後之人伯宗曰必伐之狄有五罪儁才雖多其何補焉遂滅潞酆舒奔衛衛人歸諸晉晉人殺之

又昭元曰鄭徐吾犯之妹美公孫楚聘之矣公孫黑又使強委禽焉犯懼告子產子產曰是國無政非子之患也惟所欲與犯請于二子使女擇焉子晳盛飾而入布幣而出晳公孫黑子南戎服而入左右射超乘而出女自房觀之曰子晳信美矣抑子南夫也子南公孫楚字夫夫婦婦所謂順也適子南氏焉

又定上曰吳伐楚楚昭王取其妹以出涉濉水鍾建負之以從復國王將嫁季芈季芈辭曰所以爲女子遠丈夫也鍾建負我矣王遂使妻鍾建以爲樂尹

春秋感精符曰人主含天地據璣衡齊七政秉八極父天母地兄日姊月

史記曰聶政爲嚴仲子殺韓相俠累因自披面抉眼出腸以死韓取政屍暴於市購之曰有能言殺俠累者與千

金政姊嫈聞之乃伏屍哭曰是軹深井里聶政也妾奈何畏殁身之誅滅賢人之名乃大呼天者三遂死於政旁也

又曰萬石君石奮高祖問曰君有何人對曰有姊善鼓琴高祖乃召爲美人

又曰張敬叔姊善鼓琴高祖召爲宮人徙其家就戚里戚里在長安與親戚別居故曰戚里

漢書曰李延年妹絕美延年侍上酒酣歌曰北方有佳人絕世而獨立一顧傾人城再顧傾人國不惜傾城傾國佳人難再得武帝聞之乃召入宮

又曰秦彭字伯平爲山陽太守民江伯欲嫁寡姊姊乃引鎌自割伯因前救姊觸鎌傷姊遂亡縣正論法彭曰救無惡志乃輕罪之

謝承後漢書曰范冉姊病往看之姊爲設飯冉留錢一百文姊使人追還之冉竟不受

又曰曹壽妻班超之妹也超字仲叔扶風人爲都護在絶域年老思入關妹乃上書曰妾兄超延命沙漠三十餘年骨肉生離不復相識書奏帝乃徵還

又曰宋弘字仲子爲司空帝姊胡陽公主新寡帝與論朝臣美惡以觀其意主曰宋弘容德莫及帝曰方圖之後引弘入令主坐屛風後因謂弘曰貴易交富易妻人情乎弘曰貧賤之交不可忘糟糠之妻不下堂帝謂主曰事不諧矣

又曰汝南袁隗妻馬融之女少有才辨融家世豐豪裝遣甚盛及初成禮隗謂之曰婦奉箕帚而已何乃過珍麗對曰慈親垂愛不敢逆命君欲鮑宣梁鴻之行者妾亦請從少君孟光之事又問曰弟先兄舉世以爲笑今處姊未適人

而君先行可乎對曰妾姊高行殊邈未遇良匹不如鄙薄苟然而已又問南郡學窮道奧文爲辭宗而所在之識輒以資財爲損何耶對曰孔子大聖不免武叔之毁子路至賢猶有伯寮之愬家君固其宜也

蜀志曰初孫權以妹妻蜀先主孫氏性才捷剛猛有諸兄之風侍婢百餘人皆執刀劍而侍立先主心常凜凜然也

晉書曰郭奕字大業太原人遷雍州刺史有寡姊隨其之官姊下僮僕多有姧犯而爲人所糺奕按省畢曰丈夫豈當以老姊求名遣而不問

又曰桑虞字子深衛人年十四喪父哀毁過禮以米百粒糁藜藿其姊喻之曰滅性非孝子對曰藜藿雜米足以勝哀

又曰涼州刺史辛攸姊喪未經旬車騎長史韓預強聘其女其妻張酺爲御史中丞貶預以清風俗論者稱之

又曰陳統字元方弟絃字偉方俱清秀知名姊妹四人並有才美姊適東莞徐氏生邈及二姊適同郡劉氏文章最盛

又曰慕容垂妻段氏字元妃光祿大夫段儀女婉惠有志操常謂妹季妃曰我終不作凡人妻季妃曰我亦不作庸夫婦隣人聞笑之後燕王納元妃爲室范陽王德娉季妃並如其言

又曰王凝之妻謝氏名道韞安西將軍奕之女也聰明有才辯同郡張玄妹亦有才質適顧氏謝玄每之以敵道韞有濟尼者遊於二家或問之答曰謝夫人神情散朗故有林下之風顧家婦清心玉映自是閨房之秀

宋書新野庾彦達爲益州刺史攜姊之官資給中分祿秩西土稱之

齊書曰永興中有王氏女年五歲得毒病兩目皆盲性至孝年二十父亡盲女臨屍一叫眼皆血出小妹娥舐之其左眼即開愈時人皆以爲孝感所致也

梁典曰長廣橋者宋武帝姊昔賫紗粜米還橋小不敢過無舡得渡日晚宋武帝大飢父方見姊負米還乃謂姊曰若異日富貴當長廣此橋遂爲名也

新序曰梁車新爲鄴令其姊往見之值暮郭門閉遂踰郭而入梁車因刖其足趙成侯以爲不慈遂奪璽免官

應劭風俗通曰郝廉太原人飢寒不受人衣食曾過姊家飰留五十文置席下而去

世說曰郗嘉賓死婦弟欲迎其姊還姊終不肯歸曰生縱不得與郗郎同室死寧不同穴也

又曰袁彦道有二姊一適殷淵源一適謝仁祖嘗語桓宣武切

恨不更有一人配卿也

王子年拾遺曰賈逵年六歲其姊聞隣家讀書日日抱逵就籬聽之逵年十歲乃暗誦六經父曰吾未嘗教汝安得三墳五典誦之乎對曰姊嘗抱于籬邊聽隣家讀書因記得而誦之

簫韶太清記曰劉孝儀諸妹文彩艷質甚於神人也

荆州圖南北岸曰屈原之鄉里原既流放忽然歸鄉人喜悦因名南岸曰歸鄉岸原有姊聞原還亦來歸責其嬋世鄉人又名其北岸曰姊歸岸

舅姑

釋名曰夫之父曰舅舅言久也久老之稱也夫之母曰姑姑言故也

爾雅曰婦稱夫之父曰舅稱夫之母曰姑姑舅在則曰君舅

君姑殁則曰先舅先姑

禮記檀弓曰婦人不飾不敢見舅姑

又內則曰婦事舅姑如事父母雞初鳴咸盥漱櫛縰笄總衣紳左佩紛帨刀礪小觿金燧右佩箴管線纊施縏袠大觿木燧衿纓綦屨以適舅姑之所及所下氣怡聲問衣燠寒疾痛苛癢而敬抑搔之

又曰婦將有事大小必請於舅姑（不敢專行也）

儀禮婚禮曰舅饗送者以一獻禮酬以束錦姑饗婦人送酬亦如之

左傳襄元曰魯齊姜薨初穆姜使擇美檟以自為櫬與頌琴季文子取以葬君子曰非禮也禮無所逆婦養姑者也虧姑以成婦逆莫大焉（穆姜成公母齊姜成公婦也）

列女傳曰鄒孟軻既娶將入室其婦袒而內孟子不悅遂

去不入婦辭孟母求去曰妾聞夫婦之道私室不與焉今妾竊惰在室而夫子見妾勃然不悅是客妾也婦人之義蓋不客宿請歸於父母姑召軻而謂之曰夫禮將上堂聲必揚所以戒人也將入戶視必下恐見人過今子不察於禮而責於妻不亦遠乎孟子遂留其婦謝之君子謂孟母知禮而明姑婦之道

嫂叔

釋名曰嫂叟也老稱也叟縮也人及物老皆小縮於舊也叔少也幼者稱也叔亦俶也見嫂俶然却退也

爾雅曰女子謂兄之妻為嫂弟之妻為婦

禮記曲禮曰嫂叔不通問

又檀弓曰子思之哭嫂也為位婦人倡踊

又曰嫂叔之無服也蓋推之遠之也

又雜記曰嫂不撫叔叔不撫嫂

史記曰蘇秦洛陽人從鬼谷歸大困窮困兄嫂姊妹妻皆笑之不為下機秦乃閉室不出讀周書陰符後合六國從約并力相六國北報趙過洛陽車騎輜重擬於王者乃歸昆弟嫂側目不敢仰視秦謂嫂曰何前踞而後恭嫂匍匐以面伏地謝曰見季子位高金多也

漢書曰高祖長兄伯妻高祖微時嘗避事時與賓友過其丘嫂（丘空也無所有曰丘乃寡嫂也）嫂厭叔引客來食佯為羹盡轑釜客去高祖視釜尚有羹由是怨之後定天下而伯子獨不得封太上皇為言之高祖曰非敢忘也但其母不長者耳後七年封為羹頡侯

又曰陳平兄伯常耕田縱平遊學嫂疾之不親家事或問平食何物而肥對曰食糠覈耳嫂曰有叔如此不如無伯

闔而逐其妻

晉書曰鄭休妻石氏為九族所重休前妻女既幼又休父布臨終生庶子沈休命棄之石氏曰柰何使舅之胤不存乎遂養沈及前妻女力不兼舉九年之間三不舉子

又曰王渾妻鍾氏字琰生子濟渾嘗共琰坐濟趨庭而過渾欣然曰生子如此足慰人心琰曰若新婦得配參軍（淪渾弟也）生子固不啻如此耳

又曰王澄字平子衍季弟也衍妻郭氏性貪鄙令婢於路檐糞澄年十四諫郭郭大怒謂澄曰昔先人臨終之日以小郎囑新婦不以新婦囑小郎因捉其衣裾欲杖之澄擺踰窗而走得脫

又曰王凝之妻謝氏字道韞弈之女也聰識有才辨凝之弟獻之嘗與賓客談議詞理將屈道韞使婢白獻之曰新

婦欲與小郎解圍乃以青綾步障自蔽申獻酬之義客遂不能屈也

又曰晉中書令王珉與嫂婢私通嫂撻甚苦婢素善歌而珉好執白團扇故製白團扇歌

又曰顔含字弘都嫂老而失明含奉養如親朿帶躬侍嫂病困須蚺蛇膽求之不獲憂歎盈懷方獨坐愁苦忽有一童子持一青囊授含含開之乃蚺蛇膽也童子出户化爲青鳥飛去含得藥成嫂病遂愈

晉書曰吴逵之義興人嫂亡無以具葬乃自賣爲十夫傭以營葬

三十國春秋曰晉吏部郎魏衡謂姪舒曰汝後得爲小縣長舒曰堪八百戸長將老便入官舍即斯願畢矣

孟子曰淳于髡曰男女授受不親禮與孟子曰禮也曰嫂溺則援之以手乎曰嫂溺不援是豺狼也男女授受不親者禮也嫂溺援之以手者權也

逸士傳曰高鳳爲太守所召恐不得免自言不應爲吏乃與寡嫂偽爭田遂免仕

世說曰阮籍嫂甞還家籍見嫂與之别或譏之籍曰禮豈爲我輩設也

常璩華陽國志曰汝敦兄弟共居有父母時財物嫂心欲得之敦妻勸敦盡讓田宅奴婢與兄弟出别居敦後耕田得金器妻勸送與兄夫妻共往嫂性嗇見金器踊躍欲留之兄因感悟即去妻丞讓財物還弟弟又不受相讓積年

鄴洛鼎峙記曰盧道虔後妻元氏外堂講老子道德經虔弟元明隔紗帷以聽之

娣姒

爾雅曰女子同出謂先生爲姒後生爲娣（同出謂俱嫁事一夫）長婦謂穉婦爲娣婦娣婦謂長婦爲姒婦也

左傳成下曰魯聲伯之母不聘（不聘無媒禮）穆姜曰吾不以妾爲姒（兄弟之妻相謂爲姒）

又昭七曰晉叔向欲娶於申公巫臣氏其母不許平公強使取之生伯石伯石始生子容之母走謁諸姑（子容母叔向嫂伯華妻也）姑視之及堂聞其聲而還曰是豺狼之聲也狼子野心非是莫喪羊舌氏矣

晉書曰王渾妻鍾氏名琰太尉之孫也渾弟湛妻郝氏有德行琰雖貴門不陵郝郝亦不下琰時稱鍾夫人之禮郝夫人之法

太平御覽卷第五百一十七

太平御覽卷第五百一十八

宗親部八

子

易蠱卦曰幹父之蠱有子考無咎厲終吉
又家人卦曰家人嗃嗃悔厲吉父子嘻嘻終吝
儀禮曰父爲長子服三年何也正禮乎上又所重也
禮記内則曰由命士以上父子皆異宫
又祭義曰身也者父母之遺體也行父母之遺體敢不敬
乎
左傳隱公曰衛莊公之子州吁有寵而好兵公弗禁石碏
諫曰臣聞愛子教之以義方不納於邪
又宣上曰楚司馬子良生子越椒子文曰必殺之是子也
熊虎之狀而豺狼之聲不殺必滅若敖氏矣
論語曰陳亢問於伯魚曰子亦有異聞乎對曰嘗獨立鯉
趨而過庭曰學詩乎對曰未也曰不學詩無以言他日又
獨立鯉趨而過庭曰學禮乎對曰未也不學禮無以立鯉
退而學禮陳亢退而喜曰問一得三聞詩聞禮又聞君子
之遠其子也
孝經曰父子之道天性也
周書曰周公三撻伯禽往見商子商子曰南山有橋父道
也北山有梓子道也盍往觀之而伯禽往視橋梓明日朝
伯禽俯而趨周公迎而撫之曰汝安見君子哉
史記曰吴起衛人好用兵嘗學於曾子事魯君出衛郭門
與其母決齧臂而盟曰起不爲卿相不復入衛也
又曰司馬談爲太史天子建漢家之封而太史公留滯周
南不得從事發憤而卒子遷適見父於河洛之間太史公

執遷手下泣曰其先即周之太史後世中衰絶於余乎汝
後爲太史則續吾祖矣
漢書曰張湯杜陵人父爲長安丞父出湯爲兒守舍還鼠
盗肉父還怒之笞湯湯掘地薰鼠得餘肉劾鼠掠治訊鞫
鞫論報取鼠磔堂下父怨視其文辭如老吏大驚異遂使
書獄焉
又曰王遵字子貢涿人遷益州刺史先是王陽爲益州至
卭崍九折坂歎曰奉先人遺體奈何數乘此險後以疾去
及遵至此坂問吏曰此非王陽所畏道耶吏曰是遵叱其
馭曰馳之王陽爲孝子王遵爲忠臣
又曰曹參代蕭何爲相國日夜飲酒子窋爲中大夫惠帝
怪之令窋言曰無以請事何以憂天下窋洗沐歸具言參
怒之乃笞二百曰趣入侍天下事非汝所當言
又曰路温舒字長君鉅鹿人父爲里門監使温舒牧羊因
取澤中蒲截爲牒編之寫書
又曰揚雄蜀人自揚季至雄五代一子也
又曰韋賢字長孺魯人質朴少欲篤志於學通詩書易以
教授號鄒魯大儒爲丞相甍少子玄成字少翁以明經歷
位丞相故鄒魯諺曰遺子黄金滿籝不如教之一經
又曰張禹字子文河内軹人父徙家蓮勺禹爲小兒數至
市卜相者奇其面貌謂禹父曰此兒多智可令經學矣
又曰疏廣字仲翁東海蘭陵人也明春秋爲太子太傅知
止足與兄子受上疏乞骸骨上賜黄金二十斤太子贈五
十斤歸鄉里請故舊賓客爲樂歲餘子孫竊謂昆弟老人
勸說買田宅廣曰吾豈不念子孫哉顧有田廬足供衣食
令更增益以爲盈餘教子孫怠惰耳賢而多財損其志愚

而多財益以爲其過富者衆人怨也吾既無教化於子孫不欲益生於怨也

又曰朱邑字仲卿廬江人少時爲桐鄉嗇夫病且死囑其子曰我爲桐鄉吏其民愛我死必葬之後世子孫奉祀我不如桐鄉死且葬之民爲起冢祠

又曰石奮從高祖至景帝時爲九卿子等四人官至二千石景帝尊寵號爲萬石君以上大夫祿歸老子家子孫有過不誚讓便對按不食

後漢書曰馮勤字偉伯魏郡人曾祖楊宣帝時爲弘農太守有子八人皆爲二千石魏趙間號爲萬石君

又曰周華字宣光汝南人子勰字巨勝自曾祖楊至勰孫恂六代一子皆知名

又曰吳祐字季英陳留人父恢爲南海太守祐年十二隨父到官恢欲殺青簡以寫書祐諫曰今大人踰越五嶺遠在海濱其俗誠陋舊多珍怪上爲國家所疑下爲權戚所望此書若成則載之兩轝昔馬援以薏苡興謗王陽以衣囊徼名嫌疑之間先賢所慎恢奇之乃撫其首曰吳氏世不乏季子矣

又曰崔烈涿郡人靈帝時開鴻都門牓賣官爵烈入錢五百萬得爲司徒及拜日天子臨軒百寮畢會帝欣謂親幸曰悔不至三公後聲譽日減烈不自安問子鈞曰吾爲三公於議何如鈞曰嫌大人銅臭烈舉杖擊之鈞時爲虎賁中郎服虎幷載鶡尾狼狽而走烈罵曰死卒父撾而走豈孝乎鈞曰舜之事父也小杖受大杖走此恐陷父於不義非不孝也烈慙而讓官

魏志曰張廣字嗣宗魯第二子也曾雅爲魏武所寵諸子未勝纓並遣中使拜授官爵南鄭城碑曰位尊上將體極人臣五子十孫至榮並爵均童年嬰稚抱拜王人命婚帝族或尚或嬪

又曰胡威字伯庸父質操厲清白爲荊州太守威至荊州省之十餘日歸質賜絹一疋威跪問曰大人清高何得此物質曰俸祿之餘耳武帝問威曰卿清何如父清威曰臣不如父遠矣帝曰何對曰父清畏人知臣清畏人不知是以不如也

又曰賈充字公閭父逵晚生充言充後當有充閭之慶故名充字公閭

又曰羊祜字叔子年數歲令乳母取所弄金鐶乳母曰汝先無此物祜即指隣人李氏東垣桑樹中探得之主人驚曰此吾亡兒所失物也時人謂祜前身爲李氏之子

又曰華嶠字叔駿才學深博爲秘書監性嗜酒率常沉醉撰漢記九十七卷其十典未成而終秘書監何邵奏嶠子徹爲佐著作續成之亦未竟而卒

又曰王隱字處叔陳人世寒素父銓歷陽令有著述志每私錄晉事及功臣行狀未就而卒隱儒素自守不交權貴博學多聞受遺業爲著作郎令撰晉史

又曰孫盛字安國次子放字齊莊幼稱令惠年七八歲在荊州與父俱從庾亮出獵亮謂曰君亦來耶放應聲荅曰無小無大從公于邁亮曰欲齊何莊放曰齊莊周亮曰不慕仲尼耶放曰仲尼生而知之者非所企及亮大奇之曰王輔嗣不過也

又曰庾翼字稚恭孫盛字安國翼子爰客常候孫盛盛不在見盛子放謂之曰安國何在放曰庾稚恭家爰客曰

孫氏大盛有兒如此放曰不如諸庾之翼翼既而語人曰我固得重呼奴公字

又曰袁宏爲東征賦並列過江諸名德獨不載桓彝其子溫怒焉宏一時之文宗爲文不欲令人顯問時並遊青山飲歸溫命宏同載因問曰君作東征賦何獨不及家君宏對曰尊公稱謂非下官敢專既未遑啓不敢顯之溫疑其不實乃曰欲謂何宏曰風鑒散朗或搜或引身雖可亡道則不殞宣城之節信而爲允也溫泫然而止又不及陶侃子胡奴嘗於曲室抽刀逼問宏曰家君勳績如此云何相忘宏急答曰精明百鍊在割能斷功以濟時職以靜亂長沙之勳爲史所讚胡奴乃止

又曰謝尚字祖仁豫章太守鯤之子也八歲神悟夙成鯤嘗携之或曰此兒一座顏回也尚應聲曰座無尼父誰識顏回一席之賓莫不驚異

又曰王述字懷祖遷尚書僕射述每受職不爲虛讓其子坦之諫曰故事應讓述曰汝爲我不堪也坦之曰非也克讓自美耳述曰既云堪何爲復讓也坦之爲桓溫府長史溫子欲求婚于王因坦之言其父坦之乃還家省父而述愛坦之雖長大猶抱之於膝上坦之乃言婚事於述大怒遽推坦之於膝下曰汝竟癡也詎可視面以妻兵乃止

又曰阮籍謂王渾曰濬仲清賞非卿倫也共卿言不如共阿戎談及戎子萬有美名少而肥大戎令食糠轉益肥也

又曰王祥二子烈芬並知名爲祥所重愛同時而病將亡遺囑烈欲還葬舊土芬欲留葬京邑祥流涕曰不忘鄉仁也不戀本達也唯仁與達二子有焉

又曰王衍喪幼子山簡弔之衍悲不自勝簡曰孩抱中物何至於此衍曰聖人忘情下人不及情情之所鍾正在吾輩也簡服其言更爲之慟

又曰魏舒字陽元爲司徒子混字延廣有才行爲太子舍人年二十七卒朝野咸爲舒惜舒每哀慟退而歎曰吾不及莊生遠矣豈以無益自損更不復哭

又曰胡毋輔之字彥國嗜酒子謙之字子光才學不及父而傲縱過之至酣醉時嘗自呼其父字輔之不以介意世以爲狂

又曰石崇字季倫渤海南皮人苞之少子也生於青州故小名齊奴少敏惠勇而有謀父苞臨終分財與諸子獨不及倫其母爲言之苞曰此兒雖小後自能致

又曰郗超字景興一字嘉賓父愔爲司徒愔事道超奉佛愔又好聚積錢數千萬嘗開庫任超所取超性好施一日之中散與親故都盡桓溫辟爲征西大將軍掾溫懷不軌超爲之謀轉司徒左長史而卒初雖黨桓氏以愔忠於王室不軌之事不令愔知將亡出一箱書付門生曰本欲焚之恐公年老必傷慼爲獘我亡後若大損眠食可呈此箱不爾即便焚之愔後果哀悼成病門生依旨呈之則悉與溫往反密計悉見愔於是大怒曰小子死恨晚矣更不復哭

又曰庾冰字季堅都督江荊七郡軍事子襲常貸官絹一疋冰怒撻之市絹十疋還官

又曰王濛字仲祖父訥字文開爲塗令美容姿嘗覽鏡自照稱其父字曰王文開生如此兒

又曰王導字茂弘子悅字長豫弱冠有高名事親色養導甚愛之常與悅弈棋爭道導笑曰相與有瓜葛那得爾耶

導性儉帳下甘果爛敗令棄之去勿使大郎知悅爲中書郎先導卒導先夢人以百萬錢買悅潛爲祈禱者備矣尋掘地得錢百萬意甚惡之一一皆藏閉及悅疾篤導憂念時至不食積日忽見一人形狀甚偉被甲持刀導問是何人曰僕蔣侯也公兒不佳欲爲請命故來耳導因求之食至數斗食畢謂導曰中書命盡非可救也言訖不見悅亦殞絶

又曰劉殷字長盛新興人有子七人五人各授一經其一子授太史公記一子授漢書一門之内七業俱興北州之學殷家爲盛門

又曰索靖子綝字巨秀少有逸群之才靖每曰綝宗廟之器非簡札之用州縣之任不足污吾兒也

又曰戴若思廣陵人父昌會稽太守若思住武陵時郡人潘京素有理筌識鑒父遣若思與語潘稱若思有公輔之才

又曰王獻之字子敬羲之子也謝安甚欽之請爲長史因問獻之曰君書何如家君荅曰固不同安曰外論不爾對曰人那得知獻之嘗書羲之自後掣其筆不得歎曰此兒當有大名又以掃箒霑泥書大字方一丈甚以爲工

宋書曰戴顒字仲若淮南人父逵善琴顒及兄勃並受琴於父父歿所傳之聲不忍復奏各造新弄五部顒又製長弄一部並傳於世

齊書曰世祖常問王儉當今誰能作五言詩對曰謝朏得父之膏腴

梁書曰謝朏祖弘微宋太常卿父莊齊光禄朏十歲能屬文莊多遊山水賦詩使朏命篇覽筆便就王京文謂莊曰賢子足稱神童莊笑曰眞吾家千金

又曰王僧孺父延年加爲常侍孺五歲父友饋延年柰者先與僧孺孺曰大人未見不敢先嘗不受之

又曰柳惲字文暢父世隆善彈琴爲士流第一惲每奏其聲嘗感傷憂思後因之變體爲古曲

家語曰吴延陵季子聘于上國其長子死葬於嬴博之間斂以時服其坎深不至泉其高可隱孔子曰延陵季子之合於禮者也

列子曰魏人有東門吴者年四十有一子喪之而不憂其相室曰公之愛子也天下無有今子死不憂何也東門吴曰吾嘗無子之時不憂今子死乃與向無子同又奚憂焉

吕氏春秋曰晉平公問祈黄羊曰國無尉其誰可乃去其子年君子聞之曰祁黄羊可謂至公矣

三輔要録曰韋康字元將京兆人孔融與康父端書曰前見元將來淵才亮茂雅度弘毅偉世之器也昨日又見仲將來懿性貞實文敏篤誠保家之主也不意雙珠出于老蚌

郭子曰楊脩字德祖九歲聰惠孔文舉詣其父父不在乃呼脩脩爲設果果有楊梅融指示兒曰此君之家果耶脩應聲曰未聞孔雀是夫子之家禽獸

姓氏英賢録曰宋顔竣字士遜少有令名太祖問其父延之曰諸子誰有卿風延之曰竣得臣筆測得臣文奐得臣義躍得臣酒

世説曰豫章太守顧邵雍之子也在郡卒雍時盛集賓客自與客碁而信至無兒書雖神色不變而心了其故以爪搯掌流血沾襟客散方歎曰已無延陵之高豈有喪明之責

於是豁然神氣自若

又曰客有問陳季方曰足下家君有何功德而荷天下重名季方曰吾家君譬如桂樹生於太山之阿上有萬仞之高下有不測之淵上爲甘露所沾下有淵泉所潤當此之時烏知太山之高淵泉之深不知有功德與無也

太平御覽卷第五百一十八

太平御覽卷第五百一十九

宗親部九

孫　女　子壻

孫

爾雅曰子之子爲孫孫之子爲曾孫曾孫之子爲玄孫玄孫之子爲來孫（言有往來之親）來孫之子爲昆孫（昆後也）昆孫之子爲仍孫（仍重也）仍孫之子爲雲孫（言輕遠若浮雲）

毛詩文王有聲曰貽厥孫謀以燕翼子

禮記曲記曰君子抱孫不抱子此言孫可以爲王父尸（以孫與祖昭穆同也）子不可以爲王父尸

又雜記曰祭稱孝子孝孫喪稱哀子哀孫

史記曰張蒼父不滿五尺蒼長八尺蒼子復長八尺餘孫頹長六尺

後漢書曰龐參字仲達緱氏人拜漢陽太守郡民任棠有奇節隱教授參到先候之棠不與言但拔薤一大本水一盆致于屏前自抱孫兒伏于戶下（見逸民部）

又曰虞詡字外卿陳國人孝養祖母縣舉爲順孫

又曰馮氏兄弟形皆偉壯唯馮勤祖父偃長不滿七尺常恥短陋恐子孫似之乃爲子伉娶長妻生勤勤長八尺三寸

魏志曰王粲字仲宣山陽人蔡邕見而奇之時邕顯貴車馬填門聞粲在門邕倒屣迎之粲年幼皃弱短小一座皆驚邕曰此王公之孫有異才吾不如也吾家所有書籍當悉與之

晉書曰張憑字長宗祖鎮蒼梧太守憑年數歲鎮謂其父曰我不如汝汝有佳兒憑曰阿翁詎宜以子戲父乎

又曰李密字令伯父早亡母改醮祖母劉氏躬撫養密奉事以孝謹聞有暇即講學志疲師事譙周周門人方之游夏太始初徵爲洗馬密以祖母年老上表自陳曰母孫二人更相爲命（已具祖門中）

又曰李胤字伯祖敏爲公孫度所追浮海莫知所終子雅妻生胤遂絕房内以憂卒胤以祖不知所亡設木主以事之由是顯名

宋齊語錄曰虞愿字士恭會稽人祖爲給事中中庭有橘樹冬熟子孫爭取愿獨不取祖及家人並異之

又曰張元字孝始祖喪明三年元每憂泣讀佛書以求福祐後見藥師經云盲者得視遂請七僧燃燈七日七夜轉藥師經行道每自責曰爲孫不孝使祖喪明今以燈施普照法界願祖目見明元求代暗其夜夢一老人以金鎞治其祖目謂之曰勿悲三日之後必差元于夢中喜躍驚覺乃遍告家人居三日祖目果漸見明從此遂差

後周書曰薛登字景猷汾陰人早喪父家貧以養祖母暇則覽文籍躬耕以孝見稱

列子曰北山愚公者年且九十面山而居懲山北之塞出入之迂也遂率子孫荷檐叩石墾壤箕畚運於北海之尾河曲智叟笑而止之愚公長息曰雖我之死有子在焉子又生孫孫又生子子又生孫孫孫子子無窮匱也而山不加增何苦不平河曲智叟無以應之

又曰舜問乎丞曰道可得而有夫道性命非汝有也是天地之委順也子孫非汝有也是天地之委蛻也

陳留志曰范喬字伯孫年二歲祖父馨臨終執其手曰恨不見汝成人因以所用硯留與之後家人告喬喬執其硯涕泣

孝子傳曰原穀者不知何許人祖年老父母厭患之意欲棄之穀年十五涕泣苦諫父母不從乃作輿舁棄之穀乃隨收輿歸父謂之曰爾焉用此凶具穀云後父老不能更作得是以取之耳父感悟愧懼乃載祖歸侍養尅己自責更成純孝穀爲純孫

又曰吳郡陸仲元者晉太尉玩曾孫自玩至仲四世爲侍郎時人方之金張二族

幽明錄曰許遜少孤不識祖墓傾心所感忽見祖語曰我死三十餘年於今得正葬是汝孝悌之至因舉標牓曰可以此下求我於是迎喪葬者曰此墓中當出一侯及小縣長

女

禮記內則曰女子出門必擁蔽其面夜行以燭無燭則止

又曰女子十年不出（恒居內也）姆教婉娩聽從（婉謂言語也婉之言媚也媚謂容貌也）執麻枲治絲繭織紝組紃學女事以共衣服觀於祭祀納酒漿籩豆菹醢禮相助奠（當及女時而知）十有五年而笄二十而嫁凡女拜上右手（右陰也）

左傳襄五曰初宋芮司徒生女子赤而毛棄諸堤下恭姬之妾取以入長而美名之曰棄

穀梁傳曰禮送女父不下堂母不出門父誡之曰謹慎從汝舅之言母誡之曰謹慎從汝姑之言諸母般申誡之曰謹慎從汝父母之言無違宮事

史記曰齊太倉令淳于公有罪當刑詔從繫長安獄公無男有女五人將行罵曰生子不生男緩急非有益小女緹縈隨父至長安上書曰妾父爲吏齊中皆稱其廉平今坐法當刑妾願入官沒爲婢贖父之罪書奏天子悲憐其意遂爲除肉刑

漢書曰王章爲京兆尹爲大將軍王鳳所陷下廷尉獄妻子皆收章小女年十二夜起號哭曰每旦獄上呼囚常至九今八而止我家君素剛烈先死者必我君也及明問之果章死矣

東觀漢記曰孝女郁字叔異五歲母不能食郁亦不肯食故字曰異也

後漢書曰孔融被誅女年七歲幼弱遂得全寄住佗舍主人有遺肉汁男飲之女曰今日之禍豈得久活何賴肉味乎或有言於曹操收之將殺女謂兄曰若死而有知得見父母豈非志願乃延頸就刑

晉書曰周顗母李氏名絡秀汝南人少時在室顗父後爲安東將軍時嘗出獵遇雨至絡秀之家會秀父兄不在絡秀見後至與一婢於內宰豬具數十人饌甚精而不聞人聲後怪使覘之獨見一女甚美因求爲妾其父兄不許絡秀曰門戶殄瘁何惜一女若連貴族將來庶有大益父兄遂許之生顗嵩謨而顗等長絡秀謂之曰我屈節爲汝家妾門戶計耳汝不與我家爲親吾亦何惜餘年顗等從命由此李氏遂得爲方雅之族

又曰胡奮字玄威安定人爲護軍太始末武帝怠於政事而耽於顏色大採公卿女以爲六宮奮女選爲貴人唯有一男爲南陽王友早亡及聞女爲貴人哭曰老奴不死唯有二子男入九地之下女外九天之上嘗謂后父楊駿曰卿恃女更豪耶見前代與帝家婚未有不滅門者見君所措益速禍耳駿曰卿女不在天子家乎奮曰我女爲卿作妾耳

又曰羊躭妻辛氏字憲英魏侍中辛毗之女也聰明有才鑒初文帝爲太子抱毗項曰知我喜否毗以告憲英英曰太子代君主社稷者也代君不可以不慼主國不可以不懼今宜慼而反喜何以能久魏其不昌乎

又曰愍懷太子妃太尉王衍之女字惠風太子廢衍請絶婚而歸惠風號泣行路流涕後劉曜陷洛陽以惠風賜其下將妻之惠風拔劍拒曰吾太尉之女太子之妃誓不爲逆胡所辱遂害之

又曰韋逞毋宗氏家世儒學毋早喪父躬養之及長授以周官音義謂曰世傳儒業無男可傳汝宜授之勿令絶世

又曰吳隱之字處默濮陽人謝石請爲將軍主簿隱之將嫁女石知其儉素令移　厨帳就其家經營使者至方見賣犬此外蕭然無辦

又曰靳康女不知何許人美姿容有志操劉曜誅靳氏訖將納其女爲妾女曰陛下既誅其父母焉用妾爲妾聞逆人之誅也尚汚宮伐樹況其子女乎號泣請死曜懟乃固免之

晏子春秋曰齊景公有所愛槐樹令吏守之犯槐者刑傷槐者死有不聞令而犯之者吏收之將加罪犯者之女說晏子曰妾聞明君不爲禽獸以殺人今君以樹木之故殺妾父孤妾身恐害明君之政損明君之義晏子早朝而復其言於君公乃令吏罷守槐之役出犯槐之囚

華陽國志曰荀崧小女灌幼有奇節崧爲襄城太守爲杜曾所圍力弱食盡欲投於故吏平南將軍石覽計無所出灌時年十三乃率勇士數十人踰城突圍夜出賊追甚急灌督厲將士且戰且前後得入曾陽山獲免得向覽乞師又爲崧書與南中郎將周訪仍結弟兄訪即遣子撫率三千人會石覽俱救崧賊聞兵至散走灌之力也

又曰王廣女美姿容性慷慨有丈夫之節廣仕劉聰爲西楊州刺史蠻梅芳攻陷楊州廣被殺王年十五芳納之於闇室中擊芳不中芳曰何故反王曰蠻畜我誅父賊吾聞之父讎不同天母讎不同地汝逆害人父母復以無禮凌人吾所以不死者欲誅汝爾所恨不得梟汝首於通逵以塞大耻乃自殺

又曰楊姬生自寒素父坐獄楊渙爲尚書郎告歸姬乃邀道扣渙馬訟父罪言詞慷慨涕泣摧感渙愍之語郡縣令爲出其父因奇其才爲子文方以禮聘之

汝南先賢傳曰戴良字叔鸞嫁五女皆布裙無緣

蔡琰別傳曰琰邕之女年六歲邕夜中鼓琴絃絶琰曰第

二絃邕乃故絶一絃琰曰第四絃邕曰汝偶得中之琰曰昔吳季札觀樂知國之興亡師曠吹律識南風之不競由此言之何得不知邕奇之

異苑曰順陽南鄉楊豊爲虎所噬女香年十四手無寸刃直搤虎頭父遂得免

子壻

爾雅曰子之夫爲壻壻之父爲姻兩壻相謂爲亞

儀禮曰壻女子之夫傳曰何以服緦布之也

左傳桓公曰祭仲專使其壻雍糾殺之雍姬知之謂其母曰父與夫孰親其母曰人盡夫也父一而已胡可比焉遂告祭仲曰雍氏舍其室而將享子于郊吾惑之以告祭仲殺雍糾尸諸周氏之汪公載以出曰謀及婦人宜其死也

又文下曰趙穿晉君之壻也

論語曰子謂公冶長可妻也雖在縲絏之中非其罪也以其子妻之南容三復白圭孔子以其兄之子妻之

史記曰陳餘者大梁人好儒術數游趙富人公乘氏以其女妻之知餘非庸人

漢書曰京房字君明東郡人習易淮陽憲王舅張博從京房受學以女妻房房與相親

後漢書曰馬融扶風人爲人美辭貌有俊才初京兆摯恂以儒術教授隱于南山不應徵聘從其遊學通經籍恂遂奇融才以女妻之

晉書曰韓謐字長深母賈氏賈充少女也父壽自德真南陽人美貌充辟爲司空掾充讌賓僚女從青瑣中窺見壽悅焉感想發於寤寐有婢往壽家說其光彩艷逸壽聞動心令通慇懃壽勁捷過人至夕踰垣而入家人莫知唯充覺女悅暢異於常日時西域有貢香每著人衣一月不歇帝甚貴之唯以賜充女密盜以遺壽僚佐與充宴聞香芬馥自此充意女與壽通乃夜半佯有盜驚起行之唯東北角有狐狸行處充考問女左右知之充遂因妻焉

又曰郗鑒使門生求女壻於王導導令自東廂徧觀諸子門生歸謂鑒曰王氏諸少年並佳然聞信至咸自矜持唯一人在東床坦腹食獨若不聞鑒曰此正佳壻也訪之乃羲之也

宋書曰劉秀十餘歲時與諸兄戲忽有一大蛇來勢甚猛莫不驚怖秀知獨不動衆共異焉東海何承天雅相知器以女妻之

齊書曰謝朓爲王敬則壻曾告敬則其女常懷刀欲報朓朓不敢相見及當拜吏部謙挹尤甚尚書郎范縝嘲曰卿人才無慙小選但恨不可刑于寡妻朓有愧色及臨誅歎曰天道其不可昧乎我不殺王公因我而死

三十國春秋曰前趙殷州刺史杜廣初爲劉景府卒以馬肥良引爲直士侍立通夜未曾休倦景因問之廣流涕申曲有章條景執其手曰吾罪人也以負賢者謂妻曰爲女求夫三年不覺府中有麒麟於是妻之

搜神記曰陽公字雍伯洛陽人至情篤孝父母終殁葬無終山陽公常爲人補履終不取價無終山上無水陽公乃行車汲水作義漿居三年有一人就陽公飲出一外石子與之使向有平好地有石處種之玉當生其中并得好婦陽公後種其石數年時往看玉子生焉北平徐氏有女甚有名行人多求不許陽公有俠氣試求焉徐氏以爲狂乃戲媒人曰雍伯能得白璧一雙來當聽爲婚致命雍伯於種石中索得五雙白璧以至徐氏大驚遂以女妻之

太平御覽卷第五百一十九

太平御覽卷第五百二十

宗親部十

夫妻

釋名曰夫妻匹敵之義也

又曰士庶人曰妻妻齊也夫賤不足以尊稱故齊等言也

易家人卦曰夫夫婦婦而家道正

又序卦曰有天地然後有萬物有萬物然後有男女有男女然後有夫婦夫婦之道不可以不久也故受之以恒恒者久也

毛詩衡門曰豈其食魚必河之魴豈其取妻必齊之姜豈其食魚必河之鯉豈其取妻必宋之子何必大國之女然後可妻亦取貞順而已

又草蟲大夫妻能以禮自防也喓喓草蟲趯趯阜螽興也喓喓聲也草蟲常羊也趯趯躍也阜螽蠜也卿大夫之妻待禮而行隨從君子未見君子憂心忡忡忡忡猶衝衝也婦人雖適人有歸宗之義亦既見止亦既覯止我心則降

又采蘋曰采蘋大夫妻能循法度也能循法度則可以承先祖共祭祀矣女子十年不出姆教婉娩聽從執麻枲治絲繭織紝組紃學女事以共衣服觀於祭祀納酒漿籩豆葅醢禮相助奠十有五而笄二十而嫁此言能循法度者今既嫁爲大夫妻能循其爲女人時所學所之事以爲法度也于以采蘋南澗之濱于以采藻于彼行潦于以奠之宗室牖下誰其尸之有齊季女尸主也齊敬也季少也

又碩人曰碩人其頎衣錦褧衣齊侯之子衛侯之妻

又氓曰女也不爽士貳其行士也罔極二三其德三歲爲婦靡室勞矣夙興夜寐靡有朝矣

又棠棣曰妻子好合如鼓瑟琴好合志意合也合者如琴瑟之聲相應和也兄弟既翕和樂且湛宜爾家室樂爾妻孥是究是圖亶其然乎

又南山曰藝麻如之何橫從其畝取妻如之何必告父母取妻之禮議於生者卜於死者此之謂告析薪如之何匪斧不克取妻如之何匪媒不得此言取妻必待媒乃得也

又韓奕曰韓侯取妻汾王之甥蹶父之子韓侯迎止于蹶之里百兩彭彭八鸞鏘鏘不顯其光諸娣從之祁祁如雲韓侯顧之爛其盈門如雲言衆多也諸侯一娶九女二國媵之諸娣衆妾也顧之曲顧道義也

又思齊曰刑于寡妻至于兄弟以御于家邦言文王以禮法接待其妻至於宗族以此又能爲政治於家邦也

禮記曰天子之妃曰后諸侯曰夫人大夫曰孺人士曰婦人婦人言服也庶人曰妻妻之言齊也

又內則曰子甚宜其妻父母不說出宜猶善也子不宜其妻父母曰是善事我子行夫婦之禮焉沒身不衰

又曰女子二十而嫁有故二十三而嫁故謂父母喪聘則爲妻奔則爲妾聘問也妻之言齊以禮見問則得與夫敵體

又坊記曰取妻不取同姓爲其近禽獸也所以附遠厚別也

左傳隱公曰鄭公子忽如陳逆婦嬀辛亥以嬀氏歸甲寅入於鄭陳鍼子送女先配而後祖鍼子曰是不爲夫婦誣其祖矣非禮也何以能育禮逆婦必先告祖廟而後行鄭忽逆婦而後告廟故曰先配而後祖

又曰桓公曰鄭祭仲專鄭伯患之使其壻雍糾殺之將享諸郊雍姬知之謂其母曰父與夫孰親其母曰人盡夫也父一而已胡可比焉婦人在室則天父出則天夫女以爲疑故母以所生爲本解之遂告祭仲曰雍氏舍其室而將享子於郊吾惑之以告祭仲殺雍糾尸諸周氏之汪公載以出曰謀及婦人宜其死也

又莊公曰初懿氏卜妻敬仲其妻占之曰吉是謂鳳凰于飛和鳴鏘鏘有嬀之後將育于姜五世其昌並爲正卿八

世之後莫之與京

又僖中曰狄人伐廧咎如（赤狄之別種）獲其二女叔隗季隗納諸晉公子公子以叔隗妻趙衰生（盾文公取季隗生伯儵後以妻趙衰生原）同屛括樓嬰（原屛樓三子之邑也）趙姬逆盾與其母（趙姬文公女也盾狄女叔隗之子也）子餘辭（子餘趙衰字也）姬曰得寵而忘舊何以使人必逆之固請許之來以盾為才固請于公以為嫡子而使其三子下之以叔隗為內子而己下之（卿之嫡妻為內子）

又昭元曰鄭徐吾犯之妹美公孫楚聘之矣（楚子南穆公孫也）公孫黑又強使委禽焉（禽鴈也納采用鴈）犯懼告子產子產曰是國無政非子之患也唯所欲與犯請於二子請使女擇焉皆許之子晳盛飾而入布幣而出（子晳公孫黑也）子南戎服而入左右射超乘而出女自房觀之曰子晳信美矣抑子南夫也夫夫婦婦所謂順也適子南氏

又莊公曰宋華父督見孔父之妻于路目逆而送之曰美而豔

又曰楚子滅息以息嬀歸生堵敖及成王焉未言（未與王言）楚子問之對曰吾一婦人而事二夫縱不能死其又奚言

又成下曰晉三郤害伯宗譖而殺之初伯宗每朝其妻必戒之曰盜憎主人民惡其上子好直言必及於難

又襄四曰齊棠公之妻東郭偃之姊也東郭偃臣崔武子棠公死偃御武子以弔焉見棠姜而美之（美其色也）使偃取之（為己取也）偃曰男女辨姓今君出自丁臣出自桓不可武子筮之遇困之大過以示陳文子文子曰夫從風風隕妻不可娶也且其繇曰困于石據于蒺蔾入于其宮不見其妻凶崔子曰嫠也何害先夫當之矣遂取之

又僖下曰初臼季使過冀見冀缺耨其妻饁之敬相待如

賓與之歸言諸文公曰敬德之聚也能敬必有德德以治民請君用之文公以為下軍大夫

又昭七曰晉叔向適鄭鬷蔑惡欲觀叔向從使之收器者而往立於堂下一言而善叔向聞之曰必鬷明也下執其手以上曰昔賈大夫惡取妻而美三年不言不笑御以如臯射雉獲之其妻始笑而言賈大夫曰才之不可以已也我不能射汝遂不言不笑也今夫子少不颺子若不言吾幾失子矣

又哀上曰齊侯伐晉夷儀弊無存之父將室之辭以與其弟（無存齊人也室之為取婦也）曰此役也不死反必娶於高國（高氏國氏齊貴族也無存欲必有功還取卿相之女也）

又成上曰齊晉戰于鞍齊師敗績齊侯見保者曰勉之齊師敗矣避女子女子曰君免乎曰免矣曰銳司徒免乎曰免矣曰苟君與吾父免矣可若何乃奔齊侯以為有禮既而問之辟司徒之妻也予之石窌

又成下曰魯聲伯之母不聘穆姜曰吾不以妾為姒生聲伯而出之嫁于齊管于奚生二子而寡以歸聲伯以其外弟為大夫而嫁其外妹於施孝叔郤犫來聘求婦於聲伯聲伯奪施氏婦以與之婦人曰鳥獸猶不失伉儷子將若何曰吾不能死亡婦人遂行生二子於郤氏郤氏亡晉人歸之施氏逆諸河沈其二子婦人怒曰已不能庇其伉儷而亡之又不能字人之孤而殺之將何以終

春秋漢含孳曰水火交感陰陽以設夫婦象也（水火則陰陽也陰陽則夫婦也）

又曰妻象大陰目法金位（金陰中之剛故喻目位水能純柔純柔妻象也）

戰國策曰鄒忌長八尺有餘身體逸麗朝服衣冠窺鏡謂

其妻曰我孰與城北徐公徐公齊國之美麗者也妻曰愈窺鏡而自視不如遠矣暮寢而思之吾妻之美我私我也

史記曰晉重耳謂其妻曰待我二十五年不來乃嫁其妻笑曰犂二十五年吾冢上柏大矣雖然妾待子

又曰易基乾坤詩始關雎夫婦之際人道大倫也禮之用唯婚姻爲競競

又曰張儀已學而遊說諸侯嘗從楚相飲已而楚相亡璧門下意儀曰儀貧無行貧必此人盜相璧共執儀掠笞數百不服釋之其妻曰嘻子無讀書遊說安得此辱乎張儀謂妻曰視吾舌尚在不其妻笑曰舌在也儀曰足矣乃遂入秦秦王以爲客卿

又曰吳起好用兵事魯君齊人攻魯欲將起以起取齊女爲妻而疑之起欲就名遂殺其妻以明不與齊魯卒以爲將攻齊大破之

又曰外黄富人女甚美嫁庸奴其夫亡（徐廣曰一云其夫亡）抵父客（如淳曰父時故賓客）父客素知張耳乃卒爲請決嫁張耳張耳是時脫身游女家厚奉給張耳以故致千里客及宦魏爲外黄令名由此益賢

漢書曰楊惲報段會宗云家本秦也能爲秦聲婦趙女也雅善鼓瑟

又曰京兆尹張敞爲婦畫眉長安中傳京兆眉嫵有司以奏敞宣帝問之對曰臣聞閨房之內夫婦之私有過於畫眉者

范曄後漢書曰鮑宣妻者桓氏之女也字少君宣帝就少君父奇其清苦故以女妻之裝送甚盛宣不悅謂妻曰少君富驕而吾貧不敢當妻曰大人以生守約故使妾侍巾櫛既承君子惟命是從乃悉歸御服更衣短布裳與宣共挽鹿車歸鄉里拜姑提甕出汲

後漢書曰班昭作女誡馬融善之令妻女習焉

又曰沛周郁妻者字阿閑於婦道而郁驕淫輕躁多行無禮郁父偉謂阿曰新婦賢者女當以道正夫郁之不改新婦過也阿拜而受命退謂左右曰我無樊衛二姬之行故君以責我我言而不用君必謂我不奉教令則罪在我矣若言而見用是爲子違父而從婦則罪在彼矣乃自殺

又曰馮良有志行與妻子相遇如君臣

又曰曹操攻呂布布欲降而陳宮等自以負罪於操深沮其計謂布曰曹公遠來勢不能久將軍若以步騎出屯於外宮將餘衆閉守於內若向將軍宮引兵而攻其背若但攻城則將軍救於外可破也布然之布妻曰昔曹氏待公臺

如赤子猶舍而歸我今將軍厚公臺不過於曹而欲委全城捐妻子孤軍遠出乎若一旦有變妾豈得爲將軍妻哉布乃止

又曰酈炎風病恍忽性至孝遭母憂疾甚發動妻始産而驚死妻家訟之收繫獄炎病不能對遂死獄中尚書盧植爲之誄讚以昭其懿

又曰公孫述連徵任永馮信並託清盲以避世難永妻婬於前匿情無言見子入井忍而不救信侍婢亦對信姦通及聞述誅皆盥洗更視曰世適平目即清婬者皆自殺

又曰周澤爲太守嘗卧疾齋宮其妻哀澤老病闚問所苦澤大怒以妻干犯齋禁遂收送詔獄謝罪世疑其詭激時人爲之語曰生世不諧作太常妻一歲三百六十日三百五十九日齋一日不齋醉如泥

又曰戴封字平仲年十五詣太常師事東海申君申君卒送喪到東海道當經其家父母以封當還豫爲娶妻封暫過拜親不宿而去

又曰河南尹王調洛陽令李阜與竇憲厚善縱舍自由尚書僕射樂恢劾奏調阜并及司隸校尉諸所刺舉無所迴避貴戚惡之妻每諫恢曰昔人有容身避害何必以言取怨恢歎曰吾忍素餐立人之朝乎

又曰更始尚書謝躬初其妻知世祖不平常戒躬曰君與劉公積不相能而信其虛談不爲之備終受制矣躬不納竟爲世祖所擒

又曰河南樂羊子之妻者不知何氏之女也羊子嘗行路得遺金一餅還以與妻妻曰妾聞志士不飲盜泉之水廉者不受嗟來之食況拾遺求利以汙其行乎羊子大慙乃捐金於野而遠尋師學一年來歸妻跪問其故羊子曰久行懷思無他異也妻乃引刀趍機而言此織生自蠶繭成於機杼一絲而累以至於寸累寸不已遂成丈匹今若斷斯織也則損失成功稽廢時月夫子積學當日知所志以就懿德若中道而歸何異斷斯織乎羊子感其言復還終業遂七年不返

又曰魏朗字仲英入爲尚書舉動皆有禮序室家相待如賓與子孫如嚴君焉

又曰曹世叔妻班彪之姑名昭字惠召入宮號曰大家每有貢獻遣大家作賦頌注列女傳著女誡及詩並行於時

魏志曰初司馬宣王勒兵從闕下趣武庫當曹爽門人逼車住爽妻劉氏怖出至廳事謂帳下守督曰公在外今兵起如何督曰夫人勿憂乃上門樓引弩注箭欲發將孫謙在後牽止之曰天下事未可知如此者一二宣王遂過

又曰郭淮字伯濟太原河曲人拜車騎將軍封曲陽侯淮妻王陵之妹當從坐侍御史往收羌胡渠帥數千人叩頭請淮表留妻淮不從妻之道莫不流涕人人扼腕欲劫留之淮五子叩頭流血請淮淮不忍視乃遣妻還淮以書白司馬宣王曰五子哀母不惜其身若無其母是無五子亦無淮也書至宣王亦宥之

魏氏春秋曰許允爲吏部郎選郡守明帝疑其所用非次收允將加罪允妻阮氏跣出謂曰明主可以理奪難以情求允之入帝怒詰之對曰某郡太守雖滿文字先至年限在後日限在前帝取事視乃釋遣出望其衣敗曰清吏也賜之衣允之出爲鎮北也喜謂其妻曰吾知免矣妻曰禍見於此何免之有

魚豢魏略曰桓範字彦則沛郡人也使持節督青徐諸軍鎮下邳與徐州刺史鄒岐爭屋引節欲斬岐爲岐所奏不直坐免當轉爲冀州刺史統屬鎮北將軍呂昭爲其妻仲長曰我寧作諸卿向公長跪耳不能爲呂子展屈也其妻曰君前在東坐欲擅斬徐州衆人謂君難爲作下今羞爲呂屈是復難爲作上範怒觸其首乃以刀鐶撞其腹妻其懷孕遂傷胎死

又曰常林字伯槐河內人也少好學爲諸生帶經鋤其妻常自餉饋雖在田野相敬如賓

晉書曰元康中梁國女子許嫁已授禮聘尋而其夫戍長安經年不歸女家更以適人女不樂行其母逼強不得已而去尋復病亡後其夫還逕至女墓不勝哀情便發塚開棺女遂活因與俱歸後聟聞知詣官爭之所在不能决訟

書郎王導議曰此是非常事不得以常理斷之宜還前夫朝廷從其議

又曰謝安妻劉琰妹也旣見家門富貴而安獨靜退乃謂曰大夫不如此也安掩鼻曰恐不免耳（出世說）

又曰吳隱之爲晉陵太守妻負薪冬月無被欲浣衣即披絮紡績以供朝夕

又曰王凝之妻謝氏字道韞弈之女也初適凝之還甚不樂弈曰王郎逸少子不惡汝何恨也答曰一門叔父則有阿父中郎群從兄弟則有胡封羯末不意天壤之中乃有王郎

又曰王導爲丞相妻曹氏性妒導甚憚之乃密營別館以處衆妾曹氏知而將往焉導恐妾被辱遽命駕猶遲之以所執麈尾柄驅牛而進司徒蔡謨聞之戲導曰朝廷欲加

公九錫之命弗之覺但謙退而已謨曰不聞餘物唯有短轅犢車長柄麈尾導大怒謂人曰往與群賢共遊洛中何曾聞有蔡克兒也

崔鴻前秦錄曰秦州刺史竇滔妻彭城令蘇道之女有才學織錦製迴文詩以贖夫罪

劉向列女傳曰魯有秋胡子旣納妻五日而官於陳五年乃歸未至其家見路傍有美婦人方採桑葉秋胡子說之下車謂曰苦暴獨採桑吾行道遠願託桑蔭下一飡於是下齎休焉婦人採桑不輟秋胡子謂曰力田不如逢年力桑不如見郎今吾有金願以與夫人婦人曰嘻夫採力作紡績織紝以供衣食奉二親養夫子而已矣吾不願人之金所願卿事上無有外意妾事夫家亦無淫佚之志子去矣收子之齎與子罰金秋胡子遂去歸至家奉金遺其毋毋使人呼其婦至乃向採桑者也胡秋子見之而慙婦曰子束髮脩身辭親往仕五年乃還當驩喜乍馳乍驟揚塵疾至思見親今者乃說路旁婦人而下子之裝以金予之是忘母也忘母不孝好色淫泆是汙行不義夫事親孝則事君不忠處家不義則治官不理孝義並亡於身必不遂妾不忍見不孝不義之人子改娶矣妾亦不嫁遂去東而走自投於河而死

又曰晉宗伯妻者晉大夫伯宗之妻也謂伯宗曰子之性固不可易也且國家多貳其危可立而待也子何不豫結賢大夫以託州犂焉（伯宗子也）伯宗曰諾乃得畢羊而友之及欒不忌之難三郤害伯宗譖而殺之畢羊乃送州犂于荆遂得免焉

太平御覽卷第五百二十

太平御覽卷第五百二十一

宗親部十一

慈母保母　乳母　妾　出婦
舅舅母　外甥　姨

慈母保母

禮記內則曰：子生，異爲孺子室於宮（特埽一室以處之），擇於諸母與可者，必求其寬裕慈惠、溫良恭敬、慎而寡言者，使爲子師，其次爲慈母，其次爲保母，皆居子室。（此人君養子之禮也。諸母，衆妾也。可者，傅御之屬也。子師，教示以善道者。慈母，知其嗜欲者。保母，安其居處者。士妻食乳之而已。）

又曾子問曰：子游曰：喪慈母如母，禮與？（如母謂父卒三年也）孔子曰：非禮也。古者男子外有傅，內有慈母，君命所使教子也，何服之有？（言無服也）昔者魯昭公少喪其母，有慈母良，及其死也，公弗忍也，欲喪之，有司以聞，曰：古之禮，慈母無服，今也君爲之服，是逆古之禮而亂國法也；若終行之，則有司將書之以遺後世，無乃不可乎？公曰：古者天子練冠以燕居，吾弗忍也。遂練冠以喪慈母。喪慈母自魯昭公始也。

左傳襄六曰：宋大災，宋伯姬卒，待姆也。（姆，女師也）

乳母

史記曰：武帝時有所幸倡郭舍人者，發言陳辭雖不合道，然令人主和悅。武帝少時，東武侯母嘗養帝，帝壯時號曰大乳母。率一月再朝，朝奏入，有詔使幸臣馬遊卿以帛五十疋賜乳母，有詔得令乳母乘車行馳道中。當此之時，公卿大臣皆敬重乳母。乳母家子孫奴從者橫暴長安中，當道掣頓人車馬，奪人衣服。聞於中，不忍致之法。有司請徙乳母家室，處之於邊。奏可。乳母當入至前，面見辭。乳母先見郭舍人，爲下泣。舍人曰：即入見辭去，勿疾步，數還顧。乳母如其言，謝去，郭舍人疾言罵之曰：咄！老女子何不疾行？陛下已壯矣，寧尚須汝乳而活耶？於是武帝憐之，乃下詔止無徙乳母。

後漢書曰：安帝時，鄧太后臨朝，帝不親政事。小黃門李閏與帝乳母王聖常共譖太后兄執金吾鄧悝等，言欲廢帝立平原王德，帝每忿懼。及太后崩，遂誅鄧氏，而王聖女伯榮扇動內外，競爲侈虐。明年帝崩，立北鄉侯爲天子，王聖及黨與皆見徙。

王隱晉書曰：賈充子黎民三歲，乳母抱向閤，充入，黎民喜踊，充嗚之。充夫人郭槐遙望，疑充卽鞭殺乳母，兒思母病死。槐又生男，向歲，乳母抱中庭，充過拈兒頰，郭又疑之，復鞭殺乳母，兒又死，充遂無嗣。

譚藪曰：宋何承天爲著作郎，時新著作多貴游少年，或戲承天，謂爲妳母。承天曰：鳳凰將九子，妳母何言耶？

妾

禮記曲禮曰：買妾不知其姓，則卜之。

又內則曰：聘則爲妻，奔則爲妾。（妾之言接也。聞彼有禮，走而往焉，以得接見於君子。）

又曰：妾雖老，年未滿五十，必與五日之御。雖婢妾，衣服飲食必後長者。妻不在，妾御莫敢當夕。（辟女君之御日也）妾將生子，及月辰，夫使人日一問之。

左傳成上曰：魯聲伯之母不聘（無媒禮），穆姜曰：吾不以妾爲姒。（昆弟之妻相謂爲姒）生聲伯而出之。

又昭五：晏子對齊景公曰：內寵之妾肆奪於市，外寵之臣僭令於鄙。

又哀下曰：魯公子荊之母嬖（荊，哀公庶子），將以爲夫人，使宗人釁夏獻其禮（宗人，禮官）。對曰：無之。公怒曰：女爲宗司，立夫人，國

之大禮也何故無之對曰周公及武公娶於薛孝惠娶於商自桓以下娶於齊此禮也則有若以妾爲夫人則固無其禮也

出婦

禮記檀弓曰子上之母死而不喪（子上孔子曾孫子思伋之子名白其母出）門人問諸子思曰昔者子之先君子喪出母乎曰然（禮爲出母期父卒爲父後者不服耳）子之不使白也喪之何也子思曰昔者吾先君子無所失道道隆則從而隆道汙則從而汙（汙猶殺也有隆有殺進退如禮）伋則安能（自予不能及）爲伋也妻者是爲白也母不爲伋也妻者是不爲白也母故孔氏之不喪出母自子思始也

又內則曰子甚宜其妻父母不說出（宜猶善也）

漢書曰王吉少時學問居長安其東家有大棗樹垂庭中吉婦取棗以啖吉吉後知之乃去婦東家聞而伐其樹鄰里共止之因固請吉令還婦里中爲之語曰東家有樹王陽去婦東家棗完去婦復還

又曰王禁生元后元后母魏郡李氏女也後以妬去更嫁爲河內苟賓妻

後漢書曰馮衍娶北地女任氏爲妻悍忌不得畜媵妾兒女常自操井臼老竟逐之

又曰黃允濟陰人也以儁才知名郭林宗見而謂曰卿有絕人之才足成偉器然恐守道不篤將失之矣後司徒袁隗欲爲從女求姻見允而歎曰得壻如是足矣允聞而黜遣其妻夏侯氏婦請姑曰今當見棄方與黃氏長辭乞一會宗親以展離訣之情於是大集賓客三百餘人婦中坐攘袂數允隱慝穢惡十五事言畢登車而去允以此廢於時

又曰李充字大遜家貧兄弟六人同衣遞食妻竊謂充曰今貧居如此難以久安願思分異充僞許之曰當醞酒具會請呼鄉里內外充於坐中前跪白母曰此婦無狀而教充離間母兄罪合遣斥便呵叱其婦逐令出門婦銜涕而去

晉書曰劉瓛母孔氏瓛娶王氏緣壁挂履土落孔氏床上孔氏不悅瓛即出其妻

梁書曰孔謙從兄靈慶嘗病寄於謙謙出行還問起居靈慶曰向飲冷熱不調即時猶渴謙退遣其妻

家語曰婦有七出三不去七出者不順父母無子淫僻嫉妬惡疾多口舌竊盜不順父母者爲其逆德也無子者爲其絕世也淫僻者爲其亂族也嫉妬者爲其亂家也惡疾者爲其不可供粢盛也多口舌者爲其離親也竊盜者爲其反義也三不去者謂有所取無所歸也與其經三年之喪也先貧賤後富貴也凡此皆聖人所以慎男女之際重婚姻之始也

又曰曾子妻以炊藜烝不熟出之

古樂府詩曰上山採蘼蕪下山逢故夫迴首問故夫新人復何如

舅舅母

釋名曰舅久也

爾雅曰母之昆弟爲舅

毛詩秦風曰渭陽康公念母也康公之母晉獻公之女文公遭驪姬之難未反而秦姬卒穆公納文公康公時爲太子贈送文公于渭之陽念母之不見也我見舅氏如母存焉及其即位思之而作是詩也我送舅氏曰至渭陽何以

贈之路車乘黄我送舅氏悠悠我思何以贈之瓊瑰玉佩也

儀禮曰舅毋之昆弟也傳曰何以服緦從服也（言從母服也）

禮記檀弓曰從母之夫舅之妻二夫人相爲服君子未之言也

左傳僖中曰秦伯納晉公子重耳及河子犯以璧授公子曰臣負羈紲以從君巡於天下臣之過多矣臣猶知之而況君乎請由此亡公子曰所不與舅氏同心者有如白水投其璧于河

又曰庾懌嘗以毒酒餉江州刺史王允之允之覺其有毒飲犬犬斃乃密奏之帝曰大舅已亂天下小舅復欲爾邪懌聞飲酖而卒

又曰劉璵字慶孫與弟琨字越石並爲尚書郎郭弈之甥也名著當時京師爲之語曰洛中弈弈慶孫越石

又曰荀勗潁川人少孤貧依於舅氏幼而歧嶷早成十歲能屬文鍾繇曰此兒當及曾祖爽耳

又曰殷浩坐徙東陽信安縣外甥韓康伯浩妻素賞愛之隨至徙所經歲還都浩送至渚側詠曹顏遠詩曰富貴他人合貧賤親戚離因而下泣

又曰衛玠字叔寶驃騎將軍王濟玠之舅也儁爽風姿每見玠輒歎曰珠玉在旁覺我形穢

又曰郄愔字方回與姊夫王羲之有邁世之風獻之兄弟愔子（超未亡時獻之兄弟）嘗躡履脩甥舅之禮及超死見愔急慢屐而候之命席便坐愔慨然曰嘉賓不死鼠子敢爾

又曰武帝楊后諱豔字瓊芝弘農人母天水趙氏早卒依舅家舅母仁愛親乳之使他人乳巳子

世說曰衛展字道舒爲江州有舊投之都不袛待唯餉王不留行一斤此人便命駕李弘範聞之曰家舅刻薄乃復使卉木也

又曰魏明帝爲外祖築館既成謂左右曰當何名之侍中繆襲曰陛下聖思齊於哲王罔極過於曾閔此館之興情鍾舅氏宜以渭陽名爲上從之

妬記曰謝太傅劉夫人不令太傅有別房寵公既深好聲色不能全禦遂頗欲立妓妾兄子及外甥等微達其旨乃共諫劉夫人方便稱關雎螽斯有不妬忌之德夫人知諷已乃問誰撰詩荅曰周公夫人曰周公是男子乃相爲耳若使周姥傳應無此語也

蔡邕進表曰平丘程未年十四時父叔没未抱屍號泣悲哀舅哀其羸劣嚼臠肉以哺之未見食歔欷不能吞咽

外甥

釋名曰姊妹之子曰甥出配他男而生也

爾雅曰男子謂姊妹之子爲出謂我舅者吾謂之甥也

儀禮子夏傳曰甥何以緦報之也

左傳莊公曰楚文王伐申過鄧鄧祁侯曰吾甥也止而享之騅甥聃甥養甥請殺楚子鄧侯不許三甥曰亡鄧國者必此人也若不早圖後君噬臍其及圖之乎

史記曰汲黯字長孺濮陽人司馬安是其姊子與黯同爲太子洗馬

漢書曰霍去病衛青姊少兒子也

又曰顏安字翁孫魯人眭孟姊子也

東觀漢記曰黄香字文強年十二家業虚貧衣食不贍舅龍鄉侯爲作衣被不受

晉書曰魏舒少爲外家甯氏所養甯氏營宅相者云當出貴甥舒時尚幼自言曰當爲外氏成此宅相

又曰石崇字季倫其甥歐陽建與趙王倫有隙倫僞詔收崇及建建作臨終詩

又曰謝重字景重子約字宣映曾於公座戲嘲無禮於其舅袁湛湛謂曰汝父昔已輕舅今汝復來加我可謂兩世無渭陽之情約父重即王敬之外孫與舅有不恊之論湛故有此云

又曰范汪少孤年六歲過江依外家庾氏荊州刺史王澄見之曰興范族者必此子也十三喪母居喪盡禮及長好學博識多通善談名理

又曰韓康伯清和有思舅殷浩曰康伯能自標置居然是出群器也

又曰何無忌東海郯人少有大志鎮北將軍劉牢之即其舅也時鎮京口每有大事皆參議之桓玄之篡與劉裕劉毅共興義兵桓玄聞之甚懼其黨曰烏合之衆勢必無成玄曰劉裕勇冠三軍劉毅家無擔石之儲摴蒱一擲百萬何無忌劉牢之甥酷似其舅共舉大事何爲無成

又曰姚興太史令高魯遣其甥王蒙暉隨劉藻送玉璽一鈕并圖讖秘文於慕容德

吳均齊春秋曰劉瓛字珪沛人五歲聞舅孔昭先讀管寧傳欣然請更讀因聽受曰可及此耳

三輔決録曰吉閎幼有美名九歲明尚書舅何[illegible]死家貧子幼閎自造墳塋殯葬之

衛玠別傳曰玠王武子甥也武子常與乘白羊車入市舉市曰誰家璧人曰武子甥也武子常與同遊語曰耶與外甥玠並出冏若明珠在側朗然來照人

姨

爾雅曰母之姊妹爲從母

儀禮子夏傳曰從母丈夫婦人服（從母母之姊妹）傳曰何以小功也以名加也外親之服皆緦之（外親異姓正服不過緦）

晉書曰何充字次道廬江人王導妻姊之子故少與王導善尋爲顯官嘗詣舍導以麈尾指床呼充共座曰此是君座也

宋書初高祖産而皇妣殂孝皇貧薄議欲不舉高祖從母生懷敬未朞乃斷乳而養高祖以舊恩之故懷敬累至會稽太守

三輔決録曰周季貢班固姊之子也善屬文喪婦作閒神其姨曹大家難之

太平御覽卷第五百二十一

太平御覽卷第五百二十二

禮儀部一

敘禮上

尚書舜典曰咨四嶽有能典朕三禮（三禮天神地祇人鬼之禮也）

毛詩國風曰相鼠刺無禮也衛文公能正其羣臣而刺在位承先君之化無禮儀也相鼠有皮人而無儀（儀威儀也視鼠有皮雖處尊位猶為闇昧之行箋云大鼠有皮雖處高顯之處偷食苟得不知廉恥亦與人無威儀者同）人而無儀不死何為（箋云人以有威儀為貴今反無之傷化敗俗不知其死無所害也）相鼠有齒人而無止（止所止息箋云止容止孝經曰容止可觀）人而無止不死何俟（俟待也）相鼠有體（體支體也）人而無禮人而無禮胡不遄死（遄速也）

毛詩國風曰蒹葭刺襄公也未能用周禮將無以固其國焉（秦處周之舊土其人被周之德教日久矣今襄公新為諸侯未習周之禮法故國人未服焉）蒹葭蒼蒼白露為霜（興也蒹薕也葭蘆也蒼蒼盛也白露凝戾為霜然後歲事成國家待禮然後興箋云蒹葭在衆草之中蒼蒼然彊盛至白露凝戾為霜則成而黄興者喻衆民之不從襄公政令者得周禮以教之則服）所謂伊人在水一方

周禮天官曰太宰之職掌建邦之六典三曰禮典以和邦國以統百官以諧萬民

周禮地官司徒曰司徒之職掌施十有二教焉一曰以祀禮教敬則民不苟二曰以陽禮教讓則民不爭三曰以陰禮教親則民不怨四曰以禮樂教和則民不乖五曰以儀辯等則民不越六曰以俗教安則民不愉七曰以刑教中則民不虣八曰以誓教恤則民不怠九曰以度教節則民知足十曰以世事教能則民不失職十有一曰以賢制爵則民慎德十有二曰以庸制禄則民興功

周禮地官曰大司徒以五禮防萬民之僞而教之中（禮所以節止民之侈僞使其行得中鄭司農云五禮謂吉凶賓軍嘉）

周禮春官宗伯曰以嘉禮親萬民（嘉善也所以因人心所善者而為之制嘉禮之別有六）以飲食之禮親宗族兄弟（親者使之相親人君有食宗族飲酒之禮所以親之也文王世子曰族食世降一等大傳曰繫之以姓而弗別綴之以食而弗殊百世而婚姻不通者周道然也）以昏冠之禮親成男女（親其恩成其性）以賓射之禮親故舊朋友（射禮雖王亦立賓主也王者故舊朋友為世子時共在學者天子有友諸侯之義武王誓曰我友邦冢君是也司寇職有議故之辟議賓之辟）以饗燕之禮親四方之賓客（賓客謂朝聘者）以脤膰之禮親兄弟之國（脤膰社稷宗廟之肉以賜同姓之國同福禄也兄弟有共先王者魯定公十四年天王使石尚來歸脤）以賀慶之禮親異姓之國（異姓王昏姻甥舅）

禮記曲禮曰夫禮者所以定親疏決嫌疑別同異明是非也道德仁義非禮不成教訓正俗非禮不備分爭辯訟非禮不決君臣上下父子兄弟非禮不定宦學事師非禮不親班朝治軍涖官行法非禮威嚴不行禱祠祭祀供給鬼神非禮不誠不莊是以君子恭敬撙節退讓以明禮（撙猶趨也）

曲禮曰人有禮則安無禮則危故曰禮者不可不學也夫禮者自卑而尊人雖負販者必有尊也而況富貴乎（負販者尤輕恚志利宜若無禮然）富貴而知好禮則不驕不淫貧賤而知好禮則志不懾（懾猶怯惑也）

又曲禮下曰君子行禮不求變俗（求猶務也）

又禮運曰孔子曰夫禮先王以承天之道以治人之情故失之者死得之者生詩曰相鼠有體人而無禮人而無禮胡不遄死（相視也遄疾也言鼠之有身體如人而無禮者矣人之無禮可憎賤如鼠不如疾死之愈）是故夫禮必本於天殽於地列於鬼神（聖人則天之明因地之利取法度於鬼神以制禮下教令也既又禮之盡其敬也教民嚴上也鬼者精魂所歸神者引物而出謂祖廟山川五祀之屬也）達於喪祭射御冠昏朝聘（民知嚴上則此禮達於下）故聖人以禮示之故天下國家可得而正也

又禮運曰禮者君之大柄也所以別嫌明微儐鬼神考制

度別仁義所以治政安君也（疾今失禮如此爲言禮之大義也柄所操以治事）

又禮運曰是故夫禮必本於太一分而爲天地轉而爲陰陽變而爲四時列而爲鬼神

又禮運曰故聖人之所以治人七情脩十義講信脩睦尚辭讓去爭奪舍禮何以治之（惟禮可耳）飲食男女人之大欲存焉死亡貧苦人之大惡存焉故欲惡者心之大端也人藏其心不可測度也美惡皆在其心不見其色也欲一以窮之舍禮何以哉（言人情之難知明禮之重）

又禮運曰故禮行於郊而百神受職焉禮行於社而百貨可極焉禮行於祖廟而孝慈服焉禮行於五祀而正法則焉（言信得其禮則神物與人皆應之百神列宿也百貨金玉之屬）

又禮運曰故禮義也者人之大端也所以講信脩睦而固人之肌膚之會筋骸之束也所以養生送死事鬼神之大端也所以達天道順人情之大竇也（竇孔穴也）故唯聖人爲知禮之不可以已也故壞國喪家亡人必先去其禮（言愚者之反聖人也）故禮之於人也猶酒之有蘗也君子以厚小人以薄（皆得以爲美味性善者識耳）

又禮器曰禮器是故大備大備盛德也（禮器言禮使人成器如耒耜之爲用也人情以爲田脩禮以耕之此是也大備自耕至於食之而肥）禮釋回增美質措則正施則行（釋猶去也回邪辟也質猶性也措猶置也）其在人也如竹箭之有筠也如松栢之有心也二者居天下之大端故貫四時而不改柯易葉君子有禮則外諧而內無怨故物無不懷仁鬼神饗德先王之立禮也有本有文忠信禮之本也義理禮之文也無本不立無文不行（言必外內具也）

又禮器曰禮也者猶體也（若人身體）體不備君子謂之不成人設之不當猶不備也禮有大有小有顯有微大者不可損小者不可益顯者不可揜微者不可大也故經禮三百曲禮三千其致一也（致之言至也一謂誠也經禮謂周禮也周禮六篇其官有三百六十曲猶事也事禮謂今禮也禮篇多亡本數未聞其中事儀三千）未有入室而不由戶者（三百三千皆猶誠也）

又禮器曰君子曰甘受和白受采忠信之人可以學禮苟無忠信之人則禮不虛道是以得其人之爲貴也

又樂記曰是故先王有大事必有禮以哀之有大福必有禮以樂之哀樂之分皆以禮終（大事謂死喪也）

又經解曰禮之於正國也猶衡之於輕重也繩墨之於曲直也規矩之於方圓也故衡誠縣不可欺以輕重繩墨誠陳不可欺以曲直規矩誠設不可欺以方圓君子審禮不可誣以姦詐（衡稱也縣謂重也陳謂彈畫也誠猶審也）是故隆禮由禮謂之有方之士不隆禮不由禮謂之無方之民敬讓之道也

又經解曰故朝覲之禮所以明君臣之義也聘問之禮所以使諸侯相尊敬也喪祭之禮所以明臣子之恩也鄉飲酒之禮所以明長幼之序也婚姻之禮所以明男女之別也夫禮禁亂之所由生猶坊止水之所自來也故以舊坊爲無所用而壞之者必有水敗以舊禮爲無所用而去之者必有亂患（春見曰朝小聘曰問昏姻謂嫁娶也壻曰昏妻曰姻自以由也）故昏姻之禮廢則夫婦之道苦而淫辟之罪多矣鄉飲酒之禮廢則長幼之序失而爭鬭之獄繁矣喪祭之禮廢則臣子之恩薄而倍死忘生者衆矣聘覲之禮廢則君臣之位失諸侯之行惡而倍畔侵陵之敗起矣（若謂不至不答之屬）故禮之教化也微其止邪也於未形使人日徙善遠罪而不自知也是以先王隆之

又哀公問曰哀公問於孔子曰大禮何如君子之言禮何

其尊也孔子曰丘也小人不足以知禮謙不答曰君曰否吾子言之也孔子曰丘聞之民之所由生禮爲大非禮無以節事天地之神也非禮無以辨君臣上下長幼之位也非禮無以別男女父子兄弟之親昏姻疏數之交也君子以此之爲尊敬然言君子以此故尊禮

又曰仲尼燕居子張子貢言游侍縱言至於禮言游言偃子游也縱言汎說事子曰居女三人者吾語女禮使女以禮周流無不徧也爲女三人者女三人且坐也使之坐凡與尊者言更端則起也子貢越席而對曰敢問何如對應也子曰敬而不中禮謂之野恭而不中禮謂之給勇而不中禮謂之逆言游進曰敢問禮也者領惡而全好者與子曰然領猶治也好善也然則何如子曰郊社之義所以仁鬼神也嘗禘之禮所以仁昭穆也饋奠之禮所以仁死喪也射鄉之禮所以仁鄉黨也食享之禮所以仁賓客也仁猶存也凡存此者所以全善之道郊社嘗禘饋奠存死之善者也射鄉食享存生之善者也郊有后稷社有勾龍子曰明乎郊社之義嘗禘之禮治國其如指諸掌而已乎是故以之居處有禮故長幼辨也以之閨門之內有禮故三族和也以之朝廷有禮故官爵序也以之田獵有禮故戎事閑也以之軍旅有禮故武功成也

又仲尼燕居曰子曰禮者何也即事之治也君子有其事必有其治治國而無禮譬猶瞽之無相與倀倀乎其何之譬如終夜有求於幽室之中非燭何以見若無禮則手足無所錯耳目無所加進退揖讓無所制

又坊記曰子云夫禮者所以章疑別微以爲民坊者也故貴賤有等衣服有別朝廷有位則民有所讓位朝位也

又中庸曰子曰吾說夏禮杞不足徵也吾學殷禮有宋存焉吾學周禮今用之吾從周徵猶明也吾能說夏禮顧杞之君不足與明故也吾從周

行令之道

禮含文嘉曰禮者履也

禮稽命徵曰得禮之制澤谷之中有赤烏白玉赤蛇赤龍赤木白泉生出飲酌之使壽長

禮稽命徵曰禮之動搖也與天地同氣四時合信陰陽爲符日月爲明上下和洽則物獸如其性命

太平御覽卷第五百二十二

太平御覽卷第五百二十三

禮儀部二

叙禮二

禮記外傳曰：吉凶賓軍嘉，即五禮之目也。吉禮者，祭祀郊廟宗社之事是也。(起自神農氏始教民種穀，禮始於飲食，蕢葦籥擊土鼓以迎田祖，致敬鬼神，祭皆用樂。此伊耆氏即神農別號。)凶禮者，喪紀之説，年穀不登，大夫去國之事也。(皇帝始養生送死也。)賓禮者，貢獻朝聘之事是也。軍禮者，始黄帝與蚩尤戰於涿鹿之野。嘉禮者，好會之事，起自伏羲以儷皮爲幣，始制嫁娶。(亨通者，嘉會之事也。)其後有冠(冠者代父之事者，婚有繼世之道，物有代謝之期，悲發於嗣，乃非純吉，故爲嘉禮之事也。)鄉飲酒、鄉射、食耆老、王撫族人之事是也。(四者亦嘉會也。)但前代象天，其禮質而略；後代法地，其事煩而文。唐虞之際，五禮明備；周公所制，文物極矣。

左傳文下曰：齊侯侵我西鄙，遂伐曹，入其郛，討其來朝也。季文子曰：齊侯其不免乎？已則無禮，(執王使而伐其罪。)而討於有禮者，曰：女何故行禮？禮以順天，天之道也。已則反天，而又以討人，難以免矣。

又文公曰：先大夫臧文仲教行父事君之禮，行父奉以周旋，弗敢失隊，曰：見有禮於其君者，事之如孝子之養父母也；見無禮於其君者，誅之如鷹鸇之逐鳥雀也。

又宣十六年：晉侯使士會平王室，定王享之，原襄公相禮，(原襄公，周大夫。相，佐也。)殽烝。(烝，升也，升殽於俎。)武子私問其故。(享當體薦而殽烝，故問之。士會諡，季其字。)王聞之，召武子曰：季氏，而弗聞乎？王享有體薦，(享則半解其體而薦之，所示以共儉。)宴有折俎，(體解節折，升之於俎，物皆可食，所以示慈惠也。)公當享，卿當宴，王室之禮也。(公謂諸侯。)武子歸而講求典禮，以脩晉國之法。

又昭二年曰：晉侯使韓宣子來聘，(公卿位故。)且告爲政而來見，禮也。(代趙武爲政，雖盟主，而備好同盟，故日禮。)觀書於太史氏，見易象與魯春秋，曰：周禮盡在魯矣。(易象，上下經之象辭；魯春秋，史記之策書。春秋遵周公之典以序事，故曰周禮盡在魯也。)吾乃今知周公之德與周之所以王也。(易象春秋，文王周公之制。當此時儒道廢，諸國多闕，唯魯備，故宣子適魯而説之也。)

又昭二日：楚靈王使問禮於左師與子產。左師曰：小國習之，大國用之，敢不薦聞？(言所聞謙，示所未行。)獻公合諸侯之禮六儀。(六儀也。宋爵公，故獻公禮。)子產曰：小國共職，敢不薦守？獻伯子男會公之禮六。(鄭伯爵，故獻伯子男會公之禮。)

又昭二曰：公如晉，自郊勞至于贈賄，(往有郊勞，去有贈賄。)無失禮。(揖讓之禮。)晉侯謂女叔齊曰：魯侯不亦善於禮乎？對曰：魯侯焉知禮？公曰：何爲？自郊勞至于贈賄，禮無違者，何故不知？對曰：是儀也，不可謂禮。禮所以守其國，行其政令，無失其民者也。

又昭二曰：孟僖子病不能相禮，(不能相儀答郊勞，以此爲已疾。)乃講學之，(講習也。)苟能禮者從之。及其將死也，(二十四年孟僖子卒，傳終言之。)召其大夫曰：禮，人之幹也。無禮無以立。吾聞將有達者曰孔丘，(僖子卒時，孔丘年三十五。)聖人之後也。我若獲沒，(得以壽終。)必屬説與何忌於夫子，使事之，(説，南宮敬叔；何忌，孟懿子：皆僖子之子也。)而學禮焉，以定其位。(知禮則位安。)

又昭六曰：鄭子大叔見趙簡子，簡子問揖讓周旋之禮焉。對曰：是儀也，非禮也。簡子曰：敢問何謂禮？對曰：吉也聞諸先大夫子產曰：夫禮，天之經也，(經者道之常。)地之義也，(義者利之宜也。)民之行也。(行者人所履。)天地之經，而民實則之。簡子曰：甚哉禮之大也！對曰：禮，上下之紀，天地之經緯也，(緯經錯居，以相成者。)民之所以生也，是以先王尚之。

又昭六曰齊景公曰善哉吾今而後知禮之可以爲國也對曰禮之可以爲國也久矣與天地並（有天地則禮義興）君令臣共父慈子孝兄愛弟敬夫和妻柔姑慈婦聽禮也君令而不違臣共而不貳父慈而教子孝而箴（箴諫也）兄愛而友弟敬而順夫和而義妻柔而正姑慈而從（從不自專）婦聽而婉（婉順也）禮之善物也

又定下曰公會齊侯于祝其實夾谷（夾谷即祝其地）孔丘相（相會儀也）犂彌言於齊侯曰孔丘知禮而無勇若使萊人以兵劫魯侯必得志焉

又定下曰邾隱公來朝（邾子益也）子貢觀焉邾子執玉高其容仰公受玉卑其容俯（玉朝者之贄）子貢曰以禮觀之二君者皆有死亡焉夫禮死生存亡之禮也將左右周旋進退俯仰於是乎觀之今正月相朝而皆不度（不合法度）心已亡矣

又哀上曰太宰嚭召季康子（嚭吳大夫）康子使子貢辭太宰嚭曰國君道長大（言君長於道路）而大夫不出門此何禮也對曰豈以爲禮畏大國也（畏大國不敢虛國盡行）大國不以禮命於諸侯苟不以禮豈可量也寡君既共命焉其老豈敢弃其國太伯端委以治周禮仲雍嗣之斷髮文身臝以爲飾豈禮也哉

春秋說題辭曰禮者所以設容明天地之體也

論語曰有子曰禮之用和爲貴先王之道斯爲美小大由之有所不行知和而和不以禮節之亦不可行也

又曰子曰導之以政齊之以刑民免而無恥導之以德齊之以禮有恥且格

又曰子曰夏禮吾能言之杞不足徵也殷禮吾能言之宋不足徵也（徵成也杞宋二國夏殷之後夏殷之禮吾能說之杞宋之君不足以成也）

又曰子張問十世可知也（世謂易姓之世也問其制度變易如何）子曰殷因於夏禮所損益可知也周因於殷禮所損益可知也（所損益可知也者據時篇目皆在可校數）其或繼周者雖百世可知也（自周之後以爲變易損益之極極於三王亦不是過也）

又曰顏淵問仁子曰克己復禮爲仁一日克己復禮天下歸仁焉爲仁由己而由人乎哉顏淵曰請問其目子曰非禮勿視非禮勿聽非禮勿言非禮勿動顏淵曰回雖不敏請事斯語矣

又曰子曰禮云禮云玉帛云乎哉（言禮非但崇此玉帛而已所貴者乃貴其安上治民）

漢書曰漢王已并天下諸侯共尊爲皇帝於定陶叔孫通就其儀號高帝悉去秦儀法爲簡易羣臣飲爭功醉或妄呼拔劍擊柱上患之通知上益厭之說上曰夫儒者難與進取可與守成臣願徵魯諸生與臣弟子共起朝儀上曰可試爲之令易知度吾所能行爲之七年長樂宮成諸侯羣臣朝十月大行設九賓臚句傳（上傳語告下爲臚下告上爲句）於是皇帝輦出房百官執戟傳警引諸侯王以下至吏六百石以次奉賀自諸侯王以下莫不震恐肅敬至禮畢盡伏置法酒（文穎曰作酒令法也蘇林曰常會須天子中起更衣然後入置酒）諸侍坐殿上皆伏抑首（如淳曰抑屈）以尊卑次起上壽觴九行謁者言罷酒御史執法舉不如儀者輒引去竟朝置酒無敢讙譁失禮者於是高帝曰吾乃今日知爲皇帝之貴也拜通爲太常賜金五百斤通出皆以五百金賜諸生諸生乃喜曰叔孫生聖人知當世務也

又曰王者必因前王之禮而順時施宜有所損益節人之心稍稍制作

又曰宣帝時諫議大夫王吉上疏願述舊禮明王制驅一

代之人蹟之仁壽之域

范曄後漢書曹褒傳曰詔召玄武司馬班固問改定禮制之宜固曰京師諸儒多能說禮宜廣招集共議失得帝曰諺言作舍道邊三年不成會禮之家名爲聚訟互生疑異筆不得下昔堯作大章一夔足矣章和元年正月乃召褒詣嘉德門令小黄門持班固所上叔孫通漢儀十二篇勑褒曰此制散略多不合經今宜依禮條正使可施行於南宮東觀盡心集作

典略曰孔子過宋與弟子集禮於大樹下宋司馬桓魋使拔其樹去適鄭

六韜曰太公對文王曰禮者治之粉澤也

管子曰禮者因人之情緣義之理爲之節文者也

孟子曰惻隱之心仁之端也辭讓之心禮之端也

孫卿子曰禮者人主以爲群臣尺寸尋丈檢式也禮有三本天地生之本先祖類之本君師治之本國之本在禮也

又曰人生有欲欲則求求則爭爭則亂亂則窮先王惡其亂也故制禮義以養之禮者養也稻粱五味所以養口也椒蘭芬馨所以養鼻也雕琢刻鏤黼黻文章所以養目也疏房越席沐浴机筵所以養體也

莊子曰三王五帝之禮儀法度不矜於同而矜於治故譬三王五帝之禮儀法度其猶柤梨橘柚菓瓜之屬耶其味反而皆可於口

文子曰老子云爲禮者雕琢人性矯拂其情目雖欲之禁以法心雖樂之節以禮趍翔周旋屈節異儀肉凝而弗食酒敗而不飲外束其形中愁其意汨陰陽之和而迫生命之情

愼子曰禮從俗政上國有貴賤之禮無賢不肖之禮有長幼之禮無勇怯之禮有親疎之禮無愛惡之禮也

淮南子曰禮者體情而制文者也

又曰夫水積則生相食之蟲（言大食小魚）土積則生食肉之獸禮飾則生僞慝之儒（僞慝謀蟲）夫吹灰而欲無眯涉水而欲無濡不可得也

說苑曰齊景公登射晏子脩食禮以待公曰禮寡人厭之矣吾欲得天下勇士與之圖國晏子對曰君子無禮是庶人也庶人無禮是禽獸也禮而治國所以御民也轡者所以馭馬也無禮而治國家者嬰未嘗聞也景公曰善乃飾射更席以爲上客

尸子曰秋爲禮西方爲秋秋肅也萬物莫不肅敬禮之至也

韓詩外傳曰晏子聘魯上堂則趍授玉則跪子貢怪之問孔子孔子問晏子晏子對曰夫上堂之禮君行一臣行二今君之授幣也卑臣敢不跪乎孔子曰善禮中又有禮

董生書曰禮者天所爲也文者人所爲謂之禮禮者因人情以爲節文以救其亂也夫隄者水之防也禮者人之防也刑防其末禮防其本也

白虎通曰夫禮者陰陽之際也百事之會也所以尊天地賓鬼神序上下之道也

袁淮書曰禮者緣人情而爲之節度者也嚴父愛親之情也尊親敬長之義耳

物理論云禮者履也律也義同而名異

孫卿禮賦曰爰有大物非絲非帛文理成章非日非月爲天下明生者以壽死者以葬城郭以固三軍以強粹而王

駮而霸無一爲而王也

太平御覽卷第五百二十三

太平御覽卷第五百二十四

禮儀部三

祭禮上

毛詩召南曰采蘋大夫妻能循法度也能循法度則可以承先祖供祭祀也于以采蘋南澗之濱于以采藻于彼行潦蘋大萍也澗崖也藻聚藻也行潦流潦也

又小雅天保曰吉蠲爲饎是用孝享吉善蠲絜也饎酒食也享獻也箋云謂將祭祀也禴祠烝嘗于公先王春曰祠夏曰禴秋曰嘗冬曰烝公事也箋云公謂后稷也君曰卜爾萬壽無疆君先君也尸所以象神卜子也箋云君曰卜爾者尸嘏主人傳神辭也

又小雅吉日曰吉日維戊既伯既禱維戊順類乘壯也伯馬祖也重物慎微將用馬力必先爲之禱其祖禱獲也箋云戊剛日也故乘壯爲順類也

又小雅大田曰來方禋祀以其騂黑與其黍稷以享以祀以介景福騂牛也黑羊豕也箋云成王之來則又禋祀四方之神祈報焉陽祀用騂牲陰祀用黝牲

又小雅楚茨曰濟濟蹌蹌絜爾牛羊以往烝嘗或剝或亨或肆或將濟濟蹌蹌言有容也亨飪之也肆陳將齊也或陳于皮或齊其肉箋云有容言威儀敬慎也冬祭曰烝秋祭曰嘗祀之禮各有其事有解剝其皮者有煑熟之者有肆其骨體於俎者或奉持而進之者祝祭于祊祀事孔明祊門內也箋云孔甚也明猶備也絜也孝子不知神之所在故使祝博求之平生門內之旁待賓客之處祀禮於是甚明

又小雅信南山曰祭以清酒從以騂牡享于祖考周尚赤曰騂牡箋云清謂玄酒也酒鬱鬯五齊三酒也祭之禮先以鬱鬯降神然後迎牲享于祖考納考時執其鸞刀以啓其毛取其血膋鸞刀刀有鸞者言割中節也箋云毛以告純也膋脂膏也血以告殺膋以升臭合之黍稷實之於蕭合馨香也是烝是享苾苾芬芬祀事孔明

又生民曰生民尊祖也后稷生於姜嫄文武之功起於后稷故推以配天焉厥初生民時維姜嫄生民如何克禋克祀以拂無子克能也弗之言祓也姜嫄之生后稷如何乎乃禋祀上帝於郊禖以祓除其無子之疾而得其福也履帝武敏歆攸介攸止載震載肅載生載育祀郊禖之時有大神之迹姜嫄履其拇指生子而養之長名曰弃也

又清廟曰清廟祀文王也周公既成雒邑朝諸侯率以祀文王焉清廟者祭有清明之德者之宮也謂祭文王

又清廟烈文曰烈文成王即政諸侯助祭也新王即政必以朝享之禮祭於祖考告嗣位也烈文辟公錫茲祉福惠我無疆子孫保之烈光也文王錫之也

又臣工曰振鷺二王之後來助祭也二王殷夏也其後杞也宋也振鷺于飛于彼西雍我客戾止亦有斯容箋云白鳥於西雍之澤言所集得其處也興者喻杞宋之君有絜白之德來助祭周之廟得禮之宜

又臣工潛曰潛季冬薦魚春獻鮪也猗與漆沮潛有多魚有鱣有鮪鰷鱨鰋鯉猗與歎美之言漆沮岐周二水也潛糝也以享以祀以介景福介助也景大也

尚書舜典曰望于山川徧于羣神孔安國傳曰謂在遠者望祭之也羣神丘陵墳衍之屬

又說命曰黷于祭祀時謂弗欽孔安國傳曰祭不欲數數則黷黷則不敬也

又洛誥曰祀于新邑咸秩無文孔安國傳曰以祀典祀于新邑皆次秩不在禮文者而禮之

又多士曰罔弗明德恤祀孔安國傳曰自帝乙以上無不顯用有德憂念齊敬奉其祭祀言能保宗廟社稷也

尚書大傳周傳曰祭之爲言察也察者至也至者人事也人事至然後祭祭者薦也薦之爲言在也在也者在其道也禮志曰君子生則敬養死則敬饗也

又五行傳曰簡宗廟不禱祠廢祭祀逆天時則水不潤下君行此四者爲逆天北宮之政北爲水故源流竭也是水不潤下也

又五行傳曰六沴之禮散齋七日致齋三日新器絜祀用赤黍三日之朝於中庭祀四方從東方始卒於北方禮志致齋三日周禮凡祭祀前期十日宗伯帥執事十日是爲齋一旬乃祀也今此致齋即祀者欲得容三十也旨蓋八日爲致齋明九日朝而初祀亦一旬有一日事乃擧也其祀禮曰格祀篇云今亡曰某也方祀曰播國率相行祀其祝也曰若爾神靈洪範六沴是合神靈謂木精靈威仰火精赤熛怒土精含樞紐金精白招拒水精汁光紀及木帝太皞火帝炎帝土帝黃帝金帝少昊水帝顓頊木官句芒火官祝融土官后土金官蓐收水官玄冥皆是也古者生能其事死在祀禮配其神而食合猶爲也六沴是神靈所爲也無差無傾無有不正若民有不敬事則會批之于六沴言民廣及天下有過者也事六事也會合也批推也言天下之有過神靈亦合推內於六沴天子以下責任者也六事之機以縣示我我民人無敢不敬事上下王祀

周禮天官冢宰曰以八則治都鄙一曰祭祀以馭其神祭祀謂祀其先君社稷五祀以九式均節財用一曰祭祀之式式謂財用之節度

又天官上內饔曰凡宗廟之祭祀掌割亨之事凡燕飲食亦如之

又天官上獸人曰凡祭祀喪紀賓客共其死獸生獸共其良者凡獸入于腊人當乾之也皮毛筋角入于王府給作器物

又天官上亨人曰祭祀共大羹鉶羹賓客亦如之大羹肉湆也鄭司農云大羹不致五味也鉶羹加鹽菜也

又地官上牧人曰牧人掌牧六牲而阜蕃其物以供祭祀之牲牷六牲謂牛馬羊豕犬雞凡陽祀用騂牲毛之陰祀用黝牲毛之望祀各以其方之色牲毛之毛純也陰祀祭北郊及社稷也鄭司農云陽祀春夏也黝讀爲幽幽黑也凡時祀必用牷物時祀四時所常祀謂山川以下至四方百物也凡外祭毀事用尨可也尨謂雜色不純毀謂副辜侯禳毀除殃咎之屬也凡祭祀共其犧牲以授充人繫之犧牲毛羽完具也授充人者當殊養之凡牲不繫者共奉之謂非時而祭祀者

又地官上曰牛人掌養國之公牛以待國之政令凡祭祀供其享牛求牛以授職人而芻之鄭司農云享牛前祭一日之牛求牛禱於鬼神祈福之牛也玄謂獻神之牛謂所以登者凡祭祀供其牛牲之互與其盆簝以待事互謂福衡之屬盆簝皆器名

又地官下閭師曰凡庶民不畜者祭無牲不耕者祭無盛矣

又春官上太宗伯曰太宗伯之職掌建邦之天神人鬼地祇之禮以佐王建保邦國建立也立天神人鬼地祇之禮者謂祀之祭之享之禮吉禮是也自吉禮於上以立安邦國者王以相成明尊鬼神重人事以禋祀祀昊天上帝以實柴祀日月星辰以槱燎祀司中司命風師雨師禋之言煙也周人尚臭煙氣之臭聞者也槱積也詩曰芃芃棫樸薪之槱之三祀皆積柴實牲體焉或有玉帛燔柴而外煙所以報陽也以血祭祭社稷五祀五嶽以貍沈祭山林川澤以疈辜祭四方百物不言祭地此皆地祇祭地可知也陰祀自血起貴氣臭也社稷土穀之神也有德者配食凡祭祀大神享大鬼祭大祇帥執事而卜日宿視滌濯涖王鬯省牲鑊奉王齍詔大號治其大禮詔相王之大禮執事諸有事於祭者也宿申戒也滌濯溉祭器也若王不與祭祀則攝位王有故代行其祭事凡大祭祠王后不與則攝而薦豆籩徹薦徹豆籩之事國有大故則旅上帝及四望王大封則先告后土乃頒祀于邦國都家鄉邑頒讀爲班班其所當祀及其禮也都家鄉邑謂王子弟及公卿大夫所食采地也

又春官下太祝曰太祝掌六祝之辭太師宜于社造于祖馬融傳曰爾雅曰起大事動大衆必先有事於社也設軍社類上帝社者社主也類者以事類告祀上帝國將有事於四望將行也四望日月星辰也及軍歸獻于社則前祝獻於社主

又春官曰家宗人掌家祭祀之禮凡祭祀致福大夫采地之所祀與都同若先王之子孫亦有祖廟

禮記月令曰孟春之月其祖尸祭先脾春陽氣出祀之於戶內陽也祀之先祭脾者爲春陽中於藏直脾爲尊也仲春之月天子獻羔開冰先薦寢廟獻羔

（謂獻司寒也祭司寒而出冰薦於宗廟乃後賦之）上丁命樂正習舞釋菜（將舞必釋菜於先師以禮之）天子乃率三公九卿諸侯大夫親往視之（順時達物）仲丁又命樂正入學習樂是月也祠不用犧牲用珪璧更皮幣

又月令曰孟夏之月其祀竈祭先肺（夏陽氣盛熱於外祀之於竈從熱類也祀之先肺者陽位在上肺亦在上肺為尊也）

又月令仲夏曰祀皇地祇於方丘（夏至之日祀皇地祇於方丘以高祖神堯皇帝配坐以岳瀆等神從祀）

又月令仲夏曰命有司祭先牧（謂仲夏祭先牧於大澤用剛日）

又月令季夏曰其祀中霤祭先心（中霤猶中室也祭中霤之禮為俎先進心）是月也祀黃帝於南郊（謂季夏土德王日則祀黃帝合樞紐於南郊以軒轅配坐以后土鎮星從祀也）

又月令曰孟秋其祀門祭先肝（秋陰氣出祀之於門外陰也祭先肝者秋為陰中於藏值肝凡祀門為俎先進肝也）

又月令曰孟冬其祀行祭先腎（冬陰氣盛寒於外祀之於行從辟除之類行謂道也於祭先腎者陰位在下腎亦在下凡祀行為俎先進腎）

又月令孟冬曰祀神州地祇於北郊（謂立冬日祭神州地祇於北郊以太宗文武聖皇帝配坐）是月也命有司祭司寒（謂孟冬祭司寒於北郊）是月也命有司祭司中司命司人司祿（謂立冬後亥日祀司祿等於國城西北）

又月令仲冬曰命有司祈祀四海大川名源淵澤井泉（順其盛德之時祭也）

又曲禮上曰臨祭不惰祭服弊則焚之祭器弊則埋之

又曲禮下曰無田祿者不設祭器有田祿者先為祭服君子雖貧不鬻祭器雖寒不衣祭服去國祭器不踰境大夫寓祭器於大夫士寓祭器於士

又曲禮下曰天子祭天地祭四方祭山川祭五祀歲徧諸侯方祀祭山川祭五祀歲徧大夫祭五祀歲徧士祭其先（祭四方謂祭五官之神於四郊也句芒在東祝融在南蓐收在西玄冥在北詩云來方禋祀者各祭其方之官而已矣五祀謂竈中霤門行厲也此蓋殷時制也祭法天子立七祀諸侯立五祀大夫立三祀士立二祀謂周也）凡祭有其廢之莫敢舉也有其舉之莫敢廢也（為其瀆神也廢舉謂若殷廢農祀棄稷不服廢棄祀農也）非所祭而祭之名曰淫祀淫祀無福支子不祭祭必告於宗子（不敢自專）

凡祭宗廟之禮牛曰一元大武豕曰剛鬣豚曰肥腯羊曰柔毛雞曰翰音犬曰羹獻雉曰疏趾兔曰明視脯曰尹祭槀魚曰商祭鮮魚曰脡祭水曰清滌酒曰清酌黍曰薌合粱曰薌萁稷曰明粢稻曰嘉蔬韭曰豐本鹽曰鹹鹺玉曰嘉玉幣曰量幣（號牲物者異於人用也元頭也武迹也腯肥也春秋傳曰博碩肥腯充皃也尹正也商猶量也脡直也萁辭也嘉善也稻菰蔬之屬也豐茂也大鹹曰鹺今河東云鹺幣帛也）

又曲禮曰大饗不問卜（祭五帝於明堂莫適卜也）不饒富（富之言備也備而已勿多於禮）

又檀弓下曰仲遂卒于垂壬午猶繹萬入去籥（仲遂魯公子先日辛祀有事太廟而仲遂卒明日而繹非也萬干舞也籥籥舞也）仲尼曰非禮也卿卒不繹

又王制曰祭豐年不奢凶年不儉

又王制曰天子祭天地諸侯祭社稷大夫祭五祀（五祀謂司命中霤門行厲也此祭謂大夫有地者其無地祭三耳）天子祭天下名山大川五嶽視三公四瀆視諸侯（視視其牲器之數）諸侯祭名山大川之在其地者（魯人祭泰山晉人祭河是也）天子諸侯祭因國之在其地而無主後者

又禮器曰晏平仲祀其先人豚肩不掩豆澣衣濯冠以朝君子以為隘也（隘猶狹陋）孔子曰臧文仲安知禮夏父弗綦（音忌）逆祀而弗正也燔柴於奧（文仲魯公子彄之曾孫臧孫辰也莊文之間為大夫於時為貴是以非之不正禮也文二年八月丁卯有事於太廟躋僖公始逆祀於是夏父弗綦為宗人之為也奧當為爨字之誤）夫奧者老婦之祭也盛於盆尊於缾

又曰季氏祭逮闇而祭日不足繼之以燭雖有強力之容肅敬之心皆倦怠矣有司跛倚以臨祭其爲不敬大矣他日祭子路與室事交乎户堂事交乎階質明而始行事晏朝而退孔子聞之曰誰謂由也不知禮乎

又大傳曰牧之野武王之事也既事而退柴於帝祈於社設奠於牧室柴尊告天地及先祖也遂率天下諸侯執豆籩駿奔走

又祭法曰燔柴於泰壇祭天也瘞埋於泰折祭地也用騂犢壇折封土爲祭處也壇之言坦也坦明貌也折炤晳也必爲炤明之名尊神也地祀用黝牲與天俱用犢連言耳埋少牢於泰昭祭時也相近於坎壇祭寒暑也王宮祭日也夜明祭月也幽宗祭星也雩宗祭水旱也四坎壇祭四方也山林川谷丘陵能出雲爲風雨見怪物皆曰神有天下者祭百神諸侯在其地則祭之亡其地則不祭昭明也亦謂壇也時四時也亦謂陰陽之神也埋之者陰陽出入於地中也凡此以下皆祭用少牢

又祭法曰聖王之制祭祀也法施於民則祀之以死勤事則祀之以勞定國則祀之能禦大菑則祀之能捍大患則祀之是故厲山氏之有天下也其子曰農能播植百穀夏之衰也周弃繼之故祀以爲稷共工氏之霸九州也其子曰后土能平九州故祀以爲社帝嚳能序星辰以著衆堯能賞均刑法以義終舜勤衆事而野死鯀鄣洪水而殛死禹能脩鯀之功黄帝正名百物以明民共財顓頊能脩之契爲司徒而民成冥勤其官而水死湯以寬治民而除其虐文王以文治武王以武功去民之災此皆有功烈於民者也及夫日月星辰民所瞻仰也山林川谷丘陵民所取財用也非此族也不在祀典

太平御覽卷第五百二十四

太平御覽卷第五百二十五

禮儀部四

祭禮中

又祭義曰祭不欲數數則煩煩則不敬祭不欲疏疏則怠怠則忘是故君子合諸天道春禘秋嘗霜露旣降君子履之必有悽愴之心非其寒之謂也春雨露旣濡君子履之必有怵惕之心如將見之

又祭義曰文王之祭也事死者如事生祭之明日明發不寐饗而致之又從而思之祭之日樂與哀半饗之必樂已至必哀

又祭義曰郊之祭大報天而主日配以月夏后氏祭其闇殷人祭其陽周人祭日以朝及闇祭日於壇祭月於坎以別幽明以制上下祭日於東祭月於西以別內外以端其位日出於東月生於西陰陽長短終始相巡以致天下之和

又祭義曰祭之日入室僾然必有見乎其位周還出戶肅然必有聞乎其容聲出戶而聽愾然必有聞乎其嘆息之聲周還出戶謂薦設時也無尸者闔戶若食間則有出戶而聽之

又祭義曰孝子將祭慮事不可以不豫比時具物不可以不備虛中以治之此時猶先時也虛中言不兼念餘事宮室旣脩牆屋旣設百物旣備夫婦齋戒沐浴盛服奉承而進之洞洞乎屬屬乎如弗勝如將失之其孝敬之心至也與饋設謂婦除及熟至薦其薦俎序其禮樂備其百官奉承而進之百官助主人進之於是諭其志意以其恍惚以與神明交庶或饗之庶或饗之孝子之志也

又志統曰凡治人之道莫急於禮禮有五經莫重於祭禮有五經謂吉禮凶禮賓禮軍禮嘉禮也莫重於祭謂以吉禮爲首也夫祭者非物自外至者也自中出生於心也心怵而奉之以禮是故唯賢者能盡祭之義怵感念親之貌也賢者之祭也必受其福非世所謂福也福者備也備者百順之名也無所不順者之謂備言內盡於己而外順於道也忠臣以事其君孝子以事於親其本一也

又祭統曰祭者所以追養繼孝也孝者畜也順於道不逆於倫是之謂畜畜謂順於德教是故孝子之事親也有三道焉生則養沒則喪喪畢則祭養則觀其順也喪則觀其哀也祭則觀其敬而時也盡此三道者孝子之行也致慤也

又祭統曰夫祭有十倫焉見事鬼神之道焉見君臣之義焉見父子之倫焉見貴賤之等焉見親疏之殺焉見爵賞之施焉見夫婦之別焉見政事之均焉見長幼之序焉見上下之際焉此之謂十倫倫猶義也

又祭統曰凡祭有四時春祭曰礿夏祭曰禘秋祭曰嘗冬祭曰烝謂夏殷時禮也礿禘陽義也嘗烝陰義也禘者陽之盛也嘗者陰之盛也故曰莫重於禘嘗夏者尊卑著而秋者萬物成

又祭統曰周公旦有勳勞於天下成王而欲尊魯故賜之以重祭外祭則郊社是也內祭則大嘗禘是也言此者善周公功也

又表記曰祭極敬不繼之以樂朝極辯不繼之以倦極猶盡也辯分別政事也祭義曰祭之日樂與哀半饗之必樂已至必哀

又表記曰子曰后稷之祀易富也其辭恭其欲儉其祿及子孫富之言備也以傳世之祿兵倫者之祭易備也

禮稽命徵曰天子祭天地宗廟六宗五嶽得其宜則五穀豐雷雨時至四夷貢物青白黃馬黃龍翔黃雀集坤爲地得宜則五穀豐矣土精上爲軒轅主雷雨得宜故又應時至也土瀆四輔故四夷各貢方色之馬也精爲馬不言赤黑義足

通也黃龍黃雀皆土精也

周易豫象曰雷出地奮豫先王以作樂崇德殷薦之上帝以配祖考

又困九五曰利用祭祀祭祀所以受福也象曰利用祭祀受福也

又既濟曰九五東鄰殺牛不如西鄰之禴祭實受其福牛祭之盛者也禴祭之薄者也居既濟之時而處尊位物皆濟矣將何爲焉其所務者祭祀而已祭祀之盛莫盛脩德故沼沚之毛蘋蘩之菜可羞於鬼神故黍稷非馨明德惟馨是以東鄰殺牛不如西鄰之禴祭實受其福也

又曰觀盥而不薦有孚顒若王道之可觀者莫盛乎宗廟宗廟之可觀者莫盛於盥也至薦簡略不足復觀

又萃曰萃亨王假有廟假至也王以聚至有廟也象曰王假有廟致孝享也全聚乃得致孝之享也

左傳桓公曰凡祀啓蟄而郊言凡祀通下三句天地宗廟之事也啓蟄夏正建寅之月祀天南郊龍見而雩龍見建巳之月蒼龍宿之體昏見東方萬物始盛待雨而大故祭天遠爲百穀祈膏雨始殺而嘗建酉之月陰氣始殺嘉穀始熟故薦嘗於宗廟閉蟄而烝建亥之月昆蟲閉戶萬物皆成可薦者衆故烝祭宗廟

又僖上曰五年晉人執虞公而脩虞祀歸其職貢於王虞所命祀

又僖中曰初平王東遷也辛有適伊川辛有周大夫也見被髮而祭於野者曰不及百年此其戎乎其禮先亡矣秋秦晉遷陸渾之戎于伊川

又僖下曰夏四月四卜郊不從乃免牲非禮也猶三望亦非禮也禮不卜常祀而卜其牲日牛卜日曰牲成而卜郊上怠慢也望郊之細也不郊亦無望可也

又僖下曰衛成公夢康叔曰相奪予享相夏后啓之孫也居帝丘享祭也公命祀相甯武子曰不可鬼神非其族類不歆其祀杞鄫何事相之不享於此矣衛之罪也不可以閒成王周公之命祀請改祀命改祀相之命也

又文下曰大事于太廟躋僖公逆祀也僖是閔公兄不得爲父子嘗爲臣位應在下今令居閔上故曰逆祀也於是夏父弗忌爲宗伯宗伯掌宗廟昭穆之禮也尊僖公見明見曰吾見新鬼大故鬼小新鬼僖公既爲兄死時年又長也故鬼閔公死時年小弗忌明言其所見也先大後小順也躋聖賢明也言以僖公爲聖賢也明順禮也君子以爲失禮禮無不順祀國之大事也而逆之可謂禮乎子雖齊聖不先父食久矣故禹不先鯀湯不不先契鯀禹父契湯十二世祖文武不先不窋不窋后稷子也宋祖帝乙鄭祖厲王猶上祖也仲尼曰臧文仲其不智者三作虛器謂居蔡山節藻梲也縱逆祀聽夏父躋僖公祀爰居三不智也海鳥曰爰居止於魯東門外文仲以爲神命國人祀之

又昭二曰鄭子產聘于晉韓宣子曰寡君寢疾今夢黃熊入寢門其何厲鬼也對曰昔堯殛鯀于羽山其神化爲黃

熊以入于羽淵實爲夏郊三代祀之晉爲盟主其或未之祀乎韓宣子祀夏郊晉侯有間

又曰晉侯問於史趙曰陳其遂亡乎對曰陳顓頊之後也舜重之以明德至胡公不淫故周賜之姓使祀虞帝臣聞盛德必百世祀虞之世數未也

公羊傳僖公曰曷爲或言三卜或言四卜三卜禮也四卜非禮也三卜何以禮求吉之道三禘嘗不卜郊何以卜卜郊何禮也禮天子不卜郊卜郊何以非禮魯郊非禮也以魯郊非禮故卜爾昔武王既沒成王幼小周公居攝行天子事制禮作樂致大平有王功周公薨成王以王禮葬之命魯使郊以彰周公之德非正故卜三吉則用之不吉則免牲也魯郊何以非禮天子祭天諸侯祭土土謂社天子有方望之事方望謂郊時所望祭四方羣神日月星辰風伯雨師五嶽四瀆及餘山川三十六所也無所不通諸侯山川有不在其封內者則不祭也曷爲或言免牲或言免牛免牲禮也免牛非禮也免

牛何以非禮傷者曰牛三望者何望祭也然則曷祭祭泰山河海山川有能潤千百里者天子秩而祭之（此皆助天宣氣布功故祭天及之）觸石而出膚寸而合不崇朝而徧雨乎天下者唯泰山爾河海潤于千里

穀梁傳曰宮室不設不可以祭祭者薦其時也薦其敬也薦其義也非享味也

又僖公曰夏四月不郊四卜非禮也免牲者爲之緇衣纁裳有司玄端奉送至於南郊免牛亦然乃者亡乎人之辭也猶者可以已之辭也

國語楚語曰屈到嗜芰有疾召其宗老而屬之（屈到楚卿屈蕩之子芰菱也宗老家臣屬託也）曰祭我必以芰及祥宗老將薦芰屈建命去之（建屈到之子子木建也）宗老曰夫子屬之子木曰不祭然典有之曰國君有牛享大夫有羊饋士有豚犬之奠庶人有魚炙之薦不羞珍異不陳庶侈夫子不以其私欲干國之典遂不用

又楚語曰子期祀平王祭以牛俎於王（子期楚平王之子結也牛俎致胙於王也）王問於觀射父曰祀牲何及對曰祀加於舉（舉人君朔望之盛饌也）天子舉以太牢祀以會（太牢牛羊豕也會亦太牢舉四方之貢）諸侯舉以特牛祀以太牢卿舉以少牢祀以特羊大夫舉以特牲祀以少牢（特牲豕也）士食魚炙祀以特牲庶人食菜祀以魚上下有序則民不慢王曰其小大何如對曰禘郊不過繭栗烝嘗不過握把王曰何其小也對曰天神以精明臨下民故求備物不求豐大是故先王之祀也以一純二精三牲四時五色六律七事八種九祭十日十二辰以致之（一純心純一也二精玉帛也三牲牛羊豕也四時春秋冬夏也五色五采服也六律黃鍾太簇姑洗蕤賓夷則無射也七事天地人四時之務也八種八音異種也九祭九州之助祭也十日甲至癸也十二辰子至亥也）百姓千品萬官億醜兆民經入畡數以奉之（百姓百官受氏姓也千品姓有徹品十爲千品五物之官陪屬萬爲萬官官有十醜爲億醜天子之田九畡以養兆民王取經入以食萬官也）明德以昭之和聲以聽之以告徧至（徧至光被四表格于上下也）明無不受休天子禘郊之事必自射其牲王后必自親舂其粢諸侯宗廟之事必自射牛羊擊豕夫人必自舂其盛况其下之人其誰敢不戰兢以事百神

春秋繁露曰大雩者何旱祭也難者曰大旱乃雩祭而請雨大水鳴鼓而攻社天地之所爲陰陽之所起也或請焉或怒焉何也曰大旱者陽滅陰也陽滅陰者尊壓卑也固其義也雖大甚拜請之而已無敢有加也大水者陰滅陽也陰滅陽者卑勝尊也故鳴鼓攻之朱絲而脅之

又曰古者歲四祭因四時所生熟而祭先祖父母也春曰祠祠者以正月始食韭也夏曰禴禴者以四月食麥餅也

秋曰嘗嘗者以七月嘗黍稷冬曰烝烝者以十月進初稻也

論語季氏曰季氏旅於泰山子謂冉有曰汝不能救與（旅祭名也諸侯祭山川在其邦內者今陪臣祭泰山非禮也）對曰不能子曰嗚呼曾謂泰山不如林放乎（孔子意云泰山之神知禮過林放之賢遠）祭如在祭神如神在子曰吾不與祭如不祭。孝經云春秋祭祀以時思之鄭玄注曰四時變易物有成熟將欲食之先薦先祖念之若生不忘親也

爾雅曰春祭曰祠（祠之言食也）夏祭曰礿（新菜可礿也）秋祭曰嘗（嘗新穀也）冬祭曰烝（進品物也）祭天曰燔柴（既祭積薪燒之）祭地曰瘞埋（既祭埋藏之也）祭山曰庪縣（或庪或縣置之於山山海經曰縣以吉玉是也）祭川曰浮沈（投祭水中或沉或浮也）祭星曰布（布散祭於地也）祭風曰磔（今俗當大道中磔狗云止風此其象也）是類是禡師祭也（師出征伐類於上帝禡於所征之地）既伯既禱馬祭也（伯馬祖也將用馬力必先祭其先祖也）禘大祭也（五年一祭也）繹又祭也（祭之明日尋繹復祭）

周曰繹春秋經曰壬午猶繹商曰肜融音書曰高宗肜日夏曰復胙未見義所出也
五經異義曰夏至天子親祀方澤侍中騎都尉賈逵説魯
無圜丘方澤之祭者周兼用六代禮樂魯下周用四代其
祭天之禮亦宜損於周故二至之日不祭天地也
又曰今易京説臣動養君其義理也必望利下弟養道厥
妖國有被疑於野祭者
又曰古尚書説非時祭天謂之類言以事類告也肆類于
上帝時祭告攝非常祭
又曰古周禮説大宗伯凡禮大神享大鬼祭大祇率執事
而卜日大鬼謂先王也
史記曰亳人繆忌奏祠太一方曰天神貴者太一太一佐
曰五帝古者天子以春秋祭太一東南郊曰一太牢具七
日爲壇開八通之鬼道於是天子令太祝立其祠長安城

覧五百二十五　七　王亀

東南郊常奉祀如忌方其後人上書言古者天子三年一
用太牢祠三一天一地一太一天子許之令太祝領祠之
於忌太一壇上如其方後人復有上書言古者天子常以
春解祠祠黄帝用一梟破鏡孟康曰梟鳥名也食母破鏡獸名食父黄帝欲絶其類使百物祠皆用之破鏡如貙而虎眼如淳曰漢使東郡送梟五月五日作梟羹以賜百官以其惡鳥故食之冥羊
用羊祠服虔曰神名也馬行用一青牡馬太一皋山山君地長用
牛武夷君用乾魚陰陽使者以一牛孟康曰陰陽之神也令祠官領
之而祠於忌太一壇旁
漢書曰高祖沛公祠黄帝祭蚩尤於沛庭而釁鼓旗幟皆
赤
又曰高祖微時聞魏公子賢及即位每過大梁常祀公子
高祖十二年從擊黥布還爲公子置守冢歲四時奉祀公
子矣

又張子房從高帝過濟北果得穀城山下黄石取而葆祠
之及留侯死并葬黄石冢伏臘祠黄石留侯
又郊祠志曰文帝下詔曰有異物之神見于成紀無害於
民歲以有年朕親郊祀上帝諸神禮官議無諱以朕勞有
司禮官曰古者天子夏親祠上帝於郊故曰郊於是天子
始幸雍郊見五帝以孟夏四日荅禮焉
又曰宣帝八月飲酎行祠孝昭廟先驅旄頭劍挺墮墜首
插泥中刃向乘輿車馬驚公孫賀竝之有兵謀不吉卜還
使有司侍祠是時霍氏外孫代郡太守任宣坐謀反誅宣
子章爲公車丞亡在渭城界中夜入廟居郎間執戟立廟
門待上至欲爲逆發覺伏誅故事帝夜入廟其後待明而
入自此始也
又曰孔光父霸爲關内侯食邑霸上書求奉孔子祭祀元

覧五百二十五　八　王亀

帝下詔曰其令師褒成君關内侯霸以所食邑户八百祀
孔子焉故霸遣長子福數於魯奉夫子祠
又曰初朱邑且死屬其子曰我故爲桐鄉嗇夫其吏民愛
我必葬桐鄉後世子孫奉尚我不如桐鄉民及死其子葬
之桐鄉西郭外民果共立祠歲時祠祭至今不絶

太平御覽卷第五百二十五

禮儀部五

祭禮下

漢書郊祀志曰：洪範八政，三曰祀。祀者所以昭孝事祖，通神明也。旁及四夷，莫不脩之；下至禽獸，豺獺有祭（應劭曰：孟春獺祭魚，季秋豺祭獸）。是以聖王爲之典禮焉。秦襄公攻戎救周，列爲諸侯，而居西，自以爲主少昊之神，作西畤，白帝。其牲用騮駒、黄牛、羝羊各一云。其後十四年，秦文公東獵汧渭之間，卜居之而吉。文公夢黄蛇自天下屬地，其口止於鄜衍（李奇曰：鄜音）。文公問於史敦，敦曰：此上帝之徵，君其祠之。於是作鄜畤，用三牲郊祭白帝焉。自未作鄜畤，而雍旁故有吳陽武畤（李奇曰：於旁有吳陽地），雍東有好畤，皆廢無祀。或曰自古以雍州積高，神明之隩，故立畤郊上帝，諸神祠皆聚云。蓋黄帝時常用事，雖殽周亦郊焉。其語不經見，搢紳者弗道。

又郊祀曰：始皇東遊海上，行禮祠名山大川及八神，求仙人羨門之屬。八神將自古而有之，或曰太公以來作之。齊所以爲齊，以天齊也（蘇林曰：當天中央齊）。其祀絶，莫知起時。

又郊祀志曰：文帝始幸雍郊見五畤，祠衣皆上赤。趙人新垣平以望氣見上，言長安東北有神氣，成五采，若人冠冕焉。或曰東北神明之舍，西方神明之墓也（張晏曰：神明，日也。日出東北，舍謂陽谷；日沒於西，故曰墓）。天瑞下，宜立祠上帝，以合符應。於是作渭陽五帝廟，同宇（韋昭曰：宇謂上同下異，禮所謂複廟重屋也），帝一殿，面五門，各如其帝色。祠所用及儀亦如雍五畤。明年夏四月，文帝親拜霸渭之會，以郊見渭陽五帝。五帝廟臨渭，其北穿蒲池溝水，權火舉而祠，若光輝然屬天焉。於是貴平至上大夫，賜累千金。而使博士諸生刪六經中作王制，謀議巡狩封禪事。文帝出長門，若見五人於道北，遂因其直立五帝壇（孟康曰：直，值也。値其立處以作壇也），祠以五牢。

東觀漢記曰：建武三年，上幸舂陵，祠園廟，大置酒，與舂陵父老故人爲樂。

又曰：桓譚，字君山，沛人。章帝元和中，行巡狩至沛，令使者祠譚冢，鄉里以爲榮。

又曰：李通，上大司空印綬，以特進奉朝請。及有司奏請封諸皇子，帝感通首創大謀，即日封通少子雄爲邵陵侯。每幸南陽，常遣使者以牢祀通父冢。

又曰：顯宗拜馬嚴持兵長史，將北軍五校士、羽林兵三千人，屯西河美稷，衛護南單于，聽置司馬、從事。牧守謁敬，同之將軍。敕嚴過武庫祭蚩尤，帝親御阿閣觀其士衆，時人榮之。

又曰：永平中，詔京兆、右扶風以中牢祠蕭何、霍光。出郡錢穀給蕭何子孫在三百里内，悉令侍祠。

又曰：桓帝初立黄老祠北宮濯龍中，以文罽爲壇，飾淳金釦器，采色眩曜，祠用三牲，太官設珍饌，作倡樂，以求福祥。

漢皇德傳云：章帝詔使者奉太牢致祠唐堯於成陽雲臺。

袁山松後漢書曰：韓卓，字子助，陳留人。臘日奴竊食祭其母，卓義其心，即日免之。

漢舊儀曰：宗廟八月飲酎，用九太牢。元年祭天，二年祭地，三年祭五帝於五畤，三歲一徧。皇帝自行，他祠不出。祭天紫壇幄帷，高帝配天，居室下，西嚮，紺幄席。

又曰：宗廟三年一大祫祭，之子孫諸帝以昭穆坐於高廟，神皆合食，設左右坐。高祖南面，繡幄帳，堂上西北隅。曲凡黄金釦器，每太牢中分之，右辯上帝，左辯上后，俎餘委

積於前殿千斤名曰堆俎子爲昭孫爲穆昭西曲屛風穆東面皆曲凡如高祖饌陳其右各配其左坐如祖妣之座法

又曰原廟一歲十二祠有閏加皆用太牢

又曰唯八月飲酎駕夕牲牛以繡衣之皇帝暮視牲以鑑燧取水於月以陽燧取火於日爲明水火左祖以水沃牛右肩手執鸞刀以切牛毛血薦之而即更衣

又曰五儀元年儒術奏施行董仲舒請雨事始令丞相以下求雨雪曝城南舞童女禱天神五帝五年始令諸官止雨朱繩縈社擊鼓攻之

又曰祭五嶽祠用三正色牲十月涸凍二月解凍皆祭祝乘傳車稱使者祭四瀆用三正色牲況珪有馬祭人先於隴西西縣人先山皆有土人山下有畦埒如種菜畦畦中

各王封祭叅辰星辰於池陽谷曰夾道左右爲壇營覆地各周三十六里

又曰祭西王母於石室皆在所二千石令長奉祠漢五年脩復周室舊祀祀后稷於東南常以八月祭一太牢舞者七十二人冠者五六三十人童子六七四十二人爲民祈農報功

又曰凡聖王之法追祭天地日月星辰山川萬神皆古之人也能紀天地五行氣奉其功以成人者也故其祭祀皆以人事之禮食之所食也非祭食天與土地金木水火石也

又祭三皇五帝九皇六十四民皆古帝王凡八十一姓

漢末英雄記曰公孫瓚上計吏郡太守劉其以事犯法檻車徵伯珪構衣平幘御車到洛陽其當徙日南伯珪具豚米於墓上祭先舉觴酹祝曰昔爲人子今爲人臣當詣日南日南多瘴氣恐或不還與先人辭於此再拜慷慨而起其時州里人在京師者送行見之及觀者莫不歔欷

魏志曰管寧恒着布襦袴布裙隨時單複出入閨庭能自柱杖不須扶侍四時祠祭輒自力強改加衣服着絮巾故在遼東所有白布單衣親薦饌跪拜成禮寧少喪母不識形像常特觴如法泫然流涕

又曰穢南國常用十月祭天晝夜飲酒歌舞名之爲舞天

又祭虎以爲神

吳志曰赤烏年有兩烏銜鵲墮東館丞相朱據燎鵲以祭

于寶晉紀曰帝配饗魏太祖廟有奏諸功臣從饗者更以官爲次在荀郭之上

後魏書曰胡叟少孤言及父母則若孺子之號嗷煌氾潸家善釀酒每節常送一壺以給祭事也

沈約宋書曰羊玄保自少至老謹於祭奠四時珎新未得祠薦者口不妄嘗

齊書曰張冲永明八年爲假節監青冀二州行刺史事冲父初卒遺命曰祭我必以鄉土所產無用牲物冲在鎮西時還吳國取果菜每至蒸嘗輒流涕薦焉

家語曰魯公索氏將祭而亡其下牲孔子聞之曰公索氏不及二年必亡矣後一年而亡

孔叢子曰元和二年春帝東巡狩還過魯幸闕里以太牢祠孔子及七十二子作六代之樂大會孔氏男子二十已上者六十三人命儒者講論

尸子曰先王之祠禮也天子祭四極諸侯祭山川大夫祭五祀士祭其親也

白虎通曰王者祭宗廟親自取禽者尊重先祖必欲自射

加功力

又曰王制曰春薦韭夏薦麥秋薦黍冬薦稻韭以卵麥以魚黍以豚稻以鴈春曰祠者物微故祠名之夏曰礿者麥孰進之秋曰嘗者新穀孰冬曰烝烝者爲衆冬之時物成者衆

益都耆舊傳曰蜀郡張寬字叔文漢武帝時爲侍中從祀甘泉至渭橋有女子浴於渭水乳長七尺上怪其異遣問之女曰帝後第七車知我所來時寬在第七車對曰天星主祭祀者齋戒不嚴則女人星見

汝南先賢傳曰薛苞歸先人冢側坊中種稻以祭祀芋以充飢躭詩悦禮玄虛無爲舉孝廉賢良方正皆不就

王歆之神境記曰九疑山既出林過溪望見舜廟在郡山之下而棰檝水際杳若靈居矣余親負勁策致祠靈堂乃與就

齋絜奉奠其宵水月如鏡焉澗微響乃聞廟囊若有絃歌者聲調如近察復緬邈此其五絃之音南風之響乎

解道虎齊記曰臨淄城南十五里天齊淵五泉並出有異於常故廟屋以同瓦有天齊字在齊八祠祠天於此故名云

越絕書曰越王既得平吳春祭三江秋祭五湖因以其時爲之立祠垂之來世傳之萬載鄰邦樂德皆來取之

吳越春秋曰夫差帥諸羣臣出國東祠子胥江水濵諸臣並在夫差乃言曰寡人蒙先王之遺恩爲千乘之主昔不聽相國之言乃用讒佞之辭至令相國遠沒江海自云已來濛濛感感如霧蔽日莫誰與言泣下沾衿哀不自勝左右羣僚莫不悲傷

十二州記曰昔禹治洪水既畢乃乘橋車到鍾山祠上帝於北河歸大功于九河也

襄陽記曰諸葛亮初亡所在各求爲立廟朝議以不合百姓遂因時節私祭之於道陌也

摯虞雜祀議曰故事祀臯陶於廷尉寺祭先聖於大學也

桓子新論曰昔楚靈王驕逸輕下簡賢務鬼信巫祝之道齋戒絜鮮以祀上帝禮羣神躬執羽紱起舞壇前吳人來攻其國人告急而靈王鼓舞自若顧應之曰寡人方祭上帝樂明神當蒙福祐焉不敢赴救而吳兵遂至俘獲其太子及后姬以下甚可傷

論衡曰魯文公逆祀去者三人定公順祀叛者五人貫於俗者謂則禮爲非曉禮者寡則知是者稀

又曰凡祭祀之義有二一曰報功二曰循先報功以勉力循先以崇恩也

黃帝問玄女兵法曰六甲將及夫人姓名服色曰其將皆着赤幘小冠帶白綬絞夫人足皆各象其禽獸足凡欲治致神當於帛上書諸神名如法祭陰齊事六曰見形六十日一祭合諸神祭之祭法脯長一九廣三寸白茅爲籍編以青絲藉長二尺四寸廣六寸餅棗栗并脯置藉上杯皆黑中以丹沙九兩盛米囊九枚置北斗座上中爲九星六甲坐外四面十二座座前一杯受道者壇東北祭南向再拜祝

軍令曰金鼓幢麾隆衝皆以立秋日祠先時一日主者請祠其主者奉祠若出征有所尅獲還亦祠向敵祠血于鍾鼓秋祠及有所尅獲還但祠不血鍾鼓祝文某官使主者某敢告隆衝金鼓幢麾夫軍武之器者所以正不義爲民除害也謹以立秋之日絜牲黍稷旨酒而敬薦之

又曰常以巳丑日祠牛馬先祝文曰某月巳丑某甲敢告馬牛先馬者兵之首牛者軍農之用謹潔牲黍稷旨酒敬而薦之

又曰軍行濟河主者常先白沉璧文曰某王使者某甲敢告于河賊臣某甲作亂天子使某帥衆濟河征討醜類故以璧沉唯爾有神裁之

曹植求祭先王表曰雖比拜表自計違遠以來以踰旬日垂竟夏節方到臣悲感有念先王公以夏至日終是以家俗不以夏日祭至於先王自可以令辰告祠臣雖卑鄙實禀體於先王自臣雖貧窶蒙陛下厚賜足供太牢之具臣欲祭先王於北河之上羊猪牛臣自能辦杏者臣縣自有先王喜鰒臣前以表得徐州臧霸上鰒百枚足自供事請水瓜五枚計先王崩來未能半歲臣實欲告敬且欲復盡

哀慱士鹿優韓蓋等以爲禮公子不得禰先君公子之子不得祖諸侯謂不得立其廟而祭之也禮又曰庶子不得祭宗詔曰得月二十八日表知侯推情欲祭先王於河上覽省上下悲傷感切將欲遣禮以紓侯敬恭之意會博士鹿優等奏禮如此故寫以下開國承家顧迫禮制惟侯存心與吾同之

殷允祭徐孺子文曰惟大元六年龍集荒洛冬十月哉生魄試守豫章太守殷君謹遣左右某甲奉清酌鄰合一簋單羞再拜奠故聘士豫章徐先生

周祗祭梁鴻文曰晉隆和四年十一月陳郡周顗文以蘊藻行潦祠梁先生

殷闡祭王東亭文曰公以少牢之奠敬薦東亭王侯之靈蓋聞劍鑒不塵精金能照伯王祭孫叔敖文曰謹以豐羞祭楚令尹孫君之靈耿耿千載悠悠舒荆理無不通事隔者形尚想清塵承風劾誠

謝惠連祭古冢文曰東府掘城北壍入一丈餘得古冢上無封域不用塼瓦以木爲槨中有二棺正方兩頭無和明器之屬材瓦銅漆有數十種刻木爲人長三尺可有二十餘載開見悉識是人形以物棖撥之應手灰滅棺上有五銖錢百餘枚水中有甘蔗節及梅李核皆浮出而不甚爛壞銘志不存世代不可得而知之公命城者改埋於東崗祭以豚酒既不知其名字近遠故假爲之號曰冥漠君云爾

揚泉請辭曰古不墓祭葬於中原而廟在大門裏不敢外其親平明出葬日中反虞不敢一日使神無依也周衰禮廢立寢於廟墓漢因而不改以先帝衣冠四時上盥水進

奠實而禘祫祭祀皆於宗廟及其末因寢之在墓咸往祭焉蓋由京師三輔酋豪大姓力強財富婦女聽役車兩相追宿止墓下連日厭飫遂以成俗迄乎今日夫死者骨肉歸乎土神而有靈豈其守夫敗壞而繫乎草莽哉

唐書曰王義方初爲太子校書魏徵張亮皆厚禮之亮犇坐與交遊貶授儋州吉安丞行至南海州人將以酒脯致祭義方曰黍稷非馨義在明德乃酌水而祭

太平御覽卷第五百二十六

太平御覽卷第五百二十七

禮儀部六

郊丘

尚書召誥曰：翼日乙卯，周公朝至于洛，則達觀於新邑營。越三日丁巳，用牲于郊牛

周書作雒曰：乃設兆于南郊，祀以上帝，配以后稷，農星先王皆與食。

毛詩清廟昊天有成命曰：昊天有成命，郊祀天地也。昊天有成命，二后受之，成王不敢康，夙夜基命宥密。昊天昊大號也有成命者言周自后稷之生而已有王命也文王武王受其業施行道德成此王功也

周禮春官上大宗伯曰：以禋祀祀昊天上帝，禋之言煙煙者周人尚臭煙氣之臭聞也昊天上帝冬至祀于圜丘天皇大帝也以實柴祀日月星辰，五星緯也辰日月所會十二次以槱燎祀司中、司命、風師、雨師。槱積也司中文昌宮中星也風師箕星也雨師畢星也鄭云司中司命文昌第四第五星也

又春官上大宗伯曰：以蒼璧禮天，禮天以冬至謂天皇大帝在北極者禮神必以其類璧圜象天黃琮禮地。禮地以夏至謂神在崑崙方象地也

又春官上典瑞曰：四圭有邸以祀天，旅上帝。鄭衆云於中央爲璧珪著其四面一玉俱成故曰四邸珪末四出或說四珪有邸有四角也上帝玄天也鄭玄曰祀天夏正郊上天也上帝五帝所郊亦猶五帝殊言天者尊異兩圭有邸以祀地，旅四望。兩珪者象地數二也謂所祀於北郊神州之神

又春官下大司樂曰：大司樂乃奏黃鍾，歌大呂，舞雲門，以祀天神。天神謂五帝及日月星辰也王者各以夏正月祀其受命之帝於南郊尊也以奏太蔟，歌應鍾，舞咸池，以祭地祇。地祇祭於北郊謂神州之神及社稷也靁鼓靁鼗，孤竹之管，雲和之琴瑟，雲門之舞，冬日至，於地上之圓丘奏之，若樂六變，則天神皆降，可得禮矣。此禘大祭也天神主北神靈鼓靈鼗，孤竹之管，空桑之琴瑟，咸池之舞，夏日至于澤中之方丘奏之，若樂八變，則地祇皆出，可得而禮矣。地祇主崑崙

禮記禮運曰：孔子曰：魯之郊禘，非禮也，周公其衰矣。杞之郊也禹也，宋之郊也契也，是天子之事守也。先祖法度子孫所當守故天子祭天地，諸侯祭社稷，祝嘏莫敢易其常古，是謂大嘏。嘏亦大也不敢改其常古之法度是謂之大也

又禮運曰：祭帝於郊，所以定天位也；祀社於國，所以列地利也。

又郊特牲曰：郊之祭也，迎長日之至也，大報天而主日也。兆於南郊，就陽位也。埽地而祭，於其質也。器用陶匏，以象天地之性也。於郊，故謂之郊。牲用騂，尚赤也；用犢，貴誠也。尚赤者周也郊之用辛也，自周之始郊日以至。言日以至周郊天之月而日至陽氣新用事順之而用辛日三王之郊一用夏正魯以無冬至祭天圓丘之是事以建子月郊天是先有事也用辛日者凡爲人君當齋戒自新耳卜郊，受命于祖廟，作龜於禰宮，尊祖親考之義也。郊所以明天道也。萬物本乎天，人本乎祖，此所以配上帝也。郊之祭也，大報本反始也。

又明堂位曰：成王封周公於魯，命魯公世世祀周公以天子之禮樂，是以魯君孟春乘大輅，載弧韣，旂十有二旒，日月之章，祀帝于郊，配以后稷，天子之禮也。

又大傳曰：禮，不王不禘。王者禘其祖之所自出，以其祖配之。凡大祭曰禘自由也大祭其先祖所由生謂郊祭天王者之先祖皆感太微五帝之精蒼則靈威仰赤則赤熛怒黃則含樞紐白則白招拒黑則汁光紀皆正歲之正郊祭之蓋特尊焉孝經曰郊祀后稷以配天配靈威仰也宗祀文王於明堂以配上帝汎配五帝也

又祭法曰：有虞氏禘黃帝而郊嚳，祖顓頊而宗堯；夏后氏亦禘黃帝而郊鯀，祖顓頊而宗禹；殷人禘嚳而郊冥，祖契而宗湯；周人亦禘嚳而郊稷，祖文王而宗武王。禘郊祖宗謂祭祀以

（配食也此禘謂祭昊天於圓丘）

又祭義曰：郊之祭，大報天而主日，配以月。夏后氏祭其闇，殷人祭其陽，周人祭日以朝及闇。祭日於壇，祭月於坎，以別幽明，以制上下。祭日於東，祭月於西，以別內外，以端其位。日出於東，月生於西，陰陽長短，終始相巡，以致天下之和。天下之禮，致反始也，致鬼神也，致和用也，致義也，致讓也。

禮含文嘉曰：五祀南郊、北郊、西郊、東郊、中郊，兆正謀。（東郊去都城八里，南郊九里，北郊六里，中郊西南去城五里。兆者作封五畔北域也。謀者方欲迎氣，齋戒自端正，謀慮其事也）者天子、公、侯、伯、子、男、卿、大夫、士所以承天也。

禮記外傳曰：王者冬至之日，祭昊天上帝於圓丘。（冬至一陽生，非人力所爲謂之丘，自然高大也，天體圓）諸侯不祭天。（魯國圓丘之祭及二王之後各祭其感生帝於南郊）王肅云：天雄一帝。鄭玄以天有六帝。（攝周禮祀昊天，又旅五帝，是六星）

辰之位，列于壇下。（正祭之時，天尸在壇上，也燔地而祭，以下爲貴）燔牲玉於壇上。

又曰：夏至日祭皇地祇於方澤，配以后土。（地禮方地，謂祭崑崙山之神也。地之正祭歲有二，此一祭也）立冬之日，祭神州地祇於北郊，配以后稷。（此周制也。神州即王者所居，在崑崙東南五千里封域之內土地之神。州此即吉土，可以享帝於郊也）

左傳襄上曰：三卜郊不從，乃免牲。孟獻子曰：吾乃今而後知有卜筮。夫郊祀后稷以祈農事（郊祀后稷以配天，后稷周始祖，能播殖）是故啓蟄而郊，郊而後耕。今既耕而後卜郊，宜其不從也。

穀梁傳宣公曰：郊牛之口傷，之口緩辭也。（鼷鼠齧郊牛角，不言之危辭也。角者兵之象，故給養不謹，敬鬼神不享，故緩也）傷自牛作也。改卜牛，牛死，乃不郊。

春秋繁露曰：王者歲一祭天於郊。天者，百神之君，王者所最尊也。

又曰：春秋之義，國有大喪者，止宗廟之祭，而不止郊祭。不止郊祭者，不敢以父母之喪廢事天之禮也。

孝經曰：昔者周公郊祀后稷以配天，宗祀文王於明堂以配上帝也。

五經異義曰：春秋公羊說禮，郊及日皆不卜，常以正月上丁也。魯與天子並事，變禮，今成王命魯使卜，從乃郊，不從即已，下天子也。魯以上辛郊，不敢與天子同也。

又曰：今尚書夏侯、歐陽說類祭天名也，以事類祭之，奈何天位在南方，就南郊祭之是也。

五經通義曰：王者所以祭天地何？王者父事天，母事地，故以子道事之也。祭日以丁與辛何？丁者反覆自丁寧，辛者當自克辛也。

爾雅曰：祭天曰燔柴，祭地曰瘞埋。

廣雅曰：圓丘太壇，祭天也；方澤太折，祭地也。

漢書曰：高祖入關，問故秦時上帝祀何帝，對曰四帝，有白、

黃、青、赤之祀。高祖曰：吾聞天有五帝，而四，何也？莫知其說。於是高祖曰：吾知之矣，待我而具五也。乃立黑帝之祠，名曰黑畤。

又郊祀志曰：遂郊雍，至隴西，登崆峒，幸甘泉，令祠官寬舒等具太一祠壇。祠壇放亳忌太一壇，壇三垓，五帝壇環居其下，各如其方，黃帝西南，除八通鬼道。太一所用如雍五畤物，而加醴棗脯之屬，殺一貍牛以爲俎豆牢具。

又郊祀志曰：三年一郊，秦以十月爲歲首，故常以十月上宿郊見，通權火。（張晏曰：權火，烽火也，狀若井桔槔矣，其法類稱，故謂之權，欲令光明遠照，通於祀所也。漢祀五畤於雍，五里一烽火。如淳曰：權，舉也）拜於咸陽之旁，而衣上白，其用如經祠云。（服虔曰：經，常）

又郊祀志曰：武帝立后土祠於汾陰，立太一祠於甘泉，祭日以牛，祝宰衣赤；祭月以羊，祝宰衣白。宣帝於聖成山祠

日於芥山祭月

又郊祀志曰成帝初即位丞相衡御史大夫譚奏言祭天於南郊就陽之義也瘞地於北郊即陰之象也因其所都而各饗焉昔者周文武郊於酆鎬成王郊于雒邑由此觀之天隨王者所居而饗之可見也甘泉泰畤河東后土之祠宜可徙置長安

續漢書祭祀志曰建武元年光武帝即位于鄗爲壇營于鄗之陽祭告天地採用元始中郊祭事二年正月初制郊兆於雒陽城南七里依鄗採元始中故事爲圓壇八陛中又爲重壇天地位其上皆南嚮

又祭祀志曰北郊在雒陽城北四里爲方壇四陛二年初別祠地祇位南面西上高皇后配西面北上皆在壇上地理羣神從食皆在壇下

東觀漢記曰上都雒陽制兆於城南七里北郊四里行夏之時時以平旦服色犧牲尚黑明火德之運常服徽幟尚赤四時隨色季夏黄色議者曰昔周公郊祀后稷以配天宗祀文王以配上帝圖讖著伊堯赤帝之子俱與后稷並受命而爲王漢劉祖堯宜郊祀帝堯以配天宗祀高祖以配上帝有司奏議曰追跡先代無郊其五運之祖者故禹不郊白帝周不郊帝嚳漢雖唐之苗堯以歷數命舜高祖自感赤龍火德承運而起當以高祖配堯之後還復於漢宜脩奉濟陽成陽縣堯冢雲臺致敬祭祀禮亦宜之

又曰光武中元年起明堂璧雍靈臺及北郊

謝承後漢書曰丹陽方儲聰明善天文爲洛陽令章帝欲出南郊儲上言當有疾雨暴風乘輿不可以出上疑其妄儲飲酖而死果有大風暴雨洛中晝暝

後漢書曰光武嘗問鄭興郊祀事曰吾欲以讖斷之何如興對曰臣不爲讖帝怒曰卿之不爲讖非之邪興惶恐曰臣於書有所未學而無所非也帝意乃解

漢舊儀曰漢制天地以下羣臣所祭凡千五百四十新益爲萬五千四十漢法三歲一祭天於雲陽宮甘泉壇以冬至日祭天天神下三歲一祭地於河東汾陰后土宮以夏至日祭地地神出五帝祭於雍五畤

又曰祭天用六綵綺席六重長一丈中一幅四周緣之玉飾器凡器七千三百物備具養牛五歲至三千斤

又曰皇帝祭天居雲陽宮齋百日上甘泉通天臺高三十丈以候天神之下見如流火舞女童三百皆年八歲天神下壇所舉烽火皇帝就竹宮中不至壇所甘泉臺去長安三百里望見長安城黄帝以來所祭天之圓丘也

又曰祭地河東汾陰后土宮宮曲入河古之祭地澤中方丘也禮儀如祭天名曰汾葵一曰葵丘也

宋書禮志曰魏文帝黄初二年正月郊祀天地明堂是時魏都洛京而神祇兆域明堂靈臺皆因漢舊事四年帝將東巡以大軍當出使太常以一特牛告祠南郊自後以爲常

又禮志曰太和元年正月郊祀武皇帝以配天宗祀文皇帝於明堂以配上帝是時二漢郊禋之制具存魏所損益可知也

又禮志曰魏景初元年始營洛陽南委粟山爲圓丘詔曰昔漢氏之初承秦滅學之後採撫殘缺以備郊祀自甘泉后土雍宮五畤神祇兆位多不經見並以興廢無常一彼一此四百餘年廢無禘禮古代之所更立者遂有闕焉曹

氏世繫出自有虞氏今祀圓丘以始祖帝舜配地以舜妃伊氏配天郊所祭曰皇天之神以太祖武皇帝配地郊所祭曰皇地之祇以武宣皇后配宗祀皇考高祖文皇帝於明堂以配上帝

江表傳曰羣臣以孫權未郊祀奏議曰頃者嘉瑞屢臻遠國慕義宜備郊祀以承天意權曰郊祀當於中土今非其所於何施此重奏曰普天之下莫非王土王者以天下爲家周文武郊酆鄗非必中土權曰武王伐紂即作鄗京而郊其所也文王未爲天子立郊于酆見何經典復奏曰伏見漢書郊祀志匡衡奏徙甘泉河東郊於長安言文王郊於酆權曰文王德性謙讓處諸侯之位明未郊也經傳無明文匡衡俗儒臆說非典籍正義不可用

志林曰吴主糾駮郊祀之奏追貶匡衡謂之俗儒凡在見者莫不慨然以爲妙盡物理達於事宜至於稽之典籍乃更不通毛氏之說云堯見天因以邰而生后稷故國之於邰命使事天故

詩曰后稷肇祀庶無罪悔以迄于今言自后稷以來皆得祭天猶魯人郊祀也是以棫樸之作有積燎之薪文王郊酆經有文匡衡豈俗而枉之哉文王雖未爲天子然三分天下有二伐崇龕黎祖伊奔告天既弃殷乃眷西顧太伯三讓以有天下文王爲王於義何疑然則匡衡之奏有所未盡案世宗立甘泉汾陽之祠皆出方士之言非據經典者也方士以甘泉汾陽黄帝祭天地之處故孝武因之遂立二畤漢治長安而甘泉在北謂就乾位而衡云武帝居甘泉祭於宫南此既誤矣祭地汾陽在水之間呼爲澤中而衡云東之少陽失其本意矣

晉起居注曰武帝太始元年十二月太常諸葛緒上言知士祭酒劉熹等議帝王各尊其祖所自出大晉禮天郊當以宣皇帝配地郊宣皇后配明堂以景皇帝文皇帝配博士孔晁議禮王者郊天以其祖配周公以后稷配天於南郊以文王配五精上帝於明堂經典無配地文魏以先妣配不合禮制周配祭不及武王禮制有斷今晉郊天宜以宣皇帝配明堂宜以文皇帝配有司奏大晉初建庶事未定且如魏詔郊祀大事速議爲定

晉書禮志曰晉太始二年詔羣臣議五帝即天也王氣時異故殊其號雖名有五其實一神明堂南郊宜除五帝之坐五郊改五精之號皆同稱昊天上帝各設一坐而已

又禮志曰康帝建元元年正月將北郊有疑議太常顧和表北郊之月古無明文漢光武正月辛未始建北郊則與南郊同月咸和中北郊同共正月周禮三王之郊一用夏正於是從和議是月辛未南郊辛巳北郊帝皆親奉

宋書禮志曰晉孝武帝詔曰郊祀國之大事而稽古之制闕然便可詳議祠部郎徐邈議圓丘郊祀經典無二宣皇帝嘗辨斯義而撿以聖典爰及中興備加研極以定南北二郊誠非異學所可輕改也謂仍舊爲安

晉起居注曰明帝太寧三年上親祠七月又詔自中興以來雖南郊未嘗北郊五岳四瀆名山大川應望秩者廢而未舉居其官者舉其職司其事勿令一代之典闕而不備主者詳依舊處

又曰安帝元興三年十二月明年應郊乘輿未反博訪内外左丞王納之議曰議者謂應郊故承制中事納之謂大饗大祀大樂皆是承制不可得命三公行者郊天極尊唯

一而已故非天子不祀也又案武皇受禪用二月郊元年中興亦以二月今郊時未過日望鑾駕無為欲速而據皇輿旋反更不得親奉不如緩而盡美於是異同難明遂從納之議

宋書禮志曰晉太始二年十一月有司又議古者丘郊不異宜并圓丘方丘於南北郊更脩治壇兆其二至之祀合於二郊帝又從之一如宣帝所用王肅議也是月庚寅冬至帝親祀圓丘於南郊自是後圓丘方澤不别立

又曰孫權始都武昌及建業不立郊兆至末年太元元年十一月祭南郊其地今秣陵縣南十餘里郊中是也晉氏南遷立南郊於巳地非禮所謂陽位之義也宋武大明三年尚書右丞徐爰議郊祀之位遠古蔑聞禮記燔柴於太一祭天也北於南郊就陽位也漢初甘泉河東禋埋易位

終亦從於長安南北光武紹祚定二郊洛陽南北晉氏過江悉在北及郊兆之議紛然不一又南出道狹未議開闡遂於東南巳地創立丘壇皇宋受命因而弗改且居民之中非邑外之謂今聖圖重造舊章畢新南驛開塗陽路脩遠謂宜郊正午以定天位博士司馬興之傅郁太常丞陸澄並同爰議乃移郊兆於秣陵牛頭山西正在宮之午地也

傅玄正都賦曰建乎禋祀祈福上帝天子乃反古服襲大裘綖紐五采平冕垂旒質文斌斌帝容孔脩列大駕於郊畛外八通之靈壇執鎮珪而進蒼璧思致美乎上乾爾乃太蔟為徵圓鍾為宮吹孤竹而拊雲和脩軒轅之遺風奏於圓丘六變既終則天神斯降可得而禮矣

司馬相如封禪書曰濯濯之麟遊彼靈畤孟冬十月君徂郊祀馳我君車帝以享祉

郭璞上疏曰臣歲首粗有所占得解之既濟案解卦繇云君子以赦過宥罪既濟云思患而預防之郊祀者以通天人之誠感因農祥而祈事上乃致敬於皇靈下以播惠於萌黎者也臣愚以為於卦之義既郊之後宜發哀矜之詔引在予之責蕩除瑕釁贊陽布惠使幽斃之民應蒼生以悦育否滯之氣隨谷風而舒散此亦寄時事以制用藉開塞而曲成者也

太平御覽卷第五百二十七

太平御覽卷第五百二十八

禮儀部七

迎氣　禘祫　六宗

迎氣

禮記月令曰孟春立春之日天子親率三公九卿大夫迎春於東郊（蔡邕章句曰迎春者禮昊天句芒之神也於東郊就其位也邑外爲郊去邑八里內因木數也周禮建國之神位兆五帝於四郊以蒼璧禮東方以赤璋禮南方以白琥禮西方以玄璜禮北方皆有牲幣各放其方之色樂奏太蔟歌青陽冕執干戚舞雲翹育命所以導致時和也）孟夏迎夏於南郊（章句曰迎夏者禮炎帝祝融神也於南郊七里因火數也王用赤璋牲幣各放其色樂奏中宮歌朱明其他皆如孟春也）孟秋迎秋於西郊（章句曰迎秋者禮少昊蓐收之神於西郊九里因金數也王用白琥牲幣各放其色樂奏夷則歌白藏其他如孟夏之禮）孟冬迎冬於北郊（章句曰迎冬者禮顓頊玄冥之神於北郊六里因水數也王用玄璜牲幣各放其色樂奏應鍾歌玄冥其他皆如孟秋之禮）

續漢書禮儀志曰立春之日百官皆衣青迎氣青郊郡縣皆青服幘立青幡施土牛耕人於門外以示兆民立夏之日百官皆衣赤迎氣赤郊立秋之日百官皆衣白迎氣白郊立冬之日百官皆衣皂迎氣黑郊

又祭祀志曰縣邑常以立春之日皆青幡青幘迎春於郭外令一童男帽青巾衣先在郭外迎春者至自野中出迎者拜之而還

皇覽禮天子迎四節曰天子迎春夏秋冬之樂又順天道是故距冬至日四十六日則天子迎春於東堂距邦八里堂高八尺堂階八等青稅八乘旂旐尚青田車載矛號曰助天生倡之以角舞之以羽此迎春之樂也自春分數四十六日則天子迎夏於南堂距邦七里堂高七尺堂階七等赤稅七乘旂旐尚赤田車載弓號曰助天養倡之以徵舞之鼓鞉此迎夏之樂也自夏至數四十六日則天子迎秋於西堂距邦九里堂高九尺堂階九等白稅九乘旂旐尚白田車載戟號曰助天收倡之以商舞之以干戚此迎秋之樂也自秋分數四十六日則天子迎冬於北堂距邦六里堂高六尺堂階六等黑稅六乘旂旐尚黑田車載甲號曰助天誅倡之以羽舞之以籥此迎冬之樂也所以迎四時樂養九志於西堂冬養九勝於北堂養後三月而止天子行殺少順天道

宋書禮志曰漢明帝據月令有五郊迎氣服色之禮因採元始中故事兆五郊于洛陽祭其帝與神車服各順方色魏晉依之江左以來未遑脩建

禘祫

毛詩清廟雍曰雍禘太祖也（禘大祭）有來雍雍至止肅肅相維辟公天子穆穆

又商頌曰長發大禘也（大禘郊祭天也禮記曰王者禘其祖之所自出以其祖配之是謂也）濬哲維商長發其祥洪水芒芒禹敷下土方外大國是疆幅隕既長（箋云長猶久也隕當作圓圓謂周也深知乎維商家之德也久發見其禎祥矣乃用洪水禹敷下土正四方定諸夏廣大其竟界之時始有王天下之萌兆歷虞夏之世故爲久也）

禮記曾子問曰當七廟五廟無虛主虛主唯天子崩諸侯薨與去其國與祫祭於太祖爲無主耳

禮記大傳曰禮不王不禘王者禘其祖之所自出以其祖配之（凡大祭曰禘自由也大祭其先祖所由生謂郊祭天也王者之祖先皆感太微五帝之精以生皆用正月郊祭之蓋特尊焉孝經曰郊祀后稷以配天宗祀文王於明堂以配上帝凡配五帝也）

周禮宗伯職曰以肆獻祼享先王以饋食享先王以祠春享先王以禴夏享先王以嘗秋享先王以烝冬享先王（宗廟之祭有此六享肆獻祼饋食在四時之上則是祫也禘也）

禮稽命曜曰三年一祫五年一禘以衣服想見其容色三

日齋思親志意想見所好意喜然後入廟

左傳昭四曰十五年春將禘于武公戒百官杜預注曰戒齋也梓慎曰禘之日其有咎乎吾見赤黑之祲非祭祥也喪氛也祲妖氛也在其莅事乎

公羊傳文二曰祫者何也合祭也其合祭柰何毁廟之主陳乎大祖未毁廟之主皆升合食於太祖爾雅曰禘大祭也郭璞注曰五年大祭

白虎通曰祭宗廟所以禘祫何尊人君貴功德廣孝道位尊德盛所及彌遠

五經異義曰今春秋公羊說祠宗廟並而不卜傳曰禘祫不卜

又曰謹案叔孫通宗廟有月祭之禮知古而然也三歲一祫此周禮也五歲一禘疑先王之禮也

又曰古春秋左氏說古者先王日祭於祖考月薦於曾高時享及二祧歲禱於壇禘及郊宗石室

五經通義曰王者諸侯所以三年一祫五年一禘何三年一閏天道小備故三年一祫祫者皆取未遷廟主合食太祖廟中五歲再閏天道大備故五歲一禘禘者諦也取已遷廟主合食太祖廟中

禮記外傳曰禘祫謂之殷祭殷多盛也祫大而禘小祫合也合毁廟之主出而陳列之親廟之主升入大廟功臣又得配享其禮大也禘則各於宮神主不出廟也祭大何以名祫祭卑不敢降尊也春秋之經有禘而無祫經云大事於大廟又云有事於其廟即是禘也此是國之大事時云有事毁廟無時祭時祭月祭皆近廟耳玄孫之子於高祖親盡也但五年有二殷祭耳祭及遠祖象年再閏也神主入廟先爲一禘爲新遞遷徧告之也明年春禘而又祫祫後二年一禘禘後三年一祫自此爲常

漢書曰元始五年春正月祫祭明堂諸侯王二十八人列侯百二十人宗室子九百餘人助祭禮畢皆益戶賜爵及金帛增秩補吏各有差

又劉歆曰春秋傳曰日祭月祀時享歲貢然王祖禰則日祭曾高則月祀二祧則時享壇墠則歲貢張晏曰去祧爲壇掃地祭之也大禘則終王服虔曰夷蠻經王乃入助祭各以珍貢以助大祫之祭也彌遠彌尊故禘爲重矣

續漢書祭祀志曰建武二十六年詔問張純禘祫之禮奏三年一祫五年一禘禘之言諦諦昭穆尊卑之義以夏四月陽氣在上陰氣在下故正尊卑之義祫以冬十月五穀成孰故骨肉合聚飲食

漢雜事曰元帝時匡衡貢禹以經義毁先帝親盡之廟高帝爲太祖孝文爲太宗孝武爲世宗孝宣爲中宗祖宗廟皆世世奉祀其餘惠景以下皆毁五年而再殷祭猶古之禘祫

王隱晉書曰太康中太廟成遷神主於新廟上帥百官奉迎於道左遂親禘祫

後魏書曰世宗景明二年夏六月祕書丞孫思蔚上言古之祭法時祫並行天子先祫後時諸侯先時後祫此施當世在今則煩且禮有升降事有節文適時之制聖人弗違當祫之月減時祭以從要省制可十一月壬寅改築圓丘於伊水之陽乙卯仍有事焉

宋書禮志曰凡禘祫大祭則神主悉出廟堂爲昭穆以安坐不復停室也

又志曰博士徐道娱上議曰太廟烝嘗儀注皇帝行事畢出便坐三公已上獻太祝送神于門然後至尊還拜百官贊拜乃退謹尋清廟之道所以肅安神也禮曰廟者貌也

神靈所憑依也事亡如存若恒在也既不應有送神之文自陳豆薦俎車駕至止並弗奉迎夫不迎而送送而後辭闇矩之情實用未達博士江邃議在始不迎明在廟也卒事而送節孝思也若不送而辭是舍親也辭而後送是違神也故孝子不忍違其親又不忍違神是以祝史送神以成烝嘗之義

又禮志曰禘祫之禮三年一五年再公羊所謂五年再殷祭也在四時之間周禮所謂凡四時之間禮也蓋歷歲節月無定天子諸侯先後弗同禮天子祫嘗諸侯烝祫有田則祭無田則薦鄭注天子先祫後祭諸侯先時祭然後祫有田者既祭又薦新祭以首時薦以仲月然則大祭四祀其月各異天子以孟月殺仲月烝諸侯孟月嘗仲月祫也

齊書禮志曰右僕射王儉議按禮記王制天子先祫後時祭諸侯先時祭後祫春秋魯僖二年祫明年春禘自此以後五年再殷

禮緯稽命徵曰三年一祫五年一禘經記所論禘祫與時祭其言詳矣

唐書曰元和中太常上言按禮祭不欲數太廟禘祫祭禮重於時饗時饗與禘祫同月即其月但行禘祫祭不行時饗蓋不欲煩是禮先重者今時饗重於朔望薦食稽求禮情恭酌輕重請每至時及臘但行饗禮其月朔望薦食請停如告廟日與朔望薦食日同請先行告禮然後薦食

六宗

尚書舜典曰禋于六宗鄭注曰六宗謂星辰司中司命風雨師也

尚書大傳曰萬物非天不生非地不載非春不動非夏不長非秋不收非冬不藏故書曰禋于六宗此之謂也

五經異義曰今尚書歐陽夏侯說六宗者上不及天下不及地旁不及四方居中央恍忽無有神助陰陽變化有益於人故天并祭之

又曰古尚書說六宗者天地屬神之尊者謂天宗三地宗三天宗日月北辰也地宗岱山河海也日月爲陰陽宗北辰爲星宗岱爲山宗河爲水宗海爲澤宗也祀天則天文從祀地則地理從也

續漢書祭祀志曰安帝以尚書歐陽家說云六宗者在天地四方之中爲上下四方之宗以元始故書謂六宗亦六子之氣日月雷風山澤者爲非三月更立六宗祠於洛陽城西北地禮比太社

東觀漢記曰光武即帝位燔燎告天禋于六宗李郃別傳曰郃侍祠南郊不見六宗祠奏曰按尚書肆類於上帝禋于六宗漢興於甘泉汾陽祭天地亦禋六宗至孝成時匡衡奏立北郊復祠六宗至建武都洛陽制郊祀不道祭六宗由是廢不血食今宜復舊上從公議由是遂祭六宗

張純六宗表曰臣竊以十一家凡有六統而所據各異考之經禮大義不通臣謂禋于六宗祀祖考所尊者六宗則三昭三穆也

魏書曰明帝問王肅六宗竟幾對曰坎爲水離爲火震爲雷巽爲風艮爲山兌爲澤此乾坤六甲子也

太平御覽卷第五百二十八

太平御覽卷第五百二十九

禮儀部八

五祀　四望　高禖　禱祈

五祀

禮記祭法曰王爲羣姓立七祀曰司命曰中霤曰國門曰國行曰太厲曰户曰竈諸侯爲國立五祀曰司命曰中霤曰國門曰國行曰公厲大夫立三祀曰族厲曰門曰行適士立二祀曰門曰行庶人立一祀或立户或立竈鄭玄注曰五祀門户中霤也此皆小神居人之間司察小神也

又月令曰孟春其祀户孟夏其祀竈季夏其祀中霤孟秋其祀門孟冬　其祀行餘吉禮門吉

白虎通曰何謂五祀者門户竈井中霤也

又曰曲禮下記云天子祭天地四方山川五祀歲遍諸侯

方伯祀山川祭五祀歲遍士祭其先凡祀有廢之莫敢舉也有舉之莫敢廢也非所當祭而祭之名爲淫祀無福祭五祀所以歲遍何眞五行也

五經異義曰大戴説禮器云竈者老婦之祭許君按月令孟夏之月其祀竈五祀之神王者所祭非老婦也鄭玄曰竈神祝融是老婦

又曰王爲羣姓立七祀一曰司命主督察人命也二曰中霤主宫室居處也三曰門四曰户主出入五曰國行主道路也六曰大厲主殺也七曰竈主飲食也

漢書議曰祠五祀謂五行金木水火土也木正曰勾芒火正曰祝融金正曰蓐收水正曰玄冥土正曰后土皆古賢能治成五行有功者也主其神祀之

魏名臣奏曰秦静議云祭法七祀有國行今月令謂行爲井是以俗廢行而祀井武帝始定天下興復舊祀造祭祀門户井竈中霤文帝冊詔静按凡諸祠祀所以尊敬神靈不宜冊詔高堂隆議曰國中霤門井竈多不遍唯祀在者故曰祭五祀在於廟今每門户輒祭之自漢以來非舊典也祭井自漢從水類不列五祀宜除井祀行世本曰微作禓五祀微者殷王八世孫也禓者強死男也謂時儺索室毆疫逐強死鬼也五者謂門户及井竈中霤也

傳玄五祀議曰禮大記云室中央中霤謂四霤之中也祭於漏井蓋失之矣七祀之文皆云祀行而無井祭竈而不祭井於事則闕夫設祀者非唯報功而已亦神道設教使民慎之幽冥也臣以爲帝之都城宜祭一門正宫一門正室一户井竈中霤亦各擇其一正者祭之

四望

尚書舜典曰正月上日受終于文祖在璿璣玉衡以齊七

政肆類于上帝禋于六宗望於山川遍于羣神歲二月東巡狩至于岱宗柴望秩于山川肆覲東后孔安國曰望秩于山川者以尊卑祭之也五岳視三公四瀆視諸侯其餘小者或視大夫伯子男

周禮春官上曰大宗伯之職國有大故則旅上帝及四望四望五嶽四鎮四瀆也

又春官曰小宗伯之職掌兆五帝於四郊四望四類亦如之兆爲壇之營域

又春官上典瑞曰掌玉瑞玉器之藏四珪有邸以祀天旅上帝兩珪有邸以祀地旅四望

又春官下大司樂曰春奏姑洗歌南呂舞大韶以禮四望

公羊傳僖下曰夏四月卜郊不從乃免牲猶三望三望者何望祭也則曷爲祭泰山河海山川有能潤于百里者天子秩而祭之此皆助天氣成功故祭天及之

五經通義曰王者所以因郊祭日月星辰風伯雨師山川何以爲皆有功於民故祭之也皆天地之別神從官也緣天地之意亦欲及之故歲一祭之禮曰於南門外禮月四瀆於北門外禮山川丘陵西門外祭風伯雨師於東門外各即其位也以是明之其祭之柰何乎曰祭日者懸祭月者毀祭風者明祭雨者布疏祭山川者沉各象其類也

三輔黃圖曰宰衡王莽奏曰冬至使有司祭天神於南郊高祖配而望羣陽夏至使有司祭地祇於北郊高后配而望羣陰

隋書志曰梁朱异議鄭衆云四望謂日月星海鄭玄云謂五岳四瀆尋二鄭之說牙有不同竊以望是不即之名九厥遥祭皆有斯目豈容局於星海拘於海瀆請今天司有關水旱之義爰有四海名山大川能興雲致雨一皆備祭

高禖

禮記月令曰仲春玄鳥至之日以太牢祀于高禖天子親往后妃率九嬪御乃醴天子所御帶以弓韣授以弓矢立於高禖之前蔡邕章句曰高禖祀名也高猶尊也禖者所以祈子孫之祀也天子所御謂后妃以下主妾御者韣弓衣也祝以高禖之命飲以醴酒帶以弓衣尚使得男者也鄭玄注曰玄鳥遺卵娀簡狄吞之生契後以爲禖官嘉祥而立祀也

漢書曰太子據立爲皇太子初上年二十九乃得太子甚喜爲立禖張晏曰禖求子禖神使東方朔枚皐作禖祝

續漢書曰仲春之月立高禖祀於城南禮以特牲

五經異義曰王者一歲七祭天地仲春后妃郊禖禖亦祭天也

五經要義曰契母簡狄以玄鳥至之日祀於高禖而生契高禖者蓋先王所以祈子孫之祀也玄鳥感陽而至集人棟宇有孳乳之祥故重其至日因以用事

五經異義曰鄭記曰玄鳥至之日以太牢祀于高禖注曰高辛氏世娀簡狄吞鷰子而生契後王以爲禖官嘉祥其祀焉王權問曰以注言之先商之時未有高禖生民詩曰克禋克祀以祓無子傳以爲古者必以郊禖焉姜嫄禋祀上帝而生稷是則郊禖之祀非以生契之後立也譙喬荅曰先商之時自必有禖氏祓除之祀位在南郊蓋亦以玄鳥至之日然其所禋乃於上帝娀簡狄吞乙子之後王以爲禖官嘉祥祀之以配帝謂之高禖

晉束皙高禖壇石議曰元康六年高禖壇上石破爲二段詔書問置此石來幾時出何經典今應復不博士議禮無高禖置石之文未知造設所由既已毀破無可改造設高辛氏有簡狄吞卵之祥今此石有吞卵之象蓋俗說所爲而史籍無記可但收聚復於舊處而已太常以爲吞卵之言蓋是逸俗之失義因今毀破便宜廢除下四府博士議賊曹屬束皙議夫未詳其置之故而欲必其可除之理理不可然按郊祀志秦漢不祀高禖漢武帝五子傳武帝晚得太子始爲立禖其事未之能審

許慎五經異說云山陽民祭皆以石爲主然則石之爲主由來尚矣其此象矣而祭禮龜策祭器弊則埋之而改置新石今破則宜埋而更造不宜遂廢收集破石積之故處於禮無依於事不肅恩所未安也時公卿從太常所處此議不用其後得高堂隆故事魏青龍中造立此禮詔書更鐫石令如舊置高禖壇上埋破石入地一丈

隋書禮志曰梁太廟北門內道西有石文如竹葉小屋覆之宋元嘉中脩廟所得陸澄以爲孝武時郊禖之石然則

江左亦有此禮矣後齊高禖爲壇於南郊傍廣輪二十六尺高九尺四陛三壝

禱祈

周書曰四月孟夏王初祈禱于宗乃嘗麥于廟

毛詩甫田曰琴瑟擊鼓以御田祖以祈甘雨以戒我稷黍以穀我士女

又生民行葦曰曾孫唯主酒醴維醹酌以大斗以祈黃耇

又臣工噫嘻曰春夏祈穀於上帝也祈猶禱求

周禮春官上小宗伯曰小宗伯掌大災乃執事禱祠于上下神祇

又春官下太祝掌六祝之辭以事鬼神祈福祥求永貞馬融傳曰神天神鬼人鬼祇地祇也

禮記月令曰孟春是月也天子乃以元日祈穀于上帝

左傳襄上曰郊祀后稷以祈農事也

又定上曰魯昭公出故季平子禱于煬公九月立煬宮平子逐君懼而請禱於煬公昭公死於外自以爲獲福故立其宮

又哀上曰衛太子禱曰曾孫蒯聵敢昭告皇祖文王周文王皇大也烈祖康叔文祖襄公鄭勝亂從勝鄭聲公名助自爲從於亂釋君晉午在難午晉定公名不能治亂使鞅討之鞅趙簡子名

論語八佾曰王孫賈問曰與其媚於奧寧媚於竈何謂也王孫賈自周出仕於衛也宗廟及五祀之神皆祭於奧室西南隅謂之奧子曰不然獲罪於天無所禱也明當媚其尊者夫竈者老婦之祭

又述而曰子疾病子路請禱禱謝過於鬼神子曰有諸觀子路曉禱禮否子路對曰有之誄曰禱爾于上下神祇誄天神之辭也子曰丘之禱久矣孔子自知無過謝

五經異義曰禮祭法云天子有祧遠廟曰祧將祧而去之故曰祧去祧曰壇去壇曰墠皆藏於祖廟有事則禱無事則止

說文曰告事求福爲禱

漢書曰文帝曰昔先王遠施不求其報望祀不祈其福今吾聞祠官祝釐如淳曰釐福皆於朕躬不爲百姓夫以朕之不德而專饗獨美其福百姓不與是重吾不德也其令祠官致祀無有所祈

東觀漢記曰鄧太后嘗體不安左右憂惶至令禱祠願以人爲代太后聞之即譴怒勑掖庭令以下何故乃有此不祥之言左右咸流涕歔太后臨大病不自顧而念兆民後病瘳豈非天地之應與

晉中興書曰大旱經冬太興四年四月始雨有奏應報賽宗廟山川中宗詔曰祈廟本報賽非奉尊上辭也吾意有疑以爲舊山川有許報故兩賽非大事不應告廟臣子無要君之道黷祭稱賽於禮有違

唐書曰憲宗謂宰臣曰禳災祈福之說其事信否李藩對曰臣竊觀自古聖達皆不禱祠故楚昭王有疾卜者謂河爲祟昭王以河不在楚非所獲罪孔子以爲知天道仲尼疾病門人子路請禱仲尼以爲神道助順繫於所行已既全德無愧屋漏故於子路云丘之禱久矣書云惠迪吉從逆凶言順道則吉從逆則凶詩云自求多福則禍福之來咸應行事若苟爲非道則何福可求是以漢文帝每有祭祀使有司敬而不祈其見超然可謂盛德若使神明無知則安能降福必其有知則私已求媚之事君子尚不可悅也況於明神乎由此言之則履信思順自天祐之苟異於此實難致福故堯舜之務唯在脩已以安百姓管仲云義

於人者和於神蓋以人爲神主故但務安人而已虢公求神以致危亡王莽妄祈以速漢兵古今明誡書傳所紀望陛下每以漢文孔子之意爲準則百福具臻矣上深嘉美之

又曰文宗開成中以久旱分命郡官徧祠祈禱於紫宸殿對宰臣憂形於色宰臣以星官所奏天時當爾乞不過勞聖慮上懍然改容曰朕爲天下主無德及人致此災旱今又謫見于上若三日不雨當退歸南內更選賢明以主天下宰臣嗚咽流涕各請罪乞免相位是夜澍雨大洽

又曰孔戣爲廣州刺史先是准詔禱南海神多令從事代戣必自越風波而往韓愈爲潮州作詩美之

華陽國志曰梁輔爲郡五官時天大旱請雨不降輔出禱乃積薪祝神曰二日不雨則欲自焚謝罪百姓言終而雨

長沙郡耆舊傳曰祝良爲洛陽令時亢旱天子祈不得良乃曝身階庭告誠引罪自晨至中紫雲沓起甘雨登降民爲之歌曰天久不雨烝民失所天王自出祝令特苦精符感應滂沲而下

列仙傳曰歷陽有彭祖仙室前世云禱請風雨莫不輒應常有兩虎在祠左右今日祠訖即有虎迹

異苑曰晉簡文既廢世子道生次子郁又早卒而未有息嗣漢陽令在弟前禱至三更夢有黃氣自西南來逆室前爾夜幸李太后而生孝武皇帝

韓子曰衛人有夫妻禱者而祝曰使我無故得百束布其夫曰何少也對曰益是子將以買妾

呂氏春秋曰昔殷湯剋夏而天下大旱五年不收湯乃以身禱於桑林曰余一人有罪無及萬方萬方有罪在予一人無以一人之不敏使上帝鬼神傷民之命於是剪其髮𨟖其手自以爲牲用祈福於上帝民悅雨乃大至

淮南子曰聖人者不耻身賤而媿道之不行不憂命之短而憂百姓之窮也是故禹爲水以身解於陽盱之河湯爲旱以身禱於桑林之下聖人之憂民如此其明也

太平御覽卷第五百二十九

太平御覽卷第五百三十

禮儀部九

齋戒　儺

齋戒

易上繫曰：明於天之道而察於民之欲，故興神物以前民用。聖人以此齋戒。洗心曰齋，防患曰戒也。

周禮天官冢宰曰：祀五帝則掌百官之誓戒，與其具脩。祀五帝謂四郊及明堂。誓戒，要之以刑，重失禮也。明堂位所謂各揚其職，百官廢職服大刑，是其辭之略也。具，所當共。修，謂掃除糞洒。前期十日，帥執事而卜日，遂戒。前期，前所諏之日也。十日，容散齋七日，致齋三日。執事，宗伯、大卜之屬。既卜，又戒百官以始齋。

禮記曲禮曰：齋者不樂不弔。爲哀樂則失正，散其思也。

又檀弓曰：是故君子非有大故不宿於外，大故謂哀憂。非致齋也，非疾也，不晝居於內。內，正寢之中。

又王制曰：天子齋戒受諫。歲中羣臣奉歲事，諫王當所改爲也。司會以歲之成質於天子，司會，冢宰之屬，掌計要者。成，計要也。質，猶平也。平其計要。冢宰齋戒受質。贊王受之。大樂正、大司寇、市三官以其成從質於天子。大樂正，於周宗伯之屬。市，司市也，於周司徒之屬。從從於司會也。大司徒、大司馬、大司空齋戒受質。百官各以其成質於三官。大司徒、大司馬、大司空以百官之成質於天子。百官，此三官之屬。百官齋戒受質。受平報也。

又郊特牲曰：孔子曰：三日齋，一日用之，猶恐不敬；二日伐鼓，何居？居讀爲姬，語之助。何居，怪之也。伐，猶擊也。齋者止樂，而二日擊鼓，則是成一日齋也。

又郊特牲曰：齋之玄也，以陰幽思也。故君子三日齋，必見其所祭者。齋三日者，思其居處，思其笑語，思其志意，思其所樂，則見之也。

又王藻曰：將適公所，宿齋戒，居外寢，

又祭義曰：古者天子諸侯必有養獸之官，及歲時齋戒沐浴而躬朝之，犧牲祭牲必於是取之，敬之至也。

又祭義曰：致齋於內，散齋於外。齋之日，思其居處，思其笑語，思其志意，思其所樂，思其所嗜。齋三日，乃見其所爲齋者。

又祭統曰：及時將祭，君子乃齋。齋之爲言齊也，齊不齊以致齊者也。是故君子非有大事也，非有恭敬也，則不齋。不齋則於物無防也，嗜欲無止也。及其將齋也，防其邪物，訖其嗜欲，耳不聽樂。故記曰：齋者不樂，言不敢散其志也。心不苟慮，必依於道；手足不苟動，必依於禮。是故君子之齋也，專致其精明之德也。故散齋七日以定之，致齋三日以齊之。定之之謂齋。齋者，精明之至也，然後可以交於神明也。定者，定其志意。是故先期旬有一日，宮宰宿夫人，夫人亦散齋七日，致齋三日。宮宰，守宮官也。宿讀爲肅，肅猶戒也。戒輕肅重也。君致齋於外，夫人致齋於內，然後會於太廟。

又坊記曰：子云：七日戒，三日齋，承一人焉以爲尸，過之者趨走，以教敬也。戒謂散齋也，承猶事也。

又表記曰：子曰：齋戒以事鬼神，擇日月以見君，恐民之不敬也。

禮記外傳曰：凡大小祭祀必先齋，敬事天神人鬼也。齋者，敬也。齋其心，思其皃，然後可以入廟。齋必變食，去其葷羶也；居必遷坐，易其常處也。故散齋於外，致齋於內。外者，公寢也；內者，寢中小室。大祀散齋七日，祭日猶遠，容意散。致齋三日，致者，至也，則就祭日近。十日齋矣。祭前旬外之日，則有司戒告宮內外百官齋，謂之夙戒。夙，早也。中祀七日，則散齋四日。小祀三日。月令，秦書也，當戰國之急。大小祭祀唯三日，散齋二日，致齋一日。

春秋合誠圖曰：黃帝請問太一長生之道，太一曰：齋戒六

丁道乃可成（丁取能丁寧當戒懼也）

家語曰季桓子將祭齋三日而二日鍾鼓之音不絕冉有問於孔子子曰孝子之祭也散齋七日愼思其事致齋三日而一用之（猶一而用之也）猶恐不敬而二日伐鼓何其

論語鄉黨曰齋必有明衣布（明衣親身所以自潔清也其物以布爲之）齋必變食居必遷坐

又述而曰子之所愼齋戰疾（此三者人所不能愼而夫子愼之）

史記曰藺相如謂秦王曰趙送璧時齋五日今大王亦宜齋遂許齋五日舍相如廣成傳舍秦王齋五日後乃設九賓於庭引相如

又曰秦二世夢白虎嚙其左驂馬殺之心不樂問占夢人曰涇水爲祟二世乃齋望夷宮閻樂殺之更立子嬰爲王○漢書曰蕭何薦韓信於漢王何曰王宜擇日齋戒設壇場具禮乃可拜爲大將軍至拜乃韓信也一軍大驚也

又曰宣帝詔曰迺者鳳凰甘露降集京師嘉瑞見脩興太一五帝后土之祠祈爲百姓蒙福鸞鳳萬舞集止于旁齋戒之暮神光顯著薦鬯之夕神光交映或降于天或登于地或從四方來集于壇上帝嘉饗海内承福

續漢書曰殤帝崩太后與兄車騎將軍鄧騭定策禁中其夜使騭持節以王青蓋車迎安帝齋于殿中

范曄後漢書曰周澤字稚都爲太常嘗卧疾齋宮其妻哀澤老病就問所苦澤大怒以妻干犯齋禁遂收送謝罪當世疑其詭激時人語曰生世不諧作太常妻一歲三百六十日三百五十九日齋一日不齋醉如泥

干寶晉紀曰劉毅爲司隸校尉常齋而疾其妻出看之表

解齋

唐書曰貞元九年冬德宗以是歲有年欒昊朝貢思親告郊廟於祀事尤重愼及將散齋謂宰臣曰在禮散齋歸正寢攝心奉祭不可聞外事其常務勿奏乃齋於別殿及命皇太子諸王行祭者皆受誓一日

又曰貞元中德宗方有事於郊廟詔以皇太子爲亞獻親王終獻上令問柳冕當受誓戒否冕奏准開元禮並以前七日受誓戒詞云各揚其職不供其事國有常刑冕以誓皇太子更其詞云各揚其職肅奉常儀

又曰憲宗元和中南郊陰氣凝閉浹句不開宰臣議請改日上曰郊廟事重吾齋戒有日豈可廢乎至享獻之際景物澄清人情大悅

鬼谷子曰周有豪士居鬼谷號爲鬼谷先生蘇秦張儀往見之先生曰吾將爲二子陳言至道子其齋戒擇日而學後秦儀齋戒而往

莊子曰顔回曰吾無以進矣敢問其方仲尼曰齋吾將語若顔回曰回之家貧唯不飲酒不茹葷者數月矣若此則可以爲齋乎曰是祭祀之齋非心齋也回曰敢問心齋仲尼曰若一志無聽之以耳而聽之以心無聽之以心而聽之以氣唯道集虛虛者心齋也

又曰梓慶削木爲鐻鐻成見者驚猶鬼神魯侯曰子一何巧矣何術以至此曰臣工人何術之有雖然有一焉臣爲鐻未嘗敢以耗氣也必齋以靜心器之所以凝神者其是與

又曰祝宗人玄端以臨牢筴說曰汝奚惡死吾將三月犧汝十日戒十日齊藉白茅加汝肩尻乎彫俎之上

韓子曰燕王欲巧衛人請以棘刺之端爲猴成功人曰君欲觀之半歲不入宮不飲酒食肉雨霽日出視之晏陰之間而棘刺之母猴乃可見也燕王固養之不能觀也

搜神記曰王業和帝時爲荆州刺史每出行部沐浴齋潔以祈于天地當啓佐愚心無使有枉百姓在州七年惠風大行苛慝不作

儺

禮記月令季春曰命國儺九門磔攘以畢春氣洪範傳曰言之不從則有犬禍犬屬金也故磔之於九門所以抑金扶木畢成春功東方三門不磔春位不殺其盛德所在無所攘

又月令仲秋曰天子乃儺以達秋氣此儺之陽氣恐陽暑至此不衰害亦將及故儺以通秋氣方欲助秋故不磔犬

又月令季冬曰命有司大儺旁磔以送寒氣大儺爲歲終以逐陰除疫以送寒氣故周官命方相氏率百隸索室驅疫以逐之旁謂王城四旁十二門也磔謂磔犬於門也春儺九門冬禮大故偏磔於十二門所以扶陽抑陰之義犬屬金冬盡春興春爲木故殺金以助木氣

又郊特牲曰鄉人禓禓強鬼也謂時儺索室毆疫逐強鬼也禓或爲獻或爲儺孔子朝服立于阼存室神也神依人也

禮記外傳曰方相氏之官歲有三時率領群隸驅索癘疫之氣於宮室之中亦攘送之義也天以一氣化萬物五帝各行其德餘氣留滯則傷後時謂之不和而災疫興焉大儺者貴賤至於邑里皆得驅疫命國儺者但於國城中行之耳名之儺者取群隸爲儺儺之聲

周禮夏官曰方相氏掌蒙熊皮黄金四目玄衣朱裳執戈揚盾帥百隸而時儺以索室毆疫蒙冒也冒熊皮者以驚毆疫癘之鬼如今魌頭也時儺四時作方相氏以儺卻凶惡也月令季冬命國儺索捜也

續漢書曰先臘一日大儺謂之逐疫其儀選中黄門子弟十二已下百二十人爲侲子皆赤幘皂製執大鼗方相氏服如周制及十二獸裳衣毛角中黄門行之冗從僕射之以逐惡鬼于禁中設桃梗鬱壘葦茭畢執事者皆罷葦戟桃枝以賜公卿將軍特進諸侯

禮緯曰顓頊有三子生而亡去爲疫鬼一居江水是爲瘧鬼魍魎鬼一居人宮室區隅善驚人小兒於是常以正歲十二月令禮官方相氏蒙熊皮黄金四目玄衣纁裳執戈楊楯帥百隸及童子而時儺以索室而驅疫鬼以桃弧葦矢土鼓且射之以赤丸五穀播灑之以除疫殃

後魏書曰高宗和平三年十二月因歲除大儺之禮遂耀兵武更爲制令步兵陣於南騎士陳於北各擊鍾鼓以爲節度其步兵所衣青赤黄黑別無部隊楯矟矛戟相次周迴轉易以相赴就有飛龍騰蛇之變爲函箱魚鱗四門之陣凡十餘法跽起前却莫不應節陣畢南北二軍皆鳴鼓角衆盡大譟各令騎將交去來挑戰步兵更進退以拒擊南敗北捷以爲盛觀自後踵以爲常

唐書曰舊驅儺侲子等金吾將軍並具襴笏引入閤門譴按大儺者所以驅除羣厲合資威武盛其光儀襴笏之制常參朝服舊制未稱今請各依錦繡且帑袜帶儀力部引出入

建康實録曰孫興公嘗着戲爲儺至桓宣武家宣武覺其應對不凡推問之乃興公

宣城記曰吳時洪巨爲廬陵太守有清稱徵還船輕載土時歲暮除逐人就乞見土而去

莊子曰游島問雄黄曰今逐疫出魅擊鼓呼噪何也雄黄曰黔首多疾黄帝氏立巫咸使黔首沐浴齋戒以通九竅鳴鼓振鐸以動其心勞形趍步以發陰陽之氣飲酒茹葱

以通五藏夫擊鼓呼噪逐疫出魅鬼黜首不知以爲魅祟也

張衡東京賦曰卒歲大儺敺逐羣厲方相秉鉞巫覡操茢侲子萬童丹首玄裳桃弧棘矢所發無臬飛礫雨散剛癉畢斃煌火馳而星流逐赤疫於四裔然後凌天地絕飛梁囚耕父於清泠溺女魃於神潢

廉品大儺賦曰於吉日之上戊將大蜡于臘烝先茲日之酉久宿絜靜以清澄乃班有司聚衆大儺天子坐華殿臨朱軒凭玉几席文旃率百隸之侲子羣鼓噪於宮垣

太平御覽卷第五百三十

太平御覽卷第五百三十一

禮儀部十

廟

宗廟　神主

易萃卦曰王假有廟假至也王以聚至有廟也

又渙卦曰風行水上渙先王以享于帝立廟

尚書逸篇曰嗚呼七世之廟可以觀德天子立七廟有德之主則為祖宗其廟不毀故可觀德

毛詩文王綿曰乃召司空乃召司徒俾立家室其繩則直縮板以載作廟翼翼

又閟宮曰新廟奕奕奚斯所作

又清廟曰清廟祀文王也周公既成洛邑朝諸侯率以祀文王焉清廟者祭有清明之德者之宮也謂祭文王也天德清明文王象焉故祭之而歌此詩也廟之言貌也死者精神不可得而見但以生時之居立宮室象貌為之耳成洛邑居攝五年時於穆清廟肅雝顯相於歎辭也穆美也肅敬雝和相助也箋云顯光也見也於乎美哉周公之祭清廟也其禮儀敬且和又諸侯有光明著見之德者來助祭

周禮春官上曰小宗伯之職掌建國之神位右社稷左宗廟

禮記曲禮曰君子將營宮室宗廟為先廄庫為次居室為後

又曲禮曰問國君之年長曰能從宗廟社稷之事矣幼曰未能從宗廟社稷之事也

又王制曰天子七廟三昭三穆與太祖之廟而七諸侯五廟二昭二穆與太祖之廟而五大夫三廟一昭一穆與太祖之廟而三士一廟庶人祭於寢

又禮器曰禮有以多為貴者天子七廟諸侯五大夫三士一

又文王世子曰五廟之孫祖廟未毀雖及庶人冠娶必告死必赴不忘親也

又明堂位曰山節藻棁複廟重檐刮楹達鄉反坫出尊崇坫康圭疏屏天子廟飾也山節刻欂盧為山也藻棁謂侏儒柱為藻文複廟重屋也檐承壁材也刮摩也鄉牖屬謂夾戶窻也每室八窻為四達反坫反爵之坫也出尊當尊南也唯兩君為好既獻反爵其上禮君尊於兩楹之間也崇高也康讀為亢龍之亢屏謂之樹今罘罳也刻之為雲氣虫獸如今闕上為之

又雜記曰成廟則釁之其禮祝宗人宰夫雍人皆爵純衣雍人舉羊升屋中屋南面刲羊血流于前乃降門夾室皆用雞凡宗廟之器其名者成則釁之以豭豚宗廟名器謂尊彝之屬

又祭法曰天下有王分地建國置都立邑設廟祧壇墠而祭之乃為親疏多少之數是故王立七廟一壇一墠曰考廟曰王考廟曰皇考廟曰顯考廟曰祖考廟皆月祭之遠廟為祧有二祧享嘗乃止去祧為壇去壇為墠壇墠有禱焉祭之無禱乃止去墠曰鬼諸侯立五廟一壇一墠曰考廟曰王考廟曰皇考廟皆月祭之顯考廟祖考廟享嘗乃止去祧為壇去壇為墠壇墠有禱焉祭之無禱乃止去墠為鬼大夫立三廟二壇曰考廟曰王考廟曰皇考廟享嘗乃止顯考祖考無廟有禱焉為壇祭之去壇為鬼適士二廟一壇曰考廟曰王考廟享嘗乃止顯考無廟有禱焉為壇祭之去壇為鬼官師一廟曰考廟王考無廟而祭之去王考為鬼庶士庶人無廟死曰鬼廟之言貌也宗廟者先祖之尊貌也祧之言超也超上意也封土曰壇除地曰墠書曰三壇同墠

又中庸曰武王纘大王王季文王之緒壹戎衣而有天下身不失天下之顯名尊為天子富有四海之內宗廟饗之子孫保之

又祭法曰天下有王分地建國置都立邑設廟祧壇墠而

祭之

左傳桓公曰宋華父督已殺孔父而弒殤公召莊公于鄭而立之以親鄭以郜大鼎賂公夏四月取郜大鼎于宋戊申納于太廟非禮也

又桓公曰清廟茅屋（以茅飾屋著儉也清廟肅然清靜之稱）

又僖上曰震夷伯之廟罪之也於是展氏有隱慝焉

又文公下曰太室之屋壞書不恭也

又成公三年曰甲子新宮災三日哭（宣公神主新入廟故謂之新宮書三日哭善得禮宗廟親之神靈所憑居而遇災故哀而哭之）

又襄二曰吴子壽夢卒臨於周廟禮也（周廟文王廟也周公出文王故魯立其廟也）凡諸侯之喪異姓臨於外同姓臨於廟是故魯爲諸姬臨於周廟

公羊傳文公曰世室屋壞世室者何魯公之廟也周公稱太廟魯公稱世室群公稱宮

穀梁傳成公曰新宮災三日哭新宮者禰宮也（禰父也成公之父宣公之宮也）

孝經曰宗廟致敬不忘親也

又曰爲之宗廟以鬼享之（宗者尊也廟者皃也先祖之尊皃所居中宮何以爲人死精魂歸乎天形體不藏存之即存不存則士明先祖神死依人也）

孝經援神契曰廟所以尊祖也

論語八佾曰子入太廟每事問或曰孰謂鄹人之子知禮乎入太廟每事問子聞之曰是禮也

家語曰孔子在齊景公造焉左右白曰周使至言先王廟災景公曰何王廟孔子曰此必釐王廟夫釐王變文武之制而作玄黃華麗之飾故天殃其廟焉有頃左右報所災者釐王廟景公曰善哉聖人之智過人遠矣

又曰孔子曰吾於甘棠見宗廟之敬也甚矣思其人猶愛其樹尊其人必敬其道也

史記曰秦始皇巡隴西北地出雞頭山過回中（應劭曰回中在安定高平孟康注曰回中在北地）作信宮渭南更命信宮爲極廟象天極廟道通驪山作甘泉前殿築甬道（應劭曰築垣牆如街巷）

又曰高祖崩群臣皆曰高祖起細撥亂令郡諸侯各立高祖廟以歲時祠及孝惠五年思高祖之悲樂沛宮爲高祖原廟（奈曰光武紀曰上幸豐相高祖於原廟謂原再也先既已立廟今又拜立故謂之原也）

漢書曰惠帝爲東朝長樂宮及間往來數蹕煩民作複道方築武庫南叔孫通奏事因請間曰陛下何自築複道高帝寢衣冠月出遊高廟（應劭曰月出高帝衣冠備法駕名遊衣冠）子孫奈何乘宗廟道上行哉惠帝懼曰急壞之通曰人主無過舉今已作百姓皆知之後願陛下爲原廟渭北衣冠月出遊之益廣宗廟大孝之本上乃詔有司立原廟惠帝嘗出遊離宮通曰古者嘗果方今櫻桃熟可獻願陛下出因取櫻桃獻宗廟上許之諸果獻由此興

又曰文帝作顧城廟（服虔曰廟在長安城南文帝作還顧見城故名之應劭曰文帝自爲之制度昇狹若顧望而成故曰顧城賈讜曰曰顧城之廟爲天下太宗與㶚無極或曰地名也如淳曰身存而爲廟若尚書顧命也高祖廟曰原廟文帝廟曰顧城廟景帝廟曰德陽武帝廟曰龍淵昭帝廟曰徘徊宣帝廟曰樂遊元帝廟曰長壽成帝廟曰成陽）

又曰梅福上書諫曰武王克殷未下車存五帝之後封殷於宋紹夏於杞明著三統示不獨有也是以姬姓半天下遷廟之主出於戶所謂存人自立也

又曰宣帝即位尊孝武廟爲世宗所行巡狩郡國皆立廟告祠世宗廟有白鶴集後庭以立世宗廟告祠孝昭寢有鴈五色集殿前西河築世宗廟神光興于殿旁有鳥曰鶴

前赤後青神光文與於房中如燭狀廣川國世宗廟殿上有鐘音房戶大開夜有光殿上盡明

又曰王莽以宗廟未脩張邯說莽曰德盛者文縟宜崇其制度宣示海内宜令萬世之後無以復加也莽乃博徵天下工匠諸圖畫及吏民以義入錢穀助作者駱驛道路壞徹城西苑中建章承光包陽大臺儲元宮及平樂當路陽祿館凡十餘所取其材瓦以起九廟

帝王世紀曰漢景帝廟名德陽宣帝廟名長壽武帝廟名龍淵文帝廟名顧成昭帝廟名徘徊

東觀漢記曰中元元年十月甲申使司空馮魴告祠高祖廟呂太后不宜配食以薄太后配遷呂太后于園四時止祭

又曰永初六年皇太后入宗廟於世祖廟與皇帝交獻薦

如光烈皇后故事

又曰建初四年八月上以公卿所奏明德皇后在世祖廟坐位駮議示東平憲王蒼蒼上言文武宣元祫食高廟皆以后配先帝所制典法設張大雅曰昭哉來御從其祖武又曰不愆不忘率由舊章明德皇后宜配孝明皇帝

袁山松後漢書曰天子自雒陽遷都長安初長安遭赤眉亂宮室焚盡唯有高廟遂居之

漢雜事曰光武弃天下以再受命復漢祚更起廟稱世祖孝明臨崩遺詔遵儉無起寢廟藏主於世祖廟孝章不敢違是後遵奉藏世祖廟如孝明之禮而園陵皆自起寢孝明廟曰顯宗孝章曰肅宗是後踵前孝和爲穆宗孝安曰敬宗孝順曰恭宗孝桓曰威宗今雒陽諸陵皆晦望二十四氣伏社臘及四時上飯太官送用物園令食監典省其親陵一所宮人隨鼓漏理被枕具盥水陳嚴具天子以正月五月供畢後上原陵以次周遍公卿百官皆從四姓小侯諸家婦凡與先君有瓜葛者及諸侯王大夫郡國計吏匈奴朝者西國侍子皆會尚書官屬西除下在先帝神坐後大夫計吏皆當前下占其郡國穀價四方改異欲先帝魂神具聞之也遂於親陵各賜計吏而遣之

魏書曰辛酉有司奏造二廟立文皇帝廟與高祖合祭親盡以次毁特立武皇帝廟四時享祀爲魏太祖萬載不毁

吳録地理志曰會稽有禹廟始皇配食王朗爲太守黜之

王隱晉書曰太康十年太廟成遷神主于新廟賜王公以下至司馬督子弟官賜作廟者帛

帝王世紀曰漢景帝廟名德陽宣帝廟名長壽武帝廟名龍淵文帝廟名顧成昭帝廟名徘徊

漢晉陽秋曰武帝改營太廟南致荆山之木西採華山之石鑄銅柱十二塗以黄金鏤以百物塡以丹青綴以珠玉

晉書禮志曰武帝太始三年有司奏置七廟宜權立一廟群臣議上古清廟一宮周制七廟舜承堯禪受終文祖則虞氏不改唐廟因仍舊宮可依有虞故事

宋書禮志曰晉太始二年有司奏天子七廟宜如禮營建帝重其役詔宜權立一廟於是群臣議奏上古清廟一宮尊遠神祇逮至周室制爲七廟以辯宗祧聖旨深弘遠跡上世

後魏書曰武定六年二月將營齊獻武王廟議定室數形制兼度支尚書崔昂等議按禮諸侯五廟太祖親廟四今獻武王爲始封之君便是太祖旣通在親廟不容立五室且帝王親廟亦不過四今宜四室二間兩頭一頰室夏頭

徘徊鴟尾又按禮圖諸侯廟止開南門而二王後附祭儀注云執事者列於廟東門之外既有東門明非一門獻武禮數既隆備物殊等惟據今廟宜開四門內院南面開三門餘及外院四面皆一門

齊書禮志曰世祖夢太祖曰宋氏諸帝嘗在太廟從我求食可別爲吾祠上乃勑豫章王妃庾氏四時還青溪宮舊宅處內合堂奉祠二帝二后牲牢服章用家人禮

晉起居注曰武帝太安中詔曰往者仍魏氏舊廟處立廟既壅翳不顯材木弱小至今中間有跌撓之患今當脩立不宜在故處太僕寺南臨甬道地形顯敞更於此營之主者依典禮施行

晉書曰桓玄篡問衆曰朕其敗乎曹靖之對曰神怒人怨臣實懼焉玄曰人或可怨神何爲怒對曰移晉宗廟飄泊無所大楚之祭不及於祖此其所以怒也

白虎通曰禮聖王所以制宗廟何曰生死殊路故敬鬼神而遠之所以有屋何所以象生之居

又曰臣侍放於郊君不絕其祿者以其祿三分之一與其妻長子使得祭其宗廟賜之環即還之玦則去

又曰王者立宗廟何緣生以事死敬亡若事存欲立宗廟而祭之此孝子之心所以追繼養也

釋名曰廟貌也先祖形貌所在寢寢也所寢息也

三輔故事曰光武至長安宮闕燒盡徙都洛陽取十二陵合爲高廟作十二室太常卿一人別治長安主知齊祠事謂之高廟

漢武故事曰宣帝立孝武廟於河東告祠日見一人騎馬馬異於常馬持尺一札賜將作丞文曰汝績克成賜汝金一斤因忽不見札乃變爲金一斤

蜀王本紀曰禹生於石紐禹母天珠孕禹坼副而生禹於塗山娶妻生子名啓於今塗山有禹廟亦爲其母立廟

三輔黃圖曰王莽於長安城南作九廟

又曰太上皇廟在長安香街南

墨子曰昔三苗大亂天命殛之雨血三朝龍生於廟

說苑曰衛孫文子問王孫賈曰吾先君之廟小欲更之可乎對曰古之君子以儉爲禮今之君子以大易之

桓譚新論曰王莽起九廟以銅爲柱甍帶金銀錯鏤其上

王嬰古今通論曰夏曰世室世世祭祀之也殷曰重屋重夏爲屋四霤周曰宗廟尊其生存之貌示不死之故致之於更

楚辭天問序曰屈原放逐彷徨山澤仰天歎息楚有先王之廟及公卿祠堂圖畫天地山川神靈琦瑋譎詭及古賢聖怪物行事周流罷倦休息其下仰見圖畫因書其壁呵而問之

晉諸公讚曰王浚字彭祖爲幽州刺史尋洛陽破後承制建行臺以宗廟焚毀設壇望祀七室及功臣配食

神主

禮記曲禮曰措之廟立之主曰帝

又檀弓下曰奠之斯錄之也敬之斯盡其道焉重主道也殷主綴重焉（綴連也殷人作主而連其重懸諸廟也）周主撤重焉（周人作主撤重埋之）

又曰曾子問曰喪有二孤廟有二主禮也孔子曰天無二日國無二王嘗禘郊社尊無二上未知其爲禮也昔者齊桓公亟舉兵作僞主以行及反藏諸祖廟廟有二主自桓

公始

禮記外傳曰人君既葬之後日中虞祭即作木主以存神未葬以前縣重於庭以代主也廟主用木者木落歸本有始終之義人之生也無不死木生於亥又落於亥是歸本也天子廟主長尺二寸諸侯一尺四向孔穴午達相通漆書謚號曰神主葬後孝子心目無所覩故用以主其神也

公羊傳文公曰二年丁丑作僖公主虞主用桑練主用栗作僖公主不時也

左傳莊公曰先君桓公命我先人典司宗祏桓公鄭始受封君也宗祏宗廟中藏主石室言己世爲宗廟守臣

又文公曰葬僖公緩也作主非禮也凡君薨卒哭而祔祔而作主特祀於主尸柩已遠孝子思慕故造木主立几筵焉烝嘗禘於廟

又昭五曰使祝史徙主祏於周廟告于先君祏廟主石函周廟厲王廟也

論語八佾曰哀公問社於宰我宰我對曰夏后氏以松殷人以栢周人以栗

五經異義曰謹按大夫以石爲主禮無明文大夫士無昭穆不得有主今山陽民俗祀有石主

又曰春秋左氏傳曰徙主石於周廟言宗廟有郊宗石室所以藏栗主也虞主所藏無明文也

又曰今公羊說卿大夫士非有土子民之君不得禘祫序昭穆故無木主大夫東帛依神士結茅爲叢

又曰論語哀公問社於宰我宰我荅夏后氏以松夏人都河東河東宜松也殷人以栢殷人都亳宜栢也周人以栗周人都灃鎬灃鎬宜栗也

五經要義曰木主之狀四方穿中央以達四方天子長尺二寸諸侯長尺皆刻謚於背也

又曰主者神象也凡虞主用桑桑猶喪也喪禮取其名練主用栗栗者敬也祭禮取其恭

五經通議曰諸侯會天子則以方明爲主覲禮云明木也其形四方六面上玄下黄東青南赤西白北黑方明者上下四方神明之象也

謝承後漢書曰赤眉盆子去長安西入右扶風鄧禹至長安中昆明池率諸將齋戒擇吉日入城謁高帝廟脩禮祠祭勞賜吏士因收十二帝神主以故高廟郎來輔守高廟令行京兆尹事按行掃除諸園陵爲置卒史奉守焉遣輔奉主詣京師

王隱晉書曰李裔字宣伯父敏爲公孫度所迫浮海莫知所終裔以父母不知存亡設木主以奉之由是發名

晉起居注曰孝武太元二十年簡文皇帝宣太后正號神

主移廟戊寅口詔移神主可停前後鼓吹

摯虞決疑要注曰廟主藏於户外西牖之中有石函名曰宗祏古者帝王出征於車載遷廟之主及社主以行秦漢魏不載主也

唐書曰祔順宗于廟遷中宗神主于夾室有司以中宗爲中興之君當百代不遷宰臣召史官蔣武問之武對曰中宗以弘道元年於高宗柩前即位時春秋已壯矣及母后篡奪神器潛移其後賴張柬之等同謀國祚再復此蓋同於反正恐不得號爲中興之君凡非我失之自我復之謂之中興漢光武晉元帝是也自我失之因人復之晉孝惠孝安是也今中宗與惠安二帝事同即不可爲不遷主矣

白虎通曰祭所以尸主何本神無方孝子以主係心

又曰所以虞而立主何孝子既葬日中反虞念親已没棺

柩已去悵然失望彷徨哀痛故設桑主以虞所以慰孝子之心虞安其神所以用桑者始與神相接三王俱以桑

說文曰又祏宗廟主也禮郊宗石室一曰大夫以石爲主從示從石石亦聲也

太平御覽卷第五百三十一

禮儀部十一

社稷　先農　靈星

社稷

尚書禹貢曰海岱及淮惟徐州厥貢惟土五色王者封五色土爲社建諸侯則各割其方色土與之使立社

又召誥曰越翼日戊午乃社于新邑牛一羊一豕一

尚書逸篇曰太社唯松東社唯柏南社唯梓西社唯栗北社唯槐天子社廣五丈諸侯半之

尚書曰湯既勝夏欲遷其社不可作夏社言夏社不可遷之義

周書曰諸侯受命于周乃建太社于國中其壝東青土南赤土西白土北驪土中霤以黃土將建諸侯取方一面之土苴以白茅以土封之故曰列土

毛詩閟宮曰載芟春耕籍田而祈社稷也載芟曰載柞其耕澤澤

又閟宮曰良耜秋冬報社稷也畟畟良耜俶載南畝

周禮地官曰大司徒之職設其社稷之壝而樹之田主各以其野之所宜木遂以名其社與其野

又地官上曰小司徒掌凡建國立其社稷

又地官上封人曰封人設王之社稷壝爲畿封而樹之

又春官上大宗伯曰以血祭祭社稷鄭玄注曰陰祀自血貴氣臭

又春官上小宗小伯曰宗伯掌建國之神位右社稷

又春官下喪祝曰喪祝掌勝國邑社稷之祝號以祭祀禱祠焉馬融曰所討國所封邑猶立其社稷士師若祭勝國之社稷則爲之尸

又冬官曰匠人營國左祖右社面朝後市五宮所居也祖宗廟面猶鄉也王宮當中經之涂也

禮記月令仲春擇元日命人社爲祀社稷也春事興故祭之祈農祥元日謂近春分前後戊日元吉也仲秋擇元日命人社賽秋成也元日謂近秋分前後戊日

又曲禮曰問國君之年長曰能從宗廟社稷之事矣幼曰未能從宗廟社稷之事

又檀弓曰衛獻公出奔反於衛及郊將班邑於從者而後入柳莊曰如皆守社稷則孰執羈靮而從如皆從則孰守社稷

又郊特牲曰社祭土而主陰氣也君南鄉於北墉下荅陰之義也墉謂之牆北墉社內日用甲用日之始也天子大社必受霜露風雨以達天地之氣也是故喪國之社屋之不受天陽也薄社北牖使陰明也絶其陽通其陰而已薄社殷之社殷始都薄社所以神地之道也地載萬物天垂象取財於地取法於天是以尊天而親地也故教民美報焉家主中霤而國主社示本也中霤亦土神也唯爲社事單出里唯爲社田國人畢作唯社丘乘共粢盛所以報本反始也

又祭法曰王爲群姓立社曰太社王自立社曰王社諸侯爲百姓立社曰國社諸侯自爲立社曰侯社大夫以下成群立社曰置社群衆也大夫以下至庶人也大夫不得特立社與民族居百家以上則共立一社之里社是也

又祭義曰建國之神位右社稷而左宗廟周尚左也

禮記外傳曰社者五土之神也稷者百穀之神也一云稷是原隰之神原隰宜種百穀天子爲天下之人立社曰太社壇方五丈諸侯爲境內之民立社曰國社又有王社侯社者天子諸侯別自立社私有禱求地之勢有禮生物各隨所宜九州之人各居其土食其利者各報祭之是謂神地之道者籍田之後則告爲將耕也五穀既登又報功也國以民爲本人以食爲天故建國君民先命立社地廣

穀多不可偏祭故於國城之內立壇祭之親之也日用甲尊之也天旨十日甲爲首也周公卜洛建王都戊申社于新邑自此皆用戊日唯天子祭天地諸侯祭社稷而已

又曰社樹各以其土所宜之木河東宜松周地宜栗社主用石石土中堅者天子親征則載社主行有罪者誅之於車前

左傳僖公曰宋公使邾文公用鄫子於次睢之社欲以屬東夷此水有妖神東夷皆社祠之司馬子魚曰古者六畜不相爲用小事不用大牲而況敢用人乎祭祀以爲人也民神之主也用人其誰饗之

又曰襄四君民者豈以陵民社稷是主臣君者豈爲其口實社稷是養故君爲社稷死則死之爲社稷亡則亡之

又昭七曰魏獻子問於蔡墨曰社稷五祀誰氏之五官也對曰少皞氏有四叔賈逵注曰少皞黃帝之後金天氏也四叔四子皆叔曰重曰該

曰脩曰熙實能金木水能順成性也其使重爲句芒該爲蓐收脩及熙爲玄冥此其三祀也顓頊氏有子曰黎祝融黎水土官黎當高辛氏之世故外傳曰黎爲高辛氏火正也共工氏有子曰句龍爲后土共工大皞之後炎帝之前霸九有者也其裔子佐顓頊能平水土此其二祀也后土爲社稷田政也掌田之官長后稷也有烈山氏之子曰柱爲稷烈山炎帝之世烈山氏也自夏以上祀之周棄亦爲稷周棄周祖后稷棄也爲唐虞夏后稷也自商以來祀之商殷也柱之功至湯浸祀周棄以爲稷也

又定上曰且夫祝社稷之常隸也賤臣社稷不動祝不出境官之制也社稷動謂國遷

公羊傳隱公曰宋宣公謂繆公曰以吾愛與夷則不若愛汝以爲社稷宗廟主則與夷不若汝盍終爲君矣

又莊公曰日有蝕之鼓用牲于社求于陰之道也以朱絲縈社或曰脅之或曰爲闇恐犯故縈也

又僖公曰邾婁人執鄫子用之社蓋叩其鼻以血社稷也

又哀公曰亳社災亳社者何亡國之社亳社者先世亡國在魯境社者封也爲封土祀社也其言災何亡國之社掩其上而柴其下故火得燒之

春秋潛潭巴曰里社鳴此里有聖人生其响百姓歸之宋均注曰鳴則教令行若湯放桀也响鳴之遠者也

論語八佾曰哀公問社於宰我宰我對曰夏后氏以松殷人以柏周人以栗曰使民戰栗孔安國注曰凡建邦立社各以其土所宜之木宰我不本其意妄爲之說因周栗便云使民戰栗也

孝經說曰社土地之主也地廣不可盡敬故封土爲社以報功稷五穀之長也穀衆不可遍祀故立稷神祭之

五經通義曰王社籍田中爲千畝報功也文家右社稷左宗廟何文家擅地而王地道長右得事宗廟以有社稷故

右之也質家左社稷右宗廟社皆有壇者飾也有木者土當生萬物莫善於木

五經異義曰今民謂社神爲公社位上公非地祇也

漢書郊祀志曰高祖時天下已定詔御史令於豐治枌榆社常春以羊彘祠之也

又郊祀志曰稷者百穀之主所以奉宗廟供粢盛人所食以生活也王者莫不尊重親祭自爲之主禮如宗廟禮記曰唯祭宗廟社稷爲越紼而行事聖漢興禮儀稍定已有官社未立官稷臣瓚按高紀除秦社稷立漢社禮所謂大社也時人立官社配以夏禹所謂王社也見漢[illegible]未立官稷至此[illegible]立之也遂於官社後立官稷以夏禹配食官社后稷配食官稷稷種穀樹

又曰陳平既娶張氏女資用益饒游道日廣里中社平爲宰分肉甚均里父老曰陳孺子能爲宰平曰使平得宰天

天下亦如此肉也

又曰欒布吳軍時以功封爲鄃侯復爲燕相齊燕之閒皆爲立社號曰欒公社

續漢書曰每月朔旦太史上其月曆有司侍郎尚書見讀其令奉行其正朔前後各二日皆牽羊酒至於社下以祭日變割羊以祠社用救日變執事者冠長冠衣皁單衣絳領袖緣中衣絳絑袴以行禮如故事

又曰建武二年立太社稷於雒陽在宗廟之左社稷之右皆方壇無屋有牆門而已二月八月及臘一歲三祠皆置社稷太守令長侍祠牲用羊豕唯州所治有社無稷古者師行有載社主不載稷也

晉書禮志曰前漢但置官社而無官稷王莽置官稷故漢至魏但太社有稷故常二社一稷

後魏書曰天平四年四月七帝神主既遷於太廟太社石主將遷於社宮禮官云應用幣中書侍郎裴伯茂時爲祝文伯茂據故事太和中遷社高祖用特不用幣遂以奏聞于時議者或引大戴禮遷廟用幣今遷社宜不殊伯茂據尚書召誥應用牲詔遂從之

宋書禮志曰晉元帝建武元年又依洛京立二社一稷其太社之祝曰地德普施惠存無疆乃建太社保佑萬邦悠悠四海咸賴嘉祥其社之祝曰坤德厚載王畿是保乃建帝社以神地道明祀惟辰景福來造禮左宗廟右社稷歷代遵之故洛京社稷在廟之右而江左又然也

又曰祠太社帝太稷常以歲二月八月二社日祠之

唐書曰天寶中外社稷五星爲大祀詔曰祭之爲典以陳至敬名或不正是相奪倫況社稷孚祐百代蒙其福日月照臨五星叶其紀兆庶允殖下土式瞻既超言象之外須極尊嚴之禮列爲中祀頗紊大猷自今已後社稷及日月五星並升爲大祀仍以四時致祭

六典曰仲春上戊祭太社以后土氏配焉祭太稷以后稷氏配焉

家語曰孔子曰古之平水土及播植百穀者衆矣然唯句龍兼食於社而棄爲稷易代奉之無敢益者明不可與等也

莊子曰畏壘之民相與言曰庚桑之始來吾洒然異之今吾日計之而不足歲計之而有餘庶幾其聖人乎子胡不尸而祝之社而稷之也

又曰匠石之齊至于曲轅見櫟社樹其大蔽千牛絜（絜者匝也）百圍其高山臨千仞而後有枝其可以爲舟者旁十數觀者如市

淮南子曰夫窮鄉之社扣瓮拊缾相和而歌自以爲樂也嘗試爲之擊建鼓撞巨鐘乃知夫瓮缾之足羞也

又曰禹勞力天下死而爲社（勞力謂治水功死託祀於后土之中）周棄作穡死而爲稷（種曰稼斂曰穡死託於祀稷官之神）子房之智陳平之無忤絳侯勃之果霍將軍之勇終之以禮樂則可謂社稷之臣矣

太公金匱曰武王問太公曰天下精神甚衆恐後復有試余者也何以待之師尚父曰請樹槐於王門內王路之右起國社築垣牆祭以酒脯食以犧牲尊之曰社客有非常先與之語客有益者入無益者距歲告以水旱與其風雨澤流悉行除民所苦

白虎通曰王者所有社稷何爲天下求福報功人非土不立非穀不食土地廣博不可遍敬五祀衆多不可一一而祭

故封土立社祀而之示尊五穀之長立稷而祀之稷者得陰陽
和氣而為用又多故為長歲再祭之
又曰祭社稷有樂乎禮記曰金石之樂用之於宗廟社稷
又曰王者諸侯必有戒社何示存亡也明為善者得之為
惡者失之
春秋公羊傳曰亡國之社奄其上柴其下郊特牲記曰喪
國之社屋之示與天地絶也
蔡邕獨斷云天子太社五色土為壇皇子封為王者授之
太社之土以所封之方色藉以白茅歸國以立社故為之
茅社也
陳留風俗傳曰東昏縣者衛地故陽武之户牖鄉也漢相
陳平家焉少為社下宰今民祀其社
邴原别傳曰原避地遼東以虎為患自原之落獨無虎患

嘗行而得遺錢拾以繫樹枝此錢不見取繫錢者逾多原
問其故荅者謂之社樹原惡其由已而成妄祀乃辯之於
是里中遂斂其錢以為社供里老為之諦曰邴君行仁落
邑無虎邴君行廉路樹成社
列異傳曰大司馬河内陵雖字聖卿以時病瘧逃社中有
人呼社郎社郎聖卿應曰諾起至户中人曰取此書去得
素書一卷譴劾百鬼法所劾輙効
搜神記曰中興初有應嫗者生四子而寡見神光照社試
探之得黄金自是諸子官學並有才名至瑒七世顯
劉楨京口記曰虎社中村老故相傳云昔有虎於社中產
因以為名
荆州記曰葉縣東百步有縣故城西南四里名伍伯村有
白榆連李樹異幹合條高四丈餘士民奉以為社

世説曰阮宣子伐社樹人有止之宣子曰若樹而為社伐樹
則社移社而為樹伐樹則社亡矣
習鑿齒逸民高士傳曰董威輦不知何許人忽見於洛陽
白社中
戴延之西征記曰洛陽建春門外道北有白社董威輦所
住也去門二里有牛馬市嵇公臨刑處也
博物志曰子路與子貢過社社樹有鳥子路搏鳥社神牵
子路子貢説之乃止
又曰周之正月受社牲之首以出種子帝籍蚕又受社雍
及祭以沐蚕種上辛乃射黒牲于帝郊以祈來年之豊二
月司空開冰射桃弧棘矢五發以御其災
述異記曰廣邈與女子郭凝通詣社約不二心俱不婚娉
經二年凝忽暴亡邈出見凝云前北村還遇强梁抽刀見

逼懼死從之不能守節為社神所責心痛而絶人鬼異路
因下泣矜之也
蔡邕陳留東昏庫上里社碑曰惟斯庫上里古陽武之户
牖鄉也秦時有池子華為丞相漢興陳平由此社宰遂相
高祖剋定天下為右丞相孝平之世虞延為太尉延喜中
平曾孫放為尚書令以宰相継踵咸出斯里雖有積徳脩
身之政亦斯社所相乃樹碑頌云
魏公九錫文曰錫君玄土苴以白茅爰契爾龜用建冢
社注言亦如天子社稷也
曹植讃社文曰余前封鄄城侯轉雍丘皆遇荒土宅宇初
造以府庫尚豐志在繕宫室務園囿而已農桑一所無嘗
經離十載塊然守空飢寒備嘗聖朝愍之故封此縣田則
一州之膏腴桑則天下之甲第故封此桑以為田社乃作

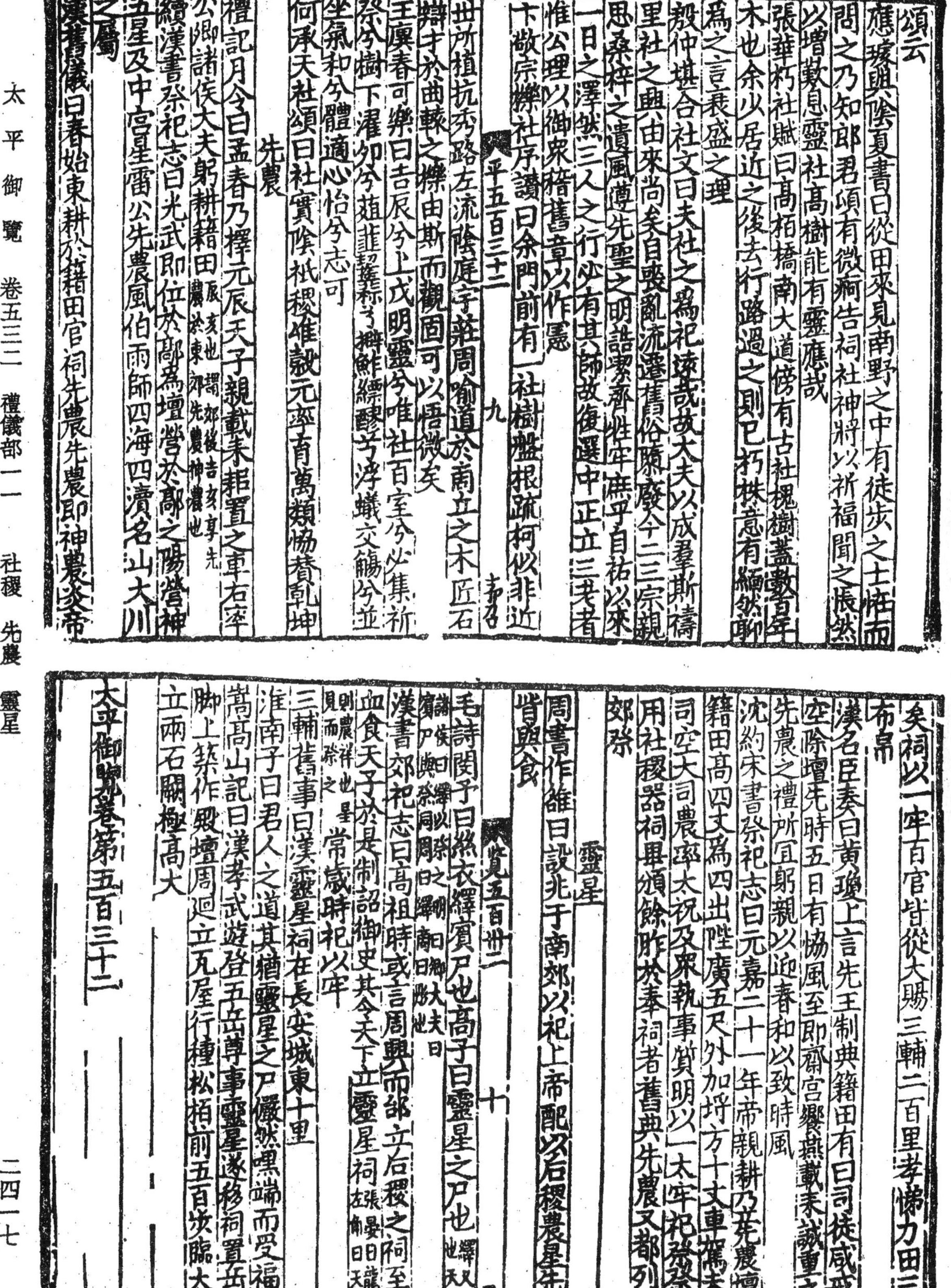

頌云

應璩與陰夏書曰從田來見南野之中有徒歩之士怙而問之乃知郎君頌有微痾告祠社神將以祈福聞之悵然以增歎息靈社高樹能有靈應哉

張華朽社賦曰高柏橋南大道傍有古社槐樹蓋數百年木也余少居近之後去行路過之則已朽株意有緬然聊爲之言衰盛之理

殷仲堪合社文曰夫社之爲祀遠哉故大夫以成羣斯禱里社之興由來尚矣自喪亂流遷舊俗頽廢今二三宗親思桑梓之遺風遵先聖之明語潔齋牲牢庶乎自祐以來一日之澤然三人之行必有其師故復選中正立三老者惟公理以御衆稽舊章以作憲

卞敬宗攢社序讚曰余門前有一社樹盤根疏柯似非近世所植抗秀路左流陰庭宇莊周喻道於商丘之木匠石𢋎才於曲轅之櫟由斯而觀固可以悟微矣

王廙春可樂曰吉辰兮上戊明靈兮唯社百室兮必集祈祭兮樹下濯卵兮菹韭饗粢兮擗鮓縹醪兮浮蟻交觴兮並坐氣和兮體適心怡兮志可

何承天社頌曰社實陰祇稷惟穀元率育萬類協贊乾坤

先農

禮記月令曰孟春乃擇元辰天子親載耒耜置之車右率公卿諸侯大夫躬耕籍田辰亥也謂郊後吉亥享先農於東郊先農神農也

續漢書祭祀志曰光武即位於鄗爲壇營於鄗之陽營神五星及中宮星雷公先農風伯雨師四海四瀆名山大川之屬

漢舊儀曰春始東耕於藉田官祠先農先農即神農炎帝也祠以一牢百官皆從大賜三輔二百里孝悌力田三老布帛

漢名臣奏曰黃瓊上言先王制典籍田有日司徒咸戒司空除壇先時五日有協風至即齋宮饗燕載耒誠重之也先農之禮所宜躬親以迎春和以致時風

沈約宋書祭祀志曰元嘉二十一年帝親耕乃先農壇於籍田高四丈爲四出陛廣五尺外加埒方十丈車駕未到司空大司農率太祝及衆執事質明以一太牢祀先農祭器用社稷器祠畢頒餘胙於奉祠者舊典先農又都列於郊祭

靈星

周書作雒曰設兆于南郊以祀上帝配以后稷農星先王皆與食

毛詩閔予曰絲衣繹賓尸也高子曰靈星之尸也繹又祭也天子諸侯曰繹以祭之明日卿大夫曰賓尸與祭同日周曰繹商曰肜也

漢書郊祀志曰高祖時或言周興而邰立后稷之祠至今血食天子於是制詔御史其令天下立靈星祠張晏曰龍星左角曰天田則農祥也晨見而祭之常歲時祀以牢

三輔舊事曰漢靈星祠在長安城東十里

淮南子曰君人之道其猶靈星之尸儼然黑端而受福也

嵩高山記曰漢孝武遊登五岳尊事靈星遂移祠置岳南脚上築作殿壇周迴立瓦屋行種松栢前五百歩臨大道立兩石闕極高大

太平御覽卷第五百三十二

太平御覽卷第五百三十三

禮儀部十二

明堂

尚書帝命驗曰：帝者承天立府，以尊天重象。(象，五精之神也。天有五帝，集居太微，降精以生聖人，故帝者承天立五帝之府，是爲天府。)赤曰文祖，(赤帝熛怒之府名文祖。火精光明，文章之祖，故謂之文。周曰明堂。)黄曰神斗，(黄帝含樞紐之府而名曰神斗。斗，主也。土精澄靜，四行之主，故謂之神主。周曰太室。)白曰顯記，(白帝白招拒之府曰顯記。記，法也。金精斷割万物成，故記之顯記。周曰總章。)黑曰玄矩，(黑帝汁光紀之府名曰玄矩。矩，法也。水精玄昧，能權輕重，故謂玄矩。周曰玄堂。)蒼曰靈府。(蒼帝靈威仰之府名靈府。周曰青陽。)

周書明堂曰：明堂方百一十二尺，高四尺，階廣六尺三寸，室居中方百尺，室中方六十尺。東應門，南庫門，西皐門，北雉門。東方曰青陽，南方曰明堂，西方曰總章，北方曰玄堂，中央曰太廟。以左爲左个，右爲右个也。

又程寤曰：文王在翟，太姒夢見商之庭產棘，小子發取周庭之梓樹於闕間，化爲松柏棫柞。驚以告文王，文曰：召發于明堂，拜告夢，受商之大命。

毛詩清廟我將曰：我將，祀文王於明堂也。

周禮冬官下匠人曰：夏后氏世室，堂脩二七，廣四脩一。殷人重屋，堂脩七尋，堂崇三尺。周人明堂，度九尺之筵，東西九筵，南北七筵，堂崇一筵。(世室者，宗廟也。脩，南北之深也。夏度以步，令堂脩十四步，其廣益以四分脩之一，則廣十七步半也。重室者，王室正堂若大寢者。周則其廣九尋，七丈三尺也。)

大戴禮盛德曰：凡人民疾，六畜疫，五穀災者，生於天道不順。天道不順，生於明堂不飾，故有天災則飾明堂。

又盛德曰：明堂者，古有之。凡九室，一室而有四戶八牖，三十六戶，七十二牖，以茅蓋屋，上圓下方。明堂者，所以明諸侯尊卑也。外水名曰辟雍，列南蠻、東夷、北狄、西戎。

禮記明堂位曰：昔者周公朝諸侯于明堂之位。(周公攝王位，以明堂之禮儀朝諸侯也。不於宗廟，避王也。)天子負斧扆南向而立。(天子，周公也。負言背也。斧扆，爲斧文屏風於戶牖間。周公於前立也。)三公中階之前，北面東上；諸侯之位阼階之東，西面北上；諸侯伯之國西階之西，東面北上；諸子之國門東，北面東上；諸男之國門西，北面東上；九夷之國東門之外，西面北上；八蠻之國南門之外，北面東上；六戎之國西門之外，東面南上；五狄之國北門之外，南面東上；九采之國應門之外，北面東上；四塞世告至。此周公明堂之位也。(朝之礼不於此，周公權用之。)

又明堂位曰：明堂也者，明諸侯之尊卑也。(朝於此，所以正儀辯等也。)昔殷紂亂天下，脯鬼侯以饗諸侯，(以人肉爲薦羞，惡之甚也。)是以周公相武王以伐紂。武王崩，成王幼弱，周公踐天子之位以治天下。六年，朝諸侯於明堂，制禮作樂，頒度量而天下大服。

又祭義曰：祀乎明堂，所以教諸侯之孝也。

禮記明堂陰陽錄曰：明堂陰陽，王者之所以應天也。明堂之制，周旋以水，水行左旋，以象天。內有太室，象紫宮；南出明堂，象太微；西出總章，象五潢；北出玄堂，象營室；東出青陽，象天市。上帝四時各治其宮，王者承天統物，亦於其方以聽國事。

禮含文嘉曰：明堂所以通神靈，感天地，正四時。(明堂者，八窻四達。窻通八卦之氣，布政之宮，在國之陽，面三室，四面十二，法十二月也。天子孟春上辛於南郊，總受十二月之政，還藏於祖廟，月取一政，班於明堂也。諸侯以孟春之月朝于天子，受十二月之政，藏於祖廟，月取一政，行之，閏月無常處，則闔門而居之。)

禮記外傳曰：明堂，古者天子布政之宮，在國南十里之內，七里之外。黃帝享百神於明廷是也。(南方陽明之地，因爲明堂路寢宮室之制同。)唐虞爲五府，(府者，聚也。合五帝之神祭之。)夏謂太廟爲世室，(世室不毀之義)

殷人謂路寢爲重屋周人謂五府爲明堂（刑制同故手牽）夏后氏一堂之上爲五室（木室東北火室東南金室西南水室西北土室中央）南面三階（面三兩階則九階矣）五室者象地載五行也五行生於四時故每室四達（達向也四戶相對）一室八牕（夾戶之牕象八節）周人有圓屋九月大享五帝於明堂（即祖廟）心爲天子明堂（東方之宿大火謂之辰即心星也）或以明堂獨以一室耳

孝經援神契曰明堂之制東西九筵筵長九尺也明堂東西八十一尺南北六十三尺故謂之太室

又曰周之明堂在國之陽三里之外七里之内在辰巳者也

春秋合誠圖曰明堂在辰巳者言在水火之際辰木也巳火也木生數三火成數七故在三里之外七里之内

漢書郊祀志曰天子封太山太山東北阯古時有明堂處

處險不敞上欲治明堂奉高傍未曉其制度濟南人公玉帶上黄帝時明堂圖明堂中有四殿四面無壁以茅蓋通水圜宮垣爲複道上有樓從西南入名曰崐崘天子從之

又曰元始五年春正月祫祭明堂諸侯王列侯宗室子九百餘人助祭畢皆益戶賜爵及金帛增秩補吏各有差

後漢書曰永平二年春正月辛未宗祀光武於明堂帝及公卿列侯始服冠冕衣裳玉佩絢屨以行事

續漢書祭祀志曰明帝即位郊祀五帝於明堂光武帝配五帝坐位堂上各處其方黄帝在未皆如南郊祀之位光武帝位在青帝之南少退西面牲犢各一奏樂如南郊

又禮儀志曰明堂五郊宗廟太社稷六宗夕牲皆以晝漏未盡十四刻初納夜漏未盡七刻五刻初納進熟獻送神還有司告事畢六宗燔燎火大然有司告事畢

蔡邕禮樂志曰漢承秦滅學庶事草創明堂辟雍闕而未舉武帝封禪始立明堂於太山猶不於京師元始中王莽輔政庶績復古乃起明堂辟雍

宋書禮志曰晉元帝紹命中興依漢氏故事宜享宗明堂祀之禮江左不立明堂故闕焉

齊書禮志曰案禮及孝經援神契並云明堂有五室天子每月聽朔布教祭五帝之神配以有功德之君

大戴禮曰明堂者所以明諸侯尊卑也

許慎五經異義曰布政之宫故稱明堂明堂盛貌也

周官匠人職稱明堂有五官鄭玄云周人明堂五室帝一室也

齊書禮志曰永明二年祠部郎蔡履議郊與明堂本宜異

日漢東京禮儀志南郊禮畢次北郊明堂高廟謂之五供蔡邕所據亦然近世存省故郊堂共日來年郊祭宜有定准太學博士王祐議來年正月上辛宜祭南郊次辛有事明堂後辛饗祀北郊

隋書禮儀志曰明堂在國之陽梁初依宋齊其祀之法猶依齊制禮有不通者武帝更與學者議之先是帝欲有改作乃下制書而與羣臣切磋其義制曰明堂准大戴禮九室八牖三十六户以茅蓋屋上圓下方鄭玄據援神契亦云上圓下方又云八窻四達明堂之義本是祭五帝神九室之數未見其理若堂而言雖當五帝之數向南則背汁光紀向北則背赤熛怒東向西亦如此於事殊未可安

又禮儀志曰明堂後齊採周官考工記爲五室周採漢三輔黄圖爲九室各存其制而竟不立

又禮儀志曰隋將作大匠宇文愷依月令文造明堂木樣重檐複廟五房四達丈尺規矩皆有准憑以獻高祖異之命有司於郭内安業里爲規兆方欲崇建又命詳定諸儒爭論莫之能决牛弘等又條經史正之重奏時議既多久而不定又議罷之及大業中愷又造明堂議及樣奏之煬帝下其議但令於霍山採木而建都興役其制遂寢終隋代祀五方上帝於明堂恒以季秋在雩壇上而祀其用幣各於其方

唐書曰永徽中詔曰朕聞合宮靈府創鴻規於上代太室總章摽茂範於中葉雖復質文殊制奢儉異時然其立天中作人極布政施教歸之一揆朕嗣膺下武丕承上烈思所以答眷上靈事遵孝養而法宮曠禮明堂寢構永言大禮朕甚懼焉宜令所司與禮官學士等考覈故事詳議

御覽五百三十三　五　南岳

得失於是太常博士柳宣依鄭玄義以爲明堂之制當爲五室内直丞孔志約據大戴禮及盧植蔡邕等議以爲九室祕書郎薛文思等各造明堂圖

又曰永徽中令禮官學士詳議明堂制度久之不定上乃内出九室樣更令損益群儒紛競各執異議于志寧等請爲九室太常博士唐昖等請爲五室上令所司於觀德殿依兩議張設親與公卿觀之上曰明堂之禮自古有之議者不同未果營建今設兩議公等以何者爲宜閻立德對曰兩議不同俱有典故九室似閣五室似明取捨之宜斷在聖慮上亦以五室爲便議又不定由是止

又曰垂拱二年毀乾元殿就其地創造明堂凡高二百九十四尺東西南北各廣三百尺凡有三層下層象四時各隨方色中層法十二辰圓蓋蓋上盤九龍捧之上層法二十四氣亦圓蓋亭亭中有巨木十圍上下通貫刻木爲瓦紵漆之明堂之下施鐵渠以爲辟雍之象號爲萬象神宮

又曰證聖元年正月明堂後佛堂火延燒明堂三年又令重造如明堂高廣如舊制上施寶鳳號爲通天宮也

又曰永昌元年正月天后親享明堂戊午布政于明堂頒九條以訓于百官己未神皇御明堂饗群臣賜綵練有差自明堂成後縱神都婦人及諸州老人入觀兼賜酒食至是日始止

又曰開元中敕雲州置魏孝文帝祠堂一所有司以時享祭是州有魏故明堂遺跡乃置廟於其跡焉

家語觀周孔子觀乎明堂覩乎四門之墉有堯舜桀紂之象而各有善惡之狀興廢之誡焉又有周公相成王抱之

御覽五百三十三　六　劉岳

而負斧扆南面朝諸侯之圖焉

晏子春秋曰明堂之制土事不文木事不鏤示民知節也

尸子曰黄帝合宮有虞氏曰總章殷人曰陽館周人曰明堂此皆所以名休其善也

淮南子曰古者明堂之制（明堂太廟正室）下之潤濕弗能及也上之霧露弗能入也四方之風弗能襲也

顔容春秋釋例曰周公朝諸侯於明堂太廟與明堂一體也春秋人君將出告于宗廟反行策勳獻俘於廟

禮論曰或以爲明堂者文王廟周時德澤和洽蒿茂大以爲宮柱名曰蒿宮

三輔黄圖曰孝武帝議立明堂於長安城南許令衰等議曰按五經

禮傳記曰聖人之教制作之象所以法則天地比類陰陽以

之宮室本之大古以昭令德茅屋采椽土階素輿越席皮弁蓋興於黃帝堯舜之代見以三代修之也

黃圖曰明堂者明天道之堂也

蔡邕禮樂志曰孝武帝封禪岱宗立明堂於泰山汶上也

許愼五經異義曰明堂在國之陽三里之外七里之內巳地就陽位也

釋名曰明堂猶堂堂高顯貌也

三禮圖曰明堂者布政之宮周制五室東爲木室南爲火室西爲金室北爲水室土室在中秦爲九室十二階各有所居

趙曄吳越春秋曰越王召范蠡問曰孤竊自志欲以今日一登上明堂布恩致令以撫百姓

袁子正論曰明堂宗廟太學禮之大物也事義不同而論

者合以爲一失之遠矣

李尤明堂銘曰布政之宮上圓下方體則天地在國之陽窻闥四設流水洋洋順節行化各居其房春恤幼孤夏進賢良秋厲威武冬謹關梁

桓譚新論曰王者造明堂辟雍所以承天化也

班固東都賦明堂詩曰於昭明堂明堂孔陽聖皇宗祀穆穆皇皇上帝宴饗五位時序誰其配之世祖光武

晉紀贍荅秀才策曰周制明堂所以宗其祖以配上帝其正中皆太廟以順天時施令法也

太平御覽卷第五百三十三

太平御覽卷第五百三十四

禮儀部十三

辟雍　靈臺　學校

辟雍

毛詩大雅曰鎬京辟雍自西自東自南自北無思不服（武王作邑於鎬京箋云自由也武王於鎬京行辟雍之礼自四方來觀者皆感化其德心無不歸服）

禮記王制曰天子曰辟雍諸侯曰泮宮（尊卑學異名辟明也雍和也所以明和天下也泮之言頖政教也）

禮記禮統曰所以制辟雍何教化天下也辟雍之制奈何王制曰辟雍圓如璧雍以水內如覆外如偃盤也諸侯泮宮半有水半有宮也諸侯所化者少故半有宮焉三王之制奈何夏天子曰重屋諸侯曰廣宗殷天子曰廟諸侯曰世室周天子曰辟雍諸侯曰泮宮鄉曰庠里曰序是其制也

禮記外傳曰學者覺也人生也皆稟五常之正性故聖人脩道以教之使其發覺不失其性也（小人學道則易使也不從教則凶人也）天子諸侯皆有大學小學（小學在東少陽之地公宮之左）太學在西有虞氏之學曰庠亦謂之米廩（藏藉耕之穀於庠中以供祭祀虞舜尚孝）夏曰序殷曰瞽宗（瞽無目者樂正古之學者）周曰辟雍（辟明也雍和也亦為太學東膠）

漢書禮樂志曰武帝時丞相大司空奏請立辟雍會援行長安南營表未作遭帝崩群臣引以為定謚及王莽為宰衡欲耀衆庶遂興辟雍

後漢書曰世祖中元二年春初起辟雍行大射之禮

續漢書禮儀志曰明帝永平中始率群臣躬養三老五更于辟雍行大射之禮

魏志曰明帝幸辟雍于會命群臣賦詩

宋書禮志曰晉武帝太始六年帝臨辟雍行鄉飲酒之禮詔曰禮儀之廢久矣乃今復講肄舊典賜太常絹百疋丞博士及學生酒咸寧三年惠帝復行其禮

白虎通曰天子立辟雍者何所以行禮樂宣德化也辟者象璧以法天雍者何雍之以水象教化流行

五經通義曰諸侯不得觀四方故缺以東南半天子之學故曰頖宮

三輔決錄曰辟雍水四周於外象四海也

桓譚新論曰王者作圓池如璧形實水其中以圜雍之故曰辟雍言其上承天地以班教令流轉王道終而復始

說苑曰辟雍天子鄉飲之處

戴延之西征記曰洛城南有平昌門道東辟雍壇去靈臺三里俱是魏武帝所立高七丈

班固東都賦辟雍詩曰乃流辟雍辟雍湯湯聖皇莅止造舟為梁皤皤國老乃父乃兄抑抑皇儀孝友光明於赫太上示我漢行洪化惟神永觀厥成

李尤辟雍賦曰卓矣煌煌永元之隆含弘該要周建大中蓄純和之優渥兮化盛溢而茲豐

李尤辟雍銘曰惟王所建方中圓外清流四匝蕩滌濁穢

傅玄帝幸辟雍鄉飲酒賦曰時皇帝枉萬乘之尊兮以幸辟雍鹵簿齊列群官正容侍衛參差陛戟百重乃延鄉七乃命王公大日也定小會之常儀兮饗殊俗而見遠邦連三朝以考學兮覽先賢之異同

靈臺

毛詩文王靈臺曰靈臺民始附也文王受命而民樂其有

靈德以及鳥獸昆蟲焉（天子有靈臺所以觀祲象察氣妖祥）經始靈臺經之營之庶民攻之不日成之

詩汎曆樞曰靈臺候天意也經營靈臺天下附也

禮含文嘉曰禮天子靈臺以考觀天人之際陰陽之會也揆星度之驗徵氣朔之瑞應原神明之變化爲萬姓獲福於天

禮統曰所以制靈臺何以尊天重民備災御害豫防未然也夫王者當承順天地節禦陰陽也夏所以爲清臺何明明相承太平相續故爲清臺殷爲神臺周爲靈臺何質者據天而王天者稱神文者據地而王地者稱靈是其異也

孝經援神契曰靈臺考符居高顯聖王所以宣德察微

五經通義曰王者受命而起所以立靈臺靈臺何以爲在於野中國之南附近辟雍依仁宮也靈臺制度奈何師説之積土崇增其高九仞上平無屋高九仞者極陽之數上平無屋望氣顯著

續漢書祭祀志曰明帝即位郊祀五帝於明堂卒事遂外靈臺以望雲物

崔鴻十六國春秋後趙録曰建武二年置女大史靈臺仰觀災祥以考中外太史驗察虛實

唐書曰乾元元年於永寧坊張守珪宅置司天臺制曰建設邦都必稽玄象分列曹局皆應物宜靈臺二星主觀察雲物天文位在太微西南今興慶宮上帝廷也考符之所合置靈臺

三輔故事曰漢作靈臺於城東周作靈臺在豐水東常以四孟之月登臺而觀

述征記曰長安宮南有靈臺高十仞上有銅渾天儀又相

風銅鳥或云此鳥遇千里風乃動

六韜曰文王既出羑里召周公旦築爲靈臺○新序曰周文作靈臺及池沼掘得死人骨吏以聞於文王文王曰更葬之天下聞之皆曰文王賢矣澤及朽骨而況於人乎

班固東都賦靈臺詩曰乃經靈臺靈臺既崇帝勤時登爰考休徵三光宣精五行布序習習祥風祁祁甘雨百穀蓁蓁庶草蕃廡屢惟豐年於皇樂胥

潘岳閑居賦曰靈臺傑其高跱闚天文之祕奧究人事之終始

學校

毛詩國風曰子衿刺學校廢也亂世則學校不脩焉青青子衿悠悠我心（青衿青領也學子之所服）縱我不往子寧不嗣音

尚書大傳曰耰鉏已藏歲事欲畢餘子皆入學十五始入小學見小節踐小義十八始入大學見大節踐大義

周禮地官下師氏曰師氏以三德教國子一曰至德以爲道本二曰敏德以爲行本三曰孝德以知逆惡又教三行一曰孝行以親父母二曰友行以尊賢良三曰順行以事師長（鄭玄注曰德行外內之言在心爲德施之爲行）居虎門之左司王朝凡國之貴遊子弟學焉

禮記學記曰君子如欲化民成俗其必由學乎（所學聖人之道在方策）玉不琢不成器人不學不知道是故古之王者建國君民教學爲先

又學記曰古之教者家有塾黨有庠術有序國有學比年入學中年考校一年視離經辨志三年視敬業樂群五年視博習親師七年視論學取友謂之小成九年知類通達強立而不反謂之大成

左傳襄六曰鄭人遊于鄉校(杜預曰鄉之學校)以論執政然明謂子產曰毀鄉校如何(恐於中謗議國政也)子產曰何為夫人朝夕退而遊焉以議政之善否其所善者吾則行之其所惡者吾則改之是吾師也若之何毀之

論語讖曰學者織也

五經通義曰三王教化之宮揔名為學夏為校校言教也

漢書曰郡國曰學縣道邑侯國曰校校學置經師一人

續漢書禮儀志曰明帝永平中始師群臣養三老五更於辟雍郡國縣道行飲酒禮于學校

後漢書曰桓榮車駕幸太子學會諸博士論難於前榮被服儒衣溫恭有蘊藉(蘊藉猶言寬博有餘也蘊音於問反)辯明經義每以禮讓相厭不以辭長勝人儒者莫之及(厭服也)特加賞賜又詔諸生雅吹擊磬盡日乃罷(吹奏雅頌也)

東觀漢記曰光武建武五年初起太學宮諸生吏子弟及民以義助作上自齊歸幸太學賜博士弟子有差

宋書禮志曰漢獻帝建安二十二年魏國作泮宮于鄴城南魏文帝黃初五年立太學於洛陽魏名臣奏曰蔣濟奏太學堂上官為置鼓禮曰入學鼓篋遜其業也凡學受業皆當須十五以上公卿大夫子弟在學者以年齒長幼相次不得以父兄位也學者不恭肅慢師酗酒好訟罰飲水三升

晉諸公讚曰惠帝時裴頠為國子祭酒奏立國子太學起講堂築門闕刻石寫經

晉令曰諸縣率千餘戶置一小學不滿千戶亦立

宋書禮志曰晉征西將軍庾亮在武昌開置學官教曰人情重交而輕財好逸而惡勞學業致苦而祿答未厚由捷徑者多故莫肯用心洙泗邈遠風雅彌替後生放狂不復憲章典謨臨官宰政者務目前之治不能閑於典誥遂令詩書荒塵頌聲寂寞仰瞻俯省能不歎慨

南史曰宋時國學頹廢未暇修復明帝太始六年置揔明觀以集學士或謂之東觀置東觀祭酒一人揔明訪舉郎二人儒玄文四科置學士千人其餘令史下各有差是歲以國學既立省揔明觀於王儉宅開學士館以揔明四部書充之

三輔舊事曰漢太學在長安門東書社門立五經博士員弟子萬餘人學中有市有獄光武東遷學乃廢

任預益州記曰文翁學堂在大城南昔經災火蜀郡太守高朕修復繕立其欒櫨椽節制猶古樸即今堂基六尺夏屋三間通皆圖畫聖賢古人之象及禮器瑞物堂西有二

石室又以為州學(郡更於夷里橋道東起學也)

述征記曰太學在國子學東二百步學堂東有太學讚碑記曰建武三十七年立太學堂永建六年制下府繕治并立諸生房舍千餘間陽嘉元年畢刊子碑有太尉龐參司徒劉崎太常孔扶將作大匠胡廣荅記制

黃圖曰禮小學在公宮之南太學在城南就陽位也去城七里王莽為宰衡起靈臺作長門宮南去堤三百步起國學於郭內之西南為博士之宮寺門北出王於其中央為射宮門西出殿堂南嚮為牆選士肆射於北中北之外為博士舍三十區周環之此之東為常滿倉之北為會市但列槐樹數百行為隧無牆屋諸生朔望會此市各持其郡所出貨物及經書傳記笙磬樂相與買賣邕邕揖讓或論議槐下其東為太學宮寺門南出置令丞吏詰姦究理辭

訟五博士領弟子員三百六十六經三十博士弟子萬八百人主事高弟侍講各二十四人學士司舍行無遠近皆隨檐雨不塗足暑不暴首

决疑要注曰漢初置博士而無弟子後置弟子五十人又增滿五百漢末至數千人魏之務學（者始詣太學為門人二歲）通二經者補文學掌故滿三歲通三經者擢爲太子舍人

摯虞駁宜立學事曰河内太守曾㚟使民二百家共立一學未成而司隸奏以違法尚書郎中騎都尉臣摯虞駁㚟爲近畿大都朝所委任親臨民物足識事宜累表仍上求二百家立一學是其留心學校必欲有成也

崔瑗南陽文學頌曰昔聖人制禮作樂也將以統天理物經國序民立均出度因其可利而利之俾不失性也故觀禮則體敬聽樂則心和然後知反其性而正其身也

梁元帝召學生教曰閣下昔楚王好詩沛王傳易猶且傳之不朽以爲盛矣吾親承天旨闡方欲化行南國被于西楚

太平御覽卷第五百三十四

太平御覽卷第五百三十五

禮儀部十四

庠序　釋奠立廟附　養老

庠序

禮記王制曰有虞氏養國老於上庠養庶老於下庠夏后氏養國老於東序養庶老於西序殷人養國老於右學養庶老於左學周人養國老於東膠養庶老於虞庠

又學記曰古之教者家有塾黨有庠術有序國有學術當為遂萬二千五百家為遂也

五經通義曰三王教化之宮總名為學夏為學校校之言教也殷為庠周為序周家又兼用之故鄉為庠里為序家為塾

白虎通曰鄉曰庠里曰序庠者禮義也序者序長幼也

漢書曰鄉序庠置孝經師一人

又儒林傳曰三代之道鄉里有教夏曰校殷曰庠周曰序所以勸善懲惡也

南史曰梁武帝脩建庠序別開五館其一館在家憲宅西憲常招引諸生與之談論新義出人意表同輩咸嗟服焉

釋奠立廟附

禮記月令仲春曰是月也命樂正習舞為將釋奠上丁釋奠於國學釋謂置也謂置牲幣之奠於文宣王天子及公卿諸侯大夫親往視之觀其禮也命有司上戊釋奠於太公廟亦用牲幣之奠

又月令仲秋曰是月也命樂正習吹春夏尚舞秋冬尚吹習之為將釋奠上丁釋奠於國學天子乃率公卿諸侯大夫親往視之禮儀同仲春是月也命有司上戊釋奠於太公廟禮儀同仲春

又文王世子曰凡始立學必先釋奠于先聖先師及行事必用幣天子親學大昕鼓徵所以警衆也

晉書禮志曰昔武王入殷而封先代之後蓋追思其德也孔子大聖終於陪臣未有封爵至漢元帝時孔霸以帝師號褒成侯奉孔子後魏黄初三年以議郎孔羨為宗聖侯奉孔子祀魏齊王正始二年使太常釋奠以太牢祀孔子於辟雍以顔回配

宋書禮志曰魏齊王正始中每講經使太常釋奠先聖先師於辟雍晉惠帝明帝之為太子及愍懷太子講經竟並親釋奠於太學太子進爵於先師中庶子進爵於顔淵成穆孝武三帝亦皆親釋奠

又禮志曰元嘉二十二年太子釋奠採晉故事官有其注祭畢太祖親臨學宴會太子以下悉預

唐六典曰仲春上丁釋奠于孔宣父以顔回配焉其七十二弟子及先儒並從祀仲秋之月亦如之仲春上戊釋奠于齊太公以留侯張良配焉仲秋之月亦如之凡州縣皆置孔宣父廟以顔回配仲春上丁州縣官行釋奠之禮仲秋上丁亦如之

唐書曰開元七年十一月以貢舉人將謁先師質問疑義勑曰皇太子及諸子雖年未志學而道在尊師宜行齒胄禮

又曰開元七年皇太子入國學行齒胄禮謁先聖皇太子初獻其亞獻終獻並以胄子常侍褚无量開講孝經及禮記文王太子篇

又曰歸崇敬議春秋釋奠文宣王祝板御署北面揖以為其禮太重按大戴禮師尚父授周武王丹書武王東面而立今署祝板請准武王東面之禮輕重庶得其中晉博士

成洽議曰釋奠奉先師唯皇太子業終乃禮不然則廢

晉尚書大事曰尚書符太常曰按洛陽圖宮南自有太學國子辟雍不相預也捨辟雍以太學辟雍便爲無事虛誕漢魏舊事皆言釋奠祠先聖於辟雍未有言太學者又咸和中成皇帝釋奠於中堂之前臺中故事亦曰辟雍是爲漢魏之世初自兩立至釋奠便在辟雍猶存今廢辟雍而立二學中興以來相違太常王彪之荅魏帝齊王使有司釋奠於辟雍此是魏之大事非晉書舊典太始元康釋奠太學不在辟雍太始五年元康五年二行饗禮皆於辟雍不在太學是則釋奠於太學行饗於辟雍有晉已行之准也中朝有辟雍猶在太學況無辟雍唯有太學更當不在太學乎宰相從太常所荅

晉范堅書問馮懷曰漢氏以來釋奠先師唯仲尼不及公

旦何也馮荅曰若如來談亦當憲章堯舜文武豈唯周旦乎

摯虞釋奠頌曰如彼泉流不盈不運講業既終禮師釋奠外觴拆俎上下惟善邕邕其來肅肅其見

立廟附

鍾離意別傳曰意爲魯相脩孔子廟孔子教授堂下牀首有懸甕意召守廟孔訢問曰此何等甕訢曰夫子甕背有丹書自夫子亡後無敢發者意乃發索得書焉

宋書禮志曰晉清河人李遼表曰亡父先臣回綏集邦邑歸誠本朝以太元十年遣臣奉表路經闕里過覲孔廟庭宇傾頓軌式頹弛萬世宗匠忽焉淪廢仰瞻俯慨不覺涕流既達京輦表求興復聖祀脩建講學至十四年奉被明詔採臣鄙議勑兖州魯郡准舊營飾

北齊書曰天保元年詔封崇聖侯邑一百戶以奉孔子之祀并下魯郡以時脩治廟宇務盡褒崇之至

唐書曰武德中制祠典釋奠於太學以周公爲先聖孔丘配饗房玄齡及朱子奢議去公旦尼父俱是聖人庠序置奠本緣夫子故魯宋至於梁陳爰及隋大業故事皆以孔丘爲先聖顔回爲先師歷代所行古今通允請停祭周公外夫子爲先聖以顔回配饗

又曰上元中制曰定禍亂者必先於武德極生靈者諒在於師貞周武創業克寧區夏惟師尚父實佐興王況德有可師義當禁暴稽諸古昔爰崇典禮太公望可追封爲武成王有司依文宣王置廟擇古今名將置亞聖及十哲享祭之典一同文宣

又曰開元十九年始於兩京置齊太公廟以張良配上元

初特加封太公爲武成王以歷代名將從其祀然有其制而未之行祠宇日荒至是宰臣盧杞京兆尹盧甚以盧者齊之裔乃鳩其裔孫若盧崔丁呂之族合錢以崇飾之請復舊典兼擇自古名將如孔門十哲皆配饗詔下史官乃定張良穰苴孫武吳起樂毅白起韓信諸葛亮李靖李勣配焉

養老

禮記祭義曰食三老五更於太學天子袒而割牲執醬而饋執爵而酳所以教諸侯之悌也

蔡邕月令章句曰五更當爲五叟叟長老之稱也其字似更書有轉誤嫂字女傍叟今皆以爲更矣

孝經援神契曰天子親臨辟雍尊事三老兄事五更三者道成於三五者訓於五品言其能以善道改巳也三老五

更皆取有妻男女完具者

續漢書曰三老五更王杖長九尺端以鳩爲飾鳩者不噎之鳥欲老人之不噎也

華嶠後漢書曰熙平中天子引袁逢爲三老賜玉杖

應劭漢書曰天子父事三老兄事五更天子親割三公設几九卿正履

魏志高貴鄉公詔曰夫養老興教三代所以樹風化垂不朽也必有三老五更以崇至敬乞言納誨著在惇史然後六合承流下觀而化宜妙擇德行以充其選關內侯王祥履仁秉義雅志淳固關內侯鄭小同溫恭孝友師禮不忒其以祥爲三老小同爲五更車駕親率群司躬行古禮焉

王隱晉書曰王祥字休徵魏帝高貴鄉公入學命祥爲三老祥南面几杖以師道自居帝北面乞言祥於是陳明王

聖帝之軌君臣政化之要術以訓帝于時百辟卿士聞其格言莫不砥礪

後魏書曰孝文帝以前司徒尉元爲三老前鴻臚卿游明根爲五更皇帝再拜肅拜五更乞言畢乃賜步輓一乘詔曰三老可給上公之祿五更可食九卿之俸

後周書曰高祖保定三年乃下詔集太保燕公爲三老

又曰武帝以太傅燕國公于謹爲三老賜延年杖太師宇文護設几司寇豆盧寧正舄

又曰孝閔踐祚于謹以年老乞骸骨詔報不許有司宜斷表啓遂詔謹爲三老有司具禮擇日又賜延年杖高祖幸太學以食之三老入門皇帝迎拜門屏之間三老荅拜有司設三老席於中楹南向太師晉公護升階設几於席三老升席南面憑几而坐以師道自居大司寇楚公寧升階正舄皇帝升立於斧扆之前西面有司進饌皇帝跪設醬豆親袒割三老食訖皇帝又親跪授爵以酳有司徹訖皇帝北面立訪道三老乃起立於席後皇帝曰猥當天下重任自惟不才不知政治之要公其誨之三老荅曰木受繩則正后從諫則聖自古明王聖主皆虛心納諫以知得失天下乃安惟陛下念之又曰爲國之本在守忠信是以古人去食去兵信不可失國家興廢莫不由之願陛下守而勿失又曰治國之道必須有法法者國之綱紀綱紀不可不正在於賞罰若有功必賞有罪必罰則爲善者日益爲惡者日止若有功不賞有罪不罰則天下善惡不分人無所措手足矣三老言畢皇帝再拜受之三老荅拜焉禮成而出

隋書曰後齊仲春令辰陳養老禮先一日三老五更齋於

國學皇帝進賢冠玄紗袍至辟雍入總章堂列宮懸王公已下及國老名定位司徒以羽儀武賁安車迎三老五更于國學並進賢冠玄服黑舄素帶國子生黑介幘青衿單衣乘馬從之至皇帝釋劍執珽迎於門內三老至門五更去門十步則降車以入皇帝拜三老五更攝齊荅拜皇帝揖進三老在前五更在後升自右階就筵三老坐五更立皇帝升堂北面公卿升自左階北面三公授几杖卿正履國老庶老各就位皇帝拜三老群臣皆拜不拜五更乃坐皇帝西向肅拜五更進珍羞酒食親袒割執醬以饋執爵以酳以次進五更又設酒醴於國老庶老皇帝升御坐三老乃論五孝六順典訓大綱皇帝虛躬請受禮畢而還又都下及外州人年七十已上賜鳩杖黃帽

太平御覽卷第五百三十五

太平御覽卷第五百三十六

禮儀十五

封禪

河圖真紀鉤曰：王者封太山，禪梁父，易姓奉度，繼興崇功者七十二君。

尚書中候曰：維歲二月，侯在東鄗。鄭玄注曰：維，辭也。侯，齊桓公館舍。嘆曰：於戲！仲父，寡人聞古霸王封太山，刻石紀號，立顯象。今寡人名爲何君？

管子曰：衛困于狄，案兵須滅乃存之，仁不純，名爲霸君。昔古聖王功成道洽，符出乃封太山。今比目之魚不至，鳳凰不臻，麒麟遯，未可以封。

禮記禮器曰：是故因天事天，天高因高者以事也。因地事地，地下因下者以事也。因名山外中于天，名猶大也。外，上也。中猶成也。謂巡守至於方嶽，燔柴祭天，告以諸侯之成功也。孝經說曰：封乎泰山，考績燔燎；禪乎梁甫，刻石紀號也。而鳳皇降，龜龍假。功成而太平，陰陽氣和而致象物。

禮記逸禮曰：三皇禪云云，盛意也。五帝禪云云，特立於身也。三王禪梁父，連延不絕，父死子繼也。

○春秋漢含孳曰：天子受符，以辛日立號。帝宰奉圖，帝人共觀。九日悉見後世之過，方來之害，以告天。受符謂應期之人當起者之符，代行其錄運者也。曰請封禪，到岱宗，晝期過數，告諸命。封封太山，禪禪梁父。

○孝經鉤命決曰：封乎太山，考績燔燎；禪乎梁父，刻石紀號，煥炳巍巍，教化顯著。

○五經通義曰：易姓而王，太平必封太山，禪梁父。何？天命已爲王，使理群生也。或曰：封以黃金爲泥，以銀爲繩，經無明文，以義說之，所以正封岱太山者，五嶽之長，群神之主，故獨封於太山，告太平於天，報群神之功也。禪梁父者，太山之支屬，能配太山之德也。

史記封禪書曰：齊桓公既霸，會諸侯於葵丘，而欲封禪。管仲曰：古者封太山禪梁父者七十二家，而夷吾所記者十有二焉。昔無懷氏封太山，禪云云；虙羲封太山，禪云云；神農封太山，禪云云；炎帝封太山，禪云云；黃帝封太山，禪亭亭；顓頊封太山，禪云云；帝嚳封太山，禪云云；堯封太山，禪云云；舜封太山，禪云云；禹封太山，禪會稽；湯封太山，禪云云；周成王封太山，禪社首。應劭曰：山名，在博縣。晉灼曰：在鉅平南卜三里也。皆受命然後得封禪。桓公曰：寡人北伐山戎，過孤竹；西伐大夏，涉流沙，束馬懸車，上卑耳之山；南伐至召陵，登熊耳山以望江漢。兵車之會三，而乘車之會六，九合諸侯，一匡天下，諸侯莫違我。昔三代受命，亦何以異乎？於是管仲睹桓公不可窮以辭，因設之以事，曰：古之封禪，鄗上之黍，北里之禾，應劭曰：鄗上，山也。鄗音臛。林曰：鄗上、北里，皆地名。所以爲盛；江淮之間，一茅三脊，所以爲藉也。東海致比目之魚，西海致比翼之鳥，然後物有不召而自至者十有五焉。今鳳皇麒麟不來，嘉穀不生，而蓬蒿藜莠茂，鴟梟數至，而欲封禪，無乃不可乎？桓公乃止。

又曰：始皇既并天下，即位三年，東巡狩郡縣，祠鄒嶧山，頌秦功業。於是徵齊魯之儒生博士七十人，至於太山下。或議曰：古者封禪爲蒲車，惡傷山之土石草木，掃地而祭，席用葅稭，言其易遵也。始皇聞此議各乖異，難施用，由此絀儒生，而遂除車道，上自太山陽至巔，立石頌秦始皇帝德，明其得封也。從陰道下，禪於梁父。其禮頗採太祝之祀雍上帝所用，而封藏皆祕之，世不得而記也。始皇之上太山，中阪遇風雨暴至，休於大樹下，因封其樹爲五大夫。

又曰：今天子即位，尤敬鬼神之祀。元年，漢興以六十餘歲矣，天下乂安，搢紳之屬皆望天子封禪改正度也，而上鄉儒術招賢良趙綰王臧等以文學爲公卿欲議古立明堂城南以朝諸侯草巡狩封禪改曆服色事未就會竇太后治黄老言不好儒術諸所興爲皆廢是時李少君亦以祠竈穀道却老方　見上上尊之少君言上曰祠竈則致物致物而丹砂可化爲黄金黄金成以爲飲食器則益壽益壽而海中蓬萊僊者乃可見見之以封禪則不死黄帝是也上與公卿諸生議封禪封禪用希曠絶莫知其儀禮而羣儒采封禪尚書周官王制之望祀射牛事上於是乃令諸儒習射牛草封禪儀羣儒旣不能辯明封禪事又牽拘於詩書古文而不能騁於是上盡罷諸儒遂東幸緱氏禮登中嶽太室從官在山下聞若有言萬歲云於是以三百戶封太室奉祠遂東巡海上四月還至奉高上令諸儒及方士言封禪人人殊不經難施行天子至梁父禮祠地主乙卯令侍中儒者皮弁薦紳射牛行事封太山下東方如郊祀太一之禮封廣丈二尺高九尺其下則有玉牒書書祕禮畢天子獨與侍中奉車子侯上太山亦有封其事皆禁明日下陰道丙辰禪太山下阯東北肅然山如祭后土禮天子皆親拜見衣上黄而盡用樂焉江淮閒一茅三脊爲神藉五色土益雜封縱遠方奇獸蜚禽及白雉諸物頗以加禮兕牛犀象之屬不用皆至太山祭后土封禪祠其夜若有光晝有白雲起封中天子從禪還坐明堂羣臣更上壽

漢書曰公孫弘議欲倣古巡狩封禪之事諸儒對者五十餘人未能有所定先是司馬相如病死有遺書頌功德言符瑞足以封太山上奇其書以問倪寬對曰陛下躬發聖德統楫群臣宗祀天地薦禮百神精誠所嚮徵兆必報天地並應符瑞帝王之盛節也宜順承天慶垂萬世之基上然之乃自制儀采儒術以文焉

又郊祀志曰初上欲治明堂奉高旁未曉其制度濟南人公玉帶上黄帝時明堂圖於是上令　奉高作明堂汶上如帶圖及是歲脩封則祠太一五帝於明堂上坐令高皇帝祠坐對之公玉帶

又曰黄帝時雖封太山然風后封鉅岐伯令黄帝封東太山(韋昭曰別有小太山在陰一名介山臣瓚安鄒去朱虛界中有小太山是也汾陰子推所葬故名介山也不以介爲大也)禪凡山合符然後不死天子旣令設祠具至東太山太山卑小不稱其聲乃令祠官禮之而不封焉其後令帶奉祠候神物復還太山脩五年之禮如前而加禪祠石閭石閭者在太山下阯南方方士言僊人閭也故上親禪焉其後五年復至太山脩封還過祭恒山自封太山後十二歲而周遍於五嶽四瀆矣後五年復至太山脩封武帝五脩封

又曰太初元年十二月禪蒿里(服虔曰山名在太山下)太初三年春正月東巡海上夏四月還脩封太山禪石閭天漢三年受計還幸北地祠常山瘞玄玉(鄧展曰瘞埋也)

又曰太始四年春三月甲申脩封丙戌禪石閭夏四月幸不其(如淳曰其音基不其山名因以爲縣)祠神人于交門宮(應劭曰神人蓬萊仙人之屬也晉灼曰琅邪縣有交門宮武帝所造)若有鄉坐拜者作交門之歌(師古曰如有神人來象鄉禮坐而拜也)

又曰司馬相如旣病免家居茂陵天子曰相如病甚可往從悉取其書若不然後之矣使所忠往而相如已死家無遺書問其妻對曰長卿未嘗有書也時時著書人又取去長卿未死時爲一卷書曰有使來求當奏之其遺札書言封禪事所忠奏焉天子異之

續漢書祭祀志曰建武中群臣上言即位三十年宜封禪太

山詔書曰即位三十年百姓怨氣滿腹吾誰欺欺天乎曾謂太山不如林放何事太山汙七十二代之編録三月上幸魯過太山太山守以上過故承詔祭太山及梁父時虎賁中郎將梁松議封禪事上許松等奏乃求元封時封禪故事議封禪所施用有司奏當用方石再累置壇中皆方五尺一枚厚一尺用玉牒書藏方石牒厚五寸長尺三寸廣五寸有玉牒十枚列於方石旁東西南北各三皆長三尺廣一尺厚七寸檢中刻三處深四寸方五寸有蓋檢用金縷五周以水銀和金爲泥刻玉璽一枚方寸一分一枚方五寸石四角有距石皆再累一枚長一丈厚一尺廣二尺皆在壇上其下用距十八枚皆高三尺厚一尺廣二尺如小碑環壇立之去三步距石下皆有石跗入地四尺又用石碑高九尺廣三尺五寸厚尺二寸立壇丙地去壇三尺

以刻書上以用石功難又欲及二月封故詔松因故封石空檢更加封而已松上疏爭之以爲登封之禮今告功皇天垂後無窮以爲萬民也丞天之敬章圖書之瑞尤宜顯著今因舊封竄寄故石下恐非重命之義受命中興宜當特異以明天意遂使太山郡及魯趣石工直取完青石無五色時以印工不能刻玉牒欲用丹漆書之會求得刻玉者遂刻書書祕刻方石中令容玉牒二月上至奉高遣御史與蘭臺令史將工先上山刻石碑文二十二日辛卯晨燎祭天於太山下南方群臣皆從用樂皆如南郊諸王王者二公孔子後褒成君皆助祭在位畢將升封或曰太山雖已從食於柴祭今親升告功宜有禮祭於是使謁者以一特牲於常祠太山處告祠太山如親耕貙劉先農　虞故事至食時上御輦升山日後到山上即位於壇南北面群臣以次陳後西上畢帝升壇尚書令奉玉牒檢皇帝以寸二分璽親封之訖太常命人發壇上石尚書令奉藏玉牒已復石覆訖尚書令以五寸印封石檢事畢皇帝拜群臣稱萬歲令人立所刻石碑乃復道下二十五日甲午禪祭地於梁陰以高后配山川羣神從如元始中北郊故事

東觀漢記曰中元元年正月群臣復奏言登封告成爲民報德百王所同陛下輙距絶不許臣下不敢頌功述德讙按河雒讖書赤漢九世當巡封太山凡三十六事陛下遂以仲月令辰巡岱嶽之正禮奉圖雒之明文以祈靈瑞以爲兆民於是許焉至太山乃復議曰國家德薄災異仍至圖讖蓋如此邪上東巡狩至太山有司復奏河圖讖記表章赤漢九世尤著明者後凡三十六事

司馬彪續漢書曰河圖會昌符云漢大興之道在九代之

王封乎太山刻石著紀禪于梁父退省考功

典略曰建武三十年有司奏封禪詔曰災異連仍日月薄蝕百姓怨歎而有事於太山汙七十二代編録以羊皮雜貂裘何彊頗耶

晉書禮志曰魏明帝黄初中護軍蔣濟表曰夫帝王大禮巡狩爲先昭祖揚禰封禪爲首是以自古華命受符未有不蹈梁父登太山刋無竟之名紀天人之際者也宜下公卿廣撰其禮卜年考時昭告上帝以副天下之望帝　詔曰聞蔣濟斯言使吾汗出流足自開闢以來封禪者七十餘君耳故太史公曰雖有受命之君而功有不洽是以中間其遠者千有餘年近者數百載其儀闕不可得記吾何德之脩敢庶茲乎濟豈謂世無管仲以吾有桓公登太山之志乎吾不敢欺天也濟之所言華則榮矣非助我者也

公卿侍中尚書侍省之而已勿有所議天子雖拒濟議而實使高堂隆草封禪之儀以天下未一不欲便行大禮會隆卒不復行之（魏志曰帝聞隆没歎曰天不欲成吾事堂生捨我亡也）

又曰武帝平吳混一區宇太康元年衛瓘等上表請封禪詔曰此盛德之事所未議也

又表曰唐虞三代濟世弘功之君莫不仰承天休俯協人志答圓丘瘞梁父未有辭焉者蓋不可讓也今陛下勳高百王德無與二茂績宏規巍巍之業固非臣等所能究論而聖旨勞謙屢自抑損時至弗應推美不居闕皇代之上儀寒靈祇之歎望使大晉之典謨不同風於三五臣等誠不敢奉詔詔曰方當共恩弘道以康庶績且俟他年無所紛紜也

沈約宋書禮志曰永初三年高祖將北掃戎狄渾一天宇

會討洛陽秩禮名嶽羣臣竊相謂曰須王振旅飲至龍朔無壓當議奏封禪脩外中之禮搢紳闕者咸曰宜然自漢光武登封之後斯絕矣

孫嚴宋書曰袁淑爲吏部郎太祖元嘉二十六年大舉北討淑侍座從容曰盛王令典廢壞永久今當鳴鑾中嶽席卷趙魏檢玉岱宗今其時也臣逢千載之會願上封禪書一篇使聲齊七十二代帝曰盛德之事何足以當之

隋書志曰封禪者高厚之謂也天以高爲尊地以厚爲德增太山之高以報天也厚梁甫之基以報地也昭天之所命功成事就有益於天地若天地之更高厚云漢光武中興事遵其故晉宋齊梁及陳皆未遑其議後齊有巡狩之禮并登封之儀竟不之行也開皇十四年群臣請封禪高祖不納晉王又率百官抗表固請帝命有司草儀注於是牛弘辛彦之等創定其禮奏之帝逡巡其事曰此事體大朕何德以堪之但當東狩因拜岱山耳十五年春行幸兖州遂次岱山爲壇如南郊

唐書曰貞觀中房玄齡議曰漢建武中封禪用元封故事封太山於圜臺上四面皆立石闕並高五丈有方石再累藏玉牒書石撿十枚於四邊括之東西各三南北各二外設石封高九尺上加石蓋周設石距十八枚如碑之狀去壇三步其下石跗入地數尺今按封禪者本以成功告於上帝天道崇質義取醇素故藉用藁秸鞂以充觀近代此法不在經誥又乖淳朴之道定議除之按梁甫是謂梁陰近代設壇於山下乃乖處陰之義今定禪禮改壇位於山北

又曰貞觀六年文武百官以初平突厥盛德被於海內又

年穀累登表封太山太宗謂侍臣曰朕每見衆議以封禪爲盛事勸朕行之如朕本心但使天下太平家給人足雖闕封禪之禮亦可以比德於堯舜昔始皇爲合天心自稱皇帝登封岱宗奢侈自矜漢文竟不登封而躬行儉約刑措不用今皆稱始皇爲暴虐之主漢文爲有德之君以此而言無假封禪

又曰高宗麟德二年十月司禮太常伯劉祥道上疏請封禪丁卯將封太山發自東都三年正月戊辰朔車駕至太山親祀昊天上帝於封祀壇以高祖太宗配饗己巳帝升山行封禪之禮庚午禪於社首祭皇地祇以太穆太皇太后配饗皇后爲亞獻越國太妃燕氏爲終獻辛未御降禪壇壬申御朝覲受朝賀改元乾封

又曰麟德三年登封太山先是皇后抗表曰封禪舊儀祭

皇地祇以太后昭配而皆以公卿行事詳求至理有紊徽章望以展禮之日總率六宮內外命婦親奉奠獻從之至時遂以皇后爲亞獻越國太妃燕氏爲終獻帝行初獻之禮畢執事者皆趨下而宦者執帷皇后率六宮以外行禮登歌帷外王公已下就位於山足帷皆用錦繡在位者瞻望或誚焉

又曰永淳二年上以風眩轉加停封中嶽上自東封之後皇后盛贊行中嶽之禮每下詔輒年飢寇至而罷於是嵩山之下營奉天宮以爲有事之漸時有童謡曰嵩高凡幾層不畏登不得但畏不得登及是禮物畢備竟以疾加而還

又曰則天后萬歲登封元年臘月甲申上登封于嵩嶽大赦天下改元大酺丁亥禪于少室山

又曰開元登封祀昊天上帝于太山以高祖神堯皇帝配享上冕衮外壇奉珪璧奠獻命有司享五帝百神于山下壇禮畢上乃飲福酒中書令張說進稱天賜皇帝太一神策周而復始永綏兆人帝拜稽首山上作圓臺四階謂之䃭王中金泥䃭際以天下同文之印封之然後焚柴燎發群臣稱萬歲傳呼從山頂至山下振動天地鑾輅還山下之齋宮有慶雲隨馬祥風繞輅中書令張說等賀上曰朕以薄德恭膺大寶靈物休祐皆是卿輔弼之力君臣相保勉副天心長如今日不敢矜怠說等又曰聖心誠懇昨夜齋則息風收雨今朝封祀則天清日暖復有祥風助樂卿雲引燎靈迹盛事千古未聞辛卯祀皇地祇于社首之太折壇睿宗皇帝配享藏玉冊於石䃭如封祀壇之儀初上登山至齋宮其夕陰雲慘冽勁風四起裂裳幕折柱寒氣切骨上露立祈請仰天自誓曰某身有過請即降罰萬人無福亦請某爲當罪應時風止天地清晏及外壇休氣四塞登封飄若天外及禪社首五色雲見日重輪

又曰開元十三年登封太山上因問玉牒之文前代帝王何故秘之賀知章曰玉牒本是通於神明之意前代帝王祈求各異或禱年筭或思神仙其事微密故外人莫知之上曰朕今此行皆爲蒼生祈福更無秘請宜將玉牒出示百寮其詞曰有唐天子臣某敢昭告于昊天上帝天啓李氏運興土德高祖太宗受命立極高宗升中六合殷盛中宗紹復繼體不定上帝眷祐錫臣忠武底綏內難推戴聖父恭承大寶十有三年祗若天意四海晏然封祀岱嶽謝成于天子孫百禄蒼生受福

風俗通曰封禪必於岱宗者長萬物之始陰陽交代觸石而出膚寸而合不崇朝遍雨天下唯太山乎封禪之制石高丈二尺刻之曰事天以禮立身以義事父以孝成民以仁四夷八蠻咸貢其職也

白虎通曰封禪王者易姓而起必升封太山何教告之義也始受命之時改制應天天下太平功成封禪以告太平也所以必於太山何萬物之所交代之處也必於其一何因高告順其類也故升封者增高也下禪梁甫之基廣厚也刻石記號者著已之功迹也天以高爲尊地以厚爲德故增太山之高以放天附梁甫之基以報地明天之所命功成事就有益天地若高者加高厚者加厚矣或曰封者金泥銀繩或曰石泥金繩封以印璽故孔子曰升太山觀易姓而王可得而數者七十餘君

風俗通曰封太山禪梁父說岱宗上有金篋玉策能知人

年壽脩短武帝探得十八倒讀曰八十其後果用考長

桓譚新論曰太山之上有刻石凡千八百餘處而可識知者七十有二

袁准正論曰封禪之言唯周官有三大封之文齊桓公欲封禪聞管仲言而止焚燎祭天皆王者之事非諸侯之所爲也是以學者疑焉後秦一主漢二君脩封禪之事其制爲封土方丈餘崇於太山之上皆不見於經秦漢之事未可專管仲云禹禪會稽告天則同祭地不得異也會稽而可禪四嶽皆可封也夫洛陽者天地之所合嵩高者六合之中也今處天地之中而告於嵩高可也奚必於太山

王嬰古今通論曰太山上爲天門值户户爲明堂聖帝受天官之宫也王者即位三十年功成治定則告成於天登封太山刻石紀號

張華封禪議曰臣聞肇自生民則有后辟載祀之數莫之能紀立德濟世揚暉仁風以登封太山者七十有四家其謚號可知者十有四也

晉太康地記曰奉高者以事五嶽帝王禪代之處也故有明堂在縣西南四里漢武立太壇於東山以祭天示增高也

南史曰齊高帝幸華林宴集使各効伎藝褚彦回彈琵琶王僧虔柳世隆彈琴沈文季歌子夜來張敬兒舞王儉曰臣無所解唯知誦書因跪上前誦相如封禪文上笑曰此盛德之事吾何以堪之

太平御覽卷第五百三十六

太平御覽卷第五百三十七

禮儀部十六

巡狩　籍田

巡狩

易觀卦曰風行地上觀先王以省方觀民設教也

尚書舜典曰歲二月東巡狩至于岱宗柴(燔柴)望秩于山川(秩者如其秩次之祭也)肆覲東后協時月正日(協和)同律度量衡(同齊也)脩五禮五玉(五等諸侯瑞圭璧也)三帛(玄纁黃)二牲(羊鴈)一死(雉也)贄如五器卒乃復(五器上五玉五帛禮終則還之三帛以下不還)五月南巡狩至於南嶽如岱禮(南嶽衡山)八月西巡狩至于西嶽如初禮(西嶽華山)十有一月朔巡狩至于北嶽如初禮(朔北方北嶽恒山)歸格於藝祖用特(藝祢也)

尚書大傳曰元祀巡狩四嶽八伯壇四奧沉四海封十有二山肇十有二州

毛詩清廟曰時邁巡狩告祭柴望也(巡狩告祭者天子巡行邦國至方嶽之下而封禪也)

又曰般　巡狩而祀四嶽河海也於皇時周陟其高山墮山喬嶽允猶翕河(河山四嶽翕合也箋云合者河自大陸已北數為九道祭者合為一)

周禮下官夏曰職方氏掌天下之圖王將巡狩則戒于四方

大戴禮曰十有二歲天子巡狩是故諸侯上不敢侵凌下不敢暴小民○禮記王制曰天子五年一巡狩歲二月東巡狩至于岱宗柴而望祀山川覲諸侯問百年者就見之命太師陳詩以觀民風命市納賈以觀民之所好惡志淫好辟命典禮考時月定日同律禮樂制度衣服正之山川神祇有不舉者為不敬不敬者君削以地宗廟有不順者為不孝不孝者君絀以爵變禮易樂者為不從不從者君流革制度衣服者為叛叛者君討有功德於民者加地進律

又祭義曰天子巡狩諸侯待於境天子先見百年者(問其國君以百年者所在而見)八十九十者東行西行者弗敢過欲言政者君就之可也(弗敢過者謂道經則見之)

禮記逸禮曰王者必制巡狩之禮何尊天重民也所以五年一巡狩何五歲再閏天道大備所以至四嶽者盛德之山四方之中能興雲致雨也巡狩者何巡循也狩牧也為天循行牧民也

禮記外傳曰溥天之下莫非王土封建諸侯各守天子之地故巡行之夏殷五載一巡狩(五年再閏)周制十二年一巡狩(歲星一周)皆在仲月以至嶽下(仲者中也正也)燔柴告天(武因事而告至也天下廣大四方幽隱南面之君多行威福憂民之至故間之)巡狩之年四方諸侯先會嶽之

下以俟見(嶽有湯沐之邑助祭泰山先齊戒以見天子)考其制度以齊同(書同文車同軌合其章律甲子)有善惡以黜陟之

左傳莊公曰天子非展義不巡狩注云天子巡狩所以宣布德義

又僖下曰晉侯召王以諸侯見且使王狩仲尼曰以臣召君不可以訓故書曰天王狩於河陽言非其地且明德也

漢書曰人有告韓信反陳平曰古者天子巡狩偽遊雲夢也

又武紀曰朕郊見上帝巡於北邊見羣鶴留止不以羅網靡所獲獻薦於大時(如淳曰是時春也非用羅網時故無所獲)光景並見

又曰元封五年南巡狩至於盛唐(如淳曰縣名在南郡也)望虞舜於九疑(應劭曰舜葬蒼梧九疑山名今在零陵營道也)自尋陽浮江親射蛟江中獲之舳艫千里薄樅陽而出(樅陽縣名屬盧江也)作盛唐樅陽之歌

又曰宣帝尊孝武廟為世宗行廵狩郡國皆立廟
又食貨志曰天子始出廵郡國東渡河河東守不意行廵至不辦自殺行西踰隴隴西守以行往卒（或曰踰疾也卒倉卒）從官不得食隴西守自殺於是上北出蕭關從數萬騎馬獵新秦中以勒邊兵而歸
後漢書曰光武建武十八年二月西廵狩幸長安三月祠高廟遂有事十一陵歷馮翊界進幸蒲坂祠后土夏四月車駕還宮
又曰章帝元和二年二月丙辰東廵狩乙丑帝耕于定陶使使者祠唐堯於成陽靈臺辛未幸大山柴告岱宗有黃鵠三十從西南來經祠壇上東北過于宮屋翱翔升降進幸奉高
又曰章帝廵幸詔曰惟廵狩之制以宣聲教考同遐邇解

釋然結
又和紀曰冬十月戊申幸章陵祠舊宅癸丑祠園廟會宗室於宅旁賜作樂
宋書禮志曰古者天子廵狩之禮布在方策至秦漢廵幸或以厭望氣之祥或以希神仙之應煩擾之役多非舊典惟後漢諸帝頗有古禮焉魏文帝值三分初創方隅事多皇輿亟動略無寧歲蓋應時之務又非舊章也明帝凡三東廵所過存問高年恤人疾苦或賜穀帛有古廵幸之風焉齊王正始元年廵洛陽縣賜高年力田各有差
又曰元嘉四年二月太祖東廵至丹徒告覲園陵三月幸丹徒離宮升京城北顧饗父老舊勳于丹徒行宮加賜衣裳各有差蠲丹徒縣其年租賦
宋書文帝行丹徒詔吾生在此城及盧循肆亂害流茲境先帝以桑梓根本寔同休慼復以蒙弱猥頂艱難情義繾綣夷險備經遺蹤舊物猶存心目歲月不居逝踰三紀時人故老與運遷落眷惟既往倍深感歎
越絶書曰禹廵狩大越見耆老納詩書審銓衡平斗斛
孟子曰夏諺曰吾王不遊吾何以休吾王不預吾何以助一遊一豫為諸侯度也
又曰晏子對齊景公曰天子適諸侯曰廵狩春省耕而補不足秋省斂而助不給也
孔叢子曰古者天子將廵狩必造于祖禰命告群祀及社稷畿內名山大川七日而遍親告用牲史用幣
蔡邕獨斷曰上廵狩校獵還公卿已下陳洛陽亭前街上乘輿到公卿以下拜天子東公卿親識顏色然後還宮
酈善長注水經曰光武之征秦豐幸舊邑置酒極歡張平

子以為真人南廵觀舊里焉
三齊略曰堯山在廣固城西七里堯廵狩所登遂以為名山頂立祠祠邊有栢樹枯而復生不知幾代樹也又石上有堯跡于今猶存
風俗通曰廵者循也狩者守也道德太平恐遠近不同故必自親行之循功考德黜陟幽明也
白虎通曰王者所廵狩者何廵者循也狩者收也道德太平恐遠近不同化幽隱有不得所者故必自親行之謙敬重民之至也何以知太平乃廵狩以武王不廵狩至成王乃廵狩也
黃帝太一密推曰師曠曰先知廵狩之年當視太一與天目在四維之歲法為廵狩若不出則遣使者按行風俗太一雖在四維不出也即出知廵狩何方以主人所在處之

班固東巡頌曰事天而瑞盛誠非一小臣所任頌述不勝狂簡之情謹上岱宗頌一篇

班固南巡頌曰是時聖上運天官之法駕馮列宿而贊元

崔駰東巡頌曰登天靈之威輅駕太一之象車躬東作之上務始八政於南行

崔駰南巡頌曰建初九年秋穀始登猶斯嘉時舉先王之大禮假于章陵遂南巡楚路臨江川以望衡山顧九疑嘆虞舜之風是時庶績咸熙罔可黜陟

崔駰西巡頌曰惟永平三年八月巳丑行幸河東志曰君舉必書是故工歌其詩史歷春秋若夫聲管不發雅頌罔記

崔駰北巡頌曰元和三年正月上既畢郊祠之事乃東巡出於河內經青兗之郊遁冀州遂禮北嶽聖澤流浹黎元被德嘉瑞並集乃作頌曰

張衡巡狩頌曰初吉帝將狩於岱嶽展詛省方觀風設教丙寅朏率群賓備法駕以祖於東門乙酉觀禮於魯而休齊焉巳丑届于靈宮是日有鳳雙集于臺

馬融東巡頌曰敷六典經八成燮和萬殊總領神明類乎上帝紫乎三辰禋祠乎六宗秖燎乎羣神

籍田

毛詩閔子載芟曰載芟春籍田而祈社稷也

周禮天官上甸師曰掌帥其屬而耕耨王籍以時入之以供粢盛

又天官下曰內宰上春詔王后帥六宮之人生穜稑之種而獻之于王鄭玄曰古者使后宮藏種以佐王耕事共禘郊也先種後熟曰穜後種先熟曰稑

禮記月令曰是月也天子乃以元日祈穀于上帝乃擇元辰天子親載耒耜措之于參保介之御間帥三公九卿諸侯大夫躬耕帝籍天子三推公五推卿諸侯九推反乃執爵于大寢三公九卿諸侯大夫皆御命曰勞酒

又祭義曰昔天子爲籍田千畝冕而朱紘躬秉耒耜諸侯爲籍百畝冕而青紘躬秉耒耜以事天地山川社稷先公醴酪粢盛於是乎取之敬之至也

又祭義曰耕籍所以教諸侯之養也

又祭統曰天子親耕於南郊以供粢盛王后蠶於北郊以供冕服天子諸侯非莫耕也王后夫人非莫蠶也身致其誠信而已矣

又表記曰天子親耕粢盛秬鬯以事上帝故諸侯勤以輔事於天子注言無事而居位食祿是不義而富且貴

禮記外傳曰籍者借也天子耕千畝但三推發耒三壢而

止借民力治之所耕之穀藏於神倉以供事天地宗廟神祇人鬼之用也天子以身先天下所以勸下民也以建寅之月而郊北郊即祈穀之祭郊而後耕郊用辛日擇吉日而耕用亥日享先農而後籍田

國語曰周宣王即位不籍千畝虢文公諫曰夫民之大事在農上帝之粢盛於是乎出民之蕃庶於是乎生是故稷爲大官古者太史順時覛土土氣震發先時九日太史告稷曰陽氣俱烝土膏其動稷以告王王即齋宮百官御事王耕一墢

漢書文帝詔曰夫農天下之本也其籍田朕親率耕以給宗廟粢盛

又曰昭帝始元元年上耕于鉤盾弄田應劭曰時帝年九歲未能親耕帝籍鉤盾官者近署故往試耕爲戲弄也

續漢書禮儀志曰正月始耕有司請行事訖就耕位天子諸侯百官以次耕

晉書禮志曰武帝末有司奏古諸侯耕籍百畝躬執耒耜以奉社稷宗廟勸率農功今諸王臨國宜依之竟不施行

又江虨傳曰哀帝即位欲躬自籍田虨以禮廢日久儀注不存中興以來所不行宜停之

宋書禮志曰親耕籍晉武帝太始四年詔曰夫民之大事在農是以古之聖王躬耕帝籍以供郊廟之粢盛且以訓化天下近代以來耕籍於數步中空有慕古之名曾無供祀訓農之實而有百官車徒之費今脩千畝之制當與群公卿士躬稼穡之艱難以帥天下

又曰元嘉二十一年太祖將親耕而其儀久廢使何承天撰定儀注乃下詔曰國以民爲本民以食爲天古者從時

脉土以訓農功躬耕帝籍敬供粢盛仰瞻前王思遵令典何可量處千畝考上元辰朕當親率百辟致禮郊甸庶幾誠素獎被斯民

又曰籍田皇帝冠通天冠朱紘青介幘衣青紗袞侍中陪乘奉車郎秉轡

又曰車駕至籍田侍中跪奏 降車臨壇大司農跪奏先農已享請皇帝親耕太史令讚曰皇帝親耕三推三反於是羣臣以次耕王公五等開國諸侯五推五反孤卿大夫七推七反士九推九反籍田令率其屬耕竟畝灑種即耰

齊書禮志曰永明三年有司奏來年正月二十五日丁亥可祠先農即日輿駕親耕宋元嘉大明以來並用立春後亥日尚書令王儉以爲亥日籍田經記無文太學博士劉蔓議禮孟春之月立春迎春又於是月以元日祈穀又擇元辰躬耕帝籍盧植說禮通辰日曰甲至癸也辰子至亥也郊天陽也故以日籍田陰也以辰陰禮畢後必居其末亥辰之末故記稱元辰注曰吉亥又五行之說木生於亥日祭先農又其義也

隋書禮志曰北齊籍於帝城東南千畝每歲正月上辛後吉亥使公卿以一太牢祠先農神農氏於壇上無配饗祭訖親耕

唐書曰貞觀三年春太宗親祭先農躬御耒耜籍于千畝之甸初晉氏南遷後魏來自雲朔中原分裂又雜以獯戎代歷周隋此禮久廢而今始行之觀者莫不駭躍於是秘書郎岑文本獻籍田頌以美之

又曰乾元中耕籍田至于先農之壇因閱耒耜有雕刻文飾者謂左右曰田器農人執之在於朴素豈貴文飾乎乃

命徹之

又曰儀鳳二年春上親耕籍田于東郊禮畢作籍田賦以示羣臣

又曰開元二十二年正月上親耕於洛陽東門外諸儒奏議以爲古者耦耕以一撥爲推今用牛耕宜以一步爲一推及親籍太常告三推禮畢上曰朕憂人知勤勞俯同九推而止自是公卿已下皆過於古

五經要義曰天子籍田千畝以供上帝之粢盛常孟春啓蟄即郊之後身率公卿大夫而親耕焉所以先百姓而致孝敬

說文曰帝籍千畝者使民如借故謂之籍從耒昔聲

應劭漢官儀曰天子東耕之日率三公九卿戴青幘冠青衣載青旂駕蒼龍往出種堂天子外壇公卿耕訖天子耕

於壇舉耒三

應劭漢官儀曰天子外壇公卿耕訖嗇夫下種凡稱籍田爲千畝亦曰帝籍亦曰耕籍亦曰東耕亦曰親耕亦曰王籍

六典曰凡籍田所收九穀納于神倉以供粢盛五齊三酒之用若有餘及穰稾供飼犧牲焉

又曰兩漢及魏晉並有其禮過江草創未暇至宋始有也

黄瓊上書曰先農之禮所宜躬親以迎春和以致時雨

論衡曰立春東耕爲土象人男女各二秉耒鋤或立土牛象人土中未必而耕也從氣應時示率下也

東京賦曰躬三推於天田脩帝籍之千畝

繆襲許昌宮賦曰太和六年春上既躬耕帝籍發趾乎千畝以帥先萬國乃命羣牧守相述職班教順陽宣化烝黎

允示訓德歌功觀事樂業是歲甘露降黄龍見海外有克捷之師方内有豐穰之慶農有餘粟女有餘布遐狄來享殊俗内附穆乎有太平之風

潘岳籍田賦曰伊晉之四年皇帝親率群臣籍於千畝之甸禮也於是乃使甸師清畿野廬掃路封人壝宮掌舍設枑青壇蔚其嶽立翠幙黕以雲布結崇基之靈址啓四塗之廣阼

任豫籍田賦曰瞻望圭景咫尺三川緬彼帝籍百有餘年

曹植籍田論曰春耕于籍田郎中令侍寡人焉顧而謂之曰營疇萬畝厥田上上經以大陌帶以横阡奇柳夾路名果被園牢農寔掌是謂公田此寡人之封疆也

太平御覽卷第五百三十七

太平御覽卷第五百三十八

禮儀部十七

朝聘

尚書周官曰：六年五服一朝，（五服侯甸男采衛，六年一朝會京師。）又六年王乃時巡，考制度于四嶽，諸侯各朝于方嶽，大明黜陟。

毛詩小雅曰：采菽，刺幽王也。侮慢諸侯，諸侯來朝，不能錫命以禮，數徵會之而無信義，君子見微而思古焉。（幽王徵會諸侯爲合義兵征討有罪，既往而無之，是於義事不信也。君子見其此，知其後少見攻伐，將無救也。）采菽采菽，筐之筥之。（興也。菽所以芼大牢而待君子也。羊則苦，豕則薇。箋云：菽，大豆也。采之者，采其葉以爲藿。三牲牛羊豕，芼以藿。王饗賓客有牛俎，乃用鉶羹，故使采之。）君子來朝，何錫予之？雖無予之，路車乘馬。（君子謂諸侯也。箋云：賜諸侯以車馬，言雖無予之，尚以爲薄也。）

周禮天官上宰夫曰：宰夫之職，掌朝覲會同賓客以牢禮之法，掌其牢禮與其陳數。

又春官上宗伯曰：春見曰朝，夏見曰宗，秋見曰覲，冬見曰遇，時見曰會，殷見曰同。（此六禮者，諸侯見王爲文也。六服之內，四方以時分來，或朝春，或宗夏，或覲秋，或遇冬，名殊禮異，更遞而徧。朝猶朝也，欲其來之早也。宗，尊也，欲其尊王也。覲之言勤也，欲其勤王之事也。遇，偶也，欲其若不期而俱至也。時見者，無常期也。諸侯有不順服者，王將以征討之事，則既朝覲，王爲壇於國外，合諸侯而命焉。春秋傳曰：有事而會，不協而盟，是也。殷猶衆也。十二歲王如不巡狩，則六服盡朝，朝禮既畢，王亦爲壇，合諸侯以命政焉。所命之政，如王巡狩。殷見四方，四時分來，終歲則徧矣。）時聘曰問，殷覜曰視。（時聘者，亦無常期，天子有事乃聘之焉。境外之臣，既非朝歲，不敢瀆爲小禮。殷覜謂一服朝之歲，以朝者少，諸侯乃使卿以大禮衆聘焉。一服朝在元年、七年、十一月終也。）

又秋官下大行人曰：大行人掌大賓之禮，大客之儀，以親諸侯。（大賓，要服以內諸侯也。大客，謂其孤卿也。）春朝諸侯而圖天下之事，秋覲以比邦國之功，夏宗以陳天下之謨，冬遇以協諸侯之慮，時會以發四方之禁，殷同以施天下之政。（此六事者，以王見諸侯爲文。）時聘以結諸侯之好，殷覜以除邦國之慝。（此二事者，亦以王見諸侯之使來者爲文。）時閒問以諭諸侯之志，歸脤以交諸侯之福，賀慶以贊諸侯之喜，致禬以補諸侯之烖。（此四者，主使臣於諸侯之禮也。間問者，間歲一問諸侯，謂存省之屬也。諸侯之志者，言語諭書名其類也。交或往或來者也。贊，助也。致禬，凶禮之弔禮、禬禮也。補諸侯栽者，若春秋澶淵之會謀歸宋財。）凡大國之孤，執皮帛以繼小國之君。凡諸侯之卿，其禮各下其君二等，以下及其大夫士皆如之。九州之外謂之蕃國，世壹見，各以其所貴寶爲贄。（九州之外夷服、鎮服、蕃服也。）凡諸侯之邦交，歲相問也，殷相聘也，世相朝也。（小聘曰問。殷，中也。久無事又於殷朝者，及而相聘也。）

○儀禮覲禮曰：諸侯覲天子，爲宮方三百步，四門，壇十有二尋，深四尺，上介皆奉其君之旂置於宮，尚左，公侯伯子男皆就其旂而立。

禮記曲禮曰：天子當依而立，諸侯北面而見天子，曰覲。天子當宁而立，諸公東面，諸侯西面，曰朝。（諸侯春見曰朝，受摯於朝，受享於廟，生氣文也。秋見曰覲，一受之於廟，殺氣質也。朝者位於內朝而序進，覲者位於廟門外而序入。王南面立於依宁而受焉。夏宗依春，冬遇依秋。春秋時齊侯唁魯昭公，以遇禮相見，取易略也。覲禮今存，朝宗遇禮今亡。）

諸侯未及期相見曰遇，相見於郤地曰會，諸侯使大夫問於諸侯曰聘。

又王制曰：諸侯之於天子也，比年一小聘，三年一大聘，五年一朝。（比年，每歲也。小聘使大夫，大聘使卿，朝則君自行。）天子無事，與諸侯相見曰朝。（事謂征伐。）

又中庸曰：繼絶世，舉廢國，治亂持危，朝聘以時，厚往而薄來，所以懷諸侯也。

又經解曰：聘覲之禮廢，則君臣之位失，諸侯之行惡，而背畔侵陵之敗起矣。

又聘義曰：聘禮，上公七介，侯伯五介，子男三介，所以明貴賤也。（此皆使卿出聘之介數也。）介紹而傳命，君子於其所尊，弗敢質，敬之至也。故天子制諸侯，比年小聘，三年大聘，相厲以禮。使者聘而設主君弗親饗食也所以愧厲之也諸侯相厲以禮則外不相侵內不相陵此天子之所以養諸侯兵不用而諸侯自爲正之具也（七年小聘所謂歲相問也三年大聘所謂殷相聘也）

左傳隱公曰十一年滕侯薛侯來朝爭長薛侯曰我先封滕侯曰我周之卜正薛庶姓也我不可以後之公使羽父請於薛侯曰周之宗盟異姓爲後寡人若朝于薛不敢與諸任齒乃長滕侯

又莊公曰虢公晉侯朝王王饗醴命之宥（王之覲群后始則行饗禮先置醴酒示不忘古飲宴則以幣物宥助也所以助歡敬之意言備設也）皆賜玉五瑴馬三匹非禮也（雙玉爲瑴）

又莊公曰夫禮所以整民也故會以訓上下之則制財用之節朝以正班爵之義帥長幼之序

又文上曰穆伯如齊始聘焉禮也（穆伯公孫敖也）凡君即位卿出並聘踐脩舊好要結外援（踐猶履行）好事鄰國以衛社稷忠信卑讓之道也忠德之正也信德之固也卑讓德之基也

又宣公上曰晉靈公不君（賈逵曰不君無君道也）趙宣子驟諫公患之使鉏麑賊之晨往寢門闢矣盛服將朝尚早坐而假寐麑退歎曰不忘恭敬民之主也賊民之主不忠弃君之命不信有一於此不如死矣觸槐而死

又宣公曰孟獻子曰臣聞小國之免於大國也聘而獻物於是乎有庭實旅百朝而獻功於是乎有容貌采章嘉淑而有嘉貨（獻其理國若征伐之功於牧伯）

又襄公曰晉侯使韓宣子聘于周王使請事對曰晉士起將歸時事於宰旅無他事矣王聞之曰韓氏其昌阜於晉乎辭不失舊

又曰襄二十二年晉人徵朝于鄭（鄭召使朝）鄭人使少正公孫

僑對曰在晉先君悼公九年我寡君於是即位即位八月而我先大夫子駟從寡君以朝于執事執事不禮於寡君（言朝執事謙不敢斥晉侯）寡君懼因是行也我二年六月朝于楚（因朝晉不見禮生朝楚心）晉是以有戲之役楚人猶競而申禮於敝邑敝邑欲從執事而懼爲大尤曰晉其謂我不共有禮是以不敢攜貳於楚我四年三月先大夫子蟜又從寡君以觀釁於楚晉於是乎有蕭魚之役謂我敝邑邇在晉國譬諸草木吾臭味也而何敢差池以大國政令之無常國家罷病不虞荐至無日不惕豈敢忘職大國若安定之其朝夕在庭何辱命焉

又昭二曰康有酆宮之朝（酆在始平鄠縣東有靈臺康王於是朝諸侯）

又昭四曰明王之制使諸侯歲聘以志業（志識也歲聘以脩其職業）間朝以講禮（三年而一朝正班爵之義率長幼之序）再朝而會以示威（六年而一會以訓上下之則制財用之節）再會而盟以顯昭明（十二年而一盟所以昭信義也凡八聘四朝再會王一巡狩盟于方嶽之下）志業於好講禮於等示威於衆昭明於神

春秋說題辭曰朝者不占而到諸侯秉政尊卑有序各來朝講文德明禮讓天下法制四方受度會者所以興德明義考遺廢於天下

史記曰子貢結駟連騎束帛之幣以聘享諸侯所至國君無不郊迎與抗禮者

漢書武紀曰元年春正月朝諸侯王於甘泉宮

又曰宣帝甘露二年呼韓邪單于款五原塞願奉國珍朝三年春呼韓邪單于朝天子于甘泉宮漢寵以殊禮位諸侯王上贊謁稱藩臣而不名賜以璽綬冠帶衣裳使有司導單于先行就邸長安宿長平上自甘泉宿池陽宮上登

長平阪詔單于毋謁及諸夷蠻君長王侯迎者數萬人夾道陳上登渭橋咸稱萬歲

後漢書曰竇融將朝會於高平先遣從事問會見儀適是時軍旅代諸將與三公交錯道中或背使者交私語帝聞融先問禮儀甚善之以宣告百僚乃置酒高會引見融等待以殊禮

孟子曰諸侯朝天子曰述職一不朝則貶其爵再不朝則削其地三不朝則六師移之

白虎通曰所以制朝聘之禮何所以尊君父重孝道也夫臣之制君猶子之事父欲同臣子之恩一統尊君故必朝聘也謂之聘何聘者問也謂之朝何朝者見也因用朝時見故謂之朝

又曰言諸侯時朝於天子朝用何月皆以夏之孟四月因

留助祭朝禮柰何諸侯將至京師使人通會於天子天子遣大夫迎之百里之郊遣世子迎五十里之郊矣

又曰諸侯以月旦告朔於廟者緣生以事死故國君月朔朝宗廟存神受政

又曰諸侯來朝天子親與之合瑞信者正君臣重法度也

五經異義曰古春秋五氏說閏以正時時以作事事以厚生生民之本於是乎在不告閏朔弃時政也弃時政則不知其所行故閏月不以朝者諸侯歲遣大夫之京師受十二月之政還藏於太廟月旦朝廟存神有司因告曰今月當行某政至於閏月藂殘餘分之月無政故不以朝經書閏月猶朝之者是也

摯虞決疑要注曰漢制正會於建始殿晉制大會於太極殿小會於東堂其會則五時朝服庭設金石虎賁旄頭文衣鶡尾

廣州記曰尉佗所都處築高臺以朝漢室圓基千步直峭百丈螺道登進頂上朔望拜號為朝臺

左思吳都賦曰昔夏后氏朝群臣於茲土而執玉帛者萬國蓋先王之高會四方之軌則也

太平御覽卷第五百三十八

禮儀部十八

宴會　上壽　贄

宴會

毛詩曰鹿鳴宴羣臣嘉賓也

又曰鹿鳴曰棠棣曰宴兄弟也

又嘉魚曰湛露天子宴諸侯也

又伐木曰伐木宴朋友故舊也自天子至於庶人未有不須友以成者也親親以睦友賢不弃不遺故舊則民德歸厚矣

周禮春官上大宗伯掌饗讌之禮親四方之賓客

禮記曰諸侯宴禮之義俎豆牲體薦羞皆有等差所以明貴賤也

左傳文上曰魯文公四年衛甯武子來聘公與之宴爲賦湛露及彤弓不辭又不荅賦使行人私問對曰臣以爲肄業及之也昔諸侯朝正於王王宴之於是乎賦湛露則天子當陽諸侯用命也若諸侯敵王所愾而獻其功王於是乎賜之彤弓一彤矢一百玈弓十玈矢千以覺報宴今陪臣來繼舊好君辱貺之豈敢干大禮以自取戾

又宣公曰晉侯飲趙盾酒伏甲將攻之其右提彌明知之趨登曰臣侍君宴過三爵非禮也○又成公曰衛侯饗苦成叔甯武子相苦成叔傲甯子曰苦成家其亡乎古之爲饗食也以觀威儀省禍福也今夫子傲取禍之道也

又昭二曰楚靈王享昭公于新臺好以大屈宴好賜也大屈弓名也既而悔之

又昭公曰穆有塗山之會周穆王會諸侯於塗山在壽春東北

漢書曰高祖擊英布還過沛置酒悉召故人父老發沛中見百二十人教之歌酒酣上自擊筑曰大風起兮雲飛揚威加四內兮歸故鄉安得猛士兮守四方自起舞慷慨傷懷泣下數行謂父老曰遊子悲故鄉吾雖都關中萬歲後吾魂魄猶樂思沛也與沛父老諸母樂飲道舊故爲笑

晉書禮志曰漢建安中將正會而太史上言正旦當日蝕朝士疑會否共諮尚書令荀彧時廣平計吏劉邵在彧坐曰梓慎裨竈古之良史猶占水火錯失天時諸侯旅見天子入門不得終禮者五日蝕在一然則聖人垂制不爲變異豫廢朝禮或者災消異伏或推術謬誤也彧及衆人咸善而從之遂朝會如舊亦不蝕

魏書曰文帝爲魏王南征次譙大饗六軍及譙父老百姓樂伎列百戲

魏志曰黄初元年郭淮奉使賀文帝踐祚而道路疾病故計遠近爲稽留及群臣在會帝正色責之曰昔禹會諸侯塗山防風後至便行大戮今溥天同慶而最遲留何也對曰臣聞五帝先教導民以德夏后政衰始用刑辟今臣遭唐虞之世是以免於防風之誅帝悦之

晉書禮志曰漢儀有正會禮正旦夜漏未盡七刻鐘鳴受賀公侯以下執贄來庭二千石以上外殿稱萬歲然後作樂宴饗魏武帝都鄴正會文昌殿用漢儀又設百華燈晉氏受命武帝更定元會儀咸寧注是也

晉起居注曰太常張華上書按舊事拜公建始殿因以小會蓋所以崇宰輔也

宋書禮志曰正旦元會設白虎罇於殿庭罇蓋上施白虎若有能獻直言則發此罇飲酒

東宮舊事曰：正會儀，太子着遠遊冠絳紗袍，登輿至承華門前設位，拜二傳，二傳交拜，禮畢，不復登車。太傅（訓道在前）、少傅（訓順在後），太子入崇賢門，樂作，太子登殿西向坐。

世說曰：孝武在西堂會，伏滔預坐。還，下車，使呼其兒語之曰：天子百人高會，臨坐未得他語，先問伏滔何在，在不？此故未易爲人作父如此何如？

摯虞決疑要注曰：讌之與會，威儀不同也。會則隨五時朝服，庭設金石縣，虎賁着旄頭文衣鶡尾以列陛；讌則服常服，設絲竹之樂，唯宿衛者列仗。大會於太極殿，小會於東堂。

世說曰：過江諸人每至暇日，相要出新亭，藉卉飲宴。周侯中坐而歎曰：風景不殊，舉目有江河之異。皆流涕。唯丞相愀然作色曰：當共勠力王室，尅復神州，何至作楚囚相對泣也。

傅玄元會賦曰：考夏后之遺訓，綜殷周之典藝，採秦漢之舊儀，定元正之嘉會。

潘岳閑居賦曰：席長筵，列孫子，柳垂陰，車結軌，陸擿紫房，水挂赬鯉，或宴于林，或禊於氾。昆弟班白，兒童稚齒，稱萬壽以獻觴，咸一懼而一喜。壽觴舉，慈顔和，浮水樂，飲絲竹駢羅，頓足起舞，抗音高歌，人生安樂，孰知其他。

古詩曰：今日良宴會，懽樂難具陳。彈筝奮逸響，新聲妙入神。

古豔詩曰：今日樂上樂，相從天公出。美酒河伯出，鯉魚青龍前。鋪席白虎持，榼壺南斗工。鼓琴北斗吹笙竽。

曹植侍太子坐詩曰：白日耀青天，微雨靜飛塵。寒冰辟炎暑，涼風飄我身。清醴盈金觴，肴饌縱橫陳。齊人進奇樂，歌者出西秦。翩翩我公子，機巧忽若神。

曹植與丁廙詩曰：嘉賓塡城闕，豐膳出中廚。吾與二三子，曲宴此城隅。秦筝發西氣，齊瑟揚東謳。肴來不虛歸，觴至反無餘。

陸機皇太子請宴詩序曰：感聖恩之罔極，退而賦此詩也。

上壽

毛詩大雅江漢曰：虎拜稽首，天子萬年。虎拜稽首，對揚王休，作召公考，天子萬壽。

左傳：哀公宴於五梧，武伯爲祝。（祝，上壽酒也。）

漢書曰：高祖與項羽鴻門會，項莊入爲壽。（進爵於尊者，獻無疆之壽也。）

史記曰：武帝王太后在民間時所生一女者，父爲金王孫。王已死，韓王孫嫣乘間而言曰：太后有女在長陵。武帝曰：何不早言？武帝乃自往迎取，乘輿至金氏門外，使騎圍其宅。女亡匿內中床下，扶持出，詔副車載之，馳還入長樂宮。太后曰：帝何從來？帝曰：今者至長陵，得臣姊，與俱來。帝奉酒前爲壽，賜錢千萬，奴婢三百人，公田百頃，甲第以奉姊。太后謝曰：爲帝費。

漢書衛青傳曰：時王夫人方幸於上，甯乘說青曰：今王夫人幸而宗族未富貴，願將軍奉所賜千金爲夫人親壽。青以五百金爲壽。上聞，問青，以實對。上迺拜甯乘爲東海都尉。

又曰：倪寬爲御史大夫，從東封泰山，登明堂，寬奉觴再拜，上千萬歲壽。制曰：敬舉君之觴。

又曰：隆慮公主子昭平君尚帝女夷安公主。隆慮主病困，以金千斤錢十萬爲昭平君豫贖死罪，上許之。隆慮主卒，昭平君日驕，醉殺主傅，繫獄。廷尉上請，上良久曰：法令者先帝所造也，因弟故而誣先帝之法，吾何面目入高廟乎？

又下負萬民乃奏其可哀不能自止左右盡悲東方朔前上壽曰臣聞聖王為政賞不避仇讎誅不擇骨肉書曰不偏不黨王道蕩蕩此二者五帝所重三王所難也陛下行之是以四海之內元元之民各得其所天下幸甚臣朔奉觴昧死再拜上萬歲壽上乃起入省中夕時召讓朔免冠頓首曰臣聞樂太甚則陽溢哀太甚則陰損陰陽變則心氣動心氣動則精神散而邪氣入銷憂者莫若酒臣朔以上壽者明陛下正而不阿思以止哀也

後漢書班超傳曰超區區特蒙神靈竊冀未便僵仆目見西域平定陛下舉萬年之觴薦勳祖廟布大喜於天下

東觀漢記曰吳良齊郡人為郡議曹掾正旦史入賀太守門下掾王望前言曰齊郡敗亂遭離盜賊人民飢餓不聞雞鳴狗吠之音明府視事五年五穀豐熟家給人足今日歲首請上雅壽掾史皆稱萬歲良跪曰門下掾佞諂明府勿受其觴盜賊未盡人民困乏良曹掾尚無絝望曰議曹惰窳自無絝寧足不為家給人足耶太守曰此生言是也遂不舉觴賜鰒魚百枚署功曹

後漢書曰竇后定策立靈帝帝以太后有援立之功率群臣朝于南朝親饋上壽也

魏書曰文帝為魏王南征次譙大饗六軍及譙父老設伎樂百戲令曰先王玄樂其所自生禮不忘其本譙霸王之邦真人本土其復譙租稅二年三老上壽日夕而罷

晉書禮志曰元正上壽謁者引王諸樽酌壽酒跪授侍中侍中跪置御座前王還自酌置位前謁者跪奏藩王臣某等奉觴再拜上千萬歲四廂樂作百官再拜已飲又再拜

唐書曰元和十四年齊魯初平宴文武百寮裴度舉觴獻壽跪而言曰陛下德配天地明並日月神武獨斷冦逆削平錫宴群臣當茲令節臣備位台司幸逢昌運願與四海九州之人同上千萬歲壽上執酒為飲之

管子曰桓公管仲鮑叔牙甯戚四人飲飲酣桓公謂鮑叔牙曰盍不起為寡人壽乎鮑叔牙奉杯而起曰使公毋忘出在莒時也使管子毋忘束縛在於魯也使甯戚毋忘其飯牛車下也桓公避席再拜曰寡人與二大夫能毋忘夫子之言則齊國之社稷不危也

燕丹子曰太子置酒請荊軻酒酣太子起為壽

贄

尚書曰五玉三帛二牲一死贄（三帛諸侯世子執纁公之孤執玄附庸之君執黃二生卿執羔大夫執鴈一死士執雉玉帛生死所為以贄以見之）

儀禮曰士相見之禮摯冬用雉夏用腒下大夫相見以鴈飾之以布維之以索如執雉上大夫相見以羔飾之以布四維之結于面左頭如麛執之如士相見之禮

周禮春官上大宗伯曰以玉作六瑞以等邦國王執鎮圭公執桓圭侯執信圭伯執躬圭子執穀璧男執蒲璧（鄭玄注曰鎮安也以四鎮之山為瑑飾長一尺二寸公二王後及王之上公雙植謂之桓桓宮室之象所以安其上也信當為身身圭躬圭蓋皆象人形為瑑飾家長七寸穀所以養人蒲為席所以安人二玉或以穀為飾或以蒲為瑑飾璧皆徑五寸不執珪者未成國也）以禽作六摯以等諸臣（執之言致也所執以自）孤執皮帛卿執羔大夫執鴈士執雉庶人執鶩工商執雞（皮帛束帛也表以皮為之虎豹皮也帛如璧色繒也羔小羊取其羣而不失其類也鴈取其候時而行雉取其守介而死不失其節鶩取其節鶩取其不飛遷雞取其守時而動）

禮記曲禮下曰凡贄天子鬯諸侯圭卿羔大夫鴈士雉庶人之贄匹童子委贄而退（贄之言至也天子無客禮以鬯為贄者所以用告神為至也）

童子委贄而退不與成人爲禮也說者以匹爲鶩也野外軍中無贄以纓拾矢可也非爲禮之處用時物而已纓馬繁纓也拾謂射鞲婦人之贄椇榛脯脩棗栗

春秋莊公曰哀姜至公使宗婦覿用幣非禮也御孫曰男贄大者玉帛公侯伯子男執玉諸侯世子附庸孤執帛小者禽鳥卿執羔大夫執鴈士執雉以章物也章所執之物別貴賤女贄不過榛栗棗脩以告虔也榛小栗脩脯虔敬也皆取其名以示敬

又定公下曰公會晉師于耳范獻子執羔趙簡子中行文子皆執鴈魯於是乎始尚羔禮卿執羔大夫執鴈魯則同之今始知執羔之尊也

穀梁傳莊公曰大夫宗婦覿用幣宗婦同宗大夫之婦覿見也禮大夫不見夫人不言及不正其行婦道故列數之也男子之一贄羔鴈雉腒贄所以至者也上大夫用羔取其從羣帥而不黨也下大夫用鴈取其知時飛翔有行列也士冬用雉夏用腒取其耿介交有時別有倫也腒腊也雉必用死爲其不可生服也夏用腒備腐臭也婦人之贄棗栗腶脩棗取其早自矜莊栗取其戰栗腶脩取斷斷自脩整用幣非禮也用者不宜用者也大夫國體也國體謂爲君股肱而行婦道惡之故謹而日之也

公羊傳莊公曰戊寅大夫宗婦覿用幣宗婦者何大夫之妻也覿者何見也用者何用者不宜用也不宜用幣爲贄也見用幣非禮也以文在覿下不使贄見知非禮也然則曷用棗栗云腶脩云乎

禮記外傳曰王者朝臣諸侯之朝臣非南面之尊地不成國德不比王故不執玉孤卿執皮帛虎豹之皮與束帛天子之孤卿少師少傅少保卿執羔天子六卿即諸侯之上大夫羔服其不亂羣大夫執鴈鴈飛有行列士執雉雉性剛有死節夏執乾雉餘三時皆執死雉工商執鷄鷄司而鳴庶人執鶩鶩家鴨不遠飛庶人不出鄉諸侯太子非天子所命者有列會之事則執皮帛繼子男之下婦人初見舅姑執榛栗棗脩脯棗進於姑榛栗進於舅也執贄幣相見相敬也

白虎通曰臣見君有贄者何贄者質也質己之誠王者緣臣子心以爲之制差有尊卑以副其意也公侯以玉爲質王者取其燥不輕濕不重明公侯之德全也卿以羔爲贄羔者取其羣而不黨卿職在盡忠率下不黨大夫以鴈爲贄者取其飛成行列大夫職在奉命適四方動作當能自正以事君也士雉爲贄者雉取不可誘之以食懾之以威必死不可畜士行耿介守節也

又曰公執玉取其暢達也卿執羔取其跪乳有禮也書曰五玉三帛二牲一死贄

又曰至正月朔日乃執贄而朝賀正月何歲竟氣改更新長相保重本正始也羣臣贄賀其君父之

五經異義曰謹按周禮說五玉贄自孤卿以下執禽尊卑有差也禮不下庶人工商又無朝儀五經無朝義五經無說庶人工商有贄

穆天子傳曰天子賓于西王母乃執白圭玄璧以見西王母執贄致敬獻錦組百純

說苑曰鶩無他心故庶人以爲贄也

太平御覽卷第五百三十九

太平御覽卷第五百四十

禮儀部十九

冠　婚姻上

冠

儀禮曰：士冠禮筮于廟門（鄭玄注云：筮者告於廟，重成人之禮。）主人玄冠朝服緇帶素韠，即位于門東西面，筮人即席坐西面，卦者在左，卒筮書卦，執以示主人，筮人還東面而來占，卒進告吉。前期三日筮賓如求日之儀（筮賓，筮可使冠子者。）乃賓宿賓，許戒，明夕為期于廟門之外，主人立于門東，兄弟在其南，擯者請期，宰告曰：質明行事。夙興設洗，陳服于房中西墉下，爵弁服纁裳純衣緇帶韎韐，皮弁服素積緇帶素韠，玄端玄裳黃裳雜裳緇帶爵韠，緇布冠。主人立于阼階下，兄弟立于洗東，將冠者出房南面，贊者奠纚笄櫛于筵南端，徹皮弁冠櫛筵入

于房，筵于戶西南面，冠者就筵西拜受纚，冠者奠纚于薦東，筵北面坐取脯，降自西，適東壁，北面見于母（闈門，母在闈門之內，婦人入廟內闈門。母拜受，子拜送，母又拜。賓降，直西序東面，主人降，復初位。）冠者立于西階東南面，賓字之，冠者對，賓出，主人送于廟門外，請醴賓，就次（此醴當作禮，禮賓者謝其自勤勞。）冠者見於兄弟，兄弟再拜，冠者答拜，入見姑姊如見其母（如見母者，亦北面，姑姊不拜也，不見妹，妹卑也。）乃易服，服玄冠玄端爵韠，奠贄見于君，遂以贄見于大夫、鄉先生。若孤子則父兄戒宿。若庶子則冠于房外南面，遂醮焉。加始祝曰：令月吉日，始加元服，弃尒幼志，順尒成德，壽考惟祺，介尒景福。再加曰：吉月令辰，乃申尒服，敬尒威儀，淑慎尒德，眉壽萬年，永受斯福。三加曰：以歲之正，以月之令，咸加尒服，兄弟具在，以成厥德，黃耇無疆，受天之慶。醴辭曰：甘醴惟厚，嘉薦令芳，拜受祭之，以定爾祥，承天之休，壽考不忘。醮辭曰：旨酒既清，嘉薦既時，始加元服，兄弟具來，孝友時格，永乃保之。再醮曰：旨酒既湑，嘉薦伊脯，乃申爾服，禮儀有序，祭此嘉爵，承天之祜。三醮曰：旨酒令芳，籩豆有楚，咸加尒服，肴升折俎，承天之慶，受福無疆。字辭曰：禮儀既備，令月吉日，昭告尒字，爰字孔嘉，髦士攸宜，宜之于假，永受保之。

大戴禮逸禮曰：太子既冠成人，免於師傅，則有司過之史，有虧膳之宰，太子有過，史必書之。

禮記郊特牲曰：始冠緇布之冠也，大古冠布，齊則緇之。嫡子冠於阼，以著代也。醮於客位，加有成也。三加彌尊，喻其志也。冠而字之，敬其名也。無大夫冠禮而有其婚禮，古者十五而后爵，何大夫冠禮之有？諸侯之有冠禮也，夏之末造（言下初以上諸侯雖有功而即位者，猶以士禮冠，五十而爵命。）

又曰：始冠緇布，自諸侯下達，冠而敝之可也（本古耳，非時王之法服也。）

又曰：曾子問曰：將冠子，冠者至，揖讓而入，聞齊衰大功之喪，如之何？（冠者，賓及贊者。）孔子曰：內喪則廢，外喪則冠而不醴，徹饌而歸，即位而哭。如冠者未至則廢（內喪，同門也。不醴，不醴子也。其廢者，喪成服）（因喪不冠。）如將冠子而未及期日，而有齊衰大功小功之喪，則因喪服而冠（變告禮而因喪冠，俱成人之服，及至也。）除喪不改冠乎？孔子曰：天子賜諸侯大夫冕弁服於太廟，歸設奠，服賜服，於斯乎有冠醮，無冠醴（酒為醮，冠禮醴重而醮輕，此服賜服，酒用酒，尊賜也，不醴，明不為改冠，改冠當醴之。）父沒而冠，則已冠埽地而祭於禰，已祭而見伯父叔父，而后饗冠者（饗謂禮之。）

又冠義曰：冠而后服備（服備而后）容體正，顏色齊，辭令順（言報未備，責未可求以三始也，童子之服采衣紒。）故曰：冠者禮之始也。是故古者聖王重冠。古者冠禮筮賓，所以敬冠事；敬冠事，所以重禮；重禮，所以爲國本也（國以禮爲本。）故冠於阼，以著代也；醮於客位，三

加彌尊加有成也阼謂主人之北也適子冠於阼若不醴則醮用酒於客位敬而成之也戶西為客位庶子冠於房戶外又因醮焉不代父也冠者初加緇布冠次加皮弁次加爵弁每加益尊所以益成也

又曰冠者禮之始也嘉事之重者也是故古者重冠故行之於廟行之於廟者所以尊重事尊重事而不敢擅重事不敢擅重事所以自卑而尊先祖也嘉事嘉禮也宗伯掌五禮有吉禮有凶禮有賓禮有軍禮有嘉禮而冠屬嘉禮周禮曰以昏冠之禮親成男女也

左傳襄公曰晉侯以公宴于河上問公年季武子對曰會于沙隨之歲寡君以生晉侯曰十二年矣是謂一終一星終也國君十五而生子冠而生子禮也冠成人之服故冠而生子君可以冠矣大夫盍為冠具武子對曰君冠必以祼享之禮行之祼謂灌鬯酒也享祭先君也以金石之樂節之以先君之祧處之今寡君在行未可具也請及兄弟之國而假備焉晉侯曰諾公還及衛冠于成公之廟假鍾磬焉禮也

家語曰邾隱公既即位將冠使大夫因孟懿子問禮於孔子孔子曰其禮如世子之禮懿子曰天子未冠即位長亦冠乎孔子曰古者王世子雖幼而即位則尊為人君尊為人君治為成人之事者也何冠之有懿子曰然然則諸侯之冠異天子與孔子曰君薨而世子主喪是亦冠也與人君無殊也懿子曰今邾君之冠非禮乎孔子曰諸侯之有冠禮也夏之末造也有自來矣今無譏焉

又曰成王年十有二而嗣立明年六月冠成王而朝于祖廟以見諸侯周公命祝雍作頌曰祝王辭達而勿多也祝雍辭曰使王近於民遠於年嗇於時惠於財親賢而任能其頌曰令月吉日王始加元服去王幼志乃心袞職欽若昊天六合是式率爾祖考永永無極

國語曰趙文子冠謂以士禮始冠也見韓獻子獻子曰戒之此謂成人成人在始與善始與善進善不善蔑由至矣蔑無也始與不善進善亦蔑由至矣如草木之產也各以其物人之有冠猶宮室之有牆屋也糞除而已又何加焉糞除喻自脩潔

漢書曰惠帝元年冠赦天下除挾書律

又曰宣帝五鳳元年皇太子冠太后賜丞相以下帛赦徒作杜陵者

續漢書曰安帝靈帝加元服並大赦賜公卿金帛

東觀漢記曰馬防子鉅為常從小侯六年正月齋宮中上欲冠鉅夜拜為黃門郎御章臺下殿陳鼎俎自臨冠之

晉書禮志曰江左諸帝將冠金石宿設百僚陪位豫於殿上鋪大床御府令奉冕幘簪導袞服以授侍中常侍太尉加幘太保加冕太尉跪讀祝文曰令月吉日始加元服皇帝穆穆思弘袞職欽若昊天六合是式率遵祖考永永無極眉壽惟祺介茲景福

譙周喪服圖曰男子幼娶必冠女子幼嫁必笄禮之則從成人不為殤

禮論曰王彪之以為禮冠自卜日不必以三元也又禮夏冠用葛屨冬冠用皮屨明無定時也

後漢應亨贈四王冠詩曰永平四年外弟王景系兄弟四人並冠故貽之詩曰濟濟四令弟妙年踐二九令月惟吉日成服加元首雖無兕觥爵杯醮傳旨酒

後漢黃香天子冠頌曰以三載之孟春建寅月之上旬皇帝將加玄冕簡甲子之元辰厥日王於太皡厥時叶於百神既臻廟而成禮乃迴軫而反宮正朝服以享宴撞太蔟之庭鍾祚蕃屏而鼎輔暨夷裔之君王咸進酌于金罍獻萬年之王觴。蕭子範冠子箴曰是月惟令敬擇良辰式遵

士典諮筮于賓嘉賓受錫醮酒方陳禮莊觶賀德成彌身
梁沈約冠子祝文曰蠲茲令日元服肇加成德既學童心
自化行之則至無謂道敗勤以秋實食以春華無恥下問
乃致高車子孫千億廣樹厥家

婚姻上

易歸妹九四曰歸妹愆期遲歸有時（夫以不正无應而適人也必須彼道窮盡无所與交然後乃可以往故愆期遲歸以待時也）
又咸卦曰咸亨利貞取女吉（山澤以氣通男女以禮感男女初嫁之象所以爲礼）彖
曰咸感也柔上而剛下二氣感應以相與止而說男下女
是以亨利貞取女吉也天地感而萬物化生聖人感人心
而天下和平（万物感陽氣而生民感聖人之化而和悖政感天而生）
毛詩鵲巢何彼襛矣曰何彼襛矣美王姬也雖則王姬亦
下嫁於諸侯猶執婦道以成肅雍之德也

又國風曰谷風刺夫婦失道也衛人化其上淫於新婚而
弃其舊室夫婦離絕國俗傷敗焉習習谷風以陰以雨僶
俛同心不宜有怒德音莫違及爾同死
又曰綢繆刺晉亂也國亂則婚姻不得其時焉（不得其時謂不及中春之月）
又曰東門之楊刺時也婚姻失時男女多違親迎女猶有
不至者也東門之楊其葉牂牂（興也牂牂然盛貌言男女失時不逮秋冬箋云楊葉牂牂三月中也興者言時晚也失仲春之月）婚以爲期明星煌煌（期而不至也箋云親迎之禮以婚時女留他色不肯時行乃至大星煌煌也）
又曰有狐刺時也衛之男女失時喪其妃耦焉古者國有
凶荒則殺禮而多婚會男女之無夫家者所以育人民也（育生長也）
又小雅曰我行其野刺宣王也（刺其不正嫁取之數而有荒政多淫婚之俗）我
行其野蔽芾其樗婚姻之故言就爾居（樗惡木也箋云樗之蔽芾始生謂仲春之時嫁取之月婦之父婿之父相謂婚姻言我也我乃以此二父之命故我就女居我豈其無禮來乎責之也）
我行其野言采其蓫婚姻之故言就爾宿
又文王大明曰贄仲氏任自彼殷商來嫁于周曰嬪于京（贄國任姓也贄國之中女也王季大王之子文王父也太任從殷商之畿內嫁爲婦於周之京配王季共行仁義之德同志意也）
大戴禮逸禮曰子孫娶妻嫁女必擇孝悌世世有行義者
是則其子孫慈悌孝愛不敢淫暴黨無不善三族輔之故
鳳皇生而有仁義之意虎狼生而有貪戾之心嗚呼戒之
哉無養乳虎將傷天下
儀禮曰記士婚禮凡行事必用昏昕受諸禰廟辭無不
腆無辱摯不用死皮帛必可制腊必用鮮魚用鮒必殽全
禮記曲禮上曰男女非有行媒不相知名（見媒往來傳婚姻之言乃相知姓名）

非受幣不交不親故書日月以告君齋戒以告鬼神爲
酒食以召鄉黨寮友以厚其別也娶妻不娶同姓故買妾
不知其姓則卜之
又曲禮下曰納女於天子曰備百姓於國君曰備酒漿於
大夫曰備灑掃（納女猶致女也）
又曾子問曰孔子曰嫁女之家三夜不息燭思相離也（親骨肉也）
娶婦之家三日不舉樂思嗣親也（重世變也）
又郊特牲曰夫婚禮萬世之始也娶於異姓所以附遠厚
別嫌必誠辭無不腆（誠信也腆猶善也）告之以直信（直正也二者所以教婦正直也）
信事人也信婦德也一與之齊終身不改故夫死不嫁
男子親迎男先於女剛柔之義也天先乎地君先乎臣其
義一也執贄以相見敬章別也男女別然後父子親父子
親然後義生義生然後禮作禮作然後萬物安無別無義禽獸

之道也壻親迎授綏親之也親之也者敬之也敬而親之先王之所以得天下也出乎大門而先男帥女女從男夫婦之義由此始婦人從人者也幼從父兄嫁從夫夫死從子

又雜記下曰納幣一束束五兩兩五尋納幣謂婚禮納徵也十箇爲束貴成數也兩兩者合其卷是謂五兩八尺曰尋則每卷二丈也合之謂四十尺謂之疋由匹偶之云也

又祭統曰國君娶夫人之辭曰請君之玉女與寡人共有幣邑事宗廟社稷此求助之本也

又經解曰婚姻之禮廢則夫妻之道苦而淫辟之罪多矣

又哀公問曰哀公問於孔子曰敢問爲政如之何孔子對曰古之爲政愛人爲大所以治愛人禮爲大所以治禮敬爲大敬之至矣大婚爲大大婚旣至冕而親迎親之也公曰冕而親迎不已重乎已猶大也冕親迎乃服祭服也對曰合二姓之好以繼先聖之後以爲天地宗廟社稷之主君何謂已重乎

天地不合萬物不生大婚萬世之嗣也君何謂已重焉

又婚禮曰婚禮者將合二姓之好上以事宗廟而下以繼後世也故君子重之是以婚禮納采問名吉納吉納徵致禮幣爲徵信也請期求請迎之吉也皆主人筵几於廟而拜迎於門外入揖讓而外聽命於廟所以敬愼重正婚禮也父親醮子而命之迎男先於女也子丞命以迎主人筵几於廟而拜迎於門外壻執鴈而入揖讓升再拜奠鴈蓋親授之於父母也

又外傳曰古者謂婚姻爲兄弟因成兄弟之義也壻曰婚以昏時往婦曰姻因壻之來則從之而去又壻之父曰姻婦之父曰婚爾雅取其內外父黨之稱者壻者陽也婦者陰也日往而陰氣至也昏時日往則月來陽往陰來之義

又曰夏殷五世之後則通婚姻周公制禮百世不通所以別禽獸也

左傳文公上曰逆婦姜於齊卿不行非禮也

又成下曰晉侯使呂相絕秦曰昔逮我先君獻公及穆公相好戮力同心申之以盟誓重之以婚姻天禍晉國文公如齊惠公如秦

又晉侯使呂相絕秦曰白狄及君同州君之仇讎而我之婚姻也君來賜命曰吾與汝伐狄寡君不敢顧婚姻畏君之威而受命于吏

又成下曰聲伯之母不聘不聘無媒禮穆姜曰吾不以妾爲姒生聲伯而出之嫁於齊

又定上曰楚昭王取鍾建負季芈以從王將嫁季芈辭曰所以爲女子遠丈夫也鍾建負我矣以妻鍾建

又哀上曰劉氏范氏世爲婚姻劉氏周卿士范氏晉大夫

太平御覽卷第五百四十

太平御覽卷第五百四十一

禮儀部二十

婚姻下　嫁

婚姻下

論語曰子謂公冶長可妻也雖在縲絏之中非其罪也以其子妻之子謂南容邦有道不廢邦無道免於刑戮以其兄之子妻之冶長弟子魯人也南容南宮縚也

爾雅曰女子子之夫爲壻壻之父爲姻婦之父爲婚婦之父母壻之父母相謂爲婚姻

國語曰董叔將娶於范氏叔向曰范氏富盍已乎曰欲爲繫援焉繫援欲自結於大援也他日董祈愬之於范獻子曰不吾敬也獻子執而紡之紡縣也懸之於庭之槐也叔向過之曰子盍爲我請乎叔向曰求繫既繫矣求援既援矣欲而得之又何請焉

家語曰伯夏生叔梁紇叔梁紇娶於魯施氏生女九人無男叔梁紇曰雖有九女是無子也乃求婚於顏氏顏氏有三女小曰徵在顏父問三女曰鄹大夫雖父祖爲士然先聖之裔也今其人身長九尺武力絶倫吾甚貪之雖年長性嚴不足爲疑三子孰能爲之妻二女莫對徵在進曰從父所制將何問焉父曰即尔能矣遂以妻之

又曰男子二十而冠有爲人父之端女年十五許嫁有適人之道羣生閉藏乎陰而爲化育之始聖人因時以合偶男女窮天數也霜降而婦功成嫁娶者行焉季秋霜降嫁娶者始於此冰泮而農桑起婚禮殺於此焉

龍魚圖曰以賣馬錢娶婦令多惡病夫妻離別

漢書曰陳平邑有富人張負有女孫五嫁夫輒死人莫敢娶平欲得之邑中有大喪平家貧待喪待先往後去罷爲助張負既見之喪所獨視偉平平亦以故後去隨平至其家家乃負郭窮巷以席爲門然門外多長者車轍張負欲以女孫與平其子仲曰平貧柰何與之女負曰固有美如陳平長貧賤者乎卒與女平貧乃假貸幣以聘與酒肉之資以內婦

又曰張耳大梁人也少時及魏公子無忌爲客嘗亡命遊外黃外黃富人女甚美嫁庸奴亡其夫去抵父客素知張耳謂女曰必欲求賢夫從張耳女聽爲請決嫁之女家厚奉給耳耳以故致千里客及官魏外黃令陳餘亦大梁人好儒術遊趙苦陘富人公乘氏以其女妻之

又曰張放得幸成帝放取皇后弟平恩侯許嘉女上爲放供帳賜甲第充以乘輿服餘飾時號爲天子娶婦皇后嫁女

又曰王閎妻父蕭咸爲中郎將董賢父恭慕之欲以賢爲弟求婚咸恐私謂閎曰董公爲大司馬册文云允執其中此堯禪舜之文長老見者莫不心懼此豈家子所能堪耶閎性有智略聞咸言心亦悟乃還報謙遠之意恭不悦

又曰鄭崇字子游本高密大族世與王家相嫁娶

後漢書曰袁術僭亂曹操託楊彪與術婚姻誣以欲圖廢置奏收下獄劾以大逆孔融聞之不及朝服往見操曰楊公四代清德海內所瞻周書父子兄弟罪不相及況以袁氏歸罪楊公操曰此國家之意融曰假使成王殺召公周公可得言不知邪操遂理出彪

魏志曰王褒與管彥男女各始生許爲婚彥爲西夷校尉褒女更許人彥弟馥問褒褒曰賢兄葬父於洛陽隨毋還臨淄用意如此何婚之有

魏氏春秋曰司空東萊王基當世大儒豈不達禮而納司空王忱女以姓同源異故也

又曰陳矯本劉氏子出嗣舅氏而婚于本族徐宣每非之廷議其闕太祖以矯才量欲全之乃下令曰喪亂以來風教凋薄謗議之言難同褒貶自建安五年已前一切勿論其以斷前誹議者以其罪罪也

魏志曰桓楷字伯緒劉表辟爲從事祭酒欲妻以妻妹蔡氏楷自陳已結婚他處拒而不受也

又曰王粲父謙名公之胄何進爲長史欲與爲婚見二子使擇焉謙不許

魏書評曰夏侯曹氏世爲婚姻故淳淵仁洪休尚眞等並親舊肺腑貴重於時左右勳業咸有勞効

吳書曰陶謙字恭祖丹陽人縣甘公出遇之塗見其容皃異而呼之住車與語甚悅之因許妻以女甘夫人怒曰聞陶家兒遊戲無度如何以女許之甘公曰彼有奇表後必大成遂與之後徐州牧

吳志曰呂範字子衡汝南細陽人少爲縣吏有容觀姿皃邑人劉氏家富女美範求之毋謙欲勿與劉氏曰觀呂子衡寧爲久貧者耶遂爲婚

王隱晉書曰初后父楊駿欲以女妻鄭默子預默忌其太盛距而不婚

晉書曰王籍之爲太子文學居叔母之喪而婚丞相司直劉隗奏之帝下令云詩稱殺禮多婚以會男女之無夫家者正今日之謂也可一解禁止自今後宜爲其防

又曰阮脩字宣子居貧年四十未有室王敦等斂錢爲婚皆名士也時慕之者求入錢而不得

宋書曰江湛字徽淵濟陽考城人也爲義康司徒主簿司空檀道濟爲子求湛妹婚不許義康有命又不從時人重其立志義者也

吳均齊春秋曰桓閎字叔通太祖輔政使褚淵致意爲子晃求女婿閎不敢聞命曰辭霍不婚常所嘉揖齊大非偶所以不敢承殊眷太祖雖嘉其退讓而心不能懽也

蕭子顯齊書曰王秀之字伯奮臨沂人也吏部尚書褚淵見秀之正潔欲與結婚秀之不肯以此頻爲府外兵參軍

梁書曰江蒨字方雅有風格僕射徐勉權重唯蒨及王規與抗禮不爲之屈勉因蒨門客翟景爲子繇求婚於蒨蒨不荅景再言之乃杖景四十由此與勉忤

韓子曰楚王謂田鳩曰墨子者顯學也其身體可則也其言多不辯何也田鳩對曰昔者秦伯嫁女於晉公子爲之飾裝從文衣之媵七十人至晉晉人愛其妾而不愛公女此可謂善嫁妾矣未可謂善嫁女也

又曰齊桓公微服以巡民家人有年老而自養者公問其故對曰臣有子五人家貧無以妻之使傭未及反公歸以告管仲管仲曰畜積有腐棄之財而民饑餓宮中有怨女而民無妃公曰善乃論宮中婦女而嫁之因下令曰丈夫三十而室女子十五而嫁。又曰衛人嫁其子而教之曰必私積聚爲人婦而出常也其成居幸也其子因私積聚其姑以爲多私而出之其子所以返者倍其所以嫁其父不自罪於教子非也而自知其益富

淮南子曰禮三十而娶文王十五而生武王非法也歲星十二歲而周天天道一備故國君十二歲而冠冠而娶十五而生子重國嗣不從古制也

白虎通曰婚姻者何謂昏時行禮故曰婚婦人因夫而成故曰姻

又曰人道何以有嫁娶者何以爲情性之大者莫大於男女之交人倫之始莫若夫婦男三十而娶女二十而嫁何陽數奇陰數偶男長女幼者何陽道舒陰道促男三十筋骨以堅彊任爲人父女二十肌膚充盛任爲人母合爲五十應大衍之數生萬物也

又曰禮曰女子十五許嫁納采問名納吉請期親迎以鴈爲贄納徵用玄纁故不用鴈也納徵玄纁束帛離皮玄三法天纁二法地也陽奇陰偶明陽道之大也離皮者兩皮也以爲庭實庭實偶也

又曰嫁娶必以春何春天地交通萬物始生陰陽交接之時也詩曰士如歸妻迨氷未泮夏小正曰二月冠子娶婦

之時也夫有惡行妻不得去地無去天之義夫雖有惡猶不可去也故郊特牲記曰壹與之醮終身不改悖逆人倫殺妻父母廢絶綱紀亂之大者也義絶乃得去耳天子諸侯一娶九女者何重國廣繼嗣也適九何地有九州承天之施無所不生一娶九女亦足承君施九而無子百亦無益也

又曰男二十五繫心女十五許嫁感陰陽也陽數八陰數一男八歲毀齒陽氣數奇三八二十四加一而繫心陰數偶故再成十四加一爲五故十五許嫁各加一者明專一繫心所以繫心者防其淫佚也

又曰婚經曰賓升北面奠鴈再拜稽首降出婦從房中降自西階壻御婦車授綏遣女於禰廟重先人之遺體不敢自專故告禰也父母親戒女何親親之至父曰戒之敬之夙夜無違命母施衿結帨曰勉之敬之夙夜無違宮事父誡於阼階母誡於西階庶女及門內施鞶申以父母之命命之曰敬恭宗廟父母之言夙夜無愆視諸衿鞶去不辭誡不諾羞恥之重去也

鄭玄別傳曰故尚書左丞同縣張逸年十三爲縣小史君謂之曰尔有贊道之質玉雖美須雕琢而成器能爲書生以成尔志不對曰願之乃遂拔於其輩妻以弟女

列女傳曰邵南申女者申人之女也既許嫁於酆家禮不備而欲迎之女與其人言（其人嫁氏往求命之者）以爲夫婦者人倫之始也不可不正夫家輕禮違制不可以行夫家訟之女曰一物不具一禮不備守節持義必死不往

又曰魯師春姜者魯師氏之母也嫁其女三往而三逐春姜問故以輕其室人也春姜召其女而笞之曰夫婦人以

順從爲務貞慤爲首故婦事夫有五平旦纚笄而朝則有君臣之嚴沃盥饋食則有父子之敬報反而行則有兄弟之道必期必誠則有朋友之信寢席之交然後有夫婦之際君子謂春姜曰知陰陽之順逆也

楚國先賢傳曰孫儁字文英與李元禮俱娶太尉桓焉女時人謂桓叔元兩女俱乘龍言得壻如龍也

世說曰王戎儉悋其從子婚與一單衣裁後便責之戎女適裴氏貸錢數萬女歸戎色不說女還錢乃懌

世說曰溫嶠從姑劉氏家值亂離唯有一女姑問嶠有求婚意荅云佳壻難得但如嶠比云何姑荅云喪破之餘乞得粗相存活便足慰吾餘年敢希汝比却數日嶠報姑云已得婚處門地粗可壻身不減嶠因下玉鏡臺一枚姑大喜既婚交禮女以手披紗扇大笑曰固疑是此老奴果如

所疑王鏡臺是嶠爲劉越石長史北征劉聰所得也

又曰王文度爲桓公長史桓爲兒求埏女王許桓藍田旣還因言桓求已女婚藍田大怒文度還云下官家中先得婚處桓公曰吾知矣此尊府君不肯

又曰王丞相初在江左欲結吳人請婚陸太尉太尉曰培塿無松柏薰蕕不同器玩雖不才義不爲亂倫之始也

又曰諸葛恢大女適庾亮兒次女適羊忱兒亮子被蘇峻害改適江虨恢兒娶鄧攸女于時謝尚書求其小女婚恢乃云羊鄧是世婚江家我顧伊庾家伊顧我不能復與謝裒兒婚也

又曰諸葛恢女旣寡誓言不復再出其女性甚正彊無有登車理恢旣許江思玄婚乃移家嫁之初紿女云宜徙於是家人一時去獨留女在後比其覺已不復得出江郎暮來

女哭詈積日漸欠歇江虨暝入宿但在對牀上後觀其意轉帖虨乃詐厭良久聲氣轉急女乃呼婢云喚江郎覺江於是躍來就之云自是天下男子厭何預卿事而見喚耶旣尒相關不得復不與人語於是默然而慙遂爲夫妻

聖證論云嫁娶古人皆以秋冬毛詩曰東門之楊其葉牂牂毛萇傳曰男女失時不逮秋冬也○李固助展允婚教曰告文學師議曹史展允篤學負苦慈孝推讓年將知命妃匹未定閨之儔然其閔哀之夫冠娶仕進非所以已親允兄弟無意亦朋友不好事之罪也前遣師輔爲允娶云譚勵士等各欲佐助迄今未定出錢千萬率先生大夫府內掾史守助佐幹及譚掾等其欲議朋友少徵條名目允貧也禮宜從約二三萬錢足以成婚

虞翻與弟書曰長子容當爲求婦其父如此誰肯嫁之者造求小姓足使生子夭其福人不在舊族楊雄之才非出孔氏芝草無根醴泉無源家聖受禪父嚚母頑虞氏世法出癡子

魏袁淮正論曰或曰同姓不相娶何也曰遠別也曰今之人外內相婚禮歟曰中外之親近於同姓同姓且猶不可而況中外之親乎古人以爲無疑故不制也今以古之不言固謂之可婚不知禮者也或曰國語云同德則同姓同姓雖遠男女不相及異德則異姓異姓雖近男女相及也斯言何故也曰司空季子有爲而言也文公將求秦以反國不敢逆秦故也

梁簡文帝資遣孔燾二女教曰夫思人至鄉事惟悼往表閭式墓義匪孚孤至如游楚之息見憮張既橋玄之子受託魏王斯故美在今絲受兼身後故無錫令孔燾經術弘

長志履貞槩游楚積年一朝長往聞其在室二女並未有行可廣訪姻家務求偶對

媒

毛詩七月曰伐柯如之何匪斧不克娶妻如之何匪媒不得

毛詩氓曰送子涉淇至于頓丘匪我愆期子無良媒

周禮地官下曰媒氏掌萬民之判凡男女自成名以上皆書年月日名焉令男三十而娶女二十而嫁

又地官曰媒氏凡男女之陰訟聽之于勝國之社陰訟爭中冓之事以觸法者

家語曰孔子之郯遇程子於途顧謂子路曰取束帛以贈先生子路對曰由聞士不中間不見女無媒君子不與交禮焉

白虎通曰男娶女嫁何陰卑不能自專就陽而成之故傳曰陽唱陰和男行女隨男不專娶女不專嫁必由父母須媒妁何遠恥防淫佚也

淮南子曰女因媒而嫁不因媒而親

闞駰十三州志曰烏孫國嫁娶責馬娉先令媒者與婦宿徐乃婿近

桓玄傳曰元顯取妻殆同六禮以尚書僕射爲媒人長史爲逆客

屈原離騷曰吾令豐隆乘雲兮求宓妃之所在解佩纕以結言兮吾令蹇脩以爲理蹇脩伏羲氏之臣言我既見宓妃解佩帶取玉結言契令蹇脩爲媒以通辭理也

莊子曰親父不爲其子媒親父譽之不若非其父者

太平御覽卷第五百四十一

大平御覽卷第五百四十二

禮儀部二十一

拜

說文曰拜首至地也

尚書舜典曰帝曰俞咨垂汝作共工垂拜稽首讓于殳斨帝曰俞咨益汝作朕虞益拜稽首讓于朱虎熊羆帝曰俞咨伯汝作秩宗伯拜稽首讓于夔龍

又大禹謨曰帝曰禹官占惟先蔽志昆命于元龜朕志先定詢謀僉同鬼神其依龜筮叶從卜不習吉禹拜稽首固辭

又大禹謨曰益贊于禹曰惟德動天無遠弗屆滿招損謙受益時乃天道禹拜昌言曰俞班師振旅

又益稷曰皐陶拜手稽首颺言曰念哉

周禮春官下大祝曰大祝辨九拜一曰稽首二曰頓首三曰空首四曰振動五曰吉拜六曰凶拜七曰奇拜八曰褒拜九曰肅拜以享右祭祀稽首拜頭至地也頓首頭叩地空首拜頭至手所謂拜手也吉拜拜而後稽顙謂齊衰不杖以下者也言吉者此殷之凶拜周以其與頓首相近故謂之吉拜云凶拜稽顙而後拜謂三年服者也杜子春云奇讀爲奇偶之奇謂先屈一膝今雅拜是也或云奇讀曰倚倚拜謂持節持戟拜身倚之以拜也鄭大夫云動讀爲董書亦或爲董振董以兩手相擊也奇拜謂一拜也褒讀爲報報謂再拜是也鄭司農云褒拜今時持節拜也肅拜但俯下手今時揖是也介者不拜故曰爲事故敢肅使者玄謂振動戰慄變動之拜書曰王乃色變一拜答臣下也再拜禮神與尸享獻也謂朝獻饋獻也右讀爲侑侑勸尸食而拜

禮記曲禮曰侍食於長者主人親饋則拜而食主人不親饋則不拜而食以其禮於己不隆也

又曲禮曰君言至則主人出拜君言之辱使者歸則必拜送于門外

又曲禮曰介者不拜爲其拜而蓌拜蓌則失容節蓌猶詐也

又曲禮下曰士有獻於國君閒之曰安取彼再拜稽首而後對

又檀弓上曰孔子曰拜而後稽顙頹乎其順也稽顙而後拜頎乎其至也頹頎懇至也此俱喪拜時人行之異禮

又內則曰凡拜男尚右手女拜尚左手鄭玄注曰左陽右陰

左傳僖公曰王使宰孔賜齊侯胙胙祭肉尊之此二王後曰天子有事于文武使孔賜伯舅胙天子謂異姓諸侯曰伯舅齊侯將下拜孔曰且有後命天子使孔曰以伯舅耋老加勞賜一級無下拜七十曰耋級等也對曰天威不違顏咫尺言天監察不遠威嚴常在顏面之前八寸曰咫小白余敢貪天子之命無下拜小白齊侯名余身也恐隕越于下隕越顛墜也天王居上故謙恐顛墜于下以遺天子羞敢不下拜下拜登受

又僖中曰公賦河水公賦六月趙衰曰重耳拜賜公子降拜稽首公降一級而辭焉衰曰君稱所以佐天子者命重耳重耳敢不拜

又文上曰公如晉及晉侯盟晉侯饗公賦菁菁者莪菁菁者莪詩小雅取其既見君子樂且有儀莊叔以公降拜曰小國受命於大國敢不慎儀君貺之以大禮何樂如之抑小國之樂大國之惠也晉侯降辭登成拜公賦嘉樂嘉樂詩大雅取顯顯令德宜民宜人受祿于天

又成公九年曰季文子如宋致女復命公享之賦韓奕之五章韓奕詩大雅篇名其五章言蹶父嫁女於韓侯爲女相所居莫如韓樂文子喻魯侯有蹶父之德宋公如韓侯宋土如韓樂穆姜出于房再拜曰大夫勤辱不忘先君以及嗣君施及未亡人穆姜伯姬母聞文子言宋樂喜而出謝其行勞婦人夫死自稱未亡人先君猶有望也言先君亦望文子之若此敢拜大夫之重勤又賦綠衣之卒章而入綠衣詩邶風也取其我思古人實獲我心喻文子言得己意

又襄元曰穆叔如晉報智武子之聘也晉侯享之金奏肆夏之三不拜肆夏樂曲名工歌文王之三又不拜歌鹿鳴之三

三拜韓獻子使行人子問之對曰三夏天子所以享元侯也使臣弗敢與聞文王兩君相見之樂也使臣不敢及鹿鳴君所以嘉寡君敢不拜嘉嘉者以叔孫爲嘉賓故歌鹿鳴之詩取其我有嘉賓也叔孫奉君命來嘉叔孫乃所以嘉魯君四牡君所以勞使臣也敢不重拜皇皇者華君教使臣曰必諮於周皇皇者華君遣使臣之詩也言中臣奉使能輝光君命如華之皇皇然又當諮於忠信以補己不及也臣聞之訪問於善爲諮諮親爲詢諮禮爲度諮事爲諏諮難爲謀臣獲五善敢不重拜五善謂諮詢度諏謀也

又襄二曰公使厚成叔弔于衛曰寡君使瘠聞君不撫社稷而越在他竟君之何不弔衛人使太叔儀對曰羣臣不佞得罪于寡君寡君不以即刑而悼棄之君不忘先君之好辱弔羣臣敢拜君命之辱重拜大貺

又昭四曰初楚恭王無冢適有寵子五人無適立焉乃大

有事于羣望而祈曰隨神擇於五人者使主社稷乃徧以璧見於羣望曰當璧而拜者神所立也誰敢違之旣乃與巴姬密埋璧於大室之庭巴姬恭王妾太室祖廟使五人齊而長幼入拜以長幼次拜也康王跨之靈王肘加焉子干子晳皆遠之平王弱抱而入再拜皆厭紐

孝經右契曰制作孝經道備使七十人弟子向北辰星而磬折孔子絳單衣向星而拜

論語子罕曰拜下禮也今拜乎上泰也雖違衆吾從下鄭於君醻酢授爵當拜於堂下時臣驕泰故拜於堂上

又鄉黨曰康子饋藥拜而受之曰丘未達不敢嘗饋進也拜受敬也未知其故故不敢嘗禮也

家語曰子貢曰孔子爲大司寇國廄焚有違火來者則拜士一大夫再曰其來者亦相弔之道吾爲有司故拜之

爾雅曰啓跪也郭璞注曰小跪也

方言曰東齊青徐北燕之郊跪謂長跽郭璞注曰今東郡人亦呼長跪爲長跽

釋名曰跪危也兩膝隱地體危倪也跽忌也見所敬者不敢自安也拜於丈夫爲跌跌然屈折下就地也於婦人爲扶自相扶而上下也

漢書曰武帝幸不其如淳曰其音基不其山名因以爲縣祠神人於交門宮應劭曰神人蓬萊仙人之屬也瑯琊縣有交門宮武帝所造若有鄉坐拜者作交門之歌

又曰劉章已殺呂產帝令謁者持節勞章章欲奪節謁者不肯章乃從與載因節信馳斬長樂衛尉呂更始還入北軍復報太尉勃起拜賀

又曰大將軍衛青旣益尊姊爲皇后然汲黯與亢禮或說黯曰自天子欲令羣臣下大將軍大將軍尊貴誠重君不

可以不拜黯曰夫以大將軍有揖客反不重耶

又曰何武從京兆大尹二歲坐舉方正所舉者召見槃辟雅拜有司以爲詭衆虛僞武坐左遷楚内

又曰朱博爲瑯琊太守門下掾貢遂耆老大儒教授數百人拜起舒遲博出教告主簿贛先生不習吏禮主簿且教拜起閑習乃止

又曰張禹疾車駕自臨問之上親拜禹牀下禹小子未有官上臨候禹禹數視其小子上卽拜禹之小子爲黄門郎給事中

東觀漢記曰耿恭於疏勒城穿井十五丈不得水恭乃正衣服向井再拜爲吏士禱水身自率士輓籠有飛泉涌出大得水吏士驚喜皆稱萬歲

又曰陳遵爲大司馬護軍使匈奴過辭於王丹臨訣丹謂

遵曰俱遭世反覆唯我二人爲天地所貴今子當之絶域無以相贈贈子以不拜遂揖而别遵甚悦之

又曰司徒侯霸欲王丹者定交丹被徵霸遣子昱往昱道遇丹拜於車下丹答之昱曰家公欲與君投分何爲拜子孫耶丹曰君房有是言王丹未之許

又曰魏霸爲光禄大夫霸妻死長兄伯爲霸娶妻送至官舍霸笑曰兒子備具何空養他家姥爲即自入拜其妻手奉案前因跪曰夫人視老夫復何中直而空失計義不敢相屈即拜而出妻慚求去遂送還之

後漢書曰北匈奴遣使求和親顯宗遣鄭衆持節使匈奴衆至北庭虜欲令拜衆不爲屈單于大怒圍守閉之不與水火欲脅服衆衆拔刀自誓單于恐而止乃更發使隨衆還京師

華嶠後漢書曰鄭衆使匈奴欲令衆拜不爲屈相議復欲遣衆衆曰今往匈奴必恐取勝於臣臣不忍持大漢節對氈裘跪拜明帝收繫廷尉獄

獻帝春秋曰董卓自號太師御史中丞以下皆拜初皇甫嵩與卓爭雄後嵩爲中丞見卓拜車下卓曰可以服未嵩曰安知明公乃至於是卓曰鴻鵠固有遠志但燕雀不知耳嵩曰昔與明公俱鴻鵠獨明公今爲鳳凰卓笑曰卿早服可得不拜也

漢雜事曰韋玄成讓侯詔書不聽引拜之也

又曰馬援與梁統友善統子虎賁中郎將松往候援援小疾病松拜牀下援於牀上坐視不爲禮左右曰松貴不當禮耶曰我乃松父友雖貴柰何失禮。典略曰太子嘗請文學酒酣坐衎命夫人甄氏出拜坐衆人皆伏而劉楨獨平視太祖聞之收楨減死

胡沖吳曆曰孫策繫豫章先遣虞翻說華歆歆葛巾迎策策謂歆府君德望遠近所歸策年幼稚宜脩子弟之禮便向歆拜

魏志曰魯國孔融高才倨傲年在紀羣之間先與紀友後與羣交更爲紀拜由是顯名

魏志曰常林年七歲有父黨造門問林曰伯先在不汝何不拜對曰對子字父何拜之有

又曰晉宣王以常林鄉邑耆德每爲拜或謂林曰司馬公貴重君宜止之林曰司馬公自欲敦長幼之序爲後生法貴非吾之所畏也拜非吾之所制也言者踧踖而退

蜀志曰先主爲漢中王許靖爲太傅丞相諸葛亮皆爲之拜

又曰伊籍隨先主入益州東使吳孫權聞其才辯欲逆折以辭籍適入拜權曰勞事無道之君籍即對曰一拜一起未足爲勞

吳志曰朱治領吳郡舉孫權爲孝廉後權歷位上將及爲吳王治每見權常親迎執板交拜

又曰人誣樓玄謗訕政事華覈上疏乞玄自新孫晧疾玄名聲復徙玄及子男據付交阯將張奕使以戰自効陰别勑奕令殺之據到交阯病死一身隨奕討賊持刀見奕輒拜奕未忍殺會奕暴疾卒玄殯斂奕於器中見勑書還便自殺耳

王隱晉書曰何曾爲司徒與高鄭二公將見文帝曾在中央獨先拜

漢晉春秋曰晉公既進爵爲王太尉王祥司徒何曾司空

荀顗並請諸謁顗謂祥曰相王尊重何侯既已盡敬今日便當相率而拜無所疑也祥曰相國位勢誠爲尊貴然要是魏之宰相吾等魏之三公公王相去一階而已班例大同安有天子三司可輙拜人者損魏朝之望虧晉王之德君子愛人以禮吾不爲也及入顗遂拜而祥獨長揖帝曰今日方知君見顧之重矣

晉書曰潘岳性輕躁趍世利與石崇諂事賈謐每候其出與崇輙望塵而拜

晉中興書曰王猛少貧賤鬻畚爲事甞至洛陽貨畚有一人於市買其畚云家近在此也隨我去取直猛隨去忽至深山中此人語且住樹下當先啓導須臾猛進見一公踞胡牀鬢悉白侍從十許人有一人引猛云大司馬公猛因拜老公公曰王公何縁拜即十倍酬畚直遣人送猛出山既出顧視乃嵩高山

晉中興書曰顯宗甞使太常丞張放歸胙於王導詔無下拜導不敢當辭以疾初顯宗幼冲見導恒拜

晉諸公讃曰司馬駿鎮西戎既薨每見其碑讀者無不拜之

後魏書曰沈文秀爲慕容白曜攻之長圍數匝自夏至秋始剋文秀取所持節衣冠儼然坐齋内亂兵入文秀厲聲數四身見執而裸送于白曜曜左右令拜文秀曰各二國大臣無相拜之禮

曹瞞別傳曰沛國桓邵亦輕太祖邵避難交州得出首拜謝於庭中太祖曰跪可解死耶遂殺之

郭太別傳曰鄉人見太皆於床下拜

鄭玄別傳曰建安元年自徐州還高密道遇黄巾賊數萬人見玄皆再拜

樊英別傳曰英甞病卧便室中英妻遣婢拜問疾英下牀荅拜陳寔問英何荅婢拜英曰妻齊也共奉祭祀禮無往而不反

荀氏家傳曰魏文帝在東宫武帝謂曰荀公爲人之師表也汝當盡禮敬之荀曽病世子問疾拜牀下

三輔决録曰孟他字伯郎靈帝時中常侍張讓專朝讓監奴典任家計他彈家財賂監奴共結親厚積年衆奴心慙問他所欲他曰欲得汝曹拜奴等皆許諾時賓客求見讓者門車常數百乗或累日不得過他最後往衆奴以其至皆迎而拜之將他車騎入衆人大驚謂他與讓善爭以珎物遺他他得盡以賂讓讓大喜後以蒲陶酒遺讓即拜涼州刺史

燕書曰皇甫眞字楚季鄴城失守秦主初入臨前殿羣臣數百人皆集東掖門見侍中王猛來眞等望馬首拜之明日更見眞乃卿猛猛曰昨拜朝卿何恭慢之相違眞荅曰卿昨爲賊朝是國士吾眞拜賊而卿國士亦何所怪也猛嘉之

韓子曰禮者所以貌情也中心懷而不諭故疾趍卑拜以明之

燕丹子曰田先生見太子太子側階而迎迎而再拜

賈誼書曰受計之禮主所親拜者二聞生民之數則拜之聞登穀則拜之

郭子曰陶公自上流來陶侃字士衡也赴蘇峻之難含怒於庾公庾公謂必戮已進退無計温父乃勸詣陶公卿但徑拜必無他我爲卿保之庾殊未了而不得不往乃從温言詣陶

至便拜庾風姿雅潤陶見拜不覺自起止之曰庾元規何緣拜陶士衡

江統作謁拜議曰以爲諸郡吏都無太守伯叔兄敬者近臣君服斯服然則朝幹佐以下左右者可從君而拜君所拜統士古者見賓主皆拜今自非君臣上下則不拜君之新親者唯幹佐小吏則可君拜斯拜矣君之諸父無道謂之事甲辰儀臣見諸王直恭敬而已無鞭板拜揖雖於皇帝爲諸祖諸父其義皆同又河南河内諸郡吏前後亦爲太守伯叔兄謁拜者其比甚衆矣

尚書逸令曰卞壼等奏三代以來記籍禮經無拜臣之制唯漢成帝拜張禹庸主凡臣不足爲軌先帝拜司徒導以元皇興自蕃國布衣之交拜在人臣之故師而不改以君拜臣大教有違事應改正太后又詔曰帝幼少宜一遵先

帝壼等又固爭去去臣期不奉詔又反覆乃從外奏成帝拜王公時議曹疑於儀注博士杜瑗及陳舒議禮無以君拜臣下也小會崇謙非臣下所知無在儀注之制張闓受侯不拜國太妃表云昔爲晉陵内史在東海國封内時世孫幼小太妃秉政前内史遷授除拜日及當之官皆上疏拜閤執純臣之禮闓自以雖爵有五等然執珪受瑞俱爲列國無相臣之體又晉制拜列侯爲相内史於天朝不曰陪於蕃國不稱臣臣以從古則懼有行簡之譏隨俗又恐失君臣之訓經國垂範宜有定准乞出臣表下八座參詳答報

唐書曰田承嗣方跋扈很傲無禮郭子儀嘗遣使至魏州承嗣輒望拜之指其膝謂使者曰兹膝不屈於人今爲公拜

太平御覽卷第五百四十

太平御覽卷第五百四十三

禮儀部二十二

揖　錯　贄

揖

周禮夏官曰司士擯詔王出揖公卿大夫以下朝者孤卿特揖大夫以其等旅揖士旁三揖王還揖門左揖門右特揖一一揖之旅衆也大夫爵同者衆揖之公及孤卿大夫始入門右皆北面東上王揖之乃就位三揖者士有上中下王揖之皆逡巡趨復位

又秋官曰司儀掌九儀之賓客擯相之禮以詔儀容辭令揖讓之節出接賓曰擯入贊禮曰相以詔者以禮告王

又秋官曰司議詔王儀南鄉見諸侯土揖庶姓時揖異姓天揖同姓謂王既祀方明諸侯上介皆奉其君之旂置于宮乃詔王升壇諸侯皆就其旂而立王降揖之者定其位也庶姓無親者也土揖推手小下之也異姓昏姻擧之

禮記曲禮上曰揖人必違其位鄭玄注曰禮以變爲敬也

又仲尼燕居曰兩君相見揖讓而入門入門而縣興揖讓而升堂升堂而樂闋

又表記曰事君難進而易退則位有序易進而難退則亂也故君子三揖而進一辭而退以遠亂也

穀梁傳昭公曰夾谷之會孔子相焉兩君就壇兩相相揖齊人鼓譟而起欲執魯君孔子歷階而上不盡一等而視歸乎齊侯

左傳襄公曰齊慶封圍高唐弗克夙沙衛以叛故圍之冬十一月齊侯圍之見衛在城上號之乃下衛下與齊侯語問守備焉以無備告揖之乃登齊侯以衛告誠揖而禮之欲生之也衛志於戰死故不順齊侯之揖而還登誠也

又襄公曰衛侯入書曰復歸國納之也大夫逆於竟者執其手而與之言道逆者自車揖之逆於門者頷之而已頷搖其頭言衎驕心易生

又昭三曰王揖而入饋不食窮不寐數日

又哀上曰衛侯遊于郊子南僕子南靈公子郢也僕御也公曰余無子將要蒯聵奔無太子不對他日又謂之對曰郢不足以辱社稷君其改圖君夫人在堂三揖在下三揖卿大夫士

論語曰君子無所爭必也射乎揖讓而升下而飲其爭也君子

又述而曰陳司敗問昭公知禮乎孔子對曰知禮孔子退揖巫馬期而進之曰吾聞君子不黨君子亦黨乎君娶於吳爲同姓謂之吳孟子君而知禮孰不知禮

漢書曰沛公至高陽見酈食其入即長揖不拜曰足下必欲聚徒合兵誅無道秦不宜倨見長者

史記曰郅都遷爲中尉丞相條侯至貴倨也而都揖丞相

漢書曰田蚡爲丞相中二千石皆拜謁及黯獨揖之

又曰萬章爲京兆尹門下督從尹至殿中諸侯貴人爭欲揖章莫與尹言者

後漢書曰崔駰上四巡頌肅宗雅愛文章自見駰頌後帝嗟歎之謂侍中竇憲曰卿寧知崔駰乎對曰班固數爲臣說之然未見也帝曰公愛班固而忽崔駰此葉公之好龍也試請見之駰由此候憲憲屣履迎門笑謂駰曰亭伯吾受詔交公公何得薄我遂揖入爲上客

後漢袁紹傳曰董卓議欲廢立謂紹曰天下之主宜得賢明每念主上令憤毒毒恨也董侯似可今當立之紹曰今上富於春秋未有不善宣於天下若公違禮任情廢嫡立庶恐衆議未安卓案劒叱紹曰豎子敢然天下之事豈不在我我欲爲之誰敢不從紹詭對曰此國之大事請出與太傅議之卓復言劉氏種不足復遺紹勃然曰天下健者豈

惟董公横刀長揖徑出懸節於上東門而奔冀州

漢官典職曰尚書丞郎見尚書執板對揖稱曰明公尚書郎見左右丞對揖無敬稱曰左右君

晉陽秋曰晉文帝進號爲王太尉王祥獨長揖王謂祥曰今日然後知君見顧之重也

後魏書曰宗愛之任勢也威振四海嘗召百司於都坐王公已下望庭畢拜高允獨昇階由此觀之汲長孺可臥見衛青何杭禮之有向之所謂風節者得不謂此乎

宋書禮志曰漢世朝臣見三公並拜丞郎見八座皆持板揖事在漢儀

南史曰袁憲陳武帝作相除司徒户曹初謁遂抗禮長揖中書令王勱謂憲曰卿何矯桀不拜録公憲曰於理不應致拜衛尉趙知禮曰袁生舉止詳中故有陳汲之風

白虎通曰朝禮柰何君出居内門之外天子揖諸侯持揖卿大夫勝下至地天子特揖三公面揖卿略揖大夫士所以不拜何爲其屈尊者

説文曰揖讓也一曰手着胷曰揖

風土記曰越俗定交有禮皆於大樹下封壇祭以白犬呪曰卿雖乘車我戴笠後日相逢下車揖

文士傳曰趙壹郡舉計吏至京輦是時袁陽爲司徒宿聞其名時延請之壹入閤揖而不拜陽問曰嘗聞下郡計吏見漢三公不爲禮者乎壹曰昔酈食其高陽白衣也而揖高祖今壹關西男子其揖漢三公不亦可乎陽壯其言接之甚厚

列子曰范氏門徒路遇乞兒馬醫弗敢辱也必下車而揖之

尹文子曰越王勾踐謀報吴欲人之勇路逢怒䵷下車而揖之

袁准正論曰太祖破吕布袁渙在軍中陳羣父子見上拜唯袁渙獨高揖不爲禮上嚴敬之

錯（音簪）

摯虞決略録要注曰小會殿就席皆錯頭而後坐錯頭伏地也欲起亦先錯頭

賀

周禮春官上宗伯曰以賀慶之禮親異姓之國（鄭玄注曰異姓王婚姻甥舅也）

禮記王藻曰有慶非君賜不賀（鄭玄注曰唯君賜爲榮）

左傳僖下曰楚子將圍宋使子文治兵於睽終朝而畢不戮一人子玉復治兵於蒍終日而畢鞭七人貫三人耳國

老皆賀子文子文飲之酒蒍賈尚幼後至不賀子文問之對曰不知所賀子之傳政於子玉曰以靖國也靖諸内而敗諸外所獲幾何子玉之敗子之舉也舉以敗國將何賀焉

又昭三曰叔弓如晉賀虒祁也（賀宫也）游吉相鄭伯以如晉亦賀虒祁也史趙見子大叔曰甚哉其相蒙也（蒙欺也）可弔也而又賀之子大叔曰若何弔也其非唯我賀將天下實賀（言諸侯畏晉非獨鄭）

國語曰晉簡子問於杜馳兹曰東方之士孰爲愈（杜馳兹東方人爲晉大夫者蓋吴人也愈賢也）杜馳兹拜曰敢賀簡子曰未應吾問何賀乎對曰臣聞之國家之將興也其君自以爲不足其亡也若有餘今主晉國之政而問及小人求乎賢人吾是以賀

史記曰單父人呂公善沛令避讎從之客因家沛中豪傑吏令聞有客皆往賀蕭何爲主吏令諸吏曰不滿千錢坐堂下高祖爲亭長素易諸吏乃往爲謁曰賀錢千萬實不持一錢

漢書曰田肯賀上曰甚善陛下得韓信又治秦中如淳曰時山東人謂關中爲秦中秦形勝之國也帶河阻山懸隔千里持戟百萬秦得百二焉地勢便利其以下兵於諸侯譬猶高屋之上建瓴水也夫齊東有瑯琊即墨之饒南有太山之固西有濁河之限北有渤海之利地方二千里持戟百萬懸隔千里之外齊得十二焉此東西秦也非親子弟莫可使王齊者也上曰善賜金五百斤

又曰盧綰與高祖同里綰親與高祖親太上皇相愛及生男高祖與綰同日生里中持羊酒賀兩家及高祖盧綰壯俱學書又相愛也里中嘉兩家親相愛也生子同日壯又相愛復賀兩家羊酒

後漢書曰光武謂馮異曰我昨夜夢乘赤龍上天覺悟心中動悸異因下席再拜賀曰此天命發於精神心中動悸大王愼重之性也異遂與諸將定議上尊號

東觀漢記曰上傳聞朱鮪破河內有項寇恂檄至上大喜曰吾知寇子翼可任也諸將軍賀因上尊號

謝承後漢書曰鄭弘爲臨淮郡兩鹿隨車主簿拜賀曰聞三公轓畫作鹿明府必爲宰相弘果爲太尉

漢雜事曰冬至陽氣起君道長故賀夏至陰氣生君道衰故不賀

魏志曰王粲爲丞相掾太祖置酒漢濱粲奉觴賀曰明公定冀州之日下車即其甲卒收其豪傑而用之以横行天下及平江漢司其賢俊而置之列位使海內迴心望風願治文武並用英雄畢力此三王之舉○吴志曰顧雍迎母於吴既至孫策臨賀之親拜其母於庭公卿大臣畢會後太子又往慶焉

王隱晉書曰泰始五年龍見武庫井中車駕親幸有喜色內外議咸云當賀劉毅獨表舊典無賀龍之禮詔報政德未脩慶賀之事宜詳依典義

晉中興書曰武帝時甘露降公卿奏賀詔曰三代盛隆猶自戒勿休況自頃懸象告變盜賊充斥百僚司牧不能存職匪解使道有寄雖麟鳳至慶有餘矣此道未弘雖四靈在郊吾猶懼然何甘露之足賀其停之

晉書禮志曰永和二年納后議賀不王彪之議云婚禮不樂不賀禮之明文傳稱子罕如晉賀夫人既無經文又禮云娶婦三日不舉樂明三日之後自當樂至於不賀無三日之斷恐三日之後故無應賀之禮

會稽典録曰盛憲字孝章嘗出逢一童容皃非常憲怪而問之是魯國孔融融時年十餘歲憲下車執融手載以歸舍與融談知其不凡便結爲兄弟因昇堂見親憲自爲壽以賀母母曰何賀憲曰母昔有憲憲今有弟家國所賴以是賀耳融果以英才煒艷冠世

晏子曰景公探爵鷇弱故返之晏子逡巡再拜賀曰君有聖人之道矣君探爵鷇鷇弱故反之此聖人之道也

韓子曰晉孟獻伯拜上卿叔向往賀門有御馬不食禾向曰子無二輿馬不食禾何也獻曰吾觀國人尚有饑色是以不秣馬班白者多以徒行故不二輿向曰吾始賀子拜卿今賀子之儉也

呂氏春秋曰人主得地百里則喜四境皆賀得士則不喜不知相賀不通乎輕重

新序曰魏文侯出遊見路人反裘而負芻文侯曰何爲反裘而負芻對曰臣愛其毛文侯曰若不知其裏盡而毛無所恃耶明年東陽上計錢布十倍大夫畢賀文侯曰此非所以賀我也譬無異夫路人反裘而負芻也將愛其毛不知愛其裏也無所恃也今田地不加廣士民不加衆而錢十倍必取之士大夫也吾聞之下不安者上不可居也此非所以賀我也

劉向與子歆書曰董生有云弔者在門賀者在閭言憂則恐懼敬事則有善功又曰賀者在門弔者在閭言受福則驕奢驕奢則禍至

太平御覽卷第五百四十三

太平御覽卷第五百四十四

禮儀部二十三

喪紀上

周禮天官宰夫曰：大喪小喪，掌小官之戒令，帥執事而治之。（大喪王后世子也小喪夫人以下也小官士）三公六卿之喪，與職喪帥官有司而治之。凡諸大夫之喪，使其旅帥有司而治之。（旅冢宰下下士也）

又天官宮正曰：大喪則授廬舍，辨其親疏貴賤之居。（廬倚廬也舍堊室也親者貴者倚廬疏者賤者居堊室也）

又天官獸人曰：凡喪紀賓客，共其死獸生獸。（共其完者）

又天官𩽾人曰：凡喪，共其魚之鱻薨。

周禮天官腊人曰：凡喪，共其膴腊凡乾肉之事。

又天官凌人曰：大喪，共夷槃冰。（夷亦尸也實冰於夷槃中置之尸牀之下所以寒尸也）

又天官籩人曰：喪事及賓客之事，共其薦籩羞籩。（喪事乃籩謂殷奠時）

又天官醢人曰：凡喪紀，共其薦羞之豆實。

又天官掌次曰：凡喪紀，王則張帟三重，諸侯再重，孤卿大夫不重。（張帟柩上承塵）

又天官曰：司裘大喪，廞裘飾皮車。（皮車遣車之革路也古書廞字爲淫鄭司農云淫裘陳裘也玄謂廞興也若詩人之興太謂象似而作之）

又天官內小臣曰：若有喪紀，則儐詔右之禮。

又天官閽曰：喪紀之事，設門燎，蹕宮門廟門。（燎地燭也蹕行者廟在中門之外）

又天官寺人曰：喪紀之事，則帥女宮而致於有司。（有司謂宮卿世婦也）

又天官世婦曰：掌喪紀之事，帥女宮而濯概爲粢盛。（概拭也爲猶差擇也）

又天官女御曰：大喪，掌沐浴。（王及后之喪也）后之喪，持翣從世婦而弔于卿大夫之喪。（從之數蓋如使者之介也）

又天官典絲曰：喪紀，共其絲纊組文之物。（以給線纊著旰口綦屨之屬也青與赤謂之文）

又天官內司服曰：右之喪，共其衣服凡內具之物。（內具紛帨線纊鞶帙之屬）

又地官大司徒曰：大喪，帥六鄉之衆庶，屬其六引，而治其政令。（衆庶所致役也鄭司農云引喪車索也六鄉主大引遂六主紼也）若國有大故，則致萬民于王門，令無節者不行天下。（大故謂王崩及寇兵也節大節也有節乃得行防姦偽也）

又地官曰：鄉師大喪用役，則帥其民而至，遂治之。（治謂監督其事）

及葬，執纛以與匠師御匶而治役。（匠師事官之屬其司官若鄉師之於司徒也鄉師主役匠師主衆匠共主葬引翿羽葆幢也爾雅曰纛翳也以指麾輓柩之役正其行列進退）及窆，執斧以涖匠師。（匠師主豐碑之事執斧以涖之使戒其事）

又地官閭胥曰：凡喪紀之數，聚衆庶，既比，則讀法，書其敬敏任恤者。（喪紀大喪之事也皆會聚衆民因以讀法勑戒之也）

又地官遂師曰：大喪，使帥其屬以幄帟先，道野役，及窆，抱磨，共丘籠及蜃車之役。（使以幄帟先者太宰也其餘司徒也幄帟所爲葬窆之間先張神坐也道野役帥以至墓也丘籠之役窆復士也其器曰籠蜃車柩路也載柩四輪迫地而行以於蜃因取名爲行至壙乃脫更復載後以龍輴）

又地官委人曰：喪紀，共其薪蒸木材。

又地官土均曰：禮俗喪紀祭祀，皆以地媺惡爲輕重之法而行之，掌其禁令。（君子行禮不求變俗隨其土地厚薄爲之制也）

又地官囿人曰：喪紀賓客，共其生獸死獸之物。

又地官舍人曰大喪共飯米熬穀(飯所以實口不忍虛也君用粱大夫用稷士用稻皆四升實者唯盈熬穀者錯于一旁所以惑蚍蜉)

又春官大宗伯曰以凶禮哀邦國之憂朝覲會同則爲上相大喪亦如之

又春官小宗伯曰王崩大肆以秬鬯渳(鄭司農云大肆大浴也秬以鬯浴尸也)

又春官肆師曰大喪大渳以鬯則築鬻(築香草煑以爲鬯以浴尸也香草鬱)

又春官鬱人曰大喪之渳共其肆器(肆器陳尸之器)及葬共其裸器遂貍之(遣奠之彝瓚也貍於祖廟階閒)

又春官鬯人曰大喪渳設斗共其釁鬯(斗所以沃尸也釁尸以鬯酒使之香美者也)

又春官司几筵曰凡喪事設葦席右素几其柏席用萑黼純諸侯則紛純每敦一几(喪事謂凡奠也萑如葦而細者也鄭司農云柏席迫地之席也葦居其上或曰柏席載黍稷之席也玄謂柏椁字磨滅之餘也椁席藏中神坐之席也敦讀曰燾燾覆也棺在殯則椁燾既窆則加見皆謂覆之周禮雖合葬及同時在殯皆異几體實不同也祭於廟同几精氣合)凡吉事變几凶事仍几(古書仍爲鄭司農云變几變更其質謂無飾)

又春官天府曰凡國之玉鎭大寶器藏焉若有大祭大喪則出陳之既事藏之(玉鎭大寶器玉瑞玉器之美者禘祫及大喪陳之以華國也)凡吉凶之事祖廟之中沃盥執燭(吉事四時祭也凶事后王喪朝於祖廟之奠也)

又春官職喪曰掌諸侯之喪及卿大夫士凡有爵者之喪以國之喪禮涖其禁乃序其事(國之喪禮喪服士喪既夕士虞今存者也其餘則亡事謂小斂大斂葬也)凡國有司以王命有事焉則詔贊主人(有事謂含襚贈之屬鄭司農云凡國諸侯國也有司謂王有司以命有事職喪主詔贊主人)凡公有司之所共職喪令之趣其事(令令其當共物者給事之期也有司或言公或言國者由其君所來也居其官曰公)

又春官司巫曰凡喪事掌巫降之禮(降下也巫下神之禮也)

又春官太史曰大喪執法以涖勸防(鄭司農云勸防六引六紼也)遣之日讀誄(遣謂祖廟之庭大奠將行之時也人之道終於此累其行而讀之太師帥瞽廞之而謚瞽史知天道使共其事言王誄謚成於天也)之凡喪事考焉(爲有得失)

又春官巾車曰掌王之喪車五乘木車蒲蔽犬禊尾櫜疏飾小服皆疏(木車不漆者也鄭司農云蒲蔽車謂臝蘭車以蒲爲蔽也天子喪服之車也漢儀亦然犬禊以犬皮爲覆笭也故書疏爲揟杜子春讀揟爲沙玄謂蔽車旁禦風塵者也犬白犬皮也既以皮爲覆笭又以其尾爲戈戟之弢韣布飾二物之側爲緣也若今揥蘺云也服讀爲箙刀劍短兵衣也此始遭喪所乘爲君之道尚微備姦臣也書曰以虎賁百人迎子釗亦爲備焉)素車棼蔽犬禊素飾小服皆素(素車以白土堊車也棼讀爲薠薠麻也以麻爲蔽也其禊緇爲緣此卒哭所乘也爲君之道益著在車可以去戈戟也)藻車藻蔽鹿淺禊革飾(故書藻爲𦮼杜子春云𦮼讀爲華藻之藻直謂華藻也玄謂藻水草名蒼色也以蒼土堊車以蒼繒爲蔽鹿夏皮爲覆笭也又以治去毛者緣之此既練所乘之車也)駹車萑蔽然禊髹飾(駹車邊側有漆飾也萑細葦席也以爲蔽者漆則成藩即吉也然果然也髹赤多黑少之色韋也此大祥所乘之車也)漆車藩蔽豻禊雀飾(漆車黑車也藩今時小車藩也漆席以爲蔽豻胡犬也雀黑多赤少之色韋也此禫所乘之車也)

大喪飾遣車遂廞之行之(謂陳駕之)及葬執蓋從車持旌(隨柩路持蓋與旌)及墓嘑啓關陳車小喪共柩路與其飾(柩路載柩車飾柩飾)

又春官司常曰大喪共銘旌建廞車之旌

又夏官大司馬曰大喪平士大夫(鄭司農云平壹其服也玄謂平者正其職與位也)喪祭奉詔馬牲(王之喪以馬祭者蓋遣奠也奉猶送也送之至墓告而藏之)

又夏官射人曰大喪與僕人遷尸作卿大夫掌事比其廬不敬者呵罰之(僕人大僕也與射人俱掌王之朝位也)

又夏官司士曰大喪作士掌事作六軍之士執披(披持棺者)

又夏官諸子曰大喪正羣子之服位

又夏官虎賁氏曰國有大故則守王門大喪亦如之

又夏官太僕曰喪紀正王之服位詔法儀贊王牲事(牲事殺割牲載之屬)大喪始崩戒鼓傳達于四方窆亦如之(戒鼓擊鼓以警衆也)

又夏官司兵曰大喪廞五兵廞興也興作明器之役器五兵也

又夏官圉人曰喪紀牽馬而入陳廞馬亦如之廞馬遣車之馬也

又秋官大司寇曰凡朝覲會同前王大喪亦如之前王大喪所前或嗣王也

又秋官士師曰諸侯爲賓則帥其屬而蹕于王宮大喪亦如之

又秋官鄉士曰大喪紀帥其屬夾道而蹕屬中士已下也

又秋官司隸曰賓客喪紀之事則役其煩辱之事煩猶劇也士喪禮下篇曰隸人涅廁

又秋官大行人曰若有大喪則詔相諸侯之禮詔相左右告教之

禮記檀弓上曰子上之母死而不喪門人問諸子思曰昔者子之先君子喪出母乎曰然子之不使白也喪之何也子思曰昔者吾先君子無所失道道隆則從而隆道汙則從而汙伋則安能爲伋也妻者是爲白也母不爲伋也妻者是不爲白也母孔氏之不喪出母自子思始也禮記所由發非之也

又檀弓上曰公叔朱有同母異父昆弟死問於子游子游曰其大功乎狄儀有同母異父之昆弟死問於子夏子夏曰我未之前聞也魯人爲之齊衰狄儀行齊衰今之齊衰狄儀之問也

又檀弓上曰子思之母死於衛子思伯魚子伯魚死妻嫁於衛柳若謂子思曰子聖人之後也四方於子乎觀禮子蓋慎諸柳若衛人子思曰吾何慎哉吾聞之有其禮無其財君子弗行也有其財無其時君子弗行也時所止則止時所行則行吾何慎哉

太平御覽卷第五百四十四

太平御覽卷第五百四十五

禮儀部二十四

喪紀下

禮記曾子問曰：君薨而世子生，則如之何？孔子曰：卿大夫士從攝主北面於西階南（變於朝夕哭位也。攝主上卿代君聽政也），大祝裨冕執束帛，升自西階盡等，不升堂，命無哭（將有事宜清淨），祝聲三，告曰：某之子生，敢告。升奠幣于殯東几上，哭，降。曾子問曰：如已葬而世子生，如之何？孔子曰：太宰、太宗從太祝而告于禰（告生），三月乃名于禰，以名遍告社稷宗廟山川。

又曰：將冠子，冠者至，揖讓而入，聞齊衰大功之喪，如之何？（冠者賓及贊也）孔子曰：內喪則廢，外喪則冠而不醴，徹饌而埽，即位而哭。如冠者未至，則廢。

又曰：婚禮既納幣，有吉日，女之父母死，則如之何？（吉日，謂娶女之日也）孔子曰：壻使人弔。如壻之父母死，則女之家亦使人弔。父喪稱父，母喪稱母（各以其正嫡自相弔問禮之宜），父母不在，則稱伯父世母（弔禮不廢也）。已葬，壻之伯父致命女氏曰：某之子有父母之喪，不得嗣為兄弟（嗣，繼也），使其致命。女氏許諾而不敢嫁，禮也。壻免喪，女之父母使人請，壻弗娶，而後嫁之，禮也。

又曰：大夫士有私喪，可以除之矣，而有君服焉，其除之也如之何？孔子曰：有君喪服於身，不敢私服，又何除焉？於是乎有過時而弗除也。君之喪服除，而後殷祭，禮也（謂主人之支子，則否）。

又曰：君薨既殯，而臣有父母之喪，則如之何？孔子曰：歸居於家，有殷事則之君所，朝夕否。曰：君既啓，而臣有父母之喪，則如之何？孔子曰：歸哭而反送君。曰：君未殯，而臣有父母之喪，則如之何？孔子曰：歸殯，反于君所，有殷事則歸，朝夕否。

又曰：君出疆，以三年之戒，以椑從。君薨，其入如之何？孔子曰：供殯服，則子麻弁絰，疏衰，菲，杖（棺椑未安，不忍成服於外也。布弁如爵弁而用布也。杖者，為已病），入自闕，升自西階（闕謂毀宗也。柩毀宗而入，異於生）。如小斂，則子免而從柩，入自門，升自阼階。君大夫士一節也。

又雜記曰：恤由之喪，哀公使孺悲之孔子學士喪禮，士喪禮於是乎書。

又曰：士之子為大夫，父母弗能主也，使其子主之。無子，則為之置後。凡主兄弟之喪，雖疏亦虞（喪事虞祔乃畢）。

又雜記下曰：姑姊妹其夫死，而夫黨無兄弟，使夫之族人主喪，妻之黨雖親不主（此謂姑姊妹無子寡死）。而夫若無族矣，則前後家，東西家，無有，則里尹主之。

又曰：或問於曾子曰：夫既遣而包其餘，猶既食而裹其餘乎？（言遣既奠而又包之，是與食於人已而裹其餘將去何異，君子寧為是乎？言傷廉也）曾子曰：吾子不見大饗乎？夫大饗既饗，卷三牲之俎歸于賓館。父母而賓客之，所以為哀也。

又喪服小記曰：大夫不主士之喪（士之喪雖無主，不敢攝大夫以為主），士不攝大夫，唯宗子。

又喪大記曰：疾病，外內皆埽（為賓客將來問疾也。疾困曰病也）。君大夫徹縣，士去琴瑟，寢東首於北牖下（謂君來視之時也。病者居北牖下，或為北牖下）。廢床，徹褻衣，加新衣，體一人（人始生在地，去牀庶其氣生反也。徹褻衣，則所加者朝服也）。男女改服，屬纊以俟絕氣。唯哭先復，復而後行死事。君設大盤造冰焉，大夫設夷盤造冰焉，士併瓦盤無冰，設牀襢第有枕。含一牀，襲一牀，遷尸于堂又一牀，皆有枕席。君大夫士一也。始死，遷尸于牀，幠用斂衾，去死衣，小臣楔齒用角柶，綴足用燕几。君大夫士一也。管人汲，授御者，御者差沐于堂上君沐粱大夫沐稷士沐粱甸人爲垼于西牆下陶人出重鬲管人受沐乃煑之甸人取所徹廟之西北厞薪用爨之管人授御者沐乃沐用瓦槃挋用巾如他日小臣爪手翦鬚濡濯棄于坎

又三年問曰三年之喪何也曰稱情而立文因以飾羣別親疏貴賤之節而弗可損益也故曰無易之道也稱其情而立文稱人之情輕重而制其禮也羣謂親之黨也無易猶不易也創鉅者其日久痛甚者其愈遲三年者稱情而立文所以爲至痛極也

又曰然則何以至期也言三年之義如此則何以有降至於期也期者謂爲人後者父在爲母也曰至親以期斷言服之正雖至親皆期而除也是何也問服斷於期之義也曰天地則已易矣四時則已變矣其在天地之中者莫不更始焉是以象之也法此變易可以期也然則何以三年也言法此變易可以期何以乃三年曰加隆焉爾也焉使倍之故再期也言於父母加隆其恩使倍期也下焉斷焉田九月以下何也曰焉使弗及也言使其恩不若父母故三年以爲隆緦小功以爲殺期九月爲間上取象於天下取法於地中取則於人人之所以羣居和壹之理盡矣取象於天地謂法其變易也自三年以至緦皆歲時之數也言既象天地又足以盡人聚居純厚之恩也

左傳哀下曰越圍吳趙孟降於喪食趙孟襄子無恤時有父簡子喪楚隆曰三年之喪親暱之極也主又降之無乃有故乎楚隆襄子家臣趙孟曰黃池之役先主與吳王有質曰好惡同之今越圍吳嗣子不廢舊業而敵之嗣子襄子自謂欲敵越救吳非晉之所能及也吾是以爲降

論語陽貨曰宰我問三年之喪期已久矣君子三年不爲禮禮必壞三年不爲樂樂必崩舊穀既沒新穀既升鑽燧改火期可已矣子曰食夫稻衣夫錦於女安乎曰安女安則爲之夫君子之居喪食旨不甘聞樂不樂居處不安故不爲也今女安則爲之宰我出子曰予之不仁也子生三年然後免於父母之懷夫三年之喪天下之通喪也予也有三年之愛於其父母乎言子之於父母欲報之恩昊天罔極而予也有三年之愛乎

孝經援神契曰喪不過三年以期增倍五五二十五月義斷仁期十二月也再期二十五月也言期增倍則可矣後云二十五月者容有閏故曰期而後三十五月也春秋曰閏月葬齊景公看數閏也示民有終緣喪絕情再期萬物再終喪者殺遠遠追慕哀故因殺以絕

家語曰孔子在衛司徒敬子卒夫子弔焉主人不哀夫子哭不盡聲而退蘧伯玉謂孔子曰衛國鄙俗不習喪禮煩吾子辱相焉孔子許之掘中霤而浴中霤室中毀竈以綴足襲屍於牀及葬毀宗躐行明不復有事於此綴足欲令不解庭也毀宗廟之門西而出行神之位在廟門之外出于大門及墓男子西面婦人東面既封而歸殷道也孔子行之子游問曰君子行禮不求變俗夫子變之矣孔子曰非此之謂也喪事則從其質而已矣

又曰孔子之喪公西赤掌葬焉唅以疏米三具疏米粱米也禮記曰嘉藏襲衣十有一稱加朝服一冠章甫之冠佩象環徑五寸而綦組綬綦雜色也桐棺四寸柏椁五寸飾棺牆置翣設披周也設崇殷也綢練設旐夏也披柩行夾引棺者也崇牙旌旗飾也綢練旌旗之杠葬乘東所建也旌旗之旒縿緇布廣充幅長尋曰旐也兼用三王之禮所以尊師且備古也

續漢書禮儀志曰登遐皇后詔三公典喪事百官皆衣白單衣白幘冠閉城門宮門近臣中黃門持兵虎賁羽林郎中署皆嚴宿衛宮府各警北軍五校繞宮屯兵黃門令尚書御史謁者晝夜行陳三公所手足色膚如禮皇后皇太子哭踊如禮沐浴如禮守宮令兼東園匠將女執事黃綿緹繒金縷玉柙如故事飯含珠玉如禮冰槃如禮百官哭

臨殿下是日夜下竹使符到皆伏哭盡哀小斂如禮東園匠考工令東園秘器表裏洞赤文畫日月鳥龜龍虎連壁偃明如故事大斂于兩楹之間

干寶晉紀曰大鴻臚鄭默有母喪既葬有司依常使還攝職默固陳執乆乃許之於是定令聽大臣得終喪焉

宋書禮志曰鄭玄喪制二十七月而終學者多云得禮晉初用王肅議祥禫共月遂以爲制江左以來唯晉朝施用縉紳之士猶多遵玄議

齊書曰皇太子妃薨左衛將軍沈文季經爲宮臣未詳服不王儉議曰漢魏已來官僚先備臣綵之節具體在三存既盡敬云豈無服昔庾翼喪妻王允滕猶府吏宜有小君之服況臣節之重宜依舊君之妻齊衰三月而除

後周書曰葬文宣后叱奴氏於永固陵帝袒跣至陵所詔曰齊斬之情經籍彝訓近代沿革遂亡斯禮伏奉遺令既葬便除攀慕几筵情實未忍三年之喪達於天子古今無易之道王者之所常行但時有未諧不得全制軍國務重庶目聽朝縗麻之節苫廬之禮率遵前典以申罔極百寮以下宜依遺令公卿上表固請俯就權制過葬即吉帝不許引古禮荅之羣臣乃止於是遂申三年之制五服之內亦令依禮

衝波傳曰宰我謂三年之喪日月既周星辰既更衣裳既造百鳥既變萬物既易黍稷既生朽者既枯於期可矣顔淵曰人知其一莫知其他俱知暴虎不知馮河麃生三年其角乃墮子生三年而離父母之懷子雖美辯豈能破堯舜之法改禹湯之典更聖人之文除周公之禮改三年之喪不亦難哉父母者天地天崩地壞三年不亦宜乎

荀氏家傳曰荀爽對策曰臣聞火生於木故其德孝漢之謚帝稱孝其義取此也故漢制天下皆誦孝經選吏則舉孝廉蓋以孝務也夫喪親自盡孝之終也今二千石不得行三年喪非所以崇孝道而稱火德也頃者漢嗣數之枝葉不繁其咎未必不由此往者文帝勞謙自約行過于儉故有遺詔以日易月此所謂夷惠激俗當身而已貫萬世爲後嗣法者也

太平御覽卷第五百四十五

太平御覽卷第五百四十六

禮儀部二十五

居喪　奔喪　訃告

奪情

居喪

禮記曲禮曰：居喪未葬讀喪禮，既葬讀祭禮，喪復常讀樂章。（爲礼各於其時。）居喪不言樂。

又曲禮曰：居喪之禮，頭有瘡則沐，身有瘍則浴，有疾則飲酒食肉，疾止復初。不勝喪，乃比於不慈不孝。（勝，任也。）

又檀弓上曰：穆公之母卒，使人問於曾子曰：如之何？對曰：申也聞諸申之父曰：哭泣之哀，齊斬之情，饘粥之食，自天子達。

又曰：始死，充充如有窮；既殯，瞿瞿如有求而弗得；既葬，皇皇如有望而弗至；練而慨然；祥而廓然。子路有姊之喪，可以除之矣而弗除也。孔子曰：何弗除也？子路曰：吾寡兄弟而不忍也。孔子曰：先王制禮，行道之人皆弗忍也。子路聞之，遂除之。惠哭踴也，爲位（礼雖無服，爲位而哭，夫子善之。）曾子曰：小功不稅，（追服爲稅，則是遠兄弟終無服也，而可乎。）曾子曰：喪有疾，食肉飲酒，必有草木之滋焉，以爲薑桂之謂。（曾子曰所云草木之滋者，薑桂也。）

又檀弓下曰：子張問曰：書云高宗三年不言，言乃歡，有諸？（時人君無行三年之喪礼者。歡，喜悅也。言乃喜悅，則民臣望其言久也。）仲尼曰：胡爲其不然也。古者天子崩，王世子聽於冢宰三年。（冢宰，大官。）

又曰：顏丁善居喪，（顏丁，魯人。）始死，皇皇焉如有求而弗得；及殯，望望焉如有從而弗及；既葬，慨焉如不及其返而息。（此三者孝子哀慕之情也。）

又檀弓曰：孔子在衛，有送葬者，而夫子觀之，曰：善哉爲喪乎！足以爲法矣，小子識之。子貢曰：夫子何善爾也？曰：其往也如慕，其反也如疑。（慕謂小兒隨父母啼呼，疑者哀親之在彼，如不欲還然。）

又檀弓上曰：孔子既祥，五日彈琴而不成聲，十日而成笙歌。（踰月且異旬也。祥者凶事用遠日，五日彈琴，十日笙歌，除由外也。彈琴以手，笙歌以氣也。）孔子與門人立，拱而尚右，二三子亦皆尚右。（効孔子也。）孔子曰：二三子之嗜學也。我則有姊之喪故也。二三子皆尚左。

又曰：孟獻子禫，縣而不樂，比御而不入。（可以御婦人矣，尚未復寢。孟獻子，魯大夫仲孫蔑也。）夫子曰：獻子加於人一等矣。（加猶踰也。）

又檀弓下曰：樂正子春之母死，五日而食，曰：吾悔之。（勉強過禮。）（子春，曾子弟子。）自吾母死，不得吾情，我惡乎用吾情。（惡乎猶於何也。）

又王制曰：三年之喪，自天子達。（下通庶人，父母同也。天子諸侯降其也。）於庶人喪從死者，祭從生者。

又曾子問曰：父母之喪，弗除可乎？（以其有終身之憂也。）孔子曰：先王制禮，過時不舉，非禮也；非不能勿除也，患其過制也。故君子過時不祭，禮也。

又雜記曰：凡喪服未畢，有弔者，則爲位而哭拜踊。（客始來，主人不可以殺礼待之。）大夫之哭大夫弁絰，大夫與殯亦弁絰。（弁絰者，大夫錫衰相弔之服也。如爵弁而素加環絰曰弁絰。）大夫有私喪之葛，則於其兄弟之輕喪亦弁絰。

又曰：有父之喪，如未沒喪而母死，其除父之喪也，服卒事，反喪服。（沒猶竟也。除服謂祥祭之服也。卒事既祭，反喪服，服後死者之服。）雖諸父昆弟之喪，如當父母之喪，其除諸父昆弟之喪也，皆服其除喪之服，卒事，反喪服。（雖有親之大喪，猶爲輕服者除骨肉之恩也。唯君之喪不除私服。言嘗者，謂大功之喪或終始皆在三年之中，小功緦麻則不除，殤長中乃除。）

又曰：子貢問喪，子曰：敬爲上，哀次之，瘠爲下。顏色稱其情，戚容稱其服。（問喪，問居父母之喪也。喪常哀，言敬爲上者，疾瘠尚不能瘠也。容，戚儀也。孝經曰容）

止可觀請問兄弟之喪子曰兄弟之喪則存乎書策矣言甄者如禮行之未有加也齊斬之喪哀容之體經不能載矣君子不奪人之喪重喪禮也亦不可奪喪也不可以輕之於巳也

孔子曰少連大連善居喪三日不怠三月不懈其悲哀三年憂東夷之子也言其生於夷狄而知禮也怠惰也懈倦也

又曰三年之喪言而不語對而不問廬堊室之中不與人坐焉在堊室之中非時見乎母也不入門言己事也爲人說爲語在堊室之中以時事見乎母乃後入門則居廬時不入門疏衰皆居堊室不廬廬嚴者也言廬哀敬之處非有其實則不居

又雜記曰懸子曰三年之喪如斬朞之喪如剡言其痛之惻怛有淺深也期之喪十一月而練十三月而祥十五月而禫曾申問於曾子曰哭父母有常聲乎曰中路嬰兒失其母焉何常聲之有

平五百四十六　三　宋

又間傳曰斬衰何以服苴惡貌也所以首其內而見諸外也斬衰貌若苴齊衰貌若枲大功貌若止小功緦麻容貌可也此哀之發於容體者也有大憂者面必黎黑止謂不動於喜樂之事也枲或爲似斬衰之哭若往而不反齊衰之哭若往而反大功之哭三曲而偯小功緦麻哀容可也此哀之發於聲音者也三曲聲而二折斬衰唯而不對齊衰對而不言大功言而不議小功緦麻議而不及樂此哀之發於言語者也議謂陳說非時事也斬衰三日不食齊衰二日不食大功三不食小功緦麻再不食三不食爲明旦朝也再不食謂如死一不食始斂時一不食也故父母之喪既殯食粥朝一溢米暮一溢米齊衰之喪疏食水飲不食菜果大功之喪不食醯醬小功緦麻不飲醴酒此哀之發於飲食者也父母之喪既虞卒哭疏食水飲不食菜果果期而小祥食菜果又朞而大祥有醯醬中月而禫禫而飲酒始飲酒者先飲醴酒始食肉者先食乾肉父母之喪居倚廬寢苫枕塊不脫絰帶齊衰之喪居堊室芐翦不納大功之喪寢有席小功緦麻牀可也此哀之發於居處者也

又奔喪曰聞遠兄弟之喪既除喪而后聞喪免袒成踊拜賓則尚左手小功緦麻不稅者也雖不服猶免袒尚左手吉拜也

又問喪曰親始死雞斯徒跣扱上衽交手哭惻怛之心痛疾之意傷腎乾肝焦肺水漿不入口三日不舉火故鄰里爲之糜粥以飲食之親父母也雞斯當爲笄纚聲之誤也親始死去冠二日乃去笄纚括髮也今時始喪者邪巾貊頭笄纚之存象也

又喪服四制曰父母之喪衰冠繩纓菅屨三日而食粥三月而沐期十三月而練冠三年而祥比終茲三節者仁者可以觀其愛焉知者可以觀其理焉強者可以觀其志焉

平五百四十六　四　河石

又三年問曰三年之喪何也稱情而立文因以飾羣別親踈貴賤之節而弗可損益也故曰無易之道稱情而立文者稱人情輕重而制其禮也創鉅者其日久痛甚者其愈遲三年者稱情而立文所以爲至痛極也斬衰苴杖居倚廬食粥寢苫枕塊所以爲至痛飾也三年之喪二十五月而畢哀痛未盡思慕未忘然而服以是斷之者豈不送死有已復生有節也哉凡生天地之間者有血氣之屬必有知有知之屬莫不知愛其類今是大鳥獸則失喪其羣匹越月踰時則必返巡過其故鄉迴翔焉鳴號焉躑躅焉踟躕焉然後乃能去之小者至於燕雀猶有啁噍之頃焉然後乃能去之故有血氣之屬者莫知於人於其親也至死不窮則三年之喪二十五月而畢若駟之過隙然而遂之則是無窮也故先王爲之立中制節壹使足以成文理則釋之矣立中制節謂服紀使

有年月之限者也然則何以至朞也言三年之義如此則何以有降至於朞者父在爲母服朞也曰至親以期斷是何也曰天地則已易矣四時則已變矣其在天地之中者莫不更始焉以是象之也然則何以三年也曰加隆焉爾也焉使倍之故再朞也喪三年以爲隆緦麻小功以爲殺雖情不經制以此服所以立法期九月以爲閒閒之在三年之下緦麻小功上也隆備輕重處之上取象於天下取法於地中取則於人人之所以群居和壹之理盡矣取象於天地所謂法其變易也自三年以至緦麻皆歲時之數

左氏傳襄上曰晏桓子卒晏嬰麤縗斬斬不緝也縗三升布苴絰帶杖菅屨苴麻之有子者菅草屨也食鬻居倚廬寢苫枕草此禮與士喪禮略同其異唯枕草其老曰非大夫之禮時之所行士及大夫縗服各有不同晏子時爲大夫行士禮其家臣不解故譏曰唯卿爲大夫

家語曰子夏問曰居君子之母與妻之喪如之何孔子曰

居處言語飲食衎衎於喪所則稱其服而已敢問伯叔母如之何曰伯母叔母疏衰朞踊不絕地姑姊妹之功踊絕於地若知此者由文矣哉由文矣哉言知禮之意也

南史曰王秀字伯奮幼時祖父敬弘愛其風采仕宋爲太子舍人父卒廬於墓側服闋復職○梁書曰到溉遭母憂居喪盡禮所處廬開方四尺毀瘠過人服闋猶蔬食布衣者累載

又曰孔奐爲儀曹侍郎遭母憂時天下喪亂皆不能終三年喪唯奐及吳國張種在寇亂中守法度並以孝聞

奔喪

禮記奔喪曰奔喪之禮始聞親喪以哭荅使者盡哀問故又哭盡哀遂行日行百里不以夜行唯父母之喪見星而行見星而舍侵晨冒昏行者蓋發從速若未得行則成服而後行過國至境哭盡哀而止哭避市朝望其國境哭至於家入門左外自西階殯東西面坐哭盡哀括髮祖奔母之喪西面哭盡哀括髮祖降堂東即位西鄉哭皆如奔父之禮下堂東至於拜殯所經畢婦人奔喪外自東階殯東西面坐哭盡哀東髽即位與主人拾踊拾更也主人與之更踊盡哀而哭者賓客待之也

又曰奔喪者不及殯先之墓北面哭盡哀主人之待之也即位於墓左婦人墓右成踊盡哀括髮東即主人位絰絞帶哭成踊拜賓反位成踊

又曰若所爲位家遠則成服而往齊衰望鄉而哭大功望門而哭小功至門而哭緦麻即位而哭奔喪哭親遠道之差也

訃告

禮記雜記上曰凡訃於其君曰君之臣某死訃或作赴赴至也臣死其子使人至君所告也父母妻長子曰君之臣某之某死此臣發其家喪所主者

君訃於他國之君曰寡君不祿敢告於執事夫人曰寡小君不祿太子之喪曰寡君之適子某死君夫人不稱薨告他國君謙也大夫訃於同國敵者曰某不祿訃於士亦曰某不祿訃於他國之君子曰君之外臣寡大夫某死訃於敵者曰吾子之外私寡大夫某不祿使某實實謂有爵者實當爲至也士訃於同國大夫曰某死訃於士亦曰某死訃於他國之君曰君之外臣某死訃於大夫曰吾子之外私某死於士亦曰吾子之外私某死

白虎通曰天子崩訃告諸侯者何緣臣子哀痛憤懣無能不告諸人者也諸侯欲聞之當持土地所出以供喪事故禮曰天子崩遣使者訃告諸侯

又曰諸侯薨使臣歸瑞珪於天子者何諸侯以瑞珪爲信今死矣嗣子諒闇歸之者讓之義也天子聞諸侯薨哭之

何憯怛發中哀痛之至也使大夫弔之追遠重終之義

又曰臣死亦訃告君何此君哀痛於臣子也君欲聞之當加賻賵之禮故春秋曰蔡侯考父卒卒訃而葬不告諸侯薨訃告鄰國何緣鄰國欲有禮也

奪情

禮記曾子問曰子夏問三年之喪卒哭金革之事無避也禮與初有司與俟（疑有司之然）孔子曰夏后氏三年之喪既殯而致事殷人既葬而致事（致事還其職位於君）記曰君子不奪人之親亦不可奪親也此之謂乎子夏曰金革之事無避也者非與孔子曰吾聞諸老聃曰昔魯公伯禽則有爲爲之今以三年之喪從其利者吾不知也

東觀漢記曰桓焉爲大傅以母憂自乞聽以大夫行踰年詔賜牛酒奪服即拜光祿大夫遷太常

後漢書曰耿恭征疏勒時母卒及還追行喪制有詔使五官中郎將齎牛酒釋服（奪情不令追服）

又曰趙熹代虞延行太尉事遭母憂上疏乞身行喪禮顯宗不許遣使者爲釋服賞賜恩寵甚渥

漢雜事曰翟方進爲丞相遭後母喪行服三十六日起視事曰不敢踰國家也

吳志曰孫權詔曰夫三年之喪天下達制人情之極痛也賢者制哀以從禮不肖勉而致之也治道已泰上下無事君子不奪人情故三年遠孝子之間至於有事則殺禮以從宜要經而處事故聖人制法有禮無時不行喪不奔非古也蓋隨時之宜以義斷恩也前故設科長吏在官當須交代而故犯之雖隨糺坐猶以廢曠方事之殷國家多難凡在官司宜各盡節先公後私而不恭承甚非謂也中外羣僚其更平議務令得中節度丞相顧雍奏從大辟其後吳令孟宗喪母奔赴已而自拘於武昌以聽刑戮陸遜陳其素行因爲之請減宗等後不得以爲比自此遂絕

風俗通曰謹案禮臣有　大喪三年不呼其門

太平御覽卷第五百四十六

太平御覽卷第五百四十七

禮儀部二十六

喪服　喪服　衰冠　絰帶

周禮春官司服曰：凡凶事服弁服。服弁，喪冠也。其服斬衰、齊衰也。凡弔事弁絰服。弁絰者，如爵弁而素，加環絰也。論語曰：羔裘玄冠不以弔。絰大如緦之絰。其服錫衰、疑衰、疑衰也者。諸侯及大夫亦以錫衰爲弔服也。凡喪爲天王斬衰，爲王后齊衰。王后小君也。諸侯爲之杖朞也。王爲三公六卿錫衰，爲諸侯緦衰，爲大夫士疑衰，其首服皆弁絰。君爲弔服也。疑衰十四外。疑之擬，擬於吉也。

儀禮喪服曰：喪服斬衰裳，苴絰杖絞帶，冠繩纓，菅屨者。爲父，諸侯爲天子，君父爲長子，爲人後者，妻爲夫，女子子在室爲父，女子子嫁及在父之室爲父，公士大夫之衆臣爲君布帶繩屨。

又曰：疏衰裳齊，牡麻絰，冠布纓，削杖，布帶，疏屨，三年者。父卒則爲母，繼母、慈母如母，母爲長子。

又曰：疏衰裳齊，牡麻絰，冠布纓，削杖，布帶，疏屨，朞者。父在爲其母，妻，出妻之子爲母，母卒繼母嫁從爲之服報，不杖麻屨者，祖父母，世父母，叔父母。

又曰：疏衰裳齊，牡麻絰，無受者。無受者，服是而除，不以經服而受也。寄公爲所寓，丈夫婦人爲宗子，宗子之母妻，爲舊君之母妻，庶人爲國君，大夫在外其長子爲舊國。

又曰：大功布衰裳，牡麻絰，無受者。子女子子之長殤中殤，叔父之長殤中殤，姑姊妹之長殤中殤，昆弟之長殤中殤，夫之昆弟之子女子子之長殤中殤，嫡孫之長殤中殤，大夫之庶子爲嫡昆弟之長殤中殤，公爲嫡子之長殤中殤，大夫爲嫡子之長殤中殤。其長殤皆九月纓絰，其中殤七月不纓絰。大功布衰裳，牡麻絰纓，布帶，三月受以小功衰，即葛九月者。姑姊妹女子子適人者。

又曰：繐衰裳，牡麻絰，既葬除之者。傳曰：繐衰者何？以小功之繐也。諸侯之大夫爲天子。傳曰：何以繐衰也？諸侯之大夫以時接見乎天子。小功布衰裳，澡麻帶絰，五月者。叔父嫡孫昆弟之下殤。

又曰：小功布衰裳，牡麻絰，即葛，五月者。從祖祖父母，從祖父母報，從祖昆弟，從父姊妹孫適人者，爲人後者爲姊妹適人者，爲外祖父母。

又曰：緦麻三月者。族曾祖父母，族祖父母，族父母，族昆弟，庶孫之婦，庶孫之中殤。

又曰：公子爲其母練冠，麻麻衣縓緣；爲其妻縓冠，葛絰帶，麻衣縓，皆既葬除之。

又曰：凡妾爲私兄弟如邦人。大夫弔於命婦錫衰，命婦弔於大夫亦錫衰。

禮記檀弓上曰：喪服，兄弟之子猶子也，蓋引而進之；嫂叔之無服，蓋推而遠之；姑姊妹之薄也，蓋有受我而厚之者。欲其一心厚之者。姑姊妹嫁大功，夫爲妻期。

又檀弓曰：成人有兄死而不爲衰者，聞子皋將爲成宰，遂爲衰。成人曰：蠶則績而蟹有匡，范則冠而蟬有緌，兄則死而子皋爲之衰。蚩兄死者，言其衰之不爲兄死，如蟹有匡、蟬有緌，不爲蠶之績、范之冠也。范，蜂也。蟬，蜩也。緌謂蜩喙長在腹下。

又喪服小記曰：近臣君服斯服矣，其餘從而服，不從而稅。除喪者先重者，易服者易輕者。斬衰之葛與大功之麻同。

又曰：服問曰：三年之喪既練矣，有朞之喪既葬矣，則帶其故葛帶絰朞之絰服其功衰有大功之衰亦如之小功無變也（無所變於大功齊斬之服不變輕累重）麻之有本者變三年之葛（謂本大功以上也小功以下澡麻斷本）既練遇麻斷本者於免絰之既免去絰每可以絰必絰既絰則去之

禮統曰天子諸侯皆為貴臣妾服三月適夫人為八妾服三月八妾為夫人服與舅姑同

家語曰門人疑所以服夫子者子貢曰昔夫子之喪顏淵若喪子而無服喪子路亦然請喪夫子若喪父而無服於是弟子皆服而加麻出有所之則猶絰

孔叢子曰秦莊子死孟武伯問於孔子曰古者同僚有服乎曰然同僚有相友之義貴賤殊等不為同官聞諸老聃昔虢叔閎夭太顛散宜生南宮括五臣者同僚比德以贊文武及虢叔死四人者為服友之服古達禮者行之

又曰子思居衛魯穆公卒縣子使乎衛聞喪而服謂子思曰子雖未臣魯父母之國也先君宗廟在焉奈何弗服子思曰吾豈愛乎禮弗得也縣子曰請問之答曰臣而出國君不掃其宗廟則不為之服

又曰司徒文子改葬其叔父問服於子思子思曰禮父母改葬緦既葬而除不忍無服送至親也非父母無服無服則弔服加麻

又曰魯人有同歲上計而卒欲為之服問於季立季立曰思好者其緦乎昔諸侯大夫共會事于王及以君命同盟霸主其死也則皆有哭臨之禮今之上計上觀天子有交驩之忻同名繼素上記先君下祿子弟相敎以好相厲以義又數相往來特有恩親比之朋友不亦重乎

白虎通曰弟子為師服者弟子有君臣父子朋友之道也故生竭敬而親之死則哀痛之恩深義重故為之服入則絰出則否

習鑿齒漢晉春秋曰初文帝之崩也羊祜謂傅玄曰三年之喪雖貴遂服自天子達而漢文除之毀禮傷義常以為歎今上天縱至孝有曾閔之性雖奪其服而實行喪禮喪禮行除服何為耶若因此革魏之薄而興先王之法以敦厚風俗垂之百代不亦美乎玄曰漢文以來世乃淺薄不能行國君之喪因而除之數百年一旦復古恐難行也祜曰就不能使天下如禮且使主上遂服不猶善乎玄曰若主上不除而下除此為但有父子無君臣三綱之道虧矣君子曰傅玄知無君臣之傷敎而不知兼無父子之為重豈不蔽哉漢廢君臣之喪不降父子之服故四海黎庶莫不盡於其親三綱之道二服恒用於私室而王者獨盡廢之豈所以孝治天下乎詩云猶之未遠其傅玄之謂也

摯虞新禮議曰虞謹案古者諸侯臨君其國臣諸父兄之諸侯未同于古未同于古則其尊未全不宜使絶朞之制而今傍親服斬衰之重也諸侯既然則公孫之爵亦宜如舊

又曰喪無弟子為師服之制新禮弟子為師齊衰臣虞謹案自古無服師之禮故仲尼之喪門人疑所服子貢曰昔夫子喪顏淵若喪子而無服請喪夫子若父而無服遂心喪三年此則懷三年之哀而無齊衰之制也出則絰居則否所謂弔加麻也先聖為禮必易從而可傳師從之義誠重而服制之若歷代相襲不以為疑宜定親新禮無服如舊

摯虞決疑要注曰禮故臣為舊君齊衰三月謂策名委質稱臣吏者也見察舉而不為吏者弔服加麻

衰冠

毛詩羔裘曰素冠刺不能三年也庶見素冠兮棘人欒欒兮（箋云時無三年之恩於父母發其喪禮故冀幸一見素冠急於哀慼也）

周禮春官小宗伯曰王崩懸衰冠之式于路門之外肆師之職大喪禁外內男女之衰不中法者

又夏官大僕曰大喪懸首服之法于宮（首服之法謂免髽笄總長短之數於宮門示四方也）

又天官內司服曰共后之衣服及九嬪世婦凡命婦共其服共喪衰亦如之

儀禮喪服曰斬衰者不緝也冠繩纓條屬冠六升外畢鍛而勿灰齊衰者緝也

又曰疏衰裳齊傳曰問者曰何冠也曰齊衰大功冠其衰也緦麻小功冠其衰也帶緣各視其冠

又曰緦者十五升抽其半有事其縷無事其布曰緦也錫衰者何也麻之有錫者也者十五升抽其半無事其縷有事其布曰錫

又曰凡衰外削幅裳內削幅幅三袧（削殺也）若齊裳內衰外負廣出於適寸（負在背上適辟領也負出於辟領外旁一寸也）適博四寸出於衰衰長六寸博四寸

禮記檀弓曰衰與其不當物也寧無衰（惡其亂禮不當物謂精麤廣狹不應法制）齊衰不以邊坐

又檀弓曰古者冠縮縫今也衡縫（縮從也今禮制衡讀爲橫今冠橫縫以其辟積多）故喪冠之反吉非古也（解時人之惑喪冠縮縫古冠耳）

又問傳曰斬衰三升齊衰四升五升六升大功七升八升九升小功十升十一升十二升緦麻十五升去其半有其事縷無事其布曰緦此哀之發於衣服者也

禮記外傳曰凡言斬衰者以六寸之布廣四寸爲衰帖於心前剪而不緝也（衰者言悲摧也緝者縫緶之名）齊之言齊也（加針縷其裳下之縫使齊平也）凡言有事其縷者先加灰錫治其麻縷爲布則不治也（哀在外故）有事其布者則不治其縷（哀在內也爲布之後即先治也）緦者如絲也錫衰者先緝錫白之謂也疑衰者疑其布是絲也（錫衰疑衰二者君之弔服也）

又曰吉冠之布倍於衣也朝服十五升則冠三十升是也今喪冠升數少（喪禮簡）斬衰三升冠六升（升者登也轉相訓耳凡麻八十縷爲升十升至六升即爲成布也凡言受以成布者既葬之後漸去麤受細）疏衰即三升半之衰也（疏亦麤也其布在齊斬之間）齊衰四升冠七升又有

左傳僖上曰許僖公見楚子於武城許男面縛銜壁大夫衰絰士輿櫬（櫬棺）楚子問諸逢伯對曰武王克殷微子啟如是○又襄六曰魯昭公立十九年矣猶有童心比及葬三

易衰衰衽如故衰（言其嬉戲無度）

吳錄曰諸葛恪將誅有着衰衣入其閤令人詰荅曰不自知入時外內守備亦不見也

鄭玄別傳曰玄卒受業者衰絰千餘人

郭子曰劉王共在廨南酣宴謝鎮西往尚書墓還是葬後三日諸人欲要之眞長云仁祖應來便遣要之果即迴駕諸人迎之把臂便下裁得脫幘酣宴半坐乃覺未得脫衰

釋名曰衰摧也絰實也傷摧實也斬衰下緝其末翦斬而已也大功其布加麤大之功不善治之也小功精細之小功轉有飾也緦絲也錫也治其麻使滑易也繐繐如流如繐也

絰帶

周禮夏官曰弁師王之弁絰弁而加環絰（弁絰王弔所服也其弁如爵弁）

而素所謂素冠也而加環絰環者大如緦之麻絰纏而不糾司服職曰凡弔事弁絰事

儀禮喪服曰苴絰者麻之有蕡者也苴絰大搹搹手搹圍九寸左本在下去五分一以爲帶齊衰之絰斬衰之帶也去五分一以爲帶緦者垂帶也鄭玄注曰凡服上曰衰下曰裳在首在要皆曰絰絰之言實也首絰象績布冠之幘要絰象大帶又有絞帶象革帶也牡麻者枲麻也牡麻絰右本在上

又曰斬衰絞帶七寸三分齊之帶五寸六分大功之帶四寸五分小功之帶三寸七分緦麻之帶二寸九分鄭注絞帶象革帶斬之絰五分去一以爲帶繩帶也

禮記外傳曰絰者實也表其有喪慼之情實也喪服衰之與絰因象平裳衣之時冠帶吉凶相變也有首絰有要絰有絞帶斬衰首絰圍九寸向下皆五分去一用爲要絰則七分五分五分去一諸從斬至緦緣有五服相減殺其數也然則絞帶又小於要絰齊衰首絰七寸五分之一要絰五寸八分大功首絰五寸八分要絰四

太五百四十七　七　張五十三

寸六分小功首絰三寸七分緦首絰三寸七分要絰二寸九分

左傳僖下曰晉襄公擊秦師於殽子墨衰絰晉文公未葬故襄公稱子以凶服從戎故墨之

又襄四曰晉侯有姻喪王駙使宣子墨縗冒絰晉自郩之役遂常墨衰絰也二婦人輦以如公奉公以如固宮

後漢書曰胡廣年八十三熹平元年薨故吏自公卿大夫博士議郎以下數百人皆衰絰殯位自終及葬漢興已來人臣之盛未嘗有也

宋書曰王誕爲吳國史毋憂去職武帝伐劉毅起爲輔國將軍誕固辭以墨絰從行

太平御覽卷第五百四十七

太平御覽卷第五百四十八

禮儀部二十七

杖屨

儀禮喪服曰：苴杖，竹也；削杖，桐也。各齊其心，皆下本。杖者何？爵也。非爵而杖者何？擔主也。非主而杖者何？輔病。童子何不杖？不能病也。婦人何以不杖？不能病也。

又曰：斬齊裳苴屨者，菅菲也。公士大夫之衆臣爲其君繩屨者，繩菲也。疏衰裳齊，疏屨者，藨蒯之菲也。

禮記喪服小記曰：虞杖不入室，附杖不外堂。（鄭玄注曰：哀益衰，敬彌多也。）婦人不爲主而杖者，姑在爲夫杖，（姑不厭婦。）母爲長子削杖。（嫌服男子當杖竹也。母爲長子服不可以重於子爲巳也。）女子子在室爲父母，其主喪者不杖，則子一人杖。（女子子在室亦童子也。無男昆弟，使同姓爲攝主，不杖，則子一人杖，謂長女也。許嫁二十而笄，笄爲成人，成人正杖也。）

又喪服小記曰：庶子不以杖即位。（下適子也。位，朝夕哭位也。）父不主庶子之喪，則孫以杖即位可也。（祖不厭孫，孫得伸也。）父在，庶子爲妻以杖即位可也。（舅不主妾之喪，子得伸也。）

又雜記上曰：古者貴賤皆杖。叔孫武叔朝，見輪人以其杖關轂而輠輪者，於是有爵而后杖也。

又喪大紀曰：大夫之喪，三日之朝既殯，主人、主婦、室老皆杖。大夫有君命則去杖，大夫之命則輯杖，內子爲夫人之命去杖，爲世婦之命授人杖。（大夫有君命去杖，此指大夫之子也，而云大夫者，通實大夫。夫有父母之喪也。授人杖，與使人執之同也。）士之喪，二日而殯，三日之朝，主人杖，婦人皆杖。於君命、夫人之命，如大夫；於大夫、世婦之命，如大夫。（士二日而殯者，下大夫也。士之禮，死與往日，生與來日，此二日於死者亦得三日也。婦人皆杖，謂主婦、容妾爲君、女子子在室者。）子皆杖，不以即位。（子，謂凡庶子也。不以即位，與去杖同也。）大夫、士哭殯則杖，哭柩則輯杖。（哭殯，謂既塗也。哭柩，謂啓後也。大夫士之子於父父也尊。迫哭殯可以杖子，哭諸侯之子於父父也，君也，尊遠，杖不入廟門也。）棄杖者，斷而棄之於隱者。（杖以喪至尊，爲人得而褻之。）

又問喪曰：或問曰：杖者何也？（怪其義各異。）曰：竹桐一也。故爲父苴杖，竹也；爲母削杖，削杖，桐也。（言所以杖者義一也，顧所用異耳。）或問曰：杖者以何爲也？（怪所爲施。）曰：孝子喪親，哭泣無數，服勤三年，身病體羸，以杖扶病也。（言得杖乃能起也。）則父在不敢杖矣，尊者在故也。堂上不杖，辟尊之處也。堂上不趨，示不遽也。此孝子之志也，人情之實也，禮義之經也，非從天降也，非從地出也，人情而已矣。（父在不杖，謂爲母也。尊者不杖，辟尊者之處。不杖有事不趨，皆爲其感動使之憂戚也矣。）

又喪服四制曰：杖者何也？爵也。三日授子杖，五日授大夫杖，七日授士杖。或曰擔主，或曰輔病。婦人、童子不杖，不能病也。

白虎通曰：所以杖竹桐何？取其名也。竹，感也；桐，痛也。父以竹，母以桐。竹，陽也；桐，陰也。竹斷而用之，質，故爲陰也。

韓子曰：儒執喪三年，大毀扶杖，世主以爲孝而禮之。

幗鬘

儀禮喪服曰：女子子在室爲父，布總、箭笄、鬘，衰三年。（總，束髮也。謂總者，既束其本，又總其末。箭，篠也。鬘，露紒也，猶男子之括髮以麻，則鬘上用麻也。用麻者，自頂交額上，卻繞紒，如若隈頭。小記曰：男子冠而婦人笄，男子免而婦人鬘。但言衰不言裳者，婦人不殊裳，衰也。）

又曰：女子子之適人者，爲其父母；婦人爲舅姑，惡笄有首以鬘；卒哭，子折笄首以笄，布總。傳曰：笄有首者，惡笄之有首也。惡笄者，櫛笄也。折笄首者，折吉笄之首也。吉笄者，象笄也。

禮記檀弓上曰：南宮縚之妻之姑之喪，夫子誨之鬘曰：爾毋

從從佘佘無邑邑爾謂教也爾汝也從從謂太高邑邑謂太廣爾亦語
又檀弓上曰魯婦人之髽而弔自敗於臺鮐也時家有喪髽而弔弔去纚而著白髽也
禮記外傳曰髽者婦人有喪者髽古人重髻男子吉時皆加有縱以韜其髮然後加笄加冠也去纚而髽曰髽魯婦人遭升陘之戰也露髽相弔以代喪冠也有麻髽女子在室遭父母之喪用麻合以對兄弟括髮時也髽有布髽齊衰已下以布束髮也髽者開散之
名也既去纚有髽形謂之髽
左傳襄公曰臧紇救鄫侵邾敗於狐駘國人逆喪者皆髽
魯於是乎始髽髽麻髮合結也遭喪者多故不能備凶服髽而已
廣雅曰幗謂之幘音忌
魏氏春秋曰諸葛亮挑司馬宣王戰致巾幗婦人之飾以怒宣王

廬

周禮天宮宮正曰掌王宮之戒令大喪則授廬舍辯其親疏貴賤之居鄭玄注曰廬舍堊室也親者貴者居倚廬疏者賤者居堊室
儀禮喪服傳曰喪服斬衰居倚廬寢苫枕塊馬融曰倚木以爲廬於東牆下西向開北端也
禮記雜記曰大夫居廬士居堊室
又喪大記曰父母之喪居倚廬不塗寢苫枕凷非喪事不言君為廬宮之大夫士禮之宮謂圍障既葬柱楣塗廬不於顯者君大夫士皆宮之不於顯者不塗見面
又曰問喪成壙而歸不敢入處室居於倚廬哀親之在外也
白虎通曰父母之喪倚廬於中門外東牆下户北
又曰婦人不居倚廬天子七日諸侯五日卿大夫三日而成服居門外東壁為廬
王肅喪服要記曰魯哀公葬父孔子問曰寧設菰廬乎哀公曰菰廬起太伯太伯出奔聞古公崩還赴喪故作菰廬以彰其尸吾父無太伯之罪何用此為
孝子傳曰王琳汝南上蔡人十歲失父母弟季年七歲兄弟二人哭泣哀聲不絕在冢側作廬不妄出入餘見孝部

重附凶門

儀禮士喪禮曰重木刋鑿之甸人置重于中庭參分庭一在南夏祝取鬻餘飯盛用二鬲于西牆下冪用疏布久之繫用靲懸于重冪用葦席北面左衽帶用靲賀之結于後祝取銘置于重鄭玄曰重木也懸物也焉曰重木也刋斲治之也鑿之為懸簪孔士重木長三尺也
禮記雜記曰重既虞而埋之就所倚處埋之
禮記外傳曰重者未葬之前以代主也猶以生事之未忍作木主主以存神也

設重於庭懸鬲以養病之米漸之為沐則爨之為粥實之重用葦席蓋之鬼神依而飲食始死之奠但用但未有黍稷故也黍稷在下之中如生時也殷人作主之後聯其重懸之於廟梁去高祖之廟親盡則埋之周人將葬重隨柩而朝廟之外柩而埋之於階間而後作主也

凶門

南史孔琳之議曰凶門柏裝不出禮典起自末代積習生常遂成舊俗凡人士喪儀多出閭里每有此須動十數萬損人財力而義無所取至於寒庶則人思自竭雖復室如懸磬莫不傾產殫財所謂葬之以禮其此之謂乎宜一罷凶門之式
王肅喪服要記曰魯哀公葬父孔子問寧設表門乎哀公曰表門起於禹禹治水故表其門閭以紀其功吾父無功何用此焉

韋弘與蔡謨牋問凶門曰父在母喪應立凶門不又問與父別止立凶門愚意猶所疑猷於父故也今於父大門之內別立凶門便爲父一家有二門以名義言之門者父之有也今子復立門豈合聖人之典訓苟不出於禮其所不曰故以諮白蔡荅曰禮以二瓦器盛始死之祭繫木裹之葦席置於庭中近南名爲重今之凶門是其象也禮旣虞而作主今未有主故以重當主本爲喪設非以表其門恐不應以尊卑猷降也禮命士以上父子異宮今卑私之喪皆別開門亦不知今人如此者皆有凶門不並堅荅凶門問曰簿帳似不出禮文何由行此荅曰凶門非禮禮有懸重於庭以席覆之其形似凶門後出之於門外表喪由此俗遂行之耳

禮論曰問改葬立凶門否蔡謨荅云改葬若停喪謂應有

凶門

死

周禮春官大宗伯曰以喪禮哀死亡

禮記曲禮上曰天子曰崩諸侯曰薨大夫曰卒士曰不祿庶人曰死（鄭玄注曰山嶽壞曰崩薨崩之聲也卒終也不祿不充其祿也死之言澌也精神澌盡也）死寇曰兵（異於凡人當饗祿其後也）壽考曰卒短折曰不祿（老而死從大夫之稱少而死從士之稱也）

又檀弓下曰孔子過太山側有婦人哭於墓者而哀使子路問之曰子之哭也一似重有憂者而曰然昔者吾舅死於虎吾夫又死焉今吾子又死焉夫子曰何爲不去也曰無苛政夫子曰小子識之苛政猛於虎也

又喪大記曰男子不死於婦人之手婦人不死於男子之手君夫人卒於路寢大夫世婦卒於適寢內子未命死於下室士之妻死於寢

左傳定下曰齊侯伐晉敝無存之父將室之辭以與其弟曰此役也不死反必娶於高國先登求自門出死於霤下

又哀上曰簡子誓列曰畢萬匹夫也七戰皆獲有馬百乘死於牖下（畢萬晉獻公將也死於牖下言得壽中）羣子勉之死不在寇（言有命也）

又哀下曰太子聞之懼下石乞盂黶敵子路以戈擊之斷纓子路曰君子死冠不免結纓而死孔子聞衛亂曰柴也其來乎由其死矣

又哀下曰晉荀瑶帥師圍鄭人浮鄭魁壘賂之以知政閉其口而死

穀梁傳隱公曰高厚曰崩尊曰崩天子之崩以尊之也其崩之何也以在民上故崩之也

春秋說題辭曰天子曰崩崩之爲言殞也諸侯稱薨薨之

爲言奄然而亡大夫曰卒精耀終卒卒之爲言絕絕於邦也士曰不祿失其忠也不祿之言削名章也庶人曰死魂魄去心死之爲言精爽窮也（又白虎通）

爾雅曰崩薨無祿卒殂落殪死也

論語里仁曰子曰朝聞道夕死可矣（言將至死不聞世之有道）

又子罕曰子疾病子路使門人爲臣病閒曰久矣哉由之行詐也且予與其死於臣之手也無寧死於二三子之手乎且予縱不得大葬予死於道路乎

又先進曰顔淵死子曰噫天喪予天喪予子哭之慟從者曰子慟矣曰有慟乎非夫人之爲慟而誰爲

又先進曰季路曰敢問死曰未知生焉知死（鬼神及死事難明語之無益故不荅）

又季氏曰齊景公有馬千駟死之日民無德而稱焉伯夷

叔齊餓于首陽之下民到于今稱之

五經通義曰崩薨從何王以來乎曰從周何以言之尚書曰放勳乃殂落舜曰陟方乃死武王既王是以知武王以前未稱崩薨也至成王太平乃制崩薨之著尚書曰翌日乙丑成王崩釋名曰漢以來謂死爲物故言其諸物皆就朽故

史記曰秦武王與孟說舉龍文鼎絶臏而死（徐廣曰臏或作脉矣）

又曰范雎說秦昭王曰夫以烏獲任鄙之力荆成孟賁（許慎曰荆成勇士也孟賁衛人）慶忌夏育之勇焉而死者人之所必不免也

後漢書曰馬援謂孟冀曰方今匈奴烏丸尚擾北邊欲自請擊之男兒要當死於邊野以馬革裹屍還葬耳何能卧牀上在兒女子手中耶冀曰諒爲烈士當如此矣

後魏書曰張預每羡古人餐玉之法乃採訪藍田躬往攻掘得若環璧雜器形者大小百餘至而觀之皆光潤可玩預乃椎七十枚爲屑日服食之餘多惠人後乃聞者更求玉於故處皆無所見馮翊公源懷等得其玉琢爲器珮皆鮮明可寶預服延年云有效驗而世事寢食皆不禁節又加之好酒損志及疾篤謂妻子曰服玉若能屏居山林排棄嗜欲或當大得神力而吾酒色不絶自致於死非藥過也然吾尸體必當有異勿使速殯令後人知餐服之妙時七月中旬長安毒熱預停尸四宿而體色不變其妻常氏以玉珠二枚唅之口閉常謂之曰君自云餐玉有神驗何故不受唅也言訖齒啓納珠因嘘屬其口都無穢氣舉斂於棺堅直不傾委死猶有遺玉屑數升囊盛納諸棺中

文子曰老子曰聖人同死生愚人亦同死生聖人之同死生知於分理也愚人同死生不知利害所在

莊子曰人之生氣也聚則爲生散則爲死

又曰夫大塊載我以形勞我以生佚我以老息我以死故善吾生者乃所以善吾死也

又曰莊子之楚見空髑髏髐然有形檄以馬捶因而問之曰夫子貪生失理而爲此乎將子有亡國之事鈇鉞之誅而爲此乎於是語卒援髑髏枕而卧夜半髑髏見夢曰子之談者似辯士諸子所言皆生人之累也死則無此矣子欲聞死之說乎莊子曰然髑髏曰死無君於上無臣於下亦無四時之事縱然以天地爲春秋雖南面王樂不能過也

說苑曰齊景公出而見殣謂晏子曰此何死對曰餧而死公曰噫寡人之無德也亦甚矣晏子曰君之德著而不彰何爲無德景公曰何謂也對曰君之德及後宮與臺榭之玩君之鴈食以菽粟君之宮内自樂延及後宮之族何爲其無德也顧臣有請於君由君之意自樂之心推與百姓同之則何殣之有

又曰子貢問孔子人死有知將無知也孔子曰吾欲言死人有知也恐孝子妨生以送死也吾欲言死人無知也恐不孝子孫棄親不葬也賜欲知人死有時將無知也死徐自知之猶未晚也

又曰魯哀公問孔子曰有智者壽乎對曰然人有三死而非命也者人自取之也夫寢處不時飲食不節勞逸過度者疾共殺之居下位而上干其君嗜酒欲物而求不止者刑共殺之少以犯衆弱以侮強忿怒不量力者兵共殺之此三死者非命也

又曰民有五死聖人能去三不能除其二飢渴死者可去

也凍寒死者可去也雖五兵死者可去也壽命死者不可去也癰疽死者不可去也三者可去二者不可去

論衡曰人之死也猶火之滅也而燿不照人死而智不慧二者不齊論者猶謂死有知惑也

又曰王莽之時省五經章句皆爲二十萬博士弟子郭路夜定舊說死於燭下精思不任脉絶氣滅也

楊泉物理論曰人含氣而生精盡而死猶澌也滅也譬如火焉薪盡而火滅則無光矣故滅火之餘無遺炎矣人死之後無遺魂矣

太平御覽卷第五百四十八

太平御覽卷第五百四十九

禮儀部二十八

屍　復魂　唅

絞紟衾冒

屍

禮記曲禮下曰在牀曰屍

左傳哀下曰陳侯使公孫貞子聘吳未至而卒將以屍入吳人使太宰嚭勞且辭上介芋尹蓋對曰寡君聞楚爲不道荐伐吳國滅厥民人寡君使蓋備使弔君之下吏無祿使人逢天之慼大命殞墜今君命逆使人曰無以屍造于門是我寡君之命委于草莽也且臣聞之事死如生禮也於是乎有朝聘而終以屍將事之禮又有朝聘而遭喪之禮若不以屍將命是遭喪而還也無乃不可乎以禮防民猶或踰之今大夫曰死而棄之是棄禮也苟我寡君之命達于君所雖殞于深淵則天命也吳人內之

禮統曰屍之言失也陳也

家語曰史魚將卒命其子曰吾在朝不能進蘧伯玉退彌子瑕是吾爲臣不能正君生而不能正君死不可以成禮我死汝其陳屍牖下靈公弔焉怪而問之其子以父言告公公曰寡人過也命殯於客位進蘧伯玉退彌子瑕孔子曰史魚死而屍諫可謂直乎

史記曰崔杼殺莊公晏嬰立崔杼門外曰君爲社稷死死之爲社稷亡亡若爲己死非其私暱誰敢任之門開而入枕公屍而哭三踴而出人謂崔杼殺之杼曰民之望也舍之得民

又曰吳兵入郢伍子胥求昭王既不得乃掘楚平王墓出屍鞭之三百

又曰吳王取子胥屍盛以鴟夷（應劭曰取馬皮爲鴟夷榼形也）以浮之江吳人憐之爲立祠於江上因命曰胥山

魏志曰宣王討王陵乃窮治其事發陵及令狐愚冢剖棺暴屍於所近市三日

王隱晉書曰王浚在幽州謠曰幽州城門似藏户中有伏屍王彭祖

又曰趙王倫害張華之時洛中震悚唯閻纘敢獨詣東市號哭弔屍而撫之曰早語君遜位而不肯去今果不免禍

車頻秦書曰初慕容暐在鄴居石虎宮夢虎齧其臂募人求虎殯所在女子李菟告暐在東明觀下掘得之屍僵不毀暐裸而罵之曰死胡敢夢生天子鞭撻毁辱投之漳河河流迂疾終不移轉暐後爲苻堅所執乃悟而悔焉苻堅以李菟無狀無以長惡坑之

李固別傳梁冀誅固而露屍於四衢命有敢臨者加其罪固弟子汝南郭況年始成童遊學洛陽乃左提章鉞右秉鈇鑕詣闕上書乞收固屍不許往臨哭陳辭於前遂守喪不去

白虎通曰屍者何謂也屍之爲言陳也失氣亡神形體獨陳

釋名曰死曰屍屍舒也骨節解舒不能復自勝斂

搜神記曰初鉤弋夫人有罪以譴死殯屍不臭而香及昭帝即位改葬之棺空無屍獨絲履存焉

異苑曰河內荀儒字君林乘冰省舅氏陷河死兄倫求屍積日不得設祭水側又箋與河伯投箋一宿岸側冰開屍手執箋浮出倫又箋謝

又曰尋陽周虓字孟威寧康中鎮于巴西爲符堅所獲守節不屈堅使使者譎邁虓躬治逵陌謂使者云煩君語賊符堅何至耳煩國士如此又潛　圖襲堅聞之曰小人正欲覓死殺之適足成名耳乃若考楚不食而卒斂已經旬堅怒猶未歇剖棺臨視虓屍歘迴眸續鬚張列精瞳明亮遍盼矚堅覩而嘉稱乃厚加贈賻

又曰元嘉中豫章胡家奴開昌邑王冢青州人開齊襄公冢並得金鉤而屍骸露在巖中儼然茲亦未必有靈而然也京房屍至義熙中猶完具僵屍人肉堪爲藥軍士分割之

列女傳曰齊人杞梁襲莒戰而死其妻無所歸乃就夫屍於城下而哭之七日而城崩妻遂投於淄水而死

博物志曰靈帝光和元年元遼西太守黃翻言海邊有流

露冠絳衣屍體完令感夢曰我伯夷弟孤竹君也海水壞吾棺求見掩藏

吳會稽分地曰重山者大夫種所葬也在西鄉郭外後潮水穴山漂去其屍俗云伍子胥乘潮水取以去今山脇有缺處

臨邑國記曰有靈鷲鳥能知人吉凶覘人將死食屍肉盡乃去

晏子春秋曰景公操玉加於晏子屍上涕下沾衿盡哀而去

又曰景公伏晏子屍而號曰今天降禍不加寡人而加夫子社稷危矣

論衡曰孟賁之屍人不刃者氣絶也死炭百斛人不沃者光滅也

又曰淮陽都尉尹齊爲吏酷虐及死怨家欲取其屍屍亡歸

復魂

周禮天官夏采曰掌大喪以冕服復于大祖以乘車建綏復于四郊（復招魂也建綏者去其旒）

又春官司服曰大喪共復衣服（衣服今坐上魂衣也）

禮記檀弓曰復盡愛之道也有禱祠之心焉（復謂招魂且分禱五祀庶幾其精氣之反）望反諸幽求諸鬼神之道也（鬼神處幽闇望其從鬼神所來）北面求諸幽之義也（嚮其所從來也禮復者外屋北面）

又檀弓曰邾婁復之以矢也蓋自戰於外陞始也（時師雖勝死傷亦甚無衣可以招魂）

又曰曾子問曰爲君使而卒於舍禮曰公館復私館不復凡所使之國有司所授舍則公館已何謂私館子曰善乎問

也自卿大夫家曰私館公與公所爲曰公館公館復此之謂也

又禮運曰及其死也外屋而號告曰臯某復（招之於天）

又禮曰復諸侯以褒衣冕服爵弁服（復招魂復魄也冕服者上公五侯伯四子男三褒衣亦始命爲諸侯及朝覲見加賜之衣也褒猶進也）夫人稅衣揄狄狄稅素沙（言其招魂用稅衣上至揄狄也狄稅素沙言皆以白紗縠爲裏）復西上（北面而西上陽長左也復者多少各如其命之數）

又雜記上曰大夫士死於道則外其乘車之左轂以其綏復如於館死則其復如於其家

又喪大記曰復有林麓則虞人設階無林麓則狄人設階（復招魂復魄也階所乘以外屋者虞人主林麓之官也狄人樂吏之賤者階弟也箕虞之類）小臣復復者朝服君以卷夫人以屈狄大夫以玄赬世婦以襢衣士以爵弁士妻以稅衣皆外自東榮中屋履危北面三號捲

衣投于前司服受之降自西北榮其爲賓則公館復私館不復其在野則外其乘車之左轂而復（私館卿大夫之家也不於之復爲主人之惡也）復衣不以衣尸不以斂（不以衣尸謂不襲也復者庶其生也若以其衣襲斂是用生施死於義相反喪禮云以衣衣尸浴而去之）婦人復不以袡（袡嫁時上服而非事鬼神之衣）凡復男子稱名婦人稱字（婦人不以名行）唯哭先復復而後行死事（氣絶則哭哭而復復而不蘇可以爲死事）諸侯行而死於館則其復如於其國如於道則外其乘車之左轂以其綏復（館主所致舍綏旌旗）

又喪服小記曰復與書銘自天子達於士其辭一也男子稱名婦人書姓與伯仲如不知姓則書氏（此謂殷禮也殷質不重名復則臣得名君周之禮天子崩則同復曰皋天子復諸侯薨復曰皋某甫復其餘及書銘）

禮記外傳曰人之精氣曰魂（魂陽也云云而動）形體謂之魄（魄陰也漠然不動）合陰陽二氣而生也（精氣聚而爲一物）形勞則神逝（謂死而魂遊散）死則難復生也孝子之心不能忍也故外屋而招其魂神

覽五百四十九　五

也神智無涯也鬼者復於土也（人皆食土之物養成形體也）氣絶而收其魂使反復於體也

齊書曰張融建武四年病卒遺令白旐無旐不設祭令人捉麈尾登屋復魂曰吾生平所善自當陵雲一笑三千買棺無製新衾左手執孝經老子右手執小品法華經妾二人事哀畢各遣還家

含

周禮天官冢宰曰太宰之職大喪贊贈玉含玉（助王爲之也贈玉既窆所以送先王含玉死者實也天子以玉雜記曰唅者執璧將命曰寡君使某唅則諸侯唅以璧）小宰喪荒受其唅襚幣玉之事（春秋傳曰口實曰唅衣服曰襚凶荒有幣王者賓客所明委之禮）

又天官玉　府曰大喪共含玉

又春官典瑞曰大喪共飯玉含玉贈玉（飯玉碎玉以雜米也）

禮記檀弓下曰邾婁考公之喪（考公益之曾孫也考公或爲定公也）徐君使容居來弔含（弔且唅非之也）曰寡君使容居坐含進侯玉其使容居以唅（欲親唅非禮也唅不使賤者君行則親唅耳言侯玉者徐僭稱王自比天子）有司曰諸侯之來辱敝邑者易則易于則于易于雜者未之有也（易謂臣禮于謂君禮也容居以臣欲行君禮于徐自比天子使大夫敵諸侯有司固拒之是也）容居對曰容居聞之事君不敢忘其君亦不敢遺其祖昔我先君駒王西討濟於河無所不用斯言也容居魯人也不敢忘其祖（言我祖與今君於諸侯初如是不聞義則服也駒王徐先君謂僭號者容居其孫也濟渡也言西討渡於河廣大其國也魯魯鈍也言魯銳者欲自明不妄）○又檀弓下曰飯用米貝弗忍虛也不以食道用美焉爾（尊之也食道米貝美也）

又雜記上曰唅者執璧將命曰寡君使其唅相者入告出曰孤某須矣（唅玉爲璧制其分寸之大小未聞）唅者入升堂致命于拜稽顙含者委于殯東南

覽五百四十九　六

又曰天子飯九貝諸侯七大夫五士三（此蓋夏時也周禮天子飯唅用玉）

左傳　曰叔孫豹會晉士丐于柯盟于督陽荀偃癉疽生瘍於頭（癉疽惡瘡）二月卒而視不可唅（目開口噤）宣子與撫之曰事吳敢不如事主猶視欒懷子曰其爲未卒事於齊故也（懷子欒盈）乃復撫之曰主苟終所不嗣事于齊有如河乃瞑受唅也

又　曰公會吳子伐齊將戰公孫夏命其徒歌虞殯（虞殯送葬歌曲示必死也）陳子行命其徒具唅玉（亦示必死）

春秋說題辭曰口實曰唅緣生象食孝子不忍虛其欲（不忍虛故欲實其口）天子以珠諸侯以玉大夫以璧士以貝唅之爲言含也（生常食故死亦有所含）

說文曰含送終口中玉也

釋名曰唅以米貝含其口中也

莊子曰青青之麥生於陵陂生不布施死何唅珠爲

呂氏春秋曰含珠鱗施今葬皆用之注云含珠口實鱗施玉匣於死者之體如魚鱗

絞紟衾冒

儀禮士喪禮曰死於適室撫用斂衾幠覆也斂衾大斂所用之衾也衾被也奉尸于室撫用夷衾夷衾覆尸柩之衾也又曰冒緇質長與手齊頳殺掩足冒韜尸者也制如直囊上曰質下曰殺殺韜足而上質韜首而下齊手上衣九下赤象地也又曰厥明陳衣于房南頭西上綪紟横三縮一廣終幅析其末縮從也紟所以束衣服為堅急也以布為之縮從横者三幅從者一幅析其末令可結之也

禮記雜記曰唯絞紟衾冒死而後製

又喪大記曰君錦冒黼殺綴旁七大夫玄冒黼殺綴旁五士緇冒頳殺綴旁三

又喪大記曰小斂布絞縮者一横者三大斂布絞縮者三横者五布紟二衾君大夫士一也

禮記外傳曰絞紟衾帽死而後製絞者交束之名也紟者堅急之稱也衾者單被也帽者小斂衣故設帽以揜形也小斂用一衾大用二衾一以覆之一者將斂之時先鋪衾於紟之下用以舉尸入棺者也

釋名曰絞交也交結之也紟禁也禁繫之也

太平御覽卷第五百四十九

太平御覽卷第五百五十

禮儀部二十九

殮

周禮春官大宗伯曰大宗伯王崩及執事涖大斂小斂帥異族而佐執事太祝之屬也

又周禮春官司服曰大喪共其斂衣服

禮記檀弓上曰康子之母死陳褻衣非上服也陳之將斂也敬姜曰婦人不飾不敢見舅姑將有四方之賓來褻衣何為陳於斯命撤之

又喪大記曰小斂於戶內大斂於阼階君以簟席大夫以蒲席士以葦席小斂君錦衾大夫縞衾士緇衾皆一衣十有九稱大斂布紟二縿者大夫士一也葦細葦席也三者下皆有莞衣十有九稱法天地之終數也二衾者或覆之或薦之也

又曾子問曰下殤土周葬于園遂輿機而往途邇故也土周堲周也周人以夏后之堲周葬下殤於園中以其未成人達不就墓也機舉尸之牀也繩縆其中央又以繩從旁鈎之禮以機舉尸輿之以就園而斂葬焉途近故耳輿機或以為餘機今墓遠則其葬也如之何今人斂下殤於宮中而葬之於墓與成人同何逵乃遠其葬當輿其棺乎載之也問禮之變墓孔子曰吾聞諸老聃曰昔史佚有子而死下殤也墓遠欲葬之墓如長殤從成人也長殤有送葬車者則棺載之矣史佚武王時賢史猶有所不知召公謂之曰何以不棺斂於宮中欲其斂於宮中如成人也斂於宮中則葬當載之也史佚曰吾敢哉畏知召公言於周公禮也為史佚問周公曰豈不可言是豈於禮可不許也史佚行之佚失於以為許也用召公之宮言也遂下殤用棺衣棺自史佚始也棺謂斂於棺也

又問喪曰或問曰死三日而后斂者何也避難其曰孝子親死悲哀志懣故匍匐而哭之若將復生然安可得奪而斂之故曰三日而后斂者以俟其生也三日而不生亦不生矣孝子之心亦益衰矣家室之計衣服之具亦可以成矣親戚之遠者亦可以至矣是故聖人為之斷決以三日為之禮制也

左傳僖下曰許穆公卒于師葬之以侯禮也男而以侯禮加一等凡諸侯薨於朝會加一等死王事加二等於是有以袞斂

又襄公曰魯季文子卒大夫入斂公在位宰庀家器為葬備無衣帛之妾無食粟之馬無藏金玉無重器備君子是以知季文子之忠於公室也相三君矣而無私積可不謂忠乎

又定上曰季平子行東野東野季氏邑還未至丙申卒于房陽虎將以璵璠斂璵璠美玉君所佩仲梁懷弗與懷亦季氏家臣曰改步改玉昭公之出季孫行君事佩璵璠祭宗廟今定公立復臣位改君步則亦當去璵璠陽虎欲逐之告公山不狃不狃曰彼為君也子何怨焉

家語曰季平子卒將以君之璵璠斂孔子初為中都宰聞之歷級而救歷遽登階不聚足曰送死人而以寶玉猶曝屍於中原示民以姦利之端

後漢書曰戴封年十五詣太學時同學石敬平溫病卒封養視殯殮以所齎糧市小棺送喪到家更殮見敬平生時書物皆在棺中乃異之

吳志曰張昭卒遺令幅巾素棺斂以時服孫權素服臨弔

又曰諸葛瑾年六十八卒遺令素棺斂以時服事從約省

晉書曰安平王孚臨終遺令曰有魏貞士河內溫司馬孚字叔達不伊不周不夷不惠立身行道終始若一當以素棺

單椁斂以時服

南史曰王奐爲雍州刺史被誅舊人無敢至者汝南許明達爲奐參軍躬爲殯殮經理甚厚當時髙其節

梁書曰王志天監初爲丹陽尹爲政清静都下有寡婦無子姑亡舉債以斂葬既而無以還之志愍其義以俸償焉

陳書曰周弘直卒遺疏氣絶之後便買市中見材小形者斂以時服古人通制但見先人必須備禮可着單衣裙衫故履既應侍養宜備紛帨或逢善友又須香烟棺内唯安白布手巾麄香鑪而已此外無所用

釋名曰衣尸棺曰斂藏不復也

風俗通曰禮天子斂以梓器宫者存時所居縁生事亡因以爲名凡人呼棺亦爲宫也

宋翰遺教曰吾死斂以時服不得造新白袷單衣

柩

禮記曲禮下曰在棺曰柩（柩之言究）

又檀弓下曰君遇柩於路必使人弔之

又曰襄公朝于荆康王卒（在魯襄公二十八年康王楚子昭也）荆人曰必請襲（欲使襄公衣之）魯人曰非禮也荆人強之巫先拂柩荆人悔之（巫祝桃茢君臨臣喪之禮）

記統曰柩之言也具書其謚置棺旁萬世久藏也

釋名曰柩究也送隨身之制皆究備也

漢書曰薛宣守左馮翊多仁恕池陽令舉廉吏獄掾王立於府未及有聞立受囚家錢宣責讓縣縣案驗獄掾乃其妻受繫者錢萬六千受之而掾實不知掾慙恐自殺宣聞之移書池陽曰縣所舉廉吏獄掾王立家私受財而立不知殺身以自明立誠廉士甚可閔惜其以府決曹掾書立之柩以顯其魂

東觀漢記曰廉范字叔度京兆人也父客死蜀范乃出負喪歸至葭萌船觸石破没范持棺柩遂俱沈溺衆傷其義鈎求得之僅免於死

晉書曰東海王越薨葬東海石勒追及於苦縣寗平城將軍錢端出兵拒勒戰死軍潰勒命焚越柩曰此人亂天下吾爲天下報之故燒其骨以告天地

蕭子顯齊書曰傅琰字季珪北地靈州人也美姿儀爲尚書左民郎遭喪居南岸隣家失火燒屋抱柩不動

殯

禮記曲禮上曰里有殯不巷歌（助哀也）

又檀弓上曰孔子少孤不知其墓（孔子之父鄹邑叔梁紇與顔氏之女徵在野合而生孔子徵在恥焉不告也）殯於五父之衢（欲有所就而問之孔子亦爲隱焉殯於家則知者無由怪己欲發問端五父之衢名也蓋曼父之鄰）人之見之者皆以爲葬也（見柩行於路也）其慎也蓋殯也（慎當爲引禮家讀然聲之誤也殯引飾引飾棺以輤葬引飾棺以蔞柳孔子是以殯引不以葬引時人見者謂不知禮）

又檀弓上曰天子之殯也攢塗龍輴以椁（攢木以周龍輴猶如椁而塗之天子殯以輴車畫轅以龍）加斧于椁上畢塗屋（斧謂之黼白黑文也以刺繡於縩幕加椁以覆棺已乃屋其上盡塗之矣）天子之禮也

又檀弓下曰惟殯非古也自敬姜之哭穆伯始也（穆伯魯大夫秀悼子之子公甫靖叔敬姜穆伯妻文伯歜之母也禮朝多哭不惟）

又王制曰天子七日而殯七月而葬諸侯五日而殯五月而葬大夫士庶人三日而殯三月而葬（尊者舒卑者速也春秋傳曰天子七月而葬同軌畢至諸侯五月同盟至大夫三月同位至士踰月外姻至也）

又喪大記曰君殯用輴攢至于上畢塗屋大夫殯以幬攢置于西序塗不暨于棺士殯見衽塗上帷之（攢猶叢也屋殯上覆如屋）

也幬覆也暨及也天子之殯居棺以龍輴欑木題湊象椁上四注如屋以覆之諸侯輴不畫龍欑不題湊象其他亦如大夫之殯廢輴置棺壙下就欑三面塗之不及棺者欑中狹小裁取容棺然則天子諸侯差寬大夫矣士不欑揭地下棺見小要耳帷之者鬼神尚闇士達乎天子皆然或作椁也

又坊記曰子云賓禮每進以讓喪禮每加以遠浴於中霤飯於牖下小斂於戶內大斂於阼階殯於客位祖於庭葬於墓所以示遠也遠之所以崇敬

左傳僖下曰晉文公卒庚辰將殯于曲沃殯窆棺也曲沃有舊宮焉出絳柩有聲如牛如牛呴聲卜偃使大夫拜曰君命大事將有西師過軼我擊之必大捷焉聲自柩出故曰君命大事戎事也偃聞秦密謀故因柩聲以正衆心

論語鄉黨曰朋友死無所歸曰於我殯重朋友恩也無所殯無親後也

續漢書曰和帝追封謚皇太后父梁竦為褒親愍侯殯賜東園棺玉匣衣衾

范曄後漢書曰蔡順喪母停柩未殯東鄰失火燒順屋柩不可移乃伏柩上火乃越燒他舍餘見孝部

宋書曰竟陵王誕據廣陵為逆事平蔡興宗奉旨慰勞廣陵別駕范義與興宗素善在城內同誅興宗至躬自收殯致喪還豫章舊墓上聞謂曰卿何敢故爾觸網興宗抗言荅曰陛下自殺賊臣自葬周旋既犯嚴制正當甘於斧鉞耳

唐書曰嚴郢以舊怨與盧杞陷楊炎趙惠伯構成其罪貶炎於崖州惠伯於費州郢既報怨過當人頗不直郢後得罪至費州道左有柩殯問其主名或曰趙惠伯之殯也郢默然慙恧歲餘而卒

穆天子傳曰天子乃殯盛姬于穀兵之廟先王之廟有此者漢氏亦所在有廟也

白虎通曰天子舟車殯為水火也故棺在車在舟中臣子更執紼晝夜千二百人紼所以牽持棺者也

釋名曰於西壁下塗之曰殯殯賓也賓遇之言稍遠子思子曰殯賓也

賵

禮記雜記曰介賵執圭將命曰寡君使某賵相者入告反命曰孤某須矣陳乘黃大路於中庭北圭將命客使自下由路西子拜稽顙坐委于殯東南隅宰舉以東輈轅也自宰也下謂馬在路之下覲礼曰路下四亞之客給者入設乘黃於大路之西客入則致命矣

左傳隱公曰天王使宰咺來歸惠公仲子之賵緩且子氏未薨故名惠公葬在春秋前故曰緩也子氏仲子也葬薨在二年賵助喪之物贈死不及尸尸未葬之通稱弔生不及哀諸侯已上既葬則衰麻除無哭位諒闇終喪豫凶事非禮也仲子在而求賵故曰豫凶事

穀梁傳隱公曰乘馬曰賵

公羊傳隱公曰車馬曰賵

春秋說題辭曰知生則賻知死則賵賻之為言助也賵之為言覆也輿馬曰賵貨財曰賻玩好曰贈衣被曰襚養死具也贈稱也襚遺也

賻

周禮天官曰小宰凡邦之弔事掌其戒令與其幣器財用凡所共者弔事弔諸侯日弊所用賻也器所致明器也凡喪始無弔而含襚葬而賵贈其間加恩厚則有賻焉

禮記曲禮下曰弔喪不能賻不問其所費

又檀弓上曰孔子之衛遇舊館人之喪入而哭之哀出使子貢稅驂而賻之子貢曰於門人之喪未有所稅驂稅驂於舊館無乃已重乎言稅驂太重比於門人恩為偏頗也夫子曰予鄉而哭之遇於一哀而出涕遇見也舊館人恩雖輕我入哭見主人為我盡一哀是厚恩待我也我為之出涕恩重宜施惠之也予惡夫涕之無從也小子行之客行無他物可以易之者

使遂以往也

又檀弓曰子柳之母死既葬子碩欲以賻布之餘具祭器古者謂錢爲泉布所以通布貨財子柳曰不可吾聞之也君子不家於喪惡恩死者以爲利請班諸兄弟之貧者

又少儀曰賵馬入廟門以其主於死賻馬與其幣大白兵車不入廟門以其主於生人也兵車革車也雖爲死者來陳之於外戰伐田獵之服非盛者也周禮革路建大白以即戎也賻者既致命坐委之擯者舉之主人無親受也

公羊傳隱公曰貨財曰賻穀梁傳隱公曰錢財曰賻賻助歸生者賻

漢書曰原涉父哀帝時爲南陽太守天下殷富大郡二千石官賦斂賻葬皆千萬已上妻子適共受之以定產業時又少行三年喪者及涉父死讓還南陽賻送行喪冢墓三年由是顯名京師

又曰何竝字子廉徙潁川太守疾病召丞掾作先令書曰告子恢吾生素飡日久死雖得官賻勿受葬爲小槨但下棺恢如其言

後漢書曰魯恭字仲康父期爲武陵太守卒官恭年十二晝夜號踊聲郡中賻無所受乃歸服喪禮過成人

後漢書曰羊續爲南陽太守徵爲太常未及行會病卒遺言薄斂不受賵遺舊典二千石卒官賻賵百萬府丞焦儉遵續先意一無所受詔書褒美勑太山太守以府賻錢賜續家

世說曰王戎父渾官至梁州刺史渾所歷州郡義故懷其德惠相率致賻數百萬戎悉不受

齊書曰張稷所生劉先假葬瑯琊黄山建武中改申葬禮賻助委積於時雖不拒絕事畢隨以還之

又曰江斆卒遺令不受賻詔賻錢三萬布百疋子蒨啓遵斆命不受詔嘉美之從其所請

又曰張融有孝義父暢臨終謂諸子曰昔丞相事難吾以不同將見殺緣司馬坐超人得活爾等必報其子後超人孫徽冬月遭母喪居貧融弔之悉脫衣以爲贈披牛被而反

襚

儀禮士喪禮曰士喪君使人襚徹帷主人如初襚者左執領右執要入升致命襚之言遺也衣被曰襚致命曰君使某襚主人拜如初襚者入衣尸出主人拜送如初

禮記檀弓下曰衛有太史曰柳莊寢疾公曰若疾亟雖當祭必告也亟急也公再拜稽首請於尸曰有臣柳莊也者非寡人之臣社稷之臣也聞之死急弔賢也不釋服而往遂以襚之脫君祭服以襚臣親賢也

又雜記曰諸侯相襚以後路與冕服先路與褒衣不以襚不以己之正者施於人以彼不以爲正也後路貳車貳車行在後也

又少儀曰臣致襚於君則曰致衣廢於賈人敵者曰襚言廢衣不必其以斂也賈人知物善惡也親者兄弟不以襚進不執將命

左傳文公曰秦人來歸僖公成風之襚進禮也秦慕諸夏欲通敬於魯國有翟泉之盟故贈僖公并及成風本非魯方嶽同無相赴弔之制故不譏其緩而以接好爲禮諸侯相弔賀也雖不當事苟有禮焉書之可也以無忘舊好送死不及尸故曰不當事書者書於典策垂示子孫使無忘過厚之好

又襄公曰魯公朝于楚康王卒楚人使公親襚諸侯有遺使賵襚之禮今楚欲依遣使之比矣公患之穆叔曰祓殯而襚則布幣也先使巫祓除殯之凶邪而行襚禮與朝而布幣無異乃使巫以桃茢先殯祓茢黍穰楚人弗禁既而悔之

又襄公曰：鄭伯有死於羊肆，（羊肆，市列。）子產襚之，枕之股而哭之，斂而殯諸伯有之臣在市側者，既而葬諸斗城。（斗城，鄭地名。）

春秋說題辭曰：衣被曰襚。襚之言遺也。

穀梁傳隱公曰：衣衾曰襚。

說文曰：襚，衣死人也。

太平御覽卷第五百五十

太平御覽卷第五百五十一

禮儀部三十

棺

周易繫辭曰古之葬者厚衣之以薪葬之中野不封不樹喪期無數後世聖人易之以棺槨

周禮春官喪祝曰及祖飾棺乃載遂御凡卿大夫之喪掌事而斂飾棺

禮記檀弓上曰有虞氏瓦棺（始不用薪者虞氏上陶）夏后氏堲周（火熟曰堲燒土冶以周於棺）殷人棺槨（槨大也以木爲之言槨大於棺殷人上梓）周人牆置翣（牆柳衣也凡此言後王之制文也）周人以殷人之棺槨葬長殤以夏后氏之堲周葬中殤下殤以有虞氏之瓦棺葬無服之殤（未成人）

禮記檀弓上曰有子曰夫子制於中都四寸之棺五寸之槨以斯知之不欲速朽也（中都魯邑名孔子嘗爲之宰爲民作此制）

禮記檀弓上曰天子之棺四重（尚深邃也諸公三重諸侯再重大夫一重士不重）水兕革棺被之其厚三寸（以水牛兕牛之革以爲棺被革各厚三寸合六寸也此爲一重也）杝棺一（所謂椑棺也爾雅曰椵杝）梓棺二（所謂屬與大棺）四者皆周（四面周匝）棺束縮二衡三衽每束一（衡亦當爲橫衽今小要也）柏槨以端長六尺（以端題湊也其方蓋一尺也）

禮記檀弓下曰天子崩虞人致百祀之木可以爲棺槨者斬之（虞人掌山澤之官百祀畿內百縣之祀以爲棺槨斬伐也）

禮記檀弓上后木曰喪吾聞諸縣子曰夫喪不可不深長思也（后木魯若孝公子惠伯鞏之後）買棺外內易我死則亦然

禮記檀弓下曰陳乾昔寢疾屬其兄弟而命其子尊巳曰如我死則必大爲我棺使吾二婢子夾我（婢子妾也）陳乾昔死其子曰以殉葬非禮也況又同棺乎弗果殺（善尊巳不陷父於不義也）

禮記喪大記曰君大棺八寸屬六寸椑四寸上大夫大棺八寸屬六寸下大夫大棺六寸屬四寸士棺六寸（大棺棺之在表）君裏棺用朱綠用雜金鐕大夫裏棺用玄綠用牛骨鐕士不綠（鐕所以琢著裏也）君蓋用漆三衽三束大夫蓋用漆二衽二束士蓋不用漆二衽二束（用漆者塗合牡中也衽小要）君大夫鬊爪實于綠中士埋之（綠當爲角聲之誤角即謂棺之內也）

禮記外傳曰凡棺之重數從內數向外如席之重也兕革棺一各三寸（內一重有水牛皮次兕皮二者合爲一重都厚六寸）一名椑棺又名櫬（椑者堅如甓櫬者親於身也）杝棺二厚八寸（杝棺曰椵木在椑棺之外）屬棺三其厚四寸（屬者連也杝棺外）大棺四厚六寸（屬棺之外也）屬棺大棺皆用梓也上公去水牛皮（兕皮外有三重也）侯伯巳下去水兕（杝棺外二重）卿大夫唯屬棺與大棺（一重）士不言重唯棺而巳

左傳宣上曰鄭人討幽公之亂斲子家之棺（以四年弑君故也斲薄其棺不使從卿禮）

左傳成上曰宋文公葬槨有四阿棺有翰檜（杜預注曰翰旁飾檜上飾）

左傳襄上曰齊姜薨初穆姜使擇美檟（檟梓之屬）以自爲櫬與頌琴（櫬棺也頌琴琴名猶言雅琴皆欲以送終）季文子取以葬君子曰非禮也禮無所逆婦養姑者也虧姑以成婦逆莫大焉（穆姜成公母齊姜成公婦也）

左傳襄上曰定姒薨不殯于廟無櫬不虞（櫬親身棺也季孫以定姒本賤既無備器議其喪制欲殯不過廟又不反哭也）匠慶謂季文子曰子爲上卿而小君之喪不成不終君也（父其母是不終事君之道也）君長誰受其咎初季孫爲巳樹六檟於蒲圃東門之外（蒲圃場圃名）匠慶請木季孫曰略匠慶用蒲圃之檟季孫不禦（禦止也）

左傳哀上曰趙簡子與鄭戰簡子誓曰志父無罪君實圖之若其有罪絞縊以戮桐棺三寸不設屬辟（屬辟棺之重數王棺四重）

君再重大夫一重素車樸馬以載柩無入于兆兆葬域下卿之罰也

公羊傳定公曰國君薨殯棺於兩楹之間然後即位

論語先進曰顏淵死顏路請子之車以為之槨欲得賣之以為顏淵作槨也顏路顏淵之父子曰才不才亦各言其子也鯉也死有棺而無槨吾不徒行以為之槨以吾從大夫之後不可徒行也鯉孔子子伯魚

家語曰孔子之喪公西赤掌殯葬焉桐棺四寸栢槨五寸

家語曰墨子葬法棺三寸足以朽骨衣三領足以朽肉掘地之深下無漏氣發洩於上壟之以明其所止也

說文曰棺關也可以掩屍櫬附身棺也櫝匱也槥櫝也

史記曰飛廉生惡來俱以材力事紂武王伐紂并殺惡來時飛廉為紂使北方還無所報為壇霍太山而報得石棺銘曰天令處父與發亂賜汝石棺死遂葬霍太山

古史考曰舜作瓦棺湯作木棺

漢書曰高祖下令士卒從軍死者為槥服虔曰槥音衞應劭曰小棺也今謂之櫝歸其縣縣給衣衾棺葬具致其尸於家縣官更給衣衾斂祠以少牢吏

親葬

漢書曰張湯自殺昆弟欲厚葬湯母曰湯為大臣被惡言死何厚葬為載以牛車有棺無槨上聞曰非此母不生此子

漢書曰哀帝崩有司奏董賢乃自殺死後其父恭等不悔過乃復以沙畫棺作時之色左蒼龍右白虎上著金銀日月玉衣珠璧至尊無以加

漢書曰王莽奏毀丁傅太后號改葬發取璽綬太后以為既往之事不須發莽固爭之太后詔曰因故棺為致槨作冢葬既開傅太后棺臭聞數里

續漢書禮儀志曰王公王貴人皆樟棺朱漆畫雲氣公特進樟棺黑漆

續漢書曰楊震數切諫為樊豐等所譖遣歸本郡震行至城西几陽亭謂諸子門人曰身死之日以雜木為棺單被裁足蓋形勿歸冢次勿設祭祠因飲酖而卒

續漢書曰曹褒在射聲營舍有停棺槨不葬者百餘所褒親自履行愴然為買空地悉葬其無主者

續漢書曰周盤字伯堅年七十三歲朝集諸生講論終日因令其二子曰吾日者夢見先師東里先生與我講於陰堂之奧而長歎豈吾齒之盡乎命終之日桐棺足以周身外槨足以周棺斂刑懸封濯衣幅巾編四寸簡寫堯典一篇并刀筆各一以置棺前示不忘聖道其月望無病忽終學者以為知命

東觀漢記曰郭鳳字君張善說災異吉凶占應病先自知死日豫令弟子市棺斂具至其日如言卒

東觀漢記曰耿秉薨賜朱棺玉衣

東觀漢記曰梁商薨賜東園朱壽器銀鏤玉匣

東觀漢記曰長沙有義士古初遭父喪未葬鄰人火起及初舍棺不可移初冒火伏棺上會火滅

東觀漢記曰大司徒歐陽歙坐在汝南贓罪死獄中歙掾陳元上書追訟之言甚切至帝乃賜棺木贈　賻三千疋

謝承後漢書曰徐珝為長沙郡將死遺令不受贈賻一疋私馬賣以買棺

謝承後漢書曰和帝追封太后父梁竦為褒親愍侯改殯賜東園畫棺玉匣衣衾而葬之

魏志曰李傕等葬董卓於郿并收所焚屍之灰合斂於棺

而葬之是日大風暴雨霆震卓墓水入藏漂其棺木
魏志曰宣王討王陵赦罪陵自知罪重試索棺釘以觀太
傅意竟給之遂自殺
曹操别傳曰操破梁孝王棺收金寶天子聞之哀泣
晉書曰夏侯湛將殁遺命小棺薄斂不脩封樹論者謂湛
雖生不砥厲名節死則儉約令終是深達存亡之理也
後魏書曰崔光韶誡子孫曰吾兄弟自幼及老衣服飲食
未曾一片不同至於兒女官婚榮利之事未嘗不先以推
弟弟頃横禍權作松棺亦可以爲吾作松棺使吾見之
南史曰宋光禄大夫劉鎮之年三十許病篤已辦凶具旣
而疾愈因蓄棺以爲壽九十餘乃亡此器方用
宋書曰王敬則爲旣陽令初至旣陽縣陸主山下宗侶十

餘舡同發敬則舡獨不進乃令入水推之見烏漆棺敬則
呪云若是吉使舡速進吾富貴當改葬尒舡須臾進入縣
城收此棺葬之
宋書曰袁昂爲豫章内史丁所生母憂去職以喪還江路
風潮暴駭昂乃縛衣著棺誓同沉溺及風止餘舡皆没唯
昂舡獲全咸謂精誠所致
梁書曰衡陽宣王子簡位郢州刺史卒於官喪將引柩有
聲議者欲開視王妃柳氏曰晉文已有前例不聞開棺無
益亡者之生徒增生者之痛遂止
晉公卿禮秩曰諸公及從公薨者賜東園秘器在外都督
者給秘器直錢三十萬安平王孚薨給東園温明秘器楊
駿誅賜五木棺一具載以官路車
三十國春秋曰晉黄門郎殷仲堪遊於江濵見流棺於水
乃接爲旬日之中門前之瀨忽起爲岸是夕有人通夢於

仲堪曰耕徐伯感君之恵無以報仲堪因問門岸爲何祥
乎對曰水中之岸其名爲洲君將爲世言終而没
唐書曰玄宗開元二十年自東都幸太原至太行坂路隘
逢椑車問左右曰車中何物左右奏曰禮天子出則載椑
車以從先王之制也上曰焉用此命焚之無椑自此始也
莊子曰古之喪禮貴賤有儀上下有等天子棺椁七重諸
侯五重大夫三重士再重墨子獨生不歌死不服桐棺三
重而無椁以爲法式
慎子曰匠人成棺而無憎於人利在人也死
吕氏春秋曰善棺椁所以偹螻蟻也今世俗大亂人主踰
侈非爲死者慮亦所以相矜
淮南子曰吾生有七尺之形死有一棺之土

淮南子曰鬻棺者欲民之疾疫也蓄粟者欲歲之荒飢也
鹽鐵論曰古者瓦棺堲周足以收形骸髮齒而已及其後
桐棺不依桑棺不留今富者繡題墻湊中者梓棺楩椁貧
者繒囊緹索
風俗通曰葉令王喬天下一玉棺於廳事前令臣吏試入
終不揺喬曰天帝獨欲召我沐浴服飾寢其中蓋便立覆
宿昔葬於城東縣牛皆流汗
風土記曰陽羨縣令袁起生有神靈無疾暴亡殯斂已竟
風雷冥晦失起喪柩山下居民夜聞山下有數十人晨往
山上見起棺柩儼而潛藏唯有石壕石壇今在
神仙傳曰介象爲吳主所徵至武昌連求去不許象言病
帝使左右以美梨一奩賜象須臾象死帝殯而埋之以中
時死其日晡時到建業以所賜梨付守苑吏後吏以狀聞
即發象棺棺中無所有有奏符

搜神記曰令有縣孫孤城古孤竹君之國也靈帝光和元年遼水中有浮棺人破斫之棺中人語曰我伯夷之弟孤竹君也海水壞我棺槨是以漂汝斫我何爲乃不敢破因爲立祠民有發視者無疾而死

搜神記曰北有道人能令人與死人相見其同郡人婦死巳數年聞而往見之曰願令一見死婦死不恨矣道人曰可然聞鼓聲疾出俄而得見之與婦言語悲喜恩情如生良久聞鼓音悢悢不能得時出門閉戶掩㨖㨖乃徒出閉其衣裾戶間掣絕而去後數歲餘此人死家葬之開塚見婦棺蓋下有衣裾（悢力尚反）

異苑曰海陵如皐縣東城村邊海岸崩壞一古墓有方頭漆棺以朱題上云百七年墮水元嘉二十載三月墜於懸巘

巴蜀志曰獠夷死即立埋棺不臥設

盛弘之荊州記曰冠軍縣東一里有張詹墓魏太和時人也刻碑背曰白楸之棺易朽之裳銅鐵不入尾器不藏嗟爾後人幸勿我傷自胡石之亂墳墓莫不夷毀此墓元嘉初猶儼然六年大水民飢始被發初開金銀錫銅之器爛然畢備有二朱漆棺棺前垂竹簟簾金釘釘之

永嘉郡記曰樂成縣石堂水口先時有一漆棺逆水入溪十餘里便住有靈下人云是方姥甚有靈驗

從征記曰劉表冢在高平郡表子琮擣四方珎香數十石着棺中蘇合消救之香莫不畢備永嘉中郡人衡熙發其墓表貟如生香聞數十里熙懼不敢犯

陸機大墓賦曰覩洪槽而爲櫘櫘小棺也

太平御覽卷第五百五十一

太平御覽卷第五百五十二

禮儀部三十一

椁　櫬　芻靈　明器
明衣　祖載　翣　紼
旐旒　旐　挽歌　方相

椁

周禮地官閭師曰凡庶民不樹者不椁

禮記檀弓上曰有子曰昔者夫子居於宋見桓司馬自爲石椁三年而不成夫子曰若是其靡也死不如速朽之愈也死之欲速朽爲桓司馬言之

禮記檀弓下曰孔子之故人曰原壤其母死夫子助之沐椁(沐治也)原壤登木曰久矣予之不託於音也(木椁材也託寄也謂叩物以作音也)歌曰狸首之斑然執女手之卷然(說人辭也)夫子爲弗聞也者而過之從者曰子未可以已乎夫子曰丘聞之親者無失其爲親也故者無失其爲故也

又喪大記曰君松椁大夫柏椁士雜木椁(椁謂周棺者也天子柏椁以端長六尺夫子制於中都使庶人之椁五寸五寸謂端方也)棺椁之間君容柷大夫容壺士容甒(間可以藏物因以爲節)

左傳定上曰魏獻子屬役於韓簡子原壽過(簡子韓起孫不信也壽過周大夫也)而田於大陸焚焉還卒於甯(甯今脩武縣也)范獻子去其柏椁以其未復命而田也(范獻子代魏子爲政去其柏椁是取)

廣雅曰椁廓也

史記曰始皇葬驪山發北山石爲椁

又曰愼夫人鼓瑟上自倚瑟而歌意慘悽悲懷顧謂羣臣曰嗟乎以北山石爲椁用紵絮斮(一作錯)陳漆其間(紵絮以漆著其間)豈可動哉左右曰善張釋之前曰使其中有可欲者雖錮南山猶有郄使其中無可欲者雖無石椁又何戚焉文帝稱善

古史考曰禹作土塈以周棺湯作木椁易土塈

漢書曰始皇石椁中爲遊

又劉向上書曰棺椁之作自黃帝始也(臣瓚注曰殷人作棺椁也)始皇葬於驪山後牧兒亡羊羊入其藏牧者持火照求羊失火燒其藏及椁

續漢禮儀志曰侯王公主將軍特進薨使者治喪作柏椁

東觀漢記曰明帝自制石椁廣丈二尺長二丈五

魏志曰夫餘國厚葬有椁無棺東沃沮其葬作大木椁長十餘丈開一頭作戶舉家皆共椁刻木爲數

魚豢魏略曰高麗其死葬有椁無棺停喪百日也

越絕書曰闔閭葬銅椁三重

三石僞事曰佛圖澄死時衆官皆殯斂以生所服錫杖鉢絡內着棺中爲其理石作椁葬畢經年冉閔後故發椁開棺視之了不見體骨處所唯見杖鉢存焉

莊子曰衛靈公死卜葬沙丘而吉掘之數仞得石椁焉有銘曰不馮其子靈公奪而埋之

郭緣生述征記曰桓魋石椁在九里山之東北也椁有二重門閤隱起青石方淨如鏡門扇數四

博物志曰漢滕公薨公卿送至東都門四馬悲鳴掊地不行於蹄下得石椁有銘曰佳城鬱鬱三千年見白日吁嗟滕公居此室

豫章記曰艾縣有一塚鑿青石以爲椁制度非常號曰楊柳塚歷代久遠莫知其誰

櫬

禮記喪大記曰：君殯用輴，櫕至于上，畢塗屋；大夫殯以幬，櫕置于西序，塗不暨於棺；士殯見衽，塗上帷之。（鄭玄注云：櫕猶菆也。）

釋名曰：塗曰櫕。櫕木於上而塗之也。

蒭靈

周禮春官塚人曰：及葬，言鸞車象人。（鸞車，遣車也。象人，以蒭草為人。言，問其不如法度也。）

禮記檀弓曰：塗車蒭靈，自古有之，明器之道也。（蒭靈，束茅為人馬，謂之靈者，神之類。言與明器同。）孔子謂為蒭靈者善，謂為俑者不仁，不殆於用人乎哉！（俑，偶人也，有面目機發，有似於生人。孔子善古而非周。）

釋名曰：束草為人馬，以神靈名之也。

續漢書禮儀志曰：天子崩，蒭靈三十六尺。

王肅喪服要記曰：魯哀公葬父，孔子問曰：寧設桐人乎？哀公曰：桐人起於虞卿。虞卿，齊人，遇惡繼母，不得養父，死不得葬，知有過，故作桐人。吾父生得供養，何用桐人為？

陸機士庶挽歌辭曰：埏埴為塗車，束薪作蒭靈。

明器

周禮春官冢人曰：大喪，入藏凶器。（凶器，明器。）

周禮夏官司兵曰：大喪，廞五兵。（廞，興作也。興作明器之兵。）

禮記檀弓上曰：宋襄公葬其夫人，醯醢百甕。曾子曰：既曰明器矣，而又實之。（言名之為明器，與祭器皆實之，是亂鬼器與人器也。）

又曰：既殯，旬而布材與明器。（木工宜乾腊，且預成材。槨材也。）

又曰：之死而致死之，不仁而不可為也；之死而致生之，不知而不可為也。（之，往也。死之、生之，謂無知與有知也。為，猶行也。）是故竹不成用，瓦不成沬，木不成斲，（成，猶善也。竹不可善用，謂邊無縢。味當作沬。沬，靧也。）琴瑟張而不平，竽笙備而不和，（無宮商之調。）有鍾磬而無簨簴。（不縣之也。橫曰簨，植曰簴。）其曰明器，神明之也。（言神明之也。神明者，非人所知，故其器如此。）

又曰：仲憲言於曾子曰：夏后氏用明器，示民無知也；（所謂致死之。仲憲，孔子弟子原憲。）殷人用祭器，示民有知也；（所謂致生之。）周人兼用之，示民疑也。（言使民疑於無知與有知。）曾子曰：其不然乎！其不然乎！（非其說之非也。）夫明器，鬼器也；祭器，人器也。夫古之人胡為而死其親乎？（言仲憲之言三者皆非。此或用鬼器，或用人器。）

又檀弓下曰：孔子謂明器者，知喪道矣，備物而不可用也。哀哉！死者而用生者之器，不殆於用殉乎哉！其曰明器，神明之也。（神明死者，異於生人也。）

釋名曰：送死之器曰明器，神明之器，異於人。

鹽鐵論曰：古者明器有形無實，示人不用也。今厚資多藏，器用如生人，並衣綈紈。

江逌表曰：宣皇帝顧命敕制山陵，不設明器，以貽後則。景帝奉遵遺敕，逮文明皇后崩，武皇帝亦承前制，無所設施。唯

醯醢之奠，瓦器而已。昔康皇帝玄宮內寶劍金舄，此蓋太妃因已之情，實違先旨累世之法，今永欲以為故事，用此二物。

明衣

說文曰：褮，鬼衣也。（褮讀如葛藟縈之縈。）

穆天子傳曰：贈用文錦明衣。

祖載

周禮春官喪祝曰：掌大喪及朝御柩，乃奠。（朝，謂將葬朝於祖考廟。）及祖，飭棺及載，遂御之。（祖，謂將葬祖於庭。）

禮記檀弓曰：殯於客位，祖於庭，所以即遠也。

儀禮既夕曰：既夕哭，請啓期，告于殯。宿興，設盥于祖廟門外。（祖，王父也。下士祖禰共廟。）有司請祖期。（將行而飲食曰祖。祖，始也。）

白虎通曰：祖於庭何？盡孝子之恩也。祖，始也。始載於庭也。乘

車辭祖禰故爲祖載也

翣

周禮夏官曰御僕大喪持翣翣棺飾也持之者夾蜃車

禮記檀弓下曰周人牆置翣鄭玄注云牆柳衣翣者車飾也

又禮器曰天子七月而葬五重八翣諸侯五月而葬三重六翣大夫三月而葬再重四翣此以多爲貴也

又喪大記曰飾棺君黼翣二畫翣二大夫黼翣二畫翣二士畫翣二

古史考曰周公作翣

齊書曰張緒卒日無宅以殯遺命凶事不設柳翣

莊子曰戰而死者其人之葬也不以翣資翣者武之所資也戰而死者無武也翣將安施耳

世本曰武王作翣

董勛荅問曰翣似屏風人持隨喪車前後左右也

紼

禮記雜記曰諸侯喪執紼五百人四紼皆銜枚紼引車索

釋名曰從前引曰紼紼發也發車使行

續漢書禮儀志曰禮登遐中黃門虎賁執紼

又曰公卿已下子弟凡三百人執紼白素幘委貌冠

杜預要集曰凡挽天子六紼諸侯四大夫二士一

旐旒

賀循葬禮曰大夫五旒吉韋車之所建也通而已下不爲龍畫

旐

周禮春官曰司常大喪供銘旌建廞車之旌銘旌王則太常也

禮記檀弓上曰銘明旌也以死者爲不可別也故以其旗識之

續漢書禮儀志曰禮登遐大旂之制長三刃十有二斿曳地畫日月昇龍書旐曰天子之柩

賀循葬禮曰杠今之旐也古者以緇布爲之今以絳繒題姓字而已不爲畫飾也

禮論曰問下殤葬墓有旐否徐邈荅曰旐以題柩耳無不有旐

晉書曰魏明悼后崩議書名旌或欲去姓而書魏或欲兩書安平王孚以爲經典正義皆不應書凡帝王皆因本國之名以爲天下之號而與往代相別耳非爲擇美名以自光也天稱皇天則帝稱皇帝地稱后土則后稱皇后此乃所以同天地之大號統無二之尊名不待稱國號以自表不俟稱氏族以自彰

挽歌

左傳哀上曰吳與齊戰齊人公孫夏將戰命其徒歌虞殯杜預注曰虞殯送葬歌曲示必死

纂文曰薤露今人挽歌

續漢書禮儀志曰禮登遐羽林孤兒巴俞擢歌者六十人

續漢書曰大將軍梁商三月上巳日會洛水倡樂畢極終以薤露之歌坐中流涕其年八月而商薨

晉公卿禮秩曰安平王葬給挽歌六十人諸公及開府給三十人

晉書禮志曰漢魏故事大喪及大臣之喪執紼者挽歌新禮以爲挽歌出於漢武帝役人之勞歌聲哀切遂以爲送終之禮雖音曲摧愴非經典所制違禮衘枚之義方在號慕不宜以歌爲名除挽歌摯虞以爲挽歌因倡和而爲摧

倫之聲銜枚所以全哀此亦以感衆雖非經典所載是歷代故事詩稱君子作歌惟以告哀以歌爲名無所嫌宜定新禮如舊

續晉陽秋曰袁山松作行路難辭句婉麗聽者莫不流淚與羊曇善倡樂桓伊能挽歌時稱爲三絶

又曰武陵王晞未敗四五年喜爲挽歌自摇鈴使左右和之

語林曰張湛好於齋前種松柏養鴝鵒袁山松出遊好令左右挽歌時人謂張屋下陳尸袁道上行殯

謝綽宋拾遺錄曰太祖嘗召顔延之傳詔頻日尋覔不值太祖曰但酒店中求之自當得也傳詔依旨訪覔果見延之在酒肆躶身挽歌了不應對他日酒醒乃往

宋書曰范曄爲吏部郎元嘉元年彭城王太妃薨將葬祖夕僚故並集東府曄與司徒左曹屬王深及弟司徒祭酒廣淵夜中酣飲開北牖聽挽歌爲樂彭城王義康大怒左遷宣城太守

梁書曰謝幾卿普通六年詔西昌侯藻督衆軍北侵幾卿啓求行擢爲藻軍師長史軍至渦陽退敗幾卿坐免官居自揚石井宅中交好者載酒從之客恒滿坐時左丞庾仲容亦免歸二人意相得並肆情誕縱或乘露車歷遊郊野酔則執鐸挽歌不屑物議

莊子曰紼謳所生必於斥苦司馬彪注云紼引柩索也斥疎緩若用力也引紼所有謳者爲人用力慢緩不齊促急之也

風俗通曰京師賓婚嘉會酒酣之後續以挽歌

譙周法訓曰挽歌者高帝召田横至尸鄉自殺從者不敢哭而不勝其哀故作此歌以寄哀音焉

干寶搜神記曰挽歌者喪家之樂執紼者相和之聲也挽歌詞有薤露蒿里二章出田横門人横自殺門人傷之爲悲歌言人如薤上露易晞滅也亦謂人死精魂歸於蒿里古辭曰薤露朝露何易晞明朝更復露人死一去何時歸二章曰蒿里誰家地聚斂精魂無賢愚鬼伯一何相催促人命不得少踟蹰至李延年乃分爲二曲薤露送王公貴人蒿里送士大夫庶人使挽柩者歌之又有長歌短歌言壽命長短不可妄求

魏繆襲挽歌辭曰生時遊國都死沒弃中野朝發高堂上暮宿黄泉下白日入虞淵縣車息駟馬造化雖神明安能復存我形容稍歌滅齒髮行當墮自古皆有然誰能離此者

陸機挽歌辭曰魂衣何盈盈旟旐何習習父母拊棺號兄弟扶筵泣靈轜動轇轕龍首矯崔嵬挽歌挾轂唱嘈嘈一何悲浮雲中容與飄風不能迴淵魚仰失梁征鳥俯墜飛

又曰中闈且勿諠聽我薤露詩生死各異倫祖載當有時舍爵兩楹位啓殯進靈轜飲餞觴莫舉出宿歸無期

又曰重阜何崔嵬玄廬竄其間磅礴云四極穹崇効蒼天側聽隂溝涌臥觀天井懸壙宵何遼廓大暮安可晨人往有返歲我行無歸年昔居四人宅今爲萬鬼隣昔爲七尺體今成灰與塵金玉昔所佩鴻毛今不振豐肌享螻蟻形體永夷泯壽堂延魑魅虛無自相賓螻蟻爾何怨魑魅我何親撫心痛荼毒永歎莫爲陳

宋陶潛挽歌辭曰荒草何茫茫白楊亦蕭蕭嚴霜九月中送我出遠郊四面無人居高墳正嶕嶢馬爲仰天鳴風爲

自藹條幽室一已閉千年不復朝千年不復朝賢達無奈何向來相送人各亦歸其家親戚或餘悲他人亦已歌死去何所道託體同山阿

又曰有生必有死早終非命促昨暮同爲人今旦在鬼録䰟氣散何之枯形寄空木嬌兒索父號良友撫我哭

顔延之挽歌辭曰令龜告明兆撤奠在方昏戒徒赴幽穸祖駕出高門行行去城邑遥遥首丘園息鑣竟平壄秋駕列巖根

北齊祖孝徵挽歌辭曰驅駟馬謁帝長楊宮旌懸白雲外騎獵紅塵中今來向漳浦素蓋轉悲風榮華與歌笑萬事盡成空

隋盧思道彭城王挽歌辭曰旭旦禁門開隱隱靈輿發繐看鳳樓迥稍視龍山沒猶陳五營騎尚聚三河卒容衛儼

未歸空山照秋月

又樂平長公主挽歌辭曰粧樓對馳道吹臺臨景舍風入上春朝月滿涼秋夜未言歌笑畢已覺先榮謝何時洛水湄芝田解龍駕

方相

周禮夏官曰方相氏掌蒙熊皮黃金四目玄衣朱裳執戈揚楯帥百隸大喪先匶及墓入壙以戈擊四隅歐方良壙穿中也方良罔兩也

蔡質漢官儀曰陰太后崩前有方相及鳳皇車

晉公卿禮秩曰上公薨者給方相車一乘安平王孚薨方相車駕馬

幽明録曰廣陵露白村人每夜輒見鬼怪或有異形醜惡怯弱者莫敢過村人怪如此疑必有故相率得十人一時發掘入地尺許得一朽爛方相頭訪之故老咸云嘗有人冒雨葬至此遇刧一時散走方相頭陷没泥中

風俗通曰俗說亡人䰟氣浮揚故作魌頭以存之言頭體魌魌然盛大也或謂魌頭爲觸壙殊方語也

太平御覽卷第五百五十二

太平御覽卷第五百五十三

禮儀部三十二

葬送一

易下繫曰：古之葬者，厚衣之以薪，葬之中野，（衣之以薪而埋之於中野。）不封不樹，喪期無數。後世聖人易之以棺椁，蓋取諸大過。

尚書曰：周公在豐，（致政老在豐也。）將沒，欲葬成周。周公薨，成王葬于畢。（成王不敢臣周公，故歸於文王葬畢也。）

禮記曲禮上曰：助葬必執紼。（紼引車索。）

禮記檀弓上曰：太公封於營丘，比及五世，皆反葬於周。君子曰：樂樂其所自生，禮不忘其本。古之人有言曰：狐死正丘首，仁也。（正丘首，正首丘也。仁，恩也。）

又曰：舜葬於蒼梧之野，蓋三妃未之從也。（古不合葬。）

又曰：葬於北方北首，三代之達禮也，之幽之故也。（北方北首國北）也

又曰：子柳之母死，子碩請具。（具，喪之器用也。子柳，魯叔仲皮之子，子碩兄。）子柳曰：何以哉？（言無其財。）子碩曰：請粥庶弟之母。（粥謂鬻之也。妾賤，取之曰買之也。）子柳曰：如之何其粥人之母以葬其母也？不可。

又曰：公叔文子升於瑕丘，蘧伯玉從。（二子衛大夫也。文子，獻公之孫，名拔也。）文子曰：樂哉斯丘也！死則我欲葬焉。伯玉曰：吾子樂之，則瑗請前。（刺其欲害人良田。瑗，伯玉名也。）

又曰：成子高寢疾，（成子高，齊大夫國成伯高。）慶遺入請曰：夫子病革矣，如至大病則如之何？（觀其意也。革，急也。慶遺，封之族。）子高曰：吾聞之也，生有益於人，死不害於人。吾縱生無益於人，吾可以死害於人哉？我死，則擇不食之地而葬我焉。（不食謂不墾耕。）

又曰：國子高曰：葬也者，藏也；藏也者，欲人弗得見也。是故衣足以飾身，棺周於衣，土周於椁，反壤樹之哉。

又曰：孔子之喪，有自燕來觀者，舍於子夏氏。子夏曰：聖人之葬人與？人之葬聖人也，子何觀焉？昔者夫子言之曰：吾見封之若堂者矣，見若防者矣，（防形旁殺，平上而長。）見若覆夏屋者矣，（覆謂茨瓦也。夏屋，今之門廡也，其形旁廣而卑。）見若斧者矣。從若斧者焉，馬鬣封之謂也。

禮記檀弓上曰：季武子成寢，杜氏之葬在西階之下，請合葬焉，許之。入宮而不敢哭。武子曰：合葬非古也，自周公以來未之有改也。吾許其大而不許其細，何居？命之哭。

又曰：子游問喪具，夫子曰：稱家之有亡。子游曰：有亡惡乎齊？（惡乎齊，問豐省之比。）夫子曰：有無過禮，苟亡矣，斂首足形，還葬，懸棺而封，（不設碑繂，不備禮也。）人豈有非之者哉？

又曰：宋襄公葬其夫人，醯醢百甕。

禮記檀弓下曰：季子皐葬其妻，犯人之禾。申祥以告，曰：請庚之。（申祥，子張子也。庚，償也。）

子皐曰：孟氏不以是罪予，朋友不以是棄予，以吾為邑長於斯也。買道而葬，後難繼也。（恃寵虐民非也。）

又曰：延陵季子適齊，於其反也，其長子死，葬於嬴博之間。（嬴博，齊地，今泰山縣是也。）孔子曰：延陵季子，吳之習於禮者也。往而觀其葬焉。其坎深不至於泉，（以生者死。）其斂以時服。既葬而封，廣輪揜坎，其高可隱也。（輪，從也。隱，據也。）既封，左袒，右還其封且號者三，曰：骨肉歸復於土，命也；若魂氣則無不之也，無不之也。（還迴。）而遂行。孔子曰：延陵季子之於禮，其合矣乎！

又曰：子路曰：傷哉貧也！生無以為養，死無以為禮也。孔子曰：啜菽飲水，盡其歡，斯之謂孝；斂手足形，還葬而無椁，稱其財，斯之謂禮。（還猶疾也。）

禮記王制曰：天子七日而殯，七月而葬；諸侯五日而殯，五月而葬；大夫、士、庶人三日而殯，三月而葬。（尊者舒，卑者速。春秋傳曰：天子

七月而葬同軌畢至諸侯五月同盟至大夫三月同位至士踰月外姻至三年之喪自天子達庶人縣封葬不爲雨止不封不樹喪不貳事

禮記曾子問曰葬引至于堩日有食之則有變乎且不乎堩道也變謂異禮孔子曰昔吾從老聃助葬於巷黨及堩日有食之老聃曰丘止柩就道右止哭以聽變旣明反而后行曰禮也巷黨黨名也反葬丘問之曰夫柩不可以反也日有食之不知其已之遲數則豈如行哉已止也數讀爲速老聃曰夫柩不早出不暮宿侵晨夜則近姦寇也見星而行者唯罪人與奔父母之喪者乎日有食之安知其不見星也爲無日而懸柞豫止且君子行禮不以人之親痁患痁患病也以人之父母行禮而恐懼其有患害不爲也

禮記曾子問曰並有喪如之何何先何後並謂父母若親同者同月死孔子曰葬先輕而後重其奠也先重而後輕禮也自啓及葬不奠不奠務於當葬者行葬不哀次不哀次輕於在殯者反葬奠而后辭於殯遂脩葬事殯當爲賓聲之誤也辭於賓謂告將葬啓期也其虞也先重而後輕禮也

禮記喪大記曰君葬用輴四綍二碑御棺用羽葆大夫葬用輴二綍二碑御棺用茅士葬用國車二綍無碑比出宮御棺用功布大夫廢輴此言輴非也

禮記中庸曰父爲大夫子爲士葬以大夫祭以士父爲士子爲大夫葬以士祭以大夫

左傳隱公曰公將如棠觀魚者臧僖伯諫不從冬臧僖伯卒公曰叔父有憾於寡人叔父有諫觀魚不聽也寡人弗敢忘葬之加一等

又曰元年冬十月庚申改葬惠公公弗臨賈逵曰改葬改備禮也葬嗣君之事公不臨言無恩禮曰改葬緦也故不書惠公之薨也有宋師太子少葬故有闕是以改葬言是以明禮闕故也

又曰天子七月而葬同軌畢至諸侯五月同盟至大夫三月同位至士踰月外姻至

左傳僖上曰許穆公卒于師葬之以侯禮也男而侯禮加一等凡諸侯薨于朝會加一等諸侯命有三等公爲上等侯伯爲中等子男爲下等死王事死王事謂朝天子以命用師加二等於是有以袞斂袞斂者上公九命服袞也

左傳宣上曰葬敬嬴旱無麻始用葛茀記禮變之所由茀所以引柩殯則有之以備火葬則以下柩雨不克葬禮也禮卜葬先遠日辟不懷也懷思也

左傳成上曰宋文公卒始厚葬用蜃炭益車馬始用殉重器備椁有四阿棺有翰檜君子謂華元樂莒於是乎不臣臣治煩去惑者也今二子者君生則縱其惑死又益其侈是弃君於惡何臣之爲

左傳昭二曰叔孫卒杜洩將以路葬且盡卿禮路王所賜叔孫車

南遺謂季孫曰叔孫未乘路葬焉用之且冢卿無路介卿以葬不亦左乎

左傳昭三曰鄭簡公卒將爲葬除除葬道及游氏之廟游氏子太叔族將毀焉子太叔使其除徒執用以立而無庸毀用毀廟具曰子產過女而問何故不毀乃曰不忍廟也諾將毀矣教毀廟者之辭既如是子產乃使辟之毀之則朝堋弗毀則日中而堋

春秋說題辭曰葬尸下藏也人生於陰含陽充死入地歸所與也宋均注人生陰謂在胞胎中

論語先進曰顏淵死門人欲厚葬之子曰不可門人厚葬之子曰回也視予猶父也予不得視猶子也非我也夫二三子也言顏路在聽門人厚葬之

白虎通曰周公以王禮葬何以爲周公踐祚理政與天同志原天之意予愛周公與文武不異故以王禮

爾雅曰葬藏謂之壙宅兆塋域地也○說文曰窆葬下棺也

史記曰項王已死楚地皆降漢獨魯不下漢乃引天下兵欲屠之爲其守禮義爲主死節乃持項王頭示魯魯父兄乃降始楚懷王初封項籍爲魯公及其死魯最後下故以魯公禮葬項籍彭城

史記曰臨江閔王榮以孝景前四年爲太子四歲廢爲臨江王四年坐侵廟壖爲宮上徵榮詣中尉府中尉郅都責訊王王恐自殺葬藍田鷰數萬銜土置冢上百姓憐之

又曰郭解姊子負解之勢與人飲強灌之人怒拔刀刺殺解姊子去亡解姊怒曰以翁伯之義人殺吾子賊不得弃其尸於道不葬欲以辱解解使人微知賊處賊窘自歸具以實告解解曰殺之固當吾兒不直遂去其罪其姊乃收而葬之諸公聞之皆多解之義

戰國策曰秦宣太后愛魏餘病且死令曰我死必以魏子爲狥庸芮爲之說后曰以死者爲有知乎曰無知芮曰何乃空以生之所愛葬無知之死人哉若死者有知先王之積怒久矣太后救過不暇何得私魏子乎太后乃止

漢書曰韓信淮陰人家貧無行不得推擇爲吏又不能治生爲商賈常從人寄食其母死無以葬乃行營高燥地傍可置萬家者爲冢

又曰張良始所見下邳圯上老父與書者後十三歲從高帝過濟北果得穀城山下黃石取而寶祠之及良死幷葬黃石每上冢伏臘祠黃石

又曰衛青貴而平陽侯曹壽有惡疾就國長公主問列侯賢者左右皆言大將軍主嘆曰此出吾家常從我柰何左右曰於今尊貴無比於是主諷皇后言之上迺詔青尚平陽主合葬起冢

又曰三長史害張湯自殺昆弟欲厚葬湯母曰湯爲天子大臣被惡言而死何厚葬爲載以牛車有棺而無槨上聞之曰非此母不生此子迺盡誅三長史

又曰主父偃方貴幸時客以千數及死無一人視獨孔車收葬焉上聞之以車爲長者

又曰霍光薨上及皇后太后親臨光喪太中大夫任宣與侍御史五人持節護喪事賜金錢繒絮繡被百領衣五十篋璧珠璣玉衣（如淳曰漢儀注以玉爲襦如鎧狀連綴之以黃金爲縷腰以下玉爲札長尺廣二寸半押下至足亦綴以金縷也）便房黃腸題湊各一具（蘇林曰以柏木黃心致累棺外曰黃腸木頭皆內向故曰題湊如淳曰便房冢中室也漢儀天子陵中明中高丈二尺四周二丈內梓宮次楩槨栢黃腸題湊也）東園溫明（服虔曰東園處此器象如棺關一端漆畫之以鏡置其中以尸上大斂并蓋之矣）皆如乘輿制度載光尸柩以轀輬車黃屋左纛發材官

輕車北軍五校士軍陳至茂陵以送其葬謚曰宣成侯發三河卒穿土起冢祠堂置園邑三百家

又曰金日磾薨賜葬具冢地送以輕車介士軍陳至茂陵謚曰敬侯

又曰楊王孫者孝武時人也學黃老之術家業千金厚自奉養生亡所不致及病且終先令其子曰吾欲倮葬以反吾眞必亡易吾意死則爲囊盛尸尸入地七尺既下從足引脫其囊以身親土其子欲默而不從重廢父命欲從之心又不忍乃往見王孫友人祁侯祁侯與王孫書王孫報曰蓋聞古之聖王緣人不忍其親故爲制禮今則越之吾是以倮葬將以矯世吾聞之精神者天之有形骸者地之有精神離形各歸其眞故謂之鬼鬼之爲言歸也屍塊然獨處豈有知哉裹以幣帛隔以棺槨支體結束口含

王石欲化不得鬱爲枯腊千載之後棺槨朽腐迺得歸土就
其眞宅祁侯曰善遂倮葬
又曰朱雲年七十餘終於家病不呼醫飲藥遺言以身服斂
棺周於身土爲槨（韋昭曰燒土爲槨也）爲丈五墳葬平陵東郭外
又曰韋玄成爲相病且死因使者自白曰不勝父子私願
乞體骨歸葬父墓上許焉
又曰朱邑病且死囑其子曰我故爲桐鄉吏其民愛我必
葬桐鄉後世子孫奉我不如桐鄉民及死其子葬之桐鄉
西郭外民果共爲邑起冢立祠歲時祭至今不絶
又曰孔光薨王莽白太后使九卿策贈以太師博山侯印
綬賜乘輿秘器金錢雜帛少府供帳公卿百官會弔送葬
載以乘輿及副各一乘羽林孤兒諸生合四百人輓送車
萬餘兩將作穿復土河東卒五百人起墳如大將軍王鳳
制度

又曰董賢死見發倮診其尸因埋獄中賢所厚吏沛人朱
詡自劾去大司馬府備棺衣收賢尸葬之王莽聞之大怒
以他罪繫殺詡
又曰楚王戊女解憂妻烏孫公主上書言年老思願得歸
骸骨葬漢地天子愍而迎之公主與孫男女三人俱來後
二歲卒三孫因留守墳墓
又曰樓護字君卿結交士大夫無所不傾甚交士長者尤
見親敬毋死送葬者致車二三千兩
後漢書曰永平十二年詔曰昔曾閔奉親竭歡致養仲尼
葬子有棺無槨喪貴致哀禮存寧儉今百姓送終之制競
爲奢靡生者無擔石而財力盡於墳土伏臘無糟糠而牲
牢兼於一奠靡破積代之業以供朝夕之費豈孝之意哉
有司其申明科禁宣下郡國
范曄後漢書曰孔僖拜臨晉令卒官遺令即葬二子長彥
並十餘歲蒲坂令許君然勸令反魯對曰今載柩而歸則
違父令舍墓而去心所不忍遂留華陰
續漢書曰張奐光和四年卒遺令曰吾前後仕進十腰銀
艾不能和光同塵爲讒邪所忌但地底冥冥長無曉期而
復纏以纊綿牢以釘密爲不喜耳今幸有前穿朝隕夕下
措尸靈牀幅巾而已奢非楨文儉非王孫推情從意庶免
咎悋諸子從之
又曰周暢字伯持性仁慈爲河南尹永初二年夏旱久禱
無應暢因收葬洛城傍客死骸骨凡萬餘人應時澍雨歲
乃豐稔位至光祿勲
東觀漢記曰光武發薊還士衆喜樂鼓聲歌詠八荒震動

過范陽命諸將收葬吏士又東平王蒼葬章帝勅詔有司
加賜鑾路乘馬龍旂九旒虎賁百人
又曰東海王彊薨追念彊雅性恭儉不欲令厚葬以違其
意詔中常侍杜岑東海相傳曰王恭謙好禮以德自終勑
官屬遣送務行約省茅車瓦器以成王志
又曰王丹閭里有喪憂輒度其資用教之儉約因爲其制
日定葬其親喪不過留殯一月其下以輕重爲差
又曰梁鴻病困與高伯通及會稽士大夫語曰昔延陵季
子葬於嬴博之間不歸其鄉愼勿聽妻子持尸柩去終後伯
通等爲求葬處有要離冢高煥衆人曰要離古烈士今伯
鸞亦清高令相近遂葬要離冢旁子孫歸扶風

太平御覽卷第五百五十三

太平御覽卷第五百五十四

禮儀部三十三

葬送二

東觀漢記曰鄧弘薨有司復請加謚曰昭成君發五校輕車騎士爲陳至葬所所施皆如霍光故事皇太后皆曰門生輓送

謝承後漢書曰鄧晨尚世祖姊新野公主主爲王莽兵所害及薨詔備主官屬法駕招迎主魂與晨合葬於北邙

謝承後漢書曰馬援卒後有人上書譖之者援妻孥惶怖不敢以喪還舊塋裁買城西數畝地槀葬而已賓客故人莫敢弔會援妻子草索相連詣闕請罪帝乃出訟書以示之方知所坐上書訴冤前後六上辭甚哀切然後得葬

謝承後漢書曰崔瑗爲濟北相光禄大夫杜喬爲八使徇

行郡國以贓奏瑗徵詣廷尉瑗上書自訟得理出會病卒臨終顧命子實曰人稟天地之氣以生及其終也歸精於天還骨於地何地不可藏形骸勿歸鄉里實奉遺令遂留葬洛陽初崔實父卒標賣田宅起冢塋立碑頌葬訖資産竭盡因窮困以權酤鬻爲業時人多以此譏之實終不改亦取足而已不致盈餘

謝承後漢書曰陳寵爲廣漢太守先是洛縣城南每陰雨常有哭聲聞於府中積數十年寵聞而疑其故使吏案行還言襄亂時此下多死亡者而骨骸不得葬儻在於是寵愴然矜之即勑縣盡收斂葬之自是哭遂絶

華嶠後漢書曰楊震爲太尉中常侍樊豐等驕恣震常切諫由是共構譖震策罷遣歸本郡遂仰鴆薨薨日有大鳥來止樹上須臾下地安行到柩前正立俛頭旁人共更撫抱終不驚駭鳥蒼色頸去地五六尺舒翅廣一丈三尺莫有能名者葬畢飛去

范曄後漢書曰范冉一名丹臨命遺勑其子曰吾生於昏闇之世值乎淫侈之俗生得在世濟時死則何忍自同於世氣絶便斂斂以時服衣足蔽形棺足周身斂畢便穿穿畢便埋其明堂之奠盂飯寒水飲食之物勿有所下墳封高下令足自隱知我心者李子堅王子炳也今皆不在制之在爾勿令鄉人宗親有所加也

范曄後漢書曰趙咨以病自乞徵拜議郎沉疾京師將終告其故吏朱祇蕭建等薄斂素棺藉以黄壤欲令速朽早歸后土不聽子孫改之朱祇蕭建送喪到家子胤不忍父體與土并合欲更改殯祇建譬以顧命於是奉行世稱明哲

後漢書曰董宣爲洛陽令卒於官詔遣使者臨視唯見布被覆尸妻子對哭有大麥數斛弊車一乘帝傷之曰董宣廉潔死乃知之以宣綬爲二千石賜艾綬葬以大夫禮

後漢書曰樊宏卒遺勑薄葬一無所用以爲棺柩一藏不宜復見如有腐敗傷孝子之心使與夫人同墳異藏帝善其令以書示百官因曰今不順壽張侯意無以彰其德且吾萬歲之後欲以爲式

後漢書曰袁安父没母使安訪求葬地道逢三書生問安何之安爲言其故生乃指一處云葬此地當代爲上公須臾不見安異之於是遂葬其所占之地故累代隆盛焉

後漢書曰桓榮每疾病帝輒遣使者存問太官太醫相望於道及篤上疏謝恩讓還爵土帝親幸其家問起居下車擁經而前撫榮垂涕賜以牀茵帷帳刀劒衣被良久乃去自

是諸侯將大夫問疾者不敢復乘車到門皆拜床下（榮卒）帝親自變服臨喪送葬賜冢塋于首山之陽

後漢書曰李傕重葬董卓於郿并董氏所焚尸之灰合斂一棺而葬之葬日大風雨霆震卓墓流水而藏漂其棺木

後漢書曰王忳字少林（忳音徒）廣漢新都人也忳嘗詣京師於空舍中一書生疾困愍而視之書生謂忳曰我當到洛而被病命在須臾腰下有金十斤願以相贈死後乞藏骸骨未及問姓名而命絶忳即鬻金一斤營殯葬餘金悉置棺下人無知者後歸數年縣署忳大度亭初到之日有馬馳入亭中而止其日大風飄一繡被復墮忳前即言之於縣縣以歸忳忳後乘馬到雒縣馬遂奔走牽忳入他舍主人見之喜曰今禽盜矣問忳所由得馬忳具說其狀并及繡被主人悵然良久乃曰被隨旋風與馬俱亡卿何陰德

而致此二物忳自念有葬書生事因說之并道書生形皃及埋金之處主人大驚號曰是我子也姓金名彥前往京師不知所在何意卿乃葬之大恩久不報以彰卿德耳忳悉以被馬還之彥父不取又厚遺忳忳辭讓而去

後漢書曰范式字巨卿與張元伯爲友元伯寢疾篤同郡郅君章殷子徵晨夜省疾視之元伯臨盡歎曰恨不見吾死友尋而卒式忽夢見元伯玄冕垂纓屣履而呼曰巨卿吾以其日死當以爾時葬永歸黄泉子未我忘豈能相及式怳然覺寤悲歎泣下具告太守請往奔喪投其葬日馳往赴之式未及到而喪已發引既至壙將窆而柩不肯進其母撫之曰元伯豈有望耶遂停柩移時乃見有素車白馬號哭而來其母望之曰是必范巨卿也即至叩喪言曰行矣元伯死生路異永從此辭會葬者千人咸爲揮涕式因執紼而引柩於是乃前式遂留止冢次爲脩墳樹

後漢書曰繆肜汝南召陵人也太守隴西梁湛召爲決曹史安帝初湛病卒官肜送喪還隴西始葬會西羌反叛湛妻子悉避亂他郡肜獨留不去爲起墳冢乃潛穿井傍以爲窟室晝則隱竄夜則負土及賊平而墳已立其妻子意肜已死還見大驚關西咸稱傳之共給車馬衣資肜不受而歸

後漢書曰張霸蜀郡成都人也爲會稽太守後徵四遷爲侍中卒年七十遺詔諸子曰昔延州使齊子死嬴博因坎路側遂以葬焉今蜀道阻遠不且歸塋可止此葬足藏髮齒而已務遵速朽副我本心人生一代但當畏敬於人若不善加己直爲受之諸子承命葬於河南梁縣因遂家焉

後漢書曰士孫瑞理王允等事曰興平二年秋朝廷以九

月九日引見公卿近臣飲宴離席前說故司徒王允故司隸黄琬並有功於國可聽允琬等葬

魏略曰田豫病亡戒其妻子曰葬我必西門豹邊妻子難之曰西門豹古之神人那可葬其所豫曰豹所履行正與我等耳使死而有靈必與我善妻子從之

魏略曰郝昭字伯通病亡遺令戒其子凱曰吾爲將知將不可爲也吾數發冢取其木以爲攻戰具又知厚葬無益於死者也汝必斂以時服死復何在耶今去本墓遠東西南北在汝而已矣

魏略曰沐徳信年六十餘自處無常豫作終制誡其子以儉葬至嘉平中病甚臨困又勑豫掘埳誡氣絶令二人舉尸即埳絶哭泣之聲止婦女送又誡後亡者不得入藏不得封樹妻子皆遵之

魏志曰征東將軍王基母卒詔秘凶問迎其父豹喪合葬洛陽追賜豹北海太守

魏志曰邴原字根矩北海人太祖辟司空掾原女早亡時太祖愛子倉舒亦沒太祖欲令合葬原辭曰合葬非禮也原之所以自容明公公之所以待原者以能守訓典而不易也若聽明公之命則是凡庸也明公焉以爲哉太祖乃止

魏志曰任城王章葬賜鑾路龍旂虎賁百人如漢東平王故事

魏志曰徐邈爲光祿大夫數歲即拜司空固辭不受以大夫薨于家用公禮葬謚曰穆侯

魏志裴潛薨贈太常子秀嗣遺令葬中唯置一坐瓦器數枚其餘一無所設也

王隱晉書曰魏舒字陽元爲冀州刺史入代山濤爲侍中舒三取妻皆先亡是歲自表乞假還本郡葬妻上曰舒當左右朝政不宜遠還鄉里舒素清貧不營財產頓舉衆喪必無以自供其賜葬地一頃錢伍拾萬

王隱晉書曰皇甫謐篤終論曰氣絕之後便時服幅巾以籧篨裹尸覆卷三重麻繩約二頭置屍靈床上擇不毛之地穿坑十尺長一丈二尺廣六尺坑訖去床下屍平生之物皆無自隨唯賫孝經一卷示不忘孝道

王隱晉書曰杜預薨遺令曰吾往爲公使過密縣邢山之上有冢問耕者云是鄭大夫祭仲或子產之冢也遂師從者登而觀焉其造冢居山之嶺四望周達連山體南北之正而耶東北向新鄭城意不忘本也藏無珎寶不取於重深居子尚其儉小人無利可動歷千載無毀儉之致也吾去春入朝因自營洛陽城東首陽之南爲將來兆域而所得地中有小山上無舊冢其高顯雖未足比邢山然東奉二陵西瞻宮闕南觀伊洛北望夷叔曠然遠覽情之所安也故遂表樹開道爲一定之制取法鄭大夫欲以儉自完耳棺器小斂之事皆當稱此

王隱晉書曰馬隆字孝興東平人也少有智勇門寒無仕路兖州刺史令狐愚坐事死舉州無敢送喪者唯隆以武吏託稱家客殯送喪葬種栢三年禮畢乃還舉州皆慙

王隱晉書曰徐苗以永寧三年春亡遺令濯巾澣衣榆棺雜塼露車載柩葦席瓦器而葬矣

晉陽秋曰荀粲亡時年二十九性簡貴不能與常人交接所交者一時俊傑至葬夕赴者裁十餘人皆同時知名士也哭之感動路人

漢晉陽秋曰司馬師葬曹爽於洛陽西北三十里屈澗之濱下車數乘不設旒旐百姓相聚而觀之曰前所殺天子也或掩面而泣

晉諸公讚賈后女宣華公主葬用羽葆鼓吹熊渠佽飛爲鹵簿

晉書曰石苞以泰始八年薨預爲終制曰延陵薄葬孔子以爲達禮華元厚葬春秋以爲不臣古之明義也自今死亡者皆斂以時服不得兼重又不設床帳明器窆後復土滿坎不得起墳種樹

王隱晉書曰庾峻遺勑子珉曰朝卒暮殯幅巾布衣葬不擇日珉奉遺命殯以時服

晉中興書曰劉驎之少有信義去家百餘里有一獨嫗病將死歎息謂人曰誰當埋我唯有劉長史耳何由令知驎

之先聞有病故往候之值其命終乃身為治棺殯送其仁愛惻隱若此也

王隱晉書曰蘇韶安平人也為中牟令第九子名節晝日見韶入乘馬介黃練衣曰吾欲改葬乃授節為書曰吾性好愛京洛每往來瞻覩芒山上樂哉乎此萬代之基也背孟津洋洋之河南望天邑濟濟之盛此志雖未言銘之於心不圖奄忽所懷未果前至十月可速改葬買數畝地便自足矣

晉書曰成都王穎死其後汲桑害東嬴公騰稱為穎報讎遂出穎棺載之於軍中每事啓靈以行軍令桑敗棄棺於故井中穎故臣收之改葬於洛陽

晉中興書曰王導薨詔給九旒轀輬車黃屋左纛前後羽葆鼓吹挽歌兩部虎賁班劍百人中興名臣莫與為比也

晉中興書曰初溫嶠葬豫章朝議以嶠首受顧命功濟社稷宜還陪陵官為起冢太尉侃上疏停其移葬詔從之至嶠後妻何氏卒　便載嶠喪還都詔令葬建平陵北并贈嶠二妻王氏何氏始安夫人印綬云

太平御覽卷第五百五十四

太平御覽卷第五百五十五

禮儀部三十四

葬送三

晉中興書曰東海王越妃裴氏痛越棺柩被焚乃招魂葬越於丹徒中宗以爲非禮下詔曰夫冢以藏形廟以安神今世招魂葬者是埋神也其禁之

後魏書曰韓延字顯宗爲虎牢鎮將初延曾往栢谷塢有魯宗之墓有終焉之志因謂子孫曰我不勞向北代葬也即可就此子孫從其言

崔鴻後燕録曰趙秋字武汲郡朝歌人也輕財好施隣人李玄度母死家貧無以葬秋謂其兄曰赴死救不足仁之本也家有二牛以一牛與之玄度得以葬他年秋夜行見一老母遺秋金一餅曰子能葬我是以相報子五十已後當富貴不可言勿忘玄度也

宋書曰謝方明父冲爲孫恩所殺伯父邈守吳興又爲孫恩黨害之方明體素羸弱而勇決過人結邈門生討其黨悉擒手刃之時亂後吉凶禮廢方明合門遇禍資產無遺而營舉之功盡力數月葬送並畢平世備禮無以加也

南史曰王思遠少無仕心宋建平王景素辟南徐州主簿深見禮景素被誅左右離散思遠親視殯葬手種松栢與廬江何昌㝢上表理之

宋書曰王微少好學弟僧謙亦有才譽爲太子舍人遇疾微躬自處療而僧謙服藥失度遂卒微深自咎恨發病不復自療哀痛僧謙不能已以書告靈僧謙卒後四旬而微終遺令薄葬不設輴旐鼓挽之屬施五尺床爲靈二宿便毁

又曰范泰卒初議贈開府殷景仁曰泰素望不重不可擬議台司竟不果及葬王弘撫棺哭曰君生平重殷鐵今以此爲報

沈約宋書曰吳逵吳興烏程人經荒饑饉以疾病父母兄弟嫂及郡羣從小功之親男女死者十三人唯逵夫妻獲全家徒四壁立冬無被袴晝則傭賃夜則伐木燒塼妻亦同逵此誠朞年中成七墓十三棺亦出中興書王韶孝子傳

南史曰顧憲之仕齊爲衡陽内史先是郡境連歲疾疫死者太半棺槥尤貴悉裹以葦席弃之路傍憲之下車分告屬縣求其親黨悉令殯葬其家人絶滅者憲之出公禄使綱紀營護之又土山人有病輒云先亡爲禍皆開冢剖棺水洗枯骨名爲除祟憲之曉諭爲陳生死之別事不相由風俗遂改

又曰王儉領中書監參掌選事其年疾上親視薨年三十八詔衛軍文武及臺所給兵仗悉停待葬又詔追贈太尉加羽葆鼓吹增班劒爲六十人葬禮依太宰文簡公褚彦回故事

齊書曰初豫章王嶷葬金牛山文惠太子葬夾石竟陵王子良臨送望祖硎山悲感歎曰北瞻吾叔前望吾兄死而有知請葬兹地及薨葬焉

又曰何點哀樂過人嘗行逢葬者歎曰此哭者之懷豈可思耶於是悲慟不能禁

梁書曰到溉臨終託子孫薄葬之禮曰氣絶便斂斂以法服斂竟便葬不須擇日凶事心存約儉孫姪不得違言便屏家人請僧讀經贊唄及卒顔色如恒手屈二指即佛道所云得果也

又曰顓頊之臨終爲制勑其子曰夫出生入死理兼晝夜生即不知所從死亦安識所往延陵云精氣上歸于天骨肉下歸于地魂氣則無不知良有以也雖復茫昧難徵要若非妄百年之期逆若馳隙吾今預爲終制瞑目之後念並遵行勿違吾志也莊周澹臺達生者也王孫士安矯俗者也吾進不及達退無所矯常謂中都之制允理愜情衣周於身示不違禮棺周於衣足以蔽臭入棺之物一無所須載以輔車覆以麤布爲使人勿惡也

崔鴻三十國春秋夏錄曰赫連昌發二百里内民二萬五千人鑿嘉平陵七千人繕清廟於契吳初昌父勃北遊契吳昇高而歎曰美哉斯阜臨廣澤而帶清流吾行地多矣未有若斯之美昌以勃平昔之意也故立廟焉葬勃曰於城西十五里起行宮摸寫統萬宮殿飾以金銀珠璣葬訖

楚之駿馬數千疋

唐書曰貞觀十年葬文德皇后於昭陵因山爲墳不封不樹太宗懲秦漢已來厚葬以致發掘因序平生之志刻於石以識將來

又曰高宗以頻年飢儉召雍州長史李義琛謂曰庶人之徒商賈雜類竟爲厚葬違越禮度雍州列郡之首四方取則卿爲嚴禁勿復使然也

又曰初玄宗因拜橋陵至金粟山覩崗巒有龍盤鳳翥之勢謂左右曰吾千秋後宜葬此地羣臣乃追先旨築陵此山曰泰陵

又曰蘇頲葬上遊咸宜宮將出獵聞頲喪出愴然曰蘇頲今日葬吾寧忍娛遊遂還宮

又曰初涇原節度使劉昌之鎮涇州也平涼盟會所亡殁將士骸骨在焉乃令聚而坎瘞之因感夢於昌有媿謝之意遂以聞由是下詔深自尅責仍遣秘書少監孔述睿及中官以御厨饌物及内造衣服數百襲令劉昌收其骸骨以歸大將三十人將士一百人皆具棺櫝斂以衣服葬於淺水原置二塜其大將曰旌義塜將士曰懷忠冢詔翰林學士撰二冢誌文及祭文其曰劉昌盛陳兵於葬所具牢饌祖祭之禮昌及大將皆素服臨之焚其屍及紙錢千幅又立三堠題以冢名表於道傍師人觀之莫不感泣

穆天子傳曰甲辰天子南葬盛姬於樂池之南（即玄池也）天子乃命盛姬之喪視皇后之葬法河濟之間共事（供給葬事）七萃之事抗即車（舉棺以就車）以御日月之旗七星之文（今據上畫日月及北斗星周禮日月爲當旗亦通名也）鼓鍾以葬。山海經曰狄山帝堯葬于陽（今堯冢在濟陰陽城縣也）帝嚳葬于陰爰有熊文虎（雕虎）文王皆葬其所（文王）

（墓今在畢也桀帝王冢墓有定處而山海經往往偏見之者蓋以爲聖人在於其位仁化廣及恩沾鳥獸至於殂亡四海若喪考妣無思不哀故絕域殊類之閒天子崩各自立廟祭起土爲冢也）

又曰務隅之山帝顓頊葬于陽（冢在頓丘城門外廣陽里中也）九嬪葬于陰（嬪婦）

又曰赤水之東蒼梧之野舜與叔均之所葬也（叔均商均墓今在九疑山中也）其中有九疑山舜所葬在長沙零陵界中（九疑山九谿其山皆相似）

又曰邢天與帝爭神帝斷其首葬之常羊山及乃以乳爲目以臍爲口（玄中記又載）

晏子曰景公成路寢之臺逢於何遭晏子再拜前曰於何之毋死兆在路寢之臺牖下願請合骨晏子入白公公作色曰自古及今子亦嘗聞請葬人主之宮者乎對曰古之人君不奪生人之居不殘死人之墓故未嘗聞請葬人主

之宫也嬰聞之生者不安命之曰畜憂死者不葬命之曰畜哀畜憂者怨畜哀者危君不如許之公曰諾逢於何遂葬路寢之臺牖下

墨子曰古者聖人制爲葬埋之法曰棺三寸足以朽體衣衾二領足以覆惡者昔堯北教八狄道死卭卭之山衣衾二領滿坎無封已葬牛馬乘之舜西教犬戎道死南紀之市既葬而市人乘之禹東教於越葬於會稽之山桐棺三寸皆下不及泉上無通臭三王者豈財用不足哉以爲葬埋之法也

孟子曰滕文公卒葬有日矣天大雨雪甚至牛目羣臣請弛期太子不許惠公諫曰昔王季葬滑山之尾欒水齧其墓見棺前和文王曰先君欲見羣臣百姓矣乃出爲張三日而後葬令太子亦曰先王以留而撫社稷故使雪弛其期更爲日此文王之義也太子曰善

莊子曰莊子將死弟子欲厚葬之莊子曰吾以天地爲棺椁日月爲連璧星辰爲珠璣萬物爲齎送吾葬具不備耶何以加此弟子曰吾恐烏鳶之食夫子也莊子曰在上爲烏鳶食在下爲螻蟻食奪彼與此何偏耶

又曰莊子送葬過惠子之墓顧謂從者曰郢人有漫以堊汚其鼻端若蠅翼使匠石斲之運斤成風堊盡而鼻不傷自夫子之死吾無質矣吾無與言之矣

韓子曰墨者之葬也冬日冬服夏日夏服桐棺三寸服喪三日世主以爲儉而尤之儒者破家而葬債子而償執喪三年毀而扶杖世主以爲孝而禮之也

又曰齊國好厚葬布帛盡於衣衾材木盡於棺椁桓公患之以告管仲曰布帛盡則無以爲幣材木盡則無以爲守備而人厚葬之不休柰何管仲對曰凡人之有爲也非名之則利之也乃下令曰棺椁過度者僇其尸罪夫當喪者夫僇死無名罪當喪者無利人何故爲之也

尸子曰禹之喪法死於陵者葬於陵死於澤者葬於澤桐棺三寸制喪三日舜西教乎七戎道死葬南巴之中衣衾三領款木之棺葛以緘之

呂氏春秋曰孝子之重其親也慈親之愛其子也痛於肌骨性也所重所愛死而弃之溝壑人之情不忍爲故有葬死之義葬者藏也藏淺則狐狸迫之深則及於泉故凡葬必於高陵之上以避狐狸之患水泉之濕此則善矣

又曰審知生聖之要審知死聖之極也知生者不以害生養生之謂也知（死者不以害死此葬死之謂也）二者聖人之所獨決也凡生於天地之間其必有死所不免也

淮南子曰禹之時天下水禹身執畚插當此之時死陵者葬陵死澤者葬澤節財薄葬焉

又曰馬免人於難者死也葬之以帷幪爲衾牛有德於人其葬之大車之箱牛馬有功猶不可忘又況人乎

又曰禹有洪水之患陂塘之事（陂蓄水塘池也）故朝死而暮葬此皆聖人之所以應時設教見而施宜者也

典略曰秦始皇十年華陽君卒與孝文王合葬壽陵襄王毋夏太后別葬杜東臨死時曰東望我子西望我夫後百年旁當有萬家邑及漢有天下宣帝果起陵邑焉

西京雜記曰曹敞在吳章門下徃徃好斥人過以爲輕薄世人皆以爲然章後見殺全無有敢收葬者敞乃稱吳章弟子收葬其屍方知其亮直者不見容於凡輩矣平陵人文生爲碑於吳章墓側在龍首山南暮嶺上

又曰何武葬北邙薄龍阪王嘉冢東北一里許
又曰楊貴字王孫京兆人也生時厚自奉養死卒裸葬終南山下其孫掘土鑿石深七尺而反者
又曰安定嵩真玄菟曹元禮並明算術皆成帝時人真常以算自克其壽七十三真曰綏和元年正月二十五日晡時死矣書其壁以誌之至二十四日晡時死妻曰真算時見長下一算欲以告之慮脫其旨故不告今校一日也
又曰北芒青龍隴上孤櫝之西四尺所鑿之七尺吾欲葬此地也真死依言往掘得古時空槨即以葬之
又曰漢帝及諸侯王葬皆珠襦玉匣形如鎧甲連以金縷匣上皆鏤為蛟龍鸞鳳龜麟之象時謂蛟龍玉匣
又曰杜子夏葬長安北四里臨終作文曰魏郡杜鄴立身忠款犬馬未陳奄先草木骨肉歸於土魂氣則無所不知何必故丘然後即化封長安北郭此焉安息及死命刊石埋墓前

陳留風俗傳曰小黃縣者宋地故陽武東黃鄉也因黃水以名縣沛公起兵野戰喪皇妣於黃鄉天下平定使使者以梓宮招魂幽野於是有丹虵在水自洒濯入于梓宮其浴處有遺髮謚曰昭靈夫人
盧植別傳曰植初平三年卒臨困勑其子儉葬於山足不用棺附體單帛而已
鄭玄別傳曰玄卒遺令薄葬自郡守以下嘗受業者縗絰赴者千餘人
郭翻別傳曰翻　字道翔武昌人遺令儉葬唯以兩卷老子示存道德
杜祭酒別傳曰君年五十二當其終亡安厝先塋帛布轜車喪儀儉約執引者皆三吳令望及北人賢流
虞氏家記曰潭毋夫人薨宜都府君即世五十九載故殯修構窀穸靈柩往而莫前群從咸以喪事有往無反不應遷移潭以昔文王之葬王季既定而洪水出齧冢棺椁文王乃設張屋出柩三日群臣臨之然後葬此則上聖之遺令載在篇籍遂奉遷神柩權停幕屋使子孫展哀晨夕宗族相臨允合張屋之儀也天子給太夫人排徊車謁者送喪禮儀光備合葬於舊壙
衛玠別傳曰君卒丞相王公教曰衛洗馬明當改葬此君風流名士海內民望可修三牲之祭以敦舊好

太平御覽卷第五百五十五

太平御覽卷第五百五十六

禮儀部三十五

葬送四

吴越春秋曰吴平門外麋湖西城者麋王城也與越王遥戰越王殺麋王麋王無頭騎馬還武里乃死因留葬武里城中以午日死至今武里午日不舉火

又曰吴王闔閭有子女怨王乃自殺闔閭痛之甚葬於昌門外鑿地爲池積土爲山文石爲椁金鼎銀罇珠王之寶皆以送女乃舞白鶴於吴市中令萬民隨觀還使男女與鶴俱入門因塞之

又曰吴謀伐齊齊景公使子女爲質於吴吴王因爲太子聘齊女齊女少思齊日夜哭泣發病闔閭乃起北門名曰齊門令女往遊其上女思不止病日益甚至且死女曰令

死有知必葬海虞山之顛以望齊國闔閭傷之甚用其言葬於虞山之嶺以瞻望齊國是時太子亦病而死

說苑曰蓋聞相梁并衛有罪而走齊管仲迎而問曰吾子相梁并衛之時門下使者幾何人曰門下使者三千餘人管仲曰今與幾何人來曰臣與三人俱曰是何對曰其一人父死無以葬我爲葬之一人母死無以葬亦爲葬之一人兄有獄我爲出之是以得三人來

桓子新論曰楊子雲爲郎居長安素貧比歲亡其两男哀痛之皆持歸葬於蜀以此困乏子雲達聖道明於死生不下季札然而慕恋死子不能以義割恩自令多費而致困貧

論衡曰儒書言孔子當泗水而葬爲之却流此言孔子德使水却不湍其墓是故儒者講論皆言孔子之後當封泗水以却流爲證殆虚言也

王符潛夫論曰文帝葬於芷陽明帝葬於洛南皆不藏珠寶不起山陵今京師貴戚郡縣豪家生不極養死乃崇喪造起大冢廣樹松柏廬舍祠堂務崇侈僭此無益於終無益於孝徒作煩擾傷害吏民今案畢鎬之郊無文武之陵南城之東無曽晳之冢周公非不忠曽子非不孝也

崔寔政論曰送終之家亦大無度至念親將終無以奉遣乃約其供養衣服豫脩已没之制竭家盡業甘之不恨窮阨既迫起爲盗賊拘執陷罪爲世大戮痛乎此俗之愚民也

録異傳曰袁安葬其毋逢三書生語其葬處遂至四世五公其後公路年十八驕豪故常食盗飯諸女以絳爲地道遊行其上此葬地所致也

謝綽宋拾遺曰桓温葬姑熟之青山平墳不爲封域於墓傍開埏立碑故謬其處令後代不知所在

襄陽耆舊傳曰峴山南有習家魚池者習郁之所作也郁將亡勑其兒煥曰我葬必近魚池煥爲起冢於池之北去池四十步

山謙之丹陽記曰晉車騎將軍王舒令其子曰甚愛漂陽縣死則我欲葬爲故王死之後徙縣治今處而以昔解爲墓

續搜神記曰干寶字令升新蔡人其父有嬖妾母至妬寶父葬時因推着藏中經十年而母喪開墓見棺妾伏棺上衣服如生就視猶暖漸漸有氣息輿歸經日乃蘇云父常與之寢接恩情如生在家中

范晏陰德傳曰陳翼字春卿廬江舒人也行到縣郭見道

上馬傍有卧疾人呼翼與語曰吾是長安魏公卿閭盧江樂士來下道病困不能復前儻可相救翼省之家有樂盧可俱歸乎公卿曰幸甚即扶與俱到家養視積日既困公卿謂翼曰馬上有金千餘餅素二十疋可賣殯餘以相謝言絶而亡翼賣素買衣衾殯殮之葬埋高敞之地以金置棺下不使人知乘馬去公卿兄長公見翼乘馬謂必殺公卿陰告官收翼具以狀對長公迎喪發棺下得金如數叩頭謝以金投其門中翼送長安還之

汝南先賢傳曰袁閎字夏甫延熹末黨事將作閎遂散髮乃築土室四周於庭潜身十八年終于土室之中臨卒勑其子曰勿設殯棺衣衾之備也但着禪衫疎布單衣幅巾襯尸於板床之上五百墼爲藏

會稽典録曰趙曄字長君山陰人也少爲縣吏奉檄迎督

郵曄甚耻之由是委吏到犍爲詣傳士杜撫受韓詩撫嘉其精力盡以其道授之積二十年不還家人爲之發喪制服至撫卒曄經營葬之然後歸家

又曰張護字彦承上虞人也與同郷丁孝正相親葬送過制護書難之曰吾聞班固善陽孫之省葬惡始皇之飾終夫倮以矯世君子弗爲左乃據周公之定品依延州而成事取中庸以建基獲美稱於當世不亦優哉

又曰謝夷吾轉下邳令預自尅死日如期果卒勑其子曰漢末嘗亂有發掘露骸之禍使縣棺下葬墓不起墳

楚國先賢傳曰韓塈將終遺言曰夫俗奢示之以儉儉則節之以禮歷見前世送終過制失之甚也若曹敬聽吾言斂以時服葬以土藏穿畢便葬送之以瓦器愼勿有增益

襄陽耆舊記曰襄陽城南邊大道有諸葛女郎墓者是諸葛仲茂女冢也年十三四亡茂婦憐之不能自遠故近宜葬之日日往哭

又曰秦頡者字初起頡之南陽過宜城中一家東向大道住車視之曰此居處可作冢後喪還至此住處車不肯前故吏爲市此宅葬之今宜城城中大冢前有二碑是也

又曰有佷子者家訾萬金而自少小不從父語臨亡意欲葬山上恐兒不從到言葬我着渚下石磧上佷子曰我由來不奉教從今當從此一語遂盡散家財作冢積土繞之成一洲長數百步元康中始爲水所壞佷子前漢人也

譙周三巴記曰巴國有亂巴國將軍曼子請師於楚楚人與師曼子已平巴國既而楚遣使請城曼子曰吾誠許子之君矣持頭往謝楚王城不可得乃自刎以頭與楚子楚子歎曰吾得臣若巴曼子何以城爲乃以上卿禮葬曼子

頭巴國葬其身亦然

華陽國志曰德陽縣有青石祠山源沃美有澤原之利士女多貞孝車騎將軍鄧芝方之鄧林有終焉之志没遂葬其山

博物志曰澹臺子羽渡水而子溺死人將葬之滅明曰此命也吾豈與螻蟻爲親魚鼈爲讎於是遂以水葬之

又曰漢滕公夏侯嬰死公卿送葬至東郭門外四馬不行掊地悲鳴即掘馬蹄下得石槨其銘曰佳城鬱鬱三千年見白日于嗟滕公居此室乃葬所地故謂之馬冢焉

又曰河内淇園張公老而無子貲財累億求没入官死葬園中于今供祀犧牲

永昌郡傳曰建寧郡葬夷置之積薪之上以火燔之烟氣

正上則大殺牛羊共祖勞賀作樂若遇風烟氣旁弥亦乃悲哭也

豫章記曰許子將墓在郡南四里昔子將以中國大亂遂來渡江隨劉繇而卒藏于昌門裏于時漢興平二年也吳天紀中太守吳興沈季白日於廳事上坐忽然如夢見一人着黃單衣黃巾稱汝南平與許子將求改葬因忽不見即求其喪不知處所遂招魂葬之命文學施遐爲招魂文

越地傳曰禹井井者法也以爲禹葬以度不煩人衆

樂資九州志曰渡之盩官有奉禪山昔始皇過此而美之死因葬焉有廟在平地于今民祠之

述征記曰蚩氏葬在彭城東岸東岸有一丘民俗謂之蚩氏葬或云斯則徐偃王葬后倉者也古徐國宮人娠而生卵弃之水濱有犬名后倉銜而歸伏而成人遂爲徐之嗣君純筋無骨號曰偃王偃王躬行仁義衆國附之得朱弓之瑞周穆王命楚滅之后倉將死生角九尾實黃龍也

又曰魚山臨清河舊屬東阿東阿王曹植每升此山有終焉之志植之所遊池沼溝渠悉存既葬于山西有二石柱猶存也地今割并穀城

鄧德明南康記曰陽道士葬巖右室元嘉中道士過世臨終語弟子等可送吾置彼石室中褐香鑪此外無所須也及其亡日謹奉遺命葬經數年尸猶儼然葛巾覆之如初弗朽後忽不復見今舟行者過其山渚尚聞香氣咸異焉

解道虔齊記曰魏黃初三年文帝弟燮封濮陽王臨終顧命葬近虞瑗之墓吾常想其爲人願託賢哲之靈

扶南傳曰頓遜國人死或鳥葬或火葬鳥葬者病困便歌舞送郭外有鳥如鵝綠色飛來萬計啄食都盡斂骨焚之沉之於海此上行少生天鳥若不食自悲傷乃就火葬取骨埋之是次行也

鄴中記曰石勒陵在襄國城西南三十里名高陵不築墻不種樹立堂皇五間安櫕圖勒大臣像又於堂皇東立重樓虎陵在鄴西北角既葬鄴中便亂其封域故未有名域云尋被掘及此二陵皆僞葬石勒虎自別於深山

風俗通曰王喬爲葉令天下一玉棺於廳事前令臣吏試入不動摇喬曰天帝獨欲召我沐浴服飾寢其中蓋便立覆之宿昔葬於城東土自成墳其夕縣中牛皆流汗吐舌人無知之者

皇覽曰舊漢家之葬方中百步穿築爲方城其中開道足施六馬發三河三輔近郡卒徒十萬數復土

姚信士緯曰蓋葬於寬平則恐後世都邑居之葬於陵野則恐民人耕稼及之厚榑大棺人所爲用下一寡材木民人率多發掘以繼其居千墳萬壙無不毀者其唯瓦棺薄葬斂以時服依于高丘徹于深窜庶乎不辱耳

語林曰王太保有二兒喪一兒欲還舊塋一兒欲留葬太保乃垂涕曰不忘故鄉仁也不戀本土達也唯仁與達吾二子有焉

又曰王武子葬夕孫子荊哭之甚悲賓客莫不爲垂涕哭畢向靈曰卿常好驢鳴今爲卿作驢鳴既作體似真聲賓客莫不大笑孫聞笑顧謂曰諸君不死令王武子死賓客莫不皆怒須臾之間或悲或笑或怒

世説曰阮籍葬母蒸一肥豚飲酒二斗然後臨決直言窮矣都得一號因吐血良久又鄧粲晉記曰籍母將死與人

圍棊如故局者求止籍不肯留與決訖而飲酒二斗舉聲一號吐血數升也

又曰庾文康亡何楊州臨葬云埋王樹着土中不使人情何能已（文康庾亮謚也何楊州者何充也）

又曰晉明帝亦解冢宅聞郭璞爲人葬後微服往看因問君何以葬龍角此法當滅族主人荅云郭景純云此是葬龍耳不出三年當致天子明帝復問云爲是出天子耶荅非能出招致天子耳相冢書曰凡葬龍耳富貴出五侯葬龍頭暴得富貴人不能見葬龍口賊子孫葬龍齒三年暴死葬龍咽死滅門葬龍腮必卒死天子葬高山諸侯葬連崗庶人葬平地

應璩新詩曰野田何紛紛城郭何落落埋葬嫁娶家皆是商旅客喪側食不飽酒肉紛狼籍晉武帝賜劉廙葬錢詔

曰故侍中劉廙以清識明鑒有聲前代昔宣皇帝按以師友之恩廙墓爲盜賊所發甚用惻然其子阜素甚清貧今當殯葬其給轜車銘旌賜錢給作藏人功至時遣使者祭之

晉賜王沉葬錢并地詔曰故驃騎將軍王沉忠允篤誠執德弘毅外清方夏內熙衮職歷位着稱厥功茂焉不幸薨殞志業未究今當葬其賜錢三十萬葬田一項

晉賜傅嘏夫人鮑葬錢詔曰故太常傅嘏昔以令德賢才爲先帝所接登龍之際有翼賛盡忠之勳早代殞没不終功業每念其遺績常存於心今嘏夫人鮑當葬賜錢十萬給作藏人功嘏墓開祭以少牢

太平御覽卷第五百五十六

太平御覽卷第五百五十七

禮儀部三十六

冢墓

説文曰冢高墳也壟丘也墓兆域也

釋名曰冢腫也象山頂之高者腫起也墓孝子思慕之處也丘陵象其形也

書曰武王克商封比干之墓

周禮曰大司徒以本俗六安萬民一曰媺（音美）宮室二曰族墳墓

又曰冢人掌公墓之地辨其兆域而爲之圖先王之葬居中以昭穆爲左右（公君也圖謂畫其地形及丘壟所處而藏之先王造塋者昭居左穆居右夾處）凡諸侯居左右以前卿大夫士居後以其族（子孫各就其所出王以尊卑處其前後而亦并昭穆）凡死於兵者不入兆域（戰敗無勇投諸塋外以罰之）凡有功者居前（居王墓之前處昭穆之中央）以爵等爲丘封之度與樹數（別尊卑也王公曰丘諸臣曰封漢律曰列侯墳高四尺關內侯以下至庶人各有差）大喪既有日請度甫竁遂爲之尸（竁尸絹切又士納切葬穿壙也又音毳）及竁以度爲丘遂共喪之窆器及葬言鸞車象人（鸞車巾車所飾遣車也亦設鸞旗象人謂以芻爲人）（言問其不如法度者）及窆執斧以涖（臨下棺也）遂入藏凶器正墓域守墓蹕墓域守墓禁（位謂丘封所居前後之禁所爲塋限）凡祭墓爲尸凡諸侯及諸臣葬於墓者授之兆爲之蹕均其禁

又曰墓大夫掌凡邦墓之地域爲之圖（凡邦中之墓地民所葬地）令國民族葬而掌其禁令（族葬各從其親）凡爭墓地者聽其獄訟帥其屬而巡墓厲居其中之室以守之（厲營限遮列處）

禮曰適墓不登壟（爲其不敬壟冢也墓塋域）助葬必執紼（葬轝之大事紼引車索）

又曰孔子既得合葬於防（言既得者少孤不知其墓）曰吾聞之古者墓而不墳（墓謂兆域土之高者曰墳也）今丘也東西南北之人不可以不

識（音志）也於是封之崇四尺（四尺蓋周之制也）孔子先反（當脩虞事）門人後雨甚至（後持封也）孔子問焉曰尒來何遲也曰防墓崩孔子不應三（三言之以孔子弗聞）孔子泫然流涕曰吾聞之也古不脩墓（脩猶治也）

又曰易墓非古也（易謂墓治草木不易者丘陵也）

又曰曾子曰朋友之墓有宿草而不哭焉（宿草謂陳根也爲師心喪三年於朋友期可）○又曰子路去魯謂顏淵曰何以贈我（贈送）曰吾聞之也去國則哭于墓而後行反其國不哭展墓而入（無君事主）（於孝哭言衣去也展者袒之）謂子利曰何以處我（處猶安也）子路曰吾聞之也過墓則式過祀則下（祀者主於故）

又曰晉趙文子與叔譽觀于九原（叔譽叔向也）文子曰死者如可作也吾誰與歸叔譽曰其陽處父乎文子曰行并植於晉國不沒其身其智不足稱也（并猶專也謂剛而專己爲狐射姑所殺沒終也）其咎犯乎文子曰見利不顧其君仁不足稱也（謂與文公辟難㧞至及國無安君之心及河授璧要君以利也）我則隨武子乎利其君不忘其身謀其身不遺其友（武子士會也）晉人謂文子知人

傳曰譽叔曰晉人禦師必於殽殽有二陵焉其南陵夏后皐之墓也

又曰鄭子展子產帥車七百乘伐陳陳侯扶其大子偃師奔墓（欲逃冢間也）

又曰吳將伐齊越子率其衆以朝吳將皆喜唯子胥懼曰是豢吳也夫闔閭之賜之屬鏤以死（屬鏤劍名）將死曰樹吾墓檟檟可材也吳其亡乎

史記曰黃帝崩葬橋山武帝巡朔方還祭黃帝冢曰吾聞黃帝不死今有冢何也左右曰黃帝已上天群臣藏其衣冠故有冢帝曰吾誠得如黃帝視去妻子如脫屣也

又曰樗里子卒葬渭南章臺之東曰後百歲當有天子之

宮夾我墓至漢興長樂宮在其東未央宮在其西武庫正直其墓

漢書曰朱買臣獨行歌道中負薪墓間故妻與夫家俱上冢見買臣飢寒呼飯飲之

又曰驃騎將軍霍去病卒天子悼之發屬國玄甲軍陳自長安至茂陵爲冢像祁連山

又曰嚴延年東海下邳人爲河南太守母來見執因大驚謂延年曰天道神明人不可獨殺我不自意當老見壯子被刑戮也行矣爲汝東歸掃除墓地耳遂去歸郡見昆弟宗人復爲言之後歲餘果敗東海莫不賢其母

又曰哀帝令將作爲董賢起冢營義陵傍內便房剛柏題湊外爲徼道周垣數里闕罘罳甚盛罘音浮罳音思

又曰莽奏貶傅太后號爲定陶恭王母丁姬莽復言恭

王母丁姬不臣妾至葬渭陵冢高與元帝山齊諸發恭王母及丁姬冢取其璽綬消滅從恭王母歸定陶葬恭王冢次而葬丁姬復其故太后以爲既已之事不須復發莽固爭之后詔曰因攺故棺爲致槨作冢祠以太牢謁者護既發傅太后冢崩壓殺數百人開丁姬槨火出四五丈吏卒以水沃滅迺得入燒燔槨中器物開傅后棺臭聞數里公卿在位皆阿莽旨入錢帛遣子弟及諸生四夷凡十餘萬人操持作具助將作掘平恭王母丁姬冢二旬間皆平莽又周棘其處以爲世戒云時有羣燕數千　銜土投丁姬穿中

又曰張賀爲掖庭令及宣帝即位賀已死子又早亡上追思賀恩封其家恩德置守冢二百家

又曰夏侯勝字公長遷太傅卒官賜冢塋葬平陵太后爲素服五日報師傅之恩儒者以爲榮

又曰原涉自以先人墳墓儉約非孝也迺大治冢舍周閣重門初武帝時京兆曹氏葬茂陵民謂其道爲京兆阡涉慕之迺買地開道立署曰南陽阡人不肯從謂之原氏阡

東觀漢記曰帝感李通首創大謀每幸南陽常遣使者以太牢祠通父冢

又曰建武三年以皇祖皇考墓爲昌陵後改爲章陵因以舂陵爲章陵縣二十六年春正月初作壽陵將作大匠竇融上言園陵廣袤無慮所用帝曰古帝王之葬皆陶人瓦器木車茅馬使後世之人不知其處太宗識終始之義景帝能遵孝道遭天下反覆而獨完其福豈不美哉今所制地不過二三頃無爲陵地裁令流水而已

又曰郗刑字次孫早孤以至孝稱值天下亂野無烟火而郗刑獨在家側每賊過見其尚幼而有志節奇而哀之

後漢書曰楊震字伯起改葬華陰遠近畢至先葬日有鳥高丈餘來前悲鳴葬畢乃去於是立石鳥象於其墓所

又曰郭伋徵太中大夫卒時年八十六帝親臨賜冢塋地

又曰种暠上音沖下音杲爲遼東郡薨并涼邊民咸爲發哀匈奴聞暠卒舉國傷惜單于每入朝賀見墳墓輒哭祭

又曰帝祠章陵過湖陽祠樊重墓追爵謚爲壽張敬侯立廟於湖陽車駕每南巡常幸其墓賞賜大會

又曰韓稜遷南陽太守特聽得過家上冢鄉里以爲榮

又曰蔡順母平生畏雷自亡後每有雷震順輒圜冢泣曰順在此後太守鮑衆舉孝廉順不能遠離墳墓遂不就

又曰溫序拜謁者遷護羌校尉序行部至襄武爲隗囂別將苟宇所拘劫仗劍而死序主簿韓遵從事王忠持屍歸殯光武聞而憐之命忠送喪到洛陽城傍爲冢地賜穀千

斛縑五百疋除三子爲郎中長子壽服竟爲郊平侯相夢
序告之曰久客思鄉里壽即弃官上書乞骸骨歸葬帝許
之乃反舊塋焉
魏略曰曹操微時人莫知之唯橋玄見而異焉謂曰今天
下將亂安生民者其在君乎操感其知己及後經過玄墓
輙悽愴致祭
魏志曰管輅過毋丘儉墓下倚樹哀吟曰玄武藏頭蒼龍
無足白虎衘尸朱雀悲哭四危以備法當滅族卒如其言
又曰幽州牧劉虞署田疇爲從事奉使未至虞已爲公孫
瓚所害及至謁祭虞墓陳章表哭泣而去
吳書曰孫堅冢于富春葬於城東冢上數有光怪雲氣五
色
王隱晉書曰初太康元年汲縣民盜發魏安釐王冢得竹

書漆字
又曰交廣記吳將呂岱爲廣州遣掘尉他冢費損無獲他
雖僭侈然慎終其身乃令後不知其處鑒於牧豎所殘也
又曰愍帝建興中曹嶷發景公及管仲冢尸並不朽繒帛
可服珍寶巨萬
又曰金鄉縣北鑿石爲冢去得白蛇白兔及得金故曰金
人
又曰王裒字偉元少立操尚父爲晉文王所害絶世不仕
立屋墓側以教授爲務旦夕常至墓前朝拜輙悲號斷絶
墓前一柏樹裒常所攀涕所著樹色與凡樹不同
書曰滕修南陽人也爲廣州牧修在海南積年爲邊夷所附
卒請葬京師帝嘉其意賜墓田一頃
又曰東海王越屯許路經滎陽過嵇紹墓哭之悲慟刊

石立文表贈官爵帝乃遣使策贈侍中光禄大夫加金章
印綬進爵爲侯賜墓田一頃客一戶祠以少牢
又曰盧志言於成都王穎曰黄橋戰亡者有八千餘人既
經夏暑露骨中野可爲傷惻昔周王葬枯骨况此等致死
王事乎穎乃造棺八千餘枚以成都國秩爲衣服殯祭葬
於黄橋北樹枳籬爲之塋域又立都祭堂刊石立碑紀其
赴義之功使亡者家四時祭祀有所
晉書載記曰西胡梁國兒於平涼作壽冢每將妻妾入冢
飲讌酒酣升靈床而歌時人或譏之國兒不以爲意前後
征伐屢有功姚興以爲鎮北將軍年八十餘乃死
宋書曰宋文帝元嘉二十五年行幸江寧經司徒劉穆之
墓遣使致祭焉
後魏書曰李冲字思順高祖時爲尚書僕射卒葬覆舟山

近杜預冢高祖之意也後車駕自鄴還洛經冲墓左右以
聞高祖卧疾望墳掩淚
又曰傅永字脩常登北邙於平坦處奮矛躍馬盤旋瞻望
有終焉之志遠慕杜預近好李冲王肅欲附葬於墓遂
買左右地數畝遺勑子叔偉曰此吾之永宅也
禮系曰天子墳高三雉諸侯半之卿大夫八尺士四尺天
子樹松諸侯樹柏卿大夫樹楊士樹榆尊卑差也
楚漢春秋曰惠帝崩呂太后欲爲高墳使從未央宫坐而
見之諸將諫不許東陽侯垂泣曰日夜見惠帝冢悲哀流涕無
以死傷生也臣竊哀之於是太后乃止
蕭方等三十國春秋曰晉義熙九年盜發故驃騎將軍卞
壼墓剖棺掠之壼屍面如生兩手悉拳爪生達背
戰國策曰齊宣王見顔觸曰觸前觸亦曰王前王作色曰

士貴乎䌫曰：士貴。昔秦攻齊，令曰：有敢去柳下季壟五十步而樵採者，罪死不赦。令曰：有能得齊王頭，封萬户。由是觀之，生王之頭，不如死士之壟。

崔鴻前趙録曰：張嵩，隴西人也。事母至孝，母喪既葬，於墓側哀感幽顯，歲餘而墓地自裂，棺亦自破，母還蘇活。

方言曰：冢，秦晉之間謂之墳（取名於大防也），或謂之培（音部），或謂之堬（音臾），或謂之采（古者卿大夫有采地，葬之，因名云也），或謂之埌，或謂之壟（有界埒似耕壟，因名云也）。自關以東謂之丘，小者謂之塿（培塿亦堆高之名也），大者謂之丘。凡葬而無墳謂之墓（言不封也，墓猶慕也）。所以安墓謂之𢱢（謂規度墓地，漢書曰初陵之𢱢是也）。

太平御覽卷第五百五十七

太平御覽卷第五百五十八

禮儀部三十七

冢墓二

宋書曰王玄謨從弟玄象位下邳太守好發冢地無完椁時人間垣內有小冢墳上殆平每朝日初外見一女子立冢上近視則亡或以告玄象便命發之有一棺尚全有金蠶銅人以百數剖棺見一女子可二十姿質若生卧而言曰我東海王家女應生資財相奉幸勿見害女臂有玉釧斬臂取之於是女復死

又曰大明三年孝武幸籍田經袁湛墓使致祭增守墓五户

又曰何承天博見古今為一時所重張永嘗開玄武湖遇古冢冢上得一銅斗有柄文帝以訪於朝士承天曰此亡新威斗王莽時三公亡皆賜之一在冢外一在冢內時三台居江左者唯甄邯為大司徒必邯之墓俄而又啓冢內更得一斗復有一石銘云大司徒甄邯之墓

又曰張裕曾祖澄當葬父郭璞為占墓地葬其處年過百歲位至三司而子孫不蕃其處年幾減半裁卿校而後累世貴顯澄乃葬其劣處位至光禄年六十四而亡其子孫遂昌

又曰周山圖為淮南太守時盜發桓溫冢大獲寶物客竊取以遺山圖山圖不受簿以還官

齊書曰柳世隆曉數術於倪塘創墓與賓客踐履十往五往常坐處及卒墓工圖墓取其坐處焉

又曰王倫之為豫章太守下車祭徐孺子許子將墓

又曰初荀伯玉微時有善相墓者謂其父曰君墓當出暴貴者但不得久耳又出失行女子伯玉聞之曰朝聞道夕死可矣頃之伯玉姑當嫁明日應行今夕逃隨人去尋求不能得後出家為尼伯玉卒敗亡

又曰富陽人唐寓之僑居桐廬父祖相傳圖墓為業寓之自云其家墓有王氣山中得金轉相誑惑永明二年冬寓之聚黨遂陷富陽至錢塘

又曰始興王鑑鎮蜀於州園地得古冢無復棺但有石椁銅器十餘種並古形玉璧三枚珍寶甚多不可皆識金銀為蠶形者數斗又以朱砂為阜水銀為池左右咸勸取之鑑曰皇太子昔在雍有發古冢者得玉鏡玉屏風玉匣之屬皆將還都吾意常不同乃遣功曹何佇之為起墳諸寶物一不得犯

又曰宜都王鏗鎮姑熟于時人發桓溫女冢得金巾箱織金篾為嚴器又有金蠶銀繭等物甚多條以啓聞鬱林敕以賜之鏗曰今取往物後取今物如此循環豈可熟念使長史蔡約自往脩復纖毫不犯

又曰文惠太子鎮雍州有盜發古冢者相傳云是楚王冢大獲寶物玉屐玉屏風竹簡書青絲綸簡廣數分長二尺皮節如新有得十餘簡以示王僧虔云是科斗書考工記周官所闕文也

南史曰齊前將軍陳天福坐討唐寓之於錢塘掠奪百姓財物棄市先是天福將行令家人預作壽冢未至東又信催速就冢成而得罪因以葬焉

梁書曰丁貴嬪薨昭明太子遣人求得善墓地將斬草有賣地者因閹人俞三副求市若得錢三百萬與之三副密啓武帝言太子所得地不如今所得地於帝吉帝末年多忌

便命市之葬畢有道士善圖墓云地不利長子若厭伏或可申延乃爲蠟鵝及諸物埋墓側長子位有宮監鮑邈之魏雅者二人初並爲太子所愛邈之晚見疎於雅密啓武帝云雅爲太子厭禱帝密遣檢點果得鵝等物大驚將窮其事徐勉固諫得止唯誅道士

又曰蕭斆太清初爲梁州長史梁州有古墓名曰尖冢或云張騫墳欲有發者輒聞鼓角與外相拒椎埋者懼而退斆謂無此理求自監督及開唯有銀鏤銅鏡方尺

唐書曰代宗時虢州刺史王奇光上言閿鄉縣女媧墓天寶末失所在今一夜河上側近忽聞風雷声曉見其墓踊出上有雙柳樹下有巨石其柳各高文餘

又曰天后西幸京師路經楊玄感墓上誦李百藥過玄感墓詩云劒有萬人敵文爲一代英除吾志不遂悟亂道難平歎曰百藥雖解綴文不識大義

又曰韓思復則天朝爲太常博士定南郊儀注云太妃鼓吹排羣邪守大體國家賴之睿宗朝爲給事活嚴善思於雷霆之下拒武三思於陷附之中玄宗御筆題碑云有唐忠孝韓長公之墓

又曰伊愼兗州人善騎始爲果毅喪毋將營合附不識其父之墓晝夜號哭未浹日夢寐有指導焉遂發壠果得舊記驗

又曰盧坦爲侍御史會李錡反有司請毀錡祖父廟墓坦嘗爲錡從事乃上言曰淮安王神通有功於草昧且古之父子兄弟罪不相及況以錡故可累五代祖乎乃不毀因賜神通墓五戸以備洒掃

白虎通曰春秋之義王者墳高三仭樹以松諸侯半之樹以栢大夫八尺樹以欒士四尺樹以槐庶人無墳樹以楊柳

晏子曰梁丘據死景公召晏子告之據曰忠且愛我欲厚葬之高大其壟晏子對曰不可公遂止

列子曰燕人長於楚老而還過晉國同行者紿之指城曰此燕國之城其人愀然變容　指社曰此若里之社若猶汝也乃喟然而歎指舍曰此君先人之廬乃泫然而泣指壠曰若先人之冢其哭不自禁同行者啞然大笑曰余等紿君乃晉國耳其人慙及至燕國之城社真見先人之廬冢悲心更微

傳子曰太原民發冢破棺中有婦人將出與語生人也視其冢上木三十歲不知此婦人三十歲常生地中也將一朝欻然生偶與發冢者會也

抱朴子曰吳景帝時於江陵掘冢取板治城後發一大冢內有重閤石扉皆樞轉開閉四周徼道通車且高可乘馬又鑄銅爲人數十枚長五尺皆大冠衣執劒列侍靈坐皆刻銅人背後石壁言殿中將軍或言侍郎似公王冢也破其棺棺中有人鬢已班白鮮明面體如生人棺中有白玉壁三十枚藉尸兵人舉出死人以倚冢壁一玉長一尺形似冬瓜從死人懷中出墮地兩耳中及鼻中有黃金如棗此則骨骸有假物而不朽之效也

呂氏春秋曰世之爲丘壟也其大若山其樹若林以此觀世示富則可矣以此爲死則不可自古及今未有不亡之國者則是無不掘之墓也是故大墓無不掘者而世爭爲之豈不悲哉堯葬於穀林通樹枝舜葬於紀市不變其肆禹葬於會稽不變人徒是故先王以儉葬也非愛其費非

惡其勞以爲死者虛也

越絕書曰宋大夫華元冢在華原陳留小黃縣城北

吳越春秋曰虎丘者吳王闔閭墓也下池廣六十步深一丈五赤銅槨三重中池廣六尺金鴈玉鳧諸腸魚腸之劒以送焉取士臨海潮千萬人築治之以葬後金精上揚爲白虎據墳故以爲虎丘

越傳曰禹到大越上苗山更名山曰會稽因死葬焉穿壙深七尺上無寫泄下無流水壇高三尺土階三等周方一畝

華陽國志曰周失綱紀蜀先稱王有名蠶叢其目縱死作石棺石槨國人化之故俗以石棺槨爲縱目人冢

又曰蜀有五丁能移山舉萬鈞其王薨輒立大石長三丈重千鈞爲墓志

又曰蜀遣使朝秦秦惠王許嫁五女於蜀蜀遣五丁力士奉迎虵山崩同時壓殺五丁及秦五女蜀王痛傷命曰五婦冢今其人或名五丁冢

又曰武都有一丈夫化爲女子美而豔蓋山精也蜀王納爲妃不習水土欲去王必留之乃作東平之歌以樂之無幾歿故王哀之乃遣五丁之武都擔土爲妃作冢

三輔決錄曰竇后父名猗遭秦亂隱身釣魚墜淵而卒右登尊號遣使者於父墜所築起大墳

世說曰戴公見林法師墓曰德音未遠而拱木已積冀神理綿綿不與氣運俱盡耳

又曰黃初末吳人發長沙王吳芮冢以其材於臨湘爲孫堅立廟容貌如生衣服不朽後預發者見綱曰君何類長沙王芮但微短耳綱瞿然曰是先祖也自芮之卒至冢發四百餘年綱芮之十六世孫也

又曰有人相羊祜應出受命君忌其言遂使掘斷墓後以壞之相者云墓勢相讓猶有折臂三公俄而祜墜馬折臂後至三公

又曰郭景純過江居于暨陽母亡安墓不盈百步時人以爲近水景純曰將當爲陵今沙漲去數十里皆爲人居家桑田

博物志曰漢末發范明友冢奴猶活明友是霍光女壻說言光家事廢立之際多與漢書相應

又曰漢末有發前漢時宮人冢者宮人猶活既出平如復舊

列士傳曰羊角哀葬友人在栢桃與荊將軍冢比他日角哀夢栢桃語已曰蒙子之恩而獲原厚葬荊將軍自以豪欲役伏吾吾不聽與連戰不勝期十五日大合戰以決勝負得子則勝不得則負矣角哀至期日陳兵詣其冢上

三輔決錄曰趙嘉年三十餘有重疾七年不樂乃爲令勅兒曰丈夫生一世處無箕山之操仕無伊摯呂尚之勳天不我與復何言哉聊立一圓石樹吾墓前刻之曰漢有逸民姓趙名嘉有志無時命也奈何後病愈

楚國先賢傳曰李善字次孫南陽人也本同縣李元蒼頭建武中元家死沒唯孤兒續始生善親自哺養世祖拜善及續並爲太子舍人善顯宗時辟公府以能治劇再遷日南太守從京師之官道經南陽李元冢未至一里乃脫服持鋤去草及拜墓哭泣甚悲身炊爨自執俎鼎以脩祭

楊雄家諜曰子雲天鳳五年卒葬安陵阪上所厚沛郡桓君山平陵如子禮弟子鉅鹿侯子芭共爲治喪諸公遣世

子朝郎吏行事者會送桓君山爲斂賻起祠塋侯芭負土作墳號曰玄冢

七略曰楊雄死弟子共爲起冢號曰楊冢

趙岐別傳曰岐字臺卿年九十餘建安六年卒先自爲壽藏圖季札子產晏嬰叔向四像居賓位又自像其像居主位皆爲讚頌勑其子曰我死之日墓中聚沙爲牀布簟白衣散髮其上覆以單被即日便下下訖便掩

王子年拾遺記曰舜葬蒼梧之野有鳥如丹雀自丹州而來吐五色之氣氣如雲白日憑霄雀能羣飛銜土以成墳

太平御覽卷第五百五十八

太平御覽卷第五百五十九

禮儀部三十八

冢墓三

三秦記曰昭帝毋鉤弋夫人居甘泉宮三年不反遂死即葬之以千人營葬故有千人葬名曰思合墓

徐廣晉紀曰關中發漢杜霸二陵薄太后棺面如生矣

吳録曰范慎字子敬在武昌自造冢名作長室時與賔客作樂鼓吹入中宴飲

漢趙記曰上洛男子張盧死二十七日人有盜發其冢盧得蘇起且問盜人姓名郡縣以雖无意欲執盧復由之而生不能決豫州牧呼延謨以聞詔曰以其意惡功善論笞三百不齒終身

王智深宋紀曰齊宣帝墳塋在武進縣常有雲氣冢盈入天元嘉中望氣者稱此地有天子

三齊略記曰田開強公孫接古治子三壯士冢在齊城東南三百步陽陰里中

王子年拾遺記曰南尋之國其死者葬之中野百鳥銜土爲墳羣獸爲之掘穴不封不樹

西京雜記曰青龍觀前有三梧樹樹下石麒麟二枚始皇葬墓中物也

又曰廣川王去疾好聚無賴少年遊獵無度國內冢藏一切發掘其奇異者魏襄王冢以文石爲椁高八尺許廣狹容四十人以手捫椁滑液如新中有石床石屏風婉然周正不覺棺柩盟器蹤跡但床上玉唾盂一枚銅劍二枚金雜具皆如新王自取服之襄王冢以鐵灌其上穿鑿三日乃開黃氣如霧觸人鼻目辣辛不可入以兵守之經日乃歇初至一户無扉鑰石床方四尺床上有石几左右各三石人立侍皆武冠帶劍復入一户石扉有關鑰叩見棺椁黑光照人刀斫不入燒鋸截之乃漆雜兕革爲棺椁厚數寸累積十餘重力不能開乃止復入一户亦石扉關鑰得一石床方七尺屏風銅帳鉤或在床上或在地下似是帳糜朽而銅鉤墮落床上石枕一枚床上塵埃朏朏馥甚高似是衣服床左右婦女二十悉皆立侍或有執巾櫛鏡鑷之象或有執盥捧食之形無餘異物但見鐵鏡數百所魏王子且渠冢甚淺狹無柩但有石床廣六尺長一丈石屏風下悉是雲母床上兩屍一男一女年皆二十許俱東首裸形卧無衣裳肌膚顏色髮齒如生人畏懼不敢侵擁閉如故袁盎冢以瓦爲棺器物都無唯銅鏡一枚晉靈公冢甚瑰壯四角皆以石爲攫犬奉燭石人男女四十餘皆立侍棺器無復形

兆尸猶不壞孔竅中皆有金玉其餘器物皆朽爛不別唯玉蟾一枚大如拳腹空容五合水光潤如新王取以成水書滴幽公冢甚高壯羨門既開皆是石惡撥除深丈餘乃得雲母深尺所乃得百餘尸縱横相枕皆不朽唯一男子餘悉女子或卧亦有立者衣服形色不異生人欒書冢棺柩明器朽爛無餘有白狐見人驚走左右逐戟之不能得傷其左腳夕王夢一丈夫鬚眉盡白來謂王曰何故傷吾左腳仍以杖叩王左腳王覺左腳腫痛生瘡至死不差

述征記曰梁孝王冢斬山從户以石爲藏行一里到藏中有數尺水有大鯉魚人皆潔而進不齊輙有獸噬其足獸似豹也

幽明録曰漢末大亂潁川有人將避地他郡有女年七八

歲不能涉遠勢不兩全道邊有古冢穿敗以繩繫女下之經年餘還於冢尋覓欲更殯葬忽見女尚存父大驚問女得活意女云冢中有一物於晨暮際輙伸頭翕氣爲試效之果覺不復飢渴家人於冢尋索此物乃是大龜

又曰孫鍾吳郡富春人堅之祖也與毋居至孝篤信種瓜爲業忽有三年少詣乞瓜鍾爲設食臨去曰我司命也感君不知何以相報此山下善可作冢復言欲連世封侯而數代天子耶鍾跪曰數代天子故當所樂便爲定墓曰君可山下百步後顧見我去處便是墳所也下山行百步便顧見悉化成白鶴也

述異記曰南康郡鄧德明常在豫章就雷次宗學雷家世東郊之外去史豫章墓半里許元嘉十四年德明與諸生

步月逍遥忽聞音樂諷誦之聲即夜白雷出聽曰此間去人尚遠必鬼神也乃相與尋之遥至史墓但聞墳下有管絃女歌講吟詠之聲咸歎異焉

酈善長注水經曰智水東逕七女冢冢夾水羅布如七星高十餘丈周迴數畝元嘉六年大水破墳崩出銅不可稱計北有七女池池東有明月池狀如偃月皆相通注謂之張良渠蓋良所開也

又曰粉水有文將軍冢前有石虎石柱甚脩麗閭丘羨爲南陽葬婦墓側將平其域夕夢文諫止之而羨不從後羨乃爲人所害

又曰淄水出太山萊蕪縣原山東過利縣東水西有桓公冢冢東有女水或云桓公女冢在其上故以名水甚有神焉化隆則水生政薄則津竭

又曰潛水縣有車騎將軍馮緄音袞桂陽太守李溫冢二子之靈常以日還鄉潛水暴長郡縣吏莫不水上祭之

搜神記曰宋大夫韓馮取妻而美康王奪之馮怨王囚之論爲城旦妻密遺馮書謬其辭曰其雨淫淫河大水深日出當心王以問蘇賀對曰其雨淫淫言愁且思也河大水深不得往來也日出當心有死志也俄而馮自殺妻乃陰腐其衣王與之　登臺遂自臺投下左右攬之衣不中手遺書於帶曰願以骨與馮而合葬王怒弗聽使人埋之冢相望也王曰尔夫婦相愛不已能使冢合則弗禁也一宿有文梓木　生於二冢之端旬日其大合抱屈體以相就根交於下又有鴛鴦雌雄各一恒栖樹上晨夕交頸悲鳴音聲感人宋人哀之遂號其木曰相思樹

又曰漢馮貴人死將百歲盜賊發冢貴人顏色如故但微

令羣盜共姦之致妒忌爭鬬然後事覺

續搜神記曰王伯陽家東有一冢傳云魯肅墓伯陽婦喪乃平其墳以葬後數年伯陽白日在廳事忽見一貴人乘平肩轝將從數百人馬皆浴鐵徑來坐謂伯陽曰吾是魯子敬安冢在此二百許年君何敢壞吾冢目顧左右掌伯陽下床以刀環築之數百而去登時絶良久乃蘇築破處皆發疽潰尋便死

又曰承儉者東莞音管人病亡葬本縣界後十年忽與其縣令夢云故民承儉　今見劫明府急見救令便勑內外裝乘作百人仗便令馳馬往冢上日向已出天忽大霧對面不相見但聞冢中恟恟破棺聲有二人墳上望霧冥不見人百人同聲大叫收得冢中三人墳上二人得逸走其夜令夢云二人雖得走民已誌之一人面上有青誌如

藿葉一人斲其兩齒折明府但案此尋覓也追捕並擒獲

異苑曰蒼梧王士爕漢末死於交趾遂葬南境而墓常蒙霧靈異不恒屢經離亂不復發掘晉興寧中太原溫放之爲刺史躬乘騎往開之還即墜馬而卒

又曰潁川諸闔字道明墓在楊州　蔣山之西每至陰雨冢中輙有絃管之音

又曰魏武北征踰頓外嶺眺矚見一崗不生百草王粲曰必是古冢此人在世服特生礜石死而石生熱蒸出外致大木燋滅即令鑿果得大墓有礜石滿塋

志恠集曰陶侃微時遭大喪葬家貧親自營塼有班特牛專以載致忽然失去便自尋覓道中逢一老公便舉手指云向於崗上見一牛眠山洿中必是君牛眠處便好可作墓

安墳則致極(貴小下當)位極人臣世爲方嶽侃指一山云此好但不如下當世有刺史言訖便不復見太尉之葬如其言侃指別山與周訪家則并世刺史矣

潘岳關中記曰秦始皇陵上驪山之北高數十丈周迴六七里今在陰盤界此陵雖高大不足以銷六十萬人積年之功也其用功力或　隱而不見者驪山泉本北流者皆陂障使西流又此無大石運取於渭北諸山故其歌曰運石甘泉口渭水爲不流千人一唱萬人相鉤

又曰漢諸陵皆高十二丈方百二十步唯茂陵高十四丈方百四十步徙民置諸縣者凡七陵長陵茂陵各萬戶其餘五陵皆各五千縣屬太常不領郡也守衛陵掃除凡五千戶陵令一人食官令一人寢廟令一人園長一人園門令史三十二人候四人元帝時三輔七十萬戶始不復從民陪陵渭陵延陵義陵皆不立縣也

雷次宗豫章記曰郡東南二十里有一大冢號丹陽郭長老云是郡人丹陽太守聶友冢也外形甚高大內一大冢居中兩邊各有四小冢橫首大冢外作傲道周匝皆通冢裏高二丈餘小者半之傲道又半之此冢相通一埏似是殉葬者不聞聶友奢僭以人從死也且今新淦(譖)縣南十里見聶友墓

荆州圖記曰酈縣北三十里有一墓甚崇偉前有石樓高一丈五尺上作石鳳將九子相傳云是姚家墓不詳其人

又曰江陵縣東南七十里有楚昭王墓高四丈餘王粲登樓賦所謂西接昭丘是也

盛弘之荆州記曰霄城東南有單龍村村外有單龍冢甚高大舊傳單龍能仰觀俯察少公之儔也數稱劉氏當王

聖公應其符聖公潛嘉之固此起兵後稱号於宛而龍卒故厚爲其葬

又曰鄭鄉即鄭城地也崗南有劉長沙墓益州牧焉之父其南又有漢魏郡太守黃香冢

鄧德明南康記曰白水有高巖臨水頂有柴侯墓遥望松樹卒歲不彫說者云墓處極峻及累石爲冢又別有金錢藏不可得開若欲上山必遇雷晦之異夜時見光色如雷之爛(音讚)所謂寶精也

又曰平固水口下數里有螺亭昔一少女曾江畔乘小船採螺停沙邊共宿夜聞騷騷如軍馬行須臾見羣螺張口無數突來破舍噉此女子同侶悉走上岸至曉方還但見骨耳收埋林際報其家經四五日間所埋處雖見古冢高十餘丈穹隆頂可受二十人坐其旁多螺新故相傳謂之

螺亭

又曰南野山獻山大塘下流三十里有漢太傅陳蕃冢墓昔值軍亂聞墓有寶三軍爭掘忽有大虵圍繞墳前崩雷晦雨當時竟不得發

鄭緝之東陽記曰孝子許孜父墓去虎山十里在山之麓曲隧三里鹿嘗食其松栽孜心念之即日鹿自死於所犯栽之下孜埋死鹿有小墳至今猶存

又曰獨公山有古冢臨溪其塼文曰筮言吉龜言凶三百年墮水中義熙中冢猶半存自後稍以崩盡

會稽郡十城地志曰上虞縣東南有古冢二十餘墳宋元嘉之初潮水壞其大冢初壞一冢塼題文曰居在本土厥姓黄卜葬於此大富龜易卦吉龜卦凶四百年後墮江中當墮值王顥縣令皮熙祖取數塼置縣樓下池中録之悵然而已

輿地志曰琵琶圻有古冢半在水中冢有隱起字云琵琶筮云吉龜云凶八百年墮水中謝靈運取冢至京師諸貴傳觀之

神怪志曰王果經三峽見石壁有物懸之如棺使取之乃一棺也發之骸骨存焉有銘曰三百年後水漂我至長江垂欲墮欲落不落逢王果果悽然曰數百年前已知有我乃改葬祭之而去

蘇州冢墓記曰宋青州刺史郁泰玄性多仁恕德感禽獸初葬之日羣鷰數千銜土於冢上今冢猶高大與他墳有異村鄉歲時祭祀至今不絶

太平御覽卷第五百五十九

太平御覽卷第五百六十　禮儀部三十九

冢墓四

禮論曰問郡將臨墓主人先以除身無服將若不哭主人當哭否賀循荅之云凡君臣民皆須先君哭禮也此祭君宜哭則主人不敢以哭煩君耳

又曰問墓中有何面爲上荀納以爲緣生奉終宜依禮坐蔡謨難據周公明堂位東西以北爲上東納反納又引廟位以荅王濮陽北墓向南以西爲上

上黨郡記曰令狐徵君隱城東山中令狐終即亡葬焉諸生遵師法而陪葬者三百餘冢松三千樹大皆十數圍高四五十丈今俗名其山曰令狐墓漢史所稱壽關三老令狐茂者是也

伏琛齊地記曰臨淄小城北門東二百餘步有晏嬰冢

又曰齊桓公冢齊城之南東十五里在牛山桓公冢西南八里有仲父冢葬於牛山之阿

又曰朱虎城東二十里有柴阜其西南隅有魏獨行季管甯墓石碑猶存城東北三十里柴阜東頭有魏徵士邴原墓石碑猶存

又曰牛山西南二里有孫賓墓石碑猶存

吳地記曰昌門外女墳者吳王闔閭女墓也乃以文石爲槨藏金玉珎玩以人從死高墳深池池水成湖故名曰女墳亦與虎丘俱見發掘皆無所得也

又曰昌門南有要離墓吳王闔閭既殺王僚而代之僚子慶忌亡奔衛慶忌勇捷過人恐結諸侯還爲國難伍子胥與要離爲行人要離弱而謀於王曰殺臣妻子刑臣左手要離因亡奔衛慶忌聞吳王暴虐如此甚信之遂與俱還圖共襲吳王行及大江要離刺殺慶忌因亦自殺闔閭葬之於昌門南大城內齊門外有慶忌墓

丘淵之齊道記曰先是嬴博二縣共界漢武帝封禪合作此縣以供祀故曰奉高東南三十里有延陵兒冢李云其高可隱今乃二丈餘似是後人陪之

伍輯之從征記曰齊襄王墓在汶水西墓西有僖公墓東有四田墓傳云倨榮廣布也墓皆方墓圓墳

戴延之西征記曰彭城南有亞父范曾冢冢高四十餘丈東北有隧道其城北三里有劉向墓泗水東三里漢大夫龔勝冢石碣猶存勝登王莽之朝不食而死

又曰金鄉焦氏山北數里有漢司隸校尉魯峻冢前有古石祠堂堂壁皆青石隱起自書契以來忠臣孝子貞婦孔子及弟子七十二人形像皆刻石記之

伏滔北征記曰姑孰九井山北十里有吳大將諸葛瑾墓墓墻猶存西北十八里直瀆前墓是吳將甘甯墓也相者云此墓有王氣孫晧鑿其後計里名爲直瀆

續述征記曰太公冢在兗山北五里平地爲墳高十丈曾有發之者冢深數十仞得一銅槨金玉甚多尚父五世葬周斯寔田和冢也和遷齊居於海上而別爲諸侯亦稱太公也○又曰宿預縣水南大徐城古之徐國城北徐君墓季子解劒墳樹則斯地也

又曰城陽縣城二里小城二里小城南九里有堯陽自漢迄于晉二千石及丞尉刊名堯即位至永嘉三年二千七百有二十一載記于堯碑城東南六里堯母慶都墓稱曰靈臺堯陵北二里仲山甫墓墓前祠堂石室儼然若新

皇覽冢墓記曰顓頊冢在東郡濮陽縣頓丘城外廣陽里

中王莽時使使者祠顓頊冢

又曰秦始皇冢在驪山古之驪戎國今之所豊也晉獻公伐驪戎獲二女其山陰多黄金其陽多美玉謂藍田是也故貪而葬焉并天下徒七十餘萬穿入地洞三泉而致椁宫觀奇器珍恠諸物藏之令一匠人作機弩人有近穴輒射之以水銀爲百川江河大海金銀爲鳧鶴機關轉相斡然而復始上具盡天文以人魚膏爲燈度久不滅後宫無子者皆殉從死者甚衆恐工匠知之殺工匠於藏中因閉羨門復土樹草木以像山墳高五十餘丈周迴五里餘後項籍燒其宫觀關東賊發之後牧羊兒亡羊羊入藏中持火炤羊燔其椁後賊遂取其銅

又曰太上皇葬萬年高帝父也高帝葬長陵孝惠帝霸陵諸陵皆用瓦器不爲墳王莽之亂天下無道獨無災害孝景

帝葬陽陵孝武皇帝葬茂陵孝昭皇帝葬平陵孝宣皇帝葬杜陵孝元帝葬渭陵元帝下詔曰無置從民令天下無騷動之憂自是陵園不置邑孝成帝葬延陵孝哀帝葬義陵孝平帝葬康陵孝文皇帝弟淮南厲王長坐謀反後置園如諸王長好道事八公世之愚者云長仙醫巫託曰淮南好道百官皆得仙犬吠雲中雞鳴天上東平思王冢在東平松皆西靡

又曰蒼頡冢在馮翊衙縣利陽亭南道傍墳高六尺學書者皆往上姓名投刺祀之不絶

又曰蚩尤冢在東郡壽張縣闞鄉城中高七尺民常十月祀之有赤氣出如一疋絳帛民名爲蚩尤旗又肩髀冢在山陽郡鉅野縣傳言蚩尤與黄帝戰於涿鹿之野黄帝克之身體異處皆葬之

又曰奚仲冢在魯國薛縣東去縣二十五里山上因名奚仲山亭名奚仲亭

又曰湯冢在濟陰薄縣北郭冢四方方八十步高七丈上平

又曰吴太伯冢在會稽吴縣北去城十里

又曰周文王武王周公冢在京兆長安鎬聚

又曰王子鼂[illegible]冢在南陽鄧縣西

又曰夏育冢在濟南歷山上

又曰秦繆公冢在甘泉宫祈年觀下

又曰虢公冢在河内温縣東濟水南大冢是也其城南有虢公臺

又曰葉公諸梁子高冢在南郡葉縣西北去城三里所近縣民皆祠之

又曰魯大夫叔梁紇冢在魯國東陽聚安泉東北八十四步名曰防冢民傳言防墳於墳地微高

又曰孔子冢在魯城北便門外南去城一里冢塋方百畝冢南北廣十步東西十步高丈二尺冢爲祠壇方六尺與地方平無祠堂冢塋中樹以百數皆異種魯人世世皆無能名其樹者民云孔子弟子異國人各持其國樹來種之孔子塋中不生荆棘及剌人草伯魚墓在孔子冢東與孔子並大小相望子思冢在孔子冢南大小相望

又曰伯樂冢在濟陰定陶東南一里冢高五丈

又曰師曠冢在右扶風名曰師曠山人民不敢上其上

又曰楚武王冢在汝南郡鯛陽縣葛陂鄉城東北民謂之楚王岑

又曰鄭相子産冢在河南郡新鄭城外大冢是也

又曰靖郭君冢在魯國薛城中東聚孟嘗冢在魯國薛城中

又曰文信君呂不韋冢在河南洛陽城北邙山道西大冢是也民傳言呂母冢不韋先墓故其冢名呂母不韋死獲過於始皇矣民傳去不韋好經書皆以葬漢明帝朝公卿大夫諸儒八十餘人論五經誤失符節令宋元上言臣聞秦昭王與不韋好書皆以書葬王至尊不韋久貴冢皆以黃腸題湊處地高燥未壞臣願發昭王不韋冢視未燒詩書

又曰亞夫冢在廬江居巢縣郭東居巢亭中

又曰齊桓公冢在臨淄城二十里淄水南孟嘗君與齊桓公冢同處○唐書新語曰開元中集賢學士徐堅葬妻問兆域之制於張說說曰長安神龍之際有黃州僧泓者能通鬼神之意而以人事參之僕嘗聞其言猶記其要墓欲深而狹深者取其幽狹者取其固平地之下一丈二尺為土界

又一丈二尺為水界各有龍守之土龍六年而一暴水龍十二年而一暴當其隧者神道不安故深二丈四尺之下可以設窀穸墓之四維謂之折壁欲下闊而上斂其中頂謂之中樵中樵欲俯斂而傍殺墓中末粉為飾以代石堊不置瓴甗瓮瓨以其近於火不置黃金以其久而為怪不置朱丹雄黃礜石以其氣燥而烈使墳上草木枯而不潤不置羽毛其近於屍也鑄鐵為牛豕之像可以禦二龍土潤而潔能和百神寘之墓內以助神道僧泓之說如此

又曰大理卿徐有功持法不濫及其葬也將穿墓筮者曰必有異應以旌善人果獲石堂其大如倉中空外堅四門入牖占曰此天所以祚有德也置之墓中其後終吉後優詔褒贈寵及其子

圖墓書曰大墓天剛嚴父之門八將之首位處乾尊欲得連堙隱軫狀如亂雲望之巑巑絕而復連小頓大起千里相牽壽過期頤世世登仙

又曰望之如飛雷即之如鳥驚法出勇士伏節御兵

又曰夫欲依山葬者其山連延百里不絕一高一下小頓則大起出公卿若三重之山望之似城郭多諸支別者亦出公卿如新月形在腹中葬冢之所若至日沒見日光者出封侯

又曰凡相山陵之法山望如龜狀葬之出公卿封侯代代不絕山望如龍狀有頭尾蜿蜒者葬之出二千石凡依山作冢皆當立在山東為利得山之形力也山如龜形又巍巍直上如闕狀出二千石

又曰欲知貧富堙陵肥薄狀如肥馬草木茂盛色黃紫皆富也堙陵多傷敗土色赤白地瘠草木黃赤不茂或多細

石皆貧

相冢書曰冢欲得見郡縣城郭欲得連屬長長無極冢青氣鬱鬱出二千石赤氣出公卿白氣出刑戮黃氣出封侯欲得雌龍地多子孫不用雄龍堙武子堙

又曰凡葬於龍耳貴出侯青烏子稱山三重相連名傘山葬之出二千石

張載七哀詩曰北邙何纍纍高陵有四五借問誰家冢皆云漢世主

魏武帝遺令曰汝等時時登銅雀臺望吾西陵墓田

魏文帝為漢帝置守冢詔曰朕承符運受終革命其敬事山陽公如舜之宗堯有始有卒傳之無窮前群司奏處正朔欲使一皆從魏制意所不安其令山陽公於其國中正朔服色祭祀禮樂自如漢又為武昭宣明帝置守冢各三百家

宋孝武置自古帝王守冢户詔曰先代帝王因時創業君人建國禮尊南面而歷運推移年代夊遠丘壠殘毀樵牧相趍塋兆堙蕪封樹莫辨自古以來帝王陵墓可隨近十户蠲其役以供守視

宋高祖脩楚元王墓詔曰夫褒賢崇德千載弥尊追本敬始義隆自遠楚元王積仁基德啓藩斯境素風道隆作範後昆本支之祚實隆劉宗遺芳餘烈奮乎百代而丘封依然墳塋莫翦感遠存往慨焉永懷夫愛人懷樹甘棠且猶勿翦追甄墟墓信陵尚或不絶況瓜瓞所興開源自本者乎可蠲復近墓五家長給灑掃

太平御覽卷第五百六十

太平御覽卷第五百六十一

禮儀部四十

弔

周禮喪祝曰：王弔，則與巫前。（鄭司農注云：喪祝與巫以桃茢執戈在王前。）

又司巫曰：男巫，王弔則與祝前；女巫，后弔則與祝前。（女巫與祝前后，如王之禮。）○又太僕曰：太僕掌三公孤卿之弔勞。（王使往也。）小臣掌士大夫之弔勞。

禮曰：知生者弔，知死者傷。知生而不知死，弔而不傷；知死而不知生，傷而不弔。弔喪不能賻，弗問其所費。

又曰：將軍文子之喪，既除喪，而後越人來弔。主人深衣練冠，待于廟，垂涕洟。子游觀之曰：將軍文氏之子其庶幾乎！亡於禮者之禮也，其動也中。（中禮之變也。）

又曰：死而不弔者三：畏、（謂輕身忘孝也。畏，人或時以非罪攻己，不能有以說之死之者，孔子畏於匡是也。）厭、（行止危險之下。）溺。（不乘橋舡。）

又曰：曾子弔於負夏，（負夏，衛地也。）主人既祖，填池，（祖謂移柩車去載處，為行始也。填池當為奠徹，聲之誤也。奠徹謂徹遣奠設祖奠。）推柩而反之，（反於載處，榮曾子弔，欲更始。）降婦人而后行禮。（禮既祖而婦人降，今反柩，婦人辟之，復升堂矣。柩無反而反之，又降婦人，蓋欲矜賓於此婦人。皆非也。）從者曰：禮與？（怪之。）曾子曰：夫祖者且也。（且，未定之辭。）且胡為其不可以反宿也？曾子襲裘而弔，子游裼裘而弔。曾子指子游而示人曰：夫夫也，為習於禮者，如之何其裼裘而弔也？

又曰：哀公使人弔蕢尚，遇諸道，辟於路，畫宮而受弔焉。（哀公，魯君也。畫地為宮象。）曾子曰：蕢尚不如杞梁之妻之知禮也。齊莊公襲莒于奪，杞梁死焉。其妻迎其柩於路而哭之哀。莊公使人弔之，對曰：君之臣不免於罪，則將肆諸市朝，而妻妾執。（肆，陳尸也。大夫以上於朝，士以下於市。執，拘也。）君之臣免於罪，則有先人之敝廬在，君無所辱命。（無所辱命，辭不受也。春秋傳曰：齊侯弔諸其室。）

又曰：季孫之母死，哀公弔焉。曾子與子貢弔焉，閽人為君在，弗內也。（閽人，守門者。）曾子與子貢入於其廄而修容焉。（更飾。）子貢先入，閽人曰：鄉者已告矣。（既不敢止，以言下之。）曾子後入，閽人辟之。（見兩賢相隨，彌益恭也。）涉內霤，卿大夫皆辟位，公降一等而揖之。

又曰：殷既封而弔，周反哭而弔。（封當為窆。窆，下棺也。）孔子曰：殷已慤，吾從周。

又曰：曾子與客立於門側，其徒趨而出。（徒，謂客之旅。）曾子曰：爾將何之？曰：吾父死，將出哭於巷。（以為不可發於人館。）曰：反哭於爾次。（次，舍也。禮：館人使之若其自有然。）曾子北面而弔焉。

又曰：五十無車者，不越疆而弔人。（氣力始衰。）

又曰：婦人不越疆而弔人。（不通於外。）行弔之日，不飲酒食肉焉。（以全哀也。）

弔於葬者必執引，若從柩及壙，皆執紼。（示助之以力。車曰引，棺曰紼。）喪公弔之，必有拜者。（謝之。）雖朋友州里舍人可也。（謂無主後。）弔曰：寡君承事。（亦為示執事來。）主人曰：臨。（君辱臨其臣之喪。）君遇柩於路，必使人弔之。（君於民臣有父母之恩。）大夫之喪，庶子不受弔。（不以賤者為有爵者主。）

又曰：子張死，曾子有母之喪，齊衰而往哭之。或曰：齊衰不以弔。（以其服非之。）曾子曰：我弔也與哉？（於朋友哀痛甚，而往哭之，非若凡弔。）

又曰：晉獻公之喪，秦穆公使人弔公子重耳。（獻公殺其子申生，重耳避難出奔，是時在翟，就弔之。）且曰：寡人聞之，亡國恒於斯，得國恒於斯。（言在喪代之際。）雖吾子儼然在憂服之中，喪亦不可久也，時亦不可失也，孺子其圖之。（勸其反國，意欲納之。喪，亡，失位。孺，稚也。）以告舅犯。（舅犯，重耳之舅狐偃也，字子犯。）舅犯曰：孺子其辭焉。喪人無寶，仁親以為寶。（寶，謂善道可守者。仁親，親行仁義。）父死之謂何，又因以為利？（欲反國求為後，是利父死。）而天下其

孰能說之孺子其辭焉（說猶解也）

又曰羔裘玄冠夫子不以弔（不以吉服弔喪也）

又曰衛司徒敬子死子夏弔焉主人未小斂絰而往子游弔焉主人既小斂出絰反哭子夏曰聞之也與曰聞諸夫子主人未改服則不絰

又曰曾子問曰三年之喪弔乎孔子曰三年之喪練不羣立不旅行君子禮以飾情三年之喪而弔哭不亦虛乎（爲彼哀不專於其親也爲親哀則是妄弔）

又曰諸侯非問疾弔喪而入諸臣之家是謂君臣爲謔

又曰弔者即位于門西東面其介在其東南北面西上於西門（賓立門外不當門）主孤西面（立於阼階下）相者受命曰孤某使某請事客曰寡君使某如何不淑（受命受主人命以出也不淑言遭者喪無護賓承善也如何不善言君之甚使某弔）相者入告出曰孤某須矣（稱其君名者君臣名稱子某使人）

（始遇嗣也須矣不出迎也）弔者入主人升堂西面弔者升自西階東面致命曰寡君聞君之喪寡君使某如何不淑子拜稽顙弔者降反位（子孤子也降反位者出反門外位）

又曰婦人非三年之喪不踰封而弔（踰封越竟也或爲越疆）

又曰諸侯弔於異國之君則其君爲主（君爲之主弔臣恩爲已也子不敢當主中庭北面哭不拜）諸侯弔必皮弁錫衰所弔雖已葬主人必免主人未喪服則君亦不錫衰（必免者尊人君爲之變也未喪服未成服也既殯成服）

又曰邾人弔於壙周人弔於家示民不偝也（既葬哀而哭反於是弔之）

傳曰宋大水公使弔焉曰天作淫雨害於粢盛若之何不弔對曰孤實不敬天降之災又以爲君憂拜命之辱臧文仲曰宋其興乎禹湯罪己其興也勃焉桀紂罪人其亡也忽焉

又曰齊侯歸遇杞梁之妻於郊（梁戰死妻郊迎喪）使弔之辭曰殖之有罪何辱命焉（言若有罪不足弔）若免於罪則有先人之敝廬在下妾不得與郊弔（婦人無外事故下猶賤也）齊侯弔諸其室（傳善婦人有禮）

又曰游吉相鄭伯以如晉亦賀虎祁也史趙見子太叔曰甚哉其相蒙也（蒙欺也）可弔也而又賀之子太叔曰若何弔也豈特唯我賀將天下實賀

又曰琴張聞宗魯死（琴張孔子弟子字子開名牢）將往弔之仲尼曰齊豹之盜而孟縶之賊女何弔焉（言齊豹所以爲盜孟縶所以見賊皆由宗魯）

又曰晉頃公卒秋八月葬鄭游吉弔且送葬魏獻子使士景伯詰之曰悼公之喪子西弔子蟜送葬（在襄十五年）今吾子無二何故

漢書曰龔勝死有老父來弔其哭甚哀既而曰吁薰以香自燒膏以明自消龔生竟夭天年非吾徒也

又曰蔣詡自元卿遭父憂有弔者盈門後母疾之不與席

不得止舊廬於側作小菴往如舊也

續漢書曰郭太字林宗退身隱居教授徒衆甚盛喪母友人或千里來弔之

東觀漢記曰祭遵病薨喪至河南詔遣百官皆詣喪所上車駕素服往弔望城門舉音遂哭而至哀慟復幸城門過喪車瞻望涕泣上親臨祠以太牢儀如孝宣帝臨霍將軍故事

謝承後漢書曰徐孺子不就諸公之辟及有喪者萬里赴弔常於家預炙雞一隻以一兩綿絮漬酒中暴乾以裹雞徑到所赴冢遂以水漬綿使有酒氣以雞置前祭畢便去

王隱晉書曰何劭爲司徒薨養子岐爲嗣袁粲弔岐岐辭以疾粲獨哭而出曰今年決下岐品王詮謂之曰知死弔死何必見生岐前多罪尔時不下今何公新亡便下岐品

人謂中正畏強侮弱粲乃止也

鄧粲晉紀曰阮籍能爲青白眼禮俗之士輒以白眼對之宗正嵇喜康之兄也聞籍喪弔焉籍以不哭見其白眼喜不懌而退也

晉中興書曰周嵩兄顗既被害王敦使人弔嵩嵩曰亡兄天下之罪人爲天下所殺復何弔敦甚銜之

家語曰季桓子死魯大夫朝服而弔子游問孔子曰禮乎孔子不荅他日又問孔子曰始死則羔裘玄冠者易之而已又何疑焉

又曰孔子有母之喪既練陽虎弔焉私於孔子曰今季氏將大饗境內之士聞諸乎曰丘弗聞之雖在衰絰亦欲與往陽虎曰子謂不然乎季氏饗士不及子

禮統曰弔生曰唁弔死曰弔生謂之唁何非有喪之位哭

之事但嗟嘆以言故謂之嗟弔死謂之弔何弔者毒也致有恩厚禮無服屬但致傷哀痛毒故謂之弔

白虎通曰檀弓記曰天子哭諸侯爵弁純衣

又曰遣大夫弔辭曰皇天降災子獨遭離之嗚呼哀哉

莊子曰孔子圍於陳蔡之間七日不火食太公任弔之曰幾死乎曰然子惡死乎曰然任曰直木先伐甘井先竭子其意者飾智以驚愚修身以明汙昭昭乎若揭日月而行故不免

又曰莊子妻死惠子弔之則方箕踞鼓盆而歌曰察其始本無生非徒無生也本無形非徒無形也本無氣變而有生今變而之死人且寢於巨室我噭噭隨而哭之自以爲不通乎命故止之

又曰老聃死秦失弔之三號而出弟子曰非夫子之友耶曰然然則弔焉若此可乎曰然始也吾以爲其人也而今非也向吾入而弔焉有老者哭之如哭其子少者哭之如哭其母彼其所以會之必有不蘄言而言不蘄哭而哭者是遁天倍情忘其所受

淮南子曰北塞上之人有喜遊者其馬無故亡入胡中人皆弔之其父曰此何知乃不爲福居數月其馬將胡駿馬而歸人皆賀之其父曰此何知乃不爲禍家富良馬其子好騎墮馬而折髀人皆弔之其父曰此何知乃不爲福居一年胡夷大出丁壯者控弦而戰塞上之人死者十九此獨以跛之故子父相保

符子曰陶之富者朱公喪其中子隣人往弔之朱公方擁膝蹲踞捧頭而笑隣人曰聞有喪將唁子之哀朱公曰生不致哀死而唁何隣人之不通也

說苑曰孫叔敖爲楚令尹一國吏民皆來賀有老父衣麤衣冠白冠後來弔曰身已貴而驕人者民去之位已高擅權者君惡之祿已尊厚而不知足者患處之叔敖再拜敬受命願聞餘教父曰位已高意益下官益高而心益小祿已厚而慎不敢取君謹守此三者足以治楚矣

世說曰顧彥先性好琴及喪家人常以琴置靈床上張季鷹往哭顧不勝其慟徑上床鼓琴作數曲竟撫琴曰彥先頗復賞此不因又慟哭下執孝子手而去

賀循喪服要記曰始弔朝玄端之服也皮弁絰素弁而加環絰也始死而往朝服者主人未變賓未可以變也

又曰古之弔者皆因朝夕哭而入弔賓至主人出即中門外西面北上拜賓入門即位於堂下當阼階西面賓入即位皆哭哭止主人拜之

又曰大夫弔於大夫始死而往朝服裼裘如吉時也當斂之時而至則弁絰服皮弁之服以襲裘也主人成服而往則皮弁絰而加錫衰也大夫於士有朋友之恩乃得弁絰

謝玆喪服圖曰天王弔三公及三孤弁絰錫衰弔六卿弁絰錫衰弔大夫弁絰疑衰弔士弁絰緦衰弔畿内諸侯弁絰緦衰

郭太別傳曰賈淑字子厚林亭鄉人雖世有冠冕而性險害邑里患之林宗遭母憂淑來弔之而鉅鹿孫威直亦至威直以林宗賢而受惡人弔心怪之不進而去林宗遽追而謝曰賈子厚誠凶德然洗心同善仲尼不逆互鄉故許其進也淑聞之改過自厲終成善士又林宗有母喪徐稚往弔置生芻一束於廬前而去林宗曰此必南州徐孺子也詩不云乎生芻一束其人如玉吾無德以堪之

裴楷別傳曰裴楷以知名而風情朗悟初陳留阮籍遭母喪楷弱冠往弔籍乃離喪位神志晏然至乃縱情嘯詠傍若無人楷不爲改容行止自若遂便率情獨哭哭畢而退威容舉動無異

陶侃傳曰侃丁母艱在墓下忽有二客來弔不哭而退儀服鮮異知非常人遣隨而看之但見雙鶴孤而沖天也

列女傳曰魯黔婁先生之死曾子與門人往弔焉隱門而入立於堂下其妻出衣褐袍曾子弔之上堂見先生尸在牖下枕墼席藁緼袍無表覆以布被首足不盡斂覆頭則足見覆足則頭見

皇覽逸禮曰君使大夫弔於國君禮錫衰裳弁絰有下大夫爲介亦如之士介者將命者緦衰裳弁絰異姓葛同姓麻

語林曰陳元方遭父喪形體骨立其母哀之以錦被蒙其上郭林宗往弔見錦被而責之賓客絶百許日

太平御覽卷第五百六十一

太平御覽卷第五百六十二

禮儀部四十一

謚　諱　忌日

謚

釋名曰古者諸侯薨時天子論行以賜謚惟王者無上故於南郊稱天以謚之當春秋時周室卑微臣謚其父故諸侯之謚多不以實也

周禮曰太師凡大喪師其瞽而廞作柩謚鄭玄注曰欽興也興言王之行陳其生時行迹爲作謚

又曰太史掌卿大夫之喪賜謚讀誄其讀謚誄亦以太史賜謚

禮曰巳孤暴貴不爲父作謚鄭玄注曰子事父毋无貴賤等也

又曰公叔文子卒其子戍請謚於其君曰日月有時將葬矣請所以易其名者謚者行之迹也君曰昔者衛國凶飢夫子爲粥與國之餓者是不亦惠乎君靈公也昔者衛國有難夫子以其死衛寡人不亦貞乎夫子聽衛國之政修其班制以與四隣交衛國社稷不辱不亦文乎故謂夫子貞惠文子

又曰幼名冠字五十以伯仲死謚周道也

又曰死而謚今也昔者生無爵死無謚古謂殷以前也大夫以上乃謂之爵死有謚也

又曰子曰先王謚以尊名節以壹惠耻名之浮於行也名爲声譽也先王論行爲謚以尊名者使声譽可得而尊言也惠猶善也言声譽雖衆節以其行一大善者爲謚也

傳曰無駭卒無駭始爲卿未賜族也羽父請謚與族公問於衆仲對曰天子建德因生以賜姓祚之土而命之氏諸侯以字爲謚因以爲族官有世功則有官族

又曰鄭人討幽公之亂斷子家之棺而逐其族改葬幽公謚之曰靈

又曰楚恭王卒子囊謀謚大夫曰君有命矣子囊曰君命以爲恭若之何毀之赫赫楚國而君臨之撫有蠻夷奄征南海以屬諸夏而知其過可不得謂之恭乎請謚之恭大夫從之

又曰衛侯賜北宮喜謚曰貞子賜析朱鉏謚曰成子

論語曰子貢問曰孔文子何以謂之文也子曰敏而好學不耻下問是以謂之文也

漢書曰景帝令諸侯薨列侯初封及之國大鴻臚奏謚誄策列侯薨及諸侯太傅初除之官大行奏謚誄策

又曰賈山奏事曰聖王作謚三四十世耳雖堯舜禹湯文武累世廣德以爲子孫基業無過三四十世也

秦始皇帝曰死而以謚法是父子名號有時相襲者以一至萬則世世不相復也故死而號曰始皇帝其次曰二世皇帝欲以一至萬也

張璠漢書曰范丹卒三府各遣令史奔弔累行論謚曰宣爲貞節先生

又曰蔡雍嘗至朱穆家爲其書及穆卒雍及門人共謚穆曰忠文論曰夫謚者上之所贈非丁之所造故顏冉至德不聞有謚蔡朱二子各以衰代臧否不立故私議也

范曄後漢書曰夏侯恭善爲文章諸儒共謚曰宣明子牙少習家業著賦頌讚九四十篇舉孝廉早卒鄉人號曰文德先生

魏書曰有司議謚以爲鍾繇昔爲廷尉辨理刑獄決嫌明疑民無怨者猶于張之在漢也詔曰太傅功高德茂位爲師傅論行賜謚當先依此兼叙廷尉于張之德耳乃榮謚曰成侯

于寶晉記曰：何曾卒，下禮官議謚。博士秦秀議曰：曾資性驕奢，不脩軌則，弈世以來，宰臣輔相未有受詬辱之聲、被有司之劾，父子塵累而蒙恩貸若曾者也。謹按謚法，名與實爽曰繆，怙威肆行曰醜，曾宜謚爲繆醜。

又曰：太尉魯公賈充薨。初，充用韓謐爲賈氏嗣，上特許之。及議謚，博士秦秀曰：充位冠群后，惟民之望，而悖禮溺情，以亂大倫。案謚法，昏亂紀度曰荒，充宜謚曰荒。上弗從，賜謚曰武。

晉書曰：太康八年，太常上謚故太常平陽男鄭弈爲景侯。有司奏云：晉受命以來，祖宗號謚，群下未有同者，故鄭弈與景皇同，不可聽，宜謚曰穆。

晉中興書曰：中宗即尊號也，時賜謚多由封爵，不考德行。王遵上疏曰：臣聞大行受大名，小行受小名，名則實稱，不誣而已。近代以來，惟爵得謚，武官牙門有爵必謚，卿校常伯無爵悉不賜謚，甚失制謚之本。今中興肇建，勳德兼被，宜深體前訓，使行以謚彰，豈可限以有爵。中宗納焉。自後公卿無爵而謚，自遵始也。

沈約宋書曰：江智淵出爲北中郎長史。初，上寵姬宣貴妃殷氏卒，使群臣議謚，智淵上謚曰懷，上以不盡嘉號，甚銜之。後車駕幸南山，乘馬至殷氏墓，群臣皆騎從，上以馬鞭指石柱謂智淵曰：此柱上不容有懷字。智淵益懼。

宋書曰：劉康祖出軍至壽陽數十里，會魏永昌王以長安之衆八萬騎與康祖相及於尉，康祖有八千人，乃結車營而進。魏軍四面來攻，衆分爲三，且休且戰，康祖率厲士將，無不一當百，魏軍死者太半，流血沒踝。矢中頭而死，於是大敗，舉軍淪覆，免者纔數十人。魏人傳康祖首示彭城百姓，王贈益州刺史，謚曰壯。

又曰：蕭眆（音昉）素爲諸暨令，到縣十餘日，掛衣冠於縣門而去，獨居屏事，非親戚不得至其籬門。妻，齊太尉王儉女，久與別居，遂無子。卒，親故迹其事行，謚曰貞文先生。

又曰：曇首卒，文帝臨慟，歎曰：王詹事所疾不救，國之衰也。中書舍人周赳侍側曰：王家欲衰，賢者先殞。上曰：直是我家衰耳。以預誅羨之等謀，追封預寧縣侯，謚曰文。

又曰：王晏爲吏部尚書令，王儉雖貴而疎，晏既領選，權行臺閣，與儉頗不平。儉卒，禮官欲依王導謚爲文獻，晏啓上曰：導乃得此謚，但宋來不加素族。出謂人曰：平頭憲事已行矣。

後魏書曰：孝文太和十六年，改謚宣尼曰大聖尼父，告謚孔廟。

齊書曰：長沙威王晃，武帝嘗幸鍾山，晃從駕，以馬矟刺道邊枯蘗，上令左右數人引之，銀纏皆卷聚而矟不出，乃令晃復馳馬拔之，應手便去。每遠州獻駿馬，上輒令晃於華林中調試之。高帝常曰：此我家任城也。武帝緣此意，故謚曰威。（任城即魏任城王彰也）

梁書曰：蕭子顯卒，請謚，手勑曰：恃才傲物，宜謚曰驕。

又曰：徐勉卒，武帝聞而流涕，即車駕臨殯，皇太后亦舉哀朝堂。有司奏謚：居敬行簡曰簡，執心決斷曰肅，因謚簡肅公。

又曰：蕭機字智通，位湘州刺史，美姿容，善吐納，家既多書，博學強記，然而好弄尚力，遠士子，近小人，爲州專意聚斂，無政績，頻被案劾。將葬，有司請謚，詔曰：王好內怠政，宜謚曰煬。

又曰蕭暉爲晉陵太守暉初至郡屬旱躬自祈禱果獲甘潤郡多猛獸爲害暉在政六年此患遂息卒于郡初暉寢疾歷年官曹擁滯有司案謚法言行相違曰僭乃謚曰僭侯

陳書曰袁泌爲司徒左長史卒于官臨終戒其子芳華曰吾於朝廷素無功績瞑目之後斂手足旋葬無得受贈謚其子述泌遺意朝廷不許謚曰質

唐書曰開元中贈左丞相程行諶謚曰貞岐王府長史裴子餘謚曰孝同時列上中書令張説省之曰程裴二謚可謂謚之無愧也

又曰貞元中太常奏馬燧謚景武上改爲莊武以避太祖謚

又曰元和中賜太子賓客于頔謚曰思初有司謚曰厲至

是特易之右丞張正甫封其勑請還本謚補闕高鉞上疏曰夫謚者所以懲惡勸善激濁揚清使忠臣義士知勸亂臣賊子畏罪孔子脩春秋乱臣賊子懼盖爲此也垂範如此尚不能救況又隳其典法乎

大戴禮曰周公旦爲太師相嗣王作謚法者行之迹也號者功之狀也服者位之章也是以大行受大名細行受小名行出於己名出於人謚愼也以人行之始終悉愼録之以爲名也

禮記外傳曰古者生無爵死無謚古謂夏殷之前謚法周公所爲也堯舜禹湯皆後追議其功耳謚者行之迹也累積平生所行事善惡而定其名也有大行受大名謂之景行景大也有大善若禹湯文武者小善受小名若宣若成其德狹也文經天地其德博也武定禍亂其功大也

五經通義曰謚者死後之稱累生時之行而謚之生有善行死有善謚所以勸善戒惡也謚之言列其所行身雖死名常存故謚也

白虎通曰謚者何謂也謚之爲言引也引列行之跡也所以進勸威德使上務禮節死乃謚之詩云靡不有初鮮克有終始終不能若一故據其終後可知也今世所以臨葬而謚之何因衆會欲顯揚之也謚或一言或兩言何文者一言爲謚質者兩言爲謚故湯死後稱成湯是明二言爲謚也謚七十二品禮謚法曰翼善傳聖曰堯仁聖盛明曰舜慈惠愛民曰文剛德理直曰武天子崩大臣至郊謚之者何以爲臣子之義莫不欲襃稱其君掩惡揚美者故之郊明不得欺天也

又曰卿大夫老歸死有謚何謚者別尊卑彰有德卿大夫

歸無過猶有禄位故有謚也夫人無謚者何無爵故無謚或曰夫人有謚夫人國之母脩閨門之内即下亦化之故設謚以彰其善惡春秋傳曰葬宋恭姬傳曰其稱謚何賢也傳曰哀者何莊公夫人也卿大夫妻無謚者何賤也八妾所以無謚何卑賤無所能豫猶士卑小不得有謚太子夫人無謚何本婦人隨夫太子無謚則夫人不得有謚天子太子元士也士無謚知太子亦無謚也附庸所以無謚何卑小無爵也王制曰古者之制爵禄凡五等附庸不在其中明附庸無爵也號謚何法生稱火死稱灰也

抱朴子曰上古無謚始於周家耳黄帝謚盖後人追爲之謚取其治世時行迹而已非黄帝群臣之作也俗人通自不信仙寧肯追以仙謚黄帝乎

穆天子傳曰爲盛姬謚曰哀俶人

荀氏家傳曰荀爽對象（策曰臣聞火生於木故其德孝漢之謚帝稱孝者其義取此故）漢制使天下皆誦孝經選吏則舉孝廉以孝爲務也

列女傳曰魯黔婁先生死曾子與門人往弔焉曰何以爲謚其妻曰以康爲謚昔先君嘗賜之粟三十鍾先生辭而不受是其餘富也君嘗欲授之以國相先生辭而弗爲是其餘貴也彼先生者甘天下之淡味安天下之卑位不戚戚於貧賤不汲汲於富貴求仁而得仁求義而得義其謚爲康不亦宜乎

崔駰章帝謚議曰臣聞號者功之表謚者行之迹據德錄功各當其實孝經曰天地明察神明章矣唐書數堯之德曰平章百姓言天之常德也詩曰追琢其章金玉其相亹亹文王綱紀四方又曰倬彼雲漢爲章于天喻文王聖德有金玉之質猶雲

漢之在天也舉表折義四方德附矣易曰先天而天弗違後天而奉天時臣愚以宜上尊號曰章唐獨孤及謚呂諲曰肅嚴郢駁曰國家故事宰臣之謚有二字以彰善旌德焉夫以呂公文能無害武能禁暴貞則幹事忠則利人盛烈宏規不可備舉傳叙八元之德曰忠肅恭懿若以美謚擬於形容請曰忠肅及重議曰謚法在懲惡勸善不在字多必稱其大而略其細故言文不言武言武不言文三代以下朴散禮壞乃有二字之謚非古也其源生於衰周漢興蕭何張良霍去病霍光俱以文武大略佐漢致太平其事業不一謂一文不足以紀其善於是有　文成景桓成之謚雖黷禮甚矣然猶褒不失人唐興參用周秦之制以魏徵爲文貞蕭瑀爲貞褊其杜如晦封彝陳叔達溫彥博岑文本唐休璟魏知古崔日用並當時赫赫以功名居宰相者謚不過一字不聞子孫佐吏有以字少稱屈由此言之二字不必爲褒一字不必爲貶若褒貶果在乎字數則是堯舜禹湯文武成康不如周威烈慎靖也齊桓晉文不如趙武靈魏安釐也杜如晦王珪以下或成或明或懿或憲不如蕭瑀之貞褊也然肅者威德克就之名以謹之從政威能閑邪德可濟衆故以肅易名而忠在其中矣亦猶趙會稽俞之不稱文豈必因而重之然後爲美魏晉已來賈許之籌詩算賈逵之忠莊張既之政能程普之智勇顧雍之密重王渾之器量劉恢之鑒裁庾翼之志略彼八君子者方之東平宜無慙德死之日並謚曰肅當代不以爲貶何嘗徵一字二字以爲之外降乎

諱

周禮曰小史掌邦國之志奠繫世辨昭穆若有事則詔王

之忌諱（志謂記也先王死爲忌名爲諱）

禮曰禮不諱嫌名二名不偏諱逮事父母則諱王父母不逮事父母則不諱王父母（逮及也謂幼孤不及識父母不至於祖名也孝子聞名心懼）（諱之由心也謂庶人也適士以廟事祖雖不逮父母猶諱祖也）大夫之所有公諱（避君諱也）詩書不諱臨文不諱廟中不諱（謂有事於高祖則不諱曾祖以下尊無二也）大夫之諱雖質君之前臣不諱也（臣於夫人之家恩遠也質獨對也）婦諱不出門（婦親近於宮中言避之耳）大功小功不諱入境而問禁入國而問俗入門而問諱

又曰二名不偏諱夫子之母名徵在言在不稱徵言徵不稱在（偏舉也）

又曰過而舉君之諱則起（舉猶言也起立者失言而變自新）與君之諱同則稱字（謂諸臣之名也）

又曰卒哭而諱（自此而鬼神事之尊而諱其名）王父母兄弟世父叔父姑

姊妹子與父母諱（父為其親諱則子不敢不從諱也諸王父母以不之親諱是謂士也天子諸侯諱群祖）毋之諱宮中諱妻之諱不舉諸其側與從祖昆弟同名則諱之

傳曰周人以諱事神名終將諱之（君父之名固非臣子所斥然禮既卒哭以大澤徇曰舍故而諱新日舍親盡之祖而諱新死者故言以諱事神名終將諱之自父至高祖皆不敢斥言）

蕭子顯齊書曰始安貞王道生字孝伯太祖次兄也子鳳字景慈卒於宋明帝贈始安靖王改華林鳳莊門為望賢門太極東堂畫鳳鳥題為神鳥而鸞鳥為神雀

南史曰王琨避諱過甚父名懌母名恭心不得犯焉時咸謂矯枉過正

又曰王亮王攸之子為晉陵太守在職清公有美政時有晉陵令沈瓚之性麄踈好犯亮諱亮不堪遂啓代之瓚之怏怏乃造坐云下官以犯諱被代未知明府諱若為攸字當作酉傍安犬猶為犬傍安酉猷若有心悠無心攸乞告示亮不及履下牀跣而走瓚之拊掌大笑而去

唐書曰賈曾除中書舍人固辭以父忠同音識者以為中書是曹司名又與曾父音同字異於禮無嫌曾乃就職

顔氏家訓曰近世謝舉甚有聲譽聞諱必哭為世所譏

世說曰桓玄呼人溫酒自道其父名既而曰英雄正自麄踈

語林曰王藍田作會稽令人問諱荅曰惟祖惟考四海所知過無復諱徐邈表不諱太子名議與太守褚爽上表稱皇太子名尚書下之禮官以時議其可否禮官議疑無適準正聊率所見以論之曰禮記曰夫人之諱雖質君之前臣不諱也案夫人國之小君君之一體太子之母也而尚不諱則太子何嫌乎又禮君前臣名又周公告文王皆稱武王名可益明矣

忌日

禮曰君子有終身之喪忌日之謂也忌日不用非不祥也言夫忌日志有所至而不敢盡私（忌日親亡之日忌日者不用舉他事如有時日之禁也祥善也志有所至至於親以此日志其哀心如喪時）

續漢書曰申徒（與屠字同）蟠字子龍父母卒蟠思慕不飲酒食肉十餘年忌日哀戚輙三日不食

晉書曰穆帝納后欲用九月九日是忌月范汪問王彪之荅云禮無忌月不敢以所不見便謂無之博士曹耽荀訥等並謂無忌月之文不應有妨王洽曰若有忌月當復有忌歲

唐書曰萬歲通天中建安王攸宜平契丹凱旋欲詣闕獻俘內史王及善以為將軍將入城例有軍樂今屬孝明高

皇帝忌月請備而不奏鸞臺侍郎王方慶奏業禮經但有忌日而無忌月晉穆帝納后用九月九日是康帝忌月于疑不定下太常禮官荀納議稱禮只有忌日無忌月語若有忌月即有忌時忌歲軍樂是軍容與常不同請振作於事無嫌

孔叢子曰季節見於子順子順賜之酒辭問其故對曰今家之忌日也故子順曰飲也禮雖衰麻見於君先生君及先生與之粱肉無辭所以敬尊長而不敢遂其私也忌日方於有服輕矣

蕭廣濟孝子傳王脩字叔治北海人年十歲喪母母以社日亡來年社日脩哀感悲號隣人為之罷社

世說曰前輩人忌日唯不飲酒作樂王世將以忌日送客至新亭主人須史欲作音聲王便去持箄往衛洗馬墓下

彈馬

語林曰柏玄不立忌日故有忌時每至日絃觴無廢

太平御覽卷第五百六十二

太平御覽卷第五百六十三

樂部一

雅樂上

易曰雷出地奮豫先王以作樂崇德殷薦之上帝以配祖考

書曰夔命汝典樂教胄子（胄子國子也古者司樂以教國子）詩言志歌永言聲依永律和声八音克諧無相奪倫神人以和

周禮曰大合樂以致鬼神以和邦國以諧萬民以安賓客以悅遠人以作動物

又曰天子宮懸（四面如宮）諸侯軒懸（去南面餘三面其形如軒亦曰曲懸）大夫判懸（又去其北面）士特懸九樂鍾磬之半爲堵全爲肆

又曰大司樂掌成均之法以治建國之學政而合國之子弟焉（鄭玄注曰均調也樂師主調其音大司樂主受此成事已調之樂）以樂德教國子中和祗庸孝友（中猶忠也和剛柔適也祗敬也庸有常也）以樂語教國子興道諷誦言語（興謂以善物諭善事也道讀曰導也者言古以喻今）以樂舞教國子雲門大卷大咸大韶大夏大護大武

又曰大司樂分樂而序之以祭以享以祀乃奏黃鍾歌大呂舞雲門以祀天神乃奏太簇歌應鍾舞咸池以祭地祇乃奏姑洗歌南呂舞大卷以祀四望乃奏蕤賓歌黃鍾舞大夏以祭山川乃奏夷則歌小呂舞大護以享先妣乃奏無射歌夾鍾舞大武以享先祖九六樂者文之以五聲播之以八音

又曰九六樂者一變而致羽物及川澤之祇再變而致蠃物及山林之祇三變而致鱗物及丘陵之祇四變而致毛物及墳衍之祇五變而致介物及土祇六變而致象物及天神

又曰九樂圜鍾爲宮夾鍾爲角太簇爲徵姑洗爲羽靁鼓靁鼗孤竹之管雲和之琴瑟雲門之舞冬日至於地上之圜丘奏之若樂六變則天神皆降皆得而禮矣九樂函鍾爲宮太簇爲角姑洗爲徵南呂爲羽靈鼓靈鼗孫竹之管空桑之琴瑟咸池之舞夏日至於澤中之方丘奏之若樂八變則地祇皆出可得而禮矣九樂黃鍾爲宮大呂爲角大簇爲徵應鍾爲羽路鼓路鼗陰竹之管龍門之琴瑟九德之歌九磬之舞於宗廟之中奏之若樂九變則人鬼可得而禮矣

又曰九樂事以鍾鼓奏九夏王夏肆夏昭夏納夏章夏齊夏族夏祴夏驁夏（以鍾鼓者先擊鍾次擊鼓九夏夏大也樂之大歌有九祴讀爲陔鼓之陔王出入奏王夏尸出入奏肆夏牲出入奏昭夏四方賓來奏納夏臣有功奏章夏夫人出祭奏齊夏族人侍奏族夏客醉而出奏陔夏公出入奏驁夏）

禮曰九音之起由人心生也人心之動物使之然也感於物而動故形於聲聲成方謂之音（方猶文章）比音而樂之及干戚羽毛謂之樂（干楯也戚斧也武舞所執也羽翟也旄牛尾也文武所執也）樂者音之所由生也其本在人心之感於物也是故其哀心感者其聲噍以殺其樂心感者其聲嘽以緩其喜心感者其聲發以散其怒心感者其聲粗以厲其敬心感者其聲直以廉其愛心感者其聲和以柔是故先王愼所以感之者宮爲君商爲臣角爲民徵爲事羽爲物五者不亂則無怗懘之音矣（九音濁者尊清者卑怗懘敝不和皃也）宮亂則荒其君驕商亂則陂其君壞角亂則憂其民怨徵亂則哀其事勤羽亂則危其財匱五者皆亂迭相陵謂之慢鄭衛之音亂世之音也比於慢矣桑間濮上之音亡國之音也其政散其民流誣上行私而不可止也是故知聲而不知音者禽獸是也知音而不知樂者衆庶是也唯君子爲能知樂是故不知聲者不可與

言音不知音者不可與言樂知樂則幾於禮矣禮樂皆得謂之有德德者得也樂者爲同禮者爲異同則相親異則相敬（同謂齊好惡別謂貴賤也）樂勝則流禮勝則離（流謂合行不敬也離謂析居不和也）樂由中出（和在心也）禮自外作（敬在貌也）樂由中出故靜禮自外作故文大樂必易大禮必簡樂至則無怨禮至則不爭揖讓而天下治者禮樂之謂也大樂與天地同和大禮與天地同節和故百物不失節故祀天祭地明則有禮樂幽則有鬼神如此則四海之内合敬同愛矣故知禮樂之情者能作識禮樂之文者能述（述謂訓其義也）作者謂之聖述者謂之明樂者天地之和也禮者天地之序也和故百物皆化序故群物皆別（化猶生也別謂形體異也）王者功成作樂治定制禮其功大者其樂備其治辯者其禮具五帝殊時不相沿樂三王異世不相襲禮樂極則憂禮粗則偏矣及夫敦樂而無憂禮

備而不偏者其唯大聖乎春作夏長仁也秋斂冬藏義也仁近於樂義近於禮故聖人作樂以應天制禮以配地禮樂明備天地官矣夫禮樂之極乎天而蟠乎地行乎陰陽而通乎鬼神窮高極遠而測深厚是故志微噍殺之音作而民憂思嘽諧慢易繁文簡節之音作而民康樂粗厲猛起奮末廣賁之音作而民剛毅廉直勁正莊誠之音作而民肅敬寬裕内好順成和動之音作而民慈愛流僻邪散簡成滌濫之音作而民淫亂故樂行而倫清耳目聰明血氣和平移風易俗天下皆寧故曰樂者樂也君子樂得其道小人樂得其欲以道制欲則樂而不亂以欲忘道則惑而不樂（道謂仁義也欲謂邪淫也）是故君子反情以和其志廣樂以成其教樂行而民鄕方可以觀德矣（方猶道也）德者性之端也樂者德之華也金石絲竹樂之器也詩言其志也歌詠其聲也舞動其容也三者本於心然後樂氣從之

又曰魏文侯問子夏曰吾端冕而聽古樂唯恐卧聽鄭衛之音則不知倦敢問古樂之如彼何也新樂之如此何也子夏對曰今夫古樂進旅退旅和正以廣絃匏笙簧會守拊鼓始奏以文復亂以武治亂以相訊疾以雅君子於是語於是道古修身及家平均天下此古樂之發也今夫新樂進俯退俯姦聲以濫溺而不止及優侏儒獶雜子女不知父子樂終不可以語不可以道古此新樂之發也文侯曰敢問溺音何從而出也子夏對曰鄭音好濫淫志宋音燕女溺志衛音趨數煩志齊音傲辟驕志四者淫於色而害於德是以祭祀弗用也詩云肅雍和鳴先祖是聽夫肅肅敬也雍雍和也夫敬以和何事不行爲人君者謹其所好惡而已矣君好之則臣爲之上行之則民從之詩云誘民

孔易此之謂也然後聖人作爲鞉鼓椌楬壎篪此六者德音之音也然後鍾磬竽瑟以和之干戚旄狄以舞之此所以祭先王之廟也所以獻酬酳酢也所以官序貴賤各得其宜也所以示後世有尊卑長幼之序也鍾聲鏗鏗以立號號以立橫橫以立武君子聽鍾聲則思武臣石聲磬磬以立辨辨以致死君子聽磬聲則思死封疆之臣絲聲哀哀以立廉廉以立志君子聽琴瑟之聲則思志義之臣竹聲濫濫以立會會以聚衆君子聽竽笙簫管之聲則思畜聚之臣鼓鼙之聲讙讙以立動動以進衆君子聽鼓鼙之聲則思將帥之臣君子之聽音非聽其鏗鏘而已也彼亦有所合之也君子曰禮樂不可斯須去身致樂以治心則易直子諒之心油然生矣易直子諒之心生則樂樂則安安則久久則天天則神天則不言而信神則不怒而威致樂

以治心者也。致(猶深審也。子讀如不子之子。油然新生好貌也。善心生則寡於利欲，寡於利欲則樂矣。至明行成，不言而見信如天也，不怒而見畏如神。)致禮以治躬則莊敬，莊敬則嚴威。心中斯須不和不樂，而鄙詐之心入之矣；(鄙詐入之，謂利欲生。)外貌斯須不莊不敬，而易慢之心入之矣。故樂也者，動於內者也；禮也者，動於外者也。樂極和，禮極順，內和而外順，則民瞻其顔色而弗與爭也，望其容貌而不生易慢焉。(極，至也。)故德輝動於內，而民莫不承聽；理發諸外，而民莫不承順。故曰致禮樂之道，舉而措之天下無難矣。樂也者，動於內者也；禮也者，動於外者也。故禮主其減，樂主其盈。(減猶倦也，盈猶溢也。)禮減而進，以進為文；樂盈而反，以反為文。(樂以統情，禮以理行，情溢而行倦，則進之，溢之則使反，進則自免彊。反謂自損抑也。文猶美也。)禮減而不進則銷，樂盈而不反則放。(放，淫於聲樂不能止也。報讀曰褒，猶進也。)故禮有報而樂有反。禮得其報則樂，樂得其反則安。(得謂曉其義，知其歸。)禮之報，樂之反，其義一也。夫樂者，先王之所以飾喜也；軍旅鈇鉞者，先王之所以飾怒也。故先王之喜怒，皆得其儕焉。○又曰：孔子閒居，子夏曰：敢問何謂三無？孔子曰：無聲之樂，無體之禮，無服之喪。子夏曰：三無既得而聞之矣，敢問何詩近之？孔子曰：夙夜基命宥密，無聲之樂也；威儀棣棣，不可選也，無體之禮也；凡民有喪，匍匐救之，無服之喪也。子夏曰：言盡於此而已乎？孔子曰：(何為其然也。君子之服猶有五起焉。無聲之樂)氣志不違；無體之禮，威儀遲遲；無服之喪，內恕孔悲。無聲之樂，氣志既得；無體之禮，威儀翼翼；無服之喪，施于四國。無聲之樂，氣志既從；無體之禮，上下和同；無服之喪，以畜萬邦。無聲之樂，日聞四方；無體之禮，日就月將；無服之喪，純德孔明。無聲之樂，氣志既定；無體之禮，施及四海；無服之喪，施于孫子。

又曰：入門而金作，示情也；升歌清廟，示德也；下管象武，示事也。是故古之君子不必親相與言也，以禮樂相示而已。

又曰：故天子之為樂也，以賞諸侯之有德者也。德盛而教尊，五穀時熟，然後賞之以樂也。

又曰：郊特牲曰：賓入大門而作肆夏，示易以敬。(賓，朝聘者。易，和悅也。)卒爵而樂闋，孔子屢嘆之。(美此禮也。)樂由陽來者，禮由陰作者，陰陽和而萬物得也。

傳曰：曹太子來朝，享曹太子，初獻樂奏而歎。(酒始獻也。)施父曰：曹太子其有憂乎？非歎所也。(施父，魯大夫也。)

又曰：晉郤至如楚聘，且蒞盟。楚子享之，子反相，為地室而懸焉。郤至將登，金奏作於下，(擊鐘而奏樂也。)驚而走出。

太平御覽卷第五百六十三

太平御覽卷第五百六十四

樂部二

雅樂中

傳曰：吳季札來聘，請觀於周樂。使工爲之歌周南、召南，曰：美哉！始基之也，猶未也（猶有商紂，未盡善也），然勤而無怨矣。爲之歌邶、鄘、衛，曰：美哉淵哉！憂而不困者也。吾聞衛康叔、武公之德如是，是其衛風乎？爲之歌王，曰：美哉！思而不懼，其周之東乎？爲之歌鄭，曰：美哉！其細已甚，民弗堪也，是其先亡乎？爲之歌齊，曰：美哉！泱泱乎大風也，表東海者，其大公乎？爲之歌豳，曰：美哉蕩蕩乎！樂而不淫，其周公之東乎？爲之歌秦，曰：美哉！此之謂夏聲。夫能夏則大，大之至也，其周之舊乎？爲之歌魏，曰：美哉渢渢乎！大而險，儉而易行，以德輔此，則明主也。爲之歌唐，曰：思深哉！其有陶唐氏之遺民乎？不然，其何憂之遠也？非令德之後，誰能若是？爲之歌陳，曰：國無主，其能久乎？自鄶以下無譏焉。爲之歌小雅，曰：美哉！思而不貳，怨而不言，其周德之衰乎？猶有先王之遺民焉。爲之歌大雅，曰：廣哉熙熙乎（熙熙，和樂聲也）！曲而有直體，其文王之德乎？爲之歌頌，曰：至矣哉！盛德之所同也。見舞象箾南籥者，曰：美哉！猶有所憾。見舞大武者，曰：美哉！周之盛也，其若此乎？見舞韶濩者（殷湯樂也），曰：聖人之弘也，而猶有慙德，聖人之難也。見舞大夏者（禹之樂也），美哉！勤而不德，非禹其誰能及之？見舞韶箾者（舜之樂也），曰：至矣哉，大矣！如天之無不覆也，如地之無不載也，雖甚盛德，其蔑以加此矣。若有他樂，吾不敢請已。

又曰：宋公享晉侯於楚丘，請以桑林（桑林，殷天子樂名也）。荀罃辭。荀偃、士丐曰：諸侯宋、魯，於是觀禮（宋，王者後；魯以周公故，皆用天子禮樂，故可觀也）。魯有禘樂，賓祭用之（禘，三年大祭，則作四代之樂。別祭群公，則用諸樂也）。宋以桑林享君，不亦可乎（言俱天子樂也）？舞師題以旌夏（旌夏，大旌也。題，識也。以大旌表識其行列也）。晉侯懼而退入於房（旌夏非常，卒見之，人心偶有所畏）。卜桑林見（祟見於卜兆也）。荀偃、士丐欲奔請禱焉（奔走還宋禱謝）。荀罃不可，曰：我辭禮矣，彼則以之。猶有鬼神，於彼加之（言自當加罪於宋）。晉侯有間。

又曰：晉與諸侯伐鄭，鄭人賂晉侯以師悝、師觸、師蠲（皆樂師名），歌鍾二肆（肆，列也。懸十六爲一肆，二肆三十二枚也），及其鎛磬，女樂二八。晉侯以樂之半賜魏絳，曰：子教寡人和諸戎狄，以正諸華，八年之中，九合諸侯，如樂之和，無所不諧，請與子樂之。魏絳於是乎始有金石之樂，禮也（大夫有功則賜樂也）。

論語曰：師摯之始，關雎之亂，洋洋乎盈耳哉（魯太師摯識關雎之聲而首理其亂者，洋洋乎盈耳，聽而美之）。

又曰：樂云樂云，鍾鼓云乎哉（言樂不但崇此鍾鼓而已，所貴者貴其移風易俗也）。

又曰：子語魯太師樂曰：樂其可知也。始作，翕如也（始作謂金奏時，聞金作，人皆翕如，變動之貌）；從之，純如也（從，讀曰縱。縱之謂八音皆作，純如，咸和之貌）；皦如也，繹如也，以成（皦如，使清別之貌也；繹如，志意條達）。

又曰：子謂韶盡美矣，又盡善也（韶，舜樂也。美舜自以德禪於堯，又盡善，謂太平也）。謂武盡美矣，未盡善也（謂周武王樂。美武王以此功定天下，未盡善，致太平）。

孝經曰：移風易俗，莫善於樂。

爾雅曰：宮謂之重，商謂之敏，角謂之經，徵謂之迭，羽謂之柳（郭璞注：皆五音之別名，其義未詳）。

史記曰：趙簡子疾，五日不知人。扁鵲曰：昔秦繆公嘗如此，五日不知人，七日乃寤，語大夫曰：我之帝所甚樂，與百神遊于鈞天，廣樂九奏萬舞，不類三代之樂，其聲動人心。

又曰：樂所以上事宗廟，下以變化黎庶。

又曰：凡樂者，使萬民感蕩滌雅穢，斟酌以飾厥性。

又曰：太史公曰：音樂者，所以動盪血脈，通流精神而和正

心也

又曰凡音由於人心天之與人相通如影之象形響之應聲也故爲善者天報之以福爲惡者天報之以殃其自然者也故舜作五絃之琴歌南風之詩而天下治紂爲朝歌北鄙之音身死國亡舜之道何弘也紂之行何隘也夫南風之詩生長之音也舜樂好之樂天下同意得萬國之歡心故得天下也夫朝歌者不時也北者敗也鄙者陋也紂樂好之萬國殊心諸侯不附百姓不親天下叛之故身死國亡

漢書曰聲者蕩滌人之邪意全其正性也商章也物成熟可章度也角觸也物觸地而出戴芒角也宮中也居中央暢四方唱始施生爲四聲納也徵祉也物盛大而蕃祉也羽宇也物聚藏宇覆之也協之五行則角爲木五常爲仁五事爲皃商爲金爲義爲言徵爲火爲禮爲視羽爲水爲智爲聽宮爲土爲信爲思　以君臣民事物言之則宮爲君商爲臣角爲民徵爲事羽爲物

又曰樂者四暢交於中而發作於外此先王立樂之方也

又曰樂者歌九德誦六詩是以薦之郊廟則鬼神享之也

又曰夫樂通神明安民庶故聽者無不虛己竦神悅而成流是以海內徧知上德被服其風光輝日新化上而遷善而不知所以然至於萬物不夭天地順而嘉應舉故詩曰磬管鏘鏘降福穰穰

魏志曰太祖以杜夔爲軍謀祭酒參太樂事因令創制雅樂夔善鐘律聰思過人絲竹八音靡所不能惟歌舞非所長散騎侍郎鄧靜尹商善詠雅樂歌師尹胡能歌宗廟郊祀

之曲舞師馮肅時知先代諸舞愆究研精遠考經誥近採故事教習講律備作樂器復先代之樂皆自夔始也

吳錄曰吳中呼周瑜爲周郎瑜精意音樂三爵之後其有闕誤瑜必知之而顧時吳人謡曰曲復設周郎顧

宋書臧嘉傳曰武帝入京城進至建鄴桓玄走武帝使喜入宮收圖書器物封府庫有金飾樂器武帝問喜卿欲此乎喜正色曰主上幽逼播越非所將軍首建大義劬勞王室雖復不肖實無情於樂帝笑曰聊以戲耳

齊書蕭惠基傳曰自宋大明已來聲伎所尚多鄭衛而雅樂正聲鮮有好者惠基解音律尤好三調曲及相和歌每奏輒賞悅

崔鴻十六國春秋曰後秦録姚興傳曰濟南公邕字子和興之弟也尤喜音樂皆能度其盈虛增改曲調世咸傳之号濟南新調

後魏書曰元孚封萬年鄉男求安末樂器殘缺莊帝命孚修之上表曰昔太和中故中書監高閭太樂令公孫崇修造金石數十年間乃奏成功時大集儒生考其得失太常卿劉芳請別營造久而方就復召公卿量校合否論者沸騰莫有適從登被旨勑並見施用往歲大軍入洛戎馬交馳所有樂器亡失垂盡臣至太樂署問太樂令張乾龜等云承前已來置宮懸四箱筍簴十六架編黃鍾之磬十四雖器名黃鍾而聲實夷則考之音制不甚諧韻姑洗懸於東北太蔟編於西北蕤賓列於西南並皆器象若位調律不和又有儀鍾十四簴懸架首和不叩擊今便刪廢以從正則臣今據周禮鳧氏脩廣之規磬氏居句之法吹律求聲叩鍾求響損除繁亡重討論實録依十二月爲十二呂各准辰

次當位懸設月聲既備隨用擊奏則會還相爲宮之義又得律呂相生之體今量鍾磬之數各以十二架爲定奏可于時縉紳之士咸往觀聽靡不咨嗟歎服而反大傅錄尚書長孫承業妙解聲律時復稱善

隋書曰文帝性恭儉不好聲妓嘗遣牛弘定樂帝曰非正聲雅樂清商九部四舞皆令罷之

又曰萬寶常不知何許人也父大通從梁將王琳歸于齊後復謀還江南事泄伏誅由是寶常被配爲樂戶因而妙達鍾律遍工八音造玉磬以獻於齊又嘗與人方食論及聲調時無樂器寶常因取前食器及雜物以箸扣之品其高下宮商畢備諧於絲竹大爲時人所賞然歷周洎隋俱不得調開皇初沛國公鄭譯等定樂初爲黃鍾調寶常雖爲令人譯等每召與議然言多不用後譯樂成奏之上召寶

常問其可否寶常曰此亡國之音豈陛下之所宜聞上不悅寶常因極言樂聲哀怨淫放非雅正之音請以水尺爲律以調樂器上從之寶常奉詔遂造諸樂器其聲率下鄭譯調二律并撰樂譜六十四卷具論八音旋相爲宮之法改絃移柱之規爲八十四卷調一百四十四律變化終於一千八聲時人以周禮有旋宮之義自漢魏以來知音者皆不能通見寶常特創其事皆哂之至是試令爲之應手成曲無所疑滯見者莫不嗟異於是損益樂器不可勝紀其聲雅淡不爲時人所好太常善聲者多排毁之又太子洗馬蘇夔以鍾律自命尤忌寶常夔父威方用事凡言樂者皆附之而短寶常數詣公卿怨望蘇威因詰寶常所爲何所傳受初有一沙門謂寶常曰上雅好符瑞有言徵祥者上皆悅先生當言從胡僧受學云是佛象菩薩所傳音律然則上必悅先生所爲可以行矣寶常然之遂如其言以答威威怒曰胡僧所傳仍是四夷之樂非中國所宜行也其事竟寢寶常聽太常所奏樂泫然而泣人問其故寶常曰樂聲淫厲而哀天下不久相殺盡時四海全盛聞其言者皆謂爲不然大業之末其言卒驗寶常貧無子其妻因其臥疾遂竊其資物逃寶常飢餒無人贍竟餓而死及將死也取其所著書焚之曰何用此爲見者於火中探得數卷見行於世時論哀之開皇之世有鄭譯何妥盧賁蘇夔蕭吉並討論墳籍撰著樂書皆爲當世所用至於天然識樂不及寶常遠矣安馬駒曹妙達王長通郭金樂等能造曲爲一時之妙又習鄭聲而寶常所爲皆歸於雅此輩雖公議不附寶常然皆心服謂以爲神

又曰文帝開皇六年尚因周樂命工人齊樹提檢校樂府

改換聲律益不能通俄而沛公鄭譯奏上請更修正於是詔太常卿牛弘國子祭酒辛彥之國子博士何妥等議正樂然淪繆既久積年議不定帝怒曰我受天命七年樂府猶歌前代功德命治書侍御史李諤引弘等下將罪之奏曰武王克殷至周公相成王始制禮樂所事體大不可速成帝意乃解

又曰開皇中亡齊伎曹妙達安馬駒等以藝遊三公之家新聲變曲傾動當世天子不能禁也帝令妙達理郊廟樂成馮傾杯行天之聲萬寶常觀於樂署部伎樂中唯百濟樂清有歌人間謳謠之曲爲耳目之娛者不可勝載

唐書曰鄭從讜在汴時以兄處誨嘗爲鎮師殁于是郡訖一政受代不於公署舉樂

又曰王涯爲太常卿文宗以樂府之音鄭衛太甚欲聞古

樂命涯詢於舊工取開元時雅樂選樂童按之名曰雲韶樂樂曲成涯與太常丞李廓少府監庾丞憲押樂工獻於梨園亭帝按之於會昌殿上悅賜涯等錦綵

又曰乾元初上謂于休烈曰古聖人作樂以應天地之和以合陰陽之序則人不夭札物不疵癘且金石絲竹之器也人比親享郊廟每聽懸樂宮商不倫或鍾声失度集樂工考磬來朕當於內自定太常集樂考試數自審知差錯然後令別鑄造磨刻及事畢上臨三殿親試考擊皆合五音群臣稱慶

又曰祖孝孫隨毛爽授律皆得爽之法一律而生五音十二律爲而六十音因而六之故有三百六十音以當一歲之日又祖述沉重依淮南本數用京房舊術求之得三百六十律各因其月律而爲一部以律數爲毋以氣候爲子以一中氣所有以日爲子以毋命子隨所多少分直歲以配七音起丁冬至以黃鍾爲宮太簇爲商林鍾爲徵南呂爲羽姑洗爲角其餘月建皆依運行每月各以本律宮爲旋宮之義由斯著矣武德之樂漢誅暴秦之從所作也言以武德除亂使天下樂行也四時之樂文帝之作也言以巳節儉澤施於四海天下和平也

又曰正月享西京太廟太樂令裴知古謂萬年令元行沖曰金石諧和當有吉慶之事其在唐室子孫乎其月中宗即位復國爲唐國史補曰宋沉善音律太常久亡徵調沉考鍾律得之

太平御覽卷第五百六十四

太平御覽卷第五百六十五

樂部三

雅樂下　律呂

雅樂下

國語曰夫琴瑟尚宮鍾尚羽石尚角大不踰宮細不過羽故樂器重者從細輕者從大尾絲尚商匏竹尚徵革木一聲吕以和樂律以平聲金石以動之絲竹以行之歌以詠之匏以宣之土以贊之革木以節之物得其常曰樂清濁相應曰聲聲相保曰和細大不踰曰平如是金磨之石擊之絲木越之匏竹節之以節八風

春秋感精符曰冬至日人主與群臣左右縱樂五日天下人衆亦家縱樂五日以迎日冬至人主備八能之士

撞黃鍾之鍾擊黃鍾之鼓公卿大夫列士乃

使八能之士擊黃鍾之鼓用馬革鼓貟徑八尺一寸鼓黃鍾之瑟瑟用槐木瑟長八尺一寸吹黃鍾之律間音以竽補竽長四尺二寸天地以和應黃鍾之音得蕤賓之律應則公卿大夫列士以德賀於人主因請政所行請五官之符各受其賞聲之調者時氣和則人主以礼賜公卿列士五日儀定天地之氣和人主公卿大夫列士之德則陰陽之晷如度數夏日至之礼如冬日至之礼舞八樂皆以肅敬為戒八音者雲門五英大章大卷大部大夏大護大武也黃鍾之音調諸氣和人主之音順則蕤賓之律應磬聲和公卿大夫列士誠信林鍾之律應此謂冬日至成天文夏日至成地理

潁容春秋釋例曰周用六代之禮樂故有雲門咸池大韶大夏大護大武也魯受四代之禮樂故不舞雲門咸池示有降殺也○五經通義曰受命而王者六樂焉以太一樂天以咸池樂地以肆夏樂人以大夏樂四時以大護樂五行神明以大武樂六律各象其性而為之制以樂其先祖又曰歌舞同處耶異耶歌者象德舞者象功君子尚德下功故歌在堂舞在庭歌以養形歌者有聲舞者有形何言歌在堂也以燕礼曰外歌鹿鳴以是知之何以言舞在庭也以援神契曰合忻之樂舞於堂四夷之樂陳於户以是明之

韓詩外傳曰古者天子左右五鍾將出則撞黃鍾而右五鍾應之馬鳴中規律駕者文御者有數立則磬折拱則抱鼓出入中規折旋中矩然後太師奏外車之樂告出也入則撞蕤賓以治容貌容貌治則得顏色齊顏色齊則肌膚安蕤賓有声鵠震馬鳴及倮介之虫無不延頸以聽蕤賓在内者皆王色在外者皆金声然後少師奏外堂聽席告入也此言物類相感声相應之義也

又曰湯作護聞其宮声使人温良而寬大聞其商声使人方廉而好義聞其角声使人惻隱而仁愛聞其徵声使人樂養而好施聞其羽声使人恭儉而好礼

白虎通曰樂也君子樂得其道小人樂得其欲声音何声鳴也聞其声即知所生声音者謂宮商徵羽也音飲也剛弱清濁和而相飲也音有八謂金石絲竹土木匏革太平乃作樂　樂所以防淫者民飢寒何樂之防

子思子曰繁於樂者重於憂厚於味者薄於行君子同則有樂異則有禮

孟子曰莊暴見孟子曰暴見於王王語暴以好樂暴未有以對也孟子曰王之好樂甚則齊國其庶幾乎他日見於王曰王嘗語莊子以好樂有諸王變乎色曰寡人非能好先王之樂也直好世俗之樂耳曰今之樂猶古之樂也臣請為

王言之今王鼓樂於此百姓聞王鍾鼓之声管籥之音舉疾首蹙頞而相告曰吾王之好鼓樂夫何使我至於此極也父子不相見兄弟妻子離散此無他不與民同樂也今王鼓樂於此百姓聞王鍾鼓之声管籥之音舉欣欣然有喜色而相告曰吾王庶幾無疾病與何以能鼓樂也此無他與百姓同樂也今王與百姓同樂則王矣

墨子曰程繁問於子墨子曰聖王不爲樂昔諸侯倦於聽治息於鍾鼓之樂士大夫倦於聽治息於竽瑟之樂農夫春耕夏耘秋斂冬藏息於吟缶之樂今夫子曰聖王不爲樂此譬之猶馬駕而不脫弓張而不弛墨子曰昔者堯舜有茅茨者且以爲禮且以爲樂湯放桀環天下自立因先王之樂又自作樂命曰護又脩九韶武王勝殷殺紂環天下自立因先王之樂又自作樂命曰象周成王因先王之樂命曰騶吾聞周成王之治天下也不若武王武王之治天下也不若成湯成湯之治天下也不若堯舜故樂逾繁者治逾寡自此觀之非所以治天下也

又曰齊康公有樂萬人食必粱肉衣必文繡

莊子曰北門成聞黄帝張咸池之樂於洞庭之野始聞之懼後聞之怠卒聞之而惑蕩蕩默默乃不自得帝曰汝殆其然哉吾奏之以人徵之以天行之以礼義建之太清奏之以陰陽之和燭之以日月之明或謂之死或謂之生行流散徙不主常声此之謂天樂也

淮南子曰奏雅樂者始於陽阿採菱（許慎注曰楚樂之名也）邯鄲有鬻曲者託之李奇諸人皆爭學之後　知其非皆棄其曲此未始知音也（李奇趙之善樂者也）○穆天子傳曰天子西征至于玄池之上乃奏廣樂三日而終是曰樂池

山海經曰祝融生子長琴是處搖山始始作樂

世說曰荀公曾善解音声時論謂之闇解遂調律呂正雅樂每至正會殿庭作四指自謂宮商無不諧韻阮咸妙賞時論謂之神解每至公會作樂荀心識阮意必謂之不調而阮口初無言直意忌之遂出阮爲始平太守後有田父耕於野地中得周時玉尺便是天下正尺荀試以校已所治鍾鼓金石絲竹皆短校一米於此伏阮之妙解徵阮南還

說苑曰孔子至齊郭門之外遇一嬰兒挈一壺相与俱行其視精其心端孔子謂御曰趣驅之韶樂方作故樂不獨自樂也又以樂人非獨以自正也又以正人

樂說曰聖人作樂不以爲娛樂以觀得失之節故不取備於一人必須八能之士故八士或調陰陽或調五行或調盛人或調律曆或調五音與天地神明合德者則七始八終各得其宜也（七始謂四方天地人也）

又曰上元者天氣也居中調禮樂教化流行揔五行氣爲一下元者地氣也爲萬物始質也爲萬物之容範中元者人氣也其氣以定萬物通於四時承天心理禮樂通上下四時之氣和合人之情以慎天地者也時元者受氣於天布之於地以時出入萬物者也風元者禮樂之本萬物之首物莫不以風成熟也聖王知物極盛則衰暑極則寒樂極則哀是以日中則昃月盈則蝕天地盈虛與時消息制禮作樂者所以改世俗致祥風和雨露爲萬姓獲福於皇天者也聖人作樂繩以五元度以五星碌貞以道德彈形以繩墨賢者進佞人伏（繩正也碌碌摩也貞正也彈割也）

要覽曰桓君山曰余兄弟頗好音嘗至洛聽音終日而心

足由是察之夫深其旨則欲罷不能不入其意故過已

風俗通曰案劉韶鍾律書曰春宮秋律百卉必凋秋宮春律萬物必榮夏宮冬律雨雹必降冬宮夏律雷必發声夫音樂至重所感者大故曰知禮樂之情能作知禮樂之文者能述

華譚論曰夫無声者五音之祖无形者萬物之君本其祖然後情商徵之妙理其君然後正妍朴之容推精朴以撿得失稍清濁以接在士夫宿瘤嫫毋經日而人不視者何一尺之面醜也西施毛嬙靡服而人左顧者何尺之面好也夏姬以容美而陳亡濮水以声好而國滅夫何媸哇之有乎是以聖王知物之感人無窮而情之好悪无節无窮則人不能防其行死節則中材不能制其欲是以爲制可行之禮立中庸之法使賢者俯就不肖者企及明樂之妙

以爲教也

阮籍樂論曰聖人之作樂將以順天地之體成萬物之性也故定天地四方之音以迎陰陽八風之聲均黃鍾中和之律開群生萬物之氣奏之圜丘而天神下奏之方丘而地祇昊楚之風好勇故其俗輕死鄭衛之風好淫故其俗輕蕩輕死故有蹈水赴火之歌輕蕩故有桑間濮上之曲懷永日之娛抱長夜之忭云終身之樂淫縱之俗故江淮以南其民好殺漳汝之間其民好奔吳有雙劍之節趙有挾琴之容氣發於中声入於耳手足飛揚不覺其駭也

桓譚新論曰揚子雲大才而不曉音余頗離雅操而更爲新弄子雲曰事淺易喜深者難識卿不好雅頌而悅鄭声宜也

律呂

周禮曰大師掌六律六同以合陰陽之声陽声黃鍾大蔟姑洗蕤賓夷則無射陰声大呂應鍾南呂函鍾小呂夾鍾皆文之以五声宮商角徵羽皆播之以八音金石土革絲木匏竹注云以合陰陽之声者声之陰陽各有合也黃鍾子之氣也十一月建焉而辰在星紀大呂丑之氣也十二月建焉而辰在玄枵大蔟寅之氣也正月建焉辰在娵訾應鍾亥之氣也十月建焉辰在析木之津姑洗辰之氣也三月建焉而辰在大梁南呂酉之氣也八月建焉而辰在壽星蕤賓午之氣也五月建焉而辰在鶉首林鍾未之氣也六月建焉而辰在鶉火夷則申之氣也七月建焉而辰在鶉尾中呂巳之氣也四月建焉而辰在實沈無射戌之氣也九月建焉而辰在大火夾鍾卯之氣也二月建焉而辰在降婁辰與建交錯亙處如表裏然是其合也其相生則

以陰陽六體爲之黃鍾初九下生林鍾之初六也林鍾又上生太蔟之九二太蔟又下生南呂之六二南呂又上生姑洗之九三姑洗又下生應鍾之六三應鍾又上生蕤賓之九四蕤賓又下生大呂之六四大呂又上生夷則之九五夷則又上生夾鍾之六五夾鍾又下生無射之上九無射又上生中呂之上六同位者象夫婦異位者象母子所謂律娶妻而呂生子者也

又曰典同掌六律六同之和以辨天地四方陰陽之声以爲樂器注云陽声屬天陰声屬地天地之声布於四方故書同或作銅鄭司農云陽律以竹爲管陰律以銅爲管竹陽也銅陰也各順其性

呂氏春秋曰黃帝詔伶倫作爲音律伶倫自大夏之西乃之崑崙之陰取竹於嶰谷以生竅厚薄均者斷兩節間其

長九寸而吹之以爲黄鍾之宫曰含少次制十二管以崑崙之下聽鳳之鳴以别十二律其雄鳴爲六雌鳴亦六比黄鍾之宫適合皆可生之而律之本也故曰黄鍾微而均鮮全而不傷其爲宫獨尊象大聖之德可以明至賢之功故奉而薦之于宗廟以歆迎功德世世不忘是故黄鍾生林鍾林鍾生大吕大吕生夷則夷則生太蔟太蔟生南吕南吕生夾鍾夾鍾生無射無射生姑洗姑洗生應鍾應鍾生蕤賓之分所生益之一分以上生三分所生去其一分以下生黄鍾大吕太蔟夾鍾姑洗中吕蕤賓爲上林鍾夷則南吕無射應鍾爲下生大聖至理之世天地之氣合以生風日至則日行其風以生十二律故仲冬短至則生黄鍾季冬生大吕孟春生太蔟仲春生夾鍾季春生姑洗孟夏生仲吕仲夏生蕤賓季夏生林鍾孟秋生夷則仲秋生

南吕季秋生無射孟冬生應鍾天地之風正十二律也

樂書曰雅樂部器隨律定聲合德其所也黄鍾之均則用黄鍾之器合太蔟之均則用太蔟之器是故旋宫法此聲律克諧則無借器度音咸取中声協律是以三倍黄鍾而大至于雷霆謂黄鍾之律度三分九寸而倍成一尺八寸則合雷霆之濁声也九寸而減餘四寸五分則應中宫之清声也唯當九寸是謂正聲而可協和神人感通天地流而不息合同而化是故地氣上隮天氣下降陰陽相摩天地相蕩鼓之以雷霆奮之以風雨動之以四時煖之以日月而百化興焉如此則樂者天地之和也故書云声依永律和声則五音不失其常六律不差其度謂孤竹之管律應夾鍾聲與氣諧故感天神而降孤竹之管律應林鍾聲與器諧故感地祇而出陰竹之管律應黄鍾聲與器諧故感人鬼而至樂纂云昔嘗人有銅澡盤無故自鳴問之於張茂先荅曰此器與洛陽宫鍾聲相諧宫中撞鍾故鳴也若以鑢之音殊其鳴可止後果如其言也是故樂之制器法度均聲得之毫釐失之千里故大樂之道與政通矣

古今樂録曰北齊神武霸府田曹参軍信都芳代号知音能以管候氣觀雲色嘗與人對語即指天曰孟春之氣至矣人往驗管而飛灰已應每月所候言皆無爽又爲輪扇二十四埋地中以測二十四氣每一氣感則一扇住並與管灰相應若合符契焉

又曰隋文帝遣毛爽及蔡子元于普明等以候節氣依古於三重密屋之内以木爲案十有二具每取律吕之管隨十二辰置于案上而以土埋之上平於地中實葭莩之灰以輕緹素覆律口每地氣至與律冥符則灰飛衝素散

出于外而氣應有早晚灰飛有多少或初入月其氣即應或至中下旬開氣始應者或灰飛出三五夜而盡或終一月才飛少許者帝異之問牛弘對曰灰飛半出爲和氣灰全出爲猛氣吹灰不能出爲衰氣和氣應者其政平猛氣應者其臣縱衰氣應者其君暴帝駁之曰臣縱君暴其政不和非月别暴也今十二月律於一歲内應並不同安得暴君縱臣若斯之甚也弘不得對

太平御覽卷第五百六十五

樂部四

歷代樂

呂氏春秋曰昔葛天氏之樂三人操牛尾投足以歌八闋投猶蹀也一曰載民二曰玄鳥三曰遂草木四曰奮五穀五曰敬天常六曰達帝功七曰依地德八曰總禽獸之極

又曰黃帝命伶倫與營援鑄十二鍾和五音以詔英韶以仲春之月乙卯之日日在奎始奏之命之曰咸池帝顓頊生自若水實處空桑空桑邑名乃登為帝惟天之合正風乃行其音若熙熙淒淒鏘鏘帝顓頊好其音乃令飛龍作效八風之音命之曰承雲以祭上帝乃命鱓先為樂倡倡鱓鱓乃偃寢以其尾鼓其腹其音英英和盛之皃帝嚳命咸黑作為唐歌九招六列六英倕有作為鼙鼓鍾磬吹苓

展管篪鞀椎鍾帝嚳乃令人抃兩手相擊曰抃或鼓鼙擊鍾磬吹苓展管篪因令鳳天翟舞之帝嚳大喜乃以康帝德康樂也安也帝堯立乃命質為樂質乃效山谷之音以歌質當為夔乃以麋輅冒缶而鼓之乃拊石擊石以象上帝玉磬之音以舞百獸瞽叟乃拌五絃之瑟拌分作以為十五絃之瑟命之曰大章以祭上帝舜立仰延乃拌瞽叟之所為瑟益之八絃以為二十三絃之瑟帝舜乃令質脩九招六列六英以明帝德禹之勤勞天下日夜不解通大川決壅塞鑿龍門降通漻水以道河疏三江五湖注之東海以利黔首於是命皋陶作為夏籥九成以昭其功殷湯即位夏為無道暴害萬民侵削諸侯不用度軌天下患之湯於是率六州以誅桀之罪功名大成黔首安寧湯乃命伊尹作為大護歌晨露脩九招六列六英以見其善周文王處岐諸侯去殷三淫而襲文王三淫剖心斷脛刳孕散宜生曰殷可伐也文王弗許周公旦乃作詩曰文王在上於昭于天周雖舊邦其命惟新以繩文王之德武王即位以六師伐殷六師未至以銳兵克之於牧野乃薦俘馘于京太室乃令周公作先大武成王立殷民反王命周公伐之商服象獸名為虐于東夷周公遂以師逐之至于江南乃為三象以嘉其德故樂之所由來者尚矣生於度量本於太一太一出兩儀兩儀出陰陽陰陽變化一上一下合而成章渾渾沌沌離而復合合而復離是謂天常天地車輪終則復始極則復反莫不咸當日月星辰或疾或徐日月不同以盡其行四時代興或暑或寒或短或長或柔或剛萬物所出造本於太一化於陰陽萌牙始震震動凝寒以形形體有處莫不有聲聲出於和和出適先王定樂由此生天下太平萬民安寧皆化其上樂乃可

成夫音亦有適大鉅則志蕩以蕩聽鉅則耳不容不容則橫塞橫塞則振大振動小則志嫌聽小則耳不充不充則不詹詹詹音也不詹則窕大清則志危以危聽清則耳谿極谿極空虛谿極則不鑒不鑒則竭監察大濁則志下以下聽濁則耳不收不收則不摶不摶則怒不摶入不摶人故大鉅大小大清大濁皆非適也桀紂作為侈樂大鼓鍾磬管簫之音以鉅為美以衆為觀俶詭殊瑰耳所未嘗聞目所未嘗見務以相過不用度量宋之衰也作為千鍾鍾律之名齊之衰也作為大呂楚之衰也作為巫音侈則侈矣自有道者觀之則失樂之情其樂不樂其民怨其生傷其生與樂也若冰之於炭反以自外此生乎不知樂之情而以侈為務故也

又曰帝顓頊好音乃令飛龍作八風之音命之曰承雲帝嚳命咸黑作唐歌九招六列禹疏三江五湖命皋繇為

夏籥九成湯率六州以誅桀之罪命伊尹爲大護歌晨露
武王以六師伐紂乃命周公作爲大武商人服象爲虐於
東夷周公以師逐之至於江南乃爲三象以嘉其德
樂書曰謹案禮記疏云伏羲樂曰立基言伏犧之代五運
成立甲曆始基畫八卦以定陰陽造琴瑟以諧律吕繼德
之樂故曰立基也神農樂曰下謀言神農播種百穀濟育
群生造五弦之琴演六十四卦承基立化設降神謀故樂
曰下謀以明功也黄帝樂曰雲門言黄帝之道成名百物
明民共財德如雲出其門民可有於族類故樂曰雲門
帝系譜曰女媧命娥陵氏制都良管以一天下之音又命
聖氏爲班管合日月星辰名曰充樂樂既成天下幽微无
不得理樂緯曰黄帝之樂曰咸池（池者施也道施於民故曰咸池）顓頊曰
六莖（道有根莖故曰六莖）帝嚳曰五英（道有英華故曰五英）堯曰大章（堯時仁義大行

法度彰明故曰大章）舜曰簫韶（韶紹也舜紹堯之後脩行其道故曰簫韶）禹曰大夏（禹承二帝
之後道重太平故曰大夏）湯曰大護（湯承衰而起護先王之道故曰大濩濩音護）周曰勺又
曰大武（周承衰而起斟酌文武之道故曰勺）
春秋元命包曰王者不空作樂樂者和盈於内動發於外
應其發時制禮作樂以成之是故作樂者必反天下之始
樂於己爲本舜之時民樂其紹堯業故韶者紹也（舜服繼堯之業）
禹之時民大樂其駢三聖相繼故夏者大也（駢讀曰頻頻猶充也）湯
之時民大樂其救於患害故護者救也文王之時民樂其
興師征伐故武者伐也四者天下所同樂一也其所同樂
之端不可一也（各樂其君所爲故不可合四家以爲一也）
樂苑曰文王樂名巨業武王樂名象武
漢書曰樂家有能制雅樂声律世世在大樂官但能記
其鏗鏘鍾鼓而已不能言其義高祖時叔孫通因秦雅人
制高廟樂大祝迎神於廟門奏嘉至（李奇曰嘉善也善神之至）猶古降
神之樂也皇帝太廟奏永至以爲行步之節猶古采薺肆
夏也乾豆上奏登歌不以管絃乱人声欲在位者遍聞之
猶古清廟之歌也登歌再終下奏休成之樂（服虔曰叔孫通所奏作也）
美神明既饗也皇帝獻酒東廂坐定奏永安之樂美禮已
成也又有房中祠樂高祖唐山夫人所作也（韋昭曰唐山姓也）曰
周有房中樂至奏名曰壽人孝惠二年使樂府令夏侯
寬備其簫管更名曰安世樂高祖奏武德文始五行之儛孝
文廟奏昭德文始四時五行之儛武德者高祖四年作以
象天下樂已行武以除乱也文始儛者曰本韶儛也高祖
六年更名曰文始以示不相襲也五行儛者本周儛也秦
始皇二十六年更名曰五行也四時儛者孝文所作以明
宗天下之安和也盖樂已所自作明者制也樂先王之樂

明有法也孝景采武德儛以爲昭德以尊太宗廟至孝宣
采昭德儛以爲采德以尊世宗廟世宗廟諸帝廟皆常奏
文始四時五行舞云高祖六年又作昭容樂昭容樂者猶
古之韶夏也主出武城德舞禮容樂者出文始五行儛儛入
無樂者將至至尊之前不敢以樂也出用樂者言武不失
節能以禮樂終也皆因秦舊事焉初高祖既定天下過沛
與故父老相樂醉酒作風起之詩令沛中兒童百二十人
習而歌之至武帝定郊祀之禮祠太一於甘泉就位也祭
后土於汾陰澤中方丘也乃立樂府採詩依誦有趙伐秦
楚之謳以李延年爲協律都尉舉司馬相如等數十人善
爲詩賦畧論律呂以合八音之調作十九章之歌以正月
上辛用是甘泉圜丘使童男女七十人俱欲昏祠至明夜
常有神光如流星上集於祠壇天子自竹宫而望拜（韋昭曰以

竹爲官天子居之

後漢書東平王蒼議以爲漢制舊典宗廟各奏其樂不相襲以明功德光武帝受命中興撥乱反正脩建三雍肅祗禋祀德化巍巍比隆前代歌所以詠德舞所以象功世祖廟樂舞名宜曰大武之舞謹採百官頌可登者歌一章四句以爲曲上從其議

魏志曰明帝時有奏武皇帝撥乱反正爲魏太祖樂用武始之舞文皇帝應天受命爲魏高祖樂用咸熈之舞明帝制作興治爲魏列祖樂用章斌之舞

沈約宋書曰周存六代之樂至秦唯餘韶舞而已始周舞曰五行漢高改韶舞曰文始以示不相襲也高祖又作昭容樂昭容生於武德禮容生於文始五行也漢又有雲翹育命之舞雖莫知其所從來然舊以祀天地也至明帝初東平憲王蒼總定公卿之議曰宗廟宜各奏樂不應相襲所以明功德也採文始五行武德貞脩爲文武之舞又制舞歌一章薦之世祖之廟皇初二年改漢巴渝舞曰昭武舞改宗廟安之樂曰正世樂加至樂曰迎靈樂武德樂曰武頌樂昭容樂曰昭業樂雲翹舞曰鳳翔舞育命舞曰靈應舞武德舞曰武頌舞文始舞曰大韶舞五行舞曰大武舞其衆歌詩多即前代之辞唯魏國初建使王粲改作登歌安世及巴渝詩而已

又曰晉武帝太始二年改郊廟新歌其樂舞亦仍舊又改魏昭武舞曰宣文舞咸寧元年詔定祖宗之号而廟樂同用正德大豫之舞至江左初立宗廟尚書下太常祭祀宜周樂名太常賀脩荅去舊京荒廢今既散亡音韻曲折又無識者則於今者難以音言于時以無雅樂器及伶人省太樂并鼓吹令是後頗得登歌食舉之樂猶有未備故太寧末又訪阮孚等增益之咸和中乃復置太樂官鳩書遺逸又未有金石也初荀勗既以新律造一舞次更脩正鍾磬勗薨事猶不竟元康三年詔其子黄門郎藩脩定金石以施郊廟尋值喪乱莫有記者

又曰魏公卿奏曰烈祖未制樂舞非所以昭德著功夫歌以詠德舞以象事於文武爲斌兼秉文武聖德所以彰明也臣等謹制樂名曰章斌文武之舞

又曰武帝永初元年有司奏皇朝肇建廟祀應設雅樂乃晉樂也太常鄭鮮之等各撰立新歌黄門侍郎王韶之撰歌七首並令施用十二月又奏依舊正朝設樂改大樂諸歌詩王韶之撰二十二章又改正德舞曰前舞文悅舞曰後舞文帝元嘉九年大樂令鍾宗之更調金石至十四年治書令史奚縱又改之二十二年南郊始設登歌詔顔延之造歌詩廟舞猶闕孝武建元元年有司奏前殿中曹郎荀萬秋議郊廟宜設備樂於是使内外博議竟陵王誕等並同萬秋議建平王宏議以凱容爲韶舞宣烈爲武舞祖宗廟樂趣以德爲君章皇太后奏永樂永至等樂仍舊皇帝祠南郊及廟迎神送神並奏肆夏皇帝入廟門奏永至皇帝南郊初登壇及廟中諸東壁奏登歌其初獻奏凱容宣烈之舞終獻奏永安之樂郊廟同孝武又使謝莊造郊廟明堂諸樂歌辞二年有司又奏先郊廟舞樂皇帝親奉初登壇及入廟詣東壁並奏登歌不及三公行事左僕射建平王宏重議公卿行事亦宜奏登歌有司又奏元會及二廟齋祠歌伎舊並於殿設作廟祠依新儀主登歌人上殿絃管住下令元會登歌亦上殿絃管住下

梁書武帝思弘古樂天監元年下詔求學術通明者皆陳所見時對樂者七十八家咸言樂之宜改不言改樂之法帝素善音律遂自制四器名之爲通以定雅樂莫不和韻初齊永明中舞人冠幘並簪武帝曰筆笏蓋以記事受言舞不受言何事簪筆豈有身服朝衣而足綦讌履於是去筆乃定郊禋宗廟及三朝之樂以武舞爲大壯舞取易云大者壯也正大而天地之情可見也以文舞爲大觀舞取大觀在上觀天之神道而四時不忒也國樂以雅爲稱取詩序云言天下之事形四方之風謂之雅雅者正也止乎十二則天數也乃去階步之樂增撤食之雅皇帝出入宋孝建二年奏永至齊及梁初亦同至是改爲皇雅取詩皇矣上帝臨下有赫也二郊太廟同用皇太子出入奏胤雅取詩君子萬年永錫爾胤王公出入奏寅雅取尚書周官貳公弘化寅亮天地也上壽酒奏介雅取詩君子萬年介爾景福也食舉奏需雅取易雲上於天需君子以飲食宴樂也撤饌奏雍雅取禮記大饗客出以雍撤也並三朝用之牲出入宋廢帝元徽二年儀注奏引牲齊及梁初亦同至是改爲雅取禮記帝牛必在滌三月薦毛血宋元徽三年儀注奏嘉薦至是爲牲雅取左氏傳牲牷肥腯北郊明堂太廟並同用降神及迎送宋元徽三年儀注奏昭夏齊及梁初亦同至是改爲誠雅取尚書至誠感神皇帝飲福酒宋元徽三年儀注奏嘉胙至齊不改梁初爲永胙至是改爲獻雅取禮記祭統尸飲五洗玉爵獻即今之福酒亦古之獻義也北郊明堂太廟同就燎位宋元徽三年儀注奏昭遠及齊不改就埋位齊永明六年儀注奏隸幽至是燎埋俱奏禋雅取周禮太宗伯以禋祀昊天上帝也衆官出入宋元徽三年儀注奏肅咸樂齊及梁初亦同至

是改爲俊雅取禮記司徒選士之秀者而升之學曰俊士也二郊太廟明堂三朝同用焉其辭並沈約所製是時禮樂制度粲然有序鼓吹宋齊並用漢曲又充庭用十六曲武帝乃去其四留其十二合四時也更製新歌以述功德天監七年將有事太廟詔曰禮云齊日不樂今親奉始出宮振作鼓吹外可詳議八座丞郎參議請輿駕始出鼓吹從而不作還宮如常儀帝從之遂爲定制初武帝之在雍鎮有童謠云襄陽白銅蹄反縛揚州兒識者言白銅謂金蹄謂馬也白金色及義師之興實以鐵騎揚州之士皆面縛果如謠言故即位之後更造新聲帝自爲之詞三曲又令沈約爲三曲以被管絃帝既篤敬佛法又製善哉天樂大歡天道仙道神王龍王滅過惡除愛斷水苦輪等十篇名爲正樂皆述佛法又有法樂童子伎童子倚歌梵唄設無遮大會則爲之其後臺城淪沒侯景以簡文女溧陽公主爲妃請帝及主母范淑妃宴于西州奏梁所常用樂景儀同索超世亦在宴筵帝潸然屑涕景曰陛下何不樂也帝強笑曰丞相亦索超世聞此以爲何聲景曰臣且不知何獨超世自此樂府修風雅咸盡及破侯景諸樂並在荊州經亂工器頗闕元帝詔有司補綴纔備荊州陷沒周人初不知採用工人有知音者並入關中隨例多沒爲奴婢

又曰陳武帝欲設樂有司議以武帝議爲非時碩學名儒朝端在位者咸希上旨唯祠部侍郎姚察乃轉引經籍獨違群議據梁樂爲是當時驚駭莫不歎伏

又曰周樂曰武曰勺武象武王能以武禁暴也勺象周公制禮樹文武之道也又有房中之歌后妃之德周備六代

之樂唯韶六莖與五英至秦餘韶武房中而已始皇改武曰五行房中曰壽人衣服用五行之色

又曰漢高帝改韶樂曰文始高帝好壽人之聲惠帝使太樂令夏侯寬合之絃管改名曰安世魏復文始曰大韶五行曰大武改安世曰正世晉改大韶曰宣文正世曰房中晉亂後亡文舞秉羽籥皆宣文之遺法

又曰漢樂曰武德昭容巴渝四時昭德盛德大武雲翹育命武德昭容巴渝並高祖所造也武德舞人執干戚以象天下行武除亂也四時文帝所作以象天下太平昭德景帝作之以享太宗廟盛德宣帝作之以享世祖廟諸帝之廟常奏文始四時五行之舞武帝祖加武德而去四時酎祭高祖歌海泰龜龍又有青陽朱明西皓玄真等歌以迎四氣春夏舞雲翹秋冬舞育命季夏則歌朱明而兼舞

二舞光武平隴蜀尊郊祀高祖配享南祀兼用五郊歌舞他時常亦如之魏武改武德曰武頌昭容曰昭業巴渝曰昭武雲翹曰鳳翔育命曰靈應晉改昭武曰宣武遭晉亂唯巴渝存隋隸清樂部

又曰宋樂曰凱容宣烈並文帝所造至梁亡梁樂曰大壯大觀並武帝所造至陳亡隋樂以夏爲名舞曰大武文帝所造自東晉至隋易服變名爲異其實不全殊也

又曰晉樂曰正德大豫並武帝所造武帝因漢魏舊禮定會儀正旦夜漏未盡七刻設庭燎漏盡皇帝出鍾鼓作公卿奉贄幣訖太樂令跪請奏雅樂皇帝乃入謁之晨賀晝漏上三刻皇帝又出百官上壽酒太樂令跪奏請進樂鼓吹令作鼓吹令又奏請進伎列置女樂三十人於黃帳外奏房中之歌江左始廢此禮宋改正德爲前舞大豫爲後舞至齊亡

唐會要曰太宗七年正月七日製破陣樂舞左圓右方先偏後五魚麗鵝貫箕張翼舒交錯屈伸首尾迴互以像戰陣之形起居郎呂才依圖教樂工一百二十人被甲執戟而習之凡舞三變每變爲四陣有來往疾徐擊刺之象以應歌節數日而就其後令魏徵虞世南褚亮李百藥改制歌詞更名七德之舞十五日奏之於庭觀者覩其抑揚蹈厲莫不扼腕踴躍凜然震悚武臣列將咸上壽云此舞皆陛下百戰百勝之形容於是咸稱萬歲

又曰貞觀元年正月三日宴群臣奏秦王破陣樂之曲太宗謂侍臣曰朕昔在藩邸屢有征伐世間遂有此歌豈意今日登於雅樂然其發揚蹈厲雖異文容功業由之致有今日所以被于樂章示不忘本也尚書右僕射封德彝進

曰陛下以聖武戡難立極安人功成化定陳樂象德實弘濟之盛烈爲將來之觀文容習儀豈得爲比太宗曰朕雖以武功定天下終當以文德綏海內文武之道各隨其時公謂文容不如蹈厲斯爲過矣

又曰貞觀中太宗幸慶善宮宮在武功縣即高祖舊宅宴從臣於渭濱其宮即上降誕之所上乃賦詩十韻壽丘惟舊跡酆邑乃前基粵余承累聖懸孤亦在茲弱齡逢運改提劍鬱匡時指麾八荒定懷柔萬國夷梯山盛入款駕海亦來思單于陪武帳日逐衛文儀端扆朝四岳無爲任百司霜節明秋景輕冰結水湄芸黃遍原隰禾穎積成坻共樂還譙宴驩比大風詩賞賜閭里有同漢之宛沛焉於是起居郎呂才播於樂府被之管絃名曰功成慶善樂之曲令兒童八佾皆冠進德冠紫袴褶爲九功之舞每冬享讌及國有大慶與七德之舞皆奏於庭先是神功破陣樂功成慶善樂二舞每奏上皆立對高宗時太常博士裴守眞奏議曰竊惟二舞肇興謳吟屬贊九成之茂烈叶萬國之歡心義均部夏用兼賓祭皆祖宗盛德而子孫享之詳覽博記未有皇王正觀之禮並謂守眞議

是也

又曰咸亨中高宗自製樂章十四首有上元二儀二十四時五行六律七政八風九宮十洲得一慶雲之曲詔有司諸大祠享並奏之

太平御覽卷第五百六十六

太平御覽卷第五百六十七

樂部五

鼓吹樂　四夷樂

鼓吹樂

樂志曰何承天云鼓吹盖短簫鐃歌軍樂也黄帝使岐伯所作以揚德建武漢曲有朱鷺思悲艾如張上之回擁離戰城南巫髙上陵將進酒君馬黄芳樹有所思雉子班聖人出上耶臨髙臺遠如期石留務成玄雲黄鶴釣竿魏政十二曲爲之平戰滎陽獲呂布克官渡舊拜定功平南荆平關中應帝期邕熈太和晉武政爲靈芝祥宣受命征遼東景龍飛平玉衡因時運惟庸蜀天序金靈運夏苗畋狄弥田順天道至梁周隋各述本朝功業隨而政之以自揚其勳烈

又曰橫吹有雙角即胡樂以從軍也張博望入西京傳其法於西京初得摩訶兜勒一曲李延年因胡曲更造新聲二十八解晉以來有黄鵠隴頭出關入關出塞入塞折楊柳落梅花黄潭子赤枝楊望行人十曲崔豹古今注曰漢樂有黄門鼓吹天子所以宴樂群臣短簫鐃歌鼓吹之常亦以賜有功諸侯也

唐會要曰大和中太常禮院奏謹按凱樂鼓吹之歌曲也周官大司樂王師大獻捷奏凱樂注云獻功之樂也又司馬之職師有功則凱樂獻于社注云兵樂曰凱司馬法曰得意則凱樂所以示喜也左氏傳載晉文公勝楚振旅凱以入魏晉已來鼓吹曲章多述當時戰功是則歷代獻捷必有凱歌太宗平東都破宋金剛其後蘇定方執賀魯李勣平高麗皆備軍容凱歌入京都謹檢貞觀顯慶開元禮書並無儀注今參酌古今備其陳設及奏歌曲之儀如後凡命將征討有大功獻俘馘者其名曰備神策兵衛於東門外如獻俘常儀其凱樂用鐃吹二部笛篳篥簫笳鐃鼓每色二人歌工二十四人樂工等乘馬執樂器次第陳列如鹵簿之式鼓吹令丞前導分行於兵馬俘馘之前將入都門鼓吹振作迭奏破陣樂應聖期賀朝歡君臣同慶樂等四曲破陣樂詞曰受律辭元首相將討叛臣咸歌破敵樂共賞太平人應聖期詞曰聖德期昌運雍熙萬寓清乾坤資化育海岳共休明闢土欣耕稼銷戈遂偃兵殊方歌帝澤執贄賀外平賀朝歡詞曰四每皇風被千年德永清戎衣更不著今日告功成君臣同慶樂詞曰主聖開昌曆臣忠奉大猷君看偃革後便是太平秋俟行至太社及太廟門工人下馬陳列於門外按周礼大司樂注云獻於祖大司馬云先凱樂獻于社謹詳礼儀則社廟之中似合奏樂伏以尊嚴之地鐃吹讙譁既無明文或乖肅敬今請並於外門陳設不奏歌曲俟告獻禮畢復導引奏曲如儀至皇帝所御樓前兵仗旌門外二十步樂工皆下馬徐行前進兵部尚書介冑執鉞於旌門內中路前導周礼師有功則大司馬左執律右秉鉞以先凱樂注曰律所以聽軍声鉞所以示將威吹律聽声其術以廢請以秉鉞以存礼文次協律郎二人公服執麾亦於門外分導鼓吹令丞引樂工等至位立定太常卿於樂工之前跪具官臣某奏事諸奏凱樂協律郎舉麾鼓吹大振作遍奏破陣樂等四曲樂闋協律郎偃麾太常卿又跪奏樂畢兵部尚書太常卿退樂工等並於門外立訖然後引俘馘入獻及稱賀如別儀

晉書曰衛瓘領太子少傅加千兵百騎鼓吹之府

又曰汝南王亮母伏太妃常有小疾禊於洛水亮兄弟三人侍從並持節鼓吹震耀洛濱武帝登凌雲臺望見曰伏妃可謂富貴矣

又曰劉毅字仲雄轉司隸校尉皇太子朝鼓吹將入東掖門毅以爲不敬止於門外奏劾保傅以下詔赦之然後得入

又曰謝尚累位江夏義陽隨三郡太守徃諮事安西將軍庾翼於武昌翼呼共射曰君若破的當以鼓吹相賞尚應聲中之翼即以副鼓吹給之

王隱晉書曰陶侃平蘇峻除侍中太尉加羽葆鼓吹

晉中興書曰漢武時南平百越始置交阯九眞日南合浦南海鬱林蒼梧凡七郡立交阯刺史以州邊遠山越不賓宜加威重故刺史輙假節七郡皆加鼓吹

齊書武帝時壽昌畫殿南閤置白鷺鼓吹二部乾光殿東西頭置鍾磬兩箱皆宴樂處也

又曰王敬則臨淮射陽人也僑居晉陵南沙縣母爲女巫常謂人云敬則生時胞衣紫色後應得鳴鼓角人笑之曰汝子得爲人吹角可矣

又曰張敬兒將拜三司謂其妻嬡曰我拜後應開黃閤因

平五六七　三　元

口自爲鼓吹聲初得鼓吹羞便奏之

南史綦母珎之貴倖珎之母隨弟歆之作暨陽令歆之罷縣還珎之迎母至湖孰輙將青鼈百人自隨鼓角横吹都下當人追從者百數

又曰桓崇祖初於淮陰見高帝便自比韓白唯上獨許之後爲豫州刺史建元二年魏攻壽春崇祖破之啓至上謂朝臣曰崇祖恒自擬韓白今眞其人也進爲都督崇祖聞陳顯達李安人皆增給軍儀乃啓求鼓吹上勑曰韓白何可不與衆異給鼓吹一部

又曰張興世致位給事中興世父嘗謂興世曰我雖田舍老公樂聞鼓角汝可送一部竹田時欲吹之興世素恭謹畏法讐之曰此是天子鼓角非田舍公所吹

梁典曰高祖衍生秣陵三橋宅生曰有異光頂有五岳骨當還宅氾雲聞鼓吹之聲雲蒙被出視乃高祖也雲乃深自結託

梁書侯景即位乃以廣柳車載鼓吹橐駝馬負犧牲輦上置筌蹄垂脚坐焉

又曰胡僧祐字願果爲天水天門二郡太守性好韋綴文詞又多鄙拙多被譏讁自矜尤甚後隨伐侯景廻拜領將軍常以所加鼓部置齋中對之人或獻言此乃羽儀公望隆重不當如此荅曰我爱之人莫不笑之

陳書劉仲舉字德言爲長安令政號廉平陳文帝居鄉里嘗詣仲舉時天降雨仲舉獨坐齋内聞外有簫鼓聲俄而帝至仲舉異之乃深自結託

北史尒朱榮少時父新興曾與榮遊池上忽聞簫鼓音謂榮曰古老相傳聞此聲皆至公輔吾年老當爲汝耳

平五六七　四　張元

隋書鼓吹車上施層樓四角金龍銜流蘇羽葆凡鼓吹陸則樓車水則樓舡在殿庭則畫笥簴爲樓上有翔鷺棲鳥或爲鵠形

又曰蔡徵拜吏部尚書啓後主借鼓吹後主謂所司曰鼓吹軍樂有功乃授蔡徵不自量揆紊我朝章然其父景歷既有締構之功宜且如啓

唐書平陽公主葬特給鼓吹太常議婦人無鼓吹高祖曰往者公主於司竹園舉兵應義親執金鼓有克定之功宜特加之

又曰中宗時皇后上言自妃主及五品以上母妻請從婚葬之日特進鼓吹宫官亦准此左臺御史唐紹上疏諫曰竊聞鼓吹之作本爲軍容昔黄帝涿鹿有功以爲警衛〔故紅〕鼓有靈夔孔雀雕鶡爭石墜崖壯士怒之類自昔功臣備

禮適得用之假如郊祀天地唯有宮懸而無案架故知軍樂之用尚不給於神祀豈容接於閨閫哉

鄧德明南康記曰雩都縣君山絕峯高嶠遠望似舟舡上有王臺方廣數丈周廻盡是白石柱上自然石覆如屋形風雨之後景氣明淨頗聞山上有鼓吹之聲

吳質別傳曰質爲北中郎將朝京師甚遲其到詔列鹵簿作鼓吹至闕而止

江表傳曰孫策賜周瑜鼓吹爲治館舍策令曰周公瑾英俊異才與孤有惣角之好骨肉之分前在丹陽發衆及舡粮以濟大事論德酬功此未足報也

鄴中記曰石虎正會置三十歩鼓吹三十步輒置一部十二人皆在平閣上去地丈餘又有女鼓吹摯虞新禮儀志曰漢魏故事將葬設吉凶鹵簿皆鼓吹新禮以禮吉事無

凶事無樂宜除吉鹵簿凶服鼓吹虞按禮葬有客車郎吉駕之明文也徐廣車服注曰中朝公主有鼓吹

幽明録曰晉臨川太守謝擒夜中聞鼓吹聲兄瀾曰夜著陰間不及存將在身後及死贈長水校尉加鼓吹

世說曰三都二京五經鼓吹

俗說曰桓公作詩思不來輒作鼓吹既而得思去鳴鵠響長阜歡曰鼓吹固自來人思

語林曰陸士衡爲河北督日已被間構內懷憂懣聞衆軍警角鼓吹曰我今聞此不如華亭鶴唳

魏武帝令曰孤所以能常以少兵敵衆者常念增戰士忽餘事是以徙者有鼓吹而使步行爲戰士愛馬也不樂多署吏爲戰士愛糧也

王渾表曰吳國臨戰牙門將張秦黃戾騎督綦毋倪勇捷效武破賊制勝此三人之所致也秦戾已亡今倪獨在昔伐蜀有小戰功牙門數人便加鼓吹至於滅吳一國而有未得鼓吹者日愚昧謂聖詔賜倪鼓吹存録猛將以盡武人之力也

陸機鼓吹賦曰原鼓吹之所始蓋稟命於黃軒

四夷樂

毛詩谷風鼓鍾曰以雅以南以籥不僭爲雅爲南舞四夷之樂大德廣所及也東夷之樂曰昧北夷之樂曰禁西夷之樂曰離南夷之樂曰任以爲籥舞若是和而不僭矣

周禮春官鞮鞻氏曰鞮氏掌四夷之樂與其歌聲

又曰旄人掌散樂舞夷樂夷樂四夷之樂散樂野人爲之善者

又曰春官靺師曰靺師掌教靺樂祭祀則帥其屬而舞之靺東夷之舞也

周禮春官鞮鞻氏掌四夷之樂鄭玄注曰東方曰昧南方曰任西方曰朱離北方曰禁

禮記明堂位曰昧東夷之樂也任南蠻之樂也納蠻夷之樂於太廟言廣魯於天下也

後漢書曰永寧初年西南夷禪國王獻樂及幻人明年元會作之於庭安帝與群臣共大奇之

又曰陳禪字紀山爲諫議大夫西南禪國王獻樂及幻人能吐火自支解易牛馬頭大會作之庭禪離席舉手曰帝王之庭不宜作夷狄之樂

五經通義曰東夷之樂持矛舞助時之生南夷之樂持羽舞助時之養

又舞四夷之樂明澤廣被四表也東夷之樂曰侏離南夷

之樂曰任，西夷之樂曰禁，北夷之樂曰昧。東方所謂侏離者何？陽始通萬物之屬離地而生，故謂之侏離。南方所以謂任者何？陽氣盛用事，萬物懷任，故謂之任。西方所以謂之禁者何？西方陰氣用事，禁止萬物不得長入，故謂之禁。北方所以謂之昧者何？北方陰氣盛用，萬物暗昧不見，故謂之昧。四夷之樂何以作之於廟陳於戶

王子年拾遺記曰成王之時南垂之南有扶婁夷國或於掌中備百獸之樂婉轉屈曲於指間人形或長數分神怪歘忽樂府傳此末代猶在焉

風土記曰越俗飲讌即鼓枓以爲樂取大素圜枓以廣尺五六者抱以着腹以右手五指更彈之以爲節舞者蹀地擊掌以應枓節而舞。樂部樂志曰龜茲起自呂光滅龜茲因得其聲樂記有竪箜篌琵琶五絃笙笛簫觱篥毛圓鼓

都荅臘鼓腰鼓羯鼓雞婁鼓銅拔貝等十五種爲一部工二十人歌曲有善善摩尼解曲娑伽兒舞曲小天疎勒監天竺起自張重華據涼州重四譯來貢樂器鳳首箜篌琵琶五絃笛銅鼓毛圓都曇銅拔貝等九種爲一部工十二人歌曲有沙石彊舞曲有文曲康國起自周閔帝娉北狄爲后得其所獲西戎伎因得其聲集器有笛正鼓銅枝等四種爲一部工七人歌曲有三殿農和去舞曲有賀蘭體鼻始末疏勒安國高麗並起後魏平馮氏通西域因得其伎繁會其聲疎勒樂器有竪箜篌琵琶五絃笛簫觱篥荅臘鼓腰鼓羯鼓雞婁鼓十種爲一部工十二人歌曲有元利死讓樂舞曲有遠解曲有鹽曲安國樂器箜篌琵琶五絃笛簫雙觱篥正鼓和銅枝等簫小觱篥桃皮觱篥腰鼓齊鼓檐鼓貝等十四種爲一部工十八人歌曲有歌芝栖舞曲有舞芝栖北狄樂皆馬上樂也鼓吹本軍旅之音馬上奏之故自漢以來北狄樂揔歸鼓吹署後魏樂府始有北歌即魏史所謂真人歌是也代都時命掖庭宮女晨夕歌之周隋代與西涼樂雜奏今存者五十三章其名因可解者六章慕容可汗吐谷渾部落稽鉅鹿公主白淨王太子企俞也其餘不可解或可汗之詞按今大角即後魏代簸邏迴是也其曲亦多可汗之詞北虜之俗皆呼主爲可汗吐谷渾又慕容別種知此歌是燕魏之際鮮卑歌　詞虜音不可曉梁有鉅鹿公主歌似是姚萇時歌詞華音與此歌不同梁樂府鼓吹又有大白淨皇太子小白淨皇太子企俞等曲隋鼓吹有白淨王太子曲與北歌校之其音皆異

唐書樂志曰樂安樂後周武帝平齊所作也行列方正象

城郭周代謂之城舞者八十人刻木爲面狗喙獸耳以金飾之垂線爲髮畫襖皮帽舞蹈姿制作猶羌胡狀

唐會要曰驃國樂貞元十八年正月驃國王來獻凡一十二曲以樂工三十五人來朝樂曲皆演釋氏經綸之詞（驃國在雲南西南以天竺國相近故樂多演釋氏之詞每爲曲皆齊声唱各以兩手十指齊斂爲赴節之狀一低一仰未嘗不相對有類中国柘枝舞驃一作僄其西別有彌臣国樂舞亦與驃国同子習此伎以樂右制使素滋鄉土美至南詔並皆見此樂）

唐會要曰南詔樂貞元十六年正月南詔異牟等作奉聖樂舞因西川押雲南八國使韋皋以進時御麟德殿以閱之

又曰高昌樂西魏與高昌通始有此樂至隋開皇六年來獻聖明樂曲至太宗朝伐其國盡得其樂（事見十部伎門也）

又曰扶南天竺二國樂隋代全用天竺列於樂部不用扶

南因煬帝平林邑國獲扶南工人及其匏琴朴陋不可用但以天竺樂轉寫其聲

又曰龜茲樂自呂光破龜茲得其聲呂氏亡其樂分散至後魏有中原復獲之至隋有西國龜茲之號凡三部開元中大盛於時曹婆羅門者累代相承傳其業至孫妙達尤爲北齊文宣愛之每彈常自擊胡鼓和之及周武帝娉突厥女爲后西域諸國皆來媵遂荐有龜茲疏勒康國安國之樂

又曰百濟貞觀中滅二國盡得其樂至天后時高麗樂猶二十五曲貞元末唯能習一曲衣服亦漸變其本風矣其百濟至中宗時工人死散開元中岐王範爲太常卿復奏置焉

又曰疏勒樂工人皁絲布頭巾白絲布袍錦衿襟白絲布袴舞二人白襖錦袖赤皮鞾赤皮帶樂用豎箜篌琵琶五絃琵琶橫笛簫觱篥荅臘鼓腰鼓羯鼓雞婁鼓康國樂工人皁絲布頭巾緋布袍錦領舞二人緋襖錦袖綠綾渾襠褲赤皮鞾白袴帑舞急轉如風俗之胡旋乞寒者本西國外蕃之樂也神龍二年三月并州清源縣尉呂元泰上疏曰臣謹按洪範八政曰謀時寒若能謀事則時寒順之何必裸露形體澆灌衢路鼓舞跳躍而索寒也禮曰立秋之月行夏令寒暑不節陰陽不調政令之失也休咎之應君臣之感也理均影響可不戒哉至景雲二年左拾遺朝日宗諫傳曰辛有適伊川見被髮於野祭者曰不及百年其戎乎其禮先亡矣後秦晉遷陸渾之戎於伊川以其中國之人習戎狄之事一言以貫百代可知今之乞寒濫觴胡俗伏願三思籌其所至先天二年十月中書令張說諫曰韓宣適魯見周禮而歎孔子會齊數倡優之罪列國如此況天朝乎今外國請和選使朝謁所望接以禮樂示以兵威雖曰戎狄不可輕易焉知無駒支之辯由余之賢哉且乞寒潑胡未聞典故裸體跳足盛德何觀揮水投泥失容斯甚法殊魯禮褻比齊優恐非干羽柔遠之義樽俎折衝之道願擇芻言特罷此戲至開元元年十二月勅臘月乞寒外蕃所出漸浸成俗因循已久自今已後無問蕃漢即宜禁斷

樂府雜録曰舞有骨鹿舞胡旋舞俱於一小圓毬子上舞縱橫騰擲兩足終不離於毬上其妙若皆夷舞也

太平御覽卷第五百六十七

太平御覽卷第五百六十八

樂部六

宴樂　女樂

宴樂

樂志曰壽陽樂宋南平穆王爲豫州刺史所作也楊叛兒齊隆昌時有楊旻母爲師巫旻小隨母入宫及長后所幸童謠曰楊婆兒共戲來語訛爲叛兒西烏飛宋州刺史沈攸之舉兵思歸所作詞云白日落西山還去來上覆樂梁武帝所作有七曲鳳臺桐柏方寸諸王龜金丹等梁地樂梁孝王築睢陽城方七十里唱聲相杵以鼓聲也

又曰梁武篤敬佛法作善哉大樂大歡天道仙道神王龍王滅過惡除愛水斷苦輪十篇名爲正樂陳後主尤重樂聲遣宫女於清樂中造黄鸝留玉樹後庭花金釵兩臂垂歌詞綺艷極於輕薄又造無愁曲音韻窈窕極於哀思隋煬帝不解音律大製艷曲令樂正白明達造新聲納刑樂萬歲樂藏鉤樂七夕相逢樂投壺樂玉女行觴神仙客鬪百草汎龍舟還舊宫長樂花等曲皆掩抑摧藏哀音斷絶後高聲獻望明樂曲煬帝令知音者於館所聽之歸而肄習及客方獻先於前奏之胡夷皆驚焉又隋開皇初定令置七部樂曲一曰國伎二曰清商伎三曰高麗伎四曰天竺伎五曰安國伎六曰龜茲伎七曰文康伎其後牛弘請存鞞鐸巾拂等四舞因稱四舞又煬帝更定清樂爲九部歌曲有楊叛兒永代樂舞曲有明君于闐佛曲有萬代豐等九樂以聲徐者爲本聲疾者爲解

唐會要曰清樂者九代之遺聲其始即清商三調是也並漢氏已來舊典樂器製度并出百歌章古調與魏三祖作者皆被史籍自晉氏播遷其音分散不復存於內地符堅滅梁得之于前後二秦及宋武定關中收之入江南及隋平陳後獲之隋文聽之善其節奏曰此華夏正聲也因更損益去其哀怨考而補之乃置清署商總謂之清樂西涼等爲九部隋室喪亂日益淪缺矣后朝猶有六十三曲今其詞存者有白雲公莫巴渝明君之君鐸舞白鳩子夜吳聲四時歌前溪阿子歡聞團扇懊惱白紵玉樹後庭花春江花春江月夜長史變丁督護讀曲烏夜啼石城莫愁襄陽栖烏夜飛估客楊叛兒雅歌龍舟等三十二曲明君雅歌各二首四時四首合三十七首又七曲有聲無詞上林鳳雛平調清調瑟調平折命嘯通前四十四篇在焉（見通典）當江南之中舞白紵渝等衣服各異至梁武改省之宋以江左諸曲哇淫然而從容雅緩猶有士君子之風焉自長安年以後朝廷不重古典工伎漸缺能合于管絃者唯明君楊叛兒驍壺春歌白雲堂堂春江花月夜八曲舊樂多或數百言明君尚能四十言今所傳二十六言漸訛失與吳音轉遠宜取於吳人使之傳習（開元中有歌工李郎子北人也調聲已失云學於俞才生郎子亡後清樂唯歌一曲詞典而音雅自周隋已來多用西涼樂鼓舞曲多用龜茲樂其曲度皆時俗所知也唯琴家獨傳楚漢舊聲及清調瑟調蔡邕五弄謂之九弄雅樂尚存非朝廷郊廟所用故不載自唐虞迄三代舞用國子樂用瞽師漢魏已後皆以賤隷爲之唯雅樂尚）

又曰高麗百濟樂宋朝初得之至後魏太武滅北燕以得之而未具周武滅齊威振海外二國各獻其樂周人列於樂部謂之國伎隋文平陳及文康禮俱得之

又曰貞觀十四年景雲見河水清協律郎張文收採古朱鴈天馬之義制景雲河清歌名曰讌樂奏之管絃爲諸樂之首（今元會第一奏者是也）

又曰武德初未暇改作每讌享因隋制奏九部樂一讌樂二清商三西涼四扶南五高麗六龜玆七安国八踈勒九康国

貞觀十六年十一月宴百僚奏十部先是伐高昌收其樂付太常乃增九部爲十部伎今通典所載十部之樂無扶南樂祇有天竺樂事見南蠻樂其後分爲立坐二部立部伎有八部一安樂後用平齊所作二太平樂亦謂之五方師子舞三破陣樂四慶善樂五大定樂亦謂之八絃同軌樂太宗平遼時作也六上元樂高宗所作七聖壽樂武太后所在舞時行列成字有聖超千古道冠百王皇帝萬年寶祚彌昌八光聖樂玄宗所在自安樂已下每奏皆雷大鼓同用龜玆樂並立奏之其大定樂加以金鉦唯慶善樂獨用西京樂最爲閑雅其破陣上元慶善三舞皆易其衣冠合其鍾磬以享郊廟自天后臨朝此禮遂廢神龍三年八月勅立部伎舞人以後更不得改補入諸色役坐部伎有六部一讌樂張文收所作也又分爲四部有景雲慶善破陣承天等樂二長壽樂武太后長壽年所作三天授樂武太后天壽年所作四鳥歌万歲故爲樂以象之五龍池樂玄宗所作也帝在藩邸時居樂慶坊宅中經兩地忽爲池及即位以宅爲宮故爲樂以歌其祥六小破陣樂玄宗所在生於舞用四人被之金甲自長壽已下皆用龜玆樂人皆着靴唯龍池用雅樂而無鍾磬舞人畫躡優而行其樂章又有陣樂詞七首中和樂詞五首五方師子詞五首南部奉聖樂詞五首聖壽倚皇恩詞四首聖壽樂詞四首大定樂詞六首上元樂詞一十五首文武順聖樂詞九首貞觀未有裴神符有妙解琵琶唯作聖雷奴大鳳傾盃樂三曲声度清美太宗深愛之高宗未貞伎遂盛於時洎天后至神龍之際大增加立坐部伎諸舞尋亦廢之而已

又曰高宗御含元殿東翔鸞閣大酺當時京城四縣及太宗音樂分爲東西朋雍王賢爲東朋周王顯爲西朋務以角勝爲樂禮畢曲者本自晉太尉庾亮家卒其容取其謚以號之謂之文康樂每奏九部樂終則陳之故以禮畢爲名其曲有散花樂等隋平陳得之入九部器有笛笙簫箎鈴盤鞞腰鼓等七種三懸爲一部工二十人今亡

太平樂亦謂之五方師子舞師子摯獸出於西南夷天竺師子等國綴毛爲之象其俛仰馴狎之容二人持繩拂爲習弄之狀五師子各位其方色百四十人歌太平樂舞抃以從之服飾皆作崑崙象上元樂高宗所造舞者百八十一人起雲衣備五色以象元氣故曰上元鳥歌萬歲樂武太后所造時宮中養鳥能人言又常稱萬歲爲樂以象之舞三人緋大袖並畫鸜鵒冠作鳥象今嶺南有鳥似鸜鵒養之久則能言名吉了了音料光聖樂玄宗所造也舞八十人鳥冠五綵畫衣兼似上元聖壽之容以歌王業所興自安樂以後皆雷大鼓雜以龜玆樂聲震百里並立奏之其大定樂加金鉦唯慶善樂獨用西涼樂最爲閑雅舊破陣上元慶善三舞皆易其衣冠合之鍾磬以享郊廟自武太后革命此禮遂廢自安樂部謂之立部伎也

大唐平高昌盡收其樂又造讌樂而去禮畢曲令著令者唯十部龜玆踈勒安国康國高麗西涼高昌讌樂清樂伎天竺凡十部南蠻北狄國俗皆隨髮際斷其髮今舞者咸用繩圍首反約髮抄內於繩下又有新聲自河西至者號胡音聲與龜玆樂散樂俱爲時重諸樂咸之小寢大定樂高宗所造出自破陣樂舞者四十人被五綵文甲持槊歌和云八紘同軌樂以象平遼東而邊隅大定也

唐會要曰貞元三年四月河東節度使馬燧定難曲御麟德殿閱試之

又曰汴州節度使韓弘進聖朝萬歲樂曲譜凡三百首

又曰延載元年正月二十三日製越古長年樂一曲

又曰十二年十二月昭義節度使王虔休獻繼天誕聖樂表曰伏見開元中天長節度日四海歡娛万年獻壽竊以陛下降誕之日有惟新之曲適遇之音臣謹成繼天誕聖樂一曲天扶宮爲調表五音之奉君也以上爲德知五運之居中也九二十曲遍法二十四氣而成一歲之功也不聞沾灑之音以作中和之樂其曲譜同進上先太常人劉琳流落至潞州虔休因令造此曲以進今中和樂起於此中

又曰顯慶二年上以琴中雅曲古人歌之近代已來此聲頓絕令所司修習舊典至三年十月八日太常丞呂才奏按張華博物志白雪是天帝使素女鼓五絃曲名以其調高

人和遂寡自宋玉已來迄今千祀未有能歌白雪曲者臣今准勑依琴中舊曲定為宮商然後教習並合於歌輒以御製雪詩為白雪歌詞又樂府奏正典之後皆有送聲君唱臣和事彰前史輒取侍中許敬宗等奉和雪詩十六首以為送聲各十六節上善之仍付太常編於樂府

樂府雜録曰雨淋鈴者因唐明皇駕迴至駱谷聞雨淋鑾鈴因令張野狐撰為曲名

又曰夜半樂者因唐玄宗自潞州入定内難進軍斬長樂門關時正當夜半平韋庶人後乃命樂人撰此曲

又曰黄驄疊者唐太宗初定中原時所乘黄驄馬後因征遼此馬忽斃上嘆惜久之因命樂人製此曲

又曰得寶子者唐明皇初納太真妃喜甚謂諸嬪御曰朕得楊氏如獲至寶也因撰此曲

又曰文溆子者唐長慶初有俗講僧文溆善吟經兼念四聲觀世音菩薩其音諧暢感動時人樂工黄米飯依其念菩薩四聲乃撰成曲也

又曰楊柳枝曲者白傅典杭州時所撰尋進入教坊也

又曰還京樂者唐明皇自蜀返正樂官張野狐撰此曲

又曰道調子曲者因唐懿皇右樂工史敬約吹觱篥初吹道調懿皇右謂是曲子誤拍敬約乃隨拍便撰此曲也

又曰新傾盃樂唐宣宗善吹蘆管自撰此曲内有數拍不均上初捻管命樂工辛骨𩩲拍不中上瞋目視之骨𩩲憂懼一夕而殞

又曰望江南者因朱崖李太尉鎮浙西日為亡妓謝秋娘所撰後進入教坊遂改名一名夢江南曲也

又曰康老子者本長安富室家子酷好聲樂落托不事生計常與國樂遊處一旦家産蕩盡因詣西廓遇一嫗持舊錦茵貨鬻次康乃酬半千獲得之尋有波斯見大驚謂康老曰何處得此至寶此是冰蠶所織若暑月陳於榻上可致一室清涼因酬價千萬緡康老獲此厚價復與國樂追歡不三數年間費用又盡康老尋殁樂人嗟歎之乃撰此曲也

又曰大郎神者天后朝有一士人陷冤獄仍籍没家族其妻配入掖庭本初善吹觱篥因撰此曲寄其哀情始名大郎神蓋取其良人行第也畏人知遂三易其名悲切子離别離終名怨迴鶻

羯鼓録曰宋開府孫沈有音律之學貞元中進樂書三卷德宗覽而嘉之知是開府之孫遂召對命坐與論音樂甚喜數日又召至宣徽張樂使觀焉曰有舛誤乖濫悉可言

沈曰容臣與樂官商推講論具狀條奏上宣教坊使與樂官叅議數日二使奏樂多言沈曾不解聲調不審節拍又聵疾不可議樂上頗異之又召沈對沈曰臣老年多病耳實失聰若迫於聲律不至無業上又使作樂曲罷問其得失要務舒遲衆工多笑之忽忽然作色奏曰曲雖妙其間有不可者上驚問之即指一琵琶云此人逆而忍兼即抵法不宜在至尊前又指一笙云此人神魂已遊墟墓不可更令供奉上令主者潛伺察之旋而琵琶者為同儕告訐稱六七年前其父自縊不得端由即令按鞫遂伏其罪笙者憂恐不食旬日而卒上益加知遇面賜章綬累累召對每令察樂樂工見之悉喘恐羞不敢正視沈懼禍辭病而退

左傳襄二曰鄭人賂晉侯以女樂晉侯以樂之半賜魏絳

史記曰孔子爲政齊人懼犁鉏乃選齊國中女樂好音八十人皆衣文而舞康樂文馬三十駟遺魯君陳女樂文馬魯城南高門外季桓子微服往觀再三將受乃語魯君往觀終日怠於政事子路曰夫子可以行矣桓子卒受齊女樂三日不聽政孔子遂行（論語曰齊人歸女樂季桓子受之三日不朝孔子遂行）

後漢書曰馬融字季長達生任性不拘儒者之節常坐高堂施絳帳前授生徒後列女樂弟子以次相傳鮮有入其室者盧植字子幹侍講數年未嘗聘融以是嘉之也

魏志曰夏侯惇從太祖征孫權還使惇都督二十六軍留居巢賜妓樂名倡令曰魏絳以和戎之功猶受金石之樂況將軍乎

又曰曹爽飲食車服擬於乘輿又私取先帝才人七八將

吏師工鼓吹良家子女三十三人皆以爲妓詐作詔書發才人五十七送鄴臺使先帝婕妤教習爲妓擅取太樂樂器武庫禁兵作窟室綺疏四周數與何晏等會其中縱酒作樂

又曰楊阜爲武都太守會馬超來寇曹洪置酒大會女倡着羅縠衣踢鼓一座皆笑楊阜厲聲責洪曰男女有別遂奮衣出洪立罷女樂請阜還坐肅然憚之

陳書章昭達每飲會必盛設女伎雜樂備羌胡之聲音律姿容並一時之妙雖臨敵弗之廢也

隋書房暉遠傳高祖嘗謂群臣曰自古天子有女樂乎楊素以莫知所出遂言無女樂暉遠進曰臣聞窈窕淑女鍾鼓樂之此即王者房中之樂著於雅頌不得言無高祖大說

又曰牛弘修皇后房內之樂文帝龍潛時頗好音樂嘗倚琵琶作歌二首名曰地厚天高託言夫妻之義因即取之爲房內曲命婦人並登歌上壽並用之職在宮內女人教習之

唐書曰先天元年正月皇太子令宮臣就率更寺閱女樂太子舍人賈曾諫曰臣聞作樂崇德以感神人韶夏有容感英有節婦人媟黷無廁其間昔魯用孔子幾致於霸齊人懼之饋以女樂魯君既受孔子遂行戎有由余兵強國富秦人反間遺之女妓戎王躭悅由余乃奔斯則大聖名賢疾之已久矣良以婦人爲樂必務冶容哇咬動心蠱惑喪志上行下效淫俗將成敗國亂人實由茲起殿下監撫餘閑宴私多適後庭妓樂古或有之至於所司教習彰示群僚慢妓淫聲實虧睿化伏願並令禁斷

墨子曰秦繆公之時戎強大繆公遺之女樂二八與良宰

戎王大喜以其故數飲食日夜不休左右有言秦寇之至者因扜弓而射之（引扜）秦寇果至戎王醉而卧於尊下卒生縛之未禽則不知登山而視牛若羊視羊若豚牛之性不若羊羊之性不若豚所自視之勢逆也而因怒於牛羊之性也此狂者也狂而以行賞罰此戴氏之所以絕

韓子曰晉韓公欲伐虞虢乃遺之屈產之乘垂棘之璧女樂二八以熒其心亂其政

郭子曰謝公在東山畜妓簡文曰安石必出與人同樂不與人同憂注曰謝以安石也

石虎鄴中記曰虎大會禮樂既陳虎鑾兩閣上窓幌宮人數千陪列看坐悉服飾金銀熠熠又於閣上作女妓數百衣皆絡珠璣鼓舞連倒琴瑟細伎畢備

漢晉陽秋曰晉文王與劉禪宴爲之作蜀伎樂傍人皆代
禪感而禪語笑自若謂賈充曰人之無情乃至是乎雖使
葛亮在不能輔之乆全況姜維耶充曰不如是何由併之
哉

夏仲御別傳曰仲御從父家女巫章丹陳珠二女妍姿冶
媚清歌妙舞狀若飛仙

又曰仲御當正會宗弟承問御曰黄帳之裏西施之孫鄭
袖之子膚如凝脂顔如桃李徘徊容與載進載止彈琴而
奏清角翔風至而玄雲起若乃攜手交舞流眄頡頏足踰
轢皷口銜笙黄丹裙赫以四厗素耀焕以揚光赴急絃而
折倒應緩節以相佯遠望而雲近視而雪舒紅顔而微笑
啓朱唇而揚聲

世說曰魏武有一伎聲最清高而酷惡性情欲殺則愛其

才欲置則不堪於是選百人一時俱教少時百人中果有
一人聲及之便殺向惡性者。俗說曰宋褘是石崇伎緑朱
弟子有國色善吹笛後在晉明帝閭帝疾患危篤群臣進
諫請出宋褘時朝賢悉見帝曰卿諸人誰欲得之者衆人
無言阮遥集時爲吏部尚書對曰願以賜臣即與之

鹽鐵論曰貴人之家中山素女撫流徵於堂上鳴皷巴俞
交作於堂下婦人被羅紈婢妾曳絺紵賢良曰古者彈箏
鼓缶而已無妙要之音今富者鳴箏調琴鄭舞趙謳

續搜神記曰袁真在豫州遣女伎紀陵阿薛阿郭阿馬三
妓與桓宣武既至經時三人共出庭前觀忽有一流星直
墮盆池冏然明淨薛郭二人更以瓢酌取皆不得阿馬最
後取正入瓢中便飲之即覺有娠遂生桓温

世說曰王導作女伎蔡謨在坐不悦而去導知亦不止之

笑林曰某甲者爲霸府佐爲人都不解每至集會有聲樂
之事己輒豫焉而耻不解妓人奏讃之己亦學人仰讃和
同時人士令己作主人并使喚妓客妓客未集召妓具問
曲吹一一疏着手巾箱下先有藥方客既集因問命曲先
取所疏者誤得藥方便言是疏方有附子三分當歸四分
己去且作附子當歸以送客舍滿座絶倒

太平御覽卷第五百六十八

太平御覽卷第五百六十九

樂部七

優倡　淫樂

優倡

春秋元命包曰翼星主南宮之羽儀文物聲明之所豊茂爲樂庫爲天倡先王以賓于四門而列天庭之衛主俳倡近太微而爲尊

家語曰魯定公與齊侯會於夾谷孔子攝相事齊奏宮中之樂優倡侏儒戲于前孔子趍進曰疋夫而熒侮諸侯者罪應誅於是斬侏儒手足異處齊侯懼有慙色

史記曰優旃者秦侏儒也善爲笑言然合於道秦始皇時置酒而天雨陛楯者沾寒優旃見而哀之謂之曰汝欲休乎陛楯者曰幸甚優旃曰我即呼汝汝疾應曰諾居殿上上壽呼萬歲旃大呼曰陛楯郎郎曰諾優旃曰汝雖長何益故雨中立我雖短也故休居於是乎使得半相代

史記曰秦昭王臨朝嘆息應侯進曰臣聞主憂臣辱主辱臣死今王中朝而憂臣敢請其罪王曰吾聞楚之鐵劒利而倡優拙夫鐵劒利則士勇倡優拙則思慮遠夫以遠思慮而御勇士恐楚國之圖秦也

漢書曰枚臯善爲賦不如相如又言爲賦多怪誕虛無不經有類倡者也

又曰孝惠帝葬安陵徙關東倡優樂人五千户以爲陵邑潘安仁關中記曰善爲啁戲故語稱安陵嘲也

又曰張禹成就弟子爲人恭儉尤著淮陽彭宣至大司空沛郡戴崇至少府宣爲人恭儉有法度而崇愷悌多智二人異行禹嘗置酒設樂與弟子娛禹將崇入後堂飲食婦人相對作優管絃鏗鏘極樂昏夜乃罷而宣之來禹見之於便坐講論經義日晏賜食不過一肉卮酒相對宣未嘗得至後堂

晉成帝咸康七年散騎常侍郎顧臻表曰末代之樂設禮外之觀逆行連倒四海朝覲言觀帝庭而足以蹈天首以履地紀反天地之順傷彝倫之大乃命太常悉罷之其後復高絙紫鹿又有天台山伎齊武帝遣主書董仲民按孫興公賦造作莓苔石橋道士捫翠舁之狀尋省焉

後魏書太武既平河西得西涼樂至魏周之際遂謂之國伎魏代至隋咸重之其曲項琵琶竪箜篌之徒並出自西域非華夏舊器楊澤新聲神白馬之類生於故歌非漢魏遺曲故其樂聲調悉與書史不同其歌曲有永代國諱改焉樂解曲有萬代豊曲有于寘佛曲工人平上幘緋褶白舞一人方舞四人白舞今闕方舞四人假髻玉支釵紫絲布褶白大口袴五彩接袖烏皮鞾後魏道武帝天興六年冬詔太樂揔章鼓吹增修雜戲造五兵角抵麒麟鳳凰仙人長蛇白象武及諸畏獸魚龍辟邪鹿馬仙車高絙百尺長趫橦跳丸以備百戲大饗設之於殿前明元帝初又增修之撰合大曲更爲鍾鼓之節北齊神武平中山有魚龍爛熳俳優侏儒山車巨象拔井種瓜殺馬剥驢等奇怪異端百有餘物名爲百戲

隋書曰文帝開皇初周齊百戲並放遣之煬帝大業二年突厥深于來朝帝欲誇之揔追四方散樂大集東都初於華林苑積翠池側帝惟宮女觀之有舍利繩柱等如漢故事又爲夏育扛鼎取車輪石臼大盆器等各於掌上而跳弄之并二人戴竿其上舞忽然騰之而換易千變萬化曠

古莫儔淫于大駭之自是皆於太常教習每歲正月萬國來朝留至十五日於端門外建國門内綿亘八里列爲戲場百官起棚夾路從昏達曙以縱觀之至晦而罷伎人皆衣錦繡繒綵其歌者多爲婦人服鳴環珮飾以花髦者殆三萬人初課京兆河南製此服而西京繒錦爲之中虚六年諸夷大獻方物突厥啓人以下皆國主親來朝乃貿於天津街盛陳百戲自海内凡有伎藝無不揔萃崇侈器翫盛飾衣服皆用珠翠金銀錦罽絺繡其營費鉅萬關西以安德王雄揔之東都以齊王暕揔之金石匏革之聲聞數十里外彈弦擫管以上萬八千人大列炬火光燭天地百戲之盛振古無比自是每年以爲常焉大抵散樂雜戲多幻術皆出西域始以善幻人至中國漢安帝時天竺獻伎能自斷手足刳剔腸胃自是歷代有之

趙書曰石勒參軍周延爲館陶令斷官絹數百疋下獄以八議宥之後每大會使俳優着介幘黄絹單衣優問汝爲何官在我輩中曰我本爲館陶令斗數單衣曰政坐取是故入汝輩中以爲笑

列女傳曰夏桀既棄禮義淫於婦人求四方美人積之後宫於俳優侏儒而爲奇偉戲者取之於房造爛熳之樂

漢官典職曰正旦天子幸德陽殿作九賓樂舍利從東來戲於庭畢入殿門激水化成比目魚跳躍潄水作霧鄣日畢化成黄龍高丈八出水遨戲於庭炫燿日光以二丈絲繫兩柱中頭間相去數丈兩倡女對舞行於繩上又蹹局屈身藏形斗中鍾磬並唱樂畢作魚龍蔓延黄門鼓吹三通

賈誼連語曰衛侯喜鶴鶴有飾以文繡而乘軒者賦斂繁多不顧其民貴優而輕大臣群臣或諫則面而叱之及翟伐衛寇挾域堞矣衛君泣而拜其臣民曰寇迫矣士民其逸之士民曰亦使君之貴優將君之愛鶴以君守戰矣我儕棄人也安能戰乃潰門而出走翟入衛君奔死遂喪其國

梁元帝纂要曰古豔曲有北里靡靡激楚結風陽阿之曲又有百戲起於秦漢有魚龍蔓延（假作獸以戲）高絙鳳皇安息五案（並石季龍所作見鄴中記）都盧尋橦（今之緣竿見西京賦）九劍（九一名鈇見西京賦）戲車山車興雲動雷（見李尤平樂觀賦）跟挂腹旋（並緣竿所作見傅玄西都賦）吞刀（見西京賦）吐火（見西京賦）激水轉石潄霧杠鼎（並見李尤長樂觀及傅玄西都賦）象人（見漢書韋昭曰今之假面）怪獸舍利之戲（並見西京賦）

列子曰宋有孫子者以妓干宋元君以雙枝長倍其身屬其脛並趨並馳弄七劍迭而躍之五劍常在空中元君大驚並賜金帛又有蘭子能鷰戲者復以干元君元君大怒曰昔以異伎干寡人伎無用適寡人歡心彼必聞此而進乃拘而戮之鷰戲若　絶倒投也

石虎鄴中記曰虎正會殿前作樂高絙龍魚鳳凰安息五案之屬莫不畢備有額上緣橦至上鳥飛左回右轉又以橦着口齒上亦如之設馬車立木橦其車上長二丈橦頭安橦木兩伎兒各坐木一頭或鳥飛或倒掛又衣伎兒作獮猴之形走馬上或在脇或在馬頭或在馬尾馬走如故名爲猨騎

樂府雜録曰弄參軍始因後漢館陶令石躭有贓犯和帝惜其才免罪每宴樂即令衣白夾衫命優伶戲弄辱之經年乃放後爲參軍誤也開元中有李仙鶴善此戲明皇特授韶州同正參軍以食其禄是以陸鴻漸撰詞云韶州盖

由此

大周正樂曰漢武帝通西域始以善幻人至中國安帝時天竺獻伎能自斷手足刳腸胃自是歷世有之唐高宗惡其驚俗勑西域關津不令入中國

唐書樂志曰睿宗時婆羅門樂人倒行而足舞極銛刀鋒植於地低因就刃以歷臉中又植於背下吹篳篥立其腹上終曲而無傷又伏伸其手足躡之旋身遶手百轉無已漢世有橦末伎又有盤舞晉世如之以杯盤舞詩云妍袖凌七盤言舞用盤七枚也梁謂之盤舞伎梁又有長蹻伎跳鈴伎擲倒跳劒伎吞劒伎今並存又有舞輪伎盖今之戲車輪者透三峽伎盖今之透飛梯之類高絚伎盖今之戲繩者是也梁有獼猴橦戲今有緣竿伎又獼猴緣竿未審何者爲是今又有弄椀珠伎弄丹珠伎歌舞戲有大面撥頭踏揺娘窟儡子等戲置教坊於禁中以處之

又曰散樂非部伍之聲俳優歌舞雜奏漢天子臨軒設樂舍利獸從西方來戲於殿前激水成比目魚跳躍漱水作霧翳日此成黃龍脩丈八　出水遊戲煇熠日光繩繫兩柱相去數丈二倡女對舞繩上切肩而不傾如是雜變揔名百戲江東猶有高絚紫鹿跂行鼈食齊王卷衣笮鼠夏育扛鼎巨象行乳神龜抃足背負靈嶽桂樹白雪畫地成川之伎

明皇雜錄曰上御勤政樓大張聲樂羅列百伎時教坊有王大娘善戴百尺竿竿上施木山狀瀛洲方丈仍令小兒持絳節出入其間而舞不輟時劉晏爲祕書省正字年方小形狀獰劣而慧悟過人上召於樓上簾下貴妃置於膝爲施粉黛與之巾櫛上令詠王大娘戴竿晏應聲曰樓前百戲競爭新唯有長竿妙入神誰爲綺羅翻有力猶自嫌輕更着人因命牙笏及黃紋袍以賜晏時有公孫大娘者善劒舞能爲鄰里曲及裴將軍士謂之春秋設大張伎樂雖小大優劣不同而劇其華侈遐方僻郡歡縱亦然

樂府雜錄曰大面出於北齊齊蘭陵王長恭才武而皃美常着假面以對敵常擊周師金墉下勇冠三軍齊人壯之爲此聲以効其指揮擊刺之容俗爲之蘭陵王入陣曲

淫樂

左傳曰煩手淫聲慆堙心耳乃忘和平謂之鄭聲（許真五經異義曰鄭國有溱洧之水男女聚會謳歌相感今鄭詩二十一篇婦人者十九故鄭聲淫也又云鄭重之音使人淫過也）

又曰惠王三年邊伯石遫蔿國出王立王頹王處于鄭三年子頹飲三大夫酒子國爲客（子國蔿國客上客）樂及偏舞（偏舞六代之樂一日諸大夫偏舞）鄭厲公見虢叔（厲公鄭莊公之子厲公突也虢叔王卿士虢公林父也）

曰吾聞之司寇行戮君爲之不舉（不舉樂也）而況敢樂禍乎今吾聞子頹歌舞不思憂夫出王而代其位禍孰大焉臨禍忘憂是謂樂禍禍必及之盍納王乎虢叔許諾鄭伯將王自圉門入虢叔自北門入（二門王城門）殺子頹及五大夫王乃入

禮記曰姦聲乱色不留聰明淫樂慝禮不接心術

又曰姦聲感人而逆氣應之逆氣成象而淫樂興焉

又曰作奇伎淫巧以蕩上心者殺無赦

又曰鄭音好濫淫志宋音燕女溺志衛音趨數煩志齊音傲辟驕志此四者淫於色而害於德

論語曰惡紫之奪朱惡鄭聲之乱雅樂包曰鄭聲淫聲之哀者

漢書曰王莽初獻新樂於明堂太廟群臣始冠麟韋之弁

或聞其樂聲曰厲而哀非興國之聲也

宋書曰廢帝元徽五年太樂雅鄭共千有餘人後堂雜伎不在其數

裴子野宋略曰先王作樂崇德以格神人通天下之至和節群生之流放故天子達於士庶未曾去其樂而無非僻之心及周道衰微日失其序亂俗先之以怨怒國士從之以哀思擾雜子女蕩悅淫志充庭廣奏則以魚龍靡漫爲瓌瑋會同享覲則以吴趍楚舞爲妖妍纖羅霧縠侈其衣疎金鏤玉砥其器在上班揚寵臣群下亦從風而靡王侯將相歌妓填室鴻商富賈舞女成群競相誇大互有爭奪如恐不及莫爲禁令傷物敗俗莫不在此

隋書曰裴蘊揚帝徵爲太常少卿初高祖不好聲妓遣牛弘定樂非正聲清商及九部四舞之色皆罷遣從民至是揣知帝意奏括天下周齊梁陳樂家子弟皆爲樂户其六品已下至於民庶有善音樂及倡優百戲者皆直太常是後異伎淫聲咸萃樂府皆置博士弟子遞相教傳增益樂人至三萬餘

國語曰平公既作新聲(新聲師涓新聲者也)師曠曰公室其將卑乎君之萌兆衰矣樂以開山川之風輝德於廣遠也風德以廣(風德者德各有風類也作樂各象其德部夏護武之謂也)風山川以遠之(所樂以通山川之風類也遠其德也)風物以聽之修詩以詠之修禮以節之夫德廣遠而有節是以遠服而迩不遷(迩近)

說苑曰子路鼓瑟有北鄙之聲孔子聞之曰信矣由之不才也冉有侍孔子曰求來尒奚不謂由夫先王之制音也奏中聲爲中節彼小人則不然執末以論本務剛以爲基故其音湫厲而微末以象殺伐之氣夫殺者乃亂亡之風也冉有以告子路子路曰由之罪也後果不得其死焉

淮南子曰揚鄭衛之浩樂結激楚之遺風此齊人之所以淫泳流湎

列女傳曰夏桀既棄禮義淫於婦人求四方美人積之後宫造爛漫之樂

吕氏春秋曰音樂之所由來遠矣故唯得道之人其可與言樂乎亡國戮民非無樂也其樂不樂溺者非不笑也(溺人必笑雖笑不樂)罪人非不歌也(當死強歌不樂也)亂世之樂有似於此夫樂有適心亦有適人之情欲壽而惡夭欲安而惡危欲榮而惡辱欲逸而惡勞四欲得四惡除則心適矣

又曰楚之衰也作爲巫音高誘注曰男曰覡女曰巫華

桓譚新論曰夫不剪之室不如阿房之宫不琢之椽不如磨龍右之桷玄酒不如蒼梧之醇桂榻不如流鄭之樂

樂説曰聲放散則政荒崔氏云由君上驕逸則萬物荒散商聲欹散邪官不理政壞刑罰不法而威令不行角聲憂愁爲政虐民民怨故也民不安業猶君失政徵聲哀苦事煩民勞君淫佚崔氏云由君邪民苦於役羽聲傾危則國不安崔氏云賦傜重其民困財物匱

梁元帝纂要云古艷曲有北里靡靡激楚流風陽阿之曲皆非正聲之樂也(激風亦曰結風也)

唐會要曰調露元年太子使樂工於東宫新作寶慶之曲成命工者奏于太清觀始平縣令李嗣真謂道士劉槩輔儼曰[illegible]樂宫商不和君臣相阻之徵也角徵失位父子不協之兆也殺聲既多哀調又苦若國家無事太子受其咎矣數月太子廢

又曰咸通中伶官李可久善音律尤能轉喉爲新聲音辭

曲折聽者忘倦京師耆宿沽少年効之謂之拍彈時同昌公主除喪懿宗與郭淑妃悼念不已可以爲數百年舞曲舞人皆盛飾珠翠仍畫魚龍地衣以列之曲終樂闋珠翠覆地詞語悽惻聞者流涕又常於安樂寺作菩薩蠻舞上益憐之可以常爲子娶婦帝賜酒二銀罇啓之乃金翠也時宰相曹確中尉西門季玄屢論之懿宗不納至僖宗即位宰相崔彥昭奏遂死於嶺表

開元傳信記曰唐開元末年涼州進新曲上命諸王於便殿觀之曲終諸王皆稱萬歲獨寧王不賀玄宗徵其故憲曰此曲雖嘉臣有聞焉夫曲者始於宮散於商成於角徵羽莫不根柢囊括在於宮商也臣見此曲宮離而少徵商亂而加暴夫宮者君也商者臣也宮不勝則君勢卑商有餘則臣事僭臣恐異日臣下有悖亂之事陛下有播越之禍莫不兆於斯曲也洎祿山南犯玄宗西幸方明寧王審音之妙也

大業記曰安公子是隋煬帝將幸江都宮中所撰時樂工笛中吹此曲其父疾廢於臥內聞絃然流涕問其子何得此曲對曰宮中新翻也謂其子曰宮者君也此曲雖在羽調後有一宮聲往而不返大駕東巡必不迴耳可託疾勿去其精如此

太平御覽卷第五百六十九

太平御覽卷第五百七十

樂部八

歌一

釋名曰人聲曰歌歌柯也以聲吟詠有上下如草木有柯葉也言歌聲如柯也

爾雅曰徒歌謂之謡

尚書曰帝庸作歌曰勑天之命惟時惟幾（用庶尹允諧故作歌以戒之安不忘危也勑正也奉天命以臨人惟在順時惟在慎微也）乃歌曰股肱喜哉元首起哉百工熙哉（元首君也股肱之臣喜樂盡忠君之理功乃起百王之業）乃賡載歌曰元首明哉股肱良哉庶事康哉（賡續載成也帝歌歸美股肱乃安以成其美）又歌曰元首叢脞哉股肱惰哉萬事墮哉（叢脞細碎無大畧君如此則臣懈萬事墮廢其功不成歌以申戒也脞音倉果反）

又曰九功惟序九序惟歌（六府三事之功大序皆可歌樂乃德政之致也）勸之以九歌俾勿壞（六府三事之功大壞在此三者而已）

又曰禹曰於帝念哉德惟善政政在養民水火金木土穀惟脩正德利用厚生惟和九功惟叙九叙惟歌

又曰詩言志歌永言聲依永律和聲

又五子之歌曰太康尸位以逸豫畋於有洛之表十旬不反厥弟五人御其母于洛之汭五子咸怨述大禹之戒以作歌其一曰怨豈在明不見是圖爲人上者柰何不敬其二曰内作色荒外作禽荒甘酒嗜音峻宇雕墻有一于此未或弗亡其三曰惟彼陶唐有此冀方今失厥道乱其紀綱乃厎滅亡其四曰明明我祖萬邦之君有典有則貽厥子孫荒墜厥緒覆宗絶祀其五曰嗚呼曷歸予懷之悲萬姓仇予予將疇依鬱陶乎予心顔厚有忸怩弗慎厥德雖悔可追

毛詩曰情動於中而形於言言之不足故嗟歎之嗟歎之不足故永歌之永歌之不足故不知手之舞之足之蹈之也

又葛屨園有桃曰心之憂矣我歌且謡

又谷風四月曰君子作歌唯以告哀

禮記曰子貢問師乙曰賜也聞聲歌各有宜也如賜者宜何歌也師乙曰乙賤工也何足以問其所宜請誦其所聞而吾子自執焉寛而静柔而正者宜歌頌廣大而静疏達而信者宜歌大雅恭儉而好禮者宜歌小雅正直而静廉而謙者宜歌風肆直而慈愛者宜歌商温良而能斷者宜歌齊夫歌者直已而陳德也動已而天地應焉四時和焉星辰理焉萬物育焉故商者五帝之遺聲也商人識之故謂之商齊者三代之遺聲也齊人識之故謂之齊明乎商之音者臨事而屢斷明乎齊之音者見利而能讓臨事而屢斷勇也見利而能讓義也有勇有義非歌孰能保此故歌者上如抗下如隊曲如折止如槁木倨中矩句中鉤纍纍乎端如貫珠故歌之爲言也長言之也說之故言之言之不足故長言之長言之不足故嗟歎之嗟歎之不足故不知手之舞之足之蹈之也

又檀弓曰原壤之母死登木歌曰狸首之班然執女手之卷然

又樂記曰昔者舜作五絃之琴以歌南風

又檀弓上曰孔子蚤作負手曳杖逍遥於門歌曰太山其頹乎梁木其壞乎哲人其萎乎

又曰魯人有朝祥而暮歌者子路笑之

又曰歌者在上匏竹在下貴人聲也

又曰奠酬而工升歌發德音也歌者在上匏竹在下貴人聲也

周禮春秋大師大祭祀師瞽登歌小師掌教絃歌（教謂教瞽矇也）（音絃謂琴瑟歌依詠詩也）

左傳哀二十一年八月公及齊侯邾子盟齊人責稽首因歌之曰魯人之臯數年不覺使我高蹈（言魯人臯緩數年不知答齊稽首故使我高蹈來爲此會）唯其儒書以爲二國憂

又曰昭十三年南蒯將適費飲鄉人酒鄉人或歌之曰我有圃生之杞乎從我者子乎去我者鄙乎倍其鄰者恥乎已乎已乎非吾黨之士乎（已乎已乎言自嗟不敢）

又曰哀五年秋齊景公卒冬十月公子嘉公子駒公子黔奔衛公子鉏公子陽生來奔（皆景公子在萊者）萊人歌之景公死乎不與埋三軍之事乎不與謀師乎師乎何黨之乎

又曰襄四年崔子稱疾不視事公問崔子遂從姜氏入于室公拊楹而歌（歌以命姜氏）

論語曰夫子與人歌而善必使反之而後和之

又曰楚狂接輿歌而過孔子曰鳳兮鳳兮何德之衰往者不可諫來者猶可追已而已而今之從政者殆而

又曰子於是日哭則不歌

史記曰古詩三千餘篇孔子曰其重句施於禮上採契后稷中述殷周之盛至幽厲之缺始於衽席故曰關雎以爲風之始鹿鳴爲小雅始文王爲大雅始清廟爲頌始三百五篇皆絃歌之以求合韶武雅頌之音禮樂自此可得而述

又曰漢家常以正月上辛祠太一甘泉夜到明忽有流星至於祠壇上使童男女七十人俱歌又得神馬渥洼水中爲太一歌曰太一貺兮天馬下沾赤汗兮沫流赭今安疋兮龍爲友後伐大宛得千里馬蒲梢爲歌曰天馬來兮從西極經萬里兮歸有德承靈威兮降外國涉流沙兮四夷服

又曰箕子朝周過故殷墟感生禾黍箕子傷之欲哭則不可欲泣爲近婦人乃作麥秀之詩以歌詠之曰麥秀漸漸兮禾黍油油彼狡童兮不我好仇所狡童者紂也民爲流涕

又曰淳于髡見梁惠王王屏左右見之終無言王讓之髡曰王志在音吾是以默也

王曰會有獻歌者未及言之也

又曰趙武靈王夢見處女鼓琴而歌曰美人熒兮（顏若蕣華若苕）之榮命兮曾無我嬴且日王飲酒樂數言所夢想見其狀吳廣聞之內其女娃嬴孟姚也甚有寵立爲后

又曰文王克殷伯夷叔齊恥之不食周粟隱首陽山作歌曰登彼西山兮言采其薇矣以亂易暴兮不知其非神農虞夏忽焉沒兮我適安歸

又曰項羽軍壁垓下兵食少盡軍四面皆楚歌（應劭曰楚歌者雞鳴時歌也）項王乃歌曰漢已皆得楚乎是何楚人之多項王乃悲歌忼慨曰力拔山兮氣蓋世時不利兮騅不逝騅不逝兮可奈何虞兮虞兮奈若何

漢書曰李延年善歌武帝幸之時人語曰一雌復一雄雙飛入紫宮

又曰孝惠帝所教歌兒百二十人有缺輒補

又曰田橫齊王建之親族也秦滅六國田氏悉爲庶人高祖遣韓信破齊後定天下田橫乃與五百人深居海島高祖即位遣使者徵之橫與將士俱至尸鄉亭頭止橫乃奮躍自刎而死從者不敢哭遂歌以寄之今之挽歌起於此

矣

又曰張釋之為中郎將從行至霸陵是時慎夫人從上指視慎夫人新豐道曰此是邯鄲道也使慎夫人鼓瑟上自倚瑟而歌

又班固頌論功歌詩靈芝歌曰因露寢兮產靈芝象三德兮瑞應圖延壽命兮光此都緣上帝兮象太微參日月兮揚光輝

又曰武帝幸雍祠五時獲白麟作白麟之歌

又曰上幸行河東祠后土顧視帝京忻然中流歌曰秋風起兮白雲飛草木黃落兮鴈南歸蘭有秀兮菊有芳懷佳人兮不能忘汎樓舡兮濟汾河橫中流兮揚素波簫鼓鳴兮發櫂歌忻樂極兮哀情多少壯幾時兮柰老何

又曰孝武南巡狩至于盛唐尋陽浮江親射蛟江中獲之舳艫千里薄樅陽而出作盛唐樅陽之歌

又曰高帝崩皇太后酒令戚夫人髡鉗衣赭舂舂且歌曰子為王母為虜終日舂薄暮常與死為伍相離三千里當使誰告汝太后聞之大怒曰乃欲倚汝子耶遂鴆殺趙王斷戚夫人手足去眼熏耳名曰人彘

又曰漢以江都王女昭君妻烏孫悲愁自作歌曰吾家嫁我兮天一方遠託絕國兮烏孫王穹廬為室兮氊為牆以肉為食兮酪為漿居常悲思兮內感傷願為黃鵠兮歸故鄉

又曰燕王旦謀反事敗王憂懣置酒萬載宮會賓客群臣妾坐飲王自歌曰歸空城兮狗不吠雞不鳴橫術何廣兮固知中國之無人華容夫人起舞歌曰髮紛紛兮不暇梳骨籍籍兮枕丘壚母求子兮妻求夫俳佪兩渠間兮君子獨安居

又廣陵王胥祝詛事發覺有司按驗有實使者及及置酒顯陽殿召太子霸及子女董訾胡生等夜飲使所幸八子郭昭君家人子趙左君等主自歌曰欲久生兮無終長不樂兮安窮奉天期兮不得須臾千里馬兮駐待路黃泉下兮幽深人生要死兮何為苦心何用為樂心所喜出入無悰為樂亟蒿里召兮郭門閱死不得取代庸身自逝

又曰元帝自度曲被歌注去聲終更援其次曰度曲度曲未終雲起雪飛是也

謝承後漢書曰祭遵為將取士皆用儒術對酒設樂必雅歌投壺

東觀漢記曰朱酺明帝時為益州刺史移書屬郡喻以聖德白狼王等百餘國重譯來庭歌詩三章酺獻之

後魏書曰鄭道昭字僖伯兼中書侍郎從征河北高祖饗侍臣於懸瓠於竹堂道昭兄懿俱侍坐樂作酒酣高祖乃歌曰日月光天兮無不曜江左一隅兮獨未照彭城王勰續歌曰願從聖王兮登衡會萬國馳誠兮混日外鄭懿歌曰雲雷大振兮天地闢率土來賓兮一正曆邢巒歌曰舜舞干戈兮天下歸文德遠被兮莫不思道昭歌曰皇風一鼓兮九地匝戴日依天兮清六合高祖又歌曰遵彼汝墳兮昔化貞未若今日兮道風明宋弁歌曰文王政教兮暉江沼寧如大化兮光四表

吳書曰留贊初為將臨敵必先被髮叫天因抗音而歌左右應之乃進戰

晉書曰三月上巳日會稽夏統字仲御入洛陽市藥太尉賈充問曰卿能土地曲乎統曰百姓懷君恩作慕歌為孝女曹娥作河女之章為伍子胥作小海唱今欲之充曰善乃

以足扣舷舡引聲囀喉清激慷慨大風應至含水激天雲
雨響集充曰聽慕歌之聲便騠騄見大禹之容聞河女之
音不覺涕泣交下即謂伯姻高行在目前聆小海之唱謂
子胥屈平立吾之左右
又曰袁山松善音樂舊歌有行路難曲詞頗疎質山松乃
文其辭句婉其節制因酣歌之聞者流涕
又曰應詹督南平天門武陵三郡事時政令不一諸蠻怨
望並謀背叛詹召蠻酋破銅劵與盟由是懷詹數郡無虞
其後天下大亂詹境獨全百姓歌之曰亂離既普殆爲灰
朽僥倖之運賴茲應君歳寒不凋孤境獨守拯我塗炭恵
隆丘阜潤同江海恩猶父母
又曰山簡傲誕好酒嘗止襄陽習公池日晚醉歸自歌曰
山公時一醉逕造高陽池日暮倒載歸酩酊無所知時復

能騎馬倒着白接籬舉頭問葛強何如并州兒
晉陽秋曰高祖伐公孫淵過本縣賜牛酒穀帛郡守典農
會暮飲父老故舊讌飲高祖作歌曰天地開闢日月重光
今遭際會奉辭遐方將掃逋穢還過故鄉肅清萬里摠齊
八荒告成歸老待罪舞陽
鄧粲晉紀曰太子洗馬郭訥字敬言嘗入洛觀伎人歌言
佳石崇問其曲訥不知崇笑卿不識曲那得言佳訥答譬
如見西施何必識其姓名然後知美崇無以難
崔鴻十六國春秋曰初苻堅二十五年滅慕容冲姊清河
公主年十四有姝色堅納之寵冠後庭冲時年十二亦有
龍陽之美堅又幸之姊弟專寵宮人莫進長安中歌之曰
一雌與一雄雙飛入紫宮咸懼爲亂王猛切諫乃出冲冲
卒爲堅賊

又前燕録曰慕容廆父涉歸分戶以封長庶子吐谷渾分
馬以給之及廆嗣位而二部馬鬬廆怒遣使讓渾曰先公
分建有別奈何不相遠離而令馬有鬬傷渾曰馬飲食水
草鬬其常性何故怒及於人兄弟至親而鬬起於馬當去
汝萬里於是遂西移八十里廆後悔之遣乙那樓追渾謝
之乃擁廻渾馬馬東行數百步輙悲鳴西奔衝突山谷如
是者十餘日此非人事遂附陰山面黃河晉永嘉之亂南
遷隴右廆以孔懷之思作吐谷渾阿干歌歳暮窮思常歌
之及儁垂僭號以爲輦後大曲
孟嘉別傳桓溫問嘉曰聽伎絲不如竹竹不如肉何謂也
答曰漸近自然一坐咨嗟
晉書曰孝武太元中琅邪王軻之家有鬼歌子夜殷允爲
章郡僑人庾僧虔家亦有鬼歌子夜殷允爲章郡亦是太
元乎則子夜是此時以前人也

齊書曰蕭惠基解音律尤好魏三祖曲及相和歌每奏輙
賞悅不能已也
梁書曰羊侃有妓孫荊玉能反腰帖地銜得席上玉簪初
賚歌人王娥兒東宮亦賚歌者屈偶之並妙盡奇曲一時
無對
唐書曰劉禹錫貶朗州司馬蠻俗好巫每淫祠鼓舞必歌
俚辭禹錫或從事於其間乃依騷人之作爲新辭以教巫
祝故武陵谿洞間夷歌率多禹錫之辭也
又曰開元中歌工長孫元忠之祖受於侯將軍貴昌并州
人也亦代習北歌貞觀中有詔令貴昌以其聲教樂府元
忠之家代相傳習如此雖譯者亦不能通知其辭蓋年歳
久遠失其真矣絲桐唯琴曲有胡笳聲

太平御覽卷第五百七十一

樂部九

歌二

家語曰孔子戹於匡謂子路曰汝歌予和汝子路彈劒孔子和之曲終匡人解甲

又曰孔子相魯齊人患其將霸欲敗其政乃選好女子八十人衣以文錦而舞容璣及文馬四十季桓子受女樂君臣淫荒三日不聽國政郊又不致膰（祭肉名也）俎於大夫孔子遂行作歌曰彼婦人之口可以出走彼婦之請可以死敗優哉游哉聊以卒歲

呂氏春秋曰管子得於魯魯束縛而檻之使役人載而送之齊皆謳歌而引管子恐魯之止而殺己也欲速至齊因謂役人曰我爲汝歌汝爲我和其和適宜走役人不倦而取道甚遠管子可謂能因矣役人得其所欲已亦得其所欲以此術也是用萬乘之國其霸猶少

又曰周申喜亡其母聞乞人歌於門下而悲之動於顏色自見而問焉何故而乞與之語乃是其母也故父母之於子也子之於父母也一體而分得同血氣與而異息若草之華實樹木之有根心離處而通憂思相感也

又曰禹年三十未娶有行塗山恐時日暮吾娶必有應也乃有白狐九尾而造禹禹曰白者吾服也九尾其證也塗山人歌曰綏綏白狐九尾龐龐成家成室我都彼昌禹因娶塗山女

吳越春秋曰採葛越之婦人傷越王用心乃作若何之歌辭曰嘗膽不苦味若飴令我採葛以作絲

又曰越王入吳與諸大夫別於浙江遂登舡徑去終不反顧越王夫人乃授舡而哭復見啄江渚之蝦飛去者復來哭訖即承之以歌其辭曰兩飛鳥兮鳶作載何居食兮江湖水中虫子曰蝦去復反兮嗚呼始事君兮去家終我命兮君都中年過兮何辜離我國兮入吳妻爲婢兮夫爲奴歲昭昭兮難極寃痛悲兮心惻嗚呼哀兮不食

越絕書曰伍子胥走至吳江上見漁者曰來渡我漁者知其非恒人也欲往渡之恐衆人知之即歌而往過之曰炤炤侵已施於子期甫蘆之子胥從復歌曰心中悲日已施子可渡河不出爲舡到即載人舡而伏

戰國策曰齊人馮煖屬孟嘗君願寄食門下孟嘗君笑而受之有頃倚柱彈其劒鋏歌曰長鋏歸來兮食無魚左右以告孟嘗君曰食之比門下之客復彈其劒鋏歌曰長鋏歸來兮出無車又彈其劒鋏歌曰長鋏歸來兮無以爲家

魏氏春秋曰阮籍少時遊蘇門山有隱者籍對之長嘯蘇門生莞尒而笑籍既降蘇門生亦嘯若鸞鳳之音籍乃假蘇門生之論以寄所懷歌曰日沒不周西月出丹淵中陽精蔽不見陰光代爲雄富貴俯仰間貧賤何必終又曰歌天地解兮六合開星辰霣兮日月頹我騰而上將何懷

帝王世記曰舜恭己無爲歌南風之詩詩曰南風之時兮可以阜吾人之財兮南風之薰兮可以解吾人之慍兮

尚書大傳曰維五紀奏鍾石論人聲（始欲改堯樂）及乃鳥獸咸變於前（百獸率舞之屬）秋養耆老而春食孤子乃浡然招樂興於大麓之野報事還歸二年譈然乃作大唐之歌（譈猶灼也大唐之歌美堯之禪也）歌者三年昭然乃知乎王世明有不世之義招爲賓客而雍爲主人（招雍皆樂章名也賓入奏招主人入奏雍也）始奏肆夏納以孝成（始謂尸入時也納謂薦賢時也肆夏孝成皆樂章名也）舜爲賓客而禹爲主人

舜既使禹攝天子之事於祭祀避之居賓客之位獻之位酒則爲亞賢也矣樂正道贊曰尚考大室之義唐爲虞賓尚考猶言古考謂往時也太室明堂之中央室也義當爲儀儀禮也謂祭大室禮先爲舜賓之也至今衍於四海衍猶溢也言堯之禪天下至於今其德義溢蒲四海也成禹之變垂於萬世之後帝乃唱之曰卿雲爛兮和氣之明者也禮縵縵兮教化廣遠日月光華旦咸旦兮言明明相代八伯咸進稽首曰明明上天爛然星陳日月光華弘予一人帝乃再歌曰日月有常星辰有行四時從經萬姓允誠施予論樂配天之靈遷于賢聖莫不咸聽鼚乎鼓之軒乎舞之精華已竭褰裳去之於時八風循涌卿雲藂藂蟠龍賁信於其藏蛟魚躍踊於其淵龜魚咸出其穴遷虞而事夏也

孔叢子曰叔孫氏之車子鉏商樵於野而獲麟焉衆莫之識以爲之不祥棄之五父之衢冉有告曰麕而肉角豈天之妖乎夫子曰今何在吾將觀焉遂泣曰予之於人猶麟

仁獸出而死吾道窮矣歌曰唐虞世兮麟鳳遊今非其時來何求麟兮麟兮我心憂

又曰哀公使以幣如衛迎夫子而卒不能官故夫子而作丘陵之歌曰登彼丘陵山施其阪仁道在邇求之若遠迷而不復自嬰屯蹇

又曰楚王使奉金帛聘夫子宰予冉有曰夫子之道於是行矣遂請見問夫子曰太公勤身苦志七十而遇文王孰與許由之賢夫子曰許由獨善身者也太公兼天下者也然今世無文王之君雖有太公孰識之哉乃歌曰大道隱兮禮有基賢人竄兮將待時天下如一兮欲何之

說苑曰曾子耘瓜而誤斬其根曾晳怒援大杖擊之曾子仆地有頃乃蘇蹶然而起進曰曩者參得罪於大人大人得無疾乎退屏鼓琴而歌欲令曾晳聽其歌聲令和

莊子曰孔子窮於陳蔡之間七日不火食羹不糝顏色甚憊歌於室不輟

又曰子桑戶孟子反琴張三人相與友有間而子桑戶死相和而歌子貢曰敢問臨尸而歌禮乎二子相視而笑是惡知乎禮意也

又曰莊子妻死惠子弔之箕踞鼓盆而歌惠子曰不哭亦足矣歌不亦甚乎莊子曰人且偃然寢乎巨室而我哭之是不通乎命故止之

又曰曾子居衛捉衿而肘見納履而踵決曳屣而歌商頌聲滿天地若出金石

夏侯玄辨樂論曰昔伏羲氏因時興利教民田漁天下歸之時則有網罟之歌神農繼之教民食穀時則豐年之詠黃帝備物始垂衣裳時則有龍袞之頌

古今樂録曰周文王時鳳凰銜書而至文王乃作歌

又曰堯郊天地祭神在座上有響誨堯曰水方至爲害命子救之堯乃作歌

又黃帝堯之世民樂無事擊壤之歡慶雲之瑞因以作歌

又曰白日落西山歌者沈攸之發荊州未敗之前思歸京師所作歌也

又曰莫愁樂者亦因石城樂而有此歌石城西有女子名莫愁善歌謡且石城樂和中有忘愁聲因有此歌

又曰秦始皇祠水群有黑頭公從河中出呼始皇曰來受天寶乃與群臣作歌

又曰昔炎帝時有娀之覆以玉筐少選視之鷰遺二卵五色北飛遂之不及二女作歌始作北音夏孔甲田於東陽迷入民室主人方乳曰后來大吉或曰不勝之子必有殃

孔甲取其子歸曰爲余子誰敢殃之及成人幕動折斧破斬足孔甲爲作斧斤之歌始爲東音周昭王征荊辛餘靡長且多力爲王右涉漢梁敗王及祭公殞于漢中辛餘靡振王北濟又反振祭公周公侯之于西翟實爲長公殷整甲從宅西河追思故處始作西音長公繼是音以處西山此盖四方之歌也

又曰許由者古之貞固之士也堯時爲布衣徒步不與方遠交通衣食財得自足夏則巢居冬則穴處無杯杅每以手捧水而飲之人有見其飲無杯以瓢遺之許由受以操飲畢輒掛於樹枝風吹樹瓢摇動歷歷有聲許由尚以爲繁擾取而棄之以清節約聞於堯堯大其志乃遣使以符璽禪爲天子於是許由喟然歎曰匹夫結志固如盤石采山飲河所以養性非以求禄位也放髮一優游所以安已

不懼非以貪天下也使者有愧還以狀報堯堯知許由不可動亦已矣夫於是許由以使者言爲不善乃臨河洗耳樊堅見由方且洗耳問之耳有垢乎由曰無垢聞惡語耳堅曰何等語者由曰堯聘吾爲天子堅曰尊位何爲惡之由曰吾志在青雲何乃劣劣當作九州伍長乎於是樊堅方且飲牛聞其言而去恥飲子之下流於是許由名布四海堯既殂落乃作箕山之歌曰登彼箕山兮瞻望天下山川麗崎萬物還普日月運照靡不記睹游放其間何所却慮嘆彼唐堯獨自愁苦勞心九州憂勤后土謂余欽明傳禅易祖我樂如何盖不盻顧河水流兮緣高山甘瓜施兮弃綿蠻高林肅兮相錯連居此之處儌堯君其後許由死遂葬于箕山

又曰周太伯者周太王古公之長子也古公有子三人長者太伯次者虞仲少者季歷季歷之子名昌昌即文王也古公寢疾將死國當有傳心欲以傳季歷乃呼二子謂曰我不起此病繼體興者其在昌乎太伯見太王傳季歷於是太伯與虞仲俱去被髮文身以變形託爲王採藥後聞古公卒乃還奔喪哭於門外示夷狄之人不得入王庭於是季歷謂太伯長子也伯當立何不就太伯曰吾生不供養死不飯含哭不臨棺不孝之子焉得繼父乎斷髮文身刑餘之人也戎狄之民也三者除焉何可爲君矣季歷垂涕而留之終不肯止遂委而去到江海之涯吟詠優游仰覽俯觀求脩厭之處遂適于吳卒以仁義化以道德荊越之人移風易俗咸集詔夏取象中國乃太伯之化也是後季歷作哀慕之歌章曰先王既徂長賓異都哀喪腹心未寫中懷追念伯仲季我如何梧桐萋萋生于道周宮館徘徊臺閣既除何爲遠去使此空虚支骨離別垂思南隅瞻望荊越涕淚交流伯兮仲兮逝肯來遊自非二人誰訴此憂

又曰拘羑里者謂紂拘文王於羑里也文王未能敢候時修道德百姓親附文王有子其二子皆賢是時崇侯虎與文王列爲諸侯德不及文王常疾之乃譖文王於紂曰西伯昌聖人也長子發仲子旦皆聖三聖合謀將不利於君君宜慮之紂曰冠雖弊宜加於上屨雖新宜踐於下文王雖聖安可尅我崇侯譖文王至十紂用其言乃徙文王於羑里欲殺之於是文王四臣太顛宏夭散宜生南宫适之屬往見文王文王爲曠反目者紂之好色也拊桴其腹者言欲得奇寶也蹀躞其足者使疾迅也於是乃周流海内經歷豐土得美女二人水中大寶白馬朱鬛以獻於紂陳其中庭紂見之仰天而嘆曰嘻哉此誰寶散宜生趍而進

曰是西伯之室以贖刑罪紂曰於寡人何其厚也立出西伯紂謂宜生譖岐侯者長鼻決耳也宜生還以狀告文王乃知崇侯虎譖之文王在羑里時演八卦以爲六十四作鬱虎之辭據于石困於蒺藜乃申憤以作歌章曰殷道溷溷浸濁煩兮朱紫相合不分別兮迷乱聲色信讒言兮闇闇之虎使我囚兮幽閑牢獄誰其言兮無辜桎梏誰所宣兮講我四人皆憂勤兮得此珍玩且解大患兮倉遑迄命遺後昆兮作此象變兆在昌兮欽承祖命天不丧兮遂臨下土在聖明兮討暴除乱誅逆王兮

又曰莊周者齊人也明篤學術多所博達進准見方來却覩未發是時齊湣王好爲兵事習用干戈莊周儒士不合於時自以不用行欲避乱自隱於山岳後有達莊周於湣王遣使賫金百鎰以聘相位周不就使者曰金至室相尊

官何辭之爲周曰君不見夫郊祀之牛衣之以朱絲食之以禾粟非不樂也及其用時鼎鑊在前刀俎列後當此之時雖欲還就孤犢寧可得乎周所以飢不求食渴不求飲者但欲全身遠害耳於是重謝使者不得已而去後引声歌曰天地之道近在胷臆呼噏精神以養九德渴不求飲飢不索食避世俟道志潔如玉卿相之位難可直當巖巖之石幽而清涼枕塊寢處樂在其央寒涼固可以久長

楊泉物理論曰始皇起驪山之冢使蒙恬築長城死者相屬民歌曰生男愼勿舉生女哺用餔不見長城下尸骸相支柱

世說曰晉武帝問孫晧聞吴人好作汝歌頗能不晧正飲酒因舉觴勸帝而言曰昔與汝爲鄰今爲汝作臣上汝一杯酒令汝壽萬春帝悔

琴操曰王昭君齊國王襄漢元帝時獻入後宮帝以妻單于昭君心念鄉土乃作怨曠之歌曰秋木萋萋其葉萎黄有鳥爰止集于包桑既得升雲遊倚惟旁志念幽沉不得頡頏我獨伊何改往變常翩翩之鷰遠集西羌高山峩峩河水泱泱鳴呼哀哉憂心惻傷

太平御覽卷第五百七十一

太平御覽卷第五百七十二

樂部十

歌三

山海經曰夏后開上三嬪于天得九辯與九歌以下焉開始歌九招招於大穆之野（上美人於天帝得天樂下也）帝俊八子是始為歌（帝俊即帝舜也）

太元真經茅盈內紀曰秦始皇三十年九月庚子盈曾祖於華山之中乘雲駕龍白日外天是時其邑謠歌曰神仙得者茅初成駕龍上昇入泰清時下玄洲戲赤城繼世而往在我盈帝若學之臘嘉平始皇聞謠歌乃有尋仙之志因改臘曰嘉平

楚詞曰九歌者屈原之所作昔楚南郢之邑沅湘之澗其俗敬鬼神於夜必（作樂鼓舞）以樂諸神屈原放逐竄伏其域見俗人祭祀之禮其辭鄙陋為作九歌之曲

風俗通曰張仲春武帝時人也善雅歌與李延年並侍每奏新歌莫不稱善然不知休息終至於敗亡以諭人之進退當有節奏

又曰百里奚為秦相堂上作樂所賃澣婦自言知音呼之援琴撫絃而歌曰百里奚初娶我時五羊皮臨當別行烹乳雞今適富貴忘我為因尋問之乃其妻

世說曰王曇孫年十四五便歌諸妓向謝公稱歎王郎能歌謝公甚欲聞之而王既名家年少無由得聞諸妓又具向王說謝公意後出東府土山上作伎王時作兩丸髻著袴褶騎馬往土山下處冢墓林中作一曲歌于時秋月王因舉頭看北林卒曲便去土山上妓白謝公曰此是王郎歌也

說苑曰襄成君始封之日衣翠衣帶玉劍履縞舄立乎流水上楚大夫莊辛過而說之曰臣願把君之手其可乎襄成君忿然作色而不言莊辛遷延而稱曰君獨不聞夫鄂君方乘青翰之舟張翠蓋會鍾鼓之音越人擁檝而歌曰今夕兮搴洲中流何日兮得與王子同舟山有樹木兮木有枝心說君兮君不知於是鄂君乃舉綉被而覆之

三輔決錄曰梁鴻東出關過京師作五噫之歌曰陟彼北邙兮噫顧瞻帝京兮噫宮闕崔嵬兮噫民之劬勞兮噫遼遼未央兮噫肅宗聞而悲之求鴻不得

劉向別錄曰漢興已來善歌者魯人虞公發聲清哀蓋動梁塵受學者莫能及也

石崇楚妃歌辭序曰楚妃歎莫知所由楚之賢妃能立德著勳垂名於後者唯楚姬焉故為歌辭

襄陽耆舊傳曰宋玉識音而善文襄王好樂而愛賦既美其才而憎其似屈原也乃謂之曰子盍從楚之俗使楚人貴子之德乎對曰昔楚有善歌者王其聞歟始而曰下里巴人國中唱而和之者數萬人中而曰陽阿採菱國中唱而和之者數百人既而曰陽春白雪朝日魚離含商吐角絕節赴曲國中唱而和之者不過數人蓋其曲弥高其和弥寡

穆天子傳曰宴西王母于瑤池之上西王母為天子歌曰白雲在天山陵自出道里悠遠山川間之將子無死尚能復來天子荅曰予歸東土和治諸夏萬民平均吾顧見汝比及三年將復而野

又曰天子東遊於黃澤宿于曲洛（洛水之曲也）使宮樂謠曰黃之池其馬歕沙（音普悶反）黃之澤其馬歕玉

漢武內傳曰西王母降命侍女安法嬰歌玄靈曲曰大象雖玄寥我把天地戶披雲汎靈輿倏忽適下土恭真靈中唱始知風塵若顛神三田中約精六闕下上元夫人自彈雲林之璈鳴絃駭洞清音麥朗乃奏步玄曲其辭曰黃眇眞道騰步玄登天霞負笈造天關借問太上家忽遇紫微圃真人列如麻流景清飈起雲蓋映朱葩蘭房闢林闕碧室啓瓊沙丹臺結空構曄曄生露華誰言終有終扶桑不爲查王母命侍女田四非答歌其辭曰晨登太霞宮挹此玉水蘭夕入玄圃闕採藻掇瑯玕濯足匏瓜河織女立津盤吐納抱景雲味之當一飡朝發漫汗府暮宿鈞陳垣莫與世人說行尸言此難

列女傳曰趙簡子南擊楚津吏醉卧不能渡召欲殺之津吏女娟持檝而前曰昔父聞君東渡不測之水恐風波之

起故禱九江三淮之神不勝巫祝杯酒飲沉醉至於此矣妾願鄙軀易父之死簡子將渡用檝少一人娟願備員用檝遂與渡中流奏河激之歌歌曰昇彼河兮西觀清水揚波兮杳冥禱求福兮醉不醒誅將加兮妾心驚蛟龍助兮主將歸呼來櫂兮行勿疑簡子大悅立爲夫人

文士傳曰太祖雅聞阮瑀辟之不應連見逼乃逃入山中使人焚山得瑀送至召入太祖時征長安大延賓客怒瑀不與言使就伎入列瑀善解音能鼓琴撫絃而歌曰奕奕天門開大魏應期運青蓋巡九州在東西人怨士爲知己死女爲悅者玩恩義苟潛暢他人焉能亂爲曲既捷音声殊妙太祖大悅

淮南子曰歌採菱發陽阿鄙人聽之不若延露陵陽非歌拙也聽各異也

又曰甯戚欲干齊桓公困窮無以自達爲商旅將任車任載也毛詩曰我任我輦也以商於齊暮宿於郭門之外桓公郊迎客夜開門甯戚飯牛車下望見桓公而悲擊牛角而疾商歌歌曰南山粲白石爛短褐單衣長止骭生不逢堯與舜禪終日飼牛至夜半長夜漫漫何時旦桓公聞之撫其僕之手曰異哉歌者非常人也命後車載之

又曰易道良馬使人欲馳飲酒而樂使人欲歌

燕丹子曰荆軻入秦不擇日而發太子與知謀者皆素衣冠送之於易水之上荆軻起爲壽歌曰風蕭蕭兮易水寒壯士一去兮不復還高漸離擊筑宋意和之

孟子曰有孺子歌曰滄浪之水清兮可以濯我纓滄浪之水濁兮可以濯我足孔子曰小子聽之哉

韓子曰宋王築武宮謳倡行者心歡築者不倦王召賜之

對曰臣師射稽之謳賢於臣召使之謳行者不止築者甚倦王怪問對曰王試度其功美四板射稽八板甚堅美五寸射稽二寸

列子曰林類年且百歲拾遺穗於故畦並歌進孔子適衛望之於野顧謂弟子曰彼可與言者試往評之子貢請行逆之壠端面而歌曰先生曾不悔乎行歌行歌拾穗林類行不留歌不輟

逸士傳曰堯時有八九十老人擊壤而歌曰日出而作日入而息鑿井而飲耕田而食帝何力於我哉

列女傳曰魯陶嬰妻者夫死守志不二作歌詩曰悲夫黃鵠之早寡七年不雙宛頸獨宿不與衆同夜半悲鳴想其故雄天命早寡獨宿何傷寡婦念此泣下數行嗚呼悲哉死者不可忘飛鳴尚然況於貞良雖有賢雄終不可重行

韋昭洞曆記曰紂無道比干知極諫必死作秣馬金闕之歌

西京雜記曰高帝戚夫人歌出塞望歸之曲侍婢數百皆爲之後宫齊唱聲入雲霄

又曰賈佩蘭說在宫中時常以絃管歌舞相娱競爲妖服以趍良時十月十五共入靈女廟吹笛擊筑歌上雲之曲而相連臂踏地爲節歌赤鳳來也

洞冥記曰漢武帝使董謁乘浪霞之輦以昇壇候王母王母至與宴歌春歸之樂謁乃聞王母歌聲而不見其形歌聲繞梁三匝乃上旁梁草樹枝葉皆動歌之感也

張華博物志曰薛談學謳於秦青未窮青之技而辭歸青餞於郊乃撫節悲歌聲振林木響遏行雲談乃謝求返歸

辛氏三秦記曰隴右西關其阪九迴不知高幾里欲上者七日越高處可容百餘家下處數十萬户上有清水四注流下俗歌曰隴頭流水鳴聲幽噎遥望秦川心肝斷絶

黄閔武陵記曰有綠羅山側岩垂水懸蘿百里許得明月池碧潭鏡澈百尺見底素岸若雪松如插琴流風叩阿有絲桐之韻土人爲之歌曰仰兹山兮迢迢層石構兮峩峩朝日麗兮陽岩落景梁兮陰阿鄣壑兮生音吟籟兮相和敷芳兮綠林恬淡兮潤波樂兹潭兮安流緩尒櫂兮詠歌

宜都山川記曰峽中猨鳴清山谷傳其響泠泠不絶行者歌之曰巴東三峽猨鳴悲猨鳴三聲淚沾衣

鄭緝之東陽記曰歌山在吴寧縣故老相傳云昔有乘舡從下過見一女子汲乃登此山負水行歌甚妍而莫之所由故名歌山

劉欣期交州記曰俗好鼓琴牧豎於野澤乘牛唱遼遼之歌（歌曲說牛力強弱耕具輕重也）僮隸於月下撫掌發烈謠（以吟美歌）

魏太山秦州記曰隴西郡隴山其上懸吐溜於中嶺泉亭因名萬石泉泉溢漫散而下消瀸皆注有人昇此而歌

紀義宣城記曰臨城縣南三十里有蓋山登百許步有舒姑泉俗傳去有舒氏女未適人與其父析薪於此女坐泉處牽挽不動遽告家比還唯見清泉湛然母云女好音樂乃作絃歌泉湧迴流雙鯉赴節

盛弘之荆州記曰臨賀馮乘縣有歌父山傳云有老人不娶室而善歌聞者莫不灑泣年八十餘而聲逾妙及病將困命鄉里六七人與上山穴中隣人辭歸老人歌而送之聲振林木響遏行雲餘音傳林數日不絶

太平御覽卷第五百七十二

太平御覽卷第五百七十三

樂部十一

歌四

司馬相如琴歌曰鳳兮鳳兮歸故鄉遨遊四海求我皇時未遇無所將何悟今夕升斯堂有艷淑女在此方室邇人遐毒我腸何緣交接為鴛鴦

崔琦四皓頌曰昔南山四皓者蓋角　里先生綺里季夏黄公東園公是也秦之博士遭世闇昧道滅德消坑黜儒術詩書是焚於是四公退而作歌曰莫莫高山深谷逶迤曄曄紫芝可以療飢唐虞世遠吾將何歸駟馬高蓋其憂甚大富貴畏人兮不如貧賤之肆志

樂志曹植嘗爲琴調歌曰于嗟此轉蓬夙夜無休閑東西經七陌南北越七阡願爲中林草秋隨野火燔糜滅豈不

痛願與株葉連

司馬相如美人賦曰有女獨處婉然在牀奇葩逸麗素姿艷光覩臣微笑而言曰上客何國之君子無乃遠乎遂設旨酒進鳴琴玉釵挂臣冠羅袖拂臣衣撫絃而爲幽蘭之曲女乃歌曰獨處室兮郎無依思佳人兮情傷悲彼君子兮來何遲日將暮兮華髮衰

魏文答繁欽書曰守宮王孫世有女曰瑣始年九歲夢與神通寤而悲吟哀聲激切體若飛仙于今十五是日戊午祖于北園博延衆賓遂奏名倡世女頭更而至㦎狀甚美於是振袂徐進揚蛾微眺衆倡騰遊群賓失席然後修容飾粧改曲變度激清角揚白雪接孤聲赴危節於是商風振條飛霧成霜可謂聲協鍾石氣應風律綱羅韶護囊括鄭衛者也

繁欽牋與魏文帝曰都尉薛訪車子年始十四能喉囀引聲與笳同音白上呈見果如所言即日故共觀試乃知天壤之所誕有自然之物也潛氣內轉哀音外激大不抗越細不幽散聲悲舊笳曲美常均

國史補曰李衮善歌於江外而名動京師崔昭入朝密載而至乃邀賓客請第一部樂及京師之名倡以爲盛會紿言表弟請登末座令衮被衣而出滿座皆笑少頃命酒昭曰請表弟歌座中又笑及喉囀一發樂人皆大驚曰是李八郎也乃羅拜之

樂府雜錄曰踏搖娘者生於隋末河內有人醜貌而好酒常自號郎中醉歸必毆其妻妻色美善歌乃自歌爲怨苦之詞河朔演其曲而被之管絃因寫其夫妻之容妻悲訴每搖其身故號踏搖娘近代優人頗改其制度非舊旨也

又曰開元中有人許和子者本吉州永新縣樂家女也開元末進入宮因以永新名之籍於宜春院既美且惠善歌能變新聲韓娥李延年殁後千載曠其人至永新始繼其能遇高秋朗月臺殿清虛喉囀一聲響傳九陌明皇嘗獨召李謨吹笛逐其歌曲終管裂其妙如此一日賜大酺於勤政樓觀者數十萬衆諠譁聚語莫得聞魚龍百戲之音上怒欲罷宴中官高力士奏請命永新出樓歌一曲必可止喧上從之永新乃撩鬢舉袂直奏曼聲至是廣場寂寂若無一人喜者聞之血湧愁者聞之腸絕洎漁陽之亂六宮星散永新爲一士人所得韋青避地廣陵因月夜憑欄於小河上忽聞舟中唱水調者曰此永新歌也乃登舟省之因與永新對泣久之青始晦其事後士人卒與其母之京師終於狹斜間

又曰古之能者即有韓娥李延年莫愁（莫愁者女子也樂府詩云莫愁在何處莫愁石城西艇子打兩槳催送莫愁來）善歌者必先調其氣氤氳自臍間發至喉乃噫其詞即分抗墜之音既得其術即可致遏雲響谷之妙也

又曰大曆初有才人張紅紅者本與父唱歌丐於衢路因過將軍韋青所居（在昭國坊南門也）青於街牕中聞其歌喉寥亮仍有美色即納爲姬其父亦舍於後戶優給之乃自傳其藝穎悟絶倫嘗有樂工自撰一曲即古曲長命西河女也加減其節奏頗有新聲未進聞先印可於青青潛令紅紅於屏風後聽之紅紅乃以小豆數合以記其節拍樂工歌罷青因入問紅紅何如紅紅曰已唱得矣青出給云其有女弟子久曾唱非新曲也即令隔屏唱之一聲不失樂工大驚異遂請相見歎伏不已兼云此曲先有一聲不穩今已正矣尋

達上聽翌日召入宜春院寵澤隆異宮中号爲記曲娘子尋爲才人一日內史奏韋青卒上告紅紅紅紅乃於上前嗚呼奏云妾本風塵丐者一旦老父死有所歸致身入內皆自韋青妾不忍忘其恩因一慟而絶上嘉歎久之即贈昭儀

又曰韋青本士人也嘗自爲詩云三代掌綸誥一身能唱歌青官至金吾將軍

明皇雜録曰唐玄宗自巴蜀迴因夜闌登勤政樓憑欄南望烟月滿目上因自歌曰庭前琪樹已堪攀塞外征人殊未還盖廬思道之詞也歌歇上問有舊人乎逮明爲我訪來翌日力士潛求於里中因召與同至則果梨園弟子也其夜上復與乘月登樓左右唯力士及貴妃侍者紅桃在焉遂命歌涼州詞貴妃所製上親御玉笛爲之倚曲曲罷相覷無不掩泣上因廣其曲今涼州傳於人間者益加怨切焉

又曰樂工李龜年特恩寓於東都大起第宅僭侈之制逾於公侯宅在東都通遠里中堂制度甲於都下（今裴晉公移於定鼎門南別墅号綠野堂）其後龜年流落江南每遇良辰勝景常爲人歌數闋座客聞之莫不掩泣而罷

劉敬叔異苑曰臨川聶包死數年忽詣南豐相沈道襲共飲其歌笑甚有倫次每歌云花盈盈正聞行當歸不聞死復生

祖台志怪曰建康小吏曹著見廬山夫人夫人命女婉出與著相見婉見著欣悅命婢瓊林令取琴出婉撫琴歌曰登廬山兮鬱嵯峨晞陽風兮拂紫霞招若人兮濯靈波欣良運兮暢雲柯彈鳴琴兮樂莫過雲龍會兮樂太和歌畢婉便還去

搜神記曰淮南王安設廚宰以候賓客正月上午有八老公詣門求見王曰群娥子復來也公知不見乃更形爲八童子王驚見之盛禮設樂以享八公援琴而絃歌曰明明上天照四海兮知我好之公來下兮公將與余生毛羽兮外騰青雲蹈梁甫兮觀見三光過北斗兮馳乘風雲使玉女兮今所謂淮南操是也

幽明録曰句章人至東野還暮不至門見路傍有小屋燈火因投寄宿止宿有一小女不欲與丈夫共宿呼隣家女自伴夜共彈箜篌至曉此人謝去問其姓字女不答彈絃而歌曰連綿葛上藤一綏復一絙欲知我姓名姓陳名阿登

又曰吳縣費外爲九里亭吏向暮見一女從郭中來素衣哭入埭向一新塚哭日暮不得入門便寄亭宿外作酒食

至夜外彈琵琶令歌女云有喪儀勿笑人也歌音甚媚云精氣感冥昧所降若有緣嗟我遘良契寄忻霄夢間中曲云成公從義起蘭香降張碩苟云冥分結纒綿在今夕下曲云佇我風雲會正俟今夕遊神交雖未久中心已綢繆寢處向明外去頤謂曰且至御亭女便驚怖獵人至群狗入屋於牀咬死成大狸

搜神記曰吴王夫差小女名玉悦童子韓重韓重乃學於齊魯之間臨去屬其父求婚王怒不與女玉結氣亡葬閶門之外重三年歸聞其死哀慟至王墓所玉忽見重與言乃左顧宛頸而歌曰南山有烏北山張羅志欲從君讒言孔多悲結生疾没命黄壚命之不造寃如之何羽族之長名爲鳳凰一日失雄三年感傷故見鄙姿逢君輝光身遠心近何嘗暫忘

又曰太康末京洛始爲折楊柳之歌有兵車辛苦之辭後楊駿被誅太后幽死折楊之應也

續搜神記曰廬江杜讌爲諸暨令縣西山下有一鬼長三丈着赭布袴布褶在草中相張又脱褶擲草上作懊惱歌百姓皆看之

古樂志曰齊歌曰謳呉歌曰歈楚歌曰艷滛歌曰哇歌又有清歌高歌安歌緩歌長歌浩歌雅歌酣歌怨歌勞歌（韓詩曰飢者歌食勞者歌事）振旅而歌曰凱歌堂上奏樂而歌曰登歌亦曰外歌古之善歌者有咸黑（帝嚳時善歌者見呂氏春秋）秦青（響遏行雲声振林木）薛談（秦青弟子）韓娥（齊人餘響遶梁三日已上三人列子）王豹（處於淇而河西善謳）綿駒（處高唐而齊右善歌）瓠梁（見淮南子）魯人虞公（見劉向別録）李延年（見漢書）古歌曲有陽陵白露朝日魚麗白水白雲江南陽春淮南駕辯淥水陽阿採菱下俚巴人（並見襄陽耆舊傳及梁元帝纂要）八闋（葛天氏之歌見呂氏春秋也）唐歌（帝嚳之歌）南風（舜歌）卿雲（並虞舜歌）晨露（湯歌並見呂氏春秋）漢歌曲有大風（高祖所作）芝房白麟朱鴈交門天馬房中（已上並郊廟歌見漢書也）盛唐樅陽（武帝歌見漢書）瓠子（武帝觀決河所作歌）玄雲步雲（西王母歌見漢武内傳）

古樂府有歌行艷歌行長歌行短歌行朝歌行（魏武帝作）怨歌行前緩聲歌行後緩聲歌行櫂歌行鞠歌行放歌行蔡歌行陳歌行

又古今樂録晉宋已後歌曲有谿豫歌楊叛兒歌（南齊有楊旻母爲師入宫童謡呼爲楊婆兒婆轉爲叛）扶風歌（晉劉琨作）百年歌（晉王道沖陸機並作）白日歌（宋沈攸之所作亦曰落日歌其歌曰白日落西山）九曲歌（宋何承天作）採葛婦歌（古越人作）桃葉歌（晉王獻之所作）同聲歌（漢張衡作）碧玉歌（晉孫綽作）四時歌（出於子夜）子夜歌（古有女子名子夜造此歌）上聲歌（亦名捉住哀悲之古曲）白紵歌（起於吴孫皓時作）襄陽白銅鞮歌前溪歌（晉車騎沈玩所作）歡聞歌（晉穆帝初歌畢輒呼歡聞因以爲名）團扇歌晉中書令王珉與嫂婢芳姿有私愛甚篤苦捶撻之婢素善歌而珉之好捉白團扇因見珉之歌曰白團扇顦顇非昔容羞與郎相見願得隨郎手因風從方便後人因歌之丁督護歌彭城内史徐逵之爲魯軌所殺府内督護丁盱收殯斂之逵之妻晉公主呼問事每問輙歎息曰丁督護其聲哀切後人因爲曲焉懊惱歌崇安初人間訛謡之曲又云石崇爲緑珠作古有絲布澁難縫一曲而巳宋太祖謂之中朝曲也

太平御覽卷第五百七十三

太平御覽卷第五百七十四

樂部十二

舞

毛詩甫田賓之初筵曰舍其坐遷屢舞僊僊側弁之俄屢舞傞傞

又宛丘東門之枌刺幽公也風化之所行男女棄其舊業歌舞於市井爾

尚書曰苗民逆命帝乃誕敷文德舞干羽于兩階干楯羽翳也皆舞者之所執也

又顧命曰胤之舞衣在西房孔安國曰胤國所爲舞者衣中法制

尚書大傳曰惟丙午王建師及鼓譟前歌後舞

禮記曰治民勞者其舞行綴遠治民逸者其舞行綴短故觀其舞知其德民勞則德薄酇相去遠舞人少也民逸則德盛酇相去近舞人多也

又曰天子宮懸四面舞行八佾諸侯軒懸三面舞行六佾大夫判懸二面舞行四佾士特懸一面舞行二佾

又曰季夏六月以禘禮祀周公於太廟朱干玉戚冕而舞大武皮弁素積裼而舞大夏

又曰夫樂者象成者也象成功而爲樂者也總干而山立總持干楯山立不動武王之事也發揚蹈厲太公之志也志在鷹揚武亂皆坐周召之治也武亂武之理也皆坐以象其人舞事且夫武始而北出象觀兵盟津時也再成而滅商成猶奏也再奏象克殷時三成而南誅紂已而南也四成而南國是疆有南國疆界也五成而分周公左召公右分陝東西而理六成而復綴以崇六奏象兵還振旅也復綴反位止也崇充也凡六奏以充武樂天子夾振之而四伐盛威於中國也夾振之者王將夾舞者振木鐸以爲節也武舞戰也象四伐者伐四方也每奏四伐一擊一刺爲一伐也

周禮曰地官舞師掌教兵舞帥而舞山川之祭祀教帗舞帗拂者帥而舞社稷之祭祀教皇舞帥而舞旱暵之事四方祭祀謂四望也旱暵之事謂雩也暵炎熱氣也○春官樂師掌教國子小舞謂以勺少時教之舞內則曰十三舞勺成童舞象大夏也凡舞有帗舞有皇舞有旄舞有干舞有人舞鄭衆云帗舞者全羽舞者析羽也皇舞者以羽冒覆頭上衣飾翡翠之羽旄舞者旄牛之尾干舞者兵舞也人舞也社稷以帗宗廟以羽四方以皇辟雍以旄兵事以干星辰以人舞子持之是也皇雜五綵羽如鳳皇色持以舞也人舞所執以手袖爲威儀也凡四方之舞仕者屬焉凡祭祀賓客舞其燕樂籥師掌教國子舞羽吹籥文舞有持羽吹籥舞者所謂籥舞文王世子曰冬亨羽籥詩曰左手執籥右手秉翟也祭祀則鼓羽籥之舞鼓之者恒爲之節賓饗則亦如之

又曰地官旄人掌教舞散樂舞夷樂散樂野人爲樂之善者也夷樂四夷之樂也

左傳隱公曰舞所以節八音而行八風也

又莊公曰王子頹樂及徧舞

又昭三曰晉侯與諸侯宴于溫使大夫舞曰歌詩必類高厚之詩不類大夫盟高厚高厚逃歸

又隱公曰考仲子之宮將万焉公問羽數於衆仲對曰天子用八諸侯用六大夫四士二夫舞所以節八音而行八風也故自八已下公從之

又莊公曰楚令尹子元欲蠱文夫人爲館於宮側而振万焉夫人聞泣曰先君以是舞也習戎備也今令尹不尋諸仇讎而於未亡人之側不亦異乎

論語八佾曰季氏八佾舞於庭是可忍也孰不可忍也

家語曰子路戎服見孔子拔劒而舞曰古之君子固以劒自衛乎孔子曰古之君子忠以爲質仁以爲衛

史記曰沛公見項羽鴻門項莊入曰軍中無以爲樂請以劒舞拔劒起舞項伯亦起舞以身蔽沛公

又曰長沙定王發以其母微無寵故王卑濕貧國（景帝後三年諸王來日有詔更前稱壽歌舞定王但張袖小舉手左右笑其拙上怪問之對曰臣國小地狹不足迴旋帝以武陵桂陽屬焉）

又曰師經擁琴魏文侯就之起舞經怒以琴撞文侯文侯大怒經曰臣撞桀紂之主、不撞堯舜之君文侯悅掛琴於室爲戒

又曰孝景皇帝元年詔御史蓋聞歌者所以發德舞者所以明德高廟酎奏文始五行之舞

漢書曰李陵在匈奴置酒與蘇武别曰異域之人一别長絕陵起舞屬之

又曰高祖廟奏武德文始五行之舞武德者象天下樂已行武以除亂也文始舞者本舜韶舞也高祖更名曰文始示不相襲也

又曰孝武李夫人本以倡進兄延年知音善歌舞延年侍上起舞曰北方有佳人絕世而獨立一顧傾人城再顧傾人國寧不知傾城傾國佳人難再得上歎息曰世豈有此人乎平陽公主因言延年女弟上召見實妙麗善舞由是幸生昌邑哀王

又曰趙飛鷰體輕能掌上舞

又曰平恩侯許伯入第丞相已下皆賀酒酣樂作少府檀長卿起舞爲沐猴與狗鬬一坐皆笑蓋寬饒劾之長卿爲列卿而爲沐猴舞失禮許伯爲謝乃解

後漢書曰光武平隴蜀增廣郊祀高皇帝配食樂奏清陽朱明西皓玄冥雲翹育命舞北郊及祀明堂並奏樂如南郊迎時氣五郊春歌青陽夏歌朱明並舞雲翹之舞秋歌西皓冬歌玄冥並舞育命之舞季夏歌朱明兼舞二舞

又曰蔡邕坐上章事徙及歸將就還路五原太守智餞之酒酣智起舞屬邕邕不爲報智者中常侍王甫之弟智銜之密告邕怨於囚放謗訕朝廷邕慮卒不免禍乃亡命江海遠迹吳會

魏志曰舞師馮肅曉知先代舞名

吳書曰陵統怨甘寧殺其父操寧常避統統不與相見權亦命統不得讎之嘗於呂蒙舍會酒酣乃以刀舞寧起曰寧能雙戟舞蒙曰寧雖能未若蒙上之也因操刀持楯以身蔽之後權知統意因令寧將兵徙屯中洲

又曰陸遜破曹休上與羣僚大會酒酣命遜舞解所著白䍦子裘賜之

又曰陶謙爲舒令郡守張磐謙耻爲之屈磐舞屬謙謙不爲起強之乃舞舞不轉磐曰不當轉耶曰轉則勝人

宋書樂志曰鞞舞之由來未詳所起漢代已於燕享用之矣故曹植鞞舞歌序漢靈帝時有李堅者善鞞舞遭亂播遷帝聞其舊伎召之堅旣中廢兼古曲多謬誤故知異代之文未必相襲也

後魏書曰嵇康生性氣麤武元叉憚之康生知之亦懼不安肅宗朝靈太后於西林園文武坐酒酣迭舞次至康生乃爲力士舞及於折旋每顧視太后舉手蹈足瞋目頷首爲殺縛之勢太后解其意而不敢言

唐書馮定爲太常少卿文宗每聽樂鄙鄭衛聲詔奉常習開元中霓裳羽衣舞以雲韶樂和之舞曲成定揔樂工閱於庭定立於其間文宗以其端凝若植問其姓氏翰林學士李玨對曰此馮定也文宗喜問曰豈非能爲古章句者耶乃召外階文宗自吟定送客西江詩吟罷益喜因賜禁

中瑞錦仍令大録所著古體詩以獻

晉中興書曰殷融弘遠爲司徒左西屬飲酒善舞終日嘯詠未甞以事務爲懷

齊書永明中舞人冠幘並簪筆武帝曰筆笏盖以記事受言舞不受言何事簪筆豈有服朝衣而足恭蹻履於是去筆

江表傳曰孫權請顧雍父子及孫譚時爲選曹尚書見任貴重是日孫權極忻譚醉酒三起舞舞又不知止雍内怒之明日召譚訶責之君王以含垢爲德臣下以恭謹爲節何有舞不復知止雖爲酒後亦爲恃恩謙虚不足損吾家者必汝也何承天三代樂序云正德大悅舞盖出於三容樂然則其聲節有古之遺音也

魏名臣奏王朗表曰九音樂以舞爲主自黄帝雲門至周

大武皆太廟舞樂所以樂君之德舞所以象君之功

淮南子曰今鼓舞者繞身若環曾繞摩以宣地扶於阿那動容轉面（轉更也回面更爲也）便娟擬神若秋約被風（蕕白芷香草也被風言其弱）騷若結旌（卷而後舒）騁馳若驚

周穆王傳曰有偃師者縛草作人以五采衣之使舞王與美人觀之草人以手招美人王怒

國史補曰于司空因韋太尉奉聖樂亦撰順聖樂以進每宴必使奏之其曲將半行綴皆伏而一人舞於中央幕中韋綬笑曰何用窮兵獨舞雖詼諧必有爲也

山海經曰形夭與帝爭神帝斷其首葬之常羊之山乃以乳爲目以臍爲口操干戚以舞

又曰帝俊八子始爲舞

五經通義曰王者之樂有先後者各尚其德也以文得之先文樂持羽毛而舞以武得之先武樂持朱干玉戚所以增威武也戚斧干楯也王者其仁明當尚德行仁以斷斬也

又曰東夷之樂持矛舞助時生也南夷之樂持羽舞助時養也西夷之樂持鉞舞助時殺也北夷之樂持干舞助時藏也

蔡邕月令章句曰天子省風以作樂舞所以節八音而行八風天子八佾諸侯六佾大夫四佾佾列也每佾八人每服冕而執戚有俯仰張翕之容行綴長短佾八人之制所以受命而歌王者之功也人之動而有節者莫若舞肆所以因陽氣而達物也

續搜神記曰滎陽人姓何忘其名有名聞士也荊州辟爲別駕不就隱遁養志甞至田舍收穫在場上忽有一人長

一丈黄疏單衣角巾來詣之翩翩舉其兩手並舞而來語何云君甞見韶舞不此是韶舞且舞且去尋逐徑向山山有穴裁容人即入穴何亦隨之見有良田數十頃何遂墾作以爲世業子孫于今賴之

搜神記曰太康中天下爲晉世寧之舞其舞抑手以執杯盤而反覆之反覆至危也杯盤酒食器也而名晉世寧者言時人苟且酒食之間而其智不及遠如器在手也

英雄記曰建安中曹操於南皮攻袁譚斬之操作鼓吹自稱萬歲於馬上舞十二年攻烏桓蹋頓一戰斬蹋頓首繫馬鞍於馬上拊舞

三巴記曰閬中有渝水賨民銳氣喜舞高祖樂其猛銳數觀其舞使樂人羽之故名巴渝舞

韓子曰長袖善舞多財善賈

王子年拾遺録曰燕昭王即位二年廣延國來獻善舞者二人一名旋波一名提漢並玉質凝膚體輕氣馥綽約婉妙絶曠古無倫或行無迹影或經年不飢昭王處以單綃華幄飲以瑞珉之膏飴以丹泉之粟王登崇霞之臺乃召二人在側時香風欻起二人徘徊翔轉殆不自支王以纓緌屬拂之二人皆舞容冶妖麗靡若鸞翔而歌聲輕下乃使伶人代唱其曲清響流韻雖遶梁動木未足加焉其舞曲一名縈塵言體輕與塵霧相亂也次曰集羽言婉轉若羽毛之從風也末曲游懷言支體緬曼若入懷袖也

晏子春秋曰晉欲攻齊使范昭往觀景公觴之范昭請公之弃酌公曰諾告侍者酌樽進之晏子曰撤樽更之范昭起舞太師曰我不習昭曰調成周之樂吾爲之舞太師曰瞑臣不習范昭趨而出公問晏子晏子曰昭非不知禮也欲慙吾君臣公問太師太師曰成周之樂天子樂范昭人臣而舞之臣故不爲昭歸報晉平公曰齊未可伐也吾欲慙其君欲犯其禮而太師識之

呂氏春秋曰陶唐氏陽多滯伏民氣壅閼故爲舞以宣導之

樂苑曰羽調有柘枝曲商調有掘柘枝此舞因曲爲名用二女童鮮衣帽帽施金鈴抃轉有聲其來也於二蓮花之中藏之花坼而後見對舞中之雅妙者也

明皇雜録曰開元二年上於梨園自教法曲必盡其妙謂之皇帝梨園弟子明皇在位嘗令教舞馬四百疋分爲左右部目爲某家寵某家驕時塞外亦以善馬來貢者上俾之教習無不曲盡其妙因命衣以文繡絡以金鈴飾其鬛間雜以珠玉其曲謂之傾盃樂者數十曲奮首鼓尾縱橫

應節又施三層板床乘馬而上抃轉如飛或命壯士舉一榻馬舞於榻上樂工數十人立於左右前後皆衣以淡黄衫文玉帶必求少年而姿皃美秀者每千秋節常命舞於勤政樓下其後明皇既幸蜀舞馬亦散在人間禄山嘗覩其舞而心愛之自是因以數十疋置於范陽其後轉爲田承嗣所得而承嗣不知雜於戰馬置之外棧忽一日軍中大享士樂作馬舞不能自止厮養輩謂其爲妖擁篲以擊之馬謂其舞不中節抑揚頓挫尚存故態厩吏遂以爲怪白承嗣承嗣命箠之甚酷馬舞益整而鞭撻愈加終斃於櫪下時人亦有知其舞馬者懼曰暴逆而終不敢言

又曰至德中明皇復幸華清宫父老奉迎壺漿塞路時上春秋已高常乘步輦父老進曰前時上皇過此常馳逐從禽今何不爲上曰吾已老矣豈復堪此父老士女聞之莫不悲泣新豐市有女伶曰謝阿蠻善舞凌波曲常出入宫中楊貴妃遇之甚厚亦遊於國忠及諸姨宅上至華清宫復令召焉舞罷阿蠻因出金粟裝臂環云此貴妃所與上持之悽怨出涕左右莫不嗚咽

又曰舞者樂之容也有大垂手小垂手或象驚鴻或如飛鷰婆娑舞態也蔓延舞綴也古之能者不可勝記開元中有公孫大娘善舞劒氣僧懷素見之草書遂長蓋壯其頓挫勢也

又曰開成末有樂人崇胡子能軟舞其腰支不異女郎也

古今樂録曰白紵舞案辭有巾袍之言紵本吳地所出宜是吳舞也晉俳歌曰交交白緒節節爲雙吳音呼緒爲紵疑白緒即白紵也

釋智匠古今樂録曰大壯之舞曰武舞大觀之舞曰文舞

通禮義纂曰漢儀拜陵食舉奏文始五行之舞唐制皇帝親行奠獻及薦服玩禮畢再拜辭退而已拜陵奏舞漢代禮也

又曰古者臣於其君有拜手稽首之禮自後魏已來臣受恩皆以手舞足蹈以爲懽喜之極也

唐會要韋萬石曰武舞貞觀禮及今禮但郊廟祭享奏武舞之樂即用之凡有六變一變象龍興參野二變象尅靜開中三變象冬夏賓伏四變象江淮寧謐五變象獫狁讋伏六變位崇象六還振旅

又曰龍朔元年三月一日上召李勣任雅許圉師張延師蘇定方阿史那忠于闐王伏闍雄上官儀等讌于城門觀屯營新教之舞名之一戎大定樂皆親征遼東以象用武之勢也

又曰調露二年正月二十一日上御洛城南樓賜宴太常奏六合還淳之舞

又曰上元三年十一月三日勑新造上元之舞先令太祠享皆將陳設自今已後圓丘方澤太廟祠享然後用此舞餘祭並停

又曰大定元年天后幸京師同州刺史蘇瓌進聖主還京樂舞上御行宮樓觀之賜以束帛令編於樂府

沈志曰江左初有拂舞舊云拂舞吳舞檢其歌非吳辭也皆陳於殿庭賜泓拂舞序曰自江南見白符舞或言白鳧鳩沈曰有此來數十年察其辭旨乃是吳人患孫皓虐政也

又曰公莫舞今巾舞也相傳云項莊舞劒項伯以袖隔之古人相呼曰公伯語莊云公莫害漢王今之用巾蓋像項伯衣袖之遺也

曹植鞞舞歌序曰漢靈帝西園鼓吹有李堅者鞞舞遭亂西隨段煨先帝聞其舊伎召之堅既中廢兼古曲多謬誤異代之文未必相襲故依前曲改作新歌五篇不敢充之黄門近以成下國之陋樂焉晉鞞舞歌亦五篇又鐸舞歌一篇幡舞歌一篇鼓舞伎六曲兼陳於元會今幡鼓舞歌辭猶存舞並闕鞞舞即今鞞扇舞也今謂巴渝是地名鞞扇是器名也

曹植鞞舞序曰晉初有杯槃舞公莫舞史臣案杯槃今舞之齊世寧也

張衡舞賦云歷七槃而縱躡

王粲七釋云七槃陳於廣庭

宋世文士顏延之云遞間關於槃扇鮑昭云七槃舞長袖皆以七槃爲舞也

太平御覽卷第五百七十四

樂部十三

鍾　錞于

鍾

釋名曰：鍾，空也。空內受氣多，故聲大。

說文曰：鍾，秋分之音，物鍾成也。

易通卦驗曰：人主冬至日縱八能之士擊黃鍾之宮，則人主敬善，公卿大夫誠信。

禮記曰：知悼子卒，未葬，平公飲酒，師曠、李調侍，鼓鍾。杜蕢自外來，聞鍾聲，曰：「安在？」曰：「在寢。」杜蕢入寢，歷階而外，酌曰：「曠飲斯。」又酌曰：「調飲斯。」又酌，堂上北面坐飲之。

又樂記曰：鍾聲鏗，鏗以立号，号以立橫，橫以立武。君聽鍾聲，則思武臣。

周禮冬官：鳧氏曰：鳧氏為鍾，鍾薄厚之所震動，清濁之所由出，侈弇之所由興，有說。（說，由意。）鍾已厚則石，（大厚則声不發。）已薄則播，（大薄則声散。）侈則柞，（柞讀為咋咋然之咋，声大外也。）弇則鬱，（声不舒揚。）長甬則震，（鍾柄則声不正。）鍾小而短則聲疾而短聞，（淺則躁，躁易竭也。）鍾小而長則其聲舒而遠聞。（深則安，安則息。）

又曰：鳧氏為鍾，兩欒謂之銑。

又曰：磬師掌教擊編鍾。

又春官曰：鍾師掌教金奏。（擊金以為奏節。金謂鍾鎛也。）

左傳襄二曰：莒人伐我東鄙，圍台，季武子救台，遂入鄆，取其鍾以為公盤。

又襄六年曰：吳公子札自衛如晉，將宿於戚，（衛孫文子之邑。）聞鍾聲，曰：「異哉！吾聞之，辯而不德，必加於戮。夫子獲罪於其君以在此，懼猶不足，而又何樂？夫子之在此也，猶燕之巢於幕上也。君又在殯，而可以樂乎？」（獻公卒未葬也。）

又曰：鄭伯有嗜酒，為窟室而夜飲酒，擊鍾焉，朝至而未已。

又曰：鄭人賂晉侯歌鍾二肆。注曰：肆，列也。懸鍾十六為一肆，二肆三十二枚。

又昭五曰：天王將鑄無射，（周景王。無射，鍾名，律中無射。）泠州鳩曰：「樂，天子之職也；夫音，樂之輿也；而鍾，音之器也。天子省風以作樂，器以鍾之，（鍾，聚也，以器聚音。）輿以行之。小者不窕，大者不𢶀。窕則不感，（不充滿人心也。）𢶀則不容，（心不堪容也。）心是以感，感實生疾。今鍾𢶀矣，王心不堪，其能久乎？」

又曰：宋左師每食擊鍾。

又曰：鄭伯始朝于楚，楚子賜之金，既而悔之，與之盟曰：「無以鑄兵。」故以鑄三鍾。

爾雅：大鍾曰鏞，其中謂之剽，（音飄。）其小者謂之棧。（音醆。郭璞戔曰鏞一。）

詩曰

國語曰：晉克潞之役，魏顆以身却退秦于輔氏，親止杜回，其勳銘之景鍾。

又曰：周景王二十三年，鑄無射而為之大林。鍾成，伶人告和。王謂泠州鳩曰：「鍾果和矣。」對曰：「上作器，民樂之則為和。今民莫不怨恨，諺曰：眾心成城，眾口鑠金。臣不知其和讀。」（曰大林無射副也。）

漢書曰：高祖廟有十鍾，受千石，撞之聲聞百里。

後漢書鄭司農曰：于，鍾脣之上祛也。鼓，所擊處也。舞，縣謂之旋，旋蟲謂之幹。旋屬鍾柄，所以懸之。

魏志曰：初，漢鑄鍾銅工柴王巧意多所造作，杜夔令工鑄鍾，其聲清濁多不法，故毀改作。王甚厭之，白太祖。太祖取所鑄鍾雜錯更試，然後知夔為精而王之妄也。

晉書裴頠令荀藩終父勗之志鑄鍾鑿磬以備郊廟

宋書曰漢中城固縣漢水崖際有聲如雷俄頃崖崩有銅鍾十二

趙書曰將軍張珎領郡縣民丁萬人徙洛陽六鍾猛簴九龍翁仲銅駞飛廉鍾一没盟津中

蕭子顯齊書曰張瓌字祖逸吳郡吳人父永右光禄大夫曉音律宋孝武問永以爲太極殿前鍾聲嘶永答曰鍾其處鑿而去之聲遂清越

十六國春秋曰石勒耕輒聞鍾鐸之音或在前後懼以問翼伽伽曰作勞耳鳴無不祥也勒至平原常在平人師驩家爲奴有老父謂勒曰君魚龍髮際四道已成當貴爲人主甲戌之歲王彭祖可圖勒曰若如公言不敢忘德忽然不見每耕又聞鼓角之聲勒又告諸奴又聞之因曰吾

初在家恒聞如是諸奴白驩驩奇而免之至是衆歸焉

莊子曰梓慶削木爲鐻見者驚猶鬼神魯侯問其術對曰臣將爲鐻未嘗敢以耗氣齋七日忘吾四支然後入山林觀天性區別見成鐻然後加手鐻似夾鍾也

管子曰黃帝作五聲以正五鍾一曰青鍾大音二曰赤鍾心三曰黃鍾洒光四曰景鍾昧其明五曰黑鍾隱其帝五聲旣調然後作五行

尸子曰鄭公謂子產曰飲酒之不樂鍾鼓不鳴寡人之性也國家之不乂朝廷之不理與諸侯交之不得志子之任也子無入寡人之樂寡人無入子之朝自是以來子產理鄭城門不閉國無盜賊道無餓人孔子曰若鄭公之好樂也雖抱鍾而朝可也

戴延之西征記曰陝縣城西北二面帶河河中對城西北角水涌起銅鍾翁仲頭髮常出水上漲減恒與水齊晉軍當至髮不復出唯見水異嗟嗟有聲聲聞數里翁仲本在城內大司馬門外爲賊所徙當西入關至此而没

呂氏春秋曰晉平公鑄爲鍾使工聽之皆以爲調矣師曠曰不調請更鑄之公曰吾皆以爲調矣師曠曰後世有知音者知鍾不調也臣竊耻之至於師涓而果知鍾之不調也

愼子曰魯莊公鑄大鍾曹劌入見曰今國褊小而鍾大君何不圖之

鬻子曰大禹治天下也以五聲聽之政曰教寡人以義者擊之鍾

韓子曰叔孫相魯有子曰孟丙豎牛妬之叔孫爲丙鑄鍾鍾成丙不敢擊使豎牛請之叔孫豎牛不爲之請又欺之

曰吾已爲尒請之矣使尒擊之叔孫聞之曰丙不請而擅擊鍾遂怒之丙出奔齊

尸子曰鍾鼓之聲怒而擊之則武憂而擊之則悲喜而擊之則樂其意變其聲亦變意誠感之達於金石而況人乎

晏子曰景公爲大鍾將懸之仲尼伯常騫晏子三人俱朝曰鍾將毁之撞之果毁公見三子問之晏子對曰鍾大不以禮故曰將毁仲尼曰鍾大懸下氣上薄故曰將毁伯常騫曰今日庚申雷日也陰莫勝於雷故曰將毁

韓子曰智伯欲伐仇由而道難不通鑄大鍾遺之方車二軌仇由大悅除塗將內之赤章曼支諫曰此小所以事大也今以大事小兵必隨之仇由君不聽曼支因斷轂而馳至齊十月仇由亡

淮南子曰闔閭伐楚破九龍之鍾許愼注曰刻簴爲九龍

又曰齊景公族鑄大鐘撞之於庭下郊雉皆雊許愼注曰族聚也鐘聲如雷震雉皆應之

又曰孟秋之日西館御好白色白絲撞白鐘故處西宮

又曰鐘之與磬也近之則鐘音亮遠之則磬音彰（磬石也音清明遠聞彰著而）物固有近不若遠遠不若近者

山海經云豐山者有鐘霜降則鳴

又曰炎帝之孫伯峻伯峻生鼓延是爲鐘

呂氏春秋曰黄帝又命伶倫鑄十二鐘和五音始奏之曰咸池

東方朔傳曰漢武帝未央宮殿前鐘無故自鳴三日三夜不止大怪之召待詔王朔問之朔對曰有兵氣上更問東方朔朔對曰王知其一不知其二臣昔聞銅土之子以陰

陽氣類言之子母相感山恐有崩弛者故鐘先鳴易曰鳴鶴在陰其子和之上曰應在幾日朔曰在五日内居三日南郡太守言有山崩延袤二十餘里上大笑賜帛三十疋

郭緣生述征記曰洛陽太極殿前大鐘六枚父老云曽有欲移此鐘者聚百數長絙挽之鐘聲震地咸懼不敢復犯

陸翽鄴中記大面廣外一丈二尺小面廣七尺或作蛟龍或作鳥獸繞其上

何法盛晉中興書曰義熙十一年霍山崩毀出銅鐘六枚上有文古科斗書人莫能識

晉潘岳關中記曰漢昭帝平陵宣帝杜陵二陵鐘在長安夏侯征西欲徙詣洛陽重不能致懸在清明門裏道南其西者平陵鐘東者杜陵鐘也

王子年拾遺記曰帝顓頊居位文德者則錫以鐘磬武德者錫以干戈

戴延之西征記曰鐘大者三十二博山頭形環紐作師子頭鐘大者三十二博山頭二丈厚八尺大面廣一丈二尺小面七尺或作蛟龍或作鳥獸周繞其外

唐雜制曰九私家不設鐘磬三品已上女樂五人五品已上不過三人也

虞喜志林曰吴時於江水中得鐘有百餘字募求讀者並無人曉

樂什圖徵曰君子鑠金爲鐘四時九乳是以撞鐘以知君鐘調則君道得宋均注曰九乳法九州

又曰聖王往承天定爵禄人者不過其能尊卑有位位有物物有宜功成者賞功敗者罰故樂用鐘宋均注曰不過能謂量能授爵也有罪鳴鐘以攻之也

白虎通曰鐘之爲言動也陰氣用事萬物動成鐘爲氣用金聲也鎛者時之聲也節度之所生也有節度則萬物昌無節度則萬物亡

異苑曰魏時殿前鐘忽鳴張華曰蜀銅山崩。説苑曰鼓法天鐘法地秦始皇建千石之鐘立萬石之虡。傳玄歌辭曰雷師鳴鐘鼓風伯吹笙簧西母出穴聽王父吟東廂

三禮圖曰凡鐘十六枚同爲一筍虡爲編鐘特懸者謂之鎛

又曰鎛鐘之大者也形如鐘但大耳其在虡亦一枚而已

三輔黄圖曰始皇虡高三丈鐘小者千石

通禮義纂曰鐘磬半爲堵全爲肆軒懸三面歌鐘三肆判懸兩面歌鐘二肆特懸一面唯磬而已

又曰圓鐘夾鐘也於位在卯氣生於房心爲宫天帝之明

堂故奏樂先奏圓鍾爲宮

又曰駕入撞蕤賓之鍾左右鍾皆應者蕤賓位居午午焉陽主動象王自外動而入方居之始故先作之而東廂應者東爲陽陽主動明以靜主動使之相應也駕出撞黄鍾右五鍾皆應黄鍾位居子子爲陽陽主動象王自内動而出方行之始故先作之而西廂應者西爲陰陰主静明以動告靜使之相和也

廣古今五行記曰會稽人陳清於井中得小鍾長七寸二分上有古文十八字其四字可識云會稽岳命郭璞云悠懷喪覆元帝中興之應自宣帝至恭帝數十人

又曰陝州黄河有銅鍾在水水大小恒自浮出每晦朔陰雨之日輒鳴聲響悲亮行客聞之莫不愴然

又曰晉中朝有人懸銅爲盤晨夕恒鳴如人扣打以白張

華華曰此盤與洛鍾宫商相諧故聲相應可錯令輕則韻乖自止

古今樂録曰高廟中四鍾皆奏時廟鍾也重十二萬斤明帝徙二鍾在南宫

張衡東京賦曰發鯨魚鏗華鍾薛綜注曰天子出則鳴蒲牢海中大魚名鯨海島中又有大獸名蒲牢畏鯨魚鯨魚一擊蒲牢輒大鳴呼凡鍾欲令大鳴故作蒲牢於上所以擊之者鯨魚有篆刻文故曰華鍾也

戴延之西征記曰洛陽太極殿前左右各三銅鍾相對鍾大者三十二圍小者二十五圍

唐書曰唐太宗召張文收於太常令與少卿祖孝孫參定雅樂有古鍾十二近代惟用其七餘有五鍾俗号啞鍾莫能通者文收吹律調之聲皆響徹時人咸服其妙

錞于

周禮曰以金錞和鼓

宋史云廣漢什邡人段祖以錞于獻始興王鑑其器高三尺六寸六分圍二尺四寸圓如筩色黑如漆甚薄上有銅馬以繩懸馬令去地尺餘灌之以水又以器盛水於下以芒當心跪注錞于以手振芒則其聲如雷清響良久乃絶

後周書斛斯徵遷太常卿樂有錞于者近代絶無此器或有自蜀得之皆莫之識徵見之曰此錞于也衆弗之信徵遂引于寶周禮注以芒筒捋之其聲極振衆乃歎服徵乃取以合樂焉

樂書曰錞于者以銅爲之其銅象鐘頂大腹㩜口弇上以伏獸爲鼻内懸子鈴銅舌凡作樂振而鳴之與鼓相和

又曰凡金爲樂器有六皆鍾之類也曰鍾曰鎛曰錞曰鐲(音濁)

曰鐃(奴交切)曰鐸(大各切)鎛如鍾而大錞于也圓如椎頭上大下小所謂金錞和鼓鐲鉦也形如小鍾軍行爲鼓節鐃鈴而無舌有柄而執之鐸如大鈴

太平御覽卷第五百七十五

太平御覽卷第五百七十六

樂部十四

磬　琴　筝

筑　準

磬

說文曰磬樂石也古者毋句氏作磬

爾雅曰大磬謂之毊徒皷磬謂之蹇郭璞曰毊音囂以玉飾之

禮記明堂位曰垂之和鍾叔之離磬

又曰諸侯之宮懸而以白牡擊玉磬諸侯之僭禮也

周禮春官眡瞭掌擊頌磬笙磬磬在東方曰笙笙生也在西方曰頌頌或作庸庸功也磬師掌教擊磬

又曰鳧氏為磬也

毛詩那頌曰既和且平依我磬聲

左傳曰晉師從齊師入自丘輿擊馬陘齊侯使賓媚人賂以紀甗玉磬

尚書曰徐州泗濱浮磬孔安國注曰泗水涯水中見石可以為磬

論語曰擊磬襄入于海

又曰子擊磬於衛有荷蕢而過孔氏之門者曰有心哉擊磬乎子擊磬者樂也蕢草器也荷此器賢人避世也有心哉善其音有所病於世

國語曰魯饑臧文仲以玉磬如齊以糴

東觀漢記曰王阜為重泉令鸞集學宮阜擊磬鸞為應磬而舞焉

魏志曰武帝至漢中得杜夔說舊法始復設擊軒懸磬[illegible]今用之受之於杜夔也

陳書曰吳明徹自壽陽入朝輿駕幸其第賜鍾磬一部

三禮圖曰股廣三寸長尺三寸半十六枚同一筍虡謂之編磬在東方曰笙磬在四方曰頌磬

山海經曰鳥危之山其陽多磬

又曰小華之山其陰多磬石高山涇水出焉其中多磬

白虎通曰磬者夷則之氣萬物之成其氣磬故曰磬有貴賤焉有親踈焉有長幼焉此三者行然後王道得王道得然後萬物成天下樂之故樂用磬也

王子年拾遺記曰浮瀛即瀛洲也上有青石可為磬長一丈而輕若鴻毛

洞冥記曰漢武帝起招仙靈閣於甘泉宮西其上懸浮金輕玉之磬也

王韶之始興記曰縣下流有石室內有懸石扣之聲若磬響十餘里

淮南子曰孟冬之月其宮御女黑衣綵擊磬石

又曰禹以五音聽政懸鍾鼓磬鐸置鞀以待四方之士為號曰教寡人以道者擊鼓喻寡人以義者擊鍾告寡人以事者振鐸語寡人以憂者擊磬

五經要義曰磬立秋之樂也

呂氏春秋曰堯命夔拊石擊石以象上帝玉磬之音以舞百獸

代本云叔所造不知何代人又曰無句作磬古史考曰堯時人

周禮冬官考工記磬氏為磬倨句一矩有半必先度一矩為句一矩為股而求其弦既而以一矩有半觸其弦則磬之倨句也磬之制有大小此假矩以定倨句非用其度也其博為一博謂股博廣也股為二鼓為三三分其股博去一以為鼓博三分其鼓博以其一為之厚鄭衆云股磬之上大者也鼓其下小者所當擊也鄭玄謂股外面鼓內面也假令磬股廣四寸半者股長九寸鼓廣三寸長尺三半厚一寸已上則摩其旁鄭玄

玄云磬声太上則摩鑢其旁也鄭玄謂太上声清也薄而廣則濁也巳下則摩其端太下声濁也矩而厚則清

又曰磬師掌教擊磬教視瞭磬亦編於鍾也教縵樂燕樂之鍾磬鄭玄云縵謂雜声之和樂者也學記曰不學操縵不能安絃宴謂房中之樂所謂陰声二樂皆教其鍾磬

通禮義纂曰晉賀循奏登歌之簴采玉造小磬宗廟殿用王郊丘用石本法堂上樂以歌爲故名歌鍾歌磬唐制設磬於壇上之西歌鍾於東近南北向至匏竹立於壇下

又曰黃帝使伶倫造磬

又曰天地尚質用石磬宗廟及殿庭尚文用玉磬必用之者聲清正者陰陽之察主於金石也

又曰唐禮皇后享先蠶設十二磬於辰位陰陽之察主於清濁是以用磬而不用鍾也

琴

白虎通曰琴者閑也所以懲忿窒欲正人之德也故曰琴有君父之節臣子法商角則君父有節臣子有義然後四時和然後萬物生故謂之琴大琴謂之灑長八尺一寸廣一尺八寸二十七絃

爾雅曰徒鼓琴謂之步

三禮圖曰雅琴長八尺一寸廣二尺八寸二十三絃其常用者十九絃其餘四絃謂之蕃巖也頌琴七尺二寸廣尺八寸二十五絃盡用也

蔡邕月令章句曰琴前其柱則清却其柱則濁

毛詩鹿鳴篇曰呦呦鹿鳴食野之苹我有嘉賓鼓琴吹笙

又車鄰曰既見君子並坐鼓琴

禮記曰清廟之琴朱絃而疏越一唱而三歎有遺音者也此雅淡之樂也言至和不在於音故不須絙絃促柱以慆人心也

論語曰由之琴奚爲於丘之門。陽貨曰孺悲欲見孔子孔子辭之以疾將命者出戶取琴而歌使之聞之

又曰仲尼問曾晳曰點尒何如鼓琴希鏗尒舍琴而作曰暮春者春服既成冠者五六人童子六七人浴乎沂風乎舞雩詠而歸

周書曰師曠見太子晉師曠東躅其足曰善哉善哉王子曰太師乎何舉足驟師曠曰天寒足之躅是以數舉也王子曰請入坐遂敷席注琴師曠曰歌無射曰國誠寧矣遠人來觀脩義經矣好樂無荒乃注琴於王子

漢書曰萬石君石奮其父趙人姊能鼓琴高祖曰若能從我乎曰願盡力於是高祖召其姊爲美人

又楊惲報孫會宗書曰惲本秦人能爲秦聲婦趙女也雅

善鼓琴

又曰莽何羅及走趨臥內頓入行觸寶琴僵仆金日磾得抱何羅因呼曰何羅反

呂氏春秋曰古朱襄氏之治天下多風陽氣畜積果實不成故王建作爲五絃之琴以來陰以定群聲瞍制五絃之琴作十五之絃舜益以八絃爲二十三絃高誘曰王建朱襄之臣

愼子曰公輸子巧用材也不能以檀爲琴

韓詩外傳曰趙王使人於楚鼓琴遣之曰無失吾言使者受命伏而不起曰大王鼓琴未嘗若今日之悲也王曰然鼓琴者固方調也使者曰調則可記其柱王曰不可天有燥濕絃有緩急柱有推移不可記也使者曰臣請此以諭楚之去趙千有餘里亦有吉凶之變凶則弔之吉則賀之

猶桂之有推移不可記

典略曰百里奚虞大夫晉君以女爲秦穆夫人用奚爲媵奚亡走宛楚人執之秦穆公知其賢欲厚貨以求之恐楚不與乃以羖羊皮贖之號五羖大夫秦遂以霸奚相秦其妻傭浣入宮見琴者　之自言能鼓瑟歌曰百里奚母已死葬南溪墳已覆以紫春莫黎搤伏雞西入秦五羖皮今日富貴捐我爲百里奚乃識之○尸子曰夫瑟二十五絃其僕人鼓之則爲笑賢者以其義鼓之欲樂則樂欲悲則悲雖有暴君爲之立變

世本曰庖羲氏作瑟瑟潔也一使人精潔於心淳一於行也

王子年拾遺録白圓山其形圓也有木林疾風震地而林木不動以其木爲瑟故曰静瑟也黄帝使素女鼓庖羲氏

之瑟滿席悲不能已後破爲七尺二寸二十五絃

韓子曰齊宣王問匡倩曰儒者鼓瑟乎對曰不也瑟者也以小絃爲大聲以大絃爲小聲是細大以易序貴賤易位儒者爲害義故不能宣王曰善

箏

説文曰箏鼓絃筑身樂也

風俗通曰謹按樂記箏五絃筑身也今并涼州箏形如瑟不知誰作也按京房制五音唯加瑟十三絃此乃箏也今雅樂箏十二絃他樂皆十三絃如箏稍小曰雲和樂府不用

史記曰秦逐客李斯上書曰夫擊甕叩缶彈箏搏髀而歌嗚嗚使快耳者真秦之聲

晉書曰謝安壻王國寶專利無檢行安惡其人每抑之武帝末年嗜酒而會稽王道子昏醟尤甚於是國寶讒諛之計稍行於王相之間而好利險詖之徒以安功名盛極構之嫌隙遂成帝召桓伊飲讌謝安侍坐帝令伊吹笛伊神色無迕即吹爲一弄乃放笛云臣於箏分乃不及笛然自以韻合歌管請箏歌并請吹笛人帝善其調達乃勑御府對曰御府於臣必自不合臣有一奴善相便串帝彌賞其放率乃許召之奴既吹笛伊便撫箏而歌曰爲君既不易爲臣良獨難忠信事不顯乃有見疑患周旦佐文武金縢功不刋推心輔王政二叔反流言其聲慷慨俯仰可觀安泣下沾衿乃越席而就之捋其鬚曰使君於此不凡帝甚有愧色

梁書曰羊侃字祖忻身長七尺八寸雅愛文史及孫吴兵法姬妾列侍窮極奢靡有彈箏人陸大喜著鹿角爪長七

寸舞人張淨琬腰圍一尺六寸時人咸云能掌上舞

俗説曰謝仁祖爲豫州主簿在桓温閤下聞其善彈箏便呼之既至取箏與令彈謝即理絃撫箏因歌曰秋風意殊道桓大以此知之取謝引詣府

襄沔記曰辛居士名宣仲隴西人大明末寓居襄陽縣西六里多植松竹栖遅其下静嘿不交塵俗林中起一草廬容膝而已善彈箏與淮南胡陶京兆駱恵度同志爲友常共讌集此林陶能吹笛恵度工歌拾林下絃管道韻時人謂之三公樂宋邵陵王休若爲南雍州刺史躬往造焉宣仲正在林中彈箏了不迴顧逡巡致箏於席延邵陵與語纔述寒温而已時邵陵客有述其旨者授箏令彈冉三固請荅曰辛非王門伶人何事見逼所勝於君君正舉止自由若聞君鞭船復與君何異占對辭雅衆不能屈齊文恵臨州吴興沈約奉教聘引並不降志

約乃共論文章宣仲輒言莊老既各言其志不能相屈建武中遇疾卒惠度及陶並不知所終

英雄記曰呂布詣袁紹紹患之布不自安因求還洛陽紹聽之承制使領司隸校尉遣壯士送布而陰殺之布疑其圖己乃使人鼓箏於帳中潛自遁出夜中兵起而布已亡紹聞懼為患募追之皆莫敢近遂復歸

燉煌實錄曰索承宗伯夷成善鼓箏悲歌能使喜者墮淚改調易謳能使戚者起舞時人號曰雍門周

魏畧曰游楚好音樂乃畜琵琶箏每行將以自隨

吳質別傳曰魏文帝與吳質書曰斬泗濱之梓以為箏

傅子曰邴素善彈箏雖伯牙妙手吳姬奇聲何以加之

傅玄箏賦序曰以為蒙恬所造今觀其器上崇似天下圓似地中空準六合絃柱擬十二月設之則四象在鼓之則五音發斯乃智仁之器豈蒙恬亡國之臣所能關思哉

樂纂箏並十有二絃他樂皆十三絃軋箏以竹潤其端而軋之彈箏以骨爪長寸餘以代指也

筑

樂書曰筑者形如頌琴施十三絃頂細肩圓鼓聲按柱鼓法以左手扼之右手以竹尺擊之隨調應律唐代編入雅樂也

釋名曰筑以竹鼓之也如箏細項案今制身長四尺二寸項長三寸圍四寸五分項七寸五分闊七寸五分下闊六寸五分

史記曰高漸離善擊筑與荆軻友見軻刺秦王不中而死乃變姓名入秦欲為軻報讎市中擊筑而乞人觀而美之秦王聞召之於前擊之王悅猶以疑焉熏其兩目置於帳中王眈之親近於漸離漸離挈筑奉秦王歎息之聲舉筑以擊中王膝王怒之

又曰高祖過沛大享故人父老酒酣高祖擊筑而歌曰大風起兮雲飛揚威加海內兮歸故鄉

又曰荆軻之燕與屠狗高漸離飲於燕市酒酣高漸離擊筑荆軻和而於市中相樂也已而相泣旁若無人

準

京房曰準竹聲不可以度調故作準以定數準之狀如瑟長一丈而十三絃隱間九尺以應黃鐘之九寸中央一絃下有畫分寸以為六十律清濁之節矣

太平御覽卷第五百七十六

太平御覽卷第五百七十七

樂部十五

琴上

說文曰琴禁也神農所作洞越練朱五絃周加二絃

毛詩關雎曰窈窕淑女琴瑟友之（注曰宜以琴瑟友樂之箋云賢女乃與琴瑟之志同也）

又鄘栢舟定之方中曰樹之榛栗椅桐梓漆爰伐琴瑟

又甫田車舝曰四牡騑騑六轡如琴（箋云御群臣使之有禮如御四馬騑騑然）

又緇衣雞鳴曰琴瑟在御莫不靜好（使之均調緩急之和也）

禮記曲禮曰先生之書策琴瑟在前坐而遷之戒勿越也

又曲禮下曰士無故不去琴瑟

又明堂位曰拊搏玉磬揩擊大琴中琴四代之樂器也

又檀弓上曰子夏既除喪而見於孔子與之琴和之而不和彈之而不成聲（樂由人心）作而曰哀未忘也子張既除喪而見與之琴和之而和彈之而成聲作而曰先王制禮不敢不至也

又檀弓上曰顏淵之喪饋祥肉孔子出受之入彈琴而後食之（彈琴以散哀也）

又曰絲聲哀哀以立廉廉以立志君子聽琴瑟之聲則思志義之臣

又雜記曰下大功至辟琴瑟

周禮曰雲和之琴冬至日於地上圜丘奏之空桑之琴夏至日於澤中萬丘奏之龍門之琴於宗廟奏之

左傳曰初穆姜使擇美檟自以為櫬與頌琴

又曰晉侯觀于軍府見鍾儀問其族曰伶人也與之琴操南音公曰君子也言稱先職不背本也樂操土風不忘舊也

又曰初衛侯有嬖妾使師曹誨之琴師曹鞭之公怒鞭師曹三百

爾雅云大琴曰離二十絃或傳此是伏羲所制

周書曰鄒忌以鼓琴見齊威王威王說之舍之右室須臾王自鼓琴鄒忌推戶入曰善哉鼓琴也王悖然不悅去琴按劍曰夫子見之未察何以知其善忌曰大絃濁以溫小絃廉折以清推之深而釋之舒均諧以鳴大小相益回邪而不相害是知其善忌復曰不獨語音夫治國家弭人民皆在其中王又悖然不悅曰若語五音紀信未有如夫子者也若治國家弭人民皆在其中又何為絲桐之間忌曰大絃急以溫者君也小絃廉折以清者相也推之深釋之舒者刑罰審也均諧之鳴者政令一也大小相益回邪不相害者上下和鳴吏民相親也夫復而不亂者所以治昌連而徑者所以存亡故曰琴音調而天下治治國家弭人民無若乎五音者矣王曰善忌見三月而受相印淳于髡謂忌曰髡有愚志願陳諸前忌曰謹受教髡曰得人者昌失人者亡忌曰謹受命請無觀髡曰狢膏棘軸所以為滑然而不能運方穿忌曰謹受命請事左右髡曰弓膠昔幹所以為勢然而不能傳合疎遠忌曰謹受命請謹自撫附萬民髡曰狐裘雖弊不可補以黃犬之皮忌曰謹受命謹請擇君子無親小人髡曰大車無較不能載常任琴瑟無軫不能成五音忌曰謹受命請謹修法律而督姦吏髡說畢趨出至門而聘其僕曰是人者吾語之微言其應我如響之應聲是人封不久矣居朞年封於下邳号曰成侯

史記曰箕子諫紂不聽而被髮佯狂爲奴隱而鼓琴以自悲

又曰司馬相如素與臨卭令王吉相善臨卭富人卓王孫有女文君新寡好音相如謬與令相重而以琴心挑之相如始之臨卭車騎雍容閑雅甚都及飲卓氏弄琴文君竊從户窺之心悅恐不得當也

又曰荆軻左把秦王右揕其胷王乞聽琴而死召姬人鼓琴聲曰羅縠單衣可裂而絶八尺屏風可超而越鹿盧之劒可負而拔王奮而去

又曰黄帝使素女鼓五十絃琴帝悲不能自禁破爲二十五絃

又曰萬石君奮年十五爲小吏侍高祖與語愛其恭敬問曰若何有對曰獨有母不幸失明有姊能鼓琴高祖乃召其姊爲美人以奮爲中涓從其家長安中戚里

東觀漢記曰上嘗問宋弘道通之士弘薦桓譚譚善鼓琴善鄭聲上數聽悅之弘聞坐府上遣吏召譚責問之譚叩頭良久乃遣後上令譚鼓琴譚爲之失次上問之弘言其故故不復令譚給事

後漢書曰初蔡邕在陳留鄰人有以酒食召邕者比往而酒已酣客有彈琴於屏邕至門潛聽之曰以樂召我而有殺心何也遂返將命者告主人曰蔡君至門而去邕素爲邦鄉所宗主人遂自追問其故邕具以告莫不憮然彈琴者曰我向見螳蜋方向鳴蟬蟬將去而未飛螳蜋爲之一前一却吾心聳然唯恐螳蜋之失蟬也此豈爲殺心而形於聲乎邕歎曰此足以當之矣

又曰蔡邕字伯喈陳留人性沉審志好琴道以嘉平元年入清溪訪鬼谷先生所居山五曲曲有幽居靈跡每一曲制一弄三年曲成出呈馬融王元董卓等異之

晉書曰王敬伯會稽餘姚人洲渚中昇亭而宿是夜月華露輕敬伯鼓琴感劉惠明亡女之靈告敬伯就體如平生從婢二人敬伯撫琴而歌曰低露下深幕垂月照孤琴空絃益霄淚誰憐此夜心女乃和之曰歌宛轉情復哀願爲煙與霧氛氳同共懷

晉書曰阮瞻善彈琴人聞其能多往來聽不問貴賤長幼皆爲彈之神氣冲和不知向人所在内兄潘岳每令鼓琴終日達夜無忤色

晉中興書曰戴逵字安道少有文藝善鼓琴太宰武陵王晞聞其能琴使人召焉逵對使者破琴曰戴安道不爲王門伶人晞怒乃更引其兄述述亦能樂聞命忻然携琴而往逵不樂當世以琴書爲娱不遠千里

宋書曰蕭思話領左衛將軍嘗從太祖登鍾山北領中道有盤石清泉上使於石上彈琴因賜以銀鍾酒謂曰相賞有松石間意

又曰衡陽王義季鎮京口長史張邵與戴顒姻通近來止黄鵠山林澗甚美顒憩於澗義季亟從之遊顒衣野服爲義季鼓琴並新聲變曲皆與世異也

又曰衡陽王義季鎮京口戴顒爲義季鼓琴並新聲曲其三調遊絃廣陵止息之流皆與世異太祖每欲見之嘗謂黄門侍郎張敷曰當譔戴公山也以其好音長給正聲伎一部顒合何嘗白鵠二聲以爲一調号爲清曠

又曰陶潛不解音聲而畜素琴一張每有酒適輙撫弄以寄其意

蕭子顯齊書曰王仲雄善彈琴當時妙絶江左有蔡邕焦尾琴在王衣庫上勑五日一給仲雄

又曰尚書令柳世隆少立功名晚專以談義自業善彈琴世稱柳公雙璅爲士品第一常自云馬矟第一清談第二彈琴第三在朝不取世務垂簾鼓琴風韻清遠甚獲世譽

家語曰孔子學琴於師襄子襄子曰吾雖以擊磬爲官然能於琴子琴已習可以益矣孔子曰丘未得其爲志也又問曰已習其志可以益矣孔子曰丘未得其爲人也又問曰子有所繆然深思焉（繆然深思皃也）有所皇然高望而遠眺（眺見）曰丘殆得其爲人矣始近黮然黑（黮黑皃也）頎然長（頎長皃也）曠然如望羊（曠然用志曠遠也望遠也望羊視遠）奄有四方（奄同也文王時三分天下有其二後周有四方文王之功上也）非文王其孰能爲此師襄子避席稽拱而對曰（稽拱兩手薄心）君聖人也其傳曰文王操

又曰子路鼓琴孔子聞之謂冉有曰甚矣由之不才也夫先王之制音也奏中聲以爲節流入於南不歸於北夫南者生育之鄉北者殺伐之域也故君子之音溫和居中以養生育之氣憂愁之感不加乎心暴厲之動不存乎禮夫然者乃所以爲治安之風也小人之音則不然亢厲微末以象殺伐之氣中和之感不載乎心溫和之動不存於體夫然者乃所以爲乱亡之風

家語曰伯牙鼓琴鍾子期聽之方鼓而志在太山鍾子期曰善哉乎鼓琴巍巍乎若太山少選之間而志在流水鍾子期復曰善哉乎鼓琴湯湯乎若流水鍾子期死伯牙破琴絶絃終身不復鼓琴以爲世無足爲鼓琴者

莊子曰孔子窮於陳蔡七日不食絃歌鼓琴

又曰孔子遊於緇帷之林休坐杏壇之上弟子讀書孔子絃歌鼓琴奏曲未半有父者下船而來孔子推琴而起曰其聖歟

列子曰瓠巴鼓琴鳥舞魚躍鄭師文聞之從師襄三年不成無幾見師襄曰久得之矣於是當春而叩商絃以召南呂涼風忽至草木成實秋而叩角溫風徐廻草木發榮夏而叩羽霜雪交下川池暴凅冬其叩徵陽光熾烈堅冰立散將終而四景風翔慶雲浮甘露降醴泉湧

前秦録曰符堅末年好色寵幸鮮甲有趙整者援琴歌曰昔聞盟津河千里作一曲此水本清是誰乱使濁

又曰北園有棗樹布葉垂重陰外雖多棘刺內實有赤心

世說曰王子猷病篤而子敬先亡子猷問左右曰何以都不聞消息此以喪矣語時了不悲便索轝臨殯子敬好琴故以置棺中因大慟曰所謂人琴俱亡於是乃絶

風俗通曰今琴長四尺五寸者法四時五行七絃者法七星大絃爲君小絃爲臣文王武王加二絃以合君臣之恩

劉向列仙傳曰子主者不知何許人也言寧先生雇我一百餘年不還直詣江都王陳辭先生居龍首彈琴是我隣家九代孫

琴操曰伏羲作琴長三尺六寸六分象三百六十日也廣六寸象六合也文上曰池下曰宥池水平也前廣後狹象尊卑也上圓下方法天地五絃宫也大絃君也寬和而溫小絃臣也清廉不亂文王加二絃合君臣恩也宫爲君商爲臣角爲民徵爲事羽爲物

傳玄琴賦敘曰齊桓有鳴琴曰號鍾楚莊王有琴曰繞梁司馬相如有緑綺蔡邕有焦尾皆名器也（蔡邕焦尾有[illegible]甚多相如[illegible][illegible]）

（古名目琴耳無其筝非不異琴雖）

世說曰顧彥先平生好琴死後置琴于床上張翰直上床彈琴不與孝子語而去

語林曰嵇中散夜燈下彈琴忽有一人面甚小斯須轉大遂長丈餘單衣革帶嵇視之旣熟乃吹燈滅之曰恥與魑魅爭光

阮籍樂論曰漢桓帝聞楚琴悽愴傷心倚戶而悲慷慨長息曰善哉爲琴若此而足矣

說苑曰應侯與賈子坐聞鼓琴聲應侯曰今日琴一何悲也賈子曰夫張急調下故使之悲耳因張者良材也調下者官卑也取夫良材而卑之官安能無悲乎應侯曰善

楊雄琴清英曰晉王謂孫息曰子鼓琴能令寡人悲乎息曰今處高臺邃宇連屋重戶藿肉與酒倡樂在前難可使悲者乃謂少失父母長無兄嫂當道獨坐暮無所止如此者乃可悲耳乃援琴而鼓之晉王酸心哀涕曰何子來遲也

蔡邕女訓曰舅姑若命之鼓琴必正坐操琴而奏曲若問曲名則捨琴興對曰某曲坐若近則琴聲必聞若遠左右必有贊其言者凡鼓小曲五終則止大曲三終則止無數變曲無多少尊者之聽未猒不敢早止若顧望視也則曲終而後止亦無中曲而息也琴必常調尊者之前不更調張私室若近舅姑則不敢鼓獨若絕遠聲音不聞鼓之可也鼓琴之夜有姊妹之宴則可也

通禮纂曰堯使無勾作琴五絃

江表傳曰顧雍少從蔡伯喈學鼓琴伯喈貴異之謂曰卿成必卓故以名與卿雍伯喈同名由此

蔡邕月令章句曰凡絃急則清慢則濁

白虎通曰琴禁也以禁止淫邪正人心也

韓詩外傳曰孔子南遊適楚至於阿谷之隧有處女珮璜而浣孔子曰彼婦人可與言矣抽琴去其軫以授子貢曰善爲之辭以觀其辭子貢曰於此有琴而無軫願借子以調其音婦人對曰吾野鄙之人也僻陋而無心五音不知安能調琴子貢致其辭孔子曰丘知之矣

山海經曰帝俊生晏龍始爲琴瑟

又曰東海之外大壑少昊孺帝顓頊於此棄其琴瑟（郭璞曰孺義未詳也）

蔡琰別傳曰琰字文姬陳留人漢左中郎將蔡邕之女少聰惠秀異年六歲邕夜鼓琴絃絕琰曰第二絃邕故斷一絃而問之琰曰第四絃邕曰偶得之耳琰曰吳札觀化知興亡之國師曠吹律識南風之不競由此言之何不足知也

馬明生別傳曰明生隨神女入石室金床玉几時自彈琴有絃五音普奏聞於數里

幽明錄曰劉琮善琴忽得困病許遜曰近蔣家女鬼相録在山石間專使彈琴作樂恐欲致疾也琮曰吾常夢見女子將吾宴戲恐必不免遜笑曰蔣姑相愛重恐不能相放耳以爲誅之今去當無患也琮漸差

文士傳曰嵇康臨死顏色不變謂其兄曰向以琴來不兄曰已至康取調之爲太平引曲成歎息曰太平引絕於今日耶

搜神記曰吳人有燒桐以爨者蔡邕聞其爆聲曰此良桐也因請之削以爲琴而燒不盡因名焦尾琴有聲也

楊雄琴清英曰昔者神農造琴以定神齊婬僻去邪欲反其天眞者也舜彈五絃之琴而天下治堯加二絃以合君臣之恩也

太平御覽卷第五百七十七

太平御覽卷第五百七十八

樂部十六

琴中

樂府解題曰水僊操伯牙學琴於成連先生三年不成至於精神寂寞情之專一尚未能也成連云吾師方子春今在東海中能移人情乃與伯牙俱往至蓬萊山留宿伯牙曰子居習之吾將迎師刺舡而去旬時不返伯牙近望無人但聞海水洞滑崩澌之聲山林窅寞群鳥悲號愴然而嘆曰先生將移我情乃援琴而歌曲終成連迴刺船迎之而還伯牙遂爲天下妙矣

又曰雉朝飛操者齊宣王時處士犢沐子所作也年七十無妻出薪於野見雉雌雄相隨則心悲乃仰天歎曰聖王在上恩及草木鳥獸而我獨以不獲援琴而歌以自傷

又曰思歸引衛有賢女劭王聞其賢請娉之未至王薨太子曰吾聞齊桓得衛姬覇今衛女賢者欲留之大夫曰不可若賢必不我聽聽亦不賢不足取太子不聽遂留拘深宮思歸不得歸援琴而歌曲終自縊而死

楊雄琴清英曰尹吉甫子伯奇至孝後母譖之自投江中衣苔帶藻忽夢見水仙賜其美藥唯念養親揚聲悲歌船人聞而學之吉甫聞船人之聲疑似伯奇援琴作子安之操

琴操曰高陵牧子娶妻無子父母將改娶牧子援琴鼓之痛恩愛乖離故曰別鶴操

楊雄琴清英曰雉朝飛操者衛女之作也衛侯女嫁於齊太子至中道聞太子死問傅母何如傅母曰且往當喪畢不肯歸終之以死焉傅母好琴取女自操琴於冢上鼓之忽二雉俱出墓中傅母撫雌雉曰女果爲雉耶言未卒俱飛而起忽而不見傅母悲痛援琴作操故曰雉朝飛

琴操曰古琴曲有歌詩五曲一曰鹿鳴二曰伐檀三曰騶虞四曰鵲巢五曰白駒又有十二操一曰將歸操孔子所作孔子之趙聞殺鳴犢而歸作此曲也二曰猗蘭操孔子所作傷不逢時三曰龜山操孔子作季桓子受齊女樂孔子欲諫不得退而望魯龜山作曲喻季氏若龜山之蔽魯也四曰越裳操周公所作五曰拘幽操文王作文王拘於羑里作此曲六曰岐山操周人爲太王所作七曰履霜操尹吉甫子伯奇無罪見逐自傷作此曲八曰雉朝飛操沐犢子所作沐犢子七十無妻見雉雙飛感之作此曲也九曰別鶴操商陵牧子所作娶妻五年無子父母欲改娶其妻聞之中夜悲牧子因之作此曲十曰殘形操曾子夢見一狸不見其足而作曲十一曰水僊操伯牙所作十二曰壞陵操伯牙所作又有九引一曰列女引楚樊姬所作二曰伯姬引魯伯姬所作三曰貞女引魯漆室女所作四曰思歸引衛女所作五曰霹靂引楚商梁出遊九皐之澤遇風雷霹靂畏懼而歸作此引六曰走馬引樗里牧恭所作牧恭爲父報寃殺人而亡藏於山林之下有天馬引之感作此引七曰箜篌引霍里子高所作即公無渡河曲八曰琴引秦時屠門高所作九曰楚引楚龍丘子高所作又有河間雜歌二十一章

琴歷曰琴曲有蔡氏五弄雙鳳離鸞歸風送遠幽蘭白雪長清短清長側清調瑟調大遊小遊明君胡笳廣陵散白魚歎楚妃歎風入松烏夜啼楚明光石上流泉臨汝侯子安之流澌洄雙燕離陽春弄悅弄連弄悅人弄連珠弄中

揮清暢志清看客清僻清婉轉清

大周正樂曰師襄子夫子琴師也方子春教成連生鼓琴能化人情者也成連先生教伯牙鼓琴者也鍾子期善聽知音者子期死伯牙終身不鼓琴者也顏淵聽夫子琴知周襄者也涓子操琴心王篇者也禽高以琴養性求仙於羅浮山中鼓琴於郢中奏陽春白雪者也雍門周以琴感孟嘗君悲者也鄒忌與齊王言琴事以方正定德者也榮啓期對夫子彈琴言三樂之事者也禽孟臨蹙户死而琴歌者也應侯鼓賈子對以取牛婦人者也子桑飢寒欲死鼓琴而歌者也師曠爲晉平公援微感玄鶴二七下舞者也師涓寫濮上琴聲者也子夏除喪曰琴樂曰不敢不至者也閔子騫除喪曰彈琴不成聲者也宓子賤治單父不下堂彈琴而邑自理者也路轉鼓琴春秋晉大夫張骼輔轢者也衛師曹衛獻公令師曹教公嬖妾師曹鞭之公怒之鞭師曹三百者

又曰冠先生宋人也以釣魚爲業宋景公問道不告殺之後十五年在宋城門下彈琴者也已上自堯神人暢至始皇九十三弄好士二十七人並爲上石

又曰杞梁妻者齊邑杞梁殖妻之所作也莊公襲莒殖戰而死莊公還遇其妻於路使使者道弔之妻曰今殖有罪君何辱命焉若殖免於罪賤妾有先人之弊廬妾不敢受弔也公乃弔諸室成禮而去妻歎曰上則無父中則無夫下則無子外無所依内無所倚將何以立吾節豈能更二哉死而已矣於是乃援琴而鼓之

又曰伐檀操者魏國女之所作也傷賢者隱弊素飡在位閔傷怨曠失其嘉會夫聖主之制能治人者食於人不能治人者食於田今賢者隱退伐木小人在位食祿懸珍琦積百穀并包有土德澤不加百姓傷痛上之不知王道之不施仰天長嘆援琴而鼓之

又曰將歸操者孔子之所作也趙簡子循執玉帛以聘孔子孔子將往未至渡狄水聞趙殺其賢大夫竇鳴犢喟然而歎曰夫趙之所以治者鳴犢之力也殺鳴犢而聘余胡丘之往也夫燔林而田則麒麟不至覆巢破卵則鳳皇不翔鳥獸尚惡傷類而況君子哉於是援琴而鼓之

又曰岐山操者周大臣之所作也大王居豳狄人攻之仁恩惻隱不忍流血選練珍寶犬馬皮幣束帛與之狄侵不止問其所欲欲得土地大王曰土地者所以養萬民也吾將委國而去矣二三子亦何患無君焉遂杖策而出踰乎梁而邑乎岐山國傷劣不能化夷狄爲之所侵喟然歎息援琴而鼓之

又曰三士窮操者其思革子之所作也其思革子城石文子叔愆子三人相與爲友聞楚城子賢而好士三子相與俱往見之至於礙硊嶽岩之間卒逢飄風暴雨相與俱伏空柳之下衣寒乏糧自度不得活三人相視而歎曰與其飢寒俱死也豈若併衣糧於一人哉二人俱以其思革子爲賢推衣糧與之革子曰死則共之今二子以賢愚相辭乃以死讓孰賢哉辭而不受二子曰吾自以相與猶左右手也左傷則右救之右傷則左救之子不我受俱死無名於世不亦痛乎於是思革子乃受之二子遂凍餓而死其思革子抱二子尸而埋之號天哭泣嗚哀而去往見於楚王楚王知其賢者於是旨酒嘉餚設鍾鼓樂之其思革子愴然有憂悲之意楚王心動怪而不悅乃推轉罷樂引琴

而進其思華子援琴而鼓之作相與別散之意王聞曰子琴音何苦哀也華子推琴離席長跪涕流而下對臣友三人石文子叔衍子竊慕大王高義欲俱來謁至於磽磽嶔岩之間逢飄風暴雨衣寒粮乏度不能俱活二子俱不以臣爲不肖推糧與臣二子逢凍餓死大王雖陳酒餚設樂誠不敢酬樂也楚王曰嗟乎乃如是耶於是賜其思華子黃金百斤命左右棺斂收二子而葬之以其思華子爲相故曰三士窮

又曰鹿鳴操者周大臣之所作也王道衰君志傾留心聲色內顧妃后設旨酒嘉肴不能厚養賢者盡禮極歡形見於色大臣照然獨見必知賢士幽隱小人在位周道陵遲自以是始故彈琴以風諫歌以感之庶幾可復歌呦呦鹿鳴食野之苹我有嘉賓鼓琴吹笙吹笙鼓簧承筐是將人之好我示我周行此言禽獸得美甘之食尚知相呼傷時

在位之人不能乃援琴以刺之故曰鹿鳴也

又曰騶虞操者邵國女之所作也古有聖王在上君子在位役不踰時不失嘉會內無怨女外無曠夫及周道衰微禮義廢弛強陵弱衆暴寡萬民騷動百姓愁苦男怨於外女傷於內內外無主內迫情性外迫禮義歎傷所說而不逢時於是援琴而歌

又曰猗蘭操者孔子之所作也孔子周流天下應聘諸侯莫能任用自衛反魯過隱之中見薌蘭之獨茂也喟然而歎曰夫蘭當爲王者香今乃獨茂與衆草爲伍譬猶賢者不逢時與鄙夫爲倫也凭車撫軾援琴而鼓之自傷不逢時也

又曰龜山操者孔子之所作也齊人饋女樂季桓子受之魯君閉門不聽朝當此之時季氏專政上僭天子下畔大夫賢聖斥逐讒邪滿朝孔子欲諫而不聽復退而望魯魯有龜山蔽之譬季子於龜山託勢位於斧柯季氏專政道猶龜山之蔽魯也傷政道之不用閔百姓不得其所欲誅季氏而力不能於是援琴而歌

又曰白駒操者失朋友之所作也其友賢俱仕乎衰乱之世君無道不可匡輔依違徵諷諫不見受國士詠而思之援琴而長歌

又曰越裳操者周公之所作也周公輔相成王成就文王之道天下太平萬國和會江黃納貢越裳重九譯而來獻白雉執贄曰吾君在外國也頃無迅風暴雨意者中國有聖人乎故遣臣來周公於是仰天而歎之援琴而歌

又曰拘幽操者文王之所作也紂爲無道上逆天文下變地理刑無罪殺不辜斮朝涉剖孕婦百姓怨悲海內同心

苦之文王爲西伯積德修仁布其恩惠天下三分有其二紂大怒其有仁心也召而朝之拘於羑里文王憂愁援琴而鼓之故曰拘幽操也

又曰聶政刺韓王者聶政之所作也聶政父爲韓王治劍過時不成韓王殺之時政未生及壯問其母曰父何在母告之政欲殺韓王乃學塗入王宮拔劍刺韓王不得走政踰城而出去入太山遇仙人學鼓琴漆身爲厲吞炭變其音七年而琴成欲入韓國道逢其妻妻對之泣下對曰夫人何故泣妻曰聶出遊七年不歸吾常夢相思見君對妾笑齒似政齒故我心悲而泣也政曰天下人齒盡相似耳胡爲泣乎即別去復入山中仰天而歎曰嗟乎變容易身欲爲父報仇而爲妻所識父讎當何時復報援石擊落其

齒留山中三年習琴持入韓國人莫知政政鼓琴闕下觀者成行馬牛止聽以聞韓王王召政而見之使之彈琴政即援琴而鼓之內刀在琴中政於是左手持衣右手出刀以刺韓王殺之曰烏有使者生不見其父可得死乎政殺國君罪當及母即自犁剥面皮斷其形體人莫能識知乃梟磔政形軀市懸金其側有知此人者賜金千斤遂有一婦人往而哭之曰嗟乎爲父報讎耶顧謂市人曰此所謂聶政也爲父報仇知當及母乃自屠剥面何爱一女之身而不揚吾子之名哉乃抱政尸而哭冤結陷塞遂絶行脉而死故曰聶政刺韓王也

又曰曾子歸耕者曾子之所作也曾子事孔子十有餘年眷然念二親年衰養之不備欲歸而重歎之於是援琴而鼓之

又曰崔子渡河者閔子騫之所作也崔子早無母其後母常以其死母名呼之不應者後母輒笞之崔子惡與其母同名欲自殺恐揚父惡又死母名應則逆非義也則以能遊渡河爲辭繫石於腹入水自沉而死衆人但以爲不能游耳莫知其故自沉是以父過不揚閔子騫大其能爲父隱傷痛之故援琴而鼓之以美其意故曰崔渡河

又曰屈原自沉者屈原之所作也屈原楚同姓也爲懷王佐博聞強識疏通政事入則與王議國計策以施号令出則接遇賓客應對諸侯上官大夫與之爭寵害其能譖之於王曰使屈原每一出矜伐功以其非己莫能爲懷王怒而斥之屈原自傷懷忠而見疑憂愁面目黎黑臨河而哀思著離騷九歌九歎七諫之辭仰天而歎援琴而鼓之

又曰孔子厄者孔子之所作也孔子應聘於楚待禮於陳在陳絶粮從者病莫能興喟然而歎曰歸邪歸邪吾黨之小子狂簡斐然成章不知所以裁之於是援琴而鼓之以自叙其志故曰孔子厄

又曰霍將軍歌者霍去病之所作也去病爲討寇校尉爲人少言勇而有氣使擊匈奴斬首二千後六出斬首十餘萬級益封萬五千户秩禄與大將軍等於是志得意歡乃援琴而鼓之

又曰鳳凰來儀者周成王之所作也成王即位用周召畢榮之屬天下大治殊方絶域莫不蒙化是以越常獻雉重譯來貢太平之瑞同時而應麒麟游苑園鳳凰翔舞於庭頌聲並作欣然大同於是成王乃援琴而鼓之

又曰子安　者其門離須之作也其門離須兄弟三人長兄從軍二年不歸離須坐事被刑天下昏乱兵革騷動宗

族離散離須當遠從輸持其小弟往寄所知分別相去垂涕而泣其弟歔欷謂須曰吾生不睹母長不識父遭顛沛擾攘之世兄從軍不歸子復遠輸未知反期一旦是非使吾無所依吾聞兄在林梨欲往從之離須止之曰兵革交錯道路不通子爲我無往往必不還令吾兄弟分別死別不亦痛乎喟然不應啼泣而別離須屬其主人曰子欲往慎爲我勿遣也去數日卒夜亡不知其處離須來還分布求之卒不得憂愁不樂仰天而歎於是援琴而鼓之

又曰力拔山者項羽之所作也項王爲漢所圍於垓下諸侯兵悉到圍數重項王夜覺聞漢軍四面楚歌驚起坐仰天而歎曰漢得吾衆是何楚歌之多於是心悲援琴而鼓之

又曰禹上會稽者禹之所作也堯時洪水滔天百姓巢居

不安堯乃徵禹而使治之乃决江河上會稽山顧曰嗚呼洪水滔天下人愁悲上帝俞咨三過吾門不入父子道衰非欲伐功也傷君莫知不欲煩下民嗟乎夫非欲數煩下嗟嗟不欲煩下民自是之後百姓降丘黎庶乂安彈琴以自歎故曰禹上會稽

又曰箕子吟者箕子之所作也箕子紂之諸父也紂爲無道殺比干醢梅伯斮朝涉剖孕婦奢淫驕恣不修道德箕子不可諫乃被髮佯狂痛宗廟之丘墟喟然援琴而鼓之

又曰文王思士者文王之所作也文王思得賢士與爲治出田迺援蓍而卜之卦得所獲非龍非麟非虎非羆迺帝王之師也至渭之陽果遇吕尚與語大悦之曰吾先人太公有言當有聖人適周子其是邪遂載與之俱歸立以爲師号曰太公望文王悦喜乃援琴而鼓之自叙思士之意故曰文王思士

又曰武王伐紂者武王之所作也武王與師伐紂伯夷叔齊扳劍扣馬曰父死不葬而爭天下非孝也執贄而事之舉兵而伐之非義也武王以告太公望太公曰循大行者不顧細禮立大功者不恤後近遂剋殷誅紂於牧野於是天下晏然萬民懽忻武王援琴而鼓之

太平御覽卷第五百七十八

太平御覽卷第五百七十九

樂部十七

琴下

三禮圖曰琴第一絃爲宫次爲商次爲角次爲徵次爲羽次爲少宫次爲少商

廣雅曰伏羲氏琴長七尺二寸上有五絃

孫登別傳曰孫登字公和汲郡人清静無爲好讀易彈琴頹然自得觀其風神若遊六合之外者當魏末居北山中石窟爲宇編草自覆阮嗣宗見登被髮端坐岩下逍遥然鼓琴嗣宗自下趍進冀得與言嗣宗乃長嘯與琴音諧會登因嘯和之妙響動林壑

洞冥記曰帝恒夕望東邊有青雲俄見雙白鵠集於臺上倏忽變爲二神女舞於臺下握鳳管之簫舞落霞之琴歌

清吴春波之曲也

劉向別録曰雅琴之意事皆出龍德諸琴雜事中趙氏者渤海趙定人也宣帝時元康神爵間丞相奏能鼓琴者渤海趙定梁國龍德皆召入見温室使鼓琴時閒擽爲散操多爲之涕泣者

樂府解題曰魏武帝宫人有盧女者故將軍陰叔之姝也七歲入漢宫學鼓琴琴特鳴異善爲新聲

阮籍樂論曰漢帝聞楚琴悽愴而悲慷慨長息曰善哉爲聲若此而足矣昔李流向風而鼓琴聽之者淚下

列仙傳曰稷丘公華山道士漢武帝封禪公乃冠章甫擁琴來迎

靈異志曰嵇中散神情高邁任心遊憩嘗行西南出去洛數十里有亭名華陽投宿夜了無人獨在亭中此亭由來殺人宿者多凶至一更中操琴先作諸弄而聞空中稱善聲中散撫琴而呼之曰君何以不來此人便云身是古人幽没於此數千年矣聞君彈琴音曲清和故來聽耳而就終殘毁不宜以接侍君子向夜髣髴漸見以手持其頭遂與中散共論聲音其辞清辯謂中散君試過琴於是中散以琴授之既彈悉作衆曲亦不出常唯廣陵散絶倫中散纔從受之半夕悉得與中散誓不得教他人又不得言其姓也

琴書曰昔者至人伏羲氏王天下也仰觀象於天俯察法於地遠取諸物近取諸身始畫八卦削桐爲琴

又曰自堯相傳善琴者八十餘人有八十餘様雖少有差大體相似皆長三尺六寸法朞之數也上圓而斂象天也下方相平法地也十三徽配十二律餘一象閏也本五絃宫

商角徵羽也加二絃文武也至後漢蔡邕又加二絃象九星在人法九竅其様有異傳於代四所象鳳首翅足尾南方朱雀爲樂之主也五分其身以三爲上以二爲下三天兩地之義也上廣下狹尊卑之象也中翅八寸象八風腰廣四寸象四時軫圓象陽轉而不窮也臨樂承露用棗脣用梓末詮先賢深意也

又曰琴高以琴養性初學於羅浮山後遊四海或傳禽高非也

又曰舜彈五絃之琴以歌南風之詩豈唯道在恩親志兼憂民養萬物故感之

又曰潁陽西北界李氏愚女年十五六天寶八年二月遘疾七月不食魂飛冥冥如昇上景在雲霧中　女仙人盧鵜苗間受琴清風弄等五十曲至天寶十五載五月留守

悲迥御史中丞蔣列騎上聞玄宗不應爲女道士賜琴三面留內供奉琴德絃妙旁行不流所感無恒也

又曰師涓紂之樂官也善鼓琴感四馬噓天仰秣或曰師曠傳雖二疑即是一

風俗通曰琴者樂之統也君子所常御不離於身非若鍾鼓陳於宗廟列於簨虡也以其大小得中而聲音和大聲不諠譁而流漫小聲不湮滅而不聞適足以和人意氣感發善心也

琴書曰堯大德堯彈感天神降聽儼然言和之至也故堯制神人暢

瑞應圖曰師曠鼓琴通於神明而白鶴翔

竹林七賢傳曰嵇康臨死顧視日影索琴彈之曰袁孝尼嘗從吾學廣陵散吾每惜固不與廣陵散於是絕矣

司馬相如美人賦曰上客何國之公子所從來無乃遠乎遂設旨酒進鳴琴撫絃爲幽蘭之曲

張茂樞響泉記曰余家世所寶琴書圖盈廣明之亂散失蕩盡其中二琴一名響泉一名韻磬皆希代之寶也

宋玉賦曰臣嘗行僕飢馬疲正值主人門開主人翁出獨有主人女在欲置臣堂上太高堂下太卑乃使爲蘭房奧室止臣其中其中有鳴琴焉臣援琴而鼓之爲秋竹積雪之曲

吳均續齊諧記曰王彥伯會稽餘姚人也善鼓琴仕爲東宮扶侍赴告還都行至吳郵亭維舟中渚秉燭理琴見一女子披幃而進二女從焉先施錦席於東床乃就坐女取琴調之似琴而聲甚哀雅有類今之登歌女子曰子識此聲否彥伯曰所未曾聞女曰此曲所謂楚明光者也唯嵇叔夜能爲此聲自此以外傳習數人而已彥伯欲受之女曰此非艷俗所宜唯岩栖谷隱可以自娛耳當更爲子彈之幸復聽之乃鼓琴且歌歌畢止於東榻遲明將別各深怨慕女取四端錦卧具繡臂囊一贈彥伯爲別彥伯以大籠井玉琴以答之而去

說苑曰雍門周以琴見孟嘗君孟嘗君曰先生鼓琴亦能令我悲乎周曰臣烏能令足下悲哉所能令悲者先貴而後賤先富而後貧不若身才高妙適遭暴亂不若處之隱絕不及四隣屈折擯壓無所告訴臣一爲之徽撫琴則涕零矣今足下千乘之君廣廈邃房下羅帷來清風鬭象旗舞鄭妾麗色淫目流聲娛耳水遊則連方舟載旗野遊則馳弋獵平原廣囿入則撞鍾擊鼓乎深宮之中雖有善琴者固未能使足下悲也然臣所爲足下悲者一也千秋萬歲之後宗廟必不血食高臺既已壞曲池既已塹墳墓既已平嬰兒豎子採樵者躑躅其足而歌其上曰夫以孟嘗君尊貴乃若是乎於是孟嘗君泣焉垂臉周引琴而鼓之徐動宮徵拂羽角孟嘗君涕泣增哀下而就之曰聞先生鼓琴立若破國亡邑之人也

鄭緝之東陽記曰昔中朝時有王質者常入山伐木至石室見童子四人彈琴而歌質因留跌斧柯而聽之童子以一物與質狀如棗核質取而含之便不復飢遂復少留亦謂俄頃童子曰汝來已久何不速去質承而起所坐斧柯爛盡既歸計離家已數十年矣舊宅遷移室宇靡存遂號慟而絕

韓子曰昔衛靈公之晉於濮水之上宿夜聞有鼓琴聲者悅之問左右盡不聞乃召師涓而告謂之曰有鼓新聲者子爲我聽而寫之師涓靜坐撫琴寫之明日報曰臣得之

矣公遂之晉晉平觴之虒祁之臺靈公召師涓令坐師曠之傍援琴鼓之未終師曠曰此師延之作紂為靡靡之樂及武王伐紂延東走至於濮水而自投聞此聲者必於濮水之上先聞者其國削不可遂此平公曰此何聲也曰此所謂清商也公曰清商固宜悲乎師曠曰不如清徵公曰清徵可得聞乎師曠曰不可古之聽清徵者皆有德義之君今主君德薄不足以聽之平公曰願試聽之師曠不得已援琴一奏之有玄鶴二八南方來集於郎門之邑再奏之列三奏之延頸而鳴舒翼而舞平公大悅提觴而起為師曠壽曰音莫悲於清徵乎師曠曰不如清角平公曰清角可得聞乎師曠曰不可昔者黃帝合鬼神於西山之上駕象車六蛟龍畢方並轄蚩尤居前風伯進掃雨師洒道虎狼前在蟲蛇伏地鳳皇覆上大合鬼神作為清角今主

君德薄不足以聽之平公曰願試聽之師曠不得已而鼓之一奏之有雲從西北方起再奏之大風至大雨隨之裂帷幕破俎豆墮廊瓦坐者散走平公恐懼伏於廊室晉國大旱赤地

西京雜記曰趙后有寶琴曰鳳皇皆以金玉隱起為龍鳳螭鸞古賢列女之象亦為歸風送遠之操

淮南子曰孟春東宮御女青色衣鼓琴瑟（琴瑟木也春木王）

桓譚新論曰神農氏為琴七絃足以通萬物而考理亂也

又曰八音之中唯絲最密而琴為之首

應劭風俗通曰琴者樂之與八音並行君臣以相御也

孔叢子曰孔子晝息於室而鼓琴閔子自外聞之以告曾子曰鄉子之音清徹而和淪入至道今也更為幽沉之聲幽則欲上所為發也沉則貪德之所為施也夫子何所感一若斯乎吾從子入而問焉曾子曰諾二子入問孔子孔子曰然如是也吾有之嚮見狸方取鼠欲其得之故為音汝二人者孰識諸曾子對以閔子夫子曰可以聽音矣

家語曰孔子遊於泰山見榮啟期行郕之野鹿裘帶索抱琴而舞孔子問曰先生為樂何也對曰天生萬物唯人為貴吾既為人一樂也男尊女卑吾既為男二樂也人生有不見日月不免襁褓吾行年九十五歲矣三樂也貧者士之常死者人之終處常得終又何憂乎孔子曰善

呂氏春秋曰伯牙鼓琴鍾子期聽之方鼓琴志在泰山鍾子期曰善哉乎鼓琴巍巍乎如泰山志在流水鍾子期曰善哉乎鼓琴湯湯乎若流水鍾子期死伯牙擗琴絕絃終身不復鼓琴以為世無足以鼓琴也

列仙傳曰華山毛女獵即見常居岩彈琴

桓譚新論曰神農氏繼宓羲而王天下亦上觀法於天下取法於地近取諸身遠取諸物於是始削桐為琴繩絲為絃以通神明之德合天人之和焉

琴書曰師曠晉之樂官也上於琴能易寒暑召風雨為晉平公鼓之感玄鶴六下舞

西京雜記曰張安世十五為成帝侍中善鼓琴能為雙鳳離鸞之曲

世說顧彥先平生好琴及喪家人常以琴置靈牀上張季鷹往哭顧不勝慟遂徑上牀鼓琴作數曲而去

又曰會稽賀思令善彈琴常夜在月中坐臨風鳴絃忽有一人形貌甚偉著械有慘色在中庭稱善便與共語自云是嵇中散謂賀云卿手下極快但於古法未備因授以廣陵散遂傳之於今不絕

大周正樂曰勝之逸人也常挾琴牧羊巨澤漢王知其賢將聘焉委以國政勝之曰王廢牧羊之任而委四海之務是錯亂天地顛倒人倫竟逃於陰山之中

又曰琴所以脩身理性反其天真也君子所以常御不離於身非若鍾鼓陳於宗廟列於簴懸也以其大小得中而聲音和大聲不諠譁而流漫小聲不湮滅而不聞適足以和人意氣感發善心也

又曰瓠巴六國時人也工琴好古因夏日俯於池亭皷之感魚躍潛藻而聽焉

又曰嵇康字叔夜有邁俗之志爲中散大夫或傳晉人非也常宿王伯通館忽有八人云吾有兄弟爲樂人不勝羇旅今授君廣陵散甚妙今代莫測

又曰凡琴曲和樂而作命之曰暢暢者言其道之美暢從

不敢自安也憂愁而作命之曰操操者言困阨危迫猶不失其操也

又曰清角黃帝之琴鳴廉脩况藍脩自鳴空中號鍾齊桓公琴繞梁楚莊王琴綠綺司馬相如琴焦尾蔡邕琴鳳皇趙飛鷰琴

又曰賀韜吳人也常夜彈琴感鬼神見舞數曲斯亦妙之至也

十二國史曰周師經仕魏文侯善皷琴文侯躬之起舞經怒以琴撞文侯文侯怒使人曳下殿將殺之經曰乞申一言而死文侯曰何經曰臣撞桀紂之君不撞堯舜之主文侯曰寡人過矣乃捨之懸琴於壁以爲戒

晉紀曰孫登字公和不知何許人散髮宛地行吟樂天居白鹿蘇門二山彈一絃琴善嘯每感風雷嵇康師事之三年不言

樂纂曰趙耶利居士唐初天水人也以琴道見重於海内帝王賢貴靡不欽風舊昌錯謬十五餘弄皆削凡歸雅無一欽玷不合於古述執法象及胡笳五弄譜兩卷弟子達者三人並當代翹楚貞觀十年終於曹壽七十六弟子宋孝臻公孫常數百年内常傳於馬氏

國史補曰張弘靖少時會名客觀鄭宥彈琴宥調二琴至切各置一榻動宮則宮應動角則角應稍不切乃不應宥師董庭蘭尤善汎聲

又曰李汧公勉雅好琴常斵桐又取漆筩爲之多至數百張求者與之有絶代者一名響泉一名韻磬自寶於家京師又以樊氏路氏爲第一路氏有房太尉石枕損之不理蜀氏斵琴嘗自品第一上者以玉次者以琴瑟又次以金

徽螺蚌

唐書樂志曰趙師字耶利天水人也在隋爲知音至唐貞觀初獨步上京遂入琴苑噂之嵇氏累代居曹邑遂令曹郡琴者所修五弄具列於曹妙傳濮州司馬氏琴道不墜於地也師云吳聲清宛若長江廣流緜緜徐逝有國士之風蜀聲躁急若激浪奔雷亦一時俊決也

世說曰晉戴顒字仲若父逵高尚不仕顒年十六遭憂不忍傳父之琴與兄勃各造新弄勃五部顒十五部又制長弄一部並傳於世

太平御覽卷第五百七十九

太平御覽卷第五百八十

樂部十八

笛　篪　管

簫

笛

釋名曰笛滌也其聲滌滌然也

史記曰黄帝使伶倫伐竹於昆谿斬而作笛吹之作鳳鳴

風俗通曰笛漢武帝時丘仲所造也本出羌中笛滌也所以滌邪穢納之雅正也長尺四寸七孔

樂書曰笛者滌也丘仲所作可以滌蕩邪氣出揚正聲是故列和善吹裁十二之音應律荀勗樞間依三尺二調成均剪雲夢之霜筠法龍吟之異韻三孔爲籥文舞執之洪人吹也五孔爲遂緘樂用周師掌之六孔爲笛羌人吹之七孔下調漢部用也今之七星古之長笛一定爲調合鍾

磬之均各有短長應律呂之度雅樂部内咸用之也

馬融自叙曰融性好音能鼓琴吹笛爲督郵獨卧郿平陽鄔中有洛客舍逆旅吹笛相和融去京師踰年暫聞甚悲而樂之追慕簫琴皆有頌而笛獨無乃作笛賦

晉書曰桓伊字叔夏善音樂有蔡邕柯亭笛常吹之王徽之越京泊舟青溪側伊素不相識於岸上過徽之便使人謂之曰聞君善吹笛試爲我一奏伊時已貴顯素聞徽之名便下車踞胡床爲作三調之弄便上車去客主不交一言

晉書向秀作思舊賦曰鄰家有吹笛發聲寥亮追想曩昔遊宴之好

晉中興書曰帝舅王愷嘗置酒王導王敦俱往女妓吹笛小失聲愷意便令黄門毆殺之一坐改容敦神色自若

沈約宋書曰晉太始十年中書監荀勗中書令張華令郝生鼓琴宋同吹笛以爲新引相和

唐書曰文宗時雲朝霞以善吹笛進上爲新聲雅樂朝霞能承意變聲頗符上旨猶是有寵

世説曰謝仁祖妾阿紀有國色善吹笛仁祖死阿紀誓死不嫁郗曇時爲北中郎設權計遂得阿紀爲妾阿紀終身不與曇言

幽明記曰永嘉中泰山巢氏先爲相縣令居在晉陵家婢採薪忽有一人隨追尋隨婢還家不使人見見形者唯婢而已每與婢飲宴輒吹笛而歌歌曰閑夜寂以清長笛亮且鳴若欲知我者姓郭名長生

又曰代郡界有一亭常有怪不可詣止有諸生壯勇行歌

正宿鬼吹五孔笛有一手都不能得攝笛諸生不耐忽便笑謂汝止有一手那得遍笛我爲汝吹來鬼云爲我少指耶乃數十指出諸生知其可擊拔劍斫之得一老雄雞從者並雞鶵

文士傳曰蔡邕告吳人曰吾昔常經會稽高遷亭見屋椽竹東間第十六可爲笛取用果有異聲

古歌辭曰長笛續短笛長願陛下保壽無極

傅子曰列和善吹笛吳娜之聲無以加也

西京雜記曰高祖初入咸陽宫周行府庫金玉珍寶不可稱言其尤驚異者玉笛長二尺三寸六孔銘曰昭華之琯

樂纂曰唐玄宗時樂人孫處秀善吹笛好作犯聲當時皆以爲新意流美樂人皆效之其聲變態日增因有犯調犯調即今之所尚也

又曰太和十年中書監荀勗中書令張華出御府銅竹律二十五具命太樂郎劉秀等校試其三具與杜夔及左延年法律同其二十二具視其銘題尺寸是笛律也問協律中郎將列和辭昔魏明帝時令和承受笛聲以作此律欲使學者別居一坊歌詠講習依此律調但識其尺寸之名則竹絲歌詠皆得均合歌聲濁者用長笛長律歌聲清者用短笛短律凡絃歌調張清濁之制不依笛尺寸名之則不可知也

又曰黄鍾笛晉時三尺八寸元嘉九年太樂令鍾宗之減爲三尺七寸十四年治書令史奚縱又減五分爲三尺六寸五分劉和之東箱長笛四尺二寸

又曰蕤賓箱笛晉時二尺九寸宗之減爲二尺六寸縱又減二分爲二尺五寸八分

又曰姑洗箱笛晉時三尺五寸宗之減爲二尺九寸七分縱又減五分爲二尺九寸二分

又曰司馬法軍中之樂鼓笛爲上使聞之者壯勇而樂和細絲高竹不可用也慮悲聲感人士卒思歸之故也

又曰橫笛小篪也漢靈帝好胡笛有胡笛篪出於胡吹即此也梁胡歌云快馬不須鞭拗折楊柳枝下馬吹橫笛愁殺路傍兒此歌辭元出北國知橫笛是北國名今橫笛皆去義觜其有觜者謂之義觜笛

國史補曰李舟好事嘗得村舍煙竹截以爲笛堅如鐵石以遺李牟牟吹笛天下第一月夜泛江與舟吹之寥亮逸發俄有客立於岸呼舡請載既至請笛而吹其爲精壯山石可裂牟平生未嘗見及人破呼吸盤辟應指粉碎客散不知所之舟著記疑其蛟龍也

又曰李牟秋夜吹笛於瓜州舟檝甚隘初發調群動皆息及數奏微風颯然而至俄頃舟人賈客有怨嗟悲泣之聲

篪

釋名曰篪啼也聲從孔出如嬰兒啼聲也

毛詩曰彼何人斯伯氏吹塤仲氏吹篪

周官曰笙師掌教吹篪

尒雅曰大篪謂之沂（郭璞曰篪以竹爲之長一尺四寸圍三寸一孔上出寸三分名翹橫吹之小者尺二楗爲舍人曰大篪其聲悲沂鏘然也詩云仲氏吹篪也）

廣雅曰篪以竹爲之長大四寸有八孔前有一孔後有四孔頭有一孔月令仲夏之月命樂師調篪

詩節南山云伯氏吹塤仲氏吹篪（土曰塤竹曰篪箋云伯仲諭兄弟也我爲汝思如兄如弟其相應和如塤篪言俱爲王臣宜相親愛之）

史記曰伍子胥至於江上無以糊其口行蒲伏肉袒吹篪

乞食於吳市

東觀漢記曰明帝幸南陽舊宅召校官子弟作雅樂奏鹿鳴上御塤篪和之以娛嘉賓

齊書曰世祖於南康郡內作伎有絲無管空中聞有篪聲調節相應

世本曰蘇成公造篪吹孔有觜如酸棗蘇成公平王時諸侯也

古史考曰古有篪尚矣蘇成公善篪而記者因以爲作謬也

又曰暴新公所造舊志曰一曰管史臣案非也雖不知暴新公何代人而非舜前人明矣舜時西王母獻管則是已有器新公安得造篪

洞冥記曰建元二年帝起騰充臺以望四遠於臺上撞碧

王鍾懸黎之磬吹霜條之篪唱來雲依日之曲

洛陽伽藍記曰後魏河間王琛有婢朝雲善吹篪能爲團扇歌隴上聲琛爲秦州刺史羌叛屢討不勝琛令朝雲假爲貧女吹篪而乞羌聞之皆流涕相謂曰何故捨墳井在山谷爲寇耶即相率而降秦民語曰快馬健兒不如老嫗吹篪

管

蔡邕章句曰管者形長一尺圍寸有孔無底其器今亡

風俗通曰管漆竹長一尺六孔十二月之音象物貫地而牙故謂之管

尒雅曰大管謂之簥其中謂之篞小者謂之篎郭璞注曰管長尺圍寸併漆之有底賈氏爲之如篪六孔犍爲舍人曰大管者聲高大故曰簥篞者高也中者聲精密故曰篞篞密也小者聲音清妙也

廣雅曰管象篪長尺圍寸有六孔無底

班固曰黃帝作律以玉爲管長尺六孔爲十二月音至舜時西王母獻白玉管漢章十二年零陵營道舜祠下得笙一白玉管則古者又以玉爲管矣班氏用銅之言外然之義未爲得也求律所生大極之數起於一在子以三乘之得三在丑以次至酉得一萬九千六百八十三篇黃鍾之母以爲法周十二辰得十七萬七千一百四十七黃鍾之子以爲實實始法而一得則九寸則諸律也

大戴禮曰舜時西王母獻白玉琯說文管如篪六孔十二月之音物開地而牙故謂之管從竹管聲琯古者有玉管焉

樂法圖曰次主東律東律主黃鍾聖人承天樂用管宋均注曰管黃鍾九寸管也吹管者以知律管音調則律曆正

周禮春官少師曰小師掌教簫管鄭司農曰管如篪六孔鄭玄謂管如篴而小併兩而吹之

又曰孤竹之管於圜丘奏之孫竹之管於方丘奏之陰竹之管於宗廟奏之鄭玄曰孤竹竹特生者也孫竹竹枝根末生者也陰竹生山北

籥

釋名曰籥躍也氣躍出也

尒雅曰大籥謂之產中者曰仲小者曰箹郭璞曰籥如笛三孔而短犍爲舍人曰仲其聲適仲呂也小者形聲細小曰箹也

禮記曰葦籥伊祁氏之樂也籥春分之音萬物振躍而出也

周官笙師掌教吹籥籥師教國子舞羽吹籥籥章掌豳籥鄭玄曰如篴三孔也加竹之也

又曰籥師掌教國子秋冬教吹籥歷代文舞之樂所執羽籥

毛詩曰左手執籥右手秉翟

太平御覽卷第五百八十

太平御覽卷第五百八十一

樂部十九

簫 笳 笙 竽 簧 塤

簫

釋名曰簫肅也其聲肅肅清也

爾雅曰大簫謂之筶小者謂之筊郭璞注曰筶二十三管長尺四寸筊十六管長尺二寸簫一名籟也

博雅曰簫大者二十三管無底小者十六管有底

通禮義纂蔡曰伏犧作簫十六管

蔡邕曰簫編竹有底大者二十三管小者十六管長則濁短則清以密蠟實其底而增減之則和然則邕時無洞簫者矣

易說曰夏至之樂補以簫簫長四寸

鄭玄曰簫亦管形似鳥翼鳥火禽也火數七夏時火用事二七十四簫之長由此也

三禮圖曰雅簫長尺四寸二十四彄頌簫二尺十六彄仲夏之月令樂師均管簫簫長則濁短則清以密蠟實其底而增減之則和管成而音定無所復調當與琴瑟相參

風俗通曰舜作簫其形參差象鳳翼十管長尺二寸

白虎通曰簫者中呂之氣也

尚書益稷曰簫韶九成鳳凰來儀

毛詩臣工有瞽曰既備乃奏簫管備舉

春秋說曰夏至作樂閑以簫笙

周禮春官小笙師曰小笙師掌吹簫

史記曰五子胥鼓腹吹簫乞食於吳市也

又曰周勃吹簫給喪事

謝承後漢書曰靈帝善鼓琴吹洞簫

丹陽記曰江寧縣南三十里有慈姥山積石臨江生簫管竹王褒洞簫賦所稱即此也其竹圓緻異於衆處自伶倫採竹嶰谷其後唯此幹見珎故歷代掌給樂府而俗呼曰鼓吹

涼州記曰呂纂咸寧二年有盜發張駿墓得白玉罇玉笛紫玉簫

列仙傳曰簫史者秦繆公時人善吹簫能致孔雀白鶴繆公女弄玉好之以妻焉其後隨鳳去故秦人作鳳女祠於雍宮代有簫聲

江表傳曰孫權攻合肥不下而還休兵皆上道權與呂蒙等在後魏將張遼奄至鼓吹驚怖不能復鳴簫唱甘寧援刀欲斫之於是始作之

莊子曰南郭子綦謂顔成子遊曰汝聞人籟而未聞地籟汝聞天籟郭象曰天籟簫也

秦子曰一人執規十手自負一人吹簫長短皆應

傅子曰馬先生能使木人吹簫比妙般輸墨翟不劣古矣

笳

杜摯笳賦序曰昔伯陽避亂入戎戎越之思有懷土風遂建斯樂美其出於戎貉之俗有大韶夏之音

曹嘉之晋書曰劉疇曾避亂塢壁賈胡百數欲害之疇無懼色援笳而吹之爲出塞入塞之聲動其遊客之思於是群胡皆泣而去

蔡琰別傳曰琰字文姬先適河東衛仲道夫亡無子歸寧于家漢末大亂爲胡騎所獲在左賢王部伍中春月登胡殿感笳之音

晉先蠶儀注曰車駕住吹小菰發大菰即笳也

又曰胡笳漢舊録有其曲不記所出本末笳者胡人卷蘆葉吹之以作樂也故謂曰胡笳

夏仲御別傳曰激南楚吹胡笳風雲爲之摇動星辰爲之變度

世説曰劉越石爲胡騎所圍數重城中窘迫無計越石始乗月登樓清嘯胡賊聞之皆悽然長嘆中夜奏胡笳賊皆流涕人有懷土之切向曉又吹之賊並棄圍奔走

笙

釋名曰笙生也象物管地而生以匏爲之其中空以受簧

爾雅曰大笙謂之巢小者謂之和（郭璞曰大笙列管匏中施簧也管端大者十九簧小音十三簧犍爲舍人曰大笙音聲衆而高也小者音相和也）

白虎通曰笙之言施也牙也萬物始施而牙笙者太簇之氣也象萬物之生也故曰笙有七正之節焉有六合之和焉天下樂之故謂之笙古之善吹笙者有王子晉見列仙傳周靈王之太子也

毛詩鹿鳴曰我有嘉賓鼓瑟吹笙吹笙鼓簧承筐是將

尚書益稷曰笙鏞以間鳥獸蹌蹌（孔安國曰間迭也吹笙擊鍾鳥獸化德相率而舞蹌蹌然也）

禮記檀弓上曰孔子既祥五日彈琴而不成聲十日而成笙歌（五日彈十日笙歌除曲外也琴以手笙歌以氣也）

又曰女媧之笙簧

周禮曰春官笙師掌教吹笙

鄉飲酒曰笙入奏南陔白華

邯鄲綽五經析疑曰夫笙者法萬物始生導達陰陽之氣故有長短黄鍾爲始象法鳳凰

蔡邕月令章句曰季秋之月上丁入學習吹笙所以通氣也

管籥笙竽塤篪皆以吹鳴者也

穆天子傳曰西王母吟月吹笙鼓簧（簧在笙中）哀心翱翔民之子惟天之望

呂氏春秋曰墨子見荆王衣錦吹笙

竽

易通卦驗曰冬至吹黄鍾之律間音以竽竽長四尺二寸（鄭玄曰管類也竹爲之形參差象鳥羽也）

周禮曰笙師掌教吹竽竽三十六簧也

禮記月令曰仲夏之月命樂師調笙竽

風俗通曰謹案禮記竽竹簧長四尺二寸今二十三管

世本曰隨作竽

楚辭曰代秦鄭衛鳴竽張伏戲駕辯楚勞商（伏羲作琴造駕辯之曲楚人自作勞商之歌皆妙曲也）

通禮義纂曰漢武帝時丘仲作竽笙三十六管

樂府雜録曰將竽形類小鍾以手捋之即鳴

樂府圖曰吹竽有以知法度竽音調則度數得見

列仙傳曰商丘子胥者高邑人也好牧豕吹竽年七十不取婦而老邑人乃奇怪之從受道問其要言但食木菖蒲根飲水不飢不老如此傳世見之三百餘年貴戚富室聞之取而服之不能終歳輒止懴慢矣謂將復有匿術也

文心雕龍曰林籟結響調如竽琴

淮南子曰孟夏南方御女衣赤采吹笙竽煦也立春之氣煦生萬物也管三十六宮管在左右和十三宮管在中今之竽並以木代匏而漆之無復八音矣荆梁之南尚仍古制

桓譚新論曰成少伯工吹竽見安昌侯張子夏鼓瑟謂曰音不通千曲以上不足以為知音

韓子曰齊宣王使人吹竽有三百人南郭處士請為王吹粟食與三百人等宣王死文王即位一一聽之處士走或云韓昭侯田嚴使一一聽之乃知其濫吹也

新序曰楚王使謁者徐光迎方與盲人能吹竽者龔遂乃止

簧

毛詩曰巧言如簧

又曰君子陽陽左執簧右招我由房陽陽無所用其心也

漢書內傳曰西王母命侍女許飛瓊鼓震靈之簧

世本曰女媧作簧宋均曰女媧黃帝臣也

三禮圖曰雅簧上下各六

神仙傳曰王遙有竹篋未嘗開後將弟子擔篋入石室室中有二人遙自取一枚以二枚與室中人對共鼓之

潛夫論曰簧削銳其頭有傷害之象塞蠟密有口舌之類皆非吉祥善應也

塤

世本曰塤暴新公所造亦不知何人周畿內有暴國豈其時人乎本作壎音許袁切圍五寸半長三寸半九六孔宋均注云暴公國平王諸侯也

樂書曰壎者喧也周平王時暴辛公燒土為之

說文云壎為樂器亦作塤也壎謂聲濁而喧喧然合雅樂部用也

爾雅釋樂曰大壎謂之嘂即塤也銳上平底形象稱錘大者如鵝子聲合黃鍾大呂也小者如雞子聲合太簇夾鍾也皆六孔與篪聲相諧故曰壎篪相應

風俗通曰塤燒土為也圍五寸半長一寸半有四孔其二通凡六孔也塤一作壎字也

太平御覽卷第五百八十一

太平御覽卷第五百八十二

樂部二十

鼓　鼙　柷敔　筍簴

風俗通曰鼓不知誰所造鼓者郭也春分之音萬物皆郭皮甲而出故謂之鼓

爾雅曰大鼓謂之鼖小者謂之應大鼗謂之麻小者謂之料徒擊鼓謂之咢郭璞注曰詩云或歌或咢鼖鼓長八尺應在大鼓側也

周易通卦驗曰冬至鼓用馬革圓徑八尺一寸夏至鼓用牛皮圓徑五尺七寸

尚書曰周成王崩鼖鼓在西方長八尺

尚書益稷曰下管鞀鼓

禮記曰廟堂之上罍樽在阼犧樽在西廟堂之下懸鼓在

西應鼓在東

又曰懸鼓周鼓也其小者曰朄先擊小鼓爲大鼓導引故曰朄一名鞞

又曰春官小師掌教鼓朦播鞀眡瞭播鞀

又曰王執路侯執鼖鼓將軍執晉鼓師帥執提旅師執鼙

又曰夏后足鼓殷人置鼓置植也亦作樹周人懸鼓

又曰籥章氏掌出土鼓杜子春曰以毛土爲匡以革爲面可擊者也

又曰除水蟲以炮土之鼓毆之以焚石投之狐蜮之屬也

又曰地官鼓人掌教六鼓四金之音聲以節聲樂以和軍旅以正田役音五聲合和者也教爲鼓而辨其聲用教爲鼓鼓擊鼓者大小之數又別其聲所用事以雷鼓鼓神祀雷鼓八面鼓神祀天神以靈鼓鼓社祭靈鼓六面鼓社祭及地祇以路鼓鼓鬼享路鼓四面鼓鬼享享宗廟以鼖鼓鼓軍事大鼓謂之鼖長八尺鼖音扶云切以鼛鼓鼓役事鼛鼓長丈二尺鼛音古刀切以晉鼓鼓金奏晉鼓長六尺六寸者是也金奏謂樂作擊編鍾

又冬官考工記韗人爲皐陶鄭司農曰皐陶鼓木鄭玄謂韗者以皐陶名官陶從革耳韗音況萬切又音運鞠音陶長六尺有六寸左右端廣六寸中尺厚三寸板中廣頭狹爲穹崇鄭衆云鼓木一判者其兩端廣六寸而中央廣尺如此乃得有腹矣穹者三之一鄭衆云穹讀爲志無穹之穹穹謂鼓木腹穹崇者居鼓面三之一玄讀如穹蒼之穹穹崇者居鼓面三之一則其鼓四尺者板一尺三寸三分寸之一倍之爲二尺六寸三分寸之二加鼓四尺穹之徑六尺六寸三分寸之二此鼓合二十板上三正鄭玄云謂兩頭一半中央一平鄭玄讀三當爲參正言直也參直者穹上一直兩端又直名居二尺二寸不孤曲也此數兩以六鼓差之賁侍中云晉鼓大而短近晉鼓也以晉鼓鼓金奏也鼓長八尺鼓四尺中圍加三之一謂之鼖鼓中圍加三之一者加於面之圍以三分一也面四尺其圍十二尺加以三分一四尺則中圍十六尺徑五尺三寸三分寸之一今鼓亦合二十板則板徹穹六寸三分寸之二爾雅云鼓謂之鼖以鼖鼓鼓軍事鄭衆云鼓四尺謂華所象者廣四尺也爲皐陶長尋有四尺鼓四尺倨勾磬折以皐鼓鼓役事磬折中曲之不參正中圍與鼖鼓同以磬折爲異也九冐鼓必以啓蟄之日啓蟄孟春之中蟄蟲始聞雷聲而動鼓所以取象爲

象鼓以華者也良鼓瑕如積環革調急也鼓大而短則其聲疾而短聞小而長則其聲舒而遠聞音問下同

禮記明堂位曰土鼓蕢桴葦籥伊耆氏之樂也蕢當爲凷伊耆古天子號令有耆氏也

左傳成上曰師之耳目在吾旗鼓

又僖中曰三軍以利用也金鼓以聲氣也

又昭三曰分唐叔以密須之鼓注密須國名也

毛詩曰邶風擊鼓其鏜踊躍用兵

又采芑曰方叔率止鉦人伐鼓陳師鞠旅顯允方叔伐鼓淵淵振旅闐闐

又靈臺曰鼉鼓逢逢矇瞍奏公

又執競曰鍾鼓喤喤磬筦將將

又山有樞曰子有鐘鼓不鼓不考宛其死矣他人是保

又有瞽曰有瞽有瞽在周之廷設業設簴崇牙樹羽應田懸鼓

又那曰猗歟那歟置我鞉鼓奏鼓簡簡衎我烈祖

又甫田曰琴瑟擊鼓以御田祖

又有駜曰振振鷺鷺于飛鼓咽咽醉言歸

又宛丘曰坎其擊鼓宛丘之下

論語曰季氏富於周公而求也爲之聚斂而附益之子曰非吾徒也小子鳴鼓而攻之可也

漢書曰李陵擊匈奴夜擊鼓起士鼓不鳴陵曰吾士氣少衰而鼓不起何耶軍中豈有女子乎搜軍中得卒妻皆斬之

又曰元帝疾不親政事留好音樂或置鼙殿下天子自軒檻上隤銅丸以擿鼓聲中嚴鼓之節後宮及左右習知音者莫能爲之

後漢書曰王喬爲葉令每當朝葉門下鼓不擊自鳴聞於京師帝取置其都亭無復有聲

又曰祢衡字正平孔融雅愛其才數稱賞於曹操操欲見之衡不肯往操懷忿而以其才不欲殺之聞衡善鼓召爲鼓吏因會賓客閱試音節諸吏過者皆令脫其故衣更着岑牟單絞之服次至衡方操撾踊躍而前吏呵之曰鼓吏何不改服而輕進衡於是先解褻衣次釋餘服裸身而立徐取岑牟單絞而着之復操　撾顏色不怍操笑曰本欲辱衡衡反辱孤衡對曰不敢以先王之法服爲伶倫之衣

沈約宋書曰蕭思話年十許歲好騎屋棟打細腰鼓也

南史曰孫棿爲延陵縣令國子助教高爽詣之棿了無故人懷爽出從閤下過取筆書鼓面云徒有此大腹了自無肝腸面皮如許厚被打未遽央

唐書曰張玄素爲太子承乾又嘗於宮中擊鼓聲聞於外玄素叩閤請見極言切諫承乾乃出宮內鼓對玄素毀之

唐書鄭餘慶兼判太常卿事初德宗自山南還宮關輔有懷光吐蕃之虞都下驚擾遂詔太常習樂去大鼓至是餘慶始奏復用大鼓

世本曰王大將軍年少時舊有田舍之名語音亦楚武帝喚時賢共言伎藝之事人人皆有所能唯王都無所解意色殊惡自言解打鼓帝即令取鼓令擊之於坐振袖而起揚槌奮擊音節諧捷傍若無人舉坐歎其雄爽

春秋孔演圖曰有人金豊擊王鼓駕六龍鼓所行清嚴人服其威勞也

古今注曰漢有黃門鼓吹一名樓車

帝王世紀曰黃帝殺夔以其皮爲鼓聲聞五百

後秦記曰姚泓永和元年天水冀石鼓鳴聞數百里野雉皆雊

神異經曰八方之荒有石鼓焉蒙之以皮其音如雷

韓子曰楚厲王有警鼓與百姓爲戒飲酒過之而擊民大驚使人止之曰吾醉戲而擊之民皆罷居數月警而擊鼓民不起也

穆天子傳曰天子讀書于黎丘奏廣樂遺其靈鼓

虞喜志林曰建武二十四年南郡男子獻銅鼓有銘

五經要義曰鼓所以檢樂爲群音之長也

異苑曰晉武帝時吳郡臨平岸崩出一石鼓打之無聲問張華華曰可取蜀人桐材刻作魚形扣之則鳴矣於是如其言聲聞數十里

劉道民詩云亦有遠而合蜀桐鳴吳石

郭緣生述征記曰逢山在廣固南三十里有祠并石人石鼓齊世將亂石人輒打鼓聞數十里

羅浮山記曰浮山東石樓下有兩石鼓扣之清越所謂神鉦也

盛弘之荆州記曰始興郡陽山縣有豫章木本徑可二丈名爲聖木秦時伐此木爲鼓顙顙成忽有奔逸北至桂陽又王韶之始興記云息於臨武遂之洛陽因名聖鼓城今在臨武

臨海記曰郡西有白鵠山山上有石鼓元嘉中居人忘祭祀山神乃椎此鼓數十里聞如金石之響相傳云此云有鵠飛入會稽郡雷門鼓中打鼓聲洛陽聞之後逆賊孫恩斫破此鼓見一白鵠飛出去

通禮義纂曰建鼓大鼓也少昊氏作焉爲衆樂之節夏加四足謂之節鼓商人柱而貫之謂之楹鼓周人縣而擊之謂之懸鼓近代相承植而建之謂之建鼓本出於商制也唐禮設於四隅

劉瓛定軍禮曰鼓吹未知其始也漢以雄朔野而有之矣鳴笳以和簫聲非八音也騷人曰鳴篪吹竽鼓吹橫車也昔簫史吹簫於秦秦人爲之築鳳臺故鼓吹陸則樓車水則樓船其在庭也則以簴爲樓或曰鷺鼓精也昔吳夫差啓蛇門以厭越越人雷爲門以禳之擊大鼓於雷門之下而蛇門聞焉其後移鼓建康宮之端門有雙鷺呪鼓而飛乎雲末或曰皆非也詩曰振振鷺鷺于飛鼓咽咽醉言歸古之君子仕於伶官悲周道之爲榛傷頌之輟音故飾鼓以鷺欲其流風好焉今有龍頭大杭中鼓獨揭小鼓隨品秩焉短簫鐃歌軍樂也帝岐伯所作以建武揚德風勸士地

古今樂錄曰鎛師掌金奏之鼓謂主擊晉鼓以奏其鍾鎛又卒長執鐃奴交切兩司馬執鐸公司馬執鐲鐲音濁又金鐃止鼓以金鐸通鼓以金鐲節鼓以鍾鼓者前擊鍾次擊鼓也

大周正樂曰劉熙曰鼓動也冬至之音萬物含陽氣而動雷鼓八面以祀天靈鼓六面以祀地路鼓四面以祀鬼神夏后加之以足謂之足鼓殷人貫之以柱謂之柱鼓周人懸之謂之懸鼓後世復殷制建之謂之建鼓鼓高六尺六寸金奏則鼓之傍有小鼓謂之應鼓以和大鼓小鼓有柄曰鞉搖以和鼓大曰鼙也腰鼓大者瓦小者木皆廣首而纖腹齊鼓如漆桶大一頭設齊於鼓面如麝臍故曰齊鼓

又曰馬上之鼓曰提鼓有木可提執施於朝則登聞之鼓敢諫之鼓是也施於府寺曰朝鼓在村墅曰枹鼓枹一作

桴調擊鼓物也在邊徼曰警鼓

又曰銅鼓鑄銅爲之虛其一面覆而擊其上南蠻扶南天竺類皆如此嶺南豪家則有之大者廣丈餘

又曰節鼓如博局中開圓孔適容其鼓擊之以節樂也

又曰毛員鼓似都曇而稍大

又曰有鼉鼓節鼓不知誰所造

又曰檐鼓如小甕先冒以革而漆之

又曰羯鼓正如漆桶兩手俱擊以其出羯中故號羯鼓亦謂兩杖鼓板

又曰正鼓和鼓一以正而一以和皆腰鼓也

又曰都曇鼓似腰鼓而小以小槌擊之

又曰荅臘鼓制廣於羯鼓而鼓以指揩之其聲甚震俗謂之揩鼓

又曰鷄婁皷正而員首尾可擊之處平可數寸

又曰方皷大曆元年司馬滔進廣平樂兼此鼓以應黄鍾一均聲

樂書曰雷鞉者周禮瞽矇掌播鞉鞉如鼓而小以木貫之作柄柄各四枚爲八面也旁以結皮爲耳搖之還自擊禮書云掌之人左手播鞉右手擊鼓之是也

柷敔

釋名曰柷如物始見柷柷然也敔止也所以止樂

尚書夔曰戞擊鳴球下管鼗鼓合止柷敔孔安國曰戞擊柷敔也下管堂下樂也上下合心樂名有柷敔也

禮記德音之音椌楬天子賜諸侯樂則以柷將之

樂記曰聖人作椌楬壎篪則所起矣柷衆也立夏之音萬物衆形皆成也方面各二尺傍開員孔内手於孔擊之以

舉衆樂也

爾雅曰所以皷柷謂之止所以皷敔謂之籈郭璞注曰柷如漆桶方二尺四寸深一尺八寸中有椎柄連底挏之令左右擊止者其椎名也敔如伏虎背上有二十七鉏鋙刻以木長尺籈者其也

樂汁圖曰乾主立冬陰陽終始故聖人承天以制柷刑法使死者不恨生者不怨宋均曰柷圉從中發聲人情死恨亦從中起

爾雅曰敔謂之籈音真注云敔如伏虎背上二十七鉏鋙刻以木長尺櫟之籈其名也

筍簴

爾雅曰木謂之簴郭璞注曰懸鍾磬之木曰簴方言几其高者謂之簴郭璞注曰筍簴也

釋名曰所以懸鍾皷者横曰簨簨峻也在上高峻也縱曰簴簴舉也在旁舉簨者也

毛詩曰設業設簴崇牙樹羽

周禮冬官梓人爲筍簴蠃者羽者鱗者以爲筍簴外骨内骨却行仄行紆行連行以脰鳴以翼鳴以爲雕琢厚唇弇口出目短耳大胷燿後者以爲鍾簴鋭喙决吻小體騫腹者以爲磬簴小首而長摶身而鴻者以爲筍注曰爲鍾簴者有力而不走宜於任重也爲磬簴者其聲清楊宜遠聞也外骨龜内骨鼈却行螾仄行蟹紆行蛇連行魚脰鳴鼃黽翼鳴發皇也螾蚰蜒皆以刻畫爲器摶庶物貴野聲

禮明堂位曰夏后氏之龍簨簴殷之崇牙周之璧翣注云龍上刻畫爲重牙又畫繒爲翣戴之以璧垂五羽於其下也

賈誼虡簴賦曰攖攣拳以蟉虯負大鍾而欲飛楚詞曰蕭鼓兮瑤簴

說苑曰秦始皇建千石之鍾立萬石之簴三輔舊事曰秦始皇斂天下銅鐵皆著咸陽鑄作銅簴高廟簴二枚魏明帝徙詣洛陽尚在

太平御覽卷第五百八十二

太平御覽卷第五百八十三

樂部二十一

琵琶　鞨鼓

琵琶

釋名曰琵琶本胡中馬上所鼓推手前曰琵引手却曰琶因以爲名

晉書曰石季倫善彈琵琶

宋書曰庾仲文爲吏部尚書好貨先與劉德願殊惡德願自持琵琶甚精麗遺之便復欵然

南史曰宋范曄善彈琵琶能爲新聲上欲聞之屢諷以微旨曄僞若不肯爲上嘗宴飲歡適謂曄曰我欲歌卿可彈曄乃奉旨上歌既畢曄乃罷弦

蕭子顯齊書曰太祖曲江宴群臣數人各使效伎藝褚淵彈琵琶王僧虔彈琴沈文季歌張敬兒舞王敬則拍王儉曰臣無所解唯知誦書因跪上前誦相如封禪書上笑曰此盛德之事吾何以堪之遂止使陸澄誦孝經自仲尼居而起儉曰澄所謂愽而寡要臣請誦之乃誦君子之事上章上曰善張子布更覺非奇

隋秘書監牛弘修皇后房内之樂文帝龍潛時頗好音樂嘗倚琵琶作歌二首名曰地厚天高託言夫妻之義因即取之爲房内曲命婦人並登歌上壽並用之職在宮内之女人教習之

樂府雜録曰貞元中有王芬曹保其子善才其孫曹綱及裴興奴善彈琵琶（其曹綱善運撥聲若風雨不事扣弦其裴興奴善於攏撚不撥稍軟時人云曹綱有右手裴興奴有左手）

武宗朝朱崖李太尉有樂吏廉郊者師於曹綱精妙入神嘗謂儕流曰教授人亦多矣未曾有此性靈弟子也嘗因清夜携樂器於平泉別墅臨池彈蕤賓調芰荷間有聲意其魚躍也及彈別調即寂然因復彈蕤賓久之池中擲物跳上岸觀之乃一片方響蕤賓鐵蓋以聲律諧和相應故也其妙若此

又曰貞元中有康崑崙彈琵琶第一手因長安大旱詔移兩市以祈雨及至天門街市人廣較勝負及鬬聲樂即街東有康崑崙琵琶最上必謂街西無以敵也遂請崑崙登綵樓彈一曲新翻羽調録要（即録要是也本自樂工進曲上令録出要者因以爲名自後來誤言緑腰也）其街西亦建一樓東市大誚之及崑崙度曲西市樓上出一女郎抱樂器先云我亦彈此曲兼移在楓香調及下撥聲如雷其妙絶入神崑崙即驚駭乃拜請爲師女郎乃更衣而出及見即僧也蓋西市内豪族厚賂莊嚴寺僧善本（俗姓段也）以定東鄽之勝也翌日德宗召入令陳本藝異常佳妙因令教授崑崙奏曰且請崑崙彈一調子乃彈之師曰本領何雜也兼帶雅聲崑崙驚曰段師神人也臣小年初學琵琶偏於隣舍女巫處授一品絃調子後仍易數師段精鑒玄妙如此段師奏曰遣崑崙不近樂器十餘年使忘其本領然後可教詔許之後盡段師之藝也

又曰開元中有賀懷智善琵琶以石爲槽鵾鷄筋作絃用鐵撥彈之

又曰琵琶始自烏孫公主造馬上彈之直項曲項者曲項蓋使於急關也古曲有陌上桑范曄石苞謝奕皆善此樂也

風俗通曰琵琶近代樂家所作不知所起長三尺五寸法

天地人與五行也四絃象四時也以手琵琶之因以爲名

語林曰謝鎮西着紫羅襦據胡床在大市佛圖門樓上彈琵琶作大道曲

異苑曰南平國兵在姑孰有鬼附之每占凶輙先索琵琶隨彈而言事事有驗云是老鼠所作名曰靈侯

王僧言期絳幕祠儀曰琵琶出於弦鞉笙簧基於絲竹

竹林七賢傳曰阮咸善琵琶㪽鼎雅解音律自以遠不及也

文士傳曰孔輝善彈琵琶吳歸命恒使爲樂

孫放別傳曰君性好音能操琴及琵琶以自散

傅玄琵琶序曰聞之故老云漢遣烏孫公主念其行道思慕使工知音者戰琴箏筑箜篌之屬作馬上之樂觀其器盤圓柄直陰陽序也四弦法四時也以方語目之故枇杷也取易傳於外國也杜摯以爲興秦之末蓋苦長城之役百姓弦鼗而鼓之二者各有所據以意斷之烏孫近焉石崇琵琶引曰王明君本爲昭君以觸文帝諱改匈奴請婚元帝以明君配焉昔公主嫁烏孫令琵琶馬上作樂以慰其思其送明君亦故然序之云耳

傅子曰朱生善彈琵琶雖伯牙之妙無加也

文士傳曰孔煒字正忠解音律彈琵琶

異苑曰永嘉中李謙素善琵琶元嘉初往廣州夜集坐倦悉寢唯謙獨揮彈未輟便聞窻外有唱佳聲每至契會無不擊節謙恠語曰何不進耶對曰遺生以久無宜干突始悟是鬼

幽明録曰晉司空桓豁在荆州有叅軍五月五日翦鸜鵒舌教令學語遂無不鳴與人相問顧叅軍善彈琵琶鸜鵒每立聽移時

録異傳曰吳赤烏三年句章民楊度至餘姚夜行有一年少持琵琶求寄載度受之皷琵琶作數十曲曲畢乃吐舌擘目以怖度而去復行二十里許又見一老父寄載自云姓王名戒因復載之謂曰鬼工皷琵琶甚哀戒曰我亦能皷即是向鬼復擘眼吐舌度怖幾死

語林曰桓宣武外甥恒在坐皷琵琶宣武醉後指琵琶曰名士固亦操斯器

三輔決録曰游楚上表乞宿衛拜駙馬都尉楚無學問好遊遨音樂乃畜歌琵琶箏笛每行將以自隨

樂府雜録曰唐文宗朝女弟子鄭中丞善於胡琴中丞卽宮人之官也內庫有兩面琵琶號大忽雷小忽雷因匙頭脫送於崇仁坊南趙家修理大約造樂器多在此坊中南北二趙家最妙大和中有權相舊吏梁厚本莊在渭南縣之西北臨渭水一日因垂釣忽見一物流過長五尺許悉以錦纏其上令家僮接得就岸乃秘器也及發棺視之乃一女郎也粧色儼然以伺之口鼻間餘息未絶遂移於曲室中將養經旬漸能言詢之云是鄭中丞也昨以忤聖旨命內官縊殺投於渭河錦卽諸弟子相贈耳及如故因垂涕感謝厚本卽納爲妻言其琵琶今尚在南趙家値鄭注之亂莫有知者梁乃潛賂樂匠贖得之每至夜深方敢輕彈後遇良晨美景飲於花下酒酣不覺郎彈數曲洎有黃門放鷂子過其門私於牆外聽之曰此是鄭中丞琵琶聲也不日召入內乃捨厚本之罪仍加錫賜也

明皇雜録曰天寶中上命宮女子數百人爲梨園弟子皆居宜春北院上素曉音律時有馬仙期李龜年賀懷智洞知律度安禄山自范陽入覲亦獻白玉簫管數百事皆陳

於梨園自是音響殆不類人間有中官白秀貞自蜀使迴得琵琶以獻其槽以邏逤檀為之温潤如玉光輝可鑒有金縷紅文蹙成雙鳳貴妃每抱是琵琶奏於梨園音韻淒清飄如雲外而諸王貴主洎虢國已下競為貴妃琵琶弟子每授曲畢皆廣有進獻其後龜年流落江南每遇良晨勝景常為人歌數闋座客聞之莫不掩泣罷酒

羯鼓

羯鼓録曰羯鼓出外夷以戎羯之鼓故曰羯鼓其音主太蔟一均龜茲高昌疎勒天竺諸部皆用之次在都曇荅臘鼓之下（都曇似腰鼓而小荅臘即揩鼓也）鷄鼓之上錄如漆桶（山桑為之）下以小牙床承之擊用兩杖其音焦殺鳴烈尤宜急曲促破作戰杖連碎之聲又宜高樓曉影明月清風破空透遠特異衆樂杖用黃檀狗骨花楸（等木須至乾）緊絕濕氣而復柔膩乾取發越響亮膩取戰裊健舉捲用鋼鐵鐵當精鍊捲須至匀若不以鋼則應條高下細撥不停不匀則鼓面緩急若琴徽之鬼病玄宗洞曉音律由之天縱凡是管絃悉造其妙若製作曲調隨意即成如不立章度取適長短應指發聲皆中點拍至於清濁變轉律呂呼召君臣事物相制使雖古之夔曠無以過也尤愛羯鼓橫笛云八音之領袖也諸樂不可為比嘗值二月詰旦巾櫛方畢時宿雨初晴景色明麗小殿庭內柳杏將吐覩而歎曰對此景物豈可不與他判斷之左右相目將令備酒唯高力士遣取羯鼓上旋命之臨軒縱擊一曲名春光好（上自製）神思自得及顧柳杏皆已發拆指而笑曰此事不喚我作天公可乎左右皆稱萬歲又製秋風高每至秋空迥徹纖塵不起即奏之必遠風徐來庭葉隨落其妙絕入神也如此

又曰汝陽王璡寧王長子也姿容妍美秀出藩邸上特鍾愛焉自傳授之又以其聰悟敏惠妙達其旨每隨遊幸頃刻不捨璡嘗戴砑絹帽打曲上自摘槿花一朵置於帽上着處二物皆極滑久之方安遂奏舞山花一曲花不墜（本色所謂定頭項難在不動搖）上大喜笑賜金器一廚因誇花奴（璡小名也）姿質明瑩肌膚光細非人間人必神仙謫墜也寧王謙讓隨而短之上笑曰大哥不在過慮阿瞞自是相師（上於諸親自稱此號）夫帝王之相且須英特越逸之氣不然則有深沉包育之候若花奴但端秀過人悉無此大固無猜也而又舉止淹雅更得公卿間令譽耳寧王又謝之曰如此則臣乃輸之上曰若此則阿瞞亦輸大哥矣寧王又謙謝上曰阿瞞贏處亦多大哥大用偽揖衆皆歡笑也上性俊邁酷不好琴嘗聽彈正弄未及畢叱琴者曰待詔出去謂官者曰速召花奴將羯鼓來為我解穢黃幡綽亦知音者上嘗使人召之不時至上怒絡驛使尋捕之既至及殿側聞上理鼓固止謁者不令報俄頃上又問侍官奴來未曲罷改奏纔三數十聲綽即入上謂曰賴稍遲我向來怒意至必撾焉適方思之長入供奉已五十餘日暫一日出外不可不許他東西過往綽拜謝畢內官有偶而笑者上詰之具言綽尋至聽鼓而候其時入上問之綽語其方及解怒之際皆無差悟上奇之復厲聲謂之曰我心骨下事安有侍官奴聞鼓聲能料之耶今且謂我何如綽遂走下堦面北鞠躬大聲曰有勑竪金雞上大笑而止

又曰宋開府雖耿介不倫亦深好聲樂尤善羯鼓（南山起雲北山起雨即開府所為）始承恩顧與上論鼓事曰不是青州石即是魯山花甌然少年琚掌下雖有朋肯聲據此乃漢震第二鼓

也且鞚用石花瓷固是署鼓掌下朋肯聲是以手拍非羯鼓鳴矣又謂上曰頭如青山峯手似白雨點按此即羯鼓之能事（山峯欲不動雨點取碎急）即上與開府兼善兩鼓也而羯鼓偏好以其比漢震稍雅細焉開府之家悉傳之東都留守鄭叔祖母即開府之女今尊賢里鄭氏第小樓即是夫人習鼓之所也

又曰嗣曹王皐有巧思精於器用爲荊南節度使有羇客懷二捲欲求通謁先啓於賓府府中觀者訝之曰豈足尚邪客曰但啓於尚書當解耳及見皐捧而歎曰不意今日獲逢至寶因指其鋼勻之狀賓但唯唯或復非之皐曰諸公或似未信乎命取食柈自選其極平者遂重二捲於柈心以油注之盤中捲蒲而油不浸漏蓋相契無際也皐曰此必開元中供御捲也不然無以至此問其客曰某先人在黔中得於高力士衆方深伏佐眷問其價宜償幾何客曰不過三百緡及皐遺之財帛器皿其直果稱焉

又曰廣德中蜀客雙流縣丞李琬者亦能之調集至長安稅居務本里夜聞羯鼓聲曲頗妙於月下步尋至一小宅門戶極卑隘叩門請謁鼓工曰君所擊者豈非耶婆色鷄乎（一本作耶婆娑鷄也）雖至精能然而無尾何也工大異之曰君固知音者此事無人知某太常工人也祖父傳此藝尤能此曲進因張通儒而入長安某家流散父没西河此曲遂絶今但按舊譜數本尋之竟無結尾聲故夜夜求之琬曰曲下意盡乎工曰盡琬曰意盡則曲盡又何索乎工曰奈何聲不盡也琬曰可言矣夫曲有如此當以他曲解之方可盡其聲矣夫耶婆色鷄當用掘柘急偏解之工如其所教果得諧叶聲意皆盡（如柘枝用渾脱解甘州用絶了頭解之類是也）工泣言而謝之即言於寺卿奏爲主簿累官至太常少卿爲宗正卿

又曰永泰中杜鴻漸爲三川副元帥兼西川節度使亦能之成都有削杖者以二杖獻於鴻漸鴻漸得之示於衆曰此尤物也常衣襟下收貯積時矣匠曰某於脊溝中養之二十年及鴻漸出蜀至利州西界望喜驛入漢川矣自西南來始至嘉陵江頗有山景致至夜月色又佳乃與從事楊崖州杜亞輩登驛樓望月行觴讌話曰今日出鄭危脫猜逼外則不辱命於朝廷内則不中禍於微質皆諸賢之力也既保此安步又瞰於此殊境安得不自賀乎遂命家僮取羯鼓笛以所得杖酣奏數曲四山猿鳥悉皆飛鳴從事頗異之曰昔夔之擊拊百獸舞庭此豈遠耶漸曰若漸於此稍當致功猶未臻妙尚能及是況聖主御天賢臣考樂飛走之類又何不感因言其有別墅近花嚴閣每值風清月朗時或登閣奏此初見群羊於川下數舉頭躑躅不已某謂以鼓然也及鼓止亦止某復鼓之亦復然遂以疾徐高下而節之無不相應旋有二犬自其家走而吠之及羊側逐漸止聲仰首若有所聽少選即復宛頸摇尾亦從而變態是知率舞固無難矣某後不敢爲之近者士林間無習之者唯僕射韓皐善不甚露焉鄂州節度使時聞黃鶴一兩集而已

太平御覽卷第五百八十三

太平御覽卷第五百八十四

樂部二十二

觱篥　五絃　六絃　七絃
太一　方響　缶　鐸
鐃　鐲　角　銅鈸
壤　撫相　舂牘　拍板

觱篥

樂部曰觱篥者笳管也卷蘆爲頭截竹爲管出於胡地制法角音九孔漏聲五音咸備唐以編入鹵部名爲笳管用之雅樂以爲雅管六竅之制則爲鳳管旋宮轉器以應律管者也

通典曰篳篥本名悲篥出於胡中其聲悲（或云濡者得傳胡人吹以驚中國馬後乃以笳爲首竹爲管也）

通典曰桃皮東夷有卷桃皮以爲篳篥也二具大蠡也容可數升並吹之以節樂亦出南蠻

樂府雜錄曰篳篥者本龜茲國樂也亦名悲篥有類於笳也德宗朝有尉遲青官至將軍大曆中有幽州王麻奴者解吹觱篥河北推爲第一手頗倨傲自負除戎師外莫有敢輕易請者時有從事姓盧不記名臺拜將入京臨歧把酒請麻奴吹一曲子相送麻奴偃蹇大以爲不可盧乃怒曰汝藝亦未足稱者殊不知上國有尉遲將軍冠絕今古麻奴大怒曰某之此藝海內豈有及者耶今即往彼定其優劣不數月到京訪尉遲所居即常樂里也乃於側近僦居日夕加意吹之尉遲每經其門過如不聞麻奴尚未分因賂其閽者方得通見即設席於地令坐乃於高般涉調中吹一曲勒部㡳曲終流汗浹背尉遲頷頤謂曰此曲何必於高般涉徒費許多氣力也因自出銀字管於平般涉調中吹之麻奴驚慣垂泣拜之曰某生於偏遠之方偶有寡藝實爲無人今日幸聞天樂方悟前非遂將樂器碎之而歸終身不復言觱篥

明皇雜錄曰明皇既幸蜀西南行初入斜谷屬霖雨涉旬於棧道雨中聞鈴聲與山相應上既悼念貴妃採其聲爲雨霖鈴曲以寄恨焉時梨園弟子善吹觱篥者張野狐唯此人從至蜀上因以其曲授野狐洎至德中車駕復幸華清宮從官嬪御多非舊人上於望京樓下命野狐奏雨霖鈴曲未半上四顧淒涼不覺流涕左右感動與之歔欷其曲今傳於法部

五絃

國史補云趙璧彈五弦人問其術璧曰吾之於五絃也始

則心驅之中則神遇之終則天隨之方吾浩然眼如耳耳如鼻不知五絃之爲璧璧之爲五絃也

音律圖曰五弦不知誰所造也今世有之比琵琶稍小蓋北國所出也

又曰二絃未詳所起形如琵琶二絃四隔孤柱一合散聲二隔聲八柱聲一惣一十聲隨調應律

又曰秦漢未詳所起與琵琶同以不開目爲異四絃四隔合散聲四隔聲十六惣二十聲隨調應律

六絃

又曰六絃史盛作天寶中進形如琵琶而身長六絃四隔孤柱一合散聲六隔聲二十四柱聲一惣三十一聲隔調應律

七絃

又曰七絃鄭喜子作開元中進形同阮咸而大近身旁有少缺取其近身便也絃十三隔孤柱一合散聲七隔聲九十一柱聲一揔九十九聲隨調應律

太一

又曰太一司馬滔作開元中進十二絃六隔合散聲十二隔聲七十二絃散聲應律吕以隔聲旋相爲宫合八十四調今入雅樂宫懸内用之矣

又曰天寶樂任歷作天寶中進類石憧十四絃設柱黄鍾一均足倍七聲後柱作調應律每舞者執之

方響

三禮圖方響㮚有銅磬盖今方響也方響以鐵爲之脩九寸廣二寸圓上方下架磬而不設倚架上以代鍾磬人間使用者纔三四寸

樂府雜録曰唐咸通中有調音律官吴繽爲鼓吹署丞善打方響其妙超群本朱崖李太尉家樂人也

缶

易曰日昃之離不鼓缶而歌則大耋之嗟凶

毛詩宛丘曰坎其擊缶宛丘之道缶者瓦器所以盛酒漿秦人皷之以節歌也

爾雅曰盎謂之缶注云盆也

史記曰秦王與趙王會澠池藺相如從秦王曰寡人聞趙王好音請奏琴趙王鼓琴秦御史書曰某年某月秦王命趙王鼓琴相如亦奉缶秦王秦王不肯相如曰五步之内請以頸血濺大王秦王不懌爲一擊之相如亦命趙御史書曰某年某月趙王使秦王擊缶

淮南子曰夫窮鄉之社扣瓮拊瓶相和而歌自以爲樂常試爲之擊建鼓撞巨鍾乃始知夫瓮瓶之足羞也

徐幹中論曰聽黄鍾之音知擊缶之細涉庠序之教知不學之困

呂氏春秋曰堯使質以麋鞟魚缶而鼓之也

墨子曰農夫春耕夏耘秋歛冬藏息於吟缶

大周正樂曰今缶八永太初司馬滔進獻廣平樂兼此八缶具黄鍾一均聲

樂府雜録曰唐大中初有調音律官天興縣丞郭道源善擊甌用越甌邢瓶共一十二旋加減水以筯擊之其音妙於方響也

鐸

周禮曰二十五人爲兩置司馬一人因以名焉木舌金鈴曰鐸軍中執之以通鼓也

後周書曰長孫紹遠爲太常廣召工創造樂器土木絲竹各得其宜唯黄鍾不調紹遠每以爲意嘗因退朝經韓使君佛寺過浮圖三層之上有鳴鐸焉忽聞其音雅合宫調取而配奏方始克諧紹遠乃啓世宗行取

通禮義纂曰鐸大鈴振之以通鼓也

大周正樂曰鐸如鐃以木爲舌揺之以和鼓也

樂書曰木鐸者鈴也主銅爲之以木作舌故天將以夫子爲木鐸言施政教時天將命以號令天下文舞所執而鳴之以振文教

樂書曰金鐸者形同木鐸以爲金舌號令爲度鳴而驚衆舞所執以振武教者也

鄭注司馬職云掩上振之爲摝摝者止行息氣也六軍三三而居其間相遠故振鐸以通之使軍衆知可進可止之節也

司馬法曰鼓聲不過閶鼙聲不過閶鐸聲不過其琅也

廣古今五行記曰晉愍帝建興四年晉陵人陳寵在田得銅鐸五枚皆有龍虎形

大周正樂曰唐朝承周隋離亂之後樂懸散失獨無徵音國姓所闕知者不敢聞達其事天后末御史大夫李嗣真常密求之不得一旦秋爽聞砧聲有應之者在今弩營是當時英公宅又數年無由得之其後敬業舉兵敗走后瀦其宮嗣真乃求得喪車一鐸入而振之於東南隅果有應也遂掘之得石一段裁爲四具補樂懸之散闕今享宗廟郊天掛簨簴者乃嗣真所得也

鐃

釋名曰鐃鐃也者宮懸用之飾以流蘇

禮記曰始奏以文文擊鼓以驚衆也復亂以武武擊鐃而退也

太五ヨ八十四　五　趙福

周禮曰金鐃止鼓（鐃如鈴無舌有秉執而鳴之以止鼓也）

樂書曰金鐃小者似鈴執而鳴之以止鼓也舞武工人所執謂振而退武也大者懸而擊之象鍾形薄旁有二十四銑應律音而和樂也

說文曰鉦鐃也鈴柄中上下通鉦也銑小鐃也軍法卒長執銑漢有鼓吹曲有鐃歌

鐲

周禮曰鼓人以金爲鐲節鼓形如小鍾行鳴之以爲鼓節也近代有大銅疊懸而擊之

又曰卒長執鐃兩司馬執鐲言鐲鐃之用謂鉦鐸之屬以金鐃止鼓而金鐲節鼓然是四金之數故鐲者非雅樂器也

角

通禮義纂曰長鳴角也按蚩尤師魍魎與黃帝戰於涿鹿帝命吹角爲龍鳴以禦之魏武帝征烏桓軍士思歸乃減角爲中鳴其聲尤悲以應胡笳晉宋以降沿襲用之有長鳴唐禮大駕陳一百二十具是承晉魏之制也

宋樂志曰西戎有吹金者銅角長可二尺形如牛角書記所不載或云出羌胡以驚中國馬

又曰角長五尺形如竹筒本細末稍大未詳所起今鹵部及軍中用之或以竹木或以皮爲之無定制按古軍法有吹角也此器俗名拔邏迴蓋胡虜驚軍之音所以書傳無之海內亂離至侯景圍臺城方用之也

銅鈸

又曰銅鈸是西涼樂也以皮絙相擊應節今法樂用之

太五ヨ八十四　六　趙福

通典曰銅鈸亦謂之銅盤出西戎及南蠻其圓數寸隱起如浮漚貫之以韋相擊以和樂也南蠻國大者圓數尺或謂齊穆士素所造也

壤

風土記曰壤者以木作前廣後銳長尺三四寸其形如屐節僮以爲戲也堯時有八九十老人擊而歌曰日出而作日入而息鑿井而飲耕田而食帝何力於我哉

風俗通曰相拊也所以輔相於樂奏樂之時先擊相

又曰雅形如漆筩有推詩云訊疾以雅是也

撫相

大周正樂曰撫相以韋爲之實以糠撫之以節也

舂牘

周禮笙師曰云掌舂牘應雅鄭司農云狀如漆筩而弇口

太長五尺六寸以韋鞔之有兩紐虛無底舉以頓地如舂杵亦謂之頓相相助也以節樂也或謂梁孝王築睢陽城方十二里造唱聲以小鼓爲節築者下築和之後世謂此聲爲睢陽樂

柏板

樂府雜録曰玄宗令黄幡綽撰柏板譜幡綽乃於紙上畫一耳進之問其故對曰但有耳道則無失其節奏也韓文公因爲樂司

太平御覽卷第五百八十四

文部一

敘文

易賁卦彖曰觀乎天文以察時變觀乎人文以化成天下

春秋襄二十五年傳曰鄭子產獻捷于晉（獻入陳之功）士莊伯不能詰仲尼曰志有之言以足志文以足言不言誰知其志言之無文行之不遠

論語曰孔子曰周監於二代郁郁乎文哉吾從周

又曰子貢曰夫子之文章可得而聞也夫子之言性與天道不可得而聞也

又曰大哉堯之爲君也巍巍乎唯天爲大唯堯則之蕩蕩乎民無能名焉巍巍乎其有成功煥乎其有文章

揚子法言曰或曰良玉不雕美言不文何謂也曰玉不雕

璵璠不作器言不文典謨不作經

桓寬鹽鐵論曰內無其實而外學其文若畫脂鏤氷費日損功

王充論衡曰學問習熟則能推類興文文由外而滋未必實才與文相副也

魏文帝典論曰夫文本同而末異蓋奏議宜雅書論宜理銘誄尚實詩賦欲麗文以氣爲主氣之清濁有體不可力強而致古之作者寄身於翰墨見意於篇籍不假良史之辭不託飛馳之勢而聲名自傳於後故西伯幽而演易周旦顯而制禮不以隱約而弗務不以康樂而加思夫然則古人賤尺璧而重寸陰懼乎時之過已而人多不強力貧賤則懾於飢寒富貴則流於逸樂遂營目前之務而遺千載之功日月逝於上體貌衰於下忽然與萬物遷化斯志士之所大痛也

晉摯虞文章流別論曰文章者所以宣上下之象明人倫之敘窮理盡性以究萬物之宜者也王澤流而詩作成功臻而頌興德勳立而銘著嘉美終而誄集祝史陳辭官箴王闕周禮太師掌教六詩曰風曰賦曰比曰興曰雅曰頌言一國之事繫一人之本謂之風言天下之事形四方之風謂之雅頌者美盛德之形容賦者敷陳之稱也比者喻類之言也興者有感之辭也後世之爲詩者多矣其功德者謂之頌其餘則總謂之詩頌詩之美者也古者聖帝明王功成治定而頌聲興於是奏於宗廟告於鬼神故頌之所美者聖王之德也古之作詩也發於情止乎禮義情之發因辭以形之禮義之指須事以明之故有賦焉所以假象盡辭敷陳其志古詩之賦以情義爲主以事類爲佐今

之賦以事形爲本以義正爲助情義爲主則言省而文有例矣事形爲本則言富而辭無常矣文之煩省辭之險易蓋由於此夫假象過大則與類相遠逸辭過壯則與事相違辯言過理則與義相失麗靡過美則與情相悖此四過者所以背大體而害政教示以司馬遷割相如之浮說揚雄疾辭人之賦麗以淫也

沈約宋書論曰民稟天地之靈含五常之德剛柔迭用喜慍分情然則歌詠所興宜自生民始也周室既衰風流弥著屈平宋玉導清源於前賈誼相如振方塵於後英辭潤金玉高義薄雲天自茲以降情志愈廣王褒劉向揚班崔蔡之徒異軌同奔遞相師祖雖清辭麗曲時發于篇而蕪音累氣固亦多矣若夫平子艷發文以情變絕唱高蹤久無嗣響至于建安曹氏基命二祖陳王咸蓄盛藻自漢至

魏四百餘年辭人才子文體三變相如巧爲形似之言二
班長於情理之說子建仲宣以氣質爲體源其飈流所始
莫不同祖風騷降及元康潘陸特秀律異班賈體變曹王
縟采星稠繁文綺合綴平臺之逸響採南皮之高韻遺風
餘烈事極江右爰逮宋氏顏謝騰聲靈運之興會標舉延
年之體裁明密並方軌前秀垂範後昆

李充翰林論曰或問曰何如斯可謂之文荅曰孔文舉之
書陸士衡之議斯可謂成文也

陸景典語曰所謂文者非徒執卷於儒生之門攄筆於翰
墨之悉乃貴其造化之淵禮樂之盛也

文心雕龍曰人文之元肇自泰極幽讚神明易象惟先庖
犧畫其始仲尼翼其終而乾坤兩位獨制文言言之文也
天地之心哉若乃河圖孕乎八卦洛書韞乎九疇玉版金

鏤之寶丹文綠牒之華誰其尸之亦神理而已自鳥迹代
繩文字始炳炎皞遺事紀在三墳而年世渺邈聲采靡追
唐虞文章則煥乎爲盛元首載歌既發吟詠之志益稷陳
謨亦垂敷奏之風夏后氏興業峻鴻績九序詠謌勳德彌
縟逮及商周文勝其質雅頌所被英華日新文王憂患繇
辭炳燿符采複隱精義堅深重以公旦多才振其徽烈制
詩縟頌斧藻群言至若夫子繼聖獨秀前哲鎔鈞六經必
金聲而玉振雕琢性情組織辭令木鐸啓而千里應席珍
流而萬世響寫天地之輝光曉生民之耳目矣故爰自風
姓暨于孔氏玄聖創典素王述訓莫不原道心以敷章研
神理以設教著象乎河洛問數乎蓍龜觀天文以極變察
人文以成化然後能經緯區宇彌綸彝憲發揮事業彪炳
辭義故道沿聖以垂文聖因文以明道旁通而無滯日用

而不匱易曰鼓天下之動者存乎辭辭之所以能鼓天下
者道之文也

又曰方其搦翰氣倍辭前暨乎篇成半折心始何則意翻
空而易奇言徵實而難巧也是以臨篇綴翰必有二患理
鬱者苦貧辭溺者傷亂然則博見爲饋貧之糧貫一爲拯
辭之繁博而能一亦有助乎心力矣

又曰翬翟備色而翾翥百步肌豐而力沉也鷹隼無采而
翰飛戾天骨勁而氣猛也文章才力有似於此若風骨乏
采則鷙集翰林采乏風骨則雉竄文囿若藻耀而高翔固
文章之鳴鳳也

又曰括囊雜體功在銓別宮商朱紫隨勢各配章表奏議
則準的乎典雅賦頌歌詩則羽儀乎清麗符檄書移則楷
式於明斷史論序注則軌範於覈要箴銘碑誄則體制於

弘深連珠七辭則從事於功艷此循體而成勢隨變而立
功者也雖復契會相參節文互雜譬五色之錦各以本采
爲地矣

又曰夫薑桂因地辛在本性文章沿學能在天才故才自
內發學以外成有學飽而才餒有才富而學貧學貧者迍
邅於事義才餒者劬勞於辭情此內外之殊分也是以屬
意於文心與筆謀才爲盟主學爲輔佐合德文采必霸才
學褊狹雖美少功才童學文宜正體制必以情志爲神明
事義爲骨髓辭采爲肌膚宮商爲聲氣然後品藻玄黃摛
振金玉獻可替否以裁厥中斯綴思之恒數也夫文變無
方意見浮雜約則義孤博則辭叛變故多尤而爲事賊且
才分不同思緒各異或製首以通尾或尺接以寸附然通
製者蓋寡接附者甚衆若統緒失宗辭味必亂義脉不流

則偏枯文體夫能懸識湊理然後節文自會如膠之黏木石之合玉矣是以四壯異力而六轡如琴馭文之法有似於此昔張湯疑奏而再却虞松草表而屢譴並事理之不明而辭旨之失調也及倪寬更草鍾會易字而漢武歎奇晉景稱善者乃理得而事明心敏而辭當也

宋范曄獄中與諸生姪書以自序其略曰吾少懶學問年三十許始有尚耳自尔已來轉爲心化至於所通處皆自得之胷懷常爲情志所託故當以意爲主以文傳意以意爲主則其旨必見以文傳意則其辭不流然後抽其芬芳振其金石耳

金樓子曰王仲任言夫說一經者爲儒生也傳古今者爲通人也上書奏事者爲文人也能精思著文連篇章爲鴻儒也若劉子政楊子雲之列是也蓋儒生轉通人通人爲文人文人轉爲鴻儒也

又曰古之學者有二今之學者四焉夫子門徒轉相師授通聖人之經者謂之儒屈原宋玉枚乘長卿之徒止爲辭賦則謂文今之儒博窮子史但能識其事不能通其理者謂之學至如不便爲詩閻纂善爲章奏如伯松若此之流謂之筆吟詠風謡流連哀思者謂之文唯須綺縠紛披宮徵靡曼脣吻適會情靈搖蕩潘安仁清綺若是而評者止稱情切故知爲文之難也曹子建陸士衡皆文士觀其辭致側密事語堅明雖不以儒者命家此亦悉通其義也若夫今之俗也搢紳稚齒閭巷小生苟取成章貴在悅目龍首豕足隨時之宜牛頭馬髀強相附會夫挹酌道德憲章前言者君子所以行之也原憲云無財謂之貧學道不行謂之病末俗學徒頗或異此或假茲以爲伎術或狎之以爲戲笑未聞強學自立和樂慎禮者也

齊書曰陸厥字韓卿少有風槩好屬文時盛爲文章吳興沈約陳郡謝朓琅邪王融以氣類相推轂汝南周顒善識聲韻約等文皆用宮商將平上去入四聲以此制韻有平頭上尾蜂腰鶴膝五字之中音韻悉異兩句之内角徵不同不可增減世爲永明體厥與約書曰范詹事自序性別宮商識清濁特能適輕重濟艱難古今文多不全了斯處縱有會此者此必不從根本中來沈尚書亦云自靈均已來此秘未覩或闇與理合匪由思至張蔡曹王曾無先覺潘陸顏謝去之弥遠大旨欲宮羽相變低昂舛節若前有浮聲則後須切響一簡之内音韻盡殊兩句之中輕重悉異辭既美矣理又善焉但觀歷代衆賢似不都闇此處而云此秘未覩近於誣乎案范云不從根本中來尚書云匪由

思至斯則揣情謬於玄黄擿句着其音律也范又云時有會此者尚書云或闇與理合夫思有合離前哲同所不免文有開塞即事不得無之子建所以欲人譏彈士衡所以遺恨終篇自魏文屬論深以清濁爲言劉楨奏書大明體勢之致齟齬安帖之談操末續顛之說與玄黄於律呂比五色之相宣苟此秘未覩茲論爲何所指耶至於掩瑕藏疾合少謬多則臨淄所云人之著述不能無病者也長門上林殆非一家之賦洛神池鴈便成二體之作王粲初征他文未能稱是楊脩敏捷暑賦彌日不獻率意寡尤則事促乎一日翳愈伏而理賒於七步一人之思遲速天懸一家之文工拙壤隔何獨宮商律呂必責其如一耶

三國典略曰徐摛字士秀東海郯人也貟外散騎常侍起

之子文好新率不拘舊體梁武謂周捨曰爲我求一人文學俱長兼有德行者欲令與晉安遊處捨曰臣外弟徐摛形質陋小若不勝衣而堪此選梁武曰必有仲宣之才亦不簡其貌也乃以摛爲侍讀王爲太子轉家令文體旣別春坊盡學之謂之宮體宮體之號自斯而起

又曰齊主嘗問于魏收曰卿才何如徐陵收對曰臣大國之才典以雅徐陵亡國之才麗以艷

後周書庾信父肩吾爲梁太子中庶子掌管記東海徐摛爲左衛率摛子陵及信並爲抄撰學士父子在東宮出入禁闥恩禮莫與比隆旣有盛才文並綺艷故世號爲徐庾體焉

太平御覽卷第五百八十五

太平御覽卷第五百八十六

文部

詩

文心雕龍曰詩者持也持人情性三百之蔽義歸無邪持之爲訓有符焉尒人稟七情應物斯感感物吟志莫非自然昔有太唐之歌虞造南風之詩觀其二文詞達而已及大禹成功九序惟歌少康敗德五子咸諷順美匡惡其來久矣自商暨周雅頌圓備四始彪炳六義環深子夏監絢素之章子貢悟琢磨之句故商賜二子可以言詩自王澤殄竭風人輟采春秋觀志以諷誦舊章酬酢以爲賓榮吐納而成聲文逮楚國諷怨則離騷爲刺秦王滅典亦造仙詩漢初四言韋孟首唱匡諫之義繼軌周人孝武愛文栢梁列韻嚴馬之徒屬詞無方至成帝品録三百餘篇朝章

國采亦云周備而詞人遺翰莫見五言所以李陵班婕見擬於前代按邵南行露始肇半章孺子滄浪亦有全曲暇豫優歌遠見春秋邪徑童謡近在成世閲時取徵則五言久矣又古詩佳麗或稱枚叔其孤竹一篇則傅毅之詞比采而推固兩漢之作乎觀其結體散文直而不野宛轉附物怊悵切情實五言之冠冕也至於張衡怨篇清典可味仙詩緩歌雅有新聲暨建安之初五言騰踊文帝陳思縱轡以騁節王徐應對望路而爭驅並憐風月狎池苑述恩榮序酣宴慷慨以任氣磊落以使才造懷指事不求纖密之巧驅詞逐皃唯取昭晣之能此其所用也及正始明道詩雜仙心何晏之徒率多浮淺唯嵇志清峻阮旨遥深若乃應璩百一獨立不懼詞譎義貞魏之遺直也晉世群才稍入輕綺張左潘陸比肩詩衢采縟於正始力柔於建安或折文以爲武或流靡以自妍此其大略也江左篇製溺於玄風嗤笑徇務之志崇盛忘機之談袁孫已下雖各有雕采而詞趣一揆莫與爭雄所以景純仙篇挺拔而爲雋也宋初文詠體有因革嚴老告退而山水方滋儷采百家之偶爭價一句之奇情必極貌以寫物必窮力而追新此近代之所競也故鋪觀列代而情變之數可監撮舉同異而綱領之要可明矣若夫四言正體則雅潤爲本五言流調則清麗居宗華實異用惟才所安故平子得其雅叔夜合其潤茂先擬其清景陽振其麗兼善則子建仲宣偏美則太冲公幹然詩有恒裁思無定位隨性適分鮮能圓通若妙識所難其易也將至忽以爲易其難也方來矣至於三六雜言則出自篇什離合之發則萌於圖讖迴文所興則道原爲始聯句共韻則栢梁餘製巨細或殊情理同

致總歸詩囿故不繁云

列子曰堯微服遊於康衢聞兒童謡曰立我蒸民莫匪尒極不識不知順帝之則堯問曰孰教尒爲此言童兒曰我聞之大夫問大夫大夫曰古詩也

文章流別論曰詩言志歌永言古有採詩之官王者以知得失古詩之四言者振鷺于飛是也漢郊廟歌多用之五言者誰謂雀無角何以穿我屋是也樂府亦用之六言者我姑酌彼金罍是也樂府亦用之七言者交交黄鳥止于桑是也於俳諧倡樂世用之古詩之九言者泂酌彼行潦浥此注茲是也不入歌謡之章故世希爲之夫詩雖以情志爲本而以聲成爲節

顔延之庭誥曰荀爽云詩者古之歌章然則雅誦之樂篇全矣是以後之詩者率以歌爲名及秦勤望岳漢祀郊宮

辭著削史者文變之高制也雖雅聲未至弘麗難追矣遠李陵衆作揔雜不類是假託非盡陵制至其善篇有足悲者摯虞文論足稱優洽栢梁以來繼作非一纂所至七言而已九言不見者將由聲度闡誕不協金石至於五言流靡則劉楨張華四言側密則張衡王粲若夫陳思王可謂兼之矣

鍾嶸詩評曰古詩李陵班婕妤曹植劉楨王粲阮籍陸機潘岳張協左思謝靈運等十二人詩皆上品曹植詩其原出於國風其骨氣高奇辭彩華茂情兼雅怨體備文質粲然逸古卓尓不群嗟乎陳思之文章也譬人倫之有周孔鱗羽之有龍鳳音樂之有笙竽女工之有黼黻若孔子之門用文則公幹升堂思王入室王陽潘陸自可坐於廊廡之間劉楨文體出於古詩伏氣愛奇動多震絶楨骨氣淩霜高風跨俗但氣過其文彫潤恨少然自陳思已往楨稱獨步張協字景陽詩其原出於王粲文章華靜實少病累又巧構形似之言雄於潘岳靡於太冲風流調遠實曠代之高才其辭彩葱蒨音韻鏗鏘使人味之亹亹不倦阮籍詩其原出於小雅雖無彫斲之巧而詠懷之作可以陶性靈發幽致言在耳目之内情寄八荒之表洋洋乎會於風雅矣陶潛詩其原出於應璩又協左思風力文體省淨殆無長語篤意真古辭興婉媚至如懽言酌春酒日暮天無雲風華清靡豈直田家語邪古今隱逸詩之宗也

漢書曰王褒字子淵蜀人也宣帝時修武帝故事講論六藝劉向張子僑等待詔金馬門褒有俊材使褒作中和樂職如淳曰言王政中和在官者樂其職宣布詩藝林曰宣帝詩歌之名選好事者依鹿鳴之聲習而歌之

魏書曰李康字蕭遠性介立不和俗爲鄉里所嫉故官不進嘗作遊九疑詩明帝異其文問左右斯人安在吾欲擢之因起爲隰陽長卒

晉書載記曰李壽奢侈殺人以立威其臣龔壯作詩七篇託言應璩以諷壽壽報曰省詩知意若今人所作時賢之話言也古人所作死鬼之常辭耳

又曰桓玄既篡欲引用孟昶問其人於劉邁邁曰臣在京口不聞昶有異能但父子紛紛更相贈詩爾玄笑之而止

宋書曰顏延之與陳郡謝靈運共以詞彩齊名而遲速懸絶文帝嘗各勑擬樂府北上篇延之受詔便成靈運久之乃就延之嘗問鮑照已與靈運優劣照曰謝五言如初發芙蓉自然可愛君詩若鋪錦列繡彫繢滿眼鍾嶸詩評云靈運詩其原出於陳思雅有景陽之體嶸謂若人學多才博寓目輙書内無文思外無遺物其繁且富宜哉然名章秀句處處間起妙曲新聲駱驛奔發類青松拔木白玉映竹未足以貶高才也

又曰謝惠連方明之子也十歲能屬文族兄靈運嘉賞之云每有篇章對惠連輙得佳語嘗於永嘉西堂思詩竟日不就忽夢惠連則得池塘生春草大以爲工常云此語有神工非余語也

趙書曰徐光字季武年十四五爲將軍秣馬光但書馬枊吾浪反杜爲詩頌不親馬事

梁書曰丘遲字希範辭采麗逸時有鍾嶸詩評云范雲婉轉清便如流風迴雪遲詩點綴映媚似落花依草雖義淺文通而秀於敬子其見稱如此

三國典略曰周文州氐酋反制鄜州刺史高琳討平之軍

還帝宴群公卿士命賦詩言志琳詩云奇言賓車騎爲謝霍將軍何以報天子沙漠靜妖氛帝大悅曰樵徐陸梁未時欽塞卿言有驗國之福也

又曰齊蕭慤字仁祖爲太子洗馬嘗於秋夜賦詩其兩句云芙蓉露下落楊柳月中疎曰蕭仁祖之斯文可謂雕章間出昔潘陸齊軌不襲建安之風顏謝同聲遂革太乙之氣自漢逮晉情賞猶自不諧河北江南意製本應相詭顏黃門云吾愛其蕭散宛然在目而盧思道之徒雅所不愜箕畢殊好理宜固然

又曰王睎爲常山王司馬睎恬憺寡欲不以世務爲累時謂之方叔司馬常遊晉祠賦詩曰日落應歸去魚鳥見留連時常山王遣使召睎睎不時至明日承相西閤祭酒盧思道問睎昨已朱顏得無魚鳥致怪乎睎笑曰昨陶然以

酒被責卿輩亦是留連之一物豈直魚鳥而已哉

又曰辛德源嘗於邢邵座賦詩其十字曰寒威漸離風春色方依樹衆咸稱善後王昕逢之謂曰今日可謂寒威離風春色依樹

隋書曰楊素嘗以五言詩七百字贈番州刺史薛道衡詞氣宏拔風韻秀出亦爲一時盛作未幾而卒道衡歎曰人之將死其言也善豈若是乎

唐書文苑傳曰元萬頃乾封中從英國公李勣征高麗爲遼東道管記時別帥馮本以水軍援裨將郭封舡破失期封欲作書與勣恐高麗知其救兵不至乘危迫之乃令萬頃作離合詩贈勣勣不達其意大怒曰軍機急切何用詩爲必斬之萬頃解釋之乃止

又曰錢起能五言詩初從鄉薦家寄江湖嘗於客舍月夜獨吟遽聞人吟於廷曰曲終人不見江上數峯青起愕然攝衣視之無所見矣以爲鬼怪而志之及起就試之年李暐所試湘靈鼓瑟詩題中有青字起即以鬼謠十字爲落句暐深嘉之稱爲絕唱是歲登第

又曰元稹聰警絕人年少有才名與太原白居易爲友工爲詩善狀詠當時風態物色當時言詩者稱元白焉自衣冠士子至閭閻下俚悉傳諷之號爲元和體穆宗在東宮有妃嬪左右嘗念及稹篇詠者宮中呼爲元才子至是極承恩遇嘗爲長慶宮詞數十百篇閭里竟爲傳唱

又曰劉禹錫晚年與少傅白居易友善居易詩筆文章時無在其右者嘗與禹錫唱和往來因集其詩而序之曰彭城劉夢得詩豪者也其鋒森然少敢當者予不量力往往犯之夫合應者聲同交爭者力敵一往一復欲罷不能一二

年來日尋筆硯同和贈荅不覺滋多大和三年春已前紙墨所在者凡一百三十八首其餘乘興仗醉率然作者不在此數嘗戲微之云僕與足下二十年來爲文友詩敵幸也亦不幸也吟詠情性播揚名聲其適遺形其樂忘老幸也然江南士女語才子者多云元白以子之故使僕不得獨步於吳越間此亦不幸也今垂老復遇夢得非重不幸耶夢得文之神妙莫先於詩若妙與神則吾豈敢如夢得雪裏高山頭白早海中仙果子生遲沉舟側畔千帆過病樹前頭萬木春之句之類真謂神妙矣在在處處應有靈物護持豈止兩家子弟秘藏而已

世說曰夏侯孝若作周詩成示潘岳曰此文非徒溫雅乃見孝悌之性潘因此遂作家風詩

又曰孫秀收石崇潘岳先送石東市潘後至石謂潘曰安

仁卿亦復尔耶潘曰可謂白首同所歸潘金谷詩云投分寄石友白首同所歸乃成其詩

又曰孫子荊除婦服作詩以示王武子曰未知文生於情情生於文覽之悽然增伉儷之重

文士傳曰張秉自知短命乃作千年歌詩以自傷。顏氏家訓曰王籍入若邪溪詩云蟬噪林逾静鳥鳴山更幽江南以為文章斷絶物無異議簡文吟詠不能忘之

金樓子云有何賙智者常於任昉座賦詩而其詩言不類任云卿詩可謂高厚其人大怒曰遂以我詩為狗號

國朝傳記曰薛道衡聘陳為人日詩云入春纔七日離家已二年南人嗤之曰是底言語誰謂此虜解作詩及云人歸落鴈後思發在花前乃喜曰名下固無虚士

國朝雜記曰沈佺期以工詩著名燕公張說嘗謂之曰沈

三兄詩直須還他第一

國史補曰德宗以二月一日為中和節宴百寮賦詩群臣奉和詔寫本賜戴叔倫於容州天下榮之

又曰杜佑在淮南進崔叔清詩百篇上曰此惡詩焉用進時人謂之淮勑惡詩

陸機文賦曰詩緣情而綺靡

太平御覽卷第五百八十六

太平御覽卷第五百八十七

文部三

賦

詩序曰詩有六義焉一曰風二曰賦

釋名曰賦敷也敷布其義謂之賦也

漢書曰不歌而誦謂之賦登高能賦可以爲大夫言感物造端材智深美可以與圖政事故可以列爲大夫也春秋之後周道寖壞聘問歌詠不行於列國歌詠之士逸在布衣賢人失志之賦作矣孫卿及楚臣屈原離讒憂國皆作賦以風諭咸以惻隱古訓之義也其後宋玉唐勒漢興枚乘司馬相如下及揚子雲競爲侈麗閎廣之語設其風諭之義是以揚子稱之曰詩人之賦麗以則辭人之賦麗以淫如孔氏之門用賦也則賈誼登堂相如入室矣

又曰上令王褒與張子僑等並待詔數從遊獵所幸宮館輒爲歌頌第其高下以差賜帛議者多爲淫靡不急上曰不有博弈者乎爲之猶賢乎已辭賦大者與古詩同義小者辯麗可嘉如女工有綺縠音樂有鄭衛今世俗猶皆以此娛說耳目辭賦比之尚有仁義風諭鳥獸草木多聞之觀賢於倡優博弈遠矣

又曰武帝以安車徵枚乘孼子皋母爲小妻乘之東歸也皋母不肯隨乘乘怒留皋與母居年十七上書自陳枚乘之子上得大喜召入詔使賦平樂館善之拜爲郎皋不通經術談笑類俳倡爲賦頌好慢戲以故得媟黷貴幸比東方朔郭舍人等武帝春秋二十九乃得皇太子群臣喜故皋與東方朔皇太子生賦皋爲文疾受詔輒成司馬相如善爲文而遲故所作少

又曰上讀司馬相如子虛賦善之乃召相如相如曰此乃諸侯之事未足觀請爲天子遊獵之賦上令尚書給筆札相如以子虛虛言也爲楚烏有先生者烏有此事爲難亡是也欲明天子之義故虛籍此三人爲辭以推天子諸侯之苑囿其卒歸於節儉因以諷諫天子天子大悅時上好神仙相如又奏大人賦天子大悅飄飄有凌雲之氣游天地之間意

又曰趙昭儀方大幸每上幸甘泉常從在屬車間豹尾中故揚雄盛言車騎之衆參麗之駕非所以感動天地逆釐三神又言屏玉女却宓妃以懲齊戒之事賦成奏之天子異焉先是時蜀有司馬相如作賦甚弘麗溫雅雄心壯之每作賦常擬以爲式

後漢書曰王延壽字文考少遊魯國作靈光殿賦後蔡邕亦造此賦未成及見延壽所爲甚奇之遂輟翰

又曰李充字伯仁少以文章顯名賈逵薦充召詣東觀受詔作賦拜蘭臺令史

魏志曰陳思王植太祖常視其文曰汝倩人耳植跪曰出言爲論下筆成篇固當面試時鄴銅雀臺新成太祖悉將諸子登使各賦植賦援筆立成太祖甚異之

吴書曰張紘作柟榴枕賦陳琳在北見之以示人曰此吾鄉里張子紘所作也後紘見琳武庫賦應機論與琳書歎美之琳荅曰自僕在河北與天下隔此間率少於文章易爲雄伯故僕受此過美之談非其實也今景在此足下子布在彼所謂小巫見大巫神氣盡矣

魏略曰卞蘭獻賦贊述太子德美太子報曰作者不虛其辭受者必當其實蘭此豈吾實哉昔吾丘壽王一陳寶鼎

何武等徒以歌頌猶受金帛之賜蘭事雖不諒義足嘉也今賜牛一頭

又曰邯鄲淳作投壺賦奏之文帝以為工賜絹千疋

晉書曰孫綽絶重張衡左思賦云三都二京六經之皷吹也嘗作天台山賦辭致甚工初成以示友人范榮期云卿試擲地當作金石聲也榮期曰恐此金石非中宮商然每至佳句輒云應是我輩語

又曰桓温欲經緯中國以河南粗平將移都洛陽朝廷畏温不敢為異而北土蕭條人情危懼孫綽上䟽言不可温見綽表不悦曰致意興公何不尋君遂初賦而知人家國事耶

又曰顧愷字長康晉陵無錫人也博學有才氣嘗為箏賦成謂人曰吾賦之比嵇琴不賞者必當以後出相遺深識

者亦當以高奇見貴

宋書曰謝莊字希逸仕為太子中庶子時南平王鑠獻赤鸚䳇帝詔羣臣為賦太子左衛率袁淑文冠當時作賦畢示莊及見莊賦歎曰江東無我卿當獨秀我若無卿亦一時之傑遂隱其賦

梁書曰張率為待詔賦奏之甚見稱賞手勑答曰相如工而不敏枚皐速而不工卿可謂兼二子於今之世矣

又曰沈衆字仲興好學有文詞仕梁為太子舍人時武帝制千字詩衆因注解與陳謝暠同時召見于文德殿帝命衆竹賦賦成奏之手勑答曰卿文體翩翩可謂無忝尔祖

北齊書曰劉晝舉秀才入京考策不第乃恨不學屬文方復緝綴辭藻言甚古拙制一首賦以六合為名自謂絶倫吟諷不輟乃歎曰儒者勞而少工見於斯矣我讀儒書二十餘年而答策不第始學作文便得如是曾以此賦呈魏收收謂人曰賦名六合其愚已甚及見其賦又愚於名

唐書曰獲嘉主簿劉知幾著思慎賦以刺時鳳閣侍郎蘇味道李嶠見文相顧而歎曰陸機豪士之所不及也當今防身要道盡在此矣

又曰文苑傳李華字遐叔善屬文與蘭陵蕭頴士友善華應進士時著含元殿賦萬餘言頴士見而賞之曰景福之上靈光之下

後唐書曰李琪以孤貧苦學尤精於文賦昭宗時李谿父子以文學知名於時琪年十八九袖賦一軸謁谿谿覽賦驚異倒屣迎門因出琪啞鍾捧日等賦指尔謂琪曰予常患近年文士辭賦皆數句之後未見賦題吾子入句見題偶屬典麗吁可畏也琪由是以益知名也

摯虞文章流别論曰賦者敷陳之稱古詩之流也前世為賦者有孫卿屈原尚頗有古之詩義至宋玉則多淫浮之病矣楚詞之賦賦之善者也故楊子稱賦莫深於離騷賈誼之作則屈原儔也

祢衡傳曰黄祖時大會賓客人有獻鸚䳇者祖舉巵酒於衡曰願先生賦之以娛佳賓衡攬筆而作文無加點辞采甚麗

文心雕龍曰詩有六義其二曰賦賦者鋪也鋪采摛文躰物寫志也昔邵公稱公卿獻詩師箴瞽賦傳云登高能賦可為大夫詩序則同義傳説則異躰總其歸塗實相枝幹故劉向明不歌而頌班固稱古詩之流至如鄭莊之賦大隧士蔿之賦狐裘結言短韻詞自已作雖合作賦躰明而未融及靈均唱騷始廣聲貌然則賦也者受命於詩人而

柘宇於楚辭者也於是荀況禮智宋玉風鈞爰錫名號與詩畫境六義附庸蔚成大國遂客主以首引極聲貌以窮文斯蓋別詩之源始命賦之厥初也秦世不文頗有雜賦漢初辭人循流而作陸賈扣其端賈誼振其緒枚馬洞其風王揚騁其勢臯朔以下品物畢圖繁積於宣時校閱於成世進御之賦千有餘首討其源流信興楚而盛漢矣若夫京殿苑獵述行叙志並體國經野義尚光大既履端於唱序亦歸餘於總詞序以建言首引情本詞以理篇寫送文勢觀夫荀結隱語事義自懷宋發誇談實始淫麗枚乘兔園舉要以會新相如上林繁類以成艷賈誼　鳥致辨於情理子淵洞簫窮變於聲貌孟堅兩都明絢以贍雅張衡二京迅拔宏富子雲甘泉搆深偉之風延壽靈光含飛動之勢凡此十家並辭賦之英傑也及仲宣靡密發篇必

遒偉長博通時逢壯采太沖安仁策勳於鴻規士衡子安底績於流製景純綺巧縟理有餘彥伯梗槩情韻不匱亦魏晉之賦首也原夫登高之旨蓋覩物興情情以物興故義必明雅物以情覩故詞必巧麗麗詞雅義符采相勝如組織之品朱紫畫繪之差玄黃文雖雜而有實色雖糅而有儀此立賦之大躰也然逐末之儔蔑棄其本雖讀千首逾惑躰要遂使繁華析枝膏腴害骨無貴風軌莫益勸戒此揚子所以追悔於雕蟲貽誚於霧縠者也

宋玉大言賦序曰楚襄王既登雲陽之臺命諸大夫景差唐勒宋玉等並造大言賦賦卒而玉受賞又有能爲小言賦者賦之雲夢之田而賦卒乃賜玉田

揚子法言曰或問曰吾子少而好賦曰然童子雕蟲篆刻壯夫不爲詩人之賦麗以則辭人之賦麗以婬若孔氏之門而用賦則賈誼升堂相如入室

崔鴻十六國春秋南凉録曰禿髮傉檀子歸年始十三命爲高殿賦下筆即成影不移漏傉檀覽而善之擬之於曹子建

又前秦録曰符堅宴羣臣于逍遥園將軍講武文官賦詩有洛陽年少者長不滿四尺而聰博善屬文因朱彤上逍遥戲馬賦一篇堅覽而奇之曰此文綺藻清麗長卿儔也

西京雜記曰長安有度虬亦善爲賦常爲清思賦時人不貴虬乃託以相如作遂大重於世焉

又曰相如將獻賦而未知所爲夢一黄衣翁謂之曰子可爲大人賦言神仙之事以獻上　賜錦四匹

又曰司馬長卿賦時人皆稱典而麗雖詩人之作不能加也揚子雲曰長卿賦不從人間來神化所主耳子雲學相如爲賦而不逮是故雅服焉

又曰司馬相如爲上林子虛賦意思蕭散不復與外相關控引天地錯綜古今忽然而睡煥然而興幾百日而後成其友人盛覽字長通牂牁名士嘗問以作賦相如曰合綦組以成文列錦繡而爲質一經一緯一宮一商此作賦之迹也賦家之心苞括宇宙總覽人物斯乃得之於内不可得其傳也乃作合組歌列錦賦而退身終不復敢言作賦之心矣

博物志曰王延壽逸之子也曾作靈光殿初成逸語其子曰汝爲狀歸吾欲爲賦文考遂以韻爲簡其父曰此即好賦吾固不及矣

三國典略曰齊魏收以温子昇邢卲不作賦乃云會須作賦始成大才唯以章表自許此同兒戲

文士傳曰何楨字元幹青龍元年天子特詔曰揚州别駕

何禎有文章才試使作許都賦成封上不得令人見禎遂造賦上甚異之

又曰棘嵩見陸雲作逸民賦嵩以爲丈夫出身不爲孝子則爲忠臣必欲建功立策爲國宰輔遂作官人賦以反雲之賦

桓子新論曰予少時見揚子雲麗文高論不量年少猥欲追及業作小賦用思太劇而立感動發病子雲亦言成帝上甘泉詔使作賦爲之卒暴倦卧夢其五藏出地以手收之覺大少氣病一歲余少好文見子雲工爲賦頌欲從學子雲曰能讀千賦則善之矣

魏文典論曰今之文人魯國孔融廣陵陳琳山陽王粲北海徐幹陳留阮瑀汝南應瑒東平劉楨此七子者於學無所遺於辭無所假如粲之初征登樓槐賦幹之玄猨漏卮

圓扇枕賦雖張蔡不過也陳琳阮瑀之章表書記今之儁也應瑒和而不壯劉楨壯而不密孔融體氣高妙有過人者

魏文臨渦賦曰余從上拜墳乘馬過水相佯高樹之下駐馬書鞭爲臨渦賦

世說曰左思字太冲齊國臨淄人也作三都賦十年乃成門庭戶席皆置筆硯遇得一句即便疏之賦成時人皆有譏訾思意甚不愜後示張華華曰此二京可三然君文未重於世宜以示高名之士思乃請序皇甫謐謐見之嗟嘆遂爲作序於是先相訾者莫不斂衽讃述焉陸機入洛欲爲此賦聞思作之撫掌而笑與弟雲書曰此間有傖父欲作三都賦須其成當以覆酒甕耳及思賦出機絶歎服以爲不能加也

又曰袁宏作東征賦列稱過江諸名德而獨不載桓彝溫甚恨之嘗以問宏宏曰尊君稱位非下官敢專既未呈啓故不敢顯之溫曰君欲何爲詞宏即荅云風鑒散朗或搜或引身雖可亡道不可殞溫乃喜又不道陶侃侃子胡奴抽刃於曲室問袁君賦云何忽袁急而荅曰大道尊公何言無因曰精金百鍊在割能斷功以治民職思靜亂長沙之勳爲史所讃胡奴乃止

金樓子云劉休玄好學有文才爲水仙賦時人以爲不减洛神賦擬古詩時人謂陸士衡之流也余謂水仙不及洛神擬古勝乎士衡矣

閩川名士傳曰貞元中杜黃裳知貢舉試珠還合浦賦進士林藻賦成憑几假寐夢人謂之曰君賦甚佳但恨未叙珠來去之意尔藻悟視其草乃足四句其年擢第謝杜黃裳謂曰唯林生叙珠來去之意若有神助

太平御覽卷第五百八十七

太平御覽卷第五百八十八

文部四

頌　讚　箴

頌

詩序曰頌者美盛德之形容以其成功告於神明者也

又曰烝民尹吉甫美宣王也其詩曰吉甫作頌穆如清風

陸機文賦曰頌則優游以彬蔚

文章流別論曰頌詩之美者也古者聖帝明王成功治定而頌聲興於是史錄其篇工歌其章以奏於宗廟告於神明故頌之所美則以爲名或以頌形或以頌聲其細已甚非古頌之意昔班固爲安豐戴侯頌史岑爲出師頌和熹鄧后頌與魯頌體意相類而文辭之異古今之變也揚雄趙充國頌頌而似雅傅毅顯宗頌文與周頌相似而雜以風雅之意若馬融廣成上林之屬純爲今賦之體而謂之頌失之遠矣

文心雕龍曰四始之至頌居其極頌者容也所以美盛德而述形容也昔帝嚳之世咸累爲頌以歌九招自商頌已下文理允備夫化偃一國謂之風風正四方謂之雅雅容告神謂之頌風雅序人故事資變正頌主告神故義必純美魯以旦次編商以前王追錄斯乃宗廟之正歌非饗燕之恒詠也時邁一篇周公所製哲人之頌規式存焉夫三閭橘頌情采芬芳比類屬興又覃及細矣至於秦政刻文爰頌其德漢之惠景亦有述容沿世並作相繼於時矣若夫子雲之表充國孟堅之序戴侯武仲之美顯宗史岑之述僖后或擬清廟或範駉那雖深淺不同詳略有異其褒德顯容典章一也原夫頌惟典懿詞必清鑠敷寫似賦而不入華侈之區敬慎如銘而異於規式之域揄揚以發藻汪洋以樹儀雖纖巧曲致與情而變其大體所弘如斯而已

漢書曰宣帝徵王襃爲聖主得賢臣頌襃對曰夫荷旃被毳者難與道純綿之麗密羹藜含糗者不足與論大牢之滋味今臣僻在西蜀生於窮巷之中長於蓬茨之下無有遊觀廣覽之知不足以塞厚望應明旨雖然敢不略陳愚而抒情素

又曰成帝時西羌嘗有警上思將帥之臣追美充國乃召黄門郎楊雄即充國圖畫而頌之

後漢書曰帝召賈逵因勑蘭臺給筆札使作神雀頌

范曄後漢書曰肅宗治脩古禮巡狩方嶽崔駰上西巡頌稱漢德帝雅好文章自見駰頌後常嗟歎之問侍中竇憲

曰卿寧知崔駰乎對曰班固數爲臣說之然未見帝曰公愛班固而忽崔駰此葉公之好龍也可試見之駰由此候憲憲屣履迎門笑謂駰曰亭伯吾受詔交公何得薄我哉遂揖入以爲上客

又曰傅毅與班固賈逵共典校書毅追美孝明帝功德最盛而廟頌未立乃依清廟作顯宗頌十篇奏之

又曰平望侯劉毅以和熹鄧太后有德教請令史官著長樂宮聖德頌以敷宣景耀勒勳金石縣之日月攄之罔極以崇陛下烝烝之孝帝從之

魏志曰黄初三年黄龍見鄴西漳水中山王袞上頌賜黄金十斤

晉春秋曰懷帝陷於平陽劉聰加帝開府儀同三司會稽郡公引帝入醼謂帝曰卿爲豫章王時朕與王武子俱造

卿武子稱朕於卿卿言聞名久矣卿以所作樂府文示朕曰劉君聞君善詞賦試爲看也朕與武子俱爲盛德頌卿稱善者久之又引朕射于皇堂朕得十二籌卿與武子俱得九籌卿又贈朕柘弓銀硯卿頗憶否帝曰安敢忘之恨尒日不得早識龍顏聰曰卿家骨肉何相殘之甚邪帝曰此殆非人事皇天意也大漢將興應乾受曆故爲陛下自相驅耳且臣家若能奉武皇帝之業九族敦睦陛下何由得之聰甚有喜色

晉書曰劉臻妻陳氏聰敏能屬文嘗正旦獻椒花頌其詞曰旋穹周廻正朝肇建青陽散暉澄景載煥

藏榮緒晉書曰劉伶字伯倫沛國人也志氣曠放以宇宙爲狹著酒德頌爲建威參軍以壽終

崔鴻春秋前燕錄曰慕容儁觀兵近郊見甘棠于道周從

者不識儁曰唏此詩所謂甘棠于道甘者味之主也木者春之行也五德屬仁五行主土春以施生味以養物色又赤者言將有赫赫之慶于中土吾謂國家之盛此其徵也傳曰外髙能賦可以爲大夫羣司亦各書其志吾將覽焉於是內外臣寮並上甘棠頌

南史曰梁大同中嘗驟雨殿前往往有雜色寶珠梁武觀之甚有喜色虞寄因上瑞雨頌帝謂寄兄荔曰此頌典裁清拔卿之士龍也將加擢用寄聞之歎曰美盛德之形容以申擊壤之情耳吾豈買名求仕者乎

後周書曰顏之儀幼穎悟三歲能讀孝經及長博涉羣書好爲詞賦嘗獻神州頌辭以雅贍梁元帝手勑報曰枚乘二葉俱得遊梁應貞兩世並稱文學我求才子鯁慰良深江陵平之儀隨例遷長安世宗以爲麟趾學士

隋書志曰北齊中書侍郎杜臺卿上世祖武成皇帝頌齊主以爲未能盡善令和士開以頌示李德林宣旨云臺卿此文未當朕意以卿有大才須敘盛德即宜速作急進本也德林乃上頌十六章并序武成覽頌善之賜名馬一疋

鄭玄別傳曰民有嘉瓜者異本同實縣欲表附文辭鄙略君爲改作又著頌二篇俟相高其才

王充論衡曰古之帝王建鴻德者須鴻筆之臣褒頌紀德也

又曰永平中神雀羣集孝明詔上神雀頌百官上頌文比瓦石唯班固賈逵傅毅楊終侯諷五頌文比金玉

崔駰西巡頌表曰臣聞陽氣發而鶬鶊鳴秋風厲而蟋蟀吟氣之動也唐虞之世樵夫牧豎擊轅中韶感於和也臣不知手足之動音聲敢獻頌云

零陵先賢傳曰周不疑字文直曹公時有白雀瑞儒林並

已作頌不疑見操授紙筆立令復作操奇之

讚

釋名曰稱人之美曰讚讚纂也纂集其美而敘之也

文心雕龍曰讚者明也助也昔虞舜之祀樂正重贊蓋唱發之詞也及益贊于禹伊陟贊于巫咸並颺言以明事嗟嘆以助詞者也故漢置鴻臚以唱拜爲讚即古之遺語也至如相如屬詞如贊荊軻及史班書記以讚褒貶約文以惣録頌體而論詞又紀傳後評亦同其名而仲治流別謬稱爲述失之遠矣及景純任雅動植必讚讚兼美惡亦猶頌之有變耳然本其爲義事生獎歎所以古來篇體促而不廣必結言於四字之句槃桓乎數韻之詞約舉以盡情照灼以送文比其體也發言雖遠而致用蓋寡大抵所歸

其頌家之細條也

李充翰林論曰容象圖而讚立宜使辭簡而義正孔融之讚揚公亦其美也

晉書曰嵇含紹之孫也弘農王粹以貴公子尚主館宇甚盛圖莊周於室廣集朝士使含爲之讚含援筆爲之文不加點其略曰嗟乎先生高迹何局生處巖岫之居死寄雕楹之屋旣非其所没有餘辱粹有愧色

又曰衛恒字巨山爲黄門郎善草隸太康元年汲縣人盜發魏襄王冢得策書十餘萬言其一卷論楚者最爲工妙恒悦之故竭思以贊其美

世說曰羊孚作雪讚曰資清以化乘氣以霏遇象能鮮即潔成輝桓伊遂以書扇

箴

文心雕龍曰箴所以攻疾除患喻針石垣

又曰斯文之興盛於三代夏商二箴餘句頗存及周之辛甲百官箴闕唯虞箴一篇體義備焉迄至春秋微而未絶故魏絳諷君於后羿楚子訓人於在勤戰伐已來棄德務功銘辭代興箴文萎絶至楊雄稽古始範虞箴卿尹州牧二十篇及崔胡補綴摠稱百官指事配位鞶鑒有徵可謂追清風於前古攀辛甲於後代者也至於潘勗符節要而失淺温嶠侍臣博而患繁王濟國子引多事寡潘君乘輿義正體蕪凡斯繼作鮮有克衷至於王朗雜箴乃眞巾履得其戒愼而失其所施觀其約文舉要憲章武銘而水火井竈繁辭不已志有偏也夫箴誦於經銘題於器名用雖異而警戒實同箴全禦過故文資確切銘兼褒讚故理貴弘潤取其要也然天言之道蓋闕庸器之制久淪所以箴銘寡用罕施後代惟秉文君子宜酌其遠大矣

陸士衡文賦曰箴頓挫而清壯

周書曰夏箴曰小人無兼年之食遇天饑妻子非其妻子也大夫無兼年之食遇天饑臣妾非其臣妾也卿大夫無兼年之食遇天饑臣妾轝馬非其有也國無兼年之食遇天饑百姓非其有也

左傳襄元曰昔周辛甲之爲太史命百官官箴王闕（辛甲周武王太史也闕過也百官各以箴辭以誡王過也）於虞人之箴曰（虞人掌田獵者）芒芒禹跡畫爲九州（芒芒遠貌畫分也）經啓九道（九道九州之道也啓開也）民有寢廟獸有茂草各有攸處德用不擾（人神各有歸故德不亂也）在帝夷羿冒于原獸（冒貪也）忘其國恤而思其麀牡（言但念獵）武不可重（重猶數也）用不恢于夏家（羿以好武雖有夏家而不能恢大也）獸臣司原敢告僕夫（獸臣虞人也告僕夫不敢斥尊也）

范曄後漢書曰崔琦字子瑋梁冀聞其才請與交冀行多不軌琦數引古今成敗以誡之冀不能受作外戚箴

晉書曰張華懼后族之盛作女史箴以爲諷賈后雖凶妒而知敬重華

又曰文帝子齊王攸武帝時爲太子太傅獻箴於太子其略曰無曰父子之間昔有江充無曰至親匪二或容潘崇諛言亂眞譖潤離親驪姬之讒晉侯疑申固親以道勿固以恩修身以敬勿託以尊世以爲工

後周書曰齊王憲友劉休徵獻王箴一首憲美之休徵後又以此箴上高祖高祖方翦削諸弟甚悦其文

唐書曰元和中吏部郎中柳公綽獻太醫箴曰寒暑滿天地之間浹肌膚於外好愛溢耳目之前誘心知於內端潔爲隄奔射猶敗氣行無間隙不在大睿聖之姿清明絶俗

心正無斜志高寡欲謂天高矣氣蒙晦之謂地厚矣横流潰之聖情超遥萬方頼之飲食所以資身也過則生患衣服所以稱德也侈則生慢惟過與侈心必隨之氣與心流疾亦伺之上深嘉歎降中使勞問

又曰敬宗遊幸無度李德裕獻丹扆箴六首宵衣箴曰先王聽政昧爽以俟鷄鳴旣盈日出而視伯禹大聖寸隂爲貴光武至仁反支不忌無俾姜后獨去簪珥彤管記言克念前志又有正服罷獻納誨辨邪防微等箴文多不載帝甚嘉之

胡廣百官箴叙曰箴諫之興所由尚矣聖君求之於下忠臣納之於上故虞書曰予違汝弼汝無面從退有後言墨子著書稱夏箴之辭

崔瑗叙箴曰昔楊子雲讀春秋傳虞人箴而善之於是作

爲九州及二十五官箴規臣救言君德之所宜斯乃體國之宗也

太平御覽卷第五百八十八

太平御覽卷第五百八十九

文部五

碑

釋名曰碑被也此本葬時所設也於是鹿盧以繩被其上引以下棺追述君父之功美以書其上後人因焉故建道陌之頭名其文謂之碑也

文心雕龍曰碑者裨也上古帝皇紀號封禪樹石裨岳故曰碑也周穆紀迹于弇山之石亦古碑之意也又宗廟有碑樹之兩楹事止麗牲未勒勳績而庸器漸闕故後代用碑以石代金同乎不朽自廟徂墳猶封墓也自後漢已來碑碣雲起才鋒所斷莫高蔡邕觀楊賜之碑骨鯁訓典陳郭二文詞無擇言周胡衆碑莫不精允其序事也該而要其綴采也雅而澤清辭轉而不窮巧義出而卓立察其爲

才自然至矣孔融所創有慕伯喈張陳兩文辭洽之來亦其亞也及孫綽爲文志在於碑温王郗庾詞多枝雜桓彝一篇最爲辨裁矣此碑之致也屬碑之體資乎史才其序則傳其文則銘標序盛德必見清風之華照紀鴻懿必見峻偉之烈此碑之致也夫碑實銘器銘實碑文因器立名事光於誄是以勒器讚勳者入銘之域樹碑述亡者同誄之區焉

禮記喪大記曰君葬用輴四綍二碑御柩用羽葆大夫葬用輴二綍二碑御柩用茅士喪用國車二綍無碑又祭義曰祭之日君牽牲入廟門麗于碑麗猶繫也

東觀漢記曰竇章女順帝初入掖庭爲貴人早卒帝追思之詔史官樹碑頌德章自爲之辭

范曄後漢書曰郭林宗卒同志者乃共刻石立碑蔡邕爲其文既而謂盧植曰吾爲碑多矣皆有慙德唯郭有道碑無愧色耳

又蔡邕傳曰邕以經籍去聖久遠文字多謬俗儒穿鑿疑誤後學乃與五官中郎將堂谿典光禄大夫楊賜諫議大夫馬日磾議郎張馴韓説太史令單颺等奏求正定六經文字靈帝許之邕乃自丹於碑使工鐫刻立太學門外於是後儒晚學咸取焉及碑始立其觀視及摹寫者車乘日千餘兩塡塞街陌

魏志曰王粲與人共行讀道邊碑人問曰卿能闇乎曰能因使背而誦之不失一文

又曰鄧艾字士載年十二隨母至潁川讀陳寔碑文言爲世範行爲士則艾遂更名範字士則後宗族有與同者故改焉

晉書曰隱逸傳戴逵字安道譙國人也少博學好談論善屬文能鼓琴工書畫其餘工藝靡不畢綜總角時以雞卵汁溲白瓦屑作鄭玄碑又爲文而自鐫之詞麗器妙時人莫不驚歎

又曰郭璞爲庾冰筮曰墓碑生金庾氏大忌後冰子爲廣州刺史碑生金爲桓温所滅

又曰杜預好爲後世名常言高岸爲谷深谷爲陵刻石爲二碑紀其勳績一沉萬山之下一立峴山之上曰焉知此後不爲陵谷乎

又曰孫綽少以文才垂稱于時文士綽爲其冠温王郗庾諸公之薨必須綽爲碑文然後刊石焉

又曰扶風武王駿當都督雍梁病薨追贈大司馬加侍中假黄鉞西土聞其薨也泣者盈路百姓爲之樹碑長老見

碑無不下拜其遺愛如此

又曰唐彬爲幽州百姓追慕彬功德生爲立碑作頌彬初受學於東海閻德門徒甚多獨目彬有廊廟才及彬官成而德已卒乃爲之立碑

王隱晉書曰石瑞記曰永嘉初陳國項縣賈逵石碑中生金人盜取盡復生此江東之瑞

齊書曰竟陵王薨范雲是故吏上表請爲立碑文云人蓄油素家懷鈆筆瞻彼景山徒然望慕油素絹也筆所以理書也

三國典略曰梁宗懔少聰敏好讀書語輒引古事鄉里呼爲小學士梁主使製龍川廟碑一夜便就詰朝呈上梁王美之

又曰陸雲吳郡吳人嘗製太伯廟碑吳興太守張纘罷郡經途讀其文歎美之曰今之蔡伯喈也至都言於高祖高

祖召兼尚書議郎頃之即眞

後魏書曰衛操桓帝以爲輔相任以國事劉石之亂勸桓帝匡助晉氏東瀛公司馬騰聞而善之表加右軍封定襄侯桓帝崩後操立碑於邦城南以頌功德云魏軒轅之苗裔桓穆二帝馳名域外九譯宗焉有德無祿大命不延背棄華殿雲中名都遠近齊軌奔赴梓廬時晉光熙元年秋也皇興初雍州別駕鴈門段榮於大邦掘得此碑

又曰尒朱榮字天寶美容皃幼而明決長好射獵葛榮之叛也榮列圍大獵有雙兔超於馬前榮乃彎弓而誓曰中之則擒葛榮應弦而殪三軍咸悅破賊之後即命立碑於其所號曰雙兔碑

唐書曰賈敦實宛朐人也貞觀中累除饒陽令時制大功已下不得聯職敦實兄敦頤復爲瀛州刺史甚有惠政百姓共樹碑于大市通衢及敦實去職復刻石頌其政德立於兄碑之側故時人呼爲棠棣之碑焉

又曰貞觀中議封禪又議立碑曰勒石紀號垂裕後昆美盛德之形容闡后王之休烈其義遠矣

又曰高宗御製慈恩寺碑文及自書鐫刻既畢戊申上御安福門樓觀僧玄奘等迎碑向寺諸寺皆造幢蓋飾以金寶窮極瓌麗太常及京城音樂車數百兩僧尼執幡兩行導從士女觀者塡噎街衢自魏晉已來崇事釋教未有如此之盛者也

又曰文苑傳曰李邕尤長碑頌雖貶職在外中朝衣冠及天下寺觀多賫持金帛往求其文前後所製凡數百首受納饋遺亦至鉅萬時議以爲自古鬻文獲財未有如邕者有文集七十卷其張韓公行狀洪州放生碑批韋巨源謚

議文士推重之後恩思例贈秘書監

又曰長平中源寂使新羅國見有國人傳寫諷念馮定所爲黑水碑畫鶴記韋休符之使西蕃也見其國人寫定商山記以代屏障其文名馳於戎夷如此

又曰李華嘗爲魯山令元德秀墓碑顏眞卿書李陽冰篆額後人爭模寫之號爲三絶碑

又曰裴度平淮西詔韓愈撰平淮西碑其辭多叙裴度事時先入蔡州擒吳元濟李愬功第一愬不平之愬妻出入禁中因訴碑辭不實詔令磨之 憲宗命翰林學士段文昌重撰文勒石

又曰蕭俛在相位時穆宗詔撰故成德軍節度使王士眞神道碑對曰臣器褊狹此不能強王承宗先朝阻命事無可觀如臣秉筆不能溢美又撰進之後例行貺遺臣若公

然阻絕則違陛下撫納之宜僶俛受之則非微臣平生之志臣不願為之秉筆帝嘉而從之

又曰李絳憲宗時中官吐突承璀自藩邸承恩寵既為神策軍護軍中尉嘗欲於安國佛寺建立聖德碑大興工作絳即上言陛下布惟新之政剗積習之弊四海延頸日望德音今忽立聖德碑以示天下不廣大易稱大人者與天地合德與日月合明執契垂拱勵精求理豈可以文字而盡聖德又安可以碑表而贊皇猷若可叙述是有分限乃反虧損盛德豈謂敷揚至道哉故自堯舜禹湯文武並無建碑之事至秦始皇荒逸之君煩酷之政然 有秦嶧山之碑揚誅伐之功紀巡幸之跡適足為百王所笑萬代所譏至今稱為失道亡國之主豈可擬議於此陛下嗣高祖太宗之業舉貞觀開元之政思理不遑食從諫如順流固可與堯舜禹湯文武方駕而行安得追秦皇暴虐不經之事而自損聖政近者閻巨源請立紀聖德碑嚴勵請立紀聖功碑陛下詳盡事宜皆不允許今忽令立此與前事頗乖况此碑既在安國寺即不得不叙載遊觀崇飾之事述遊觀且乖理要叙崇飾又匪政經固非哲王所宜行也上納之

後唐史曰魏帥楊師厚於黎陽山採巨石將紀德政制度甚大以鐵為車方任負載驅牛數百不由道路所經之處或壞人廬舍或發人丘墓百姓瞻望曰碑來碑石纔至而卒魏人以為應碑來之兆

祢衡別傳曰黃祖太子射作章陵太守與衡有所之見蔡伯喈所作石碑正平一過視之歎之言好後日各歸章陵自恨不令吏寫之正平曰吾雖一過皆識其中央第四行中石書磨滅兩字不分明當是某字恐不諦耳因援筆書之初無所遺唯兩字不着耳章陵雖知其才明猶嫌有所脫失故遣往寫之還以校正平所書尺寸皆得初無脫誤所疑兩字故如正平所遺字也於是章陵敬服

世說曰魏武嘗過曹娥碑下楊脩讀碑背上題云黃絹幼婦外孫齏臼魏武謂脩曰卿解不答云解魏武曰卿未可言待我思之行三十里乃曰吾已得令脩別記所知脩曰黃絹色絲也於字為絕幼婦少女也於字為妙外孫女子也於字為好齏臼受辛也於字為辭所謂絕妙好辭魏武亦記之與脩同乃歎曰我才不如卿乃覺三十里

王肅荅詔問為瑞表曰太和六年上將幸許昌過繁昌詔問受禪碑生黃金白玉應瑞不肅奏以始改之元年嘉瑞見乎于踐祚之壇宜矣

晉令曰諸葬者皆不得立祠堂石碑石表石獸

語林曰孫興公作永嘉郡郡人甚輕之桓公後遣傳教令作敬夫人碑郡人云故當有才不尔桓公那得令作碑於此重之

荊州圖記曰羊叔子與鄒潤甫嘗登峴山泣曰自有宇宙便有此山由來賢達登此望如我與卿者多矣皆湮滅無聞念此使人悲傷潤甫曰公德冠四海道嗣前哲令問令望當與此山俱傳若潤甫輩乃當如公語耳後參佐為立碑著故望處百姓每行望碑莫不悲感杜預名為墮淚碑

盛弘之荊州記曰冠軍縣有張詹墓七世孝廉刻其碑背曰白楸之棺易朽之衣銅鐵不入瓦器不藏嗟矣後人幸勿見傷及胡石之亂舊墓莫不夷毀而此墓儼然至元嘉六年民飢始發說者云初開金銀銅錫之器朱漆雕刻之

飾爛然畢備

齊道記曰：琅邪城，始皇東遊至此，立碑銘紀秦功德，云是李斯所刻。

西征記曰：國子堂前有列碑，南北行，三十五枚，刻之表裏，書春秋經、尚書二部，大篆、隸、科斗三種字，碑長八尺。今有十八枚存，餘皆崩。太學堂前石碑四十枚，亦表裏隸書尚書、周易、公羊傳、禮記四部，本石𨻶相連，多崩敗。又太學讃碑一所，漢建武中立，時草創未備，永建六年詔下三府繕治，有魏文典論立碑，今四存二敗。

述征記曰：下相城西北，漢太尉陳球墓有三碑，近墓一碑記弟子盧植、鄭玄、管寧、華歆等六十人（其一碑陳登碑，文並蔡邕所作）。

酈善長水經注曰：昔大禹導河積石，踈決梁山，所謂龍門矣。孟津河口廣八十步，巖際鐫跡，遺功尚存。岸上並有廟祠，祠前有石碑三所，碑字紊滅，不可識也。一碑是太和中立。

述異記曰：𡸣峒山中有堯碑、禹碣，皆籀文焉（伏滔述帝功德銘曰：堯碑禹碣，歷古不昧）。

輿地志：林曰贑榆縣有始皇碑，潮水至則加其上三丈，去則見三尺，行有十二字。

異苑曰：吳郡岑淵碑在江乘湖西太元村，人見龜從田中出，還其元處，蓱藻猶着腹下。

金樓子曰：銘頌所稱，興公而已。夫披文相質，博約溫潤，吾聞斯語，未見其人。班固碩學，尚云贊頌相似；陸機鉤深，猶稱碑賦如一。

國朝傳記曰：魏文貞之薨也，太宗自製其碑文，并自書。後爲人所間，詔令掊之。及征高麗不如意，深悔爲是行，乃歎曰：若魏徵在，不使我有此舉也。旣渡遼水，令馳驛祀以少牢，復立碑焉。

又曰：率更令歐陽詢行見古碑，索靖所書，駐馬觀之，良久而去。數百步復還，下馬佇立，疲則布毯坐觀，因宿其傍，三日而後去。

李綽尚書故實曰：東晉謝太傅墓碑，樹貞石，初無文字，蓋重難製述之意。

國史補曰：韋貫之爲尚書右丞，長安中爭爲碑誌，若市賈然。大官卒，其門如市，至有喧競構致，不由喪家。是時裴均之子圖不朽於貫之，縑帛萬疋，貫之舉手曰：寧餓不苟。

太平御覽卷第五百八十九

文部六

銘 銘志附　七辭　連珠

銘

釋名曰：銘者，述其功美可稱名也。

禮記祭統曰：銘者，論譔其先祖之有德善功烈勳勞慶賞聲名列於天下，而酌之祭器，自成其名焉，以祀其先祖者也。顯揚先祖，所以崇孝也。身比焉，順也。明示後世，教也。夫銘者，一稱而上下皆得焉耳矣。是故君子之觀於銘也，既美其所稱，又美其所爲。爲之者，明足以見之，仁足以與之，智足以利之，可謂賢矣。賢而勿伐，可謂恭矣。故衛孔悝之鼎銘曰：六月丁亥，公假於太廟。公曰：叔舅！乃祖莊叔，左右成公。成公乃命莊叔隨難於漢陽，即宮于宗周，奔走無射。啓右獻公。獻公乃命成叔纂乃祖服。乃考文叔，興舊嗜欲，作率慶士，躬恤衛國，其勤公家，夙夜不解，民咸曰休哉。公曰：叔舅！予汝銘，若纂乃考服。悝拜稽首曰：對揚以辟之，勤大命施于烝彝鼎。此衛孔悝之鼎銘也。古之君子，論撰其先祖之美，而明著之後世者也。以比其身，以重其國家如此。子孫之守宗廟社稷者，其先祖無美而稱之，是誣也；有善而弗知，不明也；知而弗傳，不仁也。此三者，君子之所恥也。

周禮夏官上司勳職曰：司勳掌六鄉賞地之法，以等其功。賞地賞田也在遠郊之內屬六卿馬等由䒀也以功大小爲差王功曰勳，成王業若周公者也國功曰功，保全國家若伊尹也民功曰庸，法施於民若后稷也事功曰勞，以勞定國若禹者也治功曰力，制法成治若咎繇也戰功曰多。克敵出奇若韓信陳平者也司馬法曰上多前虜也凡有功者，銘於王之太常，祭於大烝，司勳詔之。銘之言名也生則書於王旌以識其人與其功也死則於烝先王祭之詔謂告其神以辭也盤庚告其卿大夫曰茲予大享于先王爾祖其從與饗之是也今漢祭功臣於廟庭

周禮冬官考工記曰：鬴銘曰：時文思索，允臻其極。銘刻之也時是也允信也臻至也極中也言是文德之君思求可以爲民立法者而作此量信至於道之中嘉量既成，以觀四國。以觀示四方使放象之永啓厥後，茲器維則。永長也厥其也茲此也又長其道其子孫使法則此器長用之

王隱晉書曰：張載，字孟陽，隨父牧在蜀，作劍閣銘。刺史張敏表之天子，命刻石於劍閣。

崔鴻十六國春秋後趙録曰：勒徙洛陽晷影於襄國，銘佐命功臣三十九人于函，置于建德前殿。

劉璠梁典曰：天監六年，帝以舊國漏刻乖舛，乃勑員外郎祖暅治漏成，命太子舍人陸倕爲文。其序曰：乃詔臣爲銘。

梭倕集曰：銘一字至尊所改也。

唐書：太宗幸河北，觀砥柱，因勒銘於其上，以陳盛德。

穆天子傳曰：天子觀春山之上，乃爲銘蹟於玄圃之上，以貽後世。謂勒石銘功德

大戴禮曰：武王踐祚三日，召士大夫而問焉，曰：惡有藏之約，行之萬世，可以爲子孫者乎？師尚父曰：在丹書。王欲聞之，則齋矣。三日，端冕。師尚父端冕，奉書而入，則負屏而立。王下堂，南面而立。父曰：先王之道不北面。王行西折而東面而立。師尚父西面道書之言曰：敬勝怠者吉，怠勝敬者滅；義勝欲者從，欲勝義者凶。以仁得之，以仁守之，其量百世；以不仁得之，以仁守之，其量十世；以不仁得之，以不仁守之，必及其世。王聞書之言，惕然若恐懼，而爲誡書，於席之四端爲銘焉。

太公金匱曰：武王曰：吾隨師尚父之言，因爲慎書銘，隨身自誡。其冠銘曰：寵以着首，將身不正，遺爲德咎。書履曰：行

必慮正無懷僥倖書劒曰常以服兵而行道德行則福廢則覆書鏡曰以鏡自照則知吉凶書車曰自致者急載人者緩取欲無度自致而反

皇覽記陰謀黃帝金人器銘曰武王問尚父曰五帝之誡可得聞乎尚父曰黃帝之戒曰吾之居民上也揺揺恐夕不至朝故爲金人三封其口曰古之慎言堯之居民上也振振如臨深淵舜之居民上也慄慄恐夕不見旦武王曰吾并殷民居其上也翼翼懼不敢息尚父曰德盛者守之以謙威彊者守之以恭武王曰欲如尚父言吾因是爲誡隨之身

孔子家語曰孔子觀周遂入太祖后稷之廟廟堂右階之前有金人焉三緘其口而銘其背曰古之慎言人也誡之哉無多言無多事多言多敗多事多害安樂必誡無所行悔勿謂何傷其禍將長勿謂何害其禍將大勿謂不聞神將伺人

焰焰弗滅炎炎若何涓涓不壅終爲江河綿綿不絕或成網羅緜緜微細若不絕則有成網羅者也豪末不札如豪之末言微者扎拔也將尋斧柯誡能慎之福之根也口是何傷禍之門也強梁者不得其死好勝者必遇其敵盜憎主人民怨其上君子知天下之不可上也故下之知衆人之不可先也故後之溫恭慎德使人慕之執雌持下人莫踰之人皆趨彼我獨守此人皆惑之我獨不從內藏乃智不示人技我雖尊高人弗我害唯能於此也江海雖左長於百川以其卑也天道無親常與善人誡之哉戒之哉孔子既讀斯文也顧謂弟子曰小子志之此言實而中情而信詩云戰戰兢兢戰戰恐也兢兢戒也如臨深淵恐墜如履薄冰恐陷行身如此豈口過患哉孫卿子說兆又載也○又孫楚反金人銘曰昔太廟左階之前有石人焉大張其口而書其胸曰我古之多言人也無少言無少事少言少事後生何述焉我頌三墳五典八索九丘賾罔深而不探理無奧而不鉤故言蒲天下而無口九夫唯言立乃可長久胡不愧然生鍼其口自拘廣庭終身乂手

孔子家語曰孔子觀於魯桓公之廟見欹器焉欹傾孔子問於守廟者曰此何器也對曰宥坐之器子曰吾聞宥坐之器虛則欹中則正滿則覆明君以爲至誡　常置於坐側也子路進曰敢問持滿有道乎子曰聰明叡智守之以愚功被天下守之以讓勇力振世守之以怯富有四海守之以謙後之君子感誡之至追而作銘

楊子法言曰或問銘曰銘哉銘哉有意於慎也

文心雕龍曰昔軒轅帝刻輿以弼違太禹勒筍簴以招諫成湯盤盂著日新之規武王户席題必誡之訓周公慎言於金人仲尼革容於欹器列聖鑒戒其來久矣故銘者名

也觀器必也正名審用貴乎慎德蓋臧武仲之論銘也曰天子令德諸侯計功大夫稱伐夏鑄九牧之金周勒肅慎之楛令德之事也呂望銘功於昆吾仲山鏤績於庸器計功之義也魏顆紀勳於景鍾孔悝表勤於衛鼎稱伐之類也若乃飛廉有石槨之錫靈公有奪里之謚銘發幽石噫可怪也趙靈勒跡於潘吾秦昭刻傳於華山夸誕示後吁可笑也詳觀衆例銘義見矣至於始皇勒岳政暴而文澤亦有疎通之美焉若乃班固燕然之勒張旭華陰之碣序亦成矣蔡邕之銘思燭古全橋公之鉞則吐納典謨朱穆之鼎全成碑文溺所長也至如敬通新器鑵准武銘而事非其物繁略違中崔駰品物讚多戒少李尤積篇義儉辭碎著龜神物而居博弈之下衡斛嘉量而在杵臼之末曾名品之未暇何事理之能閑哉魏文九寶器利辭鈍惟張

載劒閣其才清彩迅足駸駸後發前至銘勒嶠漢得其宜矣

文章流別傳曰夫古之銘至約今之銘至煩亦有由也質文時異則旣論之矣且上古之銘銘於宗廟之碑蔡邕爲楊公作碑其文典正末世之美者也後世以來器銘之佳者有王莽鼎銘崔瑗机銘朱公叔鼎銘王粲硯銘咸以表顯功德天子銘嘉量諸侯大夫銘太常勒鍾鼎之義所言雖殊而令德一也李尤爲銘自山河都邑至于刀筆符契無不有銘而文多穢病討而潤色言可采錄

三輔決錄曰何敞字文高爲汝南太守帝南巡過郡郡有刻鏤屏風帝命侍中黃香銘之曰古典務農彫鏤傷民忠在竭節義在脩身事見黃香集

銘志附

西京雜記杜子夏葬長安北四里臨終作文曰魏郡杜鄴立志忠欵犬馬未陳奄先朝露骨肉歸於后土魂氣無所不之何必古丘然後卽化封於北郭山焉妥然處死乃命刊名埋於墓前種松栢五株至今茂盛

西京雜記滕公駕至陳都門馬鳴跪不肯前以足跑地久之滕公懼使卒掘其所跪之地深二尺得石槨滕公以燭照之有銘乃以水洗之　其文字古異左右莫能知問叔孫通通曰科斗書也以今文寫之曰佳城鬱鬱三千年見白日吁嗟滕公居此室滕公曰嗟乎天也吾死其葬此乎於是終葬此焉

博物志曰魯闕里蔡伯公死求葬庭中有二人行頃還葬二人復出掘土得石槨有銘曰四體不勤孰爲作生不遭遇長附託賴得二人發吾宅閭里祠之

又曰衛靈公葬得石槨銘云不逢箕子靈公奪之我里

七辭

傅玄七謨序曰昔枚乘作七發而屬文之士若傅毅劉廣崔駰李尤桓麟崔琦劉梁桓彬之徒承其流而作之者紛焉七激七依七說七觸七舉七誤之篇於通儒大才馬季長張平子亦引其源而廣之馬作七廣張造七辨或以恢大道而導幽滯或以黜瑰奓而託調咏楊暉播烈垂於後世者九十有餘篇自大魏英賢迭作有陳王七啓王氏七釋楊氏七訓劉氏七華從父侍中七誨並陵前而邈後揚清風於儒林亦數篇焉世之賢明多稱七激工余以爲未盡善也七辨似也非張氏至思比之七激未爲劣也七釋僉曰妙焉吾無閒矣若七依之卓轢一致七辨之纒緜精巧七啓之奔逸壯麗七釋之精密閑理亦近代之所希也

摯虞文章流別論曰七發造於枚乘借吳楚以爲客主先言出輿入輦蹷痿之損深宮洞房寒暑之疾靡漫美色宴安之毒厚味暖服淫曜之害宜聽世之君子要言妙道以疏神導體蠲淹滯之累旣設此辭以顯明去就之路而後說以聲色逸遊之樂其說不入乃陳聖人辨士講論之娛而霍然疾瘳此因膏粱之常疾以爲匡勸雖有甚泰之辭而不沒其諷喻之義也其流遂廣其義遂變率　辭人淫麗之尤矣崔駰旣作七依而假非有先生之言嗚呼楊雄有言童子雕蟲篆刻俄而曰壯夫不爲也孔子疾小言破道斯文之族豈不謂義不足而辨有餘者乎賦者將以諷吾恐其不免於勸也傅子集古今七篇而論品之署曰七林

文心雕龍曰枚乘摛艷首製七發腴辭雲構夸麗風駭蓋七竅所發發乎嗜欲始邪末正所以戒膏粱之子也自七

發以下作者繼踵觀枚氏首唱信獨拔而偉麗矣及傅毅七激會清要之工崔駰七依入博雅之巧張衡七辨結采綿靡崔瑗七厲植義純正陳思七啓取美於宏壯仲宣七釋致辨於事理觀其大抵所歸莫不高談宮館壯語田獵窮瓌奇之服饌極蠱媚之聲色甘意摇骨髓艷辭洞魂識雖始之以淫侈終之以居正然諷一勸百勢不自反子雲所謂騁鄭聲曲終而奏雅樂者也七厲叙賢歸以儒道雖文非拔羣而意實卓尒矣

連珠

傅玄叙連珠者興於漢章帝之世班固賈逵傅毅三子受詔作之而蔡邕張華之徒又廣焉其文體辭麗而言約不指說事情必假喻以達其旨而賢者微悟合於古詩諷興之義欲使歷歷如貫珠易觀而可悅故謂之連珠也班固喻美辭壯文體弸[illegible]麗最得其體蔡邕言質辭碎然其旨篤矣賈逵儒而不豔傅毅文而不典

文心雕龍曰楊雄肇小而明潤矣此文章之枝流暇預之末造也自此已後擬者間出杜篤賈逵之曹劉珎潘勗之葦欲穿明珠多貫魚目可謂壽陵匍匐非復邯鄲之步里醜捧心不關西子之顰矣惟士衡運思理新文敏而裁意致句廣於舊篇豈慕朱仲四寸之璫乎夫文小易周思閑可贍足使義明而辭淨事圓而音澤磊磊自轉可稱珠耳

宋書劉祥著連珠十五首以寄其懷其譏議云希世之寶違時必賤偉俗之器無聖則淪是以明王黜於楚岫章甫窮於越人有以祥連珠啓上上令御史中丞任遐奏其過惡付廷尉上別遣勑祥曰我當原卿性命令卿萬里思愆卿若能改革當令卿得還乃徙廣州不意終日縱酒少時卒

三國典略曰梁簡文爲侯景所幽作連珠曰吾聞言可覆也人能育物是以欲輕其禮有德必昌兵賤於義無思不服

又曰吾聞道行則五福俱湊運閉則六極所鍾是以麟出而悲豈唯孔子途窮則慟寧止嗣宗

太平御覽卷第五百九十

太平御覽卷第五百九十一

文部七

御製上

尚書皐陶曰帝庸作歌曰勑天之命惟時惟幾乃歌曰股肱喜哉元首起哉百工熙哉皐陶拜手稽首颺言曰念哉率作興事愼乃憲欽哉屢省乃成欽哉乃賡載歌曰元首明哉股肱良哉庶事康哉又歌曰元首叢脞哉股肱惰哉萬事墮哉

漢書曰高祖還歸過沛置酒沛宮悉召故人父老子弟佐酒發沛中兒得百二十人教之歌酒酣高祖擊筑自爲歌曰大風起兮雲飛揚威加海内兮歸故鄉安得猛士兮守四方

又曰武帝求賢詔曰蓋有非常之功必待非常之人故馬或奔踶而致千里士或有負俗之累而立功名夫泛駕之馬跅弛之士亦在御之而已泛覆也方腫反跅廢弛斥逐也其令州縣察吏民有茂才異等可爲將相及使絶國者

又曰武帝幸河東祠后土顧帝京欣然中流與群臣宴飲上歡甚乃自作秋風辭云秋風起兮白雲飛草木黄落兮鴈南歸蘭有秀兮菊有芳携佳人兮不能忘泛樓船兮濟汾河横中流兮揚素波簫鼓鳴兮發棹歌歡樂極兮哀情多少壯幾時兮奈老何

後漢書東平憲王蒼傳曰顯宗以所自作光武本紀示蒼蒼因上世祖受命中興頌上甚善之令校書郎賈逵爲之訓解

又曰顯宗自制五家要説章句令桓郁定於宣明殿華嶠書曰帝自制五行章句此言五家即謂五行之家也

魏志曰武帝御軍三十餘年手不捨書晝講軍策夜則思經傳登高必賦遇物必詩及造詩被之管弦皆成樂章

魏志曰文帝行幸廣陵故城臨江觀兵戎卒十餘萬旌旗數百里帝馬上爲詩曰觀兵臨江水水流何湯湯戈矛成山林玄甲曜日光猛將懷暴怒膽氣正縱横誰云江水廣一葦可以航不戰能屈敵戢兵稱賢良古公宅岐邑實始翦殷商孟子營虎牢鄭人懼稽顙充國務耕植先零自破亡興農淮甸間築室都徐方量運宜權略六軍咸悦康豈如東山詩悠悠多悲傷

魏文帝紀曰帝好文學以著述爲務自所勒成垂百篇又使諸儒撰集經傳隨類相從凡千餘篇號曰皇覽

晉書曰殷仲堪爲黄門郎孝武帝示仲堪詩曰勿以已才而笑不才

宋書曰高祖過彭城置酒命紙筆爲詩曰先蕩臨淄穢却清河洛塵華陽有逸驥桃林無伏輪於是群才並作也

後魏書曰孝文帝雅好讀書手不釋卷五經之義覽之便講學不師授探其精奥史傳百家無不該涉才藻富贍好爲文章詩賦銘頌有興而作有大手筆馬上口授及其成也不改一字自太和已後詔策皆帝文也自餘文章百有餘篇

三國典略曰周明帝幼而好學詞彩温麗捃摭衆書自羲農已來訖于魏末敘爲世譜凡百卷所著文章十卷行於世

後周書曰明帝三年秋九月幸同州過故宅賦詩曰玉燭調秋氣金輿歷舊宮還如過白水更似入新豐霜潭漬晚菊寒井落疎桐舉盃延故老令聞歌大風

梁書曰武帝賜張率詩曰東南有才子故能服官政余雖慙夙昔得人斯爲盛率承詔往復六首

又曰高祖製春景明志詩五百字勑在朝辭人沈約已下同作高祖以王僧孺詩爲工

隋書曰陳禎明初後主作新歌詞甚哀思令後宮美人習而歌之其辭曰玉樹後庭花花開不復久時人以歌讖此其不久兆

又曰大業三年幸榆林啓民可汗奉觴上壽拜伏甚恭帝大悅賦詩曰鹿塞鴻旗駐龍庭翠輦迴氊帷望風舉穹廬向日開呼韓稽顙至林屠繼踵來索辮擎羶肉韋韝獻酒杯何如漢天子空上單于臺

國朝傳記曰煬帝善屬文而不欲人出其右司隸薛道衡由是得罪後因事誅之曰更能作空梁落鷰泥否煬帝爲

鷰歌行文士皆和著作郎王冑獨不下帝帝每銜之冑竟坐此見害而誦其警句曰庭草無人隨意綠復能作此語耶

又曰牛弘煬帝之在東宮也數有詩書遺弘弘亦有荅及嗣位之後嘗賜弘詩曰晉家山吏部魏世盧尚書莫言先哲異奇才亦佐余學行敦時俗道素乃冲虛納言雲閣上禮儀皇運初彝倫欣有叙垂拱事端居

唐書曰太宗以武功定海內櫛風沐雨不暇於詩書洎于嗣業進引忠良鋭精思政朝多孜孜求之若不及數年之後天下晏和遂於聽覽之暇留精文史叙事言懷時有制作天才宏麗興記玄遠著作郎鄧隆請編次之詔不許

又曰太宗著金鏡述以示群臣其辭曰朕以萬機暇日遊心前文仰六代之高風觀百王之遺跡興亡之運可得言焉每至軒昊之無爲唐虞之至治未嘗不留連賛詠不能已矣及於夏殷末世秦漢暴君使人凜然競懼如履朽薄然人君皆欲其永享萬乘之尊以垂百王之後而得失異迹興滅不同何也蓋短於自見不聞逆耳之言至於滅亡終身不悟豈不懼哉觀理亂之本原足爲明鏡之鑒戒亂未常不任不肖理未嘗不任忠賢任忠賢則享天下之福用不肖則受天下之禍社稷臨危之主各師其臣若使覺悟安有危亡之禍特由不留心於任使翻屬意於遨遊豈不哀哉以遨遊將爲任使以任使將爲遨遊豈不善哉古人言舜禹不愛於聲不貪於色予謂不然將爲愛也人云桀紂躭於聲色予將爲不好也何以然桀紂命不終於天年樂不終於一世以此知爲不好也舜禹命壽於終樂畢於世予謂之愛也且夫人有寛躁強柔之志愁樂貪慾之心性有善不善者也由是觀之堯舜禹湯躬行仁義治致隆

平此稟其善性也幽厲桀紂乃爲炮烙之刑剖孕婦割人心斮朝涉脯鬼侯造酒池糟丘爲長夜之飲此其受於不善之性也夫立身之道在於折衷不在於偏躭吳起曰昔桑氏之君脩德廢武以滅其國有扈之君恃衆好勇以喪社稷仲尼曰寛濟猛猛濟寛仁義之道猶不得偏何況於左道乎況於不仁乎爲君之道處至極之尊以億兆爲心以萬邦爲意安民必以文德防邊必以武功孔子曰夫文之所加者深武之所服者大德之所施者博則威之所制者廣不可以武威安民不可以文德備塞大鯨出水必斃遊波之功鴻鵠沉泥定無凌空之効若各令遂志並不失其能古人云構大厦者先擇木然後簡材治國者先擇佐然後定民大匠構屋必以大材爲棟梁小材爲榱橑苟有所中尺寸之木無棄此善理木者也非獨屋有棟梁國家

亦然大德爲宰相亦國之棟梁也予思三代以來君有所好民必從之在上留心臺榭奇巧之人必至致情遊獵馳騁之人遠臻存意管弦鄭衛多進降懷脂粉燕趙斯來塞切直之路爲忠者少開諂諛之道爲佞者必多古人云君猶器也民猶水也方圓在於器不在於水以此而言足爲永戒夫玉不琢不成器人不學不知道仲尼好於郯子文王學於虢叔聖人且猶如此何況於凡人乎治主思賢如農夫之望歲哲右求人若旱苗之思雨亂君嫉勝已如讎視不肖如子懷之中心何日暫忘王莽僞行仁義之道有始無終孫皓權施恩惠之風有初無末二子猶舡之泛巨浪毁在不遙若駑馬之奔千里困其將至古人云外量不以盛碩小智不可謀大巧詐不如拙誠信無謬矣有明主有暗主漢祖攝衣於

酈生比干剖心於辛紂殷湯留情於伊尹龍逢被戮於夏桀楚莊暇隙而懷憂武侯罷朝而含喜闇主護短而永愚明主思短而長善觀漢祖殷湯仰其有德行譬若陰陽調四時會法令均萬民樂則騏驎呈其祥漢祖殷湯豈非騏驎之類乎觀夏癸商辛嗟其悖惡之甚猶政令不行寒暄失序則猛獸肆毒螽螟爲害夏癸商辛豈非猛獸之儔乎予以此觀之豈非天道也雖曰天時抑亦人事成湯之世有七年之旱剪髮爲犧千里雨降太戊之時桑穀生朝懼而脩德遂使十有六國重譯而來此豈非人事者也或云爲君難爲臣不易君處尊高之位執賞罰之權録人之材因人之力何爲不成何求不得此言似易論之實難何者輕凌天地衆精顯其妖忽慢神靈風雨應其暴是以帝乙有雷震之禍殷紂致分砂之災多營池觀遠求異寶民不得耕女不得蠶田荒業廢兆庶凋殘見其飢寒不爲之哀覩其勞苦不爲之戚苦民之君也非治民之主也薄賦輕徭百姓家給上無急命之徵下有謳歌之詠屈一身之欲樂四海之民憂國之主也樂民之君也此其所以爲難也且用人之道又爲未易已之所賢未必盡賢衆之所毁未必全惡知能不舉即爲失才知惡不黜則爲禍胎又人才互有長短不必兼通是以公綽優於大國之卿子產善爲小邦之相絳侯木訥卒安劉氏之宗嗇夫利口不任上林之令捨短從長然後爲美夫人剛柔之情各異曲直之性不同不可不察也逆主耳而履道戮孔懷以安國周公是也順上心以安身隨君情而殺之易牙是也棄己之命存君之身紀信是也挾國謀事以報公讎豕盜是也捐身而執節孤立而自毁屈原是也外顯和穆之端內懷湯火之

意宰嚭是也忠諂之道以此觀之足以永鏡白起爲秦平趙乃被昭王所殺亞夫定七國之亂卒爲景帝所誅文種設策滅吴翻遭越王之戮五員竭誠爲國終罹賜劍之禍乃君之過也非臣之罪焉至如趙高韓信黥布陳豨之儔此自貽厥釁非君之濫刑之也高祖失於存功之能光武獲於置將之妙臣安君社稷之國君處臣危亡之地豈是相酬之道也爲天下之君處萬民之上安可易乎背道違禮非惟損己乃爲賢人之所笑卑身厲行實爲君子又爲凡夫之所譏越品進官其類必爲深怨偏與人語衆以爲曲私任使賢良則謂偶委伏凡才則言愚闇數言則謂太繁辭寡則謂道薄恣情忿怒則朝野戰慄留心寬恕則法令不行民樂則官苦官樂則民勞四海之內莫非王土要荒爲枝葉畿內爲根本古人云皮之不存毛將安傅深根

固本之內相而伊尹傅說世所希逢至如鎮積氷之塞守飛雪之邊而魏尚李牧當今罕遇遣人遠撫則眷戀而不忍忘而不遺則枝葉而不存二宜之間致心何所是以晨興夕惕無忘斯事爲上猶然何況臣下易云書不盡言言不盡意今畧陳梗槩以示心之所存耳古語云勞者必歌其事朕非故煩翰墨以見天藻但學以爲已聊書所懷[illegible]達見群賢不以爲嗤也

又曰太宗思隋氏失道皇運開基因而序之以明誡愼神筆書石命工刻之以賜皇太子其詞曰昔隋季崩離天綱弛紊波濤沸四海氣霧塞三光鬼哭石言人怨神怒丁壯疲於兵甲老弱斃於飢寒僵骨百城流血千里宮闕變爲禾黍中原化爲寇場余以弱齡屬當厄運思靜大難以濟蒼生秣馬揮戈風驅電掃尅平八表臨撫萬方聊因暇景載懷興亂歷想前代暗君庸王莫不恃其智力則輕侮聖賢騁其文才則不尊道德縱其口辯以飾非肆其姦言以拒諫昏迷酒色習近讒邪暴疾黎元窮其轍跡傾危莫悟以至滅亡明鏡不遠於焉自鑒

又曰魏徵葬日太宗登苑西樓臨路哭祭太宗復爲製碑文并御書公卿士庶競來摸寫車馬塡噎日有數千時人號其碑爲二絕文與書也

又曰太宗幸積翠池宴五品以上太宗曰今兹年穀大登水潦不能爲害天下既安邊方靜息因此農隙與公等舉酒酒既酣各宜賦一事太宗賦尚書其詞曰日昃翫百篇臨登被五典夏康既逸預商辛亦流湎恣情昏主多尅已明君鮮滅身資累惡成名由積善

又曰太宗征高麗迴次營州詔遼東戰死骸骨並集柳城東南有司設太牢以祭之太宗臨哭盡哀從臣無不流淚帝親爲文祭之曰忠列蓋世佐賢明軌忘身徇國先哲良規惟尒等懷忠立節重義輕生奮劒提戈摧城陷陣冒鋒刃而不顧赴湯火以如歸殞命戰場殘形寇壘膏原潤鉞身喪名存搖落寒關遂非生入蒼茫雷野無復餘蹤山川宛其不殊存亡颷焉非昔然則身者今之所重名者後之所貴身乃常有而愚夫怯焉功則難立惟烈士成焉去一生之短期收千載之令譽此聖賢之操也豈直忠勇者乎所以按轡停輿撫膺一慟嘉乃誠節痛尒遺靈酒俎既陳蠲其斯享

又曰貞觀十一年太宗幸洛陽遣使祭漢太師楊震墓太宗自爲文曰惟君資華嶽之奇氣稟金方之秀質艷忠篤以成性應時運而挺生彈冠贊務弼諧帝道正色立朝周行以肅坐槐燮理鼎餗載事調值安德不昇政由近習氣殲王衡日微黃道君慨然忠憤乃心王室昌言正議屢犯於逆鱗霜簡且繩志袪於時蠹而運屬陵夷道消賢哲不納嘉猷遂嬰嚴綱方弘至治遽夭天年英傑云亡邦國殄瘁斯乃緬想高蹤可爲長歎朕省方班瑞言事東巡瞻墳壟於道周想風徽於前代若使九原可作吾將與歸千載如存依然何遠行潦致屬君其饗之

又曰高宗製元首前星維城股肱等誡以示侍臣禮部尚書弘文館學士許敬宗又上表請揔名爲天訓并請注解許之及注畢敬宗爲之序

又曰咸亨中上自製樂章有上元二儀三材四時五行六律七政八風九宮十洲得一慶雲之曲以示群臣令太常行用之

又曰咸亨中御書飛白書賛以賜中書門下三品戶部尚書戴至德詞曰汎洪源俟舟楫中書侍郎郝處俊曰飛九霄假六翮吏部侍郎李敬玄曰資啓沃罄丹誠中書侍郎崔知悌曰竭忠節賛皇猷議者以戴郝寬厚而李崔忠勤故上以此言褒美之

又曰顯慶中上以琴中雅曲古人歌之近代已來此聲頓絶令所司簡樂工解琴笙者脩習舊曲冬十月辛亥太常上書謹案禮記及家語云舜彈五弦之琴歌南風之詩是知琴操曲弄皆合於歌

又張華博物志云白雪是太帝使素女鼓五十絃琴曲名

又楚大夫宋玉對襄王云有客於郢中歌陽春白雪國中和者數十人是知白雪琴曲本宜合歌以其調高人和遂寡自宋玉已來迄今千祀未有能歌白雪曲臣今准勑依於琴中舊曲定其宮商然後教習並合於歌輒以御製雪詩爲白雪歌詞又按古今樂府奏正曲之後皆別有聲君唱臣和事彰前史輒取侍中許敬宗等奉和雪詩以爲送聲各十六節今悉教訖並皆諧　韻上善之乃付太常編於樂府

又曰玄宗製令長新誡一篇頒賜天下縣令其詞曰我求令長保乂下人人之所爲必有所因侵漁浸廣賦役不均使夫離散莫保其身徵諸善理寄尔良臣與之革故政在惟新調風變俗背僞歸真教先爲富惠恤於貧無大無小以躬以親青旌勸農其唯在勤墨綬行令孰不攸遵曷云被之我澤如春

又曰玄宗親製春臺望一章二十八句起居舍人蔡孚奏曰伏見所製氣雄詞美德音相屬鄙炎漢之奢侈詢有唐之儉陋知作勞而居逸念中人之家產用心如此天下斯安臣職在司言請宣示百寮及編國史

又曰端午日玄宗自賦詩曰端午臨中夏時清日復良鹽梅已佐鼎麴蘖且傳觴事古人留迹年深縷續長當軒知槿茂向水覺蘆香億兆同歸壽群公共保昌忠貞如不替貽厥後昆芳

又曰玄宗幸寧王憲宅與諸王宴探韻賦詩上詩曰魯衛情先重親賢愛轉多冕旒豐暇日乘景暫經過戚里申高宴平臺奏雅歌復尋爲善樂方驗保山河

又曰天寶八載九月甲午是日皇太子生日上製仁孝詩六章親札於步障以賜太子令中官高力士以示朝臣

太平御覽卷第五百九十一

太平御覽卷第五百九十二

文部八

御製下

唐書曰德宗製中書麟德殿會百寮觀新樂詩仍令皇太子書以示百寮其序曰朕聞天地之德莫大於和萬物以生九功乃叙是以中春之首紀爲令節布陽和之政暢亭育之功式宴且歡順時而舉蓋取象於交泰之義也今歲華載陽嘉雪呈慶君臣同樂實獲我心近以聽政之餘叅比音律播於絲竹諧於歌詩象中和之容作中和之樂教習甫就畢陳于兹於是闢廣庭臨内殿張大會示群臣千載成文威儀有序禮洽歡浹中心是嘉上下之志通乾坤之理得善固未盡和莫甚焉聊復成篇以言其志詩曰芳歲肇佳節物華當仲春乾坤既昭泰煙景含絪緼德淺荷

玄貺樂成思治人前庭列鍾鼎廣殿延群臣八卦隨意舞五音傳曲新頑非咸池奏庶叶南風薰式宴禮所重浹歡情必均同和諒在兹萬國希可親

又曰貞元六年二月戊辰朔中和節宴百寮於曲江亭上賦詩賜之曰東春變梅柳萬寓生春光中和紀月令方與天地長耽樂豈予尚懿兹時景良庶遂亭育恩同致寰海康君臣永終始交泰符陰陽曲沼水新碧華林桃稍芳勝賞信多歡戒之在無荒

又曰貞元六年春三月庚子百寮宴於曲江亭上賦詩以賜之曰歲閏御華晚衆芳繁暮春露日天地晴元巳風景新禊飲傳舊俗古今歡此辰至樂在同和絲竹奚所陳薰琴是賞心姑射可凝神何必尚耽湎浮觴曲水濱

又曰貞元七年秋七月癸酉上幸章敬寺賦詩序皇太子在侍進和兼題于壁百寮畢和以班列焉其後京兆尹薛珏請皇太子書上詩序刻石而填之以金

又曰貞元九年春正月庚辰朔上御含元殿受朝賀禮畢上賦退朝觀軍仗歸營詩以示宰臣曰獻歲視元朔萬邦咸在庭端旒揖群后迴輦閱師貞分行左右出轉旆風雲生眷此戎旅節載嘉良士誠順時須宴賞亦以助文經

又曰貞元十年秋九月戊子以重陽日宴錢賜百寮追賞初九日以雨罷宴及是方會宴上賦詩以賜百官曰雨霽霜氣肅天高雲日明繁林已墜葉寒菊仍舒榮懿此秋節晚更延遐賞情池臺列廣宴絲竹傳新聲至樂非外奬浹歡同中誠庶䢵朝野意永使風化清

又曰德宗至自興元御宣政殿冊拜李晟爲司徒上思晟勳力爲製紀功碑俾皇太子勒于石立於渭橋與天地悠

久方多不載

又曰德宗以馬燧平河中詔賜上所撰宸扆台衡二銘并序曰朕每讀上古之事及唐虞之際君臣相得聖賢同時日夕孜孜講論至道或陳其鑒戒或諷以詠歌煥乎典謨百代之式有以見啓沃之道理化之端意甚慕之而未能逮也頃靈鹽節度杜希全著文上獻多所規陳聊爲君臣箴用荅其意河東等道副元帥司徒燧固請勒石貽厥後人朕以文既非工義又未備垂諸來裔良所恧焉起予者商因之有作庶乎朝夕自儆且俾後代知我有文武殿邦之臣也其宸扆銘曰天生蒸人性本元淳嗜慾交馳利害糾紛無主乃亂樹之以君九域茫茫萬情云云曰不備覩耳難徧聞覩之聞之矧又非真事失其源道遠莫親理得其要化行如神失源惟何不正其身得要惟何在能任人

正身之方先誠其意罔從尒欲罔載尒僞體道崇德本仁率義必信若寒暑無私象天地感而遂之通百慮一致任人之術各當其器捨短從長理難求備多士摠集衆材咸遂知而必任任而勿貳以天下之目爲我覽我鑒斯明以天下之心爲我謀我謀則智求賢惟廣辨理惟精逆耳咈心必嘉乃誠順旨苟容亦察其情斥去姦諛全固忠貞先人立言爲代作程謇謇者昌唯唯者傾繫以興亡曷去其輕承天子人夫豈不貴伊昔哲王夙夜祗畏馭朽爲戒納隍在志神將害盈天匪假易四海爲家夫豈不富伊昔哲王勤儉固陋土堦罔飾露臺罷構遠奇技淫巧放珍禽怪獸敬之慎之天命必祐欲令必行順人之情欲誠必著清已之慮心無億詐事必忠恕九將有爲靡不三思喜怒以御動靜以時毫釐或差禍害亦隨慢易於初悔其曷追刑不可長武不可恃作威逞力厲階斯起垂旒蔽聰黈纊塞耳含弘光大是以爲美覆之如天愛之如子仁心感人率土自理嗟余寡昧嗣守丕圖寇戎若典德化未敷業業兢兢其敢以愉俯察物情上稽典謨作斯式言寘于座隅其台衡銘曰天列台星垂象于人聖人則天亦立輔臣以翼以佐爲衡爲鈞如耳目應心如股肱運身是則同體孰云非親陰陽相推四序成歲君臣相得萬邦作乂感同風雲應若符契以道匡救盡規獻替木必從繩金其用礪帝者之盛時惟陶唐乃聞疇咨仄陋明揚洎乎有虞二八騰芳爰逮伊尹相于成湯載生姜牙諒彼武王道無不臧君聖臣賢運泰時康漢高既興蕭曹亦彰昭烈我祖膺期而昌剗滅羣凶砥平四方惟衛及英啓闢封壃維綱亦有魏徵忠謇昂昂偉茲衆材爲國棟梁蕩蕩巍巍邦家有光是知道之廢興繫于時主主之得失貸乎台輔經之以文緯之以武出爲方邵入作申甫絕維載張闕茨斯補惟德是倚惟才是求才不易知德亦難周傅說板築夷吾射鉤任之不疑千載垂休體於至公何鄙何讎其惟哲王必賴良弼矧予不德闇於理術師旅繁起政刑多失遘茲艱屯夙夜祗懍翊我戴我實惟勳賢內熙庶績外摠十連威武載揚謀猷日宣長城壓境巨艦濟川同心同德扶危持顛予嘉尒誠尒相予理惟后失道亦臣之恥自昔格言慎終如始功載鼎彝道冠圖史無俾伊夔克專厥美作鑒勸銘永代是紀尋有詔命勒石於起義堂西偏上爲題額

又曰貞元十二年上以聽政之餘深思理本迺著刑政箴并序序曰朕以南面勵精理道雖及和平之際未臻玄古之風夙夜孜孜勤求不怠夫安人以政輔政以刑蓋爲之立中非使人從欲也是以務兼聽以酌羣情擇庶官以咨共理恒勉不足而遏其過我欲仁矣尚遠夫意哉然萬務是殺必戒其失聽政之暇常志所存聊綴斯文庶乎自儆爾大朴既散利欲是生惟辟御時建極作程導以仁政齊以典刑惠此下人致之和平立政伊何必循道德詳刑伊何必去煩刻不以人從欲不以枉傷直故百度惟貞萬物作式匪陽不生匪陰不成寬則致慢猛亦取怨酌于大猷戒厥偏見罔咈人志罔興人患邇言必察芻蕘必詢奉無私之心以誠其意廣無情之聽思得其真喜怒有節措置有倫是以令肅如秋化行如春無邇憸人無信側言憸人則敗政側言乃惑聽罔攻異端慎乃出令知人不易在觀其行事實求理法乃因時法非生弊聖哲不爲導物類之情以通其變相天地之道咸盡其宜教必明於順動必慮

於違。是以天覆之德，日用不知。六馬並馳，在銜策；五音並奏，在理金石。苟去回邪，可行蠻貊，因人而理，自古不易。唐堯赭服，夏禹泣辜，以弼于理，冀遷其愚。寧漏吞舟，豈求噬膚，陷之於過，是曰毒痡。天監孔明，無臭無聲，罔載爾僞，必先爾誠。蟻壞不防，太山可傾，患生所急，禍起所輕。故作事謀始，而戒於未形。子臨兆人，道存化育，祗荷玄貺，幸清九服，一夫不獲，若履深谷，思正其源，庶登於樸，監于往躅，書以自勗。

又曰：杜希全將赴靈州，獻體要八章，多所規諫，德宗深納之，乃著君臣箴以賜之。其詞曰：惟天惠人，惟辟奉天，從諫則聖，共理惟賢。皇立有極，駿命不易，揔萬機以成務，齊六合之殊致。一心不能獨鑑，一目不能周視，數求哲人，式序在位。於戲！君之任臣，必求一德；臣之事君，咸思正直。何啓

沃之所宜，亘古今而未得。良以讜言者逆耳，讒諛者伺側，故下情未通，而上聽已惑，俾夫忠賢，敗於凶慝。譬彼涇舟，蒸徒檝之；亦有和羹，宰夫腊之。孰云理國，不自得師？覆車之軌，子其懲而。高以下外，和由甘受，惟君無良，亦臣之咎。聞諸辛毗，牽裾魏后，則有禽息，竭忠碎首。勉思獻替，以平可否。勿謂無傷，自微而彰；勿謂何害，積小成大。事有隱而必見，令既出而焉悔。鼓鍾在宮，聲聞于外，浩然涉水，朕未有艾。將貞辰以虛心，期盡忠而納誨。在昔稷契，實匡舜禹；近茲魏徵，佑我大祖。君臣叶德，混一區宇。肆予寡昧，獲纘丕緒。臣哉鄰哉，尔翼尔輔。高秋始肅，我武惟揚，轂此禁衛，殿于大邦。戀闕方甚，嘉言乃昌，是規是諫，金玉其相。詞高理要，入德知方，總彼千慮，備于八章。宣父有言，起予者商。殷有盤銘，周有欹器，或誡以詞，或警以事。披圖演義，發于衆志，與全鏡而高懸，將座右而同置。人皆有初，鮮愼厥終，汝其夙夜，明保朕躬。無曰爾身在外，而尔誠不通，一言之應，千里依同。導彼遐俗，達余四聰，華夷仰德，時乃之功。既往既來，懷賢忡忡，唱予和汝，式示深衷。

又曰：貞元中，上賜群臣會宴于曲江，上令中使劉希昂宣慰，上賜詩曰：令節曉澄霽，四郊煙靄空。天清白露潔，菊散黃金叢。寡德荷玄貺，順時休百工。豈懷歌鍾樂，思與君臣同。至化在亭育，相成資始終。未知康衢詠，所仰唯年豐。

又曰：張建封來朝覲還鎮，德宗賜詩曰：牧守寄所重，才賢生爲時。宣風自淮甸，授鉞膺藩維。入覲展遐戀，臨軒慰來思。忠誠在方寸，感激陳情詞。報國尔所尚，恤人子是資。歡宴不盡懷，車馬當還期。穀雨將應候，行春猶未遲。勿以千里遙，而云無已知。

又曰：貞元十八年九月，賜宰臣及中書門下兩省官宴于故馬璘池亭，御製豐年多慶九日示懷詩以賜群臣，曰：爽氣肅時令，早衣聞朔鴻。重陽有佳節，具物欣年豐。皎潔暮潭色，芬敷新菊叢。芳罇滿衢室，繁吹凝煙空。惠洽信吾道，保和惟尔同。推誠致玄化，天下期爲公。

又曰：憲宗以天下無事，留意典墳，每覽前代興亡得失之事，皆三復其言。

又讀貞觀、開元實録，見太宗撰金鏡書及帝範上下篇、玄宗撰開元訓誡，思繼前躅，遂採尚書、春秋後傳、史記、班范漢書、三國志、晉書、晏子春秋、吴越春秋、新序、説苑等書君臣行事可爲龜鏡者，集成十四篇：一曰君臣道可合，二曰辨邪正，三曰戒權倖，四曰戒微行，五曰任賢臣，六曰納忠諫，七曰愼征伐，八曰愼刑法，九曰去奢泰，十曰崇節儉，十

一曰獎忠直十二曰修德政十三曰諫畋獵十四曰録勳賢分爲上下卷上自製其目曰前代君臣事跡至是以其書寫於屏風列之御座之右復遣中使程文幹以書屏六扇至中書宣示宰臣李藩裴垍曰朕近撰此屏風常所觀覽故令藂將示卿藩等上表稱賀

又曰文宗嘗夏日與學士聯句帝曰人皆苦炎熱我愛夏日長柳公權續之曰薰風自南來殿閣生微凉帝嘉之

又曰裴度卧疾文宗遣中使賜度詩曰注想待元老識君恨不早我家柱石衰憂來學丘禱

又曰文宗開成中駕幸龍首池觀内人賽雨自春不雨上孜孜憂勤徧禮羣望至是甘澤屢降中外感悦上賦喜雨詩去風雲喜際會雷雨遂流滋薦弊虛陳禮動天實精思漸侵又夏節復在三春時霢深垂朱闕飄飆入緑墀郊坰旣霑足黍稷有豐期百辟同憂樂萬方佇雍熙宰臣洎文武百官咸有屬和

家語曰昔者舜彈五弦之琴造南風之詩其語曰南風之薰兮可以解吾民之愠兮(薰風至之皃也)南風之時兮可以阜吾民之財兮(時得其時阜盛)

穆天子傳曰丙辰天子南遊于黃室之丘天子乃休日中天子北風雨雪有凍人天子作詩三章以哀民(哀愍也)我徂黃竹負閟寒(閟閉也)帝收九行(九行九道也傳曰經啓九道)嗟我公侯百辟冢卿皇我萬民(皇正也)旦夕勿忘(恒念也)我徂黃竹負閟寒帝收九行嗟我公侯百辟冢卿皇我萬民旦夕勿窮有皎者鴼(鴼烏名音路)翩翩其飛嗟我公侯勿則遷居樂其寡(言守一居少樂)不如遷土(居無求安也)禮樂其民(言當以禮樂化其民)天子曰余一人則淫(淫于遊樂)不皇萬民

漢武帝集曰奉車子侯暴病一日死上甚悼之乃自爲歌詩

西京雜記曰始元元年黃鵠下太液池上爲歌曰黃鵠飛兮下建章羽肅肅兮行蹌蹌金爲衣兮菊爲裳唼喋荷荇出入蒹葭自顧菲薄媿尒嘉祥

漢武帝栢梁詩曰日月星辰和四時梁王曰驂駕駟馬從梁來於是羣臣各賦一句

魏文帝典論自叙曰初平之元董卓弑主鴆后蕩覆王室是時家家思亂人人自危名豪大俠富室強族飄揚雲會萬里相赴兖豫之師戰於滎陽河内之甲軍於孟津卓遂遷大駕西都長安而山東大者連郡國中者嬰城邑小者聚阡陌百姓死亡暴骨如莽時余年五歲上以世方擾亂教余學射六歲而知射又教余騎馬八歲而能騎射矣是以少好弓馬于今不衰建安十年始定冀州濊貊貢良弓燕代獻名馬時歲之暮春弓燥手柔草淺獸肥與族兄子丹獵于鄴西終日手獲麞鹿九雉兎三年十餘又學擊劒桓靈時有虎賁王越善斯術河南史何得其法於越余從何學之甚精嘗與平虜將軍劉勳奮威鄧展共飲展有手臂曉五兵法其能空手入白刃時酒後耳熱方食蔗以蔗爲杖下殿數交三中其臂左右大笑展意不平更求爲之復正截其顙坐中驚視余還坐笑曰昔陽慶使淳于意去其故方授以祕術余亦願鄧將軍捐弃故伎更受要道也一坐盡歡余於它戲弄之事少所喜唯於彈棊略盡其巧少爲之賦上雅好書籍雖在軍旅手不釋卷每定省從容常言人少學則思專長則善忘長大而能勤學者唯吾與袁伯業耳余是以習詩論及此而備歷五經四部史漢諸子

百家之言靡不畢覽

魏文帝芙蓉池詩曰乘輦夜行遊逍遥步西園雙渠相灌漑佳木遶通川卑枝拂羽蓋脩條摩蒼天驚風扶輪轂飛鳥翔我前丹霞夾明月華星出雲間上天垂光彩五色一何鮮壽命非松喬誰能得神仙遨遊快心意保已終百年

魏文帝遊宴詩曰置酒坐飛閣逍遥臨華池神飈自遠至左右芙蓉披緑竹映清水秋蘭被幽崖月出照園中冠佩相追隨客從南方來爲我吹參差潛魚猶伏浦聽者未云疲高文一何綺小儒安足爲肅肅廣殿陰雀聲愁北林衆賓還城邑何以慰吾心

太平御覽卷第五百九十二

文部九

詔　策　誥　教　誡

詔

釋名曰詔照也人闇不見事則有所犯以此照示使照然知所由也

蔡邕獨斷曰制詔制者王者之言必爲法制也詔猶告也告教也三代無其文秦漢有也

文心雕龍曰皇帝馭寓其言也神淵嘿黼扆而響盈四表其唯詔策乎昔軒轅唐虞同稱爲命命之爲義制性之本也其在三王事兼誥誓誓以訓誡誥以敷政降及七國並稱曰命命者使也秦并天下改命曰制漢初定儀則有四品一曰策書二曰制書三曰詔書四曰戒勑勑戒州郡詔告百官制施赦令策封王侯策者簡也制者裁也詔者告也勑者正也觀文景以前詔體浮雜武帝崇儒選言弘奥策封三王文同典訓勸戒淵雅垂範後代及光武撥亂留意詞采而造次喜怒時或偏濫暨明章崇學雅詔間出和安政弛禮閣鮮才每爲詔勑假手外請建安之末文理代興潘勗九錫典雅逸群衛覬禪誥符采炳耀不可加也自魏晉策誥職在中書劉放張華管于斯任施令發號洋洋盈耳魏文以下詞義多偉至於作威作福其萬慮之一弊乎晉氏中興唯明帝崇才以温嶠文清故引入中書自斯已後體憲風流矣夫王言崇祕大觀在上所以百辟其刑萬邦作孚故授官選賢則義炳重離之暉優文封策則氣含雲雨之潤勑戒恒誥則筆吐星漢之華啓戎變伐則聲存洊雷之威眚災肆赦則文有春露之滋明詔勑法則詞有秋霜之烈此詔策之大畧也

漢制度曰帝之下書有四一曰策書二曰制書三曰詔書四曰誡勑策書者編簡也其制書二尺短者半之篆書起年月稱皇帝以命諸侯王三公以罪免亦賜策而以隸書用尺一木兩行惟此爲異也制書者帝者制度之命其文曰制詔三公皆璽封尚書令即重封露布州郡者詔書也其文曰告某官云如故事誡勑者謂勑某官他皆類此

漢書曰誡勑刺史太守及三邊營官被勑文曰有詔勑某官是爲誡勑世皆名此爲策書失之甚也

又曰淮南王安傳曰武帝方好藝文以安屬於諸父辯博善爲文辭甚尊重之每爲報書及賜（師古曰書賜之也）常召司馬相如等視草迺遣

東觀漢記曰第五倫每見光武詔書常歎曰此聖主也當何由一得見決矣等輩笑之曰汝三皇時人也説將尚不能動萬乘主耶倫曰未遇知己道不可故耳

范曄後漢書曰隗囂賓客掾史多文才士每所有事當世才士大夫皆諷誦之故帝有所荅尤加意焉

魏志曰明帝疾欲以燕王宇爲大將軍帝引見劉放孫資入卧内問之放資對曰燕王實自不堪大任帝曰曹爽可代宇不放資因贊成之又深陳宜速召太尉司馬宣王以綱維帝室納其言即以黄紙授放作詔放資既出帝意復變詔止宣王

又曰蔣濟上萬機論帝嘉之入爲散騎常侍時有詔詔征南將軍夏侯尚曰卿腹心重將當使恩施足死惠愛可懷作威作福殺人活人尚以示濟濟既至帝問曰卿所聞見天下風教何如濟對曰未有它善但見亡國之語耳帝忿

然作色而問其故濟具以荅因夫作威作福書之明戒天子無戲古人所慎唯察之於是帝意解追取前詔

王隱晉書曰武帝泰始四年班五條詔書于郡國一曰正身二曰勤民三曰撫孤寡四曰敦本息華五曰去人事

又曰楚王瑋既誅汝南王亮尋又詔云瑋矯詔行斬刑臨死出其懷中青紙以示監刑尚書劉頌流涕而言此詔書也受此而行謂爲社稷今更爲罪託體先帝枉受如此幸見申列

晉書楊駿傳曰武帝疾篤未有顧命佐命功臣皆已沒矣朝臣惶惑計無所從而駿盡斥群公親侍左右因輙改易公卿樹其心腹會帝少間見所用者乃正色謂駿曰何得便尒乃詔中書以汝南王亮與駿夾輔王室駿恐失權寵從中書借詔觀之得便藏匿中書監華廙恐懼自往索之終不肯與信宿之間上疾遂篤

又曰齊王冏入宮稱詔廢賈后后曰詔當從我出何詔也

晉中興書曰初顯宗幼冲見王導恒拜又帝與導手詔則敬白中書作詔則曰敬問於是以爲永制

又曰桓玄左右稱玄爲桓詔桓胤諫曰詔者施於辭令不以爲稱謂也漢魏之主皆無此言願陛下稽古帝則令萬世可法玄曰此詔以行今宣勅罷之

後周書曰冀儁善隸書特工摸寫魏文昌初爲賀拔岳墨曹參軍及岳被害太祖引爲記室時侯莫陳悅阻兵隴右太祖志在平之乃令儁僞作魏帝勅書與費也頭令將兵助太祖討悅儁依舊勅摸寫及代舍人主書等署與眞無異太祖說費也頭已曾得魏帝勅書及見此勅不以爲疑遂遣步騎一千受太祖節度

隋書後齊正日侍中宣詔慰勞州郡國使詔牘長一尺三寸廣一尺雌黃塗飾上寫詔書三計會日侍中依儀勞郡國計吏問刺史大守安不及穀價麥苗善惡人間疾苦又班五條詔書於諸州郡國使人寫以詔牘一枚長二尺五寸廣一尺三寸亦以雌黃塗飾上寫詔書正會日依儀宣示使人使人歸以告刺史二千石一曰政在正身在愛人去殘賊擇良吏正決獄平徭賦二曰人生在勤勤則不匱其勸率由桑無或煩擾三曰六極之人務加寬養必使生有以自救沒有以自給四曰長吏華浮奉客以求小譽逐末捨本政之所疾宜謹察之五曰人事意氣干亂奉公內外溷淆綱紀不設所宜糾劾○又曰陳梁制諸用官式吏部先爲白牒錄數十名吏部常參掌人共署奏勅或可或不其不用者更銓量奏請隨才補用以黃紙錄名八座通署奏可即出付典名而典以名書召怗鶴頭板整威儀送往得官之家其有特發詔授官者即宣付詔誥局作詔草奏聞勅可黃紙寫出門下門下詔請付外施行

又曰周武平齊得李德林嘗謂群臣云我常日唯聞李德林名及其與齊朝作詔書移檄我正謂其是天上人豈言今日得其驅使復爲我作文書極爲大異神武公紇豆毅荅曰臣聞明王聖主得騏驎鳳凰爲瑞是聖德所感非力能致之瑞物雖來不堪使用如李德林來受驅策亦陛下聖德所感致有大才用無所不堪勝於騏驎鳳凰遠矣武帝大笑曰誠如公言

唐書文苑傳曰徐安貞開元中爲中書舍人集賢學士每上屬文作手詔多令安貞視草

風俗通曰光武中興以來五曹詔書題鄉亭壁歲輙正多

有關譯永遷中兗州刺史過翔箋撰卷別改着板上一勞而九逸

崔元始正論曰俚語曰州郡記如霹靂得詔書但挂壁永平中詔禁吏卒不得繫馬宮外樹爲傷害其枝葉又詔令雒陽幘工作幘皆二尺五寸圍人頭各有大小不可同度此詔不可從也

蔡質漢儀曰延熹中京師遊俠有盜發順帝陵者賣御物於市市長追捕不得周景以尺一詔召司隸校尉左雄詣臺與三日期擒賊

曹植說灌均上事令曰孤前令寫灌均所上孤章三臺九府所奏事及詔書一通置之座隅孤欲朝夕諷詠以自警誡也

語林曰明帝函封詔與庾公信誤致與王公王公開詔末

云勿使冶城公知導既視表答曰伏讀明詔似不在臣臣開臣閉無有見者明帝甚愧數月不能見王公

石虎鄴中記曰石虎詔書以五色紙着鳳鶵口中

策

蔡邕獨斷曰策者簡也禮云不備百文不書於策其制長二尺短者半之其次一長一短兩編下篆書起年月以命諸侯三公薨及以罪免悉以策書

隋書曰諸王三公儀同尚書令五等開國太妃公主拜冊軸一枚長二尺以白練衣之用竹簡十二枚六枚與軸等六枚長尺二寸文出集書皆篆字哀冊贈冊亦同

唐書曰劉迺字永夷爲司門員外崔祐甫秉政素與迺友善會加郭子儀尚父以冊禮久廢至是復行之祐甫令兩省官撰冊文未稱旨召迺至閣草之立就詞義典雅祐甫歎仰久之

後唐書曰同光三年太常奏吳越王錢鏐冊禮案禮文用竹冊上優其禮物以玉爲之議者以玉冊帝王受命之重數不可假之非禮之宜也

殷洪小説曰魏國初建潘勗字元茂爲策命文自漢武已來未有此制勗乃依商周憲章唐虞辭義温雅與典誥同風于時朝士皆莫能措一字勗亡後王仲宣擅名於當時時人見此策美或疑是仲宣所爲論者紛紜及晉王爲太傅臘日大會賓客勗子蒲時亦在焉宣王謂之曰尊君作封魏君策高妙信不可及吾曾問仲宣亦以爲不如朝廷之士乃知勗作也

誥

尚書商書曰湯既黜夏命復歸于亳作湯誥

又周書曰武王崩三監及淮夷叛周公相成王將黜殷作大誥

又曰成王既伐管叔蔡叔以殷餘民封康叔作康誥

又曰康王既尸天子（尸主也主天子正號）遂誥諸侯作康王之誥

李充翰林論曰誡誥施于弼違

後周書曰蘇綽自有晉之季文章競爲浮華遂成風俗太祖欲革其弊因魏帝祭廟群臣畢至乃命綽爲大誥奏行之其詞曰惟中興十有一年仲夏庶邦百辟咸會於王庭柱國泊群公列將罔不來朝時迺大稽百憲敷乎庶邦用綏我王度詞多不載自是之後文筆依此體

三國典略曰周太祖大饗群臣史宮柳虯執簡書告于廟曰廢帝文皇帝之嗣子年七歲文皇帝託於安定公曰是子也才由公不孝不才亦由公勉之公既受茲重寄居元輔

之任又納女爲皇后遂不能訓誨有成致令廢黜負文皇帝付囑之意此咎非安定公而誰太祖乃令太常盧辯作誥喻公卿曰嗚呼我群后曁衆士維文皇帝以襁褓之嗣託於予訓之誨之庶厥有成而予罔能弗變厥心庸曁乎廢墜我文皇帝之志嗚呼兹咎予其焉避予實知之矧尔衆人心哉惟予之顔豈惟今厚將恐後世以予爲口實

唐書曰孫逖掌誥八年制勑所出爲時流歎服議者以爲自開元已來蘇頲齊澣蘇晉賈曾韓休許景先及逖爲王言之最逖尤苦思文理精練

晉史曰高祖令制誥之辭不得虚飾冗長必須陳其實行以正王言

教

尚書舜典曰帝曰契汝作司徒敬敷五教在寛

春秋元命苞曰天垂文象人行其事謂之教教傚也言上爲而下傚也

文心雕龍曰教者傚也言出而民效也故王侯稱教昔鄭弘之守南陽條教爲後所述乃事緒明也孔融之守北海文教麗而罕施乃治體乖也若諸葛孔明之詳酌庾稚恭之明斷並理得而詞中教之善也

漢書曰京兆尹王導出教令

誡

文心雕龍曰戒勑爲文實詔之切者魏武稱作勑戒當指事而語勿得依違曉治要矣及晉武勑戒備告百官勑都督以兵要戒州牧以董司警郡守以恤隱勒牙門以禦衛有訓典焉戒者慎也禹稱戒之用休君父至尊在三同極漢高之勑太子東方朔之戒子亦顧命之作也及馬援以下各貽家戒班姬女戒足稱母師矣

太公金匱曰武王曰五帝之誡可得聞乎太公曰黄帝曰余君民上摇摇恐夕不至朝故爲金人三緘其口愼言語也

東方生傳曰朔誡其子以上容（應劭曰容身避害也）首陽爲拙柱下爲工飽食安步以仕易農依隱玩世詭時不逢

後漢書曰馬援兄子嚴敦並喜譏議而通輕俠客援在交阯還書誡之曰聞人之過失如聞親名耳可得聞而口不得言也好論人長短妄有善惡者寧死不願聞子孫有此行也龍伯高敦厚周慎謙約節儉吾愛之重之願汝曹效之杜季良豪俠好義憂人之憂樂人之樂有喪致客數郡畢至吾愛之重之不願汝曹效之效伯高不得猶爲謹勑士所謂刻鵠不成尚類鶩者也效季良不得陷爲天下輕

薄子所謂畫虎不成反類狗也裴松之以爲援此誡可謂切至之至不刋之訓矣○杜恕家事戒曰張子臺視之似鄙樸人然其心中不知天地間何者爲惡毅然如與陰陽合德作人如此富貴禍害何由而生

陶淵明道誡曰夫天地賦命有生必有終自古賢聖誰能獨免汝輩既稚小不同生當思四海皆爲兄弟之義鮑叔管仲分財無猜歸生伍擧班荆道舊遂能以此爲成因喪立功它人尚尔况共父之人哉潁川韓元長漢末名士身處卿佐八十而終兄弟同居至于没齒濟北氾稚春晉時操行人也七世同家人無怨色詩云高山仰止景行行止汝其愼哉

顔延年逵誥云喜怒者有性所不能無常起於褊量而止於弘識然喜過則不重怒過則不威能以恬漠爲體寛愉

爲器剛則缺大喜蕩心微抑則定甚怒煩性稍忍即歇故動無愆容舉無失度則爲善也欲求子孝必先爲慈將責弟悌務念爲友雖孝不待慈而慈能植孝悌非期友而友亦立悌夫和之不備或應以不和猶信不足焉必有不信儻知恩意相生情理相出可使家有參差人皆由損枚叔有言欲人勿聞莫若勿爲禦寒莫若重裘止謗莫若自脩論語云内省不疚何憂何懼

太平御覽卷第五百九十三

太平御覽卷第五百九十四

文部十

章表　奏　劾奏　駮奏

章表

釋名曰下言上曰表思之於內施於外也

李充翰林論曰表宜以遠大爲本不以華藻爲先若曹子建之表可謂成文矣諸葛亮之表劉主裴公之辭侍中羊公之讓開府可謂德音矣

文心雕龍曰堯咨四岳舜命八元並陳詞帝庭匪假書翰然則敷奏以言即章表之義也至太甲既立伊尹書戒思庸歸亳又作書以讚文翰事斯見矣降及七國未變古式言事於主皆稱上書秦初定制改書曰奏漢初定制則有四品一曰章二曰奏三曰表四曰駮議章以謝恩奏以

案劾表以陳請議以執異章者明也詩云爲章于天謂文明也其在文物青赤曰章表者標也禮有表記謂德見于儀其在器式揆景曰表表章之目蓋取諸此也案七略執文謌詠必錄章表奏議經國樞要然闕而不纂者乃各有故事布在職司也前漢表謝遺篇寡存及後漢察舉必試章奏左雄表議臺閣爲式胡廣章奏天下第一並當時之傑筆也觀伯始謁陵之章足見其典文美焉昔文帝受策三辭從命是以漢末讓表以三爲斷曹公稱表表不止三讓又勿得浮華所以魏初章表指事造實求其靡麗則未足矣如文舉之薦祢衡氣揚采飛孔明之辭後主志盡文壯雖華實異旨並表之英也琳瑀章表有譽當時孔璋稱健則其標也陳思之表獨冠群才觀其體贍而律調辭清而志顯應物製巧隨變生趣執轡有餘故能緩急應節矣逮晉初筆札則張華爲儁其三讓公封理同辭要引義比事必得其偶及羊公之辭開府有譽於前談庾公之讓中書信美於往載序志聯類有文雅焉劉琨勸進張駿自叙文致耿介並陳事之美表也原夫章表之爲用所以對揚王庭照明心曲既其身文且亦國華章以造闕風矩應明表以致策骨采宜耀循名課實以文爲本者也是以章式炳賁志在典謨使典而非略明而不淺表體多包情位屢遷必雅義以扇其風清文以驅其麗然懇惻者辭爲心使浮侈者情爲文出必使繁約得正華實相勝脣吻不滯則中律矣子貢云心以制之言以結之蓋一辭意也

東觀漢記曰馬援征尋陽山賊上書除其竹林譬如嬰兒頭多蟣虱而剔之書奏上大悅出尚書數日黃門取頭虱章持入

張璠漢記曰周舉上書言得失尚書郭虔見之歎息上疏願退位避舉常置其章於坐

吳志曰東萊太史慈字子義爲郡奏曹史會郡與州有隙先聞者爲善時州章已出郡守選慈以行至洛詣公車見州吏欲始通章慈曰章題署得無誤耶取視之先懷書刀截敗其章因共亡去遁還通章州遂受短由是知名

晉書曰樂廣善清言而不長於筆將讓尹請潘岳爲表岳曰當得君意廣乃作二百句語述己之志岳因取次比之便成名筆時人咸云若廣不假岳之筆岳不取廣之旨無以成斯美也

後魏書曰董紹傳孝武崩周文與百官推奉文帝上表勸進令呂思禮薛憕作表前後再奏帝尚執謙沖不許周文曰爲文能動至尊唯董公耳乃命紹爲第三表操筆便成

表奏周文曰開進人意亦當如此也

又曰胡方回為北鎮司馬為鎮脩表有所稱慶世祖覽而嗟美問誰所作旣知方回召為中書博士賜爵臨涇子

又曰邢劭善屬文每一文初出京師為之紙貴讀誦俄遍遠近于時袁翻與范陽祖瑩位望通顯文筆之美見稱先達以劭藻思華贍深共嫉之每洛中貴人拜職多憑劭為謝章表甞有一貴勝初授官大事賔食翻與劭俱在坐翻意主人託其為讓表遂命劭作之翻甚不悅每告人云邢家小兒常客作章表自買黄紙寫而送之劭恐為翻所害乃辭以疾

北齊書曰盧詢祖有術學文章華美為後生之俊舉秀才至鄴趙郡李祖勳甞宴諸文士齊文宣使小黄門勑祖勳曰蠕蠕旣破何無賀表使者佇立待之諸賔皆為表詢祖

俄須便成其詞云昔十萬横行樊將軍請而受屈五千深入李都尉去以不歸時重其工

三國典略曰周武帝下令上書者並為表於皇太子已下稱啓

後周書曰柳慶領記室時北雍州獻白鹿群臣欲草表陳賀尚書蘇綽謂慶曰近代已來文章華靡逮于江左弥復輕薄洛陽後進祖述不已相公柄民軌物君職典文房宜製此表以革前弊慶操筆立成辭兼文質綽讀而笑曰枳橘猶自可移況才子也

隋書曰魏楊遵彥命李德林製讓尚書令表援筆立成不加治點因大相賞異以示吏部郎中陸卬云已見其文筆浩浩如河之東注比來所見後生制作乃涓澮之流耳卬仍命其子乂與德林周旋戒乂汝每事宜師此人以為模楷

唐書曰令狐楚為太原掌記鄭儋在鎮暴卒不及指撝後事軍中喧譁將欲有變中夜忽數十騎持刃迫楚至軍門諸將遍之令草遺表楚在白刃之中搦管立成讀示三軍無不感泣由是名聲益重

典論曰陳琳阮瑀之章表書記今之儁也

魏文帝與吳質書曰孔璋章表殊健微為繁富

世說曰司馬景王令中書令虞松作表再呈輙不可意令松更定松思竭不能改心存之形於顏色鍾會察其憂問松松以實荅會取為定五字松悅服以示景王景王曰不當尔耶誰所定也曰鍾會向亦欲啓之會公見問不敢饕其能王曰如此可大用可令來會平旦入見至二鼓乃出出後王獨拊手歎息曰此眞王佐材也

傳物志曰漢承秦法群臣上書皆云昧死王莽慕古法改曰稽首光武因而不改朝臣曰稽首輕宜稽首再拜

奏

陸士衡文賦曰奏平徹以閑雅

漢書雜事曰秦初之制改書為奏

又曰群臣奏事上書皆為兩通一詣右一詣帝凡群臣之書通於天子者四品一曰章二曰奏三曰表四曰駮議

文心雕龍曰昔陶唐之臣敷奏以言秦漢附之上書稱奏陳政事獻典儀上急變劾愆謬揔謂之奏奏者進也敷于下情進乎上也秦始皇立奏而法家少文觀王綰之奏德辭質而義近李斯之奏驪山事略而意誣故無膏潤形於篇章矣自漢來奏事或稱上疏儒雅繼踵殊采可觀若夫賈誼之務農晁錯之兵術匡衡之定郊王吉之勸禮溫舒

之繆獄谷永之陳仙理旣切至辭亦通辯可謂識大體矣後漢群臣奏事罔伏楊秉耿介於災異陳蕃憤懣於尺一骨鯁得焉張衡指摘於史識蔡邕銓列於朝儀博雅明焉魏代名臣文理迭興若高堂天文黄觀教學王朗節省甄毅考課亦盡節而知治矣晉氏多難世交屯夷劉頌殷勤於時務溫嶠懇惻於費役並體國之忠規矣夫奏之爲筆固以明允篤誠爲本辯析疏通爲首強志足以成務博見足以窮理酌古御今治繁摠要此其體也

典略曰王粲才旣高辯鍾繇王朗等雖名爲魏相至於朝廷奏議皆閣筆不敢措手

唐書曰文宗嘗謂侍臣曰近日諸侯章奏語太浮華有乖典實宜罰掌書記以誡其流李石曰古人因事爲文今人以文害事懲弊抑末實在其世之盛時

論衡曰谷子雲唐子高章奏百上筆有餘力

劾奏

文心雕龍曰案劾之奏所以明憲清國昔周之太僕繩愆糺繆奏有御史職主文法漢置中丞摠司案劾故位在鷙擊砥礪其氣必使筆端振風簡上凝霜者也觀孔光之奏董賢則實其奸回路粹之奏孔融則誣其釁惡名儒之與儉士固殊心焉若夫傅咸果勁而辭案堅深劉隗切正而劾文闊略各有志也後之彈事迭相斟酌惟新日用而舊准不差然甲人欲全矢人欲傷術在糺惡勢入剛峭詩刺讒人投畀豺虎禮疾無禮方之鸚猩墨翟非儒目以羊彘孟軻譏墨比諸禽獸詩禮儒墨旣其如此奏劾嚴文孰云能免是以近世爲文競於詆訶吹毛取瑕刺骨爲戾覆似善詈多失折衷若能闢禮門以懸規標義路以植矩然後踰牆者折肱捷徑者滅跡何必躁言醜句詬病爲巧哉是以立範運衡宜明體要必使理有典刑辭有風軌摠法家之裁秉儒家之文不畏強禦氣留墨中無縱詭隨聲動簡外乃稱絶席之雄直方之舉也

晉書曰何曾嘉平中爲司隷校尉撫軍校事尹模憑寵作威姦利盈積朝野畏憚莫敢言者曾奏劾之朝廷稱焉

又曰敬思王怡字元愉少拜散騎侍郎累遷散騎常侍黄門郎御史中丞值海西廢簡文帝登祚未解嚴大司馬桓溫屯中堂吹警角怡奏劾溫大不敬請科罪溫視奏歎曰此兒乃敢彈我也

又曰劉毅以孝廉辟司隷都官從事京邑肅然毅將彈河南尹司隷不許曰攫獸之犬鼷蹈其背毅曰旣能攫獸不能殺鼠何損於犬投傳其背而去

南史曰徐陵爲御史中丞時安成王頊爲司空以帝弟之尊權傾朝野直兵鮑僧叡假王威風抑塞辭訟大臣莫敢言陵乃奏彈之文帝見陵服章嚴肅若不可犯爲斂容正坐陵進讀奏狀時安成王殿上侍立仰視文帝流汗失色陵遣殿中侍史引王下殿自是朝廷肅然

隋書曰郎茂爲尚書左丞時工部尚書宇文愷左翊衛大將軍于仲文競河東銀窟茂奏劾之曰臣聞貴賤殊禮仕農異業所以人知局分家識廉恥宇文愷位望已隆祿賜優厚拔葵去織寂爾無聞求利下交曾無愧色仲文大將宿衛近臣趨侍堦庭朝夕聞道虞芮之風抑而不慕分銖之利知而必爭何以貽範庶寮示民軌物若不糺繩將虧政教愷與仲文竟坐得罪

唐書曰顯慶中中書侍郎李義府恃寵用事聞婦人淳于

氏有美色坐事繫大理乃訊大理寺丞畢正義枉法出之將納爲妾或有密言其狀者上令給事中劉仁軌侍御史張倫鞫義府義府恐泄其謀遂逼正義自縊於獄中上知而特原義府之罪侍御史王義方對仗叱義府令退義府顧望不肯退義方三叱上既無言義府始趨出義方乃讀彈文曰義府請託公行交游群小貪冶容之美好原有罪之淳于恐漏泄其謀殞無辜之正義雖挾山超海之力望此猶輕迴天轉日之威方斯更劣此而可恕孰不可容金風戒節玉露啓途霜簡與刑典共清忠臣將鷹鸇並擊請除君側少荅鴻私碎首玉階庶明臣節伏請付法推斷以申典憲上以義府有定策之功特釋而不問義方以毀辱大臣貶爲萊州司户參軍初義方謂其母曰姦臣當路懷禄而曠官不忠老母在堂犯難以危身不孝進退惶惑所

以未能決也母曰吾聞王陵母自殺以成子之義汝若事君盡忠立名千載吾死不恨也及義方將赴萊州義府謂之曰王學士得御史是義府所舉今日之事豈無愧乎對曰義方爲公不爲私昔孔子爲魯司寇七日誅少正卯於兩觀之下今義方任御史旬有六日不能除姦臣於雙闕之前實以爲愧

又曰元和十二年御史臺奏請知彈御史被彈即向下承次監奏或有故不到即殿中侍御史於侍御史下立以備其闕臣伏以朝官入閣失儀知彈侍御史先合彈奏若彈奏失錯向上侍御史及中丞大夫遞相彈奏奏畢復入本班俟監奏出閤然合待罪此乃殿庭舊制於事爲宜今若移一殿中於知彈侍御史下防向上數人失錯如或殿中自錯則又更立何人只合知彈御史便了不必更差殿中況乖故實終慮駁雜伏請自今已後依閤内故事縱知彈御史自有錯失不被彈奏候班退監奏畢然後出待罪冀從易求得遵行從之

駁奏

李充翰林論曰駁不以華藻爲先世以傅長虞奏駁事爲邦之司直矣

晉書嵇紹傳曰陳準薨太常奏謚紹駁曰謚號所以垂之不朽大行受大名細行受細名文武顯於功德靈厲表其闇蔽自頃禮官協情謚不依本準謚爲過宜謚曰繆事下太常時雖不從朝廷憚焉

唐書曰許孟容遷給事中論駁無所憚貞元末方鎮殂殁其主留務判官雖不得代位亦例皆超擢寖以爲常十八年浙東判官武試大理評事齊總由是拜衢州刺史孟容

以總無出人才一旦超爲郡守非舊制也封還詔書時以絶論駁及孟容舉職班行爲之惴恐德宗開悟召對慰勉遂寢其事

又曰李藩爲給事中制勑有不可遂於黄勑後批之吏曰宜別連白紙藩曰別以白紙是文狀豈曰批勑也

太平御覽卷第五百九十四

太平御覽卷第五百九十五

文部十一

論　議　牋　啓　書記

論

李充翰林論曰研覈名理而論難生焉論貴於允理不求支離若嵇康之論成文美矣

文心雕龍曰論者倫理無爽則聖意不墜昔仲尼微言門人追記故抑其經目稱爲論語蓋群論立名始於兹矣論者弥綸群言而研精一理也是以莊周齊物以論爲名不韋春秋六論昭別至如石渠論藝白虎講聚述聖通經論家之政體也及班彪王命嚴左三將敷述昭情善入史體魏之初霸術兼名法傳嘏王粲校練名理迄至正始務欲守文而何晏之徒始盛玄論於是聃周當路與尼父爭塗

矣詳觀蘭石之才性仲宣之去伐叔夜之辨聲太初之本玄輔嗣之兩例平叔之二論並師心獨見鋒穎精密盖論之英也至乃李康運命同論衡而過之陸機辨亡效過秦而不及然亦其美哉原夫論之爲體所以辯正然否窮於有數追於無形鑽堅求通鉤深取極乃百慮之筌蹄萬事之權衡也故其義貴圓通詞忌枝碎也必使心與理合弥縫莫見其隙詞共心密敵人不知所乘斯其要也是以論譬析薪貴能破理斤利者越理而横斷詞辨者反義而取通覽文雖巧而檢迹知妄惟君子能通天下之志安可以曲論哉

漢書曰班彪遭王莽亂避地隴右時隗囂擁隴右囂問彪曰往者周亡戰國並爭天下分裂意者從横之事復起於今乎將承運迭興在一人也願先生論之彪既感囂言又愍狂狡之不息乃著王命論以救其時難

後漢書曰王符耿介不同於俗因而憤恚著書以譏於世不欲彰名號曰潛夫論

又曰仲長統字公理每論古今世俗行事恒發憤歎息因著論名曰昌言

晉書裴頠傳曰頠深患時俗放蕩不遵儒術何晏阮籍素有重名於世口談浮虛不遵禮法尸禄躭寵仕不事事至王衍之徒聲譽太盛位高勢重不以物務自嬰遂相放效風教陵遲乃著崇有之論以釋其蔽

又范喬傳光禄大夫李銓嘗論楊雄才學優於劉向喬以爲立一代之書正群籍之篇使雄當之故非所長遂著楊劉優劣論

又曰董養字仲道陳留俊儀人也太始初到洛下不干榮

禄及楊后廢養因遊太學升堂歎曰建斯堂也將何爲乎每見國家赦書謀反逆者赦至於祖父母不赦以爲王法所不容也奈何公卿處議文飾禮典以至此乎天人之理既滅大亂作矣因著元化論以非之

又曰魯褒字元道元康之後綱紀大壞褒傷時貪鄙乃隱姓名著錢神論其略曰市井便易不患耗折親之如兄字曰孔方失之則貧弱得之則富強無翼而飛無足而走解嚴毅之顏開難發之口錢多者處前錢少者居後京邑衣冠疲勞講肆厭聞清談對之睡寐見我家兄莫不驚視又成公綏亦著錢神論

梁書曰范縝字子真南陽舞陰人也齊竟陵王子良盛招賓客縝預焉子良精信釋教而縝不信因果著神滅論以明之子良集僧難之而不能屈王琰難縝曰嗚呼范子曾

不知其先祖神靈所在縝荅曰嗚呼王子知其先祖神靈所在而不能殺身以從之

又曰劉峻見任昉諸子西華等兄弟流離不能自振平生舊交莫有收恤西華冬月葛帔練衣路逢峻峻泫然矜之乃廣朱公叔絶交論到溉見其書抵几於地終身爲恨

後周書曰柳虯時人論文體者時有今古非文有今古乃爲文質論

隋書曰隋皇之末國家殷盛朝野皆以遼東爲意劉炫以爲遼東不可伐作撫夷論以諷焉當時莫有悟者及大業之年三征不克炫言方驗

典論曰余觀賈誼過秦論發周秦之得失通古今之滯義洽以三代之風潤以聖人之化斯可謂作者矣

抱朴子曰洪造穹天論云天形穹隆如笠冒地若謂天北

方遠者視北方星宜細於三方矣

語林曰宋岱爲青州刺史著無鬼論甚精莫能屈後有書生詣岱談論次及無鬼論書生乃拂衣而去曰君絶我輩血食二十餘年以君有青牛髯奴所以未得相困今奴已死今得相制矣言終而失明日岱亡

又幽明録曰阮瞻亦著無鬼論俄而鬼見而瞻死

議

說文曰議語也又曰論難也

周易節卦曰君子以制度數議德行

文心雕龍曰周爰咨謀是謂爲議議之言宜審事宜也易之節卦君子以制度數議德行

周書曰議事以制政乃弗迷議貴節制經典之體也昔管仲稱軒轅有明臺之議則其來遠矣洪水之難堯咨四岳百揆之舉舜疇五臣三代所興詢及芻蕘春秋釋宋魯桓預議及趙靈胡服而季父爭論商鞅變法而甘龍交辯雖憲章無筭而同異足觀迄至有漢始立駮議駮者雜也議不純故曰駮也自兩漢之明楷式昭備藹藹多士發言盈庭若賈誼之遍代諸生可謂捷於議矣至如主父之駮挾弓安國之辯匈奴賈捐之陳於朱崖劉歆辯於祖宗雖質文不同得事要矣若乃張敏之斷輕侮郭躬之議擅誅程曉之駮校事司馬芝之議貨錢何曾蠲出女之科秦秀定賈充之謚事實允當可謂達議體矣漢世善駮則應劭爲首晉代能議則傅咸爲宗然仲援博古銓貫以叙長虞識治而屬辭枝繁及陸機議亦有鋒穎而腴辭不剪頗累文骨亦有其美風俗存焉夫動先擬議明用稽疑所以敬慎群務施張治術故其大體所貴必樞紐經典頤事實於前代觀

變通於當今理不謬搖其枝字不妄舒其藻郊祀必洞於禮戎事宜練於兵田穀先曉於農斷訟務精於律然後標以顯義約以正辭文以辯潔爲能不以繁縟爲巧事以明覈爲美不以環隱爲奇此綱領之大要也若不達政體而舞筆弄文支離構辭穿鑿會巧空騁其華固爲事實所擯設得其理亦爲浮詞所埋矣昔秦女嫁晉從文衣之媵晉之貴媵而賤女楚珠鬻鄭爲薰桂之櫝鄭人買櫝而還珠若文浮於理末勝於其本則秦女楚珠復存於茲矣

李充翰林論曰在朝辯政而議奏出宜以遠大爲本陸機議晉斷亦各其美矣

三國典略曰王粲才既高辯鍾繇王朗等雖各爲魏卿相於朝廷奏議皆閣筆不敢措手

又曰齊主命立三恪朝士議之太子少傅魏收爲議衆皆

同之吏部侍郎崔瞻以父與收有隙乃別立議收讀瞻議畢笑而不荅瞻曰瞻議若是須贊所長瞻議若非須詰所短何容讀國士議文直如此冷笑收但慙而竟無言

又曰齊魏收嘗在議曹與諸博士引據漢書論宗廟事博士笑之收便忿取韋玄成傳抵之而起博士夜共披尋遲明乃來謝曰不謂玄成如此學也

南史曰馬褧梁天監初詔通儒定五禮有司舉褧脩嘉禮除尚書祠部郎時創定禮樂褧所建議多見施行兼中書通事舍人每吉凶禮當時名儒明山賓賀瑒等疑不能斷者皆取決也

唐書曰天寶中崔昌上封推五行之運以國家合承周漢其周隨不合爲二王後請廢詔下尚書省集公卿議昌獨見之明群議不屈會集賢院學士衛包抗表陳論議之夜四星聚於尾宿天意昭然上心遂定求殷周漢後爲三恪廢韓介酅等公以昌爲左贊善大夫

又曰張平叔判度支平叔欲以征利中上意以希大任請加監榷貴集州郡時宰不能奪因下其議韋處厚奏議發十難以詰之上然後深知害人乃止平叔繇是始踈

獨斷曰有疑事公卿百官會議若臺閣有正處而獨執異意者曰駮議曰某官某甲議以爲如是下言臣愚戇議異其非駮議不得言議異

金樓子曰余後爲江州副君賜報曰京師有語云論議當如湘東王仕宦當如王克克時始爲僕射領選也

牋 說文作箋

說文曰箋表識書也

文心雕龍曰牋者表也識表其情也崔寔奏記於公府則崇讓之德音矣黄香奏牋於江夏亦肅恭之遺式矣公幹牋記文麗而規益子桓不論故世所共遺若略名取實則有美於爲詩矣劉廙謝恩喻切以至陸機自敘情周而巧牋之善者也原牋記之爲式既上窺乎表亦下睨乎書使敬而不懾簡而無傲清麗以惠其才彪蔚以文其響蓋箋記之分也

晉書曰劉卞字叔龍東平須昌人也本兵家子質直少言爲縣小吏功曹夜醉如廁使卞執燭不從功曹銜之以它事補亭子有祖秀才者於亭中作與刺史箋久不成卞教之數言卓犖有大致秀才謂縣令曰卞公府掾之精者卿云何以爲亭子令即召爲門下吏

異苑曰河内荀儒字君林乘冰省舅氏陷河而死尼倫爲文求尸積日不得設祭水側又投牋與河伯經一宿岸側冰開尸手執牋浮出倫又牋謝之

博物志曰鄭玄注毛詩曰箋不解此意或云毛公嘗爲北海玄是此郡人故以爲敬

世說曰郗司空在北府桓宣武惡其居兵權於事素暗遣牋詣桓方欲共獎王室修復園陵世子嘉賓出行道上聞信至急遣取牋視之竟寸寸毀裂便迴車解衣帳中臥更作牋自陳老病不復堪人間欲乞閑地自養宣武大喜即發詔轉爲督五部守會稽

啓

說文曰啓傳信也

服虔通俗文曰官信曰啓

張璠漢紀曰董卓呼三臺尚書以下自詣卓啓事然後得行

文心雕龍曰：啓者開也高宗云啓乃心沃朕心蓋其義也孝景諱啓後兩漢無稱至魏國牋記始云啓聞奏事之末或云謹啓自晉來盛啓用兼表奏陳政事言既奏之異條讓爵謝恩亦表之别幹必辯要輕清文而不侈亦啓之大略也

晉書曰山濤爲吏部濤所奏甄拔人物各爲題目時稱山公啓事

書記

文心雕龍曰大舜云書用識哉所以記時事也蓋聖賢言辭揔爲之書書之爲體主言者也

楊雄曰言心聲也書心畫也聲畫形君子小人見矣故書者舒也舒布其言陳之簡牘取象乎夬貴在明決而已三代政暇文翰頗踈春秋聘繁書令弥盛繞朝贈士會以策

子家弔趙宣以書巫臣之責子反子產之諫范宣詳觀四書辭若對面又子服敬叔進弔書於滕君故知行人挈辭多被翰墨及七國獻書詭麗輻湊漢來筆札辭音紛紜觀史遷之報任安東方之謁公孫楊惲之酬會宗子雲之荅劉歆志氣盤桓各含珠采並杼軸乎尺素抑揚乎寸心逮後漢書記則崔瑗尤善魏之元瑜號稱翩翩文舉屬音半簡必録休璉好事留意翰辭抑其次也嵇康絶交實志高而文偉矣趙壹贈離乃少年之激昂也至如陳遵占辭百封各意祢衡代書親踈得宜斯皆尺牘之文也詳諸書體本在盡言所以散鬱陶詠風采固宜滌蕩以任氣優游以懌懷文明從容亦心聲之獻酬也若夫尊貴差序則肅以節文自戰國已前君臣同書秦漢立儀始有表奏王公國内亦稱奏書張敞奏書於膠后其辭義美哉迄至後漢稍有名品公府奏記而郡將奉牋也

漢書曰蘇武與常惠使匈奴被留昭帝即位數使至匈奴常惠請其守者與俱得夜見漢使具自陳道教使者謂單于言天子射上林中得鴈足有係帛書言武等在某澤中使者大喜如惠語單于單于視左右而敬謝漢使曰武等實在於是遣還漢

又曰陳遵容皃奇偉略涉傳記贍於文辭善書與人尺牘皆以爲榮爲河南太守既至官遣吏西上召善書吏十人於前治私書謝京師故人遵馮机口占目省官事數百封親踈各有意

又曰谷永字子雲便於筆札故時人云谷子雲之筆札婁君卿之脣舌

後漢書曰鄧奉反於南陽趙熹素與奉善數遺書切責之

而讒者因言熹與奉合謀帝以爲疑及奉敗帝得熹書乃驚曰趙熹真長者也即徵熹引見賜鞍馬待詔公車

又曰竇章字伯向好學有文與馬融崔瑗同好更相推薦融與竇書曰孟陵奴來賜書見手迹歡喜何量次於面也書雖一紙八行行七字

吳録曰王宏爲冀州刺史不發私書不交豪族號曰王獨坐

蜀志曰先主辟馬良遂爲椽後遣使吳良請亮曰今銜國命協穆二家幸爲良介於孫將軍亮曰君試自爲文良即爲草曰寡君遣椽馬良通聘繼好以紹昆吾豕韋之勳其人吉士荆楚之令鮮於造次之華而有克終之美願降心存納以慰將命權大待之

又曰王平字子均生長戎旅手不能書所識不過十字而

占授作書皆有意使人讀史漢諸傳聽之略知其義往往論說不失其指

晉書曰何曾爲三公人以小紙爲書者敕記室勿報

又曰何綏字伯蔚曾之孫也位至侍中尚書因以繼世名賢奢侈過度性既輕物翰札甚簡城陽王尼見綏書疏謂人曰伯蔚居世而務豪乃尔豈其免乎劉輿潘滔譖之於東海王越越遂誅綏

又曰荀勗傳云勗與裴秀羊祜共管機密時將發使聘吳並遣當時文士作書與孫晧帝用勗所作晧既報命和親帝謂勗曰君前作書使吳思順勝十萬之衆也

又曰簡文輔政引高松爲撫軍司馬桓溫擅率衆北伐簡文忌之松曰宜致書喻以禍福自當迴旆使於坐爲書草曰寇讎宜平時會宜接此實爲國遠圖經略之大莫能加斯非足下而誰

又曰王恭將舉兵討譙王尚之以謀告殷仲堪桓玄玄等從之推恭爲盟主尅期同赴京師時內外疑阻津邏嚴急仲堪之信因庾楷達之以斜絹爲書內箭簳中合鏑漆之楷送於恭恭發絹文角戾不復可識謂楷爲詐

晉陽春秋曰劉弘爲荆州刺史每有興發手書郡國丁寧款密故莫不感悅顛倒奔赴咸曰得公一紙書賢於十部從事也

沈約宋書曰劉穆之朱齡石並便尺牘嘗於高祖坐與齡石共荅書自旦至日中穆之得百函齡石得八十函而穆之應對無廢

又曰徐湛之善於尺牘音詞流暢

南齊書曰周顒字彥倫善尺牘沈攸之送絕交書太祖口授令顒裁荅

齊春秋曰吳郡張融字思光臨終及葬徵士何點使汝南周英爲書與融謝淪見歎曰此書雖漂宕不倫亦有破的

後周書曰梁臺性果敢有志操不過識百字口占書詞意可觀

又曰柳慶時父僧習爲潁川郡地接都畿民多豪右將選官皆依倚貴勢競來請託選用未定僧習謂子曰權貴請託吾並不用其使欲還皆須有荅汝等各以意爲吾作書也慶乃具書草云下官受委大邦選吏之日有能者進不肖者退此乃朝廷恒典僧習讀書歎曰此兒有意氣丈夫理當如是即依慶所草以報

後唐書曰李襲吉掌太祖書記襲吉博學多通尤諳悉國朝近事爲文精意練實動拘典故無所放縱羽檄軍書辭理尤健自太祖上源之難與朱溫不叶乾寧末劉仁恭負恩其間論列是非交相聘荅者數百篇警策之句播在人口文士稱之天復中太祖與朱溫脩好遣張特致書初敘相失之由毒手尊拳之句溫怡然大笑謂幕吏敬翔曰李公斗絕一隅削弱如此襲吉一函抵二十萬兵勢所謂彼有人可當也如吾之智筭得襲吉之筆才虎傅翼矣翔赧然而退

魯連子曰燕伐齊取七十餘城唯莒與即墨不下齊田單以即墨破燕軍殺將軍騎刼復齊城唯聊城不下燕將守城數月魯仲連乃爲書著之於矢以射城中遺燕將燕將得書泣三日乃自殺

韓子曰鄭人有遺燕相國書者夜火不明因謂持燭者曰

舉燭而誤於書中云舉燭非書意也燕相國受書而悅之曰舉燭高明者舉賢而任之因以之治也

皇甫謐高士傳曰光武徵嚴光至司徒侯霸使西之曹屬侯子道奉書光不起於牀上箕踞發書讀訖問子道曰君房素癡今爲三公寧小差否子道曰位居台鼎足不癡也光曰遣卿來何言子道曰公聞先生至區區欲即詣迫於典司是以不獲願因日暮自屈語言光曰卿言不癡是非癡語天子徵我三聘乃來人主尚不見當見人臣乎子道求報光曰我手不得書乃口授之曰君房足下位至鼎司甚善懷仁輔義天下悅阿諛順旨要領絕無它言使者嫌少可更足光曰買菜乎求益耶

魯國先賢志曰孔翊爲洛陽令置器水於前庭得私書皆投其中一無所發彈治貴戚無所迴避○典略曰太祖嘗使阮瑀作書與韓遂於馬上其具草書成呈之太祖攬筆欲有所定而竟不能增損

語林曰殷洪喬作豫章郡臨去郡人因寄百餘函書至石頭悉擲水中因視祝之曰沉者自沉浮者自浮殷洪喬不能作達書郵

魏文帝與吳質書曰元瑜書記翩翩致足樂也

魏文帝集曰上平定漢中族父都尉還書與余盛稱彼上地形勢觀其詞知陳琳所爲

李充起居誡曰牀頭書疏亦不足視或是他私密事不欲令人見見之縱不能宣誰與明之若有泄露則傷之者至矣

嵇康與山濤書曰素不便書不喜作書而人間事堆案盈几不相酬荅則犯教傷義欲自勉強則不能久堪

延篤荅張奐書曰離別三年夢想言念何日有違伯英來惠之書盈四紙讀之反覆喜不可言

張奐與陰氏書曰篤念既密文章粲爛奉讀周旋紙弊墨渝不離於手

金樓子曰劉睦能屬文作春秋旨義終始論及賦頌數十

又善史書當世以爲楷則及寢病帝驛馬令作草書尺牘

十首

古詩曰客從遠方來遺我一書札置之懷袖中三歲字不滅

又曰客從遠方來遺我雙鯉魚呼兒烹鯉魚中有尺素書長跪讀素書書中意何如上言加飡食下言長相憶

太平御覽卷第五百九十五

太平御覽卷第五百九十六

文部十二

誄　　弔文　　哀辭　　哀策

誄

釋名曰誄累也累列其事而稱之也

說文曰誄謚也

周禮春官下曰太史掌建邦之六典大喪執瀍以涖勸防鄭司農云勸防引六紼遣之曰讀誄累其行而讀之而之謚也凡喪事攷焉爲有得失小喪賜謚小喪卿大夫也

禮記檀弓曰魯哀公誄孔丘曰天不憖遺一老莫相予位焉嗚呼哀哉尼父

曾子問曰賤不誄貴幼不誄長禮也唯天子稱天以誄之諸侯相誄非禮也

又檀弓上曰魯莊公及宋人戰于乘丘縣賁父御卜國爲右馬驚敗績公隊佐車授綏公曰末之卜也縣賁父曰它日不敗績而今敗績是無勇也遂死之三人赴敵而死圉人浴馬有流矢在白肉公曰非其罪也流矢中馬非御與右之罪遂誄之士之有誄自此始也

傳曰誄者累其行迹而爲之謚也

漢書曰景帝中二年春二月令諸侯王薨列侯初封及之國大鴻臚奏謚誄策應劭曰諸侯王皆屬大鴻臚故薨奏其行亦賜與謚及哀策誄文也列侯薨及諸侯太傅初除之官大行奏謚誄策師古曰大鴻臚本名典客行大令即典客之屬其行也官徵故曰大行令如淳曰三公薨以策書誄其行

東觀漢記曰杜篤字季雅客居美陽與美陽令遊數從之請託不諧頗相恨令怒收篤送京師會大司馬吳漢薨世祖詔諸儒誄之篤於獄中爲誄辭最高帝美之賜帛免刑

魏志明帝詔曹植曰吾既薄才至於賦誄特不閑從兒陵上還哀懷未散作兒誄爲田家公主語耳荅曰奉詔并見聖思所作故平原公主誄文義相扶章章殊興句句感切哀動聖明痛貫天地楚王臣彪等聞臣爲讀莫不揮涕

晉中興書郗超死之日貴賤操筆爲誄者四十餘人其爲物所宗如此

齊書曰謝超宗有名譽善屬文爲新安王子鸞國常侍王母殷淑儀卒超宗作誄奏帝大嗟賞謂謝莊曰超宗殊有鳳毛

文章流別傳曰詩頌箴銘之篇皆有往古成文可放依而作惟誄無定制故作者多異焉見於典籍者左傳有魯哀公爲孔子誄

文心雕龍曰周世盛德有銘誄之文士大夫之才臨喪能誄誄者累其德行旌之不朽也夏商以前其詳靡聞周雖有誄未被於士又賤不誄貴幼不誄長其萬乘則稱天以誄之讀誄定謚其節文大矣自魯莊戰乘丘始及於士逮尼父之卒哀公作誄觀其憖遺之辭嗚呼之歎雖非叡作古式存焉至柳妻之誄惠子則辭哀而韻長矣暨于漢世承流而作揚雄之誄元后文實煩穢沙麓撮其要而執疑成篇安有誄德述遵而闊略四句乎杜篤之誄德有譽前代吳誄雖工而結篇頗疎豈以見稱光武而頗聘千金哉傅毅所製文體倫序孝山崔瑗辨絜相參觀其序事如傳辭靡律調固誄之才也潘岳構意專師孝山巧於叙悲易入新麗所以隔代相望能徵厥聲者也至如崔駰誄趙劉陶誄黃並得憲章貴在簡要陳思功名而體實繁緩文皇誄末百言自陳其乖甚矣若夫殷臣誄湯追

褒玄鳥之祚周史歌文上闡后稷之烈誄述祖宗蓋詩之則也至於序述哀情觸類而長傅毅之誄北海云白日幽光霧霞杳冥始序致感遂爲後式影而效者弥取於切矣詳夫誄之爲制蓋選言以録行傳體而頌文榮始而哀終論其人也曖乎若可覿送其哀也悽焉如可傷此其旨也

文心雕龍曰陳思之文群才之儁也而武帝誄云尊靈永蟄明帝頌云聖體浮輕輕浮有似於蝴蝶永蟄頗擬於昆蟲施之尊極不其嗤乎

南史宋謝莊作宣貴妃誄曰贊軒門方之漢鉤弋也及廢帝即位下莊于獄曰卿作此誄時知有東宮否

列女傳曰柳下惠死門下將誄之妻曰將述夫子德耶二三子不若妾之知之乃爲誄曰夫子之信誠與人無害兮嗚呼哀哉魂神泄兮夫子之謚宜爲惠兮門人從之

世說曰孫長樂作王長史誄云余與夫子交非勢利心猶淡水同此玄昧孝伯見云才士不遜亡祖何至與此人周旋

又曰謝太傅問王濘陸退張憑何以作母誄陸荅曰故當是文夫之德表於事行婦人之美非誄不顯

弔文

文心雕龍曰弔者至也詩云神之弔矣言神至也君子令終定謚事極理哀故賓之慰主亦以至到爲言也壓溺乘道所以不弔矣又宋水鄭火行人奉辭國災人亡故同弔也及晉築虒臺齊襲燕城史趙蘇秦翻賀爲弔害民構怨亦亡之道凡斯之例弔之所設也或驕貴以殞身或狷介以乖道或有志而無時或行美而兼累追而慰之並名爲弔自賈誼浮湘發憤而弔屈體周而事覈辭清而理哀蓋首出之作也及相如之弔二世全爲賦體桓譚以爲其言惻愴讀者歎息及卒章要切斷而能悲也揚雄序屈思積功寡意深文略故辭韻沉膇班彪蔡邕並敏於致詰然影附賈氏難爲並驅耳故胡阮之弔夷齊襃而無文仲宣所製譏呵實工然則胡阮嘉其清王子傷其隘各其志也祢衡之弔平子縟麗而輕清陸機之弔魏武詞巧而文繁降斯巳下未有可稱者矣夫弔雖古義而華辭未造華過韻緩則化而爲賦固宜正義以繩理昭德而塞違析割褒貶哀而有正則無奪倫矣

左傳莊十一年曰秋宋大水公使弔焉曰天作淫雨害於粢盛若之何不弔對曰孤實不敬天降之災又以爲君憂拜命之辱臧文仲曰宋其興乎禹湯罪巳其興也敎焉桀紂罪人其亡也忽焉且列國有凶稱孤禮也言懼而名禮其庶乎

史記曰相如從上至長楊還過宜春宮奏賦以哀二世行失也其辭曰東馳土山兮北揭石瀨弭節容與兮歷弔二世持身不謹兮亡國失勢信讒不寤兮宗廟滅絶墳墓蕪穢而不修魂無歸而不食

漢書曰揚雄恠屈原文過相如至不容作離騷自投江而死悲其文未嘗不流涕也君子遇不遇命也何必沉身哉迺作書往往摭離騷文而反之自岷山投諸江流以弔屈原名曰反騷

祢衡別傳曰南陽寇栢松記劉景外當塹是小出蜀守長胡政令給視之栢松父子宿與政不佳景外不在栢松子在後羅人盜迹胡政無狀便尔殺之景外還慙悼無巳即治殺胡政爲作三牲醊焉正平爲作板書弔之時當行在焉

上駐馬授筆倚柱而作之

祢衡弔張衡其辭曰南岳有精君誕其姿清和有理君達其機故能下筆繡亂揚手文飛昔伊尹値湯呂尚遇旦嗟矣君生而獨植漢倉蠅爭飛鳳凰巳散元龜可羈河龍可絆石堅而朽星華而滅唯道與隆悠悠永絶靡滯君音與浮河水有竭君聲永流周旦先没發夢孔丘余生雖後身亦存遊士貴知巳君其勿憂

糜元弔比干曰余既詰紂之後又感比干亢辭進諫不顧其身而受剞屠之戮殺身之後紂不悔寤適足快凶君之心而無益於世故復責而弔之

糜元弔夷齊曰少承洪烈從戎子王側聞先生餓於首陽敢不敬弔寄之山岡嗚呼哀哉夫五德更運天秩靡常如有絶代之主必有受命之王故堯終于虞舜禹殄於成湯

且夏后氏之末祀亦殷氏之所亡若周武爲有失則帝乙亦有傷子不棄殷而餓死何獨背周而深藏所行誰路而子涉之首陽誰山而子匿之彼薇誰菜而子食之行周之道藏周之林讀周之書彈周之琴飲周之水食周之茶而謗周之主謂周之淫是誦聖之文聽聖之音居聖之世而異聖之心

東晳弔蕭孟恩文曰東海蕭惠孟恩者父昔爲御史與晳先君同僚孟恩及晳旦夕同遊分義早著孟恩夫婦皆亡門無立胤時有伯母從兄之憂未獲自往致文一篇以弔其魂并修薄奠其文曰舊友人陽平東晳謹請同業生李察奉服脩一束麥糒一器以致詞于處士蕭生之墓曰嗚呼哀哉精爽遐登形骸幽匿有耶亡耶莫之能測敬薦薄饋塊兮來食孟恩孟恩豈猶我識

東晳弔衛巨山曰元康元年楚王瑋矯詔舉兵害太保衛公及公四子三孫公世子黄門郎巨山與晳有交好時自本郡來赴其喪作弔文一篇以告其柩曰同志舊友陽平東晳頃聞飛虎肆暴竊矯皇制禍集于子宗祊幾滅越自異方來赴來祭遥望子弟銘旌叢立旣闚子庭其殯盈十徘徊感慟載號載泣斂衽升階子不我揖引衽授袪子不我執塊兮魂兮於焉栖集

李充弔嵇中散曰先生挺邈世之風資高明之質神蕭蕭以宏遠志落落以遐逸忘尊榮於華堂括卑静於蓬室寧漆園之逍遥安柱下之得一寄欣孤松取樂竹林尚想榮莊聊與抽簪味孫觴之濁醪鳴七弦之清琴慕義人於玄旨詠千載之徽音凌晨風而長嘯託歸流而永吟乃自足於丘壑孰有愠乎陸沉馬樂厚而翹足龜悦塗而曳尾疇廟

堂之是榮豈和鈴之足視以先生之所期差玄達於遐旨尚遺大以出生何殉小而入死嗟乎先生逢時命之不丁冀後凋於歲寒遭繁霜而夏零滅皎皎之玉質絶琅琅之金聲投明珠以彈雀捐所重而爲輕諒心不爽非大雅之所營○袁宏友李氏弔嵇中散曰宣尼有言曰唯仁者能好人能惡人自非賢智之流不可以褒貶明德擬議英哲矣故彼嵇中散之爲人可謂命世之傑矣觀其德奇偉風韻劭邈有似明月之映幽夜清風之過松林也若夫呂安者嵇子之良友也鍾會者天下之惡人也良友不可以不明明之而理全惡人不可以不拒拒之而道顯然夜光匪與魚目比映三秀難與朝華爭榮故布鼓自嫌於雷門礫石有忌於琳琅矣嗟乎道之喪也雖智周萬物不能遺絶纆之用識達去留不能違顛沛之難故存其心者不以一眚累懷檢乎跡者必以纖芥爲事

達人之獲譏僅髙範之莫全淩清風以三歎子撫茲而悵焉閻先覺之髙唱理極滯其必宣俟千載之大聖期百五之明賢聊寄憤於斯章思慷慨男兒而泣然

哀辭

文章流别傳曰哀辭者誄之流也崔瑗蘇順馬融等為之率以施於童殤夭折不以壽終者建安中文帝臨菑侯各失稚子命徐幹劉楨等為之哀辭哀辭之體以哀痛為主緣以歎息之辭

文心雕龍曰哀者依也悲實依心故曰哀也以辭遣哀蓋下流之悼故不在黄髮必施夭昏昔三良殉秦百夫莫贖事均夭枉黄鳥賦哀抑亦詩人之哀辭乎漢武封禪而霍嬗暴亡哀傷而作詩亦哀辭之類也降及後漢汝陽主亡崔瑗哀辭始變前式然腹突鬼門恠而不辭駕龍乘雲僊而不哀又卒章五言頗似歌謡亦髣髴乎漢武也至於蘇順張外並述哀文雖發其華而未極心實建安哀辭唯偉長差善行女篇時有惻怛及潘岳繼作實鍾其美觀其慮贍辭變情洞悲苦叙事如傳結言摹詩促節四言鮮有緩句故能義直而文婉體舊而趣新金鹿澤蘭莫之或繼也原夫哀辭大體情主於痛傷而辭窮乎愛惜幼未成性故興言止於察惠弱不勝務故悼惜加乎容色隱心而結文則事愜觀文而屬心則體奢奢體為辭則雖麗不哀必使情往會悲文來引泣乃其貴耳班固馬仲都哀辭曰車騎將軍順文侯馬仲都明帝舅也從車駕於洛水浮橋馬驚入水溺死帝謂侍御史班固爲馬上三十步哀辭

南史曰劉孝綽三妹一適東海徐悱文尤清壯所謂劉三娘者也悱為晉安郡卒喪還建業妻為祭文詞甚悽愴悱父勉欲為哀辭見之乃閣筆

三國典略曰齊文宣崩楊愔選其挽歌令樂署歌之其魏收四首陽休之祖珽劉逖各二首盧思道八首入用於是晉陽人謂思道爲八采盧郎北營刺史李愔戲謂逖曰盧八問許劉二逖每銜之至是愔以感思賦自陳文宣之世遭遇讒諸逖為帝奏其文誹謗先帝齊主怒令鞭之逖喜曰高樵三十熟鞭之百何如喚劉二時

哀策

文章流别傳論曰今所哀策者古誄之義

世說曰王東亭夢人以大筆與之如椽子大覺曰當有大手筆事少日烈宗崩哀策謚議皆王所作

國朝傳記曰褚遂良爲太宗哀策文自朝還馬誤入人家而不覺也

又曰崔融司業作武后哀文因發疾而卒時人以為三二百年來無此文

太平御覽卷第五百九十六

太平御覽卷第五百九十七

文部十三

檄　移　露布附

檄

說文曰檄二尺書也

釋文曰檄激也下官所以激迎其上之書也

李充翰林論曰盟檄發於師旅相如喻蜀老可謂德音矣

起居誡曰軍書羽檄非儒者之事曰一家奉道法言不及殺語不虛誕而檄不切厲則敵心陵言不誇壯則軍容弱請姑舍之以待能者

文心雕龍曰昔有虞氏始戒於國夏后初誓於軍殷誓軍門之外周將交刃誓之故知帝世戒兵三王誓師宣訓我衆未及敵人也至周穆西征祭公謀父稱古有威讓之令

有文誥之詞即檄之本源也及春秋征伐自諸侯出懼敵不服故兵出須名振此威風暴彼昏亂劉獻公所謂告之以文詞董之以武師者齊桓征楚詰菁茅之闕晉厲伐秦責箕郜之焚管仲吕相奉詞先路詳其意義即今之檄文暨乎戰國始稱爲檄檄者曒也宣布於外曒然明白也張儀檄楚書以尺二明白之文或稱露布夫兵以定亂莫敢自專天子親戎稱恭行天罰諸侯禦師則云肅將王誅故分閫推轂奉詞伐罪非唯致果爲毅抑亦厲詞爲武使聲如衝風所擊氣似欃槍所掃奮其武怒揔其罪人徵其惡稔之時顯其貫盈之數搖姦宄之膽訂信順之心使百尺之衝摧折於咫書萬雉之城顛墜於一檄者也觀隗囂之檄亡新布其三逆文不雕飾而意切事明隴右文得檄之士得檄之體也陳琳之檄壯於骨骾雖姧閹攜養章實太甚發丘摸金誣過其虐然抗詞書釁曒然暴露鍾會檄蜀徵驗甚明桓温檄胡觀釁尤切並壯筆也凡檄之大體或述休明或叙否剥指天時審人事驗强弱角權勢摽蓍龜於前驗懸鞶鑑於已然雖本國信實參兵詐譎詭以馳旨煒曄以騰說凡此衆作莫之或違者也故其植義颺詞務在剛健插羽以示迅不可使詞緩露板以宣衆不可使義隱必事昭而理辨氣盛而詞斷此其要也若曲趣密巧無所取才矣

史記曰張儀魏人嘗從楚相飲相亡璧意儀盜之掠笞數百後儀既相秦爲檄告楚相曰吾從汝飲不盜汝璧善守汝國我且盜汝城

漢書曰申屠嘉爲丞相鄧通在上旁怠慢嘉奏事因言曰陛下幸愛群臣則富貴之至於朝廷之禮不可以不肅上

曰君勿言吾私之罷朝嘉爲檄召通曰不來且斬通恐又言於上上曰速往吾今召汝通至丞相府免冠徒跣頓首謝嘉嘉不爲禮責曰朝廷者高帝朝廷也通小臣戲殿上大不敬當斬吏勑史今行斬之通頓首血出不解文帝度嘉已困通持節召通而謝嘉曰此吾弄臣君釋之

東觀漢記曰光武數召諸將置酒賜坐席之間以要其死力當此之時賊檄日以百數憂不可勝上猶以餘閒講經藝

又曰盧江毛義性恭儉謙約家貧以孝行稱南陽張奉聞其名往候之坐有頃府檄到當守令義攝檄持入白毋喜甚事具孝門

後漢書曰耿恭爲戊巳校尉移檄烏孫示漢威德大昆弥已下皆喜遣使獻名馬

又曰隗囂故宰府掾吏善爲文書每上移檄士大夫莫不諷誦

魏書曰陳琳作檄草成呈太祖太祖先苦頭風是日疾發卧讀琳所作翕然而起曰此愈我疾病太祖平鄴謂陳琳曰君昔爲本初作檄書但罪孤而已何乃上及父祖乎琳謝曰矢在弦上不得不發太祖愛其才不咎

又曰劉放善爲書檄三祖詔命有所招喻多放之所爲

張華別傳曰駕西征鍾會次長安華兼中書侍郎從行掌軍中書疏表檄文帝善之

晉書曰易雄長沙人也爲春陵令刺史譙王承旣拒王敦將謀起兵以赴朝廷雄承符馳檄遠近列王敦罪西城陷爲其所虜意氣慷慨神色無怍送到武昌敦遣人持檄示雄而數之雄曰此實有之惜雄位微力弱不能救國之難

王室如燬安用生爲今日即戮得作忠鬼乃所願也敦憚其辭正釋之衆人皆賀雄笑曰昨夜夢乘車掛肉其傍夫肉必有筋筋者斤也車傍有斤吾其戮乎尋而敦遣殺之當時見者無不傷惋

又曰張軌爲涼州刺史時晉昌張越涼州大族讖言張氏霸涼自以才力應之越初爲梁州刺史而志在涼州遂託病歸河而陰謀伐軌乃遣兄鎭及曹袪麴佩移檄廢軌軌遣主簿奉表詣闕將歸老宜陽長史王融參軍孟暢蹋折鎭檄排閤入諫軌默然從之

又曰元帝遣揚威將軍甘卓建威將軍郭逸攻周馥于壽春安豐太守孫惠卿衆應之使謝擒爲檄擒馥之故將馥見檄流涕曰必謝擒之辭擒聞之遂毀草旬日馥衆潰

續晉陽春秋曰何毋忌母劉牢之姊也無忌與高祖謀夜於屏風裏製檄文母潛於屏風上竊之旣知其謀大喜謂曰汝能如此吾讎耻雪矣

黏氏世家曰含字君道爲中書郎書檄雲集含不起草

北齊書曰高祖西討命中外府司馬李義深知相府城局李士略共作檄文二人皆辭請以孫搴自代高祖引搴入帳自爲吹火催促之搴援筆立成其文甚美高祖大悅即署相府主簿專典文筆

梁書曰元帝擒宋子仙及丁和送之江陵並下于獄子仙檄湘東曰旣瞎且尪尒勇伊何即書記沈烱之文也有司焚毀湘東弗知僧辯購烱獲之酬錢十萬烱旣不敢謁見遂謟事于僧辯自此軍書咸出於烱

又曰偉玉洛陽人也學通周易甞在淮陽賦詩曰平明聽戰皷薄暮敘存亡楚漢方龍鬭秦關陣未央旣至江陵繫

之於獄以詩贈湘東嬖人曰趙壹能爲賦鄒陽解獻書何惜西江水不救轍中魚又上五十韻詩以希不死湘東愛其詞翰猶欲未誅左右嫉之乃曰偉前作檄文言詞不順湘東所視其檄云項羽重瞳尚有烏江之敗湘東一目寧爲赤縣所歸湘東大怒釘其舌於柱剜其臍抽其腸出乃斬之

陳書曰趙知禮涉獵文史善書翰武帝之討元景仲也或薦之引爲記室知禮涉文贍速每召製書草下筆便就率皆稱旨

又曰顧野王博識洽聞侯景之冦郡將衣君正舉兵赴援文檄皆以委之口占便就未嘗立草

國朝記傳曰元万頃初爲契苾何力征高麗管記作檄書云不知守鴨綠之險莫離支報云謹聞命矣遂移兵固守

官軍不得入万頃坐流嶺南

唐書曰李巨川爲華州掌書記時李茂貞犯京師天子駐蹕於華韓建以一州之力供億万乘慮其不濟遣巨川傳檄天下請助轉餉同臣王室完葺京城西方書檄酬報輻湊巨川灑翰陳叙文理俱慨昭宗深重之時巨川之名聞於天下

移

文心雕龍曰移者易也移風易俗令往而人隨者也相如之難蜀尤文曉而喻博有檄移之骨焉詞剛而義辨文移之首也陸機之移百官言簡而事顯武移之要者也故檄移爲用事兼文武其在金革則逆黨用檄順衆資移所以洗濯民心堅明符契意用小異而體大同也

漢書曰劉歆字子駿成帝時與父向俱領校書講六藝傳記後王莽篡位爲京兆尹哀帝時與五經博士講論諸儒

博士不肯置對歆因移書太常博士

後漢書曰韓馥見民情歸袁紹忌方得衆恐將圖已常遣從事守紹門不聽發兵橋瑁乃詐爲三公移書傳驛州郡說董卓罪惡企望義兵以釋國難馥於是方聽紹舉兵

齊書曰孔稚珪字德璋會稽人也周彥倫隱於北山後應詔出爲鹽官令欲過北山乃假山靈之意移書於北山

三國典略曰衛襄字叔遼河東人脩行至孝州郡嘉之時有白波賊衆數萬人官兵誅伐不能平賊曰使叔遼要我願散於是襄爲移書即平定

王隱晉書曰毛寶據邾城陷寶尸沉江不出戴洋移告河伯死尸立出

梁裴子野傳曰普通七年大舉北侵敕子野爲移魏文受詔立成武帝以其事體大召尚書僕射徐勉太子詹事周捨鴻臚卿劉之遴中書侍郎朱异集壽光殿以觀之時並歎服武帝自子野曰其形雖弱其文甚壯敕爲書喻相元乂其夜受旨子野謂可待且方奏未之爲也及五鼓敕催令遣上子野徐起操筆撰之昧爽便就人奏武帝深嘉焉自是凡諸符檄皆令具草子野爲文典而速不尚靡麗制多法之古與今文體異當時或有詆訶者及其末翕然重之或問其文速者子野荅言曰云人皆成於手我獨成於心

露布

文心雕龍曰露布者蓋露板不封布諸視聽也

後漢書曰鮑永爲司隸校尉子昱復拜焉後詔昱詣尚書使封胡降檄光武遣小黃門問昱有所怪不對曰臣聞故事通官文書不着姓又當司徒露布怪使司隸下書而著

姓也帝報曰吾故令天下知忠臣之子復爲司隸也

後漢書曰邢巒從征漢北巒後至高祖曰至此以來未擒滅城隍土崩想在不遠所以緩攻孝正待中書爲露布耳

又曰高祖每歎曰上馬能擊賊下馬作露板唯傅脩耳

魏書曰高祖車駕南伐以韓顯宗統大軍破蕭鸞軍斬其將高法援等顯宗至新野高祖曰卿破賊斬帥殊益軍勢朕方攻堅何爲不作露布也顯宗曰臣頃聞王肅獲賊二三疋驢馬皆爲露布臣東觀私每哂之近雖仰憑威靈得摧醜虜斬擒不多脫復高曳長縑虛張功捷尤而効之其罪弥甚所以斂毫卷帛解上而已

又曰彭城王勰從征齊軍帝令勰爲露布露布者布於四海露之群臣以臣小才豈足大用帝曰汝亦才達但可爲

之及就尤類帝文人咸謂御筆帝曰非兄即弟誰能辨之勰對曰子夏被嗤於先聖臣又荷責於今來

後魏書曰宇文神舉幽州人盧昌期祖英伯等聚衆據范陽反詔神舉率兵討擒之齊黄門侍郎盧思道亦在反中賊平見獲解衣將伏法神舉素欽其才名乃釋而禮之即令草露布其待士禮賢如此

又曰周人呂思禮好學有文才雖務兼軍國而手不釋卷晝理政事夜則讀書令蒼頭執燭燭燼夜有數升沙苑之捷命爲露布食頃便成周文歎其工而且速

北齊書曰杜弼從高祖破西魏於邙山命爲露布弼即書絹曾不起草

世説曰桓武北征時袁虎從被責免官會須露布文喚袁倚馬前令作手不蹔輟俄頃得七紙殊可觀王東亭亦在側絶歎其才

國史補曰李晟破朱泚德宗覽收城露布云　臣已肅清宮禁祇謁寢園鍾簴不移廟皃如故上感涕失聲左右六宮皆嗚咽論者以國朝捷書露布無如此者于公異之詞也公異後爲陸贄所忌誣以家行不至賜孝經一卷壈坎而終

太平御覽卷第五百九十七

太平御覽卷第五百九十八

文部十四

符　契券　鐵券

過所　零丁

符

說文曰符信也漢制以竹長六寸分而相合

釋名曰符付也書所勑命於上付使傳行之

文心雕龍曰符者孚也徵召防僞事資中孚三代玉瑞漢世金竹末代從省代以書翰矣

史記曰秦昭王破趙長平又進圍邯鄲魏昭王之子無忌號信陵君其姊爲趙惠文王弟平原君夫人平原君數遺公子書請救於魏魏王使將軍晉鄙將十萬衆救趙實持兩端以觀望平原君使者相屬謂公子曰今邯鄲旦暮降秦魏救不至獨不憐公子姊也公子患之過侯嬴問屏人語曰嬴聞晉鄙兵符常在王卧內而如姬最幸力能竊之嬴聞如姬父爲人所殺公子使客斬其仇頭敬進如姬姬爲公子死無所辭公子誠一開口以請如姬姬必許諾公子從其計如姬果盜晉鄙兵符與公子遂矯魏王令奪晉鄙兵進擊秦秦軍遂解

又曰呂不韋說華陽夫人請立子楚夫人然之承太子閒從容言子楚質於趙者絕賢來往者皆稱譽之乃涕泣曰妾幸得充後宮不幸無子願得子楚立以爲嫡嗣以託妾身安國君許之乃與夫人刻玉符約以爲嫡

漢書曰文帝二年九月初與郡守相爲銅虎竹使符（應劭曰虎符第一至第五國家當發兵遣使者郡合符符合乃聽受之竹使以箭五枚長五寸鐫刻篆書第一至第五張晏曰符以代古之圭璋從簡易）終軍從濟南當詣博士步入關關吏與軍繻（張晏曰繻音須繻符書帛裂而分之猶以爲漢出入關用傳猶今之過所）曰軍棄繻而去後爲使建節出關關吏識之曰此使者迺前棄繻生也

後漢書曰初禁網尚簡但以璽書發兵未有虎符之信杜詩上疏曰臣聞兵者國之凶器聖人所慎舊制發兵以虎符其餘徵調竹使而已符第合會取爲大信所以明著國命斂持威重也間者發兵但用璽書或以詔令如有姦人詐僞無由知覺愚以爲軍旅尚興賊虜未殄徵兵郡國宜有重慎可立虎符以絕姦端昔魏之公子威傾鄰國猶假兵符以解趙圍若無如姬之仇則其功不顯事有煩而不可省費而不得已蓋謂此也書奏從之

漢記曰延熹五年長沙賊起攻沒蒼梧取銅虎符太守甘定刺史侯輔各奔出城

又曰郭丹字少卿初之長安買符以入函谷關歎曰丹不乘使者車終不出關後果如本心

赤眉欲立宗室以木札符書曰上將軍與兩空札置笥中大集會三老從事令劉盆子等三人居中央一人奉符以年次探之盆子最幼探得將軍三老等即皆稱臣

隋書曰高祖頒青龍符於東方總管刺史西方以騶虞南方以朱雀北方以玄武又頒木魚符於總管刺史雌一雄一又頒木魚符於外官五品已上

煬帝顧謂樊子蓋曰朕遣越王留守東都示以皇枝盤石社稷大事終以委公特宜持重甲五百人而後出此亦勇夫重閉之義也無賴不軌者便誅鋤之凡可以施行無勞形迹今爲公別造玉麟符以代銅獸

列女傳曰楚昭貞姜者齊侯之女楚昭王之夫人也（昭王平王子也）昭王出遊留夫人漸臺而上之去（漸臺水上之臺）王聞江

水大遺使者迎夫人忘持符使者至請夫人自王召宫人皆以符今使者不持符妾不敢從使者而行使者反取符未還則大水至臺弛壞夫人流而死王曰嗟乎夫守義死不爲苟處約持信以成其貞乃號曰貞姜

契券

釋名曰券綣也相約束繾綣爲限以别也大書中央破别之契刻也刻識其數也

説文曰券契也别之書以刀刻其旁也故曰契也

漢書曰高祖微時好酒及色從王媪武負貰酒時飲醉卧武負王媪見其上有怪高祖每酤留飲酒讎數倍及見怪歲竟兩家常折券弃責以簡牘爲契券既不徵索故折毁之弃其所負也

楚漢春秋曰高帝初侯者皆書券曰使黄河如帶泰山如礪漢有宗廟無絶世也

東觀漢記曰樊重字君雲南陽人家素富外孫何氏兄弟爭財重恥之以田二頃解其忿訟縣中稱美推爲三老年八十餘終其所假貸人間數百萬遺令焚削文契債家聞者皆慙爭往償之諸子從勑竟不肯受

晉書曰諸王官司徒吏應給職使者每歲先計當文書上道五十日宜勑使各手書書定見破券諸送迎者所受郡别校數寫朱券爲簿集上

宋書曰顧綽覬之子也有私財甚豐鄉里士庶多負債覬之禁不能止及覬之爲吴郡太守出文券一大厨悉令焚之宣言遠近皆不須還綽懊歎彌日

唐書曰太宗時東謝渠帥來朝東謝者南蠻之别種也在黔安之東地方千里其俗無文書刻木爲約

又曰羅讓爲福建觀察使兼御史中丞甚著仁惠有以女奴遺讓者讓問其所因者曰本某寅家人兄姊九人皆爲官所賣其留者唯老母耳讓慘然焚其券書以女奴歸其母

孛書曰券契爲有信孛得券契有信士也

文心雕龍曰契者結也上古純質結繩執契今羌胡徵數負販其遺風也

又曰券者束也明白約束以備情僞自形半分故周稱判書古有鐵券以堅信誓王褒髯奴則券之諧也

戰國策曰孟嘗君使馮驩收責於薛曰責畢市吾家所寡者馮驩召民畢集以責賜民因燒其券還見孟嘗君曰君家所寡者義也臣竊矯命以責賜民此爲君市義也

魏子曰仲尼無券契於天下而德著於古今善惡明也

王褒約僮曰蜀郡王子淵以事到湔上寡婦楊惠舍惠有夫時奴名便了子淵倩奴行酤酒便了拽大杖上冢顛曰大夫買便時但要守冢不要爲它人男子酤酒子淵大怒曰奴寧欲賣邪惠曰奴父許人人無欲者子淵即決買券之奴復曰欲使皆上券不上券便不能爲也子淵曰諾券文曰神爵三年正月十五日資中男子王子淵從成都安志里女子楊惠買亡夫時户下髯奴便了決賈萬五千奴當從百役使不得有二言晨起早掃食了洗滌浚渠縛落鉏園研陌杜髀評地刻大枷屈竹作杷削治鹿盧居當穿臼縛帚栽芋鑿斗織履作麤黏雀張烏結網捕魚種薑養羊長育豚駒二月春分披撥種瓜作瓠別茄披蔥焚槎發芋雞鳴起舂鮑落三重調治馬驢滌杯整案園中拔蒜斵蘇切脯飲酒栽得染脣漬口不得傾盂覆斗用錢推紡垩敗棧索綿席買席往來都洛當爲婦女求脂澤轉出旁蹊牵犬販鵝武都買茶楊氏池中掘

荷入市不得夷蹲旁臥惡言醜罵椶栟櫚也皮可爲綱作蘆也音鑒蜀土牧芋皆窖藏之至春乃發馬戶水門也蜀每落流水養魚欲食乃取之荼至白壚地踐市名武都縣出名茶楊氏池出好多作刀矛持入益州貨易羊牛自教精慧不得癡愚持斧入山斷輮裁轅若有餘殘當作俎几木屐及彘槃焚薪作炭石礨薄岸治舍蓋屋書削代牘日暮欲歸當送乾薪兩三束四月當披九月當穫十月拔豆掄麥窖芋南安拾栗採橘持車載輳多取蒲茅蓋作繩索兩墮所無爲當編蔣織薄植種桃李梨柿柘桑三丈一樹八尺爲行果類相從從橫相當果熟收斂不得吮嘗犬吠當起驚告鄰里棖門柱戶上樓擊鼓持楯曳矛環落三周勤心疾作不得遨遊奴老力索種莞織席事訖休息當舂一石夜半無事浣衣當白若私錢主給賓客奴不得有姦私事當關白奴不聽教當笞一百讀券文適訖辭窮詐索仡仡叩頭兩手自縛

目淚下落鼻涕長一尺審如王大夫言不如早歸黃土陌丘蚓鑽額早知當尒王大夫酤酒真不敢作惡也輮車輞也疊石竹籠盛石以薄岸也豕槃猪槽也南安縣出標掄麥種麥也十月民輸租藏轅有利也漢時官不禁報怨民家皆作高樓鼓其上有急則上樓擊以告邑里令救助也

石崇奴券曰余元康之際至在滎陽東住聞主人公言聲大高須臾出趣吾車曰公府當怪吾家嘵嘵邪中買得一惡羝奴名宜勤身長九尺餘力舉五千斤挽五石力弓百步射錢孔言讀書欲使便病日食三斗米不能奈何吾聞公賣不公喜便下絹百疋閒請吾曰吾胡王子性好讀書公府事一不上券則不爲公府作券文曰取東海巨鹽東齊羝羊朝歌浦薦八板桃杯真之安邑梨栗之鄉常山細縑趙國之編許昌總沙房之綿作車當取高平英榆之轂無尾髑髏之狀太良白槐之輻茱萸之輞河東亂椒桑轅太山桑光長安雙入白鳥釘鏁巧手出於上方見好弓朴可斫千張山陰青槻烏嗥柘桑張金好墨過市數之蠡幵市豪筆備郎寫書鼙角墳道金案玉梡宜勤供筆更作多辭乃斂吾絹而歸

邵氏家傳曰邵仲金好賑施年八十一臨卒取其貸錢物書券自於目前焚之曰吾不能以德教子孫不欲復以賄利累之及貸者還錢子孫不受曰不能光顯先人豈可傷其義乎

鐵券

東觀漢記曰桓帝延熹八年妖賊蓋登稱太皇帝有璧二十珪五鐵券十一後伏誅

晉中興書曰初閔帝在關中輿氐羌破鐵券約不役使

又曰應詹督天門等郡天門武陵谿蠻並反詹誅其魁帥

餘皆當降自元康已來政令不洽谿蠻懷化數郡無憂其後州郡所有敗唯詹獨保之一境

三國典略曰梁任果降同果字靜鸞南安人也世爲方隅豪族仕於江左志在立功太祖嘉其遠來待以優禮後除始州刺史封樂安公賜以鐵券聽世傳襲

又曰侯景圍臺城陳昕說范桃棒令率所領二千人襲殺王偉宋子仙帶甲歸降桃棒許之使昕夜入官城密啓梁主梁主大悅命使納之并鐫銀券賜桃棒曰事定日當封汝爲河南王即有景衆并給金帛女樂以報元功而太子恐其詭詐猶預不決

隋書曰李穆累以軍功進爵爲伯從太祖擊齊師於郎山太祖臨陣墜馬穆突圍而進以馬策擊太祖而詈之授以從倚潰圍俱出賊見其輕侮謂太祖非貴人遂緩之以故

得免既而與穆相對泣顧謂左右曰成事我者其此人乎即令撫慰關中所至尅定擢授武衛將軍賜以鐵券恕其十死

又曰越王侗立以段達爲納言右翊衛大將軍攝禮部尚書王世充亦納言左翊衛大將軍攝吏部尚書元文都內史令左驍衛大將軍盧楚亦內史令皇甫無逸兵部尚書右武衛大將軍郭文懿內史侍郎長文黃門侍郎委以機務爲金書鐵券藏之宮掖于時洛陽稱段達等爲七貴

唐書曰李懷光既解奉天之圍不獲朝見因大怒德宗遣中使諭旨加太尉賜鐵券懷光怒甚投券於地曰人臣反則賜鐵券今賜懷光是使反也上遂幸也梁洋

過所

釋名曰過所至關津以示之或曰傳傳轉也轉移所在識以爲信也

史記曰甯成爲右內史外戚多毀成之短抵罪髡鉗是時九御罪死即死少被刑而成極刑自以不復收於是解脫詐刻傳出關歸家

漢書曰文帝十三年詔除關無用傳張晏注曰傳信也若今過所李奇曰傳棨也顏師古曰或用棨或用繒帛棨者刻木爲合符

魏略曰倉慈爲燉煌太守胡欲詣國家爲封過所廷尉決事曰廷尉上廣平趙禮詣雒治病博士弟子張策門人李臧賫過所詣洛還責禮冒名渡津平裴諒議禮一歲半刑策半歲刑

晉令曰諸渡關及乘舡筏上下經津者皆有所寫一通付關吏

零丁

齊諧記曰國步山有廟又一亭呂思與少婦投宿失婦思逐覓見天城廳事一人紗帽憑几左右競來擊之思以刀斫計當殺百餘人餘者便乃大走向人盡成死狸看向廳事乃是古始大冢冢上穿下甚明見一群女子在冢裏見其婦如失性人因抱出冢口又入抱取於先女子有數十中有通身已生毛者亦有毛腳面成狸者須臾天曉將婦還亭亭吏問之具如此荅前後有失兒女者零丁有數十吏便斂此零丁至冢口迎此群女隨家遠近而報之各迎取於此後一二年廟無復靈

戴良字文讓失父零丁曰敬白諸君行路者敢告重罪自爲積惡致災交天困我今月七日失阿爹念此酷毒可痛傷當以重幣繒用相賞請爲諸君說事狀我父軀體與衆

異脊背傴僂捲如胾脣吻參差不相值此其庶形何能備請復重陳其面目鴟頭鵠頸獦狗眼淚鼻涕相追逐吻中含納無牙齒食不能嚼左右蹉似西域駱駝請復重陳其形骸爲人雖長甚細材面目芒蒼如死灰眼眶臼陷如米羹美柸

太平御覽卷第五百九十八

太平御覽卷第五百九十九

文部十五

品量文章　歎賞　改定　譏訶

品量文章

後周書薛寘傳曰前中書監盧柔學業優深文藻華贍而寘與之方駕故世號曰盧薛焉

梁書曰何遜文章與劉孝綽並見重時謂之何劉梁元帝著論云詩多而能者沈約文少而能者謝朓何遜

三國典略曰劉逖字子長少好弋獵騎射後發憤讀書頗工詩詠行臺尚書席毗嘗嘲之曰君輩詞藻譬若春榮須臾之翫非宏材也豈比吾徒千丈松樹常有風霜不可雕悴逖報之曰既有寒木又發春榮何如也毗笑曰可矣

唐書曰富嘉謨雍州武功人也舉進士長安中累轉晉陽尉與新安吳少微友善同官先是文士撰碑頌皆以徐庾爲宗氣調漸劣嘉謨與少微屬詞皆以經典爲本時人欽慕之文體一變稱爲　富體嘉謨作雙龍泉頌千燭谷頌少微撰崇福寺鍾銘詞最高雅作者推重

張鷟字文成九八登甲科員外郎員半千謂人曰張子之文如青銅錢萬選萬中未聞退時時流重之目爲青錢學士

楊盈川華州華陰人少與絳州王勃范陽盧照鄰東陽駱賓王皆以文詞知名海內稱爲王楊盧駱亦號爲四傑炯聞之謂人曰吾愧在盧前恥居王後當時議者亦以爲然其後崔融李嶠張說皆爲一時宗匠崔李嘗曰王勃文章宏逸有絕塵之跡固非常流所及炯與照鄰則可企而致盈川之言不信矣張說謂人曰楊盈川之文如懸河注水酌之不竭既優於盧亦不減王恥居王後則信然愧在盧前爲誤矣

李華善屬文與蘭陵蕭穎士友善華舉進士時著含元殿賦萬餘言穎士見而賞之曰景福之上靈光之下華文體溫麗少宏傑之氣穎士詞鋒俊發華自以所業過之乃爲弔古戰場文燻汚之如故置於佛書之閣華與穎士因閱佛書得之華謂之曰此文何如穎士曰可矣華曰當代秉筆者誰及於此穎士曰君稍加精思便可及此華愕然

又曰元和詞人元稹論杜子美之詩蓋所謂上薄風騷下該沈宋古奪蘇李氣吞曹劉掩顏謝之孤高雜徐庾之流麗盡得古今之體勢而兼人之所獨專矣則詩人已來未有如子美者是時山東人李白亦以文奇取稱時人謂之李杜予觀其壯浪縱恣擺去拘束模寫物象及樂府歌詩誠亦差肩於子美矣至若鋪陳終始排比聲韻大或千言次猶數百詞氣豪邁而風調清深屬對律切而脫棄凡近則李尚不能歷其藩翰況堂奧乎

魏文帝典論曰文人相輕自古而然傅毅之於班固伯仲之間耳而固小之與弟超書曰武仲以能屬文爲蘭臺令史下筆不能自休夫人善於自見而文非一體鮮能備善是以各以所長相輕所短矣里諺曰家有弊帚享之千金斯不自見之患也今之文人魯國孔融文舉廣陵陳琳孔璋山陽王粲仲宣北海徐幹偉長陳留阮瑀元瑜汝南應瑒德璉東平劉楨公幹斯七子者於學無所遺於辭無所假咸自以騁騄驥於千里仰齊足而並馳以此相服亦良難矣蓋君子審己以度人故能免於斯累而作論文王粲長於辭賦徐幹時有逸氣然粲之匹也如粲之初征登樓槐賦幹之玄猿漏卮員扇橘賦雖張蔡不足過也然於

它文未能稱是琳瑀之章表書記今之俊也應瑒和而不壯劉楨壯而不密孔融體氣高妙有過人者然不能持論理不勝辭至于雜以謿戲及其時有所善楊班之儔也常人貴遠賤近向聲背實又患闇於自見謂己爲賢夫文本同而末異蓋奏議宜雅書論宜理銘誄尚實詩賦欲麗此四科不同故能之者偏也唯通才能備其體文以氣爲主氣之清濁有體不可力強而致譬諸音樂曲度雖均節奏同檢至於引氣不齊巧拙有素雖在父兄不能以移子弟蓋文章經國之大業不朽之盛事年壽有時而盡榮樂止乎其身二者必至之常期未若文章之無窮是以古之作者寄身於翰墨見意於篇籍不假良史之辭不託飛馳之勢而聲名自傳於後故西伯幽而演易周旦顯而制禮不以隱約而不務不以康樂而加思夫然則古人賤尺璧而

重寸陰懼乎時之過已而人多不強力貧賤則懼於饑寒富貴則流于逸樂遂營目前之務而遺千載之功日月逝于上體皃衰於下忽然與萬物遷化斯亦志士大痛也斷等已逝唯幹著論成一家之言

傅子曰或問劉歆劉向孰賢傅子曰向才學俗而志中歆才學通而行邪詩之雅誦書之典謨文質足以相副玩之若近尋之益遠陳之若肆研之若隱浩浩乎其文章之淵府也

李充翰林論曰潘安仁爲文也猶翔禽之羽毛衣被之綃縠

抱朴子曰世謂王充一代英偉所著文時有小疵猶鄧林枯枝滄海流芥未易貶者

又曰歐陽生曰張茂先潘正叔潘安仁文遠過二陸又曰張潘與二陸爲比不徒騄步之間也歐陽曰二陸文詞源流不出俗檢

又曰秦時不覺無鼻之醜陽翟憎無癭之人陸君深疾文士放蕩流遁遂往不爲虛誕之言非不能也陸君之文猶玄圃之積玉無非夜光也吾生之不別陸文猶侏儒測海非所長也

歎賞

晉書曰張載爲濛汜池賦司隸校尉傅玄見而嗟歎以車迎之言譚盡日爲之延譽遂知名

又曰張華字茂先阮籍見華鷦鷯賦許以王佐之才中書郎成公綏亦推華文義勝已

陸機弟雲嘗與機書云君苗見兄文輙欲燒其筆硯後葛洪著書稱機文猶玄圃之積玉無非夜光焉五河之吐流源始一焉其汎濫姸贍英銳源逸亦一代之絕乎

南史曰王筠字元禮善屬文沈約每見其文常咨嗟謂曰昔蔡伯喈見王仲宣曰吾家書籍悉當相與僕雖不敏請附斯言筠嘗以詩呈約報書歎詠以爲後進擅美約又嘗謂筠叔志曰賢弟子文章之美可謂後來獨秀

又曰謝朓好獎人才會稽孔闓粗有文筆未爲時人所知孔稚珪嘗令草讓表以示朓朓嗟吟良久手自折簡寫之謂珪曰士子聲名未立應共獎成無惜齒牙餘論其好善如此

吴均齊春秋曰丘靈鞠善屬文宋孝武殷貴妃亡靈鞠上挽歌詩云雲橫廣陌闇霜深高殿寒帝摘句嗟賞之即轉爲新安王北平中郎中參軍

唐書曰封敖爲翰林學士拜中書舍人敖構思敏速語近

而理勝不務奇濫武宗深重之嘗草賜陣傷邊將詔警句云傷居尔體痛在朕躬帝覽而善之賜之宮錦李德裕在相位定策破迴鶻誅劉稹議兵之際同列或有不可之言唯德裕籌計相畫竟立奇功武宗賞之封衛國公守太尉其制語有遏橫議於風波定奇謀於掌握逆稹盜兵壺關晝鍱造膝嘉話開懷靜思意皆我同言不它惑制出教往慶之德裕口誦此數句撫敎曰陸生有言所恨文不迨意如卿此語秉筆者不易措言坐中解其所賜玉帶以遺敎深禮重之

又曰馮定爲太常少卿文宗每臨樂鄙鄭衛詔奉常習開元中霓裳羽衣舞以雲韶樂和之定総樂立於庭文宗以其端凝若植問其姓氏翰林學士李珏奏定之名文宗喜問曰豈非能爲古章句者耶遂召昇階文宗自吟送客西江詩吟罷益喜因錫以禁中瑞錦仍令大録所著古體詩以獻

世說曰孫興公作天台賦成以示范榮期曰卿試擲置地要作金石之聲范曰恐子之金石非宮商中聲然每至佳句輙云應是我輩語

又曰左思字太冲作三都賦時人互有譏訾思意不甚懨後示張華曰此二京可三然君文未重於世宜以示高名之士思乃請序於皇甫謐謐見之嗟嘆遂爲作序於是先相訾者莫不歛衽讚述焉

又曰庾仲初作楊都賦成呈庾亮以親族之懷大爲其名價云可三二京四三都於是人人競寫都下紙爲之貴

顔氏家訓劉孝綽當時旣有重名無所與讓唯服謝詠置几案動輙諷吟味其文

改易

語曰爲命裨諶草創之世叔討論之行人子羽脩飾之東里子産潤色之

漢書曰倪寬善屬文張湯爲廷尉廷尉府盡用文史法律之吏而寛以儒生在其間見謂不習事不署曹除爲從史之北地租畜數年還至府上畜簿會廷尉時疑奏巳再却矣掾吏莫知所爲寛言其意掾吏因使寛爲奏奏成讀之皆服以白廷尉張湯湯大驚召寛與語乃部其材以爲掾上寛所作奏郎時得可意異曰湯見上問曰前奏非俗吏所及誰爲之者湯言兒寛上曰吾固聞之久矣湯由是鄉學以寛爲奏讞掾

晉書曰袁宏從桓温北伐又作北征賦皆其文之高者嘗與王珣伏滔讀其北征賦至聞所傳於相傳云獲麟於此野但靈物以瑞德奚受體於虞者究尼父之慟哭似實慟而非假豈一性之足傷乃致傷於天下至此便改韻珣云此賦以傳千載無容率尔今於天下之後便移韻結事然於寫送之致似未爲盡桓温曰卿思益之宏應聲曰感不絕於予心遡流風而獨寫珣諷味久之謂滔曰當今文章之美當共推此生

宋書曰王誕字茂世有才藻晉孝武帝崩從叔尚書令珣爲哀策出本示誕曰猶少叙節物一句誕便攬筆益之接其秋冬代變云霜繁廣除風回高殿詢歎美因而用之

齊書曰張融作海賦文詞詭激獨與衆異後以示鎮軍將軍顧覬之覬之曰卿此賦實超玄虚但恨不道鹽耳融即求筆注曰漉沙構白熬波出素積雪中春飛霜暑路

齊書劉繪傳曰魚復侯子響誅豫章王嶷欲求葬之召繪

爲表須更便成疑歎曰祢衡何以過此唯足八字文提携鞠養俯見成人

後魏書高祖嘗宴侍臣於清徽堂遂令黄門郎崔光讀暮春群臣應詔詩至彭城王勰詩高祖仍爲改一字曰昔邾奚舉于天下謂之至公今見勰詩始知中府之舉非私也勰曰臣露此拙才見本朝之私賴蒙神筆賜刊得有令譽高祖曰雖雕琢一字猶是玉之本體勰曰臣聞詩一言可蔽今陛下刊以一字足以價等連城

唐書文苑傳曰李商隱能爲古文不喜偶對從令狐楚幕楚能章奏遂以其道授商隱自是始爲今體章奏

三國典略曰齊王在東山飲酒投杯怒赫召魏收於前立爲書曰朕歷數在躬志清四海蕞尔秦隴久阻風化混一之事期在今日必當訓旅誓衆天動雲臨朕已下木紛流

成舡晉地便當躬先將士入王壁徑掩長安梟彼首朕與梁國舊好睦聞其姦詐乃欲規我宜令上黨王渙揔勒熊羆星流風卷王者之言明如日月宜宣内外咸使聞知書成齊主覽之於兇首下足九言曰雖藏山没水終不縱赦於是遣渙南侵

曹植與楊脩書曰世人之著述不能無病僕常好譏彈其文有不善者應時改定昔丁敬禮常作小文使僕潤飾之僕自以才不過若人辭不爲也敬禮謂僕卿何所疑難文佳麗吾自得之後世誰相知定吾文者耶常歎此言達以爲美譚

世說曰司馬景王令中書虞松作表再呈輒不可意令松更定松思竭不能改心存之形於顔色鍾會察其憂問松松悦以實荅會取爲定五字悦服之以呈景王景王曰不當尒耶誰所當也曰鍾會向亦欲啓之會公見問不敢饕其能王曰如此可大用令來日平旦入見王獨撫手歎息曰此眞王佐才也

詆訶

曹植與楊脩書曰劉季緒才不能逮於作者而好詆訶文章掎摭利病

晉書曰左思字太冲齊國臨淄人也作三都賦構思十年門庭藩溷皆置筆硯遇得一句即便疏之賦成思恐時人未之見重先以示皇甫謐謐稱善爲其賦序陸機入洛欲爲此賦聞思作之撫掌而笑與弟雲書曰此間有傖助庚切作三都賦須其成當以覆酒瓮耳及思賦出機絶歎服以爲不能加也遂輟筆焉

三國典略曰齊有大儒劉晝恨不學屬文力復緝綴作賦

一首名爲六合自謂紀倫魏收謂人曰賦名六合其愚已甚及其見賦又愚於名

又曰邢卲嘗云江南任昉文體本踈魏收非直模擬亦大偷竊收聞之乃言曰卲常於沈休文集裏作賊何意道我偷任語任沈俱有重名邢魏各有所好顔之推嘗以二公之意問於祖珽珽曰見邢魏之臧否即任沈之優劣

又曰魏收言及沈休文集毁短之徐之才怒曰卿讀沈文集半不能解何事論其得失謂收曰未有與卿談收去避之

隋書曰高構以老病解職河東薛道衡才高當世每稱構有清鑒所有文筆必先以草呈構而後出之構有所詆訶道衡未嘗不嗟伏

隋庾自直少好學屬文於五言詩尤善性恭慎不妄交遊

特爲所愛帝有篇章必先示自直令其詆訶自直所難帝輙改之至於再三俟其稱善然後方出其見親禮如此

唐書曰文苑傳曰天寶末詩人杜甫與李白齊名而白自負文格放達譏甫齷齪而有飯顆山之嘲誚

國朝傳記曰梁常侍徐陵聘於齊時魏收文學北朝之秀録其文集以遺陵令傳之江左陵濟江而沉之從者以問陵曰吾爲魏公藏拙

太平御覽卷第五百九十九

覽五百九十九　九　張口

太平御覽卷第六百

文部十六

思疾

思疾　思遲

漢書曰枚皋年十七上書曰自陳乘之子上得大喜武帝春秋二十九乃得皇太子皐與東方朔作皇太子生賦皋爲文疾受詔輒成司馬相如善爲文而遲故所作少（亦只賦門中）

又曰淮南王安作內篇新出上愛祕之使作離騷傳且受詔日食時上

魏志曰陳思王植年十餘歲讀誦持論及辭賦數萬言善屬文太祖嘗視其文謂植曰汝倩人耳植跪曰出言爲論下筆成章願當面試柰何倩人時銅雀臺新成太祖悉將諸子登臺使各爲詩植援筆立成太祖異之文帝嘗欲害植以其無罪令植七步爲詩若不成加軍法植即應聲曰煑豆燃豆萁豆在釜中泣本是同根生相煎何太急文帝善之

又曰王粲善屬文舉筆便成無所改定人常以爲宿構

齊書曰蕭文琰蘭陵人丘令楷吳興人江珙（音拱）濟陽人竟陵王子良嘗夜集學士刻燭爲詩四韻者刻一寸以此爲率文琰曰頓燒一寸燭成四韻詩何難之有乃與丘令楷江珙等共打銅鉢立韻響滅則詩成皆可觀覽

又曰高祖目裴子野曰其形甚弱其文甚壯俄又勑爲書喻魏相文其夜受旨子野謂可待旦方奏未之爲也及五鼓勑促令送上子野徐起操筆昧爽便就旣奏高祖深嘉焉自是凡文檄皆令具草

南史曰朱异（音怡又音異）遷散騎常侍异容皃魁梧能舉止雖出自諸生甚閑軍國故實自周捨卒後异代掌機密其軍旅謀謨方鎭改換朝儀國典詔誥勑書並典掌之四方表疏當局簿領諮詳請斷塡委於前异屬辭落紙覽事下議縱橫敏贍不暫停筆頃刻之間諸事便了

又曰蔡景歷陳武帝鎭朱方素聞其名以書要之景歷對使人荅書筆不停綴文無所改帝得書甚加欽賞即日板授北府中記室參軍

崔鴻十六國春秋南凉録曰禿髮傉（奴沃切）檀子禮年十三命爲高昌殿賦援筆即成影不移漏傉檀覽而異之擬於曹子建

北齊書曰魏收鉅鹿人以文章見知曾奉詔爲封禪文收對曰封禪者帝王之盛事昔司馬長卿尚絶筆於此以臣下材何敢擬議臣雖愚淺敢不竭作乃於御前下筆便就不立藁草文將千言黄門侍郎曹思問侍立深奇之白帝曰雖七步之才無以過此自武定二年以後國家大事詔命軍國文詞皆收所作每有警急不停有同宿構速敏之工邢温之所不逮

梁書范雲少機警其識具善屬文便尺牘下筆輒成未嘗定藁時人疑其宿構

蕭介傳曰初武帝延後進二十餘人置酒賦詩（藏盾以詩不成罰酒）一斗盾飲盡顔色不變言笑自若介染翰便成文無加點帝兩美之曰藏盾之飲蕭介之文即席之美也

三國畧曰高澄嗣渤海王聞謝挺徐陵來聘遣中書侍郎陸昂於滑臺迎勞於席賦詩昂必先成雖未能盡工亦以敏速見美

梁庾肩吾少勤學能鼓琴善屬文宋子仙破會稽購得肩吾謂之曰吾昔聞汝能作詩今可作若能當貰汝命肩吾便操筆立成詩曰髮與年俱暮愁將罪共深聊持轉風燭覓映廣陵琴子仙乃釋之

又曰陰鏗字子堅梁右衛將軍子春之子也徐陵言之於陳主陳主召使賦新成安樂宮鏗援筆便就陳主甚歎賞之

北史曰隋韋正玄舉秀才楊素志在試退乃手題使擬司馬相如上林賦王褒聖主得賢臣頌班固燕然山銘張載劒閣銘白鸚鵡賦謂曰我不能爲君住宿可至未時令就玄正及時並了素讀數遍大驚

隋書曰楊素周武帝以爲車騎大將軍儀同三司漸見禮遇帝命素爲詔書下筆立成詞義兼美帝嘉之顧謂素曰善自勉之勿憂不富貴素應聲答曰臣但恐富貴來逼臣臣無心圖富貴

唐書曰太宗征遼岑文本卒于行驛召許敬宗令草駐蹕山破賊詔書敬宗立於馬前俄頃而就詞甚典麗深見嗟賞

唐賀知章晩年尤加縱誕無復規檢自號四明狂客遨遊里巷醉後屬詞動成卷軸文不加點咸有可觀

又曰王勮其御切長壽中累除太子典膳丞知鳳閣舍人事時壽春王成器衡陽王成義五王初出閤同日受冊有司撰儀注不載冊文及百寮在列方知闕禮宰臣相顧失色勮立召小吏五人各執筆口授分授寫一時俱畢詞理典贍時人歎服之尋除鳳閣舍人兼弘文館學士

又曰韋承慶遷鳳閣舍人兼掌天官選事承慶屬文敏捷雖軍國大事下筆輙成未嘗起草

又曰遜淑幼而英俊文思敏速始年十五謁雍州長史崔日用日用小之令爲土火爐賦握翰即成辭理典贍日用覽之駭然遂爲忘年之交以是價譽益重

又曰玄宗度曲欲造樂府新詞亟召李白白嗜酒已卧於肆矣召入以水灑面即令秉筆頃之成十餘章帝頗嘉之

又曰韋溫縚之子也以書判拔萃調補祕書省校書郎時縚致仕田園聞溫登第愕然曰判入高等在群士之上得非交結權幸而致耶令設席於庭自出判目試兩節溫命筆即成縚喜曰此無愧也

李端登進士第工詩大曆中與韓翃錢起盧綸等文詠唱和馳名都下號大曆中十才子時郭尚父少子曖尚代宗昇平公主賢明有才思尤喜詩人而端等十人多在曖之門下每宴集賦詩公主坐視簾中詩之美者賞曖因拜官會十子曰詩先成者賞時端先獻警句云薰香荀令偏憐小傅粉何郎不解愁主即以百縑賞之錢起曰李校書誠有才此篇宿構也願賦一韻正之請以起姓爲韻端即襞牋而獻曰方塘似鏡草芊芊初月如鉤未上弦新開金埒教調馬舊賜銅山許鑄錢曖曰此愈工也

令狐楚爲太原從事自掌書記至節度判官歷使下侍御史楚才思俊麗德宗好文每太原奏至能辨楚之所爲頗稱之鄭儋都含切在鎮暴卒不及處分從事軍中喧譁將有急變中夜忽十數騎持刃迫楚至軍門諸將環之令草遺表楚在白刃之中搦管即成讀示三軍無不感泣軍情乃安自是聲名益重

唐中書舍人陸扆文思敏速初無思慮揮翰如飛文理具

愜同舍服其能天子顧待特異嘗金鑾作賦命學士和袞先成帝覽而嗟挹之曰朕聞貞元時有陸贄吳通玄兄弟能作內廷文書後來絶不相繼今吾得御斯文不墜矣

又曰李巨川登進士第巨川乾符中應進士屬天下大亂流離奔播切於祿仕乃以刀筆從諸侯府王重榮鎮河中辟爲掌書記時車駕在蜀賊據京師重榮臣合諸藩叶力弥冠軍書奏請堆案盈几巨川文思敏速翰動如飛傳之藩隣无不聳動重榮收復之功巨川之助也及重榮爲部下所朝議罪叅佐貶爲漢中掾時楊守亮帥興元素知之聞巨川至喜謂客曰天以李書記遺我也即命管記室累遷幕職

金樓子曰劉備叛走曹操使阮瑀爲書與備馬上立成有以此爲能者吾以爲兒戲耳

文士傳曰劉楨坐厨人進瓜楨爲賦立成

又曰潘尼曾與同僚飲主人有流璃盌使客賦之尼於坐立成

國朝傳記曰李德林爲內史令與楊素共執朝政素功臣豪侈後房婦女錦衣玉食千人德林子百藥夜入其室則其寵妾所召也素拘執於庭將斬之百藥年未二十儀神雋秀素意惜之曰聞汝善爲文所作詩自叙稱吾意者當免汝死解縛授以紙筆立就素覽之欣然以妾與之并資從數千萬

楊德祖荅臨淄侯牋曰又嘗親見執事握牘持筆有所造作若成誦在心借書於手曾不斯須少留思慮仲尼日月無得而踰焉脩之仰望殆如此矣且以對鶡鵲而作暑賦弥日而不獻見西施之容歸憎其白者也曹植曾作鶡鳥賦命脩作脩辭不爲也又命作暑賦脩雖遣然日不敢獻

思遲

西京雜記曰枚皐文章敏疾長卿製作淹遲而盡延譽然長卿首尾溫麗枚皐時有累句故知疾行無善迹矣

楊子雲曰軍旅之際戎馬之間飛書走檄而用枚皐廊廟之下朝廷之中文高典冊而用相如

後漢書曰張衡字平子少遊太學善屬文太始時天下自公侯以下莫不踰侈衡乃擬班固兩都遂作二京賦因以諷諫思十年始成

魏志曰甘露二年帝幸辟雍會命群臣賦詩侍中和道嶠尚書陳騫等制作稽留有司奏免官詔曰吾以門昧愛好文雅廣延詩賦以知得失乃介紛紜良用憫然乃共原逌等

晉書曰左思字太冲齊郡臨淄人思少而好學年四十未仕潛思爲三都賦十年而成貴勢之家競傳相寫又案郭伯通衛瓘爲思傳曰思爲三都改易死乃止

宋書曰顏延之與陳郡謝靈運俱以詞彩齊名而遲速懸絶文帝嘗各勑擬樂府北上篇延之受詔輒成靈運久之乃就

梁書曰武帝宴壽光殿令劉孺張率賦詩時率與孺並未及成帝取孺手板戲題之曰張率東南美劉孺洛陽才覽筆便應就何事久遲迴

隋書曰薛道衡授內史侍郎加上儀同三司道衡每至構文必隱空齋蹋壁而臥聞户外有人便怒其沉思如此

李翰天寶中寓居陽翟爲文精密用思苦澁常從陽翟令皇甫曾求音樂每思涸則奏樂神逸則著文

唐李建字杓直德宗聞其名擢充翰林學士未幾罷爲卮官高郢爲御史大夫表授殿中侍御四遷兵部郎中知制誥自以草詔思遲不願當其任

談藪曰董思道與庾知禮作詩知禮詩成而思道未就知禮曰盧詩何太春日思道曰自許編苦疾如他織錦遲

太平御覽卷第六百

太平御覽卷第六百一

文部十七

著書上

張華博物志曰聖人制作曰經賢者著述曰傳

史記太史公自序曰夫詩書隱約者欲遂其志之思也昔西伯拘於羑里演周易孔子戹陳蔡作春秋屈原放逐著離騷左丘明失明厥有國語孫子臏脚而論兵法此人皆意有所鬱結不得通道也

漢書曰公孫弘著公孫子言刑名謂字直百金也

又曰淮南王安爲人好書鼓琴不喜弋獵狗馬馳騁招致賓客方術之士數千人作爲內書二十一篇外書甚衆又有中篇八卷言神仙黃白之術亦二十餘萬言初安入朝獻所作內篇新出上愛祕之使爲離騷傳（師古曰傳謂解說之若毛詩傳）旦受詔日食時上

又曰陸賈在高祖前時時稱說詩書帝罵之曰乃公馬上得之賈曰寧可以馬上治乎湯武逆取而順守之文武並用久長之術也帝乃令賈著古今成敗之書名曰新語每奏一篇帝未嘗不稱善

又曰董仲舒作玉杯蕃露清明竹林之書曲臺后倉之書禮射之書

又曰王莽傳大司馬護軍褒奏言安漢公遭子宇陷於管蔡之辜愛至深爲帝室故不敢顧私唯宇遭罪喟然憤發作書八篇誡子孫宜班郡國令學官以教授請令天下吏能誦公誡者以著官簿比孝經（師古曰著官者言用之得選舉也）

後漢書曰梁竦以經書自娛著書數篇名曰七序班固見而稱之曰昔孔子作春秋而賊臣亂子懼梁竦作七序而竊位素食者慙

又曰王充好論說始詭異終有理實以爲俗儒守文多失其真乃閉門潛思絕慶弔之禮戶牖墻壁各置刀筆著論衡八十五篇二十餘萬言

後漢書列傳曰荀悅字仲豫儉之子悅志在獻替而謀無所用乃作申鑒五篇其所論辯通見政體既成而奏之帝覽而善之帝好典籍常以班固漢書文繁難省乃令依左氏傳體以爲漢紀詔尚書給筆札辭約事詳論辯多美

晉書曰干寶性好陰陽術數留思京房夏侯勝等傳寶父先有所寵侍婢母甚妬忌及亡母乃生埋婢於墓中寶兄弟年少不知審也後十餘年母喪開墓而婢伏棺如生載還經日乃蘇言其父常取飲食與之恩情如生家中吉凶輒語之考校悉驗地中亦不覺爲惡既而嫁之生子又寶兄嘗病氣絕積日不冷後遂悟見天地間鬼神事如夢覺不自知死實以此遂撰集古今神祇靈異人物變化名爲搜神記凡三十卷以示劉惔惔曰卿可謂鬼之董狐也于寶表曰臣前聊欲撰記古今怪異非常之事會聚散逸使同一貫博訪知之者片紙殘缺事事各畢

又曰孫盛著晉陽秋詞直而理正咸稱良史焉既而桓溫見之怒謂盛子曰枋頭誠爲失利何至乃如尊君所說其子遂拜謝曰請刪定之時盛年老還家性方嚴有軌憲雖子孫班白而庭訓愈峻至此諸子乃共號泣稽顙請爲百口計盛大怒諸子遂尒改之盛寫定兩本寄於慕容儁泰元中孝武帝博求異聞始於遼東得之以相考校多有不同書遂兩存

又曰曹志植之子也帝嘗閱六代論問志曰是卿先王所

作耶志對曰先王有手所作自錄請歸尋案還奏曰案錄無此帝曰誰作志曰以臣所聞是臣族父圖所作以先王文高名著欲令書傳於後是以假託帝曰古來亦有是顧謂公御曰父子證明足以為審自今已後可無復疑

又曰王長文字德叡廣漢郪人也少以才學知名而放蕩不羈州府辟命皆不就州辟別駕乃微服竊出舉州莫知之後於成都市中蹲踞齧胡餅刺史知其不屈禮遣之閉門自守不交人事著書四卷擬易名曰通玄經有文言卦象可用卜筮時人比之楊雄太玄同郡馬秀曰楊雄作太玄唯桓譚以為必傳後世曉遭陸績玄道遂明長文通玄經未遭陸績君山耳

又曰王隱字處叔太興初典章稍備乃召隱及郭璞俱為著作郎令撰晉史著作郎虞預私撰晉書而生長東南不

知中朝事數訪於隱并借隱所著書竊寫之所聞漸廣是後更嫉隱形于言色預既豪族交結權貴共為朋黨以斥隱竟以謗免黜歸于家貧無資用書遂不就乃依征西將軍庾亮供其紙筆書乃得成詣闕上之隱雖好著述而文辭鄙拙蕪舛不倫其書次第可觀者皆其父所撰文體混雜義不可解者隱之作也

宋書曰王淮之字元曾晉尚書僕射彬玄孫也曾祖彪之位尚書令博聞多見練悉朝儀自是家世並記江左舊事緘之有青箱世謂之王氏青箱學

又曰高平郗紹作晉中興書數以示何法盛法盛有意圖之謂紹曰卿名位貴達不復俟此延譽我寒士無聞於時如袁宏干寶之徒賴有著述流聲於後宜以為惠紹不與至書成在齋內廚中法盛詣紹紹不在直入竊書紹還失之無復兼本於是遂行何書

齊春秋曰王儉字仲寶以四部衆書盈溢机閣自劉歆七略以來應更區別乃著七志上之時人以比相如封禪焉

梁書曰武帝取鍾王真迹授周興嗣令選不重復者千字韻而文之興嗣一宿即上鬢髮皆白大被賞遇後興嗣目疾武帝親為之合藥

又曰劉勰字彥和自齊入梁撰文心雕龍五十篇論古今文體其序畧云予齒在逾立嘗夜夢執丹漆之禮器隨仲尼而南行寤而喜曰大哉聖人之難見也乃小子之垂夢歟自生靈已來未有如夫子者也敷讚聖旨莫若注經而馬鄭諸儒弘之已精唯文章之用實經典之條枝五禮資之以成文六典因之以致用由是搦筆和墨乃始論文其為文用四十九篇而已既成未為時流所稱勰欲取定於沈約先

由自達乃負書候約於車前狀若貨鬻者約取讀大重之謂深得文理常陳諸几案

後周書曰齊王憲嘗以古今兵書繁廣難求指要乃自刊定為五篇表陳高祖覽而稱善

陳書曰陸瓊字伯玉吳人初瓊父雲公奉武帝勅撰嘉瑞記瓊述其旨而續焉

三國典畧曰齊主如晉陽尚書右僕射祖珽等上言昔魏文帝命韋誕諸人撰著皇覽包括群言區分義別陛下聽覽餘日眷言緗素究蘭臺之籍窮策府之文以為觀書貴博博而貴要省日兼功期於易簡前者脩文殿令臣等討尋舊典撰錄斯書謹罄庸短登即編次放天地之數為五十部象乾坤之策成三百六十卷昔漢世諸儒集論經傳奏之白虎閣因名白虎通竊緣斯義仍曰脩文殿御覽今

繕寫已畢并目上呈伏願天鑒賜垂裁覽齊王命付史閣初齊武成令宋士素録古來帝王言行要事三卷名爲御覽置於齊王巾箱陽休之創意取芳林遍畧加十六國春秋六經拾遺録魏史等書以士素所撰之名稱爲玄洲苑御覽後改爲聖壽堂御覽至是珽等又改爲脩文殿上之徐之才謂人曰此可謂床上之床屋下之屋也

三國典畧齊魏收以子姪少年須誡厲遂著枕中篇以訓之

隋書曰杜臺卿嘗採月令觸類而廣之爲書名玉燭寶典十二卷奏之臺卿患聾不堪吏職請脩國史上許之拜著作郎

國朝傳記曰虞世南之爲祕書也於省後堂集羣書中事可爲文用者號爲北堂書鈔今北堂猶存而書盛行於代

唐書曰太宗以特進魏徵所撰類禮賜皇太子及諸王并藏本於祕府初徵以禮經遭秦滅學戴聖所編條流不次乃刪其所記以類相從爲五十篇合二十卷太宗善之賜物一千段

又曰太宗閱陸德明經典音義美其弘益學者歎曰德明雖亡此書可傳習因賜其家布帛百疋

又曰高宗時太子賢敗太子洗馬劉訥言給事中唐之奇並坐私附庶人配流嶺外訥言博學有文詞以漢書授賢賢甚重之嘗撰續俳諧集十五卷賢覽之以爲笑樂及賢廢宮中搜得之上怒曰經典誘人猶恐不能遷善俳諧鄙說是導之以邪也遂徙于震州而死

又曰天后聖曆中上以御覽及文思博要等書聚事多未周備令麟臺監張昌宗與麟臺少監李嶠廣召文學之士給事中徐彥伯水部郎中員半千等二十六人增損文思博要勒成一千三百卷於舊書外更加佛教道教及親屬姓氏方域等部至是畢功上親製名曰三教珠英彥伯已下改官加級賜物

又曰天后自咸亨已後嘗召文學之士周思茂范履冰等入禁中令撰玄覽百卷青宮要紀少陽政範各三十卷孝子傳及列女傳維城典訓鳳樓新誡各二十卷古今內範百卷樂書要録十卷百寮新誡五卷垂拱格四卷臣軌二卷兆人本業五卷又有文集一百二十卷並藏於祕閣

又曰劉允濟善屬文與絳州王勃齊名採摭魯哀公後十二代至于戰國遺事撰魯後春秋二十卷表上之遷左右史

又曰許叔牙嘗撰毛詩纂義十卷以進太子賜帛二百段兼令寫本付司經局其後御史大夫高智周謂人曰凡欲言詩者必須先讀此書始可也

又曰大曆中刑部尚書顏真卿以陸法言切韻未弘乃纂九經子史字義著韻海鏡源三百六十卷獻之詔下祕閣及集賢書院貯之

又曰馮伉爲醴泉縣令患百姓多猾爲著諭蒙十四篇大略指明忠孝仁義勸學務農每鄉給一卷俾其傳習在縣七年韋渠牟薦爲給事中充皇太子及諸王侍讀召見於別殿賜金紫著三傳異同三卷

又曰貞元十三年韓譚進統載三十卷其書採虞夏以來至于周隋録其事跡善於始終者六百六十八人爲立傳

又曰路隋爲侍講學士採三代皇王興衰著六經法言二十卷奏之旋拜諫議大夫依前侍講學士將脩憲宗實録復命兼充史職

又曰貞元十一年左僕射平章事賈躭進海內華夷圖及古今郡國縣道四十卷圖廣三丈率以寸折成百里權德輿作序

又曰韋處厚爲中書舍人侍講學士時穆宗荒恣不親政務既居納誨之地宜有以啓導情靈乃銓擇經義雅言以類相從爲二十卷謂之六經法言獻之錫以繒帛

又曰唐次貶開州刺史在巴峽閒十餘年不獲進用西川節度使韋臯抗表請爲副使德宗密諭臯令罷之次滯蠻荒孤心抑鬱怨謗所積孰與申明乃採自古忠臣賢士遭罹讒謗放逐遂至殺身而君猶不悟其書三篇謂之辨謗略上之德宗省之猶怒謂左右曰唐次乃以吾爲昏主何自諭如此次卒章武帝明哲嫉惡尤惡人朋比傾陷嘗閱書禁中得次所上書三篇覽而善之謂學士沈傳師曰唐次所集辨謗之書實君人者時宜觀之朕思古書中多有此事次編録未盡卿家傳史學以類例廣之傳師奉詔與令狐楚杜元穎等分功脩續廣爲十卷號元和辨謗畧

又曰鄭處誨方雅好古勤於著述撰集至多爲校書郎時撰次明皇雜録三篇行於世

又曰裴潾充集賢殿學士集歷代文章續梁昭明太子文選成三十卷目曰大和通選并音義目一卷上之當時文士非素與潾遊者其文章少在其選時論薄之

又曰柳玭嘗著書誡其子弟曰夫門地高者可畏不可恃可畏者立身行己一事有墜先訓則罪大於它人雖生可以苟取名位死何以見祖先於地下不可恃者門高則自驕族盛則人之所嫉實藝懿行人未必信纖瑕微累十手爭指矣又數其五條詞多不載

御覽卷第六百一

太平御覽卷第六百二

文部十八

著書下

幼屬文

著書下

呂氏春秋曰呂不韋爲秦相國集諸儒使著其所聞爲十二記八覽六論合十餘萬言名爲呂氏春秋暴之咸陽市門懸千金於其上有能增損一字者與之金時人無能增損者以爲非不能也蓋憚相國畏其勢耳然其書以道德爲准的以無爲爲紀綱以忠義爲品式以公方爲檢格與孟軻孫卿相表裏也

列仙傳曰李耳字伯陽陳人也生於殷時爲周柱下史好養精氣貴無名接而不施轉爲守藏吏積年乃知其真人也仲尼師之去入大秦過關令尹喜待迎之彊使著書作道德上下經二卷鶡冠子或曰楚人隱居衣弊履穿以鶡爲冠莫測其名因服成號著書言道家事馮煖常師事之

西京雜記曰淮南王著鴻列二十篇鴻大也烈明也言大明禮教也號爲淮南子一曰劉安子自云字中有風霜之氣楊子雲以爲一出一入字直百金

又曰董仲舒夢蛟龍入懷乃作春秋繁露

又曰葛洪家世有劉子駿漢言百卷首尾無題目但以甲乙丙丁記其卷數先父傳之歆欲撰書編録漢事類未得搆而亡故書無宗本止雜記而前後無事類後好事者以意次第之始甲之癸爲十帙帙十卷合百卷洪家有小同異

又曰楊雄著太玄經夢吐白鳳皇集其頂上而滅

楊雄傳贊曰雄好古而樂道其志欲窮文辭成名於後世以爲經莫大於易於是故作太玄傳莫大於論語故作法言

桓譚新論曰楊子雲才智開達卓絶於衆漢興已來未有此也國師子駿曰何以言之荅曰通才著書以百數唯太史公爲廣大餘皆叢殘小論不能比之子雲所造法言太玄也人貴所聞賤所見故輕易之若遇上好事必以太玄次五經也

抱朴子曰王充作論衡北方都未有得之者蔡伯喈嘗到江東得之歎其文高度越諸子及還中國諸儒覺其談論更遠嫌得異書或搜求至隱處果得論衡捉取數卷將去伯喈曰唯我與爾共之勿廣也

又曰盧生問曰蔡伯喈張平子才足著子書正恐言遠旨深世人不解故不著也余難云若如來言子雲亦不應作太玄經也瓦甂木柸比門所饒金觴玉爵萬家無一也

又曰孔鄭之門耳聽口受者滅絶而託竹素者爲世寶也

又曰余家遭火典籍蕩盡困於無力不能更得故抄撮衆書撮其精要用功少而所收多思不煩而所見博或謂洪曰流無源則乾條離株則悴吾恐玉屑盈車不如金璧余荅曰詠圓流者採珠而捐蚌登荆嶺者拾玉而棄石余之抄略譬猶摘翡翠之藻羽脫犀象之角牙

又曰嵇君道問二陸優劣

抱朴子曰朱淮南嘗言二陸重規沓矩無多少也一手之中不無鈍利方之它人若江漢之與潢潦陸子十篇誠爲快書其辭之富者雖覃思不可損也其理之約者雖潛筆腐豪不可益也陸平原作子書未成吾門生有在陸君軍中嘗在左右說陸君臨亡曰窮通時也遭遇命也古人貴立言以爲不朽吾所作子書未成以此爲恨耳余謂仲

長統作昌言未竟而亡後董襲撰次之桓譚新論未備而終班固謂其成琴道今才士何不贊成陸公子書

穎容春秋例曰著述之事前有司馬遷楊雄後有鄭衆班固近即馬融鄭玄其所著作違義正者畧舉一兩事以言之遷史記不識畢公文王之子而言與周同姓楊雄法言不識六十四卦云所從來尚矣

論衡曰畫工好畫上世人不畫秦漢士者尊古卑今楊子云作太玄經法言張伯松不肯一觀與並有故賤其言也若生周世則爲金匱也

又曰淮南呂覽文不無累害所以出者家富官貴也人有難充書者繁重云不在多以爲龍少魚衆少者爲神充荅曰文衆勝寡財富愈貧世無一分吾有百篇人無一字吾有萬言孰爲賢也充仕數不遇以章和二年從家避難楊

州丹陽入爲治中才小任大職在刺刻笔札之思歷年寢廢章和三年罷州還年漸七十時可懸輿髮白齒落日月逾邁貧無供養志不娛快乃作養生之書凡十六篇論衡造於永平末定於建初之年耳

新論曰余爲新論術辨古今亦欲興治也何異春秋褒貶耶今有疑者所謂蚌異蛤二五爲非十也譚見劉向新序陸賈新語乃爲新論莊周寓言乃云堯問孔子淮南子云共工爭帝地維絶亦皆爲妄作故世人多云短書不可用然論天間莫明於聖人莊周等雖虛誕故當採其善何云盡弃耶

風俗通應邵撰序云風者天氣有寒煖地形有隂陽泉水有美惡草木有剛柔俗者含血之類象而生之百里不同風千里不同俗周秦嘗以月遣輶軒使采異代方知載之秘府及嬴氏之亡遺棄殆盡蜀人嚴君平有千餘言林閭翁孺才有梗槩與楊雄續注二十七年凡九千字猶不如尒雅之宏麗張竦云縣諸日月不刊之書余不才敢此隆於斯人

金樓子曰王仲宣昔在荆州著書數十篇荆州壞盡焚其書今在者一篇知名之士咸重之見虎一毛不知其斑

又曰劉輔性矜嚴有盛名沉深好經書善説京氏易論集經傳及圖讖文作五經通論世號之曰沛王通明帝甚敬重之賞賜恩寵加異

又曰或問余曰子何不詢之有識共著此書曷爲區區自勲如此予曰夫荷旃被毳者難與道絺綌之緻密羹藜含糗者不足論大牢之滋味故服絺綌之凉者不知盛暑之鬱燠襲貂狐之煖者不知至寒之悽愴予之術業豈賓客

之能闚斯盖以筳撞鍾以蠡測海也予常切齒淮南不韋之書謂爲賓遊所製每至著述之間不令賓客闚之也

又曰桓譚新論華譚又有新論楊雄有太玄經楊泉有太元經談此多誤動形色或云桓譚有新論何處復有華譚楊子但有太玄經何處復聞太元也皆由不學使之然矣

隋大業拾遺曰大業之初敕內史舍人竇威起居舍人崔祖濬及龍川贊治侯偉等三十餘人撰區宇圖志一部五百餘卷新成奏之又著丹陽郡風俗乃見以吳人爲東夷度越禮義及屬辭比事全失脩撰之意帝不悦遣內史舍人柳逵宣敕責威等云昔漢末三方鼎立大吳之國以稱人物故晉武帝云江東之有吳會猶江西之有汝潁衣冠人物千載一時及永嘉之末華夏衣纓盡過江表此乃天下之名都自平陳之後碩學通儒文人才子莫非彼至尒

等著其風俗乃爲東夷之人度越禮義於尒等可乎然於著術之體又無次序各賜杖一頓即日勑追祕書學士十八人脩十郡志内史侍郎虞世基物檢於是世基先令學士各序一郡風俗擬奏請體式學士著作佐郎虞綽序京兆郡風俗學士宣惠尉陵敬序河南郡風俗學士宣德郎杜寶序吳郡風俗四人先成以簡世基世基曰虞綽序京兆文理俱贍優博有餘然非衆人之所能繼陵敬論河南雖文華才富序事過繁袁朗杜寶吳蜀二序不略不繁文理相副宜具狀以四序奏聞去取聽勑及奏帝曰學士脩書頗得人意各賜物二十段付世基撰書用之世基乃鈔吳郡序付諸頭以爲體式及圖志第一副本新成八百卷奏之帝以部秩太少更遣子細重脩成一千二百卷卷頭有圖別造新樣紙卷長二尺叙山川則卷首有山水圖叙郡國則卷首有郭邑圖叙城隍則卷首有公館圖其圖上山水城邑題書字極細並用歐陽肅書即率更令詢之長子攻於草隸爲時所重

幼屬文

東觀漢記曰班固字孟堅九歲能作賦頌因數入讀書禁中每行巡狩輙獻上賦頌

魏志曰陳思王植年十歲善屬文太祖曰汝倩人耶植跪對曰出言爲論下筆成章願當面試時銅雀臺新成太祖悉將諸子登臺使各賦之植援筆立就亦出思疾門

又曰文帝八歲屬文

魏氏春秋曰阮籍幼有奇才異質八歲能屬文性恬靜兀然彈琴長嘯以此終日

又曰庾闡字仲初少孤年九歲能屬文鄉里重之

崔鴻十六國春秋曰南涼録禿髮傉檀子歸年十三命爲高昌殿賦援筆即成影不移漏傉檀覽而異之擬之曹子建亦出思疾門

後魏書曰胡叟入長安觀風化隱匿名行懼人見知時京兆韋祖思少閲典墳多蔑時彥知叟至召而見之祖思習常待叟不足聊與温涼拂衣而出祖思固留之曰當與君論天人之際何遽而反乎叟對曰論天人者其亡久矣與君相知何夸言若是也遂不坐而去至主人家賦韋杜二族一宿而成時年十有八矣具述前載無違舊美叙中世有協時事而末及鄙黷人皆奇其才思其章世猶傳誦之以爲笑狎

齊書曰張率字士簡性寛雅年十二能屬文常日限爲詩一篇或數日不作則追補之稍進作賦頌至年十六向作二千餘首有虞訥者見而詆之率乃一旦焚毀更爲詩示焉託云沈約訥便向之嗟稱無字不善率曰此吾作也訥慙而退

南史曰劉孝綽本名冉幼聰敏七歲能屬文舅齊中書郎王融深賞異之與同載以適親友號曰神童融每曰天下文章若無我當歸阿士阿士即孝綽小字也

又曰謝貞八歲嘗爲春日閑居詩從舅王筠奇之謂所親曰至如風定花猶落乃追步惠連矣年十三尤善左氏春秋工草隸蟲篆

後周書曰李昶幼年已解屬文有聲洛下時洛陽刱置明堂昶年十歲數爲明堂賦雖優洽未足才制可觀見者咸日有家風矣

三國典略曰蕭大心字仁恕小名英童與大臨同年十歲

並能屬文嘗雪朝入見梁武帝詠雪令二童各和並援筆立成

梁書曰柳惲早有令名少工篇什爲詩云亭皐木葉下隴首秋雲飛琅邪王融見而嗟賞因書齋壁及所執白團扇

又曰太祖文帝諱綱字世讚六歲能屬文高祖驚其早就不之信也及於御前面試辭彩甚美高祖歎曰此子吾家之東阿也

又曰丘遲字子希年八歲便屬文父靈鞠有才名常謂氣骨似我徵士何點見而異之

又曰庾有吾八歲能賦詩特爲兄於陵所友愛

又曰何遜字仲言八歲能賦詩弱冠州舉秀才南鄉范雲見對策大相稱賞謂所親曰頃觀文人質則過儒文則傷俗其能含清濁守今古見之何生矣沈約亦愛其文

又曰陸從典字由儀幼聰敏年八歲讀沈約集見廻文研麗援筆擬之便有佳致十二作柳賦其辭甚美從父瑜特所賞愛

隋書曰李德林幼聰敏年數歲誦左思蜀都賦十餘日便度高隆之見而嗟歎遍告朝士云若假其年必爲天下偉器鄴京人士多就宅觀之月餘日中車馬不絕年十五誦五經及古今文集日數千言俄而該博墳典陰陽緯候無不通涉善屬文辭覈而理暢

又曰于宣敏字仲達少沉密有才思年十一詣周趙王王命之賦詩宣敏爲詩甚有幽貞之志王大奇之坐客莫不嗟賞起家右侍上士

文選人名録曰曹植年十歲誦讀詩論及賦數萬言能屬文

又曰謝靈運幼而聰慧善屬文舉筆立成文章之盛獨絕當時

幼童傳曰謝瞻字宣遠幼而聰悟五歲能屬文通玄理

又曰孫士潛字石龍六歲上書七歲屬文

金樓子自叙曰余六歲解爲詩奉勑爲詩曰池萍生已合林花發稍周風入花枝動日照水光浮因尔稍學爲文也

太平御覽卷第六百二

太平御覽卷第六百三

文部十九

史傳上

文心雕龍曰史者使也執筆左右使之謂也古者左史記言右史書事言經尚書事經春秋也

說文曰史記事者也

釋名曰傳傳也以傳示後人也

博物志曰賢者著述曰傳

禮記曰五帝憲養氣體而不乞言有善則記之爲惇史

詩序曰國史明乎得失之迹

韓詩外傳曰周舍對趙簡子曰臣操牘秉筆從君之後司君過而書之

周禮曰外史掌四方之志鄭玄注曰志記也謂若魯之春秋晉之乘楚之檮杌

左傳昭十五年曰荀躒如周籍談爲介王謂籍談曰昔而高祖孫伯黶司晉之典籍以爲大政曰籍氏及辛有之二子董之晉於是乎有董史汝司典之後也何故忘之籍談不能對

又宣二年傳曰晉趙穿弑靈公宣子未出境而復大史書曰趙盾弑其君以示於朝宣子曰不然對曰子爲正卿亡不越境反不討賊非子而誰宣子曰嗚呼我之懷矣自詒伊慼其我之謂矣孔子曰董狐古之良史也書法不隱趙宣子古之良大夫也爲法受屈惜也越境乃免

又襄二十五年傳曰齊崔杼弑莊公太史書曰崔杼弑其君崔子殺之其弟嗣書而死者二人其弟又書乃舍之南史聞太史盡死執簡以往聞既書矣乃還

又昭十二年傳曰楚王與右尹子革語左史倚相趨而過王曰此良史也能讀三墳五典八索九丘

史記曰秦趙澠池之會其君相爲鼓瑟和缶皆命御史書之

漢書曰司馬喜生談爲太史公談生遷遷爲太史令掌紬史記紬緝也

又曰武帝始置太史天下計書先上太史副上丞相故司馬談父子世居此職得撰史記

又曰劉向楊雄皆稱遷有良史之才服其善序事理辨而不華質而不俚其文直其事該不虛美不隱惡故謂之實錄

後漢書曰班彪續司馬遷後傳數十篇未成而卒明帝命其子固續之固以史遷所記乃以漢氏繼百王之末非其義也大漢當可獨立一史故上自高祖下終王莽爲紀表傳志九十九篇

又曰明德馬后能誦易好讀春秋楚辭尤善周官董仲舒書周官周禮也仲舒有玉柸繁露清明竹林之屬自撰顯宗起居注削去兄防參醫藥事章帝請曰黄門舅旦夕供養且一年既無褒異又不錄勤勞無乃過乎太后曰吾不欲後代聞先帝數親後宮之家故不錄也

東觀漢記曰時人有上言班固私改作史記詔下京兆收繫固弟超詣闕上書具陳固不敢妄作但續父所記述漢事

晉書曰王沉仕魏正元中遷散騎常侍侍中與荀顗阮籍共撰魏書多爲時諱未若陳壽之實錄也

又曰華嶠常沉醉所撰書十典未成而終祕書監何劭奏

嶠中子徽爲佐著作郎使踵成之未竟而卒後監繆徵又奏嶠少子暢爲佐著作郎䆒成十典并草魏晉紀傳與著作郎張載等俱在史官

又曰陳壽撰魏吳蜀三國志凢六十五篇時人稱其善叙事有良史之才夏侯湛時著魏書見壽所作便壞己書而罷張華善之謂壽曰當以晉書相付耳其爲時重如此

宋書曰王韶之琅耶臨沂人也私撰晉陽秋成時人謂之宜居史職即除著作郎使續後事訖義熙九年善叙事辭論可觀爲後世佳史

又曰裴松之字世期注陳壽三國志松之鳩集傳記廣增異聞既成奏之上覽之曰裴世期爲不朽矣

又曰范曄獄中與諸生姪書曰既造後漢轉得統緒詳觀古今著述及評論殆少可意者班氏最有高名既任情無

例唯志所推耳愽贍不可及之整理未必媿也吾雜傳論皆有精意深旨至於循吏已下及六夷諸序論筆勢縱放實天下之竒作中合者往往不減過秦篇當共比班氏所作俱不愧之而已欲遍作諸志前漢所有者悉令備雖事不必多且使見文得盡此書行故應有賞意者自古體大而思精未有此也

梁書曰吳均欲撰齊書求借齊起居注及群臣行狀武帝不許遂私撰奏之稱帝爲齊明帝佐命帝惡其書不實録以其書不實使中書舍人劉之遴詰問數十條竟支離無對勑付省焚之坐免職

又曰裴子野曾祖松之宋元嘉中受詔續脩何承天宋史未成而卒子野常欲繼成先業及齊永明末沈約所撰宋書稱松之已後無聞焉子野更撰爲宋略二十卷其叙事評論多善而去戮淮南太守沈璞以其不從義師故也約懼徒跣謝之請兩釋焉歎其述作曰吾弗逮也蘭陵蕭琛言其評論可與過秦王命分路揚鑣

後魏書曰毛脩之位次崔浩之下浩以其中國舊門雖學不愽洽而猶涉獵書傳每期重之與論說言次遂及陳壽三國志有古良史之風其所著述文義典正皆揚于王庭之言微而顯婉而成章班史以來無及壽者脩之曰昔在蜀中聞長老言壽曾爲諸葛門下書佐得撻百下故其論武侯云應變將畧非其所長浩乃與論曰夫亮之相劉備當九州鼎沸之會英雄奮發之時君臣相得魚水爲喻而不能與曹氏爭天下委弃荆州退入巴蜀誘奪劉璋僞連孫氏守窮崎嶇之地僭號邊夷之間此策之下者可與趙㐌爲偶而以爲蕭曹亞匹不亦過乎謂壽貶亮非爲失實

三國典畧曰齊主以魏收之卒也命中書監陽休之裁正其所撰魏書休之以收叙其家事稍美且寡才學淹延歲時竟不措手惟削去嫡庶一百餘字

又曰周蕭大圜爲滕王逌友逌問於大圜曰吾聞湘東王作梁史有之乎餘傳乃可抑揚帝紀奚若隱則非實記則攘羊對曰言之者妄也如使有亦不足怪昔漢明爲世祖紀章帝爲顯宗紀殷鑒不遠足爲成例且君子之過如日月之蝕彰於四海安得隱之如有亦安得而不隱蓋子爲父隱直在其中諱國之惡抑又禮也逌乃大笑

又曰齊主命魏收撰魏史至是未成常令群臣各言其志收曰臣願得直筆東觀早出魏書齊主乃令收專在史閣不知郡事謂收曰當直筆我終不學魏太武誅史官於是廣徵百官傳恕斟酌之既成上之九十二卷一百三十卷

尚書陸操謂楊愔曰魏收可謂博物宏才有大功於魏室愔曰此不刊之書傳之万古但恨論及諸家枝葉過爲繁碎時論收爲介朱榮作傳以榮比韓彭伊霍者蓋由得其子文路黃金故也邢劭父兄書事皆優劭唯笑曰列女傳悉是史官祖母尚書左丞盧斐臨漳令李庶度支郎中王松年中書舍人盧潜等言曰魏收誣罔一代其罪合誅盧思道曰東觀筆殊不直斐庶等與收面相毀辱無所不至齊主大怒乃親自詰問斐曰臣父位至儀同收附於族祖中書郎玄傳之下收之外親博陵崔綽位止功曹乃爲傳首齊主問收曰崔綽有何事迹卿爲之立傳收曰雖無爵位而道義可嘉魏司空高允曾爲其贊稱有道德臣所以知之齊主曰司空才士爲人作贊理合稱楊亦如卿爲人作文章道其好者豈能皆實收不能對以其才名不欲加罪高德正其家傳甚美乃言於齊主曰國史一定當流天下人情何由悉稱謗者當加重罪不然不止齊主於是禁止諸人各杖二百斐庶死於臨漳獄中又北史收所引史官恐其陵逼唯取髣髴學流先相依附者其房延祐辛元植睦仲讓雖夙涉朝伍並非史才刁柔裴昂之以儒業見知全不堪編緝高孝幹以左道求進脩史諸人父祖姻戚多被書錄飾以美言收性頗不甚能平夙有怨者多沒其善每言何物小子敢共魏收作陰若舉之則使上天按之當使入地收在神武時爲太常少卿脩國史得陽休之助因謂休之曰無以謝德當爲卿作佳傳休之父固魏世爲北平太守以貪虐爲中尉李平所彈獲罪收書云固爲北平甚有惠政坐公事免官又云李平深相敬重群口沸騰務魏史且勿施行號爲穢史

唐書曰杜正倫知起居注太宗嘗謂侍臣曰朕每日坐朝欲出一言即思此言於百姓有所益不所以不敢多言正倫進曰君舉必書言存在史臣職當脩起居注不敢不盡愚直陛下若一言乖於道理則千載累於聖德非直當今有損於百姓願陛下慎之太宗大悅

又曰許敬宗初虞世基與敬宗父同爲宇文化及所害封德彝時爲內史舍人備見其事因謂人曰世基被戮世南匍匐而請代善心之死敬宗舞蹈以求生敬宗聞而銜之及爲德彝立傳盛加其罪惡在監門大將軍錢九隴皇家之隷也敬宗與之結婚乃爲九隴曲叙門閥妄加功績又蠻首龐孝泰率鄉兵從征高麗賊知其怯懦先擊破之敬宗納其家寶貨妄稱其頻破賊徒斬獲數萬漢將驍健者唯蘇定方龐孝泰耳曹繼叔劉伯英皆出其下虛美如此

又曰太宗謂諫議大夫褚遂良曰卿猶知起居皆書何等事大底人君得見否遂良曰今之起居古之左右史書人君言事且記善惡以爲鑒誡庶幾人主不爲非法不聞帝王躬自觀史太宗曰朕有不善卿必記之耶遂良曰守道不如守官臣職當載筆君舉必記黃門侍郎劉洎曰設令遂良不記天下之人皆記之矣帝曰然

又曰貞觀十年尚書左僕射房玄齡侍中魏徵散騎常侍姚思廉太子右庶子李百藥孔穎達守禮部侍郎令狐德棻守中書侍郎岑文本中書舍人許敬宗等撰成周隋梁陳齊等五代史詣闕上之太宗勞之曰朕觀前代史書彰善癉惡足爲將來之誡秦始皇奢淫無度焚書坑儒用緘談者之口隋煬帝雖好文儒尤疾學者前世史籍竟無所成數代之事殆將泯絶朕意則不然將欲覽前王之得失

爲在身之龜鏡公輩以數年之間勒成五代之史副朕深懷極可嘉尚又詔司空房玄齡等修晉書以臧榮緒書爲本採擴諸家傳記而益附之爰及晉代文集罔不畢舉爲十本紀二十志七十列傳三十載記其太宗所著宣武二帝及陸機王羲之四論皆稱制焉房玄齡以下爲論皆稱史臣後數載而書就藏之祕府頒賜加級各有差以其書賜皇太子及新羅使者各一部焉

又曰顯慶中高宗以許敬宗所撰太宗實録所紀多非實乃謂劉仁軌曰朕昨觀國史所書多不周悉卿等必須窮微索隱原始要終盛業鴻勲咸使詳備至如先聖作威鳳賦意屬阿舅及士廉敬宗乃移向尉遲敬德傳内又嘗逼湯教習長圍四合萬隊俱前忽然雲霧晝昏部伍亂錯先聖既觀斯事恐其挂法者多遂潛隱不出待其整理然後

臨觀顧謂朕曰振旅訓兵國之大典此之錯失於法不輕我若見之必須行法我今不出良爲於此今乃移向魏徵傳曰稱是徵之諫語此既乖於實何以垂之後昆朕嘗從幸未央宮辟仗已過忽於草中見一人身帶横刀其人云聞辟仗至怕不敢出仗家搜索不覺遂伏不敢動先聖歎咎即還顧謂朕曰此事若發數人合死汝可後伺看早放出之史家唯此一事差似不失其直郝處俊曰先聖仁恩觸類皆是臣弟傑往年宿衛之日被差署輦供奉見有三衛誤拂御衣此人怕懼五情無主先聖謂之曰此間無御史我不爲汝作罪過不須怕懼上謂處俊曰此亦須入史於是處俊等引左史李仁實專掌其事

太平御覽卷第六百三

太平御覽卷第六百四

文部二十

史傳下

唐書曰于休烈脩國史肅宗自鳳翔還京勵精聽受嘗謂休烈曰君舉必書良史也朕有過失卿書之否對曰禹湯罪己其興也勃焉有德之君不忘規過臣不勝大慶

又曰貞元十二年賈躭盧邁皆假故趙憬獨對於延英上問曰近日起居注所記何事憬奏曰古左史記事右史記言人君動止有事言隨即記錄今起居之職也國朝自永徽已後起居唯得對仗承旨仗下後謀議皆不得聞其事注記但出於已行制勑內採錄更無它事所以長壽中姚璹知政事以爲親承德音謨訓若不宣自宰相史官無由得書遂請仗下後所言軍國政要宰相專知撰錄號爲時政記每月送史館無何此事又廢上曰君舉必書義存勸誡既有時政記宰臣宜依故事爲之

又曰李翺以史官記事不實奏狀曰臣謬得秉筆史館以記注爲職夫勸善懲惡正言直筆紀聖朝功德述忠賢事業載姦臣醜行以傳無窮者史官之任也凡人事迹非大善大惡則衆人無由得知舊例皆訪於人又取行狀謚議以爲一據今之作行狀者多是其門生故吏莫不虛加仁義禮智妄言忠肅惠和此不唯處其心不實苟欲虛美於受恩之地耳蓋爲文者又非游夏遷雄之列務於華而忘其實溺於文而棄其理故爲文則失六經之古風紀事則非史遷之實錄臣今請作行狀者但指事說實直載事功假如作魏徵傳但記其諫諍之詞足以爲正直段秀實但記其倒用司農印以追逆兵以象笏擊朱泚足以爲忠烈若考功視行狀不依此者不得受依此則考功下太常牒史館然後定謚伏乞以臣此奏下考功從之

又曰元和中宰臣已下候對於延英殿上以時政記問於宰臣脩國史李吉甫對曰是宰相記天子事以授史官之實錄也古者左史記言今起居舍人是也右史記事今起居郎是也永徽中宰相姚璹監脩國史慮造膝之言或不下聞因請隨奏對而記是也上曰其間或脩或不脩者何也吉甫對曰凡面奉德音未及施行物爲機密固不可書以送史官其間謀議有發自臣下者又不可自書以付史官及事已行者制令昭然天下皆得聞知即史官之記不待書以授也且臣觀時政記者姚璹脩之於長壽及璹罷而事廢賈躭齊抗脩之於貞元躭抗罷而事廢然則關於政化者不虛美不隱惡謂之良史也

又曰憲宗銳意爲理徧讀列聖實錄見貞觀開元故事竦慕不能釋卷嘗謂宰臣曰太宗之創業如此玄宗之致理如此我讀國史始知萬倍不如先聖焉

又曰長慶中中書門下請脩聖政紀云古之王者必置史官以紀善惡國朝貞觀永徽以前宰臣及百官正衙奏事史官載筆於階陛之下所有奏議悉約書之自永徽以後許敬宗李義府作相事多蔽蔽遂奏史官與庶僚俱退然後宰臣請事由是君臣之間咨謀啓沃不復知矣左右史官唯寫詔誥除授以脩注記長壽二年宰相姚璹以爲史官踈遠不得參聞政事然帝王謨訓不可遂無紀述乃請自今已後所論軍國政要委宰相一人撰錄號爲時政記事亦尋廢

又路隨傳曰初韓愈撰順宗實錄說禁中事頗切直內官

惡之往往於上前言其不實累朝有詔改脩及脩憲宗實録後文宗復令改正永貞時事隨奏曰臣昨面奉聖旨以順宗實録頗非詳實委臣等重加刊正伏以史冊之作勸誡所存事有當書理宜歸實足夫美惡尚不可誣人君得失無容虛載聖旨以前件實録記貞元末數事稍非據實盡出傳聞審知差舛更令刊正頃因坐日屢形聖言通計前後至于數日臣等伏以貞觀已來累朝實録有輕重撰不敢固辭但欲粗刪深悞亦固盡存諸說宗閔僧孺相與商量緣此書成於韓愈令史官李漢蔣係皆愈之子壻若遣參撰或致私嫌縱臣獲脩成必懼終爲時累且韓愈所書亦非己出元和之後已是相循伏望條示舊記最錯悞者宣付史官委之脩定詔曰其實録中所書德宗順宗朝禁中事尋訪根柢蓋起謬傳諒非信史宜令史官詳正刊

去其它不要更脩

又曰文宗嘗問曰順宗實録似未詳實史官韓愈不是當時屈人否李石曰韓愈貞元末爲四門博士上曰司馬遷與任安書全是怨望所以漢武本紀事多不實鄭覃曰漢武中年後大發戎馬拓土開邊生人耗竭粮饟不給本紀所述亦非過言石曰史筆不直率多無後鄭覃所陳志在譏諫欲陛下究竟盛德故言漢武不屈上曰靡不有初鮮克有終此誡可爲戒覃因曰伏知陛下乙夜觀書無不該涉然經典切切不過一二百言聖意所存靡不有初鮮克有終此兩句實可寢食佩服

又曰張次宗有文學稽古厲行開成中爲起居舍人文宗復故事每入閤左右史執筆立于螭頭之下宰相奏事得以備録宰臣既退上召左右史更質證所奏是非故開成政事詳於史氏

又曰文宗朝對宰臣退上命起居郎鄭朗等適所紀録者將來一觀鄭朗對曰臣執筆所紀便目爲史臣聞自古帝王不合觀史上曰故事何在朗曰臣不敢遠徵故實嘗聞太宗皇帝欲親覽國史用知得失諫議大夫朱子奢上表云史官所述義歸盡善若至會玄已後或非上智中主庸君飾非護短見極陳善惡致怨史官何地逃刑又問褚遂良對曰今之起居古之左右史以記人君言行善惡必書庶幾不爲非法不聞帝王躬自觀史上又謂朗曰適之所紀且是直書未有否臧一見無爽朗乃進所紀上畧覽曰御宜門外重寫録進其日晚内出詔示宰臣曰適鄭朗奏朝來所紀之事擬不進本人君之言良史善惡必書或有平生之閑話不關理道之體要垂諸將來實爲愧恥異日

臨朝庶幾稍改何妨一見得戒醜言又嘗於紫宸殿對百寮遣閤門使就起居舍人魏謩取注記謩奏曰臣以自古置此以爲聖王鑒戒陛下但爲善勿畏臣不書如陛下所行錯誤臣不書之天下之人皆得書之臣願以陛下爲太宗文皇陛下許臣比褚遂良上曰我前亦嘗觀之謩曰是前起居不詳故事臣今豈得陷陛下爲非若陛下一覽之後自此文字須有迴避如此則善惡不直如何遺後代取信上遂止

周書曰賈緯乾祐中受詔與王伸竇儼脩晉高祖少帝漢高祖三朝實録緯以筆削爲己任然而襃貶任情記注不實晉宰相桑維翰執政嘗薄緯之爲人不甚見禮緯深銜之及敘維翰傳稱維翰身没之後有白金八千鋌他物稱是翰林學士徐台符緯邑人也與緯相善謂緯曰聞吾友書

桑魏公白金之數不亦多乎乃改爲白金數千鋌

太史公自序云夫詩書隱約者欲遂其志之思也故述往事思來者於是乎述陶唐以來至麟德止自黄帝始原始察終考之行事著十二本紀三十世家十表八書七十列傳凡一百三十篇成一家言是也

西京雜記曰司馬遷發憤作史記一百三十篇先達爲良史之才其以伯夷居列傳之首以爲善而無報也爲項羽本紀以據高位者非關有德也及其叙屈原賈誼辭旨抑揚惡事不避亦一代之偉才

又曰漢承周史官至武帝太史公司馬談世爲太史子遷年十三使乘傳行天下求諸侯史記續孔氏古文序世事作百三十卷五十万字談子遷以世官復爲太史公序事如古春秋　司馬氏本古周佚後也作景帝本紀極言其短

及武帝之過帝怒而削去坐舉李陵降匈奴下遷蠶室有怨言下獄死宣帝以其官爲太史令行太史公文書而已不復用其子孫

班固典引曰永平十七年詔曰司馬遷著書成一家揚名後世至以身陷刑之故反微文諷刺貶損當代非誼士也

又魏志曰明帝問王肅司馬遷以受刑之故内懷隱切著史記非貶孝武令人切齒

又晉張輔嘗著論論班固司馬遷之著述辭約而事舉叙三千年事唯五十万言班固叙二百年事乃八十萬言煩省不同不如遷一也良史述事善足以奬勸惡足以鑒誡人道之常中流小事亦無取焉而班皆書之不如二也毁貶朝錯傷忠臣之道不如三也遷既造創固又因循難易益不同矣又遷爲蘇秦張儀范雎蔡澤作傳逞辭流離亦足以明其大才故述辯士則藻辭華靡叙實録則隱核名檢此所以遷稱良史也

文心雕龍曰昔者夫子愍王道之缺傷斯文之墜靜居以歎鳳臨衢而泣麟於是就大師以正雅頌因魯史以脩春秋舉得失以表黜陟徵存亡以標勸戒然叡旨幽祕經文婉約丘明同恥實得微言乃原始要終創爲傳體傳者轉也轉授經旨以授於後實聖文之羽翮記籍之冠冕也及至縱横之世史職猶存秦并七王而戰國有策盖録而不序故即簡爲名也漢滅嬴項武功積年陸賈稽古作楚漢春秋爰及史談世惟執簡子長繼志甄序帝績比堯稱典則位雜中賢法孔題經則文非元聖故取式呂覽通號曰紀紀綱之號亦宏稱也故本紀以述皇王列傳以揔侯伯八書以鋪政體十表以譜年爵雖殊古式而

得事序焉亦其實録無隱之旨博雅弘辯之才愛奇反經之尤條例踳落之失叔皮論之詳矣及班固述漢因循前業觀史遷之辭思實過半其十志該富讚序弘麗儒雅彬彬信有遺味至於宗經規聖之典端緒豐贍之功遺親攘善之罪徵賄鬻筆之愆公理辨之究矣至于後漢紀傳發源東觀袁張所制偏駁不倫薛謝之作疎謬少信若司馬彪之詳實華嶠之准當則其冠也及魏代三雄記傳並出陽秋魏畧之屬江表吳録之類或激抗難徵或踈闊寡要惟陳壽三志文質辨洽荀張比之於遷固非妄譽也至於晉代之書繁乎著作陸機肇始而未備王韶續末而不終于寶述紀以審正明序孫盛陽秋以約舉爲能案春秋經傳舉例發曰史漢以下莫不准的至鄧粲晉紀始立條例又擺落漢魏憲章殷周雖湘川曲學亦有心放典謨及安

國立例乃鄧氏之規焉

又曰傳記爲式編年經事文非記論按實而書歲遠則闇曲雖盈事積則起訖易踈斯固惣合之爲難也或有同歸一事數人分功兩紀則失於複重偏舉則漏於不周此又銓配之易也故張衡摘史班之舛濫傅玄譏後漢之尤煩皆類也若夫追述遠代代遠多僞公羊皐云傳聞異詞荀悅稱錄遠畧近蓋文疑則闕貴信史也然俗皆愛奇莫顧理實傳聞而欲偉其事錄遠而欲詳其迹於是棄同即異穿鑿傍說舊史所無我書則傳此訛濫之本源而述遠之巨蠹也至於記編同時時同多詭雖定哀微詞而世情利害勳榮之家雖庸夫而盡飾尨貶之士雖令德而蚩埋吹霜煦露寒暑筆端此又同時之枉論可爲歎息者也故述遠則誣矯如彼略近則回邪如此析理居正唯懿上心乎

談藪曰後魏太保清河崔光樂陵太守曠之孫長廣太守靈延之子光博學有史才本名孝伯字長仁高祖賜名焉除著作郎撰國史遷黄門侍郎爲高祖所重帝曰孝伯之才渾渾如黄河東注今之文宗也及魏收爲史改渾渾爲浩浩光有大度喜愠不形於色有毀之者必善言以報之雖見誣謗終不自申曲直士君子以此稱之光脩國史第敬友子鴻復撰十六國春秋一門二史當代爲榮

太平御覽卷第六百四

太平御覽卷第六百五

文部二十一

筆　墨　硯　紙

筆

說文曰楚謂聿吳謂之不律燕謂之弗秦謂之筆

釋名曰筆述也述而書之

博物志曰蒙恬造筆

崔豹古今注曰牛亨問曰古有書契已來便應有筆也世稱蒙恬造筆何也答曰自蒙恬始作秦筆耳以枯木爲管以鹿毛爲柱羊毛爲皮所謂鹿毫　竹管也非謂古筆也

又問曰彤管何也答曰彤赤漆耳使史官載筆故是赤管言以赤心事也

毛詩柏舟靜女曰靜女其孌貽我彤管古者后夫人有女史彤管之法后妃羣妾以禮御于君所女史書其日月授之以環以進退之也箋云彤管筆赤管也彤管有煒說懌女美

曲禮曰史載筆士載言也

漢書曰張安世持橐簪筆事孝武橐契橐也近臣負橐簪筆從備顧問或有所記帝數十年見謂忠謹

東觀漢記曰班超字仲升家貧爲官傭寫書嘗輟書投筆歎曰大丈夫當效傅介子張騫立功異域以取封侯安能久事筆硯乎

吳志曰曹公聞孫權以荊州資劉備大懼方作書不覺落筆於地

齊書曰江淹嘗宿於冶亭夢一丈夫自稱郭璞謂淹曰吾有筆在卿處多年可以見還淹乃探懷中得五色筆一以授之尒後爲詩絕無美句時人謂之才盡

梁書曰紀少瑜嘗夢陸倕以一束青鏤管筆授之云我以此筆猶可用卿自擇其善者其文因此遒進

又曰鄭灼家貧好學抄義疏以日繼夜筆毫盡每削用之

隋書曰高祖復鄭譯官爵令內史令李德林立作詔書高熲戲謂曰筆乾譯答曰出爲方岳杖策言歸不得一錢何以潤筆上大笑

又曰劉行本累遷掌朝下大夫周代故事天子臨軒掌朝典筆硯持至御座則承御大夫取以進之及行本爲掌朝將進筆於帝承御復欲取之行本抗聲謂承御曰筆不可得帝驚視問之行本言於帝曰臣聞設官分職各有司存臣既不得佩承御刀承御亦焉得取臣筆帝曰然因令二司各行所職

國朝傳記曰虞監草行本師於釋智永智永嘗樓上學書

成方下其棄筆頭至盈瓮

唐書曰柳公權爲司封員外郎穆宗政僻嘗問公權筆何盡善對曰用筆在心心正則筆正上改容知其筆諫也

五代史周史曰和凝年十七舉明經至京師忽夢人以五色筆一束以與之謂曰子才可以舉進士自是才思敏贍十九登進士第

又曰馬裔孫初爲河中從事因事赴闕宿於邏店其地有上邏神祠夜夢神見召待以優禮手授以筆一大一小覺而異焉及爲翰林學士旋知貢舉私自謂曰此二筆之應也洎入中書吏奉二筆熟視大小如昔時夢中所授者

漢官儀曰尚書令僕丞郎月給赤管大筆一雙篆題曰北宮工作

西京雜記曰漢制天子筆以錯寶爲跗毛皆秋兎之毫官

師路扈爲之又以雜寶爲匣厠以玉璧翠羽皆直百金

揚子法言曰搥提仁義絶滅禮學吾無取焉五帝者三王之筆舌寧有書不用筆言不由舌耶刀不利筆不銛宜加砥削之

論衡曰知能之人須三寸之舌一尺之筆然後能自通

神仙傳曰李仲甫潁川人漢桓帝時賣筆遼東市一筆三錢如無錢亦與筆

魏末傳曰司馬宣王欲誅曹爽呼何晏作奏曰宜上君名晏失筆於地

世說曰王東亭嘗夢有人與大筆其管如椽既覺說人云當有大手筆事不日烈宗晏駕哀策謚議並王所作也

傅子曰漢末一筆之匣雕以黃金飾以和璧綴以隋珠文以翡翠此筆非文犀之楨必象齒之管豐狐之柱秋兔之翰用之者必被珠繡之衣踐雕玉之履矣

王羲之筆經曰漢時諸郡獻兔毫出鴻都惟有趙國毫中用時人咸言兔毫無優劣管手有巧拙

又曰有人以綠沉漆竹管及鏤管見遺錄之多年斯亦可愛玩詎以金寶雕琢然爲貴也

又曰昔人或以琉璃象牙爲筆管麗飾則有之然筆須輕便重則躓矣

筆墨法曰作筆當以鐵梳梳兔毫毛及羊青毛去其穢毛使不髯茹羊青爲心名曰筆柱或曰墨池

東宮舊事曰皇太子初拜給漆筆四枚銅博山筆床副

搜神記曰王祐病有鬼至其家留赤筆十餘枚在薦下曰可使人簪之出入辟惡凢舉事者皆無恙

荊楚歲時記曰陸士衡云魏武帝劉婕妤以七月七日折璃琉筆

嶺表錄異曰番禺地無狐兔多用鹿毛野狸毛爲筆又昭富春勤等州則擇雞毛爲筆其用也亦與兔毫無異

又曰嶺南無兔嘗有郡牧得其皮使工人削筆者醉失之大懼因翦鬚爲筆筆甚善更使爲之工者辭焉詰其由以實對遂下令使一戶輸人鬚或不能致輒責其直

墨

釋名曰墨晦也言以物晦墨也

漢書王莽傳曰漢兵起莽以墨汚渭陵延陵周垣

東觀漢記曰和熹鄧后即位万國貢獻悉禁絶惟歲供紙墨而已

范子計然曰墨出三輔上價石百六十中三十下十

韋仲將筆墨方曰合墨法好醇煙擣訖以細絹簁於缸中簁去草芥若細沙以細絹簁塵埃此物至輕微不宜露簁慮失飛去不可不慎墨一斤以好膠五兩浸梣皮汁中梣江南樊雞木皮也其皮入水綠色解膠又益墨色可下雞子白去黃五枚亦以真朱一兩麝香一兩皆別治細簁都合調下鐵臼中寧剛不宜澤擣三万杵杵多益善合墨不得過二月九月溫時敗臭寒則難乾潼溶見風日碎破重不得過二兩

蔡質漢官曰尚書令僕丞郎月賜渝麋大墨一枚小墨一枚

東宮舊事曰皇太子初拜給香墨四丸

脩復山陵故事曰玄宮物有墨五丸

神仙傳曰漢桓帝徵仙人王遠遠乃題宮門四百餘字皆說方來帝惡之削之外字去內字復見墨入材裏

葛龔與梁相書曰復惠善墨下士所無摧骸骨碎肝膽不足明報

曹植樂府詩曰墨出青松煙筆出狡兔翰古人感鳥跡文字有改刊

葛洪神仙傳曰班孟不知何許人也舒紙於前嚼墨一噴皆成字竟紙各有意義

趙壹非草書曰後世慕崔杜張子專欲草書爲務十日一筆月數丸墨領袖如皁脣齒常黑屈指畫地爪折鰓出赤劾嚬之增醜也

陸雲與兄機書曰一日上三臺曹公藏石墨數十萬斤云燒此消復可用然不知兄頗見之不今送二螺

鄭氏婚禮謁文讚曰九子之墨藏于松煙

盛弘之荆州記曰筑陽縣有墨山山石悉如墨

顧微廣州記曰懷化郡掘壍得石墨甚多精好可寫書

戴延之西征記曰石墨山北五十里山多墨可以書

尋陽記曰廬山有石墨可書

災祥集曰天雨墨君臣無道讒人進

李尤研墨銘曰書契既造研墨乃陳煙石相附筆疏以申

顧野王輿地志曰漢時王朗爲會稽太守子肅隨在郡住東齋中夜有女從地出稱越王女與肅語曉别贈一丸墨肅方注周易因此便覺才思開悟

硯

釋名曰硯研也研墨使和濡也

晉書懷帝陷於平陽劉聰引帝入讌謂帝曰卿爲豫章王時朕與王武子俱造卿武子稱朕於卿卿言聞名久矣卿以所作樂府文示朕曰聞君善詞賦試爲看也朕與武子俱爲盛德頌卿稱善者久之又引朕射于皇堂朕得十二籌卿與武子俱得九籌卿又贈朕柘弓銀硯卿頗憶否帝曰安敢忘之恨尒日不得早識龍顏

唐書曰柳公權常寶惜筆硯圖畫自局鐍之常評硯以青州石末爲第一言墨易冷絳州黑硯次之

太公金匱曰研之書曰石墨相著邪心讒言無得汙白

伍緝之從征記曰夫子牀前有石硯一枚作甚古朴蓋孔子平生時物也

西京雜記曰天子以玉爲硯取其不凍

拾遺記曰張華撰博物志奏武帝帝賜青鐵硯鐵是于闐國所獻鑄以爲硯

魏武帝上雜物疏曰御物有純銀參帶臺硯一枚純銀參帶員硯大小各一枚

陳留志曰范喬年二歲祖父馨臨終撫其首曰恨不見汝成人以吾所用硯與之至五歲祖母以此言告喬便執硯啼哭

東宮舊事曰皇太子初拜給漆石硯一枚○崔寔四民月令曰正月硯凍釋令童幼入小學學篇章十一月硯凍命童幼讀

孝經論語世語曰曹爽與明帝少同硯書

晉傅玄硯賦曰採陰山之潛璞簡衆材之攸宜節方員以定形鍛金鐵而爲池設上下之剖判配法象乎二儀木貴其能軟石美其潤堅加采漆之膠固含冲德之清玄

永嘉中記曰硯溪一源中多石硯

劉澄之宋永初山川古今記曰興平石穴深二百許大石青色堪爲硯

紙

釋名曰紙砥也平滑如砥石也

服虔通俗文曰方絮曰紙

東觀漢記曰黄門蔡倫典作尚方作紙所謂蔡侯紙也

董巴記曰東京有蔡侯紙卽倫也用故麻名麻紙木皮名穀紙用故魚網作紙名網紙也

王隱晉書曰魏太和六年博士河間張揖上古今字詁其巾部紙今也其字從巾古之素帛依舊長短隨事截絹枚數重沓卽名幡紙字從糸此形聲也後和帝元興中中常侍蔡倫以故布擣剉作紙故字從巾是其聲雖同系巾爲殊不得言古紙爲今紙

崔鴻前燕録曰慕容儁三年廣義將軍岷山公黄紙上表儁曰吾名號未異於前何宜便尒自今但可白紙稱疏

平六百五　七　王阿鐵

沈約宋書曰張永善隸書又有巧思紙及墨皆自營造上每得永表啓輒執玩咨嗟自嘆供御者不之及也

唐書曰杜暹爲婺州參軍秩滿將歸州吏以紙万餘張贈之暹唯受一百時人嘆曰昔清吏受一大錢復何異也

語林曰王右軍爲會稽謝公乞牋紙庫中唯有九萬枚悉與之桓帝云逸少不節

拾遺記曰張華獻博物志賜側理紙萬番南越所獻也漢人言陟釐與側理相亂南人以海苔爲紙其理縱横衺側因以爲名

世說曰戴安道就范宣學所爲范宣讀書亦讀書范宣抄紙亦抄紙

桓玄僞事曰古無紙故用簡非主於敬也今諸用簡者皆以黄紙代之

又曰玄令平淮作青赤縹緑桃花紙使極精令速作之

石虎鄴中記曰石虎詔書以五色紙著鳳雛口中

范甯教曰土紙不可以作文書皆令用藤角紙

盛弘之荆州記曰棗陽縣一百許步蔡倫宅其中具存其傍有池卽名蔡子池倫漢順帝時人始以魚網造紙縣人今猶多能作紙蓋倫之遺業也

異苑曰張仲舒在廣陵晨夕輒見行側有赤氣後空中忽雨絳羅於其庭周廣七八分長五六寸皆箋紙繼之廣長亦與羅等紛紛甚快經宿仲舒累疾死

孫放西寺銘曰長沙西寺層構傾頹謀欲建立其日有童子持紙花挿地故寺東西相去十餘丈於是建刹正當花處

傅咸紙賦曰既作契以代繩又造紙以當策

平六百五　八　王阿鐵

劉孝威謝官紙啓曰雖復鄴殿鳳銜漢朝魚網平準桃花中宫穀樹固以慙兹靡滑謝此鮮華

東宮舊事曰皇太子初拜給赤紙縹紅麻紙敕紙法各一百

太平御覽卷第六百五

太平御覽卷第六百六

文部二十二

簡 策 牘 札 牒

板 刺 函 奏 槧

棬 封書泥 水滴器

簡

說文曰簡牒也

釋名曰簡書編也言間也

爾雅曰簡謂之畢（郭璞曰今簡札也）

毛詩鹿鳴曰豈不懷歸畏此簡書

張璠漢記曰吴祐父恢爲南海太守欲以殺青寫書祐年十二諫曰海濱多珎玩此書若成載必盈兩昔馬援以薏苡興謗王陽以書橐邀名疑惑之戒先賢所慎恢大喜

范曄後漢書曰大夫司徒鄧禹西征定河東張宗詣禹自歸禹聞宗多權謀乃表爲將軍禹軍到栒邑赤眉大衆且至禹以栒邑不足守欲引師進就堅城而衆人多畏賊追懼爲後拒禹乃書諸將名於竹簡署其前後亂著笥中令各探之宗獨不肯探曰死生有命宗肯辭難就逸乎禹歎息謂曰愚聞一卒畢力一百人不當万夫致死可以横行宗今擁兵數千以承天威何遽其必敗乎

魏畧曰宣王討王陵陵面縛迎逢謂太傅曰卿直以折簡召我我當不至耶而引軍來乎太傅曰以卿非肯逐折簡者也

瀨鄉記曰老子母碑曰老子把持仙録玉簡金字編以白銀紀善綴惡

楚國先賢傳曰孫敬編楊柳簡以爲經本晨夜誦習

劉向別傳曰孫子書以殺青簡編以縹絲繩

文士傳曰人有嵩山下得竹簡一版上有兩行科斗之書中外傳示莫能知張華以問束晳晳曰此明帝顯節陵中策文也驗校果然

風俗通曰劉向別録殺青者直治竹作簡書之耳新竹有汁善折蠹凡作簡者皆於火上炙乾之陳楚間謂之汗汗者去其汁也

吴越曰殺亦治也劉向爲孝成皇帝典校書籍二十餘年皆先書竹改易刊定可繕寫者以上素也由是言之殺青者竹斯爲明矣

神仙傳曰陰長生裂黄素寫丹經一通封以文石之函著嵩高山一通黄櫨簡漆之書封以青玉之函著華山一通黄金之簡刻而書之封以白銀之函著蜀綏山

策

廣雅曰策謂之簡

釋名曰策書教令於上所以驅策諸夏也漢制約勑封侯曰策策嘖也勑使整嘖不犯法也

史記曰百名以上則書於策

春秋序曰大事書之於策小事簡牘而已

後漢書曰何敞父比干字少卿爲汝陰縣獄吏決曹掾平活數千人後爲丹陽都尉獄無寃囚征和三年三月辛亥天大陰雨比干在家日中夢車騎滿門覺而語妻語未竟而門有老嫗求寄避雨雨甚而衣不霑雨止送至門謂比干曰公有陰德天賜君以策以廣公之子孫因出懷中符策狀如簡長九寸凡九百九十枚以授比干曰子孫佩印綬者如此數比干年五十八有六男又生三子本始元年

自汝陰徙平陵代爲名族

吳曆曰孫皓時吳郡民掘地得物似銀長一尺三寸刻畫有年月字因改年爲天策

唐書曰貞觀中房玄齡議封禪儀玉策四枚各長一尺三寸廣一寸五分厚五分每策五簡俱以金編其一奠太祖一奠地祇一奠高祖

穆天子傳曰癸巳至於群玉之山阿平無險（言邊無險阻也）四徹中繩（言皆平直）先王之謂策府（言往古帝王以爲藏書策之府）

家語曰哀公問政於孔子孔子曰文武之政布於方策

牘

說文曰牘謂書板也

釋名曰牘睦也身執之以進見所以爲恭睦也

史記曰文帝遺單于尺一寸牘單于以尺二寸牘答

又曰東方朔初入長安至公車上書凡用三千奏牘公車令兩人共持舉其書僅能勝之人主使從上方讀之止輒記其處讀之二月乃盡詔拜以爲郎

東觀漢記曰時天下墾田多不實詔檢覆覈百姓嗟怨諸郡遣使帝見陳留吏牘上有書視之云潁川弘農可問河南南陽不可問上得之怒時東海公年十二在幄後言曰吏受郡勑欲以墾田相方耳帝曰即如此何故言河南南陽不可問對曰河南帝城多近臣南陽帝鄉多近親田宅踰制不可爲准帝令虎賁詰問吏吏首服遣謁者核實具知姦狀

夢書曰牘札爲薦舉夢得牘札欲薦舉也

韓詩曰趙簡子太子名伯魯小子名無恤簡子自爲二牘親自表之書曰節用聽聰敬賢勿慢使能勿賤與二子使恒誦之居三年簡子坐青臺之上問二子書所在伯魯亡其表令誦不能得無恤出其書於左袂令誦習焉乃黜伯魯而嘉無恤

韓詩外傳曰趙簡子有臣周舍立於門下三日三夜簡子問其故對曰臣爲君諤諤之臣秉筆操牘從君之後伺君過而書之

札

劉熙釋名曰札櫛也編之如櫛齒相比也

晉令曰郡國諸户口黄籍籍皆用一尺二寸札已在官役者載名

漢書曰司馬長卿未死時爲一卷書曰有使來求奏之其遺札書言封禪事

又曰谷永字子雲便於筆札故時人云子雲之筆札婁君卿之脣舌

後漢書曰樊崇等西攻更始百萬之衆而無稱號欲立帝求軍中景王後者得七十餘人唯盆子與茂及前西安侯爲最崇等議曰聞古天子將兵稱上將軍乃書札爲符曰上將軍又以兩空札置笥中（札簡也笥篋也）遂於鄭北設壇場祠城陽景王諸三老從事皆大會陛下列盆子三人居中立以年次探札盆子最幼後探得符諸將乃皆稱臣

續漢書曰賈逵字景伯時有神雀入宫章帝勑蘭臺給筆札使逵作神雀頌

晉張華有文雅之才晉儀禮臺華制度勑有司給筆札多有損益

晉陽秋曰梁國張惲字義元爲郡吏入值太守園棊投札於地惲曰知府君患風取以支户太守輟棊令坐○漢武故事曰上崩後有一人騎馬馬異於常馬持一尺札賜將作

大匠丞文曰汝績克成賜汝金十斤因忽不見札變爲金稱之重十斤

抱朴子曰魏武帝以左慈爲妖妄欲殺之使人收之慈故欲見而不去欲拷之而獄中有七慈形狀如一不知何者爲真以白武帝帝使人盡將殺之須臾七慈盡化爲札而一慈徑出走赴群羊詩云有客從南來貽我一書札上敘長相思下言久離別

牒

說文曰牒札也

文心雕龍曰牒者葉也如葉在枝也短簡爲牒議事未定故短牒諮謀牒之尤密謂之籤

左傳昭六年曰趙簡子令諸侯大夫輸王粟宋樂大心曰我不輸粟我於王爲客（爲王賓客也）晉士伯曰自踐土以來宋何

役不會而何盟不同王室子焉避之右師不敢對受牒而退（右師樂大心也）

漢書曰路溫舒字長君鉅鹿東野人父爲里監門使溫舒牧羊取澤中蒲截爲牒編用寫書

板

釋名曰板昄昄平廣也（昄半早切）

春秋演孔圖曰孔子曰丘作春秋天授演孔圖中有大玉刻一版曰璇璣一低一昂是七期驗敗毀滅之徵也

蜀志曰譙周勸劉禪降後元熙二年夏巴郡文立從洛還過見周周語次因書板示立曰典午忽兮月酉没兮典午者謂司馬也月酉八月也至八月而司馬昭果崩

王隱晉書曰惠帝時謠曰二月盡三月初桑生裴雷柳葉舒荊筆楊板行詔書宮中大司馬作幾驢而楊駿荊王反

幽明錄曰王文度鎮廣陵忽見二騶持鵠頭板來召之王大驚問騶我作何官云尊作平北將軍徐兖二州刺史王曰吾已作此官何故復召耶鬼云此人間耳且今所作是天上官也王大懼亦尋見迎官玄衣人及鵠衣小吏甚多王尋疾薨

桂陽先賢畫讚曰胡滕部南陽從事遇大駕南巡求索猥滕表曰天子無外乘輿所幸使爲京師臣請荊州刺史比司隸臣比都官從事帝奇其才悉許大將軍西曹掾亡馬召滕因作都官鵠頭板召百官敬服

相板經曰板有芒角形勢上狹下廣右薄左厚光采流澤文色調達木理通直皆爲吉反是凶板細理輕虛其人性簡達周正其人寬博板有橫節爲病在面內喪在背外喪板有蝸穿及節對過其人凶板中字皆令筆迹調利有形

勢字欲當右行空中不用對對則多牽制又上官多憎之官字欲令故官字小新官字大有波勢墨色分明板形平通無絕傷刀迹是元吉官字無形勢點染不分明皆免官或不到官官字小它字墨散入材理中少入獄死板色欲類其姓角家板色青爲吉亦不宜子白不利官屬墨不利父母黃不利妻財九齎板來者其人姓名善爲喜祥不善則否也相板時要以手持板之若手近板後則板前低而落此則左遷板有病累皆可治政治之用庚申寅曰庚更也申伸也寅引也言更引吉祥也

刺

釋名曰書姓字於奏上曰書刺作再拜起居字皆達其體使書盡邊徐引筆書之如畫者也下官刺長書中央一行而下也又有爵里刺書其官爵及郡縣鄉里也

典略曰王符字節信安定人感激著書名曰潛夫論故渡遼將軍皇甫規去官歸安定或有人前以貨買鴈門太守者亦去官歸書刺規規卧不迎使人呼入飯坐問欬鴈美乎又以其刺刮髀有須聞王節信在外規乃驚起衣不及帶倒屣而出援其手而還與同席坐大設賓日暮別去人或歎曰何有二千石之賤不如諸生之貴乃如此耶

魏名臣奏曰黃門侍郎荀俁奏曰今吏初除有一通爵里刺條疏行狀

夏侯榮傳曰榮字幼權淵第五子幼聰明經目輒識文帝聞而請焉賓客百餘人一奏刺悉書其鄉邑姓名世所謂爵里刺示之一過而使之遍談不謬一人帝奇之

長沙耆舊傳曰夏侯叔仁氏族單微丁母憂居喪過禮同郡徐元休弱冠知名聞而弔焉旬日之中積刺盈案

吳錄曰孟宗爲豫章太守謂會掾曰君昔負太守一刺寧識之否掾曰不識宗曰吾昔家貧親老爲官債運以刺詣君感見發遣何乃以忘耶

雜事曰高彪字義方吳郡人志尚甚高遊太學博覽經史善屬文嘗詣大儒馬融融辭不見彪覆刺其書曰伏聞高問爲日久矣冀一見龍光敘腹心之願以啓其蔽不圖辭之以疾昔周公父文王兄武王九命作相以尹華夏猶握沐吐食以接白屋之士天下歸德歷載遐矣今君不能相見宜哉融省大愧遣人辭謝追請徑去不肯還

郭林宗別傳曰林宗名益顯士爭歸之載刺常盈車

祢衡別傳曰衡初遊許下乃懷一刺既到而無所之適至於刺字漫滅

幽明錄曰一士人姓王坐齋中有一人通刺詣之題刺云舒甄仲既去疑非人尋刺曰是子舍西土瓦中人令掘果於瓦器中得一銅人長尺餘

函

吳志曰張溫字惠恕使蜀謂先主曰謹奉所賫函書封

晉安帝紀曰朱齡石伐蜀太尉與齡石書署函曰至白帝乃發書曰衆悉從外水取成都臧熹於中水出廣漢使羸弱乘高艦十餘由內水向黃虎

傅子曰太祖徵劉曄授以腹心之任每有疑事輒以函令問曄乃一夜數十至

袠

說文曰袟書衣也

晉中經簿曰盛書有縑袠青縑袠布袠絹袠

後漢書曰楊春卿臨命戒子統曰吾綈袠中（說文曰綈厚繒也綈音提）有先祖所傳祕記爲漢家用尔其修之統感父遺言服闋辭家從犍爲周循學習先法又就同郡鄭伯山受河洛書及天文推步之術

益部耆舊傳曰廣漢王崇妻文拯其前妻子博學好寫書拯嘗爲手自作袠常過其意

宋謝靈運書袟銘曰懷幽卷賾戢妙抱密用舍以道舒卷不失亮唯勤翫無或暇逸

梁昭明太子詠書帙詩曰擢影兔園池抽莖淇水側幸雜緗囊用聊因班女織

槧

說文曰槧牘樸也

釋名曰槧板長三尺者也槧漸也言漸漸然長也

論衡曰斷木爲槧

楊雄荅劉歆書曰以鉛擿松槧二十七年矣

西京雜記曰楊子雲好事嘗懷鉛提槧從諸計吏訪殊方絶俗四方之語

捲

後漢杜篤書捲賦曰惟書捲之麗容象君子之淑德載方矩而履規加文藻之修飾能屈伸以和禮惟高下而消息雖轉旋而屈橈時傾邪而反側抱六藝而卷舒敷五經之典式

封泥書

春秋説曰龍圖赤玉匣封泥如黄珠

又曰黄龍五采負圖黄玉匣黄金繩縷黄芝泥

王子年拾遺曰元封元年浮折國貢蘭金之泥此金湯淵盛夏之時水常沸湧有若湯火飛鳥不能過國人行者見水邊有人治此金爲器混混若泥如紫磨之色百鍊其色變白如銀名曰銀燭嘗以此泥封諸函匣令諸宮門鬼魅不敢干當漢世上將出征多以泥爲印封衛青張騫蘇武傅介子之使皆受金泥之璽封也

續漢書曰光武封禪乃求元封封禪事奏用玉牒玉檢以水銀和金爲泥

東觀漢記曰鄧訓嘗將黎陽營兵屯狐奴後遷護烏桓校尉黎陽故吏最貧羸者舉國志訓嘗所服藥北州少乏又知訓好青泥封書從黎陽步推鹿車於洛陽市藥還過趙國易陽并載青泥一襆至上谷遺訓其得人心如是

西京雜記曰漢以武都紫泥爲璽室加綈其上

水滴器

西京雜記云晉靈公冢甚瑰壯器物皆朽不可别唯玉蟾蜍一枚大如拳腹空容五合如新玉取以成水滴硯

傅玄水龜銘曰鑄茲靈龜飾象自然含源未出有似清泉潤彼玄墨染此弱翰申情寫意經緯群言

太平御覽卷第六百六

太平御覽卷第六百七

學部一

敘學

易文言曰學以聚之問以辯之

白虎通曰學之言覺也覺悟所不知也

論語為政云子曰學而不思則罔思而不學則殆

又曰衞靈公曰君子謀道不謀食耕也餒在其中學也祿在其中

又曰生而知之者上也學而知之者次也困而學之又其次也困而不學民斯為下矣

禮記學記曰君子之於學也藏焉脩焉息焉遊焉

又曰善問者如攻堅木先其易者後其節目

又曰學不學操縵不能安弦（操縵雜弄）不學博依不能安詩（博依廣譬喻也）

又曰善學者師逸而功倍又從而庸之不善學者師勤而功半又從而怨之

又曰凡學之道嚴師為難師嚴然後道尊道尊然後民知敬學

又曰善待問者如撞鐘叩之以小者則小鳴叩之以大者則大鳴

又曰玉不琢不成器人不學不知道是故古之王者教學為先也

國語曰文公問元帥於趙衰曰郤縠可行年五十矣守學弥惇夫學先王之法義之府也

又曰范獻子聘於魯問具敖山魯人以鄉對獻子曰不為具敖乎對曰先君獻武之諱也獻子歸徧戒其所知曰人不可以不學吾適魯而名其二諱為笑焉唯不學也人之有學猶木之有枝葉猶庇廕人而況君子乎

家語曰子路見孔子孔子問曰何好曰好長劒子曰以子之能加之以學豈可及乎子路曰學豈有益哉子曰狂馬不釋策（御狂馬者不得釋箠策也）操弓不反檠（弓不反檠然後可持）木受繩則正人受諫則聖受學重問孰不順成子路曰南山有竹不揉自直斬而用之達於犀革何學之為孔子曰括而羽之鏃而礪之其入不益深乎子路拜曰敬受命

又曰孔子謂伯魚曰吾聞可以與人而不倦者其唯學焉其容體不足觀也其勇力不足憚也其先祖不足稱也其族姓不足道也然而以顯聞四方流聲後世者非學之効夫遠而有光者飾也近而愈明者學也譬之池也水潦注焉雚葦生焉雖觀之孰知其不源乎（源眾流也言益者雖從外入及其用之誰知其非從已出也）

又曰孔子兄子孔蔑者與宓子賤皆仕孔子問孔蔑曰女之仕何得何亡對曰所亡者三王事若聾（若聾宜為襲相因襲之也）學焉得習是學不得明也奉祿少饘粥不及親戚是骨肉益疏也公事多急不得弔死問疾是朋友道闕也孔子不悅往過子賤而問之對曰自來仕所得者三始誦之今得行之是學益明也奉祿被親戚是骨肉益親也雖有公事兼之以弔死問疾是朋友信篤也孔子曰君子哉若人魯無君子斯焉取斯

大戴禮曰學不可以已矣青取之於藍而青於藍冰水為之而寒於水木直中繩　其曲中規揉使之然也是故不登高山不知天之高不臨深淵不知地之厚不聞先王之道不知學問之大也孔子曰吾終日思之不如須臾

之學吾嘗跂而望矣不如外高之博見也外高而招臂非加長而見者遠順風而呼聲非加疾而聞者速蓬生麻中不扶自直積土成山風雨興焉積水成川蛟龍生焉是故不積跬步無以致千里不積小流無以成江海

莊子曰人而不學謂之視肉學而不行命之撮囊撮繫者也

又曰叔文相莒三年歸其母自績謂母曰文相莒三年有馬千駟今毋猶績文之所得事皆將弃之已毋曰吾聞君子不學詩書射御必有博塞之心小人不好田作必有竊盜之心婦人不好紡績織紝必有淫泆之行好學為福也猶飛鳥之有羽翼也

又曰魯有兀者叔山無趾踵見仲尼仲尼曰子不謹前既犯若是矣雖今來何及矣無趾曰吾唯不知務而輕用吾生是以亡足今吾來也猶有尊足者存焉吾是以務全之也無趾出孔子曰弟子勉之無趾兀者也猶務學以復補其前行之惡况全德之人乎

平六百七　三　楊五

韓子曰如脂粉則嫫毋進御家不潔則西施弃野學之爲脂粉亦厚矣又桓範世要云學者人之脂粉也

又曰夫耕之用力也勞而民爲之者可得而富之也戰之爲事也危而民爲之者可得以貴也今脩文學習談論則無耕之勞而有富之實無戰之危而有貴之尊則人孰不爲也

管子曰明主不厭人故能成其衆士不厭其學故能成其身也

曾子曰君子愛人以學及時而行難者弗避易者弗從年四十無藝則無藝矣五十不以善聞則無聞矣

墨子曰墨子謂門人曰汝何不學對曰吾族無學者墨子曰不然豈有好美者而曰吾族無此不欲耶富貴者而曰吾族無此不用也

新序曰齊王問墨子曰古之學者何如對曰古之學得一善言以附其身今之學得一善言務以説人也

尸子曰未有不因學而鑒道不假學而光身者也

又曰今人皆知砥礪其劒而弗知砥礪其身夫學身之砥礪也

又曰水積則生吞舟之魚土積則生楩柟豫樟學積亦有生焉

慎子曰孔子曰丘少而好學晚而聞道此以博矣

孫卿子曰不登高山不知天之高不聞先王之遺言不知學問之大也

又曰君子之學入乎耳著乎心布乎四支形乎動靜小人之學出乎口入乎耳口耳之間四寸耳曷足以美七尺之軀

平六百七　四　楊五

又曰不學不成堯學於君疇舜學於務成昭禹學於西王國

文子曰上學以神聽中學以心聽下學以耳聽耳聽者學在皮膚心聽者學在肌肉神聽者學在骨髓

呂氏春秋曰善學者若齊王善雞必食其跖數千而後足跖雞蹠也喻學者食多而後方足也知學不辯義如被褐而出錦衣而入被褐在外衣錦在內故不可也戎人生乎戎而戎言楚人生乎楚而楚言不知其所受也今使戎人長乎楚楚人長乎戎則楚人戎言戎人楚言也

又曰聖人生於疾學而能爲魁士名人者未之聞也

又曰善學者假人道之長以補其短故假而又假遂有天

下

蘇子曰不食八珍何以知味之奇不爲文學何以知世之資

孔叢子曰人之進退唯問其志取必以漸勤則得多山霤至軟石爲之穿蝎蟲至弱木爲之弊夫霤非石之鑿蝎非木之鑿然而能以微脆之形陷堅剛之體非積漸之致乎故學者所以飾百行也

說苑曰晉平公問師曠曰吾年七十欲學恐已暮矣對曰暮何不炳燭乎臣聞少而學者如日出之陽壯而學者如日中之光老而學者如炳燭之明炳燭之明孰與夜行公曰善哉

又曰子貢謂子石曰汝不學詩子石曰父母求吾孝兄弟求吾悌朋友求吾信吾暇乎哉子貢曰請捐吾詩以學詩

於子

又曰公明宣學於曾子三年不學書曾子曰汝居參門三年不學何也對曰安敢不學乎見夫子居家庭親在叱咤之聲未至於犬馬宣說之見夫子應賓客恭儉而不懈宣說之見夫子居朝廷嚴臨下而不毀傷宣說之此三者學之而未能安敢不學乎曾子避席謝之曰參不及宣其學也

賈誼書曰湯曰學聖王之道譬其如日靜居而獨思譬其若火夫舍聖王之道而靜居而獨思譬其去日之明於庭而就火之光於室也

淮南子曰夫明鏡之始不形也矇然未見形容也及其杚以玄錫摩以砥旃鬢眉微毛可得而察也夫學亦人之砥礪也

又曰夫心闇於道而強學不已者譬聾者之歌無以自樂

又曰人莫不知學之有益於己也然而不能者嬉戲害之也人皆多以無用害有用以弋獵博弈之日誦詩讀書則識必博矣故不學之與學猶瘖聾之比於人也

法言曰學者所以脩性也視聽言貌思性所有也學則正否則邪

又曰學者所以求爲君子也求而不得者有矣夫未有不求而得之者也

又曰大人之學爲道小人之學爲利子爲道乎爲利乎或曰耕不穫獵不饗耕獵乎耕道而得道獵德而得德是穫饗也

又曰百川學海而歸于海丘陵學山而不至于山是故惡夫畫者也

抱朴子曰人知樂理病不知學理身

又曰夫學者所以清澄性理撥揚埃穢啓導聰明飾染質素察往知來博涉勸戒仰觀俯察於是乎在雖玄色白匪染不麗雖云味甘匪和弗美故瑤華不琢則耀夜之景不發青萍不治則純鈞之勁不就故質雖在我而成之由彼登閬風捫辰極然後知井谷之閉隘披七經玩百氏然後覺面墻之至困粉黛至則西施以加麗而宿瘤以飾醜經術深則高才者洞逸而魯鈍者醒悟文梓干雲而不可名之爲臺樹者未知班輸之結構也天倫爽朗而不可謂之爲君子者未識人倫之臧否也

鹽鐵論曰內無其質而外學其文雖有賢師良友若畫脂鏤冰費日損功

論衡曰人生懷五常之性好道樂學故別於物今飽食快

飲腹爲飯坑腸爲酒囊是則物也與三百倮蟲何以異乎

又曰手無錢而之市決貨賃主必不與也夫胷中無學亦猶手中無錢

潛夫論曰天地之所貴者人也聖人之所尚者義也德義之所成者智也明智之所求者學問也雖有至聖不生而智雖有至材不生而能由待學問其智乃博其德乃碩而况於凢人乎是以人之學也猶物之有治也夫瑚簋之器朝祭之服其始也乃山野之木蠶繭之絲耳及正之以繩墨制之以機杼則皆成宗廟之器黼黻之章可著於鬼神可御於王公而君子以秉貞之質察敏之才攝之以良朋教之以明師文之以禮樂導之以詩書幽讚之以春秋其有不濟乎

又曰人之情性未能相百其明智有相萬也此非其真性之材也必有假以致之夫道之於心猶火之於人目也深室幽黑無見乃設燎盛燭則百物彰矣此則火之耀也非目之光也而目假之則爲明矣天地之道神明之爲不可見也學問聖典心思道術則皆覩矣此則非心之明而人假之則爲已知

風俗通曰武帝廣開獻書之路立五經博士開弟子員設科射策勸以官禄訖於元始百有餘年書積如丘山傳業浸衆枝葉繁滋經說百萬言蓋禄利之路然也

徐偉長中論曰學者疏神達思治情理性也初學則如夜在玄室所求不得白日照焉則群物斯辯矯首而徇飛不如脩翼之必獲孤居而願知不如務學之必達

蔣子萬機論曰諺曰學如牛毛成如麟角言其少也

譙周法訓曰爲國者不患學之寡農患治民者之不學

玄晏春秋曰十七年子長七尺四寸未通史書與從姑子梁柳等或編荆爲楯執杖爲戈分陳相刺有若習兵毋數譴予予出得瓜果歸以進毋毋投諸地曰孝經稱日用三牲之養猶爲不孝何孝者莫大於欣親今尒年近乎二十志不存教心不入道曾無怵惕小慰我心脩身篤學尒自得之於我何有因對予流涕予心少感遂伏書史

王粲荆州文學官志曰有漢荆州牧劉君稽古若時將紹厥績乃曰先王之爲世也則象天地軌儀憲極設教導化叙經志業明達雍泮作爲禮樂表陳載籍以持其德上知所以臨下下知所以事上官不失守民聽無悖然後太階平焉故曰物生而蒙事屯而養造昧利有攸適猶金之消鑪水之從器也是以聖人實之於文鑄之於學夫文學也者人倫之首大教之本也

趙子聲書詒鄭康成學曰夫學之於人猶土地之有山川也珎寶於是乎出猶樹木之有枝葉也本根於是乎庇也

夔傳厲學篇曰學之染人甚於丹青丹青吾見其久而渝也不見久而渝於學也

傅子曰人之學者猶渴而飲河海也大飲則大盈小飲則小盈

江表傳曰孫權謂吕蒙及蔣欽曰卿今並當塗掌事宜學問以自開益蒙曰軍中常苦多務權曰孤豈欲卿治經爲博士耶但令涉獵見往事耳如卿二人意性朗悟學必得之宜急讀孫子兵法六韜左傳國語及史孔子曰吾嘗終日不食終夜不寢以思無益不如學也蒙等感悟遂學所博覽儒者不勝魯肅見吕蒙謂曰今者見卿學識英博非復吴下阿蒙權常歎曰人長而進益如吕蒙蔣欽蓋不可及

世說曰褚裒字季野語孫盛曰北人學問淵揔博贍孫荅曰南人學問清通簡要支道林聞之曰余謂北人看書如顯處見月南人學聞如牖中窺日

太平御覽卷第六百七

太平御覽卷第六百八

學部二

叙經典

釋名曰經徑也常典也如徑路無所不通可常用也

白虎通曰五經何謂也易尚書詩禮樂也古者以易書詩禮樂春秋爲六經至秦焚書樂經亡今以易書詩禮春秋爲五經又禮有周禮儀禮

禮記曰三禮春秋有左氏公羊穀梁曰三傳與易書詩通數亦謂之九經

文心雕龍宗經篇曰三極彝訓其書曰經經也者恒久之至道不刋之鴻教也

禮記經解曰孔子曰入其國其教可知也其爲人也温柔敦厚詩教也疏通知遠書教也廣博易良樂教也潔靜精微易教也恭儉莊敬禮教也屬辭比事春秋教也故詩之失愚書之失誣樂之失奢易之失賊禮之失煩春秋之失亂

左傳曰韓宣子適魯見易象與魯春秋曰周禮盡在魯矣吾乃今知周公之德與周之所以王也

春秋演孔圖曰作法五經東之天地稽之圖象質於三王施之四海也

漢書曰六藝之文樂以和神詩以正言禮以明體

范曄後漢書曰馬融嘗欲訓左氏及見賈逵鄭衆注乃曰賈精而不博鄭博而不精既精既博吾何加焉

又曰桓榮受朱普學章句四十萬言榮入授顯宗減爲二十三萬言郁復删省定成十二萬言由是有桓君大小學

後漢書曰許慎字叔重性淳篤少博學馬融常推敬之時人謂之語曰五經無雙許叔重初慎以五經傳說臧否不同於是撰五經異義傳於世

晉書曰劉殷有七子五子各授一經一子授太史一子授漢書一門之内七業俱興

齊書曰臧榮緒常以宣尼庚子日生其日陳五經拜之自號被褐先生

唐書曰長慶中上謂兵部侍郎薛放曰爲學經史何先放對曰經者古先聖之至言多仲尼所發明皆天人之極致誠萬代不刋之典也史則歷紀成敗雜書善惡各録當時之事亦是鑒其興亡然得失相叅是非無所准的固不可以典籍爲比論也上曰六經所尚不一至學之士白首不能盡通如何得其要乎對曰論語者六經之精華孝經者人倫之大本窮理執要真可謂聖人至言是以漢朝論語首列學官光武令虎賁之士皆習孝經玄宗親爲孝經注解皆使當時大理海内父安人知孝節氣感和樂之所致也上曰聖人謂孝爲至德要道其信然矣

又曰玄宗時國子司業李元瓘上言三禮三傳及毛詩尚書周易等並聖賢微旨生人教業必事資經遠則斯道不墜今明經所習務在出身咸以禮記文少人皆競讀周禮經邦之軌則儀禮莊敬之楷模公羊穀梁歷代崇習今兩監及州縣以獨學無友四經殆絶既事資訓誘不可因循即望四海均習九經該備從之

又曰文宗每對宰臣未嘗不深言經學李石因奏施士丐春秋可讀上曰朕嘗覽之穿鑿之學貴爲異同耳學者如鑿井然得美水則已何必辛苦旁求然後爲得也

廣雅曰三墳分也論三才之分天地人之治其體有三也

五典鎮也制作教法所以鎮之上下其等有五八索著素王之法若孔子者聖而不王制此法者有八也九丘（九丘者丘區也）別九州土氣教化所宜施者也此皆三王以前上至羲皇時書也今皆亡唯堯典在易變易也禮體也得事體也詩志所之也數布其義謂之賦事類相比似謂之比言王政事謂之雅稱頌成功謂之頌隨作者之志而別名之也尚書上也以堯爲上始而書其時事春秋冬夏終而歲成春秋書人事卒歲而究備春秋溫涼中象政和也故舉以爲名也國語記諸國君臣相與言語謀議之得失也

莊子曰詩以導志書以導事禮以導行樂以導和易以導陰陽春秋以道名分其數散於天下而設於中國者百家之學時或稱而導之（皆導古之人陳迹耳而後不能常爾）

又曰孔子謂老聃曰丘治詩書禮樂易春秋六經以爲文

矣干七十君論先王之道明周邵之迹一無所用甚矣夫人之難說也道之難明耶

老子曰幸子之不遇治世之君也夫六經先王之陳迹也豈其道哉

又曰孔子見聃不許於是繙（繙堆聚之兒）十二經以說老聃曰顧聞其要也

孟子曰王者之迹息而詩亡詩亡然後春秋作（王者諸聖王也太平道衰王迹止息頌聲不作曰詩亡春秋撥亂作衰）晉之乘楚之檮杌魯之春秋一也

淮南子曰五行異氣而皆和六藝異科而皆道溫惠淳良者詩之風也純元敦厚者書之教也清淨條達者易之義也恭儉揖讓者禮之爲也寬和簡易者樂之化也刺譏辨議者春秋之靡也故易之失也鬼樂之失也淫詩之失也愚書之失也刻禮之失也亂此六者聖人兼用而裁制之

又曰玉石之相類者唯良工能識之書傳之微者唯聖人能論之

楊子法言曰或問周官曰立事左氏曰品藻

又曰書不經非書也

又曰虞夏之書渾渾爾（深大）商書灝灝爾（夷廣）周書噩噩爾（不阿附也）下周者其書憔悴乎（下周者秦言酷烈也）

又曰好書不能要諸仲尼書肆也（李軌注曰賣書市）

又曰說天者莫辨乎易說事者莫辨乎書說體者莫辨乎禮說志者莫辨乎詩說理者莫辨乎春秋

又曰或問聖人之經不可使易知歟曰不可天俄而可度則其覆物也淺矣地俄而可測則其載物也薄矣大哉天地之爲萬物郭五經之爲衆說郛

抱朴子曰正經爲道德之淵海子書爲增深之川流猶北辰之佐三辰林薄之裨高岳也

又曰隱士以三墳爲金玉五典爲琴箏講肆爲鍾鼓百家爲笙簧

孔融與諸卿書曰鄭康成多臆說人見其名學謂有所出也證案大較要在五經四部書如非此文近爲妄矣若子所執以爲郊天鼓必當騏驎之皮寫孝經本當曾子家策乎

顏延之庭誥曰觀書貴要觀要貴博博而知要萬流可一詠歌之書取其連類合章比物集句採風謠以達民志詩爲之祖褒貶之書取其正言晦義轉制衰王微辭豐旨貽意盛聖春秋爲上易首體備能事之淵馬陸得其象數而失其成理荀王擧其正宗而略其數象四家之見雖各有

所志撼而論之情理出於微明氣數生於形分然則荀王得之於心馬陸取之於物其蕪惡迄可知矣夫數象窮則太極著人心極則神功彰若荀王之言易可謂極人心之數者也

鄭玄六藝論曰詩者弦歌諷喻之聲也禮者序尊卑之制崇讓合敬也春秋者古史所記之制動作之事也

桓譚新論曰易一曰連山二曰歸藏三曰周易連山八萬言歸藏四千三百言古文尚書舊有四十五卷爲十八篇古袟禮記有五十六卷古論語二十一卷古孝經一卷二十章千八百七十二字今異者四百餘字蓋嘉論之林藪文義之淵海也

蔡子曰立君臣設尊卑杜將漸防未萌莫過乎禮哀王道傷時政莫過乎詩導陰陽示悔吝莫過乎易明善惡廢興

吐辭令莫過乎春秋量遠近賦九州莫過乎尚書和人情動風俗莫過乎樂治刑名審法術莫過乎商韓載百王紀治亂莫過乎史漢孟軻之徒溷淆其間世人見其才易登其意易過於是家著一書人書一法雅人君子投筆硯而高視

傅子曰詩之雅頌書之典謨文足以相副翫之若近尋之若遠浩浩焉文章之淵府也

袁准正論曰公羊高道聽塗説之書欲以鄉曲之辯論聖人之經非其任也

潜夫論曰索物於夜室者莫良於火燭索道於當世者莫良於典籍

物理論曰夫五經則海也他傳記則四瀆也諸子則涇渭也至于百川溝洫畎澮苟能通陰陽之氣達水泉之流以四海爲歸者皆益也

孫綽子曰銜轡衡軛無心於馬而所以御馬典籍禮度無心於治而所以爲治

又曰典籍文章之言也治出於天辭宣於人

杜子新語曰衆儒覩春秋之記録政之失得以立正義以爲聖人起當復作春秋也自通士若太史公亦以爲然余謂之否夫聖賢所陳皆同取道德仁義以爲奇論異文而俱善可觀猶人食皆用魚肉菜茹以爲生熟異和而復俱美也

博物志曰聖人制作曰經賢曰著述曰記曰章句曰解曰論曰讀

文心雕龍曰自夫子刪述而大寶啓耀於是易張十翼書標七觀詩列四始禮正五經春秋五例義既埏乎性情辭亦匠乎文理故能開學養政昭明有融然而道心惟微聖

謨卓絶墻宇重峻吐納者深譬萬鈞之鴻鍾無錚錚之細響矣夫易惟談天入神致用故繫稱旨遠辭文言中事隱韋編三絶固哲人之驪淵也書實紀言而詁訓茫昧通乎尓雅則文意曉然故子貢歎書昭昭若日月之明離離如星辰之行言昭灼也詩主言志詁訓周書摛風裁興藻詞譎喻温柔在誦最附哀矣禮以立體據事章條纖曲執而後顯採掇片言莫非寶也春秋辯理一字見義五石六鷁以詳備成文雉門兩觀以先後顯旨婉章志晦源已邃矣尚書則覽文如詭而尋理則暢春秋則觀辭立曉而訪義方隱此聖文殊致表裏之異體者也

太平御覽卷第六百八

太平御覽卷第六百九

學部三

易　詩　書

易

易乾鑿度曰易者易也變易也不易也管三成德爲道苞籥鄭玄注曰管猶兼也一言而兼此三事以成其德道苞籥齊魯之閒名門戶及藏器之管爲管籥

禮記經解曰絜靜精微而不賊則深於易者也

論語曰孔子曰加我數年五十以學易可以無大過矣

易曰易有太極是生兩儀兩儀生四象四象生八卦八卦定吉凶

繫辭曰易之爲書也不可遠爲道也屢遷變動不居周流六虛上下無常剛柔相易不可以爲典要

又曰易之興也其於中古乎作易者其有憂患乎是故履德之基也謙德之柄也復德之本也恒德之固也損德之脩也益德之裕也困德之辯也井德之地也巽德之制也

又曰夫易聖人所以極深而研幾也唯深也故能通天下之志唯幾也故能成天下之務

說卦曰昔者聖人之作易也將以順天地之理是以立天之道曰陰與陽立地之道曰柔與剛立人之道曰仁與義兼三才而兩之故易六畫而成卦分陰分陽迭用柔剛故易六位而成章

又曰昔者聖人之作易也幽贊於神明而生蓍參天兩地而倚數觀變於陰陽而立卦發揮於剛柔而生爻和順於道德而理於義窮理盡性以至於命昔者聖人之作易將以順性命之理也

春秋說題辭曰易者氣之節含精宣律曆上經象天下經計曆文言立符(符信)象出期節(象兩也出期節者若以至日閉關商旅不行后不省方之比也)彖言變化繫設類迹

孝經援神契曰易長於變書考命行授河宋均注曰授河者授河洛以考命行也

帝王世紀曰庖犧氏作八卦神農重之爲六十四卦黃帝堯舜引而伸之分爲二易至夏人因炎帝曰連山殷人因黃帝曰歸藏文王廣六十四卦著九六之爻謂之周易

周易正義曰伏犧重卦周公作爻辭此說與帝王世紀不同又孔氏作十篇亦曰十翼初卜商爲易傳至西漢傳之有能名家者有施讎孟喜梁丘賀京房費直高相又東漢鄭玄魏王弼並注易施孟諸家自漢及魏並得立而傳者甚衆至西晉梁施高三氏亡孟京二氏有書無師而鄭玄王

弼所傳則費氏之學

漢書藝文志曰虙犧氏仰觀象於天俯觀法於地觀鳥獸之文與地之宜近取諸身遠取諸物於是始作八卦以通神明之德以類萬物之情文王於是重易六爻作上下篇孔氏爲之彖象繫辭文言序卦之屬十篇故曰易道深矣人更三聖(韋昭曰伏犧文王孔子也)世歷三古(易繫辭曰易之興其於中古乎然則伏犧爲上古文王爲中古孔子爲下古也)及秦燔書而筮卜之事傳者不絕

漢書曰京房學易於焦延壽常曰得我道以亡身者京生也

東觀漢記曰任丹傳孟氏易作通論七卷世傳之號曰任君通論

後漢書曰孔融答虞仲翔書曰示所著易傳自商瞿以來舛錯多矣去聖弥遠衆說騁辭曩聞延陵之理樂今覩吾

君之治易知東南之美者非但會稽之竹箭焉又覩象雲物察應寒温原本禍福與神會契可謂探賾窮道者也

晉書曰王湛字處仲司徒渾之弟也初有隱德人莫能知兄弟宗族皆以為癡其父亦獨異焉兄子濟每輕之嘗詣湛見牀頭有周易問曰叔父何用此為湛曰體中不佳時復看耳濟請言之湛因剖析玄理微妙有奇趣皆濟所未聞也濟遂留連弥日累夜自視缺然乃歎曰家有名士三十年而不知濟之罪也

北齊書曰權會本貧生無僕隸初任助教之日恒乘驢上下且職事處多每須經歷及其退食非晚不歸曾夜出城東門鍾漏已盡會唯獨乘驢忽有二人牽頭一人隨後有異生人漸漸失路不由本道會心甚怯之遂誦易經上篇

一卷不盡前後二人忽然離散

齊書曰張緒長於周易言精理奥見宗一時常云何平叔所不解易中七事

梁書曰伏曼容字公儀平昌安丘人少篤學善老易倜儻好大言常曰何晏疑易中九事以吾觀之晏了不學也

唐書曰文宗時裴通自祭酒改詹事因中謝上知通有易學因訪以精義仍命進所習經本著易玄解并摠論二十卷易微冦十三卷易洗心二十卷

世說曰殷荊州仲堪曾問遠公去易以何為體荅曰易以感為體曰銅山西崩靈鍾東應便是易也

淮南子曰孔子讀易至於損益未嘗不喟然而歎曰或欲利之適足以害之或欲害之適足以利之利害禍福之門不可不察

劉向別傳曰所校讎中易傳淮南九師道訓除復重定著十二篇淮南王聘善為者九人從之採獲故中書署曰淮南九師書

王叔師正部曰易與春秋同經綜一機之織經營天道以成人事

金樓子曰按周禮筮人氏掌三易夏曰連山殷曰歸藏周曰周易解此不同按杜子春云連山伏犧也歸藏黃帝也難曰按禮記曰我欲觀殷道得坤乾焉今歸藏先以坤後乾則知是殷明矣推歸藏既在殷制連山理是夏書

詩

卜商詩序曰詩者志之所之也情動於中而形於言也

又曰在心為志發言為詩

漢書曰通其言謂之詩

左傳襄十六年曰晉侯與諸侯宴于温使諸大夫舞曰歌詩必類（歌古詩當使各從義類）齊高厚之詩不類（齊有二心故）荀偃怒且曰諸侯有異志矣使諸大夫盟高厚高厚逃歸（齊為大國高厚若此小國必當有從者）

又襄二十七年曰鄭伯享趙孟于垂隴子展伯有子西子產大叔二子石從（二子石印段公孫段）趙孟曰七子從君以寵武也請皆賦以卒君貺武亦觀七子之志子展賦草蟲（草蟲召南詩曰未見君子憂心忡忡以趙孟為君子）趙孟曰善哉民之主也抑武也不足以當之伯有賦鶉之賁賁（鄘詩曰人之無良我以為兄我以為君）趙孟曰牀第之言不踰閾況在野乎非使人之所得聞也子西賦黍苗之四章（黍苗小雅曰肅肅謝功召伯營之列征師召伯成之比趙孟於召伯）趙孟曰寡君在武何能焉子產賦隰桑（隰桑詩義取思見君子盡心以事之）趙孟曰武請受其卒章（卒章曰心乎愛矣遐不謂矣中心藏之何日忘之趙孟欲子產之見規誨）子太叔

賦野有蔓草（野有蔓草詩鄭風取其邂逅相遇適我願兮）趙孟曰吾之惠也（太叔喜於相遇故趙孟受其惠）印段賦蟋蟀（蟋蟀詩唐風曰無以太康職思其居好樂無荒良士瞿瞿言瞿瞿然顧禮儀之所）趙孟曰善哉保家之主也吾有望矣公孫段賦桑扈（桑扈詩小雅義取君子有禮文故能受天之祜）趙孟曰匪交匪敖福將焉往若保是言也欲辭福禄得乎卒享文子告叔向曰伯有將爲戮矣詩以言志志誣其上而公怨之以爲賓榮（言誣則鄭伯未有其實趙倡賦詩以自寵）其能久乎幸而後亡（言必先亡）叔向曰然已侈所謂不及五稔者夫子之謂矣

又曰楚靈王與子革語左史倚相趨過（倚相楚史名也）王曰是良史也子善視之是能讀三墳五典八索九丘（皆古書名）對曰臣嘗問焉昔穆王欲肆其心（周穆王也肆極也）周行天下將皆必有車轍馬跡焉祭公謀父作祈招之詩以止王（謀父周卿士祈父周司馬掌甲兵之職招其名也祭公方諫遊行故指司馬官而言也故詩逸）王是以獲沒於祇宮（獲沒不見害）臣問其詩而不知若問遠焉能知乎王曰子能乎對曰能其詩曰祈招之愔愔式昭德音（愔愔安和皃式用也）思我王度式如玉式如金（金玉取其堅重）形民之力而無醉飽之心（言國之用人當適其力往往如金冶之器而制形故言形民之力去其醉飽過盈之也）王揖而入饋不食寢不寐數日（深感子革之言）

論語孔子曰小子何莫學夫詩詩可以興可以觀可以羣可以怨邇之事父遠之事君多識於鳥獸草木之名

又曰孔子謂伯魚曰汝爲周南召南矣乎人而不爲周南召南其猶正墻面而立也歟

又子曰起予者商也（商子夏）始可與言詩已矣

又曰詩三百一言以蔽之曰思無邪

莊子曰詩以道志

毛詩正義曰昔孔子删古詩三千餘篇上取諸商下取諸魯皆絃歌以合韶武之音凡三百一十一篇至秦滅學亡六篇今在者有三百五篇

正義云初孔子授卜商商爲之序以授魯人曾申申授魏人李克克授魯人孟仲子仲子授振牟子振牟子授趙人荀卿荀卿授漢人魯國毛亨作詁訓傳以授於趙國毛萇時人謂亨爲大毛公萇爲小毛公以其所傳故名其詩曰毛詩

又曰東漢鄭玄取毛氏詁訓所不盡及同異者續爲之注解謂曰箋箋薦也言薦成毛意也

詩含神霧曰集微揆著上統元皇下序四始羅列五際宋均注曰集微揆著若綿綿瓜瓞人之初生揆其如是必將至著王有天下也

又曰詩者天地之心君德之祖百福之宗萬物之户也

詩推度災曰建四始五際而八節通卯酉之際爲革政午亥之際爲革命

春秋演孔圖曰詩含五際（六情）即六義也一曰風二曰賦三曰比四曰興五曰雅六曰頌

春秋説題辭曰詩者天文之精星辰之度

又曰在事爲詩未發爲謀恬澹爲心思慮爲志故詩之爲言志也

史記曰古詩三千餘篇孔子删取三百五篇皆絃歌以合昭武之音然雅音之韻四言爲主其餘非音之正也

漢書曰匡衡字稚圭好學家貧傭作以給資用尤精力絶人諸儒爲之語曰無説詩匡鼎來（應劭曰鼎方也張晏曰匡衡少時字鼎）説詩解人頤

又藝文志曰古諸侯卿大夫交隣國以微言相感當揖讓

之時必稱詩以喻其志蓋以別賢不肖而觀盛衰也

又曰哀樂之心感而歌詠之聲發誦其言謂之詩詠其聲謂之歌古有採詩之官王者所以觀風俗知得失自考正也遭秦而全者以其諷誦不獨在竹帛也

晉書曰王裒字偉元性好讀詩至於哀哀父母生我劬勞未嘗不三復流涕門人弟子受業者皆廢蓼莪之篇

又曰王凝之妻謝氏字道韞將軍弈之女也聰識有才辯叔父安嘗問毛詩何句最佳荅曰吉甫作頌穆如清風仲山甫永懷以慰其心安謂其雅人深致○顏延之庭誥曰詠歌之書取其連類合章比物集句詩爲之祖

陸德明經典釋文曰孔子最先刪詩以授於子夏子夏遂作序焉口以相傳未有章句

劉歆七略曰詩以言情情者信之符也書以決斷斷者義之證也

書

釋名曰書者言書其時事也

漢藝文志曰書以廣聽

莊子曰書以道事

顏子曰儀訓云三墳五典縶縶如列宿落落如連珠也

春秋說題辭曰尚書者二帝之迹三王之義所以推其運明命授之際書之言信而明天地之精帝王之功凡百二篇第次委曲尚者上也上帝之書也

尚書正義曰上世帝王之遺書有三墳五典訓誥誓命孔子刪而序之斷自唐虞以下訖于周凡百篇以其上古之書故曰尚書遭秦滅學並亡漢興濟南人伏勝能口誦二十九篇至漢文帝時立尚書學以勝年且九十餘老不能行迺詔太常掌故晁錯就其家傳受之其書四十一篇歐陽大小夏侯傳其學各有能名是曰今文尚書劉向五行傳蔡邕勒石經皆其本其後魯共王壞孔子故宅於壁中得古文尚書論語悉以書還孔氏武帝乃詔孔安國定其書作傳又爲五十八篇安國書成後遭漢武巫蠱事不行至魏晉之際滎陽鄭冲私於人間得而傳之猶未施行東晉汝南梅頤奏上始列於學官此則古文矣

又漢書曰孔氏有古文尚書孔安國以今文尚書字讀之

又古文尚書序曰伏生老言不可曉使其女傳言授晁錯

漢書藝文志曰易曰河出圖洛出書書之所起遠矣至孔子纂焉（音撰）上斷於堯下訖于秦凡百篇而爲之序

劉歆七畧曰尚書直言也始歐陽氏先名之大夏侯小夏侯立於學官三家之學於今傳之

陸德明經典釋文曰漢宣帝太始中河內女子得泰誓一篇獻之與伏生所誦合三十篇漢世行之

漢書曰元帝時豫章內史枚頤奏上孔傳古文尚書中亡舜典一篇乃取王肅注堯典慎徽五典下分爲舜典一篇以續之

後漢書杜林傳曰河南鄭興東海衛宏皆長於古學林嘗言林得興固諧矣使宏得林且有以益之及宏見林闇然而服濟南徐巡始師於宏後更從林學林前於西州得漆書古文尚書一卷常寶愛之雖遭艱困握持不離身嘗以示衛宏曰林流離兵亂常恐斯經將絕何意東海衛子濟南徐生復能傳之是道竟不墜於地也宏巡益重之於是古文遂行

唐書曰開元中宋璟嘗自寫尚書無逸一篇以獻玄宗置

之内殿出入觀省成誦在心每歎古人至言後代莫能及故任賢誡慾朝夕孜孜開元之末因無逸圖壞始以山水圖代之及穆宗問宰臣貞觀開元之理崔植因以是對請復以無逸爲誡帝深善其言

又曰高郢子定幼聦警絶倫年七歲時讀尚書湯誓問郢曰柰何以臣伐君郢曰應天順人不爲非道又問曰用命賞于祖不用命戮于社是順人乎父不能對鄉巴覵切

又曰文宗纂集尚書中君臣事跡命工圖寫於太液亭朝夕觀覽

太平御覽卷第六百九

太平御覽卷第六百一十

學部四

禮　春秋　孝經

禮

釋名曰禮體也言得事之體也

太公六韜曰禮者理之粉澤

莊子曰三王五帝之禮義法度其猶柤梨橘柚雖其味相反而皆可於口也

論語曰不學禮無以立

詩曰相鼠有體人而無禮人而無禮胡不遄死

禮記樂記曰簠簋俎豆制度文章禮之器也升降上下周旋裼襲禮之文也

又燕居曰禮者何也即事之治也君子有其事必有其治治國而無禮譬猶瞽之無相與倀倀乎其何之譬如終夜

有求於幽室之中非燭何見若無禮則手足無所措耳目無所加進退揖讓無所制（倀丑良切）

又曲禮曰君子恭敬撙節退讓以明禮鸚鵡能言不離飛鳥猩猩能言不離禽獸今人而無禮雖能言不亦禽獸之心乎

又禮運曰禮之於人也猶酒之有糵也君子以厚小人以薄

又樂記曰樂者非謂黃鍾大呂弦歌干揚也樂之末節也故童者舞之鋪筵席陳樽俎列豆籩以升降為禮者禮之末節也故有司掌之

又禮器曰君子之行禮也不可不慎也衆之紀也紀散而衆亂

又曰先王之立禮也有本忠信禮之本也義理禮之文也無本不立無文不行

又經解曰夫禮禁亂之所由生猶坊止水之自來也故以舊坊為無所用而去之者必有水敗以舊禮為無所用而去之者必有亂患

又禮運曰夫禮先王以承天之道以治人之情故失之者死得之者生

詩曰相鼠有體人而無禮人而無禮胡不遄死是故禮必本於天殽於地列於鬼神達於喪祭射御冠昏朝聘聖人以禮示之天下國家可得而正也

春秋說題辭曰禮者體也人情有哀樂五行有興滅故立鄉飲之禮終始之哀婚姻之宜朝聘之表尊卑有序上下有體王者行禮得天中和（斗居天中而有威儀王者法而備之是亦得天之中和也）禮得則天下咸得厥宜陰陽滋液萬物調四時和動靜常用

不可須臾惰也

三禮正義曰周禮儀禮並周公所作記所謂禮經三百威儀三千禮經則周禮也威儀則儀禮也周禮遭秦滅學藏於山巖屋壁以故不亡漢武帝時有李氏獲之以上河間獻王獨闕冬官一篇購之千金不得乃以考工記補之遂奏入於祕府時儒以為非是不得至劉歆獨識其書知周公致太平之跡始奏立學官後鄭玄為之注儀禮周衰當戰國之世其書並亡至漢高堂生所傳十七篇唯士禮存焉後世推士禮以致天子之禮而行之至馬融鄭玄王肅並為之注解

禮記正義曰禮記者本孔子門徒共撰所聞也後通儒各有損益子思伋作中庸公孫尼子作緇衣漢文時博士作

王制其餘衆篇皆如此例至漢宣帝世東海后蒼善說禮於曲臺殿撰禮一百八十篇號曰后氏曲臺記后蒼傳於梁國戴德及從子聖德乃刪后氏記爲八十五篇名大戴禮聖又刪大戴禮爲四十六篇名小戴禮其後諸儒又加月令明堂位樂記三篇凡四十九篇則今之禮記也（禮記有馬融鄭玄二家注馬注今亡唯鄭玄行於世矣）

漢書藝文志曰易曰有夫婦父子君臣上下禮義有所錯（言委曲防閑每事爲制也）而帝王質文世有損益至周曲爲之防事爲之制故曰禮經三百威儀三千及周衰諸侯將踰法度惡其害己皆滅去其籍自孔子時而不具至秦大壞漢興魯高堂生傳禮十七篇訖孝宣世后蒼最明戴德戴聖慶普皆其弟子三家立於學官禮古經者出於魯淹中（蘇林曰淹中里名也）及孔氏學七十篇文相似多三十九篇及明堂陰陽王史氏記所見多天子諸侯卿大夫之制雖不能備猶瘉倉等推士禮而致於天子之說（師古曰瘉與愈同愈勝也）

漢書曰樂以治內而爲同禮以脩外而爲異同則和親異則畏敬也

范曄後漢書曰曹褒論曰漢初朝制無文叔孫通頗採禮經參酌秦法雖適物觀時有救崩弊先王之宏典蓋多闕矣

晉書曰韋逞母宋氏家世儒學其父授以周官音義謂之曰吾家世學周官傳業相繼此周公所制經紀典誥百官品物備於此矣吾無男汝可授之勿令絕世後符堅幸太學博士盧壼奏曰廢學已久書傳零落比年撰綴唯周官禮注未有其師竊見太常韋逞母宋氏傳其父業得周官晉義今年八十視聽無闕非此母無以傳授後生於是就其家立講堂隔絳紗幔而傳受以宋氏爲文宣君賜侍婢十人周官後學傳於世時稱韋氏宋母

唐書曰開元十四年上令太子賓客元行冲撰類禮義疏將立學官疏成右相張說駮奏曰今之禮記是前漢戴德戴聖所編錄歷代傳習已向千年著爲經教不可刊削至魏孫炎始改舊本以類相比有同抄書先儒所非竟不行用貞觀中魏徵因炎所修更加整比兼爲之注先朝雖厚加賞錫其書竟亦不行今行冲等奉詔修撰勒成一家然與先儒義乖章句隔絕若欲行用竊恐未可上然其奏遂不得立學行冲恚諸儒排己退著論以自釋

春秋

杜預序云春秋者魯史記之名也楚謂之檮杌晉謂之乘而魯謂之春秋其實一也

釋名曰言春秋冬夏終以成歲舉春秋則冬夏可知也

春秋正義曰孔子授春秋於卜商卜商又授之弟子公羊高穀梁赤又各爲之傳則今公羊穀梁二傳是也左氏傳有賈逵訓服虔杜預注公羊傳有何休解詁穀梁有范甯集解

春秋握成圖曰孔子作春秋陳天人之際記異考符

春秋演孔圖曰作法五經運之天地稽之圖象質於三王施之四海

史記太史公曰先人有言自周公卒五百歲而有孔子孔子卒後至於今五百歲有能紹明世正易傳繼春秋本詩書禮樂之際意在斯乎意在斯乎小子何敢讓耶上大夫壼遂曰昔孔子何爲而作春秋哉太史公曰余聞董生曰周道衰廢孔子爲魯司寇諸侯害之大夫壅之孔子知言

之不用道之不行也是非二百四十二年之中以爲天下儀表貶天子退諸侯討大夫以達王事而已矣子曰我欲載之空言不如見之於行事之深切著明也夫春秋上明三王之道下辯人事之紀別嫌疑明是非定猶豫善善惡惡賢賢賤不肖存亡國繼絶世補敝起廢王道之大者也撥亂世反之正莫近於春秋春秋文成數萬其指數千萬物之散聚皆在春秋春秋之中弑君三十六亡國五十二諸侯奔走不得保其社稷者不可勝數察其所以皆失其本已故易曰失之毫釐差以千里故曰臣弑君子弑父非一朝一夕之故也其漸久矣故有國者不可以不知春秋前有讒而不見後有賊而不知爲人臣者不可以不知春秋守經事而不知其宜遭變事而不知其權爲人君父而不通於春秋之義者必蒙首惡之名爲人臣子而不通於春秋之義者必陷篡弑之誅死罪之名其實皆以爲善爲之不知其義被之空言而不敢亂夫不通禮義之指至於君不君臣不臣父不父子不子夫君不君則犯臣不臣則誅父不父則無道子不子則不孝此四行者天下之大過也以天下之大過予之則受而不敢辭故春秋者禮義之大宗也

漢書藝文志曰古之王者世有史官君舉必書所以愼言行昭法式也左史記言右史記事事爲春秋言爲尚書帝王靡不同之周室既微載籍殘缺仲尼思存前聖之業魯周公之國禮文備物史官有法故與左丘明觀其史記據行事仍人道因興以立功就敗以成罰假日月以定曆數籍朝聘以正禮樂有所褒諱貶損不可書見口授弟子退而異言丘明恐失其眞故論本意而作傳明夫子不以空言也

又云劉歆爲左傳學以左氏丘明好惡與聖人同親見夫子而公羊穀梁在七十子之後傳聞與親見其詳略不同歆共父向校書父爲穀梁學數以難其父向不能報也

漢書曰春秋所貶損當時有威權者是以隱其書而不宣及末世口說流行故有公穀鄒夾之傳四家之中公羊穀梁立於學官

東觀漢記曰張霸字伯饒以樊儵刪嚴氏春秋猶多繁辭乃減爲二十萬言更名張氏學

鄭玄別傳曰何休字邵公作公羊解注妙得公羊本意作公羊墨守左氏膏肓穀梁廢疾玄後乃發墨守鍼膏肓起廢疾休見而歎曰康成入吾室操吾矛以伐我乎

魏略曰魚豢嘗問魏禧左氏傳禧曰左氏相斫書耳不足精意也

又曰嚴翰字公仲善於春秋公羊時司隸鍾繇不好公羊而好左氏以左氏爲太官厨公羊爲賣餅家故嘗數與辯折長短繇機捷善持論而翰訥口時屈無以應繇曰公羊高竟爲丘明服矣翰曰直故吏爲明公服爾公羊未肯也

蜀志曰孟光字孝裕洛陽人博物識古無書不覽尤銳意三長史於漢家舊典好公羊春秋而譏訶左氏每與來敏爭此二義常譊譊讙咋讙許袁切咋音俎格切

晉書曰王濟解相馬又甚愛之而和嶠頗聚斂預嘗稱濟有馬癖嶠有錢癖武帝聞謂曰卿有何癖對曰臣有左傳癖

王隱晉書曰劉兆字延世以春秋一經三家殊途命世名儒是非之議紛然互爲讎敵乃思三家之異合而通之周禮有和怨調人之官遂作春秋調人七萬餘言

又曰：杜預大觀群典，謂公羊穀梁詭辯之言，又非先儒說左氏未究丘明意，而橫以二傳亂之，乃錯綜微言，著春秋左氏經傳集解，又參考衆家，謂之釋例，又作盟會圖、春秋長曆，備成一家之學，至老乃成。祕書監摯虞賞之曰：左丘明本爲春秋作傳，而傳遂自孤行；釋例本爲傳設，而所發明何但左傳，故亦孤行也。

三國典略曰：張矅好讀春秋，每月一遍，時人比之賈梁道。趙隱嘗謂矅曰：君研尋左氏，豈求服虔杜預之紕繆耶？矅曰：何爲其然乎？左氏之書，備叙言事，惡者可以自戒，善者可以庶幾，故厲已溫習，非欲詆訶古人之得失也。

梁書曰：崔靈恩，清河東武城人也。少篤學，徧習五經，尤精三禮傳。仕魏爲太常博士。天監十三年歸梁，累遷步兵校尉，兼國子博士。靈恩聚徒講授，聽者常數百人。性拙朴，無

風采，及解析經理，甚有精致，都下舊儒咸稱重之。助教孔僉尤好其學。靈恩先習左傳服解，不爲江東所行，乃改說杜義，每文句常申服以難杜，遂著左氏條義以明之。時助教虞僧誕又精杜學，因作申杜難服以答靈恩，世並傳之。

顏延之庭誥曰：褒貶之書，取其正言晦義，輔制衰王，春秋爲上。

三輔決録曰：賈逵建初元年受詔列春秋公羊穀梁不如左氏四十事奏之，名左氏長義。帝大善，賜布五百疋。

又魏略曰：逵好左傳，及爲牧守，常課之，月一遍。

桓譚新論曰：左氏傳世後百餘年，魯穀梁赤爲春秋，殘略多有遺失。又有齊人公羊高緣經文作傳，弥離其本事矣。左氏經之與傳，猶衣之表裏，相持而成。經而無傳，使聖人閉門思之，十年不能知也。

又曰：劉子政、子駿、伯玉三人尤珍重左氏，下至婦女，無不讀論者。

江表傳曰：關羽好左氏，略諷皆上口。

孝經

孝經序曰：吾志在春秋，行在孝經。是知孝者德之本歟。

春秋說題辭曰：孝經者，所以明君父之尊、人道之素。天地開闢皆有孝。（人非父不生，非母不長，天地開闢而生人，人承天地，是故親生膝下以養父母。）

孝經鉤命決曰：孝經者，篇題就號也。所以表指括意，序中書名，出義見道曰著。（就，成也。孝爲一篇之目，十八章也。成號序中心之事，使孝義見於外。）一字苞十八章，爲天地喉襟，道要德本，故挺以題符篇冠就。

又曰：曾子撰斯問曰：孝文乎駁不同何？（撰撰經異同也。）子曰：吾作孝經，以素王無爵祿之賞、斧鉞之誅，（故稱避席復坐吾語汝遜順以避禍災。）與先王以託權，（託先以爲己權勢力。）目至德要道以題行（題行題天子德行數辭端）

（己行所及也）首仲尼以立情性，（情性猶天地己不正爲天地子故行匹子以立之也。）言子曰以開號，（若夫子所以自開於受命也。）列曾子示撰輔，（使若得録圖之故行冠子以立之也。佐與共治天下也矣。）書詩以合謀。（二人同心，其利斷金；同心之言，其臭如蘭也。）

孝經中契曰：丘作孝經，文成道立，齋以白天，則玄雲踊北紫宮，開北門，角元星北落司命天使書題號孝經篇，去神星裹。孔丘知元令使陽衢乘紫麟下告地主要道之君。後年麟至，口吐圖文，北落郎服書魯端門，隱形不見。子夏往觀，寫得十七字，餘字滅消。文其餘飛爲赤烏，翔摩青雲。

漢書藝文志曰：孝經者，孔子爲曾子陳孝道也。夫孝，天之經，地之義，民之行也。舉大者言，故曰孝經。

後漢書曰：向栩字輔興，張角之亂，栩上便宜，頗譏刺左右，不欲國家興兵，但遣人於河上北向讀孝經，賊自當消滅。中常侍張讓奏栩不欲命將出師，疑與角同，欲爲內應，收

送黃門北寺獄殺之

謝承後漢書曰仇覽字季智一名香陳留考城人也爲縣陽遂亭長有羊元者凶惡不孝其母詣覽告之覽呼元責誚元以子道與孝經一卷使誦讀之元深改悔至母前謝罪曰元少孤爲母所諺曰孤犢觸乳驕子罵母乞今自改卒成佳士

王隱晉書曰皇甫謐督終論曰氣絕之後以蘧篨裹屍擇不毛之地葬焉皆無以自隨唯賫孝經一卷示不忘孝道也

吳均齊春秋曰沈士字雲禎臨終遺命曰棺中依皇甫謐用孝經既殯不須立靈士安亦然也

齊書曰顧懽字景怡有病邪者問懽曰家有何書荅曰唯有孝經懽曰可取仲尼居置病人枕邊恭敬之自差也病者果愈後人問其故荅曰善禳惡正勝邪此病者所以差也

蕭方等三十六國春秋曰漢大將軍東平王約漢王聰戲之曰汝誦何書味何句也約曰臣誦孝經每詠身體髮膚受之父母不敢毀傷至於在上不驕高而不危未嘗不反覆誦之聰大悅

後周書曰宇文貴字乾福少聰敏涉獵經史尤便騎射始讀孝經便謂人曰讀此一經足爲身之本

三國典略曰徐陵子份陵嘗遇疾甚篤份燒香泣涕跪誦孝經晝夜不息如此者三陵疾豁然而愈

隋書曰鄭譯性輕高祖以其定策功不忍廢而陰疏之譯乃陰呼道士章醮以祈福助其婢奏譯猒蠱左道上謂譯曰我不負公此何意也譯無以對後憲司劾以不孝由是除名下詔曰譯嘉謀良策寂尒無聞鬻獄賣官沸騰盈耳若留之於世在人爲不道之臣戮之於朝入地爲不孝子鬼有累幽顯無以置之宜賜以孝經令其熟讀後復其爵位

又曰韋師字公穎京兆杜陵人也少沉謹有志性初就學始讀孝經捨書而歎曰名教之極其在茲

又曰蘇威嘗謂煬帝曰先臣謂臣唯讀孝經一卷可以立身何用多爲帝亦然之何安曰蘇威所學非止孝經厥父若信有斯言威不從命是其不孝若無斯言而面欺陛下是其不誠不誠不孝何以事君且夫子曰不學詩無以言不學禮無以立豈容蘇綽教子獨反聖人之旨乎

唐書曰永徽中上命陳王師趙弘智於百福殿講孝經召中書門下三品及弘文館學士國子監學官並令預坐弘智演暢微言備陳五孝之義學士等難問連環弘智酬應

如響上謂弘智曰宜畧陳此經要道以輔不逮對曰昔者天子爰及諸侯卿大夫皆有諍臣願以此言奉獻上甚悅弘智及學士儒官並賚以繒帛

漢實錄曰敏使於湖南途出江陵帥高從誨爲贄是時諫曰祭酒惠及經書從誨所識不過孝經十八章尒敏曰讀書不在多至德要道十八章足矣敏記諸侯章云在上不驕高而不危制節謹度滿而不溢此一章皆經要言也時從誨兵敗於郢謂敏見諷舉觥以自罰

太平御覽卷第六百一十

太平御覽卷第六百一十一

學部五

勤學

史記曰蘇秦洛陽人與魏人張儀同師事鬼谷先生讀書至睡秦輙引錐刺股血流至踝

漢書曰董仲舒廣川人景帝時爲博士少耽學業下幃讀書弟子傳以相受莫見其面十年不窺園圃乘馬三年不知牝牡

又曰路溫舒字長君父使牧羊溫舒取澤中蒲截以爲牒編用寫書

後漢書曰桓榮字春卿沛國龍亢人也少與兄元卿俱在田捃拾而榮閑書讀之講誦不息元卿嗤榮曰但自苦氣力何時復施用乎榮笑不應日夜不倦世祖聞召拜議郎使入教授太子帝稱善曰得生幾晚後爲太子少傅帝賜其車馬衣服榮得之陳於庭謂父兄曰此吾稽古之力也元卿歎曰我本農家子豈意學之爲利乎

又曰法真隱居大澤講論術藝歷年不窺園圃

又曰何休作公羊解詁覃思不窺園者十有七年

又曰趙昱常就處士東莞綦毋公受公羊傳至歷年潛思不窺園門親踈稀見其面

又曰張霸字伯饒成都人好學七歲通春秋復欲進餘經父母曰汝小未能也霸曰我饒爲之故字伯饒四遷侍中

謝承後漢書曰戴封字平仲年十五詣太學師事東海申君申君卒送喪到東海道經其家父母以封當還豫爲娶妻封蹔過拜親不宿而去

又曰高鳳字文通南陽葉人家以農畝爲業而勤學專精

讀誦妻嘗之田曝麥於庭令鳳護之懼雞以竿授之時天暴雨而鳳持竿讀書不覺潦水大至流其麥矣

又曰袁閎傳黃巾賊起攻沒郡縣百姓驚散閎誦不移賊相約語不入其閭鄉人就閎避難皆得全免

又曰曹褒博雅疏通尤好禮事常感朝廷制度未備慕叔孫通爲漢禮儀晝夜研精沉吟專思寢則懷抱筆扎行則誦習文書當其念至忘所之適

又曰承宮少孤年八歲爲人牧豕鄉里徐子盛者以春秋經授諸生數百承宮過息廬下樂其業因就聽經遂請留門下

續漢書曰宮過徐子盛好之因弃其豬而留聽經主怪其不還求索得宮欲笞之門下生共禁止因留之爲諸生拾薪執苦數年勤學不倦

又曰崔琦字子瑋濟北相瑗之宗也引古今成敗以誡梁冀冀不能受乃作外戚箴又作白鵠賦以爲諷後除臨濟令不敢之職解印而去冀令刺客求之見琦耕於陌上懷書一卷息輒偃而詠之刺客覽之以實告琦因得脫走

又曰荀爽字慈明幼好學太尉杜喬見而稱曰可爲人師爽遂耽思經籍慶弔不行徵命不應

司馬彪續漢書曰杜喬字叔榮累祖二千石以孝稱雖二千石子常步擔求師

又曰李固少有儁才雅志好學爲三公子常躬步駈驢負書隨師

魏志曰楊俊同郡王象少孤爲人僕隸年十七見使牧羊而私讀書因獲捶楚俊美其才即贖著家中聘娶立屋然後與別居官至散騎常侍

魏略曰常林少單貧爲諸生耕帶經鋤其妻自擔餉餽之相敬如賓

又曰賈逵字梁道好春秋左傳及爲牧守常自課讀之月一遍

蜀志曰譙周字允南耽古篤學家貧未嘗營產業誦讀典籍欣然獨笑以忘寢食研精六經頗曉天文而不留意諸子文章非心所存

吳志曰呂蒙爲人方嚴寡於玩飾治軍整頓禁令必行雖在軍陣手不釋卷

又曰闞澤字德潤山陰人常爲人傭書所寫畢誦之亦遍

虞溥江表傳曰張紘事父至孝居貧躬耕稼帶經而鋤孜孜汲汲以夜繼日至于弱冠無不窮覽

晉書曰王育少孤貧爲人傭牧羊豕近學堂育常有暇拾

薪以僱書生抄書後截蒲以學書日夜不止亡失羊豕其主笞之育甚有慙色將鬻己以償於是郭子敬聞而嘉之代育還羊豕給其衣食令育與其子同學育遂博通經史仕僞漢官至太傅

又曰車胤字武子南平人勤學不倦家貧嘗不得油夏月則練囊盛數十螢火虫以照書

晉中興書曰孫盛字安國爲祕書監好學自少及長手常不釋卷既居史官乃著三國晉陽秋

又曰劉寔長不滿七尺精學不倦雖居官職至于皓首手不釋卷

崔鴻春秋前燕録曰豫州刺史張悕字文祖清河武城人也悕少孤貧隨母長於舅氏令其牧牛悕幼而好學事母以孝聞每日必於牧暇採樵二束萊二本一以供母一以僱人書晝則折木葉學書夜則誦所書者

宋書曰沈攸之字仲達晚好讀書史漢事多所諳憶常歎曰早知窮達有命恨不七年讀書

又曰鄭鮮之字道子熒陽開封人鮮之下帷讀書絕交遊之務

又曰王歆字休泰琅邪人家貧好學嘗三日絕粮執書不輟父母家人或謂之曰困窮如此何不耕農爲求活乎歆荅曰我當以典籍自耕耳武帝以其博學有文才累遷中書侍郎揚州牧

後魏甄琛曰中山人也舉秀才入都累歲常以弈碁通夜不止手下蒼頭奴常令執燭或時睡則加杖之如此非一奴不勝痛楚乃曰郎君辭父母仕官若爲讀書執燭不敢辭罪今博弈是何事也琛惕然大慙遂爲書研習經史聞

見日優仕至侍中

蕭子顯齊書曰顧歡字景怡吳郡鹽官人也年六十歲書甲子有蘭三篇歡推計遂知六甲家貧父使驅田中雀歡作黃雀賦雀食稻過半父怒欲撻之見賦乃止鄉中有學舍歡貧無以受業於舍壁後倚聽無遺忘者八歲誦孝經詩論及長篤志好學母年老躬耕誦書夜則燃糠自照

又曰隱士沈驎士火燒書數千卷驎士年過八十耳目猶聰明乃故手抄寫火下細書復成二三千卷滿數十篋

南齊春秋曰江泌字士清少貧晝日斫屧夜讀書隨月光握卷外堂

北齊書曰杜弼字輔玄高祖令弼帶州縣騎府長史弼性好名理探味玄宗自在軍旅帶經從役

又曰李鉉字寶鼎家貧苦學春夏務農秋冬入學三冬不

蓄枕每至睡時假寐而已

後魏書曰李道固頓丘衛國人高祖賜名焉家寒少孤有大志好學不倦初受業於長樂監伯陽伯陽稱美之晩與漁陽高悦北平陽尼等將隱於名山不果而罷悦兄閭博學高才家富典籍彪遂於悦家手抄口讀不暇寢食

三國典略曰齊右僕射冨平子魏收字伯起鉅鹿曲陽人幼習騎射欲以武藝自達太學博士鄭伯猷謂之曰魏郎弄戟多少收慙悟乃折節讀書坐版床積年版亦爲之鋭收甞爲庭竹賦以自發名伯猷謂之曰卿不值老夫猶當逐兎

後周書曰樊深博物性好學老而不怠朝暮還往常據鞍讀書至馬驚墜地損折支體終亦不改後除國子博士

梁史曰沈約十三而遭家難潜竄會赦乃免既而流寓孤貧篤志好學晝夜不釋卷母恐其以勞生疾常遣減油滅火而晝之所讀夜輙誦之遂博通群籍善屬文濟陽蔡興宗聞其才而善之及爲郢州引爲安西外兵參軍兼記室興宗常謂其諸子曰沈記室人倫師表宜善師之

梁書曰韋叡族弟愛字孝友沉毅有器局年十二甞游京師值天子出游南苑邑里諠譁老幼争觀愛坐讀書不釋卷宗族莫不異之

沈峻字士嵩師事宗人沈驎士嵩在門下積年晝夜自課或睡寢輙以杖自擊其爲志如此

又曰江革字休映考城人吏部郎謝朓常過革第時大寒雪革弊絮單席而耽學不倦朓乃脱其所着衣并手割半氊與革後建安王爲雍州刺史表求記室人或薦之以爲征北記室參軍與弟觀少長共居不忍離别苦求同行參

軍沈約任昉同與革書曰此雍府妙選英才文房之職揔卿昆弟可謂馭二龍於長途騁騏驥於千里

又曰劉峻字孝標平原人勤學去學五六里常行讀書不息地有坑坎每常倒蹶然後始悟

隋書曰皇甫績字功明三歲而孤爲外祖韋孝寛所鞠養甞與諸外兄博弈孝寛以其惰業篤以嚴訓愍績歎曰我無庭訓養於外氏不能克躬何以成立深自感激命在左右自杖孝寛聞而對之流涕於是學問渉經史

又曰盧思道字子行年十六遇中山劉松爲人作碑以示思道讀之多所不解於是感激閉户讀書師事河間邢子才後思道爲文以示劉松松又不能甚解思道乃喟然歎曰學之有益豈徒然哉

又曰劉炫字光伯少以聰敏見稱與信都劉焯閉户讀書十年不出

又曰王劭篤學好經史遺落世事用思既專性頗恍忽至對食閉目凝思盤中之肉輙爲僕從之所噉劭弗之覺唯責肉少數罰厨人厨人以情白依前閉目伺而獲之厨人方免笞辱其專固如此

唐書曰李磎昭宗朝爲宰相磎自在臺省聚書至多手不釋卷時人號曰李書樓所撰文章及注解書傳之闕疑近百餘卷經亂悉亡

世説曰管寧華歆甞同席讀書有乘軒冕過門者寧讀書如故歆出觀寧割席分坐曰子非吾友也

邴原别傳曰原字根矩家貧早孤隣有書舍原過其傍而泣師問曰童子何悲原曰一則顧其少孤二則羡其未學師亦哀原之言而爲之泣曰童子苟有志我從相教不之

求貴也

楚國先賢傳曰孫敬好學時欲寤寐懸頭至屋梁以自課常閉戶號爲閉戶先生

廬江七賢傳曰文黨字翁仲欲之學時與人俱入叢木謂侶人曰吾欲遠學先試投我斧高木上斧當掛乃仰投之斧果上掛因之長安受經

七賢傳曰阮籍有奇才異質或閉戶讀書連月不出或遊行丘林經日不返

益都耆舊記曰朱倉字雲卿廣漢人齎錢八百文之蜀從處士張寧受春秋采小豆十斛屑之爲粮閉戶精誦寧矜之飲得米二十石倉不受

嵇康高士傳曰逢萌王莽辟不至嘗爲杜陵門下掾終身不窺長安城但閉門讀書未嘗問政

呂氏春秋曰寗越中牟之鄙人也苦耕稼之勞謂其友曰何爲而可以逸此苦也其友曰莫如學學三十年則可以達矣寗越曰請以十五歲人將休吾不休人將卧吾不卧學十五歲而周威公師之

世要論曰有讀書倦而刺其掌

墨子曰墨子使衛載書甚多強唐子見而恠之

墨子曰昔周公旦朝讀書百篇夕見七十士相天子猶如此況無事敢廢此乎

鄒子曰朱買臣孜孜修學不知雨之流麥

漢武帝洞冥記曰董謁字仲玄出隱無常常息人家於座以筆題掌還以竹籜寫之書竟舐掌中加以少來精勤舐之累爛世謂之董仲玄掌録

西京雜記曰匡衡好學貧無燭隣家甚富穿壁引光照書

漢書曰倪寬千乘人受業孔安國貧無資傭作帶經而鉏在太學爲弟子都養

太平御覽卷第六百一十

太平御覽卷第六百一十二

學部六

博學　博物

博學

論語曰大哉孔子博學而無所成名
禮記曰君子之學也博其服也鄉
易大畜卦云君子以多識前言往行以畜其德
續漢書曰班固字孟堅九歲能屬文誦詩賦及長遂博覽
載籍九流百家之言無不窮究
東觀漢記曰楊震字伯起受歐陽尚書於桓郁明經博覽
無不窮究諸儒爲之語曰關西孔子楊伯起
謝承後漢書曰王充字伯任好學博覽常遊洛陽市閱所
賣書一見輒能誦憶遂博通衆流百家之言

又曰黄香知古今羣書無不涉獵帝以香先帝所異每有
疑帝特特訪問又詔香詣東觀讀所未嘗見書
又曰賈逵字景伯弱冠誦左氏語去問事不休賈長頭也
王隱晉書曰皇甫謐羸病手不釋卷歷觀今古無不皆綜
又曰張華博覽圖籍四海之内若指諸掌世祖問華千門
萬户盡地而成
晉書曰何劭惠帝即位初建東宮太子年幼欲令親萬機
以劭爲太子師劭博學善屬文陳説近代事若指諸掌
三國典略曰陳遺兼通直散騎常侍聘於周沛國劉
臻竊於公館訪漢書疑事十餘條並爲剖析皆有經據臻
謂所親曰名下定無虚士
齊書曰賈希鏡宋孝武時青州人發古冢銘云青州世子
東海女郎帝問學士鮑昭徐爰蘇寶生並不能悉希鏡對
曰此是司馬越女嫁苟晞兒檢訪果然由是見遇
又崔慰祖傳曰國子祭酒沈約吏部郎中謝朓嘗於吏部省
中賓友俱集各問慰祖地理中所不悉十餘事慰祖口吃
無華辭而酬據精悉一坐稱服之朓歎曰假使班馬復生
無以過此
蕭子顯齊書曰王儉自以博聞多識讀書過陸澄澄曰僕
少小來無事唯以讀書爲業其年已倍令君少便鞅掌王
務雖復一覽便諳然見卷軸未必多僕儉集學士何憲等
盛自商略澄待儉詩畢然後談所遺漏數百千條皆儉所
未覩儉乃敬服儉在尚書省出巾箱机案新服飾令學士
隸事多者與之人各得一兩物澄後來更出諸人所不知
事復各數條并奪物將去
梁書曰韋叡子稜字威直性恬素以書史爲業博物強記

當代之士咸就質疑
隋書曰王邵初在齊時祖孝徵魏收陽休之等嘗論古事
有遺忘討閲不能得因呼邵問之邵具論所出取書驗之
一無舛誤自是大爲時人所許稱其博物
唐書曰李守素尤爲譜學妙諳人物自晉宋以降四海士
流及周魏以來諸貴勲等華戎閥閲靡不詳究時號爲肉
譜嘗與虞世南等六人同直學舘其夜七夕内出珎饌有
教賦詩因共談人物初言江左　東南猶相酬對及言北臺
諸姓次第如流顯其歷葉皆有據證世南但撫掌而笑不
復能荅既而歎曰肉譜定可畏許敬宗因謂世南曰李倉
曹以善人物乃得此名雖爲美事然非雅號曰君既言成
准的宜有以改之荅曰卿言是也昔任彦昇善談經籍梁
代稱爲五經笥今目倉曹爲人物志可乎杜如晦等咸以

爲佳

又曰蔣乂幼好學德宗嘗幸凌煙閣見左壁頹剥上有殘缺文記每行可辯三五字命録之以問宰臣宰臣卒然無以對遽召乂訪之對曰此聖歷年侍臣圖贊也暗誦諷不失一字宰臣上奏德宗歎曰虞世南暗寫列女傳無以加也

國語曰晉文公使趙衰爲卿辭云欒枝貞慎先軫有謀胥臣多聞皆可以爲輔也

孟子曰人皆知糞其田而莫知糞其心何謂糞心博學多聞也

莊子曰惠施多方其書五車穪連環可解

袁子正書曰學莫大於博行莫過於約聖人者天下之至智也博學以聚之兼聽而辯之

抱朴子曰洪年十六始讀孝經論語易但貪廣覽於衆書曾披涉自正經諸史百家之言近將萬卷

又曰夫周公上聖而日讀百篇仲尼天縱而韋編三絶墨翟大賢載文盈車仲舒命世不窺園圃倪寛帶經以芸鋤路生截蒲以寫書黄霸桎梏以受業甯子夙夜以倍功故能究覽玄奥窮測微言

典論曰孔融陳琳王粲徐幹阮禹應瑒劉楨七子者於學無所遺於文無所假

文士傳曰張華窮覽古今嘗徙居有書三十乘

金樓子曰丘遲出爲永嘉郡公祖道於東都亭敬子沈隱侯俱至丘云少來搜集書史頗得諸遺書無復首尾或失名姓凡有百餘卷皆不得可知今併欲焚之二客乃謂主人云可皆取出共看之傳金紫末至二客以向諸書示之傳乃發摘剖判皆究其流出所得三分有二賓客咸所慨伏

國朝傳記曰太宗嘗出行有司請載副書以從上曰不須虞世南在此行祕書

又曰太宗稱虞監博聞德行書翰詞藻忠直一人而已兼是五善

博物

家語曰夫子曰子産於民爲惠主於學爲博物吾以兄事之也

左傳昭元年曰晉侯有疾鄭伯使公孫僑如晉聘且問疾叔向問焉曰寡君之疾病卜人曰實沈臺駘爲祟史莫之知敢問此何神也子産曰昔高辛氏有二子伯曰閼伯季曰實沈居于曠林不相能也日尋干戈以相征討后帝不臧遷閼伯于商丘主辰商人是因故辰爲商星遷實沈于

大夏主參唐人是因以服事夏商其季世曰唐叔虞當武王邑姜方震太叔夢帝謂已余命而子曰虞將與之唐屬諸參而蕃育其子孫及生有文在其手曰虞遂以命之及成王滅唐而封太叔焉故參爲晉星由是觀之則實沈參神也昔金天氏有裔子曰昧爲玄冥師生元格臺駘臺駘能業其官宣汾洮障大澤以處大原帝用嘉之封諸汾川沈姒蓐黄實守其祀（四國臺駘之後）今晉主汾而滅之矣由是觀之則臺駘汾神也抑此二者不及君身山川之神則水旱癘疫之災於是乎禜之日月星辰之神則雪霜風雨之不時於是乎禜之若君身則亦出入飲食哀樂之事也山川星辰之神又何爲焉僑聞之君子有四時朝以聽政晝以訪問夕以脩令夜以安身於是乎節宣其氣勿使有所壅閉湫底以露其體兹心不爽而昬亂百度今無乃一之（同四時也）得

生疾矣僑又聞之內官不及同姓（內官嬪御）其生不殖（殖長也）美先盡矣則相生疾（同姓之相與先美矣美極則盡盡則生疾之）君子是以惡之故志曰買妾不知其姓則卜之違此二者古之慎也（一時取四）（同姓二者古人所慎）男女辨姓禮之大司也（辨別也）今君內實有四姬焉（同姓姬四人）其無乃德是也乎若由是二者弗可為也已（為治也）四姬有省猶可無則必生疾矣（據異姓去同姓故言省）叔向曰善哉肸未之聞也晉侯聞子產之言曰博物君子也重賄之

又昭七年傳曰子產聘于晉晉侯有疾韓宣子逆客私焉（私語）曰寡君寢疾於今三月矣並走群望（晉所望祀山川皆走往祈禱）有加而無瘳今夢黃熊入於寢門其何厲鬼也對曰以君之明子為大政其何厲之有昔堯殛鯀于羽山（羽山在東海祝其縣西南）其神化為黃熊以入于羽淵實為夏郊三代祀之（鯀禹父夏家郊祭之歷殷周二代又通在群神之數并見祀）晉為盟主其或者未之祀乎（言周衰晉為盟主得佐天子祀群神）韓子祀夏郊晉侯有間（間差也）賜子產莒之二方鼎（方鼎莒所貢）

漢書曰張安世字子孺給事尚書上幸河東亡書三篋詔問莫能知唯安世識之具作其事後求得書以相校無所遺失上奇其材擢尚書令

晉書張華傳曰人有得鳥毛長三丈以示華華見慘然曰此謂海鳧毛也出則天下亂矣陸機嘗餉華鮓于時賓客滿座華發器便曰此龍肉也衆未之信華曰試以苦酒濯之必有異既而五色光起機問鮓主果云園中茅積下得一白魚質狀殊常以作鮓過美故以相獻武庫封閉甚密其中忽有雉雊華曰此必蛇化為雉開視雉側果有蛇蛻焉吳郡臨平岸崩出一石鼓槌之無聲帝以問華華曰可取蜀中桐材刻為魚形扣之則鳴矣於是如其言果聲聞數里初吳之未滅也斗牛之間常有紫氣道術者皆以吳方強盛未可圖也唯華以為不然及吳平之後紫氣愈明華聞豫章雷煥妙達象緯要之宿因登樓仰觀煥曰寶劒之氣耳在豫章豐城因以煥為豐城令使求之煥到縣掘獄屋基得雙劒其夕斗牛間氣不復見焉煥以南昌西山北巖下土以拭劒光芒艷發遣使送一劒并土與華留一自佩華以南昌土不如華陰赤土因以華陰土一斤致煥煥更以拭劒倍益精明又魏時殿前鍾忽大鳴震駭者華云此蜀山毀故鍾鳴尋蜀郡上其事也

又曰武帝常問摯虞三日曲水之義虞對曰漢章帝時平原徐肇以三月生三女至三日俱亡村人以為怪乃招携之水濱洗祓遂因水以泛觴其義起此帝曰必如所談便非好事東晳進曰虞小生不足以知臣請言之昔周公城洛邑因流水以泛酒故逸詩云羽觴隨波流又秦昭王以三日置酒河曲見金人奉水心之劒曰令君制有西夏乃霸諸侯因此立為曲水二漢相緣皆為盛集帝大悅賜晳金五十斤時有人於嵩高山得竹簡一枚上兩行科斗書傳以相示莫有知者司空張華以問晳晳曰此漢明帝顯節陵中策文也檢驗果然時人伏其博識

又曰桓溫伐蜀初諸葛亮造八陣圖於魚復下砂上壘石八行相去二丈溫見之謂此常山蛇勢也文武皆莫能識之

又曰荀勖嘗在帝坐進飯謂在坐人曰此是勞薪所炊咸未之信帝遣問膳夫乃云實用故車脚舉世伏其明識

宋書曰何承天博見古今為一時所重張永嘗開玄武湖遇古冢冢上得一銅斗有柄文帝以訪朝士承天曰此亡

新威斗王莽三公士皆賜之一在冢外一在冢内時三台江左者唯甄邯爲大司徒必邯之墓俄而又啓冢内更得一斗復有一石銘大司徒甄邯之墓

蕭子顯齊書曰東海王摛亦史學慱聞歷尚書左丞竟陵王子良校試學士唯摛問無不對永明中天忽黄色照地衆莫能解摛云是榮光世祖大悦

梁書裴子野傳曰時西北遠邊有白題及滑國遣使由岷山道入貢此二國歷代弗賔莫知所出子野曰漢潁陰侯斬胡白題將一人服虔注曰白題胡也又漢定遠侯擊虜入滑此其後乎時人服其慱識

又曰樂藹爲御史中丞時長沙宣武王將葬而車府忽於庫失油絡欲推主者藹曰昔晉武庫火張華以爲積油萬石必燃今庫若有灰非吏罪也既而檢之果有積灰時稱其

慱物弘恕

三國典略曰齊徐之才見有人以五色班蘭骨爲刀把者之才曰此人瘤也問所得處云於塚見髑髏骨長數寸試削視有文理故用之

又曰周平蜀還得樂器者皆莫之識太常少卿斛斯瀓(直陵切)見之曰此錞于也人弗之信瀓遂依于寶周禮注以芏筒捋之其聲極振衆乃歎服瀓取以合樂焉

隋書曰崔賾大業四年從駕汾陽宫次河陽鎮藍田令王曇於藍田山得一玉人長三尺四寸着大領衣冠幘奏之詔問群臣莫有識者賾荅曰謹案漢文以前未有冠幘即是文帝以來所制作也臣見魏大司農盧元明撰高山廟記云有神人以玉爲形像長數寸或出或隱出則世延長伏惟陛下應天順民定鼎嵩雒岳神自見臣敢稱慶因再拜百官畢賀天子大悦賜縑二百

國語曰海鳥爰居止於魯東門之外三日臧文仲使國人祭之(文仲不知以爲神)展禽曰越哉臧孫之爲政也(越迂也言其迂闊不知所要也)夫祀國之大節也而節政之所成也故慎制祀以爲國典今無故而加典非政之宜也夫聖王之制祀也功施於民則祀之以死勤事則祀之以勞定國則祀之能禦大災則祀之能扞大患則祀之非是族也不在祀典今海鳥至己不知而祀之以爲國典難以爲仁且智矣夫仁者講功而智者處物無功而祀之非仁也不知而不問非智也今茲海其有災乎夫廣川之鳥獸恒知而避其災也是歲也海多大風冬煖(爰居所避)文仲聞柳下季之言使書以爲三筴(筴簡書也三筴三卿一通也謂司馬司徒司空)

又曰季桓子穿井獲如土缶其中有羊焉使問之仲尼曰

吾穿井而獲狗何也(獲羊言狗者以孔子博物測也)對曰以丘之所聞羊也丘聞之木石之怪曰夔蝄蜽水之怪曰龍罔象土之怪曰羵羊

又曰吴伐越隳會稽獲骨一節專車(骨一節其長專車專擅也)吴子使來好聘問之仲尼仲尼曰丘聞之禹致群臣於會稽之山防風氏後至禹殺而戮之(防風汪芒氏君之名違命後至故禹殺之陳尸爲戮)其骨專車焉此爲大矣客曰敢問誰守爲神仲尼曰山川之靈足以紀綱天下者其守爲神(紀綱天下謂名山大川能興雲致雨以利天下)社稷之守爲公侯(封國立社稷而山川之祀者爲諸侯令守之是公侯)皆屬於王者客曰防風何守仲尼曰汪芒氏之君(汪芒長翟國名)守封嵎山者也(封封山嵎嵎山在今吴郡永安縣也)爲七姓(桼汪芒氏之姓)在虞夏商爲汪芒氏於周爲長翟(周世其國北遷爲長翟)今爲大人(今孔子時)客曰人長之極幾何仲尼曰僬僥氏長三尺短之至也(僬僥西南蠻之別也)長者不過十之數之

極也（十之三丈則防風氏）

又曰仲尼在陳有隼集于陳侯之庭而死楛矢貫之石砮其長尺有咫（隼鷙鳥也楛木名砮鏃也石爲之八寸曰咫楛矢貫之墜而死也）陳惠公使以隼如仲尼之館問之（惠公哀公之孫悼太子之子吳也）仲尼曰隼之來也遠矣此肅慎氏之矢也（肅慎北夷之國）昔武王克商通道于九夷八蠻使各以其方賄來貢使無忘職業於是肅慎氏貢楛矢石砮其長尺有咫先王欲昭其令德之致遠物也故銘其栝曰肅慎氏貢楛矢以分大姬配虞胡公而封諸侯（分予也大姬武王元安胡公舜後虞閼父之子胡滿）古者分同姓以寶玉所以展親也（虞重若夏后氏氏之姓也）異姓以遠方之職貢使無忘服也故分陳以肅慎氏之貢（陳偶姓）君若使有司求諸故府其可得也（故府舊府）使求得之金櫝如之

家語曰楚昭王渡江江中有一物大如斗員而赤直觸王舟舟人取之王大怪之徧問群臣莫能識使使聘於魯問孔子孔子曰此萍實也唯霸者爲能獲之使者返王食之大美久之使來以告魯大夫大夫因子游問曰何以知其然曰吾昔之鄭過陳之野聞童謠曰楚王渡江得萍實大如斗赤如日剖而食之甜如蜜此是武王之應也

益部耆舊傳曰蜀郡張寬漢武帝時爲侍中從祀甘泉至渭橋有女子浴於渭水乳長七尺上怪其異遣問之女曰帝後第七車知我所來時寬在第七車對曰天星主祭祀者齋戒不嚴則女人見

郭璞注山海經曰漢宣帝使人上郡發盤石石室中得一人徒裸被髮反縛械一足以問群臣莫能知劉子正對曰昔貳負之臣曰危與貳負殺窫窳帝乃梏之於疏屬之山（梏繫縛也音造）桎其右足反縛兩手繫之山上盤石之下宣帝大驚於是時人爭學山海經

國朝傳記曰潤州得玉磬十二以獻張率更叩其一曰是晉某歲所造又有人於古墓中得銅物似琵琶而身正圓元行冲云此阮咸所造（事並具樂部）

太平御覽卷第六百一十二

太平御覽卷第六百十三

學部七

教學

禮記王制曰天子命之教然後爲學小學在公宮南之左太學在郊

又學記曰古之教者家有塾黨有庠術有序國有學(術當爲遂周禮五百家爲黨万二千五百家爲遂也)一年視離經辨志三年視敬業樂群五年視博習親師七年視論學取友謂之小成九年知類通達強立而不反謂之大成

又曰學然後知不足教然後知困知不足然後能自反也知困然後能自強也

又曰君子知至學之難易而知其美惡然後能博喻能博喻然後能爲師能爲師然後能爲長能爲長然後能爲君

又曰大學之法禁於未發之謂豫當其可之謂時不陵節而施之謂孫相觀而善之謂摩此四者教之所由興也發然後禁則扞格而不勝時過然後學則勤苦而難成雜施而不孫則壞亂而不修獨學而無友則孤陋而寡聞燕朋逆其師燕譬廢其學此六者教之所由廢也

又曰學者有四失教者必知之人之學也或失則多或失則寡或失則易或失則止此四者心之莫同也知其心然後能救其失也

又曰君子之教喻也道而弗牽強而弗抑開而弗達道而弗牽則和強而弗抑則易開而弗達則思和易以思可謂善喻也

又曰教也者長善而救其失者也善歌者使人繼其聲善教者使人繼其志其言也約而達微而臧罕譬而喻可謂繼志也

又曰大學始教皮弁祭菜示敬道也宵雅肄三官其始也入學鼓篋遜其業也榎楚二物收其威也未卜禘不視學游其志也時觀而不語存其心也幼者聽而不問學不躐等也此七者教之大倫也

尚書說命下曰惟學遜志務時敏厥修乃來允懷于茲道積于厥躬惟斆學半念終始典于學厥德修罔覺

周禮師氏以三德教國子一曰至德以爲道本二曰敏德以爲行本三曰孝德以知逆惡

穀梁傳昭公曰子既生不免於水火者母之罪也羈貫成童不就師父之罪也(羈貫謂交午翦髮以爲飾成童八歲已上者也)就師學問無方心不通師之罪也

漢書曰景帝末文翁爲蜀郡守修起學官吏民大化蜀地至於京師者比齊魯焉至武帝乃令天下皆立學校自文翁爲之始

又曰疏廣字仲翁東海蘭陵人少好學明春秋居家教授學者遠至

又曰韋賢子玄成明經至丞相鄒魯諺曰遺子黃金滿籯不如一經

東觀漢記曰永平九年詔爲四姓小侯置學

又曰樊准見當世學者少懼先王道術陵遲乃上疏曰光武受命中興之初群雄擾於冀州旌旗亂於大澤然猶投戈講學息馬論道孝明皇帝尤垂意於經學即位刪定乖疑稽合圖讖封師太常桓榮爲關內侯親自制作五行章句每享射禮正坐自講諸儒並聽四方欣欣是時學者尤盛冠帶搢紳遊辟廱觀化者以億計

後漢書曰樊儵字長魚刪定公羊嚴氏春秋世號樊侯教學門徒三千餘人

又曰延篤字叔堅南陽犨人能著文章有名京師後以病免歸居家授教不倦

又曰任安字定祖學圖讖究竟其術還家教授諸生自遠而至

又曰張興字君上拜太子少傅顯宗數訪問經術聲稱著聞弟子自遠至者著録且萬人

又曰樊英字季齊善風角占筭河洛七緯推步災異隱於壺山之陽受業者四方而至

又曰鄭玄弟子河内趙商等自遠方至者數千人

又曰孫期家貧事母至孝牧豕大澤中貴之以奉供養遠方人從遊學者皆執經追於澤畔

又曰歐陽歙為司徒坐在汝南贓下獄中濟陰曹重字伯山從歙受尚書門徒三千人

又曰丁恭字子然學義精明遷少府諸生自遠方至者數千人當世稱為大儒

又曰杜撫字叔和少有高才定韓詩章句後歸鄉里教授沉静樂道弟子千餘人

又曰劉昆王莽世教授弟子恒五百餘人每春秋饗射常備列典儀以素木瓠葉之為俎豆桑弧蒿矢以射菟首

又曰馬融常在高堂施絳紗帳前授生徒列女樂弟子相次傳授鮮有入其室者

晉中興書曰范寧字武子解褐為餘杭今興學校養生徒潔已志德行之士莫不來宗自中興已來崇學敦教未有如寧者也

崔鴻十六國春秋後秦録曰涼州胡辯者河西大儒也前秦建元末東徙洛陽隋講受弟子千有餘人關中後進多赴之姚興敕關尉曰諸生諮訪道義修已厲身往來出入勿拘常限於是學者咸勸儒業盛矣

國語曰晉文公學讀書於臼季三日（臼季胥臣）曰吾不能行也咫（咫咫尺間）聞則多矣對曰然而多聞以待能者不猶愈乎（使能者行之猶愈於不學）

尚書大傳曰古之帝王者必立大學小學使公卿之太子大夫元士之適子十有三年始入小學見小節焉踐小義焉年十五入太學見大節焉踐大義焉入小學知父子之道長幼之序入太學知君臣之義上下之位

墨子曰墨子勸弟子學曰汝若學吾當仕汝弟子學朞年就墨子求仕墨子曰汝不聞魯人乎昆弟五人父死長子嗜酒不肯殯葬其四弟曰尔若送葬吾當為汝沽酒葬訖就弟求酒四弟曰子葬子父豈獨吾父乎吾恐人笑子故欺子以酒耳今子不學人自笑子故勸子也

孫卿子曰遵師之教使弟子安焉樂焉往焉游焉肅焉嚴焉嚴此六者得其學則邪僻之道塞矣

楊子曰悼學者所以求為君子也求而不得鮮矣未有不求而得之者也夫觀書者譬猶登東岳而知丘陵之崀墨也浮滄海而知江河之不廣也見日月而知衆星之蔑微也仰聖人而知衆說之少觀也

尸子曰學不倦所以治已也教不厭所以治人也夫繭舍而不治則腐蠹使上女繅之為美錦大君朝而服之身者繭也舍而不治則知行腐蠹使賢者教之以為世士則天下諸侯莫敢不敬

任子曰學所以治已教所以治人不勤學則無以爲智不勤教無以爲仁

郭林宗別傳曰泰以有道君子徵同邑宋子俊勸使往泰遂辭以疾闔門教授

鍾會母傳曰夫人明於教訓會雖童稚勤見規誨年四歲受孝經十五入太學謂會曰學猥則倦倦則意怠吾懼汝之怠故以漸訓汝今可以獨學矣

王粲儒史謂曰古者八歲入小學學六甲五方書計之事十五入大學學君臣朝廷王事之紀然則文法典藝其存於此矣

虞溥厲學曰文學諸生皆冠帶之流年盛志美如涉學庭講脩典訓此成大業立德之基也夫聖人之道淡而寡味故學者不好也及至期月所觀彌博所習彌多日聞所不聞日見所不知然後心開意朗敬業樂群忽然不覺大化之陶己至道之入神也夫學者不患才不及而患志不立也

太平御覽卷第六百一十三

太平御覽卷第六百一十四

學部八

幼學　晚學　好學　廢學

幼學

禮記學記曰幼者聽而不問學不躐等也

又曲禮曰十年曰幼學

論語爲政曰子曰吾十有五而志于學三十而立學成能有所立

漢書曰東方朔十三學書三冬文史足用十五學擊劔十六學詩書誦二十二萬言十九學孫吴兵法鉦鼓之教亦誦二十萬言時莫之比

司馬彪續漢書曰荀悦十二能讀春秋貧無書每至市間閲篇牘一見多能誦記

後漢書曰張堪早孤讓先父餘財數百萬與兄子年十六受業長安志美行厲諸儒號曰聖童

魏志曰鍾會母性矜嚴勤見規誨四歲授孝經七歲誦論語八歲誦詩十歲誦尚書十一誦易十二誦春秋左氏國語十三誦周禮十四誦成侯易記十五便入太學問四方奇文異訓謂會曰學佷則倦倦則意怠故以漸訓汝今可以獨學矣

西晉趙至字景真年十四隨人入太學觀書時嵇康於學寫石經古文與事訖去遂逐車問康異而語之爲諸生

宋書曰王儉幼篤學手不釋卷賓客或相稱美僧虔曰我不患此兒無名正恐名太盛耳乃手書崔子玉坐右銘以貽之丹陽尹袁粲聞其名及見之曰宰相之門栝柏豫章雖小已有棟梁氣矣

南史曰虞荔字山披會稽餘姚人也幼聰敏有志操年九歲隨從伯闡候太常陸倕倕問五經十事荔對無遺失倕甚異之太守衡陽王辟爲主簿荔又辭以年小不就

後魏書曰祖瑩字元珍范陽人年八歲能誦詩書十二爲中書博學　耽書以晝繼夜父母恐其成疾禁之不能止常密於灰中藏火驅逐僮僕父母寢睡後燃火讀書以衣被蔽窻户恐漏光明爲人所覺内外親戚呼爲聖小兒

又曰任城王澄子順字子和年九歲師事樂安陳豐初書王羲之小學篇數千言晝書夜誦旬有五日一皆通利豐奇之白澄曰豐十五從師迄于白首耳目所經未見此比江夏黄童不得無雙也澄笑曰藍田生玉何容不尔十六通杜氏春秋恒集門生討論同異

三國典略曰齊王紘字師羅太安狄郡人北豫州刺史基之子也年十三揚州刺史郭元貞撫其背曰汝讀何書對曰誦孝經元貞曰孝經云何曰在上不驕爲下不亂元貞曰吾作刺史豈其驕乎紘曰雖不驕君子防未萌亦願留意

梁書曰西陽王大鈞性厚重不妄戲弄年七歲武帝問讀何書對曰學詩因令諷誦即誦周南音韻清雅帝重之因賜王羲之書一卷

三國典略曰梁孝元字世誠初年五歲梁武問曰讀何書對曰能讀曲禮梁武曰汝試言之孝元即誦上篇左右莫不驚歎及長精神爽儁

殷興通語曰殷禮字往嗣幼而鄉里異之七歲就官學書在師未嘗戲弄諷誦恒不爲聲潛識而已師殺雞詣禮父顯曰賀此子能與君門行在舟車手不釋卷從曲阿往返

遂不知隄瀆廣狹及行旅喧鬧未嘗視之時人語曰奇才強記殷往嗣後與張溫使蜀至荊州虎牙遭水衆人失色往嗣見之無異諸葛亮見之歎曰東吳瓠盧中乃有此奇偉

晚學

國語曰晉文公問元帥於趙衰（元帥上卿）對曰郤縠可行年五十矣（縠晉大夫）守學弥惇夫先王之法德義之府也誌德義生民之本也能惇篤者不忘百姓也請使郤縠公從之

說苑曰晉平公問師曠曰吾年七十欲學恐晚如何對曰少年如日出之光二十而學如日中之光老學如炳燭之明孰與夜行乎公曰善哉

後漢書曰獻帝詔曰孔子歎學之不講（不講者講習也）不講則所識日忘今耆儒年踰六十去離本土營求糧資不得專業結童入學白首空歸長委農野永絕榮望朕甚愍焉其依科罷者聽為太子舍人（劉艾獻帝紀曰時長安中謠曰頭白皓然食不充糧褰衣蹇裳當還故鄉聖主愍念悉用補郎舍是布衣被服玄黃）

齊書曰張充字延符少好逸遊父緒嘗告歸至吳始入西郭逢充獵右臂鷹左牽狗遇緒船至便放紲脫韝拜於水次父緒曰一身兩役無乃勞乎充曰充聞三十而立今充二十九矣請至來年緒曰過而能改顏氏子焉延明年便改多所該通

唐書曰姚元崇玄宗獵于渭濱上曰卿頗知獵乎元崇曰臣少居廣城藪澤不知書唯以射獵為事年四十方遇張憬藏謂臣當以文學備位將相無為自弃尔來折節讀書今雖官位過忝至於馳射老而猶能叅承驅鷹放犬遲速稱旨上大悅曰久不見卿思有顧問卿可於宰相行中行常後上縱轡久顧之曰卿行何後公曰臣官踈賤不合參宰相行上曰可兵部尚書平章事

桓子新論曰高君孟頗知律令常自伏寫書署郎哀其老欲代之不肯去我躬自寫乃當十遍讀

魏應璩荅韓文憲書曰昔公孫弘皓首入學顏涿聚五十始涉師門朝聞道夕殞聖人所貴足下之年甫在不惑如以學藝何晚之有若能上追南榮志食之樂下踵甯子累夜之勤窮文盡義無微不綜規富貴之榮取金紫之爵是夏侯勝拾芥之謂也

好學

論語曰子曰十室之邑必有忠信如丘者焉不如丘之好學也已矣

又曰有顏淵者好學不遷怒不貳過不幸短命死矣今也則亡未聞好學者也

又曰孔文子何以謂之文也子曰敏而好學不恥下問是以謂之文

又曰我非生而知之者好古敏以求之也

又曰子夏曰日知其所亡月無亡其所能可謂好學也已

禮記檀弓上曰孔子與門人立拱而尚右二三子亦皆尚右孔子曰二三子之嗜學我則有姊之喪故也二三子皆尚左

新序曰葉公諸梁問樂王鮒曰晉大夫趙文子為人何若對曰好學而受規諫仁也江出岷山其源若甕口至楚國其廣十里無它故其下流多也好學受規諫宜乎立哉

漢書曰陳平少時家貧好讀書治黃帝老子之術兄伯常耕田縱平遊學

東觀漢記曰馮豹字仲文好儒學以詩傳教授鄉里爲之語曰道德斌斌馮仲文

又曰和熹鄧后七歲讀論語志在書傳毋常非之曰當習女工今不是務寧當學博士耶右重違毋意晝則縫紉夜私買脂燭讀經傳宗族外内皆號曰諸生

范曄後漢書曰荀爽幼好學太尉杜喬見而稱之曰可爲人師爽遂躭思經書慶弔不行徵命不應

張璠漢記曰朱穆字公叔好學專精每一思至中食失飡行墜坑坎亡失冠履其父常言穆太專幾不知馬之幾足

後漢書曰張霸就樊儵受嚴氏公羊春秋遂博覽五經諸生孫林劉固等慕之各市宅其傍以就學耶

魏書曰吉茂字叔暢好書不耻惡衣惡食而耻一物之不知建安初與扶風蘇則共入武功南山精思數歲

北齊書曰劉逖字子長少而聰敏在遊宴之中卷不離手值有文籍所未見者則終日諷誦或通夜不歸其好學如此也

文士傳曰李膺字蕭遠篤志好學善屬文詞藻清美常燃柴草火以讀之

南史曰梁劉峻字孝標平原人也永明中從桑乾還自謂所見不博更求異書聞京師有者必往祈借清河崔尉祖謂之書淫

北史曰隨劉臻爲儀同性恍忽躭經史經日覃思至於世事多所遺忘有劉訥者亦任儀同俱爲太子學士情好甚密臻住南訥住東臻嘗欲尋訥謂從者曰汝知劉儀同家乎從者不知尋訥謂還家因荅曰知於是引之而去既扣門臻尚未悟謂至訥家乃據鞍大呼曰劉儀同可出矣其子迎門臻驚曰汝亦來耶其子荅曰是大人家於是顧盼乆之乃悟叱從者汝大無意吾欲造劉訥耳

杜預自叙曰少而好學在官則勤於吏治在家則滋味典籍

玄晏春秋曰余家素貧窘晝則務作於勞夜則甘疲寐及二時之務書卷生塵篋不解緘唯季冬裁得一旬學或兼夜寐或戲獨否或對食忘飡或不覺日夕是以遊出之事吉凶略絶富陽男數以全生之道誨子方之好色號予爲書帙

廢學

毛詩緇衣曰子衿刺學校廢也世亂則學校不脩焉青青子衿悠悠我心縱我不往子寧不嗣音

尚書曰不學牆面涖事惟煩

論語曰德之不修學之不講是吾憂也

左傳曰學者植也不學將落也

史記曰周道既廢焚燒詩書故明堂石室金匱玉板圖籍散亂也

又曰始皇諸生到者拜爲郎七百人密種瓜於驪山山温成實令諸生就視説之人人不同乃爲伏機方難未定機發從上土填之其坑在陽西南三塋里今爲閔儒鄉也

又曰秦始皇令天下有藏詩書百家語者悉詣守尉燒之敢偶詩書者棄市以古非今者族之

漢書曰夫子没而微言絶七十子終而大義乖

前漢書曰絳侯不好文學每召諸生東向坐而責之不以賓主之禮相接

東觀漢記曰班超字仲外家貧爲官傭寫書輟書歎曰丈

夫當効傳介子張騫立功異域以取封侯安能久事筆硯乎

三國典略曰齊許惇無學術與邢劭魏收等同列諸人談說經史惇隱几而睡深爲勝流所輕

梁書曰柳津字元舉性強直乏風華或勸之聚書津曰吾肯令道士上章驅鬼安用此鬼名耶

隋書曰宇文慶沉深有器局少以聰敏見知周初受業東觀頗涉經史既而謂人曰書足記姓名而已安能久事筆硯爲腐儒之業乎時文州民夷相聚爲亂慶應募從征賊保據巖谷徑路懸絶慶東馬而進襲破之以功授都督

唐書曰馬燧少嘗與諸兄讀書乃輟卷歎曰天下將有事矣丈夫當立功征伐以濟四海安能矻矻爲一儒也

西京雜記曰傅介子年十四好學書常弃觚而歎曰大丈夫當立功絶域何能坐爲散儒卒斬匈奴使者還報拜中郎將後復斬樓蘭王首封義陽侯

金樓子曰曹子文少善射御力格猛獸不避險阻數從征伐志意慷慨魏武常抑之曰汝不念讀書而好乘馬擊劒此一夫之用何足貴也

太平御覽卷第六百一十四

太平御覽卷第六百一十五

學部九

講說

廣雅曰：講，讀也。

說文曰：講，和解也。

易曰：麗澤兌，君子以朋友講習。

論語曰：德之不脩，學之不講，聞義不能徙，不善不能改，是吾憂也。

漢書曰：夏侯勝每講，常謂諸生曰：士病不能明經，經術苟明，其取青紫如俯拾地芥耳。學經不明，不如歸耕。

又曰：孔光居公輔位，前後十七年，時會門下大生講問疑難，舉大義，其弟子多成就爲博士。

又曰：董仲舒治春秋，孝景時爲博士，下帷講誦，弟子以次授業，或莫見其面。

又曰：班伯爲中常侍，成帝方嚮學，鄭寬中與張禹朝夕入說尚書、論語於金華殿中，詔伯授焉。

又曰：元帝時，少府五鹿充宗貴幸，爲梁丘易，充宗乘貴辯口，諸儒莫能與抗，皆稱疾不敢會。有薦朱雲者，召入，攝齋外堂，抗首而說，音動左右。既論難，連柱五鹿君，文穎曰：柱，聞也。諸儒爲之語曰：五鹿岳岳，朱雲折其角。由是爲博士，遷杜陵令。

又西京雜記曰：長安有儒生惠莊，聞朱雲折五鹿充宗之角，乃歎息曰：觀栗犢反能尓耶，吾終恥溺死溝中。遂裹糧從雲，雲與言，莊不能對，逡巡而去，拊心語人曰：吾不能劇談，此中多有人。

東觀漢記曰：朱祐字仲先，初光武學長安時，過朱祐，祐嘗留上，須講竟乃談語。及車駕幸祐家，問主人得無去我講乎。

又曰：建初四年，詔諸儒會白虎觀，講五經同異。

又曰：桓榮爲博士，顯宗即位，乘輿幸太常府，令榮坐東面，設几杖，會百官數百人，天子親自執業。

又曰：桓榮拜議郎，入侍太子，每朝會，輒令榮於公卿前敷奏經書，帝稱善。

又曰：顯宗親於辟雍自講所制五行章句，已，復令桓郁說一篇。上謂郁曰：我爲孔子，卿爲子夏，起我者商也。又問郁曰：子幾能傳學？郁曰：臣子皆未能傳，覺孤兄子一人學方起。上曰：努力教之，有起者即白之。

又曰：楊政字子行，治梁丘易，與京兆祁聖元同好，俱名善說，京師號曰：說經鏗鏗楊子行，論難僠僠祁聖元。又周舉字宣光，姿皃短陋，而博學洽聞，爲儒者所宗，京師語曰：五經縱橫周宣光也。

又曰：井丹字大春，通五經，時人謂之語曰：五經紛綸井之大春。

又陳寔字君期，明韓詩，時語曰：關東說詩陳君期。

又曰：魯平字叔陵，兼通五經，關東號曰：五經復興魯叔陵也。

又曰：賈逵字景伯，能講左氏及五經本文，以大小夏侯尚書教授，諸儒爲之語曰：問事不休賈長頭。

後漢書曰：鄭玄西入關，因涿郡盧植事扶風馬融。融門徒四百餘人，升堂者五十餘生。融素驕貴，玄在門下三年不得見，乃使高業弟子傳授於玄。玄日夜尋誦，未嘗怠倦。會融集諸生考論圖緯，聞玄善筭，乃召見於樓上，玄因質諸疑義，問畢辭歸。融喟然謂門人曰：鄭生今去，吾道東矣。又

盧植於馬融受學融列女樂在於前植侍講積年未曾轉
眄馬融是以敬之
又曰大將軍袁紹總兵冀州造使要鄭玄大會賓客玄最
後至乃延外上座玄身八尺飲酒一斛秀眉明目容儀溫
偉紹客多豪俊見玄儒者未以通人許之競設異端百家
互起玄依方辯對咸出問表皆得所未聞莫不嗟服
謝承後漢書曰董春字紀陽少好學究極聖旨後還歸立
精舍遠方門徒學者常數百人諸生每升講堂鳴鼓三通
橫經捧手請問者百人追隨上堂難問者百餘人
又曰戴憑字次仲徵拜郎中公卿大會群臣就席憑獨立
世祖問之對曰博士說經皆不如臣坐居臣上是以不得
就席正旦朝賀帝令群臣說經義有不通輒奪其席以益
通者憑重五十席京師諺曰解經不窮戴侍中

後漢書曰丁鴻字孝公少好尚書十六能論難永平中引
見說文侯一篇賜衣被章帝會諸儒白虎觀上善鴻難說
號之曰殿中無雙丁孝公
魏書曰文帝初在東宮氛癘大起時人凋傷帝深感歎與
素所敬者大理王朗書云人生有七尺之形死為一棺之
土唯立德揚名可以不朽其次莫如著篇籍疫癘數起士
人凋落余獨何人能全其壽故論撰所著典論詩賦蓋百
餘篇集諸儒於肅成門內講論大義侃侃無倦
晉書曰鄭玄為散騎常侍光祿勳嘉平三年拜司空及高
貴鄉公講尚書沖執經親授
沈約宋書曰魏齊王每講肆經通輒使太常釋奠先聖先
師於辟雍
又曰元嘉十五年徵雷次宗至京師開館聚徒教授使丹
陽尹何尚之立玄學太子率更令何承天立史學司徒參
軍謝元立文學九四學並建之
梁書曰中宗於敬賢殿講老子僕射王褒執經百僚皆預
講席中宗談折揵辯問以嘲諸在座者相顧解頤
又曰沈峻字士高武康人也博通五經尤長周禮時吏部郎中
陸倕與僕射徐勉書薦峻曰九聖可講之書必以周官立
義則周官一書實為群經源本此學不傳多歷年所唯
助教沈峻特精此書比日開講群儒劉嵒沈熊之徒皆執
經下座北面受業莫不歎服人無間言也
又伏曼傳曰宋明帝好周易嘗集朝臣於清暑殿講詔曼
容執經曼容素美風采明帝恒以方嵇叔夜使吳人陸探
微畫叔夜像以賜之為尚書外兵郎嘗與袁粲罷朝會言
玄理時論以為一臺絕

又曰盧黃范陽涿人少明經有儒術天監中歸梁位步兵
校尉兼國子博士遍講五經時北來人儒學者有崔靈恩
孫詳蔣顯並聚徒講說而音辭鄙拙唯廣言論清雅不類
北人僕射徐勉兼通經術深相賞好後為尋陽太守武陵
王長史卒官
又曰賀瑒字國寶幼孤伯父瑒授其經業一聞便通義理
瑒異之常曰此兒當以明經致貴瑒卒後瑒家貧常往還
諸暨敢栗以養母雖自執舟楫閑則習業尤精三禮年二
十餘瑒之門徒稍從問道初瑒於鄉里聚徒教授四方受
業者三千餘人瑒天監中亡至是復集瑒矣瑒乃築室郊
郭之際茅茨數間年將三十便事講授既世習禮學究其
微精占術先儒吐言辯潔坐之聽受終日不疲
後周書梁晉興郡王蕭大圜當元帝時以世多忌恐讒愬

生焉乃屏絕人事門客左右不過三兩人不妄遊狎恒以講詩書易爲事梁元帝嘗自問五經要事數十條大圜辭約指明應荅無滯梁元帝甚歎美之因曰昔河閒好學尓旣有之臨淄好文尓亦兼之然東平爲善弥高前載吾重之愛之尓當效焉

北史曰後魏元善遷國子祭酒上嘗親臨釋奠令善講孝經於是敷陳義理兼之以諫上大悅曰聞江陽之說更起朕心賚絹一百疋衣一襲

又曰盧景裕博通經典齊文襄入相於第開講招延時儁令景裕解所注易景裕理義精微吐發閑雅時有問難或相詆訶大聲厲色言至不遜而景裕神彩儼然風調如一從容往復無際可尋由是士君子嗟美之

後周書曰呂思禮東平壽張人也性溫潤不雜交遊年十

四受學於徐遵明長於論難諸生爲之語曰講書論易鋒難敵

隋書曰後齊將講於天子先定經於孔父廟置執經一人侍講二人執讀一人摘句二人録義六人奉經二人講之旦皇帝服通天冠玄紗袍乘象輅至學坐廟堂上講訖還便殿改服絳紗袍乘象輅還宮講畢以一太牢釋奠孔父配以顏回列軒懸樂六佾舞行三獻禮畢皇帝服通天冠絳紗袍外作即座宴畢還宮皇太子每通一經亦釋奠

又曰馬光爲太子博士嘗因釋奠高祖親幸國子學王公已下畢集光外座講禮啓發章句已而諸儒生以次論難者十餘人皆當時碩學光剖析疑滯雖辭非俊辯而理義弘贍論者莫測其淺深咸共推服上嘉而勞焉

又曰元善通博在何妥之下然以風流醞藉俯仰可觀音韻清明聽者忘倦由是爲後進所歸妥每懷不平心欲屈善因善講春秋初發題諸儒畢集善私謂妥曰名望已定幸無相苦妥然之及就講肆妥遂引古今滯義以難善多不能對善深銜之二人由是有隙

唐書曰太宗幸國子學視釋奠祭酒孔穎達講孝經右庶子趙弘智問之曰夫子門人曾閔俱稱大孝而今獨爲曾說不爲閔說何耶荅曰曾孝特優門人不能逮也制旨駮之曰朕聞家語云昔曾晳使曾參鋤瓜而誤斷其本晳怒援大杖以擊其背參手仆地絕而後蘇孔子聞之告門人曰參來勿內旣而曾子請焉孔子曰舜之事父也使之常在側欲殺乃不可得小箠則受大杖則走今參誤於父委身以待暴怒陷父於不義不孝莫大焉由斯而言孰愈於閔子騫也穎達不能對太宗又謂侍臣曰諸儒各生異意

皆非聖人論孝之本旨也夫孝者善事父母自家刑國忠於其君戰陣勇朋友信揚名顯親此之謂孝具在經典而論者多離其文迥出事外以此爲教勞而非法何謂孝之道耶

語林曰劉真長與桓公宣武共聽講禮記桓公云時有入心處便覺咫尺玄門

殷氏世傳曰殷亮建武中徵拜博士諸儒講論勝者賜席亮重至八九

三國典略曰東魏崔暹子達拏年十三暹令儒者教其說周易兩字乃集朝貴名流達拏外高坐開講趙郡睦仲讓陽屈服之暹大悅擢仲讓爲司徒中郎鄴下爲之語曰解義兩行得中郎

太平御覽卷第六百一十五

太平御覽卷第六百一十六

學部十

讀誦

禮記曲禮下曰居喪未葬讀喪禮既葬讀祭禮喪復常讀樂章

論語曰南容三復白珪孔子以其兄之子妻之

周禮春官下曰太史掌建邦之六典大祭祀與執事卜日（執事大卜之屬）及宿之日與群執事讀禮書而協事（協合也合禮謂習録所當共之事也）

又曰小史掌邦國之志大祭祀讀禮法史以書叙昭穆之俎簋（讀禮法者大史與群執事史此小史也）

史記曰太史公曰予讀孟子書至梁惠王問何以利吾國未嘗不廢書而歎息也曰嗟乎利誠亂之始也夫子罕言利者

又曰孔子晚善易韋編三絶鐵擿三折漆書三滅也

又曰董仲舒下帷讀書三年不窺園圃

漢書曰劉向專精經術晝誦書傳夜觀星宿

又曰楊雄自有大度非聖哲之書不好也非其意雖富貴不事也

東觀漢記曰章帝詔黄香令詣東觀讀所未嘗見書諸生曰此日下無雙江夏黄童也

又曰高鳳誦經晝夜不絶聟妻之田曝麥以竿授鳳令護雞鳳受竿誦經如故天暴雨流麥意在經不視麥漂

謝承後漢書曰王充字仲任家貧無書至京師市讀書一見輒能誦憶

又曰應奉字世叔讀書五行俱下

又曰侯瑾字子瑜傭作爲資暮還輒爇火以讀書

後漢書曰和熹鄧后六歲能史書（史書周宣王太史史籀所作大篆十五篇）十二通詩論語諸兄每讀經傳輒下意難問志在典籍不問居家之事母常非之曰汝不習女工乃更務學欲舉博士耶后重違母言晝脩婦業暮誦經典家人號曰諸生后

又詔中官近臣於東觀受讀經傳以教授宫人左右習誦朝夕濟濟

范曄後漢書曰周盤字伯堅居貧養母儉薄不充常誦詩至汝墳之卒章慨然而歎乃解韋帶就孝廉之舉也

又曰裴駿字仲駒駿從弟安祖少而聦慧年七八歲就師講詩至鹿鳴篇語兄云禽獸得食相呼而况人也自此之後未嘗獨食

又曰尚長字子平河内朝歌人也隱居不仕讀易至損益卦喟然而歎曰吾以知富不如貧貴不如賤但未知死何如生

魏武本紀曰吾讀介之推之避晉封申包胥之逃楚賞未嘗不廢書而歎

魏略曰侍中董遇好學避難採樵負販常挾經書投閑習誦人從學者遇不肯教云當先讀百遍而義自見

吴志曰闞澤字德潤好學居貧常爲人傭書所寫既畢誦亦遍

魏志曰賈逵最好春秋課日讀一遍

吴志曰劉贇字正明性果烈好讀兵書及史傳每覽古良將攻伐之勢輒對書獨歎

晉書曰陶潛字元亮好讀書不求甚解每有會意欣然忘食

又曰殷仲堪能清言善屬文每云三日不讀道德論便覺舌本間強其談理與韓康伯齊名士咸愛慕之

又曰王恭抗直深存節義讀左傳至奉王命討不庭每輟卷而歎

又曰劉敏元字道光北海人也厲己修學不以險難改心好星曆陰陽術數潛心易太玄不好讀史常謂同志曰誦書當味義根何爲費功於浮辭之文易者義之源太玄理之門能明此者即吾師也

王隱晉書處士傳曰王裒字偉元北海人也讀書至哀哀父母生我劬勞未嘗不反覆流涕霑胷也

沈約齊紀曰顧歡字玄平少喪父事母謹孝母喪於墓側數年好事者或從受書每至哀哀父母生我劬勞悲動不能禁自是學徒廢蓼莪之篇不復講授也

崔鴻十六國春秋前燕錄曰韓景山安平雀津人也年十歲能屬文博覽經籍無所不通

宋書曰沈演之家世爲將至演之折節好學讀老子百遍以達義理上知名

北齊書曰趙郡王琛字子獻初讀孝經至資於事父輒流涕歔欷

又曰楊愔幼而喪母曾詣舅子叅叅與之飲問汝讀何書荅曰詩叅曰至渭陽未耶愔便號泣感咽子叅亦對之歔欷於是遂爲罷酒

北史曰後魏元暉業領中書監錄尚書事齊文襄嘗問之曰比何所披覽對曰數尋伊霍之傳不讀曹馬之書暉業以時運漸謝不復圖全唯事飲啗一日三羊三日一犢又嘗賦詩云昔居王道泰濟濟富群英今逢世路阻狐兎鬱縱橫

梁書曰武帝每讀孝子傳未曾終軸輙輟書悲慟由是家門愛重探賾索隱窮理盡性究覽墳籍神悟知機讀書不待溫故一閱皆能誦憶

又曰范雲傳初竟陵王子良爲會稽太子雲爲府主簿王未之知後尅日登秦望山乃命雲雲以山上有秦始皇刻石此文三句一韻人多作兩句讀之並不得韻又皆大篆人多不識乃夜取史記讀之令上知明日登山子良命賓僚讀之皆茫然不識末問雲雲曰下官嘗讀史記見此刻石文進乃讀之如流水子良大悅因以爲上賓

又曰昭明太子統字德施美姿貌善舉止讀書數行並下過目皆憶

陳書曰始興王叔陵脩飾虛名每入朝常於車中馬上執卷讀書高聲長誦陽陽自若朝坐齋中或自執斧斤爲沐猴百戲

隋書曰崔儦字岐叔以讀書爲務頗自負而忽人嘗大署其門曰不讀五千卷書無得入我室

又曰來護兒字崇幼而慕詭好立奇節初讀詩至擊鼓其鏜踊躍用兵羔裘豹飾孔武有力捨書而歎曰大丈夫其世當如是爲國滅賊以取功名安能區區久事隴畝群輩嘉其言而壯其志

又曰韋師字公穎少沉謹有慧性初就學始讀孝經捨書而歎曰名教之極其在茲乎

唐書曰韋懷太子賢　上深所嗟賞之謂司空李勣曰此兒已讀得尚書禮記曾遣讀論語至賢賢易色再三復誦之乃云性愛此言固知夙成聰敏出自天性也

又曰蕭德言晚年尤篤志於學自晝達夜略無厭倦每欲開五經必盥濯束帶危坐對之妻子候間請曰終日如是無乃勞乎德言曰敬先聖之言豈憚如此

又曰郭山惲蒲州河東人少通三禮景龍中累遷國子司業時中宗數引近臣及修文學士與之宴集嘗令各效伎藝以為笑樂工部尚書張錫為談容娘舞將作大匠宗晉卿舞渾脫左衛將張洽舞黃麞左金吾衛將軍杜元琰誦婆羅門呪給事中李行言唱駕車西河中書舍人盧藏用效道士上章山惲獨奏曰臣無所解請誦古詩兩篇帝從之於是誦鹿鳴蟋蟀之詩奏未畢中書令李嶠以其詞有好樂無荒之語頗涉規諷恐為忤旨遽止之帝嘉山惲之意

墨子曰周公朝讀書百篇夕見七十五士

莊子曰孔子遊于緇帷之林休于杏壇之上弟子讀書孔子絃歌鼓琴有漁父聽曲為法

又曰臧與穀相與牧羊而俱亡其羊問臧奚事挾策讀書問穀奚事博塞以遊

又曰桓公讀書於堂上輪扁斲輪於堂下釋椎鑿而問曰敢問公所讀之書何言也公曰聖人之言曰聖人在乎公曰巳死矣曰然則公所讀者古人之糟粕也公曰寡人讀書輪人安得議乎有說則可無說則死扁曰以臣之事觀之斲輪徐則甘而不固疾則苦而不入不徐不疾得於手而應於心口不能言也有數存焉於其間臣不能以喻臣之子臣之子亦不能受之於臣是以行年七十而老斲輪古人物各有信教學之無益也古人與其不可傳者死矣然則君之所讀者古人之糟粕而巳

尚書大傳曰子夏讀書畢見夫子夫子問子何為於書子夏曰書之論事昭昭如日月之代明離離如參辰之錯行商所受於夫子者志之於心弗敢忘也

尸子曰孔子曰誦詩讀書與古人居

說苑曰孔子讀易至於損益則喟然而歎子夏避席而問曰夫子何為歎孔子曰夫自損者益自益者缺吾是以歎也子夏曰然則學者不可以益乎孔子曰否天之道成而必變未嘗得久也夫學者以虛受之昔堯履天子之位允恭以持之虛靜以待下故百載而逾盛迄今而益章昆吾自臧而滿意窮高而不衰故當時虧敗迄今而逾惡是非益損之徵歟曰中則昃月盈則食天地盈虛與時消息是以聖人不敢當盛外輿而遇三人則下二人則軾調其盈虛故能長久也子夏曰善請終身誦之

神仙傳曰孔子讀書老子見而問曰是何書也曰禮也聖

人亦讀之老子云聖人可也汝曷為讀之

洞冥記曰李充者馮翊人也自言三百歲從秦始皇登會稽山以望江漢之流也少而好學為秦博士門徒萬人伏生時十歲乃就充石壁山中受尚書乃以口傳受伏子四代之事略無遺脫伏子因而誦之常以細繩十餘尋以縛腰誦一遍則結繩一結十尋之繩皆成結矣計誦尚書可數萬遍但食穀損人精意有遺失伏子今所傳百卷得其一二耳故堯舜二典闕漏尤多

家語曰孔子讀史至於楚復陳陳夏徵舒弑其君楚莊王討之因取陳而有之申叔時諫莊王從之乃復陳國也喟然歎曰賢哉楚莊王也輕千乘之國而重一言之信非申叔之忠弗能進其義非莊王之賢弗能受其訓

春秋後語曰蘇周歸周雖多畜亦何以為於是夜發書陳篋

數十得周書陰符戰國策云得太公陰符之謀伏而讀之欲睡引錐刺其股血流至踝暮年以出揣摩曰此可以說當世之君矣

幽明録曰襄陽城南有秦氏墓爲性至孝親歿泣血三年人有爲其詠蓼莪詩者民聞其義涕泗不自勝

桓子新論曰劉子政子駿伯玉三人尤珍重左氏教子孫下至婦女無不讀誦

俗說曰劉柳爲僕射傅迪爲左丞傅好讀書而不解其義劉唯讀莊老而已傅道劉云正讀十二卷何足本人劉道傳云讀書雖多而無所解可謂書簏

物理論曰語曰能理亂絲乃可讀詩余雖無治絲之能而悟聞詩之義

華陽國志曰徐謙字子涯少讀書日不過五十字誦千遍乃得終成儒學

先賢傳曰延篤從唐季度受左氏欲寫傳本無紙乃借本誦之及辭歸季度曰卿欲寫傳何辭歸荅曰已誦之矣

孝德傳曰張楷字公超河南人也至孝自然喪親哀毀每讀詩見素冠棘人未嘗不掩泗焉

列女傳曰班婕妤況之女賢才通辯選入後宮每讀詩及窈窕淑女之篇必三復之

晉潘岳閑居賦序曰岳讀汲黯傳見司馬安四至九卿而良史書之題以巧宦之目未嘗不慨然廢書而歎

金樓子曰有人讀書握卷而輒睡者梁朝有名士呼書卷爲黃妳此蓋言其怡神養性如妳媼也

又曰九讀書必以五經爲本所謂非聖人之書勿讀讀之百遍其義自見此外衆書自可汎而觀耳正史既見得失成敗此經國之所急五經之外宜以正史爲先譜諜所以別貴賤明是非尤宜留意或復中表親疎或復通塞升降百世衣冠不可不悉

又曰自叙云吾時夏夕中下絳紗中有銀甌一枚貯山陰甜酒卧讀有時至曉率以爲常又經病瘡肘膝爛盡此以來三十餘載泛玩衆書萬餘矣曰余年十四苦眼疾沉痼此來轉暗不復能自讀書三十六年來恒令左右唱之曾生所謂誦詩讀書與古人居讀書誦詩與古人期茲言是也

太平御覽卷第六百一十六

太平御覽卷第六百一十七

學部十一

談論

史記儒林傳云清河王太傅轅固以治詩孝景時爲博士與黄生爭論黄生曰湯武非受命乃弑也轅固曰不然桀紂虐亂天下之人心歸湯武湯武誅桀紂非受命謂何黄生曰冠雖弊必加於首履雖新必關於足何者上下之分也今桀紂雖失君上也湯武雖聖臣下也臣下不能匡過以尊主而誅伐非弑而何轅固曰必若云是高祖伐秦耶於是帝曰食肉不食馬肝不爲不知味也學者不言湯武受命不爲非也

漢書儒林傳曰武帝時江公與董仲舒並通五經能持論善屬文江公訥於口上使與舒議不如仲舒

又曰揚雄爲人簡易佚蕩不能劇談而好深沉之思也

又曰賈生徵見孝文帝方受釐坐宣室上因鬼神事而問鬼神之本賈具道所以然之狀至夜半帝前席既罷曰吾久不見賈生自以過之今不及也

東觀漢記曰尹敏與班彪相厚每相與談常奠寀不食晝即至暝夜即徹旦

晉書曰潘京字世長舉秀才到洛尚書令樂廣京州人也共談累日深歎其才謂京曰君天才過人恨不學耳若學必爲一代談宗京感其言遂勤學不倦時武陵太守戴昌亦善談論與京共談假借之昌以爲不如己笑而遣之令過其子若思京方極其言論昌竊聽之乃歎服曰才不可假遂父子俱屈焉

又曰郭象者字子玄少有才理好老莊能清言太尉王衍每云聽象語如懸河瀉水注而不竭

又曰樂廣嘗與裴頠清言欲以理服之而頠辭論豐博廣笑而不言時人謂頠爲言談林藪

又曰朝賢嘗上巳禊飲或問王濟昨遊有何言談濟曰張華善說史漢裴頠論前言往行靡靡可聽王戎子房季扎之間超然玄著

又曰王衍妙善玄言唯談老莊爲事每捉玉柄麈尾與手同色義理有所不安隨即改更世號口中雌黄朝野翕然謂之一世龍門矣

又曰胡毋輔之字彦國與王澄等爲友澄嘗與人書曰彦國吐佳言如鋸木屑霏霏不絶誠爲後進領袖也

又曰趙孟字長舒爲尚書都令史善於清談其面有疵黯時人言諸事不決皆當問疵面

又曰裴遐善言玄理音辭清暢泠然若琴瑟嘗與河南郭象談論一座嗟服

又曰殷仲堪能清言每云三日不讀道德論便覺舌本間強

晉中興書曰殷浩弱冠與京兆杜乂並有美譽善言玄理

又庾元規少好黄老能言玄理時人方之夏侯泰初

又曰謝弈女道韞王凝之妻也凝之弟獻之嘗與賓客談議辭理將屈道韞遣婢白獻之曰欲爲小郎解圍乃以青綾步障自蔽申獻之前義客不能屈

又曰孫盛年十歲避難渡江及長博學善理于時殷浩擅名一時與抗論者唯盛嘗詣浩談論對食奮尾毛悉落飯中食冷而復暖者數四至暮忘食理竟不定

沈約宋書曰高祖少事戎旅不經涉學及爲宰相頗慕風

流時或談論人皆依違不敢難也鄭解之難必切至未嘗假借要須高祖辭窮理屈然後置之高祖或時慙恧變色動容既而謂人曰我本無術學談義尤淺比時言論諸賢多見寬容唯鄭不尔獨能盡人之意甚以此感之時人謂之格佞

宋書曰謝靈運辯博辭義鋒起王惠嘗與之談時然後言時荀伯子在座退而告人曰靈運固自蕭散直上王郎有如萬頃陂焉

又曰謝瞻傳曰靈運好臧否人物混患之欲加裁折未有其方謂瞻曰非汝莫能乃與晦曜弘微等共遊戲便使瞻與靈運共車靈運登車便商較人物瞻謂曰祕書早亡談者亦互有同異靈運默然言論自此衰止

又曰張敷好讀玄言兼屬文論弱冠初父邵使與高士南陽宗少文談繫象往復數番少文欲屈握麈尾歎曰吾道東矣於是名價日重

後周書曰蘇綽屬太祖與公卿往昆明池觀漁行至城西漢故倉地顧問左右莫有知者或曰蘇綽博物多通請問之太祖乃召綽具以狀對太祖大悅因問天地造化之始歷代興亡之迹綽既有口辯應對如流太祖益喜乃與綽並馬徐行至池竟不設網罟而還遂留綽至夜問以治道太祖卧而聽之綽於是指陳帝王之道兼述申韓之要太祖乃起整衣危坐不覺膝之前席語遂達曙不厭詰朝謂周惠達曰蘇綽真奇士也

又曰裴文舉字道裕少忠謹涉獵經史總管韋孝寬特相欽重每與談論不覺膝前於席

又曰寇儁字祖儁上谷平昌人也世宗尚儒重德特欽賞之與相見同席而坐因顧訪洛陽故事儁容止端詳音韻清朗帝與之談不覺為之前席

齊書劉繪傳曰永明末都下人士盛為文章談義皆湊竟陵西邸繪為後進領袖時張融以言辭辯捷周顒彌為清綺而繪音采贍麗雅有風則時人為之語曰三人共宅夾清漳張南周北劉中央言其處二人間也

又曰張緒性清談善談玄王儉嘗云緒過江所未有北土可求之耳不知陳仲弓黃叔度能過之不

三國典略曰陳袁憲樞之弟也幼聰敏好學梁武帝修建庠序別開五館其一館在憲宅西常招引諸生與之談論每有新義出人意表國子博士周弘正謂憲父君正曰賢子今茲欲策試不君正曰經義猶淺未敢令試居數日君正遣門下客岑文豪與憲候弘正將登講座弟子畢集乃授憲麈尾時謝岐何妥在坐弘正謂曰二賢雖窮奧賾得無憚此後生耶何謝遞起義端憲酬對閑敏神色自若弘正因謂文豪曰卿還諮袁吴郡此郎已堪見代為博士矣

梁書曰沈約齊初為征虜記室帶襄陽令所奉主即齊文惠太子太子入居東宮為步兵校尉管書記時東宮多士約特蒙親遇時王侯列宮或不得進約每以為言太子曰吾生平懶起是卿所悉得卿談論然後忘寢卿欲我夙興可恒早入

又曰簡文在東宮召戚袞講論又嘗置宴集玄儒之士先命道學互相質疑次令中庶人徐摛騁大義間以劇談摛辭辯從横難以答抗諸儒懾氣時袞說朝聘義摛與往復袞精采自若應答如流簡文深嘉歎之

隋書曰辛彦之拜禮部尚書與祕書監牛弘撰新禮吴興

沈重名爲碩學高祖甞令彥之與重論議重不能抗於是避席而謝之曰辛君所謂金城湯池無可攻之勢高祖大悅

唐書曰楊綰凡所知友皆一時名士或造之者清談終日未甞及名利或有客欲以世務干者綰言必玄遠不敢發詞內愧而退大曆中德望日崇天下雅正之士爭趨其門至有數千里來者

莊子曰孔子見老聃歸三日不談弟子問曰夫子見老聃將何規哉孔子曰吾與汝處於魯之時人用意如飛鴻者吾走狗而逐之用意如井魚者吾爲鈎繳以投之吾今見龍合而成體散而成章乘乎雲氣而養乎陰陽余口張不能嗋舌出不能縮又何規哉

覽六百十七　五　王祖

戰國策曰蘇秦說李兌明日復見抵掌而談兌送秦明月之珠和氏之璧

抱朴子曰王充所作論衡北方都未有得之者蔡伯喈甞到東江見之歎其高文度越諸子恒愛玩而獨祕之及還中國諸儒覺其談論更遠嫌得異書或搜求其隱處果得論衡捉取數卷將去伯喈曰唯我與爾共之勿廣也劼出門著

管輅別傳曰輅父爲琅邪　長輅時年十五琅邪太守單子春雅有才度聞輅一時之俊欲得相見輅父即遣輅造之大會賓客百餘人坐上有能言之士輅問子春府君多嘉客有雄貴之姿輅既年少膽志未剛若相觀懼失精神先飲三升清酒盡之然後而言子春大喜便酌三升酒獨使飲之酒盡之後問子春今欲與輅爲對者府君耶四坐之士耶子春曰吾自欲與卿旗鼓相當輅言始讀詩論易　學問微淺未能上引聖人之道陳周漢之事但論金木水火鬼神之情耳子春言此最難者而卿以爲易耶於是唱大論之端遂造陰陽文彩汎流枝葉橫生少引聖籍多發天然子春及衆士互相攻劫譆難風起而輅人人答對言皆有餘至日向暮酒食不行於是發聲徐州號之神童又冀州刺史裴徽召輅爲文學從事相見清論終日不覺罷倦再相見轉爲治中四相見轉爲別駕前至十月舉爲秀才

物理論曰夫虛無之談無異春蠶秋蟬聒耳而已

荆州先德傳曰龐士元師事司馬德操德操蠶月躬採桑後園士元往助之因與共談元善神遂移日忘飡德操於是異之

世說曰何晏爲吏部尚書有位望時談客盈坐王弼年未弱冠往見之晏聞來倒屣出戶迎之因條向者勝理語弼

覽六百十七　六　王祖

曰此理僕以爲理極可得復難不弼作難一坐便以爲屈於是弼自爲客主數播皆一坐所不及也

又曰衛玠字叔寶少有名理琅邪王平子高氣不群邁世獨傲每聞君之語議至乎理會之間要微之際輒絕倒於坐前後三聞爲之三倒時人遂曰衛君談道平子三倒及君年長論者以爲出於王武子之右世咸謂王家三子如衛家一兒玠於武昌見大將軍王敦與之談論弥日信宿敦顧謂僚屬曰昔何王吐金聲於中朝此子復玉振於江表微言之緒絕而復續不悟永嘉之末復有正始之音清言勝詠亹亹入微何平叔在當復倒矣

又曰孝武將講孝經謝太傅與諸人私逆講師車武子謂袁彥伯曰不問則德音有遺多問則重勞二謝袁曰必無此嫌車曰何以知爾袁曰何甞見明鏡疲於屢照清流憚於撓

悳風也
郭子曰張憑舉孝廉出京負其才氣謂必參時彥欲詣劉
真長鄉里及同舉者咸共哂之張遂徑往詣劉旣前處之
下坐通寒暑而已真長方洗濯料事神意不接良久張欲
自發而未有其端頃之王長史諸賢來詣言各有隔而不
通處張忽遥於末坐判之言約皆遠便足以暢彼我之懷
舉坐皆驚真長延之上坐遂清言弥日因留宿遂復至曉
張退劉曰卿且前去我正尒往取卿共詣撫軍（撫軍簡文）張旣
還舡同旅笑之曰卿何許宿還張笑而不荅須臾真長至
遣教覓張孝廉舡同旅惋愕旣同載俱詣撫軍至門劉謂
撫軍曰下官今日爲公得一太常博士妙選旣前撫軍與
之語言咨嗟稱善數日乃止曰張憑勁粹爲理之窟即用
爲太常博士

又曰范玄平（汪字玄平）在簡文坐談欲屈引長史曰（長史王仲祖）卿
助我王曰此非拔山之力所能助也
異苑曰陸機初入洛次河南偃師時久結陰望道左人居
因往投宿見一年少置易投壺與機談機心伏之而無以
酬抗旣曉便去稅驂逆旅問嫗嫗曰此東數十里無村落
正是山陽王家墓耳機乃怪還睇昨路空野霾雲拱木
蔽日知所遇者信王弼也
又曰陸雲獨於空草中忽見一家墻院整頓雲時飢乏因
而詣前見一年少可二十餘風姿可嘉論叙平生不異於
人尋共說老子極有辭致雲出臨别語云我是山陽王輔
嗣雲出門還望向處正是一冢雲始謂俄頃已經三日
幽明録曰阮瞻素秉無鬼論世莫能難每自謂理足可以
辯正幽明忽有一鬼通姓名作客詣阮寒温畢聊談名理
客甚有才情末及鬼神事返覆甚苦遂屈乃作色曰鬼
神古今聖賢所共傳君何獨言無耶僕便是鬼於是忽變
爲異形須臾消滅阮默然意色大惡後年餘病死

太平御覽卷第六百一十七

太平御覽卷第六百一十八

學部十二

敘圖書　正謬誤

敘圖書

尚書序曰古者伏羲氏之王天下也始畫八卦造書契以代結繩之政由是文籍生焉伏羲神農黄帝之書謂之三墳言大道也少昊顓頊高辛唐虞之書謂之五典言常道也至于夏商周之書雖設教不倫雅誥奥義其歸一揆是故歷代寶之以爲大訓八卦之說謂之八索求其義也九州之志謂之九丘丘聚也言九州所有土地所生風氣所宜皆聚此書也春秋左氏傳曰楚左史倚相能讀三墳五典八索九丘即謂上世帝王遺書也

左氏傳曰晉荀躒如周籍談爲介謂籍談曰昔高祖孫伯黶司晉之籍以爲大政故曰籍氏汝司典之後何忘之

漢書藝文志曰昔仲尼没而微言絶七十子終而大義乖故春秋分爲五(韋昭曰謂左氏公羊穀梁鄒氏夾氏也)詩分爲四(韋昭曰謂毛氏齊魯韓也)易有數家之傳戰國從横真僞分爭諸子之言紛然殽亂至秦患之乃燔滅文章以愚黔首漢興改秦之敗大收篇籍廣開獻書之路迄孝武世書缺簡脱禮壞樂崩上喟然而稱曰朕甚閔焉於是建藏書之策置寫書之官下及諸子傳説皆充祕府

又曰古文尚書藏於壁中師古注曰家語云孔騰字子襄畏秦法峻急藏尚書論語孝經於夫子堂壁中而漢記曰孔鮒所藏二説不同未知孰是也又後漢王莽徵陳咸咸遂稱疾篤於是乃斂其家律令文書藏於壁中也

後漢書曰吴祐字季英陳留長垣人也父恢爲南海太守祐年十二隨父到官恢欲殺青以寫經書祐諫曰大人踰越五嶺越在海濱其俗以陋然舊多珍怪上爲國家所疑此書若成則載之兼兩昔馬援以薏苡興謗王陽以衣囊徼名嫌疑之間誠先王之所慎恢乃止撫其首曰吴氏世不乏季子矣

魏志曰王脩家不滿斗斛有書數百卷太祖歎曰士不妄有名也

蜀志曰向朗字巨達潛心典籍積聚篇卷於時最多也

後唐書曰李谿者博學多通文章秀絶家有奇書時號李書樓

吕氏春秋曰先識覽殷將亡太史令終古執其圖書而奔于商紂將亡内史向摯載其圖法出奔周

穆天子傳曰癸巳至于群玉之山容成氏之所守山河平無險四徹中繩(言皆平直)先王謂之策府(言往古帝王以爲藏書策之府所謂藏之山者)

莊子曰孔子西藏書於周室(藏其所著書於周者)子路謀曰由聞周之徵藏史有老聃者(徵藏之名也)免而歸居夫子欲藏書則嘗試焉孔子至老聃之門而老聃不許也

博物志曰劉德治淮南王獄得枕中鴻寶祕書及其子向咸共奇之信黄白之術可成謂神仙之道可致卒亦無驗乃以罹罪

又曰太古書今見存者有神農山海經山海經或云禹所作素問黄帝作連山歸藏夏所之書周時曰易蔡邕云禮記月令周公所作謚法司馬法亦云周公所作

論衡曰倉頡作書雨粟鬼哭蓋世案圖書文章與書何異

鬼神惡書則河出圖何也若不惡爲書何忽致怪或作書時會鬼哭雨粟也耳

伏滔北征記曰皇天塢北古時陶穴晉時有人逐狐入穴行十里許得書二千餘卷

金樓子曰有細書周易尚書周官儀禮禮記毛詩春秋各一部又寫前漢史記三國志晉陽秋莊子老子肘後方離騷等合六百三十四卷悉在一巾箱中書極精細

又曰吾今年四十六歲聚書來四十年得書八萬卷也河間之侔漢室頗謂過之也（此金樓子自擬也）

正謬誤

劉向別傳曰讎校者一人持本一人讀析若怨家相對故曰讎也

左傳曰晉師閏月濟于陰阪杜預注云長曆推之此年無閏月疑爲門五日五字上與門合也

呂氏春秋曰有讀史者晉師三家涉河子夏曰非也是己亥也夫己之與三相近豕之與亥相似至間而問之則曰晉師己亥涉河也

漢書藝文志曰成帝詔光祿大夫劉向言經傳諸子詩賦步兵校尉任宏校兵書太史令尹咸校術數侍醫李柱國校方技每一書已（師古曰已畢也）向輒條其篇目撮其指意錄而奏之會向卒哀帝復使向子奉車都尉歆卒父業歆於是總群書而奏其七略故有輯略（師古曰輯與集同謂諸書之總要）有六藝略（師古曰六藝六經）有諸子略有詩賦略有兵書略有術數略有方技略

抱朴子曰書三寫以魚爲魯以帝爲虎

劉向七略曰古文或誤以見爲典以陶爲陰如此類多

穎容春秋例曰漢興博物洽聞著述之士前有司馬遷揚雄劉歆後有鄭衆賈逵班固近即馬融鄭玄其所著作違義正者遷尤多闕略舉一兩事以言之史記不識畢公文王之子而言與周同姓揚雄著法言不識六十四卦云所從來尚矣

後漢書曰和熹鄧太后從曹大家受經書兼天文筭數晝省王政夜則讀誦而患其謬誤懼乖典章乃博選諸儒劉珍等及博士議郎四府掾史五十餘人詣東觀讎校傳記

蜀志曰向朗字巨達年八十手自校書刊定謬誤也

晉書曰鄭默字思元起家秘郎考覈舊文刪省浮穢中書令虞松謂曰而今而後朱紫別矣

又曰齊王攸以禮自拘鮮有過事就人借書必手刊其謬然後反之

後周書曰元偉世宗初拜師氏中大夫受詔於麟趾殿刊正經籍

又曰明帝幼而好學博覽群書善屬文詞彩溫麗及即位集公卿已下有文學者八十餘人於麟趾殿刊校經史又捃採衆書自羲農以來訖于魏末敘爲世譜凡五百卷云所著文章十卷

唐書曰褚元量以內庫舊書自高宗代即藏在中宮漸致遺逸奏請繕寫刊校以引經籍之道於是上令於東都乾元殿前施架排因大加搜寫廣求天下異本數年間四部充備

又曰貞觀中頒五經於天下初太平以經籍去聖久遠文字訛謬詔前中書侍郎顏師古刊正之又成又詔尚書左僕射房玄齡集諸儒討論得失時諸儒習師說舛謬已久

皆竊議非之於是異端鋒起師古一一辯荅取晉宋古本以相發明所立援明據或出其意表諸儒皆驚所未聞歎服而去太宗善之

太平御覽卷第六百一十八

正謬誤

太平御覽卷第六百十九

學部十三

採求遺逸　圖書下　借書　賜書　寫書　載書附負書　焚書

採求遺逸

史記曰高祖入咸陽蕭何先收秦圖書

劉歆七略曰武帝廣開獻書之路百年之間書積如丘山故外有太史博士之藏内則延閣廣内祕室之府

物理論曰魯恭王壞孔子舊宅得周書闕無冬官漢武購千金而莫有得者遂以考工記備其數

漢書曰成帝河平三年遣謁者陳農求遺書於天下

東觀漢記曰杜林於河西得漆書古文尚書經一卷每遭困厄握抱此經

後魏書曰高謐字安平典秘閣謐以墳典殘缺奏廣訪郡邑大加繕寫由是圖籍莫不審正

又曰李暠署劉昞為儒林祭酒從事中郎暠好尚文籍典史穿落者親自補治昞時侍側前代暠曰躬自補者欲人重此典籍

隋書曰劉炫除殿内將軍時牛弘奏請購求天下遺逸之書炫遂偽造書百卷題為連山易魯史記等錄上送官取賞而去後有人訟之經赦免死

北史曰隋裴矩伐陳之役領元帥記室既破丹陽晉王廣令矩與高熲收陳圖籍

又曰隋牛弘上表請開獻書之路曰昔周德既衰舊經紊棄孔子以大聖之才開素王之業憲章祖述制禮刊詩正五始而修春秋闡十翼而弘易道及秦皇馭寓吞滅諸侯先王墳籍掃地皆盡此則書之一厄也漢興建藏書之策置校書之官至孝成之代遣謁者陳農求遺書於天下詔劉向父子讎校篇籍漢之典文於斯為盛及王莽之末並從焚燼此則書之二厄也光武嗣興尤重經誥未及下車先求文雅至肅宗親臨講肆和帝數幸書林其蘭臺石室鴻都東觀祕牒填委更倍於前及孝獻移都吏人擾亂圖書縑帛皆取為帷囊所收而西裁七十餘乘屬西京大亂一時燔蕩此則書之三厄也魏文代漢更集經典祕書郎鄭默删定舊文時之論者美其朱紫有別晉氏承之文籍尤廣晉祕書監荀勗定魏内經更著新簿屬劉石憑陵從而失墜此則書之四厄也永嘉之後寇竊競興其建國立家雖傳名號憲章禮樂寂滅無聞劉裕平姚泓收其圖籍五經子史纔四千卷皆赤軸赤紙文字古拙並歸江左宋祕書

丞王儉依劉氏七略撰為七志梁人阮孝緒亦為七錄總其書數三萬餘卷及侯景渡江攻破梁室秘省經籍雖從兵火其文德殿内書及公私典籍重本七萬餘卷悉送荆州及周師入郢繹悉焚之於外城所收十纔一二此則書之五厄也後魏爰自幽方遷宅伊洛日不暇給經籍闕如周氏創基關右戎車未息保定之始書止八千後加收集方盈萬卷高氏據有山東初亦採訪驗其本目殘闕猶多及東夏初平獲其經史四部重雜三萬餘卷所益舊書五千而已今御書單本合一萬五千餘卷部帙之間仍有殘缺比梁之舊目正有其半至於陰陽河洛之篇醫方圖譜之說弥復為少臣以經書自仲尼迄今數遭五厄興集之期屬膺聖代今祕籍見書亦足披覽但一時載籍須令大備不可王府所無私家乃有若猥發明詔兼開購賞則異

典少致觀閱斯積上納之於是下詔獻書一卷賚縑一匹一二年間篇籍稍備乃拋加編次召天下工書之士京兆韋霈南陽杜頵等於祕書內補續殘缺爲正副二本藏於宮中其餘以實祕書內外之閣凡三萬餘卷煬帝即位祕閣之書分爲三品於東都觀文殿東西廂屋以貯之東屋藏甲乙西屋藏丙丁

後唐史曰都官郎中庾傳美充三川搜訪圖籍使傳美僞蜀王衍之書舊寮家在成都使於歸計且言成都具有本朝實錄及傳美使迴所得纔九朝而已其餘殘缺雜書蓋不足紀

借書

西京雜記曰匡衡勤學邑人大姓又不識字家富多書乃與客作不求其價主人怪而問之衡曰願得主人書遍讀

之主感歎給以書後成大儒

後漢書曰王充師事扶風班彪好博覽而不守章句家貧無書常遊洛陽市肆閱賣書一見輒能誦憶遂博通衆流百家之言

蜀志曰李權從秦宓借戰國策宓曰成湯大聖覩野漁而有獵逐之失定公賢者受女樂而弃朝事道家法曰不見可欲使心不亂是故君子先以懿文德也

博物志曰蔡邕有書萬卷漢末年載數車與王粲亡後相國掾魏諷謀反粲子預焉既被誅邕所與粲書悉入粲族子業

王隱晉書曰齊王攸好學不倦借人書皆治護時以還之

又曰皇甫謐表從武帝借書上送一車與之謐羸病手不釋卷歷觀古今無不皆綜

先賢傳曰延篤從唐溪李度受左氏欲寫傳本無紙乃借本誦及篤辭歸李度曰卿欲寫本何故辭歸荅曰已誦之矣

齊張率傳曰時陸少玄家有父澄書萬餘卷率與少玄善遂通書籍盡讀其書

陳書曰孔奐字休文山陰人好學經史百家莫不通涉沛國劉顯時稱學府每共奐討論深相歎乃執奐手曰昔伯喈墳素悉與仲宣吾當希彼蔡君足下無愧王氏所保書籍尋以相付

後魏書曰崔亮家貧傭書自業時隴西李冲當朝任事亮從兄光往依之謂亮曰安能久事筆硯而不往託李氏也彼家饒書因可得學亮曰弟妹飢寒豈可獨飽自可觀書於市安能看人眉睫乎

後周書曰梁蔡文寶字敬仁嘗以書干僕射徐勉大爲勉所賞異乃令與其子遊處所有墳籍盡以給之遂博覽群書學無不綜

北齊書曰劉晝少貧篤從師伏膺無倦恨下里少墳籍便杖策入都知太府少卿宋世良家多書乃造焉世良納之恣意披覽晝夜不倦

隋書曰盧思道字子行聰爽俊辯就魏收借異書數年之間才學兼著

唐書曰裴行儉初以門蔭補弘文生累年在館唯閉户讀書館司將加薦舉固辭左僕射房玄齡問其故對曰遭隋季亂離私門書籍蕩盡與在館披閱有所成耳

又曰中書令李敬玄亳州譙人也博覽群書特善三禮初上在東宮馬周啓薦之召入崇賢館兼預侍讀仍借御書

令讀之

又曰陽城字元宗北平人也代爲官族家貧不能得書乃求爲集賢寫書吏竊官書讀之晝夜不出房經六年乃無所不通

賜書

後漢書曰東平王蒼傳明帝賜蒼以祕書列圖道術祕方

又曰王景永平十二年議修汴渠乃引見問景以理水景陳其利害應對敏捷帝善之乃賜景山海經河渠書禹貢圖

又曰章帝賜黄香淮南孟子各一本

又曰班彪字叔皮幼與從兄嗣共遊太學家有賜書内足於財好古之士自遠方來

晉春秋曰蕭晉字元卿蘭陵人家有賜書志學不倦也

陳書曰江摠字摠持幼篤學有詞采家傳　賜書數千卷

總尋讀未嘗釋手也

唐書曰垂拱二年新羅王金政明遣使請禮記一部并新文章令所司寫吉凶禮禮并於文館詞林椅其詞涉規誡者勒成五十卷賜之

又曰開元十九年命有司寫毛詩禮記左傳文選各一部以賜金城公主從其請也

寫書

王子年拾遺記曰張儀蘇秦二人同志遞剪髮以相活或傭力寫書行遇聖人之文無題記則以墨畫於掌内及股裏夜還更折竹寫之

抱朴子自叙曰葛洪字稚川丹陽句容人也生爲二親所驕饒累遭火典籍蕩盡伐薪賣之給筆夜以寫書家貧乏紙所寫皆反覆有字人少能讀者

桓譚新論曰余同時佐郎官有梁子初楊子林好學所寫萬卷至於白首嘗有所不曉百許寄余余觀其事皆略可見

蕭子顯齊書曰隱士沈驎士火燒書數千卷驎士年過八十耳目猶聰明乃手寫細書復成二三年卷滿數十篋

後魏書曰穆子容少好學無所不覽求天下書逢即寫録所得萬餘卷

三國典略曰郎基字世業中山新市人魯郡太守智之孫也泛涉墳籍清愼無所營求嘗語人云任官之所木枕亦不須作况重於此乎唯頗令人寫書樊子蓋曾遺之書曰在官寫書亦是風流罪過基荅曰觀過知仁斯亦可矣

梁書曰袁峻字孝高早孤志篤好學家貧無書從假借必皆抄寫自課日五十紙紙數不登則不止

後周書曰裴漢借人異書必躬自録本至於疾疹彌年亦未嘗釋卷

載書 負書附

史記曰蘇秦說秦王書十上而說不行去秦而歸負書擔橐形容枯槁

續漢書曰李固爲三公子躬步以驢負書從師

墨子曰墨子南使衛載書甚多強唐子見而恠之對曰昔周公日朝讀書夕見七十二士相天下猶如此吾安敢廢此也

晉書曰張華無餘財唯文史溢几篋從居載書三十車也

焚書

史記曰秦始皇二十二年令天下敢有藏詩書百家語者悉詣守尉燒之下三十日不燒黥爲城旦所不禁醫藥卜

並種樹之書耳

風俗通曰董卓盪覆王室天子西移所載書七十車遇雨道難分半投弃即於廄燒燔爇爲灰燼

淮南子曰王壽負書而行見徐馮曰事者應變而動書者言之所出智不籍書王壽乃焚其書而舞也

三國典略曰初侯景來既送東宮妓女尚有數百人景乃分給軍士夜於宮中置酒奏樂忽聞火起衆遂驚散東宮圖籍數百廚焚之皆盡初太子夢作秦始皇者云此人復欲焚書既而見爇夢則驗焉

又曰周師陷江陵梁王知事不濟入東閤竹殿命舍人高善寶焚古今圖書十四萬卷欲自投火與之俱滅宮人引衣遂及火滅盡并以寶劒斫柱令折歎曰文武之道今夜窮矣

太平御覽卷第六百十九

太平御覽卷第六百二十

治道部一

君

爾雅曰林烝天帝皇王后辟公侯君也

易師卦曰大君有命開國承家

尚書泰誓曰嗟我友邦冢君越我御事庶士明聽誓惟天地萬物父母惟人萬物之靈亶聰明作元后元后作民父母

又曰洪範曰惟辟作福惟辟作威惟辟玉食

毛詩曰　天保下報上也君能下下以成其政臣能歸美以報其上焉

禮記禮運曰禮者君之大柄也政者君之所以藏身

子思曰人主自藏則衆謀不進事是而藏之猶却衆謀況知非以長乎夫不察事之是非而悅人之讚己闇莫甚焉不度理之所在而阿諛求容諂莫甚焉君闇臣諂以居百姓之上民弗與也若此不已國無類矣

荀悅漢紀論曰有王主有治主有存主有衰主有危主有亡主體正性仁心明志固動以爲人不以爲巳是謂王主克巳恕躬好問力行動以從義不以從情是謂治主勤居守業不敢荒怠動以先公不以先私是謂存主情義交爭公私並行一得一失不純道度是謂衰主情過其義私多於公制度踰限政令失常是謂危主親用邪讒放逐忠賢縱情追欲不顧禮度出入游放不拘儀禁賞賜行禮以越公用忿怒施罰以踰治理遂非文過知而不改忠言壅塞直諫誅戮是謂亡主故王主能致興平治主能脩其政存主能保其國衰主遭無難則庶幾得全苟有難則殆矣危主遭無難則幸而免有難則亡亡主者必亡而已矣

白虎通曰君者群也群下之所歸心

管仲　曰地之生財有時民之用力有倦而人君之欲無窮以有時與有倦養無窮之君而度量不生於其間則上下相疾也

鄧析書曰君有三累臣有四責何謂三累親所信一累也以名取士二累也近故疏親三累也何謂四責受重賞而無功一責也居大位而不治二責也爲理而不平三責也御軍陳而奔背四責也君無三累臣無四責可謂安國家也

又曰爲君者當若冬日之陽夏至之陰萬物歸之莫之使也偃卧而功自成優游而政自治

又曰爲君者滅形匿影群下無私掩目塞耳萬民恐震循名責實案法立成是謂明主

孟子曰君視臣如手足臣視君如腹心君視臣如犬馬臣視君如國人君視臣如土芥臣視君如寇讎

孫卿子曰君舟也庶人水也水能行舟亦能覆舟

又曰君者義也義正則君正君者盤也水者民也盤方則水方盤貟則水貟君者源也水者流也源清則流清源濁則流濁。鬼谷子曰事聖君有聽從無諫爭事中君有諫諍無諂諛事暴君有補削無矯拂

又曰君得名則群臣恃之君失名則群臣欺之

尸子曰孔子謂子夏曰汝知君乎子夏曰魚失水則死水失魚猶爲水也孔子曰商汝知之

又曰日在井中不能燭遠日在足下不可以視君之有國猶天之有日居不高則不明視不尊則不遠

韓子曰晉平公問叔向齊桓公九合一匡君之力臣之力叔向稱管仲隰朋之力師曠曰君壤地也臣草木也壤地美然後草木碩亦君之力臣何力之有焉

又曰勢者君之輿也威者君之策也臣者君之馬也民者君之輪也勢固則輿安威定則策勁臣順則馬良人和則輪利而為國皆失此有覆輿走馬折策敗輪矣

又曰為人君者猶壺也民亦水也壺方水方壺圓水圓

呂氏春秋曰魏文侯燕飲皆令諸大夫論己或言君仁或言君義或言君智至任座曰君不肖君也得中山不封君弟而封君之子是以知君不肖文侯不悅座趍而起次及翟璜曰君賢君也其主賢者其臣之言直今座之言直是以知君賢也

又曰善為君者蠻夷反舌皆服俗淳也水泉深則魚鼈歸之人君賢則豪傑赴之

又曰君者仁義以治之愛利以安之忠信以道之務除其災致其福故人之於上也若璽之於塗也抑之以方則方以圓則圓若五種之地必應其類而蕃息百倍此五帝三王之所以無敵也

又曰古之王者其所為少其所為少因者君術也為者臣道也為則擾矣因則靜矣因冬為寒因夏為暑君奚事焉故曰君道無為

又曰昔太古嘗無君其民聚生群處知母不知父無親戚兄弟夫妻男女之別無上下長幼之道無進退揖讓之禮無衣服履帶宮室畜積之便無器械舟車城郭險阻之備此無君之患故臣之義不可不明也自上世以來天下亡國多矣而君道不廢者天下利之也

又曰齊桓公染於管仲鮑叔晉文染於舅犯郭偃荊莊王染於孫叔敖沈尹承吳闔閭染於伍員文之義越句踐染於范蠡大夫種此五君者所染當故霸諸侯范吉射染於張柳朔王生中行寅染於籍秦高強吳夫差染於王孫雄太宰嚭智伯瑤染於智國張武中尚染於魏義偃長宋康王染於唐鞅田不禮此六君者所染不當故國皆殘亡身或死辱為君非為君而因榮也非為君而安也以為行理也

又曰先王用非其有如己之有通乎君道者也君者處虛素服而無智故能使眾智也無能故能使眾能也能執無為故能使眾為　也無智無能無為此君之所執

又曰鄭君問於被瞻曰聞先生之義不死君信有之乎被瞻對曰有之夫言不能聽道不能行則固不事君也若言聽道行又何死亡故被瞻之不死亡賢於死亡也

又曰豫讓欲報襄子其友謂之曰子之所道甚難而無功謂子有志則然矣謂子智則不然以子之材而索事襄子索求襄子必近子子得近之而行所欲此甚易而功必成豫讓笑而應之曰是為先知報後知也為故君賊新君矣大亂君臣之義也子無失吾所為矣凡吾所為此者所以明君臣之義也非從易也

淮南子曰君根本也臣枝葉也根本不善枝葉茂者未聞也有道之世以人與國以賢人而與之國堯舜是也無道之世以國與人以國與人桀紂與湯武是也

說苑曰晉平公問於師曠曰人君之道奈何師曠曰人君清靜無為務在於博愛趣在任賢開耳目以察萬方不固溺於俗不拘繫於左右廓然遠見踔然獨立屢省考績以臨臣下此人君之操也平公曰善

新序曰：趙襄子問於王子維曰吳之所以亡者何也對曰吳君恡而不忍襄子曰宜哉吳之亡也恡則不能賞賢不忍則不能罰姦賢者不賞有罪不罰不亡何待

潜夫論曰凡人君之治莫大於和陰陽夫陰陽者以天爲本天心順則陰陽和天心逆則陰陽乖天以民爲心民安樂則天心順民愁苦則天心逆

抱朴子曰清玄剖而上浮濁黄判而下流尊卑等威於是乎著曩聖取諸兩儀而君臣之道立設官分職而雍熙之化隆君人者必脩諸己以先四海去偏黨以平王道遣私情以樹至公昭德塞違庸親昵賢使規盡其圓矩盡其方矣

太平御覽卷第六百二十

御覽六百二十　五　趙祖

治道部二

臣

韋昭釋名曰臣慎也慎於其事以奉上也

孝經說曰臣者堅也守節明度修義奉職也

易曰王臣蹇蹇匪躬之故（蹇難）

書曰臣無有作福作威玉食臣之有作福作威玉食其害于而家凶于而國

又曰熊羆之士不二心之臣保乂王家用端命于上帝

詩曰進厥虎臣闞如虓虎（闞呼檻切）

禮曰衛有大夫曰柳莊寢疾公曰若疾亟雖當祭必告也公再拜稽首請於尸曰有臣柳莊也者非寡人之臣是社稷之臣也聞之死請往不釋服而往遂以襚之

又曰為人臣者殺其身有益於君則為之況于其身以善其君乎周公優為之（于讀為迂迂廣也大也）

又曰故仕於公曰臣仕於家曰僕

又曰大臣法小臣廉官職相序君臣相正國之肥也

又曰為人臣下者有諫而無訕有亡而無疾頌而無諂諫而無驕怠則張而相之（相助也）廢則埽而更之謂之社稷之役（役為也）

又曰子言之事君先資其言拜自獻其身以成其信是故君有責於其臣有死於其言故其受祿不誣受罪益寡子曰事君大言入則望大利小言入則望小利故君子不以小言受大祿不以大言受小祿子曰事君不下達不尚辭非其人弗自子曰事君遠而諫則諂也近而不諫則尸利也子曰邇臣守和宰正百官大臣慮四方子曰事君欲諫不欲陳詩云心乎愛矣瑕不謂矣中心藏之何日忘之子曰事君難進而易退則位有序易進而難退則亂也子曰事君三違而不出境則利祿也雖曰不要君吾不信也子曰事君慎始而敬終子曰事君可貴可賤可富可貧可生可殺而不可使為亂（為亂謂違君之禮）

又曰子曰大臣不親百姓不寧則忠敬不足而富貴已過也大臣不治而邇臣比矣（忠敬不足謂臣不忠於君君不敬其臣邇近也言近以見遠言大以見小邪言之記私相親也）故大臣不可不敬也是民之表也邇臣不可不慎也是民之道也（民之道言民循從也）君毋以小謀大毋以遠言近毋以內圖外則大臣不怨邇臣不疾而遠臣不蔽矣

左傳曰石碏純臣也惡州吁而厚與焉大義滅親其是之謂乎

又曰晉惠公卒懷公立命無從亡人期朞而不至無赦狐突之子毛及偃從重耳在秦弗召懷公執狐突曰子來則免對曰子之能仕父教之忠古之制也策名委質貳乃辟也今臣之子名在重耳有年數矣若又召之教之貳也父教子貳何以事君刑之不濫君之明也臣之願也淫刑以逞誰則無罪乃殺之

又曰秦醫和謂晉侯曰良臣將死天命不祐趙孟曰誰當良臣對曰主是謂矣主相晉國於今八年晉國無亂諸侯無闕可謂良矣和聞之國之大臣榮其寵祿任其大節有菑禍興而無改焉必受其咎

又曰陳無宇謂楚王曰天子經略諸侯正封封略之內何非君土食土之毛誰非君臣（毛草也）故詩曰普天之下莫非王土率土之濱莫非王臣（詩小雅濱涯也）天有十日（甲至癸）人有十等下所以事上上所以共神也故王臣公公臣大夫大夫

臣士士臣皁皁臣輿輿臣隷隷臣僚僚臣僕僕臣臺馬有圉牛有牧以待百事

春秋説曰正氣爲帝閒氣爲臣臣之

論語曰舜有臣五人而天下治武王曰予有亂臣十人（亂治也）

又曰季子然問仲由冉求可謂大臣與子曰所謂大臣者以道事君不可則止今由與求也可謂具臣矣（言備官數而已）

孝經曰君子之事上也進思盡忠退思補過將順其美匡救其惡故上下能相親也

漢書曰張良未嘗特兵爲將常爲畫策臣

又曰絳侯周勃爲丞相罷趨出意甚得上禮之恭常目送之袁盎進曰丞相何如人也上曰社稷臣盎曰絳侯所謂功臣非社稷臣社稷臣者主存與存主亡與亡

又曰上居禁中召周亞夫賜食因趨出上目送之曰此快快非幼主臣也

又曰辛慶忌居處恭儉食飲被服尤節約然性好輿馬號爲鮮明惟是爲奢○荀悅漢紀曰臣有六有王臣有良臣有直臣有具臣有嬖臣有佞臣以道事君匪躬之故達節通方立功興化是謂王臣忠順不失夙夜匪解循理愛和以輔上德是謂良臣犯顏拂意砥矢弗撓直諫遏非不避死罪是爲直臣奉法守職無能往來是謂具臣便辟苟容順意從諛是謂嬖臣傾險讒詖回詿上惑下專權擅寵唯利是務是謂佞臣或有君而無臣或有臣而無君用善則治用惡則亂難則交爭故明主慎所用焉

又東觀記曰祭遵死後每至朝會上常歎曰安得憂國奉公之臣如祭征虜者

沈約宋書曰謝弘微爲鎮西諮議參軍太祖即位爲黄門侍郎與王華王曇首殷景仁劉湛等號曰五臣遷尚書吏部郎○唐書曰或有言魏徵阿黨親戚者帝使御史大夫溫彥博按驗無狀彥博曰徵爲人臣須存形迹不能遠避嫌疑遂招此謗帝令彥博讓徵且曰自今已後不得不存形迹它日徵入奏曰臣聞君臣叶契義同一體不存公道唯事形迹若君臣上下同遵此路則邦之興喪或未可知願陛下使臣爲良臣勿使臣爲忠臣帝曰忠良有異乎徵曰良臣稷契皐陶是也忠臣龍逄比干是也良臣使身獲美名君受顯號子孫傳世福祿無疆忠臣身受誅夷君陷大惡家國並喪空有其名以此而言相去遠矣

又曰盧懷慎臨終遺表曰宋璟立性公直執心貞固文學足以經務識略足以佐時動惟直道行不苟合聞諸朝野

之説實爲社稷之臣

晏子春秋曰景公問於晏子曰忠臣之事君何若對曰有難不死出亡不送公不説曰君裂地而富之疏爵而貴之有難不死出亡不送其説何也對曰言而見用終身無難臣何死焉諫而見從終身不出臣何送焉

孔藂子曰夫爲人臣見非而不爭以陷主於危亡罪之大者也人主疾臣之弼己而惡之資臣以箕子比干之忠惑之大者也

又曰魏王問何如可謂大臣子高荅曰大臣則必取衆人之選能犯顏諫爭公正無私者陳計事成主裁其賞事敗執其咎主任之而無疑臣當之而弗避君總其契臣行其義然君不猜其人臣不隱於其君故動無過計舉無敗事是以臣主並有德也

又曰衛出公使人問孔子曰寡人之任臣無大小一自言問觀察之猶復失人何故荅曰如君之言此即所以失之也人既難知非言問所監觀察所盡且人君所慮者多多慮則意不精以不精之意察難知之人宜其有失也君未之聞乎昔者舜臣堯官才任士堯一從之左右曰人君用士當自任耳目而取信於人無乃不可乎堯曰吾之舉舜已耳目之矣今舜所舉吾又耳目之是則耳目人終無已已也君茍付可付者則已不勞賢才不失矣

又曰孟懿子問書曰欽四隣何謂也孔子曰王者前有疑後有丞左有輔右有弼謂之四近言前後左右近臣當敬畏之不可以非其人也

又曰孟氏之臣畔武伯問孔子曰如何荅曰人臣而畔天下之所不容也其將自反子姑待之三旬果自歸孟氏武

御覽六百二十一　五　界

伯將執之訪於夫子夫子曰無也子之於臣禮意不至是以去子今其反罪以反除又何執焉子脩禮以待之則臣去子將安徃哉武伯乃止

孟子曰孟子見齊宣王曰所謂故國者世臣之謂也世臣先世舊國也王者當有累世脩德之臣常能輔其君以道也王無親臣矣今王無可親任之臣昔者所進今日不知其亡也言王取人不詳審往日之所知臣今日為惡當誅亡王無知之王曰吾何以識其不才而捨之曰國君進賢如不得已將使卑踰尊疎踰戚可不慎歟言國君欲進用人當留意考擇如使忽言不精心意如不得已而取備官則使卑覲疎相踰也

又曰晏子曰內則父子外則君臣人之大倫也父子主恩君臣主敬

又曰故將大有為之君必有所不召之臣欲有謀焉則就之故湯之於伊尹學焉而後臣之故不勞而王桓公之於管仲學焉而後臣之故不勞而霸矣

又曰欲為君盡君道欲為臣盡臣道二者皆法堯舜而已矣

又曰在國曰市井之臣在野曰草莽之臣

董子曰上臣事君以人中臣事君以身下臣事君以貨

韓子曰為臣也北面委質無有二心朝廷不辭賤軍旅不辭難順主之法而無是非也故有口不以私言有目不以私視

呂氏春秋曰魏襄王與群臣飲酒酣王為群臣祝令群臣皆得志史起興而對曰群臣或賢或不肖賢者得志則可不肖者得志則不可王曰皆如西門豹之為人臣也史起對曰魏氏之行田也以百畝鄴獨二百畝是田惡也漳水在旁而西門豹不知用是其愚也

御覽六百二十一　六　界

又曰柱厲叔事莒敖公自以為不知而去居於海上莒敖公有難柱厲叔辭其友而徃死之其友曰子自以為不知故去今又徃死之是知與不知無異別也柱厲叔曰不然自以為不知故去今死而不去是果知我也吾將死之以醜後世之人不知其臣者也所以激君人者之行而厲人臣之節也行激節厲忠臣幸於得察忠臣察則君道固矣

淮南子曰周公事文王行無專制事無由已身若不勝衣言若不出口有所奉持於前洞洞屬屬如　不能如將失之可謂能子矣及繼文武之業履天子之國則平夷狄之亂誅管蔡之罪無所顧問威動天地聲懾海內可謂能武矣成王長北面致政委質而臣事之請而後行無擅恣之意無矜伐之色可謂能臣矣

説苑曰人臣之術隨順復命無所敢專議不茍合位不茍

尊必有益於國必有補於君故其身尊而子孫保之臣之行有六邪六正行六正則榮犯六邪則辱賢臣處六正之道不行六邪之術故上安而下治生則見樂死則見思此人臣之本也

又曰子貢問孔子爲臣孰大曰齊有鮑叔鄭有東里子皮子貢曰齊無管仲鄭無子産乎孔子曰吾聞進賢爲善鮑叔進管仲子皮進子産未聞管仲子産有所進也新序曰秦欲伐楚使者往觀楚之寶器楚王聞之召令尹子西而問焉曰秦欲觀楚寶器吾和氏之璧隋侯之珠可以示諸乎令尹子西對曰臣不知也召昭奚恤而問焉昭奚恤對曰此欲觀吾國之得失而圖之國之寶器在於賢臣夫珠玉玩好之物非國所重寶者於是遂使昭奚恤應之奚恤對曰楚國之所寶者賢臣也理百姓實倉廩使民人各得

其所令尹子西在此奉珪璋使諸侯解忿悁之難交兩國之忻使無兵革憂大宗子牧在此守封疆謹境界不侵鄰國鄰國亦不見侵葉公子高在此理師徒正兵戎以當强敵提桴鼓以動百萬之衆使赴湯火蹈白刃出萬死不顧一生司馬子反在此若懷霸王之餘義撮治亂之餘風昭奚恤在此唯大國之所觀秦使者矍然無以對反言於秦曰楚多賢臣未可謀也遂不敢伐

又曰周舍事趙簡子立門三日三夜簡子使人出問之夫子將何以令我周舍曰臣願爲諤諤臣墨筆操牘隨君之後司君之過而書之日有記也月有効也歲有約也簡子悦之

賈誼新書曰智足以謀國事行足以爲人師仁足以爲上下之聲國有法則守之君有難則死之謂之大臣也古詩爲君既不易爲臣良獨難

應璩百一詩曰茫茫九州内莫非帝者民民有忠信行莫非帝者臣

太平御覽卷第六百二十一

太平御覽卷第六百二十二

治道部三

治政一

釋名曰政者正也下所以取正也

周禮天官太宰之職曰正月之吉始和布治于邦國都鄙乃縣讀為懸治象之灋灋與法同于象魏使萬民觀治象挾日而斂之太宰以正月朔日布王治之事於天下至正歲又書而縣於象魏振木鐸以徇之使萬民觀焉小宰亦帥其屬而往皆所以重治法新王事也凡治有故言始和者改造云耳挾日九十日乃施典于邦國而建其牧立其監設其叅傳其伍陳其殷置其輔乃者更申勑之也以侯伯有功德者加命作州長謂之牧所謂八命作牧者也監謂公侯伯子男各監一國也鄭司農云殷治律輔為民之平也乃施則于都鄙而建其長立其兩設其伍陳其殷置其輔長謂公卿大夫兩謂兩卿也乃施法于官府而建其正立其貳設其攷陳其殷置其輔凡治以典待邦國之治以則

待都鄙之治以灋待官府之治以官成待萬民之治以禮待賓客之治凡邦之小治則冢宰聽之待四方賓客之小治大事決于王小事冢宰專平之歲終則令百官府各正其治受其會正正處也會大計也聽其政事而詔王廢置平其事來至者之功狀而奏白王三歲則大計羣吏之治而誅賞之事久則聽之大無功不徙廢必罪之有大功不徙置又賞之鄭司農云三載考績是也

又曰天官小宰之職曰正歲帥治官之屬而觀治象之法徇以木鐸曰不用灋者國有常刑正歲謂夏之正月得四時之正以出教令者審也古者將有新令必奮木鐸以警眾使明聽之木鐸木舌也文事奮木鐸武事奮金鐸

禮曰故政者君之所以藏身也藏謂輝光於外而形體不見若日月星辰之中是故夫政必本於天殽以降命降下也殽天之氣以下教令天有運移之期陰陽之節也命降于社之謂殽地謂教令由社下者也社土地之主也周禮土會之法有五地之物生也降於祖廟之謂仁義謂教令由祖下者大傳曰自禰率而上至于祖遠者輕仁也自至率而下至于禰高者重義也降於山川之謂典作謂教令由山川下者也山川有草木禽獸可作器物共國事降於五祀之謂制度謂教令由五祀下者五祀有中霤門戶竈行之神此始為宮室制度此聖人所以藏身之固也政之行如此何用城郭溝池之為故聖人叅於天地並於神鬼以治政也

又曰政以一其行禮樂刑政其極一也極至也所以同民心而出治道也是故治世之音安以樂其政和亂世之音怨以怒其政乖聲音之道與政通矣是故審聲以知音審音以知樂審樂以知政而治道備矣

又曰敢問何謂為政孔子對曰政者正也君為正則百姓從矣君之所為百姓之所從也君所不為百姓何從公曰敢問為政何如孔子對曰夫婦別父子親君臣嚴三者正則庶物從之矣

又曰哀公問政子曰文武之政布在方策其人存則其政

舉其人亡則其政息人道敏政地道敏樹夫政也者蒲盧也蒲盧謂土蜂也詩曰螟蛉有子蜾蠃負之螟蛉桑蟲也蒲盧取桑蟲之子去而變化之以成為己子政之於百姓若蒲盧之於桑蟲故為政在人

又曰子曰夫人教之以德齊之以禮則民有格心教之以政齊之以刑則民有遯心格來也遯逃也

又曰子曰政之不行也教之不成也爵祿不足勸也刑罰不足耻也故上不可以褻刑而輕爵言政教所以明賞罰也

又曰聖人南面聽天下所且先者五民不得與焉一曰治親二曰報功三曰舉賢四曰使能五曰存愛五者一得於天下民無不足無不贍者五者一物紕繆民莫得其死物猶事也紕錯也五事得則民足一事失則民不得其死明政之難

大戴禮曰曾子曰敢問不費不勞以為明乎孔子愀然揚眉曰參汝以明主為勞乎古者舜左禹而右皐陶不下席

而天下治

左氏傳曰：宣子於是乎始爲國政（宣子趙盾），制事典，正法罪，辟獄刑（辟罪也，獄理也），董逋逃，由質要，治舊洿，本秩禮，續常職，出滯淹。旣成，以授太傅陽子與大師賈佗，使行諸晉國，以爲常法。

又曰：晉悼公即位于朝，始命百官（始爲政），施舍已責（施恩惠，舍勞役，止逋責），振廢滯（起舊德），匡乏困，救災患（亦救也），禁淫慝，薄賦斂，宥罪戾（宥寬也），節器用（節省御用也），時用民（使民以時），欲無犯時（不縱私欲）。

又曰：季札聘于鄭，謂子產曰：鄭之執政者侈，難將至矣，政必及子。子爲政，愼之以禮，不然，鄭國將敗。

又曰：鄭子皮授子產，使都鄙有分（國都及邊鄙車服尊卑各有分部），上下有服（公卿大夫服不相踰），田有封洫，廬井有伍，大人之忠儉者（大人謂卿大夫），從而與之；泰侈者，因而斃之。從政一年，輿人誦之曰：取我衣冠而褚之（褚蓄也，奢侈者畏法故蓄藏），取我田疇而伍之，孰殺子產，吾其與之。及三年，又誦之曰：我有子弟，子產誨之；我有田疇，子產殖之（殖生也）。子產而死，誰其嗣之（嗣續也，傳言所以興）。

又曰：禮之於政，如熱之有濯，以救熱，何患之有。

又曰：鄭人游于鄉校，以論執政（論其得失）。然明謂子產曰：毀鄉校如何？子產曰：何爲？夫人朝夕退而游焉，以議執政之善否。其所善者，吾則行之；其所惡者，吾則改之。是吾師也，若之何毀之。

又曰：子皮欲使尹何爲邑。子產曰：少，未知可否。子皮曰：愿，吾愛之，不吾叛也。使夫往而學焉，夫亦愈知治矣。子產曰：不可。人之愛人，求利之也。今吾子愛人則以政（以政輿之），猶未能操刀而使割也，其傷實多。子之愛人，傷之而已，其誰敢求愛於子。子於鄭國，棟也。棟折榱崩，僑將厭焉，敢不盡言。子有美錦，不使人學製焉。其爲美錦，不亦多乎。僑聞學而後入

政，未聞以政學者也（學治）。獵射御貫，則能獲禽（貫習也）。若未嘗登車射御，敗績厭覆是懼，何暇思獲。子皮曰：善哉。學者也，若果行此，必有所害。

又曰：周任有言曰：爲政者不賞私勞，不罰私怨。詩云：有覺德行，四國順之（詩大雅。覺直也，言德行直則四方順從之）。

又曰：鄭子產有疾，謂子太叔曰：我死，子必爲政。唯有德者能以寬服民，其次莫如猛。火烈，民望而畏之，故鮮死焉；水懦弱，民狎而翫之，則多死焉。故寬難（以寬治難）。疾數月而卒。太叔爲政，不忍猛而寬。鄭國多盜，聚大於萑蒲之澤（萑蒲澤名也，於澤中刧人，音符蒲）。太叔悔之，曰：吾早從夫子，不及此。興徒兵以攻萑蒲之盜，盡殺之，盜少止。仲尼曰：善哉。政寬則民慢，慢則糾之以猛；猛則民殘，殘則施之以寬。寬以濟猛，猛以濟寬，政是以和。詩曰：民亦勞止，汔可小康，惠此中國，以綏四方。施之以寬也。

書曰（大禹謨）：后克艱厥后，臣克艱厥臣，政乃乂，黎民敏德（敏疾也，能知爲君難、爲臣不易，則其政治而衆民皆疾修德）。禹曰：於，帝念哉。德惟善政，政在養民（歎而言念，重其言，爲政以德則民懷之）。水火金木土穀惟修（言養民之本在先修六府），正德利用厚生惟和（正德以率下，利用以阜財，厚生以養民，三者和，所謂善政），九功惟敘，九敘惟歌（言六府三事之功有次敘，皆可歌樂，乃德政之所致）。戒之用休，董之用威，勸之以九歌，俾勿壞（言善政之道，美以戒之，威以督之，歌以勸之，使政勿壞，在此三者而已）。

又太甲下曰：德惟治，否德亂。與治同道，罔不興；與亂同事，罔不亡（言安危在所任，治亂在所法）。終始愼厥與，惟明明后（明慎其所與治亂之機，則爲明王明君）。

又盤庚上曰：古我先王，亦惟圖任舊人共政（先王謀任久老成人共治其政）。王播告之修，不匿厥指（王布告人以所修之政，不匿其指）。王用丕欽，罔

有逸言，民用丕變。（王用大徵其政教，無有逸豫之言，民用大變從化）

又洪範曰：乂用三德，（治民必用剛柔正直之三德）一曰正直，二曰剛克，（剛能立事）三曰柔克。（和柔能治，三者皆德）平康正直，（平世安用正直治之）彊弗友剛克，（友，順也。世彊禦不順，以剛能治之）燮友柔克，（燮，和也。世和順，以柔能治之）沈潛剛克，（沈潛謂地，雖柔亦有剛，能出金石）高明柔克。（高明謂天，言天為剛德，亦有柔克，不干四時，喻臣當執剛以正君，君亦當執柔以納臣）

又立政（周公曰立政）。周公若曰：拜手稽首，告嗣天子王矣。用咸戒于王曰：王左右常伯、常任、準人、綴衣、虎賁。（周公用王所立政之事，皆戒於王，曰常所長事，常所委任，謂三公六卿；準人平法，謂士官；綴衣掌衣服；虎賁以武力事王。皆左右近臣，宜得其人）嗚呼休茲，知恤鮮哉。（歎此五者立政之本，知憂得其人者少）古之人迪，惟有夏乃有室大競，籲俊尊上帝。（古之人道，惟有夏禹之時，乃有卿大夫室家大強，猶乃招呼賢俊，與共尊事上帝）迪知忱恂于九德之行。（禹之臣蹈知誠信於九德之行，謂賢智大臣）（臣九德皋陶所謀也）乃敢告教厥后曰：拜手稽首后矣。曰宅乃事，宅乃牧，宅乃準，茲惟后矣。（知九德之臣，乃敢告教其君以立政，右矣。亦猶王矣。宅，居也。居汝事，六卿掌事者；牧，牧民九州之伯；居外內之官及平法者，皆得其人，則此惟君矣）嗚呼孺子王矣。（數稚子今以為王矣，不可不勤法祖考之德）繼自今我其立政立事準人牧夫，我其克灼知厥若，丕乃俾亂。（繼用今已往，我其立政大臣、立事小臣及準人牧夫，我其能灼然知其順者，則早大乃使治之。言知臣下之勤勞，然後莫不盡心力也）相我受民，和我庶獄庶慎，時則勿有間之。（能治我始受天民，和平我眾獄眾慎之事，如是則勿有以代之。言不可復變）自一話一言，我則末惟成德之彥，以乂我受民。（言政當用一善，善在一言而已，欲其口無擇言。如此，則我終惟有成德之美，以治我所受之民）嗚呼，予旦已受人之徽言，咸告孺子王矣。（歎所受賢聖說禹湯之美言，皆以告稚子王矣）繼自今文子文孫，其勿誤于庶獄庶慎，惟正是乂之。（文子文孫，文王之子孫，從今已往，惟以正是之道治眾獄眾慎，無忽誤也）

又曰：成王既黜殷命，滅淮夷，還歸在豐，作周官。王曰：若昔大猷，制治于未亂，保邦于未危。（言當順古大道，制治安國，必于未亂未危之前思患預防之）曰：唐虞稽古，建官惟百，內有百揆四岳，外有州牧侯伯。（道堯舜考古以建百官，內置百揆四岳，象天之有五行；外置州牧十二及五國之長，上下相維，內外咸治。言有法）庶政惟和，萬國咸寧。（官職有序，故庶政惟和，萬國皆安，所以為治也）夏商官倍，亦克用乂。（禹湯建官二百，亦能用治，言不及唐虞之清要也）明王立政，不惟其官，惟其人。（言聖帝明王立政修教，不惟多其官，惟在得其人）王曰：嗚呼，凡我有官君子，欽乃攸司，慎乃出令，令出惟行，弗惟反。（有官君子，大夫已上，歎而戒之，使敬汝所司，慎汝出令，從政之本。令出必惟行之，不惟反改，若二三其令，亂之道）以公滅私，民其允懷。學古入官，議事以制，政乃不迷。其爾典常作之師，無以利口亂厥官。蓄疑敗謀，怠忽荒政，不學牆面，莅事惟煩。（積疑不決，必敗其謀；大道怠忽，必亂其政；人而不學，其由正牆面而立，臨政事必煩）

又君陳曰：惟爾令德孝恭，惟孝友于兄弟，克施有政。（言善父母者，必友于兄弟，能施其政令）命汝尹茲東郊，敬哉。圖厥政，莫或不艱，有廢有興，出入自爾師虞，庶言同則繹。（謀其政，無有不先慮其難，有所廢，有所起，出納之事，當用汝眾言度之，眾言同則陳而布之，禁其專也）有弗若于汝政，弗化于汝訓，辟以止辟，乃辟。（有不順於汝政，不變於汝教，刑之而懲止犯刑者，乃刑之）狃于姦宄，敗常亂俗，三細不宥。（習於姦宄，凶惡毀敗五常之道，以亂風俗之教，罪雖小，三犯不赦，所以絕惡源也）

論語曰：子禽問於子貢曰：夫子至於是邦也，必聞其政，求之與，抑與之與？子貢曰：夫子溫良恭儉讓以得之，夫子之求之也，其諸異乎人之求之與。

又曰：為政以德，譬如北辰居其所，而眾星拱之。

又曰：子貢問政，子曰：足食，足兵，民信之矣。

又曰：齊景公問政於孔子，孔子對曰：君君，臣臣，父父，子子。公曰：善哉！信如君不君，臣不臣，父不父，子不子，雖有粟，吾得而食諸？

又曰：子張問政，子曰：居之無倦，行之以忠。

又曰季康子問政於孔子孔子對曰政者正也子帥以正孰敢不正

又曰季康子問於孔子曰如殺無道以就有道何如孔子對曰子爲政焉用殺子欲善而民善矣君子之德風小人之德草草上之風必偃

又曰子路問政子曰先之勞之請益曰無倦

又曰子曰魯衛之政兄弟也

又曰衛君待子而爲政子將奚先子曰必也正名乎子路曰有是哉子之迂也奚其正子曰野哉由也君子於其所不知蓋闕如也名不正則言不順言不順則事不成事不成則禮樂不興禮樂不興則刑罰不中刑罰不中則民無所措手足故君子名之必可言也言之必可行也君子於其言無所苟而已矣

又曰葉公問政子曰近者說遠者來

又曰子夏爲莒父宰問政子曰無欲速無見小利欲速則不達見小利則大事不成

又曰無爲而治者其舜也與夫何爲哉恭己正南面而已矣

又曰子張問於孔子曰何如斯可以從政矣子曰尊五美屏四惡斯可以從政矣

太平御覽卷第六百二十二

治道部四

治政二

史記曰魯公伯禽初受封之魯三年而後報政周公周公曰何遲伯禽曰變其俗革其禮喪三年然後除之故遲太公亦封於齊五月而報政周公曰何疾也曰吾簡其君臣禮從其俗爲也及後聞伯禽報政遲乃歎曰嗚呼魯後世其北面事齊矣夫政不簡不易民不近平易近民民必歸之

又曰齊威王召即墨大夫而語之曰自子之居即墨也毀日至然吾使人視即墨田野辟民人給官無留事東方以寧是子不事吾左右以求譽也封之萬家召阿大夫語曰自子之守阿譽日聞然使人視阿田野不辟民人貧苦昔趙氏攻甄子弗能救衛取薛陵而子不知是子以幣厚吾左右以求譽也是日烹阿大夫及左右嘗譽者於是齊國震懼人人不敢飾非務盡其誠齊國乃大治

又曰公孫鞅西入秦因孝公寵臣景監以求見孝公孝公既見鞅語事良久孝公時睡弗聽罷而去孝公怒景監曰子之客妄人耳安足用耶景監以讓鞅鞅曰吾說孝公以帝道其志不開悟後五日復求見鞅鞅復見孝公益愈然而未中旨罷而去孝公復讓監監亦讓鞅鞅曰吾說公以王道而未入也請復見鞅鞅復見孝公善之而未甚也罷而去孝公謂景監曰汝客善可與語矣鞅曰吾說孝公以霸道其意欲用之矣誠復見我我知之矣鞅復見孝公公與語不自知膝之前於席也語數日不厭景監曰子何以中吾君吾君之驩甚也鞅曰吾說君以帝王之道而吾君曰久遠吾不能待安能邑邑待數十百年而成王道之業乎故吾以強國之術說君君說之然亦難以比德於殷周矣

漢書曰曹參相齊召長老諸先生問以安集百姓而齊故諸儒以百數言人人殊參未知所定聞膠西有蓋公善治黃老使人厚幣請之既見蓋公蓋公爲言治道貴清靜而民自定推此類具言之參於是避正堂舍蓋公焉其治要用黃老術故相齊九年齊國安集大稱賢相及參去齊屬其後相曰以齊獄市爲寄愼勿擾也後相曰治無大於此乎參曰不然夫獄市者所以并容也今君擾之姦人安所容乎吾是以先之

又曰陸賈時時說詩書高帝罵之曰乃公居馬上得之安事詩書賈曰馬上得之寧可以馬上治乎且湯武逆取而順守文武並用長久之術也昔者吳王夫差智伯極武而亡(夫差吳王闔閭子也好用兵卒爲越所滅智伯晉卿也攻趙襄子襄子與韓魏反而喪之)秦任刑法不變卒滅趙氏(秦之先封於趙)鄉使秦已并天下法先聖陛下安得而有之

又曰賈誼上疏曰夫仁義恩厚人主之芒刃也權勢法制人主之斤斧也

又曰夫三代之所長久者其已事可知也(已事已然之事)然而不能從者是不法聖智也秦世之所以亟絶者其轍迹可見也然而不避是後車又將覆也夫存亡之變治亂之機其要在是而已矣夫人之智能見已然不能見將然夫禮者禁於將然之前而法者禁於已然之後是知法之用易見而禮之所以爲至難知也若夫慶賞以勸善刑罰以懲惡先王執此之政堅若金石行此之令信如四時據此之公無私如天地耳豈顧不同哉(顧反也)爲人主計者莫如先審

取舍取舍之極定於內安危之萌應是外矣安者非一日而安也危者非一日而危也以禮義治之者積禮義以刑罰治之者積刑罰刑罰積而民怨背禮義積而民和親故世主欲民之善同而所以使民善者或異或道之以德教或敺之以法令道之以德教者德教洽而民氣樂敺之以法令者法令極而民風哀哀樂之感禍福之應也秦王之欲尊社廟而安子孫湯武同然而湯武廣大其德行六七百歲而不失秦王治天下十餘歲則大敗此亡他故矣湯武之定取舍審而秦王之定取舍不審也夫天下大器也今人之置器置諸安處則安置諸危處則危天下之情與器無以異在天子之所置之湯武置天下於仁義禮樂而德澤洽於禽獸草木廣裕累子孫數十世秦王置天下於法令刑罰德澤亡一有禍殃及身子孫誅絕此天下所共見也

又曰董仲舒對策曰夫人君莫不欲安存而惡危亡然而致亂危者甚衆所任者非其人而所繇由者非其道也是以政日以仆滅也夫周道衰於幽厲非道亡也幽厲不繇也至宣王明文武之功業周道粲然復興詩人美之上天佑之為生賢佐行善之所致也孔子曰人能弘道非道弘人故理亂興廢在於己非天降命也臣聞天之所大奉使之王者必有非人力所能致而自至者此受命之符也天下之人同心歸父母故天瑞應誠而至白魚入于王舟有火復于王屋流而為烏復歸也皆積善累德之效也及後世淫逸不能統理羣生廢德教而任刑罰刑罰不中則生邪氣邪氣積於下怨惡畜於上上下不和陰陽繆盭而妖孽生焉此災異所緣起也臣聞命者天之令也性者生之質也情者人之欲也或夭或壽或仁或鄙陶冶而成之不能粹美有治亂之所生故不齊也堯舜行德則民仁壽桀紂行暴則民鄙夭夫上之化下下之從上猶泥之在鈞唯甄者之所為猶金之在鎔惟冶者之所鑄綏之斯來動之斯和也

又曰董仲舒論時政曰為政不行甚者必變而更化之譬諸琴瑟不調必解而更張之當更張而不更張雖有良工不能善調也當更化而不更化雖有大賢不能善治也

又曰蕭望之上疏曰夫民函陰陽之氣函與含同有仁義欲利之心在教化之所助雖堯在上不能去民欲利之心而能令其欲利不勝其好義也雖桀在上不能去民好義之心而能令其好義不勝其欲利也故堯桀之分在於義利而已故道民不可不慎也

又曰匡衡上書言政治曰五帝不同樂三王各異教民俗

殊務所遇之時異也比年大赦而姦邪不為衰止蓋保民者陳之以德義示之以好惡觀其失而制其宜也朝廷者天下之楨幹也公卿大夫相與循禮恭讓則民不爭好仁樂施則下不暴上義高節則民興行寬柔和惠則衆相愛四者明王所以不嚴而成也。又曰元帝時京房問上曰幽厲之君何以危所任者何人也上曰君不明而所任者巧佞房曰知其巧佞而任之也將以為賢也上曰賢之房曰然則今何以知其不賢也上曰以其時亂而君危知之房曰若是任賢必治不肖必亂必然之道也幽厲何不覺寤而更求賢曷為卒任不肖以至於是上曰臨亂之君各賢其臣令皆覺寤天下安得危亡之君房曰齊桓公秦二世亦嘗聞此二君而非笑之然則任豎刁趙高政治日亂盜賊滿山何不以幽厲之王而覺寤乎上曰唯有道者能

以往知來耳房因免冠謝曰春秋記二百四十二年灾異
以示萬世之君今陛下即位已來日月失明星辰錯行山
崩泉湧地震石隕夏霜冬雷水旱螟蟲民人飢疫盜賊不
禁刑人滿市春秋所記灾異盡備陛下視今爲治耶爲亂
耶上曰亦極亂耳尚何道房曰今所任者誰歟上曰然幸
其瘉於彼又以爲不在此人也（瘉與愈同愈勝也謂其勝於彼也）房曰夫
前世之君亦皆然矣臣恐後之視今猶今之視前也
後漢書曰桓譚上疏曰國之廢興在於政事得失由乎輔
佐有國之君俱欲興化建善然而治道未洽者所謂賢者
要也且設法禁者非能盡塞天下之姦皆合衆人之欲也
大底取便國利民多者則可矣夫張官置吏以理萬民懸
賞設罰以別善惡惡人誅傷則善人蒙福矣
魏志曰袁渙字曜卿爲梁相每勑諸縣曰世治則禮備世

亂則禮簡方今難以禮化在吾所以爲政
又曰太祖破袁氏領冀州牧辟崔琰爲別駕從事請琰曰
昨案戶籍可得三十萬衆故爲大州也琰曰今天下分崩
九州幅裂二袁兄弟親尋干戈冀方蒸庶暴骸原野未聞
王師仁聲先路存問風俗救其塗炭而較計兵甲唯此爲
先豈彼州士女所望於明公哉太祖改容謝之
晉書武帝初受禪駙馬都尉傅玄上疏曰先王之治天下
也明其大教長其義節道化行於上清議隆於下上下相
奉人懷義心亡秦蕩滅先王之制以法術相御而義心亡
矣近者魏武好法術而天下貴刑名魏文慕通達而天下
賤守節其後綱維不攝而虛無放誕之論盈於朝野使天
下無復清議而亡秦之獘復發焉
崔洪春秋前凉録曰張天錫時小府長史紀瑞上疏論時
政曰臣聞東野善馭而敗其駕秦氏富強而覆其國馬力
已盡求之弗休人旣勞竭役之無已故也造父之御不盡
其馬虞舜之治不窮其人故造父無失御虞舜無失人
唐書曰魏徵上疏曰君人者誠能見可欲則思知足以自
誡將有作則思知止以安人念高危則思冲謙而自牧懼
驕滿則思江海下百川樂盤游則思三驅爲度恐懈怠則思
愼始而敬終慮擁塞則思虛心以納下想讒邪則思正身
以黜惡恩所加則思無喜以謬賞罰所及則思無怒以濫
刑然後簡能而任擇善而從之智者盡其謀勇者竭其力
仁者播其惠信者効其忠文武爭馳在君無事可以盡豫
遊之樂可以養松喬之壽鳴琴垂拱不言而化何必勞神
苦思代下司職役聰明之耳目虧無爲之大道也
又曰陳子昂上書言政理曰元氣者天地之始萬物之母

王政之大端也天之道莫大乎陰陽萬物之尊莫大乎黔
首王政之貴莫大乎安人故人安則陰陽和則天地平而
元氣正矣是以古先帝王見人之通於天地天人相感陰
陽相和災害之所不生嘉祥之所以作也遂則象於天則
成於地輔相天地之宜以左右民於是養成羣生奉順天
德故人得安其俗樂其業甘其食美其服陰陽大和元氣
已正天地降瑞風雨以時矣
又曰景雲二年監察御史解琬陳時政曰臣聞國之安危
在於爲政若爲政以法雖暫安而必危爲政以德雖不便
而終治夫法者智也智所謂權且道可以長久陛下登位
今已逾年上封事者多言明聖述太平或曰功巍巍德赫
赫非唯不裨於政化亦乃陛下之猒聞臣以爲當今風俗
未甚振理政令未息煩勞陰陽未調和帑藏未充物流離

者尚相望於道路犯禁者猶繼踵於牆牢耳未聞康哉之聲目未覩太平之事且貞觀永徽之天下亦今日之天下相去幾何而風俗淳季相反由理之失也夫霸者任智失德與人故大偽緣生矣然巧智之士浮詭之徒智忠者為立身之階識仁義為百行之本託之以求進假之以取容口是而心非言同而意反明君哲后亦何盡能察哉趍競之吏巧知之人欲密網以為至公殊不知網密而犯者衆用苛細為勤事殊不知事細而擾愈煩賞貪冒以強能鄙貞正而孤介隨波浮沉者顯之以黠剛毅正直者目之曰愚歲月漸漬日致澆浮朴散淳離流宕忘反若不亟救其弊何由使風俗淳質厥人以康哉

太平御覽卷第六百二十三

太平御覽卷第六百二十四

治道部五

政治三

管子曰：國有四維，一維絶則傾，二維絶則危，三維絶則覆，四維絶則滅。傾可正，危可安，覆可起，滅不可復措也。四維：一曰禮，二曰義，三曰廉，四曰恥。

又曰：政之所行，在順民心；政之所廢，在逆民心。民惡憂勞，我佚樂之；民惡貧賤，我富貴之；民惡危墜，我存安之；民惡滅絶，我生育之。

又曰：凡牧民者，使士無邪行，女無淫事。士無邪行，教也；女無淫事，訓也。教訓成俗而刑罰省也。

又曰：善為國者，使民若飢魚之歸餌，渴馬之走飲。

又曰：堯舜之民非生而治，桀紂之民非生而亂，故亂在上也。

又曰：聖人設度量，置儀法，如天地之堅，如列星之固，如日月之明，如四時之信，然故令往而民從之。

老子曰：治大國若亨小鮮，烹小鮮不敢撓，恐其糜也。治國煩則亂，治身煩則精神散。以道蒞天下者，其鬼不神。以道德治天下，則鬼不敢見其精神以犯人也。

又曰：聖人虛其心，實其腹，弱其志，強其骨，常使民無知無欲，使夫知者不敢為也。為無為，則無不治矣。

又曰：聖人無恒心，以百姓心為心。善者吾善之，不善者吾亦善之；信者吾信之，不信者吾亦信之。欲善信者吾因而善信之，不善信者吾亦以善信教之。聖人在天下，慄慄為天下渾其心，聖人治天下常慄慄，心同渾用，心皆為天下。百姓皆注其耳目，聖人皆孩之。百姓須注耳目以觀聽聖人，聖人視百姓如嬰兒。

又曰：以政治國，以奇用兵，以無事取天下。以政教治國。以奇計用兵，皆不可以取天下，治道惟無事。吾何以知天下其然哉？以此。以此下文知之。天下多忌諱而民彌貧，國多忌諱，人失作業，故貧。人多伎巧，奇物滋起，法令滋章，盜賊多有。法令益明，竊盜為姦，盡成盜賊。故聖人云：我無為而民自化，我無事而民自富，我好靜而民自正，我無欲而民自朴。

老子曰：其政悶悶，其民淳淳；其政察察，其民缺缺。

文子曰：水濁則魚噞，政苛則民亂。

墨子曰：葉公子高問政於仲尼曰：善為政者若何？對曰：善為政者，遠者近之，而舊者親之。墨子聞之曰：葉公子高未得其問也，仲尼亦未得其對也。

孟子曰：為高必因丘陵，為下必因川澤，為政必因先王之道。

孫卿子曰：魯有子訟父者，康子曰：殺之。孔子曰：不教而誅之，是虐殺不辜。三軍之敗不可誅也，獄犴不治不可刑也。上陳教而先服之，則百姓從風矣。先教而後刑，則民知

罪矣。夫一仞之牆，民不能踰；百仞之山，童子升而遊焉，陵遲久矣。能謂民弗踰乎？訟者聞之，乃請無訟。

莊子曰：至德之世，山無蹊隧，澤無舟梁，鳥鵲之巢可攀援而闚。

又曰：聞在宥天下，不聞治天下。在之者，恐天下之淫其性也；宥之者，恐天下之遷其德也。天下不淫其性，不遷其德，豈有治天下者哉？不淫不遷，無為守分，性既正矣，德又定焉，人皆治道，何勞布政，有治天下者哉。昔堯之治天下也，使天下欣欣焉人樂其性也，是不恬也；桀之治天下也，使天下瘁瘁焉人苦其性，是不愉也。夫不恬不愉，非德也。非德而可長久者，天下無之也。

又曰：黃帝將見大隗于具茨之山，適遇牧馬童子，問塗焉，曰：若知具茨之山乎？曰：然。若知大隗之存乎？曰：然。黃帝曰：異哉小童！非徒知具茨之山，又知大隗之所存。請問為天

下小童曰夫爲天下者亦奚以異乎牧馬哉亦去其害馬而已矣

又曰黄帝立爲天子十九年令行天下聞廣成子在崆峒之上故往見之曰吾欲取天地之精以佐五穀以養民人又欲官陰陽以遂羣生爲之柰何廣成子曰而所欲問者物之質也而所官者物之殘也自而治天下雲氣不待族而雨草木不待黄而落日月之光益以荒矣而佞人之心翦翦者又奚足以語至道哉翦翦狹劣貌

尸子曰范獻子泛於河大夫皆在君曰孰知欒氏之子大夫莫荅舟人清涓捨檝荅曰君奚問欒氏之子若脩晉國之政内得大夫外不失百姓雖欒氏之子其若君何若不脩晉國之政内不得大夫而外失百姓則舟中之人皆欒氏子也君曰善○申子曰明君治國而晦晦而行行而止

故一言正而天下定一言倚而天下靡商君書曰善治者使跖可信不能治者使伯夷可疑

韓子曰或曰景公不知用勢師曠晏子不知除患夫獵者託車輿之安用六馬之足使王良佐轡則身不勞而易及輕獸國者君之車勢者君之馬不乘君之車不因馬之利釋車而下走者也故曰景公不知用勢之主師曠晏子不知除患之臣也

又曰桓公謂管仲曰官少而索者衆索求也寡人憂之管仲曰君無聽左右之請因能而授禄因功而與官人莫敢索君何憂焉

又曰夫堯舜在上位雖有十桀紂不能亂者勢治也桀紂在上位雖有十堯而不能治者勢亂也

又曰故善毛嬙西施之美無益吾面用脂澤粉黛則倍其初明法度必賞罰則國富而治法度賞罰者國之脂澤粉黛也

孔叢子曰夫子適齊晏子就其館既燕而私焉曰齊其危夫譬若載無轄之車以臨千仞之谿其不顛覆亦難冀也子吾心也以齊爲遊息之館當或可救子幸不吾隱也夫子曰死病不可爲醫夫政令者人君之銜轡所以制下也今齊君失之已久也子雖欲挾其輈而扶其輪良弗及也抑猶可以没齊君及子身過此而往齊其田氏矣

又曰定公問曰周書所謂庸庸祗祗畏畏顯民何謂也孔子曰不失其道明之於民之謂也夫能用可用則政治矣敬可敬則尚賢矣畏可畏則省刑矣人君審此三者明以示民而國不興未之有也

又曰哀公問書稱夔曰於予擊石拊石百獸率舞庶尹允諧何謂也孔子對曰此言善政之化乎物也古之帝王功成作樂其功善者樂和樂和則天地且猶應之況百獸乎夔爲帝舜樂正實能以樂盡治理之情公曰然則政之大本莫尚夔乎孔子曰夫樂所以歌其成功非政之本也衆官之長信既咸熙然後樂乃和焉

又曰孔子之衛衛將軍文子問曰吾聞魯公父氏不能聽獄信乎孔子荅曰不知其不能也夫公父氏之聽獄有罪者懼無罪者恥文子曰有罪者懼聽之察刑之當也無罪者恥何乎孔子曰齊之以禮則民恥矣刑以止刑則民懼矣文子曰今齊之以刑刑猶弗勝何禮之齊孔子曰以禮齊民譬之於御則轡也刑以齊民譬之於銜則鞭也執轡於此而動於彼御之良也無轡而用策則馬失道矣文子曰以御言之左手執轡右手運用不亦速乎若任轡無

策馬何懼哉子曰吾聞古之善御者執轡如組兩驂如舞非策之助也是以先王盛於禮而薄於刑故民從命也廢禮而尚刑民弥暴矣

又曰子思問於夫子曰亟問夫子之詔正俗化民之政莫善於禮樂也管子任法以治齊而天下稱仁焉是法與禮樂異用而同功也何必但禮樂哉子曰堯舜之化百世不輟仁愛之風遠矣管仲之智足以定法材非管氏而專滋終必亂成矣

又曰孟軻問子思曰堯舜文武之道可力而致乎子思曰彼人也我人也稱其言履其行夜思之晝行之滋滋焉汲汲焉如農之趍時商之趍利惡有不致者乎

又曰穆公問子思曰吾國可興乎子思曰可公曰爲之柰何對曰苟君與大夫慕周公伯禽之治行其政化開公家

之惠杜私門之利結恩百姓脩禮鄰國其興也勃矣

又曰衛君問子思曰寡人之政何如答曰無非君曰寡人不知其不肖亦望其如此也子思曰希旨容媚則君親之中正弼非則君疏之夫能使人富貴貧賤者君也在朝之士孰肯舍其所以見親而取其所以見疏乎是故競求射君之心而莫有非君之者此臣所謂無非也公曰然乎寡人之過也今知改矣答曰君弗能焉口順而心不懌者臨事必疵君雖有命臣未敢受也

又曰信陵君問曰古之善爲國至於無訟其道何由答曰由乎政善也上下勤德而和德無不化俗無不和衆之所譽政之所是也衆之所毁政之所非也毁譽是非與政相應所以無訟也

又曰子順相魏改嬖寵之官以事賢才奪其不任之祿以賜有功諸喪職者不悅造謗言文咨以告且曰夫不善前政而有成孰與變之而起謗哉子順曰民之不可與慮始久矣古之善爲政者其初不能無謗子産相鄭三年而後謗止吾先君之相魯三月而後謗止今吾爲政日新雖不及聖賢庸知謗止獨無時乎文咨曰子産之謗嘗亦聞之未識先君之謗何也子順曰先君初相魯魯人頌曰麛裘而芾投之無戾芾而麛裘投之無郵及三月政化既行民又作頌曰衮衣章甫實獲我所章甫衮衣惠我無私文咨喜曰乃今知先生不異乎聖賢矣

又曰新垣固謂子順曰賢者所在必興化致治今子相魏未聞異政而即自退其身者志不得乎何去之速也答曰以無異政所以自退也且死病無良醫今秦有吞食天下之心以義事之故不獲安救亡不暇何化之興昔伊摯在

夏呂望在商而二國不治豈伊呂之不欲哉勢不可也

又曰尹曾謂子魚曰子之讀先王之書將奚以爲答曰爲治世世治則助之行道世亂則獨治其身治之至也

又曰建初元年大旱天子憂之問羣臣政教得失子豐乃上疏曰臣聞爲不善而災報得其應也爲善而災至遭時運之會耳非政所治也昔成湯遭旱因自責省畋散積減御損膳而大有年意者陛下未爲成湯之事焉天子納其言

淮南子曰治國者若耨田去害苗而已今沐者墮髮而猶爲之不已以其所去者少所利者多

又曰聖主之治也猶造父之御也和輯乎轡銜之際而緩急乎脣吻之和正度乎胷臆之中而執節乎掌握之間內得於中心而外合於馬志是故能進能退履繩而還曲中

覘取道致遠而氣力有餘誠得其術也是權勢者人主之車輿也大臣者人主之四馬也體離車輿之安而手失四馬之心能無危者古今未之聞也是故輿馬不調王梁不能以取道理君臣不和唐虞不能爲治執術以御之則管晏之知盡矣明分以視之則跖蹻之姦止矣

又曰惠子爲惠王爲國法（惠王梁惠王也惠子惠王師也）已成而示之諸先生（示爲國法）先生皆善之奏之惠王惠王甚說之以示翟璜曰善惠王曰善可行乎翟璜曰不可惠王曰善而不可行何也翟璜對曰今夫擧大木者前呼邪許後亦應之此擧重勸力之歌也豈無鄭衛激楚之音哉然而不用者不若取是其宜也治國者禮不文辯故老子曰法令滋章盜賊多有此之謂也

又曰田駢以道術說齊王齊王應曰寡人之治齊國也道術難以除患願聞國之政田駢對曰臣之言無政而可以爲政譬之若林木無林而可以爲林願王察其所謂而自取齊國之政焉已雖無除其患天地之間六合之內可陶冶而變化也齊國之政何足問哉

又曰昔者五帝三王之莅政施教必用參五何謂參五仰取象於天俯取度於地中取法於人乃立明堂之朝行明堂之令（明堂布政之宮有十二月之政令）以調陰陽之氣而和四時之節以辟疾病之菑俯視地理以制度量察陵水澤肥墽高下之宜立事生財以除飢寒之患中之考乎德以制禮樂行仁義之道以治人倫而除暴亂之禍乃澄列金木水火土之性（湛澄）故立父子之親而成家別清濁五音六律相生之數以立君臣之義而成國察四時季孟之序立長幼之禮而成官此之謂參制君臣之義父子之親夫妻之辯長幼之

序朋友之際此之謂五乃裂地而州之分職而治之築城而君之割宅而異之分財而衣食之立太學而教誨之夙興夜寐而勞力之此治之紀綱也然得其人則擧失其人則廢

又曰天地之生物也有本末其養物也有先後人之於治國也豈得無終始故仁義者治之本也今不知事脩其本而務治其末是釋其根而灌其枝也且法之生也以輔仁義重法而弃義是貴其冠履而忘其頭足也故仁義者爲厚定者也不益其基而張其廣者毀不益其基而增其高者覆趙政不增其德而累其高故滅智伯不行仁義而務廣地故亡

國語曰不基其楝不能任重重莫若國楝莫若德國主之有民也猶城之有基木之有根根深即本固基美則上寧

又曰禹以夏王桀以夏亡湯以殷王紂以殷亡非法度不存也紀綱不張而風俗壞也三代之法不亡而世不治者無三代之智也六律具存而莫能聽者無師曠之耳也故法雖在必待聖而後治律雖具必待耳而後聽故國之所以存者非以有治也以有賢人也其所以亡者非以無法也以無聖人也

又曰治國譬若張瑟大絃緪（緪急也）則小絃絕矣故急轡數策者非千里之御也清聲不過百里無聲之聲施於四海是故祿過其功者損名過其實者蔽情行合而名副之禍福不虛矣身醜夢不勝正行國有妖祥不勝善政

太平御覽卷第六百二十四

治道部六

貢賦上

家語曰哀公問政於孔子孔子對曰政之急者莫大乎使民富且壽也公曰爲之柰何孔子曰省力役薄賦斂則民富矣敦禮教遠罪戾則民壽矣

又曰子貢問於孔子曰昔者齊君問政於夫子夫子曰政在節財魯君問政於夫子夫子曰政在諭臣葉公問政於夫子夫子曰政在悅近而來遠三者之問一也夫子應之不同然則政有異端乎孔子曰各因其事也齊君爲國奢于臺榭淫于苑囿伎樂不解於時一旦而賜人以千乘之家者三故曰政在節財魯君有三人孟孫叔孫季孫內比周以愚其君外鄰諸侯之賓以蔽其明故曰政在諭臣夫荆之地廣而教狹民有離心莫安其居故曰政在悅近而來遠此三者皆所以爲政

又曰閔子騫爲費宰問政於孔子孔子曰以德以法夫德法者御民之具猶御馬之銜勒也子騫曰敢問古之政孔子曰古之政者天子以內史爲左右手內史掌手八柄及敘事之爰納以詔王聽治以德爲銜勒以百官爲轡以刑罰爲策以萬民爲馬故御天下數百年而不失善御馬者正銜勒齊轡策善御民者一其德法正其百官刑不用而天下治

又曰子游問於孔子曰子極言子產之惠可得聞乎孔子曰惠在愛民而已子游曰愛民之謂德教何翅於惠哉孔子曰夫子產者猶衆人之母也食之弗能教也子游曰其事可言乎孔子曰子產以其乘車濟冬涉者是愛而無教也○又曰孔子謂宓子賤曰子治單父衆悅子何施而得之對曰不齊之治也父恤其子其子恤諸孤而哀喪紀孔子曰善小節也小民附矣猶未足也曰不齊所父事者三人所兄事者五人所友事者十一人孔子曰父事三人可以教孝矣兄事五人可以教悌矣友事十一人可以舉善矣中節也中節人附矣猶未足也曰此地民有賢於不齊者五人不齊事之而禀度焉皆教不齊所以治之之道孔子歎曰其大者乃於此乎有矣

又曰孔子初仕爲中都宰中都魯邑名也爲養生送死之節長幼異食如五十異糧強弱異任謂力作之事各從所任弱因他男女別塗路不拾遺器不雕僞市不二價如各其貨不相欺誑爲四寸棺五寸槨因丘陵爲墳不封不樹行之一年而四方諸侯皆則焉

又曰宓子賤者仕魯爲單父宰恐魯君聽讒使已不得行其政於是辭行故請君之近吏二人與之俱至官令二吏書方書輒掣其肘書不善則從而怒之二吏患焉辭請歸魯子賤曰子之書不善子勉歸之矣二吏歸報於君曰宓子賤使臣書而掣臣肘書惡而又怒臣邑吏皆笑之此臣所以去之而來也魯君以問孔子孔子曰宓不齊君子也其才任霸王之佐屈節而治單父將以自試意者宓子以此諫乎公寤太息曰此寡人之不肖也寡人亂宓子之政而責其善者數矣微二吏則寡人無以知過微夫子則寡人無由自寤遽發所愛之使告宓子曰自今以往單父非魯有也從子之制有便於人者子決之五年一言其要宓子敬奉詔遂得行其政於是單父治焉躬敦厚明親親尚篤敬施至仁加懇誠致忠信百姓化之

又曰孔子兄之子孔蔑者與宓子賤皆仕孔子往過孔蔑而問之曰自子之仕何得何亡對曰未有所得而亡者三王事

若聾（聾宜爲襲言前後相因襲）學焉得習（言不得學習也）是學不得明也奉祿少饘粥不及親戚是骨肉益疎也公事多急不得弔死問疾是朋友道闕也其亡者三即謂此也孔子不悅往過子賤問如孔蔑對曰自來仕無所亡而所得者三始誦之今得而行之是學益明也奉祿所供被及親戚是骨肉益親有公事而兼以弔死問疾是朋友信篤也孔子喟然謂子賤曰君子哉若人（若人猶是人也）魯無君子於焉取斯

國語曰齊桓公親逆管仲于郊而與之坐問焉曰昔吾先君襄公築臺以爲高位（居高臺以自尊）田狩畢弋不聽國政卑聖侮士而唯女是崇九妃六嬪（正適稱妃言九者尊之妙一明其淫侈非禮制也嬪嬪之屬皆稱嬖婦官也）陳妾數百（陳列）食必粱肉衣必文繡戎士凍餒戎車待遊車之裂戎士待陳妾之餘（戎車兵車遊車遊戲之車裂殘也）優笑在前賢材在後（優笑倡俳也）是以國家不日引不月長（引申長益）恐宗社不掃除社稷不血食敢問爲此若何（爲治）管子對曰昔吾先王昭王穆王世法文武遠績以成名（周管之先績功也言昭王雖有所闕猶能世法文王武王之典以成其功名也）合羣叟比校民之有道（合會叟老比方校考）也謂考其德行道藝而興賢設象以爲民紀式權以相應（式用也權平也治正用民使平均相應）比綴以度（比其衆寡綴連也連失也度法也）端本肇末（端等肇正也謂先等其本以正其末）勸之以賞賜糾之以刑罰班序顛毛以爲民紀統（班次序列顛等也毛髮也統經也言次列使長幼有序以爲治民之經紀也）桓公曰爲之若何管子對曰昔者聖王之治天下也參其國而伍其鄙（參三國也也郊以內也伍伍也鄙郊以外謂三分國都以爲三軍五分其鄙以爲五屬聖王謂若湯武）定民之居成民之事（使四民各居其職若公就官府農就田野所以成其事）陵爲之終（以爲葬地）而愼用其六柄焉（柄本六柄生殺貧富貴賤）

又曰齊桓公問管仲曰國安矣吾欲事於諸侯其可乎管子對曰未可君若正卒伍脩甲兵（周禮五人爲五百人爲卒今管子亦以五人爲五而以二百人爲卒）則大國亦將正卒伍脩甲兵則難以速得志矣君有攻伐之器小國諸侯有守禦之備則難以速得志矣君若欲速得志於天下諸侯則事可以隱令可寄政（事或事隱）（匿寄託也匿軍令託於國政若有征伐鄰國不知）桓公曰爲之若何管子對曰作內政而寄軍令焉（內政國政因治正以寄軍令）桓公曰善管子於是制國五家爲軌軌爲之長（軌中一人爲之長）十軌爲里里有司（爲立有司）四里爲連連爲之長十連爲鄉鄉有良人焉（良人鄉士爲大夫也）又以爲軍令（爲軍常令）五家爲軌故五人爲伍軌長帥之（居則爲軌出則爲伍所謂寄政）十軌爲里故五十人爲小戎里有司帥之（小戎兵車此有司之所乘故曰小戎詩云小戎俴收古者戎車一乘步卒七十二人今齊五十人）四里爲連故二百人爲卒連長帥之十里爲鄉故二千人爲旅鄉良人帥之五鄉一帥故萬人爲一軍五鄉之帥帥之（五鄉每一軍有五鄉也鄉一帥也萬人爲軍齊制也周則萬二千五百人爲軍帥長）三軍故有中軍之鼓有國子之鼓有高子之鼓春以搜振旅（春田日搜旅整衆也周禮仲春教振旅遂以搜田）秋以獮治兵（秋田日獮周禮仲秋教治兵遂以獮田也）是故卒伍整於里軍旅整於郊內教既成令勿使遷徙（遷徙猶改更）伍之人祭祀同福死喪同恤（恤憂）禍災共之人與人相疇（疇匹）世同居少同遊故夜戰聲相聞足以不乖晝戰目相見足以相識其歡欣足以相死（致死以相救）居同樂行同龢（與和同）死同哀是故守則同固戰則同強君有此士也三萬人方行於天下（方橫）以誅無道以屏周室（屏蕃）天下大國之君莫之能禦（禦當）

又曰晉文公元年春屬百官賦職任功（屬會賦授也職事任有功）弃責薄斂施舍分寡（弃責除宿責也施施德也舍舍禁也分寡分少財也）救乏振滯匡困資無（救乏之絕振拯滯淹之士匡正困窮之人資無財與無）輕關易道通商寬農（輕關輕其稅易道除盜賊通商利旅寬農寬其政不奪其時）茂穡勸分省用足財（茂勉稼穡也勸有分無也省減國用足財備凶年）利器明德以厚民性（利器用明德教厚民性厚其性情也）舉善

授能官方定物（方常物事士其常官以定百事）正名育類（正名正上下服位之名育類長育善類）昭舊族（昭明舊臣有功者之善）愛親戚明賢良（明顯）尊貴寵（國之貴臣尊禮之）賞功勞事耈老禮賓旅（賓客羈旅）友故舊（故舊公子時）胥籍狐箕欒郤栢先羊舌董韓寔掌近官（舊十一姓晉之舊族近官朝廷）諸姬之良掌其中官（諸姬同姓中官內官）異姓之能掌其遠官（遠官縣鄙）公食貢大夫食邑士食田（受公田）庶人食力（各由其力）工商食官（工百工商官賈周禮府藏皆有賈人以知物賈食官官稟之）皂隸食職（士臣皂皂臣輿輿臣隸食職名以其職大小食祿也）官宰食加（官宰家臣加大夫之加田也論語原憲爲之宰）政平民阜（阜安）財用不匱

呂氏春秋曰吴起行魏武侯自送之絶河謂吴起曰先生將何以治之西河對曰以忠以信以勇以敢武侯曰四者足矣請以四者恃先生

又曰宓子賤治單父彈鳴琴身不下堂而單父治巫馬期以星出以星入日夜不居以身親之而單父亦治巫馬期

問其故於宓子宓子曰我之謂任力任力者固勞任人者固逸子則君子矣

又曰使民無欲上雖賢不用失無欲者其視爲天子與爲輿隸同彭祖與殤子同天子至貴也天下至富也彭祖至壽也誠無欲則三者不足勸故人之欲多者其可得用亦多也人之欲少者其可得用亦少也無欲者不可得而用之善爲上者能令人欲無窮故人亦可得用而無窮然欲不正以治身則夭以治國則亡羣狗相與居皆靜投以炙雞則相與爭或折其骨或絶其筋爭術在也凡治國令其民爭行義也亂國令其民爭不義也強國令其民爭樂用也弱國令其民競不用也

又曰桀紂以去之之道致之罰雖重刑雖嚴何益大寒民煖是利熱在上民清是利走故民無常處見利則去欲爲天子者民之所走不可不察今之世至寒矣至熱矣而民無走聚則行鈞也（爭於暴亂）民無走則王者廢矣暴君幸矣民絶望矣

家語曰子路治蒲三年孔子過之入其境三稱善孔貢執轡而問其善可得聞乎孔子曰吾入其境田疇盡易草萊甚辟溝洫深濬此恭敬以信故其民盡力入其邑墉屋宅固樹木甚茂此其忠信而寬故其民不偷也至其庭甚清閑諸不用命此其言明察以斷故其政不擾也以此觀之雖三稱善庸盡其美乎

太平御覽卷第六百二十五

太平御覽卷第六百二十六

治道部七

貢賦下

漢書曰孝文時晁錯説上令人入粟得以拜爵邊食足支五歲可令入粟郡縣足支一歲已上可時赦勿收農人租如此德澤加於萬人帝從之後天下充實乃下詔曰農天下之本務莫大焉今勤身從事而有租稅之賦是謂本末者無以異也（本農也末賈也言農與賈俱出租無異也）於勸農之道未備其除田之租稅

又曰董仲舒説上曰古者稅人不過十一其求易供使人不過三日其力易足秦用商鞅之法加月爲更卒已復爲正卒一歲屯戍一歲力役三十倍於古（更卒謂給郡縣一月而更者也正卒謂給中都官者率計令人一歲之中屯戍及力役之事三十倍多於古也）田租口賦鹽鐵之利二十倍於古（秦賣鹽鐵貴故下人受其用也既收田租又出口賦而官更奪鹽鐵之利率計一歲之中失其資二十倍多於古也）或耕豪人之田見稅十五故貧人常衣馬牛之衣而食犬彘之食

又曰倪寬爲左内史勸農業緩刑獄卑體下士務在於得民心收租稅時裁闊狹與民相假貸（爲有貧弱及農要之時不即徵收也）以故租多不入後有軍發左内史以負租課殿當免皆恐失之大家牛車小家擔負輸租繈屬不絕課吏以最上上由此愈奇寬

又曰元鳳中詔曰夫穀賤則傷農今三輔太常穀減賤（減猶少也）其令以菽粟當今年賦租稅元年初詔曰天下以農桑爲本日者省用罷不給官減外繇耕桑者益衆而百姓未能家給朕甚愍焉其減口賦錢有司奏請減什三上許之

後漢書曰建武中田租三十稅一有產子者復以三年之筭明帝即位人無横徭天下安寧時穀尚貴尚書張林上書言穀所以貴由錢賤也可盡封錢一取布帛爲租以通天下之用從之

魏志曰太祖初平袁紹下令田租畝收粟四升戶絹二疋綿二斤餘不得擅興

晉書曰武帝平吴後制戶調之式丁男之戶歲輸絹三疋綿三斤女及次丁男爲戶者半輸諸邊郡或三分之二遠者三分之一夷人輸賨布戶一疋遠者或一丈不課田者輸義米戶三斛遠者五斗極遠者輸筭錢人二十八文

齊書曰高帝初竟陵王子良上表曰今所在穀價雖和而比室飢嗛縑纊雖賤駢門褁質而守宰務在裒刻圍桑品屋以准貲課致令斬樹發瓦以充重賦破人敗產貴利一時進違舊科退容姦利欲人康泰其可得乎

隋書曰初蘇威父綽在西魏時以國用不足爲征租稅之法頗稱爲重既而歎曰今所爲者正如張弓非平世也後之君子誰能施乎威聞其言每以爲已任至是威爲納言奏減賦役從輕典帝悉從之

又曰開皇元年陳平上御朱雀門觀凱旋因行慶賞頒給所費三百餘萬帝以江表初定給復十年自餘諸州並免當年租賦十二年有司上言庫藏皆滿帝曰朕既薄賦於人又大經賜（何用）得爾也對曰用處常出納處常入略計每年賜用至數百萬段曾無減損乃更開左藏之院構屋以受之詔曰既富而教方知廉恥寧積於人無藏府庫今年田租三分減一兵減半功調全免

唐書曰開元八年二月制曰頃者以庸調無憑好惡須准故遣作樣以頒諸州令其好不得過精惡不得至濫任土

作貢防源斯在諸州送物作巧生端苟欲副於斤兩遂即加其丈尺有至五丈爲疋者理甚不然闊尺八長四丈同文共軌其事久行立樣之時須載此數若求兩而加尺甚暮四而朝三宜令所司簡閱有踰於此年常例尺丈過多者奏聞

又曰開元二年十五年定令諸課户一丁租調准武德二年之制其調絹絁布並隨鄉土所出絁絹各二丈五尺輸絹絁者綿三兩輸布麻三斤其絹絁爲疋布爲端綿爲屯麻爲綟若當户不成疋端屯綟者皆隨近合成其調麻每年支料有餘折一斤輸粟一升與租同受

管子曰地之生財有時人之用力有倦人君之欲無窮以有時與有倦養無窮之君而度量不生於其間度量不生賦斂無限也則上下相疾也

又曰桓公伐楚濟汝水踰方城望汶山使貢絲於周室

列子曰周穆王大征西戎西戎獻昆吾之劒切玉如泥

又曰周王時西域國有山人來王爲中天之臺月月獻王衣旦旦薦王食王執山人之袪騰而上天

文子曰楚人檐山鷄路人問曰何爲也欺之曰鳳凰也路人請十金弗與倍乃與之將獻楚王經宿鳥死路人不惜其金唯恨不得獻國人傳之咸以爲真鳳遂聞楚王王感其貴買欲獻於己厚賜之過於買鳥之金十倍

舜子曰齊威王夫人死有十孺子薛公欲知王所立爲十王珥而美其一獻於王王以賦十孺子明日坐視美珥所在而勸以爲夫人也

孟獻子曰畜馬乘不察於雞豚伐冰之家不畜牛羊百乘之家不畜聚斂之臣與其有聚斂之臣寧有盜臣此謂國不以利爲利以義爲利也

孟子曰夏后氏五十而貢殷人七十而助周人百畝而徹其實皆什一也徹者徹也助者藉也詩曰雨我公田遂及我私唯助爲有公田由此觀之雖周亦助也

又曰尊賢使能則天下之士皆悅而願立於其朝矣市廛而不征則天下之商皆悅而願藏於其市矣廛市宅也古無征衰世征之王制曰市廛而先稅周禮曰國宅無征法而不廛者當以什一之法征其地耳不當征其廛宅也關譏而不征則天下之旅皆悅而願出於其路矣言關禁異服異語耳不征稅也周禮曰關市之賦司關門之征猶譏王制不征謂文王以前文王亦不征也耕者助而不稅則天下之農皆悅而願耕於其野矣助者井田什一助佐公家治公田不横稅賦若履畝之稅廛無夫里之布則天下之人皆悅而願爲之氓矣里居也布錢也夫一夫也周禮曰宅不毛者出里布田不耕者有屋粟凡人無職事者出夫家之征衰代緣是之重故孟子欲反則寛夫去里布則人皆樂之人

○白圭問孟子曰吾欲二十而取一何如孟子曰子之道貊道也萬室之國一人陶則可乎曰不可器不足用也夫貊五穀不生唯黍生之無城郭宮室宗廟祭祀之禮諸侯幣帛饔飧無百官有司故二十取一而足也今居中國去人倫無君子如之何其可也

孫武曰夫帝王處四海之内居五千里之中焉能盡專其利是以分建諸侯以其利而利之使食其土之毛實役其人民之力故賦稅無轉徙之勞徭役無怨曠之歎矣

新序曰楚人有獻魚楚王者曰獲魚食之不盡賣之不售棄之又惜故來獻之左右曰鄙哉辭也楚王曰子不知魚意其以此諭寡人也於是乃遣使恤鰥寡而存孤獨出倉粟發幣而賑不足罷去後宫不御者出人以鰥夫楚民欣欣大悅隣國歸之

荀悅論曰昔文帝十三年六月詔除人田租且古者十一

而稅以爲天下之中正今漢人田或百一而稅可謂鮮矣然豪富強人占田踰多其賦太半官收百一之稅而人輸豪家太半之賦官家之惠優於三代豪強之暴酷於亡秦是以惠不下通而威福分於豪人也今不正其本而務除租稅適足以資富強也

魚豢魏略曰漢陽嘉三年疏勒國王貢西海青石帶丹至

皇甫謐帝王世紀曰西王母慕舜德來獻白環及玦并貢益地圖

西京雜記曰初脩上林苑群臣遠方各貢合枝李者楊平

楊孚異物志曰橘爲樹白華而赤實皮既馨香裹又善味交阯有橘官一人秩三百石歲主貢御橘

雜望氣經曰黃白氣潤澤入翼四海有侯王來獻者天子賜四海之國入斬諸侯王者有獻車者出斬天子用車爲幣賜諸侯王

魏文帝與王朗書曰孫權重遣使稱臣奉貢明珠百箧黃金千鎰馴象二頭或牝或牡孔雀䳒鶡其他珍玩盈舟溢航千類萬品

太平御覽卷第六百二十六

太平御覽卷第六百二十七

治道部八

賦斂

周禮天官下掌皮曰掌秋斂皮冬斂革

又地官下旅師曰凡用粟春頒而秋斂之因時而施之斂時而斂之

委人掌斂野之賦斂薪芻凡疏材木材凡畜聚之物聚斂野賦物之以稍聚待賓客以甸聚待羈旅園圃山澤之賦凡疏材草木有實者凡畜聚之物瓜瓠葵芋禦冬之具也

又地官下曰掌染草掌以春秋斂染草之物以權量受之待時而頒之

禮記王制曰古者公田藉而不稅藉之言借也借民力而治田美惡取於此不稅民之所自治也孟子曰夏后氏五十而貢殷人七十而助周人百畝而徹則云古者古者謂殷時也市廛而不稅廛市物邸舍也關譏而不征譏異服識異言也征亦稅也

又太學曰百乘之家不畜聚斂之臣與其有聚斂之臣寧有盜臣

左傳宣上曰晉靈公不君厚斂以雕牆從臺上彈人觀其避丸者

又文下曰縉雲氏有不才子縉雲黃帝時官名貪于飲食冒于貨賄侵欲崇侈不可盈厭聚斂積實不知紀極不分孤寡不恤窮匱冒亦貪也盈滿也實財也天下之民以比三凶非帝子孫故別以比三凶謂之饕餮貪財爲饕貪食爲餮

穀梁傳文公曰天王使毛伯來求金求車猶可求金甚也

毛詩葛屨曰碩鼠刺重斂也國人刺其君重斂蠶食於民不脩其政貪而畏人若大鼠也碩鼠碩鼠無食我黍三歲貫女莫我肯顧逝將去女適彼樂土樂土樂土爰得我所

論語先進曰季氏富於周公孔子曰周公天子之宰卿士而求也爲之聚斂而附益之孔曰冉求爲季氏宰爲之急賦稅子曰非吾徒也小子鳴鼓而攻之可也鄭曰小子門人也鳴鼓聲其罪以責之也

春秋繁露曰木有變春彫冬榮秋水春多雨此徭役衆賦斂重百姓貧窮道多飢人救者省徭役薄賦斂出倉穀振困窮

韓詩外傳曰晉平公藏寶之臺燒士大夫聞者皆趍車馳馬救火三日三夜乃勝之公子晏獨奉束帛而賀曰臣聞王者藏於天下諸侯藏於百姓農夫藏於囷庾商賈藏於篋櫝今百姓困乏於外而賦斂無已昔桀紂殘賊爲天下戮今皇天降災於藏臺是君之大福也

漢書曰秦爲亂政虐刑殘滅天下北爲長城之役南有五嶺之戍外內騷動百姓罷敝頭會箕斂家家箕頭數出穀以箕斂之也以供軍費財匱力盡

又曰入物者補官出貨者除罪選舉陵夷廉恥相冒武力進用法嚴令具興利之臣自此而始

又曰衛青比擊胡賦稅既竭不足以奉戰士有司請令民得買爵及贖禁錮減罪置賞官名曰武功爵

又曰孝武時山東被水災民多飢乏於是天子遣使虛郡國倉廩以振貧猶不足又募豪富人相假貸貧而富商賈或滯財役貧轉轂百姓不佐公家之急黎民重困是時禁苑有白鹿而少府多銀錫有司言曰古者皮幣諸侯以聘享金有三等黃金爲上白金爲中赤金爲下乃以白鹿皮方尺緣以繢爲皮幣直四十萬王侯宗室朝覲聘享必以皮幣薦璧然後得行

又曰東郭咸陽孔僅爲大農丞師古曰姓東郭名咸陽姓孔名僅二人也領鹽鐵事而桑弘羊貴幸咸陽齊之大煮鹽孔僅南陽大冶皆

致產累千金弘羊洛陽賈人之子以心計故三人言利析秋毫矣其明年大將軍驃騎大出擊胡賞賜五十萬金是時財匱戰士頗不得祿矣大農上鹽鐵丞孔僅咸陽言山海天地之藏宜屬少府陛下弗私以屬大農佐賦願募自給費因官器作鬻鹽官與牢盆（蘇林曰牢價直今世人言顧手牢）浮食奇民欲擅斡山海之貨以致富羨役利細民除故鹽鐵家富者爲吏吏益多賈人矣商賈以幣之變多積貨逐利於是公卿言郡國頗被災害貧民無產業者募徙廣饒之地陛下損膳省用出禁錢以振元元寬貸而民不齊出南畝商賈滋衆貧者畜積無有皆仰縣官異時筭軺車賈人之緡錢皆有差請筭如故率緡錢二千而筭一（師古曰率計有二千錢者則出一筭）諸作有租及鑄（以手力所作而賣之者）率緡錢四千筭一非吏比者三老北邊騎士軺車一筭（師古曰比例也身非爲吏之例非爲三老非爲北邊騎士而有軺車者皆令出一筭比音必寐反）商賈人軺車二筭（商賈人有軺車又使多出一筭重其賦）船五丈以上一筭匿不自占占不悉戍邊一歲沒入緡錢（悉猶盡也）有能告者以其半畀之（畀與也音必寐反）賈人有市籍及家屬皆無得名田（一人有市籍身及家內皆不得有田地）以便農敢犯令沒入田貨

又曰鼂錯奏古者稅民不過什一其求易供使民不過三日其力易足至秦則不然用商鞅之法改帝王之制除井田民得賣買富者田連阡陌貧者亡立錐之地入潁川澤之利管山林之饒荒淫越制踰侈以相高邑有人君之尊里有公侯之富小民安得不困

又曰自貢禹在位數言得失書數十上禹以爲古民亡賦筭口錢起武帝征伐四夷重賦於民民產子三歲則出口錢故民重困至於生子輒殺之甚可悲痛宜令兒七歲去齒乃出口錢年二十乃筭也

又曰何武兄弟五人皆爲郡吏郡縣敬憚之武弟顯家有市籍租常不入縣數負其課市嗇夫求商捕辱顯家顯怒欲以吏事中商武曰以吾家租賦繇役不爲衆先奉公吏不亦宜乎

東觀漢記曰馬防多牧馬畜賦斂羌胡帝不喜之數加譴勑所以禁遏甚備由是權勢稍損賓客亦衰

范曄後漢書曰靈帝南宮災張讓趙忠等說帝令斂天下田畝稅十錢以修宮室發太原河東狄道諸郡材木及文石每州郡部送至京師黃門常侍輒令譴呵不中者因強折賤買十分雇一因復貨之於官官復不爲即受遂至腐積宮室連年不成刺史太守復增私調百姓呼嗟

江表傳曰魏文帝遣使求雀頭香大明珠象牙犀角瑇瑁孔雀翡翠鬬鴨長鳴鷄群臣奏曰荆揚二州貢有常典魏

所求珍玩物非禮也不宜與權曰彼所求者於我瓦石耳孤何惜焉彼在諒闇中而求若是寧可與言禮哉皆具與之

晉中興書曰孔嚴補大中正時東海王弈信用群下上疏求海鹽錢塘以水牛牽埭稅取錢直嚴啓宜寢表帝詔曰弈謂此適民無損害豈奪惠卹之旨耶省所啓敬納忠規

又曰謝安弟石尚書令薨時年六十二石無它才望直以宰相弟兼有大勳遂居清顯而聚斂無厭取譏當世

管子曰鮑叔曰必用夷吾之言公不聽乃令四封之內脩兵關市之征侈之（侈謂過常也謂重其賦稅）

又曰桓公踐位十九年施關市之征（征賦）五十而取一（取其貲賄五十之一）上年什取三中年什取二下年什取一歲飢不稅（歲飢謂時歲惣飢故不稅）歲飢施而稅（此歲飢謂有飢者有不飢者施故飢而稅不飢）

又曰地辟而國貧者舟輿飾臺榭廣也賞罰信而兵弱者輕用衆使民勞也舟車飾臺榭廣則賦斂厚矣輕用衆使民勞則民力竭矣賦斂厚則下怨上民力竭則令不行下怨上令不行而求敵之勿謀已不可得也

又曰桓公問曰梁聚謂寡人曰古者輕賦稅而肥籍斂取下無順於此者矣梁聚之言何如管子對曰梁聚之言非也彼輕賦稅則倉廩虚肥籍斂則器械不奉而諸侯之皮幣不至倉廩虚則倳賤無祿皮幣不衣於天下則國倳賤梁聚之言非也

又曰桓公見黃鵠謂管仲曰鴻鵠東西南北儵忽千里所恃者六翼也今仲父寡人之翼也管子對曰民勞而亡使之不時民飢而重斂焉雖黃鵠之有羽翼其若君何

晏子春秋曰爲君藉厚斂而託之爲民進讒諛而託之用賢遠公正而託之不順君行此三者則危

墨子曰聖王作舟車完固輕利可以任重致遠是以民樂而利之今則厚斂百姓飾車以文采飾舟以刻鏤是以其民飢寒並至而國亂矣

又曰古之民未知飲食故聖人耕稼其爲食也以增氣充虛今則厚斂百姓以爲美蒸庖魚鼈前則方丈孤寡凍餒雖欲無亂不可得也

孟子曰求也爲季氏宰無能改於其德而賦粟倍於他日孔子曰求也非我徒也小子鳴鼓而攻之可也

又曰耕者助而不稅則天下之農皆悅而欲耕於其野也

孫卿子曰成侯嗣君聚斂計數之君也未及取民者也鄭子產取民者也未及爲政者也管仲爲政者也未及脩禮者也故脩禮者王爲政者強取民者安聚斂者亡

莊子曰北宮奢爲衛靈公賦斂以鐘爲壇于郭門之外三日而成上下之懸王子慶忌見而問焉曰子何術設之奢曰無敢設也奢聞之既琢復歸於朴（還其用本性也）侗乎其無識（任其純朴而也）儻兮其怠疑（無所取也）華兮其送往而迎來（無所欣說）來者勿禁往者無止（任彼耳也）從其強梁（從彼衆也）隨其曲傅（無所係也）因其自窮（用其不得不爾）故朝夕賦斂而毫毛不挫（故無損也）而況有大塗者乎

韓子曰趙簡主出稅吏請輕重簡主曰勿輕勿重重則利入於上輕則利歸於民吏無有私利而正矣

孔藂子曰子思言苟變於衛君曰其才可將五百乘衛君曰吾知其才可然變嘗爲吏賦於民而食人二鷄子故弗用也子思曰夫聖人之官人如大匠之用木也取其所長弃其所短今君以二卵弃扞城之將不可使聞於隣國也公曰謹受命

淮南子曰或有罪而可賞或有功而可罪者始西門豹治鄴（西門豹魏文侯之鄴官）食無積粟府無儲錢庫無兵甲官無計會人數言其過於文侯身往行其縣果若人言文侯曰翟璜任子治鄴鄴大亂子能變道則可不能將加誅於子西門豹曰王主富民霸主富武亡國富府庫今君欲爲霸者也臣故蓄積於民君以爲不然臣請先登鼓之鉀兵粟米可立具也乃登城而鼓之致鉀笥（甲鎧笥操箭矢也）兵弩而出再鼓服揵戴粟而至（服駕出也揵擔）文侯曰罷之西門豹曰與民信非一日積也一舉而欺之其後不可復用也燕嘗侵魏八城請北擊之以復侵地遂舉兵擊燕復地而後反此有罪而可賞者也解扁爲東封（解扁魏臣治東封也）上計而入三倍有司請賞之文侯曰吾土地非益廣也人民非益衆也何以三倍對

以冬伐木而積之，以春浮之河而鬻之。文侯曰：民寒以力耕，暑以強耘，秋以收斂，冬閒無事，又伐林而積之，負輓而浮之於河，是用民不得休息也。民以弊矣，雖有三倍之入，將焉用之？此有功而可罪者也。

太公兵法曰：武王問太公勝負何如。太公對曰：夫紂之行不由理，精兵酒池，賦斂甚數，百姓苦之。

國語曰：鬬且廷見令尹子常（子常，令尹子囊之孫囊瓦），子常與之語，問畜貨聚馬。歸以語其弟曰：楚其亡乎！不然，令尹其不免乎！吾見令尹問蓄聚積實，若餓豺虎焉，殆必亡者。

晁錯上書曰：陰陽不和，水旱爲災，一亡也；縣官重責更賦租稅，二亡也；貪吏並出，受取不已，三亡也。

說苑曰：晉平公好樂，多賦斂，不治城郭，曰：敢諫者死。國人憂之。有咎犯者諫，公曰善，乃屏鍾鼓，除竽瑟，遂（與咎）犯參治國焉。

又曰：晏子飲景公酒，令器必新。家老曰：財不足，斂於民。晏子曰：止。夫樂者，上下同之。今上樂其樂，下傷其費，是獨樂者也，不可。

新序曰：魏文侯出遊，見路人反裘而負芻。文侯曰：胡爲反裘而負芻？對曰：臣愛其毛。文侯曰：若不知其裏盡而毛無所植？明年，東陽上計錢十倍，大夫畢賀。文侯曰：此所以賀我者，譬無異夫彼路人反裘而負芻也，將愛其毛，不知其裏盡，毛無所植也。今吾田地不加廣，士民不加衆，而錢十倍，必取士大夫也。吾聞之，下不安者，其上不可居也。此非所以賀我。

又曰：中行寅將亡，乃召其太祝而欲加罪焉。祝簡對曰：昔吾先君中行密子皮車十乘，不憂其薄也，憂德義之不足也。今主君有革車百乘，不憂德義之薄也，唯患車之不足也。夫舡車飾則斂厚，斂厚則民怨謗詛矣。且君苟以祝爲有益於國乎？則詛亦將爲亡矣。國亡，不亦宜乎？

桓譚新論曰：漢定以來，百姓賦斂一歲爲四十餘萬萬，吏俸用其半，餘二十萬萬藏於都內，爲禁錢。少府所領園地作務之八十三萬萬，以給宮室供養諸賞賜。

郭子曰：王夷甫婦郭太寧女，才拙而性剛，聚斂無厭。夷甫患之而不能禁。時其鄉人幽州刺史李陽，京都大使，猶漢之樓護（護字君卿），郭氏甚憚之。夷甫驟諫之，乃曰：非但我言卿不可，李陽亦謂不可。郭氏乃爲少損。

京氏別對災異曰：火起災何？人君貪財，賦斂盡民貨，即火爲起。不救，必有日蝕之災矣。其救之也，舉廉貞之士爲首之。

太平御覽卷第六百二十七

太平御覽卷第六百二十八

治道部九

貢舉上

周禮地官鄉大夫之職曰：正月之吉，受教灋于司徒，退而頒之于其鄉吏，使各以教其所治，以攷其德行，察其道藝。以歲時登其夫家之衆寡，辨其可任者。以歲時入其書。三年則大比，攷其德行道藝，而興賢者能者。鄉老及鄉大夫帥其吏與其衆寡，以禮禮賓之。（賢者，有德行者也；能者，有道藝者也；衆寡，謂鄉民之書者無多少也。鄭司農云：興賢者，謂若今之舉爲孝廉者；興能者，謂若今之舉茂才也。玄謂變舉言興者，謂合衆而尊寵之。）厥明，鄉老及鄉大夫群吏獻賢能之書于王，王再拜受之，登于天府，內史貳之。（獻猶進也。王拜受之，重得賢也。王上其書於天府。天府，掌祖廟之寶藏者。內史副寫其書者，當詔王爵祿之時也。）

禮記王制曰：命鄉論秀士，升之司徒，曰選士。（移名於司徒也。秀士，鄉大夫所考有德行道藝者。）司徒論選士之秀者而升之學，曰俊士。（可使習禮者。學，大學。）升於司徒者不征於鄉，升於學者不征於司徒，曰造士。（不征，不給其繇役。造，成也。能習禮則爲成士。）大樂正論造士之秀者，以告于王，而升諸司馬，曰進士。（司馬，夏官卿，主邦政者。進，受爵祿者。）司馬辨論官材，論進士之賢者，以告於王，而定其論。（各署其所長。）論定然後官之，任官然後爵之，（命之。）位定然後祿之。

又曾子問曰：九語于郊者。（謂論議於郊學。）必取賢斂才焉，或以德進，或以事舉，或以言揚。（大樂正論造士之秀者，升諸司馬，曰進士，謂此矣。）

又射義曰：古者天子之制，諸侯歲獻貢士於天子，天子試之於射宮。其容體比於禮，其節比於樂，而中多者，得與於祭；其容體不比於禮，其節不比於樂，而中少者，不得與於祭。數與於祭而君有慶，數不與於祭而君有讓。天子將祭，必先習射於澤。澤者，所以擇士也。已射於澤，而后射於射宮，射中者得與於祭，不中者不得與於祭。

漢書曰：高帝十一年詔曰：賢士大夫既與我定有天下，而不與吾共安利之，可乎？有肯從我遊者，吾能尊顯之。以布告天下。御史中執法下郡守，其有意稱明德者，必身勸爲之駕，遣詣丞相府，署其行、義、年。有其人而不言者，免官。

又曰：惠帝四年詔舉人孝弟力田者，復其身。高后元年，初置孝弟官二千石者一人。（特置此官，而尊其秩，欲以勸勉天下，各令勵行務本。）

又景帝後元二年詔曰：廉士寡欲易足，今訾筭十以上迺得官，廉士筭不必衆，有市籍不得官，無訾又不得官，朕甚愍之。訾筭四得官。（有市籍，謂賈人；有財不得爲吏。訾万錢筭百二十七也；十万，時族吏之食，以爲衣食足，知榮辱，故限貲十万乃得爲吏。廉士無貲藏，至四筭乃得官。）

又曰：武帝建元初，始詔天下舉賢良方正直言極諫之士，其理申商韓非蘇秦張儀之言亂國政者，皆罷之。

又曰：元光元年，舉董仲舒對策曰：今郡守縣令，民之師帥，所使承流而宣化也。故師帥不賢，則主德不宣，恩澤不流。今吏既亡教訓於下，或不承用主上之法，暴虐百姓，與姦爲市。（言小吏有爲姦欺者，守令舉乃反與之交易，求利也。）貧窮孤弱，冤苦失職，甚不稱陛下之意。夫長吏多出於郎中中郎，吏二千石子弟選郎吏，又以富貲，未必賢也。且古所謂功者，以其任官稱職爲差，非所謂積日累久也。故小材雖累日，不離於小官；賢材雖未久，不害爲輔佐。是以有司竭力盡知，務理其業而以赴功。今則不然，累日以取貴，積久以致官，是以廉恥貿亂，賢不肖混殽也。諸侯列卿郡守二千石各擇其吏民之賢者，歲貢各二人以給宿衛，且以觀大臣之能。所貢賢者有賞，不肖者有罰。夫如是，諸侯吏二千石皆盡心於求賢，天下之士可得而官使也。（授之以官，以使其材。）無以日月爲功，實試用賢能爲上量材而授官錄德而定位（錄德，存視之也）則廉耻殊路賢不肖異處矣帝因是令郡國舉孝廉各一人又限以四科至五年詔徵吏人有明當代之務習先聖之術者縣次給食令與計偕（計者，上計簿使也。郡國每歲遣詣京師上之。偕者，俱也。令所徵之人與計者俱來，而縣次給之）也

又元朔元年詔曰夫本仁祖義褒德錄賢勸善刑暴（本仁祖義，謂以仁義爲本始也）五帝三王所繇昌也故詔執事興廉舉孝庶幾成風夫十室之邑必有忠信三人並行厥有我師今或至闔郡而不薦一人是化不下究而積行之君子壅於上聞也（究，竟也。言見壅遏不得聞於天子也）且進賢受上賞蔽賢蒙顯戮古之道也其與中二千石禮官博士議不舉者罪是時天下愼法莫敢謬舉而貢士蓋鮮故有斯詔有司奏議曰古者諸侯貢士壹適謂之好德再適謂之賢賢三適謂之有功迺加九錫不貢士一則黜爵再則黜地三而黜爵削地矣夫附下罔上者死附上罔下者刑與聞國政而無益於民者斥在上位而不能進賢者退其不舉孝不奉詔當以不敬論（爲其不求士蔽國也）不察廉爲不勝任也當免奏可九國之官非傅相其地既自署置又調屬僚及部人之賢者舉爲秀才廉吏而貢於王庭多拜爲郎居三署無常員或至千人屬光祿勳故卿校牧守居閑待詔或郡國貢送公車徵起悉在焉光祿勳復爲三署中銓第郎吏歲舉秀才廉吏出於他官以補缺員（後漢制同）

又元封五年詔曰蓋有非常之功必待非常之人故馬或奔踶而致千里（踶，蹋也。奔踶者，乘之即奔，立則踶人也。踶音徒計反）士或有負俗之累而立功名（負俗謂被代譏論也。累音力瑞反）夫泛駕之馬（泛，覆也。音芳勇反。字本作覂）（覂覆通用耳。覆駕者，言馬有逸氣而不循軌轍也）跅弛之士（跅者，無檢局也。弛者，放廢不遵禮度也。跅音吐各反。弛音式爾反）亦在御之而已其令州縣察吏人有茂材異等（茂材異等者，超等軼群不與凡同）可爲將相及使絕國者（絕遠之國）初公孫弘以儒術爲丞相天下之學靡然嚮風時太常孔臧等曰請太常博士官置弟子五十人復其身太常擇人年十八以上儀狀端正者補博士弟子郡國縣道邑有好文學敬長上肅政教順鄉里出入不悖所聞者二千石謹察可者常以計偕詣太常得受業如弟子一歲皆輒通一藝以上補文學掌故缺其高第可以爲郎中者太常籍奏即有秀異等輒以名聞其不事學若不材及不能通一藝輒罷之而諸不稱者罰

又曰孝昭始元初遣故廷尉王平等五人（前爲此官，今不居，皆謂之故）持節行郡國（行，下更反）舉賢良孝宣帝時諫大夫王吉上言曰今使吏得任子弟（子弟以父兄任爲郎）率多驕驁不通古今（驁，同傲）至於積功理人無益於人此伐檀所爲作也（伐檀，詩篇名。刺不用賢也）宜明選求賢除任子弟之令

又曰孝元帝永光元年二月詔丞相御史舉質樸敦厚遜讓有行者光祿歲以此科第郎從官（始令丞相御史舉其四科人以擢用之，而見在郎及從官又令光祿每歲依此科考校定其第高下，用知其人賢否）又詔列侯舉茂材諫大夫張勃舉太官獻丞陳湯（獻丞，主貢獻物）湯有罪勃坐削戶二百會薨故賜謚曰繆侯（以舉所舉不得人，故加惡謚。繆者，妄也）其勸勵也如是故官得其材位必久安爲吏長子孫居官以爲姓號三代以降斯之爲盛

漢書音義曰甲乙科謂作簡策難問列置案上在試者意投射取而答之謂之射策上者爲甲次爲乙若錄政化得失顯而問之謂之對策也

後漢書曰建武七年下詔曰此陰陽錯謬日月薄蝕百姓

有過在予一人公卿司隸州牧舉賢良方正各一人遣詣公車朕將覽試焉

又曰章彪上議曰宜以才行爲先不可純以閥閲然其要歸在於選二千石二千石賢則貢舉皆得其人矣帝深納之

又曰章帝建初元年詔曰夫鄉舉里選必累功勞今刺史相不明眞僞茂才孝廉歲以百數既非能顯而當授之政事甚無謂也每尋前代舉人貢士或起畎畝不繫閥閲（史記明其等曰閥積功曰閲言前代舉人務取賢才不拘門地）敷奏以言則文章可採明試以功則政有異迹文質彬彬朕甚嘉之其令太傅三公中二千石二千石郡國守相舉賢良方正能直言極諫之士各一人

又章帝建初五年詔曰公卿已下其舉直言極諫能指朕過失者各一人遣詣公車將親臨問焉其以巖穴爲先勿取浮華

漢官儀曰建初八年十二月己未詔書辟士四科一曰德行高妙志節清白二曰經明行脩能任博士三曰明曉法律足以決疑能案章覆問文任御史四曰剛毅多畧遭事不惑明足照姦勇足決斷才任三輔皆存孝悌清公之行自今已後審四科辟召及刺史二千石察舉茂才尤異者孝廉廉吏務實校試以職有非其人不習官事正舉者故舉不實爲法罪之

後漢書和帝永元五年詔曰選舉賢良爲政之本科別行能必由鄉曲而郡國舉吏不加簡擇故先帝明勑在所令試之以職乃得充選又德行尤異不須經職者別署狀上而宣布以來出入九年二千石曾不承奉恣心從好司隸刺

史詎無糾察今新蒙赦令且復申勑後有犯者顯明其罰在位不以選舉爲憂督察不以發覺爲負非獨州郡也是以庶官多非其人下人被姦邪之傷由法不行故也

又永元六年詔曰朕以眇末承奉鴻烈陰陽不和水旱違度濟河之域凶饉流亡而未獲忠言至謀所以匡救之策寤寐永歎用思孔疚惟官人不得於上黎民不安於下有司不念寬和而競爲苛刻覆案不急以妨人事甚非所以上當天心以濟元元也思得忠良之士以輔朕之不逮其令三公中二千石二千石內郡守相舉賢良方正能直言極諫之士各一人昭巖穴披幽隱遣詣公車朕將親覽焉帝乃親臨策問選補郎吏

又永元七年詔曰元首不明化流無良政失於人譴見於天深惟庶事五教在寬是以舊典因孝廉之舉以求其人有司詳選郎官寬博有謀才任典城者三十人既而悉以所選郎出補長相

又永平十三年詔曰幽并凉州戶口率少邊役衆劇束脩良吏進仕路狹撫接夷狄以人爲本其令緣邊郡戶口十萬以上歲舉孝廉一人不滿十萬二歲舉一人五萬以下三歲舉一人

又曰安帝永初元年詔公卿內外衆官郡國守相舉賢良方正有道術之士明政術達古今能直言極諫者各一人

又永初二年詔曰昔在帝王承天理人莫不據琁璣玉衡以齊七政朕以不德遵奉大業而陰陽差越變異並見間令公卿郡國舉賢良方正遠求博選開不諱之路冀得至謀以鑒不逮而所對皆循尚浮言無卓爾異聞其百僚及郡國吏人有道術明習災異陰陽之度琁璣之數者各使

指窦以聞二千石長吏明以詔書博衍幽隱朕將親覽待以不次異樣嘉謀以承天誡又詔其經明任博士居鄉里有廉清孝順之稱才任理人者國相歲移名與計偕上五年又詔曰爲政之本莫若得人褒賢顯善聖制所先濟濟多士文王以寧思得忠良正直之臣以輔不逮其令三公特進侯中二千石郡守諸侯相舉賢良方正達於教化能直言極諫之士各一人及至孝與衆卓異者并遣詣公車朕將親覽焉

又曰胡廣南郡人初爲郡散吏太守法雄之子眞從家來省其父眞頗知人會歲終應舉雄勑眞助求其才雄因大會諸吏眞自於牖間密占察之乃指廣以白雄遂察孝廉既到京師試以章奏安帝以廣爲天下第一旬月拜尚書郎五遷尚書僕射

又陽嘉元年太學新成詔曰試明經者補弟子增甲乙之科員各十人除郡國耆儒九十人皆補郎舍人時尚書令左雄議改察舉之制限年四十以上儒者試經學文吏試章奏如有顏回子奇之類不拘年齒尚書僕射胡廣尚書郭虔等駮之曰選舉因才無拘定制六奇之策不出經學鄭產之政非必章奏甘奇著用年乖強仕終賈揚聲亦在弱冠漢承周秦兼覽殷夏祖德師經參雜霸軌聖主賢臣代以致理貢舉之制莫或迴革今以一臣之言不可剗戾舊章竟從雄義於是雄上言郡國孝廉古之貢士出則宰人宣協風教若其面牆則無所施用孔子曰四十不惑禮稱強仕請自今孝廉年不滿四十不得察舉皆先詣公府諸生試家法文吏課牋奏副之端門練其虛實以觀異能以美風俗有不承科令者正其罪法若有茂才異行自不拘年齒帝從之乃班下郡國明年有廣陵孝廉徐淑年未及舉臺郎疑詰之對曰詔書有如顏回子奇不拘年齒是故本郡以臣充選郎不能屈雄詰之曰昔顏回聞一知十孝廉聞一知幾耶淑無以對乃遣還郡於是濟陰太守胡廣等十餘人皆坐謬舉免黜唯汝南陳蕃潁川李膺下邳陳球等三十餘人得拜郎中自是牧守畏慄莫敢輕舉在尚書迄于永嘉十餘年間察選清平多得其人雄又奏徵海內名儒爲博士使公卿子弟爲諸生有志操者加其俸祿及汝南謝廉河南趙建年始十二各能通經雄並奏拜童子郎自是負書來學雲集京師○又桓帝詔曰孝廉廉吏皆當典城牧人禁姦舉善興化之本常必由之詔書連下分明懇惻而在所翫習遂至怠慢選舉乖錯害及元元頃雖頗繩正猶未懲改方今淮夷未殄軍師屢出百姓疲瘁困於徵發庶望羣吏惠我勞人蠲

滌貪穢以祈休祥其令秩滿百石十歲以上有殊才異行乃得參選臧吏子孫不得察舉杜絶邪僞請託之源令廉白守道者得信其操信音申古字通○又曰初平四年試儒生四十餘人上第賜位郎中次太子舍人下第者罷之詔曰孔子歎學之不講則所識日忘今耆儒年踰六十去離本土營求粮資不得專業結童入學白首空歸長委農野永絶榮望朕甚愍焉其依科罷者聽爲太子舍人

齊書左僕射王儉請解領選謂褚彥回曰選曹之始近自漢末今若反古使州郡貢計三府辟士與衆共之猶賢一人之意古者選衆今則不然奇材絶智所以見遺於草澤也

梁書天監中沈約上疏曰當今士子繁多略以万計常患官少才多無地以處秀才自別是一種仕官非若漢代取人之例也假使秀才對五問可稱孝廉答一策能過此乃

雕蟲小道何關理功得失以此求才徒虛語爾

後魏書孝文時韓麒麟子明宗上言曰前代取士必先正名故有賢良方正之稱今州郡貢察徒有秀孝之名無秀孝之實而朝廷但檢其有門地不復彈坐如此則可別貢門地以叙士人何假置秀孝之名也夫門地者是其父祖之貴烈亦何益於皇家苟有奇才雖屠釣奴虜之賤亦可用之苟非其人雖三右之冑自墜於皂隸矣或云代無奇才不若取士於門地此亦失矣豈可以世無周邵便廢宰相而不置哉但當校其寸長銖重者即先叙之則賢才無遺矣

北齊書曰課試之法中書策秀才集書策考貢士考功郎中策廉良天子常服乘輿出坐於朝堂中楹秀才各以班草對字有脫誤者呼起立席後書有濫劣者飲墨水一外文理孟浪者奪席脫容刀

後周書曰宣帝大成元年詔州舉高才博學者為秀才郡舉經明行脩者為孝廉上州歲一人下州三歲一人

隋書曰文帝開皇中制諸州貢士歲三人工商不得入仕

太平御覽卷第六百二十八

太平御覽卷第六百二十九

治道部十

貢舉下 制舉科附

唐書曰貞觀中諸州所舉孝廉賜坐於御前上問以皇王政術及皇太子問以曾參說孝經並不能荅太宗謂曰昔楚莊王議事羣臣莫逮退而有憂色曰諸侯能自得師者王自謀而莫已若者亡今不敎之不德群臣莫吾逮吾國幾於亡乎朕發詔徵天下俊異纔以淺近問之咸不能荅海內賢哲將無其人耶朕甚憂之

又曰貞觀中考功員外郎王師旦知舉時冀州進士張昌齡王公直並有俊才聲振京邑而師旦考其文策全下舉朝不知所以及奏等第太宗怪無昌齡等名因召師旦問之曰此輩誠有詞華然其體性輕薄文章浮艷必不成令器臣若擢之恐後生相效有變陛下風雅帝以爲名言後並如其說

又曰貞觀中文皇帝嘗私幸端門見進士綴行而出喜曰天下英雄入吾彀中矣

又曰調露二年劉思立除考功員外郎先時進士但試策而已思立以其膚淺奏請帖經及試雜文自後因以爲常

又曰載初元年試貢舉人于洛城殿前數日方畢殿前試人自此始也

又曰景雲中制四方選集群才輻湊樸斧伐柯求之不遠其有能習二經通大義者綜一史知本末者通三敎宗旨究精微者善六書文字辨聲象者傳雅曲度和六律五音者韜畧學孫吳識天時人事者暢於詞氣聰於受領善敷奏吐納者咸令所司博採明試朕親擇焉

又曰長壽二年左拾遺劉承慶上疏曰伏見比年已來天下諸州所貢物至元日皆陳在御前唯貢人獨於朝堂拜列則金帛羽毛昇於玉陛之下賢良文學弃彼金門之外恐所謂貴財而賤義重物而輕人伏請貢人至元日列在方物之前以備充庭之禮制曰可

又曰開元中詔諸州鄉貢進士見訖宜令引就國子監謁先師學官爲之開講質問疑義仍令所司優厚設食兩館及監內得解舉人亦准此其日清官五品已上及朝集使並往觀禮即爲常式謁先師自此始也

又曰開元中國子祭酒楊瑒上言曰伏聞承前之例每年應舉常有千數及第兩監不過一二十人臣恐三千學徒虛費官廩兩監博士濫糜天祿臣竊見入仕諸色出身每歲向二千餘人方於明經進士多十餘倍自然服勤道業之士不及胥吏以其効官豈識先王之禮義陛下設學敎務以勸進之有司爲限約務以黜退之臣之微誠實所未曉今監司課試十已退其八九考功及第十又不收一二若長以此爲限恐儒風漸墜小道將興若以出身人多應須諸色都減豈在獨抑明經進士上然之

又曰開元中勑今之明經進士則古之孝廉秀才近日已來殊乖本意進士以聲韻爲學多昧古今明經以帖誦爲功罕窮旨趣安得爲敦本復古經明行脩以此登科非選士取賢之道其明經自今已後每經宜帖十取通五已上免舊試一帖仍按問大義十條取六已上免試經策十條令若時務策三道取粗有文性者與及第其進士宜停小經准明經帖大經十帖取通四已上然後准例試雜文策考通與及第其明經中有明五經已上試無不通者進士

中兼有精通一史能試策十條得六已上者委所司奏聽進止其應試進士等唱第訖具所試雜文策及送中書門下詳覆其所問明經大義日須對同舉人考試無能否共知取捨無媿有功者達可不勉歟

又曰乾元初中書舍人李揆兼禮部侍郎揆嘗以主司取士多不考實徒峻其隄防索其書策殊未知藝不至者居文史之圍亦不能摛其詞藻深昧求賢之意也及其試進士文章日於庭中設五經諸史及切韻本於牀而引貢士謂之曰大國選士但務得才經籍在此請恣尋檢由是數日之間美聲上聞

又曰上元年劉嶢上疏曰國家以禮部爲孝廉之門考文章於甲乙故天下響應驅於才藝不務於德行夫德行者可以化人成俗才藝者可以約法立名故有朝登甲科而

夕陷刑辟制法守度使之然也陛下焉得不改而張之至如日誦萬言何關理體文成七步未足化人昔子張學干祿仲尼曰言寡尤行寡悔祿在其中矣又曰行有餘力則以學文今捨其本而循其末況古之作文必諧風雅今之末學不近典謨勞心於卉木之間極筆於煙霞之際以此成俗斯大謬也昔者採詩觀風俗詠卷耳則忠臣喜誦蓼莪而孝子悲溫良敦厚詩教也豈主於淫文哉夫人之愛名如水之務下上有所好下必甚焉陛下若以德行爲先文藝爲末必敦德勵行以佇甲科豐舒俊才沒而不齒陳寔長者拔而用之則多士雷奔四方風動俗從於下聖理於上豈有不變者歟

又曰寶應初禮部侍郎楊綰奏請每歲舉人依鄉舉里選察秀才孝廉勅公卿已下集議中書舍人賈至議曰楊綰所奏實爲正論然衣冠遷徙人多僑寓士居鄉土百無一二今依古制恐取士之道未盡今禮部每歲擢甲乙之科柢足長浮薄之風啓僥倖之路矣其國子博士等望加員數十道大郡量置太學館令博士出外兼領郡官召致生徒依乎故事保桑梓者鄉里舉焉在流寓者庠序推焉如此則青青不復興刺擾擾由其歸本焉勅旨每州歲察孝廉取在鄉閭有孝悌廉恥之行薦焉秀才有司以禮待之試其所通之學五通之內精通一經兼能對策達於體理者並量行業授官

又曰寶應初禮部侍郎楊綰奏貢舉條孝廉各令精通一經其取左氏傳公羊穀梁禮記周禮儀禮毛詩尚書周易任通一經每經問義二十條皆取傍通諸義務窮根本試策三道問古今理體及當時要務取堪行用者仍每日一道

三道畢日經義及策全通爲上第其上第者望付吏部便與官其問義每十條通七策通二爲中第與出身下者罷之又論語孝經皆聖人深旨孟子亦儒門之達者其學官望兼習此三者共爲一經其試如上秀才舉望令精通五經問義二十條對策曰試一道全通者爲上第送名中書門下請超與處分問義十條通七策通四爲中第中第者送吏部與官下者罷之孝悌力田但能熟讀一經言音典切即令所司舉送試通便與出身今年舉人或舊業既習理難速改或遠州所送身已在途事須收獎不可中廢其今秋舉人中有情願依舊業舉者亦聽今年之後一依新格勅旨進士明經置來日久今頓令改業恐難有其人諸色舉人宜與舊法兼行

又曰建中初中書舍人權知禮部貢舉趙贊奏應口問大

義明經等舉人明經之目義以爲先比來相承唯務習帖至於義理少有能通經術寖衰莫不由此今若頓取大義恐全少其人欲且因循又與以勸學請約舉司舊例稍示考義之難承前問義不形文字落第之後喧競者多臣今請以所問録於紙上各令直書其義不假文言旣與策有殊又事堪徵證憑此取捨庶歸至公如有義策全通者五經舉人請准廣德元年七月勑超與處分明經請減兩選伏請每歲甄奬不過數人庶使經術漸興人知教本勑旨明經義策全通者令所司具名聞奏續商量處分餘依

又曰建中初尚書左選權知禮部貢舉顧少連奏伏以取士之科以明經爲首教人之本則義理爲先至於帖書及以對策皆形文字並易考尋試義之時獨令考對對否之失覆視無憑黜退之中流議遂起伏請准建中二年十二月

勑以所問録於紙上各令直書其義不假文言仍請依經疏對勑旨宜依元和二年十二月禮部貢院奏五經舉人請罷試口義准舊試墨義十條五經通六便放入策詔從之

又曰建中三年四月勑禮部應進士舉人等自今已後如試官并不合選諸色出身人有應舉者宜先於舉司陳狀准例考試如才堪及第者送名中書門下重加考覈如實不堪即令所司追納告身注毀官甲准例與及第至選日仍稍優與處分其正員官不在舉限

又曰貞元中兵部侍郎陸贄權知貢舉時崔元翰梁肅文藝冠時贄輸心於肅與元翰推薦藝實之士升第之日雖衆望不愜然一歲選士纔十四五數年之内居臺省者十餘人

又曰元和初四月以起居舍人翰林學士王涯爲都官員外郎吏部員外郎韋貫之爲果州刺史先是策賢良詔楊於陵鄭敬李益與貫之同考覆是時牛僧孺皇甫湜李宗閔條對甚直無所畏避考官第其策皆居三等權幸或惡其詆已而不中第者乃註解其策同爲唱誹又言涯居翰林其甥皇甫湜中選考覈之際不先上言故同坐焉居數日貫之再黜巴州司馬涯虢州司馬楊於陵遂出爲廣州節度裴垍時爲翰林學士居中覆視無所同異及爲貴倖泣訴請罪於上上不得已罷垍翰林學士除户部侍郎

又曰元和中權知禮部侍郎庾承宣奏臣有親屬應明經進士舉者請准舊例送考功考試從之

又曰長慶元年勑今年錢徽下進士鄭朗等一十四人宜令中書舍人王起主客郎中知制誥白居易等重試覆落十人三月丁未詔曰國家設文學之科本求才實苟容僥

倖則異至公訪聞近日浮薄之徒扇爲朋黨謂之關節干擾主司每歲策名無不先定永言敗俗深用興懷鄭朗等昨令重試不求深僻題目貴觀學藝淺深孤竹管是祭天之樂出於周禮正經閱其程試之文都不知其本事詞律鄙淺蕪類可知其孔温業等三人粗通可與及第其餘落第今後禮部舉人宜准開元二十五年勑及第人所試雜文并策先送中書門下詳覆

又曰長慶中禮部侍郎王起奏曰伏以禮部放牓已是成名中書重覆尚未及第若重覆之中万一不定則放牓之後遠近誤傳其於事理實爲非便臣伏請每年進士堪及第者本司考試訖其詩賦先送中書門下詳覆後勑却下本司然後准舊例大字放牓從之

又曰太和初以散騎常侍馮宿太常少卿賈餗庫部郎中

寵嚴為考官策第二十二人而前進士劉蕡策最切直不居是選其間指陳時事不避貴近言詞激切士林感動雖鼂董無以過也而考官有所畏忌不敢上聞隨例擯斥識者之議喧然不平守道正人傳其文至有相對而泣者諫官等或將其策白於宰臣宰臣怯懼亦不敢為之明白登科人李邰者深有所愧抗表請讓官於蕡事竟不行天復初劉季述毆起居郎羅袞上䟽請追贈蕡於是下詔贈左諫議大夫仍訪子孫叙用初蕡條對制策言宦官權盛後必為患及是果然也

又曰大和中禮部侍郎李漢奏准大和七年八月勅貢舉人不要試詩賦策且先帖大經小經共十帖次對正義十道次試論議各一首訖考覈放及第

又曰大和八年中書門下奏進士放榜舊例禮部侍郎皆

將及第人名先呈宰相然後放榜伏以委在有司固當精慎宰臣先知取捨事匪至公今年已後請便令放榜不用先呈人名其及第人所試雜文及鄉貫三代名諱並當日送中書門下便令定例

又曰會昌三年勅禮部所放進士及第人數自今後但據才堪者即與不要限人數每年止於十人五人惣得

又曰會昌四年中書門下奏朝廷設文學之科以求髦俊臺閣清選莫不由茲近緣覈實不在於鄉閭超名頗雜於非類致有䟦邑之地請計交通將澄化源在舉明憲臣等商量今日以後舉人於禮部納家狀後望依前五人自相保其衣冠則以親姻故舊久同遊處者其江湖之士則以封壤接近素所諳知者為保如有缺孝悌之行資朋黨之勢迹由邪徑言涉多端者並不在就試之限如容情故自相隱蔽有人糾舉其同保人並三年不得赴舉仍委禮部明為戒勵編入舉格勅旨依奏

又曰大中初禮部侍郎魏扶放及第二十三人續奏堪放及第三人封彥卿崔琢鄭延休等皆以文藝為衆所知其父皆在重任不敢選取其所試詩賦並封奉進止令翰林學士戶部侍郎知制誥韋琮等考盡合程度其月二十三日奉進止並付所司放及第有司考試只合在公如徇私自有刑典從今以後但依常例取捨不得別有奏聞

又曰大中初勅自今放進士牓後杏園任依舊宴集所司不得禁制（先是武宗好巡遊曲江亭禁人宴聚故也）

又曰大中九年吏部試宏辭舉人漏洩題目為御史所劾侍郎裴諗改國子祭酒郎中周敬罰兩月俸考官刑部郎中唐扶出為虔州刺史監察御史馮顓罰一月俸其登科

十人並落下

又曰大中十年禮部侍郎鄭顥進諸家科目記十三卷勅付翰林自今放牓後仰寫及第人姓名及所試詩賦題目進入仍令所司逐年編次

又曰大中十二年中書舍人李潘知舉放博舉宏辭科陳琬等三人及進詩賦論等召潘謂曰所試詩中重用字何如潘曰錢起湘靈皷瑟詩有重用字乃是庶幾上曰此詩似不及起乃落下

李肇國史補畧曰進士為時所尚久矣是故俊乂由其中出者終身為聞人故爭名常切其都會謂之舉場通稱謂之秀才投刺謂之鄉貢得第謂之前進士互推敬謂之先輩俱捷謂之同年有司謂之座主京兆府考而升者謂之等第外府不試而貢者謂之拔解（然拔解亦須頭記人為詞賦非謂自薦）將

試相保謂之合保，群居而賦謂之私試，造請權要謂之關節，激揚聲價謂之往還，既捷列名於慈恩寺謂之題名，會大讌於曲江亭謂之曲江會（曲江大會在關試後亦謂之關宴宴後同年各有所之離鄉井闢謂之讌會），籍而入選謂之春關，不捷而醉飽謂之打毷氉，匿名造謗謂之無名子，退而肄業謂之夏課，挾藏而入試謂之書策。此其畧也。其風俗繫於先達，其制置存於有司。雖然，賢者得其大志，故位極人臣，常十有二三；登顯列，十有六七。

制舉科

唐書顯慶三年二月，志烈秋霜科（韓思彥及第）。乾封元年，幽素科（蘇瓌解琬苗神客格輔元除昭劉訥言崔谷神及第）。上元三年正月，詞殫文律科（崔融及第）。永隆元年，岳牧舉。

垂拱四年十二月，詞標文苑科（房晉甫變王旦及第）。永昌元年正月，蓄文藻之思科（彭景直及第）；抱儒素之業科（李文暨及第）。長壽三年四月，臨難不顧徇節寧邦科（薛稷寇泚及第）。證聖元年，長才廣度沉迹下僚科（張漪及第）。通天元年，文藝優長科（韓琬及第）。神功元年九月，絕倫科（蘇頲崔玄童袁仁敬何鳳孟溫禮洪子輿盧從原趙不欺及第）。大足元年，理選使孟詵試拔萃科（崔翹鄭少微及第）；疾惡科（馮万石及第）。長安二年，龔黃科（馬克麾及第）。神龍二年，才膺管樂科（張大求魏啓心魏愔盧絢張文成褚璆咸廙業鄭備趙不為及第）；才高位下科（馮万石晁良貞張敬及第）。三年，材堪經邦科（張九齡康元瓌及第）；賢良方正科（蘇晉宋務光寇泚盧怡呂恂及第）。

景龍三年，抱器懷能科（夏侯銛及第）；茂才異等科（王敬從盧重玄及第）。景雲二年，文以經國科（袁暉韓朝宗及第）；藏名負俗科（李俊之及第）。先天元年，文經邦國科（韓休及第）；藻思清華科（趙冬曦及第）；寄以宣風則能興化變俗科（郭璘之及第）；道侔伊呂科（張九齡及第）；手筆俊拔超越輩流科（杜昱張子漸張秀明常無名趙居貞賈登鄭巨及第）。開元二年，直言極諫科（梁昇卿袁楚客及第）；哲人奇士逸淪屠釣科（孫遜及第）；良才異等科（郭閭之崔蠡及第）。五年，文史兼優科（李昇期康子元達奚珣及第）；文儒異等科（崔佩褚庭晦及第）。六年，博學通議科（鄭少微蕭成及第）。七年，文詞雅麗科（邢巨苗晉卿褚思光趙良器及第）。十二年，將帥科（裴彭復房自謙及第）。十五年，武足安邊科（鄭昉樊衡及第）；高才沉淪草澤自舉科（鄭景山及第）。

十七年，才高未達沉迹下僚科（吳鞏及第）。十九年，博學宏詞科（鄭昫閻翰及第）。二十一年，多才科（李史魚及第）。二十三年，王霸科（劉璀杜綰及第）；智謀將帥科（張重光崔圓李廣琛及第）。天寶元年，文詞秀逸科（崔允顏真卿及第）。六年，風雅古調科（薛據及第）。十三年二月，詞藻宏麗科（楊綰及第）。大曆二年，樂道安貧科（楊膺及第）。六年，諷諫主文科（鄭珣瑜李益及第）。建中元年，賢良方正能直言極諫科（姜公輔元友直樊澤呂元膺及第）；文詞清麗科（梁肅劉公亮鄭轅沈封吳通玄及第）；經學優深科（孫壯黎逢白季隨及第）；高蹈丘園科（張紳衡良蘇哲及第）；儒軍謀越眾科（夏侯審平知和鄭毅詹凌正周渭丁侁及第）；孝悌力田聞於鄉閭科（郭黃中崔浩李牧及第）。

貞元元年九月賢良方正能直言極諫科韋執誼鄭利用穆質楊顥裴復柳公綽歸登直李言崔邠鄭敞魏弘簡回元佑徐處及第博通墳典達於教化科熊執易劉簡甫及第識洞韜略堪任將帥科許贄及第

四年四月賢良方正能直言極諫科崔元翰裴次元李彝崔豈史牟陸震柳公綽趙參徐弘毅韋彭壽鄭儒立王乃杜倫元易王真及第清廉守節政術可稱堪任縣令科李巽孝悌力田聞於鄉閭科張晤及第

十年十月賢良方正能直言極諫科裴垍王播朱諫裴度熊讜易許堯佐徐弘毅崔群皇甫鏄王仲舒許季同仲子陵鄭士林亡顯及第博通墳典達於教化科朱潁及第詳明政術可以理人科張平叔李景亮及第

其八年四月才識兼茂明於體用科元稹韋惇獨孤郁白居易曹景伯韋慶復崔琯羅讓崔護薛存慶韋珩李蟠元修蕭俛沈傳師柴宿及第達於吏理可使從政科陳岵及第

三年四月賢良方正直言極諫科牛僧孺皇甫湜李宗閔李正封吉弘宗徐晦賈餗王起郭球姚衮便威及第博通墳典達於教化科馮芭旦及第軍謀宏遠材任將帥科樊宗師及第達於吏理可使從政科蕭睦及第

長慶元年十二月賢良方正能直言極諫科龐嚴任琬呂述姚中韋曙李回崔根崔龜從韋正實崔知陳白玄錫及第詳明政術可以理人科崔郢及第軍謀宏遠材任將帥科吳思李商御及第博通墳典達於教化科李思玄及第

寶曆元年四月賢良方正能直言極諫科唐申楊儉韋端符舒元褒蕭敞楊魯士來擇趙祝裴憬韋鄰李昌實嚴封李涯蕭夷中求元晦及第詳明吏理達於教化科韋正實及第軍謀宏遠材任邊將科裴儔侯雲章及第

大和二年閏三月賢良方正能直言極諫科裴休裴素李郃南卓李甘杜牧馬植鄭亞崔博崔璵王式羅劭京崔渠韓賓崔慎由苗愔韋昶崔煥崔讜及第詳明吏理達於教化科宋汎及第軍謀宏遠堪任將帥科鄭冠李式及第

太平御覽卷第六百二十九

太平御覽卷第六百三十

治道部十一

薦舉上

禮記檀弓下曰趙文子知人所舉於晉國管庫之士七十有餘家（管庫之士府史以下官長所置也舉之於君以爲大夫士也管鍵也庫物所藏）

禮記雜記曰管仲遇盜取二人焉上以爲公臣曰其所與遊辟也可人也（言此人可也但居惡人之中使之犯法）

又儒行曰儒有內稱不避親外舉不避怨程功積事推賢而達達之不望其報苟利國家不求富貴其舉賢援能有如此者

左傳莊公曰鮑叔帥師來言曰子糺親也請君討之（鮑叔乘勝而進軍志在生得管仲故言不忍之辭）管召讎也請受而甘心焉（管仲射桓公故曰讎甘心言欲快意戮殺之）乃殺子糺于生竇召忽死之管仲請囚鮑叔受之及堂阜而稅之（堂阜齊地或曰鮑叔解夷吾縛於此因以爲名）歸而以告曰管夷吾治於高傒（高傒齊卿高敬仲也言管仲治理政事之才多於敬仲）使相可也公從之

又僖中曰晉侯問原守於寺人勃鞮對曰昔趙衰以壺飧從徑餒而弗食（言其廉且仁不忘君也徑猶行也）故使處原（從披言也襄雖有大功猶簡小善以進之示不遺勞）

又僖下曰楚子將圍宋使子文治兵於睽終朝而畢不戮一人（睽楚邑自旦及食時爲終朝）復使子玉治兵於蔿終日而畢鞭七人貫三人耳（蔿邑自旦及夕爲終日）國老皆賀子文子文飲之酒蔿賈尚幼後至不賀子文問之對曰不知所賀子之傳政於子玉曰以靖國也靖諸內而敗諸外所獲幾何子玉之敗子之舉也舉以敗國將何賀焉

又曰初臼季使過冀見冀缺耨其妻饁之敬相待如賓與之歸言諸文公曰敬德之聚也能敬必有德德以治民請君用之公曰其父有罪可乎對曰舜之罪也殛鯀其舉也興禹管仲桓公之賊也實相以濟康誥曰父不慈子不祇兄不友弟不恭不相及也詩曰采葑采菲無以下體君取節焉可也文公以爲下軍大夫

又曰晉蒐于被廬作三軍謀元帥趙衰曰郤縠可臣亟聞其言矣說禮樂而敦詩書詩書義之府也禮樂德之則也德義利之本也夏書曰賦納以言明試以功車服以庸君其試之乃使郤縠將中軍

又曰秦伯伐晉濟河焚舟取王官及郊晉人不出遂自茅津濟封殽尸而還遂霸西戎用孟明也君子是以知秦穆之爲君也舉人之周也（周備也不偏以一惡弃其善）與人之壹也（無二心）孟明之臣也其不解也能懼思也子桑之忠也其知人也能舉善也（子桑公孫枝舉孟明者）詩曰于以采蘩于沼于沚于以用之公侯之事秦穆有焉夙夜匪解以事一人孟明有焉詒厥孫謀以燕翼子子桑有焉（言子桑有舉善之謀）

又曰晉蒐于夷舍二軍使狐射姑將中軍趙盾佐之陽處父至自溫改蒐于董易中軍陽子成季之屬也故黨於趙氏且謂趙盾能曰使能國之利也是以上之宣子於是乎始爲國政

又文下曰昔高陽氏有才子八人（高陽帝顓頊之號八人其苗裔）蒼舒隤敳檮戭大臨尨降庭堅仲容叔達（此即垂益禹皋陶之倫庭堅即皋陶字）齊聖廣淵明允篤誠天下之民謂之八愷高辛氏有才子八人伯奮仲堪叔獻季仲伯虎仲熊叔豹季貍（高辛帝嚳之號此八人稷契朱虎熊羆之倫）忠肅共懿宣慈惠和天下之民謂之八元此十六族也世濟其美不隕其名以至于堯堯不能舉舜臣堯

舉八愷使主后土以揆百事莫不時序地平天成舉八元
使布五教于四方父義母慈兄友弟恭子孝內平外成是
以堯崩而天下如一同心戴舜以爲天子以其舉十六相
去四凶也
又襄三曰祁奚請老(致仕)晉侯問嗣焉(嗣續其職者)稱解狐其
讎也將立之而卒(解狐卒)又問焉對曰午也可(午祁奚子)於是羊
舌職死矣晉侯曰孰可以代之對曰赤也可(赤職之子伯華)於是使
祁午爲中軍尉羊舌赤佐之(各祁其父)君子謂祁奚於是能舉
善矣稱其讎不爲諂立其子不爲比舉其偏不爲黨商書
曰無偏無黨王道蕩蕩其祁奚之謂矣解狐得舉(未得位故曰得)
舉祁午得位伯華得官建一官而三物成(一官軍尉物事也)能舉
善也夫唯善故能舉其類詩云惟其有之是以似之祁奚
有焉

又襄六曰鄭子皮授子產政辭曰國小而偪(偪近大國)族大寵
多不可爲也子皮曰虎帥以聽誰敢犯子子善相之國
無小(言在治政)小能事大國乃寬(爲大所恤故也)
論語子夏曰富哉言乎舜有天下選於衆舉皐陶不仁者
遠矣湯有天下選於衆舉伊尹不仁者遠矣
又曰仲弓爲季氏宰問政子曰先有司赦小過舉賢才曰
焉知賢才而舉之曰舉爾所知爾所不知人其舍諸(孔曰女所
不知者人將自舉之各舉其所知則賢才無遺)
又曰公叔文子之臣大夫僎與文子同升諸公(孔曰大夫僎本文子
家臣薦之使與己並爲大夫同升在公朝)子聞之曰可以爲文矣(孔曰言行如是可謚爲文)
史記曰秦繆公以羖羊皮贖百里奚釋其囚與語國事百
里奚讓曰臣不及臣友蹇叔蹇叔賢而世莫知臣嘗遊困
於齊而乞食銍人蹇叔收臣臣困而欲事齊君無知蹇叔止
臣臣得脫齊難遂之周周王子頹好牛臣以養牛干之及
頹欲用臣蹇叔止臣臣去得不誅事虞君蹇叔止臣臣知
虞君不用臣臣誠私利祿爵且留再用其言得脫一不用
及虞君之難是以知其賢於是繆公使人厚幣迎蹇叔以
爲上大夫
又曰秦孝公下令曰賓客群臣有能出奇計強秦者吾且
尊官與之分土衛鞅聞是令下西入秦因景監求見孝公
說孝公變法脩刑內務耕稼外勸戰士明行賞罰孝公善
之卒用鞅法百姓便之乃拜鞅爲左庶長
又曰王稽使於魏問鄭安平魏有賢人可與俱西乎安平
曰臣里中有張祿先生欲見君言天下事王稽知其范雎
乃載以入秦
又曰趙烈侯好音謂相國公仲建曰寡人有愛可以貴之

乎公仲曰富之則可貴之則否烈侯曰然夫鄭歌者槍石
二人吾賜之田人萬畝公仲曰諾不與居一月烈侯問歌
者田公仲曰求未有可者有頃復問公仲終不與乃稱疾
不朝番吾君謂公仲曰君實好善而未知所持今公仲相
趙四年亦有進士乎曰未也番吾君曰牛畜荀欣徐越皆
賢可公仲乃進三人牛畜侍烈侯以仁義約以王道明日
荀欣侍以選練舉賢任官使能明日徐越侍以節財儉用
察度功德所與無不充君悅乃使使謂相國曰歌者之田且
止官牛畜爲師荀欣爲中尉徐越爲內史賜相國衣二襲
史記藺相如者趙人也爲趙宦者令繆賢舍人趙惠文王
時得楚和氏璧秦昭王聞之使人遺趙王書願以十五城
請易璧趙王與諸大臣謀欲與秦恐秦城不得見欺欲勿
與即患秦兵之來計未定求人可使報秦者未得宦者令

繆賢曰臣舍人藺相如可使王問何以知之對曰臣嘗有罪竊計欲亡走燕舍人藺相如止臣曰君何以知燕王臣語曰臣嘗從大王與燕王會境上燕王私握臣手曰願結交以此知之故欲往相如謂臣曰夫趙强而燕弱而君幸於趙王故燕王欲結交於君今君乃亡趙走燕燕畏趙其勢必不敢留君而束君歸趙矣君不如肉袒伏斧鑕請罪則幸得脫矣臣從其計大王亦幸赦臣臣竊以爲其人勇士有智謀宜可使於是王召問藺相如以爲賢遂使奉璧入秦

又曰趙奢趙之田部吏也收租稅而平原君家不肯出趙奢以法治之殺用事者九人平原君怒將殺奢奢因說曰君於趙爲貴公子今縱君家而不奉公則法削法削則國弱國弱則諸侯加兵是無趙也君安得有此富乎當以君之貴奉公如法則上下平上下平則國强國强趙固而君

爲貴戚豈輕於天下耶平原君以爲賢言之於王王用之治國賦太平民富而府庫實卒爲名將

又曰陳平亡楚歸漢因魏無知求見漢王與語而說之乃拜爲都尉使爲參乘典護軍諸將盡讙絳侯灌嬰等咸讒平曰臣聞平居家時盜其嫂事魏不容亡歸楚歸楚不忠又忘歸漢今日大王尊官之令護軍臣聞平受諸將金多者得善處金少者得惡處平反覆亂臣也願王察之漢王疑召讓魏無知無知曰臣所言者能也陛下所問者行也今有尾生孝已之行而無益於勝負之數陛下何暇用之乎楚漢相距臣進奇謀之士顧其計誠足以利國家不耳且盜嫂受金又何足疑乎王乃厚賜平拜爲護軍中尉盡護諸將後高祖定天下與平剖符世世勿絶爲户牖侯平辭曰此非臣之功也上曰吾用先生謀計戰勝尅敵非功而何平曰非魏無知臣安得進上曰若子可謂不背本矣乃復賞魏無知

漢書曰韓信投漢蕭何等已數言上不用即亡何聞信去不及以聞自追之人有言上曰丞相何亡上怒如失左右手一二日何來謁上見怒且喜罵何曰若亡何也曰臣非敢亡追亡者耳上曰亡者誰曰韓信上曰亡者十數公無所追追信詐也何曰信國士無雙王必欲長王漢中無所事信張晏曰無用信也必欲争天下非信無可與計事者

又曰叔孫通降漢從弟子百餘人然無所進專言諸故群盜壯士進之弟子皆曰事先生數年幸而得從降漢今不進臣等專言大猾何通乃言曰漢王方蒙矢石争天下諸生寧能鬬乎故先言斬將搴旗之士諸生且待我我不忘

又曰張釋之字季南陽人與兄仲同居以貲爲騎郎事孝

文帝十年不得調亡所知釋之曰久宦減仲之産不遂欲免歸中郎將爰盎知其賢惜其去乃請徙釋之補謁者

又曰賈誼年十八以能誦詩書屬文稱於郡中河南守吴公聞其秀才召置門下甚愛幸文帝初立聞河南守吴公治平爲天下第一故與李斯同邑而嘗學事焉徵以爲廷尉廷尉乃言誼年少頗通諸家之書文帝召以爲博士

又曰武帝初即位是時丞相田蚡每入奏事移日所言皆聽薦人或起家至二千石權移主上上迺曰君除吏盡未吾亦欲除吏也

又曰韓安國爲人多大畧知當世取捨而出於忠厚貪嗜財貨然所推舉士皆賢於已者

又曰張安世嘗有所薦人來謝弗復爲通有郎功高不調自言安世應曰君之功高明主所知人臣執事何長短而

自言乎絶不許已而郎果遷幕府長史辭去之官安士問以過失長史曰將軍明主股肱而士無所進論者以爲譏安世曰夫明主在上賢不肖較然臣下自脩而已何知士而薦之其欲匿名迹遠權勢如此

又曰朱買臣隨上計吏爲卒將重車至長安詣闕上書久不報待詔公車粮用乏上計吏卒更乞與之會邑子嚴助貴幸薦買臣召見說春秋言楚辭帝甚悅之拜買臣爲大夫與嚴助俱侍中

又曰前將軍韓增舉馮奉世以衛侯使持節送大宛諸國客至伊脩城都尉宋邑言莎車與旁國攻殺漢使奉世與其副嚴昌計遂以節諭諸國王發其兵進擊莎車攻拔其城莎車王自殺傳其首詣長安諸國悉降威振西域奉世乃罷兵以聞宣帝召見韓增曰賀將軍所舉得人

又曰王章奏王鳳不忠天子感悟謂章曰微京兆言吾不聞社稷計且唯賢知賢君試爲朕求可以自輔者於是章奏封事薦中山孝王舅瑯琊太守馮野王上欲以代鳳章於此爲鳳所忌

又曰何武爲人仁厚好進士獎稱人之善爲楚內史厚兩龔在沛郡厚兩唐及爲公卿薦之朝廷此人顯於世者何侯之力也世以此多焉

又曰大將軍王鳳用事上遂謙讓無所專左右嘗薦光祿大夫劉向少子歆通達有異材上乃召見誦讀詩賦甚悅之欲以爲中常侍召取衣冠臨當拜左右皆曰未曉大將軍

又曰王鳳病天子數自臨問親執其手垂涕曰將軍病如有不諱平阿侯譚次將相矣鳳頓首泣曰譚等雖與臣至親行奢僭無以率道百姓不如御史大夫音臣敢死保之初譚等倨不肯事鳳而音敬鳳卑恭如子故薦之

又曰哀帝有詔舉太常王莽私從何武求舉武不敢舉後數月哀帝崩太后即日引莽入收大司馬董賢印綬詔有司舉可代司馬者莽故大司馬辭位辟丁傅衆庶稱以爲賢又太后近親自大司徒孔光以下舉朝皆舉莽武爲前將軍素與大將軍公孫祿相善二人獨謀議以爲往時孝惠孝昭少主之外戚呂霍上官持權幾危社稷今孝成孝哀比世無嗣方當選立親近輔幼主宜令異姓大臣持權親疎相錯爲國計便於是武舉公孫祿可大司馬而祿亦舉武太后竟自用莽爲大司馬莽諷有司劾奏武公孫祿互相稱舉皆免

又曰王嘉薦儒者公孫光滿昌及能吏蕭咸薛脩皆故二千石有名稱天子納而用之

續漢書曰虞詡以左雄有忠公節上疏薦之曰伏見議郎左雄數上封事至引陛下身遭危難以爲警戒實有王臣蹇蹇之節周公謨成王之風宜擢在喉舌之官必有匡弼之益由是拜雄尚書

又曰陳蕃胡廣等上疏薦徐穉等曰臣聞善人天地之紀治之所由也伏見處士豫章徐穉城陽姜肱汝南袁閎京兆韋著潁川李曇德行純備著於民聽若使擢登三事協亮天工必能翼宣盛美增光日月矣桓帝乃以安車玄纁徵之

又曰橋玄遷司空轉司徒素與南陽太守陳球有隙及在公位而薦球爲廷尉

又曰皇甫規字威明安定人拜度遼將軍尚書薦中郎將

張奐自代及黨事起天下名賢多見收逮規雖爲名將素譽不高自以西州豪傑耻不得豫乃先自上言臣前薦故大司農張奐是附黨朝廷知而不問也

太平御覽卷第六百三十

太平御覽卷第六百三十二

治道部十二

薦舉中

東觀漢記曰光武召鄧禹曰吾欲北發幽州突騎諸將誰可使者禹曰吳漢與鄧弘俱客蘇弘稱道之禹數與語其人勇鷙有智謀諸將鮮及上以禹爲知人上欲定河内問禹曰諸將誰可守河内者禹曰寇恂文武備足有牧民御衆之才上乃用之

又曰東平王蒼薦吏吳良上以章示公卿曰薦何薦韓信設壇即拜不復考試以良爲議郎

又曰王丹字仲回初有薦士於丹者丹選舉之而後所舉者陷罪丹免客暫自絶俄而徵丹復爲太子太傅乃呼客見之謂曰何量丹之薄不爲設食以罰之相待如舊

又曰南陽太守杜詩上疏薦伏恵公曰竊見故大司徒陽都侯伏恵公自行束脩訖無毀玷篤信好死守死善道經爲人師行爲儀表衆賢百姓仰望德義微過斥退久不復用識者愍惜儒士痛心

又曰上嘗問宋弘通博之士弘薦沛國桓譚才學洽聞幾能近及楊雄劉向父子於是召譚拜議郎給事中上每讌輒令鼓琴好其繁聲弘聞之不悅悔於薦舉聞譚内出遣吏召之譚至不舉席而讓之曰吾所以薦子者欲令輔國家以道而今數進鄭聲以亂雅樂非須德忠正也後大會羣臣上使譚鼓琴見弘失其常度上怪而問之弘乃離席免冠謝曰臣所以薦桓譚者望能以忠正導主而令朝廷耽悅鄭聲臣之罪也

又曰杜林字伯山扶風人爲御史先與鄭興同寓隴右乃薦之上乃徵興爲太中大夫

又曰陳寵字昭公沛人爲尚書寵性純淑周密重慎時有表薦輒自手書削草人莫得知

又曰韋豹字季明數年辟公府輒以事去司徒劉愷辟之謂曰卿輕人好去就故爵位不踰今歲垂盡當辟御史意在相薦子其留乎豹曰犬馬齒衰豈敢久待薦之私非所敢當遂跣而起愷追之遂去不顧

范曄後漢書曰東平王蒼以至戚輔政時班固始弱冠說蒼曰將軍以周邵之德立於本朝今者將軍幕府新開廣延羣俊四方之士顛倒衣裳將軍宜効唐勢之舉審伊皐之薦令遠近無偏幽隱必達光名宣於當世貴烈著於無窮竊見故司空掾桓梁京兆祭酒馮晉扶風掾李育[illegible]督郵郭基涼州從事王雍恒農功曹殷肅此六子者皆有殊行絶才德隆當世如蒙徵納以輔高明此山梁之秋夫子所爲嘆也蒼納之

又曰曹騰加位特進其所進達皆海内名人陳留虞放邊韶南陽延固張溫恒農張奐潁川堂谿等皆所舉也

漢雜事曰傅喜爲右將軍傅太后與政事喜數諫之后不悅喜上印綬病在家司空何武尚書唐林上書曰竊以季友治亂楚以子玉輕重魏以無忌折衝項以范增存亡故楚跨有南土帶甲百萬隣國不以爲難子玉爲將文公仄席而坐及其死君臣相慶百万之衆不及一賢於是上拜喜爲大司馬封高武侯

又曰谷永爲尚書薦薛宣竊見少府宣材茂行潔達於從政有退食自公之節寡移賞遊說之助臣恐陛下忽於羔羊之詩捨功實之臣任虛華之譽是以越陳宣行能唯留

神考察上然之遂以宣爲御史大夫

魏志曰太祖既定河北而高幹舉并州叛衛固與范先通謀太祖謂荀彧曰河東被山帶河當今天下之要地也君爲我舉蕭何寇恂以鎮之彧曰杜畿可於是拜畿爲河東太守固等卒伏

又曰潁川戲志才籌畫之士太祖甚器之早卒太祖與荀彧書曰自志才亡後莫可與計事者汝潁固多奇士誰可以繼之彧薦郭嘉乃見與語天下事太祖曰使孤成大業者必此人也嘉亦喜曰真吾君矣

又曰張郃字儁乂河間人也郃雖武將而愛儒士嘗薦同郡卑諶經修行明詔曰昔祭遵爲將嘗置五經大夫居軍中與諸生雅歌投壺今將軍外勤戎旅內存國朝朕嘉將軍之意擢諶爲博士

又曰桓範薦徐宣曰臣聞帝王之用當世後才爭奪之時以策略爲先分定之後以忠義爲首故晉文行舅犯之計而賞雍季之言高祖用陳平之智而託後於周勃竊見尚書徐宣體忠厚之行秉直亮之性清雅特立不隨世俗確然難動社稷之節今僕射缺宣行掌後事腹心任重莫如宣者帝遂以宣爲右僕射

又曰陳群薦廣陵陳矯丹楊戴乾太祖並用之後乾以忠義死矯爲名臣

蜀志曰諸葛亮自比管仲樂毅時人莫之許唯徐元直（徐庶字元直）謂爲信然時先主屯新野庶謂先主曰諸葛孔明者卧龍也將軍豈願見之乎先主曰君與俱來庶曰此人可就見不可屈致將軍宜枉駕顧之由是先主遂造亮凡三於是情好日密關羽張飛等不悅先主解之曰孤有孔明猶魚之有水也願諸君勿復言羽飛乃止

吳志曰劉繇字正禮東萊人兄岱字公山平原陶洪薦繇於令舉茂才刺史曰前年舉公山柰何復舉正禮乎洪曰若使君用公山於前擢正禮於後所謂御二龍於長衢騁騏驥於千里不亦可乎

又曰周瑜薦魯肅才宜佐時當廣求其比以成功業不可令去也權即召肅與語甚悅之衆賓罷退獨引肅還合榻對食

又曰凌統字公績吳郡人爲孫權將甚見親重時有薦同郡盛暹於權者以爲梗槩大節有過於公績權曰但令如公績足矣後召暹夜至公績已卧聞之攝衣出門執其手以入其愛善不害如此

晉書曰桓彝字茂倫性通朗早有盛名有人倫識鑒拔才

取士或出於無聞或得之孩抱時人方之許郭

又曰劉恢嘗薦吳郡張憑卒爲美士衆以此服其人

又曰華譚字令思廣陵人除郟城令過漢水作莊子讚序以示功曹後見敎不常譚疑不能爲私問是廷掾張延所作譚即拔延薦達於部遂得外擢比譚爲廬江延亦已爲郡譚至廬江舉寒族周訪爲孝廉訪果立功名時以譚爲知人

又曰江統爲司徒左長史東海王越爲兗州牧以統爲別駕委以州事與統書曰昔王子師爲豫州未下車辟荀慈明下車辟孔文舉貴州人士有堪應者否統舉高平郗鑒爲賢良陳留阮脩爲直言濟北程收爲方正時以爲知人

徐廣晉紀曰張華少自牧羊而篤志好學初爲縣吏盧欽奇其才數稱薦之

晉中興書曰賀循會稽人郡鈴下有楊方者字公迴世爲郡威儀少好學有奇才以門役在閤下公事之暇輒讀五經鄉邑未之別也內史諸葛恢聞方學召爲給使見而異之謂有殊常之才即解役散置左右以門人待焉由是邦壤敬異方始得周旋鄉貴虞喜兄弟以儒學立名並知拔之後恢欲薦郡功曹於中宗使方具載主簿虞預以薦爲美遂示太常賀循遂向京師稱美之司徒王導辟以爲掾方始出都交遊人間縉紳咸厚遇之

傅暢晉諸公讚序曰魏舒雖有宇量衆望未能悉歸侍中任愷爲世祖所委任泰始中啓舒散騎常侍侍中尚書令又爲吏部遷僕射舒雖體度弘雅而才鈍無所創設遷光祿大夫開府領司徒世祖臨軒使太常任愷拜授朝廷以愷前啓拔舒而爲王人人爲愷怨之也

宋書曰劉穆之爲丹陽尹凡所薦達不納不止常云我雖不及荀文若之舉善然不舉不善

又曰王鎮惡頗讀諸子兵書喜論軍國大事騎射非長而縱橫善果斷武帝伐廣固鎮惡時爲臨澧令人或薦之武帝召與語異焉因留宿旦謂參佐曰鎮惡王猛孫所謂將門有將即署前部賊曹破賊有功封博陸縣五等子

又曰謝晦字宣明初爲昶建威府中兵參軍孟昶死帝問劉穆之昶府誰堪入府穆之舉晦即命爲太尉參軍武帝嘗訊獄其旦刑獄參軍有疾晦代之晦車中一覽訊牒隨問酬對無失即日署刑獄賊曹

又曰張邵元嘉五年爲征虜將軍領寧蠻校尉雍州刺史加都督初王華與邵不和及華參要親舊爲之危心邵曰子陵華字子陵方弘至公豈以私隙害正義是任也華實舉之

又曰晉平王休祐爲南徐州帝就褚彥回求幹事人爲上佐彥回舉沈文季轉騎長史東海太守

又曰劉道産在雍州有惠化遂蠻歸懷皆出緣沔爲村落戶口殷盛及産死群蠻大爲寇暴孝武西鎮襄陽江夏王義恭薦柳元景乃以爲武威將軍隨郡太守至廣設方畧斬獲數百郡境肅然

又曰荀伯子好學博覽經傳解褐奉朝請員外散騎侍郎著作郎徐廣重其才學舉伯子及王韶之並爲佐郎同撰晉史

齊書曰傅昭字茂遠御史中丞劉休薦於武帝永明初以爲南郡王侍讀

又曰孔休源字慶緒州舉秀才太尉徐孝嗣省其策深善之謂同坐曰觀此足稱王佐之才瑯琊王融雅相友善薦

之於司徒竟陵王爲西邸學士

又曰江革字休映弱冠舉南徐州秀才時胡諧之行州事王融與諧之書令薦舉諧之方貢鄉瑯琊王沉便以革代之

又曰武帝將下郢劉懷珍白帝曰夏口是兵衝要地宜得其人高帝納之與武帝書曰汝既入朝當須文武兼資人委以後事武帝乃舉柳世隆自代轉爲武陵王前軍長史江夏內史行郢州事

又曰明帝詔求異士始安王遙光表薦王暕及東海王僧孺除暕散騎從事中郎將

又曰梁武帝之臨雍州問京兆人杜惲求州綱紀惲言柳慶遠武帝曰文和吾已知所問未知者耳因辟爲別駕

又曰陸厥字韓卿少好屬文永明元年詔百官舉士同郡司徒左曹掾顧暠之表薦厥堪舉秀才

梁書曰何遜字伯言八歲能賦沈約嘗謂遜曰吾每讀卿詩一日三復猶不已其爲名流所稱如此天監中兼尚書水部員外郎南平王引爲賓客後薦之於武帝與吳均俱進倖

又曰朱异字彥和吳郡人也有詔求異能之士五經博士明山賓表异高祖召見使說孝經周易甚說之謂左右曰朱异實異能後見山賓謂曰卿所舉殊得其人仍召异直西省

又曰陸襄字師卿天監三年都官尚書范岫表薦襄起家爲著作郎

陳書曰陸瓊字伯玉幼聰惠有令名深爲文帝所貴及封周迪陳寶應等都官符及大手筆並中勑付瓊及宣帝爲司徒妙簡僚佐吏部尚書徐陵薦瓊於宣帝言其

具優斂文史足用近居郎署歲月過淹左曹掾缺乃膺並選雖階次小踰其屈滯已積乃除司徒左曹掾

北齊書曰祖鴻勳范陽人也僕射臨淮王彧表薦鴻勳有文學宜試一官勑除奉朝請人謂之曰臨淮舉卿便以得調竟不相識恐非其宜鴻勳曰爲國舉才臨淮之務但鴻勳何從而謝之彧聞而喜曰吾得其人矣

太平御覽卷第六百三十一

太平御覽卷第六百三十二

治道部十三

薦舉下

唐書曰杜如晦少聰悟精彩絶人太宗引爲秦府兵曹俄改陝州長史房玄齡白太宗曰餘人不足惜杜如晦聰明敏達王佐之才若大王守藩無所用之必欲經營四方非此人莫可太宗乃請爲秦府掾封延平縣男補文館學士貞觀初爲右僕射

又曰李大亮隋末爲賊所獲同輩百餘人皆死賊帥張弼見而異之獨釋與語遂定交於幕下大亮既貴每懷張弼之恩貞觀末弼爲將作丞自匿不言大亮遇諸途識之持弼手而泣悉推家產以遺弼弼辭不受大亮言於太宗曰臣有今日榮貴乃張弼之恩力也乞迴臣之官爵以授之太宗即日以弼爲中郎將俄遷代州都督

又曰岑文本初事蕭銑江陵平就授祕書郎直中書省李靖驟稱其才擢拜中書舍人漸蒙恩遇時顏師古諳練故事長於文誥時無逮者冀復用之太宗曰我自舉一人公勿憂也乃以文本爲中書侍郎專典樞密

又曰狄仁傑授汴州判佐工部尚書閻立本黜陟河南仁傑爲人誣告立本驚謝曰仲尼觀過知人足下可謂海曲之明珠東南之遺寶特薦之遷并州法曹

又曰張柬之進士擢第爲清源丞年且七十餘永昌初自免復應判策試畢有傳柬之考入下科柬之歎曰余之命也乃委歸襄陽時中書舍人劉允濟重考策自下昇甲科爲天下第一擢拜監察御史累遷荆州長史長安中則天問狄仁傑曰朕要一好人任使有乎仁傑對曰陛下則何任使則天曰朕方待以將相仁傑曰料陛下若求文章資歷則今之宰相李嶠蘇味道亦足爲文吏矣豈非文士齷齪思得大才以用之以成天下之務者乎則天悅曰此心也仁傑曰荆州長史張柬之其人雖老眞宰相材也且久不遇若用之必盡忠於國家則天召以爲洛州司馬他日又求賢仁傑曰臣前言張柬之猶未用也則天曰已遷之矣仁傑曰臣薦之請爲相也今爲洛州司馬非用之也乃遷秋官侍郎及姚崇將赴靈武則天令舉內外堪爲宰相者崇曰張柬之沉厚有謀能斷大事且其人年老惟陛下急用之登時召見爲同鳳閣鸞臺平章事年已八十與桓彥範敬暉等誅二張興復社稷忠冠千古功格皇天

又曰張嘉貞落拓有大志亦不自異亦不下人自平鄉丞免歸鄉里布衣環堵之中藹然自得時人莫之知也張循

憲以御史出使還次蒲州驛循憲方復命使務有不決者意頗病之問驛吏曰此有客乎驛吏以嘉貞對循憲召以相見咨以使事積時凝滯者嘉貞隨機應之莫不豁然乃命草表又出其意外他日則天以問循憲其以實對因請以己官讓與之則天曰卿能讓賢美朕豈無一官自進賢耶乃召見內殿隔簾與語嘉貞儀貌甚偉神彩俊傑則天甚異之因奏曰臣生居草萊目不覩朝廷之事陛下過聽引臣天庭此萬代一遇也然咫尺之間若隔雲霧臣恐君臣之道有所未盡則天曰善遽命卷簾翌日拜監察御史開元中用之爲相

又曰姜皎薦源乾曜玄宗見之大悅驟拜爲相謂左右曰此人儀形莊肅類蕭至忠朕故用之左右曰至忠以犯逆死陛下何故比之玄宗曰我爲社稷計所以誅之然其人信

美才也

又曰李勣少與鄉人翟讓聚衆爲盜推李密爲主言於密曰天下大亂本爲飢苦若得黎陽一倉大事濟矣遂襲取之時在飢餓就食者數十萬人魏徵高季輔杜正倫郭孝恪董客遊勣一見便加禮敬引之卧内談論忘疲及虎牢獲戴冑亟相推薦咸至大官時稱勣有知人之鑒

又曰李義府僑居于蜀袁天綱見而奇之曰此郎貴極人臣但壽不長耳因請舍之託其子曰此子有七品相願提拔之義府許諾因問天綱壽幾何對曰五十二此外非所知也安撫使李大亮侍中劉洎等連薦之召見拜監察御史後位至宰相

白虎通曰諸侯所以貢士於天子者進賢稱善者也天子躬求之者貪義也治國之道本在得賢得賢即治失賢即亂

孔叢子曰子高見齊王王問誰可臨淄宰稱管穆焉王曰穆也容貌陋民不敬子高荅曰夫見敬在德且臣所稱其才也君王聞晏子趙文子乎晏子長不過六尺面狀醜惡齊國之上下莫不宗焉趙文子其身如不勝衣其言如不出口非但體陋辭氣又訥其相晉國以寧諸侯敬服皆德故也以穆軀形方諸二子猶悉賢之昔臣嘗行臨淄市見屠商焉身長八尺鬚髯如戟面正紅白市之男女未有敬者無德之故也王曰是所謂祖龍始者也誠如先生之言於是乃以管穆爲臨淄宰

韓子曰趙武薦四十六人於其君及武之死也四十六人皆就賓位無私德若此武薦白屋之士六十餘家

戰國策曰淳于髡見七人於宣王王曰子來也寡人聞千里一士是比肩相望百世一聖若隨踵而至者也今子一日而見七士不亦衆乎髡曰不然夫鳥同翼者聚居獸同足者俱行今求茈葫桔梗於沮澤則累世不得一焉若求之梁甫之陰則連目夫物有等今髡賢者之儔王求士於髡譬如挹水於河而求火於燧也（言易得也）

國語曰文公使原季爲卿（原季趙衰文公二年爲原大夫）辭曰夫三德者偃之出也（三德先拔先軫胥臣也偃狐偃也三子皆偃所進）以德紀民其章大矣不可廢也使狐偃爲卿辭曰毛之智賢於臣其齒又長（毛偃之兄齒年）毛也不在位不敢聞命乃使狐毛將上軍狐偃佐之

又曰趙宣子言韓獻子於靈公以爲司馬河曲之役趙孟使人以其車乘于行（秦與晉戰在魯文十二年）獻子執而戮之衆咸曰韓厥必不沒矣其主朝外之而暮戮其車其誰安之宣子召而禮之曰吾聞事君者比而不黨夫周以舉義比也舉以其私黨也夫軍事無犯犯而不隱義也吾言汝於君懼汝不能也舉之而不能黨孰大焉勉之長臨晉國者非其誰勉之告諸大夫曰可賀我矣吾舉厥也而中吾乃今知免於罪矣（免失舉之罪）

韓詩外傳曰魏文侯之時子質仕而獲罪焉去而北遊謂簡主曰吾所樹朝廷之大夫半所樹邊境之人亦半今堂之士惡我於明君朝廷大夫中我於法邊境之人劫我以兵是以不復樹德於人簡主曰噫子言過矣春樹桃李夏得蔭其下秋得食其實春樹蒺藜夏不得採其葉秋得其刺焉由此觀之在所樹也今子之所樹非其人耳

呂氏春秋曰管仲病桓公往問之曰仲父之病矣（言其病困如漬）甚國人弗諱寡人將誰屬國管仲對曰昔者臣盡力竭智猶未足以知之也今病在於朝夕之中臣奚能言桓公曰此大事願仲父教之寡人也管仲敬諾曰誰欲相（欲用誰相）公曰鮑叔牙可乎管仲對曰不可夷吾善鮑叔牙牙之爲人

也清廉潔直視不已若者不比於人一聞人之過終身不忘勿已則隰朋其可乎隰朋之爲人也上志而下求醜不若黃帝而哀不已若者自醜其德不如黃帝又愍不若己也其於國也有不聞不求聞而善求在利國而已矣其於物也有不知也物事也非事職不求知其於人也有不見也務在齊民不求見也勿已則隰朋可矣夫相大官也處大官者不欲小察不欲小智故曰大匠不斲但規模而已不復自斲大庖不豆調和五味不復自列大勇不鬭

又曰魏公叔座疾惠王往問之曰公叔之病甚矣將柰社稷何對曰臣之庶子鞅者願王以國聽之若不能聽勿使出境王不應出謂左右曰豈不悲哉夫以公叔之賢今謂寡人必以國聽鞅悖也公叔死公孫鞅西游秦秦孝公聽之秦果強魏果弱

又曰百里奚之未遇時至虢而虜飯牛於秦練以鬻南五羖

之皮公孫枝得而悅之獻諸繆公三日請屬事焉公曰買之五羊皮而屬之無乃爲天下笑乎枝曰信賢而任之君之明也讓賢而下之臣之忠也君爲明君臣爲忠臣彼信賢也境內將服敬國且畏夫誰暇笑哉用之謀無不當舉必有功

說苑曰田子方渡西河遇翟黃乘軒車子方曰子何以致此乎曰昔西河無守臣進吳起鄴無令臣進西門豹酸無令臣進北門可君欲攻中山臣進樂羊魏於天下難治臣進李克進此五大夫爵位於此

又曰子貢問孔子曰今之臣孰賢孔子曰齊有鮑叔鄭有子皮子貢曰齊無管仲鄭無子產者乎孔子曰吾聞鮑叔之進管仲子皮之進子產未聞管仲子產有所進也

又曰孟嘗君進客於齊王三年不見用故客反見曰不知臣之罪耶君之過耶孟嘗君曰寡人聞縷因鍼而入不因鍼而急女因媒而嫁不因媒而親夫子之才必薄矣當怨寡人哉客曰臣聞韓盧天下疾狗也見兔而指屬則不失兔望見而放狗非不能屬者罪於是孟嘗復屬齊王王遂使爲相

又曰蘧伯玉使之楚逢公子晳濮水之上接草而待曰聞上士可以託色中士可以託辭下士可以託才三言固可得託也伯玉曰謹受命伯玉見楚王使事畢坐從容言士王曰何國最多士伯玉曰楚多士而楚不能用王曰是何言也伯玉曰子胥生於楚而吳善用之蕡皇生於楚而晉善用之今者臣之來逢子晳曰上士可以託色中士可以託言下士可以託才三言者固可得託於是楚王發使追公子晳濮水之上子晳還重於楚伯玉之功也

劉向新序曰楚莊王罷朝而晏樊姬問其故莊王曰與賢相語不知晏者也樊姬曰賢相爲誰王曰虞丘子樊姬掩

口而笑王乃問其故曰虞丘子爲相數年未嘗進一賢不知賢是不智知而不進是不忠不忠不智安得爲賢明日朝王以樊姬之言告虞丘子虞丘子稽首曰如姬之言於是辭位而進孫叔敖叔敖相楚而莊王霸樊姬之力

海內先賢傳曰潁川鍾皓字季和爲郡功曹太丘長陳寔爲西門亭長皓深獨敬異歲常禮待與同分義會辟公府臨辭太守問誰可代君曰府君欲得其人西門亭長可用寔卒爲海內高名之臣歸以公相之位

三輔決錄曰潁陽游殷爲郡功曹有童子張既爲書佐殷察異之具設賓饌以子楚託之後魏王以問既稱楚文武兼學王遂以爲漢興郡

管輅別傳曰趙孔曜至冀州見裴使君問顏色何以清減孔曜曰體本無藥石之疾然見清河內有一騏驥拘縶後廐

歷年去王良伯樂百八十里一不得騁其足以起風塵以此憔悴耳使君言騏驥今何所在孔耀言平原管輅字公明年三十六雅性寬大與世無忌觀天則能同妙甘公石申俯覽同異則能齊司馬季主遊步道術開神無窮抱荊山之璞懷衣光之寶而爲清河郡所録北黌文學可爲痛心疾首者裴使君聞言悦慨曰如此便相爲取之即檄召輅爲文學從事一相見清論終日不覺罷倦天時大熱移床於廷前樹下乃至鷄鳴向晨復出再相見便轉爲鉅鹿從事三相見轉爲治中四相見轉別駕前至十月舉爲秀才

文士傳曰張華薦成公綏曰竊見處士東郡成公綏年二十五字子安體珪璋之質資不羁之量知深慮明足以妙見研恩篤好則仲舒之精引之世貞幹足以敦風篤俗淵才達學足以弘導世教固逸倫之殊俊搢紳之檢式也

荀爽與郭叔都書曰陳季方才德秀出超世逸群金相玉質文章席美終軍賈誼誠無以加宜遂貢之宰朝盛其龍光鹽車之驥自非伯樂無以顯名採光剖璞以獨見寶賞爲足下利之

孔融薦祢衡表曰伏見處士平原祢衡淑質貞亮英才卓犖初涉藝文登堂覩奥目所一見輒傳於口耳所一聞不忘於心性與道合思若有神若得龍躍天衢奮翼雲漢足以明近署之多士增四門之穆穆

應璩薦貢伯偉文詣曹公曰璩聞景雲浮則應龍翔治道明則儁乂臻是故良哉之歌興於唐堯之世多士之頌形於周文之朝竊見太子舍人貢琳字伯偉稟性純和體素清愨宜授以千里之塗任以列曹之職

陸機薦賀循郭訥表曰伏見武康令賀循德量邃茂才鑒清遠丞陽令郭訥風度簡曠器識朗拔准其才望資品循可尚書郎訥可太子洗馬

又陸機薦戴若思文曰蓋聞繁若登御然後高墉之功顯孤竹在肆然後降神之曲成伏見處士廣陵戴淵年三十字若思心智足以研幽才鑒足以辨物固窮樂志無風塵之慕砥節立行有渫井之潔誠東南之貴寶聖朝之奇璞也

楊方爲虞領軍薦張道順文曰蓋聞驪龍之珠必沉紫泉之裏垂天之翼必翔青冥之表竊見處士吳國張道順天挺珪璋明達清秀下筆摛彫龍之文登言吐談天之藻纂西道之楊生希北巷之顏回若得清水淬其鋒鉞砥礪其鍔必騰躍天路出覿聖世

琴操曰史魚者衛靈公之相時蘧伯玉執清廉之節脩仁義之方史魚乃薦伯玉於靈公公曰諾其後未用史魚復入曰臣聞抱玉朝君不如貢賢夫國危者則思仁思安者則急賢公何嫌疑靈公謂史魚以庭褒虛飾良久乃應之史魚出謂其子曰我薦伯玉於公公以我言爲不信將自殺以明之我死後勿厚斂也用伯玉乃斂語畢進藥自殺靈公聞之曰痛哉寡人謂史魚徒謙退欲進士者也不意乃至於身死臨喪拜伯玉代史魚公泣曰寡人負史魚悔焉無及者也

太平御覽卷第六百三十二

太平御覽卷第六百三十三

治道部十四

賞賜

說文曰賞賜有功也

傳曰蔡公孫歸生謂楚令尹子木曰善爲國者賞不僭刑不濫賞僭則懼及淫人刑濫則懼及善人若不幸而過寧僭無濫與其失善寧其利淫無善人則國從之商頌有之曰不僭不濫不敢怠遑命于下國封建厥福此湯所以獲天福也古之理民者勸賞而畏刑恤民不倦賞以春夏刑以秋冬將賞爲之加膳加膳則飫賜此所以知其勸賞也將刑爲之不舉不舉則徹樂以此知其畏刑也

又曰晉荀林父滅潞晉侯賞林父狄臣千室亦賞士伯以瓜衍之縣曰吾獲狄土子之功也微子吾喪伯氏矣羊舌職悅是賞也曰周書所謂庸庸祗祗者此物也（物事也）士伯庸中行伯君信之亦庸士伯此謂明德文王造周不是過也注云郯之敗晉侯欲殺林父士渥濁諫而止之

又曰虢公晉侯朝王王饗醴命之宥皆賜玉五瑴馬三疋非禮也（雙玉爲瑴）王命諸侯名位不同禮亦異數

又曰晉侯伐鄭鄭人賂晉侯女樂八人晉侯以樂之半賜魏絳曰子教寡人和諸戎狄以正諸華八年之中九合諸侯如樂之和無所不諧請與子樂之魏絳辭曰夫和戎狄國之福也九合諸侯君之靈也二三子之勞也臣何力之有抑臣願君安其樂而思其終也公曰子之教敢不承命夫賞國之典也藏在盟府不可廢也子其受之魏絳於是始有金石之樂禮也

周禮太宰以八柄馭群臣三曰予以馭其幸注云幸謂言

行偶合於善則有以賜予以勸後也

又曰以九式均節財用八曰匪頒之式注曰式謂財用之節度也匪分也頒賜也謂分賜群臣

又曰太府以敝餘之賦以待賜予

禮記曰天子賜諸侯樂則以柷將之賜伯子男樂則以鼗將之（將謂執以致命）諸侯賜弓矢然後專征賜鈇鉞然後專殺賜珪瓚然後爲鬯未賜珪瓚則資鬯於天子

又曰君賜車馬乘以拜賜衣服服以拜君未有命弗即乘服凡賜君子與小人同此賞賜之義也

又曰若賜之食而君客人則命之祭然後祭（鄭玄曰雖見賓客猶不敢備禮也侍食則不祭也）君若賜之爵則越席再拜稽首受登席祭之飲卒爵而俟君卒爵然後受虛爵（不敢先君盡爵）

詩曰陳錫哉周注云言文王能布陳大利以錫

書曰德懋懋官功懋懋賞

又曰用命賞于祖弗用命戮于社

又曰罰弗及嗣賞延于世

又曰功多有厚賞弗迪有顯戮

史記曰紂囚西伯姜里西伯之臣閎夭之徒求美女奇物以獻紂紂乃赦西伯而賜弓矢斧鉞使得征伐

又曰武王滅紂乃罷兵西歸封諸侯班賜宗彝作分殷之器物（鄭玄曰宗彝宗廟彝樽也作分器著王之命及物也已）於是封功臣謀士而師尚父爲首封封尚父於營丘曰齊封弟周公旦於曲阜曰魯封召公奭於燕封弟叔鮮於管封叔度於蔡餘各以次受封

又曰禹平水土已成帝錫玄珪禹受曰非予能成亦大費爲輔帝舜曰咨爾費贊禹功其錫爾皁游爾後嗣將大

出遂妻之姚姓之曰王女（皇甫謐曰賜之玄王妻姚姓之女）
史記曰晉人請公賞從巳者臣壺叔曰君三行賞賞不及臣敢請罪文公報曰夫導我以仁義防我以德惠此受上賞輔我以行事卒我以成立此受次賞矢石之難汗馬之勞此復次賞若以力事我而輔吾缺者此復受次賞三賞之後故及子晉人聞之皆説（音悦）
又曰晉楚戰于城濮晉侯渡河北歸國行賞狐偃爲首或曰城濮之事先軫之謀文公曰城濮之事偃説我毋失信先軫曰軍事勝爲右吾用之以勝然此一時之説偃言萬世之功柰何以一時之利而加萬世之功乎是以先之
又曰三國攻晉陽引汾水灌其城城不没者三版城中懸釜而炊易子而食群臣皆有外心禮益慢唯高共（一作赫）不敢廢禮襄子懼乃夜使張孟同私於韓魏韓魏與合謀三

月丙戌三國反滅智氏共分其地於是襄子行賞高共爲上張孟同曰晉陽之難共無功襄子曰方晉陽急群臣皆懈唯共不敢失臣禮是以先之
又曰漢五年已殺項羽定天下即皇帝位論功行封以蕭何功最盛封爲酇侯列侯軍已受封奏位次皆曰平陽曹參身被七十創攻城略地功最多宜第一上已撓功臣多封蕭何至位次未有以復難之然心欲何第一關内侯鄂君進曰羣臣議皆誤夫曹參雖有野戰略地之功此特一時之利耳夫上與楚相拒五歲常失軍亡衆逃身遁者數矣然蕭何常從關中遣軍補其處非上所詔令召而數萬衆會上之乏絶者數矣夫漢與楚相守滎陽數年軍無見粮蕭何轉漕關中給食不乏陛下雖亡山東蕭何尚全關中以待陛下此萬世之功也今雖亡曹參等百數何缺於漢漢得之不必待以全柰何欲以一旦之功而加萬世之功哉蕭何第一曹參次之高祖曰善於是乃令蕭何第一賜帶劒履上殿入朝不趨上曰吾聞進賢受上賞蕭何功雖高得鄂君乃益明於是因鄂君故食關内侯邑封爲安平侯
又曰項籍死天下定上置酒上折隋何之功謂何腐儒爲天下安用腐儒隋何跪曰夫陛下引兵攻彭城楚王未去齊也陛下發步兵卒五萬人騎五千能以取淮南乎上曰不能隋何曰陛下使何與二十人使淮南至如陛下之意是何之功賢於步卒五萬騎五千也然而陛下謂何腐儒爲天下安用腐儒何也上曰吾方圖子之功乃以隋何爲護軍中尉
又曰漢文帝初即位赦天下賜民爵一級女子百户牛酒（蘇林曰男子賜爵女子賜牛酒也）皇帝曰呂產自置爲相國呂祿爲上將軍

擅矯遣灌將軍嬰將兵擊齊欲代劉氏嬰留滎陽弗擊與諸侯合謀以誅呂氏呂產欲爲不善丞相陳平與太尉周勃謀奪呂產等將軍朱虚侯劉章首先捕呂產等太尉身率襄平侯通持節承詔入北軍典客劉揭身奪趙王軍呂祿益封太尉勃萬户賜金五千斤丞相陳平灌將軍嬰邑各三千户金二千斤朱虚侯劉章襄平侯通東牟侯劉興居邑各二千户金二千斤封典客揭爲陽信侯賜金千斤
漢書曰夏侯嬰自上初起沛常太僕竟高祖以太僕事惠帝及高后德之脱孝惠魯元於下邑間也乃賜嬰北第第一（師古曰北第者近北闕之第嬰最第一也）曰近我以尊異之
又曰景帝賜衛綰劒綰曰先帝賜臣劒凡六不敢奉詔上曰劒人之施易獨至于今乎綰曰具在上使取六劒劒嘗盛未嘗服也後遷爲御史大夫代桃侯舍爲丞相綰自初官

以至相終無可言上以爲敦厚可相少主尊寵之賞賜甚多

又曰伏日詔賜從官肉太官丞日晏不來東方朔獨拔劒割肉謂其同官曰伏日當蚤歸請受賜即懷肉去太官奏之朔後入上曰昨賜肉不待詔以劒割肉而去之何也朔免冠謝上曰先生起自責也朔來受賜不待詔何無禮也拔劒割肉一何壯也割之不多一何廉也歸遺細君又何仁也上笑曰使先生自責乃反自譽復賜酒一石肉百斤歸遺細君

又曰王成不知何郡人也爲膠東相治甚有聲宣帝先褒之地節三年下詔曰蓋聞有功不賞有罪不誅雖唐虞不能以化天下今膠東相成勞求不息民流自占八萬餘口（師古曰隱度名數而來附業也）治有異等之致其賜成爵關內侯秩中二千石

又曰黃霸爲穎川太守是時鳳凰神雀數集郡國穎川尤多天子以霸治行終長者下詔稱揚曰穎川太守霸宣布詔令百姓鄉化孝子弟悌貞婦順孫日以衆多行者讓路道不拾遺養視鰥寡贍助貧窮獄無重囚而吏民鄉于敎化可謂賢人君子矣書不云乎股肱良哉其賜霸爵關內侯黃金百斤秩中二千石而穎川孝悌有行義民三老力田皆以差賜爵及帛

又曰初霍氏奢侈茂陵徐生曰霍氏必亡夫奢則不遜不遜必侮上侮上者逆道也在人之右衆必害之霍氏秉權日久衆敬害之而又行以逆道不亡何待乃上疏言霍氏太盛陛下即愛厚之宜此時抑制無使至亡書三上輙不報閒其後霍氏誅滅而告霍氏者皆封侯人爲徐生上書曰臣聞客有過主人者見其竈直突傍有積薪客謂主人更爲曲突遠徙其薪不者且有火患主人嘿然不應俄而家果失火鄰里共救之幸而得息於是殺牛置酒謝其鄰人灼爛者在於上行餘各以功次不録言曲突者人謂主人曰鄉使聽客之言不費牛酒終亡失火之患今論功而請賓曲突徙薪亡恩澤燋頭爛額爲上客耶主人乃寤而請之今茂陵徐福上書言霍氏且有變宜防絶之鄉使福說得行則國亡裂土出爵之費臣亡逆亂誅滅之敗往事既已而福不蒙其功唯陛下察之貴徙薪曲突之策使居焦髮灼爛之右上乃賜福帛十疋後以爲郎

後漢書曰光武召桓榮令說尚書甚善之拜爲議郎賜錢十萬使授太子每朝會輙令榮於公卿前敷奏經書帝稱善曰得生幾晚特加賞賜後榮入會廷中詔賜奇菓授者皆懷之榮獨手捧以拜帝笑之曰此真儒生也以是愈見敬厚常令止宿太子宮後拜太子少傅賜輜車乘馬榮大會諸生陳其車馬印綬曰今日所蒙稽古之力也可不勉乎

又曰明帝初即位賜天下男子爵人二級（漢書音義曰男子者謂戶內之長也爵爲秦制爵二十級又賜爵者爵得贖貴者得賣爵人乎）三老孝悌力田人三級過公乘得移與子若同產（漢制賜爵自公士以上不得過公乘故過者得移授也同產同母兄弟也）及流人無名數欲自占者人一級（無名數謂文簿也占謂自歸首）

又曰館陶公主爲子求郎不許而賜錢千萬謂群臣曰郎官上應列宿出宰百里有非其人則人受其殃是以難之

又曰永平中顯宗幸宛詔諸李隨安衆宗室會見並受賀賜恩寵篤焉

又曰郭伋爲并州牧過京師謝恩帝並召皇太子諸王讌語終日賞賜車馬衣服什物

又曰肅宗納梁竦女爲貴人生和帝竇皇后養以爲子諸

竇憲遂譖殺貴人而陷竦等死獄中家屬徙九真和帝立後貴人姊南陽樊調妻嫕於計切上書自訟曰妾同產女弟貴人前充後宮蒙先帝厚恩得見寵幸誕生聖明爲竇憲兄弟所見譖訴使妾父竦冤死老母孤弟遠徙萬里今值陛下神聖之運親統萬機群物得所憲兄弟姦惡既伏辜誅妾乃敢昧死自陳所丐帝覽章感悟乃下掖庭令驗問之嫕辭證明審遂得引見具陳其狀乃留嫕止宮中連月乃出賞賜衣被錢帛第宅甸月之間累貲千萬嫕素有操行帝益愛之乃號梁夫人

楚漢春秋曰高帝初封侯者皆賜丹書鐵券曰使黄河如帶太山如礪漢有宗廟尔無絶世

漢魏春秋曰天子以曹公典任守外臨時之賞或宜速乎乃命公得承制拜諸侯守相曰夫軍之大事在兹賞罰勸善

懲惡宜不旋時故司馬法曰賞不踰月者欲民速覩爲善之利也昔在中興鄧禹闕承制拜君祭酒李文爲河東太守來歙又承制拜高峻爲通路將軍察其本傳皆非先請明臨時刻印也斯則世祖神明權達蓋所用速不威懷而克成洪勲者也且春秋之義大夫出疆專命之事苟可以利社稷安國家而已况君秉任二伯師尹九有實征夷夏軍行蕃甸之外得失在於斯須之間停賞後許以滯時務固非朕之所圖也自令已後臨事所甄當加寵號者其便刻印章假校尉使忠義得共奬勵勿有疑焉

魏志曰太祖攻城邑獲靡麗之物則悉賜有勲功勞其賞不悋千金無功望施分毫不與

又曰袁煥卒太祖賜穀二千斛一教以大倉穀千斛賜郎中令家一教以垣下穀千斛與耀卿家煥字耀卿外不解其意教曰以大倉穀者官法也以垣下穀者親舊也

又曰公令曰昔趙奢竇嬰之爲將也受賜千金一朝散之故能濟成大功永世流聲吾讀其文未嘗不慕其爲人也與諸將士大夫共從戎事幸賴賢人不愛其謀群士不遺其力是以夷險平亂而吾得竊大賞戶邑三萬追思趙竇散金之義今分所受租與諸侯掾屬及故戍於陳蔡者庶以酬荅衆勞不擅大惠也

又曰鎮東將軍毋丘儉上言昔諸葛恪圍合肥新城中遣士劉整出圍傳消息爲賊所得考問所傳整曰欲殺我者便速殺之終無他辭又遣士鄭像出城傳消息恪遣騎尋跡索得縛將繞城勑像大呼言大軍已還洛不如早降像不從其言更大呼城中曰大軍近在圍外壯士努力賊以刀築其口使不得語整像爲兵能守義執節子弟宜有差異

詔曰夫顯爵所以褒元功重賞所以寵烈士整像召募通使越六軍蹈重圍冒突白刃輕身守信不幸見獲抗節彌厲揚六軍之大勢安城守之懼心臨難不顧畢志傳命今追賜整像爵關中侯各除士名使子襲爵如部曲將死事科

又曰夏侯惇從征孫權還使都督軍留居巢賜伎樂名倡令曰魏絳以和戎之功猶受金石之樂况將軍乎

又曰太祖平柳城班所獲器物特以素屏風素机賜毛玠曰君有古人之風故賜君古人之服玠居顯位撫育孤兄子甚篤賞賜以施貧族家無所餘

又曰文帝在東宮賜鍾繇五熟釜爲之銘曰於赫有魏作漢藩屏厥相惟鍾寔幹心膂靖恭夙夜匪皇般耳百寮師師楷兹矩度

又曰薛夏黄初中爲秘書丞帝與之推論書傳未嘗不終日

帝視其衣薄解袍賜之

晉春秋曰清河崔祖思死家無餘財有書八千卷上聞嘆歎良久之以葛屯穀五百斛賜其家曰葛屯亦吾之垣下令後世知其見異

晉書曰王沈爲豫州下教曰能陳長史可否說百姓所患者有賞言刺史得失倍賞主簿褚君曰上好下應令宜以賞恐拘介之士憚賞不言貪昧之人慕利妄舉沈從之

宋書曰謝方明爲桓玄著作佐郎後從兄景仁舉爲宋武中軍主簿方明知無不爲帝謂曰愧未有瓜衍之賞且當與卿共豫章國祿屢加賞賚

蕭子顯齊書太祖奇張融賜衣曰見卿衣服麤𤕤亦虧朝望今送一通衣意謂雖故乃勝新是吾之所著已令裁減稱卿之體

又曰孔靈產爲光祿大夫覽止足之分不肯仕太祖以白毛扇素机遺之曰卿有古人之風故賜以古人之服當代榮之

北齊書曰唐邕字道和太原人邕少明敏有治世之才斛律金啓太后去唐邕強幹一人當千顯祖常解其所著青鼠皮裘賜邕云朕意與卿共幣

家語曰孔子曰自季孫之賜我千鍾也而交友益親（得季孫千鍾之賜以施於衆故交友日益親也）自南宮敬叔之乘我車也而道加行（孔子欲見老聃而觀周室敬叔言於魯君給孔子車馬問禮於老子孔子歷郊廟自周而還弟子四方來集也）故道雖貴必有時而後動德雖高必有勢而後行微夫二子之賜則丘之道殆於廢矣

太公金匱曰賞一人而千人喜者賞之賞二人而萬人喜者賞之賞三人而三軍勸者賞之

管子曰明賞不費明刑不暴賞罰明德之至也

司馬法曰殺戮於市周賞於朝勸君子懼小人也

鶡冠子曰進賢者受上賞則下不蔽善爲政賞人不多而民喜罰人不多而民畏（言賞罰中）

尹文子曰祿薄者不可以經亂賞輕者不可以入難此處上者所宜慎者也

慎子曰孔子云有虞氏不賞不罰夏后氏賞而不罰殷人罰而不賞周人賞且罰罰禁也賞使也

文子曰善賞者費少而勸多故聖人賞一人而天下趍之是以至賞不費也

韓子曰司城子罕謂宋君曰慶賞賜與者民之所好也君自行之誅罰殺戮者民之所惡也臣請當之於是戮細而誅大君子與子罕議之居朞年知死生之命制於子罕故一國歸焉

又曰襄子圍於晉陽中出圍賞有功者四人高赫爲賞首張孟談曰晉陽之事赫無大功今爲賞首何也襄子曰晉陽之事國危社稷殆矣群臣無不有驕侮之意者唯赫不失君臣之禮是以先之仲尼聞之曰善賞哉襄子賞一人而天下爲人臣者莫能失禮也

又曰韓昭侯使人藏蔽袴侍者曰君亦不仁矣蔽袴不以賜左右而藏之昭侯曰非子之所知也吾聞明君之愛一嚬有爲嚬一笑有爲笑今夫袴豈特嚬笑哉袴之與嚬笑相去遠矣吾必待之有功故藏之未有與也（言不輕賞）

尹子曰范獻子遊於河顧問欒氏之子舟人捨檝對曰君不修政舟中之人皆欒氏之子君能反是欒氏之子其如君何獻子稱善乃賜舟人田百畝以田易言也

淮南子曰忠臣之事君也計功而受賞不爲苟得量力而受官不貪爵祿其所能者受之勿辭也

宋玉等並造集小言賦云楚王既登雲陽之臺乃命諸侯大夫景差唐勒宋玉等並造大言賦卒而宋玉受賞王曰復能爲小言賦者與之雲夢之田王又爲賦王曰善遂賜雲夢之田

說苑曰晉文公亡時陶叔狐從文公反國行三賞而不及陶叔狐見咎犯曰吾從而亡十有三年顏色黎黑手足胼胝今吾君反國三賞而不及我也意者君亡我與我有大故歟子試爲我言之於君咎犯言之文公文公曰噫我豈忘是子哉夫高明至賢德行全成耽我以道說我以仁暴顯我行昭明我名使我爲成人者吾以爲上賞防我以禮諫我以義蕃援我不得爲非數引我而請於賢人之門吾以爲次賞夫勇壯強禦難在前則居前難在後則居後免我於患難之中者吾又以爲之次且子獨不聞乎死人者不如存人之身亡人者不如存人之國三行賞之後而勞苦之士次之夫勞苦之士子固爲首矣吾豈敢忘子哉周內史叔輿聞之曰文公其霸乎昔先王先德而後力文公其當之矣詩云率禮不越此之謂也

又曰衛君問於田讓曰寡人封侯盡千里之地賞賜盡御府繒帛而士不至何也田讓乃對曰君之賞賜不可以功及也君之誅伐不可以理避也（言不賞功不辨理也）猶舉杖而呼狗張弓而祝雞矣雖有香餌而不能致者害之必也

又曰齊宣王遊於社山有閭丘先生長老十三人於路拜謁宣王王賜之田不租無徭役諸老皆拜閭丘先生獨不拜王曰何也對曰來見大王所望者三願賜臣壽願賜臣富

願賜臣貴王曰夫生殺有時命有長短非寡人之所制無以壽先王倉粟豐盈備災而畜無以富先生大官無缺小官卑賤無以貴先王閭丘先生曰此非謂也臣所望者願王選吏平法度政無苛如此臣少得壽焉春夏秋冬使之以時役無煩擾臣少得富焉願王出令使少者敬長長者敬老如此則臣得貴矣今王賜臣田不租則倉廩虛無徭役則官無所使非臣所望也王曰願屈先生爲相可乎先生曰臣願足矣焉用相乎

又曰趙襄子問王離曰國之所以亡者何也對曰君怯而能忍是以亡亦襄子曰何以爲然也曰怯則不能賞賢忍則不能罰罪賢者不賞罪者不罰不亡何也

又曰佛肸於中牟叛置鑊於庭召大夫而盟曰從我者賞之不從我者罰之田英曰吾聞義死者不避鈇鉞之威義窮者不受軒冕之賜無義而生不如有義而死吾不從也乃褰裳就鑊佛肸止之及襄子既復中牟之叛聞田英義召而賞之英辭不受曰一人受賞衆人有慚色英若受賞則中牟之士盡愧矣

又曰蘇秦至齊齊王厚待之諸大夫嫉之使人刺秦而不死齊王出珎寶賞募求賊不得蘇秦垂死謂齊王曰王誠能爲臣求賊者臣死後請車裂臣屍於市詢之曰蘇秦爲燕欲亂齊今日其死寡人甚喜故裂之若得其殺主重封賞之如此刺臣者必出矣齊王從其言裂屍而詢之刺秦者果出求賞

新序曰晉文公獵於澤有漁父諫曰夫鴻鵠厭江海而移入小澤則有矰繳之患今君弃宮殿遊至於此何往之矣文公納諫而還請賞之漁父辭曰君能尊天事地敬神固

國愛人薄賦徭役以時則臣亦富矣君若不能雖有重賞
亦不能保也
呂氏春秋曰昔晉文公與楚人戰於城濮召咎犯而問焉
楚衆我寡柰何咎犯曰臣聞繁禮之君不足於文繁戰之
君不足於詐君亦詐之而已文公又問雍季雍季曰以詐
導民亦一時之利也用咎犯之言而敗楚人於城濮反而
爲賞雍季在上左右諫曰城濮之功咎犯之謀也君用其
言而賞後其身或者不可乎文公曰雍季之言百世之利也
咎犯之言一時之務也焉有一時之務先百世之利乎
又曰晉文將伐鄴趙襄言所以勝鄴之術文公用之果勝
還將行賞襄曰君將賞其本乎賞其末乎賞其末則騎乘
者存賞其本則臣聞之郤虎公召虎曰襄言所以勝鄴鄴
既勝將賞之曰蓋聞之於子請賞子虎曰言之易行之難

臣言之者也公曰子毋音無辭虎乃受凡行賞其博也則多
助今虎非親言者也賞猶及此疏遠者所以盡能竭智者
也晉文亡久矣歸而因大乱之餘猶能以霸其用此歟
風俗通曰俗說有功得賜金者皆黃金案孫子法曰費千
金百萬錢陳平間楚千金賜二疏金五十斤此真黃金也
亦爲一萬錢
裴氏新書曰舟滑有一言之善晉侯賜萬頃田辭而不受
晉侯曰以此田易彼言也於子猶有所亡寡人猶有所得
周生列子曰行賞不洽於仁是春半半生也行罰不威是
秋半半死也半生之春不洽於仁半死之秋不專於義

太平御覽卷第六百三十三

太平御覽卷第六百三十四

治道部十五

急假

釋名曰急及也功之使相逮及也

漢書曰高祖常告歸之田李斐注曰告請也言請休謁也寧安也吉曰告凶曰寧也漢律吏二千石有予告有賜告者在官有功最法所當得也賜告　病滿三月當免天子優賜其告使得印綬將官屬歸家理病至成帝時郡國二千石賜告不得歸家自馮野王始也漢律吏五日得一下沐言休息以洗沐也

又曰汲黯多病病且滿三月上常賜告者數終不愈

又曰馮野王爲瑯琊太守成帝時王鳳輔政京兆尹王章譏鳳顓權薦野王代鳳上初納其言而後誅章於是野王懼不自安遂病滿三月賜告與妻子歸杜陵大將軍鳳風（音諷）御史中丞劾奏野王賜告奏病而私自便杜欽素高野王奏記於鳳爲野王言曰竊見令日吏二千石過長安（如淳曰謁者自白得告也）不分別予賜（予告也賜賜告也）今有司以爲予告得歸賜告不得歸是一律兩科失省刑之意夫三最予告令也（在官連有三最則得予告也）病滿賜告詔恩也令告則得詔恩不得失輕重之差又二千石病賜告得歸有故事不得去郡亡者著令鳳不聽竟免野王官

謝承後漢書曰許荆字子張少喪父養母孝順家貧爲吏無有舟車休假常單步荷擔上下清節稱於鄉里

又曰范丹字史雲陳留人也爲郡功曹每休假上下常單步策杖同類以車牛與之不取

又曰吳馮字子高爲州郡吏休假先存恤行喪孝子次贍病畢拜覲鄉里耆老先進然後到家名昭遠近

後漢書曰光武皇帝紀告寧之典

魏志曰王思正始中爲大司農年老目暗又少信時有吏父病篤近在外舍自白求假思疑其不實發教曰世有思婦病母者豈此謂乎遂不與假吏父明日死思無恨意其爲刻薄如此

魏志曰祝皓字子春南陽平氏人也志節抗烈篤於仁義爲吏歸休周旋鄉里弔死問疾畢乃還家

晉起居注曰孝武太元元年詔大臣疾病假滿三月解職

王隱晉書曰王尼（音夷）字季孫洛中貴盛名士王澄胡毋輔之等皆與尼交時尼爲兵曹左大將軍募澄等持羊酒詣軍門吏疏名內請入見大將軍澄等既入語吏過王尼炙羊飲酒訖而去竟不見將軍聞之因與尼長假遂得離兵

宋書曰王敬弘字恢之爲祕書郎恢之曾請假還家未定省敬弘尅日見之至輒不果假日將盡恢之乞求奉辭敬弘呼前至閤復不見

又曰謝景仁增弟述嘗設饌請宋武帝帝召述述知非景仁夙意又慮非帝之命請急不從帝馳遣呼述須至乃飡其見重如此

又曰謝靈運自以名輩應參時政王曇首王華名位素不踰之並見任遇意不平多稱疾不朝直出郭遊行或一百六七十里經旬不歸既不表聞又不請急上不欲傷大臣諷旨令自解靈運表陳疾賜假東歸

又曰庾炳之居選部請急還家尚書令史來諮事一人善彈一人工歌留與宿有司以違制奏焉

又曰伏暅頭瘖自以名輩素在始興内史何遠前爲吏俱稱廉白遠累見擢暅循階而已意望不滿多託居家尋求假到東陽迎妹喪因留會稽築宅自表解職詔以爲豫章内史乃出拜侍御史虞皭奏曰風聞豫章内史伏暅去歲啓假以迎妹喪爲辭因停會稽不去入東始貨宅賣車以此而推則是本無還意暅深懷誹怨形於辭色請以大不敬論有詔勿論遂得就郡

又曰謝裕字景仁晦從父也爲左僕射裕性矜嚴居家守靜每唾輒唾左右衣事畢即聽假一日浣濯每唾右手來受之

徐爰宋書曰申恬字道獻以懷貞恪志業介然拜殿中將軍禁省八載不休急時莫之比

齊書曰衡陽公諶字彦平高帝絶服族子武帝即位除步兵校尉領御仗主齊内兵仗委付之心膂密事皆使參掌鬱林即位深委信諶每請急宿出帝通夕不能寐諶還乃安

梁書曰太清元年大舉北侵初謀元帥帝欲用蕭範時朱异取急外還聞之遽入曰嗣王雄豪蓋世得人死力然所至殘暴非常吊人之才昔陛下登北顧亭以望謂江右有異氣今日之事尤宜詳矣

後魏書邢虬字神寶爲光禄卿虬母在鄉遇患請假而歸値秋水暴長河梁斷絶虬得一舡而渡舡漏而不溢時人異之

唐書曰張志寬蒲州安邑人隋末喪父哀毁骨立爲州里所稱賊帥王君廓屢爲寇掠聞其名獨不犯其閭隣里頼之而免者百餘家後爲里正詣縣稱母疾取急求歸縣令問其狀對曰母常有所苦志寛亦所苦向患心痛知母有疾令怒曰妖妄之辭也繫之於獄馳驗其母竟如所言令異之慰諭遣去

襄陽耆舊傳曰習温長子宇爲執法郎取急歸賓從甚盛温怒杖宇責之曰吾聞生於乱世貴而能貧始可以後士況侈競乎

文士傳曰顧榮兼侍中安慰河北以前後功封嘉興伯求急還南既造江渚欣然自得

風俗通曰瀬北李登爲從事吏病得假歸家復移刺延斯後被召登自嫌不甚羸瘦謂雙生弟寧曰我兄弟相似人不能別汝類病者代我至府寧曰府君大嚴得無不可登曰我新吏耳無能覺者我自行見詐必死寧便詣府醫藥集診有驗後爲人所言事發覺遂殺登

世說曰車武子爲侍中與王東亭諸人期共遊集車早請急出過詣王子敬子敬于時宅在建陽門内道北車求去王問卿何以忽忽車荅云與東亭諸人期共行王曰卿何以乃作此不急行車遂不敢去盡急還臺

又曰顧長康作殷州請假還東尓時例不給苦求之乃得

又曰張敷爲宋臺祕書郎自彭城請假還東于時相國府有一參軍督護亦請假武帝遣傳令語敷云可載之荅曰自性不雜遂不載

俗說曰張邵在鼓城請假當歸東傅亮時爲宋臺侍中下舫中與張別張不起授兩手指着舫户外傅遂不執其手熟視張面云攄是梨中之不臧者便去

陸機思歸賦序曰余牽役京宰去家而載以元康六年冬取急歸而羌虜作亂王師外征機與憤而成篇〇范寧舒啓國

子生假故事曰國學開建弥歷年載講誦之音靡聞考課之績不著良由導達之訓未弘鑽仰之心弗至陵替文源宜見釐正謂應斷假精加督勵嚴其師訓舉善黜違啓斷

衆官受假故事曰伏見內外衆官陳假紛紜煩黷無已舊有急假一月五急一年之中六十日爲限不問虛實相率如此誣罔視聽煩褻官曹舉世行之不以爲非急假之制唯以父母妻子爲辭而伯叔兄弟制所不及長偷薄之風傷敦睦之化臣謂宜去病解故之制一年令賜衣假日隨其所欲之適任其取日多少假寧令曰諸內外官五月給田假九月給受衣假爲兩番各十五日田假若風土異宜種收不等通隨給之

又曰諸百官九品私家祔廟除程給假五日四時祭祀各給假四日並謂主祭者去任所三百里內亦給程若在京都除祭日仍各依

朝參

又曰諸文武官若流外已上者父母在三年給定假三十日其拜墓五年一假十日並除程若已經還家者計還後給其五品已上所司勘當於事每闕者奏不得輒自奏請

請冠給假三日五服內親冠給假一日並不給程

又曰諸婚給假九日除程周親婚嫁五日大功三日小功已下一日並不給程周已下無主者百里內除程諸本服周親已上疾病危篤遠行久別及諸急難並量給假

太平御覽卷第六百三十四

太平御覽卷第六百三十五

刑法部一

敘刑上

易蒙卦曰：初六，發蒙，利用刑人。象曰：利用刑人，以正法也。刑人之道，道所惡也。以正法制，故刑人也。

又曰：豫卦曰：順以動，豫。聖人以順動，則刑罰清而民服。

又噬嗑卦曰：噬嗑亨，利用獄。噬，齧也。嗑，合也。凡物之不親，由有間也；物之不齊，由有過也。有間與過，齧而合之，所以通也。刑克以通，獄之利也。象曰：雷電噬嗑，先王以明罰勑法。

又曰：豐卦象曰：雷電皆至，豐。君子以折獄致刑。文明以動，不失情理也。

尚書舜典曰：象以典刑，象，法也。法用常刑，用不越法。流宥五刑，宥，寬也。以流放之法，寬五刑。鞭作官刑，以鞭為治官事之刑。扑作教刑，扑，夏楚也。不勤道業則撻之。金作贖刑，金，黃金。誤而入刑，出金以贖罪。眚災肆赦，怙終賊刑。眚，過也。災，害也。肆，緩也。賊，殺也。過而有害，當緩赦之。怙姦自終，當刑殺之。欽哉欽哉，惟刑之恤哉。舜陳典刑之義，勑天下使敬之，憂欲得中。

又舜典曰：帝曰：皐陶，蠻夷猾夏，寇賊姦宄。猾，亂也。夏，華夏。羣行攻劫曰寇，殺人曰賊，在外曰姦，在內曰宄。言無教之致。汝作士，五刑有服。士，治獄官也。五刑：墨、劓、剕、宮、大辟。服，從也。言刑得輕重中正之法也。五服三就。既從五刑，謂服罪也。行刑當就三處：大罪於原野，大夫於朝，士於市。五流有宅，五宅三居。謂不忍加刑，則流放之，若四凶。則有五刑之流，各有所居。五居之差，有三等之居：大罪四裔，次九州之外，次千里之外也。惟明克允。言皐陶能明信五刑，施之遠近，蠻夷猾夏，使咸信服，無敢犯之者。

又大禹謨曰：帝曰：皐陶，惟茲臣庶，罔或干予正。無有干我正，言順耳。汝作士，明于五刑，以弼五教，期于予治。弼，輔也。期，當也。歎其能以刑輔教，當於治體。刑期于無刑，民協于中，時乃功，懋哉。雖或行刑，以殺止殺，終無犯者。刑期於無所刑，民皆合於大中之道，是汝之功，勉之。皐陶曰：帝德罔愆，臨下以簡，御衆以寬。罰弗及嗣，賞延于世。宥過無大，刑故無小。罪疑惟輕，功疑惟重。刑疑附輕，賞疑從重，忠厚之至。與其殺不辜，寧失不經。好生之德，洽于民心，茲用不犯于有司。辜，罪也。經，常也。司，主也。皐陶因帝勉己，遂稱帝之德。所以明民不犯上也。寧失不常之罪，不枉不辜之善，仁愛之道。

又皐陶謨曰：天討有罪，五刑五用哉。言天以五刑罰有罪，用五刑宜必當。

又呂刑曰：穆王訓夏贖刑。呂侯以穆王命作書，訓暢夏禹贖刑之法，更從輕以布告天下。作呂刑。後為甫侯，故或稱甫刑。惟呂命，王享國百年，耄荒。言呂侯見命為卿，時穆王以享國百年，耄亂荒忽。穆王即位過四十矣，言百年大期，雖老而能用賢以揚名。度作刑以詰四方。度時世所宜，訓作贖刑，以治天下四方之民。

尚書大傳曰：子張曰：堯舜之王，一人刑而天下治，何則？教誠而愛深也。今一夫而被此五刑。子龍子曰：未可謂能為書。二人俱罪呂侯之說刑也。被此五刑，喻犯數罪也。孔子曰：不然也。五刑有此教，教然耳。犯數罪猶以上一罪刑之。

又曰：子夏曰：昔者三王慤然欲錯刑遂罰，錯，處也。遂，行也。平心而應之，和然後行之。然且曰：吾意者以不平慮之乎？吾意者以不和平之乎？如此者三，然後行之。此之謂慎罰。

又曰：孔子曰：古之刑者省之，今之刑者繁之。其教，古者有禮然後有刑，是以刑省也；今也反是，無禮而齊之以刑，是以繁也。

書曰：伯夷降典，禮折民惟刑。謂有禮然後有刑也。

又曰：茲殷罰有倫。今也反是，諸侯不同聽，每君異法。聽，議獄也。聽無有倫，是故知法難也。

又曰：有過赦小罪，勿增大罪，勿纍。延罪無辜曰纍。老弱不受刑，有過不受罰，故老而受刑謂之悖，弱者受之不克，不赦有過謂之賊。

詩小雅曰：菀柳，刺幽王也。暴虐無親而刑罰不中也。

詩含神霧曰燁燁震電不寧不令此應刑政之大暴故震雷驚人使天下不安

周禮地官上大司徒曰以鄉八刑糾万民一曰不孝之刑二曰不睦之刑三曰不婣之刑四曰不悌之刑五曰不任之刑六曰不恤之刑七曰造言之刑八曰乱民之刑（糾猶割察也不弟不敬況師長也造言訛言惑衆乱民乱名改作執左道以亂政也任謂朋友相任也恤謂相憂）

又地官下司市曰市刑小刑憲罰中刑徇罰大刑朴罰其附于刑者歸于士（徇舉以示其地之衆也朴撻也）國君過市則刑人赦大人過市罰一幕世子過市罰一弈命夫過市罰一蓋命婦過市罰一帷（謂諸侯及夫人世子過其國之市大夫內子過其鄉之市也市者人所交利而行刑之處君子無故不遊觀焉若遊觀則施惠以爲說）

又曰秋官上曰大司寇掌建邦之三典以佐王刑邦國詰四方（典法也詰謹也書曰穆王耄荒度作詳刑以詰四方也）一曰刑新國用輕典（新國新辟地立君之國也用輕法者爲其民之未習於教）二曰刑平國用中典（平國承平守成之國用中典者常行之法）三曰刑亂國用重典（亂國篡弒叛逆之国用重典者以其化惡伐滅之也）以五刑糾萬民一曰野刑上功糾力（功農功力勤力也）二曰軍刑上命糾守（命將命也守不失部伍也）三曰鄉刑上德糾孝（德六德也善父母爲孝也）四曰官刑上能糾職（能能其事也職職事脩理也）五曰國刑上愿糾暴（愿慤慎也暴當爲恭字之誤也）

禮曰刑不上大夫禮不下庶人

又曰九十曰耄七年曰悼悼與耄雖有罪不加刑焉

又曰刑者侀也刑者成也一成而不可變故君子盡心焉

傳曰先君周公作誓命曰毀則爲賊掩賊爲藏竊藏爲盜盜器爲姦主藏之名賴姦之用爲大凶德有常刑無赦在九刑不忌（誓命已下皆九刑之書）

又曰晉侯之弟楊干亂行於曲梁（行陳曲梁地名）魏絳戮其僕（僕御）晉侯怒謂羊舌職曰合諸侯以爲榮楊干爲戮何辱如之必殺魏絳對曰絳無二志事君不避難有罪不逃刑其將來辭何辱命焉言終魏絳至

又曰聲子謂楚令尹子木曰善爲國者賞不僭而刑不濫賞僭則懼及淫人刑濫則懼及善人若不幸而過寧僭無濫與其失善寧其利淫無善人則國從之（從亡也）古之治民者勸賞而畏刑恤民而不倦賞以春夏刑以秋冬是以將賞爲之加膳則飫賜此以知其勸賞也將刑爲之不舉不舉則徹樂此以知其畏刑也

又曰初景公欲更晏子之宅曰子之宅近市湫隘囂塵不可以居（湫下隘小囂聲塵土）請更諸爽塏者（爽明塏燥）辭曰君之先臣容焉（先臣晏子之先人）臣不足以嗣之於臣侈矣公笑曰子近市識貴賤乎對曰既利之敢不識乎公曰何貴何賤於是景公繁於刑有鬻踊者故對曰踊貴屨賤景公爲是省於刑君子曰仁人之言其利博哉晏子一言而齊侯省刑

又曰鄭人鑄刑書（鑄刑書於鼎以爲國之常法）叔向使謂子産曰昔先王議事以制不爲刑辟懼民之有爭心也夏有亂政而作禹刑商有亂政而作湯刑（夏商之亂著禹湯之法言不能議事以制）周有亂政而作九刑（周之衰亦爲刑書謂之九刑）三辟之興皆叔世也（言制書不起於始全盛之世）今吾子相鄭國作封洫立謗政制三辟鑄刑書（制三辟謂用三代之末法）將以靖民不亦難乎

又曰爲刑罰威獄使民畏忌以類其震曜殺戮（雲雷震曜天地威也刑獄以象類之）

論語曰導之以政齊之以刑民免而無耻

又曰禮樂不興則刑罰不中刑罰不中則民無所措手足

孝經曰五刑之屬三千而罪莫大於不孝

家語曰閔子騫問政於孔子孔子對曰以德以法夫德法者御民之具猶御馬之有銜勒也君者人也吏者轡也刑者策也夫人君之政執其轡策而已乎閔子騫曰敢問古之爲政孔子曰古者天子以内史爲左右手以德法爲銜勒以百官爲轡以刑罰爲策以萬人爲馬以御天下數百年而不失也。又曰有父子訟者孔子同狴執之三月不別其父請止夫子赦焉曰上失其道獄犴不治不可刑也書曰義刑義殺勿庸以即汝心三尺之限空車不能登者何峻故也百刃之山重載陟焉何陵遲也俗之陵遲久矣雖有刑法人能勿踰乎

國語曰臧文仲曰大刑用兵甲次刑用斧鉞中刑用刀鋸薄刑用鞭朴以威民也

孔叢子曰仲弓問古之刑教與今之刑教孔子曰古之刑省今之刑繁古教有禮然後有刑是以刑省今無禮以教而齊之以刑是以刑繁

史記曰胡亥立以趙高爲郎中令令更變律有罪者相坐收族又群盜起胡亥責李斯斯懼上書請行督責刑者相半其後趙高譖斯具五刑要斬夷三族

又曰申不害韓非好刑名法術之學以爲儒者以文亂法俠者以武犯禁

漢書刑法志曰古人有言曰天生五材民並用之廢一不可鞭朴不可弛於家刑罰不可廢於國征伐不可偃於天下用之有本末行之有逆順耳

又曰孝武即位徵發煩數百姓貧窮民被酷吏擊斷姦宄不勝於是招進張湯趙禹之屬修定法令

又曰古之知法者能省刑本也今之知法者不失有罪上下相臨以刻爲明深者獲功名平者多後患諺曰鬻棺者欲歲之疫非憎人欲殺之利在於人死

又曰貢禹上言孝文皇帝時貴廉潔賤貪汙賈人贅壻及吏坐贓者皆禁錮不得爲吏無贖罪之法欲令禁止海内大化武帝始臨天下尊賢用士開地廣境自見功大遂縱嗜欲適一時之變使犯法者贖罪入穀者補吏是以官亂民貧盜賊並起

又曰文帝制人有已論其父母妻子同產坐之及收孥律令宜除之（孥子也秦法一人有罪并收其家也）罪疑者與人（從輕斷之）於是刑罰大省斷獄四百

又曰秦始皇專任刑罰躬操文墨晝斷獄夜理書

又曰于定國爲廷尉季秋後請讞時上常幸宣室齋而居決事刑獄號平反也（反音番）

又曰董仲舒云陽爲德陰爲刑陽常居大夏而生養育長爲事陰常居大冬而積於虛空不用之處以此見天之任德不任刑也

又曰秦用商鞅之法故帝王之道刑戮妄行人不聊生逃亡山野並爲盜賊斷獄一歲八十萬數

又曰刑法志曰古人有言滿堂飲酒有一人嚮隅而泣則一堂不樂王者之於天下猶一堂之上也一人不得平爲之悽愴今郡國被刑或冤死者多此和氣所以未洽者也原夫獄刑所以蕃者書曰伯夷降典折民惟刑（言伯夷示禮法以道人人習之禮然後用刑也）言制禮以止刑猶隄防之隘水也今隄防陵遲禮制未立死刑過制生刑易犯飢寒並至窮斯濫溢豪傑擅私爲之囊橐（言容隱姦刑若囊橐盛物）姦邪所隱則狃而寖廣（狃習也寖漸也狃女九切）

後漢書曰光武留心庶獄然自王莽之後舊章不存法網弛縱無以懲肅梁統上疏曰臣愚以爲刑罰在衷無取於輕是以五帝有流殛放竄之誅三王有大辟刻肌之刑所以爲除去亂也高帝定法傳之後代遭世康平因時施恩去肉刑相坐之法天下幾平武帝值中國全盛征伐遠方百姓罷弊豪傑犯禁姦吏弄法故重首匿之科著知縱之律宣帝履道要以御海內臣下奉憲不失繩墨天下稱安孝元孝哀即位日淺丞相王嘉等猥以數年之間虧除先帝舊約穿令斷律九百餘事且取其尤妨政者條奏伏謂擇其善而從之以定不易之典時廷尉議以爲崇刑峻法非明王急務遂罷之

又曰梁統對尚書問議刑曰聖帝明王制立刑罰故雖堯舜之盛猶誅四凶經曰天討有罪五刑五用哉又曰爰制

百姓于刑之衷孔子曰刑罰不中則民無所措手足（措置也）衷之爲言不輕不重之謂也春秋之誅不避親戚所以防患救亂全安衆庶豈無仁愛之恩貴絕殘賊之路也

又曰郎顗上書言今立春之後火卦用事當溫而寒違反時節由功賞不至而刑罰必加也宜須立秋順氣行罰

太平御覽卷第六百三十五

太平御覽卷第六百三十六

刑法部二

叙刑下

晉書曰羊亮爲太傅楊駿叅軍時京邑多盜竊駿欲更重其法盜百錢加大辟請官屬會議亮曰昔楚江乙母失布以爲盜由令尹公若欲無盜將自止何重法爲駿慙而止

後魏書曰韓麒麟爲齊州刺史寬刑罰從事劉普慶說曰明公杖節分憂無所斬戮何以示威荅曰人不犯何以戮乎若須立威當以御始慶慙懼而退

梁書曰武帝敦睦九族優借朝士有犯罪者皆諷㠯下屈法申之百姓有罪即按以法其緣坐老幼不免一人逃亡舉家質作人既窮急姦宄益深後帝觀南郊秣陵老人遮帝曰陛下爲法急於黎庶緩於權貴非長久之術誠能反是天下幸甚帝銳意儒雅踈簡刑法自公卿大臣咸不以鞫獄留意姦吏招權巧文弄法貨賄成市多致枉濫大率二歲刑以上歲至五千人是時徒居作者具五任其無任者著斗械（任卽保也）若疾病權解之

後周書曰大象元年詔罷高祖所約法初高祖作刑書要制用法嚴重及帝即位以海内初平恐物情未附乃除之

隋書曰後周大象元年詔高祖所立刑書用法深重其一切除之然帝數行肆赦爲姦者皆輕犯刑法政令不一下無適從於是又廣刑書要制而更峻其法謂之刑經聖制宿衛之官一日不直罪至削除逃亡者皆死而家口籍沒上書自誤者科其罪鞭杖皆百二十爲度名曰天杖其後人加至二百四十又作礔礰車以威婦人其決人罪云與杖者即一百二十多打者即二百四十

又曰開皇十六年八月景戌詔決死罪者三奏而後行刑

唐書曰貞觀五年詔京師諸司比來奏決死囚雖立五覆一日即了未暇審思五奏何益縱有追悔又無所及自今後宜二日中五覆奏下諸州三覆奏又手勑曰比來斷獄多據律文雖情有可矜而不敢違法守文定罪或恐有寃今後門下省覆奏有據法合死而情可矜者宜録狀以聞

又曰太宗嘗録囚徒憫其將死爲之動容顧謂侍臣曰刑典仍用蓋風化未洽之咎愚人何罪而肆重刑乎更彰朕之不德也用刑之道當審事理之輕重然後加之以刑罰何有不察其本而一槩加誅非所以恤刑重人命之謂也

又曰貞觀中制從立春至秋分不得奏決死刑其大祭祀及致齋日朔望上下弦二十四氣雨未晴夜未明斷屠日月及假日並不得奏決死刑

又曰貞觀中制古者行刑君爲徹樂減膳今庭無恒設之樂莫知何徹然對食即不啖酒肉自今已後刑人日勿進酒肉内教及太常並宜停教

又曰永徽中高宗謂侍臣曰獄訟繁多皆由刑罰枉濫故禮曰刑者成也一成而不可變末代斷獄之吏皆以苛刻爲明是以秦氏網密秋荼而獲罪者衆今天下無事四海乂安欲與公等共行寬政今日刑罰得無枉濫乎太尉無忌對曰陛下欲致刑綱寬平臣下猶不識聖意此法弊來已乆非止今日若情存體國即共號癡人意在深文便爲能吏所以罪雖合杖必致遣徒理有可生務入於死非憎前人陷於死刑務取名耳陛下矜而令放法司亦宜固請但陛下喜怒不妄加於人刑罰自然適中高宗曰卿言是矣

又曰神功初天后謂侍臣曰近者朝臣多被周興來俊臣等推勘遞相牽引咸自承服國家有法朕豈能違中間疑有枉濫更使近者就獄親問皆自承引不虚朕不以爲疑即可其奏自周興俊臣死後更無聞有反逆者然則已前就戮者不有寃濫耶姚元崇對曰自垂拱已後被告身死破家者皆是枉酷自誣而死告者特以爲功天下號爲羅織甚於漢之黨錮陛下令近臣就獄問者近臣亦不保何敢輙有動揺被問者若翻言懼遭其毒手頼上天降靈聖情發寤誅鋤兇豎朝廷乂安今日已後臣以微軀及一門百口保見在内外官吏無反逆者若後有徵驗反逆有實臣請受知而不告之罪上大悦曰前宰相皆順成其事陷朕爲淫刑之主聞卿所説甚合朕心

又曰陸象先爲益州長史在官務以寛仁爲政司馬韋抱貞言望明公稍行杖罰以立威名不然恐下人怠惰無所懼也象先曰爲政者理則可矣何必嚴刑樹威損人益已恐非仁恕之道

又曰開元二十五年刑部斷獄天下死罪惟有五十八人大理少卿徐嶠上言大理獄院由來相傳殺氣大盛鳥雀不栖至是鵲巢其樹於是百寮上表賀以爲幾至刑措

又曰大宗性仁恕言事者諫曰陛下爲政傷於太寛朝典由是不肅上笑而荅曰今時運艱難凡人臣事朕者寃少禄利耳今府庫空竭無俸入俾之優足但峻刑科是君上有威無恩朕所不忍行也

管子曰夫爭强之國先爭刑令國之輕重者刑也

文子曰道狹然後任智德薄然後任刑明淺然後任察任智者心亂任刑者上下怨任察者下求善以事其上

莊子曰賞罰利害五刑之辟教之末禮法度數刑名比詳治之末也

又曰民爲外刑者金與木也爲内刑者動與過也宵人之離外刑也金木訊之離内刑也陰陽食之免内外之刑者唯眞人能之

司馬法曰先王之治從天之道設地之宜乃作五刑以禁民僻乃興甲兵以討不義制瑞節以通使巡狩省方以會諸侯考不同（考不同者正法度齊於天子法度也正禮者上下之禮也）正禮月正時歷（月正時歷者月正朔名也時歷時氣正月相應也）名文章車服（名月爵號文章車服所以顯有德異尊卑使不踰制度也天子法度不從命爲亂常法也）比德逆天之時（比毀德不行也不順時生殺之）承也乃徵師於諸侯征之不會朝過聘則劉（劉殺也諸侯背數不會朝過聘）則殺之廢貢職擅稱兵相侵削廢天子之命則黜（不從王者法廢則征）其罪而黜之也改曆史衣服文章易禮變刑則放（若奉王法不之遠方）則娶同姓以妾爲妻變太子專罪大夫擅立閔絕降交則幽（幽禁）慢神省哀奪民之時重稅粟畜貨重罰暴虐自佚宮室過度宮婦過數則削地損爵

尸子曰秦穆公明於聽獄斷刑之日揖士大夫曰寡人不敏使民入於刑寡人與有戾焉二三子各據尒官無使民困于刑繆公非樂刑民不得已也此其所以善刑也

又曰車輕道近則鞭策不用鞭策之所用遠道重任也刑罰也者民之鞭策也

商君書曰晉文將欲明刑於是合諸卿大夫於冀宮顛頡後至吏請其罪遂斷顛頡之脊人皆懼曰顛頡之有寵也斷脊以徇而况於我乎乃無犯禁者晉國大理

呂氏春秋曰臯陶作士刑

韓子曰殷之法灰棄於術者刑子貢以爲重問之仲尼仲

尼曰灰棄於術必燔人燔人怒則鬭鬭則三族相殺雖刑之可也

又曰楚國法太子不得乘車王弟門時天大雨至急召太子庭中有潦太子遂驅第門庭理以殳擊馬遂敗其駕太子泣請王誅之王乃益廷理爵三級

淮南子曰聖人因民之所喜而勸善因民之所惡以禁姦故賞一人而天下譽之罰一人而天下畏之故至賞不費至刑不濫孔子誅少正卯而魯國之邪塞子産誅鄧析而鄭國之姦禁

又曰趙政晝決獄夜理書（趙政秦皇帝也）御史冠蓋接於郡縣覆督稽留戍五嶺以備越築城以守胡然姦邪萌生盜賊羣居事愈煩而亂愈多故法者治之具也而非所以中也

又曰子發爲上蔡令民有當刑獄斷論定決於令前子發

喟然有惏恤之心罪人以刑而不忘其恩（子發楚威王臣也在春秋後）日此其後子發得罪於威王而奔於刑者於城下之廬追者至踵足而怒曰子發親決吾罪而吾怨之憯於骨髓使我得肉而食之其知厭乎追者皆以爲然不索其内果活子發

白虎通曰聖人治天下必有刑罰何所以助治順天之度也故懸爵賞者示有所勸也設刑罰者明有所懼也

傳曰三王肉刑應世以立刑者五帝之鞭策刑所以五何法五行也五帝畫其衣象五行也

世本曰伯夷作五刑

會稽典録曰闞澤字德潤山陰人也初呂壹姦罪發聞有司窮治奏以大辟或以爲宜加焚烈用彰其惡吳王以問澤澤曰盛明之世不宜有此刑遂從之

徐幹中論曰政之大綱有二二者何賞罰之謂也君明于賞罰之道則治不難矣賞罰者不在乎必重而在於必行必行則雖不重而人肅不行則雖重而人怠故先王務賞罰之必行書曰尒無不信朕不食言汝不從誓言予則孥戮汝

桓範世要論曰德多刑少者五帝也刑德相半者三王也刑多德少者五霸也純用刑而亡者秦也

又曰夫刑辟之作所從來尚矣聖人以治亂人以亡是以古屬帝王莫不詳慎之者以爲人命至重一死不生一斷不屬故堯舜之明猶惟刑之恤是以後聖制法設三槐九棘之吏肺石嘉石之訴然由復三刺僉曰可煞然後殺之罪若有疑即從其輕此蓋詳慎之至也

杜恕篤論曰聖王之制刑也非以害民也將以利民也故

民從而安之非以陷民也將以導民也故民從而化之斷一人之獄而天下義之是安之也斷一人之獄而天下伏之是化之也當於民心合於道理所斷於民者不行於身公之也

君臣正論曰書稱欽哉惟刑之恤又曰宥過無大刑故無小此前王明德慎罰之意也昔漢文感緹縈之孝遂去肉刑近則太宗視明堂之圖欲寬脊罰于公以陰德救物衷安恥職罪鞫人此前代聖主賢臣欽卹之志也

太平御覽卷第六百三十六

太平御覽卷第六百三十七

刑法部三

律令上

書曰王曰嗚呼九我有官君子欽乃攸司慎乃出令令出惟行弗惟反（有官君子大夫已上歎而誡之使敬汝所司慎汝出令從政之本令出必惟行之不惟反改若二三其令亂之道也）

韓詩曰古者必有命民民有能敬長憐孤取舍好讓者命於其君然後得乘飾車駢馬未得命者不得乘車乘車皆有罰故其民雖有餘財侈物而無禮義功德即無所用其餘財侈物故其民皆興仁義而賤不爭貴強不陵弱衆不暴寡是唐虞之所以象典刑而民莫敢犯也

論語子路曰子曰其身正不令而行其身不正雖令不從（令教令也）

國語曰越王勾踐令民壯者無娶老婦老者無娶壯婦女子十七不嫁丈夫二十不娶其父母有罪將勉者（勉乳）以告公令醫守之（醫乳醫也）生男二壺酒一犬生女二壺酒一豚生三人與之乳母生二人與之餼（三子力不能獨養故與乳母）

家語曰孔子初仕為中都宰制為養生送死之節長幼異食強弱共任男女別塗路不拾遺器不彫偽市不二價行之一年而四方諸侯皆則焉定公謂孔子曰學子之法以治魯國何如孔子對曰雖天下可也何但魯國而已哉

爾雅曰柯憲刑範辟律矩則法也（詩曰伐柯伐柯其則不遠論語曰不踰矩也）

釋言曰坎律銓也（易坎卦主法法律皆所以銓量輕重）

釋名曰法逼也人莫不欲從其志逼正使有所限也令領也理使不相犯也律纍（音累）也四人心使不得放肆也

史記曰商鞅定法秦人初言令不便者以千數於是太子犯法衛鞅曰法之不行自上犯之將法太子太子君嗣也不可施刑刑其傅公子虔黥其師公孫賈明日秦人皆趨令行之令初下有言令不便者有來言令便者衛鞅曰此皆亂化之人也盡遷於邊城其後人莫敢議令

漢書曰高祖初入關約法三章曰殺人者死傷人及盜抵罪蠲削煩苛兆民大悅其後四夷未附兵革未息三章之法不足以禦姦於是相國蕭何攈摭秦法取其宜於時者作律

又曰惠帝四年除挾書律（如淳曰秦始皇令敢有挾詩書偶語者俱為城旦也）

又曰漢王下令軍士不幸死者吏為衣衾棺斂轉送其家四方歸心焉

又曰元帝為太子壯好經書寬博謹慎初居桂宮上嘗急召太子出龍樓門（張晏曰門樓上有銅龍若白鶴飛廉者也）不敢絕馳道（應劭曰馳道天子道若中道然古禁甚重）西至直城門（晉灼曰黃圖西出南頭第二門）得絕乃度之還入作室門上遲之問其故以狀對上大悅乃著令令太子得絕馳道

又曰元帝柔仁好儒見宣帝多用文法吏以刑名繩下大臣楊惲蓋寬饒等坐刺譏語而誅嘗侍燕從容言陛下持刑太深宜用儒生宣帝作色曰漢家自有制度本以霸王道雜之柰何純任德教用周政乎（姬周之政）且俗儒不達時宜好是古非今使人眩於名實（眩亂視也音胡眴反切）不知所守何足委任乃歎曰亂我家者太子也及即位下詔曰法令者欲其難犯而易避也今律令煩多典文者不能分明是欲罪元元之不逮豈中刑之意哉（中當也）其議律令可蠲除輕減

又曰成帝河平中詔曰甫刑云五刑之屬三千大辟之罰其屬二百今大辟罪千有餘條律令煩多百有餘萬言奇

請他比日以益滋(奇謂常文外主者別有所請以定罪也，它比謂引它類以附之稍增律條也。奇音羈，它音陀)其與中二千石博士及明習律令者議減死刑及可蠲除者令較然易知

又曰杜周南陽杜衍人也義縱爲南陽太守以周爲爪牙薦之張湯爲廷尉史使按邊失亡所論殺甚多奏事中意任用與減宣更爲中丞者十餘歲周少言重遲內深次骨宣爲左內史周爲廷尉其治大抵放張湯而善候伺上所欲擠(音若齊切)者因而陷之上所欲釋久繫待問而微見其冤狀客有謂周曰君爲天下決平不循三尺法安出哉前主所是著爲律後主所是疏爲令當時爲是何古之法乎

又曰主父偃以諸侯莫足遊者乃入關見衛將軍衛將軍數言上上不省資用乏留久諸公賓客多厭之乃上書闕下朝奏暮召入見所言九事其八者爲律令也

又曰朱博遷琅琊太守文學儒吏時有奏稱說云云博見謂曰如太守漢吏奉三尺律令以從事耳亡柰生所言聖人道何也(言不能用也)且持此道歸堯舜君出爲陳說之遷廷尉職典決疑當讞平天下獄博恐爲官屬所誣視事召見正監典法掾史謂曰廷尉本起於武吏不通法律幸有衆賢亦何憂然廷尉治郡斷獄以來且二十年三尺律令人事出其中(言可以人情知)掾史試與正監共撰前世決事吏議難知者數十事持以問廷尉得爲諸覆意之(如淳曰但欲用意覆之也)正監以爲博苟強意未必能然即共條白爲博皆召掾史並坐而問爲平處其輕重十中八九官屬咸服博之疏略才過人也

後漢書曰光武蕭王時在河北祭遵爲軍市令帝舍中兒犯法遵格殺之帝怒收遵主簿陳副諫曰明公常欲衆整齊今遵奉法不避是故令行也帝乃貰之以爲刺姦將軍謂諸將曰當避祭遵吾舍中兒犯法尚殺之必不私公等

又曰桓譚上書言法令決事輕重不齊或一事殊法同罪異論姦吏得因緣爲市欲活則出生議所欲陷則與死比是爲刑開二門也命可令通義理明習法律者校定科比(科謂事條比謂類例)一其法度班下郡國蠲除故條如此天下知方而獄無怨濫矣

又曰馬援在南條越律與漢律駁者十餘事(駁乖也事)與越人申明舊制以約束之自後南越奏行馬將軍故事

又曰王符論明帝時公車反支日不受章奏(凡反支日用月朔爲正戌亥朔四日反支申酉朔二日反支午未朔三日反支辰巳朔四日反支寅卯朔五日反支子丑朔六日反支見陰陽書也)帝聞而怪曰人廢農桑遠來詣闕而復拘以禁忌豈爲政之意乎於是遂蠲其制令

又曰建初中有人侮辱人父者而其子殺之肅宗貰其死刑而降宥之自後因以爲比是時遂定其議以爲輕侮法張敏駁議曰夫輕侮之法先帝一切之恩不有成科班之律令也夫死生之決宜從上下猶天之四時有生有殺若開相容恕著爲定法者則是故設姦萌生長罪隙又輕侮之比浸以繁滋至有四五百科轉相顧望弥復增甚難以垂之万載臣聞師言救文莫如質故高帝去煩苛之法爲三章之約建初詔書有改於古者可下三公廷尉蠲除其弊

又曰有兄弟共殺人者明帝以兄不訓弟故報兄重(報論也重死刑)而減弟死中常侍孫章宣詔言兩報重尚書奏章矯制罪當腰斬帝問郭躬躬曰法令有故誤章傳命之謬於事爲誤誤者其文則輕當罰金帝曰章與囚同縣疑其故躬

曰周道如砥其直如矢（詩小雅如砥貢賦平如矢賞罰中）君子不逆詐君王法天刑不可以委曲生意帝善之遷躬廷尉躬家代掌法務在寬平及典理官決獄斷刑多依矜恕乃條諸重又可從輕者四十一事奏之事皆施行著于令

又曰陳寵鈎校律令條法溢於甫刑者奏除之（鈎猶勘也前書曰鈎校得其姦賊鈎音工侯切溢出也孔安國注尚書曰呂侯後爲甫侯故或稱甫刑也）曰臣聞禮經三百威儀三千故甫刑太辟二百五刑之屬三千禮之所去刑之所取（去禮之人刑以加之故曰取也）失禮則入刑相爲表裏者也今律令死刑六百一十耐罪千六百九十八（耐者輕刑之名也）贖罪以下二千六百八十一溢於甫刑者千九百八十九其四百一十大辟千五百耐罪七十九贖罪春秋保乾圖曰王者三百年一蠲法漢興以來三百二年憲令稍增科條無限又律有三家其說各異宜令三公廷尉平定律令應經

合義者可使大辟二百而耐罪贖罪二千八百并爲三千悉刪除其餘令與禮相應

又曰卓茂爲密令人常有言部亭長受其米肉遺者（部謂所部也）茂辟左右問之曰亭長爲從汝求乎爲汝有事囑之而受乎將平居自以恩意遺之乎人曰往遺之耳茂曰遺之而受何故言邪人曰竊聞賢明之君使人不畏吏吏不取人今我畏吏是以遺之吏既卒受故來言耳茂曰汝爲弊人矣凡人所以貴於禽獸者以有仁愛知相敬事也今鄰里長老尚致饋遺此乃人道所以相親況吏與民乎吏顧不當乘威力強請求耳凡人之生群居雜處故有經紀禮義以相交接汝獨不欲修之寧能高飛遠走不在人間邪亭長素善吏歲時遺之禮也人曰苟如此律何故禁之茂笑曰律設大法禮順人情今我以禮教汝汝必無怨惡以律治汝何所措其手足乎一門之內小者可論大者可殺也且歸念之於是人納其訓吏懷其恩

又曰獻帝初應劭又刪定律令撰具律本章句尚書舊事廷尉板令決事比例司徒都目五曹詔書及春秋獄凡二百五十篇又集議駮三千篇以類相從凡八十二事於是舊事存焉

又曰鄭弘建初中爲尚書令舊制尚書郎限滿補縣長令史補承尉弘奏以爲臺職雖尊而酬賞甚薄請使郎補二千石令史爲長帝從其議弘前後所陳有補益王政者皆著之南宮以爲故事

東觀漢記曰陳寵曾祖父咸成哀間以明律令爲侍御史王莽篡位父子相將歸鄉里閉門不出入乃收家中律令文書壁藏之以俟聖主咸常勑戒子孫爲人議法當依輕

者雖有百金之利無與人重故世謂陳氏持法寬

魏書曰司馬景王輔政時犯大逆者其法誅乃已出之女毋丘儉之誅其子甸妻荀氏應坐死其族兄顗通表魏帝以乞其命詔聽離婚荀氏所生女芝爲潁川太守劉子元妻亦坐死以懷妊繫獄荀氏辭詣司隸校尉何曾乞恩求没爲官婢以贖之命曾哀之使主簿程咸上議曰臣以爲女人有三從之義無自專之道出適他族降父母之服所以明外成之節也而父母有罪則追刑夫黨見誅又隨戮一人之身內外受辟女既產育則它族之母無辜受戮傷孝子之心且男既不得罪於他族而女獨嬰戮於二門臣以爲在室宜從父之誅既醮可隨夫之罰於是有詔改定律令

魏志曰公軍進令曰吾起義兵爲天下除暴亂舊土人民

死喪略盡國中終日行不見所識使吾悽愴傷懷其舉義兵已來將士絶無後者求親戚以後之授上田官給耕牛置學師教之爲立廟使記其先人魂而有靈吾百年之後何恨哉

吳志曰孫權下令諸將曰夫存不忘亡安必慮危古之善教昔雋不疑漢之名臣於安平之世而刀劒不離於身蓋君子之於武備　不可以已令處身疆畔狄虜交接而輕忽不豫思變難哉頃聞諸將出入各尚謹多不從人甚非備慮愛身之謂夫保已遺名安君親孰與危辱宜深警戒副孤意焉

晉書曰賈充所定新律既班天下百姓安之詔曰漢氏以來法令嚴峻故自元成之世及建平嘉平之間咸欲辯章舊典删革刑書述作體大歷年無成先帝愍元元之命陷

於密網親發德音釐正名實車騎將軍賈充將大用聖意諮詢太傅鄭冲又與司空荀顗中書監荀勗中軍將軍羊祜中護軍王業及廷尉杜友河南尹杜預散騎都尉成公綏尚書郎柳軌等典正其事朕每監其用心常慨然嘉之今法律既成始班天下刑寬禁簡足以克當先旨昔蕭何以定律受封叔孫通以制儀爲奉常賜金五百斤子弟皆爲郎夫立功立事古之所重自太傅車騎以下皆加祿賞其詳依故典

又曰杜預與車騎將軍賈充等定律令既成預爲之注解乃奏之曰法者蓋繩墨之斷例非窮理盡性之書曰故文約而例直聽省而禁簡例直則易見禁簡則難犯易見則民知所避難犯則幾於刑措古之刑書銘之鐘鼎鑄之金石以塞異端絶異理也然後人知恒禁吏無淫巧也今所注皆網羅法意格之以名分使用之者執名例以審趣舍伸繩墨之直去析薪之理也

晉朝雜事曰泰始四年歲在戊子正月二十日晉律成

宋書曰劉秀之爲尚書右僕射請改定制令疑部人殺長吏科議者謂值赦宜加徙秀之以爲律文雖不明部人殺官長之旨若值赦但止徙遂使與悠悠人曾無一異人敬官長比之父母行害之身雖遇赦謂宜付尚方窮其天命家口令補兵從之

太平御覽卷第六百三十七

太平御覽卷第六百三十八

刑法部四

律令下 科附

齊書曰初江左用晉世張杜律二十卷孔稚珪刪注修改與竟陵王議務從輕曰仲尼有言古之聽獄者求所以生之今之聽獄者求所以殺之與殺不辜寧赦有罪則斷獄之職古所難矣寫律上國學置律助教依五經例策試上高第便擢用之

北齊書曰武成帝河清中有司奏上齊律其不可為定法者別制權令二卷與之並行後平秦王高歸彥謀反須有約罪律無正條於是遂有別條權令與律並行大理明法上下比附欲出則附依輕議欲入則附從重法姦吏因之舞文出沒至于後主權倖用事有不附之者陰中以法綱紀紊亂卒至於亡

三國典略曰齊封述渤海脩人廷尉御軌之子也久為法官明解律令議斷平允時人稱之

隋書曰李德林開皇元年勑令與太尉任國公于翼高熲等同脩律令事訖別賜九環金帶一駿馬一疋賞損益之多也

又曰劉行本為侍御史雍州別駕元肇言於上曰有一州吏受人餽錢二百文依律令合杖一百然臣下車之始與其為約此吏故違請加徒一年行本駁之曰律令之行並發明詔與民約束今肇乃敢重其教命輕忽憲章欲申己言之必行忘朝廷之大信虧法取罪非人臣之禮上嘉之

唐書曰高祖入關除隋苛政為約法十二條唯制殺人劫盜背軍叛逆餘並蠲除之及受禪又用開皇律令除其苛細五十三條務存寬簡取便於時仍遣裴寂殷開山郎楚之沈叔安崔善為之徒撰定律令太宗即位命長孫無忌房玄齡與當朝通識之士更加釐改戴冑魏徵又言舊律太重於是議絞刑之五十條斷其右趾焉應死者多蒙全活得罪者咸稱賴之

又曰太宗問大理卿劉德威曰近來刑網稍密何也對曰誠在君上不由臣下主好寬則寬好急則急律文失入減三等失出減五等今則反是失入則無辜失出則獲大罪所以吏各自愛競執深文畏罪之所致耳太宗然其言

又曰神龍元年趙冬曦上書曰臣聞夫今之律者乃有千餘條近有隋之姦臣將弄其法故著律曰犯罪而律無正條者應出罪則舉重以明輕應入罪則舉輕以明重立夫一言而廢其數百條自是迄今竟無刊革遂使死生罔由乎法律輕重必因乎愛憎受罰者不知其然舉事者不知其犯臣恐賈誼見之必為之慟哭矣

又曰時所用舊律其文起自魏文侯師李悝悝撰次諸國法著經以為王者之政莫急於盜賊盜賊須劾捕故著囚捕二篇其輕狡越城博戲借假不廉淫侈踰制以為雜律一篇又以具其加減是故所著六篇而已然皆罪名之制也

六韜曰文王問太公曰願聞治國之所貴太公曰貴法令必行法令必行則治道通治道通則民大利民大利則君德彰文王曰法令必行大利人民柰何太公曰法令必行則民俗利民俗利則利天下是法令必行大利人也又曰願聞為國之大失太公曰為國之大失者為上作事不法君不覺悟是大失也文王曰願聞不法公曰不法法則令不行則主威

傷不法法則邪不正邪不正則禍亂起不法法則刑妄行刑妄行則賞無功不法法則國昏亂國昏亂則臣爲變君不悟則兵革起兵革起則失天下文王曰誡哉

管子曰法者所以興功懼暴律者所以定分止事

又曰凡國無法則衆不知爲無度則事無儀有法不正有度不直則治辟治辟則國亂故曰正法直度罪殺不赦戮必信民畏而懼武威既明令不再行

又曰凡君國之重器莫重乎令令重君尊君尊國安令輕君卑君卑國危故安國存乎尊君尊君存乎行令行令存乎嚴罰嚴罰令行則百吏皆恐罰不嚴令不行則百吏皆喜故明君察於治人之本本莫要乎令故曰虧令者死益令者死增益令者殺無赦不行令者死

又曰凡牧民者欲民之可御也欲民之可御則法不可不重也法者將立朝廷將立朝廷則爵服不可不貴也爵服不可不貴也爵服加於不義則人賤其爵服民賤其爵服則人主不尊人主不尊則令不行矣

又曰法者法天地之位象四時之行所以治天下四時之行有寒有暑聖人法之故有文有武天地之位有前有後有左有右聖人法之以建經紀春生於左秋殺於右夏長於前冬藏於後生長之事文也收藏之事武也是故文事在左武事在右聖人法之以行法令

又曰正月之朝百吏在朝君乃出令布憲于國五鄉之師五屬大夫皆受憲于上大夫

晏子曰君之以尊者令令不行是無君也故明君慎令

文子曰文子問老子曰法安所生曰法生於義義生於衆適衆適合乎人心此治之要也法非從天生非從地出發於人間反已自正

商君書曰凡人主德行非出人也勇力非過人也然民雖有聖智弗敢謀有勇力弗敢殺雖衆弗勝其制民無億万之數雖行重賞而民弗敢爭行重罰而民弗敢怨者法也

又曰法令者民之則也爲治之本也所以備民也知者不得過過者不得不及名分不定而欲天下之治也是猶欲無飢而去食欲無寒而去衣也欲至東而西行其不幾亦明矣一兔走而百人逐之非兔一可以分百也由名之未定也夫賣兔在市盜不敢取分之定也令法令不明其名不定天下之人得議之也

慎子曰法之功莫大使私不行君之功莫大使民不爭令立法而行私是私與法爭其亂甚於無法立君而尊賢是與君爭其亂甚於無君故有道之國法立則私義不行君立則賢者不尊民一於君事斷於法是國之大道也

又曰法雖不善猶愈於無投鈎分財投策分馬非以鈎策爲均也使得樂者不知所以德得惡者不知所以怨乃以塞怨望也

又曰堯爲匹夫不能使隣家至爲主則令行禁止由此觀之賢未足以服不肖而勢位足以屈賢

申子曰君必有明法正義若懸權衡以稱輕重所以一群臣也

又曰堯之治也蓋明法察令而已聖君任法而不任智任數而不任說黃帝之治天下置法而不變使民安樂其法也

又曰昔七十九代之君法制不一號令不同然而俱王天下何也必國富而粟多也

韓子曰魯燒積澤天北風火南向恐燒國哀公自將衆趍救火人盡逐獸而火不救乃召仲尼仲尼下令曰不救火而逐獸者比入禁之罪令下未徧火遂救矣

又曰治大國而數變法則民苦之是以有道之君貴虛靜重變法也

又曰釋法術而爲治堯不能正一國使中正守法術拙匠執規矩尺寸則萬不失一也

又曰董安于爲趙上地之守行石皐山中見深澗峭如墻深百仞因問其鄉左右曰人甞有入此者乎對曰無有曰嬰兒癡聾狂亂人甞有入此者乎對曰無有馬羊牛甞有入此乎對曰無有安于喟然嘆曰吾能治矣使吾法之無赦猶入澗之必死也則民莫知犯何爲不治也

又曰荆莊王有弟門者立法群臣大夫諸侯公子入朝馬蹄踐霤者廷理斬其輈戮其御於是太子入朝馬蹄踐霤廷理依法太子怒入爲王泣曰必爲誅戮廷理王曰法者所以敬宗廟尊社稷故臣受命尊敬社稷者社稷之臣焉可誅也太子乃還走避舍露宿三日北面再拜請罪

又曰夫人臣之侵其主也如地形焉即漸以往使人主失端東西易面而不自知故先王立敎司南以端朝夕明王使其群臣不遊意於法之外不爲惠於法之內虎所以能服狗者爪牙也使虎釋其爪牙使狗用之則虎反服於狗矣人主者以形德制臣也今君釋其刑德而臣用之則臣反制於君矣

又曰犇車之上無仲尼覆舟之下無伯夷故號令者國之舟車也安則智廉生危則鄙爭起

又曰越王問於大夫種曰吾欲伐吴可乎對曰可以吾賞厚而信罰嚴而必君必欲知之何不試焚於是遂焚宫室民莫救火乃下令曰民之救火而死者比死敵者之賞勝火而死者比勝敵之賞不救火者比降北之罪民之塗其體被濡衣赴火者左三千人右三千人始知必勝之勢也

又曰吴起爲魏武侯西河之守秦有小亭臨境起欲攻之乃倚一車轅於北門之外而令曰有能徙北南門之外賜之上田上宅民莫之徙也及有徙之者遂賜之如令俄又置一石赤黍東門之外而令之曰有能徙之於西門之外者賜之如初民則爭徙之乃下令大夫曰攻亭有能先登者仕之國大夫賜之上田宅民爭上於是攻亭一朝而拔之

阮子曰漁人張網於淵以制吞舟之魚明主張法於天以制強良之人立法以限民百姓不能干立防以隄水江河不能犯

傅子曰律是咎繇遺訓漢命蕭何廣之

又曰天爲有形之主君爲有國之主天以春生猶君之有仁令也天以秋殺猶君之有威令也故仁令之發天下樂之威令之發天下畏之樂之故樂從其令畏之故不敢違其令若賞令發而人不樂無以稱仁矣威令發而下不畏無以言威矣無仁可樂無威可畏而能保國致治者未之有也

會稽典録曰董昆字文通餘姚人也少遊學師事潁川荀季卿受春秋治律令明達法理又才能撥煩縣長潘松署功曹史刺史盧孟行部垂念寃結松以孟明察於法令轉署昆爲獄史孟到昆斷正刑法甚得其平孟問昆本學律令所師爲誰昆對事荀季卿孟曰史與刺史同師孟又問

昆從何職爲獄史松具以實對孟歎曰刺史學律猶不及昆召之署文學

杜預律序曰律以正罪名令以存事制

張斐律序曰張湯制越宫律趙禹作朝會正見律

鹽鐵論曰夫善言天者合之於人善言古者考之於今二尺四寸之律古今一也

又曰昔秦法繁於秋荼而網密於凝脂然而上下相趍姦僞萌生

崔寔政論曰君以審令爲明臣以奉令爲忠故背制而行賞謂之作福背令而行罰謂之作威作威則人畏之作福則人歸之夫威福者人主之神器也譬之操莫耶矣執其柄則人莫敢抗失其柄則還見害也

風俗通曰皐陶謨虞始造律蕭何成以九章此關諸百王不易之道也夫吏者治也當先自正然後正人故承憲履繩動不失律令也

科

後漢書曰章帝時陳寵代郭躬爲廷尉帝納寵言制除鉆（擊嚴坊）鑽諸慘酷之科

又曰明帝永平十二年詔曰車服制度恣極耳目田荒不耕游食者衆有司其申明科禁宜於今者宣下郡國

魏志曰曹仁少時不脩行檢及長爲將嚴㓨正奉法令常置科於左右案以從事

宋書曰顧深之子寶先大明中爲尚書水部郎先深之爲左承荀万秋所刻及寶先爲郎万秋猶在職自陳不拜世祖詔曰憲司之職理有釐正而頃刻無輕重輙致私絶此風難長主者可嚴爲其科

劉邵律畧曰删舊科採漢律爲魏律懸之象魏揚雄劇秦美新曰金科玉條（科條謂所施法律金玉功之也）

說文曰科程也程品也十發爲程十程爲寸

太平御覽卷第六百三十八

太平御覽卷第六百三十九

刑法部五

聽訟

易訟卦曰：天與水違行，訟。君子以作事謀始。

又豐卦曰：雷電皆至，豐。君子以折獄致刑。

詩曰：蔽芾甘棠，勿剪勿伐，召伯所茇。（箋云：茇，草舍也。召伯聽男女之訟，不重煩勞百姓，止舍于棠之下而聽斷焉。）

又曰：行露，召伯聽訟也。

周禮曰：以兩造禁民訟，入束矢於朝，然後聽之。（訟謂以財貨相告者。造，至也。使訟者兩至，既兩至，使入束矢乃治之也。不至不入束矢，則是自服不直者也。必入矢者，取其直也。詩云其直如矢。古者一弓百矢，束矢其百个與？）以兩劑禁民獄，入鈞金三日，乃致于朝，然後聽之。（獄謂相告以罪名者。劑，今券書也。使獄者各齎券書，既兩券書，及使人鈞金，又三日乃治之，重刑也。不券書不入金，則是自服不直者也。夫入金者，取其堅也。）以嘉石平罷民，（嘉石，文石也。樹之外朝門左。平，成也，成使善也。）以肺石達窮民。（肺石，赤石也。窮民，天之窮而無告也。）凡遠近惸獨老幼之欲有復於上而其長弗達者，立於肺石三日，士聽其辭，以告於上而罪其長。○又曰：凡諸侯之獄訟以邦典定之，（邦典，六典也。）凡卿大夫之獄訟以邦法斷之，（邦法，八法也。）凡庶民之獄訟以邦成弊之。（邦成謂若今時決事之比也。）

又曰：以五刑聽万民之獄訟，附于刑，用情評之，至于旬乃弊之，讀書則用法。（附猶著也。訊，言也。用情理言之，冀有可以出之者，十日乃斷之。）以五聲聽獄訟，求民情：一曰辭聽，（觀其出言，不直則煩。）二曰色聽，（觀其顏色，不直則赧然。）三曰氣聽，（觀其氣息，不直則喘。）四曰耳聽，（觀其聽聆，不直則惑。）五曰目聽。（觀其眸子視，不直則眊然。）

又曰：掌都家聽其獄訟之辭，辨其死刑之罪而要之，三月而上獄訟于國。司寇聽其成于朝，羣士司刑皆在，各麗其法，以議獄訟。（成，平也。）獄訟成，士師受中，書其刑殺之成與其聽獄訟者。

又曰：掌三剌、三宥、三赦之法，以贊司寇聽獄訟。一剌曰訊群臣，再剌曰訊群吏，三剌曰訊萬民。（訊，言也。）一宥曰不識，再宥曰過失，三宥曰遺忘。（不識謂愚民無所識則宥之。過失若今時律過失殺人不坐死也。玄謂識，當也。若今仇讎當報甲，見乙，誠以為甲而殺之者。過失若舉刃欲斫伐而誤中人者。遺忘若聞帷薄忘有在焉者而以兵矢投射也。）

禮曰：分爭辨訟，非禮不決。

又曰：司寇正刑明辟以聽獄訟，（司寇，秋官卿，掌刑者。辟，罪也。）必三剌，（以求民情，斷其獄訟之中。一曰訊群臣，二曰訊群吏，三曰訊萬民。）有旨無簡不聽，（簡，誠也。有其意無其誠者，不論以為罪。）附從輕，（附，施刑也。求出之使從輕。）赦從重。（雖是罪可重，猶赦之。）九聽五刑之訟，必厚父子之親，立君臣之義以權之，（權，平也。）意論輕重之序，慎測淺深之量以別之，（意，思念也。淺深謂俱有罪，本心有善惡。）悉其聰明，致其忠愛以盡之。（盡其情也。）

傳曰：王叔陳生與伯輿爭政，（二子，王卿士。）王右伯輿。（右，助也。）王叔陳生怒而出奔，晉侯使士丐平王室，王叔與伯輿訟焉。（爭曲直。）王叔之宰與伯輿之大夫瑕禽坐獄於王庭，士丐聽之。范宣子曰：天子所右，寡君亦右之；所左，亦左之。使王叔氏與伯輿合要，王叔氏不能舉其契，王叔奔晉。

論語曰：子曰：聽訟，吾猶人也。必也使無訟乎。

又曰：片言可以折獄者，其由也與。（片讀為半，片言謂單辭也。折，斷也。子路果取所知言必直，故可令斷獄也。）

又曰：孟氏使陽膚為士師，（士師，典獄之官。）問於曾子。曾子曰：上失其道，民散久矣。如得其情，則哀矜而勿喜。

漢書曰：于定國飲酒至數石不亂，冬月治獄，請讞，飲酒益精明。

後漢書曰：陳寵辟司徒鮑昱府。是時三府掾屬專尚交遊以不肯視事爲高寵常非之獨勤心物務數爲昱陳當代便宜昱高其能轉爲辭曹掌天下獄訟（續漢志曰三公掾屬二十四人有辭曹主辭訟事也）其所平決無不厭服衆心時司徒辭訟久者數十年事類溷錯易爲輕重不良吏得生因緣（因緣謂依附以生輕重也）寵爲昱撰辭訟比七卷決事科二條皆以事類相從昱奏上之其後公府奉以爲法

又曰王渙爲洛陽令以平正居身得寬猛之宜不冤嫌久訟歷政所不斷法理所難平者莫不曲盡情詐壓塞羣疑又能以譎數發擿姦服（譎詐數術也）京師稱歎以爲渙有神筭

又曰法雄爲青州刺史界内肅清雄每行部録囚徒察顏色知情僞長吏不奉法即解印去之

魏書曰廷尉高柔時護軍營士竇禮近出不還營以爲亡表言逐捕役其妻盈及男女爲官奴婢盈連至州府稱寃

自訟莫有省者乃辭詣廷尉柔問曰汝何以知夫不亡盈垂泣對曰夫少單特養一老嫗爲母事甚恭謹又哀兒女撫視不離非是輕狡不顧室家者也柔重問曰汝夫不與人有怨讎乎對曰夫良善與人交錢財乎對曰嘗出錢與同營士焦子文求不得時子文適坐小事繫獄柔乃見子問所坐言次汝頗曾舉人錢不子曰自以單貧初不敢舉人物也柔察子色動遂曰汝昔舉竇禮錢何言不耶子怪知事露應對不次柔曰汝已殺禮便宜早服子於是叩頭具首殺禮本末埋藏處所柔便遣吏卒承子辭往掘得其屍詔書復盈母子爲平人

晉書曰陸雲爲浚儀令雲到官肅然下不能欺市無二價人有見殺者主名不立雲録其妻而無所問十許日遣出密令人隨後謂曰不出十里當有男子候之與語便縛來旣而果然問之具服云與此妻通共殺其夫聞妻得出欲與語憚近縣故遠相邀候於是一縣稱爲神明

又曰鄧攸嘗詣鎮軍將軍賈混混以人訟事示攸使決之攸不視曰孔子稱聽訟吾猶人也必也使無訟乎混奇之以女妻之矣

又曰符融仕符堅爲司隸校尉京兆人董豐游學三年而返宿妻家妻爲賊所殺妻兄疑豐殺之送豐有司豐不堪楚掠自誣引殺妻融察而疑之問豐曰汝行往還頗有怪異及卜筮否豐曰初將發夜嘗夢乘馬南渡水返而北渡水馬停水中鞭策不去俯而視之見兩日在於水下馬左白而濕右黑而燥寤而心悸竊以爲不祥問筮者筮者曰憂獄訟遠三枕避三沐旣至妻爲具沐夜授豐枕豐記筮者之言皆不從之妻乃自沐枕枕而寢融曰吾知之矣馬

左而濕濕水也左水右馬馮字兩日昌字也其馮昌殺之乃獲昌詰之具首服本與其妻謀董豐期以新沐枕枕爲驗乃悞中婦人也

宋書曰傅琰爲山陰令有賣針賣糖嫗爭絲各言已者詣琰琰掛而輕鞭之有鐵屑乃罰賣糖者又有二老爭鷄問何食一云食粟一云食豆剖之見粟罰言豆者人畏如神明

後魏書曰辛祥爲并州平北府司馬會刺史喪朝廷以其公清遂越長史勑行州事祥初在司馬失白壁邏兵藥道顯被誣爲賊官屬推處咸以爲然祥曰道顯面有悲色察獄以色其此之謂乎苦執申之月餘別獲眞賊

又曰李崇爲揚州刺史先是壽春縣人苟泰有子三歲遇賊亡失數年不知所在後見在同縣人趙奉伯家泰以狀

告各言已子並有隣證郡縣不能斷崇曰此易知耳二父與兒各在別處經禁數旬然後遣人告之曰君兒偶患向已暴死有教解禁可出奔哀也苟泰即號咷　悲不自勝奉伯咨嗟而已殊無痛意察知之乃以兒還泰詰奉伯詐狀奉伯乃欵引云先亡一子故妄認之

又曰裴安祖弱冠州辟主簿民有兄弟爭財詣州相訟安祖召其兄弟以禮義責讓之此人兄弟明日相率謝罪州内欽服之

又曰唐和爲内都大官評決獄訟不加捶楚欵獲實者甚多世以是稱之

又曰司馬悦字慶宗歷位豫州刺史時有汝南上蔡董毛奴者賫錢五千死於道路郡縣疑人張堤爲劫又堤家得錢五千堤懼掠自誣言殺至州悦觀色疑其不實引見毛

奴兄靈之謂曰殺人取錢當時狼狽應有所遺得何物靈之曰唯得一刀削悦取視之曰此非里巷所爲也乃召州内刀匠示之屬有郭門者前曰此刀削門手所作去歲賣與郭人董及祖悦收及祖詰之及祖欵引靈之又於及祖身上得毛奴所着皂襦及祖伏法悦察獄多此類也

後周書曰建德二年冬帝聽訟於正武殿自旦及夜繼之以燭

又曰柳慶爲雍州別駕有賈人持金二十斤詣京師交易寄人停止每欲出行常自執管鑰無何緘閉不異而失之謂是主人所竊郡縣訊問主人遂自誣服慶聞而歎之乃召問賈人曰卿鑰恒置何處對曰恒自帶之慶曰頗與人同宿乎與同飲乎曰日者曾與一沙門再度酣宴醉而晝寢慶曰主人以痛自誣非盜也彼沙門乃真盜耳即遣吏逮捕沙門乃懷金逃匿後捕得盡獲所失之金

又曰柳慶有胡家被劫郡縣按察莫知賊所隣近被囚繫者甚多慶以賊徒既衆似是烏合既非舊交必相疑阻可以詐之乃作匿名書多牓官門曰我等共劫胡家徒侶混雜終恐泄露今欲首懼不免誅若聽先首免罪便欲來告慶乃復施免罪之牓居二日廣陽王欣家奴面縛自告牓下因此推窮盡獲黨與慶守正明察每歎曰昔于公斷獄無私闢高門可以待封儻斯言有驗吾斯庶幾乎

又曰蘇綽爲六條詔書奏施行之其一先修心其二敦教化其三盡地利其四擢賢良其五卹獄訟其六均賦役文帝甚重之常置諸座右

隋書曰韋鼎爲光州刺史有人客遊通主人家之妾及其還去妾盜物於夜逃亡尋於草中爲人所殺主家知與妾

通因告客殺之縣司鞫問具得姦狀因斷客享獄成上於鼎覽之曰此客實姦而非殺也乃其寺僧詃妾盜物令奴殺之贓在其處即放此客遣捕僧并獲贓物自是部内肅然咸稱其有神

又曰辛公義爲牟州刺史下車先至獄中因露坐牢側親自驗問十餘日間決斷咸盡方還大廳受領詞訟皆不立文案遣當直佐寮一人側坐訊問事若不盡應須禁者公義即宿廳事終不還閤人或諫之曰此事有程使君何自苦也答曰刺史無德可以導人尚令百姓係於囹圄豈有禁人在獄而心自安乎罪人聞之咸自欵服後有欲諍訟者其鄉閭父老遽相曉曰此蓋小事何忍勤勞使君訟者多兩讓而止

尚書大傳曰聽獄之術大治有三治必寛寛之術歸於察

察之術歸於義（察猶審也）是故聽而不寬是亂也寬而不察是慢也古之聽獄者言不越辭辭不越情情不越義是故聽民之術怒必思兼怒小罪勿兼（怒責也讀因之罪必思義謂思其辭思其主思義斷大罪求可以出之者也）

又曰孔子如衛人謂曰公甫不能聽獄公（公甫魯大夫）子曰不知公甫之不能聽獄也（咨而及之）公甫之聽獄也有罪者懼無罪者耻民近禮矣

春秋元命包曰樹棘槐聽訟於其下棘赤心有刺言治人者原其心不失赤實事所以刺人其情令各歸實槐之言歸也情見歸實也

山海經曰夏后啓之目曰孟徐是祠神于巴人（聽其獄訟爲之神主）訟于孟徐之所（人斷之也）其衣有血者乃執之

會稽典録曰郡署鍾離意北部督郵烏程男子孫常常弟

烈分居各得田半頃烈死歲饑常稍以米粟給烈妻子輒追計直作券没取其田烈兒長大訟常掾史議皆曰烈孫兒遭饑賴常外合長大成人而更争訟非順孫也意獨曰常身爲遺父當撫孤弱是人道正義稍以外合券取其田懷挾姦路貪利忘義烈妻子雖以田與常困迫之至非私義也請常田俾烈妻子於是衆議無以奪意之理

又曰謝夷吾字堯卿山陰人也爲荆州刺史行部到南魯縣遇孝章皇帝巡狩幸魯陽上未常見刺史班秩有詔勑夷吾入傳録見囚徒誡長吏勿廢舊儀上林西廂南面夷吾處東分帷以其中夷吾省録囚徒有亭長姦部民者縣言和姦上意以爲吏姦民何得言和且覲刺夫决當云何頃夷吾呵之曰亭長詔書朱幘之吏職在禁姦今爲惡之端何得言和切讓三老孝悌免長罪其所决正一縣三百餘事與上合章帝歎曰使諸州刺史盡如此者朕不憂天下特遷鉅鹿太守臨發陛見賜車馬劒帶勑之曰鉅鹿劇郡舊爲難治以君有撥煩之才故特授任無毀前勞

張斐律序曰情者心也心感則動情動於中而形於言暢於四支發於事業是故姦人則心愧而面赤内怖而色奪

賈誼新書曰梁嘗有疑獄群臣半以不當罪半以爲當罪雖然王亦疑梁王曰陶朱公賢以而問曰梁有疑獄吏半以爲不當半以爲當柰何朱公曰臣鄙民也不知家有二白璧其澤相如也然有其價一者千金一者五百金王曰徑與色澤相如也一者千金一者五百金何也朱曰側而觀之一者厚倍是以千金梁王曰善故疑獄則從去賞疑則從與梁國大悅（新序同也）

淮南子曰越王决獄不當援刀自刎而戰士畢死感於恩也

又曰秦始皇晝决獄夜理書

説苑曰邵公述職當桑蚕時不欲變民事故不入邑中舍乎甘棠之下而聽斷焉

風俗通曰沛郡有富家公貲二千餘萬小婦子年裁數歲頃失其母又無親近其女不賢公痛困思念恐争其財兒必不全因呼族人爲遺令書悉以財屬女但遺一劒云兒年十五以還付之其後又不肯與兒詣郡自言求劒謹案時太守大司空何武也得其辭因録女及壻省其手書顧謂掾史曰女性强梁壻復貪鄙畏賊害其兒又計小兒正得此則不能全護故且俾與女内寄之耳不當以劒與

之乎夫劍者亦所以決斷限年十五者智力足以自居處此女壻必不復還其劍當問縣官縣官或能證察得見伸展此凡庸何能用慮強遠如是哉乃奪取財以與子曰弊女惡壻溫飽十歲亦以幸矣於是論者乃服

又曰臨淮有一人持疋縑到市賣之道遇雨被戴後人求共庇蔭雨霽當別因共爭鬪各去我縑詣府自言太守薛宣劾實兩人莫肯首服宣曰縑直數百錢耳何足紛紛自致縣官呼騎吏斷縑各與半使追聽之後人曰受恩前振之縑主稱怨宣曰然固知其當爾也因詰責之具服悉俾本主

又曰潁川有富室兄弟同屋兩婦俱懷娠大婦數月胎傷因閉匿之產期至到乳舍弟婦生男夜因盜取爭訟三年州縣不能決丞相黃霸出殿前使卒抱兒去兩婦各十餘

步叱婦自往取之長婦把持甚急兒大啼弟婦恐傷害之因乃放與而心甚悽愴霸曰此弟婦子也責問婦乃伏也

太平御覽卷第六百三十九

太平御覽卷第六百四十

刑法部六

決獄

易曰：澤上有風，中孚。君子以議獄緩死。信發於中，雖過可亮

傳曰：晉邢侯與雍子爭鄐田，久而無成。士景伯如楚，士景伯，晉理官 叔魚攝理。攝代景伯 韓宣子命斷舊獄，罪在雍子。雍子納其女於叔魚，叔魚蔽罪邢侯。蔽，斷也 邢侯怒，殺叔魚與雍子於朝。宣子問其罪於叔向。叔向曰：三人同罪，施生戮死可也。施，行罪也 雍子自知其罪而賂以買直，鮒也鬻獄，邢侯專殺，其罪一也。已惡而掠美為昏，掠，取也。昏，亂也 貪以敗官為墨，墨，不絜之稱 殺人不忌為賊。夏書曰：昏、墨、賊，殺，皋陶之刑也。請從之。乃施邢侯而尸雍子與叔魚於市。

漢書曰：高帝詔曰：獄之疑者，吏或不敢決，有罪者久而不論，無罪者久繫不決。自今已後，縣道官獄疑者，各讞所屬二千石官，二千石官長以其罪名當報之。當謂處斷也，讞平議也 所不能決者，皆移廷尉，廷尉亦當報之。廷尉所不能決，謹具為奏，附所當比律令以聞。

又曰：景帝詔曰：獄，重事也。人有智愚，官有上下。獄疑者讞，有司。有司所不能決，移廷尉。有令讞而後不當，讞者不為失。假令讞訖，其理不當，所讞之人不為罪失 欲令理獄者務先寬。自此之後，獄刑益詳，近於五聽三宥之意。

又曰：張釋之為廷尉，頃之，上行出中渭橋，有一人從橋下走，乘輿馬驚。於是使騎捕之，屬廷尉。釋之治問，曰：縣人來，聞蹕，匿橋下。久，以為行過，既出，見車騎，即走耳。釋之奏此人犯蹕，當罰金。上怒曰：此人親驚吾馬，馬賴和柔，令他馬，固不敗傷我乎？而廷尉當云罰金。釋之曰：法者天子所與天下公共也。今法如是，更重之，是法不信於民也。且方其時，上使誅之則已。今已下廷尉，廷尉，天下平也，一傾，天下用法皆為之輕重，民安所措其手足？惟陛下察之。帝良久曰：廷尉是也。

又曰：于定國父于公決獄平，羅文法者于公所決皆不恨。郡中為立生祠。東海有孝婦，少寡無子，養姑甚謹。姑告鄰人曰：孝婦養我勤苦，哀其無子守寡。我老，久累丁壯，柰何？遂自死。姑女告吏：婦殺我母。吏捕孝婦，孝婦自誣服。于公以為不殺，爭之弗能，乃抱其獄具，哭於府上。太守竟殺婦。郡中枯旱三年。後太守至，卜筮其故，于公曰：咎其殺孝婦。太守殺牛祭孝婦墓，天乃大雨。後于公令高大門閭，容駟馬高蓋車。我治獄多陰德，子孫必有興者。至定國為丞相。于定國為廷尉，人自以不冤；張釋之為廷尉，天下無冤人。

又曰：班固云：今之聽獄者，求所以殺之；古之聽獄者，求所以生之。與其殺不辜，寧失有罪。今之獄吏，上下相驅，以刻為明，深者獲功名，平者多後患。諺曰：鬻棺者欲歲之疫。非憎人欲殺之，利在於人死也。今治獄吏欲陷害人，亦猶此矣。

續漢書曰：郭躬字仲孫，潁川人。辟公府，以明法律特預朝議。時有兄弟共以繩絞殺人，各持一端，辜不可分。中常侍孫章傳詔，命兄不教導，弟報兄重，弟減死。章誤言兩報重。獄已斷，尚書奏矯制，當斬。上問躬，躬曰：當罰金。上曰：矯殺人，如何罰金？躬曰：法令有故有誤，章不故，指傳命誤，即報重，是故為無所放也。周道如砥，其直如矢，君子不逆詐。王法大刑，不可委曲生意。上曰：善。

後魏書曰：吳良為議郎。永平中，車駕近出，而信陽侯陰就于突禁衛，車府令徐匡鉤就車，收御者送獄。鉤，留也 詔書遣

臣乃自繫良上言曰信陽侯就倚恃外戚干犯乘輿無人臣禮為大不敬臣執法守正反下于理臣恐聖化由是而弛帝雖赦臣猶左轉良為即丘長

又曰寒朗字伯奇永平中以謁者守侍御史與三府掾共按楚獄顏忠王平辭及隧鄉侯耿建曲成侯劉建等辭未嘗與忠平相見是時顯宗怒甚吏皆惶恐諸所連及率一切陷入無敢以情恕者朗心傷其冤試以建等物色獨問忠平而二人錯愕不能對朗知其詐乃上言建等無姦專為忠平所誣疑天下無辜類多如此帝曰即如是四侯無事何不早奏久繫至今耶朗曰臣恐海內別有發其姦者故未敢時上怒罵曰吏持兩端促提下左右方引去朗曰願一言而死小臣不敢欺欲助國耳臣見拷囚者咸共言妖惡大故臣子所宜同嫉今出之不如入之可無後責是

以考一連十考十連百又公卿朝會陛下問以得失皆言舊制大罪禍及九族陛下大恩纔止於身天下幸甚及其歸舍口雖不言而仰屋竊歎臣今所陳誠死無悔帝意解詔遣朗出後二日車駕幸洛陽獄錄囚徒理出者千餘人

又曰虞詡為司隸校尉臨終謂其子曰吾為朝歌長殺賊數百其中必有冤者自此二十餘年家門不增一口斯獲罪於天也

又曰法雄為青州刺史每行部錄囚徒察顏色多得情偽長吏不奉法者皆解印綬去

又曰三府舉袁安能理劇拜楚郡太守是時楚王英反辭所連及繫者數千人顯宗怒甚吏案之急迫痛自誣死者甚衆安到郡不入府先往案獄理其無明驗者條上出之府丞掾史皆叩頭爭以為阿附反虜法與同罪不可安曰如有不合太守自當坐之不以相及也遂分別具奏帝感悟即報許得出者四百餘人

又曰郭躬家代衣冠父弘習小杜律（前書杜周武帝時為廷尉御史大夫斷獄深刻少子延年亦明法律宣帝時又為御史大夫對父故言小）太守寇恂以弘為決曹掾斷獄至三十年用法平諸為弘所決者退無怨情郡內比之東海于公年九十五卒

晉書曰周處為廣平太守有三十年滯獄一到悉總決遣之理無不當

又曰安帝義熙中劉毅鎮姑熟嘗出行南陵縣吏陳滿射鳥箭誤中直師雖不傷人處法棄市何承天議曰獄貴情斷疑則從輕昔有驚漢文帝乘輿馬者張釋之斷以犯蹕罪止罰金何者明其無心於驚馬也故不以乘輿之重而加異制今滿意在射鳥非有心於中人按律過誤傷人三歲

刑況不傷乎

後魏書曰眞君中以獄訟留滯始令中書以中經義斷諸疑事高允據律評刑三十餘載內外稱平允獄者民之命也常嘆曰皐陶至德也其後英蓼先亡劉項之際英布黥而王經世雖久猶有刑餘之釁況凡人能無咎乎

宋書曰謝莊為都官尚書奏改定刑獄曰舊官長竟囚畢郡遣督郵案驗仍就施刑督郵賤吏非能異於官長雖有案驗之名而無研窮之實愚謂此制宜革自今入重之囚縣考正畢以事言郡并送囚身委二千石親臨覆辯必收聲吞釁然後就戮若二千石不能決乃度廷尉神州統外移之刺史有疑亦歸臺獄必令死者不怨坐者無恨

又曰沛郡相縣唐賜往比村彭家飲酒還因得病吐蠱虫二十餘物賜妻張從賜臨終言死後親剖腹視五藏悉糜

碎以張忍行剟剖賜子副又不禁止論妻傷夫五歲刑子不孝父母弃市並非科例三公郎劉勰議賜妻痛往遵言兒識謝及理孝事源存心非忍害謂宜哀矜顧覬之議以爲妻子而行忍酷不宜曲通小情謂副爲不孝張同不道詔如覬之議

隋書曰裴蘊授御史大夫與裴矩虞世基參掌機密善候伺人主微意若欲罪者則曲法順情假成其罪所欲宥者則附從輕典因而釋之是後大小之獄皆以付蘊憲部大理莫敢與奪必禀進止然後決斷蘊亦機辯所論法理言若懸河或重或輕皆由其口剖析明敏時人不能致詰

又曰裴政爲少司憲用法寬平無有寃濫囚徒犯極刑者乃許其妻子入獄就之至冬將行決皆曰裴大夫致我於死死無所恨其處法詳平如此

又曰郎茂衛國令時有繫囚二百茂親自究審數日釋免百餘人歷年辭訟不詣州省魏州刺史元暉謂茂曰長史言衛國民不敢申訴者畏明府耳茂進曰民猶水也法令爲隄防隄防不固必致奔突苟無決溢使君何患哉暉無以應之

又曰于仲文字次武爲安固太守始州刺史屈突尚宇文護之黨也先坐事下獄無敢繩者仲文至郡窮治遂竟其獄蜀中爲之語曰明斷無雙有于公不避强禦有次武未幾徵爲御正下大夫

又曰梁敬真大業之世爲大理司直時帝欲成光禄大夫魚俱羅之罪令敬真治其獄遂希旨陷之極刑未幾敬真有疾見俱羅爲之厲數日而死

唐書曰貞觀初太宗謂侍臣曰死者不可再生用法務從寬恕古人云賣棺者願歲之病非憎於人利棺之售耳今司覆一獄必求深刻欲成其考課作何道理令得平允侍中王珪曰但任公正善人爲法官若斷獄允當則增秩賜金如此則姦僞息矣太宗曰古者斷獄必訊於三槐九棘之官今三公九卿是也今後大辟罪結正吏取公卿議之如是四年斷死刑二十九人天下幾致刑措矣

又曰吏部尚書長孫無忌嘗被召不解佩刀入東上閤門待罪僕射封德彝議云監門校尉不之覺罪當死無忌誤帶刀入罰銅二十斤從之大理卿帶胄執奏曰校尉不覺與無忌帶入同爲誤耳臣子之於尊極不得稱悮准律云供御湯藥飲舟舡悮不如律者皆死陛下若録其功非憲司所決若當據法罰銅未爲得理太宗嘉之免校尉死

又曰李日知天授中遷司刑丞時用法嚴急日知獨寬平

無寃濫嘗免一死囚少卿胡元禮斷請殺之與日知往復至于數四元禮怒曰元禮不離刑曹此囚終無生禮荅曰日知不離刑曹此囚終無死法竟以兩狀列上日知果直

又曰潤州刺史竇孝諶妻龐氏爲奴誣告云夜解祈福則天令給事中薛季昶鞫之季昶斷鍊成其罪龐氏坐斬侍御史徐有功執論龐氏罪不至死季昶又劾有功黨惡逆法司結刑有功當棄市方視事令史垂泣以告有功曰豈吾獨死諸人長不死耶乃徐起而歸則天覽法司所劾召有功詰之曰卿此斷獄失出何多耶對曰失出臣下之小過好生聖人之大德願陛下捨小過弘大德則天下幸甚則天默然龐氏竟減罪流于嶺表

又曰杜景佺爲司刑丞天授年與徐有功來俊臣侯思止專理制獄時人稱云遇徐杜者必生遇來侯者必死

又曰李勉爲膳部員外時関東獻俘百人詔並處斬囚有仰天歎者勉偶過問之對曰某被脅制守官非逆者勉哀而上言曰元惡未殄遭點汙者半天下皆欲澡心歸化若盡殺之是駈天下以資兇逆也肅宗遽令奔騎宥釋由是歸化日至

又曰顏真卿爲監察御史五原有寃獄久不決眞卿至辨之天方旱獄決乃雨郡人呼之爲御史雨

又曰寶曆中京兆人有姑以小過鞭婦至死者府上其獄刑部郎中竇叅斷合償死刑部尚書柳公綽議曰尊毆卑非鬬且其子在以妻而戮其母非教也竟從公綽之議得減死

又曰竇叅爲奉先尉縣人曹芬名隸北軍素兇暴與弟毆其女弟芬父救之不得遂投井死叅捕理芬兄弟當死衆官皆請俟免喪叅曰子因父生父由子死若以喪延罪是殺

父不坐也皆正其罪而殺之一縣皆伏

又曰德宗於朝堂別置三司以決庶獄辨爭者輙擊登聞鼓裴諝上䟽曰夫諫鼓謗木之設所以達幽枉延直言今輕猾之徒援桴鳴鼓始動天聽竟因纎微若然者安用吏理乎上然之悉歸有司

風俗通曰南郡讞女子何侍爲許遠妻侍父何陽素酗酒從遠假求不悉如意陽數罵詈遠謂侍汝翁復罵者吾必揣之侍曰共作夫妻柰何相辱揣我翁者搏若母矣其後陽復罵遠遠揣之侍因上堂搏姑耳再三下司徒鮑宣決事曰夫妻所以養姑者也今婿自辱其父非姑所使君子之於凡庸不遷怒况所尊重乎當减死論

又曰趙相汝南李統爲異妝阮況奏統耳目不聰宜免職任無幾冀州有疑獄章帝問統統處當稱上心帝曰君大聰明刺史不親君耳即日免況拜統侍中

董仲舒決獄曰甲父乙與丙爭言相鬬丙以佩刀刺乙甲即以杖擊丙誤傷乙甲當何論或曰毆父也當梟首議曰臣愚以父子至親也聞其鬬莫不有怵悵之心扶伏而救之非所以欲詬父也春秋之義許止父病進藥於其父而卒君子原心赦而不誅甲非律所謂毆父也不當坐

又曰甲夫乙將舡會海盛風舡沒溺流死亡不得葬四月甲母丙即嫁甲欲當何論或曰甲夫死未葬法無許嫁以私爲人妻當棄市議曰臣愚以爲春秋之義言夫人歸於齊言夫死無男有更嫁之道也婦人無專制擅恣之行聽從爲順嫁之者歸也甲又尊者所嫁無淫衍之心非私爲人妻也明於決事皆無罪名不當坐

太平御覽卷第六百四十

太平御覽卷第六百四十一

刑法部七

贓貨　罪

贓貨

書呂刑曰獄貨非寶惟府辜功報以庶尤受獄非家寶也惟聚罪之事其報則以衆人見罪也

尚書大傳曰獄貨非可寶也然後寶之者未能行其法者也貪人之寶受人之財未有不受命以矯其上者也親下以欺上者未有能成其功者也

又曰太公之羑里見文王散宜生遂之犬戎氏取美馬駮身朱鬣雞目之西海濱取白狐青翰之於氏取怪獸之有參女取姜女之江淮之浦取大貝如車渠陳於紂庭紂曰非子罪也崇侯也遂遣西伯伐崇

傳曰晉邢侯與雍子爭鄐田邢侯楚申公巫臣之子也雍子亦楚人也久而無成士景伯如楚士景伯晉理官叔魚攝理韓宣子命斷舊獄罪在雍子雍子納其女於叔魚叔魚蔽罪於邢蔽斷也已貝受獄門

左傳昭六曰叔孫婼如晉晉人執之范獻子求貨於叔孫使請冠爲以求冠爲辭取其冠法而與之兩冠曰盡矣既送作冠模法又進二冠以與之爲若不解其意也爲叔孫故申豐以貨如晉欲行貨免叔孫也叔孫曰見我吾告汝所行貨見而不出留申豐不使得出不欲以貨免

又昭六曰梗陽人有獄魏戊不能斷以獄上上魏子其大宗賂以女樂訟者之大宗魏子將受之魏戊謂閻沒女寬二人魏子之屬大夫曰主以不賄聞於諸侯若受梗陽人賄莫甚焉吾子必諫皆許諾退朝待於庭饋入召比置三歎既食使坐魏子曰吾聞諸侯叔彥曰當食忘憂吾子置食之間三歎何也同辭而對曰或賜二小人酒不飲食饋之始至恐其不足是以數中置自咎曰豈將軍食之而有不足是以再歎及饋之畢願以小人之腹爲君子之心屬猒而已獻子辭梗陽人

孔叢子曰子思言苟變於衛君曰其才然變嘗爲吏賦於民而食人二雞子故弗用也子思曰聖人官人如大匠之用木取所長弃其短君以二卵弃扞城之將乎

漢書曰薛宣爲馮翊太守池陽令舉廉吏獄掾王立府未及召聞立受囚家錢宣責讓縣縣案驗獄掾其妻獨受繫者錢萬六千受之再宿立實不知慙恐自殺宣聞之移書池陽曰縣所舉吏獄掾王立家私受賕而立不知殺身以自明誠廉士甚可閔惜其以府決曹掾書書立之柩以顯其魂

又曰王溫舒爲右輔行中尉歲餘會宛軍發發兵伐大宛也詔徵豪吏溫舒匿其吏華成及人有變告溫舒受員騎錢他姦利事罪至族自殺其時兩弟及婚家亦各自坐他罪而族光祿徐自爲曰悲夫古者有三族而王溫舒罪至同時而五族乎溫舒與弟同三族而兩妻家各一故爲五也

謝承後漢書曰种暠爲益州刺史時永昌太守鑄黃金爲文蛇以獻梁冀暠糺發逮捕馳傳上言而三府畏懦不敢案之冀由是銜怒於暠

華嶠後漢書曰曹嵩靈帝時賂中官及輸西園錢一億萬故位至太尉

袁山松後漢書曰皇甫嵩字義真安定朝那人善用兵歛食必先將士然後乃安兵曹有受賂者嵩曰公素廉必貧乏也乃出錢賜之吏慙而自殺由是衆皆樂爲致死

范曄後漢書曰歐陽歙字正思樂安千乘人爲大司徒坐在汝南贓罪千餘萬發覺下獄諸生守闕爲歙求哀者千餘人至有髡剃者子年十七聞獄當斷馳之京行到河內

獲嘉縣自繫上書求代歙死書奏而歙已死獄中

又曰李膺遷河南尹時宛陵大姓羊元群罷北海郡贓罪狼籍郡舍溷軒有奇巧乃載之以歸膺表欲治其罪元群行賂宦豎膺反坐輸作左校

又曰蔡衍字孟喜汝南南頓人也遷冀州刺史劾河間相曹鼎贓罪千萬鼎者中常侍騰之弟也騰使大將軍梁冀爲書請之衍不荅鼎竟坐輸作左校

後魏書曰鄭義爲兗州性貪怯政以賄成有餉羊西門受入東門賣之

又曰崔光韶遷廷尉卿時祕書監祖瑩以贓罪被劾光韶欲置之重法太尉城陽王徽吏部尚書李神儁皆爲瑩求寬光韶正色曰朝賢執事於舜之功未聞有一如何反爲罪人言乎

北史曰後魏就德於營州反使尚書盧同往討之敗而還屬侍中穆紹與元順侍坐因論之同先有近宅與紹紹頗欲爲言順勃然曰盧同終將無罪太后曰何得如侍中之言順曰同好宅與要勢侍中豈有罪也紹慙不敢復言

唐書曰太宗即位務止姦慝風聞諸曹案典多不受賂乃遣左右試以財物遺之有司門下令史受饋絹一疋太宗怒將殺之裴矩進諫曰此人受賂誠合重誅但陛下試之即行極法所謂陷其入罪恐非導德齊禮之義也太宗納之

又曰開元十年武強令裴景仙犯乞取贓積絹五千疋事發景仙逃走吏捕得之玄宗怒命集衆決殺大理卿李朝隱奏曰裴景仙緣是乞贓犯不至死又景仙曾祖故司空寂往屬締構首豫元勳載初年中家陷非罪凡有兄弟皆被誅夷唯景仙獨存今見承嫡據贓未當死坐有犯猶入議條十代宥賢功多宜録一門絶祀情或可哀詔不許朝隱復奏曰有斷自天處之極法生殺之柄人主合專輕重有條臣下當守枉法者枉理而取十五疋便抵死刑乞取者因乞爲贓數千疋止當流坐今以乞取得罪處斬刑後枉法當科欲何罪臣所以爲國惜法期律文詔令減死一等杖一百流于嶺南

又曰牛僧孺爲御史長慶元年宿州刺史李直臣坐贓當死直臣賂中貴人爲之伸理僧孺堅執不迴穆宗面喻之曰直臣事雖失此人有經度才可委之邊任朕欲貸其法僧孺對曰凡人之才止於持禄取容耳帝王立法束縛姦雄正爲才多者禄山朱泚以才過人濁亂天下況直臣小才又何屈法哉

又曰山南東道節度使柳公綽自京赴鎮行部過鄧縣縣吏二人犯法在獄一人納賄一吏舞文縣令以公綽持法犯贓者必不免及過數公綽斷曰贓吏犯法法在姦吏壞法法亡遂殺舞文未下車而襄漢大治

又曰李石用金部員外郎韓益判度支案益坐贓繫臺石奏曰臣以李益曉錢穀録用之不謂貪猥如此帝曰宰相但知人則用有過則懲卿所用人且不掩其惡可謂至公

三輔決録曰馬融爲南郡太守三府以融在郡貪濁受主記掾岐肅錢四十萬融子強又受吏白向錢六十萬布三百疋以肅爲孝廉向爲主簿又坐失大將軍梁冀竟髡徒朔自剌不死得赦還拜議郎

鍾離意別傳曰顯宗以意爲尚書時交阯太守坐贓千金徵還伏法以資物簿入大司農詔班賜群臣意得珠璣悉

以委地不拜賜帝怪而問其故對曰臣聞孔子忍渴於盜泉之水曾參迴車於聖母之閭惡其名也此贓穢之寶誠不敢拜受帝嗟歎曰清乎尚書之言乃更以庫錢三十萬賜意

罪

書舜典曰流共工于幽州放驩兜于崇山竄三苗于三危殛鯀于羽山四罪而天下咸服

又湯誓曰有夏多罪天命殛之殛誅也

又泰誓曰予克受非予武惟朕文考無罪受克予非朕文考有罪惟予小子無良

韓詩外傳曰齊景公之時民有得罪於景公者景公大怒縛置之殿下召左右支解之晏子左手持頭右手磨刀仰面而問曰古者明王每支解人不審從何支始也景公離

席曰縱之罪在寡人

禮曰子夏喪其子而喪其明曾子弔之曰吾聞之朋友喪明則哭曾子哭子夏亦哭曰天乎予之無罪也曾子怒曰商汝何無罪吾與汝事夫子於洙泗之間退而老於西河之上使西河之民疑汝於夫子尒罪一也喪尒親使民未有聞焉尒罪二也喪尒子而喪尒明尒罪三也汝何無罪與子夏投其杖而拜之曰吾過矣吾過矣

傳曰秦伯素服郊次向師而哭曰孤違蹇叔以辱二三子孤之罪也不替孟明孤之過也

又曰潞子嬰兒之夫人晉景公之姊也酆舒為政而殺之又傷潞子之目晉侯將伐之大夫皆曰不可酆舒有三儁才（儁絶異言有勝人者三也）伯宗曰必伐之狄有五罪不祀一也嗜酒二也弃仲章而奪黎氏地三也（仲章潞賢人黎氏黎侯也）虐我伯姬四也傷其君目五也怙其儁才而不以茂德滋益罪也

又曰衛獻公使祝宗告亡且告無罪（告宗廟也）定姜曰有罪若何告無罪舍大臣而與小臣謀一罪也先君有冢卿以為師保而蔑之二罪也余以巾櫛先君而暴妾使余三罪也告亡而已無告無罪

又曰吳公子札自衛過晉將宿於戚聞鍾聲焉曰異哉吾聞之辯而不德必加於戮矣夫子獲罪於君是以在此懼猶不足而又何樂

又曰鄭公孫黑將作亂子産使吏數之曰伯有之亂以大國之事而未尒討也爾有乱心無厭國不汝堪專伐伯有而罪一也昆弟爭室而罪二也薰隧之盟汝矯君位而罪三也有死罪三何以堪之

又曰陳侯之弟招殺太子偃師罪在招也楚人執陳行人

于徵師殺之罪不在行人也

論語曰公冶長曰子謂公冶長可妻也雖在縲絏之中非其罪也以其兄之子妻之

又堯曰曰朕躬有罪無以萬方萬方有罪罪在朕躬

孝經曰五刑之屬三千而罪莫大於不孝

家語曰孔子曰大罪有五而殺人為下逆天地者罪及五世誣文武者罪及四世逆人倫者罪及三世誣鬼神者罪及二世手殺人者罪止其身

又曰孔子曰大夫之罪在五刑之域者聞有譴發（譴讓也發始發）蠹則白冠氂纓盤水加劍造于闕而自請罪君不使有司執縛牽制而加之也其有大罪者聞命則北面再拜跪而自裁君不使人捽引而刑殺之也大夫自取之耳吾遇子有禮矣

史記曰范睢盛帷帳侍者甚衆須賈賈頓首言死罪曰賈不意君能致於青雲之上惟君死生之范睢曰汝罪有幾曰擢賈之髮以續賈之罪尚未足也

漢書曰惠帝二年制曰今法有誹謗訞言之罪是使衆臣不敢盡情而上無由聞過失也將何以來遠方賢良其除之

又曰南越反上復欲使楊僕將爲其伐前勞以書勑責之將軍非有斬將搴旗之實也焉足以驕太哉前破番禺捕降者以爲虜掘死人以爲獲是一過也建德呂嘉建德他孫也呂嘉他相也逆罪不容於天將軍擁精兵不窮追超然以東越爲援是二過也士卒暴露連歲朕爲朝會不置酒將軍不審其勳勞而造佞巧請乘傳行塞因用歸家懷銀黃垂三組夸鄉里三過也失其內顧以道惡爲解失尊之序是四過也

後漢書曰荆州刺史趙凱誣奏楊琁實非身破賊而妄有其功琁遂檻車徵琁防禁嚴密無由自訟乃噬臂出血書衣爲章具陳破賊形勢及言凱所誣狀潛令親屬詣闕通詔書原琁拜議郎凱反受誣人之罪

宋書曰孔琳之爲御史中丞明憲直法無所屈撓奏尚書令徐羨之虧違憲典時羨之領揚州刺史琳之弟璩之爲中從事羨之使璩之解釋琳之使寢其事琳之不許曰我觸忤宰相正當罪止一身汝必不應從坐何須勤勤耶自是百寮震肅莫敢犯禁

北史曰賀若弼有罪在禁所詠詩自若上數之曰人有性善行惡者公之爲惡乃與行俱有三太猛嫉妬心太猛自是非人心太猛無上心太猛昔在周朝已教他兒子反此心終不能改

唐書曰高祖詔曰朕自起義晉陽遂登皇極經綸天下實仗群才尚書令秦王尚書右僕射裴寂或契合元謀或同心運始並蹈義輕生捐家殉節艱辛備履金石不移論此忠勤禮宜優異官爵之榮抑惟舊典勳賢之義宜有別恩其罪非叛逆可聽恕一死

說苑曰禹出見罪人下車問而泣之左右曰王何爲痛之至於此禹曰堯舜之民皆以堯舜之心爲心今寡人爲君百姓各以其心爲心是以痛之也

風俗通曰辠字爲自辛今爲辛苦憂之也秦皇以爲字似皇改爲罪

語林曰王子敬疾篤兄弟勸令首罪答曰無所應首唯遣郗家女以爲恨

雜五行書曰臯陶以壬辰日死不可劾罪人或罪也

太平御覽卷第六百四十一

太平御覽卷第六百四十二

刑法部八

囚

易坎卦曰上六係用徽纆寘于叢棘三歲不得凶（險陗之極不可外也嚴法峻整難可犯也宜其囚執寘于思過之地）

書武成曰釋箕子囚封比干墓

又泰誓曰屏弃典刑囚奴正士（屏弃常法而不顧箕子正諫而以爲囚奴）

又康誥曰要囚服念五六日至于旬時丕蔽要囚（要囚謂察其要辭以斷獄既得其辭服膺思念五六日至於十日至于三月乃大斷之言必反覆思念重刑之至也）

詩泮水曰矯矯虎臣在泮獻馘淑問如皋陶在泮獻囚（囚拘也僖公既伐淮夷而反在泮宮使武臣獻馘又使善聽獄之吏如皋陶者獻囚言伐之有功所以任者得其人也）

周禮秋官上曰掌囚掌守盜賊凡囚者（凡囚者謂非盜賊自以他罪拘者也）

禮月令仲夏小暑至挺重囚出輕繫（挺猶寬也重囚寬之至秋方決輕輕繫出而舍之也）

傳莊公曰乘丘之役公以金僕姑射南宮長萬公右歂孫生搏之宋人請之宋公靳之曰始吾敬子今子魯囚也吾不敬子矣

又曰晉襄公縛秦囚使萊駒以戈斬之囚呼萊駒失戈狼瞫（瞫音審）取戈以斬囚遂以爲右

又曰鄭公子歸生受命于楚伐宋宋華元樂呂禦之戰于大棘宋師敗績囚華元獲樂呂

又曰晉侯觀于軍府見鍾儀問之曰南冠而縶者誰也（南冠楚冠也縶拘執也）有司對曰鄭人所獻楚囚也使稅之召而弔之再拜稽首問其族對曰伶人也公曰能樂乎對曰先父之職官也敢有二事使與之琴操南音公曰君王何如對曰非小人之所得知也固問之對曰其爲太子也師保奉之以朝于嬰齊而夕于側也（嬰齊令尹子重也側司馬子反也言其尊卿敬老也）不知其他公語范文子文子曰楚囚君子也君盍歸之使合晉楚之成公從之

又曰楚子侵鄭鄭皇頡戍之出與楚師戰敗穿封戍囚皇頡公子圍與之爭之（公子圍共王子靈王也）正於伯州犁（正曲直也）伯州犁曰請問於囚乃立囚伯州犁曰所爭君子也其何不知上其手曰夫子爲王子圍寡君之貴介弟也（介大也）下其手曰此子爲穿封戍方城外之縣尹也誰獲子（上下手以道囚意）囚曰頡遇王子弱焉（弱敗也言爲王子所得也）戍怒抽戈逐王子圍

又曰衛侯如晉晉人執而囚之于士弱氏（士弱晉主獄大夫也）

又曰紂囚文王七年諸侯皆從之囚紂於是乎懼而歸

史記曰孟嘗君入秦秦王欲留之人或說秦必先齊而後秦秦其危矣於是秦昭王乃囚孟嘗君

漢書曰雋不疑爲京兆尹每行縣錄囚徒不疑多有所平反（音幡）母喜笑爲飲食語言異於他時或無所出母怒爲之不食故不疑爲吏嚴而不殘

又曰呂后爲皇太后乃令永巷囚戚夫人

又天文志曰有勾圜十五星屬杓曰賤人之牢牢中星實則囚多虛則囚出

又曰王章下廷尉獄妻子皆繫小女年十二起號哭曰平常獄上夜呼囚數常至九今八而止我君素剛先死者必君果死

又曰蕭育當繫乃欲弃官按佩刀曰蕭育杜陵男子何詣曹也

東觀漢記曰和熹鄧后京師旱自三月至五月太后幸洛

陽寺省庶獄舉寃囚徒杜洽不殺人自誣被掠羸困便舉見畏吏不敢白吏將去舉頭若有言太后察視覺之即呼還問狀遂得申列即時收令下獄抵罪尹左遷行未還宮澍雨大降

又曰和帝永元六年七月京師旱幸洛陽寺錄囚徒舉寃獄未還宮而澍雨

又曰馬援爲郡督郵送囚至府囚有重罪援哀而縱之亡命北地遇赦留

後漢書曰陸續字智初會稽吳人也太守尹興辟爲郡門下掾是時楚王英謀反陰疏天下善士及楚事覺顯宗得其錄有尹興名與詣廷尉獄續與主簿梁宏及掾史五百餘人詣洛陽詔獄續母遠至京師覘候消息獄事持急無緣與續相聞母但作饋食付門卒以進之對食悲泣不能自勝使者怪而問其故續曰母來不得相見故但使泣耳使者大怒以爲門吏通傳意氣將召案之續曰因食餉羹識母所自調和故知來耳非人告也母嘗截肉未嘗不方斷葱以寸爲度是以知之

魏志曰太祖征劉備先遣賈逵至斜谷視形勢道逢水衡載囚數十車逵以運急輒載重者一人皆放其餘太祖善之

晉書曰曹攄爲臨淄令獄有死囚歲夕攄行獄愍之曰卿等不幸至此非所如何新歲人情所重豈欲暫見家耶衆囚皆泣曰若得暫歸死無恨也攄悉開獄出之尅日令還掾史固爭咸謂不可攄曰此雖小人義不見負自爲諸君任之至日相率而還並無違者一縣歎服號曰聖君

北史曰後魏元麗拜雍州刺史爲政嚴酷吏人惡之其妻崔氏誕一男麗遂出州獄囚死及徒流案未申臺者一時放免

宋書曰王志累遷宣城內史清謹有恩惠郡人張倪吳慶爭田經年不决志到官父老相謂曰王府君有德政吾鄉里乃有如此爭倪慶因相携請罪所訟地遂成閑田後爲東陽太守郡獄有重囚十餘冬至日悉遣還家過節皆反唯一人失期志曰此自太守事主者勿憂明旦果至以婦孕吏人又益歎服之

又曰謝方明爲驃騎長史理南郡年終江陵縣獄囚事無輕重悉放歸家使過正三日還到罪重者二十餘人綱紀已下莫不疑懼時晉陵郡送故主簿弘季咸徐壽之並隨在西固諫以爲昔人雖有事或是記籍過言且當今人情薄不可以古義相許方明不納一時遣之因及父兄並驚喜涕泣以爲就死無恨至期有重罪二人其一醉不能歸逮二日反餘一囚十日不來五官朱千期請見自討之方明知爲囚事使左右謝五官不須入囚當自反囚逡巡墟里不能自歸鄉村責讓率領將送遠近歎服焉

北齊書曰梁湘東王繹遣世子方諸出鎮郢州顏之推掌管記室值侯景陷郢之推被執頻欲殺之賴其行臺郎中王則屢護救免囚送建鄴

北史曰蕭撝入周爲上州刺史爲政以禮讓爲本嘗至元日獄中囚繫悉放歸家聽三日然後赴獄主者爭之撝曰昔王長虞延見稱前史吾雖寡德竊懷景行以之獲罪弥所甘心諸囚荷恩並依限而至吏人稱其惠化

陳書曰張種以外戚賜無錫嘉興縣秩嘗於無錫見有重囚在獄天寒呼囚曝日遂失之陳文帝聞之笑而不責

南史曰吉翰遷豫州梁郡諸軍時有死罪囚典籤意欲活之因翰入閤齋呈事翰省訖語令且去明可更呈典籤不敢復入呼之乃來取昨所呈事視訖謂曰卿意當欲宥此囚死命昨於齋坐見其事亦有心活之但此囚罪重不可全貸既欲加恩卿便當代任其罪因命左右收典籤付獄殺之原此囚生命

唐書曰韋仁壽隋大業末爲蜀郡法司書佐獄無冤囚其有得罪者臨將就戮猶西向爲仁壽禮佛而死

又曰太宗親錄囚徒多所原宥見死罪者憫之放歸于家限至來秋即戮乃勑天下死囚皆放令入京並依期而集於是天下死罪囚三百九十人皆釋禁自至朝堂不勞督領一無逃散太宗感其奉法竟盡赦之

又曰高宗遵貞觀故事務在恤刑嘗問大理卿唐臨在獄繫囚之數臨對曰見囚五十餘人唯二人合死上以囚數少甚喜

平六百四十二　五　楊宣

又曰呂元膺爲蘄州刺史頗著恩信嘗歲終閱郡囚囚有自告者曰某有父母在明日元正不得相見因泣下元膺憫焉盡脫其械縱之與爲期守吏曰賊不可縱元膺曰吾以忠信待之及期無後到者由是群盜感義相引而去

韓子曰溫人入周周不內問之曰客耶對曰主人也問其巷而不知也吏因囚之君使人問之曰子非周人也而自謂非客何也對曰臣少也誦詩云普天之下莫非王土率土之濱莫非王臣今君天下則我天子臣也

淮南子曰拘囹圄者以日爲脩當市死者以日爲短

吳越春秋曰吳王拘越王勾踐與大夫范蠡於石室吳王疾越王謂太宰嚭曰囚臣請一見問疾太宰入言吳王乃見越王也

列女傳曰嚴延年爲河南太守河南號曰屠伯（以其刑殺爲主若屠者也）其母嘗從東海來欲就延年臘到洛陽適見執囚（所執決刑戮之囚也）母大驚便止都亭不肯入府

會稽典錄曰盛吉拜廷尉吉性多仁恩務在哀矜每至冬月罪囚當斷夜省刑狀其妻執燭吉持筆夫妻相向垂泣妻常謂吉曰君爲天下執法不可使一人濫罪

太公金匱曰文王問太公曰天下失道忠諫者死子伯邑考爲王僕御無故烹之囚子於羑里以其羹歠子

風俗通曰囚遒也言辭窮得罪誅遒也禮罪人寘諸圜土故囚字爲口中人此其象也

陳留耆舊傳曰虞延除細陽令每至歲時伏臘輒休遣囚各歸家囚並感其恩應期而還

平六百四十二　六　楊宣

韓陽天文要集曰流星入昴貴人有繫囚也

論衡曰李子長爲政欲知囚情以梧桐爲人象囚之形鑿地爲埳臥木囚其中罪正者木囚不動冤侵奪者木囚動出不知囚之精神着木人耶將天神之氣動木囚也

徒

史記曰秦始皇至湘山逢大風不得渡上問博士曰湘君何神對曰堯女舜妻也死而葬此始皇大怒使刑徒三千伐湘山樹赭其山上

又曰高祖以亭長爲縣送徒驪山徒多道亡自度比至多亡之到豐西澤中止飲夜乃解縱所送徒曰公等皆去吾亦從此逝矣徒中壯士願從者十餘人

漢書曰匈奴侵冠王莽大募天下囚徒乃名曰豬突豨勇（服虔曰突者逐也豨觸突人故取以爲喻也）

范曄後漢書曰：尚書郎張俊自獄中上書訟罪，而俊獄已報，廷尉將出穀門臨行刑，鄧太后詔馳騎以減死論。俊上書謝曰：孤恩負義，自陷重刑，請斷竟訖，無所復望。廷尉鞠遣，斧在前，棺絮在後，魂魄飛揚，形容已枯。陛下聖澤，以臣嘗在近密，識其狀皃，復其眼目，留心曲慮，特加偏覆，喪車復還，白骨更肉，披棺發櫬，起見白日。天地父母能生臣俊，不能使臣俊當死復生。陛下德過天地，恩重父母，誠非臣俊破碎骸骨、舉宗腐爛所報萬一。臣俊徒也，不得上書，不勝去死就生，驚死踊躍，冒昧拜章。世皆哀其文。

魏略曰：人得崔琰書，以裹幘籠持其籠行都道中。時有與琰宿不平者，遥見琰名著幘籠，從而視之，遂白太祖，以爲琰腹誹心謗，乃收付獄，髡刑輸徒。前所白琰者又白云：琰爲徒，虯鬚直視，心似不平。太祖亦以爲然，遂殺之。

又曰：王陵字彦雲，太原人。陵爲發干長，遇事髡刑五年，當道掃除。時太祖下車過，問此何徒，左右以狀對。太祖曰：此所坐亦公耳。於是選爲驍騎主簿。

三國典略曰：太原公洋之赴晉陽也，陽休之勸崔季舒曰：一日不朝，其間容刀。季舒　性好聲色，心在閑放，遂不請行，欲恣其淫樂。司馬子如等緣宿憾，乃奏遲及季舒過狀，各鞭二百，徒於馬城，晝則供役，夜置地牢。

璅語曰：晉治氏女徒病，弃之。舞嚚之馬僮飲馬而見之，病徒曰：吾良夢。馬僮曰：汝奚夢乎？曰：吾夢乘水如河汾，三馬。當以告舞僮，舞嚚自往視之，曰：尚可活，吾買汝。答曰：既弃之矣，猶未死乎？舞嚚曰：未。遂買之。至舞嚚氏而疾有間，而生荀林父。神異記又載之

鍾離意别傳曰：司徒侯霸辟意署議曹掾，以詔書送囚徒三百餘人到河北。連陰冬盛寒，徒皆貫連械，不復能行。到弘農縣，使令出見錢爲徒作襦袴，各有外數。令對曰：被詔書不敢妄出錢。意曰：使者奉詔命，寧私行耶？出錢使上尚書，使者亦當上之。光武皇帝得上狀，見司徒侯霸曰：所使吏何乃仁恕用心乎？誠良吏也。襦袴既且柔，到前縣給賜糜粥。後謂徒曰：使者不忍善人嬰刑，飢寒感惻於心，今以得衣矣，欲悉解善人械桎，得逃去耶？皆曰：明使君哀徒，恩過慈父，身成灰土，不敢逃亡。意復曰：徒中無欲歸候親者耶？其有節義名者五六十人，悉解械桎，先遣之，與期日會作所，徒皆先期至也。

劉楨京口記曰：有龍目湖。秦始皇東遊，觀地勢曰：有天子氣。使赭衣徒三千人鑿此中間長堽，使斷，因改名爲丹徒。

風俗通曰：徒不上墓。説新遭刑罪原解者，不可以上墓祠祀，令人死亡。謹案孝經：身體髮膚，受之父母。曾子病困，啓手足，以歸全也。今遭刑者髡首剔髮，身被加笞，新出狴犴，臭穢不潔。凡祭祀者，孝子致齋，貴馨香，如親存也。時見子被刑，心有惻愴，緣生事死，恐明不歆，承當不上墓耳。

郭子曰：劉道真嘗爲徒，扶風王司馬駿以五疋布贖之，既而用爲從事中郎，當時以爲美談。

孔融肉刑論曰：今之洛陽道橋作徒，囚於厮役，十死一生。故國家常遣三府請詔，月一案行，又置南甄官使者主養病徒，僅能存之。語所謂洛陽豪徒韓伯密，加笞三百不中一，髡頭至耳，髮諸䐲，此自爲刑，非國法之意。

徒作年數

周禮秋官上大司寇曰：以嘉石平罷民。凡萬民之有罪過而未麗於法，而害於州里者，桎梏而坐諸嘉石，役諸司空。

重罪旬有三日坐朞役其次九日坐九月役其次七日坐七月役其次五日坐五月役其下罪三日坐三月役使州里任之則宥而舍之

又秋官上曰司圜掌收教罷民凡害人者弗使冠飾而加明刑焉任之以事而收教之能改者上罪三年而舍中罪二年而舍下罪一年而舍其不能改出圜土者殺

漢書曰罪人獄已決完爲城旦舂滿三歲爲鬼薪白粲臣瓚注曰鬼薪爲宗廟取薪白粲擇米使正白鬼薪白粲一歲爲隸臣妾隸臣妾一歲免爲庶人

晉律曰髡鉗五歲刑笞二百若諸士詐偽將吏越武庫垣兵守逃歸家兄弟保人之屬並五歲刑也四歲刑若復上闌入殿門上變事漏露泄選舉事詐發密事毆兄姊之屬並四歲刑三歲刑若傷人上而謗偽造官印不憂罪事殺人之屬並三歲刑也二歲刑二歲刑減一等入罰金二歲以至五歲刑皆耐罪若越城作弃走與衆中有挾天文圖讖之屬並爲二歲刑

覽六百四十二　九　劉阿未

張斐律序曰徒加不過六因加不過五罪已定爲徒未定爲四累作不過十一歲五歲徒犯一等加六歲犯六等加爲十一歲作累笞不過千二百五歲徒加六等笞一千二百

太平御覽卷第六百四十二

太平御覽卷第六百四十三

刑法部九

獄

釋名曰獄确(胡角切)也言确人情僞也又謂之牢言所在堅牢也又謂之圜土言築土表墻其形圜也又謂之囹圄囹領也圄禦也領録囚徒禁禦之也

急就篇曰皋陶造獄

說文曰獄謂之牢

易曰澤上有風中孚君子以議獄緩死

又曰山下有火賁君子以明庶政無敢折獄

又曰山上有火旅君子以明慎用刑而不留獄

詩小宛曰哀我填寡宜岸宜獄(岸亦獄鄉亭之繫曰犴也)

詩含神霧曰杓爲天獄主天殺也

禮曰孟春之月命有司省囹圄去桎梏止獄訟孟秋之月命有司脩法制繕囹圄具桎梏鄭玄注曰囹圄所以禁守繫者若今之獄矣

周禮秋官司寇曰以圜土聚教罷民(圜土獄城也)

春秋元命苞曰爲獄圓者象斗運合宋均注曰作獄圓者象斗運

國語曰溫之會晉人執衛成公歸之于周晉侯將殺之王曰不可夫政自上下也上作政而下行之不逆故上下無怨今叔父作政而不行無乃不可乎(不行謂不順也)夫君臣無獄(獄訟也無是非曲直獄訟之數也)今元咺雖直不可聽也君臣皆獄父子將獄是無上下也而叔父聽之一逆矣又爲臣殺其君安庸刑(庸用刑法)布刑而不庸再逆矣一合諸侯而有再逆政余懼其無後也(在魯僖三十年無後無以復合諸侯)不然余何私於衛侯晉人乃歸衛侯

史記曰趙高案治李斯李斯拘執束縛居囹圄中仰天而歎曰嗟乎悲夫不道之君何可爲計哉

又曰蕭何卒召曹參參去屬其後相曰以齊獄市爲寄慎勿擾也

又曰周勃爲丞相十餘月乃免相就國歲餘每河東守尉行縣至絳絳侯勃自畏恐誅常被甲令家人持兵以見之其後有上書告勃反下廷尉勃恐不知置辭吏稍侵辱之勃以千金與獄吏吏乃書牘背示之曰以公主爲證公主者孝文女也勃子勝之尚公主故獄吏教引爲證薄太后亦以勃無反事文帝朝太后以冒絮提文帝曰絳侯綰皇帝璽將兵於北軍不以此時反今居一小縣顧反耶文帝使持節赦絳侯復爵邑絳侯既出曰吾嘗將百萬軍然安知獄吏之貴也

又曰鉤弋夫人得幸武帝乃生昭帝帝立時年五歲衛太子廢後上幸甘泉宮命畫工圖畫周公負成王於是左右群臣知帝欲立少子後數日帝譴責鉤弋夫人夫人脫簪珥叩頭帝曰引持去送掖庭獄夫人還顧帝曰趣行汝不得活夫人死雲陽宮時暴風揚塵百姓感傷使者持棺往葬之封識其處後帝閑居問左右曰人言何左右對曰人言且立其子何去其母乎帝曰然是非兒曹愚人所知也往古國家所以亂者由主少母壯也女主獨居驕蹇淫亂自恣莫能禁也汝不聞呂后耶故諸爲武帝生子者無男女其母無不譴死豈可謂非賢聖哉

漢書曰韓安國坐法抵獄吏田甲辱安國安國曰死灰獨復不燃乎田曰燃即溺之居無幾安國爲梁內史田甲亡

安國曰甲不就官我滅尓宗田甲肉袒謝安國數曰公等足與治乎卒善遇之

又曰孝宣帝初生号曰皇孫生數月遭巫蠱事收繫郡邸邴吉爲廷尉監望氣者言長安獄中有天子氣上遣使者分條中都官獄繫者輕重皆煞之内謁者令郭穰夜至郡邸獄吉拒關使者不得入皇曽孫賴吉得全

又曰張湯杜陵人父爲長安丞出湯爲兒守舍鼠盗肉父怒笞湯湯掘燻得鼠及餘肉劾鼠掠笞并取鼠與肉具獄磔堂下父見之文辭如老獄吏大驚遂使書獄

又曰夏侯勝爲議不許宣帝尊武帝廟下獄及丞相長史黄霸坐不舉劾俱下獄霸欲從勝受經勝辤以罪死霸曰朝聞道夕死可矣勝賢其言遂授之繫更再冬講論不怠

又曰有罪當械者皆頌繫應劭注曰頌者容也言見寬容但處曹吏不入狴牢

又曰尹賞鉅鹿楊氏人長安中姦多閭里少年群輩煞吏受財執仇相與探丸得赤丸斫武吏黒者斫文吏白者主治喪城中薄暮塵起剽刼行者賞以三輔高弟選守長安令治獄穿地方深各數丈餘乃以大石覆其口名虎牢輕薄惡子鮮衣凶服被鎧扞持刀兵者捕得數百人内虎牢中數日一發視皆枕藉死長安中遂無盗賊

又曰天文志曰勾圜十五星屬杓曰賤人之牢星實則囚多虗則開出

續漢書曰范滂字孟博坐繫黄門北寺獄吏謂曰凡坐繫皆祭皐陶滂曰皐陶賢者古之直臣知滂無罪持理之上帝如有其罪祭之何益衆人由此止也

又曰武帝置中都獄官二十六所世祖皆省唯廷尉及洛陽有詔獄

又曰虞詡字叔卿陳留圉人祖爲獄吏嘗傚于公之治獄及詡生經曰吾雖不及于公子孫至丞相冀得爲九卿故字詡曰叔卿至尚書令

又曰李業字巨游廣漢人王莽居攝太守劉咸闢業有德辟業業稱疾咸怒教曰賢者不避害猶殻射市中命滿者先死令業詣獄養病客有説咸者乃出業

謝承後漢書曰赤眉入長安時式侯恭以弟盆子爲赤眉所尊故自繫赤眉至更始奔走式侯從獄中　叅械出街中逢京兆尹解惲呼曰解君載我我更始之忠臣也即帝敗我弟又爲赤眉所立惲使後車載之前行見定陶王劉禮解其械言帝在渭中舟上遂相隨見更始

范曄後漢書曰許揚爲都水掾使典復鴻郤陂初豪右大

姓因緣陂役竟欲辜較在所揚一無所聽乃共譖揚取受財賂遂收楊下獄而械輒自解獄吏見恐遽即夜出楊時天雨陰晦道中若有火光照之時人異焉

又曰杜篤字季雅居美陽與美陽令遊從數請託不諧頗相恨令怒收篤送京師會大司馬吳漢薨光武詔諸儒誄之篤於獄中爲誄辭最高帝美之賜帛免之

東觀漢記曰崔篆爲新建大尹篆歎曰吾生値澆羿之君上有老母下有兄弟安得獨潔巳而危所生哉乃單車到官稱疾三年不視事行縣門下掾倪敞諫篆乃強起班春所至之縣獄犴塡滿篆垂涕曰嗟乎刑罰不中乃陥民於穽此皆何罪於是乎遂平理所出二千餘人掾吏叩頭諫曰誠仁者之心然獨爲君子將有悔乎篆曰邾文公不以一人易其身君子謂之知命如煞大尹贖二千人盖所願

也遂稱疾去

又曰鮑昱爲泚陽長縣人趙堅殺人繫獄其父母詣昱自言年七十餘唯有一子適新娶今繫獄當死長無種類涕泣求哀昱憐其言令將妻入獄解止宿遂任身有子

衛宏漢舊儀曰郡邸獄理天下郡國上計屬大鴻臚東市獄屬京兆尹

王隱晉書曰太康五年夏六月初置黃沙獄晉書曰武帝置黃沙獄以典詔囚以高光歷世明法用爲黃沙御史

又曰帝至平陽爲劉聰所幽辱趙允伏地號哭不能起聰大怒幽之於獄允發憤自殺聰善其忠烈贈車騎將軍節愍侯

又曰喬智明爲殄寇將軍隆慮共二縣令愛之號爲神君部人張兌爲父報仇母老單身有妻無子智明愍之停其

獄歲餘令兌將妻入獄兼陰縱之人有勸兌免兌曰有君如此吾何忍累之縱吾得免作何面目視息世間於獄産一男會赦得免

又曰翟原字休明燕國廣陽人也少有智力救父坐法當死原入獄訟之拷毒備加終免救父

晉令曰獄屋皆當完固厚其草蓐家人餉饋獄卒爲溫煖傳致去家遠無餉饋者悉給廩獄卒作食寒者與衣疾者給醫藥

宋書曰戲搞明帝立擢爲太子洗馬搞資籍豪富厚自奉養供一身一月十萬宅宇山池妓妾姿藝皆窮上品才調流贍善納交遊愛妓陳玉珠明帝遣求不與逼奪之搞頗怨帝令有司誣奏將殺之搞入獄數宿鬚鬢皆白免死繫尚方

蕭子顯齊書曰戴僧靜會稽永興人也少有膽力便弓馬於都載錦爲歐陽式所得繫兗州獄太祖遣薛深餉僧靜酒食以刀子置魚腹中僧靜與吏飲以刀刻械手自折鎖發屋而出歸太祖送止之齋內以其家貧年給粟千斛

崔鴻後趙録曰石季龍幽中書令徐光于襄陽國詔獄光在獄中注解經史十餘萬言

三國典略曰周諫令齊爲楊州刺史平鑒所獲繫之獄妻生男鑒因喜醉擅放免之既醒知非上啓自劾齊主特原其罪

隋書曰裴政爲襄州總管妻子不之官所受秩奉散給寮吏民有犯罪罪者陰悉知之或竟歲不發至再三犯乃因都會時於衆中召出親案其罪五人處死徒流者甚衆合境惶懾令行禁止小民蘇息稱爲神明爾後不修囹圄殆

無爭訟

又曰薛胄爲兗州刺史及到官繫囚數百胄剖斷旬日便了囹圄空虛

又曰柳儉拜蓬州刺史獄訟者庭遣不爲文書約束繼容而已獄無繫囚

唐書曰太宗行次靈石縣指獄而謂皇太子曰此何謂皇太子對曰此所謂圜獄將繫罪人太宗因曰文王作罰刑茲無赦而漢文帝志在輕刑但以詳平爲佳非謂有罪而釋也濫繫無辜則政道缺久滯有罪則怨氣生圜土之中仰視青天有同懸鏡而鎖械膚體鬱結其中夫循諸己者可以知物傳曰其恕乎由此言之不言不慎

又曰陽城爲道州刺史觀察使判官督其賦至州怪城不出迎以問州吏吏曰刺史聞判官來以爲有罪自囚於獄

不敢出判官大驚馳入謁城於獄曰使君何罪某奉命來
候安否耳留一二日未出去城因不復歸館門外有故閤
扇横地城晝夜坐卧其上判官不自安辭去
晏子春秋曰景公籍重而獄多拘者滿圄怨者滿朝晏子
諫不聽
淮南子曰君不入獄爲恩也
論衡曰獬豸者一角之羊也性知有罪皋陶治其罪疑者
令羊觸之有罪則觸無罪則不斯盖天生一角聖獸助獄
爲驗故皋陶禮羊跪坐事之此則神奇瑞應之類
風俗通曰易噬嗑爲獄獄十月之封從犬言聲二犬亦存
以守也廷者陽也陽尚生長獄者陰也陰主刑殺故獄皆
在庭北順其位
又曰詩云宜犴宜獄犴司空也周禮九萬民之有罪過已

離於法者桎梏以上坐諸嘉石役諸司空今平易道路也
又曰周禮三王始有獄夏曰夏臺言不害人若遊觀之臺
桀拘湯是也殷曰羑里言不害人若於閭里紂拘文王是
也周曰囹圄令圄舉也言人幽閉思愆改惡爲善因原之
也今縣官録囚皆舉也
三輔黄圖曰長安有九市二十四獄
扶南傳曰扶南俗理訟無牢獄鞭杖唯以探湯捧鎖没水
爲信先使沐浴齋戒乃令以手内湯或捧熱鎖或没水中
無罪者不爛不燋不没罪者即驗也
會稽典録曰鍾離意爲堂邑令縣民房廣爲父報仇繫獄
其母病死廣聞之號泣獄意爲之悽惻出廣見之曰今欲
出若歸家殯斂有義則還無義則已丞掾諫以爲不可意
曰不還之罪令自受之廣臨殯畢即自獄以狀表上詔減

死一等
又曰盛吉字君達山陰人司徒虞延辟西曹掾時隴西太
守鄧融以贓罪徵詣廷尉前後考驗歷歲不服明帝下三
府遣精能掾屬更就彈劾吉到詔獄但勑主者供湯沐飲
食不去問事明日復往解融桎梏安徐以情責君若無贓
強見誣枉宜具列辭當相伸理如審有罪不得誣罔國家
融感吉意即移辭首服
又曰黄昌爲蜀郡太守密捕得盜師一人悉使疏諸縣強
盗姦往捕録其諸小盗皆原其死謫作棧道以代民役由
是道不拾遺獄至連年無有重囚
又曰高豐字文林爲鄮縣獄吏刺史虞孟行部到旬日鄮
縣御勑鄮長將囚徒就所在録見林被文書開獄下籥不
肯送徒自詣謙曰明使君秉法駕騑驂銜命理冤當縣縣

乃至今乃遥召囚徒欲省吏煩盡普天之下莫非王土率
土之濱莫非王臣鄮獄非漢地乎囚徒終不出縣特望朱
軒迴輪向鄮孟遂到鄮
襄陽耆舊記諸葛亮出關中使馬謖統大衆在前爲魏將
張郃所破坐下獄死時年四十九臨終與亮書曰明公視
謖猶子謖視明公猶父願推殛鯀興禹之義使平生之交
不虧謖雖死無恨於黄泉
博物志曰夏曰念室殷曰動止周曰稽留三代之異名也
又狴犴者亦獄別名
韓陽天文要集曰貫索賤人之牢中星實則囚多虚則開
出
搜神記曰漢武帝東遊未出函谷關有物當道其身數丈
其狀像牛青眼而曜精四足入土動而不死百官驚懼東

方朔乃請酒以灌之灌之十斛而物消帝問其故荅曰此名爲患憂之物氣之所生此必秦之獄地不然則罪人徒作者之聚夫酒忘憂故能消之也帝曰吁博物之士至於此乎

東方朔曰孝武皇帝時幸甘泉至長平坂上馳道中央有虫覆而赤如生肝狀頭目口齒鼻耳盡具先驅旋頭馳還以聞曰道不可御於是上止車遣侍中馳往視之還盡莫知也時東方朔從在後屬車上召朔使馳往視之還對曰怪哉上曰何謂也朔對曰秦始皇時拘繫無罪幽殺無辜衆庶怨恨無所告訴仰天而歎曰怪哉感動皇天此憤氣之所存也故名之曰怪哉是地必秦之獄處也上有詔使丞相公孫弘案地圖果秦之獄處也上曰善當何以去之朔曰夫積憂者得酒而去之以酒置中立消靡上大笑曰東方生真所謂先生也何以報先知之聖人哉乃賜帛百疋

異苑曰建康陵欣景平中死於楊州作部尅辰當葬作部督夢欣云今爲獄公姥祖夕有期莫由自反勞君解謝令得放遣督不信夜後又夢言辭轉切因歌一曲云生時世上人死作獄中鬼不得還墳墓灰没有餘罪督覺爲謝神從此便絶

劉義慶幽明録曰晉廬陵太守龐企字子及上祖坐事繫獄而非其罪見螻蛄行其左右相謂曰使尒有神能活我死不當善乎因投飯與螻蛄食盡去有頃復來形體稍大意異之復與食數日其大如豚及當行刑螻蛄掘壁根爲大孔道得從此出亡後遇赦得活矣

齊諧記曰吳富陽縣董昭之乘舡過錢塘江江中見一蟻著一短蘆惶遽畏死使以繩繫蘆著舡舡至岸蟻得出中夜夢見一人烏衣來謝云僕是蟻中王君有急難當見先語歷十餘年江左刼盜縱横録昭之爲刼主繫餘姚獄昭之自惟蟻王夢云緩急當告今何處告之獄因言但取兩三蟻著掌中祝之昭之如其言暮果夢昔烏衣人云可急去入餘杭山天下既赦命不久也於是便覺蟻齧被已盡因得出獄過江投餘杭山遇赦遂得免

桓子新論曰近哀平間道士臨淮董仲君坐繫獄病死數日目陷生蟲吏捐弃之便更活去

太平御覽卷第六百四十三

太平御覽卷第六百四十四

刑法部十

械　桎　鐐

鉗

械

易蒙卦曰利用刑人用說桎梏

又噬嗑曰初九屨校滅趾無咎（校者以木絞者也即械也校者取其通名也）

傳曰郤犨與長魚矯爭田執而梏之（梏械也）與其父母妻子同一轅（繫之車轅）

又曰宋華弱樂轡少相狎長相優又相謗也（優調戲也）子蕩怒以弓梏華弱于朝（子蕩樂轡也張弓以貫其頸若械之在手故曰梏）平公見之曰司武而梏於朝難以勝矣（司武司馬也言其懦弱不足以勝敵也）

說文曰梏手械所以告天桎足械所以質地也

史記曰桓公乃佯爲召管仲欲甚爲實欲用之鮑叔牙迎受管仲及堂阜而脫之桎梏

漢書曰有罪當盜械者皆頌繫（應劭曰智署令各有當盜但頌繫者言見寬容但處曹吏舍不入堅牢盜着也恐亡故着械不謂盜竊乃械也）

謝沈後漢書曰赤眉入長安時式侯恭以弟盆子爲赤眉所尊故自繫赤眉至更始奔走式侯從獄中恭械出街中（具獄門中）

魏略曰賈逵爲丞相主簿王欲征吳逵諫之王怒付獄獄吏以逵主簿不即着械逵曰促我械王且疑我在近職求緩於卿將遣來察着械適訖而果遣視之

江表記曰孫策得太史慈即勑破械使沐浴賜衣巾并設酒食

魏志曰田豫爲汝南太守先是郡人侯音反前太守收其黨五百餘人皆當死豫悉見慰喻破械遣之諸囚叩頭願効即相報語群賊解散

吳志曰陳表傾意待士皆樂爲用命時有盜官物者疑施明明壯悍收考極毒雖死不伏廷尉以聞權以表使自以意求其情實表便破械沐浴易其衣服厚設酒食欲以誘之明乃首服

晉書曰范廣爲堂邑令丞劉榮坐事當死郡以付縣榮即縣人家有老母至節廣輒暫遝榮亦如期而返縣堂爲野火所及榮脫械救火事畢還自着械

又曰并州刺史司馬騰執諸胡於山東賣充軍實將詣冀州兩胡一枷石勒亦在中

又載記曰符丕敗徐義爲慕容永所獲械埋其足將殺之義誦觀世音經至夜土開械脫出於重禁之中若有人脫之者遂奔

後魏書曰孝文太和初時法官及州郡縣多爲重枷復以縋石懸於囚頸傷肉至骨勒以誣服吏以爲能帝聞而傷之乃制非大逆有明證而不疑辭者不得大枷

又曰宋翻爲河南令縣舊有大枷時人號曰彌（方結切）尾青及翻爲縣主吏請焚之翻曰且置南墻下以待豪猾未幾有內監楊小駒詣縣請事辭色不遜翻命取青尾以鎮之小駒既免入訴於宣武宣武大怒勑河南尹推之翻具自陳伏詔曰卿固違朝法豈不欲作威以買名翻對曰造具亦非臣所以留者非敢施於百姓欲待究暴之徒如駒者耳由是威振京師

三國典略曰東魏中尉宋遊道限外受故選狀詞渤海王怒而禁之獄掾欲爲之脫枷遊道不肯曰此王命所着不

可輒脱王聞而宥之

北齊書曰庫狄暹封武章郡王其子士文爲貝州刺史性孤直其子啗官厨餅枷於獄累日杖之二百步送還京

蕭子顯齊書曰戴僧静會稽永興人也少有膽力便弓馬於都載錦爲歐陽式所得繫兖州獄太祖遣薛淵餉僧静酒食以刀子置魚腸中僧静與吏飲醉以刀刻械手自折鎖發屋而出歸太祖

後周書曰柳慶爲雍州别駕廣陵王元欣魏之懿親其甥孟氏屢爲凶横或有告其盗牛慶捕推得實趣令就禁孟氏殊無懼容乃謂慶曰今若加以桎梏後復何以脱之欣亦遣使辨其無罪孟氏由此益驕慶於是大集僚吏盛言孟氏依倚權戚侵虐之狀言畢便令笞殺之此後貴戚歛手不敢侵暴

唐書曰酷吏來俊臣所作大枷凡有十號一曰定百脉二曰喘不得三曰突地吼四曰着即臣五曰失魂膽六曰實同反七曰反是實八曰死豬愁九曰求即死十曰求破家又令寢處糞穢備諸苦毒自非身死終不得出

山海經曰貳負之臣曰危與貳負煞窫窳帝乃梏之疏屬之山桎其右足（桎械也）反縛兩手與髮繫之山上（郭璞注曰漢宣帝使人作上郡發盤石石室得一人徒役被髮反縛械一足以問群臣莫能知劉子政案此對之帝大驚於是時人争學山海經也）

又曰大荒之中有宋山者有木生山上名楓木蚩尤所弃桎梏（蚩尤黄帝所得械之殺已擲弃其械化而爲樹也）

異苑曰新野庾紹之少了道遐與南陽宋協中表之親桓玄時庾爲湘東太守病亡協以義熙中晨起服茱萸酒一小兒通亡庾湘東須臾便至兩脚着械脱之而坐

孟子曰盡其道而死者正命也桎梏死者非正命也

吕氏春秋曰齊有善相狗者其隣畜之數年不取鼠以告相者相者曰此良狗也志在麞豕鹿不在鼠也欲其鼠則桎之其隣桎其後足則狗取鼠矣

賈誼書曰紂作梏數千睨諸侯之不諂已者而桎梏之文王桎梏囚于羑里七年而後得免及武王剋紂既定令紂之民連梏而流之於河民輸梏者以手撤之弗敢敗之蹤入之水不敢投也昔者文王擁此故思愛文王猶敬其梏況其法教乎

風俗通曰延嘉中京師長者皆着木屐婦人始嫁至作漆畫五采爲系譴案黨事始發傳詣黄門北寺臨時惶恐不能信天任命多有逃亡不就榜者九族拘繫及所過歷長少婦女皆被桎梏應木屐之像矣

又曰械戒也所以警戒使爲善也桎實也言其下垂至地然後吐情首實

語林曰嵇中散夜彈琴忽有一鬼着械來歎其手快曰君一絃不調中散與琴調之聲更清婉問姓名不對疑是蔡伯喈伯喈將亡亦被桎梏

拲（音拱）

周禮秋官上曰掌囚掌守盗賊凡囚者上罪梏拲而桎王之同族拲有爵者桎以待弊罪（拲者兩手共入一木王同姓及命士已上雖有上罪或拲或桎而已弊猶斷也）

晋令曰死罪二械加拲手

趙書曰後石季精騎五千襲邵續一戰生禽續於青丘鉗頸拲手於襄國青陽城門頓頭稱囚

鎖

說文曰銀鐺鏁也

漢書食貨志曰王莽爲貨有誹謗者郡國檻車鐵鏁傳送長安鍾官

又王莽傳曰民犯鑄錢伍人相坐沒官爲奴婢其檻車兒女步以鐵鏁銀鏁其頸傳至鍾官奴以千萬數

華嶠後漢書曰崔鈞爲西河太守與袁紹起兵董卓收鈞父烈下之郿獄銀鐺卓誅烈得歸長安也

王隱晉書曰石勒鏁苟晞頸以爲司馬而反煞之

南史曰丹徒縣令沈巑之以清廉抵罪巑之吳興武康人性疎直在縣自以清廉不事左右浸潤日至遂鏁繫尚方數曰一見天子足矣上召問曰復欲何陳答臣坐清所以獲罪上曰清復何以獲罪曰無以承奉要人上曰要人爲誰巑之以手扶四面指曰此赤衣諸賢皆是若臣得更鳴

必令清譽日至巑之雖危言上亦不責後知其無罪重除丹徒令

又曰褚玠除山陰令縣人張次的王休達等與諸猾吏賄賂通姦全丁户類多隱沒玠鏁次的等具狀啓臺宣帝手勑慰勞并遣使助玠搜括所出軍人八百餘户

三國典略曰梁湘東王以鮑泉圍湘州久不陷使平南將軍王僧辯代爲都督數泉十罪舍人羅重懽師三百與僧辯俱發先令通泉曰羅舍人被令送王竟陵來泉愕然顧左右曰得王竟陵助我賊不足平俄而重懽先入僧辯繼之泉方拂席而坐僧辯曰鮑郎卿有罪令旨令我鏁卿勿以故意相待羅重懽宣令即鏁之於牀側泉舉止自若謂重懽曰稽緩王師甘受其罪但恐後人更思鮑泉之憒耳僧辯意甚不平泉乃爲啓自申并謝淹遲之罪湘東怒解遂釋之

宋躬孝子傳曰繆斐字文雅東海蘭陵人父忽得患醫藥不給斐晝夜叩頭不寢不食氣息將盡至三更中忽有二神引鏁而至求哀曰尊府君昔經見侵故有怒報君至孝所感昨爲天曹所攝鏁銀鐺斐驚視父巳差父云吾病恒見二人見持向來忽不見斐乃具說父曰吾曾過五子胥廟引二神像置地當此是也

劉欣期交州記曰居風山去郡四里夷人從太守裴庠求市此山玄出金既不許尋有一嫗行田見金牛出食斫得鼻鏁長丈餘人後往往見牛夜出其色光耀數十里

鉗

說文曰鉗鐵有所刧束也鈦脛鉗也鈦音遞

史記曰衛青平陽人其父爲吏給事平陽侯家妾通生青

爲侯家人少時歸其父使牧羊先母之子皆奴畜之不以爲兄弟青嘗至泉居室有一鉗徒相青曰貴人也官至封侯青歎曰人奴得無笞罵即足矣安得封侯

晉令曰徒着鉗者刑竟錄輸所送獄官

晉律曰鉗重二斤翹長一尺五寸

太平御覽卷第六百四十四

太平御覽卷第六百四十五

刑法部十一

象刑　誅　轘

烹

象刑

尚書大傅曰：唐虞象刑而民不敢犯，苗民用刑而民興相漸。唐虞之象刑，上刑赭衣不純，（純，緣者，時人尚德義，犯刑者但易衣服，自為大恥。）中刑雜屨，（屨，屨也。）下刑墨幪，（幪，巾也。使以下得冠飾。幪，音蒙。）以居州里，而民恥之。

漢書刑法志曰：孫卿之論刑也，曰：世俗之為說者，以為治古無肉刑（治古，謂上古至治之時也。）有象刑，墨黥之屬，菲屨赭衣而不純，（菲，草也。屨，履也。純，緣也。衣不加緣，示有恥也。）是不然矣。以為治古，則人莫觸罪邪，非獨無肉刑哉，亦不待象刑矣。（人不犯法，即象刑無所施也。）以為人或觸罪矣而直輕其刑，是殺人者不死而傷人者不刑也。罪至重而刑至輕，民無所畏，亂莫大焉。故象刑非生於治古，方起於亂今也。（如淳曰：古無象刑也。所以有象刑之言者，近起於今人惡刑之重，故遂推言古之聖君但以象刑，天下自治。）

白虎通曰：聖人治天下，必有刑罰何？所以助治順天之度也。故懸爵賞者，示有所勸也；設刑罰者，明有所懼也。傳曰：三王肉刑應世，以立刑者五帝之鞭策，刑所以五何？法五行也。五帝畫其衣象五行也。

誅

書曰：昏迷于天象，以干先王之誅。

又曰：商罪貫盈，天命誅之。予不順天，厥罪惟均。

禮曰：振書端書於君前，有誅；倒筴側龜於君前，有誅。（臣不豫事，不敬也。振，去塵也。端，正也。倒，顛倒也。側，反側也。皆謂甫省視之也。）

又曰：以足蹙路馬芻，有誅；齒路馬，有誅。（皆廣敬也。路馬，君之馬。誅，罰也。）

周禮秋官下曰：布憲掌憲邦之刑禁。傷人見血而不以告者、攘獄者、遏訟者，故以告而誅之。（謂吏民相殺傷見血者。攘獄者，距卻不受也。遏訟者，上遏。）

公羊傳曰：君親無將，將而必誅。

傳曰：見無禮於君者，誅之，如鷹鸇之逐鳥雀也。

家語曰：孔子為魯司寇，七日而誅亂政大夫少正卯，戮之于兩觀之下。子貢曰：少正卯，魯之聞人也。今夫子為政而始誅之，或者為失乎？孔子曰：天下有大惡者五，而竊盜不與焉。一曰心逆而險，二曰行僻而堅，三曰言偽而辯，四曰記醜而博，五曰順非而澤。此五者有一於人，則不免君子之誅，而少正卯皆兼有之。其居處足以撮徒成黨，其談說足以褢飾熒衆，其強禦足以反是獨立，此乃人之姦雄者也，不可不除。夫湯誅尹諧，文王誅潘正，周公誅管蔡，太公誅華士，管仲誅付乙，子產誅史何，此七子皆異世而同誅者，七子異世而同惡，故不可赦也。吾始誅之，不亦可乎？

史記曰：二世遵用趙高之法，乃陰與謀曰：大臣不服，官吏尚強，及諸公子必與我爭，柰何？高曰：臣固願言而未敢也。先帝之大臣，皆天下累世名貴人也，積功勞世以相傳久矣。今高素小賤，陛下幸稱舉，令在上位，管中事。大臣鞅鞅，特以貌從臣，其心實不服。今上出，不因此時案郡縣守尉有罪者誅之，上以振威天下，下以除去上生平所不可者。願陛下遂從時無疑。二世曰：善。乃行誅大臣及諸公子。

漢書曰：誅彭越，盛其醢以徧賜諸侯。

又曰：公孫弘年八十，終丞相位。其後李蔡、嚴青翟、趙周、石慶、公孫賀、劉屈氂繼踵為丞相。自蔡至慶，丞相府客館丘墟

而已至賀屈釐壞爲馬廄車庫奴婢室矣唯慶以惇謹終丞相位其餘盡伏誅

又曰上遣公孫敖將兵深入匈奴迎李陵敖軍無功還言陵教單于爲兵以備漢軍故臣無所得上聞於是族陵家母弟妻子皆伏誅

後漢書曰梁冀誅李固而露尸於衢令有敢臨者加其罪

又曰梁冀專權其同巳者榮顯違迕者劒死同僚側目臺閣機事先以聞冀乃得奏御内外恐懼上下鉗口天子恭巳而巳不有所親任上既不平之矣冀以私憾專殺議郎邴遵上愈益忿八月癸酉上問小黄門唐衡曰左右誰與梁氏不相得者衡荅曰單超左悺黯上呼超悺入室上曰梁將軍兄弟專朝逼脅内外公卿巳下從其風旨今欲誅之於常侍意如何皆對曰誠國賊當誅之日久臣等弱少未

知聖意如何上曰審然者常侍密圖之對曰圖之易耳但恐陛下腹中狐疑上曰姦臣脅國當伏其罪復何狐疑於是命衡呼超等曰陛下今計巳決勿得數言恐爲人疑丁丑冀心疑超等使中黄門張惲入省宿以防其變瑗勑吏收惲自外謀圖不軌於是帝幸殿召公卿勒兵使者收冀大將軍印綬更封比景都鄉侯黄門令瑗將虎賁劒士卒千人司隷與共捕冀宗親送雒陽獄無少長皆誅之冀自殺坐冀所連及公卿列侯校尉刺史二千石死者數十人冀故吏賓客免黜者二百餘人朝廷爲之一空

又曰鍾離意爲瑕丘令吏有擅建者盜竊　縣内意屛人問狀建叩頭伏罪不忍加刑遣令長休建父聞之爲建設酒謂曰吾聞無道之君以刃殘人有道之君以義行誅子罪命也遂令建進藥而死

漢雜事曰上自擊鄧奉破之於長安奉降上以舊功臣不誅耿弇曰奉背恩反叛曝師連年上既至奉親在陳兵敗乃降不誅無以懲惡於是誅之

又曰秦豐田戎連兵黎丘距漢上遣朱祐守豐議者以爲豐巳連年勢必困上自往豐必降上往招豐出惡言後數月豐降祐檻車傳及母妻子送洛陽大司馬吳漢劾奏祐知豐狡猾國守連年上親至城下而遂悖逆天下所聞當伏夷滅之誅不時斬截而聽受降無將帥任大不敬上乃誅豐召祐

王隱晉書曰解結與孫秀不協秀誅張華　并欲誅結弟　梁王彤救之秀曰我於水中蟹尚惡之況其兄弟耶

晉書曰孟玖譖陸機於成都王穎言其有異心將軍王闡

郝昌公師蕃等皆玖所用與牽秀等共證之穎大怒使秀密收機其夕機夢黒幔繞車手決不開天明而秀兵至機釋戎服着白帢與秀相見神色自若謂秀曰自吳朝傾覆吾兄弟宗族蒙國重恩入侍幃幄出剖符竹成都命吾以重任辭不獲巳今日受誅豈非命也因與穎牋詞甚悽惻既而歎曰華亭鶴唳豈可復聞乎遂遇害於軍中

又載記曰昌黎尹孫伯仁護弟叱支支弟乙拔等俱有才力以驍勇聞馮跋之立也並冀開府而跋未知所欲由是有怨言每於朝享之際常拔劒擊柱曰興建大業有功力焉而滯於散將豈是漢祖山河之義乎跋怒誅之

趙書曰臨沅侯崔約字道恭與太子詹事翔孫珎會朝珎患目痛問約用何方治爲佳約戲言唯溺取愈珎曰目何可溺約曰卿目腕腕正可溺中珎入奏天子怒約父子伏

誅

晉書曰劉裕誅諸葛長民士庶咸恨正刑之晚若釋桎梏焉

宋書曰謝朓初告王敬則反朓臨誅歎曰天道其不可昧乎我不殺王公王公因我而死

莊子曰爲不善乎顯明之中者人得而誅之爲不善乎幽闇之中者鬼得而誅之明乎人明乎鬼者然後能獨行也

列子曰鄧析操兩可之說設無窮之辭當子產執政作竹刑鄭國用之數難子產之治子產俄而誅之

愼子曰有虞之誅以幪巾當墨以草纓當劓以菲履當刖以艾韠當宮布衣無領當大辟此有虞之誅也斬人支體鑿其肌膚謂之刑畫衣冠異章服謂之戮上世用戮而民不犯也當世用刑而民不從

韓子曰堯欲傳天下於舜鯀諫曰不祥哉孰以天下傳之匹夫堯不聽舉兵誅之於郊共工又諫流於幽都天下莫敢言

又曰太公東封齊齊東海上有居士曰狂矞華士昆弟二人立議曰上不臣天子下不事諸侯耕作而食掘井而飲吾無求於上太公至營丘使執而殺之周公聞發急傳問之太公荅曰今有馬如驥之狀天下至良也驅之不前引之不至左之不左右之不右賢士而不爲主用驥之不可以左右是以誅之

會稽典錄曰孟嘗仕郡户曹史上虞有寡婦雙養姑至孝姑卒病亡其女言縣以雙煞其母縣不理斷結竟言郡郡報治罪嘗諫以爲此婦素名孝謹此必見誣固諫不聽遂抱其獄文書哭於府門後郡遭大旱三年上虞尤甚太守殷丹下車訪問嘗具陳雙不當死誅姑之女改葬孝婦丹如其言天應雨注

襄陽耆舊記曰李衡聞王衜[音道]有人物往干之衜曰多士世尚書劇曹郎才也後數年校書郎呂壹操弄權柄大臣畏逼莫敢言或問衜衜曰非李衡無能困之者遂共薦衡爲郎衡一引見口奏壹數千語孫權有愧色劉助復告壹壹即伏誅

世說曰桓宣武之誅袁眞也未當其罪世以爲寃焉袁眞在壽春嘗與宣武一妾姙焉生玄及篡亦覆桓族識者以爲天理之所至

轘

釋名曰車裂曰轘轘也者散也支體分散

傳曰齊人殺子亹而轘高渠彌[車裂曰轘]

又曰楚子爲陳夏氏亂故伐陳謂陳人無動將討於少西氏遂入陳殺夏徵舒轘之栗門

又曰楚觀起有寵於令尹子南未益祿而有馬數十乘楚人患之王殺子南於朝轘觀起於四境

孔叢子曰齊王行車裂之刑群臣諫不聽子高見齊王曰聞君行車裂之刑無道之刑也而君行之臣切以爲下吏之過也王曰寡人耳民多犯法爲法之輕也子高曰然此誠君之盛意也夫人含五常之性有哀樂喜怒無不過其節節過則毀於義多犯法以法之重無所措手足故也今天下悠悠士無定處有德則往無德則去欲規霸王之業與衆大國爲難而行酷刑以懼遠近國內之民將畔四方之士不至此乃士國之道君之下吏不得以

闇是爲自居於中正之地而闇推之羣使同於桀紂也且夫爲人臣見主非而不爭以陷主於危亡罪之大者也人主疾　臣之弼已而惡之資臣以箕子比干之忠惑之大者也齊王曰謹聞命遂除車裂之法焉

史記曰秦發兵攻商君殺之於鄭澠池秦惠王車裂商君徇曰莫如鞅反滅商君之家

又曰張儀西說趙王曰蘇秦熒惑諸侯以是爲非以非爲是欲反之不可一亦以明矣

漢書曰陳勝初令銍人宋留將兵定南陽入武關留已徇南陽聞勝死南陽復爲秦宋留不能入武關乃東至新蔡遇秦軍宋留以軍降秦傳留至咸陽車裂留以徇

續漢書曰張角別黨馬元義爲山陽所捕得鎖送京師車裂於市

崔鴻前涼錄曰武威姑臧氏名白興以女爲妻其妻妬之興怒以妻爲婢爲女給使郡縣以聞張駿大驚曰自古所未聞也將爲怪乎於姑臧市轘殺之是月沉陰昏霧霾四塞

又曰前秦錄曰池陽民惑其婦言而欲殺母遂車載母辭詣親家入南山母曰汝詣親家何至是也兒曰老婢何言遂下母於峽谷之間脫衣將殺之初婦謂其夫曰不可不得中衣來也兒不欲手脫背坐厲聲令母自脫母泣曰我生汝養汝至於今日汝信婦言枉殺我不可不乞我此衣兒怒曰老婢復何言母呼曰天神山神當見此不言未卒聲見所持刀忽貫其項而殺投於山穴母乘車却歸氏旦而反家婦謂其夫還逆問曰得中衣來不母馳告隣里收其婦送官郡縣以聞堅驚曰宇宙之內乃有此事將非怪乎於是轘而殺之

崔鴻南燕錄曰慕容超即位太后告超曰左僕射封嵩數遣黃門令牟常說吾云帝非太后所生依如故法宜勸兵廢帝立鍾爲主超命執嵩斬之嵩請與母別超曰汝尚知有母何意間人之親以五車裂之

又前秦錄曰有司奏人有盜其母之錢而逃者請投之四裔太后聞而怒曰三千之罪莫大於不孝當弃之市朝奈何投之方外乎方外豈有無父母之鄉乎於是轘而殺之

淮南子曰萇弘周宣之執數者也天地之氣日月之行風雨之變律曆之數無所不通也然不自知車裂而死

劉向說苑曰秦始皇太后不謹幸郎嫪毒封爲信侯專國事驕奢與侍中左右貴臣俱博飲酒醉爭言而鬭與鬭者走白皇帝大怒毒因作亂咸陽宮始皇取毒四支車裂之取皇后遷之長樂宮

桓寬鹽鐵論曰李斯相秦藉天下之勢志小萬乘及其囚於囹圄車裂於雲陽之市顧負薪入東門行上蔡徑不可得也

烹

釋名曰煑之於鑊曰烹若烹禽獸之內也

傳曰寒浞伯明氏之讒子弟也伯明后寒弃之夷羿收之（寒氏也）信而使之以爲己相浞行媚于內（內宮人）信施賂于外愚弄其民（欺罔也）而虞羿于田（樂之以遊田）樹之詐慝以取其國家（樹立也）外內咸服（信浞詐）羿猶不悛（悛改也）將歸自田（羿從田還）家衆殺而烹之以食其子（食羿子）其子不忍食諸死于窮門（殺之於國門）

又曰楚客聘於晉過宋太子知之請野烹之公使往伊戾

請從之公曰夫不惡汝乎對曰小人之事君也惡之不敢遠好之不敢近敬以待命敢有二心乎縱有供其內莫供其外臣請往也遣之至則歃用牲加書徵之（詐作盟處為太子反徵驗也）而騁告公曰太子將為亂既與楚客盟矣公因太子乃縊而死公徐聞其無罪也乃烹伊戾

又曰楚白公為亂既死其徒徵之生拘石乞而問白公之死焉乞曰此事也克則卿不克則烹何害固其所也乃烹石乞

史記曰齊威王召阿大夫語曰自子之守阿譽言日聞然使使視阿田野不辟民貧苦昔者趙攻甄子弗能救衛取薛陵子弗知是子以幣厚吾左右以求譽也是日烹阿大夫及左右嘗譽者并烹之

又曰主父偃曰丈夫生不五鼎食死則五鼎烹

漢書曰韓信聞酈食其憑軾下齊七十餘城迺夜渡兵平原襲齊齊王田廣聞漢兵至以為食其賣己（言其與韓信同謀）迺烹食其

又曰韓信以罪廢為淮陰侯謀反誅臨死歎曰悔不用蒯通之言高帝曰是齊辯士蒯通迺詔蒯通通至上欲烹之曰若教韓信反何也通曰狗各吠非其主當彼時臣獨知齊王韓信非知陛下也且秦失其鹿天下共逐之高材者先得天下匈匈爭欲為陛下所為顧力不能可殫誅邪上乃赦之

晉中興書曰劉寅於猷次縣築壘拒石勒勒後虜執寅以鑊湯煮之

韓子曰樂羊為魏將攻中山其子在中山中山之君烹其子而遺之樂羊坐於幕下而饗之

呂氏春秋曰　齊王疾痛使人迎文摯至視王疾謂太子曰非怒王則疾不可治王怒則摯必死太子頓首強請曰苟已王疾臣與母以死事之願先生勿患也摯曰諾與太子期而至將往不當者三齊王固已怒矣摯至不解屨登牀問疾王怒不與言摯因出辭以重怒王王吐而起疾乃遂已王大怒不悅將烹摯太子與王左右急爭之不得果以鼎烹摯爨之三日三夜顏色不變摯曰誠欲殺我則胡不覆之以絕陰陽之氣王使覆之乃死

新序曰田卑處中牟佛肸以中牟叛置鼎於庭致士大夫曰與我者受邑不吾與者烹大夫從之至於田卑曰義士死不避斧鉞之罪窮不受軒冕之服無義而生不仁而富不若死褰衣將入鼎佛肸說乃止趙氏攻取之聞田卑不肯與也求而賞之卑曰不可也一人舉而萬夫俛首智者

不為賞一人而慙萬夫義者不取我受賞使中牟之士皆恥不義吾去耳遂之南楚

英雄記曰董卓攻得李旻張安畢圭苑中生烹之二人臨入鼎相謂曰不同日生而同日烹

太平御覽卷第六百四十五

刑法部十二

斬　梟首　弃市

考竟

斬

釋名曰斬蹔也蹔加兵即斷也

周書曰武王使尚父以士卒馳商師大崩商辛乃內登于鹿臺之上自燔王崩于火武王先入乃射三發而後下車擊之以輕呂（輕呂劍名也）斬之黃鉞懸諸大白旗乃適二女之所射之三發擊之以輕呂斬之以玄鉞懸諸小白旗

左傳成上曰韓獻子將斬人郤獻子馳將救之至則既斬之矣郤子使速以徇告其僕曰吾以分謗也

家語曰郟谷之會齊侯奏宮中之樂俳優侏儒戲於公前孔子趨進歷階而上不盡一等曰匹夫而熒侮諸侯者罪應誅請有司速加法焉於是斬侏儒手足異處齊侯懼有慙色

史記韓信亡楚歸漢未知名爲連敖坐法當斬其輩十三人已斬次當至信信乃仰視適見滕公曰上不欲就天下乎何爲斬壯士滕公奇其言壯其皃釋而不斬與語大悅之

又曰張蒼坐法當斬解衣身長肥白如瓠時王陵見而怪其美士乃言沛公救勿斬

漢書曰王訢濟南人以郡縣吏積功稍遷爲被（音罷）陽令武帝末軍旅數發郡國盜賊群起繡衣御史暴勝之逐捕盜賊以軍興從事誅二千石以下勝之過被陽欲斬訢訢解衣伏鑕仰天言曰使君專殺生之柄威震郡國今復斬一訢不足以增威不如時有所寬以明恩貸令盡死力勝之壯其言貰不誅因與相結厚也

東觀漢記曰任光字伯卿初爲鄉嗇夫漢兵攻宛軍人見光冠服鮮明令解衣將斬而奪之會光祿勳劉賜適至視光容皃長者乃救全之

後漢書曰趙王在長安爲赤眉所得赤眉欲斬之白馬從事見趙王儀狀鬚眉美好絶衆護而活之

又曰獻帝疾愈大會未央殿董卓朝服升車而馬驚墮泥還入更衣其少妻止之卓不從遂行乃陳兵夾道自壘及宮左騎右步屯衛周匝令呂布扞前後王允乃與士孫瑞密表其事使瑞自書詔以授布令騎都尉李肅與同心勇士十餘人僞着衛士服於北掖門內以待卓卓將至馬驚不行怖懼欲還呂布勸令進遂入門肅以戟刺之卓衣甲不入傷臂墮車顧大呼曰呂布何在布曰有詔討賊臣卓大罵曰庸狗敢如是耶布應聲持矛刺卓趣兵斬之主簿田儀及卓倉頭前赴其尸布又殺之馳賫赦書以令宮陛內外士卒皆稱萬歲

魏略曰京兆鮑出字文才值世飢餓出覓食後啖人賊以繩貫其母手掌驅去出走追斬賊得其母還

魏志曰于禁字文則昌豨叛太祖遣禁征之禁急進攻豨與禁有舊詣禁降諸將皆以爲豨已降當送太祖也禁曰諸君不知公常令先圍而後降者不赦夫奉法行令事上之節也豨雖舊交禁可失節乎自臨與豨訣雪涕而斬之郡中震慄無求不獲

又曰夏侯玄雅量弘濟臨斬東市顏色不變舉動自若

又曰鄧艾父子既囚鍾會至成都先送艾然後作亂會已

死本營將士追艾檻車迎還衛瓘遣田續等討艾遇於綿竹西斬之

蜀志曰魏延夢頭上生角以問占夢趙直直詐延曰夫麟有角而不用此不戰而賊欲自破之象也退而告人曰角之爲字刀下用也頭上用刀其凶甚矣後爲馬岱所斬

又曰劉璋勑關戍諸將文書勿復通先主先主大怒召璋白水軍督陽琛責以無禮斬之

又曰張松書與先主及法正曰今日大事垂可立功如何釋此去乎松兄廣漢太守肅懼禍逮以白璋發其謀於是璋收斬松

晉書曰楚王瑋既誅汝南王亮衛瓘尋又詔解嚴云瑋矯詔解嚴斬刑臨死出其懷中青紙詔以示監刑尚書劉頌流涕言此詔書也奉此而行謂爲社稷今更爲罪託體先

帝受枉如此幸見申列頌亦歔欷不能仰視

又曰荀晞字道將河南山陽人爲兗州刺史斷決如流人不敢欺以從母子爲都護犯法晞斬之既而素服哭曰殺汝者兗州刺史哭弟者荀道將以嚴刻斬戮号曰屠伯後爲石勒所殺

又曰石閔仕僞趙石鑒爲侍中録尚書事鑒使石苞夜誅閔不剋反爲閔攻殺鑒苞等殺胡人斬關踰城不可勝數閔知胡人不爲已用頒令下每人斬一胡文官賜爵一級武官立拜牙門于時一日之中斬胡萬人於是鼻高多鬚濫死者甚衆胡人死至二十餘萬

又曰皇甫謐字子方少遵父操求嘉中博士徵不起避亂荊州閉門居未嘗入城府蠶而後衣耕而後食南土人士咸尊敬之刺史陶侃禮之甚厚王敦弟王廙代侃廙至荊州大失物情百姓叛廙大行誅戮立威以方回爲侃所禮責其不來詣已乃收而斬焉荊土華夷莫不流涕

三十國春秋曰丙寅丞相府斬督運令史淳于伯于建康於是以刀拭柱血逆流上二丈三尺下四尺五寸其直如絃

後魏書曰段暉從世祖至長安有人告暉欲南奔世祖問曰何以知之告者曰暉置金於馬鞍中不欲逃走何由尒也世祖密遣視之果如告者之言斬之於市

齊書曰庾弘遠字士操清實有士譽仕齊爲江州長史刺史陳顯達舉兵敗斬於朱雀航將刑索帽着之曰子路結纓吾不可以不冠而死

又曰陳顯達起兵宮軍繼至顯達不能抗退走至西州趙譚注稍刺落馬斬之於籬側血涌湔籬似淳于伯之被刑也

崔鴻前趙録曰卜栩隱于龍門山嘗與郭璞論易栩曰吾大厄在四十亦未見子之令終璞曰戮吾禍在江南不在此也鎮北靳冲攻太原不剋歸罪於栩輒斬之劉聰大怒曰此人朕所不得加刑冲何人哉遣御史丞詰行持節斬冲也

隋書曰刑部侍郎辛亶嘗衣緋褌俗云利於官上以爲厭蠱將斬之蘇綽曰據法不當死臣不敢奉詔上怒甚謂綽曰卿惜辛亶而不自惜也命左僕射高熲將綽斬之綽曰陛下寧可殺臣不得殺辛亶至朝堂解衣當斬上使人謂綽曰竟何如對曰執法一心不敢惜死上拂衣而入良久乃釋之明日謝綽勞勉之賜物三百段

漢新事曰奉車都尉竇固征匈奴騎都尉秦彭副固令彭

別屯彭擅斬軍司馬固奏彭不由督率賊殺人公卿議皆以爲固議是公府掾郭躬以爲彭得專斬人上曰軍正校尉一統督何以得專殺躬對曰一統將者謂在部曲也今彭別將兵軍事至急勢不得關督將有詔躬上殿令尚書令與公卿雜難躬曰督將授斧鉞稱令故得擅行法都尉別得行軍法何以明之躬對曰軍正校尉別將兵假斧鉞即得專軍法難者曰今不假故不得擅殺躬曰漢制假棨戟以當斧鉞議者皆屈上從之

晉朝雜事曰夜遣通事令史張林黄門令史駱休開神虎門迎故太傅趙王至太極前召收中書監張華侍中朝詠尚書裴頠解結侍郎杜斌等斬之於東鍾下華等大呼自稱忠臣張林詰之曰公等知太子無罪何不諫諫若不從何不去也遂斬之

華陽國志曰王濬自成都帥水陸軍及梁州又率七萬人伐吳臨發斬牙門將李延所愛將也以爭騎斬之衆莫不肅

商君書曰晉文公將欲明刑以親百姓顛頡後至吏請其罪君曰用事焉吏遂斷顛頡之首以徇晉國之士皆懼曰顛頡之有寵斬以徇而況我乎

韓子曰禹遇諸侯會稽之上防風後至禹斬之

王韶孝子傳曰周青東郡人也毋患積年青扶侍左右五體羸瘦村里乃斂錢營助湯藥毋痊許嫁同郡周小君小君疾未獲成禮乃求見青屬累父毋青許之俄而命終青供養爲務十年中翁姑感之勸令更嫁青誓以匪石翁姑並自殺女姑告青害殺收考遂以誣款七月刑青於市青謂監殺者曰乞樹長竿繫白幡青若殺翁姑血入泉不殺血上天既斬血乃緣竿上天

梟首

傳曰叔孫昭子殺豎牛投其首於寧風棘上

漢書曰三族令先黥劓斬左右趾梟首菹其骨謂之具五刑

又曰漢王病愈西入關至櫟陽存問父老梟故塞王欣頭櫟陽市

又五行志曰江充掘巫蠱太子宫太子乃斬充舉兵與丞相劉屈氂戰太子敗走自殺明年屈氂復坐祝詛要斬妻子梟首

續漢書曰張濟爲河南令中常侍段珪奴乘犢車于道濟即收捕梟首懸尸珪門也

後魏書曰宋鴻貴爲定州平北府參軍送戍兵於荊州坐

取兵絹四百疋兵欲告之乃斬兵十人又蹤凡不達律令見律有梟首之罪乃生斷兵手以水洗然後斬決尋坐伏法時人哀兵之苦嘆鴻貴之愚也

廷尉決事曰河内太守上民張太有狂病病發殺母弟應梟首遇赦議不當除之梟首如故

棄市

禮曰刑人於市與衆弃之

史記秦皇平六國制天下藏詩書及偶語弃市

漢書曰中元二年改磔曰弃市（應劭曰先諸死刑皆死之市令改曰弃市自非妖逆不復磔也）

又曰竇嬰矯先帝詔當棄市嬰陽病痱不食欲死或聞上無意殺嬰復食治病

晉書曰范堅遷尚書右丞時廷尉奏殿中吏劭廣盜官幔

二張合布三十疋有司正刑弃市廣二子宗年十三雲年十一操黃旛撾登聞鼓乞恩辭求自沒爲奚官奴以贖父命尚書朱暎議以爲天下之人無子者少事遂行便成永制堅亦同暎議

又曰咸和二年句容令孔恢罪弃市詔曰恢自陷刑網罪當大辟但以其父年老而有一子以爲惻然可特原之

隋書曰文帝意每尚慘急姧回不止京市白日公行掣盜人間強盜亦往往而有帝患之問群臣斷禁之法楊素等未及言帝曰朕知之矣詔有人能糺告者沒賊家產業以賞糺人時月之間內外寧息其後無賴之徒候富人子弟出路者而故遺物於其前偶拾取則擒以送官而取其賞大抵被陷者甚衆帝知乃命盜一錢已上皆棄市行旅皆晏起早宿天下懍懍焉

考竟

釋名曰獄死曰考竟考竟者考得其情竟其命於獄也

後漢書曰陽嘉三年春詔以久旱京師諸獄無輕重皆且勿考竟須得澍雨

又曰丹陽方儲明風角爲洛陽令功曹是實憲客客爲憲所諷夜殺人斷頭着奩中置廏門下欲令儲去官儲摩死者耳邊問誰所殺有頃曰死人言爲功曹所殺收功曹考竟

又曰向相字甫興性卓詭不倫狀如學道又似狂生張角起相不欲國家興兵但遣將河上北向讀孝經賊自滅張讓讒相與角同心收送黃門北寺獄考竟之

又曰董卓被誅蔡邕在司徒王允坐殊不意言之而歎有動於色允勃然叱之曰董卓國之大賊幾傾漢室君爲王臣所宜同忿而懷其私遇以忘大節今天誅有罪而反相傷痛豈不與爲逆哉即收付廷尉考竟其罪邕陳辭謝乞黥首刖足繼成漢史士大夫多矜救之不能得太尉馬日磾馳往謂允曰伯喈曠世逸才多識漢事當續成史爲一代典且忠孝素著而所坐無名之誅無乃失名望乎允曰昔武帝不殺司馬遷使作謗書流於後世方今國祚中衰不可令佞臣執筆在幼主左右既無益聖德復使吾黨蒙其訕議日磾退而告人曰王公其不長世乎善人國之紀制作國之典滅紀廢典其能久乎邕遂死獄中

晉書曰王豹上書勸齊王冏與成都王穎如分陝之利會長沙王乂至於冏案上見豹牋謂冏曰小子離間骨肉何不銅駝下打殺冏既不能嘉豹之策遂納乂言乃奏爲臣不忠不順不義輒都街考竟以明邪正豹將死曰懸吾頭大司馬門見兵之攻齊也衆庶冤之俄而冏敗

三國典略曰齊兗州刺史武城縣公崔陵恃預舊恩頗自矜縱寵妾馮氏假其威刑恣情取納風政不立爲御史所劾召收繫廷尉考竟遂死獄中

太平御覽卷第六百四十六

太平御覽卷第六百四十七

刑法部十三

殺

殺 三族刑 離死刑附

釋名曰殺竄也埋之使不復見也

周禮秋官上曰掌戮掌斬殺諜而搏之斬以鈇鉞若今要斬也殺以刀刃若今弃市也諜爲姦寇反間者斬之小者殺之凡殺其親者焚之殺王之親者辜之焚之燒也易曰焚如死如弃如辜之言枯也謂磔之也凡殺人者踣諸市肆之三日刑盜于市踣僵尸也肆猶陳也

又司刑職曰殺罪五百鄭玄曰煞死刑

尚書大傳曰武王殺紂而繼公子禄父使管叔康叔監禄父武王死成王幼周公盛養成王盛襁長之使召公奭爲傅周公身居位聽天下爲政管叔疑周公流言於國曰公將不利王奄君薄姑謂禄父曰武王已死矣成王幼周公見疑矣此世之時也請舉事言周弱旦不和欲代之而復政也然後禄父三監叛周公以成王之命殺禄父

平六百四十七 一 張河丙

禮曰邾婁定公時有殺其父者有司以告公瞿然失席曰是寡人之罪也寡人嘗學斷斯獄矣臣弑君凡在官者殺無赦子弑父凡在官者殺無赦言諸臣子孫無尊卑皆得殺之其罪無赦也殺其人壞其室洿其宫而瀦焉明其大逆不欲人復之也盍君踰月而後舉爵自貶損也

又王制曰析言破律析言破律亂名改作執左道以亂政者殺巧賣法令也亂名改作謂變易官與物之名更作法度也左道若巫蠱及俗禁也作淫聲異服奇技奇器以疑眾殺淫聲鄭衛之聲異服若聚鷸冠瓊弁奇技奇器若公輸般請以機窆也行僞而堅言僞而辯學非而博順非而澤以疑眾殺皆謂虛華捷給無誠也假於鬼神時日卜筮以疑眾殺今時持喪葬築蓋嫁娶卜數文書使民倍

禮違制者也此四誅者不以聽

左傳襄六年曰齊子尾害閭丘嬰欲殺之使帥師以伐陽州我問師故魯以師往問齊何故伐我子尾殺閭丘嬰以説于我師

又昭四年曰楚子謂成虎若敖之餘也遂殺之書曰楚殺其大夫成虎懷寵也

又昭四年曰楚子伏甲而饗蔡侯於申醉執而殺之刑其士七十人

論語顔淵曰如殺無道以就有道何如子曰子爲政焉用殺子欲善而民善矣

史記曰二世使使殺公子將閭將閭曰朝廷之禮吾未嘗敢不從賓贊也廊廟之位吾未嘗敢失節也御天而大呼天者三昆弟皆流涕自殺

又曰二世又遣使者之陽周令蒙恬曰君之過多矣而卿

平六百四十七 二 張河丙

弟毅有大罪法及内史蒙恬喟然太息曰我何罪於天無過而死良久徐曰恬罪固當死矣起臨洮壍萬餘里此其中不能無斷地脉此乃恬之罪也吞藥自殺

又曰秦昭王賜白起劒令自殺武安君曰我固當死矣長平之戰趙卒降者數十萬人我詐而坑之是以死乃引劒自殺秦人憐之鄉邑皆祭祀

華嶠後漢書曰梁冀聞崔琦才請與交冀行多不軌琦數誡之不能受琦以言不從失意爲白鵠賦冀知與已大怒幽之室谷數月得出後竟殺之

范曄後漢書曰陳蕃上疏欲急誅侯覽等太后不納朝廷聞者莫不震恐蕃因與竇武謀殺之及事泄曹節等矯詔誅武等蕃時年七十餘聞難作將官屬諸生八十餘人並拔刃入丞相門攘臂呼曰大將軍忠以衛國黄門反逆何云竇

氏不道耶王甫時出與蕃相迕讓蕃曰先帝新弃天下山陵未成竇武何功兄弟父子一門三侯又多取掖庭宮人作樂飲讌旬月之間貲財億計大臣若此是爲道耶公爲棟梁枉撓阿黨復焉求賊遂令收蕃蕃拔劍叱甫甫兵不敢近乃益人圍之數十里遂執蕃送黄門北寺獄黄門從官騶蹋蹴蕃曰死老魅復能損我曹員數奪我曹稟假否即害之

吳志曰人詐告樓玄謗訕政事華覈上疏乞玄自新孫晧疾玄名聲復徙玄及子男據付交阯將張弈使以戰自劾陰别勑弈令殺之據到交阯病死玄一身隨弈討賊持刀步見弈輒拜弈不忍殺玄會弈暴疾卒玄殯斂弈於器中見勑書還自殺也

王隱晉書曰周處字子隱陽羨人姑爲中書省事時女子李忩齎覓父比叛時殺父處奏曰齎覓父以偷生破家以邀福子圍告歸懷鸁結舌忩無人子之道謚父攘羊傷化汙俗宜在投畀以彰凶逆平刑市朝不足塞責奏可殺忩

唐書曰宰相宋申錫爲鄭注所搆獄自内起崔玄亮首率諫官請對與文宗往復數百言文宗不省其詐欲寘申錫於法玄亮泣曰孟軻有言衆人皆曰殺之未可也諸大夫皆曰殺之未可也天下皆曰殺之然後察之方寘於法今至聖之代殺一凡庶尚須合於典法况無辜殺一宰相乎臣爲陛下惜天下法實不爲申錫也文宗爲之感悟玄亮由此名重於朝

又曰興平縣人上官興因醉格殺人亡竄吏執其父下獄興自首請罪以出其父京兆尹杜悰以其首罪免父有光教義請減死配流王彦威曰殺人者死百王共守若許殺人不死是教殺人興雖免父不合減死

山海經曰共工氏之臣曰相柳氏九首以食于九山（頭各自食）（一山之物言貪暴難饜也）相柳之所抵厥爲溪澤（抵觸也）禹殺相柳其血腥不可以樹穀乃以爲衆帝之臺

曹操別傳曰始袁忠爲沛相薄待操沛國桓劭亦輕之及在兗州陳留邊讓頗笑操操殺讓族其家忠劭俱避難交州操遣使就太守士燮盡族劭劭得出首拜謝於中庭操謂曰跪可解死耶遂殺之

孟子曰孟子謂齊宣王曰左右皆曰可殺勿聽諸大夫皆曰可殺勿聽國人皆曰可殺然後察之見可殺焉然後殺之故曰國人殺之也（言當真行大辟之罪）如此而後可以爲民父母

又曰或問勸齊伐燕有諸曰未也今有殺人者或問之曰人可殺與則將應之曰可彼如曰孰可以殺之則將應之曰爲士師則可以殺之今以燕伐燕何爲勸之哉（燕有罪王者當誅之燕猶齊故不可）

搜神記曰漢宣帝之世燕代之間有三男共取一婦生四子及其將分妻子而不可均反致爭訟廷尉范延壽斷之曰此非人類當以禽獸處之禽獸從母不從父也請戮三男以兒還母帝嗟嘆曰何必古若此則可謂當於理而厭人情也延壽蓋見人事而知用刑矣

太公金匱曰殺一人而千人恐者殺之殺二人而萬人動者殺之殺三人而君振者殺之

三族刑（雜死刑附）

尚書泰誓曰今商王受弗敬上天降災下民沉湎冒色敢行暴虐罪人以族官人以世（一人有罪刑及父母兄弟妻子言淫濫也）

史記曰秦始皇平六國制天下以古非今者族吏見知不

舉與同罪

又曰陳豨反韓信欲謀發兵欲以襲吕后太子其舍人得罪於信告信欲反於吕后吕后使武士縛信斬之長樂鍾室信方斬歎曰吾悔不用蒯通計乃爲兒女子所詐豈非天哉遂夷信三族

漢書刑法志曰漢興尚有夷三族之令令曰當三族者先黥劓斬左右趾笞殺之梟其首葅其骨肉於市其誹謗者又先斷舌故謂之具五刑彭越韓信之屬皆受此誅至高后元年乃除三族罪妖言令後新垣平謀逆復行三族之誅

又五行志曰趙人新垣平以望氣得幸以土上立渭陽五帝廟欲出周鼎夏四月郊見上帝歲餘懼誅謀爲逆發覺要斬夷三族

平六百四十七　五　趙子孫

後漢書曰少府耿紀丞相司直韋晃起兵誅曹操不剋夷三族

又曰建安五年車騎將軍董承越騎校尉种輯受密詔誅曹操事泄壬午曹操殺董承夷三族

魏志曰建安二年遣謁者僕射裴茂率關西諸將誅李傕夷三族

又曰太傅司馬宣王奏免大將軍曹爽又尚書丁謐鄧颺何晏司隸校尉畢軌荆州刺史李勝大司農桓範皆與爽通姦夷三族

三十國春秋曰魏帝謁陵曹爽及弟羲訓彥皆從高祖命授兵召公卿於廟堂奏皇太后廢爽丁酉斬爽羲訓彥夷三族

雜死刑

韓子曰齊國好厚葬布帛盡於衣衾林木盡於棺槨桓公患之以告管仲曰布帛盡則無以爲幣林木盡則無以爲守備如民之厚葬不休奈何管仲對曰凡民之有爲也非名之則利之於是乃下令曰棺過度者戮其尸罪當喪者夫戮尸無名罪當喪者無利無名無利民何故爲之

吕氏春秋曰趙簡子沉鸞徼於河曰吾嘗好聲色矣而鸞徼致之吾嘗好宫室臺榭矣而鸞徼來之今吾好士六年矣而鸞徼未嘗進一人也是長吾過而絀吾善也

淮南子曰夏桀殷紂生燔人辜諫者爲炮烙鑄金柱（鑄金柱然火其下以人置上人火中而對笑之）

平六百四十七　六　趙子孫

符子曰桀觀炮烙於瑶臺謂龍逢曰樂乎龍逢曰樂桀曰觀刑何無惻怛之心龍逢曰天下苦之而君以爲樂臣君之股肱何不悦乎桀曰聽子諫諫得我改之諫不得我刑之龍逢曰臣觀君冠危石也臣觀君履春冰也未有冠石而不壓蹈春冰而不陷桀笑曰是曰亡則與俱亡子知我之亡而不自知乎亡子就炮烙之刑吾觀子龍逢歌趍造作歌我以生息我以炮烙故涉新我樂人不知赴火而死

太平御覽卷第六百四十七

太平御覽卷第六百四十八

刑法部十四

黥　劓　臏
刖　宮割　造肉刑
除肉刑　論肉刑

黥

尚書呂刑曰墨辟疑赦其罰百鍰（孔安國曰刻其顙而涅之曰墨刑疑則赦從罰六兩曰鍰鍰黃鐵也）

尚書刑德放曰涿鹿者竿人顙也黥者馬𩣺竿人面也（鄭玄曰涿鹿黥皆先次刀鑿傷人墨市其中故後毌謂之墨士民也）

尚書大傳曰非事之事入不以道義而誦不祥之辭者其刑墨（注曰非事而事之今所不當得爲也）

周禮秋官司刑職曰墨者使守門（鄭玄曰墨黥也先刻面以墨窒之）

白虎通曰墨墨其額也取法火之勝金也得火亦變而墨也○說文曰黥刑在面也

史記曰秦太子犯法衛鞅曰法之不行自上犯之將刑太子君嗣也不可施刑刑其傅公子虔黥其師公孫賈明日秦民皆隨令行之十年秦民大悅道不拾遺山無盜賊民勇於公戰怯於私鬭

又曰黥布秦時爲布衣年少客相之當刑而王及壯坐黥布欣然笑曰人相我當刑而王幾是乎

漢書曰文帝除肉刑當黥者髡爲城旦舂（律說曰男女論決髡鉗輸邊晝日防寇虜夜暮築長城女子無軍警之事但舂食徒者也）

又曰黥劓之罪不及大夫故里諺曰欲投鼠而忌器器君也大夫近於君

晉令曰奴婢亡加銅青若墨黥黥兩眼後再亡黥兩頰上三亡橫點目下皆長一寸五分廣五分

唐通典曰梁制劫身皆斬妻子補兵遇赦降死者黵面爲劫字（黵音都感反）十四年又除黵面之刑

劓

尚書呂刑曰劓辟疑赦其罰惟倍也（孔安國曰劓截鼻者也）

尚書大傳曰觸易君命革輿服制度姦宄攘傷人者其刑劓（鄭玄曰劓攘竊也）

周禮秋官司刑職曰劓罪五百（鄭玄曰劓截鼻令今東夷或以墨劓爲俗古刑人亡逃者之類與）劓者使守關

禮統曰劓刑法木勝土決其皮革也

白虎通曰劓劓其鼻也法木之穿土也去鼻亦孔見

漢書曰文帝除肉刑當劓者笞三百

楚漢春秋曰正疆數言事而當上使參乘解玉劍以佩之天下定出以爲守有告之者上曰天下方急汝何在曰亡上曰正疆沐浴霜露與我從軍而汝亡告之何也下廷尉

劓

臏

尚書大傳曰決關梁踰城郭而略盜者其刑臏

尚書刑德放曰臏者脫去人之臏也臏罰之屬五百象七精（七宿春中變易節氣之精也）

禮統曰臏刑法金勝木去其節目也

周禮秋官上司刑曰刖罪五百鄭玄注曰周改臏作刖

白虎通曰臏者脫其臏也取法金之刻木也

風俗通曰俗說臈正祖食得兎者名之曰幸幸者善祥令人吉利也或說兎髖者令人面皃生髖露見醜惡令覺得之嘉不爲巳疾也謹案尚書夏禹始作肉刑則天象而慎

其過故穿踰盜竊者臏去其臏骨也逮至暴秦亂獄紛紛亨俎車裂黥首窮愁飲泣求數凡人食得免臏以為佳瑞物類以感冀全己之臏也

刖

尚書呂刑曰剕辟疑赦其罰倍差（孔安國曰刖足曰剕也）

周禮秋官司刑職曰刖罪五百（鄭玄曰刖斷足也周改臏作刖也）刖者使守門

家語曰季羔為衛士師刖人之足俄而衛亂季羔逃刖者守門焉曰彼有缺季羔曰君子不踰曰彼有竇季羔曰君子不隧曰此有室季羔入焉既而問其故刖者曰斷足固我罪也臨當刑君愀然不樂見於顏色此臣之所以脫君也

史記曰孫臏與龐涓學兵法龐涓既事魏得為惠王將軍而自以為能不及孫臏陰使召孫臏臏到龐恐其賢以刑法斷其兩足而黥之欲隱而勿見齊使者如梁孫臏以刑徒陰見說齊使以為奇竊載與之齊

列子曰魯施氏有二子其一好學其一好兵好學者以術干齊侯齊侯以為公子傅好兵者以法干楚王楚王以為軍政鄰人孟氏有二子所業亦同問施氏之方施氏告之一子以術干秦王秦王曰今諸侯力爭安得用仁義遂宮而放之一子以法干衛侯衛侯曰吾弱國豈可稱兵遂以刖之二人讓施氏曰子不得時也

韓子曰楚人和氏得璞玉於楚山之中獻之武王武王使玉人相之曰石也王以和為慢刖其左足及文王即位和又奉其璞王又使玉人相之又曰石也文王刖其右足文王薨成王即位和乃抱其璞而哭於荊山之下三日三夜泣盡而繼之血成王問其故曰天下刖者多矣子何哭之悲也和曰吾非悲刖也夫寶玉而題之以石直士命之以慢此吾之所以悲也王乃使玉人剖其璞而得寶焉遂名曰和氏之璧

宮割

尚書呂刑曰宮辟疑赦其罰六百鍰（宮淫刑也男子割勢婦人幽閉次死之刑也）

尚書大傳曰男女不以義交者其刑宮

尚書刑德放曰宮者女子淫亂執置宮中不得出割者丈夫淫割其勢也已

周禮秋官上司刑職曰宮罪五百（宮者丈夫割其勢女子閉於宮若今官男女也）

又掌戮曰宮者使守內也（以其人道絕也今世或然）

禮曰文王世子曰公族無宮刑也

漢書曰漢聞李陵降匈奴上怒甚群臣皆罪陵上以問太史令司馬遷遷盛言陵事親孝與士信常奮不顧身以殉國家之急彼之不死宜欲得當以報漢也初上遣貳師大軍出財令陵為助兵上以遷誣罔欲沮貳師為陵遊說下遷腐刑

造肉刑

尚書呂刑曰王享國百年耄荒度作刑以詰四方（度時世所宜訓作贖刑以治天下四方之民）王曰若古有訓蚩尤惟始作亂延及于平民罔不寇賊鴟義姦宄奪攘矯虔（為鴟梟之義以安奪攘）苗民弗用靈制以刑惟作五虐之刑曰法殺戮無辜爰始淫為劓刵椓黥（三苗之主頑凶若民敢行虐刑以殺戮無罪於是始大為截人耳鼻椓陰黥面以加無辜故曰五虐）

商君書曰斷人之足黥人之面非求傷民也以禁姦止過故禁姦止過莫若重刑

除肉刑

漢書曰齊太倉令淳于公有罪當刑詔獄逮繫長安淳于公無男有五女當行會逮罵其女曰生子不生男緩急非有益也其少女緹縈自傷悲泣廼隨其父至長安上書曰妾父爲吏齊中皆稱其廉平今坐法當刑妾傷夫死者不可復生刑者不可復屬雖欲改過自新其道無由天子憐悲其意遂下令曰制詔御史蓋聞有虞氏之時畫衣冠異章服以爲戮而民不犯何法之至也今法有肉刑三（孟康曰黥劓二左右趾合一凡三也）而姦不止其咎安在無乃朕德之薄而教不明歟夫刑至斷支體刻肌膚終身不息（息生也）何其刑之痛而不德也豈稱爲民父母之意哉除肉刑者有以易之丞相張蒼御史大夫馮敬奏言肉刑所以禁姦所由來者久矣陛下下明詔憐萬民之一有過被刑者終身不息及罪人欲改行爲善而道亡繇至於盛德臣等所不及也臣謹議請定律曰諸當完者完爲城旦舂（文帝除肉刑皆有以易之故以完易髡以笞代劓以釱左右趾代刖此言髡者完之也）當黥者髡鉗爲城旦舂當劓者笞三百當斬左趾者笞五百當斬右趾及殺人先自告及吏坐受賕枉法守縣官財物而即盜之已論命復有笞罪者皆棄市（命者名也成其罪也趾足也當斬右足以其罪次重故從棄市也殺人先自告謂殺人而自首吏受賕枉法守縣官財物而盜之者此三罪已論名而又犯笞罪即皆棄市也）罪人獄已決完爲城旦舂滿三歲爲鬼薪白粲鬼薪白粲一歲爲隸臣妾隸臣妾一歲免爲庶人（應劭曰取薪給宗廟爲鬼薪白粲坐擇使正白粲然）

論肉刑

續漢書曰時論者多欲復肉刑孔融乃建議曰古者敦厖善否區別吏端刑清政無過失百姓有罪皆自取之末世陵遲風化壞亂政撓其俗法害其民故曰上失其道民散久矣而欲繩之以古刑投之以殘棄非所謂與時消息者也紂斮朝涉之脛天下謂爲無道夫九牧之地千八百君若各刑一人是天下常有千八百紂也求俗休和弗可得已且被刑之人慮不念生志在思死類多趣惡莫復歸正夙沙亂齊伊戾禍宋趙高英布爲世大患不能正人遂爲非也故明德之君遠度深惟棄短就長不苟革其政者也朝廷善之卒不改焉

魏志曰鍾繇上疏曰大魏受命繼蹤虞夏孝文革法不合古道先帝聖德固天所縱墳典之業一以貫之是以繼世仍發明詔思復古刑爲一代法連有軍事遂未施行陛下遠追二祖遺意惜斬趾可以禁惡恨入死之無辜使明習律令與群臣共議出本當右趾而入大辟者復行此刑書云皇帝清問下民鰥寡有辭於苗此言堯當除蚩尤有苗之刑先審問於下民之有辭者也若今蔽獄之時訊問三槐九棘群吏萬民使如孝景之令其當棄市欲斬右趾者許之其黥劓左趾宮刑者如孝文易以髡笞能爲數者率年二十至四五十雖斬其足猶任生育今天下人少於孝文之世下計所全歲三千人張蒼除肉刑所殺歲以萬計臣欲復肉刑歲生三千人疏奏詔曰太傅學廣才高留心政事文於刑理深遠此大事公卿群僚善共平議司徒王朗議以爲繇欲輕減大辟之條以增益刖刑之數此則起偃爲豎化尸爲人矣然臣之愚猶有未合微異之意夫五刑之屬著在科律科律自有減死一等之法不死即爲減施行已久不待遠假斧鑿於彼肉刑然後有罪次也前世仁者不忍肉刑之慘酷是以廢而不用不用已來歷年數百今復行之恐其所減之文未彰於萬民之目而肉刑之問已宣於寇讎之耳非所以來遠人也議者百餘人與朗同者多帝

以吳蜀未平且寢

王隱晉書曰曹彥議云嚴刑以殺犯之者寡刑輕易犯蹈惡者多臣謂玩常苟免犯法乃衆黥刖彰刑而民甚耻且創黥刖見者知禁彰罪表惡亦足以畏所以易曰小懲大戒豈蹈惡者多耶假使惡多尚不至死無妨産育苟必行殺爲惡縱寡而不已將至無人天無以神君無以尊矣故人寧過不殺是以爲上寧寬得衆若乃于張聽訟刑以止刑可不華舊過此以往肉刑宜復肉刑於死爲輕減死五百爲重重不害生足以懲姦輕則知禁禁民爲非所謂相濟經常之法議去不可或未知之也

又曰尚書梅陶問光禄大夫祖納漢文帝故當爲英雄旣除肉刑而五六百歲無能復者納荅曰諸聖制肉刑而漢文擅除已來無勝漢文帝者故不能復非聖人者無法何

足爲英雄於是陶不能對隱白征西大將軍曰夫政未可立則思制度全育民命富國強兵叛盜之屬斷支而已是好生惡殺叛盜皆死是好殺惡生也斷支若謂之酷截頭更不謂之虐何其乖哉刑罰不中則民無所措手足也蠻夷猾夏則皐陶作士此欲善其末則先制其本也自古多人猶惜民命得以御寇況今千不遺一益宜存在以伐大賊今若得改之則歲活數萬生數亦如之若此十載生各數萬斷支之後隨刑使役不失民不乏用富國強兵此之謂也

又曰劉頌上書曰古者刑以止刑及今反於刑生刑以徒生徒諸重犯亡者髮過三寸輒重髡之此以刑生刑亡加作一歲此以徒生徒也亡者積多繫囚猥畜議者因曰不可不赦復從而赦之此爲刑不制罪法不勝姦民知法之不勝相聚而謀爲不軌故自頃以來姦惡陵暴所在充斥漸以滋蔓日積不已弊將所歸議者不深思此故而曰肉刑於名忤聽忤聽孰與盜賊不禁聖王之制肉刑遠有深重其事可得而言非徒懲其畏剝割之痛而不爲也乃去其爲惡之具使夫姦民無用不復肆其志止姦絶本理之盡也亡者刖其足無所用復亡盜者截其手無所用復盜淫者割其勢理亦如之除惡塞源莫善於此又非徒然也此等已刑之後便各歸家父母妻子共相養恤瘡愈可役上准古制隨宜業作雖已刑殘不爲虐也生育繁阜之道自若也今宜取死刑之限重生刑之限輕及三犯逃亡淫盜悉以肉刑代之其三歲刑以下宜杖罰及宜制其罰數使有常限後刑不復生刑徒不復生徒而殘體爲戮終身作誡民見其痛畏而不犯必數倍於今且爲惡者隨發被

刑去其爲惡之具豈與全其爲姦之手足而戚居必死之窮地 哉而猶曰肉刑不可用臣切以爲識務之甚也

愽物志曰肉刑明王之制荀卿每論之漢興文帝感太倉公女之言而廢之班固著論云宜復之迄漢末魏初陳紀又論宜申古制孔融謂不可復魏武帝輔漢欲申之鍾繇王朗不同遂寢夏侯玄李勝曹義丁謐私議各有彼此多言時未可復故遂寢

崔寔政論曰高祖非九章之律髙后深三族之罪文帝去肉刑景帝減加笞由此言之世有所更何獨拘前

太平御覽卷第六百四十八

太平御覽卷第六百四十九

刑法部十五

髡　鞭　笞　考掠

髡

周禮秋官上掌戮曰髡者使守積鄭司農曰髡當爲完謂但居作三年不虧其體者也五刑之中而髡者必王之同族不劊者宮之爲翦傷其類髡仍以守積也

後漢書曰鄧騭子侍中鳳嘗與尚書郎張龕書屬郎中馬融宜在臺閣又中郎將任尚遺鳳馬後尚坐斷盜軍粮檻車徵詣廷尉鳳懼事洩先自首於騭騭畏太后遂髡妻以謝

曹瞞别傳曰太祖常行經麦中令士卒犯麦者死騎士皆下馬持麦以相付時太祖馬騰入麦中　主簿對以春秋之義罰不加於尊太祖曰制法而自犯之何以率下然孤爲軍師不可殺請自刑因拔劒割髮以置地

會稽典録曰吴範與鄒陽太守魏騰少相友善騰嘗有罪吴主怒甚敢有諫者死範謂騰曰與汝皆死騰曰死無益何死爲範曰安能慮此坐汝耶乃髡頭自縛詣閤下使鈴下以聞鈴下不敢曰必死不可範曰汝有子曰有使汝爲吴範死汝子屬我鈴下曰諾乃排閤入　吴主大怒欲授以戟逡巡走出範因突入叩頭流血言與涕并良久吴主意釋乃免騰

晉律曰髡鉗五歲刑

張斐律序曰髡者刑之威秋彫落之像

後魏書曰李訢負罪得降免有旨鞭髡刑配爲厮役訢之廢也平壽侯張讜見與語奇之謂人曰此佳士也終不久屈未幾而復爲太倉尚書

風俗通曰秦始皇遣蒙恬築長城徒士犯罪亡依鮮卑山後遂繁息今皆髡頭衣赭亡徒之明効也

鞭

書曰鞭作官刑爲辦治官事之刑也

傳曰齊襄公田于貝丘見大豕從者曰公子彭生也公怒曰彭生敢見射之豕人立而啼公懼墜于車傷足喪屨反誅屨於徒人費弗得鞭之見血

又曰重耳過衛衛文公不禮焉出於五鹿乞食於野人與之塊公子欲鞭之子犯曰天賜也稽首受而載之

又曰楚子將圍宋使子文治兵於睽終朝而畢不戮一人子玉復治兵於蔿終日而畢鞭七人貫三人耳

又曰衛獻公初有嬖妾使師曹誨之琴誨教也師曹鞭之公怒鞭師曹三百

穀梁傳成公曰梁山崩壅河三日不流晉君召伯遵而問焉伯遵來遇輦者不辟使車右下而鞭之輦者曰所以鞭我者取道遠矣伯遵下車問焉曰子有聞乎對曰梁山崩壅河三日不流伯遵曰君爲此召我如之何輦者曰天有山天崩之天壅之雖召伯遵其若之何伯遵由悉問焉悉至疑欲重問之也輦者曰君親素縞帥臣而哭之既祀焉

後漢書曰劉寬遷南陽太守典歷三郡温仁多恕雖在倉卒未嘗疾言遽色常以爲齊之以刑民免而無耻吏人有過但用蒲鞭罰之示辱而已

漢晉春秋曰明帝勤於吏事苛察踰甚或於殿前鞭殺尚書郎

晉中興書曰謝鯤字幼輿弱冠知名值中朝大亂長沙王

乂輔政親媚小人忌害君子時疾鯤名諧之乂遂執欲鞭之鯤解衣伏鑕神無遽容乂異而釋之文無喜色

又曰皇帝詔飛督王饒忽上吾鴆鳥口去以碎惡此凶物豈宜妄進於是頓鞭饒二百使殿中御史孫雲監於四衢道焚燒之

後魏書曰甄琛監決趙脩鞭猶相隱惻然告人曰趙脩小人背如土牛殊耐鞭杖有識以此非之

三國典略曰齊崔讜遷鉅鹿太守恩信大行改鞭用熟皮爲之不忍見血示恥而已有貧弱未理者皆曰我自造白牘公不慮不決在郡七載獄無停囚

齊春秋曰齊景真爲晉平太守有惠政常懸一蒲鞭未嘗用之

齊書曰薛安都從弟道生以軍功爲大司馬參軍犯罪爲秣陵令庾淑之所鞭安都大怒乃乘馬從數十人令左右執矟欲往殺淑之行至朱雀䲡逢柳元景遥問曰薛公何之安都躍馬至車後曰小子庾淑之鞭我從弟今往刺殺之元景慮其不可駐紿之曰小子無宜適御往與手甚快安都旣迴馬元景復呼之令下馬入車因讓之曰御從弟服章言論與寒細不異且人身犯罪理應加罰御朝廷勳臣云何放恣輙於都邑殺人非唯科律所不容主上亦無辭相宥因載俱歸安都乃止

南史曰褚玠爲山陰令時舍人曹義達爲宣帝寵縣人陳信家富諂事義達信父顯文恃勢横恣玠乃遣使執顯文鞭之一百於是吏人股慄

唐書曰太宗以暇日遍閲群書因讀明堂孔穴云人五藏之系咸附背脊針灸失所皆有損害乃廢書而歎曰今律決笞者皆六辟背分受乃有邂逅致死之義撻人之背理則宜然夫箠五刑之最輕者死者人生之至重者也豈容犯最輕之刑而或致死自古帝王由來未悟不亦悲夫即頒制決罪人不得鞭背

晉令曰應得法鞭者即執以鞭過五十稍行之有所督罪皆隨過大小大過五十小過二十鞭皆用牛皮革廉成法鞭生革去四廉常鞭用熟靼（之列反柔革也）不去廉作鵠頭紐長一尺一寸鞘長二尺二寸廣三分厚一分柄皆長二尺五寸

搜神記曰神農以赭鞭鞭百草盡知其毒寒溫臭味所主故天下号曰神農也

異苑曰河内司馬惟之奴天雄死死後還其婦來善聞體有鞭瘡而却着鏁問云有何過至如此曰曾因醉罵大家今受此罪

列女傳曰楚野辯女者昭氏妻也鄭簡公使大夫聘於荆至於狹路有一婦人乘車與大夫遇擊折大夫車之軸大夫怒將執而鞭之女曰妾聞君子不遷怒不貳過今狹路之中妾之避已極矣而子大夫之僕不肯少何是以廢于大夫之車而反執妾豈非遷怒哉不怒僕而反怒妾豈不貳過哉

會稽典錄曰鍾離意爲尚書僕射時匈奴有降者詔賜縑三百疋尚書郎暨鄴誤以三千疋賜之上大怒鞭鄴殿下重痛將死意直排闥入諫曰陛下德被四表恩及夷狄是以左稚之徒稽首來服愚聞刑疑從輕賞疑從重今陛下以鄴賞誤發雷霆之威海内謂陛下貴微財而賤士命也

又曰謝夷吾爲郡功曹吏太守第五倫妻車馬入府無所關啓夷吾鞭功曹佐吏門闌卒牽車馬出之收其人從倫爲解之良久乃已

汝南先賢傳曰許嘉年十三父給亭治道坐不竟當得鞭嘉叩頭流血請得免由是感激讀書

梅陶自敘曰余居中丞曾以鞭皇太子傅親友莫不致諫余笑而應之曰堂高由階皇太子所以得崇於上由吾奉王憲於下也豈其枉道取媚後皇太子特見延賜以清讌

笞

史記曰張儀嘗從楚相亡璧意疑盜執掠笞數百不服釋之

漢書曰曹參子窋爲中大夫惠帝怪相國不治事謂窋曰汝歸私從容問乃父曰高帝新棄群臣帝富於春秋君爲相國日飲無所請何事以憂天下然無言吾告汝也窋既洗沐歸時閒自從帝所陳參怒而笞之二百曰趍入侍天下事非乃所當言也

又曰景帝元年下詔曰加笞與重罪無異（重罪謂死刑）幸而不死不可爲人（謂不能自起居也）其定律笞五百曰三百笞三百曰二百猶尚不存至中六年又下詔曰加笞者或至死而笞未畢朕甚憐之其減笞三百曰二百笞二百曰一百

又曰笞者所以教之也其定箠令（箠策也所以擊者也）丞相劉舍御史大夫衛綰請笞者箠長五尺其本大一寸其竹也末薄半寸皆平其節當笞者笞臀毋得更人畢一罪乃更人自是笞者得全

又曰車千秋爲高廟寢郎會斷衛太子爲江充所譖敗之千秋上急言訟太子冤曰子弄父兵罪當笞耳天子之子過誤殺人當何罪哉臣嘗夢見一白頭翁教臣之言是時上頗知太子惶恐無他意乃大感悟焉

又曰孝平后有節操自劉氏廢常稱疾不朝會莽敬憚傷哀欲嫁之迺更號爲皇新室主令立國將軍成新公孫建世子豫（成飾也音象）飭醫往問后疾后大怒笞鞭其傍侍御因發疾不肯起莽遂不敢強也及漢兵誅莽燔燒未央宮后曰何面目以見漢家自投火而死

楚漢春秋曰上敗彭城　丁固追上上被髮而顧曰丁公何相逼之甚乃迴馬而去上即位欲陳功上曰使項氏失天下是子也爲人臣用兩心非忠也使下吏笞殺之

東觀漢記曰鄧禹攻赤眉曰無穀食自當來五百折箠笞之非諸將憂也

後漢書曰汝南太守宗資署范滂功曹委任政事滂外甥西平李頌公族子孫而爲鄉曲所棄中常侍唐衡以頌請資資用爲吏滂以非其人寢而不召資遷怒捶書佐朱零零仰曰范滂清裁猶以利刃齒腐朽今日寧受笞死而滂不可違資乃止

又曰橋玄再遷上谷太守又爲漢陽太守時上邽令皇甫禎有贓罪玄收考髡笞死于冀市

隋書曰劉行本爲治書侍御史未幾遷黃門侍郎上嘗怒一郎於殿前笞之行本進曰此人素清其過又小願陛下少寬假之上不顧行本於是正當上前曰陛下不以臣不肖置臣左右臣言若是陛下安得不聽臣言若非當致之於理以明國法豈得輕臣而不顧也臣所言非私因置笏於地而退上斂容謝之遂原所笞者

管子曰棟橈不勝任則屋覆而人不怒者其理然也弱子

慈母所愛也不以其理下瓦則慈母笞之

說苑曰韓伯瑜有過其母笞之泣其母問曰他日笞之未嘗泣今何泣對曰他日瑜得笞常痛今母力之衰笞不痛是以泣之

益部耆舊傳曰杜真字孟宗廣漢緜竹人也少有孝行習春秋誦百萬言兄事同郡翟酺酺後被繫獄真上檄章救酺繫獄笞六百竟免酺難京師莫不壯之

拷掠

釋名曰搥而死曰掠掠狼也用威如狼也

漢書曰景帝詔曰死者不可復生刑者不可復息此先帝之所重也而吏未稱職以掠辜苦飢寒瘦死獄中何用心逆人道也朕甚痛之其令郡國歲上繫囚以掠若瘦死者坐名縣爵里丞相御史課殿最以聞也

後漢書曰薛安爲楊州從事戴就字景成會稽上虞人爲會曹掾受贓穢刺史歐陽操遣安檢治拷覆取實安乃收就拷訊五毒乃以針刺就手十指甲使令爬土又燒鐵令赤使挾之肘腋内燋爛肉墮地就乃取而食之終無欵伏安乃覆就於舡下而燒馬糞於舡兩頭熏之火滅謂就已死發舡視之乃張目謂其主者曰公何不益糞添火而使絶之何也主者乃報安安大驚遂引就共坐談論乃解其事耳會稽典錄又載

又曰遭黨事當考實李膺等案經三府太尉陳蕃却之曰今所考案皆海内人譽憂國忠公之臣此等猶十代宥也豈有罪名不彰而致收掠者乎不肯平署平署猶連署也帝愈怒遂下膺等於黄門北寺獄

又曰周紆遷司隸校尉六年夏旱駕自幸洛陽録囚徒二人被掠而虫生者轉騎都尉

後魏書曰盧度世以崔浩事弃官逃於高陽鄭羆家羆匿之使者囚羆長子將加箠楚羆戒之曰君子殺身以成仁汝雖死勿言子奉命遂被考掠至于火爇其體因以物故卒無所言度世後令弟妻羆妹以報其恩

又曰尉古真代人也道武之在賀蘭部賀染干遣侯引乞突等將肆逆古真知之密馳以告染干疑古真泄其謀乃執持之以兩車軸押其頭傷其目不服乃免之

梁書曰梁代舊律測囚之法日一上起自晡鼓盡于二更及比部郎中泉删定律令以舊法測立持久非人所堪分其刻數日再上廷尉以爲新制過輕請集八座議之尚書周弘正議曰凡小大之獄必應以情豈可恣考掠以判刑罪且測人時節本非古制近代以來方有此法起自晡鼓迄于二更豈是常人所能堪忍所以重械之下誣枉者多朝晚二時同等刻進退而求於事爲衷

會稽典録曰梁宏句章人也太守尹興召署主簿是時楚王英謀反妄疏天下牧守謀發興在疏中徵詣廷尉宏與門下掾陸續等傳考詔獄掠毒備至辭氣益壯

太平御覽卷第六百四十九

太平御覽卷第六百五十

刑法部十六

杖　督　流徒

杖

尚書堯典曰朴作教刑（撲榎楚也不勤道業則撻之）

禮記學記曰榎楚二物收其威也

家語曰舜之事父小杖則受大杖則走

後漢記曰明帝時政事嚴峻九卿皆鞭杖左雄上言九卿位次三事班在大臣行有佩玉之節動有庠序之儀加以鞭杖誠非古典上即除之

魏志曰楊阜字義山爲大匠卿上疏欲省宮人諸不見幸者乃召御府吏問後宮人數吏崔令對曰禁密不得宣露阜怒杖百數之曰國家不與九卿爲密乃與小吏爲密乎帝聞而愈敬憚之

又曰周宣字孔和樂安人爲郡吏太守楊沛夢八月一日曹公當至必與君杖飲以藥酒使宣占之對曰夫杖起弱藥治人病八月一日賊必除滅至期賊果破

蜀志曰劉琰妻胡入賀太后太后令特留胡經日乃歸胡有美色琰疑其與後主有私呼卒伍撾胡至於以杖傳面而後棄遣胡具以告琰坐下獄有司議卒非撾妻之人面非受杖之地琰竟棄市

王隱晉書曰武帝以山濤爲司徒頻讓不許出而徑歸家左丞白褒又奏濤違詔杖褒五十

晉陽秋曰諸葛武侯杖十以上親決宣王聞之喜曰吾無患矣

後周書曰宣帝自公卿已下皆被楚撻其間誅戮黜免者不可勝言每笞箠人以百二十爲度名曰天杖宮人內職亦如之右妃嬪御雖被寵嬖亦多被杖背於是內外恐懼人不自安

北史曰盧潛爲黃門鄭子默奏潛從清河王岳南討岳令潛說梁將侯瑱大納瑱賂遺還不奏聞文宣杖潛一百仍截其鬚潛顏色不變

三國典略曰齊義寧太守荀仲舉字士高穎川汝陰人也在郡清簡亦工詩詠嘗與長樂王尉粲劇飲齧粲指至骨齊文宣知之賜杖一百或問其故云我那許當時正疑是鹿尾耳

又曰齊馮翊王潤字子澤神武第十四子也廉慎方雅習於吏職神武嘗稱之曰此是吾家千里駒也初爲定州刺史開府王迴洛潤省獨孤披侵竊官田受納贈賂潤案舉其事二人上言潤出送臺使登魏文舊壇南望歎息不測

其意武成宣命於州曰馮翊王少小謹慎內外所知不爲非法朕信之矣登高遠望人之常情何足可道鼠輩輕相間構理應從斬猶以舊人未忍致法迴洛決鞭二百披宜決杖一百

隋書曰高祖性猜忌素不悅學既任智而獲大位因以文法自矜明察臨下恒令左右覘視內外有小過失則加以重罪又患令史贓汚因私使人以錢帛遺之得犯立斬每於殿庭打人一日之中或至數四嘗怒門事揮楚不甚即命斬之十年尚書左僕射高熲治書侍御史柳彧等諫以爲朝堂非殺人之所殿庭非決罰之地帝不納熲等乃盡詣朝堂請罪曰陛下子育群生務在去弊而百姓無知犯者不息致陛下決罰過嚴皆臣等不能有所裨益請自退

屛以避賢路帝於是顧謂領左右都督田元曰吾杖重乎元曰重帝問其狀元擧手曰陛下杖大如指捶楚人三十者比常杖數百故多致死帝不懌乃令殿内去杖欲有决罰各付所由

又曰庫伙士文拜貝州刺史性清苦不受公料家無餘財其子嘗噉官厨餅士文枷之於獄累日杖一百步送還京僮隷無敢出門

又曰燕榮爲幽州總管按部道次見藂荆堪爲笞棰命取之輒以試人人或自陳無咎榮曰後若有罪當免尓及後犯細過將撾之人曰前日被杖使君許有罪宥之榮曰無過尚尓况有過耶榜棰如舊

唐書曰開元二年監察御史蔣挺有所犯勑朝堂杖之黄門侍郎張廷珪曰御史憲司清望耳目之官有犯當殺即

殺當流即流不可决杖可殺不可辱也

又曰開元中前廣州都督裴伷先下獄中書令張嘉貞奏請决杖兵部尚書張説進曰臣聞刑不上大夫以其近於君也故曰士可殺不可辱臣今秋巡邊中途聞姜皎朝堂决杖流皎是三品亦有微功不宜决廷辱以卒伍待之且律有八議勲貴在焉今伷先不可輕行决罰上然其言嘉貞不悦退而謂悦曰何言事之深也説曰宰相者時來即爲豈能長據若貴臣盡當可杖但恐吾等行當及之此言非爲伷先乃爲天下士君子也

又曰王遂爲浙西觀察使每有笞撻其杖率過常制旣遇禍監軍使封其杖來獻命中人出示於朝以作誡

世祖曰桓宣武在荆州欲以德被江漢耻以威刑肅物令史受正從朱衣上過桓室年少從外來云向從門下過令史受杖上稍雲根下拂地足意譏其不着宣武云我猶患其重

傳集曰咸爲左丞楊濟與咸書曰昨遣人相視受罰云大重以爲恒然相念杖痕不耐風寒宜深慎護不可輕也當飲酒令體中常煖爲佳蘇治瘡上急痛故寄徃之咸荅違距上命稽停詔罰退思此罪在於不測纔加罰黜退用戰悸何復以杖重爲劇小人不德所好唯酒宜於養瘡可數致也

襄陽耆舊記曰羅尚爲右丞是時左丞處事失武帝意大怒欲寀入重罪事連尚於是尚爲坐受杖一百時論美之

益部耆舊傳曰常播字文平蜀郡江源人仕縣主簿縣長廣都朱淑以官穀割設當論重罪播爭獄訟身受杖數千披肌割膚更歷三獄幽閉二年每將掠拷吏先驗問伏不

播荅言忽得罰無所多問辭終不撓事遂見明也

三輔决録曰丁邯字叔春正直不橈擧孝廉爲郎以令史次補也世祖改用孝廉選邯補爲郎邯稱疾不就詔問實病羞爲郎乎對曰臣實不病以孝廉爲令史職尓世祖怒使虎賁杖之數千詔問欲爲郎不邯曰能殺臣者陛下不能爲郎者臣也詔出不爲郎

督

晉書曰魏明帝改士庶罰金之令婦人加笞還從鞭督之例以其刑體裸露故也

晉律曰諸有所督罰五十以下鞭如令平心無私而以辜死者二歲刑

晉令曰應受杖而體有瘡者督之也

束皙勸農賦曰乃有老閑舊猥欺狡難覺時雖被考不過

校督歌對囹圄笑向桎梏

流徙

書曰五流有宅五宅三居謂不忍加刑則流放之若四凶者五刑之流各有所居大罪四裔次九州之外次千里之外也

又曰流宥五刑流共工於幽州放驩兜于崇山竄三苗于三危殛鯀于羽山四罪而天下咸服

後魏書曰高聰有罪恕死徙平州爲民屆瀛州屬刺史王質獲白兔將獻託聰爲表高祖見表顧謂王肅曰在下那得復有此才而令朕不知也肅曰此高聰北徙此文或其所製高祖悟曰必應然也

隋書曰王伽開皇末爲齊州行參軍初無足稱後被州使送流囚李參等七十餘人詣京師時制流人並枷鏁傳送

伽行次滎陽哀其辛苦悉呼而謂之曰汝等雖犯憲法枷鏁亦大辛苦吾欲與汝等脫去行至京師總集能不違期不皆拜謝曰必不敢違伽於是悉脫其枷停援卒與期曰某日當至京師如致前却吾當爲汝受死舍之而去流人感悅依期而至一無離叛上聞而異之於是悉召流人并令携負妻子俱入賜宴於殿庭而赦之擢伽爲雍令

太平御覽卷第六百五十

太平御覽卷第六百五十一

刑法部十七

除名　免官　收贖

禁錮

除名

何法盛晉中興書曰胡毋崇爲永康令多受貨賂政治苛暴詔都街頓鞭一百除名爲民

隋書曰賀若弼被除名每出怨言晉公護徵還令自殺臨刑呼子弼謂曰吾欲必平江南然此心不果汝當成之吾以舌死汝不可不思引錐刺弼舌出血誡以愼口

又曰賀若弼坐免官弼怨望愈甚後數年下弼獄上謂之曰我以高熲楊素爲宰相汝唱言云此二人唯堪啗飯耳是何意也弼曰熲臣之故人素臣之舅子臣並知其爲人誠有此語公卿奏弼怨望罪當死上惜其功於是除名爲民

又曰高熲得罪除名爲民熲初爲僕射其母誡之曰汝富貴已極但有一斫頭耳尒其愼之熲由是常恐禍變及此熲歡然無恨色以爲得免於禍

又曰權武爲潭州總管晚生子與親客宴集酒酣遂擅赦所部内獄囚武帝以南越邊遠治從其俗務適便宜不依律令而每言當今法急官不可爲上令有司案其事皆驗上大怒命斬之武於獄中上書言其父爲武元皇帝戰死於馬前以此求哀由是除名爲民

晉律曰吏犯不孝謀殺其國王侯伯子男官長誣偷受財枉法及掠人和賣誘藏亡奴婢雖遇赦皆除名爲民

又曰除名比三歲刑

又曰其當除名而所取飲食之用之物非以爲財利者應罰金四兩以下勿除名

晉潘岳閑居賦叙曰今天子諒闇之際領太傅主簿府誅除名爲民俄而復官

免官

後漢書曰梁松遷太僕數爲私書請託郡縣二年發覺免官遂懷怨望四年冬乃懸飛書誹謗下獄死

宋書曰庾登之爲司徒長史南東海太守府公彭城王義康專覽政事不欲自下厝意而登之性剛每陳己志義康不悦出爲吴郡太守以贓貨免官

又曰謝靈運在會稽亦多徒衆驚動縣邑太守孟顗因靈運橫恣表其異志靈運馳詣闕上表自陳本末文帝知其見誣不罪也以爲臨川内史在郡遊放不異永嘉爲有司

遣使隨州從事鄭望生收靈運興兵叛逸遂有逆志爲詩曰韓亡子房奮秦帝魯連恥本自江海人忠義感君子追討禽之送廷尉廷尉論上斬刑上愛其才欲免官而已彭城王義康堅執謂不宜恕詔以謝玄勲參微管宜宥及後嗣降死徙廣州

晉律曰免官比三歲刑其無眞官而應免者正刑召還也

又曰有罪應免官而有文武加官者皆免所居職官

又曰其犯免官之罪不得減也

又曰其當免官者先上（免官謂不聽應收治者也）

收贖

書曰金作贖刑

又曰墨辟疑赦其罰百鍰（六兩曰鍰鍰黄鐵也）劓辟疑赦其罰惟倍（倍百爲二百也）剕辟疑赦其罰倍差（倍差謂俗之文半爲五百鍰）宫辟疑赦其

罰六百鍰大辟疑赦其罰千鍰

國語曰桓公問齊國寡甲兵爲之若何（甲鎧兵弓矢之屬）管仲對曰輕過而移諸甲兵（諸之也謂輕其過使以甲兵贖罪）制重罪贖以犀甲一戟（重罪死罪犀皮可爲甲戟車戟也秋長二丈六尺）輕罪贖以鞼（勑位切）盾一戟（輕罪劓刖之屬鞼盾綴革有文加繢）小罪讁以金分（小罪不入五刑者以金贖分兩之差今之罪金是也書曰金作贖刑也）

家語曰魯國之政法贖人臣妾於諸侯者皆取金於府子貢贖之而辭不取孔子聞之曰賜失之矣夫聖人舉事可以移風易俗而教導不可施於百姓非獨適身之行也今魯國富者寡貧者多贖人受之金則爲不廉則何以相贖乎自今已後魯人不復贖人法於諸侯矣

漢書曰文帝嘗行中渭橋有一人聞蹕匿橋下久以爲蹕過走出乘輿馬驚廷尉張釋之奏犯蹕當罰金帝怒曰賴吾馬和柔他馬巳傷敗我廷尉迺罰金耶

又曰張敞上書論死刑以下出粟贖罪以給軍用蕭望之以爲父兄囚執子弟將不顧死亡之患敗亂之行以赴財利求救一人得生十人以喪且富者得生貧者獨死刑法不一也

又曰禹貢上言孝文皇帝時貴廉絜賤貪行賈人贅壻及吏坐贓者皆禁錮不得爲吏無贖罪之法欲令禁止海內大化武帝始臨天下尊賢用正開地廣境日見功大遂縱嗜欲迺行一時之變使犯法者贖罪入穀者補吏是以官民貧盜賊並起

又曰衛青爲太中大夫元光六年拜爲車騎將軍擊匈奴出上谷公孫敖出代郡李廣出鴈門敖以七千騎廣爲虜所得得脫歸皆當斬贖爲庶人

又曰趙食其穀栩人也（穀丁木切栩許羽切）爲右將軍從大將軍出定襄迷失道當斬贖爲庶人

又曰博望侯張騫郎中令李廣俱出右北平異道匈奴左賢王將數萬騎圍廣廣與戰二日騫至匈奴引兵去騫坐行留當斬贖爲庶人

又曰右衛將軍蘇建亡軍獨身脫還贖爲庶人

後漢書曰孝明時詔亡命自殊死以下贖死罪縑四十疋右趾至髡鉗城旦舂十疋完城旦至司寇五疋犯罪未發覺詔書到日自告者半入贖

晉書曰王宏有政績後爲河南尹苛碎坐桎梏罪人以泥墨塗面置深坑中餓不與食又擅縱五歲刑以下二十人爲有司所劾帝以宏累有功績聽以贖論

又曰烈王無忌閔王承之子也承爲荆州刺史王廙所害江州刺史褚裒當之鎮無忌及丹陽尹桓景等餞於版橋時王廙子丹陽丞耆之在坐無忌志欲復讎拔刀將手刃之裒景命左右救捍獲免御史中丞車灌奏無忌欲專殺人付廷尉科罪成帝詔曰王當以體國爲大豈可尋繹由來以亂朝憲主者其申明法令自今已往有犯必誅於是聽以贖論

齊書曰到撝永明元年爲御史中丞車駕幸丹陽郡宴飲撝恃舊酒後狎侮同列謂庾景之蠢尒蠻荆其俗鄙復謂虞悰曰斷髮文身其風陋王晏既貴雅步從容又問曰王散騎復可故尒晏先爲國常侍轉員外散騎郎此二職清華所不爲故以此嘲之王敬則執楨查以刀子削之又曰此非元徽頭何事自契之爲左丞庾景之所糾以贖論

唐書曰後魏起自北方屬晉室之亂部落漸盛其主乃峻

刑法每以軍令從事人衆寬政多以違令得罪死者以萬計於是國落騷然其後當死者聽其家獻金馬以贖

會稽典録曰楊矯爲右丞詣南宮取急棄條閣舊事於複道中逢太常羊柔不避車又下矯紏奏柔以爲知丞郎應行威儀有序九列外官而公干犯請廷尉治柔罪詔勿治以三月俸贖罪

晉律曰其年老小篤癃病及女徒皆收贖

又曰諸應收贖者皆月入中絹一疋老小女人半之

又曰贖死金二斤也

又曰失贖罪因罰金四兩也

又曰以金罰相代者率金一兩以當罰十也

禁錮

傳曰楚共王即位將爲陽橋之役使屈巫聘于齊且告師期巫臣盡室以行遂奔晉晉人使爲邢大夫子反請以重幣錮之（禁錮勿令仕）王曰　其自爲謀也則過矣其爲吾先君謀也則忠忠社稷之固也所蓋多矣（蓋覆也）且彼若能利國家雖重幣晉將可乎（言不許）若無益於晉晉將弃之何勞錮焉

又曰會於商任錮欒氏也（禁錮欒盈使諸侯不得受之）二十二年會于沙隨復錮欒氏也（晉知欒盈在齊故復錮也）

後漢書曰河内張成善説風角推占當赦遂教子殺人李膺爲河南尹督促收捕既而逢宥獲免膺愈懷憤疾竟案殺之初成以方伎交通宦官帝亦頗訊其占成弟子牢脩因上書誣告膺等養太學游士交結諸郡生徒更相驅馳共爲部黨誹訕朝廷疑亂風俗於是天子震怒班下郡國逮捕黨人布告天下使同忿疾遂收執膺等其辭所連及陳寔之徒二百餘人或有逃遁不獲皆懸金購募使者四出相望於道明年尚書霍諝城門校尉竇武並表爲請帝意稍解乃皆赦歸田里禁錮終身而黨人之名猶書王府

熹平五年永昌太守曹鸞上書大訟黨人言甚方切帝省奏大怒即詔司隸益州檻車收鸞送槐里獄掠殺之於是又詔州郡更考黨人門生故吏父子兄弟其在位者免官禁錮爰及五屬（謂斬縗齊縗大功小功緦麻也）

又韓稜初爲郡功曹太守葛興中風病不能聽政稜陰代興視事出入二年令無違者興　嘗發教欲署吏稜拒執不從因令怨者章之（章謂令上章告言之）事下案驗吏以稜掩蔽興病專典郡職遂致禁錮顯宗知其忠後詔特原之

又曰第五倫上疏云三輔論議者至云以貴戚廢錮當復以貴戚浣濯之猶解酲當以酒也（病酒曰酲）詖險趍勢之徒誠不可親近

齊書曰王晏弟詡位少府卿勑未登黄門郎不得畜女伎詡與射聲校尉陰玄知坐畜伎免官禁錮十年勑特原

典略曰馬騁在東觀十六年以爲父費精思非養生之道擅去離署免官禁六年

崔鴻前燕録曰遼東内史宋該舉侍郎韓偏爲孝廉慕容儁令曰夫孝廉者道德沉敏貢之王庭偏往助叛徒迷固之罪及王威臨討憑城醜詈此則勃之甚忝何舉之該下吏可正四歲刑偏行財祈進虧亂王典可免官禁錮終身

晉令曰犯免官禁錮三年

鄭玄別傳曰玄病篤與益恩書曰吾預黨禁錮十四年也

太平御覽卷第六百五十一

太平御覽卷第六百五十二

刑法部十八

赦

易曰雷雨作解君子以赦過宥罪

書曰眚災肆赦（眚過災害肆緩言大過害當緩赦之）

又曰五刑之疑有赦五罰之疑有赦其審克之（刑疑赦從罰罰疑赦免其當審察能得其理）

周禮曰國君過市刑人赦

又曰司刺掌三宥三赦之法一宥曰不識再宥曰過失三宥曰遺忘一赦曰幼弱再赦曰老耄三赦曰惷愚

爾雅曰赦舍也（舍放置也）

論語曰子路問政子曰先有司赦小過舉賢才

史記曰陶朱公子殺人囚於楚公曰殺人而死職也使少子往視之乃裝黃金千溢以置褐器中載以一牛車遣其少子長男固請欲行公不許長男曰長子家督也今弟有罪大人不遣是吾不肖欲自殺其母爲言不得已而遣長子爲一封書及金令遺故所善莊生生乃見楚王曰某星犯某宿獨以德爲可以除之王乃使封三錢之府長男以赦弟固當出也重千金虛弃無所爲也乃復見莊生曰弟今自赦故辭去生知其意曰自入室取金莊生耻爲兒所賣乃入見楚王曰臣出道路皆言陶之富人朱公子多將金賂王左右王非能恤楚而恩赦乃以陶朱公子也楚王大怒遂殺陶朱公子明日乃赦令長子持其弟喪歸也

漢書曰惠帝冠赦天下省法令妨吏民者除挾書律（如淳曰秦皇令敢有挾持書闕略者爲城旦舂）

又曰惠帝崩太子立爲皇帝年幼太后臨朝稱制大赦天

下

又曰成帝元封二年四月臨決河塞隄作瓠子歌赦所過徒六月詔曰甘泉宮內銅池中産芝九莖連葉赦天下作芝房之歌五年冬行南巡還至泰山增脩封禪赦天下六年詔曰朕禮首山昆田出珎物化爲黃金祭后土神光三燭其赦汾陰殊死以下賜天下貧民布帛人一疋益州昆明反赦京師亡命令從軍擊之後元年三月詔曰朕郊見上帝巡于北邊見群鶴留止以不羅網靡所獲薦獻于泰時光景並見其赦天下也

又曰宣帝地節元年四月鳳凰集魯群鳥從之戊申立皇太子赦天下神爵四年春二月詔曰喜瑞並見脩興太一五帝后土之祠祈爲百姓蒙福鸞鳳萬舉集止于傍齋戒之暮神光顯著薦獻之夕神光交錯或降于天或登于地或從四方來集于壇上帝嘉饗海內承福其赦天下

又曰成帝建始元年二月詔曰迺者火災降于祖廟有星孛于東井其大赦天下咸得自新永嘉元年丙寅立皇后趙氏大赦天下四年正月行幸甘泉郊泰畤神光降集紫殿大赦天下

又曰哀帝建平二年四月詔曰漢家之制推親親以顯尊尊定陶恭皇之号不宜復稱定陶尊恭皇太后稱永信宮立恭皇后廟於京師赦天下

東觀漢記曰吳漢疾篤上乃親自臨問所欲言對曰臣愚無所識知唯願無赦而已

又曰郭躬家世掌法務在寬平章和赦天下繫囚在四月丙子以前減死罪一等勿笞詣金城而文不及亡命躬上封事曰伏惟大恩莫不蕩宥死罪以下並蒙更生而亡命

捕得獨不沾澤臣以爲赦前犯死罪而繫在赦後者可皆勿嘗詣金城以全民命益邊上善之即下詔赦焉

謝承後漢書曰學士中諸生與李膺等更相褒重莫不畏其貶議時河内張成善說風角推占當赦遂教子殺人李膺爲河南尹督促收捕既而逢宥獲免膺愈懷憤疾竟案殺之

又曰度尚爲荆州刺史尚見胡蘭餘黨南走蒼梧懼爲已負仍僞上言蒼梧賊入荆州界於是徵交趾刺史張磐下廷尉辭狀未正會赦見原磐不肯出獄方更牢持械節獄吏謂磐曰天恩曠然而君不出何乎磐因自列曰前長沙賊胡蘭作難荆州餘黨散入交趾磐身嬰甲冑涉危履險討擊凶患斬殄渠帥餘燼鳥竄冒遁還奔荆州刺史度尚懼磐先言怖畏罪戾伏奏見誣磐備位方伯爲國爪牙

而爲尚所枉受罪牢獄夫事有虛實法有是非磐若實不辜赦無所除如忍以苟免求受侵辱之耻生爲惡吏死爲弊鬼乞傳尚詣廷尉面對曲直廷尉以其狀上詔書徵尚到廷尉辭窮受罪以先有功得原

又曰董卓死陝中諸將後共相要遣使詣長安相聞求乞大赦尚書令王允等以爲殺卓時已赦今復求一歲不可再赦李傕等曰京師不赦我我當死不若決之若攻長安克之則可大得天下不克則盡鈔取三輔婦女財物西上隴歸鄉里作賊延命尚可數年於是帥兵西向長安

魏志曰文帝延康元年受禪即位改延康爲黄初大赦天下

又曰陳留王奂即位咸熙二年二月加相國晉王冕十二旒天子旌旗出警入蹕乘金銀車等癸未大赦八月辛卯晉王薨壬辰晉太子紹封襲位襄武縣言有大人見長三丈餘跡長尺二寸白鬚着黄單衣黄巾柱杖呼人王始語云今當太平九月乙未大赦

吳志曰吕蒙病發孫權迎置内殿夜不能寐病中有瘳爲下赦令

又曰孫皓天璽元年吳郡言臨平湖自漢末草穢擁塞今更開通長老相傳此湖邊石函中有小石青白色長四寸廣刻作皇帝字於是改年大赦

蜀志曰孟光字孝裕河南人延熙九年秋大赦光責大將軍費禕曰夫赦者偏枯之物非明世所宜有世衰弊窮極必不得已然後乃可權而行之耳今主上仁賢百僚稱職有何旦夕之危倒懸之急而數施非常之恩以惠姦宄之惡乎又鷹隼始擊而更原宥有罪上犯天時下違人理老夫

耄朽不達治體竊謂斯法難以經久豈具瞻之高美所望於明德哉禕但顧謝踧踖而已

干寶晉紀曰庶人楊氏卒于金墉城陳留董仲道遊於太學喟然而歎曰建斯室也何爲者乎每見國家赦書謀反大逆皆除其殺祖父母父母者不除以爲道法所不容也何今日公卿而廢議文飾禮典以至此事乎天人之理既感大亂將作矣顧謂謝鯤阮千里等曰易稱知幾其神卿等各可深逃乃身荷擔妻子惟鹿車以入于蜀山莫知所至

王隱晉書曰武帝咸熙二年十二月丙寅上乃設壇受命于郊即洛陽宮幸太極前殿大赦天下

又曰愍帝建興元年夏四月壬申上即位于長安宮改年大赦天下與之更始前後不及者皆除之

崔鴻前秦録曰王猛疾病未瘳苻堅大赦死已下

又曰永興元年苻堅將爲赦與尚書左僕射王猛右僕射苻融密議於露堂屏左右爲赦文有一大蒼蠅入自牖間鳴聲甚大集于筆端驅而復來久之乃去俄而長安市里相告曰官今大赦有司以聞堅驚謂猛融曰禁中何從泄也於是勑外推之咸言有一小人衣黑衣大呼于市曰官今大赦須臾不見堅歎曰其向者蒼蠅也

後魏書曰崔玄伯太宗時郡國豪右大爲人蠧乃優詔徵之人多戀本而長吏逼遣於是輕薄少年因相扇動所在聚結討之不能禁太宗乃引玄伯及元成侯屈等議赦之屈曰人逃不罪而反赦之似若有求於下不如先誅首惡赦其黨類玄伯曰王者治天下安人爲本何能顧小曲直也譬琴瑟不調必改絃而更張夫赦雖非正道而可以權行自秦漢已來莫不相踵屈言先誅後赦會於不能兩去孰與一行便定若其赦而不改者誅之不晚太宗從之

後周書曰明帝三年夏詔比屢有糺發官司赦前事此雖意在疾惡但先王制肆眚之道令天下自新若又推問自新何由哉如此之徒有司勿爲推究惟庫廐倉廩與海内所共漢帝有云朕天下守財耳若有侵盜公家財畜錢粟者魏朝之事年月既遠一不須問自周有天下以來雖經赦宥而事跡知者有司宜即推窮得實之日但免其罪徵備如法

北齊書曰宋良字元友爲清河太守甚有善政天保初大赦清河獄内蓬蒿但滿無囚可赦唯率將吏拜詔而已

又曰後主將大赦時臨漳令李世業爲臺所劾贓多至死世業即穆提婆對門陸令萱言於齊主所以大赦後由是頻赦遂以爲常平恩縣功曹賀胱小人姦貪數犯刑憲但入狴牢無不遇赦故世人以胱爲赦之候

又曰赦日武庫令設金雞及鼓於閶闔門外之右勒集囚徒於闕前撾鼓千聲脫枷鏁遣之

隋書曰張煚爲天官司會與宗伯斛斯徵素不協徵出爲齊州刺史坐事下獄自知罪重遂踰獄而走帝大怒購之急煚上密奏曰徵自以負罪深重懼死遁逃若不北竄匈奴則南投吳越徵雖愚陋久歷清顯奔波敵國無益聖朝今者炎旱爲災可因玆大赦帝從之徵賴以獲免煚卒不言

唐書曰太宗以法吏舞文尤留意於刑政每親録囚徒貞觀初時方發生乃悉放京城死罪繫囚徒歸家期以秋分還繫所因勑天下皆放之是歲天下死罪囚如期而還者九二百九十人太宗愍其奉法悉赦之自是犯法者鮮貞觀二年上謂侍臣曰凡赦唯及不軌之輩古語曰小人之幸君子不幸一歲再赦奴人喑啞凡養稂莠者傷禾稼惠姦宄者賊良人昔文王作罰刑茲無赦夫小仁者大仁之賊故我有天下以來不甚放赦今四海安靜禮義興行數赦則愚人常冀僥倖唯欲犯法不能改過當須慎赦

尚書大傳曰有過必赦小罪勿增大罪勿增老弱不受刑有過不受罰故老而受刑謂之悖弱而受刑謂之克不赦有過謂之賊故與其殺不辜寧失有罪與其增以有罪寧失過以有赦

家語曰孔子爲司冦有父子訟者父子同狴狴獄也而執之三月而不別也其父請止夫子赦焉季孫聞之不悅曰司冦欺余曩告余曰爲國家必先以孝余今戮一不孝以教民

孝不亦可乎文赦之何哉冉有以其言告孔子喟然歎曰上失其道而殺其下非理也不教以孝而聽以獄是殺不辜三軍大敗不可斬也獄犴不理不可刑也何者上教之不行罪不在民故也

管子曰凡赦者小利而大害也故久而不勝其禍無赦者小害而大利也故久而不勝其福故赦者奔馬之委轡也無赦者痤疽之砭石也

又曰赦者先易後難法者先難後易故惠者民之仇讎也法者民之父母也

莊子曰聞在宥天下不聞治天下（郭象注曰宥使自有則治治之則亂）在也者恐天下之淫其性也宥也者恐天下之遷其德也天下不淫其性不遷其德有治天下者哉（無治乃不遷淫耳）

淮南子曰或曰知天且赦也而殺人或曰知天且赦而活人其望赦同其所利害異故或吹火而燈或吹火而滅所以吹者異也

李燮別傳曰燮年逃亡匿臨淄男爲酒家傭靈帝即位時月經陰道壘五車史官曰有流星昇漢而北陽芒迫卯熒惑入大角犯帝座其占當有大臣被誅者故太尉李固西土人占在固今月經陰道圍五車宜有赦令以除此異上感此變大赦天下求公子孫酒家具車乘厚送之

漢舊儀曰踐祚改元立皇后太子赦天下每赦自殊死以下及謀反大逆不道諸不當得赦者皆赦除之令下丞相御史復奏可分遣丞相御史乘傳駕行郡國解囚徒布詔書郡國各分遣吏傳厩車馬行屬縣解囚徒

海內先賢傳曰王允字子師誅董卓卓將郭汜李傕等聞卓死引兵還圍長安燔掠官省死者萬數大赦天下允忠節三朝吏赦書去其赦射帝營宮闕不從此今是日遂亡於難

華陽國志曰丞相諸葛亮時有言公惜赦亮答曰治世以大德不以小惠故匡衡吳漢不願爲赦先帝亦言吾周旋陳元方鄭康成間每見啓亂之道悉矣曾不語赦也若劉景升父子歲歲赦宥何益於治也

王符潛夫論曰凡治疾者必先知脉之虛實氣之所結然後爲之方故疾可愈也爲國者必先知人之所苦禍之所起然後爲之禁故姦可塞也夫賊良人之甚者莫大數赦赦數則惡人昌而善人傷矣養稂莠者傷禾稼惠姦宄者賊良人書曰文王作罰刑茲無赦孝明帝時荆州舉茂才初過謝恩賜食事訖問何異聞曰巫有劇賊九人刺史數以牙郡訖不能得帝曰汝非部南郡從事耶對曰是帝

乃震怒曰賊發部中不能擒然才何以爲茂乃棰數百便免官而切讓州郡十日之間賊即伏誅由此觀之擒盜賊在於明法不在數赦

崔寔政論曰孝文皇帝即位二十三年乃赦亦不廢舊章而已近永平建初之際亦六七年乃赦亡命之子皆老於草野窮困懲艾皆至於死頃間以來歲且赦百姓輕爲姦非前年一朞之中大小四赦諺曰一歲再赦奴兒喑啞況不軌之民孰不肆意遂赦爲常俗赦以趣赦轉相驅蹴而不得息雖日赦之亂捕擊耳

郭子曰孫秀降晉武帝厚存寵之妻以姨妹蒯氏室家甚睦妻嘗妬乃罵貉子秀大不平遂出不復入蒯氏自悔責遂請救於帝時大赦群臣咸見既出帝獨留秀從容言天下曠蕩蒯夫人可得從其例不秀免冠謝爲夫婦如初

傅子曰若親貴犯罪大者必議小者必赦是縱封豕於境内放長虵於左右也

荀悅漢紀論曰夫赦權時之宜非常典也漢興承兵革之後大過之代比屋可刑故設三章之法申以大赦之令蕩滌穢流與人更始時勢然也後代承業習而不革失時宜矣

風角書曰春甲寅日風高去地三四丈鳴條從甲上來爲大赦期六十日

又曰候赦法冬至後盡丁巳之日南風從巳上來滿三日以上必有大赦

望氣經曰黃氣四出注期五十日赦

古樂府歌詩曰始出上西門遥望秦氏樓秦氏有好女自名爲女休女休年十五爲宗行報讎左執白楊刀右據宛

景矛上山四五里門吏得女休女休前置辤平生爲燕王婦於今爲詔獄囚刀矛未及下櫳撞擊鼓赦書下

太平御覽卷第六百五十二

太平御覽卷第六百五十三

釋部一　敘佛

漢書曰漢使驃騎將軍霍去病出隴西過焉耆山得休屠王祭天金人顔師古注曰作金人以爲天神之主而祭之即今佛像是其遺法也

後漢紀曰浮圖者佛圖也西域天竺國有佛道焉佛者漢言覺也將以覺悟群生也統其教以脩善慈心爲主不殺生類專務清淨其精進者號爲沙門漢言息自心蓋息意去欲而歸無爲也又以爲人死精神不滅隨復受形所行善惡皆有報應故所貴行善脩道以練精神練而不已以至無生而得佛也身長一丈六尺黄金色項佩日月光變化無常無所不入故能化通萬物而大濟羣生初帝夢見金人長大項有日月光以問群臣或曰西方有神其名曰佛其形長大而黄金色陛下之所夢得無是乎於是遣使天竺而問道術遂於中國而圖其形像焉有經書數千卷以虛無爲宗包羅精麤無所不統善爲宏闊勝大之言所求在於一躰之内而所明在於視聽之表故世俗之人以爲虛誕然歸於玄微深遠難測故王公大人觀死生報應之際莫不瞿然自失也

晉書曰後趙百姓以佛圖澄故多奉佛皆營造寺廟相競出家真僞混淆多生愆過季龍下書料簡其著作郎王度奏曰佛外國之神非諸華所應祠奉漢代初傳其道唯聽西域人等得立寺都邑以奉其神漢人皆不出家魏承漢制亦修前軌今可斷趙人悉不聽詣寺燒香禮拜以遵典禮

宋書曰顧歡以佛道二家教異學者互相非毁乃著夷夏論曰道經云老子入關之天竺維衛國國王夫人名曰淨妙老子因其晝寢乘日精入淨妙口中後年四月八日夜半時剖左腋而生墜地即行七步於是佛道由此而始興焉又玄妙内篇佛經云釋迦成佛有塵劫之數出法華無量壽然二經所説如合符契道則佛也佛則道也其聖則符其迹則反歡雖同二注而意黨道教司徒袁粲託爲道人以駁之

後魏書釋老志曰凡説教大抵言生生之類皆因行業而起有過去當今未來歷三世識神不滅凡爲善惡必有報應漸積勝業陶冶麤鄙經無數形澡練神明乃致無生而得佛道　其門階次二行等級非一皆緣淺以致深藉微而爲著率在於積仁順蠲嗜欲習虛靜而成通照也其始修心則依佛法僧謂之三歸又有五誡去殺盜婬妄言飲酒大意與仁義禮智信同

梁書曰郭祖深以武帝溺情内教朝政施縱輿櫬詣闕上封事曰比來慕法普天信向家家齋戒人人懺礼不事農業空談彼岸夫農業者今日濟育功德者將來勝因豈可惰本勤末置近効賒也時帝太弘釋典將以易俗故祖深尤言其事以爲都下佛寺五百餘所窮極宏麗僧尼十餘萬資産濃沃所在郡縣不可勝言道人又有白從尼則畜養女皆不貫人籍天下户口幾亡其半而僧尼多非法養女皆服羅紈其蠹俗傷法抑由於此恐方來處處成寺家家剃落尺土一人非復國有

南史曰天竺諸國皆事佛道自後漢明帝法始東流自此以來其教稍廣別爲一家之學元嘉十二年丹楊尹蕭摹之奏曰佛教被于中國已歷四代而自頃以來更以奢競

爲重請自今以後有欲鑄銅像者悉詣臺自聞興造塔寺精舍皆先列言須許報然後就功先是晉世庾冰始創議欲使沙門敬王者後桓玄復述其議並不果行宋大明六年孝武使有司奏沙門接見皆盡敬詔可

隋書經籍志曰釋迦在世四十九年教化乃至天龍人鬼並來聽法弟子多有得道證果後於拘尸那城娑羅雙樹閒二月十五日入般涅槃譯言滅度亦言常樂我淨弟子迦葉等追共撰述教爲十二部經

唐書曰傅奕上疏請除去釋教高祖付群官詳議太僕卿張道源稱奕奏合理中書令蕭瑀與之爭論曰佛聖人也奕爲此議非聖人者無法請寘嚴刑奕曰禮本於事親終於奉上則忠孝之理著臣子之行成而佛踰城出家逃背其父以匹夫抗天子以繼體悖所親瑀非出於空桑乃遵

無父之教臣聞非孝者無親瑀之謂矣瑀不能荅但合掌曰地獄所設正爲是人

又曰會昌中道士趙歸真舉羅浮道士鄧元起有長年之術帝遣中使迎之踪是與衡山道士劉玄靜膠固而排釋氏

牟子曰或問曰佛從何而生寧有先祖牟子曰佛生天竺假形王家父曰白淨夫人字曰淨妙四月八日佛精從天來夫人晝寢夢見象六牙欣然悦之遂感而孕因以八日從母右脇而生太子有三十二相八十種好頰如師子皮不受塵水手足皆鉤鏁毛悉向上

又曰子得佛道以來良有益否牟子曰吾自得佛道來如開浮雲見白日如執火炬入冥室矣

建康實錄曰吳赤烏十年胡人康僧會入境置經行所朝夕禮念有司以聞帝曰昔漢明帝感夢金人使往西方求之得摩騰竺法蘭來中國立經行教今無乃是遺類乎因引見僧會其言佛教滅度已久唯有舍利可以求請遂於大内立壇結靜三七日得之帝崇佛道以是江東初有佛法

高僧傳曰釋惠嚴宋高祖素所知重文帝在位情好尤密先是帝未甚崇信京尹蕭摹之上啓請制起寺及鑄像帝𨕖與侍中何尚之吏部郎羊玄保等議之謂尚之曰謝靈運常言六經典文本在濟俗爲治必求靈性真奥豈得不以佛經爲指南耶近摹之推達性論尤爲名理羊玄保進曰此談蓋天人之際豈臣所宜預竊恐秦楚論强兵之術孫吳盡吞併之計將無取此耶帝曰此非戰國之具良如卿言尚之曰夫禮隱逸則戰士怠貴仁德則兵氣衰若

以孫吳爲志苟在吞噬亦無堯舜之道豈唯釋教而已邪帝悦曰釋門有卿亦猶孔氏之有季路

世説曰殷中軍見佛經云理應在阿堵上注云佛經之行東國尚焉而記傳無聞莫詳其始牟子曰漢明帝夜夢見神人身有日光飛止殿前意甚忻悦明日問群臣有通人傅毅對曰聞天竺有得道者號曰佛身有日光殆將其神於是上悟遣羽林郎秦景博士弟子等十二人之大月氏寫取佛經四十二章在蘭臺石室

又曰庾公嘗入佛圖見卧佛曰此子疲於津梁時人以爲名言（涅槃經云如來背痛於雙樹間北首而卧故後之圖繪者爲此像也）

佛地論曰佛者覺也覺一切種智復能開覺有情如睡夢覺故名爲佛姓釋伽號牟尼佛

普曜經曰從兜率天降神於西域迦維衛國淨飯王宮摩

耶夫人剖左脅而生時多靈瑞生而能言

本相經曰年十九踰城出家學道勤行精進禪定六年成道具三十二相八十種好

涅槃經曰醍醐之教喻於佛性從乳出酪從酪出蘇從生蘇出熟蘇熟蘇出醍醐醍醐蘇之精也

法顯記曰佛生於殷末道成於周初至成王十二年經律始到新頭河河即張騫所到之處

佛國記曰佛有四牙廣半寸長半寸一牙在呵條國又一牙在天上又一牙在海龍王宮又一牙在乾陁國國王使大臣九人守保之月朝捧擎牙出牙或時放光明香花數十斛散牙上而牙不沒

唐韓愈論佛骨䟽曰伏以佛者夷狄之一法耳後漢時流入中國上古未嘗有也昔黄帝在位百年年一百一十歲

少昊在位八十年年一百八十歲此時天下太平百姓安樂壽考然而此時未有佛也至殷湯亦年百歲湯孫太戊在位七十五年武丁在位五十九年書史不言其年壽考所極蓋亦非因事佛而致然漢明帝時始有佛法明帝在位纔十八年耳其後亂亡相繼運祚不長宋齊梁陳元魏已下事佛漸謹年代尤促唯梁武帝在位三十八年前後三度捨身施佛宗廟之祭不用牲牢晝日一食止於菜菓其後竟爲侯景所逼餓死臺城國亦尋滅事佛求福乃更爲禍由此觀之佛不足信也亦可知矣高祖始受隋禪則議除之當時群臣才識不遠不審知先王之道古今之宜推闡聖明以正斯弊其事遂止陛下神聖英武數百年已來未有倫比即位之初不許度人爲僧尼道士又不許創立寺觀臣嘗以爲高祖之志必行於陛下之身縱未能行豈可恣之轉令盛矣今聞陛下令群僧迎佛骨於鳳翔樓以昇入內又令諸寺送迎供養臣雖至愚必知陛下不惑於佛以祈福也直以年豐人樂徇人之心爲京都士庶設詭異之觀戲翫之具耳然百姓愚冥易惑難曉苟見陛下如此將謂眞心信佛皆云天子大聖猶一心敬信百姓何人更惜身命以至焚頂燒指百十爲群解衣散錢自朝至暮轉相倣傚唯恐後時老少奔波弃其業次若不明加禁遏更歷諸寺必有斷臂臠身以爲供養者傷風敗俗傳笑四方非細事也夫佛本夷狄之人與中國言語不通衣服殊制口不言先王之法言身不服先王之法服不知君臣之義父子之恩假如其身至今尚在奉其國命來朝京師陛下容而接之不過宣政一見禮賓一設賜衣一襲衛而出境不令惑衆也況其身死已久枯朽之骨凶穢之餘豈令

入宮禁孔子曰敬鬼神而遠之古之諸侯行宜於國尚令巫祝以桃茢拂除不祥然後進弔今無故取朽穢之物親臨視之巫祝不先桃茢不用群臣不定其非御史不舉其失臣實恥之乞以此骨付有司投水火永絕根本斷天下之疑絕後代之惑使天下之人知大聖之作爲出於尋常萬萬也豈不盛哉豈不快哉

太平御覽卷第六百五十三

太平御覽卷第六百五十四

釋部二

奉佛

袁宏後漢紀曰楚王英好遊俠交通賓客晚節喜黄老脩浮圖祠八年上臨辟雍禮畢詔天下死罪得以縑贖罪英遣郎中令詣彭城曰臣託在藩蔽無以率先天下過惡素積喜聞大恩謹奉黄縑二十五疋白紈五疋以贖其僣楚相以聞詔曰楚王誦黄老之微言尚浮圖之仁祠絜齋三月與神爲誓有何嫌懼而贖其罪令還縑紈以供桑門之盛饌

晉書曰何充性好釋典崇脩佛寺供給沙門以數百糜費巨億而不悋也親友至貧之無所施遺以此獲譏於世阮裕常戲之曰卿志大宇宙勇邁終古充問其故裕曰我圖數千戶郡尚不能得卿圖作佛不亦大乎于時郗愔及弟曇奉天師道而充與弟准崇信釋氏謝萬譏之云二郗諂於道二何佞於佛（世說亦云）

又曰王恭性雖抗直而闇於機會自矜貴不閑用兵尤信佛道臨刑猶誦經神色無懼

宋書謝靈運傳曰會稽太守孟顗事佛精懇而爲靈運所譏嘗謂顗曰得道應須慧業丈人生天當在靈運前成佛必在靈運後顗深恨此言

又曰袁粲字景倩幼孤祖哀之名曰愍孫孝武即位稍遷尚書吏部郎文帝諱日君臣並於中興寺八關齋中食竟愍孫別與黄門郎張淹更進魚肉食尚書令何尚之奉法素謹密以白孝武並免官

又曰范泰暮年事佛甚精於宅西立祇洹精舍

又曰宋明帝頗好玄理以周顒有辭義引入殿内親近宿直帝所爲慘毒之事顒不敢顯諫誦經中因緣罪福事帝亦爲之止顒音辭辯麗長於佛理著三宗論言空假義西涼州智林道人遺顒書深相贊美言捉麈尾來四十餘載頗見宗録唯此途白黑無一又得者爲之發病非意此音猥來入耳其見重如此

齊書曰竟陵王子良嘗招致名僧講論佛法造經唄新聲

又文惠太子同好釋氏甚相友悌子良敬信尤篤數於邸園營齋戒大集朝臣衆僧至賦食行水或躬親其事世頗以爲失宰相躰武帝不豫子良啓進沙門於殿戶前誦經武帝爲感夢見優曇鉢花于經案宣旨使御府以銅爲華插御床四角

又曰晉安王子懋字雲昌武帝第七子也廉讓好學年七歲時母阮淑媛嘗病危篤請僧行道有獻花供佛者衆僧以銅甖盛水漬其莖欲花不萎子懋流涕禮佛曰若使阿姨因此和勝願諸佛令花竟齋不萎七日齋畢花更鮮紅視甖中稍有根鬚

又曰吴興有項羽神護郡廳事太守到郡必須祀以軛下牛李安人奉佛法不與神牛着屐上廳事又於廳上設八關齋俄而牛死

又曰滕曇恭南昌人也年五歲母楊氏患熱思食寒瓜土俗所不產曇恭歷訪不能得銜悲哀切俄遇一桑門問其故曇恭具以告桑門曰我有兩瓜分一相遺還以與母舉室驚異尋訪桑門莫知所在及父母卒晝夜哀慟時忽有神光自門而起俄見佛像及夾侍之儀容光顯著自門而入曇恭家人大小咸共禮拜久之乃滅遠近道俗咸傳之

梁書曰：廬江何伯璵與弟幼璵俱厲節操。伯璵卒，幼璵好佛法，翦落長齋，持行精苦，兄弟年並八十餘。

又曰：范雲從父母兄縝，字子真。時竟陵王子良盛招賓客，縝亦預焉。子良精信釋教，而縝盛稱無佛。子良曰：「君不信因果，何得有富貴貧賤？」縝荅曰：「人生如樹花同發，隨風而墮，自有拂簾幌墮於茵席之上，有關籬墻落於溷糞之中。墮茵席者，殿下是也；落糞溷者，下官是也。貴賤雖復殊途，因果竟在何處乎？」子良不能屈。

又曰：武帝大弘佛教，而親自講說，太子亦素信三寶，徧覽衆經，乃於宫内别立慧義殿，專爲法集之所，招引名僧，自立三諦法義。普通元年，甘露降於慧義殿，咸以爲至德所感。

又曰：何胤居虎丘西寺，講經學，僧徒隨之。常禁殺，有虞人逐鹿，鹿徑來趨胤，伏不動。又有異鳥如鶴，紅色，集講堂，馴狎如家禽。初，開善寺藏法師與胤遇於秦望山，後還都，卒於鍾山。死日，胤在波若寺，見一名僧授胤香炉奩并函書，曰：「貧道發自楊都，呈何居士。」言訖失所在。開函乃是大莊嚴論，世中未有。訪之，香炉乃藏公所常用。又於寺内立明珠柱，乃七日夜放光。昭明太子欽其德，遺舍人何思澄致手令以褒美之。

又曰：建平王大球，簡文第十七子也。性明惠夙成。初，侯景圍臺城，武帝素歸心釋教，每發誓願，恒云：「若有衆生應受諸苦，諱身當代。」時大球年甫七歲，聞而驚，謂母曰：「官家尚爾，兒安敢辭？」乃六時禮佛，亦曰：「凡有衆生應獲苦報，悉大球代受。」其早惠如此。

又曰：大中元年，都下疫甚，帝於重雲殿爲萬姓設救苦齋，以身爲禱。九日辛未，幸同泰寺，設四部無遮大會，上釋服御法衣，清淨大捨，以便省爲房，用素瓦器，乘小車，私人執役。甲午，昇法座，爲大衆講涅槃經。癸卯，群臣以億萬奉贖，衆僧默然。乙酉，百辟詣寺東門，奉表請還宫，三請乃許。帝三荅書，前後並稱頓首。中大同元年三月，幸同泰寺，講三惠經，乃捨身爲奴。皇太子已下群臣出錢億萬奉贖。是夜，同泰寺爲天火所燒略盡。二年，帝昇光嚴殿，講三惠經，又捨身，群臣以億萬奉贖，僧衆嘿然。百辟詣鳳莊門上表請帝，帝三荅皆稱頓首。丁亥，服袞冕還宫。高祖自初捨身後，或書經坐禪，盡日不食，又於元光殿坐師子座，講金字經。

又曰：貞陽侯明得執至魏，魏帝引見明及諸將，送晉陽。渤海王高澄禮明甚重，謂曰：「王與梁主和好十有餘年，聞彼禮佛文常云『爲魏主及先王』，此甚是梁主厚意。不謂一朝失信，致使紛擾。」因欲與梁通和。

又曰：初，武帝軍東下，用不足，建安王偉取襄陽寺銅佛以爲錢，富僧藏鏹，多加毒害，後遂惡疾。性多恩惠，尤恤窮乏，每祁寒積雪，則遣人載樵米隨乏絶者賦給之。晚年崇信佛理，尤精玄學，著二諦義、製性情幾神等論，義僧寵及周捨、殷鈞、陸倕並名精解，而不能屈。

又曰：到溉少有美名，家門雍睦，兄弟特相友愛。初與弟洽恒同居一齋，洽卒後，便捨宅爲寺。蔣山有延賢寺，溉家世所立，溉所得祿俸皆充二寺。因斷腥膻，終身蔬食，别營小室，朝夕僧徒禮誦。武帝每月三致淨饌，恩禮甚篤。性不好交遊，及卧疾，門可羅雀。太清二年卒，臨終勒子孫薄葬之禮。言訖，便屏家人，請僧讀經讚唄。及卒，顏色如恒，手屈二指，即佛道所云得果也。

又曰周弘正善玄理爲當世所宗藏法師於開善寺講說門徒數百弘正年少未知名著紅褌錦絞髻踞門而聽衆人蔑之弗譴也既而乘間進難舉座盡傾聽法師疑非世人覘知大相賞狎

又曰劉慧斐字宣文彭城人也少博學能屬文起家梁安成王法曹行參軍常還都途經尋陽遊於匡山遇處士張孝秀相得甚懽遂有終焉之志因不仕居東林寺又於山北構園一所號曰離垢園時人仍謂爲離垢先生慧斐先明釋典攻篆隸在山手寫佛經二千餘卷常所續者百餘卷晝夜行道孜孜不怠遠近欽慕之簡文臨江州遺以几杖論者云自遠法師没後將二百年始有張劉之盛矣

又曰庾詵普通中詔以爲黃門侍郎稱疾不起晚年尤遵釋教宅內立道場環繞禮懺六時不輟誦法華經每日一

徧後夜中忽見一道人自稱願公容止甚異呼詵爲上行先生授香而去中大通四年因寢忽驚覺曰願公復來不可久駐顏色不變言終而亡舉室咸聞空中唱上行先生已去彌陁淨域矣武帝聞而下詔謚節處士以顯高烈

又曰張孝秀字文逸長六尺餘白晳美鬚眉仕州中從事史後歸山居東林寺有田數十頃部曲數百人率以力田盡供山衆博涉群書專精釋典僧有虧戒律者集衆佛前作羯磨而笞之多能改過

又曰馬樞字理要扶風郿人也博極經史尤善佛教邵陵王綸爲南徐州刺史素聞其名引爲學士綸時自講大品經令樞講維摩老子周易同日發題道俗聽者二千人王欲極觀優劣乃謂衆曰與馬學士論議必使屈服不得空立主客於是學者各起問端樞依次剖判開其宗旨論者拱默聽授而已綸甚佳之

陳書曰後主沈皇后諱婺華身居儉約唯尋閱圖史及釋典爲事常遇歲旱自暴而誦佛經應時雨降陳亡入隋及煬帝崩自廣陵過江於毗陵天靜寺爲尼名觀音

又曰孫瑒常於山齋設講肆集玄儒之士冬夏資奉爲學者所稱而處已率易不以名位驕物時皇興寺朗法師該通釋典瑒每造講筵時有抗論法侶莫不傾心

又曰徐陵少而崇信釋教經論多所解釋後主在東宮令陵講大品經義學名僧自遠雲集每講筵商較四座莫能與之抗

又曰徐孝克後東遊居錢塘之佳義里與論釋典遂通三論每日二時旦講佛經晚講禮傳道俗受旨數百人天嘉中除剡令非其好也太建四年徵爲祕書丞不就乃蔬食

長齋持菩薩戒晝夜講誦法華經陳亡入長安隋文帝聞名行召令於尚書都堂講金剛般若經尋授國子博士以疾卒年七十三臨終正坐念佛室內有非常香氣隣里皆驚異之

又曰傅縡幼聰敏七歲誦古詩賦至十餘萬言長好學能屬文陳文帝召爲撰史學士縡篤信佛教從興皇惠朗法師三論盡通其學初有大心寺暠法師著無諍論以詆之縡乃爲明道論用釋其難

隋書曰姚察煬帝即位授太子內舍人大業二年終于東都遺命薄葬每日設清水齋食菜果　菓初察欲讀一藏經並已究竟將終曾無痛惱但西向坐正念云一切空寂其後身躰柔軟顏色如恒

唐書曰白居易會昌中罷太子少傅致仕與香山僧如滿

結香火社每肩輿往來自稱香山居士常寫其文集送江州東西二林寺洛城香山聖善寺如佛書雜傳例流行之遺命葬於香山如蒲師塔之側

又曰裴休家世奉佛休尤深於釋典太原鳳翔近名山多僧寺視事之隙遊踐山林與義學僧講求佛理中年後不食葷血恒齋戒屏嗜欲香炉貝典不離齋中咏歌贊唄以爲法樂與尚書紇干臮皆以法號相字　時人重其高絜而鄙其太過

又曰元和中憲宗迎鳳翔法門寺佛骨至京師留禁中三日乃送諸寺王公士庶奔走施捨如不及韓愈上疏極陳其弊貶潮州刺史

洛陽伽藍記曰奉朝請孟仲暉者武威人也父金城太守暉志性聰朗學兼釋氏四諦之義窮其指歸恒與沙門論

議時號爲玄宗先生

談藪曰王玄謨爽邁不群北征失律法當死夢人謂之曰汝誦觀音經千遍可免禍謨曰命懸旦夕千遍何由可得乃口授云觀世音南無佛與佛有因與佛有緣佛法相緣常樂我淨朝念觀世音暮念觀世音念念從心起念佛不離心而誦滿千遍將就戮將軍沈慶之諫遂免

又曰梁高祖崇信佛道於建業起同泰寺又於故宅立光宅寺皆窮極工巧殫竭財力百姓怨苦殆不聊生自以其身施同泰寺爲奴朝廷共斂珎寶贖之有事佛精苦者輙加以菩薩之號其下書皆云皇帝菩薩

又曰崔光常晝坐讀佛經有鴿入懷緣臂上肩久之道俗嗟異

太平御覽卷第六百五十四

太平御覽卷第六百五十五

釋部三

僧　　玄僧上

僧

宋書僧道　生彭城人幼而聰悟年十五便能講經及長有異解立頓悟義時人推服元嘉十一年卒於廬山

又曰徐湛之爲南兗州刺史招集文士盡游玩之適時有沙門釋休善屬文湛之與之甚厚孝武命使還俗姓湯位至楊州從事

又曰沙門慧琳秦郡秦縣人姓劉氏少出家住治城寺有才章兼内外之學爲廬陵王義真所知嘗著均善論頗貶裁佛法云有白學先生以爲中國聖人經綸百世其德弘矣智周萬變天人之理盡矣道無隱旨教罔遺筌聰叡迪哲何負於殊論哉有黑學道士陋之謂不照幽冥之途弗及來生之化雖尚虛心未能虛事不逮西域之深也爲主客酬答其歸以爲六度與五教並行信順與慈悲齊伍論行於世文帝見論賞之元嘉中遂參權要朝廷大事皆與議焉權侔宰相會稽孔顗常詣之慨然歎曰遂有黑衣宰相可謂冠履失所矣

齊書曰趙僧岩北海人寥廓無常人不能測後忽爲沙門棲遲山谷常挈一壺自隨一旦謂弟子曰吾今夕當死壺中大錢一千以通九泉之路蠟燭一鋌以照七尺之尸至夜而亡時人以爲知命

建康實錄曰沙門支遁字道林常隱跡東山不遊人事好養鷹馬而不乘放人或譏之遁曰貧道愛其神駿耳卒後戴安道常經其墓歎曰德音未遠而拱木已積盖神理綿綿不與氣運俱盡耳

支遁傳云本姓關氏陳留人或云河東林慮人幼有神理聰明秀徹初至京師太原王濛甚重之曰造微之功不減輔嗣

又曰王坦之初與沙門竺法仰甚厚每共論幽冥報應便要先死者當報其事後經歲師忽來云貧道已死罪福皆不虛唯當勤修道德以外濟神明爾言訖不見坦之尋亦病卒

梁書曰有惠岩惠議道人並住東安寺學行精整爲道俗所推時闘場　寺多禪都下爲之語曰闘場禪師窟東安談議林

高僧傳曰攝摩騰中天竺人漢明帝遣郎中蔡愔等往天竺尋訪佛法於彼見摩騰乃要還漢地明帝甚加賞接於城西門外立精舍以處之漢地有沙門之始也大法初傳未有歸信故蘊其深解無所宣述後卒於洛陽騰譯四十二章經一卷初緘在蘭臺騰所住處今雒城西白馬寺是也

又曰竺法蘭亦天竺人自言誦經論數萬章爲天竺學者之師時蔡愔既至蘭與摩騰共契遊化遂相隨而來昔漢武穿昆明池底得黑灰問東方朔朔云不經　可問西域胡後法蘭至衆人追以問之蘭　云世界終盡劫火洞燒此灰是世後卒於雒

又曰康僧會其先康居人吴地初染大法風化未全僧會欲使道振江左乃杖錫東遊以吴赤烏十年初達建業營立茆茨設像行道時吴初見沙門疑爲矯異有司奏曰有胡人入境自稱沙門容服非常事應檢察權曰昔漢明帝夢神號稱爲佛彼之所事豈非其遺風耶即召僧會詰問

有靈驗否會曰如來遷逝忽逾千載遺骨舍利神曜無方昔阿育起塔八萬四千塔寺之興以表遺化也會乃潔齋靜室以銅瓶加几燒香禮請三七日果獲舍利權大歎服即爲建塔號建初寺名其地爲佛陁里

又曰帛尸梨密多羅此云吉友西域人呼爲高座傳云國王之子當承繼世而以國讓弟遂爲沙門密天姿高朗風神超邁晉永嘉初始到中國值亂仍過江止建初寺丞相王導一見而奇之以爲吾之徒也密常在石子崗東行道頭陁既卒因葬于此成帝懷其風爲樹刹於冢後有關右沙門來遊乃於冢處起寺陳郡謝混贊成其業仍曰高座寺也

又曰釋道安姓衛氏常山扶柳人也形雖不逮於人而聰俊罕儔七歲讀書再覽能誦年至十三出家日誦萬言師

敬異之爲受具戒至鄴遇佛圖澄而見嗟賞與語終日因事澄爲師澄講安覆疑難鋒起安挫銳解紛行有餘力後避地南投襄陽時襄陽習鑿齒鋒辯天逸籠罩當時其先籍安高名早以致書通好及聞安至即往修造既坐稱言四海習鑿齒安曰彌天釋道安時人以爲名荅安常注諸經恐不合理乃誓曰若所說不甚違理願見瑞相乃夢見胡道人頭白眉毛長語安云君所注經殊合道理我不入泥洹住在西域當相助弘通可時設食後至遠公乃知和上所夢賓頭盧也以晉太元十年卒年七十二羅什在西國聞安風謂是東方聖人恒遥禮之初安生而便左臂有一皮廣寸許着臂上可得上下之唯不得出手時人謂之爲印手菩薩

又曰惠遠姓賈鴈門樓煩人也届尋陽見廬峯清靖足以息心始住龍泉精舍刺史桓伊乃爲遠又於山東立房殿即東林是也絶塵清信之賓並不期而至彭城劉遺民豫章雷次宗鴈門周續之新蔡畢頴之南陽宗炳等並弃世遺榮依遠遊止著法性論羅什見而歎曰邊國未有經便闇與理合豈不妙哉遠卜居廬阜三十餘年影不出山迹不入俗每送客常以虎溪爲界焉惠遠集云隆安六年桓玄遣書於惠遠言沙門令致敬王者惠遠荅書論不可致之意又言袈裟非朝廷之服鉢盂非廊廟之器軍國非沙門之像竊所未安遂著沙門不敬王者論五篇一論家二論出家三論出求宗不順化四論躰不兼應五論形盡神不滅著是五論以明出家之法不合同俗以致敬於王者

又曰竺道生姓魏鉅鹿人幼而頴悟聰哲若神初入廬山幽栖七年後還都止青園寺王弘范泰顔延之並挹敬風

猷從之問道生曰夫象以盡意得意則忘象言以詮理入理則言息自經典東流譯人重阻多守滯文鮮見圓義若忘筌取魚始可與言道矣於是校閱真俗研思因果迺言善不受報頓悟成佛剖析經理洞入幽微迺說阿闡提人皆得成佛于時大部未傳舊學以爲邪說譏憤滋甚後涅槃大本至于南京果稱闡提悉有佛性與前所說若合符契

又曰釋惠觀姓崔清河人十歲便以愽見馳名晚適廬山諮稟惠遠什公入關乃自南徂北訪覈異同詳辨新舊風神秀雅思入玄微時人稱之曰通情則生融上首精難則觀肇第

洛陽伽藍記曰融覺寺比丘曇謨最善於釋學講涅槃花嚴僧徒千人天竺國胡沙門菩提流支見其徒禮之號爲

菩薩流支解佛義知名西土西土諸夷號爲羅漢流支讀曇謨最大乘義章每彈指讃歎唱言微妙即爲胡書寫之傳於西域西域沙門常東向遥禮之號爲東方聖人

又曰僧肇法師制四論合爲一卷曾呈廬山遠大師大師歎仰不已又呈劉遺民歎曰不意方袍復有平叔方袍之語出遺民也

又曰佛耶舍此云覺明日誦三萬言洞明三藏與羅什法師情好共出毗婆沙論及四分律爲人髭赤時號爲赤髭三藏

談藪曰北齊高祖多殺戮有稠禪師者以業行著稱藏之曰陛下羅剎化臨水必自見之如其言果見群羅剎在其後於是乃禁斷鷹鷂造佛寺斷屠殺不食肉

又曰汝南周捨清信士也學通内外兼有口才謂沙門法雲曰孔子不飲盜泉之水法師何以捉鍮石香鑪答曰檀越既能載蠢鬚貪道何爲不執鍮僕射徐孝嗣修緝高座寺多在彼宴息法雲曰法師亦治蕭寺日夕遊此二寺隣接而不相往來嗣常謂法師常在高座不遊高座寺答曰檀越既事蕭門何不至蕭寺

又曰魏李恕聘梁沙門重公接恕曰向來全無菹膎户佳切恕父名諧以爲犯諱恕曰短髮粗疎重公曰貧道短髮沙門種類以君交聘二國不辨膎諧重公常謁高祖問曰弟子聞在外有四聲何者爲是重公應聲答曰天保寺刹及出向劉孝綽道以此爲能綽曰何如道天子萬福

高僧傳曰三藏法師玄奘陳留人姓陳氏貞觀初肇自咸京誓往西國窮覽聖迹經六載至摩伽陀城九十二年備歷聖君龍庭之文歘䁥之祕皆研機覩奥矣又造伽葉結集之墟千聖道成之樹虔心頂禮焚香散花設大施會於是五天億衆十八國王獻氎投珠積如山岳咸稱法師爲大乘也及東歸太宗詔留於弘福道場乃召名德僧靈潤等二十人譯梵自菩薩戒至摩訶般若惣七十四部一千三百餘軸法師身長八尺眉目疎朗凡所遊歷一百二十八國

長阿含經曰凡沙門衣鉢隨身譬如飛鳥

四十二章經曰僧行道如牛負深泥中疲極不敢左右顧

增一阿含經曰沙門皆草蓐爲床

又曰四河入海無復河名四姓爲沙門皆稱釋種

無爲經曰沙門有三坐禪爲上輩誦經爲中輩助衆爲下輩

道安傳曰初魏晉沙門依師爲姓故姓各不同安以爲大師之本莫尊釋迦乃以釋命氏後獲增一阿含經果稱四河入海無復河名既懸與經符遂爲永式

異僧上

晉書曰鳩摩羅什天竺人也世爲國相父鳩摩炎聰懿有大節將嗣相位乃辭出家東度葱嶺龜兹王聞其名郊迎之請爲國師王有妹年十二才悟明敏諸國交聘並不許及見炎心欲當之乃逼以妻焉既而羅什在胎其母慧解倍常及年七歲母遂與俱出家羅什從師受經日誦千偈義亦自通年十二其母携到沙勒國王甚重之遂停沙勒一年博覽五經爲性率達不拘小檢專以大乘爲化諸學者共師焉年二十龜兹王迎之還國廣說諸經四遠學徒莫之能抗西域諸國咸伏羅什神儁符堅聞之乃遣呂光率兵伐龜兹謂光曰若獲羅什即馳驛送之光還至涼州聞

符堅爲姚萇所害於是竊號河右羅什在涼州積年姚興破吕隆乃迎羅什待以國師之禮嘗講經于草堂寺忽下高座謂興曰有二小兒登吾肩欲鄣須婦人興以宮女進之生二子焉

又曰沙門曇靃禿髮傉檀時從河南來持一錫杖令人跪曰此是波若眼奉之可以得道或人藏其錫杖曇靃大哭數聲開目須臾起而取之咸奇其神異莫能測也後兵亂不知所如

又曰佛圖澄天竺人也姓白氏少學道妙通玄術永嘉四年來適洛陽自云百有餘歲常服氣自養能積日不食善誦神呪能役使鬼神以油麻雜胭支塗掌千里外事皆徹見掌中如對面焉腹旁有一孔常以絮塞之每夜讀書則拔絮孔中出光照于一室又常齋時平旦流水側從腹旁

孔中引出五藏六腑洗之還內腹中卒於鄴宮寺復　有沙門從雍州來稱見澄西入關石季龍掘而覩之唯有一石而無尸季龍惡曰石者朕也葬我而去吾將死矣明年季龍死

梁書曰沙門釋寶誌不知何許也於宋太始中見之出入鍾山往來都邑年已五六十矣宋齊之交稍顯靈迹被髮徒跣語嘿不論或被錦袍飲啖同於凡俗恒以鏡銅剪刀鑷屬挂杖負之好爲讖記所謂志公符是也天監十三年卒將死忽移寺金剛像出置戶外語人云菩薩當去旬日無疾而終先是琅琊王筠至莊嚴寺寶誌遇之與交言歡飲至亡勑令筠爲碑蓋先覺也

洛陽伽藍記曰沙門寶公不知何許人也形皃寢陋心識通達過去未來預覩三世發言似讖不可得解事過之後始驗其實胡太后問以世事寶公曰把粟與雞喚朱朱時人莫解建義元年后爲爾朱榮所害始驗其言

又曰法雲寺西域烏長國胡沙門曇摩羅所立摩羅聰惠利根學窮釋氏至中國即曉魏言及隸書凡所聞見無不通解京都沙門好胡法者皆就摩羅授持之戒行真苦秘呪神驗呪枯樹能生枝葉呪人變爲驢馬見者莫不驚怖西域所賫舍利骨及佛牙經像皆在此寺

高僧傳曰耆域天竺人以晉惠之末至于洛陽見洛陽宮城云髣髴似忉利天宮但自然之與人事不同耳又曰匠此宮者從忉利天來成便還天上矣

又曰揵陁勒者本西域人來至洛陽積年雖敬其風操而終莫能測後謂衆僧曰洛東南有槃鵄山山有寺廟處基撫猶存可共修立衆未之信試遂撿視入山到一處四面

平坦勒示云此山寺基也即掘之果得寺下石基後示講堂僧房處如言皆驗衆咸驚歎因共修立焉

又曰釋曇始關中人晉孝武太元末賫經律數十部往遼東宣化顯授三乘高句驪聞道之始也義熙初復還關中始足白於面雖跣涉泥水未常沾濕天下咸稱白足和尚

又曰釋法成涼州人十六出家學經律不餌五穀唯食松脂隱居岩穴習禪爲務後小疾便告衆云亡常誦寶積經於是自力誦之始得半卷氣劣不堪乃令人讀之一遍裁竟合掌而卒侍疾十餘人咸見空有紺馬負金棺昇空而逝

又曰竺曇猷燉煌人少苦行習禪定遊江左止剡之石城山乞食坐禪後有神見形詣猷曰師威德既重來止此山弟子輒推室以相奉天台山懸崖峻峙峯嶺切天古老相

傳云上有釋舍得道者居之雖有石橋跨澗而橫石斷之自終古以來無得至者猷行至橋所聞空中聲曰知君誠篤今未得度却後十日自當來也猷每恨不得度石洞開度橋以許覩精舍神僧果如前所說因共燒香中食食畢神僧謂猷曰却後十年自當來此今得住於是而返

又曰釋曇諦其先康居人母黄氏晝寢夢見一僧呼黄爲母寄一麈尾并鐵鏤書鎮二枚眠覺見兩物具存因而懷孕生諦諦年五歲以麈尾等示之諦曰秦王所餉母曰汝置何處答曰不憶至年十歲出家學不從師悟自天發後見僧䂮音略法師䂮曰即先師弘覺法師䂮晚入吴居虎丘寺

唐高僧傳曰萬迴姓張氏閿鄉人其形如愚蒙其跡乃神聖苦樂貴賤不關其心歌哭隱顯不恒其性剃髮褐衣遊伽藍 年十歲有兄戍遼陽其母憶甚飰僧祈福師忽然裹齋餘出門徑去晚際執兄書至母驚問其由默然而無對後兄來還言是日萬迴云從家來喫齋餘取書而反始知其靈神焉中宗賜號玄通大居士封雲譚公

太平六百五十五 六 王丙鐵

太平御覽卷第六百五十五

太平御覽卷第六百五十六

釋部四　　異僧下

高僧傳曰安清字世高安息國王正后之太子也幼以孝行見稱雖居家而奉戒清峻王薨便嗣位乃深惟苦空散離形器行服既畢遂讓國與叔出家修道博曉經藏而遊方弘化遍歷諸國以漢桓帝之初始到中夏多有神迹世莫能量自稱先身已經出家有一同學多瞋分別值世主不稱每輒恚恨高屢加訶諫終不悛改如此二十餘年乃與同學辭訣云卿明經精勤不在吾後然性多恚怒命過當受惡形我若得道必當相度既而值靈帝之末振錫江南云我當過廬山度昔同學行過宮亭湖廟此廟舊有靈威商旅祈禱乃分風上下各無留滯嘗有乞神竹者未許輒取舫即覆沒竹還本處自是舟人敬憚莫不懾影時商

旅三十餘船奉牲請福乃降祝曰舫有沙門可更呼上客咸驚愕請高入廟神告高曰吾昔外國與子俱出家學道好行布施而性多瞋怒今爲宮亭廟神周迴千里並吾所治以布施故珍玩甚豐以瞋恚故墮此神報今見同學悲欣何言壽盡旦夕而醜形長大若於此捨命穢汚江湖當渡山西澤中此身滅後恐墮地獄吾有絹千疋并雜寶物可爲立法營塔使生善處也高曰故來相度何不出形神曰形甚醜異衆人必懼高曰但出衆不怪也神從牀後出頭乃是大蟒不知尾之長短至高膝邊高向之梵語數番讚唄數契蟒悲淚如雨須臾還隱高即取絹物辭別而去舟侶颺帆蟒復出身登山而望衆人舉手然後乃滅倏忽之頃便達豫章即以廟物爲造東寺高去後神即命過暮有一少年上船長跪高前受其呪願忽然不見高謂船人曰向之少年即宮亭廟神也得離惡形矣

又曰竺曇摩羅刹此云法護其先月支人本姓支氏世居燉煌郡年八歲出家遂隨師至西域遊歷諸國遂通外國之言三十六種書亦如之以晉武之末隱居深山山有清泉恒取澡漱後有採薪者穢其水側俄頃而燥護乃徘徊歎曰人之無德遂使清泉□輟流水若永竭眞無以自給正當移去耳言訖而泉流滿澗法護以世居燉煌而化道周洽時人咸謂燉煌菩薩也

又曰帛遠字法祖才思俊徹敏朗絶倫誦經日八九千言研味方等妙入幽微世俗墳典多所該貫晉惠之末太宰河間王顒鎭關中虛心敬重待以師友之禮每至閑辰靜夜輒談講道德于時西府初建俊乂甚盛能言之士咸伏

其遠達後奄然命終群胡各起塔廟少時有一人姓李名通死而更蘇云見祖法師在閻羅王處爲王講首楞嚴經云講畢往忉利天又見祭酒王浮被鎖械求祖懺悔昔祖平素之日與浮每爭邪正浮屢屈既瞋不自忍乃作老子化胡經以誣謗佛法殃有所歸故死方思悔

又曰佛馱跋陁羅此云覺賢本姓釋迦氏維羅衛國甘露飯王之苗裔也父少亡賢三歲孤與母居五歲復喪母爲外氏所養從祖鳩婆利聞其聰敏兼悼其孤露乃迎還度爲沙彌至年十七與同學數人俱以習誦爲業衆皆一月賢一日誦畢其師歎曰賢一日敵三十夫也及受具戒修業精勤博學群經多所通達少以禪律馳名常與同學僧迦達多共遊罽賓同處積歲達多雖伏其才明而未測其爲人也後於密室閉戸坐禪忽見賢來驚問何來荅云蹔

至兜率致敬彌勒言訖便隱遠多知是聖人未測淺深後屢見神變乃歸心祈問方知得不還果然常欲遊方弘化備觀風俗會有秦沙門智嚴西至罽賓既要請苦遂愍而許焉於是既度蔥嶺路經六國國主矜其遠化並傾懷資奉至交趾乃附舶循海而行經一島下賢以手指山曰可止於此舶主曰客行惜日調風難遇不可停也行二百餘里忽風轉吹舶還向島下衆人方悟其神咸師事之於後闇夜之中忽令衆船俱發無肯從者賢自起收纜一舶獨發俄爾賊至留者悉被抄害頃之至青州東萊郡聞鳩摩羅什在長安即往從之什大忻悅秦太子泓欲聞賢說法乃要命羣僧集論東宮羅什與賢數番往復什問法云何空荅曰衆微成色色自無性故雖色常空又問既以極微破色空微復去何破一微荅曰羣師或折一微我意謂不爾

又問微是常耶荅曰以一微故衆微空以衆微故一微空時寶雲譯出此語不解其意道俗咸謂賢之所計微塵是常餘日長安學僧復請更釋賢曰夫法不自生緣會故生緣一微故有衆微微自無性則爲空矣寧可言不破一微常而不空乎此是問荅之大意也

又曰曇無讖天竺人明解呪術所向皆驗西域號爲大呪師後隨王（王即天竺王也）入山王渴須水不能得讖乃密呪石出水因贊曰大王聖化所感遂使枯石生泉隣國聞者皆歎王德于時雨澤甚調百姓稱詠王悅其道深加優寵後王涼涼王沮渠蒙遜聞讖名呼與相見接待甚厚嘗告蒙遜云有鬼入聚落必多災疫遜不信欲躬見爲驗讖即以術加之遜見而駭怖讖曰宜潔誠齋戒神呪以驅之乃讀呪三日謂遜曰鬼已去矣時境首有見鬼者云見數百疫鬼奔驟而逝境內獲安讖之力也

又曰釋法顯姓龔平陽武陽人也三歲便度爲沙彌十歲遭父母憂孝性過人葬事畢仍即還寺嘗與同學數十人於田中刈稻時有飢賊欲奪其穀諸沙彌悉走唯顯獨留語賊曰若欲須穀隨意所取但君等昔不布施故致飢貧今復奪人恐來世彌甚貧道預爲君憂耳言訖即還賊弃穀而去及受大戒常慨經律舛闕誓志尋求以晉隆安三年西度流沙將至天竺去王舍城三十餘里有一寺逼暝過之顯欲詣耆闍崛山寺僧諫曰路甚艱阻多黑師子亟經噉人何由可至顯曰遠涉數萬里誓到靈鷲身命不期出息非保豈可使積年之誠既至而廢雖有險難吾不懼也衆莫能止乃遣兩僧送之既至山日將曛夕遂欲停宿兩僧危懼捨之而還顯獨留山中燒香禮拜翹感舊跡如

覩聖儀至夜有三黑師子來蹲踞顯前舐脣搖尾顯誦經不輟一心念佛師子乃低頭下尾伏顯足前顯以手摩之呪曰若欲相害待我誦竟若見試者便可退矣師子良久乃去明晨乃還路窮幽梗止有一徑通行未至里餘忽逢一道人年可九十餘容服麄素而神氣儁遠顯雖覺其韻高而不悟是神人後又逢一少僧顯問曰向者耆年是誰耶荅云頭陁迦葉大弟子也顯方大恨更追至山所有橫石塞于室口遂不得入顯流涕而去

又曰曇無竭此云法勇至罽賓國禮拜佛鉢住歲餘學梵書誦求得觀世音受記經梵文一部復西行雖屢經危險而繫念所賫觀世音經未嘗暫廢將至舍衛國中野逢山象一羣無竭稱名歸命即有師子從林中出象驚惶奔走後渡恒河值野牛一羣鳴吼而來將欲害人無竭歸命如

初壽有大鷲飛來野牛當散其誠心所感在險克濟皆此類

又曰釋智嚴晉義熙十三年宋武帝西伐長安尅捷旋旆塗出山東時始興公王恢從駕遊觀山川至嚴精舍見其同止三僧各坐繩床禪思湛然恢至良久不覺彈指三人開眼俄而還閉不與言恢心敬其奇訪諸耆老皆云此三僧隱居求志高潔法師也恢即啓宋武延請還都莫肯行者既屢請情至二人推嚴隨行恢道懷素篤禮事甚勤還都即住始興寺嚴性虛靜志避諠塵恢乃爲於東郊起精舍即枳園寺也嚴在寺不受別請常分衛自資道化所被幽顯咸伏有見鬼者云見西州太社聞鬼相謂云嚴公當至當辟易此人未之解俄而嚴至聊問姓字果稱智嚴默而識之密加禮異

又曰求那跋摩此云功德鎧累世爲王年十四便機見儁遠深有遠度仁愛汎博崇德務善其母嘗須野肉令跋摩辦之跋摩曰有命之類莫不貪生夭彼之命非仁人矣母怒曰設令得罪吾當代汝跋摩他日煮油誤澆其指因謂母曰代兒忍痛母曰痛在汝身吾何能代跋摩曰眼前之苦尚不能代況三塗耶母乃悔悟終身斷殺至年十八相工見而謂曰君年三十當臨大國南面稱尊若不樂世榮當獲聖果至年二十出家受戒乃辭師違衆林棲谷飲孤行山野遁迹人世往師子國觀風闡教識眞之衆咸謂已得初果儀形感物見者發心元嘉初文帝知跋摩已至南海於是勑州郡令資發下京路由始興經停歲許始興有虎市山峯嶺高絕跋摩謂其髣髴耆闍乃改名靈鷲於山寺之外別立禪室去寺數里磬音不聞每至鳴槌跋摩已

至或冒雨不霑或履泥不濕時道俗莫不肅然增敬寺有寶月殿跋摩於殿北壁手自畫作羅漢像乃作定光儒童有布髮之形像始成之後每夕放光此山本多虎災自跋摩居之晝行夜往或值虎者以杖按頭戲之而去於是山旅水賓去來無梗嘗於別室入禪累日不出寺僧遣沙彌候之見一白師子緣柱而立亘室彌漫生青蓮華沙彌驚恐大呼往逐師子都無所見後文帝重勑觀寺等復更敦請乃泛舟下都以元嘉八年正月達于建業文帝引見因問曰弟子常欲持齋不殺迫以身殉物不獲從志法師既不遠萬里來化此國將何以教之跋摩曰夫道在心不在事法由己非由人且帝王與匹夫所脩各異匹夫身賤名劣言令不威若不尅己苦躬將何爲用帝王以四海爲家萬民爲子出一嘉言則士庶咸悅布一善政則神人以和

刑不夭命役無勞力乃則使風雨適時寒暖應節百穀滋繁桑麻鬱茂如此持齋亦以大矣不殺亦以衆矣寧在闕半日之飡全一禽之命然後方爲弘濟耶帝乃撫几歎曰夫俗人迷於遠理沙門滯於近教迷遠理者謂至道虛誕滯近教者則拘攣篇章至如法師所言眞謂開悟明達可與言天人之際矣乃勑住祇洹寺供給隆厚

又曰曇摩密多此云法秀罽賓人也年至七歲神明澄正每見法事輒自然欣躍其親愛而異之遂令出家罽賓多出聖達屢值明師博貫群經特深禪法所得門戶極其微奥爲人沉邃有慧解儀軌詳正生而連眉故世號連眉禪師少好遊方有如毗羅神王衛送遂至龜茲於中路欲還乃現形告辭密多曰汝神力通變自在遊處將不相隨共往南方語畢即收影不現遂從至都即於上寺圖像于壁

迄今猶有聲影之驗潔誠祈福其不響應

又曰釋智猛雍州新豐人每聞外國道人說天竺國有釋迦遺迹及方等經常慨然有感馳心遐外以爲萬里咫尺千載可追遂發長安到罽賓國有五百羅漢常往返於阿耨達池有大阿羅漢見猛至歡喜猛諮問方士爲說四天子事猛於奇沙國見佛文石唾壺又於此國見佛鉢光色紫紺四際盡然以香花供養頂戴發願鉢若有應能輕能重既而轉重力遂不堪及下鉢時復不覺重至迦維羅衛國見佛髮佛牙及肉髻骨佛影佛迹炳然具存其所遊踐究覩靈變天梯地龍之事不可勝數

又曰天竺沙門僧伽達禪學深明來遊宋境嘗在中坐禪日時將迫念欲虛齋乃有群鳥銜果飛來授之達多思惟彌猴奉鉢佛亦受而食之今鳥授食何爲不可於是授而進之

又曰求那跋陁羅此云功德賢中天竺人以大乘學故世號摩訶衍譙王欲請講華嚴經而跋陁自忖未善宋言有懷愧歎即旦夕禮懺於觀世音乞求冥應遂夢有人白衣持劒擎一人首來至其前曰何故憂耶跋陁具以事對答曰無所多憂即以劒易首更安新頭語令迴轉曰得無痛也答曰不痛豁然便覺心神喜悅且起道義皆通備領宋言於是就講

又曰沙門寶意世居天竺以宋孝建中來止京師瓦官禪房恒於寺中樹下坐禪又曉經律時人號爲三藏常轉側數百具子立知吉凶善能神呪以香塗掌亦見人往事宋祖施一銅唾壺高二尺許常在牀前忽有人竊之意取竹席一領空卷之呪數通經于三夕唾壺還在席中莫測其然

又曰竺法崇嘗遊湘州麓山山精化爲夫人詣崇請戒捨所住山以爲寺崇居之少時化洽湘土

又曰釋法安一名慈欽未詳何許人善能開化愚蒙拔邪歸正晉義熙中新陽虎災縣有大社樹下築神廟左右居民以百數遭虎死者夕有一兩安嘗遊於其縣暮經此宿民以畏虎早閉門閭安徑之樹下通夜坐禪向曉聞虎負人而至投之樹北見安如喜驚跳伏安前安爲說法授戒虎踞地不動有頃而去及旦村人逐虎至樹下見安大驚謂是神人遂傳之一縣士庶莫不崇奉虎災由此遂息因改神廟留安立寺

又曰釋曇邕於廬山之西南營立茅宇與弟子曇果澄思禪門嘗於一時果夢山神求受五戒果曰家師在此可往諮受少時邕見一人著單衣袷風姿端雅從者二十餘人

請受五戒邕以果先夢知是神仙乃爲說法受戒神䞋以外國匕箸禮拜辭別倏忽不見

又曰釋僧苞建三七日普賢齋懺至第十七日有白鵠飛來集普賢座前至行香畢乃去至二十一日將暮有黃衣者四人繞塔數匝忽然不見

又曰支曇蘭晉太元中遊剡縣後憩始豐赤城山見一處林泉清曠而居之經于數日忽見一人長數丈呼蘭令去又見諸異形禽獸以恐蘭見蘭恬然自得乃屈膝禮拜云珠欺王是家舅令往韋鄉山就之推此處以相奉爾後三年忽聞車騎隱隱從者彌衆俄而有人著幘稱珠欺王通既前從其妻子男女等二十三人並形皃端正有逾於世既至蘭所暄凉訖蘭問住在何處答曰在樂安縣韋鄉山

火服風問與家累仰投乞授歸戒蘭即爲授之受法竟鞠
錢一萬密二器辭別而去便聞鳴鏑動吹響振山谷禪衆
十餘共所聞見
又曰釋玄高母夢梵僧散華滿室覺便懷胎及生男家內
忽有異香光明照壁迄旦乃息母以兒生瑞兆因名靈育
出家改名玄高聰敏生知學不加思至年十五已爲山僧
說法受戒林陽堂山古老相傳云是群仙所宅高徒衆三
百往居山舍多有靈異磬不擊而鳴香亦自然有氣應眞
仙士往往來遊學徒之中有玄紹者學究諸禪神力自在
手指出水供高洗漱其水香靜倍異於常每得非世華香
以獻三寶其靈如紹者有十一人西海有梵僧印亦從高
受學志鹽量褊得少爲足便謂已得羅漢頓盡禪門高乃
密以神力令印於定中備見十方無極世界諸佛說法不

同印於一夏尋其所見永不能盡方知定水無底大生愧
懼
又曰釋僧周韜光晦迹人莫能知居寒山山在長安南四
百里將死告弟子曰吾將去矣其夕見火從繩床後出燒
身經二日方盡煙焰張天而房不燼弟子收遺灰累以塼
塔
又曰阿訶羅竭者多行頭陁獨宿山野晉惠帝元康元年
乃西入止婁至山石室中坐禪此室水既遠時人欲爲開
澗竭曰不假相勞乃自起以左腳躡尺展反室西壁陷沒指
所拔足水從中出淸香軟美四時不絕來飲者皆止飢渴
除病
又曰竺法慧本關中人晉康帝建元中至襄陽止羊叔子
寺不受別請每乞食輒賚繩牀自隨於閑曠之路則施之

而坐時或遇雨以油帔自覆雨止唯見繩床不知慧所在
訊問未息慧已在繩床每語弟子法照曰汝過去時折一
雞腳其殃尋至俄而照爲人所擲腳遂永疾
又曰涉公西域人言未然之事驗若指掌以苻堅建元十
一年至長安能以祕呪呪下神龍每旱堅常請之呪龍俄
而龍下鉢中天輒大雨堅及群臣親就鉢觀之咸歎其異
又曰杯渡者不知姓名常以木杯渡水因而爲目不修細
行神力卓越世莫測其由來唯持一蘆圖子更無餘物向
廣陵過村舍有李家設八關齋先不相識乃直入齋堂而
坐置蘆圖於中庭衆以其形陋無恭敬心李見蘆圖當道
欲移置墻邊數人舉不能動渡食竟提之而去笑曰四天
王福于李家于時有一竪子窺其圖中見四小兒並長四
寸面目端正衣裳鮮潔於是追覓不知所在後三日乃見

西界蒙籠樹下坐李禮拜請還家供養渡不堪持齋飲酒
噉肉至於辛鱠與俗不殊甚且忽云欲得一袈裟中時令
辦李即經營至中時未成渡云暫出至冥不返合境聞有
異香疑之爲怪處處覓渡乃見在北岩下敷敗袈裟於地
臥之而死頭前腳後皆生蓮花花極鮮香邑共殯之後數
日有人從北來云見渡負蘆圖行向彭城乃共開棺唯見
鞋履既至彭城有白衣黃欣深信佛法見渡禮拜請還廬
家家至貧但有麥飯而已渡甘之怡然止得半年忽語欣
云可覓蘆圖三十六枚吾須用之荅云此間正可有十枚
貧無以買恐不盡辦渡曰汝但檢覓宅中應有欣即窮檢
果得三十六枚列之庭中雖有其數亦多破損比欣次第
熟視皆新完渡密封之因語欣令開乃見錢帛皆滿可百
許萬識者謂是杯渡分身他土所得賜施迴以施欣欣受

之皆爲功德經一年許渡辭去欣爲辦粮食明晨見粮食具存不知渡所在

續高僧傳曰釋慧恭者益州成都人也與同寺慧遠結契勤學遠直詣長安恭往荆揚訪道從江左來還□二人相遇欣歡共叙別離三十餘年同宿數夜遠言談泉涌恭音無所道遠問恭曰離別多時今得相見慶此歡會伊何可論但覺仁者無所說將無所得耶恭對曰爲性闇劣都無所解遠曰大無所解可不誦得一部經乎恭曰唯誦得觀世音經一卷遠厲聲曰觀世音經小兒皆能誦之何煩汝大許人且向猶童子出家與汝立誓要登道果豈復三十餘年唯誦一卷經如指許大是非闇鈍懶惰所爲請與斷交願法師早去無增遠之煩惱也恭曰經卷雖小佛口所說遵彷者得無量福輕慢者得無量罪仰願暫息瞋心當

爲法師誦一遍即與長別遠大笑曰觀世音經是法華普門品遠已講之數百遍如何欲鬧人耳乎恭曰外書云人能弘道非道弘人但至心聽佛語豈得以人棄法乃於庭前結壇壇中安高座繞壇數匝頂禮昇高座遠不得已於簷下據胡床坐聽恭始發聲唱經題異香氛氳遍滿房宇及入經文天上作樂雨四種花樂則寥亮振空花則雰霏滿地誦經訖下座自爲解座梵訖花樂方歇慧遠接足頂禮淚下交流謝曰慧遠是穢死尸敢行天日之下乞暫留賜見教誨恭曰非恭所能諸佛力耳即拂衣長揖沿流而去爾後訪問竟不知其所之

太平御覽卷第六百五十六

太平御覽卷第六百五十七

釋部五

經

晉書曰姚興如逍遥園引沙門于澄玄堂聽鳩摩羅什演佛經羅什通辯夏言尋覽舊經多有乖謬不與胡本相應興與羅什及沙門僧肇曇順等八百人更出大品羅什持胡本興執舊經以相考校其新文異舊者皆會於理義續出諸經并諸論三百餘卷今之新經皆此羅什所譯興既託意於佛道公卿已下莫不欽附沙門自遠而至者五千餘人起浮圖于永貴里立波若臺于中宮沙門坐禪者恒有千數州郡化之事佛者十室而九矣

齊書曰張緒爲中書令善談玄嘗幸莊嚴寺聽僧達道人

講維摩坐遠不聞緒言上難移緒乃遷僧達

梁書曰張稷出爲青冀二州刺史不得志嘗閑閤讀佛經

又曰劉勰字彦和早孤篤志好學家貧不婚娶依沙門僧祐居遂博通經論因區別部類録而序之定林寺經藏勰所定也勰爲文長於佛理都下寺塔及名僧碑誌必請勰製文勅與惠震沙門於定林寺撰經證功畢遂求出家先燔鬢髮自誓勅許之乃變服改名慧地

又曰任孝恭少從蕭寺雲法師讀經論明佛理至是蔬食齋戒信受甚篤而性頗自伐以才能尚人於流輩中多有忽略世以此少之

又曰皇侃性至孝常日誦孝經二十遍以擬觀世音經

又曰梁蕭詧謂其度支尚書宋如周曰卿何爲謗經如周踧踖自陳不謗詧又謂之如初如周懼出告蔡大寶大寶知其旨笑謂之曰君當不謗餘經正應不信法華耳如周乃悟然法華云聞經隨喜而不狹長如周面狹且長由是詧有此戲

陳書曰王固清虚寡欲信佛法及丁所生憂遂終身蔬食夜則坐禪晝誦佛經嘗聘魏宴于昆明池魏人以南人嗜魚大設罟網固以佛法呪之遂一鱗不獲

後魏書曰裴宣高祖曾令集沙門講佛經因命宣論難甚有理詣高祖稱善

唐書曰韋綬字子章京兆人少有至性喪父刺血寫佛經

又曰貞元十四年南天竺國進花嚴經殘梵夾令僧般若三藏於保壽寺僧智柔圓照同於崇福寺翻譯成四十卷

高僧傳曰釋道安姓衛氏常山人初經出已久而舊譯時謬致使深義隱没未通每至講說唯敘大意安窮覽經典

鈎深致遠並尋文比句爲起盡之義經義克明自安始也

洛陽伽藍記曰神龜九年十一月太后遣崇靈寺比丘惠生向西域取經凡得一百七十部皆是大乘妙典

涅槃經曰是諸大乘經爲滿字無欠少之義也小乘諸教悉爲半字義未圓故云半字

像

晉書曰恭帝深信浮圖道鑄貨千萬造丈六金像於瓦官寺帝親迎之羣臣步從滿十許里

又曰彭城王紘上言樂賢堂有先帝手畫佛像經歷寇難而此堂猶存宜勅作頌帝下其議蔡謨曰佛者夷狄之俗非經典之制先帝量同天地多才多藝聊因臨時而畫此像至於雅好佛道所未承聞也今欲發王命勑史官上稱先帝好佛之志下爲夷狄作一像之頌於義有疑焉於是

遂瘥

又曰秦將呂光伐龜茲將軍杜進夢金像飛越龜茲之城曰所謂佛神去之胡亡必矣

又曰咸和中丹陽尹高悝行張侯橋見浦中五色光長數尺不知何怪乃令人於光處得金像無有光趺悝乃下車載像還至長干巷首牛不肯進悝乃令馭人任牛所之牛徑牽至寺經一歲臨海漁人張係世於海口忽見銅花趺浮出取送縣以送臺乃施像足宛然合會簡文咸安元年交州合浦人董宗之採珠沒水底得佛光豔交州送臺以施像又合焉自咸和中得像至咸安初歷三十餘年光趺始具初高悝得像後有西域胡五人來詣悝曰昔於天竺得阿育王造像來至鄴下逢胡亂埋於河邊今尋覓失所五人嘗一夜俱夢見像曰已出江東爲高悝所得悝乃送

此五僧至寺見像歔欷涕泣像便放光照燭殿宇像趺先有外國書莫有識者後有三藏那跋摩識之云是阿育王爲第四女所造也

宋書曰劉牢之子敬宜八歲喪母晝夜號泣四月八日見衆人灌佛乃下頭上金鏡爲母灌像因悲泣不自勝

又曰沈道虔累世事佛推父祖舊宅爲寺至四月八日每設像之日輒舉家慟焉

又曰自漢世始有佛像形製未工戴逵特善其事顒亦參焉宋世子鑄丈六銅像於瓦官寺既成面恨瘦工人亦不能改乃迎戴顒顒曰非面瘦乃臂胛肥耳及減臂胛瘦患即除無不歎服

梁書曰阮孝緒末年蔬食斷酒恒供養石像先有損壞心欲補之罄心敬禮經一夜忽然完復衆並異之

又曰大通四年又造一丈六尺旃檀像量之剩二尺成丈八形次衣文及手足更重量又剩一尺五分至大通五年寺僧洽重量又剩七寸即是長二丈矣大同四年移入大殿敕主書吳文寵更量又剩五寸凡五度量即長二丈七寸豈非精誠所感耶

又曰武帝捨宅造寺未成於小莊嚴寺造無量壽像長一丈八尺及鑄而銅不足帝又給功德銅三千斤臺內送銅未至像處已見銅車到爐所於是就冶一灌便足在後臺司銅至方知向來送銅靈感所致及開模像以成丈九而相好不差又有大錢二枚見在衣條音不銷鑠其年欲移像還寺未移前淮中估客每夜輒聞大橋上如有人修道路往視不見人俄而像度光彩煇煥觀者莫不歸心

北齊書曰有沙門晏通於道傍造大漆像教化乞財所得

物咸以入常以杖敲此像號曰出課烏奴

又曰封述勃海蓨人一息娶隴西李士元女大輸財娉及將成禮猶競懸違述忽取所供養像對士元擲而示之士元笑曰封公何處常得應急像

洛陽伽藍記曰西域捍麼城南十五里有一大寺三百餘僧有像一軀舉高丈面常東立不肯西顧父老相傳云此像本從南方騰空而來于闐國王親來敬禮請像載歸中路夜宿忽然不見遣人尋之還來本處王即起塔封四百戶以供灑掃人有患者以金薄帖像所患處即得除愈後人於此像邊造丈六像及諸像塔乃至數千懸彩幡蓋亦有萬計魏國之幡過半幡上隸書多云太和景明延昌唯有一幡觀其年號是姚興時幡

西京記曰光福坊大興寺有阿育金像歷宋齊梁陳數有

奇異陳國亡忽面自西向雖止之還爾隋文帝載入長安內中供養後移置此寺寺衆以殿大像小不可當陽置之於北面明日乃自轉正陽衆咸驚異復置北面明日復還轉南面衆乃懺謝不復更動

又曰崇敬寺有石像一軀高五尺製作麄惡甚有靈驗傳云是阿育王第四女所造其女皃醜常自慨恨多作佛像及成皆類如此千數乃至誠祈禱忽感佛見形更造諸像相好方具其父使鬼神遍散諸像於天下此其一也

高僧傳曰釋曇翼出家事安公爲師後居長沙寺異常歎寺立僧足爾形像尚少阿育王所造多布在餘方嘗聞外國僧說有至誠所請者亦爲之降見乃專精懇惻更求誠應以晉太元中忽有一金像現於渚宫城北路上光明照灼百姓驚駭翼聞乃往祇禮謂衆人曰當是阿育王像降

我長沙寺焉即令弟子數人捧接迎至長沙寺其後罽賓禪師從蜀下入寺禮拜見像光生有胡字便曰是阿育王像何時來此時人方知翼之不謬

又曰漢明帝使蔡愔於西域得畫釋迦奇像是優由王旃檀像既至雒明帝即令圖畫寫置清涼臺中及顯節陵上

增一阿含經曰優塡王勑國內巧匠會以牛頭旃檀作佛像形供養晨夕禮拜是時波斯匿王聞優塡王作佛像供養亦召巧匠語言如來形體煌若天金今當以直金作佛形像即以紫磨作如來像亦高五尺爾時閻浮提中始有三像

法顯記曰僧尼羅國王以金等身而鑄像髻裝寶珠有盜者以梯取之像漸高而不及盜歎其不救衆生像俯首而與之後市人擒盜盜言其事視像尚俯王重贖其珠而復裝之○像記曰梁武帝天監元年正月八日夢檀像入國因發詔往迎像按佛遊天竺記及優塡王經云佛上忉利天一夏爲母說法王臣思見優塡國王遣三十二匠及賫旃檀請大目連神力運往令圖佛相既如所願圖了還返坐高五尺在祇洹寺至今供養帝欲迎請此像遣決勝將軍郝騫等八十人應募往達具狀祈請舍衛王曰此中天正像不可適邊乃令三十二匠更刻紫檀人圖一相卯時運手至午便就相好具足而像頂放光降微細雨并有異香故優塡王經云眞身既隱次二像現普爲衆生深作利益者是也騫等負第二像行數萬里度大海冒涉風波隨浪至山糧食又盡所將人衆及傳送者身多亡歿逢諸猛獸一心念佛乃聞像後有甲冑聲又聞鍾聲岩側有僧端坐樹下登負像下置其前僧起禮像騫等禮僧僧授澡鑵

令飲並得飽滿僧曰此像名三藐三佛陁金毗羅王自從至彼大作佛事語頃失之附夜僉夢見神曉共圖之至天鑒十年四月五日騫等達于揚都帝與百僚迎還太極殿至大清三年湘東王在江陵即位遣人從揚都迎上至荆都後梁大定八年城北靜陵造大明寺乃以像歸之今見在多有傳寫流被京國云

太平御覽卷第六百五十七

太平御覽卷第六百五十八

釋部六

戒律　禪　塔

寺

戒律

梁書曰武帝惑於佛教朝賢多啓求受戒江革精信因果而帝未知謂革不奉佛法乃賜革覺意詩五百字又手勑革曰果報不可不信革因乞受菩薩戒

又曰陶弘景曾夢佛授其菩薩記云名爲勝力菩薩乃詣鄮縣阿育王塔自誓受五大戒大同二年卒遺令不須沐浴以大袈裟覆衾蒙首足弟子遵而行之

又曰陸杲素信佛法持戒甚精著沙門傳三十卷

又曰蕭昱字子真歷位中書侍郎每求試邊州武帝以其

輕脱無威重抑而不許普通五年徙臨海郡行至上虞勑追還令受菩薩戒既至恂恂盡禮改意蹈道持戒又精潔帝甚善之

北齊書曰趙隱字彥深專意玄門崇敬佛道雖年期頤常持戒行

高僧傳曰弗若多羅此云功德華罽賓人也少出家專精十誦律部僞秦中振錫入關姚興待以上賓之禮先是經法雖傳律藏未闡鳩摩羅什聞多羅既善斯部以秦弘始六年集僧數百餘人延請多羅誦出十誦胡本羅什譯爲晉文三分獲二多羅遘疾弃世後有曇摩流支此云法樂西域人弃家入道偏以律藏馳名以弘始七年秋達關中初弗若多羅誦出十誦未竟而亡廬山釋惠遠聞支既善毗尼希得究竟律部乃遣書通好流支既得遠書乃與羅什共譯十誦都畢支曰吾當更行無律教處於是遊化餘方不知所卒

毗婆沙論曰善分別戒名爲毗尼藏大智論曰諸羅漢問誰能明了集毗尼藏皆言優婆離持律第一請就師子座問佛在何處說初毗尼戒優婆離言我聞佛在毗舍離爾時須隣郁迦蘭陀長者子初犯戒以是因緣故結初罪如是二百五十戒義三部七法八法尼律增一開雜部善部如是等八部十作毗尼藏經云五戒一不殺生二不偷盜三不邪婬四不妄語五不飲酒食肉故云五戒布施持戒忍辱精進禪定智惠以法能度生死故云六度色聲香味觸法能坌汙人之淨心故曰六塵

禪

寶林傳曰佛未涅槃時每告弟子迦葉曰吾以清淨法眼

涅槃妙心實相正法將付於汝汝可流布無令斷絶迦葉敬諾唯然受教迦葉傳阿難阿難付商郍和脩自此轉相傳授至般若多羅并佛二十八師般若多羅付菩提達磨菩提達磨者南天竺人也梁普通中泛海至于廣州後過江上嵩山少林寺達磨傳惠可惠可傳僧璨隱於晥山璨傳道信道信傳弘忍弘忍傳惠能惠能住韶州曹溪是爲六祖

高僧傳曰釋道立不知何許人出家事安公爲師隱覆舟山岩居獨立不受供養每潛入禪輒七日不起

塔

宋書曰謝尚嘗夢其父曰西南有氣至衡人必死勿當其鋒家無一全汝宜修福建塔寺可禳之若未暇立寺可杖頭刻作塔形見有氣來可擬之尚悟懼未及造塔寺遂刻

小塔施杖頭恒置左右後果有異氣遥見西南從天而下始如車輪漸欲大直衝尚家尚以杖指之氣便迴散闔門獲全氣所經處數里無復孑遺遂於永和四年捨宅造寺名莊嚴寺宋大明中路太后於宣陽門外造莊嚴寺改此爲謝鎮西寺

又曰阿育王寺塔阿育王卽鐵輪王王閻浮提一天下佛滅後一日一夜役鬼神造八萬四千塔此卽其一吳時居其地以爲精舍孫綝尋除毁之塔亦同滅吳平後諸道人復於舊處建立焉晉元帝初渡江更脩飾之其後有西河離石縣胡人劉薩何遇疾暴亡七日更蘇說云觀世音語云汝緣未盡當得活可作沙門洛下齊丹陽會稽並有阿育王塔可往禮拜忽然醒寤因此出家名惠達遊行至丹陽未知塔處及登越城四望見長干里氣色因就禮拜果

是先阿育王塔所屢放光明由是定知必有舍利集衆就掘得三石碑有鐵函函中有銀函函中又有盛三舍利及爪髮長一丈七尺詔遣沙門釋雲隨使往迎之先是武帝改造阿育王等塔出舊塔下舍利及佛爪髮髮青紺色衆僧以手伸之隨手長短放之則旋屈爲蠡形按經云佛髮青而細猶如藕莖絲佛三昧經云我昔在宮沐頭以尺自量髮長一丈二尺放已右旋還成蠡文則與帝所得同也

佛圖澄傳曰後趙尚書張離張良家富事佛起大塔澄謂曰事佛在於清淨無欲慈矜爲心檀越雖儀奉大法而貪悋未已遊獵無度積聚不窮方受見世之罪何福報之可希也

洛陽伽藍記曰永寧寺熙平元年靈太后胡氏所立也在宮前閶闔門南一里中有九層浮圖初掘基至黃泉下得金像三十軀太后以爲信法之徵永熙三年浮圖爲火所燒後有人從東萊郡來云見浮圖於海中光明照耀儼然若新海上之民咸皆見之俄然霧起浮圖遂隱

又曰西方佛沙伏國國王造一塔初成用真珠爲羅網覆其上於後數年王乃思量此珠羅網價直萬金我崩之後恐人侵奪復慮大塔破壞無人脩補因解珠網以銅鑊盛之在塔西北百步掘地埋之上種樹名菩提枝條四布密葉蔽天樹下四面坐像各高丈五恒有四龍典掌此珠若興心欲取卽有禍變刻石爲銘屬語將來若此塔壞勞煩後賢出珠修治

寺

後漢書曰陶謙同郡人笮融聚衆數百往依於謙謙使督廣陵下邳彭城運糧遂大起浮圖寺上累金盤下爲重樓

又堂閣周回可容三千許人作黃金塗像衣以錦綵每浴佛輒多設飲飯布席於路其有就食及觀者且萬餘人

宋書曰明帝以故宅起湘宫寺費極奢侈以孝武莊嚴寺刹七層帝欲起十層不可立分爲兩刹各五層新安太守巢尚之罷郡還見帝曰卿至湘宫寺未我起此寺是大功德虞愿在側曰陛下起此寺皆是百姓賣兒貼婦錢佛若有知當悲哭哀愍罪髙佛圖有何功德帝大怒馳曳下殿愿徐去無異容

又曰巢尚之甚聰敏時百姓欲爲孝武立寺疑其名尚之應聲曰宜名天保詩云天保下報上也時服其機速

又曰蕭惠開丁父難家素事佛凡爲起四寺南岡下名曰禪岡寺曲阿舊鄉宅名曰禪鄉寺京口墓亭名曰禪亭寺所封陽縣名曰禪封寺

梁書曰何氏自晉司空充宋司空尚之奉佛法建立塔寺至胤容又捨宅東爲伽藍趍權者因助造搆胤容並不拒故寺堂宇頗爲宏麗時輕薄者因呼爲衆造寺及胤容免職出宅止有常用器物及囊衣而已音無餘財

又曰謝舉宅內山齋捨以爲寺泉石之美殆若自然舉託情玄勝尤長佛理注淨名經嘗自講說

又曰武帝以三橋舊宅爲光宅寺勑周興嗣與陸倕各製寺碑及成俱奏帝以興嗣所製自題

又曰江紑字含潔幼有孝性年十三父蒨患眼紑侍疾將朞月衣不解帶夜夢一僧云患眼者飲慧眼水必差及覺說之莫能解者與草堂寺智者法師善往訪之智者曰無量壽經云慧眼見眞能度彼岸蒨乃因智者啓捨同夏縣界牛屯里舍爲寺乞賜嘉名勑荅曰近見智者云慧眼則

五眼之一號可以惠眼爲名及就剏造泄故井水淸冽異於常水夢中取水洗眼及煮藥稍覺有瘳因此遂得差

南史曰王懿字仲德父苗仕苻堅至二千石苻堅之敗仲德年十七及兄叡同起義兵與慕容垂戰敗被重創走與家屬相失路經大澤困未能去臥林中有一小兒青衣年可七八歲騎牛行見仲德驚曰漢已食未仲德言飢小兒去須臾復來將飯與之食畢欲行而暴雨莫知津徑有一白狼至前仰天而號號訖銜仲德衣因渡水仲德隨後得濟與叡相及渡河至滑臺復爲翟遼所留積年仲德欲南歸乃棄遼奔泰山晉太元末徙居彭城宋元嘉九年又爲徐州刺史仲德三臨徐州威德著於彭城立佛寺作白狼童子像於塔中以在河北所遇也

又曰波斯國城外佛寺二三百所梁大通二年遣使獻佛牙

又曰劉孝綽與到溉兄弟甚狎溉少孤宅近僧寺孝綽謂僧物也撫手笑溉知其旨奮拳擊之傷口而去

三國典略曰齊主初爲胡昭儀起大慈寺未成改爲穆皇后大寶林寺運石填泉牛死無數

唐書曰會昌五年四月括天下寺凡大寺四千二百蘭若四萬僧尼二十六萬五百七月勑併省天下佛寺上州各留寺一所中下州寺並廢上都東都各留十寺寺僧十人

洛陽伽藍記曰白馬寺漢明帝所立也佛教入中國之始寺在西陽門外御道南明帝夢見金人長丈六項佩日月光明胡神號曰佛遣使向西域求之乃得金像焉時以白馬負經而來因以爲名寺上經函常存時放光明曜於堂宇是以道俗禮敬之如仰眞容

又曰崇義里有京兆人杜子休宅時有隱士趙逸云是晉武時人晉朝舊事多所記錄正光初來至京師見子休宅歎息曰此中朝時太康寺也時人未之信遂問寺之由逸云龍驤將軍王濬平吳之後始立此寺本有三層浮圖用塼爲之指子休園中曰此是故處子休掘而驗之果得塼數萬并有石銘云晉太康六年歲次乙巳九月甲戌朔八日辛巳儀同三司襄陽侯王濬敬造于休遂捨宅爲靈應寺

又曰宜壽里內苞信縣令段暉宅地下常聞有鍾聲時見五色光明照於堂宇暉甚異之遂掘光所得金像一軀高三尺并二菩薩趺上銘云晉泰始二年五月十五日侍中中書監荀勗造暉遂捨宅爲光明寺時人咸云此地是荀勗宅

又曰脩梵寺有金剛鳩鴿不入鳥雀不栖菩薩達摩云得其真相

建康實録曰晉許詢捨永興山陰二宅爲寺家財珍異悉皆是給既成啓奏孝宗詔曰山陰舊爲祗洹寺永興居爲崇化寺造四層塔物産既罄猶欠露槃相輪一朝風雨相輪等自備時所訪問乃是剡縣飛來

又曰一乘寺梁邵陵王綸造梁末賊起遂延燒陳尚書令江揔捨堂宇寺今之堂是也寺門遍畫凹凸花代稱張僧繇手跡其花乃天竺遺法朱及青緑所成遠望眼暈如凹凸就視卽平世咸異之乃名凹凸寺

又曰牛頭山西峯中有窟不測深淺古老相傳云辟支佛所出梁武帝於窟穴下置寺名曰仙窟寺窟有一石鉢盂莫知所由來形狀甚古唐神龍初鄭克俊取將入長安乃

開禪寺志公嚴展也

高僧傳曰釋法度少出家高士明僧紹隱居瑯琊之攝山及亡捨所居山爲棲霞精舍請度居之經歲許忽聞人馬鼓角之聲俄見一人持名紙通曰靳尚前度見尚形甚都羽衛亦嚴致敬已乃言曰弟子主有此山七百餘年法師道德所歸謹捨以奉給并願受五戒永結來緣度爲說會受戒而去

又曰孫放西寺曾構傾頽沙門支雲惠謀欲建立其日有童子持紙蓮花插故寺東面相去十餘丈於是建刹中標正當華所

太平御覽卷第六百五十八

太平御覽卷第六百五十九

道部一

道

老子曰道可道非常道虛極之妙也無名天地之始有名萬物之母無名者妙本也道沖而用之或似不盈淵乎似萬物之宗天地之間其由橐籥乎玄牝之門是謂天地根天地所以能長且久者以其不自生故能長生生而不有爲而不恃長而不宰是謂玄德執古之道以御今之有能知古始是謂道紀萬物並作吾以觀其復功成事遂百姓皆謂我自然絶聖弃智民利百倍孔德之容惟道是從以閲衆甫吾何以知衆甫之然哉曲則全謂曲已以應務則全也枉則直謂枉己以伸人則直也窪則盈謂謙則常盈也弊則新謂守弊薄則日新也少則得謂抱一不離則

無失也多則惑謂有爲多門則惑亂也是以聖人抱一爲天下式希言自然者謂因言悟道不滯於言合自然也有物混成先天地生寂兮寥兮獨立而不改周行而不殆吾不知其名字之曰道强爲之名曰大域中有四大王居其一謂王者人靈之主萬物繫其興亡也人法地地法天天法道道法自然重爲輕根靜爲躁君善行無轍迹謂體了眞性行無行相則心與道冥也善言無瑕讁謂道家求意理證心忘也善計不用籌筭謂一以貫之不生他見也善閉無關楗而不可開謂心無逐境之迷境無起心之累也善結無繩約而不可解謂心與道合雖無約束其不可解也是以聖人常善救人故無弃人常善救物故無弃物是謂襲明知其雄守其雌知其白守其黑知其榮守其辱謂含德內融則復歸於朴常德聽用則散而爲器旣涉形器必有精麤聖人用之則爲群材之官長矣故大制不割謂聖人用道大制群生萬物不割於自然有不制傷也道之在天下猶川谷之與江海死而不亡者壽謂死者分理之終亡者夭折之數壽者一期之盡夫知足力行者得天常也死而不亡是一期之盡可謂壽矣執大象天下往往而不害安於太平化而欲作吾將鎮之無名之朴謂道也失道而後德失德而後仁失仁而後義失義而後禮天下之物生於有有生於無明道若昧進道若退夷道若纇上德若谷謂虛谷而容物也大白若辱謂能潔而含垢也廣德若不足謂大成而執謙也建德若偷謂立功而不衒也質眞若渝謂淳一而和光也大方無隅謂不小立圭角也大器晩成謂且無近功也大音希聲謂不飾小說也大象無形謂能應萬類也道隱無名謂功用不彰也道生一一生

二二生三三生萬物萬物負陰而抱陽沖氣以爲和爲道日損損之又損以至無爲故塞其兊閉其門終身不勤也謂不縱六根愛悦則禍患之門閉矣終身不勤勞也開其兊濟其事終身不救謂開縱視聽以成其愛悦之事故有禍患不救也無遺身殃是謂襲常謂不爲身災是謂密用眞常之道也

又曰知者不言言者不知所以言者以音相聞譬如知音者識音以絃心知其音口不能傳道深微妙知者不言也

太上曰知者不言言能以救物

又曰上士學道受之以神中士受之以心下士受之以耳以神聽者通無形以心聽者知內情以耳聽者聞外聲

又曰知者不言言者不知故聖人云我無爲而民自化我無事而民自富我好靜而民自正我無欲而民自樸脩之

於身天下自化深根固蔕長生久視之道以道莅天下其鬼不神道者萬物之與爲者敗之執者失之是以聖人無爲故無敗無執故無失

太上經曰混茫之氣變化爲眞人與時翱翔有名無體

仙經曰神仙輕舉謂之天仙列位太清度名祕籍

祕要經曰五岳洞府隱處地仙保其神形遠其憂患

又曰太清九宮皆有僚屬其最高者稱太皇紫皇玉皇其高揔稱大道君次稱眞人眞卿其閒有御史凡稱太上者一宮之尊也德高無踰故曰太上

又曰仙者川也身者舟也濟川得岸何假舟焉

太眞科曰玉皇譜錄有百八道君羣仙隨業以補其職三善道者聖眞仙也上品曰聖中品曰眞下品曰仙三清之閒各有正位聖登玉清眞登上清仙登太清玉清有大帝

宮殿皇帝王公卿大夫吏民率以聖呼之如聖皇聖帝之類是也男女貴賤各有次第上清有玄都玉京七寶紫微率以眞呼之太清有太極宮殿率以仙呼之其上清太清之品位男女次第之統數與玉清同

大洞經曰從生得道從道得仙從仙得眞從眞得爲上清君

五符經曰二十四眞圖五岳之靈寶也能得之必能仙去飛步太清欲得道法先沐浴去穢當得東井圖欲定五帝役山精當得五岳圖欲通神靈法仙訣當得八史眞形圖欲通五行廚當得六甲通靈圖欲存吾身致天神當得九宮紫房圖欲奉道法當得太清圖欲奉順道當得混成圖欲通道機當得西昇保錄圖欲通變化當得靈化圖欲躡大道當得九天圖欲脫身形當得九變圖欲隱存守身神當得養身圖欲定身守神寶當得含影圖欲恬泊守一以存身當得養身圖欲寂默養志當得精誠守志圖欲清淨潔白致其芝英當得芝英玉女圖欲役六丁當得六陰玉女圖欲致仙籙當得九九道仙圖欲食道氣當得導引圖欲治道術當得洞中皇寶圖欲爲變化當得偃息圖欲臨鑪定九丹金液當得太一圖欲登五岳求神仙芝藥當得開山芝藥圖欲保神形別邪精當得明鏡圖

上清經曰氣之所守謂神所生神在則氣在神去則氣去氣散則爲雲霧合則爲形影出之爲仙化入之爲眞一上結三元下結萬物靜用爲兆身動用爲兆神

洞眞經曰凡讀太丹隱書洞眞玄經能研精密感通玄達雲迴釋玄元味景太清者得爲玄中法師也

葛洪神仙傳曰自伏羲至三代顯名道士世世有之其老

子蓋得道尤精者也內寶自然欲正定本末當以史傳爲據并仙經祕文以相參會其他俗說文多虛妄其後道士私有增益非眞文也著道德二篇尹喜行其道至漢竇太后好黃老言孝文帝及外戚諸竇皆令讀之故莊周之徒以老子爲宗

太上玄一眞人經曰衆眞高仙皆有師也奉受上清三洞寶經爲學無師則道不成八景龍輿焉可得乘太極玉闕焉可得登凡學上清之道豈肉飛之舉若慢於師道則失投夜光也以是言之道固難知也至於聖賢皆尊其師所以耐道也

太上太霄琅書曰天地布氣師教之眞眞仙登聖非師不成心不可師師心必敗

寶玄經曰裁制偏邪必歸中正能及流末還至本源道本

無形假言立象雖言沖用用實無物

道典曰制殺生者天也順性命者人也非逆天者勿殺也非逆人者勿伐也爲政如是蓋道之極也

七聖紀曰南岳赤君下教變迹爲道士與六弟子俱顯姓名

太一帝君經曰求道者使其心正則天地不能遶也捨色累而不顧避榮利而自遠甘寒苦以存思樂靜齋於隱垣則學道之人始可與言矣

太上三五順行經曰天者道之應形也應有時漸交以引之玄象虛文其過三五三五順行運周則變通不窮三才合度太一者天也天之受一氣蕩蕩而致清道者天之積靈也

昇玄經曰道之玄妙出於自然生於無生先於無先弥綸

無外布神化氣淡然無上制御諸天

玄妙內篇曰大道起於無爲萬物之祖也

正一眞人經曰道之淳眞非有言也借言通意因置玄都正一之化去眞近矣

寶玄經曰正則道合合則言志志言在正正以絕邪齋戒通經仙道自成成仙之大莫過太上太上無言以應感感應之道表信成經也

三皇經曰求索自然脫身當道三光發明天地常然

智惠經曰與人君言則惠於國人父言則慈於子人師言則愛於衆人兄言則悌於行人臣言則忠於上人子言則孝於親人友言則信於交人婦言則志於夫人夫言則和於室人弟言則恭於禮野人言則勸於農道士言則止於道興國人言則各守其域奴婢言則愼於事

太上經曰親近賢智博問善道賢者論議不可事執

又曰末世道士講經說法儀軌云何若說五千文者亦依靈寶

太上三洞寶經曰三洞傳法之師一人度世勝黃衣道士千人也

又曰大茅山有銅鐵鼎可容四五斛刻甚精好在山最高處入土八尺餘上有盤石掩鼎每吉日遠近道士咸登山瞻視無復草木壘石爲小壇昔有小瓦屋爲風所倒兩鈸法日月也三足法三才也羽山之銅所作神變隱顯

眞誥曰大茅山西南有四平山俗謂之方山其下有洞室名曰方臺洞有兩口見於山外與華陽通號爲別宇幽館矣得道者處焉

又曰脩於身其德乃眞君子立身道德爲任清淨爲師太

和爲友玄爲默與道窮極治於根本求於未兆爲善者自賞爲惡者自刑故不爭無不勝不言無不應

又曰能以至心學道當以道授學者裴君曰我師南岳赤松子爲大虛眞人昔太上以德教老子以得道松子以道授我而得仙

又曰仙道十二試觀之法試皆過然後授之經此十二事大試也皆太極眞人臨見之可不愼焉昔彭祖弟子青烏公受明師之教審仙妙之理入華陰山學道積年十二試有三不過後服金液而升太極道君以爲試三不過但仙人而已不得爲眞人

又曰裴君云學道者有九患若審之則仙不遠也患人有志無時有時無友有友無志有志不遇其師遇師不學學師不勤勤不守道或志不固一心如此則不須友而成亦

不須感而動此學仙之廣要也師有憂戚弟子出入無善爲學無師道則不成心存目想見師如經學非師授不可以教人恐疑悟後學故不得傳求法事師莫擇貴賤勿疑長幼言我年大而彼年小彼是賤而我是貴此是未解正眞平等之要人無貴賤有道則尊所謂長老不必者年要當多識多見以爲先生不得言彼學在我後云何更反師彼作此念者非學道也當謙下推能讓德惟善是從不得獨是非彼得道度世莫不由師也學之有師亦如樹之有根也太智既成復能成就小智由樹根生子子復能生根展轉相生種類不絕從師變道道過於師還教於師所謂道貴人賤義類如此先師並須尊異所以尉者本師者學之根也譬爲山一簣之土漸得高大本師者發蒙之基也後師者備成也諭如嚴裝服飾衆事已辦惟未加冠不可

以行人事也妄生下想所以然者論議言說爲人模範師不明道焉能解疑難也古者賢聖上學得其師名爲更生不得其師名爲亂經無其師道不自生也

太平經曰上士學道輔佐帝王好生之德也中士學道欲度其家下士學道才脫其身

又曰言則道不成多言則爲害閉口不言萬歲無患

又曰人得善師乃使凡賤之人成善人善不止更賢賢不止爲聖聖不止乃得深知眞道守道不止乃得仙仙不止乃與天比其神神不止乃得與元氣比其得元氣乃包天地八方莫不受其氣而生是善師之功也不得其善師失路矣故師師相傳遒堅於金石不以師傳之名爲妄作則致邪矣叛去其師是去其眞道自窮之術也道有宗師祖師

定眞玉籙曰治心之最不忘須臾心神乃定定則入道其狀在外慎其言語懼觸物也節其飲食慮貪叨也衣麤而靜在素淡也居陋而隱守靜篤也恭謹一切避凌辱也不敢爲先免嫉謗也始終淳信潛化尊也進止和光密行教也挫銳解紛明道有時也出處變化見神態之速也

又曰九宮眞人出入皆從黃闕絳臺中間爲道故以道之左右置臺闕者以司非常之氣伺迎眞人之往來也

道基經曰服藥食麥爲善麥有甘始道士御氣食麥而度世也

又云合道不言得無之眞晝夜不卧日月合光不飢不渴龜龍胎息也

又云食穀者名之穀仙行之不休則可延久長也不食穀者可以度世

又曰無賣吾道以行求錢無衒吾道强授豪榮無損吾道以與讒佞

黃庭經曰仙人道士服氣非有神也養生所致和氣專也若道士恐畏存神可鳴天鼓聲聞太極

太眞科曰道士脩經習業以五千文爲先

又曰道有寂動氣化之有形智化之有聲

又曰皇教道也帝教德也王教仁也

抱朴子曰求師必須深博猶涉滄海造長洲獨以力劣爲患豈以物少爲憂哉夫虎豹之所餘乃狸鼠之所飫陶朱之所弃乃原憲之所無專心憑師依法行道濟身度世利在永享事師盡敬得道爲期承聞候色也不盡力明其師道則罪不可除也學道得師明事之害亂不得發也

三無眞一經曰有大洞守一經者則爲師也太清經云天

地以道資聖人以道師也資者持道以養育當生也師者以教人不知而當成也

又曰有大洞守一經者則爲師也所以崇建本末盡善明天戒之苦至期神靈之所宗託階級以自始所以師友垣其外三一鑑其內帝君析其□赤子悦其宅者乎云天地以道資聖人以道師資者持道以養育當生也師者以教人不知而當成也○上清紫宸經曰經不師受竊天之寶受無盟信忽天之道○太上八素真經曰太上玄人所以與天地等者貴其能相教導也先覺悟於後覺反流歸於一源也

天真皇人曰此□諸君皆積學滅度道業垂成而得受此文以還生人中皆超虚步空上昇金闕受號自然也其並悠遠人世所不能明考其延者羨門子師夜光高丘子師

石公洪崖先生師金母並受靈寶滅度五鍊之法昇天之傳

又曰正一法文曰若衒法求利不明正典傳非習謬迷誤後生後生祿薄率爾遂易不尋高德苟貪愛名名而無實望福得禍禍加深也傳授苟非其人道不虚授常恐淨淺之輩亟生誹謗貽災致罪爲累不輕所以立信効心因以爲施授受之中有以分別

洞真經曰修太一之道忌見血穢之類亦不可泣

大有經曰受上清寶經者不得哭泣

玄母入門經曰存金華雌一之精深戒哭泣令身多感擾

太平御覽卷第六百五十九

太平御覽卷第六百六十

道部二

眞人上

太上經曰大微天中有二十四氣混黃雜聚結有名無氣變化爲眞人道之積成托形立影與時翱翔有名無體謂之眞人○八素眞經曰若精勤得道者皆當書以藥簡刻以瓊文位爲上淸左眞公

又曰龍衣鳳帔虎帶皆是羣眞所獻於帝皇

眞誥曰中皇君者天帝君之弟子也生知長生之要天仙之法夙會玄感於是太上授以帝君九眞之經八道祕言之章道成授書爲太極眞人

又曰淸虛眞人於太素眞人受三奔之道桐柏眞人脩解劍之法有太上奔日之文得爲下元眞人

又曰不知迴元隱道者不得刻名上眞迴元者太上更新之日也常以其日思存吉事

又曰虛妄者德之病華衒者身之災執滯者失之由恥辱者行之玷遣此四者然後可以問道耳有淫衒之心不可行上眞之道也昨見淸虛宮正除落此輩人名又考付三官推之可不愼乎紫微眞仙之才內明外知錄名太極金書東州內累既息積之勿休

又曰寄道之本則爲上淸眞人仙眞妙方能盡梗槩之道者便爲九宮眞人若各備具其道則爲太極眞人

又曰鍊形於太陰易皃於三官受學化神濯景易氣俯仰四運得爲眞人

金根經曰天關玉闕主監衆眞遊宴之所也

又曰天關上有六層玉臺太上眞人集宴之處也

又曰玉保靑宮北殿上有金格格上有金章鳳璽玉札丹青羽蓋升仙法服以給成眞之人

大有經曰玉華靑宮有寶經玉訣應有爲眞人皆授之

又曰太上素靈洞玄經上化三眞又大洞眞經云道有三眞不可去身紫霞變景三光映眞

大洞玉經曰太無山中有洞宮玉戶在峨嵋之上諸得道眞仙之名刊列此宮也

又曰云上淸有宮門有兩闕左金闕右玉闕有羽衣守士內有玉芝流霞之泉刻金題衆眞飛仙之號又云玉淸中有太暉殿玉眞遊宴之所也

又曰九眞仙伯上帝司禁之君濯纓帝川之池也

又曰太一上元君者萬仙之司主方岳眞氣太上眞人步五星之道以致降于室

大洞眞經曰赤城朱臺上淸絕境乃帝一內宅三眞寶堂

又曰上淸眞人總仙大司馬長生法師登大帝滄浪山洞臺中雙玉穴酣飲紫明芝液

又曰長生存神者好山水之人仁知動靜所依也依仁者靜而壽依智者動而樂當投簡送名俾崇仁智朱書白簡移籍太淸發爐拜手用青紙青絲裹絡巖石上詣水泛舟中流讀簡以名係之必能降眞也

上淸九眞中經內訣曰有玉保公太素遺下迎九眞之人也

又曰欲行九眞之法者齋戒淨室並爲天帝君所見記錄也

太眞科曰羽仙侍郎上都官典格列其職位都統玉眞太上眞人在五岳華房之內非有仙籍不得聞見丹簡校定

名入南宮

又曰盧皇金闕玉帝最貴最尊號曰自然莫能使之然莫能使之不然也和光於人似同而異惟得道者乃能知之

又曰上清禹餘天有三官眞人主治過刑殺伐陰賊不軌嫉害賢哲心懷進退穢慢眞人之罪者

玉清隱書曰玉名金格當爲上眞三天眞皇佩神虎之符在太極上位上眞則飛龍翼轅中眞則紫毛持節下眞則太極參軒

又曰太微天帝君命太微上眞勑使群靈

又曰上皇玉帝命玄羽眞人出迎太微天帝又命太上眞人開瓊珠之篋出玉眞隱書玄羽之經以傳太微天帝之君

內音玉字經曰眞人散香於玉庭又云飛散百和之香流

五雲之華以觀飛天眞人

又曰四極眞人主人命籍常乘紫眞之車校人罪簶

又曰九華眞人治於南上宮中校人功過善惡三官列言

又曰天眞皇人曰諸天內音自然玉字其大梵隱語上帝命天眞皇人注解其正音足以開度天人

登眞隱訣曰崑崙瑶臺刊定眞經之所也上品居上清擬帝皇之尊中品處中道皆公卿之位下品居三元之末並大夫之流三眞品經各有條次

又曰三昧眞人乘風雲龍車下衛齋戒之士太素眞人揮始學者惡夢之法金華眞人刻大洞上經於天帝紫微宮玄琳玉殿東壁編上太虛眞人說鴻烏之經太極眞人誦王母之辭典禁眞人察人之善惡妙行眞人推劫會之數

又曰太極眞人常以立春日日中會諸仙人於太極宮刻玉簡記仙名至春分之日日中崑崙瑶臺太素眞人會諸仙人刊定眞經也崑崙瑶臺是西母之宮所謂西瑶上臺天眞祕文盡在其中矣太素眞人治白水沙洲之上定其眞經也至立夏日日中上清五帝會諸仙於紫微宮見四眞人論求道之功罪至夏至日日中天上三官會于司命河候校定萬民罪福增減年筭至立秋日日中五岳諸眞人詣中央黃房定天下祀圖靈藥至立冬日日中陽臺眞人會集列仙定新得道人始入名仙錄至冬至日日中諸仙詣方諸宮東海青童君刻其仙籙金書內字凡學道之人常以夕半日中謝罪罪名自除尅身歸善以求長生神仙秋分之節氣處清虛太和正日也衆眞諸仙是日聽訟又刺姦吏及部內諸仙官並糾奏在處道士之功過及含生有罪應死生者故仙忌眞記曰子欲升天愼秋分罪無

大小皆上聞此朱火丹陵宮仲陽先生之要言也又云此辭出列紀是青童君述古眞人之言以傳覆氏言罪禍纖介刻于丹城之籍也伏匿之善惡陰德之細功無不纖陳也

又曰上眞人之道有七第一太上鬱儀奔日文二太上結隣奔月章三太上八素奔辰章四太微飛天上經五髙上太洞眞經六金闕靈書紫文七九眞中經也上眞之位爲諸天帝行則三七色節萬眞前導中眞之道有六大丹隱書九眞玄文太上金策方諸上經三皇內文紫書訣籙中眞之位上清卿相之列也紫毛持節玉帝參轅下眞之道有八上清七變隱地八術玄皇玉書神州洞經紫庭中方降籙黃道素奏中章上元玉書下眞之位上清大夫之流五色節旌飛行倒景

又曰有得見聖列紀者玄籙書名奏之上淸位爲仙卿若能行金闕眞事則拜爲大夫此謂列紀重於紫文也旣見之非眞受佩而已謂知其中經目之輕重求道之梯級依此尋學故勝於守紫文之單事也

上皇玉籙曰二十四眞人有佩玉籙以行山川者則河海上神奉迎啓道

靈寶隱書曰中極眞人主人命籍九華眞人主九幽之下宿對生死太元眞人受天之符度長夜之魂太極眞人治赤城玉洞之府司校太山死生之籙三元眞人主紫微行道

赤書玉訣經曰凡月十四日上帝眞皇勑太一使者下與北酆都伯使者同行天地司察人神功過深淺列言上宮又勑太一八神使者下與三官司察天人善惡列言也又

遣九部刺姦周行五岳三宮水府條正鬼事司人功過列言上天

白羽經曰太眞丈人登白鸞之車駕黑鳳於九源自天已下其不範德又太極眞人有仙眞相好者要在慈心觸物以輔相好然後得仙矣不能忍性則仙相敗矣故修道會眞必以精思爲本神爲本存神入觀尅以靜念爲先

大劫經曰上景眞人將天下力上元洪水毋決逆萬川

海空經曰何監者天人之隱名處玉樓之上列眞仙之館

又高眞書體有眞氣玉眸詵詵

南眞傳曰昨與叔申詣淸虛宮校定眞仙得失之事近頓除落四十七人復上三八耳內明眞正乃良材也九宮眞人出入皆從黃闕絳臺中開爲道故以道之左右置臺闕者以何非常之氣眞人往來者

太上正法經曰九眞者九天之眞氣凝而成也上中下三眞生於太淸是元始之澄氣也各置官室次第上淸宮衞之官太上大道君萬眞之主也居玉殿造上帝之章以爲寶經於玉淸宮中以度後學得眞之士

三元品戒經曰紫微宮有延生之儀格又云赤帝玉司君玉景度治南方朱陽之臺總統上眞之士

景林眞人曰勤感累世念眞期靈皇鑒其用思太極注名玉劄於是紺書紫虛之宮朱書東華之闕刻名上淸丹文錦籍

空洞靈章曰眞人彈雲璈吹九鳳之簫神州之笙其音逸響流激千尋

後聖列紀曰上淸金闕後聖君少好道樂眞紫微上眞天帝玉淸宮賜紫藥瓊丹鳳璽得在上淸中遊太極下治諸

天封掌兆民

仙誌曰凡修行太一之事眞人之道不得有所拜但心拜而已不形屈也思眞行道通而無窮顯驗應期登眞必速也

黑籙上篇曰聖眞仙者共行道德俱宗太玄

戒文經曰太上眞人居仙府中世人得仙者皆先過此

自然玉字經曰七寶林中有上眞之遊國眞人之戲園

太霄瑯書曰元皇玉靈之冑位登太眞理二儀於玄圃掌玉籙於萬仙總地司於五岳領上眞於三闕上統無涯下攝洞源自天以下莫不咸隸

又曰太素三元君稟靈和玉宸上氣故結生虛無含眞秀景機洞妙無神齊廣畢道周九玄呼吸未兆觸物對應太上之凝結也

太上四明玉經曰眞仙之道以耳目爲主淫色則目開廣

愛則耳閉此二病從中來而外奔也非復有他令令其聰明益易耳但不爲之當洗心絕念放弃淫貪所謂嚴其始矣保利雙闕啓徹九門朝液泥丸列爲上眞視徹甚遠聽於絕響此眞仙之高不但明耳目而已

三洞珠囊曰高上玉淸刻石隱銘曰鄷都山在北內有空洞洞中有六宫書此銘於宫北壁制檢群凶不使橫暴生民學者得佩此刻石文則北鄷落名南宫度命爲其眞人

太平經曰後學得道各有品階至于指極聖眞仙人

定眞玉籙經曰凡欲定心當受上皇民籍定眞玉籙此至要爲學之先也先能定心仙名乃定是三天正一先生所佩以定得仙之名

太上經曰玉淸者如玉堅不可毁淨不可汚也堅淳無變穢累都盡一而無雜故名爲眞人

太上丹簡曰凡學道居眞人之位者名入南宫

三五順行經曰合德入道號曰眞人太上遣四極眞人來迎授三天靈籙之文於上淸宫

上淸八景經曰精思百日眞人降形也

葛玄五千文序曰精思遠感而上遠則太上遣眞人下授希微之旨又云靜思期眞則衆妙感會內觀形影則神氣長有體洽道德則百神震服

大洞雌一篇曰金姿曜於東華玉形恍於帝門神映五老騰躍三元頂負寶曜浮遊九晨分形散景位爲上眞

昇玄經曰惟須忠直尋道求眞改惡從善得爲眞人

三元玉檢經曰歲庚寅九月九日甲辰元始於上淸宫告盟授三元玉檢使付後學有玄名應爲上淸眞人者

太平御覽卷第六百六十

太平御覽卷第六百六十一

道部三

眞人下

集仙録曰王母者龜山金母也西華至精之氣化而生金母生而飛翔處極陰元位配西方母養群品所居宮闕在舂山崑崙之圃閬風之苑有城千里樓十二非飈車羽輪不可到也蓬髮虎齒非西母之眞形蓋金方之神也元始授以萬天元統龜山九光之籙使制召萬靈統括衆眞總諸天之羽儀天帝朝宴之會上清寶經三洞玉書凡所授度咸所關預黃帝在位王母遣使乘白鹿集帝庭授以地圖其後舜在位遣使獻白玉環及益地圖遂廣黃帝九州爲十二州又遣獻舜玉琯吹之以和八風

又尚書帝驗期曰王母之國在西荒凡得道授書者皆朝

王母於崑崙之闕王褒字子登齋戒三月王母授以瓊花寶曜七晨素經茅盈從西城王君詣白玉龜臺朝謁王母求長生之道王母授以玄眞之經又授寶書童散四方泊周穆王駕龍鼉魚鼈爲梁以濟弱水而升崑崙玄圃閬苑之野而會于王母歌白雲之謡刻石紀迹于弇山之下而還

漢武帝好長生之道元封元年登嵩岳築尋眞之臺齋戒思道王母於七月七日乘紫雲之輦駕九色斑龍帶天眞之策佩金剛靈璽黃錦之服金光奕奕結飛雲文綬戴天太眞晨纓之冠躡方瓊鳳文之履天姿奄藹眞絶世之人也下車扶二侍女登床東向而坐命侍女取桃以玉盤盛至七枚四與帝食母自食三帝欲收核種之母曰此桃三千歲一實中土地薄種之不生問長生之道母曰賤榮樂甲自復佳爾養性之道理身之要在不怠耳欲長生者先取諸身堅守三一保靈根青白分明適泥丸三宫備衛在絳宮黃庭戊己無流源此所謂呼吸太和保守自然眞要之道也至若太上靈藥上帝之奇物也下陰生重雲妙草皆神仙之藥也得上品者後天而老乃太上之所服非中仙之所寶其中品者有得服之後天而遊乃天眞之所服非下仙之所及其次藥有九丹金液紫虹華英太清九轉五雲之漿玄霜絳雪騰躍三黃東瀛白香玄洲飛生八石千芝威喜九光西流石膽東滄青錢高丘餘粮積石瓊田太靈還丹盛以金蘭長光絳草雲童飛干此飛仙之所服非地仙之所聞也其下藥茯苓昌蒲巨勝黃精之類服之可以延年雖不得長享無期亦以身生光澤得爲地仙求道者要先憑此階漸而能致遠勝也若能呼吸服御保固

神氣此上品自然之要道也且夫一人之身天付之以神地付之以形道付之以氣萬物草木亦如之身以道爲本豈可不養神固氣以全爾形也形神俱全上聖所貴王母命上元夫人出八會之書五岳眞圖五帝六甲靈飛之符凡十二事以授帝不能用其道而多所惑焉後三祠王母復下降所授之書置柏梁臺上爲天災所焚李少君解形而去巫蠱事起帝愈悔恨

又大茅君盈南治句曲之山元壽二年八月己酉南岳眞人赤君西城王君方諸青童並從王母降於茅盈之室

又王母命上元夫人授盈二弟茅固茅衷太霄隱書其後紫靈元君魏華存齋戒於陽洛山隱元之臺王母與金闕聖君降於臺中乘八景之輿同詣清虛上宮傳玉清隱書四卷以授魏夫人時太虛眞人等歌太極歌王母曰逍遥

玄精際萬流無暫停哀此去留會刼盡天地傾當尋無中景不死亦不生體被自然道寂觀合大冥南岳挺眞幹玉映耀穎精有任靡其事虛心自受靈嘉會絳河曲相與樂未央王母復還龜臺

三一經曰黃帝遊靈臺青城山絕巖之下見天眞皇人以蒼玉爲屋黃玉爲狀翠羅之帷侍者皆天人

又曰高丘子商時人也好道入六景山積年但讀黃素道經服餌朮後服鴻丹得陸仙遊行五岳復飲金液爲中岳眞人

又曰郭崇子商時人也彭眞人弟子嘗山行盜困崇諸子弟欲追擒之崇子曰縱去其盜後仕官而崇子譽之數數往彼謝之曰我昔盜也不可受大君子之譽遂自殺後崇子得道太極眞人以爲有殺人之罪不得爲眞人此爲善

之過尚致人自斃況爲惡乎

又曰楚莊公時市長宋萊子常洒掃一市久時有一乞食翁入市經日行歌道中日天庭發雙華山源彰陰邪清晨案天馬來詣太眞家眞人無奈隱又以滅百魔常歌此乞食市人無解此者獨萊子悟疑其眞人然未全解其歌耳遂師此翁而去積十餘年翁遂授以中仙之道萊子今在中岳也乞食翁者西岳眞人馮延壽周宣王時人也天庭任兩眉之下是徹視之津梁亦謂之華庭也山源是鼻下人中之本側在鼻下小入谷中也天馬手也以手按鼻下則杜絕百邪

又曰眞人尹喜周大夫也爲關令少好學善天文祕緯鬼神無以匿其情狀瓌傑不檢榮戚不形於色志懷逍遙天性玄淵忽登樓四望見東極有紫氣西邁喜曰夫陽數度盡九星度值合歲月並正應有異人過此乃齋戒掃道以俟之及老子度關喜先誡關吏曰若有翁乘青牛薄板車者勿聽過止以白之果至吏白願少止喜帶印綬設師事之禮老子重辭之喜曰願爲我著書說大道之意得奉而行焉於是著道德經上下二篇喜於是俱去玄洲上卿

蘇林傳曰林字子玄濮陽曲水人也父秀含德隱曜居於恒山林少稟異操至趙師琴高先生授鍊氣益命之道又師華山仇先生授遷神之術曰子眞人也當學眞道乃致林於涓子未遂告林眞訣先生曰必作地上眞人當先去三尸林後授紫陽眞人道訣凡二百餘事至于守玄丹洞房三元眞人其標上焉林爲中岳眞人

茅君傳曰盈字叔申咸陽人也父祚有三子盈固衷也盈少稟奇操矯俗抗邁不求聞達不交非類入恒山讀老易

餌朮潛影在山中六年精思念道誠感密應夢太玄玉女持玉劄而攜之曰西城有王君得眞道可爲師明發乃尋求至西城齋戒三月果見王君盈乃叩頭再拜勤懇乞長生之術乃得在西城洞臺之中金玉上宮親侍旦夕執巾履之役積十七年專一不懈復二年王君命駕造白玉龜山謁王母於青琳宮將盈同行王君見西王母稽首於前盈乃叩頭再拜自陳於王母前得治身之要道行其事歸家數十年以漢元帝時天官下迎來渡江東治句曲山於是天皇大帝遣授黃金紫玉策爲太元眞人東岳上卿司命神君仗紫毛之節十絕靈幡巾藕華冠繡羽紫帔丹青飛羣斑龍輿素虎輧曲晨寶蓋瓊帷綠寶洮神流火雙珠月明錦旗白羽玄千金鍾玉磬紫琳之腴玉漿金罌治赤城山玉洞之府上編上清下宴太極對掌吳越司校太山

死生籙朝籍衆眞定策金名領授學道試校群仙時茅君弟吏二千石當之官鄉人多送之茅君亦在座曰余亦有職某月日當之官賓客曰願奉送茅君言不須有所損費吾有以供帳至期大作宴會皆青縑帷幄下鋪重白氈奇饌異果羅列妓樂合奏聞數里從者千餘人文吏則朱衣素帶武吏則戎備耀日茅君乃登羽蓋車去以晉興寧三年七月四日夜初降楊君家着青錦繡裙紫毛帔巾芙蓉冠侍從七人入戶一人執紫毛節一人執十絕幡一人帶綠章囊一人握流金鈴三人奉白牙箱並朱衣以後數數來降弟子迎候仙人李道撰傳光顯于世間也

三洞珠囊曰王褒字子登前漢王陵七世孫服青精䭀飯趁步峻峰如飛鳥無津梁直度積水又服雲碧晨飛丹腴視見甚遠太上大道君遣正一左玄執蓋郎封瑋音賜王

君素明瓊玕丹瓶綿旌號清虚眞人

眞誥曰赤松子黄帝時雨師號太極眞人

又曰九疑眞人韓偉遠昔師中岳宋德玄德玄者周宣王時人也服靈飛六甲得道能遠行數變隱得玄靈之道今在嵩山偉遠久而隨得其道九疑眞人

又曰裴玄仁右扶風陽夏人也漢文帝二年始生焉裴君得道將入室弟子鄧雲亦得道將鄧登太華山入西洞玄石室中積三十二年忽見五老人賜裴君神芝之術亦號清虚眞人○又曰中岳眞人王仲甫少好仙道常吸引二景及飡霞法四十餘年都不覺益其子亦服之十八年仙去後南眞人忽降仲甫家而教之曰子胐衆嶄滅津液不注雖接眞景以飡霞故未爲身益仲甫遂因藥治病兼修眞道又積年方成今在玄洲受書爲中岳眞人領九玄之司

又曰范伯慈桂陽人也家本事俗忽得狂病經年不愈聞沈道士治病多驗乃弃家求療五十日病愈後入天目山餌胡麻精思十七年又服丹砂得道爲玄一眞人

又曰許謐字思玄一名穆晉簡文皇帝以爲護軍長史雖外混俗務而内修眞學得爲上清眞人

又曰紫虚元君領上眞司命南岳魏夫人玉清虚弟子名華存楊司命之師也任城人晉司徒文康公魏舒之女年二十四適南陽劉幼彦幼彦爲汲縣修武夫人齋戒念道入室百日十二月夜半青童君及王君四眞人同降授上經三十一卷至洛陽亂夫人渡江居豫章隨子璞往江州安城郡因居彼年八十三以成帝咸和九年青童清虚又降授劍解之道稱疾隱化乘飈車往陽洛山明日有四十

七眞人降教道法積十六年西母與金闕南極同降迎夫人北詣上清宮玉闕下受神鳳章龍衣虎帶丹飛裙十絕華幡流金火鈴九蓋芝耕九色之節雙珠月明神虎之符錦旂虎旌給西華玉女八景飛輿玄景九龍又受扶桑大帝君玉劄金文位爲紫虚元君領上眞司命主諸學道死生圖籍攝御三官關校罪考又受金闕聖君青瓊板丹籙文位爲南岳夫人給曲晨飛蓋治天台大霍山洞臺中下訓奉道教授當爲眞仙者一月再登玉清三登太素四謁玉晨遂宴扶桑仰詔大眞摠括神籙刊書九天佐命東華叶翼帝晨飛步太霞參轡九虚以興寧中降楊君又授許掾上經自此後數數來降也玉清虚令弟子范邈作内傳顯于世也

又曰紫微上宮九華安眞妃晉興寧三年年十三四着雲

錦帬上丹下青腰綵繡帶右帶係十餘小鈴鈴子青色又黄色相閒左帶玉珮指着金鐶白珠約臂作髻在頂中餘髮垂至腰一侍女朱衣帶青章囊長尺餘以盛書書可十餘卷白玉檢囊口上刻字玉清神虛內眞紫元丹章一侍女赤衣捧白玉箱絳帶絡之年並十七八自此後數數來降授書作詩

眞人傳曰馬明生者齊國臨淄人也本姓帛名和字君賢爲縣吏捕賊所傷遇太眞元君與藥即愈隨至太山石室中金床玉几珎物奇偉人跡所不能及事之勤亦至矣太眞乃授以長生之方曰我所受服太和自然濕胎之體適所以授三天眞人不可以教始學者後隨安期先生服餌仙去爲眞人裴眞人弟子三十四人其十八人學眞道餘學仙道

太平御覽卷第六百六十一

太平御覽卷第六百六十二

道部四

天仙

天仙品曰飛行雲中神化輕舉以爲天仙亦云飛仙

神仙衆眞戒經曰大方諸山對會稽之東上有天仙宮室金玉雜爲棟宇○金根經曰天關上有層樓玉臺主衆仙出入之所也○玉清刻石隱銘曰佩玉帝隱文者得爲上仙○戒文經曰天西北有仙堂差次職署則度名著九宮五斗仙府中天上有東西南北及中央也皆有石城應其方位百官曹局皆在斗中列紀

後聖列紀曰若斗中有玄玉錄籍者皆爲上仙

登眞隱訣曰三淸九宮並有僚屬例左勝於右其高總稱曰道君次眞人眞公眞卿其中有御史玉郎諸小號官位

甚多也女眞則稱元君夫人其名仙夫人之秩比仙公也夫人亦隨仙之大小男女皆取所治處以爲署號並有左右北稱太上者皆一宮之所尊又有太淸右仙公蓬萊左仙公太極仙侯眞伯仙監仙郎仙賓

皇民譜錄曰自三象明曜已來至于累億劫會天地成敗非可勝載數極唐堯是爲小劫丁亥之後甲申之年陽九百六之氣離合壬辰之始數有九周至庚子之年赤星見于東方白彗見于月窟唐堯之後四十六丁亥是小劫之周又五十五丁亥至壬辰癸巳是大劫之周也六合冥一二道盈虧時運周劫始轉一仙階

金根下經曰有學仙品目進敘退降簿錄侍仙玉晨之典祀○集仙錄曰後漢南陽公主降駙馬都尉王咸公主素尚至道屬漢末亂離謂咸曰但當自保必可延生若碌碌隨時與世進退恐不免乖離之苦奔迫之患也咸留戀世利未從其言公主遂入華陰山長往咸入山追之無見忽於嶺上見朱履一雙前取之化爲石謂其山爲公主峯

又曰張正禮漢末在衡山學道服黃精受西城君虹景丹患藥之難得至廣州爲道士遂得内外洞徹砂兼修守一之法仙去

眞誥曰章震南郡人少學經書周幽王時入而常歎曰人生世間日失一日去生轉遠乃著道書百餘篇精於五行演其微妙以養性治病爲旨後入崆峒山仙去

又曰王遠字方平東海人舉孝廉除郎中累遷至中散大夫博學尤明天文圖讖河洛之要逆知天下盛衰之期漢桓帝嗣位聞之連詔不出使郡國逼載以至京師但低頭閉口不荅詔乃題宮門板四百餘字皆說方來帝惡之歸

鄉里同郡故太尉公陳耽爲方平爲道室旦夕事之方平在耽家四十餘年後語耽云吾當去明日日中發至明日果卒耽知仙去曰先生捨我矣

又曰嚴青會稽人家貧常於山中作炭忽有一人與青語不知其異人也臨別以一卷書與青曰汝得長生故以相授當以潔器盛之置于高處青受之後得其術入霍山仙去

又曰張慶字輔漢沛國豐人也本大儒晚學長生之道得九鼎丹經聞蜀中多名山乃入鳴鵠山著道書二十餘篇仙去

又曰趙廣信陽城人魏末來渡江入剡小白山中學道受左慈玄中之道并徹視法如此積年周行郡國或賣藥人莫知也多來都下市丹砂作九華丹仙去

又曰郭景世晉初學道於廬江潛山中受孟德然口訣兼服胡麻玄丹仙去矣

又曰趙伯威東郡人也少學於邯鄲張先生晚在中岳受玉珮金璫經道成仙去主仙籍并記學道者

又曰李方回晉武帝時人也學道在華山受管成子蒸丹餌朮法又受蘇門周壽陵丹霞之法五十年清心內視仙去

又曰李脩著書四十篇名曰道源其書曰弱能制强陰能蔽陽常若臨深履危御奔乘朽長生之道也年四百歲顏色不衰後仙去

劉向列仙傳曰馬師皇者黃帝馬師後數有病龍出於水治之一旦仙去

又曰王子喬周靈王太子晉也好吹笙作鳳鳴浮丘公接上嵩山三十餘年仙去

葛洪神仙傳曰蘇仙公名林字子玄周武王時人也家濮陽曲水林少孤以仁孝聞貧常自牧牛得道毋食思鮓仙公以匕著置器中攜錢去即以鮓至母曰便縣有魚去此百餘里汝欺我哉仙公跪曰不妄明日舅至云昨見仙公便縣市鮓母方駭其神異後仙去有白鶴來止郡城東北樓以爪畫樓板似漆書云城郭是人民非于今仙公故第猶在丁令威亦如此

又曰沈文泰者九疑人得紅泉神丹法去土符還年之道服之甚効欲之崑崙留息積年以傳李文淵曰土符不去服藥行道無益也文淵遂受其祕要後亦仙去今以竹根汁煮丹及黃神去三尸法

又曰沉羲吳郡人學道於蜀能治病救人甚有恩德後遇羽衣持節人以白玉版青玉丹書授羲羲不能讀須臾大霧霧解失其人羲還後仙去

又曰陳安世京兆人為灌叔本傭稟性慈仁叔本好道有二道人託為書生從叔本遊以觀試之叔本不知其異人也久而益怠書生乃問安世曰爾好道否曰無緣知之曰審好道明日早會道北大樹下安世承言早往無所見日書生詐我哉三期安世輒早至乃以藥授安世後仙去

又曰吳睦長安人少為縣吏掌局枉尅人民訟之睦逃去入山林飢累日行至石室遇孫先生令學種黍及胡麻掃除驅使經四年先生遂授其道後服丹仙去

又曰董威輦不知何許人晉武帝末在洛陽白社中寢息土上衣服藍縷常吞一石子經日不食或市乞傭作人或往觀之亦不與言時或著詩莫知所終

又曰蕭史秦繆公時人善吹簫能致孔雀白鵠公女字弄玉好之以妻焉遂教弄玉作鳳鳴居十數年鳳凰來止公為作鳳臺夫婦止其上數年仙去故秦人為作鳳女祠雍宮世有簫聲

又曰河上公莫知姓名也漢孝景時結草菴於河上帝讀老子經景帝好其言有所不解聞公以問之以素書二卷與帝曰讀此析疑勿示於非人公後仙去

又曰黃子陽少知長生之道隱博落山中九十餘年但食桃飲石泉後逢司馬季主季主以導仙八方與之遂度世仙去

又曰王生陽城人居壺谷中不知時漢武帝登嵩山東方朔等從忽見一神人長丈餘帝禮而問之曰某九疑山人也聞中岳有石菖蒲一寸九節食可長生故來採之忽失

神人帝遂採服之帝性熱煩悶不快從官皆服皆能遲久惟王生聞神人教服遂採食之仙去

又曰劉根字君安京兆長安人少明五經漢成帝時人也入嵩山石室峻絶之處嘗曰上藥有九轉還丹太一金液次有雲母雄黃之屬亦可長生次乃草木之藥能治病益氣上可數百歲下即全其所稟而已必欲長生即先定心志除嗜慾乃可授神方五色篇根後入雞頭山仙去

又曰陰長生新野人後漢陰皇后之屬籍也少居富貴不好榮利知馬明生得度世之術乃尋求之遂相見執御者之禮事之十餘年不懈明生曰子眞得道矣乃入青城山授以太清神丹經告別後於平都山仙去

風俗通曰漢明帝時尚書郎王喬爲葉令月朔常詣朝堂明帝知其來而無車騎密令太史候望言其臨至時常有

雙鳧從東南飛來使因見鳧舉羅得一舄使尚方識之乃四年所賜尚書官履也每朝葉門下鼓不擊自鳴聞於京師後天上乃下一玉棺於廳前喬曰天帝召我沐浴寢其中蓋便上覆葬於城東土自成墳百姓爲立祠號葉君祠

三洞珠囊曰壺公謝元歷陽人賣藥於市不二價治病皆愈語人曰服此藥必吐某物某日當愈事無不效日收錢數萬施市內貧乏飢凍者費長房爲市令知其人後詣公公攜長房去授以治病之術令還壺公後仙去戴公柏有太微黃書十餘卷即壺公之師也

又曰欒子長齊人也少好道到霍林山服巨勝赤松散方去仙

又曰衛叔卿中山人服雲母子度世入山見父叔卿語曰吾齊書室西北壩大柱下有玉函中有書取而按合服之度世歸果如言餌五色雲母仙去

又曰魏伯陽者吳人也好道不仕封已養高後入山餌神丹仙去撰參同契其說以周易爻象論作丹之意而世不知神丹之事多作陰陽注之殊失其旨

又曰尹軌字公度太原人博極羣書晚乃學道常服黃精年百餘歲言天下盛衰安危吉凶未嘗不効入太和山仙去

又曰東郭延年者山陽人也服靈飛散能在暗室中夜書又身生光遠照小物見其采色一旦數十人乘虎豹來迎之延年遂詣崑崙山仙去

又曰王眞上黨人七十九乃學道徐行若飛有兼人之力郄元節事眞十餘年眞以蒸丹小餌法授之容常不衰鄉人計眞之年以四百餘歲後登女几山仙去

又曰平中節河東人晉以羯胡亂華遂隱蒼梧山受宋君存心之道積四十五年精思不懈體有眞氣後仙去

又曰葛玄善於變幻抽於用身初在長山近入蓋竹亦能乘虎使鬼但未得受職耳常與謝稚堅黃子陽郭聲子相隨也葛玄是抱朴子從祖即鄭思遠之師也時人莫測所處傳言東海中仙人寄書呼爲仙公

又曰魯妙典者九疑山女道士也生而好道忽謂母曰人之上壽所傳得者稀喜樂悲哀日以相害況埋沒眞性混于流浴乎有道士過其門授以大洞黃庭經謂曰所患人不能知知不能修修不能精精不能久不惟有玄科之責亦將苦報無窮也妙典奉其言入九疑山累有魔試介特不撓山上一石盆中有泉用之不竭又有大鐵臼不知何處來今並在山中石壇上宛然有仙履跡及古鐘一簴三

尺古鍾一形如偃月在無爲觀中妙典後仙去

又曰謝自然女道士也果州人詞氣高舉其家在大方山下頂有古像老君其形自然因拜禮不願下山母從之乃遷居山頂自此常誦道德經黄庭内篇於開元觀受紫虚寶籙於金泉山居之山有石壇歴籙脩竹一十三年晝夜不寐兩膝上忽有印似小於人間官印四塲若朱有古篆六字粲如白玉忽於金泉道場有雲氣遮匝一川散慢彌久仙去其金泉碑略曰天上有白玉堂壁上列高仙眞仙之名如人間壁記時有朱書注其字下曰降世爲某官某職又自然於所居堂東壁上書數字皆道德之意眞跡有焉

又曰王奉仙宣州當塗縣民家女也得其道嘗以忠孝正直之道淸淨儉約之言修身密行之要訓于人故遠近贍仰金玉委前弃而不顧後入洞庭山無病而化有雲鶴異香之瑞仙去

太平御覽卷第六百六十二

太平御覽卷第六百六十三

道部五

地仙

史記曰蓬萊方丈瀛洲左渤海中去人不遠蓋常有至者諸仙及靈藥在焉其物禽獸盡白未至望之如雲

祕要經曰立三百善功可得存爲地仙居五岳洞府之中

抱朴子曰彭祖言天上多尊官太神新仙者位卑所奉事者非一但更益勞苦耳故不切於升騰而止乎人間者八百年

述異記曰廬山上有三石梁長數十丈廣不盈尺俯眄而沓不見底晉咸康中江州刺史庾亮迎吳猛將弟子登山遊覽因過此梁見一翁坐桂樹下以玉杯承甘露與猛猛分賜弟子又進至一處見崇臺廣厦金玉房宇器物不可

識與猛言若舊設玉膏終日

裴君傳曰西玄三山洞周千里西山有相連各一宮金城九重潛通洞道距玄洲崑崙非人跡所及裴君周君分處其內

五岳圖曰青城山洞周二千里蜀郡界黃帝拜五爲岳丈人

又名山記曰北接嶓冢南接峨嵋東至成都山形似城其山有赤壁張天師所治處今遺跡猶存

魏夫人傳曰赤城丹山洞周三百里有日月伏根三辰之光照洞中五岳圖云此山在會稽羅江其西北有赤城按茅君傳云霍林司命治赤城丹山玉洞之府齊永明中忽有大羣鵠從西北來下集霍門溪溪谷塡塞彌漫數里多所踏籍狀如爲物所驚一夕還飛向西北計是赤城上都泉湖中物也羅浮山山洞周五百里眞誥呼爲層城葛洪交州遠停此解化

茅君傳曰句曲山洞周一百五十里秦時名爲句金之壇漢時三茅君得道來治此山

五符曰林屋山周四百里一名苞山在太湖中下有洞潛通五岳號天后別宮夏禹治水平後藏五符於此吳王闔閭使龍威丈人入山所得是也

眞誥云包山下有石室銀房方圓百里又有白芝隱泉泉水紫色

又曰城玉山洞周三千里周司命先在恒山中太玄玉女語令往西城師王君於是往焉即此山也

又曰厚載之中有洞天三十六所又八海中諸山亦有洞宮或方千里五百里非三十六洞天之例也五岳名山皆

有洞宮或三十里二十里並舍神仙又非小天之數也

名山記曰岳洞方百里在終南太一間或名桂陽宮多諸靈異王屋山洞周迴萬里名曰小有清虛天按王君內傳云在河內沁水縣界濟水所出之源也北有太行東南有北邙嵩山內洞天□日月星辰雲氣草木萬類無異矣宮闕相映金玉鏤飾皆地仙所處即清虛王君所居也

眞誥云此諸天所謂陽臺也諸得道者皆詣焉委羽山在海中司馬季主所處也

又曰括蒼山洞周三百里東嶽佐命也在會稽東南群帝之所遊山多神異又有綉雲堂孤峯直聳巖嶺秀傑特冠群山山中茅玄嶺獨高處有司命埋丹砂六千斤深二丈盤石塡上其山左右泉皆小赤色人飲之壽茅山天帝壇石正當洞天之中央玄窗之上也昔東海青童君乘風飈

飛輪車按行洞天曾來於此
劉向列仙傳曰赤松子神農時雨師服水玉至崑崙山上常止西王母石室隨風雨上下仙去
又曰偓佺槐山採藥父也好食松實體生毛目方瞳能飛行
又曰廣成子古仙也居崆峒山石室中黃帝聞而造焉問其道要廣成子曰帝治天下雲不待族而飛草木不待黃而落何足語至道黃帝退居三日順風再拜廣成子曰至道之精杳杳冥冥無視無聽抱神以静形將自正必清必淸吾將去無窮之門遊無極之野
又曰白石先生者中黃道人弟子也常煮白石爲粮因就白石山居亦食脯飲酒食穀日行三四百里容貌不衰
又曰黃山君者修彭祖之術百餘歲有少容彭祖去乃追

論其言爲經
又曰上淸六甲經曰宋玄德周宣時人也服六甲靈飛符得鼻靈之道止嵩高山
又曰李意期蜀人也世常見之行道行於人於蜀城角穴土居之當劉備欲東伐吳報關羽之怨使迎意期到甚重之問其伐吳不荅而求紙畫兵馬器仗萬數乃一一裂壞之又畫一尊官掘地埋之乃徑去備不悦後果爲吳所破大敗十餘萬衆纔數百人還器甲軍資略盡備恚怒病終於永安宫意期少言人有所問都不對蜀中人有憂患往問之曰吉凶自有常候但占其顔色慘悦耳後入瑯琊山不復出
又曰封君達隴西人服黃連五十年餘入鳥鼠山中服鍊百餘歲往來故里常騎青牛施藥愈病人惟呼青牛道士居人間積年後入虎丘山仙去
又曰王仲都西漢人也少修道德孝文以積寒之日令仲都單衣載四馬於上林昆明環水而馳御者原衣狐裘而寒慄垂死仲都色皆不變體和氣溢如焰及盛暑閉以烈火體亦不汗後不知所之
又曰有稷丘公者太山下道士也漢武帝東巡狩至泰山稷丘公乃冠章甫衣黃擁琴來迎上曰陛下勿上也恐傷足帝必欲上及數里果如言但諱之故但祠而還爲稷丘公立祠復百戸使奉承之也
又曰戴孟本姓燕名濟字仲微漢明帝時人入華山及武當山受裴君玉佩金璫經及受石精金光符復有太微黄書能周旋名山○又曰左慈字元放廬江人也明五經通星氣見漢祚衰微乃學道精思於天柱山得石室中九丹

金液經是太淸中經法也師李仲甫又葛玄師於慈曹操聞而召之問學道之由慈不荅操怒欲殺之乃爲置酒俄失慈建安末渡江尋山入洞在小括山顔色甚好
又曰王遥字伯遼鄱陽人也頗行治病皆愈遥有篋長數寸一弟子姓錢隨遥十數年未嘗見開之一夕天雨晦冥遥使錢以九節杖負此篋將錢出行所道非所曾經度行十數里登一小山入石室中先有二人遥見既至取錢發之中有五舌竹簧三枚三人各鼓一簧良久復内篋中辭石室中人及還家着葛單衣及自負竹篋而去遂不復還後三十年弟子見遥在馬蹄山下顔更少蓋地仙也
又曰陳子皇濟陰人也得餌朮方服之絶穀初年七十餘衰老及服餌反少在民間積年入霍山去
又曰葛洪字稚川瑯琊人不好榮爵閉門却掃尚神仙道

術未嘗交遊於餘杭山見何多道邦文舉目擊而已各無所言從祖玄吳時學道得成以其鍊丹術授弟子鄭隱字思遠洪就隱學悉得其法

道學傳曰鮑靚字太玄以太興元年八月二十日步道上京行達蘢山見前有一少年姿容整茂徒行甚徐而去殊疾靚乘名馬密逐數里終不能及意甚異之及淵曰視若似有道者少年答曰我中山陰長生也

又曰介像字元則會稽人也學通五經能屬文後學道聞有還丹經周旋天下求之不得其師乃入山精思遇一人授以還丹經告曰得此便仙勿復他爲也乃辭歸像嘗往弟子駱延雅舍帷下平牀中有諸生論左氏義不平像傍聞爲辨正諸生知非常人密表薦於吳主像欲去吳主詔至武昌甚尊異之稱爲介君爲賜第供帳黃金千斤像後

告病須臾便死詔葬之爲立廟先主時躬祭常有白鵠集座上徘徊而去

又曰李根字子側許昌人也昔往壽春吳太文家弟子抑根有道術竊視其器見素書一卷自記學道服藥時日

又太文說根目瞳子方根乃地仙耳

又曰伯山甫者雍州人也入華山中二百年不到人家即言人先世以來善惡功過有如臨見又知方來吉凶

又曰劉政沛人也高才博物尋考異聞苟勝己雖隸奴必師事之求養生之術餌丹年四百餘歲

又曰王烈字長休邯鄲人也常黃精及鉛二百餘歲行步若飛傳極群書嵇甚重之數數就學共入太行山見山裂有青石髓流出烈取髓丸之成石氣如米飯嚼之亦然烈因攜少歸欲遺康康取而視之已成青石擊之錚錚康即與往視斷山山已如故烈入河東抱犢山見一石室室中有石架架上有素書兩卷莫識其字暗記數十字以示康康盡識之烈喜乃與康共往讀之至其所失其石室烈私語弟子曰叔夜未合得道故也按神仙經云神仙五百年山輒一開其中石髓出得而服之壽老烈後莫知所之

又曰步正者字玄眞巴東人也說秦始皇時事了如目前漢末將數十弟子入吳授以服氣及石髓方小丹法年四百歲

又曰焦光字孝然河東人也常食白石煑如芋每入山伐薪負之與人魏受禪與人別去不知所適

又曰孫登不知何許人常止山門穴地而坐彈琴讀易冬單衣天大寒人視之被髮丈餘自覆身歷世見之顏色如故吏無餘資亦不食時楊駿爲太傅使迎問之不答駿遺

布袍登出門借刀斷袍上下與擲置駿門下知駿當伏誅時會稽嵇康曾詣登登不與語康乃抑難之登彈琴自若久之康退登曰康才高識寡劣於保身

又曰帛和字仲理遼東人也入地肺山事董奉奉以行氣服朮法授之告和曰吾道盡此不能得神丹金沙周遊天下無山不往汝今少壯廣求索之和乃到西城山事王君君語和大道訣曰此山石室中當熟視北壁當見壁有文字則得道矣視壁三年方見文字乃古人之所刻刻太清中經神丹方及三皇天文大字五岳眞形圖皆著石壁和諷誦其萬言義有所不解王君乃授之訣曰作地仙在林慮山

又曰宮嵩琅邪人也能文著道書二百卷服雲母爲地仙

又曰李常在蜀郡人也少治道術世常見之在虎壽山下

陶潛桃源記曰晉太康中武陵人捕魚從溪而行忘路遠近忽逢桃花林夾岸芳華鮮美落英繽紛林盡得山山下有一小口初極狹行四五步豁然開朗屋宇連接雞犬相聞男女衣着悉如外人見漁父驚爲設酒食云先世避秦難率妻子來此遂與外隔問今是何代不知有漢魏晉既出白太守遣人隨往尋之迷不復得

真誥曰劉憑沛人也學道於稷丘子常服石英年三百餘歲有少容嘗到長安諸貴人聞憑有道乃往拜見之又有百餘人隨憑語賊曰汝輩作人何豺狼其心相教斷道危人利己此是伏尸都市肉饗鳥鳶之法賊忽頓伏駭去憑後入太白山數十年歸鄉里顏色更少

又曰尹思字少龍安定人晉元康五年正月十五日夜坐屋中遣兒視月中有異物否兒曰今當有大水月中有一

人披蓑帶劍思自視之日月中人乃帶劍伏矛當大亂三十年復當小清思後不知所之

又曰皇初平者丹谿人年十五家使牧羊有道士見其良謹便將至金華山石室中四十餘年不復念家其兄初起尋索歷年後見市中一道士言其處初起即隨去得見語畢問羊何在曰近在東耳初起往視之但見白石初平乃往叱石爲羊數萬頭初起知得仙道便棄家共服松脂茯苓至五百歲初平改字爲赤松子初起改字爲赤魯班

又曰呂恭字文敬於太行山採藥忽逢人授以仙方得道因遣恭去曰可視鄉里及孫呂習者作道士民多奉事之恭傳言到習家扣門問訊奴出問公從何來恭曰此是家習聞驚喜出拜恭乃以神方授習而去習時已年八十服之還少至二百歲乃入山中子孫世不復老

又曰沈建丹陽人世爲長吏建好道不仕學服餌之術能治病飛行或去還如此三百餘年乃絕跡不知所之

又曰許遠遊第三男名翽字道翔小名王斧糠粃世務居雷平山下修業精勤常願早遊洞室不欲久停人世遂詣北洞以梁太和六年於茅山舊宅年三十而告終即居方隅山洞方園館中常去來四平方臺後爲上清仙去

又曰馬明生臨淄人爲縣吏逐賊被傷遇太真以靈丸得差後師安期生受服太清丹在世五百年漢靈帝光和中去世

集仙籙曰楊平不知名姓在楊平山居多變化之術或問之乃曰我楊平洞中仙人耳稱無歲三元大節諸天各有上真下遊洞天以觀其善惡人世死生興廢水旱風雨預關報洞中其龍神祠廟血食之司皆爲洞府所統洞中仙

曹如人間郡縣聚落耳不可一一詳記也言訖而去

太平御覽卷第六百六十三

太平御覽卷第六百六十四

道部六

尸解

西城王眞人傳曰解化之道尸不不能俱神化者也

寶劍上經曰尸解之法有死而更生者有頭斷從一旁出者有形存而無骨者

又曰夫尸解者本眞之鍊蛻也五屬之隱適也雖仙品之下第其稟受亦不輕也所謂隱回三光白日陸沉者也夫修下尸解者皆不得返望故鄉此謂上解之道也名配紫簡三官不得復窺其間欒雖獲隱遯世志未厭又不得返歸故遊棲不定也

又曰以丸藥和水而飲之又并抱草而卧則傷死於空室中謂之兵解

又曰上品惟八素列紀受而不行餘皆白日尸解得爲飛仙

登眞隱訣曰尸解者當死之時或刀兵水火痛楚之切不異世人也旣死之後其神方得遷逝形不能去尔

又曰董仲居淮南人也少時服氣鍊形年百餘歲不老常見誣繫獄尸解仙去

又曰淸平吉沛人也漢高祖時卒也至光武時故不老後尸解去

眞誥曰顧歡字玄平吳郡人齊永平中卒於剡山葬暨官樂附里木連理生墓縣令江山圖表狀歡尸解而去

又曰辛玄子字延期隴西定谷人好道行渡泰川長梁津致溺水解而去之

又曰張祖常者彭城人失時北來行入方山洞室中託形墮車隱化幽館而修守一之業

又曰劉平河者無名字漢末爲九江平河長行醫術有功德救人疾患如己之病行遇仙人周正時授以隱存之道居於方山洞室常服日月晨氣顏皃甚少後尸解而去

又曰受大戒者死滅皮鍊神上補天官謂之尸解

又曰人死必視其形如生人視足不靑皮不皺目光不毀者皆尸解也白日尸解自是仙也非尸解之例其用藥得尸解非是用靈丸之解化者皆不得返故鄉三官執之也白日去謂之上尸解夜半去謂之下尸解向曉暮之際去者謂之地下主者也

瓊文四紀篇曰得九眞中經者白日尸解或曰飛行羽經輕也

又六紀篇曰靈書紫芝或五老寶經有之者尸解

神仙傳曰介象字元則會稽人也吳先主甚重之常謂曰介君象速求去先主不聽象言病先主使左右賜美梨一奩須臾象死解去

又曰紫淸上宮九華安祀謂楊君曰可尋解劒之道作吉終之術自盡出嘿之會隱顯之迹

又曰葛玄字孝先從左慈受九丹金液經常餌术語弟子張奉曰當尸解去八月十二日時當發至期玄衣冠而卧無氣而色不變尸解而去

又曰壺公謝元歷陽人也費長房師之及道士李意期將兩弟子去積年長房及兩弟子皆隱變解化

又曰鮑靚字太玄琅邪人晉明帝時人葛洪妻父陰君授其尸解法一說云靚上黨人漢司隸鮑宣之後修身養性年過七十而解去有徐寧者師事靚寧夜聞靚室有琴聲

而問焉答曰嵇叔夜昔示迹東市而實兵解耳
晉中興書曰葛洪赴岣嶁令行至廣州其刺史鄧岱留不聽去洪乃止羅浮山中鍊丹積年忽與岱書當遠行尋藥岱得書徑往別而洪已亡年八十一顔色如平生入棺輕如空衣尸解而去
道學傳曰吳猛字雲世有道術庾亮聞其神異厚禮迎之來武昌尋求歸辭以筭盡請具棺庾公悶然卽日發遣未達家五十里而終形狀如生
又曰若六行未通宿植尚少則入中品以爲尸解遁變也降此以下是正服御功行淺劣則入階下階勝者則滅度更生更生之後修道隨功多少方始得道
太上太霄琅書曰修學上法時入山林服餌靈藥因緣應過難得尸解和光世禮與世大異者不棺不槨拂山平之上埽深樹之下單衾覆於地○太上太眞科曰若祠祀先人應知歸否者有功德升度得道子孫仁孝則化形來遊歆所設也亦尸解之類
金闕聖君傳曰靈書紫文者或曰五老寶經有之者尸解行之者成道
東海青童傳曰保洞觀經曰雲靈上玄品有之者白日尸解
抱朴子曰道林中有五種尸解符今太玄陰生符及是一病解者
列仙傳曰甯封黄帝時爲陶正以火自燒而隨煙上下眞誥云甯生服石腦而火則是作火解也
又曰司馬季主漢文帝時入受西靈子都劒解之道在委羽山大有官服明丹之華抱扶晨之暉兒如女子鬚長三

尺一男名法育一女名濟華同得道眞誥云季主服靈散潛升猶首足異處此語似作劒兵解法兵解則不得在太極而其女尚讀洞經便是別修高法也
守玄白術隱居太茅山東守玄白能隱形亦數見身介琰者白羊公弟子也今在建安方山琰初爲孫權所殺解化而去
又曰愕綠華者女仙也顔整昔穆帝昇平三年己未十一月十日降於羊權家自云南山人權字道學卽晉簡文時黄門侍郎羊欣之祖也權及欣皆潛修道要躭玄味眞綠華云凡修道之士視爵位如過客視金玉如瓦礫則得長生因授權尸解法亦隱景化去
又曰中候王夫人於兒子習處受飛解脫網之道
又曰蔡天生上谷人少賣香於野外性仁好消逢河伯少女市香天山
又曰韓崇字長季吳郡人也漢明帝時人少好道林屋仙人王瑋玄曾授以流珠丹一法崇奉而修之太有驗後瑋玄授以隱解而去入大霍山度世爲右理中監
漢起居注曰李少君之將去也武帝夢共登高山見使者稱太一之命召請既覺語左右曰少君將去數日果病死解去
靈寶赤書曰三元王符與靈寶五篇眞文同出太玄都玉京山紫微上宮此文潛陽九百六劫會之數度學者之身玄都有此經佩之得爲聖上朝太清功德未滿卽得尸解
又曰杜契字廣平京兆人建安初來江東依孫策後遇介琰先生授之以稱異人再尹奉其香火少女乃教其朝天帝王皇之法尸解而去隱存方臺○老君傳九眞玉石並

日暫入太陰權過三官者始得上解之法

又曰紫陽公傳西城劒解之法修佩神劒七年朱書符解化去若以曲晨飛精題之者立能變遁隱化太一遣吉光寶衣來迎

又曰王遠字方平見紫經骨相當尸解且告以要言方平冠遠遊冠朱衣虎頭鞶囊五色綬帶劒黄色少鬚長短中人也乘羽車駕五龍異色綬帶前後麾節幡旗自天而下須臾引見經父兄因遣之召麻姑姑報先被詔按行蓬萊今便往願還來即去如此兩時聞麻姑來先聞人馬聲從官當半於遠姑至經舉家亦見之是好年才如笄於頂上作髻餘髮散垂至腰衣有文彩又非錦繡光彩曜日不可名狀皆世所無也入拜遠遠爲之起立各進行廚脯行云是麟脯遠去經父母怪私問經經曰王君常在崑崙山往

來羅浮等山山上有宫室王君出唯乘一黄麟十數侍者每行山海神皆奉迎拜謁也遠有書與陳尉其書廓落大而不正先是無人知方平名遠用此知之陳存録王君手書於小箱中也經後尸解而去

又曰張微子漢昭帝時將作大匠張慶女也微子好道得尸解

又曰蘇平訓者齊人也人莫知其有道在鄉里行信讓積年顔色不老人追隨之不見所常服餌好清談常閑居讀易爲文皆有意義京師貴人聞之莫不虚心謁見不可致之後至適出門諸貴人冠蓋塞路諸生具言適去矣東陌上乘騾者是也各奔馬逐之不及子訓至陳公家言曰吾明日當去不復還也陳公以葛布單衣一送之至時子訓死解化仙去

又曰陰長生新野人也後漢咸里事務道術聞馬明生得度世之道乃造焉明生但日夕别與之高談論語當世之事治田農之業如此十餘年長生不懈同事明生者十二人皆悉歸唯長生彌肅明生曰子真得道矣乃將入青城山以太清神丹經授之丹成仙去著書九篇云上古仙者多矣但漢興以來四十五人連余爲六矣三十人尸解餘並白日仙去

陰君自序曰漢延光元年新野山北之子受仙君神丹要訣道成去世付之名山於是陰君裂黄素爲丹經一通函以文石置嵩高山一通黄櫨簡漆書之函以青玉置太華山一通黄金之簡刻而書之函以白銀著蜀綏山一封緘書合爲一篇付弟子使世世當有所傳付又著詩三篇以示將來也

又曰成仙公名武丁桂陽人也後漢時爲縣小吏少言大度博通經學不從師授有自然之性時先被使京還過長沙郡投郵舍不及遂宿於野忽聞樹上人語云向長沙市藥平旦視之乃二白鵠仙公異之遂往市見二人張白蓋相從而行謂仙公曰君當得地仙耳令還仙公病卒尸解

又曰龍伯高者後漢伏波將軍馬援戒其兄子稱此人之美可法者也伯高後從仙人刁道林受服胎氣之法又受服青餌方辭亡隱處方臺師定籙君伯高名述京兆人漢建武中爲仙都長至零陵太守馬援戒兄子嚴書曰龍伯高敦厚周慎口無擇言謙約節儉公廉有威吾愛之重之願汝曹效之

又曰漢期門郎程偉妻得道者也能通變化偉遇求術妻不傳遇之不已妻厭然而死尸解而去

南岳魏夫人內傳曰清虛眞人王子登與東華青童君來降授夫人日隱還白騎神散一劑又與白石精金化形靈丸使頓服之稱疾勿行尅期有定俱會丹墟之南陽洛山陽洛宫言畢二眞人去卽服藥因稱篤疾閉目寢息飲而不食夜半之後太一玄仙遣飈車來迎駕氣騁御徑入帷中其時弟子侍疾衆親滿側莫之覺也陽洛山昔夏禹巡諸名山刻石於此下有洞臺神仙學者萬餘人

又曰王晉賢晉王夷甫女也爲愍懷太子妃洛城亂劉曜略晉賢欲妻之晉賢大罵曰我皇太子婦司徒公之女胡羌小醜敢欲干我乎言畢投河其侍婢名六出投河死時遇嵩高女眞韓西華出遊遂俱獲內救外示其死體實密濟將入嵩高山今華陽內洞中六出年二十餘體貌脩整有節操姓田漁陽人魏故凌儀令田諷之孫諷有陰德以

及六出耳

又曰董奉字君異候官人也吳先主時有少年爲奉本縣長見奉年四十餘不知有道罷官去後五十餘年復見他職行經候官諸故吏人皆往見之奉顏皃一如往日奉居山不種田爲人治病亦不取錢愈者使栽五株杏數年計十餘萬株令人將穀一器自往取杏一器貨杏得穀賑救貧乏供給行旅不逮者歲二萬餘斛乃尸解去

裴君曰尸解之仙不得御華蓋乘飛龍登太極遊九宫也諸有單用曲晨飛精劒解者得八素列紀惟奉寶祕不修行皆白日尸解其有作水火兵病及用大刀竹杖解去者先詣名山並爲太清尸解凡修劒解之道並紀名紫簡上隷高仙諸有宿功善業陰德信仙其神得詣朱火丹陵宫受學仙道爲九宫眞人諸有用大極尸解之道夜半去者職爲地眞應尸解者或學功淺深志尚頹廢或爲祭酒精勤救治者並得爲三十六洞天文解地下主者一百四十年一轉武解鬼師二百八十年一轉凡有三等乃得進補仙職○九天生神章經曰夫學上道希慕神仙及得尸解者終歸仙道神化則同不相逢雜俱入道眞

明眞科曰生世好道精功布德名書上淸者得尸解下仙遊行五岳後生人中更受經法爲人宗師

太微經曰諸尸解者按四極眞科云一百四十年乃得神中眞官於是始得飛華蓋乘龍登太極遊九宫也

雌一五老經曰夫仙之去世也或絕跡藏往而內栖事外或解劒遺杖飄然雲霧延神寄玄莫知其端緒也

又曰若有此五老經雖不齋戒存思與俗混雜故不失隱存下神白日尸解及命過大陰地下主者或遺骨胎變受

化南宫是必宿有骨緣也

上淸經曰元始天帝以上淸變化七十四方解形之道授南極元君

太淸眞人內傳及名山記曰羅浮山洞周五百里在會稽南行三十里其山絕高葛洪解化處眞誥謂之增城山

集仙錄曰張天師道陵隱龍虎山修三元默朝之道得黃帝龍虎中丹之術丹成服之能分形散景天師自鄱陽入嵩高山得隱書制命之術

又曰周爰友者汝南安城人也漢河南尹周暢女也暢平生多陰德爰友小好道餌伏苓四十年後遇石先生教其遁化及隱景之道解形而去

又曰唐廬眉娘者生而眉綠性機巧南海太守進至闕順宗嘆其在宫內謂之神姑但食胡麻飯一三合至元和中

憲宗嘉其聦惠因賜金鳳環以束其腕久之不願在宫掖乃度爲女道士放歸南海賜號逍遥數年不食尸解化去

太平御覽卷第六百六十四

太平御覽卷第六百六十五

道部七

劍解

太極眞人石精金光藏景錄形神經曰制劍之法上宰惣眞西城王君昔授之於紫陽公施行道成捻眞皆用劍解之道又授九轉丹方於長里先生此即周人也

東鄉序云漱龍胎而死泱服瓊英先師王西城此是飲丹後用劍解而不言服九轉者當是雖授而不遂合用後以付門弟子茅君亦是受而不用故云付耳茅君傳南岳魏夫人傳楊君故安妃云可尋劍解之道但不知遂用不耳許長史旣服腴石或當不必爲其事掾從鎮南夜解則又非此法掾許長史子也若是太清解及單用劍者應不得反望故鄉而掾遊處方臺還本居邦也神劍用之而解化

則能遊宴太極採五星之靈軌燦七元之威光以軌儀烈耿眞氣故軒轅喬山之葬劍鳥在焉王子渤海之冢劍鳴空槨王喬有京陵之墓劍飛冲霄斯實眞驗九玄精應太靈神方靈致威劍之妙化也諸以劍尸解者以劍代身五百年之後此劍皆自然還其處諸以劍解者不必止是用丹書者空劍亦可幽響無聞恍惚難尋不可得言矣不可得爲之者見之者惟當應之於心耳神奇欻恍變動無方非復物理所期正當心任化即事從眞耳爲之者亦不覺其所以見之者固莫測其所然軒轅採百山之銅以鑄鼎虎豹百禽爲之視火參鑪鼎而軒轅疾崩葬喬山五百年後山崩寶劍赤鳥在焉一旦又失王子喬者曾詣鍾山獲九化十變經以隱遁日月遊行星辰後一旦疾終營冢渤海山夏襄時有發王子墓者一劍在北寢上自作龍鳴人無敢近後亦失所之王子喬墓在景陵戰國時復有發其墓者見一劍人適欲取視其劍忽然上飛去王子喬事傳說浮丘公携與乘鶴共登嵩山此事不同解化時年五十五六耳故戴逵遊冠者皆葛洪云陰君授飽靚尸解之法後死埋石子崗有人發其棺見一大刀冢左右有人馬之聲遂不敢取此似劍解法而不能飛去此是用靈寶太玄陰生符朱書刀矣太清之下故得生者而已按玉清靈傳說捻眞帶劍揚君說桐柏帶劍此並應是先解劍化也眞人用寶劍以尸解蟬蛻化之上品也夫尸解之法多如蟬蛻今此劍非蛻也故云上品明變遁之高道營造劍之時先齋戒百日乃於幽隱處近淸泉立西向屋作竈口亦西向善鍛人鍊好鐵生鋌合鍊成令得八斤爲足也若欲窮其精理當用竹炭又以銅錫柔澳如此用歲月功夫殊多

所以古人作劍三年然後成也薛燭云甌冶鑄劍赤鍾之山破而出錫若耶之溪涸而出銅今以此合燒則煉多而不燥剛利而銷其鍛人亦須溫良新衣沐浴造劍之日九不得飲酒食肉及遊履淹穢用七月庚申日八月辛酉日使長三尺九寸廣一寸四分厚三分半謂背脊上近柄間令厚三分半也至兩刃際可減一二釐耳又向刃邊先殺背二分乃立刃至杪亦以漸令薄也杪九寸爲左右刃處當從鐶頂定度鑿三尺刻背爲刃亦廣三分八釐必使中脊餘六分也杪九分合殺兩邊令尖殺杪鋒令有兩稜如戟杪殺鋒也其柄用長短適令鐶高二寸四分身長二尺四寸則餘一尺二寸六分以爲柄鐵因當中央令廣九分厚二分與鐶相連柄操梓材近環圍四寸九分刃圍三寸九分皆以鉚音爲正若作劍裝則促扁於此也劍頭可安

鏃鐶謂發始鍊剛仍使鐶身相連勿別作模合作釘連之
都使外形大小厚薄相似乃鑿除廳空之內亦可先鑽作
數孔鑿爲易其伏基處鑿鏤之都畢令大鐶高二寸四分
横分廣處對中徑二寸八分內方員徑四分鐶形古今多
法或正圓或狹長或如鼎耳乃有十許種今此經中所圖
亦是顯其左右法耳非正定形也蕭准製古今取其合度
立圖如右又鐶之內不得正圓如竹亦不得正方如界尺
當令內面小方而外落稜角必令得刻己刃字不甚邪轉
惟使長三尺九寸耳尺寸度數厚薄形制並備如別圖尋
古今尺長短不同九章筭法皆積毫釐之度晉中書監荀
勗善音律伎藝嘗恨八音不調後有人掘地得一玉律
銘題周世短晉尺四分半以改定音律聲韻合度今宜用
此尺爲准所以尔者揔貞桐柏並以周時作劍用周尺也

鏃鐶者鏤刻劒鐶左右面刻之作刃字面有九刃字也
鐶背上刻作九己字也深刻字皆從刃背而下順刃謂兩
邊刃及己字皆對從刃皆邊起俱下就刃故曰順刃也顒
環面刻之隨鐶曲轉故曰順鐶也謂刻處得以金銀間之
益分明佳也劒身刻象鐶中央復有豎起如小手鐶者名
之曰伏基伏基之義謂爲日月之基隱秋光景也內鐶左
面爲日字內鐶者即小環之中伏基也刻右面爲月字先
又圓刻日月之外爲郭也五百年還出以揮五岳入以藏
無閒謂潛靈遁迹隱影藏形也下以制九陰謂可以攝召
九陰之神也上以承玄冥謂北斗玄冥星主隱變也銜足
以逐邪魔威足以鑒七精謂挖威秉勢鑒照七星也仰以
映五氣謂五行之氣常栖映也俯以代身化形矣欲佩劒
之左右內外以劒正指南使劒背在上使劒刃在下也於

是以東面爲右西面爲左東爲內面西爲外面此劒尺度
長短廣狹厚薄刻鏤文字乃太極四眞人靈劒之模範也
上清眞人亦皆帶劒上清之劒並是太極所造耳故此經
爲太極之法乃四眞人定範何必須昆吾之金割玉之鋌
耶此蓋明不必須精鐵所存者模範而已王子喬劒乃凡
下之鐵耳喬山尸解之劒非昆吾之流金也此太極眞人紫陽公詞以
告王君也軒轅鑄龍玄圃是步綱之術爲解化後乃行前眞多
有此例此劒經前章也太極上化符以飛精書紙盛以紫囊欲去
時以係劒鐶右以曲晨飛精書劒左面令至劒抄也又太
極緘景符飛精書紙盛以絳囊欲去時以係劒鞘右以曲
晨飛精書劒右面令至劒杪也又太極籙形符以飛精書
紙臨去之日服之身生七色之雲自有電光右以曲晨飛
精書劒背令皆兩刃之際也又太極解化符恒日服一符

七年化去朱書竹中帛裕要也是合曲晨丹成臨欲解化
時以題劒七年以後朱題劒亦能解化
陶隱居曰晉永嘉中劉懽呼麥切多奇譎亦云是異人作此
劒乃方佛符字殊細說要羅鐶曰大乘法而鐵甚快利宋
來便恒供御衛名曰劉懽鈹尚千牛刀同寶女巳易去鐶
磨刻處亦漸漸欲滅又見有四五故鐶並相似如一不知
其劒身何在東山頹居上亦造此劒諸人有同時共製者
令猶存焉大抵違謬不可具說乃有鋼鑄作鐶以釘鐵着
故刀如此並可以類推今此儀式惟是陶隱居所匠深搆
心解亦謂理極末知必同太極模範不耳凡試刃之利鈍
取中形芒數枚急束以一髮懸其抄繫於杖頭令一人執
之乃以刃一斫芒斷而髮猶連計芒多少爲優劣劉懽鈹
千牛刀皆舊斫十三芒又有一百鍊剛刀斫十二芒國中

惟稱此爲絕而近造神劍斫十五芒觀其鐵色青微光朱有異蓋薛燭所謂渙如冰之將釋者矣頃來有作者十餘人皆不及此作剛朴是上虞謝平鑿鏤裝治平聲是石尚方師黃文慶並是中國絕手以齊建武元年甲戌歲八月十九日辛酉建於茅山造至梁天監四年乙酉歲勑令造刀劍形供御用窮極精功奇麗絕世別有橫法剛公家自作百鍊黃文慶因此得免隸役爲山館道士也周禮制劍長三尺柄居五寸是六分之一也内刃廣二寸半重古秤一斤四兩今秤三斤十兩也今公家劍長四尺七寸柄居一尺五寸是三分之一小減也刃廣一寸六分鐔重不定此寶劍長三尺九寸廣一寸四分而經有刀劍兩名晉武帝大始十年中書監荀勗及張華等校定鍾律八音不與古樂相諧由漢來用尺漸長乃更依周禮積黍法制尺以量鑰

新器募求古物得周世正玉律比之毫釐無差因鑿古鍾以律命之亦皆響合兼以七種古物相課皆會又得汲冢竹簡亦長二尺四寸於是施用謂之古尺阮咸聽荀樂聲以爲高功非興國之音咸亡後有人掘地得銅尺長荀尺古尺之四分半時人以阮咸之解音遂復施行謂之官尺令司農相承以制五尺并取積寸以作㪷斛也宗元嘉中大將軍彭城王義康製物每欲廣大又加官尺寸半民間復有相與用之至今謂之爲尚方御府都水材官用尺乃復長民一分推如衆例則以古尺爲勝鍾律宮商自然響會是合神精冥數且周世又二眞製劍之時兼荀張窮極精功時又有束晳雷煥之徒妙賞神鬼阮咸雖善音樂而性度縱誕不能清切故以鼠綴爲奸耳掘地銅尺猶應是後漢將物也梁天監四年又更校尺以調正鍾律定用張荀古尺半分於事合衷今施用名曰法尺又曰若欲潛遁名山隨時觀化不願眞官隱淚自足者當修劍尸解之道以曲晨飛精書劍左右面先逆自託疾然後當抱劍而臥也謂先僞稱疾寢卧數日乃密脫劍青囊拔出題書及繫符都畢於是抱之而視須天馬迎至解衣而遊勿令人知覺也又以飛精蘂密拭劍鐶呼劍名字祝畢忽見太一以天馬來迎於寢卧之前於是上馬若女子則以輜軿來迎古來諸仙多有託以餘物或用竹杖或巾屨惟鮑靚用太清刀法此神變欻怳假類會形不可以理趣相求眞奇事矣天馬者吉光騰黃之獸也古畫圖有此獸形皆昔眞人所顯相傳示也吉光似鹿騰黃類馬男則單騎女則駕軿也太極眞人命太一使者賫馬執控并迎以寶衣欻忽而來不知所以然也太一主仙變也馬去之時雖衆醫侍疾

子孫滿側則我易服東劍流景變跡而不覺我之云爲也所謂化遁三辰巔倒月精呼吸萬變非復故形者也

又曰極上化符以飛精書紙盛以紫囊欲去時以係劍鐶藏景符以飛精書紙盛以絳囊欲去時以係劍鞘諸仙人多以竹杖不必盡得劍法或是太清術耳假物變化不可一類求之

又曰夫修下尸解者皆不得反望故鄉上解之道名配紫簡三官不得復窺其隟但畜神劍與之起居相隨十三年自能化形不必須藥書之若不辨作藥七年之後但以丹書劍亦能潛化也單行此法似不得反故鄉矣自不及曲晨之妙精吉光騰黃之延控也雖單此猶賢於太清雜法兼得改形鍊化遊宴太極其用他藥得尸解非是靈丸之化者皆不得反故鄉反故鄉三官執之也太清尸解之法

邪得比太極之化遁乎太清尸解法五符中有太玄陰生符又用牛脂煎錫藥九兩事耳無復餘方也佩用制劒之法具在符圖訣中其後用解化之道又非常修之事故並不載

太平御覽卷第六百六十五

太平御覽卷第六百六十六

道部八

道士

太霄經曰人行大道謂之道士又云從道爲事故稱也周穆王因尹軌眞人制樓觀遂召幽逸之人置爲道士平王東遷洛邑置道士七人漢明帝永平年置二十一人魏武帝爲九州置壇度三十五人魏文帝幸雍謁陳熾法師置道士五十人晉惠帝度四十九人給戶三百

眞誥曰劉翊字子相後漢人也世居頴川家富以濟貧爲事爲陳留太守後去官入山爲道士

又曰淳于斟字叔顗會稽人漢桓帝時爲縣令入山修道

又曰劉寬字文饒後漢南陽太守年七十三入華山服丹霞

又曰王昞字法明太原人也入茅山師陶隱居以梁大通三年正月十四日化隱居爲制銘誌并設奠云紘冕豈榮蹈璞非寶萬里求眞緘珍內抱

又曰陶弘景父貞寶清辯有才學工草隸閑騎射藥術而陶隱居亦善隸書雖効王書而別爲一法文章尺牘爲世所重

又曰孫韜字文藏會稽剡人也入山師潘四明叅受眞法學草寫遂大巧妙後學王書殊有深意當時稱之南洞大碑及許長史壇碑並是韜跡也陶隱居手爲經題控中祕訣門人罕能見之惟傳孫韜與桓闓瞻二人而已

又曰朱仲嘗於會稽賣珠漢高后時人也仲以素書倚酒於女几家几盜寫學其術

又曰道士不欲臨喪慎神壞氣所以去世不仕而獨存焉惟父母及師不懼性命之傷必臨其喪以此而傷是無傷也

抱朴子曰薛孩字季和燕代人周武王時學道於鍾山北河經七試而不過者由淫佚鄙滯敗其試耳

又曰郭文舉河內軹縣人入陸渾山學道獨能無情意不生也

又曰吳大帝時蜀中有李阿者穴居不食累世見之號八百歲翁人往問事阿無所言但占阿顏色若欣然則事吉若慘戚則凶若含笑則大慶微歎則深憂如此之候未曾不審也一旦忽去不知所之

又曰范零子少好仙道如此積年後遇司馬季主季主同入常山中積七年入石室北東角有石甕或作石牖季主出行懇戒之曰愼勿開零子忽發視之季主還乃遣歸後

復召至使守一銅匱又戒勿發零子復發之季主乃遣之遂不得道

又曰馮良者南陽人少作縣吏年三十爲尉佐史迎督郵自恥無志乃毀車殺牛裂敗衣幘去從師受詩傳禮易復學道術占遊候十五年乃還州郡禮辟不就詔特舉賢良高第半道委還家年六十七棄世東度入山在鹿迹洞中

又曰安丘望之字仲都京兆長陵人也修尚黃老漢成帝重其道德常宗師之愈自損退成帝請之若值望之章醮則待事畢然後往老子章句有安丘之學望之忽病篤弟子公沙都興於庭樹下望之曉然有痤時冬月鼻開李杏開目則見雙赤李著枯枝望之仰手承李李自墜掌中因食李所苦盡除身輕目明遂去莫知何在也

道學傳曰燕濟字仲微漢明帝時人也少好道德不仕周

遊名山後居武當山寢息無常所或因積石或倚大樹四
時衣服不變恒散髮亦有練巾
又曰鮑靚字太玄上黨人也漢司隷鮑宣之後稟性清慧
學通經史修身養性蠕而兖切動不犯聞人之惡如犯家諱
人多從受業揚道化物號曰儒林
又曰王嘉字子年隴西人也在東陽谷口鑿岸穴居其徒
數百各自穴處爲人皃短陋而聰察滑稽有問世事善惡
終不直說過率有驗
又曰嚴遵字君平蜀郡人也修道自保與人子言孝與人
臣言忠與人弟言順各因其發導之以善
又曰王遠字方平常降蔡經家須史麻姑至騎從半於方平
麻姑手爪如鳥經私心曰時背癢得搔之佳也方平曰姑
神人汝何遽此遂鞭之經願從方平學道方平使背立從

後觀之曰心邪不可教之仙道乃與度世術
又曰庚承仙字崇光潁川人明老莊隱文江縣白水臺立
廬舍講肆儒士釋老受其學隱居江南累詔不出後來始
與講道德經剖析凝滯
又曰薛玉寶字延世沛國人也梁時師玄圃先生以文章見
美善書翰嘗書一章於崇靈觀道正省壁上見者翫之也
又曰東鄉宗超字逸倫高密黔陬人也嘗露壇行道奩中
香盡自然滿溢又爐中無火而烟氣自生氤氳周遍久之
不歇
又曰張裕天師十二世孫起招真觀植名果盡山栖之趣
梁簡文爲製碑
又曰晉陵人錢妙真於茅山鷰口洞得道門人立碑於茅
山邵陵王爲觀序今具存焉

又曰梁武帝天監二年置大小道正平昌孟景翼字道輔
時爲大正屢爲國講說四年建安王偉於座問曰道家經
教科禁甚重老子二篇盟誓乃授豈先聖之旨非九所說
耶景翼曰崇祕嚴科正宗妙化理在相成事非乖越
又曰劉法先彭城人也時顧歡著道經義於孔德璋多有
與奪法先與書討論同異顧道屈服乃荅曰吾自古之遺
狂水火不避得足下此箴始覺醒悟飢往狂言不足在怪
又云法先每見道釋二衆亟相是非乃著息爭之論顧歡
又作夷夏辯或及三科論明釋老同異
又曰張譏吳郡嘉興人也善玄言屢講老子修行上道討
論上經人自遠來集也譏尋求眞祕甚識宗尚
又曰陳景尚吳人也善講誦道釋中皆不可及制靈書經
大行於世梁邵陵王甚重之召景尚隨王之郢終於江夏

又曰桓闓字音舒東海丹徒人也梁初崑崙山渚平沙中
有三古漆笥内有黄素寫干君所出太平經三部村人驚
異於經所起静供養先呈陶隱居隱居云此真干君古本
闓將經至都便苦勞瘵諸治不愈陶隱居聞云此病非餘
恐取經爲咎何不送經還本即依二日送尋愈
又曰曹賓字世珎丹陽人善爲步虛兩京冠絶貴遊見者
皆稱賞焉
又曰嚴智明字惠識晉陵人也受性有善聲幼工誦詠聲
明帝有疾每引法衆於内殿行道聞智明詠經甚懷賞悅
云疾爲之愈及法席既解智明還外帝中夜不安寢勑呼
智明對御轉誦即覺歡
又曰徐師子字德威東海人也陳武帝立宗臺大觀引德
威爲觀主後卒文皇勑賁祕器葬焉

太平經曰嚴寄之字靜處丹陽句容人也爲道士事親至孝往石渚觀母老不敢遠離乃迎母於觀邊立小屋以盡溫凊母終毀瘠過禮識者嘉之

又曰郗愔字方回高平金鄉人爲晉鎮軍將軍心尚道法密自遵行善熟書與右軍相埒手自起寫道經將盈百卷于今多有在者

又曰張孝秀以王元規筆跡妙巧頻相請屈元規但翫泉石終日撫琴嘯詠了不執筆臨還止爲行書數行而已孝秀雅相推憚弗敢固祈今簡寂館長牓猶有筆迹也

又曰許思玄者許遠遊之弟也生而好道儒雅知名晉簡文帝爲俗外之交也

又曰任敦尚博昌人永嘉中投茅山講道集衆敦竊歎曰衆人雖云慕善皆外好耳未見眞心可與斷金者

又曰晉陸納爲尚書令時年四十病瘡告杜恭云弈世短壽臨終皆患此瘡恭爲奏章又與雲飛散謂納曰君命至七十果如其言王右軍病請恭恭謂弟子曰右軍病不差何用吾十餘日果卒

又曰蔣負芻義興人也與晉陵薛彪之爲俗外之交去來茅山有志栖託齊永明中暫下都陶隱居一遇便善素契陶後解紱結宇中茅（中茅山也）仍請負芻度嶺相就經典藥術常共論之

又曰楊超字超遠東海人也出入事陶隱居徃復與陶論難得爲入室

又曰諸慧開字智遠吳興烏程人也每以戒行自修拯濟爲務齊大明八年天下飢饉慧開有少穀實乃悉分賑鄉邑賴之有三人積飢食飽而致死其家許縣稱慧開飼殺餓人苦相誣謗邑令笑曰乞食飽死反怨主人法無此科遣而不問

又曰濮陽者不知何許人事道專心祈請皆驗鄭鮮（晉帝）女足跛陽療之尋差晉簡文廢世子無嗣時使人祈請於陽於是中夜有黃氣起自西南逕墮室介時李皇后懷孝武

又曰許邁字叔玄少名映後改名遠遊志求仙道入臨安西山經月不返人亦不知其所之先娶散騎常侍吳郡孫宏女爲妻邁居臨安山中爲書謝遣其妻云欲聞懸雷之響山鳥之鳴自爲簫韶九成不勝能也偶景青葱之下栖息巖岫之室以爲殿堂廣廈不能過也情願所終志絶於此吾其去矣長離別矣

又曰褚伯玉字元璩吳郡錢唐人早慕冲虛年十八父爲娶婦入前門伯玉後門出往剡居瀑布山性耐寒暑在山

三十餘年隔絶人事一說云伯玉初遊南岳路入閩中飛湍走險伯玉泊舟晚瀨衝飈忽起山水暴至激舩上巔崩落絶嶂徒侶以爲冰碎緣阻尋求見伯玉自若以小杖檣舟涉不測之泉衆以駭伏入霍山而去初隱瀑布山齊高祖欽其風欲與相見辭以疾而去帝追恨詔瀑布山下立太平觀孔稚圭立碑

又曰張陵博學及河洛天文悉窮其妙靜處衡門不求聞達彈琴詠詩順志而已

又曰龍威丈人山中得道者也時人莫知其名號曰山隱居懒然不群高絶人世

又曰陶弘景字道明魏郡平陽人也自號華陽隱居常謂人曰我心恒如懸鏡觸物不遺好行陰德拯濟困窮合施諸藥遠近賴之平生未嘗晝眠看書必至半夜好聞松風

之聲少絶肥羶晩惟進餌餹荅紫葉生薑飲酒能至一斗而斷不醉也

老氏聖紀曰神壐中岳仙人成公興以姚氏泓十五年七月六日仙化門徒欲厚葬之興忽然重起曰道士絶累與俗有殊胡爲哀哭厚葬但建修齋功此乃合太古淳眞人法世言訖而化明日中時有巾石室者門人出視見兩童子引入户公興欻起去葬於鞏縣界潔素里

又曰孟道養字孝元外名援平昌人少時聞有法席不問遠近往觀聽焉及長性沉靜學專爲已不求聞達閉户開窻披書玩古及入室讀誦聲纔出口有劉緩戴詵相造研論窮玄理各歎伏以爲邁絶

又曰吳猛字世雲豫章人也性純孝夏夜在父母側不敢驅拂蚊蚋恐去已而集親年三十邑人丁義士奉道以術傳之鄉人隱銅爲設酒既去酒在器中不耗道士舒道雲病瘧比年猛授以三皇詩使諷之頓愈嘗還豫章以白羽畫江而渡縣東有石筍歷代未嘗開猛往發之多得簡牒古字不可識縣南有峻石時立千仞猨狖不能上猛仗策登之縣令新蔡千慶好畋獵猛屢諫不聽後慶大獵四面引火烘天而猛坐草中自若鳥獸依附左右火不能及慶大駭因是悔王敦於坐収猛俄失之敦大怒是歲敦敗猛登廬山見一叟坐樹下以玉杯承甘露授猛又有玉房金室見數人與猛語若舊相識設玉膏終日猛又乗鐵舡於廬山頂

又曰錢妙眞晉陵人也幼而好道便欲離俗親族逼以適人泣涕固免遂居大小二　茅山後往鷰口洞手栽書并詩七章與陶隱居

又曰孔靈産會稽山陰人也遭毋憂以孝聞宴酌珍肴自此而絶饘蔬布素志畢終身父見過毁愴然命具饌靈産勉從父命咽以成疾父以人有天性不可移遂不復逼深研道幾遍覽仙籍宋明帝於禹穴之側立懐仙館詔使居之遷太中大夫加給事高帝賜以鹿巾猿裘竹素之器手詔曰君有古人之風賜以林下之服登泛之日可以相存也

又曰張繹字士和吳郡人也弈勵學徒整肅法事屢講衆經理致深密詞端華辯當時所宗梁武帝雅相欽賞時陶隱居著法檢論明釋老二教繹往復討論甚有條理隱居嘉焉專心道法居貧守約善八體書别制雲篆作茅山南洞碑甚工

又曰宋文同字文明吳郡人也梁簡文時文明以道家諸經莫不敷繹撰靈寶經義疏題曰謂之通門又作大義名曰義淵學者宗賴四方延請長於著撰訥於口辭

又曰王遂起太原人爲集眞觀主性少眠縱卧熟猶覺人語言論相涉即領其辭莫不歎其清審

又曰晝夜不卧日月合光

太平御覽卷第六百六十六

太平御覽卷第六百六十七

道部九

齋戒

太上經曰思神鍊氣習法登階名之爲齋

太極眞人曰齋莫過乎靈寶其法高妙不宣於世仙聖口訣祕而不書太一齋法玄之又玄

指教經曰奉道不齋戒如無燭夜行失道自苦耳

太眞科曰修三守一齋爲本基學道以齋戒爲本太上所重老氏所營仙眞所賴

又曰道士能日中一食不殘穢惡隨月齋戒晝夜不息不害一切拔度蜎飛當得至道

又曰道士修經習業以道德二篇爲先齋戒受之度人濟已也

又曰赦解父母疾病當齋官靈臺齋中奏子午章苦到必感

又曰玄清玉皇之道上皇天帝授太微天帝君三元紫精君眞陽元老君後以付太上道君以傳金闕李君李君傳太靈眞人南岳赤君又紫元夫人以傳清靈王君王君傳南岳魏夫人夫人傳楊君使授許長史及掾授受者齋戒七日

又曰衆眞授道先齋戒百日或三十日或十日又當先告齋一日以洗素心三千年六傳尋上經齋戒無如此者行之十四年太上迎以玉輪登上清爲上眞

三皇經曰九齋戒三事以定心口身之業也

又曰九齋戒講讀元譜大經佩服內文以成其道

又曰九齋者佩服三皇內文以成隱顯道

登眞隱訣曰道齋謂之守靜謂齋定其心潔靜其體在乎澄神遣務檢隔內外心齋者也

又曰修道之人須齋戒禮謝七世之愆

又曰上清每以吉日會五眞九修道之人當其吉日思存吉事心願飛仙立德施惠振救窮乏此太上之事也當須齋戒遣諸雜念密處靜室

眞誥曰齋戒不可雜處必亂正道也凡甲寅庚申之日是尸鬼競亂精神躁穢之日當齋戒不寢遣諸可欲九五卯之日常當齋戒入室東向心拜在神念氣適意所陳

又曰漢建安中左慈聞句曲山在金陵通峨眉羅浮故渡江尋之遂齋戒三月而登此山乃得其門入茅君受以三種神芝宿啓功儀曰捧香仙女下衛齋戒之人

又曰太極眞人受太上口訣千歲五傳依隱書之制齋戒

五日乃授立約

珠囊曰九入五岳以甲子上旬之日沐浴齋戒七日乃行若名山有芝英奇藥者奉之作素奏丹書其文乞登仙度世飛行上清再拜放自鷄犬各一於石上而去然後求芝英奇藥所欲必獲惡鬼老魅不敢試人若學道不知此術入山多厄

抱朴子曰家有三皇圖必先齋戒百日乃召致天地五岳社稷之神後聖君命清虛小有眞人撰集上仙眞籙總名爲上眞正法以惛萬邪百年再授于人須齋戒方得

三元品經曰學道之本當先修中元齋戒之法贖罪謝過於太眞則書名玄圖

靈寶赤書曰元始五老諸天帝皇帝以歲六齋之月會於上三天靈都宮元陽紫微之臺集算天元推校運度又去

紫微宮舊格丹書白素齋戒百日誦之

太素玉籙經曰齋戒存思誦習此經精進無怠神通智達位爲太素眞人

太平經曰眞人去人之精神常居空閑之處不居汙濁之間也欲思還神皆當齋戒香室中百病自除不齋戒則精神不肯返人也皆上天共訴人所以人病積多死者不絶

八素奔辰訣曰七曜五星審識形色見之早晚於庭伺之若晦冥之夕皆於寢室存念齋戒修行如存奔日月之法日中赤氣紫芒者爲曜靈九神華芒也月中黄氣白光八朗之芒是爲月華夜精道人皆知服日月之氣而吸九華靈芒能修存奔日月之道安妃授楊君書二卷皆是奇法日月之道甚多高妙

上清金闕靈書曰太上之吉會日者高眞集宴慶歡之日

也迴元者太上之更始日也甲子陰陽之首氣月晦改度之初萌故爲新日也不知此日者不得解罪除過不得刻簡上眞當須齋戒於是日思存吉事此迴元訣也

又曰黄庭内景經一名太上琴心文又名大帝金書扶桑大帝君宮中盡誦此經金簡刻書之故曰金書又名東華玉篇東華者方諸宮名東海青童君所居也其中仙曹多齋戒誦詠刻玉書之

又曰太極左眞人曲素訣辭一名九天鳳氣玄丘大眞書太上授太極左眞人眞人傳東海方諸宮青童大君使傳道士宿有名應神仙眞人者佩之二十年得見三元君齋戒青金之誓以代盟約

八道秘言曰欲行九眞之法者齋戒静室至須專寂然後飛仙上登紫庭

又曰九天鳳氣玄丘眞書玄都丈人仙科授佩齋戒三日佩之者得仙

道德經序訣曰尹喜知紫氣西邁齋戒想見道眞及老子度關授二篇經義

靈書經曰十部妙經金字玉簡諸天眞仙齋戒月日上詣玉京誦其文

威儀經曰齋戒景福度人先爲先人後已與志玄同一

本行書曰授靈寶赤書者必先齋戒

東卿司命經曰先師王君昔見授太上明堂玄眞上經齋戒休粮存念日月咽服光芒之液常密行之此上眞道也太上玄眞經先盟而後行行之然後可聞玉佩金璫之道耳季偉昔長齋三年竭誠殫思乃能得之神光映身然後受書此眞玄之道要而不煩吾常秘寶藏之囊肘故以相

示愼密者也好道者欲求神山宜先齋戒登山昔左慈齋戒三月拜禮靈山竭誠三年然後二茅君引前

又曰黄庭内景玉經曰扶桑太帝君命暘谷神王傳南岳夫人授受齋戒九日

又曰三元眞一經金闕帝君所守東海小童以傳涓子涓子傳蘇君蘇君傳周君授受齋百日或五十日或三十日或七日四十年傳一人十人止後聖道君命清靈小有天王修集上仙眞籙總名紫元夫人傳王君王君傳南岳魏夫人夫人傳楊君楊君傳許掾授受齋三日或七日鳳眞之文大上授太極左眞人眞人傳東海方諸君青童君此亦衆眞相傳授受齋三日佩之九年得見三元君於上清金闕

又曰太上智慧經太上付上相又紫元夫人傳王君而王

君傳南眞傳楊君今授許長史掾授受齋戒五十日

又曰太丹隱書飛眞之道存想之法也此蓋楊君止抄一經誦以與長史耳亦獨九眞之龍書也未見齋戒之法不可遵行眞誥有朝太素法云受洞房旋行太丹隱書存三元洞房者即謂此也但不具耳世有周君學注洞房事亦是抄耳此經語而注之爲施修之法未見眞本而事旨不具

名山記曰大茅山有小穴口石塡之但精心齋戒可得而遊中茅山東亦有小穴穴口如狗竇劣容人入耳愈入愈闊外以盤石掩塞穴口故餘小穿如杯大使山靈守衛之此盤石亦時開發若勤懇齋戒尋之得從而入易於常洞口好道者欲求神仙宜預齋戒則三茅君於句曲見之授以要道入洞門句曲有五門立志齋戒三月尋登此門者可入矣

九天經曰玉輔上宰齋戒建節侍於太清

法輪經曰仙公齋戒未及歲年而感召天眞下降淨室

又曰念眞齋戒緘口愼言

靈寶大戒經曰不受大戒徒爲長齋

四極明科經曰九學上清之道奉其宗師入室齋戒

太上科曰九經從師受皆眞官侍衛須齋戒講誦

雌一五老經曰長修善行日中乃餌齋戒三年乃得受太洞眞經

太上丹簡墨籙曰道之去聖日已遠矣傳寫科戒謬誤者衆若有所疑師不能解者可齋戒一月求靈應之來由靈仙感降報語於人

傳授經曰齋者簡素爲上神先映身

集仙籙曰崑崙玄圃見正一眞人勤苦齋戒讀經崇道

太霄琅書曰立三本書一爲長鎮一爲供齋一爲研習者常自隨所住室中別置格上躬自出入勿使委非其所寫經之時須先齋戒經中有圖圖或別卷各有侍官典圖眞吏請問經曰道不存師齋誦無感

玉佩金璫經曰衆眞登太瓊臺齋戒三月

崆峒經曰太上道君齋戒於西那玉國羅浮之岳

又曰青精䭀飯方太極眞人傳王君授受之際齋戒十日二千六百年傳十人雲牙王方王君傳南岳魏夫人齋戒五日服之可以絕穀去尸虫王君遊觀天下詣龜山齋三月又齋戒三年詣太素還西城又齋三月受書周君少遇中央黃老君遊丹城乞長生度世之道授以上眞之道乃還登常山石室中齋戒念應又歷歲時後仙去

道學傳曰左敦字尙隱雲陽人雲陽山即茅山也敦所居山舍西十五里有一石室西南二里復有一石室皆容數十人西南室父老傳云有銅牛出背銅勒銅卷相傳號爲銅室曲入至深立北通潢池而洞崑崙每三元齋戒之日敦往二室祈禱皆髣髴眞形

又曰陸脩靜字元德吳興人太始七年率衆建三元露齋

太眞上倉元上録經曰九有生之域清少濁多穢障相纏行善不立邪氣來侵強魔守試上學之人齋戒存思禁隔囂塵非類之物唐突去來皆是穢濁當擇日齋戒佩破滝之符以昇玉清

太平御覽卷第六百六十七

太平御覽卷第六百六十八

道部十

養生

太平經曰養生之道安身養氣不欲喜怒也人無憂故自壽也

又曰一者數之始也生之道也元氣所起也天之大綱也故守而思一也子欲養老守一最壽平氣徐卧與一相守氣若泉源其身何咎是謂眞寶老衰自去

又曰古者三皇之時人皆氣清深知天地之至情故悉學眞道乃復得天地之公求道之法靜爲基先心神已明與道爲一開蒙洞白類如晝日不學其道若處暗室而迷方也故聖賢是驗

太上經曰守一則諦定心源守靜則存神忘形定氣通無道成眞降

三元眞一經曰體百神者耳爲帝君之牖門目者太一之日月鼻者三元之丘山口者絳宮之朱淵眉者白元之華蓋鬚者明堂之林精舌者元英之龍轅齒者胃宮之威力手者膽神之外援足者腎元之靈關陰極者洞房之真機也

又曰涓子授蘇林守三眞一之道後林復詣涓子寢靜之室無復之矣留一紙書置卧内以與林也其文曰五斗三一大帝所秘精思十二年三一見相授子書矣但有三一長生不滅況復守之乎能守三一名刋玉札況與三一相見乎加存洞房爲上清公加知三元爲五帝君後金闕帝君所以乘景迅雲周行十天者寔由洞房三元眞一之道也世之學者皆尊守一當令心朴神凝體專誠感所以百念不生精意不散但有三月内視注心一神繫念不散專氣致和由朴之至也得之速也自朴散眞離華僞互起爭競亂生故一不卒感神不即應非不欲往存之者不專思之者不審故起積年之功絶有髣髴耳三一之法上清眞書之首篇高上之玉道神仙之津途衆眞之妙訣子能守一一亦守子子能見一一亦見子一須身而立身須一而生守一之戒戒於不專專復不久久不能精精不能固固而不恒則三一去矣身爲空宅

五符經曰知一者無一不知也不知一者無一能知也一者至貴無偶之號必欲長生三一當明思一至飢一與之粮思一至渴一與之漿一能成陰生陽推行寒暑其大不可以六合隱其小不可以毫芒兆能服能豫一乃不去存一至勤一能通神少飮約食一乃留息知一不難難在於終知眞不爲與不知同求之不已登彼玉清

又曰養其氣所以全其身

又曰食氣者常有少容

老子曰道言微深子未能別攝其樞畧愼戒勿失先損諸欲莫令意逸閑居靜處精細齋室丹書萬卷不如守一當制念以定志靜身以安神寶氣以存血思慮兼忘冥想内視則身神並一靜思期眞則衆妙感會專精積神不與物雜謂之清反神服氣安而不動謂之道

又曰善攝生者陸行不遇兕虎入軍不被甲兵兕無所投其角虎無所措其爪兵無所容其刃

太上眞經曰一乃無像求之難得守之易失易失由識劣貪欲滯心鄣然無爲惟在守一積而未極皆由漸昇當在三元諦識神氣狀皃名字出入有無生鎭三宫尸毒自去

聖真仙經隨因授之

八素經曰九學至道諦定其心除患清身知變華慮正身清然後心定心定則道成道成則真降九存一守神要在正化正化由定心心定則識清識清則會于道

又太極真人曰古人爲道也玄寂靜神念真存元示漸引末歸識源神知而能見見而能從從而能習習而能堅堅而能成成而不居善人在於天下如橐籥乎非與萬物交爭其德常歸焉以其謙虛無欲也欲者凶害之根也無者天地之元也莫知其根莫知其源聖人者去欲入無以輔其身也

太一洞真經曰兩耳名爲六合之高隱也

又云齊中名曰受命之宮也

又曰養生之道耳目爲主雖視則目闇廣聽則耳閉

裴君內傳曰夫求道者要先令目清耳聰爲主也且耳目是尋真之梯級綜靈之門戶得失繫之仙經曰養生以不傷爲本此要言也

太清真經曰一切含氣莫不貴生生爲天地之大德德莫過於長生長生者必其外身也不以身害物非惟不害而已乃濟物忘其身忘其身而身不忘是爲善攝生者也真道養神神能飛化

太上三元經曰養生之道必愛氣存神不可劇語大呼使神勞氣損是以真人道士常吐納以和六液

玄示經曰夫形體者特生之具也非所以生生也生生乃以素朴爲體以氣爲元以神爲形此乃生之宮庭也以無爲育其神舒釋玄妙之門往來無形之間休息於無隣此所謂得玄明之生源又云外想宜絕內注玄真然後長生可保

妙真經曰道人謀生不謀於名胷中絕白意無所傾志若流水居若空城積守無爲乃能長生

衆真戒曰性躁暴者一身之劇賊求道之散梯也用之者真去改之者道來每事觸類皆當柔遲而盡精潔之理如此幾乎道也神者天地之所馳也順神養性行生道氣以度難也此乃上聖真人達識也夫爲道者當行此以載其身

太一帝君經曰若能常行九晨照洞房泥丸之法者檢魂魄制萬邪清淨行之以致靈仙之氣降于寢室所謂引三光九星以照百神者也

上清列紀曰胎閉靜息內保百神吞景咽液飲食自然身必壽考可得陞仙矣

太上真人祕要曰夫氣者神明之器清濁之宗處玄則天清在人則身存夫生死虧盈蓋順乎攝御之間也

太洞玉經曰食玄根之氣者使人體中清朗神明八聰身有日映面有玉澤服餌朝液懸粮絕粒道要於金醴事妙於水玉所謂吐納自然之太和御九精之靈氣者也

抱朴子曰長生之要在乎還年之道也延年除病其次焉有不以自伐若年尚少壯而知還年陰丹以補腦采七益於長谷者不服餌藥亦不失一二百歲凡傷之道有數焉才所不逮而困思之力所不勝而張舉之深憂重恚悲哀喜樂汲汲所欲戚戚所患寢息失時沉醉吐嘔飽食即臥跳走喘息讙呼哭泣陰陽不交積傷至盡乖養性之方耳不極聽目不久視坐不至疲先寒而衣先熱而解不欲極飢而食食不過飽極渴而飲飲不過多不欲甚勞不欲多

汗及多唾奔車走馬極目遠望多食生冷久不欲極溫夏不欲極涼大寒大熱大風大霧不欲冒之五味不可偏多凡言傷者亦不便覺久則損壽耳是以善攝生者卧起有四時之早晚興居有至和之常制調利筋骨有偃仰之方杜疾閑邪有吞吐之術流衛營胃有補瀉之法節宣勞逸有與奪之要忍怒以全陰抑喜以養陽然後先將服草木以救虧缺後服金丹以定無窮長生之理盡於此矣若有欲決意任懷自謂達識知命不泥異端極情不營久生者安可告養生之言哉

登眞隱訣曰方諸青童云人學道亦苦不學亦苦二苦之始乃同爲苦之終則異爲道者緣苦得樂不爲道者從辛苦而已矣惟人自生至老自老至病獲身至死其苦甚矣心腦積罪生死不絕甚善難說況復不終其天之年老哉此

不爲道之苦也爲道亦苦者清淨存眞守玄思靈尋師勞苦歷試數百用志不墮亦苦之至也此爲道之苦數十年中爲苦之理乃有甚於彼得道之日乃頓忘此苦猶百日之飢一朝而飽豈復覺向者之餓乏耶非道則不可

右英眞人曰夫內接家業以自羈外綜王事以雜役此亦道之不專也夫抱道不行猶無道也握寶不用猶無寶也

紫微元君曰疾之所生生乎念多邪之所兆兆於心散念多則事廣事廣則累繁浮泛莫檢紛競不息內煎萬慮外勞百役形神弊矣衆病安得不興高墉重閑猶恐寇至況闢扉去防自我致寇也智以無涯傷性心以爲惡蕩眞邪來在眼聲發入聽其爲關意屬想實有增羨魂者正神神貴明信魄者邪鬼鬼尚狂悖飛仙之想觸見必念慈護之情遇物斯極以此爲心心即道矣

九華經曰眼者身之鏡耳者體之牖視多則鏡昏聽衆則牖閉審鏡決牖則能徹洞萬靈形察絕響面者神之庭髮者腦之華心悲則面焦腦減則髮素所以精氣內喪丹津損竭精者體之神明者身之寶勞多則精散營竟則明消所以老隨氣落耄已及之

眞誥曰富貴者破骨之斧鋸載罪之舟車適足誨愆要辱爲伐命之兵非佳事也是故古之高人覽罪咎之難豫知富貴之不可享矣遂肥遯長林栖景名山欲遠此迹自求多福保全至素者也裴君曰三關常調是長生之道也口爲天關手爲人關足爲地關調則五藏安安則無病又存五神於體謂兩手兩足頭也頭想恒青兩手俱赤二足常白者則去仙近矣昔徐季道學仙於鵠鳴山中亦時時出市道間忽見一人着皮袴褶柱桃杖季道乃拜之因語季

道曰欲學道者當巾天青詠大曆躡雙白徊二赤此五神之事其語隱也大曆三皇文也此即太素五神事別有經品

黃老經曰士能遺物乃可議生生本無邪爲物所嬰久久易志志欲外無能守以道爲貴生

太上太眞科曰一在人身鎮定三處能守三一動止不忘三尸自去九虫自消不假藥餌不須禁防久視之要守一爲先次行師教授職隨才依功進位積德居尊宣揚妙氣開導後生

三皇經曰天能守一覆而不舉地能守一靜而能處岳能守一不避寒暑海能守一流而不還人能守一必得真仙

昇玄經曰道有大法得之立得是謂三一之道當有將軍吏兵斷絕惡道

上清玉皇曰三眞者兆一身之帝君百神之内始變化離合與眞洞靈微哉難言非仙不傳

太上素靈經曰三一者一身之靈宗百神之命根津液之山源魂精之玉室是以胃池體方而受物腦宫圓虚而適眞太上曰眞人所以貴一爲眞者一而已一之所契元氣造化一之變通天地冥合是以上一爲身之天帝中一爲絳宫之丹皇下一爲黄庭之元主而三之一眞並統身内二十四氣以授生生立一於身上應太微二十四氣眞眞氣徊和品物流形玄神運分紫房杳冥上一眞帝之極也中一眞皇之主也下一眞王之妙也天皇得極故上成皇極地皇得主故上成正一人皇得妙故上成衆妙三皇體眞而守一其眞極也得一而已

集仙籙曰九動作視息飲食語言好惡是非人各有歲月

日時隨其所屬以定其分此物理之常數也身有應敗之患神有應散之期命有必盡之勢夫神在則人神去則尸蓋由嗜慾亂心不能忘色味之適夫修其道者在適而無累和而常通善惡各在報應之理毫釐無失長生之本惟善爲基人生天地間各成其性夫氣清者聰明賢達氣濁者凶虐癡騃氣剛者高嚴壯烈氣柔者慈仁淳篤夫明者伏其性以延命暗者恣其欲而傷性性者命之原命者生之根勉而修之所以營生以養其性守神以養其命人之生也皆由於神神鎭則生神亂則死所以積氣爲精積精爲神故仙者内求内密則道來眞者修寂修静則合眞神者須積感則靈通常能守一則仙近矣則與天地共寄於太無中矣又能洞靈體無則太無共寄於寂寥中矣能洞寂則聽視不聞見與道冥矣道者靈通之至眞也術者變化之伎玄也道無形因術以濟人人之有靈因修而契道道之要者在深簡易功術之秘者惟藥與氣也上士服之外爲仙官中士服之栖集崑崙下士服之長生人間於是太一元君述還丹金液之要行於世

又曰木公金母者二氣之祖宗陰陽之原本仙眞之主宰造化之元先凝氣成眞與道合體且氣之弥綸天地經營動植在人爲人在物爲物發大蘊散無窮性發乎天而命成乎人立之者天行之者道玄老太致虚極守静篤萬物將自復復謂歸于道而常存也長久之要者天保其玄地守其物人養其氣

又曰商王聞彭祖有道拜爲大夫每稱疾閑居不預政事服雲母粉麋鹿角水桂常有少容性深静不自言有道王詣問莫之告王於掖庭立華屋紫閣使祖居之問延年益

壽之道荅曰欲登天上補仙官者當服元君太一金丹此道至大其次當愛精養神服食草藥可以長生其次陰陽運氣導引養屈伸使百節氣行關機無滯此可以無使病所侵思神念眞坐忌錬液皆可以令人長壽若泝流補腦之要此甚難行有懷棘履刃之危又非王之所爲也吾所聞淺薄道止於此不足宣傳人生於世但養之得宜可至百餘歲不及此者是皆傷之也大醉大喜大怒大温大寒大勞大極皆傷也至樂至憂至畏至怖至撓至躁至耆至淫皆傷也甚飢甚渴甚思甚慮皆傷也久坐久立久卧久行皆傷也寒温得節飢飽適宜無思無爲惟清惟静此可與言修身耳已得其壽復養之得道可宜長壽但要莫傷也冬温夏涼不失四時之和者所以適身也美色曼態不至思欲之感者所以通神也車服威儀知足不求者所以一其志也八

音五色不至躭溺者所以導心也凡此之物本以養人人之不能斟酌得中反以爲患故聖賢垂戒懼下才溺之流適志返用之失所故修道之士皆令禁之欲以檢制之易也亦由水火用之過當反爲害耳人不知經脉損血氣不足內理空踈髓腦不實體已先病故爲外物所犯因風寒酒慾以發之若本充實豈有病耶凡遠思羨願傷人也憂恚悲哀人情過樂忿怒不解汲汲所愛慼慼所患寒溫失節陰陽不交皆所傷也男女相成猶天地相生也所以導養神氣使人不失其和天地晝離而夜合一歲三百六十交故四時均而萬物生生成不知窮極所以天不失其動地不失其和物不失其生而能長久也人不能法天地而有常藏衣絕食自取死病愚之甚也去此修攝節宣之外則有服元和之氣得其道則邪不能入此理身之本也其

餘含景思神歷藏導引吞餌服御之事千七百餘條及四時首月責已謝過臥起早晏之法可以教初學之士引進向善之門漸正其心而除息其罪咎非使能致人得道也若血脉枯竭神氣凋敗豈鬼神念直而能守之固未知其益矣此由凡人爲道而求其末不務其本也

又曰內不養神外勞其形元精漸虛神氣困竭而晝夜服勤讀誦經訣此亦無益也諸經萬三千首皆示以始涉之門庭耳商王具受諸要行彭祖之亦壽但不能戒其淫慾耳

集仙錄曰女几者陳市上酒婦也作酒美有仙人過其家飲酒即以素書五卷質酒几開視之乃仙方養性長生之術也几私寫其要訣依而修之三年顏色更少數歲質酒仙人復來笑謂之曰盜道無師有翅不飛女几隨仙人去不知所之

又曰太陽女朱翼得吐納之道事絕洞子李脩脩著書四十篇名曰道源常行之道以柔勝剛弱制強如臨深履危御奔乘朽差之毫氂畏尔之策勤而行之可以長壽

又曰太陰女盧金學道未成當道沽酒密訪其師會客過使問客士數爲歲但南三北五東九西北中耳一還報曰客大賢者至得道人也我始問一知五矣遂問長生之道得補導之要蒸丹之方

又曰太玄女顓和常曰人之處世一失不可復得一死不可復生況壽限之促非修道不可延也遂洗心求道而得其術

太平御覽卷第六百六十八

太平御覽卷第六百六十九

道部十一

服餌上

神農經曰上藥令人身安命延又云餌五芝之丹砂曾青雲母太一禹餘粮各以單服令人長生中藥養性下藥除病此上聖之至言方術之實録也仙藥之上者丹砂次者黃金白銀衆芝五玉五雲明珠也黃精與朮餌之却粒或遇凶年可以絶粒謂之米脯

西極明科曰上清金液丹經九鼎神圖太一九轉大丹等九一百四十卷

五符經曰胡麻本生大宛又名巨勝服之不息與世長存五穀之長也服之可以知萬物通神明

又曰眞人謂黃精獲天地之淳精依山寄居神化者也天

仙名此爲戊巳芝

王訣經曰元始五常氣以陽光初明散元始之腪眞人食其景而無窮

三光經曰三光者仙道鍊胎之術也泥丸者體形之上神也

吐納經曰八公有言食草者力食肉者勇食穀者智食氣者神

仙經曰丹爲金服之上士也茹芝導引咽氣者中士也食餌草木者下士也食金丹大藥雖未去世百邪不近也若但服草木及餌八石適可令疾除命益耳不足却外禍也惟守眞一則劇性不犯昔仙公各服一物以得數百年乃合神丹金液韓衆服菖蒲十三年身生毛日視書萬言皆誦之冬袒不寒又菖蒲生須石上一寸九節已上紫花者尤善

又曰黃石方東府左卿白石先生造也皆眞人所授但未見眞本世有兩本以省少者爲佳

又東華眞人食石法即東府也亦是太清法

又曰紫微夫人撰朮序其畧曰吾俱察草木之勝負若速益於已者並已不及朮之多驗乎所以長生久視遠而更靈我非謂諸物皆當減於朮也眞以朮之用今之所要末世多疾宜當服餌夫道有內足猶畏外事之禍有外足者亦或中崩之弊我見山林隱逸得服朮者千年八百年比肩五岳矣今撰朮數方以傳好尚若必信用庶無橫暴之災矣

又曰南陽酈縣山中有甘谷水所以甘者谷山左右皆生甘菊菊花墮其中歷世弥久臨此谷中居民皆不穿井悉

食甘谷水食者無不壽高者百四五十歲下者不失八九十歲故司空王暢太尉劉寬太傅袁隗皆爲南陽太守每到官常使酈縣月送甘谷水四十斛以爲飲食此諸公多患風痺及眩冒皆得愈但不能大得其益如甘谷上居民從幼便飲食此水又菊花與薏花相似直以甘苦別之耳菊甘而薏苦今眞菊甚少耳率多生於水側緱氏山與酈縣最多仙方所謂日精更生周盈皆一菊而根莖花實異名矣其說甚美而近來服之者畧無所効正由不得眞也

八素經曰太上曰飛鍊之法未可得眞人之門戸又四極明科云金液丹經九鼎神圖並眞仙之祕書藏于名山

太上太霄郎書曰除欲滅私服御吐納

上清列紀曰中黃之書皆白帝君所藏於瑤臺説丹藥祕法非有眞籙不得其道也

太上丹簡墨籙曰修金液之術當得太清丹經

太丹隱書曰感召靈跡則天人下降上學之士服日月黃華金精飛根黃氣

五厨經曰修奉和太不虧不盈

天交上經曰太古之人所以壽考者不食穀也身安神樂修道易成五符經云食月之精可以長生食星之精上外

太清登眞隱訣云服雲牙可絶穀去尸虫也可修眞一之道裴眞人曰喜怒損志哀樂損性榮華滅德陰陽冠身皆學道之大忌仙法之所嫉也莫若知而不爲爲而不敢散此仙之要道生生之本業也欲得延年當吞日華食物多飲愼便卧多則生病卧則蕩心心蕩則失性病生則藥不行學道者愼此

劉向列仙傳曰務光夏時人好琴服蒲韮根又彭祖多服水桂雲母中岳人蘇林字子玄六本衛人靈公末年師仇公教以服氣之法

又尹喜之長沙服巨勝實

又曰劉奉林周時人也學道嵩高山積年後之委羽山能閉氣三日不息但服黃連已及千歲不能有所役使

又曰董威輦不知何許人晉武帝末在洛陽白社中藍縷不蔽恒吞一石子終日不食

南岳魏夫人内傳曰夫人名華存字賢安任城人也晉成帝時服金屑得道

太元眞人茅盈内傳曰金闕聖君命太極眞人使正一玄玉郎王忠鮑丘等與茅盈四節燕胎流明神芝長躍雙飛夜光洞草使拜而食之佩璽服衣正冠北首帶符握鈴畢四使者告盈曰食太極四節隱芝者位爲眞卿食金闕燕胎玉芝者位爲司命食東宮流明金英者位爲司禄食長躍雙飛者位爲眞伯食夜光洞草者位爲主惣左右御史之任子今盡食之矣壽畢天地位當爲司命上眞東岳卿君都統吳越之神仙

眞人周君内傳曰紫陽眞人周義山字季通汝陰人也漢丞相勃七世孫父浚官至陳留内史君年十六隨浚在郡爲人沉重喜怒不形好獨坐靜處精思微密常以平旦出日之初面東嗽日服氣旦旦如此

眞誥曰衡山張正禮漢末受西城君虹景神丹方患丹砂難得去廣州爲道士仙去廣室爲上仙

又曰張玄賓定襄人也魏武帝時曾舉茂才歸鄉里師事西河蒯公受服餌术方後遇眞人樊子明於少室授以遁變隱景之道昔在天柱山今來華陽内爲理禁伯

又曰廬江潛山中有學道者鄭景世張重華並以晉初受仙人孟德然口訣以入山行守五藏含日法兼服胡麻又服玄丹

又曰平仲節河東人也劉聰亂中夏仲節度江入括蒼山體有眞氣服餌仙去

又曰趙廣信陽城人魏末渡江入剡小白山受李法服氣又受左君守玄中之道如此積年或賣藥人間多來都下市丹砂作九華丹仙去

又曰虞翁生會稽人也受仙人介君食日精法吳時來隱狼伍山兼行雲氣迴形之道精思積久仙去

又曰朱孺子吳末入赤水山中服菊華及术後遇西歸子從乞度世西歸子授以要言仙去

又曰明星玉女者居華山服玉漿山中頂上有石龜其廣

數畝高且三仞其側有梯磴遶龜背見玉女祠前有五石臼号曰玉女洗頭盆其中水碧緑澄澈雨不加溢旱不減耗内有玉女馬一疋

又曰華陰山中有學道者尹從子張石生李方回並晉武帝時人受仙人管成子蒸丹餌术法又授蘇門周壽陵服丹霞之法

又曰范幼冲遼西人恒服三氣法青白赤氣各如綖服之十年遂得仙此高元君太素内景法旦旦爲之視日益佳其法簡其事驗

又曰姜伯眞在大横山服石腦石腦如石小班色而軟又大茅山東亦有形狀貪小如曾青而色似鐘乳鰲陽子昔亦服此

裴君内傳曰佛圖道人支子元裴君授以長生内術又云尋藥之與存思雖致道同津而關源異緒服藥所以保形形康則神安存思所以安神神通則形保二理乃成相資而有

道學傳曰許邁字叔玄少名映後改名遠遊與王羲之父子爲世外之交羲之亦辭榮養生每造遠弥日忘歸詩書往復多論服餌

又曰上清左卿黄觀子學道服金丹讀大洞經得道東府左卿白玉生有黄石方文德石仙監張叔隱受青精方太清右公李抱祖岷山人受青精餌飰方

葛洪神仙傳曰劉京從邯鄲張君受餌雲丸

又曰封君達隴西人入鳥鼠山服餌年百餘歲常乘青牛

又曰衛叔卿中山人也服雲母

又曰孔元許昌人常服松脂伏苓

又曰焦先字孝然河東人也常食白石以分人熟如煑芋

又曰靈壽光扶風人年七十餘乃得未央丸方服之年二百餘歲不老

又曰中候上仙范邈字度世舊名冰服虹景丹得道撰魏夫人傳

又曰清虚眞人王褒字子登前漢安國侯王陵七世孫主仙道君以雲碧陽水晨飛丹腴二斗賜褒服之視見甚遠坐在立亡役使群神

太平御覽卷第六百六十九

太平御覽卷第六百七十

道部十二

服餌中

眞誥曰七月十五日夜清虛眞人與許玉斧言曰五公石腴彼體所便急宜服之可以少顏术散除疾是尔所宜次服餌飦兼穀勿違

又曰明大洞爲仙卿服金丹爲大夫服衆芝爲御史若得太極隱芝服之便爲左仙公

又曰性幾乎道用之眞來紫陽眞人云可令許玉斧數沐浴濯其水疾之氣消其積考之瑕此致眞之階也學養生之道不可泣淚涕唾所損甚多是以眞人道士常吐納咽味以和六液

又曰昔漢成帝獵於終南山中見一人無衣身生毛飛騰不可及乃圍得之問之乃秦宮人說秦王子嬰軟道之事因宮室燒燔驚走入山飢無所食垂當餓死有一老人令食松葉松實其獵者將歸以穀食之歐吐累日乃安一年餘死向不爲人獲即仙矣

又曰龍述字伯高京兆人也後漢從仙人刀道林受胎氣之法又受餌飦方託形醉亡隱處

又曰武當山道士戴孟者本姓燕名濟字仲微漢明帝時人也少修道德不仕入華山餌芝朮黃精雲母丹砂受法於清靈眞人王君得長生之道又裴眞人授以玉佩金璫經并石精金光符

又曰食草木之藥不知行氣導引服藥無益也終不得道若志之感靈所存必至者亦不須草藥之益也若但知行氣不知神丹之法亦不仙也若得金液神丹不須他術也

若大洞眞經不須得金丹之道而仙也人生有骨籙必有篤志道使之然故不學而仙道自來也過此以下皆須篤志

又曰東海王華妃青童君之妹降授張微子服霧之法

又曰栢成納氣腸胃三腐

三五順行經曰廣平眞人頂負圓光執華幡於上帝前問修鍊之法

又曰羅江大霍山洞臺中有五色隱芝華陽山亦有五種夜光芝良常山有螢火芝其實似草其在地如螢狀大如豆如紫華夜視有光得食之者心明可夜書計得食四十七枚者壽

又曰包山中有白芝又有隱泉其色紫華陽雷平山有田公泉且王沙之流津用以浣衣佳

又曰服九靈日月華者得降太極之家玄眞之法也

又曰郎宗字仲緩北海安丘人少士宦後漢時人也爲吳令學精道術占候風氣後一旦有暴風庭起占知洛陽大火燒長夏門遣人往參問果尔朝廷聞之以博士徵宗宗耻以占術就徵夜解印綬負笈遁去居華山下服胡麻得道今在洞中

又曰傅禮和漢桓帝外孫傅建安也常服五星氣得道爲含眞臺主

抱朴子曰余祖鴻臚少時嘗爲臨沅令云此縣有民家皆壽考後徙去子孫輒多夭折他人居其故宅又累世眉壽疑其井水殊赤乃試掘井左右得古人埋丹砂數十斛況餌丹砂者乎

又曰上黨趙瞿者病癩歷年衆治之不愈垂死其家與載

弃之賫糧送置山谷中瞿自怨不幸晝夜悲歎涕泣弥月有仙人行過穴口見而哀之具問訊瞿知異人乃叩頭自陳乞哀於是仙人以囊藥賜之教其服法瞿服以病愈顏色豐悅肌膚玉澤仙人又過視之瞿謝之乞其方仙人告曰此松脂耳此山中多汝鍊之可以長生瞿乃歸家家甚駭問得愈狀瞿年百七十歲齒髮豪健在人間二百餘年入抱犢山去

又曰要於長生去留各從所好耳服還丹金液之後若且欲世間者但服其半若求仙去當盡服之昔安期先生龍眉寧公脩羊公陰長生皆服金丹半劑者也其止人間或近千年然後去耳

又曰按玉鈐經中篇云立功爲上除過次之爲道者以救人危爲上功也欲求仙者要當以忠孝和順仁信爲本若

德行不修而但務方術終不得長生也行惡事大者奪紀小過奪筭積善未滿雖服仙藥亦無益也余覽養生之書莫不以還丹金液爲大要蓋仙道之極也昔左慈字元放於天柱山中精思積久乃神人授以金丹仙經會漢末大亂不遑脩鍊而避地來渡江東志欲投名山以修斯道從祖仙公又從元放受之凡授太清丹經三卷及九鼎丹經一卷金液經一卷子師鄭君者仙公之弟子也又於從祖受之而家貧無用買藥子親事之酒掃積久乃於馬迹山中立壇盟受之并具諸口訣之不書者江東先無此書出於左慈慈授從祖仙公仙公授鄭君鄭君授予故它道士了無知者此益假求於外物以自堅固復有太清神丹其法出於元君元君者老子師也太清觀天經有十篇云其上七篇不可以教授其下三篇世無足傳當沉之三泉也下三篇者正是丹經其經曰上士得道昇爲天官中士得道栖集崑崙下士得道長生世間近後漢末新野陰君合此太清丹其人有才氣著詩及丹經讚序言初學道隨師本末列已所知識之得道者四十餘人甚分明也又有九光丹與九轉異法又有岷山丹法道士張盖蹹精思於岷山石室中得此方也至於諸丹法各別也金液者太一所服而仙者也

又曰長生制在大藥非祠醮之所定也秦漢二代大興祈禱所祭太一五帝陳寶八神之屬動費億萬絕無所益況疋夫無德欲以三牲妄祝以祈延年惑亦甚矣

又曰合金丹之大藥鍊八石之飛英者尤忌凡俗聞見則仙物不成或云上士得道於軍旅中士得道於都市下士得道於山林此謂仙藥已成未欲輕舉雖三軍兵刃不能

傷都市凶禍不能加下士未及於此故上山林耳古之道士飛鍊神藥必入名山又按入山經可以精思脩餌其藥有太華恒霍嵩少太白終南女几地肺王屋抱犢安丘衡灊青城峨嵋雲臺羅浮陽駕黃金大小天台盖竹括蒼四望山皆是正神在其中其上皆生芝草可以避大兵大水不但中以合藥也若有道者登之則此山之神必助之爲福其藥必成若不登此諸山者海中大島嶼亦可合藥

又曰余師鄭君年出八十先鬚鬢班白數年間復黑又顏色豐澤能引強弩日行數百里飲酒二斗不醉上山又體力輕便年少追之不及飲食與凡人無異又不見其絕穀余問先生隨之弟子黃章言鄭君常從豫章還於浦中連值大風遇盜君推糧以給諸人已不復食五十日亦不飢又不見其所施爲不知以何事也燈下細書過少年性解

音律閑夜鼓琴侍坐數人口荅咨問其言不輟響而耳並料聽左右操弦者數譴長短無毫氂得逃余晚爲鄭君門人請見方書告余曰要道不過尺素上足以度世又曰君所知者雖多而未精又意存於外學不能專一未可以經深涉遠耳自當以佳書相示也又許漸得見短書縑素所寫者積年之中合集所見當出二百許卷經不可頓得了也

又曰語余曰新書卷卷有佳事但當校其精麁擇所施行若金丹一成此書等一切不用也亦或當有所教授宜得本末先從淺始以勸進學者無所希准階由也鄭君亦不肯悉令人寫其書皆當訣其意雖乆借之然莫有敢盜寫一字者也鄭君本大儒晚而好道由以禮記尚書教授不絕其體望高亮風格方整接見者肅然每咨問恒待其溫顏不敢輕脫也門人五十餘人惟余見受金丹之經及三皇內文枕中五行記其餘人不得一觀此書首題者

集仙錄曰夫茂實者翹春之明珠也巨勝者玄秋之沉靈也丹棗者盛陽之雲芝也伏苓者絳神之伏胎也五華含烟三氣陶精調安六氣養魄護神

又曰太玄玉女者帝少昊時人也居蜀之長松山修長生之道遇山中人授以八天隱文使之修佩謂曰修道之要以無爲爲本八天之書眞無爲也而道自成然而琅玕曲晨之液八瓊九華之丹使鍊而餌之即太極所祕可以入侍帝宸下覽萬化授九華方於江上鍊丹江畔有金砂泉是其遺迹

又曰高辛時有仙人展上公常說昔在華陽下食白李異美憶之未乆而忽已三千年矣

又曰李脫居蜀金堂山龍橋峯下修道蜀人歷代見之約其來往八百餘年因號曰李八百初以周穆王時來居廣漢栖玄山合九華丹成去遊五岳十二洞二百餘年於海上遇紫陽君授水玉之道又來龍橋峯作金鼎鍊九丹丹成三於此山學道故世號此山爲三學山亦號爲栖賢山

又曰南陽文氏說其先祖漢末大亂逃壺山中飢困殆絕有一人教食术遂不飢十年來歸鄉里顏色更少身輕欲飛履險不倦行氷雪內了不知寒术一名山薊一名山精

又曰薛女眞者不知何許人也晉室亂離人多栖寓林藪服餌避世因居衡山尋眞臺外出行常有黃烏白猿白豹隨之不知所修何道

又曰玉姜者毛女也居華山自言秦人始學食松葉不飢寒止巖中其行如飛今號其處爲毛女峯

又曰涓子齊人子餌术著三才經淮南王劉安得其文不解其旨又著琴書三篇甚有條理

又曰張微子漢昭帝時將作大匠張慶女也微子好道常服霧氣自云霧是山澤水火之精金石之盈氣乆服之則能散形入空與雲氣合體微子自言受此法於東海東華玉妃淳文期青童君妹也微子亦以此霧法教諸學者

九眞華妃曰日者霞之實霞者日之精人惟聞服日實之法未見其知霞之精也夫飡霞之經甚祕致霞之道甚易此謂體生玉光霞映上清之法也

太平御覽卷第六百七十

太平御覽卷第六百七十一

道部十三

服餌下

登眞隱訣曰太極眞人昔以神方一首傳長里先生先生姓薛自號長里周武王時人也先生以傳西域揔眞王君即金闕聖君之上宰也按餌飯方受西梁眞人所傳時在大宛北谷令長里傳九轉乃周初間是爲受服餌飯三四百年後乃合此丹蓋司命劒經序也揔眞王君傳太元眞人即東卿司命茅大君也以漢武帝天漢三年受之時年四十八後又以付二弟并各賜成丹一劑司命既傳二弟而不載於此當以王君命使付非正次傳授也自二君以後惟定籙與楊君使示許長史并掾乃至于今故漢晉之世諸學道人各六合服金液昇仙無言九轉則此眞人方下授以來未有營之者受經皆登壇盟誓割帛歃金爲敢宣之約（敢不歃也）前盟則金龍玉魚後代止布帛而已違盟負信三祖獲考於水官謂妄傳非人也傳授須齋盟用金玉偃鑱以代剪髮歃血之誓也欲合九轉先作神釜當用滎陽長沙豫章土釜謂瓦釜也昔黃帝火九鼎於荊山太清中經亦有九鼎丹法即是丹釜從來咸呼爲鼎用穀糠燒之當在名山深僻處臨水上作竈屋長四丈廣二丈開南東西三户先齋戒百日乃泥作神釜釜成擣藥令計至九月九日平旦發火按合諸丹無用年歲好惡惟日月中有期限及吉凶琅玕以四月七月十二月中旬間發火曲最以五月中起火太清九丹起火雖無定月而去作六一五月七月九月爲佳自齋以始便斷絶人事令待丹成也合丹可將同志及有心者四五人耳皆當同齋戒齋起日先投玄酒五斛於所止之流水中若地無流水當作好井亦投酒於井中以鎮地氣令齋者皆飲食此水也合丹法又令以青石函盛好龍骨十斤沉于東流水中名曰青龍液飲食之以通水靈也取東海左顧牡蠣貝郡白石脂雲母屑蚯蚓土滑石礬九六物等分太極眞人以太上天帝君鎮生五藏上經刻于太極紫微玄琳殿東殿墉上此乃上清八龍大書非世之學者可得悟了也南岳赤松子受而服之求其注釋於太極眞人

又青童君云五公之腴鎮生五藏鍊白易軀可以少顏色須齋戒泥竈修鍊也雲腴之味香甘異美強血補骨守氣凝液鎮生五藏長養魂魄眞上藥也眞人云此愈於鍊八石餌雲母也眞人鍊形於太陽易皃於三官者此之謂也

又曰太極眞人

青精䭀飯方授彭祖傳云大宛有青精先生能一日九食亦能終歲不飢即是此矣眞上仙之妙方斷穀之奇靈也清虛眞人說霍山中有學道者鄧伯元王玄甫受服青精石飯吞日景之法能夜中書又仙人龍伯高受服青䭀方辭士隱處方臺又定錄君命告掾云次服䭀飯兼穀勿違益髓除患肌膚充肥又掾書告長史覓米藥來山柒作飯恐草燥又長史與大掾書令餉小掾白米是柒作飯凡此六事有書者也太極眞人青精干石䭀飯上仙靈方王君注解其後大書者是太素本經及西梁口訣墨注者是清虛王君所釋南岳魏夫人數撰而使司命楊君書之五眞共成一法足稱靈妙矣

上元寶經曰子食草木之王氣與神通子食青燭之津此之謂也此太素所傳太極所撰上眞靈仙之至要不同餘術也服䭀飯百害不能傷疾疫不能干去諸思念絶滅三

尸耳目聰明行步輕捷能隱化遁變長服益壽茅司命大君語二弟云宜服四扇散昔黃帝授風后却老還少之道也我昔授之於高丘先生今以相付耳又語小弟保命君曰卿宜服王母四童散此反嬰之祕道也體中少損宜服此方以補腦耳按小茅君服時已一百二十歲也夫此二方皆妙法也當齋戒修制

又曰裴君受支子元服食茯苓之法焦山蔣山人所傳能長生久視修合之際須謹密齋戒裴君又受支子元胡麻之法蔣先生惟服此二方位爲仙眞此二方書與世少異裴君所祕用者驗而有實丸服伏苓胡麻之方甚衆此法旣眞人所經用眞人手所書記必當最神勝於諸法若能常服仙道可期但患人服未覺其益便不服之故少有尅終之効若體先不虛損及年少之時當服伏苓若年三十

歲當服胡麻蔣先生曰此二方是大有之要法長生神仙之祕寶也大有者謂委羽山洞天大有宮中之書法彼人當有服之者寶玄經云伏苓治少胡麻治老合以齋戒服以朝早序醴華腴蜜也百卉之花以成腴醴五公謂爲卉醴華英火精水寶火精伏苓也性熱而合火伏苓則其精矣水寶胡麻也性冷色黑而含津澤故謂之水寶和以爲一還精歸寶此之謂也裴君以年少時所用故服伏苓也清虛眞人年十二便受此方于時未必虧損所以云服伏苓夜視有光也二方同耳皆長年之奇方也若合二物倍用密共煎搗爲丸乃佳按青精方伏苓禁食酸此專用伏苓不必禁酸味

又曰清虛王眞人授南岳魏夫人穀仙甘草丸方魏夫人少多病疾王君於脩武縣中告夫人曰學道者當去病先令五藏充盈耳目聰明乃可存思服御耳按王君初降眞之時是晉元康九年冬於汲郡脩武縣廨內夫人時應年四十八也夫人按而服之及隱景去世之時年八十三歲也此晉成帝咸和八年甲午歲則夫人從服藥已來三十五年矣其間或不必常相續也了無復他患先疢都愈鬢不白齒不落耳目聰明常月中書道家章符夫人旣爲女官祭酒故猶以章符示迹耳存思入室動百日數十日了不覺勞旣在俗世家事相亂欲脩齋研誦便託以入室也食飲通快四體充盈即甘草丸之驗也謂之穀仙方脾胃旣和則能食而不害膚充而精密起居調節無溢利之患矣食穀而得仙故謂之穀仙也此本九宮右眞公郭少金撰集此方諸宮久已有之至郭氏更撰集次第序說所治耳猶如青精乃太素之法而今謂太極眞人也學仙道者宜先服之昔少金以此方授介象又授劉根張陵等數十

人亦稱此丸爲少金丸宜齋戒修合並無毒無所禁食一年大益無責旦夕之効也俗人亦皆可服之

又曰雲芝英不擇日而修合治三尸伏疾服食一劑則穀虫死則三尸枯若道士固食穀者乃宜服也穀虫旣滅使人食穀而無病過飽而不傷去尸虫之藥甚多莫出於此昔脩羊公稷丘子東方朔崔文子商丘子但服此藥以協穀而皆得仙也漢景帝及武帝求索東方朔脩羊公祕方終不傳

又曰北海公涓子名姓不顯青童君弟子蘇林之師也少餌木黃精授守一玄丹之道在世二千八百年玄洲上卿蘇林字子玄涓子弟子也同紫陽之師濮陽曲水人年二十餘辭家學道後授三元眞一遊變人間

又曰太清正一眞人張道陵沛國人本大儒漢延光四年

始學道至漢末於鳥鵠山仙官來降授以正一盟威之教施化領民之法號天師即眞誥云奉張道陵正一平氣者是也天師靈寶伍符序及太清金液丹序並佳筆別有傳已行於世

又曰服五石者亦能一日九食百關流渟亦能終歲不飢還老反嬰遇食則食不食亦平眞上仙之妙方斷穀之奇靈也陶隱居注云雖一日九食而吸飡流變不爲滓終歲不飯而容色更鮮又云吸引之勞感無貴於七曜修行之早成不過於九道保守之堅固莫踰於鎮生衛用之急防無起於渾神藥石之速効豈勝於青精祈拜之感孰賢於朝謁也

又曰服五石鎮五藏不壞

又曰九苞鳳腦太極隱芝之丹鑪金液紫華虹英太清九轉

五雲之漿東瀛白香滄浪青錢高丘餘精積石飛田能使人壽考琴高先生受鎮氣益命之道又行補腦反丹之法寶劒上終日太極曲晨八景丸服之能飛行太虛

又曰太虛眞人服四極雲牙也

又曰飛龍雲腴方鍊五石之華膏身有玉光能夜書此藥愈於八石之餌

又曰服日月之華者欲得恒食竹笋竹笋者日華之胎也一名太明又欲恒食松葉松者木之秀也欲服日月當食此物氣以感運也

太虛眞人云松栢者木之秀

又曰眞人挹五方元晨之暉食九霞之精（法曰諷清晨之元氣始暉之霞精日陽數九謂之九霞本文云神光內耀朱華外陳）

太上黃素經曰九道士臨食常上饗食太和

太平經曰青童君採飛根吞日景空洞靈章云朝飡五雲氣夕噏三晨光又云食黃琬紫眞之粘眞誥曰崑崙有絳山石髓玉樹之實

又曰上清金闕靈書紫文採服陰華吞月精之法昔授之於大微天帝君一名黃氣陽精藏天隱月之經也

又曰諸爲道者酒肉最爲大忌酒之爲物能使人識慮昏迷性懷亂僻案諸藥中惟四童九丸用酒亦可以水

又朮丸以酒和煎之其餘不云酒服餌

又曰後漢左慈就司命乞丹砂得十二斤以合九華丹

又曰治明期與後漢末人張正禮在衡山中受服王君虹景丹積三十餘年

又曰趙廣信陽城人也魏末來剡山受服氣法守玄中之道後服九華丹

又曰朱孺子吳末人入赤水山服菊花餌朮又受西歸子入室存泥丸法三十三章

又曰鄭景世與張重華俱晉初人也在灊山受行守五藏含日法服胡麻及玄丹

又曰馬明生臨淄人爲縣吏逐賊被傷太眞夫人以靈元救得差後師安期生受服太清丹

又曰王玄甫沛人與鄧伯元俱在霍山受服青精石飯吞日丹景之法

又曰黃山訣云養性服食藥物不欲食蒜及石榴子道士自不可食

列仙傳曰赤將子轝者黃帝時人不食五穀而食百草華

又曰天仙偓佺者槐山採藥人也好食松實體生毛目方能飛行及走馬

又曰務光夏時人耳長七寸好琴服蒲韮根

又曰涓子齊人好餌术著天地之經三十八篇後釣於澤得符鯉中隱宕山能致風雨吉伯陽九仙法淮南王少得其文不能解也其琴心三篇有旨焉

又曰劉景前漢時人也從邯鄲張君受餌雲毋知其吉凶

抱朴子曰修道餌藥及隱居入山不得入小法者多遇害萬物之老者悉能爲恠常試人耳惟不能於鏡中易其眞形耳是以古之入山道士皆以明鏡徑九寸巳上懸於背後則老魅不敢近人或有來試人者則當顧視鏡中是列仙山神者如人形是鳥獸邪鬼亦見昔人有於蜀雲臺山石室中忽有一人着黄練單衣葛巾至其前於是人顧鏡中乃麀也因叱而成麀徑去又林慮山下有一亭每宿者或死或病常夜有十數人衣或白或黑或婦人男子後郅伯夷過宿明燭而坐夜半果見客以鏡照之乃羣犬也伯夷乃執燭起詐誤以燭燼落其衣聞燎毛遂以刀刺殺一犬餘駭去每入山須擇吉日

抱朴子曰天地之情狀陰陽之吉凶茫茫乎其亦難詳也吾亦不必謂之有又亦不敢保其無然黄帝呂望皆所信伏近代嚴君平司馬遷皆所據用而經傳有歷剛日吉日有自來矣王者立太史官封拜置立有事宗廟社稷郊祀天地皆擇其日也

按王鈐經云欲入山不可不知遁甲之祕術而不爲人委曲說其事也

太平御覽卷第六百七十一

太平御覽卷第六百七十二

道部十四

仙經上

仙經曰九轉丹金液經守一訣皆在崑崙五城　內藏以玉函書以金札封以紫泥印以中章

抱朴子曰余聞鄭君言道書之重者莫過於三皇內文五岳真形圖古者仙官志人尊祕此道非有仙名者不授也受之四十年一傳傳之訣朱而盟委信為約諸名山五岳皆此書但藏於石室幽隱之地應得道者入山精誠思之則山神自開山令人見之如帛仲理者於山中得之是也有此書者當須清絜每有所爲必先白之如奉君父其經曰有三皇文者辟邪惡鬼溫疫橫禍又次有玉女隱微一卷可化形為飛龍雜獸金玉木石興致雲雨之類亦大術也其淮南鴻寶萬畢之書不能過也鄭君博極五經知道者也兼綜九宮三棊推步天下河雒（同與洛）讖緯太和元年知季戾之亂江南將鼎沸負笈將仙藥東入霍山莫所知之

又曰家有五岳真形圖辟惡人不能害

又曰黃老玄聖深識獨見開祕文於名山受仙經於神人蹶埃塵以遺累凌太遐以高躋金石龜鶴與之等壽念有志於將來愍信者之無聞乖以方法炳然著明淺見之徒區區所守甘於桼而酣於醨知飲食過度而速病而不能節知極情恣慾而致殞而不能割神仙可得安能信乎按仙經以為諸得仙者皆其受命偶值神仙之氣自然所禀故胎育之中已含道性（及其有識必好其事）必遇明師而得其法不然則不信不求求亦不得夫百年之壽三萬餘日幼弱則未有所知衰邁則懽樂並廢童蒙昏老除數十年而險厄憂病又相尋焉居世之年略銷其半人九得壽不過五六十咄（丁骨切）嗟咸盡除哀憂昏耄六七千日耳顧眄已盡況於全百年者萬無一焉諦而念之亦無笑夏虫朝菌也蓋知道者所至悲也

太上太霄琅書曰道本無形應感生象大象無象象妙難明故見真文結空成字

又曰太上真人靈寶祕文內符者九天真王三天真皇以授帝嚳藏於鍾山北阿夏禹治水畢詣鍾山真人以授之禹還會稽更撰定為二通一通藏苗山山礅須萬年劫會乃出一通緘寫付雲水洞室須甲申期至今與理水傳伯長等

又曰吳王闔閭十二年正月使龍威丈人入包山洞庭取之以出有符而無說又齊人樂子長受之於霍林仙人韓衆乃敷演服御之方藏於東海北陰之室太一金液經者按劍經序云高丘子服金液水長史書云欲合金液意皆是此方今有葛洪注是郗愔黃素書又有別訣一卷此亦太清上丹法也

登真隱訣曰楊君許長史共書洞房經於小碧牋紙又云篆書白麻紙

又曰八素之經是聖君以白素之繒八色之彩筆自書也

靈書經曰昔龍漢之年高上大聖以紫筆書空青之林撰出妙經靈寶真文出法度人也

金根經曰太陽金童太陰玉女侍紫書上法

又曰西華玉女在仙都守衛藏天隱月之經龍飛八素隱訣去天帝君命羽仙侍郎執金案以請經

眞誥曰上清九眞中經内訣是太極眞人赤松子撰

又曰華陽中玉碣文云養存三元㓊我王文領理八老二十四眞不眠内視此仙之要言也

又曰寶神經裴清虛裴君也眞錦囊中書也侍者常所帶者裴昔從紫微夫人受此書也

又曰玄圃北壇西瑤之上臺也天眞祕文盡在其内

又曰九華眞妃與紫微王夫人南岳魏夫人同降眞妃坐良久乃命侍女發檢囊中出一卷書付楊君一上清玉霞紫映内觀隱書一上清還晨歸童日暉中玄書此是三元八會之書楊君既究識眞字今作隸字顯之耳道有八素眞經太上之隱書也

又有九眞中經老君之祕言也黄書亦要長生之訣也青要紫書金根衆文玉清眞訣三九素言丹景道精隱地八術白簡青籙紫度炎老此皆道之經也

又有飛步七元天綱之經七變神法七轉之經

又大洞眞經三十九篇太丹隱書八禀十訣天關三圖七星移度九丹變化胎精中記九赤班符封山隧海金液神丹太極隱芝五行祕符曲素辭訣黄水月華佪水玉精水陽青英絳樹青實琅玕華丹天皇象符以合元氣白羽紫蓋以遊五岳三皇内文以召天地神靈玉佩金璫以登太極素奏丹符以召六甲金眞玉光以映天下八景之輿遊行太清飛行之羽以超虛空

劉向列仙傳叙曰列仙傳漢光禄大夫劉向所撰也初武帝好方士淮南王安亦招賓客有枕中鴻寶之書先是安謀叛伏誅向父德爲武帝治淮南獄得其書向幼而讀之以爲奇及宣帝即位修武帝故事向與王褒等以通博有俊才進侍左右向又見淮南鑄金之術上言黄金可成上使向與典尚方鑄金費多不驗下吏當死兄安陽成侯安民乞入國户半贖向罪上亦奇其材得減死論詔爲黄門侍郎講五經於石渠至成帝時向既司典籍見上頗脩神仙事遂修上古以來及三代秦漢博採諸家言神仙事

穆天子傳曰升崑崙之墟以觀黄帝之宫具齋戒以祀登春山即玄圃也崑崙之山地方二千里有曾城九重是謂閬風玄圃

山海經云明明崑崙玄圃其上穆天子勒銘於玄圃以昭後世天子與王母觴於瑶池之上王母爲謡白雲在天於是天子升于崦嵫日入山也乃紀迹於崦山

茅盈傳曰王母謂茅盈曰玉珮金璫之道太極玄眞之經能之者皆飛行太虛王母命西城王揔眞一一解釋玄眞之經又自敷演金璫之經口授於盈曰金璫者上清之華

蓋陰景之内眞玉珮者太上之隱玄洞飛之寶章得其道者上陟雲漢宴寢太極元始太常之言是太宵二景隱書玉珮金璫之文章也又有陰陽二景内眞符與本文相隨太上法惟令授諸司命子玉札玄挺緑字刊金黄映内曜素書上清與當爲上卿之君司命之任矣然不先聞明堂玄眞之道亦未由得太宵隱書也玄眞之道是食日月之法錬五神之術耳其經曰太上玄玄雙神四明玄眞内映明堂外清吞息二暉長生神精上補司命監御萬靈六華充溢徹視黄寧九四十字太上刻於鳳臺南闕也非揔眞弟子而不教非司命之挺而不傳也太上眞官用日霞之道挹二景之法使通靈致眞體生玉映役命萬神上昇帝房昔鍾山眞公用此玄眞法耳王君乃將盈歸西城依承

眞訣按而行之三年之中面生玉澤後王君又賜盈九轉還丹及方一首立壇結盟約不得傳泄乃遣令歸告曰復百年求我於南岳將授汝仙官於吳越盈後得仙居句曲山邦人因改句曲之名爲茅君之山時茅君二弟聞盈方信有仙矣弃官而去渡江求兄相見告二弟眞訣一十八年道成因使更齋戒三年授以上道使存明堂玄眞之氣盈乃啓王君自說二弟得爲地仙之法要當受籙佩帶眞極之符王君賜玄水玉液絳日丹芝可使二弟齋戒三月而服之盈命飈車與二弟詣青洲請書名金簡

又詣西城洞宮朝見揔眞上宰次南詣衡山之朱臺謁太虛赤眞人歸方諸請地仙二眞之策造赤城受眞變神符又之羅酆求華旌繡幡又上登九宮詣金闕之下受聖君之書頓首於闕下三月於是聖君命九微太眞上相王大司命高晨師青童君使上詣太上請朱冠使者下拜二弟於金闕下授二弟眞簡而還

又曰神仙經黃白方二十五卷千有餘首然率多深微難知其可解分明者少許耳世人多疑此事爲虛誕與不信神仙者正同耳余昔從鄭君受九丹及金液經因復求授黃白中經五卷鄭君言曾與左慈於廬江銅山中試作皆成也然齋潔禁忌之勤苦與合九丹神仙藥無異也俗人多譏余好攻異端謂余欲強通天下之不通若方諸所得水火豈與常水火別哉皆自然之所感致非窮理盡性不能究其指歸非原始要終不能得其情狀成都內史吳太文博達多知亦自說昔事道士李根見根術有所成不得其術令百日齋戒太史文連在官終不能得恒歎息言人間不足處也

太眞科曰清虛小有天王撰三天一正法經

金液經曰太初混元皇經以陳上眞絳晨封之玉篋至道之大合符天圖三丹要言太皇所紀祕之玉堂勿傳其旨

太眞玄丹經刻于清虛之堂大皇君之寶章也命曰紫蘂明珠之丹開元廻化混尔而分陰陽屢變其道自然玄圖七轉至九而還大黃首篇是曰玉虛上眞保之命曰元經

上清洞眞玉經曰太上八景章皆刻於東華仙臺不宣於世其受帝君九陰訣盟用素絲絳幣此日暉之誓也其受太上結隣章盟用碧幣此月華之誓也

太一帝君洞眞玄經曰有玉女在太上六合紫房之內侍衛太丹隱書

馬明生內傳曰靈寶天書封於九天之上大有之宮西華玉女金晨紫童典衛之

玉光八景經曰金華之玉晨晨童侍衛玉光八景之經

太上黃素經曰九讀太丹隱書金華洞房及雌一寶章者是能飡味玄眞觸類無滯感召太素陟降九眞得稱爲三元丹法師揔領上眞

九眞中經曰西玄山洞臺中有欝儀隣結二經玉簡金字玉檢曰青筆書三元玉檢上元檢

後太洞經曰西靈玉童在當寒臺侍衛八景玉籙經

後聖君列紀曰龜母按筆玉童結編名曰靈書紫文上經

三皇經內音曰九書此內音之符以黃筆爲文成篆隸科斗之字記造化人倫之始

酆都六宮下制北帝文曰人之死生玉帝刻石隱銘以書六宮北壁制檢羣凶

又玄刻石隱文以朱書青繒三尺佩之萬神朝已此玄古

之道也

又云酆都山洞中玉帝隱銘凡九十一言刻石書酆都山洞天六宮北壁六宮萬神之靈也

又云玉清隱書洞景金玄之章刻石隱銘此音發於自然之篇九天玉章其詞幽奥非始學九夫所可竟通非大帝下降不得演究此銘也

又金根經云凡修金玄當珮隱銘

玉帝七聖玄記曰列名上清者皆刻注於玄圃得爲太平之眞也故太上誥命記乎玉文非以簡札翰墨所能宣也

玉清隱書曰玄羽玉郎以玄羽玉經授太素三元高上玉賢之賓

又日景玉童在靈景之賜瓊霞之房侍衛上皇玉惠玉清之隱書

太平御覽卷第六百七十二

太平御覽卷第六百七十三

道部十五

仙經下

玉帝七聖玄記曰舊文有十萬玉言自非上聖莫能意通題崑崙之堂北洞之源

又曰崑崙之室北洞之眞源迴九乙天霄白簡青籙在其内也

太平行經曰九都之上金格玉書並題得道人名展轉劫數

又曰紫蘭臺瓊文紫字在其中

西極明科曰龜山西室王屋南洞天經備足也

又曰玉清洞房三氣金章封於玉京紫户之内

又曰玉籙寶章藏紫房九户之内大洞雌一經玄有玄琳玉殿五老鎮生上經藏在其中

又曰四極明科封於金闕紫臺

又曰華耀景眞經祕在九天之上大有之宫金映七寶臺

又有三寶玄臺上清隱書祕其中

登眞隱訣曰上清仙臺金書在其中太極九玄臺碧簡文在其中玄眞皇龜臺明堂玄眞經在其中

又曰崑崙瑶臺西母之宫所謂西瑶上臺天眞祕文在其中

金書玉字上經曰西玄洞臺有金書洞房經

又曰胃命已定於玄闕緑字已有生名仙籍故也

洞玄經曰有始陽臺在阮樂天中内音書在其上

又曰三層玉臺在九天闕之上臺上有太清寶經三百卷

又眞人學仙簿籙簡目大帝監眞王司郎典之

又曰瑶臺者高上帝藏金玄羽章萬神隱音在其内紫書金根經曰凡學者勤尚苦志則玉皇三元東華太上當遣眞人授其眞經後聖眞衆莫不先奏金簡於東華投玉札於上清然後得授大洞眞經而或青宫無金簡之籙玉格無玄編之名則神經亦不可得而授也

金根經曰開雲鳳之蘊紫錦之囊出紫書眞訣玉篇

太有經曰帝卿執大洞眞經盛以紫玉函

又曰太一君執素靈洞玄大有妙經盛以黄玉函

又曰大有經金縷玉字以明其篇

又曰大有妙經九眞科檢校祕於金藏玉匱

大洞雌一篇目曰大洞眞經在九天之上大有宫太玄靈臺

又曰華玉堂仙母金丹在其内太丹日月二景隱文曰西玄山下洞臺中有鬱儀結璘經也王屋山清虚中亦有此經也而不備惟太上玄宫高上臺及蓬萊府北室金柱玉壁刻此並備

八素經曰太上曰諸學眞人而受玄清八素經皆有太帝篇目西華宫有玉簡瀁書當爲眞人者乃得此文也

又曰西龜之山玄圃之上積石之陰八素眞經在其内

龜山元籙曰龜山丹皇飛玄紫文西母常所寶祕其旨隱奥自無仙名不得眄其篇目得者皆九天書籙名題龜山

又曰玉華之室丹景玉文在其内

飛行羽經曰峨嵋山金臺之室飛玄羽經祕其内

又曰太上飛經藏於玉清上宫七映紫臺

五寶經曰靈寶紫文祕在九天之上太玄靈臺

又曰神州七轉舞天經祕於紫天元臺

三元玉檢曰九天三關之門九天龍書三元空洞玉檢飛

玄之文刻題其内

又曰三玄臺玉檢紫文九天眞書在其内

又曰西沙方臺上眞三元之檢在其中也

又曰晨燈之臺飛天檢文在其中明照九天之上

又曰金牖臺三元玉檢刻題其中

又曰鳳生臺太眞金書在其内

金簡玉字經曰有洞天陽臺玉佩金璫經在其内

洞景金玄經曰自非眞仙之名帝圖玉籙者不得聞見此經得見此經者飛仙上清

法輪經曰太上玄一眞人曰吾昔受無極太上大道君無上八門經道成位加眞人此文與元始同生包含天地億刧長存自非仙籙不得妄傳

天地網紀經曰太上玉經隱書皆盛以別笈

道迹經曰東井華林堂元洞天中内音玉書置其上

大有經曰太玄靈臺玄都九眞明科在其内

飛龍隱訣曰飛行羽經封之峨嵋山金臺室

道學傳曰洞室中有金城玉屋眞文所在

上清九眞中經内訣曰太上宫高上臺有太上玉晨鬱儀奔日赤玉文及太上玉晨結隣奔月黄景玉章此二經刻以玉簡金字

内音玉字經曰内音封於南河洞室石匱之中

五符經曰九天靈書封於石匱

玉訣經曰南圃丹霍之河三元洞室封題玉匱

消魔經曰仙經一藏於荒山觀試九心也

像天地品曰後漢順帝時曲陽泉上得神仙經一百卷内七十卷皆白素朱界青標朱書號曰太平青道陰行品曰度代君司馬生以白玉板青玉界丹玉字以授吳郡沈羲

又曰上清以丹金書之紫金爲界

三元眞一經曰琳霄之室者三元眞一之法藏在其中也

玉光八景經曰金輝紫殿金眞玉光八景經藏其内

上清經曰南極藏上清經於瑶臺

茅君傳曰金臺者上眞内經封其中

三道順行經曰南洞之室玉君封三道經在其中

玄眞經曰高玄之妙道玉清之祕篇皆授金名玉字高仙之人

九眞中經曰奔日月之道太上上清太極九皇四司眞人之所寶祕玄元君之玉章也自非有金闕玉名及東華紫字皆不得聞見此鬱儀奔日結隣奔月二章之篇目

三元布經曰南極上上寶祕玉檢之文自無玄名帝圖不得見其篇第也

又金羽玄章經此文隱藏不傳於世自無蘭臺丹字不得見聞

靈寶眞一訣曰洞玄自然經本文出乎太上道也者弥綸無極微妙無形

老子曰天下莫柔弱於氣氣莫柔弱於道道之所以柔弱者苞乎天地萬物夫柔之生剛弱之生強而　天下莫能知其根本所從生者乎是故有以無爲母無以虛爲母虛以道爲母自然者道之根本也人能以自然爲道眞則道可得而通也

太上經曰道實無形隱爲化本經有文字顯爲教端師有形言出處爲法語默隨時爲存爲最期至乎道白經與師師經及道號爲三寶

又云化本有三道經師也大道無形須經爲階經文玄妙非凡所知聖降爲師示人旨訣老子云道者萬物之奧善人之寶賢者得之以爲眞寶愚者得之不敢失道道無常術德無常方神無常體和無常容道爲中主與靜爲友

又曰龍景九文紫鳳赤書經舊文藏在大上六合紫房之內天人侍衛其經

太微黃書經曰天眞三皇藏八會之文於委羽山太微天帝藏一通於龜山其靈書八會字無正形趣究乎奧難可尋詳得爲天書自然至眞斯八會之氣全五和之音非淺近者所能洞明天眞皇人竭其所見注解其意八會多文者生天立地開化人神萬物之本主召九天上帝校定神仙圖籙政天分度安國息民攝制酆都降魔伏鬼勑命水帝召龍上雲論天地刼期辨聖眞名氏所理城臺種種因緣

廣宣區別五方元精服御求仙化形之法皆演玄妙自然虛無正眞妙趣明了具足也又有玉訣者天眞上聖述釋天書八會之文以爲正音又有靈圖者玄聖表化示以靈變像形述理令物易悟也玉皇譜籙者衆聖紀述聖君名姓宗本繼嗣神官位緒也誡律者玄聖製勑詮量罪福輕重科條防檢過失也威儀自然經者具示齋戒奉法俯仰進止容式軌範節度也方法者衆聖著述丹藥祕要神草靈芝柔金水玉修養之道也術數者明辨思神存眞念道齋心虛志遊空飛步湌吸元和導引三光仙度之法也記傳者衆聖載述學業得道成眞證果衆事之迹也

昇玄經曰太上以靈寶內教經者咸信著萬民乃可傳授奉戒完具內無毀滅賑恤孤弱遠惡修善不求名譽稱毀如一幽僻之處勤行其道使人信之如四時不欺與賢者論議不自專執者可傳授也又有好求勝法從善如流好近賢智無猜疑行聰明而賞別眞僞謹愼而言不過行柔弱而無過惡能師勝已而無悖慢重其師教如貧之得寶尊奉師長而不辭勤勞請益之心夙夜不懈如此之類方可授經

又曰有上清列紀經者得爲太極仙人益能誦之者遂爲上清之君也有玉清隱書者旦夕當致眞仙論道講妙有四極明科經者則玉帝遣五方神兵左右三官檢制靈文

靈寶經曰元始洞玄靈寶赤書五篇眞文者於元始之先空洞之中天地未根日月未光幽幽冥冥無祖無宗靈文闇藹乍存乍亡二儀待之以分太陽待之以明靈圖革運玄象推遷乘機應運於是存焉天地得之而分判三景得之而發光靈文鬱秀洞映上清發乎始青之天而色無定

方支勢曲折不可尋究元始鍊之於洞陽之館治于飛火之庭鮮其正文瑩發光芒洞陽氣赤故號赤書天寶之以致浮地祕之以致安五帝賞之以得鎭三光乘之以高明上聖奉之以致眞五岳從之以得靈天子得之以致治國享之太平寔靈文之妙德標天地之玄根威靈恢廓普加無窮蕩蕩大化爲神明之宗其量莫測巍巍太空生天立地開化神明上謂之靈施鎭五岳安國長存下謂之寶靈寶玄妙爲萬物之尊

又曰太上八威策文（今靈寶五符後有一符名太上八威策以制虎豹山精也）太上隱書金眞玉光經即太上玉晨傳也素靈洞玄大有妙經即西王母傳也玉佩金璫太極金書即扶桑大帝君傳也飛行羽經即中央黃老君傳也太霄隱書瓊文玉章即太帝傳也（九諸傳並有眞經或人高而法下或術重而位輕此傳雖有新法以黃庭內經爲主是爲太極經也）赤

丹　金精石景水母經此似紫文服日精法天皇象符以合元氣黃書赤界長生之要

洞眞玄經曰無太一金闕五星隱籙後聖七符空山石函丹臺章玄黃五行天母抱圖者皆不得闚見至道也

洞眞經曰玉室者三九素語玄丹上化三眞洞元之道藏於內

又曰高上藏三元玉檢三元布經於其內曲室者太微天帝君祕九丹上仙文之所也元始五老又祕五篇眞文於其內

又曰東海青華小童治玉華青宮內其東殿架上有寶經三百卷玉訣九千篇主學仙簿籙應為眞人者授之玉晨監仙侍郎典之

又曰玄靈臺五老寶經及玄母八門金臺玄丹三眞洞元

之經藏其內

又曰九天闕臺上有上皇太眞高帝王名及後聖眞人簿籙太虛玉晨監典之

太洞玉經曰玉晨延以金華之堂太上書以明玉之札

又曰龍山是玉清天中高臺名也天帝玉字在其中

又曰萬華宮有上帝寶經玉清隱書

大洞經曰有玄雲羽室黃老元君經封在其中

又曰黃老元君經封在素瑤臺及北寒金臺

又曰有閬風玉臺揔司學道仙籍

又曰雌一玉檢祕在九天之上大有之名太玄靈臺

又曰有混成玉堂大洞眞經在其中

又曰大洞眞經者三五之祕號眞道之至精三一之極章並玉清之禁訣高上之祕篇也又太上九眞明科經云大洞真經雌一寶經素靈妙經三奇之章高上玉皇寶篇祕在九天之上大有之宮太玄靈臺玉房之中也三籙者衆經之端也金籙黃籙玉籙也夫靈寶經者有內外外教雜教隨人所悟說之不必盡言也趣令前人受悟為限也內教者眞一妙術發自內心行善得道非從外來若道可假外而得者便應以道授至眞不變湛然常存也三皇經者玉清洞眞上清洞玄太清洞神

又太極隱注寶訣經云受三洞經當絕人事而行之也揔三洞名太上洞一高上之經矣

大洞眞經或曰太眞道經或曰太清上道觀天內經上清之高旨極眞之微辭飛仙之妙經也

靈寶經或曰洞玄或云太上昇玄經曰皆高仙之上品虛無之至眞大道之幽贊也三皇天文或云洞神或云洞

仙或云太上玉策此三洞經符道之綱紀太虛之玄宗上眞之首經矣豈中仙之所闚哉

又金籙簡文經曰三洞寶經自然天文也

又太上太眞科經云大化始立人風眞淳故三寶度三品人洞神名仙寶之道接三皇之世洞玄名靈寶之道明三才度五帝之世洞眞名天寶之道紀清正之方濟三代之後

又太上倉元經云三洞經者洞眞上清也洞玄靈寶也洞神三皇也

又靈書經曰元始以龍漢之年撰十部經告西母曰太上紫微宮中金格玉書靈寶眞文篇目有妙經其篇目今以相示皆刻金為字書於玉簡題其篇目於紫微宮南軒太玄都玉京山亦具記其文

道君列紀曰若三元宫有珠札青書者則紫腦錦舌此爲仙相也

太平御覽卷第六百七十三

太平御覽卷第六百七十四

道部十六

理所

五岳山名圖曰性命魂神之所屬皆有理所

神異經曰崑崙有銅柱其高凌雲所謂天柱圍三千里員曲如削下有仙曹九府治所

又曰崑崙三角其一角正北干辰星名曰閬風巔其一角正西名曰玄圃臺其一角正東名曰崑崙宮上有玉樓十二景雲映日朱霞九光西王母之治所眞官仙靈之所宗

登眞隱訣曰上清之境九天之門上皇太皇帝君王尊集群神於其中以定天下萬民之罪福

又曰西華堂在上清王母所居

又曰文德宮張叔隱處之

又曰八景城在上清玉晨道君所居

又曰赤城太元眞人所居

又曰上清有楊冢殿上皇太帝玉尊集羣眞於內

又曰希琳殿在上清東海入停山上太帝君所居

又曰琅玕殿在上清金闕聖君所居也

又曰上清之境有丹城紫臺上皇大帝君王尊集處

又曰七靈臺在上清境玉晨道君所居

又曰明眞室在上清境東海入停太山上帝所居

又曰郁弗臺在上清境方諸東華山上青童君所居

又曰上清境有希林臺太帝道君居之

東方朔十洲記曰有光碧堂西王母所處也

三九素語曰蘭臺名紫桂王女處之王房宮黃帝之女處之

十洲記曰滄浪海島上有積石室多石象八石腦石桂英也

又曰紫石宮室九老仙都治處也

又曰崑崙山一名昆陵山一名玄圃臺上有積石圃大冶井西王母宴會之所也

又曰崑崙有瓊華室西王母處之

又曰玄洲在北海亥地有太玄仙都伯眞公所治也

又曰聚窟洲在西海中北接崑崙上多眞仙宮第有辟邪天鹿之獸洲上有大樹與楓木相似而芳華聞數里

又曰神仙島有紫石宮室九老仙都治處仙官數萬人

又曰方丈在東海中三天司命所居處羣仙皆往來其上

太洞眞經曰太素三元山有中黃太一上帝之館

又曰玉晨大道君治蘂珠貝闕

又曰玉皇道君居青雲之城玉堦文陛

又曰玉容堂者虛無眞人之逸宅亦眞氣之明堂

又曰玉容堂者太上之明堂也得道符籍之所在

又曰萬華宮在小有玉眞之天小有先生之所治

又曰絕空之宮在玄洲之北九眞仙上帝司禁君會仙處也

又曰圓華宮黃老之所處

又曰太霞之中太虛元君之所處也

又曰秀華山太極眞人呼曰圓明丹室五靈眞君處之

又曰青精君登紫空之山化王室之內

又曰崑崙山有金丹流雲之堂上接琁璣之輪下在太室之中西王母所治眞仙之女所處也

又曰王室青精君之所處

又曰王華三元君處流逸之室

又曰太虛有太霞之室合九雲而立宇太虛元君之所處也

又曰青華之室青童君乘玉彫之軿御圓珠之氣而入山室

又曰太老之室在上清八皇老君乘廣琅車而入

又曰流剛山上有暉景之室西王母治所也

金根經曰青要帝君在丘玉國黃金紫殿青要帝君所處

又曰八闕天人散香其間闕上有金臺九層臺上玉晨鎮君所進居也有金輝紫殿後聖金闕帝君所居處也

上清經曰上清南極長生司命君藏瑶臺丹靈宮又在蘭庭雲臺又登絕空之中紫碧玄臺

又曰有紫微玄琳殿中央黃老君居之

又曰協晨虛觀積層之室太上大道君閑居處也

又曰元始居紫雲之闕碧霞爲城

又曰有黃房之室一石玉容之堂眞晨道君治其中太眞昇崇玄臺天師朝禮處

又曰有燕仙室天師教化處也

南眞說曰西王母女媚蘭字申林治滄浪山受書爲雲林天人

又曰北元中玄道君李慶賓受書爲東宮靈昭文人治方丈臺第十三朱館中

又曰閬野者閬風之府是也崑崙上有九府是爲九宮太極爲太宮諸仙皆是九宮之官僚耳至於眞人乃九宮之公卿也

又曰大方諸宮青君常治處也其上人皆天眞高仙太極公卿諸司命所處有服日月芒法雖已得道爲眞猶故服之霍山赤城亦爲司命之府惟太元眞人南岳夫人在焉李仲甫在西方韓衆在南方餘三十二司命當皆在東華東華青童爲大司命惣統也揚君亦去東華執事不知當在第幾耳

又曰句曲山漢三茅君治其上各乘一白鵠集於處所時人乎有見者山生黃金漢靈帝時詔勑郡縣採句曲之金以充武庫至孫權時又遣宿衛人採金常輸於官

又曰方丈西北有陰成大山滄浪西南有陽長大山其山多眞仙之所處是陽九百六應數之標揭也秀華山有玉堂乃五靈眞君所處也

又曰金華山上有五宮太一所處

又曰玄洲之上有景暉之室西母之治所

神洲七轉七變經曰西隴濛汜之濵紫微玉堂王母請誥靈素章之處也

飛龍隱訣曰北極眞公治於北極廣虛之室○大洞雌一篇曰三元君在元虛之室○元始序曰寒靈丹殿在上清太玄玉都道君請眞文之處又有玉寶之殿帝尊所處也

王君內傳曰紫清太素瓊闕太素三元道君之所治也

洞玄經曰太極紫瑶之闕太極玄元眞君所治之處自天地已來人之生死簿籍在其中

玉清書曰玉户瓊門九皇上眞在其中

茅君內傳曰玉清天中有散華臺是四斗七晨道君之所治也

列仙傳曰太空瓊臺太平道君處之

上清八景飛經曰玉寶臺三元君所登處也

三元眞一經曰黃闕紫戶玄精之室身中三一尊君常栖息之所

神祝經曰太上玄堂天人所止

本行經曰有三元洞室妙眞人所處也

道學傳曰茅山鷰口洞女冠錢妙眞登壇處也

定志經曰天尊靜處玄都元陽七寶紫微宮

太一洞眞經曰有太極紫房宮天帝寶神所處也

玉清經曰玉清宮高眞玉皇出入處

洞眞記曰宜都宗堂在紫泥之海東方朔宴息之所也

洞眞經曰大老寢堂八皇老君居處也

三元玉檢經曰廣靈之堂太素三元君處之在上清天

玄母八門經曰五通仙堂者五通帝君在其內

又曰散花玉室三素元君在其內

玉清隱書曰瓊琳堂上皇玉帝寢宴處也

道學傳曰洞室中有太陰堂龍威丈人所見眞文之所處也

龜山元籙曰文龜洞室上元君坐之處也

葛洪神仙傳曰金華山有石室一所丹溪人皇初平之隱處也

清虛眞人王君內傳曰委羽山洞周迴萬里名曰大有空明天司馬季主在其中

又曰西域玉山洞周迴三千里名太玄惣眞天司命君之所處也

名山記曰益州西南青城山一名青城郡山形似城其山有崖舍赤壁張天師所治處南連峨嵋山山遥望唯見兩青嶺山如蚕蛾之眉亦有洞天諸靈書所藏不知當是第幾洞天也

又曰赤城丹山洞周三百里名曰上清玉平天此山下洞臺方二百里司命君之府也

玉京經曰玄都玉京山有七寶城太上無極大道虛皇君之所治也高仙之玄都焉

大有經曰太清極玄宮在元景之上太上君居之

三元布經曰上清玉景宮佩三元布人在其中

道迹經曰秀華玉堂五靈眞人之所處也

又曰洞眞堂元始天王太一高聖君誂觀身大戒之所也

身玄經曰玉清臺仙聖遊衍之所

七星移度經曰帝君上登太極瓊臺

上原經曰眉笠仙公住南岳

五符經曰皇人在峨嵋山北絶巖之下蒼玉爲屋

龜山元籙曰紫閣西華玉女居之

神祝經曰九合之室太上在其內

玉晨明鏡經曰有太玄玉晨金華之室三素元君處之

眞誥曰大茅山西南有四平山俗呼爲方山其下有洞室名曰方臺洞與華陽通號爲別宇幽館得道者處之

又曰方偶山下有洞室名曰方源館幽人居之

又曰包山下有石室銀戶方圓百里

又曰有天市壇范丘林受口訣處

又曰存方臺仙人蔡天生隱其內

又曰清虛宮司馬季主隱處也

又曰積石臺朱孺子居之

又曰寢靜之室涓子處之

又曰蓬萊仙公洛廣休治蓬萊山

又曰許玉斧居方山洞爲上清仙公
又曰羨門今在蒙山大洞黄金之庭受書爲中元仙卿
又曰廣漢郡綿竹縣東九里有山昔韓衆於上得仙有大石銅爲誌治應箕宿
又曰廣漢郡新都縣去成都一百五十里山有芝草神藥前有池水中有神魚五頭昔王方平於此與太上相見治應斗宿
又曰越巂郡邛都縣有小山大山名蒙治山甚高無踰伊尹於此學道上有芝英金液草服之度世治應奎宿
又曰雲臺山有桃一樹三年一花五年一實懸絶無底之谷唯趙昇乃自擲取得桃子餘者無能取之治應胃宿
又曰天柱山有玉女乘白鶴仙人乘白鹿在雲臺治前有兩碑

又曰玉局治在成都南永壽元年正月七日太上乘白鹿張天師乘白鶴來至此坐局脚玉牀即名玉局治應鬼宿
又曰鍾山在北海子地隅弱水自生神草仙家種芝課計頃畝如稻狀亦有玉石泉上有九源丈人宮主領天下水神
又曰扶桑在碧海中大帝宮太眞東王所治處也
又曰蓬萊山上有九天眞宮蓋太眞仙人所居
玉京仙山經曰方諸宮青童君治之大丹宮南極元君治之白山宮太素眞君治之西城宮惣眞王君治之
太眞科曰有無央宮高上太眞居之
龜山元籙曰金華宮西華玉女處之
上清經曰啓金宮玉寶九霄丈人居之七映宮紫映九霄眞人居之玉清元寶宮高上虛皇君處之金靈宮紫虛高上元皇道君居之朱靈宮上皇虛君居之洞雲宮皇上帝君處之金輝宮紫皇君居之靈映宮高亭君居之變化宮玉皇先生居之玉寶宮紫精君居之飛玄宮玄一君居之玄上宮玉皇先生居之鬱雲宮太帝君居之金門宮皇上帝君居之陽明宮洞眞君居之元景宮太素君處之紫瑶宮北玄君居之納靈宮南朱君居之音光宮西華君居之靈金宮中元君居之紫微宮東明君居之鳳生宮高上君居之朗範宮元辰君居之七瑶宮九元君居之鬱森宮太明君居之雲森宮元靈君居之洞霄宮三元君居之返香宮元昭君居之長命宮太極元君居之高虛宮紫元君居之飛玄宮上眞老君居之瓊容宮洞景君居之耀瓊宮大陽君居之明眞宮景元君居之紫曜宮司命君居之通妙宮天皇君居之金華宮黄房君居之天皇宮太一君居之

閬清府九天丈人居之又有丹府三天玉童居之又有重冥府玉寶九霄丈人居之鳳生府九霄眞人居之金府靈皇君居之丹神府上皇元道君居之生眞府玉虛君居之金魂府萬始先生居之務虛府皇帝君居之紫曜府紫皇君居之神變府中元君居之九合府玉皇先生居之
又曰有陵層之室玉晨道君處之
又曰幃緑之室太元眞人處之
漢武内傳曰有紫桂宮太上丈人居之

太平御覽卷第六百七十四

道部十七

冠 幘 帔 褐 褵

袍 裘 衣 珮 綬

板 笏 帬 鈴 杖

節 履 舄 帷帳 席

冠

眞誥曰有一老人着繡裳戴芙蓉冠倚赤九節杖而立芙蓉冠即禮之爵弁粗欲相似但不知眞人以何物作之耳自非已成眞不得冠此

又曰遠遊冠桐栢眞人戴此冠女眞已笄者亦戴冠惟西王母首戴玉勝又女眞未笄者則三環角結或飛雲編結餘髮垂兩肩至腰中也龍冠金精巾虎巾青巾虎文巾金巾此天眞冠巾之名不詳其製

又曰男眞 冠眞並飛天交結

道學傳曰王母二王女侍王母上殿戴太眞晨纓之冠履玄瓊鳳文之舄

又曰孟景翼字輔明義嘉搆難景翼星夜往赴經行失道時一人黃衣黃冠在其前引路既得道乃失所在

海空經曰眞仙道士並戴玄冠披翠帔

太眞科曰解褐披絳綃之衣釋巾著遠遊之冠

又曰人皇著七寶珠冠

上清經曰元始皇上丈人戴紫曜之冠佩九色自然之綬

又曰高靈九天建金華七曜之冠

又曰玉眞九天丈人建飛精百變之冠佩九元道眞之策

又曰上三天玉童建三華寶曜洞天玉冠

四明科曰九脩上清道經大洞眞經入室之日當身冠法服

又曰九女子學上清之法受寶經玉訣脩行大洞皆元君夫人之位入室之曰當冠元君之服方眞束帶玉童玉女各二十人其掌法服無此服不得升於上清

洞神經曰受道之人皆玄冠草履

傳授經曰老子去周左慈在魏並葛巾單裙不著褐

又曰陸先生云對上下接謂之俯仰之格披褐二服也

又云冠戴二儀衣被四象故謂之法服

道學傳曰西母結大華之髻戴太眞晨纓之冠履玄瓊鳳文之舄

上清變化經云紫映玉霄眞王建建華大冠帶交金之鈎

又曰上皇玉靈君建七曜華冠佩丹文紫綬

又曰皇上帝君建七色朱精華冠

又曰太素高虛上極紫皇建七寶冠帶神精交蛇之綬

又曰虛明紫蘭中元高皡君建三華之冠帶流金紫章

又曰太素眞君建紫晨巾乗青龍紫羽蓋

玉珮金璫經曰元始天王披九色離羅之帔帶寶冠

又曰太帝建七氣朱冠

又曰太岳君建三寶九光夜冠

又曰華山君建六元通神飛冠佩交靈之綬

又曰嵩高君建中元黃晨玉冠佩黃神中皇之章

又曰王佩帝君建紫冠

眞誥曰上元夫人服赤霜袍披青毛錦裘頭作三角髻散髮至於腰戴元晨夜月之冠帶六山火玉之佩腰鳳文琳華太綬執流黃揮精之劍

上清變化經曰太元眞人巾芙蓉冠
上清元籙曰九天元父戴寶天之冠
太上五帝内眞經曰青帝君建九天通天冠
又曰赤帝君建三氣玄梁寶冠
又曰白帝君建七氣明光寶冠
又曰黑帝君建五氣玄晨之冠
又曰黄帝君建黄晨通天冠佩黄晨越元之策帶靈飛紫綬
太上飛行羽經曰九晨君建飛精玉冠衣九色之鳳帔
又曰元晨君建飛天玉冠衣九龍天衣
又曰蓋晨君建三晨寶冠衣丹錦飛裳
又曰上晨君建玄精玉冠衣玄羽飛裳
又曰華晨君建飛晨寶冠衣青羽飛裳

太上飛行羽經曰靈妃元皇夫人建晨纓寶冠
昇玄經曰仙人定子明着黄褐玄巾
大洞玉訣曰皇初紫元天中眞人披朱錦之服巾緑霞之冠
山西經曰玉女建白冠
洞神經曰天皇君戴九元冠地皇君戴二晨玉冠執元皇定籙策人皇君戴七色冠執上皇保命玉策
又曰上清瓊宫南極玉眞赤帝君建進賢之冠
又曰北極玉眞黑帝君建玄寶之冠西極玉眞白帝君建通天寶冠中極玉眞黄帝君建通元五氣之冠
上精眞訣曰東方九靈眞人戴九氣冠南極眞人戴進賢冠衣絳章之衣西方素靈眞人戴三寶玄冠北方玄靈眞人戴玄冠中央揔元三靈眞人戴黄晨玉冠

玉光八景經曰東元景道君冠七色耀天玉冠躡九色之履
金根經曰九天元父戴七色朱玉之幘無極進賢之冠
又曰九天玄母著青寶神光錦繡霜羅九色之綬戴紫元玄黄寶冠
大有經曰玉清之母戴七神朱玉之髻巾無極進賢之冠著玄黄素靈之綬在太極朱宫
又曰九天眞女戴玄黄七稱進賢之冠
又曰上清眞女戴玉冠著九色之綬居太幽宫中
又曰太極帝妃冠無極進賢之冠衣五色鳳文之綬在太清極玄宫中
又曰太上君戴三寶玉冠著九色之綬在無極眞宫中
又曰啓明天君冠青精進晨玉冠

太一洞眞玄經曰三素老君服錦衣建龍虎冠
又曰太一公子白元司命桃君五人皆着朱衣絳巾典主符籍在太微紫房宫中
登眞隱訣曰太玄上丹霞玉女戴紫巾又戴紫華芙蓉巾又金精巾飛巾虎文巾金巾
龜山元籙曰元始皇上丈人冠九氣紫曜之冠衣九光錦袍佩九色無縫自然之綬帶六山火玉在上清之上又帶九天仙鍊之劔衣九色班文袍常乘十二飛麟帶金虎鳳文之綬
金眞玉光經曰元景道君戴玄黄之綬建七色玉冠
又曰元景道君衣丹錦之綬戴進賢玉冠乘玄景緑輿參駕鳳皇又太陽上府紫微宫中道君戴絳錦丹綬戴玉冠躡九色之履執制魔之章又元景太一君戴玄黄素綬戴

七寶冠執命神之策乘玉輦五采蓋紫雲車絫駕六龍
又曰桐栢山真人王子喬年甚少整頓非常建芙蓉冠著朱衣以白珠綴衣縫帶劒多論金庭山中事言於衆真
太上素靈經曰太上神仙戴飛晨寶冠又戴青精辰玉冠遊雲寶冠玉精寶冠通天玉寶冠三玄寶冠上清仙公並建扶華沓霞大冠道君冠九德之冠
太極左仙公起居注曰太上三天錫仙公芙蓉晨冠
靈飛六甲經曰上清瓊宮東極王真建九氣通精之冠玉京真人戴通陽玉晨冠少陽真人戴通曜之冠太素三元君建寶琅扶晨羽冠紫素元君建太真晨纓之冠三角髻餘髮散之於背
太極金書曰元始建洞天之冠上君建青精天玉之冠太真丈人建三寶玉冠三天童建三華寶曜洞天玉冠

太洞玉經云紫元真人被朱錦之服巾綠霞之冠
五岳真形圖曰東岳太山戴蒼碧七稱之冠南岳衡山戴九丹日精之冠中岳嵩山冠黄玉太玄之冠西岳華山建太初九流之冠北岳恒山建太真靈陰之冠青城丈人戴蓋天之冠

幘

昇玄經曰昔有仙人豆子明建黄褐玄巾
紫書金根經曰九天元父戴七稱珠玉之幘
敷齊經曰正一功曹冠朱陽之幘

帔

太極金書曰元始天帝被九色羅帔丹絳之裾珠繡霞帔
太極左仙公起居注曰太上三天錫仙公丹錦繡帔
靈書紫文經曰青童大君衣飛青翠羽龍帔
唯一五老經曰太素三元君服紫氣浮雲錦帔又紫繡毛帔又鳳文錦帔
無上真人内傳曰九色錦繡華文之帔
太元真人茅君内傳曰繡羽紫帔
九真中經云青玉錦帔絳玉素玉玄玉黄玉錦帔
又云青華丹藥玉白琳四出龍帔玄玉九道雲錦帔黄雲山文錦帔

褐

仙公請問經曰太極真人曰夫學道當潔淨衣服備巾褐制度名曰道之法服
靈寶真一自然經訣曰至真已得道人披九光七色法服
靈飛六甲經曰南極玉真著緋羅法服
上清紫宸經曰修七轉之道者上皇君以法服飛仙羽章

授之仍戴以紫元飛霜七色之冠

褵

上清經曰高上玉皇衣玉文明光飛雲之褵
龜山元籙曰九天玄母衣霜羅九色之褵又衣青羅之褵
五岳真形圖曰五岳使者服緋褵
三元布經曰紫素元君衣紫錦被褵曰素元君衣白錦光明之褵
龜山元籙曰九色飛雲錦褵九色自然之褵玉文明光飛錦之褵九色珠絳雲光錦褵丹錦七色文光之褵

袍

太極金書曰元始披霜珠之袍
上清經曰三天玉童衣青黄錦袍
五岳真形圖曰東岳君服朱光袍

龜山元籙曰有明光飛錦珠袍五色雲羅之袍七色鳳雲之袍九色班文羽袍

茅君内傳曰有赤霜之袍

裘

大洞玉經曰司禁眞伯乘日月之軿披虎文之裘

八素經曰白素元君衣黄綠曜光雲文之裘

五帝内眞經曰有玄文明光之裘九色班裘

龜山元籙曰有雲文丹錦之裘

衣

三道順行經曰玉景眞人衣玄雲錦衣

老子歷藏中經曰東父者清陽之氣万神之先衣五采衣

龜山元籙曰有明光錦九朱飛文法衣三素飛文錦衣五色班衣九色龍衣又有青黄紫三色羽衣又有九色鳳衣

亦有九天鳳衣

珮

大戒經曰太極眞人曰九謹事法服則者冠冕玉珮

三元布經曰六山大玉之珮

綬

八素經曰太素元君衣流光雲文綬始素元君衣紫光雲文素綬玄素元君衣飛雲九變綬紫素元君衣玄黄九色素羅之綬黄素九君衣飛雲玄素錦之綬

三元布經玄紫素元君交帶靈飛大綬白素元君珮文琳華之綬

太上飛行羽經曰九錽之綬飛靈紫綬六山飛晨之綬九光之綬

金眞玉光經玄紫青之綬丹錦之綬絳丹綬玄黄素綬白文素靈之綬玄靈五色之綬

元始經曰九天玄母帶流蘇紫綬

又曰九元光延紫綬靈飛紫綬交靈素綬九色自然之綬金虎鳳文之綬

又曰太上九氣命靈之章帶翠羽交靈之綬

板

昇玄經曰太上曰十方奉經眞官五帝眞事符童傳言謁者皆冠帶垂纓齊執玉板羅列鹵簿對我前後左右

笏

昇玄經曰太上勑陵陽監受教稽首而起執笏户東面西而立

帬

太上飛行羽經曰上君衣鳳衣班文虎帬

太上素靈經曰太上神仙衣青錦單帬青綾帬雲錦絳章丹帬絳衣飛帬黄雲錦帬

三元布經曰太素三元君服九色龍錦羽帬紫素元君交飛霜羅帬

太極左仙公起居注曰太上三天錫仙公緋羅帬

龜山元籙曰有丹錦飛帬九色龍錦羽帬

太上飛行羽經曰七色夜光雲錦帬

九眞中經曰蒼華飛羽帬丹華飛羽帬白羽飛華帬亦有黑羽黄羽飛華帬

又曰翠龍華文飛羽帬朱華鳳帬素羽寫章帬黑羽龍文帬綠羽鳳華繡帬

鈴

移度曰南方眞皇君垂靈霜鳳華龍鈴帶虎書建玄晨之

冠飛青錦衣秉丹霞絳輿

龜山元籙曰有玉鈴又有晨光明月之鈴

列仙傳曰北元中玄道君李慶賓女爲靈昭夫人着紫錦衣帶神虎符握流金鈴有兩侍女侍女年可二十許夫人年可十三四聞呼一侍女名隱暉侍女皆青綾衣捧赤玉箱二枚青帶絡之題白玉檢曰太上章一檢曰太上文夫人帶青玉色綬如世人帶章囊狀隱章當長五丈許大三四尺

又曰太極有四眞人中黃君處其左佩神虎之符帶流金之鈴執紫毛之節頂金精之巾

又曰仙道有紫繡毛帔丹青飛裙翠羽華衣金鈴青帶曲晨飛蓋御之自飛

杖

龜山元籙曰冬三月三天玉童化爲老人手把九節金杖洞耀玉清之中

聖紀經曰有老人握青竹杖與老子談天地之數

赤書玉訣上經曰當取靈山向陽竹令長丈有七節作神杖使長上下通直甘竹乃佳印以元始之章動息坐起恒以自隨有五帝眞符吏輔翼上眞

茅君傳曰朱官使者把緑節杖瓊千羽旄

又曰太素眞人把八景飛杖九色之節出入上清三天玉童頭連三角黃巾手把九節金杖

節

列仙傳曰太元眞人杖紫毛之節紫微王夫人與一神女俱降神女着雲錦襹上丹下青文采相照書有緑繡帶帶係十餘小鈴鈴青色黃色更相參廁左帶玉珮珮如人間珮珮但幾小耳衣服倏倏有光照映室內如日中視雲母也雲髮鬒鬒整頓絶倫結在頂中垂餘髮至要指着金鐶白珠約臂視之年可堪十三四左右兩侍女其一侍女着朱衣帶青章囊手中又持一錦囊囊長尺餘以盛書十餘卷以白玉檢上刻字云玉清神虎內眞紫元丹章其一侍女着青衣捧一白箱以絳帶絡之箱似象牙箱形二侍女年可堪十七八整飾非常

又曰裴眞人從者持青毛之節一童帶繡囊周君從者持黃毛之節無囊二君各有六童

又曰東卿大臣見降侍從七人一人執紫毛節一人執華幡一名十絶靈幡一人帶緑章囊三人捧牙箱一人握流金鈴侍者並朱衣東卿形甚少於二弟二弟著青錦繡帬紫毛帔巾芙蓉冠二弟並同來倚立東卿命坐言語良久時乙丑歲晉興寧三年七月四日降於楊君之家也

又曰先道有三十七種色之節以給仙人

履

九眞中經曰九學道者勿令人犯屐履行道尤多禁忌

金眞玉光經曰有五色九色師子之履

玉光八景經曰東北始陽宮牛元景足躡五色履

舄

龜山元籙曰領仙玉奉元始命使資晨纓玉冠鳳雲之舄給上眞仙毋又有神雲鳳舄

列仙傳曰安期先生賣藥海邊時人言千歲翁秦始皇召見與語三日夕賜金璧數千万出於阜鄉亭皆置去留書以赤玉舄一量爲報曰後千歲求我蓬萊山下始皇即遣使者入海未至蓬萊山輒風波而還

上真元籙曰九天元父曳神雲鳳舄帶素雲之綬

帷帳

神州經曰九河帝君坐玉床五色帷帳内外光明玉珮千垂

席

玉珮金璫經曰仙人鄭閔者坐玉華之席

太平御覽卷第六百七十五

太平御覽卷第六百七十六

道部十八

簡章

玉帝七聖玄記曰七聖定簡五帝記名

登眞隱訣曰小有天王太素清虛眞人登白空山詣紫虛太眞三元君受流金火鈴豁落七元八景飛晨策玉璽

又曰太一有玉璽金丹虎符

玉清隱書曰有太上飛行九晨玉經金簡内文

又曰玉璽鳳函金眞玉光紫文單章在其内

九幽經曰帝尊在三元宮中摠校圖籙

又曰善功注名黄籙金格玉簡陳列三清四極

明科經曰若有玄名帝圖紫簡緑字千年得傳也

又曰五老寶經青緑爲字以書其章又八素眞經太上之

隱書也八色采筆金闕帝君自書之爲致眞之法以付太虛眞人南岳赤松子使下授學道宿有眞金玉字刻在金閣當爲眞人者不得越傳地仙又五符經一道通書以南和丹繒封以金英之函印以玄都之章付震水洞室之君

又靈寶眞一自然經衆眞佩此經者以黄錦爲地丹金書之永谷道眞享之無期也元始説經中所言並是諸天上帝内名隱韻之音非世之常辭也

又曰雌一玉檢五寶經祕在九天之上大有之宮太玄臺寶臺玉房之中紫金爲素以撰其文青緑爲字以書其章

又曰有妙經刻玉爲簡傳於天帝君

太上八素眞經曰司命著籍玉簡丹書編以金縷纒以青絲千億万年無所復疑

又曰太上吉日即以三元之章又印以太玄之章又印以高皇之章又印以中黄之章

又曰西華宮有琅簡蘂書也

又曰太上以白玉爲簡丹玉書亦用青碧玄玉黄金爲之

八素經曰八素眞經玄文生於太空之内見於西龜之山玄圃之上積石之陰高玄羽章衆眞宴禮稱慶上清

上清經曰三天玉童帶朱精禁天之章高玉皇佩丹皇玉章

又曰紫映九青眞王佩金鳳璽

又曰太素三元君有雲瓊之板九變虎書

又曰高靈九帝帶元光紫綬流精飛瓊之章

又曰三天玉童帶九天之章

又曰高上虛皇君佩丹皇玉章

又曰玉眞九天丈人佩九元通眞之策

又曰紫靈皇上元皇佩封靈召眞玉策帶流光鳳章

又曰上皇玉虛君佩丹文紫綬

又曰三元大明上皇君帶神虎紫章

又曰皇上万始先生佩金虎鳳文帶丹皇紫章

又曰皇上帝君帶神虎玉章

又曰上極紫皇君佩六山玉帶神精交虵之章綬

太霄琅書曰太微天帝君以紫簡結紫度經篇目也

又曰有帝章之印

又曰瓊文帝章當刻書東心之木受於絶巖之中

又曰太霄琅書乃九天飛霄之典瓊文帝章乃上文也並以元始生於自然空洞之中靈皇玉帝受於九玄鑄金爲簡刻玉結篇金鏤玉字以明寶文祕於九天之上

洞神經曰有三都印三皇印九天印鉦天下

又曰有三皇玉券一名金契
又曰受三皇法須玉簡長一尺二寸廣一寸厚三分無者橦桐准也
又曰通謁三皇之簡以青玉作之赤金爲字
金根經曰金簡玉札出自大上靈都之宫書以朱文編以朱繩
又曰有神華玉門眞人投金簡之處
又曰領仙玉郎賫金簡紫籍來於東華青宫校定玉名
又曰玉皇刻降丹精玉芝金璽鳳章也玉寶青宫之内有金章鳳璽
又曰青宫北殿上有金章鳳璽眞人得之
又曰青宫之内北殿上有仙格金格也格上有學仙簿籙及玄名年月深淺金簡玉札有十萬篇領仙玉郎之典也
又曰青宫無金簡之籙玉格無玄編之名神經亦不可得披
大洞玉經曰讀玄一洞經者神臺刊名於福連之簡太上金簡玉札名爲福連之書也
又曰眞陽者上清之宫名福連之簡刊其内
五符經曰眞一食五牙天文西母刻以黄金之札封以丹芝光草印以太上中章
茅君内傳曰茅盈在恒山内夢太玄玉女把玉札授之
又曰天上道君有玉輿鳳璽
又曰太元眞人有一人帶籙章囊又一人帶繡章囊一人帶錦囊書
金眞玉光經曰有昭靈之章保生玉章
又曰此經高妙衆經之尊總御萬眞臣御羣仙玄符流映洞明紫晨祕於九天之宫鑄金爲簡以撰靈文刻玉丹書八明其篇也
又靈寶自然經曰太上諸仙眞以黄金爲簡丹玉書之又太眞科以玉牒金書七寶爲簡玉帝
七聖玄紀曰刻以白銀之簡結以飛青之文
又曰廣靈之堂迴天九霄白簡青籙刻其内
太眞科曰丹簡者以朱漆簡明火立陽也墨籙者以墨書文明水主陰人學長生故名丹簡墨籙祕不妄傳
又曰天皇執飛仙玉策人皇執上皇保命玉策地皇執元皇定籙之策
三華寶曜内眞上經曰太帝靈都宫中有二十四万上眞仙人皆鑄金爲簡白銀結編紫華書文誦詠此篇
三天正法曰三天九微玄都大眞靈籙者祕在太上靈都之宫刻以紫玉爲簡黄金爲文付五老上眞仙都左公封以紫蘂玉芨盛以雲錦之囊
南岳夫人内傳曰白簡素籙以白玉爲簡以青玉爲字故謂之白簡青籙皆記得道之人名姓
道學傳曰金簡有王元規之筆迹
太上素經曰九受太上黄素經者傳盟用玉札一枚長一尺五分廣一寸四分又云有三元秀簡
眞誥曰清虚眞人詣三元君受玉璽金眞
龜山元錄曰丹文紫章神虎玉章七元交光之章流金紫章太上命神之章夜光寶章九色離羅之章
靈書紫文經曰靈書紫文上經刻以紫玉爲簡青金爲文
黄籙簡文經曰投金龍一枚丹書玉札青絲纏之以關靈五帝昇度之信封於絶巖之中一依舊法

又曰丹書玉札一枚金龍一以青絲繫石沉三河以開水帝昇度之信一依玉訣舊文

太洞玉經曰太上經簡玉札名爲福連之書

又曰太上書以形玉之札則玉映之堂可見四明之門可入也

後聖道君列紀曰刻以紫玉爲簡青金爲文龜毋按筆真童拂筵玉童結編名之曰靈書

龍飛尺素隱訣曰太微天帝君命羽仙侍郎奉金按以請飛行羽章

太一洞眞玄經曰白元司命五人朱衣絳巾各捧一白玉案上有所主簡

紫度炎光經曰龜毋捧筆太一拂筵天妃侍香玉筆結編以白玉爲簡金書保仙上符仙都也左公封以玉笈雲錦

之囊

變化經曰金光立空之案雲錦之囊封九赤班符於玄元之中南極長生司命君得之

玉佩金璫上經曰九老仙都捧金精立空之案上請寶文以授衆眞

空洞靈章經曰白簡度品青籙定仙

太元上上經曰非有瓊籙玉名刻簡三清者不得金虎内符

靈書經曰東方九氣天中靈寶度命品章出自元始東華青童君封之青玉寶函之中印以元始九氣之章

神仙中經曰老子度關時爲尹喜著五千言解五十五章是手所書也能行此道知元氣父母天地之先不知此者徒自苦耳太微天帝君以紫簡注紫度炎光經篇目金簡書其正文玄章在焉

玉皇譜籙曰高上衆眞結自然之章

金玄羽章經曰玉倩八景隱書金玄内文生於元始之先即天之書也以威百神諸天

内音經曰天有飛玄自然之氣合和五音以成天中無量洞章

赤書玉訣上曰無始靈寶告水帝削除罪簡上聞九天金龍驛傳在朱書銀木簡以投三河之淵初用金鈕九雙連簡沉之於清泠之泉埋本命之岳三官九府書人功過其理甚明

隱元内文經曰青童君延万帝於曲守講寶訣之妙章

洞眞經曰六曾玉臺在九天圖之上臺上有金簡玉扎及紫鳳丹章十万篇太上眞文玉郎典之

玉光八景經曰玉寶臺太空之章封其内

飛行羽經曰上皇九轉之道絳簡紫書秘於紫天元臺

二十四生圖曰披九光玉蘊出金書紫字玉丈丹章三部八景二十四生圖置白玉案上

靈寶隱書曰玉誕者曇誓天十都名也上有大洞之章紫書玉字煥乎上清

玉京山齋曰諸高仙眞人人會太上玄都披空洞歌章

靈書經曰東方九氣天中靈書度命品章出自天元始東華青宫青童君封之青玉寶函之中印以元始九氣之章又南方三氣丹天靈書度命玉章出自元始朱陵上宫南極上元君封之赤玉寶函之中印以太丹三氣之章又西方七氣天中靈書度命玉章出自元始西華宫中金母封之白玉寶函之中印以太素七氣之章

又云北方五氣天靈書度命玉章出自元始北上宮中玉晨君封之玄玉變之中印以太玄五氣之章

三元布經曰高上三元經者乃三清眞書也上眞玉檢飛空之篇上元檢天大籙中元檢仙眞書下元檢地玉文如是寶篇高上皆刻金丹書盛以自然雲錦囊封以三元寶神之章藏於九天之上大有之宮金臺玉室九曲丹房

靈寶眞赤書曰元始命太眞按筆玉妃拂筵鑄金爲簡刻書玉篇五老寶籙秘於九天靈都之宮

迴天九霄經曰於是大一拂筵天妃持香玉華執巾丹書紫字刻於白金隱起靈顏結於玉篇題以青籙得道之名龍景九文

紫鳳赤書經曰太上命太極眞人授以玉簡金書寶洞飛霄絶玄之章

玉帝玄記曰中皇元年九月七日七聖齋靈清長宮記其得道之篇刻以白銀之簡藏於雲錦之囊封以啓命之章付以五老仙都左公掌籙瓊宮

又曰古空洞之中有迴天上文四司所保五帝所詮七聖定簡舉形合先

大有經曰太上玉章刻玉爲簡揔御万眞

眞經曰東方歲星青帝勾芒佩通明之印南方熒惑赤帝太昊佩太陽之印西方太白白帝少昊佩通陰之印北方辰星黒帝顓頊佩通神之印中央鎭星大帝文昌佩方神之印

本際經曰有十二法印

紫書金根經曰有青精玉璽

金房上經曰太帝靈神都宮中有金房度命延年之訣鑄金爲簡刻白銀之編紫筆書文

消魔經曰發九天之朱匱登上清之瓊扎玄書旣刻於玉章絳名始刋於靈闕

大洞眞經曰八景玉籙藏於大素瑶臺玄雲羽室封以爵森之寶玉清三元之章簡扎品曰青童君曰無金簡者銀木亦可當也無玉扎者桐木亦可當但令精好也眞理無有闇節當取扎於雲錦之囊此上眞之至號玉帝之靈篇也

上清九眞中經内訣有玄靈元君寶祕奔日月之玉章

神州七變經曰大陰玉晨九天眞妃紫晨君受流精飛景寶章

太清中經曰有天一八極璽

龜山元籙曰有流金鳳璽

又曰天皇太帝遣繡衣使者泠廣子期授茅盈以神璽玉章金闕聖君命太極眞人使正一上玄玉郎王忠鮑兵等與茅盈佩璽

太上飛行羽經曰太眞丈人衣九色飛雲曜光羽章

靈飛六甲經曰玉眞青君帶流金鳳章太上九赤班符

五帝内眞經曰封靈制魔之章黄神中皇之章

三皇經曰三皇自然之文皆以金玉爲用天皇所授玄玉爲簡青玉爲文地皇所授黄玉爲簡白玉爲文綴以金鈎聯以金鏁置以玉案覆以珠巾寶蓋珎床安之青宮閉之紫閣芬以五香侍以十華也

神州七轉七變經曰流金鳳璽紫宸上皇先生所佩

三皇序曰九天印文以召九天校事也

上清變化經曰高上虛皇君佩丹皇玉章

又云三元大明上皇君帶神虎紫章又有皇上帝君佩金虎鳳文帶神虎玉章

又曰九霄眞王佩金鳳璽

歷藏經曰天王侯帶紫綬金印

五岳眞圖曰太山君佩通陽大明之印衡山君佩夜光天眞之印嵩高山君佩神宗陽和之印華山君佩開天通眞之印恒山君佩長津悟眞之印青城丈人佩三庭之印

後聖列紀曰紫微上眞天帝玉清君遣八景瓊輿來迎聖君以登上清宮賜藥剛丹玉鳳璽

後聖九玄道君列紀曰太陰法有死生有黑録白簿眞青丹編簡受生先後之相次也

後聖道君列紀曰玉清君賜道君玉鳳璽

飛行三界經曰下有太一紫綬金印威喜天帝信璽修靈

寶飛行三界之道眞人所佩

五稱符上經曰五星通靈之印印五星靈符

道學傳曰吳王闔閭得眞文不解封以黃金之檢印以玉皇之章以問魯大夫孔子

又曰禹封五符以金英之函檢以玄都之印

神仙傳曰衛叔卿語其子度世云可於室西北柱下取我仙方按而服之令人長生度世掘得玉函封以飛仙之印取按之服五色靈母仙去

北帝經曰酆都祕印用救世間攝制鬼神

集仙録曰杜蘭香女仙也於洞庭包山降張碩家碩蓋修道者也授以飛化之道留玉簡玉唾盂又賚黃麟羽帔此上仙之所服非洞天之所有也

太平御覽卷第六百七十六

太平御覽卷第六百七十七

道部十九

几案　輿輦　關　殿　堂
臺　閣　樓　觀　宮
室　房　舍　窗　户
門　庭　壇　府

几案

十洲記曰瀛州金巒觀中有青離玉几覆以雲紈之素刻水碧爲倒龍之牀

玉光八景經曰衆眞宴禮大帝屈節於几前

太一洞眞玄經曰太微紫房中有一童子名子景精字會元當帝君之前捧赤玉案上有所主命籍

又曰太一公子白元司命桃君五人皆著朱衣絳巾各捧一白玉案上有所主簡

玉清隱書曰太微天帝君進拜於帝皇之几

又曰上皇帝君乃推几偃詠虛眺太空吟玉清之隱書歌元景之靈章揚音霞際清徹玉振

太洞經曰太微小童五符命籍捧持玉案帝君所臨主通諸神

變化經曰有金光立空之案

又曰元始拊几高詠嘯朗太空

玉珮金璫上經曰九老仙都捧金精之案上請寶文以授衆眞也

洞神經曰拂拭几案置經于前也

像名經曰東方上尊凭几七寶鳳文之曲几敷說道要眞經

法輪經曰三眞立空之案以七寶懸覆經上

衆篇經曰元始上尊凝眞遐想撫几高抗命召五帝論定陰陽推數刼會移校河源檢録天度

洞神經曰有局脚案以置經符也

太上黄素經曰九修受大洞眞經雌一奇文者恒置經於几格絜靜之處

九幽經曰帝尊在九清妙境三元宮中御三氣之華寶雲玉座惣校圖録拔濟諸苦

二十四生圖曰拔九光玉蘊出金書紫字玉文丹章三部八景二十四生圖盛以白玉立空之按九色之中飛文錦蓋懸懸覆經上

龍飛尺素隱訣曰太微天帝君命羽仙侍郎捧金案以請飛行羽章也

上清眞文王經朝文曰有流明大靈侍言玉案十二枚

文始内傳曰諸天各奉蓮華座以寶蓋覆之

神仙傳曰黄老遣仙官玉女持金案玉杯盛藥以賜沈羲

又曰淮南王爲八公進金玉之几執門弟子之禮

四極科曰九寶經之具几案巾袟不可妄借於人

太玄經曰老子傳授經戒録儀注訣曰以局脚小案置經絲巾覆上

洞眞玄經曰太一洞眞玄經者别爲囊笈封以寶器盛之几上

無量經曰太上座高三丈又於紫臺之宮布一高座六尺

金眞玉光經曰九天之帝施玉几金牀

山海經曰西母悌几戴勝悌凭几也戴者戴其玉勝也他說西母頭類戴勝甚失之

本際經曰元始上尊在長樂舍寶飾高座雖有座形不障

於物人所徃來亦無隔礙復有小琉璃座行列兩邊悉高五尺

茅君内傳曰白玉龜山連玉牀帳西母處之

太上黄素方曰青精執在紫巫之山化王之室内有玉案也

洞眞七聖玄記曰左仙上跪九天帝王七聖几下

飛行羽經曰修存三一道法坐金牀玉几金爐玉匕

太眞人詩曰太微啓玉案

列仙傳曰太室山中有地仙卭跪卧牀几案

眞誥曰鹿迹山中有絶洞洞中自有石牀石榻曲夾

輿輦

太上飛行羽書曰玉清則上清之高眞上清則太清之高神太清則飛仙之高靈凡行玉清之道出則諸天侍衛建

七色之節駕紫雲軒十二玉輪六師啓路飛龍翼轅行上清之道出則五帝侍衛建紫毛之節駕飛雲丹車位准上清左右仙御行太清之道出則五帝侍衛建五色之節駕龍輿白虬啓道太極絫軒

又曰王惣眞爲茅盈召朱冠使者二人乘流景之輿蒼虬把緑節仗瓊竿羽旄横曰朱雲騎景使者並繡衣芙蓉冠持紫素之書各百字以付茅盈二弟固衷是以固有地眞上仙定籙神君之號衷有司三官保命仙君之位各依紫素之命封莅所任神宫上府亦隨事而資給二君焉漢平帝元壽二年八月巳酉南岳眞人西城王君龜山王母方諸青童君並乘緑景之輿駕神虎之軿同造茅盈於句曲之山金壇之陰

又曰飛仙祕道招五辰之晨常能行之十五年則南極老人丹陵上眞迎以緑雲之輦西極老人素靈子期迎以黄飇之車北極老人玄上仙皇迎以玄景之龍東極老人扶陽公子迎以青軿之輦中元老人上玄子迎以曲晨之蓋五老會合俱升紫虚此五老蓋五星之眞人也非如裴君星中五帝之公又異乎雲牙五方之老上學之法順之者飛仙也

又曰八道祕言者道有八條其言高妙閑心静室寥朗虚眞亦將得見丹景之氣三素飛雲八輿朱輦紫霞瓊輪上清静聽迴轡三元高皇秉節靈童攀轅太素擁蓋南極臨軒於是溟光外映象燭太虚子能見之不煩凝霜濯華玄腴金丹也○一道祕言曰以八節日清朝北望清朝小早於清旦也有紫緑白雲者是爲三元君三素飛雲也其時三元君乘八輿上詣天帝玉清君也子候見當再拜自陳乞

侍輪轂○二道祕言曰以八節日夜半東北望有玄青黄雲者是爲太極天帝君乘八景之輿上詣高上玉皇○三道祕言曰以甲子上旬戊辰巳巳之日清旦西北望有紫青黄雲者是爲太極眞君三素雲也其時太極眞君及上眞人乘玄景緑輿上詣紫微宫○四道祕言曰以甲戌上旬戊寅巳卯之日清旦東南望有赤白青雲者是爲扶桑太帝君三素雲也其時扶桑太帝君乘光明八道之輦上詣紫微宫○五道祕言曰以甲申上旬戊子巳丑之日清旦正西望見白赤紫雲者是爲太素上眞白帝君三素雲也其時太素上眞人白帝君乘脩條玉輦上詣玉天玄皇高眞也○六道祕言曰甲午上旬戊戌巳亥之日清旦正南望有青赤黄雲者是爲南極上眞赤帝君其時乘絳琳碧輦上詣閬風臺○七道祕言曰以甲辰上旬戊申巳酉之日清旦西南

望見綠紫青雲者是爲上清眞人時乘玄景八光丹輦上詣高上天帝。八道祕言曰以甲寅上旬戊午已未之日清旦正東望有朱碧黄雲者是太虚上眞人其時乘徘徊玉輿上詣大帝君八節日見三素雲者紫雲在上緑雲次之白雲在下共相沓也子謹視之

移度經曰眞皇㮣駕黄霞周行四方飛蓋緑軿上造金闕

靈寶赤書曰諸天眞人乘碧霞玉輿

太洞眞經曰太上乘一景之輿受九暉太晨隱符

上清隱書龍文經曰王母乘九蓋華輿衆眞侍衛

紫文經曰方諸東玄東海青童大君齋戒於丹闕黄房之內三年乘碧雲輿

太元眞人傳曰有班龍之輿

金眞玉光經曰有玉輦又上清三天列紀有紫輦

又曰太極元君乘陵羽之車

太洞玉經曰青童君乘雕玉之軿司禁眞伯乘日月之軿

太上經曰有白鸞之車

茅君內傳曰東海青童君乘飈車

葛玄傳曰鶴鳴山石室中設自然座有金華蓋

又曰五帝眞人並乘八景玉輿

二十四生圖經曰後聖李君遊西河歷觀八方值元始乘八景玉輿駕玄龍而來李君問天書玉字未究妙章元始俾極道眞於是吐洞玄內觀玉符以授之

變化經曰景輿丹軿紫軒九天帝王所乘也

上清訣曰玄母乘三素之輿

又曰元父所控赤羽飛車左御絳鸞右駕紫鳳

尸素訣曰太微天帝君登白鸞之車駕黑羽之鳳遊碧水之境

大洞玉經曰皇上帝乘明玉之輪轉宴於日中矣

茅君內傳曰無上道君成給八景瓊輿鳳蓋金眞曲晨飛蓋

又曰青華小童道君乘碧霞之輿

又曰上眞君赤帝乘絳琳碧輦

又曰太清眞君乘青龍紫羽蓋

又曰太元眞人杖紫雲之節乘班龍之轝白虎之軿曲晨寶蓋

又曰太素眞君乘虎旗虎輦金蓋玉輪仗九色之節出入太清

金眞上光經曰太上大道君乘瓊輿碧輦和太道君乘白雲之車

又玄玄和道君驂駕玄龍

太洞玉經曰八皇老君乘黄琅之車把紫鳳之節入太老之室

万華先生乘三素之景羽明之軿宴寢万乘之室

八素章曰四老迴錦軿万仙朝帝房

茅君內傳曰朱官使者駕蒼虬把緑杖

眞誥曰紫元夫人乘羽寶雲車駕九龍女騎九千披錦服青羽裙

自然經曰龍轡昇昇雲蓋巍巍仙童玉女與我昇龍

太上眞經曰東方青帝九龍雲輿

空洞經曰元始天尊從諸天人並乘玉輦瓊輪

元始五老赤書玉篇眞文序曰太上道君十方至眞乘五色玉輪九色龍妙行眞人乘紫雲玉輦上詣玉都中極眞

人常乘象輪車上飛眞人常乘九色龍遊玉清雲中飛天之神乘碧霞之輦遊於玉隆之天黒帝君乘四景之輿

三元布經曰元始上尊乘紫輦

茅君内傳曰王君乘九蓋之輦

洞天經曰靈景道君乘赤雲車

太上飛行羽經曰中和之眞駕錦輿

茅君内傳曰王母乘緑景輿

玉光八景經曰東方始景道君乘青雲之車駕蒼龍

又曰南方玄景道君乘五色雲車駕鳳皇

又曰南方靈景道君乘赤雲車西南方元景道君乘紫雲車駕六龍西方明景道君乘白雲車駕白虎北方玄和道君乘珠玉之車

金根經曰玉帝君乘碧霞九鳳飛行之輿

玉清隱書曰太微君登八瓊之輦傾蓋霞城

又曰東北方道君葛獻乘八輿飛龜車下治人泥丸宮

登眞隱訣曰太元眞人乘白虎輿有八色雲軿

眞誥曰仙人許玉斧乘一新青犢車

又曰王眉壽小妹中候夫人乘白牛車

上清九眞中經内訣曰南極老人丹陵上眞迎以緑雲之輿蓋西極老人素靈于期迎以黄飈車人元老人中央上玄迎以曲晨之蓋五老一合俱外紫靈

王君傳曰王君乘虎輦金蓋玉輪出入上清受事太素

南岳魏夫人傳曰夫人乘虎輦玉輿隱輪之車

眞誥曰南岳夫人駕九蓋之軿

搜神記曰玉女成智瓊駕輜軿車從八婢

闕

五符經曰鍾山上有金臺七寶紫闕元氣之所舍天帝君所治處也

殿

太洞玉經曰大暉者玉清天中殿名也上皇玉眞之所遊處也

太平經曰大空瓊臺洞眞之殿金華之内侍女衆眞之所處

靈書紫文上經曰有太空瓊臺丹玕之殿

靈寶赤書曰妙行眞人諮元始受赤書五篇眞文於是元始命衆眞入太定金臺玉寶之殿九光華房

紫書金根經曰有黄金殿

玄妙内篇曰有七寶殿

堂

太洞玉經曰有羽景之堂在太無之庭玉容者太上之明堂也

洞景金玄經曰玉帝命太微天帝君坐万靈於房軒散華香於玉宇留連八瓊之室曲宴九琳之堂

外國放品經曰有光碧之堂

臺

大洞玉經訣曰西田之瑶臺大帝所處有玉清臺也又有散花臺

太上玉京經曰玉京有七寶宮宮有七寶玄臺即太上治所又有天寶臺

上清經曰有紫碧玄臺

大洞眞經曰上清眞人惣仙大司馬長生法師登太常滄浪山洞臺中雙玉穴酣飲紫明芝液

眞誥曰有玉華室有刻石眞人

五勝文曰駕飛龍於西華之臺謁拜帝眞赤書

玉訣經曰太玄上宮太素眞人常以春分之日會諸仙官於崑崙瑶臺校定靈寶眞經

又曰陽臺眞人常以立冬之日會諸仙官玉女於靈寶陽臺之上校定學道簿籙。本行經曰有尋眞玉臺

衆篇經曰帝尊引衆眞人集太空金臺內音

玉字經曰九層之臺處乎玉京之山煥乎玄都之上有太眞玉印

又曰馥朗天中玉京玄臺之別號西靈眞人常誦無量洞章遊行其上

大洞玉經曰九天之上有明眞臺

茅君內傳曰辰中眞人帶延生符於滄浪之臺

導引三光經曰定光眞人在皇曾天絕觀臺中導引元氣

又曰九變眞人在玉完天詻陽無臺中

又曰導仙眞人在何童天華林蓝雲臺中

又曰雲華眞人在平育天玄唱寶蓋臺中

又曰陽王眞人在太眞臺中

又曰法氣眞人在飛臺中

又曰澤嬰眞人在越衡天無極觀臺中

眞誥曰白玉龜臺九靈太眞元君封此

閣

三皇經曰人皇所受皇文帝書赤玉爲簡黃玉爲文安之青宮閉之紫閣

太洞眞經曰九天緻仙才名刊金閣

金玄羽章曰紫閣之下受事於玉清九有玉閣黃閣青閣

樓

歷藏中經曰崑崙山有金城九重玉樓十二神仙所治也

龜山元籙曰龜山上有十二玉樓峩峩曜景太清有金華樓諸眞仙玉籙皆在金樓之中

觀

靈書經曰有洞靈之觀金字題觀四面又有九靈之觀紫陽之觀又紫微上宮有通陽之觀主得度之人功德輕重

宮

三元品戒經曰九氣始凝三光發明結青黃白之氣置上元三宮

太洞玉經曰太初有華陽之宮會方之宮小有眞天中有万華之宮玉君之治所玉晨宮中有玉映之宮又有元君六淵之宮黃老圓華之宮上清眞陽之宮太極上宮主衆仙誦詠

室

大洞玉經曰太霞之中有白雲之室太虛元君所處

三皇經曰蜀郡西峩嵋山石室舊有三皇文此文不與天下衆文同百万人中未有一人得者

龜山元籙曰有瓊瑶之室

外國放品經云有瓊華之室

洞景金玄經曰八瓊之室

又三華寶曜內眞上經曰玉室上清經有碧室

房

大洞玉經曰三華城者玉清之房名也在玉城之中陽安元君所處

無上眞人內傳曰有流雲九色之房

仙公内傳曰崑崙山上有積石瑶房

太上紫書籙曰白王毋入於龜山王闕處於青玉宫中朱紫之房

靈寶赤書曰有九光華房

外國放品經曰紫翠丹房

舍

道典曰道之清淨者吾舍也道因天清而猜之因地靜而靜之因日月之光而明之因星辰之行而正之因萬物之性而消息之萬物中人爲貴能使形無事神無體以清淨致無爲之意即道爲舍也

窻

諸天内音經曰天真皇人開寒靈之窻

又曰南極玄窻主諸得道人受鍊品目

戶

諸天内音經曰九玄丈人封於玉京紫戶之内洞景金玄經有玉戶

門

大洞玉經曰太素在幽玄之上九宫列金門於太素之天瓊羽之門蘭室上清宫中門戶名也太上有瓊羽之門四明門者上清玉帝之南門也

紫書金根經曰東華方諸青童宫有六門門内周迴三千里東有青華門西有玉洞門北有瓊門東北有寒水門東南有天關門

庭

二道順行經曰洞陽之宫下有流火之庭

大洞玉經曰廣寒宫中有寒庭太一之所處又有雲珠之庭

太上真文曰上帝朝真金童楊烟流薰紫庭

壇

二十四生圖曰元始數五色金爲壇

王皇譜籙曰元始丈人登玉虚之壇受九天譜籙上皇寶經玉符秘章

府

龜山元籙曰元始丈人在上清瓊天府大清府開清府玉寶洞元府金融府丹明府重真府鳳生府

太平御覽卷第六百七十七

太平御覽卷第六百七十八

道部二十

傳授上

五岳眞形圖經曰若道士得祕聖之經皆當杜祕於一人之口者卽眞靈之文將墜於獨見何緣得存於末代乎傳授但當必得其人豈可祕而不出是斯文永翳也

太極經曰太上玉經隱注寶訣衆經之祖也太上令傳太極諸侯公王卿伯未得此位不得之矣道士有見此書則皆應爲仙公也玄籙宿名將定焉

靈寶眞一經曰太靈眞人告太極左宮仙公曰吾昔授太上靈寶洞玄自然太眞上寶經爲太極眞人依太上法傳授於人

定志經曰元始告右玄眞人曰汝授此經可擇其人傳之

弥布無外

三皇經曰百萬人中或有一人應得此文者皆有仙籙宿命者也欲有所授當擇其人入諸名山八極周流天下鬼神無敢犯之者太清元始天中之王母初學道之師也

又曰皇人者太帝所使在峨嵋山黃帝往授眞一五牙法

抱朴子曰黃帝東至青丘過風山見紫府先生受三皇內文以劾召萬神南至圓壠蔭建木觀百靈西至中黃子受九加之方過崆峒從廣成子授自然之經北至洪隄上具茨見大隗君黃蓋童子受神芝圖還陟王屋得神丹注記至峨嵋山見黃人於玉堂問眞一之道曰夫長生仙方惟有金液守形却惡獨有眞一之道古人尤重也黃帝自然體道者也猶復陟王屋而受丹經登崆峒而問廣成往具茨而事大隗適東岱而奉中黃入金谷而咨子心論道養而證玄素精推步而授雷岐窮神姦記而白澤相地理而書青烏救傷殘而綴金冶故能畢該秘要窮盡道眞按神仙經云昔黃帝老子奉事元君元君以受要訣況乎不逮彼二君者安能自得仙度世者乎按荆山經及龍首記皆云黃帝服神丹

又曰彭祖八百年安期千年斯其壽之過人遠矣若果有不死之道彼何不遂仙乎豈非禀命受氣偶得其多者乎按彭祖經云佐堯曆夏至商爲大夫商王從受還年之術行之有効欲殺彭祖以絶其術祖覺而逃去去時年八百

又曰紫微玄宮王飛天眞書太清元始授西母佩之位登仙宗眞人備從

又曰玄洲仙伯關天万仙眞書東海小童授以得道人佩之一名仙人道籙一名鳳眞籙太玄登仙盟文又崑崙墉

臺靈飛太眞大上丈人以授得道者佩之周行五岳山神授職一名五岳兵符佩之金石爲開

又曰蓬來高上眞書成青天上皇以傳甯封佩此眞符橫行江海一名蓬萊太玄玉札一名九流眞書北陵丈人授以馬師皇致龍來又天帝丈人黃上眞書佩之知吉凶未兆之事

上清經曰上清眞人登大帝滄浪山諸太極眞人授以丹青玉鑪鍊雲根經

三元布經曰昔甯玄甫受此經於皇上眞人九年祕藏白空山齋戒百日忽見其巖有王文銀簡今封一通於白空山中

本行經曰丹靈眞人遇玄和先生受靈寶赤書五氣玄文黑帝眞文一篇

高玄經曰昔上元以隱文授太和玉女玉女授幼陽君以文封於九疑洞室

登眞隱訣曰太極帝君寳章者東海青童君授消子以封掌名山消子剖鯉所獲是太上召三一守形也以朱書素佩之左肘勿經履汙穢佩之八年而三一俱見矣三一者三元眞一君也授其封掌之教

又曰李翼字仲甫以七變法傳左慈慈修之以變化万端此經在茅眞人傳後道士以還丹方殊秘故畧出別爲一卷

茅君傳曰太眞元君西母授說明堂玄眞經云太上立玄雙神四明玄眞內映明堂外清呑息三暉長生神精上補司命監御万靈六華充溢徹視黃寧此四十字即玄眞之本經也其後王母惣眞更演說行事之法猶如九眞中經惟以龍書爲主也太上刻於鳳臺南軒非惣眞弟子不教非司命之玄挺不傳

又曰西母攜王君茅盈以詣固衷之宮固衷盈二弟也西母撫背告之曰汝道雖成所聞未足我有所授汝乃遣侍女郭密香與上元夫人相聞云但不相見四千餘年天事勞我致以罕面可暫來否當此相待上元夫人遣一侍女荅曰阿環再拜上問起居遠隔絳河擾以官事遂違顏色近五千年仰戀光潤情係無違密香至奉信承降尊於茅固處聞命之際即當飾駕先被太帝君勑使詣希林校定三元之籙正尓暫往如是當還還便束帶願暫少留茅固因問王母不審上元夫人何眞也曰三天眞皇之母上元之高眞統領十方玉女之名籙者也及上元夫人來聞雲中簫鼓聲龍馬嘶鳴旣至從者甚衆皆女子齊年十六七容色明逸多服青綾之衣光彩奪目上元年未笄天姿絕豔服赤霜之袍披青錦裘頭作三角髻餘髮散於頂戴九晨夜月之冠鳴六山火藻之佩曳鳳文琳華大綬執流黃揮精劒入室向王母拜王母坐止呼之與同座北向上元夫人設厨王君勑茅盈二弟固衷起拜稽首而立命坐復席上元乃勑侍女出紫錦囊開綠金之笈三元流珠經丹景道精經隱地八術經太極綠景經九四部以傳固衷西王母勑侍女李方明出丹瓊之函披雲珠之笈以玉珮金璫太霄隱書洞飛二景內眞符以傳司命茅君上元曰阿母隱書之妙上眞內經天仙所寳封之金臺佩入太微動則八景玉輿靜則宴寢金堂此文妙矣阿環太極綠經等可以致明月黃華得白日之赤精也及西母上元俱去惟王君獨留經日於是盈與二弟訣別而與王君俱去到赤城玉洞之府告二弟曰吾今去便有局任不得復數相往來句曲山是治所也漢光武建武七年三月丁巳遣使者吳倫賫黃金五十斤置于茅三君廟下四時祠以太牢至明帝永平二年詔丹陽句容茅眞人廟使營護脩守時邑人通呼此廟爲白鵠廟句曲之洞宮有五門石堦曲山以水通峨嵋南通羅浮皆大道也其間小徑新路阡陌沙澮非其門今得徃來上下也句曲洞天東通林屋北通岱宗西一處也漢建安之末左慈聞江東有此山故尋之齋戒三月而登山乃得其門入洞虛造陰宮二茅君授以神芝三種慈周旋洞室經年制度甚肅歎曰不圖天下復有如此之異乎至于地中洞天有三十六所王屋委羽西城西玄青城赤城羅浮句曲林屋括蒼崑崙蓬萊瀛州方丈滄浪白山八停之屬也五岳及諸名山皆有洞室或三十里二

十里十里岳洞方百里也句曲山秦時名爲句金壇以洞天内有金壇百丈因以致名也漢靈帝時勑郡縣採句曲之金以充武庫孫權時又遣宿衛人採金常輸官句曲山每至三月十八日十二月二日東卿司命茅君當是日請捴真王君大虚真人東海青童君會于句曲之上好道者欲求神仙宜先齋戒候此日登山陳乞也茅君即授以要道得入洞門

又曰紫微元靈白玉龜臺九靈太真元君即西王母也上宰捴真王君東卿司命茅君之師右英紫微夫人之母也居崑崙墉臺别治白玉龜山青琳之宫朱紫之房首戴華勝晉帶虎章藻蓋沓映羽旌蔭庭以漢平帝時來降句曲華陽宫授司命茅君玉佩金璫經又奬教中小二君至晉成帝時與金闕聖君同降陽洛隱元臺授魏夫人玉清隱書四卷又穆天子傳所載詣西王母及降漢武者皆是也别有傳紀名靈鏡洞玄上經或曰大有妙經即今所存中元輔卿手執者是未顯于世主訓教天下學真之人

又曰西極捴真君者茅司命之師也生於商末服青精䭀飯九轉丹用曲晨劔解之道治西城山宫年三十着繡衣芙蓉冠把鈴帶劔漢元帝時降陽洛山授玉清虚上經三十一卷晉時又降魏夫人於陽洛臺每以三月十二月亦同來句曲推校學仙别有傳未顯於世神仙傳云降蔡經家者是此君也

又曰清虚王真人捴真王君弟子南岳魏夫人師漢元帝時辭家人華陰山九年太極真人降授二法後入地肺山(終南山一名地肺)又登陽洛山平帝時南極夫人西城王君同降授上經三十一卷王君共詣玄洲請書真名乃還西城修行道成於是乘飛飆車遊行天下後登白空山詣紫清太素三元君受流金火鈴豁落七元八景飛晨神策玉璽畢又還西城太上遣賜繡羽晨蓋雙珠月明素羽瓊千丹紱錦旌太素又遣賫成命之書以爲太素清虚真人治王屋山主領寶經乘虎旆虎輦金蓋玉輪八景飛輿八杖九色節出入上清受事太素寢宴太極南岳魏夫人師之撰傳顯於世

南岳魏夫人内傳曰夫人姓魏諱華存字賢安任城人晉司徒文康公魏舒女也少讀老莊春秋三傳五經百子事常别居一園獨立閑處服餌胡麻父母偪之強適太保公掾南陽劉幼彦疇昔之志存而不虧後幼彦爲修武令隨之縣舍閑齋别寢入室百日所期仙靈季冬月夜半四真人來降于室太極真人安度明東華青童君碧海景林真清虚真人王子登於是夫人拜乞長生度世青童君曰此清虚真人者爾之師也當受業焉景林真曰爾應爲紫虚元君上真司命封南岳夫人也夫人謝曰此是婢子有幸賜以性命自陳畢東華小童指而笑曰丹心苦哉於是清虚真人王君乃命侍女華散條李明允等川披雲蘊開玉笈出太上寶文八經隱書大洞真經靈書八道紫度炎光石精玉馬神真虎文高仙羽玄三十一卷即手授夫人也王君昔學道在陽洛山遇南極夫人西城王君授此三十一卷經行之成真人今所授者是南極西城之本經也陽洛山有洞臺是清虚之别宫也王君當授魏夫人經之時起立北向而誓曰太上三玄九皇高真太帝太帝使教子魏華存於是景林真又授夫人黄庭内景經一名太上

琴心一名太帝金書一名東華玉篇令晝夜誦之王君又告曰子若不在山中隱身齋戒則大洞眞經不可妄讀也至于虎經龍書八素隱文之屬奇祕玄奥若不齋戒絶世不可施行子今且可誦黄庭内經步躡七元存五星之神而已人間行之亦足感通變化欲成際會我有以相迎矣方諸青童怡然小留四眞吟唱乃命北寒玉女宋聯涓彈九氣之璈東華玉女煙景珠擊西盈之鐘雲林玉女賈屈庭吹鳳唉之簫飛玄玉女鮮于靈金拊九合玉節王君乃語夫人曰訣諸要訖乃別去夫人守靜日進在世八十三年以晉成帝咸和九年王君與東華青童來降時歲在甲午二眞人與夫人藥題曰隱遷白醫川神散右精金光化形靈丸使稱疾忽行尅期有定俱會陽洛宮言畢二眞人去夫人即服藥因稱脚疾閉目寢息飲而不食到七日其

夜半之後太一玄仙遣飇車來迎駕氣騁御徑入帷寢其時子弟侍疾衆親滿側莫之覺也夫人遂用藏景之法託形劒化徐登飇輪徑之陽洛居隱元之臺志栖上元誠感九天丹心眞契登神太素夫人遂北詣上清宮太微天帝遣九宮太眞侍玉元晨郎李明期授夫人神鳳之章使封山召雲中央黄老君遣正一羽晨侯公陽子明授夫人龍衣虎帶丹青飛裙十絶華幡使川登行上清攝眞命仙三素高元君遣左華九成夫人范定英授夫人流金火鈴九蓋之軿使彈制万魔飛輪太無太上玉晨大道君遣繡衣使者孟六奇授九色之節雙珠月明神虎之符錦旂虎旌使位主羣神以威六天太素三元君遣保禁仙都袁文堅右嬪元姬趙約羅授夫人西華玉女三百八景飛輿玄景九龍使侍衛執巾上詣三清扶桑太帝君遣八玄仙伯柯

原首五方天帝君簡書正等授夫人玉札金文位爲紫虚元君領上眞司命使主諸學道死生圖籍攝御之官關校罪考金闕後聖君命仙伯牙叔平授夫人青瓊之板丹緑爲文位爲南岳夫人比秩仙公給曲晨飛蓋以遊九宮使治天台大霍山洞臺之中主下訓奉道教授當爲眞仙者令一月再登玉清三登太素四謁玉晨宮宴扶桑之高臺於是夫人授王母之命且還王屋山小有之中吏齋戒三月九微元君龜山王母西城眞人王方平太虚眞人赤松子桐栢眞人王子喬並降小有清虚上宮絳房之中各命侍女金石發響於是西母徘徊起立折菁俯唱曰哀此去留會刼盡天地傾嘉會絳河内相與樂未央歌畢須臾司命神仙諸隸屬及南岳神靈迎官並至西母等與夫人同去詣天台霍山臺

登眞隱訣曰太微天帝金虎符太上玉眞保皇道君以授於太上太微天帝君

又曰太一有玉璽金眞虎符方丈臺昭靈李夫人治方丈臺第十三朱館中以晉興寧中降楊君曳紫錦衣帶神虎符流金鈴帶青玉色綬有兩侍女年二十許著青綾衣一侍女名隱暉捧赤玉箱二枚青帶絡玉檢文題檢一曰太上章一曰太上文自此後數數來降授書作詩

集仙録曰驪山姥不知何代人也李筌好神仙之道常歷名山博採方術至嵩高山石室中得黄帝陰符經本絹素書緘之甚密題云大魏眞君二年七月七日道士寇謙之藏之名山用傳同好筌竟不曉其義因入秦至驪山下逢一老母鬢髻當頂餘髮半垂弊衣扶杖神狀甚異路傍見遺火燒樹因自語曰火生於木禍發必尅筌聞之前謁曰此

黃帝陰符經祕文也母曰吾受此經已三元六周甲子少年從何而得知筌稽首再拜具告得經之所因請問玄義盡得之俄失姥

太平御覽卷第六百七十八

太平御覽卷第六百七十九

道部二十一

傳授下

金簡玉字經曰黄帝受襄城小童步六紀之法

又曰黄累小童受步三經之法也

又曰廣成受東中元童步六官之法也

文始内傳曰太上遣繡衣使者傳命尹喜

玉帝七聖玄紀曰七聖撰上玄之章以付五老上眞仙都左公藏於紫蘂玉笈封以啓命之章西龜定籙東華校名

三天正法曰太眞靈籙祕在太上靈都之宫付五老上眞仙都左公

四極明科曰帝嚳之時九天眞王駕九龍之輿降牧德之臺授帝此眞文也

又曰九授上清寶經皆當備信信以誓心以寶於道無信而受經謂之越天道無盟而傳經謂之泄天寶

玉清隱書曰有帝簡金書玄玉録籍可以傳玄羽玉經玄羽玉經付玄羽玉郎以授上清眞人

又曰傳授上皇玉慧玉清之隱書金玄隱玄之羽書經者皆五老校圖太一式觀

又曰上皇玉帝命太老眞人開瓊珠之篋出玉清隱書玄羽玉經以傳太微天帝君

二十四生圖曰元始天帝於長桑碧林園中聞帝尊普告元聖尊神洞玄天文靈寶玉輿也

又曰依舊典府仰之格付度道君女青律玄太眞玉帝上宫府仰之格舊經億劫不傳也

又曰帝尊在恊晨靈觀登白玉座具宣祕要開闡妙門

太玄經曰老子傳授經戒籙儀注訣曰以局脚小案置經絲巾覆上

明眞經曰元始尊在香林園中説明眞經

太清中經曰道曰愼無賣吾以求寶也愼無傳吾非其人也愼無閉吾絶吾學也

又曰太眞經曰師之傳授選其上有仙相中有仁孝下有才能篤志者然後授之

太上眞經曰太上曰成道歸本混同無初出三界外濟九天中接生與善授記德人

玄羽經曰元嶹金爲簡刻玉篇授葛玄

金根經曰太上以大洞眞經付上相青童君掌録於東華青宫使傳後聖應爲眞人者此金簡玉札出自太上靈都之宫刻玉爲札結金爲簡書以朱文編以朱繩之結

太眞科曰太上告張陵天師曰内外法契與天地水三官折石飲丹爲誓也張陵受命爲天師命弟子扶翼爲嗣師上崇虚之堂登白虚之壇醮奏太一傳授口訣傳命嗣師承代基業行教天人

眞誥曰裴君曰大洞眞經讀之者輕舉昔中央黄君隱祕此經世不知也若知之祕而不傳

又曰紫陽眞人受蘇君三一玄丹之道

又曰有女海公涓子受守一玄丹之道

又曰東宫中候眞夫人受桐栢眞人飛解脱網之道

又曰昔周君學道常山中積年精思忽見老人知是神異乃叩頭請道老人出素書七篇令誦之周君仙去

又曰趙叔期學道王屋山時出民間聞有卜者在市肆叔期曰欲入天門調三關存朱衣正崑崙叔期知神人因拜

乞要訣因出一書與之是胎精中記拜此書入山誦之後合神丹服而升天

王君內傳曰王子登得太上丈人授以瓊蘊隱書并雲碧陽水飛丹法君服之絕見遠物坐在立亡役使羣神

又曰太素三元君遣西華靈妃甄幽籥齎成命之書以雲瓊爲板紫金刻之以授王君子登後聖

道君列紀曰道君命五老上眞開紫蘂玉笈雲錦囊出靈書紫文上經以付青童君

八素眞經曰若精勤皆當書以紫簡刻以瓊文位爲上清左眞公

昇玄經曰張道陵曰不敢以身傳此教太上曰何得顧難廢不通法後當建意無謂不可傳若世有道士得此仙經投尋首尾知是眞要無師可授便得奉行

天戒經曰葛玄告弟子鄭隱玄吾昔所授善道太上所貴令爲師友是以相授吾去世也將有樂道慈心居士來生吾門者子當以今道業事一通付之法應世世傳授也子以一通依科傳付弟子住者也若無其人一通封五岳名山可也

又曰劉翊字子翔潁川人有道德家世子仁感濟於人遇師皇先生告翊曰子仁感天地陰德鬼神太上嘉子之用心使我授汝以長生之道吾仙官也尔能從我去否翊曰願從教乃特入桐栢山中授以隱地八術服五星之華而今度名東華來在洞中爲定籙府右理中監

又曰淳于斟字叔通會稽人漢桓帝時爲徐縣令好道術數服餌胡麻黃精後入吳烏目山中隱居人授以虹景丹經修行得道在洞中爲典栢執法郎主誠有道者

又曰桃俊錢塘人少爲郡吏漢末入增城山中學道遇東郭幼平幼平秦時人久隱增城得道者也幼平授俊服九精練氣輔星存心之術俊修之道成在東華宮中爲北河司命

又曰張奉字公先河內人也太傅袁隗常歎其高操後入剡山遇山圖公子授奉九雲水強梁鍊桂法在東華宮爲太極仙侯

又曰夏馥字子治陳留人也少好道服朮餌和雲母後入吳山從赤須先生受鍊魂法又遇桐栢眞人授以黃水雲漿法得道在洞中爲明晨侍郎

又曰後漢劉寬字文饒少好道爲司徒太尉年七十三遇青谷先生降於寢室授其杖解法入太華山行九息服氣及授以爐丹方修之道成在洞中作童初府上師王始學

者

又曰劉少翁數入太華山中遇西岳丈人授其仙道

又曰黃景華司空黃瓊女韓衆授以岷山丹服得仙法

又曰趙威伯東郡人少好道師邯鄲張先生晚在中岳受玉珮金璫經於丘林乃漢樓船將軍衛行道婦也遂受行挹日月之景又服九靈明鏡華遂得道在華陽內爲保命丞主仙籍并記學道者并主暴雨水領五芝金玉章

又曰張玄賓魏武帝時人也遇眞人樊子明於少室授以道變隱景之道在天柱山

靈寶經曰迦羅山樹下有三天人講元陽經

明眞科曰元始尊在香林園中與衆教化諸法

內音玉字經曰大梵隱語西母以上皇元年七月丙午於洞室下教以授清虛眞人王君傳於夏禹封文於南浮洞

室石匱故五符經云九天靈書猶封於石匱是也玉訣下云五老真人封題玉匱亦其例也孔靈符云會稽山南有宛委山其上石俗呼爲石匱壁立于雲䨱梯然後至焉昔禹治洪水其功未就乃齋於此山發石匱得金簡玉字以知山河躰勢於是疏道百川各盡其宜

上清經曰元始天帝與南極元君登太空瓊臺五老上真仙都公開鬱林之笈雲錦之囊上清變化七十四方解形之道三元布經以授於元君

道學傳曰王母云此靈光生經聽四千年得傳一人无其人聽八千年頓傳二人授非其人是爲泄天道可傳而不授是爲閉天寶不計限而妄授之是爲輕天老受而不敬是爲慢天藻泄閉輕慢四者延禍之事也同道謂之天親同心謂之地愛傳授當相親愛共均榮辱

又曰漢武帝自撰西王母所説集爲一卷及所與八經圖之屬盛以黄金之几封以白玉之函安着栢梁臺上

像名經曰東方上尊凭几七寶鳳文之曲几敷説道要真經

太上黄素經曰凡修受太洞真經雌一奇文常置經於几格潔淨處

法輪經曰夫欲授經皆當齋金寶之信詣師請受道貴法重道非言不行輕傳則爲非寶妄修則爲賤道

衆篇經曰古人非心不仙末世非財不度所以尔者末世貴財賤道也以黄金万斤仙經一部施于窮山末世乃取金弃經黄金刻爲身患仙經刻得長生公知如此不能免貪也非道弘人此之謂也

大有經曰大上寶文章傳太帝君太帝君傳天帝君天帝君傳太微天帝太微天帝傳金闕帝君金闕帝君傳東海青

受之以金爲盟長九寸廣四寸厚三分刻而書之以封山川五岳之真精也

三元真一經曰盟誓三官委帛血壇割華大約乃得授付受者盟者保神以堅心故萬物不能犯天地不能違以素絲一兩齋百日或五十日或三十日或二十日十日也法以四十年得傳一

受玄丹玉經曰青布三十二尺朱帛三十二尺明鏡二枚告誓爲不泄之約

八術神虎隱文曰欲受八術隱文者齎金龍玉魚盟誓而受之受大洞真經亦用此

又曰上金十兩以爲神真之信也錦九十尺以誓九天青繒四十尺以盟其文好道樂真勤心注玄輕物貴道者始可與言

又曰受三天虎書者齎金虎玉鈴素錦玄羅各四十尺以爲金真之誓盟于天地不宣之約也

太一洞真玄經曰古者傳經明盟誓皆歃血斷髮立壇盟天今自可以金青代髮膚之躰又云違此者失兩明

玄母八門經曰琅玕華丹五石玄腴之法皆結盟

真一修檢經曰受太一法二十四年得傳

又曰東海王華妃停文朗青童君之妹降授張微子服霧之方

又曰主仙道君即命侍女范運華趙峻珠王抱臺等發瓊笈披緑蘊出上清隱書龍文八靈真經二卷授范襄平

太行經曰仁安遂遊山林於寒靈洞穴遇玄和先生授靈寶黒帝真文

又曰西方有九光靈童以白帝真文授皇妃

又曰央有無生童子於色之國授元君信然靈寶赤帝真文

三元經曰元始於明霞觀以上真玉檢下授三天玉童

馬明生內傳曰龔仲陽受嵩高小童步紀之法

珠囊曰陸元德吳興東遷人宋文帝召入內服膺尊異時太后王氏雅信黃老降母后之尊執門徒之禮

又曰陶弘景字通明魏郡平陽人也自太華陽隱居梁高祖太子從而受道梁簡文邵陵諸王謝覽沈約阮佃虞權並服膺師事之

又曰劉法先彭城人也爲宋明帝崇靈館主帝先師陸元德元德卒又師事法先盡北面之禮

又曰薛彪之晉陵人也煙爐神鼎之法无不辯其精麄究其難易門人有所請益必誨示勤懇隨量而退

又曰謝暗字元映陳郡陽夏人也年十一辭親入高壽山師朱天賜菜食長齋專務修道朱性嚴厲入室者惟暗一人也隱虞山雖居幽寂遠近歸向林谷常滿

又曰庾承仙字崇光潁川鄢陵人也幼聰悟博極羣書時處士劉弘碩學尤明老莊隱于荊州之沙洲承仙師之講習多所該究家貧無書每事假借一覽便誦

又曰孫遊岳字玄達東陽永康人也宋泰始中陸元德自廬岳下都闡揚至教遊岳乃出京師問道親侍帷席預入室之流其宏言奧旨非遊岳不傳

太一記曰裴君精思五年五帝曰君登八極城明真靈臺授揮神九有之術

玉皇譜錄曰元始丈人登玉虛之壇受九天譜籙

葛洪神仙傳曰嚴青者會稽人也居貧常於山逢一人與青語臨別贈素書一軸但以絜器盛之置高處并教青服石腦法

太平御覽卷第六百七十九

太平御覽卷第六百八十

儀式部一

太常 旂 旌 旆 旗

旐 幡 麾 旄頭 雲罕

黃鉞 豹尾 警蹕

太常

釋名曰九旗之名日月爲常畫日月於其端天子所建言常明

周禮曰司常掌九旗之物名日月爲常

又曰御服氏掌祭祀朝覲袞冕六人維王之太常

禮記曰成王封周公於曲阜命魯公世世祀周公以天子之禮樂是以魯君乘大路載弧韣旂十有二旒日月之章

又曰旂十有二旒龍章而設日月以象天也

旂

釋名曰交龍爲旂旂依倚也通以一赤色爲之無文采諸侯所建也

爾雅曰有鈴曰旂（懸鈴於竿頭畫交龍於旒也）

詩曰載見辟王曰求厥章龍旂陽陽

又曰魯侯戾止言觀其旂其旂茷茷鸞聲噦噦

周禮曰龍旂九斿以象大火也

傳曰臧哀伯諫曰三辰旂旗昭其明也（三辰日月星也畫於旂旗象天之明）

又曰子魚曰以先王觀之則尚德也昔武王克商成王定之選建明德以藩屏周故周公相王室以尹天下所同爲睦分魯公以大路大旂（交龍爲旂同姓以封）

旌

釋名曰析羽爲旌旌精也有精光也

爾雅曰注旄首曰旌（載旄於竿頭也）

周禮曰析羽爲旌九軍士建旌旗句亦如之凡射共獲旌歲時共更旌（取舊與新）

禮記曰武車綏旌（綏垂舒之）德車結旌（不畫綢結謂收斂之也）

左傳曰初衛宣公烝於夷姜生伋子屬諸右公子爲之娶於齊而美公取之生壽及朔屬壽於左公子夷姜縊宣姜與公子朔構伋子公使諸齊將殺之壽子告之使行不可曰棄父之命惡用子矣有無父之國則可也及行飲以酒壽子載其旌以先盜殺之伋子至曰我之求也彼何罪請殺我乎又殺之

又曰楚許伯御樂伯攝叔爲右以致晉師許伯曰吾聞致師者御靡旌摩壘而還

又曰宋公享晉侯于楚丘請以桑林舞師題以旌夏（旌夏大旌也以大旌表識其行列）晉侯懼退入于房去旌卒享而還

詩曰孑孑干旌在浚之城

史記曰蘇秦說楚合從楚王曰寡人自料以楚當秦不見勝也內與羣臣謀不足恃也寡人臥不安席食不甘味心搖搖然如懸旌而無所終薄今主君欲一天下收諸侯存危國寡人謹奉社稷以從

旆

釋名曰雜帛爲旆以新色綴其邊爲翅尾也將帥所建象物雜色也

爾雅曰繼旐曰旆（續旐末爲燕尾）

詩曰蕭蕭馬鳴悠悠旆旌

又曰織文鳥章白旆央央（鳥章鳥隼之文章也央央鮮明貌）

左傳曰晉或以廣隊不能進楚人惎之脫扃少進馬還又惎

之甚教之拔旆投衡乃出
又曰晉侯伐齊齊登巫山以望晉師晉人使司馬斥山澤之險雖所不至必旆而䟽陳之使乘車者左實右僞以旆先輿曳柴而從之齊侯見之其衆也乃脫歸
又曰八月辛未治兵建而不旆（建立旌旗不曳其旆旆游也）壬申復旆之諸侯畏之

旗

爾雅曰錯革鳥曰旟
釋名曰鳥隼爲旟旟譽也軍吏所建急疾趍事則有稱譽矣
周禮曰鳥旟七斿以象鶉火也
詩曰衆維魚矣旐維旟矣大人占之衆維魚矣實維豐年旐維旟矣室家溱溱

旐

釋名曰龜蛇爲旐旐兆也龜知氣兆之吉凶建之於後察事宜之形兆也
爾雅曰緇廣充幅長尋曰旐
周禮曰龜蛇四游以象宮室
詩曰我出我車于彼郊矣設此旐矣建彼旄矣彼旟旐斯胡不旆旆（旆旆旐垂皃）
又曰出車彭彭旂旐央央

幡

釋名曰幡幡也其皃旛旛然也
魏志曰陶謙字恭祖少孤以不羈聞年十四猶綴帛爲幡乘竹馬戲邑中
宋書曰高祖討盧循戰于左里高祖麾之竿折幡沉于水衆咸懼高祖笑曰昔覆舟之役亦如之今勝必矣果破賊

麾

蔡邕月令章句曰麾鳥翼以爲旌幢麾也
魏志曰張遼從征袁尚於柳城卒與虜遇遼勸火戰氣甚奮太祖壯之自以所持麾授遼遂擊大破之斬單于蹋頓

旄頭

史記曰昴星曰旄頭
漢書曰梁丘賀字長翁宣帝祠孝昭廟先驅旄頭劒挺墮（音地）首垂泥中（挺引也劒自然引拔出也）刃嚮乘輿車馬驚於是召賀筮之有兵謀不吉上還使有司侍祠是時霍氏外孫任宣坐逆謀反宣子章夜玄服入廟執戟欲爲逆發覺伏誅
東觀漢記曰東海王強置虎賁旄頭
應劭漢官儀曰舊曰羽林郎爲旄頭放髮駈今但用營士

玄中記曰秦始皇時終南公有梓樹大數百圍蔭宮中始皇惡之興兵伐之天輙大風雨飛沙石人皆疾走至夜瘡合有一人中風雨傷寒不能去留宿夜聞有鬼來問樹言秦王凶暴相伐得不困耶樹曰來即作風雨擊之其柰吾何鬼又曰秦王使三百人被頭以赤絲繞樹伐汝得無敗乎樹漠然無言疾人報秦皇案言伐斷中央有一青牛出逐之入水秦王因立旄頭騎
摯虞决疑録要注曰世祖武皇帝因會問侍臣曰旄頭之義何謂耶侍中彭權對曰秦記云國有奇怪觸山截水無不崩潰唯畏旄頭故使虎士服之衛至尊也中書令張華曰有是言而事不經臣以爲壯士之怒髮踴衝冠義取於此也
徐爰釋疑畧曰乘輿黄麾内羽林班弓箭左罼右罕者熊

皮謂之旄頭
魏武表曰不悟陛下復加後命命置旄頭以比東海

雲罕

徐廣車服注曰雲罕罼罕也
司馬相如上林賦曰弋玄鶴弄干鍼載雲罕掩羣雅
張衡東京賦曰雲罕九游闟戟轇轕
潘岳籍田賦曰五輅鳴鑾九旗揚旆瓊鈒入蘂雲罕晻藹

黃鉞

說文曰鉞大斧也夏執玄戉殷執白戚周左仗黃鉞
字林曰鉞斧也
書曰武王左仗黃鉞右秉白旄
周書曰武王陳牧野既誓以馳商師大崩商辛自燔于火王斬之以黃鉞懸諸大白

左傳曰楚王將戮齊慶封負之斧鉞以徇於諸侯曰無或如齊慶封殺其君弱其孤以盟其大夫封反曰無或如楚恭王之子圍殺其君之子而自立以盟諸侯
漢書曰王莽使司徒王尋鎮洛陽初發長安宿霸昌廐亡其黃鉞尋士房揚素狂直乃哭曰此經所謂喪其資斧者也莽聞乃殺之
吳志曰假陸遜黃鉞吳王親執鞭以見之
晉公卿禮秩曰太尉賈充河間王顒梁王肜司徒王衍安南王亮太傅楊駿東海王越義陽王望齊王攸琅琊王伷東平公苟晞皆假黃鉞
晉書曰石勒王弥寇京師以王衍都督征諸軍持節假黃鉞以伐之
齊書曰高帝輔政王儉議加黃鉞任遐曰此大事應報褚公彥回也帝曰褚脫不與卿將何計遐曰彥回保妻子愛性命非有奇才異節遐能制之果無違異
崔豹古今注曰今斧黃鉞鐵斧玄鉞三代通用之以斷斬今以黃鉞爲乘輿之飾玄鉞諸公王得建之武王以黃鉞斷紂頭故王者以爲戒太公以玄鉞斬妲己故婦人以爲戒漢制諸公建玄鉞以太公助武王斷斬故爲諸公之飾大將出征特加黃鉞者以銅爲之黃金塗刃及柄不得純金也
淮南子曰至精之感無所不通昔武王渡孟津而陽侯之波逆流而擊疾風晦冥武王舉黃鉞瞋目麾之曰予在天下誰敢害吾意者於是風去而波罷遂得濟
又曰國有難召將詔之曰社稷之命在將軍身今國有難願子將而應之將軍受命乃令祝史太卜齋三日之太廟

鑽靈龜卜吉日以受旗鼓君入廟門西面而趍至堂下北面立王親操鉞持頭授將軍柄曰從此上至天者將軍制之又復操斧持頭授將軍其柄曰從此下至淵者將軍制之
世說曰諸葛亮之次渭濱也魏明帝遣辛毗爲軍司宣王既與亮對渭而陣亮設誘譎萬方宣王果大怒憤將應以重兵亮遣間諜視之還曰有一老夫毅然仗黃鉞當軍門立軍不得出亮曰此辛毗也
徐爰釋疑略注曰豹尾黃鉞金鉦舊載馬車晉江左乘馬執之宋元嘉中復舊典

豹尾

崔豹古今注曰豹尾車周制也象君子豹變尾言謙也古軍正建之今唯乘輿焉
漢書曰成帝趙昭儀方大幸每上甘泉嘗從在屬車豹尾

中

晉中興書徵祥說曰海西公初即位忘設豹尾亦服妖也豹尾儀服之主大人所以豹變也西海凡庸不可以主社稷故忘其豹尾示不能終

晉書曰王敦謀逆以沈充錢鳳爲謀主明帝討之使充鄉人沈禎徃吳興喻充以爲司空曰丈夫共事終始當同寧可中道改易禎陳成敗苦勸之充不納率兵臨發謂妻子曰男兒不竪豹尾約不還也

齊書曰高昭劉皇后年十七裴方明爲子求婚酬許已定后夢見先有迎車至猶如常家迎法后不肯去次有迎至龍旂豹尾有異於常后喜而從之既而與裴氏不成婚竟嬪于上

○武昌記曰樊口南百步有樊山孫權獵于山下依夕見一姥問權獵何所得對云正得一豹姥曰何不竪其尾語竟忽然不見因爲立廟以其處楚山神故名爲樊山大姥

蔡邕獨斷曰大駕屬車八十一乘最後一車懸豹尾豹尾已前皆省中

警蹕

周禮曰夏官隸僕掌蹕宮中之事蹕止行者

又曰師氏掌以媺詔王告王以善道也使其屬帥四夷之隸各以其兵服守王之門外且蹕蹕止行人使不得近王宮

又曰鄉士掌大賓客率其屬夾道而蹕

史記曰文帝過渭橋有一人橋下走出乘輿馬驚捕屬之廷尉廷尉曰縣人來聞蹕聲匿橋下久之出見車騎即走耳廷尉張釋之奏此人犯蹕當罰金事見刑法門

漢書曰梁孝王竇太君少子愛之得賜天子旌旗從千車萬騎出稱蹕入言警擬於天子

又曰上官桀與燕王詐上書奏霍光道上稱蹕

續漢書曰建安二十二年命魏王建天子旌旗出警入蹕

東觀漢記曰姚期次貺爲光武賊曹掾從平河北上至薊薊中應王郎上驚去吏民遮道不得行期瞋目道左曰蹕大衆披辟後上即位上笑曰卿欲遂蹕耶

又曰楊秉諫桓帝曰王者至尊出入有常警蹕而行清室而止

漢舊儀曰皇帝出殿則傳蹕止人先置索室清宮而後往

晉書曰桓玄至京都警蹕不絶於音玄篡盜八旬而奔敗

宋書曰竟陵王誕在石頭城內脩乘輿法物習唱警蹕

梁書曰武帝宋明末與兄懿卜居東郊之外范雲亦築室相依梁武每至其所妻常聞蹕聲又常與梁武同宿顧暠之舍妻方產雲在外曰武帝有王者相雲起曰王當仰屬相以見歸因是盡心推事

又曰侯景即位唱警蹕識者以爲名景而言警蹕非久祥也景聞惡之改爲備蹕人又曰備於此便畢矣

周生列子曰庖饌班錯所享不過一味華蓋結駟列道警蹕其榮不過容膝

蘇子曰夫走卒警蹕列呼而行此諸侯之所謂榮華世俗之謂富者也

楊雄甘泉賦曰八神奔而警蹕

太平御覽卷第六百八十

太平御覽卷第六百八十一

儀式部二

鹵簿　班劒

棨戟　節

鹵簿

漢官儀曰漢乘輿大駕儀公卿奉引太僕御大將軍參乘屬車八十一乘備千乘萬騎法駕公儀公卿不在鹵簿中河南尹執金吾洛陽令奉車都尉侍中參乘屬車三十六乘

蔡邕獨斷曰天子出車駕謂之鹵簿有大駕有小駕上所乘曰金根車駕六馬五色安車五色立車各一皆四馬是爲五時副車俗人號之曰五帝車非也

又曰前驅有九旒雲罕闟戟皮軒鑾旗車皆大夫載鑾旗者編羽毛列繫幢旁俗人名之曰鷄翹車非也後有金鉦黃鉞黃門鼓車

又曰古者諸侯貳車九乘秦滅六國兼其服故大駕屬車八十一乘

又曰九乘輿車皆羽蓋金華瓜黃屋左纛金鍐（扗范）方釳繁纓重轂副鎋黃屋者蓋以黃爲裏也左纛者以氂牛尾爲之大如斗在最後左騑馬頭上金鍐者馬冠也高廣各五寸上如三華形在馬髦前方釳者鐵也廣數寸在馬鬛後有三孔垂翟尾其中繁纓在馬膺前重轂者轂外復有小轂施轄

晉諸公贊曰賈后女宣華公主葬皆羽葆鼓吹熊渠次飛爲鹵簿

晉書曰帝自鄴還洛河間王顒將張方遣三千騎奉迎將渡河橋方又以新乘陽燧車青蓋三百人爲小鹵簿迎帝至邙山下

又曰王浚都督幽州和演欲殺浚并其衆演與烏丸單于審登謀之於是與浚期遊薊城南清泉水上薊城内西行有二道演浚各從一道演與浚欲合鹵簿因而圖之值天暴雨兵器霑濕不果而還單于由是與其種人謀曰演圖殺浚事垂克而天卒雨使不得果是天助浚也違天不祥我不可久與演同乃以謀告浚浚密嚴兵夜與單于圍演演持白幡詣浚降浚遂斬之

又載記曰石季龍常以女騎一千爲鹵簿皆着紫綸巾熟錦袴金銀鏤帶五文織成靴遊于戲馬觀上安詔書五色在木鳳之口鹿盧迴轉狀若飛翔焉

宋書曰孝武舉義兵沈慶之有功初慶之嘗夢引鹵簿入厠中慶之甚惡入厠之鄙時有善占夢者爲解之曰君必大富貴然未在旦夕問其故荅云鹵簿故是富貴容厠中所謂後帝也知君富貴不在今主及中興之功自五校至是而登三事

又曰宗劉韞字彥文歷湘雍二州刺史令畫工圖鹵簿羽儀常自披翫以示蔡興宗興宗佯不知指韞所畫形云是誰韞曰是我也其庸如此

又曰顏延之子竣既貴重權傾一朝凡所資供延之一無所受器服不改居宅如舊常乘羸牛車逢竣鹵簿即屏住道側

又曰文帝鎮江陵王華爲西中郎主簿諮議參軍文帝未親政事悉委司馬張邵華性尚物不欲人在己前邵性豪家每行來常引夾轂華出入乘牛車從者不過兩三人以矯

之常相逢華陽若不知是邵謂左右曰此鹵簿甚盛必是殿下乃下牽車立於道側及邵至乃驚

齊書曰虞悰遷太子右率永明八年大水百官戎服救太廟悰朱衣乘車鹵簿於宣陽門外入行馬內驅逐人被奏見原

又曰陳顯達建武世心懷不安深自貶退車乘朽故導從鹵簿皆用羸小

梁書曰朱异起宅東陂窮乎功晚日麗來下酣飲其中每迫曛黃慮臺門將闔乃引其鹵簿自宅至城使捉城門停留管籥

又曰呂僧珍為兗州刺史姊適于氏住市西小屋臨路與列肆雜僧珍常導從鹵簿到其宅不以為恥

南史曰王僧孺為尚書右丞僧孺少孤貧與母鬻紗為業母嘗攜之至市道遇中丞鹵簿驅迫墜溝及是拜日引騶清道悲感不自勝

陳書曰長沙王叔堅與始興王叔陵並招聚賓客各爭權寵甚不平每朝會鹵簿不肯為先後必分道而趨左右或爭道而鬪至有死者

隋書曰晉氏鹵簿御史軺車行中道

班劒

晉公卿禮秩曰諸公及開府位從公者給虎賁二十人持班劒

晉中興書曰大和元年詔曰會稽王其以為丞相給羽葆鼓吹班劒六十人

宋書曰張敬兒加開府儀同既得開府又望班劒語人曰我車邊猶少班蘭物

又曰大明元年制大臣加班劒者不入宮城門泰豫元年班劒依舊入殿

徐爰奏議曰東宮班劒議者不處數案公卿故事給虎賁二十人持劒安平獻王加青蓋九旒前後鼓吹虎賁亦二十人依准此數東宮班劒當不過二十

棨戟

漢書曰韓延壽在東郡植羽葆鼓車功曹引車皆駕駟馬載戟五騎為伍

東觀漢記曰王郎遣諫議大夫杜威持節詣軍門上遣棨戟迎延請入軍威稱說實成帝遺體子輿也上曰設使成帝復生天下不可復得況詐子輿乎

又曰建武元年杜詩為侍御史安集洛陽時將軍蕭廣放縱兵士暴橫民間詩勅曉不改遂格殺廣還以狀聞上召見賜以棨戟復使之河東誅降逆賊楊異等

漢雜事曰奉車都尉竇固征匈奴騎都尉秦彭副令彭別屯彭擅斬軍司馬固奏彭不由督率專賊殺人公卿議皆以為固議是公府掾郭躬以為彭得斬人上曰軍正校尉一統督將何以得專殺躬對曰一統將者謂在部曲也今彭別將軍事至急埶不得關督漢制假棨戟以當斧鉞議者皆屈上從之

吳志曰孫權拜諸葛恪撫越將軍領丹陽太守棨戟武騎三百拜軍令作鼓吹導引歸家時年三十二

又曰陸遜字伯言少為孫權帳下右部督授棨戟督會稽鄱陽丹陽三郡

晉書曰羊祜在軍頗以畋漁廢政嘗欲夜出軍司徐胤執棨當營門曰將軍都督萬里安可輕出今日胤死此門乃開

爾祐改容謝之此後稀出

宋書曰王曇首領驍騎將軍元嘉四年車駕出北堂使三更竟開廣莫門南臺云應須白獸幡銀字棨不肯開門尚書左丞羊玄保奏免御史丞傅隆已下曇首曰既無異勑又闕幡棨雖稱上旨不異單刺其不請白獸幡銀字棨致開門不時由尚書相承之失亦合糺正上特無問更立科條

唐書曰龍朔中左衛大將軍范陽郡公張延師東夷都護儉弟也與兄太僕卿大師次兄儉同時三品宅中棨戟齊列時號三戟張家

又曰徐泗節度李愿奏請換戟有司以官戟五年一換私家不在易限詔以李晟忠勳之家特許之

又曰呂諲爲相有司送戟至宅諲釋縗服以受之時譏其失

襄陽記曰李衡字叔平爲丹陽太守孫休加威遠將軍授以棨戟

荊州先賢傳曰羅獻字令則以秦始三年進位冠軍假節增鼓吹棨戟

崔豹古今注曰殳戟前驅之器也以木爲之後世僭僞無復典刑以赤油韜之亦謂之油戟亦曰棨戟公主以下通之以前驅

王昶謝棨表曰復假臣棨光榮照赫非臣怯弱所當荷受

節

說文曰節信也象相合之形

釋名曰節者號令賞罰之節也

後漢書注曰節所以爲信以竹爲之長八尺以旄牛尾爲眊三重

周禮地官下掌節曰掌守邦節而辨其用以輔王命（邦節者珍圭牙璋穀圭也王有命則別其節之用以授使者輔王命執以行爲信）守邦國者用玉節守都鄙者用角節（都鄙用角節其制未聞）凡邦國之使節山國用虎節土國用人節澤國用龍節皆金也以英蕩輔之（杜子春云函器盛此節或曰英蕩畫函也）門關用符節貨賄用璽節道路用旌節皆有期以反命（門關司門司關也貨賄者主通貨符節宮中諸官府也璽節者今之印章也旌節者今使者所擁也）凡通達於天下者必有節以傳輔之無節者有幾則不達

禮記玉藻曰凡君召以三節二節以走一節以趨（節所以明信輔君命也使使召臣急則持二緩則持一）

傳曰宋襄夫人襄王之姊也昭公不禮焉（昭公適祖母）夫人因戴氏之族（華樂皇皆戴族）以殺襄王之孫孔叔公孫鍾離及大司馬公子卬皆昭公黨也司馬握節以死故書以官（節國之符信也握之以死示不廢命）

公羊傳哀公曰齊景公謂陳乞曰吾欲立舍何如陳乞曰君欲立請立之陽生謂陳乞曰聞子將不立我也陳乞曰夫千乘之主將廢正而立不正必殺正者吾不立子者所以生也與之玉節而走之（節信也折玉與陽生留其半爲後當迎之合以信防稱矯也）

景公死而舍立陳乞使人迎陽生

史記曰袁盎使吳吳王囚之盎解節毛懷之遂歸報吳楚已破

漢書曰劉章已殺呂產帝令謁者持節勞章章欲奪節謁者不肯章遂從與載因節信持斬長樂衛尉呂更始（因謁者所持之節用爲信）還入北軍復報太尉勃勃賀章曰所患獨產今已誅天下定矣

又曰吳王反周丘者下邳人亡命於吳酤酒無行王薄不任周丘乃上說王曰臣以無能不得待罪行間臣非敢求

有所將也願請王以一漢節必有以報王廼與之周丘得
節夜持入下邳至傳舍召令斬之遂召昆弟所善豪吏一
夜得三萬人
又西域傳曰初公主侍者馮嫽能史書習事常持節爲
公主使行賞賜於城郭諸國敬信之號曰馮夫人
又曰蘇武使匈奴單于乃徙武北海上武杖節牧羊卧起
操持節毛盡落
又曰戾太子誅江充初漢節純赤以太子持赤節故更爲
黄毛加上以相別
又曰張騫使月氏匈奴得之謂曰吾欲使越漢肯聽我乎
留騫十餘歲予妻有子然騫持漢節不失
又曰諸葛豐字少季爲司隸校尉刺舉無所避侍中許章
以外屬貴幸賓客犯事與章相連豐案劾章欲奏其事適
逢許侍中私出豐駐車舉節詔章曰下欲收之章馳車去
豐追之許因得入宫門自歸奏於是收豐節司隸去節自
豐始也
又南越傳曰遣韓千秋入越越以兵擊千秋等滅之函封
漢節置塞上好爲慢辭謝罪
又匈奴傳曰漢使王烏等窺匈奴匈奴曰漢使不去節不
以墨黥其面不得入穹廬王烏北地人習胡俗去其節黥
面入穹廬單于愛之
又曰王莽篡位皇孫功崇公宗被誅宗姊妨爲衛將軍王
興夫人祝祖姑被殺婢以絶口事發覺事連及司命孔仁
妻亦自殺仁見莽免冠謝莽使尚書劾仁乘乾車駕坤馬
左蒼龍右白虎前朱鳥後玄武右仗威節左負威斗號曰
赤星非以驕仁乃以尊新室之威命也仁擅免天文冠大

平六八十一　七　張寅

不敬有詔勿劾更易新冠其恠如此
荀悦漢紀曰征和二年長安擾亂言太子反任安受太子
節懷二心要斬
續漢書曰鮑永爲更始大將將兵安集河東赤眉害更始
三輔道絶世祖即位遣諫議大夫儲大伯持節徵永永疑
爲不審收繫大伯封節傳舍壁中遣人持至長安知更始
審亡即發喪出降
東觀漢記曰光武拜岑彭爲刺姦大將軍督察衆營授以
常所持節從平河北
又曰郭丹爲更始諫議大夫更始敗諸將軍悉歸上普獲
封爵丹無所歸節傳以弊布纏裹節合如擔書伏夜行詣
更始妻子奉還節傳因歸鄉里
又曰永平中遣鄭衆北使匈奴衆因上言臣前奉使不爲
匈奴拜單于恚恨遣兵圍臣今復銜命必見凌折臣誠不
忍持大漢節對氊裘獨拜如令匈奴遂能服臣將有損大
漢之強上不聽
又曰温序字次房遷護羌校尉爲隗囂别將苟宇所拘劫
序素氣力大怒叱宇等曰虜何敢迫脅漢因以節撾殺數
人宇曰此義士可賜以劍序受劍銜鬚於口顧左右曰既
爲賊所迫殺無令鬚汚地遂伏劍而死
張璠漢記曰董卓謂袁紹曰劉氏種不足復遺紹勃然曰
天下健者豈唯董公横刀長揖徑出懸節於上東門而奔
冀州
獻帝春秋曰太傅司馬日磾假節循撫州郡袁術在壽春
借節觀之因奪不還日磾失節憂恚而死
魏書曰鎮北將軍劉靜卒朝廷以許允代靜已受節傳出

平六八十　八　寅

止外舍大將軍與允書曰鎮北雖少事而都典一方念足
下震華鼓建朱節歷本州此所謂着繡晝行也允心甚悅
又曰桓範黃初中爲洛陽典農中郎將使持節都督青徐
諸軍事治下邳與徐州刺史鄒岐爭屋引節欲斬岐爲岐
奏不直坐免
吳書曰婁圭字子伯初依劉表後歸曹公曹公向荊州表
子琮降以節迎曹公諸將皆疑曹公以問子伯子伯曰天
下擾攘皆貪王命以自重今以節來必至誠公善之
晉書曰石苞還徐州刺史文帝之敗於東關也苞獨全軍
而返帝指所持節謂苞曰恨不以此授卿以究大事
又曰京師危逼王澄率衆軍將赴國難而飄風折其節柱
又曰何無忌自豫章拒盧循軍敗握節受害
王隱晉書曰段疋磾降石勒常着朝服持晉節勒亦不問

晉中興書曰廣州人背刺史郭訥迎王機遂入廣州訥乃
持節出機就訥求節訥曰昔蘇武不失節人以爲美今寧
可以與賊乎義不可得相與自可遣兵來取之機慙而止
又曰王機篡廣州懼王敦來討杜弢在鬱林與機結好機
勸弢取交州弢至機執節曰節當相與迭持何可獨捉機
遂以節與弢後並爲陶侃所殺
晉永昌起居注曰元帝使司空王導距王敦詔曰以吾征
東時節給司空
晉令曰使信節皆鳥書之
唐書曰潁王璬爲劒南節度大使時玄宗將幸蜀璬赴藩
卒遽不遑受節或說假大槊油囊裹之璬曰但爲眞王何
用假節
漢武內傳曰西王母降殿前有五十大仙童執綵旄之節

俗說曰郗伯弟爲何無忌參軍在尋陽與何共樗蒱得何
百便住何守請求贖決不聽何大怒罵郗曰贛子敢爾取
節來郗猶傲然謂何曰朝廷授將軍三千羸兵狗頭節以
威蠻獠乃復擬議國士與事何便令百人收郗付獄中歌
嘯自若經一日遂置恚

太平御覽卷第六百八十一

太平御覽卷第六百八十二

儀式部三

璽　綬

璽

說文曰璽王者印也以守土故字從土籀文從玉

春秋後語曰秦破魏軍於華陽走我將軍孟卯王使段干太子崇與秦南陽以千金和蘇代謂王曰欲璽者段干木子也欲地者秦也今王使欲地者制璽欲璽者制地魏地不盡則不和言段子木子以地兌秦而來相印且夫以地事秦譬猶以薪救火薪不盡火不滅也王曰是則然矣雖然事始已行不可更矣

史記曰沛公先至霸上秦王子嬰係頸以組封皇帝璽符節降軹道旁

又曰人有告絳侯周勃欲反下捕勃治之文帝曰絳侯綰逆組皇帝璽將兵於北軍不以此時反今居一小縣顧欲反耶

漢書曰初高祖入咸陽得秦璽及即天子位因御服其璽世世傳受號曰傳國璽以孺子未立璽藏長樂宮及莽即位請璽元后后不肯以授莽莽使安陽侯王舜諭旨太后怒罵之曰而屬父子宗族蒙漢家力富貴累世既無以報受人孤寄便奪取其國爲人如此者狗不食其餘若自以金匱符命爲新皇帝當自更作璽何以用此亡國不祥璽我爲漢家老寡婦旦暮且死欲與此璽俱葬終不可得也太后因涕泣舜曰莽必欲得傳國璽寧能終不與耶太后聞舜語切乃出璽投之地以授舜曰我老已知而兄弟今族滅也

又王莽傳曰梓潼人哀章素無行好爲大言見莽居攝即作銅匱爲兩檢署其一曰天帝行璽金匱其二署曰赤帝行璽莽至高廟拜授

又曰王閎王莽叔父哀帝世爲中常侍時董賢爲大司馬帝臨崩以璽綬付賢曰無妄以與人時國無嗣主內外恐懼閎白元后請奪之即帶劍至宣德闥謂賢曰宮車晏駕國嗣未立君受恩深重當俯伏號泣何事久持璽綬以待禍至耶賢不敢拒乃跪授璽綬

後漢書曰涿郡太守張豐執使者舉兵反自稱無上大將軍與彭寵連兵四年祭遵朱祐破之初豐好方術有道士言豐當爲天子以五綵囊裹石繫豐肘云石中有玉璽豐信之遂反及執當斬猶曰肘石有玉璽遵爲椎破之豐乃知被詐仰天歎曰當死無所恨

又曰延熹八年渤海妖賊蓋登等稱太上皇帝有玉印珪璧鐵券相署置皆伏誅續漢書曰時登等有玉印五皆如白石文曰皇帝信璽皇帝行璽其

三無文字

續漢書曰獻穆曹后曹操之女也魏受禪遣使求璽綬后怒以璽綬抵軒下因涕泣橫流曰天不祚此璽

魏志曰太祖崩洛陽時隱陵侯彰行越騎將軍從長安來赴問賈逵先王璽綬所在逵正色曰太子在鄴國有儲副先君璽綬非君所宜問也

又曰太和元年以中山魏昌之安城鄉追封甄逸謚曰敬侯孫豫襲爵初營宗廟掘地得玉璽方一寸九分其文曰天子羨思慈親明帝爲之改容

魏略曰司馬景王廢齊王芳使郭芝入白太后取璽綬太后取璽綬置坐側及迎高貴鄉公又請璽綬太后曰我見高貴鄉公小時識之明白我欲自以璽綬手付之

吳書曰漢大亂天子北詣河上六璽不自隨掌璽者以投

井孫堅討董卓頻軍洛南其井每有五色氣從井中出堅使人浚之得漢傳國玉璽其文曰受命于天既壽永昌方圜四寸上紐交蟠五龍龍上一角缺

蜀志曰太傅許靖等上言先主曰前關羽圍于禁襄陽襄陽男子張嘉王休獻玉璽潛漢水伏於淵泉暉影燭燿靈光徹天夫漢者高祖本所起定天下之國號也大王襲先帝軌迹興於漢中也今天子玉璽神光見璽出襄陽漢水之末明大王承其下流授與以天子位瑞命符應非人力所致

鄧粲晉紀曰江寧民虞迪墾地得白玉麟璽一鈕以獻文曰長壽萬年

晉書曰義陽王威無操行謟附趙王倫倫將篡使威與黄門郎駱休逼帝奪璽綬倫敗惠帝反正曰阿皮捩吾指奪吾璽綬不可不殺阿皮威小字也於是誅威

又曰冉閔子智以鄴來降安西將軍謝尚使濮陽太守戴施應之進據枋頭會冉智行人劉猗至施乃止使猗求傳國璽猗歸以告智智猶豫不許施因遣參軍何融率壯士百人入鄴登三臺助戍譎之曰今且出璽付我凶寇在外道路梗澁亦未敢即送當遣單使馳告天子天子聞璽已在吾邊知卿至誠當遣重兵相援智信之乃出璽付融融詐施施使賫璽馳還璽自秦傳漢漢入魏魏入西晉永嘉末洛京不守璽爲劉聰所得及石勒滅劉氏璽入僞趙冉閔誅石氏又入閔及是四十二年而璽復歸於晉

晉中興書曰義熙十二年左衛兵陳陽於府前淮水中得璽王者不隱其過則玉璧見璽亦璧也

崔鴻十六國春秋前趙録曰河瑞元年汾水中得玉璽高一寸二分方四寸文曰有新保之蓋王莽時璽也獻者因增深海光三字淵以爲已瑞大赦

又前趙録曰光初五年并州牧安定王策獻玉璽一文曰趙盛

又前凉録曰張寔元年蘭池趙嬰上言於青澗水中得一玉璽鈕釦光照水外文曰皇帝璽群寮上賀寔曰何忽有此言乃送之於京師

晉書載記曰石季龍尅上邽遣主簿趙封送傳國玉璽太子玉璽各一于勒

又曰符堅奔五將山姚萇遣將軍吴忠圍之堅衆奔散獨侍御十數人而已神色自若坐而待之召宰人進食俄而忠至執堅以歸新平幽之于別室萇求傳國璽於堅曰萇次膺符曆可以爲惠堅瞋目叱之曰小羌乃敢干逼天子豈以傳國璽授汝羌也圖緯符命何所依據五胡次序無汝羌名違天不祥其能久乎璽已送晉不可得也

又曰冉閔敗石祗僭大號遣其使人常煒聘慕容儁儁使記室封裕詰之曰石祗去歲使張舉請援云璽在襄國其言信不煒曰誅胡之日在鄴者略無所遺璽何從而向襄國此求救之辭耳

又曰冉閔敗將蔣幹以傳國璽送于建鄴慕容儁欲神其事業言曆運在已乃詐云閔妻得之以獻賜號曰奉璽君因以永和八年僭即皇帝位大赦境内建元曰元璽

宋書曰元凶劭既敗時不見傳國璽問劭云在嚴道育處就取得之

又曰蔡興宗拜侍中每正言得失無所顧憚孝武新拜陵興宗負璽陪乘

齊書曰謝朏爲宋侍郎領祕書監及高帝受禪朏當日在

直百僚陪位侍中當解璽朏陽不知曰有何公事傳詔去
解璽授齊王朏曰齊自應有侍中乃引枕卧傳詔懼乃使
稱疾欲取兼人朏曰我無疾何所道遂朝服步出東掖門
乃得車仍還宅是日遂以王儉爲侍中解璽旣而武帝請
誅朏高帝曰殺之則成其名正應容之度外

北史曰后妃傳典琮三人掌琮璽詭器

北齊書曰辛術鎮廣陵獲傳國璽送鄴文宣以璽告於太
廟此璽卽秦所制方四寸上紐交盤龍其文曰受命于天
旣壽永昌二漢相傳又歷魏晉晉懷帝敗没於劉聰聰敗
没於石氏石氏敗晉穆帝永和中濮陽太守戴僧施得之
遣督護何融送于建鄴歷宋齊梁敗侯景得之景敗侍中
趙思賢以璽投景南兗州刺史郭元建送于術故術以進
焉

又曰元暉業天保二年從駕至晉陽於宮門外罵元韶曰
爾不及一老嫗背負璽與人何不打碎之我出此言知卽
死然爾詎得幾時文宣聞而殺之

後周書曰宇文氏其先曰普迴因狩得玉璽三紐有文曰
皇帝璽普迴異之以爲天授其俗謂天曰宇因號宇文國
并以爲氏

唐書曰貞元二年神策將温嘉順得白玉印其文曰天子
之寶獻之卽傳國八寶之一 上卒奉天後失之及是方獲

玉璽譜曰傳國璽是秦始皇所刻其玉出藍田山是丞相
李斯所書其文曰受命于天旣壽永昌漢高祖定三秦秦
王子嬰獻此璽及漢高卽位仍佩之因以相傳故號曰傳
國璽漢昭帝時殿中一夜相驚霍光卽召持節郎取璽郎
不與光欲奪之郎案劒曰頭可得璽不可得光善之明日
遷郎秩二等光後廢昌邑王賀立宣帝光自手解取賀璽
扶令下殿至漢平帝王莽簒位就元后求璽乃出璽投之
於地璽上螭一角缺及莽敗時帶璽綬避火於漸臺商人
杜吳殺莽取綬不知取璽及莽頭公賓就見綬問綬主所
在乃斬莽首并璽與王憲憲得無所送又自乘天子車輦
李松入長安斬憲送璽詣宛上更始赤眉大司馬謝祿至
高陵更始奉璽赤眉赤眉立劉盆子建武三年盆子敗於
宜陽璽還光武孫堅從桂陽入討董卓卓時已焚燒洛邑
徙都長安堅軍於城南見井中旦旦有光軍人莫敢汲堅
乃探得璽初卓作亂掌璽者投于井中故堅得之袁紹有
僭盜意乃拘堅妻逼求之紹得璽見魏舉以向肘魏武惡
之紹敗得璽還漢以禪魏魏以禪晉趙王倫簒立使義陽
王威就惠帝取璽帝不與强奪之晉懷帝永嘉五年王弥

入洛陽執懷帝又傳國六璽詣劉曜後爲石勒所幷璽復
屬勒勒刻一邊云天命石氏此題今不復存勒爲冉閔所
滅此璽屬閔閔敗璽存閔大將軍蔣幹晉鎮西將軍謝尚
遣督護何融至購賞得之以晉穆帝永和八年還江南晉
元帝東度歷數帝無玉璽北人皆云司馬家是白板天子

又曰雍州璽者晉泰光十九年雍州刺史郗恢表慕容永
稱藩奉璽方六寸厚七分上蟠螭爲鼻合高四寸六分四
邊龜文下有八字其文曰受天之命皇帝壽昌鳥篆隱起
巧麗驚絶是慕容所制源其所由未詳厥始也

呂氏春秋曰民之於上若璽於塗印方則方印圓則圓

山陽公載記曰袁術將僭號聞孫堅得傳國璽乃拘堅夫
人而奪之（玉璽譜云袁紹拘堅夫人奪之）

應劭漢官儀曰孔子稱封泰山禪梁父可得而數七十有

二傳曰封者以金泥銀繩印之以璽璽施也信也古者尊卑共之月令曰固封璽春秋傳襄公在楚武子使季冶問璽書而與之是也秦漢以來尊者以爲名乃始避

又曰天子有傳國璽文曰受命於天既壽且康

漢舊儀曰秦已前民皆以金玉銀銅犀象爲方寸璽各服所好漢已來天子獨稱璽又以玉群臣莫敢用也

又曰皇帝六璽皆白玉螭虎鈕文曰皇帝行璽皇帝之璽皇帝信璽天子行璽天子之璽天子信璽九六璽皇帝行璽賜諸侯王書信璽發兵徵大臣天子行璽外國事天子之璽事天地鬼神璽皆以武都紫泥封青布囊白素裏兩端尺一檢中約署

崔浩漢紀音義曰傳國璽是和氏璧作之

趙書曰劉曜於龍門河水中得玉璽文融尅昌曜以爲天

錫神璽膺而受之

石虎别傳曰武鄉長城縣民韓強在長城西山巖石間得玄璽一方四寸厚二寸與璽同文曰受命于天既壽永昌虎以爲瑞

燕書曰元璽六年蔣幹遣太子詹事劉猗齎傳國璽詣晉求救猗負璽行數里天黄霧四塞不得進易取行璽始得去

段龜龍涼州記曰呂光時州人陳冲得玉璽廣三寸長四寸直看無文字向日視之字在腹裏言光當王

王彪之議曰未詳傳國璽造創之始歷代以來揖讓禪位以兹相授故是傳國之守器也

拾遺録曰武王滅紂樵夫牧豎探鳥巢得赤玉璽文曰水德方滅火祚方盛文皆大篆故三分天下而二分歸周

又曰晉太康元年孫皓送六金璽云時無玉工故以金爲印璽

漢武内傳曰西王母佩金剛靈璽

鄧析書曰爲之符璽以信之則并與符璽而竊之

綬

爾雅曰綫綬也（即佩玉之組也所以連繫瑞玉者因通謂之綫也）

禮記玉藻曰天子佩白玉而玄組綬公侯佩山玄玉而朱組綬大夫佩水倉玉而純組綬世子佩瑜玉而綦組綬士佩瓀玟縕組綬

説文曰緺紫青色綬也

應劭漢官儀云綬者有所受以别尊卑彰有德也

又云綬長一丈二尺法十二月闊三尺法天地人

董巴輿服志曰戰國解去綬珮留其絲襚以爲章表秦乃

以采組連結於襚光明章表轉相結綬故謂之綬乘輿黄赤綬四采黄赤縹紺淳黄圭長二丈九尺五百首（太皇太后皇太后皇后皆同又漢官儀云乘輿綬黄地冐白羽青絳緑五采四百首長二丈三尺）王赤綬四采赤黄縹紺淳赤圭長二丈八尺三百首（公主大貴人諸侯皆同又漢官儀云四采絳地冐白羽青黄赤緑二丈一尺二百六首）諸國貴人相國緑綬三采緑紫白淳緑圭長二丈一尺百四十首將軍紫綬二采紫白淳紫圭長一丈七尺百八十首（公主封君同又漢官儀云丞相御史大夫匈奴亦同）九卿中二千石一云青緺綬（緺紫青色緺音瓜）二千石青綬三采青白紅淳青圭長一丈八尺一百二十首（又漢官儀綬羽青桃花縹長丈八尺）自青綬已上縌（音逆）皆長三尺二寸與綬同采而首半之縌者古佩襚也佩襚相迎受故曰縌紫綬之間得施玉環玦千石六百里綬三采青赤紺淳青圭長丈六尺八十首黴（官儀云墨綬白羽青地絳二采長丈七尺）四百丞尉三百長相二百石皆黄綬

一采淳黃圭長丈五尺六十首（又漢官儀太黃綬絲八十首長丈七尺）自黑綬以下繼長三尺綬同采而首半之百石青紺綬一采宛轉繆織圭長丈二尺九先合單紡爲一絲四絲爲一扶五扶爲一首五首成一文文采淳爲一圭首多者絲細少者麤皆廣六寸

史記曰武帝召東郭先生出拜爲郡都尉先生久待詔公車行雪中履有上無下及其拜爲二千石佩青緺之綬也

漢書曰諸侯王高帝初置金璽盭綬（如淳曰盭音戾綟也晉灼曰盭草出琅邪平昌縣）

又曰朱買臣字翁子拜會稽太守上謂之曰富貴不歸故鄉如衣錦夜行買臣頓首謝乃微行懷其印綬步歸郡邸邸吏方與群飲不視買臣買臣共飲酔飽少間守邸微見其綬而引之即會稽太守章也守邸驚出相語掾吏皆去妄誕守邸曰試觀之素輕買臣者入見皆驚走大呼曰實然乃推排庭中拜謁

又曰蕭育字次君與朱博友善人稱曰蕭朱結綬

又曰南越反楊僕拜樓船將軍東越反上復欲使爲將僕甚伐前勞勑責之曰士卒暴露連歲將軍不念其勤勞而造使巧請乘傳行塞因用歸家懷銀黃垂三組誇鄉里是三過也

又曰金日磾兩子賞建俱侍中與昭帝同共卧起賞爲奉車都尉建附馬都尉及賞嗣侯佩侯綬上謂霍將軍曰金氏兄弟兩人不可使俱兩綬耶霍光曰賞自嗣爲侯耳上笑曰侯不在我與將軍乎光曰高帝之約有功乃得封侯時年俱八九歲

又曰莽上漸臺商人杜吳殺莽取其綬

漢名臣奏太大司空朱浮奏曰車府丞宏受詔乘輿綬五采何多黃也可更用赤絲爲地

東觀漢記曰沛王楚王來朝就國明帝告諸王傅相王之子年五歲以上皆令帶列侯綬復送綬十九枚爲諸子在道欲急帶之也

又曰李忠仲都發兵奉世祖封武固侯時無綬上自解所佩綬以賜忠

又曰弟五倫諸王當歸國詔書選三署郎補王家長史除倫爲淮陽王醫工長時簟除者多綬盡但假印倫請於王王賜之綬

又曰馬防爲車騎將軍城門校尉置掾史位在九卿上絶席詔封潁陽侯特以前參醫藥勤勞省闥以襄城羨亭千二百五十户增防身帶三綬寵貴至盛

又曰掠得羌侯君長紫綬十七艾綬二十八黃綬二枚皆入簿責人相國緑綬三綵緑紫白純緑圭公侯將軍紫綬二彩紫白純紫圭公主封君同九卿中二千石青綬三彩青白紅純青圭千石六百石黑綬二彩青紺純青圭四百三百二百石黃綬純黃一彩百石青紺綬一彩宛轉繆織

魏志曰太祖與呂布書國家無好金孤自取家好金更相爲作印國家無紫綬自取所帶綬以藉心

又曰丁謐父斐字文侯建安末太祖征吳斐隨行自以家牛羸困私易官牛被收送獄奪官後太祖嘲斐曰文侯印綬何在斐亦知見戲也對曰以易餅。晉輿服志曰諸假印綬而官不給鞶囊得自具作其但假印不假綬者不得佩綬也

晉書曰衛瓘録尚書事加緑綟綬劍履上殿入朝不趨

晉令曰皇太子及妃諸王纁朱綬郡公主朱綬郡侯青朱綬

梁書曰張纘爲尚書僕射議南郊印綬官若備朝服宜並着綬時並施行

博物志曰光武嫌二千石綬不青而細朱浮議更用青羽

又曰太僕朱浮言詔書曰百官皆帶王莽時綬文不齊因前袁安故綬二李涉等六家所織綬不能具丙丁文能如組狀莫能爲丙丁文謹圖畫一綬丙丁制度賜縑五十疋今王莽時六安都尉留應莫能爲丙丁文謹如武庫給食留晝夜思念諷誦狂癡三十日病愈今文以成請賜縑五十疋

西京雜記曰昭陽殿上設五色流蘇帶以緑文紫綬

又曰趙飛鷰爲皇后其弟上遺五色文綬

蔡邕獨斷曰皇后赤綬玉璽貴人緺綬金印五色也

蔡邕雜章曰相國金印緑綬位在公上所以殊異休烈群臣莫得而齊

新序曰昌邑王取侯王二千石黑綬黄綬與左右佩之龔遂諫曰高皇帝造花綬五等陛下取之而與賤人臣以爲不可願陛下收之

風俗通曰車騎將軍馮組字鴻卿爲議郎發綬笥有二赤虵可長二尺分南北走大用憂怖李山孫字寧方得其先人秘要緄請使卜去君後三歲當爲邊將東北四五千里官以東爲名復五年爲大將軍南征此吉祥也居無幾拜遼東太守會武陵蠻夷黄高攻燒南郡鴻卿以威名素著選登亞將奮熊虎之勢

又曰秦昭王遣李冰爲蜀郡太守開成都兩江闢田萬頃江神每歲須童女二人不然爲水災冰曰以女與神因責之良久有蒼牛鬬於岸上有間冰還謂官屬曰鬬太極可相助也若欲知向南腰中正白者我綬也主簿刺殺北向者神遂絶。管氏易林曰遘凮咋紫綬衣服皆迮之象新

五行書曰懸虎皐門上子孫帶綬

張衡集曰南陽太守鮑得有詔所賜先公綬笥傳世用之時得吏治笥平子爲主簿作銘

陸機吊魏武曰今爲著作郎遊祕閣見魏武遺令云吾衣裳可爲一藏歷官所著者綬内藏中

太平御覽卷第六百八十二

太平御覽卷第六百八十三

儀式部四

印

許愼說文曰印執政所持信也

劉熙釋名曰印信也所以封物爲驗也亦言因也封物相因付也

史記蘇秦曰使我有洛陽負郭田二頃豈能佩印乎

又曰犀首司馬彪曰魏官名也如今虎牙將軍也姓公孫名衍張儀卒後犀首入相秦佩五國相印爲從約長

又曰漢王與酈食其謀撓楚權食其曰今秦失德弃義侵伐諸侯滅六國之後無立錐之地聞陛下德義莫不嚮風慕義願爲臣妾莫若立六國後漢王曰善趣刻印先生因行佩之矣張良從外謁漢王方食具以酈生語告子房曰誰爲陛下畫此計者陛下事去矣漢王曰何哉良曰臣請借前箸爲大王籌之漢王輟食吐哺罵曰豎儒幾敗迺公事令趣銷印

又曰酈寄與典客劉揭說呂祿曰帝使太尉守北軍欲足下之國急歸將印辭去不然禍且起呂祿遂解印屬典客而以兵授太尉太尉將之行令軍中

又曰欒大言方伎乃拜大爲五利將軍居月餘得四印佩天士將軍地士將軍大通將軍印又封大樂通侯天子刻玉印曰大通將軍使者衣羽衣夜立白茅上五利亦衣羽衣立白茅上受印以示不臣也數月佩六印貴振天下

漢書藝文志曰六體者古文奇字篆書隸書繆書蟲書師古曰繆篆謂古文屈曲纏繞所以摹印章也皆所以通知古今文字摹印章書幡信也

又曰酈食其說齊王曰項氏爲人刻印玩而不能授臣瓚曰項羽性吝於爵賞玩惜侯印不能封人韓信傳作刓義兩通

又曰張耳責讓陳餘餘怒曰不意君之望臣深也豈以臣重去將哉乃脫解印綬與耳耳不敢受餘走如廁客有說耳天子不取返受不祥急取之耳乃佩其印遂收其兵由此大有隙

又曰夏侯嬰從捕虜降卒得印一匱

又趙堯傳曰御史大夫周昌爲趙相高祖持御史大夫印弄之曰誰可以爲御史大夫者孰視堯曰無以易堯遂拜爲御史大夫

又曰嚴助曰陛下以方寸之印丈二之組鎭撫方外不勞一卒不損一戟而威德並行如使越人蒙死徼倖以逆執事之顏行文穎曰顏行猶鴈行在前行故曰顏也厮輿之卒有一不備而歸者雖得越王之首臣猶竊爲大漢羞之

又曰武帝遺詔以討莽何羅功封金日磾爲秺侯日磾以帝少不受封輔政歲餘病困大將軍光白封日磾卧受印綬

又曰王莽篡位遣謁者即拜龔勝太子師友祭酒以印綬就加勝輒推不受曰吾受漢家厚恩無以報今老矣旦暮入地豈宜以一身事二姓下見故主哉

又曰王莽篡位遣五威將王駿率甄阜等六人多齎金帛遺單于諭曉以受命代漢狀因易單于印故文曰匈奴單于璽莽更曰新匈奴單于章詔命令上故印左姑夕侯蘇從旁謂單于曰未見新印文宜勿與單于曰印文何由變更遂解故印綬奉上將率受著新綬不能視印飲食至夜迺罷右率陳饒謂諸將率曰嚮者姑夕侯疑印文幾令單

于不與人如今視印見其變改必求故印此非辭說所能辟也即引斧椎壞之明日單于果遣右骨都侯當白將率曰漢賜單于璽言璽不言章又無漢字諸王以下廼有漢言章今即去璽加新與臣下無別願得故印將率示以故印謂曰新室順天制作單于宜承天命奉新室之制當還白單于知已無可柰何又多得賂遺即遣弟右賢王奉馬牛隨將率入謝

又曰王莽篡位莽皇孫功崇公宗坐自畫容貌被服天子衣冠刻印三一曰維祉冠存已夏處南山藏薄冰祉福也冠存已夏處南山就陰宗也藏薄冰亦陰二曰肅聖寶繼莽自謂舜後能肅敬得天寶龜宗欲繼之也三曰德封昌圖宗自言以德見封當昌熾受圖籍也後事發覺驗宗自殺

東觀漢記曰更始立以上爲太常偏將軍時無印得定武侯家丞印佩之

又曰馬援上書曰印書成睪令而睪爲白下羊丞印四下羊尉印白下人人下牛正一縣長吏文不同恐天下不正者多符印所以爲信宜齊同事下大司空正郡國印章奏可

又曰段熲上書曰掠得羌侯君長金印三十一錫印一枚皆簿入

後漢書曰寇恂初爲功曹太守耿況甚重之王莽敗更始立使使者徇郡國曰先降者復爵位恂從耿況迎使者於界上況上印綬使者納之宿無還意恂勒兵入見使者就請之使者不與曰天王使者功曹欲脅之邪恂曰非敢脅使君君者尊之稱也竊傷計之不詳也今天下初定國信未宣使君建節銜命以臨四方郡國莫不延頸傾耳望風歸命今始至上谷而先隳大信隳毀也沮向化之心生離叛之隙將復何以號令它郡乎且耿府君在上谷久爲吏人所親今易之得賢則造次未安不賢秖更生亂爲使君計莫若復之以安百姓使者不應恂叱左右以使者命召況至恂進印綬帶於況使者不得已乃承制詔之況受而歸

又曰獻帝遷許徐璆以廷尉徵當詣京道爲袁術所刼術死軍破璆送前所假汝南東海二郡印綬司徒趙溫謂璆曰君遭大難猶存此邪璆曰昔蘇武困於匈奴不墜七尺之節況此方寸印乎

又曰延熹八年沛國戴異得黃金印無文字遂與廣陵人龍尚等共祭井作符書稱太上皇伏誅

又曰張魯在漢中民有地中得玉印者群下欲尊魯爲漢寧王功曹閻諫以必爲禍先魯從而止

魏志曰袁紹欲立幽州牧劉虞爲帝太祖拒之紹又嘗得一玉印於太祖坐中舉向其肘太祖笑而惡焉

又曰楊奉以天子都安邑醫師走卒皆爲校尉御史刻印不供乃以錐畫示有文字或不時得

又曰許允善相印出爲鎮北將軍將拜以印不善使更刻之如此者三允曰印雖始成而已被辱問送印者果懷之而墜于廁

又曰平原太守劉邠取印囊及山鷄毛着器中使管輅筮之輅曰內方外圓五色成文合寶守信出則有章此印囊也

又曰咸熙元年鎮西將軍衛瓘上雍州兵於成都縣得璧玉印各一印文似成信字依周成王歸禾之義宣示百官相國府

吳志曰劉禪襲位諸葛亮秉政與權連和時事所宜權輒

輒令陸遜報語并刻權印以置其所權每與禪亮書常過示遜輕重可否有所不安便令改以封行之

晉書曰孔愉封餘不亭侯愉曾行經餘不亭見籠龜於路者買而放之溪中流左顧者數四及是鑄侯印而左顧三改如初印工告愉愉悟乃佩焉

又曰趙王倫僭位而以苟且之惠取悅人情金銀冶鑄不給於印故有白板之侯君子耻服其章

宋書曰孔琳之爲尚書左丞楊州中從事史所居著績時責衆官獻便宜琳建言曰夫璽印者所以辨章官爵立契符信官莫大於皇帝爵莫尊於公侯而傳國之璽歷代遞用襲封之印奕世相傳貴在仍舊無取改作今世唯尉一職獨用一印至內外羣官每遷悉改討尋其義私所未達若謂官各異姓與傳襲不同則未若異代之爲殊也若論

其名器雖有公卿之貴未若帝王之重若以或有誅夷之臣忌其凶穢則漢用秦璽延祚四百未聞以子嬰身戮國亡而棄之不佩帝王公侯之尊不疑於傳璽人臣衆僚之卑何嫌於即印載籍未聞其說推例自乖其准而終年刻鑄喪功消實金銀銅炭之費不可稱言非所以因循舊貫易簡之道愚請衆官即用一印無煩改作若新置官官多印少又或零失然後乃鑄則仰裨天府非唯小益

齊書曰巴西人趙續伯反奉其鄉人李弘爲聖王弘乘佛輿以五綵裹青石誑百姓云天與巴王印當王蜀後敗

梁書曰何思澄自廷尉正遷治書侍御史宋齊已來此職甚輕天監初始重其選車前依尚書二丞給三騶執盛印青囊舊事糺彈印綬在前故也

又曰王瑩拜將軍印工鑄其印六鑄而龜六毀既成鎮空不實補而用之居職六日暴卒

後魏書曰祖瑩爲散騎侍郎孝昌中於廣平王第掘得古玉印勑召瑩與黃門侍郎李琰之令辨何世之物瑩云此是于闐國王晉太康中所獻乃以墨塗字觀之果如瑩言時人稱爲博物

又曰高祖詔軍警給雀印傳符次給馬印

又曰高祖承明元年上谷郡人獻玉印有蛟龍之文

唐書曰朱泚遣其將韓旻領兵三千趣奉天時奉天未有武備泚召段秀實與謀秀實詐從之乃與將吏謀殺泚且欲追韓旻兵迴竊姚令言印不遂乃以司農寺印倒印符牒旻莫辨其印遑遽而迴

應劭漢官儀曰印者因也正所以虎紐者陽類虎獸之長取其威猛以執伏群下龜者陰物隨時蟄藏以示臣道功

成而退也孝武皇帝元狩四年令通官印五分王公侯金二千石銀千石以下銅

漢舊儀曰諸侯王黃金橐駝印文曰璽列侯黃金龜紐文曰之印丞相大將軍黃金印龜紐文曰章御史大夫章匈奴單于黃金印橐駝紐文曰章御史二千石銀印龜紐文曰章千石六百石四百石皆銅印鼻紐文曰印章二百石以上皆爲通官印

續漢禮儀志曰印璽柙金鏤大貴人長公主銅鏤

江表傳曰吳歷陵縣有名山臨水高百丈其上三十丈有七穿相傳謂之石印石印神有三郎時歷陵長表言石印文發孫皓大喜遣使祭歷陵使者以高梯上省印文詐以朱書曰楚九州都楊　作天子還以印文啓皓皓曰太平之主非孫復誰以印綬拜三郎爲王

又曰諸葛恪被誅弟融刮金龜印服之而死

抱朴子曰古之入山者佩黃神越章印其闊四寸其字百二十以封泥著所住之四方各百步則虎狼不敢近

崔豹古今注曰奏劾者綿為囊盛印於前示奉法而行非奏劾者以青繒為囊盛印於後

郭子曰大將軍王敦起事丞相導兄弟詣門謝甚有憂色尚書周顗始入丞相呼顗曰伯仁以百口賴卿顗直過不應既入苦相申救甚至既釋顗大悅飲酒致醉而出導等猶在門又呼顗顗不與言顧左右曰今年殺諸賊奴當取一金印如斗大繫肘也

列仙傳曰方回者堯時人至夏桀末為官士為人所劫閉之宮中從求道因化而得去更以方回印封其戶時人言得方回一丸泥門戶不可開

拾遺錄曰禹治水黃龍曳尾於前玄龜負青泥於後玄龜河精之使者龜頷下有印文皆古文作九州山水之字禹所穿鑿之處皆使青泥封記其所使玄龜印其上今之人聚土為界乃遺象也

又曰王溥即王吉之後也傭書於洛美形皃又多文辭來儌其書者丈夫贈其衣冠婦人遺其珠玉一日之中衣寶盈車而歸積粟十廩九族莫不仰其衣食洛陽稱其為善而得富也溥先時家貧穿井得鐵印銘曰傭力得富錢至億庚一土三田軍門主簿後以一億庚錢輸官得中壘校尉三田一土壘字也中壘校尉掌北軍壘門故曰軍門主簿也善積降福明神之報也

博物志曰常山張顥為梁相天新雨後有鳥如山鵲飛翔近地令人擿之墮地為圓石顥令椎破得一金印文曰忠孝侯印顥上之藏之秘府後議郎汝南樊行校書東觀表上言堯舜之時舊有此官今天降印宜可復置

述異記曰張軌字士彥為使持節護羌校尉涼州刺史當相印曰祚傳子孫長有西夏關洛傾陷而涼土獨全在職十三年傳國三世八主一十六載

風土記曰豫章新淦縣令刻印而誤作淦

相印書曰相印法本出陳長文長文以語韋仲將印士楊利從仲將受法以語許士宗私以法術占吉凶十可八九仲將問長文從誰得法長文曰本出漢世又印工宗養以法語程申伯

相印經曰印有八角十二芒印欲得周正上穩下平光明潔清如此皆吉

夢書曰印鈎為人子所保也夢見印鈎人得子含吞印鈎

懷姙婦也失印子傷墮

傅玄印銘曰惟昔先王配天垂則乃設印章作信万國取象晷儀是銘是刻文明慎密直方其德本立道生歸乎玄黑

太平御覽卷第六百八十三

太平御覽卷第六百八十四

服章部一

總叙冠

說文曰冠絭也所以絭髮弁冕之總名也

釋名曰冠貫也所以貫韜髮也

董巴漢輿服志曰上古穴居野處衣毛而冒皮未有制度後世聖人易之以絲麻觀翬翟之文榮華之色乃染帛以効之始作五綵成爲五綏

又曰術氏冠有五彩衣青玄裳前員其制差池四重趙氏靈王好服之今不施用也

白虎通曰人所以有冠者帣也所以帣持髮也人懷五德莫不貴德示成禮有脩飾文章故制冠以飾首別成人也

三禮圖曰緇布冠始冠之冠也太古冠布齋則緇之今武冠則其遺象也太古未有絲繒始麻布耳

又曰建華冠祠天地五郊八佾舞人服之以鐵爲柱卷貫雜大珠九枚

禮記檀弓曰古者冠縮縫今也衡縫（縮從也今禮制衡讀爲橫今冠橫縫以其辟積多）故喪冠之反吉非古也（解時人之喪冠縮縫古冠耳）

又郊特牲曰冠義始冠之緇布之冠也（始冠三加先加緇布冠）太古冠布齋則緇之其緌也（齋則緇之鬼神重幽闇也）孔子曰吾未之聞也冠而敝之可也（三代改制齋冠不用）適子冠於阼以著代也醮於客位加有成也三加彌尊喻其志也（始加緇布冠次皮弁次爵弁冠益尊而志益大）冠而字之敬其名也委貌周道也章甫殷道也毋追（上音牟下音堆）夏后氏之道也周弁殷哻（音詡）夏收三王共皮弁素積（以所不易於先代）

又曰黃衣黃冠而祭息田夫也野夫黃冠黃冠草服也（以息民服象季秋草木黃落）

又玉藻曰始冠緇布冠自諸侯下達冠而敝之可也（本大古耳非時王之法服也）玄冠朱組纓天子之冠也緇布冠繢緌諸侯之冠也（皆始冠之冠也玄冠委皃委諸侯緇布冠有緌尊者飾也繢或作繪緌或作蕤）玄冠丹組纓諸侯之齋冠也玄冠綦組纓士之齋冠也（言齋時所服也四命巳上齋祭異冠也）縞冠玄武子姓之冠也（謂父有喪服子爲之不純吉也武冠卷也古者冠卷殊也）縞冠素紕既祥之冠也（紕緣邊也紕讀如埤益之埤既祥祭而服之也）垂緌五寸惰游之士也（惰游罷民也亦縞冠素紕凶服之象也垂長緌明非既祥）玄冠縞武不齒之服也（所放不帥教者）居冠屬武（謂燕居冠也著冠於武少威儀）自天子下達有事然後緌（燕無事者去飾）

又曰玄冠紫緌自魯桓公始也（蓋僭宋王者之後服也緌當用繢）

又冠義曰冠者禮之始也古者冠禮筮日筮賓所以敬冠事敬冠事所以重禮重禮所以爲國本也

傳曰狄人滅衛齊桓公封衛于楚丘衛國忘亡（志其滅亡之困）

文公大布之衣大帛之冠（用諸侯謫闈之服）

又曰鄭子華之弟子臧奔宋好聚鷸冠（鷸鳥名聚鷸羽爲冠言非法之服）鄭伯聞而惡之使盜誘之八月盜殺之陳宋之間君子曰服之不衷身之災也

又曰衛獻公戒孫文子甯惠子食皆服而朝日旰不召而射鴻於囿二子從之不釋皮冠而與之言

又曰齊侯田于沛招虞人以弓不進使人執而問之辭曰昔我先君之田也旃以招大夫弓以招士皮冠以招虞人臣不見皮冠故不敢進乃舍之

又曰范獻子求貨於叔孫使請冠焉（以求冠爲辭）取其冠法而與之兩冠曰盡矣

詩曰彼都人士臺笠緇撮（緇撮緇布冠也）

穀梁傳哀公曰公會晉侯吳子于黃池吳王夫差曰好冠來孔子曰大矣夫差未能言冠而欲冠也（范甯曰不知冠有差等唯欲好冠）

史記曰高祖時籍孺孝惠時閎孺婉佞貴倖與上卧起故惠帝時郎中皆冠鵕鸃貝帶傅脂粉比閎籍之屬

又曰丞相公孫弘燕見上或時不冠至如汲黯見上不冠不見嘗坐武帳中黯前奏事上不冠望見黯避帳中敬禮如此

漢書曰高祖爲亭長以竹皮爲冠及貴所謂劉氏冠也後令爵非公乘以上毋得冠劉氏冠也應劭注曰竹皮今之鵲尾冠是也

又曰沛公畧地陳留麾下騎士酈食其里中子也食其見之曰沛公吾所欲從騎士曰沛公不喜儒諸客冠來者沛公輙解其冠溺其中未可以儒生說也

又曰杜欽字子夏家富而目偏盲茂陵杜業亦字子夏時人號欽爲盲杜子夏以相别欽惡以疾詆迺爲小冠廣裁一寸由是京師更謂欽爲小冠杜子夏而業爲大冠杜子夏

又曰蓋寬饒初拜衛司馬冠大冠帶長劒躬按行士卒之室

又曰江充召見衣紗縠襌衣冠蟬纚步揺冠上見之曰燕趙固多奇士

又曰王陽與貢禹爲友陽爲益州刺史禹聞之彈其冠以待陽薦陽薦禹於成帝召爲大夫

東觀漢記曰莽居攝子宇諫莽而莽殺之逢萌謂其友人曰三經絶矣不去禍將及人即解冠掛東門而去

又曰段熲滅羌詔賜熲赤幘大冠一具

又曰馬援與公孫述有舊援入蜀述見之甚喜冠之交内之冠立舊交之位

後漢書曰劉虞爲公孫瓚所誅初虞以儉素爲操冠敝不改乃就補其穿及遇害瓚兵捜其内而妻妾服羅紈盛綺飾時人以此疑之

續漢書曰梁冀改輿服别制卑幘狹冠

晉書曰劉暾字長升轉侍御史武庫火尚書郭彰率百人自衛而不救火暾正色詰之彰怒曰我能截君角也暾勃然謂彰曰君何敢恃寵作威作福天子法冠而欲截角乎求紙筆奏之彰伏不敢言衆人解釋乃止

崔鴻十六國春秋前燕録曰慕容廆曽祖父慕容跋見燕代少年多冠步揺冠好之乃斂髮襲冠諸部因呼之爲步揺其後音訛而爲慕容遂以慕容爲氏

又曰慕容儁下書曰周禮冠冕體制君臣畧同中世已來亦无常體今特制燕平上冠悉賜廷尉已下使瞻冠思事刑斷詳平諸公冠悉顔裹屈竹鍮纏作公字以代梁觑施之金璜令僕尚書置璜而已秘監令別施珠璜庶能敬慎威儀示民軌則

齊書曰武帝幸劉悛第帝着鹿皮冠劉悛設兔毛衾於牖中宴樂以冠賜悛至夜乃去

梁書曰陳伯之濟陰睢陵人也年十三四好着獺皮冠

又曰張欣泰爲直閤步兵校尉領羽林監欣泰通涉雅好交結多是名素正直輙着鹿皮冠披素琴有以啓武帝曰將家兒何敢作此舉止

又曰婆利國以瓔珞繞身頭着金長冠高尺餘形如弁綴

以七寶之飾

後魏書曰崔休兼給事黃門侍郎參定禮儀帝常閱故府得舊冠題曰南部尚書崔逞制顧謂休曰此卿家舊事也

唐書曰貞觀中太宗初服翼善冠賜貴臣進德冠因謂侍臣曰幞頭起自周武帝蓋以便於軍容今四海無虞息武事此冠頗採古様兼類幞頭乃宜常服可與袴褶通用

又曰肅宗時司天韓穎奏五官正其官配五方臣請冠上加一星衣從方色

國語曰定王使單襄聘于宋遂假道於陳以聘于楚及陳陳靈公與孔寧儀行父南冠以如夏氏單子歸告王曰陳我大姬之後也棄衮冕而南冠以出不亦簡彝乎（言簡畧常服也）

家語曰哀公問孔子曰昔舜何冠孔子不對公曰有問於子不對何也對曰舜之爲君好生惡殺任能授賢君舍此

不尊而冠是問是以緩對

又曰大夫請冡用白冠氂纓

周書曰成王將加元服周公使人來零陵取文竹爲冠

春秋繁露曰冠之在首玄武之象也玄武貌之最嚴威者其象在後反居首者武之至而不用者矣

春秋合誠圖曰天皇大帝北辰星也含元秉陽舒精吐光居紫宮中制御四方冠有五采

戰國策曰王外謂齊宣王曰王之憂國愛民不若王愛尺縠也王曰何謂外曰王使人爲冠不使左右便辟而使工者何也爲能之也今王治齊非左右便辟無使也臣故曰不如愛尺縠也

桓子新論曰傳記言魏牟北見趙王王方使冠工制冠於前問治國於牟對曰大王誠能重國若此二尺縱則國治且安王曰國所受於先人宗廟社稷至重而比之二尺縱何也牟曰大王制冠不使親近而必求良工者非爲其敗縱而冠不成與今治國不善則社稷不安宗廟不血食大王不求良士而任使其私愛此非輕國於二尺縱之制耶王無以應

又曰宋康王爲無頭之冠以示勇

六韜曰冠雖弊禮加之於首履雖新法踐之於地

莊子曰宋鈃尹文爲華山之冠以自表

又曰盜跖責孔子曰爾詐言造語妄稱文武冠枝木之冠帶死牛之脅搖唇鼓舌擅生是非以迷天下之主

尉繚子曰天子玄冠玄纓諸侯素冠素纓大夫已下練冠練纓

墨子曰昔齊桓公高冠博帶以治其國楚莊王鮮冠組纓

絳衣博袍以治其國

孟子曰陳相道許子之行言於孟子孟子曰許子必種粟而後食乎曰然許子冠乎曰冠曰奚冠曰冠素曰自織之與曰以粟易之曰許子奚爲不自織曰害於耕

韓子曰齊桓公飲酒遺其冠恥之三日不朝管仲曰此有國者之耻公胡不雪之以政公曰善因發囷倉賜貧窮論囹圄出薄罪處三日而民謌之曰公胡不復遺其冠乎

晏子春秋曰景公爲巨冠長衣以聽朝

淮南子曰莊王誅史里孫叔敖制冠浼衣（史里佞臣也惡人死自知當見用故作冠浼衣）

又曰楚莊王好觟（胡瓦切）冠楚國効之也（許慎注曰今力士冠）

又曰冠之於人也寒不能煖風弗能鄣暴不能敵然而戴冠履種者其所自託者然

又曰魯人身善制冠妻善織屨徙於越而大困以有用
遊於不用之鄉也
琑語曰范獻子卜獵命人占之　其繇也曰君子得龜小
人遺冠范獻子獵而無得遺其豹冠
語林曰丞相拜司空諸葛道明在坐王指冠冕曰君當復
著此乎
古今注曰曾參鋤瓜三足烏來萃其冠
漢武内傳曰上元夫人戴九星靈芝夜光之冠西王母戴
太真晨嬰之冠
神仙服食經曰漢武帝閑居未央殿有人乘白雲車駕白
鹿冠芙蓉冠曰我中山衛叔卿也
楚辭曰余幼好此奇服年既老而不衰帶長鋏之陸離冠
青雲之崔嵬

又曰高余冠之岌岌長余珮之陸離
又曰握申椒與杜若冠浮雲之峩峩
摯虞遊思賦曰戴朗月之高冠綴大珠之明璫
傅玄冠銘曰居高無忘危在上無忘敬懼則安敬則正
曹植與陳琳書曰夫披翠雲以爲衣戴北斗以爲冠帶虹
蜺以爲紳連日月以爲珮此服非不美也然而帝王不服
者望殊於天志絶於心矣
張衡七辯曰微霧之冠飛翮之纓

太平御覽卷第六百八十四

太平御覽卷第六百八十五

服章部二

通天冠　進賢冠　遠遊冠　章甫冠
牟追（堆音）　收　冔（況羽切）　委貌冠
高山冠　法冠　武弁　鷸冠
却敵冠　却非冠　巧士冠　方山冠
長冠　樊噲冠

通天冠

三禮圖曰通天冠一曰高山冠上之所服

蔡邕獨斷曰天子冠通天漢制之秦禮無文祀天地明堂平冕鄙人不識謂之平天冠

徐廣輿服雜注曰天子通天冠高九寸黑介幘金博山

徐爰釋問曰通天冠金博山蟬謂之金顏

進賢冠

三禮圖曰進賢冠前高七寸長八寸後高三寸一梁下大夫一命所服兩梁再命大夫二千石所服三梁三命上大夫公侯之服

董巴漢輿服志曰進賢冠古緇布冠文儒者之服也前高七寸後三寸長八寸公侯三梁中二千石已下至博士兩梁千石已下至小史私學弟子皆一梁宗室劉氏亦兩梁

蔡邕獨斷曰進賢冠文官服之漢制尚書兩梁禮無文

徐廣輿服志雜注曰天子雜服介幘五梁進賢冠太子諸王三梁進賢冠

北齊書曰文襄嗣業以前司徒侯景進賢冠賜李繪曰卿但直心事孤當用卿爲三公勿學侯景叛也

遠遊冠

三禮圖曰遠遊冠諸王所服

徐廣輿服雜注曰天子雜服遠遊冠太子及諸王遠遊冠制似通天也天子五梁太子三梁

董巴漢輿服志曰遠遊冠制如通天有展筩横之于前無山

張鏡宋東宮儀記曰皇太子遠遊冠翠緌

魏文帝與于禁詔曰昔漢高脫衣以衣韓信光武解綬以帶李忠誠皆人主當時貴敬功勞今以遠遊冠與將軍

梁書曰天監十四年正月朔旦帝臨軒冠太子于太極殿舊制太子着遠遊冠金蟬翠緌纓至是詔加金博山

淮南子曰楚莊王通梁組纓（高誘曰通梁遠遊冠）

羅浮山記曰王方平着遠遊冠五色綬

章甫

釋名曰章甫殷冠名甫大夫也殷以之表章大夫也

白虎通曰殷統十二月爲正其飾微大故爲章甫

儀禮士冠禮曰章甫殷道也（鄭玄曰章明也殷質言以表明大夫也甫或爲斧所以服行道也）

禮記儒行曰孔子曰丘長居宋冠章甫之冠

論語先進曰赤爾何如對曰宗廟之事如會同端章甫願爲小相焉

莊子曰宋人有資章甫而適於越越人斷髮文身無所用之

孔叢子曰先君相魯三月政化既行頌曰褒衣章甫實獲我所章甫褒衣惠我無私

列仙傳曰稷丘君泰山下道士漢武帝東巡君乃冠章甫擁琴而見之

弁追

釋名曰弁追弁冒也言其形冒髮追追然也

周禮春官曰追師掌王后之首服爲副編次追衡笄鄭司農云追冠名也禮曰弁追夏后氏之道也副者婦人之首服衡維持冠者

儀禮士冠禮曰毋追夏后氏之道也

白虎通曰夏正十三月其飾最大故爲無追無追者言其追大也制冠法天天色玄不失其質夏之冠色純玄

收

釋名曰收夏后氏冠名也言收斂髮也

白虎通曰夏收而祭謂之收者十三月陽氣收本擧生萬物而達出之故謂之收

禮王制曰夏后氏收而祭燕衣而養老

又郊特牲曰周弁殷冔夏收

五經通義曰王冠夏曰收以入宗廟長尺六寸廣八寸前起

史記曰堯黃衣純冠

冔

詩曰殷士膚敏祼將于京厥作祼將常服黼冔黼白與黑也冔殷冠也

白虎通曰殷冔而祭謂之冔者十二月施氣受化冔張而後得牙

禮王制曰殷人冔而祭縞衣而養老

委貌冠

釋名曰委貌其形委曲之貌上小下大

儀禮士冠禮曰委貌周道鄭玄曰委猶安也言以安正容貌也

三禮圖曰玄冠一曰委貌今之進賢則其遺象也夏曰毋追殷曰章甫周曰委貌後世轉以巧意改易其名耳

國語曰周襄王賜晉文公命晉侯端委而入孔晁曰玄端之衣委貌之冠也

白虎通曰委貌者何周朝廷理正事行道德之冠名所謂委貌者周統十一月爲正萬物始萌冠飾最小故爲委貌言委曲有貌也

董巴漢輿服志曰委貌冠以皂絹爲之大射辟雍公卿諸侯大夫冠委貌續漢輿服志同○神異經曰西荒有人不讀五經而意合不觀天文而心通不誦禮律而精當天賜其衣男朱衣縞帶委貌冠女碧衣戴勝皆無縫

高山冠

三禮圖曰高山冠一曰側注高九寸鐵爲卷梁秦制行人使者所服今謁者服之

續漢輿服志曰安帝立太子太子謁高廟洗馬冠高山冠侍御史奏謂不宜事下有司尚書陳忠奏洗馬職如謁者服其服先帝之舊也奏可謁者古一名洗馬

董巴漢輿服志曰高山冠一曰側注如通天謁者僕射所服

太傅南郡胡廣說曰高山冠蓋齊王冠也秦滅齊以其君冠賜近臣謁者服之

傅子曰魏明帝以高山制似通天遠遊乃毀變先形令行人使者服之

會稽先賢像讚曰綦毋文後爲交阯刺史詔賜高山冠

法冠

三禮圖曰法冠一曰柱後惠文一曰獬豸冠柱高五寸以縰裹鐵柱卷秦制法官服之禮不記

蔡邕獨斷曰法冠秦制執法者服之天子冠通天漢制之侍中中常侍皆冠惠文加貂附蟬

董巴漢輿服志曰太傅胡公說春秋左氏傳有南冠而縶者則楚冠也秦滅楚以其服賜執法近臣御史服之

又曰武冠一曰武弁大冠侍中中常侍加黃金璫附蟬爲文貂尾爲飾謂之趙惠文冠

國語曰定王使單襄公聘於宋假道於陳陳靈公與孔寧儀行父南冠以如夏氏留賓不見單子歸告王曰陳侯弁袞冕而南冠以出不亦彝簡乎（簡略彝常也言簡略常服）犯先王之令國其士乎（賈逵曰南冠楚冠也）

漢書曰張敞弟武爲梁相敞遣吏送之曰何以治梁武曰馭黠馬者利其銜策當以柱後惠文彈治之耳（秦獄吏冠柱後惠文冠如淳曰繐蟬也冠細如蟬翅今御史冠也）

又曰昌邑王賀短衣大袴冠惠文冠（服虔曰武冠也趙惠文所服故號惠文）

應劭漢官儀曰侍御史周官也爲柱下史冠法冠一曰柱後以鐵爲柱言其審固不撓或說古有獬豸獸主觸不直故執憲者以其角形爲冠耳

唐書曰侍御史朱放請復置朱衣豸冠於內廓有犯者御史服以彈後御史張著服之以彈京兆尹嚴郢

武弁

三禮圖曰武弁大冠也士服之或曰千歲涸澤之神名慶忌冠大冠乘小車馬好疾馳齊人服之

董巴漢輿服志曰武冠一曰武弁大冠武官冠之侍中常侍加黃金璫附蟬爲飾謂之趙惠文冠

蔡邕獨斷曰武冠或曰繁冠今謂之大冠

魏志曰陳思王植上疏曰臣若得辭遠遊戴武弁解朱組佩青紱乃臣之至願也

徐爰宋志曰武弁世謂籠冠也

鶡冠

應劭漢官儀曰虎賁冠插鶡尾鶡鷙鳥中之果勁者也每所攫撮應爪摧碎尾上黨所貢

董巴漢輿服志曰武冠加雙鶡尾爲鶡冠羽林虎賁冠之鶡鷄勇鬭死乃止故趙武靈王以表武士秦施用之

劉向七畧曰鶡冠子常居深山以鶡爲冠故號冠子

却敵冠

三禮圖曰却敵冠前廣四寸後三寸衛士服之

董巴漢輿服志曰却敵冠制似進賢衛士服之

却非冠

三禮圖曰却非冠宮殿門僕射服高五寸禮不記

又司馬彪續漢書云插以鸞尾

董巴漢輿服志曰却非冠似長冠

巧士冠

三禮圖曰巧士冠前高五寸後相通掃除從官服之禮不記

董巴漢輿服志曰巧士冠高七寸不常服唯郊天黃門從官四人冠之在鹵簿中次乘輿車前以備宦者四星

方山冠

三禮圖曰五彩方山冠各以其綵縠爲之祠廟天子八佾樂五行舞人所服

董巴輿服志曰方山冠似進賢冠以五彩縠爲之

漢書五行志曰昌邑王賀爲王時冠方山冠

長冠

三禮圖曰長冠竹裹高七寸廣三寸漢高祖以竹皮作之世云劉氏冠楚制禮不記

蔡邕獨斷曰小史祠宗廟則長冠

樊噲冠

周遷輿服雜事曰樊噲冠楚漢會於鴻門項羽圖危高祖樊噲聞急乃裂衣苞楯戴以爲冠排入羽營

董巴漢輿服志曰樊噲造次所冠以入項羽軍廣九寸前後各出四寸制似冕司馬殿門衛士服之

太平御覽卷第六百八十五

太平御覽卷第六百八十六

服章部三

冕　纓　弁

冕

說文曰冕大夫以上冠邃延垂旒紞纊昔者黃帝初作冕

釋名曰祭服曰冕冕猶俛俛平直皃也玄上纁下前後垂珠有文飾也

白虎通曰麻冕者何周宗廟之冠也十一月之時陽氣俛仰黃泉之下萬物被施如冕前俛而後仰故謂之冕也所以用麻爲之者女功之始示不忘本不以皮反太古未有禮文之服也

又曰冕所以前後邃延者何示進賢退不能也垂旒者示不視邪纊塞耳示不聽讒故水清無魚人察無徒明不尚

極知下故禮曰天子玉藻十有二旒前後邃延也

世本曰黃帝作旃冕（宋均曰通帛爲旃冕冠之有旒應劭云周始垂旒也）

又三禮圖曰黃帝戴黃冕

周禮曰弁師掌王之五冕朱裏延紐（冕綖之覆也紐小鼻貫所貫）五采繅十有二就（繅合五色絲爲之垂之延之前後各十有二所謂邃延也就成也繩之每一匝而貫五采玉十二旒則十二王也）

又曰司服掌王之服祀昊天上帝則大裘而冕祀五帝亦如之（六服同冕）享先王則袞冕享先公射享則鷩冕祀四望山川則毳冕祭社稷五祀則絺冕祭羣小五祀則玄冕

禮曰有虞氏皇而祭周人冕而祭（皇冕屬畫羽飾之）

又曰諸侯冕而舞大武諸侯之僭禮也

又曰王戴冕璪十有二旒則天數也

又曰玄冕齋戒鬼神陰陽也（陰陽夫婦）

又曰天子之冕朱綠藻十有二諸侯九上大夫七下大夫五士三此以文爲貴也

又曰魏文侯問於子夏曰吾端冕而聽古樂則唯恐卧（鄭玄曰端玄衣）

又曰君子端冕則有敬色

大戴禮曰古者冕而前旒所以蔽明黈纊塞耳所以揜聽也

書曰王麻冕黼裳由賓階隮（鄭玄曰三十外布冠也）卿士邦君麻冕蟻裳入即位（蟻謂色玄也）太保太史太宗皆麻冕彤裳

左傳曰晉士會帥師滅赤狄晉侯請于王以冠冕命士會將中軍且爲太傅

又曰公還及方城季武子使公冶問（問公起居公冶季氏屬大夫）公與公冶冕服（以卿玄冕賞之）固讓而後受公冶疾聚其臣曰我死必無以冕服斂非德賞也（言公畏季氏而賞其使非以我有德）

又曰王使詹桓伯辭於晉曰我在伯父猶衣服之有冠冕木之有本源民人之有謀主伯父若裂冠毀冕拔本塞源專棄謀主雖戎狄其何有余一人

論語曰子曰禹吾無間然矣菲飲食而致孝乎鬼神惡衣服而致美乎黼冕

又曰子曰行夏之時乘殷之輅服周之冕

又曰麻冕禮也今也純儉吾從衆

國語曰周襄王賜晉文公命晉侯端委而入大宰以王命命之冕服內史贊之三命而後即冕服

家語曰子路問於孔子曰有人於此被褐而懷玉如何子曰國無道隱者可也國有道則袞冕而執玉

五經通義曰冕制奈何禮器曰冕冠長六寸廣八寸員前

冕繅布在上五采組十二旒夏殷之冕如周制矣其旒色異夏冕黑白赤組旒殷冕黑黄青組旒

應劭漢官儀曰周冕與古冕畧等周加垂旒天子前後垂真白珠各十二

蔡邕獨斷曰漢明帝採尚書臯繇及周官禮記以定冕制皆廣七寸長尺二寸係白珠于其端十二旒三公及諸侯九旒卿七旒

又曰祀天地明堂平冕

崔豹古今注云牛亨問曰冕旒如繁露何也荅曰綴而下垂如露之繁多故曰繁露

摯氏決疑要注曰秦除六冕之制明帝（漢明帝也）永平中使諸儒案古文始復造衮冕

符子曰龍逢諫桀曰臣觀君之冕非冕冕危石觀君之履非履履春冰未有冠危石而不壓蹈春氷而不陷也

陳壽益部耆舊傳曰郭賀拜荊州刺史明帝巡狩到南陽特見嗟嘆賜以三公之服黼黻旒冕勑去幨露冕使百姓見此衣服以彰其德

何法盛晉中興曰初中興儀服不備又冕旒飾以翡翠珊瑚雜珠顗和奏舊冕十二旒皆用玉今不能得玉可用白琁珠於是始下太常治改

王智深宋記曰明帝詔曰朕以大冕郊祀天宗祀明堂以法冕祀太廟元正大會朝諸侯以絺冕小會宴饗餞送諸侯臨軒命王公以繡冕征伐不賓講武校獵

隋書曰六等之冕皆有黈纊黄綿爲之其大如橘自皇太子以下並單導青纓

纓

說文曰纓冠系也緌系冠纓也

釋名曰纓頸也自上而下繫於頸也

禮曰玄冠丹組纓諸侯之齋冠也玄冠綦組纓士之齋冠也

又曰玄冠紫緌自魯桓公始也

傳曰石乞盂黶敵子路以戈擊之斷纓子路曰君子死冠不免（不使冠在地）結纓而死

漢書曰冠高山之冠飛羽之纓

又曰終軍字子雲濟南人上書請受長纓必覊南越王而致之闕下乃使使越越王舉國內屬

又曰江充召見犬臺宮（晉灼曰黄圖上林有犬臺宮也）冠蟬纚步摇冠飛翮之纓（張晏曰冠蟬纚小步則摇纓隨冠而動若鳥翮然）

晉書曰石季龍子義陽公鑒時鎮關中役煩賦重失關右

之和其女官李松勸鑒文武有長髮者拔爲冠纓餘以給宮人季龍聞之大怒以其右僕射張離爲雍州刺史以察之信然徵鑒還鄴收松下廷尉

後魏書曰李彪嘗使齊着大頭纓纓裾至胷張融笑之曰北國士大夫帽裾亦有等級不彪曰上士至胷中士至頸下士之徒蓋髮而已

山海經曰拘纓之國一手把纓

管子曰桓公親郊管仲誡纓捷衽

孟子曰孺子歌曰滄浪之水清兮可以濯我纓（楚詞同）

莊子曰昔趙惠文王喜劒太子患之募左右孰能說王左右曰莊子當能太子乃使人以千金奉莊子莊子不受與使者俱往太子曰吾王所見唯劒士蓬頭突鬢冠曼胡之纓短後之衣瞋目而語難王乃說之今大夫必儒服而見

王事必大逆莊子曰請爲劒服

又曰原子居衛正冠而纓絶歛衿而肘見（言貧也）

淮南子曰聖人見鳥獸鬚胡之制作緌纓之首飾

韓子曰鄒君好服長纓左右皆作長纓纓甚貴鄒君患之問左右左右對曰君服之百姓亦多服是故貴鄒君因先自斷其纓而出國中皆不服長纓

說苑曰楚莊王賜群臣酒日暮燭滅乃有人引美人之衣者美人援絶其冠纓告王趣火來視絶纓者王曰賜人酒使醉失禮柰何欲顯婦人之節而辱士乎乃命皆絶去其冠纓

尉繚子曰天子玄冠玄纓諸侯素冠素纓自大夫以下皆皂冠皂纓

後漢崔駰達指曰有事則褰裳濡足無事則攝纓整衿

魏徐幹齊都賦曰纖纚細纓輕配蟬翼自尊及卑須我元服

晉陸機詩曰冠冕無醜士長纓皆雋民

晉成公綏七唱曰瓊弁曜首王纓照目

宋謝靈運七濟曰翠緌媚眉朱裳妍形

劉梁七舉曰華組之纓從風紛紜

弁

釋名曰弁如兩手相合抃時也以爵韋爲之謂之爵弁以鹿皮爲之謂之皮弁以韎韋爲之謂之韋弁也

系本曰魯昭公作弁（宋均曰作素弁也）

五經通義曰皮弁冠前後玉飾

白虎通曰皮弁者何謂也所以法古至質冠之名也弁之爲言攀也所以持髮也上古先賢服鹿皮取其文章也故禮曰三王共皮弁素積爵弁何謂也其色如爵頭周人宗廟士之冠也周尚赤所以不純赤但如爵頭也

三禮圖曰爵弁士助君祭之服以祭其廟無旒韋弁王及諸侯兵服也

三禮冠弁圖曰皮弁以鹿皮淺毛黄白色者爲之高尺二寸春三月習大射冠之行事

輿服志曰皮弁與委貌同制長七寸高四寸制似覆杯前高廣後卑鋭所謂夏之毋追（上音牟下音堆）殷之章甫者也行大射禮辟雍公卿諸侯大夫行禮者冠委貌執事者冠皮弁衣都麻衣

董巴輿服志曰爵弁一名冕廣八寸長二寸如爵形前小後大其上似爵頭色有收持笄所謂夏收殷冔（況羽切）者也祠天地五郊明堂雲翹舞樂人服之

詩曰淑人君子其帶伊絲其帶伊絲其弁伊騏（毛萇曰騏其文也弁皮弁也）

又曰有匪君子充耳琇瑩會弁如星（弁皮弁所以會髮也）

又曰有頍（丘弭切）者弁實維伊何

又曰側弁之俄屢舞傞傞

禮曰三王共皮弁素服

又曰祭之日王皮弁以聽祭報

又曰太學始教皮弁祭菜示敬道也

又曰古者天子諸侯必有公桑大昕之朝君皮弁素積卜三宮夫人桑于公桑

左傳曰楚子玉自爲瓊弁玉纓未之服也先戰夢河神謂已曰畀予予賜汝孟諸之麋

又曰天王使劉定公勞趙孟於潁館於洛汭劉子曰美哉

禹功明德遠矣微禹吾其魚乎吾與子弁冕端委以治民臨諸侯禹之力也

周禮曰司服掌王之吉凶衣服凡兵事韋弁服（鄭玄曰以韎韋爲弁又以爲衣裳春秋傳曰晉郤至衣韎韋之跗注是也）眡朝則皮弁服（鄭玄曰視朝視內外朝之事也皮弁之服十五升白布衣積素以爲裳也）凡甸冠弁服（鄭玄曰甸獵也冠弁委貌也其服緇布衣亦積素以爲裳諸侯以爲視朝之服）凡凶事服弁服（弁服喪冠也其服斬衰齊衰）凡弔事弁絰服（弁絰者如爵弁而素加環絰）

又曰弁師掌王之皮弁會五采玉璂象邸玉笄（璂結也皮弁之縫中貫結五采玉以爲飾邸下柢也以象骨爲之）諸侯及孤卿大夫之冕韋弁皮弁弁絰各以其等爲之

儀禮曰士冠服爵弁服（鄭玄曰此與君祭之服同也）

穀梁曰弁冠雖舊必加於首周室雖衰必先諸侯

家語曰諸侯皮弁以告朔于太廟卒朔然後服之以視朝

漢書曰韓延壽爲穎川太守令文學校官諸生弁執俎豆

又曰王莽初獻新樂於明堂太廟羣臣始冠麟韋之弁

魏志曰帝以楊彪故漢太尉使着鹿皮冠彪辭讓不聽竟着布單衣皮弁以見

隋書曰新羅嘗遣使朝貢李子雄至朝堂與語因問其冠制所由其使者曰皮弁遺象安有大國君子而不識皮弁也子雄因曰中國無禮求諸四夷使者曰自至已來此言之外未見無禮憲司以子雄失詞奏劾其事竟坐免

又曰何稠叅會今古多所改創魏晉以來皮弁有纓而無笄導稠曰此古田獵之服也今服以入朝宜變其制故弁施象牙簪導自稠始也

鄴中記曰石季龍宮婢數十盡着皂褠頭著神弁如今之禮先冠也

太平御覽卷第六百八十六

太平御覽卷第六百八十七

服章部四

幘　帽　巾　接離　幞日

幘　幘

釋名曰幘賾也下齊眉賾然也

楊雄方言曰覆髻謂之幘巾或謂之承露或謂之覆髻皆趙魏之間通語也

應劭漢官儀曰幘古卑賤執事不冠者之所服也

徐廣輿服雜注曰天子郊廟則黒介幘

漢書曰武帝從館陶公主飲董偃緑幘傅韝伏殿下乃贊曰館陶公主庖人臣偃昧死再拜謁

後漢書曰劉盆子探得符後棄之復還依俠卿俠卿爲制絳單衣半頭赤幘（幘巾所以覆髻也續漢書曰童子幘無屋示未成人也半頭幘即空頂幘也其上無屋故以爲名董仲舒繁露曰以赤統者幘尚赤盆子承漢統故用赤也東宮故事曰太子有空頂幘一枚即半頭幘之制也）

東觀漢記曰光武初起與諸李市弓弩絳衣赤幘

又曰詔賜段熲赤幘大冠一具

又曰馬援外類儻蕩簡易而內重禮事寡嫂雖在閨內必幘然後見

又曰馬援初見帝令中黃門引入上在宣德殿南廡下但幘坐援曰陛下何知臣非刺客姦臣而簡易若是

謝承後漢書曰巴祗字敬祖爲楊州刺史黒幘毀壞不復改易以水澡墨傅而用之（許慎說文曰澡洗也）

續漢書曰許劭字子將劭知人入幘肆拔樊子昭

袁暐漢獻帝春秋曰孫堅屯梁東爲董卓所攻衆少而不敵與其驍騎潰圍得出常著赤罽幘卓騎追堅堅脫罽幘令親近將祖茂著之堅從間道得去

吳書曰顧悌字子通疾篤妻出省之悌命左右自扶起冠幘加襲令妻還返貞潔不瀆如此

晉書曰庾敳字子嵩性儉家富劉輿說東海王越令就換錢千萬冀其有吝因此可乘越於衆坐中問敳敳頽然已醉幘墮机上以頭就穿取徐荅云下官家故有兩千萬隨公所取矣輿於是乃服越甚悅

又曰易雄字興長長沙瀏陽人也少爲縣吏自念卑賤無由自達乃脫幘挂縣門而去

宋書曰檀道濟數拒魏有功及誅憤怒氣盛目光如炬俄爾間引飲一斛乃脫幘投地曰乃壞汝萬里長城

齊書曰卞彬字士蔚濟陰冤朐人也祖嗣之中領軍父延之弱冠爲上虞令有剛氣會稽太守孟顗以令長裁之積不能容脫幘投地曰我所以屈卿者政爲此幘耳今已投之卿以一世勳門而傲天下國士拂衣而去

梁書曰謝舉臨川始興諸王常所遊踐邵陵王綸於婁湖立園廣讌酒後好聚衆賓冠手自裂破投之唯臺舉莫敢言舉甞預宴王欲取舉幘舉正色曰裂冠毀冕下官弗敢聞命拂衣而退王屢召不反甚有慙色

北齊書曰平秦王歸彥顙骨三道着幘不安文宣見之怒使以馬鞭擊其額血被面曰爾反時當以此骨嚇漢後歸彥竟反云

漢官儀曰謁者著絅幘大冠

司馬彪續漢書曰梁冀改易輿服之制作平上軿車厭幘狹冠也

衛宏漢舊儀曰凡齋紺幘耕青幘

周遷輿服雜事曰漢桓帝延熹中梁冀誅後京師作幘皆顔短耳長短上長下以爲服袂

董巴漢輿服志曰古者有冠無幘秦加其武將首飾爲絳袹以表貴賤後稍作顔題漢興續其顔却結之施巾連題却覆之今喪幘是也至孝文乃高顔續爲之耳崇其巾爲屋貴賤皆服之

蔡邕獨斷曰漢元　帝額有壯髮不欲使人見始進幘服群臣皆隨焉尚無巾王莽頭禿因施巾故里語曰王莽禿幘施屋

傅暢晉公卿禮秩曰中書監令着介幘

晉氏要事曰哀帝隆和元年太學博士曹弘之等議立秋貙讀令不應着緗幘改爲素

英雄記曰公孫瓚字伯珪上計吏郡太守劉基以事公車徵伯珪著衣平幘御車洛陽身執徒養

張敞晉東宮舊事曰太子衣冠有空頂幘一○摯虞決疑曰凡救日蝕者皆著赤幘以助陽也侍臣皆赤幘帶劍

干寶搜神記曰昔魏武軍中無故作白帢此喪徵也初横縫其前名之曰顔帢永嘉初乃去其縫名無顔幘其後二年四海分崩下人悲歎無顔以生也

廣志曰交阯蒼梧俗以翡翠爲幘

董仲舒止雨書曰執事者赤幘由是言之知不著冠之所服也

裴啓語林曰晉明帝年少不倫常微行詔喚人以衣幘迎之涉水過衣幘悉濕元帝已不重明帝忽復有此以爲無不廢理既入幘不正元帝自爲正之明帝大喜

劉楨答魏文帝書曰南垠之金登窈窕之首貂蟬之尾綴

侍臣之幘

魏武遺令曰吾有頭病自先着帽幘持大服如存時勿遺

陸雲與兄書曰一日案行視曹公器物有一介幘如吳幘

帽

釋名曰帽冒也

釋志曰楊阜字義山拜城門校尉嘗見明帝着帽披縹綾半袖阜問帝曰此於禮何法服也帝默然不荅自是不法服不以見阜

又曰管寧在家恒着皂帽布襦隨時單複

魚豢魏略曰夫餘國以金銀飾帽

韋昭吳書曰朱然破魏將李典等軍斬首五百級得鼓車三乘拜然左大司馬加錫御纖成帽

又曰陸遜破曹休於石亭還上脫翠帽以遺遜

晉書曰王濛字仲祖美姿容居貧帽敗自入肆買之嫗悅其貌爭遺新帽

蕭方等三十國春秋曰石季龍將獵輒冠金縷之帽

又陸翽鄴中記云季龍獵着金縷織成合歡帽

宋書曰沈慶之隨宗慤等伐沔北諸山蠻大破之威震諸山羣蠻皆稽顙慶之患頭風好着狐皮帽群蠻惡之號曰蒼頭公

又曰元凶劭始生三日帝往視之簪帽甚堅無風而墜于劭側上不悅

又曰何尚之大明二年以左光祿開府儀同三司侍中如故尚之在家常着鹿皮帽及拜開府天子臨軒百僚陪位沈慶之於殿庭戲之曰今日何不着鹿皮冠

蕭子顯齊書曰東昏侯自造遊宴之服綴以花采錦繡群

小又造四種帽帽因勢爲名一曰山鵲歸林者詩曰鵲巢夫人之德東昏寵嬖淫亂故鵲反數二曰兎度坑天意言天下將有逐兎之事也三曰反縛黃離嚾黃口小鳥也反縛之應也四曰鳳凰度三橋鳳凰者嘉瑞三橋梁王宅處也

又曰永明中蕭諶開博風帽後蔂之製又爲破後帽世祖崩後建謀廢立誅滅諸王

又曰茹法亮吳興武康人也爲前軍延昌殿爲世祖陰室藏諸御高宗即位開陰室出世祖白紗帽防身刀法亮歔欷流涕

又曰徐龍駒常住含章殿著黃綸帽被貂裘南面向案代帝書勑

又曰豫章王嶷妃庾氏嘗有疾瘳上幸嶷邸後堂設金石樂宮人畢至登桐臺使嶷著烏紗帽因極宴盡歡

梁書曰到溉嘗夢武帝遍見諸子至湘東而脫帽與之於是密敬事焉

又曰初賀革之江陵也意甚不悅過別御史中丞江革以情告之革曰吾嘗夢主上遍見諸子唯至湘東王所手脫帽以與之此人後必當璧卿其行乎

又曰沙門寶誌忽重着三布帽亦不知於何得之俄而武帝崩文惠太子豫章文獻王相繼薨

又曰鄧至國其俗呼帽曰突何

又曰倭國男女皆露髻富貴者以錦繡雜采爲帽似中國胡公頭

又曰庾弘遠字士操清實有士譽仕齊爲江州長史刺史陳顯達舉兵敗斬於朱雀航將刑索帽着之曰子路結纓

吾不可以不冠而死

又曰桓崇祖爲豫州刺史魏攻壽春崇祖著白紗帽肩輿上城決水破之

後魏書曰辛紹先有至孝性丁父憂三年口不甘味頭不櫛沐髮遂落盡故常垂裙皂帽

又曰高昂轉司徒公好著小帽世因稱司徒帽

北齊書曰齊制宮內唯天子紗帽臣下皆戎帽特賜平秦王歸彥紗帽以寵之

後周書曰獨孤信在秦州嘗因獵日暮馳馬入城其帽微側詰旦而吏人有戴帽者咸慕信而側帽焉

隋書曰後周之時著突騎帽如今胡帽垂裙覆帶蓋索髮之遺象也又文帝項有瘤疾不欲人見每常著焉相魏之時著而謁帝故後周一代將爲雅服小朝公宴咸許戴之

唐書曰代宗時禁民皂衫壓耳帽以異官健

西京雜記曰趙飛燕爲皇后其弟在昭陽殿遺飛燕書曰今月嘉辰貴姊懋膺大冊上遺金花紫綸帽以陳踴躍

孟嘉別傳曰嘉爲桓溫參軍九月九日溫遊龍山參寮畢集時佐吏並戎服有風吹嘉帽墮初不覺良久如廁溫命還之授孫盛紙筆嘲之置嘉坐處嘉還見之請筆即荅四坐嗟歎

幽明錄曰安開者安成之俗師也善於幻術時王凝之爲江州向王當行陽爲王刷頭簪荷葉以爲帽與王著當時亦不覺帽之有異到坐之後荷葉乃見舉坐驚駭王不知

魏文帝與劉曄書曰劉生帽裁製微不長有似里父之服

孟達與諸葛亮書曰貢白綸帽一頭以示微意○劉謐之下野賦曰頭戴鹿心帽足著狗皮靴面傅黃灰滓鬢插蕪菁

北男女四五人皆如燒蝦蟆

東晳近遊賦曰帽引四角之縫裏有參條之殺

又曰老公戴合歡之帽少年著蕞角之巾

巾

釋名曰巾謹也二十成人士冠庶人巾當自謹修四教也

方言曰兩複結謂之幘巾或謂之承露巾或謂覆髮巾也

續漢書曰鉅鹿張角自稱天師弟子數十萬人始起兵皆著黃巾以相識別故世謂黃巾賊

後漢書曰光武徵鮑永永疑不至及更始亡乃發去上將軍列侯印綬悉罷兵但幅巾與諸將詣河內（幅巾謂不著冠但幅巾束首也）

又曰何進表隗欲特表陳寔以不次之位寔謝曰久絕人事飾巾待終而已

又曰曹操既猜嫌忌孔融令丞相軍謀祭酒路粹枉狀奏融云位為九列不遵朝儀禿巾微行唐突宮掖

魏志曰諸葛亮出斜谷司馬宣王拒之堅壁不與戰亮致巾幗婦人之飾以怒宣王

又曰華歆為豫章太守孫策略地江東歆知策善用兵乃幅巾迎策

蜀書曰諸葛武侯與宣王在渭濱將戰宣王戎服涖事使人視武侯乘素輿葛巾毛扇指麾三軍皆隨其進止宣王聞而嘆曰可謂名士矣

鄧粲晉書曰王敦欲伐甘卓遣使送大巾

又曰謝万字万石簡文辟為從事中郎著白綸巾鶴氅裘版而前帝與談移日

沈約宋書曰陶潛在家郡將侯潛值其酒熟取頭上葛巾漉酒還復著之

梁書曰武帝賜陶弘景以鹿皮巾後屢加禮聘並不出

又曰賀德基少遊學都下積年不歸衣資罄乏又恥服故弊盛冬止衣袷襦袴嘗於白馬寺前逢一婦人容服甚盛呼德基入寺門脫白綸巾以贈之仍謂曰君方為重器不久貧寒故以此相遺耳問姓名不答而去

又曰武帝與何點有舊及踐阼手詔論舊賜以鹿皮巾等召之點以巾褐引入華林園

又曰王僧孺遷尚書左丞俄兼御史中丞僧孺幼貧其母鬻紗巾以自業

後周書曰宣政元年初服常冠以皂紗為之加簪而不施纓其制若今之折角巾也

唐書曰張易之同休嘗請公王大臣宴於司禮寺因謂御史大夫楊再思曰公面似高麗請作高麗舞再思忻然剪紙自帖其巾反紫袍遂作之

陸翽鄴中記曰皇后出女騎一千為鹵簿冬月皆着紫綸巾熟錦袴褶

郭林宗別傳曰林宗嘗行陳梁間遇雨故其巾一角沾而折二國學士著巾莫不折其角云作林宗巾其見儀則如此

傅子曰漢末王公多以幅巾為雅是以袁紹之徒雖為將帥皆著縑巾

張華博物志曰魏文帝彈碁能用手巾角時有一書生又能低頭以所冠葛巾角撇碁○羊祜與從弟護軍書曰年已朽老既定邊事當角巾東路還歸鄉里

接離

郭璞注爾雅曰白鷺翅上有長翰毛江東取爲接離

世説曰山簡爲荆州時酣暢人爲之歌曰山公時一醉逕造高陽池日暮倒載歸酩酊無所知時復乘駿馬倒著白接離舉手謝葛強何如并州兒高陽池在襄陽強是其愛將并州人也

鄣日

晉八王故事曰初趙王倫將篡位洛下童謡曰屠蘇鄣日覆兩耳當有瞎兒作天子于時商農通著大裁障日倫實眇目也

孫楚謝箴曰大恩賜鄣日其器雖小而禮遇甚弘者衛綰錫六劒珎而不用楚雖不敏且受而藏之

太平御覽卷第六百八十七

太平御覽卷第六百八十八

服章部五

貂蟬　簪導　白筆　帢

幗　幓頭纚鬠緌附

貂蟬

徐廣車服雜注曰蟬取清高飲露而不食貂取紫蔚溫潤而光彩不彰灼

又曰武官皆惠文冠本趙服也一名武弁大冠九侍臣加貂蟬愚謂北土寒凉本以貂皮煖附施於冠因遂變而成飾也

應劭漢官儀曰侍中金蟬左貂金取堅剛不朽蟬居高食潔貂內勁悍而外溫潤貂蟬不見傳記者因物論義予覽戰國策乃知昔趙武靈王胡服也其後秦始皇破趙得其冠以賜侍中高祖滅秦亦復如之　末侍中皇權參乘問貂璫何法不知其說復問地震云不爲災還宮左遷議郎

又曰中常侍秦官也漢興或用士人銀璫左貂世祖以來專用宦者右貂金璫

漢書曰燕　王旦郎中侍從者貂羽黃金附蟬

又曰劉向上封事曰今王氏一姓乘朱輪華轂者二十三人皆青紫貂蟬充盈幄內

又曰王莽簒位更漢　黑貂爲黃貂又改漢正朔臘日太后令其官屬黑貂至漢家正臘日獨與其左右相對飲酒食肉

晉書曰趙王倫簒位同謀者咸超階越次不可勝紀至於奴卒厮役亦加以爵位每朝會貂蟬盈坐故時諺曰貂不足狗尾續

又曰劉聰破洛城將懷帝還平陽作赦書以六月十一日破洛羣王十二東手軍門貂蟬羽葆以充王府

又曰阮孚字遥集爲安東府參軍蓬髮飲酒不以王務嬰心後拜散騎常侍性既嗜酒常以金貂換酒爲所司所彈帝宥之

蕭子顯齊書曰侍中世爲親近職魏晉選用稍增華重文帝元嘉中王曇首殷景仁等並爲侍中情任親密景仁與帝接膝共語貂拂帝手拔貂置案上語畢復手插之

又曰王儉以朝儀草創衣服制則未有定準議曰漢景六年梁王入朝中郎謁者金貂出入殿門左思魏都賦云蕭蕭列侍金貂齊光此藩國侍臣有貂明文

又曰張敬兒被收敬兒脫冠貂投地曰用此物誤我

又曰武陵昭王曄武帝即位歷中書祠部尚書巫覡或言曄有非常之相以此自負武帝聞之故無寵未嘗處方岳於御座曲宴醉伏地貂抄肉柈帝笑曰汙貂對曰陛下愛其順毛而踈其骨肉帝不悅

又曰何戢爲侍中上欲轉戢領選問尚書令褚彥回以戢資重欲加散騎常侍彥回曰宋時王球從侍中中書令單作吏部尚書資與戢相似領選職方昔小輕不容頓加常侍聖旨每以蟬冕不宜過多臣與儉已左珥若復加戢則八座便有三蟬若帖以驍游亦不爲少乃以戢爲吏部尚書加驍騎將軍

又曰江淹累遷秘書監侍中衛尉卿初淹年十三時孤貧常採薪以養母曾於樵所得貂蟬一具將鬻以供養其母曰此故汝之休徵也汝才行若此豈長賤耶可留待得侍中

著之至是果如毋言

又曰周盤龍爲東平太守求解職見許還爲散騎常侍武帝戲之卿著貂蟬何如兜鍪盤龍曰此貂蟬從兜鍪中生耳

梁書朱异除中書郎時秋日始拜有飛蟬正集异武冠上時咸謂蟬珥之兆後果如其言

又曰王規爲晉安王長史王立爲太子仍爲散騎常侍太子中庶子侍東宮太子賜以所服貂蟬并降令書悅是舉也

又曰陸雲　善弈棊常夜侍坐武帝冠觸燭火帝笑謂曰燭燒卿貂帝將用爲侍中故以此戲之

後魏書曰神龜元年詔加女侍中貂蟬同外侍中之飾任城王澄　上表諫曰高祖世宗皆有女侍中官未見綴金蟬於象珥極纚貂於鬟鬢江南僞晉穆何后有女尚書而加貂璫此乃衰亂之世妓妾之服請依常儀追還前詔帝從之

鄴中記曰石虎征討所得婦女美色萬餘選爲女侍中著貂璫直皇后

劉楨荅魏文帝牋曰貂纚之尾挂侍臣之幘

潘岳興賦曰登春臺之熙熙珥金貂之熲熲

成公綏七唱曰金璫煌煌貂珥戢戢也

孫楚會王侍中座上詩曰顯允君子時惟英邵玄貂左移華蟬增耀

簪導

釋名曰簪連也所以連冠於髮也導所以導擽鬢髮使入巾幘之裏也或曰擽鬢以事名之也

服虔通俗文曰幘導曰簪

史記曰趙平原君使人於春申君趙使欲夸楚爲玳瑁簪春申君客三千餘人上客皆躡珠履趙使大慙也

又曰李斯上書曰宛珠之簪傅璣之珥

漢書曰上從館陶公主飲上曰願謁主人公主乃下殿去簪珥徒跣頓首謝自引董君董君隨主前伏殿下

又劉向列女傳曰周宣姜后齊女也宣王常晏起姜后脫簪珥待罪於永巷也

又佞幸傳曰景帝没入鄧通家財一簪不得著身

燕書曰高祖慕容廆晉安北將軍張華雅有人鑒鎮薊撫御諸部高祖童兒往見華甚異之謂高祖曰君後爲命世之器匡難濟時者也脫所著幘簪以遺高祖結恩勤而別

梁書曰羊侃家妓孫荊玉能反腰帖地銜得席上玉簪

後魏書曰胡太后幸闕口溫水登雞頭山自射象牙簪一發中之

董巴漢輿服志曰太皇太后入朝服紺上皂下簪以瑇瑁爲擿長一尺端爲華勝上爲鳳凰爵以翡翠爲毛羽下有白珠垂黃金鑷左右各一横簪之以安幗結諸簪珥

又曰公卿列侯中二千石夫人紺繒幗黃金龍首銜白珠魚須長尺爲簪

江表傳曰魏文帝遣使於吳求通犀簪群臣曰貢有常典魏所求非法宜勿與孫權曰彼在諒闇之中而所求若此寧可復與言禮皆備以付使

韓詩外傳曰孔子遊少原之野有婦人央澤而哭夫子怪之使弟子問焉婦人對曰向者刈蓍薪而忘簪是以哀孔子曰刈蓍而忘簪有何悲焉婦人曰非傷忘簪吾所悲者

不忘故也

淮南子曰楚將子發好伎道之士有善爲偷者往見子發子發禮之無幾何齊伐楚子發將師當之兵三却齊師逾強於是善偷則夜出取幘明夕取枕明夕又取簪悉歸之齊師大駭謀曰今夕不去楚軍恐取吾首還師而去之故伎無細能無薄在人君用之也

鹽鐵論曰禹理水過門不入當此之時墮簪不顧

郭子横洞冥記曰帝好微行於長安城西夜見一玉螭遊於路董謁曰昔桀媚末嬉於膝上以金簪貫玉螭腹爲戲弄今螭腹有金穿痕安知非此耶

神仙傳曰左慈能分盃飲酒曹公聞試之慈拔簪以畫盃即斷其間相去數寸

幽明録曰孫權時南方遣吏獻簪吏過宮亭湖廬山君廟請福下教求簪吏叩頭曰簪獻天子必乞哀念神云臨入石頭當相還吏遂去達石頭有三尺鯉魚跳入船吏破腹得之

吳均續齊諧記曰東海蔣潛嘗至不其縣於林野中見一死人烏來食之輒見一小兒長三尺許來駈烏乃起去潛乃往看之見有犀導乃拔取衆烏爭集無復駈者

夢書曰簪者爲身簪者已之尊也夢着好簪身歡喜

班固與竇憲牋曰將軍哀憐賜以玉躬所喜駿玳瑁簪絳單衣以魯縞之質被服鸞鳳之彩飾諸葛恢集詔答恢曰今送一犀導小物耳然是情發於中而寄乎物

班固與弟超書令遺仲叔瑇瑁黑犀簪

西京雜記曰武帝過李夫人就取玉簪搔頭宮中爭効之玉價倍貴

漢鐃歌有所思曲曰有所思乃在大海南何以爲問遺雙珠玳瑁簪

白筆

魏略曰明帝時嘗大會殿中御史簪白筆側階而坐上問左右此何官侍中辛毗對曰此謂御史舊簪筆以奏不法今但備官耳

徐廣車服雜注曰古者貴賤皆執笏有事則書之常簪筆今之白筆是其遺象

帢苦洽切

服虔通俗文曰帛幘曰帢

王隱晉書曰陳舒議至尊臨温公夫人喪議曰今白帢深衣當古弔服至尊臨弔謂深衣而已

崔鴻十六國春秋西涼録曰燉煌父老令狐熾夢白頭公衣帢謂熾曰南風動吹長木胡桐椎不中轂言訖忽然不見李歆小字桐椎至期而亡

南史曰何胤夢見神女二十許人並衣帢行列在前俱拜牀下覺又見之便命營凶具既而疾困不復寤

後魏書曰宋遊道與頓丘李獎一面便善獎曰我年位已高會用弟爲佐史令弟北面於我足矣遊道曰不能既而獎爲河南尹辟遊道爲中正使者相屬以衣帢待之握手歡謔

潘京別傳曰陳毓初爲州主簿司空何次道帢偏岸謝毓頓帢有所蔽也應聲報曰毓頓以蔽有明府岸以示無

宜都山川記曰塩水上有石室民駱都到室邊採蜜見一仙人裙衫白帢坐見都凝瞻不轉

傅子曰漢末魏太祖以天下凶荒資財乏匱擬古皮弁裁

縑帛以爲帢合乎簡易隨時之義以色別貴賤于今施行可謂軍容非國容也

世說曰陸雲好笑著帢睒水見影笑不能止

高惠文婦與惠文書曰今奉緫帢拾枚

幍

傅子云幍先未有岐荀文若巾觸樹成岐時人慕之因而弗改今通爲慶弔之服白紗爲之或單或裌初婚冠送餞亦服之

後魏書曰太和中文明太后崩齊遣其散騎常侍裴昭明謝峻等弔欲以朝服行事主客不許昭明等執志不移孝文勑尚書李冲選一與識者更與論執冲奏遣成淹昭明言不聽朝服行禮議出何典淹言玄冠不弔童孺共聞昔季孫將行請遭喪之禮千載之下猶共稱之卿方謂議出何

典何其異哉昭明言唯賫袴褶不可以弔幸借衣幍以申國命敕送衣幍給昭明等明旦引入皆令文武盡哀

後魏書裴植傳曰植母夏侯道遷姊也性甚剛峻於諸子皆如嚴君長成後非衣幍不見小有罪過必束帶伏門經五三日乃引見之督以嚴訓唯少子衍得以常服見之

幓頭（幧取遥）

釋名曰幓鈔也鈔髮使上或謂之陌頭言其從横陌而前也齊人謂之奄髮使上也

禮記玉藻曰士練帶率下辟（士以下皆禪不合而緶積如今作幓頭爲之）

東觀漢記曰建武中徵周黨黨著短布單衣穀皮幓頭待見尚書欲令更服黨曰朝廷本以是故徵之安可復更遂以見自陳願守之所志上聽之

後漢書曰向栩河内朝歌人少爲書生性卓詭不倫恒讀老子狀如學道又似狂生好被髮着絳幓頭

吳越春秋曰勾踐與妻入臣吳王衣獨鼻幓頭夫人衣無緣衣裳左開之襦以養馬

古詩曰羅敷好養蠶採桑城南隅少年見羅敷脫巾着綃頭

繁欽定情詩曰何以結相於金薄畫幓頭

太平御覽卷第六百八十八

太平御覽卷第六百八十九

服章部六

衣

白虎通曰衣者隱也裳者鄣也所以隱形自鄣蔽也

釋名曰衣者依也人所依以庇寒暑也

爾雅曰衣梳(音流)謂之視(音霓衣縷也齊人謂之攣或曰袿衣之飾也)黼領謂之襮(繡刺黼文以褗領也襮音博)緣謂之純(衣緣飾也)袕謂之褮(衣開孔也袕音穴褮音孔)褮衣皆謂之襟(交領)衱(居業切)謂之裾(衣後裾也)衿謂之袸(辭見切衣小帶也)佩衿謂之褑(佩玉之帶上屬)執衽謂之結(持衣上衽)扱衽謂之襭(音纈扱衣上衽於帶)衣蔽前謂之襜(今蔽膝也)婦人之褘謂之縭(即今之香纓也褘邪交絡帶繫於體因名為褘縭繫也)裳削幅謂之纀(蒲木切削殺其幅深衣之裳)

世本曰胡曹作衣(宋衷注曰黃帝臣也)

易曰黃帝堯舜垂衣裳而天下治蓋取諸乾坤(上衣下裳乾坤之象)

又曰訟卦上九或錫之鞶帶終朝三褫之象曰以訟受服亦不足敬也

書曰予欲觀古人之象日月星辰山龍華蟲作會宗彝藻火粉米黼黻絺繡以五采彰施于五色作服汝明

又說命曰惟衣裳在笥

禮曰夫為人子者父母存衣冠不純素孤子當室衣冠不純采(純緣)

又曰季康之母死陳褻衣(褻衣非上服)敬姜曰婦人不飾不敢見舅姑將有四方之賓來褻衣何為陳於斯命徹之

又曰孔子曰昔先王未有火化食草木之實鳥獸之肉飲其血茹其毛未有絲麻衣其羽皮後聖有作治其絲麻以為布帛

又曰朝玄端夕深衣深衣三袪(謂大夫士也袪尺二寸)縫齊倍要衽當旁袂可以回肘長中繼揜尺袷二寸袪尺二寸緣廣寸半以帛裹布非禮也士不衣織無君者不貳采衣正色裳間色非列采不入公門振絺綌不入公門振裘不入公門襲裘不入公門纊為繭縕為袍褌為絅帛為褶

又緇衣曰子曰長民者衣服不貳從容有常以齊其民則民德歸一

左傳曰袞冕黻珽(黻韋韠以蔽膝也珽玉笏也)帶裳幅舄(帶革帶也衣下曰裳幅今之行縢者舄複履)衡紞紘綖(衡持冠者紞冠之垂者紘纓從下而上者綖冠上覆)昭其度也藻率鞞鞛(藻率以韋為之所以藉玉鞞佩刀削上飾鞛下飾)鞶厲游纓(鞶紳帶也一名大帶厲大帶之垂者游旌旗之游纓在馬膺前)昭其文也

又曰狄人伐衛衛懿公與石祁子玦與甯莊子矢使守曰以此贊國擇利而為之與夫人繡衣曰聽於二子(取其文章順序)

又曰欒武子曰若敖蚡冒篳路藍縷以啓山林(若敖蚡冒皆楚之先君篳路柴車藍縷敝衣也)

又曰吳季札聘於鄭見子產如舊相識與之縞帶子產獻紵衣焉

詩曰碩人其頎衣錦褧衣(褧禪也尚以禪衣為其文之大著)

又曰縞衣綦巾聊樂我員

又曰蜉蝣之羽衣裳楚楚蜉蝣之翼采采衣服蜉蝣掘閱麻衣如雪

又曰青青子衿悠悠我心(青衿青領也學子之所服)

又曰山有樞隰有榆子有衣裳弗曳弗婁

又曰緇衣美鄭武公也緇衣之宜兮敝予又改為兮緇衣之好兮敝予又改造兮緇衣之蓆兮敝予又改作兮(蓆大也)

又曰衣錦褧衣裳錦褧裳

又豈曰無衣七兮不如子之衣安且吉兮豈曰無衣六兮

不如子之衣安且燠兮
又豈曰無衣與子同袍豈曰無衣與子同澤澤褻衣豈曰無
衣與子同裳
又曰君子至止黻衣繡裳
又曰七月流火九月授衣一之日觱發二之日栗烈無衣
無褐何以卒歲
史記曰文帝衣弋綈所幸愼夫人令衣不得曳地
漢書曰齊國有三服之官春獻冠幘縰為首服紈素為冬
服輕綃為夏服
又曰韓信既平齊項羽使武涉說信背漢歸楚信曰臣事
項王官不過郎中位不過執戟漢王予我上將軍印授我
兵數萬解衣衣我推食食我夫人深親信我我背之不祥
雖死不易幸為信謝項王

又曰武帝末郡國賊盜羣起暴勝之為直指使者衣繡衣
持斧捕之
又曰朱博為琅琊太守勑官屬多作衣褒大袑袑音紹袴也不
中節度自今掾吏令去地三寸
又曰帝賜南粤王他上褚五十衣中褚三十衣下褚二十
衣以緜裝衣曰褚上中下者隨之多少厚薄差
又曰江充初召見犬臺宮自請願以所常被服冠見上上
許之充衣紗縠單衣曲裾後垂交輸如淳曰交輸割正幅使一頭狹若燕尾垂之兩旁見於後也冠襌纚步搖冠飛翮之纓服虔曰冠襌纚故行步則搖以鳥羽作纓也
容貌甚壯帝望而異之謂左右曰燕趙固多奇士
又曰雋不疑佩環玦褒衣博帶盛服至門下謁暴勝之
又曰王吉字子陽好車馬衣服自奉養極為鮮明而遷徙
所載不過囊衣天下服其廉而怪其奢世傳子陽能作黃金

後漢書曰更始時授官爵皆群小賈豎膳夫庖人多著繡
面衣錦袴襜褕諸于罵詈道中時智者見之以為服之不
中身之災也漢書音義曰諸于大掖衣也如婦人之袿衣揚雄方言曰襜褕其短者自關之西謂之褔郭璞注曰俗名褔掖據此即是諸于上加繡褔如今之半臂也褔音充褔音屈
又曰光武見來歙大歡即解衣以衣之
又曰祭遵為人廉約家無私財常衣韋袴褏布被夫人裳
不加緣
又曰祭彤在遼東幾三十年衣無兼副顯宗美其清約賜
之衣被什物無不悉備
又曰耿恭自疏勒迴衣屨穿決形容枯槁
又曰東平憲王蒼侍肅宗饗衛士於南宮因從皇太后周
行掖庭池閣陰太后舊時器服愴然動容乃命留五時衣
各一襲五時衣謂春青夏朱季夏黃秋白冬黑也衣單複具曰襲及常所御衣合五十

篋餘悉分布諸王公主及子孫在京師者各有差特賜蒼
及琅邪王京書曰間饗衛士於南宮因閱視舊時衣物惟
王有孝友之德今送光烈皇后假髻帛巾各一及衣一篋可
時奉瞻以慰凱風寒泉之思又欲令後生子孫得見先后
衣服之製
又曰明德馬后身長七尺二寸方口美髮能誦易好讀春
秋常衣大練裙不加緣大練大帛也杜預注左傳曰大帛厚繒也朔望諸姬主
朝請望見后袍衣疏麤反以為綺縠就視乃笑后辭曰此
繒特宜深色故用之耳六宮莫不歎息
謝承後漢書曰袁忠乘舡戴笠詣王朗見朗左右僮從皆
著青絳采衣非其奢麗即辭疾發而退也
又曰郭賀拜荊州刺史有殊政顯宗巡狩到南陽特見嗟
嘆賜以三公之服黼黻冕旒勑行部去幨帷令百姓見其

容服以彰有德

魏志曰文帝詔曰三世長者知被服五世長者知飲食此言被服飲食難曉也

又曰明帝徵管寧爲光禄勳辭不就詔問青州刺史程喜寧守節高乎審疾尫頓耶喜上言寧恒著皁帽布襦袴布裙時單複出入閨庭能自拄杖不須扶持四時祭祀輒自力強致加衣服著絮巾故在遼東所有白布單衣親薦饋饌跪拜成禮

魏略曰文昭甄后以漢光和五年十二月丁酉生每寢寐家中髣髴見有人持玉衣覆其上者常共怪之

魏氏春秋曰王允爲吏部郎中選郡守明帝疑其所用非次召入將加罪允妻阮出謂曰明主可以理奪難以情求允領之而入帝怒詰之允對曰某郡太守雖限滿文書先至年限在後月限在前帝取事視之乃釋遣出望其衣敗曰清吏也

吳書曰孫權每賜周瑜衣寒暑皆囙領諸將皆不及

晉書曰石崇以奢豪矜物廁常有十餘婢列侍置香粉有客如廁皆易新衣而出客多羞脫故而王敦脫故著新意氣無怍婢相謂曰此必能作賊

又曰高士郭文字文舉河内軹人也洛陽陷奔吳居大辟山恒著鹿裘葛巾餘杭令顧颺與葛洪造之颺使致韋衣不納使置室中乃爛於内竟不服用

王隱晉書曰董威輦不知何許人忽見洛陽止宿白社於市得殘繒輒結以爲衣號曰百結衣

宋書曰沈慶之領隊防東掖門劉湛被收之夕上開門召慶之慶之戎服履靺縛袴入上見而驚曰卿何意乃爾急裝慶之曰夜半喚隊主不容捷服

又曰明帝體肥憎風夏月常著小皮衣

又曰明帝疾召褚彦回入帝坐帳中流涕曰吾近危篤故召卿欲使著黄羅（切來）可耳指牀頭大函曰文書皆函得不復開彦回亦悲不自勝黄羅　乳母服也

又曰范曄性精微有思致觸類多善衣裳器服莫不增損制度世人皆法學之

又曰江湛字徽深爲吏部尚書家甚貧不營財利餉饋盈門一無所受無兼衣餘食嘗爲上所召遇澣衣稱疾經日衣成然後赴

又曰謝超宗爲義興太守昇明二年公事免詣東府門自通其日風寒高帝謂四座曰此客至使人不衣自煖矣

齊書曰宋元嘉制諸主入齋閤得白服裙帽見人主唯出太極西廂乃備朝衣車駕幸其第乃白服烏紗帽以侍宴焉至於衣服制度動皆陳啓事無專制

又曰高帝即位後手詔賜張融衣曰見卿衣服麄故誠乃素懷有本交爾藍縷亦虧朝望今送一通故衣意謂雖故乃勝新也是吾所著已令裁減稱卿之體并履一量

又曰陶弘景永明十年脫朝服挂神武門上表辭禄詔許之

又曰王思遠立身簡絜諸客詣已者覘知衣服垢穢不前形儀新楚乃與促膝雖然及去之後猶令二人交帚拂其坐處

又曰王琨性儉約景和中討義陽王昶六軍誡嚴應須紫服左右欲營一褲琨曰元嘉初征謝晦有紫服在匣不須更制衣檢取果得焉

梁書曰到漑性率儉不好聲色庭室單牀傍無姬侍冠履十年一易朝服或至穿補

又曰波斯國婚姻法一聘財訖女壻將數十人迎婦壻着金綖錦袴戴天冠婦亦如之

又曰新羅呼其冠曰遺子禮襦曰尉解袴曰柯半靴曰洗百濟呼帽曰冠襦曰複衫袴曰褌

又曰張嵊（音剩）稷之子也稷初爲剡令至嵊亭生之因名嵊字四山少敦孝行年三十餘猶班衣受稷杖動至數百收淚歡然

又曰胡綃（胡肖切）隋陳伯之入魏時元會綃戲爲詩曰帽上着籠冠袴上着朱衣不知是今是不知非昔非

又曰何敬容爲吏部尚書侍中領太子中庶子敬容身長八尺白皙美鬚眉性矜莊衣冠鮮麗武帝　衣而左右衣

必須潔嘗有侍臣衣帶卷摺帝怒曰卿衣帶如繩欲何所縛敬容希旨故益鮮明常以膠清刷鬚衣裳不整伏牀熨之或暑月背爲之焦

又曰任昉有子東里西華南容北叟西華冬月著葛帔練裙（韋頁帔部交）

又曰任昉爲義興太守友人彭城到漑弟洽從昉共爲山澤遊及被代登舟止有絹七疋米五石至都無衣鎭軍將軍沈約遺裙衫迎之

後魏書曰樂浪王万壽孫忠明帝時位太常少卿孝武帝汎舟天泉池命宗室諸王陪宴忠愚而無智性好衣服着紅羅襦繡作領碧紬袴錦爲緣帝謂曰朝廷衣冠應有常式何爲着百戲衣忠曰臣少來所愛情存綺羅歌衣儛服是臣所願帝曰人之無良乃至此乎

又曰胡叟於高允館見中書侍郎李璨被服華靡叟貧老衣褐璨頗忽之叟謂曰老子今若相脫體上袴褶衣帽君欲作何許也譏其唯假盛服璨惕然失色

又曰文宣囚元韶幽於京畿地牢絕食啗衣袖而死

北齊書曰爾朱敞字乾羅彥伯之誅敞小隨母養於宮中年十二敞自竇走至大街見童兒群戲敞解所着綺羅金翠服易衣而遁追騎至不識敞便執綺衣兒比究問知非會日已暮由是免

陳書曰徐陵爲吏部尚書精簡人物搢紳之士皆嚮慕焉陳暄以玉帽簪插髻紅絲布裹頭袍拂踝靴至膝不陳爵里直上陵坐陵不知識命吏持下暄徐步而出舉止自若竟無怍容作書謗陵陵甚病之

隋書曰齊後主於苑內作貧兒村親衣藍縷之服而行乞

其間以爲笑樂多令人服烏衣以相執縛後主果爲周所敗被虜囚至以賣燭爲業

唐書曰太宗詔冠冕制度已備令文尋常服飾未爲差等於是三品已上服紫四品已上服緋六品七品以綠八品九品以青婦人從夫之色仍通服黃

又曰楊妃寵愛特甚宮中主貴妃刺繡者七百人揚益及諸戚里每歲進衣服布之於庭光奪人目

又曰肅宗性節儉嘗出衣袖示近臣曰此衣已三浣矣

又曰貞元六年德宗初賜節度觀察使新製時服尚方織作呈閱所宜上曰頃來賜衣文綵不恒非制也朕今思之節度使以鶻銜綬帶取武毅以靖封內觀察使以鴈銜威儀委（威儀委瑞草也）取其行列有序牧人有威儀也

又曰文宗朝淮南節度使李德裕奏比以婦人長裾大袖

朝廷制度尚未頒行微臣之分合副天心比聞閭閻之間
袖闊四尺今令闊一尺五寸裙曳四尺今曳五寸初延安
公主以衣服踰制駙馬竇澣得罪德裕因而奏之
六韜曰武王伐紂蒙寶衣投火而死
國語曰晉獻公使太子申生伐東山衣之偏裻音篤之衣
又魯語曰季文子相宣成無衣帛之妾無食粟之馬仲孫
它諫曰仲孫它孟獻子之子子服也子為上卿妾不衣帛馬不食粟人
其以子為愛且不華國乎愛吝也文子以告孟獻子獻子囚
之七日囚子服也自是子服之妾衣不過七升之布
春秋後語曰田文謂其父靖郭君曰君下宮蹈綺縠之衣而
士不得短褐
又曰趙襄子既滅智伯智伯之臣豫讓變姓名入宮塗廁
以刺襄子襄子覺而赦之後讓伏於橋下襄子至橋馬驚

使視之復得讓襄子歎曰嗟乎豫讓之為智伯名既成矣寡
人赦子名亦足矣子自為計寡人不釋子矣讓曰臣固伏
誅願得君之衣而擊之於是襄子義之脫付身之衣以與
之讓拔劍三躍呼而擊之曰吾可以下報智伯矣遂伏劍
而死
漢雜事曰高祖時大謁者臣章受詔長樂宮令群臣議天
子所衣服以安天下謁者趙堯舉春李舜舉夏倪湯舉秋
貢禹舉冬四人各職一時制曰可舉者以各舉一時之事
白之五服衣始於此
董巴漢輿服志曰上古穴居衣毛未有制度後世聖人易之
以絲麻觀翬翟之文榮華之色乃染帛以效之始作五
采成以為服九十二章
莊子曰莊子衣大布之衣而過魏王魏王曰何先生之憊
耶莊子曰士有道德不能行憊也衣弊履穿貧也非憊也
商君書曰上世之人衣不煖膚食不滿腹
孫卿子曰子夏家貧衣若懸鶉人曰子何不仕曰諸侯之
驕我者吾不為臣大夫驕我者吾不復見
尹文子曰昔晉國苦奢文公以儉矯之乃衣不重帛食不
兼肉無幾時國人皆大布之衣脫粟之飯
韓子曰晏嬰相齊妻不衣帛馬不食粟
又曰齊桓好服紫國人盡服之公患之管仲曰君謂左右
甚惡紫臭於是三日境內莫有紫衣者
又曰楊朱之弟楊布衣素衣而出天雨緇衣而反其狗吠
之布恐將擊之朱曰使汝狗白而往黑而來能不怪哉事具狗門
墨子曰古之人未知衣服之制故聖人作之冬則絹帛輕

且溫夏則絺綌清且涼所以適身體和肌膚也
又曰晉文公好士之惡衣故文公之臣皆牂羊之裘韋以
為帶
呂氏春秋曰戎夷違齊如魯天大寒而後與門弟子一人
宿於郭外寒逾急謂其弟子曰子與我衣我活我與子衣
子活我國士也為天子惜死子不肖也不足愛子與我衣
弟子曰夫不肖之人安能與國士衣哉戎夷解衣與弟子
夜半而死弟子遂活
淮南子曰林類榮啓期衣若懸蓑
說苑曰齊林既者衣葦朝景公公曰何忽服小人衣耶林
既曰衣狗裘者不必羊鳴今君衣狐裘音能不狐乎
又曰魏文侯封太子擊於中山三年使不往來舍人趙倉
唐奉使文侯問子之君長大孰與寡人倉唐曰君賜之外

府之衣則能勝之文侯遣倉唐賜太子衣一襲令倉唐雞鳴時至太子迎拜賜發篋衣盡顛倒太子趣具駕曰賜之衣非以爲寒也欲召擊知無誰與謀故遣子以衣詩曰東方未明顛倒衣裳顛之倒之自公召之韓門具奉

鹽鐵論曰古者庶人耄而後衣絲其餘則麻枲而已

拾遺録曰宋景公之時懸四時衣春夏以珠玉爲飾秋冬以翡翠爲溫

又曰禮敬國其俗人年三百歲而織芳茅以爲衣蓋尚書云島夷卉服之類也

又曰任末年十四好學覩書有合意處則題其衣裳及掌裏以記其事門徒悅其勤學更以靜衣易之

又曰太始元年魏帝以陳留王之歲有頻斯國人來朝以五色玉爲衣如今之鎧

又曰天漢三渠搜國之西有祈淪國其俗淳和人壽三百歲有大木一樹千尋若經此木下皆不死不病或有泛海繩出來會其國綴草毛爲繩綱其衣如今之羅紈也至元狩六年獻綱衣一襲帝焚於九達之道恐後人徵求此物故燒之煙如金石之氣

又曰員嶠山南有池移國人長三尺壽萬歲茅爲衣衣服皆長裾大袖因風以昇烟霞若鳥用羽毛也

鍾會母傳曰夫人幼少衣不過青紺

世說曰齊王冏爲大司馬輔政嵇紹爲侍中詣冏諮事冏召葛旟董艾等共論時宜旟等白冏曰嵇侍中善於絲竹公可令操之遂進樂器紹推卻不受冏曰今共爲歡何爲卻耶紹曰公協輔皇室令作事可法紹雖職卑忝備常伯豈可以先王之服爲伶人之業今逼高命不敢有辭當釋冠冕襲私服此紹之心旟等不自得而退

又曰桓車騎不好着新衣浴訖婦故送新衣車騎大怒催使將去婦便持還沖妻王恬女也傳語云衣不經新何由而故桓大笑而著之

又阮宣子論鬼神有無或以人死有鬼阮子獨以爲無曰今見者云著生時衣服若人死有鬼衣服亦有鬼乎

孝子傳曰老萊子年七十父母猶在萊子常服斑斕衣爲嬰兒戲

曹肇傳曰明帝寵愛肇與帝戲賭衣物有所獲輒入御帳服之遥出覲狎如此

襄陽耆舊記曰王昌字公伯爲東平相散騎常侍早卒婦是任城王曹子文女昌弟式字公儀爲渡遼將軍長史婦是尚書令桓階女昌母聰明有典教二婦入門皆令變服

下車不得踰侈後階子嘉尚魏主欲金縷衣見式婦嘉止之曰其嫗嚴固不聽善耳不須持往犯人家法

列仙傳曰道士徐延年平陽人也見人持新黃羅衣云延年五百夜半夜明如晝從五億萬人登仙也

古艷歌曰煢煢白兔東走西顧衣不如新人不如故

離騷屈原曰新沐者必彈冠新浴者必振衣

太平御覽卷第六百八十九

太平御覽卷第六百九十

服章部七

衮衣　鷩衣　毳衣　絺衣　玄衣

褘衣　褕狄(褕音搖)　闕翟　鞠衣　展衣(展涉戰切襢)

褖衣(褖通貫切)　袗衣　朱衣

衮衣

說文曰衮天子享先王卷(音衮)龍繡於下幅一龍蟠阿上鄉

釋名曰衮卷也畫卷龍於衣也

書曰帝曰予欲觀古人之象(孔安國曰欲觀衣法象衣服制)日月星辰山龍華蟲(日月星爲三辰華象草華蟲雉也畫三辰山龍華蟲於衣服旌旗)作會宗彝(會會五采也以五采成此畫焉宗廟彝尊亦以山龍華蟲爲飾)藻火粉米黼黻絺繡(藻水草有文者火爲火字粉若粟米若聚米黼若斧形黻爲兩已相背葛之精者曰絺五色備曰繡也)以五采彰施于五色作服汝明(以五色明施五采作尊卑服汝明制之也)

尚書大傳曰山龍青華蟲黄作繢黒宗彝白藻火赤天子

五服

詩曰九罭之魚鱒魴我覯之子衮衣繡裳

又曰君子來朝何錫予之雖無予之路車乘馬又何予之玄衮及黼

又曰衮職有闕仲山甫補之

左傳曰諸侯伐楚許男斯卒于師凡諸侯薨于朝會加一等死王事加二等於是以衮斂(衮衣公服也謂加二等)

禮曰有以大爲貴者天子龍卷諸侯黼大夫黻士玄衣纁裳

郊特牲曰祭之日王被衮以象天戴冕藻十有二旒則天數也

又明堂位曰衮冕立於阼

周禮春官上司服曰王之吉服享先王則衮冕○又夏官下曰節服氏掌祭禮朝覲衮冕六人維王之太常(鄭玄曰服冕者從王服也維維之以縷王旌十二旒兩兩以縷綴連其旁三人持之禮天子旌曳地)

儀禮覲禮曰天子衮冕負斧扆

漢書曰韋孟詩云肅肅我祖家自豕韋衮衣朱黻四牡龍旂

後秦記曰姚襄夢弟萇上御座着衮服謂官屬曰此兒或能大起吾族

齊書曰陸澄兼左丞泰始六年詔皇太子朝賀服衮冕九章澄與儀曹郎丘仲起議服冕以朝實着經文秦除六冕漢明還備魏晉已來不欲令臣下服冕故位公者加侍官今皇太子禮絶群臣宜遵聖王盛典革近代之制

唐書曰代宗時渤海質子盜衮龍服捕得之詞云慕中國衣服上赦之

董巴漢輿服志曰上古衣毛而冒皮後世聖人易之以絲麻觀翬翟之文榮華之色乃染帛以効之始作五采成以爲服黄帝堯舜垂衣裳蓋取諸乾坤有文故上衣玄而下裳黄秦以戰國即天子位滅去禮學郊祀之服皆以袀玄漢承秦故至顯宗初服冕旒衣章以祀天地養三老五更於三雍三公九卿郊祀天地明堂皆冠冕垂旒衣裳玄上纁下乘輿備文日月辰星十二章三公諸侯用山龍九章九卿以下用華蟲七章皆五采衣裳乘輿刺史公侯九卿已下皆織成陳留襄邑獻之

續漢輿服志曰聖人處天子位服日月升龍所以福其德章其功也賢人佐聖封國愛民黼黻文繡降龍所以顯其仁光其能也

環濟要略曰天子龍袞諸侯黼大夫黻白與黑謂之黼黑與青謂之黻青與赤謂之文赤與白謂之章五色備謂之繡諸侯去日月星辰服山龍華蟲卿大夫去山龍華蟲服藻火服粉米

摯虞決疑要注曰秦除袞冕之制唯爲玄衣絳裳一具而已漢興亦如之中興後明帝永平中使諸儒案古文依圖書始復造袞冕之服至于今用之

穀梁傳序曰一字之褒賞逾華袞片言之貶誅深斧鉞

六韜曰昔帝堯王天下黼衣絓履不弊盡不更爲也

傅子曰魏明帝疑三公袞冕之服似天子減其采章

陳留風俗傳曰襄邑縣南有渙水有睢水傳曰睢渙之水出文章故有黼黻藻錦日月華蟲以奉天子宗廟御服焉

鷩衣

釋名曰鷩雉山雉也鷩憋（并列切）也性急憋不可生必自殺故畫其形於衣以象人執耿介之節也

周禮春官上司服曰王之吉服享先公饗射鷩冕（鄭玄曰先公謂后稷之後也饗射饗食及與諸侯射也鷩畫以雉也）

三禮圖曰鷩冕服者王祭先公及饗射之服也以朝天子助祭玄衣纁裳以華蟲火宗彝三章畫以爲繢裳藻粉米黼黻四章黹（竹里切）以爲繡凡七章

毳衣

釋名曰毳芮也畫藻文於衣象水草之毳芮溫煖而潔也

詩曰大車檻檻毳衣如菼（毳衣大夫之服菼騅也蘆之初生者也古者天子大夫服毳冕以巡行）

大車啍啍（他昆切）毳衣如璊（璊赬也音門）

周禮春官上司服曰王之吉服祀四望山川則毳冕（鄭玄曰毳其衣三章裳三章也）

三禮圖曰毳冕王祀四望山川服也子男服以朝天子

絺衣

周禮春官上司服曰王之吉服祭社稷五祀則絺冕（鄭玄曰絺或作黹字之誤也黹刺粉米無畫也）

玄衣

詩曰緇衣美武公之德父子並爲周司徒善於其職國人宜之緇衣之宜兮弊予又改爲兮（緇衣黑色卿士聽朝之正服也）

周禮春官上司服曰王之吉服祭群小祀玄冕（鄭玄曰群小祀林澤墳衍四方百物之屬也玄者衣無文裳刺黻而已凡冕服玄衣纁裳也）

禮玉藻曰天子玄端而朝日於東門之外（鄭玄曰端當爲冕字之誤朝日春分時也）

魏臺訪議曰禮天子大夫玄冕而執鴈今秩中二千石六百石者可使玄冕而執鴈

褘衣

釋名曰王后之上服曰褘衣畫翬雉之文於衣也伊洛而西雉青質五色備曰翬也

周禮天官下內司服曰內司服掌王后之六服褘衣（王后之服刻繒爲翬之形而采畫之綴於衣從王祭先王則服褘衣也）

禮明堂位曰夫人副褘立于房中（鄭玄曰副首飾也今之步搖是也周禮追師掌王后之首服爲副褘王后之上服也唯魯及王者之後夫人服之諸侯夫人自褕翟而下也）

又曰祭義曰歲既單世婦獻繭于夫人夫人副褘而受之

董巴漢輿服志曰太皇太后入廟服紺上皂下后謁廟服白上皂下皆深衣製（徐廣云深衣即單衣）公卿列侯中二千石夫人入廟佐祭者服皂絹上下皆深衣制

穆天子傳曰吉日戊午天子大服冕褘（冕冠褘衣王后之上服今帝服之未

（岸也）授河宗璧

褕狄

釋名曰揄翟畫雉雉之文於衣也江淮而南雉素質五采皆備成章

周禮天官下內司服掌王后之六服褕狄（鄭玄曰褕狄闕狄畫羽飾也玄謂褕狄青也）

三禮六服圖曰褕翟王后從王祭先公之服也侯伯之夫人服以從君祭宗廟

闕翟

釋名曰闕翟翦闕繒為翟雉形以綴衣也

詩曰委委蛇蛇象服是宜（義曰象服者謂褕狄闕狄也）

周禮天官下內司服曰內司服掌王后之六服闕狄（鄭司農曰褕狄闕狄畫羽飾也鄭玄曰闕狄刻而不畫者也此三者皆祭服玄謂今世有袿衣者蓋三狄之遺象也以推次其色闕狄赤也）

三禮六服圖曰闕翟王后從祭群小祀服也亦子男夫人服以從君祭宗廟

鞠衣

釋名曰鞠衣如菊花色也

周禮天官下內司服曰內司服掌王后六服鞠衣（鄭司農曰鞠衣黃桑服也色如鞠塵像桑葉始生）

三禮六服圖曰鞠衣王后桑之服也孤之妻服以從助君祭

董巴漢輿服志曰太皇太后皇太后蠶服青上縹下深衣制貴人助蠶服純縹上下深衣制公卿列侯中二千石夫人助蠶服縹絹上下深衣制自二千石夫人已上至皇后皆以蠶衣為朝服

徐廣輿服雜注曰晉先蠶儀注皇后衣純青之衣特進卿世婦二千石命婦助蠶則青絹上下

展衣

周禮天官下內司服掌王后之六服展衣（展白衣）

三禮六服圖曰展衣王后以禮見王及賓客之服也卿大夫之妻以從助君祭

釋名曰襢（展字或作此）坦也坦然正白無文采也

褖衣（褖通貫反）

釋名曰褖衣褖然黑色也

詩邶柏舟褖衣曰褖兮衣兮褖衣黃裏（褖間色黃正色義云褖兮衣兮褖衣之衆自有禮制也諸侯大夫祭服之下鞠衣為上展衣次之衆妾亦有貴賤之等服鞠衣黃展衣白褖衣黑皆以素紗為裏非其制故以喻妾上僭焉）褖兮衣兮褖衣黃裳（義云婦人之服不殊衣裳同色今衣黑裳黃喻亂嫡妾之禮也）

周禮天官下內司服曰內司服掌王后六服褖衣素紗（褖衣御於王者之服也亦似燕居男子之褖衣黑則是亦黑也）

袗衣

三禮圖曰傅母婚禮從者袗衣古者傅母選無夫與子而老賤曉習婦道者使之應對也

朱衣

應劭漢官儀曰虎賁中郎衣紗縠單衣（續漢志同晉令絳紗縠）

東觀漢記曰光武起義衣絳單衣赤幘初伯升之起諸家子弟皆曰伯升殺我及見上絳衣大冠乃驚曰謹厚者亦復為之

晉義熙起居注曰安帝自荊州至新亭詔曰諸侍官戎行之時不備朱服悉令袴褶從也

宋元嘉起居注曰治書侍御史朱興啓彈朝請向勝之坐

同僚會故貟外散騎侍郎楊珎之喪侍兵唱變服然後唱衆官下陪位而騰之着單衣在朱衣上於禮有虧請免所居官詔可

齊書曰吕安國爲右衛將軍加給事中後改封湘鄉侯武帝即位累遷光禄大夫加散騎常侍安國欣有文授謂其子曰汝後勿袴褶駈使單衣猶恨不稱當爲朱官也

神異經曰西荒有一人不讀五經而意合不觀天文而心通不誦禮律而精當天賜其衣男朱衣縞帶委皃冠女碧衣戴金勝皆無縫

墨子曰楚莊王絳衣博袍

語林曰何平叔面絶白魏文帝疑其着粉夏日喚與熱餅既噉大汗出以朱衣自拭色轉皎然時帝始信之

班彪便宜事曰可選師傅將相子孫有行好學者以備絳

衣舍人

班固與竇憲牋曰將軍哀憐賜固手迹告以中軍宜鮮明乃賜以瑇瑁簪絳紗單衣

太平御覽卷第六百九十

章服部八

單衣　中衣　曲領(附方領)
袿襹(圭襹二音)　韍(音弗)　鞶(般)囊

單衣

釋名曰單衣言無裏也

方言曰單衣江淮南楚之間謂之氎(音牒)關之東西謂之單衣趙魏之間謂之左衣古謂之深衣是也

禮王制曰有虞氏深衣而養老又深衣曰古者深衣蓋有制度以應規矩繩權衡短毋見膚長毋被土帶下毋厭髀上毋厭脅制十有二幅以應十二月袂圓以應規曲袷如矩以應方負繩及踝以應直下齊如權衡以應平(齊縗)故規者行舉手以爲容負繩抱方者以直其政方其義也故易曰坤六二之動直以方也下齊如權衡者以安其志而平其心也五法以施故聖人服之故規矩取其無私繩取其直權衡取其平故先王貴之故可以爲文可以爲武可以擯相可以治軍旅

又儒行曰丘少居魯衣縫掖之衣(鄭玄曰縫猶大也大掖之衣大袂單衣君子有道藝者所衣也)

漢書曰江充召見上衣紗縠單衣曲裾後垂交輸(張晏曰曲裾者人衣也後垂嬰帶半之也)

又曰趙王彭祖爲人巧佞持詭辯以中人每二千石至彭祖衣皁布單衣自行迎多設疑事以詐動之得二千石失言中忌諱輒書之

又曰蓋寬饒左遷爲衛司馬未出殿門斷其單衣短令離地躬按行士卒廬室

後漢書曰馬援爲隗囂使公孫述述盛陳陛衛以延援入交拜禮畢使出就館更爲援制都布單衣(東觀記曰都作荅史記曰荅布千疋前書音義曰荅布白疊也)

謝承後漢書曰陸閎建武中爲尚書令美姿皃喜著越布單衣上見而好之自是常勑會稽郡獻越布

又曰陳留尹苞字延博與同郡范史雲善二人俱貧出入共一單衣到人門外苞年長常先着單衣前入須臾出解與史雲

魏志曰管寧四時祭祀在遼東時布單衣親薦饌

王隱晉書曰梁孝王肜宣帝子將單衣補車幰以爲清叅軍王銓曰晏嬰大官稱清者以爲御食七百家也公無此費宜美衣服使內外相稱

晉書曰桓温廢東海王王着白帢單衣步下西堂群臣拜辭莫不歔欷

又曰簡文初立於朝堂服着平巾幘單衣東向拜受璽綬

又曰王導傳蘇峻平後帑藏空竭庫中唯有練數十萬疋賣之不售而國用不足導患之與朝賢俱制練布單衣於是士庶翕然競服之練遂貴端至一金

晉令曰朝服皁緣中單衣

趙書曰勒叅軍周承爲館陶令斷官絹數百疋獄以八坐議宥之後每讌大會使俳兒著介幘黃絹單衣優問曰汝何官荅我本爲館陶令斗數單衣曰正坐取是故入汝輩以爲大笑(事具樂部)

梁書曰劉曇靜母亡時天寒曇靜身衣單布衣廬於瘞所晝夜哭臨不絕聲

又曰張稷爲吳郡太守就僕射徵道由吳鄉人候稷者滿

水陸稷單衣裝徑還都下人莫之識其率素如此

董巴輿服志曰羽林左監虎賁冠鶡著紗縠單衣

又曰虎賁武騎皆衣虎文單衣襄邑歲獻織成虎文

應劭漢官儀曰謁者皆著緗幘大冠白絹單衣

徐野民車服雜注曰元帝召陳郡王隱待詔著作單衣幘朝望於著作之省

又曰天子郊禮釋奠中單衣絳緣其領袖其朝服皂緣也

燕丹子曰荆軻抱秦王乞聽琴聲而死召姬人鼓琴聲曰羅縠單衣可製而絶　八尺屏風可超而越

齊桓公夜出迎客甯戚叩牛角而歌曰短布單衣適至骭終朝飲牛至夜半

仲長統昌言曰蒯子訓不知何郡人到陳公舍自云今日當死陳公與之一著單衣於是入室寢日中果死

傅子曰梁冀作火浣布衣會賓客行酒失盃而汚之僞怒解衣而燒之垢盡火滅粲然潔白

世說曰王戎性儉爲其從子婚與一單衣後更責償之

陳留耆舊傳曰吳祐爲膠東相嗇夫孫性盜富民錢五百爲父市單衣父恐便以單衣詣門自謝祐以單衣遺其父

梁冀別傳曰冀作狐尾單衣上短下長

邊讓別傳曰讓才辯俊逸孔融薦讓於武帝曰邊讓爲九州之被則不足爲單衣襜褕則有餘

楊彪別傳曰魏文帝令彪著布單衣待以賓客之禮

拾遺記曰漢末羽山之民獻赤布梁冀製爲衣謂之丹衣而史家云單衣則今縫掖也字異聲同未知孰是也

神仙傳曰曹公欲殺左慈將出市忽失慈所在乃閉市索之傳曰一目眇着葛巾幘單衣正爾視之一市中數萬人皆眇一目葛巾幘單衣竟不知所取

搜神記曰永嘉以來士大夫競服生單衣識者怪之曰此古練縗之布諸大夫所以服天子其後愍懷晏駕

馬融遺令曰穿中除五時衣但得施絳絹單衣

中衣

禮郊特牲曰繡黼丹朱中衣士大夫僭禮鄭玄注曰繡讀爲綃綃繒名也衣制如今中單也

董巴漢輿服志曰祀宗廟初玄絳領袖爲中衣絳袴袜示其赤心奉神五郊各從其色

徐廣輿服雜注曰天子郊禮釋奠中衣以絳緣其領袖其朝皁緣

魏官儀曰皁緣領袖中單衣

會稽典錄曰鄭弘爲縣嗇夫民有弟庌兄錢者未還之嫂領詣弘賣中單爲叔還錢兄聞之慙遣婦賫錢還弘不受

曲領

釋名曰曲領上橫壅頸其狀曲也

禮深衣曰曲袷如矩以應方袷曲領也古者方領

後漢書曰朱勃字叔陽年十二能誦詩書嘗候馬援兄況勃衣方領能矩步前書音義曰頸下施領正方學者之服也

袿襡

廣雅曰襡長襦也

釋名曰婦人上服曰袿其下垂者上廣下狹如刀圭也襡屬也衣裳上下相連屬也

徐廣輿服雜注曰今皇后謁廟服袿襡大衣

後漢書曰和熹鄧后性儉約每有讌會諸姬貴人競自脩整簪珥光采袿裳鮮明說文曰簪笄也珥瑱也以玉充耳　珥　后獨着素無飾

其衣有與陰后同色即時解易

南史曰南岳鄧先生名郁隱居不仕魏夫人忽來臨降乘雲而至從少嫗三十並著絳紫羅繡袿襹年皆可十七八許

傅毅舞賦曰珠翠的皪而炤耀華袿飛䙅而雜纖羅

婦人集張君平與妹憲書曰念諸里舍皆富財賄袿襹襲蔽紛華照曜於是之際想汝懷愧

韍

釋名曰韍韠所以蔽前也婦人蔽膝亦如之齊人謂之巨巾田家婦女出至田野以覆其頭故因以爲名也

又曰跪襜跪時襜然張也

爾雅曰衣蔽前謂之襜今蔽膝也

易困卦曰朱韍方來

詩曰赤芾在股邪　在下芾大古蔽膝之象也冕服謂之芾其他服謂之韠以韋爲之

禮曰一命縕韍黝衡再命赤韍葱衡韍之言蔽也縕赤黄之色所謂韍也

又曰韠君朱大夫素士爵韋韠以言蔽也以爲之象裳也以圜殺直曰韠制天子直公侯前後方大夫前方後挫角士前後正韠下廣二尺上廣一尺長三尺

又明堂位曰有虞氏服韍夏后氏山殷火周龍章韍玄曰韍韠也舜始作之以尊祭服禹湯至周增以畫文後王彌飾也

漢書東方朔傳曰館陶公主迎武帝蔽膝登階也

又曰王莽妻著布蔽膝見客

魏志曰武帝內誡令云今貴人位爲貴人金印藍紱女人爵位之極

又文帝與于禁詔曰昔漢高祖脫衣以衣韓信光武解綬以帶李忠誠皆人主當時貴敬功勞勤心之至也封賜將軍以魏王時自所佩朱韍及遠遊冠

吳志曰孫權潘夫人有娠夢人以龍頭授已以蔽膝受之生亮

五經要義曰韠者舜所制也

又云天子朱紱諸侯赤紱赤盛色也

又曰太古之時未有布帛人食禽獸肉而衣其皮知蔽前未知蔽後至舜冕服既備故復制之示不忘古韠名有三朝廷則謂之韠宗廟謂之韍韐上音昧下音閤

五經異義曰韍者大帶之飾非韠也

董巴漢輿服志曰五霸遞興戰兵不息韍非兵飾於是去韍

白虎通曰紼有何謂也紼者蔽也行蔽前者示有事因以別尊卑彰有德也

徐廣輿服儀注曰蔽膝古之韍也戰國連兵以韍非兵飾去之漢明帝復制紱

環濟要略曰凢韍以韋爲之以象裳色湯至周增以畫文夏山取仁可依殷火取其明周龍章取其變化

莊子曰祝牧謂其妻曰天下有道我韍子佩天下無道我負子戴當隱蔽也

拾遺錄曰孔子生有麟吐玉書於闕里人家文云水精之子繼商周而素王出故蒼龍繞室五星降庭徵在賢明知爲神異乃以繡紱繫麟角而去夫子係殷湯水德而素王至敬王之末魯定公二十四年魯人鉏商田於大澤得麟以示夫子知命之終乃抱麟解紱而涕泗焉

鞶囊

禮曰男鞶革女鞶絲鞶小囊盛帨巾者男用韋女用繒

禮曰鞶厲游纓杜預曰鞶紳帶一名大帶厲大帶之垂也

白虎通曰男子有鞶者示有金革之事

東觀漢記曰鄧遵破諸羌詔賜遵金剛鮮卑緄帶一具虎頭鞶囊一

晉書曰鄧攸祖殷亮直強正爲淮南太守夢行水邊見一女子猛獸自後斷其鞶囊占者以爲水邊有女汝字也斷鞶囊新虎頭代故虎頭也若不作汝陰當作汝南後爲汝南太守

曹瞞傳曰太祖爲人坦易無威重身佩小鞶囊以盛手巾細物

鄴中記曰石虎改虎頭鞶囊爲龍頭鞶囊

揚子法言曰今之學也非獨爲之華藻又從而繡其鞶帨

班固與弟超書曰遺仲叔虎頭旁囊金銀鉤

謝承與步隲書曰所在近比無它異物裁奉纖成虎頭綬囊可以服之

孔珠與王佐長史書朝不著鞶囊不知爲何不荅曰尋此鞶囊是內則施鞶之遺象此爲箴線之屬非朝服所宜著

太平御覽卷第六百九十一

太平御覽卷第六百九十二

服章部九

珮 珮 環 玦 笏

說文曰珮大帶佩也珮必有巾故從巾故

釋名曰珮倍也言其非一物有倍貳也有珠有玉有容刀有帨巾有觿之屬也

詩曰青青子珮悠悠我思佩玉也

又曰有女同車顔如舜華將翱將翔佩玉瓊琚

又曰知子之來之雜珮以贈之雜珮者珩璜琚瑀衝牙之類知子之順之雜珮以問之問遺也知子之好之雜珮以報之

又曰彼留之子貽我珮玖

又曰我送舅氏悠悠我思何以贈之瓊瑰玉佩

又曰巧笑之瑳珮玉之儺

又曰鞙鞙佩璲不以其長鞙鞙玉貌璲瑞也以瑞玉爲佩佩之鞙鞙然

周禮曰王府掌王之金玉玩好共王之服玉佩玉禮曰主珮倚則臣珮垂主佩垂則臣珮委

又曰石駘仲卒無適子有庶子六人卜所以爲後者曰沐浴珮玉則兆五人者皆沐浴珮玉石祁子曰孰有執親之喪而沐浴珮玉者乎不沐浴佩玉石祁子兆

又曰古之君子必珮玉右徵角左宫羽趨以采齊路門之外樂節也行以肆夏登堂之樂節也周旋中規折旋中矩進則揖之退則揚之然後玉鏘鳴也故君子在車則聞和鸞之聲行則鳴珮玉是以非辟之心無自而入也君在不佩玉左結珮右設珮朝於君亦結左齊則綪結珮而爵韠凡帶必有佩玉唯喪否珮玉有衡牙居中央以前後觸君子無故玉不去身君子於玉比德焉天子佩白玉而玄組綬公侯佩山玄玉而朱組綬大夫珮水蒼玉而純組綬世子珮瑜玉而綦組綬士珮瓀玟而緼組綬孔子珮象環五寸而綦組綬

大戴禮曰上車以和鸞爲節下車以珮玉爲度

左傳曰蔡昭侯爲兩佩與裘以如楚獻一珮一裘於昭王服之以享蔡侯亦服其一子常欲之弗與三年止之事具玉部

又曰吳申叔儀乞粮於公孫有山氏申叔儀吳大夫公孫有山魯大夫舊相識曰珮玉蘂兮余無所繫之蘂然服飾備也無以繫佩言吳王不恤下也

魚豢魏略曰有雙璜雙珩琚瑀衝牙琕珠爲珮者乃漢明帝采古文始制也

晉書曰王祥著遺令子孫云吾氣絶不須沐浴勿纒尸皆澣故衣隨時所服所賜山玄玉珮衛氏玉玦綬笥皆勿以斂

齊書曰永明元年有司奏貴妃淑妃並加金章紫綬珮于窴玉

隋書曰何稠參會古今多所改創從省之服初無珮綬稠曰此乃晦朔小朝之服安有人臣謁帝而除去印綬兼無珮玉之節乎乃加獸頭小綬及珮一隻

國語曰秦穆公使公子縶弔公子夷吾于梁退而私於縶曰請以黄金三十鎰白玉之珩六雙不敢當公子納之左右

又曰王孫圉聘於晉定公饗之趙簡子鳴玉以相鳴珮玉以相禮問於王孫圉楚之白珩猶在乎珩佩上之璜者對曰然簡子曰其爲寶也幾何矣曰未嘗爲寶先王之玩也

周書曰武王俘商得舊寶玉萬四千珮玉億有八萬

摯虞決疑要注曰漢末喪亂絶無玉珮魏侍中王粲識舊

珮始復作之今王珮受法於粲

三禮圖曰九玉珮上有雙衡長五寸博一寸下有雙璜徑三寸衝牙蠙珠以納其間上下爲衡半壁爲璜璜中橫以衝牙以著珠爲瑀

董巴漢輿服志曰古者君臣珮玉三代同之五霸興兵珮非戰器去珮留其係璲以爲章表秦乃以采組連結謂之綬漢承秦制用而弗改至孝明皇帝乃爲大珮衝牙雙渠璜皆以白玉乘輿絡以白珠公卿諸貴以采絲其玉視冕旒

蔡邕輿服志曰孝明帝作蠙珠之珮以郊祀天地

白虎通曰所以必有珮者表意見所能故循道無窮即珮環能大道德即珮琨能決嫌疑即珮玦是以其所佩即知其所能若農夫佩其耒耜工匠珮其斧斤婦人珮其針縷也

孔叢子曰子産死鄭人丈夫舍玦珮婦女舍珠玉

說苑曰襄成君始封之日衣翠衣帶玉珮至流水之上大夫莊辛見而悅之

又曰經侯過魏太子左服玉具劒右帶珮環左光照左右光照右太子不視經侯曰魏國有寶乎太子曰主信臣忠百姓戴上此魏國寶也經侯應聲解劒而去珮

鹽鐵論曰子思銀珮

尚書舊傳曰淑妃脩媛脩華脩容婕好佩彩瓊玉貴人珮于寘玉

鄴中記曰石虎后出行有女鼓吹尚書官屬皆着錦袴珮玉

晉令曰皇太子妃珮瑜玉諸王郡公太宰太傅太保司空諸長公主諸王世子大司馬大將軍太尉珮玄玉

晉宋舊事曰太后皇后白玉佩

穆天子傳曰七萃之士天子賜以左佩玉華（玉華珮之精者）

又曰天子渴於沙中（沙衍中無水）七萃之士高奔戎刺其左驂之頸取其清血而飲天子天子美之乃賜奔戎珮玉一雙

列仙傳曰江濱二女者不知何許人步游江濱逢鄭交甫挑之不知神人也女遂解珮與之交甫悅乃受珮而去數十步空懷無珮女亦不見

拾遺録曰燕昭王時西王母降與昭王遊于燧林之下說炎皇鑽火之術取綠桂之膏然以照夜忽有飛蛾銜火狀如丹雀來拂桂膏之上此蛾出負丘之穴穴洞達於九天中有細珠流沙可穿而結因用爲珮

又曰漢成帝時乘輿服皆尚黑宮中美女服皂班姬以下皆玄綬璽珮

又曰漢昭帝元始元年穿琳池廣千步中植分枝荷一莖四葉狀如駢蓋日照則葉低蔭根莖若葵之衛足也名曰低光荷實如玄珠可以飾珮

漢武內傳曰上元夫人帶六出火玉之珮

搜神記曰元康中婦人之飾有五兵珮

楚辭曰扈江離與辟芷兮（扈被芳也）紉秋蘭以爲珮（紉索蘭香草也）

又曰雲衣兮披披（披披長貌）玉珮兮陸離（陸離光貌）

又曰連蕙若以爲珮兮過鮑肆而失香

又曰盍吾遊此春宮（春宮東方青帝宮）折瓊枝以繼珮

潘岳西征賦曰飛翠緌拖鳴玉出入禁門者衆矣想珮聲之遺響若鏗鏘之在耳

劉梁七舉曰珮則結綠懸黎寶之妙微符彩昭爛流景揚

暉。曹植與陳琳書曰帶蜺虹以爲紳連日月以爲珮

殷仲堪與相王牋曰所致玉佩光潤清越

傅玄大言賦曰胥珮六氣首戴天文

環

說文曰好倍肉謂之瑗肉好若一謂之環

禮曰孔子佩象環五寸而綦組綬（謙不比德亦不事也象有文環者也環者取其循無窮）

左傳曰穆叔之子仲壬與公御萊書觀於公宮公予之環使（牛入示之不入）示出命佩之

又曰宣子有玉環其一在鄭商（玉環同工共朴自共爲雙）宣子謁諸鄭伯（謁請也）子產弗與（事具玉部）

宋書曰江夏王義恭孝武即位以其藩所服玉環大綬賜之

梁書曰柳惔武帝之鎮襄陽惔祖道帝解玉環贈之天監二年元會帝謂曰卿珮玉環是新亭所贈耶對曰既瑞感神衷臣謹服之無斁

白虎通曰修道無窮即珮環也

瑞應圖曰黃帝時西王母乘白鹿來獻白環舜時復來獻白環

王子年拾遺錄曰顓頊時瀕海之北有勒題國皆衣毛無翼而飛帝乃更衣以文豹爲飾獻黑玉之環色如淳漆

荀卿子曰大夫待放于境君賜以環即返以玦即去

西京雜記曰趙飛鷰爲后女弟昭儀上五色玉環

春秋後語曰秦始皇聞齊王后賢嘗使遺之連環曰齊人多智能解此乎后以示群臣莫能解乃引椎破之謝秦使曰謹以解矣以報始皇壯其志益不敢謀齊

劉向列女傳曰齊桓公行霸諸侯朝之衛獨不至公謀伐衛衛姬脫簪珥解環再拜請衛之罪

莊子內篇云彼是莫得其偶謂之道樞樞得其環中以應於無窮（夫是非反覆相尋無窮故謂之環環中空矣今以是非爲環而得其中者也無是非者也無是非故能夫是非無窮故應亦無窮）

玦

說文曰玦玉珮（珮如環而有玦故云玦）

詩曰芄蘭之葉童子佩韘（韘玦也）

左傳曰狄人伐衛將戰衛懿公與石祁子玦與甯莊子矢使守（莊子甯速也玦玉玦）曰以此贊國擇利而爲之（贊助也玦示以當決斷矢示以禦難）

又曰晉侯使申生伐山皐落氏珮之金玦狐突曰金寒玦離胡可恃也罕夷曰金玦不復雖復何爲君有心矣

國語曰獻公使申生伐東山衣偏裻（音篤）之衣佩之金玦太子見理克曰君賜我以偏衣金玦何也克曰孺子懼乎衣金之偏而握金不偷矣太子遂行狐突御戎先友爲右告先友曰君與我此衣何也先友曰中分而金玦之權在此行也狐突歎曰以尨衣純（尨雜色純德謂太子）而玦之以金銑者寒甚矣胡可恃也

典略曰項羽與沛公飲范增數目羽舉所佩玉以示之者三羽默然

後漢書曰更始謀殺外伯（伯升光武兄）乃會諸將以成其計繡衣御史申徒建隨獻玉玦更始竟不能殺

東觀漢記曰明帝詔曰馮魴以忠孝出入八年數進忠言正諫賜以玉玦

續漢書曰桓帝永興二年光祿勳吏舍壁下夜有青氣視之得玉鉤玦各一

魏氏春秋曰明帝張掖郡金山玄川溢涌寶石負圖有玉匣開盖於前上有玉玦二璜一

魏略曰太祖征漢中太子在孟津聞鍾繇有玉玦使臨淄侯（曹子建也）因人說之繇遂送焉太子與繇書曰南陽宗惠叔稱君侯昔有美玦聞之驚喜笑與抃會當自白書恐傳言未審是以令舍弟子建因荀仲茂時從容喻鄙指鄴騎既到寶玦初至捧押跪發五内震駭繩窮押開爛然滿目偎以蒙鄙之姿得觀希世之寶不煩一介之使不損連城之價既有秦昭章臺之觀而無藺生詭奪之誑嘉貺益腆敢不欽承謹奉賦一篇

王隱晉書曰禮能使決疑者珮玦故遣其臣亦授之以玦今靈命有二玦其一當魏曆數既終當禪大晉故與之玦凡受命將即天子之位皆衆人之所疑以武皇帝能斷決應天順民受曹氏禪而無疑德應珮玦故以賜焉是以有二玦

蕭子顯齊書曰太祖在淮陰治城得錫玦大數尺下有篆字人莫識紀僧真曰何須辯文此自久遠之物即九錫之徵也太祖曰卿勿妄言

北齊書曰樂陵王百年傳博陵人賈德胄教百年嘗作數㓨字德胄封以奏帝帝怒召百年百年知不免割帶玦留與妃斛律氏及百年被誅妃把玦哀號不食而死玦猶在手拳不可開其父自擘之乃開

白虎通曰能決嫌疑則佩玦

瑞應圖曰舜時西王母獻白環玦

隨巢子曰召人以環絕人以玦

莊子曰儒者緩佩玦者事至而斷

西京雜記曰趙飛鷰爲皇后女弟昭儀上珊瑚玦

孟達與諸葛亮書曰今送綸帽玉玦各一以徵意焉

笏

釋名曰笏忽也君有教命及所啓白則書其上備忽忘也或曰薄可以薄疏物

禮曰笏天子以球玉諸侯以象大夫以魚須（須與斑同）文竹士竹本象可也見於天子與射無說（音脫）笏入太廟說笏非古也小功不說笏當事免則說之（免悲哀哭踊之時）凡有指畫於君前用笏造受命於君必書於笏笏畢用也因飾焉（畢盡也）笏度二尺有六寸其中博三寸其殺六分而去一（殺猶杼也天子杼上終葵首諸侯不終葵首）

又曰將適公所書思對命（思所思念將以告君書之於笏爲失忘也）

又曰侍坐於君子君子欠伸運笏澤劍首還屨問日之蚤（音早）莫請退可也（運澤猶翫弄也）

大戴禮曰天子御珽（珽言珽然方正於天下）諸侯御荼（荼前詘後直下天子也荼音舒）大夫服笏（前詘後詘無所不讓也）

又曰五經要義曰天子之笏謂之珽珽然無所屈也

周書曰武王不閉外門以示無懼去劍搢笏以示無仇

後漢書曰陳蕃爲光祿勳范滂爲主事以公儀詣蕃執板入閤至坐不奪滂投板振衣而去郭泰責蕃曰以階級言滂宜有敬以類數推之至閤宜省（所攀切）

吳志曰朱治領吳郡舉孫權爲孝廉後權爲吳王治每見權常執板交拜（板即笏也）

晉書曰王敦表温嶠爲丹陽尹因餞會錢鳳自起行酒至鳳未飲嶠僞醉以手板擊鳳幘墜作色曰錢鳳何人温太真行酒敦不悅兩釋之

又曰桓温秉政謝安王坦之徃候之坦之倒持手板

宋書曰建平王宏文帝子也元凶劭弑立孝武入討劭録宏殿内自拔莫由孝武先嘗以一手板於宏遣左右親信周法道齎手板詣孝武軍以爲尚書左僕射

又曰庾道愍尤精相板宋明帝時山陽王休祐屢以言語忤顔見道愍託以己板爲他物令道愍占之道愍曰此乃甚貴然使人多愆忤祐以褚彦回詳審求换其板他日彦回侍明帝自稱下官帝多忌甚不悦休祐具以狀言帝乃意解

又曰蔡毋珎之在西州時有一手板相者云當貴每以此言動帝又圖黄門郎帝嘗問之曰西州時手板何在珎之曰此是黄門手板官何須問帝大笑

齊書曰豫章王嶷薨見形於第居第也後園乘腰輿指麾處分呼直兵直兵無手板左右授一玉手板與之謂曰橘樹一株死可覔補之因出後園閤直兵倒地仍失手板

宋書曰明帝起事諸方並舉兵帝謂蔡興宗曰頃日人情言何事當濟不興宗曰今米甚豊賤而人情更安以此論之清蕩可必但臣之所憂更在事後猶羊公言既平之後方當勞聖慮耳尚書褚彦回以手板築興宗不已上曰如卿言

北齊書曰尔朱榮既誅得其手板上有數牒啓皆左右去留人名非其腹心在出限帝曰竪子若過今日便不可制

又曰文襄疑文宣佯愚慮其有後變將陰圖之以問崔暹暹曰嘗與二郎俱在行位試以手板柏其背而不瞋乃將犀手板擬暹竹者自揩拭而翫視之以是知其實癡不足慮也帝既鑠暹責其徃昔打背暹自陳所對文襄之言已功以贖死帝悟曰我免禍乃暹之力釋而勞之

唐書曰高宗欲立武昭儀褚遂良諫不從置其笏殿階曰還陛下此笏乃解巾叩頭流血

又曰崔滌玄宗時嘗朝夕宫掖出入無間慮有所漏洩乃於滌笏上親札慎密二字以誡之

又曰玄宗以張九齡體弱朁笏不勝命置笏囊

又曰李絳面論吐突承璀用兵無功合從顯責又論承璀於軍中立聖政碑事不可許上初怒色變絳語不已詞旨懇切因泣下上察其意乃大開忭拜絳爲中書舍人即命曳去所立碑曰微降言吾不知爲損又面賜絳紫親爲絳擇笏以賜之因謂之曰爾他時勿易此心

又曰朱泚盜據宫闕乃遣將韓旻領兵疾趨奉天召段秀實與之謀議秀實從欲圖之陰説大將劉海賓何明禮等同謀殺泚明日泚召秀實議事秀實勃然而起奪源休笏以擊泚傷額流血海賓等不至秀實遂被害

又曰魏謩文宗時爲起居舍人上謂之曰卿家有何舊書詔對曰比多失墜唯朁笏獨存輙令進之鄭覃曰在人不在笏上曰覃不解我意乃此甘棠之義非在笏而已

三禮圖曰士竹笏飾以象骨大夫飾以魚須

輿服雜事曰古者貴賤皆執笏主書君上之政令有事則搢之於要帶中近代以來唯八座尚書執笏者白筆綴手板頭以紫囊裹之其餘王公卿士但執手板主于敬不執笏亦非記事官也

周遷車服雜事曰應仲遠云昔荆軻逐秦王其後謁者持匕首以備不虞從此侍官執刀劔漢高祖偃武脩文始制以手板代焉

江表傳曰孫權既即尊位請會百官歸功周瑜初張昭勸迎曹公權不從而周瑜啟之及是昭舉笏欲褒贊功德未及言權曰如張公之計今已乞食矣昭大慙伏地流汗

又曰獻帝嘗見郗慮及少府孔融問融曰鴻豫（慮字鴻豫）何所優長融曰可與適道未可與權慮舉笏曰融昔宰北海政散民流其權安在遂與融互相長短

穆天子傳曰天子大服冕禕帗帶搢笏夾佩（郭璞注云沃韠也夾佩左右兩佩也奉璧南面立于塞下受何榮也）

郭子横洞冥記曰孟岐清河之逸人也年可七百歲語及周初時事如目前岐時侍周公升壇上政以手摩成王之足周公以玉笏與之

郡國志曰晉明爲太子時嘗戲殿前以玉手板弄銅蟠螭口手傾溜入螭腹中不能出入後見一白鼠出入螭口

世說曰王子猷作桓車騎兵參軍桓曰卿在府久比當相料理初不荅高視以手板柱頰云西山朝來致有爽氣

相手板經曰相手板法出蕭何或曰四皓初出殆不行世東方朔見而善之曰此非庸人所解至魏司空陳長史見此書歎伏以示許士宗韋仲將管輅見而推歎郭景純以夜兼晝方得其妙理相手板將以閑太之時取五行尋四時定八節明二十四氣百不失一板長一尺五寸廣一寸五分上狹而薄下廣而厚八角十二芒並欲端平板形皆完淨板凶少吉多者可用吉少凶多者不可用服也舊用白直檀刺榆桑柘四材也畨當令理通直從上至下直如絃不得出邊絕理板頭是君坐板頭鈇與君共事必不得終分板作四分上一分爲二親左爲父右爲母第二分都爲婦第三分左爲男右爲女第四分左爲奴右爲婢婢之不辟方留爲田宅財物牛馬豬羊雞犬之屬以五行十二時分若其處崩毀傷蹈破裂衣帛蝕蝎穿兆隨所屬物必損失死亡板兩邊左爲城右爲社寬博文彩班班光澤清淨必得封邑○仲長子曰笏以書君教令記善刺過今之板以象焉

劉義恭啟事曰聖恩優重猥賜華纓玉笏珠冠飾首琛被耀握非臣朽薄所宜服之

太平御覽卷第六百九十二

太平御覽卷第六百九十三

服章部十

袍　褐　衫　襜褕

袍

說文曰以絮曰繭以緼曰袍

禮記玉藻曰纊爲繭緼爲袍（緼舊絮纊綿也）

釋名曰袍丈夫着下至跗者袍苞也内衣也

論語曰衣弊緼袍與衣狐貉者立而不耻者其由也與

詩曰豈曰無衣與子同袍

史記曰秦相范雎與魏人須賈有隙及賈使秦雎自稱張禄先生見賈寒取一綈袍以賜之及數其罪曰尔得無死者將以綈袍有戀戀故人之意

漢書曰文帝使遺單于繡袷長襦錦袷袍各一

續漢書曰袁安爲光禄勳至清鹿袍糲食

又曰三老五更皆服都禄大袍

又曰輿服志曰公主貴人妃以上嫁娶得服錦繡羅縠十二色緑袍

東觀漢記曰明德馬后袍極麁踈諸王朝望見反以爲綺華繑

後漢書曰欒崧者家貧爲主無被糟食自此詔給帷被皁袍

袁山松後漢書曰靈帝欲以羊續爲太尉特拜三公者皆輸東園禮錢千萬中使取之續乃舉緼袍以示之曰臣之所資惟斯而已故不登公位

古今善言曰續出黄紙補袍以示使人時人謡曰天下清苦羊續祖

又曰桓鸞字始春焉弟也少立志行緼袍糟食不求盈餘以濁世耻不肯仕

魏略曰薛夏字宣聲黄初中爲祕書丞帝與夏推論書傳未嘗不終日也帝見其衣薄解所御袍賜之

蜀志曰彭羕字永年姿性驕傲多所輕忽唯敬同郡秦安薦之於太守許靖曰竊見處士綿竹秦安應山甫之德履儁生之直枕石漱流吟詠緼袍也

王隱晉書曰江東賜凉州刺史張駿真金印大袍

又曰鄭冲以儒雅爲德莅職無幹局之譽簞食緼袍不營資產世以此重之

又曰惠帝自鄴還洛陽賜中書監盧士鸛綾袍一領

又曰武帝賜桓伊錢百萬袍褁千端

又曰慕容冲進逼符堅送一領錦袍遺冲詔呂著交兵使在其間今送一袍以明本懷

齊書曰卞彬蚤虱賦序曰余居貧布衣十年不製一袍之緼有生所託資其寒暑無與易之爲之多病起居甚踈縈寢敗絮不能自釋

梁書曰侯景將爲亂時謡曰青袍白馬壽陽來後景軍中悉着青袍景長乘白馬

又曰臨賀王正德俟景之亂正德爲平北將軍屯朱雀航景至正德乃北向望闕三拜歔欷流涕引賊入宣陽門與景交揖馬上退據左衛府先是其軍並着絳袍袍裏皆碧至是悉反之賊以正德爲天子

唐書曰武后出緋紫單羅銘襟背袍以賜文武臣其袍文各有炯戒諸王則飾以盤石及鹿宰相飾以鳳池尚書飾以對鴈左右衛將軍飾以麒麟左右武衛飾以對虎左右

鷹對飾以鷹左右千牛飾以牛左右豹韜飾以師子左右金吾飾以象又銘其襟背作八字迴文焉

又曰肅宗爲皇太子受册當彼絳紗袍太子以爲與皇帝同稱辭不敢當下百官議帝手敕改爲朱明服

又曰薛平能守法度理身儉薄一緑袍十年不易恩加朱紱然始解去

莊子曰曾子居衛緼袍無表十年不製衣

墨子曰楚莊王鮮冠組纓絳衣博袍以理其國政也

說苑曰子思居衛緼袍無裏田子方遺狐白之裘恐其不受謂之曰吾假人遂忘之子思竟不受

鹽鐵論曰原憲之緼袍賢於季孫之狐貉

又曰倪寬練袍衣若僕妾食若庸夫

東宮舊事曰太子納妃有絳綾袍一領

漢武内傳曰上元夫人降武帝服赤霜之袍雲綵亂色非錦非繡不可得名

神仙傳曰太傅楊駿使人迎孫登共語不荅以複布袍賜之登受之出門從人借刀斷袍上下異處放駿門下又大讙斫刺當特人謂爲狂後乃知駿當誅斬其人

王褒内傳曰真人將褒見太上丈人着流霞羽袍芙蓉冠

搜神記曰有談生者年四十無婦夜有女年十五六姿顏無雙來爲生妻經三年遂乃生一兒曰慎勿以火照我後三年可照耳生不能忍照之腰上肉如人腰以下但枯骨婦求去將生入華堂與室以珠袍與之生至市賣袍睢陽王識是女袍收拷談生談生具對呼兒似王女

又曰郭璞每自爲卦知其凶終嘗逢一趍走少年便脱青絲袍與之此人不解其意璞曰身命卒當在君手故逆相

屬耳及當死果此人行刑傍人皆爲屬求判璞曰我當託之久矣此人爲之歔欷哽咽行刑既畢乃說如此

鄴中記曰石虎臨軒大會着丹紗袍

鍾岏良吏傳曰袁彭字伯楚爲南陽太守政以清潔糲食緼袍不改其操

古樂府曰紵歌曰紵實如月輕如雲色似銀袍以光軀巾拂塵製以爲袍餘作巾

古詩曰青袍似春草長條隨風舒

魏武帝與楊彪書曰今遺足下貴室錯綵羅縠錦袍一領

劉弘教曰將士寒窮者給一韋袍複帽

劉義恭啓事曰詔旨以赦日所制綾紋綿布袍故生古具袍垂重賜

劉謐之與天公牋曰體戰身噤脱衣凍坐賴詹公借袍南城送火

褐

說文曰褐短衣也

詩曰無衣無褐何以卒歲褐毛布也

左傳曰吳申叔儀乞食於公孫有山氏曰佩玉蕊兮余無繫之旨酒一盛兮余與褐之父睨之對曰梁則無矣麤則有之若登首山以呼曰庚癸則乎諾軍中不得出糧故爲私隱庚西方主穀癸北方主水傳言吳子不與士共飢渴所以亡

韓詩外傳曰東郭書知宋之將亡故褰褐而過南其朝曰宋將有棘荆故褰褐而避之也居三年宋果亡

史記曰五羖大夫鄙人也聞秦繆公之賢自粥秦客被褐食牛朞年舉之牛口之下加之百姓之上

又曰趙惠文王得楚和氏璧秦昭王遺趙王書願以十城易

璧趙遣藺相如奉璧秦王無償城色相如使從者衣褐懷
璧便道亡歸
又曰婁敬齊人戍隴西過洛陽衣羊裘因齊人虞將軍求
見上虞將軍欲爲易其衣不肯曰臣衣帛衣帛見衣褐衣
褐見遂見上説上西都長安
漢書曰貢禹上書云年老貧窮家貲不滿萬錢妻子糠豆
不贍短褐不完
范曄後漢書曰張玄處徵有才略以世亂不仕司空張溫
數以禮辟不能致後溫以車騎將軍出征凉州將行玄自
廬被褐帶索要説溫不能用
晉書曰皇甫謐字士安上疏曰咎繇振褐不仁者遠矣
陶潛五栁先生傳曰短褐穿結簞瓢屢空晏如也
孝子曰聖人被褐而懷玉

墨子曰人不可衣短褐衣服不美身體從容不足觀也
新序曰齊有婦人極醜無雙號無鹽女行年四十無所容
入衒嫁不售乃拂短褐自詣宣王曰願當君王盛顔
符子曰有澤父者冠葭蘆之笠納藨之屨沙裳褐衣
裴淵記曰蠻夷取穀樹皮熟搥之以爲褐
趙壹疾邪賦曰勢家多所宜欬唾自成珠被褐懷金玉
蘭蕙化爲芻
古詩曰短褐中無絮帶斷續以繩

衫

釋名曰衫芟也衫乘無袖端也襦襠者當胷一當背也
揚雄方言曰陳魏宋楚之間謂之襜或謂之單襦
沈約宋書曰徐湛之母會稽公主高祖微時有納布衫襖
等衣皆是武敬皇后手自作高祖既貴以此衣付公主曰
後代若驕奢不節者可以此示之
又曰到溉爲建安太守任昉以詩贈之求二衫云鐵錢兩
當一百代易名實爲惠當及時無待凉秋日溉荅云余衣
本百結閩中徒八蠶假令金如粟詎使廉夫貪
宋書曰薛安都與魏戰魏多縱突騎衆軍患之安都怒甚
乃脱兜鍪解所帶鎧唯着絳衲兩襠衫馬亦去具裝馳入
賊陣猛氣咆哮所向無當其鋒者
又曰渴盤陁國土人翦髮着氊帽小袖衣爲衫則開頸縫
前
齊書曰陽休之除散騎常侍監修起居注頃之坐事左遷
驍騎將軍衣兩襠文宣郊天百僚咸從休之爲驍騎將軍
衣兩襠用手持白棓時魏收爲中書令嘲之曰義真服采
休之曰我昔爲常伯首戴蟬冕今處驍游身被衫甲允文

允武何必減卿談笑晏然議曰服其夷曠
唐書曰德宗在梁州地熱未給將士春衣上亦御夾服以
視朝左右請御衫上曰從我者冬服未易我豈可獨衣衫
乎將士聞之莫不流涕
魏文帝別傳曰吳選曹令史長沙劉卓字德然病荒夢
見一人以白越單衫與之言曰汝着衫汗火燒便潔也卓覺
果有衫在側汗輒火浣之
晉惠帝起居注曰愍懷以體上白絹單衣一領 寄與
妃
宋起居注曰太始二年御史丞羊希奏山陰令謝沉親憂
未除常著青絳衲兩襠請免沉前所居官也
晉東宮舊事曰太子納妃有白縠白紗白綃衫並紫玉綬
祖台之志怪曰建康小吏曹著爲廬山使君所迎配以女

婉著形意不安屢求諫退婉潸然流涕賦詩序別并贈
織褌衫也
劉敬叔異苑曰毌丘儉征沃沮使王頎窮其東界父老云
曾有破船從漢海流得布衫身如中國人但兩袖俱長三
丈

襜褕

方言曰襜褕江淮之間謂之襜容（常容反）自關而西謂之襜
褕以布而無緣謂之藍縷
漢書曰元始五年有一男子乘黃犢車建黃旐衣黃襜褕
着黃帽詣北闕自謂衛太子
又曰何並為長陵令侍中王林卿通輕俠傾京師至寺拔
刀刺其建鼓並追之卿迫窘乃令奴冠被其襜褕自代乘
變服馳去

東觀漢記曰耿純率宗族賓客二千人皆縑襜褕絳巾迎
上
又曰更始在長安自恣三輔苦之又所官爵多羣小或繡
面衣錦袴襜褕罵詈道路
又曰王阜為益州太守大將軍竇憲貴盛以絳罽襜褕
與阜阜不受
又曰段熲滅羌詔賜熲錢十萬絳襜褕一領
又曰延岑上光武皮襜褕宿下邑亭亭長白言睢陽賊衣
絳罽襜今宿客疑是乃發卒夾岑臥不動吏謝去
邊讓別傳曰讓字文禮孔融薦讓於武帝曰邊讓為九
州衣被則不足為單衣襜褕則有餘
恒譚新論曰余自長安歸道病蒙絮被罽襜褕宿下邑亭
太平御覽卷第六百九十三

太平御覽卷第六百九十四

服章部十一

裘

說文曰裘皮衣也

禮曰十月之節天子始裘

又曰唯君黼裘以誓省大裘非古也君衣狐白裘錦衣以裼之君之右虎裘厥左狼裘士不衣狐白君子狐青裘豹褎玄綃衣以裼之麛裘青豻褎絞衣以裼之豻胡犬也音岸絞蒼黃之色羔裘豹飾緇衣以裼之狐裘黃衣以裼之錦衣狐裘諸侯之飾也犬羊之裘不裼庶人無文飾裘之裼也見美也

又曰童子不衣裘裳裘大温

又曰有若曰晏子一狐裘三十年言其太儉偪下

又曰良冶之子必學爲裘補器者其金柔乃合有似於裘

詩曰羔裘如濡洵直且侯羔裘豹飾孔武有力羔裘晏兮三英粲兮晏鮮盛貌三英三德剛克柔克正直也

又曰君子至止錦衣狐裘顏如渥丹其君也哉

又曰一之日于貉取彼狐貍爲公子裘

又曰羔裘逍遙狐裘以朝羔裘翶翔狐裘在堂羔裘如膏日出有曜

又曰彼都人士狐裘黃黃

又曰狐裘尨茸一國三公吾誰適從

又曰齊人以郲寄衛侯右宰穀從而逃歸衛人將殺之辭曰余不悅初矣余狐裘而羔袖乃赦之狐裘羔袖言一身盡善唯少有惡喻已雖從出其罪不多

又傳曰公賜公衍羔裘使獻龍輔於齊侯龍輔玉名遂入羔裘齊嘉與之陽穀陽穀齊邑

又傳曰齊侯伐晉夷儀東郭書讓登犁弥從之齊侯賞犁弥辭曰有先登者臣從之晳幘而衣貍製晳白也幘齒上下相值製裘也公使視東郭書曰乃夫子也

論語曰緇衣羔裘素衣麑裘黃衣狐裘褻裘長短右袂

周禮曰司裘掌爲大裘以供王祀天之服仲秋獻良裘季秋獻功裘良善也仲秋鳥獸毛毨因良時而用之功裘人功微麤謂狐青麛裘之屬也大裘廞裘飾皮車廞淫也鄭司農云淫裘陳裘也

又曰宮伯掌王宮之士庶子庶子宿衛之言月終則均秩歲終則均敘以時頒其衣裘

史記曰秦昭王囚孟嘗君欲殺之孟嘗使人抵昭王幸姬求解姬曰妾願得君狐白裘此時孟嘗君有一狐白裘直千金天下無雙入秦獻之昭王更無他裘孟嘗君患之客最下坐爲狗盜者曰臣能得狐白裘乃夜爲狗盜以入秦宮藏中取所獻裘奉姬姬爲言於王王釋孟嘗君

漢書曰賈誼上書諫文帝曰天下咸知陛下之義臥赤子天下之上而安植遺腹朝委裘服虔曰言天下安雖赤子遺腹在位猶不危也孟康曰委裘若容衣太子未坐朝事先帝衣裘也

東觀漢記曰東平王蒼來朝章帝以王觸寒涉道賜乘輿貂裘

又曰祭肜爲遼東太守鮮卑奉馬一疋貂裘二領

貂裘

後漢書曰馬援歎曰殖貨財產貴其能施賑也不則守錢虜耳乃盡散以班昆弟故舊身服羊裘皮袴

又曰嚴光世祖時遊學及世祖即位乃變名隱身不見帝思其賢乃令以物色訪之後齊國上言曰有男子披羊裘釣澤中帝令齎玄纁聘之三聘而後至

謝承後漢書曰劉虞爲幽州刺史常著氊裘

魏氏春秋曰高文惠爲刺姦令史夙夜匪懈至擁膝抱文書而寢寐太祖嘗夜微出觀察諸吏見而哀之徐解裘覆之而去

吳志曰陸遜破曹休上爲羣僚大會酒與遜對舞解所着猑子裘賜遜

晉書曰趙王倫字子彝初封琅邪郡王坐使散騎劉緝買工所將盜御裘廷尉杜友正緝弃市倫當與緝同罪有司奏倫爵重屬親可不坐諫議大夫劉毅駁曰王者之法罰不阿貴賤然後可以齊禮制而明典刑也倫知裘非常蔽不語吏與緝同罪

又曰桓玄殺羅企生先是玄以羔裘遺企生所生母胡氏及企生遇害即日焚裘

又曰王恭嘗披鶴氅裘涉雪行孟旭曰此神仙中人也

王隱晉書曰步熊字叔罷好學兼術數趙王倫辟熊熊言倫死不久不足應有人告倫倫遣國之熊使諸生着巳裘南走國者皆奔之熊密從北道走得脫

又曰王敦參軍摯瞻見敦以故懷裘賜老外部都督瞻曰此裘雖故不如與小吏敦曰何故瞻曰上服賜下貂蟬亦可賜下乎

齊書曰文帝製孔雀毛裘

又曰文惠太子性奢侈製珍玩之物織孔雀毛爲裘光采金翠過於雉頭遠矣

北齊書曰唐邕字道和少明敏有治世才斛律金啓太后曰唐邕强幹一人當千顯祖乃解所服青鼠皮裘賜之云意在與卿共弊

趙書曰汲桑盛暑重裘重茵使人扇之患不清涼斬扇者

軍中爲之語曰仕爲將軍何可着六月重茵披狐裘不識寒暑斷人頭

晉咸寧起居注曰大司馬程據上雉頭裘一領詔曰據此裘非常衣服消費功用其於殿前燒之敕內外有造異服詔罪之

晉令曰山鹿白狗遊毛狐白貂蟬黄貂班白鼲子渠搜國裘皆禁服也

瑞應圖曰王者奉五行敎民種植以事則渠搜國來獻裘王者德茂不恥惡衣服則四夷乘白鹿來獻白裘

黄帝出軍決曰黄帝伐蚩尤未克夢西王母遣道人披玄狐之裘以符授之

管子曰武王爲役靡令曰豹襟豹裘方得入朝故豹皮百金功臣之家糶千鍾未得一豹皮

晏子曰景公時雨雪三日公披狐白之裘曰怪哉雨雪三日不寒晏子曰古之賢者君飽而知人飢溫而知人寒今君不知也公乃命出裘以與寒發粟以與飢

又曰晏子適晉至中牟睹弊冠皮裘負芻者晏子曰子何者對曰我越石父也不免凍餓爲人僕三年晏子解左驂贖之也

又曰景公賜晏子狐白裘其貿千金晏子辭而不受三反曰君服之上而使嬰服之下不可以爲敎

墨子曰江河之水非一源千鎰之裘非一狐

又曰晉文公好士之惡衣故文公之臣皆牂裘

列子曰林類年且百歲書傳无聞蓋古之隱士底春而裘於畦底當也

秦青子曰有千金之裘而無千金之布

田休子曰渠搜之人服夏禹德獻其珍裘毛出五彩光曜

五色

又曰少昊氏都於曲阜鞬鞮毛人獻其羽裘

韓子曰齊有盜狗子與胡跪子相誇盜狗子曰吾父之裘獨有尾胡跪子曰吾父冬夏獨有一足袴

又曰堯之王天下也冬則鹿裘夏則葛絺

又曰孫叔敖相楚衣羖羊裘

又孔叢子曰田子方遺孔子思狐白裘也

符子曰爲千金之裘而與狐謀之其皮不可得

呂氏春秋曰天下無粹白之狐而有粹白之裘(粹純)取之於衆白也

又曰孔子始用於魯魯人謗之曰麛裘而韠投之無戾韠而麛裘投之無郵用三年男行乎途左女行乎途右物之遺者民莫之舉

淮南子曰夫夏日之不披裘者非愛之也煖有餘於身也裘與蓑孰急見雨則裘不用上堂則蓑不御此代爲帝者(代更帝王)黼白狐之裘天子之被也而在朝堂然爲狐計者不若走於澤披羊裘而賃負固其事也狐裘而負籠甚可怪也

抱朴子曰狐白不可以當暑

說苑曰晉平公使叔嚮聘吳吳人飾舟以逆左右各五百人有繡衣而貂裘者

說苑曰林既衣韋衣而朝齊景公曰此君子服耶既作色曰服何足以端士行如君言衣狗裘當犬號羊裘當羊鳴乎今君衣狐意得無變乎

又曰千金之裘非一狐之皮也

說苑曰晉平出朝有鳥環平公不去平公謂師曠曰吾聞之霸王之主鳳下之今者出朝有鳥環寡人終朝不去是其鳳鳥耶曠對曰東方有鳥名諫珂其爲鳥也文身而朱足憎鳥而愛狐今者君必衣狐裘以朝乎平公曰然

又曰趙簡子乘弊車瘦馬衣羖羊之裘其宰曰車新則安馬肥則疾狐裘則温君宜改之簡子曰君子服善則益恭小人服善則益踞

新序曰魏文侯出遊見反裘負芻者問之對曰愛毛者文侯曰尔不知皮盡而毛無所附耶明年東陽上計其布十倍大夫賀之文侯曰民不增而稅倍亦何異反裘負芻者厚取於下則上不安此自危之道也子何用賀乎

新論曰振裘時領萬毛皆整

潛夫論曰挾夫私計以論公政與狐議裘無時可得也

西京雜記曰司馬相如初與卓文君至成都居貧愁懣以所服鷫鸘裘貰酒與文君爲歡

又曰慶安爲十五爲成帝侍郎善鼓瑟趙后悅之白上得出入御內絕見愛幸常着輕絲履招風紫綈裘與后同居

又曰成帝好蹵鞠群臣以勞體非尊者所宜帝曰可擇似而不勞者奏之劉向作彈棊以獻帝大悅賜青羔裘紫絲履

拾遺録曰周昭王綴青鳳毛爲二裘一名燎質一名暄風可以禦寒也至厲王流于彘人得而奇之以裂此裘遍彘罪人大辟者抽裘一毛以贖死價直萬金也

五經要義曰古者著裘於內而以繒衣覆之乃加以朝服會之時袒其朝服見裘襃覆衣謂之裼之言露可見之辭所以示美呈好而爲飾加以朝服謂之襲袒謂之裼大裘不覆反本以其質也

又曰諸侯黼裘以誓田獮羔狐爲黼文也

白虎通曰裘所以佐女工助温也古者緇衣羔裘黄衣狐裘禽獸衆多獨以狐羔取其輕暖因狐死首丘明君子不忘本也羔取其跪乳遜順也

帝王世紀曰夏禹時渠搜國來獻褐裘也

春秋後語曰淳于髡見鄒忌曰狐裘雖獘不可補以黄犬之皮忌曰諾謹受教請擇君子無雜小人其間

戰國策曰蘇秦說李兊兊送蘇秦黑貂裘黄衣百鎰

又曰蘇秦諳秦王上書十上而說不行黑貂之裘獘黄金百鎰盡形容枯槁及歸妻不爲下機嫂不爲炊

又曰或謂孟嘗君曰太廟之椽非一木之枝也千鎰之裘非一狐之裘也

吳越春秋曰延陵季子適齊見路有遺金當夏五月有披裘而薪者季子呼取金薪者曰吾五月披裘而薪資以金者哉○外國圖曰毛民國出名裘去瑚方七千里

十洲記曰漢武帝天漢三年西國獻吉光裘色黄蓋神馬之類入水不沉入火不灼

管寧別傳曰寧字幼安至孝每祭祀未嘗不伏地流涕恒着布裳貂裘

會稽典略曰魏朗字少英爲郡功曹佐正旦椽吏顧龕被裘以加朝服朗以裘非臣服龕不敬勑卒撤去龕恚而不聽朗右手鳴鼓左手撤裘以聞府君喜朗遂退龕以朗代之朗辭病不就

語林曰謝萬就安乞裘云畏寒荅曰君妄語正欲以爲豪具耳若畏寒無復勝綿者以三十斤綿與謝

世說曰謝萬與安共詣簡文萬來無衣幘可前簡文曰俱但前不須衣幘即呼使入萬着白綸布鶴氅裘履板而前共談移日大器重之

宋玉風賦曰主人之女被翠雲之裘

崔寔四民月令曰囊裹虫並與以灰藏氊裘

魏武與楊彪書曰今贈足下錦裘二領

魏文與孫權書曰今因趙咨致文馬一疋貂子裘一領

王昶家戒曰止寒莫若重裘止謗莫若自脩

太平御覽卷第六百九十四

服章部十二

襦　袴　袴褶

襦

說文曰襦短衣也一曰𩏊衣（𩏊温也 奴案反）

釋名曰襦煗也言温煗也單襦如襦而無絮也反閈襦之小者也却向着之領含於項反於背後閈其衿

漢書曰班伯爲侍中與王許子弟爲群在於綺襦紈袴之間非其好也

又曰昌邑王被廢太后被珠襦（如淳曰以珠飾襦 晉書曰貫珠爲襦）盛服坐武帳中王前聽詔

又曰哀帝以東園秘器珠襦玉押皆豫以賜董賢

東觀漢記曰廉范字叔度爲蜀郡太守舊禁制民夜作范毀削先令百姓爲便歌之曰廉叔度來何暮不禁火民安作平生無襦今有五袴

又曰來歙詣雒見上上大喜解所被襜襦衣賜歙

又曰第五倫性節儉爲二千石常衣布襦

又曰梁鴻妻孟氏女布襦袴裙鴻曰此真梁鴻妻也

魏志曰管寧常着皂帽布襦隨時單複

晉令曰旄頭羽林着韋要胄襦

齊書曰武陵昭王曄過竟陵王子良宅冬月道逢乞人脫襦與之子良見曄衣單進襦於曄曄曰我與向人亦復何異

梁書曰顧協少清介有志操初爲廷尉正冬服單薄寺卿蔡法度欲解襦與之憚其清嚴不敢發口謂人曰我願解身上襦與顧郎難衣食者竟不敢以遺之

又曰郭祖深清儉常服故布襦

又曰索君正爲豫章內史性不信巫邪有師世榮稱道術爲一郡巫長君正在郡小疾主簿熊岳問巫師云須疾者衣爲信命君正以所着襦與之事竟取襦云神將送與北斗君君正使檢諸身於衣裏獲之以爲亂政即刑於市而焚神一郡無敢行巫

後魏書曰高祖復至鄴見公卿曰朕昨日入城見車上婦人冠帽而着小襦襖者尚書何爲不察任城王澄曰着者猶少帝曰任城意欲全着乎一言可以喪邦其斯之謂可命史官書之

東宮舊事曰太子納妃有紫縠襦絳紗繡縠襦

吳越春秋曰勾踐與妻入臣吳夫人衣無緣之裳左開之襦坐以養馬

又曰吳王闔閭葬女以珠襦之寶

鍾離意別傳曰意爲司徒侯霸府議曹掾詔送三百人到河北遇隆冬到弘農意輒使屬縣令出錢與徒作襦袴光武謂侯霸曰君所使吏仁恕用心乎

列仙傳曰細伯子者冬着單衣盛暑襦袴

列異傳曰東海君以織成青襦遺陳節方

述異記曰乾羅者慕容廆之十一世祖也着金銀襦鎧乘白馬金銀鞍勒自天而墜鮮卑神之推爲君長

西京雜記曰趙飛鷰爲皇后其弟在昭陽殿上遺織成上襦

呂氏春秋曰子產治鄭鄧析務難之約民大獄一衣小獄襦袴鄭國大亂子產殺鄧析而民服

桓譚新論曰待詔景子春素善占坐事繫其婦朱君至獄

門通言遺襦袴子春驚曰朱君來言與朱爲珠袴而襦中絕者也我當誅斷也後遂腰斬

世說曰司馬宣王從遼東還有六十假士寒凍乞一襦公乞之酒左右曰官不少襦可賜之公乞之酒曰襦官中物臣無私施

語林曰謝鎮西着紫羅襦據胡牀彈琵琶作大道曲

夢書曰上襦爲大夫婦人夢之得賢夫也

束晳近遊賦曰繫明襦以御冬

古詩曰羅敷好蠶桑採桑城南隅紺綺爲下裳紫綺爲上襦

又曰妾有繡腰襦葳蕤金縷光

陸機與長沙夫人書曰士璜亡恨一襦少便以機新襦衣與之

袴

說文曰袴脛衣也

釋名曰袴跨也兩股各跨別也留冀州所名大褶下至膝者也留牢也幕絡在衣表

方言曰齊魯之間袴謂之褰或謂之襱（襱音籠）關西謂之袴大袴謂之倒頓小袴謂之芙蓉衫楚通語也

史記曰屠岸賈攻趙朔等妻晉成公姊有遺腹公宮匿之生男屠岸賈索於宮中夫人置兒袴中祝曰趙宗若滅即號若不滅即無聲乃索兒竟無聲

又後魏書云平文皇后王氏年十三因事入宮得幸於平文生昭成平文崩昭成在襁褓時國有內難將害帝子后匿帝於袴中呪曰若天祚未終者汝無聲遂良久不啼得免於難

又曰淮陰屠中少年有侮韓信者衆辱之曰信能死刺我不能出我袴（徐廣曰袴服也袴亦作跨）於是視之俛出袴下蒲伏一市皆笑信以爲怯

又曰周仁爲人陰重不泄常衣弊補衣溺袴（張晏曰陰重不泄下不禦故溺袴）甚爲不潔清以是得幸景帝

漢書曰昌邑王賀衣短衣大袴

又曰朱博瑯琊郡功曹官屬多褒衣大袑（孟康曰袑音紹謂大袴也）

又曰昭帝上官后霍光外孫光欲后擅寵有子帝體不安左右及醫皆阿意言宜內宮人使令皆爲窮袴多其帶後宮無進者（張晏曰窮袴前後有襠使不得交通）

東觀漢記曰更始所爵多群小被服威儀不以衣冠或繡面衣錦袴

後漢書曰馬援田牧至有牛馬羊數千頭盡散昆弟故舊身衣羊裘皮袴

又曰祭遵賞賜與士共之家無私財身衣韋袴

又曰吳良字大儀齊國臨淄人以清白守正稱爲郡議曹掾正旦掾吏入賀門下掾王望舉觴上壽曰齊郡遭離盜賊今明府視事五年家給人足良跪曰門下掾佞諂明府勿受其觴盜賊未盡人庶困乏今良曹掾尚無袴望曰議曹惰窳自無袴寧足爲不家給人足耶太守曰此生言是賜良鰒魚百枚

謝承後漢書曰秦護清廉不受禮賂家貧衣服單露鄉人歌之曰冬無袴有秦護

魏略曰賈逵居貧無袴過其妻兄柳孚家宿其明無何着孚袴去時人謂爲通達

又曰許允聞李豐等被收欲往見大將軍已出門廻遑不定中道還取袴豐等已收訖大將軍聞允前遽怪之曰我自收豐等不知士大夫何爲怱怱乎

又曰趙跋避難至北海着布袴絮巾在市中賣餅

宋書曰劉穆之壞布裳為袴往見武帝帝謂曰我始舉大義須一軍中甚急誰堪其選穆之曰無見踰者帝笑曰卿能自屈吾事濟矣

梁書曰周劉顯將之尋陽朝賢畢祖道顯懸帛十疋約曰險衣來者以賞之衆人競改常服不過短長之間顯曰將有甚於此矣旣而周弘正綠絲布袴軒昂而至折標取帛

又曰元帝愍懷太子旣卿辭下好著微服常入朝公服中着碧絲布袴褞衣元帝見之帝大悴遣尚書周弘正責之

又曰安成王秀為郢州冬月常作襦以賜凍者

又曰王裕之常使二老婦女戴五條辮着青紋羅袴飾以朱彩

又曰何點永元中崔惠景圍城入間無薪點悉伐園樹以

贍親黨惠景性好俠義與點交點不顧之至是乃逼召點點裂裙衣為袴往赴其軍終日談說不及軍事其語默之迹如此

北齊書曰承相司馬任胄主簿李世林都督鄭仲禮房子遠等潛謀害神武自魏氏舊俗以正月十五日夜為打簇戲能中者即時賞帛胄令仲禮藏刀於袴中因神武臨觀謀竊發後敗

韓子曰鄭人卜子使妻為袴曰爲吾故袴妻因鑿新袴爲孔效之

又曰韓昭侯使人藏弊袴侍者曰君上不以賜左右而藏之昭侯曰吾聞明主之愛一嚬一笑有爲嚬而嚬有爲笑而笑今袴豈特嚬笑哉嚬笑不妄爲袴豈可緣幼而與之吾必待有功者故藏之事具賞賜門

鹽鐵論曰古者鹿裘皮帽及其後大夫士狐貉庶人則毛

袴

高士論曰孫略冬日見貧士脫袴遺之

列士傳曰孟嘗君食客三千人上客食肉中客食魚下客食菜馮援經冬無袴面有飢色

郭子曰孫興公道曹輔佐才云白地明光錦裁爲負板袴非無文綵然酷無裁製

俗說曰謝仁祖年少時喜着刺文袴出郊郭其叔父謂責之仁祖於是自改遂為名流

董巴輿服志曰祀宗廟絳袴示赤心奉神也

搜神記曰晉中興作袴者直幅為口無殺不大夫裁也王敦之徵

東宮舊事曰皇太子納妃有絳直文羅袴七綵杯文綺袴

鄴中記曰石虎獵着金縷合歡袴

廣州先賢傳曰申朔字元遊蒼梧人為九真都尉布襦布袴鄉邑歎慕之

蔡廓彈事曰兼司徒員外散騎常侍謝綮應着絳袴而綮披袴不以貫足有虧常體

應劭漢官儀曰司空騎吏以下皁袴因秦水行令漢家火行宜絳袴

又曰虎賁中郎將衣紗縠單衣虎紋錦袴

魏舊事曰楊平善裁袴以官絹百疋作小袴百枚

世說曰武帝嘗降王武子婢子百餘人皆綾羅袴褶手擎飲食

袴褶

釋名曰褶襲也覆上之言也

晉書曰楊濟字文通歷位鎮南征北將軍遷太子太傅濟有才藝嘗從武帝校獵北邙下與侍中王濟俱著布袴褶騎馬執角弓在輦前

晉中興書曰郭文舉上餘杭大辟山令顧颺以文山行與韋袴褶一具文不納使者置衣室中而去文亦無言袴褶爛于戶內

趙書曰中書令徐光奏耕服介幘青縑袴褶

宋書曰元凶劭弑逆秉淑止之劭因起賜淑等袴褶又就主衣取錦裁三尺為一段又中裂之與淑及左右使以縛袴褶

又曰張暢為南譙王義宣司空長史南郡太守元凶弑逆義宣發哀之日即便兵暢為元佐位居僚首哀容俯仰蔭映當時舉哀敗服着黃韋袴褶出射堂簡人音姿容止莫不矚目見者皆願為盡命

蕭子顯齊書曰東昏侯拜愛姬潘氏為貴妃乘卧輿侯騎馬為從着織成袴褶

後魏書曰傳靈根及弟靈越南走靈根叔乾愛先在南遣舡迎之得免靈根差期不得俱濟臨濟人知劉斬殺之乾愛出郡迎靈越問靈根違期狀靈越殘不應答乾愛不以為惡勑左右取匣中烏皮袴褶令靈越代所常服靈越言不須乾愛云汝可着體上衣服見桓公耶桓公護之為刺史靈越竟不肯着

唐書曰玄宗時御史大夫李適之奏每大禮六品官並服朱衣自是以下許通着袴褶如有慘故不合着朱衣袴褶者聽不入自餘應着而不着者請奪俸以懲不恪

西河記曰西河無蠶桑婦女以外國異色錦為袴褶

魏百官名曰三公拜賜青杯文綺長袖袴褶一方道盛此

北疆記曰盧主南郊著皇班褶繡袴

江表傳曰呂範願暫領督出釋構著袴褶執鞭詣闕下啓事

語林曰夏少明在東不知名聞裴逸民知人乃裹糧寄載入洛從之未至家少許見一人着黃皮袴褶乘馬將獵夏問曰裴逸民家近遠答曰君何以問夏曰聞其名知人故從會稽來投之裴曰身是逸民君明可更來明往逸民果知之乃用為西門侯於此遂知名

傳暢自序曰余年五歲散騎常侍曾叔虎與先公甚友善每來往喜與余戲嘗解余衣褶披其背脫余金環與侍者謂余惜而余笑與之經數日不索

太平御覽卷第六百九十五

服章部十三

帶　大帶　裳　裙　裩

帶

說文曰帶紳也男子鞶帶婦人帶絲象繫佩之形帶必有巾故從巾

釋名曰帶帶也着於身如物帶也

易訟卦曰或錫之鞶帶終朝三褫之（鞶帶命服之上飾革帶也）

禮記玉藻曰革帶博二寸

漢書曰文帝遺匈奴黃金飾具帶一黃金犀毗

又班固與竇將軍牋云復賜固犀毗金頭帶此將軍所帶也

東觀漢記曰楊賜拜太常詔賜自所服冠幘綬玉兼革帶

又曰鄧遵破匈奴上賜金剛鮮卑緄帶一具

典略曰文帝嘗賜劉楨廓落帶其後師死欲取以爲象因書嘲楨云夫物因人而貴故在賤者之所不御至尊之側楨荅曰荊山之璞耀元后之寶隨侯之珠燭衆女之好南垠之金登窈窕之首鼲貂之尾綴侍臣之幘此皆伏朽壞之下潛汙泥之中而揚光千載之上發采疇昔之外楨所帶無他妙飾若實殊異上可納也

魏略曰踈勒王獻大秦赤石帶一枚

又曰漢陽嘉三年踈勒王獻海西青石金帶

吳書曰陸遜破曹休於石亭上脫御金校帶以賜遜又親以帶帶之爲鉤絡帶

吳録曰鉤絡者鞍飾革帶也世名爲鉤絡帶

齊書曰張融形貌短醜精神清徹王敬則見融革帶寬殆將至骼謂曰革帶太急融曰既非步吏急帶何爲

後周書曰隋文作相李穆曰周德既衰愚智共悉天時若此豈能違天乃遣使謁隋文帝并上十三鐶金帶蓋天子服也以微申其意

戰國策曰魯仲連謂田單曰將軍黃金橫帶而馳乎淄繩之間有生之樂無死之心

楚漢春秋曰北郭先生獻帶於淮陰侯曰牛爲人任用力盡猶不置其革

吳時外國傳曰大秦國人皆着袴褶絡帶

又曰扶南人悉着鉤絡帶

穆天子傳曰天子北征舍于珠澤獻白玉食天子賜黃金之環三五朱帶貝飾三十西征至赤烏氏先出自周宗乃賜赤烏之人貝帶五十

鄴中記曰石虎皇后女騎腰中着金環參鏤帶

述異記曰夏侯祖欣爲兗州刺史喪於官沈僧榮代之祖欣見形詣僧榮沈牀上有一織成寶飾絡帶夏侯曰此帶殊好豈能見之與沈曰甚善夏侯曰卿直許終不見關必以爲施可命焚與沈沈對前燒視此帶已在夏腰矣

應璩新詩曰革帶繩爲複曷穿無底

大帶

論語衛靈公曰子張問行子曰言忠信行篤敬雖蠻貊之邦行矣言不忠信行不篤敬雖州里行乎哉子張書諸紳（紳大帶）

詩芄蘭曰容兮遂兮垂帶悸兮（容儀可觀佩玉遂遂然垂其紳帶悸悸然有節度）

又野有死麕曰無感我帨兮無使尨也吠

又都人士曰彼都人士垂帶而厲彼君子女卷髮如蠆匪

伊垂之帶則有餘匪伊卷之髮則有旟（旟，揚也）

又鳴鳩曰淑人君子其帶伊絲其帶伊絲其弁伊騏（騏，騏文也）（弁，皮弁也。其帶伊絲，謂大帶也。大帶用素絲，以雜色飾焉。騏當作璂，以玉爲之）

禮玉藻曰凡侍於君紳垂足如履齊（紳垂則磬折，齊裳下緝）

又曰紳長制士三尺有司二尺有五寸子游曰三分帶下紳居二焉䌶結三齊

又曰素帶終辟大夫素帶辟垂士練帶率下辟居士錦帶弟子縞帶（素帶終辟謂諸侯也。辟讀如裨冕之裨，謂以繒采飾其側也）

裳

釋名曰上曰衣下曰裳裳障也以自障也

易坤卦六五曰黃裳元吉象曰黃裳元吉文在中也

又易繫曰黃帝堯舜垂衣裳而天下治

尚書大傳曰舜曰精華已竭褰裳去之

詩緇衣曰子惠思我褰裳涉洧

又雞鳴曰東方未明顛倒衣裳（挈壺氏掌漏刻之節，東方未明而爲已明也）

又葛屨曰摻摻女手可以縫裳（摻摻猶纖纖也）要之襋（音戟）之好人服之（要，褄，襋，領也）

又七月曰載玄載黃我朱孔陽爲公子裳（陽，明也）

又鴻鴈曰乃生男子載衣之裳載弄之璋

禮玉藻曰衣正色裳間色

又曲禮上曰諸母不漱裳

左傳曰華登以吳師救華氏齊烏枝鳴曰用少莫如齊致死齊致死莫如去備彼多兵矣請皆用劍從之華氏北復即之廚人濮以裳裹首而荷以走曰得華登矣遂敗華氏于新里

春秋演孔圖曰駈除名政衣吾衣裳坐吾曲牀濫長九州滅六王至于沙丘亡

後漢書曰祭遵爲人廉約夫人裳不加緣

東觀漢記曰鮑宣妻桓氏女字少君宣嘗就少君父學父奇其精苦以女妻之裝送甚盛宣謂妻曰少君生富驕習美飾而吾貧賤不敢當禮妻乃悉歸侍御服飾更着短布之裳

續漢書輿服志曰樊噲常持鐵楯聞項羽有意殺漢王噲裂裳以裹楯冠之入軍門立漢王旁

管子曰桀之時女樂三千人無不服文繡衣裳者

鄧析子曰責疲者以舉千鈞督跛者以及走兔驅騏驥於廷求猨猴於檻斯逆理而求之猶倒裳以索領也

晏子春秋曰景公飲酒數士衣穀繡之裳一衣而五采具焉

又曰景公飲酒數日去冠披裳自鼓盆甕而已

淮南子曰楚欲攻宋墨子聞之自魯趍而往十日十夜足重繭而不休息裂裳裹足至于郢見楚王

風俗通曰禹入裸國欣起而解裳俗說禹治洪水乃播入裸國君子入俗不改其恒於是欣然而解裳也原其所以當言皆裳裸國今吳郡是也被髮文身裸以爲飾蓋正朔所不及也猥見大聖之君悅禹文德欣然皆着衣裳矣

郭子橫洞冥記曰東方朔生三日而母死鄰母得而養之經歲母忽失朔累月暫歸後復去家萬里見一枯樹脫白布裳掛樹裳化爲龍

嵇康集自錄曰孫登字公和於汲郡北山中爲土窟夏則編草爲裳冬則以髮自覆

崔駰達旨曰有事則褰裳濡足

劉梁七舉曰黼黻之服紗縠之裳繁飾參差微鮮若霜
古樂府陌上桑曰秦氏有好女自名爲羅敷緗綺爲下裳
紫綺爲上襦
傅玄裳銘曰上衣下裳天地則也服從其宜君子德也
楚辭曰青雲衣兮白蜺裳
又曰採薜荔以爲裳
又曰被緑裳之芬芳
又曰制芰荷以爲衣兮集芙蓉以爲裳
楊雄反騷曰被芙蓉之朱裳

裙

釋名曰裙下裳也連接裙幅也緝下横縫緝其下也緣裙
之施緣也
又曰裙裹衣也古服裙不居外皆有衣籠之

楊雄方言曰陳魏之間謂裙爲帔音披繞衿謂之裙
東觀漢記曰王良爲司徒司直妻布裙徒跣曳柴
續漢書曰漢明德太后秃裙不緣
又五行志曰獻帝時女子好爲長裙而上甚短
魏略曰燉煌俗婦人作裙攣縮如羊腸用布一疋皇甫隆
爲太守禁改之
魏志曰管寧恒着布裙
宋書曰羊欣字敬元年十二時王獻之爲吳興太守甚知
愛之欣嘗夏月着新絹裙晝寢獻之入縣見之書裙數幅
而去欣書本工因此彌善
齊書曰魚復侯子響豪不道帝以兵圍之有司奏絶子響屬
籍賜爲蛸氏子響密作啓數紙藏妃王氏裙腰中具自申
明云輕舫還闕而不得見此苦之深唯願矜之無使竹帛
齊有反父之子父有害子之名
後魏書曰河間人齊與太武攻赫連昌帝以微服入其城
齊固諫不許乃與數人從帝入城内既覺諸門悉閉帝及
齊等因入其宫中得婦人裙繫之槊帝乘而上因此得拔
於齊有力焉
北齊書曰世祖爲胡皇后造真珠裙積所費不可勝計後
被火燒之
晉東宫舊事曰皇太子納妃有絳紗複裙絳碧結綾複裙
丹碧紗紋雙裙紫碧紗紋雙裙紫碧紗紋繡纓雙裙紫碧
紗縠雙裙丹碧杯文雙裙
山陵故事曰梓宫有細絳雙裙無䙱
晉宋舊事曰崇進皇太后爲太皇太后有絳碧絹雙裙絳
絹褥裙細絳紗複裙白絹裙

四王起事曰惠帝還洛陽得鹿犢車一乘以單帛裙爲幃
河東記曰西河無蠶桑婦女着碧纈裙上加細布裳
秦州記曰婦人着裙制乃三千餘幅
崔鴻十六國春秋後趙録曰孟卓字君偉少脩苦之志着
單裙十年不换
西京雜記曰趙飛鷰爲皇后其女弟上織成　裙
列女傳曰梁鴻妻孟光布裙荆釵
汝南先賢傳曰戴良嫁五女皆布裙無緣裙四等
眞人内傳曰南極夫人被錦服青羽裙
俗説曰車武子婦大妬夜恒出掩襲車車後呼其婦兄顗
與夜宿共眠取一絳裙掛着屏風上其婦果來拔刀逕上
牀發欲刃牀上人定看乃是其兄於是慙羞而退
繁欽定情詩曰何以合懽欣紈素三條裙

乘皙近遊賦曰着紫裙之裨襬
又曰帽有四角之隆裙有三條之殺

裩

晉書曰王澄之荆州送者傾城澄脫衣着犢鼻裩上樹取鸛鷇𧝭傍若無人

晉記曰客詣劉伶值其裸袒因責伶伶笑曰吾以天爲屋以屋爲裩諸君不當入何怨乎

宋書曰桂陽侯義融孫晃字茂德性庸鄙爲郢州刺史暑月露褌上廳事

齊書曰鬱林王常裸袒着紅穀組

梁書曰周弘正善玄理爲當世所宗藏法師於開善寺講說門徒數百弘正年少未知名着紅褌錦紋髻踞閧而聽衆人蔑之弗譴也既而乘閒進難舉坐盡傾法師疑非世人覘知相賞押弘正後爲左民尚書夏月着犢鼻裩衣朱衣爲有司所奏彈其放達如此

又曰吉士瞻少時嘗於南蠻國中擲樗無褌褰露於儕輩所侮及平魯休烈軍得絹三萬疋乃作百裩其外並賜軍士不以入室

又曰謝幾卿性通脫在省署夜着犢鼻裩與門生登閣道飲酒酣呼爲有司糺奏坐免

西京雜記曰司馬相如初與卓文君至成都遂相謀還成都賣酒相如自着犢鼻裩滌器以耻王孫也

世說曰范宣絜行廉約韓伯字康伯爲豫章太守遺百疋絹不受減五十疋復不受如是減半遂至一疋既終不受韓後與范載就車中裂二丈與范云人寧可使婦無裩耶范笑而受之

阮籍大人先生傳曰群虱之處褌逃于深縫自以爲吉宅君子之處城中何異虱處褌中乎

竹林七賢論曰諸阮皆儒學富財唯阮咸好酒家貧俗七月七日曬衣諸阮庭中並列絺錦咸以長竿掛犢鼻布裩人問之曰未能免俗聊復爾耳

語林曰桓宣武性儉着故褌上馬不調裩敗五形遂露

太平御覽卷第六百九十六

太平御覽卷第六百九十七

服章部十四

履　舄　韈

履

釋名曰履禮也飾足所以爲禮亦曰抱也所以抱足也複其下曰舄舄腊也久立地濕故複其下使乾腊也不借言賤易有宜各自蓄不假借之也齊人曰搏腊搏腊猶把鲊麁之貌也曰屣絲麻韋草皆同名麁麁措也言所以安措足也

說文曰履足所依也鞮小兒履也鞮革履也

廣雅曰履紟謂之綦

世本曰於則作履屝（於則黃帝臣草曰屝麻曰屨也）

方言曰絲作之麻作之不借粗者謂之履履朝鮮洌水之

上謂之卬角南方江沔之間揔謂之麁梁益謂之屣或謂之𢅥（下几反音畫）履其通語也徐土邳沂之間（今下邳沂音圻）謂之卬角緉緛（上兩下爽）關之東西或謂之緉或謂之緛其通語也

史記曰張良嘗游於下邳圯上有一老父至良所墮其履圯下顧謂良曰孺子下取之父曰履我良業爲取履因長跪進之

又曰東郭先生待詔公車貧困飢寒衣幣不完行雪中履履有上無下足盡踐地道中人笑之

又曰趙平原君使人於春申君欲誇楚爲瑇瑁簪刀劍之室飾以珠玉而春申君客三千餘人其上客皆躡珠履趙使大慙

又曰淳于髡曰杯盤狼籍履舃交錯

漢書曰王莽好高冠厚履

又曰鄭崇哀帝擢爲尚書僕射數諫爭每見曳革履上笑曰我識鄭尚書履聲

魏志曰曹公令曰議者以祠廟當解履吾受賜命帶劍不解履上殿今有事于廟而解履是尊先公而替王命敬父祖而簡君主也吾不敢脫履上殿

蜀志曰先主少孤織履爲業曹公罵云賣履舍長

又曰劉琰妻胡入賀太后后特留胡經月乃出胡有美色琰疑其與後主有私呼卒伍伯撾胡以履搏面胡具以言告琰坐下獄有司議曰卒非撾妻之人面非受履之地琰竟弃市

晉書曰夜武庫火累代之寶皆焚焉孔子履漢祖斬蛇劍王莽頭並失

又曰苻健時霖雨河水溢浦津監寇登得一履於河長七

尺三寸內指跡長一尺深三寸

續晉漢陽春秋曰江州刺史王弘造陶淵明無履弘從人脫履以給之語左右爲彭澤作履左右請履度淵明於衆坐伸脚令度及履至着而不疑

晉惠帝起居注曰帝還洛陽至陵下謁無履取左右履着下拜

趙録曰佛圖澄卒葬後鄴門吏報石季龍云是師攜一履西去季龍發其墓唯見一履與一石

後魏書曰王遵業從容恬素若處丘園嘗着穿履好事者多毀新履以學之

宋書曰益州道士邵碩元徽二年忽告人云吾命終因卧而死後人見碩在荆州上明以一隻故履縛左脚而行甚疾遂不知所之

齊書曰高祖儉素宫人盡令着紫絲履太公金匱履之書曰行必慮正

六韜崇侯虎曰今周伯昌懷仁而善謀冠雖弊禮加於首履雖新法以踐地可及其未成而圖之

又曰昔帝堯王天下黼衣絓履不弊不更爲也

晏子曰公問曰子近市識貴賤乎時公繁刑晏子曰踊貴履賤公愀然遂緩刑

又曰景公爲履黄金之綦飾以銀連以珠良玉之約其長尺

又曰景公爲履飾以金玉服以聽朝履重僅不能舉之問曰天寒乎晏子曰古之制衣服冬輕而煖夏重而清金玉之履是重而寒也公入徹履

孫卿子曰大布之衣麤紃之履可以養體也

莊子曰儒者冠圜冠者知天時履方屨者知地形

又曰曾子居衛捉衿而肘見納履而踵決

韓子曰鄭人有欲買履者先自度足而置其坐往市而忘操之見履乃曰吾忘度足乃歸取之市罷不得履人曰何不試以足曰寧信度數無自信也

又曰文王履係解視左右盡賢無可使係者因俛而係之

又曰魯人身善織履其妻善織縞而徙於越或謂之曰子必窮履飾足也而越人跣縞爲冠之也而越人被髮欲不窮可得乎

賈子曰天子黒方履諸侯素方履大夫素圓履

賈誼書曰昔楚昭王與吳戰楚軍敗昭王走而履決失之行三十步復旋取左右問曰何惜此一蹻履乎王曰楚國雖貧豈愛一蹻履哉惡與偕出弗與俱反也自是之後楚國之俗無相弃者

又曰履雖鮮弗加之於枕冠雖弊弗以苴履

又曰二世胡亥之爲公子曰詔置酒享羣臣召諸子賜食先罷胡亥下階羣臣陳履狀善者因行踐敗而去諸侯聞之者莫不太息及二世即位皆知天下必弃之

淮南子曰禹之趍時冠挂而弗顧履遺而不取

鹽鐵論曰古者庶人鹿菲草履今富者革沓絲履

風俗通論數曰蹻者奇也履舄之一也

夢書曰履韈爲子屬體末也若夢得履韈者必有子息也

履者爲男韈者爲女也

西京雜記曰趙飛鷰爲皇后其弟上遺同心七寶綦履

又曰度安世年十五爲成帝侍郎常着輕絲履

又曰匡衡邑人有説詩者衡從與語質疑邑人推服到履而去

拾遺録曰穆王起春宵之宫西王母來薦納丹豹文履

魏武帝遺令曰諸舍中可學作組履賣之

又内式令曰吏民多製文繡之服履絲不得過絳紫金黄絲織履前於江陵得雜絲絲履以與家約當着盡此履不得效作也

晋令曰士卒百工履色無過緑青白婢履色無過紅青古儈（古會切）賣者皆當着巾帖額題所儈賣者及姓名一足着黒履一足着白履

東宫舊事曰太子妃有絳地絞履一緉

漢舊儀曰乘輿帶七尺斬蛇劒履虎尾約履

徐乹古履儀曰正會大司馬問劒履上殿義徐言所以遂見從着履上殿時人見咸譏古無履但有舄今當着舄上

殿不宜着履案周禮天王赤舄黑舄白素葛屨鄭君注曰複下曰舄單下曰履是則古有履也蔡謨答臺符分別履舄之名事曰被符小會義注侍臣劒履外殿而摯虞決疑言劒舄履之名宜審謹案今時所謂履者自漢以前皆名屨屨左傳曰踊貴屨賤禮曰户外有二屨不言二履賈誼曰冠雖弊不以苴屨亦不言苴履言履者猶足所履踐耳詩去糾糾葛屨可以履霜舄者一物之别名履者足踐之通稱稱先代以來優崇重臣言劒履則包舄也又大臣昇殿不唯朝會或私覲獨見臨時所着不必是舄故揔言履以明不跣而已摯虞中朝宿臣多識往行親覩其禮退而書之卽是晉之故典令决疑言舄者書時事也儀注言履者舉揔名也尋文揔意所稱雖異其制一也

鄧德明南康記曰昔有盧躭仕州爲治中當元會至晚不及朝化爲白鵠至閤前迴翔欲不威儀以帚擲之得一雙履躭驚還就列内外左右莫不駭異時步騭爲廣州刺史意甚惡之使以狀聞遂至誅滅

荆州記曰興安水邊平石上有石履

搜神記曰宫亭湖孤石有一估客下都經其下見二女子云可爲買兩緉絲履自厚相報估客至都與置之並一箱置履在内留廟中去兼一書一刀忘而和留之及下去乗舟忽有鯉魚躍入剖之得刀與書

幽明録曰晉太寧元年餘杭人姓王失其名往上舍過廟乞福旣去亡履已行五六里嬾復更反取一白衣人持履後至云宫使還君化爲鵠飛入田中

列仙傳曰嘯父冀州人在曲周市補履數十年不老人奇之

又曰昭帝旣葬鉤弋夫人空棺無屍但有絲履

列異傳曰胡毋班爲太山府君賫書詣河伯貽其青絲履甚精巧也

漢武内傳曰七月七日西王母降履玄璚鳳文之舄

列女傳曰翟方進學於京師後母憐其幼隨之長安織履以給之

皇甫謐高士傳曰陳仲子字子終自齊適楚楚王欲以爲相其妻子曰家織履以食淡然而無爲樂在其中矣謝使者

秦嘉與婦淑書曰今枉虎龍組緹履一緉

高文惠婦與文惠書曰今聊奉組生履一緉

曹植賀冬表曰獻白文履七緉韈百副

崔寔四民月令曰八月制韋履十月作白履

劉楨魯都賦曰纖纖絲履粲爛鮮新表以文組綴以朱蠙

曹植洛神賦曰踐遠遊之人履曳霧綃之輕裾

古樂府詩曰君子防未然不處嫌疑間瓜田不納履李下不正冠

張華輕薄篇曰足下黄金履手中雙莫耶

甄述女詩曰足躡承雲履豐趺鶮春錦

古詩曰頭上金釵十二行足下絲履五文章

傳玄履銘曰戒之哉念履正無履邪正者吉之路邪者凶之徵

賈誼弔屈原文曰章甫薦履漸不可久嗟若先生獨離此咎

舄

崔豹古今注曰舄以木置履下乾腊不畏泥溺也

方言曰履中有木者謂之複舄自關而東謂之複履其上

單者謂之宛下單者謂之鞮

詩曰公孫碩膚赤舄几几

又南有嘉魚車攻曰赤芾金舄箋云金舄黄朱色也

周禮天官下曰屨人掌王及后之服屨爲赤舄黑舄赤繶黄繶青句素屨葛屨鄭玄曰王吉服有九舄有三等赤舄爲上冕服之舄也王后亦服六唯祭服有舄鄭司農云赤繶黄繶繶以黄赤六絲爲下緣繶音億

左傳曰楚子次于乾谿雨雪王皮冠秦復陶秦所遺羽衣也翠被以翠羽飾被豹舄以豹皮爲屨執鞭以出

三禮六服圖曰王后翬衣玄舄褕翟赤舄鞠衣着屨鞠衣以下皆屨之

三禮圖曰複下曰舄單下曰屨夏葛冬皮也

説苑曰襄成君始封之時衣翠衣帶玉佩玉劒屨縞舄

典論曰中常侍張讓子奉爲太醫令與人飲酒輒掣引衣

掌發露形體以爲戲樂將罷又亂其舄屨無不顛倒

漢武内傳曰西王母屨文鳳之舄

列仙傳曰安期先生瑯琊阜鄉人秦始皇請見與語三日三夜賜金璧千萬出於阜鄉皆置去留書以赤玉舄一枚以報

拾遺録曰秦王子嬰寢於望夷宫夜夢有人長文鬚鬢絶青納王舄而乘丹車告云天下當亂王乃殺趙高所夢則始皇之靈所着舄則安期所遺者

列仙傳曰黄帝葬橋山山崩無尸唯劒舄存

衡波傳曰足屨萬錢之舄漂如日光宛如遊龍

風俗通曰苐文身屨革舄而衣弋綈

又曰俗説明帝時尚書郎鄴令王喬每月朔常詣臺朝帝恠其來數而無車馬密令太史候望言其臨至時常有雙鳧從東南飛來因舉羅得一隻舄使上方識是四年中所賜尚書屨也

杜氏幽求曰褒衣博帶高冠厚舄佩以珠璣結之纓綦

陳思王七啓曰金華之舄動趾遺光

襪

説文曰襪足衣

釋名曰襪末在脚也

左傳曰衛侯與諸大夫飲酒褚聲子襪而登席公怒

帝王世紀曰武王伐紂行至商山襪係解五人在前莫肯係皆曰臣所以事君非爲係襪

漢書曰中山王來朝成帝賜食後飽起下襪係解成帝以爲不能而賢定陶王

又曰景帝時王生者善爲黄老言嘗召居廷中公卿盡會

張釋之爲廷尉王生顧曰吾襪解爲我結襪釋之跪而結之人或讓王生獨奈何辱張廷尉如此王生曰吾老且賤自度終亡益於張廷尉方今天下名臣吾故聊使廷尉跪結襪欲以重之諸公聞之賢王生而重釋之

東觀漢記曰和帝召諸儒侍中賈逵黄香相難罷朝特須賜屨襪

文子曰均爲縞也或爲冠或爲襪則履之

又曰文王伐崇至鳳皇之墟而襪係解文王自結之太公問焉文王曰吾聞亡君所與處盡其役寡人雖不肖所與處皆先君之人也故無令結之漢舊儀曰凡齋玄豹襪耕用青襪

會稽典録曰賀劭爲人美容止與人交久益敬之在官府常著襪希見其足

崔浩女儀曰近古婦以冬至日進履襪於舅姑

張衡南都賦曰羅韈躡跡而容與
曹植洛神賦曰凌波微步羅韈生塵也
皇甫規與馬融書曰謹上韈一量以通微薄
秦嘉婦與嘉書曰今奉細布韈一量
高文惠婦與文惠書曰今奉織成韈一量
曹植賀冬表曰獻韈七量并爲韈頌曰玉趾既御履和蹈貞行與禄邁動以福并
後漢崔駰作韈銘

太平御覽卷第六百九十七

太平御覽卷第六百九十八

服章部十五

屨　屐　屣　鞾　屩　屧

屨

釋名曰屨拘也所以拘足也

說文曰屨履也一曰鞮也

詩曰葛屨五兩冠緌雙止（葛屨服之賤者也冠緌服之尊者箋云以喻不宜同處）

又葛屨曰糾糾葛屨可以履霜（夏葛屨冬皮屨葛非所以履霜）

周禮曰屨人掌王及后之服屨爲赤舄黑舄赤繶黃繶青句素屨葛屨（複下曰舄單下曰屨古人言屨以通於複今人言屨以通於單句當爲絇赤繶黃繶以赤黃之絲爲下緣也）辨外內命夫命婦之屨功屨散屨（功屨次命屨散屨去飾者）

大戴禮曰入於户未嘗越屨是高柴之行也

禮曰侍坐於長者屨不上堂解屨不敢當階就屨跪而舉之屏於側向長者而屨跪而遷屨俯而納屨

又曰户外有二屨言聞則入言不聞則不入毋踐屨毋踖席

又曰國家靡敝君子不履絲屨

左傳曰齊侯遊于姑棼遂田于貝丘（貝丘齊地）見大豕從者曰公子彭生也公怒曰彭生敢見射之豕人立而啼公懼墜於車傷足喪屨反誅屨於徒人費弗得鞭之見血

又曰楚子使申舟使于齊曰無假道于宋及宋華元曰過我而不假道鄙我也鄙我亡也亡一也乃殺之楚子聞之投袂而起屨及於窒皇劍及於寢門之外

又曰齊晉戰于鞌郤克傷於矢流血及屨未絕鼓音

又曰吳伐越越子禦之大敗之靈姑浮以戈擊闔廬（靈姑浮越大夫盧吳王）闔傷將指取其一履（其足大指見斬遂失履姑浮取之）

穀梁傳曰公弟叔肹賢之也宣公殺赤而非之（宣公殺子赤叔肹非責云）織屨而食終身不食宣公之食孟子曰許行自楚之滕其徒數十人皆衣褐捆屨織席以爲食（捆音閫猶叩椓也織屨欲使堅故叩之賣屨席以供飲食也）

屐

釋名曰屐搘以踐泥也爲兩足搘以踐泥也帛屐作之如屩者也不曰帛屩而曰帛屐者屩不可以踐泥屐可以踐泥也故謂之屐

漢書曰袁盎使吳吳王使圍守之乃刀決帳直出屐行七十里

東觀漢記曰范外奏云伏見太原周黨東海王良山陽王成使者三到乃肯就車脫衣解屐昇于華轂

晉書曰宣王初欲追諸葛於関中多蒺藜乃使軍吏二千人着軟材木屐前行然後（卒進焉晉宣帝）雍教太當預作大平木屐遂賤時有蒺藜屐行蒺藜悉着屐底

又曰謝安遣弟石及從子玄征苻堅所在克捷安方對客圍碁有驛書到碁畢還內過户限心喜不覺屐折齒

又曰王述性急嘗食雞子以箸刺之不得便怒擲於地雞子圓轉不止便下以屐齒踏之不得嗔甚掇口中嚼而吐之

又曰祖約好財阮孚好着蠟屐同是累而未判其得失有詣約見正料財物客至屏當不盡餘兩小簏着背後傾身障之意未能平或有詣阮正見蠟屐因歎曰未知一生當着幾量屐神色閑暢於是勝負始分

又曰石勒擊劉曜使人着鐵屐施釘登城

晉中興徵祥說曰：舊為屐者，齒皆達名曰露卯。泰元中，忽不復徹名陰卯，亦服妖也。識者以為卯謀也，必有陰謀。烈宗末，驃騎參軍袁悅之始有陰謀之事，及隆安，遂致大亂。

宋書曰：謝靈運好山水，尋山陟嶺，必造幽峻，巖嶂數十重，莫不備盡登躡。常着木屐，上山則去其前齒，下則去其後齒。

又曰：虞玩之，高帝鎮東府，朝廷致敬。玩之為少府，猶躡屐造席，高帝取屐視之，訛黑斜銳，蔡斷以芒接之。問曰：卿此屐已幾載？玩之曰：初釋褐拜征北行佐買之，着已三十年，貧士竟不易辦。高帝咨嗟，因賜以新屐。玩之不受，問其故，荅曰：公之賜恩華俱重，但蓍簪弊席，復不可遺，所以不敢當。帝善之。

又曰：劉凝之有嘗認其着屐，笑曰：僕着已敗，今家中覓新者償君。此人後田中得所失，送還，不肯復取。

齊書曰：沈驎士昔嘗行路，隣人認其所着屐，驎士曰：是卿屐耶？即跣而反。隣人得屐，送前者還之，驎士曰：非卿屐耶？笑而受之。

蕭子顯齊書曰：襄陽有盜發古塚者，傳云是楚王冢，獲王屐、玉屛風。

梁書曰：范廉為吳興太守，廣陵高爽有儉薄才，客於廉，委以文記。爽嘗有求不遂，乃為屐，斷以喻廉曰：刺鼻不知嗤，蹋面不知瞋，齧齒作步數，持此得勝人。譏其不計恥辱以此取名位。

論語隱義注曰：孔子至蔡，解於客舍，人夜有取孔子一隻屐去，盜者置屐於受盜家。孔子屐長一尺四寸，與凡人屐異。○孔叢子曰：孔穿振方屐見平原君。

宋元嘉起居注曰：劉禎彈廣州刺史韋朗，贓有白荊屐六十量。

風俗通曰：延熹中，京師長者皆着木屐，婦女始嫁，作漆畫屐，五色絲為系。後黨事起，九族俱繫，婦人桎蓋木屐之像。

世說曰：王子敬兄弟見郗公，躡履問訊，甚脩外生禮。及嘉賓死，着高屐，儀容輕慢。每命坐，皆云有事不暇坐。郗公慨然曰：若使嘉賓不死，鼠輩敢爾。

語林曰：鄭玄在馬融門下，業成辭歸，融心忌之。鄭玄亦疑有追，乃坐橋下據屐。融果轉式逐之，告左右曰：玄在上下水上而據木，此必死矣。遂罷追。玄竟以免。

華陽國志曰：何隨家養竹，人盜其筍，隨行見，恐盜者覺，挈屐而歸。

皇甫謐高士傳曰：袁閎字夏甫，汝南人也。築室於庭，首不着布，身無單衣，足着木屐。

汝南先賢傳曰：戴良嫁女，布裳木屐。

秦記曰：苻健皇始四年，新平縣有長人見，語民張靖曰：苻氏應天受命，當太平。健以為妖妄，下靖獄。是月，河渭蒲坂津監寇登於河中得隻屐，長七尺二寸，稱履五指，長尺餘，指尺深寸。登以獻，健因赦靖。

劉欣期交州記曰：趙嫗着九真軍安縣女子，乳長數尺，不嫁，入山聚羣盜，常着金擿踶屐。

庾仲雍荊州記云：劉盛公，枝江人，桓司空臨州，與上佐遊於靈溪，盛公詣市還，着皂蓋布裙，以杖荷屐，詣桓司空。

神仙傳曰：左慈見孫討逆，着鞭駈馬，慈着木屐，策杖徐步，然終不能及，乃止。

搜神記曰：昔作屐，婦人圓頭，男子方頭，蓋作意欲別男女

也太康婦人皆方頭屐與男無別

集異記曰廣平游先期妾見一人着赤袴褶知是其魅乃以刀斫之乃死良久方變是所常著履

異苑曰介子推逃禄隱跡抱樹燒死文公拊木哀嗟伐而製屐每懷割股之功俯視其屐曰悲乎足下足下之稱將起於此

又曰丹陽縣有梅姑廟姑生時有道術能着屐行水上後負道法婿怒殺之投其屍於水上乃隨波流漂至今廟處晦望之日時見水霧中曖然有屐

夢書曰籭屐爲使令卑賤類也夢得籭屐得僮使也

王襃僮約曰持斧入山斷輮裁轅若有餘材當作俎几木屐

屣

說文曰屣鞮屬也鞮革履也

史記曰漢孝武帝云使朕誠得如黃帝視弃妻子如脫屣耳

魏志曰王粲字仲宣蔡邕見而奇之賓客盈坐聞粲到倒屣迎之

後漢書曰皇甫規有當世重望鄉人有行賄爲郡守謁規規臥不起聞王符至遂倒屣而迎

春秋後語曰魏太子擊逢文侯之師田子方於朝歌（朝歌紂之所都今衞州地）引車避下謁之田子方不爲禮太子擊因問曰富貴者驕人乎貧賤者驕人乎子方曰貧賤者驕人耳夫諸侯而驕則失國大夫而驕則失家富貴者安敢驕人貧賤驕人耳行不合言不從則去之楚越若脫屣然太子不懌而去

淮南子曰堯之有天下也年衰志憫舉天下而傳之舜猶却行而脫屣

孟子曰舜視弃天下猶弃弊屣也

世說曰何晏爲吏部尚書王弼未弱冠往見之晏倒屣迎之

鞾（與靴同）

釋名曰鞾本胡服也趙武靈王始服之

北齊書曰鄭太妃初與神武避葛榮同走并州貧困燃馬屎自作鞾

又曰任王諧爲并州刺史有婦人臨汾水浣衣有乘馬人換其新鞾而去婦人持故鞾詣州言之諧召城外諸嫗以鞾示之紿曰有乘馬人於路被賊刼害遺此鞾焉得無親屬乎一嫗撫膺哭曰兒昨着此鞾向妻家如其語捕獲一時稱明察

後魏書曰有人遺趙柔鞾數百枚柔與子善明鬻之於市有人從柔買柔索絹三十疋有商人知其賤與柔三十疋善明欲取之柔曰與人交易一言便定豈可以利動心也遂與之

唐書曰建中初贈司徒沈易良之妻崔氏即太后之季父母也上見之方屣而鞾

鄴中記曰石虎皇后出女騎千人皆着五綵織成鞾

列仙傳曰仙人文賓太丘人也賣鞾爲業

魏武與楊彪書曰今足下織成鞾一量

慕容晃與顧和書曰今致繡鞾一量

傅咸表曰凉州氏先辨鞾從軍之物然後作衣

屩（書脚）

說文曰屩屐也

釋名曰屩草屨也出行着之屩輕便因以爲名也

春秋後語曰趙相虞卿躡屩檐簦來說孝成王一說賜白璧一雙黄金百鎰再見拜爲上卿故號虞卿

謝承後漢書曰江夏劉勤字伯家貧作屩供食常作一量屩斷勤置不賣出行妻賣以糴米勤歸炊熟怪問何所得米妻以實告勤責曰妻賣毀物欺取其直也因弃不食在至司徒

宋書曰劉敬宣嘗夜與僚佐宴空中有投一隻芒屩於坐墜敬宣食盤上長三尺寸已經人着耳鼻間並欲壞頃之敬宣參軍司馬道賜反敬宣爲其所害

又曰張暢在彭城爲魏太武所圍太武遣李孝伯至城欲與暢語李伯曰君南土膏粱何爲着屩君而着此使將士云何暢曰膏粱之言武誠爲愧但以不武受命統軍戎陣之間不容緩服

齊書曰沈瑀爲餘姚令瑀初至富吏皆鮮衣美服自彰別瑀怒曰汝等下縣吏何得自擬貴人悉使著芒屩麄布侍立終日足有蹉跌輒加榜捶

又曰褚彦回幼有清譽宋元嘉末魏軍逼瓜步百姓咸負擔而立時父湛之爲丹陽尹使其子弟並着芒屩於齋前習行或譏之湛之曰安不忘危彦回時年十餘甚有慙色

梁書曰侯景即位童謡曰脱青袍着芒屩荆州天子定應着

又曰何點方尚書乘柴車躡草屩恣心所適致醉而歸

陳書曰沈衆武帝時兼吏部尚書監起太極殿恒卧布袍芒屩以麻繩爲帶朝士咸共誚其所爲

唐書曰孟元陽起於陳許軍中理戎整肅曲環主屯作西華元陽芒屩立稻田中須役者退而方去

風土記曰美朱爽之轉履鵝龍爲之文章爽藤也赤色緣木而長大如箭竿越人以爲屩經以青芒行山草使於用靴故越人重之

搜神記曰元康之末至太安之間江浦之域有敗屩自聚於道多或至四五十兩人散去之投林草中明日視之悉復矣民或云見狸銜而聚之世之所說屩者人之賤服而當勞辱下民之象也敗者疲弊之像也道者地理四方所以交通王命所由往來也今敗屩聚於道者象下民疲病將相聚爲乱絶四方而壅王命

臨海水土記曰屩魚長一尺狀如屩形

俗說曰劉真長少時居丹徒家至貧劇方回數出南射堂射劉往市賣屩路經射堂邊過人無不看射劉過初不迴顧方回異之遣問信荅云老母朝來未得食至市貨屩不得展詣後過劇呼之使來與共語覺其佳

笑林曰南方人至京師者人戒之曰汝得物唯食慎勿問其名也後詣主人入門内見馬矢便食惡臭乃步進見敗屩弃於路因復嚼殊不可咽顧伴曰且止人言不可皆信後詣貴官爲設饌因相視曰故是首物且當勿食

屧 音燮

宋書曰袁粲爲丹陽尹步屧白楊郊野間遇一士人便呼與飲明日此人謂被知到門求進粲曰昨飲酒無偶聊相要耳竟不與相見

齊書曰江泌字士倩濟陽人也少貧好學書則斫屧爲業夜則讀書隨月光光斜則握卷升屋

梁書曰臨川王宏奢僭過度後庭數百千人皆極天下之選所倖江無畏服玩侔於齊東昏潘妃寶屧直千萬

太平御覽卷第六百九十八

太平御覽卷第六百九十九

服用部一

帳　幔　幌　幬　牀幨　青廬

帳

釋名曰帳張也張施於牀上也小帳曰斗形如覆斗也

尒雅曰幬謂之帳

史記曰丞相公孫弘燕見上或時不冠至如汲黯不冠不見也上嘗坐武帳中黯前奏事上不冠望見黯避帳中使人可其奏其見敬禮如此

漢書曰東方朔曰陛下誠能用臣朔之計推甲乙之帳(帳名贊曰造甲乙之帳絡以隨珠)燔之於四達之衢

東觀漢記曰馬勳永平中上行幸諸國勅勳車駕發後將緹騎宿玄武門複道上詔南宮複道多惡風寒老人居之且病痱(音肥風病)苦內者多取帷帳東西竟塞諸窻望令致密

漢官儀曰祭天有紺幄帳

魏略曰大秦國金織成五色帳又以明月夜光珠爲帳

又吳時外國傳云斯條國王作白珠交結帳

魏志曰呂布將辭袁紹還洛紹欲殺之明日當發紹遣甲兵三十人辭以送布布使止於帳側僞使人於帳中鼓箏紹兵卧布無何出去而兵不覺夜半兵起亂斫布床被謂爲巳死明旦紹訊問知布尚在(事見樂部)

又曰太祖幃壞即補納

又曰典韋拜都尉太祖引置左右將親兵數百人常繞帳晝立侍終日夜宿帳左右

又曰曹爽從帝朝高平陵司馬宣王語弟孚曰陛下在外不可露宿促送帳幔詣行在所也

吳志曰蔣欽字公弈拜左護軍權嘗入其內母疏帳縹被權歎其貴而守約勅御府爲母作錦被改易帷帳

晉令曰錦帳爲禁物

晉後略曰張方兵入洛御寳織成流蘇武帳皆剖分爲馬韉矣

晉令曰元帝時有奏太極殿施絳帳帝詔曰漢文以上書皂囊爲帷冬可青布夏青疏

又曰桓玄小會於西堂殿施絳綾帳鏤黃金龍銜五色羽葆流蘇群臣切相語曰此頗似轜車亦王莽仙蓋之流

沈約宋書曰高祖圍廣固夜忽有烏大如鵝蒼黑色飛入高祖帳中胡蕃起賀曰蒼黑胡虜之色胡虜歸我大吉之祥也明旦攻城陷之

齊書曰高祖儉素內殿施黃紗帳

又曰吐谷渾王河南其國多善馬有屋宇雜以百子帳即穹廬也

隋書曰煬帝北巡欲誇戎狄令宇文愷爲大帳其下坐數千人帝大悅賜物千段又造觀風行殿上容侍衛者數百人離合爲之下施輪軸推移倏忽有若神功戎狄見之莫不驚駭

唐書曰高祖時吳王杜伏威獻竹帳上以勞人不受

又曰始畢可汗衙帳無故自破高祖曰此何祥也內史令蕭瑀進曰昔魏文帝幸許昌城門無故自壞帝惡之而返其年文帝崩始畢帳壞即其類也高祖然之

抱朴子曰蔡伯喈到江東得論衡中國諸儒覺其談論更遠嫌得異書求其帳中隱處果得之

傅子曰太祖武皇帝[illegible]武愍婢妾之僭上公主適人不過

皂帳

郭子曰許侍中顧司空俱作王丞相從事常夜在丞相許戲二人歡極丞相便使入己帳中眠顧至曉猶展轉不得熟寐許上床便大鼾丞相語諸客曰此中亦是難眠處耳

東宮舊事曰皇太子納妃有熟絳綾帳絳綃幄

又曰東齊夏施烏紗單帳四率坊洗馬坊烏練帳

三輔事曰秦時奢侈綈帳綺繡土木朱紫

漢武故事曰上以瑠璃珠玉明月夜光雜錯天下珎寶爲甲帳其次爲乙帳甲以居神乙以自居

桓譚新論曰李少君置武帝李夫人神影於帳中令帝觀見之

燕丹太子曰秦始皇置高漸離於帳中擊筑

又時外國傳曰斯調王作白珠交結帳金牀上天竺佛精

舍天竺王見珠圓好意欲留爲臣下諫乃止

拾遺録曰蜀先主甘后坐於白綃帳中於外望之如月下聚雪

益部耆舊傳曰翟酺上事云漢文帝連上事書囊以爲帳惡聞紈素之聲

神仙傳曰茅君當受神靈之職衆賓皆至忽然有素縑帳於屋下數數重白氈金案玉杯人皆飽醉

又曰茅君仙去民爲立廟茅在帳中與人言

鄴中記曰石虎御床辟方三丈冬月施熟錦流蘇斗帳四角安純金龍頭銜五色流蘇或用青綈光錦或用緋綈登高文錦或用紫綈大小錦絮以房子錦百二十斤白綈爲裏名爲裏複帳帳四角安純金銀鑿金香爐以石墨燒集和名香帳頂上安金蓮花花中懸金薄織成挽囊春秋但錦帳表以五色總爲夾帳夏用紗羅或綦文丹羅或紫縠文爲單帳

鄧德明南康記曰陽道士葬巖室經數年尸猶儼然葛帳覆之

幽明録曰晉朱黄祖奉親至孝母病篤天漢開明有一老翁將小兒持箱自通即以兩丸藥賜母服之患頓消因停宿夜中廳事上有五色氣徐天琴歌清好祖往視之翁坐斗帳裏四角及頂上各有一大珠形如雞子明彩炫耀

馬融別傳曰融爲通儒善鼓琴好吹笛達生任性不拘儒者節居宇器服多在侈飾常坐高堂施絳紗帳前授生徒後列女樂弟子次相傳授鮮有入其室者

風俗通曰靈帝好胡服帳京師皆竟爲之後董卓擁胡兵

掠宮掖

語林曰劉植詣石崇如廁見有絳文帳大牀茵褥甚麗不得行乃更如他廁

俗説曰桓玄在南州妾當産畏風應須帳桓曰不須作帳可以到夫人故帳與之

世説曰郗超爲桓温叅軍時謝安王坦之嘗詣温温令超帳中卧聽論事風動帳開見超安笑曰郗生可謂入幕之賓矣

又曰卞範爲丹陽羊孚於南州暫還往卞許云下疾動不堪坐卞便開帳拂褥羊逕上大床枕入被下乃迴坐傾脉移辰達暮羊去卞執手曰我弟一理其卿卿莫負我

魏武遺令曰吾與妓女皆着銅雀臺上施六尺牀練帳月朝十五輒向帳作樂

古詩曰紅羅複斗帳四角垂香囊

柴子大七折曰錦衾內設羅幬繢帳也

江淹別賦曰春宮閟此青苔色秋帳含茲明月光

孔稚珪北山文曰蕙帳空兮夜鶴怨山人去兮曉猨驚

離騷曰翡翠羽帳飾高堂

劉玄休詩曰羅帳延秋月

幔

說文曰幔幕也

釋名曰幔幔相連綴之言也

廣雅曰幔掩也

東觀漢記曰岑彭與吳漢圍隗囂于西谷水以縑幔盛土為隄灌城

宋書曰晉安王子勛叛逆取所乘車除腳以為輦其名有鴟集其幔

梁書曰曹景宗為揚州刺史性躁動不能沈默出行常欲褰車帷幔左右輒諫以位望隆重人所具瞻不宜然景宗謂所親曰我昔在鄉里平澤中逐麞數肋射之此樂使人忘死不知老之將至今來揚州作貴人動轉不得路行開車幔小人輒言不可閉置車中如三日新婦此悒悒使人無氣

又曰柳惔藉甚重婦頗成畏憚性愛音樂女妓精麗略不敢視僕射張稷與惔狎密而為惔妻賞敬稷每詣惔必先相聞夫人惔每欲見妓但因稷請奏其妻隔幔坐妓然後出惔因得留目

六韜曰將冬不服裘夏不操扇天雨不張帳蓋名曰禮將不躬禮無以知士卒寒暑也

軍令曰戰時皆取舡上布幔布衣漬水中積聚之敵有炬火火箭以掩滅之

拾遺録曰周穆王時鷰章錦幔者摩連國獻焉錦文如鷰翔

又曰吳主趙夫人巧妙無雙權居昭陽宮倦暑乃褰紫綃之帷夫人曰此不足貴也權使夫人麤其思焉荅曰妾欲窮慮盡思能使下綃帷而清風自入視外無有蔽礙列侍者飄然自涼若馭風而行權稱善夫人乃拆髮以神膠續之神膠出鬱夷國接弓弩之弦百絕百續乃織為羅縠累月而成裁之為幔內外視之飄飄如煙氣輕動而房內自涼時權尚軍旅常以此幔自隨以為征幕舒之則廣縱一丈卷之內文漆枕中謂之絲絕

秦記曰符堅以太常韋逞母宋傳其父業得周官音義乃就家立講堂書生百人隔紗幔而授業焉

陸機別傳曰機夢黑幔繞車手決不開至明見誅

世說曰庾太尉亮有兒年數歲溫太真常隱幔怛（怛驚也）之此兒神色恬然乃徐跪曰君侯何以為論者乃謂不減亮

王融詠幔詩曰幸得與珠綴冪歷君之楹月映不辭卷風來輒自輕每聚金鑪氣時駐玉琴聲但願置樽酒蘭釭當夜明

幌（說文作櫎）

說文曰櫎帷屏風之屬

晉惠帝起居注曰有雲母幌

鄴中記曰石虎太武殿西有昆華殿閣上輒開大窻皆絳紗幌

華延雋洛陽記曰洛陽城十八觀皆籠雲母幌

幬

說文曰幬單帳也

謝承後漢書曰黄昌夏多蚊貧無幬傭債爲作幬

又曰羊續爲廬江太守卧一幅布幬幬穿敗糊紙補之

淮南子曰楚將子發來伎道之士楚有善爲偷者願以伎自効子發禮之後齊伐楚偷乃夜解齊將之幬獻之子發因復還之齊將懼而退

楚辭曰翡翠幬高堂紛版玄玉梁

又曰翡翠珠被錣被爛齊光弱何拂壁羅幬張

馬融廣成頌曰張雲帆施蜺幬

曹植九詠曰蔥幬兮荃牀

牀幨

通俗文曰障牀曰幨昌塩切

釋名曰牀前帷曰幨幨垂也

東宮舊事曰皇太子納妃有緑石綺絹裏牀幨二

青廬

世說曰魏武帝少時常與袁紹好爲游俠觀人新婚因潛入主人園中夜叫呼云偷青廬中人皆出觀帝乃抽刀刼新婦與紹還出失道棘林中紹不能動帝復大叫偷人今在此紹惶迫自擲出遂俱免

唐書曰建中中議公主出降之儀曰近代設氊帳擇地而置此乃北胡穹廬之制不可以爲佳宜於堂室中置帳以紫綾縵爲之

太平御覽卷第六百九十九

服用部二

簾　帷　幄　幕　帟

簾

釋名曰簾廉也自障蔽爲廉耻也

聲類曰簾户㡘也

通俗文曰户幃曰簾

楊雄方言曰宋魏陳楚謂之曲或謂之麹自關以西謂之箔南楚謂之蓬薄

漢書曰周勃以織薄曲爲業（蘇林曰薄一名曲也）

又曰嚴君平筮卜成都市日得百錢則閉肆下簾而授老子

梁書曰夏侯亶性節儉不事華侈晚頗好音樂有妓妾十數人無被服姿容每有客常隔簾奏時謂簾曰夏侯妓衣

齊書曰沈麟士字雲禎有高尚之心居貧織簾誦書手爲織簾先生

又曰柳世隆善卜别龜甲價至萬永明初世隆曰永明九年我亡後三年丘山崩齊亦於此季矣屏人命典籤李黨取筆及高齒屐題簾箔旌曰永明十一年因流涕謂黨曰汝當見吾不見也

唐書曰張嘉貞蒲州猗氏人也弱冠應五經舉拜平鄉尉坐事免歸侍御史張循憲爲河東採訪使薦嘉貞材堪憲官請以巳之官秩授之則天召見垂簾與之言嘉貞奏曰以臣草萊而得入謁九重是千載一遇也咫尺之間如隔雲霧竟不覩日月恐君臣之道有所未盡則天遽令卷簾與語大悅擢拜監察御史

又曰王鍔爲淮南作法軍中無一弃物至故簾亦令收之他日付船坊以爲篸箬（上作含切下而灼切）他皆如此

莊子曰河上有家貧窮緯蕭以爲業（司馬彪注曰蕭蒿也織緯蒿爲薄簾也）

又曰張毅者高門懸薄無不奏也

漢武故事曰甲帳居神以白珠爲簾箔玳瑁押之象牙爲篾

洞冥記曰漢武元鼎元年甘泉宮起招仙靈閣編翠羽麟毫以爲簾

西京雜記曰漢諸陵寢皆以竹爲簾簾皆爲水文及龍鳳像

又曰昭陽殿織珠爲簾風至聲如珩珮

拾遺記曰石虎於太武殿前起樓高十丈結珠爲簾垂五色玉珮至鏗鏘和鳴

晉東宮故事曰簾箔皆以青布緣純

三秦記曰明光宮在漸臺西以金玉珠璣爲簾箔設龜龍

涼州記曰呂纂時胡人發張駿塚得白珠薄簾

汝南先賢傳曰范滂被收曰願得一幡薄埋於首陽山上不負皇天下不愧夷齊

謝綽拾遺曰戴明寶歷朝寵倖家累千金大兒嬌淫爲五色珠簾明寶不能禁之

崔寔政論曰珠璣玩飾匿若懷袖文繡蔽於帷簾

夢書曰夢簾屏風蔽匿一身也

唐國史補曰尚書李廙有清德其妻劉晏妹也晏嘗造廙見其門簾甚弊乃暗度廣狹以麓竹織成不加緣飾將以贈廙三攜　至門不敢發言而去

帷

說文曰在旁曰帷

釋名曰帷圍也以自障圍也

禮記曲禮曰帷簿之外不趨

又曰弊帷不棄爲埋馬也

又曰路馬死埋之以帷

周禮春官下曰掌舍掌王之會同之舍帷宮設旌門（謂王行晝止有所展肆若食息張帷爲宮樹旌表門）

左傳曰齊歸公孫敖之喪爲孟氏且國故也（爲惠叔毀請且國之之族故聽其歸殯而書之）葬視共仲（制如慶父皆以罪降）聲已不視帷堂而哭（聲巳惠叔母怨敖從莒女故帷堂）

又曰公孫歸父以襄仲之立公也有寵欲去三桓以張公室與公謀而聘于晉欲以晉人去之冬公薨季子言於朝曰使我殺適立庶以失大援者仲也夫遂逐東門氏（襄仲居東門）家還及笙（子家歸父）壇帷復命於介（除地爲壇而張帷介副也使副反命於君）

又曰閭丘嬰以帷縛（音纂）其妻而載之與申鮮虞乘而出（二子莊公倍臣也）鮮虞推而下之（下嬰妻也）曰君昏不能匡危不能救死不能死而知匿其暱（匿藏也暱親也）其誰納之

又曰公孟有事於蓋獲之門外齊子氏帷於門外而伏甲焉

禮記曰士喪君使人弔撤帷主人迎弔于寢門外

史記曰孔子見衛夫人夫人在絺幃中而拜

又曰蘇秦說齊宣王曰臨菑之衆連衽成帷

又曰高祖曰運籌帷幄之中決勝千里之外子房功也

又曰文帝幃帳不得文繡

又曰董仲舒爲博士下帷講誦弟子以次相授或莫見其面三年不窺舍園

漢書曰秦起咸陽而至西雍離宮三百帷帳不移而具

又曰成都侯王商弟內大池以行舡立羽蓋張周帷

又曰東方朔上疏云文帝集上書囊爲殿帷

後漢書曰更始委於趙萌日夜與婦人飲宴後庭群臣欲言事輒醉不能見時不得已令侍中坐帷內與語諸將識非更始聲出皆怨曰成敗未可知遽自縱放若此

華嶠後漢書曰班始尚陰城公主公主順帝之姑貴驕淫亂與所嬖居帷中而始入使伏牀下

袁宏漢記曰獻帝出長安李傕來追董承懼射之以被爲帳幔

又曰賈琮爲冀州刺史垂帷而行及至州曰刺史當遠視廣聽反垂帷以自擁蔽乃命褰帷

東觀漢記曰張奐字然明使匈奴中郎將時休屠各及朔方烏丸並反燒度遼將軍門煙火相望兵衆大恐各欲亡走奐安坐車中　與弟子講書自若

魏志曰司馬景王奏太后廢齊王芳曰帝於陵雲臺曲室中施帷見九親婦女

吳志曰孫峻欲誅諸葛恪置酒伏兵於帷中

晉書曰穆帝立年始二歲皇太后褚氏設白紗帷於太極前殿抱帝臨軒

晉陽春秋曰武帝令曰殿前織成帷不須施也

宋書曰袁粲每經傳昭戶輒歎曰經其戶寂若無人披其帷其人斯在豈非名賢乎

齊書曰毛惠素爲少府卿性孝母服除後更修母所住處幃屏每月朔十五向帷悲泣傍人爲之感傷終身如此

呂氏春秋曰伍子胥將欲見吳王而不得客有言之於王

子光者王子光見而惡其貌客以告子胥曰此易改也願令王子光居於堂上重帷而見其衣王子光許之子胥說之半王子光舉帷搏其手而與之坐

淮南子曰先鍼而後縷可以成帷先縷而後鍼不可以成衣

漢武帝内傳曰七月七日宮掖之内張雲錦之帷然九光之燈候西王母至也王母以紫錦爲帷

神仙傳曰淮南王見八公至足不及履迎之登思仙之臺張綺羅之帷

西京雜記曰趙飛鷰爲皇后其弟上遺金錯繡帷

拾遺記曰漢安帝好微行於郊間或露起帷宮千間皆用錦蜀文繡

風俗通曰俗說帷帳車不可作衣令人病癘

東宮舊事曰太子納妃有青布碧裹梁下幃一紺絹青布窻

戶幃各一

夢書曰夢見帷帳憂陰事

離騷曰紉薜荔而爲帷

楚詞曰翡翠幬飾高堂

張衡南都賦曰暮春之禊元巳之辰朱帷連綱曜野映雲

左太冲吳都賦曰藹藹翠帷嫋嫋素女

潘岳寡婦賦曰入空室兮望靈座帷飄飄兮燈熒熒

庾闡楊都賦曰皇帝迺坐路寢御組帷

阮籍詩曰薄帷鑒明月清風吹我衿

幄

尒雅曰以覆帷謂之幄

說文曰幄木帳也

三禮圖曰在上曰帟四傍及上曰帷上下四傍悉周曰幄幄大帷也

書曰成王疾大漸出綴衣於庭孔安國曰綴衣幄帳

周禮天官曰幕人掌帷幕幄帟皆以布爲之四合象宮室曰幄王所居之帳也

左傳曰楚子伐鄭諸侯還救鄭晉侯使張骼輔躒致楚師求御于鄭鄭人卜宛射犬吉二子在幄坐射犬于外

又曰子産子太叔相鄭伯以會子産以幄幕九張行子太叔以四十既而悔之每舍損焉及會亦如之亦九張也

又曰衛侯爲虎幄於籍圃於籍田之圃幄幕以虎獸爲飾也

漢書曰元后未央宮置酒内者令爲傅太后張幄座於太皇后旁王莽案行責内者令曰定陶太后藩妾何得與至尊並撤去更設座傅太后聞之大怒不肯會

漢書儀曰祭天紫壇有紺幄帳

西京雜記曰成帝設雲幄雲幕於甘泉紫殿世謂爲三雲

殿

拾遺録曰燕昭三年廣延之國獻善舞者二人王處以丹綃華幄

物理論曰漢末黄門張讓段珪等於靈帝幄後相對泣帝驚問尚復幾時哉於是大収諸黨

劉楨魯都賦曰緹幄弥津丹帷覆洲

幕

廣雅曰幕帳也

釋名曰幕絡也在表之稱也

說文曰帷在上曰幕蒙之覆案食亦曰幕

周禮天官下曰幕人掌帷幕幄帟綬之事在旁曰帷在上曰幕

又曰國君過市刑人赦夫人過市罰一幕世子過市罰一帟命夫過市罰一

蓋命婦過市罰一帷謂諸侯及夫人世子過其國市大夫內子過其都之市者人之所交利而行刑之處君子無故不遊觀之若遊觀之則施惠

儀禮曰國君與卿圖事管人布幕寢門外

左傳曰楚子元伐鄭楚師夜遁諜告曰楚幕有烏乃止諜間也鄭所使間候伺楚也幕帳也

又曰吳季札來聘過衛夜宿於戚戚孫子邑也聞鍾聲季子曰異哉夫子之在此猶燕之巢於幕上而又何樂乎文子聞之終身不聽琴瑟

又曰晉人執季孫意如以幕蒙之

漢書曰衛青征匈奴大尅武帝就拜大將軍於幕下府中因號幕府

東觀漢記曰明德馬皇后既處椒房太官上飯重加幕覆輒撤去

晉書曰郄超字嘉賓桓公與謝安論大事令超卧帳內聽之風動帳開安笑曰郄生可謂入幕之賓

宋書曰劉穆之孫瑀仕官甚不得意至江陵與顏峻書曰朱循之三世叛兵一日居荊州青油幕下作謝宣明面

唐書曰杜暹爲監察御史往磧西覆屯蕃人賫金以遺暹固辭不受左右言不可逆其情乃受而埋之幕下既去乃移牒令取之

黃石公三略曰軍幕未設將不言熱此謂之禮將

說苑曰晏子謂景公曰合疏縷之緯以成幕

兵書曰將軍帳幕無故動敵人散走

魚豢典略曰孔子反衛見夫人在錦帷中孔子北面稽首夫人自帷中再拜環佩之聲璆璆然

王子年拾遺記曰漢成帝好微行於太液池傍起霄游宮鋪黑緹幕器服皆尚黑色

漢武內傳曰李夫人既死帝思之命工人作夫人形狀置於輕紗幕中宛然如生帝大悅

楚辭曰離榭脩幕侍君之閒閒靜

潘安仁籍田賦曰青壇蔚其岳立翠幕黯以雲布

張景洛陽禊賦曰停輿蕙渚息駕蘭田朱幔虹舒翠幕蜺連

劉楨詩曰明月照緹幕華燭散炎暉

帟

釋名曰小幕曰帟張在上帟帟然也

周禮曰幕人掌帷帟鄭司農云帟平帳也凡喪王則張帟三重諸侯再重卿大夫不重

又掌次曰師田則設重帟

禮曰君於士有賜帟

太平御覽卷第七百

太平御覽卷第七百一

服用部三

屏風　步障　承塵

屏風

釋名曰屏風以屏障風也扆在後所依倚也

周禮天官掌次曰王大旅上帝掌次設皇邸（大旅上帝祭天於圓丘也鄭司農曰皇羽覆也玄謂後板屏風與染羽象鳳皇色以爲飾也）

禮記明堂位曰天子負斧扆南面而立（鄭玄曰斧扆畫屏風）

又三禮圖曰扆縱廣八尺畫斧文今之屏風則遺象也

漢書曰陳萬年字幼公善人事賂外戚爲御史大夫子咸字子康年十八有異材抗直數言事刺譏近臣萬年嘗病召咸教誡於牀下語至夜半咸睡着頭觸屏風萬年大怒欲杖之曰乃公教戒汝汝反睡不聽吾言何也咸叩頭謝曰具曉所言大要教咸諂也萬年因不復言

又曰班伯以侍中光禄大夫養疾久之成帝出過臨候伯伯乃再視事自大將軍薨後（師古曰王鳳也）富平定陵侯張放淳于長等始愛幸出爲微行行則同輿執轡入則侍中設宴飲之會及趙李諸侍中皆引滿舉白時乘輿幄坐張畫屏風（師古曰坐音才卧反）畫紂醉踞妲己作長夜之樂上以伯新起數目禮之因顧指畫而問伯紂爲無道至於是虖伯對曰書云迺用婦女之言何有踞肆於朝所謂衆惡歸之不如是之甚者也上曰苟不居此此圖何戒伯曰沉湎于酒微子所以告去也式號式謼大雅所以留連也（師古曰大雅蕩之詩云式號式謼俾晝作夜醉號謼以晝爲夜流連作詩之歎而泣涕流連也而謫書乃以留連荒亡蓋失之矣大雅以流連不謂飲酒之人也謼音大故反）詩書淫亂之戒其厚皆在於酒上迺喟然歎曰吾久不見班生今日復聞讜言放等不懌

又曰成帝省減椒房掖庭用度許皇后上疏曰設妾欲作某屏風張於某所必繩妾以詔書矣

又曰王莽常翳雲母屏風

東觀漢記曰宋弘嘗讌見御坐新施屏風圖畫列女帝數顧視之弘正容言曰未見好德如好色者上即爲徹之上姊湖陽公主新寡上與共論朝臣微觀其意主曰宋公威容德器群臣莫及上曰方圖之後弘見上令主坐屏風後因謂弘曰諺言貴易交富易妻人情乎弘曰臣聞貧賤之交不可忘糟糠之妻不下堂上顧謂主曰事不諧矣

謝承後漢書曰鄭弘爲太尉舉第五倫爲司空班次在下每正朔朝見弘曲躬自卑上問知其故遂聽置雲母屏風分隔其間由此爲故事

吳志曰景帝時紀亮爲尚書令子騭爲中書令每朝會詔以御屏風隔其座焉（或曰隔以雲母屏風）

又曰曹不興善畫孫權使畫屏風誤筆落點素因就以作蠅權以爲生蠅舉手彈之

魏書曰太祖雅性節儉帷帳屏風壞則補納

魏志曰太祖平柳城班所獲器物特以素屏風素憑几賜毛玠曰以君有古人之風故賜君以古人之服

晉書曰吳隱之字處默清貧劉裕拜太常卿以竹蓬爲屏風坐無氊席

續晉陽秋曰何無忌母劉牢之之姊無忌與宋高祖謀夜於屏風中製檄文母登屏風窺之大喜曰汝能如此吾讎雪矣

宋書曰顏延之愛姬死以冬日臨哭忽見妾排屏風以壓延之延之懼墜地因病

又曰王琨儉於財用設酒不過兩爵輒云此酒難遇盬豉薑菜之屬並掛屏風酒幾悉置牀下內外有求琨手自付之

宋起居注曰元嘉中中丞劉禎奏風聞廣州刺史韋朗於州作綠沉銀泥漆屏風二十三牀請以事免朗官

王琰宋春秋曰明帝性多忌諱禁制迴避者數十百品亦惡白字屏風書古來名文有白字輒加改易玄黃朱紫隨宜代之

齊書曰宜都王鏗年十歲時與吉景曜商略先言往行左右誤排揄𤤁屏風倒壓其背顏色不異言談無輟亦不顧視

又皇太子在雍有發古　得玉屏風遣將還都

又劉悛傳武帝常在東宮每幸悛坊閑言至夕賜屏風帷帳

南史曰王遠字景舒位光祿勳時人謂遠如屏風屈曲從俗能蔽風露言能不虧物理也

唐書曰太宗引虞世南為秦府十八學士嘗令寫列女傳以裝屏風于時無本世南書之一無遺失

又曰田神功卒賜屏風茵褥於靈座

又曰憲宗以天下無事留心典墳著書十四篇名曰前代君臣事跡寫於六扇屏風以示宰相

春秋後語曰孟嘗君每侍客坐語屏風後常有侍吏主記所與客語知其親戚居處客去後使使謝餽無所遺失

鹽鐵論曰一杯棬（去遠反說文曰棬棬椀）用百人之力一屏風就萬人之功其為多矣功積於無用財盡於不急

桓譚新論曰五聲各從其方春角夏徵秋商冬羽宮居中央而兼四季以五音須宮而成可以殿上五色錦屏風諭而示之望視則青赤白黃各各異類就視則皆以其色為地五色文之世其欲為四時五行之樂亦當各以聲為地而用四聲文飾之猶被五色屏風矣

西京雜記曰廣川王去疾發魏哀王冢有石屏風

又曰趙飛鷰為皇后其女弟遺雲母屏風瑠璃屏風

又曰漢江都王建勁捷嘗跳越七尺屏風

漢武舊事曰帝起神臺其上扉屏風悉以白琉璃作之光冶洞澈也

郭子橫洞冥記曰上起神明臺上有金牀象席雜玉為龜甲屏風

拾遺錄曰董偃嘗卧延清之室設紫瑠璃屏風列麻油燈於戶外視屏風若無屏風矣侍人唯見燈明以言無礙乃於屏風外扇偃曰玉石豈須扇而後清涼也侍者乃屏風扇以手摸之方知有屏風之礙矣

又曰孫亮作瑠璃屏風甚薄而徹每於月下清夜舒之常愛寵四姬使坐屏風中外望之乃如無隔唯香氣不通於外

劉向七畧別傳曰臣與黃門侍郎歆以列女傳種類相從為七篇以著禍福榮辱之効是非得失之分畫之於屏風四堵

桓任別傳曰任子亡慇念之為作象著屏風置座邊

古今注曰孫亮作瑠璃屏風鏤作瑞應圖一百二十種

鄴中記曰石虎作金銀鈕屈膝屏風衣以白縑畫義士仙人禽獸之像讚者皆三十二言高施則八尺下施四尺或施六尺隨意所欲也

三輔決錄曰何敞為汝南太守和帝南巡過郡有刻鏤屏風為帝設之帝命侍中黃香銘之曰古典務農雕鏤傷

民忠在竭節義在脩身

風土記曰陽羨縣令袁起生有神異無病而亡塚東面有屏風蓋神之所坐

東宮舊事曰皇太子納妃有牀上屏風十二牒織成漆連銀鉤紐織成連地屏風十四牒銅環鈕

京兆舊事曰杜陵蕭彪字伯文爲巴郡太守以父老歸供養父有客常立屏風後自應使命

三秦記曰荊軻入秦爲燕太子報讎把秦王衣袂曰寧爲秦地鬼不爲燕地囚王美人彈琴作語曰三尺羅衣何不掣四面屏風何不越王因掣衣而走得免

段龜龍凉州記曰有人發張駿墓得真珠簾箔雲母屏風

語林曰滿奮字武秋體羸惡風侍坐武帝屢顧看雲母幌或云北窻琉璃屏風實密似踈有難色武帝笑之荅曰臣如

吳牛見月則喘或云是胡質侍魏明帝坐

俗說曰荀介子爲荊州刺史荀婦大妬恒在介子齋中客來便閉屏風有桓客者時爲中兵參軍來詣荀諮事論事已訖爲復作餘語桓時年少殊有姿容荀婦在屏風裏便語桓云桓參軍君知作人不論事已訖何以不去桓狼狽便走○又曰謝萬作吳興郡其兄安時隨至郡中萬眼常晏起安清朝便往牀前叩屏風呼萬起

淮南王屏風賦曰列在左右近君頭足不逢仁人永爲朽木

曹毗詩叙曰余爲黃門在直多懷遂作詩書屏風

李尤屏風銘曰舍則潛辟用則設張立必端直處必廉方壅閼風邪霧露是抗奉上蔽下無失其常

王羲之與殷浩書曰勸令畫廉藺於屏風

步障

晉書曰石崇與王愷相尚愷以紫絲步障四十里崇以錦步障五十里以敵之

又曰王凝之妻謝氏有才辯凝之甞與賓談論詞理將屈謝氏遣婢白獻之曰欲與小郎解圍乃施青綾步障自蔽與客申獻之前議客不能屈

齊書曰江夏王寶玄與崔惠景叛景敗寶玄逃奔數日乃出帝召入後堂以步障裹圍之令群小數十人鳴鼓角繞其外遣人謂曰汝近圍我亦如此少日乃殺之

北齊書曰琅琊王儼字仁威武成第三子也武成甚愛之儀衛甚盛帝甞與后在華林園東門外張幕施青綾步障以觀之

東宮舊事曰太子納妃有絲布碧裹步障三十漆竿銅鉤

拾遺記曰石虎爲浴臺列鳳文錦步障縈蔽於浴所

語林曰許玄度將弟出都婚諸人聞是玄度弟欲遲之旣見乃甚癡便欲嘲弄之玄度爲之解紛諸人遂不能犯境劉真長歎曰玄度爲弟婚施十重鐵步障

語林曰大將軍刑周伯仁以步障纏之經日已其王曰周伯仁子弟癡何以不知取其翁屍周家然後收之

承塵

釋名曰承塵施於上以承塵土也

周禮春官下曰幕人掌帟綬之事（玄謂帟在王幕若幄中坐上承塵也）

後漢書曰雷義字仲公豫章鄱陽人也初爲郡功曹皆擢舉善人不伐其功義嘗濟人死罪罪者後以金二斤謝之義不受金主伺義不在默投金於承塵上後葺理屋宇乃得金金主已死無所復還義乃以付縣曹

宋書曰建平王宏子景素在南徐甚得人心而謗聲日積深懷憂懼嘗與故吏劉璡獨處曲臺有鵲集於承塵飛鳴相追景素泫然曰若斯鳥者遊則參于風煙之上止則隱于林木之下飢則啄渴則飲形體無累于物得失不關於心一何樂哉

搜神記曰長安有張氏者獨處一室有鳩自外入止于牀張氏惡之披懷而祝曰鳩尓來爲我禍耶飛上承塵爲我福也來入我懷鳩翻飛入懷乃化爲一鉤從尓資產巨萬

又曰博陵劉伯祖爲河東太守所止承塵上有神能語京師詔書誥下消息輒豫告伯祖伯祖問其所食啖欲得羊肝於前切之臠隨刀不見盡兩羊肝有一老狸眇眇在案前持刀者舉刀欲斫之伯祖訶止自舉着承塵上須臾大笑曰向者啖肝醉忽失形與府君相見大慚愧後伯祖當

爲司隸復先語伯祖云某月某日書當到期如言及入司隸府神隨逐承塵上輒言省內事伯祖大恐怖謂神曰今職在刺舉左右貴人聞神在此因以相害神荅曰如府君所慮當相捨去遂無聲

支僧載外國事曰斯訶調國有大富長者條三弥與佛作金薄承塵一佛作兩重承塵

抱朴子曰余友人滕永叔嘗養大獼猴以鐵鏁鏁之着牀間而犬忽齧殺之永叔便合鏁埋之後百許日有鬼者見獼猴走上承塵上不悟是獼猴鬼也驚指之曰獼猴何以被傷流血斷走乎永叔曰始乃今日知猴死復有鬼乎

語林曰傅信忿毋毋羸病恒驚悸信乃取鷄鴨去毛置承塵上行落地毋輒恐怖

楚辭曰經堂入奧朱塵筵（塵承塵也）

太平御覽卷第七百一

太平御覽卷第七百二

服用部四

扇　蓋

扇

揚雄方言曰扇自關而東謂之扇自關而西謂之箑世本
曰武王作箑
帝王世紀曰武王自盟津還返于國見暍人王自左擁而
以扇之
續漢書曰梁冀輿服之制作擁身扇
東觀漢記曰黃香至孝夏則以扇侍于親側
魏畧曰韓宣字景然爲丞相軍謀掾步入宮門內與臨淄
侯相遇時新雨地有泥潦宣礙不得去以扇自障
晉書曰武帝太始中博選良家以充後宮先下書禁天下

嫁娶使宦者馳傳州縣召充選者使楊后選所取后妬不
取端正好唯取長白時卞蕃女有美色帝舉扇鄣面語后
去卞蕃女好后曰蕃三世后族不宜在以卑位帝乃止
又曰何植字元幹常以縛箑織扇爲業以奉供養
又曰庾亮出鎮於外以帝舅故執朝權王導不能平嘗遇
西風起輒舉扇自蔽曰元規塵污人
又曰王羲之字逸少居蕺山見一老姥持六角扇賣之羲
之書其扇各爲五字姥初歎惋因謂姥曰无苦但言是王右
軍書以求百金價姥如言人競買之後姥復將數扇來請
書羲之不荅○又顧榮傳曰廣陵相陳敏反渡江攻楊州刺
史劉機阻兵據州郡有鼎峙之意遺顧榮歛舟於岸敏率
萬人出不獲濟榮自麾羽扇敏衆大潰也
晉中興書曰安帝義熙元年禁絹扇及樗蒲

續晉陽秋曰謝安賞袁宏機對辯速宏爲東陽郡時賢祖
道治亭安起執宏手顧左右取一扇授云聊以贈行宏應
聲曰輒當奉揚仁風慰彼黎庶合坐稱其率要
又曰謝安鄉人有罷中宿縣者還詣安問其歸貨荅曰嶺
南彫弊唯有五萬蒲葵扇謂非時爲滯貨安乃取其一中者
捉之於是京都士庶競而慕焉增價數倍旬日則無所賣
宋書曰明帝王皇后上嘗宮內大集而裸婦人觀之以爲
歡笑后以扇鄣面獨無所言
又明恭王后傳曰廢帝失德太后每加勗譬始猶見順後
狂慝稍甚太后嘗賜帝玉柄毛扇帝嫌毛柄不華因此欲加
酖害令太醫煑藥左右止之乃止
又曰范曄謀逆被擊上有白團扇甚佳送曄令書詩賦美
句曄受旨援筆而書曰去白日之炤炤襲長夜之悠悠上
循覽悽然

齊書曰竟陵王子良孫賁字文奐形不滿六尺神識耿介
幼好學有文才能書善畫於扇上圖山水咫尺之內便覺
萬里爲遙
又曰劉祥字顯徵輕言肆行不避高下建元中爲正員郎
司徒褚彥回入朝以腰扇鄣日祥從側過曰作如此舉止
羞面見人扇鄣何益彥回曰寒士不遜祥曰不能殺袁劉
安得免寒士
又曰蕭子顯頗負才氣反掌選見九流賓客不與交言但
舉扇一撝而已衣冠竊恨
梁書曰臨川王宏子正表幼不慧常執白團扇湘東王取題
八字銘玩之正信不知嗤之然常搖握
又曰柳惲早有令名少工篇什爲詩云亭皐木葉下隴首

秋雲飛琅琊王融見而嗟賞因書齋壁及所執白團扇

南史張敷字景胤生而母亡年數歲問之雖童蒙便有感慕之色至十歲許求母遺物而散施已盡唯得一畫扇乃緘録之每至感思輒開笥流涕

又曰羊欣字敬元會稽王世子元顯每使書扇常不奉命元顯怒乃以爲後軍府舍人

又曰何戢美容儀動止與褚彦回相慕時人呼爲小褚公家業富盛性又華侈衣被服飾極爲奢麗出爲吴興太守頗好畫扇宋武賜戢蟬雀扇善畫者顧景秀所畫時吴郡陸探微顧寶元皆能畫歎其巧絶戢因王晏獻之

後魏書曰尒朱弼字輔伯節閔帝時封河間郡公尋爲青州刺史韓陵之敗欲奔梁數日與左右割扇爲約弼帳下都督馮紹隆爲弼信待説弼曰今方同契闊宜當心瀝血示衆

以爲信弼從之大集部下弼乃踞胡牀令紹隆持刀破心紹隆因推刃殺之

唐書曰中宗爲皇太子天后以時熱令皇太子外朝用扇鄣日太子讓之詔不許

太公六韜云將冬不衣裘將夏不操扇名禮將之也

管子曰夏行五政三曰禁扇去笠

淮南子曰失火而鑿池披裘而用扇不能救也

又曰夫夏日不披裘非愛之也煖有餘於身也冬日不用箑者非簡之也清有餘也

抱朴子曰風不輟則扇不用日不出則燭不息

春秋繁露曰以龍致雨以扇逐暑

崔豹古今注曰雉尾扇起於殷高宗有雊雉之祥服章多用翟羽周制以爲皇后夫人車服輦車有翣即緝雉羽爲之以障翳風塵也漢朝乘輿服之後以賜梁孝王魏晉以來以爲常准諸王皆得用之

又曰鄣扇長柄扇也漢世多豪俠爲雉尾而制長扇也

又曰五明扇舜所作也既受堯禪廣開視聽求賢人以自輔故作五明扇秦漢公卿大夫皆用之魏晉非乘輿不得用也

東宫舊事曰皇太子初拜供漆要弱青竹扇各一太子納妃同心扇三十單竹扇二十

脩復山陵故事曰玄宫中用絹團扇六枚

西京雜記曰朱買臣爲會稽太守懷章綬還至金堂而國人未知也所知錢穀見其墨露乃勞之曰得无罷乎遺以紈扇買臣至郡引爲上客

又曰長安巧工丁緩作七輪扇連七輪大皆徑尺相連續

一人運之則滿堂寒戰

又曰趙飛燕爲皇后其弟上遺雲母扇五明扇七華扇翟扇蟬翼扇

又曰天子夏則設羽扇冬則設繒扇

晉中興徵祥説曰舊爲羽扇柄者刻木以象骨翮用十毛取全數也中興初王敦始改用長柄使其下出可捉而減其羽用八識者以爲服妖也柄使可執者國柄之象毛減用八是羽翮損少而飛羽不終之應也

鄴中記曰石虎作雲母五明金薄莫難扇此一扇之名也薄打純金如蟬翼二面彩漆畫列仙奇鳥異獸其五明方中辟方三寸或五寸隨扇大小雲母帖其中細縷縫爲其際唯畫而彩色明徹看之如謂可取故名莫難也虎出時以此扇挾乘輿亦用象牙桃枝扇其上竹或緑沉色或木

蘭色或作紫紺色或作鬱金色
異物志曰扶南國昔但知作大扇遣人持之不知人各自
用也及今熱時各自用也
拾遺録曰周昭王時塗脩國獻青鳳丹鵲各一雌一雄夏
至取鵲翅爲扇一名施風一名條翩一名反影時有南歐
獻二美女更摇此扇侍於王側
世説曰王大將軍在西朝時見周侯轉扇鄣面而得往後
度江左不能復尔王歎曰不知吾進伯仁退（勃性強梁自少而長季倫
斬妓曾無異色如斯傲恨憚於周顗斯不然之言）
又曰温嶠娶姑女既婚交禮女以手披紗扇撫掌大笑我
嫌是老奴果如所疑
又曰羊孚作雪讚云資清以化乘氣以霏値象能鮮即潔
成暉桓胤遂以書扇
語林曰諸葛武侯與宣王在渭濱將戰武侯乘素輿葛巾
白羽扇指麾三軍三軍皆隨其進止
又曰胡毋彦國至湘州坐廳事斷官事尒時三伏中傍摇
扇視事其兒子光從容顧謂曰彦國復何爲自貽伊戚
又曰庾翼爲荆州都督以毛扇上城帝疑是故物侍中劉
邵曰栢梁雲構匠者先居其下管弦繁奏夔牙先聆其音
翼之止扇以好不以新孝恭聞之曰此人宜在帝左右
俗説曰顧虎頭爲人畫扇作嵇阮而都不點眼精主問之
顧荅曰那可點精點精便語
列仙傳曰介之推隨晉重耳去國後辭禄與毋入介山從
伯陽遊後世見在東海王治賣扇
搜神記曰魯少千山陽人漢文帝微服懷金欲問其道少
千執象牙扇出應門

續搜神記曰吳猛好道術嘗渡江以白羽扇畫水横流直
過不用舟檝
異苑曰高平檀茂宗義熙中喪亡其母劉氏夢見宗云方
永違離今以此扇奉别毋流涕覺於屏風間得扇上皆如
蜘蛛網絡
婦人集曰没太子妻孝氏爲夫所遣婦與夫書并致安衆
扇兩隻
古詩曰綾扇如團月出自機中素畫作秦女形乘鸞入煙
露班婕好扇詩曰新裂齊紈素鮮潔如霜雪裁爲合歡扇
團團似明月出入君懷袖動摇微風發
魏陳王曹植九華扇賦曰昔吾先君常侍得幸漢桓帝帝
得賜尚方竹扇不方不員其中結成文名曰九華其辭曰
形五離而九折篾氂解而縷分放虬龍之蜿蟬法雲霓之
烟熅因形致好不常厥儀方不應矩圓不中規隨皓腕以
徐轉發惠風之微寒時氣清以芳厲紛飃動乎綺紈
徐幹團扇賦曰於惟合歡之奇扇肇伊洛之纖素仰明月
以取象規圓體之儀度
傅咸狗脊扇賦曰蓋卑以自居君子之經孤寡不穀王侯
脩名尚不媿狗脊之爲號亦焉顧九華之妙形

蓋

釋名曰蓋在上覆蓋人也
通俗文曰張帛避雨謂之繖蓋
禮檀弓下曰敝蓋不棄爲埋狗也
左傳定曰齊侯伐晉夷儀敝無存死於霤下（闘死於門霤下）齊侯
謂夷儀人曰得敝無存者以五家免（給其五家命常不供役事）乃得其
尸公三襚之（襚衣也襚三遂采禮厚之加）與之犀軒直蓋（犀軒卿車直蓋高蓋）

家語曰孔子將行命從者持蓋既而果雨（聖人無所不通也）

又曰孔子將行雨無蓋門人曰商也有焉孔子曰商也之爲人也甚短於財吾聞與人交者推其長者違其短者故能以久也

史記曰五羖大夫相秦也勞不坐乘暑不張蓋

漢書曰上官桀少時爲羽林郎從武帝上甘泉天大風車不得行解蓋授之桀奉蓋雖風常屬車雨下蓋輒御上奇其材力焉

又曰黃霸爲楊州刺史三年宣帝詔賜車蓋特高一尺以彰有德

又王莽傳曰或言黃帝時建華蓋登仙莽乃造華蓋高八丈一尺皆金瑵羽蓋載以秘機四輪車駕六馬輓者皆呼登仙

續漢書曰靈帝時講武平樂觀建十重五彩華蓋高十丈建九重華蓋高九丈

又曰祠老子於濯龍中設華蓋八座

東觀漢記曰隗囂破上歸過汧幸祭遵勞之時遵有疾詔賜重茵覆以御蓋

後漢書曰光武東巡廣延從駕到魯還經封丘城門門小不容羽蓋（封丘今東京縣也）帝怒使撻御史延救之乃止（事具門部）

吳志曰曹休入晥城陸遜破之權令左右以御蓋覆遜

又曰周泰字幼平數戰有功孫權覆以御蓋（江表傳曰青𦶎蓋也）

又曰劉基孫權愛敬之嘗從御樓舡上時雨甚權以蓋自覆又令覆基餘人不得也

又曰賀齊爲將綺飾所乘舡青蓋絳幨

晉安帝記曰桓玄遊於水南飄風飛其輗蓋後義兵起遂敗

宋元嘉十年起居注曰御史中丞荀伯子奏左衛將軍何尚之公事每戴笠有虧體制違野笠於公門棄華繖而不御

宋元嘉二十九年起居注曰詞羅單國奉孔雀蓋一具

齊書曰始安王遙光傳江祏被誅東昏召遙光入殿告以祏罪遙光懼還省便陽狂號哭自此稱疾不復入臺先是遙光行還入風飄儀繖出城外遙光後敗

梁書曰王籍爲中散大夫彌日忽忽不樂乃至徒行市道不擇交遊有時途中見相識輒以笠傘覆面

南史曰殷孝祖與賊合戰每常以鼓蓋自隨軍中人相謂曰殷統軍可謂死將至矣今與賊交鋒而以羽儀自標顯若此射者十手攢射欲不斃得乎是日中流矢死

又曰扶南其俗皁古貝繖

文子曰大丈夫恬然無思淡然無慮以天爲蓋以地爲輿

又宋玉大言賦曰圓天爲蓋方地爲輿

淮南子曰蓋非撩不能蔽日輪非輻不能追疾然而撩蓋未足恃也（撩蓋骨也）

孔藂子曰夫子適郯郯子遇子於塗傾蓋而語終日而別命子路將束帛贈焉

尉繚子曰吳起與秦人戰僕嗽之蓋足以蔽霜露

說苑曰田子方遇翟璜乘軒車載華蓋疑以爲人君也

崔豹古今注曰華蓋黃帝所作也與蚩尤戰于涿鹿之野常有五色雲氣金枝玉葉止於帝上有花蘤之象故因而作華蓋（蘤韋委切）

又曰曲蓋太公所作武王伐紂大風折蓋太公因折蓋之

形而制曲盖焉戰國常以賜將軍自漢朝乘輿用之因謂鞞睨蓋有軍號者賜其一焉（鞞疋詣切睨五計切）

搜神記曰湖陂吏丁初忽見少婦人姿容可愛青衣戴傘呼初初疑而待顧視婦自投陂中是大蒼獺衣傘皆是蓮荷

異苑曰義熙中烏陽小吏見女子戴青繖姿容甚麗遂要之女至多電光乃是大狸柚刀斫殺其繖乃枯荷葉（事具獸部）

眞人周君傳曰紫陽真人周義山予通合會仙人在金屋銅門之內以紫雲爲蓋

眞人王君傳曰太上大道君授務成君繡羽蓋雙明珠

俗說曰徐干木年少時嘗夜夢見烏從天上飛銜繖樹其廷中如此凡三過銜來作惡聲而去徐後果得繖遂以惡終

青烏子葬書曰作墓發土夕夢見單繖入市者富貴

楚辭曰孔蓋兮翠旌（言以孔雀翅爲車蓋翠羽爲旌旗也）登九天兮撫彗星

又曰乘水車兮荷蓋駕兩龍兮驂螭

宋玉高唐賦曰蜺爲旌翠爲蓋風起雨霽千里而逝

司馬相如大人賦曰屯余車其萬乘兮綷雲而樹華旗（綷子對切）

阮籍清思賦曰折丹木以蔽陽竦芝蓋之三重

劉楨魯都賦曰蓋如飛鵠馬如游魚

宋玉大言賦曰圓天爲蓋方地爲輿

太平御覽卷第七百二

太平御覽卷第七百三

服用部五

麈尾　如意
拂　唾壺
書臺　香爐

麈尾

晉陽秋曰石勒僞事主浚遺勒麈尾勒爲不執置之於壁朝拜之云見王公所賜如見公也

晉書曰王衍夷甫盛才美貌明悟若神每捉玉柄麈尾與手同色

又曰王導妻曹氏妬導令別修館以安衆妾曹氏知之導將恐有他喧辱命駕恐遲以所執麈尾柄驅牛而進司徒蔡謨聞之謂導曰朝廷欲加公九錫導不之覺但謙退而已謨曰不聞餘物唯有短轅犢車長柄麈尾導大怒

宋書曰張融字思光弱冠有名道士同郡陸脩靜以白鷺羽麈尾扇遺之曰此既異物以奉異人又融臨卒遺令建白旐無旒不設祭令人捉麈尾登屋復魂

又曰張敷好讀玄言兼屬文論弱冠初父邵使與高士南陽宗少文談繫象往復數番少文欲屈握麈尾歎曰吾道東矣於是名價日重

齊書曰周顒音辭辯麗長於佛理著三宗論言空假義西凉州智林道人遺顒書深相贊美言捉麈尾來四十餘載頗見宗録唯此途白黑無一人得者非意此音猥來入耳見重如此

梁書曰盧廣有儒術爲國子博士於學中講說僕射徐勉以下畢至謝舉造坐屢折廣詞理遒邁廣深歎服仍以所執麈尾贈之以況重席焉

陳書曰張譏善講論後主在東宮集宮僚置宴時造玉柄麈尾新成後主親執之曰當今雖復多士如林至於堪捉此者獨張譏耳即手授譏後主嘗幸鍾山開善寺召從臣坐於寺西南松下勑譏講義時索麈尾未至後主勑取松枝手以屬譏曰可代麈尾

郭子曰何次道嘗詣王丞相以麈尾敲牀呼何共坐曰此君子坐也

又曰孫安國往殷中軍許共語左右進食冷而復煖者數四彼我奮擲麈尾悉脫落滿飯中賓主遂至莫忘飧也

又曰王長史病已篤寢燈下轉麈尾而視之歎曰如此人曾不得滿四十及亡劉尹臨殯以犀柄麈尾置柩中因慟哭。世說曰王丞相常懸一麈尾著帳中及殷中軍來乃取之曰今以當遺汝。又曰客問樂令旨不至者樂亦不復剖析文句以麈尾柄敲机曰至不容曰至樂因又舉麈尾曰若至者那得去客乃悟服。語林曰庾法暢造庾公捉麈尾至佳公曰麈尾過麗何以得在吝曰廉者不求貪者不與故得在耳。華陽國志曰宜君山出麈尾

王道麈尾銘曰雖謂質卑御於君子拂穢靜暑虛心以俟

許詢白麈尾銘曰蔚蔚秀格偉偉奇姿荏弱軟潤雲散雪霏君子運之探玄理微

如意

齊書曰蒼梧欲害高帝帝嘗以書案下安鼻爲楯以鐵爲書鎮如意甚大以備不虞欲以代杖

蕭子顯齊書曰明僧紹字承烈平原鬲人也隱長廣郡勞山詔徵爲正員郎稱疾不就賜竹根如意筍籜冠隱者以

爲榮
梁書曰席闡文武帝將起兵闡文勸蕭穎胄同焉仍遣客田祖恭私報帝并獻銀裝刀帝報以金如意
又曰韋叡拒魏於邵陽叡乘素木輿執白角如意以麾軍一日數合
又曰殷鈞字季和梁武與鈞父叡有舊以女永興公主妻鈞公主驕淫險虐鈞形皃短小爲主所憎每被召入先滿壁爲殷叡字鈞輒流涕以出主命婢束而反之鈞不勝怒言於帝帝以羣如意擊主碎於背然猶恨鈞自侍中出爲王府諮議
又曰李膺字公胤有才辯西昌侯藻爲益州以爲主簿使至都武帝悅之謂曰今李膺何如膺對曰今勝昔問其故對曰昔事桓靈之主今逢堯舜之君帝嘉其對以如意擊席者久之乃以爲益州別駕
後魏書曰高祖孝文欲試諸子志尚乃大陳寶物任其所取京兆王愉等競取寶玩宣武皇帝惟取骨如意而已帝大奇之
又曰廣陵王羽爲太子太保録尚書事孝文將南討遣羽持節安撫六鎮發其突騎夷夏寧悅還領廷尉卿及車駕發羽與太尉元丕留守帝賜羽如意以表心焉
拾遺記曰吳主潘夫人之父坐法夫人輸入織室夫人容態少儔爲江東絶色同幽者百餘人謂夫人爲神女敬而遠之有司聞於吳主使圖其容皃夫人憂慼不食減瘦改形工人寫其眞狀以進吳主吳主見圖而嘉之以虎魄如意撫案碎折嗟曰此神女也遂納之
又曰孫和悅鄧夫人常置膝上和月下舞水精如意誤傷

夫人頰
胡綜別傳曰時有掘得銅匣長二尺七寸以琉璃爲蓋布雲母於其上開之得白玉如意所執處皆刻螭虎文蟬蟬等形時人莫有識者大常以問綜綜荅曰昔秦始皇帝東遊以金陵有天子氣乃改名掘鑿江湖平諸山南處處輒埋寶物以當王氣其事見於秦記
石季倫本事曰崇有珊瑚如意長三尺二寸
世說曰殷荊州有所識作賦（示束晳慢戲之殷甚以爲有才）語王恭適見新文甚可觀便於手巾函出之王讀殷笑不自勝王看竟既不笑亦不言好惡但以如意點之而已殷悵然自失
又曰謝萬北征而常嘯詠自高未嘗撫慰衆士萬兄安謂萬曰汝爲元帥宜數呼諸將宴以悅其心萬從之於是召集諸將帥無所說直以如意指四坐曰諸軍皆是勁卒諸將甚恨之
語林曰石崇與王愷爭豪晉武帝愷之甥也每助愷以珊瑚高二尺許愷以示之崇以鐵如意擊之應手瓦碎愷聲色俱厲崇曰此不足恨乃命取珊瑚有三尺光彩溢目者六十七枚愷悵然自失
異苑曰太原郭澄之義熙初諸葛長民欲取爲輔國諮議澄之不樂後爲南康太守盧循反自廣州長民以其謀先告因騁私惡收澄之以付廷尉將致大辟夜夢見一神人以烏角如意與之既覺便在其頭側可長尺餘形制甚陋澄之遂得無它後從入關齋以自隨忽失所在

拂

劉義慶啓事曰恩旨賜臣羣鏤竹節如意目所未覩

晉書曰武帝泰康四年有司奏先帝舊物琳繩爲細拂以明儉約

宋書曰孝武大明中壞高祖所居陰室於其處起玉燭殿與群臣觀之牀頭有土障壁上掛葛燈籠麻繩拂侍中袁顗盛稱上儉素之德孝武曰田舍翁得此已爲過矣

齊書曰陳顯達子休尚爲郢府主簿過九江拜別顯達謂曰凡奢侈者鮮有不敗麈尾蠅拂是王謝家許汝不須捉此即取於前燒除之

東宮舊事曰太子有白毦拂二

秦嘉婦與嘉書曰今奉旄牛尾拂一枚可拂塵垢

唾壺

晉書曰王敦爲荆州牧既專外任有問鼎之志引劉隗刀協爲腹心及隗用事頗間王氏敦怒疏陳之自尒憤憤不

平安每酒後詠魏武帝樂府歌曰老驥伏櫪志在千里烈士暮年壯心不已以鐵如意擊唾壺爲節壺邊盡缺

梁書曰天監中中天竺國奉表獻琉璃唾壺

脩復山陵故事曰皇后玄宮有白瓦唾壺五枚

東宮舊事曰太子納妃有漆書銀帶唾壺一

魏武帝上雜物疏曰御雜物用有純金唾壺一枚漆圓油唾壺四枚貴人有純銀參帶唾壺三十枚

王子年拾遺記曰魏文帝納薛靈芸靈芸別父母歔欷累日淚下沾衣至升車就路之時玉唾壺承淚壺即如紅色及至京師壺之淚如凝血矣

又曰吴主潘夫人帝嘗與夫人遊昭宣之臺恣意幸適既盡酣醉唾於玉壺中使侍婢寫於臺下

西京雜記曰廣川王發魏襄王冢得玉唾壺一枚

交州雜記曰大康四年臨邑王范熊獻紫水精唾壺一口青白水精唾壺各二口○續齊諧記曰武昌小吏吴龕渡水得五色石夜化爲女子稱是龕婦至家見婦翁被白羅袍隱漆几銅唾壺狀如天府自稱河泊

馬融遺令曰冢中不得下銅唾壺

賀循葬禮曰藏物令用瓦唾壺一枚

蔡邕表曰詔賜薰鑪唾壺朝廷之恩前後重疊父母於子無以加此

孔臧與子琳書曰侍中安國群臣近見崇禮不供褻事獨復掌御唾壺朝廷之士莫不榮之

書臺

東宮舊事曰皇太子初拜有柘書臺

又曰太子妃有漆書臺

漢官典職曰尚書郎給女史二人潔衣服執香爐燒薰從入臺中給使護衣服

香爐

梁書曰侯景即位景牀東邊香爐無故墮地景呼東西南北皆謂爲廂景曰此東廂香爐那忽下地議者以爲湘東軍下之徵

南史曰陶弘景字通明丹陽秣陵人也父貞孝昌令初弘景母郝氏夢天人手執香爐來至其所已而有娠

又曰庾仲文貪賄何尚之奏選令史龍向臣說亦數甘受納之過言實得嫁女具銅鑪四人舉乃勝細葛斗帳等物不可稱數

齊書曰江泌爲南康王子琳侍讀建武中明帝召諸王後泌憂念子琳訪誌公道人問其禍福誌公覆香爐灰示之

曰都盡無餘後子琳被害

東宮舊事曰皇太子初拜有銅博山香爐一枚

晉東宮舊事曰泰元中皇太子納妃王氏有銀塗博山連盤三斗香爐一

西京雜記曰長安巧工丁諼作卧褥香爐一名被中香爐爲機環轉四周而爐體常平可置之褥被故取被褥以爲名又作九層博山香爐鏤以奇禽怪獸

魏武上雜物疏曰御物三十種有純金香爐一枚貴人公主有純銀香爐四枚

襄陽記曰劉和季性愛香上厠置香爐主簿張坦曰人名公作俗人眞不虛也和季曰荀令君至人家坐處三日香君何惡我愛好也

鄴中記曰石虎冬月爲複帳四角安純金銀鑿鏤香

爐

徐先生南岳記曰衡山石室中有几及香爐

盧諶祭法曰香爐四時祠坐側皆置也

徐爰家儀曰婚迎車前用銅香爐二

集異記曰吳郡吳泰能筮會稽盧氏失博山香爐使泰筮之泰曰此物質雖爲金其象實山有樹非林有孔非泉閶闔風至時發青煙此香爐也語其主處求即得之

古詩曰四坐且莫諠願聽歌一言請說銅鑪器崔嵬象南山上以植松栢下根據銅盤雕文各異類離婁自相連末火燃其中青煙颺其間順風入君懷四坐莫不歎香風難久居空令蕙草殘

梁昭明太子銅博士香鑪賦曰稟至精之純質產靈嶽之幽深經般倕之妙指運公輸之巧心有蕙帶而巖隱亦霓裳而昇仙寫嵩山之龍崧象鄧林之仟眠

太平御覽卷第七百三

太平御覽卷第七百四

服用部六

囊
帊幞

囊

說文曰囊謂橐也橐車上大囊也

方言曰自關而西食囊謂之掩囊

周易坤卦六四曰括囊無咎象曰括囊無咎愼不害也

焦贛易林歸妹之損曰争鷄失羊亡其金囊利得不長

毛詩公劉曰迺裹餱糧于橐于囊

公羊傳哀公曰齊景公死舍立陳乞迎陽生使力士舉巨囊大也囊而至開之則公子陽生也乞曰此君也諸大夫皆再拜稽首自是往殺舍

史記曰韓信已定臨淄楚使龍且救齊夾濰水陣韓信乃夜令人爲萬餘囊盛沙以壅水上流引軍半渡擊龍且佯不勝遂走龍且追信信渡水使人决壅水大至急擊殺龍且

戰國策曰荆軻逐秦王時侍醫夏無且以藥囊提軻提抵擲也

漢書曰陸賈使尉佗佗賜賈囊中裝直千金

又曰東方朔曰侏儒長三尺奉一囊粟錢二百四十朔長九尺餘亦一囊粟錢二百四十侏儒飽欲死臣朔飢欲死

又曰楊王孫病且終先令其子曰吾欲臝葬以反吾真死則爲布囊盛入地七尺旣下從足脫其囊以身親土

又東方朔傳曰文帝集上書囊以爲殿帷

又曰張安世持囊簪筆事孝武數十年見謂忠謹囊挈橐也近臣負也

又曰邴吉馭吏嘗知邊塞吏出適見驛持赤白囊邊郡發奔命書馳來至虜入雲中代郡遽歸府見吉白狀

又曰成帝許美人乳詔使婢嚴持乳醫及藥篋至美人所後詔使嚴持緑囊書與許美人告嚴曰美人當有以予女受來置飾室中美人葦篋一合盛所生兒死緘封及緑囊報書予嚴

又曰王陽好車馬衣服鮮明而遷徙轉移所載不過囊橐時人怪其奢伏其儉故俗傳王陽能作黄金

東觀漢記曰岑彭與吴漢圍隗囂壅谷水以縑囊盛土爲堤灌西城

後漢書張湛傳曰光武嘗召見諸郡計吏問前後守令能否蜀郡計掾樊顯曰漁陽太守張堪昔在蜀仁以惠下威能討姦前公孫述破時珍寶山積捲握之物足富十世而堪去職之日乘折轅車布被囊而已

范曄後漢書曰楊琁爲零陵太守以緋囊盛石灰於車上繫布索於馬尾會戰從風鼓灰賊不得視因以火燒布布燒馬驚奔突賊陣

又曰和熹鄧后臨朝杜根以安帝長宜親政事乃上書直諫太后怒收根盛以縑囊撲殺之執法者以根知名私語行事人使不加力而載出城外根得蘇

典略曰馬略爲司隸督軍從事討郭援爲飛矢所中乃以囊裹其足而戰斬援首詔拜徐州刺史

魏略曰大秦國王有五宫相去各十里王一旦至一宫聽事止宿明旦復至一宫遍而還出行常以一韋囊自隨有上言者收辭囊中還宫乃省之

吴録曰步騭表言北降王潛等說北箱部伍圖以東向多作布囊欲以盛沙塞江孫權見吕範諸葛恪云每讀騭表輙

獨失笑此江與開闢俱生寧有可囊塞埋乎

王隱晉書曰囊嵩用事於王浚時謡曰十囊五囊入棗郎

晉中興書曰孫恩敗以囊簏盛嬰兒投之於水而告之曰賀汝先登仙堂我尋而後就汝

晉書曰郭公居河東精卜筮郭璞從而受業公以青囊中書九卷與之璞由是洞曉其術

宋書曰吳郡人陳遺少為郡吏母好食鐺底飯遺在役恒帶一囊每煑食輒録其焦以貽母

陳書曰後主怠於政事每啓奏後主倚隱囊置張貴妃於膝上共決之

隋書曰張虔威嘗在塗見一遺囊恐其主求失因令左右負之而行後數日物主來認悉以付之

莊子曰人而不學命之曰視皮學而不行命之曰輒囊[illegible]

又曰將為胠篋探囊發匱之盜而為守備則必攝緘縢固扃鐍此世俗所謂智也然巨盜至則負匱揭篋擔囊而趨唯恐緘縢之不固也

淮南萬畢術曰鴟毛囊之可以渡江鸕鷀毛滿囊可渡江不溺也

東宮舊事曰太子納妃有絳石綺絹裏被囊一丹羅長命綺絹裏椀囊一紫碁文綺絳絹裏椀囊二

晉中經簿曰盛書皁縹囊書函中皆有香囊二

世說曰謝玄年少時好著紫羅香囊垂覆手太傅患之而不欲傷其意乃譎與戲賭得即燒之

語林曰劉承胤少有淹雅之度王庾温公皆素與周旋聞其至共載看之劉倚被囊了不與王公言神味亦不相酬俄頃賓退王庾甚怪此意未能解温曰承胤好賄被下必有珍寶當有市井事令人視之果見向囊皆珍玩焉與胡父諧賈諧賈賈鬻

又曰石崇廁內兩婢持錦囊是籌也

俗說曰何承天顏延年俱為郎何問顏曰藿囊是何物顏答曰此當復何解耶藿囊將是御言腹中無所補純是囊此是世俗相調之辭也

西京雜記曰惠帝與趙王同寢處后殺之不得後帝早獵后命力士於被中搤殺之乃死呂后不信以綠囊盛之載以小輧車入見厚賜之力士東都門外官奴帝後知腰斬之

拾遺録曰蘇秦張儀二人假食於路剝樹皮為囊以盛天下良書

又曰燕昭王夢西方羽人從雲中來曰大王精智未開求恒生久視之覿不可得也以指畫王心應手而裂王乃驚悟血濕於襟王復見所夢人曰本欲易王之心乃出方寸

綠囊囊中有續脉石名丸補血精散摩王之臆俄而即愈

又曰石虎為浴臺皆用鍮石珷玞為隄岸或以虎魄車渠為餅杓夏則自渠水以內池池中皆紗縠為囊盛百雜香漬於水裏

王肅喪服要記曰昔魯哀公祖載其父孔子問曰寧設五穀囊乎哀公曰五穀囊者起伯夷叔齊讓國不食周粟而餓首陽之山恐魂之飢故作五穀囊吾父食味含哺而死何以此為

國語曰吳王殺申胥盛以鴟鴺而投之於江鴟鴺革囊

春秋後語曰趙王使平原君入楚求其從約其客有文武者二十人偕得十九人未有可以備二十者毛遂請行平原君曰賢士處世譬如錐之處囊其鋒立見今先生處勝門下三年無所聞是先生無所能也遂曰臣乃今日請處

囊中耳若早處囊中乃穎脫而出非特末見也平原乃許
與偕

江表傳曰魏太祖與馬超單馬會語超負其多力嘗置六
斛米囊東西走馬輒製米囊以量太祖輕重太祖尋知之
曰幾爲狡虜所欺

漢武內傳曰帝見三毋有一卷書盛以紫錦之囊毋曰此
吾真形圖也

曹瞞傳曰操性佻易自佩小鞶囊盛手巾細物

益部耆舊傳曰閻憲字孟度爲綿竹令男子杜成行於路
得遺裝囊開視有錦帛二十五疋明送詣吏

汝南先賢傳曰范滂被詰受幾許贓賕滂曰曾爲北部督
郵汝陽令有記囊表裹六尺若以此爲贓贓直六十耳

郭文舉別傳曰文舉河內人也懷帝末濟江至餘杭市賣

箭箬易鹽米以樹皮作囊得米鹽以內囊中

裴淵廣州記曰州廳事梁上畫五羊象又作五穀囊隨象
懸之云昔高固爲楚相五年衙穀萃於楚庭因是圖其象

荆楚歲時記八月民俗以錦綵爲眼明囊記曰赤松子此
日以囊承栢樹下露以爲相貽或以金薄爲之遞相餉遺

幽明錄曰習鑿齒爲荆州主簿從桓宣武出獵見黃物射
之即死是老雄狐臂帶絳綾香囊

又曰廣陵韓略將下馬覺鞭重見有綠錦囊中有短卷書
着鞭鞘皆不知所從來開視之故穀紙祝經乃世之常闇
也

異苑曰信安鄭微年少時見人遺一囊云中有物欲碎便
爲凶兆微竊開看乃是一挺炭意甚祕之年八十病篤語
子弟云吾齒老矣可試啓此囊見炭悉碎折於是遂死

趙一秦客詩曰文籍雖滿腹不如一囊錢

宋劉義恭啓曰垂賜金虎魄茱萸囊七寶校裝玉眼明囊

帊幞

通俗文曰帛三幅曰帊帊衣曰幞

職官曰尚書郎入直中宮供青縑曰綾幞

晉中興書曰陸納爲吳興太守徵拜左右尚書臨發止
留被幞餘悉還官

梁書曰張識幼喪母有錯綵絲經帕即母之遺製及有所
識家人具以告之每歲時輒對帕哽咽不能自勝

南史曰關康之寓居南平昌特進顔延之等當時名士十
許人入山候之見其散髮被黃布帊而卧了不相酬延之
等咨嗟而退不敢干也

北史曰後魏元文既專政於禁中自作別庫掌握之珍寶充

牣其中又曾卧婦人於食輿以帊覆之令人輿入禁內出亦
如之直衛雖知無敢言者

東宮舊事曰皇太子納妃有絳綾裏幞帊五具絹裏帊五

太平御覽卷第七百四

太平御覽卷第七百五

服用部七

簏　篋

簏

說文曰簏竹高篋也字或作箓

通俗文曰簏謂之匱笥

魏晉世語曰武帝欲以臨淄侯植爲嗣世子患之以車載簏內諸朝歌長吳質與謀楊脩以白太祖不推世子懼質曰明後簏受絹車內以惑之脩必復白推之無人脩受罪矣世子從之脩果白推而無人太祖繇是疑焉

王隱晉書曰洛陽有尉部小吏忽有好物尉疑詰問云先行逢一老嫗說有病師卜當得城南年少暫相須相報乃上車內着簏中行十餘里過六七門開簏忽見樓閣好屋問此何處云是天上見一婦人三十五六短青黑色眉後有疵時賈后疎親聞其狀知是賈后慙而去

晉書云陸納性慢每自犇料財物有客入見之蓄悃以身映簏

晉中興書曰王敦害周顗籍其家止見素簏中有故絮

脩復山陵故事曰武悼皇后玄宮時衣蝦蟇簏二

東宮舊事曰皇太子初拜有漆馬鞍書簏金裝絲花簏

古詩曰交文象牙簏婉轉青絲繩

篋

左傳昭四曰叔鮒求貨於衛淫芻蕘者衛人使屠伯饋叔向羹與一篋錦

春秋後語曰魏文侯命樂羊將攻中山三年而拔之樂羊反而論功文侯示之謗書一篋

漢書曰張安世字子孺以父任爲郎用善書給事尚書精力於職上行幸河東嘗亡書三篋詔問莫能知唯安世識之具作其事後購求得書以相校無遺失

魏志曰胡質爲荆州刺史薨無餘財唯有賜衣書篋而已

晉書曰張華身死之日家無遺財有文史溢于几篋

太平御覽卷第七百五

太平御覽卷第七百六

服用部八

牀

牀　榻　胡床

許慎説文曰牀身之安也

釋名曰牀裝也所以自裝載也

方言曰牀齊魯謂之簀陳楚之間謂之笫(音滓一音姊)北燕朝鮮謂之樹秦晉之間謂之杠南楚趙東齊海岱之間謂之樺(音詭)謂之北郊趙魏之間謂之牒

易曰初六剥牀以足蔑貞凶象曰剥牀以足以滅下也六二剥牀以辨蔑貞凶象曰剥牀以辨未有與也六四剥牀以膚凶象曰剥牀以膚切近災也

又曰巽在牀下象曰巽在牀下上窮也

詩曰乃生男子載寢之牀

禮曰曾子寢疾樂正子春坐於牀下曾元曾申坐於足童子隅坐而執燭童子曰華而睆大夫之簀與(華畫也簀謂牀笫也)曾子曰然斯季孫之賜也我未之能易也元起易簀(命元起也)曾元曰夫子之病革矣不可以變幸而至於旦請敬易之曾子曰尒之愛我也不如彼君子之愛人也以德細人之愛人也以姑息吾何求哉吾得正而斃焉斯已矣舉扶而易之反席未安而沒

左傳曰齊無知弑其君殺孟陽于牀注云陽小臣代公居牀(事具逆門)

又曰楚子圍宋宋人懼使華元夜入楚師登子反之牀曰寡君使元以病告

又曰夏子庚卒楚子使薳子馮為令尹訪於申叔豫叔豫曰國多寵而王弱國不可為也遂以疾辭方暑掘地下冰而牀焉重繭衣裘鮮食而寢楚子使醫視之復曰瘠則甚矣而血氣未動乃使子南為令尹

周禮曰玉府掌王之衽席牀笫

國語曰晉獻公寢而不寐郤叔虎曰牀笫之不安耶驪姬之不側耶

戰國策曰孟嘗君至楚獻象牀郢之登徒直送之不欲行見孟嘗君門人公孫戌曰象牀之直千金傷此若髮摽賣妻息不足以償足下能使僕無行先人有寶劍願獻之戌曰諾

范曄後漢書曰袁術僭號人情離叛欲北至青州曹操使劉備邀之至江亭坐簀牀而歎曰袁術乃至於此乎歐血而死

又曰向栩性卓詭常於竈北坐板牀上如是積久板乃有膝踝足指之處

又曰羊茂自李實為東郡太守冬日坐百羊皮夏月坐一榆木板牀蔬食出界買蓋豉食之

又曰薛淳為漢中太守夏但坐板牀不設席冬坐羊皮河內高弘為琅耶相亦然也

魏志曰陳登字元龍許汜與劉備並在荊州牧劉表坐汜曰陳元龍河海之士豪氣不除備問汜君言豪有事耶汜曰昔遭亂過下邳見元龍元龍無主客之意不相與語自上床卧使客卧下床備曰君有國士之名今天下大亂帝王失所望君憂國忘家有濟世之意而君求田問舍言無所采是元龍所諱何緣當與君語如小人欲卧百尺樓上卧君於地下何但上下牀之間耶表大笑

晉書曰武帝會宴凌雲臺衛瓘託醉因跪帝牀前曰臣欲
有言因以手撫帝牀曰此座可惜帝意乃悟因謬曰公真
大醉也瓘於此不復言
又曰齊獻王攸特為文帝所寵愛每見攸輒撫牀呼其小
字曰此桃符坐也幾為太子者數矣
又曰中宗元帝旣登尊號百官陪列詔王導升御牀共座
導固辭曰太陽下同万物蒼生何由仰照中宗乃止
又曰陶淡字起靜好道養年十五六便絕穀設小床常獨
坐不與人共
又曰太尉郗鑒使人求女壻於王導問令就東廂遍觀諸
子使者歸謂鑒曰王氏諸少年並佳然聞信至咸自矜持
唯一人在東牀坦腹而食獨若不聞鑒曰正此佳壻訪之
乃逸少也遂以女妻之

又曰桓玄從荆州下都篡位所坐御牀忽陷殷仲文進曰
將由聖德淵重厚地不能載玄大悅
燕書曰公孫鳳隱於昌黎九城寢於土牀也
沈約宋書曰武帝初開國有司奏東西堂施高腳床銀塗
釘上不許使用直腳床釘用鐵也
又曰江湛為元兇劭所害初湛家數見怪異未敗之日所
眠床忽有數斗血
又曰王微不仕元兇之變微尋書玩古遂至足不履地終
日端坐床皆生埃唯當坐處獨淨
又曰羊戎好為雙聲江夏王義恭嘗設齋使戎布牀須臾
王出以牀狹乃自開牀戎曰官家恨狹更廣七寸王笑曰
卿豈唯善雙聲乃辨士也
又曰張敷為中書舍人狄當周赳善管要務以敷同省名
家欲詣之赳曰彼若不相容接便不如不往詎可輕行當
日吾等並已員外郎矣何憂不得共坐敷先設二床去
壁三四尺二客就席敷呼左右曰移我遠客赳等失色而
去其自標遇如此
又曰王僧達大明中以歸順功封寧陵縣五等侯遷中書
舍黃門郎路瓊之太后兄慶之孫也宅與僧達門並嘗盛
車服詣僧達僧達將獵已改服瓊之就坐僧達了不與語
謂曰身昔門下騶人路慶之者是何親遂焚瓊之所坐床
齊書曰紀僧真幸於武帝稍歷軍校容表有士風謂帝曰
臣小人出自本縣武吏遭逢聖時陛勞至此為兒婚得荀
昭先女即時無復所須唯就陛下乞作士大夫帝曰江斆
謝瀹轉我不得厝此意可自詣之僧真承旨斆登榻坐定
斆便命左右曰移吾牀讓客僧真喪氣而退之

又曰虞愿除後軍將軍褚彥回詣愿不在見其眠床上積
塵埃有書數卷彥回歎曰虞君之清乃至於此令人掃地
拂床而去
又曰竟陵王子良為會稽郡閤下有虞翻舊床罷任還乃
致以歸後於西邸起古齋多聚古人器服以充之
又曰少帝夜醉蕭坦之與曹道剛扶抱還延昌殿置玳瑁
牀上
梁書曰侯景旣篡位聞義師轉近猜忌彌深床前蘭錡自
遶然後見客
又曰長沙王懿孫植性恬靜獨處一室牀有膝痕宗室衣
冠莫不楷則
又曰兼弘性奢侈侍妾百餘人不勝金翠服翫車馬皆一
時之絕有眠床一張皆是蹙柏四面周匝無一有異通用

銀鏤金花兩重爲脚也

又曰賀革字文明少以家貧躬耕供養年二十始輟耒就父受業精力不怠有六尺方牀思義未達則橫臥其上不盡其義終不肯食

又曰西域龜茲等國其王坐金牀隨太歲轉與妻並坐接客

後魏書曰魏收讀書夏月坐板牀隨樹陰諷誦積年牀版爲之銳減而精力不輟

又曰韓務除龍驤將軍郢州刺史獻七寶牀象牙席

唐書曰貞觀十八年召三品已上賜宴於玄武門太宗操筆作飛白書羣臣乘醉就太宗手中相競散騎常侍劉洎登御牀引手然後得之其不得者咸稱洎登牀罪當死請付法太宗笑曰昔聞婕妤辭輦今見常侍登牀

莊子曰驪姬之父封人之子晉國之始得也曰涕泣沾衿及其與同匡床食芻豢而後悔其涕泣也

商君書曰明者無所不見人主處匡床之上而天下治

論衡曰孔子將死遺祕書曰不知何一男子自謂秦始皇上我堂踞我床

世本曰紂爲玉床

南方志曰南方老人以龜支床及老人亡昇牀龜尚活

天文集曰紫宮門外有天床六星

東宮舊事曰太子有素柏局脚床七具

漢武帝内傳曰武帝受西王母眞形六甲靈飛十二事帝盛以黃金封以白玉函珊瑚爲床紫錦爲帷安着柏梁臺上

皇甫謐高士傳曰老萊子隱蒙山之陽支木爲床

神仙傳曰衛叔卿入華山有紫雲鬱鬱白玉爲床

眞人周君傳曰周義山字季通令會仙人在金屋太室以彩玉爲牀

馬明先生別傳曰明生隨神女還岱宗石室中金床玉几

西京雜記曰武帝爲七寶床雜寶屏風列寶帳設於桂宮中時人謂爲寶宮

又曰昭陽殿設玉牀

又曰韓嫣以玳瑁爲床

拾遺録曰董偃常卧延清之室畫石爲床石文如畫體甚輕出郅支國上設紫瑠璃帳火齊屏風

又曰石季倫屑沈水之香如塵沬布置象床上使所愛者踐之無跡則賜眞珠百琲（珠百枚曰琲）若有跡者則節其飲食令體弱故閨中相戲曰尒非細骨輕軀那得百琲眞珠

又曰頻斯國有楓林林東有大石室可容萬人坐壁上刻爲三皇之像天皇十三頭地皇一十一頭人皇九頭皆龍身亦有膏燭之處綴石爲床床上有膝痕深二三寸

衡山記曰仙人室中有黃玉牀

盛弘之荆州記曰長沙郡有賈誼所穿井旁局脚石床一床可容一人坐其形古制傳云誼所坐床也

西征記曰金鄉焦氏山北有漢司隸校尉曾峻塚前有石床長八尺瑩磨鮮明叩之即鳴時太尉從事中郎傅玠之詣議叅軍周室穆折石床各取一頭爲曾氏之後所訟

鄴中記曰石虎御床辟方三丈其餘床皆局脚高下六寸後宮別坊中有小形玉床又有轉關牀射鳥獸

異物志曰麢（貲紫二音）狼狀如麋而角向前入林則得之角正四據人因以作踞牀

異苑曰沙門支法存有八尺沈香板床刺史王淡息切求不與遂殺而籍焉（籍没也）後息疾法存出爲祟也

世說曰袁紹年少時曾夜以劒擲魏武小下不着帝揆其後必高因帖卧床劒至果高

語林曰簡文爲撫軍時所坐床上塵不聽左右拂見鼠行跡視以爲佳

雜五行書曰凡安床東首貧賤疾病西首富南首貴北首死

兵書曰將坐床無故自動下欲害之

夢書曰夢牀所壞者爲憂妻也

曹植九詠曰蕙幬兮荃牀

紫子太七折曰下莞上簟華鏤之床

劉禎續慮賦曰布玳瑁之薦設觜蠵（觜蠵大龜也蠵音惟）之床馮玫瑤之几對金精之盤合李尤卧牀銘曰體之所安寢處之歡夕則敬愼崇德遠姦

榻

堅牀銘曰體之所安寢處知歡久則敬愼崇德遠姦

釋名曰長狹而卑曰榻言其榻然近地也小者坐主人無二獨所坐也

謝承後漢書曰徐穉字孺子豫章人陳蕃爲太守不接賓客唯穉來特設一榻去則懸之

又曰周璆字孟玉陳蕃爲太守璆來置一榻去則懸之也

蜀志曰簡雍性簡傲佚蕩自諸葛亮以下則獨擅一榻須枕卧語無所爲屈

吳志曰周瑜薦魯肅孫權引肅合榻對飲言議

宋議書曰當陽侯劉彥節既貴士子自非三署不得上方榻時以此少之

又曰顏延之爲祕書監光祿勳太常時沙門釋惠林以才學爲文帝所賞朝廷政事多與之謀遂士庶歸仰上每引見常升獨榻延之甚嫉焉因醉曰昔子同驂乘表絲正色此三台之座豈可使刑餘居之上變色

又曰王瞻字明遠一字叔鸞負氣慠俗好貶裁人物仕宋爲王府參軍常詣劉彥節直登榻曰君侯是公孫僕是公子引滿促膝唯余二人彥節外雖酬之意甚不悅

齊書曰孔休源字慶緒博學爲晉安王府長史甚得人譽王深相倚仗常於中齋別施榻云此是孔長史坐人莫得預爲其見敬如此

馬魏書曰元順爲吏部尚書右僕射上省登階向榻見榻甚故問都令史徐忻起曰此榻曾見先王坐順即哽塞涕泗交流久而不能言遂令換之

梁書曰臨汝侯猷爲益州頗僭濫客遊內遂有香燈（都稜切）不置連榻武帝知之以此爲僭還都以憂愧成疾卒

唐書曰玄宗命太常韋縚讀時令每月一篇每孟月朔日上御宣政殿側置一榻東置面案令韋縚坐而讀之

又曰李峴爲相元載於政事堂置榻邀宣事中官坐峴至叱左右去榻

唐高士傳曰管寧自越海及歸常坐一木榻積五十餘年未嘗箕股榻上當膝處皆穿

郭子曰杜預拜鎮南將軍朝士悉至客皆在連榻于稚舒後至曰杜元凱復以連榻坐客不坐便去

列仙傳曰脩羊公者魏人也止華陰山石室有懸石榻卧其上石盡穿陷

胡牀

風俗通曰靈帝好胡牀董卓權胡兵之應也

魏志曰裴潛爲兗州刺史常作一胡牀及去官留以掛柱

齊書曰張景真僭侈武帝拜陵還景真白服乘舴猛坐胡牀觀者咸疑是太子

梁書曰武帝軍至新林楊公則自越城移屯領軍府壘北樓與南掖門相對嘗登樓望戰城中遥見麾蓋縱神鋒弩射之矢貫胡牀左右皆失色公則曰虜幾中吾脚談笑如初

又曰侯景既篡位時着白紗帽而尚披青袍頭插象牙梳殿上常設胡床及筌蹄着鞾垂脚坐

北齊書曰武成胡后與沙門曇獻通布金銭於獻席下又掛寶裝胡牀於獻屋壁武成平生之所御者也

庾肩吾賦胡牀詩曰傳名乃外域入用信中京足歆形已正文邪體自平臨堂對遠客命旅誓初征

太平御覽卷第七百六

太平御覽卷第七百七

服用部九

枕 被

枕

說文曰枕臥爲所薦首者也

釋名曰枕檢也所以檢項也

詩曰角枕粲兮錦衣爛兮

又曰有美一人碩大且儼寤寐無爲展轉伏枕

周禮曰王府掌王之金玉玩好大喪則供角枕

禮曰鷄鳴咸盥漱斂枕簟（斂枕簟不欲人見）

國語曰楚靈王敗於乾谿王親獨行彷徨於山林之中三日乃見其涓人疇王呼之曰余不食三日矣疇趨而進王枕其股以寢於地王寐疇枕王以墣而去之（墣堛也）

洞林曰丞相從事中郎王文英家枕自作聲

漢書曰淮南王有枕中鴻寶秘苑書言使鬼物爲金之術及鄒衍重道延命方世人莫知劉更生父於武帝時治淮南獄得書更生以爲奇獻之言黃金可成上命典作方鑄事費甚多不驗

後漢書曰樂崧天性朴忠家貧爲郎嘗獨直臺上無被枕杫（杫音思漬切謂俎也蜀謂之鄧曰杫）九食糟糠帝每夜入臺輒見崧問其故甚嘉之自此詔太常賜尚書以下朝夕飡給帷帳

東觀漢記曰黃香事親暑則扇枕寒則以身溫席

後漢書曰魏高昌有白盌其形如玉高昌人取以爲枕貢之中國

魏志曰蘇則爲侍中董昭嘗枕則膝臥則推下之曰蘇則膝非佞人枕也

魏畧曰大秦國出五色枕

吳書曰張紘作柟榴枕賦陳琳在此得之因以示士人曰此吾鄉里張子幼作也

晉書曰王敦鎮豫章爲王澄以舊意所侮敦益忿怒請澄入宿陰欲殺之而澄左右二十人持鐵馬鞭爲衛澄手恒捉玉枕以自防故敦未之得發後敦賜澄左右酒皆醉借玉枕觀之因下牀而謂澄曰何與杜弢通信敦令力士路戎搤殺之

又曰筵者謂董豐曰君憂獄遠二枕避三沐豐既歸妻具枕授沐豐皆不從其夜果誤殺妻也

沈約宋書曰武帝紀曰寧州嘗獻虎魄枕光色甚麗時北征以虎魄治金瘡上大悅命擣碎分諸將

又曰武昌王渾少而凶戾爲中書令每夕裸身露頭往

散騎省戲因彎弓射通直郎周朗中枕以爲笑樂又朱齡石少好武不事崖撿舅淮南蔣氏才劣齡石使舅臥聽事剪紙方一寸帖着舅枕以刀子懸擲之相去八九尺百擲百中舅畏齡石終不敢動

齊書曰陳顯達建武世不自安侍宴酒後啓上借枕帝令與之顯達撫枕曰臣年已老富貴已足唯少枕死特就陛下乞之上失色曰公醉矣

北齊書曰郎基自世業清慎嘗語人曰任官之所木枕亦不須作況重於此者也

梁書曰王茂爲雍州長史人或譖茂反武帝弗之信令鄭紹叔往候之遇其卧因問疾茂曰我病可耳紹叔曰都下殺害日甚使君家門塗炭今欲起義長史那猶卧茂因擲枕起即袴褶隨紹叔入見武帝

唐書曰玄宗嘗製大被長枕與寧王憲申共之
又曰貴妃姊虢國夫人豪侈尤甚所枕照夜枕不知其價夜中照䁥其光如晝
尸子曰孝子一夕五起視親衣之厚薄枕之高下
淮南子曰楚將子發好伎道之士有善偷者往見子發子發禮之無幾齊伐楚偷夜出盜其齊將軍枕歸之明夕復取其簪又以歸之齊師大駭還師而去
越絶書曰越王問范子曰寡人已問陰陽之事穀之貴賤可得而知乎曰陽者主穀貴陰者主穀賤故當寒而不寒穀為之暴貴當温而不温者穀為之暴賤王曰善書帛藏之枕中以為國寶
范子曰堯舜禹湯皆有預見之明雖有凶年而民不窮王曰善以丹書置之枕中以為邦寶

東宮舊事曰皇太子納妃有龍頭舊髹枕銀鏤鈎副之
蔡質漢官儀曰尚書郎直給通中枕
西京雜記曰趙飛燕為皇后其女弟上遺虎珀枕龜文枕
拾遺録曰魏咸熙二年宮中夜夜有異或叱呼驚人乃有傷害者詔使官者闇中伺候有白虎毛色凈索以戈投虎即中左目俄而往取虎已隱形更搜覔乃於藏中得一玉虎枕左目有血帝嗟其大異問諸大臣荅云昔誅梁冀得玉虎枕一枚云此枕單池國所獻臆下有題云帝辛九年獻帝辛紂也金玉久而有神
神仙傳曰泰山父者漢武帝東巡狩見父頭頂白光高數尺帝呼問之曰有道士教臣作神枕枕有三十二物二十四物以應二十四氣八物應八風臣行之轉少而齒生
列異傳曰景初中咸陽縣吏王臣夜卧枕枕卧有頃聞竈下有呼曰文納何不以之頭下應曰我見枕不得動汝來就我至乃飲釜也
集異記曰中山劉玄暮忽見一人着烏袴褶取火照之面首無七孔面莽黨然乃請師筮之師曰此是君家先世物久則為魅劉因執縛刀斫數下變為一枕乃是其先祖時枕
異苑曰滕放枕文石枕卧忽暴雷震其枕傍人莫不為之怖慴微覺有聲不為驚也
楚宋玉高唐賦曰楚王嘗遊高唐怠而晝寢夢見一婦人曰妾巫山之女也願薦枕席
司馬相如長門賦曰摶芳若以為枕席荃蘭而為香
又美人賦曰髙茵重設角枕横施
劉向別録曰向有芳松枕賦後漢張紘瓌林枕賦曰有卓

爾之殊瓌超詭異以邈絶且其色也如芸之黄其為香也如蘭之芳其文綵也霜地金華紫蕊而紅榮
蔡邕警枕銘曰應龍蟠蟄潛德保靈制器像物示有其形晢人降鑒居安慮傾
崔駰六安枕銘曰枕有規矩恭一其德承元寧躬終始不忒六安言六面安也
蘇彦楠榴枕銘曰珎木之奇文鬱理鮮廉稜方正密滑貞堅卞敬宗作無患枕讃無患木名也言人枕之無患也
江文通詩曰撫枕懷百慮

被

説文曰衾大被也
釋名曰被所以被覆人也衾也其下廣大如岸受人也
論語曰必有寢衣長一身有半

詩曰錦衾爛兮

又曰肅肅宵征抱衾與裯　裯單被也

傳曰楚子次于乾谿雨雪楚王皮冠秦復陶翠被豹舄執鞭以出

史記曰王章字仲卿疾無被臥牛衣中

又曰汲黯曰公孫弘位至三公俸祿甚厚爲布被此詐也上問弘弘謝曰有之夫九卿與臣善者無過黯然今日廷詰臣誠中臣之病夫以三公爲布被飾詐以釣名且臣聞管仲相齊有三歸侈擬於君桓公亦霸晏嬰相景公食不重肉妾不衣絲齊國亦治今臣位爲御史大夫而爲布被自九卿以下至小吏無差誠如黯言且無汲黯申之陛下安聞此言天子以爲謙讓愈益厚之

漢書曰廣川王去疾妃昭信甚妬王愛姫陶望卿昭信妬

之譖於王曰望卿視有姦貌即言郎中令卧錦被王信之擊殺之

又曰李夫人病篤上自臨候之夫人蒙被謝曰妾久寢病形貌壞不可以見帝願以王及兄弟爲託

又曰霍光薨詔賜繡被百領

後漢書曰祭遵奉公家無私財布被夫人裳不加緣

又曰宣秉性節儉常服布被蔬食

華嶠後漢書曰樂崧爲郎獨宿臺上無被帝推被與之

袁山松後漢書曰范丹爲萊蕪長去官無被空囊自隨也

謝承後漢書曰京兆朱寵字仲威爲太尉家貧臥布被朝廷賜錦被臥兼布被

又曰羊續字興祖爲南陽太守以清率下唯臥一幅布綢敗糊紙補之　綢與裯同

東觀漢記曰王良爲大司徒在位恭儉妻子不入官舍布被瓦器

又曰馮豹字仲文後母惡之嘗因豹夜臥引刀斫之正值其起中被獲免

又曰馮豹每奏事未報常服省閣下或從昏至明天子默使小黄門持被覆之曰勿驚之

漢官典職曰尚書郎入直供青縑白綾被或錦被

魏書曰文帝詔朝臣三代大夫知被服五代大夫知飲食此言被服飲食難曉也

晉陽春秋曰景帝有目疾文鴦之來攻驚而目出懼六軍恐蒙以被痛甚齧被破

晉書曰魏舒爲尚書郎或有非其人論者欲有沙汰之言舒乃曰吾即其人也襆被徑出論者咸自愧之

也

又曰楊駿被誅初駿徵高士孫登遺以布被登截被於門外大呼曰斫刺旬日託疾死及是其言果驗

又曰光逸字孟祖爲博昌小吏令使之冒雨還令不在逸解衣卧衾被中令還詰之逸曰衣單冒雨如不易衣衣必致凍死何惜一被而殺一人耶令奇之而不問

又曰祖逖字士稚與琨共被寢中夜聞鶏鳴蹴琨覺曰起舞此非惡聲

又曰吳納爲吳興守徵爲尚書去任有被襆而已

又曰禿髮烏孤之祖壽闐之在孕母胡掖氏因寢而産於被中鮮卑謂被爲禿髮因而氏焉

宋書曰虞龢位中書郎廷尉少好學居貧屋漏恐濕墳典乃舒被覆書書獲全而被大濕時人以比高鳳

又曰沈麟士以楊王孫皇甫謐深達生死而終禮矯俗乃自爲終制遺令氣絶剔被取三幅布以覆屍及斂仍移布於屍下以爲斂服反被左右兩際以周上

又曰康沙門釋寶志王亮欲以衲被遺之未及有言寶志忽來牽被而去

又曰羅研齊苟兒之役臨汝侯嘲之曰卿蜀人樂禍貪亂一至於此對曰蜀中積弊實非一朝百家爲村不過數家有食貧亂樂禍無足多怪若令牀上有百錢布被甑中有數升麥飯寧肯爲亂乎

梁書曰裴之横字如岳少好賓重氣俠不事產業兄之高以其縱誕乃爲狹被蔬食以激厲之之横歎曰大丈夫富貴必作百幅被後爲吳興太守作百幅被以成其志

陳書曰高宗時豫州獻織成羅文錦被詔於雲龍門外焚之

孫卿子曰天子至尊重無上矣衣被則五彩雜間色重文繡加飾之以珠玉

家語曰黔婁先生死被短覆足孔子及門人見之謂其妻曰寧使正之不足不可斜之有餘

說苑曰鄂君乘青翰之舟張翠蓋越人擁檝而歌曰山有木兮木有枝心悦君兮君不知於是鄂君舉繡被而覆之

夏侯孝子集曰羊太常辛夫人守憲英性不好華麗從外孫胡母楊上夫人錦被夫人取反卧之

晉惠帝起居注曰帝至朝歌無被中黄門以兩幅布被給帝

東宮舊事曰太子納妃有絲絓文綺被一絳具文羅一幅被一絳被羅繡文四五幅被一

東宮故事曰太子有七彩文綺被又有絳文羅被

京兆舊事曰長安孫晨家貧爲郡功曹十月無被夜卧蒿東晝收之

西京雜記曰趙飛鷰爲皇后其女弟上遺鴛鴦被

晉陸雲與兄機書曰一日按行曹公器物有寒夏被七枚

海内先賢傳曰姜肱字伯淮事繼母年少肱兄弟感凱風之孝同被而寢不入室以慰母心也

邊讓別傳曰讓字元禮才辯俊逸孔融薦於魏武曰邊讓爲九州之被則不足爲單衣襜則有餘

益部耆舊傳曰王忳字少林於客舍見諸生疾甚困謂忳曰腰下有金十斤願以相與乞收藏屍骸未及問其姓名呼吸困絶忳賣金一斤以給棺槨餘九斤置生腰下後署大度亭長到亭有白大馬一疋入亭中其日大風有一繡被隨風來而後忳乘馬馬突入金彥父家彥父見曰眞得盜矣忳說得馬之狀又取被示之彥父曰卿有何陰德曰念葬諸生事且說形狀彥父曰眞我子也忳即以被馬歸之彥父不受遣迎生喪金具存焉

列女後傳曰江夏孟宗少遊學與同學共處母爲作十二幅被其鄰婦怪問之母曰少兒無異操懼明類之不顧大其被以招貧生之卧庶聞君子之言耳

桓任傳曰任後母酷惡常憎任爲作一幅異踵被

杜祭酒別傳曰君曾新作被煖眠不覺晏起乃歎煖眠使人忘起異事因命著陌上有寒苦人舉被乞之常眠布被中

孫畧別傳曰親類有窮老者畧或推被以䘏之竟寒不解帶而寢

郭子曰郗浩好作楊州劉君行曰小欲暮便令左右取被幞人問其故荅云刺史嚴不敢夜行

語林曰魏武云我眠中不可妄近近輙斫人不覺左右宜愼之後乃陽凍眠所幸小兒竊以被覆之因便斫殺自尔莫敢近之

又曰傅信字子思遭父喪哀慟骨立母憐之竊以錦被蒙其上林宗往吊之見被謂之曰卿海内之儁四方是則如何當喪錦被蒙上郭奮衣而去自後賓客絶百許日

古詩曰客從遠方來遺我一端綺文彩雙鴛鴦裁爲合歡被着以長相思緣以結不解

樂府詩曰天寒知被薄憂思知夜長

楚辭曰翡翠珠爛齊光

陸雲芙蓉詩曰寢共織成被絮以同攻綿

傅玄被銘曰被雖温無忘人之寒無厚於已無薄於人

張華苦行曰重無暖氣輕被覆空牀

潘岳悼亡詩凛凛凉風升始覺夏衾單豈曰無重纊誰與同歲寒

劉孝威謝賚錦被啓曰色豔蒲萄采踰聯璧鄂君慙繡楚侍羞朱雖復帝賜鶴綾客贈鴛綺高慙藻麗遠謝鮮明漢老恍其恠文魏馬驚其香氣

太平御覽卷第七百七

太平御覽卷第七百八

服用部十

簟　褥　氈
卧具　氍毹　毾㲪

簟

說文曰簟竹席也

釋名曰簟簟也布之簟簟然正平

禮曰莞簟之安藁秸之設

又曰父母舅姑之簟席枕几不傳

詩曰下莞上簟乃安斯寢（莞蒲曰席蒲竹葦曰簟）

方言曰簟宋魏之間謂之笙或謂之籧曲自關而東謂之簟其粗者謂之籧篨行唐（以籧篨直文而粗也）自關而東周楚魏之間謂之倚佯（音踼）自關而西謂之行唐

東觀漢記曰殤帝詔省荏弱平簟

又曰馬棱為會稽太守詔詰會稽車牛不務堅強車皆以桃枝細簟

又曰尚書令王允奏曰太史令王立說孝經六隱事能消却姦邪常以良月允與立入為獻帝誦孝經一章以杖二竹簟畫九宫其上隨日時入焉及允被害乃不復行也

晉書曰王恭字孝伯與王忱齊名友善恭有六尺簟忱見之謂其有餘因求之恭輟以送遂坐薦上忱聞而大驚恭曰吾平生無長物

王隱晉書曰車永為廣州刺史永子謐使工作象牙細簟工恚之

晉公卿禮秩曰太宰何曾遜位賜簟褥一具

蕭子顯齊書曰林邑王永明九年遣使貢獻金簟等物

孫卿子曰輕煖平簟而體不知其安

淮南子曰席之上先雚簟尊之上先玄酒王貴之先本而後末也

東宫舊事曰太子納妃有赤花雙文簟

西京雜記曰武帝以象牙為簟賜李夫人

又曰會稽獻竹簟供御世號為流黃簟

諸葛亮轉教曰計一歲運用蓬族簟十萬具

庾翼與王書曰今致八尺文二細桃枝簟十枚黃䈰雙文簟二領黃䈰獨坐雙文簟一枚

王廙春可樂曰弱簟平端

潘岳悼亡詩曰展轉眄枕席長簟竟床空

左思吳都賦曰桃笙象簟韜於筒中

王鑒竹簟賦曰楚簟陳於王房巴箱列於椒臺

褥

尔雅曰褥謂之茵

釋名曰褥人所坐褻辱也

又曰茵車中所坐用虎皮也

詩曰文茵暢轂駕我騏馵（文茵虎皮）

漢書曰霍禹廣治第室作乘輿輦加繡茵馮黃金塗（如淳曰馮謂所馮者也以黃金塗飾之也）韋絮薦輪（晉灼曰御輦以韋緣輪則之如絮也）

東觀漢記曰祭遵有疾詔賜重茵

魏畧曰焦先字孝然河東人也高尚不仕自作蝸牛廬淨掃其中榮木為床布蓐其上天寒構火以自炙

魏志曰太祖性節儉帷帳屏風壞則補納茵褥取溫無有緣飾

又曰王朗上疏曰老臣慺慺願國家同祚於軒轅之伍某

少小常苦被褥泰溫則不能使軟膚弱體是以難可防護而易用感慨若常全小緼袍不至於甚厚則必感保金石之性而比壽於南山矣

吳録曰孟仁字恭武江夏人也從李肅學其母爲作厚褥大被人問其故母曰小兒無德客多貧故爲廣被大褥

齊書曰宗測高尚不仕王儉亦雅重之贈以蒲褥筍席

又曰褚彦回弟澄爲左戶尚書彦回薨澄以錢一萬一千就招提寺贖高帝所賜彦回白豹坐褥

又柳慶遠爲儀同初慶遠從父兄世隆嘗謂慶遠曰吾夢太尉以褥席見賜吾遂亞台司適又夢以吾褥席與汝汝必光我門族至是慶遠亦繼世隆焉太尉謂元景也

後魏書曰尒朱世隆將被誅此年正月晦日令僕並不上省西門不開忽有河内太守田怗家奴告省門亭長云今且爲令王借車牛一乘終日於洛濱遊觀至晚王還省將軍自東掖門始覺車上無褥請爲之記識

世説曰晉孝武年十三四時冬天晝日不着衣夜則累茵褥謝公云體宜令常和陛下晝過冷夜過熱恐非攝生之術帝曰夜靜宜溫謝公出歎之也

南越傳曰尉佗貝象牀錦茵（茵褥也）

東宮舊事曰皇太子拜有八尺禱一重中褥一步輿褥一納妃有承床禱三

會稽後賢傳曰丁潭以光禄大夫還第詔賜床帳席褥

鄴中記曰石虎作褥長三丈用綿緣之

神異經曰北方有冰萬里厚百丈奚鼠在冰下土中其毛長八尺可以爲褥也

西京雜記曰趙飛鷰爲皇后其女弟上遺鴛鴦褥

拾遺録曰周穆王時紫羅文褥者壇孫國獻之

語林曰大將軍妝周侯至石頭坐南門石盤上將戮之送已褥與周

司馬相如美人賦曰高茵重設

氈

説文曰蛩毛可以爲氈

釋名曰氈旃也毛相著旃旃然也

韻集曰氈細罽也

周禮春官掌次曰王大旅上帝則張氈案（大旅上帝祭天於圓丘也張氈案以氈爲牀於幄中）

又曰掌皮供其毳爲氈以待邦用事

漢書曰蘇武使匈奴匈奴絶不與食天雨雪武卧齧雪與氈毛褭咽之也

漢書曰王吉諌昌邑王遊獵曰夫廣廈之下細氈之上明師居前勸誦在後上論唐虞之際下及殷周之盛其樂豈徒銜橛之間也哉

又曰江都王女細君歌云遠適異國烏孫王穹廬爲室氈爲墻

魏志曰李勝爲荊州刺史往辭太傅曹爽因察之太傅曰謬問勝曰并州有佳氈可致之勝出曰太傅耄無能爲也

又曰鄧艾伐蜀自陰平行無人之地鑿山通道作橋以氈自裹推轉而下

魏武帝與楊彪書曰今贈足下青氈牀褥三具也

晉書曰杜預子錫爲愍懷太子舍人屢直諫於太子太子患之置針於錫坐處氈中錫上刺足血出

又曰戴記曰慕容熙后苻氏卒慕容隆妻張氏熙之姨也美姿容有巧思熙將以苻氏之殉欲以罪殺之乃毀其襚韡有中弊氈遂賜死三女叩頭求哀熙不許

齊書曰孔奐爲晉陵太守清白自守妻子並不之官唯以單舡臨郡所得秩俸隨即分贍孤寡郡中號曰神君曲阿富人殷綺見奐居處儉素乃餉以衣氈一具奐辭不受

北齊書曰裴寬與東魏將彭樂戰於新城因傷被擒至河陰見齊文襄寬舉止閑雅善於占對文襄甚賞異之解鏁付館厚加禮遇寬乃裁所卧氈夜縋而出因得逍還

又曰清河三年周師及突厥至并州突厥謂周人曰亦言齊亂故我伐之今齊人眼中有鐵何可當耶乃還至陘嶺凍滑乃鋪氈以渡之

又曰綦儁乃倢巧能候當途斛斯椿賀拔勝皆與友善性多詐賀拔勝出鎮荊州過儁別因辭儁故見敗氈擬被更遺之錢物

廣志曰羌女人披大華氈以爲盛服

拾遺録曰漢武帝以氈綈藉地悪韡之喧也

搜神記曰太康中天下以氈爲陌頭及帶身袴口於是百姓相戲曰中國其必爲胡所破也夫氈胡之産者也而今天下以爲陌頭帶身袴口胡既三制之矣

淮南子曰夫胡人見麻不知其可以爲布越人見毳不知其可以爲氈故不通於物者不可與言俗

俗說曰桓豹奴病勞冷無氈可卧桓車騎自撤巳眠氈與之

語林曰王子敬在齋中卧偷人取物一室之内略盡子敬卧而不動偷遂登榻欲有所覔子敬因呼曰偷兒石染青氈是我家舊物可特置否於是羣偷置物驚走

南傳曰調斯國有青石染氈絳染氈也

王褒聖主得賢臣頌曰夫荷氈被毳者難與道純錦之麗密

陸雲詩曰冬坐比肩氈（比肩獸名也取其毛爲氈）

卧具

風俗通曰扶風蘇不違父爲司隸李暠所遷司農不違穿府北垣徑上廳事斫暠卧具暠一宿數遷

沈約宋書曰朱百年隱居山陰家素貧母以冬月亡衣並無絮自此不衣綿帛嘗寒時就孔顗飲酒醉眠顗以卧具覆之百年不覺也既覺引卧具去體謂顗曰綿定奇溫因流涕悲慟顗亦爲之感傷

齊書曰謝朓嘗行還過候江革時大寒雪見革弊絮單席而耽覺不倦朓嗟歎久之乃脫其所着襦并手割半氈與革充卧具而去

又曰劉孝綽與到溉兄弟甚狎溉少孤宅近僧寺孝綽往溉宅適見黄卧具孝綽謂僧物色也撫手笑溉知其旨奮拳擊之傷口而去

氍毹

通俗文曰織毛褥謂之氍毹

聲類曰氍毹毛席也

廣志曰氍毹田氍毛織也近出南海文稱北漢之氍毹非其所生

魏畧曰大秦國以野蠶作織成氍毹文出黄白黒緑氍毹

後周書波斯國大月氏之別種也其地出氍毹

吳時外國傳曰天竺國出細靡氍毹

陶侃別傳曰外國獻氍毹公舉之曰我還國當與牙共眠牙名悛之字處靜是公庶孫小而被知以爲後嗣

南州異物志曰氍毹以羊毳雜羣獸之毳爲之鳥獸人物草木雲氣作鸚鵡遠望軒若飛也

古樂府詩曰請客上北堂坐氈及氍毹

張衡四愁詩曰美人贈我氈氍毹

諸葛亮集詔荅悛曰行當離別以爲惆悵今致氍毹一以達心也

毾㲪（上音榻 下音登）

通俗文曰氍毹細者謂之毾㲪名毾㲪者施大牀之前小榻之上所以登而上牀也

東觀漢記曰景丹率衆至廣阿光武出城外馬坐按毾㲪上設酒肉

魏略曰大秦國以羊毳木皮野絲作毾㲪之屬有五色九色毾㲪其毛鮮於海東諸國所作也

南史中天竺國出好裘毾㲪

世說曰王子猷詣郄雍州雍州在內未出王見錦毾㲪云阿乞那得此　令左右送向家郄出王曰向有大力者負之以趍郄無忤（郄恢爲雍州刺史阿乞恢小字）

異苑曰沙門有法存者生廣州善醫術遂富有八尺毾㲪作百種形像又有沉香八尺板牀太原王淡爲刺史大兒邵之屢求二物法存不與王殺而藉焉法存後形見於府內經日王尋得疾士邵之又喪

杜篤邊論曰匈奴請降毾㲪罽褥帳幔氈裘積如丘山

班固與弟超書曰月支毾㲪大小相雜但細好而已

馬融奏馬賢於軍中帳內施毾㲪士卒飄於風雪

太平御覽卷第七百八

太平御覽卷第七百九

服用部十一

薦席

說文曰席籍也禮天子諸侯席有黼繡純

又曰筵竹席也

又曰蒻蒲子也可以爲薦

釋名曰薦所以自薦藉也蒲平以蒲作之其體平也席釋也可卷可釋也

書曰牖間南嚮敷重篾席黼純華玉仍几（篾桃枝竹白黑雜繒緣之華彩色華玉以飾憑几因也因生時几不改作因）西序東嚮敷重底席綴純文貝仍几（東西廂謂之序底蒻華綴雜綵有文之貝飾美）東序西嚮敷重豐席畫純雕玉仍几（豐莞彩色爲畫雕刻鏤此養國老饗羣臣之坐）西序南嚮敷重筍席玄紛純漆仍几（筍蒻竹玄紛黑綬此親屬私宴之坐）

詩邶柏舟曰我心匪席不可卷也（席雖平尚可卷）

禮曲禮上曰羣居五人則長者必異席（以四人爲節）爲人子者坐不中席

又曰有憂者側席而坐（側猶特也）有喪者專席而坐（專猶單也）侍坐於所尊敬無餘席（必盡其近者尊之端爲其後來也）

又曰姑姊妹女子子已嫁而反兄弟不與同席而坐不與同器而食

又曰奉席如橋（居廟切）衡（奉之令左昂右低如有首尾然橋井上㮶槔衡上低昂）請席何鄉請衽何趾（順尊者所安也衽卧席也坐問鄉卧問趾因於陰陽也）席南鄉北鄉以西方爲上東鄉西鄉以南方爲上若非飲食之客則布席席間函丈（謂講問客也函猶容也講問宜相對容丈足以指畫也飲食之客布席於牖前）主人跪正席客跪撫席而辭客徹重席主人固辭客踐席乃坐

又檀弓下曰仲尼之畜狗死使子貢埋之曰丘也貧無蓋與之以席

傳曰大輅越席昭其儉也（服虔曰越席結草爲席）

又曰臧文仲不仁者三下展禽廢六關妾織蒲（杜預曰家人販席與民爭利也）

周禮天官王府曰王府掌王之祉（鄭司農云祉席也詩曰純祉席敷弱布）

又春官曰司几筵掌五席大朝覲大饗射凡封國命諸侯王位設黼依依前南鄉設莞筵紛純加繅席畫純加次席黼純（鄭司農云紛白繡也純緣也謂紛有文如綬而狹者也繅席削蒲編以五彩若今合歡也畫謂雲氣也次者有文次列之也）諸侯祭祀席蒲筵繢純加莞席紛純右彫几昨席莞筵紛純加繅席畫純筵甸役則設熊席凡喪事設葦席○大戴禮曰武王踐祚席前左端之銘曰安樂必敬前右端之銘曰無行所悔後左端之銘曰一反一側亦不可忘後右端之銘曰所鑒不遠視尒所代也

論語曰席不正不坐君賜食必正席先嘗之

史記曰蘇秦激張儀令相秦以馬薦席坐之

又曰任安田仁俱爲衛將軍舍人居門下衛將軍從此兩人過平陽至主家令兩人與騎奴同席而食此二子拔刀斷席而坐主家皆怪而惡之莫敢問也

又曰陳平以弊席爲門

漢書曰文帝以莞蒲爲席

又曰元帝病史丹以親密侍疾候上獨寢直入卧内頓首伏青蒲上（服虔曰青緣蒲席也應劭曰以青規地曰青蒲自非皇后不得至此孟康曰以蒲青席弊地也）

後漢書曰更始至長安居長樂宮外前殿郎吏以次列庭中更始羞怍俛首刮席不敢視

又曰來歙征隗囂至洛陽隗囂守將固保其城囂乃悉

兵圍洛陽棨堤灌城歙固守矢盡發屋斷木爲兵上自將上隴囂衆潰走於是置酒高會勞賜歙班坐絶席在諸將之上

又曰鄧訓於閨門甚嚴兄弟莫不敬憚諸子進見未嘗賜席接以温色

又曰趙丙有術嘗至渡頭求舡不得乃布席於水而坐呼風乃過

又曰李恂遷武威太守坐事免織席自給

東觀漢記曰郭丹師事公孫昌敬重常持蒲編席人異之

又曰王常爲横野大將軍位次與諸將絶席

又曰黄香家貧躬執勤苦盡心供養暑則扇床枕寒則自温席

又曰張禹爲太傅尚書鄧太后以殤帝初育欲令重臣居

禁内乃詔禹與三公絶席

又曰宣秉建武元年拜御史中丞上特詔御史中丞與司隸校尉尚書令會同並專席而坐故京師號曰三獨

謝承後漢書曰戴憑徵博士詔公卿大會羣臣皆就席憑獨立世祖問其意憑對曰博士説經皆不如臣而坐居臣上是以不得就席令與諸儒難説善之後正旦朝賀令群臣説經更相難詰義有不通輙奪其席以益通者憑重五十席京師議曰解經不窮戴侍中

又曰郭亮爲博士講學大夫諸儒論勝者賜席亮重八九席帝曰學不當如是也

又曰許敬字鴻卿其鄉吏有誣君者會於縣令坐敬拔刀斷席曰敬不忍與惡人同席

又曰汝南薛惇字子禮爲北海長史家貧坐無完席妻曰君無俸禄給子孫復無完席耶惇以善與妻自坐敗者又

衛良字叔賢拜尚書令病罷官還家家無完席賓客省之者坐桑下談論飲水去

典略曰袁尚袁熙奔遼東公孫康先置精勇於廐中請熙尚熙尚入乃縛之坐於凍地尚寒求席熙曰頭顱方行萬里何席之爲

蜀志曰先主少孤母販履織席爲業

晉書曰王渾爲將軍鎮壽陽虚懷撫士坐無空席

王隱晉書曰陶侃字士衡親人過侃宿時大雪無草侃母湛撤牀薦剉給客牛馬晉陽春秋云剉薦也

晉中興書曰王乾死裹以席塗以蠟埋齋中

晉建武起居注曰立敬后廟薦席不用緑緣

晉前燕書曰高祖廆年十五出避難追者急走避民家入

其屋以席自障追者入屋發視無所見遂免

宋書曰林邑王陽邁初在孕其母夢生兒有人以金席籍之其色光麗夷人謂金之精者爲陽邁中國云紫磨者因以爲名

宋起居注曰元嘉中劉禎爲御史中丞奏風聞廣州刺史韋朗於州部作白氎席三百二十領請以事追免朗官

吴均齊春秋曰劉璡字子璥耿介好禮嘗與故人共車於津陽内見一女子容貌甚麗眄睞之璡因抽坐席懸車中以隔絶之其正如此

唐書曰代宗時晉州男子郇模以麻辮髮持竹筐葦席哭於東市三十字論時政每字條一事上即召見

又曰玄宗子潁王璬爲劒南節度大使玄宗將幸蜀遣璬先赴本郡渡綿州江乘舡見以絲緑席而籍者傾曰此可

以爲寢處宗何賤之令撤去
六韜曰桀紂之時婦人坐文綺之席衣以絺綺之衣
家語曰明王之守也則必折衝千里之外其征也還師衽
席之上
漢書儀曰祭天紫壇紺席玺地用六彩席六重
呂氏春秋曰衛靈公天寒鑿池宛春諫曰天寒起土恐傷
民曰天寒乎哉宛春曰公衣狐裘坐熊席陬隅有竈是以
不寒
莊子曰申屠嘉兀者也與鄭子產同師伯昏瞀人合堂同席
而坐也
魯連子曰人君所察者三不可以不知不知行與不行譬
以方爲輪也不知宜與不宜譬以錦緣薦也
列子曰陽朱南之沛之梁而過老子老子曰睢睢盱盱而
太平御覽七百九　五　甲介
誰與居夫太白若辱盛德如不足楊朱曰聞命矣其往也
舍者避席其來也煬者與之爭竈席
晏子曰景公獵休坐地而食晏子後至戍葭而席公不悅
曰子猶席何也對曰臣聞介冑坐陳不席獄尸不席二者
皆憂也臣故不敢以憂侍坐公曰善令大夫皆席
又曰景公飲酒移於晏子晏子曰夫鋪薦陳簋有人臣不
敢與焉又移於司馬穰苴曰鋪薦席陳簠簋者有人臣不
敢與焉
范子計然曰六尺蘭席出河東上價七十蒲席出三輔上
價百
子思子曰舜不降席而天下治桀紂不降席而天下亂
韓子曰趙簡子謂左右曰車席泰美夫冠雖惡頭必戴之
履雖善足必履之金車如此其太美也吾將何以履之臣

夫美而耗上方義之道也
又曰衛嗣公時縣有人於令左右縣令發褥而席弊甚嗣公
令人遺席曰吾聞汝發褥而席弊甚賜汝席縣令大驚以
君爲神
又曰孟獻伯相魯不坐重席
又曰禹爲蔣席頗緣此弥侈矣而國不服者三十三舜作
茵席彫文弥侈矣國之不服者五十三
又曰文公至河令席衽捐之咎犯聞之曰席蓐所卧也而
君弃之臣不勝其哀
說苑曰孔子困於陳蔡之閒居環堵之內席三經之席
鹽鐵論曰古者庶人蒲席以草經及後蹊蒲蒻複筵方薦
帛緣者也
又曰古者大夫複薦草緣蒲平單莞今富者繡茵
崔豹古今注曰草名虎鬚者江東織以爲席曰西王母席
太平御覽七百九　六　甲介
也
東宮舊事曰太子有獨坐龍鬚席赤皮花經席一領
山海經曰鵲山至箕尾山其神皆鳥身龍首祠之用白菅
爲席
西京雜記曰昭陽殿設緣熊席毛皆長一尺餘眠而擁毛
自蔽望之者不能見也坐則沒膝其中雜薰諸香一坐此
席餘香百日不歇也
又曰趙飛鷰爲皇后其女弟上遺迴風席
漢武帝内傳曰帝齋於尋真臺紫羅薦地夜二更後西王
母至也
王子年拾遺録曰軒皇使百辟羣臣受教者先列珪玉於
蘭蒲席上

又曰蒲葉草高五丈葉色如紺葉形如十月之蘭亦曰半月花草無實其質温柔可以爲薦

又曰方丈山有草名濡葪葉色如紺莖色漆細軟可縈海人織以爲薦席卷之不盈一手舒之列

又曰崑崙山有葭紅色可編爲席温柔如毳毹焉

又曰瀛州南有金巒之舘有青琉几覆以雲紈之素薦用香水柔芫

又曰岱輿山有草名莽䓘煌葉圓如荷去之十步炙人衣服則蕉鳥獸不敢近也刈以爲席方冬弥温以枝相磨則火出矣

又曰穆王時西王母來敷碧蒲之席黄芫之薦芫色若金

又曰燕昭王設麟文席麟文者錯雜寶飾席爲雲霞麟鳳之狀

神仙傳曰淮南王爲八公設象牙席

異苑曰庾寔妻毛氏五月曬暴薦薦忽見其三歳女在薦下薦上卧驚怛便滅女眞形在别床如故不旬日而天卌傳仲夏忌移床

搜神記曰羅威字德行以至孝母老天寒以身温席而後授其處

鄴中記曰石虎作席以錦裹五雜香以五絲縋編蒲皮緣之錦

范汪荆州記曰安城郡今屬江州出桃枝薦

成公興内傳曰登白鹿山廷成君入爲敷魚鬚之席

文士傳曰張儼朱異張純三人共詣驃騎將軍朱據閏三人才名吿各爲賦然後乃坐純席曰薦爲冬設簟爲夏施揖讓而坐君子攸宜

皇甫謐高士傳曰嚴君平成都市賣卜詔徵不起蜀有富人羅仲與君平善問何以不仕曰無車粮中即爲具車焉粮粈平君曰吾病身非不足也我有餘而子不足也我有餘而子不足奈何以不足奉有餘也仲曰吾一席直萬金子無儋石乃云有餘謬矣

又曰老萊子親没隱蒙山之陽枝木爲床蘭艾爲薦

益部耆舊傳曰張充爲州治中從事刺史每自坐高床爲從事設單薦於地

鍾㳂良吏傳曰吴隱之字處默鄄城人也轉廣州刺史返舟之日唯身而已宅有茅茨六間坐無完薦以蓬爲屏風

會稽先賢讃曰董昆字文通爲太農丞坐無完薦

盧毓冀州論常山爲林大陸曰澤蒹葭蒲葦雲母御薦地産不爲無珎也

汝南先賢傳曰鄭敬以茅蔽爲薦常隨杝柳之陰

會稽典録曰陸脩字奉遷爲豫章太守聽事薦編絶不改以郡風俗不整常卷坐薦唯徐穉李贊數詣問乃待以殊禮

世説曰管寧與華歆同席嘗讀書有乘軒冕過門者廢書出看寧割席分坐曰子非吾友也

楚辭曰瑶席兮玉鎮

楊雄甘泉賦云靡薜荔以爲席兮折瓊枝以爲芳

魏劉禎清慮賦曰布玳瑁之席設蟕蠵之筵（蟕悦吹切蠵蠵大龜也）

太平御覽卷第七百九

太平御覽卷第七百十

服用部十二

几　案　杖

几

釋名曰几皮也所以皮物也(皮者執)

書顧命曰王乃洮頮水相被冕服憑玉几(王疾發大命臨羣臣必齊戒沐浴今疾病故但洮與頮面扶相被以冠冕憑玉几以出命)

易渙卦九二曰渙奔其几悔亡象曰渙奔其几得願也(几承物者)○詩行葦曰戚戚兄弟莫遠具尒或肆之筵或授之几

周禮春官曰司几筵掌五几大朝覲大饗射几封國命諸侯王設左右玉几祀先王昨席亦如之諸侯祭祀右雕几筵國賓于牖前亦如之左彤几(國賓[illegible]老)甸役則右漆几凡喪事右素几吉事變几凶事仍几

禮記曰謀於長者必操几杖以從之

又曰獻几杖者拂

又曰大夫七十而致仕若不得謝(謝去君貪其德而留之也)則必賜之以几杖

又曰乘車必以几

又曰龜筴几杖不入公門(龜筴問家之吉凶几杖嫌自長老)

又月令曰八月之節養衰老授几杖

又內則曰父母舅姑坐御者舉几斂席

又曰始死綴足用燕几

傳語曰諸侯之師久於偪陽荀偃士正請於荀罃曰水潦將降懼不能歸班師(班還也)智伯怒(智伯荀罃)投之以几出於其閒(出偃正之閒也)

又曰蒍啓彊曰聖王務行禮不求恥人設几而不倚爵盈而不飲禮之至也

國語楚語曰左史倚相曰倚几有訓誦之戒(訓誦上師所諷之諫書之於几)

漢書曰吳王稱疾不朝驗問不實及後使人為秋請(律春曰朝秋曰請如古諸侯朝聘也)上復責問吳使使者曰察見淵中魚不祥(張晏曰喻人君不當見臣下之私也)於是天子賜吳王几杖

又曰朱博遷琅琊太守齊郡舒緩養名博奮髯抵几曰觀齊兒欲以為俗耶皆斥罷諸病吏

續漢書曰魏文帝賜楊彪几杖以彰舊德

東觀漢記曰黃香為尚書郎以香父尚左賜臥几靈壽杖

又曰上初即位先訪求賢茂詔曰前密令卓茂名冠天下當受天下重賞今以茂為太傅封褒德侯賜几杖

魏志曰太祖為司空丞相毛玠為東曹掾太祖平柳城頒所獲物特以素屏風素憑几以賜玠曰君有古人之風故賜古人之物

又曰呂布遣陳登因陳布勇而無謀宜早謀之太祖悅始因登求徐州牧不獲及登還布拔戟斫几責之

晉書曰劉毅仲雄以太康六年卒帝撫几驚曰失吾名臣不得生作三公即贈儀同三司

又曰魏舒以年老稱疾遜位詔賜几杖不朝及錢百万牀帳簟褥

又曰王羲之字逸少嘗詣門生家見棐几滑淨因書之真草相半後其父誤刮去之門生驚懊累日

宋書曰沈麟士字雲禎隱居以篤學為務恒憑素几鼓素琴

吳均齊春秋曰孔靈產為光祿大夫覽止足之分不肯仕

太祖以白麈毛扇素几遺之曰以君有古人風故賜卿古人之物也

陳書曰王冲爲太子少傅武帝以冲前代舊臣特申長幼之敬文帝即位益加尊大嘗從幸司空徐度宅宴筵之上賜之以几

後魏書曰咸陽王禧謀逆誅其宮人爲之歌曰可憐咸陽王柰何作事誤金床玉几不能眠夜蹋霜與露

莊子曰南郭子綦隱几而坐仰天而嘘嗒焉似丧其偶

孟子曰孟子去齊宿於晝有欲爲王留行者坐而言不應隱几而卧客不悦曰弟子齊宿而後敢言夫子卧而不聽請勿復敢見矣（晝齊邑也齊人欲爲君留孟子行孟子不以倚几而卧也）

山海經曰西王母梯几而戴勝（梯謂憑也）

漢舊儀曰天子用玉几

拾遺録曰瀛州南有金巒之觀中藏寶几覆以雲紈之素

漢武帝内傳曰帝受西王母五岳眞形經盛以黄金之几

西京雜記曰漢制天子玉几冬則加綈錦其上謂之綈几公侯皆以木爲几冬則以細罽爲橐憑之不得加綈錦之飾於几案

會稽典録曰葛仙公憑白桐几學數十年白日登仙几化爲白虎三脚兩頭往往人見之

魏武上雜物䟽曰御物三十種有上車漆畫重几大小各一枚

語林曰任元褒爲光禄勳孫憑翊往詣之見門吏憑几視之孫入語任曰吏几對客爲不禮任便推之吏荅云得罰體痛以横木扶持非憑几也孫曰直木横施植其兩足便爲憑几何必孤蹹鵠膝曲木抱睿

姚信士語曰馬援凭几而見梁寶子弟文舉坐榻而受徐文高拜

戴勝竹林七賢論曰魏朝封文王固讓公卿皆當詣旨司空鄭冲等馳使從阮籍求其文立待之籍時在袁孝尼家宿扶而起書几板爲文無所治定乃寫付信

鄴中記曰石虎御座几悉漆雕畫皆爲五色花也

南岳記曰衡山有石室内有石牀石几

異苑曰曆陽石秀之欻有一人着平巾幘褶語秀云聞君巧侔班爾刻几乞妙太山府君相召秀之自陳云劉政能造數旬而殞石氏猶存劉作几有名遂以致斃

幽明録曰海中有金臺水出百丈臺其内有金几雕文備制上有百味之食

李尤几銘叙曰昔帝軒轅仁智恐事之有闕作　几之法

張華倚几銘曰倚几之設設而倚作器此成於彼也

案

說文曰檈（似緣切）圜案也

方言曰陳楚宋魏謂案爲寫

楚漢春秋曰項王使武涉説淮陰侯淮陰侯曰臣故事項王位不過中郎官不過執戟及去項歸漢漢王賜臣玉案食臣具之劍臣背之内愧於心

史記曰高祖過趙趙王張敖自持案進食甚恭上箕踞罵之

漢書曰萬石君石奮子孫有過失不誚讓爲便坐對案不食

又曰貢禹奏曰見賜杯案畫文金銀飾非當所以食臣下也

又曰朱博爲人廉儉自微賤至富貴不食重味案上不過三杯酒

又曰許后五日一朝皇太后於長樂宮親奉案上食

東觀漢記曰更始韓夫人嗜酒每侍飲見常侍奏事輒怒曰帝方對我飲正用此時持事來乎起抵破書案

又曰魏霸延平元年仕爲光祿大夫妻死長兄伯爲娶妻送至官舍霸曰年老兒子備具何用空養他家老嫗爲即自入拜其妻手奉案前肉跪曰不敢相屈而妻慚求去

又曰尹敏字幼季與班彪相友每相與談論輒屏案不食

又曰梁鴻常僦舂每歸妻爲具舉案齊眉

又曰蔡彤素清在遼東三十年衣無儲副賜錢百萬下至杯案食物大小重沓

南史曰江秉之爲新安太守在郡作書案一枚去官留以付庫

梁書曰郭祖深清儉素木案食不過一肉

漢舊儀曰丈二旋案以陳三十六肉九穀飲食

東宮舊事曰皇太子妃初拜有漆金渡足奏案一枚

魏武上雜物疏曰御物有純銀參鏤帶漆畫案一枚

江表傳曰曹公平荆州欲伐吳張昭等皆勸迎曹公唯周瑜魯肅陳距北之計孫權拔刀斫前奏案曰諸將復有言迎北軍與此同也

西京雜記曰武帝爲七寶牀雜寶案於桂宮中

漢武故事曰武帝時東郡獻短人長五寸上疑是山精常令在案行東方朔問曰巨靈汝何以叛阿母徒否

廣陵傳曰吳戒字貴齊性剛直同業生陳外爲賊戒見之外爲設食戒曰汝已爲賊奈何爲設食因舉按投江中令其趣降

神仙傳曰吳興人沈羲爲仙人所迎上見老君王女以金案玉杯藥賜羲曰此神仙丹不死之藥

鄴中記曰石虎以宮人爲女官門下通事以玉案行文書

燕丹子曰太子常與荆軻同案而食

鹽鐵論曰文杯畫案婢妾衣紈履絲所以亂治也

潛夫論曰前羌始叛器械未備虜或以銅鏡以蒙兵或負板案以類楯誠易戰耳

異苑曰百丈山上有石房內有案置石書二卷

夢書曰夢見杯案賓客到也多客大案少客小案也

陸雲與兄機書曰按行曹公器物有奏按五枚又作歎枕以卧視書

張衡四愁詩曰美人贈我錦繡段何以報之青玉案

李尤書案銘曰居則致樂承顏接賓承卷奏記通達謁刺尊上荅下道合仁義

梁簡文帝書案銘曰刻香鏤采纖銀卷足漆花曜紫畫製舒錄怪廣知平人雕非曲刖質錦帳承芳綺褥披古道今察姦糾俗

杖

說文曰杖持也

大戴禮曰武王踐祚杖之銘曰惡乎失道於嗜欲相忘於富貴

周禮秋官上曰伊耆氏掌國之大祭祀共其杖咸（咸讀曰函老臣雖杖於朝事畢鬼神尚幽去之有司以此函藏之既事乃授之）有軍旅授有爵者杖（吏卒且以杖尊者將軍杖鉞）共王之齒杖（王者所以賜老者之杖）

禮記曰獻杖者執末○又檀弓上曰孔子蚤作（作起）負手曳

杖逍遥於門歌曰太山其頽乎梁木其壞乎哲人其萎乎子貢聞之曰夫子殆將病也

又曰子夏喪其子而喪其明曾子弔之子夏曰天乎余之無罪也曾子怒曰商汝何無罪也吾與汝事夫子於洙泗之間退而老於西河之上使西河之民疑汝於夫子爾罪一也喪爾親使民未有聞焉爾罪二也喪爾子而喪爾明爾罪三也而曰汝何無罪與子夏投其杖而拜曰吾過矣

又曰王制曰五十杖於家六十杖於國八十杖於朝

傳曰鄭莊公與夷射姑飲酒私出閽乞肉焉奪之杖以敲之

論語曰鄉人飲酒杖者出斯出矣

又曰子路從而後遇丈人以杖荷蓧子路問曰子見夫子乎丈人曰四體不勤五穀不分孰為夫子植其杖而耘

史記曰張騫去臣前在大夏時見邛竹杖蜀布問曰安得此大夏國人曰賈人往市之身毒在大夏之東南可數千里

續漢禮儀　曰三老五更杖玉杖

又曰　秋之月按戶比民年七十者授之以玉杖八十禮有加賜玉杖長九尺端為飾鳩鳩者不噎之鳥欲老人不噎

華嶠後漢書曰嘉平中袁逢為三　賜玉杖

魏志曰文帝引漢太尉楊彪待以客禮賜之几杖詔曰夫先王制几杖之錫所以賓禮黃耈褒崇元老也昔孔光卓茂並以淑德高年受茲嘉錫其賜公延年杖及憑几

又曰周宣為郡史太守楊沛夢人曰八月一日曹公當至必與君杖飲以藥酒宣占之曰夫杖起弱藥治人病八月一日黃巾賊必滅至時果敗

吳書曰全綜年高賜以御杖

晉書曰魏帝嘗賜景帝春服帝以賜山濤又以其母老年并贈藜杖一枚

又曰阮宣子出行常以百錢掛杖頭每至酒家輒醉而歸

後魏書曰甄琛拜侍中以其衰老詔賜御府杖朝直杖以出入

莊子曰子貢乘大馬軒車不容巷往見原憲杖藜應門

山海經曰夸父與日競走渴飲河渭不足北走大澤未至道死弃其杖化為鄧林

廣志曰九真出靈壽杖

呂氏春秋曰孔子弟子從遠方來者孔子荷杖而問曰子之父不有恙乎搢杖而揖之問曰子之母不有恙乎置杖而問曰子之兄弟不有恙乎杖步而倚之問子之妻子不

有恙乎故孔子以六尺之杖諭貴賤之等辨親疎之義

陸賈新語曰夫居高者自處不可以不安履危者任杖不可以不固自處不安則墜任杖不固則顛是聖人居高處上則以仁義為巢乘危履傾則以聖賢為杖也

新序曰昌邑王徵為天子到營陽買積竹刺杖二枚龔遂諫曰積竹刺杖者驕蹇少年杖也大王奉大喪當柱竹杖

風俗通曰漢高祖與項籍戰京索間遁叢薄中時有鳩鳴其上追者不疑遂得脫及即位異此鳥故作鳩杖賜老人也

拾遺錄曰老子當周之末居山與世人絕迹唯有黃髮老叟五人手　捉青節之杖出入室中與老子談

又曰糜竺用陶朱計術日益富有寶庫千間竺常賑生恤死家馬廄旁有古冢夜聞泣聲尋之見婦訴云漢末為赤

眉所寄剖棺見剥乞更深埋并乞弊衣自掩笠從其言後歷一年復見前婦云君財寶可支一世應遭火厄今以青廬杖一枚長九尺報君衣棺之惠笠挾杖而歸而後隣家常見笠家有一青氣如龍虵之形又有青衣童子數人來云應笠家當有火賴君能恤斂枯骨天道不孤君德故來攘却此災使君財物不盡旬日火從庫起燒其珠玉十分遺一火盛之時見青衣童子十數來撲火又有氣如雲覆火上即滅

又曰劉向於成帝之末校書天祿閣專精覃思夜有老人着黄衣植藜杖扣閣而進向闇中獨坐須書老人乃吹端火出具以照向具說開闢以前向因受五行鴻範之文恐辭說繁廣向乃裂裳及紳以記其言至曙而去請問姓名答曰我是太一之精天帝聞金夘之姓有博學者下而觀焉乃出懷中竹牒有天文地圖之書余畧授子焉至向子歆從授術亦不語人焉

覽七百十　九　張福高

漢武內傳曰帝先有玉箱杖是西湖母所獻帝甚愛之崩後故以入梆其年人有於扶風郡市中買得者帝時左右侍人識之告有司詰問云見市中有一人賣之賣不知賣杖主名也

神仙傳曰費長房欲求道而顧家憂壺公乃斷一青竹杖與長房身等使懸之舍後家人見以為縊死大小驚號遂殯葬之長房立其傍人無見者後長房歸家人不信是房房曰往日所葬竹杖耳發冢視杖猶存

又曰壺公遣費長房歸以一竹杖與之騎此當到家以杖投葛陂中長房騎杖忽然如睡便到家以杖投葛陂中頭之乃青龍也

又曰介象令人騎青竹自呉往蜀

劉根別傳曰孝武皇帝登少室見一女子以九節杖仰指日閉左目開右目氣且絶夂乃蘇息武帝使問之所行何等女子不荅東方朔曰婦人食日精者

劉向別傳曰有騏驎角杖

塔寺記曰謝尚夢其父告之曰西南有氣至衝人必死勿當其鋒見塔寺可穰未暇立寺可杖頭刻作塔形見有氣來擬之尚如其言置杖左右果有黑氣衝尚家尚以杖指之氣即廻散闔門獲全氣所經處數里無復孑遺

三石偽事曰佛澄死以澄生所服金杖銀鉢内着棺中經後再閱開棺視之不見體骨唯見杖鉢

武當山記曰山有石室有板床銅杖長七尺三分

交州記曰合浦圍州有石室其裏一石如鼓形見榴木杖倚着石壁採珠人常致祭焉

覽七百十　十

魏文典論曰嘗與平虜將軍劉勳奮威鄧展共會飲宿聞展有手臂曉五兵余與論劒酒酣耳熱方食甘蔗便以為杖下殿交三中其臂

談藪曰後魏河間邢巒字山賓遷殿中侍御史嘗有疾策山桃杖帝問此何杖荅曰巨源杖太武諱壽故言焉

法顯記曰那竭國有佛錫杖牛頭栴檀上長丈六七許以筒盛之百千人舉不能移

又曰秪坦精舍西北四里有榛林名曰得眼本有五百盲人佛為說法盡得眼開盲人喜剌杖着地頭面作禮杖遂生長成榛

鄧德明南康記曰南野縣有漢監匠陳憐其人通靈夜嘗乘龍還家其婦懷身憐母疑與外人通姦看乃知是憐乘

龍至家輙化成青竹杖擲内致户前母不知因將杖去須史光彩滿堂俄尔飛失憐失杖乃御雙鵠還

搜神記曰漢文帝微服　過魯少千少千柱金杖出應門

列異傳曰陳留史均字威明嘗得病臨死謂其母曰我得復生埋我杖堅我瘞上若杖拔出之及死埋杖如其言七日往視杖果拔即掘出之便平復如故

神異記曰陳敏孫皓之世為江夏太守自建業赴職闆宮亭廟驗言靈鬼過乞在任安穩當上銀杖一枚年限既滿作杖擬以還廟撫捶鐵以為幹以銀塗之尋徵為散騎常侍往宮亭送杖於廟中乞即進路日晚降神至宣教曰陳敏許我銀杖今以塗杖見與便投杖水中當送以還之欺餮之罪不可容也於是取杖看之剖視衆見鐵幹乃置之湖中杖浮在水上其疾如飛遥到敏舫前敏舟遂覆也

魏武帝與楊彪書曰今贈足下銀角桃杖一枚

崔瑗杖銘云秉危履險非杖不行年老力竭非杖不强諸藨雖美猶不可杖　人悦巳亦不可相

太平御覽卷第七百一十

太平御覽卷第七百一十一

服用部十三

箱 巾箱 笥 笈 火籠

箱

東宮舊事曰皇太子初拜有馬齒呈事箱四枚

漢武帝內傳曰帝崩時遺詔以雜道書四十卷置棺中至延康二年河東功曹李及入上黨抱犢山採藥於岩室中得此書盛以金箱卷後題日月是武帝時河東太守張純以箱及書奏上之武帝時左右見之涕泣曰此是帝崩時殯殮物宣帝愴然以書付茂陵安合如故

晉陸雲與兄機書曰一日行曹公器物有書箱五枚想兄識彥高書箱甚似之

巾箱

漢武內傳曰武帝見西王母巾箱中有一卷書王母曰此五岳真形圖昨青城諸仙就我求今當付之

宋書曰元凶劭弒逆南陽公主見女巫嚴道育云天神當賜符應時主夕卧見流光相隨狀若螢火遂入巾箱化為雙珠圓青可愛因是巫蠱而敗

齊書曰衡陽王鈞常手自細書寫五經部為一卷置于巾箱中以備遺忘侍讀賀玠問曰殿下家自有墳素復何須蠅頭細書別藏巾箱中荅曰巾箱中有五經於撿閱易且一更手寫則永不忘諸王聞而爭効為巾箱五經自此始也

世說曰殷法濟者義與人其兒年二十得病經年有神來語言牀席不淨神何處得坐曰有漆內箱甚淨神何不入中因內新果於箱中覺有聲以箱蓋覆之於是便聞箱中動搖即以衣傳之可五升米重而病愈

異苑曰晉孝武太元末每聞手巾箱中有鼓吹鞞角之音帝是歲崩天下大亂

笥

說文曰簞笥飯及衣之器也

尚書曰惟衣裳在笥。論語曰一簞食一瓢飲簞笥

東觀漢記曰上問第五倫鄉為市掾人有遺卿母一笥餅卿從外來見之奪母笥探口中餅出之倫對曰實無此來人以臣愚蔽故為生此語

東觀漢記曰上聞王郎將軍至復驚去馮異進笥麥飯兔肩

續漢書曰世祖微時繫南鳴市獄市吏以一笥飯與之

吳越春秋曰越以文笥七枚獻吳王

西京雜記曰宣帝以虎魄笥盛身毒寶鏡

風俗通曰孝靈帝建寧中京師長者皆以葦辟方笥為粧具時有識者竊言葦方笥郡國讞篋也今珍用天下皆當有罪讞於理官也後黨錮皆讞廷尉人名悉入方葦笥中斯為驗矣

張衡綬笥銘曰南陽太守鮑德有詔所賜先公綬笥傳世用之吏治笥平子為德主簿故為之銘也

笈

說文作极曰笈驢上負也

風俗記曰笈學士所以負書箱如冠籍箱也

謝承後漢書曰徐稚字孺子公車五徵皆不降志其有喪負笈赴弔行五里也

又曰袁閎字夏甫汝南人也博覽群書常負笈尋師變易姓名

又曰高孔字伯武河內山陽人爲琅琊相到官自負笈單步入界聽採風俗

又曰蘇章字士成北海人負笈追師不遠万里

又曰方儲字聖明負笈到三輔無術不覽

又曰郎宗負笈賣卜給食諸公表上博士徵宗宗負笈遁去

李固傳曰固父爲三公而固步行負笈千里從師

拾遺録曰漢惠帝時有仙人韓稚東至泥離國遇其人洞室負笈而問其年幾何

漢武內傳曰上元夫人語武帝曰阿毋令以瓊笈妙韞發紫臺之文賜汝

火籠

方言曰南楚江沔之間籠謂之篣或謂之㝩陳楚宋魏之

覽七百十一　三　王茂明

間謂之庸君今熏籠是也

齊書曰卞彬性飲酒火籠什物多諸詭異自稱卞田居

又曰范述曾爲永嘉太守有善政徵爲游擊將軍郡故舊送錢二十餘萬一無所受唯得白桐皮火籠朴十餘枚而已○梁書曰臨賀王正德爲吳郡太守正德自謂應居儲嫡心常怏怏後奔魏初去之始爲詩一絶內火籠曰桷幹屈曲盡蘭麝氛氳銷欲知懷炭日正是履氷朝

脩復山陵故事曰當梓宮中有象牙火籠

東宮舊事曰太子納妃有漆畫手巾熏籠二條大被熏籠三

西京雜記曰漢制天子以象牙爲火籠上皆散花文後宮則五色文綾

劉向別録曰淮南王有熏籠賦

齊謝朓詠竹火籠詩曰庭雪亂如花井氷粲成王因炎入豹袖懷温奉芳蓐體密用宜通文斜性非曲

梁范靜妻沈詠五彩竹火籠詩曰可憐潤霜雪纖剖後毫分織作迴風苫制爲縈騎文含芳出珠被耀緑接緗裙徒嗟今麗飾豈念昔凌雲

太平御覽卷第七百一十一

覽七百十一　四　明

太平御覽卷第七百一十二

服用部十四

熨斗　澡盤
澡灌　伏虎

熨斗

通俗文曰火斗曰熨

帝王世紀曰紂欲重刑乃先作大熨斗以火爇之使人舉不能勝輒爛手與妲己爲戲笑

魏末傳曰優人欲使幼帝取大將軍昭昌熨斗柄帝不敢發

晉書曰韓康伯年數歲家氏高明時大寒母方爲作袴令康伯捉熨斗而謂之曰且着襦尋當作複袴康伯曰火在斗中而柄尚熱今既着襦下亦當煖

又張藏別傳曰藏小時毋謂其寒且作袴藏曰且作襦如熨斗着火柄亦熱

隋書曰尉遲迥反於鄴時李穆在并州高祖慮其爲迥所誘遣使往布腹心穆遽奉熨斗於高祖曰願以此慰安天下也高祖大悅

三輔故事曰董卓壞銅人十枚爲小錢熨斗

淮南子曰糟丘生於象箸炮烙始於熱斗（許慎曰熱斗熨斗也爛人手遂作炮烙之刑也）

晉東宮舊事曰皇太子納妃有金塗熨斗二枚

魏武帝集上牋所得順帝賜物銅熨斗二枚

澡盤

魏武上雜物疏曰御物有純銀盤又有容五石銅澡盤也

杜預奏事曰澡盤熨斗民間要用

世說曰大將軍王敦至石崇家如厠還有數十婢曳羅縠擎金澡盤盛水琉璃盌盛澡豆因令著水調而飲之謂是乾飯群婢莫不大笑也

述征記云長安逍遥宫門裏有澡盤面徑丈二也

異苑曰中朝有人畜銅澡盤旦夕恒鳴張華曰與洛鍾宮商相諧故聲相應錯鑢之乃止

傅玄澡盤銘曰與其澡於水寧澡於德水之清猶可穢也德之興不可塵也

澡灌

四王起事曰惠帝征成都軍敗帝渴帳下齎五升銅灌就民家取水就灌飲之

齊書曰劉悛少與齊武欵好帝常至悛宅晝卧覺悛自奉金澡灌受四升水以沃盥因以與帝前後所納稱此

東宮舊事曰皇太子初拜有金塗澡灌一枚青絲三合繩一枚長二丈五尺

又曰皇太子納妃有金澡灌二枚

西域諸國志曰月支國有佛澡灌受二斗外許青石名羅勒色碧玉斑白受水無定隨其多少

惠遠法師澡灌銘序曰得摩羅偷石澡灌一枚故以此銘荅之

伏虎

周禮天官曰大尉掌王褻衣服凡褻器（鄭司農云褻器清器虎子也）

春秋後語曰智伯圍趙襄子於晉陽襄子大敗智伯軍殺智伯漆其頭以爲飲器（飲器虎子也）

史記曰匈奴破月氏王以其頭爲飲器

魏略曰蘇則爲侍中舊侍中親省起居故俗因謂執虎子

始蘇則同隱吉茂後見嘲之曰仕宦不已執虎子

録異傳曰吴時嘉興倪彦思忽有鬼魅其家能與人語飲食如人唯不見形思乃延道士逐之酒肴既設道士便擊鼓召請諸神魅乃取伏虎於神坐吹作角聲以亂音頃道士忽覺背中冷驚起解衣乃伏虎也

馬融遺令曰穿中不得下銅虎况它銅物

太平御覽卷第七百一十二

太平御覽卷第七百一十三

服用部十五

匣　匱　廚

匣

說文曰匣匱也

論語季氏曰孔子謂冉求曰虎兕出於匣

拾遺錄曰含塗國人善服鳥獸雞犬皆使之能言雞犬牛豕死者以玉爲匣埋海上其主遊戲海上於地中聞犬豕雞之聲主者猶識掘而取之還養如昔焉唯毛羽禿落久更悅弃

魏武帝上雜物疏曰銀鏤漆匣四枚

古歌曰流塵生玉匣

匱

說文曰匱櫝也匣也

論語子罕云韞櫝而藏諸求善價而沽諸櫝匱也

論語季氏曰龜玉毀於櫝中

左傳曰昭七年傳曰燕人歸燕姬以瑶甕玉櫝

國語曰夏之衰也褒人之神化爲二龍而言曰余褒之二君也夏后布幣而策告之龍亡而漦在櫝而藏之漦俟淄切龍涎也

王隱晉書曰甘卓家金匱鳴聲似槌鏡清而悲師言金匱將離是以悲鳴尋而卓下將軍周慮等承望敦意害卓

唐書曰王伾下劣闒茸不能如叔文有大志唯務金帛寶玩爲無門大櫃上開一孔使足以受物夫妻寢止其上

韓子曰楚人賣其珠於鄭者爲木蘭之櫝薰以桂椒綴以珠玉飾以玫瑰緝以翡翠鄭人買櫝而還珠未可謂善鬻珠也

李尤匱匣銘曰國有都邑家有匣匱貨賄之用我之利器

廚

魏略曰扈累字伯重京兆人常隨青牛先生先生字方正曉知星曆風角鳥情累得其術有婦無子後亦喪婦獨居道側以墫爲障施一廚牀食宿其中

晉陽秋曰顧愷之尤好丹青嘗以一廚畫寄桓玄悉糊題其前玄乃發廚後而取之封題如舊以還之愷之見封題如初但失其畫直云妙畫通靈變化而去猶人登仙也

沈約宋書曰收范曄家樂器服玩並皆珍麗妓妾亦盛飾母住止單陋唯有一廚盛樵薪

齊書曰衡陽王鈞母區貴人卒鈞哀毀甚先是貴人花釵廚子賜鈞以爲玩弄貴人亡後每歲時及朔望輒開櫃再拜鯁咽見者皆爲之悲

又曰陸澄當世稱爲碩學讀易三年不解文義欲撰宋書竟不成王儉戲之曰陸公書廚也

南史記謝弘微臨終語左右曰有二廚書須劉領軍至可於前燒之愼勿開也

拾遺錄曰郭況家富以玉器盛食故東京謂郭家爲瓊廚金屈

東宮舊事曰皇太子拜有柏書廚一梓書廚一

范寗教曰籍官之大信而比散在衆曹此不可也可令作十五籍廚一縣一廚

太平御覽卷第七百一十三

太平御覽卷第七百一十四

服用部十六

梳篦　刷　鑷

䰆　剔齒纖

梳篦

說文曰櫛梳枇揔名也

釋名曰梳言其齒踈也枇言其細相枇也

禮記曲禮上曰男女不同巾櫛

又王藻曰櫛用樿櫛髮晞用象櫛

左傳僖公中曰晉太子圉爲質於秦將逃歸請嬴氏曰與子歸乎對曰寡君之使婢子侍執巾櫛以固子也從子而歸弃君命也不敢從亦不敢言

漢書曰孝文帝遺匈奴繻袍梳枇各一也

續漢書曰李文德素善延篤謂公卿曰延篤有王佐之才欲引進之篤聞爲書止文德曰吾常昧爽櫛梳坐於客堂朝則誦虞夏之書歷公旦之典禮覽仲尼之春秋當此之時不知天之爲蓋地之爲輿愼勿迷其本棄其生也

魏志曰徐季龍取十三種物著大篋中使管輅占之輅先說雜子後道蠶蛹遂一一名之唯以梳爲枇耳

脩復山陵故事曰梓宮用象牙梳五枚后梓宮物象牙梳六枚瑇瑁梳六枚

東宮舊事曰太子納妃有瑇瑁梳三枚

盛弘之荊州記曰臨賀興安縣東邊有平石其上有櫛履各一具俗云越王渡溪脫履墜櫛於此

崔寔政論曰無賞罰而欲世之治是猶不畜梳枇而欲髮之治

物理論曰威行法明漏吞舟之魚法之不明則數於細櫛細櫛則奇慝生也

夢書曰夢梳枇爲憂解也虱盡去百病愈

傅咸櫛賦敘曰夫才之治世猶櫛之理髮

涂岑詩曰思見君巾櫛以弭我勞勲

蔡邕女誡曰用櫛則思其心之理

高文惠與婦書曰今致瑇瑁梳一枚

陸雲與兄機書曰按行視曹公器物梳枇皆在

四愁詩曰美人遺我旃檀梳

晉傅咸櫛賦曰我嘉兹櫛惡亂好理一髮不順實以爲耻雖日用而匪懈不告勞而自已苟以理而委任期竭力以沒齒

刷

說文曰荔草似蒲而小根可作刷

通俗文曰所以理髮謂之刷

釋名曰刷帥也帥髮長短皆令上從也

東宮舊事曰太子納妃有七猪鬣刷

嵇康養生論曰勁刷理髮僅乃得之

陸雲與機書曰按行視曹公器物刷膩處尚識

鑷

釋名曰鑷攝也攝取髮也

通俗文曰拔減髮鬚謂之鑷

說文曰作籋曰籋箝也

洞林曰卷縣令施安上懷鑷令郭璞射之璞曰此是鏡物有兩歧

沈約宋書曰彭城王義康餉沈熙光銅鑷

脩復山陵故事曰梓宮中用鐵鑊鑷五枚

臨海水土記曰鑷魚長七寸頭如鑷

齊書曰高祖恒令左右拔白髮隆昌王高祖之孫年五歲戲於牀前帝曰兒言我是誰荅曰太翁帝曰豈有爲人曾祖拔白髮乎即擲去鏡鑷

觿

說文曰觿角銳端可以解結

毛詩淇澳曰芄蘭之支童子佩觿（芄蘭草觿所以解結）

禮記內則曰子事父母左佩小觿金燧右佩大觿木燧

剔齒纖

陸雲與兄機書曰一日行曹公器物有剔齒纖今以一枚寄兄

太平御覽卷第七百一十四

太平御覽卷第七百一十五

服用部一十七

步搖　假髻　髲

步搖

釋名曰后首飾曰副副覆也以覆於首上有垂珠步則搖也

周禮曰王后首服爲副所以副首爲飾若今步搖也

續漢書輿服志曰皇后入廟步搖以黄金爲山題貫白珠桂枝相糾八爵九華熊虎赤羆天鹿辟邪

後漢書曰和熹鄧后賜馮貴人赤綬以未有步揺環佩各加賜一具

晉書曰慕容廆曾祖莫護跋魏初率其諸部入居遼西從宣帝伐公孫氏以功拜率義王始建國於棘城之北時燕代多冠步揺冠護跋見之乃斂髮襲冠諸部因呼之爲步揺其後音訛遂爲慕容焉

江表傳曰孫皓使尚方以金作步揺假髻以千數令宫人着以相撲朝成夕敗輙命更作

晉令曰步揺蔽髻皆爲禁物

西京雜記曰趙飛鷰爲皇后其女弟上遺黄金步揺

宋玉風賦曰主人之女垂珠步揺

梁沈靖妻沈氏步揺花詩曰珠花縈翡翠寶葉間金瓊剪荷不似製爲花如自生低枝拂衣領微步動揺英

假髻

周禮曰追師掌王后首服爲副

鄭玄云副婦人首飾三輔謂之假髻

東觀漢記曰章帝詔東平王蒼惟王孝友之德令以光烈皇后假髻帛巾各一衣一篋遺王可時瞻視以慰凱風寒泉之思

晉中興書徵祥説曰太元中公主婦女緩鬢假髻以爲盛飾用髮豐多不可恒戴乃先於籠上扶之名曰假髻或名假頭至於貧人不能自辦自號無頭就人借髻後孫恩桓玄之亂死者万計被戮之家多亡頭首至大斂時皆以藤縛菰草爲頭是假髻之應也○晉令曰士卒百工不得着假髻

髲

釋名曰髲被也髲少者得以被助其髮也

詩曰鬒髮如雲不屑髢也髢髲也

傳曰衛莊公自城上見戎州巳氏之妻髮美使髡之以爲吕姜髢後爲巳氏所殺也

呉志薛綜上事云漢時朱崖叛以長吏覩其人好髮髡取爲髲故百姓怨叛

南越志曰開安縣出頭髲

異苑曰琅琊費縣民家恒患失物作繩彄施穿穴口因繫得一髲長三尺許後不復失物

太平御覽卷第七百一十五

太平御覽卷第七百一十六

服用部一十八

手巾　絮巾

手巾

漢名臣奏曰王莽斥出王閎太后憐之閎伏泣失聲太后親自以手巾拭閎泣

英雄記曰在尊者前宜各具一手巾不宜借人巾用

江表傳曰孫權尅荆州將吏悉皆歸附而潘濬涕泣交横慰勞與語使親近手巾拭其面

東宮舊事曰太子納妃有百濟白手巾也

廣志曰炎州以火浣布爲手巾

博物志曰魏文帝善彈碁能用手巾角

竹林七賢論曰王戎雖爲三司率尔私行巡省園田不從一人以手巾插𪏭戎故吏多大官相逢輒下道避之

名山略記曰鬱州道祭酒徐誕常以治席爲事有吳人姓夏侯來師誕忽暴病死終冬涉春有長沙門從北來於道中見夏侯云被崑崙召不得辭師寄手巾爲信誕得手巾乃本所送入棺者○志怪曰會稽人吳詳見一女子溪邊洗脚呼詳共宿明旦別去女贈詳以紫巾詳答以白布手巾

神仙服食經曰伏苓如拳者着手巾中百鬼消滅

秦嘉婦與嘉書曰今奉越布手巾二枚

絮巾

漢書儀曰皇后親蚕絲絮織室作祭服皇后得以作絮巾

魏畧曰趙岐避難至北海着絮巾市賣餅

鄴中記曰石虎皇后出以女騎一千爲鹵簿冬月皆紫綸巾

博物志曰蜀人以絮巾爲帽絮

太平御覽卷第七百一十六

太平御覽卷第七百一十七

服用部一十九

鏡　鏡臺　奩
合　多羅　嚴器

鏡

釋名曰鏡景也有光景也

廣雅曰鑒謂之鏡

玄中記曰尹壽作鏡

大戴禮曰武王踐阼鏡之銘曰見爾前必慮爾後

尚書帝命期曰桀失其玉鏡用之噬虎（鄭玄注曰鏡喻清明之道虎喻暴也）

尚書考靈耀曰秦失金鏡魚目入珠（金鏡喻明道也始皇不韋子詐亂真也）

詩鄘柏舟曰我心匪鑒不可以茹（鑒所以察形茹度也）

漢書東方朔傳曰郭舍人曰四銖緇文章皆有組索兩人相見朔能知之為上客朔曰此玉之瑩石之精表如日光裏如衆星兩人相觀見相知情此名為鏡

魏略曰夏侯惇從征呂布為流矢所中傷左目時夏侯淵俱為將軍軍中號惇為盲夏侯惇惡之每照鏡恚發輒撲鏡着地

蜀志曰張裕曉相術每舉鏡視面自知刑死未嘗不撲之于地

沈約宋書曰劉敬宣八歲喪母四月八日敬宣見衆人灌佛乃拔頭上金鏡以為母灌因悲泣不勝

又曰郡仲文在東陽照鏡而不見其頭面旬日而戮

又蕭方等三十國春秋曰甘卓將被誅引鏡不見其頭

又曰慕容垂攻鄴苻丕遣其從弟龍請救乃遺謝玄青銅鏡黃金宛轉繩等以為之信

齊書曰綦母珍之有一銅鏡背有三公字常語人云徵祥如此何患三公不至

又曰陸慧曉遷太子洗馬廬江何點常稱慧曉心如照鏡遇形觸物無不朗然

梁書曰王珍國武帝起兵東昏召珍國以衆還都使出屯朱雀門為王茂所敗及入城密遣郗纂奉明鏡獻誠於梁帝帝斷金以報之後侍宴帝曰卿明鏡尚存昔金何在珍國曰黃金謹在臣不敢失墜○又曰到溉子鏡字圓照初在孕其母夢懷鏡及生因以名焉

隋書曰文帝委任高熲後右衛將軍龐晃及將軍盧賁等前後短熲於上上怒之皆被疎黜因謂熲曰獨孤公猶鏡也每被磨瑩皎然益明

唐書曰太宗謂群臣曰夫以銅為鏡可以正衣冠以古為鏡可以知興替以人為鏡可以明得失朕常保此三鏡以防己過今魏徵徂逝遂亡一鏡矣

莊子曰至人之用心也若鏡不將不迎應而不藏故勝物而無傷

符子曰心能善知人如明鏡善自知者如淵蚌鏡以曜明故鑒人蚌以含珠故內照

韓子曰古之人目短於自見故以鏡觀面智短於自知故以道正己鏡無見疵之罪道無明過之惡面失鏡則無以正鬚眉身失道則無以知迷惑

呂氏春秋曰人之阿甚矣而無所鏡其殘亡無日矣孰當可鏡其唯士人乎鏡明己也細士明己也大

淮南子曰明鏡之始朦然未見形容也及扶之以玄錫磨之以白旃則鬢眉微毛可得而察

又曰鏡便於照形承食不如竹簞

又曰聖人若鏡不將不迎（將送也）應而不倡故萬化無傷其得之乃失之也

又曰高懸大鏡坐見四隣（取大鏡高懸坐中水見見四隣）

又曰人莫鑒於沫雨而鑒於止水者以其靜也（沫雨潦上沫起言其濁擾也）莫窺形於生鏡而窺形於明鏡者以其易也

抱朴子內篇曰或問知將來吉凶為有道乎答曰用鏡九寸自照有所思存七月則神仙千里事也明鏡用一或二謂之日月或用四謂之四規鏡

又曰萬物之老者其精皆能假託人形以炫人於鏡中不能易其真形是以入山道士以明鏡徑九寸懸於背有老魅未敢近或後來者視鏡中其是仙人及山中好神者鏡中故如人形

蜀王本紀曰武都大夫化為女子蜀王娶以為夫人無幾物故葬於武都以石作鏡一枚表其墓

魏名臣高堂隆奏曰陽符一名陽燧取火於日陰符一名陰燧取水於月並八銅作鏡名曰水火之鏡

東宮舊事曰皇太子納妃有着衣大鏡尺八寸銀花小鏡尺二寸漆匣盛蓋銀華金薄鏡二枚銀龍頭受福蓮華鈎鑷四副

魏武帝上雜物疏曰御物有尺二寸金錯鏡一枚皇太子雜純銀錯七寸鐵鏡四枚貴人至公主九寸鐵鏡四十枚

鄴中記曰石虎三人臺及內宮中鏡有徑二三尺者純金蟠龍雕飾

世說曰晉孝武將講孝經謝公兄弟與諸人私相講習車武子苦問謝謂袁羊曰不問則德音有遺多問則重勞二謝袁曰何嘗見明鏡疲於屢照

益部耆舊傳曰杜真孟宗周覽求師經歷郡邑資用將乏磨鏡自給

南蠻獠人俗曰諸婚姻以奴婢一人為娉無奴婢以銅鏡當人婢

吳興郡記曰臨安縣東石鏡山山東有石鏡一徑二尺四寸甚清亮

山謙之尋陽記曰廬山東面有一石若鏡懸崖明淨照見人形。海內士品曰徐孺子嘗事江夏黃公黃公薨往會其葬家貧無以自致賫磨鏡具自隨賃磨取資然後得前既至祭而退。荀悅申鑒曰君子三鑒鑒乎前鑒乎人鑒乎鏡前惟訓人惟明商德之衰不鑒於湯禹也周秦之弊不鑒於群下也側弁垢顏不鑒於明鏡也

古今注曰平帝元始三年延陵西園神寢內御户座前大鏡皆清液如汗水出狀

西京雜記曰高祖入咸陽宮周行府庫有方鏡九寸表裏明人直來照之影則倒見以手捫心而來即腸胃五藏歷然無礙人有病在內則掩心而照之即知病之所在女子有邪心則膽張心動秦始皇帝以照宮人膽張心動者則殺之

又曰宣帝被收繫郡邸獄臂上猶帶史良娣合綵婉轉絲繩繫身毒寶鏡一枚如八銖錢舊傳此鏡照見妖魅佩之者為天神所福宣帝從危獲濟及紹大位每持此鏡感咽移辰帝崩鏡不知所在

拾遺錄曰周穆王時渠國貢火齊鏡廣三尺六寸闇中視物如晝人向鏡語鏡中則響應之也

又曰周穆王時有如石之鏡此石色白如月照面如雪謂之月鏡

又曰方丈山池泥百鍊成金鏡色青可照魑魅

洞冥記曰望蟾閣上有青金鏡廣四尺元光年中祇國獻此鏡照見魑魅百鬼不能隱形

列仙傳曰負局先生負石磨鏡局徇吳中衒磨鏡得一錢因磨之

神仙傳曰河東孫博能引鏡爲刀屈刀爲鏡

劉根別傳曰思形狀可以長生以九寸明鏡照面熟視之令自識已身形常令不忘久則身神不散疾患不入

搜神記曰孫策既殺于吉每獨自坐髣髴見在其左右引鏡自照見在鏡中因撲大叫瘡皆裂須臾而死又吳曆曰策爲許貢客所傷引鏡自照曰面如此當可復建功立事乎因椎几大叫瘡裂衣而卒

續搜神記曰文獻（文獻王道謚）曾令郭璞筮已一年中吉凶璞曰當有小不吉利可取廣州二大甖盛水置床帳二角名曰鏡耗以厭之某時撤甖去水如此其災可消至日忘之尋失銅鏡不知所在後撤去水乃見所失鏡在於甖中甖口數寸鏡大尺餘王公後令筮鏡甖之意璞云撤甖違期故致此妖邪魅所爲無他故也使燒車轄以擬鏡立出

又曰林慮山下有一亭人過宿者或病或死常云十許男女各雜衣或白或黑輒來爲害有郅伯夷者過宿於此獨坐誦經忽有十餘人來與伯夷並坐因共蒲博於是伯夷密以鏡照之乃是一群犬因執燭而起佯誤以燭燒其衣毛乃樵伯夷懷刀投一人中之遂死成犬餘悉走去

神異經曰昔有夫婦將別破鏡人執半以爲信其妻與人通其鏡化鵲飛至夫前其夫乃知之後人因鑄鏡爲鵲安背上自此始也

幽明録曰宮亭湖邊傍山門有石數枚形圓若鏡明可以鑑人謂之石鏡後有行人過以火燎一枚至不復明其人眼乃失明

地鏡圖曰欲知寶所在地以大鏡夜照見影若光在鏡中者物在下也

風角要占曰厭盜賊法三月以小形銅鏡七枚埋於中地秤七百斤土覆之坎深二尺五寸廣二尺五寸築令堅固

孟達與劉封書曰天地初生如鏡

陸機與弟雲書曰仁壽殿前有大方銅鏡高五尺餘廣三尺二寸立着庭中向之便寫人形體了了亦怪也

秦嘉與婦徐淑書曰頃得此鏡既明且好形觀文藻世所希有意甚愛之故以相與明鏡可以鑒形淑荅書曰今君

征未旋鏡將何施行明鏡鑒形當待君至

傅咸鏡賦曰從陰位於清商採秋金之剛精醮祝融以致度命歐冶而是營睎日月之光列儀服象乎耀靈

鏡臺

世說曰溫嶠爲劉越石長史北討劉聰得玉鏡臺嶠從姑劉氏有女美嶠有意自媒數日乃下玉鏡臺姑喜既婚交禮女曰我固疑是老奴果如所卜也

三國典略曰胡太后使沙門靈昭造七寶鏡臺合有三十六戶每室別有一婦人手各執鏁才下一關三十六戶一時自閉若抽此關諸門皆啓婦人各出戶前

魏武雜物疏曰鏡臺出魏宮中有純銀參帶鏡臺一純銀七貴人公主鏡臺四

晉東宮舊事曰皇太子納妃有玳瑁鈿鏤鏡臺一
宋起居注曰元嘉中韋朗爲廣州刺史作銅鏡臺一具御
史中丞劉禎請以事追免朗官
謝朓詩曰玲瓏類丹檻孤高似玄闕對鳳臨清水乘龍掛
明月照粉拂紅粧插花理雲鬢玉顏徒自見畏見君情歇
古詩曰珊瑚掛鏡爛生光

奩

後漢書曰陰太后崩明帝性孝愛追慕無已謁原陵帝從
席前伏御牀視太后鏡奩中物感慟悲涕令易脂澤裝具
左右皆泣莫能仰視焉
拾遺記曰陰貴人食瓜美帝使求之時有燉煌獻異瓜云
是空峒靈瓜又常山獻巨桃及后崩侍者見鏡奩中有瓜
桃之核視之涕零也

列仙傳曰朱崖令死當還法內珠於關者死其繼母棄其
繫臂珠其男年九歲好之置鏡奩中皆不知也至海關吏
收得十枚乃母子爭死吏遂棄而遣之事具關門
語林曰范汪至能噉梅人致一斛奩噉須臾盡也
蔡邕表曰賜鏡奩等前後重疊父母於子無以加此
魏武上雜物疏曰純銀藻豆奩純銀括樓奩
孫仲奇妹臨亡書曰鏡與粉盤與郎香奩與若欲令其行
身如明鏡純如粉譽如香

合

宋元嘉起居注曰廣州刺史韋朗被彈事有金鏤合二枚
銀鏤合二枚。劉向別傳曰向有合賦
祖台之志怪曰吳中有王大夫行至曲阿回塘上有一女
子便留住宿解臂上金合繫其肘下令暮更來遂不至更
使尋求都無女人過猪欄邊見猪鉀有合

多羅

纂文曰多羅粉器
扶南傳曰扶南國王以純金多羅遺毗騫王

嚴器

魏武內嚴器誡令曰孤不好鮮飾嚴具用新皮葦笥以黃
葦緣中遇亂世無葦笥乃更作方竹嚴具以皂韋衣之麤
布裹此孤平常之用者也內中婦曾置嚴具于時爲之推
壞今方竹嚴具緣漆甚華好。魏武上雜物疏曰油漆畫
嚴器一純金參帶畫方嚴器一。齊書曰宜都王鏗鎮姑
熟于時人發桓溫女冢得金巾箱織金篾爲嚴器條以啟
聞鬱林敕以賜之鏗曰今取往物後取今物如此循環尔
豈可不熟念使長史蔡約自往脩復纖毫不犯

北史后妃傳曰舊儀司飾三人掌簪珥花嚴
脩復山陵故事曰梓宮用嚴器五具馬齒嚴器五具
汝南先賢傳曰戴良嫁女以笥爲嚴器
秦嘉婦與嘉書曰今奉嚴器中物幾具
陸雲與兄機書曰按行視曹公器物嚴器方六七寸高四寸

太平御覽卷第七百一十七

太平御覽卷第七百一十八

服用部二十

笄　釵　鑷釵類

璫珥　釧跳脫　指環

笄

釋名曰笄係也所以拘冠使不墜也

三禮圖曰笄簪也士以骨大夫以象詩曰君子偕老副笄六珈副后夫人之首飾編髮爲之珈笄飾之最盛者

白虎通曰男子幼娶必冠女子幼嫁必笄禮曰女子許嫁笄而字

國語曰司馬子期欲以妾爲內子內子卿之嫡妻訪於左史倚相曰吾有妾而愿欲笄之倚相止之

又曰范文子暮退於朝武子曰何暮也對曰有秦客廋辭於朝廋隱也大夫莫之能對也吾知三焉解其三事武子怒曰大夫非不能也讓父兄也尒童子而三掩人於朝吾不在晉國亡無日矣擊之以杖折其委笄

春秋後語曰趙襄子之姉爲代王夫人襄子併代殺王平其地其姉聞之泣而呼天磨笄自殺代人憐之名其地爲磨笄山○齊淳于髡十酒說曰羅襦排門翠笄窺牖

釵

釋名曰釵枝形也因名之也爵釵者釵頭施爵

曹植美女篇曰頭揷金爵釵

續漢書曰靈帝時江夏黄氏毋浴而化爲黿入于深淵其後人時見出浴簪一銀釵猶在其首

又輿服志曰貴人助蠶瑇瑁釵

江表傳曰魏文帝遣使於吳求玳瑁一點釵群臣以爲非禮咸[illegible]不與孫權勑付使者

晉記云王逵妻衛氏太安中爲鮮卑所掠路由章武臺留書幷釵釧訪其家

晉令曰六品下得服金釵以蔽髻○又曰女奴不得服銀釵○晉山陵故事曰后服有瑇瑁釵三十隻

沈約宋書曰泰始三年以皇后巳下六宮金釵千枚班賜北征將士

列女傳曰梁鴻妻孟光荆釵布裙

洞冥記曰元鼎元年起招靈閣有神女留一玉釵與帝帝以賜趙婕妤至昭帝元鳳中宮人猶見此釵共謀欲碎之明旦視之匣唯見白鷰直升天去故宮人作玉釵因改名玉鷰釵言其吉祥

拾遺録曰漢獻帝爲李傕所敗帝傷指伏后以纁紱拭血刮玉釵以拂於創應手則愈

又曰魏文帝納美女薛靈芸有獻火珠龍鸞釵帝曰珠翠尚不能勝況龍鸞之重乎

又曰魏明帝時昆明國貢嗽金鳥鳥常吐金屑如粟用飾釵珮謂之辟寒金宮人相朝曰不服辟寒金那得帝王心

又曰石季倫愛婢翔風別玉聲金色爲倒龍之佩縈金爲鳳冠之釵言刻玉如倒龍之勢鑄金象鳳皇之狀結袖繞楹舞於晝夜使聲聲相接謂之恒舞欲有所召者不呼姓名悉聽珮聲視釵色玉輕聲者居前金色艷者居後以爲行次而進也○華陽國志曰涪陽大龜其甲可卜其緣可作釵世號靈釵○裴淵廣州記曰晏富女子以金銀爲大釵執以叩銅鼓號爲銅鼓釵

崔豹古今注曰蟠龍釵梁冀婦所制

異苑曰吴郡有徐君廟東陽長山縣吏李瑫義熈中遭事在都婦過廟乞恩拔銀釵爲願未至富陽有白魚跳婦前剖腹得所願釵夫事尋解

幽明録曰尋陽恭軍夢一婦人前跪自稱先葬近水淪没誠能見救雖不能富貴可令君薄免禍衆軍荅曰何以爲誌婦人曰君見渚邊上有魚釵即我也衆軍明旦覔果見一毁墳其上有釵移置高燥處却十餘日衆軍行至東橋牛奔直趣水垂墮忽轉正得無恙也

録異傳曰吴人費季客賈去家與諸賈人語曰吾臨行就婦求金釵婦與之吾乃置户楣上忘白婦說妻夢見季死前金釵在户上妻取得發哀一年季却還

神仙占曰頭上着釵夜卧墮靴履中者婦人與外夫殺之

司馬相如美人賦曰玉釵掛臣冠羅袖拂臣衣

黄香九宫賦曰剥駭雞以爲釵（駭雞犀也）○古歌辭曰頭上金釵十二行足下絲履五文章○陳司馬美女篇曰頭戴金雀釵腰帶珮翠琅玕○崔瑗三子釵銘曰元正上日百福孔靈鬒髮如雲乃象衆星三珠横釵擿嬫讃靈

魏陳思王美女篇曰頭戴合歡釵

梁陽濟泄井得金釵詩曰昔日倡家女摘華露井邊摘華還自比插映還自憐窺窺終不已笑笑自成妍寶釵於此落從來非一年翠羽成泥去金色尚如先此人今不在此物今空傳

秦嘉與婦淑書曰今致寶釵一雙價直千金可以耀首淑荅曰未奉光儀則寶釵不設○靈怪曰吴興妖童贈謝府君詩曰玉釵空中墜金鈿色已歇獨泣謝春風良夜辜明月

鑷（釵類）

齊書曰文安王后爲皇太子妃無寵太子爲宫人製新麗衣裳及首飾而后牀惟陳故古舊釵鑷數枚

又曰周盤龍爲右將軍建元元年魏攻壽春以盤龍爲軍主假節助豫州刺史桓崇祖拒魏大破之上聞之喜下詔美稱送金釵鑷二十枚與其愛妾杜氏

王仲宣七釋曰載明中之羽雀雜華鑷之威蕤

孔偉七别曰長袖隨腕而遺耀紫鑷承鬒而騁輝

璫珥

說文曰珥瑱也瑱以玉充耳也

釋名曰瑱鎮也懸璫耳旁不欲使人妄聽自鎮重也此本出於蠻夷蠻夷婦女輕浮好走以此璫錘之也今中國倣之也

風俗通曰耳珠曰璫

周書曰武王馳紂商師大崩帝辛登廩臺取天知玉珥及鹿玉衣身以自焚鹿玉則銷天知珥在火中不銷

詩曰玉之瑱也象之揥也（瑱塞耳也）

又曰有匪君子充耳琇瑩（琇瑩美玉）

傳曰夏齊侯將納公（魯昭公也）命無受魯貨申豐從女賈以幣錦二兩縛一如瑱適齊充耳也縛卷也急卷使如充耳易懐藏

史記曰淳于髡謂齊威王曰前有墮珥後有遺簪此可飲八斗

又曰武帝譴責鈎弋夫人夫人脱簪珥叩頭

魏書曰卞太后性約儉不尚華麗無文繡珠玉器皆黑漆太祖嘗得名璫數具命后自選一具后取其中者太祖問其故對曰取其上者爲貪取其下者爲詐故取其

中者耳
異録曰袁慱出遊其女菜得壞墟齊瑠珥百枚於是
封上之詔以賜慱也
晉令曰士卒百工不得服真珠璫
又諸葛恪別傳曰范愼不　馬耳璫恪荅曰毋之於女
天下至親穿耳附珠何傷於仁
戰國策曰齊王夫人有七美珥
韓子曰齊威王夫人死有十孺子所窺者九十人薛公欲知所
立人爲十王珥而美其一獻於王以付十孺子明曰視
美珥所在乃立之
西京雜記曰趙飛鷰爲皇后其女弟上遺合浦圓珠珥
夢書曰珠珥爲人子之所貴夢得珠珥得子也
魏陳思王洛神賦曰不江南之明璫

劉楨魯都賦曰含册吮素巧笑妍詳揷曜日之弁珥明
月之璫繁欽定情詩曰何以致區區耳中雙明珠
王粲七釋曰抗照夜之明璫煥熠爚以垂暉
傅玄七謀曰佩崑山之美玉珥南海之明璫

釧 跳脫附

通文俗曰環臂謂之釧
東宮舊事曰皇太子納妃有金釧二雙
祖台之志怪曰建安中河間太守劉照夫人卒於府後太
守至夢見一好婦人就爲室家持一雙金鏆古奐切與太
守不能名婦人乃曰此鋄所切志鏆鋄鏆者其狀如紐珠
大如指屈伸在人太守得置枕中前太守迎喪言有鋄
鏆開棺視夫人臂果無復有鋄鏆焉
甄異記曰樂安章沉病死未殯而蘇云被録到天曹主
者是其外兄斷理得免見一女同時被録乃說金釧二
雙記沉以與主者亦得還遂共讌接女云家在吳姓徐名
秋英沉後尋問遂得之女父母因以女妻沉
高文惠與婦書曰今致金鏆一雙
交州記曰波斯王以金釧聘斯調王女也
唐書曰交河王麹崇裕兄昭少好學嘗有鬻異事書於市
者其母將爲買之搜索家財不足其價唯篋中有金釧數
枚旣而歎曰何愛此物令吾子不有異聞乎促令貿易此
書昭後歷位司膳卿頗以詩詠流譽
繁欽定情詩曰何以致契闊繞臂金跳脫

指環

春秋繁露曰紂刑鬼侯之女取其環
五經要義曰古者后妃群妾禮御於君所

女史書曰授其環以進退之有娠則以金環退之當御者
以銀環進之進者着於左手陽也以當就男故着左手右
手陰也旣御而復故此女史之職
漢書儀曰宮人御幸賜銀環
後漢書曰孫程等十九人立順帝有功各賜金指釧環
晉書曰羊祜年五歲令乳母取所弄王環乳母曰汝先無
此物祜乃於隣人李氏東墻桑樹中探得之李氏見驚曰
余亡兒所失物也乳母具言前事李氏悲惋時人異之李
氏之子即羊祜前身也
又曰傅暢年五歲父友見而戲解暢衣取其金環與左右
暢不惜以此賞之後選入侍講東宮
宋書曰西南夷元嘉七年遣使獻金剛指環
梁書曰武丁貴嬪武帝鎮樊城嘗登樓以望見漢濱五彩

如龍丁有女子臂繞紞則貴嬪也帝贈以金環納之時年十四

後魏書曰咸陽王禧弟樹字秀和位宗正卿後奔梁武帝尤器之後復歸魏初辭梁其愛妹玉兒以金指環與樹常着之寄以還梁表必還之意朝廷知之俄而賜死

拾遺録曰吴王潘夫人以火齊指環挂石榴枝上因其處臺名曰環榴臺時有諫者云今吴蜀爭雄還劉之名將爲妖乎權乃翻其名爲榴還臺也

西京雜記曰戚姬以百鍊金爲彄照見指上骨惡之以賜侍兒

益部耆舊傳曰劉寵喪毋時危亂墳墓發傷寵乃矯毋令家貧無財唯有手上金環賣造墓供送免發掘

西戎傳曰大宛國人深目多鬚娶婦人以金同心指環爲聘

外國雜俗曰諸問婦許婚下金同心指環保同志不改

林邑記曰林邑王獻金指環於吴主

胡俗傳曰始結婚姻相然許便下金同心指環

扶南傳曰扶南有訟者責水令沸以金指環投湯中然後以手探湯其直者手不爛有罪者入湯即燋

茅君傳曰句曲山上有神芝五種求之法當以三月登山賫金環二雙啓以奉誓如此者三以爲盟也必得芝草投環於石間志頓念

集靈記曰王譚琅耶人也仕梁爲南康王記室亡後數年妻子困於衣食歲暮譚見形謂婦曰卿困之衣食妻因與之酒別而去譚曰我若得財物當以相寄後月小女探得金指環一隻

甄異傳曰沛郡秦樹義熙中至曲阿村日暮失路遠見火光投之屋有少女因寄宿曉臨別女以指環與樹樹去迴顧乃是冢焉

太平御覽卷第七百一十八

太平御覽卷第七百一十九

服用部二十一

粉　黛　脂澤

燕支　的　花勝

粉

釋名曰粉分也研米使分散也經粉貞赬切粉者赤也染粉使赤以着頰也

墨子曰禹造粉

博物志曰紂燒鉛錫作粉

漢書曰廣川王去疾幸姬陶望卿去疾后昭信謂去疾曰前畫工畫望卿袒裼傅粉疑有姦

又曰惠帝侍中皆傅脂粉

續漢書曰順帝時所除官多不次李固奏免百餘人此等既怨共作飛章誣固曰大行在殯路人掩涕固獨胡粉飾貌搔頭弄姿盤旋偃仰曾無惨怛之心

魏書曰何晏自喜動靜粉白不去手行步顧影

魏略曰邯鄲淳詣臨淄侯植時天暑植取水浴以粉自傅科頭胡舞擊劍誦小說顧謂淳曰邯鄲生何如也

韓子曰若毛嬙西施之美麗無益吾面用脂澤粉黛則倍其初言先王仁義無益於治明法度必賞罰則國之脂澤粉黛

淮南子曰漆不厭墨粉不厭白

抱朴子曰或問涉海之法荅曰先於川次破雞子一枚以少粉雜香末合攪水中則不畏風波

又曰民不信黃丹及胡粉是化鉛所作

神仙傳曰眞人南極子能含粉成雞子吐之數十枚煑之雞子黃中皆有少粉也

華陽國志曰巴郡江西縣有清水穴巴人以此水為粉則皜曜鮮芳嘗貢京師名為粉水

扶南傳曰頓遜國有磿夷花末之為粉大香

夢書曰婦人夢粉飾為懷姙

神農本草曰粉錫一名鮮錫

語林曰石崇厠置甲煎粉沉香汁之屬

漢官儀曰省中以胡粉塗壁

鄴中記云石虎以胡粉和椒塗壁曰椒房

宋玉登徒子賦曰着粉太白施朱太赤

蔡邕女誡曰弘粉則思其心之鮮

曹植樂府曰御巾粉於君傍中有霍納都梁

傅長虞感涼賦曰珠汗隕於玉躬粉附身而沾凝

黛

說文作黱畫眉也黱與黛同

釋名曰黛代也滅去眉毛以此代其處也

通俗文云染青石謂之點黛

後漢書曰明德馬后眉不施黛獨左眉角小缺補之如粟

宋起居注曰河西王沮渠蒙遜獻青雀頭黛百斤

楚詞曰粉白黛黑施芳澤長袂拂面善留客

脂澤

釋名曰澤人髮恒枯瘁以此濡澤之脣脂以丹作象脣赤也

廣志曰面脂魏興已來始有之

漢書曰翁伯販脂而傾縣邑

又曰孔奮為姑臧長清儉人或譏之以身處脂膏不能自

潤

北史后妃傳曰晉舊儀典櫛三人掌宮中櫛膏沐

世說曰江淮以北謂面脂爲面澤

蔡邕女誡曰傅脂則思其心之和澤鬈則思其心之潤

馮衍集曰衍與婦弟任武達書曰惟一婢武所見頭無釵澤面無脂粉

燕脂

博物志曰作燕支法取藍藹（遶坍婁）擣以水洮去黃汁作十餅如手掌着濕草卧一宿便陰乾欲用燕支以水浸之三四日以水洮赤黃汁盡得赤汁而止也

西河舊事曰祁連山焉支山宜畜養匈奴失此二山乃歌曰失我祁連山使我六畜不蕃息失我焉支山使我婦女無顏色

崔豹古今注曰燕支葉似薊花似蒲公出西方土人以染名爲燕支中國人謂紅藍以染粉爲婦人面色謂爲燕支粉也

習鑿齒與燕王書曰此下有紅藍足下先知之不北方人採取其花染緋黃挼其上英者作燕支婦人用爲顏色可愛

班固曰匈奴名妻作閼氏言可愛如燕支

的

釋名曰以丹注面曰的的灼也此本天子諸侯有羣妾者以次進御有月事者止不御重不口說故注此於面灼然而識也

王粲神女賦曰施華的結羽釵

傅玄鏡賦曰珥明璫之迢迢點雙的以發姿

花勝

釋名曰花勝草化也言人形容正等着之則勝

續漢書與服志曰皇后入廟爲花勝上爲鳳皇以翡翠爲毛羽下有白珠垂金縎鑷橫簪之

山海經曰西王母梯几戴勝

符瑞圖曰金勝者仁寶也不斲自成光若明月

晉中興書曰一名金稱援神契曰神靈滋液百珎寶用有金勝晉孝武時陽穀氏得金勝一枚長五寸形如織勝

太平御覽卷第七百十九

太平御覽卷第七百二十

方術部一

養生

易曰天地之大德曰生

傳曰君子有四時朝以聽政（聽國政）晝以訪問（問可否）夕以脩念（念所施）夜以安身於是節宣其氣（宣散也）勿使有所壅閉湫（子小切）底（音止）以露其體（湫集也底滯也露羸也宣之則血氣集滯而體羸露）茲心不爽而昏亂百度（茲此也爽明也百度百事之節）

老子養生要訣曰一人之身一國之象胷臆之設猶宮室也支體之位猶郊境也骨節之分猶百川也腠（七搆切）理之間猶四衢也神猶君也血猶臣也氣猶民也故志人能理其身亦猶明君能治其國夫愛其民所以安其國愛其氣所以全其身民弊即國亡氣衰即身謝是以志人上士當施醫於未病之間不追修於既敗之後故知國難保而易喪氣難清而易濁審機權可以安社稷制嗜慾可以保性命若能攝生者當先除六害然後可以延駐何名六害一曰薄名利二曰禁聲色三曰廉貨財四曰損滋味五曰屏虛妄六曰除疽妬六者若存則養生之道徒設耳蓋未見其有益也雖心希妙理口念真經咀（才與切）嚼英華呼吸景象不能補其促矣誠者所以保和全真當須少思少念少笑少言少喜少怒少樂少愁少惡少好少事少機夫多思則神散多念則心勞多笑則臟腑上翻多言則氣海虛脫多喜則膀胱納客風多怒則腠理奔浮血多樂則心神邪蕩多愁則頭面燋枯多好則氣智潰溢多惡則精爽奔騰多事則筋脉乾急多機則智慮沉迷茲乃伐人之生甚於斤斧蝕人之性猛於豺狼無久行無久坐無久立無久臥無久視無久聽不飢強食則脾勞不渴強飲則胃脹體欲少勞食欲常少勞則勿過少勿令虛冬則朝勿虛夏則夜勿飽早起不在雞鳴前晚起不過日出後心內澄則真人守其位氣內定則邪物去其身行欺詐則神悲行爭競則神沮輕侮於人當減筭殺害於物必傷年行一善則魂神歡搆一惡則魄神喜魂神欲人生魄神欲人死常欲寬泰自居恬惔自守則神形安靜災病不生仙錄必書其名死籍必消其咎養生之理盡在此矣至於鍊瓊丹而補腦化金液以留神此上真之妙道非食穀啗血越分而修之萬人之中得者殊少深可誡焉

莊子曰善養生若牧羊視其後者而鞭之周威公曰何謂曰魯有單豹者巖居而谷飲不與民共利行年七十而猶有嬰兒之色不幸遇餓虎殺而食之有張毅者高門縣薄無不走也行年四十而有內熱之病以死豹養其內而虎食其外毅養其外而病攻其內此二子者皆不鞭其後者（夫守一方之事至於過理者不及於會通之適者鞭其後者去其不及耳）

又曰養形必先無物物有餘而形不養者有之矣有生必先無離形形離而生亡者有之矣其來不能却其去不能止也悲夫世之人以為養形足以存養形神清果不足以存生

文子曰太上養神其次養形神清意平百節皆寧養生之本也肥肌膚充腹腸開嗜欲養生之末也（淮南子同）

韓子曰神不注於外則身全身全之謂得得者得身也

呂氏春秋曰凡生之長也順之也使生不順者欲也故聖人必先適欲（適節也）室大則多陰臺高則多陽多陰則蹷多陽則痿（蹷逆寒疾也痿躄不能行也）此陰陽不適之患也是故先王不處大室

不爲高臺味不衆珍衣不燀（之善切）熱燀熱則理塞（脈理閉結）理塞則氣不達味衆珍則胃充胃充則中大鞔（音懣懣也）中大鞔則氣不達以此求長生其可得乎昔先聖王之爲苑囿園池也足以觀望勞形而已矣其爲宮室臺榭也足以辟燥濕而已矣其爲輿馬衣裘也足以逸身煖骸而已矣其爲飲食酏（音移）醴也足以適味充虛而已矣其爲聲色音樂也足以安性自娛而已矣此五者之所以養性也非好儉而惡費也節乎性也

又曰天生陰陽寒暑燥濕四時之化萬物之變莫不爲利莫不爲害聖人察之以便生故精神安乎形而年壽長焉長也者非短而續之者也畢其數也畢數之務在去乎害何謂去害大甘大酸大苦大辛大鹹五者充形則生害矣大喜大怒大憂大恐大哀五者接神則生害矣大寒大熱

大燥大濕大風大霧六者動精則生害矣（諸言大者皆謂過制）故凡養生莫若知本（知本則疾）無由至矣

又曰湯問伊尹曰欲取天下若何伊尹曰欲取天下天下可取身將先取（身先爲天下所取也）凡事之本必先治身嗇其大寶（大寶身也）用新弃其陳湊理遂通精氣日新邪氣盡去及其天年此之謂眞人昔先聖王成其身而天下成治其身而天下治故善響者不於響於聲善景者不於景於形爲天下者不於天下　於身詩曰淑人君子其儀不忒其儀不忒正是四國言正諸身也故反道而身善矣行義而人善矣

淮南子曰君子行正氣不行邪氣內便於性外合於義循理而動不繫於物而者正氣也推於滋味淫於聲色發於喜怒不顧後患者邪氣也邪與正相傷欲與性相害不可兩立一植一廢故聖人損欲而從事於性凡治身養性節寢處適飲食和喜怒便動靜而邪氣自不生豈若憂瘕疵之與痤疽之廢而豫備之哉

又曰今萬物之來擢拔吾性攓取吾精（勢若）泉原雖欲勿廩廩可得乎今夫樹木灌以潦水疇以肥壤十人養之一人拔之則必無餘蘖況以一國同伐之雖欲久生豈可得哉今盆水在廷清之終日未能見眉睫濁之不過一撓而不能察方員人神易濁而難清猶盆水之類也

又曰夫水之性清而沙土汩之人之性安而嗜慾亂之夫人之所受於性者耳目之於聲色也鼻口之於芳臭也肌膚之於寒煖也其情一也或通於神明或不免於癡狂者也其所以爲制者異也是故神者智之淵也神清則智明矣智心之府也智公則心平矣人莫鑒於沫潤而鑒於止

水者以其靜也莫窺形於生鐵而窺於明鏡者以其易也夫惟易且靜故能形物之情性由此觀之用者也是故虛室生白吉祥止焉

又曰聖人　　不變其宜不易其常放准修繩曲因其當夫喜怒者道之邪悲憂者德之失好憎者心之過嗜慾者性之累夫大怒破陰大喜墜陽薄氣發瘖驚怖爲狂憂悲多恚病乃成積好憎繁多禍乃相隨故心不憂樂德之至也性而不變靜之至也嗜欲不載虛之至也無所愛憎平之至也不與物散粹之至也能此五者則通於神明通於神明者得其內者也

抱朴子　內篇曰夫太元之山難知易求不天不地不沉不浮絕險緜邈崔巍崎嶇和氣烟熅神草並遊玉井泓窈灌溉延休百二十官曹府相由離坎列位玄芝萬株絳

樹特生其實如珠金玉嵯峨醴泉出隅還年之士甘其清流于能修之松喬同儔此一山也長谷之山杳杳巍巍玄靈飄飄玉液霏霏金紫房之在乎其隈愚人競往　至皆歸有道至士登之不衰採服黃精以致天飛此二山也古賢之所祕子思之

又曰凡養生者欲令多聞而貴要博見而擇善偏修一事不足必賴也又患好事之徒各伏其所長知玄素之術者則曰唯房中之術可以度世矣明吐納之道者則曰唯行氣足以延壽矣知屈伸之法者則曰唯道引可以難老矣知草木之方者則曰唯奇藥可以無窮矣學道之不能成就由偏枯之若此也

又曰余祖鴻臚少時嘗為臨沅令云此縣有民家世壽考或出百歲或八九十後徙去子孫轉多夭折他人居其故宅後亦累世壽考由此乃覺是宅之所為而不知何疑其井水殊赤乃試掘井左右得古人埋丹砂數十斛去井數尺此丹沙汁因泉漸入井是以飲其水而得壽況乃鍊丹沙而服之乎

又曰人亦有不病者各有所制攝生食不欲飽眠不欲扇星下不卧里語曰人在人間日失一日如牽牛以詣屠所每進一步去死轉近也夫入九泉之下長夜罔極始為螻蟻之粮終與塵埃合體令人怛然心熱求生之志何可不營

新論曰曲陽侯王根迎方士西門君惠從其學養生却老之術君惠曰龜鶴稱三千歲以人之才何乃不如蟲鳥耶

白虎通曰男子六十閉房戶所以輔衰故重性命也

會稽典錄曰王充年漸七十乃作養生之書凡十六篇養氣自守閉明塞聰愛精自輔服藥道引庶幾獲道

劉根別傳曰取七歲男齒女髮與已頭垢合燒服之一歲則不知老常為之使老有少容也

嵇康養生論曰養生有五難名利不滅此一難也喜怒不除此二難也聲色不去此三難也滋味不絕此四難也神慮精散此五難也五者必存雖心希難老口誦至言咀嚼英華呼吸太陽不能不夭其年也五者無於胷中則信順日深玄德日全不祈喜而自福不求壽而自延此養生大理所歸也

又曰夫為稼於陽世偏有一溉之功者雖終歸於燋爛必一溉者後枯然則一溉之益固不可誣也而世常謂一怒不足以侵性一哀不足以傷身輕而肆之是猶不識一溉之益而望嘉穀於旱苗者也是以君子知形恃神以立神須形以存悟生理之易失知一過之害生故脩性以保神安心以全身愛憎不棲於情憂喜不留於心泊然無感而體氣和平又呼吸吐納服食養身使形神相親表裏俱濟也夫種田者一畝十斛謂之良田此天下通稱也不知區種可百餘斛田種一也至於樹養不同則功收相懸謂商無十倍之價農無百斛之望此守常而不變者也且豆令人重榆令人瞑合歡蠲忿萱草忘憂愚智所知也薰辛害同豚魚不養世所識也虱處頭而黑麝食柏而香頸處險而癭齒居晉而黃推此而言凡所食之氣蒸性染身莫不相應豈惟蒸之使重而無使輕害之使闇而無使明薰之使黃而無使堅芬之使香而無使延哉神農曰上藥養命中藥養性者誠知性命之理因輔養以通也而世人不察唯五穀是嗜聲色是躭目惑玄黃耳務淫哇滋味煎其

腑臟醴酴薰其腸胃香芳腐其骨髓喜怒悖其正氣思慮消其精神哀樂殃其平粹夫以蕞尒之軀攻之者非一途易竭之身而內外受敵身非木石其能久乎

神仙傳曰彭祖云養壽之道但莫傷之而已夫冬温夏凉不失四時之和所以適身也美色淑姿安閑性樂不致思欲之惑所以通神也車服威儀知足無求所以一志也八音五色以養視聽之懽所以導心也凡此皆以養壽而不能斟酌之者反以速患古之智人恐下才之子不識事宜流遁不還故絶其源故經有上士別牀中士異被服藥百過不如獨卧色使目盲聲使耳聾味令口爽言若能節宣其宜適抑揚其通塞者不減年筭而得其益凡此之類譬猶水火可否失適反爲害耳人不知其經脉損傷血氣不足肉理空踈髓腦不實體已先病故爲外物所犯因風寒酒色以發之耳若本充實豈有病乎凡遠思強健傷人憂愁悲哀傷人喜樂過量傷人忿怒不解傷人汲汲所願傷人戚戚所患傷人寒煖失節傷人陰陽不交傷人人所傷者甚衆而獨責房室不亦惑哉男女相成猶天地相生也所以道養神氣使人不失其和天地得交接之道故無終竟之限人失交接之道故有殘折之期能避衆傷之事得陰陽之術則不死之道也天地晝離而夜合一歲三百六十交精氣和合者有四故能生育萬物不知窮極人能則之可以長存次則有服氣得其道則邪氣不能入治身之本要也其餘歷藏導引之術及念體中萬神有含影中形之事不然干心志也人能變精養體服氣鍊神則萬神自守其不然者營衛枯瘦萬神自逝非思念所留者也

魏志曰吳普嘗問道於華佗佗謂普曰人體欲得勞動但不當使極耳如揺動則穀氣易消血脉通流病不得生譬猶户樞不蠹流水不腐以其常動故也是以仙者及漢時有士君蒨爲導引之事熊經鴟顧引挽腰體動諸關節以求難老吾有一術名五禽之戲汝可行之一曰虎二曰鹿三曰熊四曰猨五曰鳥亦以除疾並利蹄足以當導引體中不快起作一禽之戲普施行之遂年九十餘

博物志曰魏武帝問封君達養生之術君達曰體欲常勞食欲常少勞無過虛省肥濃節醎酸減思慮損喜怒除馳逐慎房室春夏施寫秋冬閉藏武帝行之有効

高湛養生論曰王叔和高平人也博好經方洞識攝生之道嘗謂人曰食不欲雜雜則或有所犯當時或無災患積久爲人作疾尋常飲食每令得所多飡令人彭亨短氣或致暴疾夏至秋分少食肥膩餅臛之屬此物與酒食瓜果相妨當時不必習病入秋節變陽消陰息寒氣總至多諸暴卒良由涉夏取冷太過飲食不節故也而不達者皆以病至之日便謂是受病之始而不知其所由來者漸矣豈不惑哉

養生要曰起東向坐以兩手相摩令熱以手摩額上至頂上滿二九止名曰存泥丸又清旦初起以兩手人兩耳極上下之二七止令人不聾次縮鼻閉氣右手從頭上引左耳二七止次引兩鬚髯舉之令人血氣流通頭不白又摩手令熱以摩身體從上至下名乾浴令人勝風寒時氣寒熱頭痛百病皆除

莊子曰吹呴呼吸吐故納新熊經鳥伸爲壽而已矣此道引之士養形之人也彭祖壽考者之所好也

養生要伏氣經曰道者氣也寶氣得道長存神者精也寶

精則神明長生精者血脉之川流守骨之靈神精去則骨枯骨枯則死矣是以爲道者務實其精從夜半至日中爲生氣時正偃仆瞑目握固握固者如嬰兒之捲手閉氣不息於心中數至二百乃口吐氣出之曰增息如此身神具五藏安能閉氣數至二百五十華蓋明華蓋眉也耳目聰舉無病邪不入

寶氣一名曰行氣一名長息其法正偃仆徐漱醴泉醴泉唾也而咽之因行氣口但吐氣鼻但内氣徐縮引之莫大極滿者難還入五息已一息自可吐也一息數之至九十息頻伸訖復爲之滿四九三百六十息爲一竟咽之乃鼻内氣也不尒或令欬凡内氣上外吐氣則氣不流自覺周身也

抱朴子曰城陽郄儉少時行獵墮空塚中飢餓見塚中先有大龜數數迴轉所向無常張口呑氣或俛或仰儉素亦聞龜能導引乃試隨龜所爲遂不復飢百餘日後人有偶窺塚中見儉而出之後竟能咽氣斷穀魏王拘置土室中閉試之一年不食顏色悦澤氣力自若

又曰尒乃咀吸寶華谷神太清外珎五耀内守九精

修養雜訣曰老子云玄牝之門是謂天地根綿綿若存用之不勤言口鼻也天地之門以吐納陰陽生死之氣每至旦面向午展兩手於膝之上徐按捺百節口吐濁氣鼻引清氣所以吐故納新是蹙氣良久徐徐吐之仍以左右手上下前後柘取氣之時意想太和元氣下入毛際流於五臟四支皆受其潤如山納雲如地受澤若氣通則覺腹中咽咽轉動若得十通即覺身體潤澤而色光澳耳目聰明飲食有味氣力倍加諸疾去矣○守九精法言曰生氣時咻鋪厚軟枕與身平仰卧展脚握固去身四五寸兩手亦去身四五寸微微鼻引大陽清氣入意送此氣遍身體即閉氣至極然後細從口吐之勿令耳聞吐氣之聲也

著生論曰大凡著生先調元氣身有四氣人多不明四氣之中各主生死一曰乾元之氣化爲精精反爲氣精者連於神精益則神明精固則神暢神暢則生健若精散則神疲精竭則神去神去則死二曰坤元之氣化爲血血復爲氣氣血者通於内血壯則體豐血固則顏盛顏盛則生合若血衰即髮變血敗則腦空腦空則死三曰庶氣庶氣者二元交氣氣化爲津津復爲氣氣運於生生託於氣陰陽動息滋潤形骸氣通即生氣乏則死四曰衆氣衆氣者穀氣也穀濟於生終誤於命食穀味雖生蘊穀氣還死精能附血氣能附生常使循環即身永固乾元之陽陽居陰位臍下氣海是也坤元之陰陰居陽位腦中血海是也生者屬陽陽貫五臟喘息之氣是也死者屬陰陰納五味穢惡之氣是也氣海之氣以壯精神以填骨髓血海之氣以補肌膚以流血脉喘息之氣以通六腑以扶四支穢惡之氣以亂身神以腐五臟

修養雜訣氣銘曰一氣未分三才同源清濁既異元精各存天法象我我法象天我命在我不在於天眛用者夭善用者延性和者寂守一神閉靈芝在身不在於山返一守和理合玄玄精極乃明神極乃靈氣極乃精無精氣乃眞因氣而衰因氣而榮因氣而死因氣而生喜怒亂氣性情交爭擁搆成患神形豈寧鍊陽銷陰其氣自行以正遣邪其患自平乾坤澄淨子後午前閉目平坐握固眞然納息盧中吐息天關入息微微出息綿綿以意引氣臟腑迴旋然後呵之榮衛通宣但有不和遣之踵前五呵六呵無疾不蠲九欲胎息導引爲先經脉不擁關節不煩或如射雕

側身彎環或舉腰膝如蟾半圓交技腦後左旋右旋勁展兩足氣出指端擺掣四肢捉搦三關熟摩尺澤氣海亦然叩齒集神合脾固關冥心亡形任意往還覺氣調勻擁塞喉間擁氣則咽三咽相連轉舌漱入咽下丹田以意送之令聲泊然一咽三咽再咽如前三十六咽胎息成焉大道無爲爲於無爲不爲無爲莫若無爲不思爲思莫若無思萬法自然不假施爲不寒不熱不渴不飢恬淡無爲以道自怡妙中之妙微中之微懷道君子銘之佩之

太平御覽卷第七百二十

太平御覽卷第七百二十一

方術部二

醫一

周禮天官下曰醫師掌醫之政令聚毒藥以共醫事凡邦之有疾病者疕瘍者造焉則使醫分而治之歲終則稽其醫事以制其食十全爲上十失一次之十失四爲下

又天官疾醫職曰疾醫掌養萬民之疾病四時皆有癘疾春時有痟首疾夏時有痒疥疾秋時有瘧寒疾冬時有嗽上氣疾以五味五穀五藥養其病以五氣五聲五色視其死生兩之以九竅之變參之以九藏之動凡民之有疾病者分而治之死終則各書其所以而入于醫師瘍醫掌腫瘍潰瘍金瘍折瘍之祝注音祝藥劀音刮殺之劑凡療瘍以五毒攻之以五氣養之以五藥療之以五味節之凡藥以酸養骨以辛養筋以鹹養脈以苦養氣以甘養肉以滑養竅凡有瘍者受其藥焉

禮記曲禮曰君有疾飲藥臣先嘗之親有疾飲藥子先嘗之醫不三世不服其藥

又王制曰凡執技以事上者祝史射御醫卜及百工

又曾子問世子之記曰若內豎言疾藥必親嘗之

左傳曰晉侯疾求醫於秦秦伯使醫緩爲之緩醫名爲猶治也未至公夢疾爲二豎子曰彼良醫也懼傷我焉逃之其一曰居肓之上膏之下若我何肓鬲也心下爲膏醫至曰疾不可爲也在肓之上膏之下攻之不可達之不及藥不至焉不可爲也公曰良醫也厚爲之禮而歸之

又襄三曰楚子使蘧子馮爲令尹訪於申叔豫叔豫曰國多寵而王弱國不可爲也遂以疾辭方暑闕地下冰而牀焉重繭衣裘鮮食而寢楚子使醫視之復曰瘠則甚矣而血氣未動乃使子南爲令尹

又昭元曰晉侯求醫於秦秦伯使醫和視之曰疾不可爲也是謂近女室疾如蠱蠱惑疾非鬼非食惑以喪志惑女色失志良臣將死天命不祐良臣不匡救君過故死而不爲天所祐公曰女不可近乎對曰節之先王之樂所以節百事也故有五節五聲之節遲速本末以相及中聲以降五降之後不容彈矣於是有煩手淫聲慆堙心耳乃忘平和君子弗聽也物亦如之至於煩乃舍也已無以生疾君子之近琴瑟以儀節也非以慆心也天有六氣謂陰陽風雨晦明也降生五味發爲五色徵爲五聲淫生六疾六氣曰陰陽風雨晦明也分爲四時序爲五節過則爲菑陰淫寒疾陽淫熱疾風淫末疾雨淫腹疾晦淫惑疾明淫心疾女陽物而晦時淫則生內熱惑蠱之疾今君不節

不時能無及此乎趙孟曰何謂蠱對曰淫溺惑亂之所生也於文皿蟲爲蠱穀之飛亦爲蠱在周易女惑男風落山謂之蠱皆同物也趙孟曰良醫也厚其禮而歸之

又昭五曰許悼公瘧飲太子止之藥卒太子奔晉書曰弒其君君子曰盡心力以事君舍藥物可也藥物有毒當由醫非凡人所知譏止不舍藥物所以加弒君之名

尚書說命曰若藥弗瞑眩厥疾弗瘳開汝心以沃我心如服藥必瞑眩極其病乃除欲其出言以自警也

論語曰子曰人而無恒不可以作巫醫

帝王世紀曰伏羲氏仰觀象於天俯觀法於地觀鳥獸之文與地之宜近取諸身遠取諸物於是造書契以代結繩之政畫八卦以通神明之德以類萬物之情所以六氣六府五藏五行陰陽四時水火升降得以有象百病之理得

以有類乃嘗味百藥而制九針以拯夭枉焉
又曰炎帝神農氏長於姜水始教天下耕種五穀而食之
以省殺生嘗味草木宣藥療疾救夭傷之命百姓日用而
不知著本草四卷
又曰黄帝有熊氏命雷公岐伯論經脉傍通問難八十一
爲難經教制九針著内外術經十八卷
又曰岐伯黄帝臣也帝使岐伯嘗味草木典主醫病經方
本草素問之書咸出焉
素問曰黄帝坐明堂召雷公而問之曰子知醫之道乎雷
公對曰誦而未能解解而未能别别而未能明明而未能
彰足以治羣僚不足至侯王願得受樹天之度四時陰陽
合之别星辰與日月光以彰經術後世益明上通神農著
至教疑於二黄帝曰善無失之此皆陰陽表裏上下雌雄

相輸應也而道上知天文下知地理中知人事可以長久
以教衆庶亦不疑殆醫道論篇可傳後世可以爲寶
世本曰巫咸堯臣也以鴻術爲帝堯之醫
史記曰扁鵲渤海鄚人姓秦名越人少時爲人舍客桑君
過扁鵲扁鵲獨奇之常謹遇之長桑君亦知扁鵲非常人
乃呼鵲與語曰我有禁方年老欲傳與公公無泄乃出其懷
中藥與扁鵲飲是以上池之水三十日當知物矣乃悉取
禁方盡與扁鵲以其飲藥三十日視見垣外一方人以此
視疾盡見五藏癥結特以診脉爲名耳爲醫或在齊或在
趙趙簡子疾五日不知人召扁鵲入視疾出董安于問扁
鵲扁鵲曰血脉滯也而何怪昔秦穆公嘗如此七日而寤
居二日半簡子寤語諸大夫曰我之帝所甚樂與百神遊
于鈞天廣樂九奏萬舞不類三代之樂其聲動心有一熊欲
援我帝命我射之中熊熊死有羆來我又射之中羆羆死
帝甚喜賜我二笥皆有副吾見兒在帝側屬我一翟犬曰及
而子之壯也以賜之帝告我晉國且世衰七世而亡嬴姓
將大敗周人於范魁之西而亦不能有也董安于受言書而
藏之以扁鵲言告簡子簡子賜扁鵲田四萬畝其後扁鵲
過虢虢太子死扁鵲至虢宫門下問中庶子喜百者曰太
子何病國中治穰過於衆事中庶子曰太子病血氣不時
交錯而不得泄暴發於外則爲中害精神不能止邪氣邪
氣畜積而不得泄是以陽緩而陰急故暴蹷而死扁鵲曰
其死何時曰雞鳴時至今日收乎曰未也收謂棺斂其死未能
半日鵲曰臣齊渤海秦越人也家在鄚未嘗得望清光侍
謁於前也聞太子不幸而死臣能生之中庶子曰先生得
無誕乎何以言太子之可生也臣聞上古之時醫有俞跗

治病不以湯液醴灑鑱石橋引案杌毒熨一撥見病之應
因五藏之輸乃割皮解肌訣脉結筋搦髓折肓爪膜湔浣
腸胃漱滌五藏鍊精易形先生之方能若是則太子可生
也若不如是而欲生之曾不可以告孩嬰之兒扁鵲仰天
嘆曰夫子之爲方也若以管窺天以隙視文越人之爲方
也不待切脉望色聽聲寫形言病之所在聞病之陽論得
其陰聞病之陰論得其陽病應見於大表不出千里決者
至衆不可曲止也子以吾言爲不誠試入診太子當聞其
耳中鳴而鼻張循其兩股以至於陰當尚溫也中庶子聞
扁鵲言目眩然而不能瞚舌橋然而不能下乃以扁鵲言
入報虢君虢君聞之大驚出見扁鵲於中闕曰竊聞高義
之日久矣然未嘗得拜謁於前也先生過小國幸而舉之偏
國寡臣幸甚有先生則活無先生則弃捐溝壑長終而不反

言未及畢因噓欷服皮力切臆涕泣揖流不能自止容皃變更扁鵲曰太子病者所謂尸蹷者也夫以陽入陰中動胃纏緣中經維絡別下於三焦膀胱是以陽脉下遂蹢陰脉上爭會氣閉而不通陰上而陽內行下內鼓而不起上外絕而不為使上有絕陽之絡下有破陰之紐破陰絕陽之色已廢脉亂故形靜如死狀太子未死也夫以陽入陰支蘭藏者生以陰入陽支蘭藏者死凡此數事者皆五藏蹷中之時暴作也良工取之拙者疑殆扁鵲乃使弟子子陽礪針砥石以取外三陽五會有間太子蘇乃使子豹為五分之熨以八減之齊和煑之以更熨兩脅下太子起坐更適陰陽但服湯二旬而復故故天下盡以扁鵲為能生死人扁鵲曰越人非能生死人也此自當生者越人能使之起耳扁鵲過齊齊桓侯客之入朝見曰君有疾在腠理不治將深桓侯

曰寡人無疾扁鵲出桓侯謂左右曰醫之好利欲以不病者為功後五日復見曰君有疾在血脉不治將深桓侯曰寡人無疾扁鵲出桓侯不悅後五日扁鵲復見曰君有疾在腸胃不治將深桓侯不應扁鵲出桓侯不悅後五日扁鵲復見望桓侯退走桓侯使人問其故扁鵲曰疾在腠理湯熨所及其在血脉針石可理其在腸胃酒醪所能及其在骨髓雖司命無柰之何今在骨髓臣是以無請後五日桓侯體病使人召扁鵲鵲已逃遁焉桓侯遂卒扁鵲名滿天下旁遊六國至邯鄲聞趙貴女病扁鵲即為帶下醫過洛陽聞周人愛老人扁鵲即為耳目痺醫入咸陽聞秦人愛小兒即為小兒醫隨俗改變無所滯礙秦太醫令李醯自知伎不如遂密使人刺殺之

又曰公孫光齊淄川唐里人善為古方及傳語法淳于意師之悉授其書意欲盡求他精方光曰吾方盡矣吾身已衰無所事之是吾少年所受妙方也公毋以教人意曰悉得禁方幸甚死不妄傳人光喜曰公後必為國工臨菑楊慶有奇方吾不如之汝可謹事必得之意遂捨光而事慶焉

又曰楊慶齊人也年七十餘有古先黃帝扁鵲脉書五色診病知人死生決嫌疑定可否治及藥論之書甚精妙又家自給富不肯為人治病亦不教子孫後淳于意以父道事之甚謹慶愛之盡以其禁方與之曰汝慎勿令我子孫知汝學吾此法意曰謹聞命矣意行用其方遂盡其妙焉

又曰太倉公者齊太倉長臨淄人姓淳于名意少而喜醫方術更受師同郡元里公乘楊慶慶年七十餘無子使意盡去其故方更悉以禁方受之傳黃帝扁鵲脉書五色診

疾知人死生多驗齊郎中令循病衆醫皆以蹷入中而刺之意診之曰湧疝也令人不得前後溲循曰不得前後溲三日矣意飲以火齊湯一飲得前後溲再飲得大溲三飲而疾愈淄川王美人懷子而不乳來召意意往飲以莨礍藥一撮以酒飲之旋乳意復診其脉躁躁者有餘疾即飲以消石一齊即出血如豆比五六枚濟北王侍者韓女病意診脉曰內寒月事不下也即竄以藥旋下病已病得之欲男子而不可得也菑川王病召意診脉曰蹷上為重頭痛身熱使人煩懣意即以寒水拊其頭刺足陽明脉左右各三所疾旋已病得之沐髮未乾而臥診如前所以蹷頭熱至肩齊王黃姬兄黃長卿家有酒召客意與諸客坐未上食意望見王后弟宋建吉曰君有病往四五日君要脅痛不可以俛仰又不得小溲不亟治病即入濡腎及其未舍五藏急

治之病方今在客腎濡此所謂腎痺也宋建曰然建故有要脊痛往四五日天雨黃氏諸倩（方言曰東齊之閒聓謂之倩）見建家京下方石（京者倉廩之屬）即弄之建亦欲効之効之不能起即復置之暮要脊痛不能溺至今不愈建病得之好持重所以知建病者意見其色太陽色乾腎部上及界要以下者枯四分所故以往四五日知其發也意即爲柔湯使服之十八日而病愈臨菑女子薄吾病甚衆醫皆以爲寒熱篤當死不治意診其脉曰蟯瘕（蟯音饒）蟯瘕爲病腹大上膚黃麤循之戚戚然意飲以芫華一撮即出蟯可數升病愈三十日如故齊王侍醫遂病自鍊五石服之意往過之遂謂意曰不肖有病幸診遂也意即診之告曰公病中熱論曰中熱不溲者不可服五石石之爲藥精悍公服之不得數溲亟勿服色將發癰遂曰扁鵲曰陰石以治陰病陽石以治陽病夫藥

石者有陰陽水火之齊故中熱即爲陰石柔齊治之中寒即爲陽石剛齊治之意曰公所論遠矣扁鵲雖言若是然必審診起度量立規矩稱權衡合色脉表裏有餘不足逆順之法參其人動靜與息相應乃可以論論曰陽疾處內陰形應外者不加悍藥及鑱石夫悍藥入中則邪氣辟矣而宛氣愈深診法曰二陰應外一陽接內者不可以剛藥剛藥入則動陽陰病益衰陽病益著邪氣流行爲重困於俞（如切）腧忿發爲疽意告之後百餘日果病疽發乳上入缺盆死此所謂論之大體也必有經紀拙工有一不習文理陰陽失矣齊丞相舍人奴從朝入宮意見之食閨門外望其色有病氣意即告宦者平平好爲脉學意所即示之舍人奴病告之曰此傷脾氣也當至春鬲塞不通不能飲食法至夏泄血而死宦者平即往告相曰君之舍人奴有病重死期有日相君曰何以知之曰君朝入宮君之舍人奴盡食閨門外平與倉公立公乃示平曰病如是者必死相即召舍人奴而謂之曰奴有病不舍人奴曰無病身無痛者至春果病四月泄血死所以知奴病者脾氣周乘五藏傷部而交外故傷脾之色也望之殺然黃（殺蘇葛切）察之如死青之滋衆醫不知以爲大虫不知傷脾所以至春死者胃氣黃黃者土氣也土不勝木故至春死所以至夏死者脉法曰病重而脉順清者曰內關內關之病人不知其所痛心急然無若若加以一病死中春一愈順及一時其所以四月死者診其人時愈順愈順者人尚肥也奴之病得之流汗數出炙於火而以出見大風也齊淳于司馬病意診其脉告曰當病迵（音洞）風迵風之狀飲食下嗌輒後之（如厠也）病得之飽食而疾走淳于司馬曰我之王家食馬肝飽甚見酒

來即出驅疾至舍即泄數十餘出意告曰爲火齊米汁飲之七八日當愈時醫秦信在旁意出信謂左右閣都尉曰意以淳于司馬病爲何曰以爲迵風可治信即笑曰是不知也淳于司馬病法當後九日死即後九日不死其家復召意意往問之盡如意診即爲一火齊米汁使服之七八日病愈或問其故意曰診其脉時切之盡如法其病順故知不死

又曰宋邑臨淄人師倉公授五診脉論之術

太平御覽卷第七百二十一

太平御覽卷第七百二十二

方術部三

醫二

史記曰馮信臨淄人爲齊太倉長好醫淄川王令就淳于意學方意教以審法逆順論藥法定五味及和劑湯法信受之擅名漢世

又曰高期仕濟北王爲大醫王遣就倉公淳于意學經脉高下及奇絡結當論俞所居及氣當上下出入邪正逆順之宜鑱石定砭灸之法歲餘亦頗通之

又曰唐安臨淄人也雅性好醫倉公淳于意教五診上下經脉奇咳四時應陰陽之法爲齊侍醫

又曰杜信高永侯家丞自知身羸乃專心學醫倉公甚憐之教以上下經脉五診之法

又曰鄧訓爲護烏桓校尉羌胡俗恥病死每病臨困取以刀自刺訓聞有病困者輒拘縛束不與兵刃使醫藥療之愈者非一小大莫不感悅

又王符論曰凡療病者必先知脉之虛實氣之所結然後爲之方故疾可愈而壽可長也爲國者必先知人之所苦禍之所起然後爲之禁故姦可塞而國可安也

又曰郭玉者廣漢人也初有老父不知何出常漁釣於涪水因號涪翁乞食人間見有疾者時下針石輒應時而效乃著針經診脉法傳於代弟子程高尋求積年翁乃授之高亦隱跡不仕玉少師事高學方診六微之技陰陽不測之術和帝時爲太醫丞多有效應帝奇之仍試令嬖臣美手腕者與女子雜處帷中使玉各診一手問所疾若玉曰左陽右陰脉有男女狀若異人臣疑其故帝歎息稱善玉仁愛不矜雖貧賤厮養必盡其心力而醫療貴人時或不愈帝乃試令貴人羸服變處一針即差召玉詰問其狀對曰醫之爲言意也腠理至微（腠理皮膚之間也韓子曰扁鵲見晉桓侯曰君有病在腠理也）隨氣用巧針石之間毫芒即乖神存於心手之際可得解而不可得言也夫貴者處尊高以臨臣臣懷怖懾以承之其爲療也有四難焉自用意而不任臣一難也將身不謹二難也骨節不強不能使藥三難也好逸惡勞四難也針有分寸時有破漏（分寸淺深之度破漏日有衝破者也）重以恐懼之心加以裁慎之志臣意且猶不盡何有於病哉此其所爲不愈也帝善其對年老卒官

又曰曹褒遷城門校尉將作大匠時有疾疫褒巡行病徒爲致醫藥經理饘粥多蒙濟活

東觀漢記曰鄧訓謙恕下士無貴賤見之如舊朋友往來門內視之如子有過如鞭扑之教大醫皮巡從獵上林還暮宿殿門下寒疝病發時訓直事聞巡聲起往問之巡曰異得火以熨背訓身至太官門爲求火不得乃以口噓其背復呼同廬郎共更噓至朝遂愈

鍾離意別傳曰黃讜爲會稽太守建武十四年吴大疾疫署意中部尉督郵意乃露車不冠身循行病者門入家至賜與醫藥詣神廟爲民禱祭召録醫師百人合和草藥恐醫小子或不良毒藥齊賊害民命先自吞嘗然後施行其所臨護四千餘人並得差愈後日府君出行災害百姓攀車涕泣曰明郵府君不須出也但得鍾督郵民皆活也

何顒別傳曰同郡張仲景總角造顒謂曰君用思精而韻不高後將爲良醫卒如其言顒先識獨覺言無虛發王仲宣年十七嘗遇仲景仲景曰君有病宜服五石湯不治且

成門後年三十當眉落仲宣以其貰（音賒）長也遠不治也後至三十疾果成竟眉落其精如此仲景之方術今傳於世

張仲景方序曰衛汎好醫術少師仲景有才識撰四逆三部厥經及婦人胎藏經小兒顱顖方三卷皆行於世

高湛養生論曰王叔和性沉靜好著述考覈遺文採摭羣論撰成脉經十卷編次張仲景方論編爲三十六卷大行於世

魏志曰華佗字元化沛國譙人遊學徐土兼通數經曉養性之術年且百歲而猶有壯容時人以爲仙沛相陳珪舉孝廉太尉黃琬辟皆不就精於方藥處齊不過數種心分銖不假秤量針灸不過數處裁七八壯若疾發結於內針藥所不能及者乃令先以酒服麻沸散既醉無所覺因刳破腸背抽割積聚若在腸胃則截斷洗除去疾穢既而縫合傅以神膏四五日瘥愈一月之間皆平復

又曰甘陵相夫人有娠六月腹痛不安佗視脉曰胎已死矣使人手摸知所在在右即女在左即男人云在左於是爲湯下之果下男形即愈

又曰縣吏尹世苦四支煩口乾不欲聞人聲小便不利佗曰試作熱食得汗即愈不汗後三日死即作熱食而汗不出佗曰藏氣已絶於內當啼泣而絶果如佗言

又府吏倪尋李延共止俱患頭痛身熱所苦正同佗曰尋當下之延當發汗或難其病同療異佗曰尋內實延外實故治之宜殊即各與藥明旦並起

又督郵徐毅得病佗往省之毅謂佗曰昨使醫曹吏劉祖針胃管訖便若欬嗽臥不安佗曰刺不到胃管誤中肝也食當日減後五日不救遂如佗言

又東陽陳叔山小男三歲得下痢常先啼日以羸困問佗佗曰其母懷軀陽氣內養乳中虛冷兒得母寒故令不時愈佗與四物紫苑九十日即除

又至軍吏梅平得病除名還家家居廣陵未至二百里止親人舍有須佗偶至主人許主人令佗視平佗謂平曰君早見我不應至此今疾已結促去可得與家人相見五日平應時歸果如佗言

又佗行道見一人病嗌塞嗜食而不得下家人車載欲往就醫佗聞其呻吟駐車往視語之曰向來道傍有賣餅家蒜虀大酢從取三升飲之病自當差即如佗言立吐蛇一條遂懸之車邊欲造佗佗尚未還佗家小兒戲門前迎見自相謂曰客車邊有物必是逢我公也疾者前入坐見佗壁北懸此蛇輩以十數

又有一郡守病佗以爲其人盛怒則差乃多受其貨而不加功無何弃去留書罵之守果大怒令人追殺守子知之屬使勿逐守瞋恚吐黑血數升而愈

又有一士大夫患體中不快詣佗佗云君病至深當破腹取之然君壽亦不過十年病不能殺君君忍痛十歲壽俱當盡不足故自刳裂也士大夫曰余不耐痛必請治之佗遂下手所患尋差十年竟死

又廣陵太守陳登得胷中煩懣面赤不食佗診脉曰府君胃中有蟲數升欲成內疽食腥物所爲也即作湯二升先服一升斯須盡服之食頃吐出三升許蟲赤頭皆動半身猶是生魚膾也所苦便愈佗曰此病後三朞當發遇良醫乃可濟依期果發時佗不在遂死

又有婦人長病經年世謂爲寒熱注病冬月中佗令坐石

槽中平且用冷水汲灌云當滿百始七十灌冷戰欲死佗
令滿數至八十灌熱氣乃蒸出囂囂高二三尺滿百灌佗
乃使然火溫牀厚覆衣良久汗洽出着粉燥便愈
又有人病腹中攻痛十餘日鬢眉墮落佗曰是脾半腐可
刳腹治也使飲藥令卧破腹就視脾果半腐壞以刀斷之
割去惡肉以膏傅之即差太祖聞而異之召佗常在左右
太祖苦頭風每發心亂目眩佗針鬲隨手而愈
又軍吏李成苦欬晝夜不寐時吐膿血以問佗佗言君病
腸癰欬之所吐非從肺來也與君散兩錢匕已服當吐二
升餘膿血訖快自養一月小起好自將愛一年便健十八
歲當一小發服此亦復差若不得此藥故當死復與兩錢
散成得五六歲親人有病如成者謂成曰卿今強健我見
欲死何忍急去切桂擧藏藥以待不祥先特貸我差爲卿從

華佗更索成與藥已故到譙從索藥適會值佗見收怱怱
不忍從求後十八歲病發無藥可療以至死
又曰樊阿彭城人少師華佗嘗問佗求服食法佗受以漆
葉青黏散子方云服之去三蟲利五藏輕身益氣使人頭
不白阿從其言年百餘歲漆葉所在有之青黏生於豐沛
彭城及朝歌青黏一名地節一名黄芝主理五藏益精氣
本出於迷人入山者見仙人服之以告佗佗以爲佳語阿
阿秘之近者人見阿之壽而氣力強盛怪而問之所服食
阿因醉亂誤說之人服多驗
蜀志曰關羽爲流矢貫臂每陰雨常疼痛醫曰矢鏃有毒
當破臂刮骨去毒乃可除之
晉書曰裴頠通博多聞兼明醫術荀勗之脩定律度也檢
得古尺短世所用四分有餘頠上言宜以改諸度量若是
未能悉革可先改太醫權衡此若差違遂失神農岐伯之
正藥物輕重分兩乖互所可傷夭爲害尤深古壽考而今
短折者未必不由此也卒不能用
又曰顏含兄畿咸寧中得疾就醫自療遂死於醫家家人
迎喪旐每繞樹而不可解引喪者顛仆稱畿言曰我壽命
未死但服藥太多傷我五藏耳今當復活慎無葬也其父
祝之曰若尒有命復生豈非骨肉所願今但欲還家不尒
葬也旐乃解
又曰張苗雅好醫術善消息訴處陳廪丘得病連服藥發
汗汗不出衆醫皆云發汗不出者死自思可蒸之如中風
法令溫氣於外迎之必得汗也復以問苗苗云曾有人疲極
汗出卧簟中冷得病苦增寒諸醫與散四日九八過發汗
汗不出苗乃燒地布桃葉於上蒸之即得大汗便於被下

傅粉身極燥乃起即愈廪丘如其言果差
又曰趙泉性好醫方拯救無倦善療衆疾於瘧尤工甚爲
當時所歎伏焉
晉中興書曰葛洪字稚川丹陽句容人幼覽衆書近得萬
卷自號抱朴子善養性之術撰經用救驗方三卷號曰肘
後方又撰玉函方一百卷于今行用
晉書曰皇甫謐字士安幼沉靜寡欲有高尚之志以著述
爲務自號玄晏先生後得風痺疾因而學醫習覽經方手
不輟卷遂盡其妙
又曰劉德彭城人也少以醫方自達衆疾於虛勞尤爲精
妙療之隨手而愈猶是向風千里而至者多矣官至太醫
校尉
又曰史脫性器沉毅志行敦簡善診候明消息多辯論以

醫術精博拜大醫校尉治黃疸病最爲高手
又曰宮泰幼好墳典雅尚方術有一藝長於已者必千里
尋之以此精心善極諸疾於氣尤精制三物散方治喘嗽
上氣甚有異効世所貴焉
又曰靳邵性明敏有才術本草經方誦覽通究裁方治療
意出衆表創制五石散方晉朝士大夫無不服餌皆獲異
効
又曰程據爲太醫令武帝初受魏禪改元爲太始而據貢
雉頭裘帝以奇伎異服典禮所禁焚之于殿前據以醫術
承恩出入禁闥因爲賈后合巴豆杏子丸害愍懷太子遂
就戮焉
又曰范汪字玄平性仁愛善醫術常以拯恤爲事凡有疾
病不限貴賤皆爲治之十能愈其八九撰方五百餘卷又

一百七卷後人詳用多獲其効
又曰殷仲堪陳郡人能清言善屬文名士咸愛之謝玄以
爲長史厚遇之仲堪父病積年衣不解帶躬本醫術究其
精妙執書揮涕遂眇一目
又曰魏詠之字長道任城人也家貧素而躬耕爲事好學
不倦生而兔缺有善相者謂之曰卿當富貴年十八聞荊
州刺史殷仲堪帳下有名醫能療之貧無行裝謂家人曰
殘醜如此用活何爲遂齎數斛米西上以投仲堪既至造
門自通仲堪嘉其盛意召醫語視之醫曰可割而補之但
須百日進粥不得語笑詠之曰半生不語而有半生亦當
療之況百日耶仲堪於是處之別屋令醫善療之詠之遂
閉口不言唯食薄粥其厲志如此及差仲堪厚資遣之
劉敬叔異苑曰王纂海陵人少習經方尤精針石宋元嘉
中縣人張方女日暮宿廣陵廟門下夜有物假作其壻來
魅惑成病纂爲治之始下一針有獺從女被內走出病遂
愈○宋書曰徐文伯字德秀濮陽太守熙曾孫也熙好黃老
隱於秦望山有道士過求飲留一瓠蘆與之曰君子孫宜
以道術救世當得二千石熙開之乃扁鵲鏡經一卷因精
心學之遂名震海內生子秋夫弥工其術仕至射陽令嘗
夜有鬼聲甚悽愴秋夫問何所須荅言姓斯家在東陽
患腰痛死爲鬼痛猶難忍請療之秋夫曰云何厝法鬼
請爲芻人案孔穴針之秋夫如言爲灸四處又針肩井三
處設祭埋之明日見一人謝恩忽然不見當世伏其通靈
又宋明帝宮人患腰痛牽心每至輒氣欲絕衆醫以爲肉
癥文伯曰此髮瘕以油投之即吐得物如髮稍引之長三
尺頭已成蛇能動懸柱上水滴盡一髮而已病都差

又宋後廢帝出樂遊苑門逢一婦人有娠帝亦善診脉爲
診之曰此腹是女也問文伯文伯曰腹有兩子一男一女
女左邊青黑形小於女帝性急便欲使剖文伯惻然曰若
加刀斧恐其變異請針之立落便瀉足太陰補手陽明胎
便應針而落兩兒相續出如其言
又曰孫法宗忽苦頭創夜有女人至曰我是天使來相謝
行創本不關善人使者誤相及但取牛糞煮傅之即驗一
傅便差一境賴之
又曰羊欣字敬元性好文儒兼善醫藥撰方三十卷爲代
所重焉
又曰秦承祖性耿介專好藝術於方藥不問貴賤皆治療
之多所全護當時稱之爲工手撰方二十卷大行於世

太平御覽卷第七百二十二

太平御覽卷第七百二十三

方術部四

醫三

齊書曰徐嗣伯爲臨川王映所重時直閤將軍房伯玉服五石散十許劑無益更患冷夏日常複衣嗣伯爲診之曰卿伏熱應須以水發之非冬月不可至十一月氷雪大盛令二人夾捉伯玉伯玉解衣坐石上取冷水從頭澆之盡二十斛伯玉口噤氣絶家人啼哭請止嗣伯遣人執杖防閤敢有諫者撾之又盡水五斛伯玉始能動而見背上彭彭有氣俄而起坐曰熱不可忍乞冷飲嗣伯以水與之一飲一升病都差自尒恒發熱冬月猶單衣體更肥壯又嘗有傴人患滯冷積年不差嗣伯爲診之曰此尸注也當得死人枕煑服之乃愈於是往古冢中取枕枕已一邊腐缺服之即差後秣陵人張景年十五腹脹面黄衆醫不能療以問嗣伯嗣伯曰此石蚘(音迴)耳極難療當得死人枕煑之依語煑枕以湯投之得大痢并蚘蟲頭堅如石者五升病即差後沈僧翼患眼痛又多見鬼物以問嗣伯嗣伯曰邪氣入肝可覔死人枕煑服之服竟可埋枕於故處如其言又愈王晏問之曰三病不同而皆用死人枕而俱差何也荅曰尸注者鬼氣伏而未起故令人沈滯得死人枕促之魂氣飛越不得復附體故尸注可差石蚘者久蚘也醫療既僻蚘蟲轉堅世間藥不能遣所以須鬼物驅之然後可散故令煑死人枕也夫邪氣入肝故使眼痛而見魍魎應須邪物以鉤之故用死人枕也氣因枕去故復埋於冢間也又春月出南籬門戲聞草屋中有呻吟聲嗣伯去此病甚重更二日不療必死乃往視見一老姥稱體痛而處處有䵳(音斂)黑無數嗣伯還煑斗餘湯送令服之服之訖痛勢愈甚跳投牀者無數須臾所䵳處皆拔出長寸許乃以膏塗諸瘡口三日而復云此名釘疽也又薛伯宗善徙癰疽公孫泰患發背伯宗爲氣封之徙置齋前柳樹上明日癰消樹邊便起一瘤如拳大稍稍長二十餘日瘤大膿爛出黄赤汁升餘樹爲之痿損

齊書曰褚澄字彦道建元中爲吳郡太守百姓李道念以事到郡澄見謂曰汝有重病荅曰舊有冷病至今五年衆醫不差澄爲診脉曰汝病非冷非熱當是食雞子過多所致令取蒜一升煑之服一服乃吐一物如升許涎裹之而動開視乃雞鶵十二頭而病都愈

吳均齊春秋曰顧歡字玄平吳都人也隱於會稽山陰白石村歡率性仁愛素有道風其濟人也或以禳厭而多全護有病邪者造之歡問君家有書乎荅曰唯有孝經三篇歡曰取置病人枕邊恭敬之當自差如言果愈後問其故歡曰善禳惡正勝邪故尒

梁書曰陶弘景字通明丹陽人性愛林泉尤好著述常曰我讀書未滿萬卷以内典參之乃當小出耳先生性好醫方專以拯濟欲利益羣品故修撰神農本草經三卷爲七卷撰眞誥十卷集驗方五卷廣肘後爲百一之製世所行用多獲異効焉

又曰范雲疾召醫徐文伯視之文伯曰緩之一月乃復欲速即時愈正恐二年不復可救雲曰朝聞道夕死可矣而況二年文伯乃下火而壯焉重衣以覆之有頃許汗流於此即起二年果卒

又曰王僧孺工屬文善楷隸多識古事侍郎金元起欲工

素問訪以砭石僧孺荅曰古人當以石爲針必不用鐵說文有此砭字許慎云以石刺病也東山經高氏之山多針石郭璞云可以爲砭針春秋美疢不如惡石服子慎注云石砭石也季世無復佳石故以鐵代也

後魏書曰王顯字世榮陽平人也頗參士流雖以醫術自達而明敏有決斷才用初聞昭懷后之懷世宗也夢爲日所逐化龍而遶后后寤而驚悸遂成心疾勑召諸醫診脉徐謇云是微風入藏宜進湯藥顯云案三部脉非有心疾將是懷孕生男之象後果如顯言乃補御史常在御營進藥出入禁内世宗詔顯撰藥方三十卷頒布天下

又曰徐謇字伯城丹陽人也兄文伯皆善醫藥謇性秘忌承奉不得其意雖貴爲王公不爲措療魏孝文遷洛除中散大夫子雄亦以醫術稱

又曰裴宣惠篤世宗遣太醫令馳驲就視并賜御藥宣素明陰陽之書自始患便知不起因自剋亡日果如其言

又曰高允微有不適猶不寢卧呼醫請藥出入行止吟詠如常高祖文明太后聞而遣醫李脩往脉視之告以無恙脩入密陳允榮衛有異懼其不久於是遣使備賜御膳珍羞自酒米至於鹽醢百有餘品皆盡時味及牀帳衣服茵被几杖羅列於庭王官往還慰問相屬允喜形於色語人曰天恩以我篤老大有所賚得非以贍客矣表謝而已不有他慮如是數日夜中卒家人莫覺

北齊書曰張子信少以醫術知名隱於白鹿山時出京師甚爲魏收崔季舒所知甞以詩酬贈大寧中徵爲尚藥典御歳餘謝病歸

又曰馬嗣明河内野王人少明醫術診脉預知生死邢劭子寶十七八苦傷寒嗣明診其脉告楊愔曰此子今病不療自愈然不踰年必死覺之少晚不可爲也數日兩公侍宴酒酣顯祖曰子才兒聰宜以近郡處之愔曰年少未可劭出愔以嗣明言奏乃止寶未朞而卒其驗如此背發腫嗣明以鍊理色石大如鵝卵烈火燒令黄赤投醋中使屑落盡暴乾擣篩和傅之立愈嗣明從駕之晉陽至遼陽見榜云女病能差之與錢拾萬衆醫視之無敢措手嗣明見榜笑曰眞得汝矣乃抵其家問其由云曾將麥穗見赤物長二尺似蛇入指中因驚倒手臂疼重月餘日漸及半身腫痛不可忍呻吟晝夜不絶嗣明曰毒蛇爲鷄所啄遺血於此犯而得之即受方令服十餘劑以湯散補之明年還鄴女疾都愈載錢而歸嗣明恃其技視徐之才崔鷟叔等蔑如也隋開皇中卒

又曰李元忠趙郡柏仁人也代爲著姓元忠倜儻博學通陰陽術數初以母老多患乃專心醫藥研習積年遂善於方技性仁恕人有疾病無問貴賤咸爲療之故鄉里推敬聲稱益遠後拜南郡太守族弟密性方直亦以母老習醫遂成妙手

又曰崔季舒字叔正博陵安平人少孤明敏有識幹精於醫術經方本草常所披覽天保中於徙所無事更銳意研精後雖位望顯貴亦不懈怠

張太素齊書曰徐之才字士茂高平金鄉人五葉祖仲融隱於秦望山有道士過之求飲因留瓠蘆遺之曰君此子孫當以道術救世位至二千石開視乃扁鵲鏡經一卷書之遂爲良醫至濮陽太守父雄員外散騎侍郎代傳其術號爲神明而之才幼而俊發尤爲精敏仕梁爲豫章王綜

鎮東右常侍隨綜鎮彭城綜降魏之才走至吕梁爲魏所獲既羇旅以醫自業又諧隱滑稽無方王公貴人爭饋之為貴人居矣稍遷員外散騎常侍加中軍金紫天平中高祖詣晉陽恒居内館所療十全皇建中除兖州刺史未行武明皇太后不豫之才奉藥立愈賞賜巨萬有人脚跟腫痛不堪忍諸醫莫識之才視曰蛤精也當乘舡入海出脚水中得之疾者曰是也之才爲割得兩蛤子大如榆莢或以五色骨爲佩刀靶之才曰此人瘤也何從得之對曰於古冢見髑髏額骨長數寸試削視文理故用之其通識類此武成王酒色過度恍惚不恒曾病發自言初見空中有五色物稍近變成一美婦人去地數丈亭而立之才曰此色慾過多大虛所致即進藥一服稍稍遠變成五色物數服而愈病發輒馳召之針藥所加無不愈者（齻音顛）武成王生齻牙遍召諸醫尚藥典御鄧宣文以實對帝怒而抶之之才拜賀曰此謂智牙生則聖明而壽帝大悅賜帛萬疋加金玉重寶

又曰張遠遊齊人以醫藥道術知名尋有詔徵令與術士同合九轉金丹成顯祖置之玉匣曰我貪人間樂不能飛上天待我臨死方可服之

後周書曰姚僧坦字法衛吳興武康人也父菩提梁高平令嘗嬰疾歷年乃留心醫藥梁武帝性又好之每召菩提討論方術言多會意由是頗禮之僧坦幼通洽居喪盡禮年二十四即傳家業梁武帝召入禁中面加討試僧坦酬對無滯梁武甚奇之時武陵王所生葛脩華宿患積時方術莫効帝令僧坦視之僧坦還說其狀武帝歎曰卿用意綿密乃至於此以此候疾何疾可逃朕每留情頗識治體今聞卿說益開人意十一年帝因發熱欲服大黃僧坦曰大黃乃是快藥然至尊年高不宜輕用帝弗從遂至危篤梁元帝嘗有心腹疾諸醫咸謂宜用平藥可漸宣通僧坦曰脉洪而實此有宿妨非用大黃必無差理帝從而愈及大軍克荆州爲燕公于謹所召大相禮接太祖遣使馳驛徵僧坦謹固留不遣謂使人曰吾年時衰暮疢疾嬰沉今得此人望與之偕老太祖以謹勳隆重乃止明年隨至長安伊婁穆以疾還京請僧坦省疾自云自腰至臍似有三縛兩脚緩縱不復自持坦即爲診脉處湯三劑穆初服一劑上縛解再服中縛解又服三縛悉除而兩脚疼痺猶自攣弱更爲合散稍得屈伸至九月遂能起行大將軍襄樂公賀蘭隆先有氣疾加以水腫喘息奔急坐卧不安或有勸其服决命大散者其家疑未能决乃問僧坦僧坦曰意謂此患不與大散相當若欲自服不煩賜問因而委去其子殷勤拜請曰多時抑屈今日始來竟不下治意實未盡僧坦知其可差即爲處方諸患悉愈大將軍樂平公竇集暴感風疾精神瞀亂無所覺知諸醫先視者皆云已不可救僧坦後至曰困矣終當不死若專以見付相爲治之其家欣然僧坦爲合湯散所患即瘳大將軍永世公叱伏列椿苦痢積時而不廢朝謁燕公于謹嘗問僧坦曰樂平永世俱有痼疾若如僕意永世差輕對曰夫患有深淺時有克殺樂平雖困終當保全永世雖輕必不免死謹曰君言必死當在何時對曰不出四月果如其言謹歎異之文宣太后寢疾醫巫雜說各有同異高祖引僧坦問曰太后患勢不輕諸醫並云無慮朕人子之情可以意得君臣之義言在無隱公以爲何如對曰臣無聽聲視色之妙特以經事

已多雄之常人竊已憂懼帝泣曰公既決之矣知復何言尋而太后崩四年高祖親戎東討至河陰遇疾口不能言瞼垂覆目不得視一足短縮又不得行僧坦以爲諸藏俱病不可並治軍中之事莫先於語乃處方進藥帝遂得言又治目目疾便愈末及治足疾亦瘳比至華州帝已痊復是歲高祖幸雲陽遂寢疾乃召僧坦赴行在所內史柳昂私問曰至尊貶膳日久脉候何如對曰天子上應天心或當非愚所及若凡庶如此萬無一全尋而帝崩宣帝初在東宮嘗苦心痛乃令僧坦治之其疾即愈及即位恩禮弥隆大象二年除太醫下大夫帝尋有疾僧坦宿直侍疾帝謂隋公曰今日性命唯委此人僧坦診候知帝危殆乃對曰臣荷恩既重思在効力但恐庸短不逮敢不盡心帝頷之及靜帝嗣位遷上開府儀同大將軍隋開皇初卒僧坦撰集驗方十二卷行紀三卷行於世

隋書曰許智藏高陽人也祖道幼嘗以母疾覽醫方因而究極世號名醫誡其諸子曰爲人子者嘗膳視藥不知方術豈謂孝乎由是世相傳授仕梁官至員外散騎侍郎父景武竟陵王諮議參軍智藏少以醫術自達仕陳爲散騎常侍及陳滅高祖以爲員外散騎侍郎使詣楊州會秦孝王俊有疾上馳召之俊夜中夢其妃崔氏泣曰本來相迎如許智藏將至其人若到當必相苦爲之柰何明夜俊又夢崔氏曰妾得計矣當入靈府中以避之及智藏至爲俊診脉曰疾已入心即當發癎不可救也果如言俊數日而薨上奇其妙賚物百段煬帝即位智藏時致仕于家帝每有所苦輒令中使就詢訪或以轝迎入殿扶登御牀智藏爲方奏之用無不効

唐書曰甄權許州扶溝人也嘗以母疾與弟立言專習醫方得其旨趣隋開皇初爲祕書省正字後稱疾免隋魯州刺史庫狄嶔若風患手不得引弓諸醫莫能療權謂之曰欽但將弓箭向垛一針可以射矣針其肩髃一穴應時射貞觀十七年權年一百三歲太宗幸其家視其飲食訪以藥性因授朝散大夫賜几杖衣服其年卒撰脉經針方明堂人形圖各一卷弟立言武德中累遷太常丞御史大夫杜淹患風毒發腫太宗令立言視之既而奏曰從今更十一日午時必死果如其言時有尼明律年六十餘患心腹鼓脹身體羸瘦已經二年立言診其脉曰腹內有蟲當是誤食髮爲之耳因令服雄黃須臾吐一虵如人手小指唯無眼燒之猶有髮氣其疾乃愈

又曰許裔宗常州義興人也初仕陳爲新蔡王外兵參軍時柳太后感風不能言名醫療皆不愈脉益沉而噤裔宗曰口不可下藥宜以湯氣薰之令藥入腠理周時可差乃造黃耆防風湯數十斛置於牀下氣如煙霧其夜便得語武德初關中多骨蒸病得之必死遞相連染諸醫無能療者裔宗每療無不愈或謂曰公醫術若神何不著書以貽將來裔宗曰醫乃意也在人思慮又脉候幽微若其難別意之所解口莫能宣且古之名手唯是別脉脉既精別然後識病夫病之於藥有正相當者唯須單用一味直攻彼病藥力既純病即立愈今人不能別脉莫識病源以情臆度多安藥味譬之於獵未知兔所多發人馬空地遮圍或冀一人偶然逢也如此療疾不亦踈乎假令一藥偶然當病復共他味相和君臣相制氣勢不行所以難差諒由於此脉之深趣既不可言虛設經方豈加於舊吾思之久矣故

不能著述耳年七十餘卒

又曰秦鳴鶴爲侍醫高宗苦風眩頭重目不能視武后亦幸災異逞其志至是疾甚召鳴鶴張文仲診之鳴鶴曰風毒上攻若刺頭出少血即愈矣天后自簾中怒曰此可斬也天子頭上豈是試出血處耶上曰醫之議病理不加罪且吾頭重悶殆不能忍出血未必不佳命刺之鳴鶴刺百會及腦户出血上曰吾眼明也言未畢后自簾中頂禮拜謝之曰此天賜我師也躬負繒寳以遺鳴鶴

又曰安金藏爲太常工人時睿宗爲皇嗣或有誣告皇嗣潛有異謀者則天令來俊臣按之左右不勝楚毒皆欲自誣唯金藏大呼謂俊臣曰公旣不信金藏言請剖心以明皇嗣不反即引佩刀自剖其胷五藏並出血流被地氣遂絶則天聞之令舁入宫中遣醫人却内五藏以桑白皮縫合之傅藥經宿乃蘇

太平御覽卷第七百二十三

太平御覽卷第七百二十四

方術部五

醫四

唐書曰孫思邈京兆華原人也七歲就學日誦千餘言弱冠善談莊老及百家之說周宣帝時思邈以王室多故乃隱居太白山隋文帝輔政徵爲國子博士稱疾不起嘗謂所親曰過五十年當有聖人出吾方助之以濟人及太宗即位召詣京師嗟其容色甚少謂曰故知有道者誠可尊重羨門廣成豈虛言哉將授以爵位固辭不受顯慶四年高宗召見拜諫議大夫又固辭不受上元元年辭疾請歸特賜良馬及鄱陽公主邑司以居焉當時知名之士宋令文孟詵盧照隣等執師資之禮以事焉照隣有惡疾醫所不能愈乃問思邈名醫愈疾其道何如思邈曰吾聞善言

天者必質之於人善言人者亦本之於天天有四時五行寒暑迭代其轉運也和而爲雨怒而爲風凝而爲雪霜張而爲虹蜺此天地之常數也人有四肢五藏一覺一寢呼吸吐納精氣往來流而爲榮衛彰而爲氣色發而爲音聲此人之常數也陽用其形陰用其精天人之所同也及其失也蒸則生熱否則生寒結而爲瘤贅陷而爲癰疽奔而爲喘乏竭而爲燋枯診發乎面變動乎形推此以及天地亦如之故五緯盈縮星辰錯行日月薄蝕孛彗飛流此天地之危診也寒暑不時天地之蒸否也石立土踊天地之瘤贅也山崩土陷天地之癰疽也奔風暴雨天地之喘乏也川瀆竭涸天地之燋枯也良醫導之以藥石救之以鍼音針劑才齊切聖人和之以至德輔之以人事故形體有可愈之疾天地有可消之災又曰膽欲大而心欲小智欲圓而仁欲方詩曰如臨深淵如履薄冰謂小心也赳赳武夫公侯干城謂大膽也不爲利回不爲義疚仁之方也見幾而作不俟終日智之圓也思邈自云開皇辛酉歲生至今年九十三矣詢之鄉里咸云數百歲人話周齊間事歷歷如眼見以此參之不啻百歲人矣然猶視聽不衰神彩甚茂可謂古之聰明博達不死者也撰千金方三十卷行於代

又曰張文仲洛州洛陽人也少與鄉人李虔縱京兆人韋慈藏並以醫術知名文仲則天初爲侍御醫時特進蘇良嗣於殿庭因拜跪絕倒則天令文仲慈藏隨至宅候之文仲曰此因憂憤邪氣激也若痛衝脅則劇難救自朝候之未及食時苦衝脅絞痛文仲曰若入心不可療俄頃心痛不復下藥日旰而卒文仲尤善療風疾其後則天令文仲集當時名醫共撰療風氣諸方仍令麟臺監王方慶監其

修撰文仲奏曰風有一百二十種氣有八十種大體醫藥雖同人性各異庸醫不達藥之行使冬夏失節因此殺人唯腳氣頭風上氣常須服藥不絕自餘則隨其發動臨時消息之但有風氣之人春末夏初及秋暮要得通洩即不困劇於是撰四時常服及輕重大小諸方十八首表上之文仲久視年終於尚藥奉御撰隨身備急方三卷行於代

又曰孟詵汝州梁人也以進士擢第垂拱初累遷鳳閣舍人詵學方術嘗於鳳閣侍郎劉禕音暉之家見其敕賜金盤謂禕之曰此藥金也若燒之上有五色試之果然則天聞之不悅因事出爲台州司馬撰補養方必効方各三卷

又曰王方慶太原人也雅有材度博學多聞篤好經方精於藥性則天令監領尚藥奉御張文仲侍醫李虔縱光祿韋慈藏等撰諸藥方方慶撰隨身左右百發百中備急方

十卷大行於代

又曰天寶中詔曰朕頃者所撰廣濟方救人疾患頒行已久傳習亦多猶慮單貧之家未能繕寫閭閻之内或有不知儻醫療失時因致夭横性命之際寧忘惻隱宜命郡縣長官就廣濟方中逐要者於大板上件録當村方要路牓示仍委採訪使勾當無令脱錯

又曰德宗撰貞元集要廣利方親爲之制序敕題於天下通衢其方總六千三種五百八十六首

莊子曰秦王有病召醫舐痔者得車五乘也

韓子曰醫善吮人膓含人血非有肌骨之親也利之所加也

列子曰龍叔謂文摯曰子之術微矣吾有疾子能已乎文摯即命龍叔背明而立文摯從向明望之旣而曰嘻吾見

子之心矣方寸之地虚矣幾聖人也子心六孔流通一孔不達舊說聖人心七孔今以聖智爲疾者或由此乎矣

又曰楊朱之友季梁得疾七日大漸其子請三醫一曰矯氏二曰俞氏三曰盧氏脉其所疾矯氏謂季梁曰汝寒温不節虚實失度疾由飢飽色欲精慮非天非鬼雖漸可攻也季梁曰衆醫也亟屏之俞氏曰汝始則胎氣不足乳湩多貢切有餘病非一朝一夕之故其所由來者漸矣弗可已也季梁曰良醫也且食之盧氏曰汝病不由天亦不由人亦不由鬼稟生受形既有制之者亦有知之者矣藥石其如汝何季梁曰神醫也重貺遣之俄而季梁病自瘳

又曰魯公扈趙齊嬰二人有疾同請扁鵲求治扁鵲治之同愈謂曰汝曩之所疾自外而干腑藏固藥石之所已今有偕生之病與體偕長爲汝攻之何如二人曰願先聞其驗扁鵲謂公扈曰汝志强而氣弱故足於謀而寡於斷齊嬰志弱而氣强故少於慮而傷於專若換汝之心則均於善矣遂飲二人毒酒迷死三日剖胷探心易而置之投以神藥既寤如初

尸子曰有醫竘音驅主反者秦之良醫也爲宣王割痤音在戈反爲惠王療痔皆愈張子之背腫命竘治之謂醫竘曰背非吾背也任子制焉治之遂愈竘誠善治疾也張子委制焉夫身與國亦猶此必有所委制然後治

孔叢子曰宰我使齊反見夫子曰梁丘據遇虺毒三旬而後瘳朝齊君齊君會大夫衆賓而慶焉弟子與在賓列大夫衆賓並復獻攻療之方弟子謂之曰夫所獻方者將爲病也今梁丘子已瘳矣而諸夫子復騶獻方意欲梁丘大夫復有虺害當用之乎衆座默然無辭弟子此言何如孔

子曰女說非也夫三折股而後爲醫梁丘子遇虺害而獲瘳慮有與之同疾者必問所以已之方焉衆人爲此之故各言其方欲售之以已人疾也凡言其方者稱其良也且以參驗所以已之方之優劣也

公孫尼子曰孔子有疾哀公使醫視之醫曰居處飲食何如子曰丘春之居葛籠夏居密陽秋不風冬不煬飲食不饋飲酒不勸醫曰是良藥也

鶡冠子曰扁鵲兄弟三人並善醫魏文侯問曰子昆弟三人孰最善對曰長兄視色故名不出家仲兄視毫毛故名不出門鵲鍼人血脉投人毒藥故名聞諸侯

呂氏春秋曰齊王疾使人之宋迎文摯文摯至視王疾謂太子曰非怒則王疾不可治怒王則文摯死太子曰苟已王疾臣與母以死爭之願先生勿患也文摯曰諾與太子

期而將往不當者三齊王固已怒文摯至不解履登牀履王衣問疾王怒不與言摯因出固辭以重怒王王吐而起疾乃遂已王不悅果以鼎生烹摯太子與母合爭之不得夫忠於平世易忠於濁世難也

又曰魯有公孫綽者告人曰我能治偏枯今吾倍爲偏枯之藥則可以起死人矣

又曰用藥者得良藥則活人得惡藥則殺人

楚辭九章曰九折臂而成醫兮吾今而知其信然○神仙傳曰李少君與議郎董仲舒相親見仲舒宿有固疾體枯氣少少君乃與其成藥二劑并方用戊己之草后土脂黄良獸沉肪先義之根百卉華醴亥月上旬合煎銅鼎中童男沐浴潔淨調其湯火合藥成服如雞子三劑齒落更生服盡五劑命不復傾

又曰鳳綱者漁陽人也常採百藥華以水漬封泥之自正月始盡五月末埋之百日煎丸之卒死者以此藥內口中皆立生綱服此藥得數百歲不老

又曰士燮爲交州刺史得毒病死經三日董奉時在南方乃往以三丸藥內死人口中以寒水含之令人舉死人頭搖消之食頃士燮開目動手足半日能起坐遂活活後四日能語云死時奄然有數十馬卒收之將載輅車上去入大赤門往以付獄獄中人各一戶戶纔容一人以燮內一戶中以土從外封之不復見外恍惚聞人言太一遣使者來召士燮急開出之聞人以鏵掘其居戶良久引之見外有馬赤蓋三人共坐車上一人持節呼燮上車將還至門而活奉還盧山了不田作爲人治病亦不取錢重病愈者令種杏五株輕者種一株數年之間杏樹成林縣令親故有女病醫療不差令謂奉曰若能治之便以妻君奉使物召鬼魅有大白鼉長數尺陸行詣病者門奉使人斬之女病即愈遂以妻之

又曰封君達年百餘歲往來鄉里視之年三十許人常騎青牛行聞有疾病死者皆與不識遇便以藥治之應手皆愈不以姓字語人能騎乘青牛故號青牛道士

列仙傳曰負局先生者吳郡人莫知姓名負石磨鏡局循吳中磨鏡輒問人得無有疾苦乎有即出紫丸赤丸與之服服藥病無不差如此數年後吳有大疫先生家至戶到與藥活數萬許人後上吳山絕崖懸藥與人欲去時語人曰吾欲還蓬萊山爲汝曹下神水崖頭一日有水色白從石間流下服之疾愈

玉匱針經序曰呂博少以醫術知名善診脈論疾多所著述吳赤烏二年爲太醫令撰玉匱針經及注八十一難經

大行於代

千金序曰沙門支法存嶺表人性敦方藥自永嘉南渡士大夫不襲水土多患腳弱唯法存能拯濟之

又曰仰道人嶺表僧也雖以聰惠入道長以醫術開懷因晉朝南移衣纓士族不襲水土皆患軟腳之疾染者無不斃踣而此僧獨能療之天下知名焉

又曰僧深齊宋間道人善療腳弱氣之疾撰錄法存等諸家醫方三十餘卷經用多効時人號曰深師方焉

龔慶宣遺方序曰劉涓子不知何許人也晉末於丹陽郊外照射忽見一物高二丈許因射而中之走如電激聲若風雨夜不敢追明旦率門人弟子隣伍數十人尋其蹤跡至山見一小兒問之何姓小兒云主人昨夜爲涓子所射

今欲取水以洗瘡因問小兒主人是誰答曰是黃父鬼乃將小兒還來至聞擣藥聲遥見三人一人卧一人開書一人擣藥比及齊叫突而前三人並走遺一帙癰疽方并一臼藥人有云癰者塗之隨手而愈

太平御覽卷第七百二十四

太平御覽卷第七百二十五

方術部六

卜上

說文曰灼龜也象兆之縱橫也

周禮天官太宰職曰祀五帝則掌百官之誓戒與其具脩

前期十日帥執事而卜日遂戒前期前所諏之日也十日容散齊七日致齊三日執事宗伯太卜之屬也既卜又戒百官以始齊

又春官嘗之日涖卜來歲之芟卜者問後歲宜芟不獮之日涖卜來歲之戒秋田爲獮卜者問後歲兵冠之備社之日涖卜來歲之稼卜問後歲稼所宜矣

又曰太卜掌三兆之法一曰玉兆二曰瓦兆三曰原兆兆者灼龜發於火其形可占者原原田也象似玉瓦原之璺罅是用名之焉其經兆之體皆百有二十其頌皆千有二百

又卜師職曰卜師掌開龜之四兆一曰方兆二曰功兆三曰義兆四曰弓兆開開出其占書也經兆百二十體言此四兆者分之爲四部若易之二篇書金縢曰開籥見書是也

又曰龜人掌六龜之屬各有名物天龜曰靈屬地龜曰繹屬東龜曰果屬西龜曰靁屬南龜曰獵屬北龜曰若屬各以其方之色與其體辨之上春釁龜祭祀先卜釁者殺牲以血之神之也鄭司農云祭卜其日與牲也

又曰占人掌占龜以八筮占八頌以八卦占筮之八故以眡吉凶凡卜筮君占體大夫占色史占墨卜人占坼

禮記曰正月命有司釁龜筴占兆審卦吉凶周禮龜人上春釁龜謂建寅之月

曲禮曰凡筮日旬之外曰遠某日旬之內曰近某日喪事先遠日吉事先近日曰假爾泰龜有常假爾泰筮有常命龜筮辭龜筮於吉凶有常大事卜小事筮卜筮不過三卜筮不相襲龜爲卜筴爲筮卜筮者先聖王之所以使民信時日敬鬼神畏法令也所以使民決嫌疑定猶與也故曰疑而筮之

又檀弓下曰石駘仲卒駘仲衛大石碏之族夫無適子有庶子六人卜所以爲後者曰沐浴佩玉則兆言齊潔則得吉兆也五人皆沐浴佩玉石祁子曰孰有執親之喪而沐浴佩玉者乎不沐浴佩玉石祁子兆衛人以龜爲有知也

又禮運曰龜爲前列先知也龜知事情者陳於庭在前

又郊特牲曰卜郊受命于祖廟作龜于禰宮尊祖親考之義也受命謂告之退而卜卜之日王立于澤親聽誓命受教諫之義也

又曰國君世子生三日卜士負之

又玉藻曰卜人定龜史定墨視兆坼君定體視兆所得也

又少儀問卜筮曰義與志與義則問志則否大卜問來卜筮者也義正事也志私意也

又曰雜記曰大夫之喪太宗人相小宗人命龜卜人作龜

又祭義曰昔者聖人建陰陽天地之情立以爲易易抱龜南面天子卷音衮冕北面雖有明知之心必進斷其志焉示不敢專以尊天也善則稱人過則稱己教不伐以尊賢也立以爲易謂作易易抱龜易官名周禮曰大卜大卜主兆三易三夢之吉

又曰表記曰南人有言曰人而無恒不可以爲卜筮古之遺言與龜筴猶不能知也而況於人乎

又曰子言之昔三代明王皆事天地之神明無非卜筮之用不敢以其私褻事上帝言動任卜筮也神明謂群神也是故不犯日月不違卜筮日月謂冬夏至及四時也所不違者日與牲尸也卜筮不相襲也襲因也大事則卜小事則筮也大事有時日大事有事於大神有常時常日也小事無時日有

筮外事用剛日內事用柔日不違龜筮

左傳曰楚伐鄭莫敖曰盍請濟師於王鬬廉曰師克在和不在衆商周之不敵君之所聞也成軍以出又何濟焉莫敖曰卜之對曰卜以決疑不疑何卜遂敗鄖師於蒲騷

又曰初懿氏卜妻敬仲其妻占之曰吉事具筮門

又僖上曰初晉獻公欲以驪姬爲夫人卜之不吉筮之吉公曰從筮卜人曰筮短龜長不如從長

又僖中曰狐偃言於晉侯曰求諸侯莫如勤王諸侯信之且大義也繼文之業而信宣於諸侯今爲可矣使卜偃卜之曰吉遇黃帝戰于阪泉之兆

又曰晉惠公之在梁也梁伯妻之梁嬴孕過期卜招父與其子卜之杜預注曰卜招梁太卜也其子曰將生一男一女招曰然男爲人臣女爲人妾故名男曰圉女曰妾及子圉西質妾爲

宦女焉

又曰夏四月卜郊不從乃免牲非禮也諸侯不得郊天魯以周公故得用天子禮樂故郊爲魯常祀猶三望亦非禮也禮不卜常祀而卜其牲日牛卜日曰牲牲成而卜郊上怠慢也望郊之細也不郊亦無望可也

又曰衛遷于帝丘卜曰三百年

又文下曰邾文公卜遷于繹史曰利於民而不利於君邾子曰苟利於民孤之利也天生民而樹之君以利之也民旣利矣孤必與焉左右曰命可長也君何弗爲邾子曰命在養民死之長短時也民苟利矣遷也吉莫如之遂遷于繹五月邾文公卒君子曰知命也

又曰春齊侯戒師期而有疾醫曰不及秋將死公聞之卜曰尚無及期惠伯令龜卜楚丘占之齊侯不及期非疾也君亦不聞令龜有咎二月丁丑公薨

又宣上曰郊牛之口傷改卜牛牛死乃不郊

又宣下曰楚子圍鄭旬有七日鄭人卜行成不吉卜臨于大宮且巷出車吉國人大臨守陴者皆哭楚子退師

又成上曰鼷鼠食郊牛角改卜牛

又襄元曰夏四月三卜郊不從乃免牲孟獻子曰吾乃今而後知有卜筮夫郊祀后稷以祈農事也是故啓蟄而郊郊而後耕今旣耕而後卜郊宜其不從也

又襄二曰鄭皇耳帥師侵衛楚令也亦兼受楚之勑命也皇耳皇戌子孫文子卜追之獻兆於定姜姜氏問繇曰兆如山陵有夫出征而喪其雄姜氏曰征者喪雄禦寇之利也大夫圖之衛人追之孫蒯獲鄭皇耳于犬丘

又曰晉侯遻及著雍疾卜桑林見事具樂部

又曰鄭石㚟言於子囊曰先王卜征五年先征五年而卜吉凶也征謂巡狩而歲習祥祥習其則行不習則增脩德而改卜

又襄五曰盧蒲癸王何卜攻慶氏示子之兆曰或卜攻讎敢獻其兆子之曰克見血慶封田于萊陳無宇從文子使召之請曰無宇之母疾病請歸慶季卜之示之兆曰死奉龜而泣乃使歸

又昭二曰越大夫常壽過帥師會楚子於瑣瑣楚地也聞吳出師薳啓彊帥師從之從吳師也遽不設備吳人敗諸鵲岸廬江舒縣有鵲尾渚楚子以馹至於羅汭馹傳也羅水名吳子使其弟蹶由犒師犒勞楚人執之將以釁鼓王使問焉曰汝卜來吉乎對曰吉寡君聞君將治兵於弊邑卜之以守龜曰余亟使人犒師請行以觀王怒之疾徐而爲之備尚克知之龜兆吉吉曰克可知也君若驩焉好逆使臣滋弊邑休怠休解而忘其死亡無日

矣今君奮焉震電憑怒（憑盛也）虐執使臣將以釁鼓則吳知所備矣敝邑雖羸若早脩完其可以息師難易有備可謂吉矣且吳社稷是卜豈爲一人使臣獲釁軍鼓而敝邑知備以禦不虞其爲吉孰大焉國之守龜其何事不卜一臧一否其誰能常之城濮之兆其報在邲今此行也其庸有報志乃弗殺

又昭三日公卜使王黑以靈姑銔（音丕）率吉請斷三尺焉而用之（靈姑銔公旗也斷三尺不敢與君同）

又昭四日楚召觀從日唯爾所欲對日臣之先佐開卜乃使爲卜尹（佐卜人開龜兆）

又日初靈王卜日余尚得天下不吉投龜詬天而呼日是區區者而不余畀余必自取之民患王之無厭也故從亂如歸

又日吳伐楚陽匄爲令尹卜戰不吉司馬子魚日我得上流何故不吉且楚故司馬令龜我請改卜令日魴也以其屬死之楚師繼之尚大克之吉戰于長岸子魚先死楚師繼之大敗吳師

又昭六日初臧昭伯如晉臧會竊其寶龜僂句（僂句龜所出地名）以卜爲信與僭僭吉

又定下日晉車千乘在中牟衛侯將如五氏卜過之龜焦衛侯日可也衛車當其半寡人當其半敵矣乃過中牟

又哀上日楚子在城父將救陳卜戰不吉卜退不吉王日然則死也再敗楚師不如死弃盟逃讎亦不如死死一也其死讎乎命公子申爲王不可則命公子結亦不可則命公子啓五辭而後許將戰王有疾庚寅昭王攻大冥卒于城父

又日楚昭王有疾卜日河爲祟王弗祭（事具江部）

又日晉趙鞅卜救鄭遇水適火（水火之兆）占諸史趙史墨史龜（皆晉史也）史龜日是謂沈陽（火陽得水故沈）可以興兵（兵陰類也故可以興兵）利以伐姜不利子商（姜齊姓也子商謂宋）伐齊則可敵宋不吉史墨日盈水名也子水位也名位敵不可干也炎帝爲火師姜姓其後也水勝火伐姜則可史趙日是謂如川之滿不可游也鄭方有罪不可救也救鄭則不吉不知其他陽虎以周易筮之遇泰之需日宋方吉不可與也微子啓帝乙之元子也宋鄭甥舅也祉祿也若帝乙之元子歸妹而有吉祿我安得吉焉乃止

毛詩日升彼虛矣以望楚矣望楚與堂景山與京降觀于桑卜云其吉終然允臧（龜日卜建國必卜之）

又日爾卜爾筮體無咎言

又日君日卜爾萬壽無疆

又日卜筮偕止會言近止征夫邇止（卜之筮之會人占之箋云或卜或筮俱占之言於繇爲近征夫如今近耳）

又日我龜既厭不我告猶（卜筮數而瀆龜龜靈厭之不復告其所圖之吉凶言雖不兆占繇不中）

又日爰始爰謀爰契我龜

又日考卜維王宅是鎬京維龜正之武王成之

又日哀我塡寡宜岸宜獄握粟出卜自何能穀（哀我窮盡寡財之民仍有獄訟之事持粟行卜求其勝負從何能得生）

尚書大禹謨日枚卜功臣惟吉之從帝日禹官占惟先蔽志昆命于元龜朕志先定詢謀僉同鬼神其依龜筮協從卜不習吉

又洪範日七稽疑擇建立卜筮人（龜日卜蓍日筮）乃命卜筮日雨

曰霽（龜兆形也有似雨者又有似雨止）曰蒙曰驛（氣落驛不連屬）曰克曰貞曰悔（兆相交錯五者卜兆之常法內卦曰貞外卦曰悔）凡七卜五占用二衍忒立時人作卜筮三人占則從二人之言汝則有大疑謀及乃心謀及卿士謀及庶人謀及卜筮汝則從龜從筮從卿士從庶民從是之謂大同身其康彊子孫其逢吉汝則從龜從筮從卿士逆庶民逆吉卿士從龜從筮從汝則逆庶民逆吉庶民從龜從筮從汝則逆卿士逆吉汝則從筮從筮逆卿士逆庶民逆作內吉作外凶龜筮共違于人用靜吉用作凶

又金縢曰既克商二年王有疾弗豫（伐紂明年武王有疾不悅豫）二公曰我其爲王穆卜周公曰未可以戚我先生（穆敬也戚近也召公太公言王疾當卜吉凶周公言未可以死近我先王相順之辭）公乃爲三壇同墠乃卜三龜一習吉（習因也以三王之龜卜一相因而吉也）

又大誥曰寧王遺我大寶龜紹天明即命我有大事休朕卜并吉天休于寧王興我小邦周寧王惟卜用克綏受茲命

又洛誥曰予惟乙卯朝至于洛師（致政在冬本其春來至洛衆說始卜定都之意）我卜河朔黎水我乃卜澗水東瀍水西惟洛食（我使人卜澗瀍之間南近洛吉）我又卜瀍水東亦惟洛食伻來以圖及獻卜

史記曰宋元王二年江使神龜使於河至泉陽漁者豫且舉網得而囚之置籠中夜而見夢於元王曰我爲江使於河豫且得我我不能去身在患中莫可告語王有德義故來告愬元王召博士衛平問之平乃援式而起仰天視月之光觀斗所指定日處鄉規矩爲輔副以權衡四維以定八卦相望視其吉凶介蟲先見乃對曰今昔斗壬子宿在牽牛河水大會神鬼相謀漢正南北江河固期南風新至江使先來白雲擁漢萬物盡留斗柄指日使者當囚玄服而乘輜車其名爲龜使人問泉陽令取龜獻使者載行出於泉陽之門正晝無見風雨晦暝雲蓋其上五采青黃雷雨並起將入端門見於東箱身如流水潤澤有光望見元王延頸而前三步而止縮頭而却復其故處元王見而恠之問衛平平對曰龜在患中而終夕囚王有德義使人活之今延頸而前以當謝也縮頸而却欲亟去也元王曰善哉趣駕送龜毋令失期平對曰龜者是天下之寶先得此龜者爲天子且十言十當十戰十勝生於深淵長於黃土知天之道明於上古遊三千歲不出其域安平靜正動不用力壽蔽天地莫知其極與物變化四時變色居而自匿伏而不食春蒼夏黃秋白冬黑明於陰陽審於刑德先知利害察於禍福以言而當以戰而勝王能寶之諸侯盡服

王勿遣也王大悅於是向日而謝再拜而受擇日齋戒甲乙最良乃刑白雉以血灌龜於壇中央以刀剝之身全不傷脯酒禮之橫其腹腸荆支卜之必制其瘡程達於理文相錯迎使工占之所言盡當

又曰沛父老率子弟共殺沛令開城門迎劉季欲以爲沛令父老皆曰平生所聞劉季奇恠當貴且卜筮莫如劉季於是乃立爲沛公

又曰陳平等遣人迎代王欲立爲帝代王卜之龜卦兆得大橫占曰大橫庚庚余爲天王夏啓以光曰寡人固已爲王矣又何王卜人曰所謂天王迺天子也

又曰常以月旦祓龜先以清水澡之以卵祓之乃持龜而遂之若常已卜不中皆祓之以卵東鄉立居取生荆枝及堅木堅木枝燒之斬取熱處以灼龜所卜處灼以荆若卵

指之者三持龜以外周環之祝曰今日吉謹以粱卵祓去玉靈之不祥玉靈必信以誠知萬事之情辯兆皆可占不信不誠則燒玉靈揚其灰以懲後龜

又曰竇皇后弟廣國字少君年四五歲時家貧爲人所略賣至宜陽爲其主入山作炭寒卧岸岸崩獨得脫不死自卜數日當爲侯

又曰司馬季主楚人也卜於長安東市宋忠爲中大夫賈誼爲博士俱出洗沐相從論議誦習先王聖人之道術究徧人情相視而歎賈誼曰吾聞古之賢人不居朝必在卜醫之中今吾已見三公九卿朝士大夫皆可知矣試之卜數中觀采其人二人即同輿之市游於卜中天新雨道少人司馬季主閒坐弟子三四人侍方辨天地之道日月之運陰陽吉凶之本二大夫再拜謁司馬季主季主觀其狀

貌類有道者即禮之使弟子延之坐坐定司馬季主復理前語分别天地之終始日月星辰之紀差次仁義之際列吉凶之符語數千言莫不順理宋忠賈誼瞿然而悟獵纓正衿危坐曰吾望先生之狀聽先生之辭小子竊觀於世未嘗見也今何居之卑何行之汙也司馬季主捧腹大笑曰觀大夫之貌類有道術者今何言之陋也何辭之野也今夫子所賢者誰也所高者何也公何以卑汙長者乎二君曰尊官厚祿之所高也賢材處之今所處非其地故謂之卑言不信行不驗取不當故謂之汙夫卜筮者世之所賤簡也世皆言曰夫卜者多言誇嚴以得人情虛高人祿命以說人志擅言禍災以傷人心矯言鬼神以盡人財厚求拜謝以私於己此吾之所恥故謂之卑汙也司馬季主曰公且安坐公見夫被髮童子乎日月照之則行不照則止然問日月疵瑕吉凶則弗能理也今夫卜者必法天地象四時順於仁義分策定卦旋式正棊然後别天地之利害事之成敗昔者先王定國必先龜策日月而後乃敢代也正時日乃後入家產子必先占吉凶後乃有之自伏犧作八卦周文王演三百八十四爻而天下治越王勾踐倣周文王八卦以破敵國霸天下由是觀之卜筮有何負哉且夫卜者掃設坐位正其冠帶然後乃言事此有禮也言鬼神或以饗忠臣以事其上孝子以養其親慈父以畜其子此有德者也而以義置數十百錢病者或以愈且死或以生患或以免事或以成嫁子娶婦或以養生此之爲德豈直數十百錢哉此老子所謂上德不德是以有德今夫卜筮者利大謝少老子之言豈異於是乎莊子曰君子內無飢寒之患外無劫奪之憂居上而敬居下而不爲害君

子之道也今夫卜筮者之爲業也積之無聚委藏之不用府庫徙之不用車輜負裝之不重止而用之無盡索之時持不盡索之物游於無窮之世雖莊氏之行未能增也子何故而云而可卜哉天不足西北星辰西北移地不足東南以海爲池日中必移月滿必虧先王之道乍存乍亡公責卜者言必信不亦惑乎公見夫談士辨人乎慮事定計必是人也然不能一言說人主意故言必稱先王語必道上古慮事定計飾先王之成功語其敗害以恐喜人主之志以求其欲多言誇嚴徐廣曰一作險莫大於此矣然欲强國成功盡忠於上非此不立今夫卜者導惑教愚也夫愚惑之人豈能以一言知之哉言不厭多故騏驥不能與罷驢爲駟鳳皇不與燕雀爲羣而賢者亦不與不肖者同列故君子處卑隱以避衆自匿以避倫微見德順以除羣害以明

天性助上養下多其功利不求尊譽公等嘪嘪者也何知長者之道乎

漢書曰谷口有鄭子眞蜀有嚴君平皆脩身自保非其服弗服非其食弗食成帝時元舅大將軍王鳳以禮聘子眞子眞遂不詘而終君平卜筮於成都市以爲卜筮賤業以惠衆人有邪惡非正之問則依蓍龜爲言利害與人子言依於孝與人臣言依於忠各因其勢道之以善

又曰張禹字子文父從家蓮勺（上音輦下音酌）禹爲兒數隨家至市喜觀於卜相者前久頗曉其別蓍布卦意時從旁言卜者愛之又奇其面貌謂禹父是兒多知可令學經及禹至長安學從沛郡施讎受易

謝承後漢書曰姜肱桓帝時再以玄纁聘不就即拜太中大夫詔書至門肱使家人對云久病就醫遂羸服閒行竄

伏青州界中賣卜給衣召命得斷家亦不知其處歷年乃還

又曰田戎擁衆夷陵聞秦豐被圍懼大兵方至欲降而妻兄辛臣諫戎曰今四方豪傑各據郡國洛陽地如掌耳不如按甲以觀其變戎不從乃留辛臣守夷陵自將兵沿江泝沔止黎丘刻日當降而辛臣於後盜戎珍寶從閒道先降於岑彭而以書招戎戎疑必賣已乃灼龜卜降兆中折遂止不降

又曰范丹字史雲朝議欲以爲侍御史因遁身逃命於梁沛之閒徒行弊服賣卜於市

魏志管公明傳曰洛中有一小人夫婦輅爲卦教明旦東明城門中伺擔豚人牽與共鬬具如其言豚逸走即追之豚入人舍突破主人甕婢從甕中出輅在田舍時嘗候遠鄰主人患失火輅卜教使明日於陌上伺有一角巾書生駕黑牛故車必引留宿此能除之即從輅語得書生遂留宿意甚不安主人聽入生乃抱刀出門薪積欹有一小物直來如獸手中持火以口吹之生舉刀斫斷腰視之狐也自此無復火災

太平御覽卷第七百二十五

太平御覽卷第七百二十六

方術部七

卜下（諸雜卜附）

晉書曰：郭公者客居河東精於卜筮郭璞從之受業公以青囊中書九卷與之由是遂洞五行天文卜筮之術禳災轉禍通致無方雖京房管輅不能過也璞門人趙載嘗竊青囊書未及讀而爲火所焚

又曰宣城邊洪以四月中詣韓友卜家中安否友曰卿家有兵殃其禍甚重可伐七十束柴積於庚地至七月丁酉放火燒之咎可消也不尒其凶難言洪即聚柴至日大風不敢發火洪後爲廣陽領校遭母喪歸家友來投之時日已暮告從者速裝束吾當夜去從者曰今日已暝數十里何急復去友曰非汝所知也此間血覆地寧可復住洪苦

留之不待食而去其夜洪欻發狂絞殺兩子并殺婦人所父婢二人皆被創因出亡走明日其族往收殯亡者尋索洪數日於宅前林中得之已自經死宣城太守殷祐病友筮之曰七月晦日將有大鸜鳥來集廳事上宜勤伺取若獲者爲善不獲將成禍祐乃謹爲其備至日果有大鸜東尾九尺來集廳事上掩捕得祐仍遷石頭督護後爲吳郡太守友卜占神効甚多而消殃轉禍無不皆驗

王隱晉書曰步熊字叔罷陽平人少好卜筮術數門徒甚盛熊學舍側有燒死人吏疑是熊諸生失火持諸生急熊曰吾已爲卜得其人矣使從道南行當有一人來問得火主來者便縛之吏如熊言果是耕人自言草惡難耕故燒之忽風起延燒實不知草中有人又鄰人見遠行或告已死其父母號哭制服熊爲卜尅日當還如期果至

宋書曰蔡興宗初爲郢府參軍彭城顏敬以式卜曰亥年當作某官有大字者不可受也及有開府之授而太歲在亥果薨於光祿大夫

又曰荀伯玉爲晉安王子勛鎮軍行參軍泰始初還都賣卜自業

齊書曰王敬則少時於草中射獵有蟲如烏豆集其身摘去乃脫其處皆流血敬則惡之詣道士卜道士曰此封侯瑞也敬則聞之喜故出都自効

又曰柳世隆善卜別龜甲價至萬永明初世隆曰永明九年我亡後三年丘山崩齊亦於此季矣屛人命典籤李黨取筆及高齒屐題簾箔旌曰永明十一年因流涕謂黨曰汝當見吾不見也

梁書曰吉士瞻年逾四十忽忽不得志乃就江陵卜者王

先生計祿命王生曰君擁旄仗節非一州後一年當得戎馬大郡

三國典略曰梁武昌太守朱買臣聞元帝議遷都入勸梁主云建鄴舊都塋陵攸在荆鎮邊疆非王者宅願陛下勿疑致後悔也臣家在荆州豈不願陛下但恐是臣富貴非陛下富貴耳乃召卜者杜景豪決去留遇兆不吉荅云未去景豪退而言曰此兆爲鬼賊所留也（事具京都部）

又曰周文育隨盧安興征俚獠有功除南海令監州王勵深委任之勵被代文育與俱下至大庾嶺詣卜者卜者曰君北下不過作令長南入則爲公侯文育曰足錢便可誰望公侯之事卜人曰君須臾當暴得銀至二千兩若不見信以此爲驗其夕宿逆旅有賈人求與文育博文育勝之得銀二千兩旦辭勵勵問其故文育以告勵乃遣之

又曰東魏相齊王澄以舟師還次於小平津北岸古冢崩骨見銘曰今卜高原千秋之後化爲下泉當逢霸主必爲改遷王曰古人之卜其何至也令更葬之

又曰齊害其廢主濟南王也長廣王湛懼高元海爲畫三策湛不能斷令鄭道謙吳導世等卜以決之道謙等曰不利舉事靜則吉

又曰初鄴有賣卜者相趙隱當大貴及隱自黃門侍郎遷祕書監崔肇師呼卜者而問已焉卜者對曰公令望雖高爵位難進肇師不悅終如其言

隋書曰獻皇后崩上令蕭吉卜擇葬所吉歷筮山原至一處云卜年二千卜世二百具圖而奏之上曰吉凶由人不在於地高緯父葬豈不卜乎國尋滅亡正如家墓田若不吉朕不當爲天子若云不凶我弟不當戰沒然竟從吉言

唐書曰王遠知事梁貞白先生陶弘景隱居茅山盡傳其符籙隋煬帝爲晉王出鎮揚州遣人迎致及即位於東都起玉清觀以處之太宗之爲秦王也既平王世充與記室房玄齡往詣之立枚以問其吉凶遠知指秦王之枚曰此當上應天命下濟蒼生者又指玄齡之枚云聖之輔也及太宗踐祚恩禮甚厚

又曰城陽公主初適杜如晦之子荷荷貞觀中爲尚衣奉御坐承乾事伏誅公主改適饒州刺史薛昱之子瓘將成婚太宗使卜之卜人曰兩火俱食始則同榮末亦雙悴若晝日行合巹之禮則終吉太宗將從之馬周諫曰臣聞朝謁以朝思相戒也講習以晝思相成也讌飲以昃思相歡也婚合以夜思相親也是以上下有威內外有規動息有時吉凶有儀先王之教不可黷也今陛下欲謀其始而亂其終不可爲也夫卜筮者所以定猶豫決嫌疑若黷禮亂常先王所不用也太宗又從其言而止

又曰憲宗嘗謂李絳曰卜筮之事習者罕精或中或否近日風俗尤更崇尚何也對曰臣聞古先哲王畏天命示不敢專邦國有大事可疑者故謀於卿士庶人決於卜筮俱吉則行之末俗浮僞幸以徼福正行慮危邪謀覬安持疑昏惑謂小數能決之而愚夫愚婦假時日鬼神者欲利欺詐參之見聞用以刺射小近其事神而畏之近者風尚卜筮此誠弊俗聖旨所及實辨邪源但存而不論弊斯息矣

六韜曰文王卜田史偏曰卜田渭陽將大得焉非熊非羆非虎非狼兆曰得公侯天遺汝師以之佐昌施及三王大吉

又曰文王問散宜生卜代紂吉乎鑽龜龜不兆祖行之日

雨輜至軫行之日幟折爲三散宜生曰此凶四不祥不可舉事太公進曰非子之所知也龜不兆聖人生天地之間承衰亂而起龜者枯骨蓍者朽草不足以辨吉凶祖行之日雨輜至軫是洗濯甲兵也行之日幟折爲三此軍分爲三如此斬紂首之象

國語曰晉獻公卜伐驪戎史蘇占之曰勝不吉公曰何謂也遇兆挾以銜骨齒牙爲猾遇見也挾會也骨所以鯁刺人猾弄也齒牙謂兆端左右折有似齒牙中有從畫故曰銜骨在口中齒牙弄之以象讒口之爲害也禮太卜掌龜大夫占色史占墨戎夏交捽兆有二畫外象戎內象諸夏夏謂晉也兆端會齒牙交有似捽捽交對也交捽是交勝也臣故云言晉勝戎戎復勝晉且懼有口齒牙銜骨皆在口也攜人國移心焉獻公曰何口之有口在寡人寡人弗受誰敢興之對曰苟可以攜其入也必甘退而不知故胡可壅也蚪何遏快壅防也甘言入耳心以爲快而不知其惡何可止也公不聽遂伐虓之克勝獲驪姬以歸有寵

立爲夫人
春秋後語曰二世夢白虎囓其左驂殺之心惡怪之卜云涇水爲祟（思物切爲災曰祟音思醉切）
又曰鄒忌與田忌不相善公孫閱謂鄒忌曰何不詐令人操千金卜於市曰我田忌之人也吾三戰而三勝聲威天下欲爲大事亦吉乎卜者出因令人捕焉卜者驗其辭於王之所鄒忌從之田忌懼無以自白遂率其徒攻臨菑欲殺鄒忌不勝而奔
說苑曰成王卜洛事曰昔有周成王之卜居成周也其命龜曰予一人兼有天下辟就百姓敢無中土乎使予有罪則四方伐之無難得也周公卜居曲阜其命龜曰作邑乎山之陽賢則茂昌不賢則速亡季孫行父戒其子也曰吾欲室之夾於兩社之間也使吾後世有不能事上者使其替之益速如是則曰賢則茂昌不賢則速亡安有擇地而

封哉示有天固也
又曰孔子問漆雕馬人曰子事臧文仲武仲孺子容三大夫者孰爲賢馬人對曰臧文氏家有龜焉名曰蔡文仲立三年爲一兆焉武仲立三年爲二兆焉孺子容立三年爲三兆焉馬人見之矣若夫三大夫之賢不賢馬人不識也孔子曰君子哉漆雕氏之子其言人美也隱而顯其言人之過也又微而著故智不能及明不能見得無數卜乎
楚辭卜居曰屈原既放三年不得復見竭智盡忠而蔽障於讒心煩慮亂不知所從往見太卜鄭詹尹曰余有所疑願因先生決之詹尹乃端策拂龜曰君何以教之原曰吾寧悃悃款款朴以忠乎將送往勞來斯無窮乎寧誅鋤草茅以力耕乎將遊大人以成名乎寧正言不諱以危身乎將從俗富貴以偷生乎寧超然高舉以保眞乎將哫（音柴足）栗斯喔咿嚅唲以事婦人乎寧廉潔正直以自清乎將突梯滑稽如脂如韋以潔楹乎寧昂昂若千里之駒乎將汎汎若水中之鳧隨波上下偷以全吾軀乎寧與騏驥抗軛乎將隨駑馬之迹乎寧與黃鵠比翼乎將與雞鶩爭食乎此孰吉孰凶何去何從世溷濁而不清蟬翼爲重千鈞爲輕黃鍾毁弃瓦釜雷鳴讒人高張賢士無名吁嗟默默兮誰知吾之廉貞詹尹乃釋策而謝曰夫尺有所短寸有所長物有所不足知有所不明數有所不逮神有所不通用君之心行君之意龜策誠不能知此事
司馬遷與任安書曰僕先人非有丹書剖符之功依倚卜祝之間人主以排優遇之
白虎通曰乾草槁骨衆多獨以著龜何龜之言久也蓍之

言耆也
尚書洪範五行傳曰此角獸草木之久而能知吉凶也
蔡邕月令章句曰太卜官名以牲祠龜策塗以牲血謂之釁者龜甲所以卜也蓍草所以筮也
三禮圖曰龜以春灼後左夏灼前左秋灼前右冬灼後右楚焞（他昆切）以荆爲然以灼龜正以荆者凡木心皆圜而荆心方是以用之
抱朴子曰卜者小數飾禍者謂知來之妙
異苑曰會稽餘姚錢祐以元嘉四年五月二日夜出屋後爲虎所取十八日乃自還說虎初取之時至一官府入重門見一人憑机而坐形貌偉壯左右侍者三十余人謂祐曰吾欲使汝知術數之法故令虎迎汝無懼也留十五日晝夜語諸要術盡致道之方祐受法畢便遣令還而不知

道郎使人送出門仍見歸路既得還家大知卜占無開不驗經年乃卒

又曰北海任詡字彥期從軍遠征十年乃歸臨還握粟出卜師云非屋莫宿非時莫沐詡結伴數十共行遇雷雨不可蒙冒相與庇於巖下想非屋莫宿之戒遂負擔櫛沐於是巖崩壓伴死至家妻先與外人通謀共殺之請以濕髮爲認婦宵則勸詡令沐復憶非時莫沐之忌收髮而止婦心慚負詐乃自沐髮而同寢通者夜來不知婦也斬首而去

述異記曰宋車騎將軍南譙王劉義宣鎮荊州府吏蔡鐵（音夫）善卜能悉驗時有妙見精究如神公嘗在內齋見一白鼠緣屋命左右射之內置函中時侍者六人悉驅入齋後小小戶內別呼人召鐵鐵至使卜函中物謂曰中則厚賞僻加重罰鐵卜兆成笑曰知之矣公曰何鐵曰先色之鼠背明向戶彎弧射之絡其左股孕五子三雄二雌若謂不信剖腹立知公使剖鼠腹皆如鐵言即賜錢一萬

蠶卜

春秋後語曰蘇秦事鬼谷子學終辭歸道乏困行以燕人蠶卜傳說自給（燕人用蠶卜秦託此以取資自給傳會事以爲詞說）各解臧獲之裘（臧獲役人解其衣裘以賞其怪誕之言也）

虎卜

博物志虎知衝破又能畫地卜今人有畫物上下者推其奇偶謂虎卜

雞卜

史記曰越巫立越祀而以雞卜

鳥卜

隋書曰女國在葱嶺之南其國俗事阿脩羅神及樹神歲初以人祭或用獼猴祭畢入山祝之有一鳥如雌雉來集掌上破其腹而視之有粟則年豐沙石則有災謂之鳥卜開皇六年遣使朝貢其後遂絕

樗蒲卜

博物志曰老子入西戎造樗蒲樗蒲五木也或云胡人亦爲樗蒲卜後傳樗陰善其功

十二棊卜

異苑曰十二棊卜出自張文成受法於黃石公行師用兵萬不失一逮至東方朔密以占衆事自此以後祕而不傳晉寧康初襄城寺法味道人忽見一老公着黃皮衣竹筒盛此書以授法味無何失所在遂復流於世

齊書曰江謐出爲鎮北長史東海太守未發憂甚乃以靈

棊經占卦云有客南來金椀玉杯上使御史大夫沈沖奏謐前後罪收付廷尉賜死果以金罌盛藥鴆之

竹卜

荊楚歲時記曰秋分以牲祠社其供帳盛於仲春之月社之餘胙悉貢饋鄉里周於族社餘之會其在茲乎此其會也擲教於社神以占來歲豐儉或折竹以卜

楚詞曰索瓊茅以筳篿（楚人折竹結草以卜謂爲篿也）

牛蹄卜

晉書曰夫餘國若有軍事殺牛祭天以其蹄占吉凶蹄解者爲凶合者爲吉

楊方五經鉤沉曰東夷之人以牛骨占事呈吉示凶無往不中牛非智之物骨者若此之效

太平御覽卷第七百二十六

太平御覽卷第七百二十七

方術部八

筮上

說文曰：筭易卦用蓍也。從竹𢍺。（𢍺，古文也。）

周禮春官上曰：筮人掌三易，以辨九筮之名：一曰連山，二曰歸藏，三曰周易。九筮之名：一曰巫更，二曰巫咸，三曰巫式，四曰巫目，五曰巫易，六曰巫比，七曰巫祠，八曰巫參，九曰巫環，以辨吉凶。（鄭玄曰：此九巫讀皆當爲筮，字之誤也。更謂筮遷都邑也。）凡國之事，先筮而後卜。

禮記典禮曰：假爾大龜有常，假爾太筮有常。卜筮不過三，（求吉不過三也。）卜筮不相襲也。卜不吉則又筮，筮不吉則又卜，是瀆龜筮。卜筮者，先聖之所以使民信時日、敬鬼神、畏法令、決嫌疑、定猶豫也。

又表記曰：天子無筮，（謂出征巡狩也。天子至尊，大事皆用卜。春秋傳曰：先王卜征伍年，歲襲其祥也。）諸侯有守筮，（守筮，守國之筮也。有事則用。）天子道以筮，諸侯非其國不以筮。

左傳莊公曰：初，懿氏卜妻敬仲，（懿氏，陳大夫也。龜曰卜。）其妻占之曰：吉。是謂鳳皇于飛，和鳴鏘鏘。（雄曰鳳雌雄相和而鳴鏘鏘然，猶敬仲夫妻相隨適齊，有聲譽。）有嬀之後，將育于姜。（嬀，陳姓也。姜，齊姓也。）五世其昌，並爲正卿。八世之後，莫之與京。（京，大也。）陳厲公，蔡出也，（姊妹之子曰出也。）故蔡人殺五父而立之，（五父，陳佗也。）生敬仲。其少也，周內史有以周易見陳侯者，（周太史也。）陳侯使筮之，遇觀之否，曰：是謂觀國之光，利用賓于王。此其代陳有國乎？不在此，其在異國乎？非在其身，在其子孫。光，遠而自他有耀者也。坤，土也；巽，風也；乾，天也。風爲天於土上，山也。（巽變爲乾，故曰風爲天。自二至四有艮象，艮爲山也。）有山之材而照之以天光，於是乎居土上，故曰觀國之光，利用賓于王。庭實旅百，奉之以玉帛，天地之美具焉，故曰利用賓于王。（艮爲門庭，乾爲金玉，坤爲布帛。諸侯朝王，陳贄幣之象也。旅，陳也。百言物備也。已矣。）猶有觀焉，故曰其在後乎。（因觀文以博占，故言猶有觀。非在己之言，故知在子孫也。）風行而著於土，故曰其在異國乎。若在異國，必姜姓也。姜，太嶽之後也。山嶽則配天，物莫能兩大，陳衰，此其昌乎。（變而象艮，故知當興於太嶽之後也。得太嶽之權，則有配天之大功，故知陳必衰也。）

又閔公曰：晉獻公以魏賜畢萬。卜偃曰：畢萬之後必大。（卜偃，晉掌卜大夫也。）萬，盈數也；魏，大名也。以是始賞，天啓之矣。天子曰兆民，諸侯曰萬民。今名之大，以從盈數，其必有衆。初，畢萬筮仕於晉，遇屯之比。辛廖占之，吉。（辛廖，晉大夫也。）屯固比入，吉孰大焉？其必蕃昌。震爲土，車從馬，足居之，兄長之，母覆之，衆歸之。六體不易，合而能固，安而能殺，此公侯之卦也。公侯之子孫，必復其始。

又閔公曰：成季之將生也，桓公使卜楚丘之父卜之，曰：男也，其名曰友，在公之右，（在右言用事。）間于兩社，爲公室輔。（兩社，周社、亳社也。兩社之間，朝廷執政所在。）季氏亡，則魯不昌。又筮之，遇大有之乾，曰：同復于父，敬如君所。及生，有文在其手曰友，遂以命之。

又僖上曰：秦伯伐晉，卜徒父筮之，吉。涉河，侯車敗。詰之，（秦伯涉河，則晉侯車敗，則秦伯不解，謂敗在己，故詰之。）對曰：乃大吉也。三敗，必獲晉君。其卦遇蠱，曰：千乘三去，三去之餘，獲其雄狐。夫蠱，必其君也。（於周易卦利涉大川，往有事也，亦秦勝晉之卦也。今此所言，蓋卜筮書雜辭，以狐蠱爲君，其義欲以喻晉惠公。其象未聞。）蠱之貞，風也；其悔，山也。（內卦爲貞，外卦爲悔。）歲云秋矣，我落其實而取其材，所以克也。（今歲已秋，風吹落山木之實，則爲人所取。）實落材亡，不敗何待？三敗及韓。（晉侯車三壞也。）

又曰：初，晉獻公筮嫁伯姬於秦，遇歸妹之睽。史蘇占之曰：不吉。其繇曰：士卦羊，亦無血也；女承筐，亦無貺也。（周易歸妹上六）

爻辭也衁血也旣賜也刲羊士之功承筐女之職也離爲中女震爲長男故稱士女也西鄰責言不可償也將嫁女於西而遇不吉之卦故有責讓之言不可報償也歸妹之睽猶無相也歸妹女嫁之卦也睽乖離之象故曰無相相助也震之離亦離之震爲雷爲火爲嬴敗姬車說其輹火焚其旗不利行師敗于宗丘歸妹睽孤寇之張弧姪其從姑六年其逋逃歸其國而棄其家明年其死於高梁之虛及惠公之在秦曰先君若從史蘇之占吾不及此矣韓簡侍曰龜象也筮數也物生而後有象象而後有滋滋而後有數先君之敗德其可數乎史蘇是占勿從何益

又僖中曰狐偃言於晉侯曰求諸侯莫如勤王諸侯信之且大義也繼文之業而信宣於諸侯今爲可矣使卜偃卜之曰吉遇黃帝戰于阪泉之兆公曰吾不堪也對曰周禮未改今之王古之帝也公曰筮之遇大有之睽曰吉遇公

用享于天子之卦戰克而王饗吉孰大焉且是卦也天爲澤以當日天子降心以逆公不亦可乎大有去睽而復亦其所也

又成下曰晉楚將戰苗賁皇言於晉侯曰楚之良在其中軍王族而已請分良以擊其左右而三軍萃於王卒必大敗之公曰筮之史曰吉其卦遇復曰南國蹙射其元王中厥目復陽長之卦陽氣起子南行推陰故曰南國蹙也南國蹙勢則離受其咎離爲諸侯又爲目陽氣激南飛失之象故曰射其元國蹙王傷不敗何待公從之

又襄元曰穆姜薨于東宮太子宮也穆姜淫僑如欲廢成公徙居東宮事在成十六年始往而筮之遇艮之八艮下艮上艮周禮大卜掌三易然則雜用連山歸藏周易也二易皆以八爲占故言遇艮之八也史曰是謂艮之隨震下兌上隨史疑古易遇八爲不利故更以周易占變爻得隨卦而論之隨其出也史謂隨非閉固之卦君必速出姜曰亡亡無也是於周易有曰隨元亨利貞无咎元善之長也亨嘉之會也利義之和也貞事之幹也體仁足以長人嘉會足以合禮利物足以和義貞固足以幹事然故不可誣也是以雖隨无咎今我婦人而與於亂固在下位婦人卑於丈夫而有不仁不可謂元不靖國家不可謂亨作而害身不可謂利棄位而姣姣淫之別名不可謂貞有四德者隨而无咎我皆无之豈隨也哉我則取惡能无咎乎必死於此弗得出矣

又襄四曰齊棠公之妻東郭偃之姊也棠公齊棠邑大夫可也偃臣崔武子棠公死偃御武子以弔焉見棠姜而美之使偃娶之爲己娶也偃曰男女辨姓今君出自丁成出自桓不可武子筮之遇困之大過史皆曰吉示陳文子曰夫從風坎爲中男故曰夫也變而爲巽故曰從風也風隕妻不可娶也風能隕落變隕故不可也且其繇曰困于石據于蒺藜入于其宮不見其妻凶困六三爻辭也困于石往不濟也據于蒺藜所恃傷也入于其宮不見其妻凶無所歸也崔子曰嫠也何害先夫當之矣寡婦曰嫠言棠公已當此凶也遂取之

又昭二曰初穆子之生也莊叔以周易筮之莊叔穆子父得臣也遇明夷之謙以示卜楚丘楚丘卜人姓名也楚丘曰是將行行出奔也而歸爲子祀奉祭祀也以讒人入其名曰牛卒以餒死明夷日也日之數十故有十時亦當十位自王已下其二爲公其三爲卿日上其中食日爲二旦日爲三明夷之謙明而未融其當旦乎故曰爲子祀日之謙當鳥故曰明夷于飛明而未融故曰垂其翼象日之動故曰君子于行當三在旦故曰三日不食離火也艮山也離爲火火焚山山敗於人爲言敗言爲讒故曰有攸往主人有言言必讒也純離爲牛世亂讒勝勝將適離山焚則離勝故曰其名曰牛謙不足飛不翔垂不峻翼不廣故曰其爲子後乎吾子亞卿也抑少不

終

又曰衛襄公嬖人婤姶上音周下音闔生子名之曰元孔成子以周易筮之曰元尚享衛國主其社稷遇屯又曰余尚立縶尚克嘉之遇屯之比以示史朝史朝曰元亨又何疑焉成子曰非長之謂乎對曰康叔名之可謂長矣孟非人也將不列於宗不可謂長且其繇曰利建侯嗣吉何建建非嗣也二卦皆云子其建之康叔命之二卦告之筮襲於夢武王所用也弗從何爲

又昭三日南蒯之將叛也枚筮之遇坤之比曰黄裳元吉以爲大吉也示子服惠伯曰即欲有事何如惠伯曰吾嘗學此矣忠信之事則可不然必敗外彊内溫忠也和以率貞信也故曰黄裳元吉黄中之色也裳下之飾也元善之長也中不忠不得其色下不共不得其飾事不善不得其

極外内倡和爲忠率事以信爲共供養三德爲善非此三者弗當且夫易不可以占險將何事也且可飾乎中美能黄上美爲元下美則裳參成可筮猶有闕也筮雖吉未也

又哀下曰衛侯夢于北宮見人登昆吾之觀被髮北面而譟曰登此昆吾之虚緜緜生之瓜余爲渾良夫叫天無辜公親筮之胥彌赦占之曰不害與之邑寘之而逃奔宋衛侯貞卜其繇曰如魚竀音赬尾衡流而方羊裔焉大國滅之將亡闔門塞竇乃自後踰

又曰巴人伐楚圍鄾初右司馬子國之卜也觀瞻曰如志故命之及巴師至將卜帥王曰寧如志何卜焉使帥師而行敗巴師于鄾故封子國於析君子曰惠王知志夏書曰官占惟先蔽志昆命于元龜其是之謂乎志曰聖人不煩卜筮惠王其有焉

又曰晉荀瑶伐齊將戰長武子請卜知伯曰君告于天子而卜之以守龜於宗祧吉矣吾又何卜焉且齊人取我英丘君命瑶非敢燿武也治英丘也以辭伐罪足矣何必卜

周易上繫辭曰大衍之數五十其用四十有九王弼曰演天地之數所賴者五十也其用四十有九則其一不用而用以之通非數而數以之成斯易之太極也四十有九數之極也夫無不可以無明必因於有故常於有物之極而必明其所由之宗也分而爲二以象兩掛一以象三揲之以四以象四時歸奇於扐以象閏五歲再閏故再扐而後掛奇凡四揲之餘不足復揲者也分而爲二既揲之餘合掛於一故曰再扐而後掛凡閏十九年七閏爲一章五歲再閏者二故略舉其凡也天數五五奇也地數五五奇合爲二十五五位相得而各有合天數二十有五地數三十五耦合爲三十凡天地之數五十有五此所以成變化而行鬼神也變化以此成鬼神以此行乾之策二百一十有六陽爻六一爻三十六六爻二百一十六策坤之策百四十有四陰爻六一爻二十四策六爻百四十四策凡三百有六十當

期之日二篇之策萬有一千五百二十當萬物之數也二篇三百八十四爻陰陽各半合萬一千五百二十策是故四營而成易分而爲二以象兩一營也掛一以象三二營也揲之以四三營也歸奇於扐四營也十有八變而成卦八卦而小成引而伸之伸之六十四卦觸類而長之天下之能事畢矣顯道顯明也神德行由神以成其用是故可與酬酢可與祐神矣可以應對萬物之求助成神化之功也酬酢應對也

又曰蓍之德圓而神卦之德方以知神以知來知以藏往探賾索隱鉤深致遠以定天下之吉凶成天下之亹亹者莫大乎蓍龜

歸藏曰蓍末大於本爲上吉蒿末大於本次吉荆末大於本次吉箭末大於本次吉竹末大於本次吉蓍一五神蒿二四神荆三三神箭四二神竹五一神筮五犯皆藏五筮之神明皆聚焉

洪範五行傳曰若煩數瀆或不精嚴神不告也或觀卦察兆占不得也或龜不神蓍不靈此其所以過差聖人不得專用也龜筮共違于人神靈不祐也

漢書曰宣帝八月飮酎行祠孝昭廟先驅旄頭劍挺墮首拂泥中刃向乘輿車馬驚於是召梁丘賀筮之有兵謀不吉上還使有司行祠是時霍氏外孫代郡太守任宣坐謀反誅宣子章爲公車丞亡在渭城中夜玄服入廟居郎間執戟立廟門待上至欲爲逆事發伏誅

後漢書曰許曼者汝南平輿人也祖父峻字季山善卜占之術多有顯驗時人方之前代京房自云少嘗篤病三年不愈乃謁太山請命（太山主人生死故請命也）行遇道士張巨君授以方術所著易林至今行於代曼少傳峻學桓帝時隴西太守馬緄始拜郡開綬笥有兩赤蛇分南北走緄令曼筮之

卦成象曼曰三歲之後君當爲邊將官有東名當東北行三千里復五年更爲大將軍南征延熹元年緄出爲遼東太守討鮮卑至五年復拜車騎將軍擊武陵蠻賊皆如占其餘多此類云

東觀漢記曰沛獻王輔善京氏易永平五年京師少雨上饗雲臺自作卦以周易林占之其繇曰蟻封穴戶大雨將至上以問輔輔上書曰蹇艮下坎上艮爲山坎爲水山出雲爲雨蟻穴居知雨將至故以蟻爲興

又曰孝順梁皇后永建三年春三月丙午選入掖庭相工通見之瞿然驚駭却再拜賀曰此所謂日角偃月相之極貴臣所未嘗見太史卜之兆得壽房又筮之得坤之比

又曰明德皇后嘗久病至卜者家爲卦問咎祟所在卜者卦定釋蓍仰天歎息卜者乃曰此女明年小疾必將貴遂

爲帝妃不可言也

魏志曰管輅父爲利漕利漕民郭恩兄弟三人皆得躄疾不知何故使輅筮其所由輅曰卦中有君本墓中有女鬼非君伯母當叔母也昔飢荒之世當有利其數升米者排著井中嘖嘖有聲推一大石下破其頭孤魂冤痛自訴於天於是恩涕泣服罪

又曰管輅往見安平太守王基基令作卦輅曰當有賤婦人生一男兒墮地便走入竈中死又牀上當有一大蛇銜筆小大共視須臾便去又烏來入室與鷰共鬬鷰死烏去有此三怪基大驚問其吉凶輅曰直官舍久遠魑魅魍魎爲怪耳兒生便走非能自走直宋無忌之妖將其入竈也大蛇銜筆直老書佐耳烏與鷰鬬直老鈴下耳今卦見其象而不見其凶非妖咎之徵自無所憂也後卒無患

又曰館陶令諸葛原遷新興太守管輅往祖餞賓客並會原自起取鷰卵蜂窠蜘蛛著於器中使射覆卦成輅曰第一物含氣須變依乎宇堂雄雌以形翅翼舒張此鷰卵也第二物家室倒懸門戶衆多藏精育毒得秋乃化此蜂窠也第三物觳觫長足吐絲成羅尋網求食利在昏夜此蜘蛛也舉坐驚歎

又曰管輅舉秀才吏部尚書何晏請之曰聞君著爻神妙試爲作一卦知位當至三公不又問連夜夢青蠅數十頭來鼻上驅之不肯去有何意故輅曰夫飛鴞天下賤鳥及其在林食椹則懷我好音況輅心非草木不敢不盡忠昔元凱之弼重華宣慈惠和周公之翼成王坐而待旦故能流光六合萬國咸寧此乃履道之休應非卜筮之所明也今君侯位重山嶽勢若雷電而懷德者鮮畏威者衆殆非

小心翼翼多福之人又鼻者艮此天中之山臣松之案相書鼻爲天中鼻有山象故曰天中之山高而不危所以長守貴也今青蠅臭惡而集之焉位峻者顛輕豪者亡不可不思害盈之數盛衰之期是故山在地中曰謙雷在天上曰壯謙則裒多益寡壯則非禮不履未有損己而不光大行非而不傷敗願君侯上追文王六爻之旨下思尼父彖象之義然後三公可決青蠅可驅也

又管輅過魏郡太守鍾毓共論易義輅因言卜可知君生死之日毓使筮其生日月如言無蹉跌毓大愕曰君可畏人也命以付天不以付君遂不復問

又曰平原太守劉邠取印囊及山雞毛著器中使筮輅曰内方外圓五色成文含寶守信出則有章此印囊也高岳巖巖有鳥朱身羽翼玄黄鳴不失晨此山雞毛也

又曰清河令徐季龍使人行獵令管輅筮其所得輅曰當獲其小獸復非食禽雖有爪牙微而不彊雖有文章蔚而不明非虎非雉其名曰狸獵人暮歸果如輅言

又曰鄧艾當伐蜀夢坐山上而有流水以問殄虜護軍爰紹紹曰易卦山上有水曰蹇蹇繇曰蹇利西南不利東北孔子曰蹇利西南往有功也不利東北其道窮也往必尅蜀殆不還乎艾憮然不樂

吳志曰虞翻字仲翔會稽人嘗與孔融書示以所著易注融荅書曰聞延陵之理樂覩吾子之理易乃知東南之美者非徒會稽之竹箭也可謂探賾窮通矣關羽既敗權使筮遇節之臨翻曰不出三日必當斷頭果如其言權曰卿不及伏羲可與東方朔爲比矣

又曰陸杭之克步闡孫晧意張乃使尚廣筮并天下遇同人之頤對曰吉庚子歲青蓋當入洛陽故晧不脩其政而常有窺上國之志

王隱晉書曰淳于智字叔平濟北人也性沉深有思義少爲諸生善易高平劉柔夜臥鼠齧其左手中指意甚惡之以問智智爲筮之曰鼠本欲殺君而不能當相爲使之反死乃以朱書其手腕横文後二寸爲田字辟方一寸二分使夜露手臥以其明有大鼠伏死手前譙國夏侯藻母病因五鼓中出詣智卜有一狐當門向之嗥喚藻愁愕遂馳詣智智曰其禍甚急君速歸在狐嗥處撫心啼哭令家人驚惶大小畢出一人不出啼哭勿休然後其禍僅可救也藻如之母亦扶病而出啼家人既集堂屋五間拉然暴崩

護軍張劭母病篤智筮之使西出市外猴繫母臂令傍人捶拍恒使作聲三日三夜放去劭從之其猴出門即爲犬

所咋死母於此漸差

又曰上黨鮑瑗家多喪病貧苦或謂之曰淳于叔平神人也君何不試就卜知禍所在瑗性質直不信卜筮曰人生有命豈卜筮所移會智適來應思遠謂之曰君有通靈之思而但爲貴人用此君寒士貧苦多也寧可爲一卦智乃令瞻作卦卦成謂瑗曰爲君安宅者女子耶瑗曰是也此人安宅失宜既害其身又令君不利君舍東北有大桑樹君徑至市入門數十步當有一人持新馬鞭者便就請買還以懸此桑樹三年當暴得財也瑗承其言詣市果得馬鞭懸之正三年浚井得錢十萬銅鐵雜器復可二十餘萬於是家業用展病者亦愈搜神記同

又曰韓友字光景廬江舒人也善卜占行京費厭勝之術龍舒長鄧子林婦病積年垂死醫巫皆息友爲筮之使畫

作野猪象着卧處屏風上一宿覺佳於是遂差舒縣廷掾王睦病卒已復魄友爲卜之令以丹畫板作日月置床頭及卧虎皮馬鄣泥登時大愈劉世則女病鬼魅積年巫爲祈禱伐空冢故城間得貍數十猶不差友筮之令作布囊女發時張囊着窗牖間友閉戶作氣若有所驅逐斯須之間囊大脹如吹熬裂因便敗女仍大發友乃便作皮囊二枚沓張之施如前囊復脹滿因急縛囊口懸着樹間二十許日漸消下開視有一二斤毛狀如狐毛女遂大差

太平御覽卷第七百二十七

太平御覽卷第七百二十八

方術部九

筮下

晉書曰嚴卿會稽人也善卜筮鄉人魏序欲暫東行荒年多抄盜令卿筮之卿筮曰君愼不可東行必遭暴害之氣而非劫也序之不信卿曰既必不信宜有以禳之可索西郭外獨母家白雄狗繫著船前求索正得駮狗無白卿曰駮者亦足然猶恨其色不純當餘小毒正及六畜輩耳無所復憂序行半路狗忽作聲甚急有如人打之者比視已死吐黑血斗餘其夕序墅上白鵝數頭無故自死而序家無恙

又曰郭璞既過江宣城太守殷祐引爲參軍時有物大如水牛灰色卑脚脚類象胷前尾上皆白大力而遲鈍來到

城下衆咸異焉祐使人伏而取之令璞作卦遇遯之蠱其卦曰艮體連乾其物壯巨山潛之畜匪兕匪虎身與鬼幷精見二午法當爲禽兩靈不許遂被一創還其本墅按卦是爲驢鼠卜適了伏者以戟刺之深尺餘遂去不復見巫云廟神不悅曰此是郟亭驢山君鼠使詣荆山暫來過我不須觸之其精妙如此

又曰王導深重郭璞引參己軍事導令作掛璞言公有震厄可命駕西出數十里得一栢樹截斷如身長置常寢處災當可消矣導從其言數日果震栢木粉碎時元帝初鎮建鄴導令璞筮之遇咸之井璞曰東北郡縣有武名者當出鐸以著受命之符西南郡縣有陽名者井當沸其後晉陵武進縣人於田中得銅鐸五枚歷陽縣中井沸經日乃止及帝爲晉王又使璞筮遇豫之睽璞曰會稽當出鍾以告成功上有勒銘應在人家井泥中得之繇辭所謂先王以作樂崇德殷薦之上帝者也及帝卽位太興初會稽剡縣人果於井中得一鍾長七寸二分口徑四寸半上有古文奇書十八字云會稽嶽命餘字時人莫識之

又曰王敦之謀逆也溫嶠庾亮使郭璞筮之璞對不決嶠亮復令占己之吉凶璞曰元吉嶠等退相謂曰璞對不了是不敢言或天奪敦魄令吾等與國家共舉大事而璞云元吉是爲舉事必有成也於是勸帝討敦初璞每言殺我者山宗至是果有姓崇者構璞於敦敦將舉兵又使璞筮璞曰無成敦因疑璞之勸嶠亮又聞卦凶乃問璞曰卿更筮吾壽幾何荅曰思向卦明公起事必禍不久若往武昌壽不可測敦大怒曰卿壽幾何曰命盡今日中敦怒收璞詣南崗而斬之璞臨出謂行刑者欲何之曰南崗頭璞曰必在雙栢樹下既至果然復云此樹應有大鵲巢衆索云

不見璞更令尋覓果於枝間得一大巢密葉蔽之

又曰庾翼幼時嘗令璞筮公家及身卦成曰立始之末丘山傾長順之初子凋零及康帝卽位將改元爲建元或謂庾冰曰子忘郭生之言邪立始建元也丘山上名此號不宜用冰撫心歎恨帝崩何充改元爲永和庾翼歎曰天道精微乃當如是長順者永和也吾庸得免乎其年翼卒冰又令筮其後嗣卦成曰卿諸子並當貴盛然有白龍者凶徵至矣若墓碑生金庾氏之大忌也後冰子蘊爲廣州刺史妾房內忽有一新生白狗子莫知所由來其妾祕愛之不令蘊知狗轉長大蘊入見狗眉眼分明又身至長又弱異於常狗蘊甚怪之將出共視在衆人前忽失所在蘊慨然曰殆白龍乎庾氏之禍至矣又墓碑生金俄而爲桓溫

所減終如其言幾之占驗皆此類也撰前後筮驗六十餘事名爲洞林又抄京費諸家要最更撰新林十篇卜韻十篇

載記曰秦苻融爲司隸校尉京兆人董豐游三年而返過宿妻家是夜妻爲賊所殺兄疑豐殺之送豐有司不堪楚掠誣引殺妻融察而疑之問曰汝行往還頗有怪異及卜筮以不豐曰初將發夜夢乘馬南渡水返而北渡復自北而南馬停水中鞭策不去俯而視之見兩日在于水下左白而濕右黑而燥寤而心悸以爲不祥還之夕復夢如初問筮者筮者云憂獄訟遠三枕避三沐既至妻爲具沐夜授豐枕豐記筮者之言皆不從之乃自沐枕枕而寢融曰吾知之矣周易坎爲馬爲離三爻同變而成離離爲中女坎爲中男兩日二夫之象坎爲執法吏吏詰其夫婦人被流血而死坎二陰一陽離二陽一陰相承易位離下坎上既濟文王遇之囚羑里有禮而生無禮而死馬左而濕水也左水右馬馮字也兩日昌字也其馮昌殺之乎於是推驗獲昌詰之具首服曰本與妻謀殺董豐期以沐新枕爲驗是以誤中婦人

宋書曰劉休善筮因尚書令吳喜事明帝遂見親賞長直殿內後宮孕者帝使筮其男女無不如占

齊書曰賀瑒伯祖導養工卜筮經遇工歌女人病死爲筮之曰此非死也天帝召之歌耳乃以土塊加其心上俄頃而蘇

南史曰梁大同中同泰寺災帝召太史令虞履筮之遇坤之履曰無害其繇曰西南得朋東北喪朋安貞吉文言曰東北喪朋乃終有慶帝曰斯魔也酉應見卯金來剋木卯爲陰賊鬼而帶賊非魔孰爲致之酉爲口舌當就說言乎兌故知善言乎宜前爲法事於是人人贊善莫不從風

梁書曰鄧元起初爲益州刺史及巴東聞蜀亂使蔣光濟筮之遇蹇喟然歎曰吾豈鄧艾而及此乎後果如筮

又阮孝緒傳曰孝緒見善筮者張有道曰見子隱迹而心難明自非考之龜蓍無以驗也及布卦既揲五爻曰此將爲應感之法非嘉遁之兆孝緒曰安知後爻不爲上九果成遁卦有道歎曰此所謂肥遁無不利象實應德心迹并也孝緒曰雖獲遁卦而上九爻不發升遐之道便當高謝

又曰阮孝緒自筮卦曰吾壽與劉著作同年及劉著卒孝緒曰劉侯逝矣吾其幾何其年十月卒

後魏書曰任城王澄高祖外示南討意在謀遷齋於明堂左个詔太常卿王諶親令龜易筮南伐之事其兆遇革高祖曰此是湯武革順之卦也羣臣莫敢言澄曰革者更也將欲應天順人革君臣之命湯武得之爲吉陛下帝有天下重光累葉今日卜征乃可伐叛不得云革命此非君人卦未可爲吉也高祖厲聲曰此象云大人虎變何云不吉也澄曰陛下龍興既久不宜方同虎變高祖勃然作色曰社稷我社稷任城而欲沮衆也澄曰社稷誠知陛下之社稷然臣是社稷之臣也務參顧問敢盡愚衷高祖久之乃解曰各言其志亦復何傷車駕還宮便召澄未及升階遥謂曰向者之革今更欲論之明堂之忿懼衆人音言沮我計故厲色怖文武耳想解朕意也

又曰鄧淵博覽經書長於易筮太祖定中原擢爲吏部郎

又曰許彥少孤貧好讀書後從沙門法叡受易世祖被徵以卜筮頻驗遂在左右參與謀議

北史曰：後魏樂平王丕坐事以憂薨及日者董道秀之死也高允遂著筮論曰昔明元末起白臺其高二十餘丈樂平王嘗夢登其上四望無所見王以問日者董道秀筮之曰大吉王默而有喜色後事發王遂憂死而道秀棄市道秀善推六爻以對王曰易稱亢龍有悔窮高曰亢高而無人不爲善也夫如是則可上寧於王下保於己福祿方至豈有禍哉今舍於本而從其末咎釁之至不亦宜乎

三國典略曰西魏孝武帝字孝則孝文皇帝之孫也性沉厚少言體有鱗文初封汝陽公夢人謂己曰汝當大貴得二十五年將卽位使吳遵世筮之遇明夷之賁曰初登于天後入于地帝曰何謂也遵曰初登于天當作天子也後入于地不得久也

又曰清河王岳神武從父弟也初家于洛邑神武奉使入洛常止岳舍母山氏嘗夜起見神武室中有光窺而無火

移於東屋其光復存以爲怪也詣卜者筮之遇乾之大有占曰吉易稱飛龍在天大人造也飛龍九五大人之卦當大貴主人家其福神武起兵於信都山氏聞之大喜謂岳曰赤光之瑞今當驗矣可間從之共圖大計岳至信都神武以爲散騎常侍封山氏爲郡君授女侍中入侍皇后

又曰齊趙輔和明易善筮後宮誕男女時日筮無不中有人父疾輔和筮之遇乾之晉告之以吉退而謂人曰乾爲天天變爲晉而昇於天能無死乎果如其言

又曰齊許遵高陽新城人也明易善筮兼曉天文齊神武引爲館客自言祿命不富貴終必横死是以任情疏誕多所犯忤時齊主無道僻甚遵語人曰多折筭來吾筮此狂夫何時當死於是布筭滿床大言曰不出冬我乃不見

又後周書曰梁孝元凡諸伎術無所不該南平嗣王恪嘗以銅合盛金玉虎珀指環請孝元射覆卦遇姤之履林曰上旣爲天其體則圓指環之象金玉在焉寅爻帶牛寅則爲虎琥珀生光在合中央合中之物凡有三種案卦而談或輕或重皆於是神服又以壬申日寅時筮南軍何時有信遇剥之艮孝元曰使還已在門外遣人往看果如所説賓客驚其妙而問之孝元曰艮爲門時在寅與日辰并故知之耳凡所占決萬不失一及我軍之伐援著爲卦取龜式驗之因抵於地曰吾若死此下豈非命乎

隋書曰楊伯醜馮翊武鄉人也好讀易隱於華山開皇初被徵入朝見公卿不爲禮無貴賤皆汝之人不能測也高祖召與語竟無所答上賜之衣服至朝堂捨之而去於是被髮陽狂遊行市里形體垢穢未嘗櫛沐時有張永樂者

賣卜京師伯醜每從之遊永樂爲卦有不能決者伯醜輒爲分析爻象尋幽入微永樂嗟服自以爲非及也伯醜亦開肆賣卜有人嘗失子就伯醜筮者卦成伯醜曰汝子在懷遠坊南門道東北壁上有青裙女子抱之可往取也如言果得或有金數兩夫妻共藏之於後失金其夫意妻有異志將逐之其妻稱冤以詣伯醜伯醜爲筮之曰金在矣悉呼其家人指一人曰可取金來其人赧然應聲而取之道士章知常詣伯醜問吉凶伯醜曰汝勿東北行必不得已當早還不然者楊素斬汝頭未幾上令知常事漢王諒俄而上崩諒舉兵反知常逃歸京師知常先與楊素有隟及素平并州先訪知常將斬之賴此獲免又有失馬來詣伯醜卜者時伯醜爲皇太子所召在塗遇之立爲作卦卦成曰我不遑爲卿占之卿且向西市東壁門南第三店爲

我買魚作膾當得馬矣其人如此言須臾有一人牽所失馬而至遂擒之崖州嘗獻徑寸珠其使者陸易之上疑焉召伯翹筮曰有物出自水中質圓而色光是大珠也今爲人所隱具隱者姓名容狀上如言簿責之果得本珠上奇之賜帛二十疋

唐書曰太宗皇后長孫氏隋大業中歸寧於永興里后舅高士廉有妣張氏於后所宿舍側見一大馬二丈鞍勒備具士廉筮之遇坤彖曰至哉坤元萬物資生乃順承天坤厚載物德合無疆象曰牝馬地類行地無疆也泰彖曰內陽而外陰內健而外順則是天地交而萬物通也象曰后以輔相天地之宜而左右人也卜人曰龍乾之象也馬坤之象也變而爲泰天地交也繇協於歸妹婦人兆也案王弼云婦人謂嫁曰歸女處尊位履中居順也此女當大貴也其可盡言乎士廉志之而心獨喜親戚知者咸敬異焉

又曰衛大經篤學善易口無二言則天降詔徵之辭疾不起嘗預筮死日先鑿墓自爲誌文如筮而終

又曰玄宗之爲潞州別駕將入朝有軍人韓凝禮自謂知五兆上因以食箸試之既布卦一箸無故自起凡三偃三起觀者以爲大吉徵既而誅韋氏定天保因此行也凝禮起家五品

家語曰孔子嘗自爲筮而卦得賁愀然有不樂之狀子張進曰師聞卜者得賁是吉卦也而夫子之色不平何也孔子曰以其離也在周易山下有火謂之賁非正色之卦也夫質也白宜正白黑宜正黑今而以賁非吉兆也吾聞丹漆不文白玉不雕何者質之有餘質有餘者不受飾故也

說苑同

古史考曰庖羲作卦始有筮

衛波傳曰孔子使子貢往外而未來謂弟子占之遇鼎皆言無下足不來顏子掩口而笑曰無足者乘舟而來賜至矣清朝也子貢果朝至

國語曰晉公子在秦筮之曰尚有晉國得貞屯悔豫皆八也（內曰貞外曰悔震下坎上屯坤下震上豫得此兩卦震在屯爲貞在豫爲悔八謂震兩陰爻在貞悔皆不動故曰皆八諸爻無爲也）筮史占之皆曰不吉閉而不通爻無爲也司空季子曰吉是在周易皆利建侯不有晉國以輔王室安能建侯我命筮曰尚有晉國筮告曰利建侯得國之務也吉孰大焉是二者得國之卦也（屯豫二者）

又曰惠公卒秦伯納公子董因逆公於河公問焉曰吾其濟乎對曰歲在大梁集天行元年始受實沈之星也實沈

之虛晉人是居所以興也今君當之無不濟矣君之行也歲在大火大火闕伯之星也是謂大辰臣筮之得泰之八（乾下坤上泰遇泰無動爻筮爲侯也泰三至五震爲侯陰爻不動其數皆八故得泰之八與貞屯悔豫皆八義同）曰是謂天地配亨小往大來今及之矣何不濟之有且以辰出而以參入皆晉祥也濟且秉成必伯諸侯（秉執）子孫賴之君無懼矣

又曰晉孫談之子適周事單襄公襄公有疾召頃公而告之曰吾聞晉之筮之也遇乾之否曰配而不終君三出焉一既往矣後之不知其次必此且吾聞之成公之生也其母夢神規其臀以黑曰使有晉國（規畫臀尻）三世而畀驩之孫故名之曰黑臀於今再矣襄公曰驩此其孫也（此周子者晉襄公之）孫而令德孝恭非此其誰且其夢曰必驩之孫實有晉國其卦曰必三取君於周其德又可以君國三襲焉（襲合也三合德）

夢卦也吾聞之泰誓曰朕夢協于朕卜襲于休祥戎商必尅以三合襲晉仍無道而鮮胄其將失之矣早善晉子其當之晉子周子頃公許諾及厲公之亂召周子而立之是爲悼公亂謂殺之

智瓊傳曰弦超爲神女所降論者以爲神仙或以爲鬼魅不可得正也著作郎干寶以周易筮之遇頤之益以示同寮郎郭璞曰頤貞吉正以養身雷動山下氣性唯新變而之益延壽永年乘龍銜風乃升于天此仙人之卦也

搜神記曰橋玄字公祖梁國人也初爲司徒長史五月末夜卧見東壁正白如門呼左右左右莫見因起自往手捫摸之壁如故還牀又見心大恐其旦應劭往候之玄告劭曰鄉人有童彥興者許季山外孫也其探頤索隱窮神知化然天性褊狹羞於卜筮者玄聞往請之公祖虛禮盛饌

下席行觴彥興辭公祖讓再三爾乃應之曰府君怍見白光如門明者然不爲害也六月上旬雞鳴時聞南家哭即吉到秋節遷北行郡以金爲名位至將軍三公到六月九日太尉楊秉薨七月拜鉅鹿太守鉅邊有金焉復爲度遼將軍遂登三事

續搜神記曰郭璞每自爲卦知其凶終嘗行建康柵塘逢一趨走少年便牽任脫絲布袍與之此人乃受及當死果此人行刑傍人皆爲求屬璞曰我託之久矣此人爲之歔欷哽咽

又曰郄超年二十餘得重病盧江杜不愆始學易卜屢有驗超令試筮之卦成不愆曰案卦言之卿所苦尋除然宜於東北三十里上宮姓家索其先養雄雉籠而絆之置東簷下却後九日辰加午必當有野雌雉飛來與交合既畢雙飛去若如此不出二十日病都除又是休應年將八十位極人臣若但雌逝雄留者病一周方差年半八十名位亦失超依其言索雉果得至期日超卧南軒下觀之至日晏果有雌雉飛入籠與雄交而去雄雉不動超歎息曰雖管郭之奇何以尚此超病弥年乃起至四十卒於中書郎

録異傳曰隗炤者汝陰鴻壽亭人也善於易臨死書板授其妻曰吾亡後當大荒窮雖尒慎莫賣宅也却後五年春當有詔使來頓此亭姓龔此人負吾金卿以此板往責之勿違吾言言訖而卒後果大困乏欲賣宅憶夫言輒止期日有龔使者至亭妻遂賫板往使者執板惘然不知所以乃言曰我生不戢此何緣尒耶妻曰夫臨亡手書板見命如此不敢妄也使者沉吟良久而寤謂曰賢夫何善妻曰亡夫善於易而未曾爲人卜也使者曰噫可知矣乃命取

著筮之卦成撫掌而歎曰妙哉隗生含明隱迹可謂鏡窮達而洞吉凶者也於是告炤妻曰吾不可相負金也賢夫自有金耳知亡後蹔窮故藏金以待泰平所以不告婦兒者恐金盡而困無已也知吾善易故書板以寄意耳金有五百斤盛以青甖覆以銅柈埋在堂屋東頭去壁一丈入地九尺妻還掘之皆如其言

金樓子自敘云初至荆州卜雨聊附見首末孟秋之月亢陽日久月旦雖雨俄尒便晴有人云諺曰雨月額千里赤蓋旱之徵也吾乃端筴拂蓍遇動不動既而言曰庚子爻爲世於金七月建申申子辰又三五合必在此月五日庚子果值甘雨余又以十七日筮何時雲卷金飆日耀合璧紅塵晴陌丹霞映峙謂亢陽之勢未霆膏澤筮遇坎之比於是斆蓍而歎曰坎者水也子爻爲世其在金今夜三更

平地上有水稱之爲比其方有甘雨平欣然有自得之志

又曰桃文烈善龜卜謂余曰此二十一日將雨其在虞淵之時余乃筮之遇謙之小過既言曰坤艮二象俱在土宮非直無雨乃應開霽俄而星如玉李月上金波霧生猶轂河垂似帶余乃欣然

異苑曰潁川庾嘉德善於蓍蔡之事有一人失婢庾卦云君可出東陵口伺候有姓曹乘車者無問識否但就其載得與不得殆一理也旦出郭果有曹郎上墓還便升車曹大駭呼牛驚奔入草刺一死屍下視乃其婢也

博物志曰龜三千歲遊於卷耳之上蓍千歲而三百莖同本以老故知吉凶

又曰筮必沐浴齋潔燒香每朔望浴蓍必五浴之浴龜亦然

鬼谷子曰夫決情定疑萬事之基以正亂治天決誠爲難者也先生乃用蓍龜以助自決也

太平御覽卷第七百二十八

太平御覽卷第七百二十九

方術部十

相上

左傳文上曰王使內史叔服來會葬公孫敖聞其能相人也見其二子焉叔服曰穀也食子難也收子(穀文伯難惠叔也食子奉祭祀供養者也收子葬子身也)穀也豐下必有後於魯國(豐下蓋方面也)

又曰初楚子將以商臣爲太子訪諸令尹子上子上曰君之齒未也而又多愛黜乃亂也楚國之舉恒在少者且是人也蜂目而豺聲忍人也不可立也弗聽

又宣上曰楚司馬子良生子越椒子文曰必殺之是子也熊虎之狀而豺狼之聲不殺必滅若敖氏矣諺曰狼子野心是乃狼也其可畜乎子良不可子文以爲大慼及將死聚其族曰椒也知政乃速行矣無及於難且泣曰鬼猶求

食若敖氏之鬼不其餒而

周書曰師曠見太子晉曰汝聲清浮汝色赤火色不壽王子曰後三年上賓於帝汝愼毋言殃將及汝師曠歸未及三年告死者至

史記曰秦王見尉繚亢禮衣服食飲與繚同繚曰秦王爲人蜂准(徐廣曰蜂一作隆)長目鷙喙鳥膺豺聲少恩而虎狼心居約易出人下得志亦輕食人我布衣也然見我常身自下我誠使秦王得志於天下天下皆爲虜矣不可與久遊乃亡去王覺固止之以爲秦國尉

又曰呂公曰臣少好相人相人多矣無如季相願季自愛臣有息女願爲箕帚妾呂公女乃呂后也(季漢高祖字也)

又曰呂后與兩子居田中耨有一老父過請飲呂后因餔之老父相后曰夫人天下貴人令相兩子見孝惠曰夫人所以貴乃由此男相魯元亦皆貴

又曰薄姬母媪之許負相薄姬當生天子薄姬少時與管夫人趙子兒相約曰先貴無相忘而管趙先幸漢王漢王坐河南城皋臺兩美人相與笑薄姬初約漢王問其故以實告漢王心憐薄姬召一幸生代王(即文帝也)

又曰姑布子卿見趙簡子簡子徧召其子使相之子卿曰無爲將軍者簡子曰趙氏其滅乎子卿曰吾嘗見一子於路殆君之子也簡子召子毋恤毋恤至則子卿起曰此眞將軍矣簡子曰其母賤翟婢也奚道貴哉子卿曰天所授也雖賤必貴自是之後簡子盡召諸子與語毋恤最賢簡子乃告諸子曰吾藏寶符於常山之上先得者賞諸子馳之恒山求無所得毋恤還曰已得符矣簡子曰奏之毋恤曰從常山臨代代可取也簡子於是知毋恤果賢乃廢太

伯魯而以毋恤爲太子

又曰平原君對趙王曰澠池之會臣察武安君之爲人小頭銳上瞳子白黑分明視瞻不轉小頭銳上斷敢行也瞳子白黑分明者見事明也眡瞻不轉者執志彊也(眡讀如視古文通用)可與持久難與爭鋒廉頗爲人勇摯而愛士知難而忍恥與之野戰則恐不如守足以當之王從其計

又曰蔡澤者燕人也遊學干諸侯大小甚衆而不遇因從唐舉相曰聞子相李兌百日之內持國秉政有之乎曰有之曰若臣者如何唐舉熟視而笑曰先生曷鼻(曷鼻謂鼻如蝎蟲也)巨肩(巨肩謂項低而肩豎)魋顏蹙齃(謂蹙鼻於眉)膝攣(兩脚曲也)吾聞聖人不相殆先生乎蔡澤知唐舉戲之乃曰富貴吾所自有吾所不知者壽也願聞之舉曰先生之壽從今已往四十三歲矣蔡澤笑謝而去謂其御者曰吾持粱齧肥躍馬疾驅懷

黄金之印結紫綬於腰揖讓人主之前肉食富貴四十三歲亦足矣

又曰英布少時遇相者曰當黥而王後布被刑欣然果爲王

又曰上使善相者相鄧通曰當貧餓死文帝曰能富通者在我於是賜通蜀嚴銅山得自鑄錢景帝立有告通盜出徼鑄錢下吏驗問頗有遂竟案盡沒其家一簪不得著身遂寄死人家

又曰條侯周亞夫爲河內太守時許負相之曰君三歲而侯侯八歲爲將相貴重於人臣無兩其後九歲而餓死負指其口有從理入口此餓死法也

又曰韋賢爲吏至大鴻臚有工相之至丞相有男四人使相之至第二子玄成相工曰此子貴當封侯韋爲丞相

又曰衛青爲侯家人少時歸其父使牧牛母子皆奴畜之不以爲兄弟數青嘗從上至甘泉居室有一鉗徒相青曰貴人也官至封侯青笑曰人之奴得無笞駡即足矣安得封侯

漢書曰上立劉濞於沛爲吳王王郡五十三城已拜受印高帝召濞相之曰若狀有反相因拊其背曰漢後五十年東南有亂者豈汝耶然天下同姓一家慎無反濞頓首曰不敢

又曰李陵爲匈奴所圍上欲陵戰死召陵母及婦使相者視之無死喪色後聞降上甚怒

又曰翟方進字子威汝南上蔡人家世微賤方進年十二三失父孤學給事太守府爲小吏號遲鈍不及事數爲掾史所詈辱方進自傷乃從汝南蔡父相問已能所宜蔡父大奇其形貌謂曰小吏有封侯骨當以經術進方進聞蔡父言心喜因病歸家辭其後母欲西至京師受經後母憐其幼隨之長安織履以給方進

又曰黄霸與善相者共載出見一婦人相者言此婦人當貴不然相書不可用矣霸推問之乃其鄉里巫家女也霸即娶爲妻與之終身後爲丞相

後漢書曰世祖以朱祐爲護軍常見親幸舍止於中祐侍讌從容曰長安亂公有日角之相此天命也

又曰龍淵善相劉宏造淵淵問宏聲乃起迎曰公當極位也宏曰家貧負債何得貴乎淵曰公相然也張濟就淵相淵曰事劉宏可至三公濟事宏宏後爲解犢侯既去南陽桓帝崩迎解犢侯爲天子是爲靈帝濟爲司空也

又曰明德馬皇后伏波將軍援女其母嘗使善相者看后

曰此女必將大貴遂爲帝王妃然而少子養他子得力乃當踰於所生耳

又曰章德竇皇后扶風平陵人大司徒融之曾孫也父勳尚東海恭王彊女沘陽公主后其長女也家既廢壞數呼相工問息耗（薛氏韓詩章句曰耗惡也息耗猶言善惡也）見后者皆言當大尊貴非臣妾容貌

又曰和熹鄧后傳曰幼時嘗有相者蘇大見后大驚曰此成湯之骨法也貴不可言家人竊喜而不敢宣

又曰漢法常因八月筭人（漢儀注曰八月初爲筭賦故曰筭人）遣中大夫與掖庭丞及相工於洛陽鄉中閱視良家童女十三以上二十已下姿色端麗合法相者載還後宮擇視可否乃用登御所以慎嬪納詳求淑哲

東觀漢記曰班超行詣相者相者曰祭酒布衣諸生耳而

當封侯萬里之外超問其狀相者指曰生燕頷虎頸飛而食肉此萬里侯相也

又曰李固字子堅漢中南鄭人也司徒郃之子固貌狀有奇表鼎角匿犀足履龜文少好學常步行隨師不遠千里

魏志曰管輅族兄李國居在斥丘輅往從之與二客會客去後輅謂國曰此二人天延及耳口之間同有凶氣異變俱起雙魂無宅輅別傳曰厚味腊毒天精幽夕坎爲棺槨兌爲喪車流魄于海骨歸于家少許時當並死後十數日二人飲酒醉夜共載車牛渴下道入漳河中皆即溺死矣

又曰鍾繇嘗與族父瑜俱至洛陽道遇相者曰此童有貴相然當厄於水努力慎之行未十里度橋馬驚墮水幾死瑜以相者言中益貴繇是供給資費使得專學舉孝廉

又曰朱建平沛國人善相術潁川荀攸鍾繇相與親善攸

先亡子幼繇經記其門戶欲嫁其女與人書曰吾與公遠曾共使朱建平相建平曰荀君雖少然當以後事付鍾君吾時嘲之曰唯當嫁卿阿騖耳何意此子竟早殞歿戲言遂驗乎今欲嫁阿騖使得善處爲追思建平之妙雖唐舉許負何以復加耶

又曰文帝爲五官將坐上會客三十餘人文帝問朱建平已年壽又命徧相衆賓建平曰將軍當壽八十至四十時當小有厄願謹護之謂夏侯威曰君四十九位爲州牧而當有厄厄若得過可年至七十致位公輔謂應璩曰君六十二位爲常伯而當有厄先此一年獨見白狗而旁人不見也謂曹彪曰君據藩國至五十七當厄於兵宜善防之後文帝黃初七年年四十病困左右曰建平所言八十謂晝夜也吾其決矣頃之果崩夏侯威爲兗州刺史年四十九十二月上旬得疾念建平之言自分必死至三十日夜半卒應璩六十一爲侍中直省內欻見白狗問之衆人悉無見者於是數聚會并急遊田里飲宴自娛過期一年而卒曹彪封王五十七坐與王陵通謀賜死凡說此輩無不如言

魏書曰文帝甄皇后漢光和五年十二月丁酉生每寢寐家中髣髴見如人持玉衣覆其上常共怪之後相者劉良相后及諸姉指后曰此貴乃不可言

蜀志曰先主穆皇后陳留人也兄吳壹少孤壹父素與劉焉有舊焉有異志聞善相者相后當大貴遂爲子瑁納后瑁死后寡居先主既定益州而孫夫人還吳群下勸先主娉后先主疑與瑁同族法正進曰論其親疏何與晉文之於子圉乎於是納后爲夫人

又曰張裕曉相術每舉鏡視面自知刑死未嘗不撲之于地也

又曰鄧芝字伯苗義陽新野人也漢末入蜀知益州從事張裕善相芝往從之裕謂曰君年過七十位至大將軍封侯

吳志曰漢以孫策遠脩職貢遣使者劉琬加錫命琬語人曰吾觀孫氏兄弟才秀明遠然皆祿祚不終唯中弟孝廉形皃奇偉骨體不恆有大貴之表年又最壽爾其識之

晉書裴秀傳曰文帝未定嗣而屬意舞陽侯攸武帝懼不得立問秀曰人有相否因以奇表示之秀後言於文帝曰中撫軍人望既茂文表如此固非人臣之相也由是世子乃定

又曰孝武李太后諱陵容本出微賤始簡文帝爲會稽王

有三子繼天自道生廢勵獻王早世其後諸姬絕孕將卜年帝乃令善相者召諸愛妾而示之皆云非其人又悉以諸婢媵示焉時后爲宫人在織坊中形長而色黑宫人皆謂之崑崙既至相者驚云此其人也帝以大計召之侍寢后數夢兩龍枕膝日月入懷意以爲吉祥向儕類說之帝聞而異焉遂生孝武帝及會稽文孝王鄱陽長公主

晉書曰王覽祥之弟也初呂虔有佩刀工相之以爲必登三公可服此刀虔謂祥曰苟非其人刀或爲害卿有公輔之量故以相與祥始固辭强之乃受祥臨薨以刀授覽曰汝後必興足稱此刀覽後奕世多賢才興於江左矣

又曰羊祜少喪父遊汶水之濵父老謂之曰子有好相年未滿六十必建大功於天下既而去莫知所在

又羊祜傳曰祜幼時有喜相墓者言祜墓有帝王氣若鑿

之則無後祜遂鑿之相者見曰猶出折臂三公而祜竟墮馬折臂位至三公而無子

又曰豫章人雷煥妙達緯象張華乃要煥宿屏人曰可共尋天文知將來吉凶因登樓仰觀煥曰僕察之久矣惟牛斗之間頗有異氣華曰是何祥也煥曰寶劒之精上徹於天耳華曰君言得之吾少時有相者言吾年六十位登三事當得寶劒佩之斯言豈効歟

又曰檀棨憑之嘗有善相者晉陵韋叟見憑之大驚曰卿有急兵之厄其候不過三四日耳宜深藏以避之不可輕出及桓玄將皇甫敷之至羅落橋也憑之與劉裕各領一隊而戰軍敗爲敷軍所害

又曰魏詠之字長道任城人家素貧而躬耕爲事好學不倦生而兔缺有善相者謂之曰卿當富貴後果如言

又曰王弥少遊俠京師隱者董仲道見而謂之曰君豺聲豹視好亂樂禍若天下騷擾不作士大夫矣

晉中興書曰陶侃少漁雷澤夢生八翼飛至天門而不入相者師圭曰君位當上公爲八州都督

太平御覽卷第七百二十九

太平御覽卷第七百三十

方術部十一

相中

宋書高帝紀曰晉陵人韋叟善相術桓脩令相帝當得州不叟曰當得邊州刺史退而私於帝曰君相貴不可言帝笑曰若相中當用爲司馬至是叟謂帝曰成王不負桐葉之信公亦應不忘司馬之言然不敢希鎮軍司馬願得領軍佐於是用焉

又曰初桓玄篡位遷晉帝於尋陽桓脩入朝高祖從至建業玄見高祖謂司徒王謐曰昨見劉裕其風骨不恒蓋人傑也每遊集贈賜甚厚玄妻劉氏尚書令躭之女也聰明有智鑒嘗見帝因謂玄曰劉裕龍行虎步瞻視不凡恐不爲人下宜早爲之所玄曰我方平蕩中原非裕莫可付關

隴平定然後議之

又曰柳元景少時貧苦嘗至下都值大雷雨日暮寒甚頗有羈旅之歎岸側有一老父自稱善相謂元景曰方大富貴位至三公元景曰以爲幸甚豈望富貴老父曰後當相憶及貴求之不知所在

又曰明帝大會新亭接會諸軍主摴蒱官賭李安人五擲皆盧帝大驚目安人曰卿面方如田封侯狀也安人少時貧有一人從門過相之曰君後當富貴與天子交手共戲至是安人尋此人不知所在

孫嚴宋書曰沈攸之字仲達少孤貧與吳郡孫超之全景文共乘小船出京都三人共上引埭有一人止之而相曰君三人皆當至方伯攸之曰豈有三人俱有相相者曰骨法如此若不驗便是相書謬耳後攸之爲荆郢二州超之廣州景文南豫州

又曰徐羨之年少時嘗有一人來謂曰我是汝祖羨之拜此人汝曰有貴相而有大厄宜以錢二十八文埋宅四角可以免災過此可位極人臣後羨之隨親之縣內嘗暫出而賊自後破縣縣內人無免者雞犬亦盡唯羨之在外獲全

齊書曰太祖初爲建康令有能名少府蕭惠開雅有知人鑒謂人曰昔魏武爲洛陽北部人服其英今看蕭建康但當過之耳

又曰張欣泰少時有人相當得三公而年纔三十後屋瓦墜傷額又問相者云無復公相年壽可更增亦可得方伯之任耳後爲刺史年三十六卒

又曰曹武雖武士頗有知人之鑒性儉嗇無所餉遺獨餉

梁武謂曰卿必大貴我當不及見今以弱子相託每密遺錢物并好馬時帝在戎多乏就武換借未嘗不得遂至十七萬

又曰明帝體上有赤誌常祕不言既而江祏勸帝出以示人晉壽陽太守王洪範罷任還上袒示之曰皆謂此是日月相卿幸無泄範曰公日月在軀如何可隱輒當言之公卿上大悅

梁書曰梁武帝初爲衛軍王儉東閣祭酒儉一見深相器異請爲戶曹屬謂廬江何憲曰此蕭郎三十內當作侍中出此則貴不可言

又曰梁武帝遷隋王鎮西諮議參軍行經牛渚逢風入泊龍濆有一老人謂帝曰君龍行虎步相不可言天下將亂安之者其在君乎問其名氏忽然不見

又曰梁武帝初爲司州刺史有沙門自稱僧惲謂帝曰君頂有伏龍非人臣也復求莫知所之

又曰武帝起兵時呂僧珍一夜忽頭痛壯熱及明而顙骨益大其骨法蓋有異焉又嘗語親舊曰吾昔在蒙縣熱病發黃時必謂不濟主上見卿有富貴相必當不死俄而果愈又僧珍童兒時從學有相工歷觀諸生指僧珍曰此有奇聲封侯相也後隨武帝起義平東昏封平固侯南兗州刺史

後魏書曰李訢字元盛訢母賤爲諸兄所輕父崇曰此子相者言貴吾每觀察或未可知遂使入都爲中書學生世祖幸中書學見而異之謂從者曰此小兒終效用於朕之子孫矣目識眄之世祖舅陽平王杜超有女將許貴戚世祖聞之謂超曰李訢後必官達益人門戶可以女妻之遂

勸成婚南人李哲嘗言訢必當貴達杜超之死也世祖親哭三日訢以超婿得在喪位出入帝目而指之謂左右觀此人舉動豈不有異於衆必爲朕家幹事之臣

又曰寇讚字奉國上谷人嘗從相者唐文相曰君額上黑子入幘位當方伯封公及爲上谷太守文以百姓禮拜謁文曰明公憶疇昔言乎爾日但知公當貴不知得爲州人讚曰往時卿言杜瓊不得官人咸謂不然後瓊得盩厔令卿猶言相中不見而瓊未拜果暴終昔魏舒見主兒死自知已必至三公吾恒以卿言瓊之驗亦復不息此望也

又曰盧淵出鎮關右詔兼侍中初淵年十四嘗詣長安將還餞送者五十餘人別於渭北有相者扶風人王伯達曰諸君皆不如此盧郎雖位不副實然德聲甚盛望踰公輔後二十餘年當制命關右願不相忘此行也相者年過八十詣軍門請見言敘平生

南史曰梁元帝初從劉景授相術因訊以年答曰未至五十當有小厄禳之可免帝曰苟有期會禳之何益及四十七爲魏所滅

崔鴻十六國春秋後趙錄曰石勒東至平原嘗與荏平人師懽爲奴有一老父謂勒曰君龍角駿際上四道已成當貴爲人主甲戌之歲王彭祖可圖勒曰若如公言不敢忘德忽然不見

又曰張秀字文伯羌渠部人也頗曉相法嘗謂石虎曰明公之相非人臣骨虎掩其口曰君勿妄言族吾父子

又南燕錄曰慕容德年十八身長八尺二寸姿貌雄異額上有日月兩角足下有偃月重文太史公黃泓善相謂德曰殿下相法當先爲人臣然後爲人君但恐下官入地不

見殿下昇天耳德拜范陽王建元年即帝位

又前涼錄曰況瓊與同郡陳璵他典反宗配遇相者於路相者曰三人昔二千石封然況瓊腹有逆毛當兵死無後

北齊書曰房豹遷侍御史王思政入據潁川隨慕容紹宗出討乃爲紹宗開府主簿兼行臺郎中紹宗自云有水厄遂於戰艦中浴并自投於水中冀以厭當之豹謂紹宗曰夫命也在天豈人理所能延公若實有災厄非禳避所免若其實無何禳之有今三軍之事在於明公唯應達命任理以保之元吉未幾而紹宗遇溺死

又曰慕容顯時幼見一沙門指之曰此郎子有好相表大必爲良將貴極人臣語終失僧莫知所在後累遷特進驃騎大將軍封定陽王

又曰尉瑾爲聘梁使人陳昭善相謂瑾曰二十年後當爲

宰相瓘出昭謂人曰此公爲宰相後不過三年當死昭後
爲陳後主兼散騎常侍至齊瓘時兼右僕射鳴騶鐃吹昭
復謂人曰二年當死果如言焉
又曰盧潛陷陳時李騊駼將逃歸并要潛潛曰我此頭面
何可誑人吾少時相者云没在吳越死生已定弟其行也
因寄書與弟士邃曰吾夢汝以其日得患某月某日漸損
皆如其言旣而歎曰壽陽陷吾以頸血濺城而死佛教不
聽自殺故荏苒偷生今可死矣於是閉氣而絶其家購屍
歸葬
又曰遼西段長太原龐倉鷹俱有先知之監長爲魏懷朔
鎭將見高祖甚異之謂高祖云君有康世之才終不徒然
也請以子孫爲託興和中啓贈司空公子寧相府從事中
郎天保初兼南中郎將倉鷹交遊豪俠厚待賓旅居於州

城高祖客其舍初居處於蝸牛廬中倉鷹母數見廬上赤
氣屬天倉鷹亦知高祖有霸王之相每私加敬割其宅半
以奉高祖由此遂蒙親識
三國典略曰高澄嗣渤海王朝於鄴時有吳士目盲而妙
於聲相王使試之聞劉桃枝之聲曰有所繫屬當大富
貴王侯將相多死於其手譬如鷹犬爲人所使聞趙道德
之聲曰亦繫屬人聞太原公之聲曰當爲人主聞王之聲
崔暹私稱之謬曰亦有國主也曰我家羣奴猶當極貴況
吾身也
又曰齊文宣字子進神武第二子也妻太后初孕文宣每
夜有赤光照室旣生數月后乃與親姻相對共憂寒餒文
宣忽應曰得活故名侯尼于鮮卑言有相子也及長黑色
大頰兊下鱗身重踝瞻視審定不好戲弄深沈有大度晉
陽有沙門乍愚乍智時人不測呼爲阿禿師婁后見其諸
子歷問祿位至文宣再三舉手指天而已口無所言見者
異之
又曰梁宣豐侯脩參軍陳晃善相人脩因法會將晃自隨
令相簡文有天下否晃言簡文九州骨成必踐帝位而地
部過弱非但王畿蹙侵兼恐不得善終
又曰東魏御史賈子儒善相太常卿崔暹私引子儒潛觀
齊王儒曰人有七尺之形不如一尺之面一尺之面不如
一寸之眼大將軍臉薄顧速非帝王相也皇甫玉又竊觀
王於道曰此不作物會是垂洟者垂洟者謂太原公洋
又曰齊高歸彥嘗令皇甫玉相己玉曰公位極人臣必可
反歸彥曰我爲何須反玉曰公有反骨
又曰周王軌以隋公楊堅相表殊異因入侍讌陽醉撥去

堅帽言曰是何物頭額帝謂之雖大而却無所至也皇甫
后見堅又舉手自拍其額帝謂堅曰皇后道公額也帝乃
密使來和相堅和詭對曰堅相貌是守節忠臣宜作總管
大將作總管則能靜肅一方作大將則能全軍破敵
陳書曰長沙王叔堅母本吳中酒家婢相者言當生貴子
宣帝微時因飲通焉生叔堅及即位召拜淑儀
又曰章昭達字伯通少時遇相者謂曰卿容貌甚善須少
虧則當富貴梁大司中昭達爲東宮直後因醉墮馬鬢角
小傷昭達喜之相者曰未也侯景之亂昭達率鄉人援臺
城爲流矢所中眇其目相者見曰卿相善矣不久當貴後
還鄉里與陳文帝遊因結君臣之分以功進位司空
後周書曰太祖身長八尺方顙廣額美鬚髯長至委地垂
手過膝背有黑子宛轉若龍盤之形面有紫光人望而敬

異之
又曰孝閔帝覽太祖第三子九歲封略陽郡公時有善相者史元華見帝退謂所親曰此公子有至貴之相但恨其壽不足以稱之耳
隋書曰高祖生於馮翊波若寺紫氣充庭有尼來自河東謂皇妣曰此兒所從來甚異不可俗間處之尼將高祖舍於別館躬自撫養皇妣嘗抱高祖忽見頭上角出遍體鱗起皇妣大駭墜高祖於地尼自外入見曰已驚我兒致令晚得天下爲人龍頷額有五柱入頂目光外射有文在手曰王長上短下沉深嚴重
又高曰祖在周明帝即位授右小宮伯進封大興郡公帝嘗遣善相者趙照視之照詭對曰不過作柱國耳既而陰謂高祖曰公當爲天下君必大誅殺而後定善記鄙言也

又曰韋鼎仕梁爲太府卿初鼎之聘周也嘗與高祖相遇鼎謂高祖曰觀公容貌故非常人而神監深遠亦非羣賢所逮也不久必大貴貴則天下一家歲一周天老夫當委質願深自愛及陳平上馳召之授上儀同三司待遇甚厚
又曰龐晃知高祖非常人深自結納及高祖去官歸京師晃迎見高祖於襄邑高祖甚歡晃因白高祖曰公相貌非常名在圖籙九五之日希顧不忘高祖笑曰何妄言也頃之有一雉雊鳴於庭高祖命晃射之曰中則有賞然富貴之日持以爲驗晃既射而中高祖撫掌大笑曰此是天意公能感之而中也
又曰來和好相術高祖微時來詣和相和待人去私謂高祖曰公當王有四海及爲丞相拜儀同既受禪進爵爲子開皇末和上表自陳曰臣早奉龍顏自周代天和三年已來數蒙陛下顧問當時具言至尊膺圖受命光宅區宇此乃天授非由人事所及臣無勞効坐致五品二十餘年臣是何人敢不衡懼愚臣不任區區之至謹錄陛下龍潛之時臣有所言一得書之祕府死無所恨昔陛下在周嘗與永富公竇榮之語臣曰我聞有行聲卽識其人臣當時卽言公眼如曙星無所不照當王有天下願忍誅殺建德四年五月周武帝在雲陽宮謂臣曰諸公皆汝所識隋公相祿何如臣報武帝曰隋公止是守節人可鎮一方若爲將領陣無不破臣卽於宮東南奏聞陛下謂臣此語不忘明年烏丸軌言於武帝曰隋公非人臣帝尋以問臣臣知帝有疑臣詭報曰是節臣更無異相于時王誼梁彥光等知臣此語大象二年五月至尊從永巷東門入臣在永巷東門北面陛下問臣曰我得無災鄣不臣奏陛下曰骨法氣

色相應天命已有付屬未幾遂摠百揆上覽之大悅進位開府賜物五百段米三百石地十頃
又曰煬帝在藩時好學善屬文沉深嚴重朝野屬望高祖密令善相者來和遍視諸子和曰晉王眉上雙骨隆起貴不可言
又曰宇文述年十一時有相者謂述曰公子善自愛後當位極人臣周武帝時以父軍功起家拜開府
又曰李景遼東之役爲馬軍摠管及還事漢王高祖奇其壯武使袒而觀之曰卿相表當位極人臣
又曰帝嘗謂趙綽曰朕於卿無所愛惜但卿骨相不當貴耳仁壽中卒
又曰文帝時蘭陵公主寡上爲之求夫選親衛柳述及蕭瑒等以示韋鼎鼎曰瑒當封侯而無貴妻之相述亦通顯

而守位不終上日位由我耳遂以主降

又曰來和善相術同郡韓則嘗詣和相謂之曰後四五當大官人初不知所謂則至開皇十五年五月而終人問其故和曰十五年爲三五加以五月爲四五大官椁也和言多此類著相經四十卷

北史曰李賢幼有志節不妄舉動常出遊遇一老人鬚眉皎白謂曰我年八十觀士多矣未有如卿卿必爲台牧努力勉之九歲從師受業略觀大指而已或譏其不精答曰賢豈能領師徒授業至如忠孝之道實銘於心問者慙服

又曰牛弘初在襁褓有相者見之謂其父曰此兒當貴善愛養之及長發見甚偉性寬裕好學博聞

又曰隋齊王暕妃早卒遂與妃姊元氏婦通生一女外人皆不得知陰引喬令則於第內宴召相工遍視後庭相工

指妃姊曰此産子者當爲皇后貴不可言

太平御覽卷第七百三十

方術部十二

相下

唐書曰高祖生長安紫氣充庭神光照室體有三乳左腋下有紫誌如龍初有善相者史良言於高祖曰公骨法非常必爲人主王於命也非所敢知久之史良復過高祖乃大驚曰骨法如舊年壽之相頗異昔時勿忘鄙言願深自愛高祖心益自負

又曰隋尚食奉御郭弘道字大寶弘農華陰人也性寛厚如愚而內敏仕隋歷通事舍人滄州長史煬帝時徵爲奉御時高祖爲殿內少監深善之亟相往來情契愈昵弘道善相因言曰公天中伏犀下相接於眉此非人臣之相願深自愛高祖取弘道銀瓮置之於地引弓射之謂弘道曰向言有驗當一發中之既發應弦而中弘道曰願公事驗

之後賜償金瓮高祖大悅

又曰太宗年四歲時忽有書生自言善相詣高祖門曰公是貴人有大貴子因目太宗曰龍鳳之姿天日之表也公之貴以此兒後必由之而創功業年將二十必能濟世安民高祖悶其言甚懼及書生辭出使人捕欲殺之以滅口而不知所在高祖以爲神陰採濟世安民之義遂因名焉

又曰乙弗弘禮貝州高唐人也隋煬帝居藩召令相己弘禮跪而賀曰大王骨法非常必爲萬乘之主誠願誠之在德煬帝即位召天下道術人置坊以居之仍令弘禮統攝帝見海內漸亂玄象錯謬內懷憂恐嘗謂弘禮曰卿昔相朕其言已驗且占相道術朕頗自知卿更相朕終當何如弘禮逡巡不敢荅帝迫之曰卿言與朕術不同罪當死弘禮曰臣本觀相書凡人之相有類於陛下者不得善終臣聞聖人不相故知凡聖不同耳自是帝常遣人監之不得與人交言

又曰則天初在襁褓袁天綱來第中謂其母氏曰唯夫人骨法必生貴子乃召諸子令天綱相之見元慶元爽曰此二子皆保家之主官可至三品見韓國夫人曰此女亦大貴然不利其夫乳母時抱則天衣男子之服天綱曰此郎君子神形爽微不易可知試令行看於是步於牀前仍令舉目天綱大驚曰龍睛鳳頸貴人之極也更轉側視之曰若是女後當爲天下之主也

又曰乙弗弘禮善占相初泗州刺史薛大鼎隋時嘗坐事沒爲奴貞觀初與數人詣弘禮次至大鼎曰君奴也欲何所相咸曰何以知之弘禮曰觀其頭目眞是賊人但不知餘處何如耳大鼎有慙色乃解衣視之弘禮曰看面不異

前言占君自腰已下當爲方岳之任其占相皆此類也貞觀末卒焉

又曰袁天綱成都人也尤工相術以大業元年至洛陽時杜淹王珪韋挺就之相天綱謂淹曰公蘭臺成就學堂寬博必得親糺察之官以文藻見知謂王曰公三亭成就天地相臨從今十年已外必得五品要職謂韋曰公面似大獸之面交友極誠必得士友攜接初爲武職復語淹等二十年外終恐三賢同被責黜暫去即還淹尋遷侍御史武德中爲天策府兵曹文學館學士王珪爲太子中允韋挺隋末與隱太子友善後太子引以爲率至武德六年俱配流嶲州淹等至益州見天綱曰袁公洛邑之言則信矣未知今日之後何如天綱曰公等骨法大勝往時終當俱受

榮貴至九年被召入京共造天綱天綱謂杜公曰當即得三品要職年壽非天綱所知王韋兩公在後當得三品官兼有年壽然晚途皆不稱愜韋公尤甚淹至京拜御史大夫檢校吏部尚書王珪壽授侍中出爲同州刺史韋挺歷御史大夫大常卿貶授象州刺史皆如天綱之言大業末竇軌客遊德陽嘗求問天綱天綱謂曰君額上伏犀貫玉枕輔角又成必於梁益州大樹功業武德初軌爲益州行臺僕射引天綱深禮之天綱又謂軌曰骨法成就不異往時之言然目氣赤脉貫瞳子語則赤氣浮面如爲將軍恐多殺人願深自誡慎武德九年軌坐事被徵將赴京謂天綱曰更得何官曰面上家人坐仍未見動輔角右畔光澤更有喜色至京必承恩還來此任其年果重授益州都督貞觀八年太宗聞其名召至九成宮時中書舍人岑文本

令視之天綱曰舍人学堂成就眉覆過目文才振於海內頭又生骨猶未大成若得三品恐是損壽之徵文本官至中書令尋卒其年侍御史張行成馬周同問天綱天綱曰馬侍御伏犀貫腦兼有玉枕文背如有物當富貴不可言近古已來君臣道合罕有如公者公面色赤命門色暗耳後骨不起耳無根只恐非壽者周後位至中書令兼吏部尚書年四十八卒謂行成曰公五嶽四瀆成就下亭豐滿得官雖晚終居宰輔之地行成後至尚書右僕射天綱相人所中皆此類也申國公高士廉嘗謂曰君更作何官天綱曰自知相命今年四月盡矣果至是月而卒

又曰劉仁軌初爲陳倉尉相工袁天綱謂曰君相當位隣台輔年將九十後果如其言

又曰張憬藏許州長社人少工相術與袁天綱齊名太子詹事蔣儼年少時常遇憬藏因問祿命憬藏曰公從今二年當得東宮掌兵之官秩未終而免職免職之後厄在三尺土下又經六年據此合是死徵而後當享富貴名位俱盛即又不合中夭至六十一爲蒲州刺史十月三十日午時祿絕儼後皆如其言嘗奉使往高麗被莫離支囚於地窖中經六年然後得歸及在蒲州年六十一矣至期召人吏及妻子與之告別云當死俄而有勅許令致仕左僕射劉仁軌微時嘗與鄉人靖思賢各賫縑贈憬藏以問官祿憬藏謂仁軌曰公居五品要官雖暫解黜終當位極人臣仁軌後自給事中坐事令白衣海東效力固辭思賢之贈曰公當孤獨客死及仁軌爲僕射思賢尚存謂人曰張憬藏相劉僕射則妙矣吾今已有三子田宅自如豈其言亦有不中也俄而三子相次而死盡貨田宅寄死於所親園

內憬藏相人之妙皆此類音不仕壽終

又曰高智周之少也與來濟郝處俊孫處約同遊寓于揚州江都人石仲覽傾產以待之嘗引相工視濟等相工曰四人皆宰相也而石氏不及見焉然來早貴而末途屯躓高晚達而最爲壽考夫速登者易顛徐進者少患天之道也仲覽貞觀末爲兵部郎中卒後濟等乃貴皆如相工所言

又曰金梁鳳不知何許人也天寶十三載客於河西善相人又言玄象時哥舒翰爲節度使部入京師裴冕爲祠部郎中知河西留後左武威梁鳳謂冕曰玄象有變半年間有兵起郎中此時當得中丞不拜中丞即得宰相不離天子左右大富貴冕曰公乃狂言冕何至此梁鳳曰有一日向東京一日入蜀川一日來朔方此時公得相冕懼其言

深謝絶之其後安祿山反南犯洛陽僭稱僞位哥舒翰東守潼關累月奏晃爲御史中丞追赴京晃又詰曰事驗矣晃又問三日之兆梁鳳曰東京日郎自磨滅蜀川日亦不能久此閒日何轉分明不可說晃志之郎潼關失守玄宗幸蜀肅宗北如靈武晃會之勸成策立改元爲至德元年晃果爲中書侍郎平章事晃奏之肅宗召拜都水使者梁鳳在河隴謂呂諲曰判官骨相亦合得宰相須得一大驚怖郎得諲後至驛責讓驛長榜之驛吏武將性麄猛持弓矢突入射諲再發幾中諲而諲逾爲得免以報梁鳳梁鳳曰此必入相逾年諲以黄門侍郎知政事梁鳳在鳳翔李揆盧允二人同見之俱素服自稱選人梁鳳謂之曰公等並至清望官鄭得云無官揆允以實對梁鳳遣二人行謂揆曰公從舍人郎入相一年內事謂允曰公好郎是吏部

郎中及尅復兩京揆自中書舍人知吏部侍郎事入爲中書侍郎平章事乃以允爲吏部郎中其驗多此類佯聾以自晦後晃爲右僕射兼御史大夫成都尹劍南節度使有進止令將梁鳳行後病卒

後周史曰周玄豹者本鄴人少爲僧其師有知人之鑑從遊十餘年苦辛無憚師知其可教遂傳其祕旨旣長還歸俗盧程寄褐嘗遊于燕與同志二人謁焉玄豹退謂鄉人張殷衮曰適二君子明年花發俱爲故人唯彼道士他年甚貴來歲二子果零落於趙魏間又二十年程登庸於鄴下

周書曰師曠見太子晉曰汝聲清浮汝色赤火色不壽王子曰後三年上賓於帝所汝愼毋言殃將及汝師曠歸未及三年告死者至

孔叢子曰魏安釐王問子順曰馬回之爲人雖少文鯁亮直有丈夫大節也吾欲以爲相可乎答曰知臣莫若君何有不可至於亮直之節臣未明也聞諸孫卿其爲人也長目而豕視者必體方而心貪每以其法相人千百不失臣見回然甚疑其目王卒用之三月果詐得罪

金樓子曰宣脩容普許負之術曾正會登樓還語人曰太尉今年必當不濟特靜惠王尚康勝或以爲不然日行步向前氣韻殊下若其不尒不復言相至其年末靜惠王薨及昭明入朝又云必無嗣立之相俄而昭明薨

孫卿子曰古者有姑布子卿今世之梁有唐舉相人形狀顔色而知其吉凶世俗稱之相形不如論心論心不如擇術形不勝心心不勝術術正而心從之則形相惡無害爲君子也形相雖善而心術惡無害爲小人

符子曰楚成王生太子商臣乃召楚之善相者相之楚巫相之已而言於楚王曰子吉矣而王不吉臣聞鴟梟者食母而飛非其子之不吉但其母爲之災今太子非子之不吉但其王爲之災耳楚王怒而殺之

論衡曰世人固有身瘠而志立體小而名高者於聖則否是以堯眉八采舜目重瞳禹耳參漏文王四乳然則世亦有四乳者此則駑馬一毛似驥耳

又曰宋臣有公孫呂者長七尺面長三尺廣三寸名震天下若此之狀蓋遠代而求非一世之異也使形殊於外道合其中名震天下不亦宜乎語云無憂而戚憂必及之無慶而歡樂必還之此心有先動而神有先知則色有先見也故扁鵲見桓公知其將亡申叔見巫臣知其竊妻而逃也荀子以爲天不知人事邪則周公有風雷之災宋景有

三次之福知人事乎則楚昭有弗禜之應邾文無延期之報由是言之則天道之與相占可知而疑不可而無也

太平御覽卷第七百三十一

太平御覽卷第七百三十二

方術部十三

占候

周禮春官宗伯下曰眡祲掌十煇之法以觀妖祥辨吉凶妖祥善惡之徵鄭司農云煇謂日光氣也眡音視一曰祲二曰象三曰鑴四曰監五曰闇六曰瞢七曰彌八曰敘九曰隮十曰想故書彌作迷隮作資鄭司農曰祲陰陽氣相侵也象者如赤鳥也鑴謂日旁氣四面反鄉如煇狀也監雲氣臨日也闇日月食也瞢日月瞢瞢無光也彌者白虹彌天也敘者雲有次序如山在日上也隮者升氣也想者煇光也玄謂鑴讀如童子佩鑴之鑴謂日旁氣刺日也監冠珥也彌氣冠日也隮虹也詩云朝隮于西想雜氣有似可形想掌安宅敘降宅居也降下也人見妖祥則不安主安其居處也次序其凶禍所下謂禳移之正歲則行事占夢以季冬贈惡夢此正月而行安宅之事所以順民歲終則弊其事弊斷也謂計其吉凶然否多少

傳曰僖五年正月辛亥朔日南至公既視朔遂登觀臺以望而書禮也視朔親告朔也觀臺臺上構屋可以遠觀也朔旦冬至曆數之所始治曆者因此則可以

明其術數審別陰陽敘事訓民魯君不能常脩此禮故善公之得禮也凡分至啓閉必書雲物分春秋分也至冬夏至也啓立春立夏閉立秋立冬雲物氣色災變也傳重申周典不言公者日官掌其職為備故也素察妖祥逆為之備

又襄二十八年曰春無氷梓慎曰今茲宋鄭其饑乎歲在星紀而淫於玄枵歲星也星紀在丑斗牛之次玄枵在子虛危之次十八年晉董叔曰天道多在西北是歲歲星在亥至此年十一歲故在星紀明年乃當在玄枵今已在玄枵淫行失次以有時菑陰不堪陽時菑無冰也盛陰用事而溫無冰是陰不勝陽地氣發洩蛇乘龍蛇玄武之宿虛危之星龍歲星歲星木也木為青龍失次出虛危下為蛇所乘龍宋鄭之星也歲星本位在東方東方房心為宋角亢為鄭故以龍為宋鄭之星也宋鄭必饑玄枵虛中也玄枵三宿虛星在其中枵耗名也土虛而民耗不饑何為歲為宋鄭之星今失常經入虛耗之次時復無冰地氣發洩故曰土虛民耗也裨竈曰今茲周王及楚子皆將死裨竈鄭大夫歲棄其次而旅於明年之次以害鳥帑周楚惡之旅客處也歲星棄星紀之次客在玄枵歲星所在其國有福失次於北禍衝在南南為朱鳥鳥尾曰帑鶉火鶉尾周楚之分故周王楚子受其咎俱論歲星過次梓慎則曰宋鄭饑裨竈則曰周楚王死傳故備舉以示卜占唯人所在也

又曰子蟜之卒也將葬公孫揮與裨竈晨會事焉會葬事過伯有氏其門上生莠子羽曰其莠猶在乎子羽公孫揮以莠喻伯有侈知其不能久存於是歲在降婁降婁中而旦裨竈指之曰猶可以終歲指降婁也歲星十二年而一終歲不及此次也已不及降婁及其亡也歲在娵訾之口娵訾營室東二十八年歲星淫在玄枵今三十年在娵訾是歲星停在玄枵二年其明年乃及降婁

又曰昭七年夏四月甲辰朔日有食之晉侯問於士文伯曰誰將當日食對曰魯衛惡之衛大魯小公曰何故對曰去衛地如魯地衛地豕韋也魯地降婁也日食於豕韋之末及降婁之始乃息故禍在衛大在魯小也周四月今二月故曰在降婁也於是有災魯實受之其大咎其衛君乎魯將上卿

又曰夏四月陳災鄭裨竈曰五年陳將復封五十二年而

遂亡子產問其故對曰陳水屬也陳顓頊之後故為水屬火水妃也火畏水故為之妃妃音配而楚所相也相治也楚之先祝融為高辛氏火正主治火事今火出而火陳火心星也火出於周為五月而以四月出者以長歷推前年誤置閏逐楚而建陳也水得妃而興陳興則楚衰故曰逐楚而建陳妃以五成故曰五年妃合也五行各相妃合得五而成故五歲而陳復封為十三年陳侯吳歸于陳傳歲五及鶉火而後陳卒亡楚克有之天之道也故曰五十二年

又曰有星出于婺女鄭裨竈言於子產曰七月戊子晉君將死今茲歲在顓頊之虛姜氏任氏實守其地居其維首而有妖星焉告邑姜也邑姜晉之妣也天以七紀戊子逢公以登星斯於是乎出吾是以譏之

又曰有星孛于大辰西及漢申須曰彗所以除舊布新也天事恒象今除於火火出必布焉諸侯以火災乎梓慎曰往年吾見之是其徵也火出而見今茲火出而章必火入

而伏其居火也久矣其與不然乎火出於夏爲三月於商爲四月於周爲五月夏數得天若火作其四國當之六物之占在宋衛陳鄭乎宋大辰之虛也陳大皡之虛也鄭祝融之虛也皆火房也星孛及漢漢水祥也衛顓頊之虛也故爲帝丘其星爲大水水火之牡也其以丙子若壬午作乎水火所以合也若火入而伏必以壬午不過其見之月鄭裨竈言於子産曰宋衛陳鄭將同日火若我用瓘斝玉瓚鄭必不火子産弗從十八年夏五月火始昏見丙子風梓愼曰是謂融風火之始也七日其火作乎戊寅風甚壬午大甚宋衛陳鄭皆火梓愼登大庭氏之庫以望之曰宋衛陳鄭也數日皆來告火裨竈曰不用吾言鄭又將火鄭人請用之子産不可子太叔曰寶以保民也若有火國幾亡可以救亡子何愛焉子産曰天道遠人道邇非所及也

何以知之竈焉知天道是亦多言矣豈不或信遂不與亦不復火

又曰昭公二十年二月己丑日南至梓愼望氣曰今玆宋有亂國幾亡三年而後弭蔡有大喪叔孫昭子曰然則戴桓也汰侈無禮已甚亂所在也

後漢書曰謝夷吾字堯卿會稽山陰人也少爲郡吏學風角占候太守第五倫擢爲督郵時烏程長有贓釁倫使收案其罪夷吾到縣無所驗但望閤伏哭而還一縣驚怪不知所爲及還白倫曰竊以占候知長當死近三十日遠不過六十日遊魂假息非刑所加故不收之倫聽其言至月餘日果有驛馬齎長印綬上言暴卒倫以此益禮信之

又曰楊由字哀侯蜀郡成都人少習易并七政元氣風雲占候爲郡文學掾時有大雀夜集於庫樓太守廉范以問由對曰此占郡内當有小兵然不爲害後二十餘日廉采縣蠻夷反殺傷長吏郡發庫兵擊之由嘗從人飲勑御者曰酒若三行便宜嚴駕旣而趨去後主人舍有鬭相殺者人請問何以知之由曰向社中木上有鳩鬭此兵賊之象也

又曰公沙穆遷弘農令永壽元年霖雨大水三輔以東莫不湮沒穆明曉占候乃豫告令百姓徙居高地故弘農人獨得免害

又曰段翳字元章廣漢新都人習易經明風角時有就其學者雖未至必豫知姓名嘗告守津吏曰當有諸生二人荷擔問翳舍處者幸爲告之後如其言又有一生來學積年自謂略究要術辭歸鄉里翳爲合膏藥并以簡書封於筒中告生曰有急發視之生到葭萌與吏爭津吏撾破從

者頭生開筒得書言到葭萌與吏鬭頭破者以此膏裹之生用其言創者即愈生歎服乃還卒業翳遂隱居竄跡終于家

晉書曰戴洋善方術司馬颺爲烏程令將赴職洋曰君深愼下吏颺後果坐吏免官洋又謂曰卿免官十一月當作郡加將軍至期爲太守振武將軍颺責宅將行洋止之曰君不得至當還不可無宅颺果爲徐龕所逼不得之郡元帝增颺衆二千使助祖逖洋勸不行乃稱病收付廷尉俄而因赦得出康帝將登祚使洋擇日洋以爲宜用三月二十四日景午太史令陳卓奏用二十二日昔越王用三月甲辰反國范蠡稱在陽之前當生盡出上下盡空德將出遊刑入中宮今與此同洋曰越王爲吳所囚雖當時遜媚實懷怨憤故用甲辰乘德而歸留刑吳宮今大王内無含

咎外無怨憤當承天洪命納祚無窮何爲追越王去國留陝故事耶乃從之咸和元年祖約南行路過大雷雨西南來洋曰甲子西南天雷其下必失火將至夏汝南人反執約兄子濟迸于石勒約府内地忽赤如丹洋曰按河圖徵云地赤如丹血丸當有下反上者恐十月二十七日胡馬當來飲淮水至時石勒騎大至攻城大戰其日西風兵火俱發約大懼會風廻賊退時傳言勒遣騎向壽陽約欲送其家還江東洋曰必無此事尋而傳言果妄征西將軍庾亮鎮武昌咸康三年洋言於亮曰武昌土地有山無林正可圖始不可居終山作八字數不及九昔吳用壬寅來止創立宮城至己酉還下秣陵陶公亦涉八年土地盛衰有數人心去就有期不可移也公宜更擇吉處武昌不可久住

隋書曰庾季才初仕梁元帝頗明星曆因共仰觀從容謂季才曰朕猶慮禍起蕭牆何方可息季才曰頃天象告變秦將入郢陛下宜留重臣作鎮荆峽整旆旋都以避其患帝初然之後與懔等議乃止俄而江陵陷滅高祖爲丞相嘗夜召季才而問曰吾以庸虚受兹顧命天時人事卿以爲何如季才曰天道精微難可意察竊以人事卜之符兆已定季才縱言不可公豈復得爲箕潁之士乎高祖默然久之因舉首曰吾今譬如騎獸誠不得下矣因賜雜綵五十疋絹二百段曰愧公此意宜善爲思之大定元年正月季才言曰今月戊戌平旦青氣如樓闕見於國城之上俄而變紫逆風西行氣經云天不能無雲而雨皇王不能無氣而立於今王氣已見須即應之二月日出卯入酉居天之正位謂之二八之門日者人君之象人君正位宜用二月其月十三日甲子甲爲六甲之始子爲十二辰之初甲數九子數又九九爲天數其日卽是驚蟄陽氣壯發之時昔周武王以二月甲子日定天下享年八百漢高帝以二月甲午卽帝位享年四百故甲子甲午爲得天數今二月甲子宜應天受命上從之開皇初授通直散騎常侍高祖將遷都夜與高熲蘇威二人定議季才旦而奏曰臣仰觀玄象俯察圖記龜兆允襲必有遷都且堯都平陽舜都冀土是知帝王居止世代不同且漢營此城經今八百歲水皆鹹不甚宜人願陛下協天之心爲遷徙之計高祖愕然謂熲等曰是何神也遂發詔施行賜絹三百段馬兩疋進爵爲公謂季才曰朕自今已後信有天道矣

又曰盧太翼善曆數其後目盲以手摸書而知其字仁壽末高祖將避暑仁壽宮太翼固諫不納至再三太翼曰臣

愚豈敢飾詞但恐是行鑾輿不反高祖大怒繫之長安獄期還而斬之高祖至宮寢疾臨崩謂皇太子曰太翼非常人也前後言事未嘗不中吾來日道當不反今果至此爾宜釋之

唐書曰桑道茂者大曆中遊京師善太一遁甲五行災異之說言事無不中代宗召之禁中待詔翰林建中初神策軍脩奉天城道茂請高其垣闕大爲制度德宗不之省及朱泚之亂帝倉卒出幸至奉天方思道茂之言時道茂已卒命祭之

太平御覽卷第七百三十二

太平御覽卷第七百三十三

方術部十四

占星　占風

占雨　望氣

占星

漢書曰高祖元年十月五星聚東井容謂張耳曰東井秦地也漢王入關五星從歲星聚當以義取天下

後漢書曰嚴光字子陵少有高名與光武同遊及帝即位光變姓名隱身不見帝思其賢乃令以物色訪之後齊國上言有一男子被羊裘釣澤中帝疑其光也乃備安車玄纁遣使聘之三反而後至帝嘗引光入論道舊故相對累日帝從容問曰朕何如昔時對曰陛下差增於往因共偃卧光以足加帝腹上明日太史奏客星犯御座甚急帝笑

曰朕故人嚴子陵共卧耳

又曰李郃字孟節漢中南鄭人也父頡以儒學稱官至博士郃襲父業遊太學通五經善河洛風星外質朴人莫之識縣召署幕門候吏和帝即位分遣使者皆微服單行各至州縣觀採風俗使者二人當到益部投郃舍時夏夕露坐郃因仰觀問曰二君發京師時寧知朝廷遣二使耶二人默驚相對視曰不聞也問郃何以知之郃指星示云有使星向益州分野故知之耳

又曰曹公破袁紹於官渡初桓帝時有黃星見於楚宋之分遼東殷馗善天文言後五十歲當有真人起於梁沛之間其鋒不可當至是凡五十年而公破袁紹天下莫敵也

晉書曰戴洋善占候揚州刺史嘗問吉凶於洋答曰熒惑入南斗八月暴水當有客軍西南來如期果大水而石冰作亂冰既據揚州洋謂人曰視賊雲氣四月當破果如其言泰寧二年正月有流星東南行洋曰至秋應當壽陽及王敦作逆祖約問其勝敗洋曰大白在東方辰星不出兵法先起者為主應者為客辰星若出太白為主辰星為客辰星不出太白為客先起兵者敗今有客無主有前無後宜傳檄所部應詔伐之約乃率衆向合肥俄而敦死衆敗遂住壽陽洋又謂曰江淮之間當有軍事譙城虛曠宜還固守不言然者雍丘沛皆非官有也約不從豫土遂陷於賊南中郎將桓宣以洋為參軍將隨宣往襄陽太守陶侃留之住武昌時侃謀北伐洋曰前年十一月熒惑守胃昴至今年四月積五百餘日昴趙之分野石勒遂死熒惑以七月退從畢右順行入黃道未及天關以八月二十二日復逆行還鉤繞畢向昴昴畢為邊兵主胡夷故置天弓以

射之熒惑逆行司無德之國石勒死是也勒之餘燼已自殘害今年官興太歲太陰三合癸巳癸為北方北方當受災歲鎮二星共合翼軫從子及巳徘徊六年荆郢之分歲鎮所守其下國昌豈非功德之徵也今年六月鎮星前角亢角亢鄭之分歲星移入房太白為心房宋分順之者昌逆之者亡石季龍若興兵東南此其死會官若應天與不取反受其咎侃志在中原聞而大喜會病篤不果行而薨

又曰祖逖將城武牢未成而逖病甚先是華譚庾闡問術人戴洋洋曰祖豫州九月當死初有妖星見于豫州之分歷陽陳訓謂人曰今年西北大將軍當死逖亦見星曰為我矣方平河北而天欲殺我此乃不祐國也俄卒于雍丘

又戴記曰苻堅時有大風從西南來俄而晦冥恒星皆見

又有赤星見于西南太史令魏延言于堅曰於占西南國

亡明年必平蜀漢堅大悅

又曰苻堅以弟融爲鎮東大將軍代王猛爲冀州牧融將發堅祖于灞東奏樂賦詩堅母苟氏以融少子甚憂之比發三至灞上其夕又竊如融所內外莫知是夜堅寢于前殿魏延言天市南門屏內后妃星失明左右閽寺不見后妃移動之象堅問知之驚曰天道與人何其不遠遂重星官

後魏書曰崔浩明識天文好觀星變常置金銀銅鋌於酢器中令青夜有所見即以鋌書紙作字以記其異

又曰姚興死之前歲太史奏熒惑在匏瓜星中一夜忽然亡失不知所在或謂下入危亡之國將爲童謠言之妖而後行其灾禍太宗聞之大驚乃召諸碩儒十數人令與史官求其所詣崔浩對曰案春秋左氏傳說神降于莘其至

郎其物也請以日辰推之庚午之夕辛未之朝天有雲熒惑之亡當在此二日之內庚之與未皆主於秦辛爲西夷今姚興據咸陽是熒惑入秦矣諸人皆作色曰天上失星人安能知其所詣而妄說無徵之言浩笑而不應後八十日熒惑果出於東井留守盤旋秦中大旱赤地昆明池水竭童謠訛言國內讙擾明年姚興死二子交兵三年國滅於是諸人乃服曰非所及也

唐書曰嚴善思同州朝邑人也少以學涉知名尤善天文歷數及卜相之術則天時爲監察御史稍遷太史令聖曆二年熒惑入輿鬼則天以問善思善思對曰商姓大臣當之其年文昌左相王及善卒長安中熒惑入月鎮星犯天關善思奏曰法有亂臣伏罪且有臣下謀上之象歲餘張柬之敬暉等起兵誅張易之昌宗其占驗皆此類

又曰尚獻甫衛州汲人也尤善天文則天時召見起家拜太史令數顧問灾異事皆符驗長安二年獻甫奏曰臣本命納音在金今熒惑犯五諸侯太史之位熒惑火也火能尅金是臣將死之徵則天曰朕爲卿禳之遽轉獻甫爲水衡都尉謂曰水能生金又去太史之位卿無憂矣其秋獻甫卒則天甚嗟異惜之

又曰元和八年熒惑犯太微上相歷執法占者言今之三相皆不利始輕末重月餘李絳以足疾免明年十月李吉甫以暴疾卒九年六月武元衡爲盜所害年五十八始元衡與吉甫齊年又同日爲宰相及出鎮分領揚益至吉甫再入元衡亦還吉甫先一年以元衡生月卒元衡後一年以吉甫生月卒吉凶之數若符會焉

占風

後漢書曰郎顗上書曰今月十七日戊午徵日也（陽嘉二年正月）日加申（日在申時也）風從寅來丑時而止丑寅申皆徵也不有火灾必當爲旱（南方爲徵故爲火及旱也）願陛下校計繕脩之費求念百姓之勞罷將作之官減彫文之飾損庖廚之饌退宴私之樂

又曰任文公巴郡閬中人也（閬中今隆州縣）父文孫明曉天官風星秘要文公少脩父術州辟從事哀帝時有越巂太守欲反刺史大懼遣文公等五從事檢行郡界潛伺虛實共止傳舍時暴風卒至文公遽起白諸從事促去當有逆變來害人者因起駕速驅諸從事未能自發郡果使兵殺之文公獨得免

又曰李南字孝山丹陽句容人也少篤學明於風角和帝永元中太守馬稜坐盜賊事被徵當詣廷尉吏人不寧南

特適謁賀稜意有恨謂曰太守不德今當即罪而君反相賀耶稜曰旦有善風明日中時應有吉問故來稱慶旦日稜延望景晏以爲無徵至晡乃有驛使齎詔書原停稜事南問其遲留之狀使者曰向渡宛陵浦里航（宛陵縣二湯群航以舟濟水也航何唐切也）馬蹶足是以不得速（蹶屈損也）稜乃服焉後舉有道辟公府病不行終於家南女亦曉家術爲由拳縣人妻晨詣囊室卒有暴風婦便上堂從姑求歸辭其二親姑不許乃跪而泣曰家代傳術風卒起先吹竈突及井此禍爲婦女主爨者妾將亡之應因著其亡日乃聽還家如期病卒

又曰郎宗爲吳令時卒有暴風宗占知京師當有大火記識時日遣人參候果如其言諸公聞而表上以博士徵之宗恥以占驗見知聞徵書到包懸印綬於縣廷而遁去遂終身不仕

太平御覽　卷七百三十三　五　袁大

吳志曰孫權征黃祖軍行及潯陽吳範見風氣因詣船賀催兵急行至郎破祖祖夜亡權恐失之範曰未遠必生擒祖至五更果得之權與呂蒙謀襲關羽議之近臣多曰不可權以問範範曰得之在後王辛德在南方酉受自刑梁作譙北乘德伐刑賊必破亡及甲子日東風而雷西行譙在南雷在軍前爲軍驅除皆吳伐關羽天雷在前喻拜賀今往同故知必尅約從之果平梁城洋往潯陽時劉裔鎮潯陽九月甲申時迴風從東來入裔兒舡中西過狀如疋練長五六丈洋曰風從咸池中來攝堤下去咸池爲刀兵大殺爲死喪到甲子日申時府內大聚骨埋之裔問在何處洋曰不出州府門也裔祭東門洋又曰東爲天牢下閉門爲天獄至十二月十七日洋又曰臘近可閉門以五十人備守并以百人備東北寅上以却害氣裔不從二十四日壬辰裔遂爲郭默所害

北齊書曰權會明風角玄象會令家人遠行久而不反其行人還垂欲至宅乃逢寒雪寄息他舍會方處學堂講說忽有旋風瞥然吹雪入戶會乃笑曰行人至何意中停遂命使人令詣某處追尋果如語每爲人占筮小大必中但用爻辭彖象以辨吉凶

占雨

後漢書曰任文公爲侍中從事時天大旱白刺史曰五月一日當有大水其變已至不可防救宜令吏人豫爲其備刺史不聽文公獨儲大船百姓或聞頗有爲防者到其日旱烈文公曰急促載使白刺史笑之日將中天北雲起須臾大雨至晡時湔水涌起十餘丈（湔音子延反）突壞廬舍所害數千人

太平御覽　卷七百三十三　六　袁大

又曰高獲善天文曉遁甲能役使鬼神時郡境大旱太守鮑昱自往問何以致雨獲曰急罷三部督郵（續漢書曰監屬縣有三部每部督郵書掾一人）明府當自北出到三十里亭雨可致也昱從之果得大雨

又曰楊統善天文推步之術建初中爲彭城令一州大旱統推陰陽消伏縣界蒙澤太守宗湛使統爲郡求雨亦即降澍

望氣

史記曰漢文十五年夏四月趙人新垣平以望氣見因說上設立渭陽五廟欲出周鼎當有玉英見（瑞圖云玉英五常並脩則見）

漢書曰范增說羽曰沛公居山東時貪財好色今聞其入關珍物無所取婦女無所幸此其志不小吾使人望其氣皆爲龍成五色此天子氣急擊之勿失

又曰孝武鉤弋趙婕妤昭帝母也家在河閒武帝巡狩過河閒望氣者言此有奇女天子使召之既至女兩手皆拳上自披之手即時伸由是得幸號曰拳夫人進爲婕妤居鉤弋宮生昭帝○又曰宣帝武帝曾孫戾太子孫生數月遭巫蠱事雖在襁褓猶坐收繫郡邸獄而邴吉爲廷尉監怜之無辜使女徒更乳養望氣者言長安獄中有天子氣上遣使者分條中都官獄繫者輕重皆殺之內謁者令郭穰夜至郡邸獄吉拒閉使者不得入賴吉得全

後漢書曰光武紀云望氣者蘇伯阿爲王莽使至南陽遥望見舂陵郭唶曰（唶歎也音子夜反）氣佳哉鬱鬱葱葱然及始起兵還舂陵遠望舍南火光赫然屬天有頃不見

晉書曰秦時望氣者云五百年後金陵有天子氣故始皇東巡狩以厭之改其地曰秣陵塹北山以絶其勢及孫權之稱號自謂當之考其曆數猶爲未及元帝之渡江也乃五百二十六年眞人應之在此矣

又曰初吳之未滅也斗牛之閒有紫氣道術者皆以吳方强盛未可圖也唯張華以爲不然及吳平之後紫氣愈明（事見劒門中）

又曰陳訓字元道歷陽人也學天文筭曆陰陽占候無不畢綜尤善風角孫晧以爲奉車都尉使其占候晧政嚴酷訓知其必敗而不敢言時錢塘湖開或言天下當太平青蓋入洛晧以問訓訓曰臣止能望氣不能達湖之開塞退而告其友曰青蓋入洛將有輿櫬銜璧之事非吉祥也尋而吳亡及陳敏作亂弟宏爲歷陽太守訓謂邑人曰陳家無王氣不久當滅宏聞將斬之訓鄉人秦璩爲宏參軍乃說宏曰訓善風角可試之如不中徐斬未晚也乃赦之時

宏攻征東參軍衡彦於歷陽乃問訓曰城中有幾千人攻之可拔不訓登牛渚山望氣曰不過五百人然不可攻之必敗宏復大怒曰何有五千人攻五百人而不得理令將士攻之果爲彦所敗方信訓有道術乃優遇之

宋紀曰齊宣帝墳塋在武進縣常有雲氣氤氳入天故元嘉中望氣者稱此地有天子氣

後周書曰蔣昇字鳳起少善天文玄象之學太祖雅信待之常侍左右以備顧問大統三年東魏將竇泰入寇濟自風陵頓軍潼關太祖出師馬牧澤時西南有黃紫氣抱日從未至酉太祖謂昇曰此何祥也昇曰西南未地主土土王四季秦之分也今大軍既出喜氣下臨必有大慶於是進軍與竇泰戰擒之

隋書曰韋鼎仕梁爲太府卿至德初鼎質貨田宅寓居僧

寺友人毛彪問其故答曰江東王氣盡於此矣吾與爾當葬長安期運將及故破産耳陳武帝在南州鼎望氣知其當王遂寄孥焉因爲陳武帝曰明年有大臣誅死後四歲梁其代終天之曆數當歸舜後昔周滅殷氏封媯滿于宛丘其裔子孫因爲陳氏僕觀明公天縱神武繼絶統者無乃是乎武帝陰有圖僧辯意聞鼎言大喜因而定策

太平御覽卷第七百三十三

太平御覽卷第七百三十四

方術部十五

巫上

說文曰巫祝也女能事無形舞降神也象人兩褎舞形與工同意

周禮春官曰司巫掌羣巫之政令若國大旱則帥巫而舞雩（雩旱祭也）國有大裁則帥巫而造巫恒凡喪事掌巫降之禮男巫掌望祀望衍授號旁招以茅女巫掌歲時祓除釁浴旱暵則舞雩若王后弔則與祝前凡邦之大裁歌哭而請

禮曰君臨臣喪以巫祝桃茢執戈惡之（爲有凶邪之氣在側君聞大夫之喪去樂卒事而往未襲也其已襲則止巫去桃茢鬼所惡茢萑苕可埽不祥）所以異於生也

又曰襄公朝于荆康王卒荆人曰必請襲（欲使襄之公依）魯人曰非禮也荆人强之巫先桃茢荆人悔之（巫祝桃茢君臨臣喪之禮）

又曰歲旱穆公召縣子而問然曰天久不雨吾欲暴巫而奚若曰天則不雨而望之愚婦人於以求之毋乃已疏乎（已猶甚也巫主接神亦覬天哀而雨之春秋傳說巫曰在女曰巫在男曰覡周禮女巫旱暵則舞雩）

傳曰晉侯改葬共太子秋狐突適下國遇太子太子使登僕而告之曰夷吾無禮余得請於帝矣將以晉畀秦秦將祀余對曰臣聞之神不歆非類民不祀非族君祀無乃殄乎且民何罪失刑乏祀君其圖之君曰諾吾將復請七日新城西偏將有巫者而見我乎許之遂不見

又曰夏大旱公欲焚巫尪臧文仲曰非旱備也脩城郭貶食省用務穡勸分（社預注曰勸分有無相濟也）此其務也巫尪何爲天欲殺之則如勿生若能爲旱焚之滋甚公從之是歲飢而不害

又曰初楚范巫矞似（矞似范巫之名）謂成王與子玉子西曰三君皆將强死城濮之役王思之故使止子玉曰毋死不及止子西縊而縣絕王使適至遂止之使爲商公公沿漢泝江將入郢王在渚宮下見之懼而辭曰臣免於死又有讒言謂臣將逃臣歸死於司敗也王使爲工尹又與子家謀殺穆王穆王聞之殺鬭宜申及仲歸

又曰晉侯夢大厲被髮及地搏膺而踊曰殺余孫不義余得請於帝矣壞大門及寢門而入公懼入于室又壞戶公覺召桑田巫（桑田晉邑）巫言如夢公曰何如曰不食新麥矣（言公不得及食新麥）六月丙午晉侯欲麥使甸人獻麥饋人爲之召桑田巫示而殺之將食張如廁陷而卒

又曰晉中行獻子將伐齊夢與厲公訟弗勝公以戈擊之首墜於前跪而戴之奉之以走見梗陽之巫臯他日見諸道與之言同巫曰今茲主必死若有事於東方則可逞獻子許諾晉伐齊

又曰公在楚楚人使公親襚公患之穆叔曰祓殯而襚則布幣也（先使巫祓除殯之凶邪而行襚禮與朝而布幣無異）乃使巫以桃茢先祓殯楚人弗禁既而悔之（茢黍穰）

書曰敢有恒舞于宮酣歌于室時謂巫風

論語曰人而無恒不可以作巫醫

史記曰魏文侯時西門豹爲鄴令往到鄴會長老問民之疾苦長老云苦於河伯娶婦以故貧豹問其故對曰鄴三老廷掾常歲歛百姓取其錢數百萬用其二三十萬爲河伯娶婦與巫共分其餘錢持歸當其時巫行視小家女好者云是當爲河伯婦即娉取洗沐之爲治新繒綺縠之衣閒居齋戒爲治齋宮河上張緹絳帳帷女居其中爲具牛酒飰食十餘日共粉飾之如嫁女牀席令女居其上浮之河

中始浮行數十里乃沒其人家有好女者恐大巫祝爲河伯取之以故多持女遠逃亡以故城中益空無人又貧困所從來久遠矣民人俗語曰卽不爲河伯娶婦水來漂溺人民西門豹曰至爲河伯娶婦時願與三老巫祝父老送女河上幸來告語之吾欲往送女皆曰諾至其時西門豹往會之河上三老官屬豪長父老皆會與人民觀之者三二千人其巫老女子也年七十從弟子女十人所衣皆繒單衣立大巫旁西門豹曰呼河伯婦來視其好醜卽將女出帷中來至前豹視之顧謂三老巫祝父老女子曰是女不好煩大巫嫗爲入報河伯更求好女後日送之卽使卒共抱女巫嫗投之河中有頃曰巫嫗何久也弟子趣之復以弟子一人投河中有頃曰弟子何久也復使一人趣之復投一弟子河中凡三弟子西門豹曰巫嫗弟子女也不

能白事煩三老入白之復投三老河中西門豹簪筆磬折嚮河立待良久長老吏旁觀者皆爲驚恐西門豹顧曰巫嫗三老不來還柰之何復使廷掾與豪長一人趣之皆叩頭且破額血流地色若死灰西門豹曰諾且留待之須臾豹曰廷掾起矣河伯留之久也皆罷去歸鄴吏民大驚恐是後不敢復言河伯娶婦

又曰武帝時游水發根（服虔云游水縣名發根人姓）言上郡有巫病而鬼下之上召置祠之甘泉及病使人問神君神君曰天子無憂病於是病愈

又曰栢梁災越巫勇之曰越俗有火災後起屋必用勝服之於是作建章宮度爲千門萬戶

又曰起巫立越祝而以雞卜上信之（漢書音義曰持雞卜如鼠卜矣）

又曰孝武帝天漢二年秋上禁巫祠道中者文穎曰始漢家於道中祠排禍咎移之於行人百姓以其不經今止之也

後漢書曰樊崇等至弘農與更始諸將連戰尅勝衆遂大集乃分萬人爲一營凡三十營營置三老從事各一人進至華陰軍中常有齊巫鼓舞祠城陽景王以求福助（以其定諸呂安社稷故郡國多爲立祠焉盆子承其後故軍中祠之也）巫言景王大怒曰當爲縣官何故作賊（縣官謂天子也）有笑巫者輒病軍中驚動時方望弟陽怨更始殺其兄乃逆說崇等曰更始荒亂令不行故使將軍得至於此今將軍擁百萬之衆西向帝城而無稱號名爲群賊不可以久不如立宗室挾義誅伐以此號令誰敢不服崇等以爲然而巫言益甚前及鄭（今阜孫）乃相與議曰今迫近長安而鬼神如此當求劉氏共尊立之六月遂立盆子爲帝自號爲建世元年

又曰許楊字偉君汝南平輿人也少好術數王莽輔政召爲郎稍遷酒泉郡尉及莽篡位楊乃變姓名爲巫醫逃匿他界莽敗方還鄉里

又曰第五倫爲會稽太守會稽俗多淫祀好卜筮人常以牛祭神百姓財產以之困匱其自食牛肉而不以薦祠者發病且死爲牛鳴前後郡將莫敢禁倫到官移書屬縣曉告百姓其巫祝有依託鬼神者詐怖愚人皆案論之有妄屠牛者吏輒行罰人初頗恐懼或祝詛妄言倫案之愈急後遂絕百姓以安

又曰順帝時廷尉河南吳雄字季高以明法律斷獄平起自孤寒致位司徒雄少時家貧喪母營人所在封土者擇葬其中喪事趣辦不問時日醫巫皆言當族滅而不顧及子訢孫恭三代廷尉爲法名家

又曰宋均爲九江太守浚遒縣有唐后二山人共祠之衆巫遂取百姓男女以爲公嫗男爲山公以女爲山嫗猶祭之尸主也歲歲改易旣而不敢嫁娶前後守令莫敢禁均乃下書曰自今以後爲山娶者娶巫家勿擾良人於是遂絶

又曰安丘望之字仲都京兆長陵人少時學老子經恬靜不求進宦號曰安丘丈人成帝聞欲見望之辭不肯見爲巫醫於人閒也

獻帝起居注曰李傕性喜鬼怪左道之術常有道人女巫繫下神祭六丁符劾厭勝之具無不爲又於朝廷省門外爲董卓作神坐數以牛羊祠之天子使左中郎將李國持節拜傕爲大司馬在三公之右傕自爲得鬼神之助乃厚賜諸巫

東觀漢記曰高鳳年老執志不倦名聲著聞太守連召請

恐不得免自言本巫家不應爲吏

又曰班超使西域于闐王廣德超至禮意甚疏其俗信巫言神怒何故向漢漢使有騧馬急求取以祠我廣德就超請馬超許之而令巫自來取馬有頃巫至超即斬其首送廣德因辭讓之

吳志曰景帝有疾求覡視鬼者得一人景帝欲試之乃殺鵝而埋之於中架小屋施床机以婦人絓履服物着其上乃使覡視之告曰若能說此冢中鬼形狀者即信當厚賜加賞矣竟日盡夕無言帝問之急乃曰實不見有鬼但見一白鵝立墓上所以不即白之者疑是鬼神變化作此想當候其眞形而定無復移易不知何故不敢不以實上聞景帝乃厚賜之

晉書曰夏統字仲御從父敬寧祠先人迎女巫章丹陳珠二人並有國色裝服甚麗善歌舞又能隱形匿景甲夜之初撞鍾擊鼓閒以絲竹丹珠乃大破舌吞刀吐火雲霧杳冥流火電發統諸從兄弟欲往觀之難統於是共紿之曰從父閒疾病得瘳大小以爲喜欲因其祭祀並往賀之卿可俱行乎統從之入門忽見丹珠在中庭輕步佪舞靈談鬼笑飛觴挑柈酬酢翩翻統驚愕而走不由門破藩直出

又曰武悼楊后旣爲賈后所幽死賈后又信妖巫謂太后必訴冤先帝乃覆而殯之施諸厭劾符書藥物敗李矩屯于榮陽劉聰遣從弟暢步騎三萬討矩屯于韓王故壘時暢卒至城東未暇爲備遣使奉牛酒詐降于暢暢大饗渠帥人皆醉飽矩謀夜襲之兵士以賊衆皆有懼色矩令郭誦禱鄭子產曰君昔相鄭惡鳥不鳴凶胡臭羯何得過庭使巫揚言東里有教當遣神兵相助將士聞之皆踊躍

爭進

又載記曰石虎太子邃保母劉芝初以巫術進及養邃有深寵通賄賂豫言論權傾朝廷親貴多出其門封芝爲宜城君

又曰李雄母羅氏雄信巫覡之言多有忌諱至欲不葬其母司空趙肅諫之

宋書曰前廢帝子業好遊華林園竹林堂使婦人倮身相逐有一婦人不從命斬之後經少時夜夢遊後堂有一女子罵曰汝悖虐不道明年不及熟矣帝怒遂於宮中求得似所夢者戮之其夕復夢所戮女罵曰汝枉殺我以訴上帝至是巫云此堂有鬼帝自與陰山公主及六宮綵女數百人隨群巫捕鬼屏除侍衛帝親自射之

又曰王僧綽豫參朝政從兄微懼其太盛勸令損抑僧綽

乃求吳郡及廣州會巫蠱事泄上先召僧綽具以言之

又曰明帝選王僉尚陽羨公主拜駙馬都尉帝以僉嫡母武康主因太初巫蠱事不可以爲婦姑欲開冢離葬僉因人自陳密以死請故事不行

齊書曰鬱林王在西州令女巫揚氏禱祀速求大位及文惠薨謂由楊氏之力倍加敬信呼楊婆宋氏已來人間有揚婆兒歌蓋此徵也武帝有疾又命揚氏日夜祈禱

又曰明帝身有衣絳衣服飾皆赤以爲厭勝巫覡云後湖水頭經過宮內致帝有疾帝乃自至太官水溝左右啓太官無水則不立決意塞之欲南引淮流會崩事寢

又曰東昏侯偏信蔣侯迎來入宮晝夜祈禱左右朱光尚詐云見神動輙諮啓並云降福遂加位國朱又爲靈帝車服羽儀一依王者又曲信小祠日有十數巫師魔嫗迎送

紛紜光尚輙託云神意范雲謂光尚曰君是天子要人當思百全計光尚曰至尊不可諫止當託神鬼以達意耳後東入樂遊人馬忽驚以問光尚光尚曰先帝大瞋不許數出帝大怒拔刀與光尚尋覔既不見㐲乃縛菰爲明帝形北面斬之

又曰諸暨東洿里屠氏女父失明母有痼病疾親戚相棄鄉里不容女移父母遠住紵舍晝採樵夜紡績以供養父母俱卒親營殯葬負土成墳忽空中聲云汝性可重山神欲相驅使汝可爲人療病必得大富女謂是魍魅弗敢從遂得病積時隣舍人有溪蜮毒者女試療之自覺病便差遂以巫道爲人療病無不愈家産日益鄉里多欲娶之女以無兄弟誓守墳墓不嫁

又曰武陵王曅爲祠部尚書巫覡或言曅有非常之相以此自負武帝聞之故無寵未常處方岳焉

又曰王敬則母爲女巫常謂人云敬則生時胞衣紫色後應得鳴鼓角人笑之曰汝子得爲人吹角可矣後果封侯給鼓吹

又曰袁君政字世忠爲豫章內史性不信巫邪有師世榮稱道術爲一郡巫長君政在郡小疾主簿熊丘萬之師云須疾者衣爲信命君政以所着襦與之事竟取襦云神將送與北斗君政使檢諸身於衣裏獲之以爲亂政即刑於市而焚神一郡無敢行巫

梁書曰沈約病夢齊和帝劒斷其舌令巫視之言如夢乃呼道士奏赤章於天稱禪代之事不由已出

又曰元帝背生黑子巫嫗見曰此大貴不可言

又曰蔡撙爲臨海太守有百姓楊元孫以婢採蘭貼與同

里正黃權約生子酬乳哺直權死後元孫就權妻吳氏贖婢吳背約不還元孫訴撙判還本主吳能爲巫出入撙內以金釧賂撙妾遂改判與吳元孫撾登聞鼓訟之爲有司劾時撙已去郡雖不坐而常以爲耻

又曰王神念爲青冀二州刺史性剛正所更州郡必禁止淫祠時東北有石鹿山臨海有神廟祆巫欺惑百姓遠近祈禱糜費極多及神念至便令毀拆風俗遂改

後魏書曰郭祚少而孤貧姿貌不偉鄉人莫之識也有女巫許相後當富貴祚涉歷經史習崔浩之書尺牘文章見稱於世舉秀才對策上第拜中書士累遷黃門侍郎

又曰定州流人解思安其兄慶賓懼後追責規絶名貫乃認城外死屍詐稱其弟爲人所殺迎歸殯葬頗類思安見者莫辨又有女巫揚氏自云見鬼説思安被害之苦飢渴

之意慶賓又誣疑同軍兵蘇顯甫李蓋等所害經州訟之二人不勝楚毒各自款引獄將決竟李崇疑而停之密遣二人非州內所識者僞從外來詣慶賓告曰僕住在北州去此三百有一人見過寄宿夜中共語疑其有異便卽詰問迹其由緒乃云是流兵背役逃走姓解字思安時欲送官苦見求及稱有兄慶賓今住楊州相國城內更姓徐君脫矜愍爲往告報見申委曲家兄聞此必重相報所有資才當不愛惜今但見質若往不獲送官何晚是故相造詣伸此意君欲見雇幾何當放賢弟若其不信可見隨看之慶賓悵然失色求其少停當備財物此人具以報崇攝慶賓問曰尔弟逃亡何故妄認他屍慶賓伏引更問蓋等乃云自誣數日之間思安亦爲人縶送崇召女巫視之鞭笞一百崇斷獄精審皆此類也

三國典略曰初齊神武之克鄴城於北臺上建立神祠盡布衣時所事也每祠之日唯與巫滑嫗及數人行事親自神宰割外無見者至是齊主焚除此廟并擲巫於火令燒殺之

又曰齊高緯夜夢黑衣貴人送相驅逐乃向之拜巫者烏大以厭之又於芳林園自着破衣裳爲窮兒入市躬自交易焉梁西鄙諸城爲羌兵鼓譟夌之多作黑衣人共相執縛親率內參臨拒或實彎弓射人自晉陽東巡單馬馳騖前不得有人解髮散而歸

又曰崔季舒未遇害家池蓮莖化爲人面着鮮卑帽妻晝魘魘寤云見人長一丈遍體黑毛欲來逼已巫曰此是五道將軍入宅者不祥

又曰侯景之首至于江陵梟之於市然後煮而漆之以付武庫先是謠曰苦竹町市南有好井荊州軍殺侯景及首至湖東付諮議參軍宗季長季長宅東有苦竹町以景首置其中用市南井水煮之先是巫言有鬼萬計斷頭折頸入宅去來云季長大懼設齋迎佛又有數萬烏自江津飛噪集其家焉

北史曰齊瑯邪王儼之未獲罪鄴北城有白馬佛塔是石季龍時爲澄公所作儼將修之巫曰若動此浮圖北城失主不從破至第二級得白蛇長數丈迴旋失之數旬而敗

又曰竇泰母初夢風雷暴起若有雨狀出庭觀之見雷光奪目駛雨霑灑寤而驚汗遂有娠朞月而不産大懼有巫曰渡河湔裙産子必易便向水所忽見一人曰當生貴子生可從而南泰母從之俄而生泰

隋書曰衛昭王爽討突厥明年徵爲納言高祖甚重之未幾爽寢疾上使巫者薛榮宗視之云衆鬼爲厲爽令左右驅逐之居數日有鬼物來擊榮宗榮宗走下而死其日爽甍

又曰李景爲代州總管先是府內井中甃上生花如蓮并有龍見時變爲戲馬甲士又有神人長數丈見於城下其跡長四尺五寸景問巫對曰此是不祥之物來食人血耳景大怒推出之旬日而兵至死者數萬焉

又曰李密破宇文化及化及還其勁兵良馬多戰死士卒皆倦王世充欲乘其弊而擊之恐人不一乃假託鬼神言夢見周公乃立祠於洛水上遣巫宣言周公欲令僕射急討李密當有大功不則兵皆疫死兵多楚人俗信妖妄故出言以惑之衆皆請戰

太平御覽卷第七百三十四

太平御覽卷第七百三十五

方術部十六

巫下

巫下　　厭蠱

唐書曰薛舉寇幽岐之地太宗征之劉文靜殷開山與舉戰於高墌音隻城西南爲舉所敗衛尉郝瑗勸舉乘勝直指長安舉然之臨發而遇疾召巫視之巫言唐兵爲祟舉惡之未幾而死

又曰劉文靜性嗜酒與其弟文起酣飲出怨言拔刀斫柱曰會當斬裴寂頭耳家中妖怪數見文起憂之遂召巫者於星月之下被髮銜刀爲厭勝之法其愛妾失寵以告其兄妾兄上變高祖以之屬吏

又曰武后將如洛陽至閿鄉縣界騎忽不進召巫者問之巫言晉龍驤將軍王濬云臣墓在道南每爲採樵者所害聞大駕今至故來哀告后勑去墓五里不得採樵

又曰肅宗重陰陽鬼神之事或命巫嫗乘驛行郡縣爲厭勝之術有祆人王璵遂以左道爲相代宗亦篤信之凡所脩築動牽禁忌而奸人黎幹得以左道尹京又內集衆工編刺珠繡爲御衣既成而焚之爲禳除法且無虛月

又曰永太中迴紇首領羅達干等率其衆詣涇陽請降郭子儀許之因去甲冑與之相見既而子儀先執杯合胡祿都督請呪子儀呪曰大唐天子萬萬歲迴紇可汗亦萬萬歲兩國將相亦萬萬歲若起負心違背盟約者身死陣前家口屠戮合胡祿都督等失色及杯至即譯曰如令公盟約皆喜曰初發本部來日將巫師兩人來云此行大安穩然不與唐家兵馬鬬見一大人即歸今日領兵見令公令公不爲疑脫去衣甲單騎相見詎有此心膽是不戰鬬見一大人巫師有徵矣歡躍久之子儀撫其背首領等分纏頭綵以賞巫師

又曰朔方先鋒兵馬使南陽郡王白元光與迴紇合兵於涇州靈臺縣西共破吐蕃十萬餘衆初白元光等到靈臺縣西探知賊勢爲月明思少陰晦迴紇使巫師便致風雪及遲明戰吐蕃盡寒凍弓矢皆廢披氊徐進元光與迴紇隨而殺之

又曰大曆九年七月久旱是日澍雨豐霈初京兆尹黎幹以旱故祈雨於朱雀街造土龍悉召城中巫覡更舞觀者駭笑

又曰房孺復故太尉琯之孽子年二十淮南陳少游辟爲從事多招陰陽巫覡令揚言已身過三十必爲宰相

又曰貞元中昭義節度使李抱眞以久疾爲巫祝所惑請降官爵以禳之章奏凡七上詞甚切至上難違之故自司空而授僕射

又曰田仁會爲右金吾將軍所得祿俸估外有餘輒以納官時人譏其邀名仁會强力病惡晝夜巡警絲毫越法無不立發躬自閱詞略無寬者京城貴賤咸畏憚之時有女巫蔡娘子以鬼道惑衆自云能令死者復生市里以爲神明仁會驗其假妄奏請徙邊上曰若死者不活便是妖妄若死者得生更是罪過不可容也竟依仁會所奏

又曰李德裕爲浙西觀察使德裕壯年得位銳於報政凡舊俗之害民者悉革其弊江嶺之閒信巫祝惑鬼怪有父母兄弟厲疾者舉室弃之而去德裕欲變其風擇鄉人之有識者論之以言繩之以法數年之閒弊風頓革屬郡祠

廟按方志前代名臣賢后則祠之四郡之內除淫祠一二千所又罷私邑山房一千四百六十以清寇盜人樂其政優詔嘉之

又曰劉禹錫貶朗州司馬地居西南夷土風僻陋舉目殊俗無與言者禹錫在郎十年唯以文章吟詠陶冶情性蠻俗好巫每淫祠鼓舞必歌俚辭禹錫或從事於其間乃依騷人之作爲新辭以教巫祝故武陵谿洞間夷歌率多禹錫之辭也○莊子曰鄭有神巫曰季咸知人生死鄭人見之皆弃走列子見之而心醉焉

又曰小巫見大巫拔茅而弃此其所以終身弗如也

淮南子曰鄭之神巫相壺子林見其徵在男曰覡在女曰巫巫能占骨法吉凶之氣故見其兆徵徵應也告列子列子行泣報壺子列子鄭之隱士也壺子弟子報白者也壺子持以天壤言精神天之有也形骸地之有也死也自歸其本故曰持以天壤矣名

實不入機發於踵名爵號之名也實幣帛貨財之實不入者心不恤也機疾也踵命危殆不旋踵而至猶不怨懼者也壺子視之死生亦齊齊等也

尸子曰齊有田果者命狗曰富命子爲樂將欲祭也狗入室果呼之曰富出巫曰不祥也家果大禍長子死哭曰樂乎而不似悲也

呂氏春秋曰管仲病桓公問焉仲曰願君遠易牙豎刁常之巫公子啓方公曰常之巫能審於死生子病猶疑耶仲曰死生命也病是天也君不守其本而恃巫彼將以此無不爲也及公病常之巫曰公以某日薨易牙等作亂公嘆曰死若有知何面目以見仲父蒙面而死

山海經曰大荒中有靈山巫咸巫即巫肦巫彭巫姑巫眞巫禮巫抵巫謝巫羅十人從此升降百藥爰在

國語曰古者民神之不能雜擇民之精爽不攜貳者而又能齊肅忠正其智能上下比義其聖能光遠宣朗其明能光照之其聰能聽徹之如是則神明降之在女曰巫在男曰覡

又曰厲王虐國人謗王厲王恭王之曾孫夷王之子邵公告曰民不堪命矣邵公邵康公之後穆公虎也爲王卿士言人不堪暴虐之政命也王怒得衛巫使監謗者衛巫衛國之巫監察之也巫有神靈有謗必知也以告則殺之巫言謗王王則殺之國人莫敢言道路以目王喜告邵公曰吾能弭謗矣乃不敢言弭止

離騷曰欲從靈氛之吉占兮心猶豫而狐疑巫咸將夕降兮懷椒糈私呂反而要之椒者香物也所以降精神來所以享神

東方朔傳曰武帝時有神雀下丞相御史中丞二千石諫議臣博士皆上壽東方朔獨不賀帝曰群臣皆賀而獨不賀何也對曰恐後有巫爲國害者朔因謝疾去其後卒有

巫蠱之事不知朔竟所終也

桓子新論曰昔楚靈王驕逸輕下信巫祝之道躬舞壇前吳人來攻其國人告急而靈王鼓舞自若

異苑曰曹娥父能絃歌爲巫五月五日於西江泝濤迎婆娑神溺死不得屍娥年十四緣江號哭七日遂投江求之而死

幽明錄曰董卓信巫軍中常有巫都言禱求福利言從卓求布倉卒無布有手巾言曰可用耳取便書巾上如作兩口一口大一口小相累以舉謂卓曰慎此也卓後爲呂布所殺後人則知況呂布也

又曰大元年中臨海有巫李不知所由來能卜相作水符治病多愈亦禮佛讀經語人云明年天下當大疫此境尤劇又二紀之後此邦之西北大郡殭尸橫路時汝南周叔

道能臨海令禰停家巫云爾令今去不宜南行必當暴死使指北山曰後二十日此山應有異則其事彰也後十餘日大石夜頹落百丈碎磕若雷庾指爲臨海太守過諸罔彤餞作伎至夜庾還舫中天曉庾自披屏風呼叔道何癡不起左右撫看氣絶久矣到明年縣内病死者數千

又曰巴丘縣有巫師舒禮晉永昌元年病死土地神將送詣太山俗人謂巫師爲道人也人過禮舍門前土地神問吏此是何等舍門吏曰道人舍土地神曰是人亦是道人便以相付禮入門見□闕瓦□皆縣竹簾自然床榻男女異處有誦經者唱偈者然飲食快樂不可言禮文書名已至太山門而又身不到推入土地神云道見數千間瓦屋即問吏言女道人即以付之於是遣神卽録取禮觀未遍見有一人入手四眼捉金杵遂欲撞之便怖走還出門神

已在門迎捉送太山太山府君問禮卿在世間昔何所爲禮曰事一萬六千神爲人解除祠祀或殺牛犢猪羊雞鴨府君曰汝罪應上熱熬便牽著熬所見一物牛頭人身捉鐵叉叉禮著熬上宛轉身體燋爛求死不死一宿二日府君問主者禮壽命應盡爲頓奪其命梭録籍餘筭八年乃命將録來牛頭復以鐵叉叉著熬邊府君曰今遣卿歸終畢餘筭勿後殺生淫祠禮乃還活不復爲巫師

江氏家傳曰江統爲太子洗馬諫愍懷太子曰臣聞土者民之主用播殖築室營都建邑皆有明制著在經典而無禁忌犯害之文唯末俗小巫乃有此言巫書乃禁入地三尺有四時方面不皆禁也竊見禁土令不得繕治墻垣動移屋瓦臣等以爲此違典義不可爲永制

兩京記曰宣政門内曰宣政殿初成每見數十騎馳突出沒高宗使巫祝劉門奴問其所以鬼云我漢楚王戊太子死葬於此門奴曰按漢書戊與七國反誅死無後焉得葬此鬼曰我當時入朝以路遠不隨後坐病死天子於此葬我漢書自遺誤耳門奴因宣詔欲爲改葬鬼曰出入誠不安改葬幸甚天子斂我玉魚一雙幸勿奪之及發掘玉魚宛然棺柩略盡

又曰尚書省左司郎廳事後有古冢高宗武后時郎中屢有暴死者聖曆中有巫者見尚書郎鄭默冢發之得銘誌稍驗棺柩尚在并有瓦木雜器鄭氏子孫相率改葬

厭蠱

史記曰江充見上年老恐晏駕後爲太子所誅因奏上言曰疾祟在巫蠱以充爲使者治巫蠱充將胡巫掘地求木偶至遂掘得蠱於太子宮得桐木人太子懼不能自明收

充自臨斬之

宋書曰文帝時使宮内皆蠶欲以諷厲天下有女巫嚴道育夫爲劫坐沒入奚官元凶劭姊東陽公主應閤婢王鸚鵡白公主嚴道育通靈主乃白上託云善蠶求召入道育云所奉天神當賜符應時主夕臥見流光相隨狀如螢火遂入巾箱化爲雙鳧圓青可愛於是主及劭並信惑之始興王濬素佞事劭並多過失慮上知使道育祈請欲令過不上聞歌舞呪詛不捨晝夜道育輒云自上天陳請必不泄露劭等敬事號曰天師後遂巫蠱刻玉爲上形像埋於含章殿前初東陽公主有奴陳天與鸚鵡養以爲子而與之淫通鸚鵡天與及寧州所獻黃門慶國並與巫蠱事劭以天與補隊主東陽主薨鸚鵡嫁吳興沈懷遠爲妾鸚鵡既適懷遠慮與天與私通事泄請劭殺之劭密使人害天

而慶國謂往來唯有二人天興既死慮將見及乃以白上上驚惋即收鸚鵡家得劭濬手書皆呪詛巫蠱之言得所埋上形像於宮內道育叛亡捕之不得上詰責劭濬劭濬唯陳謝而已道育變服爲尼逃匿東宮濬往京口又以自隨或出止民人張旿家後濬當鎮江陵復載道育還東宮欲將西上有告上云京口張旿家有一尼服食出入征北內似嚴道育上使掩得二婢云道育隨征北還都上惆悵驚惋劭弒逆後李武不亂不見傳國璽問劭云在嚴道育處就取得之道育鸚鵡並都街鞭殺於石頭四望山焚其尸揚灰于江

梁書曰蕭紀舉岷蜀之衆由外水而下湘東王命方士伯人於長州苑板上畫紀形像親下鐵符釘于支體以厭之〇陳書曰後主隂令人告長沙王叔堅厭魅刻木爲偶人

衣以道士衣施機關能拜跪晝夜於星月下醮之祝詛於上又令上書告其事案驗令實後主召叔堅囚于西省後赦之免所居官

北齊書曰初立太子恒母弘德夫人穆氏爲左皇后大赦國內初斛律后之廢也陸令萱欲以穆氏代之祖珽請立胡昭儀爲后胡太后亦卑辭厚禮以求令萱以胡氏寵幸方隆不得已而白齊主立之然意在穆氏每私謂齊主云豈有男爲太子而身爲婢妾乃求左道行厭蠱之術旬朔之間胡氏遂即精神恍惚言笑無恒齊主漸畏惡之於是立穆氏

隋書曰獨孤陁性好左道其外祖母高氏先事猫鬼已殺其舅郭沙羅因轉入其家上微聞而不信會獻皇后及楊素妻鄭氏俱有疾召醫視之皆曰此猫鬼疾上以陁后之異母弟陁妻楊素之異母妹由是意陁所爲隂令其兄穆以情喻之上又避左右諷陁陁言無有上不悅左遷出怨言上令高熲蘇威大理正皇甫孝緒大理丞楊遠等推案之陁婢徐阿尼言本從陁母家來常事猫鬼每以子日夜祀之言子者鼠也其猫鬼每殺人者所死家財物潛移於畜猫鬼家陁嘗從家中索酒其妻曰無錢可酤陁因謂阿尼曰可令猫鬼向越公家使我足錢阿尼便呪之居數日猫鬼向素家後上初從并州還陁於園中謂阿尼曰可令猫鬼向皇后所使多賜吾物阿尼復呪之遂入宮中楊遠乃於門下外省遣阿尼呼猫鬼阿尼於是夜中置香粥一盆以匙扣而呼曰猫女可來無住宮中久之阿尼色正青若被牽曳者云猫鬼已至上以事下公卿奇章公牛弘曰妖由人興殺其人可以絕矣上令以犢車載陁夫妻將賜

死於其家陁弟整詣闕求哀於是免陁死除名以其妻楊氏爲尼先是人訟其母爲人猫鬼所殺者上以爲妖妄怒而遣之及此詔誅行猫鬼家陁未幾而卒

又曰滕王瓚子綸當文帝世子不自安煬帝即位尤被猜忌綸憂懼呼術者王琛問之琛荅曰王相祿不凡滕即騰也此字足爲善應有沙門惠恩崛多等頗善占候綸每與交通嘗令此三人爲厭勝法有人告綸怨望呪詛帝令黃門侍郎牛弘窮驗之

又曰秦王俊好內妃崔氏性妬甚不平之遂於瓜中進毒俊由是遇疾篤含銀銀色異爲遇蠱未能自遣使奉表陳謝帝責以失德薨帝哭之數聲而已曰晉王前送一鹿我令作脯擬賜秦王王亡可置靈坐之前心已許之不可虧信帝及后往視見大蜘蛛大蛷螋（上音求下音搜）從椳頭出之不

見窮之知妃所爲也

又曰蜀王秀漸奢侈違法度及太子勇廢秀甚不平皇太子終恐爲後患陰令楊素求其罪狀而譖之又令楊素蘇威牛弘柳述趙綽推治之太子陰作偶人書帝及漢王姓字縛手釘心令人埋華山下令楊素發之又作檄文陳逆臣賊子專弄威柄陛下唯守虛器一無所知帝乃下詔數其罪曰漢王於汝親則弟也乃畫其形像題其姓名縛手釘心枷鎖杻械仍云請西岳華山慈父聖母收楊諒神閇在華山下勿令散蕩我之於汝親則父也仍云請西岳華山慈父聖母賜爲開化楊堅夫妻迴心歡喜又畫我形像縛手撮頭仍云西岳神兵收楊堅魂神如此形狀我今不知楊諒汝何親也滅天理逆人倫皆爲之不祥也欲免患禍長守富貴其可得乎

搜神記曰鄱陽趙壽有犬蠱有陳岑詣壽忽有大黃犬六七羣出吠岑後余相伯歸與壽婦食吐血幾死乃屑桔梗以飲之乃愈

兩京記曰楊素有美妾姿色絶倫時有千牛桑和有妖蠱異術常云一見婦人便即能致煬帝嘗密使人竊之素宅深邃和朝奉詔其夜便竊以匿煬帝奇其能便詔素賜之

唐書曰高駢傳云畢師鐸入城呂用之張守一出奔楊行密詐言所居有金行密入城掘其家地下得銅人長三尺餘身被桎梏釘其心刻高駢二字於胸蓋以魅道厭勝蠱惑其心以至族滅

太平御覽卷第七百三十五

太平御覽卷第七百三十六

方術部十七

祝　符　術

祝

說文曰祝祭主贊詞者

周禮曰大祝掌六祝之辭以事鬼神示祈福祥求永貞一曰順祝二曰年祝三曰吉祝四曰化祝五曰瑞祝六曰筴祝

又曰掌六祈以同鬼神示作六辭以通上下親疏遠近辨六號辨九㩜（與拜同）

又曰小祝掌小祭祀喪祝掌大喪勸防之事甸祝掌四時之田詛祝掌盟詛類造攻說禬禜之祝號

左傳曰晉范文子反自鄢陵使其祝宗祈死曰君驕侈而克敵是天益其疾也難將作矣愛我者唯祝我使我速死無及於難范氏之福也六月戊辰士燮卒

又曰宋皇國父爲太宰爲平公築臺妨於農功子罕請俟農功之畢公弗許築者謳之曰澤門之晳實興我役邑中之黔實慰我心子罕聞之親執朴以行築者而抶其不勉者曰吾儕小人皆有闔廬以避燥濕寒暑今君爲一臺而不速成何以爲役謳者乃止或問其故子罕曰宋國區區而有詛有祝禍之本也

又襄二十七年曰楚子木問於趙孟曰范武子之德何如對曰夫子之家事治言於晉國無隱情其祝史陳信於鬼神無愧辭

又曰齊侯疥遂痁期而不瘳諸侯之賓問疾者多在梁丘據與裔款言於公曰吾事鬼神豐於先君有加矣今君疾病爲諸侯憂是祝史之罪也諸侯不知其謂我不敬君盍誅於祝固史嚚以辭賓公說告晏子晏子曰日宋之盟屈建問范會之德於趙武趙武曰夫子家事治言於晉國竭情無私其祝史祭祀陳信不媿其家事無猜其祝史不祈建以語康王康王曰神人無怨宜夫子之光輔五君以爲諸侯主也公曰據與款謂寡人能事鬼神欲誅於祝史子稱是語何對曰若有德之君內外不廢上下無怨動無違事其祝史薦故信媿心矣是以鬼神用饗國受其福祿祝史與焉其所以蕃祉老壽者爲信君使也其言於鬼神其適遇淫君內外頗邪上下怨疾動作辟違從欲厭私高臺深池撞鍾舞女斬刈民力輸掠其聚以成其違不恤後人暴虐淫縱肆行非度無所還忌不思謗言不憚鬼神神怒民痛無悛於心其祝史薦信是言罪也其蓋失數美是矯誣也進退

無辭則虛以求媚是以鬼神不饗其國以禍之祝史與焉所以夭昏孤疾者爲暴君使也其言僭嫚於鬼神公曰然則若之何對曰不可爲也（言非誅祝史所能治）山林之木衡鹿守之澤之萑蒲舟鮫守之藪之薪蒸虞候守之海之鹽蜃祈望守之縣鄙之人入從其政偪介之關暴征其私承嗣大夫強易其賄布常無藝徵斂無度宮室日更淫樂不違內寵之妾肆奪於市外寵之臣僭令於鄙私欲養求不給則應人民苦病夫婦皆詛祝有益也詛亦有損聊攝以東姑九以西其爲人也多矣雖其善祝豈能勝億兆人之詛君若欲誅於祝史脩德而後可公說使有司寬政毀關去禁薄斂責己

又曰衛太子禱曰曾孫蒯聵敢昭告皇祖文王烈祖康叔文祖襄公鄭勝亂從晉午在難不能治亂使鞅討之蒯聵不敢自佚備持矛焉敢告無絕筋無折骨無面傷以集大

事無作三祖羞大命不敢請佩玉不敢愛

韓詩外傳曰齊桓公至海丘見封人曰佘何爲者也對曰臣海丘封人也桓公曰叟年幾何曰臣八十有三矣桓公曰美哉壽也叟盍爲寡人壽也對曰野臣不知爲君王之壽桓公曰盍以叟之壽祝寡人封人奉觴再拜曰使吾君罔壽金玉之賤人民是寶桓公曰善哉祝乎叟盍復祝乎封人曰使吾君好學而不惡問賢者在側諫者得入桓公曰善哉祝乎封人曰無使羣臣百姓得罪於吾君亦無使吾君得罪於羣臣百姓桓公不悅曰此言非夫前二言之善也叟其革之封人瀾然涕下曰願與吾君終言之此言乃夫前二言之上也臣聞子得罪於父母可因姑姊妹而謝也父乃赦之臣得罪於君可因便僻之左右而謝也君乃赦之昔桀得罪於湯紂得罪於武王此君得罪於臣也

至今未有爲謝者公曰善扶而載之自御以歸

禮外篇成王冠周公使祝雍曰辭達而已勿多也祝雍曰近於民遠於佞近於義嗇於時惠於財任賢使能陛下擲顯先帝之光耀以承皇天之嘉祿欽順仲春之吉日遵並大道邦域康阜萬福之休靈始加昭明之元服推遠邪佞之忠弘積文武之寵德肅勤高祖之清廟六合之內靡不蒙德永永與天無極

又曰大夫成群立社祝曰今某月日君爲某立社社祭上而主陰氣也五穀用成萬民以生敢用肥豚嘉蔬清酒敬致大神自今日已來祈請止雨惟靈是聽子孫眉壽萬神含靈止雨祝曰天生五穀以養人民今天雨不止用傷五穀如何神靈而行而止殺牲以賽神靈雨則不止鳴鼓攻之朱絲縈索而脅之

史記曰楚大發兵如齊齊王使淳于髡之趙請救兵遺金百斤車馬十駟淳于髡仰天大笑冠纓索絕王曰先生少之髡曰何敢王曰笑豈有説乎髡曰今者臣從東方來見道傍有禳田者操一豚蹄酒一盂而祝曰甌窶滿篝（甌窶傴桮樓也言豐年收掇易滿篝籠也篝音□）汙邪滿車（汙邪下地有薪草也）五穀蕃熟穰穰滿家臣見其所持者狹而所欲者奢故笑之

吳越春秋曰勾踐五年夏五月將與大夫種范蠡入臣於吳群臣皆送臨水祖道大夫種前爲祝其辭曰皇天祐助先沉後揚禍爲德根憂爲福堂威人者滅服從者昌王雖牽致其後無殃君臣生離感動上皇衆夫哀悲莫不感傷臣謹再拜伏稱萬歲上酒三觴勾踐仰天大息舉杯垂涕嘿無所言

宋書曰王悅之宋明帝泰始中爲黃門郎上以其廉介賜

良田五頃以爲侍中在門下盡心力檢校御府太官太醫諸署時承奢忲之後奸竊者衆悅之案意剋覆無所避得奸巧甚多於是衆署共呪詛悅之病甚恒見兩烏衣人捶之及卒上乃收典掌者十許人桎梏之送淮陰密令渡瓜步江投之中流

北史曰後魏時有沙門惠憐自云呪水飲人能差諸病病人就之者日有千數靈太后詔給衣食事力使於西南療百姓

北齊書曰婁太后爲博陵王納崔陵妹爲妃勑中使曰好作法用勿使崔家笑人婚夕顯祖舉酒祝曰新婦宜男孝順富貴陵奏曰孝順出自臣門富貴恩由陛下

尸子曰鮑叔爲桓公祝曰使公無忘在莒時管子無忘在魯時寗武子無忘車下時

靈鬼志曰石虎時有胡道人驅驢作估於外國深山中行有一絕澗窈然無底行者恃山爲道魚貫相連忽有惡鬼牽之下入澗中胡人急性便大嗔恚尋跡澗中並祝誓呼諸鬼神下遠忽然出一平地城門外有一鬼大鏁項腳著大鐵桎鬼見道人便乞食曰得食當與汝既至門乃是鬼王所治前見王道人便自說驅驢載物爲鬼所奪尋跡至此須臾即得其驢載物如故

賈誼新書曰湯見設網者四面張網而祝之曰自天下者自四方至者皆羅我網湯曰嘻盡之矣非桀其孰能如此合去三面教之曰蛛蝥作網今之人脩緒欲左者左欲右者右欲高者高欲下者下吾請受其犯命者民聞之曰德及禽獸而況我乎於是下親其上

說苑曰齊遣淳于髡到楚爲人短小楚王甚薄之謂曰齊無人耶而使子來子何長也對曰臣無長腰中七尺之劒欲斬無狀王曰止吾但戲子耳即與髡曰飲酒謂髡曰吾有仇在吳國子定能爲報之乎對曰來見道傍鄙民持一頭魚上田祝曰上得萬木下得千斛臣竊笑之以爲禮薄而辭多祭輕而望重王今與吾半日之樂而委以吳王非其計楚王嘿然○新序曰中行寅將軍召其大祝而欲加罪曰子爲我祝辭令不精耶犧牲不肥澤也威儀不謹敬耶齋戒不潔清也乃使吾國將亡何也祝簡對曰昔吾先君中行密子有車十乘不憂其薄憂其德義之不足也今之主君有車百乘不憂德義之薄唯患車之不足也且船車飭則賦斂厚賦斂厚則民怨而謗詛矣君苟以爲祝之有益於國則謗詛亦將爲亡矣一人祝之一國詛之一人祝不勝萬人詛國亡不亦宜乎祝其何罪中行子默然而

慙

風俗通論曰案明帝起居注東巡太山到滎陽有烏飛鳴乘車上虎賁王吉射之中而祝曰烏鳴啞啞引弓射洞右腋陛下壽萬歲臣爲二千石明帝賜錢二百萬

世說曰劉靈嗜酒其婦止之靈祝曰天生劉靈以酒爲名一飲一斛五斗解酲婦人之言慎不可聽

蔡邕祖餞祝曰令歲淑月日吉時良爽應孔嘉君當遷行神龜吉兆休氣煌煌著卦利貞天見三光鸞鳴噰噰四牡彭彭君既升輿道路開張風伯雨師灑道中央陽遂求福蚩尤辟兵倉龍夾轂白虎扶行朱雀道引玄武作侶勾陳居中厭伏四方君往臨邦長樂無疆

符

黃帝出軍訣曰昔者蚩尤攝政無道殘酷無已黃帝討之於涿鹿之野暴兵中原黃帝仰天歎息愀然而睡夢西王母遣人披玄狐之裘以符受之曰太一在前天一備後得兵契信戰則尅矣黃帝悟思其符立壇請而祈之祭以太牢用求神祐須臾玄龜巨鼇銜符出從水中置壇中而去黃帝再拜稽首親自受符視之乃所夢也於是黃帝佩之以攻即日擒蚩尤

龍魚河圖曰玄女出□兵符付黃帝制蚩尤

葛仙公別傳曰仙公丹書符投江中順流而下次又投一符逆流而上次投一符不上不下停住水中而向二符皆還就之

神仙傳曰漢章帝問劉憑殿下有怪常有朱衣被髮持燭相隨而走爲可劾不憑曰可帝因使人僞爲之憑以符擲之使人頓地帝驚曰以相試耳乃解之

又曰仙人帛和弟子孫眞舅氏當葬路遠不得車馬和以一函符與眞誡曰汝持此行二十里當有以車牛給汝者又有廚供不可發此函眞行果有一少年御一車牛給眞并送酒食即到舅家以函著衣箱中眞弟不知發函函有紙畫車牛一人御之因失車牛所在

列仙傳曰涓子釣於河澤得符於鯉魚腸中

續搜神記曰吳猛字世雲有道術狂風暴起猛擲符上便有一飛鳥接符去須臾風靜人問之荅云南湖有遭此風者兩舫人是道士呼天求救故符以止風

抱朴子曰劉安君用藥及符能令人含笑則爲婦人蹙面則爲老夫踞地則爲小兒

葛洪神仙傳曰葛玄見賣大魚者謂曰暫煩此魚往河伯處魚主曰魚已死玄曰無苦乃丹書紙內魚口中投水有

頃魚化□□□□□□□□□□□禁而飛

術

後漢書曰郭憲字子橫建武七年伐張堪爲光祿勳從駕南郊憲在位忽乃向東北含酒三噀（埤蒼曰噀□也音□）執法奏爲不敬詔問其故憲對曰齊國失火故以厭之比後齊果有火災與郊同日

又曰樊英字季齊善風角筭河洛七緯常有暴風從西方來起英謂學者曰成都市火甚盛因含水西向漱之乃令記其日時客後有從蜀都來云是日大火有黑雲卒從東起須臾大雨火遂得滅於是天下稱其術藝

邵氏家傳曰邵信臣爲少府南陽遭火燒數萬人信臣時在丞相匡衡坐心動含酒東向漱之遭火處見雲西北來冥晦大雨以滅火雨中酒香

桂陽列仙傳曰成武丁正旦大會以酒沃廷中有司問其故對曰臨武縣失火以酒救之遣騎果然

神仙傳曰欒巴爲尚書正旦會得酒西南潄云成都失火作雨救之後使至果如其言

抱朴子曰外國方士能祝龍臨淵禹步龍浮出長數十丈方士吹之則縮短數寸掇取著壺中輒四五寸以水養之餘國少雨屢旱者輒賫一龍往賣之一龍千金取一頭著淵中即興雲雨也

又曰廬江太守華念思就道士學微視術未滿百日夜見天文及四隣不復有屋舍籬障有妾死已久亦見其形與語如平生念思方信道術

又曰李阿者行道逢奔車阿兩脚中車脚即折弟子古彊見之驚怖阿須臾取斷脚相續如故也

淮南萬畢術曰慈石提棊取雞磨針鐵以相和慈石棊頭置局上自相投也

又曰鵲腦令人相思取雌雄鵲各一燔之四通道丙寅日與人共飲酒置腦酒中則相思也

又曰老槐生火膠撓水則清弊箕止䤈取箕以內醬中鹹着箕矣

又曰首澤浮針取頭中垢以塗針塞其孔置水即浮

又曰燒角入山則虎豹自遠惡其臭也

又曰赤布在戶婦人留連取婦人月事布七月七日燒爲灰置楣上即不復去勿令婦人知取苓皮置甖中自沸如雨也

又曰梧木成雲取梧木置十石瓦甖中氣盡則出雲

又曰銅甕雷鳴取沸湯置甕中沉之井裏則鳴數十里取

家祠黍以啖兒兒不思母

又曰取門冬赤黍漬以狐血陰乾之欲飲酒取一丸置舌下酒吞之令人不醉

又曰門冬赤黍薏苡爲丸令婦人不妬

又曰取雞子去汁然艾火內空中疾風高舉自飛去取亡人衣裹磁石懸井中亡者自歸矣

又曰取蜘蛛塗布天雨不能濡之

又曰取馬尾犬尾置朋友夫妻衣中自相憎矣

又曰削冰令圓舉以向日以艾承其影則火生

又曰取牛膽塗熱釜卽鳴矣

又曰取伯勞血塗金令人不取化爲石也

又曰拔劍倚門兒不驚

又曰狠皮在戸羊不出牢羊畏狠故也

又曰燒木賣酒人民自聚取失火家木刻作人形朝朝祭之人聚也

又曰取守宮蟲餌以丹陰乾塗女人身男合卽滅

又曰蝟膏塗鐵柔不折瓶瓦止鳥鳴取瓶底抵之則止

又曰犀角置狐穴中狐不歸

又曰鴉歷血塗雞頭不能起

又曰馬齧人取僵蠶塗上脣卽止復不齧人

太平御覽卷第七百三十六

太平御覽卷第七百三十七

方術部十八

禁　幻

禁

後漢書曰章帝時有壽光侯者（壽姓風俗通云壽於姚吳太夫）能劾百鬼衆魅令自縛見形其鄉人有婦爲魅病侯爲劾之得大蛇數丈死於門外又有神樹人止者輒死鳥過者必墜侯復劾之樹盛夏枯落見大蛇長七八尺懸死其閒帝聞而徵之謂曰吾殿下夜半後常有數人絳衣被髮持杖相隨豈能劾之乎侯曰此小怪易消耳帝僞使三人爲之侯劾三人登時仆地無氣帝大驚曰非魅也朕相試耳解之而蘇

又曰徐登萬者閩中人也本女子化爲丈夫善爲巫術

又曰趙炳字公阿東陽人能爲越方時遭兵亂疾疫大起

二人遇於烏溪水之上（酈元長注水經曰吳寧溪出吳寧縣烏傷之烏傷溪在今婺州義烏縣東也）遂結言約共以其術療病各相謂曰今既同志且可試各所能登乃禁溪水水爲不流炳復次禁枯樹樹即生荑（易曰枯楊生荑王弼注云荑者楊之秀也）二人相視而笑共行其道焉登年長炳師事之貴尚清儉禮神唯以東流水爲酌削桑皮爲脯但行禁架所療皆除（禁架即禁術也）後登物故炳東入章安百姓未之知也炳乃故升茅屋梧鼎而爨主人見之驚懅（梧支也懅怍也）炳笑不應既而爨熟屋無損異又嘗臨水求渡船人不和之（和猶許也俗本作者知戲也）炳乃張蓋坐其中長笑呼風亂流而濟

吳志曰賀齊討山賊中有善禁者每當交戰官軍刀劍皆不得拔弓弩射矢皆還自向輒致不利齊有長思乃曰吾聞金有刃者可禁蟲有毒者可禁其無刃毒則不可禁彼必能禁吾兵也必不能禁無刃物矣乃多作勁木棓選勇力精卒五千人爲先登盡捉棓彼山賊恃其善禁不嚴備於是官軍以白棒擊之彼禁不復行打殺者萬計

蕭子顯齊書曰陳顯達南彭城人顯達出杜姥宅大戰被賊矢中左眼拔箭而鏃不出地黃村潘嫗善禁先以釘釘柱中嫗禹步作氣釘即時出乃禁顯達目中鏃出之

又曰顧歡弟子鮑靈綬門前有一株樹本十餘圍上有精魅數見影動印樹即枯死山陰白石村多邪病村人告訴求哀歡住村人爲講老子規地作獄有頃見狐狸黿鼉自入獄中者甚多即命殺之病者皆愈又有病邪者問歡歡曰家有書否曰唯有孝經歡曰可取置病人枕邊恭敬之自差病者果愈人問其故荅曰善禳惡正勝邪此病者所以瘳

北齊書曰崔子武季舒之族孫也幼時宿於外祖揚州刺史趙郡李憲家一夜夢一女姿色甚麗自云封龍王女願與崔郎私通子武悅之牽其衣裙微有裂綻未曉告辭結帶而別至明訪問乃是山神遂往祠中觀之傍畫女容狀即夢中見者裂裙尚存結帶猶在子武自是通夢忽恍成疾後逢醫禁之乃絶

隋書曰張文詡常有腰疾會醫者自言善禁文詡令禁之遂爲刃所傷至於頓伏牀枕醫者叩頭請罪文詡遽遣之

唐書曰葉法善嘗於東都凌空觀設壇醮祭城中士女競往觀之俄頃數十人自投於火中觀者大驚救之而免法善曰此皆魅病於吾法所攝耳問之果然法善悉爲禁劾其病遂愈

六韜曰武王代殷丁侯不朝太公乃畫丁侯於策三箭射

之丁侯病困卜者占云祟在周恐懼乃請舉國爲臣太公使人甲乙日拔丁侯着頭箭丙丁日拔着口箭戊己日拔着腹箭丁侯病稍愈四夷聞各以來貢

異苑曰永嘉陽童孫權時俗師也嘗獨乘船往建寧泊在渚次宵中忽有一鬼來欲擊童因起謂曰誰敢近陽童者鬼卽稽顙云實不知是楊使者童便勑使乘船飛迅駃有過猛帆至縣乃遣之

又曰趙侯少好諸術姿形悴陋長不滿數尺以盆盛水閉目作禁魚龍立見侯有白米爲鼠所盜乃披刀畫地作獄四面開門向東嘯羣鼠俱到呪曰凡非噉者過去有止者十餘剖腹看藏有米在焉曾徒跣須履因仰頭微吟雙屐自至有笑其形容者便佯說以酒杯向口中卽掩鼻不脫仍稽顙謝過著地不舉永康有騎石山山上有石人騎石馬侯仰指之人馬一時落首今猶在山下

太平御覽　卷七百三十七　三　謝忠

神仙傳曰嚴青常從弟子家夜歸都督夜行逢青呵問何人夜行青亦厲聲問曰汝是何人而夜行都督怒應對不知是青因叱從兵使錄夜行人青亦復叱其從神曰皆縛夜行人青便去而都督及從者數十人人馬皆不復得去明旦行人見都督問何爲在此都督曰事狀如此行人曰必是嚴公也都督曰我不能得動可報余家家人知之往叩頭啓謝青自說昨宵不知是先生乞得放遣青乃大聲曰解遣昨宵所錄夜行人還去都督乃得去其後夜行每見行人先逆問非嚴公乎

又曰王方平降蔡經家比舍有姓陳者失其字嘗詣尉也聞經家有人乃詣門叩頭求乞拜見方平遣人引前與語此人便乞得隨從驅使比於蔡經方平曰君且起向日方平從後視之言曰噫君心斂不正終不可教以仙道也當授君以地上主者之職臨去以符并一傳着小箱中以與陳尉告言此不令君度世也能令君本壽自出百餘歲也可穰災治病者命未終及無罪過者君以符到其家便愈矣若有邪鬼血食作禍祟者君便以符帶此傳以勑社吏當收送其鬼心中亦當知其輕重臨時以意治之陳尉以此符治病有効事之者數百家壽一百一十歲而死後弟子行其符不効也

抱朴子曰治金剎以氣吹之卽斷痛登山蛇虺毒蟲中人在近者就以氣禁之其相遠者或數十里便遥治之呼其姓名而呪之男也吹我右手記識其時後校問之皆卽時愈也又有介象者能以氣禁一里中愈居人炊之不得熟以氣禁樹上羣鳥卽墮地又於茅屋上爇火煑雞熟而茅

太平御覽　卷七百三十七　四　謝忠

下燃又禁刀矛以刺人腹以椎打之刃曲而不復入又燒釜正赤而立上久之不知熱以錢投於沸釜湯中亦探取錢而手不灼能令一市人皆坐不得起

幻

說文曰幻相詐幻惑幻人從反予〇周書云無或譸張爲幻

後漢書曰永寧元年西南夷撣國王詣闕獻樂及幻人能變化吐火自支解易牛馬頭元會在庭作安帝與群臣共觀大奇之

又曰安帝時作九賓樂有含利之獸從西方來戲于庭入前殿激水化成魚嗽水作霧化成黃龍長八丈出水遨戲于庭炫熠日光

又曰解奴辜張貂者亦不知是何郡國人也皆能隱淪出

入不由門戶奴辜能變易物形以誑幻人

晉書曰郭璞將促裝去愛主人婢無由而得乃取小豆三斗繞主人宅散之主人晨起見赤衣人數千圍其家就視則滅甚惡之請郭璞曰君家不宜畜此婢可於東南二十里賣之愼勿爭價則此妖可除也主從之璞陰令人賤買此婢復爲符投井中數千赤衣人皆反縛一一自投于井主人大悅璞攜婢而去

後魏書曰悅般國眞君九年遣使朝貢幷送幻人稱能割人喉脉令斷擊人頭令碎陷皆血出淋落數升或盈斗以草藥令嚼咽之須臾血止世祖恐言是虛乃取死囚試之皆驗

崔鴻北涼錄曰玄始十四年七月西域貢吞刀吐火秘幻奇伎

北齊書曰由吾道榮瑯琊人也初晉陽有人甚明法術爲人傭力無識知者道榮聞之訪得其人以道榮好尚將法授之謂道榮曰我本恒山仙人有罪爲天官所謫今限滿將歸鄉里卿且送吾至于汾水及至汾河值水暴至其人乃臨水禹步以一符投水中流便絕徐自沙石上渡河而去道榮嘗至遼陽山中夜逢猛獸以杖畫地成大坑猛獸逐走

唐書曰顯慶元年上御安福門樓觀大酺胡人欲持刀自刺以爲幻戲上不許之乃下詔曰如聞在外有婆羅門胡等每於戲處乃將劍刺肚以刀割舌幻惑百姓極非道理宜並遣發還蕃勿令久住仍約束邊州若更有此色並不須遣入朝

金樓子曰周穆王時西極有化人入水火貫石及山川移城邑乘虛不墜觸實不礙千變萬化不可窮極穆王爲起中天之臺鄭衛奏承雲之樂日日獻玉衣月月薦玉食幻人猶不肯舍乃攜王至幻人宮稱以金銀絡以珠玉鼻口所納皆非常人間物也由是王心厭宮室幻人易之耳王悅遂肆志遠遊

西京雜記曰余所知有鞠道龍善爲幻術向余說古事有東海人黃公少時爲幻能刺蛇御虎佩赤金刀以絳繒束髮立興雲霧坐成山河及衰老氣力羸憊飲酒過度不能復行其術

又曰淮南王好方士皆以術見遂後畫地爲江河撮土爲山嶽噓呼爲寒暑噴嗽爲雨露王亦卒與諸方士俱去

異苑曰高陽新城叟曾咸寧中爲淫祠妖幻署置百官又以木自鑿輒見所署置之人衣冠麗然百姓信惑京都翕

習收而斬之

又曰上虞孫泼奴多諸幻伎元嘉初叛建安中復出民間治人頭風流血滂沲噓之便斷創又即斂虎傷蛇噬煩毒垂死禁護皆差向空長嘯則群雀來萃夜見蚊蚋悉背死於側至三十年於長山爲本主所得知有術慮必亡叛約縛枷鏁極爲重複明日已失所在

搜神記曰永嘉中有天竺胡人來渡江南其人有數術能斷舌復續之吐火所在人士聚觀試其斷時先以舌示賓客然後刀截血流覆地乃取置器中傳以示人視之舌頭半舌猶在旣而還取續之坐有頃坐人見舌則如故不知其實斷否其續斷取絹布與人各執一頭對剪一斷之已而兩段合將視之則復還連絹無異故體時人多疑以爲幻陰乃試之眞斷絹也其吐火先有藥在器中取一片與

黍饌合之再三吹呼己而張口火滿口中因就爇取以爨則火也又取書紙及絹縷之屬投火中衆共視之見其燒燃消糜乃盡及舉而出之故向物也

靈鬼志曰太元十二年有道人外國來解吞刀吐火珠玉金銀說其所受術師曰衣非沙門也行見一人擔擔上有小籠子可受升餘語擔人云吾步行疲極欲寄君擔擔人甚怪之慮是狂人便語之云自可爾君欲何許自厝耶其人荅云若見許正欲入籠子中籠不便擔人逾怪之乃下擔入籠中籠更不大其人亦不更小擔之亦不覺重於先既行數里樹下住食擔人呼共食云我自有食不肯出止住籠中飲食器物羅列肴饍豐腆亦辦乃呼擔人來食未半語擔人我欲婦共食腹中吐出一女子年二十許衣裳容皃甚美二人共食食欲竟其夫便卧婦語擔人云我有

外夫欲來共食夫覺君勿道之婦便口中出一年少丈夫食籠中便有三人寛急之事亦復不異有頃其夫動如欲覺婦便以外夫內口中夫起語擔人曰可去即以婦內口中次及食器物此人既至國中有一家大富資財巨萬而性慳恪語擔人云試爲君破慳即至其家有好馬甚珍之繫在柱上忽失去尋索不得明日見馬在五升甖中終不可破便語君作百人廚以周一窮乏馬得出耳主人即作之畢馬還在柱下明旦其父母在堂上忽然不見舉家惶怖不知所在開粧器忽然見父母在澤壺中不知何由復往請之其人云君當更作千人飲食以飴百姓窮者當時便作父母在床也

幽明錄曰安城人俗巫也善於幻術每至祠神時擊鼓宰三牲積薪燃火盛熾束帶入火中章紙燒盡而開形體衣服猶如初時王凝之爲江祠王當酒行爲王刷頭髻荷葉爲帽與王亦當不覺有異到坐之後荷葉乃見一坐驚駭

桓譚新論曰方士董仲君犯事繫獄佯死目陷虫爛故知幻術靡所不有又能鼻吹口歌聳眉動目荆州有鼻飲之蠻南城有頭飛之夷非爲幻也

孔偉七引曰弄幻之士因時而作殖苽種菜立起尋尺投芳送臭賣黃售白麾天興雲霧畫地成江海

太平御覽卷第七百三十七